D1690822

UBT07052949946

Kohlhammer

Bundesnaturschutzgesetz

Kommentar

Herausgegeben von

Jochen Schumacher

Peter Fischer-Hüftle

Erläutert von

Prof. Dr. Detlef Czybulka
Universität Rostock, Richter am OVG a.D.

Peter Fischer-Hüftle
Vorsitzender Richter Verwaltungsgericht Regensburg

Dr. jur. Dietrich Kratsch
Leitender Regierungsdirektor beim Regierungspräsidium Tübingen

Dipl.-Biol. Anke Schumacher
Institut für Naturschutz und Naturschutzrecht, Tübingen

Ass. jur. Jochen Schumacher
Institut für Naturschutz und Naturschutzrecht, Tübingen

2. Auflage

Verlag W. Kohlhammer

Zitiervorschlag:

Bearb., in: Schumacher/Fischer-Hüftle, BNatSchG § 19 Rdnr. 21

Alle Rechte vorbehalten
© 2011 Verlag W. Kohlhammer GmbH Stuttgart
Satz: Jochen Schumacher
Druck: W. Kohlhammer Druckerei GmbH + Co. KG, Stuttgart
Printed in Germany
ISBN 978-3-17-021257-2

Vorwort zur 2. Auflage

25 Jahre nach Inkrafttreten des ersten Bundes-Naturschutzgesetzes wurde im Jahr 2002 das Naturschutzrecht auf Bundesebene neu geregelt. Dies war der Anlass für das Erscheinen der ersten Auflage des vorliegenden Kommentars, der von der Fachwelt freundlich aufgenommen wurde. 7 Jahre später gibt es eine grundlegende Änderung. Die Föderalismusreform hat dem Bund die konkurrierende Gesetzgebungskompetenz auf dem Gebiet Naturschutz und Landschaftspflege gegeben (Art. 74 Abs. 1 Nr. 29 GG). Die bisherige Rahmenkompetenz ist entfallen. Durch das Gesetz zur Neuregelung des Rechts des Naturschutzes und der Landschaftspflege vom 29.7.2009 hat der Bund von seiner neuen Zuständigkeit Gebrauch gemacht. Es ist am 1.3.2010 in Kraft getreten.

Verlag und Herausgeber nehmen diese Zäsur zum Anlass, eine zweite Auflage des Kommentars vorzulegen. Das Werk ist völlig überarbeitet und enthält eine komplette Erläuterung des neuen Bundesrechts. Die ins Bundesgesetz neu aufgenommenen Vorschriften sind ebenso eingehend dargestellt wie die Änderungen des bisherigen Rechts. Für die Kommentierung des Meeresnaturschutzrechts konnte mit Prof. Dr. Czybulka ein ausgewiesener Experte gewonnen werden. Besonderes Augenmerk gilt weiterhin der Verbindung rechtlicher und fachlicher Aspekte des Naturschutzes durch ein interdisziplinäres Autorenteam. Soweit bei Abschluss des Manuskripts bereits neue Landesgesetze galten, geht die Kommentierung auf einige Bestimmungen ein, insbesondere was Abweichungen betrifft. Das Buch möchte allen, die mit dem Naturschutzrecht zu tun haben, als verlässlicher, an den Bedürfnissen der Praxis orientierter Begleiter dienen.

Die meisten der zitierten Urteile finden sich auch als ausgewertete Exzerpte in Fischer-Hüftle „Naturschutz-Rechtsprechung für die Praxis" und im Vollabdruck in Messerschmidt/Schumacher: Bundesnaturschutzrecht, Entscheidungssammlung.

Anregungen und Bemerkungen sind willkommen, schreiben Sie bitte eine kurze Mitteilung an: Kommentar@naturschutzrecht.net. Unter der Internetadresse „www.naturschutzrecht.net" finden Sie auch weitere Informationen „rund um das Naturschutzrecht", aktuelle Gesetzestexte finden Sie auch unter „www.naturschutzrecht-online.de".

Tübingen/Regensburg/Rostock, im Oktober 2010   Die Autoren

Inhaltsverzeichnis

		Seite
Vorwort		V
Inhaltsverzeichnis		VII
Abkürzungsverzeichnis		IX
Literaturverzeichnis		XV

Gesetzestexte

Bundesnaturschutzgesetz	1
Fauna-Flora-Habitat-Richtlinie	44
Vogelschutzrichtlinie	56

Gesetz über Naturschutz und Landschaftspflege (Bundesnaturschutzgesetz – BNatSchG 2009)

Einführung		63
Kommentierung		69
Kapitel 1	Allgemeine Vorschriften	83
Kapitel 2	Landschaftsplanung	204
Kapitel 3	Allgemeiner Schutz von Natur und Landschaft	256
Kapitel 4	Schutz bestimmter Teile von Natur und Landschaft	431
Abschnitt 1	Biotopverbund und Biotopvernetzung; geschützte Teile von Natur und Landschaft	431
Abschnitt 2	Netz „Natura 2000"	604
Kapitel 5	Schutz der wild lebenden Tier- und Pflanzenarten, ihrer Lebensstätten und Biotope	704
Abschnitt 1	Allgemeine Vorschriften	704
Abschnitt 2	Allgemeiner Artenschutz	711
Abschnitt 3	Besonderer Artenschutz	742
Abschnitt 4	Zuständige Behörden, Verbringen von Tieren und Pflanzen	784
Abschnitt 5	Auskunfts- und Zutrittsrecht; Gebühren und Auslagen	799
Abschnitt 6	Ermächtigungen	803
Kapitel 6	Meeresnaturschutz	809
Kapitel 7	Erholung in Natur und Landschaft	894

Inhaltsübersicht

Kapitel 8	Mitwirkung von anerkannten Naturschutzvereinigungen	919
Kapitel 9	Eigentumsbindung, Befreiungen	955
Kapitel 10	Bußgeld- und Strafvorschriften	1008
Kapitel 11	Übergangs- und Überleitungsvorschrift	1023

Stichwortverzeichnis 1025

Abkürzungsverzeichnis

a.A.	anderer Ansicht
a.a.O.	am angegebenen Ort
a.E.	am Ende
a.F.	alte Fassung
a.M.	anderer Meinung
ABl.	Amtsblatt
abl.	ablehnend
Abl.EG	Amtsblatt der Europäischen Gemeinschaften
Abs.	Absatz
Abschn.	Abschnitt
abw.	abweichend
AgrarR	Agrarrecht (Zeitschrift)
Alt.	Alternative
amtl.	amtlich
Anh.	Anhang
Anm.	Anmerkung
AöR	Archiv des öffentlichen Rechts (Zeitschrift)
Art.	Artikel
Aufl.	Auflage
AWZ	Ausschließliche Wirtschaftszone
BAnz.	Bundesanzeiger
BArtSchV	Bundesartenschutzverordnung
BauGB	Baugesetzbuch
BauNVO	Baunutzungsverordnung
BauO	Bauordnung
BauR	Baurecht – Zeitschrift für das gesamte öffentliche und zivile Baurecht
BayBO	Bayerische Bauordnung
BayNatEG	Gesetz zum Schutz der wildwachsenden Pflanzen und der nichtjagdbaren wildlebenden Tiere (Naturschutz-Ergänzungsgesetz NatEG) (Bayern)
BayObLG	Bayerisches Oberstes Landesgericht
BayVBl.	Bayerische Verwaltungsblätter (Zeitschrift)
BayVerfGH	Bayerischer Verfassungsgerichtshof
BayWaldG	Waldgesetz für Bayern
BBauG	Bundesbaugesetz
BBergG	Bundesberggesetz
BbgNatSchG	Brandenburgisches Naturschutzgesetz
BBodSchG	Bundes-Bodenschutzgesetz
Bd.	Band
BfN	Bundesamt für Naturschutz
Begr.	Begründung
Bek.	Bekanntmachung
Beschl. v.	Beschluss vom
BfN	Bundesamt für Naturschutz
BFStrG	Bundesfernstraßengesetz
BGBl.	Bundesgesetzblatt
BGH	Bundesgerichtshof
BImSchG	Bundes-Immissionsschutzgesetz
BImSchV	Verordnungen zur Durchführung des Bundes-Immissionsschutzgesetzes
BMU	Bundesministerium für Umwelt, Naturschutz und Reaktorsicherheit
BMVg.	Bundesministerium der Verteidigung
BNatSchG	Bundesnaturschutzgesetz

Abkürzungsverzeichnis

BNatSchG 2002	Bundesnaturschutzgesetz i.d.F. vom 25.3.2002 (BGBl. 1193)
BNatSchG/ES	Entscheidungssammlung Naturschutzrecht
BR	Bundesrat
BR-Drs.	Bundesrats-Drucksache
BReg.	Bundesregierung
BremNatG	Bremisches Gesetz über Naturschutz und Landschaftspflege
BT-Drs.	Bundestags-Drucksache
BVerfG	Bundesverfassungsgericht
BVerfGE	Amtliche Sammlung der Entscheidungen des Bundesverfassungsgerichts
BVerwG	Bundesverwaltungsgericht
BVerwGE	Amtliche Sammlung der Entscheidungen des Bundesverwaltungsgerichts
BWaldG	Bundeswaldgesetz
BWVPr	Baden-Württembergische Verwaltungspraxis (Zeitschrift)
bzw.	beziehungsweise
d.h.	das heißt
DIN	Deutsches Institut für Normung e.V.
Diss.	Dissertation
DÖV	Die Öffentliche Verwaltung (Zeitschrift)
Drs.	Drucksache
DV	Die Verwaltung (Zeitschrift)
DVO	Verordnung (EG) Nr. 1808/2001 der Kommission vom 30. August 2001 mit Durchführungsbestimmungen zur Verordnung Nr. 338/97 des Rates über den Schutz von Exemplaren wildlebender Tier- und Pflanzenarten durch Überwachung des Handels
DVBl.	Deutsches Verwaltungsblatt (Zeitschrift)
EG	Europäische Gemeinschaft
EGV	Vertrag zur Gründung der Europäischen Gemeinschaft
EG-VO	Verordnung (EG) Nr. 338/97 des Rates vom 9. Dezember 1996 über den Schutz von Exemplaren wildlebender Tier- und Pflanzenarten durch Überwachung des Handels
Erg.-Lfg.	Ergänzungslieferung
ESVGH	Entscheidungssammlung des Hessischen und des Baden-Württembergischen Verwaltungsgerichtshofs
EU	Europäische Union
EuGH	Europäischer Gerichtshof
EuR	Europarecht (Zeitschrift)
EuZW	Europäische Zeitschrift für Wirtschaftsrecht
EV	Vertrag zwischen der Bundesrepublik Deutschland und der Deutschen Demokratischen Republik über die Herstellung der Einheit Deutschlands – Einigungsvertrag
EWG	Europäische Wirtschaftsgemeinschaft
EWGV	Vertrag zur Gründung einer Europäischen Wirtschaftsgemeinschaft
EWR	Europäischer Wirtschaftsraum
FFH-RL	Fauna-Flora-Habitat-Richtlinie
FlurbG	Flurbereinigungsgesetz
Fn.	Fußnote
GAK	Gesetz über die Gemeinschaftsaufgabe „Verbesserung der Agrarstruktur und des Küstenschutzes"
GBl.	Gesetzblatt
gem.	gemäß
GenTG	Gentechnikgesetz
GewArch.	Gewerbearchiv (Zeitschrift)
GG	Grundgesetz
ggf.	gegebenenfalls
GMBl.	Gemeinsames Ministerialblatt
GVBl.	Gesetz- und Verordnungsblatt
h.M.	herrschende Meinung
Halbs.	Halbsatz

HambWaldG	Hamburgisches Landeswaldgesetz
HmbBNatSchAG	Hamburgisches Gesetz zur Ausführung des Bundesnaturschutzgesetzes
HdUR	Handwörterbuch des Umweltrechts
HEForstG	Hessisches Forstgesetz
HENatG	Hessisches Naturschutzgesetz
HENatG ErgG	Gesetz zur Ergänzung des Hessischen Naturschutzgesetzes
HessVGRspr.	Rechtsprechung der hessischen Verwaltungsgerichte
Hrsg.	Herausgeber
IBA	Important bird areas
IBA-Liste	Liste des internationalen Rats für Vogelschutz und internationales Wasservogel- und Feuchtgebietsforschungsbüro: Die der Europäischen Kommission übergebenen Liste der Important Bird Areas (IBA)
i.d.F.	in der (dieser) Fassung
i.d.R.	in der Regel
i.S.d.	im Sinne der
i.S.v.	im Sinne von
i.V.m.	in Verbindung mit
IVU-RL	Richtlinie über die integrierte Vermeidung und Verminderung der Umweltverschmutzung
JUTR	Jahrbuch für Umwelt- und Technikrecht
krit.	kritisch
krit. Bespr.	kritische Besprechung
Krw-/AbfG	Kreislaufwirtschafts- und Abfallgesetz
Kz.	Kennziffer
LANA	Länderarbeitsgemeinschaft Naturschutz, Landschaftspflege und Erholung
LBO	Landesbauordnung
LfU	Landesanstalt für Umweltschutz
LG NW	Landschaftsgesetz Nordrhein-Westfalen
lit.	Buchstabe
LKrO	Landeskreisordnung
LKV	Landes- und Kommunalverwaltung (Zeitschrift)
LLG BW	Landwirtschafts- und Landeskulturgesetz
LNatSchG SH	Landesnaturschutzgesetz Schleswig-Holstein
LPflG RP	Landespflegegesetz Rheinland-Pfalz
LRA	Landratsamt
LS	Leitsatz
LSA	Land Sachsen-Anhalt
LUA NW	Landesumweltamt NRW
LuftVG	Luftverkehrsgesetz
LWaldG	Landeswaldgesetz
LWG	Landeswassergesetz
m. abl./zust. Anm.	mit ablehnender(n)/zustimmender(n) Anmerkung(en)
m.w.N.	mit weiteren Nachweisen
MABl.	Ministerialamtsblatt der Bayerischen inneren Verwaltung
MLR BW	Ministerium für Ernährung und Ländlichen Raum Baden-Württemberg
MS	Ministerialschreiben
Mskr.	Manuskript
MV	Mecklenburg-Vorpommern
MVP	Minimum Viable Population
n.F.	neue Fassung
NAGBNatSchG	Niedersächsisches Ausführungsgesetz zum Bundesnaturschutzgesetz
NatSchAG M-V	Gesetz des Landes Mecklenburg-Vorpommern zur Ausführung des Bundesnaturschutzgesetzes
NatSchG	Naturschutzgesetz
NatSchG Bln.	Berliner Naturschutzgesetz
NatSchG BW	Naturschutzgesetz Baden-Württemberg
NatSchG DDR	Naturschutzgesetz DDR
NatSchG LSA	Landesnaturschutzgesetz Sachsen-Anhalt

Abkürzungsverzeichnis

Naturschutz und Landschaftsplanung	Naturschutz und Landschaftsplanung (Zeitschrift)
NdsVBl.	Niedersächsische Verwaltungsblätter (Zeitschrift)
NJW	Neue Juristische Wochenschrift (Zeitschrift)
NJW-RR	Neue Juristische Wochenschrift – Rechtsprechungsreport (Zeitschrift)
NNatSchG	Niedersächsisches Naturschutzgesetz
Nr.	Nummer
NRW	Nordrhein-Westfalen
NTS	NATO-Truppenstatut
NuL	Natur und Landschaft (Zeitschrift)
NuR	Natur und Recht (Zeitschrift)
NVwZ	Neue Zeitschrift für Verwaltungsrecht
NVwZ-RR	Neue Zeitschrift für Verwaltungsrecht – Rechtsprechungs-Report
NWVBl.	Nordrhein-Westfälische Verwaltungsblätter (Zeitschrift)
o. Ä.	oder Ähnliches
o. g.	oben genannt
OLG	Oberlandesgericht
OVG Bautzen	Sächsisches Oberverwaltungsgericht
OVG Berlin	Oberverwaltungsgericht Berlin
OVG Bremen	Oberverwaltungsgericht der Freien Hansestadt Bremen
OVG Frankfurt (Oder)	Oberverwaltungsgericht für das Land Brandenburg
OVG Greifswald	Oberverwaltungsgericht Mecklenburg-Vorpommern
OVG Hamburg	Hamburgisches Oberverwaltungsgericht
OVG Koblenz	Oberverwaltungsgericht Rheinland-Pfalz
OVG Lüneburg	Niedersächsisches Oberverwaltungsgericht
OVG Magdeburg	Oberverwaltungsgericht des Landes Sachsen-Anhalt
OVG Münster	Oberverwaltungsgericht für das Land Nordrhein-Westfalen
OVG Saarlouis	Oberverwaltungsgericht des Saarlandes
OVG Schleswig	Schleswig-Holsteinisches Oberverwaltungsgericht
OVG Weimar	Thüringer Oberverwaltungsgericht
OWiG	Ordnungswidrigkeitengesetz
p. p.	pro parte (lat.) zum Teil
RdErl.	Runderlass
RdL	Recht der Landwirtschaft (Zeitschrift)
RegE	Regierungsentwurf
RG	Reichsgericht/Reichsgesetz
RGBl.	Reichsgesetzblatt
RL	Richtlinie
Rn.	Randnummer
RNatSchG	Reichsnaturschutzgesetz
ROG	Raumordnungsgesetz
Rs.	Rechtssache
Rspr.	Rechtsprechung
s.	siehe
S.	Seite
s. o./s. u.	siehe oben/siehe unten
SächsNatSchG	Sächsisches Naturschutzgesetz
SächsVBl.	Sächsische Verwaltungsblätter (Zeitschrift)
SeeAnlV	Seeanlagenverordnung
SNG	Saarländisches Naturschutzgesetz
sog.	sogenannte
spp.	species pluralis (lat.) mehrere oder alle Arten einer Gattung
SRU	Rat von Sachverständigen für Umweltfragen
SRÜ	Seerechtsübereinkommen der Vereinten Nationen
st. Rspr.	ständige Rechtsprechung
StGB	Strafgesetzbuch
str.	streitig
StUFA	Staatliches Umweltfachamt
StVO	Straßenverkehrsordnung
TA Lärm	Technische Anleitung zum Schutz gegen Lärm
TA Luft	Technische Anleitung zur Reinhaltung der Luft

Abkürzungsverzeichnis

ThürNatG	Thüringer Naturschutzgesetz
ThürVBl.	Thüringer Verwaltungsblätter (Zeitschrift)
u.Ä.	und Ähnliches
u.a.	unter anderem
UAbs.	Unterabsatz
UBA	Umweltbundesamt
UGB	Umweltgesetzbuch
UIG	Umweltinformationsgesetz
UI-RL	Umweltinformationsrichtlinie
UMK	Umweltministerkonferenz
UmweltHG	Umwelthaftungsgesetz
UmwRG	Umweltrechtsbehelfsgesetz
UPR	Umwelt- und Planungsrecht (Zeitschrift)
URG	Umweltrahmengesetz
Urt.	Urteil
USchadG	Umweltschadensgesetz
usw.	und so weiter
UTR	Schriftenreihe der Forschungsstelle des Instituts für Umwelt- und Technikrecht der Universität Trier
UVP	Umweltverträglichkeitsprüfung
UVPG	Gesetz über die Umweltverträglichkeitsprüfung
UVP-RL	Richtlinie über die Umweltverträglichkeitsprüfung
UVPVwV	Allgemeine Verwaltungsvorschrift zur Ausführung des Gesetzes über die Umweltverträglichkeitsprüfung
VBlBW	Verwaltungsblätter Baden-Württemberg (Zeitschrift)
VerfGH	Verfassungsgerichtshof
VerwArch.	Verwaltungsarchiv (Zeitschrift)
VerwRspr.	Verwaltungsrechtsprechung in Deutschland (Zeitschrift)
VG	Verwaltungsgericht
VGH	Verwaltungsgerichtshof
VGH Kassel	Hessischer Verwaltungsgerichtshof
VGH Mannheim	Verwaltungsgerichtshof Baden-Württemberg
VGH München	Bayerischer Verwaltungsgerichtshof München
VGH n.F.	Sammlung von Entscheidungen des Bayerischen Verwaltungsgerichtshofs mit Entscheidungen des Bayerischen Verfassungsgerichtshofs u.a.
vgl.	vergleiche
VO	Verordnung
Vorbem.	Vorbemerkung
VRL	Vogelschutzrichtlinie
VwGO	Verwaltungsgerichtsordnung
VwV	Verwaltungsvorschrift
VwVfG	Verwaltungsverfahrensgesetz
WA	Washingtoner Artenschutzübereinkommen
WaldG Bln.	Landeswaldgesetz Berlin
WaldG BW	Waldgesetz für Baden-Württemberg
WBGU	Wissenschaftlicher Beirat Globale Umwelt
WHG	Wasserhaushaltsgesetz
WRV	Verfassung des Deutschen Reichs (Weimarer Reichsverfassung)
z.B.	zum Beispiel
z.T.	zum Teil
ZA-NTS	Zusatzabkommen zum NATO-Truppenstatut
ZAU	Zeitschrift für angewandte Umweltforschung
ZfB	Zeitschrift für Bergrecht
ZfBR	Zeitschrift für deutsches und internationales Baurecht
ZfU	Zeitschrift für Umweltpolitik und Umweltrecht
ZfW	Zeitschrift für Wasserrecht
ZG	Zeitschrift für Gesetzgebung
Ziff.	Ziffer
zit.	zitiert
ZUR	Zeitschrift für Umweltrecht

Literaturverzeichnis

Agena, C.-A./Dreesmann, S.: Die Umstellung auf ökologischen Landbau als Kompensationsmaßnahme für Eingriffe in Natur und Landschaft, NuR 2009, 594.

Akademie für Naturschutz und Landschaftspflege: Begriffe aus Ökologie, Umweltschutz und Landnutzung, 1984.

Akademie für Raumforschung und Landesplanung (Hrsg.): Handwörterbuch der Raumordnung, Hannover 1995.

Alliance for Nature: Die IUCN-Kriterien der „1985 United Nations List of National Parks and Protected Areas" – offizielle Übersetzung, Wien 1990.

Andresen, J.-E./Clostermeyer, M.: Neueste Entwicklungen in der Haftung für Ölverschmutzungsschäden, EurUP 2009, 116.

Apfelbacher, D./Adenauer, U./Iven, K.: Das Zweite Gesetz zur Änderung des Bundesnaturschutzgesetzes. Innerstaatliche Umsetzung und Durchführung gemeinschaftsrechtlicher Vorgaben auf dem Gebiet des Naturschutzes – Teil I: Artenschutz, NuR 1998, 509; Teil II: Biotopschutz, NuR 1999, 63.

Apfelbacher, D.: Das Naturschutzrecht nach der ersten Novelle zum Bundesnaturschutzgesetz (Teil 1), NuR 1987, 241.

Appel, M.: Die Befugnis zur einfach-gesetzlichen Ausgestaltung der allgemeinen Grundsätze i.S. d. Art. 72 Abs. 3 S. 1 Nr. 2 GG – zugleich ein Beitrag über Inhalt und Reichweite des abweichungsfesten Kerns der Landschaftsplanung gemäß § 8 BNatSchG 2009, NuR 2010, 171.

Arbeitsgruppe Eingriffsregelung der Landesanstalten/-Ämter und des Bundesamtes für Naturschutz: Empfehlungen zum Vollzug der Eingriffsregelung, Teil II Inhaltlich-methodische Anforderungen an Erfassungen und Bewertungen, 1995.

Arzt, C.: Zum Schutz von Meeressäugetieren in der Bundesrepublik Deutschland, NuR 1992, 304.

Ballschmidt-Boog, A.: Rechtliche Vorgaben und Defizite beim Schutz der Küstenökosysteme der Ostsee, 2000, zitiert: Ballschmidt-Boog, Küstenökosysteme der Ostsee.

Balzer, S./Hauke, U./Ssymank, A.: Nationale Gebietsbewertung gemäß FFH-Richtlinie: Bewertungsmethodik für die Lebensraumtypen nach Anhang I in Deutschland, NuL 2002, 10.

Battis, U./Krautzberger, M./Löhr, R.-P., BauGB, 11. Aufl. 2009.

Baumann, W./Biedermann, U./Breuer, W./Herbert, M./Kallmann, J./Rudolf, E.; Weihrich, D./Weyrath, U./Winkelbrandt, A.: Naturschutzfachliche Anforderungen an die Prüfung von Projekten und Plänen nach § 19c und § 19d BNatSchG (Verträglichkeit, Unzulässigkeit und Ausnahmen), NuL 1999, 463.

Literaturverzeichnis

Bayerisches Landesamt für Umweltschutz (Hrsg.): Artenhilfsprogramme, Schriftenreihe Bayerisches Landesamt für Umweltschutz 156 (Beiträge zum Artenschutz 23), 2001.

Beckmann, M.: Grenzen des geltenden Artenschutzes, Zur Auslegung des § 20f Abs. 1 Nr. 3 BNatSchG, NuR 1990, 300.

Beckmann, M./Lambrecht, H.: Verträglichkeitsprüfung und Ausnahmeregelung nach § 19c BNatSchG, ZUR 2000, 1.

Beckmann, B.: Die Seeanlagenverordnung, NordÖR 2001, 273.

Bendomir-Kahlo, G.: CITES – Washingtoner Artenschutzübereinkommen, 1989.

Berg, G.: Die Stellungnahme der Europäischen Kommission nach Art. 6 Abs. 4 UAbs. 2 FFH-RL bzw. § 34 Abs. 2 S. 2 BNatSchG, NuR 2003, 197.

Berghoff, P./Steg, K.: Das neue Bundesnaturschutzgesetz und seine Auswirkungen auf die Naturschutzgesetze der Länder, NuR 2010, 17.

Berkemann, J.: Rechtliche Instrumente gegenüber Eingriffen in Natur und Landschaft (§ 8 BNatSchG), NuR 1993, 97.

Beyerlein, U.: Umweltvölkerrecht, München 2000.

Bibelriether, H.: Studie über potentielle und bestehende Nationalparke in Deutschland, Angewandte Landschaftsökologie 10, 1997.

Bielenberg, W./Runkel, P./Spannowsky, W.: Raumordnungs- und Landesplanungsrecht des Bundes und der Länder, Loseblattkommentar, Stand 2. EL. 2009.

Binder, A.: BSH-Zulassungsverfahren nach der Seeanlagenverordnung, Vortrag am 27.04.2010, Insel Vilm, Fachgespräch Meeresnaturschutz.

Binot, M. et al.: Rote Liste gefährdeter Tiere Deutschlands, Schr.-R. f. Landschaftspflege u. Naturschutz 55, 1998.

Binot-Hafke, M./Gruttke, H./Ludwig, G./Riecken, U. (Hrsg.): Bundesweite Rote Listen – Bilanzen, Konsequenzen – Perspektiven, Schr.-R. f. Landschaftspflege und Naturschutz 65, 2000.

Blab, J./Riecken, U. (Hrsg.): Grundlagen und Probleme einer Roten Liste der gefährdeten Biotoptypen Deutschlands, 1993.

Blab, J.: Inhalte und Ziele von Artenschutzprogrammen in der Bundesrepublik Deutschland – Übersicht über die Gesamtthematik, Akademie für Naturschutz und Landschaftspflege, Tagungsbericht, 1981.

Blab, J.: Nationale und internationale Schutzgebietskategorien und -prädikate in Deutschland, in: Gebietsschutz in Deutschland: Erreichtes, Effektivität, Fortentwicklung: gutachtliche Stellungnahme und Ergebnisse der Fachtagung vom 8. bis 9. November 2000 in Weimar – Schr.-R. d. Deutschen Rates für Landespflege 73, 2002: 24–33.

Blab, J.: Stellenwert und Rolle von Naturschutzgebieten in Deutschland, NuL 2002, 333.

Blanke/Jelden: Das WA aus der Sicht einer wissenschaftlichen Behörde, Tagungsberichte Nr. 9 der Fachtagung der Naturschutzverwaltung Baden-Württemberg, 1987.

Blum, P./Agena, C.-A./Franke, J.: Niedersächsisches Naturschutzgesetz (NNatG); Loseblattkommentar 1990, Stand 7. EL. 2002.

BMU: Entwurf eines umweltpolitischen Schwerpunktprogramms. Referat Öffentlichkeitsarbeit, 1998, S. 54.

Bocker, L.: Zur landesrechtlichen Bejagung geschützter Arten – Elster und Rabenkrähe im Dickicht von Naturschutz und Jagdrecht, NuR 2000, 307.

Böckler, R./Gebhardt, H./Konold, W./Schmidt-Fischer, S. (Hrsg.), Gebietsfremde Pflanzenarten, 1995.

Bosecke, T.: Schutz der marinen Biodiversität im Lichte von Defiziten des Fischereimanagements, in: Dokumentation zur 30. Wissenschaftlichen Fachtagung der Gesellschaft für Umweltrecht (2007), S. 147.

Bosecke, T.: Vorsorgender Küstenschutz und IKZM an der deutschen Ostseeküste – Strategien, Vorgaben und Defizite aus Sicht des Raumordnungsrechts, des Naturschutz- und europäischen Habitatschutzrechts sowie des Rechts der Wasserwirtschaft, Heidelberg 2005.

Böttcher, M. (Bearb.), Auswirkungen von Fremdlicht auf die Fauna im Rahmen von Eingriffen in Natur und Landschaft, in: BfN, Schriftenreihe für Landschaftspflege und Naturschutz, Heft 67 (2001).

Boye, P.; Martens, H.: Zur naturschutzfachlichen Behandlung des sog. Neozoen-Problems, NuL 1999, 329.

Brandt, E. /Gassner, H.: Seeanlagenverordnung. Kommentar, 1. Aufl., 2002.

Brenner, W./Engelhardt, D./Fischer-Hüftle, P./Egner, M., Naturschutzrecht in Bayern, Kommentar, Stand 29. AL. 2009.

Breuer, W. 1993, Grundsätz für die Operationalisierung des Landschaftsbildes in der Eingriffsregelung und im Naturschutzhandeln insgesamt. NNA-Berichte 6, Heft 1: 19–24.

Breuer, R.: Der Entwurf einer EU-Wasserrahmenrichtlinie, NVwZ 1998, 1001.

Breuer, R.: Die Bedeutung des § 8 BNatSchG für Planfeststellungen und qualifizierte Genehmigungen nach anderen Fachgesetzen, NuR 1980, 89.

Breuer, R.: Rechtsfragen des Konfliktes zwischen Wasserkraftnutzung und Fischfauna, Reihe Umwelt- und Technikrecht 88, Berlin 2006, 165; zitiert als: Breuer, Rechtsfragen des Konfliktes zwischen Wasserkraftnutzung und Fischfauna.

Britz, G.: „Ökokonto" im Naturschutzrecht. Ein Instrument im Dienste der Belange von Naturschutz und Investition? UPR 1999, 205.

Bruns, E./Kieß, C./Peters, W.: Anforderungen an die Erfassung, Bewertung und Sanierung von Biodiversitätsschäden nach dem Umweltschadensgesetz, NuR 2009, 149.

Buchreiter-Schulz, M./Kreitmayer, C.: Die Stadtbiotopkartierung – eine Herausforderung für die Bauleitplanung und die Baugenehmigungspraxis im Siedlungsbereich, NuR 1991, 107.

Büchter, C.: Anforderungen des Naturschutzes an die Landschaftsplanung. NuL 2000, 237.

Buchwald, K./Engelhardt, W.: Bewertung und Planung im Umweltschutz Bd. 2, 1996, in: Umweltschutz – Grundlagen und Praxis.

Bundesamt für Naturschutz (Hrsg.): Bericht über den Kenntnisstand und die Diskussionen zur Rolle von Aaskrähe (Corvus corone), Elster (Pica pica) und Eichelhäher (Garrulus glandarius) im Naturhaushalt sowie die Notwendigkeit eines Bestandsmanagements, 1999.

Bundesamt für Naturschutz (Hrsg.): Erkennungshandbuch zum WA, Loseblattsammlung, 4 Bde.

Bundesamt für Naturschutz: Daten zur Natur 2002.

Bundesamt für Naturschutz: Erhaltung der biologischen Vielfalt – Wissenschaftliche Analyse deutscher Beiträge, 1997, S. 18.

Bundesamt für Naturschutz: Systematik der Biotoptypen- und Nutzungstypenkartierung (Kartieranleitung), 1995.

Bundesamt für Naturschutz: VDN, Nachhaltiger Tourismus in Naturparken. Ein Leitfaden für die Praxis, 2002, S. 52.

Bunzel, A: Wohin mit den Ausgleichs- und Ersatzmaßnahmen bei der verbindlichen Bauleitplanung? NVwZ 1994, 960.

Burmeister, J.: Zur Prüfung der Erheblichkeit von Beeinträchtigungen der Natura-2000-Gebiete gemäß § 34 BNatSchG im Rahmen einer FFH-Verträglichkeitsprüfung, NuR 2004, 296 f.

Carlsen, C./Fischer-Hüftle, P.: Rechtsfragen und Anwendungsmöglichkeiten des Landschaftsschutzes, NuR 1993, 311.

Castringius, K.: Meeresschutzgebiete – Die völkerrechtliche Zulässigkeit mariner Natura-2000 Gebiete (2008), zitiert als: Castringius, Meeresschutzgebiete.

Coch, T./Hirnschal, J.: Besucherlenkungskonzepte in Schutzgebieten. Überlegungen zur methodischen Vorgehensweise der Erarbeitung. Naturschutz und Landschaftsplanung, 1998, 382.

Cosack, T.: Erheblichkeitsschwelle und Ausnahmeregelung nach § 34 BNatschG – Garantien für eine ausgewogene Verträglichkeitsprüfung?, UPR 2002, 250.

Czybulka, D.: Die Fischereikompetenzen der EG und ihr Verhältnis zum marinen Arten- und Gebietsschutzrecht durch die Mitgliedsstaaten, in: Aktuelle Entwicklungen im europäischen Naturschutzrecht, Siebenter Warnemünder Naturschutzrechtstag, Baden-Baden 2007.

Czybulka, D.: Forschungsbedarf im marinen Fischereirecht, in: Bauer /Czybulka/Kahl (Hrsg): Wirtschaft im offenen Verfassungsstaat, Festschrift für Reiner Schmidt zum 70. Geburtstag, München 2006, S. 803–832, zitiert als: Czybulka, Festschrift Schmidt.

Czybulka, D.: Die Anwendung der Umwelthaftungsrichtlinie in der Ausschließlichen Wirtschaftszone und auf dem Festlandsockel. Der Schutz von natürlichen Lebensräumen und Arten im marinen Bereich, Natur und Recht 2008 (Heft 5), S. 304–311.

Czybulka, D.: Ethische, verfassungstheoretische und rechtliche Vorüberlegungen zum Naturschutz, in: Erbguth/Müller/Neumann (Hrsg.), Rechtstheorie und Rechtsdogmatik im Austausch, Gedächnisschrift für Bernd Jeand' Heur, 1999,

Czybulka, D.: Meeresschutzgebiete in der AWZ, ZUR 2003, 329.

Czybulka, D.: Naturschutz im Küstenmeer und in der Ausschließlichen Wirtschaftszone. Grundsätzliche Rechtsfragen, exemplarisch behandelt für die marine Sedimententnahme in der Ostsee, NuR 1999, 562.

Czybulka, D.: Naturschutzrechtlicher Flächen- und Artenschutz und landwirtschaftliche Produktion; AgrarR 1997, 305.

Czybulka, D. (Hrsg.): „Naturschutz und Rechtsregime im Küsten- und Offshore-Bereich" – Vierter Warnemünder Naturschutzrechtstag, Baden-Baden 2003.

Czybulka, D.: Der Schutz der Meere, 2010, im Ersch., zitiert als: Czybulka, Schutz der Meeres (2010) (im Ersch.)

Czybulka, D.: The need for research in marine fisheries law, EurUP 2007, S. 21–38.

Czybulka, D./Luttmann, M.: Die Wasserrahmenrichtlinie als Instrument des Gewässerschutzes,in: Lozán/Grassel/Hupfer/Menzel/Schönwiese (Hrsg.): Warnsignale Klima: Genug Wasser für alle?, Hamburg 2005.

Czybulka, D./Stredak, K.: Rechtsfragen der marinen Kies- und Sandgewinnung in Nord- und Ostsee. Zulassungserfordernisse und Umweltauswirkungen,, Baden-Baden 2008, zitiert als: Czybulka / Stredak, Rechtsfragen der marinen Kies- und Sandgewinnung in Nord- und Ostsee (2008).

Czybulka, D./Täufer, K.: Zulassungserfordernisse für die marine Kies- und Sandgewinnung nach europäischem und internationalen Naturschutzrecht, EurUP 2009, S. 300ff.

Czybulka, D.: Das Rechtsregime der Ausschließlichen Wirtschaftszone (AWZ) im Spannungsfeld von Nutzungs- und Schutzinteressen. Zur Geltung des nationalen Rechts in der AWZ, NuR 2001, 367.

Czybulka, D.: Geltung der FFH-Richtlinie in der Ausschließlichen Wirtschaftszone. Ein Urteil aus London und seine Folgen für das deutsche Naturschutzrecht, (Anmerkung zu High Court of Justice, U. v. 5.11.1999 – CO 1336/1999 –); NuR 2001, 19.

Czybulka, D.: Naturschutzrechtlicher Flächen- und Artenschutz und landwirtschaftliche Produktion; AgrarR 1997, 305.

Czybulka, D.: Rechtliche Möglichkeiten der Mitwirkung des Bundes bei Ausweisung, Entwicklung und Management von Nationalparken in der Bundesrepublik Deutschland, NuR 1996, 565.

Czybulka, D./Kersandt, P.: Rechtsvorschriften, rechtliche Instrumentarien und zuständige Körperschaften mit Relevanz für marine Schutzgebiete in der Ausschließlichen Wirtschaftszone und auf Hoher See, S. 28.

Czychowski, M./Reinhard, M.: Wasserhaushaltsgesetz unter Berücksichtigung der Landeswassergesetze und des Wasserstrafrechts: Kommentar 10. Aufl. 2010.

Dahl, H.-J./Niekisch, M./Riedl, U./Scherfose, V.: Arten-, Biotop- und Landschaftsschutz, 2000.

Dahlbeck L./Breuer W.: Der Konflikt zwischen Klettersport und Naturschutz am Beispiel der Habitatansprüche des Uhus (Bubo bubo), NuL 2001, 1.

Dahlke, C.: Genehmigungsverfahren von Offshore-Windenergieanlagen nach der Seeanlagenverordnung; NuR 2002, 472.

Dalhoff C./Fischer-Hüftle P.: Rechtmäßigkeit von Veränderungssperren bei Ausweisung naturschutzrechtlicher Schutzgebiete, (Erwiderung auf Vierhaus, LKV 1996, 238); LKV 1998, 4.

Dannecker, M./Kerth, Y.: Die rechtlichen Rahmenbedingungen für Offshore-Windenergieanlagen in der deutschen Ausschließlichen Wirtschaftszone (AWZ), in: DVBl. 2009, S. 748.

Dierßen, K./Reck, H.: Konzeptionelle Mängel und Ausführungsdefizite bei der Umsetzung der Eingriffsregelung im kommunalen Bereich. Teil A: Defizite in der Praxis. Naturschutz und Landschaftsplanung 1998, 341.

Dierßen, K./Reck, H.: Konzeptionelle Mängel und Ausführungsdefizite bei der Umsetzung der Eingriffsregelung im kommunalen Bereich. Teil B: Konsequenzen für künftige Verfahren. Naturschutz und Landschaftsplanung 1998, 373.

Dolde, K.-P.: Zur Beteiligung der Naturschutzverbände im Planfeststellungverfahren – § 29 Abs. 1 Nr. 4 BNatSchG ein „absolutes Verfahrensrecht"? (zu BVerwG U. v. 31.10.1990 – 4 C 7/88 –); NVwZ 1991, 960.

Drechsler, M.: Entscheidungen im Naturschutz bei ökologischer Unsicherheit. NNA-Berichte 2/99 (1999): 30–33.

Drechsler, M.: Modellbasierte Entscheidungshilfe im Artenschutz bei Unsicherheit. Verh. Ges. f. Ökol. 29 (1999), 531–538.

Drees, H.: Verhältnis des Jagdrechts zum Artenschutzrecht, RdL 1987, 197.

Dreier, H.: Grundgesetz-Kommentar, 2000.

Dürr, H.: Aktuelle Fragen der Planfeststellung, VBlBW 1992, 321.

Egner, M./Fuchs, R.: Naturschutz- und Wasserrecht 2009. Schnelleinstieg für den Praktiker, Heidelberg 2009, zitiert als: Egner/Fuchs, Naturschutz- und Wasserrecht 2009.

Ehlers, P.: Nutzungsregime in der Ausschließlichen Wirtschaftszone (AWZ), NordÖR 2004, 51.

Eissing, H./Louis, H.W.: Rechtliche und fachliche Anforderungen an die Bewertung von Eingriffen, NuR 1996, 485.

Ekschmitt, K./Breckling, B./Mathes, K.: Unsicherheit und Ungewissheit bei der Erfassung und Prognose von Ökosystementwicklungen. Verh. Ges. f. Ökol. 26 (1996), 495–500.

Ellenberg, H.: Vegetation Mitteleuropas mit den Alpen, 1986.

Ellwanger, G./Petersen, B./Ssymank, A.: Nationale Gebietsbewertung gemäß FFH-Richtlinie: Gesamtbestandsermittlung, Bewertungsmethodik und EU-Referenzlisten für die Arten nach Anhang II in Deutschland, NuL 2002, 29–42.

Emonds, G.: Der internationale Artenschutz und seine Bedeutung für Deutschland, NuR 1979, 52.

Emonds, S.: Die neue EG-Artenschutzverordnung und das geltende nationale Artenschutzrecht, NuR 1997, 26.

Epiney, A.: Vogel- und Habitatschutz in der EU. Mitgliedstaatliche Beurteilungsspielräume bei der Ausweisung von Schutzgebieten und der Anwendung der Schutzregime, UPR 1997, 309.

Epiney, A.; Gammenthaler, N.: Das Rechtsregime der Natura 2000-Schutzgebiete, 2009.

Erbguth, W.: Ausgewiesene und potentielle Schutzgebiete nach FFH- bzw. Vogelschutz-Richtlinie: (Rechts-)Wirkungen auf die räumliche Gesamtplanung – am Beispiel der Raumordnung, NuR 2000, 130.

Erbguth, W.: Pflichten der räumlichen Gesamtplanung im Hinblick auf ausgewiesene und potentielle Schutzgebiete – am Beispiel der Raumordnung –, in: Jarass, EG-Naturschutzrecht und räumliche Gesamtplanung: zum Verhältnis von FFH-Richtlinie und Vogelschutz-Richtlinie zur Raumordnungs- und Bauleitplanung; Kolloquium des Zentralinstituts für Raumplanung.

Erbguth, W./Schlacke, S.: Umweltrecht, 2. Auflage 2008.

Erbguth, W./Stollmann, F.: Planungs- und genehmigungsrechtliche Aspekte der Aufstellung von Windenergieanlagen, in: DVBl. 1995, S. 1270.

Erbs, G./Kohlhaas, M./Lorz, A./Stöckel, H.: Strafrechtliche Nebengesetze, Stand 148. EL. 2003.

Erdmann, K.-H./Giese, A.: Biosphärenreservat Berchtesgaden. Nachhaltige Entwicklung in einer Modellregion des deutschen Alpenraumes; in: Geographie und Naturschutz: Beiträge zu einer naturverträglichen Entwicklung (Hrsg.) Karl-Heinz Erdmann; Hans-Rudolf Bork; Karsten Grunewald, MAB-Mitteilungen 45, 17, (1998).

Europäische Kommission: Fahrplan für die maritime Raumordnung: Ausarbeitung gemeinsamer Grundsätze in der EU, KOM (2008), 791 endg.

Europäische Kommission bzw. Kommissionsdienststellen: „Leitfaden zum Aufbau des Natura-2000-Netzes in der Meeresumwelt. Anwendung der FFH- und der Vogelschutzrichtlinie", [Brüssel] Mai 2007.

Europäische Kommission: Natura 2000 – Gebietsmanagement, Die Vorgaben des Artikel 6 der Habitat-Richtlinie 92/43/EWG (www.naturschutzrecht.net/materialien).

Europäische Kommission: Prüfung der Verträglichkeit von Plänen und Projekten mit erheblichen Auswirkungen auf Natura-2000-Gebiete, Methodische Leitlinien zur Erfüllung der Vorgaben des Art. 6 Absätze 3 und 4 der Habitat-Richtlinie 92/43/EWG, 2001.

European Commission: From land cover to landscape diversity in the European Union, 2000; http://europa.eu.int/comm/agriculture/publi/landscape.

Ewer, W.: Rechtsschutz gegenüber der Auswahl und Festsetzung von FFH-Gebieten, NuR 2000, 361.

Fehrensen, S.: Zur Anwendung zwingenden Gemeinschaftsrechts in der aktuellen Rechtsprechung des BVerwG zum Artenschutz nach der „Kleinen Novelle" des Bundesnaturschutzgesetzes, (Zugleich Anmerkung zu BVerwG, Urt. v. 12.3.2008 – 9 A 3.06), NuR 2009, 13.

Forschungsgesellschaft für Straßen und Verkehrswesen (FGSV): Vorläufige Hinweise zur Erarbeitung von FFH-Verträglichkeitsprüfungen in der Straßenplanung, 2002.

Finck, P.: Vom Einzelgebiet zum Verbundsystem – Status und Perspektiven der Entwicklung von Schutzgebietssystemen, in: Schr.-R. d. Deutschen Rates für Landespflege 2002, Heft 73 S. 34–42.

Fisahn A.: Defizite bei der Umsetzung der FFH-RL durch das BNatSchG; ZUR 2001, 252.

Fisahn, A.; Winter, G.: Gebietsfremde Organismen als Rechtsproblem, ZUR 2000, 8.

Fisahn A./Cremer W.: Ausweisungspflicht und Schutzregime nach der Fauna-Flora-Habitat- und der Vogelschutzrichtlinie, NuR 1997, 272.

Fischer-Hüftle, P.: Alleenschutz und Straßenrecht; NuR 1998, 347.

Fischer-Hüftle, P.: Anmerkungen zur Jagd auf Greifvögel, NuR 2001, 618.

Fischer-Hüftle, P.: Bergbauberechtigungen und naturschutzrechtliche Verordnungen; NuR 1989, 106.

Fischer-Hüftle, P.: Biotopschutz nach geltendem Recht und Möglichkeiten zur Verbesserung, DÖV 1990, 1011.

Fischer-Hüftle, P.: FFH-Projektzulassung mittels Anzeigepflicht? Zur Europarechtskonformität von § 34 Abs. 1a BNatSchG, NuR 2009, 101.

Fischer-Hüftle, P.: Die Landwirtschaftsklauseln im Bundesnaturschutzgesetz, NuR 1981, 21.

Fischer-Hüftle, P.: Naturschutz-Rechtsprechung für die Praxis, Stand 14. EL. 2008; zitiert als: Fischer-Hüftle, Naturschutz-Rechtsprechung für die Praxis.

Fischer-Hüftle, P.: Vielfalt, Eigenart und Schönheit der Landschaft aus der Sicht eines Juristen, NuL 1997, 239.

Fischer-Hüftle, P.: Zur Gesetzgebungskompetenz auf dem Gebiet „Naturschutz und Landschaftspflege" nach der Föderalismusreform, NuR 2007, 78.

Fischer-Hüftle, P.: Zur Umsetzung der FFH-Richtlinie in das Bundes- und Landschaftsnaturschutzrecht, ZUR 1999, 66.

Fischer-Hüftle, P.: Zur Zulassung eines Projektes im Verfahren nach § 34 BNatSchG und/oder durch Befreiung von Schutzvorschriften, NuR 2010, 34.

Frankenberger, G.: Zur Nutzungsgeschichte von Böden der Stadt Rostock – Archiv der Freunde der Naturgeschichte in Mecklenburg 36, 1997.

Franzheim, H./Pfohl, M.: Umweltstrafrecht, 2. Aufl. 2001.

Franzius, C.: Objektive Rechtskontrolle statt subjektiver Rechtsschutz? Umweltrechtsschutz im „System" des Verwaltungsrechts, NuR 2009, 384.

Franzius, C.: Die Zukunft der naturschutzrechtlichen Eingriffsregelung, ZUR 2010, 346-353.

Franzius, C.: Die Abweichungsgesetzgebung, NVwZ 2008, 492-499.

Fritz, K.: Möglichkeiten und Grenzen von privatrechtlichen und öffentlich-rechtlichem Vertragsnaturschutz, UPR 1997, 439.

Froese, R./Proelß, A.: Rebuilding fish stocks no later than 2015: will Europe meet the deadline? Fish and Fisheries 2010, p. 1ff.

Fuchs W.: Naturschutz im Abseits. Eine Anmerkung zu dem Urteil des OVG Lüneburg vom 22.2.1999 – 3 K 2630/98 –; NuR 1999, 446.

Gaentzsch, G.: Die naturschutzrechtliche Eingriffsregelung. Das Verhältnis zwischen Fachrecht und Naturschutzrecht, NuR 1986, 89.

Gassner, E.: Das Recht der Landschaft, 1995.

Gassner, E.: Naturschutzrechtliche Eingriffsregelung im Bauplanungsrecht, NuR 1993, 252.

Gassner, E.: Zum Recht des Landschaftsbildes. Eine systematische Untersuchung zum Ausgleich von Eingriffen; NuR 1989, 61 f.

Gassner, E./Heugel, M.: Das neue Naturschutzrecht. BNatSchG-Novelle 2010, Eingriffsregelung, Rechtsschutz, München 2010.

Gassner, E./Schmidt-Räntsch, A. u. J. /Bendomir-Kahlo, G.: Bundesnaturschutzgesetz, 2. Aufl. 2003.

Gassner, E./SchemelH. J.: Umweltschadensgesetz, 2008.

Geissen, H.-P.: „Welche Natur wollen wir?": Naturschutz auf naturgeschichtlicher Grundlage. – Bibliothek Natur & Wissenschaft, 1996.

Geiter, O./Homma, S./Kinzelbach, R.: Bestandsaufnahme und Bewertung von Neozoen in Deutschland, Forschungsbericht im Auftrag des Umweltbundesamtes, 2001.

Gellermann, M.: § 43 Abs. 8 S. 2 BNatSchG als Beispiel europarechtlichen Experimentierens. Erwiderung auf Gassner, NuR 2009, 325., NuR 2009, 476.

Gellermann, M.: Europäischer Gebiets- und Artenschutz in der Rechtsprechung, NuR 2009, 8.

Gellermann, M.: Artenschutz und Straßenplanung: Neues aus Leipzig, (Zugleich Anmerkung zu BVerwG, Urt. v. 9.7.2008 – 9 A 14.07), NuR 2009, 85.

Gellermann, M.: Habitatschutz in der Perspektive des Europäischen Gerichtshofs, NuR 2005, 433.

Gellermann, M.: Herzmuschelfischerei im Lichte des Art. 6 FFH-RL, NuR 2004, 769.

Gellermann, M.: Recht der natürlichen Lebensgrundlagen in der Ausschließlichen Wirtschaftszone (AWZ) – dargestellt am Beispiel der Windkraftnutzung, NuR 2004, S. 74.

Gellermann, M.: Das FFH-Regime und die sich daraus ergebenden Umsetzungsverpflichtungen, NVwZ 2001, 500.

Gellermann, M.: Natura 2000, 2. Aufl. 2002, zitiert als: Gellermann, Natura 2000.

Gellermann, M.: Rechtsfragen des europäischen Habitatschutzes, NuR 1996, 548.

Gellermann, M.: Naturschutzrecht nach der Novelle des Bundesnaturschutzgesetzes, NVwZ 2010, 73.

Gellermann, M.: Verfassungswidrigkeit des gesetzlichen Biotopschutzes in Nordrhein-Westfalen? Anmerkungen zum Beschluß des OVG Münster vom 15.8.1994, NuR 1995, 227.

Gellermann, M./Middeke, A.: Der Vertragsnaturschutz, NuR 1991, 457.

Gellermann, M.: Geschützte Meeresflächen in der deutschen Ausschließlichen Wirtschaftszone (AWZ)? Rechtsfragen der Errichtung und des Schutzes mariner Natura 2000-Gebiete? UTR 83 (2005), 149.

Gellermann, M./Stoll, P.-T./Czybulka, D.: Nationales Recht des Meeresnaturschutzes in der Nord- und Ostsee – unter Einbezug internationaler und europäischer Vorgaben, 2010, im Ersch., zitiert als: Gellerman /Stoll / Czybulka, Nationales Recht des Meeresnaturschutzes (2010).

Gellermann, M./Stoll, P.-T./Schwarz, K.-A. /Wolff, R.: Nutzungsbeschränkungen in geschützten Meeresflächen im Bereich der Ausschließlichen Wirtschaftszone und des Festlandsockels (2007).

Gellermann, M./Schreiber, M.: Schutz wildlebender Tiere und Pflanzen in staatlichen Planungs- und Zulassungsverfahren, Heidelberg 2007, zitiert als: Gellermann, M./Schreiber, M.: Schutz wildlebender Tiere (2007).

Gerhards I.: Naturschutzfachliche Handlungsempfehlungen zur Eingriffsregelung in der Bauleitplanung, in: Bundesamt für Naturschutz (Hrsg.): Naturschutzfachliche Empfehlungen zur Eingriffsregelung in der Bauleitplanung, 2002, 28.

Glowka, L./Burhenne-Guilmin, F./Synge, H.: A Guide to the Convention on Biological Diversity, 1994.

Gloria, C.: Internationales Öffentliches Seerecht, in: Ipsen, Völkerrecht, 5. Aufl., München 2004, S. 747, zitiert als: Gloria, Internationales Öffentliches Seerecht.

Göhler, E.: Ordnungswidrigkeitengesetz, 12. Aufl. 1998.

Große, C. et al.: Trophäenjagd auf gefährdete Arten im Ausland, BfN-Skripten-Reihe Nr. 40, 2001.

Gündling, L.: Die 200 sm-Wirtschaftszone, Berlin 1983, zitiert als: Gündling: Die 200 sm-Wirtschaftszone.

Haarmann, K./Pretscher, P.: Naturschutzgebiete in der Bundesrepublik Deutschland, 2. Aufl. 1988.

Haarmann, K./Pretscher, P.: Zustand und Zukunft der Naturschutzgebiete in Deutschland, 1993.

Hafner, G.: Schutz der Meeresumwelt, in: W. Graf Vitzthum (Hrsg.), Handbuch des Seerechts, 2006.

Hahn, K.-G.: Das Recht der Landschaftsplanung, 1991.

Halama, G.: Fachrechtliche Zulässigkeitsprüfung und naturschutzrechtliche Eingriffsregelung, NuR 1998, 633.

Halama, G.: Die FFH-Richtlinie – unmittelbare Auswirkungen auf das Planungs- und Zulassungsrecht, NVwZ 2001, 506.

Hammer, W.: Die Rechtsstellung gezüchteter Wildtiere, DÖV 1986, 102.

Hammer, W.: Eigentum an Wildtieren, NuR 1992, 62.

Hammer, W.: Rechtsprechungshinweise zum Recht des Greifvogelschutzes und der Falknerei, NuR 1996, 186.

Hansmann, K.: Rechtsprobleme bei der Bewertung von Lärm, NuR 1997, 53.

Heidenreich, K./Tausch, C.: Staatliche Entschädigungsansprüche für Auswirkungen besonders geschützter Tierarten, NuR 1992, 210.

Heiland, S.: Voraussetzungen erfolgreichen Naturschutzes, 1999.

Heintschel von Heinegg, W.: Friedliche Nutzung, Seekriegs- und Neutralitätsrecht, in: Graf Vitzthum (Hrsg.), Handbuch des Seerechts, 2006, S. 491ff.

Heintschel von Heinegg, W.: Internationales öffentliches Umweltrecht,, S. 871, in: Ipsen, Völkerrecht, 5. Aufl., München 2004, zitiert als: Heintschel von Heinegg, in: Ipsen, Völkerrecht, 5. Aufl., 2004.

Henneke, H.-G.: Landwirtschaft und Naturschutz (Diss.) 1986.

Herbert, M./Wilke, T.: Stand und Perspektiven der Landschaftsplanung in Deutschland. V. Landschaftsplanung vor neuen Herausforderungen. NuL 2003, 64.

Herrmann, C./Krause, J. C.: Ökologische Auswirkungen der marinen Kies- und Sandgewinnung, in: H. von Nordheim/ D. Boedeker, Umweltvorsorge bei der marinen Kies- und Sandgewinnung – Tagungsband BLANO-Workshop, BfN-Scripten 23, 2000, 23ff.

Heugel, M./Hendrischke, O.: Internationaler Naturschutz, im Völkerrecht, NuL 81 (2006), zitiert als: Heugel/Hendrischke, NuL 81 (2006).

Heydemann, B.: Zur Frage der Flächengröße von Biotopbeständen für den Arten- und Ökosystemschutz, in: Flächensicherung für den Artenschutz (Jahrbuch für Naturschutz und Landschaftspflege) 1981, 21–51.

Hofmann, F./Kill, J./Meder, R./Plachter, H./Volz, K.-H.: Waldnutzung in Deutschland – Bestandsaufnahme, Handlungsbedarf und Maßnahmen zur Umsetzung des Leitbildes einer nachhaltigen Entwicklung, 2000.

Hofmann-Hoeppel, J./ Schumacher, J./ Wagner, J. (Hrsg.): Bodenschutzrecht-Praxis, Kommentar, Stand 5. EL. 2002.

Höll-Hornbach, N.: Zur Erhebung der besonders geschützten Biotope in Baden-Württemberg, NuL 1994, 505.

Hösch, U.: Die FFH-Verträglichkeitsprüfung im System der Planfeststellung, NuR 2004, 210 f.

Hösch, U.: Zur Behandlung der zwingenden Gründe des überwiegenden öffentlichen Interesses, UPR 2010, 7.

Hoppenstedt, A./ Schmidt, C.: Landschaftsplanung für das Kulturlandschaftserbe: Anstöße der europäischen Landschaftskonvention zur Thematisierung der Eigenart von Landschaft, Naturschutz und Landschaftsplanung 2002, 237.

Hövelmann, T.: Geschützte Biotope – vergessene Lebensräume?, Naturschutz und Landschaftsplanung 2002, 221.

Hufen, F.: Staatsrecht II: Grundrechte, 1. Aufl., 2007, zitiert als: Hufen, Staatsrecht II (Grundrechte) (2007).

Jäger, J.: Bedarf nach Unsicherheits-Unterscheidungen. Eine empirische Untersuchung zum Umgang mit Unsicherheit bei der Eingriffsbewertung. Naturschutz und Landschaftsplanung 2000, 204.

Jäger, J. A.: Landschaftszerschneidung, 2002.

Janssen, G.: Die rechtlichen Möglichkeiten der Einrichtung von Meeresschutzgebieten in der Ostsee, 2002.

Jarass, H. D.: Allgemeine Probleme der Gesetzgebungskompetenz des Bundes, NVwZ, 2000, 1089.

Jarass, H. D.: EG-rechtliche Folgen ausgewiesener und potentieller Vogelschutzgebiete – Zugleich ein Beitrag zum Rechtsregime für FFH-Gebiete, ZUR 2000, 183.

Jarass, H. D.: EG-rechtliche Vorgaben zur Ausweisung und Änderung von Vogelschutzgebieten, NuR 99, 481.

Jarass, H. D.: Naturschutz in der Ausschließlichen Wirtschaftszone, 2002.

Jedicke, E.: Biotopverbund, 2. Aufl. 1994.

Jedicke, E.: Die Roten Listen – Gefährdete Pflanzen, Tiere, Pflanzengesellschaften und Biotoptypen in Bund und Ländern, 1997.

Jedicke, E.: Raum-Zeit-Dynamik in Ökosystemen und Landschaften – Kenntnisstand der Landschaftsökologie und Umsetzung in die Prozeßschutz-Definition. Naturschutz und Landschaftsplanung 1998, 229–236.

Jenisch, U.: Offshore-Windenergieanlagen im Seerecht, NuR 1997, S. 373 f.

Jessel, B.: Das Landschaftsbild erfassen und darstellen. Vorschläge für ein pragmatisches Vorgehen. Naturschutz und Landschaftsplanung, 1998, 356.

Jessel, B.: Von der „Vorhersage" zum Erkenntnisgewinn – Aufgaben und Leistungsfähigkeit von Prognosen in der Umweltplanung – in: Naturschutz und Landschaftsplanung 2000, 197.

Jessel, B.: Wie „zukunftsfähig" ist die Eingriffsregelung? Naturschutz und Landschaftsplanung, 1998, 219.

Karger, C. R./Wiedemann, P. M.: Wahrnehmung von Umweltproblemen, NuL 1994, 3.

Karremann, M.: Das Fischereirecht in Deutschland sowie einige die Fischerei berührende Rechtsgebiete, AgrarR 1986, 157.

Kaule, G.: Arten- und Biotopschutz, 2. Aufl. 1991.

Kehrein, A.: Aktueller Stand und Perspektiven der Umsetzung von Natura 2000 in Deutschland, NuL 2002, 2.

Keller, M.: Das Planungs- und Zulassungsregime für Offshore-Windenergieanlagen in der deutschen Ausschließlichen Wirtschaftszone (AWZ), 2006.

Kersandt, P.: Rechtliche Vorgaben und Defizite bei Schutz und Nutzung der Nordsee – unter besonderer Berücksichtigung des Naturschutzrechts – Inauguraldissertation zur Erlangung eines Doktors der Rechte durch die Juristische Fakultät der Uni. Rostock, 2010, zitiert als: Kersandt, Nordsee (2010).

Kiemstedt, H./Mönnecke, M./Ott, S., 1996: Methodik der Eingriffsregelung, Teil III: Vorschläge zur bundeseinheitlichen Anwendung der Eingriffsregelung nach § 8 Bundesnaturschutzgesetz, Schriftenreihe der Länderarbeitsgemeinschaft Naturschutz, Landschaftspflege und Erholung (LANA) 6/1996.

Kiemstedt, H.: Landschaftsplanung: Inhalte und Verfahrensweisen, 1994, 7.

Kirchhof, F. Die Implementierung der FFH-Verträglichkeitsprüfung, 2003.

Kieß, C.: Die Sanierung von Biodiversitätsschäden nach der europäischen Umwelthaftungsrichtlinie, 2008.

Kloepfer, M.: Umweltrecht, 3. Aufl., 2004

Knickel, K.-H./Janßen, B./Schramek, J. /Käppel, K.: Naturschutz und Landwirtschaft, Kriterienkatalog zur „Guten fachlichen Praxis" in: Bundesamt für Naturschutz (Hrsg.), Angewandte Landschaftsökologie, Heft 41, S. 54.

Knopp, G.-M.: Die Umsetzung der Wasserrahmenrichtlinie im deutschen Wasserrecht, ZUR 2001, 368.

Koch, H.-J. (Hrsg.): Umweltrecht, 2. Aufl., Köln 2007.

Kolodziejcok, H.-G./Recken, J.: Naturschutz, Landschaftspflege, Kommentar, Stand 47. EL. 2003.

Koops, F. B.: Markierung von Hochspannungsfreileitungen in den Niederlanden. Vogel und Umwelt 9, Sonderheft, 1997, 276.

Kopf, H.: Naturschutzrecht im Spannungsfeld von Bauplanungsrecht und Raumordnungsrecht. Zugleich eine Besprechung des Urteils des Oberverwaltungsgerichts Koblenz vom 12.12.2007 – 8 A 10632/07.OVG, NuR 2008, 396.

Kopp, F. O./Schenke, W.-R.: Verwaltungsgerichtsordnung. 16. Aufl. 2009.

Köppel, C./Hirneisen, N./Rennwald, E. (Hrsg.): Rote Listen auf CD-ROM (mit online-/news-service unter www.rote- listen.de).

Korn, N.: Die Wasserrahmenrichtlinie der EU, Naturschutz und Landschaftsplanung 2001, 246.

Koschinski, S: Auswirkungen anthropogener Nutzungen und Anforderungen an marine Schutzgebiete für Meeressäuger in der südlichen und zentralen Nordsee, Frankfurt a. M. 2007, 60.

Krämer, L.: The European Commission's Opinions underArticle 6(4) of the Habitats Directive, Journal of Environmental Law, 2009, 59.

Kratsch, D./Schumacher, J.: Landesnaturschutzgesetz Baden-Württemberg, 2007, Stand: 1 EL. 7/2009.

Kratsch, D./Schumacher, J.: Naturschutzrecht - ein Leitfaden für die Praxis, 2005.

Kratsch, D.: Neuere Rechtsprechung zum Naturschutzrecht – Eingriffsregelung, Schutzgebiete, Biotopschutz, NuR 2009, 398.

Kratsch, D.: Die Umsetzung der FFH- und Vogelschutzrichtlinie in Baden-Württemberg, VBlBW 2001, 341.

Kratsch, D.: Gesetzlicher Biotopschutz in Baden-Württemberg, VBlBW 1998, 241.

Kratsch, D.: Zur Berücksichtigung besonders geschützter Biotope in der Bauleitplanung, NuR 1994, 278.

Krieger, H.: Die Anwendung nationaler und interantionaler Regelungen auf die Erdgasgewinnung in der Nordsee, in: DVBl. 2002, 300ff.

Krings, P.: Gewässerunterhaltung im Spannungsfeld von Naturschutzrecht und Wasserrecht, NuR 1997, 129.

Kuchler, F.: Die Rechtsfolgen der naturschutzrechtlichen Eingriffsregelung, NuR 1991, 465.

Kuchler, F.: Sind die anerkannten Naturschutzverbände bei der Erteilung von Ausnahmen von den gesetzlichen Biotopschutzvorschriften zu beteiligen?, NuR 1996, 172ff.

Kues, D.: Lebensraumschutz nach der Fauna-Flora-Habitat-Richtlinie (Diss.), 2001.

Kuschnerus, U.: Die naturschutzrechtliche Eingriffsregelung, NVwZ 1996, 235.

Lackner, K./ Kühl, K.: Strafgesetzbuch; 26. Aufl. 2007.

Lagoni, R.: Case Study of Germany, in: E. Franckx (Ed.), Vessel-source Pollution and Coastal State Jurisdiction, The Work of the ILA Committee on Coastal State Jurisdiction Relating to Marine Pollution (1991–2000) – The Hague, Boston 2001, 255ff., zitiert als: Lagoni, Case Study of Germany,

Lagoni, R.: Die Abwehr von Gefahren für die marine Umwelt, 1992, in: P. Kunig / W. Lang /R. Lagoni /R. Dolzer /K. Kreuzer/H. Schack, Umweltschutz im Völkerrecht und Kollisionsrecht, Berichte der Deutschen Gesellschaft für Völkerrecht, Heft 32 (1992), S. 87–158.

Lagoni, R.: Die Errichtung von Schutzgebieten in der ausschließlichen Wirtschaftszone aus völkerrechtlicher Sicht; NuR 2002, 121.

Lagoni, R.: Völkerrechtliche Vorgaben für die Anwendung des Umweltschadensgesetzes in der AWZ und auf dem Festlandsockel (2007).

Lagoni, R./Proelß, A.: Festlandsockel und ausschließliche Wirtschaftszone, in: W. Graf Vitzthum (Hrsg.), Handbuch zum Seerecht, 2006.

Länderarbeitsgemeinschaft für Naturschutz, Landschaftspflege und Erholung (LANA): Grundsatzpapier zur Eingriffsregelung nach den §§ 18–21 BNatSchG, 2002.

Länderarbeitsgemeinschaft für Naturschutz, Landschaftspflege und Erholung (LANA): Lübecker Grundsätze des Naturschutz, Minister für Natur, Umwelt und Landesentwicklung des Landes Schleswig-Holstein (Hrsg.), Schriftenreihe 3. Kiel, 1992.

Länderarbeitsgemeinschaft für Naturschutz, Landschaftspflege und Erholung (LANA): Mindestinhalte der flächendeckenden überörtlichen Landschaftsplanung, Schriftenreihe 7. Magdeburg, 2001, S. 7–18.

Länderarbeitsgemeinschaft für Naturschutz, Landschaftspflege und Erholung (LANA): Strategie für die Umsetzung eines länderübergreifenden ökologischen Verbundsystems, Schriftenreihe 7. Magdeburg, 2001, S. 19–24.

Länderarbeitsgemeinschaft für Naturschutz, Landschaftspflege und Erholung (LANA): Vollzugshinweise zum Artenschutzrecht vom 15. September 2000, abgedr. in Kolodziejcok/Recken Kennzahl 1400.

Landesanstalt für Umweltschutz BW (Hrsg.): Gebietsheimische Gehölze, 2002.

Langer, H./Hoppenstedt, A./Müller H./Riedel, U./Scholle, B. : Das Landschaftsschutzgebiet als Planungsinstrument eines umfassenden Landschaftsschutzes, 1993.

Leitke, C./Otto, S.: Bodenschutz und Umweltstrafrecht, 2008.

Lemke, M.: Heidelberger Kommentar zum Ordnungswidrigkeitengesetz, 1999.

Lorz, A.: Ein Blick auf den Grenzbereich von Tierschutz-, Naturschutz-, Jagd- und Fischereirecht, NuR 1985, 253.

Lorz, A.: Fischerei und Naturschutz – eine rechtliche Betrachtung, NuR 1982, 4

Lorz, A./Müller, M. H./Stöckel, H.: Naturschutzrecht, 2. Aufl. 2003.

Louis, H. W.: Die Zugriffsverbote des § 42 Abs. 1 BNatSchG im Zulassungs- und Bauleitplanverfahren, unter Berücksichtigung der Entscheidung des BVerwG zur Ortsumgehung Bad Oeynhausen. (Zugleich Anmerkung zu BVerwG, Urt. v. 9.7.2008 – 9 A 14.07), NuR 2009, 91.

Louis, H. W.: Die Haftung für Umweltschäden an Arten und natürlichen Lebensräumen, NuR 2009, 2

Louis, H. W.: Artenschutz durch die Ausweisung von geschützten Teilen von Natur und Landschaft, die artenschutzrechtlichen Störungs- und Zugriffsverbote und die Eingriffsregelung, in: Dolde (Hrsg.), Umweltrecht im Wandel, 2001.

Louis; H. W.: Artenschutz durch Ausweisung von Naturdenkmalen, Landschaftsschutzgebieten und besonders geschützten Landschaftsbestandteilen; NuR 1990, 105.

Louis, H. W.: BNatSchG, 1. Aufl. 1993.

Louis, H. W.: BNatSchG, Bd. 1, 2. Aufl. 2000.

Louis, H. W.: Das Verhältnis zwischen Baurecht und Naturschutz unter Berücksichtigung der Neuregelung durch das BauROG, NuR 1998, 113.

Louis, H. W.: Der Schutz der im Lebensbereich des Menschen lebenden Tiere der besonders geschützten Arten (z.B. Schwalben, Störche, Fledermäuse, Wespen), NuR 1992, 119.

Louis, H. W.: Die Auswirkungen flächenbezogener naturschutzrechtlicher Verbote, vor allem des besonderen Biotopschutzes nach § 20c BNatSchG und Genehmigungsvorbehalte auf Genehmigungsverfahren und Genehmigungen nach anderen Fachgesetzen sowie die Bauleitplanung, NuR 1992, 24.

Louis, H. W.: Die naturschutzrechtliche Befreiung, NuR 1995, 62.

Louis, H. W.: Die Planfeststellungen der Ersatzmaßnahmen für das „Mühlenberger Loch". Kompensationsmaßnahmen als Eingriff, die Belange von Natur und Landschaft in der Abwägung und die Anwendbarkeit der FFH-Verträglichkeitsprüfung. Anmerkungen zu den Entscheidungen des OVG Lüneburg, B. v. 1.6.2001 – 7 MB 1546/1 B 196/01 – und des VG Schleswig, B. v. 16.10.2001 – 12 B 16/01 –, NuR 2002, 335.

Louis, H. W.: Die Vogelschutz-Richtlinie – und die Irrungen und Wirrungen des VGH München (Urteil vom 14.03.1996 – 8 A 94.40125/40129 –) bei deren Anwendung, UPR 1997, 301.

Louis, H. W.: Niedersächsisches Naturschutzgesetz, 1. Aufl. 1990.

Louis, H.W./Engelke, A.: LPflG Rheinland-Pfalz, 1. Aufl. 1997.

Louis, H. W./Kortebein, K.: Zur Verfassungsgemäßheit des in § 62 LG NRW geregelten gesetzlichen Biotopschutzes, NuR 1997, 216.

Louis, H. W./Schumacher, J.: Das Dragaggi-Urteil des EuGH in der Interpretation der Kommission als Hüterin der Europäischen Verträge. Eine Anmerkung zu EuGH, Urt. v. 13.1.2005 – C-117/03, NuR 2005, 770.

Louis, H. W./Wolf, V.: Flächenverbrauch und Kompensation: Die naturschutzrechtliche Eingriffsregelung als Mittel der Flächenhaushaltspolitik, ZUR 2002, 146.

Louis, H. W./Wolf, V.: Naturschutz und Baurecht, NuR 2002, 455.

Maaß, C. A.: Die Identifizierung faktischer Vogelschutzgebiete, NuR 2000, 121.

Maaß, C. A.: Schutz der natürlichen Lebensräume und Böden vor stofflichen Immissionen, ZUR 2000, 308.

Mahlburg, S./Müller, C.: Rechtsfragen bei der Ausweisung von Landschaftsschutzgebieten in Sachsen, SächsVBl. 2000, 15.

Markus, T.: Die Regulierung anthropogener Lärmeinträge in die Meeresumwelt, NuR 2010, 236.

Markus, T.: European Fisheries Law: From Promotion to Management, Groningen 2009, zitiert als: Markus, European Fisheries Law (2009).

Markus, T./Schlacke, S.: Die Meeresstrategie-Rahmenrichtlinie der Europäischen Gemeinschaft, ZUR 2009, 464.

Marschall, I.; Lipp, T.; Schumacher, J.: Die Biodiversitätskonvention und die Landschaft. Strategien und Instrumente zur Umsetzung der Biodiversitätskonvention „in situ", NuR 2008, 327.

Martens, U./Merx, O.: Verwaltungsvollzug des Naturschutzrechts, ZUR 1994, 277.

Marx, J./Harms, K. H.: Konzeption für die Auswertung und Umsetzung der Grundlagenwerke zum Artenschutzprogramm Baden-Württemberg, in: Landesanstalt für Umweltschutz (Hrsg.), Förderprojekte der Stiftung Naturschutzfonds, 1993.

Matz, N.: Wege zur Koordinierung völkerrechtlicher Verträge, 2005.

Meßerschmidt, K.: Bundesnaturschutzrecht, Loseblattkommentar, Stand 96. AL. 2009.

Meßerschmidt, K./Schumacher, J.: Bundesnaturschutzrecht, Entscheidungssammlung (BNatSchG/ES), Stand 101 AL. 2010.

Meyhöfer, T.: Ausgleich und Ersatz in Bebauungsplänen – Umsetzungsdefizite, Ursachen und Lösungswege. Naturschutz und Landschaftsplanung 2000, 325.

Millet, L./Mabile, S. /Romi, R.: The French Legal Framework for Marine Protected Areas, EurUP 2009, S. 162.

Mühlenberg, M./Slowik, J.: Kulturlandschaft als Lebensraum, 1997.

Müller-Trepitz, R.: Aus eins mach zwei – Zur Novellierung des Bundesnaturschutzgesetzes, NVwZ 1999, 26.

Münchener Kommentar zum BGB, 4. Aufl. 2000.

Nachtigall, G.: Einbindung landschaftsökologischer und naturschützerischer Erfordernisse in die landwirtschaftliche Produktion – Stand und Perspektiven. Mitteilungen aus der Biologischen Bundesanstalt für Land- und Forstwirtschaft, Heft 294, Berlin 1994.

Nebelsieck, R.: Rechtsgutachten im Auftrag des Naturschutzbundes Deutschland, Landesverband Schleswig-Holstein e.V. und des WWF Deutschland, Fachbereich Meere und Küsten, Hamburg 2002, Die Genehmigung von Offshore-Windenergieanlagen in der AWZ, Rechtsgutachten, Hamburg 2002, S. 25f.

Niederstadt, F./Eberhardt, D.: Der Stand der Umsetzung der Fauna-Flora-Habitatrichtlinie in der Bundesrepublik Deutschland, NuL 2000, 380.

Niederstadt, F./Weber, R.: Verbandsklagen zur Geltendmachung von Naturschutzbelangen bei immissionsschutzrechtlichen Genehmigungen, NuR 2009, 297.

Nordquist, M.H. (Hrsg.): United Nations Convention on the Law of the Sea. A Commentary, Vol. IV., 1991.

Palme, C./Schumacher, J.: Die Regelungen zur FFH Verträglichkeitsprüfung bei Freisetzung oder Inverkehrbringen von gentechnisch veränderten Organismen in § 34a BNatSchG, NuR 2007, 16.

Palme, C./Schumacher, A./Schumacher, J./Schlee, M.: Die europäische Umwelthaftungsrichtlinie, EurUP 2004, 204.

Palandt/Thomas: BGB, Kommentar, 69 Aufl. 2010.

Panek, N.: Nationalpark-Zukunft in Deutschland – einige kritische Anmerkungen und Thesen, NuL 1999, 266.

Pauly, D.: Fishing down marine food webs, in: D. Pauly/P. Tyedmers/R. Froese./L.Y. Liu, Towards sustainability in world fisheries, Nature vol. 418, 8 August 2002, p. 689ff.

Peters, J./Klinkhammer, B.: Kulturhistorische Landschaftselemente. Systematisieren, kartieren und planen – Untersuchungen in Brandenburg, Naturschutz und Landschaftsplanung 2000, 147.

Petersen, M.: Die Umsetzung der Umwelthaftungsrichtlinie im Umweltschadensgesetz, 2008.

Petersen, B./Hauke, U./Ssymank, A.: Der Schutz von Tier- und Pflanzenarten bei der Umsetzung der FFH-Richtlinie, 2001.

Pfohl, M.: Artenschutz-Strafrecht; wistra 1999, 164.

Piechocki, R.: 100 Jahre Nationalpark-Bewegung in Deutschland. Nationalpark 101: 25, 1998.

Pielow, L.: Verursacherhaftung nach dem Bundesnaturschutzgesetz, NuR 1979, 15.

Plachter, H.: Antworten auf den gemeinsamen Fragenkatalog, Öffentliche Anhörung zum Bundesnaturschutzgesetz, Ausschuss für Umwelt, Naturschutz und Reaktorsicherheit, Ausschussdrucksache 14/600 Teil 1, S. 2.

Plachter, H.: Naturschutz, 1991.

Platzöder, R.: The United Nations Convention on the Law of the Sea and Marine Protected Areas on the High Seas, in: Thiel, Hjalmar / Koslow, Anthony

(Hrsg.): Managing Risks to Biodiversity and the Environment on the Seas. Including Tools such as Marine Protected Areas – Scientific Requirements and Legal Aspects, Proceedings of the Expert Workshop held at the International Academy for Nature Conservation, Isle of Vilm, Germany, 27 February – 4 March 2001, BfN-Skripten 43, Bonn 2001, S. 137–142.

Potthast, T. (Hrsg.), Ökologische Schäden: Begriffliche, methodologische und operationale Aspekte, Theorie in der Ökologie 10, 2004.

Pott, R.: Biotoptypen: schützenswerte Lebensräume Deutschlands und angrenzender Regionen, 1996.

Primack, R. B.: Naturschutzbiologie, 1995.

Proelß, A.: Meeresschutz im Völker- und Europarecht, 2003.

Proelß, A.: Völkerrechtliche Grenzen eines maritimen Infrastrukturrechts, EurUP 2009, 2.

Rassmus/Herden/Jensen/Reck/Schöps: Methodische Anforderungen an Wirkungsprognosen in der Eingriffsregelung, in: Bundesamt für Naturschutz (Hrsg.), Angewandte Landschaftsökologie, Heft 51.

Rat von Sachverständigen für Umweltfragen: Allgemeine ökologische Umweltbeobachtung, Sondergutachten, 1990.

Rat von Sachverständigen für Umweltfragen: Für eine Stärkung und Neuorientierung des Naturschutzes, Sondergutachten 2002, Kurzfassung.

Rat von Sachverständigen für Umweltfragen: Umweltgutachten 2000.

Raths, U./Riecken, U./Ssymank, A.: Gefährdung von Lebensraumtypen in Deutschland und ihre Ursachen, NuL 1995, 203.

Reck, H. (Bearb.): Lärm und Landschaft, in: Bundesamt für Naturschutz (Hrsg.), Angewandte Landschaftsökologie (44), 2001.

Reck, H./Herden, C./Rassmus, J./Walter, R.: Die Beurteilung von Lärmwirkungen auf frei lebende Tierarten und die Qualität ihrer Lebensräume – Grundlagen und Konventionsvorschläge für die Regelung von Eingriffen nach § 8 BNatSchG, in: Bundesamt für Naturschutz (Hrsg.), Angewandte Landschaftsökologie 44 (2001), 125.

Rehbinder, E./Wahl, R.: Kompetenzprobleme bei der Umsetzung von europäischen Richtlinien, NVwZ 2002, 21.

Rehbinder, E.: Umweltschutz und Pflanzenschutzrecht, NuR 1983, 249.

Rehbinder, E.: Vertragsnaturschutz – Erscheinungsformen, Rechtsprobleme, ökologische Wirkungen, DVBl. 2000, 859.

Reif, A./Nickel, E.: Pflanzungen von Gehölzen und „Begrünung" – Ausgleich oder Eingriff in Natur und Landschaft? Naturschutz und Landschaftsplanung 2000, 299.

Reif, A./Essmann, H./Baum, F.: Theorie und Praxis des Ausgleichs. Dargestellt am Beispiel des Autohofs Hartheim in Baden-Württemberg. Naturschutz und Landschaftsplanung 1999, 217–222.

Rengeling, H.-W./Gellermann, M.: Kooperationsrechtliche Verträge im Naturschutzrecht. Möglichkeiten und Grenzen des Vertragsnaturschutzes, ZG 1991, 317.

Rennwald, E.: Verzeichnis und Rote Liste der Pflanzengesellschaften Deutschlands. Schr.-R. f. Vegetationskunde. 35, 2000.

Richarz, K.: Besondere Gefahren für Vögel und Schutzmaßnahmen. Freileitungen. Taschenbuch für Vogelschutz, 2001, 116.

Riecken, U.: Novellierung des Bundesnaturschutzgesetzes: Gesetzlich geschützte Biotope nach § 30, NuL 2002, 397.

Riecken, U.: Vorschlag zu „Bagatelluntergrenzen" für die Flächengröße von besonders geschützten Biotopen nach § 20c BNatSchG, NuL 1998, 492.

Riecken, U./Ries, U./Ssymank, A.: Biotoptypenverzeichnis für die Bundesrepublik Deutschland, 1993.

Riecken, U./Ries, U./Ssymank, A.: Rote Liste der gefährdeten Biotoptypen der Bundesrepublik Deutschland Schriftenreihe für Landschaftspflege und Naturschutz 41, 1994.

Riecken, U./Finck, P./Raths, U./Schröder, E. /Ssymank, A.: Rote Liste der gefährdeten Biotoptypen Deutschlands, Naturschutz und Biologische Vielfalt 34, 2. Aufl., BfN 2006.

Riedel, W./Lange H.(Hrsg.): Landschaftsplanung, 2002.

Rietdorf, M./Winkelmüller, M.: „Schutz durch Nutzung" als zukunftsfähiges Modell? Eine Anmerkung zum EuGH-Vorlagebeschluss des OVG Koblenz v. 28.01.2009 – 8 A 10938/08.OVG, NuR 2009, 359.

Rikus, A.: § 1 Abs. 1 BNatSchG, Eine naturschutzrechtliche Zielvorschrift und ihr Gebrauch in der Rechtsrechung 1977–1997 (Diss.).

Ringe, B.: Geschützte Arten in der Bauleitplanung, Schriftenreihe des Instituts für Landschaftspflege und Naturschutz am Fachbereich für Landschaftsarchitektur und Umweltentwicklung der Universität Hannover, Band 47, 2002.

Rückriem, C./Roscher, S.: Empfehlungen zur Berichtspflicht gemäß Artikel 17 der Fauna-Flora-Habitat-Richtlinie. Ergebnisse des Life-Projekts „Beurteilung des Erhaltungszustandes natürlicher Lebensräume gemäß der FFH-Richtlinie" des Bundesamtes für Naturschutz von 1996–1998. Angewandte Landschaftsökologie 22: S.13, 1999.

Rudolph, I.: Mitwirkungsrecht der Naturschutzverbände nach § 29 I Nr, 4 BNatSchG und Rechtsschutz; JuS 2000, 478.

Sachs, M. (Hrsg.): Grundgesetz. Kommentar, 5. Aufl., München 2009.

Sachteleben J./Riess W.: Flächenanforderungen im Naturschutz: Ableitung unter Berücksichtigung von Inzuchteffekten. I. Teil: Das Modell, Naturschutz und Landschaftsplanung 1997, 336.

Sachverständigenrat für Umweltfragen, Jahresgutachten 2000, BT-Drs. 14/3363.

Sachverständigenrat für Umweltfragen: Sondergutachten „Umweltprobleme der Landwirtschaft", 1985, BT-Drs. 10/3613.

Sack, H.-J.: Umweltschutz-Strafrecht, 4. Aufl. 1995, Stand: Juli 2009.

Schaefer: Wörterbuch der Biologie – Ökologie, 1992.

Scharpf, H.: Tourismus in Großschutzgebieten S. 44, in: Buchwald/Engelhard „Umweltschutz-Grundlagen und Praxis" Bd. 11 (Freizeit, Tourismus und Umwelt).

Scheidler, A.: Die naturschutzrechtlichen Voraussetzungen zur Erteilung der naturschutzrechtlichen Genehmigung, NuR 2009, 232.

Scherer-Lorenzen, M./Scheuerer, M./Schumacher, W.: Eine bundesweite Befragung zu den Artenschutzprogrammen für Pflanzen, Schr.-R.f. Vegetationskunde 36, 2002.

Schink, A.: Auswirkungen der Fauna-Flora-Habitat-Richtlinie (EG) auf die Bauleitplanung GewArch. 1998, 45.

Schink, A.: Naturschutzrecht in NW, 1989.

Schink, A.: Die Verträglichkeitsprüfung nach der FFH-Richtlinie; UPR 1999, 417.

Schink, A.: Wertvolle Biotope – ohne gesetzlichen Schutz?, VerwArch. 1995, 398.

Schink, A.: Die Verträglichkeitsprüfung nach der Fauna-Flora-Habitat-Richtlinie der EG, DÖV 2002, 49.

Schlüter, J.: Grundwasserförderung und naturschutzrechtliche Eingriffsregelungen ZfW 2003, 17/26.

Schmidt, A./Zschiesche, M.: Die Effizienz der naturschutzrechtlichen Verbandsoder Vereinsklage, NuR 2003, 16.

Schmidt-Moser, R.: Vertraglicher Flächenschutz statt Naturschutzgebiete?: Können Verträge das Ordnungsrecht ersetzen?; Welche Rolle spielen Flächenankäufe? NuL 2000, 481.

Schmidt-Räntsch, A.: Ergebnisse der 8. Vertragsstaatenkonferenz zum WA, NuR 1993, 149.

Schmidt-Räntsch, A.: Leitfaden zum Artenschutzrecht, 1990.

Schoch/Schmidt-Aßmann/Pietzner: Verwaltungsgerichtsordnung, Loseblatt-Kommentar, 8. EL. 2003.

Schönke/Schröder: Strafgesetzbuch, 28. Aufl. 2010.

Schrader, C.: Das Naturschutzrecht der Länder in der Anpassung an das neue Bundesnaturschutzgesetz, NuR 2003, 80.

Schrödter, W.: Bauleitplanung in FFH-Gebieten und Vogelschutzgebieten; NuR 2001, 8.

Schubert, R./Wagner, G.: Botanisches Wörterbuch, 10. Aufl., Stuttgart 1991.

Schuboth, J.: Besonders geschützte Biotope nach § 20c BNatSchG, Naturschutz und Landschaftsplanung 1996, 325.

Schulz, P.-M.: Vorbeugender gerichtlicher Rechtsschutz gegen FFH-Gebiete, (Anmerkung zu: VG Schleswig, B. v. 13.1.2000 – 1 B 104/99 –), NVwZ 2001, 289.

Schumacher, A. (in Vorb.): Vegetation und Sukzession im Naturschutzgebiet „Bergrutsch am Hischkopf". Dissertation Tübingen.

Schumacher, A.: Die Berücksichtigung des Vogelschutzes an Energiefreileitungen im novellierten Bundesnaturschutzgesetz. Naturschutz in Recht und Praxis – online 2002, Heft 1: 2/3 f., www.naturschutzrecht.net/onlinezeitschrift/NRPO_Heft1.pdf m,w.N. zu Vogelverlustzählungen.

Schumacher, A.: Fachliche Anforderungen an die Erfassung und Bewertung von Umweltschäden. In: Czybulka, D. (Hrsg.): Aktuelle Entwicklungen im europäischen Naturschutzrecht. Siebter Warnemünder Naturschutzrechtstag. Beiträge zum Landwirtschaftsrecht und zur Biodiversität Bd. 4, 2007, S. 177–194.

Schumacher, J.: Das Umweltrechtsbehelfsgesetz, UPR 2008, 34 ff.

Schumacher, J.: Haftung der Landwirte und anderer Akteure für Schäden an der Natur nach europäischem Gemeinschaftsrecht. In: Czybulka, D. (Hrsg.): Aktuelle Entwicklungen im europäischen Naturschutzrecht. Siebter Warnemünder Naturschutzrechtstag. Beiträge zum Landwirtschaftsrecht und zur Biodiversität Bd. 4, 2007, S. 153–175.

Schumacher, J.: Lebensräume schaffen - Artenschutz im Verkehrsnetz: Rechtliche Grundlagen für die Schaffung von Lebensraum-Verbundkorridoren. In: Leitschuh-Fecht, H./Holm, P. (Hrsg.): Lebensräume schaffen. Umwelt und Verkehr Bd. 5, 2006, S. 43- 51.

Schumacher, J.: Der Schutz des europäischen Naturerbes durch die Vogelschutzrichtlinie und die Fauna-Flora-Habitat Richtlinie, EurUP 2005, 258.

Schumacher, J.: Unzureichende Umsetzung der Schutzvorschrift der FFH-RL; EurUP 2005, 101f.

Schumacher, J./Schumacher, A./Palme, C./Schlee, M.: Schäden durch gefährliche Stoffe – Neuerungen durch die EU-Umwelthaftungsrichtlinie, StoffR 2005, 26.

Schumacher, J./Palme, C.: Das Dragaggi-Urteil des EuGH und seine Auswirkungen auf das deutsche Habitatschutzrecht, EurUP 2005, 175.

Schumacher, W.: Was will der Naturschutz und was sind Leistungen der Landwirtschaft für Naturschutz und Landschaftspflege? Schr.-R. d. Deutschen Rates für Landespflege, Heft 71, 2000, 19.

Schünemann, W.: Bergsteigen im Schutz von Verkehrs(sicherungs-)pflichten? (Erwiderung auf Hagenbucher, NJW 1985, 177); NJW 1985, 1514.

Seidel, W.: Die geplante Wasserrahmenrichtlinie der Europäischen Gemeinschaft, UPR 1998, 430.

Siedentop, S.: Zum Umgang mit kumulativen Umweltwirkungen in der FFH-Verträglichkeitsprüfung, UVP-Report 2001, 88.

Spannowsky, W.: Vorgaben der räumlichen Gesamtplanung für die Ausweisung besonderer Schutzgebiete, UPR 2000, 41.

Spieth, W. F./Appel, M.: Genehmigungsprojekte unter dem Damoklesschwert der FFH-Abweichungsprüfung, NuR 2009, 669.

SRU: Konzepte einer dauerhaft umweltgerechten Nutzung ländlicher Räume, 1996.

SRU: Sondergutachten 2002, BT.-Drs. 14/9852.

Ssymank, A.: Schutzgebiete für die Natur: Aufgaben, Ziele, Funktionen und Realität, in: Erdmann/Spandau, Naturschutz in Deutschland: Strategien, Lösungen, Perspektiven, S. 11.

Steeck, S./Lau, M.: Das FFH-Screening – letzte Ausfahrt vor Westumfahrung Halle?, NVwZ 2008, 854.

Steeck, S./Lau, M.: Die Rechtsprechung des BVerwG zum europäischen Naturschutzrecht im Jahr 1 nach seiner Entscheidung zur Westumfahrung Halle, NVwZ 2009, 616.

Stegmann, F.: Artenschutz-Strafrecht (Diss.), 2000.

Steinberg, R./Berg, T./Wickel, M.: „Fachplanung" 3. Aufl. 2000.

Steiof, K.: Die Evolution als maßgebliches Kriterium für die naturschutzfachliche Bewertung von Tierarten fremder Herkunft, NuL 2001, 485.

Stelkens/Bonk/Sachs: Verwaltungsverfahrensgesetz, 6. Aufl. 2010.

Steubing, L./Buchwald, K./Braun, E.: Natur- und Umweltschutz: Ökologische Grundlagen, Methoden, Umsetzung, 2001.

Stock, M.: Nationalparke in Deutschland: Den Entwicklungsgedanken gesetzlich absichern und konkretisieren, ZUR 2000, 198.

Stollmann, F.: Die naturschutzrechtliche Befreiung nach § 31 Abs. 1 S. 1 BNatSchG; DVBl. 1999, 746.

Storost, W.: FFH-Verträglichkeitsprüfung und Abweichungsentscheidung, DVBl. 2009, 673.

Stüber, S.: Artenschutz und dessen Monitoring in der Vogelschutz- und der FFH-Richtlinie und die Umsetzung in Bundesrecht, NuR 2000, 245.

Teßmer, D.: Rahmenrechtliche Vorgaben des neuen BNatSchG für die Landesnaturschutzgesetze NuR 2002, 714.

Thiel, H./Koslow, A. (Hrsg.): Managing Risks to Biodiversity and the Environment on the Seas. Including Tools such as Marine Protected Areas – Scientific Requirements and Legal Aspects, Proceedings of the Expert Workshop held at the International Academy for Nature Conservation, Isle of Vilm, Germany, 27 February – 4 March 2001, BfN-Scripten 43, Bonn 2001, S. 137–142.

Thum, R.: Giftspinnen, Schlangen und andere gefährliche Tiere aus tierschutz-, sicherheits- und artenschutzrechtlicher Sicht, NuR 2001, 558.

Thyssen, B. Wann ist erheblich „erheblich", NuR 2010, 9.

Uerpmann, R.: Privatrechtlicher Abwehranspruch und naturschutzrechtliche Duldungspflicht im Nachbarverhältnis; NuR 1994, 386.

Umweltbundesamt: Daten zur Umwelt 2000.

Umweltbundesamt (Hrsg.): Nationale Strategie für die nachhaltige Nutzung und den Schutz der Meere, vom Bundeskabinett gebilligt am 01.10.2008.

UNESCO (Hrsg.): Biosphärenreservate. Die Sevilla-Strategie und die Internationalen Leitlinien für das Weltnetz. – Bundesamt für Naturschutz, 1996, Bonn.

Urban: Artenschutz in der Bauleitplanung, NuL 2002, 521.

Vallendar, W.: Die Wand im Groden – Land in Sicht für Infrastrukturvorhaben?, UPR 2010, 1.

v. Lersner, H.: Zum Rechtsbegriff der Natur; NuR 1999, 61.

v. Mangold/Klein/Starck, Das Bonner Grundgesetz, 6. Aufl. 2010.

VDEW: Vogelschutz an Starkstrom-Freileitungen mit Nennspannungen über 1kV. Erläuterungen zu Abschnitt 8.10 „Vogelschutz" der Bestimmung DIN VDE 0210/ 12.85, 2. Aufl., 1991, 16 S.

VDN: Die deutschen Naturparke – Aufgaben und Ziele, 3. Fortschreibung 2009.

Vischer, M./Binot-Hafke, M.: Artenhilfsprogramme der Bundesländer, Fauna, NuL 2003, 56.

Vitzthum, W. Graf (Hrsg.): Handbuch des Seerechts, München u.a. 2006, zitiert als: (Autor), in ders. (Hrsg.), Handbuch des Seerechts.

Vitzthum, W. Graf, Raum und Umwelt im Völkerrecht, 1997, S. 404, in: ders., Völkerrecht, zitiert als: Graf Vitzthum, Raum und Umwelt im Völkerrecht.

Wachter, T./Jessel, B.: Einflüsse auf die Zulassung von Projekten im Rahmen der FFH-Verträglichkeitsprüfung. Ergebnisse einer Auswertung von Verfahrensunterlagen, Naturschutz und Landschaftsplanung 2002, 133.

Wallström, M.: Unzureichende Umsetzung der FFH-Richtlinie durch die 2. Novelle zum BNatSchG und das BauGB, NuR 2000, 625.

Wegener, B. W.: Gebietsauswahl und -ausweisung für das Schutzgebietsnetz „Natura 2000" in: Erbguth (Hrsg.), Neuregelung im BNatSchG: Rechtsfragen, 2000, S. 52.

Weides, P.: Verwaltungsverfahren und Widerspruchsverfahren, 3. Aufl. 1993.

Weihrich, D.: Rechtliche und naturschutzfachliche Anforderungen an die Verträglichkeitsprüfung nach §19c BNatSchG, DVBl. 1999, 1697.

Weiß, A.: Möglichkeiten der Regelung der Fischerei (1999), BfN-Skripten 5.

Wernicke, P.: Anforderungen an den Naturschutz im Wald, in: Naturschutzarbeit in Mecklenburg-Vorpommern 45 (2002), 1.

Wiese, W.: Grenzüberschreitende Landrohrleitungen und seeverlegte Rohrleitungen im Völkerrecht (1997).

Wilke, R.: Zum neuen Raumordnungsgesetz 2008 – mit norddeutschen Akzenten, NordÖR 2009, S. 238.

Wilkens, H.: Gibt es weiterhin Nationalparke in Deutschland? Naturschutz und Landschaftsplanung 2001, 358 f.

Wirths, V.: Gemeinschaftsrechtlicher Habitatschutz und deutsches Immissionsschutzrecht – Zu den Einwirkungen der FFH-Richlinie auf das deutsche Recht, ZUR, 2000, 190.

Wisskirchen, R.: 1993, Standardliste der Farn- und Blütenpflanzen der Bundesrepublik Deutschland, Flor. Rundbr., Beih. 3: 2-478, & 1995, Flor. Rundbr. 29 (2): 212-246.

Witthohn, A.: Biotopschutz effektiv gemacht. Forderungen zur Einführung von Verwaltungsverfahren, der regelmäßigen Aktualisierung der Kartierungen und einheitlicher Definitionen, NdsVBl 2001, 133.

Wolf, S.: Neue Tendenzen zur Ausdehnung küstenstaatlicher Umweltkompetenzen auf See, ZaöRV 66 (2006), S. 73.

Wolf, R.: AWZ-Vorhaben: Rechtliche und naturschutzfachliche Aspekte bei Bau und Betrieb von Stromkabeln. Rechtsgutachten im Auftrage des Bundesamtes für Naturschutz (BfN), Freiberg 2004, zitiert als: Wolf, Rechtliche Aspekte bei Bau und Betrieb von Stromkabeln.

Wolff, N./Köck W. (Hrsg.): 10 Jahre Übereinkommen über die Biologische Vielfalt, 1. Aufl., Baden-Baden 2004.

Wolfrum, R.: The Interplay of UNCLOS and the CBD, 2000,

Wrase, J.: Ausnahmen vom FFH-Schutzregime, NuR 2004, 356.

Zeiler, M./Dahlke, C./Nolte, N.: Offshore-Windparks in der Ausschließlichen Wirtschaftszone von Nord- und Ostsee, ProMet Jg. 31 Nr. 1 (April 2005), S. 71ff.

Zukrigl, K.: Die Bedeutung unbewirtschafteter Wälder für die Forstwissenschaft. Naturschutzreport 16: 13.

Gesetz über Naturschutz und Landschaftspflege (Bundesnaturschutzgesetz – BNatSchG)

Vom 29. Juli 2009 (BGBl. I S. 2542, Inkraftgetreten am 1. März 2010)

Der Bundestag hat das folgende Gesetz beschlossen:

Inhaltsübersicht

Kapitel 1 **Allgemeine Vorschriften**
§ 1   Ziele des Naturschutzes und der Landschaftspflege
§ 2   Verwirklichung der Ziele
§ 3   Zuständigkeiten, Aufgaben und Befugnisse, vertragliche Vereinbarungen, Zusammenarbeit der Behörden
§ 4   Funktionssicherung bei Flächen für öffentliche Zwecke
§ 5   Land-, Forst- und Fischereiwirtschaft
§ 6   Beobachtung von Natur und Landschaft
§ 7   Begriffsbestimmungen

Kapitel 2 **Landschaftsplanung**
§ 8   Allgemeiner Grundsatz
§ 9   Aufgaben und Inhalte der Landschaftsplanung; Ermächtigung zum Erlass von Rechtsverordnungen
§ 10 Landschaftsprogramme und Landschaftsrahmenpläne
§ 11 Landschaftspläne und Grünordnungspläne
§ 12 Zusammenwirken der Länder bei der Planung

Kapitel 3 **Allgemeiner Schutz von Natur und Landschaft**
§ 13 Allgemeiner Grundsatz
§ 14 Eingriffe in Natur und Landschaft
§ 15 Verursacherpflichten, Unzulässigkeit von Eingriffen; Ermächtigung zum Erlass von Rechtsverordnungen
§ 16 Bevorratung von Kompensationsmaßnahmen
§ 17 Verfahren; Ermächtigung zum Erlass von Rechtsverordnungen
§ 18 Verhältnis zum Baurecht
§ 19 Schäden an bestimmten Arten und natürlichen Lebensräumen

Kapitel 4 **Schutz bestimmter Teile von Natur und Landschaft**

Abschnitt 1   **Biotopverbund und Biotopvernetzung; geschützte Teile von Natur und Landschaft**
§ 20 Allgemeine Grundsätze
§ 21 Biotopverbund, Biotopvernetzung
§ 22 Erklärung zum geschützten Teil von Natur und Landschaft
§ 23 Naturschutzgebiete
§ 24 Nationalparke, Nationale Naturmonumente
§ 25 Biosphärenreservate
§ 26 Landschaftsschutzgebiete
§ 27 Naturparke
§ 28 Naturdenkmäler
§ 29 Geschützte Landschaftsbestandteile
§ 30 Gesetzlich geschützte Biotope

Abschnitt 2   **Netz „Natura 2000"**
§ 31 Aufbau und Schutz des Netzes „Natura 2000"
§ 32 Schutzgebiete
§ 33 Allgemeine Schutzvorschriften
§ 34 Verträglichkeit und Unzulässigkeit von Projekten; Ausnahmen
§ 35 Gentechnisch veränderte Organismen
§ 36 Pläne

BNatSchG — Gesetzestext

Kapitel 5	**Schutz der wild lebenden Tier- und Pflanzenarten, ihrer Lebensstätten und Biotope**
Abschnitt 1	**Allgemeine Vorschriften**

§ 37 Aufgaben des Artenschutzes
§ 38 Allgemeine Vorschriften für den Arten-, Lebensstätten- und Biotopschutz

Abschnitt 2	**Allgemeiner Artenschutz**

§ 39 Allgemeiner Schutz wild lebender Tiere und Pflanzen; Ermächtigung zum Erlass von Rechtsverordnungen
§ 40 Nichtheimische, gebietsfremde und invasive Arten
§ 41 Vogelschutz an Energiefreileitungen
§ 42 Zoos
§ 43 Tiergehege

Abschnitt 3	**Besonderer Artenschutz**

§ 44 Vorschriften für besonders geschützte und bestimmte andere Tier- und Pflanzenarten
§ 45 Ausnahmen; Ermächtigung zum Erlass von Rechtsverordnungen
§ 46 Nachweispflicht
§ 47 Einziehung

Abschnitt 4	**Zuständige Behörden, Verbringen von Tieren und Pflanzen**

§ 48 Zuständige Behörden
§ 49 Mitwirkung der Zollbehörden; Ermächtigung zum Erlass von Rechtsverordnungen
§ 50 Anmeldepflicht bei der Ein-, Durch- und Ausfuhr oder dem Verbringen aus Drittstaaten
§ 51 Inverwahrungnahme, Beschlagnahme und Einziehung durch die Zollbehörden

Abschnitt 5	**Auskunfts- und Zutrittsrecht; Gebühren und Auslagen**

§ 52 Auskunfts- und Zutrittsrecht
§ 53 Gebühren und Auslagen; Ermächtigung zum Erlass von Rechtsverordnungen

Abschnitt 6	**Ermächtigungen**

§ 54 Ermächtigung zum Erlass von Rechtsverordnungen
§ 55 Durchführung gemeinschaftsrechtlicher oder internationaler Vorschriften; Ermächtigung zum Erlass von Rechtsverordnungen

Kapitel 6	**Meeresnaturschutz**

§ 56 Geltungs- und Anwendungsbereich
§ 57 Geschützte Meeresgebiete im Bereich der deutschen ausschließlichen Wirtschaftszone und des Festlandsockels; Ermächtigung zum Erlass von Rechtsverordnungen
§ 58 Zuständige Behörden; Gebühren und Auslagen; Ermächtigung zum Erlass von Rechtsverordnungen

Kapitel 7	**Erholung in Natur und Landschaft**

§ 59 Betreten der freien Landschaft
§ 60 Haftung
§ 61 Freihaltung von Gewässern und Uferzonen
§ 62 Bereitstellen von Grundstücken

Kapitel 8	**Mitwirkung von anerkannten Naturschutzvereinigungen**

§ 63 Mitwirkungsrechte
§ 64 Rechtsbehelfe

Kapitel 9	**Eigentumsbindung, Befreiungen**

§ 65 Duldungspflicht
§ 66 Vorkaufsrecht
§ 67 Befreiungen
§ 68 Beschränkungen des Eigentums; Entschädigung und Ausgleich

Kapitel 10	**Bußgeld- und Strafvorschriften**

§ 69 Bußgeldvorschriften
§ 70 Verwaltungsbehörde
§ 71 Strafvorschriften
§ 72 Einziehung
§ 73 Befugnisse der Zollbehörden

Kapitel 11	**Übergangs- und Überleitungsvorschrift**

§ 74 Übergangs- und Überleitungsregelungen

Gesetzestext § 1 BNatSchG

Kapitel 1 Allgemeine Vorschriften

§ 1 Ziele des Naturschutzes und der Landschaftspflege

(1) Natur und Landschaft sind auf Grund ihres eigenen Wertes und als Grundlage für Leben und Gesundheit des Menschen auch in Verantwortung für die künftigen Generationen im besiedelten und unbesiedelten Bereich nach Maßgabe der nachfolgenden Absätze so zu schützen, dass
1. die biologische Vielfalt,
2. die Leistungs- und Funktionsfähigkeit des Naturhaushalts einschließlich der Regenerationsfähigkeit und nachhaltigen Nutzungsfähigkeit der Naturgüter sowie
3. die Vielfalt, Eigenart und Schönheit sowie der Erholungswert von Natur und Landschaft

auf Dauer gesichert sind; der Schutz umfasst auch die Pflege, die Entwicklung und, soweit erforderlich, die Wiederherstellung von Natur und Landschaft (allgemeiner Grundsatz).

(2) Zur dauerhaften Sicherung der biologischen Vielfalt sind entsprechend dem jeweiligen Gefährdungsgrad insbesondere
1. lebensfähige Populationen wild lebender Tiere und Pflanzen einschließlich ihrer Lebensstätten zu erhalten und der Austausch zwischen den Populationen sowie Wanderungen und Wiederbesiedelungen zu ermöglichen,
2. Gefährdungen von natürlich vorkommenden Ökosystemen, Biotopen und Arten entgegenzuwirken,
3. Lebensgemeinschaften und Biotope mit ihren strukturellen und geografischen Eigenheiten in einer repräsentativen Verteilung zu erhalten; bestimmte Landschaftsteile sollen der natürlichen Dynamik überlassen bleiben.

(3) Zur dauerhaften Sicherung der Leistungs- und Funktionsfähigkeit des Naturhaushalts sind insbesondere
1. die räumlich abgrenzbaren Teile seines Wirkungsgefüges im Hinblick auf die prägenden biologischen Funktionen, Stoff- und Energieflüsse sowie landschaftlichen Strukturen zu schützen; Naturgüter, die sich nicht erneuern, sind sparsam und schonend zu nutzen; sich erneuernde Naturgüter dürfen nur so genutzt werden, dass sie auf Dauer zur Verfügung stehen,
2. Böden so zu erhalten, dass sie ihre Funktion im Naturhaushalt erfüllen können; nicht mehr genutzte versiegelte Flächen sind zu renaturieren, oder, soweit eine Entsiegelung nicht möglich oder nicht zumutbar ist, der natürlichen Entwicklung zu überlassen,
3. Meeres- und Binnengewässer vor Beeinträchtigungen zu bewahren und ihre natürliche Selbstreinigungsfähigkeit und Dynamik zu erhalten; dies gilt insbesondere für natürliche und naturnahe Gewässer einschließlich ihrer Ufer, Auen und sonstigen Rückhalteflächen; Hochwasserschutz hat auch durch natürliche oder naturnahe Maßnahmen zu erfolgen; für den vorsorgenden Grundwasserschutz sowie für einen ausgeglichenen Niederschlags-Abflusshaushalt ist auch durch Maßnahmen des Naturschutzes und der Landschaftspflege Sorge zu tragen,
4. Luft und Klima auch durch Maßnahmen des Naturschutzes und der Landschaftspflege zu schützen; dies gilt insbesondere für Flächen mit günstiger lufthygienischer oder klimatischer Wirkung wie Frisch- und Kaltluftentstehungsgebiete oder Luftaustauschbahnen; dem Aufbau einer nachhaltigen Energieversorgung insbesondere durch zunehmende Nutzung erneuerbarer Energien kommt eine besondere Bedeutung zu,
5. wild lebende Tiere und Pflanzen, ihre Lebensgemeinschaften sowie ihre Biotope und Lebensstätten auch im Hinblick auf ihre jeweiligen Funktionen im Naturhaushalt zu erhalten,
6. der Entwicklung sich selbst regulierender Ökosysteme auf hierfür geeigneten Flächen Raum und Zeit zu geben.

(4) Zur dauerhaften Sicherung der Vielfalt, Eigenart und Schönheit sowie des Erholungswertes von Natur und Landschaft sind insbesondere
1. Naturlandschaften und historisch gewachsene Kulturlandschaften, auch mit ihren Kultur-, Bau- und Bodendenkmälern, vor Verunstaltung, Zersiedelung und sonstigen Beeinträchtigungen zu bewahren,

2. zum Zweck der Erholung in der freien Landschaft nach ihrer Beschaffenheit und Lage geeignete Flächen vor allem im besiedelten und siedlungsnahen Bereich zu schützen und zugänglich zu machen.

(5) Großflächige, weitgehend unzerschnittene Landschaftsräume sind vor weiterer Zerschneidung zu bewahren. Die erneute Inanspruchnahme bereits bebauter Flächen sowie die Bebauung unbebauter Flächen im beplanten und unbeplanten Innenbereich, soweit sie nicht für Grünflächen vorgesehen sind, hat Vorrang vor der Inanspruchnahme von Freiflächen im Außenbereich. Verkehrswege, Energieleitungen und ähnliche Vorhaben sollen landschaftsgerecht geführt, gestaltet und so gebündelt werden, dass die Zerschneidung und die Inanspruchnahme der Landschaft sowie Beeinträchtigungen des Naturhaushalts vermieden oder so gering wie möglich gehalten werden. Beim Aufsuchen und bei der Gewinnung von Bodenschätzen, bei Abgrabungen und Aufschüttungen sind dauernde Schäden des Naturhaushalts und Zerstörungen wertvoller Landschaftsteile zu vermeiden; unvermeidbare Beeinträchtigungen von Natur und Landschaft sind insbesondere durch Förderung natürlicher Sukzession, Renaturierung, naturnahe Gestaltung, Wiedernutzbarmachung oder Rekultivierung auszugleichen oder zu mindern.

(6) Freiräume im besiedelten und siedlungsnahen Bereich einschließlich ihrer Bestandteile, wie Parkanlagen, großflächige Grünanlagen und Grünzüge, Wälder und Waldränder, Bäume und Gehölzstrukturen, Fluss- und Bachläufe mit ihren Uferzonen und Auenbereichen, stehende Gewässer, Naturerfahrungsräume sowie gartenbau- und landwirtschaftlich genutzte Flächen, sind zu erhalten und dort, wo sie nicht in ausreichendem Maße vorhanden sind, neu zu schaffen.

§ 2 Verwirklichung der Ziele

(1) Jeder soll nach seinen Möglichkeiten zur Verwirklichung der Ziele des Naturschutzes und der Landschaftspflege beitragen und sich so verhalten, dass Natur und Landschaft nicht mehr als nach den Umständen unvermeidbar beeinträchtigt werden.

(2) Die Behörden des Bundes und der Länder haben im Rahmen ihrer Zuständigkeit die Verwirklichung der Ziele des Naturschutzes und der Landschaftspflege zu unterstützen.

(3) Die Ziele des Naturschutzes und der Landschaftspflege sind zu verwirklichen, soweit es im Einzelfall möglich, erforderlich und unter Abwägung aller sich aus § 1 Absatz 1 ergebenden Anforderungen untereinander und gegen die sonstigen Anforderungen der Allgemeinheit an Natur und Landschaft angemessen ist.

(4) Bei der Bewirtschaftung von Grundflächen im Eigentum oder Besitz der öffentlichen Hand sollen die Ziele des Naturschutzes und der Landschaftspflege in besonderer Weise berücksichtigt werden.

(5) Die europäischen Bemühungen auf dem Gebiet des Naturschutzes und der Landschaftspflege werden insbesondere durch Aufbau und Schutz des Netzes „Natura 2000" unterstützt. Die internationalen Bemühungen auf dem Gebiet des Naturschutzes und der Landschaftspflege werden insbesondere durch den Schutz des Kultur- und Naturerbes im Sinne des Übereinkommens vom 16. November 1972 zum Schutz des Kultur- und Naturerbes der Welt (BGBl. 1977 II S. 213, 215) unterstützt.

(6) Das allgemeine Verständnis für die Ziele des Naturschutzes und der Landschaftspflege ist mit geeigneten Mitteln zu fördern. Erziehungs-, Bildungs- und Informationsträger klären auf allen Ebenen über die Bedeutung von Natur und Landschaft, über deren Bewirtschaftung und Nutzung sowie über die Aufgaben des Naturschutzes und der Landschaftspflege auf und wecken das Bewusstsein für einen verantwortungsvollen Umgang mit Natur und Landschaft.

§ 3 Zuständigkeiten, Aufgaben und Befugnisse, vertragliche Vereinbarungen, Zusammenarbeit der Behörden

(1) Die für Naturschutz und Landschaftspflege zuständigen Behörden im Sinne dieses Gesetzes sind
1. die nach Landesrecht für Naturschutz und Landschaftspflege zuständigen Behörden oder
2. das Bundesamt für Naturschutz, soweit ihm nach diesem Gesetz Zuständigkeiten zugewiesen werden.

(2) Die für Naturschutz und Landschaftspflege zuständigen Behörden überwachen die Einhaltung der Vorschriften dieses Gesetzes und der auf Grund dieses Gesetzes erlassenen Vorschriften und treffen nach pflichtgemäßem Ermessen die im Einzelfall erforderlichen Maßnahmen, um deren Einhaltung sicherzustellen, soweit nichts anderes bestimmt ist.

(3) Bei Maßnahmen des Naturschutzes und der Landschaftspflege soll vorrangig geprüft werden, ob der Zweck mit angemessenem Aufwand auch durch vertragliche Vereinbarungen erreicht werden kann.

(4) Mit der Ausführung landschaftspflegerischer und -gestalterischer Maßnahmen sollen die zuständigen Behörden nach Möglichkeit land- und forstwirtschaftliche Betriebe, Vereinigungen, in denen Gemeinden oder Gemeindeverbände, Landwirte und Vereinigungen, die im Schwerpunkt die Ziele des Naturschutzes und der Landschaftspflege fördern, gleichberechtigt vertreten sind (Landschaftspflegeverbände), anerkannte Naturschutzvereinigungen oder Träger von Naturparken beauftragen. Hoheitliche Befugnisse können nicht übertragen werden.

(5) Die Behörden des Bundes und der Länder haben die für Naturschutz und Landschaftspflege zuständigen Behörden bereits bei der Vorbereitung aller öffentlichen Planungen und Maßnahmen, die die Belange des Naturschutzes und der Landschaftspflege berühren können, hierüber zu unterrichten und ihnen Gelegenheit zur Stellungnahme zu geben, soweit nicht eine weiter gehende Form der Beteiligung vorgesehen ist. Die Beteiligungspflicht nach Satz 1 gilt für die für Naturschutz und Landschaftspflege zuständigen Behörden entsprechend, soweit Planungen und Maßnahmen des Naturschutzes und der Landschaftspflege den Aufgabenbereich anderer Behörden berühren können.

(6) Die für Naturschutz und Landschaftspflege zuständigen Behörden gewährleisten einen frühzeitigen Austausch mit Betroffenen und der interessierten Öffentlichkeit über ihre Planungen und Maßnahmen.

(7) Aufgaben nach diesem Gesetz obliegen einer Gemeinde oder einem Gemeindeverband nur, wenn der Gemeinde oder dem Gemeindeverband die Aufgaben durch Landesrecht übertragen worden sind.

§ 4 Funktionssicherung bei Flächen für öffentliche Zwecke
Bei Maßnahmen des Naturschutzes und der Landschaftspflege ist auf Flächen, die ausschließlich oder überwiegend Zwecken
1. der Verteidigung, einschließlich der Erfüllung internationaler Verpflichtungen und des Schutzes der Zivilbevölkerung,
2. der Bundespolizei,
3. des öffentlichen Verkehrs als öffentliche Verkehrswege,
4. der See- oder Binnenschifffahrt,
5. der Versorgung, einschließlich der hierfür als schutzbedürftig erklärten Gebiete, und der Entsorgung,
6. des Schutzes vor Überflutung durch Hochwasser oder
7. der Telekommunikation

dienen oder in einem verbindlichen Plan für die genannten Zwecke ausgewiesen sind, die bestimmungsgemäße Nutzung zu gewährleisten. Die Ziele des Naturschutzes und der Landschaftspflege sind zu berücksichtigen.

§ 5 Land-, Forst- und Fischereiwirtschaft
(1) Bei Maßnahmen des Naturschutzes und der Landschaftspflege ist die besondere Bedeutung einer natur- und landschaftsverträglichen Land-, Forst- und Fischereiwirtschaft für die Erhaltung der Kultur- und Erholungslandschaft zu berücksichtigen.

(2) Bei der landwirtschaftlichen Nutzung sind neben den Anforderungen, die sich aus den für die Landwirtschaft geltenden Vorschriften und aus § 17 Absatz 2 des Bundes-Bodenschutzgesetzes ergeben, insbesondere die folgenden Grundsätze der guten fachlichen Praxis zu beachten:
1. die Bewirtschaftung muss standortangepasst erfolgen und die nachhaltige Bodenfruchtbarkeit und langfristige Nutzbarkeit der Flächen muss gewährleistet werden;
2. die natürliche Ausstattung der Nutzfläche (Boden, Wasser, Flora, Fauna) darf nicht über das zur Erzielung eines nachhaltigen Ertrages erforderliche Maß hinaus beeinträchtigt werden;

3. die zur Vernetzung von Biotopen erforderlichen Landschaftselemente sind zu erhalten und nach Möglichkeit zu vermehren;
4. die Tierhaltung hat in einem ausgewogenen Verhältnis zum Pflanzenbau zu stehen und schädliche Umweltauswirkungen sind zu vermeiden;
5. auf erosionsgefährdeten Hängen, in Überschwemmungsgebieten, auf Standorten mit hohem Grundwasserstand sowie auf Moorstandorten ist ein Grünlandumbruch zu unterlassen;
6. die Anwendung von Dünge- und Pflanzenschutzmitteln hat nach Maßgabe des landwirtschaftlichen Fachrechts zu erfolgen; eine Dokumentation über den Einsatz von Dünge- und Pflanzenschutzmitteln ist nach Maßgabe des § 7 der Düngeverordnung in der Fassung der Bekanntmachung vom 27. Februar 2007 (BGBl. I S. 221), die durch Artikel 1 der Verordnung vom 6. Februar 2009 (BGBl. I S. 153) geändert worden ist, und § 6 Absatz 4 des Pflanzenschutzgesetzes in der Fassung der Bekanntmachung vom 14. Mai 1998 (BGBl. I S. 971, 1527, 3512), das zuletzt durch Artikel 1 des Gesetzes vom 5. März 2008 (BGBl. I S. 284, 1102) geändert worden ist, zu führen.

(3) Bei der forstlichen Nutzung des Waldes ist das Ziel zu verfolgen, naturnahe Wälder aufzubauen und diese ohne Kahlschläge nachhaltig zu bewirtschaften. Ein hinreichender Anteil standortheimischer Forstpflanzen ist einzuhalten.

(4) Bei der fischereiwirtschaftlichen Nutzung der oberirdischen Gewässer sind diese einschließlich ihrer Uferzonen als Lebensstätten und Lebensräume für heimische Tier- und Pflanzenarten zu erhalten und zu fördern. Der Besatz dieser Gewässer mit nichtheimischen Tierarten ist grundsätzlich zu unterlassen. Bei Fischzuchten und Teichwirtschaften der Binnenfischerei sind Beeinträchtigungen der heimischen Tier- und Pflanzenarten auf das zur Erzielung eines nachhaltigen Ertrages erforderliche Maß zu beschränken.

§ 6 Beobachtung von Natur und Landschaft

(1) Der Bund und die Länder beobachten im Rahmen ihrer Zuständigkeiten Natur und Landschaft (allgemeiner Grundsatz).

(2) Die Beobachtung dient der gezielten und fortlaufenden Ermittlung, Beschreibung und Bewertung des Zustands von Natur und Landschaft und ihrer Veränderungen einschließlich der Ursachen und Folgen dieser Veränderungen.

(3) Die Beobachtung umfasst insbesondere
1. den Zustand von Landschaften, Biotopen und Arten zur Erfüllung völkerrechtlicher Verpflichtungen,
2. den Erhaltungszustand der natürlichen Lebensraumtypen und Arten von gemeinschaftlichem Interesse einschließlich des unbeabsichtigten Fangs oder Tötens der Tierarten, die in Anhang IV Buchstabe a der Richtlinie 92/43/EWG des Rates vom 21. Mai 1992 zur Erhaltung der natürlichen Lebensräume sowie der wildlebenden Tiere und Pflanzen (ABl. L 206 vom 22.7.1992, S. 7), die zuletzt durch die Richtlinie 2006/105/EG (ABl. L 363 vom 20.12.2006, S. 368) geändert worden ist, aufgeführt sind, sowie der europäischen Vogelarten und ihrer Lebensräume; dabei sind die prioritären natürlichen Lebensraumtypen und prioritären Arten besonders zu berücksichtigen.

(4) Die zuständigen Behörden des Bundes und der Länder unterstützen sich bei der Beobachtung. Sie sollen ihre Beobachtungsmaßnahmen aufeinander abstimmen.

(5) Das Bundesamt für Naturschutz nimmt die Aufgaben des Bundes auf dem Gebiet der Beobachtung von Natur und Landschaft wahr, soweit in Rechtsvorschriften nichts anderes bestimmt ist.

(6) Rechtsvorschriften über die Geheimhaltung, über den Schutz personenbezogener Daten sowie über den Schutz von Betriebs- und Geschäftsgeheimnissen bleiben unberührt.

§ 7 Begriffsbestimmungen
(1) Für dieses Gesetz gelten folgende Begriffsbestimmungen:
1. biologische Vielfalt
die Vielfalt der Tier- und Pflanzenarten einschließlich der innerartlichen Vielfalt sowie die Vielfalt an Formen von Lebensgemeinschaften und Biotopen;

2. Naturhaushalt
die Naturgüter Boden, Wasser, Luft, Klima, Tiere und Pflanzen sowie das Wirkungsgefüge zwischen ihnen;
3. Erholung
natur- und landschaftsverträglich ausgestaltetes Natur- und Freizeiterleben einschließlich natur- und landschaftsverträglicher sportlicher Betätigung in der freien Landschaft, soweit dadurch die sonstigen Ziele des Naturschutzes und der Landschaftspflege nicht beeinträchtigt werden;
4. natürliche Lebensraumtypen von gemeinschaftlichem Interesse
die in Anhang I der Richtlinie 92/43/EWG aufgeführten Lebensraumtypen;
5. prioritäre natürliche Lebensraumtypen
die in Anhang I der Richtlinie 92/43/EWG mit dem Zeichen (*) gekennzeichneten Lebensraumtypen;
6. Gebiete von gemeinschaftlicher Bedeutung
die in die Liste nach Artikel 4 Absatz 2 Unterabsatz 3 der Richtlinie 92/43/EWG aufgenommenen Gebiete, auch wenn ein Schutz im Sinne des § 32 Absatz 2 bis 4 noch nicht gewährleistet ist;
7. Europäische Vogelschutzgebiete
Gebiete im Sinne des Artikels 4 Absatz 1 und 2 der Richtlinie 79/409/EWG des Rates vom 2. April 1979 über die Erhaltung der wildlebenden Vogelarten (ABl. L 103 vom 24.4.1979, S. 1), die zuletzt durch die Richtlinie 2008/102/EG (ABl. L 323 vom 3.12.2008, S. 31) geändert worden ist, wenn ein Schutz im Sinne des § 32 Absatz 2 bis 4 bereits gewährleistet ist;
8. Natura 2000-Gebiete
Gebiete von gemeinschaftlicher Bedeutung und Europäische Vogelschutzgebiete;
9. Erhaltungsziele
Ziele, die im Hinblick auf die Erhaltung oder Wiederherstellung eines günstigen Erhaltungszustands eines natürlichen Lebensraumtyps von gemeinschaftlichem Interesse, einer in Anhang II der Richtlinie 92/43/EWG oder in Artikel 4 Absatz 2 oder Anhang I der Richtlinie 79/409/EWG aufgeführten Art für ein Natura 2000-Gebiet festgelegt sind.

(2) Für dieses Gesetz gelten folgende weitere Begriffsbestimmungen:
1. Tiere
   a) wild lebende, gefangene oder gezüchtete und nicht herrenlos gewordene sowie tote Tiere wild lebender Arten,
   b) Eier, auch im leeren Zustand, sowie Larven, Puppen und sonstige Entwicklungsformen von Tieren wild lebender Arten,
   c) ohne Weiteres erkennbare Teile von Tieren wild lebender Arten und
   d) ohne Weiteres erkennbar aus Tieren wild lebender Arten gewonnene Erzeugnisse;
2. Pflanzen
   a) wild lebende, durch künstliche Vermehrung gewonnene sowie tote Pflanzen wild lebender Arten,
   b) Samen, Früchte oder sonstige Entwicklungsformen von Pflanzen wild lebender Arten,
   c) ohne Weiteres erkennbare Teile von Pflanzen wild lebender Arten und
   d) ohne Weiteres erkennbar aus Pflanzen wild lebender Arten gewonnene Erzeugnisse;
   als Pflanzen im Sinne dieses Gesetzes gelten auch Flechten und Pilze;
3. Art
jede Art, Unterart oder Teilpopulation einer Art oder Unterart; für die Bestimmung einer Art ist ihre wissenschaftliche Bezeichnung maßgebend;
4. Biotop
Lebensraum einer Lebensgemeinschaft wild lebender Tiere und Pflanzen;
5. Lebensstätte
regelmäßiger Aufenthaltsort der wild lebenden Individuen einer Art;
6. Population
eine biologisch oder geografisch abgegrenzte Zahl von Individuen einer Art;

7. heimische Art
eine wild lebende Tier- oder Pflanzenart, die ihr Verbreitungsgebiet oder regelmäßiges Wanderungsgebiet ganz oder teilweise
   a) im Inland hat oder in geschichtlicher Zeit hatte oder
   b) auf natürliche Weise in das Inland ausdehnt;
   als heimisch gilt eine wild lebende Tier- oder Pflanzenart auch, wenn sich verwilderte oder durch menschlichen Einfluss eingebürgerte Tiere oder Pflanzen der betreffenden Art im Inland in freier Natur und ohne menschliche Hilfe über mehrere Generationen als Population erhalten;
8. gebietsfremde Art
eine wild lebende Tier- oder Pflanzenart, wenn sie in dem betreffenden Gebiet in freier Natur nicht oder seit mehr als 100 Jahren nicht mehr vorkommt;
9. invasive Art
eine Art, deren Vorkommen außerhalb ihres natürlichen Verbreitungsgebiets für die dort natürlich vorkommenden Ökosysteme, Biotope oder Arten ein erhebliches Gefährdungspotenzial darstellt;
10. Arten von gemeinschaftlichem Interesse
die in Anhang II, IV oder V der Richtlinie 92/43/EWG aufgeführten Tier- und Pflanzenarten;
11. prioritäre Arten
die in Anhang II der Richtlinie 92/43/EWG mit dem Zeichen (*) gekennzeichneten Tier- und Pflanzenarten;
12. europäische Vogelarten
in Europa natürlich vorkommende Vogelarten im Sinne des Artikels 1 der Richtlinie 79/409/EWG;
13. besonders geschützte Arten
   a) Tier- und Pflanzenarten, die in Anhang A oder Anhang B der Verordnung (EG) Nr. 338/97 des Rates vom 9. Dezember 1996 über den Schutz von Exemplaren wildlebender Tier- und Pflanzenarten durch Überwachung des Handels (ABl. L 61 vom 3.3.1997, S. 1, L 100 vom 17.4.1997, S. 72, L 298 vom 1.11.1997, S. 70, L 113 vom 27.4.2006, S. 26), die zuletzt durch die Verordnung (EG) Nr. 318/2008 (ABl. L 95 vom 8.4.2008, S. 3) geändert worden ist, aufgeführt sind,
   b) nicht unter Buchstabe a fallende
      aa) Tier- und Pflanzenarten, die in Anhang IV der Richtlinie 92/43/EWG aufgeführt sind,
      bb) europäische Vogelarten,
   c) Tier- und Pflanzenarten, die in einer Rechtsverordnung nach § 54 Absatz 1 aufgeführt sind;
14. streng geschützte Arten
besonders geschützte Arten, die
   a) in Anhang A der Verordnung (EG) Nr. 338/97,
   b) in Anhang IV der Richtlinie 92/43/EWG,
   c) in einer Rechtsverordnung nach § 54 Absatz 2
   aufgeführt sind;
15. gezüchtete Tiere
Tiere, die in kontrollierter Umgebung geboren oder auf andere Weise erzeugt und deren Elterntiere rechtmäßig erworben worden sind;
16. künstlich vermehrte Pflanzen
Pflanzen, die aus Samen, Gewebekulturen, Stecklingen oder Teilungen unter kontrollierten Bedingungen herangezogen worden sind;
17. Anbieten
Erklärung der Bereitschaft zu verkaufen oder zu kaufen und ähnliche Handlungen, einschließlich der Werbung, der Veranlassung zur Werbung oder der Aufforderung zu Verkaufs- oder Kaufverhandlungen;
18. Inverkehrbringen
das Anbieten, Vorrätighalten zur Abgabe, Feilhalten und jedes Abgeben an andere;
19. rechtmäßig
in Übereinstimmung mit den jeweils geltenden Rechtsvorschriften zum Schutz der betreffenden Art im jeweiligen Staat sowie mit Rechtsakten der Europäischen Gemeinschaft auf dem Gebiet des Artenschutzes und dem Übereinkommen vom 3. März 1973 über den internationalen Handel mit gefährdeten Arten freilebender

Tiere und Pflanzen (BGBl. 1975 II S. 773, 777) – Washingtoner Artenschutzübereinkommen – im Rahmen ihrer jeweiligen räumlichen und zeitlichen Geltung oder Anwendbarkeit;
20. Mitgliedstaat
ein Staat, der Mitglied der Europäischen Union ist;
21. Drittstaat
ein Staat, der nicht Mitglied der Europäischen Union ist.
(3) Soweit in diesem Gesetz auf Anhänge der
1. Verordnung (EG) Nr. 338/97,
2. Verordnung (EWG) Nr. 3254/91 des Rates vom 4. November 1991 zum Verbot von Tellereisen in der Gemeinschaft und der Einfuhr von Pelzen und Waren von bestimmten Wildtierarten aus Ländern, die Tellereisen oder den internationalen humanen Fangnormen nicht entsprechende Fangmethoden anwenden (ABl. L 308 vom 9.11.1991, S. 1),
3. Richtlinien 92/43/EWG und 79/409/EWG,
4. Richtlinie 83/129/EWG des Rates vom 28. März 1983 betreffend die Einfuhr in die Mitgliedstaaten von Fellen bestimmter Jungrobben und Waren daraus (ABl. L 91 vom 9.4.1983, S. 30), die zuletzt durch die Richtlinie 89/370/EWG (ABl. L 163 vom 14.6.1989, S. 37) geändert worden ist,
oder auf Vorschriften der genannten Rechtsakte verwiesen wird, in denen auf Anhänge Bezug genommen wird, sind die Anhänge jeweils in der sich aus den Veröffentlichungen im Amtsblatt Teil L der Europäischen Union ergebenden geltenden Fassung maßgeblich.
(4) Das Bundesministerium für Umwelt, Naturschutz und Reaktorsicherheit gibt die besonders geschützten und die streng geschützten Arten sowie den Zeitpunkt ihrer jeweiligen Unterschutzstellung bekannt.
(5) Wenn besonders geschützte Arten bereits auf Grund der bis zum 8. Mai 1998 geltenden Vorschriften unter besonderem Schutz standen, gilt als Zeitpunkt der Unterschutzstellung derjenige, der sich aus diesen Vorschriften ergibt. Entsprechendes gilt für die streng geschützten Arten, soweit sie nach den bis zum 8. Mai 1998 geltenden Vorschriften als vom Aussterben bedroht bezeichnet waren.

Kapitel 2   Landschaftsplanung

§ 8   Allgemeiner Grundsatz
Die Ziele des Naturschutzes und der Landschaftspflege werden als Grundlage vorsorgenden Handelns im Rahmen der Landschaftsplanung überörtlich und örtlich konkretisiert und die Erfordernisse und Maßnahmen zur Verwirklichung dieser Ziele dargestellt und begründet.

§ 9   Aufgaben und Inhalte der Landschaftsplanung; Ermächtigung zum Erlass von Rechtsverordnungen
(1) Die Landschaftsplanung hat die Aufgabe, die Ziele des Naturschutzes und der Landschaftspflege für den jeweiligen Planungsraum zu konkretisieren und die Erfordernisse und Maßnahmen zur Verwirklichung dieser Ziele auch für die Planungen und Verwaltungsverfahren aufzuzeigen, deren Entscheidungen sich auf Natur und Landschaft im Planungsraum auswirken können.
(2) Inhalte der Landschaftsplanung sind die Darstellung und Begründung der konkretisierten Ziele des Naturschutzes und der Landschaftspflege und der ihrer Verwirklichung dienenden Erfordernisse und Maßnahmen. Darstellung und Begründung erfolgen nach Maßgabe der §§ 10 und 11 in Landschaftsprogrammen, Landschaftsrahmenplänen, Landschaftsplänen sowie Grünordnungsplänen.
(3) Die Pläne sollen Angaben enthalten über
1. den vorhandenen und den zu erwartenden Zustand von Natur und Landschaft,
2. die konkretisierten Ziele des Naturschutzes und der Landschaftspflege,
3. die Beurteilung des vorhandenen und zu erwartenden Zustands von Natur und Landschaft nach Maßgabe dieser Ziele einschließlich der sich daraus ergebenden Konflikte,
4. die Erfordernisse und Maßnahmen zur Umsetzung der konkretisierten Ziele des Naturschutzes und der Landschaftspflege, insbesondere

a) zur Vermeidung, Minderung oder Beseitigung von Beeinträchtigungen von Natur und Landschaft,
b) zum Schutz bestimmter Teile von Natur und Landschaft im Sinne des Kapitels 4 sowie der Biotope, Lebensgemeinschaften und Lebensstätten der Tiere und Pflanzen wild lebender Arten,
c) auf Flächen, die wegen ihres Zustands, ihrer Lage oder ihrer natürlichen Entwicklungsmöglichkeit für künftige Maßnahmen des Naturschutzes und der Landschaftspflege, insbesondere zur Kompensation von Eingriffen in Natur und Landschaft sowie zum Einsatz natur- und landschaftsbezogener Fördermittel besonders geeignet sind,
d) zum Aufbau und Schutz eines Biotopverbunds, der Biotopvernetzung und des Netzes „Natura 2000",
e) zum Schutz, zur Qualitätsverbesserung und zur Regeneration von Böden, Gewässern, Luft und Klima,
f) zur Erhaltung und Entwicklung von Vielfalt, Eigenart und Schönheit sowie des Erholungswertes von Natur und Landschaft,
g) zur Erhaltung und Entwicklung von Freiräumen im besiedelten und unbesiedelten Bereich.

Auf die Verwertbarkeit der Darstellungen der Landschaftsplanung für die Raumordnungspläne und Bauleitpläne ist Rücksicht zu nehmen. Das Bundesministerium für Umwelt, Naturschutz und Reaktorsicherheit wird ermächtigt, durch Rechtsverordnung mit Zustimmung des Bundesrates die für die Darstellung der Inhalte zu verwendenden Planzeichen zu regeln.

(4) Die Landschaftsplanung ist fortzuschreiben, sobald und soweit dies im Hinblick auf Erfordernisse und Maßnahmen im Sinne des Absatzes 3 Satz 1 Nummer 4 erforderlich ist, insbesondere weil wesentliche Veränderungen von Natur und Landschaft im Planungsraum eingetreten, vorgesehen oder zu erwarten sind. Die Fortschreibung kann als sachlicher oder räumlicher Teilplan erfolgen, sofern die Umstände, die die Fortschreibung begründen, sachlich oder räumlich begrenzt sind.

(5) In Planungen und Verwaltungsverfahren sind die Inhalte der Landschaftsplanung zu berücksichtigen. Insbesondere sind die Inhalte der Landschaftsplanung für die Beurteilung der Umweltverträglichkeit und der Verträglichkeit im Sinne des § 34 Absatz 1 dieses Gesetzes sowie bei der Aufstellung der Maßnahmenprogramme im Sinne des § 82 des Wasserhaushaltsgesetzes heranzuziehen. Soweit den Inhalten der Landschaftsplanung in den Entscheidungen nicht Rechnung getragen werden kann, ist dies zu begründen.

§ 10 Landschaftsprogramme und Landschaftsrahmenpläne

(1) Die überörtlichen konkretisierten Ziele, Erfordernisse und Maßnahmen des Naturschutzes und der Landschaftspflege werden für den Bereich eines Landes im Landschaftsprogramm oder für Teile des Landes in Landschaftsrahmenplänen dargestellt. Die Ziele der Raumordnung sind zu beachten; die Grundsätze und sonstigen Erfordernisse der Raumordnung sind zu berücksichtigen.

(2) Landschaftsprogramme können aufgestellt werden. Landschaftsrahmenpläne sind für alle Teile des Landes aufzustellen, soweit nicht ein Landschaftsprogramm seinen Inhalten und seinem Konkretisierungsgrad nach einem Landschaftsrahmenplan entspricht.

(3) Die konkretisierten Ziele, Erfordernisse und Maßnahmen des Naturschutzes und der Landschaftspflege sind, soweit sie raumbedeutsam sind, in der Abwägung nach § 7 Absatz 2 des Raumordnungsgesetzes zu berücksichtigen.

(4) Die Zuständigkeit, das Verfahren der Aufstellung und das Verhältnis von Landschaftsprogrammen und Landschaftsrahmenplänen zu Raumordnungsplänen richten sich nach Landesrecht.

§ 11 Landschaftspläne und Grünordnungspläne

(1) Die für die örtliche Ebene konkretisierten Ziele, Erfordernisse und Maßnahmen des Naturschutzes und der Landschaftspflege werden auf der Grundlage der Landschaftsrahmenpläne für die Gebiete der Gemeinden in Landschaftsplänen, für Teile eines Gemeindegebiets in Grünordnungsplänen dargestellt. Die Ziele der Raumordnung sind zu beachten; die Grundsätze und sonstigen Erfordernisse der Raumordnung sind zu berücksichtigen. Die Pläne sollen die in § 9 Absatz 3 genannten Angaben enthalten,

soweit dies für die Darstellung der für die örtliche Ebene konkretisierten Ziele, Erfordernisse und Maßnahmen erforderlich ist. Abweichende Vorschriften der Länder zum Inhalt von Landschafts- und Grünordnungsplänen sowie Vorschriften zu deren Rechtsverbindlichkeit bleiben unberührt.

(2) Landschaftspläne sind aufzustellen, sobald und soweit dies im Hinblick auf Erfordernisse und Maßnahmen im Sinne des § 9 Absatz 3 Satz 1 Nummer 4 erforderlich ist, insbesondere weil wesentliche Veränderungen von Natur und Landschaft im Planungsraum eingetreten, vorgesehen oder zu erwarten sind. Grünordnungspläne können aufgestellt werden.

(3) Die in den Landschaftsplänen für die örtliche Ebene konkretisierten Ziele, Erfordernisse und Maßnahmen des Naturschutzes und der Landschaftspflege sind in der Abwägung nach § 1 Absatz 7 des Baugesetzbuches zu berücksichtigen und können als Darstellungen oder Festsetzungen nach den §§ 5 und 9 des Baugesetzbuches in die Bauleitpläne aufgenommen werden.

(4) Werden in den Ländern Berlin, Bremen und Hamburg die örtlichen Erfordernisse und Maßnahmen des Naturschutzes und der Landschaftspflege in Landschaftsrahmenplänen oder Landschaftsprogrammen dargestellt, so ersetzen diese die Landschaftspläne.

(5) Die Zuständigkeit und das Verfahren zur Aufstellung der Landschaftspläne und Grünordnungspläne sowie deren Durchführung richten sich nach Landesrecht.

§ 12 Zusammenwirken der Länder bei der Planung
Bei der Aufstellung und Fortschreibung von Programmen und Plänen nach den §§ 10 und 11 für Gebiete, die an andere Länder angrenzen, sind deren entsprechende Programme und Pläne zu berücksichtigen. Soweit dies erforderlich ist, stimmen sich die Länder untereinander ab.

Kapitel 3 Allgemeiner Schutz von Natur und Landschaft

§ 13 Allgemeiner Grundsatz
Erhebliche Beeinträchtigungen von Natur und Landschaft sind vom Verursacher vorrangig zu vermeiden. Nicht vermeidbare erhebliche Beeinträchtigungen sind durch Ausgleichs- oder Ersatzmaßnahmen oder, soweit dies nicht möglich ist, durch einen Ersatz in Geld zu kompensieren.

§ 14 Eingriffe in Natur und Landschaft
(1) Eingriffe in Natur und Landschaft im Sinne dieses Gesetzes sind Veränderungen der Gestalt oder Nutzung von Grundflächen oder Veränderungen des mit der belebten Bodenschicht in Verbindung stehenden Grundwasserspiegels, die die Leistungs- und Funktionsfähigkeit des Naturhaushalts oder das Landschaftsbild erheblich beeinträchtigen können.

(2) Die land-, forst- und fischereiwirtschaftliche Bodennutzung ist nicht als Eingriff anzusehen, soweit dabei die Ziele des Naturschutzes und der Landschaftspflege berücksichtigt werden. Entspricht die land-, forst- und fischereiwirtschaftliche Bodennutzung den in § 5 Absatz 2 bis 4 dieses Gesetzes genannten Anforderungen sowie den sich aus § 17 Absatz 2 des Bundes-Bodenschutzgesetzes und dem Recht der Land-, Forst- und Fischereiwirtschaft ergebenden Anforderungen an die gute fachliche Praxis, widerspricht sie in der Regel nicht den Zielen des Naturschutzes und der Landschaftspflege.

(3) Nicht als Eingriff gilt die Wiederaufnahme einer land-, forst- und fischereiwirtschaftlichen Bodennutzung, wenn sie zeitweise eingeschränkt oder unterbrochen war
1. auf Grund vertraglicher Vereinbarungen oder auf Grund der Teilnahme an öffentlichen Programmen zur Bewirtschaftungsbeschränkung und wenn die Wiederaufnahme innerhalb von zehn Jahren nach Auslaufen der Einschränkung oder Unterbrechung erfolgt,
2. auf Grund der Durchführung von vorgezogenen Kompensationsmaßnahmen, die vorgezogene Maßnahme aber nicht für eine Kompensation in Anspruch genommen wird.

BNatSchG § 15 — Gesetzestext

§ 15 Verursacherpflichten, Unzulässigkeit von Eingriffen; Ermächtigung zum Erlass von Rechtsverordnungen

(1) Der Verursacher eines Eingriffs ist verpflichtet, vermeidbare Beeinträchtigungen von Natur und Landschaft zu unterlassen. Beeinträchtigungen sind vermeidbar, wenn zumutbare Alternativen, den mit dem Eingriff verfolgten Zweck am gleichen Ort ohne oder mit geringeren Beeinträchtigungen von Natur und Landschaft zu erreichen, gegeben sind. Soweit Beeinträchtigungen nicht vermieden werden können, ist dies zu begründen.

(2) Der Verursacher ist verpflichtet, unvermeidbare Beeinträchtigungen durch Maßnahmen des Naturschutzes und der Landschaftspflege auszugleichen (Ausgleichsmaßnahmen) oder zu ersetzen (Ersatzmaßnahmen). Ausgeglichen ist eine Beeinträchtigung, wenn und sobald die beeinträchtigten Funktionen des Naturhaushalts in gleichartiger Weise wiederhergestellt sind und das Landschaftsbild landschaftsgerecht wiederhergestellt oder neu gestaltet ist. Ersetzt ist eine Beeinträchtigung, wenn und sobald die beeinträchtigten Funktionen des Naturhaushalts in dem betroffenen Naturraum in gleichwertiger Weise hergestellt sind und das Landschaftsbild landschaftsgerecht neu gestaltet ist. Festlegungen von Entwicklungs- und Wiederherstellungsmaßnahmen für Gebiete im Sinne des § 20 Absatz 2 Nummer 1 bis 4 und in Bewirtschaftungsplänen nach § 32 Absatz 5, von Maßnahmen nach § 34 Absatz 5 und § 44 Absatz 5 Satz 3 dieses Gesetzes sowie von Maßnahmen in Maßnahmenprogrammen im Sinne des § 82 des Wasserhaushaltsgesetzes stehen der Anerkennung solcher Maßnahmen als Ausgleichs- und Ersatzmaßnahmen nicht entgegen. Bei der Festsetzung von Art und Umfang der Ausgleichs- und Ersatzmaßnahmen sind die Programme und Pläne nach den §§ 10 und 11 zu berücksichtigen.

(3) Bei der Inanspruchnahme von land- oder forstwirtschaftlich genutzten Flächen für Ausgleichs- und Ersatzmaßnahmen ist auf agrarstrukturelle Belange Rücksicht zu nehmen, insbesondere sind für die landwirtschaftliche Nutzung besonders geeignete Böden nur im notwendigen Umfang in Anspruch zu nehmen. Es ist vorrangig zu prüfen, ob der Ausgleich oder Ersatz auch durch Maßnahmen zur Entsiegelung, durch Maßnahmen zur Wiedervernetzung von Lebensräumen oder durch Bewirtschaftungs- oder Pflegemaßnahmen, die der dauerhaften Aufwertung des Naturhaushalts oder des Landschaftsbildes dienen, erbracht werden kann, um möglichst zu vermeiden, dass Flächen aus der Nutzung genommen werden.

(4) Ausgleichs- und Ersatzmaßnahmen sind in dem jeweils erforderlichen Zeitraum zu unterhalten und rechtlich zu sichern. Der Unterhaltungszeitraum ist durch die zuständige Behörde im Zulassungsbescheid festzusetzen. Verantwortlich für Ausführung, Unterhaltung und Sicherung der Ausgleichs- und Ersatzmaßnahmen ist der Verursacher oder dessen Rechtsnachfolger.

(5) Ein Eingriff darf nicht zugelassen oder durchgeführt werden, wenn die Beeinträchtigungen nicht zu vermeiden oder nicht in angemessener Frist auszugleichen oder zu ersetzen sind und die Belange des Naturschutzes und der Landschaftspflege bei der Abwägung aller Anforderungen an Natur und Landschaft anderen Belangen im Range vorgehen.

(6) Wird ein Eingriff nach Absatz 5 zugelassen oder durchgeführt, obwohl die Beeinträchtigungen nicht zu vermeiden oder nicht in angemessener Frist auszugleichen oder zu ersetzen sind, hat der Verursacher Ersatz in Geld zu leisten. Die Ersatzzahlung bemisst sich nach den durchschnittlichen Kosten der nicht durchführbaren Ausgleichs- und Ersatzmaßnahmen einschließlich der erforderlichen durchschnittlichen Kosten für deren Planung und Unterhaltung sowie die Flächenbereitstellung unter Einbeziehung der Personal- und sonstigen Verwaltungskosten. Sind diese nicht feststellbar, bemisst sich die Ersatzzahlung nach Dauer und Schwere des Eingriffs unter Berücksichtigung der dem Verursacher daraus erwachsenden Vorteile. Die Ersatzzahlung ist von der zuständigen Behörde im Zulassungsbescheid oder, wenn der Eingriff von einer Behörde durchgeführt wird, vor der Durchführung des Eingriffs festzusetzen. Die Zahlung ist vor der Durchführung des Eingriffs zu leisten. Es kann ein anderer Zeitpunkt für die Zahlung festgelegt werden; in diesem Fall soll eine Sicherheitsleistung verlangt werden. Die Ersatzzahlung ist zweckgebunden für Maßnahmen des Naturschutzes und der Landschaftspflege möglichst in dem betroffenen Naturraum zu verwenden, für die nicht bereits nach anderen Vorschriften eine rechtliche Verpflichtung besteht.

Gesetzestext §§ 16, 17 **BNatSchG**

(7) Das Bundesministerium für Umwelt, Naturschutz und Reaktorsicherheit wird ermächtigt, im Einvernehmen mit dem Bundesministerium für Ernährung, Landwirtschaft und Verbraucherschutz und dem Bundesministerium für Verkehr, Bau und Stadtentwicklung durch Rechtsverordnung mit Zustimmung des Bundesrates das Nähere zur Kompensation von Eingriffen zu regeln, insbesondere
1. zu Inhalt, Art und Umfang von Ausgleichs- und Ersatzmaßnahmen einschließlich von Maßnahmen zur Entsiegelung, zur Wiedervernetzung von Lebensräumen und zur Bewirtschaftung und Pflege sowie zur Festlegung diesbezüglicher Standards insbesondere für vergleichbare Eingriffsarten,
2. die Höhe der Ersatzzahlung und das Verfahren zu ihrer Erhebung.
Solange und soweit das Bundesministerium für Umwelt, Naturschutz und Reaktorsicherheit von seiner Ermächtigung keinen Gebrauch macht, richtet sich das Nähere zur Kompensation von Eingriffen nach Landesrecht, soweit dieses den vorstehenden Absätzen nicht widerspricht.

§ 16 Bevorratung von Kompensationsmaßnahmen
(1) Maßnahmen des Naturschutzes und der Landschaftspflege, die im Hinblick auf zu erwartende Eingriffe durchgeführt worden sind, sind als Ausgleichs- oder Ersatzmaßnahmen anzuerkennen, soweit
1. die Voraussetzungen des § 15 Absatz 2 erfüllt sind,
2. sie ohne rechtliche Verpflichtung durchgeführt wurden,
3. dafür keine öffentlichen Fördermittel in Anspruch genommen wurden,
4. sie Programmen und Plänen nach den §§ 10 und 11 nicht widersprechen und
5. eine Dokumentation des Ausgangszustands der Flächen vorliegt; Vorschriften der Länder zu den Anforderungen an die Dokumentation bleiben unberührt.

(2) Die Bevorratung von vorgezogenen Ausgleichs- und Ersatzmaßnahmen mittels Ökokonten, Flächenpools oder anderer Maßnahmen, insbesondere die Erfassung, Bewertung oder Buchung vorgezogener Ausgleichs- und Ersatzmaßnahmen in Ökokonten, deren Genehmigungsbedürftigkeit und Handelbarkeit sowie der Übergang der Verantwortung nach § 15 Absatz 4 auf Dritte, die vorgezogene Ausgleichs- und Ersatzmaßnahmen durchführen, richtet sich nach Landesrecht.

§ 17 Verfahren; Ermächtigung zum Erlass von Rechtsverordnungen
(1) Bedarf ein Eingriff nach anderen Rechtsvorschriften einer behördlichen Zulassung oder einer Anzeige an eine Behörde oder wird er von einer Behörde durchgeführt, so hat diese Behörde zugleich die zur Durchführung des § 15 erforderlichen Entscheidungen und Maßnahmen im Benehmen mit der für Naturschutz und Landschaftspflege zuständigen Behörde zu treffen, soweit nicht nach Bundes- oder Landesrecht eine weiter gehende Form der Beteiligung vorgeschrieben ist oder die für Naturschutz und Landschaftspflege zuständige Behörde selbst entscheidet.

(2) Soll bei Eingriffen, die von Behörden des Bundes zugelassen oder durchgeführt werden, von der Stellungnahme der für Naturschutz und Landschaftspflege zuständigen Behörde abgewichen werden, entscheidet hierüber die fachlich zuständige Behörde des Bundes im Benehmen mit der obersten Landesbehörde für Naturschutz und Landschaftspflege, soweit nicht eine weiter gehende Form der Beteiligung vorgesehen ist.

(3) Für einen Eingriff, der nicht von einer Behörde durchgeführt wird und der keiner behördlichen Zulassung oder Anzeige nach anderen Rechtsvorschriften bedarf, ist eine Genehmigung der für Naturschutz und Landschaftspflege zuständigen Behörde erforderlich. Die Genehmigung ist schriftlich zu beantragen. Die Genehmigung ist zu erteilen, wenn die Anforderungen des § 15 erfüllt sind. Die für Naturschutz und Landschaftspflege zuständige Behörde trifft die zur Durchführung des § 15 erforderlichen Entscheidungen und Maßnahmen.

(4) Vom Verursacher eines Eingriffs sind zur Vorbereitung der Entscheidungen und Maßnahmen zur Durchführung des § 15 in einem nach Art und Umfang des Eingriffs angemessenen Umfang die für die Beurteilung des Eingriffs erforderlichen Angaben zu machen, insbesondere über
1. Ort, Art, Umfang und zeitlichen Ablauf des Eingriffs sowie
2. die vorgesehenen Maßnahmen zur Vermeidung, zum Ausgleich und zum Ersatz der Beeinträchtigungen von Natur und Landschaft einschließlich Angaben zur tat-

BNatSchG § 18   Gesetzestext

sächlichen und rechtlichen Verfügbarkeit der für Ausgleich und Ersatz benötigten Flächen.
Die zuständige Behörde kann die Vorlage von Gutachten verlangen, soweit dies zur Beurteilung der Auswirkungen des Eingriffs und der Ausgleichs- und Ersatzmaßnahmen erforderlich ist. Bei einem Eingriff, der auf Grund eines nach öffentlichem Recht vorgesehenen Fachplans vorgenommen werden soll, hat der Planungsträger die erforderlichen Angaben nach Satz 1 im Fachplan oder in einem landschaftspflegerischen Begleitplan in Text und Karte darzustellen. Dieser soll auch Angaben zu den zur Sicherung des Zusammenhangs des Netzes „Natura 2000" notwendigen Maßnahmen nach § 34 Absatz 5 und zu vorgezogenen Ausgleichsmaßnahmen nach § 44 Absatz 5 enthalten, sofern diese Vorschriften für das Vorhaben von Belang sind. Der Begleitplan ist Bestandteil des Fachplans.

(5) Die zuständige Behörde kann die Leistung einer Sicherheit bis zur Höhe der voraussichtlichen Kosten für die Ausgleichs- oder Ersatzmaßnahmen verlangen, soweit dies erforderlich ist, um die Erfüllung der Verpflichtungen nach § 15 zu gewährleisten. Auf Sicherheitsleistungen sind die §§ 232 bis 240 des Bürgerlichen Gesetzbuches anzuwenden.

(6) Die Ausgleichs- und Ersatzmaßnahmen und die dafür in Anspruch genommenen Flächen werden in einem Kompensationsverzeichnis erfasst. Hierzu übermitteln die nach den Absätzen 1 und 3 zuständigen Behörden der für die Führung des Kompensationsverzeichnisses zuständigen Stelle die erforderlichen Angaben.

(7) Die nach Absatz 1 oder Absatz 3 zuständige Behörde prüft die frist- und sachgerechte Durchführung der Vermeidungs- sowie der festgesetzten Ausgleichs- und Ersatzmaßnahmen einschließlich der erforderlichen Unterhaltungsmaßnahmen. Hierzu kann sie vom Verursacher des Eingriffs die Vorlage eines Berichts verlangen.

(8) Wird ein Eingriff ohne die erforderliche Zulassung oder Anzeige vorgenommen, soll die zuständige Behörde die weitere Durchführung des Eingriffs untersagen. Soweit nicht auf andere Weise ein rechtmäßiger Zustand hergestellt werden kann, soll sie entweder Maßnahmen nach § 15 oder die Wiederherstellung des früheren Zustands anordnen. § 19 Absatz 4 ist zu beachten.

(9) Die Beendigung oder eine länger als ein Jahr dauernde Unterbrechung eines Eingriffs ist der zuständigen Behörde anzuzeigen. Eine nur unwesentliche Weiterführung des Eingriffs steht einer Unterbrechung gleich. Wird der Eingriff länger als ein Jahr unterbrochen, kann die Behörde den Verursacher verpflichten, vorläufige Maßnahmen zur Sicherung der Ausgleichs- und Ersatzmaßnahmen durchzuführen oder, wenn der Abschluss des Eingriffs in angemessener Frist nicht zu erwarten ist, den Eingriff in dem bis dahin vorgenommenen Umfang zu kompensieren.

(10) Handelt es sich bei einem Eingriff um ein Vorhaben, das nach dem Gesetz über die Umweltverträglichkeitsprüfung einer Umweltverträglichkeitsprüfung unterliegt, so muss das Verfahren, in dem Entscheidungen nach § 15 Absatz 1 bis 5 getroffen werden, den Anforderungen des genannten Gesetzes entsprechen.

(11) Die Landesregierungen werden ermächtigt, durch Rechtsverordnung das Nähere zu dem in den Absätzen 1 bis 10 geregelten Verfahren einschließlich des Kompensationsverzeichnisses zu bestimmen. Sie können die Ermächtigung nach Satz 1 durch Rechtsverordnung auf andere Landesbehörden übertragen.

§ 18 Verhältnis zum Baurecht
(1) Sind auf Grund der Aufstellung, Änderung, Ergänzung oder Aufhebung von Bauleitplänen oder von Satzungen nach § 34 Absatz 4 Satz 1 Nummer 3 des Baugesetzbuches Eingriffe in Natur und Landschaft zu erwarten, ist über die Vermeidung, den Ausgleich und den Ersatz nach den Vorschriften des Baugesetzbuches zu entscheiden.

(2) Auf Vorhaben in Gebieten mit Bebauungsplänen nach § 30 des Baugesetzbuches, während der Planaufstellung nach § 33 des Baugesetzbuches und im Innenbereich nach § 34 des Baugesetzbuches sind die §§ 14 bis 17 nicht anzuwenden. Für Vorhaben im Außenbereich nach § 35 des Baugesetzbuches sowie für Bebauungspläne, soweit sie eine Planfeststellung ersetzen, bleibt die Geltung der §§ 14 bis 17 unberührt.

(3) Entscheidungen über Vorhaben nach § 35 Absatz 1 und 4 des Baugesetzbuches und über die Errichtung von baulichen Anlagen nach § 34 des Baugesetzbuches erge-

Gesetzestext § 19 **BNatSchG**

hen im Benehmen mit den für Naturschutz und Landschaftspflege zuständigen Behörden. Äußert sich in den Fällen des § 34 des Baugesetzbuches die für Naturschutz und Landschaftspflege zuständige Behörde nicht binnen eines Monats, kann die für die Entscheidung zuständige Behörde davon ausgehen, dass Belange des Naturschutzes und der Landschaftspflege von dem Vorhaben nicht berührt werden. Das Benehmen ist nicht erforderlich bei Vorhaben in Gebieten mit Bebauungsplänen und während der Planaufstellung nach den §§ 30 und 33 des Baugesetzbuches sowie in Gebieten mit Satzungen nach § 34 Absatz 4 Satz 1 Nummer 3 des Baugesetzbuches.

(4) Ergeben sich bei Vorhaben nach § 34 des Baugesetzbuches im Rahmen der Herstellung des Benehmens nach Absatz 3 Anhaltspunkte dafür, dass das Vorhaben eine Schädigung im Sinne des § 19 Absatz 1 Satz 1 verursachen kann, ist dies auch dem Vorhabenträger mitzuteilen. Auf Antrag des Vorhabenträgers hat die für die Erteilung der Zulassung zuständige Behörde im Benehmen mit der für Naturschutz und Landschaftspflege zuständigen Behörde die Entscheidungen nach § 15 zu treffen, soweit sie der Vermeidung, dem Ausgleich oder dem Ersatz von Schädigungen nach § 19 Absatz 1 Satz 1 dienen; in diesen Fällen gilt § 19 Absatz 1 Satz 2. Im Übrigen bleibt Absatz 2 Satz 1 unberührt.

§ 19 Schäden an bestimmten Arten und natürlichen Lebensräumen

(1) Eine Schädigung von Arten und natürlichen Lebensräumen im Sinne des Umweltschadensgesetzes ist jeder Schaden, der erhebliche nachteilige Auswirkungen auf die Erreichung oder Beibehaltung des günstigen Erhaltungszustands dieser Lebensräume oder Arten hat. Abweichend von Satz 1 liegt keine Schädigung vor bei zuvor ermittelten nachteiligen Auswirkungen von Tätigkeiten einer verantwortlichen Person, die von der zuständigen Behörde nach den §§ 34, 35, 45 Absatz 7 oder § 67 Absatz 2 oder, wenn eine solche Prüfung nicht erforderlich ist, nach § 15 oder auf Grund der Aufstellung eines Bebauungsplans nach § 30 oder § 33 des Baugesetzbuches genehmigt wurden oder zulässig sind.

(2) Arten im Sinne des Absatzes 1 sind die Arten, die in
1. Artikel 4 Absatz 2 oder Anhang I der Richtlinie 79/409/EWG oder
2. den Anhängen II und IV der Richtlinie 92/43/EWG
aufgeführt sind.

(3) Natürliche Lebensräume im Sinne des Absatzes 1 sind die
1. Lebensräume der Arten, die in Artikel 4 Absatz 2 oder Anhang I der Richtlinie 79/409/EWG oder in Anhang II der Richtlinie 92/43/EWG aufgeführt sind,
2. natürlichen Lebensraumtypen von gemeinschaftlichem Interesse sowie
3. Fortpflanzungs- und Ruhestätten der in Anhang IV der Richtlinie 92/43/EWG aufgeführten Arten.

(4) Hat eine verantwortliche Person nach dem Umweltschadensgesetz eine Schädigung geschützter Arten oder natürlicher Lebensräume verursacht, so trifft sie die erforderlichen Sanierungsmaßnahmen gemäß Anhang II Nummer 1 der Richtlinie 2004/35/EG des Europäischen Parlaments und des Rates vom 21. April 2004 über Umwelthaftung zur Vermeidung und Sanierung von Umweltschäden (ABl. L 143 vom 30.4.2004, S. 56), die durch die Richtlinie 2006/21/EG (ABl. L 102 vom 11.4.2006, S. 15) geändert worden ist.

(5) Ob Auswirkungen nach Absatz 1 erheblich sind, ist mit Bezug auf den Ausgangszustand unter Berücksichtigung der Kriterien des Anhangs I der Richtlinie 2004/35/EG zu ermitteln. Eine erhebliche Schädigung liegt dabei in der Regel nicht vor bei
1. nachteiligen Abweichungen, die geringer sind als die natürlichen Fluktuationen, die für den betreffenden Lebensraum oder die betreffende Art als normal gelten,
2. nachteiligen Abweichungen, die auf natürliche Ursachen zurückzuführen sind oder aber auf eine äußere Einwirkung im Zusammenhang mit der Bewirtschaftung der betreffenden Gebiete, die den Aufzeichnungen über den Lebensraum oder den Dokumenten über die Erhaltungsziele zufolge als normal anzusehen ist oder der früheren Bewirtschaftungsweise der jeweiligen Eigentümer oder Betreiber entspricht,
3. einer Schädigung von Arten oder Lebensräumen, die sich nachweislich ohne äußere Einwirkung in kurzer Zeit so weit regenerieren werden, dass entweder der Ausgangszustand erreicht wird oder aber allein auf Grund der Dynamik der betref-

BNatSchG §§ 20–22 Gesetzestext

fenden Art oder des Lebensraums ein Zustand erreicht wird, der im Vergleich zum Ausgangszustand als gleichwertig oder besser zu bewerten ist.

Kapitel 4 Schutz bestimmter Teile von Natur und Landschaft

Abschnitt 1 Biotopverbund und Biotopvernetzung; geschützte Teile von Natur und Landschaft

§ 20 Allgemeine Grundsätze
(1) Es wird ein Netz verbundener Biotope (Biotopverbund) geschaffen, das mindestens 10 Prozent der Fläche eines jeden Landes umfassen soll.

(2) Teile von Natur und Landschaft können geschützt werden
1. nach Maßgabe des § 23 als Naturschutzgebiet,
2. nach Maßgabe des § 24 als Nationalpark oder als Nationales Naturmonument,
3. als Biosphärenreservat,
4. nach Maßgabe des § 26 als Landschaftsschutzgebiet,
5. als Naturpark,
6. als Naturdenkmal oder
7. als geschützter Landschaftsbestandteil.

(3) Die in Absatz 2 genannten Teile von Natur und Landschaft sind, soweit sie geeignet sind, Bestandteile des Biotopverbunds.

§ 21 Biotopverbund, Biotopvernetzung
(1) Der Biotopverbund dient der dauerhaften Sicherung der Populationen wild lebender Tiere und Pflanzen einschließlich ihrer Lebensstätten, Biotope und Lebensgemeinschaften sowie der Bewahrung, Wiederherstellung und Entwicklung funktionsfähiger ökologischer Wechselbeziehungen. Er soll auch zur Verbesserung des Zusammenhangs des Netzes „Natura 2000" beitragen.

(2) Der Biotopverbund soll länderübergreifend erfolgen. Die Länder stimmen sich hierzu untereinander ab.

(3) Der Biotopverbund besteht aus Kernflächen, Verbindungsflächen und Verbindungselementen. Bestandteile des Biotopverbunds sind
1. Nationalparke, und Nationale Naturmonumente
2. Naturschutzgebiete, Natura 2000-Gebiete und Biosphärenreservate oder Teile dieser Gebiete,
3. gesetzlich geschützte Biotope im Sinne des § 30,
4. weitere Flächen und Elemente, einschließlich solcher des Nationalen Naturerbes, des Grünen Bandes sowie Teilen von Landschaftsschutzgebieten und Naturparken,
wenn sie zur Erreichung des in Absatz 1 genannten Zieles geeignet sind.

(4) Die erforderlichen Kernflächen, Verbindungsflächen und Verbindungselemente sind durch Erklärung zu geschützten Teilen von Natur und Landschaft im Sinne des § 20 Absatz 2, durch planungsrechtliche Festlegungen, durch langfristige vertragliche Vereinbarungen oder andere geeignete Maßnahmen rechtlich zu sichern, um den Biotopverbund dauerhaft zu gewährleisten.

(5) Unbeschadet des § 30 sind die oberirdischen Gewässer einschließlich ihrer Randstreifen, Uferzonen und Auen als Lebensstätten und Biotope für natürlich vorkommende Tier- und Pflanzenarten zu erhalten. Sie sind so weiterzuentwickeln, dass sie ihre großräumige Vernetzungsfunktion auf Dauer erfüllen können.

(6) Auf regionaler Ebene sind insbesondere in von der Landwirtschaft geprägten Landschaften zur Vernetzung von Biotopen erforderliche lineare und punktförmige Elemente, insbesondere Hecken und Feldraine sowie Trittsteinbiotope, zu erhalten und dort, wo sie nicht in ausreichendem Maße vorhanden sind, zu schaffen (Biotopvernetzung).

§ 22 Erklärung zum geschützten Teil von Natur und Landschaft
(1) Die Unterschutzstellung von Teilen von Natur und Landschaft erfolgt durch Erklärung. Die Erklärung bestimmt den Schutzgegenstand, den Schutzzweck, die zur Errei-

Gesetzestext §§ 23, 24 **BNatSchG**

chung des Schutzzwecks notwendigen Gebote und Verbote, und, soweit erforderlich, die Pflege-, Entwicklungs- und Wiederherstellungsmaßnahmen oder enthält die erforderlichen Ermächtigungen hierzu. Schutzgebiete können in Zonen mit einem entsprechend dem jeweiligen Schutzzweck abgestuften Schutz gegliedert werden; hierbei kann auch die für den Schutz notwendige Umgebung einbezogen werden.

(2) Form und Verfahren der Unterschutzstellung, die Beachtlichkeit von Form- und Verfahrensfehlern und die Möglichkeit ihrer Behebung sowie die Fortgeltung bestehender Erklärungen zum geschützten Teil von Natur und Landschaft richten sich nach Landesrecht. Die Unterschutzstellung kann auch länderübergreifend erfolgen.

(3) Teile von Natur und Landschaft, deren Schutz beabsichtigt ist, können für einen Zeitraum von bis zu zwei Jahren einstweilig sichergestellt werden, wenn zu befürchten ist, dass durch Veränderungen oder Störungen der beabsichtigte Schutzzweck gefährdet wird. Die einstweilige Sicherstellung kann unter den Voraussetzungen des Satzes 1 einmalig bis zu weiteren zwei Jahren verlängert werden. In dem einstweilig sichergestellten Teil von Natur und Landschaft sind Handlungen und Maßnahmen nach Maßgabe der Sicherstellungserklärung verboten, die geeignet sind, den Schutzgegenstand nachteilig zu verändern. Die einstweilige Sicherstellung ist ganz oder teilweise aufzuheben, wenn ihre Voraussetzungen nicht mehr oder nicht mehr in vollem Umfang gegeben sind. Absatz 2 gilt entsprechend.

(4) Geschützte Teile von Natur und Landschaft sind zu registrieren und zu kennzeichnen. Das Nähere richtet sich nach Landesrecht.

(5) Die Erklärung zum Nationalpark oder Nationalen Naturmonument einschließlich ihrer Änderung ergeht im Benehmen mit dem Bundesministerium für Umwelt, Naturschutz und Reaktorsicherheit und dem Bundesministerium für Verkehr, Bau und Stadtentwicklung.

§ 23 Naturschutzgebiete
(1) Naturschutzgebiete sind rechtsverbindlich festgesetzte Gebiete, in denen ein besonderer Schutz von Natur und Landschaft in ihrer Ganzheit oder in einzelnen Teilen erforderlich ist
1. zur Erhaltung, Entwicklung oder Wiederherstellung von Lebensstätten, Biotopen oder Lebensgemeinschaften bestimmter wild lebender Tier- und Pflanzenarten,
2. aus wissenschaftlichen, naturgeschichtlichen oder landeskundlichen Gründen oder
3. wegen ihrer Seltenheit, besonderen Eigenart oder hervorragenden Schönheit.

(2) Alle Handlungen, die zu einer Zerstörung, Beschädigung oder Veränderung des Naturschutzgebiets oder seiner Bestandteile oder zu einer nachhaltigen Störung führen können, sind nach Maßgabe näherer Bestimmungen verboten. Soweit es der Schutzzweck erlaubt, können Naturschutzgebiete der Allgemeinheit zugänglich gemacht werden.

§ 24 Nationalparke, Nationale Naturmonumente
(1) Nationalparke sind rechtsverbindlich festgesetzte einheitlich zu schützende Gebiete, die
1. großräumig, weitgehend unzerschnitten und von besonderer Eigenart sind,
2. in einem überwiegenden Teil ihres Gebiets die Voraussetzungen eines Naturschutzgebiets erfüllen und
3. sich in einem überwiegenden Teil ihres Gebiets in einem vom Menschen nicht oder wenig beeinflussten Zustand befinden oder geeignet sind, sich in einen Zustand zu entwickeln oder in einen Zustand entwickelt zu werden, der einen möglichst ungestörten Ablauf der Naturvorgänge in ihrer natürlichen Dynamik gewährleistet.

(2) Nationalparke haben zum Ziel, in einem überwiegenden Teil ihres Gebiets den möglichst ungestörten Ablauf der Naturvorgänge in ihrer natürlichen Dynamik zu gewährleisten. Soweit es der Schutzzweck erlaubt, sollen Nationalparke auch der wissenschaftlichen Umweltbeobachtung, der naturkundlichen Bildung und dem Naturerlebnis der Bevölkerung dienen.

(3) Nationalparke sind unter Berücksichtigung ihres besonderen Schutzzwecks sowie der durch die Großräumigkeit und Besiedlung gebotenen Ausnahmen wie Naturschutzgebiete zu schützen.

(4) Nationale Naturmonumente sind rechtsverbindlich festgesetzte Gebiete, die
1. aus wissenschaftlichen, naturgeschichtlichen, kulturhistorischen oder landeskundlichen Gründen und

2. wegen ihrer Seltenheit, Eigenart oder Schönheit von herausragender Bedeutung sind. Nationale Naturmonumente sind wie Naturschutzgebiete zu schützen.

§ 25 Biosphärenreservate

(1) Biosphärenreservate sind einheitlich zu schützende und zu entwickelnde Gebiete, die
1. großräumig und für bestimmte Landschaftstypen charakteristisch sind,
2. in wesentlichen Teilen ihres Gebiets die Voraussetzungen eines Naturschutzgebiets, im Übrigen überwiegend eines Landschaftsschutzgebiets erfüllen,
3. vornehmlich der Erhaltung, Entwicklung oder Wiederherstellung einer durch hergebrachte vielfältige Nutzung geprägten Landschaft und der darin historisch gewachsenen Arten- und Biotopvielfalt, einschließlich Wild- und früherer Kulturformen wirtschaftlich genutzter oder nutzbarer Tier- und Pflanzenarten, dienen und
4. beispielhaft der Entwicklung und Erprobung von die Naturgüter besonders schonenden Wirtschaftsweisen dienen.

(2) Biosphärenreservate dienen, soweit es der Schutzzweck erlaubt, auch der Forschung und der Beobachtung von Natur und Landschaft sowie der Bildung für nachhaltige Entwicklung.

(3) Biosphärenreservate sind unter Berücksichtigung der durch die Großräumigkeit und Besiedlung gebotenen Ausnahmen über Kernzonen, Pflegezonen und Entwicklungszonen zu entwickeln und wie Naturschutzgebiete oder Landschaftsschutzgebiete zu schützen.

(4) Biosphärenreservate können auch als Biosphärengebiete oder Biosphärenregionen bezeichnet werden.

§ 26 Landschaftsschutzgebiete

(1) Landschaftsschutzgebiete sind rechtsverbindlich festgesetzte Gebiete, in denen ein besonderer Schutz von Natur und Landschaft erforderlich ist
1. zur Erhaltung, Entwicklung oder Wiederherstellung der Leistungs- und Funktionsfähigkeit des Naturhaushalts oder der Regenerationsfähigkeit und nachhaltigen Nutzungsfähigkeit der Naturgüter, einschließlich des Schutzes von Lebensstätten und Lebensräumen bestimmter wild lebender Tier- und Pflanzenarten,
2. wegen der Vielfalt, Eigenart und Schönheit oder der besonderen kulturhistorischen Bedeutung der Landschaft oder
3. wegen ihrer besonderen Bedeutung für die Erholung.

(2) In einem Landschaftsschutzgebiet sind unter besonderer Beachtung des § 5 Absatz 1 und nach Maßgabe näherer Bestimmungen alle Handlungen verboten, die den Charakter des Gebiets verändern oder dem besonderen Schutzzweck zuwiderlaufen.

§ 27 Naturparke

(1) Naturparke sind einheitlich zu entwickelnde und zu pflegende Gebiete, die
1. großräumig sind,
2. überwiegend Landschaftsschutzgebiete oder Naturschutzgebiete sind,
3. sich wegen ihrer landschaftlichen Voraussetzungen für die Erholung besonders eignen und in denen ein nachhaltiger Tourismus angestrebt wird,
4. nach den Erfordernissen der Raumordnung für Erholung vorgesehen sind,
5. der Erhaltung, Entwicklung oder Wiederherstellung einer durch vielfältige Nutzung geprägten Landschaft und ihrer Arten- und Biotopvielfalt dienen und in denen zu diesem Zweck eine dauerhaft umweltgerechte Landnutzung angestrebt wird und
6. besonders dazu geeignet sind, eine nachhaltige Regionalentwicklung zu fördern.

(2) Naturparke sollen entsprechend ihren in Absatz 1 beschriebenen Zwecken unter Beachtung der Ziele des Naturschutzes und der Landschaftspflege geplant, gegliedert, erschlossen und weiterentwickelt werden.

§ 28 Naturdenkmäler

(1) Naturdenkmäler sind rechtsverbindlich festgesetzte Einzelschöpfungen der Natur oder entsprechende Flächen bis zu fünf Hektar, deren besonderer Schutz erforderlich ist
1. aus wissenschaftlichen, naturgeschichtlichen oder landeskundlichen Gründen oder
2. wegen ihrer Seltenheit, Eigenart oder Schönheit.

(2) Die Beseitigung des Naturdenkmals sowie alle Handlungen, die zu einer Zerstörung, Beschädigung oder Veränderung des Naturdenkmals führen können, sind nach Maßgabe näherer Bestimmungen verboten.

Gesetzestext §§ 29, 30 **BNatSchG**

§ 29 Geschützte Landschaftsbestandteile
(1) Geschützte Landschaftsbestandteile sind rechtsverbindlich festgesetzte Teile von Natur und Landschaft, deren besonderer Schutz erforderlich ist
1. zur Erhaltung, Entwicklung oder Wiederherstellung der Leistungs- und Funktionsfähigkeit des Naturhaushalts,
2. zur Belebung, Gliederung oder Pflege des Orts- oder Landschaftsbildes,
3. zur Abwehr schädlicher Einwirkungen oder
4. wegen ihrer Bedeutung als Lebensstätten bestimmter wild lebender Tier- und Pflanzenarten.

Der Schutz kann sich für den Bereich eines Landes oder für Teile des Landes auf den gesamten Bestand an Alleen, einseitigen Baumreihen, Bäumen, Hecken oder anderen Landschaftsbestandteilen erstrecken.

(2) Die Beseitigung des geschützten Landschaftsbestandteils sowie alle Handlungen, die zu einer Zerstörung, Beschädigung oder Veränderung des geschützten Landschaftsbestandteils führen können, sind nach Maßgabe näherer Bestimmungen verboten. Für den Fall der Bestandsminderung kann die Verpflichtung zu einer angemessenen und zumutbaren Ersatzpflanzung oder zur Leistung von Ersatz in Geld vorgesehen werden.

(3) Vorschriften des Landesrechts über den gesetzlichen Schutz von Alleen bleiben unberührt.

§ 30 Gesetzlich geschützte Biotope
(1) Bestimmte Teile von Natur und Landschaft, die eine besondere Bedeutung als Biotope haben, werden gesetzlich geschützt (allgemeiner Grundsatz).

(2) Handlungen, die zu einer Zerstörung oder einer sonstigen erheblichen Beeinträchtigung folgender Biotope führen können, sind verboten:
1. natürliche oder naturnahe Bereiche fließender und stehender Binnengewässer einschließlich ihrer Ufer und der dazugehörigen uferbegleitenden natürlichen oder naturnahen Vegetation sowie ihrer natürlichen oder naturnahen Verlandungsbereiche, Altarme und regelmäßig überschwemmten Bereiche,
2. Moore, Sümpfe, Röhrichte, Großseggenrieder, seggen- und binsenreiche Nasswiesen, Quellbereiche, Binnenlandsalzstellen,
3. offene Binnendünen, offene natürliche Block-, Schutt- und Geröllhalden, Lehm- und Losswände, Zwergstrauch-, Ginster- und Wacholderheiden, Borstgrasrasen, Trockenrasen, Schwermetallrasen, Wälder und Gebüsche trockenwarmer Standorte,
4. Bruch-, Sumpf- und Auenwälder, Schlucht-, Blockhalden- und Hangschuttwälder, subalpine Lärchen- und Lärchen-Arvenwälder,
5. offene Felsbildungen, alpine Rasen sowie Schneetälchen und Krummholzgebüsche,
6. Fels- und Steilküsten, Küstendünen und Strandwälle, Strandseen, Boddengewässer mit Verlandungsbereichen, Salzwiesen und Wattflächen im Küstenbereich, Seegraswiesen und sonstige marine Makrophytenbestände, Riffe, sublitorale Sandbänke, Schlickgründe mit bohrender Bodenmegafauna sowie artenreiche Kies-, Grobsand- und Schillgründe im Meeres- und Küstenbereich.

Die Verbote des Satzes 1 gelten auch für weitere von den Ländern gesetzlich geschützte Biotope.

(3) Von den Verboten des Absatzes 2 kann auf Antrag eine Ausnahme zugelassen werden, wenn die Beeinträchtigungen ausgeglichen werden können.

(4) Sind auf Grund der Aufstellung, Änderung oder Ergänzung von Bebauungsplänen Handlungen im Sinne des Absatzes 2 zu erwarten, kann auf Antrag der Gemeinde über eine erforderliche Ausnahme oder Befreiung von den Verboten des Absatzes 2 vor der Aufstellung des Bebauungsplans entschieden werden. Ist eine Ausnahme zugelassen oder eine Befreiung gewährt worden, bedarf es für die Durchführung eines im Übrigen zulässigen Vorhabens keiner weiteren Ausnahme oder Befreiung, wenn mit der Durchführung des Vorhabens innerhalb von sieben Jahren nach Inkrafttreten des Bebauungsplans begonnen wird.

(5) Bei gesetzlich geschützten Biotopen, die während der Laufzeit einer vertraglichen Vereinbarung oder der Teilnahme an öffentlichen Programmen zur Bewirtschaftungsbeschränkung entstanden sind, gilt Absatz 2 nicht für die Wiederaufnahme einer zulässigen land-, forst-, oder fischereiwirtschaftlichen Nutzung innerhalb von zehn Jahren

BNatSchG §§ 31–33   Gesetzestext

nach Beendigung der betreffenden vertraglichen Vereinbarung oder der Teilnahme an den betreffenden öffentlichen Programmen.

(6) Bei gesetzlich geschützten Biotopen, die auf Flächen entstanden sind, bei denen eine zulässige Gewinnung von Bodenschätzen eingeschränkt oder unterbrochen wurde, gilt Absatz 2 nicht für die Wiederaufnahme der Gewinnung innerhalb von fünf Jahren nach der Einschränkung oder Unterbrechung.

(7) Die gesetzlich geschützten Biotope werden registriert und die Registrierung wird in geeigneter Weise öffentlich zugänglich gemacht. Die Registrierung und deren Zugänglichkeit richten sich nach Landesrecht.

(8) Weiter gehende Schutzvorschriften einschließlich der Bestimmungen über Ausnahmen und Befreiungen bleiben unberührt.

Abschnitt 2   Netz „Natura 2000"

§ 31   Aufbau und Schutz des Netzes „Natura 2000"
Der Bund und die Länder erfüllen die sich aus den Richtlinien 92/43/EWG und 79/409/EWG ergebenden Verpflichtungen zum Aufbau und Schutz des zusammen- hängenden europäischen ökologischen Netzes „Natura 2000" im Sinne des Artikels 3 der Richtlinie 92/43/EWG.

§ 32   Schutzgebiete
(1) Die Länder wählen die Gebiete, die der Kommission nach Artikel 4 Absatz 1 der Richtlinie 92/43/EWG und Artikel 4 Absatz 1 und 2 der Richtlinie 79/409/EWG zu benennen sind, nach den in diesen Vorschriften genannten Maßgaben aus. Sie stellen das Benehmen mit dem Bundesministerium für Umwelt, Naturschutz und Reaktorsicherheit her. Dieses beteiligt die anderen fachlich betroffenen Bundesministerien und benennt die ausgewählten Gebiete der Kommission. Es übermittelt der Kommission gleichzeitig Schätzungen über eine finanzielle Beteiligung der Gemeinschaft, die zur Erfüllung der Verpflichtungen nach Artikel 6 Absatz 1 der Richtlinie 92/43/EWG einschließlich der Zahlung eines finanziellen Ausgleichs insbesondere für die Land- und Forstwirtschaft erforderlich ist.

(2) Die in die Liste nach Artikel 4 Absatz 2 Unterabsatz 3 der Richtlinie 92/43/EWG aufgenommenen Gebiete sind nach Maßgabe des Artikels 4 Absatz 4 dieser Richtlinie und die nach Artikel 4 Absatz 1 und 2 der Richtlinie 79/409/EWG benannten Gebiete entsprechend den jeweiligen Erhaltungszielen zu geschützten Teilen von Natur und Landschaft im Sinne des § 20 Absatz 2 zu erklären.

(3) Die Schutzerklärung bestimmt den Schutzzweck entsprechend den jeweiligen Erhaltungszielen und die erforderlichen Gebietsbegrenzungen. Es soll dargestellt werden, ob prioritäre natürliche Lebensraumtypen oder prioritäre Arten zu schützen sind. Durch geeignete Gebote und Verbote sowie Pflege- und Entwicklungsmaßnahmen ist sicherzustellen, dass den Anforderungen des Artikels 6 der Richtlinie 92/43/EWG entsprochen wird. Weiter gehende Schutzvorschriften bleiben unberührt.

(4) Die Unterschutzstellung nach den Absätzen 2 und 3 kann unterbleiben, soweit nach anderen Rechtsvorschriften einschließlich dieses Gesetzes und gebietsbezogener Bestimmungen des Landesrechts, nach Verwaltungsvorschriften, durch die Verfügungsbefugnis eines öffentlichen oder gemeinnützigen Trägers oder durch vertragliche Vereinbarungen ein gleichwertiger Schutz gewährleistet ist.

(5) Für Natura 2000-Gebiete können Bewirtschaftungspläne selbständig oder als Bestandteil anderer Pläne aufgestellt werden.

(6) Die Auswahl und die Erklärung von Gebieten im Sinne des Absatzes 1 Satz 1 und des Absatzes 2 im Bereich der deutschen ausschließlichen Wirtschaftszone und des Festlandsockels zu geschützten Teilen von Natur und Landschaft im Sinne des § 20 Absatz 2 richten sich nach § 57.

§ 33   Allgemeine Schutzvorschriften
(1) Alle Veränderungen und Störungen, die zu einer erheblichen Beeinträchtigung eines Natura 2000-Gebiets in seinen für die Erhaltungsziele oder den Schutzzweck maßgeblichen Bestandteilen führen können, sind unzulässig. Die für Naturschutz und Landschaftspflege zuständige Behörde kann unter den Voraussetzungen des § 34

Gesetzestext　　　　　　　　　　　　　　　　　§ 34　**BNatSchG**

Absatz 3 bis 5 Ausnahmen von dem Verbot des Satzes 1 sowie von Verboten im Sinne des § 32 Absatz 3 zulassen.

(2) Bei einem Gebiet im Sinne des Artikels 5 Absatz 1 der Richtlinie 92/43/EWG gilt während der Konzertierungsphase bis zur Beschlussfassung des Rates Absatz 1 Satz 1 im Hinblick auf die in ihm vorkommenden prioritären natürlichen Lebensraumtypen und prioritären Arten entsprechend. Die §§ 34 und 36 finden keine Anwendung.

§ 34 Verträglichkeit und Unzulässigkeit von Projekten; Ausnahmen

(1) Projekte sind vor ihrer Zulassung oder Durchführung auf ihre Verträglichkeit mit den Erhaltungszielen eines Natura 2000-Gebiets zu überprüfen, wenn sie einzeln oder im Zusammenwirken mit anderen Projekten oder Plänen geeignet sind, das Gebiet erheblich zu beeinträchtigen, und nicht unmittelbar der Verwaltung des Gebiets dienen. Soweit ein Natura 2000-Gebiet ein geschützter Teil von Natur und Landschaft im Sinne des § 20 Absatz 2 ist, ergeben sich die Maßstäbe für die Verträglichkeit aus dem Schutzzweck und den dazu erlassenen Vorschriften, wenn hierbei die jeweiligen Erhaltungsziele bereits berücksichtigt wurden. Der Projektträger hat die zur Prüfung der Verträglichkeit sowie der Voraussetzungen nach den Absätzen 3 bis 5 erforderlichen Unterlagen vorzulegen.

(2) Ergibt die Prüfung der Verträglichkeit, dass das Projekt zu erheblichen Beeinträchtigungen des Gebiets in seinen für die Erhaltungsziele oder den Schutzzweck maßgeblichen Bestandteilen führen kann, ist es unzulässig.

(3) Abweichend von Absatz 2 darf ein Projekt nur zugelassen oder durchgeführt werden, soweit es
1. aus zwingenden Gründen des überwiegenden öffentlichen Interesses, einschließlich solcher sozialer oder wirtschaftlicher Art, notwendig ist und
2. zumutbare Alternativen, den mit dem Projekt verfolgten Zweck an anderer Stelle ohne oder mit geringeren Beeinträchtigungen zu erreichen, nicht gegeben sind.

(4) Können von dem Projekt im Gebiet vorkommende prioritäre natürliche Lebensraumtypen oder prioritäre Arten betroffen werden, können als zwingende Gründe des überwiegenden öffentlichen Interesses nur solche im Zusammenhang mit der Gesundheit des Menschen, der öffentlichen Sicherheit, einschließlich der Verteidigung und des Schutzes der Zivilbevölkerung, oder den maßgeblich günstigen Auswirkungen des Projekts auf die Umwelt geltend gemacht werden. Sonstige Gründe im Sinne des Absatzes 3 Nummer 1 können nur berücksichtigt werden, wenn die zuständige Behörde zuvor über das Bundesministerium für Umwelt, Naturschutz und Reaktorsicherheit eine Stellungnahme der Kommission eingeholt hat.

(5) Soll ein Projekt nach Absatz 3, auch in Verbindung mit Absatz 4, zugelassen oder durchgeführt werden, sind die zur Sicherung des Zusammenhangs des Netzes „Natura 2000" notwendigen Maßnahmen vorzusehen. Die zuständige Behörde unterrichtet die Kommission über das Bundesministerium für Umwelt, Naturschutz und Reaktorsicherheit über die getroffenen Maßnahmen.

(6) Bedarf ein Projekt im Sinne des Absatzes 1 Satz 1, das nicht von einer Behörde durchgeführt wird, nach anderen Rechtsvorschriften keiner behördlichen Entscheidung oder Anzeige an eine Behörde, so ist es der für Naturschutz und Landschaftspflege zuständigen Behörde anzuzeigen. Diese kann die Durchführung des Projekts zeitlich befristen oder anderweitig beschränken, um die Einhaltung der Voraussetzungen der Absätze 1 bis 5 sicherzustellen. Trifft die Behörde innerhalb eines Monats nach Eingang der Anzeige keine Entscheidung, kann mit der Durchführung des Projekts begonnen werden. Wird mit der Durchführung eines Projekts ohne die erforderliche Anzeige begonnen, kann die Behörde die vorläufige Einstellung anordnen. Liegen im Fall des Absatzes 2 die Voraussetzungen der Absätze 3 bis 5 nicht vor, hat die Behörde die Durchführung des Projekts zu untersagen. Die Sätze 1 bis 5 sind nur insoweit anzuwenden, als Schutzvorschriften der Länder, einschließlich der Vorschriften über Ausnahmen und Befreiungen, keine strengeren Regelungen für die Zulässigkeit von Projekten enthalten.

(7) Für geschützte Teile von Natur und Landschaft im Sinne des § 20 Absatz 2 und gesetzlich geschützte Biotope im Sinne des § 30 sind die Absätze 1 bis 6 nur insoweit anzuwenden, als die Schutzvorschriften, einschließlich der Vorschriften über Ausnahmen und Befreiungen, keine strengeren Regelungen für die Zulässigkeit von Projekten

BNatSchG §§ 35–38 Gesetzestext

enthalten. Die Verpflichtungen nach Absatz 4 Satz 2 zur Beteiligung der Kommission und nach Absatz 5 Satz 2 zur Unterrichtung der Kommission bleiben unberührt.

(8) Die Absätze 1 bis 7 gelten mit Ausnahme von Bebauungsplänen, die eine Planfeststellung ersetzen, nicht für Vorhaben im Sinne des § 29 des Baugesetzbuches in Gebieten mit Bebauungsplänen nach § 30 des Baugesetzbuches und während der Planaufstellung nach § 33 des Baugesetzbuches.

§ 35 Gentechnisch veränderte Organismen
Auf
1. Freisetzungen gentechnisch veränderter Organismen im Sinne des § 3 Nummer 5 des Gentechnikgesetzes und
2. die land-, forst- und fischereiwirtschaftliche Nutzung von rechtmäßig in Verkehr gebrachten Produkten, die gentechnisch veränderte Organismen enthalten oder aus solchen bestehen, sowie den sonstigen, insbesondere auch nicht erwerbswirtschaftlichen, Umgang mit solchen Produkten, der in seinen Auswirkungen den vorgenannten Handlungen vergleichbar ist, innerhalb eines Natura 2000-Gebiets

ist § 34 Absatz 1 und 2 entsprechend anzuwenden.

§ 36 Pläne
Auf
1. Linienbestimmungen nach § 16 des Bundesfernstraßengesetzes und § 13 des Bundeswasserstraßengesetzes sowie
2. Pläne, die bei behördlichen Entscheidungen zu beachten oder zu berücksichtigen sind

ist § 34 Absatz 1 bis 5 entsprechend anzuwenden.
Bei Raumordnungsplänen im Sinne des § 3 Absatz 1 Nummer 7 des Raumordnungsgesetzes und bei Bauleitplänen und Satzungen nach § 34 Absatz 4 Satz 1 Nummer 3 des Baugesetzbuches findet § 34 Absatz 1 Satz 1 keine Anwendung.

Kapitel 5 **Schutz der wild lebenden Tier- und Pflanzenarten, ihrer Lebensstätten und Biotope**

Abschnitt 1 **Allgemeine Vorschriften**

§ 37 Aufgaben des Artenschutzes
(1) Die Vorschriften dieses Kapitels sowie § 6 Absatz 3 dienen dem Schutz der wild lebenden Tier- und Pflanzenarten. Der Artenschutz umfasst
1. den Schutz der Tiere und Pflanzen wild lebender Arten und ihrer Lebensgemeinschaften vor Beeinträchtigungen durch den Menschen und die Gewährleistung ihrer sonstigen Lebensbedingungen,
2. den Schutz der Lebensstätten und Biotope der wild lebenden Tier- und Pflanzenarten sowie
3. die Wiederansiedlung von Tieren und Pflanzen verdrängter wild lebender Arten in geeigneten Biotopen innerhalb ihres natürlichen Verbreitungsgebiets.

(2) Die Vorschriften des Pflanzenschutzrechts, des Tierschutzrechts, des Seuchenrechts sowie des Forst-, Jagd- und Fischereirechts bleiben von den Vorschriften dieses Kapitels und den auf Grund dieses Kapitels erlassenen Rechtsvorschriften unberührt. Soweit in jagd- oder fischereirechtlichen Vorschriften keine besonderen Bestimmungen zum Schutz und zur Pflege der betreffenden Arten bestehen oder erlassen werden, sind vorbehaltlich der Rechte der Jagdausübungs- oder Fischereiberechtigten die Vorschriften dieses Kapitels und die auf Grund dieses Kapitels erlassenen Rechtsvorschriften anzuwenden.

§ 38 Allgemeine Vorschriften für den Arten-, Lebensstätten- und Biotopschutz
(1) Zur Vorbereitung und Durchführung der Aufgaben nach § 37 Absatz 1 erstellen die für Naturschutz und Landschaftspflege zuständigen Behörden des Bundes und der Länder auf der Grundlage der Beobachtung nach § 6 Schutz-, Pflege- und Entwicklungsziele und verwirklichen sie.

(2) Soweit dies zur Umsetzung völker- und gemeinschaftsrechtlicher Vorgaben oder zum Schutz von Arten, die in einer Rechtsverordnung nach § 54 Absatz 1 Nummer 2 aufgeführt sind, einschließlich deren Lebensstätten, erforderlich ist, ergreifen die für Naturschutz und Landschaftspflege zuständigen Behörden des Bundes und der Länder wirksame und aufeinander abgestimmte vorbeugende Schutzmaßnahmen oder stellen Artenhilfsprogramme auf. Sie treffen die erforderlichen Maßnahmen, um sicherzustellen, dass der unbeabsichtigte Fang oder das unbeabsichtigte Töten keine erheblichen nachteiligen Auswirkungen auf die streng geschützten Arten haben.

(3) Die erforderliche Forschung und die notwendigen wissenschaftlichen Arbeiten im Sinne des Artikels 18 der Richtlinie 92/43/EWG und des Artikels 10 der Richtlinie 79/409/EWG werden gefördert.

Abschnitt 2 Allgemeiner Artenschutz

§ 39 Allgemeiner Schutz wild lebender Tiere und Pflanzen; Ermächtigung zum Erlass von Rechtsverordnungen

(1) Es ist verboten,
1. wild lebende Tiere mutwillig zu beunruhigen oder ohne vernünftigen Grund zu fangen, zu verletzen oder zu töten,
2. wild lebende Pflanzen ohne vernünftigen Grund von ihrem Standort zu entnehmen oder zu nutzen oder ihre Bestände niederzuschlagen oder auf sonstige Weise zu verwüsten,
3. Lebensstätten wild lebender Tiere und Pflanzen ohne vernünftigen Grund zu beeinträchtigen oder zu zerstören.

(2) Vorbehaltlich jagd- oder fischereirechtlicher Bestimmungen ist es verboten, wild lebende Tiere und Pflanzen der in Anhang V der Richtlinie 92/43/EWG aufgeführten Arten aus der Natur zu entnehmen. Die Länder können Ausnahmen von Satz 1 unter den Voraussetzungen des § 45 Absatz 7 oder des Artikels 14 der Richtlinie 92/43/EWG zulassen.

(3) Jeder darf abweichend von Absatz 1 Nummer 2 wild lebende Blumen, Gräser, Farne, Moose, Flechten, Früchte, Pilze, Tee- und Heilkräuter sowie Zweige wild lebender Pflanzen aus der Natur an Stellen, die keinem Betretungsverbot unterliegen, in geringen Mengen für den persönlichen Bedarf pfleglich entnehmen und sich aneignen.

(4) Das gewerbsmäßige Entnehmen, Be- oder Verarbeiten wild lebender Pflanzen bedarf unbeschadet der Rechte der Eigentümer und sonstiger Nutzungsberechtigter der Genehmigung der für Naturschutz und Landschaftspflege zuständigen Behörde. Die Genehmigung ist zu erteilen, wenn der Bestand der betreffenden Art am Ort der Entnahme nicht gefährdet und der Naturhaushalt nicht erheblich beeinträchtigt werden. Die Entnahme hat pfleglich zu erfolgen. Bei der Entscheidung über Entnahmen zu Zwecken der Produktion regionalen Saatguts sind die günstigen Auswirkungen auf die Ziele des Naturschutzes und der Landschaftspflege zu berücksichtigen.

(5) Es ist verboten,
1. die Bodendecke auf Wiesen, Feldrainen, Hochrainen und ungenutzten Grundflächen sowie an Hecken und Hängen abzubrennen oder nicht land-, forst- oder fischereiwirtschaftlich genutzte Flächen so zu behandeln, dass die Tier- oder Pflanzenwelt erheblich beeinträchtigt wird,
2. Bäume, die außerhalb des Waldes, von Kurzumtriebsplantagen oder gärtnerisch genutzten Grundflächen stehen, Hecken, lebende Zäune, Gebüsche und andere Gehölze in der Zeit vom 1. März bis zum 30. September abzuschneiden oder auf den Stock zu setzen; zulässig sind schonende Form- und Pflegeschnitte zur Beseitigung des Zuwachses der Pflanzen oder zur Gesunderhaltung von Bäumen,
3. Röhrichte in der Zeit vom 1. März bis zum 30. September zurückzuschneiden; außerhalb dieser Zeiten dürfen Röhrichte nur in Abschnitten zurückgeschnitten werden,
4. ständig wasserführende Gräben unter Einsatz von Grabenfräsen zu räumen, wenn dadurch der Naturhaushalt, insbesondere die Tierwelt erheblich beeinträchtigt wird.

Die Verbote des Satzes 1 Nummer 1 bis 3 gelten nicht für
1. behördlich angeordnete Maßnahmen,

BNatSchG § 40 Gesetzestext

2. Maßnahmen, die im öffentlichen Interesse nicht auf andere Weise oder zu anderer Zeit durchgeführt werden können, wenn sie
   a) behördlich durchgeführt werden,
   b) behördlich zugelassen sind oder
   c) der Gewährleistung der Verkehrssicherheit dienen,
3. nach § 15 zulässige Eingriffe in Natur und Landschaft,
4. zulässige Bauvorhaben, wenn nur geringfügiger Gehölzbewuchs zur Verwirklichung der Baumaßnahmen beseitigt werden muss.

Die Landesregierungen werden ermächtigt, durch Rechtsverordnung bei den Verboten des Satzes 1 Nummer 2 und 3 für den Bereich eines Landes oder für Teile des Landes erweiterte Verbotszeiträume vorsehen. Sie können die Ermächtigung nach Satz 3 durch Rechtsverordnung auf andere Landesbehörden übertragen.

(6) Es ist verboten, Höhlen, Stollen, Erdkeller oder ähnliche Räume, die als Winterquartier von Fledermäusen dienen, in der Zeit vom 1. Oktober bis zum 31. März aufzusuchen; dies gilt nicht für die Durchführung unaufschiebbarer und nur geringfügig störender Handlungen sowie für touristisch erschlossene oder stark genutzte Bereiche.

(7) Weiter gehende Schutzvorschriften insbesondere des Kapitels 4 und des Abschnitts 3 des Kapitels 5 einschließlich der Bestimmungen über Ausnahmen und Befreiungen bleiben unberührt.

§ 40 Nichtheimische, gebietsfremde und invasive Arten

(1) Es sind geeignete Maßnahmen zu treffen, um einer Gefährdung von Ökosystemen, Biotopen und Arten durch Tiere und Pflanzen nichtheimischer oder invasiver Arten entgegenzuwirken.

(2) Arten, bei denen Anhaltspunkte dafür bestehen, dass es sich um invasive Arten handelt, sind zu beobachten.

(3) Die zuständigen Behörden des Bundes und der Länder ergreifen unverzüglich geeignete Maßnahmen, um neu auftretende Tiere und Pflanzen invasiver Arten zu beseitigen oder deren Ausbreitung zu verhindern. Sie treffen bei bereits verbreiteten invasiven Arten Maßnahmen, um eine weitere Ausbreitung zu verhindern und die Auswirkungen der Ausbreitung zu vermindern, soweit diese Aussicht auf Erfolg haben und der Erfolg nicht außer Verhältnis zu dem erforderlichen Aufwand steht. Die Sätze 1 und 2 gelten nicht für in der Land- und Forstwirtschaft angebaute Pflanzen im Sinne des Absatzes 4 Satz 3 Nummer 1.

(4) Das Ausbringen von Pflanzen gebietsfremder Arten in der freien Natur sowie von Tieren bedarf der Genehmigung der zuständigen Behörde. Künstlich vermehrte Pflanzen sind nicht gebietsfremd, wenn sie ihren genetischen Ursprung in dem betreffenden Gebiet haben. Die Genehmigung ist zu versagen, wenn eine Gefährdung von Ökosystemen, Biotopen oder Arten der Mitgliedstaaten nicht auszuschließen ist. Von dem Erfordernis einer Genehmigung sind ausgenommen
1. der Anbau von Pflanzen in der Land- und Forstwirtschaft,
2. der Einsatz von Tieren
   a) nicht gebietsfremder Arten,
   b) gebietsfremder Arten, sofern der Einsatz einer pflanzenschutzrechtlichen Genehmigung bedarf, bei der die Belange des Artenschutzes berücksichtigt sind,
   zum Zweck des biologischen Pflanzenschutzes,
3. das Ansiedeln von Tieren nicht gebietsfremder Arten, die dem Jagd- oder Fischereirecht unterliegen,
4. das Ausbringen von Gehölzen und Saatgut außerhalb ihrer Vorkommensgebiete bis einschließlich 1. März 2020; bis zu diesem Zeitpunkt sollen in der freien Natur Gehölze und Saatgut vorzugsweise nur innerhalb ihrer Vorkommensgebiete ausgebracht werden.

Artikel 22 der Richtlinie 92/43/EWG ist zu beachten.

(5) Genehmigungen nach Absatz 4 werden bei im Inland noch nicht vorkommenden Arten vom Bundesamt für Naturschutz erteilt.

(6) Die zuständige Behörde kann anordnen, dass ungenehmigt ausgebrachte Tiere und Pflanzen oder sich unbeabsichtigt in der freien Natur ausbreitende Pflanzen sowie dorthin entkommene Tiere beseitigt werden, soweit es zur Abwehr einer Gefährdung von Ökosystemen, Biotopen oder Arten erforderlich ist.

Gesetzestext §§ 41, 42 **BNatSchG**

§ 41 Vogelschutz an Energiefreileitungen

Zum Schutz von Vogelarten sind neu zu errichtende Masten und technische Bauteile von Mittelspannungsleitungen konstruktiv so auszuführen, dass Vögel gegen Stromschlag geschützt sind. An bestehenden Masten und technischen Bauteilen von Mittelspannungsleitungen mit hoher Gefährdung von Vögeln sind bis zum 31. Dezember 2012 die notwendigen Maßnahmen zur Sicherung gegen Stromschlag durchzuführen. Satz 2 gilt nicht für die Oberleitungsanlagen von Eisenbahnen.

§ 42 Zoos

(1) Zoos sind dauerhafte Einrichtungen, in denen lebende Tiere wild lebender Arten zwecks Zurschaustellung während eines Zeitraumes von mindestens sieben Tagen im Jahr gehalten werden. Nicht als Zoo gelten
1. Zirkusse,
2. Tierhandlungen und
3. Gehege zur Haltung von nicht mehr als fünf Arten von Schalenwild, das im Bundesjagdgesetz aufgeführt ist, oder Einrichtungen, in denen nicht mehr als 20 Tiere anderer wild lebender Arten gehalten werden.

(2) Die Errichtung, Erweiterung, wesentliche Änderung und der Betrieb eines Zoos bedürfen der Genehmigung. Die Genehmigung bezieht sich auf eine bestimmte Anlage, bestimmte Betreiber, auf eine bestimmte Anzahl an Individuen einer jeden Tierart sowie auf eine bestimmte Betriebsart.

(3) Zoos sind so zu errichten und zu betreiben, dass
1. bei der Haltung der Tiere den biologischen und den Erhaltungsbedürfnissen der jeweiligen Art Rechnung getragen wird, insbesondere die jeweiligen Gehege nach Lage, Größe und Gestaltung und innerer Einrichtung art- und tiergerecht ausgestaltet sind,
2. die Pflege der Tiere auf der Grundlage eines dem Stand der guten veterinärmedizinischen Praxis entsprechenden schriftlichen Programms zur tiermedizinischen Vorbeugung und Behandlung sowie zur Ernährung erfolgt,
3. dem Eindringen von Schadorganismen sowie dem Entweichen der Tiere vorgebeugt wird,
4. die Vorschriften des Tier- und Artenschutzes beachtet werden,
5. ein Register über den Tierbestand des Zoos in einer den verzeichneten Arten jeweils angemessenen Form geführt und stets auf dem neuesten Stand gehalten wird,
6. die Aufklärung und das Bewusstsein der Öffentlichkeit in Bezug auf den Erhalt der biologischen Vielfalt gefördert wird, insbesondere durch Informationen über die zur Schau gestellten Arten und ihre natürlichen Biotope,
7. sich der Zoo beteiligt an
   a) Forschungen, die zur Erhaltung der Arten beitragen, einschließlich des Austausches von Informationen über die Arterhaltung, oder
   b) der Aufzucht in Gefangenschaft, der Bestandserneuerung und der Wiederansiedlung von Arten in ihren Biotopen oder
   c) der Ausbildung in erhaltungsspezifischen Kenntnissen und Fähigkeiten.

(4) Die Genehmigung nach Absatz 2 ist zu erteilen, wenn
1. sichergestellt ist, dass die Pflichten nach Absatz 3 erfüllt werden,
2. die nach diesem Kapitel erforderlichen Nachweise vorliegen,
3. keine Tatsachen vorliegen, aus denen sich Bedenken gegen die Zuverlässigkeit des Betreibers sowie der für die Leitung des Zoos verantwortlichen Personen ergeben sowie
4. andere öffentlich-rechtliche Vorschriften der Errichtung und dem Betrieb des Zoos nicht entgegenstehen.

Die Genehmigung kann mit Nebenbestimmungen versehen werden; insbesondere kann eine Sicherheitsleistung für die ordnungsgemäße Auflösung des Zoos und die Wiederherstellung des früheren Zustands verlangt werden.

(5) Die Länder können vorsehen, dass die in Absatz 2 Satz 1 vorgesehene Genehmigung die Erlaubnis nach § 11 Absatz 1 Satz 1 Nummer 2a und 3 Buchstabe d des Tierschutzgesetzes einschließt.

(6) Die zuständige Behörde hat die Einhaltung der sich aus den Absätzen 3 und 4 ergebenden Anforderungen unter anderem durch regelmäßige Prüfungen und Besichtigungen zu überwachen. § 52 gilt entsprechend.

BNatSchG §§ 43, 44   Gesetzestext

(7) Wird ein Zoo ohne die erforderliche Genehmigung oder im Widerspruch zu den sich aus den Absätzen 3 und 4 ergebenden Anforderungen errichtet, erweitert, wesentlich geändert oder betrieben, so kann die zuständige Behörde die erforderlichen Anordnungen treffen, um die Einhaltung der Anforderungen innerhalb einer angemessenen Frist sicherzustellen. Sie kann dabei auch bestimmen, den Zoo ganz oder teilweise für die Öffentlichkeit zu schließen. Ändern sich die Anforderungen an die Haltung von Tieren in Zoos entsprechend dem Stand der Wissenschaft, soll die zuständige Behörde nachträglich Anordnungen erlassen, wenn den geänderten Anforderungen nicht auf andere Weise nachgekommen wird.

(8) Soweit der Betreiber Anordnungen nach Absatz 7 nicht nachkommt, ist der Zoo innerhalb eines Zeitraums von höchstens zwei Jahren nach deren Erlass ganz oder teilweise zu schließen und die Genehmigung ganz oder teilweise zu widerrufen. Durch Anordnung ist sicherzustellen, dass die von der Schließung betroffenen Tiere angemessen und im Einklang mit dem Zweck und den Bestimmungen der Richtlinie 1999/22/EG des Rates vom 29. März 1999 über die Haltung von Wildtieren in Zoos (ABl. L 94 vom 9.4.1999, S. 24) auf Kosten des Betreibers art- und tiergerecht behandelt und untergebracht werden. Eine Beseitigung der Tiere ist nur in Übereinstimmung mit den arten- und tierschutzrechtlichen Bestimmungen zulässig, wenn keine andere zumutbare Alternative für die Unterbringung der Tiere besteht.

§ 43 Tiergehege
(1) Tiergehege sind dauerhafte Einrichtungen, in denen Tiere wild lebender Arten außerhalb von Wohn- und Geschäftsgebäuden während eines Zeitraums von mindestens sieben Tagen im Jahr gehalten werden und die kein Zoo im Sinne des § 42 Absatz 1 sind.

(2) Tiergehege sind so zu errichten und zu betreiben, dass
1. die sich aus § 42 Absatz 3 Nummer 1 bis 4 ergebenden Anforderungen eingehalten werden,
2. weder der Naturhaushalt noch das Landschaftsbild beeinträchtigt werden und
3. das Betreten von Wald und Flur sowie der Zugang zu Gewässern nicht in unangemessener Weise eingeschränkt wird.

(3) Die Errichtung, Erweiterung, wesentliche Änderung und der Betrieb eines Tiergeheges sind der zuständigen Behörde mindestens einen Monat im Voraus anzuzeigen. Diese kann die erforderlichen Anordnungen treffen, um die Einhaltung der sich aus Absatz 2 ergebenden Anforderungen sicherzustellen. Sie kann die Beseitigung eines Tiergeheges anordnen, wenn nicht auf andere Weise rechtmäßige Zustände hergestellt werden können. In diesem Fall gilt § 42 Absatz 8 Satz 2 und 3 entsprechend.

(4) Die Länder können bestimmen, dass die Anforderungen nach Absatz 2 nicht gelten für Gehege,
1. die unter staatlicher Aufsicht stehen,
2. die nur für kurze Zeit aufgestellt werden oder eine geringe Fläche beanspruchen oder
3. in denen nur eine geringe Anzahl an Tieren oder Tiere mit geringen Anforderungen an ihre Haltung gehalten werden.

(5) Weiter gehende Vorschriften der Länder bleiben unberührt.

Abschnitt 3   Besonderer Artenschutz

§ 44 Vorschriften für besonders geschützte und bestimmte andere Tier- und Pflanzenarten
(1) Es ist verboten,
1. wild lebenden Tieren der besonders geschützten Arten nachzustellen, sie zu fangen, zu verletzen oder zu töten oder ihre Entwicklungsformen aus der Natur zu entnehmen, zu beschädigen oder zu zerstören,
2. wild lebende Tiere der streng geschützten Arten und der europäischen Vogelarten während der Fortpflanzungs-, Aufzucht-, Mauser-, Überwinterungs- und Wanderungszeiten erheblich zu stören; eine erhebliche Störung liegt vor, wenn sich durch die Störung der Erhaltungszustand der lokalen Population einer Art verschlechtert,
3. Fortpflanzungs- oder Ruhestätten der wild lebenden Tiere der besonders geschützten Arten aus der Natur zu entnehmen, zu beschädigen oder zu zerstören,

Gesetzestext § 44 **BNatSchG**

4. wild lebende Pflanzen der besonders geschützten Arten oder ihre Entwicklungsformen aus der Natur zu entnehmen, sie oder ihre Standorte zu beschädigen oder zu zerstören
(Zugriffsverbote).

(2) Es ist ferner verboten,
1. Tiere und Pflanzen der besonders geschützten Arten in Besitz oder Gewahrsam zu nehmen, in Besitz oder Gewahrsam zu haben oder zu be- oder verarbeiten (Besitzverbote),
2. Tiere und Pflanzen der besonders geschützten Arten im Sinne des § 7 Absatz 2 Nummer 13 Buchstabe b und c
   a) zu verkaufen, zu kaufen, zum Verkauf oder Kauf anzubieten, zum Verkauf vorrätig zu halten oder zu befördern, zu tauschen oder entgeltlich zum Gebrauch oder zur Nutzung zu überlassen,
   b) zu kommerziellen Zwecken zu erwerben, zur Schau zu stellen oder auf andere Weise zu verwenden
(Vermarktungsverbote).
Artikel 9 der Verordnung (EG) Nr. 338/97 bleibt unberührt.

(3) Die Besitz- und Vermarktungsverbote gelten auch für
1. Waren im Sinne des Anhangs der Richtlinie 83/129/EWG, die entgegen den Artikeln 1 und 3 dieser Richtlinie nach dem 30. September 1983 in die Gemeinschaft gelangt sind,
2. Tiere und Pflanzen, die durch Rechtsverordnung nach § 54 Absatz 4 bestimmt sind.

(4) Entspricht die land-, forst- und fischereiwirtschaftliche Bodennutzung und die Verwertung der dabei gewonnenen Erzeugnisse den in § 5 Absatz 2 bis 4 dieses Gesetzes genannten Anforderungen sowie den sich aus § 17 Absatz 2 des Bundes-Bodenschutzgesetzes und dem Recht der Land-, Forst- und Fischereiwirtschaft ergebenden Anforderungen an die gute fachliche Praxis, verstößt sie nicht gegen die Zugriffs-, Besitz- und Vermarktungsverbote. Sind in Anhang IV der Richtlinie 92/43/EWG aufgeführte Arten, europäische Vogelarten oder solche Arten, die in einer Rechtsverordnung nach § 54 Absatz 1 Nummer 2 aufgeführt sind, betroffen, gilt dies nur, soweit sich der Erhaltungszustand der lokalen Population einer Art durch die Bewirtschaftung nicht verschlechtert. Soweit dies nicht durch anderweitige Schutzmaßnahmen, insbesondere durch Maßnahmen des Gebietsschutzes, Artenschutzprogramme, vertragliche Vereinbarungen oder gezielte Aufklärung sichergestellt ist, ordnet die zuständige Behörde gegenüber den verursachenden Land-, Forst- oder Fischwirten die erforderlichen Bewirtschaftungsvorgaben an. Befugnisse nach Landesrecht zur Anordnung oder zum Erlass entsprechender Vorgaben durch Allgemeinverfügung oder Rechtsverordnung bleiben unberührt.

(5) Für nach § 15 zulässige Eingriffe in Natur und Landschaft sowie für Vorhaben im Sinne des § 18 Absatz 2 Satz 1, die nach den Vorschriften des Baugesetzbuches zulässig sind, gelten die Zugriffs-, Besitz- und Vermarktungsverbote nach Maßgabe der Sätze 2 bis 5. Sind in Anhang IV Buchstabe a der Richtlinie 92/43/EWG aufgeführte Tierarten, europäische Vogelarten oder solche Arten betroffen, die in einer Rechtsverordnung nach § 54 Absatz 1 Nummer 2 aufgeführt sind, liegt ein Verstoß gegen das Verbot des Absatzes 1 Nummer 3 und im Hinblick auf damit verbundene unvermeidbare Beeinträchtigungen wild lebender Tiere auch gegen das Verbot des Absatzes 1 Nummer 1 nicht vor, soweit die ökologische Funktion der von dem Eingriff oder Vorhaben betroffenen Fortpflanzungs- oder Ruhestätten im räumlichen Zusammenhang weiterhin erfüllt wird. Soweit erforderlich, können auch vorgezogene Ausgleichsmaßnahmen festgesetzt werden. Für Standorte wild lebender Pflanzen der in Anhang IV Buchstabe b der Richtlinie 92/43/EWG aufgeführten Arten gelten die Sätze 2 und 3 entsprechend. Sind andere besonders geschützte Arten betroffen, liegt bei Handlungen zur Durchführung eines Eingriffs oder Vorhabens kein Verstoß gegen die Zugriffs-, Besitz- und Vermarktungsverbote vor.

(6) Die Zugriffs- und Besitzverbote gelten nicht für Handlungen zur Vorbereitung gesetzlich vorgeschriebener Prüfungen, die von fachkundigen Personen unter größtmöglicher Schonung der untersuchten Exemplare und der übrigen Tier- und Pflanzenwelt im notwendigen Umfang vorgenommen werden. Die Anzahl der verletzten oder

BNatSchG § 45 Gesetzestext

getöteten Exemplare von europäischen Vogelarten und Arten der in Anhang IV Buchstabe a der Richtlinie 92/43/EWG aufgeführten Tierarten ist von der fachkundigen Person der für Naturschutz und Landschaftspflege zuständigen Behörde jährlich mitzuteilen.

§ 45 Ausnahmen; Ermächtigung zum Erlass von Rechtsverordnungen

(1) Von den Besitzverboten sind, soweit sich aus einer Rechtsverordnung nach § 54 Absatz 5 nichts anderes ergibt, ausgenommen
1. Tiere und Pflanzen der besonders geschützten Arten, die rechtmäßig
    a) in der Gemeinschaft gezüchtet und nicht herrenlos geworden sind, durch künstliche Vermehrung gewonnen oder aus der Natur entnommen worden sind,
    b) aus Drittstaaten in die Gemeinschaft gelangt sind,
2. Tiere und Pflanzen der Arten, die in einer Rechtsverordnung nach § 54 Absatz 4 aufgeführt und vor ihrer Aufnahme in die Rechtsverordnung rechtmäßig in der Gemeinschaft erworben worden sind.

Satz 1 Nummer 1 Buchstabe b gilt nicht für Tiere und Pflanzen der Arten im Sinne des § 7 Absatz 2 Nummer 13 Buchstabe b, die nach dem 3. April 2002 ohne eine Ausnahme oder Befreiung nach § 43 Absatz 8 Satz 2 oder § 62 des Bundesnaturschutzgesetzes in der bis zum 1. März 2010 geltenden Fassung oder nach dem 1. März 2010 ohne eine Ausnahme nach Absatz 8 aus einem Drittstaat unmittelbar in das Inland gelangt sind. Abweichend von Satz 2 dürfen tote Vögel von europäischen Vogelarten im Sinne des § 7 Absatz 2 Nummer 13 Buchstabe b Doppelbuchstabe bb, soweit diese nach § 2 Absatz 1 des Bundesjagdgesetzes dem Jagdrecht unterliegen, zum persönlichen Gebrauch oder als Hausrat ohne eine Ausnahme oder Befreiung aus einem Drittstaat unmittelbar in das Inland verbracht werden.

(2) Soweit nach Absatz 1 Tiere und Pflanzen der besonders geschützten Arten keinen Besitzverboten unterliegen, sind sie auch von den Vermarktungsverboten ausgenommen. Dies gilt vorbehaltlich einer Rechtsverordnung nach § 54 Absatz 5 nicht für aus der Natur entnommene
1. Tiere und Pflanzen der streng geschützten Arten und
2. Tiere europäischer Vogelarten.

(3) Von den Vermarktungsverboten sind auch ausgenommen
1. Tiere und Pflanzen der streng geschützten Arten, die vor ihrer Unterschutzstellung als vom Aussterben bedrohte oder streng geschützte Arten rechtmäßig erworben worden sind,
2. Tiere europäischer Vogelarten, die vor dem 6. April 1981 rechtmäßig erworben worden oder in Anhang III Teil 1 der Richtlinie 79/409/EWG aufgeführt sind,
3. Tiere und Pflanzen der Arten, die den Richtlinien 92/43/EWG und 79/409/EWG unterliegen und die in einem Mitgliedstaat in Übereinstimmung mit den Richtlinien zu den in § 44 Absatz 2 Satz 1 Nummer 2 genannten Handlungen freigegeben worden sind.

(4) Abweichend von den Besitz- und Vermarktungsverboten ist es vorbehaltlich jagd- und fischereirechtlicher Vorschriften zulässig, tot aufgefundene Tiere und Pflanzen aus der Natur zu entnehmen und an die von der für Naturschutz und Landschaftspflege zuständigen Behörde bestimmte Stelle abzugeben oder, soweit sie nicht zu den streng geschützten Arten gehören, für Zwecke der Forschung oder Lehre oder zur Präparation für diese Zwecke zu verwenden.

(5) Abweichend von den Verboten des § 44 Absatz 1 Nummer 1 sowie den Besitzverboten ist es vorbehaltlich jagdrechtlicher Vorschriften ferner zulässig, verletzte, hilflose oder kranke Tiere aufzunehmen, um sie gesund zu pflegen. Die Tiere sind unverzüglich freizulassen, sobald sie sich selbständig erhalten können. Im Übrigen sind sie an die von der für Naturschutz und Landschaftspflege zuständigen Behörde bestimmte Stelle abzugeben. Handelt es sich um Tiere der streng geschützten Arten, so hat der Besitzer die Aufnahme des Tieres der für Naturschutz und Landschaftspflege zuständigen Behörde zu melden. Diese kann die Herausgabe des aufgenommenen Tieres verlangen.

(6) Die für die Beschlagnahme oder Einziehung zuständigen Behörden können Ausnahmen von den Besitz- und Vermarktungsverboten zulassen, soweit dies für die Ver-

wertung beschlagnahmter oder eingezogener Tiere und Pflanzen erforderlich ist und Rechtsakte der Europäischen Gemeinschaft dem nicht entgegenstehen.

(7) Die nach Landesrecht für Naturschutz und Landschaftspflege zuständigen Behörden sowie im Fall des Verbringens aus dem Ausland das Bundesamt für Naturschutz können von den Verboten des § 44 im Einzelfall weitere Ausnahmen zulassen
1. zur Abwendung erheblicher land-, forst-, fischerei-, wasser- oder sonstiger erheblicher wirtschaftlicher Schäden,
2. zum Schutz der natürlich vorkommenden Tier- und Pflanzenwelt,
3. für Zwecke der Forschung, Lehre, Bildung oder Wiederansiedlung oder diesen Zwecken dienende Maßnahmen der Aufzucht oder künstlichen Vermehrung,
4. im Interesse der Gesundheit des Menschen, der öffentlichen Sicherheit, einschließlich der Verteidigung und des Schutzes der Zivilbevölkerung, oder der maßgeblich günstigen Auswirkungen auf die Umwelt oder
5. aus anderen zwingenden Gründen des überwiegenden öffentlichen Interesses einschließlich solcher sozialer oder wirtschaftlicher Art.

Eine Ausnahme darf nur zugelassen werden, wenn zumutbare Alternativen nicht gegeben sind und sich der Erhaltungszustand der Populationen einer Art nicht verschlechtert, soweit nicht Artikel 16 Absatz 1 der Richtlinie 92/43/EWG weiter gehende Anforderungen enthält. Artikel 16 Absatz 3 der Richtlinie 92/43/EWG und Artikel 9 Absatz 2 der Richtlinie 79/409/EWG sind zu beachten. Die Landesregierungen können Ausnahmen auch allgemein durch Rechtsverordnung zulassen. Sie können die Ermächtigung nach Satz 4 durch Rechtsverordnung auf andere Landesbehörden übertragen.

(8) Das Bundesamt für Naturschutz kann im Fall des Verbringens aus dem Ausland von den Verboten des § 44 unter den Voraussetzungen des Absatzes 7 Satz 2 und 3 im Einzelfall weitere Ausnahmen zulassen, um unter kontrollierten Bedingungen und in beschränktem Ausmaß eine vernünftige Nutzung von Tieren und Pflanzen bestimmter Arten im Sinne des § 7 Absatz 2 Nummer 13 Buchstabe b sowie für gezüchtete und künstlich vermehrte Tiere oder Pflanzen dieser Arten zu ermöglichen.

§ 46 Nachweispflicht
(1) Diejenige Person, die
1. lebende Tiere oder Pflanzen der besonders geschützten Arten, ihre lebenden oder toten Entwicklungsformen oder im Wesentlichen vollständig erhaltene tote Tiere oder Pflanzen der besonders geschützten Arten,
2. ohne Weiteres erkennbare Teile von Tieren oder Pflanzen der streng geschützten Arten oder ohne Weiteres erkennbar aus ihnen gewonnene Erzeugnisse oder
3. lebende Tiere oder Pflanzen der Arten, die in einer Rechtsverordnung nach § 54 Absatz 4 aufgeführt sind,

besitzt oder die tatsächliche Gewalt darüber ausübt, kann sich gegenüber den für Naturschutz und Landschaftspflege zuständigen Behörden auf eine Berechtigung hierzu nur berufen, wenn sie auf Verlangen diese Berechtigung nachweist oder nachweist, dass sie oder ein Dritter die Tiere oder Pflanzen vor ihrer Unterschutzstellung als besonders geschützte Art oder vor ihrer Aufnahme in eine Rechtsverordnung nach § 54 Absatz 4 in Besitz hatte.

(2) Auf Erzeugnisse im Sinne des Absatzes 1 Nummer 2, die dem persönlichen Gebrauch oder als Hausrat dienen, ist Absatz 1 nicht anzuwenden. Für Tiere oder Pflanzen, die vor ihrer Unterschutzstellung als besonders geschützte Art oder vor ihrer Aufnahme in eine Rechtsverordnung nach § 54 Absatz 4 erworben wurden und die dem persönlichen Gebrauch oder als Hausrat dienen, genügt anstelle des Nachweises nach Absatz 1 die Glaubhaftmachung. Die Glaubhaftmachung darf nur verlangt werden, wenn Tatsachen die Annahme rechtfertigen, dass keine Berechtigung vorliegt.

(3) Soweit nach Artikel 8 oder Artikel 9 der Verordnung (EG) Nr. 338/97 die Berechtigung zu den dort genannten Handlungen nachzuweisen ist oder für den Nachweis bestimmte Dokumente vorgeschrieben sind, ist der Nachweis in der genannten Verordnung vorgeschriebenen Weise zu führen.

§ 47 Einziehung
Tiere oder Pflanzen, für die der erforderliche Nachweis oder die erforderliche Glaubhaftmachung nicht erbracht wird, können von den für Naturschutz und Landschaftspflege zuständigen Behörden eingezogen werden. § 51 gilt entsprechend; § 51 Absatz 1 Satz 2 gilt mit der Maßgabe, dass auch die Vorlage einer Bescheinigung einer sonstigen unabhängigen sachverständigen Stelle oder Person verlangt werden kann.

Abschnitt 4 Zuständige Behörden, Verbringen von Tieren und Pflanzen

§ 48 Zuständige Behörden

(1) Vollzugsbehörden im Sinne des Artikels 13 Absatz 1 der Verordnung (EG) Nr. 338/97 und des Artikels IX des Washingtoner Artenschutzübereinkommens sind
1. das Bundesministerium für Umwelt, Naturschutz und Reaktorsicherheit für den Verkehr mit anderen Vertragsparteien und mit dem Sekretariat (Artikel IX Absatz 2 des Washingtoner Artenschutzübereinkommens), mit Ausnahme der in Nummer 2 Buchstabe a und c sowie Nummer 4 genannten Aufgaben, und für die in Artikel 12 Absatz 1, 3 und 5, den Artikeln 13 und 15 Absatz 1 und 5 und Artikel 20 der Verordnung (EG) Nr. 338/97 genannten Aufgaben,
2. das Bundesamt für Naturschutz
   a) für die Erteilung von Ein- und Ausfuhrgenehmigungen und Wiederausfuhrbescheinigungen im Sinne des Artikels 4 Absatz 1 und 2 und des Artikels 5 Absatz 1 und 4 der Verordnung (EG) Nr. 338/97 sowie von sonstigen Dokumenten im Sinne des Artikels IX Absatz 1 Buchstabe a des Washingtoner Artenschutzübereinkommens sowie für den Verkehr mit dem Sekretariat, der Kommission der Europäischen Gemeinschaften und mit Behörden anderer Vertragsstaaten und Nichtvertragsstaaten im Zusammenhang mit der Bearbeitung von Genehmigungsanträgen oder bei der Verfolgung von Ein- und Ausfuhrverstößen sowie für die in Artikel 15 Absatz 4 Buchstabe a und c der Verordnung (EG) Nr. 338/97 genannten Aufgaben,
   b) für die Zulassung von Ausnahmen nach Artikel 8 Absatz 3 der Verordnung (EG) Nr. 338/97 im Fall der Einfuhr,
   c) für die Anerkennung von Betrieben, in denen im Sinne des Artikels VII Absatz 4 des Washingtoner Artenschutzübereinkommens Exemplare für Handelszwecke gezüchtet oder künstlich vermehrt werden sowie für die Meldung des in Artikel 7 Absatz 1 Nummer 4 der Verordnung (EG) Nr. 338/97 genannten Registrierungsverfahrens gegenüber dem Sekretariat (Artikel IX Absatz 2 des Washingtoner Artenschutzübereinkommens),
   d) die Erteilung von Bescheinigungen nach den Artikeln 30, 37 und 44a der Verordnung (EG) Nr. 865/2006 der Kommission vom 4. Mai 2006 mit Durchführungsbestimmungen zur Verordnung (EG) Nr. 338/97 des Rates über den Schutz von Exemplaren wild lebender Tier- und Pflanzenarten durch Überwachung des Handels (ABl. L 166 vom 19.6.2006, S. 1), die durch die Verordnung (EG) Nr. 100/2008 (ABl. L 31 vom 5.2.2008, S. 3) geändert worden ist, im Fall der Ein- und Ausfuhr,
   e) die Registrierung von Kaviarverpackungsbetrieben nach Artikel 66 der Verordnung (EG) Nr. 865/2006,
   f) für die Verwertung der von den Zollstellen nach § 51 eingezogenen lebenden Tieren und Pflanzen sowie für die Verwertung der von Zollbehörden nach § 51 eingezogenen toten Tiere und Pflanzen, sowie Teilen davon und Erzeugnisse daraus, soweit diese von streng geschützten Arten stammen,
3. die Bundeszollverwaltung für den Informationsaustausch mit dem Sekretariat in Angelegenheiten der Bekämpfung der Artenschutzkriminalität,
4. die nach Landesrecht für Naturschutz und Landschaftspflege zuständigen Behörden für alle übrigen Aufgaben im Sinne der Verordnung (EG) Nr. 338/97.

(2) Wissenschaftliche Behörde im Sinne des Artikels 13 Absatz 2 der Verordnung (EG) Nr. 338/97 ist das Bundesamt für Naturschutz.

§ 49 Mitwirkung der Zollbehörden; Ermächtigung zum Erlass von Rechtsverordnungen

(1) Das Bundesministerium der Finanzen und die von ihm bestimmten Zollbehörden wirken mit bei der Überwachung des Verbringens von Tieren und Pflanzen, die einer Ein- oder Ausfuhrregelung nach Rechtsakten der Europäischen Gemeinschaft unterliegen, sowie bei der Überwachung von Besitz- und Vermarktungsverboten nach diesem Kapitel im Warenverkehr mit Drittstaaten. Die Zollbehörden dürfen im Rahmen der Überwachung vorgelegte Dokumente an die nach § 48 zuständigen Behörden weiterleiten, soweit zureichende tatsächliche Anhaltspunkte dafür bestehen, dass Tiere oder

Gesetzestext   §§ 50, 51 **BNatSchG**

Pflanzen unter Verstoß gegen Regelungen oder Verbote im Sinne des Satzes 1 verbracht werden.

(2) Das Bundesministerium der Finanzen wird ermächtigt, im Einvernehmen mit dem Bundesministerium für Umwelt, Naturschutz und Reaktorsicherheit durch Rechtsverordnung ohne Zustimmung des Bundesrates die Einzelheiten des Verfahrens nach Absatz 1 zu regeln; soweit es erforderlich ist, kann es dabei auch Pflichten zu Anzeigen, Anmeldungen, Auskünften und zur Leistung von Hilfsdiensten sowie zur Duldung der Einsichtnahme in Geschäftspapiere und sonstige Unterlagen und zur Duldung von Besichtigungen und von Entnahmen unentgeltlicher Muster und Proben vorsehen.

(3) Die Zollstellen, bei denen Tiere und Pflanzen zur Ein-, Durch- und Ausfuhr nach diesem Kapitel anzumelden sind, werden vom Bundesministerium für Umwelt, Naturschutz und Reaktorsicherheit im Einvernehmen mit dem Bundesministerium der Finanzen im Bundesanzeiger bekannt gegeben. Auf Zollstellen, bei denen lebende Tiere und Pflanzen anzumelden sind, ist besonders hinzuweisen.

§ 50 Anmeldepflicht bei der Ein-, Durch- und Ausfuhr oder dem Verbringen aus Drittstaaten
(1) Wer Tiere oder Pflanzen, die einer von der Europäischen Gemeinschaft erlassenen Ein- oder Ausfuhrregelung unterliegen oder deren Verbringen aus einem Drittstaat einer Ausnahme des Bundesamtes für Naturschutz bedarf, unmittelbar aus einem Drittstaat in den oder durch den Geltungsbereich dieses Gesetzes verbringt (Ein- oder Durchfuhr) oder aus dem Geltungsbereich dieses Gesetzes in einen Drittstaat verbringt (Ausfuhr), hat diese Tiere oder Pflanzen zur Ein-, Durch- oder Ausfuhr unter Vorlage der für die Ein-, Durch- oder Ausfuhr vorgeschriebenen Genehmigungen oder sonstigen Dokumente bei einer nach § 49 Absatz 3 bekannt gegebenen Zollstelle anzumelden und auf Verlangen vorzuführen. Das Bundesamt für Naturschutz kann auf Antrag aus vernünftigem Grund eine andere als die in Satz 1 bezeichnete Zollstelle zur Abfertigung bestimmen, wenn diese ihr Einverständnis erteilt hat und Rechtsvorschriften dem nicht entgegenstehen.

(2) Die ein-, durch- oder ausführende Person hat die voraussichtliche Ankunftszeit lebender Tiere der abfertigenden Zollstelle unter Angabe der Art und Zahl der Tiere mindestens 18 Stunden vor der Ankunft mitzuteilen.

§ 51 Inverwahrungnahme, Beschlagnahme und Einziehung durch die Zollbehörden
(1) Ergeben sich im Rahmen der zollamtlichen Überwachung Zweifel, ob das Verbringen von Tieren oder Pflanzen Regelungen oder Verboten im Sinne des § 49 Absatz 1 unterliegt, kann die Zollbehörde die Tiere oder Pflanzen auf Kosten der verfügungsberechtigten Person bis zur Klärung der Zweifel in Verwahrung nehmen oder einen Dritten mit der Verwahrung beauftragen; sie kann die Tiere oder Pflanzen auch der verfügungsberechtigten Person unter Auferlegung eines Verfügungsverbotes überlassen. Zur Klärung der Zweifel kann die Zollbehörde von der verfügungsberechtigten Person die Vorlage einer Bescheinigung einer vom Bundesministerium für Umwelt, Naturschutz und Reaktorsicherheit anerkannten unabhängigen sachverständigen Stelle oder Person darüber verlangen, dass es sich nicht um Tiere oder Pflanzen handelt, die zu den Arten oder Populationen gehören, die einer von der Europäischen Gemeinschaft erlassenen Ein- oder Ausfuhrregelung oder Besitz- und Vermarktungsverboten nach diesem Kapitel unterliegen. Erweisen sich die Zweifel als unbegründet, hat dem Bund der verfügungsberechtigten Person die Kosten für die Beschaffung der Bescheinigung und die zusätzlichen Kosten der Verwahrung zu erstatten.

(2) Wird bei der zollamtlichen Überwachung festgestellt, dass Tiere oder Pflanzen ohne die vorgeschriebenen Genehmigungen oder sonstigen Dokumente ein-, durch- oder ausgeführt werden, werden sie durch die Zollbehörde beschlagnahmt. Beschlagnahmte Tiere oder Pflanzen können der verfügungsberechtigten Person unter Auferlegung eines Verfügungsverbotes überlassen werden. Werden die vorgeschriebenen Genehmigungen oder sonstigen Dokumente nicht innerhalb eines Monats nach der Beschlagnahme vorgelegt, so ordnet die Zollbehörde die Einziehung an; die Frist kann angemessen verlängert werden, längstens bis zu insgesamt sechs Monaten. Wird festgestellt, dass es sich um Tiere oder Pflanzen handelt, für die eine Ein- oder Ausfuhrgenehmigung nicht erteilt werden darf, werden sie sofort eingezogen.

BNatSchG §§ 52–54 Gesetzestext

(3) Absatz 2 gilt entsprechend, wenn bei der zollamtlichen Überwachung nach § 50 Absatz 1 festgestellt wird, dass dem Verbringen Besitz- und Vermarktungsverbote entgegenstehen.

(4) Werden beschlagnahmte oder eingezogene Tiere oder Pflanzen veräußert, wird der Erlös an den Eigentümer ausgezahlt, wenn er nachweist, dass ihm die Umstände, die die Beschlagnahme oder Einziehung veranlasst haben, ohne sein Verschulden nicht bekannt waren. Dritte, deren Rechte durch die Einziehung oder Veräußerung erlöschen, werden unter den Voraussetzungen des Satzes 1 aus dem Erlös entschädigt.

(5) Werden Tiere oder Pflanzen beschlagnahmt oder eingezogen, so werden die hierdurch entstandenen Kosten, insbesondere für Pflege, Unterbringung, Beförderung, Rücksendung oder Verwertung, der verbringenden Person auferlegt; kann sie nicht ermittelt werden, werden sie dem Absender, Beförderer oder Besteller auferlegt, wenn diesem die Umstände, die die Beschlagnahme oder Einziehung veranlasst haben, bekannt waren oder hätten bekannt sein müssen.

Abschnitt 5 Auskunfts- und Zutrittsrecht; Gebühren und Auslagen

§ 52 Auskunfts- und Zutrittsrecht
(1) Natürliche und juristische Personen sowie nicht rechtsfähige Personenvereinigungen haben den für Naturschutz und Landschaftspflege zuständigen Behörden oder nach § 49 mitwirkenden Behörden auf Verlangen die Auskünfte zu erteilen, die zur Durchführung der Rechtsakte der Europäischen Gemeinschaft, dieses Kapitels oder der zu ihrer Durchführung erlassenen Rechtsvorschriften erforderlich sind.

(2) Personen, die von den in Absatz 1 genannten Behörden beauftragt sind, dürfen, soweit dies erforderlich ist, im Rahmen des Absatzes 1 betrieblich oder geschäftlich genutzte Grundstücke, Gebäude, Räume, Seeanlagen, Schiffe und Transportmittel der zur Auskunft verpflichteten Person während der Geschäfts- und Betriebszeiten betreten und die Behältnisse sowie die geschäftlichen Unterlagen einsehen. Die zur Auskunft verpflichtete Person hat, soweit erforderlich, die beauftragten Personen dabei zu unterstützen sowie die geschäftlichen Unterlagen auf Verlangen vorzulegen.

(3) Für die zur Auskunft verpflichtete Person gilt § 55 der Strafprozessordnung entsprechend.

§ 53 Gebühren und Auslagen; Ermächtigung zum Erlass von Rechtsverordnungen
(1) Das Bundesamt für Naturschutz erhebt für seine Amtshandlungen nach den Vorschriften dieses Kapitels sowie nach den Vorschriften der Verordnung (EG) Nr. 338/97 Gebühren und Auslagen.

(2) Das Bundesministerium für Umwelt, Naturschutz und Reaktorsicherheit wird ermächtigt, im Einvernehmen mit dem Bundesministerium der Finanzen, dem Bundesministerium für Ernährung, Landwirtschaft und Verbraucherschutz und dem Bundesministerium für Wirtschaft und Technologie durch Rechtsverordnung ohne Zustimmung des Bundesrates die gebührenpflichtigen Tatbestände, die Gebührensätze und die Auslagenerstattung zu bestimmen und dabei feste Sätze und Rahmensätze vorzusehen. Die zu erstattenden Auslagen können abweichend vom Verwaltungskostengesetz geregelt werden.

Abschnitt 6 Ermächtigungen

§ 54 Ermächtigung zum Erlass von Rechtsverordnungen
(1) Das Bundesministerium für Umwelt, Naturschutz und Reaktorsicherheit wird ermächtigt, durch Rechtsverordnung mit Zustimmung des Bundesrates bestimmte, nicht unter § 7 Absatz 2 Nummer 13 Buchstabe a oder Buchstabe b fallende Tier- und Pflanzenarten oder Populationen solcher Arten unter besonderen Schutz zu stellen, soweit es sich um natürlich vorkommende Arten handelt, die
1. im Inland durch den menschlichen Zugriff in ihrem Bestand gefährdet sind, oder soweit es sich um Arten handelt, die mit solchen gefährdeten Arten oder mit Arten im Sinne des § 7 Absatz 2 Nummer 13 Buchstabe b verwechselt werden können, oder

Gesetzestext § 54 **BNatSchG**

2. in ihrem Bestand gefährdet sind und für die die Bundesrepublik Deutschland in hohem Maße verantwortlich ist.

(2) Das Bundesministerium für Umwelt, Naturschutz und Reaktorsicherheit wird ermächtigt, durch Rechtsverordnung mit Zustimmung des Bundesrates
1. bestimmte, nach § 7 Absatz 2 Nummer 13 Buchstabe a oder Buchstabe b besonders geschützte
   a) Tier- und Pflanzenarten, die in Anhang B der Verordnung (EG) Nr. 338/97 aufgeführt sind,
   b) europäische Vogelarten,
2. bestimmte sonstige Tier- und Pflanzenarten im Sinne des Absatzes 1

unter strengen Schutz zu stellen, soweit es sich um natürlich vorkommende Arten handelt, die im Inland vom Aussterben bedroht sind oder für die die Bundesrepublik Deutschland in besonders hohem Maße verantwortlich ist.

(3) Das Bundesministerium für Umwelt, Naturschutz und Reaktorsicherheit wird ermächtigt, durch Rechtsverordnung mit Zustimmung des Bundesrates
1. näher zu bestimmen, welche Teile von Tieren oder Pflanzen besonders geschützter Arten oder aus solchen Tieren oder Pflanzen gewonnene Erzeugnisse als ohne Weiteres erkennbar im Sinne des § 7 Absatz 2 Nummer 1 Buchstabe c und d oder Nummer 2 Buchstabe c und d anzusehen sind,
2. bestimmte besonders geschützte Arten oder Herkünfte von Tieren oder Pflanzen besonders geschützter Arten sowie gezüchtete oder künstlich vermehrte Tiere oder Pflanzen besonders geschützter Arten von Verboten des § 44 ganz, teilweise oder unter bestimmten Voraussetzungen auszunehmen, soweit der Schutzzweck dadurch nicht gefährdet wird und die Artikel 12, 13 und 16 der Richtlinie 92/43/EWG, die Artikel 5 bis 7 und 9 der Richtlinie 79/409/EWG, sonstige Rechtsakte der Europäischen Gemeinschaft oder Verpflichtungen aus internationalen Artenschutzübereinkommen dem nicht entgegenstehen.

(4) Das Bundesministerium für Umwelt, Naturschutz und Reaktorsicherheit wird ermächtigt, durch Rechtsverordnung mit Zustimmung des Bundesrates invasive Tier- und Pflanzenarten zu bestimmen, für die nach § 44 Absatz 3 Nummer 2 die Verbote des § 44 Absatz 2 gelten, soweit dies erforderlich ist, um einer Gefährdung von Ökosystemen, Biotopen oder Arten entgegenzuwirken.

(5) Das Bundesministerium für Umwelt, Naturschutz und Reaktorsicherheit wird ermächtigt, soweit dies aus Gründen des Artenschutzes erforderlich ist und Rechtsakte der Europäischen Gemeinschaft dem nicht entgegenstehen, durch Rechtsverordnung mit Zustimmung des Bundesrates
1. die Haltung oder die Zucht von Tieren,
2. das Inverkehrbringen von Tieren und Pflanzen

bestimmter besonders geschützter Arten sowie von Tieren und Pflanzen der durch Rechtsverordnung nach § 54 Absatz 4 bestimmten Arten zu verbieten oder zu beschränken.

(6) Das Bundesministerium für Umwelt, Naturschutz und Reaktorsicherheit wird ermächtigt, soweit dies aus Gründen des Artenschutzes, insbesondere zur Erfüllung der sich aus Artikel 15 der Richtlinie 92/43/EWG, Artikel 8 der Richtlinie 79/409/EWG oder aus internationalen Artenschutzübereinkommen ergebenden Verpflichtungen, erforderlich ist, durch Rechtsverordnung mit Zustimmung des Bundesrates
1. die Herstellung, den Besitz, das Inverkehrbringen oder die Verwendung bestimmter Geräte, Mittel oder Vorrichtungen, mit denen in Mengen oder wahllos wild lebende Tiere getötet, bekämpft oder gefangen oder Pflanzen bekämpft oder vernichtet werden können, oder durch die das örtliche Verschwinden oder sonstige erhebliche Beeinträchtigungen von Populationen der betreffenden Tier- oder Pflanzenarten hervorgerufen werden könnten,
2. Handlungen oder Verfahren, die zum örtlichen Verschwinden oder zu sonstigen erheblichen Beeinträchtigungen von Populationen wild lebender Tier- oder Pflanzenarten führen können,

zu beschränken oder zu verbieten. Satz 1 Nummer 1 gilt nicht für Geräte, Mittel oder Vorrichtungen, die auf Grund anderer Rechtsvorschriften einer Zulassung bedürfen, sofern bei der Zulassung die Belange des Artenschutzes zu berücksichtigen sind.

BNatSchG § 55   Gesetzestext

(7) Das Bundesministerium für Umwelt, Naturschutz und Reaktorsicherheit wird ermächtigt, durch Rechtsverordnung mit Zustimmung des Bundesrates Vorschriften zum Schutz von Horststandorten von Vogelarten zu erlassen, die in ihrem Bestand gefährdet und in besonderem Maße störungsempfindlich sind und insbesondere während bestimmter Zeiträume und innerhalb bestimmter Abstände Handlungen zu verbieten, die die Fortpflanzung oder Aufzucht beeinträchtigen können. Weiter gehende Schutzvorschriften einschließlich der Bestimmungen über Ausnahmen und Befreiungen bleiben unberührt.

(8) Zur Erleichterung der Überwachung der Besitz- und Vermarktungsverbote wird das Bundesministerium für Umwelt, Naturschutz und Reaktorsicherheit ermächtigt, durch Rechtsverordnung mit Zustimmung des Bundesrates Vorschriften zu erlassen über
1. Aufzeichnungspflichten derjenigen, die gewerbsmäßig Tiere oder Pflanzen der besonders geschützten Arten be- oder verarbeiten, verkaufen, kaufen oder von anderen erwerben, insbesondere über den Kreis der Aufzeichnungspflichtigen, den Gegenstand und Umfang der Aufzeichnungspflicht, die Dauer der Aufbewahrungsfrist für die Aufzeichnungen und ihre Überprüfung durch die für Naturschutz und Landschaftspflege zuständigen Behörden,
2. die Kennzeichnung von Tieren und Pflanzen der besonders geschützten Arten für den Nachweis nach § 46,
3. die Erteilung von Bescheinigungen über den rechtmäßigen Erwerb von Tieren und Pflanzen für den Nachweis nach § 46,
4. Pflichten zur Anzeige des Besitzes von
   a) Tieren und Pflanzen der besonders geschützten Arten,
   b) Tieren und Pflanzen der durch Rechtsverordnung nach § 54 Absatz 4 bestimmten Arten.

(9) Rechtsverordnungen nach Absatz 1 Nummer 2 bedürfen des Einvernehmens mit dem Bundesministerium für Ernährung, Landwirtschaft und Verbraucherschutz, mit dem Bundesministerium für Verkehr, Bau und Stadtentwicklung sowie mit dem Bundesministerium für Wirtschaft und Technologie. Rechtsverordnungen nach Absatz 6 Satz 1 Nummer 1 und Absatz 8 Nummer 1, 2 und 4 bedürfen des Einvernehmens mit dem Bundesministerium für Wirtschaft und Technologie. Im Übrigen bedürfen die Rechtsverordnungen nach den Absätzen 1 bis 8 des Einvernehmens mit dem Bundesministerium für Ernährung, Landwirtschaft und Verbraucherschutz, in den Fällen der Absätze 1 bis 6 und 8 jedoch nur, soweit sie sich beziehen auf
1. Tierarten, die dem Jagd- oder Fischereirecht unterliegen,
2. Tierarten, die zum Zweck des biologischen Pflanzenschutzes eingesetzt werden, oder
3. Pflanzen, die durch künstliche Vermehrung gewonnen oder forstlich nutzbar sind.

(10) Die Landesregierungen werden ermächtigt, durch Rechtsverordnung allgemeine Anforderungen an eine gute fachliche Praxis bzw. Bewirtschaftungsvorgaben für die land-, forst- und fischereiwirtschaftliche Bodennutzung im Sinne des § 44 Absatz 4 festzulegen. Sie können die Ermächtigung nach Satz 1 durch Rechtsverordnung auf andere Landesbehörden übertragen.

§ 55 Durchführung gemeinschafts-rechtlicher oder internationaler Vorschriften; Ermächtigung zum Erlass von Rechtsverordnungen

(1) Rechtsverordnungen nach § 54 können auch zur Durchführung von Rechtsakten des Rates oder der Kommission der Europäischen Gemeinschaften auf dem Gebiet des Artenschutzes oder zur Erfüllung von internationalen Artenschutzübereinkommen erlassen werden.

(2) Das Bundesministerium für Umwelt, Naturschutz und Reaktorsicherheit wird ermächtigt, durch Rechtsverordnung mit Zustimmung des Bundesrates Verweisungen auf Vorschriften in Rechtsakten der Europäischen Gemeinschaft in diesem Gesetz oder in Rechtsverordnungen auf Grund des § 54 zu ändern, soweit Änderungen dieser Rechtsakte es erfordern.

Gesetzestext §§ 56–58 **BNatSchG**

Kapitel 6 Meeresnaturschutz

§ 56 Geltungs- und Anwendungsbereich

(1) Die Vorschriften dieses Gesetzes gelten auch im Bereich der Küstengewässer sowie mit Ausnahme des Kapitels 2 nach Maßgabe des Seerechtsübereinkommens der Vereinten Nationen vom 10. Dezember 1982 (BGBl. 1994 II S. 1798, 1799, 1995 II S. 602) und der nachfolgenden Bestimmungen ferner im Bereich der deutschen ausschließlichen Wirtschaftszone und des Festlandsockels.

(2) Auf die Errichtung und den Betrieb von Windkraftanlagen in der deutschen ausschließlichen Wirtschaftszone, die bis zum 1. Januar 2017 genehmigt worden sind, findet § 15 keine Anwendung.

§ 57 Geschützte Meeresgebiete im Bereich der deutschen ausschließlichen Wirtschaftszone und des Festlandsockels; Ermächtigung zum Erlass von Rechtsverordnungen

(1) Die Auswahl von geschützten Meeresgebieten im Bereich der deutschen ausschließlichen Wirtschaftszone und des Festlandsockels erfolgt durch das Bundesamt für Naturschutz unter Einbeziehung der Öffentlichkeit mit Zustimmung des Bundesministeriums für Umwelt, Naturschutz und Reaktorsicherheit. Das Bundesministerium für Umwelt, Naturschutz und Reaktorsicherheit beteiligt die fachlich betroffenen Bundesministerien und stellt das Benehmen mit den angrenzenden Ländern her.

(2) Die Erklärung der Meeresgebiete zu geschützten Teilen von Natur und Landschaft im Sinne des § 20 Absatz 2 erfolgt durch das Bundesministerium für Umwelt, Naturschutz und Reaktorsicherheit unter Beteiligung der fachlich betroffenen Bundesministerien durch Rechtsverordnung, die nicht der Zustimmung des Bundesrates bedarf.

(3) Für die Auswahl von Gebieten im Sinne des § 32 Absatz 1 Satz 1 und die Erklärung von Gebieten im Sinne des § 32 Absatz 2 zu geschützten Teilen von Natur und Landschaft im Sinne des § 20 Absatz 2 im Bereich der deutschen ausschließlichen Wirtschaftszone und des Festlandsockels ist § 32 vorbehaltlich nachfolgender Nummern 1 bis 5 entsprechend anzuwenden:
1. Beschränkungen des Flugverkehrs, der Schifffahrt, der nach internationalem Recht erlaubten militärischen Nutzung sowie von Vorhaben der wissenschaftlichen Meeresforschung im Sinne des Artikels 246 Absatz 3 des Seerechtsübereinkommens der Vereinten Nationen sind nicht zulässig; Artikel 211 Absatz 6 des Seerechtsübereinkommens der Vereinten Nationen sowie die weiteren die Schifffahrt betreffenden völkerrechtlichen Regelungen bleiben unberührt.
2. Die Versagungsgründe für Vorhaben der wissenschaftlichen Meeresforschung im Sinne des Artikels 246 Absatz 5 des Seerechtsübereinkommens der Vereinten Nationen bleiben unter Beachtung des Gesetzes über die Durchführung wissenschaftlicher Meeresforschung vom 6. Juni 1995 (BGBl. I S. 778, 785), das zuletzt durch Artikel 321 der Verordnung vom 31. Oktober 2006 (BGBl. I S. 2407) geändert worden ist, unberührt.
3. Beschränkungen der Fischerei sind nur in Übereinstimmung mit dem Recht der Europäischen Gemeinschaft und nach Maßgabe des Seefischereigesetzes in der Fassung der Bekanntmachung vom 6. Juli 1998 (BGBl. I S. 1791), das zuletzt durch Artikel 217 der Verordnung vom 31. Oktober 2006 (BGBl. I S. 2407) geändert worden ist, zulässig.
4. Beschränkungen bei der Verlegung von unterseeischen Kabeln und Rohrleitungen sind nur nach § 34 und in Übereinstimmung mit Artikel 56 Absatz 3 in Verbindung mit Artikel 79 des Seerechtsübereinkommens der Vereinten Nationen zulässig.
5. Beschränkungen bei der Energieerzeugung aus Wasser, Strömung und Wind sowie bei der Aufsuchung und Gewinnung von Bodenschätzen sind nur nach § 34 zulässig.

§ 58 Zuständige Behörden; Gebühren und Auslagen; Ermächtigung zum Erlass von Rechtsverordnungen

(1) Die Durchführung der Vorschriften dieses Gesetzes, der auf Grund dieses Gesetzes erlassenen Vorschriften sowie der Vorschriften des Umweltschadensgesetzes im Hinblick auf die Schädigung von Arten und natürlichen Lebensräumen und die unmittelbare Gefahr solcher Schäden obliegt im Bereich der deutschen ausschließlichen Wirtschaftszone und des Festlandsockels dem Bundesamt für Naturschutz, soweit

BNatSchG §§ 59–61 Gesetzestext

nichts anderes bestimmt ist. Bedarf ein Eingriff in Natur und Landschaft, der im Bereich der deutschen ausschließlichen Wirtschaftszone oder im Bereich des Festlandsockels durchgeführt werden soll, einer behördlichen Zulassung oder einer Anzeige an eine Behörde oder wird er von einer Behörde durchgeführt, ergeht die Entscheidung der Behörde im Benehmen mit dem Bundesamt für Naturschutz.

(2) Das Bundesministerium für Umwelt, Naturschutz und Reaktorsicherheit kann durch Rechtsverordnung, die nicht der Zustimmung des Bundesrates bedarf, Aufgaben, die dem Bundesamt für Naturschutz nach Absatz 1 obliegen, im Einvernehmen mit dem Bundesministerium des Innern auf das Bundespolizeipräsidium und im Einvernehmen mit dem Bundesministerium für Ernährung, Landwirtschaft und Verbraucherschutz auf die Bundesanstalt für Landwirtschaft und Ernährung zur Ausübung übertragen.

(3) Für seine Amtshandlungen nach den in Absatz 1 Satz 1 genannten Vorschriften im Bereich der deutschen ausschließlichen Wirtschaftszone und des Festlandsockels erhebt das Bundesamt für Naturschutz Gebühren und Auslagen. Das Bundesministerium für Umwelt, Naturschutz und Reaktorsicherheit wird ermächtigt, im Einvernehmen mit dem Bundesministerium der Finanzen durch Rechtsverordnung ohne Zustimmung des Bundesrates die gebührenpflichtigen Tatbestände, die Gebührensätze und die Auslagenerstattung zu bestimmen und dabei feste Sätze und Rahmensätze vorzusehen. Die zu erstattenden Auslagen können abweichend vom Verwaltungskostengesetz geregelt werden. § 53 bleibt unberührt.

Kapitel 7   Erholung in Natur und Landschaft

§ 59   Betreten der freien Landschaft
(1) Das Betreten der freien Landschaft auf Straßen und Wegen sowie auf ungenutzten Grundflächen zum Zweck der Erholung ist allen gestattet (allgemeiner Grundsatz).

(2) Das Betreten des Waldes richtet sich nach dem Bundeswaldgesetz und den Waldgesetzen der Länder sowie im Übrigen nach dem sonstigen Landesrecht. Es kann insbesondere andere Benutzungsarten ganz oder teilweise dem Betreten gleichstellen sowie das Betreten aus wichtigen Gründen, insbesondere aus solchen des Naturschutzes und der Landschaftspflege, des Feldschutzes und der land- und forstwirtschaftlichen Bewirtschaftung, zum Schutz der Erholungsuchenden, zur Vermeidung erheblicher Schäden oder zur Wahrung anderer schutzwürdiger Interessen des Grundstücksbesitzers einschränken.

§ 60   Haftung
Das Betreten der freien Landschaft erfolgt auf eigene Gefahr. Durch die Betretungsbefugnis werden keine zusätzlichen Sorgfalts- oder Verkehrssicherungspflichten begründet. Es besteht insbesondere keine Haftung für typische, sich aus der Natur ergebende Gefahren.

§ 61   Freihaltung von Gewässern und Uferzonen
(1) Im Außenbereich dürfen an Bundeswasserstraßen und Gewässern erster Ordnung sowie an stehenden Gewässern mit einer Größe von mehr als einem Hektar im Abstand bis 50 Meter von der Uferlinie keine baulichen Anlagen errichtet oder wesentlich geändert werden. An den Küstengewässern ist abweichend von Satz 1 ein Abstand von mindestens 150 Metern von der mittleren Hochwasserlinie an der Nordsee und von der Mittelwasserlinie an der Ostsee einzuhalten. Weiter gehende Vorschriften der Länder bleiben unberührt.

(2) Absatz 1 gilt nicht für
1. bauliche Anlagen, die bei Inkrafttreten dieses Gesetzes rechtmäßig errichtet oder zugelassen waren,
2. bauliche Anlagen, die in Ausübung wasserrechtlicher Erlaubnisse oder Bewilligungen oder zum Zwecke der Überwachung, der Bewirtschaftung, der Unterhaltung oder des Ausbaus eines oberirdischen Gewässers errichtet oder geändert werden,
3. Anlagen des öffentlichen Verkehrs einschließlich Nebenanlagen und Zubehör, des Rettungswesens, des Küsten- und Hochwasserschutzes sowie der Verteidigung.

Weiter gehende Vorschriften der Länder über Ausnahmen bleiben unberührt.

(3) Von dem Verbot des Absatzes 1 kann auf Antrag eine Ausnahme zugelassen werden, wenn
1. die durch die bauliche Anlage entstehenden Beeinträchtigungen des Naturhaushalts oder des Landschaftsbildes, insbesondere im Hinblick auf die Funktion der Gewässer und ihrer Uferzonen, geringfügig sind oder dies durch entsprechende Maßnahmen sichergestellt werden kann oder
2. dies aus Gründen des überwiegenden öffentlichen Interesses, einschließlich solcher sozialer oder wirtschaftlicher Art, notwendig ist; in diesem Fall gilt § 15 entsprechend.

§ 62 Bereitstellen von Grundstücken

Der Bund, die Länder und sonstige juristische Personen des öffentlichen Rechts stellen in ihrem Eigentum oder Besitz stehende Grundstücke, die sich nach ihrer natürlichen Beschaffenheit für die Erholung der Bevölkerung eignen oder den Zugang der Allgemeinheit zu solchen Grundstücken ermöglichen oder erleichtern, in angemessenem Umfang für die Erholung bereit, soweit dies mit einer nachhaltigen Nutzung und den sonstigen Zielen von Naturschutz und Landschaftspflege vereinbar ist und eine öffentliche Zweckbindung dem nicht entgegensteht.

Kapitel 8 Mitwirkung von anerkannten Naturschutzvereinigungen

§ 63 Mitwirkungsrechte

(1) Einer nach § 3 des Umwelt-Rechtsbehelfsgesetzes vom Bund anerkannten Vereinigung, die nach ihrem satzungsgemäßen Aufgabenbereich im Schwerpunkt die Ziele des Naturschutzes und der Landschaftspflege fördert (anerkannte Naturschutzvereinigung), ist Gelegenheit zur Stellungnahme und zur Einsicht in die einschlägigen Sachverständigengutachten zu geben
1. bei der Vorbereitung von Verordnungen und anderen im Rang unter dem Gesetz stehenden Rechtsvorschriften auf dem Gebiet des Naturschutzes und der Landschaftspflege durch die Bundesregierung oder das Bundesministerium für Umwelt, Naturschutz und Reaktorsicherheit,
2. vor der Erteilung von Befreiungen von Geboten und Verboten zum Schutz von geschützten Meeresgebieten im Sinne des § 57 Absatz 2, auch wenn diese durch eine andere Entscheidung eingeschlossen oder ersetzt werden,
3. in Planfeststellungsverfahren, die von Behörden des Bundes oder im Bereich der deutschen ausschließlichen Wirtschaftszone und des Festlandsockels von Behörden der Länder durchgeführt werden, wenn es sich um Vorhaben handelt, die mit Eingriffen in Natur und Landschaft verbunden sind,
4. bei Plangenehmigungen, die von Behörden des Bundes erlassen werden und an die Stelle einer Planfeststellung im Sinne der Nummer 3 treten, wenn eine Öffentlichkeitsbeteiligung vorgesehen ist,
soweit sie durch das Vorhaben in ihrem satzungsgemäßen Aufgabenbereich berührt wird.

(2) Einer nach § 3 des Umwelt-Rechtsbehelfsgesetzes von einem Land anerkannten Naturschutzvereinigung, die nach ihrer Satzung landesweit tätig ist, ist Gelegenheit zur Stellungnahme und zur Einsicht in die einschlägigen Sachverständigengutachten zu geben
1. bei der Vorbereitung von Verordnungen und anderen im Rang unter dem Gesetz stehenden Rechtsvorschriften der für Naturschutz und Landschaftspflege zuständigen Behörden der Länder,
2. bei der Vorbereitung von Programmen und Plänen im Sinne der §§ 10 und 11,
3. bei der Vorbereitung von Plänen im Sinne des § 36 Satz 1 Nummer 2,
4. bei der Vorbereitung von Programmen staatlicher und sonstiger öffentlicher Stellen zur Wiederansiedlung von Tieren und Pflanzen verdrängter wild lebender Arten in der freien Natur,
5. vor der Erteilung von Befreiungen von Geboten und Verboten zum Schutz von Gebieten im Sinne des § 32 Absatz 2, Natura 2000-Gebieten, Naturschutzgebieten, Nationalparken, Nationalen Naturmonumenten und Biosphärenreservaten, auch wenn diese durch eine andere Entscheidung eingeschlossen oder ersetzt werden,

BNatSchG §§ 64–66 Gesetzestext

6. in Planfeststellungsverfahren, wenn es sich um Vorhaben im Gebiet des anerkennenden Landes handelt, die mit Eingriffen in Natur und Landschaft verbunden sind,
7. bei Plangenehmigungen, die an die Stelle einer Planfeststellung im Sinne der Nummer 6 treten, wenn eine Öffentlichkeitsbeteiligung vorgesehen ist,
8. in weiteren Verfahren zur Ausführung von landesrechtlichen Vorschriften, wenn das Landesrecht dies vorsieht,

soweit sie durch das Vorhaben in ihrem satzungsgemäßen Aufgabenbereich berührt wird.

(3) § 28 Absatz 2 Nummer 1 und 2, Absatz 3 und § 29 Absatz 2 des Verwaltungsverfahrensgesetzes gelten entsprechend. Eine in anderen Rechtsvorschriften des Bundes oder der Länder vorgeschriebene inhaltsgleiche oder weiter gehende Form der Mitwirkung bleibt unberührt.

(4) Die Länder können bestimmen, dass in Fällen, in denen Auswirkungen auf Natur und Landschaft nicht oder nur im geringfügigen Umfang zu erwarten sind, von einer Mitwirkung abgesehen werden kann.

§ 64 Rechtsbehelfe

(1) Eine anerkannte Naturschutzvereinigung kann neben den Rechtsbehelfen nach § 2 des Umwelt-Rechtsbehelfsgesetzes, ohne in eigenen Rechten verletzt zu sein, Rechtsbehelfe nach Maßgabe der Verwaltungsgerichtsordnung einlegen gegen Entscheidungen nach § 63 Absatz 1 Nummer 2 bis 4 und Absatz 2 Nummer 5 bis 7, wenn die Vereinigung
1. geltend macht, dass die Entscheidung Vorschriften dieses Gesetzes, Rechtsvorschriften, die auf Grund dieses Gesetzes erlassen worden sind oder fortgelten, Naturschutzrecht der Länder oder anderen Rechtsvorschriften, die bei der Entscheidung zu beachten und zumindest auch den Belangen des Naturschutzes und der Landschaftspflege zu dienen bestimmt sind, widerspricht,
2. in ihrem satzungsgemäßen Aufgaben- und Tätigkeitsbereich, soweit sich die Anerkennung darauf bezieht, berührt wird und
3. zur Mitwirkung nach § 63 Absatz 1 Nummer 2 bis 4 oder Absatz 2 Nummer 5 bis 7 berechtigt war und sie sich hierbei in der Sache geäußert hat oder ihr keine Gelegenheit zur Äußerung gegeben worden ist.

(2) § 1 Absatz 1 Satz 4, § 2 Absatz 3 und 4 Satz 1 des Umwelt-Rechtsbehelfsgesetzes gelten entsprechend.

(3) Die Länder können Rechtsbehelfe von anerkannten Naturschutzvereinigungen auch in anderen Fällen zulassen, in denen nach § 63 Absatz 2 Nummer 8 eine Mitwirkung vorgesehen ist.

Kapitel 9 Eigentumsbindung, Befreiungen

§ 65 Duldungspflicht

(1) Eigentümer und sonstige Nutzungsberechtigte von Grundstücken haben Maßnahmen des Naturschutzes und der Landschaftspflege auf Grund von Vorschriften dieses Gesetzes, Rechtsvorschriften, die auf Grund dieses Gesetzes erlassen worden sind oder fortgelten, oder Naturschutzrecht der Länder zu dulden, soweit dadurch die Nutzung des Grundstücks nicht unzumutbar beeinträchtigt wird. Weiter gehende Regelungen der Länder bleiben unberührt.

(2) Vor der Durchführung der Maßnahmen sind die Berechtigten in geeigneter Weise zu benachrichtigen.

(3) Die Befugnis der Bediensteten und Beauftragten der Naturschutzbehörden, zur Erfüllung ihrer Aufgaben Grundstücke zu betreten, richtet sich nach Landesrecht.

§ 66 Vorkaufsrecht

(1) Den Ländern steht ein Vorkaufsrecht zu an Grundstücken,
1. die in Nationalparken, Nationalen Naturmonumenten, Naturschutzgebieten oder als solchen einstweilig sichergestellten Gebieten liegen,
2. auf denen sich Naturdenkmäler oder als solche einstweilig sichergestellte Gegenstände befinden,
3. auf denen sich oberirdische Gewässer befinden.

Liegen die Merkmale des Satzes 1 Nummer 1 bis 3 nur bei einem Teil des Grundstücks vor, so erstreckt sich das Vorkaufsrecht nur auf diesen Teil. Der Eigentümer kann verlangen, dass sich der Vorkauf auf das gesamte Grundstück erstreckt, wenn ihm der weitere Verbleib in seinem Eigentum wirtschaftlich nicht zuzumuten ist.

(2) Das Vorkaufsrecht darf nur ausgeübt werden, wenn dies aus Gründen des Naturschutzes und der Landschaftspflege einschließlich der Erholungsvorsorge erforderlich ist.

(3) Das Vorkaufsrecht bedarf nicht der Eintragung in das Grundbuch. Es geht rechtsgeschäftlich und landesrechtlich begründeten Vorkaufsrechten mit Ausnahme solcher auf den Gebieten des Grundstücksverkehrs und des Siedlungswesens im Rang vor. Bei einem Eigentumserwerb auf Grund der Ausübung des Vorkaufsrechts erlöschen durch Rechtsgeschäft begründete Vorkaufsrechte. Die §§ 463 bis 469, 471, 1098 Absatz 2 und die §§ 1099 bis 1102 des Bürgerlichen Gesetzbuches finden Anwendung. Das Vorkaufsrecht erstreckt sich nicht auf einen Verkauf, der an einen Ehegatten, eingetragenen Lebenspartner oder einen Verwandten ersten Grades erfolgt.

(4) Das Vorkaufsrecht kann von den Ländern auf Antrag auch zugunsten von Körperschaften und Stiftungen des öffentlichen Rechts und anerkannten Naturschutzvereinigungen ausgeübt werden.

(5) Abweichende Vorschriften der Länder bleiben unberührt.

§ 67 Befreiungen
(1) Von den Geboten und Verboten dieses Gesetzes, in einer Rechtsverordnung auf Grund des § 57 sowie nach dem Naturschutzrecht der Länder kann auf Antrag Befreiung gewährt werden, wenn
1. dies aus Gründen des überwiegenden öffentlichen Interesses, einschließlich solcher sozialer und wirtschaftlicher Art, notwendig ist oder
2. die Durchführung der Vorschriften im Einzelfall zu einer unzumutbaren Belastung führen würde und die Abweichung mit den Belangen von Naturschutz und Landschaftspflege vereinbar ist.

Im Rahmen des Kapitels 5 gilt Satz 1 nur für die §§ 39 und 40, 42 und 43.

(2) Von den Verboten des § 33 Absatz 1 Satz 1 und des § 44 sowie von Geboten und Verboten im Sinne des § 32 Absatz 3 kann auf Antrag Befreiung gewährt werden, wenn die Durchführung der Vorschriften im Einzelfall zu einer unzumutbaren Belastung führen würde. Im Fall des Verbringens von Tieren oder Pflanzen aus dem Ausland wird die Befreiung vom Bundesamt für Naturschutz gewährt.

(3) Die Befreiung kann mit Nebenbestimmungen versehen werden. § 15 Absatz 1 bis 4 und Absatz 6 sowie § 17 Absatz 5 und 7 finden auch dann Anwendung, wenn kein Eingriff in Natur und Landschaft im Sinne des § 14 vorliegt.

§ 68 Beschränkungen des Eigentums; Entschädigung und Ausgleich
(1) Führen Beschränkungen des Eigentums, die sich auf Grund von Vorschriften dieses Gesetzes, Rechtsvorschriften, die auf Grund dieses Gesetzes erlassen worden sind oder fortgelten, oder Naturschutzrecht der Länder ergeben, im Einzelfall zu einer unzumutbaren Belastung, der nicht durch andere Maßnahmen, insbesondere durch die Gewährung einer Ausnahme oder Befreiung, abgeholfen werden kann, ist eine angemessene Entschädigung zu leisten.

(2) Die Entschädigung ist in Geld zu leisten. Sie kann in wiederkehrenden Leistungen bestehen. Der Eigentümer kann die Übernahme eines Grundstücks verlangen, wenn ihm der weitere Verbleib in seinem Eigentum wirtschaftlich nicht zuzumuten ist. Das Nähere richtet sich nach Landesrecht.

(3) Die Enteignung von Grundstücken zum Wohl der Allgemeinheit aus Gründen des Naturschutzes und der Landschaftspflege richtet sich nach Landesrecht.

(4) Die Länder können vorsehen, dass Eigentümern und Nutzungsberechtigten, denen auf Grund von Vorschriften dieses Gesetzes, Rechtsvorschriften, die auf Grund dieses Gesetzes erlassen worden sind oder fortgelten, oder Naturschutzrecht der Länder insbesondere die land-, forst- und fischereiwirtschaftliche Nutzung von Grundstücken

BNatSchG § 69   Gesetzestext

wesentlich erschwert wird, ohne dass eine Entschädigung nach den Absätzen 1 bis 3 zu leisten ist, auf Antrag ein angemessener Ausgleich nach Maßgabe des jeweiligen Haushaltsgesetzes gezahlt werden kann.

Kapitel 10   Bußgeld- und Strafvorschriften

§ 69   Bußgeldvorschriften

(1) Ordnungswidrig handelt, wer wissentlich entgegen § 39 Absatz 1 Nummer 1 ein wild lebendes Tier beunruhigt.

(2) Ordnungswidrig handelt, wer
1. entgegen § 44 Absatz 1 Nummer 1 einem wild lebenden Tier nachstellt, es fängt, verletzt oder tötet oder seine Entwicklungsformen aus der Natur entnimmt, beschädigt oder zerstört,
2. entgegen § 44 Absatz 1 Nummer 2 ein wild lebendes Tier erheblich stört,
3. entgegen § 44 Absatz 1 Nummer 3 eine Fortpflanzungs- oder Ruhestätte aus der Natur entnimmt, beschädigt oder zerstört oder
4. entgegen § 44 Absatz 1 Nummer 4 eine wild lebende Pflanze oder ihre Entwicklungsformen aus der Natur entnimmt oder sie oder ihren Standort beschädigt oder zerstört.

(3) Ordnungswidrig handelt, wer vorsätzlich oder fahrlässig
1. ohne Genehmigung nach § 17 Absatz 3 Satz 1 einen Eingriff in Natur und Landschaft vornimmt,
2. einer vollziehbaren Anordnung nach § 17 Absatz 8 Satz 1 oder Satz 2, § 34 Absatz 6 Satz 4 oder Satz 5, § 42 Absatz 7 oder Absatz 8 Satz 1 oder Satz 2, auch in Verbindung mit § 43 Absatz 3 Satz 4, oder § 43 Absatz 3 Satz 2 oder Satz 3 zuwiderhandelt,
3. entgegen § 22 Absatz 3 Satz 3 eine dort genannte Handlung oder Maßnahme vornimmt,
4. entgegen § 23 Absatz 2 Satz 1 in Verbindung mit einer Rechtsverordnung nach § 57 Absatz 2 eine dort genannte Handlung oder Maßnahme in einem Meeresgebiet vornimmt, das als Naturschutzgebiet geschützt wird,
5. entgegen § 30 Absatz 2 Satz 1 ein dort genanntes Biotop zerstört oder sonst erheblich beeinträchtigt,
6. entgegen § 33 Absatz 1 Satz 1, auch in Verbindung mit Absatz 2 Satz 1, eine Veränderung oder Störung vornimmt,
7. entgegen § 39 Absatz 1 Nummer 1 ein wild lebendes Tier ohne vernünftigen Grund fängt, verletzt oder tötet,
8. entgegen § 39 Absatz 1 Nummer 2 eine wild lebende Pflanze ohne vernünftigen Grund entnimmt, nutzt oder ihre Bestände niederschlägt oder auf sonstige Weise verwüstet,
9. entgegen § 39 Absatz 1 Nummer 3 eine Lebensstätte wild lebender Tiere oder Pflanzen ohne vernünftigen Grund erheblich beeinträchtigt oder zerstört,
10. entgegen § 39 Absatz 2 Satz 1 ein wild lebendes Tier oder eine wild lebende Pflanze aus der Natur entnimmt,
11. ohne Genehmigung nach § 39 Absatz 4 Satz 1 eine wild lebende Pflanze gewerbsmäßig entnimmt oder be- oder verarbeitet,
12. entgegen § 39 Absatz 5 Satz 1 Nummer 1 die Bodendecke abbrennt oder eine dort genannte Fläche behandelt,
13. entgegen § 39 Absatz 5 Satz 1 Nummer 2 einen Baum eine Hecke, einen lebenden Zaun, ein Gebüsch oder ein anderes Gehölz abschneidet oder auf den Stock setzt,
14. entgegen § 39 Absatz 5 Satz 1 Nummer 3 ein Röhricht zurückschneidet,
15. entgegen § 39 Absatz 5 Satz 1 Nummer 4 einen dort genannten Graben räumt,
16. entgegen § 39 Absatz 6 eine Höhle, einen Stollen, einen Erdkeller oder einen ähnlichen Raum aufsucht,
17. ohne Genehmigung nach § 40 Absatz 4 Satz 1 eine Pflanze einer gebietsfremden Art oder ein Tier ausbringt,
18. ohne Genehmigung nach § 42 Absatz 2 Satz 1 einen Zoo errichtet, erweitert, wesentlich ändert oder betreibt,

Gesetzestext § 69 **BNatSchG**

19. entgegen § 43 Absatz 3 Satz 1 eine Anzeige nicht, nicht richtig, nicht vollständig oder nicht rechtzeitig erstattet,
20. entgegen § 44 Absatz 2 Satz 1 Nummer 1, auch in Verbindung mit § 44 Absatz 3 Nummer 1 oder Nummer 2, diese in Verbindung mit einer Rechtsverordnung nach § 54 Absatz 4, ein Tier, eine Pflanze oder eine Ware in Besitz oder Gewahrsam nimmt, in Besitz oder Gewahrsam hat oder be- oder verarbeitet,
21. entgegen § 44 Absatz 2 Satz 1 Nummer 2, auch in Verbindung mit § 44 Absatz 3 Nummer 1 oder Nummer 2, diese in Verbindung mit einer Rechtsverordnung nach § 54 Absatz 4, ein Tier, eine Pflanze oder eine Ware verkauft, kauft, zum Verkauf oder Kauf anbietet, zum Verkauf vorrätig hält oder befördert, tauscht oder entgeltlich zum Gebrauch oder zur Nutzung überlässt, zu kommerziellen Zwecken erwirbt, zur Schau stellt oder auf andere Weise verwendet,
22. entgegen § 50 Absatz 1 Satz 1 ein Tier oder eine Pflanze nicht, nicht richtig oder nicht rechtzeitig zur Ein- oder Ausfuhr anmeldet oder nicht oder nicht rechtzeitig vorführt,
23. entgegen § 50 Absatz 2 eine Mitteilung nicht, nicht richtig, nicht vollständig oder nicht rechtzeitig macht,
24. entgegen § 52 Absatz 1 eine Auskunft nicht, nicht richtig, nicht vollständig oder nicht rechtzeitig erteilt,
25. entgegen § 52 Absatz 2 Satz 2 eine beauftragte Person nicht unterstützt oder eine geschäftliche Unterlage nicht, nicht richtig, nicht vollständig oder nicht rechtzeitig vorlegt,
26. entgegen § 61 Absatz 1 Satz 1 oder Satz 2 an einem Gewässer eine bauliche Anlage errichtet oder wesentlich ändert oder
27. einer Rechtsverordnung nach
    a) § 49 Absatz 2,
    b) § 54 Absatz 5,
    c) § 54 Absatz 6 Satz 1, Absatz 7 oder Absatz 8
    oder einer vollziehbaren Anordnung auf Grund einer solchen Rechtsverordnung zuwiderhandelt, soweit die Rechtsverordnung für einen bestimmten Tatbestand auf diese Bußgeldvorschrift verweist.

(4) Ordnungswidrig handelt, wer gegen die Verordnung (EG) Nr. 338/97 des Rates vom 9. Dezember 1996 über den Schutz von Exemplaren wildlebender Tier- und Pflanzenarten durch Überwachung des Handels (ABl. L 61 vom 3.3.1997, S. 1, L 100 vom 17.4.1997, S. 72, L 298 vom 1.11.1997, S. 70, L 113 vom 27.4.2006, S. 26), die zuletzt durch die Verordnung (EG) Nr. 318/2008 (ABl. L 95 vom 8.4.2008, S. 3) geändert worden ist, verstößt, indem er vorsätzlich oder fahrlässig
1. entgegen Artikel 4 Absatz 1 Satz 1 oder Absatz 2 Satz 1 oder Artikel 5 Absatz 1 oder Absatz 4 Satz 1 eine Einfuhrgenehmigung, eine Ausfuhrgenehmigung oder eine Wiederausfuhrbescheinigung nicht, nicht richtig, nicht vollständig oder nicht rechtzeitig vorlegt,
2. entgegen Artikel 4 Absatz 3 Halbsatz 1 oder Absatz 4 eine Einfuhrmeldung nicht, nicht richtig, nicht vollständig oder nicht rechtzeitig vorlegt,
3. entgegen Artikel 8 Absatz 1, auch in Verbindung mit Absatz 5, ein Exemplar einer dort genannten Art kauft, zum Kauf anbietet, zu kommerziellen Zwecken erwirbt, zur Schau stellt oder verwendet oder ein Exemplar verkauft oder zu Verkaufszwecken vorrätig hält, anbietet oder befördert oder
4. einer vollziehbaren Auflage nach Artikel 11 Absatz 3 Satz 1 zuwiderhandelt.

(5) Ordnungswidrig handelt, wer gegen die Verordnung (EWG) Nr. 3254/91 des Rates vom 4. November 1991 zum Verbot von Tellereisen in der Gemeinschaft und der Einfuhr von Pelzen und Waren von bestimmten Wildtierarten aus Ländern, die Tellereisen oder den internationalen humanen Fangnormen nicht entsprechende Fangmethoden anwenden (ABl. L 308 vom 9.11.1991, S. 1) verstößt, indem er vorsätzlich oder fahrlässig
1. entgegen Artikel 2 ein Tellereisen verwendet oder
2. entgegen Artikel 3 Absatz 1 Satz 1 einen Pelz einer dort genannten Tierart oder eine dort genannte Ware in die Gemeinschaft verbringt.

(6) Die Ordnungswidrigkeit kann in den Fällen der Absätze 1 und 2, des Absatzes 3 Nummer 1 bis 6, 18, 20, 21, 26 und 27 Buchstabe b, des Absatzes 4 Nummer 1 und 3 und des Absatzes 5 mit einer Geldbuße bis zu fünfzigtausend Euro, in den übrigen Fällen mit einer Geldbuße bis zu zehntausend Euro geahndet werden.

BNatSchG §§ 70–74   Gesetzestext

(7) Die Länder können gesetzlich bestimmen, dass weitere rechtswidrige und vorwerfbare Handlungen, die gegen Vorschriften dieses Gesetzes oder Rechtsvorschriften verstoßen, die auf Grund dieses Gesetzes erlassen worden sind oder fortgelten, als Ordnungswidrigkeiten geahndet werden können.

§ 70 Verwaltungsbehörde
Verwaltungsbehörde im Sinne des § 36 Absatz 1 Nummer 1 des Gesetzes über Ordnungswidrigkeiten ist
1. das Bundesamt für Naturschutz in den Fällen
   a) des § 69 Absatz 3 Nummer 20 und 21 und Absatz 4 Nummer 3 bei Handlungen im Zusammenhang mit der Einfuhr in die oder der Ausfuhr aus der Gemeinschaft oder dem Verbringen in die oder aus der Bundesrepublik Deutschland,
   b) des § 69 Absatz 3 Nummer 24 bei Verletzungen der Auskunftspflicht gegenüber dem Bundesamt,
   c) des § 69 Absatz 3 Nummer 25 und Absatz 4 Nummer 4 bei Maßnahmen des Bundesamtes,
   d) des § 69 Absatz 4 Nummer 1 und Absatz 5 Nummer 2,
   e) von sonstigen Ordnungswidrigkeiten nach § 69 Absatz 1 bis 5, die im Bereich der deutschen ausschließlichen Wirtschaftszone oder des Festlandsockels begangen worden sind,
2. das zuständige Hauptzollamt in den Fällen des § 69 Absatz 3 Nummer 22, 23 und 27 Buchstabe a und Absatz 4 Nummer 2,
3. in allen übrigen Fällen die nach Landesrecht zuständige Behörde.

§ 71 Strafvorschriften
(1) Mit Freiheitsstrafe bis zu drei Jahren oder mit Geldstrafe wird bestraft, wer eine in § 69 Absatz 2, Absatz 3 Nummer 21, Absatz 4 Nummer 1 oder Nummer 3 oder Absatz 5 bezeichnete vorsätzliche Handlung gewerbs- oder gewohnheitsmäßig begeht.

(2) Mit Freiheitsstrafe bis zu fünf Jahren oder mit Geldstrafe wird bestraft, wer eine in § 69 Absatz 2, Absatz 3 Nummer 21, Absatz 4 Nummer 1 oder Nummer 3 oder Absatz 5 bezeichnete vorsätzliche Handlung begeht, die sich auf ein Tier oder eine Pflanze einer streng geschützten Art bezieht.

(3) Wer in den Fällen des Absatzes 2 die Tat gewerbs- oder gewohnheitsmäßig begeht, wird mit Freiheitsstrafe von drei Monaten bis zu fünf Jahren bestraft.

(4) Erkennt der Täter in den Fällen des Absatzes 2 fahrlässig nicht, dass sich die Handlung auf ein Tier oder eine Pflanze einer streng geschützten Art bezieht, so ist die Strafe Freiheitsstrafe bis zu einem Jahr oder Geldstrafe.

§ 72 Einziehung
Ist eine Ordnungswidrigkeit nach § 69 Absatz 1 bis 5 oder eine Straftat nach § 71 begangen worden, so können
1. Gegenstände, auf die sich die Straftat oder die Ordnungswidrigkeit bezieht, und
2. Gegenstände, die zu ihrer Begehung oder Vorbereitung gebraucht worden oder bestimmt gewesen sind,

eingezogen werden. § 23 des Gesetzes über Ordnungswidrigkeiten und § 74a des Strafgesetzbuches sind anzuwenden.

§ 73 Befugnisse der Zollbehörden
Die zuständigen Verwaltungsbehörden und die Staatsanwaltschaft können im Rahmen ihrer Zuständigkeit zur Aufklärung von Straftaten oder Ordnungswidrigkeiten nach diesem Gesetz Ermittlungen auch durch die Hauptzollämter oder die Behörden des Zollfahndungsdienstes und deren Beamte vornehmen lassen. § 37 Absatz 2 bis 4 des Außenwirtschaftsgesetzes gilt entsprechend.

Kapitel 11 Übergangs- und Überleitungsvorschrift

§ 74 Übergangs- und Überleitungsregelungen
(1) Vor dem 1. März 2010 begonnene Verfahren zur Anerkennung von Vereinen sind zu Ende zu führen.

1. durch das Bundesministerium für Umwelt, Naturschutz und Reaktorsicherheit nach § 59 des Bundesnaturschutzgesetzes in der bis zum 28. Februar 2010 geltenden Fassung,
2. durch die zuständigen Behörden der Länder nach den im Rahmen von § 60 Absatz 1 und 3 des Bundesnaturschutzgesetzes in der bis zum 28. Februar 2010 geltenden Fassung erlassenen Vorschriften des Landesrechts.

(2) Vor dem 3. April 2002 begonnene Verwaltungsverfahren sind nach § 29 des Bundesnaturschutzgesetzes in der bis zu diesem Tag geltenden Fassung zu Ende zu führen. Vor dem 1. März 2010 begonnene Verwaltungsverfahren sind nach § 58 des Bundesnaturschutzgesetzes in der bis zu diesem Tag geltenden Fassung zu Ende zu führen.

(3) Die §§ 63 und 64 gelten auch für Vereine, die nach § 29 des Bundesnaturschutzgesetzes in der bis zum 3. April 2002 geltenden Fassung oder nach § 59 oder im Rahmen von § 60 Absatz 1 und 3 des Bundesnaturschutzgesetzes in der bis zum 1. März 2010 geltenden Fassung vom Bund oder den Ländern anerkannt worden sind.

Richtlinie 92/43/EWG des Rates zur Erhaltung der natürlichen Lebensräume sowie der wild lebenden Tiere und Pflanzen

Vom 21. Mai 1992 (ABl. EG Nr. L 206 vom 22. Juli 1992, S. 7), zuletzt geändert durch Richtlinie 2006/105/EG des Rates vom 20. November 2006 zur Anpassung der Richtlinien 73/239/EWG, 74/557/EWG und 2002/83/EG im Bereich Umwelt anlässlich des Beitritts Bulgariens und Rumäniens (ABl. EG Nr. L 363 vom 20. Dezember 2006, S. 368)

DER RAT DER EUROPÄISCHEN GEMEINSCHAFTEN –

gestützt auf den Vertrag zur Gründung der Europäischen Wirtschaftsgemeinschaft, insbesondere auf Artikel 130s,

auf Vorschlag der Kommission[1],

nach Stellungnahme des Europäischen Parlaments[2]

nach Stellungnahme des Wirtschafts- und Sozialausschusses[3];

in Erwägung nachstehender Gründe:

Wie in Artikel 130r des Vertrages festgestellt wird, sind Erhaltung, Schutz und Verbesserung der Qualität der Umwelt wesentliches Ziel der Gemeinschaft und von allgemeinem Interesse; hierzu zählt auch der Schutz der natürlichen Lebensräume sowie der wild lebenden Tiere und Pflanzen.

Das Aktionsprogramm der Europäischen Gemeinschaften für den Umweltschutz (1987–1992)[4] enthält Bestimmungen hinsichtlich der Erhaltung der Natur und der natürlichen Ressourcen.

Hauptziel dieser Richtlinie ist es, die Erhaltung der biologischen Vielfalt zu fördern, wobei jedoch die wirtschaftlichen, sozialen, kulturellen und regionalen Anforderungen berücksichtigt werden sollen. Diese Richtlinie leistet somit einen Beitrag zu dem allgemeinen Ziel einer nachhaltigen Entwicklung. Die Erhaltung der biologischen Vielfalt kann in bestimmten Fällen die Fortführung oder auch die Förderung bestimmter Tätigkeiten des Menschen erfordern.

Der Zustand der natürlichen Lebensräume im europäischen Gebiet der Mitgliedstaaten verschlechtert sich unaufhörlich. Die verschiedenen Arten wild lebender Tiere und Pflanzen sind in zunehmender Zahl ernstlich bedroht. Die bedrohten Lebensräume und Arten sind Teil des Naturerbes der Gemeinschaft, und die Bedrohung, der sie ausgesetzt sind, ist oft grenzübergreifend; daher sind zu ihrer Erhaltung Maßnahmen auf Gemeinschaftsebene erforderlich.

Bestimmte natürliche Lebensraumtypen und bestimmte Arten sind angesichts der Bedrohung, der sie ausgesetzt sind, als prioritär einzustufen, damit Maßnahmen zu ihrer Erhaltung zügig durchgeführt werden können.

Zur Wiederherstellung oder Wahrung eines günstigen Erhaltungszustandes der natürlichen Lebensräume und der Arten von gemeinschaftlichem Interesse sind besondere Schutzgebiete auszuweisen, um nach einem genau festgelegten Zeitplan ein zusammenhängendes europäisches ökologisches Netz zu schaffen.

Alle ausgewiesenen Gebiete sind in das zusammenhängende europäische ökologische Netz einzugliedern, und zwar einschließlich der nach der Richtlinie 79/409/EWG des Rates vom 2. April 1979 über die Erhaltung der wild lebenden Vogelarten[5] derzeit oder künftig als besondere Schutzgebiete ausgewiesenen Gebiete.

---

1 ABl. Nr. C 247 vom 21.9.1988, S. 3, und ABl. Nr. C 195 vom 3.8.1990, S. 1.
2 ABl. Nr. C 75 vom 20.3.1991, S. 12.
3 ABl. Nr. C 31 vom 6.2.1991, S. 25.
4 ABl. Nr. C 328 vom 7.12.1987, S. 1.
5 ABl. Nr. L 103 vom 25.4.1979, S. 1. Richtlinie zuletzt geändert durch die Richtlinie 91/244/EWG (ABl. Nr. L 115 vom 8.5.1991, S. 41).

FFH-Richtlinie

In jedem ausgewiesenen Gebiet sind entsprechend den einschlägigen Erhaltungszielen die erforderlichen Maßnahmen durchzuführen.

Die Gebiete, die als besondere Schutzgebiete ausgewiesen werden könnten, werden von den Mitgliedstaaten vorgeschlagen; außerdem ist jedoch ein Verfahren vorzusehen, wonach in Ausnahmefällen auch ohne Vorschlag eines Mitgliedstaats die Ausweisung eines Gebiets möglich ist, wenn die Gemeinschaft dies für die Erhaltung eines prioritären natürlichen Lebensraumtyps oder für das Überleben einer prioritären Art für unbedingt erforderlich hält.

Pläne und Projekte, die sich auf die mit der Ausweisung eines Gebiets verfolgten Erhaltungsziele wesentlich auswirken könnten, sind einer angemessenen Prüfung zu unterziehen.

Es wird anerkannt, dass die Einleitung von Maßnahmen zugunsten der Erhaltung prioritärer natürlicher Lebensräume und prioritärer Arten von gemeinschaftlichem Interesse eine gemeinsame Verantwortung aller Mitgliedstaaten ist. Dies kann jedoch zu einer übermäßigen finanziellen Belastung mancher Mitgliedstaaten führen, da zum einen derartige Lebensräume und Arten in der Gemeinschaft ungleich verteilt sind und zum anderen im besonderen Fall der Erhaltung der Natur das Verursacherprinzip nur in begrenztem Umfang Anwendung finden kann.

Es besteht deshalb Einvernehmen darüber, dass in diesem Ausnahmefall eine finanzielle Beteiligung der Gemeinschaft im Rahmen der Mittel vorgesehen werden muss, die aufgrund der Beschlüsse der Gemeinschaft bereitgestellt werden.

Im Rahmen der Landnutzungs- und Entwicklungspolitik ist die Pflege von Landschaftselementen, die von ausschlaggebender Bedeutung für wild lebende Tiere und Pflanzen sind, zu fördern.

Es sind Vorkehrungen zu treffen, durch die sich eine Überwachung des Erhaltungszustandes der in dieser Richtlinie genannten natürlichen Lebensräume und Arten sicherstellen lässt.

Ergänzend zur Richtlinie 79/409/EWG ist ein allgemeines Schutzsystem für bestimmte Tier- und Pflanzenarten vorzusehen. Für bestimmte Arten sind Regulierungsmaßnahmen vorzusehen, wenn dies aufgrund ihres Erhaltungszustands gerechtfertigt ist; hierzu zählt auch das Verbot bestimmter Fang- und Tötungsmethoden, wobei unter gewissen Voraussetzungen Abweichungen zulässig sein müssen.

Zur Überwachung der Umsetzung dieser Richtlinie erstellt die Kommission in regelmäßigen Zeitabständen einen zusammenfassenden Bericht, der insbesondere auf den Informationen beruht, die ihr die Mitgliedstaaten über die Durchführung der aufgrund dieser Richtlinie erlassenen einzelstaatlichen Vorschriften übermitteln.

Für die Durchführung dieser Richtlinie ist ein Ausbau der wissenschaftlichen und technischen Erkenntnisse unerlässlich; daher gilt es, die hierzu erforderliche Forschung und wissenschaftliche Arbeit zu fördern.

Aufgrund des technischen und wissenschaftlichen Fortschritts muss eine Anpassung der Anhänge möglich sein. Es ist ein Verfahren für die Anpassung der Anhänge durch den Rat vorzusehen.

Zur Unterstützung der Kommission bei der Durchführung dieser Richtlinie und insbesondere bei den Beschlüssen über die gemeinschaftliche Mitfinanzierung ist ein Regelungsausschuss einzusetzen.

Es sind ergänzende Maßnahmen zur Regelung der Wiederansiedlung bestimmter heimischer Tier- und Pflanzenarten sowie der eventuellen Ansiedlung nicht heimischer Arten vorzusehen.

Für eine wirksame Durchführung dieser Richtlinie sind Aufklärungsmaßnahmen und eine allgemeine Unterrichtung über die Ziele der Richtlinie unerlässlich –

HAT FOLGENDE RICHTLINIE ERLASSEN:

FFH-Richtlinie Art. 1

Begriffsbestimmungen

Artikel 1

Im Sinne dieser Richtlinie bedeutet:
a) *„Erhaltung"*: alle Maßnahmen, die erforderlich sind, um die natürlichen Lebensräume und die Populationen wild lebender Tier- und Pflanzenarten in einem günstigen Erhaltungszustand im Sinne des Buchstabens e) oder i) zu erhalten oder diesen wiederherzustellen.
b) *„Natürlicher Lebensraum"*: durch geographische, abiotische und biotische Merkmale gekennzeichnete völlig natürliche oder naturnahe terrestrische oder aquatische Gebiete.
c) *„Natürliche Lebensräume von gemeinschaftlichem Interesse"*: diejenigen Lebensräume, die in dem in Artikel 2 erwähnten Gebiet
   i) im Bereich ihres natürlichen Vorkommens vom Verschwinden bedroht sind oder
   ii) infolge ihres Rückgangs oder aufgrund ihres an sich schon begrenzten Vorkommens ein geringes natürliches Verbreitungsgebiet haben oder
   iii) typische Merkmale einer oder mehrerer der folgenden neun biogeografischen Regionen aufweisen: alpine, atlantische, boreale, kontinentale, makaronesische, mediterrane, pannonische Region sowie Schwarzmeer- und Steppenregion.
   Diese Lebensraumtypen sind in Anhang I aufgeführt bzw. können dort aufgeführt werden.
d) *„Prioritäre natürliche Lebensraumtypen"*: die in dem in Artikel 2 genannten Gebiet vom Verschwinden bedrohten natürlichen Lebensraumtypen, für deren Erhaltung der Gemeinschaft aufgrund der natürlichen Ausdehnung dieser Lebensraumtypen im Verhältnis zu dem in Artikel 2 genannten Gebiet besondere Verantwortung zukommt; diese prioritären natürlichen Lebensraumtypen sind in Anhang I mit einem Sternchen (*) gekennzeichnet;
e) *„Erhaltungszustand eines natürlichen Lebensraums"*: die Gesamtheit der Einwirkungen, die den betreffenden Lebensraum und die darin vorkommenden charakteristischen Arten beeinflussen und die sich langfristig auf seine natürliche Verbreitung, seine Struktur und seine Funktionen sowie das Überleben seiner charakteristischen Arten in dem in Artikel 2 genannten Gebiet auswirken können.
   Der „Erhaltungszustand" eines natürlichen Lebensraums wird als „günstig" erachtet, wenn
   – sein natürliches Verbreitungsgebiet sowie die Flächen, die er in diesem Gebiet einnimmt, beständig sind, oder sich ausdehnen und
   – die für seinen langfristigen Fortbestand notwendige Struktur und spezifischen Funktionen bestehen und in absehbarer Zukunft wahrscheinlich weiterbestehen werden
   und
   – der Erhaltungszustand der für ihn charakteristischen Arten im Sinne des Buchstabens i) günstig ist.
f) *„Habitat einer Art"*: durch spezifische abiotische und biotische Faktoren bestimmter Lebensraum, in dem diese Art in einem der Stadien ihres Lebenskreislaufs vorkommt.
g) *„Arten von gemeinschaftlichem Interesse"*: Arten, die in dem in Artikel 2 bezeichneten Gebiet
   i) bedroht sind, außer denjenigen, deren natürliche Verbreitung sich nur auf Randzonen des vorgenannten Gebietes erstreckt und die weder bedroht noch im Gebiet der westlichen Paläarktis potenziell bedroht sind, oder
   ii) potenziell bedroht sind, d.h., deren baldiger Übergang in die Kategorie der bedrohten Arten als wahrscheinlich betrachtet wird, falls die ursächlichen Faktoren der Bedrohung fortdauern, oder
   iii) selten sind, d.h., deren Populationen klein und, wenn nicht unmittelbar, so doch mittelbar bedroht oder potenziell bedroht sind. Diese Arten kommen entweder in begrenzten geographischen Regionen oder in einem größeren Gebiet vereinzelt vor, oder

Art. 2 **FFH-Richtlinie**

iv) endemisch sind und infolge der besonderen Merkmale ihres Habitats und/oder der potenziellen Auswirkungen ihrer Nutzung auf ihren Erhaltungszustand besondere Beachtung erfordern.

Diese Arten sind in Anhang II und/oder Anhang IV oder Anhang V aufgeführt bzw. können dort aufgeführt werden.

h) *„Prioritäre Arten":* die unter Buchstabe g) Ziffer i) genannten Arten, für deren Erhaltung der Gemeinschaft aufgrund ihrer natürlichen Ausdehnung im Verhältnis zu dem in Artikel 2 genannten Gebiet besondere Verantwortung zukommt; diese prioritären Arten sind in Anhang II mit einem Sternchen (*) gekennzeichnet.

i) *„Erhaltungszustand einer Art":* die Gesamtheit der Einflüsse, die sich langfristig auf die Verbreitung und die Größe der Populationen der betreffenden Arten in dem in Artikel 2 bezeichneten Gebiet auswirken können.

Der Erhaltungszustand wird als „günstig" betrachtet, wenn
- aufgrund der Daten über die Populationsdynamik der Art anzunehmen ist, dass diese Art ein lebensfähiges Element des natürlichen Lebensraumes, dem sie angehört, bildet und langfristig weiterhin bilden wird, und
- das natürliche Verbreitungsgebiet dieser Art weder abnimmt noch in absehbarer Zeit vermutlich abnehmen wird und
- ein genügend großer Lebensraum vorhanden ist und wahrscheinlich weiterhin vorhanden sein wird, um langfristig ein Überleben der Populationen dieser Art zu sichern.

j) *„Gebiet":* ein geographisch definierter Bereich mit klar abgegrenzter Fläche.

k) *„Gebiet von gemeinschaftlicher Bedeutung":* Gebiet, das in der oder den biogeographischen Region(en), zu welchen es gehört, in signifikantem Maße dazu beiträgt, einen natürlichen Lebensraumtyp des Anhangs I oder eine Art des Anhangs II in einem günstigen Erhaltungszustand zu bewahren oder einen solchen wiederherzustellen und auch in signifikantem Maße zur Kohärenz des in Artikel 3 genannten Netzes „Natura 2000" und/oder in signifikantem Maße zur biologischen Vielfalt in der biogeographischen Region beitragen kann.

Bei Tierarten, die große Lebensräume beanspruchen, entsprechen die Gebiete von gemeinschaftlichem Interesse den Orten im natürlichen Verbreitungsgebiet dieser Arten, welche die für ihr Leben und ihre Fortpflanzung ausschlaggebenden physischen und biologischen Elemente aufweisen.

l) *„Besonderes Schutzgebiet":* ein von den Mitgliedstaaten durch eine Rechts- oder Verwaltungsvorschrift und/oder eine vertragliche Vereinbarung als ein von gemeinschaftlicher Bedeutung ausgewiesenes Gebiet, in dem die Maßnahmen, die zur Wahrung oder Wiederherstellung eines günstigen Erhaltungszustandes der natürlichen Lebensräume und/oder Populationen der Arten, für die das Gebiet bestimmt ist, erforderlich sind, durchgeführt werden.

m) *„Exemplar":* jedes Tier oder jede Pflanze – lebend oder tot – der in Anhang IV und Anhang V aufgeführten Arten, jedes Teil oder jedes aus dem Tier oder der Pflanze gewonnene Produkt sowie jede andere Ware, die aufgrund eines Begleitdokuments, der Verpackung, eines Zeichens, eines Etiketts oder eines anderen Sachverhalts als Teil und Derivat von Tieren oder Pflanzen der erwähnten Arten identifiziert werden kann.

n) *„Ausschuss":* der aufgrund des Artikels 20 eingesetzte Ausschuss.

Artikel 2

(1) Diese Richtlinie hat zum Ziel, zur Sicherung der Artenvielfalt durch die Erhaltung der natürlichen Lebensräume sowie der wild lebenden Tiere und Pflanzen im europäischen Gebiet der Mitgliedstaaten, für das der Vertrag Geltung hat, beizutragen.

(2) Die aufgrund dieser Richtlinie getroffenen Maßnahmen zielen darauf ab, einen günstigen Erhaltungszustand der natürlichen Lebensräume und wild lebenden Tier- und Pflanzenarten von gemeinschaftlichem Interesse zu bewahren oder wiederherzustellen.

(3) Die aufgrund dieser Richtlinie getroffenen Maßnahmen tragen den Anforderungen von Wirtschaft, Gesellschaft und Kultur sowie den regionalen und örtlichen Besonderheiten Rechnung.

FFH-Richtlinie Art. 3, 4

Erhaltung der natürlichen Lebensräume und der Habitate der Arten

Artikel 3

(1) Es wird ein kohärentes europäisches ökologisches Netz besonderer Schutzgebiete mit der Bezeichnung „Natura 2000" errichtet. Dieses Netz besteht aus Gebieten, die die natürlichen Lebensraumtypen des Anhangs I sowie die Habitate der Arten des Anhang II umfassen, und muss den Fortbestand oder gegebenenfalls die Wiederherstellung eines günstigen Erhaltungszustandes dieser natürlichen Lebensraumtypen und Habitate der Arten in ihrem natürlichen Verbreitungsgebiet gewährleisten.

Das Netz „Natura 2000" umfasst auch die von den Mitgliedstaaten aufgrund der Richtlinie 79/409/EWG ausgewiesenen besonderen Schutzgebiete.

(2) Jeder Staat trägt im Verhältnis der in seinem Hoheitsgebiet vorhandenen in Absatz 1 genannten natürlichen Lebensraumtypen und Habitate der Arten zur Errichtung von Natura 2000 bei. Zu diesen Zweck weist er nach den Bestimmungen des Artikels 4 Gebiete als besondere Schutzgebiete aus, wobei er den in Absatz 1 genannten Zielen Rechnung trägt.

(3) Die Mitgliedstaaten werden sich, wo sie dies für erforderlich halten, bemühen, die ökologische Kohärenz von Natura 2000 durch die Erhaltung und gegebenenfalls die Schaffung der in Artikel 10 genannten Landschaftselemente, die von ausschlaggebender Bedeutung für wild lebende Tiere und Pflanzen sind, zu verbessern.

Artikel 4

(1) Anhand der in Anhang III (Phase 1) festgelegten Kriterien und einschlägiger wissenschaftlicher Informationen legt jeder Mitgliedstaat eine Liste von Gebieten vor, in der die in diesen Gebieten vorkommenden natürlichen Lebensraumtypen des Anhangs I und einheimischen Arten des Anhangs II aufgeführt sind. Bei Tierarten, die große Lebensräume beanspruchen, entsprechen diese Gebiete den Orten im natürlichen Verbreitungsgebiet dieser Arten, welche die für ihr Leben und ihre Fortpflanzung ausschlaggebenden physischen und biologischen Elemente aufweisen. Für im Wasser lebende Tierarten, die große Lebensräume beanspruchen, werden solche Gebiete nur vorgeschlagen, wenn sich ein Raum klar abgrenzen lässt, der die für das Leben und die Fortpflanzung dieser Arten ausschlaggebenden physischen und biologischen Elemente aufweist. Die Mitgliedstaaten schlagen gegebenenfalls die Anpassung dieser Liste im Lichte der Ergebnisse der in Artikel 11 genannten Überwachung vor.

Binnen drei Jahren nach der Bekanntgabe dieser Richtlinie wird der Kommission diese Liste gleichzeitig mit den Informationen über die einzelnen Gebiete zugeleitet. Diese Informationen umfassen eine kartographische Darstellung des Gebietes, seine Bezeichnung, seine geographische Lage, seine Größe sowie die Daten, die sich aus der Anwendung der in Anhang III (Phase 1) genannten Kriterien ergeben, und werden anhand eines von der Kommission nach dem Verfahren des Artikels 21 ausgearbeiteten Formulars übermittelt.

(2) Auf der Grundlage der in Anhang III (Phase 2) festgelegten Kriterien und im Rahmen der neun in Artikel 1 Buchstabe c) Ziffer iii) erwähnten biogeographischen Regionen sowie des in Artikel 2 Absatz 1 genannten Gesamtgebietes erstellt die Kommission jeweils im Einvernehmen mit den Mitgliedstaaten aus den Listen der Mitgliedstaaten den Entwurf einer Liste der Gebiete von gemeinschaftlicher Bedeutung, in der die Gebiete mit einem oder mehreren prioritären natürlichen Lebensraumtyp(en) oder einer oder mehreren prioritären Art(en) ausgewiesen sind.

Die Mitgliedstaaten, bei denen Gebiete mit einem oder mehreren prioritären natürlichen Lebensraumtyp(en) und einer oder mehreren prioritären Art(en) flächenmäßig mehr als 5 v. H. des Hoheitsgebiets ausmachen, können im Einvernehmen mit der Kommission beantragen, dass die in Anhang III (Phase 2) angeführten Kriterien bei der Auswahl aller in ihrem Hoheitsgebiet liegenden Gebiete von gemeinschaftlicher Bedeutung flexibler angewandt werden.

Die Liste der Gebiete, die als Gebiete von gemeinschaftlicher Bedeutung ausgewählt wurden und in der die Gebiete mit einem oder mehreren prioritären natürlichen

Art. 5, 6 FFH-Richtlinie

Lebensraumtyp(en) oder einer oder mehreren prioritären Art(en) ausgewiesen sind, wird von der Kommission nach dem Verfahren des Artikels 21 festgelegt.

(3) Die in Absatz 2 erwähnte Liste wird binnen sechs Jahren nach Bekanntgabe dieser Richtlinie erstellt.

(4) Ist ein Gebiet aufgrund des in Absatz 2 genannten Verfahrens als Gebiet von gemeinschaftlicher Bedeutung bezeichnet worden, so weist der betreffende Mitgliedstaat dieses Gebiet so schnell wie möglich – spätestens aber binnen sechs Jahren – als besonderes Schutzgebiet aus und legt dabei die Prioritäten nach Maßgabe der Wichtigkeit dieser Gebiete für die Wahrung oder die Wiederherstellung eines günstigen Erhaltungszustandes eines natürlichen Lebensraumtyps des Anhangs I oder einer Art des Anhangs II und für die Kohärenz des Netzes Natura 2000 sowie danach fest, inwieweit diese Gebiete von Schädigung oder Zerstörung bedroht sind.

(5) Sobald ein Gebiet in die Liste des Absatzes 2 Unterabsatz 3 aufgenommen ist, unterliegt es den Bestimmungen des Artikels 6 Absätze 2, 3 und 4.

Artikel 5

(1) In Ausnahmefällen, in denen die Kommission feststellt, dass ein Gebiet mit einem prioritären natürlichen Lebensraumtyp oder einer prioritären Art in einer nationalen Liste nach Artikel 4 Absatz 1 nicht aufgeführt ist, das ihres Erachtens aufgrund von zuverlässigen einschlägigen wissenschaftlichen Daten für den Fortbestand dieses prioritären natürlichen Lebensraumtyps oder das Überleben dieser prioritären Art unerlässlich ist, wird ein bilaterales Konzertierungsverfahren zwischen diesem Mitgliedstaat und der Kommission zum Vergleich der auf beiden Seiten verwendeten wissenschaftlichen Daten eingeleitet.

(2) Herrschen nach einem Konzertierungszeitraum von höchstens sechs Monaten weiterhin Meinungsverschiedenheiten, so übermittelt die Kommission dem Rat einen Vorschlag über die Auswahl des Gebietes als Gebiet von gemeinschaftlicher Bedeutung.

(3) Der Rat beschließt einstimmig innerhalb von drei Monaten ab dem Zeitpunkt, zu dem er mit diesem Vorschlag befasst worden ist.

(4) Während der Konzertierungsphase und bis zur Beschlussfassung des Rates unterliegt das betreffende Gebiet den Bestimmungen des Artikels 6 Absatz 2.

Artikel 6

(1) Für die besonderen Schutzgebiete legen die Mitgliedstaaten die nötigen Erhaltungsmaßnahmen fest, die gegebenenfalls geeignete, eigens für die Gebiete aufgestellte oder in andere Entwicklungspläne integrierte Bewirtschaftungspläne und geeignete Maßnahmen rechtlicher, administrativer oder vertraglicher Art umfassen, die den ökologischen Erfordernissen der natürlichen Lebensraumtypen nach Anhang I und der Arten nach Anhang II entsprechen, die in diesen Gebieten vorkommen.

(2) Die Mitgliedstaaten treffen die geeigneten Maßnahmen, um in den besonderen Schutzgebieten die Verschlechterung der natürlichen Lebensräume und der Habitate der Arten sowie Störungen von Arten, für die die Gebiete ausgewiesen worden sind, zu vermeiden, sofern solche Störungen sich im Hinblick auf die Ziele dieser Richtlinie erheblich auswirken könnten.

(3) Pläne oder Projekte, die nicht unmittelbar mit der Verwaltung des Gebietes in Verbindung stehen oder hierfür nicht notwendig sind, die ein solches Gebiet jedoch einzeln oder in Zusammenwirkung mit anderen Plänen und Projekten erheblich beeinträchtigen könnten, erfordern eine Prüfung auf Verträglichkeit mit den für dieses Gebiet festgelegten Erhaltungszielen. Unter Berücksichtigung der Ergebnisse der Verträglichkeitsprüfung und vorbehaltlich des Absatzes 4 stimmen die zuständigen einzelstaatlichen Behörden dem Plan bzw. Projekt nur zu, wenn sie festgestellt haben, dass das Gebiet als solches nicht beeinträchtigt wird, und nachdem sie gegebenenfalls die Öffentlichkeit angehört haben.

(4) Ist trotz negativer Ergebnisse der Verträglichkeitsprüfung aus zwingenden Gründen des überwiegenden öffentlichen Interesses einschließlich solcher sozialer oder wirtschaftlicher Art ein Plan oder Projekt durchzuführen und ist eine Alternativlösung nicht vorhanden, so ergreift der Mitgliedstaat alle notwendigen Ausgleichsmaßnahmen, um

FFH-Richtlinie   Art. 7–9

sicherzustellen, dass die globale Kohärenz von Natura 2000 geschützt ist. Der Mitgliedstaat unterrichtet die Kommission über die von ihm ergriffenen Ausgleichsmaßnahmen.

Ist das betreffende Gebiet ein Gebiet, das einen prioritären natürlichen Lebensraumtyp und/oder eine prioritäre Art einschließt, so können nur Erwägungen im Zusammenhang mit der Gesundheit des Menschen und der öffentlichen Sicherheit oder im Zusammenhang mit maßgeblichen günstigen Auswirkungen für die Umwelt oder, nach Stellungnahme der Kommission, andere zwingende Gründe des überwiegenden öffentlichen Interesses geltend gemacht werden.

Artikel 7

Was die nach Artikel 4 Absatz 1 der Richtlinie 79/409/EWG zu besonderen Schutzgebieten erklärten oder nach Artikel 4 Absatz 2 derselben Richtlinie als solche anerkannten Gebiete anbelangt, so treten die Verpflichtungen nach Artikel 6 Absätze 2, 3 und 4 der vorliegenden Richtlinie ab dem Datum für die Anwendung der vorliegenden Richtlinie bzw. danach ab dem Datum, zu dem das betreffende Gebiet von einem Mitgliedstaat entsprechend der Richtlinie 79/409/EWG zum besonderen Schutzgebiet erklärt oder als solches anerkannt wird, an die Stelle der Pflichten, die sich aus Artikel 4 Absatz 4 Satz 1 der Richtlinie 79/409/EWG ergeben.

Artikel 8

(1) Die Mitgliedstaaten übermitteln der Kommission zusammen mit ihren Vorschlägen für Gebiete, die als besondere Schutzgebiete mit prioritäten natürlichen Lebensraumtypen und/oder prioritären Arten ausgewiesen werden können, gegebenenfalls ihre Schätzungen bezüglich der finanziellen Beteiligung der Gemeinschaft, die ihres Erachtens für die Erfüllung ihrer Verpflichtungen nach Artikel 6 Absatz 1 erforderlich ist.

(2) Die Kommission erarbeitet im Benehmen mit jedem betroffenen Mitgliedstaat für die Gebiete von gemeinschaftlichem Interesse, für die eine finanzielle Beteiligung beantragt wird, die Maßnahmen, die für die Wahrung oder Wiederherstellung eines günstigen Erhaltungszustands der prioritären natürlichen Lebensraumtypen und der prioritären Arten in den betreffenden Gebieten wesentlich sind, und ermittelt die Gesamtkosten dieser Maßnahmen.

(3) Die Kommission ermittelt im Benehmen mit den betreffenden Mitgliedstaaten die für die Durchführung der Maßnahmen nach Absatz 2 erforderliche Finanzierung einschließlich der finanziellen Beteiligung der Gemeinschaft; dabei berücksichtigt sie unter anderem die Konzentration der prioritären natürlichen Lebensraumtypen und/oder prioritären Arten im Hoheitsgebiet des Mitgliedstaats und die Belastung jedes Mitgliedstaats durch die erforderlichen Maßnahmen.

(4) Entsprechend der Schätzung nach den Absätzen 2 und 3 legt die Kommission unter Berücksichtigung der nach den einschlägigen Gemeinschaftsinstrumenten verfügbaren Finanzmittel gemäß dem Verfahren des Artikels 21 einen prioritären Aktionsrahmen von Maßnahmen fest, die eine finanzielle Beteiligung umfassen und zu treffen sind, wenn das Gebiet gemäß Artikel 4 Absatz 4 ausgewiesen worden ist.

(5) Maßnahmen, die mangels ausreichender Mittel in dem vorgenannten Aktionsrahmen nicht berücksichtigt worden sind bzw. in diesen Aktionsrahmen aufgenommen wurden, für die die erforderliche finanzielle Beteiligung jedoch nicht oder nur teilweise vorgesehen wurde, werden nach dem Verfahren des Artikels 21 im Rahmen der alle zwei Jahre erfolgenden Überprüfung des Aktionsrahmens erneut geprüft und können bis dahin von den Mitgliedstaaten zurückgestellt werden. Bei dieser Überprüfung wird gegebenenfalls der neuen Situation in dem betreffenden Gebiet Rechnung getragen.

(6) In Gebieten, in denen von einer finanziellen Beteiligung abhängige Maßnahmen zurückgestellt werden, sehen die Mitgliedstaaten von neuen Maßnahmen ab, die zu einer Verschlechterung des Zustands dieser Gebiete führen können.

Artikel 9

Die Kommission beurteilt im Rahmen des Verfahrens nach Artikel 21 in regelmäßigen Zeitabständen den Beitrag von Natura 2000 zur Verwirklichung der in den Artikeln 2

Art. 10–13 **FFH-Richtlinie**

und 3 genannten Ziele. In diesem Zusammenhang kann die Aufhebung der Klassifizierung als besonderes Schutzgebiet in den Fällen erwogen werden, in denen die gemäß Artikel 11 beobachtete natürliche Entwicklung dies rechtfertigt.

Artikel 10

Die Mitgliedstaaten werden sich dort, wo sie dies im Rahmen ihrer Landnutzungs- und Entwicklungspolitik, insbesondere zur Verbesserung der ökologischen Kohärenz von Natura 2000, für erforderlich halten, bemühen, die Pflege von Landschaftselementen, die von ausschlaggebender Bedeutung für wild lebende Tiere und Pflanzen sind, zu fördern.

Hierbei handelt es sich um Landschaftselemente, die aufgrund ihrer linearen, fortlaufenden Struktur (z.B. Flüsse mit ihren Ufern oder herkömmlichen Feldrainen) oder ihrer Vernetzungsfunktion (z.B. Teiche oder Gehölze) für die Wanderung, die geographische Verbreitung und den genetischen Austausch wild lebender Arten wesentlich sind.

Artikel 11

Die Mitgliedstaaten überwachen den Erhaltungszustand der in Artikel 2 genannten Arten und Lebensräume, wobei sie die prioritären natürlichen Lebensraumtypen und die prioritären Arten besonders berücksichtigen.

Artenschutz

Artikel 12

(1) Die Mitgliedstaaten treffen die notwendigen Maßnahmen, um ein strenges Schutzsystem für die in Anhang IV Buchstabe a) genannten Tierarten in deren natürlichen Verbreitungsgebieten einzuführen; dieses verbietet:
a) alle absichtlichen Formen des Fangs oder der Tötung von aus der Natur entnommenen Exemplaren dieser Arten;
b) jede absichtliche Störung dieser Arten, insbesondere während der Fortpflanzungs-, Aufzucht-, Überwinterungs- und Wanderungszeiten;
c) jede absichtliche Zerstörung oder Entnahme von Eiern aus der Natur;
d) jede Beschädigung oder Vernichtung der Fortpflanzungs- oder Ruhestätten.

(2) Für diese Arten verbieten die Mitgliedstaaten Besitz, Transport, Handel oder Austausch und Angebot zum Verkauf oder Austausch von aus der Natur entnommenen Exemplaren; vor Beginn der Anwendbarkeit dieser Richtlinie rechtmäßig entnommene Exemplare sind hiervon ausgenommen.

(3) Die Verbote nach Absatz 1 Buchstaben a) und b) sowie nach Absatz 2 gelten für alle Lebensstadien der Tiere im Sinne dieses Artikels.

(4) Die Mitgliedstaaten führen ein System zur fortlaufenden Überwachung des unbeabsichtigten Fangs oder Tötens der in Anhang IV Buchstabe a) genannten Tierarten ein. Anhand der gesammelten Informationen leiten die Mitgliedstaaten diejenigen weiteren Untersuchungs- oder Erhaltungsmaßnahmen ein, die erforderlich sind, um sicherzustellen, dass der unbeabsichtigte Fang oder das unbeabsichtigte Töten keine signifikanten negativen Auswirkungen auf die betreffenden Arten haben.

Artikel 13

(1) Die Mitgliedstaaten ergreifen die erforderlichen Maßnahmen, um ein striktes Schutzsystem für die in Anhang IV Buchstabe b) angegebenen Pflanzenarten aufzubauen, das Folgendes verbietet:
a) absichtliches Pflücken, Sammeln, Abschneiden, Ausgraben oder Vernichten von Exemplaren solcher Pflanzen in deren Verbreitungsräumen in der Natur;
b) Besitz, Transport, Handel oder Austausch und Angebot zum Verkauf oder zum Austausch von aus der Natur entnommenen Exemplaren solcher Pflanzen; vor Beginn der Anwendbarkeit dieser Richtlinie rechtmäßig entnommene Exemplare sind hiervon ausgenommen.

(2) Die Verbote nach Absatz 1 Buchstaben a) und b) gelten für alle Lebensstadien der Pflanzen im Sinne dieses Artikels.

FFH-Richtlinie Art. 14–16

Artikel 14

(1) Die Mitgliedstaaten treffen, sofern sie es aufgrund der Überwachung gemäß Artikel 11 für erforderlich halten, die notwendigen Maßnahmen, damit die Entnahme aus der Natur von Exemplaren der wild lebenden Tier- und Pflanzenarten des Anhangs V sowie deren Nutzung mit der Aufrechterhaltung eines günstigen Erhaltungszustands vereinbar sind.

(2) Werden derartige Maßnahmen für erforderlich gehalten, so müssen sie die Fortsetzung der Überwachung gemäß Artikel 11 beinhalten. Außerdem können sie insbesondere Folgendes umfassen:
- Vorschriften bezüglich des Zugangs zu bestimmten Bereichen;
- das zeitlich oder örtlich begrenzte Verbot der Entnahme von Exemplaren aus der Natur und der Nutzung bestimmter Populationen;
- die Regelung der Entnahmeperioden und/oder -formen;
- die Einhaltung von dem Erhaltungsbedarf derartiger Populationen Rechnung tragenden waidmännischen oder fischereilichen Regeln bei der Entnahme von Exemplaren;
- die Einführung eines Systems von Genehmigungen für die Entnahme oder von Quoten;
- die Regelung von Kauf, Verkauf, Feilhalten, Besitz oder Transport zwecks Verkauf der Exemplare;
- das Züchten in Gefangenschaft von Tierarten sowie die künstliche Vermehrung von Pflanzenarten unter streng kontrollierten Bedingungen, um die Entnahme von Exemplaren aus der Natur zu verringern;
- die Beurteilung der Auswirkungen der ergriffenen Maßnahmen.

Artikel 15

In Bezug auf den Fang oder das Töten der in Anhang V Buchstabe a) genannten wild lebenden Tierarten sowie in den Fällen, in denen Ausnahmen gemäß Artikel 16 für die Entnahme, den Fang oder die Tötung der in Anhang IV Buchstabe a) genannten Arten gemacht werden, verbieten die Mitgliedstaaten den Gebrauch aller nichtselektiven Geräte, durch die das örtliche Verschwinden von Populationen dieser Tierarten hervorgerufen werden könnte oder sie schwer gestört werden könnten, insbesondere
a) den Gebrauch der in Anhang VI Buchstabe a) genannten Fang- und Tötungsgeräte;
b) jede Form des Fangs oder Tötens mittels der in Anhang VI Buchstabe b) genannten Transportmittel.

Artikel 16

(1) Sofern es keine anderweitige zufriedenstellende Lösung gibt und unter der Bedingung, dass die Populationen der betroffenen Art in ihrem natürlichen Verbreitungsgebiet trotz der Ausnahmeregelung ohne Beeinträchtigung in einem günstigen Erhaltungszustand verweilen, können die Mitgliedstaaten von den Bestimmungen der Artikel 12, 13 und 14 sowie des Artikels 15 Buchstaben a) und b) im folgenden Sinne abweichen:
a) zum Schutz der wild lebenden Tiere und Pflanzen und zur Erhaltung der natürlichen Lebensräume;
b) zur Verhütung ernster Schäden insbesondere an Kulturen und in der Tierhaltung sowie an Wäldern, Fischgründen und Gewässern sowie an sonstigen Formen von Eigentum;
c) im Interesse der Volksgesundheit und der öffentlichen Sicherheit oder aus anderen zwingenden Gründen des überwiegenden öffentlichen Interesses, einschließlich solcher sozialer oder wirtschaftlicher Art oder positiver Folgen für die Umwelt;
d) zu Zwecken der Forschung und des Unterrichts, der Bestandsauffüllung und Wiederansiedlung und der für diese Zwecke erforderlichen Aufzucht, einschließlich der künstlichen Vermehrung von Pflanzen;
e) um unter strenger Kontrolle, selektiv und in beschränktem Ausmaß die Entnahme oder Haltung einer begrenzten und von den zuständigen einzelstaatlichen Behörden spezifizierten Anzahl von Exemplaren bestimmter Tier- und Pflanzenarten des Anhangs IV zu erlauben.

Art. 17, 18 **FFH-Richtlinie**

(2) Die Mitgliedstaaten legen der Kommission alle zwei Jahre einen mit dem vom Ausschuss festgelegten Modell übereinstimmenden Bericht über die nach Absatz 1 genehmigten Ausnahmen vor. Die Kommission nimmt zu diesen Ausnahmen binnen zwölf Monaten nach Erhalt des Berichts Stellung und unterrichtet darüber den Ausschuss.

(3) In den Berichten ist Folgendes anzugeben:
a) die Arten, für die die Ausnahmeregelung gilt, und der Grund der Ausnahme, einschließlich der Art der Risiken sowie gegebenenfalls der verworfenen Alternativlösungen und der benutzten wissenschaftlichen Daten;
b) die für Fang oder Tötung von Tieren zugelassenen Mittel, Einrichtungen oder Methoden und die Gründe für ihren Gebrauch;
c) die zeitlichen und örtlichen Umstände der Ausnahmegenehmigungen;
d) die Behörde, die befugt ist, zu erklären, dass die erforderlichen Voraussetzungen erfüllt sind, bzw. zu kontrollieren, ob sie erfüllt sind, und die beschließen kann, welche Mittel, Einrichtungen oder Methoden innerhalb welcher Grenzen und von welchen Stellen verwendet werden dürfen sowie welche Personen mit der Durchführung betraut werden;
e) die angewandten Kontrollmaßnahmen und die erzielten Ergebnisse.

Information

Artikel 17

(1) Alle sechs Jahre nach Ablauf der in Artikel 23 vorgesehenen Frist erstellen die Mitgliedstaaten einen Bericht über die Durchführung der im Rahmen dieser Richtlinie durchgeführten Maßnahmen. Dieser Bericht enthält insbesondere Informationen über die in Artikel 6 Absatz 1 genannten Erhaltungsmaßnahmen sowie die Bewertung der Auswirkungen dieser Maßnahmen auf den Erhaltungszustand der Lebensraumtypen des Anhangs I und der Arten des Anhangs II sowie die wichtigsten Ergebnisse der in Artikel 11 genannten Überwachung. Dieser Bericht, dessen Form mit dem vom Ausschuss aufgestellten Modell übereinstimmt, wird der Kommission übermittelt und der Öffentlichkeit zugänglich gemacht.

(2) Die Kommission arbeitet auf der Grundlage der in Absatz 1 erwähnten Berichte einen zusammenfassenden Bericht aus. Dieser Bericht enthält eine zweckdienliche Bewertung der erzielten Fortschritte, insbesondere des Beitrags von Natura 2000 zur Verwirklichung der in Artikel 3 aufgeführten Ziele. Der Teil des Berichtsentwurfs, der die von einem Mitgliedstaat übermittelten Informationen betrifft, wird den Behörden des betreffenden Mitgliedstaats zur Überprüfung unterbreitet. Die endgültige Fassung des Berichts wird zunächst dem Ausschuss unterbreitet und wird spätestens zwei Jahre nach Vorlage der Berichte gemäß Absatz 1 sowie des Kommissionsberichts veröffentlicht und den Mitgliedstaaten, dem Europäischen Parlament, dem Rat und dem Wirtschafts- und Sozialausschuss zugeleitet.

(3) Die Mitgliedstaaten können die nach dieser Richtlinie ausgewiesenen Gebiete durch vom Ausschuss eigens hierzu erarbeitete Gemeinschaftsschilder kennzeichnen.

Forschung

Artikel 18

(1) Die Mitgliedstaaten und die Kommission fördern die erforderliche Forschung und die notwendigen wissenschaftlichen Arbeiten im Hinblick auf die Ziele nach Artikel 2 und die Verpflichtung nach Artikel 11. Sie tauschen Informationen aus im Hinblick auf eine gute Koordinierung der Forschung auf den Ebenen der Mitgliedstaaten und der Gemeinschaft.

(2) Besondere Aufmerksamkeit wird den wissenschaftlichen Arbeiten gewidmet, die zur Durchführung der Artikel 4 und 10 erforderlich sind; die grenzüberschreitende Zusammenarbeit zwischen Mitgliedstaaten auf dem Gebiet der Forschung wird gefördert.

FFH-Richtlinie Art. 19–23

Verfahren zur Änderung der Anhänge

Artikel 19

Die Änderungen, die zur Anpassung der Anhänge I, II, III, V und VI an den technischen und wissenschaftlichen Fortschritt erforderlich sind, werden vom Rat auf Vorschlag der Kommission mit qualifizierter Mehrheit beschlossen.

Die Änderungen, die zur Anpassung des Anhangs IV an den technischen und wissenschaftlichen Fortschritt erforderlich sind, werden vom Rat auf Vorschlag der Kommission einstimmig beschlossen.

Ausschuss

Artikel 20

Die Kommission wird von einem Ausschuss unterstützt.

Artikel 21

(1) Wird auf diesen Artikel Bezug genommen, so gelten die Artikel 5 und 7 des Beschlusses 1999/468/EG[6] unter Beachtung von dessen Artikel 8.

Der Zeitraum nach Artikel 5 Absatz 6 des Beschlusses 1999/468/EG wird auf drei Monate festgesetzt.

(2) Der Ausschuss gibt sich eine Geschäftsordnung.

Ergänzende Bestimmungen

Artikel 22

Bei der Ausführung der Bestimmungen dieser Richtlinie gehen die Mitgliedstaaten wie folgt vor:

a) Sie prüfen die Zweckdienlichkeit einer Wiederansiedlung von in ihrem Hoheitsgebiet heimischen Arten des Anhangs IV, wenn diese Maßnahme zu deren Erhaltung beitragen könnte, vorausgesetzt, eine Untersuchung hat unter Berücksichtigung unter anderem der Erfahrungen der anderen Mitgliedstaaten oder anderer Betroffener ergeben, dass eine solche Wiederansiedlung wirksam zur Wiederherstellung eines günstigen Erhaltungszustandes der betreffenden Arten beiträgt, und die Wiederansiedlung erfolgt erst nach entsprechender Konsultierung der betroffenen Bevölkerungskreise;

b) sie sorgen dafür, dass die absichtliche Ansiedlung in der Natur einer in ihrem Hoheitsgebiet nicht heimischen Art so geregelt wird, dass weder die natürlichen Lebensräume in ihrem natürlichen Verbreitungsgebiet noch die einheimischen wild lebenden Tier- und Pflanzenarten geschädigt werden; falls sie es für notwendig erachten, verbieten sie eine solche Ansiedlung. Die Ergebnisse der Bewertungsstudien werden dem Ausschuss zur Unterrichtung mitgeteilt;

c) sie fördern erzieherische Maßnahmen und die allgemeine Information in Bezug auf die Notwendigkeit des Schutzes der wild lebenden Tier- und Pflanzenarten und der Erhaltung ihrer Habitate sowie natürlichen Lebensräume.

Schlussbestimmungen

Artikel 23

(1) Die Mitgliedstaaten erlassen die erforderlichen Rechts- und Verwaltungsvorschriften, um dieser Richtlinie binnen zwei Jahren nach ihrer Bekanntgabe nachzukommen. Sie setzen die Kommission unverzüglich davon in Kenntnis.

---

6 Beschluss 1999/468/EG des Rates vom 28. Juni 1999 zur Festlegung der Modalitäten für die Ausübung der der Kommission übertragenen Durchführungsbefugnisse (ABl. L 184 vom 17.7.1999, S. 23).

Art. 24 FFH-Richtlinie

(2) Wenn die Mitgliedstaaten Vorschriften nach Absatz 1 erlassen, nehmen sie in den Vorschriften selbst oder durch einen Hinweis bei der amtlichen Veröffentlichung auf diese Richtlinie Bezug. Die Mitgliedstaaten regeln die Einzelheiten der Bezugnahme.

(3) Die Mitgliedstaaten teilen der Kommission den Wortlaut der wichtigsten innerstaatlichen Rechtsvorschriften mit, die sie auf dem unter diese Richtlinie fallenden Gebiet erlassen.

Artikel 24

Diese Richtlinie ist an die Mitgliedstaaten gerichtet.

(Die Anhänge der Richtlinie 92/43/EWG finden Sie unter www.naturschutzrecht.net)

Richtlinie 2009/147/EG des europäischen Parlaments und des Rates vom 30. November 2009 über die Erhaltung der wildlebenden Vogelarten

Vom 30. November 2009 (ABl. EG Nr. L 20 vom 26. Januar 2010, S. 7)

[*kodifizierte Fassung*]

DAS EUROPÄISCHE PARLAMENT UND DER RAT DER EUROPÄISCHEN UNION –

gestützt auf den Vertrag zur Gründung der Europäischen Gemeinschaft, insbesondere auf Artikel 175 Absatz 1,

auf Vorschlag der Kommission,

nach Stellungnahme des Europäischen Wirtschafts- und Sozialausschusses,[1]

gemäß dem Verfahren des Artikels 251 des Vertrags,[2]

in Erwägung nachstehender Gründe:

(1) Die Richtlinie 79/409/EWG des Rates vom 2. April 1979 über die Erhaltung der wildlebenden Vogelarten[3] wurde mehrfach und erheblich geändert.[4] Aus Gründen der Klarheit und der Übersichtlichkeit empfiehlt es sich, die genannte Richtlinie zu kodifizieren.

(2) Der Beschluss Nr. 1600/2002/EG des Europäischen Parlaments und des Rates vom 22. Juli 2002 über das sechste Umweltaktionsprogramm der Europäischen Gemeinschaft[5] sieht Sonderaktionen für die biologische Vielfalt, einschließlich des Vogelschutzes und des Schutzes der Lebensräume der Vögel vor.

(3) Bei vielen im europäischen Gebiet der Mitgliedstaaten wildlebenden Vogelarten ist ein Rückgang der Bestände festzustellen, der in bestimmten Fällen sehr rasch vonstatten geht. Dieser Rückgang bildet eine ernsthafte Gefahr für die Erhaltung der natürlichen Umwelt, da durch diese Entwicklung insbesondere das biologische Gleichgewicht bedroht wird.

(4) Bei den im europäischen Gebiet der Mitgliedstaaten wildlebenden Vogelarten handelt es sich zum großen Teil um Zugvogelarten. Diese Arten stellen ein gemeinsames Erbe dar; daher ist der wirksame Schutz dieser Vogelarten ein typisch grenzübergreifendes Umweltproblem, das gemeinsame Verantwortlichkeiten mit sich bringt.

(5) Die Erhaltung der im europäischen Gebiet der Mitgliedstaaten wildlebenden Vogelarten ist für die Verwirklichung der Gemeinschaftsziele auf den Gebieten der Verbesserung der Lebensbedingungen und der nachhaltigen Entwicklung erforderlich.

(6) Die zu treffenden Maßnahmen sollten sich auf die verschiedenen auf die Vogelbestände einwirkenden Faktoren erstrecken, und zwar auf die nachteiligen Folgen der menschlichen Tätigkeiten wie insbesondere Zerstörung und Verschmutzung der Lebensräume der Vögel, Fang und Ausrottung der Vögel durch den Menschen sowie den durch diese Praktiken bewirkten Handel; der Umfang dieser Maßnahmen sollte daher im Rahmen einer Vogelschutzpolitik der Situation der einzelnen Vogelarten angepasst werden.

(7) Bei der Erhaltung der Vogelarten geht es um den langfristigen Schutz und die Bewirtschaftung der natürlichen Ressourcen als Bestandteil des gemeinsamen Erbes der europäischen Völker. Sie gestattet die Regulierung dieser Ressourcen und regelt deren Nutzung auf der Grundlage von Maßnahmen, die für die Aufrechterhaltung und Anpassung des natürlichen Gleichgewichts der Arten innerhalb vertretbarer Grenzen erforderlich sind.

---

1 Stellungnahme vom 10. Juni 2009 (noch nicht im Amtsblatt veröffentlicht).
2 Stellungnahme des Europäischen Parlaments vom 20. Oktober 2009 (noch nicht im Amtsblatt veröffentlicht) und Beschluss des Rates vom 26. November 2009.
3 ABl. L 103 vom 25. 4. 1979, S. 1.
4 Siehe Anhang VI Teil A.
5 ABl. L 242 vom 10. 9. 2002, S. 1.

Art. 1 **Vogelschutzrichtlinie**

(8) Schutz, Pflege oder Wiederherstellung einer ausreichenden Vielfalt und einer ausreichenden Flächengröße der Lebensräume ist für die Erhaltung aller Vogelarten unentbehrlich. Für einige Vogelarten sollten besondere Maßnahmen zur Erhaltung ihres Lebensraums getroffen werden, um Fortbestand und Fortpflanzung dieser Arten in ihrem Verbreitungsgebiet zu gewährleisten. Diese Maßnahmen sollten auch die Zugvogelarten berücksichtigen und im Hinblick auf die Schaffung eines zusammenhängenden Netzes koordiniert werden.

(9) Damit sich kommerzielle Interessen nicht negativ auf den Umfang der Entnahme auswirken können, sollte die Vermarktung allgemein verboten werden und jedwede Ausnahmeregelung ausschließlich auf diejenigen Vogelarten beschränkt werden, deren biologischer Status dies zulässt; hierbei sollte den besonderen Gegebenheiten in den verschiedenen Gegenden Rechnung getragen werden.

(10) Einige Arten können aufgrund ihrer großen Bestände, ihrer geografischen Verbreitung und ihrer Vermehrungsfähigkeit in der gesamten Gemeinschaft Gegenstand einer jagdlichen Nutzung sein; dies stellt eine zulässige Nutzung dar, sofern bestimmte Grenzen gesetzt werden und diese Nutzung mit der Erhaltung der Bestände dieser Arten auf ausreichendem Niveau vereinbar ist.

(11) Die Mittel, Einrichtungen und Methoden für den massiven oder wahllosen Fang oder das massive oder wahllose Töten sowie die Verfolgung aus bestimmten Beförderungsmitteln heraus sollten wegen der übermäßigen Bestandsminderung, die dadurch bei den betreffenden Vogelarten eintritt oder eintreten kann, untersagt werden.

(12) Wegen der Bedeutung, die bestimmte besondere Situationen haben können, sollte die Möglichkeit einer Abweichung von der Richtlinie unter bestimmten Bedingungen in Verbindung mit einer Überwachung durch die Kommission vorgesehen werden.

(13) Die Erhaltung der Vögel, vor allem der Zugvögel, stellt noch immer Probleme, an deren Lösung wissenschaftlich gearbeitet werden muss. Aufgrund dieser Arbeiten wird es ferner möglich sein, die Wirksamkeit der getroffenen Maßnahmen zu bewerten.

(14) Es ist im Benehmen mit der Kommission dafür Sorge zu tragen, dass durch das etwaige Ansiedeln von normalerweise nicht wildlebenden Vogelarten in dem europäischen Gebiet der Mitgliedstaaten nicht die örtliche Flora und Fauna beeinträchtigt werden.

(15) Die Kommission erstellt alle drei Jahre einen zusammenfassenden Bericht auf der Grundlage der ihr von den Mitgliedstaaten übermittelten Informationen über die Anwendung der gemäß dieser Richtlinie erlassenen einzelstaatlichen Vorschriften und leitet diesen den Mitgliedstaaten zu.

(16) Die zur Durchführung dieser Verordnung erforderlichen Maßnahmen sollten gemäß dem Beschluss 1999/468/EG des Rates vom 28. Juni 1999 zur Festlegung der Modalitäten für die Ausübung der der Kommission übertragenen Durchführungsbefugnisse[6] erlassen werden.

(17) Insbesondere sollte die Kommission die Befugnis erhalten, bestimmte Anhänge an den wissenschaftlichen und technischen Fortschritt anzupassen. Da es sich hierbei um Maßnahmen von allgemeiner Tragweite handelt, die eine Änderung nicht wesentlicher Bestimmungen dieser Richtlinie bewirken, sind diese Maßnahmen nach dem Regelungsverfahren mit Kontrolle des Artikels 5a des Beschlusses 1999/468/EG zu erlassen.

(18) Diese Richtlinie sollte die Verpflichtungen der Mitgliedstaaten hinsichtlich der in Anhang VI Teil B genannten Fristen für die Umsetzung der dort genannten Richtlinien in innerstaatliches Recht unberührt lassen —
HABEN FOLGENDE RICHTLINIE ERLASSEN:

Artikel 1
(1) Diese Richtlinie betrifft die Erhaltung sämtlicher wildlebenden Vogelarten, die im europäischen Gebiet der Mitgliedstaaten, auf welches der Vertrag Anwendung findet, heimisch sind. Sie hat den Schutz, die Bewirtschaftung und die Regulierung dieser Arten zum Ziel und regelt die Nutzung dieser Arten.
(2) Sie gilt für Vögel, ihre Eier, Nester und Lebensräume.

---
6 ABl. L 184 vom 17.7.1999, S. 23.

Vogelschutzrichtlinie Art. 2–5

Artikel 2
Die Mitgliedstaaten treffen die erforderlichen Maßnahmen, um die Bestände aller unter Artikel 1 fallenden Vogelarten auf einem Stand zu halten oder auf einen Stand zu bringen, der insbesondere den ökologischen, wissenschaftlichen und kulturellen Erfordernissen entspricht, wobei den wirtschaftlichen und freizeitbedingten Erfordernissen Rechnung getragen wird.

Artikel 3
(1) Die Mitgliedstaaten treffen unter Berücksichtigung der in Artikel 2 genannten Erfordernisse die erforderlichen Maßnahmen, um für alle unter Artikel 1 fallenden Vogelarten eine ausreichende Vielfalt und eine ausreichende Flächengröße der Lebensräume zu erhalten oder wieder herzustellen.

(2) Zur Erhaltung und Wiederherstellung der Lebensstätten und Lebensräume gehören insbesondere folgende Maßnahmen:
a) Einrichtung von Schutzgebieten;
b) Pflege und ökologisch richtige Gestaltung der Lebensräume in und außerhalb von Schutzgebieten;
c) Wiederherstellung zerstörter Lebensstätten;
d) Neuschaffung von Lebensstätten.

Artikel 4
(1) Auf die in Anhang I aufgeführten Arten sind besondere Schutzmaßnahmen hinsichtlich ihrer Lebensräume anzuwenden, um ihr Überleben und ihre Vermehrung in ihrem Verbreitungsgebiet sicherzustellen.
In diesem Zusammenhang sind zu berücksichtigen:
a) vom Aussterben bedrohte Arten;
b) gegen bestimmte Veränderungen ihrer Lebensräume empfindliche Arten;
c) Arten, die wegen ihres geringen Bestands oder ihrer beschränkten örtlichen Verbreitung als selten gelten;
d) andere Arten, die aufgrund des spezifischen Charakters ihres Lebensraums einer besonderen Aufmerksamkeit bedürfen.
Bei den Bewertungen werden Tendenzen und Schwankungen der Bestände der Vogelarten berücksichtigt.
Die Mitgliedstaaten erklären insbesondere die für die Erhaltung dieser Arten zahlen- und flächenmäßig geeignetsten Gebiete zu Schutzgebieten, wobei die Erfordernisse des Schutzes dieser Arten in dem geografischen Meeres- und Landgebiet, in dem diese Richtlinie Anwendung findet, zu berücksichtigen sind.

(2) Die Mitgliedstaaten treffen unter Berücksichtigung der Schutzerfordernisse in dem geografischen Meeres- und Landgebiet, in dem diese Richtlinie Anwendung findet, entsprechende Maßnahmen für die nicht in Anhang I aufgeführten, regelmäßig auftretenden Zugvogelarten hinsichtlich ihrer Vermehrungs-, Mauser- und Überwinterungsgebiete sowie der Rastplätze in ihren Wanderungsgebieten. Zu diesem Zweck messen die Mitgliedstaaten dem Schutz der Feuchtgebiete und ganz besonders der international bedeutsamen Feuchtgebiete besondere Bedeutung bei.

(3) Die Mitgliedstaaten übermitteln der Kommission alle sachdienlichen Informationen, so dass diese geeignete Initiativen im Hinblick auf die erforderliche Koordinierung ergreifen kann, damit die in Absatz 1 und die in Absatz 2 genannten Gebiete ein zusammenhängendes Netz darstellen, das den Erfordernissen des Schutzes der Arten in dem geografischen Meeres- und Landgebiet, in dem diese Richtlinie Anwendung findet, Rechnung trägt.

(4) Die Mitgliedstaaten treffen geeignete Maßnahmen, um die Verschmutzung oder Beeinträchtigung der Lebensräume sowie die Belästigung der Vögel, sofern sich diese auf die Zielsetzungen dieses Artikels erheblich auswirken, in den Absätzen 1 und 2 genannten Schutzgebieten zu vermeiden. Die Mitgliedstaaten bemühen sich ferner, auch außerhalb dieser Schutzgebiete die Verschmutzung oder Beeinträchtigung der Lebensräume zu vermeiden.

Artikel 5
Unbeschadet der Artikel 7 und 9 erlassen die Mitgliedstaaten die erforderlichen Maßnahmen zur Schaffung einer allgemeinen Regelung zum Schutz aller unter Artikel 1 fallenden Vogelarten, insbesondere das Verbot

Art. 6, 7 **Vogelschutzrichtlinie**

a) des absichtlichen Tötens oder Fangens, ungeachtet der angewandten Methode;
b) der absichtlichen Zerstörung oder Beschädigung von Nestern und Eiern und der Entfernung von Nestern;
c) des Sammelns der Eier in der Natur und des Besitzes dieser Eier, auch in leerem Zustand;
d) ihres absichtlichen Störens, insbesondere während der Brut- und Aufzuchtzeit, sofern sich diese Störung auf die Zielsetzung dieser Richtlinie erheblich auswirkt;
e) des Haltens von Vögeln der Arten, die nicht bejagt oder gefangen werden dürfen.

Artikel 6

(1) Unbeschadet der Absätze 2 und 3 untersagen die Mitgliedstaaten für alle unter Artikel 1 fallenden Vogelarten den Verkauf von lebenden und toten Vögeln und von deren ohne weiteres erkennbaren Teilen oder aus diesen Tieren gewonnenen Erzeugnissen sowie deren Beförderung und Halten für den Verkauf und das Anbieten zum Verkauf.

(2) Die Tätigkeiten nach Absatz 1 sind für die in Anhang III Teil A genannten Arten nicht untersagt, sofern die Vögel rechtmäßig getötet oder gefangen oder sonst rechtmäßig erworben worden sind.

(3) Die Mitgliedstaaten können in ihrem Gebiet die Tätigkeiten nach Absatz 1 bei den in Anhang III Teil B aufgeführten Vogelarten genehmigen und dabei Beschränkungen vorsehen, sofern die Vögel rechtmäßig getötet oder gefangen oder sonst rechtmäßig erworben worden sind.

Die Mitgliedstaaten, die eine solche Genehmigung erteilen wollen, konsultieren vorher die Kommission, mit der sie prüfen, ob durch eine Vermarktung von Vögeln der betreffenden Art aller Voraussicht nach die Populationsgröße, die geografische Verbreitung oder die Vermehrungsfähigkeit dieser Arten in der gesamten Gemeinschaft gefährdet würde oder gefährdet werden könnte. Ergibt diese Prüfung, dass die beabsichtigte Genehmigung nach Ansicht der Kommission zu einer der oben genannten Gefährdungen führt oder führen kann, so richtet die Kommission an den Mitgliedstaat eine begründete Empfehlung, mit der einer Vermarktung der betreffenden Art widersprochen wird. Besteht eine solche Gefährdung nach Auffassung der Kommission nicht, so teilt sie dies dem Mitgliedstaat mit.

Die Empfehlung der Kommission wird im Amtsblatt der Europäischen Union veröffentlicht.

Der Mitgliedstaat, der eine Genehmigung nach diesem Absatz erteilt, prüft in regelmäßigen Zeitabständen, ob die Voraussetzungen für die Erteilung dieser Genehmigung noch vorliegen.

Artikel 7

(1) Die in Anhang II aufgeführten Arten dürfen aufgrund ihrer Populationsgröße, ihrer geografischen Verbreitung und ihrer Vermehrungsfähigkeit in der gesamten Gemeinschaft im Rahmen der einzelstaatlichen Rechtsvorschriften bejagt werden. Die Mitgliedstaaten sorgen dafür, dass die Jagd auf diese Vogelarten die Anstrengungen, die in ihrem Verbreitungsgebiet zu ihrer Erhaltung unternommen werden, nicht zunichte macht.

(2) Die in Anhang II Teil A aufgeführten Arten dürfen in dem geografischen Meeres- und Landgebiet, in dem diese Richtlinie Anwendung findet, bejagt werden.

(3) Die in Anhang II Teil B aufgeführten Arten dürfen nur in den Mitgliedstaaten, bei denen sie angegeben sind, bejagt werden.

(4) Die Mitgliedstaaten vergewissern sich, dass bei der Jagdausübung — gegebenenfalls unter Einschluss der Falknerei —, wie sie sich aus der Anwendung der geltenden einzelstaatlichen Vorschriften ergibt, die Grundsätze für eine vernünftige Nutzung und eine ökologisch ausgewogene Regulierung der Bestände der betreffenden Vogelarten, insbesondere der Zugvogelarten, eingehalten werden und dass diese Jagdausübung hinsichtlich der Bestände dieser Arten mit den Bestimmungen aufgrund von Artikel 2 vereinbar ist.

Sie sorgen insbesondere dafür, dass die Arten, auf die die Jagdvorschriften Anwendung finden, nicht während der Nistzeit oder während der einzelnen Phasen der Brut- und Aufzuchtzeit bejagt werden.

Vogelschutzrichtlinie Art. 8–11

Wenn es sich um Zugvögel handelt, sorgen sie insbesondere dafür, dass die Arten, für die die einzelstaatlichen Jagdvorschriften gelten nicht während der Brut- und Aufzuchtzeit oder während ihres Rückzugs zu den Nistplätzen bejagt werden.

Die Mitgliedstaaten übermitteln der Kommission alle zweckdienlichen Angaben über die praktische Anwendung der Jagdgesetzgebung.

Artikel 8
(1) Was die Jagd, den Fang oder die Tötung von Vögeln im Rahmen dieser Richtlinie betrifft, so untersagen die Mitgliedstaaten sämtliche Mittel, Einrichtungen oder Methoden, mit denen Vögel in Mengen oder wahllos gefangen oder getötet werden oder die gebietsweise das Verschwinden einer Vogelart nach sich ziehen können, insbesondere die in Anhang IV Buchstabe a aufgeführten Mittel, Einrichtungen und Methoden.

(2) Ferner untersagen die Mitgliedstaaten jegliche Verfolgung aus den in Anhang IV Buchstabe b aufgeführten Beförderungsmitteln heraus und unter den dort genannten Bedingungen.

Artikel 9
(1) Die Mitgliedstaaten können, sofern es keine andere zufriedenstellende Lösung gibt, aus den nachstehenden Gründen von den Artikeln 5 bis 8 abweichen:
a) – im Interesse der Gesundheit und der öffentlichen Sicherheit,
 – im Interesse der Sicherheit der Luftfahrt,
 – zur Abwendung erheblicher Schäden an Kulturen, Viehbeständen, Wäldern, Fischereigebieten und Gewässern,
 – zum Schutz der Pflanzen- und Tierwelt;
b) zu Forschungs- und Unterrichtszwecken, zur Aufstockung der Bestände, zur Wiederansiedlung und zur Aufzucht im Zusammenhang mit diesen Maßnahmen;
c) um unter streng überwachten Bedingungen selektiv den Fang, die Haltung oder jede andere vernünftige Nutzung bestimmter Vogelarten in geringen Mengen zu ermöglichen.

(2) In den in Absatz 1 genannten Abweichungen ist anzugeben,
a) für welche Vogelarten die Abweichungen gelten;
b) die zugelassenen Fang- oder Tötungsmittel, -einrichtungen und -methoden;
c) die Art der Risiken und die zeitlichen und örtlichen Umstände, unter denen diese Abweichungen getroffen werden können;
d) die Stelle, die befugt ist zu erklären, dass die erforderlichen Voraussetzungen gegeben sind, und zu beschließen, welche Mittel, Einrichtungen und Methoden in welchem Rahmen von wem angewandt werden können;
e) welche Kontrollen vorzunehmen sind.

(3) Die Mitgliedstaaten übermitteln der Kommission jährlich einen Bericht über die Anwendung der Absätze 1 und 2.

(4) Die Kommission achtet anhand der ihr vorliegenden Informationen, insbesondere der Informationen, die ihr nach Absatz 3 mitgeteilt werden, ständig darauf, dass die Auswirkungen der in Absatz 1 genannten Abweichungen mit dieser Richtlinie vereinbar sind. Sie trifft entsprechende Maßnahmen.

Artikel 10
(1) Die Mitgliedstaaten fördern die zum Schutz, zur Regulierung und zur Nutzung der Bestände aller unter Artikel 1 fallenden Vogelarten notwendigen Forschungen und Arbeiten. Den Forschungen und Arbeiten betreffend die in Anhang V aufgeführten Themen wird besondere Aufmerksamkeit gewidmet.

(2) Die Mitgliedstaaten übermitteln der Kommission alle notwendigen Informationen, damit sie entsprechende Maßnahmen im Hinblick auf die Koordinierung der in Absatz 1 genannten Forschungen und Arbeiten ergreifen kann.

Artikel 11
Die Mitgliedstaaten sorgen dafür, dass sich die etwaige Ansiedlung wildlebender Vogelarten, die im europäischen Hoheitsgebiet der Mitgliedstaaten nicht heimisch sind, nicht nachteilig auf die örtliche Tier- und Pflanzenwelt auswirkt. Sie konsultieren dazu die Kommission.

Vogelschutzrichtlinie

Artikel 12
(1) Die Mitgliedstaaten übermitteln der Kommission alle drei Jahre nach dem 7. April 1981 einen Bericht über die Anwendung der aufgrund dieser Richtlinie erlassenen einzelstaatlichen Vorschriften.

(2) Die Kommission erstellt alle drei Jahre anhand der in Absatz 1 genannten Informationen einen zusammenfassenden Bericht. Der Teil des Entwurfs für diesen Bericht, der die von einem Mitgliedstaat übermittelten Informationen betrifft, wird den Behörden dieses Mitgliedstaats zur Überprüfung vorgelegt. Die endgültige Fassung des Berichtes wird den Mitgliedstaaten mitgeteilt.

Artikel 13
Die Anwendung der aufgrund dieser Richtlinie getroffenen Maßnahmen darf in Bezug auf die Erhaltung aller unter Artikel 1 fallenden Vogelarten nicht zu einer Verschlechterung der derzeitigen Lage führen.

Artikel 14
Die Mitgliedstaaten können strengere Schutzmaßnahmen ergreifen, als sie in dieser Richtlinie vorgesehen sind.

Artikel 15
Die Änderungen, die zur Anpassung der Anhänge I und V an den technischen und wissenschaftlichen Fortschritt erforderlich sind, werden erlassen. Diese Maßnahmen zur Änderung nicht wesentlicher Bestimmungen dieser Richtlinie werden nach dem in Artikel 16 Absatz 2 genannten Regelungsverfahren mit Kontrolle erlassen.

Artikel 16
(1) Die Kommission wird von dem Ausschuss zur Anpassung an den wissenschaftlichen und technischen Fortschritt unterstützt.

(2) Wird auf diesen Absatz Bezug genommen, so gelten die Artikel 5a Absätze 1 bis 4 und Artikel 7 des Beschlusses 1999/468/EG unter Beachtung von dessen Artikel 8.

Artikel 17
Die Mitgliedstaaten übermitteln der Kommission den Wortlaut der wichtigsten innerstaatlichen Rechtsvorschriften, die sie auf dem unter diese Richtlinie fallenden Gebiet erlassen.

Artikel 18
Die Richtlinie 79/409/EWG, in der Fassung der in Anhang VI Teil A aufgeführten Rechtsakte, wird unbeschadet der Verpflichtungen der Mitgliedstaaten hinsichtlich der in Anhang VI Teil B genannten Fristen für die Umsetzung der dort genannten Richtlinien in innerstaatliches Recht aufgehoben.

Verweisungen auf die aufgehobene Richtlinie gelten als Verweisungen auf die vorliegende Richtlinie und sind nach Maßgabe der Entsprechungstabelle in Anhang VII zu lesen.

Artikel 19
Diese Richtlinie tritt am zwanzigsten Tag nach ihrer Veröffentlichung im Amtsblatt der Europäischen Union in Kraft.

Artikel 20
Diese Richtlinie ist an die Mitgliedstaaten gerichtet.

(Die Anhänge der Richtlinie 2009/147/EWG finden Sie unter www.naturschutzrecht.net)

Einführung in das Naturschutzrecht

Gliederung	Rdnr.
I. Warum schützen wir die Natur?	1, 2
II. Von den Anfängen zum Bundesnaturschutzgesetz	3, 4
III. Das Naturschutzrecht in Bund und Ländern	5–8
IV. Das Bundesnaturschutzgesetz 2010.	9–12
V. Ausblick	13

I. Warum schützen wir die Natur?

In der öffentlichen Wahrnehmung wird Naturschutz häufig mit dem Schutz seltener oder vom Aussterben bedrohter Tier- und Pflanzenarten gleichgesetzt. Der gesetzliche Auftrag geht jedoch weit über dieses enge Verständnis hinaus.[1] Ziel des Naturschutzes und des Naturschutzrechts ist der ganzheitliche Schutz der Natur; dieser schließt neben dem Schutz der Tier- und Pflanzenwelt einschließlich ihrer Lebensräume auch die Leistungsfähigkeit des gesamten Naturhaushaltes, die Nutzungsfähigkeit der Naturgüter und die Vielfalt, Eigenart und Schönheit sowie den Erholungswert von Natur und Landschaft ein (§ 1 Abs. 1).

Für die Bewahrung unserer Natur sprechen sowohl anthropozentrische („Schutz der Natur um des Menschen willen") als auch physiozentrische Gründe („Schutz der Natur um ihrer selbst willen"). Unter den anthropozentrischen Gesichtspunkten kommt den ökonomischen Gründen besondere Bedeutung zu. So dient Naturschutz der Sicherung der Nutzbarkeit der Naturgüter als Nahrungsmittel (z.B. Landwirtschaft, Fischerei, Jagd) oder als Rohstoffe (z.B. Forstwirtschaft, Gewinnung von Bodenschätzen, Wirkstoffe in Arzneimitteln) sowie dem Schutz der abiotischen Naturhaushaltsbestandteile Boden, Wasser und Luft, die für das Leben und die Gesundheit des Menschen essenziell sind. Der Erhalt der Artenvielfalt ist u.a. für die Gewinnung neuer Medikamente unentbehrlich,[2] die genetische Diversität innerhalb der Arten ermöglicht die Neuzüchtung von widerstandsfähigen bzw. ertragreicheren Nutzpflanzen und -tieren, wobei durch die Einkreuzung von Wildarten in domestizierte Kulturarten z.B. Resistenzen gegen Krankheitserreger gefördert werden können. Als ökologisch-wissenschaftliche Gründe können die Bedeutung einzelner Arten für das gesamte ökosystemare Gleichgewicht, ihre Funktion als Indikatorarten für bestimmte Umweltzustände und ihre Vorbildfunktion für technische Problemlösungen angeführt werden. Auch ästhetische Gründe spielen bei der Erholung des Menschen in Natur und Landschaft eine bedeutende Rolle, das Erleben von Natur und Landschaft und die Freude an den Erscheinungsformen der Natur befriedigen menschliche Bedürfnisse. Die Physiozentrik hebt den Schutz der Natur auf Grund ihres Eigenwerts hervor und stellt somit die ethisch, religiös und philosophisch motivierten immateriellen Gesichtspunkte des Naturschutzes in den Vordergrund.

1
2

---

1 Sondergutachten des Sachverständigenrates für Umweltfragen „Für eine Stärkung und Neuorientierung des Naturschutzes", BT-Drs. 14/9852, S. 11.
2 Bisher wurden z.B. erst 10 % der Pflanzenarten auf ihre pharmazeutische Verwendbarkeit überprüft.

Einführung 3–6

II. Von den Anfängen zum Bundesnaturschutzgesetz

3   Das Naturschutzrecht ist eine frühe Ausprägung des Umweltrechtes. Erste Ansätze naturschutzmotivierter Regelungen gab es bereits in der ersten Hälfte des 19. Jahrhunderts. Im Jahre 1836 fand die erste Unterschutzstellung eines Gebietes in Deutschland statt. Damals wurde der Drachenfels (heute Naturschutzgebiet Siebengebirge) unter Schutz gestellt, um die Schönheit der Landschaft zu bewahren, die von der Zerstörung durch Gesteinsabbau bedroht war.

4   Als der Naturschutzgedanke aufkam, standen kulturelle und ästhetische Motive im Vordergrund, und der Naturschutz beschränkte sich auf Einzelobjekte. Eine besondere rechtliche Grundlage existierte noch nicht. Erst nach dem 1. Weltkrieg nahm die Weimarer Republik 1919 den Schutz und die Pflege von Denkmalen der Kunst, der Geschichte, der Natur sowie der Landschaft in ihre Reichsverfassung auf. Seitdem ist der Naturschutz als staatliche Aufgabe anerkannt. Im Gefolge der sozialen Umwälzungen nach dem Ersten Weltkrieg verschob sich der Schwerpunkt des Naturschutzes. Neben ästhetische Gesichtspunkte trat verstärkt der Schutz von Flächen zur Erholung der Bevölkerung, insbesondere in Großstädten. Trotz einzelner rechtlicher Regelungen, die den Schutz der Natur ermöglichten,[3] gab es aber noch kein eigenständiges Naturschutzgesetz. Es wurde erstmals 1935 durch das Reichsnaturschutzgesetz[4] geschaffen. Dieses Gesetz, dessen Vorarbeiten bereits in den Weimarer Republik begannen, hatte den ideellen Naturschutz zum Ziel. Es sollte die Gesamtheit von Natursehnsucht und Heimatgefühl gefördert und der Naturgenuss sowie die Erholung für jeden Bürger gesichert werden. Motivation für den Schutz der natürlichen Erscheinungsformen waren deren Schönheit, Seltenheit, Schmuckwert sowie das Interesse für Wissenschaft, Heimat und Volkskunde.

III. Das Naturschutzrecht in Bund und Ländern

5   Das Reichsnaturschutzgesetz galt nach 1949 zunächst im geteilten Deutschland fort, in Westdeutschland als Landesrecht, das Anfang der 1970er Jahre in einigen Bundesländern durch moderne Naturschutzgesetze ersetzt wurde (z.B. in Bayern 1973). In der DDR wurde es bereits 1954 durch ein neues Naturschutzgesetz[5] abgelöst. Dieses trat 1970 mit Erlass des Landeskulturgesetzes,[6] das in den §§ 10–16 die „Gestaltung und Pflege der Landschaft sowie Schutz der heimatlichen Natur" regelte, außer Kraft.

6   Das erste Bundesnaturschutzgesetz aus dem Jahre 1976[7] war der damaligen Verfassungslage (Art. 75 GG a.F.) entsprechend ein Rahmengesetz, nachdem der Bund mit seiner Forderung nach eine konkurrierenden Gesetzgebungszuständigkeit gescheitert war. Es erstreckte den Schutz von Natur und Landschaft auf den besiedelten und unbesiedelten Bereich, führte die Landschaftsplanung ein und schuf mit der Eingriffsregelung ein Instrument zur

---

3   Vgl. hierzu ausführlich Meßerschmidt, BNatSchG, Einführung Rn. 76–78.
4   Gesetz v. 26.6.1935, RGBl. 1935, S. 821.
5   Gesetz zur Erhaltung und Pflege der heimischen Natur (Naturschutzgesetz – NSchG) v. 4.8.1954, GBl. DDR I S. 695.
6   Gesetz über die planmäßige Gestaltung der sozialistischen Landeskultur in der Deutschen Demokratischen Republik (Landeskulturgesetz) v. 14.5.1970, GBl. DDR I S. 67.
7   BGBl. I S. 3574.

Erhaltung des Status quo von Natur und Landschaft auch außerhalb von Schutzgebieten. Spätere Änderungen brachten u.a. den gesetzlichen Schutz bestimmter Biotoptypen. In den Grundzügen hat sich diese Konzeption bis heute erhalten.

Durch das Umweltrahmengesetz vom 29.6.1990[8] übernahm die DDR das BNatSchG. das bis zum Inkrafttreten von Landesnaturschutzgesetzen unmittelbar galt. Die Vorschriften der §§ 10–16 LKG blieben unberührt, soweit sie den Bestimmungen des BNatSchG nicht widersprachen. Durch den Einigungsvertrag[9] wurde das URG ab dem 3.10.1990 gegenstandslos. Einzelne Bestimmungen des URG galten weiter (Art. 9 Abs. 1 EV). Durch Art. 9 Abs. 3 EV konnten auch die 14 Schutzgebietsverordnungen (5 Nationalparke, 6 Biosphärenreservate und 3 Naturparke) vom 12.9.1990 aus dem Nationalparkprogramm der „untergehenden DDR" übernommen werden. **7**

In der 14. Legislaturperiode wurde das BNatSchG mit dem Ziel überarbeitet, die natürlichen Lebensgrundlagen auch für die nachkommenden Generationen zu sichern und den gewandelten Anforderungen des Naturschutzes Rechnung zu tragen.[10] Im Jahr 2002 kam es zu einer umfassenden Novellierung.[11] Sie enthielt wesentliche Neuerungen. Die Schaffung eines Biotopverbunds wurde rahmenrechtlich verankert. Die von der Landwirtschaft zu beachtenden Grundsätze der „guten fachlichen Praxis" wurden durch naturschutzfachliche Anforderungen angereichert. Eine ökologische Umweltbeobachtung wurde eingeführt. Der Eingriffsregelung wurde dahin erweitert, dass sie auch Veränderungen des mit der belebten Bodenschicht in Verbindung stehenden Grundwasserspiegels erfasste. Ausgleichs- und Ersatzmaßnahmen wurden einheitlich vor die Abwägung gezogen. Neu war der Schutz von Meeresflächen in der Ausschließlichen Wirtschaftszone und auf dem Festlandsockel. Die Mitwirkungs- und Klagerechte der anerkannten Umweltverbände (jetzt „Vereine") wurden gestärkt und die Vereinsklage bundesrechtlich verankert. Defizite bei der Umsetzung der FFH-RL blieben bestehen und führten nach Beanstandung durch den EuGH zu der Novelle 2007, deren Inhalt in das BNatSchG 2010 übernommen worden ist. **8**

Seit den 1970er Jahren wird das deutsche Naturschutzrecht zunehmend durch internationale Abkommen sowie das Naturschutzrecht der Europäischen Union beeinflusst. Zu den internationalen Konventionen, die für die nationale Naturschutzgesetzgebung bedeutsam sind, zählen z.B. das Washingtoner Artenschutzübereinkommen, die Ramsar-Konvention zum Schutz international wertvoller Feuchtgebiete, die Bonner Konvention zur Erhaltung der wandernden wild lebenden Tierarten sowie die auf der Konferenz für Umwelt und Entwicklung in Rio de Janeiro 1992 beschlossene Konvention zur Erhaltung der Biodiversität. Die Europäische Union hat das deutsche Recht insbesondere durch die Richtlinien 92/43/EWG (Fauna-Flora-Habitat-Richtlinie) und 79/409/EWG (Vogelschutzrichtlinie), 1999/22/EG (Zoo-Richtlinie) sowie die EG-Artenschutzverordnung EG Nr. 338/97 geprägt bzw. ersetzt. Darüber hinaus wirken sich zahlreiche weitere EU-Regelungen auf die Belange von Naturschutz und Landschaftspflege aus, etwa **9**

---

8 GBl. DDR I S. 646.
9 V. 31.8.1990, BGBl. II S. 885.
10 Vgl. BT-Drs. 14/6378, S. 28.
11 Art. 1 des Gesetzes zur Neuregelung des Rechts des Naturschutzes und der Landschaftspflege und zur Anpassung anderer Rechtsvorschriften (BNatSchGNeuregG) v. 25.3.2002 (BGBl. I S. 1193), in Kraft getreten am 4.4.2002.

Einführung 10–12

die Umweltverträglichkeitsrichtlinie (UVP-RL), die Richtlinie zur Strategischen Umweltprüfung (SUP-RL) und die Wasserrahmenrichtlinie (WRRL).

IV. Das Bundesnaturschutzgesetz 2010

10 Unter Geltung des Art. 75 GG a.F. hatten die Bundesländer die rahmenrechtlichen Vorgaben umzusetzen, was dann, wenn das Bundesrecht seinerseits auf europarechtlichen Umsetzungsverpflichtungen beruhte, zu Verzögerungen und inhaltlichen Defiziten führte. Das war ein wesentlicher Grund für die Reform der Gesetzgebungskompetenzen durch das Gesetz zur Änderung des Grundgesetzes vom 28.8.2006 (BGBl. I S. 2034). Es gibt keine Rahmengesetzgebung des Bundes mehr, Art. 75 GG a.F. ist aufgehoben. Stattdessen hat der Bund die konkurrierende Gesetzgebungskompetenz auf dem Gebiet „Naturschutz und Landschaftspflege" erhalten (Art. 74 Abs. 1 Nr. 29 GG). Dabei muss er nicht nachweisen, dass eine bundesgesetzliche Regelung erforderlich ist (Art. 72 Abs. 2 GG). Der Bund hat also im Bereich des Naturschutzes und der Landschaftspflege das Recht, unmittelbar geltende Vollregelungen zu treffen. Dabei gibt es eine Besonderheit: Der Bund hat nicht das letzte Wort. Hat er von seiner Gesetzgebungszuständigkeit Gebrauch gemacht, können die Länder „durch Gesetz hiervon abweichende Regelungen treffen" (Art. 72 Abs. 3 Satz 1 Nr. 2 GG), vgl. dazu die Kommentierung vor § 1. Die ursprüngliche Absicht, das Naturschutzrecht mit dem sonstigen Umweltrecht in einem Umweltgesetzbuch zusammenzuführen, ist gescheitert. Damit bleibt es bei Einzelgesetzen u.a. zum Wasserrecht und zum Naturschutzrecht. Das Bundesgesetz zur Neuregelung des Rechts des Naturschutzes und der Landschaftspflege vom 29.7.2009 (BGBl. I S. 2542) – BNatSchG 2010 – ist am 1.3.2010 in Kraft getreten.

11 Das BNatSchG 2010 behält die bisherige Systematik des Gesetzes bei. Zuerst werden Ziele festgelegt, denen weitere allgemeine Vorschriften folgen (§§ 1–7). Anschließend werden die Mittel (Instrumente) geregelt, um diese Ziele zu erreichen:
– Landschaftsplanung (§§ 8–12),
– Eingriffsregelung (§§ 13–18),
– Schutzgebiete und Schutzobjekte (§§ 20, 22–29),
– Biotopverbund (§§ 20, 21) und Biotopschutz (§ 30),
– Natura 2000 (§§ 31–36),
– Artenschutz (§§ 37–55),
– Meeresnaturschutz (§§ 56–58),
– Erholung (§§ 59–62),
– Vereinsbeteiligung und -klage (§§ 63, 64),
– Eigentumsbindung, Vorkaufsrecht u.a. (§§ 65–68),
– Bußgeld- und Strafvorschriften (§§ 69–73).

12 Das BNatSchG 2010 geht über die bisher rahmenrechtlich geregelten Teilbereiche insofern hinaus, als es landesrechtliche Regelungen übernommen und in Bundesrecht überführt hat (z.B. das Vorkaufsrecht des § 66). Im Übrigen enthält es keine grundlegenden Neuerungen im Vergleich zur Novellierung 2002. Der Kompetenzverteilung entsprechend hat der Bund folgende allgemeine Grundsätze des Naturschutzes festgelegt:
– § 1 Abs. 1: Ziele des Naturschutzes und der Landschaftspflege.
– § 6 Abs. 1: Beobachtung von Natur und Landschaft als Instrument.
– § 8: Landschaftsplanung als Instrument.

– § 13: Stufenfolge der Eingriffsregelung (Vermeidung, Ausgleich oder Ersatz, Ersatzzahlungen).
– § 20 Abs. 1: Biotopverbund als Instrument und mit Flächenvorgabe.
– § 20 Abs. 2: Schutzgebietskategorien (bei Naturschutzgebieten, Nationalparken, Nationalen Naturmonumenten, Landschaftsschutzgebieten außerdem die Ausweisungsvoraussetzungen und Verbotsregelungen).
– § 30 Abs. 1: Gesetzlich geschützte Biotope als Schutzinstrument.
– § 59 Abs. 1: Gewährleistung des Betretungsrechts in der freien Landschaft.

Einige Einzelheiten: Die Zielbestimmung (§ 1) ist erweitert und umgestaltet. **13** § 15 Abs. 2 Satz 1 gibt den generellen Vorrang des Ausgleichs vor dem Ersatz auf, um eine größere Flexibilität zu erreichen. § 15 Abs. 3 regelt erstmals die Konkurrenz um Flächen zwischen Kompensationsbedürfnissen einerseits und der Land- und Forstwirtschaft andererseits. § 30 Abs. 4 bringt eine Neuerung im Verhältnis Biotopschutz-Bauleitplanung. Einen ähnlichen Interessenkonflikt regelt der neue § 30 Abs. 6. § 32 Abs. 5 sieht nunmehr ausdrücklich die Möglichkeit vor, für Natura 2000-Gebiete Bewirtschaftungspläne aufzustellen. § 34 Abs. 1 Satz 2 stellt gegenüber der geltenden Rechtslage ausdrücklich klar, dass bei nach § 20 Abs. 2 unter Schutz gestellten Natura 2000-Gebieten ein Rückgriff auf den Schutzzweck und die dazu erlassenen Vorschriften als Maßstäbe für die Verträglichkeit nur dann in Betracht kommt, wenn hierbei die jeweiligen Erhaltungsziele bereits berücksichtigt wurden, also insbesondere Altverordnungen dem Natura 2000-Regime angepasst worden sind. Im Übrigen sind die Angaben im jeweiligen Standarddatenbogen maßgeblich, soweit keine Anhaltspunkte dafür bestehen, dass diese unrichtig oder unvollständig sind. Das abweichungsfeste Kapitel 5 (Artenschutz) entspricht weitgehend dem bisherigen Recht. Die Vorschriften des besonderen Artenschutzes werden nahezu unverändert übernommen. Die Regelungen zum allgemeinen Artenschutz, die Vorschriften über gebietsfremde Arten sowie die Umsetzung der Zoo-Richtlinie 1999/22/EG werden bundesunmittelbar ausgestaltet. Eine Anzeigepflicht für Tiergehege wird (wieder) eingeführt. Berücksichtigt wird die EuGH-Rechtsprechung zum Artenschutzrecht und zur FFH- und Vogelschutzrichtlinie. Die §§ 56–58 zum Meeresnaturschutz führen das bisherige Recht fort und erweitern es. Die Erholung in der freien Natur ist, vom Grundsatz des § 59 abgesehen, weitgehend dem Landesrecht überantwortet. § 60 (Haftung) ist neu und soll die Verantwortlichkeitsbereiche abgrenzen. In § 63 Abs. 2 Nr. 5 wird durch den Passus „Natura-2000-Gebiete" klargestellt, dass sich das Mitwirkungsrecht auch auf in die sogenannte Gemeinschaftsliste aufgenommene FFH-Gebiete und von der Europäischen Kommission benannte Vogelschutzgebiete bezieht, bei denen eine Unterschutzstellung noch nicht erfolgt ist (vgl. die Definitionen in § 7 Abs. 1 Nr. 6–8). Ausdrücklich geregelt wird, dass das Mitwirkungsrecht nicht deshalb entfällt, weil die Befreiung auf Grund einer nach Fachrecht bestehenden Konzentrationswirkung durch eine andere Entscheidung eingeschlossen oder ersetzt wird (so dass die bisher anderslautende Rechtsprechung ihre Grundlage verloren hat). Die Anerkennung von Naturschutzvereinigungen ist nicht mehr im Naturschutzrecht, sondern in § 3 Umwelt-Rechtsbehelfsgesetz geregelt. § 67 (Befreiungen) verwirklicht eine neue Konzeption.

V. Ausblick

14 Bisher haben erst einige Länder neue Naturschutzgesetze erlassen. Es lässt sich daher noch nicht absehen, in welchem Umfang vom Bundesrecht abgewichen wird. Erst nach einiger Zeit wird sich beurteilen lassen, ob sich die neue Kompetenzverteilung zwischen Bund und Ländern bewährt. Es wäre zu wünschen, dass das Naturschutzrecht in eine Phase der Konsolidierung eintritt, damit sich die Praxis mit den Rechtsänderungen vertraut machen kann.

15 Auch wenn es gute Gründe geben mag, einzelne Regelungen oder Regelungslücken des neuen Gesetzes zu kritisieren, sollte man sich dessen bewusst bleiben, dass das Naturschutzrecht alleine kaum in der Lage ist, der schleichenden Verschlechterung der Qualität von Natur und Landschaft Einhalt zu gebieten. Unser Rechtssystem ist weithin darauf angelegt, menschliche Aktivitäten und damit die Nutzung von Natur und Landschaft zu fördern, Wirtschaftswachstum wird angestrebt. Das Naturschutzrecht stellt vor diesem Hintergrund eher die Ausnahme dar, wenn es den vielfältigen Nutzungsansprüchen seine Qualitätsanforderungen entgegenstellt. Angesichts der starken Gegenkräfte reichen die Mittel des Naturschutzrechts alleine schwerlich aus, Besorgnis erregende Entwicklungen wie den enormen Flächenverbrauch, die Raumzerschneidung, den Verlust an Arten und Lebensräumen usw. zu stoppen. Dazu müsste der Schutz von Natur und Landschaft verstärkt in andere Lebens- und Politikbereiche integriert werden, insbesondere bei der Entscheidung, ob und wo Eingriffe in Natur und Landschaft geplant werden und wie viel (nicht zuletzt öffentliches) Geld für welche Zwecke ausgegeben wird. Z.B. müssten Transferleistungen an die Landwirtschaft, einem Hauptverursacher des Artenrückgangs, stärker an Gegenleistungen zu Gunsten von Natur und Landschaft gekoppelt werden.

Vorbemerkung vor §§ 1 ff. Gesetzgebungskompetenz

Art. 72 GG

(1) Im Bereich der konkurrierenden Gesetzgebung haben die Länder die Befugnis zur Gesetzgebung, solange und soweit der Bund von seiner Gesetzgebungszuständigkeit nicht durch Gesetz Gebrauch gemacht hat.

(2) Auf den Gebieten des Artikels 74 Abs. 1 Nr. 4, 7, 11, 13, 15, 19a, 20, 22, 25 und 26 hat der Bund das Gesetzgebungsrecht, wenn und soweit die Herstellung gleichwertiger Lebensverhältnisse im Bundesgebiet oder die Wahrung der Rechts- oder Wirtschaftseinheit im gesamtstaatlichen Interesse eine bundesgesetzliche Regelung erforderlich macht.

(3) Hat der Bund von seiner Gesetzgebungszuständigkeit Gebrauch gemacht, können die Länder durch Gesetz hiervon abweichende Regelungen treffen über:

...

2. den Naturschutz und die Landschaftspflege (ohne die allgemeinen Grundsätze des Naturschutzes, das Recht des Artenschutzes oder des Meeresnaturschutzes);

...

Bundesgesetze auf diesen Gebieten treten frühestens sechs Monate nach ihrer Verkündung in Kraft, soweit nicht mit Zustimmung des Bundesrates anderes bestimmt ist. Auf den Gebieten des Satzes 1 geht im Verhältnis von Bundes- und Landesrecht das jeweils spätere Gesetz vor.

...

Art. 74 GG

(1) Die konkurrierende Gesetzgebung erstreckt sich auf folgende Gebiete:

...

29. den Naturschutz und die Landschaftspflege;

...

Gliederung

		Rdnr.
I.	Neue Gesetzgebungskompetenzen für Naturschutz und Landschaftspflege	1–8
1.	Allgemeines	1–3
2.	Regeln für die Geltung von Bundesrecht und Landesrecht	4–8
II.	Reichweite der konkurrierenden Gesetzgebungskompetenz des Bundes	9–11
III.	Umfang und Grenzen des Abweichungsrechts der Länder	12–24
1.	Allgemeines	12, 13
2.	Abweichungsfeste Materien	14–24
	a) Allgemeine Grundsätze des Naturschutzes	15–21
	b) Recht des Artenschutzes	22
	c) Recht des Meeresnaturschutzes	23
3.	Wirkung der „Abweichungsfestigkeit"	24
IV.	Ausübung des Abweichungsrecht durch die Länder	25–35
1.	Bundesregelung als Anknüpfungspunkt der Abweichung	25
2.	Form der abweichenden Regelung	26
3.	Begriff der „abweichenden Regelung" i.S.v. Art. 72 Abs. 3 Satz 1 Nr. 2 GG	27, 28
4.	Explizite Verlautbarung der Abweichung	29–31
5.	Varianten der Abweichung	32–35

I. Neue Gesetzgebungskompetenzen für Naturschutz und Landschaftspflege[1]

1. Allgemeines

1 Das Gesetz zur Änderung des Grundgesetzes vom 28.8.2006[2] hat die Gesetzgebungskompetenz für das Recht des Naturschutzes und der Landschaftspflege neu geordnet. Die Rahmengesetzgebung des Bundes (Art. 75 GG a.F.) ist abgeschafft. Der Bund hat die **konkurrierende Gesetzgebungskompetenz** auf dem Gebiet „Naturschutz und Landschaftspflege" erhalten (Art. 74 Abs. 1 Nr. 29 GG). Die Erforderlichkeit einer bundesrechtlichen Regelung muss nicht nachgewiesen werden (Art. 72 Abs. 2 GG). Der Bund muss sich aber die Kompetenz mit den Ländern teilen. Hat er von seiner Gesetzgebungszuständigkeit Gebrauch gemacht, können die Länder „durch Gesetz hiervon abweichende Regelungen treffen" (Art. 72 Abs. 3 Satz 1 Nr. 2 GG) über „den Naturschutz und die Landschaftspflege (ohne die allgemeinen Grundsätze des Naturschutzes, das Recht des Artenschutzes oder des Meeresnaturschutzes)".

2 Dazu die Gesetzesbegründung[3]: „Der Bund erhält durch Überführung der umweltbezogenen Materien des Art. 75 ... in die konkurrierende Gesetzgebung (ohne Erforderlichkeitsprüfung im Sinne des Art. 72 Abs. 2) die Möglichkeit einer Vollregelung dieser Materien, für die er bislang nur Rahmenvorschriften für die Gesetzgebung der Länder erlassen konnte. Insbesondere wird dem Bund insoweit die einheitliche Umsetzung von EU-Recht ermöglicht. Die Länder gewinnen die Möglichkeit, in den genannten Bereichen abweichend von der Regelung des Bundes eigene Konzeptionen zu verwirklichen und auf ihre unterschiedlichen strukturellen Voraussetzungen und Bedingungen zu reagieren. Ob von dieser Möglichkeit Gebrauch gemacht wird oder ob die bundesgesetzliche Regelung ohne Abweichung gelten soll, unterliegt der verantwortlichen politischen Entscheidung des jeweiligen Landesgesetzgebers."

3 Diese Begründung muss man nicht unbedingt für bare Münze nehmen. Wäre die Idee, den Ländern Raum für eigene Konzeptionen zu geben usw., derart überzeugend, so müsste man fragen, wieso sie nur bei den bisher in die Rahmenkompetenz des Bundes fallenden Materien verwirklicht wird und nicht auch in den übrigen unter die konkurrierende Gesetzgebung des Bundes fallenden Sachbereichen. In Wahrheit spielen, was Naturschutz und Landschaftspflege betrifft, regionale Besonderheiten kaum eine Rolle. Die meisten Sachprobleme ergeben sich bundesweit aus dem Konflikt zwischen dem Interesse an Schutz, Pflege und Entwicklung von Natur und Landschaft einerseits und Nutzungsinteressen aller Art andererseits sowie aus den europarechtlichen Vorgaben, ohne dass dabei „unterschiedliche strukturelle Voraussetzungen und Bedingungen" den Ausschlag geben, die auch nicht näher benannt werden – gäbe es sie in nennenswertem Umfang, wäre das in fast vier Jahrzehnten moderner Naturschutzgesetzgebung sicher aufgefallen. Es wäre daher keine Überraschung, wenn die Abweichungsbefugnis zum Anlass genommen würde, in den Ländern die bereits auf Bundesebene stattgefundenen Auseinandersetzungen über den Inhalt des Gesetzes zu wiederholen und die „eigenen Konzeptionen" der Länder darauf hinausliefen, dass in erster Linie die jeweilige politische Ausrichtung der Landesregierung und

---
1 Zum Folgenden vgl. *Fischer-Hüftle*, NuR 2007, 78.
2 BGBl. I S. 2034.
3 BT-Drs. 16/813, S. 11.

der Einfluss betroffener Interessen darüber bestimmt, inwieweit vom Bundesrecht abgewichen wird. Das neue System der Gesetzgebungskompetenzen im Naturschutzrecht resultiert schlicht daraus, dass man die bisher in die Rahmenkompetenz des Bundes fallenden Materien weder in die (vorbehaltlose) konkurrierende Gesetzgebungskompetenz des Bundes noch in die Landeskompetenz überführen wollte, was nicht verwundert, denn der Verfassungsgesetzgeber der Föderalismusreform verkörpert selbst den institutionellen und politischen Dualismus von Bund und Ländern. Zu befürchten ist, dass ein intransparentes Normengeflecht entsteht, das über längere Zeit Rechtsunsicherheit verursacht.

2. Regeln für die Geltung von Bundesrecht und Landesrecht

Damit die Länder rechtzeitig von ihrem Abweichungsrecht Gebrauch machen können und „kurzfristig wechselnde Rechtsbefehle an den Bürger vermieden werden"[4], tritt das Bundesgesetz frühestens 6 Monate nach seiner Verkündung in Kraft, außer der Bundesrat stimmt einer anderen Regelung zu (Art. 72 Abs. 3 Satz 2 GG). Im Verhältnis von Bundes- und Landesrecht geht das jeweils spätere Gesetz vor (Art. 72 Abs. 3 Satz 3 GG). Es handelt sich also um einen **Anwendungsvorrang**, nicht um ein Außerkraftsetzen von Normen.   4

Die Spielregeln dieser Doppelkompetenz erklärt die Gesetzesbegründung[5] so: „Ein vom Bundesrecht abweichendes Landesgesetz setzt das Bundesrecht für das Gebiet des betreffenden Landes nicht außer Kraft, sondern hat (lediglich) Anwendungsvorrang („geht vor"). Das bedeutet, dass z.B. bei Aufhebung des abweichenden Landesrechts automatisch wieder das Bundesrecht gilt. Novelliert der Bund sein Recht, zum Beispiel um neue Vorgaben des EU-Rechts bundesweit umzusetzen, geht das neue Bundesrecht – als das spätere Gesetz – dem Landesrecht vor. Hebt der Bund sein Gesetz auf, gilt wieder das bisherige Landesrecht. Die Länder ihrerseits können auch von novelliertem Bundesrecht erneut abweichen (im Beispielsfall aber nur unter Beachtung des auch für die Länder verbindlichen EU-Rechts). Das Landesrecht geht dann wiederum dem Bundesrecht vor."   5

Klärungsbedürftig ist, was unter dem „**späteren Gesetz**" i.S.v. Art. 72 Abs. 3 Satz 3 GG zu verstehen ist. Das Grundgesetz erklärt damit den „lex-posterior-Grundsatz" im Verhältnis von Bundesrecht und Landesrecht für anwendbar. Die Tragweite dieses Grundsatzes ist nicht in allen Einzelheiten als geklärt anzusehen. Unbestreitbar und zugleich trivial ist, dass der später entscheidende Gesetzgeber die Kompetenz hat, Normen zu erlassen, die früher gesetzte Normen unanwendbar machen. Geschieht das nicht durch förmliche Aufhebung bestehender Normen, sondern durch Erlass neuer Vorschriften, die dieselbe Materie wie das bisherige Recht regeln, so wird die lex-posterior-Regel aktuell. Schwierigkeiten entstehen dabei, wenn die frühere und die spätere Norm unterschiedlich strukturiert sind, etwa wenn die frühere Norm spezieller ist als die spätere, allgemein gehaltene Norm (auch der umgekehrte Fall ist denkbar).   6

Solche Probleme können hier im Verhältnis Bundesrecht-Landesrecht nicht auftreten, weil die Landesnorm verlautbaren muss, von welcher Bundesnorm sie abweicht (Rdnr. 29 f.). Jedoch taucht die Frage auf, ob sich das für das „spätere Gesetz" relevante Datum nach dem Zeitpunkt des Gesetzesbe-   7

---

4   BT-Drs. 16/813, S. 11.
5   BT-Drs. 16/813, S. 11.

schlusses und seiner Verkündung oder nach dem (u.U. erheblich späteren) Inkrafttreten des Gesetzes bestimmt, nicht zuletzt weil Art. 72 Abs. 3 Satz 2 GG selbst für das Inkrafttreten von Bundesrecht ein grundsätzliches Moratorium von 6 Monaten vorsieht. Für die Maßgeblichkeit des **Verkündungszeitpunkts** spricht, dass es bei der lex-posterior-Regel entscheidend auf den Willen des (Bundes- oder Landes-)Gesetzgebers zur Ausübung seiner Kompetenz ankommt, wie er sich im Gesetzesbeschluss manifestiert.[6] Davon zu unterscheiden ist der Zeitpunkt des Inkrafttretens des Gesetzes. Diese Frage hat mit der lex-posterior-Regel nichts zu tun, jedenfalls dann nicht, wenn verlautbart ist, welche Normen aufgehoben werden bzw. von welchen abgewichen wird. *Beispiel*: Am 15.1.2009 wird ein Bundesgesetz verkündet, das den 1.7.2010 als Datum des Inkrafttretens bestimmt. Nach der Bundestagswahl wird am 15.12.2009 ein Gesetz verkündet, das Änderungen des vorherigen Gesetzes enthält und das Inkrafttreten auf den 1.1.2010 vorverlegt oder auf den 1.1.2011 hinausschiebt, beidem steht nichts entgegen. Was im Beispiel allein für den Bundesgesetzgeber gilt, ist im Bereich der Abweichungsgesetzgebung auf das Verhältnis von Bundes- und Landesgesetzgeber auszudehnen. Die Tatsache, dass das am 29.7.2009 verkündete Bundesnaturschutzgesetz erst am 1.3.2010 in Kraft tritt, hindert daher nicht anzunehmen, dass ein im Februar 2010 verkündetes Landesgesetz das „spätere" ist.

8 Beabsichtigt ein Land, vom Bundesgesetz abzuweichen, und kann es sein Gesetz nicht vor dem 1.3.2010 verkünden, tritt das Bundesgesetz ungeschmälert in Kraft. Die Frage, ob das Land ein später verkündetes, Abweichungen enthaltendes Gesetz **rückwirkend** zum 1.3.2010 in Kraft setzen darf, hat zwei Seiten: Im Verhältnis zum Bürger gelten die verfassungsrechtlichen Grundsätze über die Zulässigkeit rückwirkender Gesetze.[7] Im Verhältnis Bund-Land ist die Rückwirkung problematisch. Zwar ist den Kompetenzvorschriften des Grundgesetzes nicht zu entnehmen, dass der Bund keine rückwirkende Abweichung hinnehmen muss, sie ist auch denkgesetzlich nicht unmöglich. Ließe man aber eine rückwirkende Abweichung zu, so müsste man auch dem Bund bei späteren Gesetzesänderungen die Möglichkeit der Rückwirkung zugestehen. Das könnte zu einem Wettlauf der Rückwirkungen führen und würde die Abweichungsgesetzgebung vollends ad absurdum führen. Denkbar wäre eine Rückwirkung in einer speziellen Fallkonstellation: Eine Bundes- oder Landesnorm erweist sich als ungültig (nichtig) und die Rechtslage soll rückwirkend bereinigt werden.

II. Reichweite der konkurrierenden Gesetzgebungskompetenz des Bundes

9 Die konkurrierende Gesetzgebungskompetenz gibt dem Bund das Recht, die Materie Naturschutz und Landschaftspflege umfassend und abschließend zu regeln. Die Länder sind damit aber nicht völlig von der Gesetzgebung ausgeschlossen. Sie behalten ihre Gesetzgebungsbefugnis, soweit der **Bund von seinem Recht** zur konkurrierenden Gesetzgebung gemäß Art. 72 GG **keinen Gebrauch gemacht** hat. Ein solches Gebrauchmachen liegt nach der Verfassungsrechtsprechung nicht nur dann vor, wenn der Bund eine Regelung getroffen hat, sondern auch im absichtsvollen Unterlassen einer Regelung, das dann insoweit Sperrwirkung für die Länder erzeuge. Inwieweit der

---

6 *Degenhart*, DÖV 2010, 322/427 m.w.N.; *Franzius*, ZUR 2010, 346/350.
7 Zusammenfassend BVerfG, Nichtannahmebeschl. v. 3.9.2009 – 1 BvR 2384/08, juris.

Bund von einer Zuständigkeit Gebrauch gemacht habe, sei in erster Linie aus dem Bundesgesetz selbst, in zweiter Linie aus dem Regelungszweck, ferner aus der Gesetzgebungsgeschichte und den Gesetzesmaterialien zu beantworten. Das gelte auch bei einem absichtsvollen Regelungsverzicht, der in dem Gesetzestext selbst keinen unmittelbaren Ausdruck finden könne. Ob der Gebrauch, den der Bund von einer Kompetenz gemacht hat, abschließend sei, müsse aufgrund einer **Gesamtwürdigung des betreffenden Normenkomplexes** festgestellt werden. In jedem Fall setze die Sperrwirkung für die Länder voraus, dass der Gebrauch der Kompetenz durch den Bund hinreichend erkennbar sei.[8] Der Bundesgesetzgeber hat auch die Möglichkeit, einen Gegenstand der konkurrierenden Gesetzgebungskompetenz umfassend und erschöpfend zu regeln, dabei aber bestimmte Vorbehalte zugunsten der Landesgesetzgebung („**Öffnungsklauseln**") zu machen.[9]

Mit dem BNatSchG 2010 verfolgt der Bund die Absicht, das bisherige Rahmenrecht zu einer **Vollregelung** auszubauen und dabei Materien einzubeziehen, die bisher nur im Landesrecht geregelt sind. Die Gesetzesbegründung[10] nennt als einen der Zwecke die „Überführung bisher im Landesrecht normierter Bereiche des Naturschutzrechts in Bundesrecht, soweit ein Bedürfnis nach bundeseinheitlicher Regelung besteht." Soweit der Bund die Materie Naturschutz und Landschaftspflege geregelt hat, lässt er keine Lücken. Wo er Raum für Landesrecht lassen will, verdeutlicht er das durch ausdrückliche Vorbehalte wie in den §§ 39 Abs. 2 Satz 2, 39 Abs. 5 Satz 3 und 4, 43 Abs. 4 und 5, 54 Abs. 7, 59 Abs. 2, 66 Abs. 5. Die Konsequenz daraus ist, dass es für die Landesgesetzgebung nur zwei Wege gibt: Entweder nutzt sie eine Öffnungsklausel oder die Abweichungskompetenz, eine dritte Möglichkeit – Ausfüllen von Lücken im Bundesrecht – besteht nicht. Allerdings kann der Bund mittels einer Öffnungsklausel das Land nicht dazu zwingen, nur von dieser Möglichkeit Gebrauch zu machen und nicht den Weg der Abweichung zu wählen.

Es gibt aber innerhalb der Materie Naturschutz und Landschaftspflege **Teilbereiche, die der Bund nicht regeln wollte**, weil er kein Bedürfnis nach bundeseinheitlicher Regelung gesehen hat. Dies sind keine Lücken innerhalb der einzelnen vom Bund geregelten Bestandteile des Naturschutzrechts, sondern insoweit hat der Bund von seiner konkurrierenden Gesetzgebungskompetenz keinen Gebrauch gemacht mit der Folge, dass die Länder Regelungen treffen können. Die Genehmigungspflicht für Pisten (vgl. bisher Art. 6f BayNatSchG) dürfte ein solcher Fall sein, falls man sie überhaupt materiell dem Naturschutzrecht zurechnet, denn sie dient vor allem auch als Vehikel für die Umweltverträglichkeitsprüfung. Auch andere Genehmigungspflichten wie z.B. für den Bodenabbau sind solche Teilbereiche.

III. Umfang und Grenzen des Abweichungsrechts der Länder

1. Allgemeines

Es gibt keine Auslegungsregel des Inhalts, dass das Abweichungsrecht der Länder grundsätzlich weit zu verstehen sei. Der Umstand, dass der Bund bei der Naturschutzgesetzgebung vom Nachweis der Erforderlichkeit nach

---

8 BVerfG, Urt. v. 27.10.1998 – 1 BvR 2306/96 u.a., BVerfGE 98, 265; Beschl. v. 9.2.1972 – 1 BvR 111/68, BVerfGE 32, 319.
9 BVerfG, Urt. v. 10.2.2004 – 2 BvR 834/02 u.a., BVerfGE 109, 190; Entsch. v. 22.7.1970 – 2 BvL 8/70, BVerfGE 29, 125.
10 BT-Drs. 16/12274, S. 68.

Art. 72 Abs. 2 GG befreit ist, verlangt keine „Kompensation" in Form eines weiten Verständnisses des Abweichungsrechts. Denn diese Erleichterung hat der Bund nicht nur beim Naturschutzrecht erhalten, sondern bei zahlreichen anderen Materien. Vielmehr ist das Abweichungsrecht der Preis dafür, dass bei der Abschaffung der bisherigen Rahmengesetzgebung der Bund die konkurrierende Kompetenz für jene Materien erhalten hat. Umgekehrt ist das Abweichungsrecht auch nicht grundsätzlich eng zu verstehen.[11] Vielmehr ist die konkurrierende Gesetzgebungskompetenz mit Abweichungsrecht der Länder eine eigenständige Ausgestaltung des Verhältnisses von Bund und Ländern bei der Gesetzgebung, die keiner Ergänzung durch Hilfskriterien bedarf.

13 Vorgaben des **Verfassungs-, Völker- und Europarechts** binden die Länder bei ihrer Abweichungsgesetzgebung ebenso wie den Bund.[12] Daher dürfen die Länder z.b. die Verpflichtung der Bundesrepublik Deutschland, das Europarecht in nationales Recht umzusetzen, nicht dadurch unterlaufen, dass sie von den entsprechenden Bundesvorschriften in einer Weise abweichen, die gegen Gemeinschaftsrecht verstößt. Der Gleichbehandlungsgrundsatz (Art. 3 GG) ist z.b. bei der Regelung der Ersatzzahlung gem. § 15 zu beachten (§ 15 Rdnr. 136 ff.).

2. Abweichungsfeste Materien

14 Nach Art. 72 Abs. 3 GG haben die Länder kein Abweichungsrecht, soweit Gegenstand der Bundesregelung die allgemeinen Grundsätze des Naturschutzes, das Recht des Artenschutzes oder (gemeint ist: und) des Meeresnaturschutzes sind. Damit verwendet die Verfassung Begriffe aus dem Fachrecht, deren Inhalt zu klären ist. Bei der Auslegung einer Kompetenzvorschrift sind nach der BVerfG-Rechtsprechung „Wortlaut, Gesetzesgeschichte, Systematik und Normzweck" zu prüfen, ferner ist auf die Entstehungsgeschichte, Staatspraxis sowie darauf abzustellen, ob „tradierte Begriffe" verwendet werden.[13]

15 a) **Allgemeine Grundsätze des Naturschutzes.** Dieser Begriff ist nicht nur im Grundgesetz neu, sondern auch im Naturschutzrecht, so dass man nicht auf einen „tradierten" Begriff zurückgreifen kann. § 2 BNatSchG a.F. sprach bisher von Grundsätzen im Zusammenhang mit der Zielbestimmung des § 1, nicht aber zum Zweck der Kompetenzabgrenzung. Wer sich von der Gesetzesbegründung[14] mehr Aufschluss erhofft, wird enttäuscht. Sie zitiert aus der Koalitionsvereinbarung vom 18.11.2005: „Die Kompetenz für die Grundsätze des Naturschutzes gibt dem Bund die Möglichkeit, in allgemeiner Form bundesweite verbindliche Grundsätze für den Schutz der Natur, insbesondere die Erhaltung der biologischen Vielfalt und zur Sicherung der Funktionsfähigkeit des Naturhaushalts festzulegen. Nicht davon erfasst sind beispielsweise die Landschaftsplanung, die konkreten Voraussetzungen und Inhalte für die Ausweisung von Schutzgebieten, die gute fachliche Praxis für die Land- und Forstwirtschaft und die Mitwirkung der Naturschutzverbände." Hier ging es wohl darum, durch Hervorhebung dessen, was nicht zu den Grundsätzen gehören soll, lediglich ein erwünschtes Ergebnis zu beschreiben

---

11 *Degenhart*, DÖV 2010, 322/426 m.w.N.
12 BT-Drs. 16/813, S. 11.
13 BVerfG, Urt. v. 10.2.2004 – 2 BvR 834/02 u.a., BVerfGE 109, 190 m.w.N.
14 BT-Drs. 16/813, S. 11. Es wurde der Text von Nr. II 2 eines Entschließungsantrags der Fraktionen der CDU/CSU und SPD v. 25.6.2006 übernommen. Gleichlautend die Entschließung des Bundesrats BR-Drs. 462/06.

und Bedenken der Länder zu zerstreuen, dass der Bund mittels der allgemeinen Grundsätze zu strikte Vorgaben machen und quasi eine Rahmengesetzgebung durch die Hintertür einführen könnte. Damit dürfte auch zusammenhängen, dass im Gesetzgebungsverfahren aus bloßen „Grundsätzen" schließlich „allgemeine Grundsätze" wurden. Insgesamt gibt die Begründung wenig her und lässt eine tiefere Befassung mit der Materie vermissen.

Der Wortlaut ist redundant, denn Grundsätze enthalten stets etwas Allgemeines. Die Gesetzessystematik gibt wenig Aufschluss. Entscheidendes Kriterium ist der Normzweck. Allgemeine Grundsätze sollen gewährleisten, dass das Naturschutzrecht in Deutschland seinen Zweck – Schutz, Pflege und Entwicklung von Natur und Landschaft nach Maßgabe allgemein geltender Ziele auf einem einheitlichen Niveau – trotz der Aufspaltung der Gesetzgebungskompetenz erfüllen kann. Der Ausschluss des Abweichungsrechts muss vernünftigerweise geboten sein, um diesen Zweck nicht zu gefährden. Dazu ist erforderlich,[15] 16
– dass sich das Naturschutzrecht nicht in sechzehn auch in zentralen Punkten verschiedene Landesregelungen zersplittert, die keine gemeinsamen Prinzipien erkennen lassen und (auch was den Grad der Zielerreichung betrifft) nicht mehr vergleichbar sind, und
– dass bei Aufgaben, die sinnvoll nur nach einer einheitlichen Konzeption im gesamten Bundesgebiet erfüllt werden können, alle Länder in gleicher Weise mitwirken.
Dagegen hat das, was europarechtlich gefordert wird, nicht per se den Rang eines allgemeinen Grundsatzes.[16] Ein allgemeiner Grundsatz muss nicht notwendigerweise abstrakt gehalten sein. Das Gegenteil von „allgemein" ist nicht „konkret", sondern „besonders" oder „speziell", daher können regional bedeutsame Grundsätze nicht „allgemein" sein. Allgemeine Grundsätze dürfen aber konkret sein, wenn sie in dieser Form zu den elementaren Bestandteilen einer die notwendigen Funktionen erfüllenden Bundes-Naturschutzgesetzgebung gehören. Es bedürfte nicht des Ausschlusses der Abweichungsbefugnis, wenn die allgemeinen Grundsätze von vornherein so wenig aussagekräftig gehalten werden müssten, dass man ihnen nichts Konkretes entnehmen kann.

Um zu gewährleisten, dass das Recht von Naturschutz und Landschaftspflege weiterhin in seinen – von regionalen Faktoren unabhängigen – Grundzügen und zentralen Punkten übereinstimmt, ist zunächst festzulegen, welche **materiellen Ziele** der staatliche Naturschutz verfolgt. Das kann nur abweichungsfest geschehen. Andernfalls ist ein sinnvolles Zusammenwirken der Länder eines Bundesstaats mangels gemeinsamer Zielsetzung und Vergleichbarkeit der Ergebnisse nicht gewährleistet. Hinzukommen müssen die Mittel, um die Ziele zu verwirklichen, soweit es sich um **grundlegende rechtliche Instrumente** handelt. Während sich das bisherige Bundesrecht darauf beschränken konnte, materielle Ziele und Grundsätze aufzustellen, und die zu ihrer Verwirklichung Instrumente rahmenrechtlich fixieren konnte, erfordert die neue Kompetenzverteilung eine Festschreibung grundlegender Rechtsinstitute als allgemeinen Grundsatz. 17

Dass der Begriff der allgemeinen Grundsätze zur Abgrenzung der Gesetzgebungskompetenzen von Bund und Ländern ins Grundgesetz Eingang gefunden hat, beruht in erster Linie darauf, dass man sowohl eine unvertretbare Rechtszersplitterung als auch eine (aus Sicht der Länder) zu starke Bindung 18

---
15 Vgl. *Fischer-Hüftle*, NuR 2007, 78.
16 *Franzius*, ZUR 2010, 346/349.

an bundesrechtliche Vorgaben vermeiden wollte. Das Grundgesetz hält keinen tradierten oder sonst wie fest umrissenen Begriff der allgemeinen Grundsätze des Naturschutzes bereit. Die verfassungsrechtliche Betrachtung der allgemeinen Grundsätze wird daher nicht umhin können, die Vorstellungen des einfachen Gesetzgebers mit dem gebührenden Gewicht zu würdigen. Bei der Frage, was den Rang eines allgemeinen Grundsatzes hat, kann der Bund diesen verfassungsrechtlichen Begriff zwar nicht abschließend und gleichsam „authentisch" bestimmen.[17] Doch ist er mit seiner konkurrierenden Gesetzgebungskompetenz als erster am Zug und hat mangels verfassungsrechtlicher Konkretisierung des Begriffs ein **Einschätzungs- und Gestaltungsermessen** bei der Konzeption seines Gesetzes.[18] Wenn etwa eine materielle Regelung oder ein Rechtsinstitut des Naturschutzes seit jeher einen zentralen Bestandteil des Naturschutzrechts bildet, kommt es als allgemeiner Grundsatz in Betracht. Das heißt aber nicht, dass eine lange Tradition zwingende Voraussetzung ist, wie sich der Bund überhaupt nicht nur auf Vorhandenes beschränken muss. Er kann neue Grundsätze für erforderlich halten und entsprechend formulieren.

19 Da „allgemeine Grundsätze" nunmehr auch ein verfassungsrechtlicher Begriff ist, stellt sich darüber hinaus folgende Frage: Ist es denkbar, dass der Bund bei seiner einfachgesetzlichen Normierung dieser Grundsätze hinter einem etwa **verfassungsrechtlich gebotenen Umfang** zurückbleibt oder geben die Art. 74 Abs. 1 Nr. 29, 72 Abs. 3 Satz 1 Nr. 3 GG dem Bund die Zuständigkeit zur Regelung abweichungsfester allgemeiner Grundsätze in der Weise, dass er frei bzw. je nach politischer Opportunität etwas zum allgemeinen Grundsatz machen und auch wieder „abstufen" kann? Zieht man einen Vergleich z.B. mit der Gesetzgebungskompetenz für das „Strafrecht", so lassen sich daraus verfassungsrechtliche Vorgaben für die Strafbarkeit bestimmter Handlungen wohl in der Weise ableiten, dass nicht Handlungen straflos bleiben können, deren Würdigung als strafbares Unrecht zum elementaren Bestand gesellschaftlicher Wertvorstellungen in Deutschland gehört.[19] Im Übrigen hat der Gesetzgeber ein Ermessen, was und wie er strafen will. Ähnlich verhält es sich wohl mit den allgemeinen Grundsätzen, bei ihrer Ausformung hat der Gesetzgeber einen **Einschätzungs-, Wertungs- und Gestaltungsspielraum**.[20] Er muss dabei Art. 20a GG berücksichtigen. Schon aus dem Vorhandensein der Rahmenkompetenz des Art. 75 GG a.F. wurde geschlossen, dass er einer „unangemessenen Vernachlässigung"[21] von Naturschutz und Landschaftspflege entgegensteht. Soll eine Regelung, die (in zulässiger Weise) als allgemeiner Grundsatz bezeichnet ist, diesen Charakter wieder verlieren, so trifft den Bundesgesetzgeber eine gesteigerte Darlegungslast. Hat er sich entschlossen, einen verfassungsrechtlichen Begriff in einer sachlich plausiblen Form zu konkretisieren, so braucht es gute Gründe, um von dieser Einschätzung wieder Abstand zu nehmen, insbesondere wenn sich die vom Gesetz zu regelnden Interessenkonflikte nicht maßgeblich geändert haben.[22]

---

17 *Franzius*, ZUR 2010, 346/349.
18 BVerfG, Urt. v. 28.5.1993 – 2 BvF 2/90, BVerfGE 88, 203 Rdnr. 188: Ein Einschätzungs-, Wertungs- und Gestaltungsspielraum kommt dem Gesetzgeber auch dann zu, wenn er verfassungsrechtlich verpflichtet ist, wirksame und ausreichende Maßnahmen zum Schutz eines Rechtsguts zu ergreifen (zum Einsatz des Strafrechts beim Schwangerschaftsabbruch).
19 Vgl. etwa BVerfG, Urt. v. 28.5.1993 – 2 BvF 2/90, BVerfGE 88, 203 Rdnr. 176.
20 Zum Meinungsstand *Appel*, NuR 2010, 171/173.
21 So seinerzeit BVerwG, Urt. v. 14.11.1975 – IV C 1.74, NJW 1976, 764.
22 Der Verweis auf den wenige Monate nach Verabschiedung des Gesetzes geschlossenen Koalitionsvertrag CDU/CSU/FDP für die 17. Legislaturperiode (Zeile 1122–1127) dürfte kaum genügen.

Im BNatSchG 2010 bezeichnet der Bundesgesetzgeber folgende Regelungen als nicht der Abweichung unterliegende **allgemeine Grundsätze**: 20
- § 1 Abs. 1: Ziele des Naturschutzes und der Landschaftspflege.
- § 6 Abs. 1: Beobachtung von Natur und Landschaft als Instrument.
- § 8: Landschaftsplanung als Instrument.
- § 13: Stufenfolge der Eingriffsregelung (Vermeidung, Ausgleich oder Ersatz, Ersatzzahlungen).
- § 20 Abs. 1: Biotopverbund als Instrument und mit Flächenvorgabe.
- § 20 Abs. 2: Schutzgebietskategorien (bei Naturschutzgebieten, Nationalparken, Nationalen Naturmonumenten, Landschaftsschutzgebieten außerdem die Ausweisungsvoraussetzungen und Verbotsregelungen).
- § 30 Abs. 1: gesetzlich geschützte Biotope als Schutzinstrument.
- § 59 Abs. 1: Gewährleistung des Betretungsrechts in der freien Landschaft.

Der Bundesgesetzgeber ist dabei nicht zu weit gegangen. Eine Fehleinschätzung, die die verfassungsrechtlichen Grenzen überschreitet, ist nicht erkennbar.[23] Mit der **Landschaftsplanung** bewegt sich das Naturschutzrecht auf dem Niveau anderer Umweltgesetze, die das Instrument einer fachspezifischen Planung kennen (vgl. §§ 82 ff. WHG, § 19 KrW-/AbfG, §§ 47, 47d BImSchG) und es zu einem medienübergreifenden allgemeinen Grundsatz des Umweltrechts machen.[24] Dass das Verursacherprinzip bei **Eingriffen** in Natur und Landschaft ein allgemeiner Grundsatz ist, versteht sich von selbst. Seit 1977 gilt, dass der Träger eines Vorhabens dessen negative Auswirkungen auf Natur und Landschaft nicht auf die Allgemeinheit abwälzen darf, sondern als Verursacher verpflichtet ist, diese Folgen zu minimieren, indem er sie (primär) vermeidet oder (sekundär) durch Ausgleich oder Ersatz real kompensiert, um den Status quo von Natur und Landschaft nicht dauerhaft zu verschlechtern. Der **Schutz von Gebieten und Objekten** ist das älteste Instrument des Natur- und Landschaftsschutzes. Infolge der immer intensiveren Landnutzung hat sich der **gesetzliche Biotopschutz** als unentbehrliches Instrument herausgebildet (im Bund seit 1986, im Landesrecht schon früher). Das grundsätzliche **Betretungsrecht** in Wald und Flur gehört ebenfalls zu den traditionellen Grundsätzen des deutschen Naturschutzrechts. Hinzu kommen Aufgaben, die sinnvoll nur nach einer einheitlichen Konzeption im gesamten Bundesgebiet erfüllt werden können und daher ebenfalls den Rang allgemeiner Grundsätze haben. Dazu gehören der **Biotopverbund** und die **Umweltbeobachtung**. 21

b) Recht des Artenschutzes. Der Schutz von Tier- und Pflanzenarten ist seit langem ein wichtiger Teil des Naturschutzrechts, so dass man von einem „tradierten" Begriff sprechen kann. Die Gesetzesbegründung[25] sagt dazu recht knapp: „Jagd und Naturschutz sind getrennte Rechtskreise. Das Recht des Artenschutzes umfasst nicht den jagdrechtlichen Artenschutz." Damit bezieht sich der Gesetzgeber offenbar auf die bisherige Abgrenzung in § 39 Abs. 2 BNatSchG a.F. Lässt man also den „jagdrechtlichen" Artenschutz beiseite, so besteht das Recht des „naturschutzrechtlichen" Artenschutzes nach der amtlichen Überschrift bisher aus den Vorschriften des 5. Abschnitts des Bundesnaturschutzgesetzes sowie den Vorschriften des allgemeinen Artenschutzes, soweit sie unter Geltung der Rahmengesetzgebung 22

---
23 Zum Folgenden vgl. ausführlich *Fischer-Hüftle*, NuR 2007, 78.
24 Eingehend *Appel*, NuR 2010, 171.
25 BT-Drs. 16/813, S. 11.

bisher im Landesrecht enthalten waren. Die Verwendung eines einfachrechtlichen Begriffs durch den Verfassungsgesetzgeber spricht dafür, dass dieser vorgefundene Normenbereich erfasst werden soll.[26] Allerdings ging einfachgesetzliche die Definition des Artenschutzes in § 39 Abs. 1 BNatSchG a.F. weiter als seine Ausgestaltung in den nachfolgenden Vorschriften.[27] So befand sich die erste Regelung des gesetzlichen Biotopschutzes im Artenschutzteil des Gesetzes (§ 20c BNatSchG 1986), während der nachfolgende § 30 BNatSchG 2002 in den Abschnitt über Flächen- und Objektschutz gestellt wurde, obwohl er zum Artenschutz i.s.v. § 39 Abs. 1 Nr. 2 gerechnet werden kann. Der Bundesgesetzgeber ist im BNatSchG 2010 nicht zur früheren Systematik zurückkehrt. Er bewegt sich damit innerhalb seines Einschätzungsspielraums. Recht des Artenschutzes i.S.v. Art. 72 Abs. 3 Satz 1 Nr. 2 GG ist also so zu verstehen, dass es das Kapitel 5 des BNatSchG 2010 umfasst.

23 c) **Recht des Meeresnaturschutzes.** Zur Verwirklichung der Ziele des § 1 Abs. 3 Nr. 3 und 6 wurde ein neues Kapitel über den Meeresnaturschutz geschaffen, das u.a. den marinen Arten- und Gebietsschutz sowie die naturschutzfachliche Bewertung von Vorhaben im Meeresbereich regelt. Diese vom Bund vorgenommene Ausgestaltung der Materie „Recht des Meeresnaturschutzes" entspricht dem Regelungsgegenstand und liegt nahe. Die Gesetzesbegründung[28] zu § 56 erläutert dazu: „Abs. 1 enthält eine Regelung zur räumlichen Geltung der Vorschriften des Bundesnaturschutzgesetzes für den marinen Bereich. Die Aussage, dass die Vorschriften auch im Bereich der Küstengewässer gelten, hat lediglich klarstellende Funktion, da die Küstengewässer Teil des Staatsgebietes der Bundesrepublik Deutschland sowie des Territoriums der entsprechenden Küstenbundesländer sind und das Bundes- und Landesrecht dort somit grundsätzlich uneingeschränkt Anwendung findet. Zudem verdeutlicht die Regelung, dass das Recht des Meeresnaturschutzes im Küstenmeer Teil des abweichungsfesten Kerns des Rechts des Naturschutzes und der Landschaftspflege i.S.d. Art. 72 Abs. 3 Satz 1 Nr. 2 GG ist. Darüber hinaus wird die Geltung des Bundesnaturschutzgesetzes mit Ausnahme des Kapitels 2 künftig auch auf den Bereich der ausschließlichen Wirtschaftszone und des Festlandsockels im Rahmen der Vorgaben des Seerechtsübereinkommens der Vereinten Nationen erstreckt. Klarstellend ist darauf hinzuweisen, dass die Eingriffsregelung für die Aufstellung von Raumordnungsplänen im Bereich der ausschließlichen Wirtschaftszone ebenso wie an Land nicht einschlägig ist."

3. Wirkung der „Abweichungsfestigkeit"

24 Eine Abweichung des Landesrechts von einem allgemeinen Grundsatz des Bundesrechts kann sich auf zweierlei Art zeigen: Offen zutage liegt sie bei einer als Abweichung gekennzeichneten Regelung (dazu Rdnr. 29 f.). Dass ein Landesgesetz **ausdrücklich** von einer Norm abweicht, die im Bundesnaturschutzgesetz als allgemeiner Grundsatz bezeichnet wird, ist kaum zu erwarten. Die Abweichung von einem allgemeinen Grundsatz kann aber auch in versteckter Form geschehen und sich erst bei der **inhaltlichen** Gegenüberstellung von Bundes- und Landesgesetz zeigen. Denkbar ist die Abweichung von einer Bundesregelung, die einen allgemeinen Grundsatz ausgestaltet, etwa im Bereich der §§ 14–17, die den allgemeinen Grundsatz des § 13 aus-

---

26 BVerfG, Urt. v. 10.2.2004 – 2 BvR 834/02 u.a., BVerfGE 109, 190.
27 Vgl. näher *Fischer-Hüftle*, NuR 2007, 78.
28 BT-Drs. 16/12274, S. 122 f.

formen. Weicht hier das Landesrecht erheblich „nach unten" ab, so kann das zur Folge haben, dass der **Grundsatz** nicht mehr gewahrt ist, weil seine Geltung geschmälert und er damit gleichsam **ausgehöhlt** wird.[29] In der Sache liegt damit eine unzulässige Abweichung vor, ohne dass dies im Landesgesetz verlautbart wird. Das zu verhindern, ist eine wichtige – materielle – Funktion der abweichungsfesten Grundsätze.

IV. Ausübung des Abweichungsrechts durch die Länder[30]

1. Bundesregelung als Anknüpfungspunkt der Abweichung

Bei der konkurrierenden Bundeskompetenz „Naturschutz und Landschaftspflege" sind die Öffnungsklauseln nicht die einzige Möglichkeit der Landesgesetzgebung. Nach Art. 72 Abs. 3 GG können die Länder, wenn der Bund von seiner Gesetzgebungszuständigkeit Gebrauch gemacht hat, durch Gesetz „hiervon abweichende Regelungen" treffen. Ein die Abweichungsmöglichkeit eröffnendes Gebrauchmachen i.s.v. Art. 72 Abs. 3 Satz 1 GG liegt nur vor, wenn der Bund eine positive Regelung getroffen hat. Ein Schweigen des Bundesgesetzes begründet keine Abweichungsbefugnis. Landesrecht kommt allenfalls zum Zug, soweit der Bund eine Materie nicht regeln wollte (Rdnr. 11).

2. Form der abweichenden Regelung

Nach Art. 72 Abs. 3 Satz 1 Nr. 2 GG können die Länder „durch Gesetz" abweichende Regelungen treffen. Damit ist ein formelles Gesetz gemeint. Eine Verordnungsermächtigung reicht aus, wenn das Bundesgesetz seinerseits eine Verordnungsermächtigung enthält (wie z.B. § 15 Abs. 7) und der Landesgesetzgeber eine Landesbehörde ermächtigen will, von der Bundesverordnung abzuweichen.

3. Begriff der „abweichenden Regelung" i.S.v. Art. 72 Abs. 3 Satz 1 Nr. 2 GG

Für das Vorliegen einer „abweichenden Regelung" ist **ausreichend**, dass die Regelung einen **anderen Wortlaut** hat als die Bundesnorm, von der abgewichen wird. Ohne Bedeutung ist, inwieweit inhaltlich (materiell) vom Bundesrecht abgewichen wird, etwa ob das Landesrecht „strenger" oder „weniger streng" oder auch nur verdeutlichend ist. Darüber ließe sich oft streiten, es bestünde keine Klarheit und keine Rechtssicherheit. Gleich ob auf Steintafeln oder in der elektronischen Datenbank, das Medium des Gesetzgebers ist seit jeher das geschriebene Wort, es bildet die „Regelung", der Rest ist Interpretation. Das einzig sichere Kriterium ist der Vergleich des Wortlauts. Die bei der abgeschafften Rahmengesetzgebung geltenden Grundsätze für das Verhältnis von Bundesrecht und Landesrecht sind obsolet. Hat das Landesrecht einen anderen Wortlaut, kann das Vorliegen einer abweichenden Regelung nicht mit der Begründung verneint werden, dass sich das Landesrecht im Rahmen des Bundesrechts bewege, es nur konkretisiere, redaktionell verbessere usw. Davon zu unterscheiden ist die Frage, ob eine vom Bundesgesetz verbal abweichende Landesnorm damit zugleich von einem **allgemeinen Grundsatz** abweicht (Rdnr. 24).

---

29 *Degenhart*, DÖV 2010, 322/429.
30 Vgl. *Fischer-Hüftle*, NuR 2007, 78.

28 Die wörtliche **Wiedergabe des Bundesrechts im Landesgesetz** ist keine Abweichung, damit aber nicht etwa zulässig, im Gegenteil: Sie wird von der Abweichungskompetenz nicht umfasst.[31] Denn Art. 72 Abs. 3 Satz 1 Nr. 2 GG gibt den Ländern nicht die Befugnis, Bundesrecht zu Landesrecht zu machen, sondern nur die Befugnis, vom Bundesrecht abweichendes Landesrecht zu setzen. Landesrecht, das mit Bundesrecht wörtlich übereinstimmt, genießt daher keinen Anwendungsvorrang, das entsprechende Bundesrecht bleibt maßgebend und im Gerichtsverfahren revisibel (§ 137 Abs. 1 Nr. 1 VwGO). Auch eine „nachrichtliche Wiedergabe" des Bundesrechts im Landesgesetz ist nicht möglich, hierfür ist eine Dokumentation des Rechts der richtige Ort. Dass abweichendes Landesrecht Teile der bundesrechtlichen Norm enthält und insofern mit Bundesrecht wörtlich übereinstimmt, kann sich aus sprachlichen Gründen ergeben und bildet dann keinen unzulässigen „Transfer" von Bundesrecht in Landesrecht, soweit es durch die Verwirklichung einer Abweichungsabsicht bedingt ist. Der dabei bestehende redaktionelle Spielraum ist aber z.B. überschritten, wenn das Landesrecht von einem Absatz einer zwei Absätze umfassenden Bundesnorm abweichen will und zu diesem Zweck auch den anderen Absatz der Bundesnorm in einer als abweichendes Landesrecht deklarierten Vorschrift wiedergibt. Dieser Absatz kann nicht als mit Anwendungsvorrang ausgestattetes abweichendes Landesrecht betrachtet werden. Welche weiteren Probleme das Konstrukt der Abweichungsgesetzgebung hervorruft, wird sich an der Gesetzgebung der nächsten Jahre zeigen.

4. Explizite Verlautbarung der Abweichung

29 Wenn zwei Gesetzgeber für dieselbe Materie zuständig sind, gewinnt das Gebot der **Normenklarheit** besondere Bedeutung. Es ist eine Ausprägung des Rechtsstaatsprinzips (Art. 20 Abs. 3 GG). Die Normenklarheit erfordert, dass die **Bundesnorm, von der abgewichen wird, genau bezeichnet** wird. Nur so lässt sich sicher feststellen, (a) dass die Landesnorm als Betätigung des Abweichungsrechts gemeint ist, (b) ob es sich um eine zulässige Abweichung handelt, (c) was geltendes Recht und (d) was (revisibles) Bundesrecht bzw. (irrevisibles) Landesrecht ist. Außerdem muss im Fall einer späteren Änderung des Bundesgesetzes klar sein, welche abweichende Landesregelung ihre Anwendbarkeit verliert. Die Abweichung muss im Normtext verlautbart sein und darf nicht erst durch Auslegung des Bundes- und Landesrechts feststellbar werden. Sie ist daher nicht in Form einer salvatorischen Klausel möglich („Soweit die Regelungen des Landesnaturschutzgesetzes nicht mit dem Bundesnaturschutzgesetz übereinstimmen, wird vom Abweichungsrecht Gebrauch gemacht").

30 Davon ging man offenbar auch bei Verabschiedung der Föderalismusreform I aus, wenn die diesbezügliche Entschließung des Bundesrates vom 7.7.2006[32] lautet: „Bund und Länder gewährleisten gemeinsam, dass abweichendes Landesrecht (Art. 72 Abs. 3, Art. 84 Abs. 1 GG) fortlaufend gemeinsam mit dem Bundesrecht, von dem abgewichen wird, in einer für die Rechtsanwender zugänglichen Weise dokumentiert wird. Die gemeinsame Dokumentation von Bundes- und abweichendem Landesrecht – gedacht ist an das Dokumentationssystem ‚juris' – soll dem Rechtsanwender auf einen Blick und an einem Ort Klarheit über das jeweils geltende Recht geben (unabhängig von der jeweils getrennten Veröffentlichung von Bundes- und Landesrecht in den jeweiligen Gesetzblättern)." Eine solche **gemeinsame**

---

31 *Degenhart*, DÖV 2010, 322/424.
32 BR-Drs. 462/06.

Dokumentation von Bundes- und abweichendem Landesrecht wäre nicht möglich, wenn erst durch Auslegung des Landesrechts ermittelt werden müsste, ob es abweicht.

Um eine **eindeutige Zuordnung des Landesrechts zum Bundesrecht** zu ermöglichen, ist es ratsam, bei der Landesnorm entweder unter der Paragrafenüberschrift den Zusatz anzubringen „(Abweichung von § x Abs. y BNatSchG)" oder zu formulieren „abweichend von § x Abs. y Satz 1 BNatSchG ..." Da anderslautendes Landesrecht seine Grundlage auch in einer Öffnungsklausel haben kann (z.b. § 66 Abs. 7) sollte der Landesgesetzgeber, wenn er das Vorkaufsrecht anders als der Bund regelt, unter der Paragrafenüberschrift vermerken „(zu § 66 Abs. 7 BNatSchG)". **31**

5. Varianten der Abweichung

Die abweichende Regelung wird meist in der Weise getroffen werden, dass kraft Landesrechts etwas anderes gelten soll als das, was die Bundesnorm anordnet. Diese **materielle Abweichung** kann auch nur Teile der Bundesnorm betreffen. Andererseits ist das Land nicht auf punktuelle Abweichungen beschränkt, die sich auf einzelne Bundesnormen beziehen, sondern es kann die Stelle ganzer Normgruppen einer konzipierte Regelung setzen, solange dadurch nicht ein abweichungsfester allgemeiner Grundsatz berührt wird (Rdnr. 24). Die Gesetzesbegründung[33] spricht von der „Möglichkeit, in den genannten Bereichen abweichend von der Regelung des Bundes eigene Konzeptionen zu verwirklichen", was auch mehr als nur punktuelle Abweichungen bedingen kann. Ändert später der Bund eine der Vorschriften, von denen das Land abgewichen ist, so reicht das freilich aus, um den Vorrang des abweichenden Landesrechts zu beseitigen.[34] Die Abweichung von einer ganzen Gruppe bundesrechtlicher Vorschriften kann nicht zur Folge haben, dass das Landesrecht nur dann seinen Anwendungsvorrang verliert, wenn alle verdrängten Bundesvorschriften neu in Kraft gesetzt werden. Das würde darauf hinauslaufen, dass man dem Land eine „antizipierte" oder „dynamische" Abweichung gestattet. Das verletzt den Grundsatz, dass das Bundesrecht den Anstoß gibt und das Land mit dem Abweichungsrecht nachziehen kann. Auch kann es zur Unklarheit darüber führen, was geltendes Recht ist. Das Land muss dann ggf. seine bisherige Abweichung bekräftigen, indem es bestimmt, dass abweichend von den §§ x, y z BNatSchG in der Fassung des Änderungsgesetzes weiterhin die §§ a, b, c gelten. Entsprechendes gilt, wenn im Beispielsfall die Bundesvorschriften §§ x, y, z um weitere Normen ergänzt werden. **32**

Denkbar ist, dass das Landesgesetz eine Bundesnorm **konkretisiert**, etwa indem sie bestimmte Anwendungsfälle oder Regelbeispiele nennt oder einen Zweifelsfall regelt, der bei der Anwendung der Bundesnorm auftaucht. Auch wenn damit materiell keine oder keine wesentliche Änderung verbunden ist, handelt es sich um eine Abweichung, die als solche zu kennzeichnen ist. Eine Abweichung kann auch umgekehrt darin bestehen, dass das Landesrecht bestimmte Sachverhalte vom Geltungsbereich der Norm ausdrücklich ausschließt. **33**

Neben der Abweichung durch positive Regelung könnte das Land auch dadurch abweichen, dass es eine Bundesnorm schlicht für nicht anwendbar erklärt. Ob es damit getan ist, einzelne Normen (oder Gruppen von Normen) **34**

---

33 BT-Drs. 16/813, S. 11.
34 Zum Folgenden vgl. *Fischer-Hüftle*, NuR 2007, 78.

außer Kraft zu setzen, ohne ein Surrogat zu schaffen, ist zweifelhaft. Dass die den Ländern mit der Abweichungsgesetzgebung verschaffte Möglichkeit, „eigene Konzeptionen zu verwirklichen und auf ihre unterschiedlichen strukturellen Voraussetzungen und Bedingungen zu reagieren", ihren Ausdruck in einer bloßen „**Negativgesetzgebung**" finden soll, mag auf den ersten Blick Argwohn erregen, dürfte aber nicht völlig ausgeschlossen sein.[35] Das gilt jedenfalls dann, wenn es sich um punktuelle Regelungen handelt, die dem Bundesrecht einen vollzugsfähigen Inhalt belassen und die allgemeinen Grundsätze des Naturschutzes und der Landschaftspflege nicht aushöhlen.[36] Diese Abgrenzung kann ggf. schwierig sein, vgl. etwa § 13 Rdnr. 6 f.

35 Soweit Bundesnormen miteinander zusammenhängen oder aufeinander verweisen, ist bei einer Abweichung darauf zu achten, dass die nicht von der Abweichung erfassten Bundesnormen ihre Funktion behalten.[37] Auch kann eine als solche der Abweichung zugängliche Bundesnorm in Zusammenhang mit abweichungsfesten Materien stehen, sie ist in dieser Funktion ebenfalls abweichungsfest. Eine landesrechtliche Abweichung etwa von der Befreiungsregelung des § 67 lässt deren Geltung unberührt, soweit sie im Kontext des abweichungsfesten Artenschutzrechts und Meeresnaturschutzrechts steht. Denn die Befreiungsmöglichkeit ist im Zusammenhang mit den Verboten und Geboten zu sehen.[38]

---

35 *Franzius*, ZUR 2010, 346/351 m.w.N.
36 *Degenhart*, DÖV 2010, 322/425.
37 BVerfG, Urt. v. 27.10.1998 – 1 BvR 2306/96, BVerfGE 98, 265: Verpflichtung von Bund und Ländern zur „Ausübung der Kompetenz in wechselseitiger bundesstaatlicher Rücksichtnahme."
38 BVerfG, Urt. v. 2.3.1999 – 1 BvL 7/91, NuR 1999, 572.

Kapitel 1: Allgemeine Vorschriften

§ 1 Ziele des Naturschutzes und der Landschaftspflege

(1) Natur und Landschaft sind auf Grund ihres eigenen Wertes und als Grundlage für Leben und Gesundheit des Menschen auch in Verantwortung für die künftigen Generationen im besiedelten und unbesiedelten Bereich nach Maßgabe der nachfolgenden Absätze so zu schützen, dass
1. die biologische Vielfalt,
2. die Leistungs- und Funktionsfähigkeit des Naturhaushalts einschließlich der Regenerationsfähigkeit und nachhaltigen Nutzungsfähigkeit der Naturgüter sowie
3. die Vielfalt, Eigenart und Schönheit sowie der Erholungswert von Natur und Landschaft

auf Dauer gesichert sind; der Schutz umfasst auch die Pflege, die Entwicklung und, soweit erforderlich, die Wiederherstellung von Natur und Landschaft (allgemeiner Grundsatz).

(2) Zur dauerhaften Sicherung der biologischen Vielfalt sind entsprechend dem jeweiligen Gefährdungsgrad insbesondere
1. lebensfähige Populationen wild lebender Tiere und Pflanzen einschließlich ihrer Lebensstätten zu erhalten und der Austausch zwischen den Populationen sowie Wanderungen und Wiederbesiedelungen zu ermöglichen,
2. Gefährdungen von natürlich vorkommenden Ökosystemen, Biotopen und Arten entgegenzuwirken,
3. Lebensgemeinschaften und Biotope mit ihren strukturellen und geografischen Eigenheiten in einer repräsentativen Verteilung zu erhalten; bestimmte Landschaftsteile sollen der natürlichen Dynamik überlassen bleiben.

(3) Zur dauerhaften Sicherung der Leistungs- und Funktionsfähigkeit des Naturhaushalts sind insbesondere
1. die räumlich abgrenzbaren Teile seines Wirkungsgefüges im Hinblick auf die prägenden biologischen Funktionen, Stoff- und Energieflüsse sowie landschaftlichen Strukturen zu schützen; Naturgüter, die sich nicht erneuern, sind sparsam und schonend zu nutzen; sich erneuernde Naturgüter dürfen nur so genutzt werden, dass sie auf Dauer zur Verfügung stehen,
2. Böden so zu erhalten, dass sie ihre Funktion im Naturhaushalt erfüllen können; nicht mehr genutzte versiegelte Flächen sind zu renaturieren, oder, soweit eine Entsiegelung nicht möglich oder nicht zumutbar ist, der natürlichen Entwicklung zu überlassen,
3. Meeres- und Binnengewässer vor Beeinträchtigungen zu bewahren und ihre natürliche Selbstreinigungsfähigkeit und Dynamik zu erhalten; dies gilt insbesondere für natürliche und naturnahe Gewässer einschließlich ihrer Ufer, Auen und sonstigen Rückhalteflächen; Hochwasserschutz hat auch durch natürliche oder naturnahe Maßnahmen zu erfolgen; für den vorsorgenden Grundwasserschutz sowie für einen ausgeglichenen Niederschlags-Abflusshaushalt ist auch durch Maßnahmen des Naturschutzes und der Landschaftspflege Sorge zu tragen,
4. Luft und Klima auch durch Maßnahmen des Naturschutzes und der Landschaftspflege zu schützen; dies gilt insbesondere für Flächen mit günstiger lufthygienischer oder klimatischer Wirkung wie Frisch- und Kaltluftentstehungsgebiete oder Luftaustauschbahnen; dem Aufbau einer nachhaltigen Energieversorgung insbesondere durch zunehmende Nutzung erneuerbarer Energien kommt eine besondere Bedeutung zu,
5. wild lebende Tiere und Pflanzen, ihre Lebensgemeinschaften sowie ihre Biotope und Lebensstätten auch im Hinblick auf ihre jeweiligen Funktionen im Naturhaushalt zu erhalten,
6. der Entwicklung sich selbst regulierender Ökosysteme auf hierfür geeigneten Flächen Raum und Zeit zu geben.

(4) Zur dauerhaften Sicherung der Vielfalt, Eigenart und Schönheit sowie des Erholungswertes von Natur und Landschaft sind insbesondere

§ 1 Kommentar

1. Naturlandschaften und historisch gewachsene Kulturlandschaften, auch mit ihren Kultur-, Bau- und Bodendenkmälern, vor Verunstaltung, Zersiedelung und sonstigen Beeinträchtigungen zu bewahren,
2. zum Zweck der Erholung in der freien Landschaft nach ihrer Beschaffenheit und Lage geeignete Flächen vor allem im besiedelten und siedlungsnahen Bereich zu schützen und zugänglich zu machen.

(5) [1]Großflächige, weitgehend unzerschnittene Landschaftsräume sind vor weiterer Zerschneidung zu bewahren. [2]Die erneute Inanspruchnahme bereits bebauter Flächen sowie die Bebauung unbebauter Flächen im beplanten und unbeplanten Innenbereich, soweit sie nicht für Grünflächen vorgesehen sind, hat Vorrang vor der Inanspruchnahme von Freiflächen im Außenbereich. [3]Verkehrswege, Energieleitungen und ähnliche Vorhaben sollen landschaftsgerecht geführt, gestaltet und so gebündelt werden, dass die Zerschneidung und die Inanspruchnahme der Landschaft sowie Beeinträchtigungen des Naturhaushalts vermieden oder so gering wie möglich gehalten werden. [4]Beim Aufsuchen und bei der Gewinnung von Bodenschätzen, bei Abgrabungen und Aufschüttungen sind dauernde Schäden des Naturhaushalts und Zerstörungen wertvoller Landschaftsteile zu vermeiden; unvermeidbare Beeinträchtigungen von Natur und Landschaft sind insbesondere durch Förderung natürlicher Sukzession, Renaturierung, naturnahe Gestaltung, Wiedernutzbarmachung oder Rekultivierung auszugleichen oder zu mindern.

(6) Freiräume im besiedelten und siedlungsnahen Bereich einschließlich ihrer Bestandteile, wie Parkanlagen, großflächige Grünanlagen und Grünzüge, Wälder und Waldränder, Bäume und Gehölzstrukturen, Fluss- und Bachläufe mit ihren Uferzonen und Auenbereichen, stehende Gewässer, Naturerfahrungsräume sowie gartenbau- und landwirtschaftlich genutzte Flächen, sind zu erhalten und dort, wo sie nicht in ausreichendem Maße vorhanden sind, neu zu schaffen.

Gliederung

	Rdnr.
I. Allgemeines	1–4
II. Schutz von Natur und Landschaft – allgemeiner Grundsatz (Abs. 1)	5–67
1. Geltung und allgemeiner Grundsatz	5
2. Schutzgegenstand	6–12
a) Natur und Landschaft	7–11
b) Besiedelter und unbesiedelter Bereich	12
3. Schutzgründe	13–18
a) Eigenwert	14
b) Grundlage für Leben und Gesundheit	15–17
c) Verantwortung für die künftigen Generationen	18
4. Maßnahmenkatalog	19–27
a) Schützen	21, 22
b) Pflegen	23, 24
c) Entwickeln	25, 26
d) Wiederherstellen	27
5. Schutzziele	28–65
a) Biologische Vielfalt	30–43
aa) Allgemeines	30–33
bb) Biologische Vielfalt in der Biodiversitätskonvention	34–38
cc) Vielfalt der Tier- und Pflanzenarten	39–41
dd) Vielfalt an Formen von Lebensgemeinschaften und Biotopen	42, 43
b) Leistungs- und Funktionsfähigkeit des Naturhaushalts (Nr. 2)	44–52
aa) Allgemeines	44
bb) Naturhaushalt	45
cc) Leistungs- und Funktionsfähigkeit	46–49
dd) Regenerationsfähigkeit und nachhaltige Nutzungsfähigkeit der Naturgüter	50–52

	c) Vielfalt, Eigenart und Schönheit sowie Erholungswert von Natur und Landschaft (Nr. 3)	53–65
	aa) Vielfalt	55, 56
	bb) Eigenart	57–59
	cc) Schönheit	60–63
	dd) Erholungswert	64, 65
6.	Dauerhafte Sicherung von Natur und Landschaft	66, 67
III.	**Dauerhafte Sicherung der biologischen Vielfalt (Abs. 2)**	68–86
1.	Allgemeines	68
2.	Schutzbemühungen entsprechend dem Gefährdungsgrad	69–73
3.	Erhalt lebensfähiger Populationen, Wanderung und Wiederbesiedelung (Nr. 1)	74–80
4.	Schutz von Ökosystemen, Biotopen und Arten durch Gefährdungsabwehr (Nr. 2)	81–83
5.	Schutz von Lebensgemeinschaften und Biotopen (Nr. 3)	84–86
IV.	**Dauerhafte Sicherung der Leistungs- und Funktionsfähigkeit des Naturhaushalts (Abs. 3)**	87–134
1.	Allgemeines	87
2.	Schutz des Naturhaushalts und Nutzung der Naturgüter (Nr. 1)	88–95
	a) Schutz der räumlich abgrenzbaren Teile des Naturhaushalts	89
	aa) Prägende biologische Funktionen	90
	bb) Stoff- und Energieflüsse	91, 92
	cc) Landschaftliche Strukturen	93
	b) Sparsame Nutzung der Naturgüter	94, 95
3.	Erhaltung der Böden und Renaturierung versiegelter Flächen (Nr. 2)	96–103
	a) Erhaltung der Böden	96–101
	b) Renaturierung versiegelter Flächen	102, 103
4.	Erhaltung von Gewässern (Nr. 3)	104–119
	a) Gewässer, Ufer und Auen	105–108
	b) Beeinträchtigungen, Selbstreinigung und Dynamik	109–114
	c) Hochwasserschutz	115
	d) Vorsorgender Grundwasserschutz und Niederschlags-Abflusshaushalt	116–119
5.	Schutz von Luft und Klima (Nr. 4)	120–134
	a) Maßnahmen zum Schutz von Luft und Klima	121–124
	b) Nachhaltige Energieversorgung, Nutzung erneuerbare Energien	125–128
6.	Wild lebende Tiere und Pflanzen (Nr. 5)	129–132
7.	Entwicklung sich selbst regulierender Ökosysteme (Nr. 6)	133, 134
V.	**Dauerhafte Sicherung der Vielfalt, Eigenart und Schönheit sowie des Erholungswertes von Natur und Landschaft (Abs. 4)**	135–152
1.	Allgemeines	135
2.	Bewahrung von Naturlandschaften und historisch gewachsenen Kulturlandschaften (Nr. 1)	136–143
	a) Naturlandschaften	137
	b) Historisch gewachsene Kulturlandschaften	138–142
	c) Bewahrung vor Verunstaltung, Zersiedelung und sonstigen Beeinträchtigungen	143
3.	Erholungsvorsorge (Nr. 2)	144–152
	a) Geeignete Erholungsflächen	145–147
	b) Schutz von Erholungsflächen	148–150
	c) Zugänglichkeit	151
	d) Bereitstellung im besiedelten und siedlungsnahen Bereich	152
VI.	**Großflächige, weitgehend unzerschnittene Landschaftsräume (Abs. 5)**	153–171
1.	Allgemeines	153

2. Schutz vor Zerschneidung (Satz 1)	154–157
3. Vorrang der Inanspruchnahme von Flächen im Innenbereich (Satz 2)	158–160
4. Landschaftsgerechte Führung linienhafter Vorhaben (Satz 3)	161–163
5. Abbau von Bodenschätzen, Abgrabungen und Aufschüttungen (Satz 4)	164–171
a) Vermeidung von dauernden Schäden und Zerstörungen	165–169
b) Ausgleich oder Minderung unvermeidbarer Beeinträchtigungen	170, 171
VII. Freiraumschutz (Abs. 6)	172
1. Allgemeines	172
2. Erhaltung und Schaffung von Freiräumen	173

I. Allgemeines

1 Die Vorschrift löst die rahmenrechtliche Zielbestimmung des § 1 BNatSchG 2002 ab und wandelt sie in eine unmittelbar geltende Vorschrift um. Zugleich nimmt sie – inhaltlich weiter entwickelt und systematisch stringenter gefasst – den bisherigen Grundsätzekatalog des § 2 BNatSchG 2002 auf. Dies wurde erforderlich, um den Unterschied zu den verfassungsrechtlich verankerten allgemeinen Grundsätzen des Naturschutzes zu verdeutlichen. Es ist auch folgerichtig, da bereits bislang die Grundsätze des Naturschutzes und der Landschaftspflege als Konkretisierungen der Ziele verstanden wurden, Ziele und Grundsätze im Sinne der §§ 1 und 2 BNatSchG 2002 sich also in ihrem Rechtscharakter nicht unterschieden. Wie bei jeder gesetzlichen Zielbestimmung steht auch bei § 1 die Zielverwirklichung unter einem internen und externen Abwägungsvorbehalt und wird durch den Grundsatz der Verhältnismäßigkeit begrenzt.[1]

2 Das Gesetz umreißt in § 1 die Ziele des Naturschutzes und der Landschaftspflege, die Norm ist **Grundlage** für das gesamte BNatSchG. Sie besagt, warum es sich der Gesetzgeber zur Aufgabe macht, Normen über den Schutz, die Pflege, die Entwicklung und ggf. Wiederherstellung von Natur und Landschaft zu erlassen und was er darunter versteht. Diese Leitidee des Gesetzgebers ist u.a. deshalb wichtig, weil die Anschauungen darüber, ob und wie Naturschutz und Landschaftspflege zu betreiben sind und was darunter zu verstehen ist, unterschiedlich sind und der Gesetzgeber daher nicht eine gefestigte gesellschaftliche Einstellung zu diesem Thema voraussetzen kann. Zentrale Bedeutung bekommt § 1 als Auslegungshilfe und Entscheidungskriterium der einzelnen Gesetzesbestimmungen, so z.B. bei der Auslegung von unbestimmten Rechtsbegriffen und der Handhabung von Ermessensvorschriften.[2]

3 Die Zielbestimmung muss im Zusammenhang mit den weiteren Regelungen des BNatSchG gesehen werden sie selbst stellt keine vollzugsfähige Regelung dar und entfaltet auch keine unmittelbare Rechtswirkung gegenüber Dritten. Ein besonders enger Bezug besteht zu § 1 Abs. 2–6, dort werden die in Abs. 1 verankerten Zielbestimmungen konkretisiert. Die in § 1 deklarierte Zielsetzung ist tragende Basis aller Vorschriften des Gesetzes; mit ihr soll erreicht werden, dass auch künftige Generationen Natur und Landschaft nutzen und genießen können.[3]

4 Die Abs. 2 bis 4 enthalten Konkretisierungen zu dem in Abs. 1 verankerten Kern der neuen Zielbestimmung. Sie sind dabei jeweils einem der dort be-

---

1 BT-Drs. 16/12774, S. 50.
2 Vgl. BVerwG Urt. v. 13.8.1996 – 4 NB 4.96, BNatSchG/ES BNatSchG § 13 Nr. 24.
3 BT-Drs. 7/5251, S. 5.

nannten Handlungsgegenstände zugeordnet. Die Abs. 5 und 6 behandeln mit der Unzerschnittenheit von Landschaftsräumen und dem Freiraumschutz Querschnittsaspekte, die nicht nur jeweils einem der in Abs. 1 benannten Handlungsgegenstände zugeordnet werden können.[4]

II. Schutz von Natur und Landschaft – allgemeiner Grundsatz (Absatz 1)

1. Geltung und allgemeiner Grundsatz

Die Zielbestimmung ist von fundamentaler Bedeutung und kann im gesamtstaatlichen Interesse nur bundeseinheitlich gelten. Daher wurde Abs. 1 als allgemeiner abweichungsfester Grundsatz des Naturschutzes im Sinne des Art. 72 Abs. 3 Satz 1 Nr. 2 GG formuliert. 5

2. Schutzgegenstand

§ 1 legt als Schutzgegenstände Natur und Landschaft im besiedelten und unbesiedelten Bereich fest. 6

a) **Natur und Landschaft.** Natur und Landschaft sind Gegenstand des Naturschutzrechts, Schutzgut und Objekt der Handlungsaufforderung des § 1 Abs. 1.[5] Das Gesetz verwendet die Begriffe „Natur und Landschaft", ähnlich wie die Begriffe „Naturschutz und Landschaftspflege", als einheitliche und umfassende Sammelbegriffe. Für die Rechtsanwendung braucht daher auch nicht zwischen beiden Begriffen unterschieden werden.[6] 7

Das Gesetz enthält keine Legaldefinition dieser beiden Begriffe. In der **naturwissenschaftlichen** Betrachtung ist der Naturbegriff sehr weit gefasst. Er beinhaltet den Kosmos mit all seiner Materie und seinen Kräften, soweit sie nicht vom Menschen geschaffen sind. Es wird zwischen belebter und unbelebter Natur unterschieden, wobei der Mensch ein Teil der belebten Natur ist. In der **philosophischen** Literatur bestimmt sich der Inhalt des Naturbegriffs meist erst aus dem jeweiligen Kontext und einem darin enthaltenen Gegenbegriff, wie z.B. „Mensch", „Kultur", „Geist" oder „Technik". „Natur" bezeichnet dann das, was mit dem Gegenbegriff nicht gemeint ist und wird diesem als eigenständige Kategorie gegenübergestellt.[7] Der Gesetzesbegriff „Natur" unterscheidet sich vom naturwissenschaftlichen oder philosophischen Naturbegriff.[8] Hier wird die Natur als die Gesamtheit der nicht von Menschen geschaffenen belebten und unbelebten Erscheinungen angesehen, allerdings ohne den Einschluss des Menschen.[9] 8

Landschaft wurde bereits von Alexander v. Humboldt als „Totalcharakter einer Erdgegend" charakterisiert.[10] Unter Landschaft ist ein als Einheit aufzufassender Ausschnitt der Erdoberfläche (Geosphäre) zu verstehen, der durch seine geschichtliche Entwicklung, seine Struktur (Landschaftsstruktur/ 9

---

4 BT-Drs. 16/12774, S. 50.
5 Vgl. *Kolodziejcok*, in: ders./Recken, Naturschutz, Landschaftspflege, § 1 Rdnr. 2.
6 *Gassner*, in: Gassner u.a., BNatSchG, § 1 Rdnr. 2a.
7 *Heiland*, Voraussetzungen erfolgreichen Naturschutzes, 1999, S. 14.
8 *v. Lersner*, NuR 1999, 61/63.
9 *v. Lersner*, NuR 1999, 61/63.
10 *Buchwald*, in: Buchwald/Engelhardt Bd. 2, 1, 3.

-bild) und seine Funktion (Landschaftshaushalt) gekennzeichnet ist und aus einem Gefüge verschiedener Ökotope[11] bzw. Ökosystemen besteht.[12]

10 Ein nicht vom Menschen beeinflusster Zustand der Landschaft wird als Naturlandschaft, eine vom Menschen genutzte und veränderte Landschaft als Kulturlandschaft bezeichnet. Beide Zustandsformen der Landschaft werden durch das BNatSchG erfasst. Da es in Deutschland kaum noch Naturlandschaft gibt, kommt den natürlichen, naturnahen oder halbnatürlichen Ökosystemen in der Kulturlandschaft ein hoher Stellenwert für den Naturschutz zu. So liegen in der traditionellen Kulturlandschaft z.B. Rückzugsflächen für viele Tier- und Pflanzenarten, deren natürlicher Lebensraum verloren gegangen ist.

11 Zusammengefasst kann das Begriffspaar „**Natur und Landschaft**" i.S.d. BNatSchG definiert werden als „die Erdoberfläche einschließlich der Wasser- und Eisflächen mit ihrem Pflanzen- und Tierleben sowie den darunter liegenden Erdschichten und dem darüber liegenden Luftraum, sofern und soweit diese für das Pflanzen- und Tierleben von unmittelbarer Bedeutung sind und die sich dort abspielenden physikalischen und chemischen Prozesse und das äußere, dem Menschen sinnlich wahrnehmbare Erscheinungsbild dieser Erdoberfläche.[13] Nicht zu Natur und Landschaft i.S.d. BNatSchG gehören dagegen tiefergelegene Gesteinsschichten und Bodenschätze sowie die höheren Luftschichten, sofern und soweit sie keinen Einfluss auf Wetter und Klima haben.

12 **b) Besiedelter und unbesiedelter Bereich.** Das Gesetz bezieht den Schutz von Natur und Landschaft sowohl auf den besiedelten als auch auf den unbesiedelten Bereich. Damit wird der räumlich umfassende Gesetzesauftrag von Naturschutz und Landschaftspflege klargestellt, der Schutz erstreckt sich auf die Gesamtfläche der Bundesrepublik Deutschland.[14] Der **besiedelte Bereich** umfasst alle Flächen, die von geschlossenen menschlichen Ansiedlungen, wie Städten und Dörfern, mit Ausnahme von Ansiedlungen wie einzelstehenden Gehöften und Gebäuden, in Anspruch genommen werden,[15] egal, ob alle Teile dieser Flächen bebaut sind oder nicht. Eine exakte Trennung zwischen besiedeltem und unbesiedeltem Bereich ist in der Praxis schlecht möglich. Dies ist im Ergebnis wohl auch nicht von großer Bedeutung, weil sich die Aufgaben des Naturschutzes und der Landschaftspflege auf die gesamte Natur und Landschaft, ohne Unterschiede zwischen besiedeltem und unbesiedeltem Bereich, erstrecken. Eine Differenzierung zwischen beiden Flächenarten kann daher unterbleiben.

3. Schutzgründe

13 Der Schutz von Natur und Landschaft erfolgt auf Grund ihres Eigenwertes, als Grundlage für Leben und Gesundheit des Menschen sowie in Verantwortung für künftige Generationen.

---

11 Das Ökosystem ist die funktionale Einheit von Lebensstätten (Biotopen) und Lebensgemeinschaften (Biozönosen) und ihr Beziehungsgefüge, der Ökotop ist der konkrete, von einem Ökosystem ausgefüllte Raum.
12 *Buchwald*, in: Buchwald/Engelhardt Bd. 2: 1, 3; *Louis*, BNatSchG § 1 Rdnr. 4.
13 *Kolodziejcok*, in: ders./Recken, Naturschutz, Landschaftspflege, § 1 Rdnr. 3.
14 Vgl. *Gassner*, in: Gassner/Schmidt-Räntsch/Bendomir-Kahlo, BNatSchG, § 1 Rdnr. 30: 100% der Fläche.
15 *Kolodziejcok*, in: ders./Recken, Naturschutz, Landschaftspflege, § 1 Rdnr. 5.

a) **Eigenwert.** Nach Abs. 1 sind Natur und Landschaft auch auf Grund ihres eigenen Wertes zu schützen. Der Begriff „Eigenwert" bedeutet, dass Natur und Landschaft um ihrer selbst Willen zu berücksichtigen sind. Dies entspricht nach Auffassung des Gesetzgebers einem zeitgemäßen Naturschutzverständnis.[16] Insoweit soll der Mensch nicht mehr alleiniger Maßstab für den Umgang mit Natur und Landschaft sein. Für die Rechtfertigung von Naturschutzmaßnahmen ist deshalb kein Nachweis eines (materiellen) Nutzens für den Menschen mehr notwendig. Allerdings war nach dem Gesetz schon bisher nicht erforderlich, dass z.b. die Ausweisung eines Naturschutzgebiets mit einem (materiellen) Nutzen für den Menschen verbunden war. Der Grund liegt darin, dass das Naturschutzrecht nie in einem allein materiellen Sinn anthropozentrisch war, es auch nicht sein kann. Im Grunde geht es bei Naturschutz und Landschaftspflege nämlich um die Wertentscheidung, in welcher Welt die Menschen leben wollen, wie Natur und Landschaft beschaffen sein sollen. Der Schutz von Natur und Landschaft durch den Menschen ist daher immer zumindest mit einem immateriellen Nutzen für ihn verbunden. Dieser besteht darin, dass der Mensch die Genugtuung erfährt, in einer Welt zu leben, die seinen Vorstellungen von Natur und Landschaft und von deren Wert entspricht, bzw. dass er dies anstrebt. Mit dem „Eigenwert" hebt der Gesetzgeber diesen immateriellen Aspekt hervor. Das ändert nichts daran, dass die Durchsetzung des Naturschutzes im Einzelfall immer davon abhängt, welches Gewicht der Mensch ihm beimisst.

b) **Grundlage für Leben und Gesundheit.** Natur und Landschaft bilden nach Abs. 1 die Lebensgrundlage des Menschen. Dieser Begriff ist weit zu verstehen, das ergibt sich aus den einzelnen Schutzzielen bzw. Schutzgütern der Nrn. 1–3. Mit den Schutzzielen und Schutzgütern werden sowohl materielle Aspekte wie die Leistungsfähigkeit des Naturhaushalts und die nachhaltige Nutzungsfähigkeit der Naturgüter, als auch ideelle und ästhetische Aspekte wie die landschaftliche Schönheit vereint. Von beiden Erwartungen wird der Erholungswert der Landschaft umfasst.

Der Begriff „Lebensgrundlage des Menschen" bedeutet keine Einschränkung der Anwendbarkeit des BNatSchG auf Flächen oder Arten, die direkt eine materielle bzw. ideelle Lebensgrundlage des Menschen bilden. Negative Auswirkungen von Eingriffen in die Natur als Lebensgrundlage ergeben sich oft erst aus der Summe mehrerer Eingriffe, deren Auswirkungen einzeln betrachtet nicht ins Gewicht fallen. So sind z.B. viele kleine Eindeichungen und Begradigungen von Flüssen und der damit verbundene Verlust von Retentionsflächen in der Summe so gravierend, dass die nun gehäuft auftretenden Hochwasser die Lebensgrundlage des Menschen z.T. massiv bedrohen. Natur und Landschaft müssen als Ganzes in einem Zustand bewahrt werden, dass sie als Lebensgrundlage des Menschen auch langfristig dienen können.

Neu aufgenommen wurde die Gesundheit des Menschen. Damit soll die Bedeutung hervorgehoben werden, die Natur und Landschaft – nicht nur unter dem Gesichtspunkt der Erholung – für das physische, psychische und soziale Wohlbefinden des Menschen haben.[17]

c) **Verantwortung für die künftigen Generationen.** Durch Abs. 1 wird die Verantwortung für künftige Generationen unterstrichen; auch ihnen sollen die natürlichen Lebensgrundlagen des Menschen wie Wasser, Boden,

---

16 BT-Drs. 14/7490, S. 11.
17 BT-Drs. 16/12274, S. 50.

Luft, Klima, biologische Vielfalt und der Naturhaushalt zur Verfügung stehen. Dies erfordert aber von den gegenwärtigen Generationen einen schonenden und nachhaltigen Umgang mit Natur und Landschaft. Klargestellt wird, dass der Mensch sich von einer sittlichen Verantwortung für Natur und Umwelt leiten lassen soll.[18] Nicht das aktuelle Nutzungsinteresse darf alleine im Vordergrund stehen, vielmehr soll der Schutz von Natur und Landschaft langfristig gegenüber „kurzfristigen" materiellen Nutzungsansprüchen gestärkt werden. Die Verantwortung für künftige Generationen ist auch in Art. 20a GG als Teil des Staatsziels Umweltschutz enthalten.

4. Maßnahmenkatalog

19 Natur und Landschaft sind nach den Zielen des § 1 so zu schützen, dass die biologische Vielfalt (Nr. 1), die Leistungs- und Funktionsfähigkeit des Naturhaushalts einschließlich der Regenerationsfähigkeit und nachhaltige Nutzungsfähigkeit der Naturgüter (Nr. 2) sowie die Vielfalt, Eigenart und Schönheit sowie der Erholungswert von Natur und Landschaft (Nr. 3) auf Dauer gesichert sind.

20 Im Gegensatz zur Regelung in § 1 BNatSchG 2002, welche als Maßnahmentypen „schützen – pflegen – entwickeln – wiederherstellen" gemeinsam aufzählt, wird nunmehr besonders auf den Begriff „schützen" abgestellt, der als Oberbegriff auch die übrigen Maßnahmentypen umfasst und als Legaldefinition dient. Auf diese Weise wird für das gesamte Gesetz klargestellt, dass dort, wo die Begriffe „Schutz" oder „schützen" Verwendung finden, immer zugleich auch die Pflege, die Entwicklung und, soweit erforderlich, die Wiederherstellung von Natur und Landschaft gemeint sind. Entsprechendes gilt für die Verwendung der Begriffe „Erhaltung" und „erhalten".[19]

21 a) **Schützen**. Zu **schützen** bedeutet, störende Einflüsse von Natur und Landschaft fernzuhalten.[20] Dadurch soll ein vorhandener Ist-Zustand erhalten und vor einer Verschlechterung bewahrt werden. Der Schutz geschieht sowohl durch Unterlassen der Einwirkung als auch durch Abwehr derartiger Einwirkungen mit dem Ziel des Geschehenlassens natürlicher Abläufe.[21] Es handelt sich insoweit um eine spezielle Gefahrenabwehr, die noch durch Vorsorgemaßnahmen ergänzt werden kann.[22] Schutzmaßnahmen, die alle menschlichen Einflussnahmen ausschließen, sind nur zielführend, wenn es sich um natürliche oder naturnahe Ökosysteme handelt, deren Naturvorgänge in ihrer natürlichen Dynamik erhalten werden sollen, wie z.B. in den Kernzonen der Nationalparke. Bezieht sich der Schutz von Natur und Landschaft auf Elemente der Kulturlandschaft, so ist zu berücksichtigen, dass diese i.d.R. durch extensive Bewirtschaftungsweisen entstanden sind, so dass zum Erhalt des Status quo bzw. zur Erreichung einer Zustandsverbesserung die Aufrechterhaltung dieser Wirtschaftsweisen gehört. Diese stellten – sachgerecht ausgeführt – keine störenden Einflüsse dar, sondern dienen der Verwirklichung des Schutzziels.

22 Um Natur und Landschaft zu schützen, können Pflege-, Entwicklungs- oder Wiederherstellungsmaßnahmen erforderlich sein.

---

18 BT-Drs. 14/6378, S. 34.
19 BT-Drs. 16/12274, S. 50.
20 *Louis*, BNatSchG, § 1 Rdnr. 6.
21 *Kolodziejcok*, in: ders./Recken, Naturschutz, Landschaftspflege, § 1 Rdnr. 7.
22 *Gassner*, in: Gassner/Schmidt-Räntsch/Bendomir-Kahlo, § 1 Rdnr. 9.

b) Pflegen. **Pflegen** bedeutet, dass über die Abwehr störender Einflüsse hinaus in die natürliche Dynamik eingegriffen wird, um einen gewünschten Zustand von Natur und Landschaft zu erhalten und eine nachteilige Veränderung natürlicher Faktoren zu verhindern.[23] Die Pflege erfordert somit ein aktives Tun am Naturgut selbst; neben Erhaltungsmaßnahmen kommen hierbei auch Verbesserungsmaßnahmen in Betracht,[24] womit allerdings der Übergang vom Pflegen hin zum Entwickeln erfolgt. Wie eng beide Begriffe miteinander verknüpft sind, zeigt auch, dass in der Literatur auch zwischen Erhaltungs- und Entwicklungspflege differenziert wird.[25]

23

Insbesondere zur Erhaltung von Kulturlandschaftsbiotopen sind regelmäßige Pflegemaßnahmen erforderlich, da die schützenswerten Flächen nur dadurch in dem gewünschten Erhaltungszustand verbleiben können. Ohne Pflege setzt eine natürliche Sukzession ein, durch die der Biotopcharakter zumeist nachhaltig verändert wird (z.B. Verbuschung von Magerrasen). Pflegen hat das Bewahren eines Zustandes zum Ziel, es ist daher als Mittel des konservativen Naturschutzes zu verstehen.

24

c) Entwickeln. Unter **Entwickeln** sind Maßnahmen zu verstehen, die durchgeführt werden müssen, um die Voraussetzungen für einen angestrebten Zustand von Natur und Landschaft zu schaffen.[26] Es erfolgt die Umwandlung bzw. Rückführung von Biotoptypen in solche, die aus Gründen des Naturschutzes als wertvoller einzustufen sind (z.B. Wiedervernässung ehemaliger Feuchtwiesen, Umwandlung von Wäldern in naturnahe Bestockungen, Renaturierung von Torfabbaugebieten). Entwickeln kann durch Renaturierungen, durch ökologische Stärkung geschwächter Naturräume oder durch Heranführung neuer Flächen zu Zwecken des Naturschutzes und der Landschaftspflege erfolgen.[27] Mit der Entwicklung soll nicht primär eine Natur aus zweiter Hand aus dem Boden gestampft[28] werden, sondern das vorhandene Potenzial zur Entfaltung gebracht werden.[29] Gleichwohl bietet es sich an, auf Flächen die nach intensiver Nutzung für den Naturschutz frei werden (land- und forstwirtschaftliche Flächen, Steinbrüche, entsiegelte Flächen usw.), auch Sekundärbiotope anzulegen und zu entwickeln. Dabei muss allerdings beachtet werden, dass der Schaffung neuer Biotope (nicht zuletzt auf Grund der langen Entwicklungszeit mancher Biotoptypen) enge Grenzen gesetzt sind. Erfolg versprechend sind Entwicklungsmaßnahmen nur, wenn die ökologischen Rahmenbedingungen vor Ort gegeben sind.

25

Ziel der Entwicklungsmaßnahmen ist entweder die Schaffung eines statischen Zustandes von Natur und Landschaft, der durch Pflegemaßnahmen aufrechterhalten werden muss (statischer Ansatz, konservierender Naturschutz) oder die Hinführung in einen Zustand, aus dem sich eine natürliche Dynamik entwickeln kann, in der Naturvorgänge ungestört ablaufen können (dynamischer Ansatz, Prozessschutz, vgl. § 24 Rdnr. 56).

26

d) Wiederherstellen. Durch die Wiederherstellung von Natur und Landschaft soll ein früherer, auf Grund eingetretener Veränderungen nicht mehr

27

---

23 *Louis*, BNatSchG, § 1 Rdnr. 7.
24 *Gassner*, in: Gassner/Schmidt-Räntsch/Bendomir-Kahlo, BNatSchG, § 1 Rdnr. 12; *Louis*, BNatSchG, § 1 Rdnr. 7.
25 *Engelhardt,* in: Engelhardt/Brenner/Fischer-Hüftle, Naturschutzrecht in Bayern Art. 4 Rdnr. 1.
26 *Louis*, BNatSchG, § 1 Rdnr. 8.
27 Vgl. VGH Kassel, Urt. v. 24.10.1985 – III OE 141/82, NuR 1986, 254.
28 *Gassner*, in: Gassner/Schmidt-Räntsch/Bendomir-Kahlo, BNatSchG, § 1 Rdnr. 16.
29 *Gassner*, in: Gassner/Schmidt-Räntsch/Bendomir-Kahlo, BNatSchG, § 1 Rdnr. 16.

existenter Zustand erneut entstehen, der unter Naturschutzgesichtspunkten als erstrebenswert angesehen wird.[30] Ob und wie dieser Zustand von Natur und Landschaft wiederhergestellt werden kann, lässt sich nur einzelfallbezogen feststellen. Das gilt auch für die Frage, welcher frühere Zustand ggf. wiederherzustellen ist. Es braucht nicht unbedingt ein natürlicher, vom Menschen nicht beeinflusster Zustand zu sein, sondern es kann durchaus auch ein früher von Menschen geschaffener, aber inzwischen vergangener sein.[31] Für Natur und Landschaft gilt kein generelles Wiederherstellungsgebot, die Bewahrung und Entwicklung bestehender Lebensräume ist vorrangig zu leisten. Nur wenn durch „schützen – pflegen – entwickeln" allein die Ziele des Naturschutzes nicht erreicht werden können, ist eine Wiederherstellung erforderlich. Bei der Festsetzung von Wiederherstellungsmaßnahmen bleibt der Verhältnismäßigkeitsgrundsatz zu berücksichtigen, der u.a. die Berücksichtigung von Kosten-Nutzen-Aspekten verlangt.[32]

5. Schutzziele

28 Durch Naturschutz und Landschaftspflege soll die dauerhafte Sicherung der in den Nr. 1–3 angeführten Schutzziele erreicht werden. Diese Schutzziele stehen gleichrangig nebeneinander,[33] in der Praxis kann es zu Überschneidungen einzelner Ziele kommen. Bei einem Zielkonflikt sind die Ziele untereinander abzuwägen, ohne dass einem Ziel von vornherein der Vorrang zukäme. Das Abwägungsgebot folgt aus § 2 Abs. 3.

29 Die Schutzziele spiegeln die drei basalen Zieldimensionen des Naturschutzes und der Landschaftspflege wider, nämlich die Diversitätssicherung, die Sicherung der materiell-physischen Funktionen und die Sicherung der immateriellen Funktionen im Zusammenhang mit dem Wahrnehmen und Erleben von Natur und Landschaft.[34]

30 a) **Biologische Vielfalt. – aa) Allgemeines.** Bislang war die biologische Vielfalt im Rahmen der dauerhaften Sicherung der Tier- und Pflanzenwelt vom Schutzziel des BNatSchG umfasst. Bezogen auf den Naturhaushalt ist die Vielfalt von Natur und Landschaft gleichbedeutend mit der biologischen Vielfalt (Biodiversiät).[35] Durch die Novelle 2009 wird die biologische Vielfalt als eigenständiger Punkt in § 1 Abs. 1 Nr. 1 aufgenommen. Nach der Legaldefinition in § 7 Abs. 1 Nr. 1 handelt es sich bei der biologischen Vielfalt um die Vielfalt der Tier- und Pflanzenarten einschließlich der innerartlichen Vielfalt sowie die Vielfalt an Formen von Lebensgemeinschaften und Biotopen. Diese verschiedenen Formen der Biodiversität stehen in engem Bezug zueinander, die Existenz einer Art kann langfristig nur gesichert werden, wenn sowohl ein Minimum an genetisch differenzierten Populationen, als auch das Gefüge des zugehörigen Ökosystem erhalten bleibt.[36]

31 Die biologische Vielfalt ist durch negative anthropogene Einwirkungen gefährdet. Wichtige Faktoren sind die direkte Zerstörung von Biotopen, die Nivellierung von Lebensräumen, die intensive Nutzung, Zerschneidung und

---

30 *Kolodziejcok*, in: ders./Recken, Naturschutz, Landschaftspflege, § 1 Rdnr. 12.
31 *Kolodziejcok*, a.a.O., § 1 Rdnr. 12.
32 BT-Drs. 14/6378, S. 34.
33 BVerwG, Urt. v. 7.3.1997 – 4 C 10/96, BVerwGE 104, 144 = BNatSchG/ES FStrG § 17 Nr. 12; *Rikus*, § 1 Abs. 1 BNatSchG (Diss.), S. 23.
34 BT-Drs. 16/12274, S. 50.
35 *A. Schumacher/J. Schumacher*, in: Schumacher/Fischer-Hüftle, BNatSchG (1. Aufl.), § 1 Rdnr. 39 und 45; dies übersieht *Meßerschmidt*, BNatSchG § 1 Rdnr. 45.
36 Bundesamt für Naturschutz, Erhaltung der biologischen Vielfalt – Wissenschaftliche Analyse deutscher Beiträge, 1997, S. 18.

Verinselung von Natur und Landschaft, Umweltverschmutzung, Überdüngung, Konkurrenz durch Neophyten oder Neozoen sowie die Unterbindung der natürlichen Dynamik von Ökosystemen.[37] Ein hohes Maß an Biodiversität ermöglicht es der Natur, zumindest in gewissen Grenzen auf Umweltveränderungen zu reagieren.

Die Verwirklichung des Grundsatzes ist Aufgabe zahlreicher Regelungen des BNatSchG: Biotopverbund (§§ 21), Landschaftsplanung (§§ 13 ff.), Eingriffsregelung (§§ 13 ff.), Flächen- und Objektschutz (§§ 22 ff.), Artenschutz (§§ 39 ff.).

Die bisherigen Bemühungen, die biologische Vielfalt auf Dauer zu sichern, konnten den Rückgang bei Arten und Biotopen nicht aufhalten. Nach den aktuellen Roten Listen sind z.b. 36% der untersuchten Tierarten und 48% der Pflanzengesellschaften Deutschlands in ihrem Bestand gefährdet, bei den Biotoptypen gelten 20% als gefährdet, 32% als stark gefährdet, 15% sind von einer vollständigen Vernichtung bedroht. 12% der gefährdeten Biotoptypen gelten als nicht regenerierbar, weitere 23% als kaum regenerierbar (d.h. sie haben eine Entwicklungszeit von > 150 Jahren).[38] Um dem Anspruch von § 1 Nr. 1 gerecht werden zu können, muss dieser Negativtrend gestoppt werden.

bb) Biologische Vielfalt in der Biodiversitätskonvention. Der Begriff der biologischen Vielfalt ist auch in dem internationalen Übereinkommen über die biologische Vielfalt vom 5.6.1992 (Biodiversitätskonvention – CBD)[39] enthalten. Die Konvention verfolgt das Ziel, Lebensräume und Arten zu schützen. Neben 191 weiteren Staaten ist auch die Bundesrepublik Deutschland Vertragspartei. Die CBD erkennt den Eigenwert der biologischen Vielfalt und deren besondere Bedeutung für die Bewahrung der lebenserhaltenden Systeme der Biosphäre an.[40]

Nach Art. 1 der CBD sind die wesentlichen Ziele des Übereinkommens über die biologische Vielfalt
– die Erhaltung der biologischen Vielfalt (der Ökosysteme, der Arten sowie der genetischen Vielfalt) und
– die ökologisch nachhaltige Nutzung ihrer Bestandteile, ferner
– die gerechte Aufteilung der aus der Nutzung der genetischen Ressourcen resultierenden Gewinne.

Der Begriff „Erhaltung" hat die gleiche enge Bedeutung wie in anderen internationalen Artenschutzübereinkommen.[41] Entsprechend nennt die Präambel der CBD als Grundvoraussetzung für die Erhaltung der biologischen Vielfalt, dass die Ökosysteme und natürlichen Lebensräume in situ zu erhalten und lebensfähige Populationen von Arten in ihrer natürlichen Umgebung zu bewahren und wiederherzustellen sind.

Nach der Legaldefinition in Art. 2 versteht die CBD unter dem Begriff der „Biologischen Vielfalt", die Variabilität unter lebenden Organismen jegli-

---

37 Vgl. ausführlich: BfN, a.a.O., S. 32 ff. und Millenium Escosystem Assessment, Ecosystems and Human Well-being: Biodiversity Synthesis, 2005, S. 8 ff.
38 BfN, Daten zur Natur 2008
39 BGBl. II, 1993, S. 1742; *Glowka/Burhenne-Guilmin/Synge*: A Guide to the Convention on Biological Diversity, 1994; www.biodiv.org.
40 *Beyerlin*, in: Wolff/Köck, S. 55.
41 So trennt die Ramsar Konvention zwischen „conservation" und „wise use" (Art. 2 Abs. 6 und Art. 3 Abs. 1), die Konvention enthält keine Definition dieser Begriffe. Das enge Verständnis ergibt sich auch aus der Bonner und der Berner-Konvention, vgl. auch *Beyerlin*, in: Wolff/Köck, S. 56.

cher Herkunft, darunter unter anderem Land-, Meeres- und sonstige aquatische Ökosysteme und die ökologischen Komplexe, zu denen sie gehören; dies umfasst die Vielfalt innerhalb der Arten und zwischen den Arten und die Vielfalt der Ökosysteme.[42] Man kann die biologische Vielfalt daher als die Summe der genetischen Variabilität, die durch evolutionäre Prozesse entstanden ist, der vorhandenen Arten und verschiedenen Ökosysteme beschreiben.[43]

38 Nach Art. 2 CBD bedeutet der Begriff „nachhaltige Nutzung" die „Nutzung von Bestandteilen der biologischen Vielfalt in einer Weise und in einem Ausmaß, die nicht zum langfristigen Rückgang der biologischen Vielfalt führen, wodurch ihr Potenzial erhalten bleibt, die Bedürfnisse und Wünsche heutiger und künftiger Generationen zu erfüllen". „Erhaltung" und „nachhaltige Nutzung" sind eng miteinander verbunden. Sie bilden ein ganzheitliches Ziel der CBD, an dem sich alle Verpflichtungsnormen der Konvention wie an einem „roten Faden" ausrichten müssen.[44]

39 cc) **Vielfalt der Tier- und Pflanzenarten.** Die Vielfalt der Tier- und Pflanzenarten ist ein wesentlicher Bestandteil der Biodiversität. Die Tier- und Pflanzenwelt umfasst alle Lebewesen. Sie schließt neben den wild lebenden Organismen auch gefangene und gezüchtete Tiere sowie durch Vermehrung gewonnene Pflanzen mit ein. Vom Schutz erfasst werden zudem die zur Vermehrung und Verbreitung dienenden Entwicklungsformen (wie Eier, Larven, Puppen, Früchte, Samen, Sporen). Das BNatSchG gibt in § 7 Abs. 2 Nrn. 1 und 2 eine entsprechende Legaldefinition der Begriffe Tiere und Pflanzen. Kulturpflanzen, Haus- und Nutztiere sind in diese Begriffsbestimmung mit eingeschlossen. Da aber das Ziel von § 1 der Schutz von Natur und Landschaft ist, beschränkt sich die Gültigkeit von § 1 Nr. 1 auf die Pflanzen und Tiere, die Teil von Natur und Landschaft sind. Entsprechend sind Tiere, die ausschließlich in Stallungen oder Wohnungen gehalten werden,[45] hiervon nicht erfasst.

40 Eingeschlossen in die Vielfalt der Tier- und Pflanzenarten ist auch die innerartliche Vielfalt (genetische Diversität). Zum Erhalt der genetischen Diversität ist der Schutz von Populationen einer Art mit unterschiedlichen Ausprägungen der Erbinformation sowie der genetische Austausch zwischen Populationen nötig.[46] Die genetische Vielfalt ist Voraussetzung für die Anpassungsfähigkeit und für die Evolution von Arten. Eine Art besteht aus einer Vielzahl von Einzelpopulationen, innerhalb und zwischen diesen Populationen sind Unterschiede im Erbgut vorhanden. In natürlichen Populationen sind die einzelnen Gene normalerweise in vielfältigen Ausprägung vorhanden, dies verleiht den Populationen eine höhere Anpassungsfähigkeit an ihre Umwelt und erhöht so ihre Überlebenswahrscheinlichkeit.

41 Für Kulturpflanzen und Nutztierrassen steht der Erhalt der genetischen Vielfalt im Vordergrund. Eine ausreichende genetische Vielfalt ist aber auch unerlässlich für den Fortbestand wild lebender Tier- und Pflanzenarten.

---

42 *Glowka/Burhenne-Guilmin/Synge*: A Guide to the Convention on Biological Diversity, 1994, S. 16.
43 *Matz*: Wege zur Koordinierung völkerrechtlicher Verträge, S. 95.
44 *Beyerlein*, in: Wolff/Köck, S. 57.
45 *Gassner*, in: Gassner/Schmidt-Räntsch/Bendomir-Kahlo, § 1 Rdnr. 53; *Louis*, § 1 Rdnr. 10.
46 Zur Notwendigkeit des genetischen Austauschs als Grundvoraussetzung für das Überleben von Arten vgl. Kommentierung zu § 21 Rdnr. 7, 27.

dd) Vielfalt an Formen von Lebensgemeinschaften und Biotopen. Die Biodiversität umfasst gemäß der CBD auch die Vielfalt der Ökosysteme. In der Legaldefinition des § 7 Abs. 1 Nr. 1 wird diese Ökosystemvielfalt als „Vielfalt an Formen von Lebensgemeinschaften und Biotopen" bezeichnet. Unter einer Lebensgemeinschaft ist die Gemeinschaft von Organismen verschiedener Arten in einem abgrenzbaren Lebensraum zu verstehen. Diese Lebensgemeinschaft gilt es nach der Zielbestimmung des BNatSchG ebenso in ihrer Vielfalt zu schützen wie die Lebensräume (= Biotope) selbst.

Die Zerstörung von Lebensräumen ist die Hauptursache für Gefährdung und Aussterben von Tier- und Pflanzenarten. Dem Artenschwund kann daher nur durch die Sicherung von Biotopen Einhalt geboten werden. Neben dem Erhalt von Einzelbiotopen kommt dabei ihrer Vernetzung im Rahmen eines Biotopverbunds besondere Bedeutung zu.[47] Eine Verpflichtung zu Biotopschutz und -vernetzung ergibt sich auch der FFH-Richtlinie.[48]

b) Leistungs- und Funktionsfähigkeit des Naturhaushalts (Nr. 2). – aa) Allgemeines. Die bislang als § 1 Nr. 1 und Nr. 2 BNatSchG 2002 getrennt aufgeführten Punkte der „Leistungs- und Funktionsfähigkeit" und der „Regenerationsfähigkeit und nachhaltige Nutzungsfähigkeit der Naturgüter" wurden jetzt in Nr. 2 zu einem Punkt zusammengeführt. Damit wird der Tatsache Rechnung getragen, dass die Naturgüter Bestandteile des Naturhaushalts sind und nur ihre nachhaltige Nutzung auf Dauer die Leistungs- und Funktionsfähigkeit des Naturhaushalts gewährleisten kann.

bb) Naturhaushalt. Nach der Legaldefinition in § 7 Abs. 2 bedeutet der Begriff **Naturhaushalt** das komplexe Wirkungsgefüge aller Naturgüter wie Boden, Wasser, Luft, Klima, Tiere und Pflanzen. Innerhalb und zwischen den belebten Anteilen bestehen vielfältige Wechselbeziehungen physikalischer, chemischer und biologischer Art. Ein ausgeglichener Naturhaushalt zeichnet sich durch die Stabilität von Ökosystemen und der Wechselbeziehungen zwischen ihnen aus. Unausgeglichenheit, z.B. durch natürliche oder anthropogene Störungen, löst dynamische Reaktionen aus, die zu einer vom Intensitätsgrad der Störung abhängigen Änderung im Naturhaushalt führen.

cc) Leistungs- und Funktionsfähigkeit. Mit der Leistungs- und Funktionsfähigkeit als Schutzziel soll die Orientierung des Zielekatalogs an den künftigen Generationen unterstrichen werden; nur mit einer langfristigen ökologischen Funktionsfähigkeit des Naturhaushalts kann die Erhaltung von Natur und Landschaft nachhaltig gesichert werden.[49] Der Gesetzgeber führt hierzu weiter aus: „Strukturen, Funktionen und Leistungen von Ökosystemen sind eng miteinander verbunden und stehen in wechselseitiger Abhängigkeit. Der Naturhaushalt muss sowohl leistungs- wie auch funktionsfähig sein; ohne Leistungsfähigkeit gibt es keine Funktionsfähigkeit und ohne Funktionsfähigkeit keine Leistungsfähigkeit. Dieses Wechsel- und Abhängigkeitsverhältnis wird durch das Begriffspaar „Leistungs- und Funktionsfähigkeit" klargestellt.[50] Die Verwendung beider Begriffe und die Bezugnahme auf ihre wechselseitige Abhängigkeit machen deutlich, dass beide Begriffe nicht inhaltsgleich sind.[51] Zu der Frage, welche Unterschiede zwischen Leistungsfähigkeit und Funktionsfähigkeit bestehen, äußert sich der Gesetzgeber jedoch nicht. Vom allgemeinen Sprachgebrauch ausgehend,

---

47 Vgl. die Kommentierung zu § 21.
48 Richtlinie 92/43/EWG.
49 BT-Drs. 14/6378, S. 34.
50 BT-Drs. 14/6378, S. 34.
51 Eine Gleichsetzung beider Begriffe erfolgt z.B. bei *Meßerschmidt*, § 1 Rdnr. 45.

wird „Leistung" bzw. „Leistungsfähigkeit" stets als messbare Größe angesehen,[52] während der Begriff „Funktion" mit Zweckbestimmung gleichzusetzen ist.

47 Demnach beschreibt die Funktionsfähigkeit allgemein die Fähigkeit des Naturhaushalts einen bestimmten Zweck zu erfüllen. Die jeweiligen Funktionen werden über die Leistungen quantifiziert, in dem ermittelt wird, in welchem Umfang der Naturhaushalt die ihm eigenen Aufgaben (Produktionsleistung, Regulationsleistung, Trägerleistung, Informationsleistung[53]) erfüllen kann. Dies richtet sich vor allem danach, in welchem Maße die Funktionsfähigkeit der einzelnen Naturgüter[54] beeinträchtigt ist. Die Leistungsfähigkeit des Naturhaushalts ist umso größer, je näher sich der Ist-Zustand an einem vom Menschen nicht beeinflussten Zustand befindet. In der Praxis erfolgt meist der Vergleich des Ist-Zustandes mit einem angestrebten Soll-Zustand nach Maßgabe konkreter Ziele.

48 Die Begriffe Leistungs- und Funktionsfähigkeit beziehen sich nicht nur auf die aktuelle Situation, sondern umfassen auch die potenziellen Leistungen des Ökosystems, die gegenwärtig durch verschiedene Belastungsfaktoren (z.b. standortsunverträgliche Nutzungen) nicht zum Tragen kommen.[55]

49 Die Konkretisierung des in Nr. 2 genannten Zieles erfolgt in Abs. 3 und in der Eingriffsregelung, § 13 ff. Ebenso soll die Ausweisung von Schutzgebieten i.d.R. der dauerhaften Sicherung der Leistungs- und Funktionsfähigkeit des Naturhaushalts (insbesondere bezogen auf die Lebensraumfunktion) dienen, wozu auch der Aufbau eines Biotopverbundsystems beitragen kann.

50 dd) **Regenerationsfähigkeit und nachhaltige Nutzungsfähigkeit der Naturgüter.** Zu den **Naturgütern** gehören neben Boden, Klima, Luft, Wasser, Pflanzen- und Tierwelt auch Gesteinsschichten und Bodenvorräte (wie fossile Brennstoffe, unterirdische Mineralien und Salze).[56] Letztere werden aber durch das BNatSchG nur dann erfasst, wenn sie Teil von Natur und Landschaft i.S. dieses Gesetzes sind. Die Zulässigkeit von **Nutzungsrechten an Naturgütern** richtet sich meist nach anderen Fachgesetzen und Eigentumsrechten und nicht nach dem Naturschutzrecht. Naturschutzrechtlich werden im Wesentlichen die Einschränkungen der Naturgüternutzung geregelt.

51 Der Begriff der **Nutzung** umfasst jede Inanspruchnahme durch den Menschen und beschränkt sich keineswegs nur auf wirtschaftliche Interessen. Auch die Nutzung von Naturgütern zur Verwirklichung von Naturschutzzielen wird hiervon umfasst.[57]

52 Nachhaltigkeit und Regenerationsfähigkeit beziehen sich auf die erneuerbaren Ressourcen, nicht erneuerbare Naturgüter sind – zumindest in überschaubaren Zeiträumen – nicht wiederherstellbar und daher nicht regenerationsfähig. Hierzu zählen bspw. Böden und Moore, da diese nur eine geringe Neubildungsrate aufweisen. Die nachhaltige Nutzungsfähigkeit erneuerbarer Naturgüter verlangt einen verantwortungsvollen Umgang sowie

---

52 Z.B. schulische, sportliche oder auch finanzielle Leistungen.
53 Vgl. *Buchwald,* in: Buchwald/Engelhardt, a.a.O., S. 20 f.
54 Eine Auflistung der im Rahmen der Eingriffsregelung zu berücksichtigenden Funktionen des Naturhaushalts ist im Anhang zur Kommentierung § 19 abgedruckt.
55 *Eissing/Louis,* NuR 1996, 485, 488.
56 Ebenso *Louis* § 1 Rdnr. 12; anders *Kolodziejcok,* in: ders./Recken § 1 Rdnr. 17.
57 *Gassner,* in: Gassner/Schmidt-Räntsch/Bendomir-Kahlo, § 1 Rdnr. 49.

einen Verzicht auf unsachgemäße Nutzung oder Übernutzung der Naturgüter. Nachhaltige Nutzung bedeutet, dass die Naturgüter nur in dem Maße genutzt werden dürfen, wie sie regenerierbar sind. Der Naturgüterverbrauch darf die Erneuerungsrate langfristig nicht übersteigen. Ebenso sind Einwirkungen auf den Naturhaushalt, welche die Erneuerungsfähigkeit der Naturgüter beeinträchtigen, zu vermeiden.[58]

c) Vielfalt, Eigenart und Schönheit sowie Erholungswert von Natur und Landschaft (Nr. 3). Mit § 1 Nr. 3 wird die optisch-ästhetische Zielsetzung des Naturschutzes herausgestellt. Die Begriffe Vielfalt, Eigenart und Schönheit werden im Naturschutzrecht vor allem zur Charakterisierung des Landschaftsbildes verwendet. Dieses wiederum bestimmt maßgeblich den Erholungswert von Natur und Landschaft. Auch wenn der Gesetzeswortlaut die Zielkriterien auf Natur und Landschaft bezieht, weisen sie doch überwiegend eine spezifische Affinität zum Schutz des Landschaftsbildes auf,[59] welches unzweifelhaft das wichtigste Anliegen von § 1 Nr. 4 ist (sie stehen insofern in der Traditionslinie des Heimatschutzes und besitzen in § 5 RNatSchG ihr Vorbild).

53

Gleichwohl darf keine Einengung darauf erfolgen, da der Gesetzgeber die Begriffe ausdrücklich auf Natur und Landschaft und nicht nur auf das Landschaftsbild bezieht.[60] Vielfalt umfasst z.b. auch die biologische Vielfalt, Eigenart und Schönheit können Merkmale von Einzelschöpfungen der Natur (vgl. § 28 Abs. 1 Nr. 2) oder von Tier- und Pflanzenarten sein.

54

aa) Vielfalt. Bezogen auf das Landschaftsbild umschreibt der Begriff **Vielfalt** vor allem die landschafts- bzw. naturraumtypische Gestaltvielfalt, die eine Vielzahl von Nutzungsformen und Strukturelementen umfasst.[61] Sie kann mit objektiv darstellbaren Strukturen und Parametern beschrieben, zum Teil auch gemessen[62] werden. Die Vielfalt ergibt sich aus den Strukturen und Elementen, die für einen bestimmten Ausschnitt von Natur und Landschaft nach Art und Ausprägung landschaftsbildrelevant und naturraumtypisch sind.[63] Eine vielfältige Landschaft besitzt einen hohen Erholungswert, da ein abwechslungsreiches, vielgestaltiges Erscheinungsbild der Landschaft als anregend und angenehm empfunden wird.[64]

55

Bezogen auf den Naturhaushalt ist die Vielfalt von Natur und Landschaft gleichbedeutend mit biologischer Vielfalt (Biodiversität), die auch in § 1 Nr. 1 und in Abs. 2 konkretisiert wird.

56

bb) Eigenart. Unter **Eigenart** wird der Charakter der Landschaft,[65] d.h. die Summe des optisch-ästhetischen Eindrucks und der charakteristischen Nutzungsweise einer Landschaft verstanden.[66] Der Charakter einer Landschaft wird maßgeblich von den konkreten natürlichen Gegebenheiten und den re-

57

---

58 *Louis*, BNatSchG, § 1 Rdnr. 12 m.w.N.
59 Vgl. *Fischer-Hüftle*, Naturschutz-Rechtsprechung für die Praxis, Kap. 1220.
60 So auch *Kolodziejcok*, in: Kolodziejcok/Recken, Naturschutz, Landschaftspflege; § 1 Rdnr. 22.
61 *Louis*, BNatSchG, § 1 Rdnr. 15.
62 Z.B. durch Diversitätsindices.
63 *Breuer* 1993, Grundsätze für die Operationalisierung des Landschaftsbildes in der Eingriffsregelung und im Naturschutzhandeln insgesamt. NNA-Berichte 6, Heft 1, S. 19–24.
64 *Fischer-Hüftle*, NuL 1997, 239/242.
65 *Gassner*, in: Gassner/Schmidt-Räntsch/Bendomir-Kahlo, § 1 Rdnr. 59.
66 *Carlsen/Fischer-Hüftle*, NuR 1993, 311/312.

gional spezifischen Nutzungsmustern und Kulturformen bestimmt.[67] Dies verleiht jedem Landschaftsraum sein typisches, „eigenartiges" Gesicht, das ein unverwechselbares Landschaftsbild entstehen lässt. Eigenart muss nicht mit Schönheit einhergehen, vielmehr können auch karge, eintönige Landschaften ihre Eigenart haben.[68]

58 Eigenart ist ein umfassender, wertneutraler Begriff, der sowohl auf vom Menschen kaum beeinflusste Naturlandschaften, als auch auf die durch angepasste Formen der Landnutzung geprägten Kulturlandschaften anwendbar ist.[69] Als Beispiele für Landschaften von hoher Eigenart werden Dünen an der Meeresküste oder Wildflusslandschaften in den Alpen genannt.[70] Jedoch spielt auch bei weniger spektakulären Landschaften deren Eigenart eine Rolle als Beurteilungskriterium für die Eingriffsintensität landschaftsfremder Projekte.[71]

59 Die Eigenart von Natur und Landschaft beschränkt sich nicht auf den Aspekt der landschaftlichen Eigenart, sondern kann sich auch auf einzelne Elemente beziehen. Dem wird auch in § 28 Rechnung getragen, wodurch Einzelschöpfungen der Natur auch auf Grund ihrer Eigenart als Naturdenkmal ausgewiesen werden können. Dies können z.b. geologische Erscheinungen oder Einzelbäume sein, die nicht unbedingt landschaftsbildprägend sein müssen.

60 cc) **Schönheit.** Der subjektive Begriff der **Schönheit** des Landschaftsbildes ergibt sich aus der harmonischen Wirkung der Gesamtheit und der einzelnen Teile von Natur und Landschaft auf den Betrachter. Als schön empfunden werden aber auch einzelne Landschaftsteile, wenn sie sich durch eine herausragende Eigenschaft von der Umgebung abheben (z.B. Wasserfälle, Schluchten, bizarr geformte Felsen). Schönheit kann sich auch auf geschichtlich-kulturelle Symbolträger in der Landschaft (z.B. Loreleyfelsen) ergeben.[72]

61 Der Gesetzgeber geht davon aus, dass – nicht zuletzt mit Blick auf die Geschichte des Naturschutzes – schöne Landschaftsteile schützenswert sind und dass sich darüber, was intuitiv als schön empfunden wird, ein Konsens erreichen lässt.[73] Das Recht des Naturschutzes und der Landschaftspflege kann auf die Verwendung derartiger unbestimmter Rechtsbegriffe, die (auch) eine Wertung nach optisch-ästhetischen Maßstäben verlangen, nicht verzichten.[74] Als Maßstab gilt das Empfinden des gebildeten, für die Gedanken des Natur- und Landschaftsschutzes aufgeschlossenen Durchschnittsbetrachters; Sowohl der besonders empfindsame als auch der den Gedanken des Natur- und Landschaftsschutzes ablehnende Betrachter müssen unberücksichtigt bleiben.[75] Dieser Blickwinkel ermöglicht es den Gerichten zugleich, die Rechtsanwendung durch die Exekutive an den gesetzlichen Begriffen zu messen.[76] Dass die Notwendigkeit der Auslegung einer

---

67 *Hoppenstedt/ Schmidt*, Naturschutz und Landschaftsplanung 2002, 237/238.
68 *Meßerschmidt*, Bundesnaturschutzrecht, § 1 Rdnr. 58.
69 *Fischer-Hüftle*, NuL 1997, 239/243.
70 *Louis*, BNatSchG, § 1 Rdnr. 16 m.w.N.
71 Vgl. die Nachw. zur Rspr. in Erl. zu § 18 und *Gassner*, in: Gassner/Schmidt-Räntsch/Bendomir-Kahlo, BNatSchG, § 1 Rdnr. 59.
72 Vgl. *Gassner*, Das Recht der Landschaft, S. 39 f.
73 *Fischer-Hüftle*, NuL 1997, 239/244.
74 BVerwG, Urt. v. 11.5.1993 – 7 NB 8.92, NuR 1994, 83.
75 BVerwG, Urt. v. 12.7.1956 – I C 91.54, BVerwGE 4, 47 = BNatSchG/ES BNatSchG § 15 Nr. 2.
76 BVerwG, Urt. v. 11.5.1993 – 7 NB 8.92, NuR 1994, 83.

Rechtsnorm dieser noch nicht die gebotene Bestimmtheit nimmt, ist ebenfalls bereits in der Rechtsprechung des BVerfG geklärt.[77]

Das Empfinden von Landschaftsschönheit ist nicht starr, sondern unterliegt einem kulturellen Wandel.[78] So werden alte Industrielandschaften, die noch vor einigen Jahrzehnten als hässlich galten, heute u. U. nicht nur als wegen ihrer Eigenart, sondern auch wegen ihrer Schönheit bemerkenswerte Kulturlandschaften empfunden. Nach wie vor gelten jedoch insbes. naturnahe oder romantische Landschaften als Inbegriff des Schönen.[79]

Schönheit kann auch Tier- oder Pflanzenarten sowie Einzelschöpfungen der Natur, die nicht unbedingt vom Landschaftsbild umfasst sein müssen, zugesprochen werden. So werden bspw. die meisten Orchideen oder schillernd bunte Schmetterlinge als schön empfunden.

dd) Erholungswert. Der Begriff der Erholung in § 1 Nr. 3 macht deutlich, in welchem engen Zusammenhang der Erholungswert von Natur und Landschaft mit einem intakten, durch Vielfalt, Eigenart und/oder Schönheit geprägten Landschaftsbild steht. Dies hebt auch die Konkretisierung in Abs. 4 Nr. 2 hervor. Natur und Landschaft dienen der Erholung des Menschen durch Naturgenuss; dieser wird im Wesentlichen über optische Eindrücke vermittelt und spricht die menschliche Psyche an.[80] Es gehört zu den wesentlichen Zielen des Naturschutzes und der Landschaftspflege, die außerhalb geschlossener Ortschaften liegenden Flächen und besonders die durch förmliche Festsetzungen geschützten Gebiete der erholungssuchenden Allgemeinheit offen zu halten.[81] Zum Zweck der Erholung räumt § 59 ein Betretungsrecht in der freien Landschaft ein. Dabei sind aber nur „extensive", d.h. die Landschaft nicht belastende Formen der Erholung zuzulassen.[82] Dagegen ist die Ausübung mehr oder weniger naturschädigender Erholungsaktivitäten nicht zu gestatten.[83]

Die Berücksichtigung dieser Ziele soll bereits vorsorgend durch Kapitel 2 (Landschaftsplanung) geschehen, durch Kapitel 3 im Rahmen von Eingriffen sowie durch Kapitel 4 mit Hilfe des Gebiets- und Objektschutz gewährleistet werden. Den Erholungsaspekt greift das BNatSchG in Kapitel 7 und, sofern die Schutzziele dem nicht entgegenstehen, auch in Kapitel 4 auf.

6. Dauerhafte Sicherung von Natur und Landschaft

Die Schutz-, Pflege-, Entwicklungs- und gegebenenfalls auch Wiederherstellungsmaßnahmen zielen nicht auf einen kurzfristigen Erhalt, sondern auf die **dauerhafte Sicherung** der in den Nrn. 1–3 aufgeführten Schutzziele ab. Daher muss der Umgang mit Natur und Landschaft nach den Prinzipien der Nachhaltigkeit erfolgen, nicht zuletzt auch in Verantwortung für die künftigen Generationen. Zur Nachhaltigkeit im Umgang mit der Natur hat sich die Bundesrepublik Deutschland auch im Rahmen internationaler Vereinbarungen verpflichtet.[84]

---

77 BVerfG, Beschl. v. 18.51988 – 2 BvR 579/84, BVerfGE 78, 205/212; Beschl. v. 12.6.1990 – 1 BvR 355/86, BVerfGE 82, 209/224 f.
78 Vgl. *Louis*, BNatSchG, § 1 Rdnr. 17 m.w.N.
79 *Meßerschmidt*, Bundesnaturschutzrecht, § 1 Rdnr. 58.
80 BVerwG, Beschl. v. 11.5.1993 – 7 NB 8.92, NuR 1994, 83.
81 OVG Lüneburg, Urt. v. 26.2.1988 – 1 C 41/86, NuR 1989, 40.
82 VGH Mannheim, Urt. v. 27.2.1995 – 5 S 1281/94, NuR 1995, 462.
83 *Louis*, BNatSchG, § 1 Rdnr. 20; OVG Münster, Urt. v. 5.9.1985 – 7 A 2523/84, NuR 1986, 213.
84 Z.B. Klimakonvention, Übereinkommen über die biologische Vielfalt, UNESCO-Programm „Der Mensch und die Biosphäre" (MAB-Programm).

67 Wie die in Abs. 1 Nr. 1–3 genannten Schutzziele auf Dauer gesichert werden sollen, wird durch die Absätze 2 bis 4 konkretisiert. Die einzelnen Konkretisierungen greifen dabei zum Großteil bisherige Grundsätze (§ 2 BNatSchG 2002) auf und entwickeln diese weiter.[85]

III. Dauerhafte Sicherung der biologischen Vielfalt (Absatz 2)

1. Allgemeines

68 Abs. 2 konkretisiert Abs. 1 Nr. 1. Er macht deutlich, dass der Schutz der biologischen Vielfalt auf allen drei Biodiversitätsebenen (genetische Vielfalt, Artenvielfalt, Ökosystemvielfalt) erfolgen muss. Die Regelung greift damit die Grundsätze aus § 2 Abs. 1 Nr. 8 und Nr. 9 BNatSchG 2002 auf. Die neu im BNatSchG enthaltenen Nrn. 1–3 nennen die wesentlichen Voraussetzungen, die zur dauerhaften Sicherung der Biodiversität notwendig sind.

2. Schutzbemühungen entsprechend dem Gefährdungsgrad

69 Nicht alle Bestandteile der Biodiversität sind in gleichem Maße gefährdet. Für Bestandteile mit einem hohen Gefährdungsgrad sind daher größere Schutzbemühungen erforderlich als für diejenigen, die in geringerem Maße oder gar nicht gefährdet sind.

70 Zur Bestimmung des Gefährdungsgrades werden international z.B. Red Lists Indices (RLI) und der Living Planet Index herangezogen. RLI basieren auf Veränderungen in der Gefährdungseinstufung von Arten auf den internationalen Roten Listen der IUCN. Der Living Planet Index analysiert Zeitreihen zu Populationsschwankungen und kann damit Reduktionen oder Zuwächse von Populationsgrößen erfassen. Neben diesen artbezogenen Indikatoren werden auch Trends für die Flächenanteile ausgewählter Lebensräume oder von Schutzgebieten als Bewertungshilfen verwendet.[86]

71 Auch in Deutschland sind die auf Bundes- und Landesebene erstellten Roten Listen ein wichtiges Instrument zur Einschätzung des Gefährdungsgrades von Pflanzen- und Pilzarten, Pflanzengesellschaften, Tierarten, Biotopen und Biotopkomplexen. Derzeit werden die Roten Listen der Arten aktualisiert;[87] hierzu wurde das Kriteriensystem den aktuellen Anforderungen angepasst und die Methodik fortentwickelt.[88] So erfolgt die Gefährdungseinstufung von Arten nun anhand der vier Kriterien „Aktuelle Bestandssituation, langfristiger Bestandstrend,[89] kurzfristiger Bestandstrend[90] und Risikofaktoren".[91] Durch die Einbeziehung der Trendkriterien kann ermittelt werden, inwieweit sich die Bestandssituation gefährdeter Arten kurz- oder längerfristig geändert hat. Für Bestandsrückgänge kann dies Aufschluss darüber ge-

---

85 BT-Drs. 16/12274, S. 50.
86 *Mutke/Barthlott*, Biodiversität und ihre Veränderungen im Rahmen des Globalen Umweltwandels: Biologische Aspekte, in: Lanzerath et al., Biodiversität, 2008, S. 42 f.
87 Der erste Teil von sechs Bänden der aktualisierten Roten Listen erschien im Oktober 2009 und umfasst die Wirbeltiere: *Haupt* et al.: Rote Liste gefährdeter Tiere, Pflanzen und Pilze Deutschlands. Band 1: Wirbeltiere. Naturschutz und Biologische Vielfalt 70 (1), 2009, 388 S.
88 *Ludwig* et al., Methodische Anleitung zur Erstellung Roter Listen gefährdeter Tiere, Pflanzen und Pilze. BfN-Skripten 191, 2006, 98 S.
89 D.h. Daten aus den letzten ca. 50 bis 150 Jahren.
90 D.h. Daten aus den letzten 10 bis max. 25 Jahren.
91 Faktoren, deren Wirkung begründet erwarten lässt, dass sich die Bestandsentwicklung in den nächsten zehn Jahren verschlechtern wird.

ben, wo ein dringender Handlungsbedarf besteht. Positive Trends können dagegen ein Hinweis darauf sein, dass Schutzmaßnahmen erfolgreich waren.

In der Roten Liste der Biotoptypen[92] werden alle in Deutschland vorkommenden Biotoptypen[93] aufgelistet, 72,5 % von ihnen werden als gefährdet eingestuft. Die Bestimmung des Gefährdungsgrad erfolgt über ein zweistufiges Kriteriensystem, das neben den reinen Flächenverlusten auch Qualitätsverluste berücksichtigt, da viele Biotope im Laufe der Jahre eine schleichende Verschlechterung erfahren. Angaben zur Regenerierbarkeit der Biotoptypen bieten ein zusätzliches Kriterium bei der Beurteilung des Gefährdungsgrads. 72

Neben dem regionalen, landes- oder bundesweiten Gefährdungsgrad ist auch die weltweite und europaweite Gesamtsituation einer Art bzw. eines Biotoptyps in die Betrachtung einzubeziehen. Handelt es sich um Arten/Biotoptypen, für die Deutschland eine nationale Verantwortlichkeit besitzt, so können Schutzbemühungen auch dann erforderlich sein, wenn die Bestände in Deutschland selbst weit verbreitet sind. Dem liegt die Tatsache zugrunde, dass z.B. die heimische Population einer Art umso mehr zum weltweiten Erhalt beitragen kann, je individuenreicher sie ist. Befindet sich in Deutschland zudem das Arealzentrum[94] einer Art, so hätte das Aussterben der Art an dieser Stelle besonders nachteilige Folgen für das Überleben der Art, da der Genfluss hierdurch am stärksten beeinträchtigt wird.[95] 73

3. Erhalt lebensfähiger Populationen, Wanderung und Wiederbesiedelung (Nr. 1)

Nr. 1 zielt auf den Erhalt von Populationen und damit auf den Schutz der genetischen Vielfalt und der Artenvielfalt ab. Nach der Legaldefinition in § 7 Abs. 2 Nr. 6 ist unter einer Population „eine biologisch oder geografisch abgegrenzte Zahl von Individuen einer Art" zu verstehen. Die Regelung dient auch der Erfüllung von Pflichten aus der CBD, wonach „die Bewahrung lebensfähiger Populationen von Arten in ihrer natürlichen Umgebung" zu fördern ist (In-situ-Erhaltung, Art. 8 CBD). 74

Wichtiger Ansatzpunkt für den **Erhalt „lebensfähiger Populationen"** ist die Ermittlung der „kleinsten überlebensfähigen Population", Minimalpopulation). Nach dem Minimalpopulation-Konzept[96] (MVP-Konzept, minimum viable population) wird darunter die Mindestzahl an Individuen einer Art verstanden, die notwendig ist, um das langfristige Fortbestehen der Art mit 75

---

92 *Riecken* et al., Rote Liste der gefährdeten Biotoptypen Deutschlands. Zweite fortgeschriebene Fassung 2006. Naturschutz und Biologische Vielfalt 34, 2006, 318 S.
93 Ohne technische Biotoptypen.
94 D.h. ein geschlossenes Kernareal im Hauptareal der Art mit der größten Populationsdichte. Dies trifft z.B. für die Kreuzkröte, *Bufo calamita*, oder die Gelbbauchunke, *Bombina variegata*, zu, für die Deutschland in hohem Maße verantwortlich ist, vgl. *Henle* et al., Verantwortlichkeit Deutschlands für die Erhaltung von Amphibien- und Reptilienarten: Methodendiskussion und erste Überarbeitung, in: Gruttke (Bearb.), Ermittlung der Verantwortlichkeit für die Erhaltung mitteleuropäischer Arten. Naturschutz und Biologische Vielfalt 8, 2004, 91, 98f.
95 *Gruttke* et al., Memorandum: Verantwortlichkeit Deutschlands für die weltweite Erhaltung von Arten, in: Gruttke (Bearb.), Ermittlung der Verantwortlichkeit für die Erhaltung mitteleuropäischer Arten. Naturschutz und Biologische Vielfalt 8, 2004, 273/275.
96 Dieses Konzept geht auf den Amerikaner Mark L. Shaffer zurück; siehe hierzu: *Shaffer, M.L.*, Minimum Population Sizes for Species Conservation. BioScience 31, 1981, 131–134.

hoher Wahrscheinlichkeit zu sichern. Die Anzahl der Individuen muss dabei so groß sein, dass auch zufällige Schwankungen demographischer Faktoren hinsichtlich Fortpflanzung und Mortalität, unvorhersehbare Umweltveränderungen, genetische Drift und Katastrophen ausgeglichen werden können. Genetische Modelle deuten darauf hin, dass für Wirbeltiere eine effektive Populationsgröße von unter 100 Individuen bzw. eine absolute Populationsgröße von weniger als 1000 Tieren dazu führt, dass diese stark vom Aussterben bedroht sind. Für Arten mit extremen Populationsschwankungen (z.b. wirbellose Tiere oder annuelle Pflanzenarten) wurde eine MVP von 10.000 Individuen berechnet.[97] Die genaue MVP einzelner Arten hängt von zahlreichen art-, umgebungs-, und umweltspezifischen Faktoren ab und ist daher oft nur ungefähr bestimmbar. Mit dem Klimawandel kommt für zahlreiche Arten ein weiterer Belastungsfaktor hinzu, so dass zukünftig bei vom Klimawandel betroffenen Arten eine höhere Anzahl Individuen für ein Überleben der Population notwendig sein wird. Das Konzept der MVP ist auch für einzelne, vollständig isolierte Reliktpopulationen sowie für Metapopulationen[98] anwendbar. In diesem Fall ist das Verbreitungsverhalten der Art ein wesentlicher Faktor, denn es bestimmt, über welche Entfernungen eine Wiederbesiedlung von Habitaten möglich ist und beeinflusst damit das Überleben der Metapopulationen.[99]

76 Minimalpopulationen sind nur überlebensfähig, wenn ihnen ausreichend große Lebensräume mit einer entsprechenden Habitatqualität zur Verfügung stehen. Daher betont Nr. 1, dass auch der **Erhalt der Lebensstätten** notwendig ist. Die Lebensstätte ist in § 7 Abs. 2 Nr. 5 als „regelmäßiger Aufenthaltsort der wild lebenden Individuen einer Art" legaldefiniert. Im Falle von Tierarten, die unterschiedliche Teilhabitate nutzen, sind all diese regelmäßig genutzten Teilhabitate von Begriff der Lebensstätte umfasst. Dies betrifft z.b. die Larval- und Imagineshabitate von Schmetterlingen, Laichgewässer sowie Sommer- und Winterlebensräume von Amphibien oder auch die unterschiedlichen Habitate von Fledermäusen.

77 Um ein langfristiges Überleben von Arten zu ermöglichen, ist nicht nur eine ausreichende Habitatgröße und -qualität, sondern auch die Möglichkeit zu Austausch-, Ausbreitungs- und Wanderungsbewegungen erforderlich. Der **Austausch zwischen den Populationen** einer Art ist notwendig, um einen genetischen Austausch zwischen verschiedenen (Meta-)Populationen zu gewährleisten. Fehlt dieser Austausch, so kann es – insbesondere bei kleinen Populationen – zu einer genetischen Verarmung kommen. Aus der damit verbundenen geringeren Anpassungsfähigkeit folgt eine größeres Aussterberisiko der Population. Der Erhalt der genetischen Vielfalt von Arten ist auch vor dem Hintergrund des Klimawandels von Bedeutung. Auf die rasch vonstatten gehenden klimatischen Änderungen können Arten mit einer genetischen Anpassung reagieren, deren Populationen bereits besser an die neuen Bedingungen angepasste Genotypen beinhalten.[100]

---

97 *Smith/Smith*, Ökologie, 6. Aufl., 2009, S. 834.
98 D.h. eine Population setzt sich aus verschiedenen, räumlich mehr oder weniger voneinander getrennten Lokalpopulationen zusammen, die zumindest in einem gelegentlichen Austausch miteinander stehen müssen, um langfristig überleben zu können.
99 *Hovestadt*, Möglichkeiten und Kriterien für die Bestimmung von „Minimalarealen" von Tierpopulationen und Ökosystembeständen. Schr.-R. f. Landschaftspflege 32, 1990, 175/182.
100 Vgl. Convention on the Conservation of European wildlife and natural habitats, Standing Committee, Climatic change and the conservation of European biodiversity: Towards the development of adaptation strategies – final version. T-PVS/Inf (2007) 3, 60 S.

Zur dauerhaften Sicherung der Biodiversität ist auch die **Wanderung** zu ermöglichen. Dies betrifft nicht nur wandernden Tierarten und Arten mit großen Raumansprüchen, sondern alle Tierarten, denn auch der o.g. Austausch zwischen den Populationen ist nur möglich, wenn zwischen den Habitaten verschiedener Populationen Wandermöglichkeiten bestehen. Zum Schutz wandernder Tierarten wurde 1979 die Bonner Konvention ins Leben gerufen. Sie enthält die Verpflichtung, Maßnahmen zum Schutz und zur Erhaltung wandernder wild lebender Tierarten zu treffen. In Regionalabkommen werden Schutz, Erhaltung und nachhaltige Nutzung einzelner Arten oder Artengruppen über ihren gesamten Wanderungsbereich geregelt.[101] Um die großräumigen Wanderungen zu ermöglichen, ist es z.b. notwendig, die Lebensstätten, Rast- und Nahrungsplätze entlang der Wanderrouten zu erhalten und Wanderungshindernisse zu beseitigen.

78

Auch die **Wiederbesiedlung** geeigneter Habitate kann zum Erhalt der Biodiversität beitragen. So sind Metapopulationen, deren lokale Teilpopulationen auf einzelne Habitatfragmente verteilt sind, nur überlebensfähig, wenn nach dem Verlust einer Teilpopulation das freie Habitat durch migrierende Individuen wieder neu besiedelt werden kann. Die Wiederbesiedlung von Biotopen kann auch zur Gründung neuer Populationen führen. Geeignete Habitate können z.b. durch Nutzungsaufgabe, Extensivierung und Renaturierung von Flächen sowie durch Neuschaffung geeigneter Biotope entstehen. Ebenso wie bestehende, aber von einer potenziell dort vorkommenden Art nicht besiedelte Flächen, können diese Habitate aber nur besiedelt werden, wenn sie von besiedelten Flächen aus (z.B. über einen Biotopverbund) erreichbar sind. Insbesondere im Rahmen von Artenschutzmaßnahmen kann die Wiederbesiedlung auch durch die Ansiedlung von Tier- und Pflanzenarten in geeigneten Biotopen innerhalb ihres natürlichen Verbreitungsgebiets erfolgen (vgl. § 37 Abs. 1 Nr. 3).

79

Zur Umsetzung des in Nr. 1 konkretisierten Ziels des Biodiversitätsschutzes dienen insbesondere die Instrumente des Kapitels 4: Die **Schutzgebietsausweisung** nach § 22 ff. sowie der gesetzliche Biotopschutz nach § 30 dienen dem Schutz geeigneter Lebensräume, die Regelungen zum **Biotopverbund** (§ 20 f.) sind Grundlage für die Schaffung von Verbundsystemen, die der Isolation von Lebensräumen und Populationen entgegenwirken und so den genetischen Austausch zwischen Populationen, Tierwanderungen sowie natürliche Ausbreitungs- und Wiederbesiedlungsprozesse gewährleisten.

80

4. Schutz von Ökosystemen, Biotopen und Arten durch Gefährdungsabwehr (Nr. 2)

Zum Schutz der Biodiversität ist es erforderlich, den vielfältigen Gefährdungen von natürlich vorkommenden Ökosystemen, Biotopen und Arten entgegenzuwirken. Da das Ökosystem die funktionale Einheit von Biotopen und Lebensgemeinschaften und ihr Beziehungsgefüge darstellt, sind die drei Zielebenen für die Gefährdungsabwehr eng miteinander verknüpft. Arten sind Bestandteile von Lebensgemeinschaften, die gemeinsam in einem Biotop leben und alle gemeinsam sind sie Bestandteile eines Ökosystems. Der Begriff „Ökosystem" bezeichnet daher ein „Wirkungsgefüge aus Arten und Le-

81

---

101 Deutschland ist Partei zu folgenden Abkommen: Regionalabkommen zur Erhaltung der Fledermäuse in Europa (EUROBATS), Abkommen zum Schutz der Kleinwale in Nord- und Ostsee (ASCOBANS), Abkommen zur Erhaltung der Seehunde im Wattenmeer, Afrikanisch-Eurasisches Wasservogel-Übereinkommen (AEWA).

bensgemeinschaften und ihrer unbelebten natürlichen und anthropogenen Umwelt".[102]

82 Natürliche Ökosysteme sind geprägt durch ihre biotischen und abiotischen Bestandteile sowie durch die ablaufenden Stoff- und Energieflüsse. Die natürlichen Stoff- und Energiekreisläufe sind in einem intakten Ökosystem ausgeglichen; sie stehen in einem so genannten „Fließgleichgewicht". Die Änderung einzelner Komponenten greift in dieses dynamische Gleichgewicht ein und kann das Ökosystem negativ beeinflussen, u.U. sogar aus dem Gleichgewicht bringen (z.b. Überdüngung eines Gewässers durch Nährstoffeinträge). Viele Ökosysteme in Deutschland sind durch den Eintrag ferntransportierter Luftschadstoffe (Stickstoffverbindungen, Schwefeloxide, Schwermetalle, persistente organische Schadstoffe (POP's) etc.) gefährdet. Diese Gefährdung ist ein grenzüberschreitendes Problem, weshalb hierzu auf internationaler Ebene im Multikomponenten-Protokoll unter der Genfer Luftreinhaltekonvention (UNECE Convention on Long-range Transboundary Air Pollution, CLRTAP) und in der EU-Richtlinie zu Emissionsobergrenzen (NEC-Richtlinie) zum Schutz empfindlicher Ökosysteme nationale Emissionshöchstmengen und Emissionsminderungsmaßnahmen für Luftschadstoffe vereinbart, die auf ökosystemspezifischen, wirkungsbasierten Schwellenwerten (critical loads und critical levels) basieren. Insbesondere für die Stickstoffeinträge werden die ursprünglichen bis 2010 angestrebten Reduktionsziele (Ammoniak (NH_3): -28%, Stickstoffoxide (NO_x): -60% gegenüber 1990) nicht erreicht werden.[103] Zu diesen empfindlichen Ökosystemen zählen z. B. Waldgesellschaften, artenreiche Magerwiesen und Trockenrasen, Moore, Heidelandschaften und nährstoffarme Stillgewässer mit den dazugehörenden Biotoptypen und Arten.

83 Neben den durch Schadstoffeinträge verursachten, zumeist „schleichenden" Verschlechterungen sind die natürlichen Ökosysteme, Biotope und Arten z.B. auch durch Flächenverbrauch und Landschaftszerschneidung gefährdet. Dieser Problematik widmet sich explizit Abs. 5 (vgl. Rdnr. 153 ff.). Instrumente des BNatSchG, mit deren Hilfe diesen Gefährdungen entgegengewirkt werden soll, sind z.B. die Landschaftsplanung (§ 8 ff.) und die Eingriffsregelung nach § 13 ff. Zunehmend gehen Gefährdungen auch von invasiven Neobiota aus.

5. Schutz von Lebensgemeinschaften und Biotopen (Nr. 3)

84 Nr. 3 Halbs. 1 stellt auf den Schutz der Vielfalt an Formen von Lebensgemeinschaften und Biotopen als Teil der biologischen Vielfalt ab. Um diese Vielfalt zu sichern, sind die Lebensgemeinschaften und Biotope mit ihren strukturellen und geografischen Eigenheiten in einer repräsentativen Verteilung zu erhalten. Die unterschiedlichen geografischen Eigenheiten sind das Resultat einer natürlichen standörtlichen Vielfalt, die sowohl durch abiotische Faktoren wie Bodentyp, Wasserverfügbarkeit, Klima oder Exposition als auch durch biotische Faktoren wie Vorkommen, Fehlen oder Konkurrenzfähigkeit bestimmter Arten bedingt wird. Ebenso können sich die unterschiedlichen Nutzungsformen der Kulturlandschaft auf die geografischen Eigenheiten von Lebensgemeinschaften und Biotopen auswirken. Aufgrund dessen weist jeder Naturraum eine ihm eigene Biotopausstattung mit den dazu gehörenden Arten und Lebensgemeinschaften auf. Der Schutz dieser

---

102 BT-Drs. 16/12274, S. 50.
103 Emissionsminderungsziele für Deutschland aus dem 1999 unterzeichneten UNECE-Multipollutant-Protokoll für 2010 gegenüber der Basis 1990.

Vielfalt entspricht auch der Zielsetzung der nationalen Strategie zur biologischen Vielfalt, nach der eine naturraumtypische Vielfalt an Lebensräumen dauerhaft gesichert werden soll.

Neben geographischen Eigenheiten weisen Biotope und Lebensgemeinschaften auch eine strukturelle Vielfalt auf. Biotopstrukturen lassen sich definieren als „Biotopelemente, die typische Biotopqualitäten darstellen und ggf. in mehreren Biotopen enthalten sein können (z.b. Schichtung von Wäldern in Baum-, Strauch-, Kraut- und Streuschicht, Totholz oder markante Einzelbäume".[104] Viele Arten sind auf bestimmte Strukturen innerhalb eines Biotops angewiesen. Dabei ist die Vielfalt der Tierarten mit der Komplexität von Vegetationsstrukturen und dem Artenreichtum an Pflanzen korreliert.[105] Strukturreiche Biotope weisen i.d.R. eine hohe Zahl unterschiedlicher Teillebensräume und somit hohe Artenzahlen auf. Ein Großteil der gefährdeten Gewässerflora und -fauna ist in Gewässern mit guter bis sehr guter Wasserqualität und einem hohen Strukturreichtum beheimatet.[106] Der Fischotter (*Lutra lutra*) z.B. besiedelt reich strukturierte Gewässerufer, die einen kleinräumigen Wechsel verschiedener Uferstrukturen wie Flach- und Steilufer, Uferunterspülungen und -auskolkungen, Bereiche unterschiedlicher Durchströmungen, Sand- und Kiesbänke, Altarme an Fließgewässern, Röhricht- und Schilfzonen, Hochstaudenfluren sowie Baum- und Strauchsäume aufweisen.[107] Auch die Qualität von städtischen Habitatflächen für die biologische Vielfalt wird wesentlich durch die strukturelle Ausstattung der Fläche bestimmt. Je strukturreicher, je größer, je älter und je weniger isoliert eine urbane Habitatfläche ist, umso höher ist ihr Wert für die städtische Biodiversität.[108]

Bestimmte Landschaftsteile sollen der natürlichen Dynamik überlassen bleiben, d.h. es soll eine vom Menschen unbeeinflusste Eigenentwicklung der Natur zugelassen werden (Prozessschutz). Dadurch wird die natürlicherweise in Ökosystemen vorhandene Dynamik und Heterogenität bewahrt. Ökosysteme, die auf das Zulassen der natürlichen Dynamik angewiesen sind, stellen z.B. Auwälder dar, welche wesentlich durch eine Überflutungsdynamik geprägt sind. So werden gewässernahe, häufig und z.T. länger überflutete Bereiche von Weichholzauen, kürzer bis sporadisch überflutete Bereiche von Hartholzauen eingenommen. Auch relativ stabile Ökosysteme wie Wälder weisen, sofern sie sich selbst überlassen werden, eine natürliche Dynamik auf. Die Unterbindung der natürlichen Dynamik insbesondere in Auen und Wäldern zerstört die Lebensbedingungen besonders schutzwürdiger, spezialisierter Arten dynamischer Lebensräume.[109] Die nationale Strategie zur biologischen Vielfalt strebt bis zum Jahr einen Flächenanteil von 2 % an, auf der sich die Natur wieder nach ihren eigenen Gesetzmäßigkeiten ungestört entwickeln kann.[110] Auch wenn der Prozessschutz nur auf wenigen Flächenprozenten verwirklicht ist, so handelt es sich doch um eine wichtige

---

104 *Ssymank/Riecken/Ries*, Schriftenreihe Landschaftspflege Naturschutz 38 (1993), 47.
105 *Savard/Clergeau/Mennechez*, Landscape and Urban Planning 48 (2000), 131/135.
106 SRU: Für eine Stärkung und Neuorientierung des Naturschutzes, 2002, BT-Drs. 14/9852, Tz. 57.
107 Ministerium für Umwelt, Naturschutz und Raumordnung des Landes Brandenburg (MUNR): Artenschutzprogramm Elbebiber und Fischotter, 1999, S. 11.
108 *Werner/Zahner*, Biologische Vielfalt und Städte. Eine Übersicht und Bibliographie, BfN-Skripten 245 (2009), S. 33.
109 SRU: Für eine Stärkung und Neuorientierung des Naturschutzes, 2002, BT-Drs. 14/9852, Tz. 6.
110 Nationale Strategie zur biologischen Vielfalt, S. 28.

Naturschutzstrategie, die den Arten- und Biotopschutz oder den Kulturlandschaftsschutz um dynamische Aspekte ergänzt. Eine Umsetzung des Prozessschutzgedankens erfolgt insbesondere in Nationalparken. Auch das neu geschaffene Instrument des „Nationalen Naturmonuments" zielt auf eine unbeeinflusste Eigenentwicklung der Natur ab, da es sich an den internationalen Vorgaben der IUCN-Kategorie III orientiert, denn dort ist Prozessschutz auf mindestens drei Viertel der Fläche das vorrangige Ziel.

IV. Dauerhafte Sicherung der Leistungs- und Funktionsfähigkeit des Naturhaushalts (Absatz 3)

1. Allgemeines

87 Abs. 3 dient der Konkretisierung von Abs. 1 Nr. 2 (Sicherung der Leistungs- und Funktionsfähigkeit des Naturhaushalts). Die Regelung greift – z.T. in modifizierter Form – die Grundsätze aus § 2 Abs. 1 Nr. 1–4, 6 und 9 BNatSchG 2002 auf. Neu hinzugekommen ist die Entwicklung sich selbst regulierender Ökosysteme. Der Naturhaushalt besteht aus den Bestandteilen Boden, Wasser, Luft, Klima, Tiere und Pflanzen sowie dem Wirkungsgefüge zwischen ihnen (§ 10 Abs. 1 Nr. 1). Entsprechend befasst sich Abs. 3 sowohl mit dem Naturhaushalt und den Naturgütern als Ganzes (Nr. 1), als auch mit den Bestandteilen im Einzelnen (Nr. 2–6).

2. Schutz des Naturhaushalts und Nutzung der Naturgüter (Nr. 1)

88 Die bislang in § 2 Abs. 1 Nr. 1 und 2 BNatSchG 2002 getrennt aufgeführten Aspekte des Naturhaushaltsschutzes und der Naturgüternutzung werden nun in Abs. 3 Nr. 1 zusammengefasst.

89 **a) Schutz der räumlich abgrenzbaren Teile des Naturhaushalts.** Großräumig betrachtet besteht der Naturhaushalt aus einer Vielzahl von sich wechselseitig beeinflussenden Ökosystemen. In der Praxis hat man es daher nicht mit dem Naturhaushalt im Ganzen, sondern mit räumlich abgrenzbaren Teilen des Wirkungsgefüges bzw. mit einzelnen jeweils identifizierbaren Ökosystemen oder Biotopen zu tun.[111] Sowohl eine Beurteilung seines Zustandes als auch die eventuell notwendigen Schutz-, Pflege-, Entwicklungs- oder Wiederherstellungsmaßnahmen können nur bezogen auf einen konkreten Landschaftsraum durchgeführt werden. Dabei muss das gesamte Wirkungsgefüge des Ökosystems (bzw. auf Landschaftsebene: von Ökosystemkomplexen) in die Betrachtung einbezogen werden.

90 **aa) Prägende biologische Funktionen:** Die räumlich abgrenzbaren Teile des Wirkungsgefüges weisen bestimmte abiotische Standorteigenschaften (Licht, Temperatur, Wasser, mechanische und chemische Faktoren) auf, welche die Lebensbedingungen für Pflanzen und Tiere vorgeben. Dadurch bilden sich standorttypische Lebensgemeinschaften aus. Im Naturhaushalt sind die einzelnen Ökosysteme oder Ökosystemkomplexe mit typischen und damit auch „prägenden" biologischen Funktionen verknüpft. Die wichtigste biologische Funktion ist die Lebensraumfunktion für standorttypische Arten und Lebensgemeinschaften, die es in ihrer natürlichen Vielfalt zu bewahren gilt.

91 **bb) Stoff- und Energieflüsse:** Die Stoffflüsse eines Ökosystems bestehen aus natürlichen Kreislaufsystemen. Hierzu zählen z.B. Wasser-, Kohlenstoff-

---

111 *Gassner*, in: Gassner/Schmidt-Räntsch/Bendomir-Kahlo, BNatSchG, § 1 Rdnr. 35.

und Nährstoffkreislauf. Menschliche Eingriffe in diese Kreislaufsysteme führen zu Verschiebungen, die den Naturhaushalt beeinträchtigen können. Die Entnahme von Stoffen führt zur Aufbrechung des Stoffkreislaufs und u.U. zur Verarmung an den entnommenen Stoffen.[112] Übersteigt z.b. die Grundwasserentnahme die Grundwasserneubildungsrate, so kommt es zur Absenkung des Grundwasserspiegels, was die Zusammensetzung der davon betroffenen Pflanzengesellschaften (und der mit ihnen vergesellschafteten Tierwelt) nachhaltig verändert. Die anthropogen bedingte Zufuhr von Stoffen in ein Kreislaufsystem führt zu einem Stoffüberangebot, das Schäden verursachen kann, wenn die ökosystemare Aufnahmekapazität überschritten wird. Pflanzen reagieren z.b. auf den erhöhten Eintrag von (vor allem aus der Verbrennung fossiler Brennstoffe stammenden) Schwefeldioxid (SO_2) mit Krankheitssymptomen (z.b. Nekrosen, Chlorosen). Dass dies erhebliche Auswirkungen auf Ökosysteme haben kann, zeigt die immer noch vorhandene Existenz von Waldschäden durch „sauren Regen".

Der Energiefluss beginnt bei den Primärproduzenten (grüne Pflanzen, Phytoplankton der Gewässer), die mit Hilfe der Photosynthese Sonnenenergie fixieren und pflanzliche Biomasse aufbauen. Über die Nahrungskette wird die in der Biomasse gespeicherte Energie an die Konsumenten und Destruenten weitergegeben, wobei regelmäßig nur ca. 10 % der aufgenommenen Energie erhalten bleibt. Nimmt bspw. auf einer Wiese die Primärproduktion durch Gräser und Kräuter ab, so können sich von ihr weniger Pflanzenfresser ernähren.

cc) **Landschaftliche Strukturen:** Die Struktur der Landschaft wird durch die Anordnung der Nutzungseinheiten und dem Gehalt an Landschaftselementen bestimmt. Dabei steht der Strukturreichtum einer Landschaft in engem Zusammenhang mit der Artenvielfalt, denn eine abwechslungsreiche Landschaft bietet vielen Arten einen Lebensraum. Die Erhaltung, Entwicklung und ggf. Wiederherstellung von Landschaftsstrukturen ist wesentlich für den Aufbau eines Biotopverbunds. Auch der Erholungswert einer Landschaft ist eng mit ihrer Strukturvielfalt verknüpft.

b) **Sparsame Nutzung der Naturgüter.** Die Naturgüter, d.h. Boden und Bodenschätze, Wasser, Luft, Tiere und Pflanzen sind verantwortungsvoll zu nutzen. Dabei ist zwischen erneuerbaren und nicht erneuerbaren Naturgütern zu unterscheiden. Nicht erneuerbare Naturgüter sind diejenigen natürlichen Ressourcen, die von der Natur nicht oder zumindest nicht in überschaubaren Zeiträumen geschaffen werden können (z.B. fossile Brennstoffe, Boden, Bodenschätze, Tier- und Pflanzenarten). Da sie nur in begrenztem Maße zur Verfügung stehen, sind sie schonend und sparsam zu nutzen. Damit sollen diese Naturgüter möglichst auch noch den künftigen Generationen zur Verfügung stehen. Erneuerbar sind Naturgüter, wenn sie im Zeitraum ihrer Nutzung regenerierbar sind (z.B. Biomasse, Nutztiere und -pflanzen, Wasser). Sie dürfen nur so genutzt werden, dass sie auf Dauer zur Verfügung stehen. Ihre Nutzung unterliegt dem Nachhaltigkeitsprinzip, der Verbrauch des Naturguts darf also nicht höher sein als dessen Neubildungsrate.

Soweit spezielle Regelungen zur Ressourcenökonomie bestehen (z.B. § 5 Abs. 1 Nr. 3 BImSchG und §§ 4 ff. KrW-/AbfG), entfaltet § 2 Abs. 1 Nr. 2 BNatSchG keine Wirkung.[113]

---

112 So wird in den Landwirtschaft die Nährstoffentnahme bei der Ernte durch Düngergaben kompensiert.
113 *Louis*, BNatSchG, § 2 Rdnr. 14.

3. Erhaltung der Böden und Renaturierung versiegelter Flächen (Nr. 2)

96 a) **Erhaltung der Böden.** Von dem in § 2 Abs. 1 Nr. 3 BNatSchG 2002 enthaltenen Grundsatz zum Boden- und Vegetationsschutz[114] hat in Nr. 2 nur der Aspekt des Bodenschutzes Berücksichtigung gefunden. Gleichwohl lässt sich der Erhalt von Böden zumeist nur über eine standortgerechte, weitgehend geschlossene Vegetationsdecke, bei Gewässern über eine entsprechende Ufervegetation erreichen.

97 Der nachhaltige Schutz der Bodenfunktionen ist Gegenstand des Bundesbodenschutzgesetzes. Als Bestandteil des Naturhaushalts ist Boden für die Belange des Naturschutzes ein wertvolles – und auf Grund seiner geringen Neubildungsrate nicht erneuerbares – Naturgut.

98 Nach der Legaldefinition in § 2 Abs. 1 und 2 BBodSchG ist Boden die obere Schicht der Erdkruste, einschließlich der flüssigen Bestandteile (Bodenlösung) und der gasförmigen Bestandteile (Bodenluft), ohne Grundwasser und Gewässerbetten, soweit sie Träger der folgenden Bodenfunktionen ist: natürliche Funktionen, Funktionen als Archiv der Natur- und Kulturgeschichte oder Nutzungsfunktionen. Der Boden erfüllt natürliche Funktionen[115] als
- Lebensgrundlage und Lebensraum für Menschen, Tiere, Pflanzen und Bodenorganismen,
- Bestandteil des Naturhaushalts, insbesondere mit seinen Wasser- und Nährstoffkreisläufen,
- Abbau-, Ausgleichs- und Aufbaumedium für stoffliche Einwirkungen auf Grund der Filter-, Puffer- und Stoffumwandlungseigenschaften, insbesondere auch zum Schutz des Grundwassers.

99 Neben diesen vom BBodSchG definierten „natürlichen Funktionen" kommt dem Boden im Naturhaushalt große Bedeutung als Standort für die land- und forstwirtschaftliche Nutzung zu. Diese hat ordnungsgemäß nach den Grundsätzen der guten fachlichen Praxis zu erfolgen. Hierzu macht sowohl § 17 Abs. 2 BBodSchG[116] als auch § 5 Abs. 2 (vgl. § 5 Rdnr. 19 ff.) entsprechende Vorgaben.

100 Beeinträchtigungen der Bodenfunktionen führen zur Verringerung der Leistungsfähigkeit des Naturhaushalts (z.B. Bodenfruchtbarkeit, Wasserspeicherkapazität, Puffervermögen, Veränderung von Biozönosen). Böden sind daher gemäß Nr. 2 so zu erhalten, dass sie ihre Funktion im Naturhaushalt erfüllen können. Dies beinhaltet, dass Nährstoffauswaschungen und Bodenerosionen zu vermeiden sind. Hierzu ist der Erhalt einer standortangepassten Vegetation bzw. auf Böden, deren geschlossene Pflanzendecke durch menschliche Einwirkungen beseitigt worden sind, eine standortgerechte Vegetationsentwicklung erforderlich. Insofern kommt der Sicherung einer bodenerhaltenden Pflanzendecke auch ohne ihre explizite Nennung eine wichtige Bedeutung zu.

---

114 Erst 2002 wurden die zuvor in § 2 Abs. 1 Nrn. 4 und 9 BNatSchG 1998 getrennt aufgeführten Grundsätze des Boden- und des Vegetationsschutzes wegen ihres engen Zusammenhangs in einem gemeinsamen Grundsatz vereint, BT-Drs. 14/6378, S. 35.
115 Vgl. *Schumacher, J./Schumacher, A.*, in: Hofmann-Hoeppel/Schumacher/Wagner, Bodenschutzrecht-Praxis, § 2 Rdnr. 14–24.
116 Vgl. *Schumacher, J./Schumacher, A.*, in: Hofmann-Hoeppel/Schumacher/Wagner, Bodenschutzrecht-Praxis, § 17 Rdnr. 16–55.

Unabhängig von der jeweiligen Nutzungsform, also auch für die landwirtschaftliche Nutzung, gilt der Grundsatz, dass Bodenerosionen zu vermeiden sind, da es sich beim Boden um ein nicht erneuerbares Naturgut handelt. **101**

b) Renaturierung versiegelter Flächen. Der Grundsatz der Renaturierung nicht mehr genutzter Flächen des § 2 Abs. 1 Nr. 11 Satz 2 BNatSchG 2002 wurde nahezu unverändert nun in Nr. 2 übernommen. **102**

In weiter zunehmendem Umfang werden von dem nicht vermehrbaren Naturgut Boden Flächen für Baugrund, Siedlungserweiterung, neue Gewerbegebiete, Verkehrswegebau usw. in Anspruch genommen. Die Bodenversiegelung verändert die Bodenfunktionen und den Wasserhaushalt nachhaltig. Nicht mehr benötigte überbaute oder versiegelte Flächen sind daher, soweit dies möglich und zumutbar ist, zu renaturieren. Den ersten Schritt der Renaturierung stellt die Entsiegelung[117] der Fläche, d.h. die Beseitigung von Gebäuden und von wasserundurchlässigen Belagoberflächen, dar. Um die Flächen in einen naturnäheren Zustand zu versetzen, können auch weitere Renaturierungsmaßnahmen notwendig sein (z.b. Auftragen von Oberboden, Sodenverpflanzung, Aussaat von Wildarten, Mähgutausbringung). Wenn keine Entsiegelung durchgeführt werden kann, so ist die Fläche der natürlichen Entwicklung zu überlassen. Da sich die Natur versiegelte Flächen i.d.R. nur in begrenztem Maße und sehr langsam „zurückerobern" kann, ist sorgfältig zu prüfen, ab wann eine Entsiegelung tatsächlich nicht mehr durchführbar oder zumutbar ist. **103**

4. Erhaltung von Gewässern (Nr. 3)

Nr. 3 ist aus § 2 Abs. 1 Nr. 4 Satz 1 BNatSchG 2002 hervorgegangen und konkretisiert die Anforderungen zum Schutz des Naturgutes Wasser. Im Vergleich zur Vorgängerregelung werden die Auswirkungen von Grundwasserspiegeländerungen und der naturnahe Ausbau von Gewässern nicht mehr thematisiert. Erstere sind im vorsorgenden Grundwasserschutz enthalten (vgl. Rdnr. 116), zu letzterem macht das WHG Vorgaben, so dass sich eine Regelung im BNatSchG erübrigt. Stärker als bisher wird der Hochwasserschutz hervorgehoben sowie die Bedeutung von Naturschutzmaßnahmen für den vorsorgenden Grundwasserschutz und für einen ausgeglichenen Niederschlags-Abflusshaushalt betont. **104**

a) Gewässer, Ufer und Auen. Von Nr. 3 sind die Meeres- und Binnengewässer (oberirdische Gewässer und Grundwasser) umfasst. Der Begriff „Meer" schließt auch die Küstengewässer ein. Nach § 2 Abs. 1 WHG i.V.m. Abs. 2 Nr. 1–3 WHG gelten folgende Definitionen: **105**
- oberirdische Gewässer: das ständig oder zeitweilig in Betten fließende oder stehende oder aus Quellen wild abfließende Wasser,
- Küstengewässer: das Meer zwischen der Küstenlinie bei mittlerem Hochwasser oder zwischen der seewärtigen Begrenzung der oberirdischen Gewässer und der seewärtigen Begrenzung des Küstenmeeres,
- Grundwasser: das unterirdische Wasser in der Sättigungszone, das in unmittelbarer Berührung mit dem Boden oder dem Untergrund steht.

Zur dauerhaften Sicherung der Leistungs- und Funktionsfähigkeit des Naturhaushalts sind alle Gewässer vor Beeinträchtigungen zu bewahren. Das Hauptaugenmerk liegt dabei auf natürlichen und naturnahen Gewässern, da diese für den Naturhaushalt von hohem Wert sind. Natürlich ist ein Ge- **106**

---

117 Eine Entsiegelung ist auch nach § 179 BauGB sowie § 5 BBodSchG geboten.

wässer, das von Menschen nicht verändert ist, als naturnah ist ein vom Menschen nicht wesentlich verändertes Gewässer anzusehen.[118]

107 Neben den Gewässern selbst sind auch ihre Ufer, Auen und sonstigen Rückhalteflächen in den Schutz einbezogen. Uferzonen sind artenreiche Lebensräume, zudem kommt insbesondere dem Rand von Fließgewässern eine großräumige Vernetzungsfunktion zu, weshalb sie als Wander- und Ausbreitungswege für Arten und damit für den Aufbau eines Biotopverbunds wichtig sind. Sie können dem Gewässer als Pufferzone gegen Dünge- und Pflanzenschutzmitteleinträge sowie dem Hochwasserschutz dienen. Auen sind nicht nur für den Erhalt der biologischen Vielfalt und für einen länderübergreifenden Biotopverbund von großer Bedeutung, sondern insbesondere auch für den Wasser- und Stoffhaushalt der Landschaft. Wichtige Funktionen sind z.B. der Wasserrückhalt in der Fläche, die Grundwasserneubildung, die Speisung von Gewässern und wasserabhängiger Ökosysteme aus dem Grundwasserspeicher sowie der Sediment- und Nährstoffrückhalt. Damit sind Auen auch für den Hochwasserschutz und für die Selbstreinigung der Gewässer bedeutsam[119]. Auch die sonstigen Rückhalteflächen dienen dem Wasserrückhalt in der Fläche und damit dem Hochwasserschutz.

108 Zum Schutz von Gewässern, Gewässerrandstreifen, Uferzonen und Auen verpflichten § 21 Abs. 5 und § 30 Abs. 2 Nr. 1, Auenwälder sind gesetzlich geschützte Biotope nach § 30 Abs. 2 Nr. 5. Die Freihaltung von Gewässern und Uferzonen regelt § 61.

109 **b) Beeinträchtigungen, Selbstreinigung und Dynamik.** Fast alle natürlichen bzw. naturnahen Gewässer sind negativen Einflüssen ausgesetzt. So sind z.B. als Hauptgefährdungsursachen für die Biotoptypen der Binnengewässer Eingriffe in den Wasserhaushalt (84 %), Gewässerausbau oder -unterhaltung (74 %), Boden und Gewässereutrophierung (66 %) sowie mechanische Einwirkungen und Boden-, Luft- und Gewässerverschmutzung (je 57 %) zu nennen.[120] Zahlreiche Biotoptypen bzw. Biotoptypenkomplexe der Gewässer und Uferzonen sind als besonders bedroht und schutzbedürftig einzustufen.[121] Der Erhalt und ggf. die Wiederherstellung des von Natur aus vorhandenen Nährstoff- und Wasserhaushalts ist Voraussetzung für einen gewässerbezogenen effektiven Arten- und Biotopschutz.

110 Im küstennahen Bereich von Nord- und Ostsee können Beeinträchtigungen insbesondere von Tourismus, Küstenschutz und wasserbauliche Maßnahmen in Häfen und Flussmündungen ausgehen. In den marinen Lebensräumen werden die Stoffkreisläufe und die Artenzusammensetzung durch Schadstoffeinleitungen aus Industrie, Gewerbe und Haushalten sowie durch hohe Nährstoffeinträge aus Landwirtschaft, Haushalten und Verkehr beeinflusst. Weitere Beeinträchtigungen des Ökosystems gehen von den vielfältigen Nutzungen von Nord- und Ostsee aus, wie z.B. Fischerei, Öl- und Gasgewinnung, Kies- und Sandgewinnung, Pipelines und Seekabel, Schifffahrt oder Offshore-Windkraftnutzung.[122] Regelungen zum Meeresnaturschutz

---

118 BT-Drs. 14/6378, S. 35.
119 *Brunotte* et al., Flussauen in Deutschland. Erfassung und Bewertung des Auenzustandes. Naturschutz und Biologische Vielfalt 87, S. 17.
120 BfN, Daten zur Natur 2002, S. 90.
121 Vgl. *Riecken/Ries/Ssymank*, Rote Liste der gefährdeten Biotoptypen der Bundesrepublik Deutschland Schriftenreihe für Landschaftspflege und Naturschutz 41, 1994 und *Pott*, Biotoptypen: schützenswerte Lebensräume Deutschlands und angrenzender Regionen, 1996.
122 Vgl. http://www.bfn.de/habitatmare/de/nutzungen-gefaehrdungen.php.

für den Bereich der Küstengewässer, der AWZ und des Festlandsockels treffen die in Kapitel 6 zusammengefassten §§ 56–58 BNatSchG.

Der Gewässerschutz ist Regelungsgegenstand des WHG. Nach § 6 Abs. 2 WHG sollen Gewässer, die sich in einem natürlichen oder naturnahen Zustand befinden, in diesem Zustand erhalten bleiben und nicht naturnah ausgebaute natürliche Gewässer so weit wie möglich wieder in einen naturnahen Zustand zurückgeführt werden, wenn überwiegende Gründe des Wohls der Allgemeinheit nicht entgegenstehen. Nach § 67 Abs. 1 WHG sind Gewässer so auszubauen, dass natürliche Rückhalteflächen erhalten bleiben, das natürliche Abflussverhalten nicht wesentlich verändert wird, naturraumtypische Lebensgemeinschaften bewahrt und sonstige nachteilige Veränderungen des Zustands des Gewässers vermieden oder, soweit dies nicht möglich ist, ausgeglichen werden. Die Forderung nach einem naturnahen Gewässerausbau, wie ihn § 2 Abs. 1 Nr. 4 BNatSchG 2002 enthielt, konnte aufgrund der Verpflichtungen in § 67 Abs. 1 WHG entfallen.

Vorgaben zum Gewässerzustand ergeben sich insbesondere auch aus der WRRL, deren zentrales Ziel die Erreichung eines guten Zustandes[123] für alle von der Richtlinie umfassten Gewässer bis Ende 2015 ist. Für oberirdische Gewässer muss ein guter ökologischer und chemischer Zustand bzw. bei erheblich veränderten oder künstlichen Gewässern ein gutes ökologisches Potenzial und ein guter chemischer Zustand erreicht werden. Beim Grundwasser ist ein guter mengenmäßiger und chemischer Zustand zu erreichen. Gleichzeitig soll eine Umkehr von signifikanten Belastungstrends erfolgen und der Schadstoffeintrag verhindert oder begrenzt werden.

Ebenso ist die **natürliche Selbstreinigungsfähigkeit** der Gewässer zu erhalten. Hierunter versteht man die Gesamtheit der Vorgänge, die dazu führen, dass organische, fäulnisfähige Verunreinigungen ohne Maßnahmen des Menschen während einer bestimmten Verweildauer in einem Gewässer weitgehend in unschädliche Stoffe zerlegt werden.[124] An der Selbstreinigung des Gewässers sind physikalische, chemische und biologische Faktoren beteiligt. Zu den physikalischen Faktoren zählen z.B. die Gewässermorphologie, Dichte und Temperatur des Wassers, Mischungsverhältnis von Schmutzwasser und Frischwasser, Wassertiefe, Strömungsgeschwindigkeit und Turbulenz; bei Seen ist auch die Lage der sommerlichen Sprungschicht von Bedeutung. Die bei der Selbstreinigung ablaufenden chemischen Prozesse (z.B. Oxidations- und Reduktionsvorgänge) sind insbesondere von Sauerstoffgehalt des Gewässers abhängig. Der Abbau der fäulnisfähigen Stoffe erfolgt durch Bakterien, Pilze, Algen, Wasserpflanzen und Tiere. Da die meisten Wasserorganismen zum Leben Sauerstoff benötigen, ist die biologische Selbstreinigungsfähigkeit limitiert durch den Sauerstoffgehalt des Gewässers. Auch die Ufervegetation kann zur Selbstreinigung der Gewässer beitragen, da die Sauerstoffsättigung des Wassers mithilfe von Uferpflanzen in deutlich kürzerer Zeit erreicht wird.[125] Möglichkeiten zum Erhalt der Selbstreinigungskraft bestehen zum einen in der Verringerung des Nährstoffeintrags, zum anderen in technischen Pflege- und Regenerierungsmaßnahmen, z.B. Mahd von Wasserpflanzen (Biomasseentzug), Belüftung, Zwangszirkulation, usw.[126]

---

123 Art. 4 Abs. 1 WRRL.
124 *Binder* et al., Schutz der Binnengewässer, in: Buchwald/Engelhardt Bd. 5, S. 43.
125 *Binder* et al., Schutz der Binnengewässer, in: Buchwald/Engelhardt Bd. 5, S. 45.
126 *Gerstner* et al., BfN-Skripten 49, S. 25.

114 Insbesondere natürliche und naturnahe Fließgewässer sind durch ihre **Dynamik** gekennzeichnet. Durch die Wasserströmung erfahren Bäche, Flüsse und Auen eine ständige Veränderung. Flussbett und Uferbereiche erodieren, Sand-, Kies- und Schotterbänke werden verlagert, Flussschlingen bilden sich aus, durch eine natürliche Verlagerung des Flussbettes oder durch Mäandrierung können Altarme entstehen. Von der Überflutungsdynamik geprägt ist die rezente Aue, die sich entlang des Fließgewässers bis zu einer höher gelegenen Geländestufe oder einem Hochwasserschutzdeich erstreckt. Von den rezenten Flussauen werden derzeit weniger als 1 % als sehr gering verändert und 9 % als gering verändert eingestuft. 36 % der rezenten Flussauen werden der Klasse 3 – deutlich verändert – zugeordnet, besitzen aber gleichermaßen noch „Auencharakter".[127] Ökologisch noch intakte Aue weisen national und europaweit gefährdete Lebensräume mit ihrer charakteristischen Vielfalt auentypischer Pflanzen und Tiere auf. Gleichzeitig sind sie auch als wichtige Überschwemmungsflächen bei Hochwasserereignissen von Bedeutung. Auch das Watten-Insel-System der Nordsee und die Küstenzonen der Ostsee stellen dynamische Systeme dar.

115 c) **Hochwasserschutz.** Ergänzend zu den Regelungen in §§ 72 ff. WHG enthält Nr. 3 die Forderung, dass der Hochwasserschutz nicht allein durch technische Maßnahmen, sondern auch durch natürliche oder naturnahe Maßnahmen erfolgen soll. Dabei kommt den natürlichen Rückhalteflächen eine besondere Bedeutung zu. Die Entstehung von Hochwasser ist ein natürlicher Prozess, der von der Niederschlagsmenge und dem Rückhaltevermögen der Landschaft gesteuert wird. Im Seitenbereich des Flussbettes und in der Flussaue wird bei Überflutungen ein Teil des Wassers zwischengespeichert, was zu einer verzögerten und flacheren Hochwasserwelle führt. Erhalt, Entwicklung und Wiederherstellung natürlicher Überschwemmungsflächen und Rücknahme von Gewässerbegradigungen sind wesentlich zur Hochwasservorbeugung. Derzeit können nur rund ein Drittel der ehemaligen Überschwemmungsflächen von Flüssen bei großen Hochwasserereignissen überflutet werden, die übrigen Flächen sind durch Deichbau und andere Hochwasserschutzmaßnahmen verloren gegangen. Über 50 % der rezenten Auen und ca. 80 % der vom Überflutungsregime abgeschnittenen Altauen sind heute als stark oder sehr stark verändert einzustufen.[128] Sowohl für rezente Auen als auch für Altauen bestehen Potenziale für eine naturnahe Auenentwicklung. Eine nachhaltige Auenentwicklung führt bei vorausschauender fachübergreifender Planung zu wesentlichen Synergieeffekten in den Bereichen Hochwasserschutz, Gewässer- und Naturschutz, Schutz der biologischen Vielfalt und Anpassung an den Klimawandel.[129]

116 d) **Vorsorgender Grundwasserschutz und Niederschlags-Abflusshaushalt.** Maßnahmen des Naturschutzes und der Landschaftspflege sollen auch zu einem **vorsorgenden Grundwasserschutz** beitragen. Grundwasser bildet sich über einer wasserstauenden Bodenschicht (Grundwassersohle). Es füllt alle Hohlräume des Bodens mit Wasser, das nicht an die Bodenmatrix gebunden ist und nur dem hydrostatischen Druck unterliegt („freies Wasser"). Der Grundwasserstand unterliegt jahreszeitlichen Schwankungen und ist von Winter bis Frühjahr am höchsten. Wie die Oberflächengewässer wird auch das Grundwasser durch zahlreiche punktuelle und diffuse Schadstoff- und Nährstoffquellen qualitativ beeinträchtigt. Diffuse Einträge resul-

---

127 BMU, Auenzustandsbericht – Flussauen in Deutschland, 2009, S. 4.
128 *Brunotte* et al., Naturschutz und Biologische Vielfalt Bd. 87, S. 132.
129 BMU, Auenzustandsbericht – Flussauen in Deutschland, 2009, S. 5.

tieren vor allem aus dem Einsatz von Mineral- und Wirtschaftsdünger sowie Pflanzenschutz- und Schädlingsbekämpfungsmitteln in der Landwirtschaft.[130] Hauptproblem bei der Belastung des Grundwassers ist die Überschreitung des Grenzwertes der EU-Nitratrichtlinie von 50 mg NO_3/l.[131]

Aufgrund der Vorgaben der WRRL muss für das Grundwasser bis 2015 ein guter chemischer und mengenmäßiger Zustand erreicht werden.[132] Voraussetzung für das Erreichen eines guten Grundwasserzustands ist zudem, dass vom Grundwasser keine signifikanten Schädigung der mit dem Grundwasser in Verbindung stehenden Landökosysteme ausgehen.[133] Der **Erhalt grundwasserabhängiger Ökosysteme** ist daher ein wesentlicher Aspekt des vorsorgenden Grundwasserschutzes. Daher sind auch weiterhin Absenkungen des Grundwasserspiegels, die zu einer Zerstörung oder nachhaltigen Beeinträchtigung schutzwürdiger Biotope führen können, zu vermeiden, auch wenn die jetzige Regelung dies im Gegensatz zu § 2 Abs. 1 Nr. 4 Satz 2 BNatSchG 2002 nicht mehr explizit nennt. Die grundwasserabhängigen Ökosysteme lassen sich über die grundwasserabhängigen Biotoptypen bzw. Lebensraumtypen definieren, deren Biozönosen durch den Standortfaktor Grundwasser bestimmt werden. Dies ist in der Regel der Fall, wenn der Grenzflurabstand vom Boden bis zur Oberfläche des Grundwassers weniger als drei Meter beträgt. Dies entspricht etwa der Tiefe, bis zu der Pflanzen ihr Wasser noch direkt aus dem Grundwasser entnehmen können. Änderungen des Grundwasserspiegels (z.B. Grundwasserabsenkungen durch Grundwasserentnahmen oder Entwässerungsmaßnahmen) sind mit Änderungen im Wasserhaushalt verbunden, was eine Änderung der vom Grundwasserstand bestimmten Zusammensetzung der Pflanzengemeinschaften (Rückgang feuchtigkeitsliebender Arten) und der mit ihr assoziierten Tiergemeinschaften nach sich zieht. Bei der Entwässerung von Niedermooren tritt zudem noch eine starke Mineralisierung der Torfe auf, der freiwerdende Stickstoff fördert das Wachstum nährstoffliebender Pflanzen.

Zum vorsorgenden Grundwasserschutz tragen auch alle Ökosysteme bei, die sich positiv auf die Qualität und Quantität des Grundwassers auswirken. Waldökosysteme erhöhen durch das gute Filter- und Puffervermögens des Waldbodens z.b. die Qualität des Grundwassers. Durch die im Vergleich zum Wald höhere Versickerung weist Grünland zwar höhere Grundwasserneubildungsraten auf, es besteht aber auch ein höheres Grundwassergefährdungspotenzial durch den Eintrag von Nähr- und Schadstoffen. Erhalt und Förderung von extensiv genutztem Grünland verringert diese Gefahr und wirkt sich somit positiv auf den Grundwasserschutz aus.

Ein **ausgeglichener Niederschlags-Abflusshaushalt** soll auch durch Maßnahmen des Naturschutzes und der Landschaftspflege gefördert werden. Landnutzung und Vegetation wirken sich auf den Abfluss von Niederschlagswasser aus. Pflanzen fangen Niederschlagswasser ab (Interzeption), das dann von ihrer Oberfläche verdunsten kann. Durch diese Interzeption und durch den Wasserverbrauch der Pflanzen selbst, wird dem Kreislauf

---

130 SRU, Umweltgutachten 2004, Tz. 53.
131 SRU, Umweltgutachten 2008, Tz. 549.
132 Etwa 52% der Grundwasserkörper in Deutschland werden wahrscheinlich einen guten chemischen Zustand ohne weitere Maßnahmen erreichen, für 48% ist dies dagegen unsicher oder unwahrscheinlich. Das Erreichen eines guten mengenmäßigen Zustandes wird für 95% der Wasserkörper für das Jahr 2015 angenommen, SRU, Umweltgutachten 2008, Tz. 549.
133 Vgl. Anhang V 2.1.2 WRRL.

Wasser entzogen. Ebenso versickert ein Teil des Niederschlagswassers im Boden (Infiltration). Je höher die Infiltrationsrate ist (d.h. die Geschwindigkeit mit der Wasser in das Bodenprofil eindringen kann), desto weniger Niederschlag muss oberflächlich abfließen. Maßnahmen, die das Wasserspeicherungsvermögen des Bodens erhöhen, wirken sich daher positiv auf den Abflusshaushalt aus. Bedeutend ist ebenso der Erhalt oder die Schaffung von Retentionsflächen, die bei Hochwasserereignissen den Wasserrückhalt in der Fläche erhöhen und den Abfluss verzögern können.

5. Schutz von Luft und Klima (Nr. 4)

120 Nr. 4 entspricht im Wesentlichen dem bisherigen § 2 Abs. 1 Nr. 6, wurde aber um das Umweltmedium Luft erweitert, welches zuvor vom Begriff der „schädlichen Umwelteinwirkungen" des § 2 Abs. 1 Nr. 5 BNatSchG 2002 umfasst war. Der umfassende Schutz vor schädlichen Umwelteinwirkungen, der erst 2002 in das BNatSchG aufgenommen wurde und der neben Luftverunreinigungen auch Geräusche, Erschütterungen, Licht, Wärme, Strahlen und ähnliche Umwelteinwirkungen (§ 3 Abs. 2 BImSchG) umfasste, wurde nicht in die Neuregelung des BNatSchG übernommen. Der Schutz vor schädlichen Umwelteinwirkungen ist Gegenstand des BImSchG, soweit sie von Anlagen ausgehen.

121 a) **Maßnahmen zum Schutz von Luft und Klima.** Die Regelung zielt nicht auf den Schutz von Ökosystemen vor Luftverschmutzungen oder vor negativen klimatischen Auswirkungen ab, wie sie z.b. mit dem Klimawandel verbunden sein können, sondern verweist lediglich auf den möglichen Beitrag, den Maßnahmen des Naturschutzes und der Landschaftspflege zum Schutz von Luft und Klima leisten können. Insbesondere im städtischen Bereich können sich Pflanzungen positiv auf die **Luftqualität** auswirken, da Pflanzen Staub und gasförmige Verunreinigungen aus der Luft filtern können. Bepflanzungen haben in der Summe eine große Blattoberfläche, mit der sie – in unterschiedlichem Maße – Feinstaub und gasförmigen Verunreinigungen mittels Impaktion (z.B. Feinstaub) oder Absorption (z.B. Ozon, Stickoxide) filtern können.

122 Das Klima ist sowohl durch den mittleren Zustand als auch durch charakteristische Extremwerte der meteorologischen Größen (Luftdruck, Bewölkung, Temperatur, Niederschlag, Luftfeuchte, Wind, usw.) gekennzeichnet, die diese über einen längeren Zeitraum und über einem größeren Gebiet annehmen. Durch die Industrialisierung haben sich deutliche überregionale bzw. globale Änderungen im Stoffhaushalt der Atmosphäre ergeben. So stiegen die Konzentrationen von Kohlendioxid (CO_2) um ca. 30%, von Methan (CH_4) um 145% und von Distickstoffoxid (N_2O) weltweit um 15% gegenüber den vorindustriellen Werten an. Im Zusammenwirken mit anderen Treibhausgasen (z.B. Ozon, FCKW) führen sie zu einer globalen Erwärmung der Erdoberfläche. Die mittlere globale Lufttemperatur hat sich in den letzten 100 Jahren um 0,74 °C erhöht,[134] in Deutschland stieg die mittlere Jahrestemperatur im Zeitraum von 1901 bis 2006 um 0,9 °C.[135] Als Folgen des Klimawandels sind z.B. das Abtauen von Gletschern, das Auftauen von Permafrostböden, Verschiebungen von Lebensräumen bestimmter Tier- und Pflanzenarten in größere Höhen bzw. polwärts, das Einfliegen nicht heimi-

---

134 Intergovernmental Panel on Climate Change (2007): Climate Change 2007: Impacts, Adaptation and Vulnerability.
135 Deutsche Anpassungsstrategie an den Klimawandel (DAS), Beschl. des Bundeskabinetts v. 17.12.2008.

scher Insektenarten oder ein verändertes Brut- und Zugverhalten von Vögeln zu beobachten.[136]

Zum Schutz des Klimas können insbesondere Ökosysteme beitragen, die als CO_2-Senken fungieren können, z.b. Wälder, Moore und Dauergrünland bei einer entsprechend angepassten Nutzung. Dadurch wird CO_2 aus der Atmosphäre entzogen und im Ökosystem festgelegt. Das maximale Einsparungspotenzial durch Moorumnutzung in Deutschland liegt bei 35 Mio. t CO_2-Äquivalenten pro Jahr.[137] Die Renaturierung drainierter Moore kann so zugleich Naturschutz- als auch Klimaschutzmaßnahme sein. Bei hinreichender Größe kann ein wassergesättigtes Moor zudem über die Verdunstung kühlend auf das lokale Klima wirken und so zumindest lokal zur Abmilderung von Klimaextremen, wie starker Aufheizung im Sommer, beitragen.[138]

Maßnahmen des Naturschutzes und der Landschaftspflege sollen insbesondere zum Schutz des örtlichen Klimas beitragen; dies wird aus dem zweiten Halbsatz deutlich, der insbesondere auf **Flächen mit günstiger lufthygienischer oder klimatischer Wirkung** wie Frisch- und Kaltluftentstehungsgebiete oder Luftaustauschbahnen abhebt. Eingriffe in Natur und Landschaft, die sich negativ auf das Klima auswirken (Beseitigung von Wäldern und Hecken, Zubau von Frischluftschneisen) sollten daher vermieden werden, während sich positiv auswirkende Flächen zu erhalten sind. Luftaustauschbahnen (Frischluftschneisen) sind von besonderer Bedeutung für das Stadtklima, da sie für eine Frischluftzufuhr im Siedlungsraum sorgen. Sie sind daher von einer Bebauung möglichst freizuhalten. Eine Verbesserung des Stadtklimas kann auch der Erhalt und die Neuanlage von Grünzonen sowie die Begrünung von Fassaden bewirken.

b) Nachhaltige Energieversorgung, Nutzung erneuerbare Energien. Dem Aufbau einer nachhaltigen Energieversorgung insbesondere durch zunehmende Nutzung erneuerbarer Energien kommt eine besondere Bedeutung zu (Halbsatz 3). Die Verbrennung fossiler Energieträger ist ein Faktor für den Anstieg des CO_2-Gehalts in der Atmosphäre. Eine verstärkte Nutzung erneuerbarer Energien mindert den CO_2-Ausstoß und trägt so zur Reduktion der für die globale Erwärmung mitverantwortlichen Treibhausgase bei. Der Ersatz fossiler Brennstoffe durch erneuerbare Energien (Wind- und Wasserkraft, Sonnenenergie, Erdwärme, Biomasse) geschieht vorrangig aus Gründen des Klimaschutzes, trägt aber in Anbetracht der Auswirkungen eines Klimawandels auf den Naturhaushalt auch zum Schutz der Natur bei. Gleichzeitig bedeutet die vermehrte Nutzung erneuerbarer Energien, dass entsprechend § 1 Nr. 2 und § 2 Abs. 1 Nr. 2 die nicht erneuerbaren Ressourcen der fossilen Brennstoffe sparsamer und schonender als bisher genutzt werden können. Zur Erreichung der europäischen und nationalen Klimaschutzziele wird in der Europäischen Union ein Ausbau der Erneuerbaren Energien auf 20 % des Endenergieverbrauchs bis zum Jahr 2020 angestrebt.

Die Produktion erneuerbarer Energien kann konträr zu anderen Naturschutzbelangen sein. So kann sich z.B. die Errichtung von Windenergieanla-

---

[136] Eine Übersicht zu Klimawirkungen auf Pflanzen und Tiere findet sich in: Leuschner/Schipka, Vorstudie Klimawandel und Naturschutz in Deutschland, BfN-Skripten 115 (2004), 40 S., Bonn.
[137] *Freibauer* et al., Natur und Landschaft (2009): 20, 20.
[138] *Trepel*, Zur Bedeutung von Mooren in der Klimadebatte, LANU SH Jahresberichte 12 (2008), 61–74.

gen negativ auf das Landschaftsbild und die Tierwelt (insbesondere die Vogelwelt) auswirken. Auch der Ausbau von Fließgewässern zur Nutzung von Wasserkraft ist an vielen Stellen aus ökologischen Gründen nicht unproblematisch. Bei der Planung derartiger Energieanlagen sind die übrigen Belange des Naturschutzes im Rahmen der Eingriffsregelung abzuwägen und zu berücksichtigen.

127 Die Produktion von Biomasse entfaltet in Deutschland die größte Flächenwirksamkeit unter den erneuerbaren Energieträgern.[139] Obwohl bereits 17 % der Ackerflächen zum Anbau von Energie- und Industriepflanzen verwendet werden,[140] steigt der Flächenbedarf weiter an. Dabei steht der Biomasseanbau nicht nur in Konkurrenz zur Nahrungsmittelproduktion auf Ackerflächen, sondern konkurriert auch um Flächen, die aus Naturschutzsicht von hohem Wert sind, wie z.b. Brachen, auch extensives Grünland- und Grenzertragsstandorte. Allein 2008 wurde die Hälfte der brachliegenden Flächen wieder in Nutzung genommen.[141] Der Anbau nachwachsender Rohstoffe erfolgt häufig in großflächigen Monokulturen, führt zur Intensivierung der Nutzung und berücksichtigt Anforderungen an einen schonenden Umgang mit der Landschaft kaum.[142] Die regional starke Konzentration auf einzelne Energiepflanzenarten wie Mais (wegen der hohen Energieausbeute in Biogasanlagen) sowie Raps (wegen der besonderen Eignung zur Biodieselerzeugung) hat in verschiedenen Regionen bereits zur Verengung der Fruchtfolgen geführt, die den Verlust an Kulturartenvielfalt weiter vorantreiben. Auch eine Intensivierung der Grünlandnutzung zur Produktion von Gras-Silage als Koferment von Biogasanlagen zerstört sensible Biotope durch erhöhte Nährstoffzufuhr und gesteigerte Schnitthäufigkeit trägt zur Verringerung der Artenvielfalt bei.[143]

128 Der dritte Halbsatz, der dem Aufbau einer nachhaltigen Energieversorgung insbesondere durch zunehmende Nutzung erneuerbarer Energien eine besondere Bedeutung zuschreibt, wurde durch den Änderungsantrag 1 in das Gesetz aufgenommen, um die besondere Bedeutung einer nachhaltigen Energieversorgung für den Klimaschutz wie im geltenden Recht (§ 2 Abs. 1 Nr. 6 BNatSchG 2002) ausdrücklich hervorzuheben.[144] Zweifelsohne ist der Ausbau der erneuerbaren Energien ein wichtiger Beitrag zum Klimaschutz, angesichts der bestehenden Probleme gerade bei der Biomasseproduktion wird es daher darum gehen müssen, dass der Anbau der nachwachsenden Rohstoffe naturverträglich erfolgt.

6. Wild lebende Tiere und Pflanzen (Nr. 5)

129 Nr. 5 ist aus dem bisherigen Grundsatz Nr. 9 hervorgegangen. Der Schutz der Tier- und Pflanzenwelt einschließlich ihrer Lebensräume ist ein zentrales Naturschutzziel. Hervorgehoben wird dies bereits in Abs. 1 durch die Vorgabe, die biologische Vielfalt auf Dauer zu sichern sowie durch die Konkretisierungen in Abs. 2. Wenn nun in Abs. 3 Nr. 5 der Schutz von Arten, ihrer Lebensgemeinschaften sowie ihrer Biotope und Lebensstätten nochmals im Hinblick auf ihre jeweiligen Funktionen im Naturhaushalt aufgriffen

---

139 Deutscher Rat für Landespflege (2006), 13.
140 BMU, Erneuerbare Energien – Innovationen für eine nachhaltige Energiezukunft, 2009, S. 105.
141 Statistisches Bundesamt 2008: Land- und Forstwirtschaft, Fischerei – Bodennutzung der Betriebe, in: Fachserie 3, Reihe 3.1.2.
142 *Lutz*, Erneuerbare Energien im Spannungsfeld zur Erhaltung der Biodiversität, in: Deutscher Naturschutzring DNR [Hrsg.]: Fachgespräch Erneuerbare Energien und Naturschutz, 2008, 4/8.
143 *Wiersbinski* et al., Vilmer Thesen zur „Biomasseproduktion", 2007, S. 7.
144 BT-Drs. 16/13430, S. 16.

wird, so betont dies den hohen Stellenwert, der dem Artenschutz im Rahmen von Naturschutz und Landschaftspflege zukommt. Konkrete Regelungen zum Artenschutz sind Gegenstand von Kapitel 5 (§§ 37 ff.).

Der Grundsatz verpflichtet zum Schutz aller wild lebenden Tiere und Pflanzen sowie ihrer Lebensgemeinschaften[145] und zwar aus ihrer Bedeutung als Naturhaushaltsbestandteil heraus. Zudem besteht ein überragendes Interesse der Allgemeinheit daran, dass die durch Zivilisationseinflüsse ohnehin gefährdete Artenvielfalt nicht nur in der Gegenwart, sondern auch für kommende Generationen erhalten bleibt.[146] Die Regelung zielt sowohl auf den Schutz der natürlichen als auch der historisch gewachsene Artenvielfalt ab, auch wenn im Gegensatz zur Vorgängerregelung nicht mehr ausdrücklich darauf abgestellt wird. So sind die Ackerwildkräuter ein Beispiel dafür, wie durch frühere Landbewirtschaftungsformen eine Artenvielfalt gefördert wurde, die heute vom Aussterben bedroht und Gegenstand von Artenschutzmaßnahmen (z.B. Ackerrandstreifenprogramme) ist. Traditionelle Wirtschaftsformen können dazu beitragen, die historisch gewachsene Artenvielfalt zu erhalten, zu pflegen und zu entwickeln.

Vor dem Hintergrund, dass die Zerstörung von Biotopen als die Hauptursache für den anhaltenden Artenschwund gilt,[147] kommt dem Biotopschutz als Mittel des Artenschutzes größte Bedeutung zu. Daher wird ausdrücklich die Notwendigkeit betont, auch die Biotope und Lebensstätten wild lebender Tiere und Pflanzen zu erhalten. Dies schließt selbstverständlich auch ihre sonstigen Lebensbedingungen (z.B. Nahrungsangebot, Nist-, Brut-, Überwinterungsstätten, aber auch Schutz vor Beeinträchtigungen durch Lärm oder Luftverunreinigung) ein, da nur so ein längerfristiges Überleben der Arten gewährleistet werden kann. Dieser Passus aus der Vorgängerregelung ist daher eigentlich überflüssig und wurde daher nicht in die Neufassung übernommen. Neben der Aufrechterhaltung des Status quo (Schutz und Pflege) soll auch die Verbesserung des bestehenden Biotopzustandes (Entwicklung) oder die Rückführung in einen früher vorhandenen Naturzustand (Wiederherstellung) angestrebt werden.[148] Der Biotopschutz erstreckt sich auch auf künstlich geschaffene Biotope, und zwar im gleichen Umfang wie auf die ohne menschliches Zutun entstandene Natur.[149]

Neben den Regelungen in Kapitel 5 (Artenschutz, §§ 37 ff.) erfolgt die Verwirklichung der Vorgaben durch die Errichtung eines Biotopverbunds (§ 21), durch Landschaftsplanung (§§ 8 ff.), die Eingriffsregelung (§§ 13 ff.) sowie durch Maßnahmen des Flächen- und Objektschutzes (§§ 22 ff.).

7. Entwicklung sich selbst regulierender Ökosysteme (Nr. 6)

Zur dauerhaften Sicherung der Leistungs- und Funktionsfähigkeit des Naturhaushalts soll auch der Entwicklung sich selbst regulierender Ökosysteme Zeit und Raum gegeben werden. Diese Regelung wurde neu in das

---

145 Dabei genießen alle wild lebenden Tiere und Pflanzen einen Mindestschutz nach § 39.
146 BVerfG, Urt. v. 3.11.1982 – 1 BvL 4/78, NuR 1983, 151.
147 Standortzerstörung ist z.B. die Gefährdungsursache bei 66 % der ausgestorbenen und gefährdeten Pflanzenarten.
148 Die Begriffe „schützen" und „erhalten" schließen immer zugleich auch die Pflege, die Entwicklung und, soweit erforderlich, die Wiederherstellung von Natur und Landschaft mit ein, BT-Drs. 16/12274, S. 50.
149 BGH, Urt. v. 20.11.1992 – V ZR 82/91, NuR 1993, 188 und § 30 Rdnr. 21.

BNatSchG aufgenommen und steht in engem Zusammenhang mit Abs. 2 Nr. 3, letzter Halbsatz, wonach bestimmte Landschaftsteile der natürlichen Dynamik überlassen bleiben sollen. „Sich selbst regulierend" ist ein Ökosystem, wenn es sich aufgrund natürlich ablaufender Prozesse und ohne lenkende Eingriffe des Menschen langfristig in einem dynamischen Gleichgewicht befindet.

134 Die Fähigkeit zur Selbstregulation weisen nur natürliche und naturnahe Ökosysteme auf. Hierzu zählen z.b. Nord- und Ostsee, Wälder, Fließgewässer, Moore und Felsökosysteme. Voraussetzung ist, dass der möglichst ungestörte Ablauf der Prozesse in ihrer natürlichen Dynamik gewährleistet ist. Prozesse sind dabei definiert als „Veränderungen von Größen, Zuständen und/oder Interaktionen in ökologischen Systemen und zwar physiogener (abiotischer) und/oder biotischer Art entlang der Zeitachse.[150] Häufig werden solche Prozesse durch Störungen ausgelöst, die sowohl auf der Makroskala (Hochwasser, Sturmereignisse, usw.) als auch im meso- und mikroskaligen Bereich (z.b. Wühltätigkeit von Säugetieren, selektiver Fraß) erfolgen können. Neben der Dynamik in den Biozönosen wirken auch Strahlungs-, Klima-, Stoff-, Morpho-, Pedo- und Hydrodynamik auf die ökologischen Systeme ein.[151] Unterbleiben Eingriffe durch den Menschen, so können sich auf geeigneten Flächen aus anthropogen geprägten Ökosystemen durch Sukzessionsprozesse längerfristig wieder naturnahe, sich selbst regulierende Ökosysteme entwickeln. Je nach Ökosystem sind hierbei unterschiedliche Ansprüche an den Raum zu berücksichtigen und ggf. geeignete räumliche Voraussetzungen zu schaffen (z.B. durch Entschneidungsmaßnahmen, Deichrückverlagerungen oder Rückbau von Ufersicherungen).

V. Dauerhafte Sicherung der Vielfalt, Eigenart und Schönheit sowie des Erholungswertes von Natur und Landschaft (Absatz 4)

1. Allgemeines

135 Abs. 4 konkretisiert Abs. 1 Nr. 3. Zur dauerhaften Sicherung der Vielfalt, Eigenart und Schönheit sowie des Erholungswerts von Natur und Landschaft ist zum einen die Bewahrung der Natur- und Kulturlandschaft (Nr. 1), zum anderen der Schutz und die Zugänglichmachung von Erholungsflächen (Nr. 2) notwendig.

2. Bewahrung von Naturlandschaften und historisch gewachsenen Kulturlandschaften (Nr. 1)

136 Abs. 4 Nr. 1 greift den Grundsatz des § 2 Abs. 1 Nr. 14 BNatSchG 2002 auf und dehnt ihn auch auf die Naturlandschaften aus. Er dient damit nun umfassender als bisher dem Landschaftsschutz, wobei der Erhalt von historisch gewachsenen Kulturlandschaften die Bewahrung der darin enthaltenen Kultur-, Bau- und Bodendenkmäler einschließt.

137 a) **Naturlandschaften.** Naturlandschaften sind von unmittelbaren menschlichen Aktivitäten unbeeinflusst gebliebene Landschaften, die lediglich auf dem Zusammenwirken der derzeit herrschenden naturbedingten ökologischen Faktoren beruhen.[152] Natürliche, d.h. vom Menschen nicht beein-

---

150 *Jedicke*, Naturschutz und Landschaftsplanung 1998, 229.
151 *Jedicke*, in: Willig (Hrsg.), Mitt. der Hess. Landesforstverw. 38 (2002), 153/157.
152 BMU, Nationale Strategie zur biologischen Vielfalt, 2007, S. 171.

flusste Ökosysteme sind weltweit praktisch nicht mehr existent, da selbst in den entlegensten Gegenden Spuren von Emissionen nachweisbar sind. Zu den Naturlandschaften zählen daher auch naturnahe, d.h. vom Menschen nur wenig beeinflusste Ökosysteme, die sich auch ohne Zutun des Menschen in sehr ähnlicher Weise entwickeln würden. Naturnahe Ökosysteme nehmen in Deutschland ca. 3 % der Fläche ein, hierzu zählen z.b. Watten, Salzwiesen, Steilküsten, alpine Biotope, Hoch- und Zwischenmoore sowie naturnahe Stillgewässer.[153] Der Schutz naturnaher Ökosysteme erfolgt insbesondere in Nationalparken (§ 24 Abs. 1–3) sowie in den Kerngebieten von Biosphärenreservaten (§ 25). Auch die neu in das BNatSchG aufgenommene Flächenschutzkategorie des Nationalen Naturmonuments (§ 24 Abs. 4) strebt vorrangig den Schutz von Naturerscheinungen und der dazugehörigen Naturlandschaft an.

b) Historisch gewachsene Kulturlandschaften. Der Grundsatz des § 2 Abs. 1 Nr. 14 BNatSchG 2002 bezog sich auf historische Kulturlandschaften und -landschaftsteile, die Neuregelung stellt auf **historisch gewachsene Kulturlandschaften** ab. In der Sache hat sich dadurch keine Änderung ergeben, allerdings wird durch die jetzt gewählte Formulierung deutlicher hervorgehoben, dass historische Kulturlandschaftsteile in der Regel in eine gewachsene Landschaft eingebunden sind und sich der Schutz nicht nur auf die historischen Elemente selbst beschränken muss, sondern die historisch gewachsene Kulturlandschaft als Ganzes – inklusive des Nebeneinanders alter und aktueller Nutzungsformen – schützenswert ist. Eine „besondere Eigenart", wie sie § 2 Abs. 1 Nr. 14 BNatSchG 2002 forderte, wird nun nicht mehr vorausgesetzt. Neben der Eigenart kommen auch die Vielfalt, Schönheit und der Erholungswert von Natur und Landschaft als Gründe für die Bewahrung der historisch gewachsenen Kulturlandschaft in Betracht.

Eine Kulturlandschaft ist eine vom Menschen gestaltete Landschaft, die aus religiösen, politischen, sozialen oder wirtschaftlichen Gründen verändert wurde. Die historische Kulturlandschaft ist ein Ausschnitt aus der aktuellen Kulturlandschaft, der sehr stark durch historische Elemente und Strukturen, in Verbindung mit der charakteristischen Eigenart geprägt wird. Dabei können Elemente aus unterschiedlichen Zeiten nebeneinander und in Wechselwirkung miteinander vorkommen. Strukturen und Elemente einer Kulturlandschaft sind dann historisch, wenn sie in der heutigen Zeit aus wirtschaftlichen, sozialen, politischen oder ästhetischen Gründen nicht mehr in der vorgefundenen Weise geschaffen würden, sie also aus einer abgeschlossenen Geschichtsepoche stammen. Sie geben Zeugnis vom Umgang früherer Generationen mit Natur und Landschaft.

Die Erhaltung der historisch gewachsenen Kulturlandschaft ist:
- aus kulturgeschichtlichen Gründen,
- aus ökologischen Gründen (z.B. Schutz von Biotopen bedrohter Pflanzen- und Tierarten) sowie
- zur Erhaltung der Eigenart und Erlebniswirksamkeit der Landschaft sowie der Heimatverbundenheit der ansässigen Bevölkerung
notwendig.[154]

Aus Sicht von Naturschutz und Landschaftspflege sind erhaltungswürdige historische Landschaftselemente z.B. historische Flurformen, Hecken, Bäume von historischer Bedeutung („Gerichts-Eiche"), Dorfteiche, Rieselwiesen, Almwiesen, Streuobstwiesen, Weinbergterrassen, Wälle und Natur-

---

153 *Dahl* et al., Arten-, Biotop- und Landschaftsschutz. Umweltschutz – Grundlagen und Praxis Bd. 8, 2000.
154 BT-Drs. 8/3716, S. 7.

steinmauern, Wallhecken, Hohlwege und Knicks.[155] Viele dieser historischen Landschaftselemente sind auf Grund ihres Wertes als Rückzugsgebiete für Tier- und Pflanzenarten sowie aus kulturhistorischen Gründen schützenswert.

142 Schutzwürdig können auch solche historisch gewachsenen Kulturlandschaften sein, die geschützte oder schützenswerter Kultur-, Bau- und Bodendenkmäler[156] einschließen. Dabei ist der **Umgebungsschutz** der genannten Denkmäler nicht im allgemeinen – und damit in die Kompetenz des Denkmalschutzrechts der Länder fallenden – Sinne, sondern nur insoweit von den Grundsätzen des BNatSchG umfasst, als es gleichzeitig auch um den Schutz der für den Naturschutz wichtigen Flächen geht. Der Schutz der Denkmäler selbst unterliegt dem Denkmalschutzrecht, der Umgebungsschutz ist aber oftmals unerlässlich, um die Eigenart oder Schönheit des Denkmals wirksam zu erhalten und die historische oder gegenwärtige Funktion zum Ausdruck zu bringen.[157]

143 c) **Bewahrung vor Verunstaltung, Zersiedelung und sonstigen Beeinträchtigungen.** Die Naturlandschaften und die historisch gewachsenen Kulturlandschaften sind vor Verunstaltung, Zersiedelung und sonstigen Beeinträchtigungen zu bewahren. Der Begriff „Verunstaltung" bezieht sich auf das Landschaftsbild. Sie liegt vor, wenn die ursprüngliche Eigenart der Landschaft in einer dem Schutzzweck widersprechenden Weise verändert wird[158] oder ein Vorhaben dem Landschaftsbild in ästhetischer Sicht grob unangemessen ist und auch von einem für ästhetische Eindrücke offenen Betrachter als belastend empfunden wird.[159] Eine Verunstaltung kann z.B. durch die Beseitigung oder Veränderung eines die Natur- oder Kulturlandschaft prägenden Landschaftselements oder durch die Errichtung technischer Bauwerke entstehen, die sich nicht in die Umgebung einfügen und daher als Fremdkörper empfunden werden. Ebenso kann das Inkulturnehmen einzelner Flächen inmitten einer Naturlandschaft verunstaltend wirken, wenn dadurch die Landschaft nicht mehr als „unberührt" empfunden wird. Zersiedelung ist die durch die Siedlungstätigkeit des Menschen zunehmende mosaikartige Durchsetzung eines zusammenhängenden Landschaftsraumes (z.B. mit Siedlungen, Nutzflächen und Infrastruktur). Die zunehmende Zersiedelung der Landschaft[160] kann sowohl das Landschaftsbild beeinträchtigen als auch – z.B. durch Zerschneidungswirkungen oder Verlärmung – sich negativ auf die biologische Vielfalt oder den Erholungswert einer Landschaft auswirken. Die Naturlandschaften und die historisch gewachsenen Kulturlandschaften sind auch vor sonstigen Beeinträchtigungen zu bewahren.

3. Erholungsvorsorge (Nr. 2)

144 Nach Nr. 4 Abs. 2 sind zum Zweck der Erholung in der freien Landschaft nach ihrer Beschaffenheit und Lage geeignete Flächen vor allem im besiedel-

---

155 Weitere Beispiele bei *Gassner*, in: Gassner/Schmidt-Räntsch/Bendomir-Kahlo, BNatSchG, § 2 Rdnr. 55.
156 Bodendenkmäler sind z.B. Hügelgräber, Burgwälle, Steindenkmäler, Landwehre, Schanzen.
157 BT-Drs. 8/3716, S. 7.
158 VGH Mannheim, Urt. v. 29.1.1979 – I 2327/77, NuR 1982, 21.
159 BVerwG, Urt. v. 15.5.1997 – 4 C 23/95, NVwZ 1998, 58.
160 Für Siedlungs- und Verkehrsfläche werden täglich ca. 104 ha in Anspruch genommen (Stand: 2008), Statistisches Bundesamt, Nachhaltige Entwicklung in Deutschland – Indikatorenbericht 2010, S. 14.

ten und siedlungsnahen Bereich zu schützen und zugänglich zu machen. Diese Formulierung entspricht im Wesentlichen § 2 Abs. 1 Nr. 13 Sätze 4 und 5 BNatSchG 2002. Da die Erholung durch Naturgenuss und Naturerlebnis geschieht, wird nun im Gegensatz zu dem bisherigen Grundsatz in § 2 Abs. 1 BNatSchG 2002 nicht mehr zwischen Erlebnis- und Erholungsraum differenziert. Auch wird nicht mehr gesondert herausgestellt, dass eine natur- und landschaftsverträgliche sportliche Betätigung in der freien Natur unter den Begriff der Erholung i.S.v. Abs. 4 Nr. 2 fällt. Natur- und landschaftsverträglich sind Erholung und sportliche Betätigung dann, wenn sie keine Beeinträchtigung der Leistungs- und Funktionsfähigkeit des Naturhaushalts und des Landschaftsbildes hervorrufen und wenn sie der Verwirklichung der Ziele und Grundsätze nicht zuwiderlaufen.[161] Sportliche Betätigungen in der freien Natur dienen in der Regel der Erholung sowie dem Natur- und Landschaftserlebnis. Werden bei ihrer Ausübung die Vorgaben des § 2 BNatSchG eingehalten, sind sportliche Betätigungen natur- und landschaftsverträglich, es sei denn sie

– widersprechen den zum Schutz von Biotopen und Tier- und Pflanzenarten erlassenen rechtlichen Vorschriften,
– beeinträchtigen erheblich die Vielfalt, Eigenart und Schönheit von Natur und Landschaft und mindern den Erlebnis- und Erholungswert,
– stören durch Lärm oder andere Einflüsse die Erholungsfunktion der Landschaft erheblich,
– verursachen Stoffeinträge oder physikalische Belastungen, welche die Selbstregulationskraft des betroffenen Ökosystems übersteigen,
– stören wild lebende Tiere so, dass Auswirkungen auf die Reproduktion und Stabilität der betroffenen Populationen zu vermuten sind,
– verändern den Lebensraum von heimischen Tieren und Pflanzen so, dass diese in ihrem Fortbestand gefährdet werden,
– erfolgen mittels Verbrennungsmotoren.[162]

a) **Geeignete Erholungsflächen.** Eine Erholung kann nur dort stattfinden, wo in ausreichendem Maß Erholungsflächen zur Verfügung stehen. Die Flächen müssen sowohl hinsichtlich ihrer Beschaffenheit als auch ihrer Lage für Erholungszwecke geeignet sein. Die Beschaffenheit der Fläche bestimmt die Erlebnis- und Erholungsqualität, wobei Vielfalt, Eigenart und Schönheit der Landschaft die wertgebenden Kriterien sind. Vielfalt, Eigenart und Schönheit bestimmen maßgeblich das Landschaftsbild, und damit den optisch-ästhetischen Eindruck, den eine Landschaft vermittelt. Der Erholungswert von Natur und Landschaft ist eng mit einem intakten, durch Vielfalt, Eigenart und/oder Schönheit geprägten Landschaftsbild verknüpft. Die Erholungsqualität der Landschaft wird durch die das Landschaftserlebnis ausmachenden ästhetischen Momente (charakteristische Landschaftsstrukturen) und die das Wohlbefinden und die Gesundheit fördernden Vorzüge der freien Natur (reine Luft, sauberes Wasser, Ruhe[163] usw.) bestimmt.[164]

Das Naturerlebnis ist bei natürlichen, naturnahen und halbnatürlichen Ökosystemen bzw. Ökosystemkomplexen in besonderem Maße gegeben, eine Inanspruchnahme derartiger Flächen durch Erholungssuchende kann

---
161 BT-Drs. 14/6378, S. 37.
162 Beirat für Umwelt und Sport beim Bundesministerium für Umwelt, Naturschutz und Reaktorsicherheit, Fachliche Erläuterung zum Begriff der Natur- und Landschaftsverträglichkeit sportlicher Betätigungen in der freien Natur, 2001.
163 VG Schleswig, Urt. v. 25.6.1976 – 3 A 18/75: Der Naturgenuss ist das Vergnügen, fernab vom Lärm die Ruhe der Natur genießen zu können.
164 BT-Drs. 14/6378, S. 36 f.

aber zu Zielkonflikten innerhalb des Naturschutzes führen, z.B. wenn der Besucherdruck die Ziele des Arten- und Biotopschutzes gefährdet. Um für Erholungszwecke geeignet zu sein, genügt es somit nicht, dass die Fläche aus der Sicht der Erholungsvorsorge für den konkreten Erholungszweck verwendbar ist; sie muss die Erholungsnutzung auch verkraften können.[165] Im Rahmen des Naturschutzes und der Landschaftspflege beschränkt sich daher eine Bereitstellung geeigneter Flächen auf solche, die einer „natur- und landschaftsverträglichen" Erholung zugute kommen.[166] Der Lage nach geeignet sind Flächen, die eine leichte Erreichbarkeit aufweisen, wobei dies insbesondere für die Naherholung wichtig ist, während bei der Ferienerholung auch weitere Anfahrtswege in Kauf genommen werden.

147 Auch für die Erholung durch natur- und landschaftsverträgliche sportliche Betätigungen sind nach ihrer Lage und Beschaffenheit geeignete Flächen erforderlich. Ob sich bestimmte Flächen für die Ausübung natur- und landschaftsverträglicher Sportarten eignen, ist im Einzelfall zu prüfen. Probleme ergeben sich zunehmend daraus, dass sich die sportliche Freizeitnutzung auch auf Gebiete erstreckt, die aus der Sicht des Arten- und Biotopschutzes besonders schützenswert sind. Beispiele für derartige Konflikte sind der expandierende Segelsport an der deutschen Ostseeküste, der Konflikt zwischen dem Schutz des Uhus und dem Klettersport[167] oder der Konflikt zwischen Paddelsport und Biotopschutz im Bereich der Uckermärkischen Seen.[168]

148 b) **Schutz von Erholungsflächen.** Für Erholungszwecke geeignete Flächen sind zu schützen. Pflege und Gestaltung werden in Abs. 4 Nr. 2 nicht mehr explizit genannt, da nach § 1 Abs. 1 letzter Halbsatz unter den Begriff „Schutz" auch Pflege und Entwicklung fallen.

149 Eine das ästhetische Empfinden ansprechende, abwechslungsreiche Landschaft hat einen höheren Erlebniswert als eine monotone. Der Erlebniswert einer Landschaft ist umso größer, je unterschiedlicher der Aufbau der sie bildenden Einzelräume und die Abfolge verschiedenster Landschaftselemente ist. Dabei bestimmt sich der Erlebniswert auch aus der mit den Landschaftsstrukturen und -elementen verbundenen charakteristischen Tier- und Pflanzenwelt. So besitzt z.B. ein von Kröten, Molchen und Libellen besiedelter, vegetationsreicher Tümpel einen höheren Erlebnis- und Erholungswert als ein unbesiedeltes oder nur spärlich besiedeltes Stillgewässer. Zum Schutz der Erholungsflächen sind daher auch solche Maßnahmen zu vermeiden, die zu einer Beeinträchtigung des Erlebnis- und Erholungswerts führen können. Das bedeutet einerseits, dass das Entfernen von Landschaftsstrukturen und Elementen (Ausräumung der Landschaft) zu unterbleiben hat und andererseits auch, dass die erforderliche Größe und Beschaffenheit von Erholungsflächen erhalten bleiben muss. Ebenso sind Pflege-, Gestaltungs- und Erschließungsmaßnahmen nur in dem Umfang sinnvoll, wie sie den Erholungswert der Landschaft erhalten oder verbessern. Ein sich über die Eigenart der natürlichen Umgebung und die vorhandenen natürlichen Ressourcen hinwegsetzender Ausbau touristischer Infrastrukturen nimmt letztlich der Natur die Eignung als Erlebnis- und Erholungsraum.[169] Die Pflege von Erholungsflächen dient dem Erhalt und ggf. der Verbesserung des bestehenden Zustandes. Sie zielt darauf ab, den Erlebnis- und Erholungswert

---

165 *Louis*, BNatSchG, § 2 Rdnr. 28.
166 BT-Drs. 14/6378, S. 36 f.
167 Vgl. *Dahlbeck/Breuer*, NuL 2001, 1.
168 *SRU*, Sondergutachten 2002, BT-Drs. 14/9852, Tz. 21.
169 BT-Drs. 14/6378, S. 36.

der Landschaft durch entsprechende Pflegemaßnahmen zu erhalten. Bei einer Gestaltung von Flächen wird Bestehendes verändert, mit dem Ziel, den Erlebnis- und Erholungswert zu steigern. Hierzu gehören z.b. die Anlage von landschaftsgliedernden Strukturen, die Zonierung der Flächen nach Schutzwürdigkeit gegenüber dem Erholungsverkehr, die Anlage von Wand-, Rad- und Reitwegen, ggf. auch von Aussichtspunkten oder Maßnahmen zur Besucherführung.[170]

Der Schutz von Erholungsflächen kann z.b. durch eine Schutzgebietsausweisung erfolgen, und zwar insbesondere als Naturpark (§ 27) oder Landschaftsschutzgebiet (§ 26). Erholung durch naturverträglichen Tourismus ist auch Ziel des Biosphärenreservats (§ 25), ebenso kann sie in den weniger sensiblen Bereichen eines Nationalparks stattfinden. Ein Schutz der Erholungsflächen kann auch durch Verhängung von Bauverboten sowie einer Vielzahl von Ordnungsmaßnahmen erfolgen.[171]

c) **Zugänglichkeit.** Von der in der Vorgängerregelung des § 2 Abs. 1 Nr. 13 Satz 4 BNatSchG 2002 enthaltenen Forderung, Erholungsflächen „zugänglich zu erhalten" und „zugänglich zu machen", wurde in der Neuregelung lediglich letztere übernommen, da das Zugänglichmachen selbstverständlich auch den Erhalt dieses Zugangs einschließt. Eine Erschließung von Erholungsflächen, wie sie § 2 Abs. 1 Nr. 11 BNatSchG 1976 und 1998 noch vorsah, wurde bereits in der Regelung des BNatSchG 2002 nicht mehr gefordert. Erschließungen sind daher auf das notwendige Maß zu beschränken. Sowohl bei der Binnenerschließung durch Erholungseinrichtungen als auch bei der Außenerschließung durch entsprechende Verkehrsanbindungen ist nun eine gewisse Zurückhaltung geboten. Zugänglich ist eine Erholungsfläche dann, wenn für sie ein Betretungsrecht und zugleich auch eine entsprechende Erreichbarkeit besteht. Das Betretungsrecht regeln § 59 BNatSchG (Betreten der freien Landschaft) und § 14 BWaldG (Betreten des Waldes) bzw. ggf. abweichende oder ergänzende Regelungen der entsprechenden Landesgesetze. Dies kann auch mit einer Beschränkung des privaten Grundeigentums verbunden sein, welche der Grundstückseigentümer auf Grund der Sozialpflichtigkeit des Eigentums i.d.R. entschädigungslos hinzunehmen hat. Zur Gewährleistung der Erreichbarkeit von Erholungsgebieten sind im notwendigen Umfang Straßen, Wege, Parkplätze, usw. zu unterhalten oder neu zu schaffen.

d) **Bereitstellung im besiedelten und siedlungsnahen Bereich.** Vordringlich ist die Bereitstellung von für die Kurz- und Naherholung geeigneten ausreichenden Flächen im siedlungsnahen Bereich, um den Druck auf noch unberührte Landschaften zu begrenzen.[172] Ein wichtiges Kriterium für siedlungsnahe Erholungsflächen ist ihre (schnelle) Erreichbarkeit, weshalb die absoluten Ansprüche an die natürliche Qualität der entsprechenden Gebiete zwangsläufig relativiert werden.[173] Bund, Länder und Gemeinden haben entsprechend § 62 für die Erholung geeignete Flächen in angemessenem Umfang zur Verfügung zu stellen.

---

170 *Gassner*, in: Gassner/Schmidt-Räntsch/Bendomir-Kahlo, BNatSchG, § 2 Rdnr. 51.
171 *Meßerschmidt*, Bundesnaturschutzrecht, § 1 Rdnr. 119.
172 BT-Drs. 14/6378, S. 36.
173 Vgl. *Carlsen/Fischer-Hüftle*, NuR 1993, 313.

VI. Großflächige, weitgehend unzerschnittene Landschaftsräume (Absatz 5)

1. Allgemeines

153 Abs. 5 formuliert in Satz 1 das allgemeine Ziel, großflächige, weitgehend unzerschnittene Landschaftsräume vor einer weiteren Zerschneidung zu bewahren.[174] Diese Räume sind angesichts der fortschreitenden Landschaftszerschneidung und Landschaftsfragmentierung und der damit verbundenen negativen Auswirkungen für die Schutzgüter des BNatSchG von besonderer Bedeutung für den Schutz von Natur und Landschaft; dem trägt Satz 1 Rechnung. Im Übrigen nimmt die Regelung den Grundsatz aus § 2 Abs. 1 Nr. 12 BNatSchG 2002 auf und ergänzt ihn um den Aspekt des Vorrangs der Bebauung von Flächen im Innenbereich vor der Inanspruchnahme von Freiflächen im Außenbereich (Satz 2). Satz 4 übernimmt wörtlich den bisherigen Grundsatz des § 2 Abs. 1 Nr. 7 BNatSchG 2002 zu Aufsuchen und Gewinnung von Bodenschätzen, Abgrabungen und Aufschüttungen.

2. Schutz vor Zerschneidung (Satz 1)

154 Der mit zunehmendem Verkehrsaufkommen verbundene Ausbau von Verkehrswegen führt zu einer immer noch steigenden Inanspruchnahme von Freiflächen und damit auch zu einer fortschreitenden Zerschneidung von Landschaftsräumen. Die mit einer Landschaftszerschneidung verbundenen Konsequenzen sind vielfältig, es tritt z.B. eine Zerteilung von zuvor unzerschnittenen verkehrsarmen Räumen, eine Isolierung und Verkleinerung von Habitaten, die Barrierewirkung von Straßen und anderen linienhaften Infrastrukturanlagen für Tiere, eine Verlärmung von Erholungsgebieten, die Dezimierung von Tierpopulationen durch Kollision mit Fahrzeugen oder Energieleitungen auf. Neben dem direkten Flächenbedarf durch die Infrastrukturanlage (z.B. Straßenbreite) ist auch die indirekte Flächeninanspruchnahme (z.B. durch stoffliche, akustische oder klimatische Wirkungen) nicht unerheblich. Je nach Wirkung liegen die räumlichen Reichweiten für straßenbedingte Wirkungen zwischen 50 m und 2000 m zu jeder Seite.[175]

155 Räume mit geringer Zersiedelung, Zerschneidung und Verlärmung stellen eine endliche Ressource dar, die es zu schonen gilt. Daher hat die UMK bereits 2004 die Landschaftszerschneidung als einen von 24 umweltbezogenen Nachhaltigkeitsindikatoren beschlossen. Der Indikator misst das Ausmaß der Zerschneidung der Landschaft durch technische Elemente, von denen Störungen für wild lebende Tiere sowie für Naturerleben und Erholungseignung ausgehen. Als technische Elemente, die die Landschaft zerschneiden, werden für diesen Indikator auf der Landes- und Bundesebene berücksichtigt:
– Straßen ab einer Verkehrsstärke von 1000 Kfz / 24 h (BAB, Bundes- und Landesstraßen, Kreisstraßen, soweit Zähldaten vorliegen),
– zweigleisige Bahnstrecken und eingleisige elektrifizierte Bahnstrecken,
– Ortslagen,
– Flughäfen,
– Kanäle mit dem Status einer Bundeswasserstraße der Kategorie IV oder größer.

---

[174] BT-Drs. 16/12274, S. 50.
[175] *Jaeger*, Landschaftszerschneidung, 2002, S. 55, m.w.N.

Bei Straßen und Bahnlinien werden Tunnel ab einer Länge von 1000 m als Unterbrechung berücksichtigt, die der Zerschneidung entgegenwirken.[176] Der Indikator setzt sich aus den zwei Teilindikatoren des Anteils unzerschnittener verkehrsarmer Räume (UZVR) über 100 km² an der Landesfläche in % und der effektiven Maschenweite[177] (m_{eff} in km²) zusammen. In Deutschland ist der Anteil UZVR auf ca. 23 % gesunken, wobei der Anteil in den einzelnen Bundesländern sehr unterschiedlich ist.[178]

Ohne Frage ist die Zerschneidung von Natur und Landschaft durch Verkehrsinfrastruktur wegen der damit verbundenen Barriere- und Isolationswirkungen und weit reichenden Immissionen eine der größten Gefahren für den Fortbestand und die Weiterentwicklung der biologischen Vielfalt. Die o.g. Indikatoren der UZVR und der effektiven Maschenweite spiegeln dabei nur die „allgemeine" Landschaftszerschneidung wider, dies ist jedoch nicht zwangsläufig gleichbedeutend mit der Bedeutung der Räume oder Maschen für den Artenschutz oder die Erholung.[179] Die Zerschneidungswirkung einer Maßnahme ist besonders groß, wenn ein bestehender überörtlicher Habitatverbund betroffen ist oder wenn die wenigen verbliebenen Potenziale zu dessen Wiederherstellung beeinträchtigt werden.[180] Für die Beurteilung der Zerschneidungswirkung geplanter Infrastrukturmaßnahmen ist es daher nicht ausreichend, der Planungsentscheidung die reine Flächengröße der UZVR zugrunde zu legen. Um die bisher großflächig noch weitgehend unzerschnittenen Landschaftsräume wirkungsvoll vor einer weiteren Zerschneidung zu bewahren, wie es Abs. 5 Satz 1 fordert, müssen vielmehr naturschutzfachliche Wertparameter und funktionelle Aspekte in die Bewertung einfließen. Dabei muss insbesondere auf die Vermeidung von „ökologisch wirksamen Zerschneidungen" und den Erhalt von Biotopverbundstrukturen geachtet werden, damit möglichst „unzerschnittene Funktionsräume" erhalten bleiben.

3. Vorrang der Inanspruchnahme von Flächen im Innenbereich (Satz 2)

Satz 2 wurde erst während des Gesetzgebungsverfahrens aufgrund eines Änderungsvorschlages des Bundesrats in die Regelung eingefügt, mit dem Ziel, den nach wie vor hohen Flächenverbrauch[181] einzudämmen. Damit besteht nun ein Vorrang für die Innenentwicklung vor der Inanspruchnahme von Flächen im Außenbereich.[182] Die Regelung hat ihren Vorgänger in § 2 Abs. 1 Nr. 11 Satz 1 BNatSchG 2002, welcher den Erhalt unbebauter Bereiche (im Außen- wie im Innenbereich) zum Gegenstand hatte. Die mit der Inanspruchnahme bisher unverbauter Flächen verbundene Zerstörung und Beeinträchtigung von Lebensräumen ist eine der Hauptursachen für den anhaltenden Artenschwund. Die Versiegelung immer neuer Flächen beein-

---

176 LIKI (Länderinitiative für einen länderübergreifenden Kernindikatorensatz), Kennblatt zum UMK-Indikator Nr. 10 – Landschaftszerschneidung. Stand: 23.6.2007.
177 Die effektive Maschenweite ist ein errechneter Mittelwert für die „Maschengröße" des Verkehrsnetzes nach der Methode von *Jaeger*, die neben der Größe aller Teilräume auch die Struktur der Zerschneidung des gesamten betrachteten Raums berücksichtigt, vgl. Jaeger, Landschaftszerschneidung, 2002.
178 BMU, Nationale Strategie zur Biologischen Vielfalt, 2007, S. 52; Daten für die einzelnen Bundesländer, S. 129.
179 *Reck* et al., UZVR, UFR + Biologische Vielfalt, Naturschutz und Biologische Vielfalt Bd. 62, 2008, S. 138 f.
180 *Reck* et al., Naturschutz und Biologische Vielfalt Bd. 62, 2008, S. 22.
181 Vgl. Fn. 160.
182 Vgl. Änderungsantrag 2, BT-Drs. 16/13430, S. 16.

trächtigt die Schutzgüter Wasser und Boden. Die verbleibenden Freiflächen sind daher von zunehmender Bedeutung, um die Leistungs- und Funktionsfähigkeit des Naturhaushalts insgesamt zu erhalten.

159 Wie stark die biologische Vielfalt durch die Inanspruchnahme neuer Siedlungs- und Verkehrsflächen beeinträchtigt wird, ist nicht nur abhängig von der absoluten Flächeninanspruchnahme und den auftretenden Zerschneidungswirkungen, sondern auch davon, wie sich die in Anspruch genommene Fläche im Raum verteilt, d.h. wie hoch der Grad der Zersiedelung ist. Die Zersiedelung der Landschaft wurde daher auch in das Indikatorenset für die nationale Biodiversitätsstrategie aufgenommen, mit dessen Hilfe der Erfolg der Strategie in regelmäßigen Abständen kontrolliert wird.[183] Die fortschreitende Zersiedelung wird vor allem durch ein geringes Maß an standörtlicher Integration neuer Siedlungsflächen in den Siedlungsbestand vorangetrieben. Das Randverhältnis neuer Siedlungsflächen zum bestehenden Siedlungsraum betrug für den Zeitraum zwischen 1990 und 2000 0,27, was bedeutet, dass im Mittel nur ein gutes Viertel des Randes neuer Flächen an den Siedlungsbestand angrenzt. 26 % aller neuen Siedlungsflächen wurden sogar ohne jegliche Angrenzung an den Siedlungsbestand realisiert.[184] Um die Inanspruchnahme von Freiflächen im Außenbereich zukünftig stärker einzuschränken, gibt Satz 2 der Bebauung im Innenbereich nun den Vorrang. Dies kann durch Nachverdichtung, Innenentwicklung, innerörtliches Flächenrecycling, Wiedernutzung von Brachen oder die Anbindung neuer Baugebiete an bestehende Infrastrukturen geschehen. Entsprechende Vorgaben zur räumlichen Konzentration bzw zur Innenentwicklung finden sich auch in § 2 Abs. 2 Nr. 2 ROG und in § 1a Abs. 2 BauGB.

160 Die Vorranggigkeit der Bebauung im Innenbereich bedeutet jedoch nicht, dass alle unbebauten Flächen nun ausnahmslos zu bebauen sind. Sofern unbebaute Flächen als Freiräume von Bedeutung sind, sollen sie gemäß § 1 Nr. 6 erhalten werden. Im Einzelfall kann Abwägungsentscheidung zwischen baulicher Entwicklung und Naturschutz schwierig zu treffen sein.

4. Landschaftsgerechte Führung linienhafter Vorhaben (Satz 3)

161 Nach Satz 3 sollen Verkehrswege, Energieleitungen und ähnliche Vorhaben landschaftsgerecht geführt, gestaltet und so gebündelt werden, dass die Zerschneidung und die Inanspruchnahme der Landschaft sowie Beeinträchtigungen des Naturhaushalts vermieden oder so gering wie möglich gehalten werden. Diese Regelung fußt auf dem Grundsatz des § 2 Abs. 1 Nr. 12 BNatSchG 2002, der damals neu in das BNatSchG aufgenommen wurde, weil es dem Gesetzgeber „angesichts der vielerorts im Außenbereich zu beobachtenden baulichen Fehlentwicklungen"[185] geboten erschien. Allerdings bezog sich die Vorgängerregelung auch auf ortsfeste bauliche Anlagen, bei deren Planung ebenfalls die natürlichen landschaftlichen Strukturen zu berücksichtigen waren. Da nun aber bereits § 1 Abs. 5 Satz 2 die Vorrangigkeit der Inanspruchnahme von Flächen im Innenbereich vorschreibt, sind ortsfeste bauliche Anlagen vornehmlich dort zu planen. Neben den mit dem Boden fest verbundenen Gebäuden gehören hierzu z.B. auch Aufschüttungen und Abgrabungen, Lager-, Abstell- und Ausstellungsplätze, Sport-,

---

[183] Zum Indikatorenset vgl. BMU, Nationale Strategie zur Biologischen Vielfalt, 2007, S. 121 ff.
[184] *Siedentop* et al., Nachhaltigkeitsbarometer Fläche, Forschungen Heft 130, 2007, S. 141.
[185] BT-Drs. 14/6378, S. 36.

Spiel-, Camping-, Zelt- und Wochenendplätze, Stellplätze für Kraftfahrzeuge oder ortsfeste Werbeanlagen. Wird für die Errichtung derartiger Anlagen eine Freifläche im Außenbereich in Anspruch genommen, so ist der Vorhabensträger auch ohne explizite Nennung in Satz 3 dennoch verpflichtet, dieses Vorhaben landschaftsgerecht durchzuführen, da ansonsten vermeidbare erhebliche Beeinträchtigungen von Natur und Landschaft entstehen würden. Diese sind jedoch nach § 13 Satz 1 nicht zulässig.

Bei der Planung und dem Bau von Verkehrswegen (Straßen, Eisenbahnstrecken, Wasserstraßen und ihre Ufer), Leitungstrassen und ähnlichen Vorhaben ist auf eine landschaftsgerechte Führung zu achten. Damit wird eine Verpflichtung begründet, gerade auch beim Bau linienhafter Elemente, wie es Verkehrswege und Leitungstrassen darstellen, die Streckenführung an natürliche Landschaftsstrukturen anzupassen. Dadurch kann z.B. die Beeinträchtigung des Landschaftsbildes u.U. erheblich reduziert werden. Bei Freileitungen sinkt zudem das Kollisionsrisiko für Vögel, da sie den natürlichen Hindernissen (und damit auch den schlecht sichtbaren Leiterseilen) ausweichen.[186] Neben der Anpassung an natürliche Landschaftsstrukturen ist bei der Planung auch auf den Erhalt derartiger Strukturelemente zu achten, insbesondere vor dem Hintergrund, dass unsere Landschaft zunehmend einer Strukturverarmung unterliegt. Eine landschaftsgerechte Gestaltung kann auch die Schaffung neuer Landschaftsstrukturen beinhalten. Sind von baulichen Vorhaben natürliche Landschaftsstrukturen betroffen, die von besonderer Bedeutung für Naturschutz und Landschaftspflege sind, so kann dies zu einer Versagung des Bauvorhabens gemäß § 15 Abs. 5 führen.

Satz 3 hebt auch die Bedeutung der Vorhabensbündelung insbesondere bei linienförmigen Anlagen für eine Minimierung von Landschaftszerschneidung, Flächenverbrauch und Beeinträchtigungen des Naturhaushalts hervor. Eine Parallelführung von Trassen belastet regelmäßig Natur und Landschaft am wenigsten.[187] Es darf aber nicht übersehen werden, dass eine Vorhabensbündelung zwar den Erhalt größerer ungestörter Flächen fördert, gleichzeitig aber die Barrierewirkung verstärkt wird, weil Tiere den gesamten Bereich ohne Unterbrechung überwinden müssen, um auf neue Lebensräume zu stoßen. Trassenbündelung macht daher regelmäßig den Bau ausreichender Querungseinrichtungen notwendig. Im Einzelfall ist zu prüfen und abzuwägen, ob die Parallelführung von Trassen oder getrennte Linienführungen Natur und Landschaft am wenigsten beeinträchtigen.

5. Abbau von Bodenschätzen, Abgrabungen und Aufschüttungen (Satz 4)

Satz 4 entspricht wörtlich dem Grundsatz in § 2 Abs. 1 Nr. 7. Der Abbau von Bodenschätzen wird grundsätzlich nicht in Frage gestellt, es gilt aber, die damit verbundenen Eingriffe in Natur und Landschaft gering zu halten. Die Vermeidungspflicht steht dabei vor der Ausgleichspflicht. Dauernde Schäden des Naturhaushalts und Zerstörungen wertvoller Landschaftsteile sind vorrangig zu vermeiden; wenn dies nicht möglich ist, sind unvermeidbare Beeinträchtigungen auszugleichen oder zu mindern.

a) Vermeidung von dauernden Schäden und Zerstörungen. Das Vermeidungs- und Ausgleichsgebot bezieht sich auf bergbauliche Vorhaben i.S. des

---

186 Vgl. *A. Schumacher*, Naturschutz in Recht und Praxis online 1, www.naturschutzrecht.net.
187 BVerwG, Beschl. v. 15.9.1995 – 11 VR 16.95, NuR 1996, 143.

BBergG sowie auf Abgrabungen und Aufschüttungen. Abgrabungen und Aufschüttungen größeren Umfangs sind nach § 29 BauGB baulichen Vorhaben gleichstellt. Sie müssen nicht durch bergbauliche Tätigkeiten entstehen, sondern können auch durch bauliche Tätigkeiten geschaffen werden (z.b. Hochwasserdämme, Deiche, Lärmschutzwälle).

166 Nicht nur die eigentliche Abbautätigkeit kann mit negativen Auswirkungen auf Natur und Landschaft verbunden sein. Schäden können bereits bei der Suche nach abbaufähigen Bodenschätzen (z.b. durch Probebohrungen) auftreten, weshalb sich der Grundsatz auch auf das Aufsuchen von Bodenschätzen erstreckt.

167 Dauernde Schäden des Naturhaushalts können sowohl bei der über- als auch bei der untertägigen Gewinnung von Bodenschätzen auftreten. Folgen von Tagebau und Abgrabungen sind z.b. Verluste und Beeinträchtigungen von Arten und Biotopen, Bodenverluste, Reliefveränderung, Lokalklimaveränderung, Änderungen in Wasserhaushalt und Wassergüte, Beeinträchtigungen des Landschaftsbildes. Untertagebergbau kann mit Senkungen der Landoberfläche, Grundwasserabsenkungen und Reliefveränderungen durch Abraumhalden verbunden sein. Diese Beeinträchtigungen sind dabei häufig auch noch in der weiteren Umgebung wirksam.

168 Eine Zerstörung wertvoller Landschaftsteile kann einerseits durch die direkte Flächeninanspruchnahme bei der Rohstoffgewinnung geschehen, andererseits auch indirekt durch mittelbare Einflüsse (Grundwasserabsenkung, Luftverunreinigungen, Lärmbelastungen, Erschütterungen, usw.), wenn dadurch die natürlichen Standortbedingungen verändert werden. Die Qualifikation eines Landschaftsteils als wertvoll setzt nicht voraus, dass dieser tatsächlich nach §§ 22 ff. unter Schutz gestellt ist.

169 Stehen dem Abbau von Bodenschätzen überwiegende Belange des Naturschutzes und der Landschaftspflege entgegen, so kann dies im Rahmen der Abwägung zu einer Versagung der für den Bodenabbau erforderlichen Genehmigung führen.[188] Dies gilt auch für wasserrechtlich zuzulassende Auskiesungen.[189]

170 **b) Ausgleich oder Minderung unvermeidbarer Beeinträchtigungen.** Die bei der Gewinnung von Bodenschätzen, bei Abgrabungen und Aufschüttungen auftretenden unvermeidbaren Beeinträchtigungen von Natur und Landschaft sind auszugleichen oder – wenn ein voller Ausgleich nicht möglich ist – zu mindern. Als geeignete Ausgleichsmaßnahmen nennt Halbsatz 2 natürliche Sukzession, Renaturierung, naturnahe Gestaltung, Wiedernutzbarmachung und Rekultivierung.

171 Als **natürliche Sukzession** wird die Wiederbesiedlung und Weiterentwicklung einer Fläche ohne Zutun des Menschen verstanden, wobei verschiedene Entwicklungsstadien aufeinander folgen. Der Beginn der natürlichen Sukzession ist durch das Auftreten von Pionierstadien gekennzeichnet, im Laufe der Zeit entwickeln sich die Pflanzen- und Tiergemeinschaften zu einem standortgemäßen Endstadium hin. Durch Sukzession entstehen z.B. in Steinbrüchen häufig artenreiche Sekundärbiotope mit hohem Naturschutzwert. **Renaturierung** ist die Rückführung anthropogen veränderter Lebensräume in einen naturnahen Zustand, wobei ein hoher Naturschutzwert der Flächen angestrebt wird. Auch die **naturnahe Gestaltung**, bei der durch

---

188 *Louis*, BNatSchG, § 2 Rdnr. 16, m.w.N. zur Rspr.
189 *Louis*, BNatSchG § 2 Rdnr. 16.

Maßnahmen des Landschaftsbaus ein Standort geschaffen wird, der sich an natürlichen Vorbildern orientiert, geschieht naturschutzorientiert. Hingegen ist die **Wiedernutzbarmachung** ehemals intensiv genutzter Flächen (z.B. Ton-, Sand-, Kiesgruben) auf eine erneute wirtschaftliche Nutzung ausgerichtet. Dabei ist die **Rekultivierung** als Herrichtung und Wiedernutzbarmachung für eine landwirtschaftliche, waldbauliche oder erholungsorientierte Folgenutzung zu sehen.

VII. Freiraumschutz (Absatz 6)

1. Allgemeines

Strukturreiche Städte bieten vielen Tier- und Pflanzenarten einen Lebens- und Rückzugsraum und die Ausstattung mit Grünstrukturen bestimmt wesentlich die Lebensqualität in den Städten. Außerdem stellt die Stadtnatur für viele Menschen den einzigen direkten Kontakt mit Natur und biologischer Vielfalt dar.[190] Dementsprechend erklärt Abs. 6 den Freiraumschutz im besiedelten und siedlungsnahen Bereich zum Ziel, wobei diese Regelung einer Inanspruchnahme von Brachflächen im Innenbereich u. a. für Bauleitpläne der Innenentwicklung nach § 13a BauGB nicht entgegensteht.[191] Die Regelung greift damit § 2 Abs. 1 Nr. 12 BNatSchG 2002 auf, der auf den Schutz ökologisch bedeutsamer Kleinstrukturen im besiedelten Bereich abstellte. Im Gegensatz zur Vorgängerregelung bezieht sich Abs. 6 nicht nur auf Naturbestände, sondern bezieht ausdrücklich auch Grünflächen, Parkanlagen, Gärten und landwirtschaftlich genutzte Flächen ein. Neu ist auch die Verpflichtung zur Schaffung von Freiräumen, wenn diese nicht in ausreichendem Maße vorhanden sind.

2. Erhaltung und Schaffung von Freiräumen

Die Freiräume sind einschließlich ihrer Bestandteile, wie Parkanlagen, großflächige Grünanlagen und Grünzüge, Wälder und Waldränder, Bäume und Gehölzstrukturen, Fluss- und Bachläufe mit ihren Uferzonen und Auenbereichen, stehende Gewässer, Naturerfahrungsräume sowie gartenbau- und landwirtschaftlich genutzte Flächen zu erhalten. Diese nicht abschließende Aufzählung umfasst sowohl Funktionsgrün als auch Kulturlandschaftsflächen, noch vorhandene Naturbestände und ökologisch bedeutsame Kleinstrukturen. Diese verschiedenen Freiraumhabitate erfüllen unterschiedliche Aufgaben. Während Parkanlagen und andere Grünflächen in besonderem Maße der Naherholung dienen, stellen Kulturlandschaftsflächen, noch vorhandenen Naturbestände und Kleinstrukturen vor allem Lebensraum für solche Arten bereit, die in der intensiv genutzten Umgebung keine geeigneten Habitatstrukturen mehr zur Verfügung haben. Oft sind es Restbestände von ehemals flächig ausgebildeten Biotopen, auf denen sich die gewachsene Artenvielfalt zumindest teilweise erhalten konnte. Bei Anlage neuer Kleinstrukturen wird (je nach Biotoptyp) eine entsprechende Artenvielfalt meist erst nach Jahrzehnten, oft auch überhaupt nicht zu erreichen sein, wobei das Besiedlungspotenzial der Umgebung ein entscheidender Faktor ist. Schützenswerte Naturbestände sind z.B. Wälder, Hecken, Wegraine, Saumbiotope, Bachläufe und Weiher. Auch von Menschen veränderte oder geschaffene Strukturen, wie z.B. Trockenmauern, Steinhaufen, naturnahe Gärten, Teiche, Gebüsche, Einzelbäume, Asthaufen oder Holzstapel können für die

---

190 *Werner/Zahner*, Biologische Vielfalt und Städte, BfN-Skripten 245, S. 6.
191 BT-Drs. 16/12274, S. 50.

Biodiversität in urbanen Bereichen von Bedeutung sein. So betont auch der BGH, dass im besiedelten Bereich auf die Ausgleichsfunktion der Gärten zur Sicherung des Naturhaushalts nicht verzichtet werden kann, zumal sich der besiedelte Bereich ständig ausdehnt und die Umweltbelastung auch im unbesiedelten Bereich immer mehr zunimmt.[192] Unter Naturerfahrungsräumen sind Grünflächen mit einem hohen Erlebnispotenzial für die Erholung von Kindern und Jugendlichen zu verstehen, die diese auf Grund ihrer natürlichen Beschaffenheit haben, also nicht auf Grund ihrer Ausstattung mit bestimmter Infrastruktur.[193] Gerade kleinere Brachflächen in dicht bebauten Stadtteilen bieten die Möglichkeit, diese Flächen als sich selbst überlassene Naturerfahrungsräume zu nutzen.[194]

174 Der Grundsatz enthält neben dem Erhaltungsgebot auch die Maßgabe, neue Freiräume dort zu schaffen, wo sie nicht in ausreichendem Maße vorhanden sind. In vielen Stadtbereichen fehlt ausreichend Grün, das von den Menschen genutzt werden und als Lebensraum für Arten dienen kann. Daher ist eine Ausweitung von Naturräumen in Innenstädten unter Berücksichtigung der unterschiedlichen Ansprüche der verschiedenen Bevölkerungsgruppen dringend erforderlich.[195] Freiflächen wirken sich positiv auf die stadtklimatische Situation aus, weshalb die Erhaltung bzw. Schaffung städtischer Freiflächen auch im Rahmen einer Anpassungsstrategie an den Klimawandel als notwendig erachtet wird.

175 Sowohl die Einzelflächen, als auch die Freiräume insgesamt müssen eine gewisse Mindestgröße und Beschaffenheit aufweisen, um die ihnen in Bezug auf Naturhaushalt und Erholung zugewiesenen Funktionen erfüllen zu können. Einzelflächen weisen dann die erforderliche Größe auf, wenn auf ihnen eigenständige ökologische Prozesse ablaufen können.[196] Feste Größen lassen sich hierzu nicht pauschal, sondern nur für den Einzelfall bestimmen.

---

192 BGH, Urt. v. 20.11.1992 – V ZR 82/91, NuR 1993, 188.
193 BT-Drs. 16/12274, S. 50.
194 *Werner/Zahner*, Biologische Vielfalt und Städte, BfN-Skripten 245, S. 49.
195 BMU, Nationale Strategie zur Biologischen Vielfalt, 2007, S. 42.
196 OVG Münster, Urt. v. 7.3.1985 – 7 A 372/84, NuR 1985, 288.

§ 2 Verwirklichung der Ziele

(1) Jeder soll nach seinen Möglichkeiten zur Verwirklichung der Ziele des Naturschutzes und der Landschaftspflege beitragen und sich so verhalten, dass Natur und Landschaft nicht mehr als nach den Umständen unvermeidbar beeinträchtigt werden.

(2) Die Behörden des Bundes und der Länder haben im Rahmen ihrer Zuständigkeit die Verwirklichung der Ziele des Naturschutzes und der Landschaftspflege zu unterstützen.

(3) Die Ziele des Naturschutzes und der Landschaftspflege sind zu verwirklichen, soweit es im Einzelfall möglich, erforderlich und unter Abwägung aller sich aus § 1 Absatz 1 ergebenden Anforderungen untereinander und gegen die sonstigen Anforderungen der Allgemeinheit an Natur und Landschaft angemessen ist.

(4) Bei der Bewirtschaftung von Grundflächen im Eigentum oder Besitz der öffentlichen Hand sollen die Ziele des Naturschutzes und der Landschaftspflege in besonderer Weise berücksichtigt werden.

(5) [1]Die europäischen Bemühungen auf dem Gebiet des Naturschutzes und der Landschaftspflege werden insbesondere durch Aufbau und Schutz des Netzes „Natura 2000" unterstützt. [2]Die internationalen Bemühungen auf dem Gebiet des Naturschutzes und der Landschaftspflege werden insbesondere durch den Schutz des Kultur- und Naturerbes im Sinne des Übereinkommens vom 16. November 1972 zum Schutz des Kultur- und Naturerbes der Welt (BGBl. 1977 II S. 213, 215) unterstützt.

(6) [1]Das allgemeine Verständnis für die Ziele des Naturschutzes und der Landschaftspflege ist mit geeigneten Mitteln zu fördern. [2]Erziehungs-, Bildungs- und Informationsträger klären auf allen Ebenen über die Bedeutung von Natur und Landschaft, über deren Bewirtschaftung und Nutzung sowie über die Aufgaben des Naturschutzes und der Landschaftspflege auf und wecken das Bewusstsein für einen verantwortungsvollen Umgang mit Natur und Landschaft.

Gliederung

		Rdnr.
I.	Allgemeines	1
II.	Beachtung der Ziele (Abs. 1)	2–5
III.	Unterstützungspflicht von Bundes- und Landesbehörden (Abs. 2)	6, 7
IV.	Verwirklichung der Ziele des Naturschutzes und der Landschaftspflege; Schranken, Abwägungsvorbehalt (Abs. 3)	8–18
1.	Erforderlichkeit	10
2.	Möglichkeit	11
3.	Abwägungsgebot	12–15
	a) Aufgabeninterne Abwägung	14
	b) Aufgabenexterne Abwägung	15
4.	Private Belange	16, 17
5.	Angemessenheit	18
V.	Grundflächen der öffentlichen Hand (Abs. 4)	19–24
1.	Allgemeines	19, 20
2.	Grundflächen der öffentlichen Hand	21
3.	Berücksichtigung der Ziele des Naturschutzes und der Landschaftspflege in besonderer Weise	22–24
VI.	Unterstützung der europäischen und internationalen Naturschutzbemühungen (Abs. 5)	25–31
1.	Allgemeines	25, 26

2. Natura 2000 .... 27, 28
3. Unterstützung internationaler Naturschutzbemühungen 29–31
VI. Verständnis für Naturschutz (Abs. 6) 32–34

I. Allgemeines

1 Die Vorschrift vereinigt im Wesentlichen bereits im geltenden Recht vorhandene Bestimmungen, die sich auf die Verwirklichung der Ziele und vormaligen Grundsätze des Naturschutzes und der Landschaftspflege beziehen.[1]

II. Beachtung der Ziele (Absatz 1)

2 Abs. 1 übernimmt fast wortgleich § 4 BNatSchG 2002. Er enthält die an jedermann gerichtete Aufforderung, nach seinen Möglichkeiten zur Verwirklichung der Ziele des Naturschutzes beizutragen und sich so zu verhalten, dass Natur und Landschaft nicht unnötig beeinträchtigt werden.

3 Auch durch die neue, hervorgehobene systematische Stellung soll die Bedeutung des Naturschutzes und der Landschaftspflege für die Allgemeinheit wie auch umgekehrt die Erforderlichkeit einer gesellschaftlichen Akzeptanz als Grundlage für den Erfolg der Bemühungen um den Schutz von Natur und Landschaft betont werden.[2] Abs. 1 verdeutlicht, dass Naturschutz und Landschaftspflege nicht nur eine Aufgabe der zuständigen Behörden ist, sondern jeden angehen. Er enthält einen Appell des Gesetzgebers an die Bürger ohne konkret durchsetzbare Handlungs- oder Unterlassungspflichten. Man kann ihm auch eine auf Naturschutz und Landschaftspflege bezogene, allerdings sehr allgemein gehaltene Inhaltsbestimmung des Eigentums (Art. 14 Abs. 2 GG) entnehmen.

4 Es werden **zwei Ziele** genannt. Jeder soll „nach seinen Möglichkeiten", also im Rahmen des Zumutbaren zur Verwirklichung der Ziele des Naturschutzes und der Landschaftspflege beitragen, z.B. bei Renovierungen oder bei der Gartenpflege so vorgehen, dass Wildtieren Lebens- und Überwinterungsmöglichkeiten verbleiben. Außerdem sollen Natur und Landschaft möglichst geschont und Beeinträchtigungen auf das unvermeidbare Maß beschränkt werden.

5 Das Gesetz enthält an anderer Stelle Regelungen, die sich als **Konkretisierung** des § 2 Abs. 1 begreifen lassen. Dazu gehören z.B. die Pflicht des Eingriffsverursachers, vermeidbare Natur- und Landschaftsbeeinträchtigungen zu unterlassen (§ 15 Abs. 1) und das Verbot, die Lebensstätten wild lebender Tiere oder Pflanzen ohne vernünftigen Grund zu beeinträchtigen oder zu zerstören (§ 39 Abs. 1 Nr. 3).

III. Unterstützungspflicht von Bundes- und Landesbehörden (Absatz 2)

6 Abs. 2 entspricht § 6 Abs. 2 Satz 1 BNatSchG 2002 und löst auf der Grundlage der nunmehr erweiterten Gesetzgebungszuständigkeit insoweit zugleich im Rahmen des § 6 Abs. 3 Satz 1 BNatSchG 2002 erlassenes Landesrecht

---
1 BT-Drs. 16/12274, S. 50.
2 BT-Drs. 16/12274, S. 50.

ab. Er verpflichtet die Behörden des Bundes und nun auch der Länder, im Rahmen ihrer Zuständigkeit die Verwirklichung der Ziele des Naturschutzes und der Landschaftspflege zu unterstützen.[3]

Die Unterstützung zur Verwirklichung der Ziele aus § 1 bedeutet eine aktive Förderung der Vorschriften, d.h. die Behörden dürfen sich nicht damit begnügen, den Naturschutz nicht zu behindern. Diese Bindung besteht unabhängig davon, ob es zu den sonstigen Aufgaben der Behörden gehört, auch die Ziele des Naturschutzes und der Landschaftspflege zu fördern. Die Grenzen der Unterstützungspflicht ergeben sich aus Fachaufgaben und dem Entscheidungsspielraum der Behörde. Bei der Auslegung von Vorschriften und der Ausfüllung von Entscheidungsspielräumen haben sie möglichst naturschutzfreundlich zu handeln.[4]

IV. Verwirklichung der Ziele des Naturschutzes und der Landschaftspflege; Schranken, Abwägungsvorbehalt (Absatz 3)

Abs. 3 enthält die zuvor in § 2 Abs. 1 BNatSchG 2002 enthaltene Abwägungsklausel, wonach der in § 1 Abs. 1 genannte Schutz-, Pflege- und Entwicklungsauftrag nicht absolut gilt, sondern einer Abwägung unterliegt. Insbesondere ist jeweils zu prüfen, welche der drei Zieldimensionen bei Planung und Durchführung konkreter Maßnahmen im Einzelfall Vorrang genießt und welches Gewicht Maßnahmen bei Verfolgung der Ziele des Naturschutzes und der Landschaftspflege im Verhältnis zu anderen, kollidierenden Belangen zukommt. Die Klausel ist Ausfluss des rechtsstaatlichen Abwägungsgebots (Art. 20 Abs. 3 GG), das die staatlichen Organe in Bund und Ländern bindet.[5]

Die Verwirklichung der Ziele des § 1 wird darauf beschränkt, dass sie im Einzelfall zur Verwirklichung **erforderlich**, **möglich** und unter **Abwägung** aller sich aus den Zielen nach § 1 ergebenden Anforderungen untereinander und gegen die sonstigen Anforderungen der Allgemeinheit an Natur und Landschaft **angemessen** ist. Dadurch wird klargestellt, dass es maßgeblich auch auf die Besonderheiten des jeweiligen Einzelfalles ankommt, wobei auch Nutzen-Kosten-Relationen zu berücksichtigen sind (angemessen).[6]

1. Erforderlichkeit

Die Verwirklichung der Ziele von Naturschutz und Landschaftspflege ist in Form des **Schutzes** und der **Pflege** dann erforderlich, wenn sich andernfalls der Zustand von Natur und Landschaft verschlechtert.[7] Anders ausgedrückt: Erforderlichkeit bedeutet, dass die Maßnahme vernünftigerweise geboten sein muss, um den Zustand von Natur und Landschaft zu erhalten. Dazu reicht in der gegebenen Situation eine abstrakte Gefahr für die Schutzgüter des Naturschutzes aus.[8] Eine Unterschutzstellung kann daher schon dann erforderlich sein, wenn bisher noch keine wesentlichen Eingriffe in Natur und Landschaft erfolgt sind, weil z.B. in einem dicht besiedelten Raum und in einer stadtnahen Lage wie dem hier in Rede stehende Bereich stets mit der Möglichkeit zu rechnen ist, dass dort Anlagen zur Freizeitgestal-

---

3 BT-Drs. 16/12274, S. 51.
4 Louis, BNatSchG, § 3 Rdnr. 11.
5 BT-Drs. 16/12274, S. 51.
6 BT-Drs. 14/6378, S. 35.
7 Louis, BNatSchG, § 2 Rdnr. 8.
8 BVerwG, Beschl. v. 16.6.1988 – 4 B 102.88, NuR 1989, 37.

tung und individuellen Erholung geschaffen werden, die ohne eine Landschaftsschutzverordnung nur schwer verhindert werden können.⁹ Soweit es nicht um den Schutz und die Pflege des Vorhandenen, sondern um das Ziel der **Entwicklung** und **Wiederherstellung** geht, ist eine plausible fachliche Konzeption erforderlich, z.b. beim Biotopverbundsystem des § 21.

2. Möglichkeit

11 Die Verwirklichung der Ziele von Natur und Landschaft muss möglich sein, d.h. der Verwirklichung dürfen keine unüberwindlichen rechtlichen und tatsächlichen Hindernisse entgegenstehen.¹⁰ Bei der Beachtung des Prinzips der Möglichkeit der Verwirklichung der Ziele handelt es sich eigentlich um etwas Selbstverständliches.¹¹ Die Bindung an die Zielsetzung des § 1 endet bei einer objektiven Unmöglichkeit der Realisierung.

12 3. Abwägungsgebot

Die Verwirklichung der Ziele des Naturschutzes und der Landschaftspflege muss unter Abwägung aller sich aus den Zielen nach § 1 ergebenden Anforderungen untereinander und gegen die sonstigen Anforderungen der Allgemeinheit an Natur und Landschaft angemessen sein. Der Gesetzgeber macht damit vom Begriff „Anforderung" in doppelter Weise Gebrauch. Dem Abwägungsvorbehalt unterliegen sowohl naturschutzinterne als auch -externe Zielkonflikte: Abzuwägen sind die „Anforderungen untereinander" und „gegen die sonstigen Anforderungen der Allgemeinheit". Mit der erstgenannten Abwägung werden die verschiedenen z.T. konkurrierenden Aufgaben von Naturschutz und Landschaftspflege angesprochen. Mit „sonstigen Anforderungen der Allgemeinheit" werden die Nutzungsansprüche, die in der Verfolgung anderer Staatsaufgaben liegen und die oft zu Lasten von Natur und Landschaft gehen, bezeichnet.¹²

13 Als Anwendungsbereich des Abwägungsgebots nennt Abs. 3 allgemein die Zielverwirklichung von Naturschutz und Landschaftspflege. Das Abwägungsgebot bewegt sich damit auf derselben Ebene wie die Zielfestlegung in § 1 und korrespondiert mit ihr, was die Allgemeinheit der Aussage betrifft. Letztlich besagt es etwas Selbstverständliches, denn die Ziele des § 1 können nicht verabsolutiert werden und generellen Vorrang haben. Die Systematik Zielfestlegung-Abwägungsklausel hat das BNatSchG seinerzeit aus dem Raumordnungsrecht übernommen.¹³ Bei Anwendung des naturschutzrechtlichen Instrumentariums der folgenden Gesetzeskapitel hat das Abwägungsgebot des Abs. 3 nur subsidiäre Funktion. Der Gesetzgeber hat an zahlreichen Stellen schon selbst die Gewichte verteilt, indem er z.B. im Naturschutzgebiet für den Regelfall ein Veränderungsverbot vorsieht (§ 23 Abs. 2), im Artenschutzrecht Verbote und Ausnahmen festlegt (§§ 44, 45) oder der Behörde Abwägungsmaßstäbe vorgibt (§ 34 Abs. Abs. 3, 4, § 67 Abs. 1, § 68 Abs. 1). Abs. 3 hat insofern keine weiteren Rechtswirkungen, z.B. können gebundene Entscheidungen durch Abs. 3 nicht zu Abwägungsentscheidungen werden und strikte gesetzliche Vorschriften durch Abs. 3 nicht in ihrer Geltung relativiert werden.

---

9 VGH Mannheim, Urt. v. 8.7.1991 – 5 S 271/90, NuR 1992, 186; die Entscheidung nimmt u.a. Bezug auf Maßnahmen die zur Erhaltung des besonderen Erholungswertes einer Landschaft erforderlich sein können.
10 *Louis*, BNatSchG, § 2 Rdnr. 9.
11 *Kolodziejcok*, in: ders./Recken, Naturschutz, Landschaftspflege, § 2 Rdnr. 8.
12 *Kolodziejcok*, in: ders./Recken, Naturschutz, Landschaftspflege, § 2 Rdnr. 12.
13 § 1 Abs. 1 und § 2 Abs. 3 ROG 1965.

a) **Aufgabeninterne Abwägung.** Die Abwägung der Ziele des § 1 untereinander ist geboten, weil die Zielsetzungen des Naturschutzes und der Landschaftspflege sehr vielschichtig sind und teilweise auch gegeneinander laufen.[14] So können z.B. die Zielsetzungen des Artenschutzes und der Erholung gegenläufig sein. Zum Teil gibt es auch Divergenzen bei den einzelnen Fachinteressen. Für einen praktikablen und effektiven Schutz von Natur und Landschaft ist es daher nötig, die einzelnen Belange untereinander abzustimmen, zu optimieren und damit durchsetzungsfähig zu machen. Die aufgabeninternen Belange sind untereinander grundsätzlich gleichrangig,[15] im konkreten Fall ist zu bestimmen, welchem von mehreren kollidierenden Aspekten der Vorzug zu geben ist.

b) **Aufgabenexterne Abwägung.** Auch die sonstigen Anforderungen der Allgemeinheit an Natur und Landschaft sind in die Abwägung mit einzubeziehen. Dazu zählen u.a. Energieversorgung, Gewerbe und Industrie, Bodenabbau, Siedlungswesen, öffentliche Sicherheit und Ordnung, Gesundheitsschutz, Verkehrswegebau und Erzeugung von Nahrungsmitteln und Rohstoffen. Die Anforderungen des Naturschutzes und der Landschaftspflege genießen hierbei keinen absoluten generellen Vorrang gegenüber anderen öffentlichen Belangen.[16] Etwa bei einer Unterschutzstellung ist im Einzelfall abzuwägen, welche Anforderungen Vorrang haben (§ 22 Rdnr. 9 ff.), das ergibt sich bereits aus dem rechtsstaatlichen Verhältnismäßigkeitsgrundsatz.

4. Private Belange

Private Belange sind in der Abwägungsklausel des § 3 nicht enthalten. Dies ist auch folgerichtig, weil es sich bei den Zielen in § 1 um die Verfolgung der Staatsaufgabe Naturschutz und Landschaftspflege handelt und Abs. 3 demgemäß die Interessenkollision mit anderen öffentlichen Interessen betrifft. Private Belange sind nur insoweit tangiert, als sie mit der Zielrichtung konform gehen, Beispiele dafür sind die Erhaltung des Waldes,[17] die Energieversorgung usw.

Einzubeziehen sind die privaten Belange aber dann, wenn bei der konkreten Verwirklichung der Ziele des § 1 eine Kollision mit privaten Interessen auftritt, insbesondere dann, wenn die von der Schutzmaßnahme berührten Belange die Eigentümerposition betreffen.[18] Dies folgt aus den rechtsstaatlichen Grundsätzen. Wie in Rdnr. 13 ausgeführt, sind dabei die gesetzliche Vorgaben wie z.B. § 67 Abs. 1 Nr. 2 zu beachten, d.h. es handelt sich nicht um eine völlig „offene" Abwägung in unmittelbarer Anwendung des § 2 Abs. 3.

5. Angemessenheit

Die Verwirklichung der Ziele muss angemessen sein. Dieses Kriterium ist nur als Zweck-Mittel-Vergleich sinnvoll.[19] Sie spielt keine eigenständige Rolle, weil sie immer Teil einer fehlerfreien Abwägung ist.[20] Die praktische Bedeutung der Abwägung ist gering. Die Abwägung orientiert sich zum ei-

---

14 *Kolodziejcok*, in: ders./Recken, Naturschutz, Landschaftspflege, § 2 Rdnr. 13f.
15 *Kolodziejcok*, in: ders./Recken, a.a.O., § 2 Rdnr. 15.
16 BVerwG, Beschl. v. 10.10.1988 – 7 B 37.88, NuR 1989, 85.
17 *Kolodziejcok*, in: ders./Recken, a.a.O., § 2 Rdnr. 20.
18 VGH Mannheim, Urt. v. 18.11.1986 – 5 S 650/86, NuR 1987, 179/181.
19 *Gassner*, in: Gassner/Schmidt-Räntsch/Bendomir-Kahlo, BNatSchG, § 2 Rdnr. 17.
20 *Louis*, BNatSchG, § 2 Rdnr. 10.

nen an fachgesetzlichen Vorgaben oder ist durch die Abwägungsgrundsätze in § 74 Abs. 1 VwVfG vorgeprägt.

V. Grundflächen der öffentlichen Hand (Absatz 4)

1. Allgemeines

19 Abs. 4 entspricht § 7 Satz 1 BNatSchG 2002, wonach bei der Bewirtschaftung von Grundflächen im Eigentum oder Besitz der öffentlichen Hand die Ziele des Naturschutzes und der Landschaftspflege in besonderer Weise berücksichtigt werden sollen. Er konkretisiert die allgemeine Verpflichtung von Abs. 2 für die Grundflächen der öffentlichen Hand und trägt so der Tatsache Rechnung, dass sich Naturschutzziele zumeist nur flächenbezogen verwirklichen lassen. Da die öffentliche Hand über einen umfangreichen Grundbesitz verfügt, kommt diesen Flächen im Hinblick auf den Schutz von Natur und Landschaft erhebliche Bedeutung zu. Dabei hat die öffentliche Hand auch eine gewisse Vorbildfunktion zu erfüllen.

20 Im Gegensatz zur Vorgängerregelung beinhaltet Abs. 4 keine ausdrückliche Regelung mehr bezüglich eines – unter Abwägungsvorbehalt stehenden – Verschlechterungsverbots für naturschutzfachlich besonders wertvolle Grundflächen sowie eines allgemeinen Funktionsvorbehalts, wie sie § 7 Satz 2 und 3 BNatSchG 2002 enthielten. Der Gesetzgeber hielt dies auf Grund des Inhaltes und des Rechtscharakters der §§ 1 und 2 nicht weiter erforderlich.[21]

2. Grundflächen der öffentlichen Hand

21 Grundflächen der öffentlichen Hand sind Flächen, die Bund, Ländern, Kommunen oder sonstigen juristischen Personen des öffentlichen Rechts gehören. Nicht dadurch erfasst sind die Kirchen und Religionsgemeinschaften, da aus deren Organisation als öffentlich-rechtliche Körperschaften i.S.d. Art. 140 GG i.V.m. Art. 137 Abs. 5 Satz 1 und Abs. 7 der Weimarer Reichsverfassung keine Gleichstellung mit anderen öffentlichen Körperschaften folgt. Sie sind in den Staat bzw. die öffentliche Hand nicht eingegliedert und nicht als staatliche, sondern als gesellschaftliche Einrichtungen zu verstehen. Diesen bleibt es selbstverständlich unbenommen, die Ziele auf freiwilliger Basis zu befolgen, zumal der Schutz von Natur und Landschaft auch zu einem verantwortungsvollen Umgang mit der Schöpfung zählt.

3. Berücksichtigung der Ziele des Naturschutzes und der Landschaftspflege in besonderer Weise

22 Der öffentlichen Hand kommt bei der Bewirtschaftung ihrer im Eigentum oder Besitz stehenden Grundflächen eine Art Vorbildfunktion für naturschützerische Belange zu, indem sie die Ziele des Naturschutzes und der Landschaftspflege in besonderer Weise berücksichtigen soll. Eine Berücksichtigung „in besonderer Weise" bedeutet, dass dem Naturschutz bei der Bewirtschaftung ein hoher Stellenwert einzuräumen ist und die Nutzungen an naturschutzfachlichen Zielsetzungen orientiert werden. Eine naturschonende und extensive Wirtschaftsweise soll Vorrang vor Intensivnutzung haben. Die Länderarbeitsgemeinschaft für Naturschutz, Landschaftspflege

---

21 BT-Drs. 16/12274, S. 51.

und Erholung (LANA) hat für die einzelnen Nutzungsbereiche u.a. folgende Forderungen an die öffentliche Hand gestellt:[22]

- Wegen des besonders großen Flächenanteils der öffentlichen Hand am Wald können und müssen die Vorrangflächen für den Naturschutz bei den Waldbiotopen weit gehend von der öffentlichen Hand bereitgestellt werden.
- Alle übrigen Waldflächen sind nach den Grundsätzen des naturnahen Waldbaus zu bewirtschaften.
- Bei den militärisch genutzten Flächen soll grundsätzlich angestrebt werden, die militärische Nutzung generell zu verringern, um nutzungsbedingte Schäden zu vermindern. Darüber hinaus sollen dort vorhandene wertvolle Biotope von jeglicher militärischer Nutzung freigestellt werden, bei militärischen Flächen, die noch eine zusätzliche landwirtschaftliche Nutzung haben, nur extensive Grünlandnutzungsformen erlaubt werden.
- Wälder sollen nur nach den Erfordernissen des Naturschutzes behandelt werden.
- Bei landwirtschaftlich genutzten Flächen sind in den Pachtverträgen grundsätzlich Auflagen für eine naturschonende Bewirtschaftung vorzusehen.
- Flächen, die sich für die Naturschutzprogramme der Länder eignen, sind nur mit entsprechenden Auflagen zu verpachten.
- Im Siedlungsbereich sind noch vorhandene oder wieder anfallende Freiflächen möglichst weit gehend zu erhalten; außerdem sind wo immer möglich, durch Renaturierungsmaßnahmen neue Freiflächen zu schaffen, die Verwendung von Pflanzenschutz- und Düngemitteln grundsätzlich zu vermeiden, in dicht besiedelten Gebieten bei Gebäuden, die sich im Eigentum der öffentlichen Hand befinden, Fassaden- und auch Dachbegrünungen anzustreben, um zu stadtökologischen Verbesserungen beizutragen.
- Bei natürlichen und naturnahen Gewässern muss der Naturschutz eindeutig Vorrang vor jeglichen anderen Nutzungen haben.
- Von besonderer Bedeutung sind vor allem auch die mit den jeweiligen Gewässern ökologisch verbundenen terrestrischen Ufer- und Randbereiche, deren Behandlung deshalb in der Regel nach Naturschutzerfordernissen erfolgen muss.
- Naturschutzwürdige Flächen, die sich im Besitz der Treuhand befinden, sollen kostenlos für Zwecke des Naturschutzes zur Verfügung gestellt werden.

Diese Auflistung zeigt, wie vielfältig die Möglichkeiten der öffentlichen Hand sind, zur Verwirklichung der Ziele von Naturschutz und Landschaftspflege in besonderer Weise beizutragen.

Das Naturschutzpotenzial **öffentlicher Grünflächen** im Siedlungsbereich wird bislang nur selten ausgeschöpft, häufig herrscht „monotones Einheitsgrün". Der Wert von Grünflächen liegt (neben den vielfältigen Nutzungsmöglichkeiten) auch in seiner Funktion als Lebensraum für Tiere und Pflanzen, den günstigen Auswirkungen auf das Stadtklima oder auch der

---

22 Länderarbeitsgemeinschaft für Naturschutz, Landschaftspflege und Erholung (LANA): Lübecker Grundsätze des Naturschutz, Minister für Natur, Umwelt und Landesentwicklung des Landes Schleswig-Holstein (Hrsg.), Schriftenreihe 3. Kiel, 1992.

Bereicherung des Stadtbildes. Um die Belange von Naturschutz und Landschaftspflege „in besonderer Weise" zu berücksichtigen, sollte:
- bei der Anlage von Grünflächen autochthones Pflanz- oder Saatgut verwendet werden, da dies zum Erhalt regionaler Populationen und zur genetischen Diversität der Arten beiträgt;[23]
- die Mahd öffentlicher Grünflächen eingeschränkt und auf ökologisch sinnvolle Mähzeitpunkte geachtet werden, da blumenreiche Wiesen z.B. für viele Tiere als Lebensraum und Nahrungsquelle von Bedeutung sind;
- bei der Anlage und Pflege von Grünflächen die Einbindung in ein Biotopverbundkonzept erfolgen.

VI. Unterstützung der europäischen und internationalen Naturschutzbemühungen (Absatz 5)

1. Allgemeines

25 Abs. 5 ersetzt die Regelung des § 2 Abs. 2 BNatSchG 2002. Zur Verwirklichung von Naturschutzzielen bedarf es einer Zusammenarbeit auf inter- und supranationaler Ebene; daher ist der Schutz von Natur und Landschaft Gegenstand zahlreicher internationaler sowie europarechtlicher Vereinbarungen. Die Bundesrepublik Deutschland hat in der Vergangenheit schon mehrfach EU-Richtlinien nicht fristgerecht oder nicht ausreichend umgesetzt, weshalb sie von der Europäischen Kommission angemahnt bzw. vom Europäischen Gerichtshof verurteilt wurde. So z.B. wegen Nichteinhaltung der zweijährigen Frist zur Umsetzung der FFH-Richtlinie in deutsche Rechts- und Verwaltungsvorschriften[24] und wegen nicht ausreichender Meldung von FFH-Gebieten.[25] Die Bundesrepublik Deutschland ist auf internationaler Ebene eine Vielzahl von Verpflichtungen eingegangen, deren Erfüllung gewährleistet werden muss.

26 Wenn Abs. 5 die Unterstützung bei inter- und supranationalen Naturschutzbemühungen einfordert, so richtet sich der Appell zunächst einmal darauf, die aus den Übereinkommen resultierenden Verpflichtungen einzuhalten. Es wird nicht verlangt, über diese Verpflichtungen hinauszugehen.[26]

2. Natura 2000

27 Satz 1 fordert die Unterstützung für die Naturschutzbemühungen auf europäischer Ebene ein und hebt dabei auf die Bedeutung des Netzes „Natura 2000" ab. Daneben können aber auch weitere Verpflichtungen bestehen. Die Verpflichtungen bzgl. Natura 2000 basieren auf Art. 3 der FFH-Richtlinie und beinhalten die Verpflichtung zur Errichtung und zum Zusammenhalt eines kohärenten Europäischen Schutzgebietssystems, das sich aus FFH- und Vogelschutzgebieten aufbaut (vgl. § 31 Rdnr. 5 ff.).

28 Die in § 2 Abs. 2 Satz 2 bis 5 BNatSchG 2002 enthaltenen weiteren Regelungen zu Natura 2000 sind nun in Abs. 5 nicht mehr enthalten, da diese Aufgaben durch §§ 6 und 31 ff. geregelt werden. So sind Natura 2000-Gebiete nach § 32 Abs. 2 (Rdnr. 27 ff.) durch Ausweisung als geschützte Teile von Natur und Landschaft i.S.d. § 22 Abs. 1 zu sichern, um den Zusammenhalt von Natura 2000 wahren zu können. Die Qualität des Schutz-

---
23 *Reif/Nickel*, Pflanzungen von Gehölzen und „Begrünung" – Ausgleich oder Eingriff in Natur und Landschaft? Naturschutz und Landschaftsplanung 2000, 299.
24 EuGH, Urt. v. 11.12.1997 – C-38/97, Slg. 1998 I 05955.
25 EuGH, Urt. 11.9.2001 – C-71/99, Slg. 2001 I 045811.
26 BT-Drs. 14/6378, S. 37.

gebietssystems und seine ökologische Kohärenz soll, auch durch die Schaffung eines Biotopverbunds, verbessert werden. Nach Art. 10 der FFH-Richtlinie ist hierzu die Pflege von Landschaftselementen, die von ausschlaggebender Bedeutung für wild lebende Tiere und Pflanzen sind, zu fördern. Näheres zum Biotopverbund regelt § 21. Die aus der FFH-Richtlinie resultierenden Überwachungspflichten werden durch § 6 Abs. 3 Nr. 3 geregelt.

3. Unterstützung internationaler Naturschutzbemühungen

29 Satz 2 verpflichtet zur Unterstützung internationaler Naturschutzbemühungen, wobei insbesondere auf den Schutz des Kultur- und Naturerbes im Sinne des Übereinkommens zum Schutz des Kultur- und Naturerbes der Welt vom 23.11.1972 (BGBl. 1977 II S. 213) verwiesen wird. Welterbestätten in Deutschland, die einen Natur- und Landschaftsschutzbezug aufweisen, sind z.B. die Grube Messel, das obere Mittelrheintal, das Dresdner Elbtal, der Obergermanische Limes, die Klosterinsel Reichenau, das Gartenreich Dessau-Wörlitz, der Muskauer Park und die Schlösser und Gärten von Potsdam und Berlin. Die sich aus der Welterbekonvention insoweit ergebenden Verpflichtungen sind neben dem Denkmal- und Baurecht auch mit den Instrumenten des Naturschutzrechts durch die zuständigen Behörden umzusetzen.[27]

30 Neben dem in Abs. 5 exemplarisch genannten Schutz des Kultur- und Naturerbes i.S.d. Übereinkommens zum Schutz des Kultur- und Naturerbes gibt es weitere internationale Abkommen, zu deren Einhaltung sich Deutschland verpflichtet hat, so z.B. das Übereinkommen über die biologische Vielfalt (Konvention von Rio, CBD), das Übereinkommen über den internationalen Handel mit gefährdeten Arten frei lebender Tiere und Pflanzen (Washingtoner Artenschutzabkommen), das Übereinkommen zur Erhaltung der wandernden wild lebenden Tierarten (Bonner Konvention), das Übereinkommen zum Schutz der Alpen (Alpenkonvention) sowie das Übereinkommen zum Schutz der Meeresumwelt des Ostseegebietes (Helsinki-Konvention). Die Bundesrepublik Deutschland hat auch das Übereinkommen über die Erhaltung der europäischen wild lebenden Pflanzen und Tiere und ihrer natürlichen Lebensräume (Berner Konvention) ratifiziert.[28] Auf dieser Konvention basiert die FFH-Richtlinie, d.h., dass eine Abschwächung der FFH-Richtlinie gegen die Umsetzungsverpflichtung aus der Konvention verstoßen würde.

31 Ebenso gibt es bestehende bilaterale Regierungs- oder Ressortabkommen, die einen Naturschutzbezug aufweisen und die zu unterstützen sind.

VI. Verständnis für Naturschutz (Absatz 6)

32 Abs. 6 Satz 1 entspricht fast wortgleich § 2 Abs. 1 Nr. 15 Satz 1 BNatSchG 2002, Satz 2 löst auf der Grundlage der nunmehr erweiterten Gesetzgebungszuständigkeit im Rahmen des § 6 Abs. 3 Satz 3 BNatSchG 2002 erlassenes Landesrecht ab. Neu aufgenommen wurde dabei der Aspekt der Bewirtschaftung und Nutzung von Natur und Landschaft.[29] Satz 1 hebt auf das allgemeine Verständnis für die Ziele des Naturschutzes und der Landschaftspflege ab. Naturschutz ist eine gesamtgesellschaftliche Aufgabe. Das

---

27 BT-Drs. 16/12274, S. 51.
28 Auch die Europäische Union hat die Berner Konvention ratifiziert.
29 BT-Drs. 16/12274, S. 51.

Verantwortungsbewusstsein der Bevölkerung für einen pfleglichen Umgang mit Natur und Landschaft ist die Grundvoraussetzung dafür, dass auch konkrete Naturschutzmaßnahmen auf Akzeptanz in der Bevölkerung stoßen können. Das allgemeine Verständnis für die Ziele und Aufgaben des Naturschutzes kann durch Bildungs- und Öffentlichkeitsarbeit gefördert werden. Diese sollte geeignet sein, jeden in den Stand zu versetzen, sein persönliches Handeln als umwelt- bzw. naturschutzrelevant kritisch zu reflektieren, die dahinter stehenden Intentionen, Motive und Werthaltungen offenzulegen und der Diskussion auszusetzen.[30]

33 Satz 2 erteilt den Auftrag an die Erziehungs-, Bildungs- und Informationsträger zur Umweltbildung. Dies soll auf allen Ebenen durch die Aufklärung über die Bedeutung von Natur und Landschaft, über deren Bewirtschaftung und Nutzung sowie über die Aufgaben des Naturschutzes und der Landschaftspflege geschehen mit dem Ziel, das Bewusstsein für einen verantwortungsvollen Umgang mit Natur und Landschaft zu wecken. Der „Bundesweite Arbeitskreis der staatlich getragenen Bildungsstätten im Natur- und Umweltschutz" (BANU) hat in seinen Leitlinien die Umweltbildung definiert als die „Vermittlung von Informationen, Methoden und Werten, um den handelnden und verantwortlichen Menschen zur Auseinandersetzung mit den Folgen seines Tuns in der natürlichen, gebauten und der sozialen Umwelt zu befähigen und zu umweltgerechtem Handeln als Beitrag zu nachhaltiger Entwicklung zu bewegen."[31]

34 Zielgruppe des Auftrags sind sowohl Kinder und Jugendliche, als auch Erwachsene. Eine wichtige Rolle spielen z.B. die im BANU zusammengeschlossenen staatlich getragenen Umweltbildungsstätten der Bundesländer, Naturschutzzentren, Museen sowie zoologische und botanische Gärten. Bedeutsam ist auch die Vermittlung von Naturverständnis in Kindergarten, Vorschule und Schule. Für die schulische Bildung kann eine Verankerung der Umweltbildung in Lehrplänen und Aufnahme von Naturthemen in die entsprechenden Lehrbücher beitragen.

---

30 *Karger/Wiedemann*, NuL 1994, 3.
31 Bundesweiter Arbeitskreis der staatlich getragenen Bildungsstätten im Natur- und Umweltschutz (BANU) (Hrsg.): BANU Leitlinien zur Natur- und Umweltbildung für das 21. Jahrhundert, 2003, S. 8.

§ 3 Zuständigkeiten, Aufgaben und Befugnisse, vertragliche Vereinbarungen, Zusammenarbeit der Behörden

(1) Die für Naturschutz und Landschaftspflege zuständigen Behörden im Sinne dieses Gesetzes sind
1. die nach Landesrecht für Naturschutz und Landschaftspflege zuständigen Behörden oder
2. das Bundesamt für Naturschutz, soweit ihm nach diesem Gesetz Zuständigkeiten zugewiesen werden.

(2) Die für Naturschutz und Landschaftspflege zuständigen Behörden überwachen die Einhaltung der Vorschriften dieses Gesetzes und der auf Grund dieses Gesetzes erlassenen Vorschriften und treffen nach pflichtgemäßem Ermessen die im Einzelfall erforderlichen Maßnahmen, um deren Einhaltung sicherzustellen, soweit nichts anderes bestimmt ist.

(3) Bei Maßnahmen des Naturschutzes und der Landschaftspflege soll vorrangig geprüft werden, ob der Zweck mit angemessenem Aufwand auch durch vertragliche Vereinbarungen erreicht werden kann.

(4) ¹Mit der Ausführung landschaftspflegerischer und -gestalterischer Maßnahmen sollen die zuständigen Behörden nach Möglichkeit land- und forstwirtschaftliche Betriebe, Vereinigungen, in denen Gemeinden oder Gemeindeverbände, Landwirte und Vereinigungen, die im Schwerpunkt die Ziele des Naturschutzes und der Landschaftspflege fördern, gleichberechtigt vertreten sind (Landschaftspflegeverbände), anerkannte Naturschutzvereinigungen oder Träger von Naturparken beauftragen. ²Hoheitliche Befugnisse können nicht übertragen werden.

(5) ¹Die Behörden des Bundes und der Länder haben die für Naturschutz und Landschaftspflege zuständigen Behörden bereits bei der Vorbereitung aller öffentlichen Planungen und Maßnahmen, die die Belange des Naturschutzes und der Landschaftspflege berühren können, hierüber zu unterrichten und ihnen Gelegenheit zur Stellungnahme zu geben, soweit nicht eine weiter gehende Form der Beteiligung vorgesehen ist. ²Die Beteiligungspflicht nach Satz 1 gilt für die für Naturschutz und Landschaftspflege zuständigen Behörden entsprechend, soweit Planungen und Maßnahmen des Naturschutzes und der Landschaftspflege den Aufgabenbereich anderer Behörden berühren können.

(6) Die für Naturschutz und Landschaftspflege zuständigen Behörden gewährleisten einen frühzeitigen Austausch mit Betroffenen und der interessierten Öffentlichkeit über ihre Planungen und Maßnahmen.

(7) Aufgaben nach diesem Gesetz obliegen einer Gemeinde oder einem Gemeindeverband nur, wenn der Gemeinde oder dem Gemeindeverband die Aufgaben durch Landesrecht übertragen worden sind.

Gliederung

		Rdnr.
I.	Zuständige Behörden (Abs. 1)	1, 2
II.	Aufgaben und Befugnisse der Behörden (Abs. 2)	3–8
1.	Allgemeines	3
2.	Inhalt der Aufgaben und Befugnisse 210	4–6
3.	Anordnungen der Behörde	7, 8
III.	Vertragliche Vereinbarungen bzw. „Vertragsnaturschutz" (Abs. 3)	9–34
1.	Allgemeines	9–14
	a) Verwaltungshandeln durch Vertrag	9–12
	b) Rechtsentwicklung	13, 14
2.	Pflicht der Behörde zur Prüfung vertraglicher Möglichkeiten	15–18
	a) Allgemeines, Vorrangklausel	15–17
	b) Sollvorschrift im öffentlichen Interesse	18

3.	Art und Umfang der Prüfung	19–21
4.	Vertrag und hoheitliche Maßnahmen	22–27
	a) Möglichkeiten und Grenzen des Vertragsmodells	22–25
	b) Rechtmäßigkeit hoheitlicher Maßnahmen	26, 27
5.	Anwendungsbereich des Vertragsnaturschutzes	28–30
6.	Rechtsfragen des Vertragsnaturschutzes	31–34
	a) Vertragsverhältnis	31, 32
	b) Vertragsinhalt	33, 34
IV.	Ausführung landschaftspflegerischer und -gestalterischer Maßnahmen (Abs. 4)	35–38
V.	Beteiligung von Behörden (Abs. 5)	39–45
1.	Allgemeines	39
2.	Beteiligung der Naturschutzbehörden	40–44
	a) Frühzeitige Beteiligung	40
	b) Gegenstand der Beteiligung	41, 42
	c) Berührung der Belange von Naturschutz und Landschaftspflege ...	43
	d) Form der Beteiligung	44
3.	Beteiligung anderer Behörden	45
VI.	Information der Öffentlichkeit (Abs. 6)	46, 47
VII.	Aufgaben der Gemeinden (Absatz 7)	48
VIII.	Landesrecht	49

I. Zuständige Behörden (Absatz 1)

1 Abs. 1 enthält eine Definition des Begriffs der für Naturschutz und Landschaftspflege zuständigen Behörden im Sinne des Bundesnaturschutzgesetzes. **Behörden** sind organisatorische Einheiten eines Trägers der öffentlichen Verwaltung, bestehend aus Personen und Sachmitteln, die in die staatliche Verwaltung eingeordnet sind und in eigener Verantwortung bestimmte Verwaltungsaufgaben wahrnehmen.[1] Für die Reichweite des Bundesgesetzgebers ist damit eine hoheitliche Erfüllung der Aufgaben des Naturschutzes und der Landschaftspflege angeordnet, privatrechtliche Träger sind ausgeschlossen. Körperschaften des öffentlichen Rechts, sowie rechtsfähige Anstalten oder Stiftungen des öffentlichen Rechts sind in diesem Sinne keine Behörden, sondern Träger unterschiedlicher Behördenfunktionen. Die Bundesländer haben entsprechende Behörden eingerichtet.[2]

2 Nach Art. 83 GG führen die Länder die Bundesgesetze als eigene Angelegenheiten aus. In diesem Fall regeln sie die Einrichtung der Behörden und das Verwaltungsverfahren, soweit nicht Bundesgesetze mit Zustimmung des Bundesrates etwas anderes bestimmen, Art. 84 Abs. 1 GG. Dem trägt Nr. 1 Rechnung. Das Bundesamt für Naturschutz (Nr. 2) hat Zuständigkeiten nach den §§ 6 Abs. 5, 40 Abs. 5, 45 Abs. 7 und 8, 48 Abs. 1 Nr. 2 und Abs. 2, 51 Abs. 1, 53 Abs. 1, 57 Abs. 1, 58 Abs. 1 und 3, 67 Abs. 2 und 70 Nr. 1. Über die zuständigen Behörden im Sinne der Landesnaturschutzgesetze und der untergesetzlichen Normen des Landesrechts sagt § 3 Abs. 1 nichts, das regeln die Länder.

---

1 Vgl. z.B. BVerwG, Urt. v. 30.9.1959 – 6 C 358.56, BVerwGE 9, 172/178.
2 *Louis*, BNatSchG, § 3 Rdnr. 6.

II. Aufgaben und Befugnisse der Behörden (Absatz 2)

1. Allgemeines

Abs. 2 beschreibt die Aufgaben der für Naturschutz und Landschaftspflege zuständigen Behörden und ergänzt sie um eine als Generalklausel ausgestaltete Befugnisnorm. Die Vorschrift erfasst aus kompetenzrechtlichen Gründen nur die Ausführung des Bundesnaturschutzgesetzes und der auf Grund dieses Gesetzes erlassenen Vorschriften. Die Regelung der Ausführung von fortgeltendem oder künftig erlassenem Landesnaturschutzrecht obliegt den Ländern. Aufgabenzuweisung und Befugnisnorm gelten auch für das Bundesamt für Naturschutz, soweit es nach dem Bundesnaturschutzgesetz zuständig ist. Das Bundesrecht kennt anders als das Landesrecht keine allgemeine Zuständigkeitsregelung. Zuständigkeiten des Bundesamtes für Naturschutz bestehen nach diesem Gesetz insbesondere bei der Beobachtung von Natur und Landschaft (§ 6 Abs. 5), beim Artenschutz (§ 40 Abs. 5, § 45 Abs. 7 u. 8, § 48 Abs. 1 Nr. 2) sowie beim Meeresnaturschutz (§ 58 Abs. 1).

2. Inhalt der Aufgaben und Befugnisse

Die für Naturschutz und Landschaftspflege zuständigen Behörden **überwachen** die Einhaltung der Vorschriften dieses Gesetzes und der auf Grund dieses Gesetzes erlassenen Vorschriften und treffen nach pflichtgemäßem Ermessen die im Einzelfall erforderlichen Maßnahmen, um deren **Einhaltung sicherzustellen**, soweit nichts anderes bestimmt ist. Abs. 2 wählt mit dieser Formulierung den Weg der **Generalklausel**. Dagegen bestehen keine Bedenken.

Der Gesetzgeber ist verpflichtet, in grundlegenden normativen Bereichen, zumal im Bereich der Grundrechtsausübung, soweit diese staatlicher Regelung zugänglich ist, alle wesentlichen Entscheidungen selbst zu treffen.[3] Im Naturschutzrecht sind vor allem die Grundrechte der Art. 2, 12 und 14 GG betroffen. Die Generalklausel des Abs. 2 steht in Einklang mit dem Grundsatz des Vorbehalts des Gesetzes (Art. 20 GG) und dem Parlamentsvorbehalt. Gemessen am Zweck des rechtsstaatlichen Vorbehalts enthält Abs. 2 für den Betroffenen ein berechenbares rechtsstaatliches Prüfungsschema.[4] Faktischer **Anknüpfungspunkt** ist die (Nicht-)Einhaltung der naturschutzrechtlichen Vorschriften, die ihrerseits verfassungsrechtlichen Anforderungen unterliegen, z.B. was ihre Bestimmtheit, Verhältnismäßigkeit usw. angeht. Der Betroffene kann anhand dieser Vorschriften hinreichend sicher erkennen, was von ihm verlangt wird.[5] Hält er diese Gebote, Verbote usw. nicht ein, muss er auf grund des Abs. 2 damit rechnen, dass die Behörde einschreitet.

Die Befugnis der Behörde, die Einhaltung der Vorschriften „zu überwachen" und „sicherzustellen", beschränkt sich nicht auf eine präventive Gefahrenabwehr. Andernfalls wären die Handlungsmöglichkeiten der Behörde im Fall einer Missachtung der Vorschriften ineffizient. Sie könnte rechtswidrige Handlungen verhüten und unterbinden, nicht aber die Beseitigung der Folgen anordnen. Es verhielte sich wie bei der ordnungsrechtlichen Generalklausel, deren Ermächtigung zur Gefahrenabwehr nur Maßnahmen umfasst, die die Rechtsverletzung verhindern oder eine anhaltende Verlet-

---

3 BVerfG, Beschl. v. 8.8.1978 – 2 BvL 8/77, BVerfGE 49, 89 m.w.N.
4 Vgl. BVerfG, Urt. v. 24.5.2006 – 2 BvR 669/04, BVerfGE 116, 24 Rdnr. 72: „berechenbares rechtsstaatliches Abwägungsprogramm".
5 Vgl. BVerfG, Urt. v. 7.5.2001 – 2 BvK 1/00, NuR 2002, 27.

zung (Störung) beseitigen, und keine Rechtsgrundlage für die Forderung bildet, einen beendeten Eingriff auszugleichen, denn sie ist nicht auf Folgenbeseitigung gerichtet.[6] Im Naturschutzrecht ist dagegen die **Folgenbeseitigung** ein zentrales Erfordernis. Die Ziele von Naturschutz und Landschaftspflege (§ 1) und die ihrer Verwirklichung dienenden Vorschriften stellen bestimmte Qualitätsanforderungen an den Zustand von Natur und Landschaft, der seinerseits von menschlichen Einwirkungen auf Grundstücke, Pflanzen, Tiere usw. (oder Unterlassungen) abhängig ist. Abs. 2 spricht daher nicht von Gefahrenabwehr und Störungsbeseitigung, sondern – umfassender – von der „**Einhaltung der Vorschriften**". Dieser Begriff ist sowohl handlungsbezogen als auch zustandsbezogen zu verstehen, er hat auch den Zustand im Blick, den die Vorschriften gewahrt wissen wollen. Er betrifft nicht nur das Verhalten dessen, der auf Natur und Landschaft einwirkt, sondern auch den durch dieses Verhalten geschaffenen Zustand von Natur und Landschaft. Die Ermächtigung, die Einhaltung der Vorschriften sicherzustellen geht daher über die Gefahrenabwehr in engeren Sinn hinaus und bedeutet, dass die Behörde nicht nur die Befugnis hat, rechtswidrige Handlungen zu untersagen (die „Einstellung" auszusprechen usw.), sondern insbesondere auch anordnen kann, den früheren, entgegen den Vorschriften veränderten Zustand wiederherzustellen.[7] Dies kann die Folgen eines Verstoßes gegen eine Schutzverordnung betreffen, aber auch artenschutzrechtliche Zuwiderhandlungen mit der Folge, dass nach rechtswidriger Beseitigung von Schwalbennestern angeordnet wird, künstliche Nisthilfen anzubringen.[8] Seit jeher ist im Naturschutzrecht die Beseitigung der Folgen einer rechtswidrigen Handlung (in der Regel einer Beeinträchtigung oder Schädigung von Natur oder Landschaft) eines der Hauptinstrumente behördlicher Handlungsmöglichkeiten. Aus der entsprechenden Ermächtigung in § 17 Abs. 8 ist nicht der Gegenschluss zu ziehen, dass sie von § 3 Abs. 2 nicht umfasst wird. Vielmehr bedarf es dort einer ausdrücklichen Ermächtigung, weil die Generalklausel des § 3 Abs. 2 nur für die Naturschutzbehörden gilt, nicht aber für die nach § 17 Abs. 1 zuständige Fachbehörden (§ 17 Rdnr. 45).

3. Anordnungen der Behörde

7 Nach ordnungsrechtlichen Grundsätzen kann sich die Behörde an die Person halten, die die rechtswidrige Handlung ausgeführt hat (Handlungsstörer), oder an die Person, die für den rechtswidrigen Zustand verantwortlich ist (Zustandsstörer). Kommen mehrere Störer in Betracht, hat die Behörde nach pflichtgemäßem Ermessen eine Auswahl unter ihnen zu treffen. Dabei spielen verschiedene Faktoren eine Rolle. Im Vordergrund steht die Effektivität der Maßnahme, d.h. die Wirksamkeit und, falls relevant, die Schnelligkeit des Eingreifens, die Leistungsfähigkeit des Störers, seine Sach- und Ortsnähe und anderen Kriterien, wobei auch mehrere Störer als Gesamtschuldner in Anspruch genommen werden können.[9]

8 Ob die Behörde von ihrer Befugnis aus § 3 Abs. 2 Gebrauch macht, steht in ihrem Ermessen. Allerdings sind das Einschreiten gegen rechts- oder ordnungswidrige Zustände oder das Nichteinschreiten keine gleichwertigen Al-

---

6   OVG Münster, Urt. v. 21.11.1996 – 7 A 3684/92, juris.
7   So auch die Rspr. zu dem ganz ähnlichen § 5 Abs. 2 NatSchG BW in der bis 31.12.2005 g.F., vgl. VG Stuttgart, Beschl. v. 21.10.1998 – 3 K 3411/98, NuR 1999, 186; VGH Mannheim, Urt. v. 1.10.1991 – 5 S 1823/90, NuR 1002, 475.
8   Vgl. OVG Lüneburg, Beschl. v. 14.5.2004 – 8 ME 65/04, NuR 2004, 612.
9   VGH München, Urt. v. 10.1.2005 – 24 BV 04.456, juris.

ternativen, sondern das **Einschreiten ist die Regel**. Die Behörde muss daher in aller Regel nicht weiter begründen, warum sie gegen ihrer Meinung nach rechtswidrige Handlungen oder Zustände vorgeht. Bei der Entscheidung über das Einschreiten gegen rechtswidrige und ordnungswidrige Zustände ist der Begründungspflicht regelmäßig damit genügt, dass die Behörde zum Ausdruck bringt, der beanstandete Zustand müsse wegen seiner Rechtswidrigkeit und Ordnungswidrigkeit beseitigt werden.[10]

III. Vertragliche Vereinbarungen bzw. „Vertragsnaturschutz" (Absatz 3)

1. Allgemeines.

a) **Verwaltungshandeln durch Vertrag.** Die „klassischen" Instrumente des deutschen Naturschutzrechts gehören zum **Ordnungsrecht** wie z.B. Schutzgebietsausweisungen.[11] Durch Gebote und Verbote werden den Betroffenen Beschränkungen hinsichtlich der Eigentumsnutzung und der allgemeinen Handlungsfreiheit auferlegt. Darauf sind die Akzeptanzprobleme des Naturschutzes hauptsächlich zurückzuführen, auch weil Nutzungsbeschränkungen nicht zwangsläufig zu einem finanziellen Ausgleich verpflichten. Deshalb hat sich das Instrument des Vertragsnaturschutzes zunächst in der Praxis herausgebildet und ist dann vom Gesetzgeber aufgegriffen worden. Es kann für beide Seiten vorteilhaft sein. Per Vertrag lässt sich eine Bewirtschaftungsweise festlegen wie dies in einer Schutzverordnung nicht ohne weiteres möglich wäre. Umgekehrt erhält der Betroffene eine Gegenleistung. Diese gegenseitige Bindung kann das Verständnis der Grundstücksnutzer für Naturschutzmaßnahmen und ihre Bereitschaft zur Befolgung der übernommenen Verpflichtungen fördern. Streitigkeiten über die Anfechtung hoheitlicher Akte entfallen.

Der Hauptgrund, warum das Vertragsmodell bei den betroffenen Grundstücksnutzern Zustimmung findet, ist zweifellos die Tatsache, dass eine Gegenleistung erbracht wird, denn den naturschutzbedingten Nutzungsbeschränkungen stehen aus Sicht der meisten Betroffenen keine unmittelbaren Vorteile für sie selbst gegenüber. Die Gegenleistung besteht in dem von Anfang an wichtigsten Anwendungsbereich – Land- und Forstwirtschaft (insbes. extensive Flächenbewirtschaftung) – in einer Geldzahlung. Die seit der gesetzlichen Verankerung des Vertragsnaturschutzes wiederkehrende Forderung nach einer Ausweitung bis hin zu einem generellen Vorrang des Vertragsnaturschutzes hat einen **finanziellen Hintergrund**: Je mehr Verträge, desto mehr Zahlungen.

Geldleistungen gibt es aber **auch ohne Vertrag**. Das Entgelt für bestimmte Modalitäten der Flächenbewirtschaftung kann seit jeher auf Grund eines Subventions-Verwaltungakts (Bewilligungsbescheides) geleistet werden und ggf. auf Grund § 49a VwVfG zurückgefordert werden. So wird in Bayern sogar das „Vertragsnaturschutzprogramm" seit dem Übergang der Zuständigkeit auf die Landwirtschaftsverwaltung nicht mehr durch Vertrag vollzogen, sondern durch Zuwendungsbescheid wie schon bisher andere Agrarumweltmaßnahmen. Der Bescheid wird mit den entsprechenden Auflagen erlassen, nachdem der Betroffene sich im Antragsformular zur Einhaltung

---

10 BVerwG, Beschl. v. 28.8.1980 – 4 B 67.80, BRS 36 Nr. 93 = Buchholz 406.11 § 35 BBauG Nr. 168; OVG Münster, Urt. v. 25.9.1990 – 11 A 1938/87, BRS 52 Nr. 149.
11 BVerwG, Urt. v. 11.12.2003 – 4 CN 10.02, NuR 2004, 311.

bestimmter Bewirtschaftungsmodalitäten verpflichtet. Entscheidend ist letztlich, dass Haushaltsmittel zur Verfügung stehen. Das Neue am Vertragsnaturschutz war seinerzeit nicht so sehr das Handeln durch Vertrag (§ 54 VwVfG gilt seit 1976), sondern die Bereitstellung finanzieller Mittel infolge der Erkenntnis, dass **Naturschutz mit Geld mehr Erfolg verspricht**, insbesondere wenn es um Regelungen der Flächennutzung geht (vgl. § 68 Rdnr. 18 f.). Genau besehen ist nicht § 3 Abs. 3 die Rechtsgrundlage des Vertragnaturschutzes, sondern die Regelung des Verwaltungshandelns durch Vertrag in §§ 54 ff. VwVfG. § 3 Abs. 3 gibt lediglich eine Direktive für die Nutzung der Vertragsform im Kontext von Naturschutz und Landschaftspflege.

12 Das **Schwergewicht** des Vertragsnaturschutzes liegt seit jeher im Bereich der Land-, Forst- und Fischereiwirtschaft. Häufig geht es darum, die Bewirtschaftung von Flächen zu extensivieren, z.B. durch Verzicht auf den Einsatz von Düngemitteln und Chemikalien, oder eine bestimmte Nutzung (z.B. Schafbeweidung von Wacholderheiden) aufrechtzuerhalten oder wieder aufzunehmen. Vereinbarungen können für Flächen innerhalb oder außerhalb eines Schutzgebiets (§§ 22 ff.) geschlossen werden. Zur Finanzierung des Vertragsnaturschutzes gibt es **Förderprogramme**, um den Betroffenen ein Entgelt dafür zu zahlen, dass sie einen Ertragsausfall oder Mehraufwand haben. Diese Entwicklung ist durch die Förderung von Agrarumweltmaßnahmen auf europäischer Ebene[12] verstärkt worden. Vertragliche Vereinbarungen sind aber auch mit anderen Gruppen wie z.B. Sportverbänden möglich (Rdnr. 30), wobei nicht die finanzielle Gegenleistung im Vordergrund steht.

13 **b) Rechtsentwicklung.** Bisher hieß es in § 8 BNatSchG 2002: „Das Landesrecht stellt sicher, dass bei Maßnahmen zur Durchführung der im Rahmen dieses Gesetzes erlassenen Rechtsvorschriften geprüft wird, ob der Zweck auch durch vertragliche Vereinbarungen erreicht werden kann." Nunmehr „soll" bei Maßnahmen des Naturschutzes und der Landschaftspflege nach Abs. 3 „vorrangig" geprüft werden, „ob der Zweck mit angemessenem Aufwand auch durch vertragliche Vereinbarungen erreicht werden kann". Vorweg kann festgestellt werden, dass sich in der Sache nichts Wesentliches geändert hat.

14 Die Gesetzesbegründung sagt dazu:[13] „Bei Maßnahmen des Naturschutzes und der Landschaftspflege soll – insofern anders als in § 8 BNatSchG geregelt – stets vorrangig geprüft werden, ob der Zweck mit angemessenem Aufwand auch durch vertragliche Vereinbarungen erreicht werden kann. Dies gilt in besonderem Maße nicht nur für den Bereich der Land-, Forst- und Fischereiwirtschaft, sondern auch für sportliche Betätigung im Rahmen der Erholung in Natur und Landschaft. Damit soll die hohe praktische Bedeutung des Vertragsnaturschutzes für die Verwirklichung der Ziele des Naturschutzes und der Landschaftspflege betont werden. Ein genereller Vorrang des Vertrags- vor dem Ordnungsrecht ist aber auch im Bereich des Naturschutzes und der Landschaftspflege weder unter dem Gesichtspunkt der Wirksamkeit der Steuerung noch des verwaltungsmäßigen Aufwandes gerechtfertigt (vgl. Sachverständigenrat für Umweltfragen, Umweltverwaltungen unter Reformdruck: Herausforderungen, Strategien, Perspektiven, Sondergutachten Februar 2007, Tz. 315 ff.)."

---

12 Nunmehr Art. 39 VO (EG) 1698/2005 – Verordnung über die Förderung der Entwicklung des ländlichen Raums (ELER), geänd. durch VO (EG) 74/2009.
13 BT-Drs. 16/12274, S. 51

2. Pflicht der Behörde zur Prüfung vertraglicher Möglichkeiten

a) Allgemeines, Vorrangklausel. Hoheitliche Maßnahmen und Verträge sind zwei verschiedene Kategorien. Die Behörde hat keine freie Wahl zwischen (einseitiger) Maßnahme und Vertrag, denn ein Vertrag lässt sich nicht erzwingen. Daher gibt es keinen „Vorrang des Vertrags" vor hoheitlichen Maßnahmen, er würde den Vollzug des Naturschutzrechts paralysieren. Folgerichtig begründet Abs. 3 **nur** eine **Pflicht zur Prüfung.** Dementsprechend **bezieht sich** der Zusatz „**vorrangig**" **nur auf die Prüfung** und bedeutet soviel wie „zuvor", d.h. bevor die Behörde eine einseitige Maßnahme (Erlass eines Verwaltungsakts oder einer Verordnung) trifft, soll sie prüfen, ob der Zweck mit angemessenem Aufwand auch durch vertragliche Vereinbarungen erreicht werden kann. Mehr fordert Abs. 3 nicht. Insbesondere muss sich die Behörde weder auf wenig aussichtsreiche Verhandlungen einlassen noch auf hoheitliche Maßnahmen verzichten, wenn mit angemessenem Aufwand kein für den Zweck tauglicher Vertrag rechtzeitig zustande kommt (mehr in Rdnr. 19 ff.). **Adressaten** der Verpflichtung sind alle, denen die Durchführung der Rechtsvorschriften des Naturschutzes und der Landschaftspflege obliegt.

Dreh- und Angelpunkt ist der **Zweck der ins Auge gefassten Maßnahme.** Ihn bestimmt die zuständige Stelle im konkreten Fall nach Maßgabe gesetzlicher Ermächtigungen und Zielvorgaben. Die Prüfung erstreckt sich darauf, ob (a) dieser Zweck (b) mit angemessenem Aufwand auch (c) durch vertragliche Vereinbarungen erreicht werden kann. Auf Abstriche von ihrem Konzept braucht sich die Behörde dabei nicht einzulassen, wenn dieses rechtmäßig ist. Denn der Begriff „vorrangig" bedeutet **nicht**, dass **um jeden Preis** ein Vertrag anzustreben ist, sondern er bezieht sich nur auf den Ablauf des behördlichen Handelns: Die Behörde muss lediglich zuerst prüfen, ob sie das, was sie erreichen will, auch durch einen oder mehrere Verträge realisieren könnte.

Daher ist die bisherige höchstrichterliche Rechtsprechung zum Vertragsnaturschutz weiterhin aktuell. Sie besagt, dass sich die Behörde maßgeblich von den Vorgaben des § 1 leiten zu lassen und dafür zu sorgen hat, dass diese praktisch wirksam werden. Geht es etwa um den Gebietsschutz, braucht sich die Behörde auf vertragliche Vereinbarungen nicht verweisen zu lassen, wenn diese **nicht in gleicher Weise wie allgemeinverbindliche Ge- und Verbote geeignet** sind, das Schutzkonzept nachhaltig zu sichern, etwa wenn die Eigentümer verbal für den Naturschutz aufgeschlossen sind, es aber ablehnen, bestimmte Bewirtschaftungs- und Pflegemaßnahmen zu unterlassen bzw. durchzuführen, deren Reglementierung bei einer förmlichen Unterschutzstellung rechtlich zulässig wäre. Die Behörde ist nicht verpflichtet, auf hoheitliche Schutzmaßnahmen, die gemessen an den Leitvorstellungen der §§ 1, 2 vernünftigerweise geboten sind, nur deshalb zu verzichten, weil sich auf einem niedrigeren Schutzniveau eine einvernehmliche Lösung abzeichnet.[14] Auch das geltende Recht besagt in Abs. 3 nichts anderes.

b) Sollvorschrift im öffentlichen Interesse. Die Prüfungspflicht ist eine Sollvorschrift, d.h. Prüfung ist durchzuführen, sofern keine besonderen Umstände vorliegen, die es rechtfertigen, von ihr abzusehen (z.B. Eilbedürftigkeit). Auch wenn nach abweichendem Landesrecht (§ 2 Abs. 6 LNatSchG SH) die Behörden zu prüfen „haben", ändert sich daran nichts, denn der Zweck eilbedürftiger Maßnahmen kann nicht erreicht werden, wenn zuvor

---

14 BVerwG, Beschl. v. 18.7.1997 – 4 BN 5.97, NuR 1998, 37.

Vertragsangebote gemacht werden müssen. Die Prüfung ist ein innerbehördlicher Vorgang, der sich nach außen in Form der Kontaktaufnahme mit möglichen Vertragspartnern zeigen kann. Im Fall ihrer Unterlassung nennt das Gesetz keine bestimmte Rechtsfolge. Die Prüfungspflicht der Behörde ist nur ein behördeninterner **Verfahrensschritt** und nach § 46 VwVfG zu beurteilen. Die Aufhebung eines Verwaltungsaktes, dem nachweislich keine Prüfung gem. Abs. 3 vorausgegangen ist, setzt somit voraus, dass dadurch die Entscheidung in der Sache beeinflusst werden konnte. Das könnte nur in einem einzigen Punkt der Fall sein, nämlich hinsichtlich der Erforderlichkeit einer hoheitlichen Maßnahme, dürfte aber kaum praktisch werden (Rdnr. 27). Weitere Konsequenzen gibt es nicht: Die **Prüfungspflicht** ist eine **aus Gründen des öffentlichen Interesses verfügte Differenzierung des naturschutzrechtlichen Instrumentariums**, mit ihr „soll die hohe praktische Bedeutung des Vertragsnaturschutzes für die Verwirklichung der Ziele des Naturschutzes und der Landschaftspflege betont werden" (Rdnr. 14), insbesondere die finanzielle Honorierung von Leistungen. Sie **bezweckt nicht** den **Schutz Dritter**, etwa „gegen hoheitliche Maßnahmen". Sie **begründet** auch **keine Rechte Dritter**. Ein Anspruch auf Abschluss eines Vertrages kann sich allenfalls aus anderen Umständen ergeben, etwa wenn es um die Gleichbehandlung bei der Vergabe von Subventionen für bestimmte Bewirtschaftungsbeschränkungen geht und die Haushaltsmittel ausreichen. Auch wenn der Zweck der Maßnahme durch eine vertragliche Vereinbarung ebenso gut erreichbar ist, begründet die Norm keine für Dritte einklagbare Verpflichtung der Behörde, die Maßnahmen durch vertragliche Vereinbarung durchzuführen, genauer: durch das Angebot eines Vertrags.

3. Art und Umfang der Prüfung

19 Eine erste Unterscheidung geht dahin, ob (a) die Maßnahmen das **Verhalten von Personen** regeln sollen, die sich in einem Gebiet aufhalten, oder ob sie (b) auf eine **naturschutzkonforme Flächennutzung** durch die Eigentümer, Pächter usw. abzielen. Im Fall (a) sind vertragliche Regelungen mit den Grundstückseigentümern weitgehend untauglich, weil sie keine Rechtswirkungen gegenüber der Allgemeinheit haben. Allenfalls bei bestimmten Personengruppen (z.B. organisierten Freizeitnutzern) können sie als flankierende Maßnahme erwogen werden (Rdnr. 30). Im Fall (b) kommen Bewirtschaftungsvereinbarungen in Betracht.

20 Wenn es um bestimmte Formen der Grundstücksnutzung in der Land-, Forst und Fischereiwirtschaft geht und dafür ein Entgelt gezahlt wird, sind die Vertragsbedingungen regelmäßig nicht frei aushandelbar, sondern werden vom Staat nach den Vorgaben des Haushaltsplans, der Förderprogramme, des EU-Rechts usw. festgelegt. Der Vertragspartner kann meist nur annehmen oder nicht. Die von Abs. 3 geforderte Prüfung wird damit für bestimmte Fallgruppen vorweg durchgeführt worden und findet ihren Niederschlag z.B. in einem Förderprogramm, das die Einzelheiten festlegt und **standardisierte Vertragsmuster** bereitstellt. Sind dagegen die vertraglichen Möglichkeiten ohne solche Vorarbeit zu prüfen, stellen sich je nach Lage der Dinge rechtliche und tatsächliche Fragen. Die Prüfung, ob **im konkreten Fall** der angestrebte Zweck mit **angemessenem Aufwand** durch vertragliche Vereinbarungen erreicht werden kann, enthält eine **Prognose** und bezieht die bei der Anbahnung oder Durchführung von Verträgen gemachten Erfahrungen sowie die allgemeine Lebenserfahrung ein. Daher kann sie sich auch typisierend auf verallgemeinerungsfähige Erkenntnisse und Erfahrungen stützen und ggf. schon auf den ersten Blick ergeben, dass vertragliche Lösungen ausscheiden.

An der Angemessenheit des Aufwands, an der Möglichkeit oder Eignung eines Vertrags **fehlt** es z.B., wenn **21**
(a) aus rechtlichen Gründen bestimmte Ziele nur mit hoheitlichen Maßnahmen erreicht werden können;
(b) die Maßnahme eilt und keine Zeit für Vertragsverhandlungen ist;
(c) Grund zu der Annahme besteht, dass durch Vertragsverhandlungen lediglich der Erlass hoheitlicher Maßnahmen hinausgezögert werden soll;
(d) die potenziellen Vertragspartner erkennen lassen, dass sie nicht zum Abschluss von Verträgen mit dem erforderlichen Inhalt oder mit der nötigen Laufzeit und ggf. Verlängerungsoption für die Behörde bereit sind;
(e) der potenzielle Vertragspartner in der Vergangenheit unzuverlässig war;
(f) der potenzielle Vertragspartner zu den erforderlichen Maßnahmen voraussichtlich nicht in der Lage ist,
(g) das erforderliche Vertragswerk zu umfangreich oder kompliziert oder mit rechtlichen Unsicherheiten belastet wäre;
(h) der Kreis der notwendigen Vertragspartner so groß wäre (ggf. auch fluktuiert, z.B. bei Pächterwechsel), dass die zur Zweckerreichung nötigen zahlreichen und aufeinander abgestimmten Verträge voraussichtlich nicht oder nicht innerhalb eines vertretbaren Zeitraums zustande kommen;
(i) die Naturschutzbehörde aus personellen Gründen oder mangels ausreichender juristischer Unterstützung nicht in der Lage ist, die nötigen Vorarbeiten zu erledigen, Vertragsentwürfe zu fertigen und Vertragsverhandlungen zu führen;
(j) die ggf. nötigen Haushaltsmittel nicht zur Verfügung stehen.

Zu (h) bis (j) ist zu bemerken: Lässt sich der Zweck einer Maßnahme nur durch Verträge erreichen, weil die hoheitlichen Mittel nicht ausreichen, so kann es etwa bei der Realisierung europarechtlich gebotener Erhaltungsmaßnahmen (Art. 6 Abs. 1 FFH-RL) geboten sein, die Behörde personell und finanziell ausreichend auszustatten, um eine Umsetzung des Europarechts zu gewährleisten.

4. Vertrag und hoheitliche Maßnahmen

a) Möglichkeiten und Grenzen des Vertragsmodells. Verträge sind von vornherein nur dann geeignet, den Zweck einer Maßnahme zu erfüllen, **wenn es dazu ausreicht, den oder die Vertragspartner** zu bestimmten Handlungen oder Unterlassungen **zu verpflichten**. In erster Linie betrifft das die Nutzung von Grundstücken. Dass in Abs. 3 ganz allgemein „Maßnahmen des Naturschutzes und der Landschaftspflege" unter den Vorbehalt der Prüfung vertraglicher Möglichkeiten gestellt werden, ein in anderen Rechtsbereichen unbekanntes Konstrukt, schießt über das Ziel hinaus und kann zu Missverständnissen führen, was die Funktion von Verträgen betrifft. **22**

Eine hoheitliche **Einzelanordnung** kann durch Vertrag nur ersetzt werden, wenn dieser zum selben Ergebnis führt. In geeigneten Fällen kann seit jeher auch ohne Abs. 3 ein Vertrag anstelle eines Verwaltungsakts geschlossen werden (§ 54 Satz 2 VwVfG), Abs. 3 geht also nur hinsichtlich der Prüfungspflicht darüber hinaus. Bietet der Betroffene weniger an als das, was das (hoheitliche) Naturschutzrecht im Einzelfall bei Beachtung der gesetzlichen Vorgaben fordert oder hergibt, so ist eine Anordnung, die alles Nötige enthält, nicht mangels Erforderlichkeit rechtswidrig. Wichtig ist auch der Zeitfaktor. Verträge können nicht erzwungen werden. Ziehen sich die Verhandlungen zu lange hin und sind dadurch die Naturschutzziele gefährdet oder ein Konzept der Naturschutzbehörde nicht zeitgerecht zu ver- **23** wirklichen, braucht sich die Behörde nicht weiter darauf einzulassen. Bei **ordnungsrechtlichen Anordnungen** wie z.b. Einstellungs- und Beseitigungsverfügung, Anordnung der Wiederherstellung des früheren Zustands ist ein (einen Verwaltungsakt ersetzender) Vertrag schon auf Grund § 54 Satz 2 VwVfG möglich, freilich ohne finanzielle Gegenleistung, denn die schlichte Befolgung des materiellen Rechts verdient keine finanzielle Honorierung, woran auch Abs 3 nichts ändern kann. Hier gilt ferner: Ein Vertrag müsste rasch zustande kommen, ausreichend konkret formuliert sein und alles Nötige enthalten einschließlich der Unterwerfung des Betroffenen unter die sofortige Vollstreckung (§ 61 VwVfG), andernfalls muss ihn die Behörde einklagen, was der Anordnung des Sofortvollzugs nach Maßgabe des § 80 Abs. 2 Satz 1 Nr. 4 VwGO und der Vollstreckung des Verwaltungsakts durch die Behörde selbst nicht gleichwertig ist. Denkbar ist auch ein Vergleichsvertrag bei tatsächlichen oder rechtlichen Zweifelsfragen (§ 55 VwVfG).

24 Ein hinreichender und dauerhafter Schutz von Natur und Landschaft, wie ihn etwa Schutzerklärungen nach § 23 ff. oder andere normative Schutzinstrumente gewährleisten, ist durch Verträge allein nicht erreichbar. Verträge mit Grundstücksnutzern über die Bewirtschaftung sind nur ein, wenn auch wichtiger, Aspekt. Sie wirken aber nicht gegen Dritte und können ein alle praktisch relevanten Natur- und Landschaftsbeeinträchtigungen erfassendes Regelwerk nicht ersetzen. Vorgänge wie z.B. die Verträglichkeitsprüfung und Zulassungsentscheidung bei Natura-2000-Gebieten nach § 34 scheiden ohnehin aus. Ebenso wäre das Verschlechterungsverbot des Art. 6 Abs. 2 FFH-RL allein per Vertrag nicht ausreichend durchzusetzen. Verträge mit Grundstückseigentümern sind regelmäßig befristet, binden mangels Eintragung einer Dienstbarkeit im Grundbuch den Rechtsnachfolger nicht und erfassen nicht Beeinträchtigungen durch Dritte.

25 Daher gilt es zu unterscheiden: Da hoheitliches Handeln den Grundstückseigentümer in der Regel nicht zur Pflege oder Entwicklung bzw. Verbesserung des Erhaltungszustands verpflichten kann, lassen sich solche Maßnahmen vertraglich vereinbaren und **ergänzen die hoheitlichen Maßnahmen.** Dazu das BVerfG[15]: Das Verbot beeinträchtigender Handlungen wehre nachteilige Maßnahmen ab, die den Charakter des geschützten Gebiets unmittelbar verändern und dem Schutzzweck direkt zuwiderlaufen. Es ermögliche ferner, ergänzend besondere Handlungspflichten des Grundeigentümers auf Grund vertraglicher Absprachen mit finanziellen Regelungen zu begründen (z.B. Programm zur Wiedereinführung/Erhaltung historischer Landnutzungsformen, Mittelgebirgsprogramm), wodurch der „Grundschutz" durch Verordnung seine volle Effizienz erhalte. Auf dieser Linie liegt das BVerwG[16], wenn es feststellt, Verträge, in denen sich eine Naturschutzbehörde zu einer Geldleistung verpflichtet, dienten insbesondere dazu, dass die andere Vertragspartei Leistungen erbringt, zu denen sie rechtlich nicht (oder zumindest nicht entschädigungslos) verpflichtet ist. **Außerhalb besonders geschützter Gebiete** ist eine Geldleistung oft das einzige wirksame Mittel zur Steuerung der Flächennutzung insbesondere im Bereich der Land-, Forst und Fischereiwirtschaft.

26 **b) Rechtmäßigkeit hoheitlicher Maßnahmen.** Nach alledem steht die Bereitschaft der Betroffenen zum Vertragsschluss einem hoheitlichen Schutz etwa durch **Verordnung** nicht entgegen. Daran hat Abs. 3 nichts geändert.

---

15 Beschl. v. 16.9.1998 – 1 BvL 21/94, NuR 1999, 99.
16 BVerwG, Beschl. v. 24.5.2007 – 7 B 12.07, NVwZ 2007, 1185.

Auch bestehende Verträge machen eine Schutzanordnung nicht überflüssig[17], weil ihre Durchsetzung gegenüber Rechtsnachfolgern schwierig oder unmöglich ist, Dritte an solche Vereinbarungen nicht gebunden sind und außerdem aus den in Rdnr. 24 genannten Gründen. Dies gilt insbesondere, wenn Grundstücksnutzer es ablehnen, entsprechend dem Schutzzweck zu wirtschaften. Die gegen die Schutzanordnung erhobenen Einwände belegen häufig die Schutzbedürftigkeit eines Gebiets.[18] Die Regelungen einer Schutzverordnung können daher regelmäßig nicht durch Verträge gleichwertig ersetzt, wohl aber gerade um die Bewirtschaftungsmodalitäten ergänzt werden, deren hoheitliche Festlegung problematisch oder unzulässig wäre, insbesondere Einschränkungen der bisherigen Nutzung oder bestimmte Bewirtschaftungs- und Pflegemaßnahmen auf land- oder forstwirtschaftlich genutzten Grundstücken. Die Schutzbedürftigkeit gerade durch normative Regelung wird davon nicht berührt, im Gegenteil ist der Schutzzweck auch Grundlage der Pflege- und Entwicklungsverträge. Vertragliche Regelungen können also für eine Schutzanordnung die notwendigen flankierenden Maßnahmen festlegen.

Bei einer **Einzelanordnung** könnte der oben (Rdnr. 18 a.E.) genannte Fall, dass der Zweck der hoheitlichen Maßnahme durch eine vertragliche Vereinbarung ebenso gut erreichbar ist, nur theoretisch zur Rechtswidrigkeit der Maßnahme wegen fehlender Erforderlichkeit führen. Eine Einzelanordnung könnte nur dann rechtswidrig (weil nicht erforderlich) sein, wenn der Betroffene nachweist, dass er (a) rechtzeitig einen in jeder Hinsicht gleichwertigen Vertrag geschlossen hätte und (b) auf seine Bereitschaft zum Abschluss eines solchen Vertrags bei der Anhörung vor Erlass der Anordnung (§ 28 VwVfG) hingewiesen hat. Entfällt die Anhörung z.B. wegen Eilbedürftigkeit, scheidet eine vertragliche Lösung ohnehin aus.

5. Anwendungsbereich des Vertragsnaturschutzes

Hauptsächliche Zwecke von Maßnahmen des Naturschutzes und der Landschaftspflege sind[19]:
– die Bestandssicherung der regionaltypischen Flora und Fauna einschließlich ihrer Lebensräume (biotischer Ressourcenschutz),
– den Schutz der Naturgüter Boden, Wasser, Luft (abiotischer Ressourcenschutz),
– die Erhaltung der Vielfalt und Schönheit von Natur und Landschaft (ästhetischer Ressourcenschutz).

Da 73% der Fläche Deutschlands von Land- und Forstwirtschaft genutzt werden,[20] spielen diese bei der Verwirklichung der Ziele von Naturschutz und Landschaftspflege eine entscheidende Rolle, zumal wenn man bedenkt, dass über 50% aller Rote-Liste-Arten auf extensiv bis höchstens halbintensiv genutzte Offenlandbiotope angewiesen sind.[21] Die geförderten Flächen können innerhalb oder außerhalb besonders geschützter Gebiete liegen.

Durch Vertragsnaturschutz können z.B. die Durchführung von **Pflege- und Entwicklungsmaßnahmen** in Schutzgebieten, die Beibehaltung extensiver

---

17 VGH Kassel, Beschl. v. 22.11.1985 – 3 N 877/85, NuR 1986, 176 f.
18 OVG Lüneburg, Urt. v. 24.7.1995 – 3 K 2909/93, NuR 1997, 203 f.
19 *Schumacher, W.,* Was will der Naturschutz und was sind Leistungen der Landwirtschaft für Naturschutz und Landschaftspflege? Schr.-R. d. Deutschen Rates für Landespflege, Heft 71, 2000, S. 19.
20 BfN, Daten zur Natur 2002, S. 16.
21 *Schumacher, W.,* a.a.O.

Grünlandbewirtschaftung, Schaffung von Brachflächen, Einzelauflagen bei Ausgleichs- und Ersatzmaßnahmen, Umwandlung von forstlichen Monokulturen in artenreiche, standortgerechte Wälder gefördert werden. Durch vertragliche Regelungen besteht auch die Möglichkeit eines dynamischen Naturschutzes, z.B. im Rahmen einer Biotopvernetzung. So dienen brachliegende Flächen in landwirtschaftlich genutzten Gebieten als Verbindungselemente eines Biotopverbunds. Werden diese nach Ablauf der Vertragslaufzeit wieder in Nutzung genommen, so können sie durch andere, in der Nähe liegende brachfallende Flächen ersetzt werden, sofern diese als „Trittstein" ebenfalls geeignet sind. Der Vertragsnaturschutz kann auch zur Schaffung von **Landschaftselementen** und im Rahmen des **Biotopverbundes** genutzt werden (§ 21 Abs. 4) und im Rahmen des Managements von Natura-2000-Gebieten (§ 32 Abs. 4). Die förmliche Ausweisung von **Schutzgebieten** lässt sich dagegen nicht durch Verträge ersetzen (Rdnr. 19, 24).

30 Verträge können auch mit **Sportverbänden** geschlossen werden, um z.B. das Verhalten von Skifahrern, Tauchern und Kletterern in der freien Natur bestimmten Regeln zu unterwerfen, Routen festzulegen usw. Solche Vereinbarungen sind nützlich und sinnvoll. Sie belegen, dass die Verbände nach ihren Möglichkeiten zur Verwirklichung der Ziele des Naturschutzes und der Landschaftspflege beitragen (§ 2 Abs. 1) und eine natur- und landschaftsverträgliche sportliche Betätigung in der freien Landschaft anstreben (§ 7 Abs. 1 Nr. 3). Durch Information ihrer Mitglieder und Öffentlichkeitsarbeit fördern sie die Akzeptanz der Naturschutzziele und unterstützen die Tätigkeit der Behörden. Der einzelne Sportler wird durch die Vereinbarung allerdings nicht gebunden. Daher sind durchsetzbare normative Regelungen z.B. der Sportausübung in Schutzgebieten und die damit verbundenen Sanktionsmöglichkeiten nicht entbehrlich. So wurde z.B. die in der Vereinbarung „Modellflugsport/Naturschutz" mit dem Bayerischen Umweltministerium (1998) gegebene Zusicherung der Luftsportverbände, beim Modellflug eine Pufferzone von bis zu 500 m zu Wiesenbrüter-Lebensräumen und Schwerpunktgebiete nach dem Arten- und Biotopschutzprogramm einzuhalten, in einem konkreten Fall[22] vom Antragsteller nicht befolgt.

6. Rechtsfragen des Vertragsnaturschutzes

31 a) **Vertragsverhältnis.** Es handelt sich um **öffentlich-rechtliche Verträge** (§ 54 VwVfG), denn der Naturschutz ist gem. Art. 20a GG staatliche Aufgabe, und die Verträge sind auf die Verwirklichung der Ziele des Naturschutzes (§ 1) gerichtet.[23] Sie treten an die Stelle von Zuwendungsbescheiden (Subventions-Verwaltungsakten) mit entsprechenden Auflagen, vgl. Rdnr. 11. Für einen Vertragsabschluss ist auf Seiten der Verwaltung erforderlich, dass Haushaltsmittel und Verpflichtungsermächtigungen existieren. Für den Vertrag gelten die §§ 54 ff. VwVfG, u.a. das Schriftformerfordernis (§ 57 VwVfG). Was die evtl. Rückforderung von Zahlungen betrifft, kann im Vertrag wirksam vereinbart werden, dass die Behörde insoweit durch Bescheid handeln kann. Dann tritt der Vertrag nur insoweit an die Stelle eines Bescheides (Art. 54 Satz 2 BayVwVfG), als es um die Bewilligung von Zuwendungen geht.[24]

---

22 VG Regensburg, Urt. v. 31.7.2007 – RN 4 K 06.1930 und 07.0275, NuR 2007, 768.
23 VGH München, Urt. v. 27.10.1999 – 19 B 96.337, NuR 2000, 468 und v. 23.4.2008 – 14 B 04.2592.
24 VG Regensburg, Urt. v. 10.8.2004 – RN 11 K 02.2179, NuR 2006, 402; VGH München, Urt. v. 23.4.2008 – 14 B 04.2592, juris Rdnr. 20.

32 Das Handeln durch Vertrag bedeutet für den Staat, dass er die **Pflichten einer Vertragspartei** hat. So muss er bei der Anbahnung und beim Abschluss des Vertrags Informations- und Rücksichtnahmepflichten beachten (Art. 62 VwVfG, §§ 241, 280 BGB). Ist er, wie häufig der Fall, die dominierende Vertragspartei und gibt er den Vertragsinhalt auf Grund von Richtlinien, Haushaltsvorschriften usw. vor (etwa auch durch Vertragsmuster), so treffen ihn Sorgfalts- und Informationspflichten.[25]

33 **b) Vertragsinhalt.** Die Ziele des Naturschutzes können es nahelegen, neben den „eigentlichen" Naturschutzmaßnahmen, z.B. den Modalitäten der Flächenbewirtschaftung weitere damit zusammenhängende Vereinbarungen zu treffen. Dabei ist § 56 VwVfG zu beachten. Dazu das BVerwG:[26] Liegen fachliche Gründe des Naturschutzes vor, besteht bei Bewirtschaftungsvereinbarungen im Rahmen des „Vertragsnaturschutzes" ein sachlicher Zusammenhang i.S.v. § 56 Abs. 1 Satz 2 VwVfG auch dann, wenn **Vereinbarungen über in anderen Gesetzen geregelte Materien** (z.B. Ausübung der Jagd) getroffen werden, aber die Maßnahmen bzw. deren Unterlassen den Zielen des Naturschutzes und der Landschaftspflege (§ 1) dienen. Eine vertragliche **Zusage, auf eine Ausweisung als Schutzgebiet zu verzichten**, ist unzulässig. Über ihre hoheitlichen Befugnisse kann die Behörde nicht vertraglich verfügen.[27]

34 Ist im Vertrag eine Gegenleistung, z.B. eine Geldzahlungspflicht des Staates, vereinbart, so muss er – in sachgerechter Ergänzung der gesetzlichen Regelungen des Vertragsrechts – alle notwendigen Bestimmungen enthalten, damit der Staat die Erfüllung der **Pflichten des Vertragspartners durchsetzen** bzw. sich bei einer mehr als geringfügigen Nichterfüllung vom Vertrag lösen und Leistungen **zurückfordern** kann. Anders mag es sein, wenn etwa mit einem Sportverband ohne direkte Gegenleistung eine Vereinbarung über das Verhalten von Sportlern in der freien Natur getroffen wird.

IV. Ausführung landschaftspflegerischer und -gestalterischer Maßnahmen (Absatz 4)

35 Abs. 4 geht davon aus, dass die Naturschutzbehörden die Ziele des § 1 auch dadurch verfolgen, dass sie Pflege- und Entwicklungsmaßnahmen durchführen. Einzelheiten dazu können etwa in einem Landschaftspflegekonzept oder einem Arten- und Biotopschutzprogramm enthalten sein. Abs. 4 betrifft den häufigen Fall, dass die Behörde die erforderlichen Arbeiten durch Dritte ausführen lässt, weil sie selbst nicht das erforderliche Personal und die nötigen Geräte hat. Mit der Ausführung landschaftspflegerischer und -gestalterischer Maßnahmen sollen die zuständigen Behörden nach Möglichkeit folgende Einrichtungen beauftragen:
– land- und forstwirtschaftliche Betriebe,
– Vereinigungen, in denen Gemeinden oder Gemeindeverbände, Landwirte und Vereinigungen, die im Schwerpunkt die Ziele des Naturschutzes und der Landschaftspflege fördern, gleichberechtigt vertreten sind (Landschaftspflegeverbände),
– anerkannte Naturschutzvereinigungen oder
– Träger von Naturparken.

---

25 Beispiel: VG Regensburg, Urt. v. 4.12.2007 – RN 11 K 07.602, juris.
26 BVerwG, Beschl. v. 24.5.2007 – 7 B 12.07, NVwZ 2007, 1185.
27 *Gellermann/Middeke* NuR 1991, 457/464 m.w.N.

36 Der Gesetzgeber fördert damit das Einkommen land- und forstwirtschaftlicher Betriebe und nutzt ihre Sachkunde und technische Ausstattung. Auch sichert er den Landschaftspflegeverbänden, Naturschutzvereinigungen und Naturparkträgern ein Betätigungsfeld und honoriert damit ihre Sachkunde und ihr Engagement. Nicht zuletzt vereinfacht er die Vergabe der Aufträge, weil die Aufzählung bevorzugter Auftragnehmer ein förmliches Vergabeverfahren jedenfalls unter dem haushaltsrechtlichen Aspekt der sparsamen Mittelverwendung entbehrlich macht, zumal die in Abs. 4 genannten Betriebe und Institutionen relativ preisgünstig arbeiten dürften.

37 Es handelt sich um eine Sollvorschrift, d.h. um eine Regel vorbehaltlich von Ausnahmen, wie auch die Einschränkung „nach Möglichkeit" zeigt. Im Einzelfall kommt es auf die Leistungsfähigkeit des Auftragnehmers, seine Nähe zum Ort der Maßnahme usw. an. Einen Anspruch auf Auftragsvergabe vermittelt die Vorschrift nicht.

38 Das Gesetz stellt klar, dass hoheitliche Befugnisse nicht übertragen werden dürfen. Muss z.B. vor Durchführung von Pflegearbeiten gegen den Eigentümer eine Duldungsanordnung (§ 65) erlassen werden, ist das der zuständigen Behörde vorbehalten.

V. Beteiligung von Behörden (Absatz 5)

1. Allgemeines

39 Abs. 5 begründet eine **Informations- und Beteiligungspflicht in zwei Richtungen:** (a) Andere Behörden des Bundes und der Länder müssen die für Naturschutz und Landschaftspflege zuständigen Behörden bereits bei der Vorbereitung aller öffentlichen Planungen und Maßnahmen, die die Belange des Naturschutzes und der Landschaftspflege berühren können, hierüber zu unterrichten und ihnen Gelegenheit zur Stellungnahme geben. (b) Die für Naturschutz und Landschaftspflege zuständigen Behörden müssen dies ebenfalls tun, soweit Planungen und Maßnahmen des Naturschutzes und der Landschaftspflege den Aufgabenbereich anderer Behörden berühren können. In beiden Fällen bleibt eine anderweitig vorgeschriebene weitergehende Form der Beteiligung unberührt.

2. Beteiligung der Naturschutzbehörden

40 a) **Frühzeitige Beteiligung.** Andere Bundes- und Landesbehörden haben die für Naturschutz und Landschaftspflege zuständigen Behörden bereits bei der **Vorbereitung** aller öffentlichen Planungen und Maßnahmen, die die Belange des Naturschutzes und der Landschaftspflege berühren können, zu unterrichten und ihnen Gelegenheit zur Stellungnahme zu geben. Die Naturschutzbehörden werden dadurch in einem frühen Stadium durch Unterrichtung und Anhörung in den Entscheidungsfindungsprozess mit einbezogen. Das Gesetz will verhindern, dass sich Vorhaben ohne Mitwirkung der Naturschutzbehörde verfestigen und die Berücksichtigung der Naturschutzbelange dadurch erschwert wird. Die Vorbereitung von Planungen und Maßnahmen beginnt dann, wenn die zuständige Stelle in einer Behörde sich entschlossen hat, konkrete Planungen und Maßnahmen zu entwerfen.

41 b) **Gegenstand der Beteiligung. Planungen** sind Entscheidungen über das künftige Verhalten bzw. über künftige Maßnahmen (im hoheitlichen, nicht im rein fiskalischen Bereich), auch wenn sie nicht förmlich ergehen und keine Außenwirkung entfalten. Ist die Entscheidung einer Behörde darauf gerichtet, dass zukünftige Nutzungen oder die Durchführung bestimmter Handlungen ermöglicht werden sollen, so ist mit der Planung bereits begonnen worden. Die Planung selbst stellt i.d.r. keine abschließende Behördenentscheidung dar, sie bildet aber meist die Grundlage für Abwägungen und Wertungen, in der Sache selbst muss sie keine Außenwirkung aufweisen.[28] Die internen Planungen müssen innerhalb der planenden Einheit vorentscheidenden oder bindenden Charakter haben und weitere Planungen der Behörde nach sich ziehen. Beispiele für derartige Planungen sind Raumordnungspläne.

Maßnahmen sind reale Handlungen oder konkrete Unterlassungen einer Behörde, ohne dass diese eine Regelung darstellen müssen oder Außenwirkung entfalten, sind z.B. Handlungen einer Behörde, die keiner Zulassung bedürfen, wie die Unterhaltung von Gewässern. **42**

c) Berührung der Belange von Naturschutz und Landschaftspflege. Diese Belange ergeben sich aus den Zielen und Grundsätzen des BNatSchG (§ 1) und den sie konkretisierenden weiteren Regelungen und Plänen. Eine Berührung der Belange erfordert keine Beeinträchtigung, nur ein Betroffensein. Mit dem Begriff „berühren können" lässt das Gesetz die bloße Möglichkeit ausreichen, dass diese Belange irgendwie, nicht nur negativ, betroffen sind. Die Beteiligungspflicht besteht also auch, wenn die Planung oder Maßnahme nach Meinung der zuständigen Stelle positive Auswirkungen auf Natur und Landschaft hat. **43**

d) Form der Beteiligung. Die betroffenen Naturschutzbehörden sind zu unterrichten. Das kann formlos geschehen. Ausreichend ist, dass der Naturschutzbehörde frühzeitig mitgeteilt wird, was möglicherweise die Belange von Naturschutz und Landschaftspflege berühren kann. Die Unterrichtung kann im Vorbereitungsstadium u.U. nicht in alle Einzelheiten gehen, muss aber alles enthalten, was in diesem Stadium der Vorbereitungen geplant oder absehbar ist. Ziel sollte sein, dass die Naturschutzbehörde in der Lage ist, sich mit den Planungen oder Maßnahmen näher zu beschäftigen und frühzeitig aus fachlicher Sicht ihre **Stellungnahme** für den weiteren Fortgang geben zu können. Diese Anhörung erschöpft sich darin, die Stellungnahme entgegenzunehmen und zu prüfen. Später kann ggf. eine weitere Stellungnahme nach Maßgabe der für das Vorhaben geltenden Verfahrensregelungen folgen. Diese können eine **weitergehende Beteiligung** der Naturschutzbehörde vorschreiben, z.B. das Benehmen, das Einvernehmen oder die Zustimmung. **44**

3. Beteiligung anderer Behörden

Insoweit gelten die vorstehenden Erläuterungen für die Naturschutzbehörden entsprechend. Maßnahmen wie die Landschaftsplanung, der Erlass einer Schutzverordnung, die Aufstellung eines Artenschutzprogramms, die Planung des Biotopverbunds usw. können die von anderen Behörden wahrzunehmenden Belange berühren und verpflichten die Naturschutzbehörden zu deren frühzeitiger Beteiligung. **45**

VI. Information der Öffentlichkeit (Absatz 6)

Nach Abs. 6 gewährleisten die für Naturschutz und Landschaftspflege zuständigen Behörden einen frühzeitigen Austausch mit Betroffenen und der **46**

---

28 *Louis*, BNatSchG, § 3 Rdnr. 14.

interessierten Öffentlichkeit über ihre Planungen und Maßnahmen. Nach der Gesetzesbegründung[29] orientiert sich die Vorschrift an § 2 Abs. 1 Nr. 15 Satz 2 BNatSchG 2002 und „verstärkt den dort enthaltenen Grundsatz im Interesse einer erhöhten Transparenz und Akzeptanz von Maßnahmen des Naturschutzes und der Landschaftspflege. Wie auch im geltenden Recht wird durch die Vorschrift aber keine klagefähige Rechtsposition begründet. Ausnahmen können sich etwa dort ergeben, wo im Interesse der Schutzgüter des Naturschutzes und der Landschaftspflege rasches Handeln erforderlich ist, etwa bei der einstweiligen Sicherstellung von künftigen Schutzgebieten (vgl. § 22 Abs. 2)".

47 Eine frühzeitige Information kann falschen Vorstellungen über die Ziele von Naturschutzmaßnahmen entgegenwirken, etwa über die Tragweite von geplanten Rechtsvorschriften, über eventuelle Regelungen von Grundstücksnutzungen und touristischen Aktivitäten usw. Sie kann verhindern, dass die Betroffenen ihre Informationen hauptsächlich von den Gegnern einer geplanten Maßnahme erhalten und sich von vornherein dagegen sperren.

VII. Aufgaben der Gemeinden (Absatz 7)

48 Abs. 7 wurde im Hinblick auf die durch die Föderalismusreform 2006 geänderte Verfassungslage (Artikel 84 Abs. 1 Satz 7 GG) aufgenommen.

VIII. Landesrecht

49 § 3 bezeichnet der Bundesgesetzgeber nicht als allgemeinen Grundsatz des Naturschutzes i.S.v. Art. 72 Abs. 2 Nr. 3 GG. Die Vorschrift ist daher nicht „abweichungsfest".

---

29 BT-Drs. 16/12274, S. 52.

§ 4 Funktionssicherung bei Flächen für öffentliche Zwecke

¹Bei Maßnahmen des Naturschutzes und der Landschaftspflege ist auf Flächen, die ausschließlich oder überwiegend Zwecken
1. der Verteidigung, einschließlich der Erfüllung internationaler Verpflichtungen und des Schutzes der Zivilbevölkerung,
2. der Bundespolizei,
3. des öffentlichen Verkehrs als öffentliche Verkehrswege,
4. der See- oder Binnenschifffahrt,
5. der Versorgung, einschließlich der hierfür als schutzbedürftig erklärten Gebiete, und der Entsorgung,
6. des Schutzes vor Überflutung durch Hochwasser oder
7. der Telekommunikation

dienen oder in einem verbindlichen Plan für die genannten Zwecke ausgewiesen sind, die bestimmungsgemäße Nutzung zu gewährleisten. ²Die Ziele des Naturschutzes und der Landschaftspflege sind zu berücksichtigen.

Gliederung

		Rdnr.
I.	Allgemeines, Zweck der Regelung	1–3
II.	Privilegierte Flächennutzungen	4–
1.	Allgemeines	4, 5
2.	Flächen für öffentliche Zwecke	6–12
	a) Verteidigung (Nr. 1)	6
	b) Bundespolizei (Nr. 2)	7
	c) Öffentliche Verkehrswege (Nr. 3)	8
	d) See- oder Binnenschifffahrt (Nr. 4)	9
	e) Versorgung und Entsorgung (Nr. 5)	10
	f) Schutz vor Überflutung oder Hochwasser (Nr. 6)	11
	g) Telekommunikation (Nr. 7)	12
III.	Ausgestaltung und Tragweite der Funktionssicherung	13–
1.	Beschränkung auf „Bestandsschutz"	13–17
2.	Kein Ausschluss der Geltung des Naturschutzrechts	18
3.	Europarecht	19

I. Allgemeines, Zweck der Regelung

§ 4 entspricht fast wortgleich dem bisherigen § 63 BNatSchG 2002. In Satz 1 Nr. 3 entfällt die in § 63 enthaltene Beschränkung auf „wichtige" öffentliche Verkehrswege, in Nr. 7 wird der Begriff Fernmeldeversorgung durch Telekommunikation ersetzt. **1**

Zum Verständnis des § 4 die Entstehungsgeschichte der Regelung von Interesse. Das BNatSchG 1976 bestimmte in § 38 im Kapitel Übergangsregelungen, dass „durch Naturschutz und Landschaftspflege Flächen, die bei Inkrafttreten des Gesetzes ausschließlich oder überwiegend" bestimmten Zwecken „dienen oder die in einem verbindlichen Plan für die genannten Zwecke ausgewiesen sind, in ihrer bestimmungsgemäßen Nutzung nicht beeinträchtigt werden dürfen". Von der Rechtsprechung wurde das zutreffend so verstanden, dass insoweit bundesrechtlich ein „Altbestand" vor neuen und zusätzlichen Anforderungen geschützt werden sollte.[1] Das BNatSchG **2**

---
[1] BVerwG, Beschl. v. 30.10.1992 – 4 A 4.92, NuR 1993, 125.

2002 traf in Abschnitt 8 („Ergänzende Vorschriften") in § 63 a.F. eine inhaltlich entsprechende, als „Funktionssicherung" (nicht mehr als Übergangsvorschrift) bezeichnete Regelung, die mit dem jetzigen § 4 fortgeführt wird. Ihren **Zweck** beschreibt Gesetzesbegründung 2002 so:[2] „... stellt er keine Ausnahme vom Naturschutz dar, sondern eine Funktionssicherung zugunsten bestimmter, im öffentlichen Interesse liegender Flächennutzungen klar. Die Beschränkung auf Altnutzungen in § 38 war in der damaligen Situation, als erstmals Ende 1976 Bundesnaturschutzrecht geschaffen wurde, plausibel. Daraus – was oberflächlich gesehen nahe liegen kann – zu folgern, es könnten für nach den Stichtagen (für die alten Länder ist Stichtag das Inkrafttreten des BNatSchG am 24.12.1976; für die neuen Länder der 1.7.1990) rechtmäßig begründete Flächennutzungen im vollen Umfange und jederzeit naturschutzrechtliche Beschränkungen in Anspruch genommen werden, ist verfehlt. Dass die bestimmungsgemäße Nutzung dafür rechtmäßig festgelegter Flächen nicht in Frage gestellt werden darf, es sei denn, die rechtlichen Grundlagen für die Nutzung werden in einem ordnungsgemäßen Verfahren geändert, entspricht allgemeinen Grundsätzen des Verwaltungsverfahrensrechts. Die Neufassung als Funktionssicherungsklausel ist zugleich Ausdruck allgemeiner verfassungsrechtlicher Grundsätze, insbesondere unter dem Gesichtspunkt des Bestandsschutzes. Bestandsschutz ergibt sich nicht nur für vor den Stichtagen liegende Altfälle, sondern auch für danach gestattete Projekte und Nutzungen. Nachdem im Zulassungsverfahren bereits die naturschutzrechtlichen Belange berücksichtigt und in der Zulassungsabwägung gegenüber den für das Projekt sprechenden Belangen zurückgestellt worden sind, kann die bestandskräftige Zulassungsentscheidung nicht im nachhinein durch Naturschutzmaßnahmen wieder rückgängig gemacht werden. Insofern stellt die Neufassung unter Verzicht auf die Stichtage des bisherigen § 38 eine Klarstellung rechtlicher Gegebenheiten dar. Nr. 7 trägt den organisatorischen Veränderungen im Bereich der Fernmeldeversorgung Rechnung. Satz 2 stellt klar, dass die Regelung nicht darauf angelegt ist, einen naturschutzfreien Raum zu schaffen. Nur die „bestimmungsgemäße Nutzung" als solche wird garantiert. Ihre konkrete Ausgestaltung kann durchaus naturschutzrechtlichen Anforderungen unterliegen."

3 Was die Gesetzesbegründung mit dem Begriff „**Bestandsschutz**" beschreibt, ist zwar terminologisch etwas ungewöhnlich, weil es hier weitgehend nicht um den Schutz von Eigentum und Vertrauen Privater geht. Letztlich will aber § 4 genau dasselbe bezwecken wie ein Bestandsschutz. Wie schon § 63 BNatSchG 2002 schützt § 4 die Funktion der den privilegierten Zwecken des Satzes 1 dienenden Flächen gegen nachträgliche Einschränkungen und Beeinträchtigungen durch Maßnahmen des Naturschutzes und der Landschaftspflege. Diese Privilegierung gilt dagegen nicht bei der Entscheidung, durch die diese Flächennutzung erst festgelegt wird (dazu Rdnr. 14).

II. Privilegierte Flächennutzungen

1. Allgemeines

4 **Flächen** sind nicht nur Landflächen, sondern auch Gewässer. Voraussetzung ist, dass die Fläche **ausschließlich oder überwiegend** einem der in Satz 1 Nr. 1–7 genannten Zwecke dient. Eine analoge Ausdehnung auf nicht in Satz 1 genannte Nutzungszwecke ist nicht möglich, Satz 1 ist abschlie-

---

2 BT-Drs. 14/6378, S. 63.

ßend. Der Gesetzgeber kannte die möglicherweise zu privilegierenden Flächennutzungen und hat eine bestimmte Auswahl getroffen.

Der Begriff „**dienen**" bedeutet entweder, dass auf der Fläche eine der in Satz 1 genannten Nutzungen (legal) ausgeübt wird oder die Fläche für diesen Zweck verbindlich vorgesehen ist. Die Verwendung der Fläche muss in einem engen **funktionalen Zusammenhang mit einem privilegierten Zweck** stehen und für ihn erforderlich sein.[3] Das kann insbesondere bei größeren Flächen bedeuten, dass nicht alle Teile der Fläche gleich zu bewerten sind, z.B. bei Truppenübungsplätzen. Wie die Fläche verwendet wird, hängt vom Einzelfall ab. Eine bauliche Nutzung ist nicht erforderlich, die Nutzung muss sich nur im Rahmen des privilegierten Zwecks bewegen.

2. Flächen für öffentliche Zwecke

a) Verteidigung (Nr. 1). Dieser Zweck umfasst auch die Erfüllung internationaler Verpflichtungen und den Schutz der Zivilbevölkerung. Erfasst werden insbesondere um Truppenübungsplätze der Bundeswehr und verbündeter Streitkräfte, nicht aber z.B. Stellplätze für private Kraftfahrzeuge von Soldaten, diese dienen weder unmittelbar noch überhaupt der Landesverteidigung i.S.d. eng auszulegenden Nr. 1.[4] Auch Schutzbereiche nach dem Schutzbereichsgesetz dienen dem Zweck der Nr. 1, wobei eine Kollision mit Naturschutzbelangen eher selten sein dürfte.[5] Die zum Schutz der Zivilbevölkerung genutzten Flächen müssen öffentliche sein, z.B. solche des THW und des Katastrophenschutzes und wohl auch der Feuerwehr.

b) Bundespolizei (Nr. 2). Erfasst werden Grundstücke mit Einrichtungen der Bundespolizei wie Unterkünfte, Büros, Übungsareale. Für Polizeien der Länder gilt Nr. 2 nicht.

c) Öffentliche Verkehrswege (Nr. 3). Darunter fallen Straßen, Eisenbahnen und Straßenbahnen sowie Flughäfen.[6] Öffentlich ist ein Verkehrsweg wenn er dem allgemeinen Verkehr gewidmet ist. Ob er von einem öffentlichen oder privaten Träger betrieben wird, ist nicht entscheidend.

d) See- oder Binnenschifffahrt (Nr. 4). Welche Flächen für die Schifffahrt auf Binnenwasserstraßen und Seewasserstraßen relevant sind, ergibt sich aus der Beschreibung in § 1 WaStrG. Daneben gibt es die Binnenschiffahrt nach Maßgabe des Landesrechts. Beispiel: Die Wasser- und Schifffahrtsverwaltung des Bundes kann einer Gemeinde ungeachtet der Bestimmungen einer Baumschutzsatzung ein Zurückschneiden von Bäumen aufgeben, die die Sichtbarkeit eines Richtfeuers beeinträchtigten.[7]

e) Versorgung und Entsorgung (Nr. 5). Darunter fallen Flächen, die der öffentlichen Versorgung mit Wasser oder Energie (Gas, Strom) sowie der öffentlichen Entsorgung (Abfall, Abwasser) dienen. Zur Versorgung gehören die Flächen, die der Erzeugung, der Verteilung und dem Transport von Wasser oder Energie dienen. Erfasst werden auch Wasserschutzgebiete.

---

[3] BVerwG, Urt. v. 22.11.2000 – 11 A 4.00, NuR 2001, 266 zum insoweit gleichlautenden § 38 a.F.
[4] VGH Kassel, Beschl. v. 9.9.1985 – 3 TG 1640/85, NuR 1986, 31 zu § 38 a.F.
[5] *Gassner*, BNatSchG, 2. Aufl. § 63 Rdnr. 11.
[6] BVerwG, Urt. v. 5.12.1986 – 4 C 13.85, BVerwGE 75, 214.
[7] OVG Lüneburg, Beschl. v. 22.12.1986 – 3 B 144/86, NuR 1987, 186.

11 f) **Schutz vor Überflutung oder Hochwasser (Nr. 6).** Dazu gehören Flächen i.S.v. § 76 WHG (Überschwemmungsgebiete) sowie Flächen, auf denen Deiche oder Dämme verlaufen.

12 g) **Telekommunikation (Nr. 7).** Nach der Privatisierung der Telekommunikation bezieht sich Nr. 7 auf die Flächen aller Unternehmen, die auf diesem Gebiet tätig sind. Es geht etwa um die Flächen mit Sendemasten.

III. Ausgestaltung und Tragweite der Funktionssicherung

1. Beschränkung auf „Bestandsschutz"

13 Mit § 4 trifft der Gesetzgeber eine **Interessenabwägung** für eine bestimmte Fallgestaltung. Sie betrifft den Konflikt, der zwischen den Interessen von Naturschutz und Landschaftspflege einerseits und dem öffentlichen Interesse an der ungehinderten Nutzung bestimmter Flächen andererseits auftreten kann. Die in den Nummern 1–7 genannten öffentlichen Zwecke haben Vorrang. Auf einer Fläche, die einem dieser Zwecke dient, dürfen Maßnahmen des Naturschutzes und der Landschaftspflege nicht zur Folge haben, dass die bestimmungsgemäße Nutzung der Fläche nicht mehr gewährleistet ist. Der Vorrang ist also relativ. **Im Konfliktfall setzt sich der Nutzungszweck durch**, wobei aber die Ziele und Grundsätze des Naturschutzes und der Landschaftspflege zu berücksichtigen sind.

14 In der Literatur wird die Tragweite des § 4 (wie schon des § 63 BNatSchG a.F.) teilweise überschätzt und z.B. befürchtet, § 4 erlaube die „Umwidmung neuer Flächen zu naturschutzfremdem Zwecken" infolge der „Ausweitung auf bislang nicht privilegiert genutzte Flächen", und eine „Schwächung des Naturschutzes" gesehen.[8] Es bestehe die Gefahr einer „Aushöhlung des Naturschutzes", wenn etwa Flächen für Windkraftanlagen privilegiert würden, weil das Versorgungsprivileg nicht mehr auf bestehende Flächen beschränkt sei.[9] Das ist unzutreffend. Schon nach dem Gesetzeswortlaut ist es **ausgeschlossen**, die Privilegierung des § 4 auf die **erstmalige Zulassung einer Flächennutzung** auszudehnen. Denn § 4 Satz 1 verlangt, dass die Flächen einem der aufgeführten Zwecke bereits konkret „dienen" (nicht „dienen sollen") oder in einem verbindlichen Plan dazu ausgewiesen sind (nicht: „ausgewiesen werden sollen"). In beiden Fällen geht eine Zulassungs- oder Planungsentscheidung voraus, in deren Rahmen nach den einschlägigen Vorschriften zu prüfen und zu entscheiden ist. Dabei ist seit dem BNatSchG 1976 (auch) das Naturschutzrecht zu beachten.[10] Es ist daher auch unter Geltung des § 4 möglich, dass ein militärisches Vorhaben an den Naturschutzbelangen scheitern kann. Insofern besteht kein Unterschied zur Rechtslage gemäß § 38 BNatSchG 1976, als z.B. Belangen des Landschaftsschutzes und der Erholungsfunktion in einem zur Landbeschaffung für einen Pionierübungsplatz vorgesehenen Gebiet der Vorrang gegeben werden konnte.[11] Das sieht die Begründung zu § 63 BNatSchG 2002 völlig richtig, wenn es dort heißt, Bestandsschutz ergebe sich nicht nur für vor den Stichtagen liegende Altfälle, sondern auch für danach gestattete Projekte und

---

8 *Meßerschmidt*, BNatSchG, Stand Juni 2010, § 4 Rdnr. 3 f., 9 f. m.w.N.
9 *Meßerschmidt*, BNatSchG, Stand Juni 2010, § 4 Rdnr. 27.
10 Bei Altnutzungen aus der Zeit vor Inkrafttreten des BNatSchG 1976 (bzw. der kurz vorher erlassenen Landesgesetze) war Naturschutzrecht nicht relevant, auch diese genießen Bestandsschutz nach § 4 und waren der Anlass für § 38 BNatSchG 1976.
11 BVerwG, Urt. v. 21.3.1986 – 4 C 48.82, NuR 1987, 175. Unbegründet daher die Zweifel von *Meßerschmidt* (Fn. 8) Rdnr. 10.

Nutzungen. Nachdem im Zulassungsverfahren bereits die naturschutzrechtlichen Belange berücksichtigt und in der Zulassungsabwägung gegenüber den für das Projekt sprechenden Belangen zurückgestellt worden seien, könne die bestandskräftige Zulassungsentscheidung nicht im nachhinein durch Naturschutzmaßnahmen wieder rückgängig gemacht werden (vgl. Rdnr. 2).

Es wäre daher ein gravierendes Missverständnis, aus der Umbenennung und systematischen Verschiebung des § 38 BNatSchG 1976 zu folgern, er bezwecke mehr als die Abwehr nachträglicher Anforderungen, Maßnahmen und Auswirkungen des Naturschutzrechts. Nach wie vor geht es **allein** um das, was die Gesetzesbegründung durchaus treffend als „**Bestandsschutz**" bezeichnet, nur nicht mehr beschränkt auf Altnutzungen, die vor Inkrafttreten des BNatSchG 1976 bestanden, sondern zugunsten aller genehmigten oder verbindlich geplanten privilegierten Flächennutzungen. Von einer „Ausweitung auf bislang nicht privilegiert genutzte Flächen"[12] kann dagegen keine Rede sein. Wird etwa eine Stromleitungstrasse im Jahr 2010 genehmigt, so ist dabei u.a. die Eingriffsregelung ohne Abstriche zu beachten. § 4 bedeutet, dass bei späteren Maßnahmen des Naturschutzes die bestimmungsgemäße Nutzung der Leitung gewährleistet bleiben muss.

Es handelt sich um eine gesetzgeberische Vorsichtsmaßnahme, die verhindern soll, dass Maßnahmen des Naturschutzes bestehende oder verbindlich geplante privilegierte Flächennutzungen beeinträchtigen. Zwar können die nach den einschlägigen Gesetzen erteilten Gestattungen nicht ohne weiteres in der Weise geändert werden, dass die erlaubte privilegierte Nutzung nachträglichen Einschränkungen im Interesse von Naturschutz und Landschaftspflege unterworfen wird. Maßnahmen des Naturschutzes können sich aber auf die privilegierte Flächennutzung auch auswirken, ohne dass die bestehende Genehmigung oder verbindliche Planung angetastet wird.

Die Fallgestaltungen sind ebenso vielfältig wie der Begriff der **Maßnahme**. Wird z.B. eine privilegierte Fläche in ein naturschutzrechtliches **Schutzgebiet** (Rechtsakt der zuständigen Behörde als Maßnahme) einbezogen, so muss die Verordnung die Ausnahmen von den Verboten vorsehen, die nötig sind, um die Flächennutzung weiterhin zu gewährleisten. Führt der gesetzliche **Biotopschutz** (Maßnahme des Gesetzgebers, § 30) dazu, dass die Flächennutzung beeinträchtigt wird, so muss eine Befreiung wegen überwiegender öffentlicher Interessen erteilt werden. Auch die Anordnung von Vermeidungs- und Kompensationsmaßnahmen nach § 15 Abs. 1 und 2 Satz 1 ist eine „Maßnahme des Naturschutzes und der Landschaftspflege" i.S.v. § 4. Allerdings kennt die **Eingriffsregelung** in den §§ 14 ff. keine nachträglichen Anordnungen für bestehende Anlagen. Sie gilt aber, wenn auf einer bereits privilegierten (z.B. planfestgestellten) Fläche ein (weiteres) Vorhaben verwirklicht werden soll, das den Eingriffstatbestand erfüllt. Dann gelten die Verursacherpflichten, aber mit den vom Nutzungszweck gebotenen Einschränkungen. Beispiel: Werden im Rahmen des Betriebs und der Unterhaltung der Bahnanlagen Maßnahmen vorgenommen, die neue Eingriffe in Natur und Landschaft darstellen oder besonders geschützte Landschaftsbestandteile erstmalig gefährden, sind die Verbotstatbestände des Natur- und Landschaftsrechts zu beachten und die erforderlichen Genehmigungen oder Befreiungen einzuholen. Dabei garantiert § 4, dass die bestimmungsgemäße

---

12 So aber *Meßerschmidt*, BNatSchG, Stand Juni 2010, § 4 Rdnr. 4, der darin zu Unrecht einen „tiefgreifenden Funktionswandel" sieht, der bisher wenig beachtet worden sei.

Nutzung der planfestgestellten Bahnanlagen nicht in Frage gestellt wird.[13] Betreibt die Naturschutzbehörde die Renaturierung einer früheren Moorfläche (**Realakt** als Maßnahme), so darf die dabei eintretende Vernässung des Geländes nicht dazu führen, dass die bestimmungsgemäße Nutzung einer benachbarten privilegierten Fläche beeinträchtigt wird. Denn § 4 erfasst nicht nur den Fall, dass die privilegierten Flächen selbst Gegenstand von Naturschutzmaßnahmen sind, sondern auch Naturschutzmaßnahmen auf benachbarten Flächen.

2. Kein Ausschluss der Geltung des Naturschutzrechts

18 Wie bereits die vorstehend genannten Beispiele zeigen, verfügt § 4 **keine Anwendungssperre** für naturschutzrechtliche Vorschriften. Es ist vielmehr in jedem Einzelfall zu prüfen, ob und inwieweit eine Maßnahme des Naturschutzes die Nutzung beeinträchtigen würde.[14] Soweit das nicht der Fall ist, unterliegen die in § 4 genannten Flächen dem Naturschutzrecht in vollem Umfang. Daher hat etwa das naturschutzrechtliche Verfahrensrecht (z.B. Genehmigungsvorbehalte oder Beteiligungsrechte) auch hinsichtlich dieser Flächen uneingeschränkte Geltung.[15] Erst wenn bei Vornahme der konkret beabsichtigten Maßnahme die bestimmungsgemäße Nutzung der Fläche nicht mehr gewährleistet werden kann, muss das materielle Naturschutzrecht hinter den Nutzungsinteressen zurücktreten.[16]

3. Europarecht

19 Ist eine Maßnahme des Naturschutzes durch Europarecht vorgegeben (z.B. die Ausweisung eines Natura 2000-Schutzgebiets), so ermöglicht es § 4 nicht, sich darüber hinwegzusetzen. Die Aufrechterhaltung bestehender Nutzungen richtet sich nach den einschlägigen Rechtsvorschriften und Rechtsgrundsätzen. So unterliegt ein Projekt, das es vor Ablauf der Umsetzungsfrist der Habitatrichtlinie genehmigt wurde, nicht den Vorgaben über eine Verträglichkeitsprüfung.[17]

---

13 OVG Münster, Urt. v. 8.6.2005 – 8 A 262/05, NuR 2005, 660 zu § 63 Satz 1 Nr. 3 BNatSchG 2002. Die vom BVerwG (Urt. v. 22.11.2000 – 11 A 4.00, NuR 2001, 266) vorgenommene räumliche Beschränkung der Kompensationspflicht auf Eingriffe, die außerhalb eines Sicherheitsabstandes von 6 m von der bisherigen äußeren Gleisachse vorgenommen werden, beruhte auf anderen Erwägungen.
14 BVerwG, Urt. v. 22.11.2000 – 11 A 4.00, NuR 2001, 266 zu § 38 BNatSchG a.F.
15 VGH Kassel Beschl. v. 9.9.1985 – 3 TG 1640/85, NuR 1986, 31 zu § 38 a.F.; OVG Münster, Urt. v. 8.6.2005 – 8 A 262/05, NuR 2005, 660 zu § 63 BNatSchG 2002.
16 OVG Münster, Urt. v. 8.6.2005 – 8 A 262/05, NuR 2005, 660 zu § 63 BNatSchG 2002.
17 EuGH, Urt. v. 23.3.2006 – C-209/04, NuR 2006, 429, vgl. aber auch die Papenburg-Entscheidung EuGH, Urt. v. 14.1.2010 – C-226/08.

§ 5 Land-, Forst- und Fischereiwirtschaft

(1) Bei Maßnahmen des Naturschutzes und der Landschaftspflege ist die besondere Bedeutung einer natur- und landschaftsverträglichen Land-, Forst- und Fischereiwirtschaft für die Erhaltung der Kultur- und Erholungslandschaft zu berücksichtigen.

(2) Bei der landwirtschaftlichen Nutzung sind neben den Anforderungen, die sich aus den für die Landwirtschaft geltenden Vorschriften und aus § 17 Absatz 2 des Bundes-Bodenschutzgesetzes ergeben, insbesondere die folgenden Grundsätze der guten fachlichen Praxis zu beachten:
1. die Bewirtschaftung muss standortangepasst erfolgen und die nachhaltige Bodenfruchtbarkeit und langfristige Nutzbarkeit der Flächen muss gewährleistet werden;
2. die natürliche Ausstattung der Nutzfläche (Boden, Wasser, Flora, Fauna) darf nicht über das zur Erzielung eines nachhaltigen Ertrages erforderliche Maß hinaus beeinträchtigt werden;
3. die zur Vernetzung von Biotopen erforderlichen Landschaftselemente sind zu erhalten und nach Möglichkeit zu vermehren;
4. die Tierhaltung hat in einem ausgewogenen Verhältnis zum Pflanzenbau zu stehen und schädliche Umweltauswirkungen sind zu vermeiden;
5. auf erosionsgefährdeten Hängen, in Überschwemmungsgebieten, auf Standorten mit hohem Grundwasserstand sowie auf Moorstandorten ist ein Grünlandumbruch zu unterlassen;
6. die Anwendung von Dünge- und Pflanzenschutzmitteln hat nach Maßgabe des landwirtschaftlichen Fachrechts zu erfolgen; eine Dokumentation über den Einsatz von Dünge- und Pflanzenschutzmitteln ist nach Maßgabe des § 7 der Düngeverordnung in der Fassung der Bekanntmachung vom 27. Februar 2007 (BGBl. I S. 221), die durch Artikel 1 der Verordnung vom 6. Februar 2009 (BGBl. I S. 153) geändert worden ist, und § 6 Absatz 4 des Pflanzenschutzgesetzes in der Fassung der Bekanntmachung vom 14. Mai 1998 (BGBl. I S. 971, 1527, 3512), das zuletzt durch Artikel 1 des Gesetzes vom 5. März 2008 (BGBl. I S. 284, 1102) geändert worden ist, zu führen.

(3) [1]Bei der forstlichen Nutzung des Waldes ist das Ziel zu verfolgen, naturnahe Wälder aufzubauen und diese ohne Kahlschläge nachhaltig zu bewirtschaften. [2]Ein hinreichender Anteil standortheimischer Forstpflanzen ist einzuhalten.

(4) [1]Bei der fischereiwirtschaftlichen Nutzung der oberirdischen Gewässer sind diese einschließlich ihrer Uferzonen als Lebensstätten und Lebensräume für heimische Tier- und Pflanzenarten zu erhalten und zu fördern. [2]Der Besatz dieser Gewässer mit nicht heimischen Tierarten ist grundsätzlich zu unterlassen. [3]Bei Fischzuchten und Teichwirtschaften der Binnenfischerei sind Beeinträchtigungen der heimischen Tier- und Pflanzenarten auf das zur Erzielung eines nachhaltigen Ertrages erforderliche Maß zu beschränken.

Gliederung

		Rdnr.
I.	Rechtsentwicklung	1–5
1.	Naturschutzrecht	1, 2
2.	Europarecht/Agrarrecht	3–5
II.	Berücksichtigung der Land-, Forst- und Fischereiwirtschaft bei Maßnahmen des Naturschutzes (Abs. 1)	6–8
III.	Anforderungen an die Landwirtschaft (Abs. 2)	9–27
1.	Auswirkungen der Landwirtschaft auf Natur und Landschaft	9, 10
2.	Anforderungen von Naturschutz und Landschaftspflege	11–14
3.	Funktion und Verbindlichkeit der Anforderungen	15, 16
4.	Anforderungskatalog des Abs. 2	17–27

	Nr. 1: Anpassung an den Standort, Nachhaltigkeit	19
	Nr. 2: Natürliche Ausstattung der Nutzfläche	20–22
	Nr. 3: Biotopvernetzung	23
	Nr. 4: Tierhaltung und Pflanzenbau	24
	Nr. 5: Erhaltung von Grünland	25, 26
	Nr. 6: Dokumentation	27
IV.	Anforderungen an die Forstwirtschaft (Abs. 5)	28–33
V.	Anforderungen an die Fischereiwirtschaft (Abs. 6)	34–36

I. Rechtsentwicklung

1. Naturschutzrecht

1 Das **Verhältnis des Naturschutzes zur Landwirtschaft** war bei Erlass des Reichsnaturschutzgesetzes 1935 kein großes Problem. Das Gesetz traf dazu keine Regelung. Die seinerzeitigen Landschaftsschutzverordnungen nahmen in der Regel die Land- und Forstwirtschaft von den Verboten und Beschränkungen aus. Seit etwa 1960 begann die Landwirtschaft durch wachsenden Einsatz von Maschinen und Chemikalien, aber auch durch rigorose Flurbereinigung immer stärker auf Natur und Landschaft einzuwirken. Als das erste Bundesnaturschutzgesetz 1976 Naturschutz und Landschaftspflege auf die gesamte Landesfläche ausdehnte (insbesondere in seinen Zielen und in der Eingriffsregelung), sah sich der Gesetzgeber veranlasst, Aussagen zum Verhältnis des Naturschutzes zur Landwirtschaft zu treffen. § 1 Abs. 3 BNatSchG 1976 enthielt eine allgemeine Vermutung dahin, dass die ordnungsgemäße Land-, Forst- und Fischereiwirtschaft grundsätzlich mit den Zielen von Naturschutz und Landschaftspflege übereinstimme. Die Eingriffsregelung wurde mit einer speziellen „Landwirtschaftsklausel" versehen (§ 8 Abs. 7 BNatSchG 1976), nach der „die im Sinne dieses Gesetzes ordnungsgemäße" land-, forst- und fischereiwirtschaftliche Bodennutzung „in der Regel" kein Eingriff war (vgl. jetzt § 14 Abs. 2). Beide Vorschriften haben Fachliteratur und Gerichte beschäftigt, nannte doch das Gesetz keine Kriterien für die Beurteilung der „Ordnungsgemäßheit" einer Bodennutzung.

2 Die rechtliche Tragweite jener Vorschriften war nicht so groß wie ihre faktische Wirkung. Die land-, forst- und fischereiwirtschaftliche Bodennutzung wurde ungeachtet bereits vorliegender Erkenntnisse (Landwirtschaft als ein Hauptverursacher des Rückgangs von Tier- und Pflanzenarten) als grundsätzlich naturschutzkonform bewertet. Sie erhielt so keinerlei Anstoß, sich mit den Anforderungen von Naturschutz und Landschaftspflege auseinanderzusetzen und sie bei ihrer Wirtschaftsweise stärker zu berücksichtigen. Schon früh wurde daher gefordert, gewisse Anforderungen an eine im Sinne des Naturschutzgesetzes ordnungsgemäße Landwirtschaft positiv zu bestimmen.[1] Erstmals stellte § 5 Abs. 4–6 BNatSchG 2002 (rahmenrechtlich) konkrete Anforderungen des Naturschutzes an die Bodennutzung. Der jetzige § 5 führt diese Regelung fort, wobei die Vorschrift über die Mindestdichte von Landschaftselementen (§ 5 Abs. 3 a.F.) entfallen ist, ihre Funktion hat § 21 Abs. 6 übernommen.

---

1 *Fischer-Hüftle*, NuR 1981, 21.

2. Europarecht/Agrarrecht

Auch das Agrarrecht enthält Regelungen zu ökologischen Aspekten der Bodenbewirtschaftung. Dabei ergeben sich Berührungspunkte mit den in § 5 genannten Anforderungen. Zur Umsetzung der VO (EG) 1782/2003 und anderer europarechtlicher Vorgaben verbindet § 2 Direktzahlungen-Verpflichtungengesetz[2] **Direktzahlungen** an landwirtschaftliche Betriebe mit einer Reihe von **Auflagen**. Insbesondere sind geeignete Maßnahmen i.S.d. Art. 5 Abs. 1 VO (EG) Nr. 1782/2003 hinsichtlich (a) des Schutzes des Bodens vor Erosion, (b) des Erhaltes der organischen Substanz im Boden, (c) des Erhaltes der Bodenstruktur, (d) der Instandhaltung der Flächen zu ergreifen, um seine landwirtschaftlichen Flächen in einem guten landwirtschaftlichen und ökologischen Zustand zu erhalten. Ferner dürfen bestimmte Landschaftselemente und Terrassen nicht beseitigt werden. Dieses System wird als „**Cross Compliance**" bezeichnet, d.h. die Gewährung von Direktzahlungen ist an die Einhaltung von Vorschriften in den Bereichen Umwelt, Futtermittel- und Lebensmittelsicherheit sowie Tiergesundheit und Tierschutz geknüpft.

Einzelheiten bestimmt die **Direktzahlungen-Verpflichtungenverordnung**.[3] Sie regelt die Anforderungen an die Erhaltung landwirtschaftlicher Flächen in einem **guten landwirtschaftlichen und ökologischen Zustand**, die von einem Betriebsinhaber für die Dauer des Bezugs von Direktzahlungen oder sonstigen Stützungszahlungen i.S.d. § 1 Abs. 1 DirektZahlVerpflG einzuhalten sind. § 2 betrifft Maßnahmen zur Erosionsvermeidung, u.a. die Erhaltung von Terrassen (von Menschen angelegte, lineare Strukturen in der Agrarlandschaft, die dazu bestimmt sind, die Hangneigung von Nutzflächen zu verringern), § 3 den Erhalt der organischen Substanz im Boden und den Schutz der Bodenstruktur, § 4 die Instandhaltung von Flächen, die aus der landwirtschaftlichen Erzeugung genommen wurden und § 5 die Erhaltung bestimmter Landschaftselemente, nämlich (a) Hecken/Knicks (lineare Strukturelemente, die überwiegend mit Gehölzen bewachsen und mindestens 20 m lang sind), (b) Baumreihen (Anpflanzungen von nicht landwirtschaftlich genutzten Bäumen in linearer Anordnung, die aus mindestens fünf Bäumen bestehen und mindestens 50 m lang sind), (c) Feldgehölze (überwiegend mit gehölzartigen Pflanzen bewachsene Flächen, die nicht der landwirtschaftlichen Erzeugung dienen und mindestens 100 qm, höchstens 2000 qm groß sind, außer es ist für sie eine Prämie/Beihilfe zur Aufforstung gewährt worden), (d) Feuchtgebiete (Biotope, die gesetzlich geschützt und über die Biotopkartierung erfasst sind, bis zu 2000 qm Größe), und (e) Einzelbäume (freistehende Bäume, die als Naturdenkmal geschützt sind). Das Beseitigungsverbot enthält keine Pflegeverpflichtung.

Landschaftselemente, die (dem Typ nach oder weil sie die Größe nicht erreichen) nicht unter die Direktzahlungen-Verpflichtungenverordnung fallen, sind mittelbar dadurch geschützt, dass sie bis zu einem bestimmten Prozentsatz **in die förderfähige Fläche des Feldstücks eingerechnet** werden und so ein Anreiz entfällt, sie zu beseitigen.[4]

---

2 Gesetz vom 21.7.2004 (BGBl. I S. 1763, 1767).
3 Verordnung vom 4.11.2004 (BGBl. I S. 2778).
4 Art. 30 Abs. 3 VO (EG) 796/2004 mit Bezug auf Anhang III und IV der VO (EG) Nr. 1782/2003.

II. Berücksichtigung der Land-, Forst- und Fischereiwirtschaft bei Maßnahmen des Naturschutzes (Absatz 1)

6 Abs. 1 übernimmt unverändert § 5 Abs. 1 BNatSchG 2002 und verlangt, dass bei Maßnahmen des Naturschutzes und der Landschaftspflege die besondere Bedeutung (nur) „einer natur- und landschaftsverträglichen" Land-, Forst- und Fischereiwirtschaft für die **Erhaltung der Kultur- und Erholungslandschaft** zu berücksichtigen ist. Den Begriff „Kulturlandschaft" verwendet das Gesetz noch in § 1 Abs. 4 Nr. 1 („historische Kulturlandschaften"), von einer „Erholungslandschaft" ist nirgendwo sonst die Rede. Mit **„Kulturlandschaft"** ist die durch land- und forstwirtschaftliche Urproduktion geprägte Landschaft gemeint. Unter **„Erholungslandschaft"** ist eine Kulturlandschaft zu verstehen, die in besonderem Maß der Erholung dient, nicht aber eine Naturlandschaft, denn für deren Erhaltung ist die Land-, Forst- und Fischereiwirtschaft nicht von Bedeutung. Außer Betracht bleiben also nicht (mehr) durch menschliche Nutzung geprägte Naturlandschaften.

7 Was die anthropogen beeinflusste „Kultur- und Erholungslandschaft" betrifft, will der Gesetzgeber in Abs. 1 daran erinnern, dass die genannten Landnutzungen zur Vielfalt, Eigenart und Schönheit sowie zum Erholungswert von Natur und Landschaft (§ 1 Abs. 1 Nr. 3, Abs. 4) beitragen können und insofern von „besonderer Bedeutung" sind. Diese Aussage ist auf den Fall beschränkt, dass die Landnutzungen **natur- und landschaftsverträglich** ausgeübt werden. Diese notwendige Einschränkung macht deutlich, dass es nicht ausreicht, wenn Land-, Forst- und Fischereiwirtschaft lediglich nach ihren eigenen Regeln betrieben werden, ohne die Erfordernisse von Naturschutz und Landschaftspflege im gebotenen Maß einzubeziehen. Die – jedenfalls allgemein gesehen – möglichen positiven Wirkungen der so umschriebenen Wirtschaftsweise sind zu bedenken, wenn Maßnahmen des Naturschutzes und der Landschaftspflege getroffen werden, die die Landnutzung berühren. Gemeint sind also nicht die privaten Belange der Landnutzer, die z.B. vor Erlass einer Schutzverordnung ohnedies nach allgemeinen Abwägungsgrundsätzen zu berücksichtigen sind, sondern der Nutzen einer natur- und landschaftsverträglichen Bodenbewirtschaftung für den Belang „Erhaltung der Kultur- und Erholungslandschaft". Diese Berücksichtigungspflicht wird beim Erlass von Landschaftsschutzverordnungen in § 26 Abs. 2 nochmals hervorgehoben.

8 Geht es bei den Maßnahmen nicht um die „Erhaltung der Kultur- und Erholungslandschaft" unter dem relativ allgemeinen Aspekt des § 1 Abs. 1 Nr. 3, Abs. 4, sondern um andere **oder speziellere Ziele** von Naturschutz und Landschaftspflege, ist Abs. 1 nicht einschlägig. Denn er besagt nicht, dass die genannten Landnutzungen generell für die Ziele des Naturschutzes und der Landschaftspflege von besonderer Bedeutung sind. Die Vorschrift ist insgesamt gesehen etwas schwammig, ihre praktische Bedeutung nicht allzu groß.

III. Anforderungen an die Landwirtschaft (Absatz 2)

1. Auswirkungen der Landwirtschaft auf Natur und Landschaft

9 Die Landwirtschaft wirkt auf Natur und Landschaft stark ein, insbesondere was die Vielfalt von Natur und Landschaft (Biodiversität) betrifft. Aus fach-

licher Sicht werden neun Einflussfaktoren als besonders bedeutsam angesehen:[5]
- Düngung (Eutrophierung),
- Belastung durch Pflanzenschutzmittel (Verlust an biologischer Vielfalt),
- Vereinfachung der Fruchtfolge,
- Intensivierung der Bodenbearbeitung (Bodenverdichtung, Beeinträchtigung des Bodenlebens usw.),
- Vergrößerung der Schläge (Beseitigung von Saumstrukturen und anderen naturbetonten Flächen,
- Intensivierung der Grünlandnutzung,
- Melioration landwirtschaftlich genutzter Flächen, Uniformierung der Feuchte- und Nährstoffverhältnisse usw.,
- Beseitigung oder Veränderung anthropogener Sonderstandorte (Raine, Böschungen, Streuobstbestände, extensiv genutzte Flächen usw.),
- Aufgabe traditioneller Bewirtschaftungsformen mit hochwertigen Bioptoypen (Magerrasen, Extensivweiden, Bergwiesen).

Auch der erste Untersuchungsbericht gem. Art. 17 FFH-RL (2001–2006)[6] weist darauf hin, dass landwirschaftlich genutze Lebensräume einen schlechteren Erhaltungszustand aufweisen als Lebensräume ohne einen solchen Einfluss. Bei nur 7 % dieser Lebensraumtypen wurde der Erhaltungszustand als günstig eingestuft gegenüber 21 %, wenn kein Einfluss der Landwirtschaft besteht.

2. Anforderungen von Naturschutz und Landschaftspflege

Die Vorschriften des Agrar- und Umweltrechts, insbesondere des Pflanzenschutz-, Düngemittel- und Bodenschutzrechts enthalten in unterschiedlicher Ausgestaltung einige **Grundsätze der guten fachlichen Praxis** in der Landwirtschaft. Teilweise handelt es sich um Standards, die bei der Bewirtschaftung einzuhalten sind, teilweise nur um Empfehlungen ohne Durchsetzbarkeit. Die genannten Rechtsmaterien berücksichtigen den Schutz der Umwelt in verschiedener Hinsicht, sie zielen aber nicht gerade auf eine naturschonende Wirtschaftsweise ab. Was die Naturschutzbelange, insbesondere Arten- und Biotopschutz sowie Landschaftsbild (Vielfalt, Eigenart, Schönheit als Grundlage des Erholungswerts) betrifft, fehlen im landwirtschaftlichen Fachrecht klare und effektive Regelungen. Es ist primär auf die Produktionsfunktion von Natur und Landschaft ausgerichtet. Eine Orientierung (auch) an den Zielen und Grundsätzen von Naturschutz und Landschaftspflege (§ 1) ist nicht erkennbar. So trägt z.B. die Düngeverordnung den Belangen des Naturschutzes nicht ausreichend Rechnung.[7] Auch dort, wo der Schutz von wild lebenden Pflanzen und Tieren als Ziel genannt wird (§ 1 Abs. 4 PflSchG), fehlt es an einem konkreten Bezug zu den Naturschutz-Zielen, insbesondere zum Schutz wild lebender Tiere und Pflanzen (vgl. § 15 Abs. 1 Nr. 3 Buchst. b PflSchG).

Der Katalog des Abs. 2 stellt daher **weitere Anforderungen der guten fachlichen Praxis**, um speziell die Belange von Naturschutz und Landschaftspflege zu wahren. Die öfter hervorgehobene Verknüpfung der guten fachlichen Praxis mit einer „nachhaltigen" Bewirtschaftung trägt zum Ver-

---

5 *Knickel/Janßen/Schramek/Käppel*, Naturschutz und Landwirtschaft, Kriterienkatalog zur „Guten fachlichen Praxis", in: Bundesamt für Naturschutz (Hrsg.), Angewandte Landschaftsökologie, Heft 41, S. 40 ff. m. w. N.
6 Vgl. http://biodiversity.eionet.europa.eu/article17.
7 *Knickel/Janßen/Schramek/Käppel* a.a.O. S. 88 f. m.w.N.

ständnis der Anforderungen nichts Entscheidendes bei, denn aus dem schillernden Begriff der Nachhaltigkeit lässt sich nur das „ableiten", was man zuvor hineingelesen hat. Es geht schlicht um die Notwendigkeit, die gesetzlich festgelegten **Ziele von Naturschutz und Landschaftspflege (§ 1) auch bei der landwirtschaftlichen Bodennutzung in angemessener und verhältnismäßiger Weise zu verwirklichen**, also um die Berücksichtigung der Naturschutzbelange bei der landwirtschaftlichen Urproduktion, ohne die primäre Funktion der Landwirtschaft, die Erzeugung von Nahrungsmitteln, zu vernachlässigen.[8]

13 Abs. 2 ähnelt den Grundsätzen der guten fachlichen Praxis nach **Bodenschutzrecht**: Die in § 17 Abs. 2 Nr. 1, 2, 3, 6 und 7 BBodSchG genannten Grundsätze[9] korrespondieren mit der in Abs. 2 Nr. 1 genannten Pflicht. § 17 Abs. 1 Nr. 4 findet sein Gegenstück in Abs. 2 Nr. 1 und 5. § 17 Abs. 2 Nr. 5 betrifft einen wesentlichen Teil der in Abs. 2 Nr. 3 genannten Biotope. Die bodenschutzrechtliche und die naturschutzrechtliche Zielsetzung decken sich aber nicht, sie führen nur im Ergebnis teilweise zu ähnlichen Anforderungen. § 17 BBodSchG will (nur) den Boden schützen und seine biologische Aktivität erhalten. Naturschutzrechtlich ist der Boden einerseits als Teil des Naturhaushalts in seiner Funktions- und Leistungsfähigkeit zu sichern (§ 1 Nr. 1), er hat bei der Sicherung der Regenerationsfähigkeit und nachhaltigen Nutzungsfähigkeit der Naturgüter (§ 1 Nr. 2) große Bedeutung. Die Zielrichtung des Naturschutzrechts geht aber über die Produktionsfunktion des Bodens hinaus und umfasst insbesondere die Erhaltung der Lebensräume von Tieren und Pflanzen (§ 1 Nr. 3, Biodiversität).

14 Abs. 2 zählt die naturschutzfachlichen Anforderungen[10] **nicht abschließend** auf, wie sich aus dem Wort „insbesondere" ergibt. Auch steht eine Bodennutzung, die den Anforderungen des Abs. 2 entspricht, nicht „automatisch" in Einklang mit allen in der konkreten Situation relevanten Zielen des Naturschutzes. Das bestätigt z.B. § 14 Abs. 2, wonach die den in § 5 Abs. 2–4 genannten Anforderungen entsprechende Bodennutzung „in der Regel" nicht den Zielen von Naturschutz und Landschaftspflege widerspricht. Eine Aussage, dass dies ausnahmslos der Fall sei, ist wegen der Vielgestaltigkeit denkbarer Sachverhalte nicht möglich. Beispiel: Der Umbruch von Dauergrünland kann auch dann zu erheblichen Beeinträchtigungen des Naturhaushalts führen, wenn es sich um andere als die in Nr. 5 genannten Standorte – bei denen das vom Gesetz unterstellt wird – handelt. Die gute fachliche Praxis enthält daher nur Mindestanforderungen von Naturschutz und Landschaftspflege.

3. Funktion und Verbindlichkeit der Anforderungen

15 Die in § 5 genannten Grundsätze der guten fachlichen Praxis haben eine doppelte Funktion. Zum einen spielen sie eine Rolle im **Kontext anderer Vorschriften**, die auf diese Grundsätze Bezug nehmen und an ihre Beachtung/Nichtbeachtung Rechtsfolgen knüpfen. Im BNatSchG sind dies nur § 14

---

8 Dazu *Nachtigall*, Einbindung landschaftsökologischer und naturschützerischer Erfordernisse in die landwirtschaftliche Produktion – Stand und Perspektiven. Mitteilungen aus der Biologischen Bundesanstalt für Land- und Forstwirtschaft, Heft 294, Berlin 1994.

9 Dazu *J.Schumacher/A.Schumacher/Wagner*, in: Hofmann-Hoeppel/Schumacher/Wagner (Hrsg.), Bodenschutzrecht-Praxis, § 17 Rdnr. 17 ff.

10 *Knickel/Janßen/Schramek/Käppel*, Naturschutz und Landwirtschaft, Kriterienkatalog zur „Guten fachlichen Praxis", in: Bundesamt für Naturschutz (Hrsg.), Angewandte Landschaftsökologie, Heft 41, S. 51–54.

Abs. 2 und § 44 Abs. 4. Was den **Eingriffstatbestand** des § 14 betrifft, ist § 5 weitgehend unerheblich, denn bei der Bodennutzung fallen viele Handlungen schon nicht unter den Tatbestand des Eingriffs (§ 14 Rdnr. 64 f.). So haben die Anforderungen des Abs. 2 Nr. 1, 4 und 6 und des Abs. 3 keinen Bezug zum Tatbestand der Veränderung von Gestalt oder Nutzung der Grundfläche, auch bei Abs. 2 Nr. 2 dürfte dies eher selten zutreffen, bei Abs. 4 etwa bezüglich der Veränderung von Uferzonen. Was andererseits den **Artenschutz** betrifft, ist kein besonders enger Zusammenhang zwischen der Einhaltung der Anforderungen der Abs. 2–4 und dem Schutz der in § 44 Abs. 1 genannten Objekte erkennbar, so dass die Ausnahme eher großzügig erscheint. Ferner enthalten **Schutzverordnungen** (für Natur- oder Landschaftsschutzgebiete) oft eine Ausnahmevorschrift, welche die „ordnungsgemäße" land-, forst- und fischereiwirtschaftliche Bodennutzung von den Verboten der Verordnung freistellt. Ordnungsgemäß ist eine Nutzung nur, wenn sie die Grundsätze der guten fachlichen Praxis nach § 5 einhält.

Auch außerhalb des genannten Kontexts bilden die Anforderungen der Abs. 2–4 Vorgaben für die Bewirtschaftung. Es handelt sich **nicht** um bloße **Programmsätze**, sondern um verbindliche **Pflichten**. Die Anforderungen treffen den einzelnen Nutzer in der Land-, Forst- und Fischereiwirtschaft. Während § 5 Abs. 2 BNatSchG 2002 als landesrechtlicher Konkretisierung bedürftiges Rahmenrecht „die Landwirtschaft" ansprach, ist jetzt Adressat der Vorschrift jeder, der eine Fläche bewirtschaftet („*Bei der … Nutzung sind … zu beachten*"). Ein Problem besteht aber darin, dass die bisherigen Rahmenvorschriften weitgehend unverändert übernommen worden sind. Als unmittelbar geltendes Recht fehlt ihnen teilweise die nötige Bestimmtheit, wenn man sie – „Betreiberpflichten" vergleichbar – konkret durchsetzen will. Das gilt vor allem für Abs. 2 Nr. 1 und 4. Hier vermisst man eine Verordnungsermächtigung, damit konkrete Festlegungen erfolgen können. Ähnliches dürfte auch für Nr. 2 gelten. In Nr. 3 kann zwar die Erhaltung, nicht aber die Vermehrung von Landschaftselementen als Pflicht des einzelnen Grundstücksnutzers verstanden werden. Hinreichend konkret ist Nr. 5, weil die dort aufgezählten Typen von Flächen anhand der genannten Kriterien bestimmbar sind. Insofern sind z.B. Anordnungen nach § 3 Abs. 2 möglich. Auch Nr. 6 ist ausreichend bestimmt. Insgesamt dürfte die Steuerungswirkung des Agrarrechts stärker sein, weil es dort um Geld geht (Rdnr. 3 ff.). § 5 ist unzureichend und ein Schwachpunkt des Gesetzes.

4. Anforderungskatalog des Absatz 2

Unter **Landwirtschaft** versteht man hier den Ackerbau, die Grünlandbewirtschaftung und Sonderkulturen wie Garten-, Hopfen- und Weinbau. Die Anforderungen des Abs. 2 gelten nur für die landwirtschaftlich genutzten Flächen, nicht für andere Flächen eines Betriebes. Sie gelten auch nicht für die nur als Liebhaberei betriebene Bodennutzung. Die Gesetzesbegründung[11] begnügt sich mit folgenden Hinweisen: „… In Abs. 2 werden die Nummern 1 bis 5 aus dem geltenden Recht übernommen. Nummer 6 enthält nunmehr den Hinweis, dass die Anwendung von Dünge- und Pflanzenschutzmitteln nach Maßgabe des landwirtschaftlichen Fachrechts zu erfolgen hat. Die Anforderungen der Nummern 1 bis 5 bleiben dabei unberührt. Bei der Dokumentation des Einsatzes von Dünge- und Pflanzenschutzmitteln wird der Verweis auf das landwirtschaftliche Fachrecht durch Benennung der einschlägigen Vorschriften präzisiert…"

---

11 BT-Drs. 16/12274 S. 90.

18 Die Anforderungen der guten fachlichen Praxis sind eine **Inhaltsbestimmung des Eigentums** (Art. 14 Abs. 1 Satz 2 GG) und verpflichten nicht zu einer Entschädigung, denn Art. 14 Abs. 1 GG schützt nicht die einträglichste Nutzung des Eigentums.[12]

19 **Nr. 1: Anpassung an den Standort, Nachhaltigkeit.** Die Bewirtschaftung muss dem Standort angepasst sein und die nachhaltige Bodenfruchtbarkeit und langfristige Nutzbarkeit der Flächen müssen gewährleistet werden. In der Amtl. Begründung zu § 5 BNatSchG 2002[13] heißt es dazu: „Danach hat sich die Bewirtschaftung an den Eigenschaften und Erfordernissen des jeweiligen Standortes zu orientieren. Hierzu gehören neben den natürlichen Rahmenbedingungen, wie den Gegebenheiten bei Böden, Wasser und Klima, auch die Eigenschaften und Erfordernisse des Naturhaushalts am Standort. Insbesondere seit Mitte des letzten Jahrhunderts hat es auf der Grundlage einer durch die EU-Agrarpolitik geförderten, vornehmlich an Ertragsgesichtspunkten orientierten Bewirtschaftung in vielen Fällen eine Abkoppelung von den natürlichen Standortbedingungen mit negativen Auswirkungen auf den Naturhaushalt gegeben. Eine standortangepasste Bewirtschaftung verbindet demgegenüber Ertragsgesichtspunkte mit ökologischen Erwägungen". Es geht darum, der Bodendegradation, der übermäßigen Nährstoffanreicherung, der Entwicklung ungünstiger Bodenstrukturen entgegenzuwirken, Bodenerosion und Bodenverdichtung zu vermeiden und den standorttypischen Humusgehalt zu erhalten.[14]

20 **Nr. 2: Natürliche Ausstattung der Nutzfläche.** Das Gebot, die natürliche Ausstattung der Nutzfläche (Boden, Wasser, Flora, Fauna) nicht über das zur Erzielung eines nachhaltigen Ertrages erforderliche Maß hinaus zu beeinträchtigen, soll die **Leistungs- und Funktionsfähigkeit des Naturhaushalts** (§ 1 Abs. 1 Nr. 2) und die **Tier- und Pflanzenwelt** (§ 1 Abs. 2 Nr. 1) sichern helfen. Es überschneidet sich etwas mit den in Nr. 1 enthaltenen Grundsätzen, soweit es um den Boden geht. Die Amtl. Begründung zur Vorläufervorschrift[15] sagt dazu: „Jede Bewirtschaftung beeinträchtigt zwangsläufig den Naturhaushalt auf diesen Flächen. Ihre Grenze finden diese Beeinträchtigungen in dem zur Erzielung eines nachhaltigen Ertrages erforderlichen Maß. Der nachhaltige Ertrag bemisst sich nicht nur nach wirtschaftlichen Kriterien, sondern seine Ermittlung berücksichtigt ebenso und gleichgewichtig Belange des Umwelt- und Naturschutzes und insbesondere die Ziele des § 1. Die Ermittlung des nachhaltigen Ertrages erfordert eine langfristige Perspektive. Bei der Wahl der Bewirtschaftungsverfahren sind sowohl die Art der Bodenbearbeitung und die Fruchtfolgen einschließlich Zwischenfrüchten als auch die Art und Menge von Dünge- und Pflanzenschutzmittelaufwendungen von Bedeutung. Der ökologische Landbau erfüllt in der Regel diese Anforderungen in besonderem Maße. Fachliche Orientierungen hierzu geben auch die Beschreibungen des integrierten Pflanzenbaus. Deren Einhaltung ist ein Bestandteil der guten fachlichen Praxis aus naturschutzfachlicher Sicht."

21 Bei **Boden und Wasser** geht es insbesondere um Stoffeinträge durch Düngung und Chemikalien. Sie sollen sich an der Belastbarkeit dieser Umwelt-

---
12 BVerfG, Urt. v. 2.3.1999 – 1 BvL 7/91, NuR 1999, 572.
13 BT-Drs. 14/6378, S. 39.
14 So die ursprüngliche Fassung des Abs. 3 Nr. 4 des Regierungsentwurfs BNatSchG 2002 (BT-Drs. 14/6378).
15 BT-Drs. 14/6378, S. 39.

medien orientieren, wobei alle Funktionen zu berücksichtigen sind.[16] Beim Boden kommt der Schutz gegen Erosion hinzu. Diese Aspekte kann man als Ausprägung des Grundsatzes der Nachhaltigkeit ansehen. Soweit **Flora und Fauna** als Teile der natürlichen Ausstattung der Nutzfläche genannt werden, stellt das Gesetz ebenfalls einen Zusammenhang mit der „Erzielung eines nachhaltigen Ertrags" her. Dieser Begriff ist hier problematisch. Denn die Schonung der auf der Nutzfläche wild lebenden Tiere und Pflanzen ist ein Faktor, der eher bei der Bewirtschaftung ins Gewicht fällt (und den Ertrag ggf. mindern kann), kaum aber wird die Nachhaltigkeit des Ertrags selbst (im Sinne seiner Dauerhaftigkeit) damit zusammenhängen. Die **Flora** auf Nutzflächen ist geprägt durch die angebauten Pflanzen. Z.B. Ackerwildkräuter chemisch zu unterdrücken, kann kaum gegen das Gebot der Nachhaltigkeit des Ertrags verstoßen, außer der Einsatz von Dünger und Chemikalien geht über das Erforderliche hinaus und überfordert die Belastbarkeit von Boden und Wasser. Die Schonung der auf Nutzflächen lebenden **Fauna** hat ebenfalls kaum mit der Nachhaltigkeit des Ertrags zu tun, sondern hängt von Bewirtschaftungsmodalitäten wie Mähterminen (bei Wiesenbrütern), Einsatz von Chemikalien (bei Insekten) usw. ab. Diese Fragen hängen mit der Unbestimmtheit und der „inflationären Verwendung"[17] des Begriffs der Nachhaltigkeit zusammen.

Vom Gesetzgeber gewollt ist, die gute fachliche Praxis der Bodennutzung nicht nur über ihre langfristigen Auswirkungen auf die zur Urproduktion primär erforderlichen Umweltmedien wie Boden und Wasser zu definieren, sondern auch dadurch, wie sie sich auf die Existenzbedingungen der Tier- und Pflanzenwelt (§ 1 Abs. 2 Nr. 1) und damit auch auf die Vielfalt, Eigenart und Schönheit von Natur und Landschaft (§ 1 Abs. 1 Nr. 3) auswirkt. Insofern wäre generell erforderlich, die Nutzungsintensität, die Düngung und den Einsatz von Pflanzenschutzmitteln zu reduzieren und eine vielfältigere Fruchtfolge zu praktizieren. In welchem Maß und auf welche Weise das zu geschehen hat, hängt von Abwägungen und Bewertungen ab, deren Ergebnis man dann als einen Aspekt der Nachhaltigkeit betrachten kann. Die Gesetzesbegründung zu § 5 BNatSchG 2002 nennt die Art der Bodenbearbeitung und die Fruchtfolgen einschließlich Zwischenfrüchten sowie die Art und Menge von Dünge- und Pflanzenschutzmitteln. Für die hier zu regelnden Einzelheiten würden sich untergesetzliche Normen anbieten. 22

Nr. 3: Biotopvernetzung. Mit der Verpflichtung, die zur Vernetzung von Biotopen erforderlichen Landschaftselemente zu erhalten und nach Möglichkeit zu vermehren, stellt Abs. 2 Nr. 3 eine Verbindung zu § 21 her, insbesondere zu dessen Abs. 5. Danach sind auf regionaler Ebene insbesondere in von der Landwirtschaft geprägten Landschaften zur Vernetzung von Biotopen erforderliche lineare und punktförmige Elemente, insbesondere Hecken und Feldraine sowie Trittsteinbiotope, zu erhalten und dort, wo sie nicht in ausreichendem Maße vorhanden sind, zu schaffen. Nr. 3 verpflichtet als Teil der guten fachlichen Praxis dazu, **vorhandene Elemente nicht zu beseitigen**. Außerdem sind sie „nach Möglichkeit" zu **vermehren**. Das kann z.B. bei der Flurbereinigung geschehen. Eine Pflicht des einzelnen Landwirts zur Vermehrung von Biotopflächen ist der Vorschrift aber nicht zu entnehmen (Rdnr. 16), für ihn ist sie lediglich ein Appell, entsprechende Förderprogramme bzw. Angebote des Vertragsnaturschutzes zu nutzen. 23

---

16 Vgl. *Enquete-Kommission des 12. Deutschen Bundestages*, „Schutz des Menschen und der Umwelt, Wege zum nachhaltigen Umgang mit Stoff- und Materialströmen, 1993 (Regeln für den Umgang mit Stoffen).
17 *Czybulka*, AgrarR 1997, 306 f.

24 **Nr. 4: Tierhaltung und Pflanzenbau.** Über ein ausgewogenes Verhältnis der Tierhaltung zum Pflanzenbau (also Ackerbau und Grünlandwirtschaft) heißt es in der Begründung zur gleichlautenden Vorläufervorschrift:[18] „Übermäßige flächenunabhängige Tierhaltungen erhöhen die Gefahr unerwünschter Umweltbelastungen wie z.b. Ammoniakemissionen und erhöhter Anfall tierischer Exkremente. Übermäßige Emissionen aus Tierhaltungsanlagen verändern im nahen oder weiteren Umfeld – vor allem auf naturnahen oder natürlichen Flächen – die Lebensbedingungen von wild lebenden Tieren und Pflanzen und verringern die Artenvielfalt. Eine an der Betriebsfläche und an einer stärkeren Kombination von Tierhaltung und Pflanzenbau mit dem Ziel optimaler betrieblicher, aber auch zwischenbetrieblicher Stoffkreisläufe orientierte Tierbestandsgröße mindert diese Gefahren erheblich." Aus fachlicher Sicht wird ein Viehbestand von maximal zwei Großvieheinheiten pro Hektar als mittelfristiges Ziel genannt.[19] Auch spielt eine Rolle, welcher Anteil der zur Viehhaltung benötigten Futtermittel selbst erzeugt wird. Abzustellen ist nicht allein auf den einzelnen Betrieb. Es können auch Kooperationsvereinbarungen zwischen Betrieben berücksichtigt bzw. als Bezugsbasis eine größere Einheit (z.B. die Gemeinde) gewählt werden. Leitlinie ist dabei, die genannten schädlichen Auswirkungen auf ein vertretbares Maß herabzusetzen. Nr. 4 bedarf der Konkretisierung (Rdnr. 16).

25 **Nr. 5: Erhaltung von Grünland.** In der Begründung zur gleichlautenden Vorläufervorschrift[20] heißt es dazu, „... dass Grünlandflächen für den Natur- und Landschaftsschutz eine besondere Bedeutung haben. Aus Naturschutzsicht geht es nicht nur darum, durch Grünlandumbruch auf erosionsgefährdeten Hängen, in Überschwemmungsgebieten, bei hohem Grundwasserstand sowie auf Moorböden verursachte stoffliche Umweltbelastungen (v.a. bei Böden und Gewässern) zu vermeiden, sondern gerade auch um die Sicherung von Lebensräumen für bestimmte Tiere und Pflanzen. Durch die Ackernutzung auf solchen problematischen Standorten kann es zu irreversiblen Schäden für diese bestimmten Lebensräume kommen und zur Beeinträchtigung und Umgestaltung historisch gewachsener Kulturlandschaften."

26 Die Regelung dient der Leistungs- und Funktionsfähigkeit des Naturhaushalts, was den Boden, das Grundwasser, und die Lebensraumfunktionen von Grünland betrifft, aber auch dem Hochwasserschutz. Die Begriffe erosionsgefährdeter Hang, Überschwemmungsgebiet, Standort mit hohem Grundwasserstand und Moorstandort können anhand naturwissenschaftlicher Kriterien bestimmt werden. Kriterien sind die Hangneigung (auch abhängig von der Bodenqualität), die Hochwasserhäufigkeit (ohne dass es auf die förmliche Festsetzung als Überschwemmungsgebiet ankommt), die Mächtigkeit des Moores usw.[21]

27 **Nr. 6: Dokumentation.** Dazu die Begründung zur inhaltlich ähnlichen Vorläufervorschrift:[22] „Die fachlich richtige Bewirtschaftung im Sinne der guten fachlichen Praxis erfordert Aufzeichnungen der Bewirtschaftungsmaßnahmen auf der Fläche (Schlagkartei). Sie sind unerlässlich, um sowohl

---

18 BT-Drs. 14/6378, S. 40.
19 *Knickel/Janßen/Schramek/Käppel*, Naturschutz und Landwirtschaft, Kriterienkatalog zur „Guten fachlichen Praxis", in: Bundesamt für Naturschutz (Hrsg.), Angewandte Landschaftsökologie, Heft 41, S. 69.
20 BT-Drs. 14/6378, S. 40.
21 Vgl. *Knickel/Janßen/Schramek/Käppel* a.a.O. S. 66.
22 BT-Drs. 14/6378, S. 40.

unter Umwelt- als auch unter Wirtschaftlichkeitsaspekten negative Entwicklungen zu vermeiden. Gerade für den Natur- und Landschaftsschutz sind Schlagaufzeichnungen von hoher Bedeutung, da hierdurch sowohl die Einhaltung der guten fachlichen Praxis gefördert wird als auch ein Beleg für diesen Anforderungen entsprechende Bewirtschaftungsmaßnahmen vorhanden ist." Nr. 6 verweist auf § 7 Düngeverordnung und § 6 Abs. 4 Pflanzenschutzgesetz:

§ 7 Abs. 2 DüV

Bei einer Zufuhr von Düngemitteln, Bodenhilfsstoffen, Kultursubstraten oder Pflanzenhilfsmitteln, die unter Verwendung von Fleischmehlen, Knochenmehlen oder Fleischknochenmehlen hergestellt wurden, auf landwirtschaftlich genutzte Flächen sind ferner innerhalb eines Monats nach der jeweiligen Düngungsmaßnahme aufzuzeichnen
1. der Schlag, auf den die Stoffe aufgebracht wurden, einschließlich der Bezeichnung und der Größe des Flurstücks sowie der darauf angebauten Kultur,
2. die Art und Menge des zugeführten Stoffes und das Datum der Aufbringung,
3. der Inverkehrbringer des Stoffes gemäß der Kennzeichnung nach der Düngemittelverordnung,
4. der enthaltene tierische Stoff gemäß der Kennzeichnung nach der Düngemittelverordnung,
5. bei Düngemitteln die Typenbezeichnung gemäß der Kennzeichnung nach der Düngemittelverordnung.

§ 6 Abs. 4 PflSchG

Wer einen landwirtschaftlichen, forstwirtschaftlichen oder gärtnerischen Betrieb oder eine Betriebsgemeinschaft leitet, ist verpflichtet, nach Maßgabe des Satzes 2 elektronisch oder schriftlich Aufzeichnungen über die im Betrieb angewandten Pflanzenschutzmittel zu führen. Mindestens sind der Name des Anwenders, die jeweilige Anwendungsfläche, das Anwendungsdatum, das verwendete Pflanzenschutzmittel, die Aufwandmenge sowie das Anwendungsgebiet aufzuzeichnen. Die Aufzeichnungen sind für die Dauer von mindestens zwei Jahren, gerechnet ab dem Beginn des Jahres, das auf das Jahr des Entstehens der Aufzeichnung folgt, aufzubewahren. Die zuständige Behörde kann Einsicht in die Aufzeichnungen nehmen.

IV. Anforderungen an die Forstwirtschaft (Absatz 3)

Abs. 3 beschreibt die Grundsätze der guten fachlichen Praxis bei der forstwirtschaftlichen Nutzung. Es geht um den Aufbau naturnaher Wälder mit einem hinreichenden Anteil standortheimischer Forstpflanzen und um deren Bewirtschaftung ohne Kahlschläge. Dazu die Begründung zur im Wesentlichen gleichlautenden Vorläufervorschrift:[23] „Im Rahmen der nachhaltigen forstlichen Nutzung ist den ökologischen Erfordernissen ausreichend Rechnung zu tragen. Naturnahe Bestände sind für den Erhalt bestimmter Tier- und Pflanzenarten von besonderer Bedeutung. Dass die Forstpflanzen standortgerecht sind, d.h. dass die Ansprüche der Baumart hinsichtlich der Wuchsleistung und Stabilität in Übereinstimmung mit den jeweiligen Standortbedingungen stehen, ist wichtig. Ziel ist aber auch ein hinreichender Anteil von für den jeweiligen Naturraum typischen Baumarten. Dieser Anteil ist von den Ländern – ggf. regional differenziert – festzulegen." Der Gesetzgeber berücksichtigt damit die Erkenntnis, dass bei der forstlichen Bewirtschaftung die Ziele von Naturschutz und Landschaftspflege (§ 1) nicht gleichsam „automatisch" ausreichend beachtet werden.[24] Aus fachlicher Sicht sind Schwerpunkte (a) die Gewährleistung der Kontinuität der Lebens-

---

23 BT-Drs. 14/6378, S. 40.
24 *Rat von Sachverständigen für Umweltfragen*, Umweltgutachten 2000 und das zugrunde liegende Fachgutachten von *Hofmann/Kill/Meder/Plachter/Volz* (2000), Waldnutzung in Deutschland – Bestandsaufnahme, Handlungsbedarf und Maßnahmen zur Umsetzung des Leitbildes einer nachhaltigen Entwicklung.

raumbedingungen über sehr lange Zeiträume durch eine enge räumliche Verknüpfung (Mosaik) der unterschiedlichen Waldentwicklungsstadien und (b) die ausreichende Repräsentanz reifer Waldentwicklungsstadien (Alters- und Zerfallsphase) mit den damit verbundenen Strukturen (z.B. dickstämmiges, geschwächtes, totes Holz).[25]

29 Die **naturnahe** Waldwirtschaft ist gekennzeichnet durch eine Wirtschaftsweise, die die dauerhafte Leistungsfähigkeit des Waldökosystems in besonderer Weise berücksichtigt (Dauerwaldprinzip). Dazu gehören u.a. der Verzicht auf Kahlschlag, eine den Boden und den Vegetationsbestand schonende Holzentnahme, ein auf das Unentbehrliche beschränktes Wegenetz, den Verzicht auf Biozide, der grundsätzliche Vorrang der natürlichen Verjüngung vor der Pflanzung, ein ausreichender Anteil an Altbäumen und Totholz, die Erhaltung und Entwicklung von naturnahen Waldrändern usw. Unter naturnahen Wäldern sind Wälder zu verstehen, die in ihrem floristischen Artenspektrum, ihrer räumlichen Struktur sowie in ihrer Eigendynamik den natürlichen Pflanzengesellschaften am jeweiligen Standort ähnlich sind. Der Begriff der Naturnähe beschreibt das Maß der Annäherung an die potentielle natürliche Vegetation. Dementsprechend gehören in einem naturnahen Wirtschaftswald die Hauptbaumarten der potentiellen natürlichen Vegetation an. Die potentielle natürliche Vegetation bezeichnet den Zustand einer Vegetation, die in einem Gebiet unter den heutigen Umweltbedingungen herrschen bzw. sich einstellen würde, wenn der Mensch nicht mehr eingriffe.[26]

30 Ein hinreichender Anteil **standortheimischer** Forstpflanzen ist einzuhalten. Der Begriff „standortheimisch" wird im Gesetz nicht definiert. Es muss sich um eine „heimische" Pflanzenart i.S.v. § 10 Abs. 2 Nr. 5 handeln, die auf dem Standort bzw. Standorttyp (z.B. bezüglich Höhenlage und Bodenbeschaffenheit) natürlicherweise vorkommen würde oder vorkommen könnte. Die Naturnähe eines Waldes drückt sich auch im Anteil dieser Forstpflanzen aus. Liegt er unter 50%, handelt es sich schon deshalb nicht um einen naturnahen Wald. Er muss aber meist deutlich höher sein, denn ein naturnaher Wald muss von standortheimischen Baumarten geprägt sein. Auch die Verteilung der standortheimischen Bäume ist wichtig. Dem Ziel des Gesetzes würde es nicht entsprechen, die standortheimischen und die anderen Bäume jeweils in Reinbeständen zu konzentrieren, auch wenn dabei auf dem Papier ein hinreichender Anteil standortheimischer Pflanzen erreicht wird. Diese Überlegung führt zur Frage, auf welche Flächengröße der Anteil und die Verteilung der Bäume zu beziehen sind. Man wird sich dabei an den ökologischen Funktionen und den naturräumlichen Bedingungen orientieren müssen. Nach dem bisherigen Rahmenrecht sollten die Länder den hinreichender Anteil standortheimischer Forstpflanzen festlegen, jetzt ist er vom Forstwirt „einzuhalten". Nach wie vor ist dazu eine Konkretisierung z.B. im Waldrecht sinnvoll.

31 Der Begriff **Kahlschlag** bezeichnet in der Forstwirtschaft eine Fläche, auf welcher alle aufstockenden Bäume planmäßig in einem oder wenigen einander in kurzen Intervallen folgenden Hieben entnommen werden.[27] Dem Kahlschlag ähnliche Verhältnisse bestehen, sobald die gesamte entstandene Freifläche im Laufe eines Tages nicht mehr durch die umgebenen Bäume beschattet wird bzw. das waldtypische Innenklima verloren geht. Das Belassen

---

25 *Wernicke*, Anforderungen an den Naturschutz im Wald, in: Naturschutzarbeit in Mecklenburg-Vorpommern 45 (2002), 1 ff. m.w.N. der Fachliteratur.
26 OVG Berlin, Urt. v. 16.9.2009 – 11 B 17.08, NuR 2009, 864.
27 *Burschel/Huss*: Grundriß des Waldbaus, 1999, S. 106.

einzelner Bäume (Überhälter) verändert den Kahlschlagcharakter nicht. Art. 20 Eidgen. Waldverordnung[28] versteht daher unter Kahlschlag die vollständige oder weitgehende Räumung eines Bestandes, durch die auf der Schlagfläche freilandähnliche ökologische Bedingungen entstehen oder erhebliche nachteilige Wirkungen für den Standort oder die Nachbarbestände verursacht werden. Darauf läuft es auch hinaus, wenn man als Kahlschlag eine Fläche bezeichnet, auf der sämtliche aufstockenden Bäume entfernt werden und die Schlagbreite größer ist als die Höhe der hiebsreifen Bäume auf der kahlgeschlagenen Fläche. Das dürfte bei mehr als ca. 0,3 Hektar in der Regel der Fall sein. Orientiert man sich allein an einer solchen Flächenangabe, müssten frühere Kahlschläge auf angrenzenden, noch nicht ausreichend wiederbestockten Flächen hinzugerechnet werden, unabhängig vom Eigentum an der Fläche. Das Auflichten von Wäldern unter einen Überschirmungsgrad von 30 % kommt einem Kahlschlag gleich, weil freilandähnliche ökologische Bedingungen entstehen.

Der Kahlschlag steht dem Ziel der naturnahen Waldbewirtschaftung entgegen, weil auf der Schlagfläche die für den Wald charakteristischen Umweltbedingungen verloren gehen und der Boden degradiert. Überdies folgt dem Kahlschlag oft ein gleichaltriger, gepflanzter und artenarmer Altersklassenwald, dem die Naturnähe fehlt. Die Anforderung, ohne Kahlschläge zu wirtschaften, soll nach dem Wortlaut („und diese") nur in den naturnahen Wäldern gelten. In einem nicht naturnahen Wald kann also ein Kahlschlag noch akzeptiert werden, allerdings ist dabei bereits das Ziel im Auge zu behalten, dass ein naturnaher Wald aufzubauen ist. Die Logik gebietet, das Verbot des Kahlschlags nicht auf die erst aufzubauenden naturnahen Wälder zu beschränken, sondern auch auf bereits vorhandene zu erstrecken.[29] **32**

Was die rechtliche **Funktion** und **Tragweite** der Grundsätze der guten fachlichen Praxis in der Forstwirtschaft betrifft, gelten die Erläuterungen zur landwirtschaftlichen Bodennutzung entsprechend (Rdnr. 12 ff.). **33**

V. Anforderungen an die Fischereiwirtschaft (Absatz 4)

In der Begründung der gleichlautenden Vorläufervorschrift[30] wird die Beachtung der hohen ökologischen Bedeutung von Gewässern gefordert: „Im Rahmen der fischereiwirtschaftlichen Nutzung sind diese so zu bewirtschaften, dass die dort heimische Fauna und Flora in ihren Lebensräumen möglichst nicht beeinträchtigt wird. Dies gilt sowohl für die stoffliche Beeinflussung des Gewässers als auch für die Erhaltung oder Wiederherstellung des natürlichen Uferbewuchses. Der Besatz von oberirdischen Gewässern mit nichtheimischen Tierarten ist grundsätzlich zu unterlassen, da es hierdurch zu massiven Verdrängungseffekten gegenüber anderen Arten kommen kann. Die Länder können Ausnahmen zulassen, insbesondere bei Fischzuchten und Teichwirtschaften der Binnenfischerei. Bei Fischzuchten und Teichwirtschaften der Binnenfischerei werden Beeinträchtigungen der heimischen Flora und Fauna nicht auszuschließen sein, während ihre Bedeutung aus naturschutzfachlicher Sicht in der Regel geringer sein wird; auch insoweit gilt jedoch die Forderung, Beeinträchtigungen der heimischen Tier- und Pflan- **34**

---

28 Vom 30.11.1992 i.d.F. v. 31.7.2001 (www.admin.ch/ch/d/sr/921_01/index.html).
29 Das ist eine juristische, kaum eine praktische Frage, denn der bereits naturnah wirtschaftende Waldbesitzer wird kaum Kahlschläge beabsichtigen.
30 BT-Drs. 14/6378, S. 40.

zenarten auf das zur Erzielung eines nachhaltigen Ertrages erforderliche Maß zu beschränken."

35 Die Vorschrift betrifft die fischereiwirtschaftliche Nutzung der oberirdischen Gewässer, also nicht das Hobbyfischen. An sie stellt Abs. 4 drei **Anforderungen**: (a) Die Gewässer sind einschließlich ihrer Uferzonen als Lebensstätten und Lebensräume für heimische Tier- und Pflanzenarten zu erhalten und zu fördern. Damit soll erreicht werden, dass die Gewässer und ihre Ufer nicht wie naturferne Zuchtbecken gestaltet werden. (b) Der Besatz dieser Gewässer mit nichtheimischen Tierarten ist grundsätzlich zu unterlassen. Ausnahmen sind bei Fischzuchten und Teichwirtschaften der Binnenfischerei möglich. (c) Bei Fischzuchten und Teichwirtschaften der Binnenfischerei sind Beeinträchtigungen der heimischen Tier- und Pflanzenarten auf das zur Erzielung eines nachhaltigen Ertrages erforderliche Maß zu beschränken.

36 Was die rechtliche **Funktion** und **Tragweite** der Grundsätze der guten fachlichen Praxis bei der Fischerei betrifft, gelten die Erläuterungen zur landwirtschaftlichen Bodennutzung entsprechend (Rdnr. 12 f.).

§ 6 Beobachtung von Natur und Landschaft

(1) Der Bund und die Länder beobachten im Rahmen ihrer Zuständigkeiten Natur und Landschaft (allgemeiner Grundsatz).

(2) Die Beobachtung dient der gezielten und fortlaufenden Ermittlung, Beschreibung und Bewertung des Zustands von Natur und Landschaft und ihrer Veränderungen einschließlich der Ursachen und Folgen dieser Veränderungen.

(3) Die Beobachtung umfasst insbesondere
1. den Zustand von Landschaften, Biotopen und Arten zur Erfüllung völkerrechtlicher Verpflichtungen,
2. den Erhaltungszustand der natürlichen Lebensraumtypen und Arten von gemeinschaftlichem Interesse einschließlich des unbeabsichtigten Fangs oder Tötens der Tierarten, die in Anhang IV Buchstabe a der Richtlinie 92/43/EWG des Rates vom 21. Mai 1992 zur Erhaltung der natürlichen Lebensräume sowie der wildlebenden Tiere und Pflanzen (ABl. L 206 vom 22.7.1992, S. 7), die zuletzt durch die Richtlinie 2006/105/EG (ABl. L 363 vom 20.12.2006, S. 368) geändert worden ist, aufgeführt sind, sowie der europäischen Vogelarten und ihrer Lebensräume; dabei sind die prioritären natürlichen Lebensraumtypen und prioritären Arten besonders zu berücksichtigen.

(4) [1]Die zuständigen Behörden des Bundes und der Länder unterstützen sich bei der Beobachtung. [2]Sie sollen ihre Beobachtungsmaßnahmen aufeinander abstimmen.

(5) Das Bundesamt für Naturschutz nimmt die Aufgaben des Bundes auf dem Gebiet der Beobachtung von Natur und Landschaft wahr, soweit in Rechtsvorschriften nichts anderes bestimmt ist.

(6) Rechtsvorschriften über die Geheimhaltung, über den Schutz personenbezogener Daten sowie über den Schutz von Betriebs- und Geschäftsgeheimnissen bleiben unberührt.

Gliederung

		Rdnr.
I.	Allgemeines	1–4
II.	Beobachtung von Natur und Landschaft als allgemeiner Grundsatz (Abs. 1)	5–7
III.	Zweck der Beobachtung von Natur und Landschaft (Abs. 2)	8–23
1.	Ermittlung, Beschreibung und Bewertung	8–11
2.	Zustand von Natur und Landschaft	12, 13
3.	Veränderungen des Zustands von Natur und Landschaft	14, 15
4.	Ursachen und Folgen der Veränderungen	16–23
IV.	Gegenstände der Beobachtung von Natur und Landschaft (Abs. 3)	24–38
1.	Allgemeines	24, 25
2.	Erfüllung völkerrechtlicher Verpflichtungen	26–29
3.	Erfüllung europäischer Verpflichtungen	30–38
V.	Abstimmung zwischen Bund und Ländern (Abs. 4)	39
VI.	Aufgabenzuweisung (Abs. 5)	40
VII.	Geheimhaltung und Datenschutz (Abs. 6)	41

I. Allgemeines

1 Mit der Vorschrift wird die im BNatSchG 2002 erstmals in das Gesetz aufgenommene Regelung über die Umweltbeobachtung (jetzt Beobachtung von Natur und Landschaft) aus dem der Landschaftsplanung gewidmeten Kapitel in das die allgemeinen Vorschriften umfassende Kapitel verlagert und zu einer unmittelbar geltenden Vorschrift umgeformt. Zugleich wird sie der in Anspruch genommenen Gesetzgebungszuständigkeit nach Art. 74 Abs. 1 Nr. 29 GG entsprechend ausdrücklich auf die Beobachtung von Natur und Landschaft eingegrenzt.[1] In der Praxis ergibt sich durch diese Eingrenzung jedoch keine Änderung, da sich auch bislang die Umweltbeobachtung nach § 12 BNatSchG 2002 auf die Beobachtung des Naturhaushalts als Teil von Natur und Landschaft beschränkt hat.

2 Der Ursprung der Regelung basiert auf einem Sondergutachten des Sachverständigenrats für Umweltfragen; dieser legte darin ein Konzept für eine umfassende Ermittlung der ökologischen Situation in Deutschland vor.[2] Insbesondere für die Bereiche Luft, Wasser und Boden liefern sektorspezifische Beobachtungsprogramme des Bundes und der Länder seit langem aussagekräftige Daten und Informationen. Weitergehender Informationsbedarf ergibt sich noch für die Bereiche Natur und Landschaft sowie hinsichtlich der Wirkungen von gentechnisch veränderten Organismen auf die Umwelt.[3]

3 Der SRU formuliert in seinem Sondergutachten die aktuellen Anforderungen an die Inhalte einer Umweltbeobachtung wie folgt[4]:
– Für naturschutzbezogene Aussagen ist sowohl eine flächendeckende als auch eine repräsentative Dokumentation aller Schutzgüter, ihrer relevanten Eigenschaften und Funktionen und deren Veränderungen erforderlich. Dabei kommt einer flächendeckenden, EU-weit vergleichbaren Erhebung von Naturschutzdaten im Sinne einer politikfähigen breiten Datengrundlage hohe Bedeutung zu. Die repräsentative, vertiefende Dokumentation von speziellen Schutzgütern darf darüber aber nicht vernachlässigt werden. Der vielfältige, bereits vorhandene Datenbestand müsste gebündelt, vernetzt und so ergänzt werden, dass eine Einstufung der Schutzwürdigkeit und der verursacherbezogenen Gefährdung der einzelnen Schutzgüter möglich wird.
– Um umweltpolitische Zielsetzungen überprüfen zu können, werden Beobachtungsdaten benötigt, die den Handlungsbedarf aufzeigen. Die noch fehlenden Indikatoren, die den Belastungszustand und die Veränderungen von Natur und Landschaft ausreichend abbilden könnten, müssen deshalb zügig erarbeitet werden.
– Die Daten zu Schutzgebieten, Biotopen und Biotoptypen, Pflanzen- und Tierarten und deren Entwicklung bedürfen, gerade mit Blick auf entsprechende Berichtspflichten von EU-Richtlinien, einer regelmäßigen Aktualisierung.
– Nutzungseinflüsse des Menschen werden bislang zu wenig in Kombination mit naturschutzbezogenen Umweltdaten abgebildet. Deshalb ist die Untersuchung der Entwicklung auf verschiedenen Standorten insbesondere im Hinblick auf den Stand von schleichenden und wenig beachteten

---

1 BT-Drs. 16/12274, S. 52.
2 *Rat von Sachverständigen für Umweltfragen*: Allgemeine ökologische Umweltbeobachtung, Sondergutachten, 1990.
3 BT-Drs. 14/6378, S. 44.
4 *Rat von Sachverständigen für Umweltfragen*: Für eine Stärkung und Neuorientierung des Naturschutzes, Sondergutachten 2002, Kurzfassung, S. 35 f.

Problemen – beispielsweise Bodenverdichtung, Erosion, Stickstoffanreicherung und die Degeneration von Grünlandbiotopen – zu forcieren. Die Möglichkeiten einer prognostischen Abschätzung der Effektivität von Naturschutzmaßnahmen im Rahmen der Kompensation von Eingriffen oder der Pflege und Entwicklung sollten verbessert werden. Dabei sind Kenntnisse über die Auswirkungen von Eigenentwicklungen auf verschiedenen Standorten im Vergleich zu gelenkten Entwicklungen erforderlich.
– Speziell für den Erfolg von Agrarumweltprogrammen fehlen noch Basisdaten für die Beurteilung der Effektivität der Maßnahmen und der Effizienz des Mitteleinsatzes für den Naturschutz.

Die Beobachtung von Natur und Landschaft soll vor allem dem **Vorsorgegedanken** dienen. Mit Hilfe einer langfristigen Untersuchung soll belastbares Datenmaterial erlangt werden, damit Aussagen darüber getroffen werden können, wie sich der Zustand von Natur und Landschaft verändert. Bislang gibt es noch kein bundeseinheitlich abgestimmtes Modell. Durch ein kontinuierliches Monitoring von Natur und Landschaft sollen Negativtrends frühzeitig erkannt werden.

II. Beobachtung von Natur und Landschaft als allgemeiner Grundsatz (Absatz 1)

Die Aufgabenzuweisung in Abs. 1 entspricht der des § 12 Abs. 1 BNatSchG 2002. Dabei bildet die Beobachtung von Natur und Landschaft als Staatsaufgabe einen allgemeinen Grundsatz des Naturschutzes i.S.d. Art. 72 Abs. 3 Satz 1 Nr. 2 GG. Der Beobachtung von Natur und Landschaft kommt eine **maßgebliche Bedeutung für die Verwirklichung der Ziele** des Naturschutzes und der Landschaftspflege zu. Sie ist einerseits Voraussetzung für einen gezielten Einsatz des gesamten naturschutzrechtlichen Instrumentariums, andererseits liefert sie auch die naturschutzfachlichen Grundlagen für die in Planungs- und Zulassungsverfahren anderer Fachgesetze erforderliche Bewertung der Auswirkungen auf Natur und Landschaft. Auch dienen ihre Ergebnisse der Vorbereitung politischer Entscheidungen nicht nur auf dem Gebiet des Naturschutzes und der Landschaftspflege. Der Gesetzgeber betont, dass sich aus der Regelung des Abs. 1 weder eine Verpflichtung des Bundes und der Länder zu einer umfassenden Beobachtung sämtlicher Bestandteile von Natur und Landschaft ergibt, noch eine Verpflichtung eines Vorhabenträgers zu einem vorhabenbezogenen Monitoring, insbesondere etwa im Hinblick auf die Wirksamkeit von Kompensationsmaßnahmen.[5]

Die **Durchführung** der Umweltbeobachtung ist in der Hauptsache die Aufgabe der Länder. Eine Vergleichbarkeit der Daten ist nur gewährleistet, wenn bundesweit einheitliche Methodenstandards verwendet werden; näheres hierzu regelt Abs. 4.

Aus **internationalen und europäischen Vereinbarungen** (Rdnr. 26 ff.) resultieren Beobachtungs- und Berichtspflichten, welche die Bundesrepublik Deutschland zu erfüllen hat (z.B. Übereinkommen über weiträumige grenzüberschreitende Luftverunreinigungen, Übereinkommen zur biologischen Vielfalt, FFH-Richtlinie, Umweltevaluierung der EU-Strukturfondsmittel, Vorgaben der EU-Wasserrahmenrichtlinie, der EU-Richtlinie über die Strategische Umweltprüfung oder der EU-Freisetzungsrichtlinie für gentech-

---
5 BT-Drs. 16/12274 S. 52.

nisch veränderte Organismen). Um dieser Berichtspflicht nachkommen zu können, bedarf es einer entsprechenden Datenerhebung im Rahmen einer Umweltbeobachtung. Die hierfür erforderlichen Umweltbeobachtungsprogramme werden vor allem von den Bundesländern durchgeführt. Dabei sind die sich aus den Berichtspflichten ergebenden Anforderungen an die Umweltdaten bei der Datenerhebung zu berücksichtigen.

III. Zweck der Beobachtung von Natur und Landschaft (Absatz 2)

1. Ermittlung, Beschreibung und Bewertung

8   Abs. 2 legt als Zweck der Beobachtung die gezielte und fortlaufende Ermittlung, Beschreibung und Bewertung des Zustands von Natur und Landschaft und ihrer Veränderungen fest, einschließlich der Ursachen und Folgen dieser Veränderungen.

9   Im Gegensatz zur bisherigen Regelung nach § 12 Abs. 2 BNatSchG 2002, welche sich – trotz des vermeintlich weitergehenden Begriffs „Umweltbeobachtung" – auf die Beobachtung des Naturhaushalts beschränkte, umfasst die Beobachtung nun alle Bereiche von Natur und Landschaft. Ein wesentlicher Teil von Natur und Landschaft ist dabei selbstverständlich der Naturhaushalt, dies ergibt sich aus § 1 Abs. 1 Nr. 2 i.V.m. § 7 Abs. 1 Nr. 2. Nach der Legaldefinition des Naturhaushalts in § 7 Abs. 1 Nr. 2, beinhaltet dieser die Naturgüter Boden, Wasser, Luft, Klima, Tiere und Pflanzen sowie das Wirkungsgefüge zwischen ihnen. Gleichzeitig ist nun aber auch das Landschaftsbild vom Beobachtungsauftrag umfasst.

10 Unter **Ermittlung** ist die Erhebung der – für die Fragestellung relevanten – Daten über den Zustand von Natur und Landschaft zu verstehen. Dies können z.B. Messungen von Luft-, Boden- oder Wasserparametern, die Erfassung vorhandener Biotope, Tier- oder Pflanzenarten, Individuenzählungen zur Bestimmung von Populationsgrößen sowie des Landschaftsbilds sein. An diese Gewinnung von Informationen schließt sich die **Beschreibung** des Zustands von Natur und Landschaft an, d.h. die Daten werden mittels fachwissenschaftlicher Methoden analysiert und ihr Informationsgehalt erschlossen. Beide Schritte sind objektiv-reproduzierbar. Den abschließenden Schritt der Beobachtung stellt die **Bewertung** dar, bei der die gewonnenen Daten in ein entsprechendes Wertesystem eingeordnet werden. Dies kann z.B. ein Soll-Ist-Vergleich sein, in dem der vorhandene Zustand von Natur und Landschaft zu den gesetzten Umweltqualitätszielen oder formulierten Leitbildern in Bezug gesetzt wird.

11 Die Beobachtung hat gezielt und fortlaufend zu erfolgen. **Gezielt** bedeutet, dass nicht Natur und Landschaft in ihrer Gesamtheit zu beobachten sind, sondern ausgewählte Fragestellungen untersucht werden. Dabei genügt es jedoch nicht, einmalig Untersuchungen durchzuführen. Vielmehr hat die Beobachtung **fortlaufend** zu geschehen. Durch das wiederholte Beobachten kann das Ausmaß der eingetretenen Veränderungen dokumentiert und bewertet werden. Dies umfasst auch die Ursachen und die Folgen dieser Veränderung.

2. Zustand von Natur und Landschaft

12 Eine grundlegende Aufgabe der Beobachtung von Natur und Landschaft ist die Erfassung und Bewertung des Ist-Zustands von Natur und Landschaft.

Auf Grund der Komplexität des Naturhaushalts und der vielfältigen Wechselwirkungen in Ökosystemen beschränkt sich die Erfassung meist auf wenige, möglichst aussagekräftige Parameter. Die Arbeit mit ausgewählten Indikatoren erlaubt dann Rückschlüsse auf die Gesamtsituation. Die Beurteilung der aktuellen Leistungs- und Funktionsfähigkeit des Naturhaushalts erfolgt z.b. durch den Vergleich der vorhandenen Situation mit einem historischen bzw. zukünftigen Zustand oder mit der Situation auf anderen Flächen. Die Zunahme der Landschaftszerschneidung kann anhand unterschiedlich alter Luftbilder oder Kartenwerke (einschließlich historischer Karten) festgestellt werden. Eine Einschätzung der aktuellen Daten kann auch durch die Einordnung in ein Wertesystem geschehen, mit Hilfe dessen der aktuelle Zustand in Bezug zu einem „Optimalzustand" gesetzt wird. Die Kenntnis des vorhandenen Zustandes von Natur und Landschaft ist auch Ausgangslage für die Erfassung von Veränderungen (Vergleichswerte).

Zur **Beurteilung der Gesamtsituation** von Natur und Landschaft darf sich die Beobachtung nicht auf naturschutzfachlich wertvolle Bereiche beschränken, sondern muss auch in der „Normallandschaft" stattfinden, welche intensiv genutzt ist und 90% der Gesamtlandschaft ausmacht. Um im Rahmen einer ökologischen Umweltbeobachtung repräsentative Aussagen zum Zustand von Natur und Landschaft (und bei wiederholter Durchführung zu Veränderungen in der Landschaft einschließlich der Bestands- und Strukturveränderungen von Biotopen und Lebensgemeinschaften) für die gesamte Bundesrepublik zu erhalten, wurde daher das Instrument der „Ökologischen Flächenstichprobe" (ÖFS) entwickelt. Auf nach statistischen Gesichtspunkten ausgewählten, aussagekräftigen Flächen sollten Ökosystem- bzw. Biotoptypen zunächst in ihrem Vorkommen erfasst (Flächenbilanzen) und anschließend die Struktur von Landschaft und Ökosystemen bezüglich der Bereiche Landschaftsqualität, Biotopqualität und Artenvorkommen beschrieben werden. Da die Ergebnisse repräsentativ sind, sollten sie für die gesamte Bundesrepublik hochgerechnet werden. Bislang ist dieses Konzept nur in Nordrhein-Westfalen umgesetzt worden. Angesichts des Finanzbedarfs für dieses Beobachtungsprogramm ist es fraglich, ob es in weiteren Bundesländern zum Einsatz kommen wird.

3. Veränderungen des Zustands von Natur und Landschaft

Viele Entwicklungstendenzen sind nur durch langfristige Mess- und Beobachtungsreihen erfassbar (Dauerbeobachtung). Die Ermittlung der Veränderungen von Natur und Landschaft erfolgt i.d.R. durch den Vergleich des derzeitigen Ist-Zustands mit dem Zustand früherer Erhebungen. Eine regelmäßige Beobachtung kann Veränderungen des Naturhaushalts bzw. des Landschaftsbilds erfassen, so dass Negativtrends frühzeitig begegnet werden kann (Vorsorgeprinzip).

Natur und Landschaft können sowohl **natürlichen** als auch **anthropogen bedingten Veränderungen** unterliegen. Veränderungen treten z.B. nach Nutzungsaufgabe ehemals bewirtschafteter Flächen auf. Es kommt zu Sukzessionsvorgängen, die mit erheblichen Veränderungen in der Artenzusammensetzung von Flora und Fauna verbunden sein können. Allgemein weisen auch die Populationsgrößen von Tier- und Pflanzenarten natürliche Schwankungsbreiten auf, so dass nicht jeder Bestandsrückgang auf anthropogene Beeinträchtigungen zurückgeführt werden darf. Ziel der Beobachtung ist es daher auch, die Unterscheidbarkeit von natürlich bedingten und vom Menschen verursachten Veränderungen zu ermöglichen, um ggf. gezielte Maßnahmen zur Stabilisierung oder Verbesserung des Zustands von Natur und Landschaft einleiten zu können.

4. Ursachen und Folgen der Veränderungen

16 Die Beobachtung von Natur und Landschaft kann sich nicht auf das Dokumentieren der Veränderungen beschränken, sie muss auch Aussagen über die **Ursachen** und **Folgen** dieser Veränderungen ermöglichen.

17 Die Ursachen einer Veränderung können vielfältig sein; wesentliche Faktoren stellen z.B. die Landnutzung, die Landschaftszerschneidung und zunehmend auch der Klimawandel dar. Folgen des Klimawandels sind z.B. die Verschiebung von Lebensräumen bestimmter Tier- und Pflanzenarten, das Einfliegen nicht heimischer Insektenarten oder ein verändertes Brut- und Zugverhalten von Vögeln. Als Folgen der Landschaftszerschneidung sind z.B. Lebensraumverkleinerungen und Barrierewirkungen bekannt, was wiederum die Überlebensfähigkeit von Populationen minimieren kann. Ebenso kann die Ursache einer Veränderung in der – in § 12 Abs. 2 BNatSchG 2002 noch explizit als Beobachtungsgegenstand genannte – Wirkung von Umweltschutzmaßnahmen auf den Naturhaushalt liegen. Aus der Bewertung der Umweltdaten kann der notwendige Handlungsbedarf abgeleitet werden.

18 Eine **Folgenabschätzung** kann z.B. durch Wirkungsprognosen durchgeführt werden. Sind mit einer Veränderung Beeinträchtigungen des Zustands von Natur und Landschaft verbunden, die der Verwirklichung der Ziele von Naturschutz und Landschaftspflege zuwiderlaufen, so lässt sich daraus ein entsprechender Handlungsbedarf ableiten. Aber auch Veränderungen, die sich durch Maßnahmen des Natur- und Landschaftsschutzes ergeben und eine positive Veränderung herbeiführen, können so dokumentiert werden.

19 Die **Erfolgskontrollen** sollen dokumentieren, wie sich konkrete Maßnahmen auf Natur und Landschaft auswirken, d.h. wie wirksam bzw. sinnvoll die durchgeführten Maßnahmen sind. Diese Art der Erfolgskontrolle wird als „Wirkungskontrolle" bezeichnet.[6] Dabei kann der Erfolg von Maßnahmen durch Soll-Ist-Vergleich, Vorher-Nachher-Vergleich oder durch Mit-Ohne-Vergleich beurteilt werden. Die Ergebnisse erlauben zudem eine Aussage, ob die zur Durchführung von Umweltschutzmaßnahmen eingesetzten Mittel im Verhältnis zur erreichten Verbesserung von Natur und Landschaft stehen.

20 Der **Soll-Ist-Vergleich** beschreibt den Unterschied zwischen dem angestrebten Ziel einer Maßnahme (Soll-Zustand) und der tatsächlichen Situation (Ist-Zustand) nach Durchführung der Maßnahme. Vor Durchführung der Maßnahmen ist daher ein realistisches Ziel zu formulieren. Der **Vorher-Nachher-Vergleich** stellt den Unterschied zwischen dem Zustand vor und nach Durchführung der Maßnahmen fest. Eine detaillierte Zielformulierung ist nicht erforderlich. Der **Mit-Ohne-Vergleich** vergleicht die durch eine Maßnahme eingetretene Veränderung mit der Entwicklung, die ohne Maßnahmendurchführung eingetreten ist. Durch Erfolgskontrollen können auch die Auswirkungen unterschiedlicher Pflegemaßnahmen miteinander verglichen werden.

---

[6] Dieser Wirkungskontrolle sollte jedoch eine Maßnahmenkontrolle vorausgehen, die überprüft, ob und wie die geplanten Umweltschutzmaßnahmen durchgeführt wurden.

Erfolgskontrollen für Naturschutzmaßnahmen werden zumeist als „Soll-Ist-Vergleich" durchgeführt, um zu ermitteln, wie weit man noch vom gewünschten Zielzustand entfernt ist. 21

Aussagekräftige Erfolgskontrollen sind an bestimmte Voraussetzungen geknüpft[7]: 22
- Der geplanten Maßnahme muss eine erste Erfassung des Zustandes vorausgehen. Diese Ersterfassung stellt die Grundlage dar für eine Einschätzung des aktuellen Zustandes und die Ableitung des Maßnahmenbedarfs. Gleichzeitig werden bei der Analyse und Bewertung des Zustandes Defizite und Prioritäten für die künftige Entwicklung festgelegt, die schließlich in die Festsetzung eines Soll-Zustandes münden.
- Der Soll-Zustand muss vor Beginn der Maßnahme definiert werden. Er dient nicht nur als Bewertungsmaßstab für die Wirkungskontrolle, sondern ist vor allem auch für die Planung der Art und Zielrichtung der Maßnahme von entscheidender Bedeutung.
- Der Soll-Zustand muss möglichst konkret definiert werden. Nur dann ist die Ableitung einer adäquaten Maßnahme zur Erreichung des Ziels möglich. Je genauer die Zieldefinition einer Maßnahme ist, umso einfacher ist später auch die Bewertung ihres Erfolges.

Die Kriterien für die Bewertung einer Maßnahme sind grundsätzlich vor der Durchführung der Maßnahmen zusammenzustellen. Von diesen Kriterien hängt es ab, welche Methoden im Rahmen der Erfolgskontrolle angewendet werden und was überhaupt untersucht werden muss. 23

IV. Gegenstände der Beobachtung von Natur und Landschaft (Absatz 3)

1. Allgemeines

Abs. 3 benennt die Gegenstände der Beobachtung von Natur und Landschaft. Die Beobachtung von Natur und Landschaft ist dabei auch Ausdruck einer Vielzahl von völker- und europarechtlichen Vorgaben[8] bzw. notwendige Voraussetzung der dort vorgesehenen Überwachungs-[9] und Berichtspflichten. 24

Nr. 1 dient der Erfüllung völkerrechtlicher Verpflichtungen, Nr. 2 setzt die sich aus Art. 11 und 12 Abs. 4 FFH-Richtlinie ergebende Überwachungsverpflichtung um und führt auch eine Monitoringpflicht für die europäischen Vogelarten und ihre Lebensräume ein. Die Aufzählung ist nicht abschließend. Insbesondere kann sich aus naturschutzfachlichen Gründen die Verpflichtung ergeben, den Erhaltungszustand weiterer, bislang nur nach nationalem Recht oder überhaupt nicht geschützter Arten zu beobachten.[10] 25

---

7 *Rückriem/Roscher*, Empfehlungen zur Berichtspflicht gemäß Artikel 17 der Fauna-Flora-Habitat-Richtlinie. Ergebnisse des Life-Projekts „Beurteilung des Erhaltungszustandes natürlicher Lebensräume gemäß der FFH-Richtlinie" des Bundesamtes für Naturschutz von 1996–1998. Angewandte Landschaftsökologie 22: S. 13, 1999.
8 *Gassner*, in: drs./Bendomir-Kahlo/Schmidt Räntsch, a.a.O., § 12 Rdnr. 8; *Gellermann*, in: Landmann/Rohmer, Umweltrecht, § 12 BNatSchG, Rdnr. 2.
9 Der in den Originalfassungen verwendete Begriff „surveillance" kann sowohl mit Überwachung als auch mit Beobachtung übersetzt werden.
10 BT-Drs. 16/12274, S. 52.

2. Erfüllung völkerrechtlicher Verpflichtungen

26 Nr. 2 verpflichtet dazu, den Zustand von Landschaften, Biotopen und Arten zur Erfüllung völkerrechtlicher Verpflichtungen zu beobachten. Um welche konkreten Verpflichtungen es sich dabei handelt, wird nicht ausgeführt.

27 Eine internationale Verpflichtung besteht z.b. durch die **Konvention zur Biologischen Vielfalt (CBD)**. Die Überwachungspflichten aus Art. 7 der CBD und die Pflicht zum Informationsaustausch aus Art. 17 CBD sollen dem Erhalt der Biodiversität dienen. Nach Art. 26 CBD muss der Konferenz der Vertragsparteien in bestimmten Zeitabständen ein Bericht über die Maßnahmen vorgelegt werden, die zur Durchführung des Übereinkommens ergriffen wurden, sowie über die Wirksamkeit dieser Maßnahmen. Hierzu ist ein entsprechendes Monitoring notwendig. Die Bundesregierung hat am 7.11.2007 eine „Nationale Strategie zur biologischen Vielfalt" zur Umsetzung der CBD beschlossen, die ca. 330 Ziele und 430 Maßnahmen benennt. Anhand von 19 Indikatoren soll regelmäßig überprüft werden, ob die Ziele der Strategie – und damit die Ziele der CBD – erreicht werden. Dabei handelt es sich um folgende Indikatoren: Nachhaltigkeitsindikator für die Artenvielfalt, gefährdete Arten, Erhaltungszustand der FFH-Lebensraumtypen und -arten, Anzahl gebietsfremder Tier- und Pflanzenarten in Deutschland, Fläche der streng geschützten Gebiete, Natura 2000-Gebietsmeldungen, Flächeninanspruchnahme: Zunahme Siedlungs- und Verkehrsfläche, Landschaftszerschneidung, Zersiedelung der Landschaft, Agrarumweltförderung (geförderte Fläche), Anteil der Flächen mit ökologischer Landwirtschaft an der landwirtschaftlich genutzten Fläche, Flächenanteil zertifizierter Waldflächen in Deutschland, Stickstoffüberschuss (Gesamtbilanz), Gentechnik in der Landwirtschaft, Gewässergüte – Anteil Gewässer mit mindestens Güteklasse II, Marine Trophic Index, Blütezeitpunkt von Zeigerpflanzen, Bedeutsamkeit umweltpolitischer Ziele und Aufgaben.[11] Während sich ein Teil dieser Indikatoren auf statistische Werte beschränkt, ist für andere Indikatoren ein Monitoring erforderlich (z.B. Nachhaltigkeitsindikator für die Artenvielfalt, gefährdete Arten, Erhaltungszustand der FFH-Lebensraumtypen und -arten).

28 Überwachungs- und Berichtspflichten ergeben sich auch aus Art. 3 Abs. 4 und Art. 5 Abs. 5 des Übereinkommens zur Erhaltung der wandernden wild lebenden Tierarten (Convention und the Conservation of Migratory Species = CMS), wobei es dort insbesondere um die Verhinderung der Einbürgerung nichtheimischer Arten geht.

29 Im Küsten- und Meeresbereich bestehen Verpflichtungen durch die Beschlüsse der Meeresschutzkonventionen OSPAR und HELCOM, welche durch ein entsprechendes Monitoringprogramm von Bund und Ländern erfüllt werden sollen.[12]

3. Erfüllung europäischer Verpflichtungen

30 Auf europäischer Ebene besteht eine Überwachungspflicht hinsichtlich der geschützten Arten und Lebensräume nach **Art. 11 FFH-RL**. Daran anknüpfend müssen die Mitgliedstaaten der Kommission alle sechs Jahre einen Bericht vorlegen, der die Ergebnisse der Überwachung nach Art. 11 FFH-RL sowie die Bewertung der Auswirkungen der durchgeführten Erhaltungs-

---

11 Bundesministerium für Umwelt, Naturschutz und Reaktorsicherheit (2007): Nationale Strategie zur biologischen Vielfalt, S. 123.
12 Bundesministerium für Umwelt, Naturschutz und Reaktorsicherheit (2007): Nationale Strategie zur biologischen Vielfalt, S. 139.

maßnahmen auf den Erhaltungszustand der geschützten Arten und Lebensraumtypen wiedergibt (Art. 17 FFH-RL). Hierzu übermitteln die Bundesländer die von ihnen beobachteten Daten nach einem von der LANA beschlossenen vereinfachten Bewertungsverfahren an das BfN, welches in Abstimmung mit den Ländern und dem BMU den Bericht für die Bundesrepublik erstellt.[13] Die Besonderheit bei dem Endbericht ist, dass dieser entsprechend der FFH-RL nach biogeographischen Regionen aufgebaut ist, so dass zunächst die entsprechenden Länderdaten weiter verarbeitet werden müssen.[14]

Bereits die Erfüllung der Berichtspflicht nach **Art. 17 FFH-RL** erfordert eine Koordination der Datenerhebung unter den Ländern, denn nur durch die Vergleichbarkeit der Daten kann eine effektive Darstellung des Erhaltungszustandes der Lebensraumtypen und Arten erfolgen. Nach umfassenden Beratungen haben Bund und Länder sich auf eine Empfehlung geeinigt, wonach für die kommende Berichtsperiode bis 2013 die Berichte auf einem vereinheitlichten Monitoring basieren sollen. Insbesondere in der ersten Berichtsperiode waren noch überwiegend Gutachten eingereicht worden, wodurch die Erstellung des Gesamtberichts erheblich erschwert wurde. **31**

Nach **Art. 12 Abs. 4 FFH-RL** ist die Bundesrepublik verpflichtet, ein System zur fortlaufenden Überwachung des unbeabsichtigten Fangs oder Tötens der in Anhang IV Buchstabe a FFH-Richtlinie genannten Tierarten einzuführen. Anhand der gesammelten Informationen sind dann diejenigen weiteren Untersuchungs- oder Erhaltungsmaßnahmen einzuleiten, die erforderlich sind, um sicherzustellen, dass der unbeabsichtigte Fang oder das unbeabsichtigte Töten keine signifikanten negativen Auswirkungen auf die betreffenden Arten haben. **32**

Neben dem auf Grund von **Art. 11 und 12 Abs. 4 FFH-RL** durchzuführenden Beobachtungen legt Nr. 2 auch fest, dass ein entsprechendes Monitoring auch für die europäischen Vogelarten und ihre Lebensräume zu leisten ist. **33**

Die Beobachtung nach Nr. 2 kann auch die erforderlichen Kenntnisse liefern, die Voraussetzung für etwaige Abweichungsentscheidungen i.S.v. **Art. 6 Abs. 4 und Art. 16 FFH-RL** sowie **Art. 9 V-RL** sind.[15] **34**

Naturschutzrelevante Überwachungspflichten finden sich auch in **Art. 8 WRRL**, wonach die Mitgliedstaaten Programme zur Überwachung des Zustands der Gewässer aufstellen müssen. Dies umfasst auch den ökologischen Zustand der Oberflächengewässer. Näheres wird durch wasserrechtliche Regelungen bestimmt; Nr. 2 enthält daher keine Vorgaben zur Gewässerüberwachung. **35**

Ebenfalls für den Naturschutz von Bedeutung sind die Überwachungspflichten, die sich aus den diversen europäischen Rechtsakten zum Umgang mit **gentechnisch veränderte Organismen** (GVO)[16] befassen. Die besondere Relevanz des GVO-Monitorings in der öffentlichen Diskussion besteht dabei in der stärker empfundenen Betroffenheit der Verbraucher im Hinblick **36**

---

13 SRU 2008 „Umweltschutz im Zeichen des Klimawandels" Tz. 415 = BT-Drs. 16/9990, siehe auch http://www.bfn.de/0316_bericht2007.html.
14 Ebenda.
15 BT-Drs. 16/12274, S. 52.
16 Vgl. etwa die Richtlinie 2001/18/EG über die absichtliche Freisetzung gentechnisch veränderter Organismen in die Umwelt – FreisetzungsRL und die Verordnung über gentechnisch veränderte Lebens- und Futtermittel = VO Nr. 1829/2003.

auf ihre Gesundheit. Für GVO ist eine Überwachung in Bezug auf die Umweltauswirkungen gemäß der Richtlinie 2001/18/EG (Freisetzungsrichtlinie) und in der Verordnung 1829/2003 über gentechnisch veränderte Lebensmittel und Futtermittel zwingend vorgeschrieben. § 16c Abs. 2 GenTG regelt hierzu die fallspezifische und allgemeine Beobachtung. Aus Naturschutzsicht sind z.b. folgende Umweltauswirkungen relevant: Wirkung auf Nicht-Zielorganismen[17], Änderung der Biodiversität, ökotoxikologische Effekte in der Nahrungskette, Beeinträchtigung von Schutzgebieten. Neben diesem GVO-Monitoring ist es vor der Freisetzung genetisch veränderter Organismen erforderlich, eine FFH-Verträglichkeitsprüfung nach § 35 durchzuführen; im Falle der land-, forst- und fischereiwirtschaftliche Nutzung von rechtmäßig in Verkehr gebrachten Produkten, die gentechnisch veränderte Organismen enthalten oder aus solchen bestehen, innerhalb eines Natura 2000-Gebiets, ist ebenfalls die Verträglichkeit nach § 35 zu prüfen. Zur Problematik der Nutzung in Verkehr gebrachter GVO außerhalb von Natura 2000-Gebieten vgl. § 35 Rdnr. 3 ff.

37 Gemäß der EG-Verordnung Nr. 1737/2006 sowie deren dort genannter Vorgänger-Verordnungen hat zudem ein Monitoring der **Wälder** und Umweltwechselwirkungen hinsichtlich der Auswirkungen von Luftverschmutzung zu erfolgen. Im Übrigen bestimmt Art. 7 Abs. 3 UIRL, dass die Mitgliedsstaaten in regelmäßigen Abständen von nicht mehr als vier Jahren nationale und ggf. regionale bzw. lokale Umweltzustandsberichte veröffentlichen müssen, welche Informationen über die Umweltqualität und die Umweltbelastungen enthalten.

38 Sämtliche Berichte der Bundesrepublik sowie der anderen Mitgliedsstaaten an die Kommission werden von der Europäischen Umweltagentur (EUA) im Rahmen des Europäischen Umweltinformations- und Umweltbeobachtungsgesetzes (EIONET) veröffentlicht.[18]

V. Abstimmung zwischen Bund und Ländern (Absatz 4)

39 Nach Abs. 4 ist eine gegenseitige Unterstützung und Abstimmung der zuständigen Behörden des Bundes und der Länder bei der Beobachtung von Natur und Landschaft vorgesehen. Dadurch soll erreicht werden, dass die Beobachtungsprogramme von Bund und Ländern zueinander kompatibel sind. Hierfür sind bundesweit standardisierte Methoden für die Erfassung und Auswertung sowie einheitliche Bewertungskriterien erforderlich. Nur mit Hilfe eines einheitlichen Datenmaterials ist auch eine Gesamtbeurteilung der Umweltsituation möglich. Bundesweite Mindestinhalte für die Beobachtung von Natur und Landschaft oder Vorgaben für ein bundeseinheitlich abgestimmtes Monitoringprogramm[19] enthält § 6 nicht. Praktikable Instrumente, mit denen auf eine Harmonisierung von Beobachtungsprogrammen, auf eine effizientere Nutzung von Daten und auf einen zielgerichteten Datenfluss von den Ländern zum Bund und in Richtung auf die EU hingearbeitet werden kann, stehen jedoch mit der Verwaltungsvereinbarung über den Datenaustausch zwischen Bund und Ländern sowie mit der Ver-

---

17 Z.B. Wirkung von Bt-Toxinen in transgenem Mais (zur Bekämpfung des Maiszünslers) auf andere Schmetterlingsarten.
18 Vgl. Website der EUA unter http://cdr.eionet.europa.eu/de/eu/art17/envr0qzdw bzgl. des Berichts aus dem Jahr 2007.
19 Dies wäre nach Ansicht des SRU unabdingbar zur Erfüllung der Berichtspflichten, vgl. SRU, Umweltgutachten 2008, Tz. 457.

waltungsvereinbarung Umweltdatenkatalog[20] und mit den innerhalb des Projektes GEIN 2000[21] zum Aufbau eines Umweltinformationsnetzes für Deutschland vereinbarten Strukturen zur Verfügung.[22]

VI. Aufgabenzuweisung (Absatz 5)

Mit Abs. 5 werden dem Bundesamt für Naturschutz die mit der Beobachtung von Natur und Landschaft für den Bund verbundenen Aufgaben übertragen. Andere Bundesbehörden, denen nicht bereits nach anderen Rechtsvorschriften Aufgaben aus dem Bereich der Beobachtung von Natur und Landschaft obliegen, sind also nicht zur Beobachtung verpflichtet.[23] Im Bundesamt für Naturschutz werden zurzeit Vogelmonitoring, Monitoring nach der FFH-Richtlinie, GVO-Monitoring sowie Biodiversitätsindikatoren bearbeitet.[24]

VII. Geheimhaltung und Datenschutz (Absatz 6)

Abs. 6 bestimmt, dass die Vorschriften über **Geheimhaltung** (z.B. zum Schutz von Betriebs- und Geschäftsgeheimnissen oder von zum persönlichen Lebensbereich gehörenden Geheimnissen) und **Datenschutz** (Schutz des Einzelnen vor Beeinträchtigung seines Persönlichkeitsrechts durch den Umgang mit seinen personenbezogenen Daten) unberührt bleiben. Für alle im Rahmen der Umweltbeobachtung gewonnenen Daten, die nicht aus Gründen der Geheimhaltung oder des Datenschutzes von einer Weitergabe ausgenommen sind, besteht dagegen ein Recht auf Zugänglichmachung nach dem Umweltinformationsgesetz (UIG)[25]. Zweck dieses Gesetzes ist es, den freien Zugang zu den bei den Behörden vorhandenen Informationen über die Umwelt sowie die Verbreitung dieser Informationen zu gewährleisten.

---

20 Verwaltungsvereinbarung zwischen Bund und Ländern über die gemeinsame Entwicklung und Pflege des Metainformationssystems Umwelt-Datenkatalog (UDK). Der Umwelt-Datenkatalog ist ein Meta-Informationssystem über Datenbestände im Umweltbereich. Er gibt Auskunft darüber, welche Umweltdaten in der staatlichen Umweltverwaltung vorhanden sind und welche Dienststellen hierfür zuständig sind. Unter Metadaten werden beschreibende Daten verstanden, die Informationen über eigentliche Umweltdaten enthalten. Die vorhandenen Umweltinformationen werden im UDK systematisch erfasst und nach vorgegebenen Kriterien beschrieben. Für die spätere Recherche erfolgt eine thematische Einordnung und Verschlagwortung (Thesaurisierung), so dass die Informationen gezielt abgerufen werden können.
21 Das Umweltinformationsnetz Deutschland GEIN (German Environmental Information Network) ist im Rahmen eines Forschungs- und Entwicklungsvorhabens des Umweltforschungsplans (UFOPLAN) beim Umweltbundesamt entstanden und erschließt unter der Internet-Adresse www.gein.de die über die Webseiten zahlreicher öffentlicher Einrichtungen – wie Umweltbehörden, Bundes- und Landesämter, Ministerien – verteilt gelegenen Informationen und dient so als Informationsbroker für Umweltinformationen in Deutschland.
22 BT-Drs. 14/6378, S. 44.
23 BT-Drs. 16/12274, S. 52 f.
24 Vgl. http://www.bfn.de/0315_monitoring.html?&0=.
25 Umweltinformationsgesetz v. 22.12.2004 (BGBl. I S. 3704).

§ 7 Begriffsbestimmungen

(1) Für dieses Gesetz gelten folgende Begriffsbestimmungen:
1. biologische Vielfalt
die Vielfalt der Tier- und Pflanzenarten einschließlich der innerartlichen Vielfalt sowie die Vielfalt an Formen von Lebensgemeinschaften und Biotopen;
2. Naturhaushalt
die Naturgüter Boden, Wasser, Luft, Klima, Tiere und Pflanzen sowie das Wirkungsgefüge zwischen ihnen;
3. Erholung
natur- und landschaftsverträglich ausgestaltetes Natur- und Freizeiterleben einschließlich natur- und landschaftsverträglicher sportlicher Betätigung in der freien Landschaft, soweit dadurch die sonstigen Ziele des Naturschutzes und der Landschaftspflege nicht beeinträchtigt werden;
4. natürliche Lebensraumtypen von gemeinschaftlichem Interesse
die in Anhang I der Richtlinie 92/43/EWG aufgeführten Lebensraumtypen;
5. prioritäre natürliche Lebensraumtypen
die in Anhang I der Richtlinie 92/43/EWG mit dem Zeichen (*) gekennzeichneten Lebensraumtypen;
6. Gebiete von gemeinschaftlicher Bedeutung
die in die Liste nach Artikel 4 Absatz 2 Unterabsatz 3 der Richtlinie 92/43/EWG aufgenommenen Gebiete, auch wenn ein Schutz im Sinne des § 32 Absatz 2 bis 4 noch nicht gewährleistet ist;
7. Europäische Vogelschutzgebiete
Gebiete im Sinne des Artikels 4 Absatz 1 und 2 der Richtlinie 79/409/EWG des Rates vom 2. April 1979 über die Erhaltung der wild lebenden Vogelarten (ABl. L 103 vom 24.4.1979, S. 1), die zuletzt durch die Richtlinie 2008/102/EG (ABl. L 323 vom 3.12.2008, S. 31) geändert worden ist, wenn ein Schutz im Sinne des § 32 Absatz 2 bis 4 bereits gewährleistet ist;
8. Natura 2000-Gebiete
Gebiete von gemeinschaftlicher Bedeutung und Europäische Vogelschutzgebiete;
9. Erhaltungsziele
Ziele, die im Hinblick auf die Erhaltung oder Wiederherstellung eines günstigen Erhaltungszustands eines natürlichen Lebensraumtyps von gemeinschaftlichem Interesse, einer in Anhang II der Richtlinie 92/43/EWG oder in Artikel 4 Absatz 2 oder Anhang I der Richtlinie 79/409/EWG aufgeführten Art für ein Natura 2000-Gebiet festgelegt sind.

(2) Für dieses Gesetz gelten folgende weitere Begriffsbestimmungen:
1. Tiere
    a) wild lebende, gefangene oder gezüchtete und nicht herrenlos gewordene sowie tote Tiere wild lebender Arten,
    b) Eier, auch im leeren Zustand, sowie Larven, Puppen und sonstige Entwicklungsformen von Tieren wild lebender Arten,
    c) ohne Weiteres erkennbare Teile von Tieren wild lebender Arten und
    d) ohne Weiteres erkennbar aus Tieren wild lebender Arten gewonnene Erzeugnisse;
2. Pflanzen
    a) wild lebende, durch künstliche Vermehrung gewonnene sowie tote Pflanzen wild lebender Arten,
    b) Samen, Früchte oder sonstige Entwicklungsformen von Pflanzen wild lebender Arten,
    c) ohne Weiteres erkennbare Teile von Pflanzen wild lebender Arten und
    d) ohne Weiteres erkennbar aus Pflanzen wild lebender Arten gewonnene Erzeugnisse; als Pflanzen im Sinne dieses Gesetzes gelten auch Flechten und Pilze;
3. Art
jede Art, Unterart oder Teilpopulation einer Art oder Unterart; für die Bestimmung einer Art ist ihre wissenschaftliche Bezeichnung maßgebend;

4. Biotop
Lebensraum einer Lebensgemeinschaft wild lebender Tiere und Pflanzen;
5. Lebensstätte
regelmäßiger Aufenthaltsort der wild lebenden Individuen einer Art;
6. Population
eine biologisch oder geografisch abgegrenzte Zahl von Individuen einer Art;
7. heimische Art
eine wild lebende Tier- oder Pflanzenart, die ihr Verbreitungsgebiet oder regelmäßiges Wanderungsgebiet ganz oder teilweise
   a) im Inland hat oder in geschichtlicher Zeit hatte oder
   b) auf natürliche Weise in das Inland ausdehnt;
als heimisch gilt eine wild lebende Tier- oder Pflanzenart auch, wenn sich verwilderte oder durch menschlichen Einfluss eingebürgerte Tiere oder Pflanzen der betreffenden Art im Inland in freier Natur und ohne menschliche Hilfe über mehrere Generationen als Population erhalten;
8. gebietsfremde Art
eine wild lebende Tier- oder Pflanzenart, wenn sie in dem betreffenden Gebiet in freier Natur nicht oder seit mehr als 100 Jahren nicht mehr vorkommt;
9. invasive Art
eine Art, deren Vorkommen außerhalb ihres natürlichen Verbreitungsgebiets für die dort natürlich vorkommenden Ökosysteme, Biotope oder Arten ein erhebliches Gefährdungspotenzial darstellt;
10. Arten von gemeinschaftlichem Interesse
die in Anhang II, IV oder V der Richtlinie 92/43/EWG aufgeführten Tier- und Pflanzenarten;
11. prioritäre Arten
die in Anhang II der Richtlinie 92/43/EWG mit dem Zeichen (*) gekennzeichneten Tier- und Pflanzenarten;
12. europäische Vogelarten
in Europa natürlich vorkommende Vogelarten im Sinne des Artikels 1 der Richtlinie 79/409/EWG;
13. besonders geschützte Arten
   a) Tier- und Pflanzenarten, die in Anhang A oder Anhang B der Verordnung (EG) Nr. 338/97 des Rates vom 9. Dezember 1996 über den Schutz von Exemplaren wild lebender Tier- und Pflanzenarten durch Überwachung des Handels (ABl. L 61 vom 3.3.1997, S. 1, L 100 vom 17.4.1997, S. 72, L 298 vom 1.11.1997, S. 70, L 113 vom 27.4.2006, S. 26), die zuletzt durch die Verordnung (EG) Nr. 318/2008 (ABl. L 95 vom 8.4.2008, S. 3) geändert worden ist, aufgeführt sind,
   b) nicht unter Buchstabe a fallende
      aa) Tier- und Pflanzenarten, die in Anhang IV der Richtlinie 92/43/EWG aufgeführt sind,
      bb) europäische Vogelarten,
   c) Tier- und Pflanzenarten, die in einer Rechtsverordnung nach § 54 Absatz 1 aufgeführt sind;
14. streng geschützte Arten
besonders geschützte Arten, die
   a) in Anhang A der Verordnung (EG) Nr. 338/97,
   b) in Anhang IV der Richtlinie 92/43/EWG,
   c) in einer Rechtsverordnung nach § 54 Absatz 2 aufgeführt sind;
15. gezüchtete Tiere
Tiere, die in kontrollierter Umgebung geboren oder auf andere Weise erzeugt und deren Elterntiere rechtmäßig erworben worden sind;
16. künstlich vermehrte Pflanzen
Pflanzen, die aus Samen, Gewebekulturen, Stecklingen oder Teilungen unter kontrollierten Bedingungen herangezogen worden sind;

§ 7

17. **Anbieten**
    Erklärung der Bereitschaft zu verkaufen oder zu kaufen und ähnliche Handlungen, einschließlich der Werbung, der Veranlassung zur Werbung oder der Aufforderung zu Verkaufs- oder Kaufverhandlungen;
18. **Inverkehrbringen**
    das Anbieten, Vorrätighalten zur Abgabe, Feilhalten und jedes Abgeben an andere;
19. **rechtmäßig**
    in Übereinstimmung mit den jeweils geltenden Rechtsvorschriften zum Schutz der betreffenden Art im jeweiligen Staat sowie mit Rechtsakten der Europäischen Gemeinschaft auf dem Gebiet des Artenschutzes und dem Übereinkommen vom 3. März 1973 über den internationalen Handel mit gefährdeten Arten freilebender Tiere und Pflanzen (BGBl. 1975 II S. 773, 777) – Washingtoner Artenschutzübereinkommen – im Rahmen ihrer jeweiligen räumlichen und zeitlichen Geltung oder Anwendbarkeit;
20. **Mitgliedstaat**
    ein Staat, der Mitglied der Europäischen Union ist;
21. **Drittstaat**
    ein Staat, der nicht Mitglied der Europäischen Union ist.

(3) Soweit in diesem Gesetz auf Anhänge der
1. Verordnung (EG) Nr. 338/97,
2. Verordnung (EWG) Nr. 3254/91 des Rates vom 4. November 1991 zum Verbot von Tellereisen in der Gemeinschaft und der Einfuhr von Pelzen und Waren von bestimmten Wildtierarten aus Ländern, die Tellereisen oder den internationalen humanen Fangnormen nicht entsprechende Fangmethoden anwenden (ABl. L 308 vom 9.11.1991, S. 1),
3. Richtlinien 92/43/EWG und 79/409/EWG,
4. Richtlinie 83/129/EWG des Rates vom 28. März 1983 betreffend die Einfuhr in die Mitgliedstaaten von Fellen bestimmter Jungrobben und Waren daraus (ABl. L 91 vom 9.4.1983, S. 30), die zuletzt durch die Richtlinie 89/370/EWG (ABl. L 163 vom 14.6.1989, S. 37) geändert worden ist,

oder auf Vorschriften der genannten Rechtsakte verwiesen wird, in denen auf Anhänge Bezug genommen wird, sind die Anhänge jeweils in der sich aus den Veröffentlichungen im Amtsblatt Teil L der Europäischen Union ergebenden geltenden Fassung maßgeblich.

(4) Das Bundesministerium für Umwelt, Naturschutz und Reaktorsicherheit gibt die besonders geschützten und die streng geschützten Arten sowie den Zeitpunkt ihrer jeweiligen Unterschutzstellung bekannt.

(5) [1]Wenn besonders geschützte Arten bereits auf Grund der bis zum 8. Mai 1998 geltenden Vorschriften unter besonderem Schutz standen, gilt als Zeitpunkt der Unterschutzstellung derjenige, der sich aus diesen Vorschriften ergibt. [2]Entsprechendes gilt für die streng geschützten Arten, soweit sie nach den bis zum 8. Mai 1998 geltenden Vorschriften als vom Aussterben bedroht bezeichnet waren.

Gliederung

		Rdnr.
I.	Allgemeines	1
II.	Allgemeine Begriffsbestimmungen (Abs. 1)	2–20
1.	Biologische Vielfalt (Nr. 1)	2–4
2.	Naturhaushalt (Nr. 2)	5
3.	Erholung (Nr. 3)	6
4.	Natürliche Lebensraumtypen von gemeinschaftlichem Interesse	7
5.	Prioritäre natürliche Lebensraumtypen	8
6.	Gebiete von gemeinschaftlicher Bedeutung	9–12
7.	Europäische Vogelschutzgebiete	13, 14
8.	Natura 2000-Gebiete	15, 16
9.	Erhaltungsziele	17–20

III. Artenschutzrechtliche Definitionen (Abs. 2)	21–62
1. Tiere (Abs. 2 Nr. 1)	21–24
2. Pflanzen (Abs. 2 Nr. 2)	25–30
3. Art (Abs. 2 Nr. 3)	31
4. Biotop (Abs. 2 Nr. 4)	32–35
5. Lebensstätte (Abs. 2 Nr. 5)	36
6. Population (Abs. 2 Nr. 6)	37
7. Heimische Art (Abs. 2 Nr. 7)	38–41
8. Gebietsfremde Art (Abs. 2 Nr. 8)	42, 43
9. Invasive Art (Abs. 2 Nr. 9)	44
10. Arten von gemeinschaftlichem Interesse (Abs. 2 Nr. 10)	45
11. Prioritäre Arten (Abs. 2 Nr. 11)	46
12. Europäische Vogelarten (Abs. 2 Nr. 12)	47
13. Besonders geschützte Arten (Abs. 2 Nr. 13)	48–50
14. Streng geschützte Arten (Abs. 2 Nr. 14)	51, 52
15. Gezüchtete Tiere (Abs. 2 Nr. 15)	53–55
16. Künstlich vermehrte Pflanzen (Abs. 2 Nr. 16)	56
17. Anbieten (Abs. 2 Nr. 17)	57
18. Inverkehrbringen (Abs. 2 Nr. 18)	58, 59
19. Rechtmäßig (Abs. 2 Nr. 19)	60
20. Mitgliedstaat (Abs. 2 Nr. 20)	61
21. Drittland (Abs. 2 Nr. 21)	62
IV. Geltung von EU-Verordnungen (Abs. 3)	63
V. Bekanntgabe der geschützten Arten (Abs. 4)	64, 65
V. Überleitungsregelung (Abs. 5)	66

I. Allgemeines

Diese Vorschrift enthält Legaldefinitionen von maßgeblichen Begriffen des BNatSchG. Die Begriffsbestimmungen sind für die Auslegung des BNatSchG bindend. **1**

II. Allgemeine Begriffsbestimmungen (Absatz 1)

1. Biologische Vielfalt (Nr. 1)

Die biologische Vielfalt (Biodiversität) ist nach Nr. 1 „die Vielfalt der Tier- und Pflanzenarten einschließlich der innerartlichen Vielfalt sowie die Vielfalt an Formen von Lebensgemeinschaften und Biotopen". Damit wird die in § 2 Abs. 1 Nr. 8 Satz 2 BNatSchG 2002 enthaltene Definition der biologischen Vielfalt nun in etwas modifizierter Form zu den in § 7 enthaltenen Begriffsbestimmungen gestellt. **2**

Zum Schutz der – weltweit bedrohten – Biodiversität wurde 1992 das „Übereinkommen über die biologische Vielfalt" (Biodiversitätskonvention, CBD) geschlossen. Die CBD definiert die biologische Vielfalt in Art. 2 als „die Variabilität unter lebenden Organismen jeglicher Herkunft, darunter unter anderem Land-, Meeres- und sonstige aquatische Ökosysteme und die ökologischen Komplexe, zu denen sie gehören; dies umfasst die Vielfalt innerhalb der Arten und zwischen den Arten und die Vielfalt der Ökosysteme". Auch die Bundesrepublik Deutschland hat sich mit der Unterzeichnung des Übereinkommens zum Erhalt der biologischen Vielfalt verpflich- **3** tet. Im November 2007 wurde die Nationale Strategie zur biologischen Vielfalt verabschiedet, die der Umsetzung der CBD dienen soll.

4 Es werden drei Ebenen der biologischen Vielfalt unterschieden: die genetische Vielfalt, die Artenvielfalt und die Vielfalt an Ökosystemen bzw. Lebensgemeinschaften und Biotopen. Die genetische Vielfalt ist die Vielfalt innerhalb der Arten. Sie bezeichnet die genetische Variabilität der Eigenschaften von Individuen einer Art. Eine ausreichende genetische Vielfalt ist z.B. Voraussetzung für die Anpassungsfähigkeit von Arten gegenüber veränderten Umweltbedingungen. Die Artenvielfalt ist ein Maß für die Anzahl verschiedener Arten von Tieren, Pflanzen und Mikroorganismen in einem bestimmten Bezugsraum. Nach Nr. 1 beschränkt sich die durch das BNatSchG umfasste Artenvielfalt auf Tier- und Pflanzenarten. Bezugsraum ist einerseits die gesamte Bundesrepublik und damit alle in Deutschland vorkommenden Tier- und Pflanzenarten, andererseits aber auch der einzelne Lebensraum mit der für ihn typischen Artenvielfalt. Als dritte Ebene nennt Nr. 1 die Vielfalt an Lebensgemeinschaften (Biozönosen) und Lebensräumen (Biotopen). Biodiversität bezieht sich damit sowohl auf die Gemeinschaften von Organismen verschiedener Arten in einem abgrenzbaren Lebensraum (= Lebensgemeinschaft), als auch auf den Lebensraum selbst. Die nächsthöhere Organisationsebene, das „Ökosystem", welches einen „dynamischen Komplex von Gemeinschaften aus Pflanzen, Tieren und Mikroorganismen sowie deren nicht lebender Umwelt, die als funktionelle Einheit in Wechselwirkung stehen"[1] darstellt, nennt Nr. 1 nicht explizit. Gleichwohl ergibt sich dies durch die Worte „Vielfalt der Lebensgemeinschaften", da mehrere Biozönosen zusammen ein Ökosystem bilden.

2. Naturhaushalt (Nr. 2)

5 Nr. 1 betrifft den Naturhaushalt und beschreibt diesen in Anlehnung an § 6 des Pflanzenschutzgesetzes (PflSchG) als das komplexe Wirkungsgefüge aller natürlichen Faktoren wie Boden, Wasser, Luft, Klima, Tier- und Pflanzenwelt. Innerhalb und zwischen den belebten Anteilen bestehen vielfältige Wechselbeziehungen physikalischer, chemischer und biologischer Art.

3. Erholung

6 Die Erholung erfasst das natur- und landschaftsverträglich ausgestaltete Natur- und Freizeiterleben einschließlich der natur- und landschaftsverträglichen sportlichen Betätigung in der freien Landschaft. Die Erholung darf die Verwirklichung der sonstigen Ziele und Grundsätze des Naturschutzes und der Landschaftspflege nicht beeinträchtigen.

4. Natürliche Lebensraumtypen von gemeinschaftlichem Interesse

7 Natürliche Lebensräume von gemeinschaftlichem Interesse i.S.d. Art. 1 lit. c der FFH-RL werden auch als Biotope von gemeinschaftlichem Interesse bezeichnet. Charakteristisch ist für diese Biotope, dass sie im Bereich ihres natürlichen Vorkommens vom Verschwinden bedroht sind oder infolge ihres Rückgangs bzw. ihres an sich schon begrenzten Vorkommens ein kleineres natürliches Verbreitungsgebiet haben. Die FFH-RL führt diese Biotope in Anhang I auf.

5. Prioritäre natürliche Lebensraumtypen

8 Prioritären natürliche Lebensraumtypen nach Art. 1 lit. d der FFH-RL werden auch als prioritäre Biotope bezeichnet. Diese sind die in Art. 2 FFH-RL

---

1 So die Definition in Art. 2 der CBD.

genannten Gebiete mit den vom Verschwinden bedrohten natürlichen Lebensraumtypen, für deren Erhaltung der Gemeinschaft auf Grund der natürlichen Ausdehnung dieser Lebensraumtypen im Verhältnis zu dem in Art. 2 genannten Gebiet besondere Verantwortung zukommt; diese prioritären natürlichen Lebensraumtypen sind in Anhang I mit einem Sternchen (*) gekennzeichnet;

6. Gebiete von gemeinschaftlicher Bedeutung

Nach Abs. 1 Nr. 6 sind Gebiete von gemeinschaftlicher Bedeutung die Gebiete, die in die Liste nach Art. 4 Abs. 2 Unterabs. 3 der FFH-RL eingetragen sind, auch wenn sie noch nicht zu Schutzgebieten im Sinne dieses Gesetzes erklärt wurden. Nach der FFH-RL (Art. 1 lit. k) ist ein „Gebiet von gemeinschaftlicher Bedeutung" ein Gebiet, das in seiner biogeografischen Region(en) in einem signifikantem Maße dazu beiträgt, einen natürlichen Lebensraumtyp des Anhangs I oder eine Art des Anhangs II in einem günstigen Erhaltungszustand zu bewahren oder einen solchen wiederherzustellen und auch in signifikantem Maße zur Kohärenz des in Art. 3 genannten Netzes „Natura 2000" und/oder in signifikantem Maße zur biologischen Vielfalt in der biogeografischen Region beitragen kann. **9**

Eine Übersicht über die in der Bundesrepublik Deutschland vorkommenden Lebensraumtypen und Arten nach der FFH-RL oder V-RL gibt die Monographie des BfN „Natura 2000".[2] **10**

Das Ziel der FFH-RL ist die Sicherung der Artenvielfalt durch die Erhaltung der natürlichen Lebensräume sowie der wild lebenden Tiere und Pflanzen im europäischen Gebiet der Mitgliedstaaten, für das der Vertrag Geltung hat, beizutragen, Art. 2 Abs. 1. **11**

Der Eintrag in die Liste erfolgt nach Art. 4 Abs. 2 Unterabs. 3 FFH-RL. Das Verfahren der Gebietsmeldung wird in Art. 4 geregelt. **12**

7. Europäische Vogelschutzgebiete

Europäische Vogelschutzgebiete sind Gebiete i.S.v. Art. 4 Abs. 1 und 2 V-RL. Im Gegensatz zu den Gebieten von gemeinschaftlicher Bedeutung werden die Vogelschutzgebiete durch den Mitgliedstaat ausgewählt[3] und unter Schutz gestellt. Durch die Ausweisung des Mitgliedstaats entsteht das Europäische Vogelschutzgebiet, eine Meldung an die EU-Kommission ist nicht notwendig.[4] Für die Ausweisung ist alleine die ornithologische Geeignetheit des Gebiets maßgebend, vgl. § 31 Rdnr. 22 ff. Mangels solcher Kriterien wurde bisher oftmals auf die IBA-Liste zurückgegriffen.[5] Für die Gebiete muss ein Schutz i.S.d. § 32 Abs. 2 bis 4 bereits gewährleistet sein. **13**

Die Novelle des BNatSchG bezieht sich mit ihrer Definition der Europäischen Vogelschutzgebiete in § 7 Abs. 1 Nr. 7 auf den Stand der Richtlinie 79/409/EWG in der zuletzt durch die Richtlinie 2008/102/EG[6] geänderten Fassung. Die Vogelschutzrichtlinie wurde aber am 30.11.2009[7] kodifiziert und trägt nunmehr die Bezeichnung 2009/147/EG.[8] Die kodifizierte V-RL **14**

---

2 Siehe auch *Ssymank et al.*, Schriftenr. Landschaftspflege u. Naturschutz, 35, 1998.
3 Vgl. *Gellermann*, Natura 2000, S. 17 ff.
4 *Schink*, UPR, 1999, 417/421.
5 Vgl. z.B. OVG Münster, Beschl. v. 11.5.1999 – 20 B 1464/98.AK, NuR 2000, 165; kritisch *Gellermann*, Natura 2000, S. 207 f.
6 ABl. L 323 vom 3.12.2008, S. 31.
7 ABl. L 2010/20 S. 7.
8 Die neue Nummer ist bedingt durch das europäische Kodifizierungsverfahren.

hat solange keine weitergehende Auswirkung auf das deutsche Recht wie sie keine Änderung erfährt, weil ihr Inhalt dem der Richtlinie 79/409/EWG in der durch die Richtlinie 2008/102/EG geänderten Fassung entspricht. Die Vorgaben der Richtlinie werden daher eingehalten. Eine Änderung der Richtlinie 2009/147/EG bedingt dann aber auch eine Änderung des nationalen Gesetzes.

8. Natura 2000-Gebiete

15 Das kohärente Europäische ökologische Netz „Natura 2000" besteht aus den Gebieten von gemeinschaftlicher Bedeutung und den Europäischen Vogelschutzgebieten, Art. 3 FFH-RL. Das Netz umfasst neben dem Festland auch marine Bereiche. Zu den Bestandteilen von „Natura 2000" gehören die Bereiche des Küstenmeeres, diese erstrecken sich 12 sm[9] seewärts gerichtet von einer Basislinie nach Art. 5 SRÜ. Mit der Einfügung von § 38 wurde auch vom Gesetzgeber klargestellt, dass sich der Anwendungsbereich der Vorschriften bzgl. „Natura 2000" auch auf den Bereich der Ausschließlichen Wirtschaftszone (AWZ) sowie des Festlandsockels erstreckt.

16 Die Ausweisung der Gebiete soll dazu dienen einen günstigen Erhaltungszustand der natürlichen Lebensräume und wild lebenden Tier- und Pflanzenarten von gemeinschaftlichem Interesse zu bewahren oder wiederherzustellen, Art. 2 Abs. 2 FFH-RL. Das Ziel, das mit dem Aufbau des ökologischen Netzes „Natura 2000" verfolgt wird ist die Sicherung der Artenvielfalt, Art. 2 Abs. 1 FFH-RL.

9. Erhaltungsziele

17 Die Definition der Erhaltungsziele erfolgt im Hinblick auf die Erhaltung oder Wiederherstellung eines günstigen Erhaltungszustands der in Anhang I und II der FFH-RL aufgeführten natürlichen Lebensräume und den Tier- und Pflanzenarten, die in einem Gebiet von gemeinschaftlicher Bedeutung vorkommen, sowie der in Anhang I der V-RL aufgeführten und der in Art. 4 Abs. 2 VRL genannten Vogelarten sowie ihrer Lebensräume, die in einem Europäischen Vogelschutzgebiet vorkommen.

18 Der „Erhaltungszustand einer Art" wird in Art. 1 lit. i Abs. 1 FFH-RL als „die Gesamtheit der Einflüsse, die sich langfristig auf die Verbreitung und die Größe der Populationen der betreffenden Arten in dem in Art. 2 bezeichneten Gebiet auswirken können" beschrieben.

19 Nach Art. 1 Abs. 2 FFH-RL wird der Erhaltungszustand als „günstig" betrachtet, wenn auf Grund der Daten über die Populationsdynamik der Art anzunehmen ist, dass diese Art ein lebensfähiges Element des natürlichen Lebensraumes, dem sie angehört, bildet und langfristig weiterhin bilden wird, und das natürliche Verbreitungsgebiet dieser Art weder abnimmt noch in absehbarer Zeit vermutlich abnehmen wird und ein genügend großer Lebensraum vorhanden ist und wahrscheinlich weiterhin vorhanden sein wird, um langfristig ein Überleben der Populationen dieser Art zu sichern.

20 Für jedes Gebiet werden die Erhaltungsziele eigens festgelegt. Die Erhaltungsziele stellen bis zur förmlichen Unterschutzstellung, soweit dies erforderlich ist, den Maßstab für die Prüfung von Maßnahmen innerhalb und,

---

[9] Die Bundesrepublik Deutschland hat durch Proklamation v. 11.11.1994 (BGBl. II S. 1529) von ursprünglich 3 sm auf 12 sm erweitert.

soweit sie richtlinienrelevant sind, auch außerhalb des Schutzgebietes nach Art. 6 Abs. 2 bis 4 FFH-RL dar (vgl. auch die Kommentierung zu § 34).

III. Artenschutzrechtliche Definitionen (Absatz 2)

1. Tiere (Absatz 2 Nr. 1)

Der Begriff der „Tiere" wird zunächst im **naturwissenschaftlichen** Sinne in Abgrenzung zu den „Pflanzen" verwendet und umfasst grundsätzlich diejenigen Lebewesen, die eine heterotrophe Ernährung aufweisen, d.h. die nicht selbst aus anorganischen Verbindungen organische aufbauen können, sondern von pflanzlichen oder tierischen Stoffen leben. Der Begriff umfasst damit sowohl höhere Tiere (z.b. Wirbeltiere, Gliederfüßler, Weichtiere) als auch niedere Tiere wie z.b. Korallentiere. Dieser Begriff wird durch die Legaldefinition aber sowohl eingeschränkt als auch erweitert. **21**

Eine Einschränkung findet statt, als Tiere im Sinne des Artenschutzrechts nur Exemplare **wild lebender** Arten sind. Damit werden die Haus- und Nutztiere vom Tierbegriff des Artenschutzrechts ausgeschlossen. Wild lebend sind alle in Freiheit vorkommenden Arten, deren Exemplare nicht ausschließlich vom Menschen gezüchtet werden.[10] Durch züchterische Maßnahmen herausgebildete Unterarten oder Rassen sind nicht mehr als wild lebend anzusehen, wohl aber die Art als solche, soweit sie noch in der Freiheit vorkommt. Wild lebend sind auch solche Arten, die sich als „Kulturfolger" dem Menschen angeschlossen haben, um ihre Wohn- und Nahrungsmöglichkeiten zu verbessern (z.B. Weißstorch, Mehlschwalbe).[11] Haus- und Nutztiere werden auch dann nicht zu Exemplaren einer wild lebenden Art, wenn sie entwichen sind und dauerhaft in der freien Natur leben. Bei Hybriden handelt es sich um Exemplare wild lebender Tierarten, wenn mindestens ein Elternteil einer wild lebenden Art angehört (z.B. Wolf x Hund). **22**

Das einzelne **Exemplar** einer wild lebenden Art fällt dann unter den artenschutzrechtlichen Tierbegriff, wenn es selbst wild lebt, gefangen oder gezüchtet wurde. Wird ein gefangenes oder gezüchtetes Tier einer wild lebenden Art herrenlos, so ist es wieder wild lebend. Als Tier gilt auch ein totes Tier (Kadaver, Präparat), allerdings ist hier nach Sinn und Zweck des Artenschutzrechts eine Einschränkung auf noch existierende Arten erforderlich, so dass Exemplare weltweit ausgestorbener Arten keine „Tiere" im Sinne des Artenschutzrechts darstellen. Weiterhin werden Entwicklungsformen von Tieren wie Eier, Laich, Larven, Puppen in den artenschutzrechtlichen Tierbegriff einbezogen, selbst wenn sie nicht oder nicht mehr entwicklungsfähig sind. Dies gilt auch für die Eier von in Gefangenschaft gehaltenen Tieren. **23**

Eine Erweiterung des Tierbegriffs findet statt, indem auch **Teile** von oder **Erzeugnisse** aus Tieren wild lebender Arten als Tiere gelten. Voraussetzung hierfür ist, dass ohne weiteres erkennbar ist, dass die Teile oder Erzeugnisse von Tieren wild lebender Arten stammen oder gewonnen wurden. Gemäß § 54 Abs. 3 Nr. 1 BNatSchG wird durch § 4 BArtSchV i.V.m. Anlage 3 BArtSchV näher bestimmt, welche Teile oder Erzeugnisse als „ohne weiteres erkennbar" anzusehen sind. Auch andere Gegenstände sind ohne weiteres erkennbare Teile oder Erzeugnisse, wenn aus einem Beleg, aus der Verpackung, aus einer Marke, aus einer Aufschrift oder aus sonstigen Umständen **24**

---

10 BT-Drs. 10/5064, S. 18.
11 LG Hechingen, Urt. v. 29.12.1994 – 3 S 29/94, NuR 1995, 494.

2. Pflanzen (Absatz 2 Nr. 2)

25 Pflanzen sind alle höheren und niederen Pflanzen, also neben den Blütenpflanzen z.B. Farne, Moose, Flechten und Algen. Neu aufgenommen wurde die Fiktion, dass auch Flechten und Pilze als Pflanzen gelten. Diese Ergänzung erfolgte im Hinblick auf die fortentwickelte taxonomische Diskussion[12], nach welcher Pilze neben Pflanzen und Tieren ein eigenes Reich bilden. Dass Pilze schon bislang in die artenschutzrechtlichen Regelungen einbezogen waren, zeigt z.B. Anlage 1 der BArtSchV, wo eine Reihe von Pilzarten als besonders geschützte Arten aufgeführt sind.

26 Auch bei den Pflanzen sind nur Exemplare **wild lebender** Arten in den artenschutzrechtlichen Pflanzenbegriff einbezogen, also keine Kulturpflanzen, die durch Züchtung dauerhaft besondere, natürlich nicht vorkommende Merkmale, Erscheinungsformen oder Eigenschaften aufweisen.

27 Die **Exemplare** wild lebender Arten sind in den artenschutzrechtlichen Pflanzenbegriff einbezogen, wenn sie selbst wild leben oder durch künstliche Vermehrung gewonnen wurden. „Wild lebend" sind Pflanzen, wenn sie sich ohne Zutun des Menschen an einer Stelle angesiedelt haben (also auch innerhalb einer vom Menschen kultivierten Fläche wie einem Acker oder Garten) oder durch den Menschen mit dem Ziel der Begründung einer wild lebenden Population ausgebracht wurden (z.B. bei der Durchführung einer Ausgleichs- oder Ersatzmaßnahme). Der Begriff „künstliche Vermehrung" ist gemäß der Legaldefinition des Abs. 2 Nr. 16 weit zu verstehen, so dass nicht nur Pflanzen, die durch menschliche Manipulation, wie z. B. Stecklingsbildung, Befruchtung, von Hand vermehrt wurden, darunter zu fassen sind, sondern alle Exemplare wild lebender Arten, die durch Anbau gewonnen oder in Kultur genommen und unter vom Menschen kontrollierten Bedingungen vermehrt wurden.

28 Die Legaldefinition enthält aber eine Lücke für **ehemals wild lebende, der Natur entnommene Exemplare** (z.B. ausgegrabene Kakteen). Da ein Ausschluss derartiger Exemplare vom artenschutzrechtlichen Pflanzenbegriff aber den Vorgaben des EU-Rechts[13] und des Washingtoner Artenschutzübereinkommens widersprechen würde, sind in einem Erst-recht-Schluss zu den künstlich vermehrten auch die der Natur entnommenen Exemplare einzubeziehen, zumal auch tote Exemplare wild lebender Pflanzen ohne Einschränkung unter den artenschutzrechtlichen Pflanzenbegriff fallen.

29 **Entwicklungsformen** wild lebender Pflanzenarten, wie z.B. Samen, Sämlinge, Keimlinge, Stecklinge, Sporen, Wurzelstöcke, Knollen, Zwiebeln, Früchte, gelten als Pflanzen im artenschutzrechtlichen Sinn.

30 Eine Erweiterung des Pflanzenbegriffs findet statt, indem auch Teile von oder **Erzeugnisse** aus Pflanzen wild lebender Arten als Pflanzen gelten. Voraussetzung hierfür ist, dass ohne weiteres erkennbar ist, dass die Teile oder Erzeugnisse von Pflanzen wild lebender Arten stammen oder gewonnen

---

12 BT-Drs. 12/12274, S. 53.
13 VO (EG) Nr. 338/97 vom 9.12.1996 über den Schutz von Exemplaren wild lebender Tier- und Pflanzenarten durch Überwachung des Handels, ABl. EG Nr. L 61 vom 3.3.1997, S. 1, zul. geändert durch VO (EG) Nr. 1579/2001 vom 1.8.2001, ABl. EG Nr. 209, S. 14.

wurden. Gemäß § 54 Abs. 3 Nr. 1 kann durch Rechtsverordnung näher bestimmt werden, welche Teile oder Erzeugnisse als „ohne weiteres erkennbar" anzusehen sind. Dies ist durch § 4 i.V.m. Anlage 3 BArtSchV erfolgt. Als ohne weiteres erkennbare Teile von oder Erzeugnisse aus Pflanzen gelten dabei insbesondere Samen, Sporen und andere Verbreitungseinheiten sowie getrocknete Stoffe pflanzlichen Ursprungs und aus ihnen gewonnene Rohprodukte wie Fette und ätherische Öle, Harze, Balsam und Gummen. Die Aufzählung in Anlage 3 ist nicht abschließend; hinsichtlich nicht genannter Teile ist § 4 Nr. 2 BArtSchV zu beachten.

3. Art (Absatz 2 Nr. 3)

Der Begriff der „Art" wird nicht definiert, sondern aus dem naturwissenschaftlichen Sprachgebrauch übernommen. Das Vorhandensein einer wissenschaftlichen Bezeichnung ist aber nicht Voraussetzung für die Arteigenschaft[14]. Als Art wird die Grundeinheit des natürlichen Systems der Pflanzen und Tiere bezeichnet. Zu einer Art gehören alle jene Individuen, deren wesentliche Merkmale übereinstimmen und die sich miteinander kreuzen lassen. Die Taxonomie der Arten richtet sich nach den in Anlage 2 zur BArtSchV genannten Referenzwerken. Ist eine Art einer bestimmten Schutzkategorie zugeordnet, gilt dies grundsätzlich für alle Unterarten, Rassen und andere Rangstufen unterhalb des Artniveaus oder Teilpopulationen. Die Erstreckung des Begriffs der Art auf Unterarten und Teilpopulationen dient dem Schutz der Biodiversität.

4. Biotop (Absatz 2 Nr. 4)

Zum Begriff „Biotop" existieren auf naturwissenschaftlicher Ebene unterschiedliche Definitionen, die meist ausgehend von Organismen oder Organismengemeinschaften auf die Beschreibung deren Umwelt und vor allem der auf sie wirkenden Umweltfaktoren und weniger auf den konkreten Raum abheben. Nach der klassischen Definition ist ein Biotop eine durch abiotische Standortmerkmale geprägte Lebensstätte einer Biozönose (= Lebensgemeinschaft von Pflanzen und/oder Tieren).[15] Ein Biotop ist gekennzeichnet durch seine abiotischen Eigenheiten wie Boden, Wasser, Klima, Temperatur und Lage. Bezogen auf Tiere wird meist auch der Pflanzenbestand als Lebensgrundlage eingeschlossen, wodurch die Grenze zwischen abiotischen und biotischen Standortmerkmalen teilweise überschritten wird. Nicht identisch ist damit allerdings der Begriff „Standort", der meist als Gesamtheit aller am Wohnort eines Organismus auf diesen einwirkenden Umweltfaktoren definiert wird.[16] Er umfasst alle abiotischen und biotischen Faktoren, z.B. auch den Faktor Konkurrenz zwischen den Individuen und den Arten.

Die Europäische Kommission definiert Biotop als ein Gebiet mit verhältnismäßig gleichförmigen Umweltbedingungen, das von einer bestimmten Pflanzengemeinschaft und der mit ihr assoziierten Tiergemeinschaft eingenommen wird.[17]

Durch das BNatSchG-NeuregG wurde eine dem herrschenden wissenschaftlichen Verständnis entsprechende Neubestimmung des Begriffes des Biotops vorgenommen. Auf eine gesetzliche Bestimmung des Begriffes der Lebensge-

---

14 BT-Drs. 12/12274, S. 53.
15 Akademie für Naturschutz und Landschaftspflege, Begriffe aus Ökologie, Umweltschutz und Landnutzung, 1984.
16 *Schaefer*, Wörterbuch der Biologie – Ökologie, 1992.
17 European Commission, From land cover to landscape diversity in the european union, 2000; http://europa.eu/comm/agriculture/publi/landscape.

meinschaft wurde im Hinblick auf das einhellige Verständnis der Fachwelt verzichtet. Danach stellt eine **Lebensgemeinschaft** oder Biozönose eine Gemeinschaft von Organismen verschiedener Arten in einem abgrenzbaren Lebensraum (Biotop) dar, Biozönose und Biotop bilden zusammen das Ökosystem.[18]

35 Die **Größe von Biotopen** ist üblicherweise nicht festgelegt, sondern ergibt sich aus der Abgrenzbarkeit gegenüber benachbarten Lebensräumen. Hinsichtlich des Begriffs „Lebensräume" ist allerdings zu unterscheiden zwischen einem überschaubaren, von gleichförmigen Umweltbedingungen gekennzeichneten Gebiet im Sinne der Biotopdefinition der Europäischen Kommission und dem Gesamtgebiet, in dem eine Art oder Biozönose vorkommt. Letzteres wird ebenfalls als Lebensraum bezeichnet, jedoch im Sinne von „Areal", und kann sehr großflächige und heterogene Gebiete umfassen.

5. Lebensstätte (Absatz 2 Nr. 5)

36 Nr. 5 enthält erstmals eine Bestimmung des Begriffes der Lebensstätte, der u.a. in § 37 Abs. 1 Satz 2 Nr. 2 und § 39 Abs. 1 Nr. 3 sowie als Unterfall in Gestalt der Fortpflanzungs- und Ruhestätten in § 44 Abs. 1 Nr. 3 und Abs. 5 Satz 2 verwendet wird.

6. Population (Absatz 2 Nr. 6)

37 Eine Population ist eine Mehrheit von Tieren oder Pflanzen einer bestimmten Art, die biologisch oder geographisch abgrenzbar ist. Eine Population verfügt in der Regel über ein besonders enges genetisches Verwandtschaftsverhältnis. Die Definition entspricht wörtlich Art. 2 Buchst. l VO (EG) 338/97.

7. Heimische Art (Absatz 2 Nr. 7)

38 Die Definitionen der „heimischen" und der „gebietsfremden" Arten sind insbesondere bedeutsam für die Regelung zum Ansiedeln oder Wiederansiedeln von Pflanzen und Tieren in der freien Natur (§§ 37 Abs. 1 Nr. 3, 40). Der in Nr. 7 verwendete Begriff „Verbreitungsgebiet" umfasst sowohl das natürliche als auch das tatsächliche Verbreitungsgebiet einer Art. Heimisch ist eine Art, wenn sie entweder ihr Verbreitungsgebiet ganz oder teilweise im Inland hat oder sie regelmäßig dort durchzieht. Sog. Irrgäste, die zufällig z.B. durch einen Sturm nach Deutschland geraten sind, sind keine heimischen Arten.

39 Als heimische Arten gelten auch solche, die derzeit in Deutschland nicht vorkommen, aber zu geschichtlicher Zeit dort verbreitet waren oder durchgezogen sind. „Geschichtliche Zeit" bezeichnet die Periode schriftlicher Überlieferung, also die letzten zweitausend Jahre. Somit zählen z.B. Braunbären, aber auch Vogelarten wie der Waldrapp (im 17. Jahrhundert ausgestorben) zu den heimischen Arten. Weiterhin wird eine Tier- oder Pflanzenart heimisch, wenn sie ihr Verbreitungs- oder Wanderungsgebiet auf natürliche Weise nach Deutschland ausdehnt. Dies war z.B. im 20. Jh. bei der Türkentaube und in den letzten Jahren bei dem Bienenfresser der Fall.

40 Als heimisch gelten auch solche wild lebenden Arten, die sich durch aktives oder passives Mitwirken des Menschen über mehrere Generationen in freier Natur als Population etabliert haben. „Freie Natur" ist dabei im Gegensatz

---

18 BT-Drs. 16/12274, S 53.

zu Gefangenhaltung oder Obhut des Menschen zu sehen und von der „freien Landschaft" i.S.v. Abs. 1 Nr. 3 zu unterscheiden.[19] Dies ergibt sich auch aus der Verwendung dieses Begriffs in Abs. 2 Nr. 8, da ansonsten u. U. ein Kulturfolger, der sich nur im Siedlungsbereich aufhält, zu einer gebietsfremden Art würde. Voraussetzung der Zuordnung zu heimischen Arten ist, dass sich nicht nur Einzelindividuen oder -paare in der freien Natur aufhalten, sondern dass sich eine eigenständige wild lebende Population (vgl. die Definition in Abs. 2 Nr. 4) gebildet und über mehrere Generationen erhalten hat.

Wie die Tiere oder Pflanzen in die freie Natur gelangen (ob durch Ansiedeln, Aussetzen, Entkommen, Samenflug), ist ohne Belang. Beispiele für derartige, nunmehr als heimisch geltende Arten sind z.B. Bisamratte, Nutria und Waschbär. Viele der sog. Neophyten und Neozoen sind als „blinde Passagiere" im Ballastwasser von Schiffen oder anhaftend an Eisenbahnwagen nach Deutschland gelangt (vgl. dazu § 40 Rdnr. 3). **41**

8. Gebietsfremde Art (Absatz 2 Nr. 8)

Bedeutung hat die Definition im Zusammenhang mit der Abwehr von Gefahren einer Verfälschung der Tier- und Pflanzenwelt (§ 40 Abs. 4). In der Begründung zum BNatSchG wird zu der Definition ausgeführt: „Der Begriff ‚gebietsfremd' ist in räumlicher Beziehung enger als ‚heimisch', dessen Bezugsrahmen das gesamte Inland ist. Gebietsfremd ist eine Art, wenn sie in dem betreffenden Gebiet von Natur aus nicht vorkommt, dort also nicht ihr natürliches Verbreitungsgebiet hat. Bei Pflanzen ist auch der Begriff ‚standortfremd' geläufig, so ist z.B. die Thuja regelmäßig standortfremd.[20] Auch in zeitlicher Hinsicht deckt sich ‚gebietsfremd' nicht mit ‚heimisch'. Arten, die heute regional verdrängt oder ausgestorben, in geschichtlicher Zeit aber in der betreffenden Region vorkommen, also als ‚heimisch' anzusehen sind, sind gleichwohl dann als ‚gebietsfremd' zu beurteilen, wenn der Verdrängungsvorgang bereits längere Zeit zurückliegt, so dass sich Fauna oder Flora auf das Verschwinden der Art eingestellt hat, die Wiederansiedlung also problematisch ist und der Kontrolle bedarf. Hierfür ist generell ein Zeitraum von 100 Jahren zugrunde gelegt worden".[21] **42**

Gebietsfremde Arten sind zum einen die nicht heimischen Arten. Auch eine heimische Art kann aber in ganz Deutschland oder in bestimmten Gebieten gebietsfremd sein oder gebietsfremd werden, wenn sie dort nicht vorkommt und auch in den letzten hundert Jahren nicht mehr vorgekommen ist. Eine in Deutschland heimische, aber gebietsfremde Art ist z.B. der Waldrapp. Positiv gewendet stellt der Begriff „gebietsheimisch" den Gegensatz zu gebietsfremd dar. Der Begriff „Gebiet" orientiert sich nicht nach Verwaltungsgrenzen, sondern nach naturschutzfachlichen Kriterien. So ist es z.B. bei Gehölzen sachgerecht, in Deutschland neun Herkunftsgebiete zu unterscheiden.[22] Da sich der Begriff der Art gemäß Abs. 2 Nr. 3 auch auf Unterarten und Teilpopulationen bezieht, können auch Unterarten oder Teilpopulationen einer Art, die als Ganzes nicht gebietsfremd ist, in einem bestimmten Gebiet gebietsfremd sein. Damit soll gewährleistet werden, dass die genetische Vielfalt innerhalb der Art erhalten bleibt. **43**

---

19 A.A. *Kolodziecjok/Recken*, Kennzahl 1129 Rdnr. 81.
20 VGH Mannheim, Beschl. v. 17.8.2006 – 5 S 455/06, BWGZ 2007, 80.
21 BT-Drs. 13/6441, S. 45.
22 *Landesanstalt für Umweltschutz BW* (Hrsg.), Gebietsheimische Gehölze, 2002.

9. Invasive Art (Absatz 2 Nr. 9)

44 Nr. 9 führt erstmals den Begriff der invasiven Art ein, der insbesondere in § 40 Abs. 1 bis 3 und 6 verwendet wird. Im internationalen Zusammenhang hat sich der Begriff „invasive alien species" (IAS) durchgesetzt. Seine Bestimmung orientiert sich an Artikel 8h des Übereinkommens über die biologische Vielfalt, weiteren Empfehlungen unter diesem Übereinkommen und entsprechenden fachlichen Einschätzungen. Invasiv ist eine Art danach dann, wenn sie für natürlich vorkommende Ökosysteme, Biotope oder Arten ein erhebliches Gefährdungspotenzial darstellt. Da invasiv nur Arten außerhalb ihres Verbreitungsgebiets sein können, werden in Deutschland natürlicher Weise vorkommende „Schadorganismen" nicht erfasst. Das erforderliche Gefährdungspotenzial muss sich auf Schutzgüter des Naturschutzes (natürlich vorkommende Ökosysteme, Biotope oder Arten) beziehen. Ackerunkräuter wie Galinsoga-Arten oder Cyperus esculentus oder ausschließlich die menschliche Gesundheit gefährdende Arten sind in diesem Zusammenhang nicht relevant. Da das Gefährdungspotenzial auf natürlich vorkommende Schutzgüter gerichtet sein muss, gilt etwa ein Neophyt, der ausschließlich einen anderen Neophyten gefährdet, nicht als invasiv.[23]

10. Arten von gemeinschaftlichem Interesse (Absatz 2 Nr. 10)

45 Abs. 2 Nr. 10 verweist auf die Anhänge II, IV und V der FFH-RL. Es handelt sich dabei um eine dynamische Verweisung. Anhang II enthält diejenigen Arten, für deren Erhaltung besondere Schutzgebiete auszuweisen sind, Anhang IV streng zu schützende Arten und Anhang V Arten, deren Entnahme aus der Natur und Nutzung Gegenstand von Verwaltungsmaßnahmen sein können. Art. 1 Buchst. g benennt als Kriterien, die zu einer Aufnahme von Arten in einen dieser Anhänge geführt haben, die Bedrohung oder potentielle Bedrohung, die Seltenheit und das endemische Vorkommen.

11. Prioritäre Arten (Absatz 2 Nr. 11)

46 Mit einem (*) sind in Anhang II der FFH-Richtlinie solche Arten als prioritär gekennzeichnet, für deren Erhaltung der EU eine besondere Verantwortung zukommt (vgl. Art. 1 Buchst. h FFH-RL). Die Unterscheidung ist insbesondere für die Auswahl von Gebieten (Art. 4 Abs. 2, Art. 5 FFH-RL) und das Ausnahmeverfahren nach § 34 Abs. 4 von Bedeutung.

12. Europäische Vogelarten (Absatz 2 Nr. 12)

47 Europäische Vogelarten sind sämtliche wild lebende Vogelarten, die im europäischen Gebiet der Mitgliedstaaten heimisch sind. Dies sind die in Anhang I V-RL aufgelisteten Arten, für die besondere Schutzmaßnahmen gemäß Art. 4 V-RL zu treffen sind, die sonstigen regelmäßig auftretenden Zugvogelarten (Art. 4 Abs. 3 V-RL) sowie alle übrigen wild lebenden europäischen Vogelarten, auch wenn sie nach Anhang II V-RL bejagt oder nach Anhang III VRL vermarktet werden dürfen. Die V-RL ist auch auf Unterarten von Vögeln anzuwenden, die nur außerhalb des europäischen Gebiets der Mitgliedstaaten vorkommen, sofern die Art als solche im europäischen Gebiet heimisch ist. Keine europäischen Vogelarten sind solche, die nur in Grönland vorkommen (Art. 1 Abs. 3 V-RL). Eine Referenzliste der europäischen Vogelarten wurde von der EU-Kommission unter der Adresse http://europa.eu.int/comm/environment/nature/directive/birdshome_en.htm im In-

---

23 BT-Drs. 16/12274, S. 53; zu Literaturhinweisen vgl. die Kommentierung zu § 40.

ternet veröffentlicht. Alle europäischen Vogelarten sind zumindest besonders geschützt.

13. Besonders geschützte Arten (Absatz 2 Nr. 13)

Besonders geschützt sind alle wild lebenden Tier- und Pflanzenarten, die **48**
- im Anhang A oder B der VO (EG 338/97) aufgeführt sind,
- in Anhang IV der FFH-RL aufgeführt sind,
- eine europäische Vogelart im Sinn von Nr. 9 sind oder
- in der BArtSchV als besonders geschützt gekennzeichnet sind.

Auch europäische Vogelarten, die nach § 2 Abs. 1 BJagdG dem Jagdrecht unterliegen, zählen zu den besonders geschützten Arten. **49**

Die „Bekanntmachung der besonders und streng geschützten Tier- und Pflanzenarten gemäß § 20a Abs. 5 des Bundesnaturschutzgesetzes" vom 1.2.2001, Bundesanzeiger Nr. 35a vom 20.2.2001 enthält eine Listung der geschützten Arten mit Stand 18.12.2000. Eine aktualisierte Recherchemöglichkeit bietet das des BfN unter www.wisia.de. **50**

14. Streng geschützte Arten (Absatz 2 Nr. 14)

Ein Teil der besonders geschützten Arten genießt einen gesteigerten Schutz. **51**
Zu den streng geschützten Tier- und Pflanzenarten zählen
- die Arten nach Anhang A der VO (EG 338/97)
- die Arten nach Anhang IV der FFH-RL
- die nach der BArtSchV streng geschützten Arten.

Diese Arten sind in der Bekanntmachung des BMU vom 1.2.2001 bzw. unter www.wisia.de besonders kenntlich gemacht. Die europäischen Vogelarten sind nur zum Teil den streng geschützten Arten zugeordnet; alle europäischen Vogelarten sind aber nach § 44 Abs. 1 Nr. 3 BNatSchG hinsichtlich des Schutzes vor Störungen an ihren Nist-, Brut-, Wohn- oder Zufluchtstätten den streng geschützten Arten gleichgestellt. **52**

15. Gezüchtete Tiere (Absatz 2 Nr. 15)

Der Begriff der „Zucht" stellt auf die legale Vermehrung von Tieren wild lebender Arten ab. Voraussetzung einer Zucht im artenschutzrechtlichen Sinn ist, dass die Tiere in kontrollierter Umgebung geboren oder auf andere Weise erzeugt werden. Aspekte einer derartigen Kontrolle können z.B. sein die Schaffung von Unterbringungsmöglichkeiten, die Pflege und Versorgung der Tiere, tierärztliche Kontrolle, die Auswahl und Zusammenführung der Elterntiere oder sonstige aktive Einflussnahmen auf die Vermehrung. **53**

Eine Zucht im Sinne des Artenschutzrechtes liegt nur vor, wenn die **Elterntiere** z.B. durch legale Naturentnahme, legale Zucht oder legale Einfuhr rechtmäßig erworben worden sind. Keine legale Zucht ist das Ausbrütenlassen von der Natur entnommenen Eiern, Laich o.Ä., da diese Entwicklungsformen gemäß Abs. 2 Nr. 1b artenschutzrechtlich als Tiere gelten.[24] **54**

Die Voraussetzungen, dass ein Tier als gezüchtet gilt, sind vom Besitzer des Tieres nachzuweisen. **55**

---

24 *Hammer*, DÖV 1986, 102.

16. Künstlich vermehrte Pflanzen (Absatz 2 Nr. 16)

56 Voraussetzungen einer künstlichen Vermehrung von Pflanzen wild lebender Arten sind: Die Exemplare müssen aus Sämlingen, Stecklingen, Gewebeteilungen, Kallusgeweben, sonstigen pflanzlichen Geweben, Sporen oder sonstigen Fortpflanzungspartikeln unter kontrollierten Bedingungen entstanden oder aus solchen Exemplaren erzeugt worden sein. Kontrollierte Bedingungen liegen vor, wenn eine intensive menschliche Einflussnahme z.b. durch Bodenbestellung, Düngung, Unkraut- und Schädlingsbekämpfung, Bewässerung, Topf- oder Beetkultur, Witterungsschutz oder durch Pflanzenzuchtmaßnahmen (z.B. Bestäubung, Hybridisierung, In-vitro-Kultur) vorliegt. Die Legalität der Elternpflanzen muss belegt sein. Bei Hybriden genügt zum Nachweis der künstlichen Vermehrung der Nachweis der Legalität der Elternpflanzen.

17. Anbieten (Absatz 2 Nr. 17)

57 „Anbieten" ist eine Vorbereitungshandlung zum Verkauf oder Kauf. Ob der Anbieter die tatsächliche oder rechtliche Verfügungsbefugnis über die angebotene Ware hat, ist – im Unterschied zu den Begriffen des „Vorrätighaltens" oder „Feilhaltens" – nicht erforderlich.[25] In den Begriff des Anbietens sind auch das beabsichtigte Geschäft unterstützende oder fördernde Tätigkeiten, wie z. B. Werbung, Angebote oder Suchanzeigen in Zeitungen oder im Internet, Angebote zur Vermittlung von Verkaufs- oder Kaufgeschäften, einbezogen.

18. Inverkehrbringen (Absatz 2 Nr. 18)

58 Die Definition umfasst neben der Abgabe an andere und der Bereitstellung zur Abgabe auch Vorbereitungshandlungen wie das Anbieten (vgl. Nr. 17), das Vorrätighalten und das Feilhalten. Im Unterschied zum „Anbieten" richtet sich das Vorrätig- und Feilhalten an unbestimmte Dritte. „Feilgehalten" werden Tiere oder Pflanzen, wenn sie für Dritte z.B. im Verkaufsraum oder im Schaufenster einen Zoogeschäfts oder auf sog. Tierbörsen als Verkaufsobjekte erkennbar sind.

59 „Abgabe an andere" bedeutet die Einräumung des unmittelbaren Besitzes (§ 854 BGB). Auf eigentumsrechtliche Fragen kommt es dabei nicht an. Auch die Verleihung, Übergabe zur Verwahrung oder Schenkung ist somit eine Abgabe.

19. Rechtmäßig (Abs. 2 Nr. 19)

60 Im Rahmen der Anwendbarkeit des EU-Rechts ist zu beachten, dass nicht rechtzeitig umgesetzte Richtlinien nach Ablauf der Umsetzungsfrist u.U. unmittelbar anwendbar sind.

20. Mitgliedstaat (Absatz 2 Nr. 20)

61 Derzeit sind Belgien, Bulgarien, Dänemark, Deutschland, Estland, Finnland, Frankreich (einschließlich Andorra und Monaco), Griechenland, Großbritannien, Irland, Italien (einschließlich San Marino und Vatikanstaat), Lettland, Litauen, Luxemburg, Malta, die Niederlande, Österreich, Polen, Portugal, Rumänien, Schweden, Slowakei, Slowenien, Spanien, Tschechien, Ungarn und Zypern Mitgliedstaaten.

---

25 BayObLG, Beschl. v. 2.6.1987 – 3 Ob OWi 76/87, NuR 1987, 376.

21. Drittland (Absatz 2 Nr. 21)

Drittländer sind alle Staaten, die nicht der EU angehören. Nach einem Beitritt zur EU wird aus einem Drittland ein Mitgliedstaat i. S. der Nr. 20.

IV. Geltung von EU-Verordnungen (Absatz 3)

Da EU-Verordnungen nach Art. 288 Abs. 2 AEUV in allen ihren Teilen verbindlich sind und unmittelbar in jedem Mitgliedstaat gelten, hat die „Unberührtheitsklausel" nur eine Hinweisfunktion. Strengere EU-Definitionen sind z.B. bei dem Begriff der „Zucht" zu beachten (vgl. oben Rdnr. 53 ff.).

V. Bekanntgabe der geschützten Arten (Absatz 4)

Nach Abs. 4 gibt das Bundesministerium für Umwelt, Naturschutz und Reaktorsicherheit die besonders geschützten und die streng geschützten Arten mit dem Zeitpunkt ihrer jeweiligen Unterschutzstellung bekannt.

Auf Grund des früheren § 20a Abs. 5 war die „Bekanntmachung der besonders und streng geschützten Tier- und Pflanzenarten gemäß § 20a Abs. 5 des Bundesnaturschutzgesetzes" vom 1.2.2001, Bundesanzeiger Nr. 35a vom 20. Februar ergangen (Stand der dort vorgenommenen Auflistung: 18.12.2000). Für die Aufnahme grundsätzlich aller europäischer Vogelarten in die Liste besonders geschützter Tier- und Pflanzenarten liegt eine hinreichende Ermächtigungsgrundlage vor.

VI. Überleitungsregelung (Absatz 5)

Die Überleitungsregelung entspricht wörtlich § 20a Abs. 3 BNatSchG (alt), lediglich der Verweis auf die Definition der streng geschützten Arten wurde entsprechend der neuen Nummerierung (Abs. 2 Nr. 11) angepasst.

Kapitel 2 Landschaftsplanung

§ 8 Allgemeiner Grundsatz

Die Ziele des Naturschutzes und der Landschaftspflege werden als Grundlage vorsorgenden Handelns im Rahmen der Landschaftsplanung überörtlich und örtlich konkretisiert und die Erfordernisse und Maßnahmen zur Verwirklichung dieser Ziele dargestellt und begründet.

Gliederung	Rdnr.
I. Allgemeines	1–5
1. Landschaftsplanung als eigenständige Fachplanung	1–3
2. Änderungen	4, 5
II. Allgemeiner Grundsatz	6–10
1. Ausgestaltung als allgemeiner Grundsatz	6
2. Abweichungsfeste Vorgaben	7–10
III. Weitere abweichungsfeste Vorgaben zur Landschaftsplanung	11, 12

I. Allgemeines

1. Landschaftsplanung als eigenständige Fachplanung

1 Die Landschaftsplanung stellt das zentrale vorsorgeorientierte Planungselement von Naturschutz und Landschaftspflege mit dem Ansatz eines ganzheitlichen Naturhaushaltsschutzes dar[1]. Sie ist die eigenständige, d.h. mit anderen Planungen nicht abgestimmte Fachplanung des Naturschutzes und der Landschaftspflege[2], welche die raumbezogene Verwirklichung der in § 1 festgelegten Ziele gewährleisten soll. Ihre Aufgabe ist es, den Schutz und die Entwicklung von Natur und Landschaft in anderen Planungen und in der räumlichen Gesamtplanung sicherzustellen mit dem Ziel, die biologische Vielfalt, die Leistungs- und Funktionsfähigkeit des Naturhaushaltes einschließlich der Regenerationsfähigkeit und nachhaltigen Nutzungsfähigkeit der Naturgüter sowie die Vielfalt, Eigenart und Schönheit sowie den Erholungswert von Natur und Landschaft langfristig zu erhalten.

2 Die Landschaftsplanung nimmt eine Sonderstellung unter den Fachplanungen ein, da sie sowohl Aufgaben, die in den räumlichen Bereich der Gesamtplanung, als auch in die Kompetenz von Fachbehörden fallen, wahrnimmt. Auf Grund der von ihr verfolgten ökologischen bzw. landschaftsplanerischen Zielstellung, ist sie zwar gesamträumlich angelegt, in Bezug auf die von ihr ausgewiesenen Raumnutzungsansprüche aber nur sektoral orientiert. Sie wird daher auch als raumplanungsbezogene Fachplanung bezeichnet. Zuständig für die Fachplanungen sind die jeweiligen Fachdienststellen (Fachministerien des Bundes und der Länder, kommunale Gebietskörperschaften und sonstige öffentlich-rechtliche Körperschaften).[3]

3 Das Gesamtkonzept der Landschaftsplanung ermöglicht unter anderem die gesamträumliche Einbindung der Planung von Kompensationsmaßnahmen,

---

1 Bundesamt für Naturschutz, Daten zur Natur 2000, 160.
2 So auch Amtl. Begründung zum BNatSchG 2002 (BT-Drs. 14/6378, S. 29), zur Diskussion, ob die Landschaftsplanung als Fach- oder Gesamtplanung einzustufen ist, vgl. ausführlich: *Hahn, K.-G.*, Das Recht der Landschaftsplanung, 1991, S. 22 ff.
3 Akademie für Raumforschung und Landesplanung (Hrsg.): Handwörterbuch der Raumordnung, Hannover 1995, S. 283 f.

aber auch den zielgerichteten Einsatz von auf Natur und Landschaft bezogenen Fördermittel (z.B. EU-Agrarfonds). Die Landschaftsplanung hat ferner eine wichtige Informationsfunktion für Vorhabenträger, um sich über den Zustand von Natur und Landschaft im Vorhabensraum ein Bild zu machen, die Relevanz ihres Vorhabens in Bezug zu Zielen des Naturschutzes und der Landschaftspflege und entsprechende Konflikte frühzeitig abschätzen und gegebenenfalls Maßnahmen etwa zur Erfüllung der Kompensationsverpflichtung oder zur Sicherung der Kohärenz des Netzes „Natura 2000" frühzeitig planen zu können. Die Landschaftsplanung stellt die Grundlage für die Durchführung der Strategischen Umweltprüfung von Plänen und Programmen dar. Sie liefert darüber hinaus Informationen für die Prüfung der Verträglichkeit von Plänen und Projekten im Zusammenhang mit Natura 2000-Gebieten. Schließlich steht mit der Landschaftsplanung ein wirksames Instrument zur Verfügung, um die Belange von Naturschutz und Landschaftspflege in die räumliche Gesamtplanung und die Bauleitplanung einzubringen.[4]

2. Änderungen

Die Landschaftsplanung wurde 1976 in das BNatSchG zur raumbezogenen Verwirklichung der in § 1 formulierten Ziele des Naturschutzes und der Landschaftspflege aufgenommen. Da die Aufgaben der Landschaftsplanung angesichts der fortschreitenden Naturzerstörung und der immer intensiveren Eingriffe des Menschen in die natürlichen Wirkungszusammenhänge an Bedeutung und Dringlichkeit gewonnen haben, erschien es geboten, die Einflussmöglichkeiten und die Effektivität der Landschaftsplanung durch gesetzliche Maßnahmen zu verbessern und so das Gewicht der Landschaftsplanung auch gegenüber anderen Raumansprüchen und Planungen zu verstärken.[5] Mit dem BNatSchG 2002 wurden einige aus naturschutzfachlicher Sicht als unverzichtbar angesehenen Mindestanforderungen an die Landschaftsplanung (Festlegung inhaltlicher Mindestanforderungen, Flächendeckung, Verpflichtung zur Aufstellung und regelmäßigen Fortschreibung, Begründungspflicht bei Nichtberücksichtigung in der räumliche Gesamtplanung bzw. Bauleitplanung)[6] in die Gesetzgebung aufgenommen.

Mit der jetzt erfolgten Neuregelung des BNatSchG wurde die Landschaftsplanung in den §§ 8–12 neu gefasst. So wurde in § 8 ein abweichungsfester allgemeiner Grundsatz zum Instrument der Landschaftsplanung formuliert. In § 9 wurden die Aufgaben und Inhalte der Landschaftsplanung der bisherigen §§ 13 und 14 BNatSchG a.F. zusammengefasst, wobei der Katalog der Mindestinhalte in § 9 Abs. 3 gegenüber dem BNatSchG a.F. geringfügig erweitert wurde. Neu ist die ebenfalls in § 9 Abs. 3 enthaltene Rechtsverordnungsermächtigung zur Festlegung von Planzeichen. Mit § 9 Abs. 4 wird die bisher nur Landschaftspläne bestehende Fortschreibungspflicht auf alle Planungsebenen ausgeweitet. Das Flächendeckungsprinzip gilt nur noch für die Ebene der Landschaftsrahmenpläne (§ 10 Abs. 2), während Landschaftspläne zukünftig nur aufgestellt werden müssen, sobald und soweit es erforderlich ist (§ 11 Abs. 2). Neben den drei bisherigen Planungsebenen der Landschaftsprogramme, Landschaftsrahmenpläne und der Landschaftspläne wird die örtliche Ebene durch die Möglichkeit zur Aufstellung eines Grünordnungsplans ergänzt, der bereits in mehreren Landesregelungen veran-

---

4 BT-Drs. 16/12274, S. 54.
5 BT-Drs. 14/6378, S. 44.
6 Vgl. *Büchter*, Anforderungen des Naturschutzes an die Landschaftsplanung, NuL 2000, 237.

kert ist. Keinen Gebrauch hat der Gesetzgeber hingegen von seinem Recht, die Landschaftsplanung auch auf der Bundesebene einzuführen, um bundesweit und international bedeutsamen Naturschutzziele und Handlungsstrategien zu ihrer Umsetzung festzulegen.[7]

II. Allgemeiner Grundsatz

1. Ausgestaltung als allgemeiner Grundsatz

6 § 8 wurde als allgemeiner Grundsatz des Naturschutzes i.S.d. Art. 72 Abs. 3 Satz 1 Nr. 2 GG ausgestaltet[8]. Dies ist auch folgerichtig angesichts der großen Bedeutung des Landschaftsplanung für die Verwirklichung von Naturschutzzielen, z.b. im Rahmen des Biotopverbundes, des Schutzes der Biodiversität oder auch der Umsetzung von Anpassungsmaßnahmen an den Klimawandel. Im Rahmen des Gesetzgebungsverfahrens gab es seitens der Länder zunächst Bedenken, ob § 8 die verfassungsmäßigen Rechte der Länder unzulässig einschränke.[9] Als allgemeine Grundsätze kommen nicht nur naturschutzrechtliche Zielvorstellungen in Betracht, sondern auch die Mittel, um diese Ziele zu verwirklichen, soweit es sich um grundlegende rechtliche Instrumente handelt, deren bundesweite Geltung für einen effektiven Naturschutz erforderlich ist.[10] Die Landschaftsplanung hat auf Grund ihrer Funktion als Naturschutzfachplanung einerseits und als querschnittorientierte Planung andererseits eine für das Naturschutzrecht einzigartige Schnittstellenfunktion und trägt somit dem umweltrechtlichen Integrationsprinzip in besonderer Weise Rechnung.[11] Sie ist für die raumbezogene Umsetzung der in § 1 Abs. 1 festgelegten Ziele unverzichtbar und stellt sogar einen medienübergreifenden allgemeinen Grundsatz des Umweltrechts dar.[12] An der Verfassungsmäßigkeit des § 8 bestehen somit keine Zweifel; das Instrument der Landschaftsplanung ist damit als solches bundesrechtlich vorgegeben und darf von den Ländern nicht im Rahmen ihrer Abweichungskompetenz abgeschafft werden.[13]

2. Abweichungsfeste Vorgaben

7 Sowohl die räumliche **Konkretisierung der Ziele** von Naturschutz und Landschaftspflege als zentrale Aufgabe der Landschaftsplanung als auch die zu ihrer Umsetzung notwendige Darstellung und Begründung der **Erfordernisse und Maßnahmen** zur Zielerreichung wurden in § 8 als allgemeiner Grundsatz des Naturschutzes ausgestaltet. § 8 greift dabei die Regelungen von § 9 Abs. 1 und Abs. 2 Satz 1 auf, die damit ebenfalls abweichungsfest sind. Aus der Bezugnahme auf die Ziele von Naturschutz und Landschafts-

---

7 Die Aufstellung eines Bundeslandschaftsprogramms wird bereits seit längerem z.B. vom Sachverständigenrat für Umweltfragen gefordert, vgl. SRU, Umweltgutachten 2008, Tz. 450; SRU, Sondergutachten 2002, BT-Drs. 14/9852, Tz. 274; vgl. auch schon den Entwurf des umweltpolitischen Schwerpunktprogramms 1998, wo die Aufstellung eines Bundeslandschaftskonzeptes als wichtige Maßnahme zur Stärkung des Naturschutzes genannt wurde, BMU, 1998, S. 54 f.
8 Vgl. zu den „Allgemeinen Grundsätzen" ausführlich: Vorbemerkung vor §§ 1 ff., Rdnr. 14 ff.
9 BR-Drs. 278/09, S. 9 f.; BR-Prot. 858 v. 15.5.2009, S. 198.
10 *Fischer-Hüftle*, NuR 2007, 78/82; *Hendrischke*, NuR 2007, 454/456; *Appel*, NuR 2010, 171/172 f.
11 *Fischer-Hüftle*, NuR 2007, 78/83; *Appel*, NuR 2010, 171/175.
12 *Fischer-Hüftle*, NuR 2007, 78/83.
13 Vgl. ausführlich *Appel*, NuR 2010, 171/174 ff.

pflege, welche durch § 1 Abs. 1 ebenfalls als allgemeiner Grundsatz i.S.d. Art. 72 Abs. 3 Satz 1 Nr. 2 GG vorgegeben sind, lassen sich Mindestanforderungen an die Landschaftsplanung ableiten: sie muss jedenfalls so ausgestaltet sein, dass sie die zur Zielerreichung notwendigen Erfordernisse und Maßnahmen benennt und begründet. Die Planwerke müssen dabei Aussagen treffen zur langfristigen Sicherung der biologischen Vielfalt, der Leistungs- und Funktionsfähigkeit des Naturhaushaltes einschließlich der Regenerationsfähigkeit und nachhaltigen Nutzungsfähigkeit der Naturgüter, der Vielfalt, Eigenart und Schönheit sowie des Erholungswertes von Natur und Landschaft. Diese Ziele sind durch abweichungsfest geregelt, so dass die Landschaftsplanung hierzu zwingend Zielkonkretisierungen festlegen muss. Die Regelungen des § 1 Abs. 2 bis 6, die der Abweichungsgesetzgebung der Länder zugänglich sind, sind in der Landschaftsplanung dagegen nur insoweit zu bearbeiten, als die Länder keine abweichenden Regelungen erlassen haben.[14]

Insofern unterliegt auch der Katalog der Mindestinhalte (§ 9 Abs. 3) nicht der Beliebigkeit. Vielmehr müssen die Landschaftsplanwerke bezüglich ihres Umfanges, ihrer Qualität, des Detaillierungsgrads und ihrer Aktualität so ausgestaltet sein, dass sie ihrem Auftrag zur Zielkonkretisierung gerecht werden können und ihre Aussagen in Planungen und Verwaltungsverfahren Eingang finden können.

Die Konkretisierung der Ziele hat so zu erfolgen, dass sie als **Grundlage vorsorgenden Handels** dienen kann. Mit dem Instrument soll den für Naturschutz und Landschaftspflege zuständigen Behörden ein vorsorgeorientiertes Instrument zur Bewältigung ihrer vielfältigen Aufgaben zur Verfügung gestellt werden.[15] Die jetzt erfolgte explizite Nennung des Vorsorgegedankens im Gesetzestext unterstreicht, dass die Landschaftsplanung das zentrale vorsorgeorientierte Planungselement von Naturschutz und Landschaftspflege darstellt. Durch die ausdrückliche Hervorhebung wird der vorsorgende Charakter der Landschaftsplanung nun bundesweit verbindlich vorgegeben, so dass die Länder keine abweichenden Regelungen erlassen dürfen, die diesem Vorsorgegedanken entgegenstehen; welche Pflichten sich hieraus im Einzelnen ergeben, ist jedoch angesichts der vagen Begrifflichkeit des Vorsorgeprinzips fraglich.[16] In seiner Begründung zum BNatSchG 2002 ging der Gesetzgeber jedenfalls davon aus, dass nur eine flächendeckende Planung auch ihre Vorsorgewirkung entfalten kann.[17]

Weiter ist durch § 8 eine mindestens **zweistufige Landschaftsplanung** („überörtlich und örtlich") abweichungsfest vorgegeben.[18] § 10 Abs. 2 sieht hierzu auf der überörtlichen Ebene verpflichtend die Aufstellung eines Landschaftsrahmenplans für alle Teile eines Landes vor, während die Aufstellung von Landschaftsprogrammen fakultativ erfolgen kann. Für die örtliche Ebene ist die Aufstellung von Landschaftsplänen nach § 11 Abs. 2 an die Erforderlichkeit i.S.d. § 9 Abs. 3 Satz 1 Nr. 4 geknüpft.

---

14 *Appel*, NuR 2010, 171/176. Der Spielraum zur Abweichung von den in § 1 Abs. 2 bis 6 BNatSchG genannten Zielen durch die Länder ist freilich dadurch stark eingeschränkt, als sie zur Erreichung der in § 1 Abs. 1 BNatSchG abweichungsfest genannten Ziele notwendig erscheinen.
15 BT-Drs. 16/12274, S. 54.
16 *Appel*, NuR 2010, 171/177.
17 BT-Drs. 14/6378, S. 46.
18 Zu den inhaltlichen Aussagen der Landschaftsplanung auf überörtlicher bzw. örtlicher Ebene vgl. § 9 Rdnr. 5, 11, § 10 Rdnr. 5 ff. und § 11 Rdnr. 13 ff.

III. Weitere abweichungsfeste Vorgaben zur Landschaftsplanung

11 Durch die redundante Nennung der Aufgaben und Inhalte der Landschaftsplanung sind auch § 9 Abs. 1 und Abs. 2 Satz 1 in dem von § 8 umfassten Umfang abweichungsfest. Darüber hinaus können nach der Verfassungssystematik den Ländern weitere, über § 8 hinausgehende Elemente der Landschaftsplanung als „unbenannte" allgemeine Grundsätze des Naturschutzes i.S.d. Art. 72 Abs. 3 Satz 1 Nr. 2 GG vorgegeben sein.[19] So ist es unerlässlich für einen effektiven Naturschutz, dass die Landschaftsplanung weitgehend flächendeckend erfolgt, da ansonsten z.B. Programme, Pläne und Projekte im Sinne von SUP, UVP oder auch der Eingriffsregelung nicht richtig im Gesamtzusammenhang des Zustands von Natur und Landschaft bewertet werden können.[20] Es ist daher davon auszugehen, dass das **Flächendeckungsprinzip** in dem vom Bundesgesetzgeber in § 10 Abs. 2 Satz 2 und § 11 Abs. 2 Satz 1 vorgegebenen Umfang als abweichungsfest zu betrachten ist.[21] Gleiches gilt für die **Fortschreibungspflicht** des § 9 Abs. 4, der ebenfalls als abweichungsfeste Vorgabe einzustufen ist.[22] Eine planerische Aussagekraft haben Landschaftsplanwerke nämlich nur dann, wenn sie regelmäßig an die tatsächlichen Entwicklungen und die dadurch veränderten Ausgangsdaten angepasst werden.

12 Die abweichungfeste Ausgestaltung von § 8 wirkt sich auch auf die **Rechtswirkung der Landschaftsplanung für andere Planungen** aus. Zwar hat die Berücksichtigungspflicht der Landschaftsplanung in Planungen und Verwaltungsverfahren (§ 9 Abs. 5 Satz 1) bzw. bei der Abwägung in Raumordnungs- und Bauleitplanungen (§ 10 Abs. 3, § 11 Abs. 3) keinen Eingang in § 8 gefunden; ohne diese Berücksichtigungspflicht könnte die bundesweit verbindlich vorgegebene Landschaftsplanung jedoch weder ihre Vorsorgefunktion erfüllen noch die raumbezogene Verwirklichung der in § 1 festgelegten Ziele gewährleisten. Mit § 8 wäre es nicht vereinbar, wenn die Länder die ihnen bundesweit verpflichtend vorgegebene Landschaftsplanung lediglich als unverbindliches Gutachten ausgestalten und die Intention des Instruments damit ins Leere laufen lassen könnten.[23] Daher sind die in § 9 Abs. 5 Satz 1, § 10 Abs. 3 und § 11 Abs. 3 festgelegten Berücksichtigungspflichten einzuhalten.

---

19 *Appel*, NuR 2010, 171/178.
20 SRU, Umweltgutachten 2008, Tz. 447.
21 *Appel*, NuR 2010, 171/178; *Hendrischke*, NuR 2007, 454/458; vgl. § 11 Rdnr. 6.
22 *Fischer-Hüftle*, NuR 2007, 78/83; *Appel*, NuR 2010, 171/178; *Hendrischke*, NuR 2007, 454/458; vgl. auch § 9 Rdnr. 64 ff.
23 Vgl. *Appel*, NuR 2010, 171/176.

§ 9 Aufgaben und Inhalte der Landschaftsplanung; Ermächtigung zum Erlass von Rechtsverordnungen

(1) Die Landschaftsplanung hat die Aufgabe, die Ziele des Naturschutzes und der Landschaftspflege für den jeweiligen Planungsraum zu konkretisieren und die Erfordernisse und Maßnahmen zur Verwirklichung dieser Ziele auch für die Planungen und Verwaltungsverfahren aufzuzeigen, deren Entscheidungen sich auf Natur und Landschaft im Planungsraum auswirken können.

(2) [1]Inhalte der Landschaftsplanung sind die Darstellung und Begründung der konkretisierten Ziele des Naturschutzes und der Landschaftspflege und der ihrer Verwirklichung dienenden Erfordernisse und Maßnahmen. [2]Darstellung und Begründung erfolgen nach Maßgabe der §§ 10 und 11 in Landschaftsprogrammen, Landschaftsrahmenplänen, Landschaftsplänen sowie Grünordnungsplänen.

(3) [1]Die Pläne sollen Angaben enthalten über
1. den vorhandenen und den zu erwartenden Zustand von Natur und Landschaft,
2. die konkretisierten Ziele des Naturschutzes und der Landschaftspflege,
3. die Beurteilung des vorhandenen und zu erwartenden Zustands von Natur und Landschaft nach Maßgabe dieser Ziele einschließlich der sich daraus ergebenden Konflikte,
4. die Erfordernisse und Maßnahmen zur Umsetzung der konkretisierten Ziele des Naturschutzes und der Landschaftspflege, insbesondere
    a) zur Vermeidung, Minderung oder Beseitigung von Beeinträchtigungen von Natur und Landschaft,
    b) zum Schutz bestimmter Teile von Natur und Landschaft im Sinne des Kapitels 4 sowie der Biotope, Lebensgemeinschaften und Lebensstätten der Tiere und Pflanzen wild lebender Arten,
    c) auf Flächen, die wegen ihres Zustands, ihrer Lage oder ihrer natürlichen Entwicklungsmöglichkeit für künftige Maßnahmen des Naturschutzes und der Landschaftspflege, insbesondere zur Kompensation von Eingriffen in Natur und Landschaft sowie zum Einsatz natur- und landschaftsbezogener Fördermittel besonders geeignet sind,
    d) zum Aufbau und Schutz eines Biotopverbunds, der Biotopvernetzung und des Netzes „Natura 2000",
    e) zum Schutz, zur Qualitätsverbesserung und zur Regeneration von Böden, Gewässern, Luft und Klima,
    f) zur Erhaltung und Entwicklung von Vielfalt, Eigenart und Schönheit sowie des Erholungswertes von Natur und Landschaft,
    g) zur Erhaltung und Entwicklung von Freiräumen im besiedelten und unbesiedelten Bereich.

[2]Auf die Verwertbarkeit der Darstellungen der Landschaftsplanung für die Raumordnungspläne und Bauleitpläne ist Rücksicht zu nehmen. [2]Das Bundesministerium für Umwelt, Naturschutz und Reaktorsicherheit wird ermächtigt, durch Rechtsverordnung mit Zustimmung des Bundesrates die für die Darstellung der Inhalte zu verwendenden Planzeichen zu regeln.

(4) [1]Die Landschaftsplanung ist fortzuschreiben, sobald und soweit dies im Hinblick auf Erfordernisse und Maßnahmen im Sinne des Absatzes 3 Satz 1 Nummer 4 erforderlich ist, insbesondere weil wesentliche Veränderungen von Natur und Landschaft im Planungsraum eingetreten, vorgesehen oder zu erwarten sind. [2]Die Fortschreibung kann als sachlicher oder räumlicher Teilplan erfolgen, sofern die Umstände, die die Fortschreibung begründen, sachlich oder räumlich begrenzt sind.

(5) [1]In Planungen und Verwaltungsverfahren sind die Inhalte der Landschaftsplanung zu berücksichtigen. [2]Insbesondere sind die Inhalte der Landschaftsplanung für die Beurteilung der Umweltverträglichkeit und der Verträglichkeit im

§ 9

Sinne des § 34 Absatz 1 dieses Gesetzes sowie bei der Aufstellung der Maßnahmenprogramme im Sinne des § 82 des Wasserhaushaltsgesetzes heranzuziehen. [3]Soweit den Inhalten der Landschaftsplanung in den Entscheidungen nicht Rechnung getragen werden kann, ist dies zu begründen.

Gliederung

		Rdnr.
I.	Allgemeines	1
II.	Aufgaben der Landschaftsplanung (Abs. 1)	2–8
1.	Zielkonkretisierung	3
2.	Planungsraum	4, 5
3.	Erfordernisse und Maßnahmen	6, 7
4.	Bezug zu anderen Planungen	8
III.	Inhalte der Landschaftsplanung (Abs. 2)	9–11
1.	Allgemeines	9
2.	Darstellung der Erfordernisse und Maßnahmen	10
3.	Planungsebenen	11
IV.	Katalog der Mindestinhalte (Abs. 3)	12–63
1.	Allgemeines	12
2.	Inhaltliche Angaben (Abs. 3 Satz 1)	13–58
	a) Zustand von Natur und Landschaft (Nr. 1)	17, 18
	b) Konkretisierte Ziele des Naturschutzes und der Landschaftspflege (Nr. 2)	19, 20
	c) Beurteilung des vorhandenen und zu erwartenden Zustands von Natur und Landschaft (Nr. 3)	21–23
	d) Erfordernisse und Maßnahmen (Nr. 4)	24–58
	aa) Beeinträchtigungen von Natur und Landschaft (Nr. 4 Lit. a)	26–28
	bb) Schutzgebiete, Biotope, Lebensgemeinschaften und Lebensstätten (Nr. 4 Lit. b)	29–32
	cc) Flächen für Naturschutzmaßnahmen, Kompensationsflächen, Einsatz von Fördermitteln (Nr. 4 Lit. c)	33–37
	dd) Aufbau und Schutz des Europäischen ökologischen Netzes „Natura 2000" (Nr. 4 Lit. d)	38–46
	ee) Schutz, Qualitätsverbesserung und Regeneration von Böden, Gewässern, Luft und Klima (Nr. 4 Lit. e)	47–53
	ff) Landschaftsbild und Erholung (Nr. 4 Lit. f)	54, 55
	gg) Erhaltung und Entwicklung von Freiräumen (Nr. 4 Lit. g)	56–58
3.	Verwertbarkeit der Darstellungen für die Raumordnung (Abs. 3 Satz 2)	59, 60
4.	Rechtsverordnungsermächtigung zur Vorgabe von Planzeichen (Abs. 3 Satz 3)	61–63
V.	Fortschreibung der Landschaftsplanung (Abs. 4)	64–70
1.	Fortschreibungspflicht bei Erforderlichkeit (Abs. 4 Satz 1)	64–68
2.	Fortschreibung in Teilen (Abs. 4 Satz 2)	69, 70
VI.	Berücksichtigung der Landschaftsplanung in Planungen und Verwaltungsverfahren (Abs. 5)	71–81
1.	Berücksichtigungspflicht (Abs. 5 Satz 1)	71
2.	Grundlage für umweltbezogene Prüfungen, Abs. 5 Satz 2	72–80
	a) Prüfung auf Umweltverträglichkeit	74, 75
	b) FFH-Verträglichkeitsprüfung	76
	c) Maßnahmenprogramme	77–80
3.	Begründungspflicht bei Nichtberücksichtigung, Abs. 5 Satz 3	81

I. Allgemeines

§ 9 greift § 13 Abs. 1 und § 14 BNatSchG 2002 auf und legt die Aufgaben 1
und Inhalte der Landschaftsplanung fest. Abs. 1 entspricht im Wesentlichen
§ 13 Abs. 1 BNatSchG 2002. Die Regelung bringt deutlicher als bisher zum
Ausdruck, dass es in der Landschaftsplanung zum einen um die Konkretisierung der Ziele von Naturschutz und Landschaftspflege und zum anderen
um die Planung und Darstellung von Erfordernissen und Maßnahmen des
Naturschutzes und der Landschaftspflege geht.[1] Die Abs. 2 und 3 gehen auf
§ 14 Abs. 1 Satz 1 und 2 BNatSchG 2002 zurück, wobei der Katalog der in
die Pläne aufzunehmenden Mindestinhalte (Abs. 3 Nr. 4) geringfügig erweitert wurde. Um die Lesbarkeit und Verwertbarkeit der Darstellungen der
Landschaftsplanungen zu verbessern, wurde zudem eine Ermächtigung in
Abs. 3 Satz 3 aufgenommen, wonach das Bundesministerium für Umwelt,
Naturschutz und Reaktorsicherheit durch den Erlass einer Rechtsverordnung mit Zustimmung des Bundesrates die für die Darstellung der Inhalte
zu verwendenden Planzeichen festlegen kann. Mit Abs. 4 wird die Fortschreibungspflicht für Landschaftspläne des bisherigen § 16 Abs. 1 Satz 2
BNatSchG a. F. auf alle Planungsebenen erweitert, da „es keine Rechtfertigung dafür gibt, davon in Bezug auf die übrigen Plankategorien abzusehen".[2] Abs. 5, der im Wesentlichen § 14 Abs. 2 BNatSchG a. F. entspricht,
enthält eine Berücksichtigungspflicht der Landschaftsplanung in Planungen
und Verwaltungsverfahren. Der ursprüngliche Gesetzentwurf sah darüber
hinaus in Abs. 6 eine Pflicht zur Strategischen Umweltprüfung bei Landschaftsrahmen- und Landschaftsplänen vor.[3] Auf Betreiben des Bundesrats[4]
wurde die SUP-Pflicht der Landschaftsplanung mit der Begründung gestrichen, dass die Landschaftsplanung lediglich positive Umweltauswirkungen
habe und schon deshalb keine Pflicht zur SUP notwendig sei.[5] Der Bundesgesetzgeber hat aber gleichzeitig in das UVPG einen neuen § 19a eingefügt;[6]
danach richtet sich bei der Landschaftsplanung die Erforderlichkeit und die
Durchführung einer SUP nach dem Landesrecht, womit das „Ob" einer SUP
in den Verantwortungsbereich der Länder übertragen wurde. Für das Modell der sog. Primärintegration (Integration der Landschaftsplanung in die
Bauleitplanung und die Regionalplanung) hat dies zur Folge, dass sich die
SUP damit auch auf die Landschaftsplanung als integrierten Teil dieser SUP-
pflichtigen Planwerke erstreckt.[7]

II. Aufgaben der Landschaftsplanung (Absatz 1)

Die in Abs. 1 genannten Aufgaben der Landschaftsplanung sind durch ihre 2
redundante Nennung in § 8 abweichungsfest vorgegeben.[8] Die Landschaftsplanung hat die Aufgabe, die Ziele des Naturschutzes und der Landschaftspflege für den jeweiligen Planungsraum zu konkretisieren. Sie stellt diejenigen Erfordernisse und Maßnahmen des Naturschutzes und der Landschafts-

---
1 BT-Drs. 16/12274, S. 54.
2 BT-Drs. 16/12274, S. 54.
3 Vgl. BT-Drs. 16/12274, S. 9.
4 BR-Drs. 278/09, Nr. 9.
5 BR-Drs. 594/09, Nr. 1 lit. g) bb).
6 Gesetz zur Neuregelung des Naturschutzes und der Landschaftspflege vom 29.7.2009, Art. 2 Nr. 2, BGBl I S. 2542.
7 *Egner,* in Egner/Fuchs, Naturschutz- und Wasserrecht 2009, § 9 BNatSchG 2009, Rdnr. 1.
8 Vgl. § 8 Rdnr. 5.

pflege konzeptionell und umsetzungsorientiert dar, die für eine langfristige und umfassende Erhaltung, Wiederherstellung und Neugestaltung von Natur und Landschaft notwendig sind, um einen funktionsfähigen Naturhaushalt sichern und die Erholungsvorsorge gewährleisten zu können.[9] Die Erfordernisse und Maßnahmen zur Verwirklichung dieser Ziele sind auch für die Planungen und Verwaltungsverfahren aufzuzeigen, deren Entscheidungen sich auf Natur und Landschaft im Planungsraum auswirken können. Damit richtet sich die Landschaftsplanung sowohl an Naturschutzverwaltungen und andere Fachverwaltungen mit Eignung zur Umsetzung von (Teil-)Zielen des Naturschutzes und der Landschaftspflege, als auch an Fachverwaltungen im Rahmen der Zulassung von umweltbeeinträchtigenden Vorhaben sowie an die Träger der Raumordnung und der Bauleitplanung.[10]

1. Zielkonkretisierung

3   Die in § 1 BNatSchG genannten allgemeinen Ziele des Naturschutzes und der Landschaftspflege bedürfen einer raumbezogenen Konkretisierung. Dies erfolgt bezogen auf den jeweiligen Planungsraum, wobei sich der Konkretisierungsgrad mit zunehmender Vergrößerung des Planungsmaßstabs erhöht. So findet auf der überörtlichen Ebene eine großräumige Konkretisierung der Naturschutzziele statt, während auf der örtlichen Ebene parzellenscharfe Aussagen möglich sind. Zielkonkretisierungen sind für alle in § 1 genannten Ziele zu formulieren, es sei denn, ein Ziel spielt in dem entsprechenden Planungsraum keine Rolle.

2. Planungsraum

4   Nach Abs. 1 soll die Landschaftsplanung für einen bestimmten Planungsraum erfolgen. Überörtlich geschieht dies für den Bereich eines Bundeslandes in Form des **Landschaftsprogramms** oder für Teile eines Bundeslandes in **Landschaftsrahmenplänen**, die örtlichen Erfordernisse und Maßnahmen finden in **Landschaftsplänen** und für Teile eines Gemeindegebiets in **Grünordnungsplänen** Berücksichtigung. Diese Planwerke dienen der Darstellung der landespflegerischen und naturschutzfachlichen Absichten und Maßnahmen und damit auch der flächendeckenden Berücksichtigung von ökologischen Zielen im Rahmen der räumlichen Planung. Die nun auf maximal vier Stufen angelegte Landschaftsplanung orientiert sich dabei an der räumlichen Gesamtplanung. Durch diese Angleichung soll sichergestellt werden, dass die Inhalte der Landschaftsplanung in Planungen und Verwaltungsverfahren eingehen.

5   Die Landschaftsplanung erfolgt auf der überörtlichen Ebene durch Landschaftsprogramme oder Landschaftsrahmenpläne, auf der örtlichen Ebene durch Landschaftspläne. Die in Abs. 3 aufgeführten Inhalte gelten für alle Planungsebenen. Damit soll gewährleistet werden, dass die Erfordernisse und Maßnahmen des Naturschutzes und der Landschaftspflege durchgängig dargestellt werden und von den nachgeordneten Planungsebenen berücksichtigt werden können.

---

9   Umweltministerium Baden-Württemberg, LANA-Beschluss: Mindestanforderungen an die örtliche Landschaftsplanung, 1995, S. 1.
10 *Bruns, Mengel, Weingarten*, Beiträge der flächendeckenden Landschaftsplanung zur Reduzierung der Flächeninanspruchnahme. Naturschutz und biologische Vielfalt 25, 2005, S. 60.

Landschaftsplanung im Verhältnis zur räumlichen Gesamtplanung*			
Planungsraum	Gesamtplanung	Landschaftsplanung	Planungsmaßstab Landschaftsplanung
Land	Landesraumordnungsprogramm	Landschaftsprogramm	1:500.000 bis 1:200.00
Region	Regionalplan	Landschaftsrahmenplan	1:50.000 bis 1:25.000
Gemeinde	Flächennutzungsplan	Landschaftsplan	1:10.000 bis 1:5.000
Teil des Gemeindegebiets	Bebauungsplan	Grünordnungsplan	1:2.500 bis 1:1.000

* *Kiemstedt*, Landschaftsplanung: Inhalte und Verfahrensweisen, BMU 1994, S. 7

3. Erfordernisse und Maßnahmen

In der Raumordnung sind unter dem Begriff „Erfordernisse" die Ziele, Grundsätze und sonstigen Erfordernisse der Raumordnung zu verstehen (§ 3 Nr. 1 ROG). In Anlehnung an diese Legaldefinition sind unter den **Erfordernissen** des Naturschutzes und der Landschaftspflege demnach alle Anforderungen zu verstehen, die Ziele darstellen oder die zur Verwirklichung dieser Ziele notwendig sind. Gegenüber der Gesamtplanung und anderen Fachplanungen kann die Landschaftsplanung nur Erfordernisse formulieren, die zur Verwirklichung der Ziele des Naturschutzes und der Landschaftspflege notwendig sind. Für die Fachplanungen des Naturschutzes werden aus den Erfordernissen die zur Erreichung der Ziele notwendigen **Maßnahmen** abgeleitet. Hierbei kann es sich um Schutzmaßnahmen (z.B. Unterschutzstellung von Gebieten, Biotop- und Artenschutzmaßnahmen), Maßnahmen zur Pflege, Entwicklung oder Wiederherstellung von Natur- und Landschaft aber auch um Infrastrukturmaßnahmen zur Sicherung oder Verbesserung der Erholung handeln.

Um die Erfordernisse und Maßnahmen benennen zu können, müssen Programme und Pläne auch gewisse inhaltliche Anforderungen erfüllen (Bestandsanalyse, Konkretisierung der in § 1 formulierten Ziele von Naturschutz und Landschaftspflege, Bewertung des Ist-Zustandes nach Maßgabe der konkretisierten Zielformulierung, Ableitung der zur Erreichung der formulierten Ziele notwendigen Erfordernisse und Maßnahmen).

4. Bezug zu anderen Planungen

Nach Abs. 1 hat die Landschaftsplanung auch Beiträge für die räumliche Gesamtplanung, für andere Fachplanungen oder Verwaltungsverfahren zu leisten und muss sich mit den Auswirkungen einschließlich der Konfliktsituationen der geplanten Nutzungen auseinandersetzen, sofern sie den Naturhaushalt oder das Landschaftsbild berühren können. Aufgabe der räumlichen Gesamtplanung ist es, sämtliche raumbedeutsamen Planungen und Maßnahmen zu koordinieren, gegeneinander abzuwägen und angemessen zu berücksichtigen. Die durch die Landschaftsplanung aufgestellten Fachpläne enthalten hierzu die aus Sicht des Naturschutzes notwendigen Anforderungen an den Planungsraum. Mit diesen Darstellungen steht auch für andere raumbedeutsame Fachplanungen oder Verwaltungsverfahren eine fachliche Grundlage zur Verfügung, die eine Berücksichtigung von Naturschutzbelangen erlauben bzw. eine Abwägung bei Nichtübereinstimmung der Planungsziele ermöglichen. Zunehmende Bedeutung gewinnt die Landschaftsplanung in Bezug auf die aus europäischem Gemeinschaftsrecht resultierenden Anforderungen an umweltrelevante Planungen (z.B. Wasserrahmenrichtlinie (WRRL),[11] Richtlinie über die Umweltverträglichkeitsprüfung bei bestimmten öffentlichen und privaten Projekten (UVP-RL),[12] Richtlinie über die Prüfung der Umweltauswirkungen bestimmter Pläne und Programme (SUP-RL)[13], Richtlinie zur Erhaltung der natürlichen Lebensräume sowie der wild lebenden Tiere und Pflanzen (FFH-RL).[14]

III. Inhalte der Landschaftsplanung (Absatz 2)

1. Allgemeines

9 Abs. 2 greift § 14 Abs. 1 Satz 1 BNatSchG 2002 auf und legt als Inhalte der Landschaftsplanung die Darstellung und die Begründung der konkretisierten Ziele des Naturschutzes und der Landschaftspflege und der ihrer Verwirklichung dienenden Erfordernisse und Maßnahmen fest. Konkretisiert wird die allgemeine Regelung des § 2 durch die inhaltlichen Vorgaben des Abs. 3.

2. Darstellung der Erfordernisse und Maßnahmen

10 Die **Darstellung** der Erfordernisse und Maßnahmen des Naturschutzes und der Landschaftspflege erfolgt in einem der jeweiligen Planungsstufe angepassten Detaillierungsgrad. Auf Grund der Regelungen in §§ 10 und 11 ergibt sich eine Pflicht zur flächendeckenden Darstellung, die bei Landschaftsplänen jedoch an die Erforderlichkeit geknüpft sind. Landschaftsprogramme, Landschaftsrahmenpläne und Landschaftspläne sind – unbeschadet ihrer Aufnahme in die Programme und Pläne der Raumordnung bzw. in die Bauleitpläne – vorab als eigenständiges, in sich geschlossenes Fachplanungswerk, bzw. als in sich geschlossene Fachbeiträge zu den genannten Programmen und Plänen, zu erstellen.[15] Neben der Darstellung ist auch eine **Begründung** erforderlich, die klarstellt, woraus sich die dargestellten Erfordernisse ableiten lassen, warum die festgelegten Maßnahmen durchzuführen sind und wie diese zur Erreichung der konkretisierten Ziele beitragen sollen.

3. Planungsebenen

11 Die Landschaftsplanung erfolgt auf der überörtlichen Ebene durch Landschaftsprogramme oder Landschaftsrahmenpläne, auf der örtlichen Ebene durch Landschaftspläne und Grünordnungspläne nach Maßgabe der §§ 10

---

11 Richtlinie 2000/60/EG des Europäischen Parlaments und des Rates vom 23.10.2000 zur Schaffung eines Ordnungsrahmens für Maßnahmen der Gemeinschaft im Bereich der Wasserpolitik – Wasser-Rahmen-Richtlinie – (ABl. Nr. L 327 vom 22.12.2000 S. 1), zuletzt geändert am 23.4.2009 (ABl. EG L 140 S. 114).
12 Richtlinie 85/337/EWG des Rates vom 27.6.1985 über die Umweltverträglichkeitsprüfung bei bestimmten öffentlichen und privaten Projekten (ABl. Nr. L 175 vom 5.7. 1985 S. 40); geändert durch RL 97/11/EG (ABl. Nr. L 73 vom 14.3.1997 S. 5).
13 Richtlinie 2001/42/EG des Europäischen Parlaments und des Rates vom 27. 6. 2001 über die Prüfung der Umweltauswirkungen bestimmter Pläne und Programme, (ABl. Nr. L 197 vom 21.7.2001 S. 30).
14 Richtlinie 92/43/EWG des Rates vom 21. Mai 1992 zur Erhaltung der natürlichen Lebensräume sowie der wild lebenden Tiere und Pflanzen (ABl. Nr. L 206 vom 22.7. 1992 S. 7) geändert durch 97/62/EG (ABl. Nr. L 305 vom 8.11. 1997 S. 42).
15 BT-Drs. 14, 6378 S. 44.

und 11.[16] Neu in das BNatSchG aufgenommen wurden die (in mehreren Landesnaturschutzgesetzen verankerten) Grünordnungspläne, welche diejenigen Erfordernisse und Maßnahmen für Naturschutz und Landschaftspflege enthalten, die in Bebauungsplänen zu berücksichtigen sind.

IV. Katalog der Mindestinhalte (Absatz 3)

1. Allgemeines

Die bislang in § 14 Abs. 1 Satz 2 BNatSchG 2002 vorgegebenen Mindestinhalte der Landschaftsplanung werden jetzt in Abs. 3 Satz 1 geregelt. Der Katalog der in die Pläne aufzunehmenden Angaben wurde gegenüber der Vorgängerregelung sprachlich präzisiert und um den Aspekt des Freiraumschutzes erweitert. Satz 3 enthält nun – auch vor dem Hintergrund der Erstellung digitaler Planwerke – eine Rechtsverordnungsermächtigung zur Festlegung einheitlicher Planzeichen.

2. Inhaltliche Angaben (Abs. 3 Satz 1)

Abs. 3 Satz 1 legt die Mindestinhalte der Planwerke fest. Es handelt sich hierbei um eine Soll-Vorschrift, die für die Länder im Regelfall verbindlich ist. Ein Abweichen ist nur in begründeten Ausnahmefällen zulässig, z.B. wenn einzelne in Nr. 4 lit. a–g aufgelistete Aspekte im Planungsraum keine Rolle spielen. Dem trägt auch § 11 Abs. 1 Satz 3 Rechnung, wonach von den Planinhalten des § 9 Abs. 3 auf der örtlichen Ebene nur diejenigen in das Planwerk Eingang finden müssen, die für die Darstellung der für diese Ebene konkretisierten Ziele, Erfordernisse und Maßnahmen erforderlich sind.

Die Vorgabe eines Katalogs von Mindestinhalten ist aus naturschutzfachlicher Sicht nötig, um ein Mindestmaß an Einheitlichkeit zu schaffen, welches für die Kompatibilität und ein effektives Ineinandergreifen der verschiedenen Instrumente und Ebenen der Landschaftsplanung innerhalb eines Landes erforderlich ist. Sie ist zudem geboten, um ein länderübergreifendes Mindestmaß an Einheitlichkeit zu schaffen, das im Hinblick auf die Transparenz und Akzeptanz hinsichtlich des wichtigsten planungsrechtlichen Instruments des Naturschutzes und der Landschaftspflege sowie insbesondere auch im länderübergreifenden Bereich zur Schaffung vergleichbarer und aufeinander abzustimmender Planungen erforderlich ist. Letzteres gilt vor allem auch mit Blick darauf, dass die Mehrzahl der Länder an mehrere andere Länder angrenzt und damit ohne Vorgabe eines bundesrechtlichen Mindestkatalogs zum Aufbau und zu den Inhalten der Pläne bei bis zu 16 unterschiedlichen Planungsmodellen Inkompatibilitäten und damit einhergehende Reibungsverluste vorprogrammiert wären.[17]

In der Vorgängerregelung des § 14 Abs. 1 Satz 2 BNatSchG a.F. hatten die Länder lediglich die Möglichkeit, einzelne Angaben inhaltlich zu ergänzen sowie weitere Inhaltsangaben festzulegen; einschränken konnten sie den Katalog verbindlicher Mindestinhalte jedoch nicht. Es stellt sich daher die Frage, ob bzw. inwieweit die Länder nun aufgrund ihrer Abweichungskompetenz die in Abs. 3 aufgezählten Inhalte einschränken können, da Abs. 3 selbst nicht abweichungsfest ausgestaltet wurde. Prinzipiell steht damit den Ländern das Recht zu, die Mindestinhalte abzuändern oder einzuschränken.

---

16 Vgl. § 10 Rdnr. 5 ff.; § 11 Rdnr. 23.
17 BT-Drs. 14/6378, S. 43.

In der Praxis dürften diesem Recht jedoch enge Grenzen gesetzt sein, denn der Bundesgesetzgeber hat in den Katalog vor allem diejenigen Inhalte aufgenommen, die zur Erreichung der in § 1 Abs. 1 abweichungsfest vorgegebenen Ziele unbedingt notwendig erscheinen. Einschränkungen, die sich negativ auf das Erreichen eines oder mehrerer dieser Ziele auswirken, sind daher nicht zulässig. Gleiches gilt für abweichende Regelungen, die die Anforderungen aus den Allgemeinen Grundsätzen von § 6 Abs. 1, § 13, § 20 und § 30 Abs. 1 nicht berücksichtigen. Ebenso entfaltet die abweichungsfeste Ausgestaltung der Landschaftsplanung in § 8 hier eine gewisse Bindungswirkung der Länder an die in Abs. 3 genannten Mindestinhalte, denn eine „Ausdünnung" der Planinhalte darf nicht zu einer Infragestellung der Landschaftsplanung führen.

16 Die Landschaftsplanung hat inhaltlich alle Schutzgüter in ihrem komplexen Zusammenhang zu ermitteln, zu beschreiben und zu bewerten. Die Reihenfolge der Nrn. 1–4 entspricht der Vorgehensweise bei der Planerstellung: Zunächst erfolgt eine Zustandsanalyse (Nr. 1), die als Basis für die Formulierung von konkretisierten Zielen und Grundsätzen dient (Nr. 2). Nach Maßgabe dieser Ziele und Grundsätze erfolgt dann eine Zustandsbewertung (Nr. 3) und schließlich die Ableitung von Erfordernissen und Maßnahmen (Nr. 4), welche zur Verwirklichung der konkretisierten Ziele und Grundsätze nötig sind. Der Detaillierungsgrad der Darstellungen ist je nach Planungsebene unterschiedlich: während die überörtlichen Planwerke programmatische und großräumige Aussagen treffen, kann bei der örtlichen Landschaftsplanung eine parzellengenaue Darstellung erfolgen.

17 a) **Zustand von Natur und Landschaft (Nr. 1).** In den Plänen sind der vorhandene und der zu erwartende Zustand von Natur und Landschaft darzustellen. Jede Planung setzt zunächst einmal eine Kenntnis über die Ausgangssituation voraus, daher muss die Grundlage aller weiteren Schritte in der Landschaftsplanung eine **Bestandsaufnahme** zur Ermittlung des **vorhandenen Zustands** von Natur und Landschaft sein. Hierzu müssen alle planungsrelevanten Daten in aussagekräftiger Qualität und Quantität erfasst werden. Die Erhebung erfolgt schutzgutbezogen, sie umfasst Arten und Lebensgemeinschaften, Boden, Wasser, Klima, Luft sowie das Landschaftsbild. Dabei ist – auch im Hinblick auf Abs. 5 – insbesondere darauf abzustellen, welche Funktionen von besonderer Bedeutung die einzelnen Schutzgüter im Planungsraum vorhanden sind. Eine Übersicht hierzu gibt § 15, Rdnr. 152 ff. Bei der Darstellung der Natur im Planungsraum (Boden, Wasser, Klima, Luft, Tier- und Pflanzenwelt) werden deren Wertigkeit, Empfindlichkeit und nötiger Schutzbedürftigkeit behandelt.

18 Neben dem vorhandenen ist auch der **zu erwartende Zustand** von Natur und Landschaft im jeweiligen Planungsraum darzustellen. Diese Prognose über die weitere Entwicklung von Natur und Landschaft berücksichtigt dabei alle absehbaren Zustandsveränderungen, die sich auf Grund von bereits vorhandenen oder durch absehbare Raumnutzungen bzw. durch geplante Vorhaben oder Maßnahmen ergeben können.

19 b) **Konkretisierte Ziele des Naturschutzes und der Landschaftspflege (Nr. 2).** Die in § 1 allgemein formulierten Ziele des Naturschutzes und der Landschaftspflege bedürfen in den Plänen einer planungsraumbezogenen Konkretisierung. An die Zustandsermittlung und auf Basis derselben schließt sich daher als nächster Schritt die Erarbeitung einer konkreten Zielsetzung für das Planungsgebiet an. Dabei gilt es, nicht nur einzelne Planungsziele, sondern eine in sich schlüssige Zielkonzeption zu erarbeiten;

eine bloße Aufzählung von Zielen (oder sogar unmittelbar von Maßnahmen) reicht somit nicht aus.[18] Die Konkretisierung erfolgt i.d.R. über die Erstellung eines Leitbildes, welches das Entwicklungsziel von Natur und Landschaft im jeweiligen Planungsraum bestimmt und über die Formulierung von handlungsorientierten Leitlinien, mit Hilfe derer das Leitbild verwirklicht werden soll. Dabei sind auch die Zielsetzungen übergeordneter Planungsebenen zu berücksichtigen. Zur weiteren räumlichen, sachlichen und zeitlichen Konkretisierung der Leitbilder und Leitlinien bietet sich die Definition von Umweltqualitätszielen an.

Die Konkretisierung der Ziele und Grundsätze für die jeweilige Planungsebene ist Voraussetzung für die sich anschließende Beurteilung des Zustands von Natur und Landschaft (Nr. 3) und für die daraus abzuleitenden Erfordernisse und Maßnahmen (Nr. 4), sowie für die Bewältigung der Folgen von Eingriffen in Natur und Landschaft.

c) Beurteilung des vorhandenen und zu erwartenden Zustands von Natur und Landschaft (Nr. 3). Die Beurteilung des Zustands von Natur und Landschaft erfolgt anhand der für den entsprechenden Planungsraum konkretisierten Ziele. Dabei wird der bestehende bzw. prognostizierte mit dem angestrebten Zustand verglichen. Aus der Differenz zwischen Ist- und Soll-Wert ergibt sich der Handlungsbedarf (Kenntnis des Zielerreichungsgrads).

Die Beurteilung hat auch auf die sich aus der Zielkonkretisierung ergebenden internen Konflikte einzugehen, d.h. es muss ein **innerfachlicher Abgleich zwischen den verschiedenen Anforderungen des Naturschutzes** erfolgen. Konkurrieren gegenläufige Belange, z.B. die des Arten- und Biotopschutzes mit denen der Erholungsfunktion von Natur und Landschaft, so ist es Aufgabe der Landschaftsplanung abzuwägen, welches das vorrangige Ziel darstellt. Insgesamt sollen durch diesen innerfachlichen Abgleich die unterschiedlichen Ziele von Naturschutz und Landschaftspflege im Raum ausgewogen Berücksichtigung finden.

Neben der Abwägung interner Zielkonflikte muss sich die Landschaftsplanung aber auch mit den zu erwartenden Konflikten zwischen den Zielen von Naturschutz und Landschaftspflege und denen anderer Fachplanungen auseinandersetzen. Aufgabe der Landschaftsplanung ist es dabei, die bestehenden oder potenziellen Auswirkungen anderer Nutzungsansprüche auf Natur und Landschaft darzustellen und so Abwägungsmaterial für raumbedeutsame Entscheidungen (z.B. im Rahmen der räumlichen Gesamtplanung) bereitzustellen. Innerhalb der Landschaftsplanung selbst erfolgt noch keine Abwägung mit anderen raumbedeutsamen Planungen.

d) Erfordernisse und Maßnahmen (Nr. 4). Aus der zielbezogenen Beurteilung des Zustandes von Natur und Landschaft werden im letzten Planungsschritt die zur Verwirklichung der konkretisierten Ziele notwendigen Erfordernisse und Maßnahmen abgeleitet. Dabei gibt der Katalog unter Lit. a–g die Bereiche an, zu denen landschaftsplanerische Aussagen unverzichtbar sind.

Die Darstellungen sind nicht auf Maßnahmen im Aufgabenbereich der für Naturschutz und Landschaftspflege zuständigen Behörden (etwa auf die Darstellung von Flächen, die als Naturschutzgebiete auszuweisen sind) beschränkt. Der Plan hat auch die aus der Sicht des Naturschutzes und der

---

18 *Lange* in: Riedel/Lange: Landschaftsplanung, 2002, S. 112.

Landschaftspflege vorzuschlagenden Erfordernisse und Maßnahmen darzustellen, die im Aufgabenbereich anderer Behörden und öffentlicher Stellen in deren eigener Verantwortung zu treffen sind, z.B. eine aus Naturschutzgründen notwendige Freihaltung sensibler Zonen von belastenden infrastrukturellen Maßnahmen. Dabei zeigen die landschaftsplanerischen Erfordernisse auch auf, worauf sich die Unterstützungspflichten anderer öffentlicher Aufgabenträger im Sinne des § 2 Abs. 2 richten.[19]

26 aa) **Beeinträchtigungen von Natur und Landschaft (Nr. 4 Lit. a).** Die im Hinblick auf die konkretisierten Ziele erfolgte Zustandsbeurteilung von Natur und Landschaft legt dar, welche Beeinträchtigungen bereits bestehen und welche durch Raumnutzungen und Projekte auftreten können. Die Landschaftsplanung hat dabei einerseits Umweltvorsorge zu leisten, indem sie zukünftige Beeinträchtigungen vermeiden oder zumindest mindern soll und sie hat andererseits auch die Aufgabe, die Erfordernisse und Maßnahmen zur Beseitigung oder Minimierung bereits vorhandener Schäden darzustellen.

27 Eine **Vermeidung** von Beeinträchtigungen ist insbesondere erforderlich, wenn diese mit einer nachhaltigen Schädigung des Naturhaushalt oder des Landschaftsbilds verbunden sind. Zu vermeiden sind z.B. die sozioökonomische Inanspruchnahme sensibler Zonen, die Zerstörung oder Beschädigung nicht wiederherstellbarer Biotope oder die Zerstörung von Lebensräumen besonders geschützter und streng geschützter Arten. Durch die **Minderung** von Beeinträchtigungen von Natur und Landschaft wird eine Steigerung der Leistungs- und Funktionsfähigkeit des Naturhaushalts oder die Verbesserung des Landschaftsbilds erreicht. Für Schutzgebiete kann dies z.B. durch die Einrichtung von Pufferzonen erfolgen, für das Landschaftsbild durch die Schaffung von Landschaftselementen, welche die Vielfalt, Eigenart oder Schönheit einer Landschaft erhöhen. Eine **Beseitigung** von Beeinträchtigungen stellt z.B. die Entsiegelung von Flächen, die Sanierung schadstoffangereicherter Böden bzw. nährstoffüberfrachteter Seen oder die Wiederherstellung von Biotopen dar.

28 Die Landschaftsplanung gibt damit für den gesamten Planungsraum einen Überblick über die Notwendigkeit allgemeiner Schutz-, Pflege- und Entwicklungsmaßnahmen. Indem sie Aussagen zur Empfindlichkeit, zur Schutzwürdigkeit sowie zur Aufwertungsfähigkeit und -bedürftigkeit von Flächen trifft, eignet sich die Landschaftsplanung auch zur frühzeitigen Beurteilung, ob ein geplanter Eingriff bei der Abwägung aller Anforderungen an Natur und Landschaft den Belangen des Naturschutzes und der Landschaftspflege im Range vorgeht. Ebenso lässt sich auf der Grundlage von landschaftsplanerischen Flächenbewertungen eine erste Abschätzung von im Rahmen der Eingriffsregelung notwendig werdenden Ausgleichs- oder Ersatzmaßnahmen durchführen. Schutzgutbezogene Aussagen über Maßnahmen zur Aufwertung von Flächen erleichtern zudem die Auswahl von Kompensationsflächen, die sich für den Ausgleich oder den Ersatz der eingriffsbedingten Beeinträchtigung eignen (vgl. § 15 Rdnr. 42 f.). Die hier getroffenen allgemeinen Aussagen fließen in die unter Lit. b–g zu treffenden Aussagen ein.

29 bb) **Schutzgebiete, Biotope, Lebensgemeinschaften und Lebensstätten (Nr. 4 Lit. b).** Nr. 4 lit. b übernimmt im Wesentlichen den bisherigen § 14 Abs. 1 Nr. 4 Lit. b BNatSchG 2002 und passt ihn an neue Definitionen des

---

19 Vgl. BT-Drs. 14/6378, S. 45.

BNatSchG an. So kann auf die Nennung von Pflege und Entwicklung verzichtet werden, da sie im Oberbegriff „Schutz" eingeschlossen sind (vgl. § 1 Rdnr. 20). Da die Lebensstätten nicht mehr in der geänderten Biotopdefinition in § 7 Abs. 2 Nr. 4 enthalten sind, werden sie nun explizit genannt. Am Regelungsumfang ändert sich nichts.

Nach Nr. 4 Lit. b hat die Landschaftsplanung die notwendigen Erfordernisse und Maßnahmen zum Schutz bestimmter Teile von Natur und Landschaft im Sinne des Abschnitts 4 sowie der Biotope, Lebensgemeinschaften und Lebensstätten der Tiere und Pflanzen wild lebender Arten darzustellen. 30

Neben der Darstellung der zum Schutz der bestehenden Schutzgebiete und -objekte (einschließlich der nach § 30 gesetzlich geschützten Biotope und der nach § 21 Abs. 5 zu erhaltenden Gewässer, Randstreifen, Uferzonen und Auen) ist es auch die Aufgabe der Landschaftsplanung die Ausweisung von schutzwürdigen Lebensräumen mit landesweit, regional oder örtlich bedeutsamen Arten und Lebensgemeinschaften inhaltlich und konzeptionell vorzubereiten. Auch sonstige Flächen mit besonderer Bedeutung für gefährdete Arten oder Lebensgemeinschaften sind darzustellen. 31

Um die Erfordernisse und Maßnahmen für den Arten- und Biotopschutz benennen zu können, muss die Landschaftsanalyse aussagekräftige Daten zu Fauna, Flora und Biotopen enthalten. Es sind insbesondere die aus Sicht des Naturschutzes seltenen, gefährdeten oder aus anderen Gründen wertvollen Arten und Biotope zu erfassen und Maßnahmenkonzepte zu entwickeln. Die Erhebung faunistischer Daten beschränkt sich dabei auf ausgewählte Tierartengruppen, da eine Gesamterfassung der Fauna auf Grund der großen Anzahl an Tierarten und des hohen Erfassungsaufwandes nicht möglich ist. Die Aussagekraft der Daten hängt von der Auswahl geeigneter Arten/Artengruppen ab. Kriterien für die Auswahl der Arten/Artengruppen bilden zum einen Artenschutzerfordernisse (z.B. Erhalt gefährdeter Arten/Populationen), zum anderen die Eignung zur Darstellung der planungsrelevanten tierökologischen Raumbeziehungen. Bei Tierarten, die wie Fledermäuse oder Amphibien in verschiedenen Teillebensräumen vorkommen, sind die Erfordernisse und Maßnahmen für alle Teilhabitate sowie für die dazwischen liegenden Räume zu formulieren. Von Bedeutung sind auch die Vorkommen besonders geschützter (§ 7 Abs. 2 Nr. 13) oder streng geschützter Arten (§ 7 Abs. 2 Nr. 14). Eine Kennzeichnung ihrer Lebensräume bereits in der überörtlichen Landschaftsplanung ermöglicht eine Berücksichtigung der Artenschutzbelange auch in nachfolgenden Planungen. Maßnahmen zur ökologischen Aufwertung belasteter oder entwicklungsbedürftiger Lebensräume können z.B. durch Ausgleichs- oder Ersatzmaßnahmen umgesetzt werden. 32

cc) Flächen für Naturschutzmaßnahmen, Kompensationsflächen, Einsatz von Fördermitteln (Nr. 4 Lit. c). Nr. 4 Lit. c beschränkt sich nunmehr auf die für künftige Maßnahmen des Naturschutzes und der Landschaftspflege geeigneten Flächen, während der Biotopverbund, der ebenfalls in dem bisherigen § 14 Abs. 1 Nr. 4 Lit. c enthalten waren, nunmehr aus systematischen Gründen zu Lit. d gestellt wurden.[20] Besonderes Augenmerk wird nun auf mögliche Kompensationsflächen sowie auf den Einsatz natur- und landschaftsbezogener Fördermittel gelegt. 33

---

20 BT-Drs. 16/12274, S. 54.

34 In Nr. 4 lit. c wird die besondere Bedeutung der Landschaftsplanung für die Schaffung von gebotenen Maßnahmen zur Flächenaufwertung hervorgehoben. Daher sollen die Pläne Angaben über die „Erfordernisse und Maßnahmen auf Flächen, die wegen ihres Zustands, ihrer Lage oder ihrer natürlichen Entwicklungsmöglichkeiten für künftige Maßnahmen des Naturschutzes und der Landschaftspflege besonders geeignet sind" enthalten. Denn eine Verwirklichung der Ziele und Grundsätze des Naturschutzes und der Landschaftspflege ist nicht allein durch das Instrument des Gebiets- und Objektschutzes zu erreichen, sondern muss sich auch auf weitere geeignete Flächen außerhalb der Schutzgebiete erstrecken. Flächen, die sich für Naturschutzmaßnahmen besonders eignen, werden in der naturschutzfachlichen Literatur als „Vorrangflächen für den Naturschutz" bezeichnet. Dieser Terminus ist unglücklich gewählt, weil es dabei eine Verwechslungsgefahr mit den im ROG benannten Vorranggebieten (vgl. § 10 Rdnr. 32) besteht. Beide Begriffe sind jedoch nicht identisch. Die Auswahl geeigneter Gebiete erfolgt nach naturschutzfachlichen Kriterien, mit dem Ziel, die auf der jeweiligen Planungsebene bedeutsamen Gebiete zur langfristigen Sicherung der Arten- und Lebensraumdiversität und der Funktionen des Naturhaushalts festzulegen.[21]

35 § 16 ermöglicht die Bevorratung von Kompensationsflächen (Flächenpool, Ökokonto und vergleichbare Maßnahmen). Sollen Flächen, die für Maßnahmen des Naturschutzes und der Landschaftspflege geeignet sind, aufgewertet werden, um zu erwartende Eingriffe zu kompensieren, so ist – auch um den funktionellen Zusammenhang zwischen Beeinträchtigung und Kompensation herzustellen – hierfür ein fachliches, flächenbezogenes Konzept notwendig, zu dessen Erstellung sich die Landschaftsplanung sowohl auf regionaler als auch auf kommunaler Ebene anbietet.

36 Die Darstellung von Flächen, die für den Einsatz natur- und landschaftsbezogener Fördermittel (Vertragsnaturschutz, Einsatz von Förderprogrammen Agrarnaturschutz) infrage kommen, trägt dem Bedürfnis nach Schaffung einer Angebotsplanung für den Einsatz dieser Fördermittel Rechnung.[22] Aussagen zur flächen- oder standortspezifischen Verwendung von Fördergeldern, insbesondere für Agrarumweltmaßnahmen ermöglichen eine optimierte Verknüpfung der Förder- und Naturschutzpolitik, was angesichts der zunehmenden Herausforderungen in den Handlungsfeldern von Naturschutz und Landschaftspflege einerseits und den begrenzten Ressourcen der öffentlichen Haushalte andererseits, immer wichtiger wird.[23] Die Förderung kann sich auf Flächen konzentrieren, für die ein Handlungsbedarf bzw. eine hohe Effektivität bestimmter Maßnahmen festgestellt wurde.[24]

37 Neben den in Nr. 4 lit. c genannten Bereichen der Kompensation und des Fördermitteleinsatzes ist die Darstellung von Flächen, die sich zukünftig für Naturschutzmaßnahmen eignen, auch erforderlich, um Lücken im bestehenden Schutzgebietssystem respektive im Biotopverbundsystem zu schließen (vgl. lit. b und d).

---

21 *Finck*, Schr.-R. d. Deutschen Rates für Landespflege 2002, Heft 73: 34, 38.
22 BT-Drs. 16/12274, S. 54.
23 SRU, Umweltgutachten 2008, Tz. 443.
24 Bundesamt für Naturschutz, Landschaftsplanung – Grundlage vorsorgenden Handelns, S. 4.

dd) Aufbau und Schutz des Europäischen ökologischen Netzes „Natura 2000" (Nr. 4 Lit. d). In Nr. 4 Lit. d wurden die Regelungen zu Natura 2000 aus § 14 Abs. 1 Nr. 4d BNatSchG a.F.), zum Biotopverbund (vormals in § 14 Abs. 1 Nr. 4c BNatSchG a.F.) sowie zur Biotopvernetzung zusammengefasst, da sie in engem Bezug zueinander stehen. **38**

Die FFH-Richtlinie und die darauf beruhenden Regelungen der §§ 31 ff. BNatSchG streben den Aufbau und den Schutz des Europäischen ökologischen Netzes „**Natura 2000**" an. Dazu sind einerseits entsprechende „FFH-Gebiete" und Vogelschutzgebiete zu sichern und an die EU zu melden, andererseits haben sich die Mitgliedsstaaten auch verpflichtet (Art. 10 FFH-RL), die ökologische Kohärenz von Natura 2000 durch Landschaftselemente, die aufgrund ihrer linearen, fortlaufenden Struktur (z.B. Fließgewässer mit ihren Ufern oder Feldraine) oder ihrer Vernetzungsfunktion (z.B. Gehölze) für die Wanderung, die geographische Verbreitung und den genetischen Austausch wild lebender Arten wesentlich sind, zu fördern. Hierzu sind auch der Aufbau eines Biotopverbunds und die Förderung der Biotopvernetzung notwendig. **39**

Die Aufgabe der Landschaftsplanung ist es, die Schutzgebiete sowie weitere Flächen und Strukturen, die für Natura 2000 von Bedeutung sind, in den Programmen oder Plänen darzustellen. Dabei ist insbesondere die geforderte Kohärenz des Schutzgebietssystems nur durch eine raumbezogene Planung zu gewährleisten. Hierzu zählt, dass erstens die ausgewiesenen Lebensräume selbst eine entsprechende Mindestgröße, Habitatqualität und räumliche Dichte aufweisen müssen, um einen langfristigen Erhalt der wild lebenden Pflanzen und Tiere sichern zu können und dass zweitens diese Gebiete durch entsprechende Vernetzungsstrukturen miteinander zu verbinden sind. **40**

Die Landschaftsplanung ist auch das geeignete Mittel, um die sich insbesondere aus Artikel 6 Abs. 1 und 2, auch i.V.m. Artikel 4 Abs. 5 und Artikel 7 der FFH-Richtlinie ergebenden Verpflichtungen zu erfüllen[25]. Dies bedeutet, dass für die Natura 2000-Gebiete Erhaltungsmaßnahmen festzulegen sind (z.B. in Form von Entwicklungsplänen, Art. 6 Abs. 1 FFH-RL) und dass mit Hilfe geeigneter Maßnahmen in den besonderen Schutzgebieten die Verschlechterung der natürlichen Lebensräume und der Habitate der Arten sowie Störungen von Arten, für die die Gebiete ausgewiesen worden sind, zu vermeiden ist (Art. 6 Abs. 2 FFH-RL). Zur Sicherung der Gebietsqualität sind ggf. auch Erfordernisse und Maßnahmen für den Umgebungsschutz von Natura 2000-Gebieten darzustellen. **41**

Des Weiteren bilden die Aussagen der Landschaftsplanung die Grundlage für eine Beurteilung von Beeinträchtigungen im Rahmen der Verträglichkeitsprüfung nach § 34 BNatSchG. Wird ein Schutzgebiet durch Pläne oder Projekte (Art. 6 Abs. 3 FFH-RL) beeinträchtigt, so sind nach § 34 Abs. 5 die zur Sicherung des Zusammenhangs des Europäischen ökologischen Netzes „Natura 2000" notwendigen Maßnahmen vorzusehen. In Landschaftsplänen können geeignete Gebiete für derartige Maßnahmen dargestellt und zudem mit anderen Ausgleichs- und Ersatzmaßnahmen räumlich koordiniert werden. **42**

Ein wichtiges Element zur Verbesserung der Durchlässigkeit der Landschaft für Tier- und Pflanzenarten stellt der **Biotopverbund** dar, der in § 21 gere- **43**

---

25 BT-Drs. 14/6378, S. 45.

gelt ist. Seine Einrichtung auf mindestens 10 % der Landesfläche wird durch § 20 Abs. 1 vorgegeben. Ein funktionsfähiger Biotopverbund schafft eine räumliche und funktionale Vernetzung von Lebensräumen, die das Überleben der dort vorhandenen Tiere und Pflanzen sowie ihrer Lebensgemeinschaften gewährleisten soll. Die Landschaftsplanung soll daher auch Angaben über die für einen Biotopverbund geeigneten Flächen enthalten.

44 Da die den Biotopverbund aufbauenden Kernflächen, Verbindungsflächen und Verbindungselemente hinsichtlich ihrer Größe und ihrer Anordnung bestimmte Voraussetzungen erfüllen müssen (vgl. § 20 Rdnr. 15), setzt dies eine entsprechende Biotopverbundplanung voraus. Aufgrund der komplexen fachlichen Anforderungen, die an die Planung eines Biotopverbunds zu knüpfen sind, erfolgt zunächst eine eigenständige, informelle Biotopverbundplanung, die erst in einem zweiten Schritt in die Landschaftsplanung integriert wird. Dies hat den Vorteil, dass dabei nur die Erfordernisse und Maßnahmen des Biotopverbunds dargestellt werden und insbesondere auch Aussagen zu den bedeutsamen Zerschneidungs- und Konfliktpunkten bei der Realisierung des Biotopverbunds benannt werden können. Erfolgt die Planung im Rahmen der Landschaftsplanung, besteht zudem die Gefahr, dass die Belange des Biotopverbundes schon auf der Stufe der Planung abgeschwächt und von anderen Naturschutzbelangen verdrängt werden.[26]

45 Dabei sind im Landschaftsprogramm die Landschaftsräume und Gebiete zu benennen, die für einen Biotopverbund von überregionaler Bedeutung sind; hierzu zählen naturraumtypische Komplexlandschaften aus Natur- und Kulturbiotopen und überregionale bedeutsame Tierwanderwege und Bewegungsachsen. Der Landschaftsrahmenplan weist die Gebiete von überörtlicher Bedeutung aus, d.h. Schwerpunktbereiche, regional bedeutsame Verbundachsen mit großflächigen naturbetonten Biotop(komplex)en sowie Übergangs- und Verbundzonen mit umweltschonend genutzten, strukturreichen Landschaftsausschnitten. Der Landschaftsplan als Instrument der örtlichen Landschaftsplanung erfasst die Flächen und Strukturen, die für einen Biotopverbund von lokaler Bedeutung sind, d.h. insbesondere auch Trittsteinbiotope sowie punktuelle und lineare Strukturen, die zu einer lokalen Vernetzung der Biotopverbund-Flächen benötigt werden.

46 Die Elemente der **Biotopvernetzung** dienen vornehmlich der kleinräumigen Vernetzung der in der Kulturlandschaft vorhandenen Biotope und damit der Förderung der kulturlandschaftstypischen Flora und Fauna.[27] Gemäß § 21 Abs. 6 BNatSchG sind die zur Vernetzung von Biotopen erforderlichen linearen und punktförmigen Elemente, insbesondere Hecken und Feldraine sowie Trittsteinbiotope, zu erhalten und dort, wo sie nicht in ausreichendem Maße vorhanden sind, zu schaffen. Ob in einem Agrarlandschaftsraum genügend Vernetzungselemente vorhanden sind, erfolgt über die Ermittlung der erforderlichen regionalen Mindestdichte.[28] Mit der Aufnahme der Biotopvernetzung in Nr. 4 Lit. d wird der Regelung zur Biotopvernetzung in § 21 Absatz 6 ein Planungsinstrument zur Seite gestellt, mit dem unter Berücksichtigung der räumlich regionalisierten Ziele des Naturschutzes und

---

26 *Bottin*, Die Einrichtung von Biotopverbundsystemen nach den Vorgaben des internationalen, europäischen und bundesdeutschen Naturschutzrechts, 2005, S. 279.
27 *Burkhardt* et al., Empfehlungen zur Umsetzung des § 3 BNatSchG „Biotopverbund". Naturschutz und Biologische Vielfalt Bd. 2, S. 21.
28 Vgl. *Müller* et al., Ermittlung der regionalen Mindestdichten von zur Vernetzung erforderlichen linearen und punktförmigen Elementen nach § 5 (3) BNatSchG. Natur und Landschaft 2008, 356-364.

der Landschaftspflege und in Kenntnis der regionalen Landschafts- und Landwirtschaftsstrukturen die erforderlichen Vernetzungsstrukturen für Biotope und gegebenenfalls Erfordernisse und Maßnahmen zu ihrem Aufbau planerisch und damit räumlich konkret dargestellt werden können."[29]

ee) Schutz, Qualitätsverbesserung und Regeneration von Böden, Gewässern, Luft und Klima (Nr. 4 Lit. e). Neben dem Arten- und Biotopschutz soll auch der Schutz der übrigen Naturgüter Berücksichtigung finden. Entsprechend legt Nummer 4 Lit. e fest, dass die Landschaftsplanung Aussagen über die Erfordernisse und Maßnahmen zur Sicherung und Regeneration der abiotischen Naturgüter zu treffen hat.

Der **Boden** erfüllt zahlreiche Funktionen (vgl. § 2 BBodSchG). In der Landschaftsplanung sind vor allem die natürlichen Funktionen (Bedeutung als Lebensraum für Menschen, Tiere, Pflanzen und Bodenorganismen, als Bestandteil des Naturhaushalts, insbesondere mit seinen Wasser- und Nährstoffkreisläufen, als Abbau-, Ausgleichs- und Aufbaumedium für stoffliche Einwirkungen auf Grund der Filter-, Puffer- und Stoffumwandlungseigenschaften, insbesondere auch zum Schutz des Grundwassers), die Archivfunktion des Bodens für Natur- und Kulturgeschichte sowie einzelne Nutzungsfunktionen (Rohstofflagerstätte, Erholung, land- und forstwirtschaftliche Nutzung) zu berücksichtigen. Darzustellen sind sowohl solche Bereiche, die die o.g. schutzwürdigen Bodenfunktionen aufweisen als auch Flächen mit schutzwürdigen Bodenausprägungen (z.B. Böden mit hoher natürlicher Fruchtbarkeit, regional und lokal seltene Böden, nährstoffarme Böden oder kulturhistorisch bzw. naturgeschichtlich bedeutsame Böden) und die zu ihrem Erhalt notwendigen Maßnahmen. Darzustellen sind des weiteren Bereiche mit empfindlichen, beeinträchtigten und belasteten Böden einschließlich der beeinträchtigenden Faktoren (z.B. Schadstoffeinträge, Erosion). Erfordernisse und Maßnahmen zur Verhinderung von Schadstoffeinträgen, Wind- und Wassererosion sowie zur Einschränkung von Bodenverbrauch und -versiegelung sind zu benennen. Zur Regeneration von Böden können Bodensanierungsmaßnahmen erforderlich sein. Zu beachten ist auch die Bedeutung des Bodens für den Wasserhaushalt.

Der Begriff **Gewässer** umfasst neben den Oberflächengewässern auch das Grundwasser und die Höhlengewässer. Die Landschaftsplanung hat die Erfordernisse und Maßnahmen zum Erhalt und zur Verbesserung der Qualität folgender Gewässer darzustellen: naturnahe stehende Gewässer, naturnahe Fließgewässer einschließlich ihrer Auenbereiche und Retentionsflächen, Bereiche mit hohem natürlichen Grundwasserstand, Bereiche mit hoher Grundwasserneubildungsrate, Bereiche mit besonderer Bedeutung für Wasser- und Stoffretention. Beeinträchtigungen der Grundwasserneubildung und der Grundwasserqualität, sowie der Selbstreinigungsfähigkeit und der Abflussregulation von Oberflächengewässern, sind zu reduzieren und zu vermeiden. Für beeinträchtigte Gewässer- und Uferbereiche (einschließlich verrohrter Abschnitte und beeinträchtigter Abflussverhältnisse) sowie für Gebiete mit Beeinträchtigungen und Gefährdungen des Wasserhaushalts durch stoffliche Belastungen, Versiegelung, Grundwasserfreilegung und Grundwasserentnahme sind die notwendigen Verbesserungs- und ggf. Regenerierungsmaßnahmen vorzusehen.

Bezogen auf die Naturhaushaltsbestandteile **Luft** und **Klima** sind Aussagen über den Erhalt und die Qualitätsverbesserung der für den Luftaustausch

---

[29] BT-Drs. 16/12274, S. 54f.

und die Kaltluftentstehung bedeutsamen Flächen sowie der bioklimatisch/lufthygienisch bzw. durch Lärm besonders belasteten oder gefährdeten Gebiete zu treffen. Vor dem Hintergrund zunehmend steigender Sommertemperaturen kommt der örtlichen Landschaftsplanung auch die Aufgabe zu, die Erfordernisse und Maßnahmen darzustellen, die zur Verbesserung des Stadtklimas beitragen können.

51 Mit dem Klimawandel kommen auf die Landschaftsplanung neue Herausforderungen zu, da das Klima nicht mehr wie bisher ein relativ statischer Faktor ist, sondern einer stetigen (und derzeit immer schneller werdenden) Veränderung unterliegt. Zur Abmilderung der Folgen des Klimawandels auf Natur und Landschaft muss die Umsetzung naturschutzfachlicher Anpassungsstrategien im Raum erfolgen. Es ist daher zukünftig eine zentrale Aufgabe der Landschaftsplanung, die Erfordernisse und Maßnahmen zur Anpassung an den Klimawandel darzustellen. Dabei sollte sich insbesondere um ein proaktives Handeln bemüht werden, um so den Auswirkungen frühzeitig entgegenwirken zu können. Erforderlich ist auch der Wandel zu einer ergebnisoffenen Planung, die ein flexibles Reagieren auf sich wandelnde Umstände erlaubt.[30] Bei der Erstellung der Planwerke sind sowohl die Folgewirkungen des Klimawandels auf die Schutzgüter, als auch die möglichen positiven Effekte eines Schutzguts auf das Klima in die Betrachtungen einzubeziehen.

52 Die Landschaftsplanung ist auch das geeignete Instrument, um Synergie- und Konfliktpotenzial von Naturschutz- und Klimaschutzmaßnahmen darzustellen. Aus Gründen des Klimaschutzes erfolgt z.B. eine Förderung der erneuerbaren Energien (Windkraft, Freilandphotovoltaikanlagen, Biomasse), was zu einer verstärkten Flächenkonkurrenz und zu Konflikten mit Naturschutzzielen führen kann. Die vermehrte Flächeninanspruchnahme für die Erzeugung nachwachsender Rohstoffe und Biomasse zur Energiegewinnung kann zu einer zunehmenden Belastungen von Boden und Grundwasser mit Schadstoffen auf bisher nicht oder nur extensiv landwirtschaftlich genutzten Flächen, zu einer weiteren Verarmung und „Ausräumung" der Landschaft und damit zu einem weiteren Verlust der Artenvielfalt sowie zu einer Veränderung und Vereinheitlichung des Landschaftsbildes führen.[31] Es ist daher eine wichtige Aufgabe der Landschaftsplanung, Aussagen zur räumlichen Einschränkung der Biomasseerzeugung oder der Erzeugung anderer Formen von Erneuerbaren Energien zu treffen.[32]

53 Der Klimawandel wird voraussichtlich auch eine Zunahme der Häufigkeit und Intensität von Starkniederschlägen sowie veränderte Abflussverhältnisse aus von Schnee und Gletschern beeinflussten Gebieten mit sich bringen.[33] Der notwendige Hochwasserschutz darf nicht nur auf technische Maßnahmen setzen, sondern muss auch die Potenziale zur Rückgewinnung von Überschwemmungsbereichen als Retentionsräume oder der Verbesserung

---

30 Heiland et al.: Der Klimawandel als Herausforderung für die Landschaftsplanung, Naturschutz und Landschaftsplanung, 2008, 37/39.
31 SRU, Klimaschutz durch Biomasse. Sondergutachten 2007.
32 SRU, Umweltgutachten 2008, Tz. 458, vgl. auch *Bruns/Mengel/Weingarten*, Beiträge der flächendeckenden Landschaftsplanung zur Reduzierung der Flächeninanspruchnahme. Naturschutz und biologische Vielfalt 25, S. 114 f., 2005 und *Koch, Krohn*, Das Naturschutzrecht im Umweltgesetzbuch. Den Auftrag der Föderalismusreform erfüllen. Forum Umweltgesetzbuch Heft 7, 2008, S. 24.
33 MKRO, Bericht des Hauptausschusses der Ministerkonferenz für Raumordnung (MKRO), 2009, S. 19.

des Wasserrückhaltes in der Fläche der Einzugsgebiete der Flüsse nutzen. Die Landschaftsplanung kann die hierbei entstehenden Synergieeffekte von Hochwasser- und Naturschutzmaßnahmen darstellen.

ff) Landschaftsbild und Erholung (Nr. 4 Lit. f). Da die Erholung durch Naturgenuss und Naturerlebnis geschieht, wurde in Nr. 4 Lit. f das Begriffspaar „Erlebnis und Erholungsraum des Menschen" aus § 14 Abs. 1 Nr. 4 Lit. f BNatSchG a.F. nun unter den Begriff des „Erholungswertes" zusammengefasst, so wie es auch in § 1 Abs. 4 erfolgt ist.

Aufgabe der Landschaftsplanung ist auch die Bewertung des Landschaftsbilds und seiner Wirkungen auf den Menschen. Als charakterisierende und wertgebende Eigenschaften dienen dabei die Vielfalt, Eigenart und Schönheit der Landschaft. Sie bestimmen auch die Schutzwürdigkeit und die visuelle Verletzlichkeit des Landschaftsbilds. Landschaftsräume, die ein hohes Maß an Vielfalt, Eigenart und Schönheit aufweisen, sind zu erhalten und ggf. durch geeignete Maßnahmen zu entwickeln. Gleiches gilt für Flächen, die auf Grund ihrer natürlichen Beschaffenheit und Lage für die naturbezogene Erholung von Bedeutung sind oder sein können. Landschaftsräume, in denen Vielfalt, Eigenart und Schönheit sowie das Landschaftserleben beeinträchtigt oder gefährdet sind, die aber zum Zweck der Erholung und des Landschaftserlebens wiederhergestellt werden können, sind zu benennen und geeignete Maßnahmen hierfür darzustellen.

gg) Erhaltung und Entwicklung von Freiräumen (Nr. 4 lit. g). Die Neuaufnahme von Nr. 4 Lit. g in den Katalog der Mindestinhalte erfolgte nicht zuletzt aufgrund des ebenfalls neu in § 1 Abs. 6 geregelten Ziels des Freiraumschutzes im Siedlungs- und siedlungsnahen Bereich. Im Gegensatz zu § 1 Abs. 6 stellt Nr. 4 Lit. g jedoch darüber hinaus zusätzlich auf den unbesiedelten Bereich ab und kann damit auch der Darstellung der Erfordernisse und Maßnahmen zur Verwirklichung der konkretisierten Ziele des § 1 Abs. 5 dienen. Die Darstellung erstreckt sich nicht nur auf diejenigen Erfordernisse und Maßnahmen, die der Erhaltung von Freiräumen dienen, sondern auch auf die Entwicklung solcher Räume.

In der bisherigen landschaftsplanerischen Praxis wurde nur selten eine gesonderte Analyse und Bewertung der Struktur unbebauter und unzerschnittener Bereiche bzw. landschaftlicher Freiräume durchgeführt, obwohl das BNatSchG den Freiraumschutz bereits seit längerem als Grundsatz (§ 2 Abs. 1 Nr. 2 BNatSchG 1998, § 2 Abs. 1. Nr. 11 und 12 BNatSchG 2002) verankert hatte.[34] Mit der Aufnahme der Erhaltung und Entwicklung von Freiräumen in den Katalog der Mindestinhalte werden nun entsprechende Darstellungen gefordert. Für einen effektiven Freiraumschutz hat die Landschaftsplanung dabei insbesondere Informationen bereitzustellen über:[35]
– großräumig übergreifende Freiräume sowie ihre Kernbereiche;
– qualifizierte Freiräume von bestimmter Größe, bestimmten Ausstattungen bzw. ökologischen Funktionen;
– Formen der Landnutzung, von denen regelmäßig Beeinträchtigungen des Naturhaushalts bzw. des Landschaftsbilds ausgehen, sowie Lösungsvorschläge;

---

34 Vgl. *Baier/Erdmann*, Umwelt- und Landschaftsplanung. In: Baier/Erdmann/Holz/Waterstraat (Hrsg.), Freiraum und Naturschutz. Die Wirkungen von Störungen und Zerschneidungen in der Landschaft. 2006, S. 434.
35 *Baier/Erdmann*, Umwelt- und Landschaftsplanung. In: Baier/Erdmann/Holz/Waterstraat (Hrsg.), Freiraum und Naturschutz. Die Wirkungen von Störungen und Zerschneidungen in der Landschaft. 2006, S. 443.

– lokale Konfliktschwerpunkte zwischen der Landnutzung und den Belangen des Naturschutzes.

58 Indem die Landschaftsplanung die Anforderungen des Naturschutzes und der Landschaftspflege an den Freiraumschutz formuliert, kann sie diese auch in die räumliche Planung einbringen. Die Sicherung von Freiräumen ist als Grundsatz auch in § 2 Abs. 2 Nr. 2 ROG verankert, wobei der Freiraum durch übergreifende Freiraum-, Siedlungs- und weitere Fachplanungen zu schützen und ein großräumig übergreifendes, ökologisch wirksames Freiraumverbundsystem zu schaffen ist. Die weitere Zerschneidung der freien Landschaft und von Waldflächen ist dabei so weit wie möglich zu vermeiden; die Flächeninanspruchnahme im Freiraum ist zu begrenzen.

3. Verwertbarkeit der Darstellungen für die Raumordnung (Absatz 3 Satz 2)

59 Abs. 3 Satz 2 übernimmt die Regelung des § 14 Abs. 1 Satz 3 BNatSchG a.F., wonach auf die Verwertbarkeit der Darstellungen der Landschaftsplanung für die räumliche Planung Rücksicht zu nehmen ist. Eine wichtige Aufgabe der Raumordnung ist es, die Raumansprüche der einzelnen Fachplanungen untereinander abzustimmen. Nach § 8 Abs. 6 ROG sollen Raumordnungspläne auch diejenigen Festlegungen zu raumbedeutsamen Planungen und Maßnahmen von öffentlichen Stellen und Personen des Privatrechts nach § 4 Abs. 1 Satz 2 ROG enthalten, die zur Aufnahme in Raumordnungspläne geeignet sowie zur Koordinierung von Raumansprüchen erforderlich sind und die durch Ziele oder Grundsätze der Raumordnung gesichert werden können. Hierzu gehören insbesondere auch die raumbedeutsamen Erfordernisse und Maßnahmen des Naturschutzes und der Landschaftspflege.

60 Zentrale Voraussetzung für die Aufnahme raumbezogener Aussagen aus der Landschaftsplanung in die Raumordnung ist, dass diese für die Raumordnung auch verwertbar sind. Daher müssen Text, Darstellungen und Planzeichen sowie die Kartengrundlagen beider Planungsinstrumente übereinstimmen[36].

4. Rechtsverordnungsermächtigung zur Vorgabe von Planzeichen (Abs. 3 Satz 3)

61 Die derzeitige Praxis der unterschiedlichen Ausgestaltung von Planwerken erschwert, gerade auch bei länderübergreifenden Vergleichen, die Lesbarkeit der Pläne und damit auch die Transparenz ihrer Aussagen. Ein Vergleichbarkeit der Aussagen auch räumlich korrespondierender Pläne wird so erschwert, wenn nicht gar unmöglich.[37] Um die Lesbarkeit der Planwerke und ihre Integrierbarkeit in die räumliche Planung zu erhöhen, ist daher eine einheitliche Festlegung von Planzeichen erforderlich. Um eine solche Vereinheitlichung der Planungssprache bewirken zu können, enthält Abs. 3 Satz 3 nun eine Ermächtigung, wonach das Bundesministerium für Umwelt, Naturschutz und Reaktorsicherheit eine entsprechende Rechtsverordnung zur Festlegung einheitlicher Planzeichen erlassen kann.[38] Mit einer Standardisierung besteht die Chance, die Verwertbarkeit der Darstellungen der Land-

---

36 So auch BT-Drs. 7/3879, S. 21
37 *Hachmann* et al., Planzeichen für die Landschaftsplanung – Untersuchung der Systematik und Darstellungsgrundlagen von Planzeichen. BfN-Skripten 266 (2010), S. 25.
38 BT-Drs. 16/12274, S. 55.

schaftsplanungen für Raumordnungs- und Bauleitpläne sowie für andere Planungen und Verwaltungsverfahren mit Auswirkungen auf Natur und Landschaft zu verbessern. Mit der besseren Lesbarkeit der Planwerke ist auch eine Förderung der Akzeptanz der Planwerke und ihrer Inhalte verbunden. Auch ermöglicht eine breite Anwendung einheitlicher Planzeichen die Vergleichbarkeit von Planwerken unterschiedlicher Herkunft. Verwendete Planzeichen können dabei zusätzliche Orientierungspunkte für die zu erwartende Qualität bzw. die „gute fachliche Planungspraxis" sein. Eine einheitliche Darstellung kann des Weiteren zu einer besseren Kommunikation bei Interessenskonflikten zwischen Naturschutz und konkurrierenden Interessen beitragen.[39]

Insbesondere erfordert auch der zunehmende Einsatz Geographischer Informationssysteme (GIS) und internetbezogener Planungstechniken eine Vereinheitlichung und eine verbesserte Kompatibilität zur Plansprache der Raumordnung und Bauleitplanung.[40] Dabei erleichtert die Standardisierung der Planzeichen auch die Entwicklung multifunktionaler, interoperabler Softwarelösungen, welche zu einer effizienten und effektiven Planerstellung beitragen können.[41]

Da manche Länder bereits Festlegungen zur Verwendung von Planzeichen getroffen haben[42], wurde während des Gesetzgebungsverfahrens gefordert, von dieser Ermächtigung Planzeichen für Landschaftspläne auszunehmen, die als kommunale Satzung rechtsverbindliche Regelungen festsetzen.[43] Eine solche Ergänzung erfuhr Abs. 3 Satz 3 nicht, die Gesetzesbegründung macht aber deutlich, dass in der Rechtsverordnung bei ihrem Erlass klargestellt werden, dass bestehende Pläne nicht angepasst werden müssen und von den Ländern zusätzliche Planzeichen verwendet werden können, um besonderen Planungsbedürfnissen Rechnung zu tragen.[44]

V. Fortschreibung der Landschaftsplanung (Absatz 4)

1. Fortschreibungspflicht bei Erforderlichkeit (Absatz 4 Satz 1)

Abs. 4 greift die Fortschreibungspflicht des § 16 Abs. 1 Satz 2 BNatSchG 2002 auf und dehnt sie auf alle Planungsebenen aus, da es keine Rechtfertigung dafür gibt, diese Pflicht auf Landschaftspläne zu beschränken.[45] Die Fortschreibungspflicht besteht damit nun auf örtlicher wie überörtlicher Ebene.

Die Landschaftsplanung soll eine umfassende und aktuelle Informations- und Bewertungsbasis für Planungen und Verwaltungsverfahren bilden, deren Entscheidungen sich auf Natur und Landschaft im Planungsraum aus-

---

39 *Hachmann* et al., Planzeichen für die Landschaftsplanung – Untersuchung der Systematik und Darstellungsgrundlagen von Planzeichen. BfN-Skripten 266 (2010), S. 25.
40 BT-Drs. 16/12274, S. 55.
41 *Hachmann* et al., Planzeichen für die Landschaftsplanung – Untersuchung der Systematik und Darstellungsgrundlagen von Planzeichen. BfN-Skripten 266 (2010), S. 25.
42 Nordrhein-Westfalen und Schleswig-Holstein haben Planzeichenverordnungen für Landschaftspläne erlassen, in Niedersachsen und Berlin gibt es Richtlinien für Landschaftsrahmenpläne bzw. Landschaftspläne.
43 BR-Drs. 278/1/09, S. 11.
44 BT-Drs. 16/12274, S. 55.
45 BT-Drs. 16/12274, S. 55.

wirken können. Sobald die Leistungsfähigkeit des Naturhaushalts oder das Landschaftsbild betroffen ist, kann ohne eine aktuelle Datengrundlage keine sachgerechte Entscheidung gefällt werden.[46] Eine planerische Aussagekraft haben die Planwerke der Landschaftsplanung nur dann, wenn sie regelmäßig an die tatsächlichen Entwicklungen und die dadurch veränderten Ausgangsdaten angepasst werden. Für einen effektiven Naturschutz ist die Fortschreibung der Planwerke damit unerlässlich, sodass Abs. 4 als abweichungsfeste Vorgabe zu betrachten sein dürfte.[47]

66 Für die Fortschreibung der Landschaftsplanwerke werden keine konkreten Fortschreibungszeiträume vorgeschrieben;[48] vielmehr ist die Landschaftsplanung fortzuschreiben, „sobald und soweit dies im Hinblick auf Erfordernisse und Maßnahmen im Sinne von Abs. 3 Satz 1 Nr. 4 erforderlich ist, insbesondere weil wesentliche Veränderungen von Natur und Landschaft im Planungsraum eingetreten, vorgesehen oder zu erwarten sind". Von wesentlichen Veränderungen ist auszugehen, wenn Natur und Landschaft in einem Maß beeinträchtigt werden, welche die Festsetzung neuer Erfordernisse und Maßnahmen zur Verwirklichung der konkretisierten Ziele von Naturschutz und Landschaftspflege notwendig machen. Die Regelung soll sicherstellen, dass die Änderung von Planwerken der Raumordnung nicht auf völlig veralteten landschaftsplanerischen Grundlagen erfolgt.[49] Eine vorherige oder parallele Fortschreibung der Landschaftsplanung ist damit erforderlich, wenn Planwerke der räumlichen Gesamtplanung neu aufgestellt oder geändert werden, da hierbei stets mit Auswirkungen auf Natur und Landschaft zu rechnen ist. Landschaftspläne sind daher korrespondierend zu Flächennutzungsplänen, Landschaftsrahmenpläne korrespondierend zum Regionalplan fortzuschreiben.

67 Neben den seit einer Planaufstellung oder seiner letzten Fortschreibung erfolgten oder zu erwartenden Veränderungen in Natur und Landschaft kann sich ein Fortschreibungserfordernis auch ergeben, wenn eine veränderte, insbesondere verbesserte Informations-, Daten- und Erkenntnislage Konsequenzen für die bisherige Planung hat.[50] Eine Fortschreibungspflicht kann z.B. aus der Beobachtung von Natur und Landschaft (§ 6) resultieren: ihre Aufgabe ist es, die naturschutzfachlichen Grundlagen für die in Planungs- und Zulassungsverfahren anderer Fachrechte erforderliche Bewertung der Auswirkungen auf Natur und Landschaft zu liefern[51]; ergeben die Beobachtungsergebnisse, dass die Festsetzung neuer Erfordernisse und Maßnahmen zur Verwirklichung der konkretisierten Ziele von Naturschutz und Landschaftspflege notwendig sind, so löst dies die Fortschreibungspflicht aus. Eine Fortschreibungspflicht kann sich z.B. auch aus Fachkonzepten zum Arten- und Biotopschutz[52] oder aus der Umweltüberwachung nach § 4c

---

46 OVG Koblenz, Urt. v. 22.8.1993 – 10 C 12502/92.OVG, NuR 1994, 300 f.
47 *Fischer-Hüftle*, NuR 2007, 78/83; *Appel*, NuR 2010, 171/178; *Hendrischke*, NuR 2007, 454/458.
48 Für eine allgemeine Fortschreibungspflicht plädiert z.B. der SRU; SRU, Umweltgutachten 2008, Tz. 458; Umweltgutachten 2004, Tz. 194.
49 Vgl. SRU, Für eine Stärkung und Neuordnung des Naturschutzes, Sondergutachten 2002, Tz. 142.
50 BT-Drs. 16/12274, S. 55.
51 Vgl. BT-Drs. 16/12274, S. 52.
52 Z.B. Erstellung eines Zielartenkonzeptes, vgl. MLR & LUBW (Hrsg), Informationssystem Zielartenkonzept Baden-Württemberg – Planungswerkzeug zur Erstellung eines kommunalen Zielarten- und Maßnahmenkonzepts Fauna, 2009, http://www.lubw.baden-wuerttemberg.de

BauGB ergeben. Zukünftig kann eine Fortschreibungspflicht auch durch eingetretene oder zu erwartende klimabedingte Veränderungen im Planungsraum begründet sein. Mithilfe einer aktuellen Landschaftsplanung können die für Naturschutz zuständigen Behörden Konzepte mit abgestimmten Prioritäten erstellen, um Mittel für den Naturschutz effektiv und effizient ausgeben zu können. Die für eine Landschaftsplanung bzw. deren Fortschreibung entstehenden Kosten erscheinen vor diesem Hintergrund eine gut angelegte Investition in effizientes Verwaltungshandeln.[53] Mit der Fortschreibung der Landschaftsplanung in geeigneten Planungsintervallen können auch unvorhergesehene Umweltauswirkungen und mögliche Wechselwirkungen erfasst werden, die im Rahmen der Umweltprüfung anderer Pläne oder Projekte von Bedeutung sind. Aufgrund ihres umweltmedienübergreifenden und flächendeckenden Ansatzes bietet eine aktuelle Landschaftsplanung besonders gute Voraussetzungen dafür, solche Effekte festzustellen und Summeneffekte zu berücksichtigen, die durch das Zusammenwirken von Beeinträchtigungen bei der Ausführung verschiedener Planungen und Vorhaben entstehen.[54]

Wann eine Fortschreibung erforderlich ist, kann nur einzelfallbezogen festgestellt werden. Nicht jede Veränderung löst eine Fortschreibungspflicht aus, vielmehr muss die Veränderung der Planungsgrundlagen ein solches Gewicht haben, dass eine Neuplanung im Hinblick auf Maß und Umfang der Änderungen geboten ist.[55] Die Schwelle zur Fortschreibung des Gesamtplans liegt dabei deutlich höher als bei der Fortschreibung des Planes in Teilen.

2. Fortschreibung in Teilen (Absatz 4 Satz 2)

Die Erforderlichkeit einer Fortschreibung kann sich unter Umständen nur auf einen Teilraum oder ein bestimmtes sachliches Problem beziehen. In diesem Fall lässt die Regelung eine Teilfortschreibung räumlich oder sachlich zu, allerdings nur, wenn damit nicht die Grundzüge der Planung für den gesamten Raum oder die Inhalte des Plans berührt sind.[56] So können z.B. die gewässerbezogenen Fachteile des Landschaftsplans und des Landschaftsrahmenplans entsprechend den Überarbeitungsfristen für Maßnahmenprogramme und Bewirtschaftungsplänen überprüft und, soweit erforderlich, aktualisiert werden[57], ohne dass eine Gesamtbearbeitung des Planwerks erfolgen muss.

Im Gegensatz zu den früheren Landschaftsplanungen, die in sich geschlossene, statische Planwerke darstellten, werden die Pläne heute digital erstellt. Bei diesen GIS-basierten Landschaftsplanungen ist eine bedarfsgerechte und problemorientierte Teilfortschreibung mit einem vertretbaren Arbeitsaufwand durchführbar. Der modularer Aufbau ermöglicht es, zeitlich wie inhaltlich flexibel auf aktuelle Anforderungen zu reagieren. Je nach Problemen können einzelne teilräumliche oder thematische Bausteine bearbeitet und mit vorhandenen Inhalten gekoppelt werden.[58] Die Gefahr, dass der

---

53 Bundesamt für Naturschutz, Landschaftsplanung – Grundlage vorsorgenden Handelns, 2007, S. 12.
54 Bundesamt für Naturschutz, Landschaftsplanung – Grundlage vorsorgenden Handelns, 2007, S. 36.
55 *Meßerschmidt*, Bundesnaturschutzrecht, § 14 BNatSchG, Rdnr. 19.
56 BT-Drs. 16/12274, S. 55.
57 *Werk*, Tagungsband Landschaftsplanung im UGB, S. 33.
58 Bundesamt für Naturschutz, Landschaftsplanung – Grundlage vorsorgenden Handelns, 2007, S. 16.

Plan nach einer größeren oder mehreren kleineren Teilaktualisierungen keine innere Konsistenz aufweist,[59] ist damit eher als gering einzustufen.

VI. Berücksichtigung der Landschaftsplanung in Planungen und Verwaltungsverfahren (Absatz 5)

1. Berücksichtigungspflicht (Absatz 5 Satz 1)

71 Im Hinblick auf ihre Funktion, die Ziele des Naturschutzes und der Landschaftspflege zu konkretisieren und die Auswirkungen geplanter Maßnahmen auf Natur und Landschaft einschließlich der Konfliktsituationen zu untersuchen und zu bewerten, kommt den Inhalten der Landschaftsplanung maßgebliche Bedeutung im Hinblick auf naturschutzrelevante Planungen und Verwaltungsverfahren zu. Abs. 5 Satz 1 sieht daher allgemein vor, die Inhalte der Landschaftsplanung in Planungen und Verwaltungsverfahren zu berücksichtigen[60], d.h. sie möglichst zur Geltung zu bringen. Die in den Plänen dargestellten Belange von Naturschutz und Landschaftsplanung können im Rahmen einer Abwägungsentscheidung überwunden werden, wenn andere Belange als vorrangig bewertet werden. Umweltaspekte können umso effektiver in Planungen oder Verwaltungsverfahren einbezogen werden, je qualifizierter die Landschaftsplanung erfolgt ist.[61] Durch die umfassende Zurverfügungstellung der erforderlichen Belange des Naturschutzes und der Landschaftspflege wird die Entscheidung der Fachbehörde, die die Naturschutzbelange in die Abwägung einzustellen hat, erleichtert.[62] Gut nachvollziehbare Begründungen erhöhen damit die Chancen zur Integration der landschaftsplanerischen Aussagen in andere Planungen.[63]

2. Grundlage für umweltbezogene Prüfungen, Absatz 5 Satz 2

72 Während in der Landschaftsplanung Naturgüter vor allem in ihrem Zusammenwirken für die Leistungen und Funktionen des Naturhaushaltes dargestellt werden, behandeln andere räumliche Fachplanungen gezielt einzelne Naturgüter oder Raumnutzungen. Für die Träger dieser Fachplanungen sowie für Zulassungsbehörden stellt die Landschaftsplanung eine entscheidende Informations- und Handlungsgrundlage dar, um ihre Ziele bzw. Entscheidungen in einen naturgutübergreifenden landschaftlichen Zusammenhang zu stellen.[64]

73 Satz 2 hebt daher in Spezifizierung von Satz 1 die Bedeutung der Landschaftsplanung für Prüfungsverfahren zur Beurteilung der Umweltverträglichkeit naturschutzrelevanter Projekte hervor. Abs. 5 Satz 2 führt hierzu einige Regelbeispiele an, die Aufzählung ist jedoch nicht abschließend. Neben der Umweltverträglichkeitsprüfung nach dem UVPG gehören hierzu auch die Strategische Umweltprüfung (SUP), die Eingriffsfolgenprüfung nach § 15, die Verträglichkeitsprüfung nach § 34 sowie die Aufstellung von Maßnahmenprogrammen i.S.d. § 82 WHG.

---

59 So z.B. *Bunge*, in Spannowsky/Hofmeister, Landschaftsplanung, S. 140f.
60 BT-Drs. 14/6378, S. 45.
61 Dies ergaben Erfolgskontrollen, vgl. *Gruehn/Kenneweg*, Berücksichtigung der Belange von Naturschutz und Landschaftspflege in der Flächennutzungsplanung, Angewandte Landschaftsökologie 17, 1998.
62 *Janssen/Albrecht*, Umweltschutz im Planungsrecht, UBA-Texte 10/08, S. 89.
63 Bundesamt für Naturschutz, Landschaftsplanung – Grundlage vorsorgenden Handelns, 2007, S. 47.
64 Bundesamt für Naturschutz, Landschaftsplanung – Grundlage vorsorgenden Handelns, 2007, S. 11.

a) Prüfung auf Umweltverträglichkeit Die Landschaftsplanung ist für die Beurteilung der Umweltverträglichkeit, d.h. im Rahmen der Umweltverträglichkeitsprüfung (UVP) und der Strategischen Umweltprüfung (SUP) heranzuziehen. Zweck der UVP ist es sicherzustellen, dass die Auswirkungen von bestimmten öffentlichen und privaten Vorhaben auf die Umwelt nach einheitlichen Grundsätzen frühzeitig und umfassend ermittelt, beschrieben und bewertet werden (§ 1 Nr. 1 UVPG) und das Ergebnis der UVP so früh wie möglich bei allen behördlichen Entscheidungen über die Zulässigkeit von Vorhaben berücksichtigt wird (§ 1 Nr. 2 UVPG). Gemäß § 2 Abs. 1 S. 2 UVPG umfasst die UVP die Ermittlung, Beschreibung und Bewertung der unmittelbaren und mittelbaren Auswirkungen eines Vorhabens auf Menschen, einschließlich der menschlichen Gesundheit, Tiere und Pflanzen und die biologische Vielfalt, Boden, Wasser, Luft, Klima und Landschaft, Kulturgüter und sonstige Sachgüter sowie die jeweiligen Wechselwirkungen zwischen den vorgenannten Schutzgütern. Während die UVP erst bei der Zulassung umwelterheblicher Vorhaben durchzuführen ist, setzt die SUP bereits bei der Berücksichtigung negativer Umweltauswirkungen im Planungsstadium einschließlich der Identifizierung kumulativer Auswirkungen an, denn wichtige umweltbedeutsame Weichenstellungen werden oft bereits im Rahmen vorgelagerter Pläne und Programme getroffen.[65] Entsprechend umfasst die SUP die Ermittlung, Beschreibung und Bewertung der unmittelbaren und mittelbaren Auswirkungen der entsprechenden Pläne und Programme auf die Schutzgüter.

Besonders relevant für die Durchführung der Umweltprüfung sind die Beiträge der Landschaftsplanung zum Scoping. Die flächendeckende Informationsgrundlage der Landschaftsplanung über den Zustand, die Bedeutung und die Empfindlichkeit der Umwelt erlaubt es, den Untersuchungsrahmens anhand der Informationen der Landschaftsplanung festzusetzen. Auf der Basis dieser Angaben können außerdem zu untersuchende Varianten sachgerecht und begründet bestimmt werden. Auch zum Umweltbericht selbst kann die Landschaftsplanung einen wesentlichen Beitrag leisten (z. B. Beschreibung des Umweltzustandes, Status-Quo-Prognose, Konfliktbewertung). Mit ihren raumkonkreten Zielen liefert sie den Bewertungsmaßstab, der für eine Beurteilung der Umweltwirkungen notwendig ist. Eine in geeigneten Intervallen fortgeschriebene Landschaftsplanung kann zudem die Überwachung der erheblichen Umweltauswirkungen von Plänen und Programme übernehmen, da sie auch unvorhergesehene Umweltauswirkungen und mögliche Wechselwirkungen erfasst. Aufgrund ihres umweltmedienübergreifenden und flächendeckenden Ansatzes bietet die Landschaftsplanung besonders gute Voraussetzungen dafür, solche Effekte festzustellen und Summeneffekte zu berücksichtigen, die durch das Zusammenwirken von Beeinträchtigungen bei der Ausführung verschiedener Planungen und Vorhaben entstehen.[66]

b) FFH-Verträglichkeitsprüfung. Gemäß § 34 Abs. 1 sind Projekte vor ihrer Zulassung oder Durchführung auf ihre Verträglichkeit mit den Erhaltungszielen eines Natura-2000-Gebiets zu überprüfen, wenn sie einzeln oder im Zusammenwirken mit anderen Projekten oder Plänen geeignet sind, das Gebiet erheblich zu beeinträchtigen und nicht unmittelbar der Verwaltung des Gebiets dienen. Die Bedeutung einer aktuellen Landschaftsplanung setzt bereits vor der eigentlichen FFH-Verträglichkeitsprüfung an, indem sie im Rahmen des Screenings (vgl. § 34 Rdnr. 7) Hinweise geben kann, ob von einem Projekt möglicherweise Beeinträchtigungen eines Natura 2000-Ge-

---

65 *Janssen/Albrecht*, Umweltschutz im Planungsrecht, UBA-Texte 10/08, S. 90.
66 Bundesamt für Naturschutz, Landschaftsplanung – Grundlage vorsorgenden Handelns, 2007, S. 36.

biets ausgehen können. Bei der Durchführung der FFH-Verträglichkeitsprüfung kann die Landschaftsplanung wesentliche Informationen über den Zustand von Natur und Landschaft liefern, welche die Basis der weiterführenden Untersuchungen bilden können. Soll ein Vorhaben trotz einer festgestellten erheblichen Beeinträchtigung eines Natura 2000-Gebiets durchgeführt werden und liegen die Voraussetzungen des § 34 Abs. 3 bzw. 4 vor, so sind gemäß § 34 Abs. 5 Kohärenzmaßnahmen durchzuführen. Die Landschaftsplanung kann die hierfür geeigneten Gebiete darstellen.

77 c) **Maßnahmenprogramme.** Ziel der WRRL ist es, europaweit eine Verschlechterung des Zustandes von Oberflächengewässern und Grundwasser zu verhindern und Wasserkörper, aquatische Ökosysteme und direkt von ihnen abhängige Landökosysteme und Feuchtgebiete zu schützen, zu verbessern und zu sanieren. Der Schutz der genannten Ökosysteme soll in erster Linie zu einer ausreichenden Versorgung mit Oberflächen- und Grundwasser guter Qualität beitragen.[67] Die Zielerreichung soll auch durch die Aufstellung von Bewirtschaftungsplänen (Art. 13 WRRL) und Maßnahmenprogrammen (Art. 11 WRRL) erfolgen, welche alle sechs Jahre aktualisiert werden müssen. § 82 WHG setzt die Vorgaben der WRRL zu Maßnahmenprogrammen in deutsches Recht um; danach ist für jede Flussgebietseinheit ein Maßnahmenprogramm zu erstellen, um die Bewirtschaftungsziele nach Maßgabe der §§ 27 bis 31, 44 und 47 WHG zu erreichen. Das Maßnahmenprogramm bildet damit einen wesentlichen Teil des Bewirtschaftungsplans. Das Maßnahmenprogramm ist das zentrale Steuerungsinstrument der Wasserwirtschaftsverwaltung und bildet die rechtsverbindliche Handlungsbasis, auf der der Vollzug der an den Zielen der WRRL ausgerichteten flussgebietsbezogenen staatlichen Gewässerbewirtschaftung stattfindet.[68] Die vielfältigen ökologischen und funktionalen Verflechtungen in Flusseinzugsgebieten machen ein integriertes Landschaftsmanagement in besonderem Maße notwendig, um die Ziele im Gewässerschutz zu erreichen.[69] Die Landschaftsplanung betrachtet das gesamte wasserabhängige Ökosystem und entwickelt auf dieser Grundlage multifunktionale Maßnahmen, die aber bisher kaum Eingang in die wasserwirtschaftlichen Pläne finden.[70]

78 Bei der Aufstellung von Maßnahmenprogrammen kann auf die in der Landschaftsplanung erhobenen Daten zurückgegriffen und damit Doppelarbeit und Planungskosten vermieden werden. Die in der Landschaftsplanung formulierten Erfordernisse und Maßnahmen sollen in die Maßnahmenprogramme einfließen, sodass durch ein aufeinander abgestimmtes Handeln Synergien genutzt und Zielkonflikte identifiziert werden können.

79 Aussagen der Landschaftsplanung können z.B. für die Reduzierung von Stoffeinträgen und der Beeinträchtigungen hinsichtlich des Abflussgeschehens, des Feststofftransports und der Morphologie von Gewässern relevant sein. Gewässerrandstreifen verringern die Stoffeinträge (insbesondere aus der Landwirtschaft) in die Gewässer und dienen gleichzeitig z.B. dem Biotopverbund. Die Renaturierung von Auen und Feuchtgebieten verbessert den Landschaftswasserhaushalt und dient zudem dem Hochwasserschutz sowie dem Arten-

---

67 *Hasch/Jessel*, Umsetzung der Wasserrahmenrichtlinie in Flussauen – Möglichkeiten der Zusammenarbeit von Naturschutz und Wasserwirtschaft. Naturschutz und Landschaftsplanung 36 (2004), 229/229.
68 *Breuer*, Bewirtschaftung der Gewässer als Aufgabe und Rechtsproblem, UPR 2004, 201/205.
69 SRU, Umweltgutachten 2008, Tz. 582.
70 SRU, Umweltgutachten 2008, Tz. 584.

Nach Artikel 4 Abs. 1 Lit. c WRRL sollen die Ziele der WRRL auch in europäischen Schutzgebieten grundsätzlich innerhalb von 15 Jahren erreicht werden, sofern die gemeinschaftlichen Rechtsvorschriften, auf deren Grundlage die einzelnen Schutzgebiete ausgewiesen wurden, keine anderweitigen Bestimmungen enthalten. Gewässerbezogene Maßnahmen für Natura 2000-Schutzgebiete zählen zu den grundlegenden Maßnahmen (Art. 11 Abs. 3 Lit. a WRRL, Anh. VI Teil A ii und x WRRL). Maßgeblich sind dabei die in den Erhaltungszielen für die jeweiligen Schutzgebiete getroffenen Festlegungen und die zur Wahrung oder Erreichung eines günstigen Erhaltungszustandes festgelegten Managementmaßnahmen; die hier formulierten Erfordernisse und Maßnahmen müssen sich in den Maßnahmenprogrammen nach § 82 WHG widerspiegeln. Für grundwasserabhängige Ökosysteme in FFH- und Vogelschutzgebieten ist sicherzustellen, dass durch Grundwasserentnahmen keine Beeinträchtigung der Gebiete erfolgt; Maßnahmenprogramme müssen dies in ihren Festlegungen bzgl. des mengenmäßigen und chemischen Zustandes der Grundwasserkörper berücksichtigen.[71]

3. Begründungspflicht bei Nichtberücksichtigung, Absatz 5 Satz 3

Kann den durch die Landschaftsplanung formulierten Erfordernissen und Maßnahmen in Planungen und Verwaltungsverfahren nicht Rechnung getragen werden, so besteht eine Begründungspflicht. Dadurch soll die Entscheidung und der ihr vorangegangene Abwägungsprozess im Falle einer Abweichung nachvollziehbar gemacht werden. Der Umfang der Begründung ist jeweils unter Berücksichtigung aller Umstände im Einzelfall zu bestimmen, wobei das Maß der Abweichung von den Inhalten des jeweiligen Planwerks auch den Umfang der Begründung bestimmt[72]. In der Begründung sind die wesentlichen tatsächlichen und rechtlichen Gründe mitzuteilen, die die Behörde zu ihrer Entscheidung bewogen haben. Fehlt eine entsprechende Begründung oder ist sie nur unzureichend, so kann dies darauf hindeuten, dass die Naturschutzbelange nicht berücksichtigt oder fehlerhaft gewichtet wurden und somit ein Abwägungsfehler vorliegt. Gemäß § 45 Abs. 1 Nr. 2, Abs. 2 VwVfG bzw. entsprechendem Landesrecht kann dieser Fehler jedoch bis zum Abschluss eines etwaigen Gerichtsverfahrens geheilt werden.[73]

---

71 Vgl. Bericht der LANA - LAWA Kleingruppe „Monitoring" als Vorlage für die 67. UMK: „Eckpunkte für die organisatorische und inhaltliche Zusammenarbeit der Umweltverwaltungen beim Monitoring nach der EG-Wasserrahmenrichtlinie, der FFH- Richtlinie sowie der EG-Vogelschutzrichtlinie" vom 26.9.2006.
72 BT-Drs. 14/6378, S. 45.
73 *Meßerschmidt*, Bundesnaturschutzrecht, § 14 BNatSchG, Rdnr. 25.

§ 10 Landschaftsprogramme und Landschaftsrahmenpläne

(1) ¹Die überörtlichen konkretisierten Ziele, Erfordernisse und Maßnahmen des Naturschutzes und der Landschaftspflege werden für den Bereich eines Landes im Landschaftsprogramm oder für Teile des Landes in Landschaftsrahmenplänen dargestellt. ²Die Ziele der Raumordnung sind zu beachten; die Grundsätze und sonstigen Erfordernisse der Raumordnung sind zu berücksichtigen.

(2) ¹Landschaftsprogramme können aufgestellt werden. ²Landschaftsrahmenpläne sind für alle Teile des Landes aufzustellen, soweit nicht ein Landschaftsprogramm seinen Inhalten und seinem Konkretisierungsgrad nach einem Landschaftsrahmenplan entspricht.

(3) Die konkretisierten Ziele, Erfordernisse und Maßnahmen des Naturschutzes und der Landschaftspflege sind, soweit sie raumbedeutsam sind, in der Abwägung nach § 7 Absatz 2 des Raumordnungsgesetzes zu berücksichtigen.

(4) Die Zuständigkeit, das Verfahren der Aufstellung und das Verhältnis von Landschaftsprogrammen und Landschaftsrahmenplänen zu Raumordnungsplänen richten sich nach Landesrecht.

Gliederung

		Rdnr.
I.	Allgemeines	1
II.	Keine Landschaftsplanung auf Bundesebene	2–4
III.	Überörtliche Landschaftsplanung	5–19
1.	Landschaftsprogramm (Abs. 1 Satz 1, 1. Alt.; Abs. 2 Satz 1)	8–11
2.	Landschaftsrahmenplan (Abs. 1 Satz 1, 2. Alt.; Abs. 2 Satz 2)	12–16
3.	Beachtung und Berücksichtigung der Raumordnung (Abs. 1 Satz 2)	17–19
IV.	Aufnahme in die Raumordnungspläne (Abs. 3)	20–32
1.	Raumbedeutsame Erfordernisse und Maßnahmen	21–23
2.	Abwägung	24–29
3.	Aufnahme	30–32
V.	Landesrechtliche Regelungen (Abs. 4)	33

I. Allgemeines

1 § 10 regelt die überörtliche Landschaftsplanung. Abs. 1 enthält wie der bisherige § 15 Abs. 1 BNatSchG 2002 die Vorgabe an die Länder, die überörtlichen Erfordernisse und Maßnahmen des Naturschutzes und der Landschaftspflege in Landschaftsprogrammen bzw. Landschaftsrahmenplänen darzustellen. Abs. 2 übernimmt die Verpflichtung, die überörtliche Landschaftsplanung flächendeckend für die gesamte Landesfläche zu erstellen. Die Aufstellung von Landschaftsrahmenplänen ist obligatorisch, die Aufstellung eines Landschaftsprogramms erfolgt fakultativ. Die mit dieser Regelung verfolgte Konzeption betont die besondere Bedeutung des Landschaftsrahmenplans für die räumliche Konkretisierung der Ziele des Naturschutzes und der Landschaftspflege und den Charakter des Landschaftsprogramms als – zumindest auch – politische Programmaussage über die landesweit zum Schutz von Natur und Landschaft zu verfolgenden Ziele.[1] In Abs. 3 werden die bislang in § 15 Abs. 2 BNatSchG 2002 enthaltenen Vorgaben zur Berücksichtigung der überörtlichen Landschaftsplanung in der Raumordnung geregelt. Abs. 4 regelt die Geltung des Landesrechts hin-

---

1 Bt-Drs. 16227, S. 55.

sichtlich Zuständigkeit, Verfahren der Aufstellung und Verhältnis von Landschaftsprogrammen und Landschaftsrahmenplänen zu Raumordnungsplänen.

II. Keine Landschaftsplanung auf Bundesebene

Während in der Raumordnung (§ 17 ROG) die bundesweite Erstellung von Leitbildern der räumlichen Entwicklung vorgesehen ist, existiert für eine bundesweite Landschaftsplanung keine rechtliche Regelung. Der Bund hat durch die Föderalismusreform zwar die Gesetzeskompetenz hierzu erhalten, bislang aber von diesem Recht noch keinen Gebrauch gemacht. Gleichwohl gibt es Naturschutzangelegenheiten, die von gesamtstaatlicher Bedeutung sind. Auch müssen die Bundesländer die sich aus internationalen Verträgen ergebenden Verpflichtungen umsetzten. Abstimmungsbedarf besteht z.B. für: Natura-2000-Gebiete, nationale Aufgaben des Biotopverbunds (großräumige Verbundachsen, Berücksichtigung von Arten mit sehr großen Raumansprüchen und von wandernden Arten). Die Erfüllung der gesamtstaatlichen Aufgaben von Naturschutz und Landschaftspflege soll nicht durch eine entgegenwirkende Landschaftsplanung der Länder erschwert werden. Der Umweltrat empfiehlt der Bundesregierung hierzu die Erarbeitung eines Bundeslandschaftskonzepts, das eine konsolidierte Darstellung aller bundesweit und international bedeutsamen Naturschutzziele nebst Handlungsstrategien zu ihrer Umsetzung enthält.[2] Dieses sollte zumindest Aussagen treffen zum Erhalt und zur Entwicklung von:

- Gebieten mit besonderer Bedeutung für prioritäre Lebensräume und Arten;
- größeren zusammenhängenden Gebieten mit besonderer Bedeutung für die Bio- und Geodiversität;
- Natura-2000-Gebieten, unzerschnittenen Räumen und Räumen mit Bedeutung für den bundesweiten Biotopverbund;
- Gebieten mit bundesweiter Bedeutung für die Erholung (Erholungslandschaften, Reizklima);
- (historischen) Kulturlandschaften;
- Gebieten mit bundesweiter Bedeutung für den länderübergreifenden Hochwasser-, Trinkwasser- und Fließgewässerschutz;
- Gebieten mit bundesweit bedeutsamem biotischem Ertragspotenzial und
- großräumigen klimatischen und lufthygienischen Zusammenhängen.

Die Darstellung und Konkretisierung der Ziele durch den Bundesgesetzgeber – entweder in einem Bundeslandschaftskonzept oder in Einzelkonzeptionen – ist eine unverzichtbare Planungsgrundlage für die Verwirklichung der oben angeführten gesamtstaatlich bedeutsamen Naturschutzziele. Einen ersten Schritt in diese Richtung stellt § 21 BNatSchG dar, der den bundesweiten Aufbau eines Biotopverbunds auf jeweils mindestens 10 % der Landesfläche fordert.

Auch für den Bereich der ausschließlichen Wirtschaftszone (AWZ) ist das Instrument der Landschaftsplanung nicht im BNatSchG verankert, obwohl § 17 Abs. 3 ROG für die AWZ die Aufstellung eines Raumordnungsplans als Rechtsverordnung regelt. Der Raumordnungsplan soll Festlegungen zur

---

2 *SRU*, Sondergutachten 2002, BT-Drs. 14/9852 Tz. 274, vgl. auch schon den Entwurf des umweltpolitischen Schwerpunktprogramms 1998, wo die Aufstellung eines Bundeslandschaftskonzeptes als wichtige Maßnahme zur Stärkung des Naturschutzes genannt wurde, BMU, 1998, S. 54 f.

wirtschaftlichen und wissenschaftlichen Nutzung, zur Gewährleistung der Sicherheit und Leichtigkeit des Verkehrs sowie zum Schutz der Meeresumwelt treffen; für diese Nutzungen und Funktionen können auch Vorrang-, Vorbehalts- und Eignungsgebiete gemäß § 8 Abs. 7 ROG festgelegt werden. Damit die Belange des Naturschutzes für die Aufstellung des Raumordnungsplans für die AWZ dennoch zur Verfügung stehen, hat das Bundesamt für Naturschutz einen entsprechenden naturschutzfachlichen Planungsbeitrag erarbeitet.[3]

III. Überörtliche Landschaftsplanung

5 Die überörtlichen Erfordernisse und Maßnahmen des Naturschutzes und der Landschaftspflege werden für den Bereich eines Landes im **Landschaftsprogramm** oder für Teile des Landes in **Landschaftsrahmenplänen**, die für die gesamte Fläche eines Landes erstellt werden, dargestellt.

6 Die überörtliche Betrachtungsweise ermöglicht es, die auf Landesebene (Landschaftsprogramm) bzw. auf regionaler Ebene (Landschaftsrahmenplan) festgelegten Naturschutzziele großräumig in der Landschaftsplanung zu berücksichtigen. Dabei bestimmen die nach § 9 Abs. 3 Nr. 2 zu formulierenden Ziele und Grundsätze des Naturschutzes und der Landschaftspflege auch die für die Umsetzung der Zielkonzeption notwendigen Erfordernisse und Maßnahmen.

7 Nach § 10 Abs. 1 Satz 1 sind für die überörtliche Landschaftsplanung sowohl Landschaftsprogramme als auch Landschaftsrahmenpläne vorgesehen, wobei für die Landschaftsrahmenpläne in Abs. 2 Satz 2 eine obligatorische, für die Landschaftsprogramme dagegen lediglich eine fakultative Aufstellungspflicht besteht. Die Mehrzahl der Flächenstaaten hat die Landschaftsplanung der räumlichen Gesamtplanung angeglichen und beide Planungsebenen im Landesrecht verankert. Auf Grund der unterschiedlichen Zielrichtung beider Planwerke (Formulierung landesweiter bzw. regionaler Naturschutzziele), ihrer unterschiedlichen, planungsmaßstabbezogenen Konkretisierung von Planungsaussagen und der Aufnahmepflicht der raumbedeutsamen Aussagen in landesweite und regionale Raumordnungspläne sollte auf keines der beiden Planungsinstrumente verzichtet werden. Eine zweistufige überörtliche Landschaftsplanung kann eine angemessene Berücksichtigung der Belange von Naturschutz und Landschaftspflege auf allen Ebenen der räumlichen Gesamtplanung der Länder gewährleisten.

1. Landschaftsprogramm (Absatz 1 Satz 1, 1. Alt.; Absatz 2 Satz 1)

8 Das **Landschaftsprogramm** wird als ein für das Land einheitliches, flächendeckendes Planwerk aufgestellt. Es formuliert die landesweiten Ziele, Grundsätze und Aufgaben des Naturschutzes und der Landschaftspflege sowie die Maßnahmen, die zu ihrer Umsetzung erforderlich sind. Aufgrund des Planungsmaßstabes (1:500.000 bis 1:200.000) sind nur großräumige und grundsätzliche Aussagen möglich, die in den folgenden Stufen der Landschaftsplanung zunehmend zu konkretisieren sind. Die Festlegungen des Landschaftsprogramms bilden so die konzeptionelle Grundlage für die Erarbeitung der Landschaftsrahmenpläne und Landschaftspläne.

---

3 Naturschutzfachlicher Planungsbeitrag des Bundesamtes für Naturschutz zur Aufstellung von Zielen und Grundsätzen der Raumordnung für die deutsche Ausschließliche Wirtschaftszone der Nord- und Ostsee, 2006, 38 S., http://www.bfn.de/habitatmare/de/downloads/Planungsbeitrag_zur_Raumordnung_AWZ_2006.pdf.

Das Landschaftsprogramm soll die Grundsatzpositionen des Landes sowie landesweite Leitbilder und Vorgaben für die Belange von Naturschutz und Landschaftspflege formulieren. Die darzustellenden Inhalte gibt § 9 Abs. 3 vor. Insbesondere die folgenden Schwerpunkte können nur auf der Ebene des Landschaftsprogramms sinnvoll behandelt werden:[4]

– Leitbilder der naturschutzfachlichen Entwicklung für die Naturräume der Länder, aber auch für länderübergreifende Zusammenhänge,
– Konzeption eines landesweiten Biotopverbundes im Sinne von § 21 BNatSchG und zur Sicherung der ökologischen Kohärenz im Sinne der FFH-RL,
– landesweite Vorgaben zur Umsetzung der FFH- und Vogelschutz-RL,
– Prioritäten für schutzwürdige Bereiche und Gebietssicherungen (hoheitlicher sowie vertraglicher Schutz),
– Konzepte für Monitoring/Umweltbeobachtung,
– landesweite Vorgaben zur Pflege und Entwicklung der Kulturlandschaft,
– landesweite Vorgaben für die Regionalisierung der guten fachlichen Praxis,
– Bewertungsmaßstäbe für Fachplanungen, Projekte und Raumordnung auf Landesebene zur nachhaltigen, naturverträglichen Flächennutzung.

Die Aussagen sind insbesondere für die Integration in die Pläne und Programme von Raumordnung und Landesplanung aufzubereiten.

Ein Landschaftsprogramm muss nicht zwingend aufgestellt werden, vielmehr sieht Abs. 2 Satz 1 für Landschaftsprogramme eine **fakultative Aufstellung** vor. Für die Länder hat die Aufstellung eines Landschaftsprogramm den Vorteil, dass sie landesweite Ziele und Leitbilder des Naturschutzes und der Landschaftspflege vorgeben können, in dessen Planungsrahmen sich die regionale Landschaftsplanung zu bewegen hat. Die Länder haben diese Möglichkeit daher bereits bislang genutzt und Landschaftsprogramme aufgestellt.

2. Landschaftsrahmenplan (Absatz 1 Satz 1, 2. Alt.; Absatz 2 Satz 2)

Der Landschaftsrahmenplan wird für Teile eines Landes erstellt. Wie bislang ist eine flächendeckende Erstellung von Landschaftsrahmenplänen vorgeschrieben (Abs. 2 Satz 2). Dadurch soll eine lückenhafte Darstellung und Bewertung bedeutsamer Faktoren vermieden und die Effektivität der Rahmenplanung verbessert werden. Nur eine flächendeckende Planung kann auch ihre Vorsorgewirkung entfalten.[5]

Landschaftsrahmenpläne stellen die regionalen Erfordernisse und Maßnahmen zur Verwirklichung der Ziele und Grundsätze von Naturschutz und Landespflege dar. Als unterste Stufe der überörtlichen Landschaftsplanung sollen sie die Vorgaben der Landschaftsprogramme für den Teilraum näher konkretisieren und als Grundlage für den Vollzug des Naturschutzes und auch für die Integration der Belange in die Regionalplanung und die ortsübergreifenden Fachplanungen dienen. Die überörtliche Sichtweise ermöglicht dabei die Einbeziehung großräumiger Zusammenhänge und eine angemessene Beurteilung des Wertes gemeinde- oder kreisgrenzenübergreifender

---

4 *Herbert/Wilke*, Stand und Perspektiven der Landschaftsplanung in Deutschland. V. Landschaftsplanung vor neuen Herausforderungen. Natur und Landschaft 2003, 64, 67.
5 BT-Drs. 14/6378 S. 27, 46.

oder sonst überörtlich bedeutsamer Freiflächen oder Biotope für Naturschutz und Landschaftspflege.[6]

14 Der Landschaftsrahmenplan eignet sich vornehmlich für Vorgaben und Konzepte
- zum regionalen Biotopverbund und zur Vernetzung im Sinne von § 21 BNatSchG,
- zu erforderlichen Verbindungselementen im Sinne der FFH-RL,
- zum Umgebungsschutz von FFH-Gebieten,
- zur räumlichen Konkretisierung der guten fachlichen Praxis,
- zu absehbaren Eingriffen und anderen Beeinträchtigungen sowie insbesondere zu deren Summenwirkung und,
- zu Suchräumen für Kompensationsmaßnahmen im regionalen Maßstab.[7]

15 Der Planungsmaßstab (1:50.000 bis 1:25.000) ermöglicht die Darstellung der Aussagen in einer für die regionale Ebene sinnvollen Detaillierung.

Gemäß Abs. 2 Satz 2 besteht für Landschaftsrahmenpläne eine **obligatorische Aufstellungspflicht**. Die mit dieser Regelung verfolgte Konzeption betont die besondere Bedeutung des Landschaftsrahmenplans für die räumliche Konkretisierung der Ziele des Naturschutzes und der Landschaftspflege.[8] Die Pflicht zur Aufstellung von Landschaftsrahmenplänen entfällt, sofern ein Landschaftsprogramm seinen Inhalten und seinem Konkretisierungsgrad nach einem Landschaftsrahmenplan entspricht. Mit dieser Ausnahmeregelung wird der Situation in den Stadtstaaten und im Saarland Rechnung getragen, die aufgrund ihrer relativ geringen Flächengröße nur eine einstufige überörtliche Landschaftsplanung in Form eines Landschaftsprogramms vorsehen. Größere Flächenstaaten können diese Regelung hingegen wohl eher nicht in Anspruch nehmen, da ihre Landschaftsprogramme kaum den Detaillierungsgrad und Planungsmaßstab von Landschaftsrahmenplänen aufweisen dürften.

16 Gemäß § 9 Abs. 4 besteht für Landschaftsrahmenpläne eine **Fortschreibungspflicht**, sobald und soweit dies im Hinblick auf Erfordernisse und Maßnahmen im Sinne von Abs. 3 Satz 1 Nr. 4 erforderlich ist, insbesondere weil wesentliche Veränderungen von Natur und Landschaft im Planungsraum eingetreten, vorgesehen oder zu erwarten sind (vgl. § 9 Rdnr. 64 ff.). Die Fortschreibungspflicht gilt auch für Landschaftsprogramme, sofern sie Landschaftsrahmenpläne ersetzen.

3. Beachtung und Berücksichtigung der Raumordnung (Absatz 1 Satz 2)

17 Bei der Erstellung von Landschaftsprogrammen und Landschaftsrahmenplänen sind nach Abs. 1 Satz 2 die Ziele der Raumordnung zu beachten und die Grundsätze und sonstigen Erfordernisse der Raumordnung zu berücksichtigen, wie es bereits § 4 ROG vorgibt.

---

6 OVG Münster, Urt. v. 26.4.1995, NWVBl. 1996, 17, 19.
7 Herbert/Wilke, Stand und Perspektiven der Landschaftsplanung in Deutschland. V. Landschaftsplanung vor neuen Herausforderungen, NuL 2003, 64, 67.
8 BT-Drs. 16/12274, S. 55.

18 Die **Ziele** der Raumordnung sind als verbindliche Vorgaben in Form von räumlich und sachlich bestimmten oder bestimmbaren, vom Träger der Raumordnung abschließend abgewogenen (§ 7 Abs. 2 ROG) textlichen oder zeichnerischen Festlegungen in Raumordnungsplänen zur Entwicklung, Ordnung und Sicherung des Raums in § 3 Abs. 1 Nr. 2 ROG legaldefiniert. Für die Ziele der Raumordnung besteht für die Landschaftsplanung eine **Beachtungspflicht**, d.h. diese sind bindend und unterliegen keiner Abwägung. Hierdurch soll die Widerspruchsfreiheit der Planungen gewährleistet werden.[9]

19 Bei den **Grundsätzen** der Raumordnung handelt es sich um Aussagen zur Entwicklung, Ordnung und Sicherung des Raums als Vorgaben für nachfolgende Abwägungs- oder Ermessensentscheidungen (§ 3 Abs. 1 Nr. 3 ROG). Die **sonstigen Erfordernisse** der Raumordnung sind die in Aufstellung befindlichen Ziele der Raumordnung, Ergebnisse förmlicher landesplanerischer Verfahren wie des Raumordnungsverfahrens und landesplanerische Stellungnahmen (§ 3 Abs. 1 Nr. 4 ROG). Die Grundsätze und sonstigen Erfordernisse der Raumordnung sind bei der Landschaftsplanung zu berücksichtigen. Im Gegensatz zu den Zielen der Raumordnung sind sie also nicht bindend, sondern unterliegen der Abwägung.

IV. Aufnahme in die Raumordnungspläne (Absatz 3)

20 Abs. 3, der im Wesentlichen § 15 Abs. 2 BNatSchG 2002 entspricht, wendet sich an die Landesplanungsbehörden. Diese haben die konkretisierten Ziele, Erfordernisse und Maßnahmen des Naturschutzes und der Landschaftspflege, soweit sie raumbedeutsam sind, unter Abwägung mit anderen raumbedeutsamen Planungen und Maßnahmen in die Raumordnungspläne aufzunehmen. Von Bedeutung sind hier landesweite Raumordnungspläne, Regionalpläne und regionale Flächennutzungspläne nach § 8 ROG. Die Vorgaben des Abs. 2 wiederholen Übernahme- und Abwägungspflichten, die sich bereits aus § 7 Abs. 2 ROG ergeben.

1. Raumbedeutsame Erfordernisse und Maßnahmen

21 Für die Aufnahme in Raumordnungspläne eignen sich nur die raumbedeutsamen Darstellungen der Landschaftsplanung. Daher stellt Abs. 2 klar, dass nur diese in die räumliche Gesamtplanung Eingang finden, während alle landschaftsplanerischen Aussagen, die keinen Raumbezug aufweisen, unberücksichtigt bleiben. Raumbedeutsam sind nach § 3 Abs. 1 Nr. 6 ROG alle Planungen einschließlich der Raumordnungspläne, Vorhaben und sonstigen Maßnahmen, durch die Raum in Anspruch genommen **oder** die räumliche Entwicklung oder Funktion eines Gebietes beeinflusst wird. Beide Kriterien stehen alternativ nebeneinander, was nicht ausschließt, dass sie im Einzelfall auch gemeinsam vorliegen können.[10] Als raumbeanspruchend sind solche Planungen und Maßnahmen einzustufen, die nach den Maßstäben des Planungsraums bereits wegen ihrer Größenordnung herausragen und daher einer raumordnerischen Einordnung bedürfen.[11] Raumbeeinflussend sind Planungen, die sich konkret positiv oder negativ auf die räumliche Entwicklung oder auf die Funktion eines Gebiets auswirken.

---

9 *Louis/Engelke*, BNatSchG, § 5 Rdnr. 7.
10 *Runkel*, in: Bielenberg/Runkel/Spannowsky, Raumordnungs- und Landesplanungsrecht des Bundes und der Länder, § 3 Rdnr. 242.
11 *Runkel*, a.a.O., § 3 Rdnr. 249.

22 Die überörtlich raumbedeutsamen Erfordernisse und Maßnahmen des Naturschutzes und der Landschaftspflege ergeben sich aus den Darstellungen nach § 9 Abs. 3 Nr. 4. Insbesondere sind für die Aufnahme in Raumordnungspläne geeignet: bestehende und geplante Schutzgebiete, auf Grund internationaler oder europäischer Verpflichtungen geschützte Gebiete, Gebiete von gesamtstaatlicher Bedeutung, Gebiete mit zu erhaltenden bzw. zu entwickelnden Funktionen für Arten und Biotope einschließlich des Biotopverbunds, Gebiete mit hohem Erholungswert und ansprechenden Landschaftsbildern sowie Gebiete mit besonderer Bedeutung für die Naturhaushaltbestandteile Boden, Wasser, Luft und Klima. Über solche speziellen Ausweisungen und Darstellungen hinaus sind die Inhalte der überörtlichen Landschaftsplanung auch bei der Festlegung nutzungsorientierter Darstellungen im Sinne der Sicherung der Naturschutzfunktionen auf der gesamten Fläche sowie zur Minimierung von Nutzungskonflikten zu berücksichtigen.[12] Die für die Bereiche Arten- und Biotopschutz, Boden, Wasser, Klima, Luft und Landschaftsbild formulierten landesweiten oder regionalen Umweltqualitätsziele sind daher ebenfalls in die textlichen Darstellungen der Raumordnungspläne zu übernehmen.

23 Die Landschaftsplanung ist zwar in ihren Aussagen überwiegend raumbezogen, sie formuliert aber auch die nicht-raumbezogenen Erfordernisse und Maßnahmen, die zur Verwirklichung der Ziele und Grundsätze von Naturschutz und Landschaftspflege nötig sind und von den für Naturschutzbelange zuständigen Fachbehörden umzusetzen sind (z.B. Artenschutzmaßnahmen). Auch wenn diese Darstellungen nicht in Raumordnungspläne aufgenommen werden können, so sind sie doch als Informationsgrundlage für die Abwägungsentscheidungen oder bei späteren Planabweichungsverfahren von Bedeutung.[13]

2. Abwägung

24 Die Erstellung der Raumordnungspläne dient der Festlegung aller raumbedeutsamen Planungen und Maßnahmen. Entsprechende Darstellungen enthalten neben den Landschaftsprogrammen und Landschaftsrahmenplänen die Fachpläne des Verkehrsrechts, des Wasser- und Immissionsschutzrechts, forstliche Rahmenpläne sowie die Abfallwirtschaftsplanungen.

25 Bei der Aufstellung der Raumordnungspläne werden die öffentlichen und privaten Belange, soweit sie auf der jeweiligen Planungsebene erkennbar und von Bedeutung sind, gegeneinander und untereinander abgewogen; bei der Festlegung von Zielen der Raumordnung ist abschließend abzuwägen (§ 7 Abs. 2 ROG). Die Grundsätze der Raumordnung nennt § 2 Abs. 2 ROG, wobei alle Grundsätze untereinander gleichrangig sind. In ihnen spiegeln sich die vielen unterschiedlichen Ansprüche an den Raum wider. Die Abwägungs- und ggf. Übernahmepflicht der landschaftsplanerischen Belange in die Raumordnungspläne ergibt sich aus mehreren Grundsätzen des ROG. So sind z.B. gemäß Grundsatz Nr. 1 die Ressourcen nachhaltig zu schützen. Nach Nr. 2 ist die prägende Vielfalt des Gesamtraums und seiner Teilräume zu sichern, der Freiraum ist durch übergreifende Freiraum-, Siedlungs- und weitere Fachplanungen zu schützen, ein großräumig übergreifendes, ökologisch wirksames Freiraumverbundsystem zu schaffen sowie die weitere Zerschneidung der freien Landschaft und von Waldflächen so weit

---

[12] LANA-AK Landschaftsplanung: Mindestinhalte der flächendeckenden überörtlichen Landschaftsplanung.
[13] *Louis*, BNatSchG, § 5 Rdnr. 10.

wie möglich zu vermeiden. Nr. 5 gibt den Erhalt und die Entwicklung der Kulturlandschaft vor. Nach Nr. 6 ist der Raum in seiner Bedeutung für die Funktionsfähigkeit der Böden, des Wasserhaushalts, der Tier- und Pflanzenwelt sowie des Klimas einschließlich der jeweiligen Wechselwirkungen zu entwickeln, zu sichern oder, soweit erforderlich, möglich und angemessen, wiederherzustellen. Auch die wirtschaftliche und soziale Nutzungen des Raums haben unter Berücksichtigung seiner ökologischen Funktionen zu erfolgen, wobei die Naturgüter sparsam und schonend in Anspruch zu nehmen und Grundwasservorkommen zu schützen sind. Hierzu zählt auch der sparsamere Umgang mit Freiflächen, der dazu beitragen soll, dass der Flächenverbrauch durch erstmalige Inanspruchnahmen reduziert wird, so wie es die Nationale Nachhaltigkeitsstrategie vorgibt. Beeinträchtigungen des Naturhaushalts sind auszugleichen, den Erfordernissen des Biotopverbundes ist Rechnung zu tragen. Der vorbeugende Hochwasserschutz im Binnenland soll vor allem durch Sicherung oder Rückgewinnung von Auen, Rückhalteflächen und Entlastungsflächen erfolgen. Der erste Teil des 6. Grundsatzes stellt auf einen umfassenden Schutz des Naturhaushalts ab und ist somit von zentraler Bedeutung für die Geltendmachung der Belange von Naturschutz und Landschaftspflege im Raum.

Um gegeneinander und untereinander abgewogen werden zu können, muss eine sorgfältige Ermittlung der den einzelnen Grundsätzen zu Grunde liegenden sachlichen Gegebenheiten erfolgen. Nur wenn diese Angaben vollständig und nachvollziehbar begründet sind, können die naturschutzbezogenen Grundsätze mit dem ihnen in der konkreten räumlichen und sachlichen Situation zukommenden Gewicht in die Abwägung eingestellt werden[14]. Die Aufgabe der Landschaftsplanung ist es, die erforderlichen Informationen aus dem Bereich des Naturschutzes und der Landschaftspflege in einer entsprechenden Qualität für die raumplanerische Abwägung bereitzustellen.

Nach § 7 Abs. 6 ROG sind bei der Abwägung auch die Erhaltungsziele oder der Schutzzweck der Gebiete von gemeinschaftlicher Bedeutung und der Europäischen Vogelschutzgebiete zu berücksichtigen; soweit diese erheblich beeinträchtigt werden können, ist eine Verträglichkeitsprüfung i.S.v. § 34 BNatSchG durchzuführen.

Bei der Erstellung der Raumordnungspläne soll gemäß § 1 Abs. 2 ROG eine nachhaltige Raumentwicklung erreicht werden, die die sozialen und wirtschaftlichen Ansprüche an den Raum mit seinen ökologischen Funktionen in Einklang bringt und zu einer dauerhaften, großräumig ausgewogenen Ordnung führt. Diese Leitvorstellung ist auch im Rahmen der raumordnerischen Abwägung der Grundsätze zu berücksichtigen. Der Gesamtplan hat der Leitvorstellung einer nachhaltigen Entwicklung zu entsprechen. Dies schließt nicht aus, dass in der planerischen Abwägung für einzelne Bereiche und Standorte den ökonomischen oder sozialen Raumansprüchen Vorrang gegenüber ökologischen Raumfunktionen eingeräumt wird oder umgekehrt die ökologischen Funktionen als vorrangig erachtet werden. Die bestehenden Defizite in räumlichen Teilbereichen sind durch Kompensation in anderen Teilräumen auszugleichen oder zu mildern, damit der Raumordnungsplan im Ganzen der vom ROG vorgegebenen Leitvorstellung entspricht.[15] Bezogen auf Natur und Landschaft bedeutet das Nachhaltig-

---

14 *Runkel*, in: Bielenberg/Runkel/Spannowsky, Raumordnungs- und Landesplanungsrecht des Bundes und der Länder, § 2 Rdnr. 14.
15 *Runkel*, a.a.O., § 1 Rdnr. 95.

keitsprinzip, dass im Rahmen der Abwägung darauf zu achten ist, dass der Naturhaushalt und die natürlichen Ressourcen nicht durch wirtschaftliche und soziale Raumansprüche über die Grenzen ihrer Leistungs- bzw. Belastungsfähigkeit beeinträchtigt werden. Widerspricht der Gesamtplan auf Grund zu starker Gewichtung einzelner Belange dieser Leitvorstellung, so ist er abwägungsfehlerhaft.

29 Besteht für ein Planungsgebiet keine oder nur eine veraltete Landschaftsplanung, so ergibt sich aus dem Abwägungsgebot, dass der Träger der Raumordnung selbst die raumbedeutsamen Belange von Natur und Landschaft entsprechend dem Grundsatz des § 2 Abs. 2 Nr. 6 ROG i.V.m. § 7 Abs. 1 Satz 1 ROG erheben muss, soweit sie für seine Planungen erforderlich sind, da nur dann eine gerechte Abwägung aller raumbedeutsamen Planungen und Maßnahmen möglich ist.[16]

3. Aufnahme

30 Die im Rahmen der Abwägung als vorrangig befundenen Erfordernisse und Maßnahmen des Naturschutzes und der Landschaftspflege werden in die Raumordnungspläne aufgenommen. Zu Form und Verfahren der Aufnahme macht das BNatSchG keine Vorgaben; dies regeln wie bisher die Länder in ihren landesplanungsrechtlichen Vorschriften. Das BNatSchG geht von der Sekundärintegration der Landschaftsprogramme und Landschaftsrahmenpläne in die Raumordnungspläne aus, möglich ist aber ebenso die Primärintegration sowie die eigenständige Landschaftsplanung.[17]

31 Durch die Aufnahme erlangen die abgewogenen Aussagen der Landschaftsplanung die den Raumordnungsplänen entsprechende Verbindlichkeit in Form von Zielen oder Grundsätzen der Raumordnung. Zu **Zielen** der Raumordnung können raumbedeutsame Erfordernisse und Maßnahmen von Natur und Landschaft in den Raumordnungsplänen erklärt werden, wenn sie räumlich und sachlich bestimmt oder bestimmbar und vom Träger der Landes- oder Regionalplanung **abschließend** abgewogen wurden. Sie sind als verbindliche Vorgaben in nachgeordneten raumbedeutsamen Planungen und Maßnahmen zu beachten. Festlegungen in Form von **Grundsätzen** erfolgen regelmäßig dann, wenn es sich um allgemeine raumbezogene Aussagen handelt, die auf der vorgegebenen Planungsebene nicht weiter konkretisierbar sind. Als Grundsätze sind sie in nachfolgenden Abwägungs- oder Ermessensentscheidungen zu berücksichtigen.

32 Die Raumansprüche von Naturschutz und Landschaftspflege können (ebenso wie andere Nutzungsansprüche) z.B. durch raumordnerische Festlegungen in Form von Vorrang-, Vorbehalts- oder Eignungsgebieten (§ 8 Abs. 7 ROG) gesichert werden. Vorranggebiete sind legaldefiniert als Gebiete, die für bestimmte, raumbedeutsame Funktionen oder Nutzungen vorgesehen sind und andere raumbedeutsame Nutzungen in diesem Gebiet ausschließen, soweit diese mit den vorrangigen Funktionen, Nutzungen oder Zielen der Raumordnung nicht vereinbar sind (§ 8 Abs. 7 Nr. 1 ROG). Vorbehaltsgebiete sind Gebiete, in denen bestimmten, raumbedeutsamen Funktionen oder Nutzungen bei der Abwägung mit konkurrierenden raumbedeutsamen Nutzungen besonderes Gewicht beizumessen ist (§ 8 Abs. 7 Nr. 2 ROG). Eignungsgebiete sind Gebiete, in denen bestimmten, raumbedeutsamen Maßnahmen oder Nutzungen, die städtebaulich nach § 35 des

---

16 Vgl. *Runkel*, in: Bielenberg/Runkel/Spannowsky, a.a.O., § 3 Rdnr. 121 f.
17 Vgl. *Czybulka*, in Riedel/Lange (Hrsg): Landschaftsplanung, 2002, S. 45 ff.

Baugesetzbuchs zu beurteilen sind, andere raumbedeutsame Belange nicht entgegenstehen, wobei diese Maßnahmen oder Nutzungen an anderer Stelle im Planungsraum ausgeschlossen sind (§ 8 Abs. 7 Nr. 3 ROG). Durch ihre Behördenverbindlichkeit entfalten Vorrang-, Vorbehalts- und Eignungsgebiete auch eine Bindungswirkung gegenüber der nachgeordneten Bauleitplanung und dem Fachplanungsrecht.[18]

V. Landesrechtliche Regelungen (Absatz 4)

In Bezug auf Zuständigkeit, Verfahren der Aufstellung und Verhältnis zur Raumordnungsplanung hat der Bund auf Vorgaben verzichtet und belässt diese im Regelungsbereich der Länder. Ob also die für Naturschutz und Landschaftspflege oder aber die für die Raumordnung bzw. Regionalplanung zuständige Behörde den Plan aufstellt, in welchem Verfahren die Aufstellung erfolgt und ob Landschaftsprogramm und Landschaftsrahmenplan als eigenständiger Plan oder integriert in den Raumordnungs- bzw. Regionalplan aufgestellt werden, soll sich nach den entsprechenden Vorschriften des Landesrechts richten.[19] Die Länder können somit eigene Regelungen erlassen, ohne von ihrer Abweichungskompetenz nach Art. 72 Abs. 33 GG Gebrauch machen zu müssen.[20] Bezogen auf die überörtliche Landschaftsplanung weist Gesetzgeber bei Integrationslösungen darauf hin, dass es die Anforderungen, die sich aus der Strategischen Umweltprüfung für die Raumordnungsplanung ergeben, aber auch die Berücksichtigungspflicht aus § 9 Abs. 5 Satz 3 in der Regel erforderlich machen, zunächst ein als solches auch erkennbares landschaftsplanerisches Konzept zu erarbeiten,[21] so wie es bei der Sekundärintegration erfolgt.

33

---

18 *Erbguth/Stollmann* in: Riedel/Lange (Hrsg.) Landschaftsplanung, S. 44.
19 BT-Drs. 16/12274, S. 56.
20 *Louis*, NuR 2010, 77/78.
21 BT-Drs. 16/12274, S. 56.

§ 11 Landschaftspläne und Grünordnungspläne

(1) ¹Die für die örtliche Ebene konkretisierten Ziele, Erfordernisse und Maßnahmen des Naturschutzes und der Landschaftspflege werden auf der Grundlage der Landschaftsrahmenpläne für die Gebiete der Gemeinden in Landschaftsplänen, für Teile eines Gemeindegebiets in Grünordnungsplänen dargestellt. ²Die Ziele der Raumordnung sind zu beachten; die Grundsätze und sonstigen Erfordernisse der Raumordnung sind zu berücksichtigen. ³Die Pläne sollen die in § 9 Absatz 3 genannten Angaben enthalten, soweit dies für die Darstellung der für die örtliche Ebene konkretisierten Ziele, Erfordernisse und Maßnahmen erforderlich ist. ⁴Abweichende Vorschriften der Länder zum Inhalt von Landschafts- und Grünordnungsplänen sowie Vorschriften zu deren Rechtsverbindlichkeit bleiben unberührt.

(2) ¹Landschaftspläne sind aufzustellen, sobald und soweit dies im Hinblick auf Erfordernisse und Maßnahmen im Sinne des § 9 Absatz 3 Satz 1 Nummer 4 erforderlich ist, insbesondere weil wesentliche Veränderungen von Natur und Landschaft im Planungsraum eingetreten, vorgesehen oder zu erwarten sind. ²Grünordnungspläne können aufgestellt werden.

(3) Die in den Landschaftsplänen für die örtliche Ebene konkretisierten Ziele, Erfordernisse und Maßnahmen des Naturschutzes und der Landschaftspflege sind in der Abwägung nach § 1 Absatz 7 des Baugesetzbuches zu berücksichtigen und können als Darstellungen oder Festsetzungen nach den §§ 5 und 9 des Baugesetzbuches in die Bauleitpläne aufgenommen werden.

(4) Werden in den Ländern Berlin, Bremen und Hamburg die örtlichen Erfordernisse und Maßnahmen des Naturschutzes und der Landschaftspflege in Landschaftsrahmenplänen oder Landschaftsprogrammen dargestellt, so ersetzen diese die Landschaftspläne.

(5) Die Zuständigkeit und das Verfahren zur Aufstellung der Landschaftspläne und Grünordnungspläne sowie deren Durchführung richten sich nach Landesrecht.

Gliederung	Rdnr.
I. Allgemeines	1, 2
II. Örtliche Landschaftsplanung	3–19
1. Landschaftsplan (Abs. 1 Satz 1, 1. Alt.; Abs. 2 Satz 1)	4–8
2. Grünordnungsplan (Abs. 1 Satz 1, 2. Alt.; Abs. 2 Satz 2)	9–12
3. Vorgaben der überörtlichen Landschaftsplanung (Abs. 1 Satz 1)	13–15
4. Mindestinhalte von Landschafts- und Grünordnungsplänen (Abs. 1 Satz 3)	16–18
5. Beachtung bzw. Berücksichtigung der Raumordnung (Abs. 1 Satz 2)	19
III. Aufnahme in die Bauleitplanung (Abs. 3)	20, 21
IV. Stadtstaatenklausel (Abs. 4)	22
V. Geltung des Landesrechts (Abs. 5)	23

I. Allgemeines

1 § 11 regelt die örtliche Landschaftsplanung. Entsprechend dem Vorbild einiger Länder sieht nun auch das BNatSchG in Abs. 1 die Erstellung von Grünordnungsplänen für Teile eines Gemeindegebiets vor. Inhaltlich sind von den in § 9 Abs. 3 genannten Angaben in Landschafts- und Grünordnungsplänen nur diejenigen erforderlich, die für die Konkretisierung der Ziele und Darstellung der Erfordernisse und Maßnahmen auf der örtlichen Ebene erforderlich sind (Abs. 1 Satz 3).

Landschaftspläne müssen gemäß Abs. 2 Satz 1 nicht mehr flächendeckend aufgestellt werden, wie es § 16 Abs. 1 Satz 1 BNatSchG 2002 vorgab, sondern nur noch dann, wenn sie erforderlich sind. Damit kehrt das BNatSchG wieder zu der vor 2002 gültigen Regelung der Erforderlichkeit zurück. Auch die Pflicht zur Fortschreibung, die bereits in § 9 Abs. 4 enthalten ist, ist nach Abs. 2 Satz 2 fakultativ. In Abs. 3 wird das Verhältnis von Landschafts- und Grünordnungsplänen zur Bauleitplanung geregelt und damit der Regelungsauftrag an die Länder in § 16 Abs. 2 Satz 1 BNatSchG 2002 sowie die den Ländern in § 16 Abs. 2 Satz 2 BNatSchG 2002 eröffnete Regelungsmöglichkeit durch eine Vollregelung ersetzt.[1]

II. Örtliche Landschaftsplanung

Die für die örtliche Ebene konkretisierten Ziele, Erfordernisse und Maßnahmen des Naturschutzes und der Landschaftspflege werden auf der Grundlage der Landschaftsrahmenpläne für die Gebiete der Gemeinden in Landschaftsplänen, für Teile eines Gemeindegebiets in Grünordnungsplänen dargestellt. Die Aufstellung von Landschaftsplänen ist dabei – geknüpft an den Erfordernisvorbehalt in Abs. 2 Satz 1 – obligatorisch, während die Aufstellung von Grünordnungsplänen fakultativ ist. Die zuständige Behörde ist im Regelfall bei den Städten und Gemeinden angesiedelt. Die Landschaftspläne bilden die landschaftspflegerische Grundlage für die Beachtung der Belange von Naturschutz und Landschaftspflege in Flächennutzungsplänen, die Grünordnungspläne korrespondieren mit den Bebauungsplänen.

1. Landschaftsplan (Absatz 1 Satz 1, 1. Alt.; Absatz 2 Satz 1)

Der Landschaftsplan wird für ein Gemeindegebiet erstellt. Darzustellen sind die für die örtliche Ebene konkretisierten Ziele, Erfordernisse und Maßnahmen des Naturschutzes und der Landschaftspflege. Der Planungsmaßstab beträgt in Übereinstimmung mit dem des Flächennutzungsplans i.d.R. 1:10.000 bis 1:5.000. Die Aufstellung kann auch in Form von Teilplänen erfolgen, solange sie in ihrer Gesamtheit das gesamte Plangebiet abdecken.[2]

Der Landschaftsplan kann insbesondere Aussagen treffen[3]:
- zu den örtlichen Schwerpunkten des Naturschutzes und der Landschaftspflege;
- zu den für die Bauleitpläne bedeutsamen Zielsetzungen;
- zu den Schutzgebieten und Schutzgegenständen, soweit diese nicht im regionalen Landschaftsrahmenplan abschließend dargestellt sind;
- zur Vermeidung, Minderung oder Beseitigung von Beeinträchtigungen von Natur und Landschaft;
- über Entwicklungsbereiche für Naturschutz und Landschaftspflege und die diesbezüglichen räumlichen Zielsetzungen;
- zu Flächen, die sich besonders für örtliche Kompensationsmaßnahmen, vorlaufende Kompensationsmaßnahmen und das Ökokonto, insbesondere zusammenhängende Komplexmaßnahmen eignen;
- zum Aufbau des örtlichen Biotopverbunds;

---

[1] BT-Drs. 16/12274, S. 56.
[2] *Marzik/Wilrich*, § 16 BNatSchG Rdnr. 5; *Gellermann*, in: Landmann/Rohmer, Umweltrecht, § 16 BNatSchG Rdnr. 9.
[3] DNR, Vorschläge für ein besseres Umweltgesetzbuch. Landschaftsplanung im UGB III, 2008, S. 7 f.

- über Vorhaben zum Schutz, zur Pflege und Entwicklung der Biotope und Lebensgemeinschaften der Tiere und Pflanzen wild lebender Arten vor allem aufgrund der Datengrundlagen der Naturschutzbehörden;
- zu Flächen, die wegen ihres Zustands, ihrer Lage oder ihrer natürlichen Entwicklungsmöglichkeiten für den Naturschutz und die Landschaftspflege besonders geeignet sind;
- zum Schutz, zur Verbesserung der Qualität und zur Regeneration von Böden, Gewässern auch in Beachtung der anzustrebenden Zustände und Referenzzustände nach dem Wasserrecht, Luft und Klima, zum Wald und zu Bereichen, die gegenüber Beeinträchtigungen besonders empfindlich sind;
- zur Erhaltung und Entwicklung der Kulturlandschaft und ihrer Bestandteile und von Naturlandschaften oder natürlichen bzw. naturnahen Landschaftsbestandteilen sowie zur Erhaltung und Entwicklung von Vielfalt, Eigenart und Schönheit von Natur und Landschaft;
- zu geeigneten Bereichen der Erholungsvorsorge, zur Freiraumsicherung, Grünordnung und Förderung der Erlebnis- und Wahrnehmungsqualität der Landschaft und zur freiraumgebundenen Erholung;
- zu den Flächen mit rechtlichen Bindungen zugunsten von Naturschutz und Landschaftspflege;
- zu den nachrichtlichen Übernahmen aus dem regionalen Landschafsrahmenplan.

6 Die Landschaftsplanung kann ihrem umfassenden Auftrag auf der örtlichen Ebene nur gerecht werden, wenn sie grundsätzlich den gesamten Planungsraum der Gemeinde und damit die von allen Teilräumen ausgehenden Wirkungszusammenhänge umfasst und die Ergebnisse der übergeordneten Planungsstufen berücksichtigt,[4] weshalb § 16 Abs. 1 BNatSchG 2002 eine flächendeckende Aufstellung von Landschaftsplänen auf der Grundlage des Landschaftsprogramms oder der Landschaftsrahmenpläne vorschrieb. Mit der jetzigen Regelung in Abs. 2 Satz 1 kehrt das BNatSchG zur Rechtslage vor 2002 zurück, wonach die **Aufstellung von Landschaftsplänen** nur noch erfolgen muss, „sobald und soweit dies im Hinblick auf Erfordernisse und Maßnahmen im Sinne des § 9 Abs. 3 Satz 1 Nr. 4 erforderlich ist". Tatsächlich wurde in den Ländern aufgrund der Ausnahmemöglichkeiten von der Aufstellungspflicht nach § 16 Abs. 2. Satz 3 BNatSchG 2002 auch bisher keine Flächendeckung erreicht.

7 Das Bedürfnis einer örtlichen Landschaftsplanung besteht insbesondere, wenn wesentliche Veränderungen im Planungsraum eingetreten, vorgesehen oder zu erwarten sind, etwa wegen der Aufstellung, Änderung oder Ergänzung eines Bauleitplans, die zu erheblichen Konsequenzen im Hinblick auf die Umsetzung der für den Planungsraum zu verfolgenden Ziele von Naturschutz und Landschaftspflege führen.[5] Besteht bereits ein Landschaftsplan, so ist im Falle wesentlicher Veränderungen eine **Fortschreibung** gemäß § 9 Abs. 4 erforderlich (vgl. § 9 Rdnr. 64 ff.). Damit löst die Aufstellung/Fortschreibung von Flächennutzungs- oder Bebauungsplänen eine Aufstellungs- bzw. Fortschreibungspflicht ebenso aus wie die Erstellung/Fortschreibung überörtlicher Landschaftsplanwerke, die auf den örtlichen Planungsraum Auswirkungen haben. Ebenso kann die Fortschreibung anderer Planungen oder Verfahren mit Auswirkungen auf den Planungsraum die Pflicht zur Aufstellung bzw. Fortschreibung des Landschaftsplans auslösen, wenn sich

---
4   BT-Drs. 14/6378, S. 46.
5   BT-Drs. 16/12274, S. 56.

diese auf Natur und Landschaft auswirken. Hierzu zählen z.B. die Maßnahmenprogramme oder Bewirtschaftungspläne nach dem WHG. Die Notwendigkeit einer Planaufstellung oder Fortschreibung kann sich auch aufgrund einer verbesserten Informations-, Daten- und Erkenntnislage mit Konsequenzen für die bisherige Planung ergeben.[6] Eine derartige Erkenntnislage kann z.B. aus Fachkonzepten zum Arten- und Biotopschutz oder aus den Ergebnissen der Umweltüberwachung nach § 4c BauGB resultieren. Bei Bebauungsplänen, bei denen eine Strategische Umweltprüfung entbehrlich ist (insbesondere nach den §§ 13, 13a BauGB) bedarf es in der Regel nicht der Aufstellung, Ergänzung oder Änderung eines Landschaftsplans,[7] da hierbei keine wesentlichen Veränderungen im Planungsraum erfolgen.

Eine andere Frage ist, ob die Landschaftsplanung zu den Rechtmäßigkeitsvoraussetzungen der Bauleitplanung gehört. Jedenfalls liegen Abwägungsdefizite in Ansehung der Belange des Naturschutzes nahe, wenn ein Bauleitplan ohne vorherigen Landschaftsplan aufgestellt wird, obwohl gerade die bauleitplanerisch vorgesehenen Veränderungen des Planungsraums die gesetzliche Pflicht zur Aufstellung eines Landschaftsplans aktiviert.[8] Es wäre mit dieser Aufstellungspflicht schwerlich in Einklang zu bringen, wenn ein eigentlich erforderlicher landespflegerischer Planungsbeitrag ohne Sanktionierung unterbleiben könnte.[9]

2. Grünordnungsplan (Absatz 1 Satz 1, 2. Alt.; Absatz 2 Satz 2)

Für Teile eines Gemeindegebiets können die konkretisierten Ziele, Erfordernisse und Maßnahmen in Grünordnungsplänen parzellenscharf dargestellt werden. Der Grünordnungsplan stellt den Fachplan des Naturschutzes und der Landschaftspflege auf der Ebene des Bebauungsplanes dar. Der Planungsmaßstab beträgt in Übereinstimmung mit dem des Bebauungsplans i.d.R. 1:2.500 bis 1:1.000.

Die Aufgaben der Grünordnungsplanung bestehen darin[10],
– die Möglichkeiten und Bedingungen der natürlichen Umwelt als Wirkungsgefüge und als Erlebnis- und Erholungsraum herauszuarbeiten,
– in Abstimmung mit den anderen Fachplanungen die städtebauliche Entwicklung den Möglichkeiten und Bedingungen der natürlichen Umwelt anzupassen und Eingriffsregelung in der Bauleitplanung dadurch ggf. die Entwicklungsmöglichkeiten zu erweitern,
– im Hinblick auf die Bedürfnisse der Bevölkerung die Grün- und Freiflächen in Zusammenarbeit mit anderen Fachplanungen im Rahmen der verbindlichen Bauleitplanung in die gesamte städtebauliche Entwicklung einzuordnen und dafür Sorge zu tragen, dass Planungsziele mit einem Bezug zur natürlichen Umwelt Eingang in die Bauleitplanung finden.

---

6 Die Gesetzesbegründung nennt die verbesserte Datengrundlage als Grund für die Aktivierung der Fortschreibungspflicht, BT-Drs. 16/12274, S. 55. Neue Erkenntnisse können aber genauso eine Aufstellungspflicht begründen, wenn dadurch Erfordernisse und Maßnahmen i.S.d. § 9 Abs. 4 erforderlich werden.
7 BT-Drs. 16/12274, S. 56.
8 *Gellermann*, Naturschutzrecht nach der Novelle des Bundesnaturschutzgesetzes, NVwZ 2010, 73/75 f.
9 *Siegel*, Rahmenbedingungen und Gestaltungsspielräume bei Landschaftsplänen, NuR 2003, 325/329.
10 Landesanstalt für Umweltschutz Baden-Württemberg (Hrsg.), Materialien zur Grünordnungsplanung in Baden-Württemberg. Teil 2: Aufgaben, Inhalte, Methoden. – Untersuchungen zur Landschaftsplanung Bd. 18, 1989, S. 87.

11 Konkret benennen Grünordnungspläne z.B. Erhaltungsgebote für Sträucher, Baum-, Gehölz- und Heckenbestände, Bewertung und Kennzeichnung und Kleinbiotopen, schützenswerten Bäumen und anderen einzelnen Naturbestandteilen, Schutzmaßnahmen zum Erhalt vorhandener Arten und Biotope sowie zur Sicherung der Gewässer und des Grundwassers, Festlegungen von zulässigen bzw. angestrebten Versiegelungsgraden, die Festlegung von Freiflächen zur Frischluftversorgung, Regenwasserversickerungs- und -rückhaltemaßnahmen.[11]

12 Grünordnungspläne können für einzelne Projektbereiche und insbesondere für die verbindliche Bauleitplanung zur Konkretisierung des Landschaftsplans aufgestellt werden. In den Grünordnungsplänen sind die Erfordernisse und Maßnahmen nach der Eingriffsregelung einschließlich der erforderlichen Kompensationsmaßnahmen und die sonstigen naturschutzbezogenen Maßnahmen sowie die Gestaltungsaufgaben umfassend darzustellen und zu beschreiben, die für die Vorhabensrealisierung zu beachten sind. Grünordnungspläne können auch zur Gestaltung öffentlicher Grünflächen, von Erholungsanlagen und zur Freiraumgestaltung ausgestellt werden.[12] Wie der Landschaftsplan auf der Ebene des Flächennutzungsplanes kann der Grünordnungsplan im Rahmen der verbindlichen Bauleitplanung wesentlich dazu beitragen, die Eingriffsregelung effizient abzuarbeiten und umzusetzen.[13] Soll für die Kompensation von Eingriffen ein Flächenpool in Anspruch genommen werden, so kann der Grünordnungsplan die Bewältigung der Eingriffsfolgen im Wesentlichen aufzeigen. Die Entscheidung darüber, welche der bevorrateten Flächen und in welchem Umfang diese für Ausgleichs- und Ersatzmaßnahmen in Anspruch genommen und welche Funktionen und Werte der Leistungsfähigkeit des Naturhaushaltes und des Landschaftsbildes entwickelt werden sollen, sind in der Regel erst im Bebauungsplan abschließend zu treffen. Der Grünordnungsplan, bzw. entsprechende landschaftspflegerische Pläne und Gutachten liefern auf dieser Ebene dann die Informationen über die konkreten Auswirkungen und Beeinträchtigungen, die sich aus der Inanspruchnahme der vorbereiteten Nutzungen ergeben können.[14]

3. Vorgaben der überörtlichen Landschaftsplanung (Absatz 1 Satz 1)

13 Landschaftsplan und Grünordnungsplan konkretisieren die örtlichen Belange von Naturschutz und Landschaftspflege auf der Grundlage der Vorgaben, die in den Landschaftsrahmenplänen enthalten sind (Abs. 1 Satz 1). Der Einsatz Geographischer Informationssysteme (GIS) kann dabei das Entwickeln des Landschaftsplans aus den übergeordneten Planwerken wesentlich vereinfachen, wozu auch die Einführung eines allgemein anerkannten

---

11 *Pollmann*, § 3 Landschaftsplanung Rdnr. 63, in: Kerkmann, Naturschutzrecht in der Praxis, 2. Aufl. 2010.
12 DNR, Vorschläge für ein besseres Umweltgesetzbuch. Landschaftsplanung im UGB III, 2008, S. 9.
13 Landesanstalt für Umweltschutz Baden-Württemberg (Hrsg.), Die naturschutzrechtliche Eingriffsregelung in der Bauleitplanung – Arbeitshilfe für die Naturschutzbehörden und die Naturschutzbeauftragten. Naturschutz – Praxis, Eingriffsregelung 3, 2000, S. 24.
14 Landesanstalt für Umweltschutz Baden-Württemberg (Hrsg.), Die naturschutzrechtliche Eingriffsregelung in der Bauleitplanung – Arbeitshilfe für die Naturschutzbehörden und die Naturschutzbeauftragten. Naturschutz – Praxis, Eingriffsregelung 3, 2000, S. 64.

Planzeichenkatalogs (vgl. § 9 Abs. 3 Satz 3) zur Gewährleistung der Kompatibilität der Pläne beitragen kann.

Die Vorgängerregelung in § 16 Abs. 1 Satz 1 BNatSchG 2002 sah das Landschaftsprogramm oder den Landschaftsrahmenplan als mögliche Grundlagen für die örtliche Landschaftsplanung vor, da die beiden überörtlichen Planwerke alternativ zueinander aufgestellt werden konnten. Aufgrund der jetzt vorgegebenen obligatorischen Aufstellungspflicht für Landschaftsrahmenpläne wurde nur der Bezug zur regionalen Landschaftsplanung festgeschrieben. Dadurch soll sichergestellt werden, dass die überörtlichen Erfordernisse und Maßnahmen in die örtliche Planung einfließen und die auf der Regionalebene formulierten Ziele von Naturschutz und Landschaftspflege vor Ort flächenbezogen umgesetzt werden. Sofern ein Landschaftsprogramm erstellt wurde, nehmen die Landschaftsrahmenpläne auch die für die regionale Ebene bedeutsamen Aussagen der überregionalen Landschaftsplanung auf; diese Aussagen stehen dann wiederum als Grundlage für die örtliche Ebene zur Verfügung, sofern sie dort relevant sind. Abs. 1 Satz 1 berücksichtigt jedoch nicht den Fall, dass ein Landschaftsprogramm gemäß § 10 Abs. 2 Satz 2, 2. Halbs. anstelle eines Landschaftsrahmenplanes aufgestellt werden kann, soweit es in seinen Inhalten und seinem Konkretisierungsgrad nach einem Landschaftsrahmenplan entspricht. In diesem Fall bilden analog zu Abs. 1 Satz 1 die Vorgaben des Landschaftsprogramms die Grundlage der örtlichen Landschaftsplanung.

Eine Verpflichtung zur Berücksichtigung der örtlichen Belange auf der übergeordneten Ebene, wie es das Raumordnungsrecht vorsieht (Gegenstromprinzip, § 1 Abs. 3 ROG) nennt das BNatSchG nicht. Gleichwohl ist das Gegenstromprinzip auch in der Landschaftsplanung anzuwenden, da es sich um ein mehrstufiges Planungssystem handelt, in dem die Planungsvorstellungen der verschiedenen Ebenen nicht unabhängig voneinander gesehen werden können, sondern einem gegenseitigen Abgleich unterliegen müssen. Dabei ist auf die Umsetzung des Ausgestaltungs- und Konkretisierungsprinzips zwischen den Ebenen (Durchgängigkeit, inhaltliche Stringenz) sowie auf das Gebot einer sachgerechten Abschichtung (Aufgabenverteilung, Vermeidung von Doppelarbeit) zu achten.[15]

4. Mindestinhalte von Landschafts- und Grünordnungsplänen (Absatz 1 Satz 3)

Die in § 9 Abs. 3 genannten Angaben sollen in den Landschaftsplänen und Grünordnungsplänen enthalten sein, soweit dies für die Darstellung der für die örtliche Ebene konkretisierten Ziele, Erfordernisse und Maßnahmen erforderlich ist (Abs. 1 Satz 3). Die Inhalte des Mindestkatalogs aus § 9 Abs. 3 sind damit nur in dem Maße „abzuarbeiten", wie sie für den örtlichen Planungsraum relevant sind. Die abweichenden Vorschriften der Länder zum Inhalt der Planwerke gelten weiterhin (Abs. 1 Satz 4).

Mit dem Erforderlichkeitsvorbehalt des Abs. 1 Satz 3 soll unnötiger Planungsaufwand vermieden werden. Der Gesetzgeber hat im Katalog des § 9 Abs. 3 diejenigen Planinhalte festgelegt, die aus seiner Sicht für die Landschaftsplanung unverzichtbar sind. Diese Inhalte werden in der überörtlichen Landschaftsplanung dargestellt; soweit sich hieraus Vorgaben für die

---

15 *Bruns/Mengel/Weingarten*, Beiträge der flächendeckenden Landschaftsplanung zur Reduzierung der Flächeninanspruchnahme. Naturschutz und biologische Vielfalt 25, S. 333, 2005.

örtliche Ebene ergeben, sind diese in der örtlichen Landschaftsplanung zu konkretisieren. Insbesondere wenn der aufzustellende Landschaftsplan das gesamte Gemeindegebiet umfasst, erscheint der Spielraum für eine eingeschränkte Darstellung der durch § 9 Abs. 3 vorgegebenen Planungsinhalte sehr gering zu sein, so dass in der Regel wohl lediglich die Abhandlung einzelne Teilaspekte unterbleiben kann. Dies wird deutlich, wenn man § 9 Abs. 3 Satz 1 Nr. 4 unter Lit. a bis g bezüglich seiner Bedeutung für Naturschutz und Landschaftspflege auf Gemeindeebene betrachtet: So sind Aussagen über bestehende oder zu erwartende Beeinträchtigungen von Natur und Landschaft und daraus resultierend die Ableitung allgemeiner Schutz-, Pflege- und Entwicklungsmaßnahmen gemäß Lit. a für jeden Plan ebenso unerlässlich wie Aussagen zum Arten- und Biotopschutz nach Lit. b.[16] Ebenso ist die Darstellung künftiger Maßnahmen des Naturschutzes und der Landschaftspflege (Lit. c) unverzichtbar, insbesondere wenn im Planungsraum Eingriffe in Natur und Landschaft oder ein gezielter Einsatz von Fördermitteln erfolgen sollen. Gleiches gilt für die gemäß Lit. d zu treffenden räumlich konkretisierten Aussagen zum Aufbau des örtlichen Biotopverbunds, zur Biotopvernetzung in der zum Gemeindegebiet zählenden Agrarlandschaft sowie ggf. zu Natura 2000-Gebieten. Von den in Lit. e genannten Naturgütern sind für den Boden Aussagen über Bereiche mit empfindlichen, beeinträchtigten und belasteten Böden einschließlich der beeinträchtigenden Faktoren (z.B. Schadstoffeinträge, Erosion, Versiegelung) erforderlich, Aussagen zu Luft und Klima sind insbesondere auch vor dem Hintergrund des Klimawandels von großer Bedeutung für das Stadtklima. Ebenso unverzichtbar sind Darstellungen zu Gefährdungen des Wasserhaushalts durch stoffliche Belastungen, Versiegelung, Grundwasserfreilegung oder Grundwasserentnahme sowie ggf. zu im Planungsgebiet vorkommenden Oberflächengewässern. Auch die von Lit. f und g umfassten Aspekte der naturbezogenen Erholung und zum Freiraumschutz sind zweifelsohne essentielle Bestandteile einer gemeindlichen Landschaftsplanung, mit deren Hilfe den Bedürfnissen der Bevölkerung nach Grün- und Freiflächen Rechnung getragen wird.

18 Dass einzelne Inhalte für einen Planungsraum nicht von Bedeutung sind, ist vor allem dann denkbar, wenn nur ein kleiner Teil des Gemeindegebiets beplant wird. Insofern kommt die Regelung insbesondere für Grünordnungspläne oder für Teil-Landschaftspläne in Betracht.

5. Beachtung bzw. Berücksichtigung der Raumordnung (Absatz 1 Satz 2)

19 Wie für die überörtlichen Planwerke so besteht auch für den Landschaftsplan eine Beachtungspflicht der Raumordnungsziele. Diese sind bindend und unterliegen keiner Abwägung. Dies entspricht den Vorgaben von § 4 Abs. 1 ROG, wonach alle öffentlichen Stellen bei ihren raumbedeutsamen Planungen und Maßnahmen die Ziele der Raumordnung zu beachten haben. Die Grundsätze und sonstigen Erfordernisse der Raumordnung sind nicht bindend, sondern werden im Rahmen der Abwägung oder bei der Ermessensausübung berücksichtigt, wie es § 4 Abs. 1 ROG vorsieht.

---

16 Erübrigen können sich hier lediglich Angaben zum Gebiets- und Objektschutz nach § 22 ff., sofern das Gemeindegebiet keine geschützten oder schutzwürdigen Teile von Natur und Landschaft enthält.

III. Aufnahme in die Bauleitplanung (Absatz 3)

Mit Abs. 3 erfährt der bisherige Regelungsauftrag an die Länder des § 16 Abs. 2 Satz 1 und 2 BNatSchG 2002 zur Verbindlichkeit der örtlichen Landschaftsplanung für die Bauleitplanung nun eine bundesrechtliche Ausgestaltung. Zwar bezieht sich der Gesetzeswortlaut nur auf Landschaftspläne, dies dürfte jedoch ein Redaktionsversehen sein. Hierfür spricht zum einen, dass Abs. 3 ausdrücklich auch auf den Bebauungsplan nach § 9 BNatSchG Bezug nimmt, dessen landschaftsplanerisches Pendant der Grünordnungsplan ist, zum anderen bezieht sich auch die Gesetzesbegründung ausdrücklich auf beide Planwerke der örtlichen Landschaftsplanung.[17]

Die in den Landschaftsplänen konkretisierten Ziele, Erfordernisse und Maßnahmen sind in der Abwägung nach § 1 Abs. 7 BauGB zu berücksichtigen und können als Darstellungen oder Festsetzungen in die Flächennutzungspläne bzw. Bebauungspläne nach den §§ 5 und 9 BauGB in die Bauleitpläne aufgenommen werden. Dadurch soll die Berücksichtigung der örtlichen Landschaftsplanung in der Bauleitplanung gewährleistet werden; diese ist in § 1 Abs. 6 Nr. 7g BauGB allerdings ohnehin vorgeschrieben.[18] Als geeignete Möglichkeit, Verbindlichkeit zu regeln, wird die Integration in die Bauleitpläne genannt. Die gewählte Formulierung („können aufgenommen werden...") lässt aber auch andere Regelungen zu. Die Länder haben von ihrem Regelungsrecht in unterschiedlicher Weise Gebrauch gemacht: neben der eigenständigen Rechtsverbindlichkeit von Landschaftsplänen ist auch die Integration in die gemeindliche Bauleitplanung und die Erstellung des Landschaftsplans als gutachterliche Fachplanung mit unterschiedlichen Übernahmeregelungen für die Bauleitplanung verwirklicht worden. Diese unterschiedlich ausgestalteten landesrechtlichen Regelungen sind gemäß Abs. 5 auch weiterhin zulässig.

IV. Stadtstaatenklausel (Absatz 4)

Bedingt durch die besonderen räumlichen Verhältnisse der Stadtstaaten können bereits die Landschaftsrahmenpläne oder Landschaftsprogramme in einem Maßstab erstellt werden, der flächenbezogen Aussagen zur Landschaftsplanung ermöglicht. Für die Landschaftsplanung in Berlin, Bremen und Hamburg ist die Erstellung von Landschaftsplänen daher nicht zwingend vorgeschrieben. Diese können auf das Erstellen von Landschaftsplänen zu verzichten, wenn die örtlichen Erfordernisse und Maßnahmen des Naturschutzes und der Landschaftspflege bereits im Rahmen der überörtlichen Planung dargestellt sind. Eine erneute Darstellung in einem förmlichen Landschaftsplan ist dann nicht mehr erforderlich, vielmehr kann er durch den Landschaftsrahmenplan oder das Landschaftsprogramm ersetzt werden. Diese Regelung soll sicherstellen, dass sowohl die landesweite Formulierung von Zielen, Grundsätzen und Maßnahmen als auch konkrete flächenbezogene Aussagen in der Landschaftsplanung der Stadtstaaten Eingang finden. Damit ist auch die durch § 8 abweichungsfest vorgegebene mindestens zweistufige Ausgestaltung der Landschaftsplanung gewährleistet. Bislang haben die Stadtstaaten von dieser Regelung keinen Gebrauch gemacht und für die örtliche Ebene die Aufstellung eines Landschaftsplanes festgelegt.

---

17 „In Absatz 3 wird das Verhältnis von Landschafts- und Grünordnungsplänen zur Bauleitplanung geregelt...", BT-Drs. 16/12274, S. 56.
18 *Louis*, Das neue Bundesnaturschutzgesetz, NuR 2010, 77/81.

V. Geltung des Landesrechts (Absatz 5)

23 Wie bereits für die überörtliche Ebene, so verzichtet der Gesetzgeber auch für die örtliche Ebene auf Vorgaben bezüglich der Zuständigkeit und des Verfahrens zur Planaufstellung. Diese richten sich ebenso wie die Durchführung der Landschafts- und Grünordnungspläne nach dem jeweiligen Landesrecht. Die Länder können somit ihre eigenen Regelungen beibehalten oder erlassen, ohne von ihrer Abweichungskompetenz nach Art. 72 Abs. 33 GG Gebrauch machen zu müssen.[19]

---

19 Vgl. *Louis*, NuR 2010, 77/78.

§ 12 Zusammenwirken der Länder bei der Planung

¹Bei der Aufstellung und Fortschreibung von Programmen und Plänen nach den §§ 10 und 11 für Gebiete, die an andere Länder angrenzen, sind deren entsprechende Programme und Pläne zu berücksichtigen. ²Soweit dies erforderlich ist, stimmen sich die Länder untereinander ab.

Gliederung	Rdnr.
I. Allgemeines	1, 2
II. Gebot der gegenseitigen Berücksichtigung (Satz 1)	3–5
III. Abstimmungspflicht (Satz 2)	6–8

I. Allgemeines

Die Vorschrift regelt zum Zusammenwirken der Länder bei der Landschaftsplanung eine Berücksichtigungs- und je nach Erforderlichkeit eine Abstimmungspflicht. Dies erschien dem Gesetzgeber gegenüber der Regelung in § 17 Abs. 1 BNatSchG 2002 geregelten Rücksichtnahmepflicht praktikabler.[1] Die Regelung orientiert sich somit in erster Linie an naturräumlichen Strukturen und nicht an administrativen Grenzen. Seinem Wortlaut nach wendet sich § 12 an die Länder; da aber die Landschaftsplanung Aufgabe der zuständigen Landesbehörden und Gemeinden ist, muss § 12 auf diese bezogen werden.[2]

1

Im Gegensatz zu § 17 Abs. 1 BNatSchG 2002 enthält der Wortlaut des § 12 nun keine Verpflichtung mehr für die Länder, bei ihrer Landschaftsplanung auf die Belange des Naturschutzes und der Landschaftspflege im Bundesgebiet oder in benachbarten Staaten Rücksicht zu nehmen. Der bisherige § 17 Abs. 2 BNatSchG 2002 zur grenzüberschreitenden Planung wurde durch die Abstimmungspflicht nach Satz 2 ersetzt.

2

II. Gebot der gegenseitigen Berücksichtigung (Satz 1)

Nach § 12 Satz 1 müssen die Bundesländer sowohl bei der Aufstellung als auch bei der Fortschreibung von Programmen nach § 10 und Plänen nach § 11 die entsprechenden Programme und Pläne der angrenzenden Länder berücksichtigen. Dies soll insbesondere sicherstellen, dass die Landschaftsplanungen der Länder sich nicht gegenseitig beeinträchtigen. Dies ist z.B. dann der Fall, wenn sich die Nutzung von Flächen im grenznahen Bereich negativ auf Arten- oder Biotopschutzmaßnahmen des Nachbarlandes auswirken kann (Nährstoffeintrag aus intensiv landwirtschaftlich genutzten Flächen in nährstoffarme Gewässer oder Biotope, Schadstoffeinträge in empfindliche Ökosysteme, Erholungs- oder Freizeitnutzung, Beschneidung von Teillebensräumen wandernder Tierarten, usw.). Bei dem Gebot der Berücksichtigung steht im Vordergrund, dass die Belange anderer unter Wahrung der eigener Interessen berücksichtigt werden.[3] Die Landschaftsplanungen der angrenzenden Länder müssen somit nicht zwingend in die eigene Landschaftsplanung eingepasst werden, sondern lediglich im Rahmen der Planaufstellung oder -fortschreibung in den Entscheidungsprozess einzube-

3

---

1 BT-Drs 16/12274, S. 56.
2 So auch *Gassner*, in: Gassner/Schmidt-Räntsch/Bendomir-Kahlo, BNatSchG, § 7 Rdnr. 1; *Louis*, BNatSchG § 7 Rdnr. 1.
3 *Louis*, BNatSchG, § 7 Rn. 2.

ziehen. Aus hinreichend gewichtigen Gründen können sie zurückgestellt werden.[4]

4 Auch wenn Satz 1 (im Gegensatz zur Regelung des § 17 Abs. 1 BNatSchG 2002) die Berücksichtigung der Belange des Naturschutzes und der Landschaftspflege im Bundesgebiet nicht mehr enthält, so sind Naturschutzangelegenheiten von gesamtstaatlicher Bedeutung doch auch weiterhin aus Gründen der Bundestreue durch die Landschaftsplanungen in den Ländern zu berücksichtigen. Hierzu zählen z.B. Verpflichtungen aus internationalen Verträgen, das kohärente Netzwerk Natura 2000 sowie nationale Aufgaben des Biotopverbunds (großräumige Verbundachsen, Berücksichtigung von Arten mit sehr großen Raumansprüchen und von wandernden Arten). Die Erfüllung der gesamtstaatlichen Aufgaben von Naturschutz und Landschaftspflege soll nicht durch eine entgegenwirkende Landschaftsplanung der Länder erschwert werden.

5 Auch das in § 17 Abs. 1 BNatSchG 2002 enthaltene Rücksichtnahmegebot gegenüber benachbarten Staaten wurde in der Novelle 2009 ersatzlos gestrichen. Diese Regelung wurde 2002 in das BNatSchG aufgenommen, damit die Landschaftsplanungen der Bundesländer die Naturschutzinteressen der benachbarten Staaten nicht negativ beeinträchtigen. Gerade im Hinblick auf den Ausbau des Europäischen ökologischen Netzes „Natura 2000" scheint eine staatenübergreifende Zusammenarbeit auch geboten. Eine Rücksichtnahme erscheint insbesondere dann geboten, wenn sich schützenswerte Teile von Natur und Landschaft des Nachbarstaates in grenznahen Bereichen befinden, sodass eine Beeinträchtigung seiner Naturschutzbemühungen eintreten könnte. Ebenso ist bei grenzüberschreitenden schutzwürdigen Ökosystemen meist nur durch gemeinsame Schutzanstrengungen ein wirkungsvoller Schutz möglich[5]. Auch die Aussicht, dass sich durch den Klimawandel die Arealgrenzen vieler Arten pro pro 1 °C Temperaturerhöhung um 200-300 km nordwärts verlagern werden[6], verlangt eigentlich ein grenzüberschreitendes Handeln, so dass die Streichung des Rücksichtnahmegebots gegenüber benachbarten Staaten sehr bedauerlich ist. Nach dem Wegfall dieses Gebots müssen die Naturschutzbelange benachbarter Staaten nunmehr nur noch in dem Maße in den Landschaftsplanungen der Länder Berücksichtigung finden, wie es sich aus völkerrechtlichen bzw. gemeinschaftsrechtlichen Vorgaben oder aus daraus resultierenden nationalstaatlichen Pflichten ergibt.

III. Abstimmungspflicht (Satz 2)

6 Gemäß Satz 2 stimmen sich die Länder bei der Landschaftsplanung untereinander ab, soweit dies erforderlich ist. Abstimmungsbedarf der Bundesländer untereinander besteht vor allem bei grenzüberschreitenden Planungen sowie bei Planungen im grenznahen Bereich, da hier eigene Nutzungsinteressen die Verwirklichung der Ziele des Naturschutzes und der Landschaftspflege im benachbarten Bundesland beeinträchtigen können. Insofern ersetzt Satz 2 die formelle Abstimmungspflicht des bisherigen § 17 Abs. 2 BNatSchG 2002, ohne ihn jedoch wie bisher auf die grenzüberschreitende

---

4 *Gellermann*, § 17 BNatSchG Rdnr. 3, in Landmann/Rohmer, Umweltrecht.
5 Z.B. trilaterale Wattenmeerzusammenarbeit, Alpenschutzkonvention, grenzüberschreitende Schutzgebiete.
6 *Heiland* et al., Der Klimawandel als Herausforderung für die Landschaftsplanung. NuL 2008, S. 37/38.

Planung zu beschränken. Eine Abstimmung kann einerseits erforderlich sein, um naturschutzfachlich begründete Maßnahmen grenzüberschreitend koordinieren zu können, andererseits auch, um zu verhindern, dass unterschiedliche Planungen der Länder der Verwirklichung der in § 1 BNatSchG genannten Ziele entgegenstehen.

Eine grenzüberschreitende Planung ist z.B. für Fließgewässer geboten, wobei sowohl der Erhalt der Leistungs- und Funktionsfähigkeit des Naturhaushalts (z.B. Hochwasserschutz), als auch die Bewahrung, Entwicklung oder Wiederherstellung eines naturnahen Flusssystems sowie der Vielfalt, Eigenart, Schönheit und der Erholungswert von Natur und Landschaft durch abgestimmte Maßnahmen an Effektivität gewinnen kann. Grundsätzlich sollten bei grenzüberschreitenden Ökosystemen und Ökosystemkomplexen die Maßnahmen des Arten- und Biotopschutzes mit den Nachbarländern abgestimmt werden. Dies gilt insbesondere auch für die Lebensräume von wandernden Tierarten, die nicht an politischen Grenzen enden. Außerdem ergibt sich ein zusätzlicher Handlungsbedarf, wenn z.B. die Beurteilung der Bestandssituation wild lebender Arten das jeweilige Gesamtverbreitungsgebiet ergibt, dass u.U. zusätzliche Maßnahmen auch in solchen Ländern erforderlich sind, in denen eine scheinbar zufriedenstellende Bestandssituation festgestellt wurde.

Besteht ein Abstimmungsbedarf, so ist bei Landschaftsprogrammen das betreffende Bundesland, bei Landschaftsrahmen- und Landschaftsplänen die jeweilige Körperschaft des anderen Bundeslandes im Rahmen des Aufstellungsverfahrens zu beteiligen. Die Regelung begründet dabei aber lediglich die Pflicht, sich mit den Argumenten und Überlegungen der benachbarten Körperschaft/Bundeslandes auseinanderzusetzen, eine Zustimmung ist nicht erforderlich. Im Ergebnis kann sich daher die planende Behörde auch über die Einwendungen der anderen Seite hinwegsetzen. Die Behörden des anderen Bundeslandes können sich in diesem Fall nur über die eigenen Aufsichtsbehörden an das zuständige Ministerium des anderen Landes wenden, um eine Berücksichtigung der eigenen Belange zu erreichen.

Kapitel 3 Allgemeiner Schutz von Natur und Landschaft

Vorbemerkung vor §§ 13–19

Gliederung
		Rdnr.
I.	Allgemeines	1
II.	Eingriffsregelung	2–11
1.	Funktion und Struktur	2–4
2.	Verhältnis der Eingriffsregelung zu anderen Vorschriften	5–9
	a) Konkurrenz naturschutzrechtlicher Normen	5, 6
	b) Eingriffsregelung und Schutz bestimmter Teile von Natur und Landschaft	7–9
3.	Eingriffsregelung und fachgesetzliche Berücksichtigung der Naturschutzbelange	10, 11

I. Allgemeines

1 Kapitel 3 „Allgemeiner Schutz von Natur und Landschaft" enthält zwei Instrumente des Naturschutzes und der Landschaftspflege. Die Eingriffsregelung (§§ 13–18) bildet ein Kernstück des Naturschutzrechts. § 19 schafft die Verbindung zum Umweltschadensrecht, indem er eine Definition der Schädigung von Arten und natürlichen Lebensräumen gibt (§ 2 Nr. 1 Buchst. a USchadG), so dass die Vermeidungs- und Sanierungspflichten daran anknüpfen können. Der Grundsatz des § 13 wird in den §§ 14–18 ausgeformt, § 19 ist kein Anwendungsfall dieses Grundsatzes.

II. Eingriffsregelung

1. Funktion und Struktur

2 Manchmal wird die **Eingriffsregelung** missverstanden und als ein Instrument des Naturschutzes betrachtet, das letztlich immer noch greift, wenn andere Vorschriften nicht passen. Das ist nicht richtig. Das Programm der Eingriffsregelung ist zwar weit, aber doch beschränkt auf eine bestimmte, wenn auch häufige Fallgestaltung. **Anknüpfungspunkt** der Eingriffsregelung sind nicht Handlungen aller Art, sondern nur Veränderungen der Gestalt oder Nutzung von Grundflächen oder Veränderungen des mit der belebten Bodenschicht in Verbindung stehenden Grundwasserspiegels. Der Gesetzgeber nimmt an, dass sich damit die meisten relevanten Lebenssachverhalte erfassen lassen. Auch würde eine Anknüpfung der Verursacherpflichten (Vermeidung, Ausgleich, Ersatz, Ersatzzahlung) an Handlungen aller Art ohne Bezug zu Grundstücksveränderungen die Regelung ausufern lassen und unpraktikabel machen. Beispielsweise müsste dann der Betrieb von Kraftfahrzeugen oder anderen technischen Objekten daraufhin überprüft werden, ob er zu erheblichen Beeinträchtigungen von Naturhaushalt oder Landschaftsbild führen kann usw.

3 Die Eingriffsregelung ist **nicht auf ein Gebiet oder Objekt bezogen, sondern auf ein Vorhaben** und dessen Auswirkungen auf Natur und Landschaft. Ihr Leitgedanke ist das **Verursacherprinzip:** Durch das Eingriffsvorhaben hervorgerufene Beeinträchtigungen von Natur und Landschaft sollen nicht zu Lasten der Allgemeinheit gehen, sondern ihre Bewältigung ist Sache des Vorhabenträgers. Natur und Landschaft unterliegen nicht dem freien Zugriff („Verbrauch"), sondern sie werden – primär – in ihrer Integrität geschützt (durch die Verpflichtung, vermeidbare Beeinträchtigungen zu unterlassen) und sollen – sekundär – gegenüber dem Status quo nicht verschlechtert werden (durch die Verpflichtung zur Kompensation). Damit bilden sie auch einen Kostenfaktor, sie werden „monetarisiert" und erhalten einen in Geld ausdrückbaren Wert (besonders deutlich bei der Ersatzzahlung).

Der **Schwerpunkt der Eingriffsregelung** liegt nicht so sehr darin, dass sie eine auf Naturschutzrecht gestützte Untersagung des Eingriffs ermöglicht (§ 15 Abs. 5). Sie ist nicht primär eine Zulassungsschranke für in Natur und Landschaft eingreifende Vorhaben, sondern sie will in erster Linie eine möglichst umfassende Vermeidung oder Kompensation der nachteiligen Folgen eines Vorhabens erreichen. Gleichwohl kann ein Vorhaben im Einzelfall auch an der Abwägung im Rahmen der Eingriffsregelung scheitern.[1] Die Eingriffsregelung ist dem fachgesetzlichen Zulassungstatbestand „aufgesattelt", um ihm ein auf die Bedürfnisse des Naturschutzes und der Landschaftspflege zugeschnittenes Folgenbewältigungssystem zur Seite zu stellen. Sie verhindert als „sekundärrechtliches" Instrument, dass die nachteilige Inanspruchnahme von Natur und Landschaft, die das Fachrecht gestattet, zu Lasten von Natur und Landschaft sanktionslos bleibt.[2]

2. Verhältnis der Eingriffsregelung zu anderen Vorschriften

a) Konkurrenz naturschutzrechtlicher Normen. Wenn auf einen Sachverhalt mehrere naturschutzrechtliche Vorschriften anwendbar sind, entspricht es regelmäßig nicht den vom Gesetz verfolgten Zwecken, nach einer „Spezialvorschrift" zu suchen, die den Fall ausschließlich regelt und „Vorrang" hat. Vielmehr geht der Gesetzgeber von verschiedenen Seiten bzw. mit **unterschiedlichen Anknüpfungspunkten** an einen für Naturschutz und Landschaftspflege relevanten Sachverhalt heran und legt Rechtsfolgen fest, die im Einzelfall auf dasselbe Ergebnis hinauslaufen können, aber auch unterschiedlich sein können. Gemeinsam ist ihnen, dass sie den Zielen von Naturschutz und Landschaftspflege dienen. Sie sollen einander im Zweifel nicht ausschließen, sondern ergänzen, was den Schutz, die Pflege und die Entwicklung von Natur und Landschaft betrifft, und letztlich die normative Grundlage verstärken. Eine generell-abstrakte Festlegung dahingehend, dass eine der Vorschriften als „Spezialregelung" ausschließlich anwendbar ist, wird daher in aller Regel nicht verlangt, sie entspricht nicht der Rechtssystematik. Anders nur, wenn klar erkennbar ist, dass für den Sachverhalt ausschließlich eine Vorschrift – als „lex specialis" – gelten soll, was aus den genannten Gründen aber den absoluten Ausnahmefall darstellen wird.

Das lässt sich am **Beispiel** eines gesetzlich geschützten Biotops (§ 30) darstellen, der zugleich Teil eines Naturschutzgebiets ist. Was die Verbote als solche betrifft, ist zwischen dem Verbot von Veränderungen und Störungen im Naturschutzgebiet (§ 23 Abs. 2) und dem Zerstörungs- und Beeinträchtigungsverbot des § 30 Abs. 2 kein wesentlicher Unterschied. Von den Verboten des § 30 kann nach dessen Abs. 3 aber eine Ausnahme gemacht werden, wenn die Beeinträchtigungen ausgeglichen werden können. Eine solche Ausnahme gibt es von den Verboten der Naturschutzverordnung nicht. Die Schutzverordnung ist insoweit „strenger" als der gesetzliche Biotopschutz des § 30, sie steht daher einer Zulassung des Vorhabens entgegen, allenfalls könnte eine Befreiung (§ 67 Abs. 1) in Betracht kommen. Sollte dagegen die

---

1 BVerwG, Urt. v. 9.6.2004 – 9 A 11.03, NuR 2004, 795.
2 BVerwG, Urt. v. 7.3.1997 – 4 C 10.96, NuR 1997, 404.

den Biotop beeinträchtigende Maßnahme durch eine Freistellungsklausel in der Schutzverordnung von deren Verboten ausgenommen sein, ist auch noch das Verbot des § 30 zu beachten. Eine Verordnung könnte ohnehin nicht den gesetzlichen Biotopschutz aushebeln (zur entsprechenden Konstellation bei der Eingriffsregelung vgl. Rdnr. 7).

7 b) **Eingriffsregelung und Schutz bestimmter Teile von Natur und Landschaft.** Zwar lässt sich die Eingriffsregelung als flächendeckender Mindeststandard des Schutzes von Natur und Landschaft bezeichnen. Das bedeutet aber nicht, dass der Schutz bestimmter Teile von Natur und Landschaft (Verordnungen, gesetzlicher Biotopschutz nach den §§ 20–30) rechtlich auf der Eingriffsregelung aufbaut und diese gleichsam „verschärft". Gegenstand der Eingriffsregelung ist nicht ein bestimmter Teil von Natur und Landschaft i.S.d. §§ 20 ff., ihr Regelungsgehalt ist nicht ein Rechtsregime für ein schutzwürdiges Gebiet oder Objekt. Ihr Gegenstand ist vielmehr ein **Vorhaben**, das an einem bestimmten Ort verwirklicht werden soll, und ihre Regelungen treffen den **Verursacher**, den sie zur Vermeidung und Kompensation nachteiliger Auswirkungen auf Natur und Landschaft verpflichtet. Die §§ 20–29 unterwerfen dagegen ein bestimmtes **Gebiet** oder **Objekt** einem naturschutzrechtlichen Regime, das den **gebietsbezogenen Schutzzwecken** dient und Verschlechterungen durch Verbote, Gebote, Erlaubnisverfahren usw. verhindern will. Anknüpfungspunkt sind regelmäßig nicht nur Veränderungen der Gestalt oder Nutzung von Grundstücken, sondern alle beeinträchtigenden Handlungen. Damit baut der Gebietsschutz nicht etwa auf der Eingriffsregelung auf, sondern er hat eine völlig andere Struktur. Ähnlich verhält es sich mit dem gesetzlichen Biotopschutz nach § 30. Es ist daher nur konsequent, wenn unter bestimmten rechtlichen Aspekten bzw. in bestimmten Fallgestaltungen eine **Schutzverordnung nicht dasselbe wie die Eingriffsregelung leistet**. Umgekehrt ist der Eingriffstatbestand mit seiner Beschränkung auf bestimmte (grundstücksbezogene) Veränderungen alleine nicht geeignet, die Schutzzwecke besonders geschützter Gebiete zu erreichen, weil er nicht alle beeinträchtigenden Handlungen erfasst, was auch für die Erhaltungsziele von Natura 2000-Gebieten gilt und seinerzeit zur Verurteilung Deutschlands durch den EuGH geführt hat.[3]

8 Praktische **Beispiele**: Enthält die Schutzverordnung ein **Genehmigungserfordernis**, so kann die Pflicht zur Vermeidung oder Kompensation von Natur- und Landschaftsbeeinträchtigungen nur aus der – im Genehmigungsverfahren „huckepack" anzuwendenden (§ 17) Eingriffsregelung – abgeleitet werden, sofern die Verordnung nicht in ihrem Genehmigungsvorbehalt eine entsprechende Regelung oder Verweisung enthält, was oft nicht der Fall ist (vgl. auch § 67 Abs. 3 Satz 2). Macht die Verordnung für bestimmte Handlungen eine **Ausnahme** von ihren Verboten, wäre es verfehlt, die Anwendbarkeit der Eingriffsregelung mit der Begründung zu verneinen, der Verordnung komme insoweit ein „Vorrang" zu. Daher ist der Feststellung, dass die rechtlichen Voraussetzungen einer Veränderung in einem Schutzgebiet in der Schutzverordnung abschließend geregelt seien,[4] nur insofern zuzustimmen, als andere naturschutzrechtliche Vorschriften die Verordnungsregelung nicht abschwächen können. Sie können sie aber verstärken. Nimmt eine Schutzverordnung bestimmte Handlungen von ihren Verboten aus, so berührt das z.B. nicht die Geltung der Verbote des gesetzlichen Biotopschutzes (§ 30) für die davon erfassten Teilflächen des Schutzgebiets. Auch die

---

3 EuGH, Urt. v. 10.1.2006 – C-98/03, NuR 2006, 166.
4 OVG Schleswig, Beschl. v. 9.2.2005 – 1 MB 16/05, NuR 2005, 549.

Anwendbarkeit der Eingriffsregelung kann man nicht mit der Begründung verneinen, dass die Verordnung eine vorrangige Spezialregelung sei. Ausnahmebestimmungen in einer Schutzverordnung hätten dann auch rechtliche Sperrwirkung gegenüber der Eingriffsregelung, wenn die Verordnung selbst nichts Gleichwertiges bestimmt, ein widersinniges und dem Rangverhältnis von Verordnung und Gesetz widersprechendes Ergebnis. Ausnahmen in einer Schutzverordnung haben nur die Wirkung, dass der „besondere" Schutz durch die Ge- und Verbote nicht gilt. Eine rechtliche „Sperrwirkung" gegen die Eingriffsregelung haben sie nicht, wie sich überhaupt eine Schutzverordnung nicht mit den Pflichten eines Eingriffsverursachers befasst. Die Freistellung bestimmter Handlungen von den Verboten und Beschränkungen einer Schutzverordnung ist daher nur ein mehr oder weniger starkes faktisches Indiz dafür, dass die Handlung nicht stört, ist aber nicht bindend für die Feststellung, ob eine erhebliche Beeinträchtigung i.S.d. Eingriffstatbestandes vorliegt.[5] Diese Bewertung kann z.B. von vornherein durch interessierte Einflussnahme zustande gekommen oder später durch neue fachliche Erkenntnisse überholt sein, aber auch durch ein gegenüber Altverordnungen verbessertes Schutzniveau in den späteren Naturschutzgesetzen, wie es sich u.a. in der Eingriffsregelung ausdrückt.[6] So wurde die Behörde zu Recht auf die Eingriffsregelung verwiesen, um gegen einen Wegebau zu einer Alpe im Naturschutzgebiet einzuschreiten, den die alte Schutzverordnung aus dem Jahr 1970 im Zusammenhang mit der landwirtschaftlichen Bodennutzung freistellte.[7]

Fazit: Was den Schutz bestimmter Teile von Natur und Landschaft (4. Abschnitt) betrifft, so sind die Eingriffsregelung und der 4. Abschnitt des BNatSchG **unabhängig voneinander anzuwenden**, so dass die Eingriffsregelung auch für Maßnahmen in geschützten Gebieten gilt. Andererseits verdrängen die Vorschriften der §§ 14 ff. nicht den besonderen Gebietsschutz. Diese von der Rechtsprechung zum bisherigen Recht vertretene Auffassung[8] ist weiterhin zutreffend. Insofern hat sich in Wortlaut und Konzept des BNatSchG nichts Wesentliches geändert. Somit sind der Tatbestand und die Rechtsfolgen aller einschlägigen Vorschriften zu prüfen.

3. Eingriffsregelung und fachgesetzliche Berücksichtigung der Naturschutzbelange

Die Eingriffsregelung ergänzt die fachrechtlichen Zulassungstatbestände und enthält zusätzliche Anforderungen, die zu den fachgesetzlichen Zulässigkeitsvoraussetzungen hinzutreten.[9] Das gilt auch, wenn das Fachrecht seinerseits die Belange von Naturschutz und Landschaftspflege in gewisser Weise berücksichtigt. Z.B. stehen die Anforderungen des **Bauplanungsrechts**, auch soweit sie „naturschutzbezogen" sind, unabhängig neben den Anforderungen des Naturschutzrechts, wie etwa in § 35 Abs. 3 BauGB.[10] Wenn im **Bergrecht** die Wiedernutzbarmachung als „ordnungsgemäße Ge-

---

5 Vgl. *Fischer-Hüftle*, Anm. zu VGH München, Urt. v. 10.4.1990 – 8 B 86.02028, NuR 1991, 488; zutreffend VGH München, Urt. v. 12.11.1980 – 9 B 1235/79, NuR 1981, 209.
6 Vgl. *Fischer-Hüftle*, NuR 1991, 488/490, Anm. zu VGH München, Urt. v. 10.4.1990 – 8 B 86.02028, a.a.O.
7 VGH München, Urt. v. 12.11.1980 – 9 B 1235/79, NuR 1981, 209.
8 BVerwG, Urt. v. 9.5.2001 – 6 C 4.00, NuR 2001, 266; ebenso schon VGH Kassel, Urt. v. 4.10.1984 – 11 UE 86/84, NuR 1985, 192 und v. 9.3.1989 – 3 UE 801/86, NuR 1989, 395; OVG Saarlouis, Urt. v. 16.2.1990 – 7 M 1/88, NuR 1992, 348.
9 BVerwG, Urt. v. 7.3.1997 – 4 C 10.96, NuR 1997, 404.
10 BVerwG, Urt. v. 13.12.2001 – 4 C 3.01, NuR 2002, 360.

staltung der vom Bergbau in Anspruch genommenen Oberfläche unter Beachtung des öffentlichen Interesses" definiert ist (§ 4 Abs. 4 BBergG), so umfasst dieses öffentliche Interesse die kraft Naturschutzrecht zwingend erforderlichen Kompensationsmaßnahmen.

11 Auch im Waldrecht ist die Eingriffsregelung anzuwenden. Zwar beruht das Bundeswaldgesetz in weiten Teilen auf derselben Kompetenzgrundlage wie das Bundesnaturschutzgesetz (Art. 74 Abs. 1 Nr. 29 GG). Die Ziele des Waldrechts (§ 1 BWaldG) sind aber trotz mancher Überschneidungen nicht mit denen des § 1 BNatSchG deckungsgleich. Das Waldrecht enthält auch kein Äquivalent zur Eingriffsregelung. Sowohl bei der Waldumwandlung (Rodungsgenehmigung gem. § 9 BWaldG) als auch bei der Erstaufforstungserlaubnis (§ 10 BWaldG) ist die Eingriffsregelung anzuwenden. Bei der Erstaufforstung ist dies strittig. Die Eingriffsregelung wäre allenfalls dann entbehrlich, wenn ihre Anforderungen in das Waldrecht integriert wären. § 10 BWaldG ist (ebenso wie § 9 BWaldG) der Eingriffsregelung aber nicht gleichwertig, weil er die Vermeidungs-, und Kompensationspflicht nicht zwingend vorsieht, auch fehlt die Untersagungspflicht bei Überwiegen der Naturschutzbelange. Das Waldrecht kann ebenso wenig wie etwa § 35 Abs. 3 BauGB als abschließende Spezialregelung betrachtet werden, weil es für sich alleine nicht die Gewähr bietet, dass die Anforderungen der Eingriffsregelung erfüllt werden. Erst recht sind sonstige naturschutzrechtliche Vorschriften wie Schutzverordnungen, gesetzlicher Biotopschutz, § 34 usw. neben den waldrechtlichen Instrumenten anzuwenden, das Waldrecht hat keine Sperrwirkung.

§ 13 Allgemeiner Grundsatz

¹Erhebliche Beeinträchtigungen von Natur und Landschaft sind vom Verursacher vorrangig zu vermeiden. ²Nicht vermeidbare erhebliche Beeinträchtigungen sind durch Ausgleichs- oder Ersatzmaßnahmen oder, soweit dies nicht möglich ist, durch einen Ersatz in Geld zu kompensieren.

Gliederung	Rdnr.
I. Zweck und Funktion der Vorschrift	1, 2
II. Rechtliche Tragweite	3, 4
III. Landesrecht	5–7

I. Zweck und Funktion der Vorschrift

In § 13 beschreibt der Bundesgesetzgeber einen allgemeinen Grundsatz des Naturschutzes i.S.v. Art. 72 Abs. 2 Nr. 3 GG. Er statuiert die **Pflichten des Verursachers erheblicher Beeinträchtigungen** von Natur und Landschaft: 1
– Vorrang hat die Vermeidung erheblicher Beeinträchtigungen von Natur und Landschaft.
– Nicht vermeidbare erhebliche Beeinträchtigungen sind durch Ausgleichs- oder Ersatzmaßnahmen zu kompensieren.
– Soweit eine reale Kompensation durch Ausgleichs- oder Ersatzmaßnahmen nicht möglich ist, muss der Verursacher einen Ersatz in Geld leisten.

In der Gesetzesbegründung[1] heißt es dazu: „Die Vermeidung und Kompensation von Eingriffen in Natur und Landschaft stellt ein grundlegendes Instrument des Naturschutzes und der Landschaftspflege dar. In der Eingriffsregelung spiegelt sich die Bedeutung des Verursacher- und des Folgenbewältigungsprinzips in besonderer Weise. Ohne eine Kompensationsverpflichtung für Eingriffe ist die mit § 1 beabsichtigte Sicherung der biologischen Vielfalt, der Leistungs- und Funktionsfähigkeit des Naturhaushalts und der Vielfalt, Eigenart und Schönheit sowie des Erholungswertes von Natur und Landschaft auf Dauer nicht möglich. Der Charakter der Vorschrift als allgemeiner Grundsatz kommt darin zum Ausdruck, dass sowohl der Tatbestand der Eingriffsregelung – eine erhebliche Beeinträchtigung von Natur und Landschaft – als auch ihre Rechtsfolgenkaskade – Vermeidungspflicht, vorrangiger Ausgleich und Ersatz sowie die Ersatzzahlung als jeweils nachrangige Mittel – geregelt werden." 2

II. Rechtliche Tragweite

Der Gesetzgeber wollte in § 13 offenbar die Eingriffsregelung der §§ 14–17 auf das reduzieren, was er für ihren essentiellen Kern hält. Der Wortlaut des § 13 geht allerdings über den Eingriffstatbestand des § 14 hinaus, denn § 13 spricht von erheblichen Beeinträchtigungen und von den Pflichten des Verursachers, während der Eingriffstatbestand des § 14 nur solche Beeinträchtigungen erfasst, die durch bestimmte Veränderungen an Grundstücken usw. hervorgerufen werden (und nicht durch andere Handlungen). Entgegen der Gesetzesbegründung wird also der Tatbestand der Eingriffsregelung nicht (vollständig) in Form eines allgemeinen Grundsatzes geregelt, denn eine erhebliche Beeinträchtigung von Natur und Landschaft ist nur die eine 3

---
1 BT-Drs. 16/12274, S. 56.

Hälfte davon, die andere Hälfte ist der Tatbestand der Veränderung von Grundflächen usw. i.S.v. § 14 Abs. 1. Die Konsequenz daraus ist freilich nicht eine Schwächung der Eingriffsregelung, im Gegenteil: Wenn § 14 Abs. 1 den Grundsatz des § 13 in der Weise ausformt, dass er eine bestimmte Art der Verursachung von Natur- und Landschaftsbeeinträchtigungen (Veränderungen...) verlangt und damit andere Handlungen ausnimmt, kann Landesrecht nicht in der Weise von § 14 abweichen, dass es den bundesrechtlichen Eingriffstatbestand enger fasst. Denn damit würde der Grundsatz des § 13 berührt. Daher verstößt § 5 NAGBNatSchG gegen Art. 72 Abs.3 Nr. 2 GG, wenn er bestimmt, dass Veränderungen, „die nicht von einer Behörde durchgeführt werden und die keiner behördlichen Zulassung oder Anzeige nach anderen Rechtsvorschriften als der des § 17 Abs. 3 BNatSchG bedürfen, abweichend von § 14 BNatSchG kein Eingriff sind". Zu Positiv- und Negativlisten vgl. § 14 Rdnr. 72 f.

4 § 13 erklärt nicht nur das Verursacherprinzip zum allgemeinen Grundsatz, sondern auch die konkrete **Stufenfolge der Pflichten des Verursachers.** Er schließt damit eine Gleichstellung von Naturalkompensation und Ersatzzahlung aus. Eine dahingehende Abweichung bleibt dem Landesrecht verwehrt. Der Bundesgesetzgeber ist damit nicht zu weit gegangen. Allgemeine Grundsätze können konkret gefasst sein (Rdnr. 16 vor § 1) und unmittelbare Verpflichtungen des Normadressaten enthalten,[2] jedenfalls wenn es sich wie hier um ein zentrales Instrument des Naturschutzes handelt, mit dem der qualitative Stauts quo von Natur und Landschaft gesichert werden soll. Zur Frage, ob diese Stufenfolge der Verursacherpflichten wieder zu einer einfachen Regelung (ohne den Charakter eines allgemeinen Grundsatzes) „abgestuft" werden könnte, vgl. Rdnr. 19 vor § 1. Außerdem sprechen gute Gründe **gegen eine Gleichstellung von Realkompensation und Ersatzzahlung.** (a) Der Verursacher kann sich von sämtlichen Verpflichtungen freikaufen, die mit der Realkompensation verbunden sind, beginnend bei der Planung solcher Maßnahmen über die Bereitstellung der erforderlichen Flächen bis zur Ausführung und Pflege. Diese Aufgaben müssten von der Naturschutzverwaltung übernommen werden, die dazu personell nicht ausreichend ausgestattet ist. Bereits die Berechnung des Ersatzgeldes nach den Kosten möglicher Kompensationsmaßnahmen erfordert einigen Aufwand und birgt daher die Gefahr eines Vollzugsdefizits, wenn die Kosten zur Vereinfachung nur grob geschätzt und Unsicherheiten durch einen Abschlag zugunsten des Verursachers berücksichtigt werden. (b) Die Inanspruchnahme landwirtschaftlicher Nutzflächen (vgl. § 15 Abs. 3) wird nicht nennenswert vermindert, denn das Geld ist für reale Kompensationsmaßnahmen zu verwenden. (c) Die die Realisierung von Kompensationsmaßnahmen wird erschwert, weil sie nicht mehr zusammen mit dem Eingriffsvorhaben geplant und durchgesetzt werden. Das wirkt sich vor allem auf die Möglichkeit aus, die erforderlichen Kompensationsflächen zu beschaffen. (d) Die Ersatzzahlung mindert sowohl die Akzeptanz für Eingriffe als auch für den Naturschutz. Die Realkompensation führt Bürgern und Naturschutzvereinigungen vor Augen, dass Natur- und Landschaftsbeeinträchtigungen möglichst gering gehalten werden sollen. Durch Ersatzgeld finanzierte Kompensationsmaßnahmen und der durch sie verursachte Flächenbedarf werden „dem Naturschutz" zugeschrieben, obwohl sie eigentlich durch einen Eingriff erforderlich geworden sind. (e) Es besteht die Gefahr, dass das Ersatzgeld vorwiegend entweder für Maßnahmen in Schutzgebieten, etwa zum Management von Natura 2000-Gebieten verwendet wird (was die Trennung

---

2 *Franzius*, ZUR 2010, 346/349.

zwischen „Schutz- und Schmutzlandschaften" vergrößert) oder in Ökokonten und Flächenpools fließt, die kaum in der Lage sein dürften, diese erheblichen Geldmittel alsbald in sinnvolle Flächenerwerbe und Maßnahmen zu investieren. Damit und durch Punkt (c) wird die zur Rechtmäßigkeit der Ersatzzahlung erforderliche Gruppennützigkeit (§ 15 Rdnr. 136) in Frage gestellt, weil nicht gewährleistet ist, dass die Mittel in angemessener Zeit sinnvoll für Zwecke des Naturschutzes und der Landschaftspflege verwendet werden. (f) Ersatzgeld bewirkt keine Freistellung von der EU-Umwelthaftungsrichtlinie und setzt die Vorhabenträger dem Risiko einer zusätzlichen Sanierungsverpflichtung aus.[3]

III. Landesrecht

Was § 13 nicht ausdrücklich zum Grundsatz erhebt, ist z.B. die Abwägung gem. § 15 Abs. 5. Sie steht in der Checkliste des Eingriffsregelung zwischen der Vermeidungs- und Kompensationspflicht einerseits und der Pflicht zur Ersatzzahlung andererseits. Der Grundsatz des § 13 lautet dagegen so, dass nicht vermeidbare erhebliche Beeinträchtigungen durch Ausgleichs- oder Ersatzmaßnahmen *oder, soweit dies nicht möglich ist*, durch einen Ersatz in Geld zu kompensieren sind. Daraus kann man folgern, dass der Inhalt des § 15 Abs. 5 nicht abweichungsfest ist und Landesrecht etwas anderes bestimmen kann. Eine solche Abweichung von § 15 Abs. 5 müsste dann auch § 15 Abs. 6 Satz 1 erfassen und so lauten, dass ein Eingriff nur zugelassen oder durchgeführt werden darf, wenn die Beeinträchtigungen vorrangig zu vermeiden oder in angemessener Frist auszugleichen oder zu ersetzen sind oder, soweit das nicht möglich ist, der Verursacher Ersatz in Geld leistet. Das hätte zu Folge, dass eine Ablehnung des Vorhabens nur nach dem Fachrecht oder anderen naturschutzrechtlichen Vorschriften möglich wäre. Im Rahmen der subsidiären Genehmigung nach § 17 Abs. 3 würde ebenfalls die Abwägung nach § 15 Abs. 5 entfallen. Sinnvoll wäre eine solche Abweichung nicht.

Auch etwa § 15 Abs. 3 unterliegt der landesrechtlichen Abweichungsbefugnis. Der Grundsatz des § 13 wäre verletzt (ausgehöhlt, vgl. Rdnr. 24 vor § 1), wenn Landesrecht den Schutz land- und forstwirtschaftlicher Flächen gegen Inanspruchnahme für Kompensationszwecke so verstärken würde, dass die Erfüllung der Pflicht zu realen Kompensationsmaßnahmen erschwert oder unmöglich gemacht würde.

Abweichungen von § 17 können ebenfalls den allgemeinen Grundsatz des § 13 aushöhlen. Wenn etwa § 7 Abs. 2 NAGBNatSchG die Anwendung des **§ 17 Abs. 3** ausschließt, betrifft das den Grundsatz des §13 nicht nur am Rande. Denn die Verwirklichung des in § 13 fixierten Verursacherprinzips stellt zwei Anforderungen: Materiell muss der Verursacher die Stufenfolge Vermeidung–Kompensation–Ersatzzahlung einhalten. Formell ist eine vorherige Prüfung erforderlich, ob diese materielle Verpflichtung eingehalten ist. Dazu nutzt der Bundesgesetzgeber primär eine anderweitige Genehmigungs- oder Anzeigepflicht (§ 17 Abs. 1). Zu erheblichen Natur- oder Landschaftsbeeinträchtigungen kann es aber auch bei solchen Vorhaben kommen, die keiner anderweitigen Genehmigungs- oder Anzeigepflicht unterliegen. Dies umso mehr, als fachgesetzliche Genehmigungs- oder Anzeigepflichten reduziert worden sind und dies auch künftig der Fall sein kann. Hinzu kommt, dass der Bund diese „Deregulierung" nicht beeinflus-

---
[3] Zu (c) und (f) vgl. *Franzius*, ZUR 2010, 346/352.

§ 13

sen kann, wenn es sich um Landesrecht handelt, z.B. Bauordnungsrecht. Um hier Lücken zu vermeiden, ordnet § 17 Abs. 3 eine subsidiäre naturschutzrechtliche Genehmigungspflicht an. Die Zielsetzung des § 13 wird andernfalls in einem nicht genau bekannten, aber keineswegs irrelevanten Ausmaß verfehlt, etwa wenn infolge der Ausweitung der Baugenehmigungsfreiheit bei Aufschüttungen und Abgrabungen die möglicherweise damit verbundenen naturschutzrelevanten Veränderungen keiner Prüfung unterliegen.[4] § 7 Abs. 2 NAGBNatSchG reduziert daher die Geltung des allgemeinen Grundsatzes in § 13 und verstößt gegen Art. 72 Abs. 3 Nr. 2 GG.[5] Zu § 5 NAGBNatSchG vgl. Rdnr. 3.

---

[4] In vergleichbarer Weise wird aus der Tatsache, dass § 29 BauGB bodenrechtlich relevante Fälle von einigem Gewicht erfassen will, gefolgert, dass der Landesgesetzgeber nicht „frei" darüber befinden könne, ob er für bestimmte bauliche Anlagen ein präventives bauaufsichtliches Genehmigungsverfahren vorsehen und diese damit den §§ 30 ff. BauGB entziehen oder unterwerfen will, BVerwG, Urt. v. 19.12.1985 – 7 C 65/82, NuR 1987, 356.
[5] Vgl. *Franzius*, ZUR 2010, 346/351.

§ 14 Eingriffe in Natur und Landschaft

(1) Eingriffe in Natur und Landschaft im Sinne dieses Gesetzes sind Veränderungen der Gestalt oder Nutzung von Grundflächen oder Veränderungen des mit der belebten Bodenschicht in Verbindung stehenden Grundwasserspiegels, die die Leistungs- und Funktionsfähigkeit des Naturhaushalts oder das Landschaftsbild erheblich beeinträchtigen können.

(2) [1]Die land-, forst- und fischereiwirtschaftliche Bodennutzung ist nicht als Eingriff anzusehen, soweit dabei die Ziele des Naturschutzes und der Landschaftspflege berücksichtigt werden. [2]Entspricht die land-, forst- und fischereiwirtschaftliche Bodennutzung den in § 5 Absatz 2 bis 4 dieses Gesetzes genannten Anforderungen sowie den sich aus § 17 Absatz 2 des Bundes-Bodenschutzgesetzes und dem Recht der Land-, Forst- und Fischereiwirtschaft ergebenden Anforderungen an die gute fachliche Praxis, widerspricht sie in der Regel nicht den Zielen des Naturschutzes und der Landschaftspflege.

(3) Nicht als Eingriff gilt die Wiederaufnahme einer land-, forst- und fischereiwirtschaftlichen Bodennutzung, wenn sie zeitweise eingeschränkt oder unterbrochen war
1. auf Grund vertraglicher Vereinbarungen oder auf Grund der Teilnahme an öffentlichen Programmen zur Bewirtschaftungsbeschränkung und wenn die Wiederaufnahme innerhalb von zehn Jahren nach Auslaufen der Einschränkung oder Unterbrechung erfolgt,
2. auf Grund der Durchführung von vorgezogenen Kompensationsmaßnahmen, die vorgezogene Maßnahme aber nicht für eine Kompensation in Anspruch genommen wird.

Gliederung

		Rdnr.
I.	Tatbestand des Eingriffs (Abs. 1)	1–3
1.	Allgemeines	1
2.	Struktur des Eingriffstatbestandes	2, 3
II.	Eingriffshandlung: Veränderung von Grundflächen oder des Grundwasserspiegels	4–16
1.	Grundflächen	4–7
2.	Veränderung der Gestalt von Grundflächen	8, 9
3.	Veränderung der Nutzung von Grundflächen	10–12
4.	Veränderungen des Grundwasserspiegels	13, 14
5.	Wiederkehrende Handlungen und Unterlassen als Veränderung	15, 16
	a) Wiederkehrende Handlungen	15
	b) Unterlassen	16
III.	Eingriffswirkung: Möglichkeit einer erheblichen Beeinträchtigung von Naturhaushalt und Landschaftsbild	17–56
1.	Allgemeines	17
2.	Schutzgüter der Eingriffsregelung	18–22
	a) Naturhaushalt	18, 19
	b) Landschaftsbild	20–22
3.	Erhebliche Beeinträchtigung	23–47
	a) Erhebliche Beeinträchtigung des Naturhaushalts	26–35
	b) Erhebliche Beeinträchtigung des Landschaftsbilds	36–43
	c) Vorbelastungen	44–47
4.	Erholungswert (Naturgenuss) und Eingriffstatbestand	48–50
5.	Ursachenzusammenhang: Beeinträchtigungen als mögliche Folge der Veränderungen	51–56

	a) Allgemeines	51–54
	b) Wirkungsprognose	55, 56
IV.	Ausgeübte land-, forst- und fischereiwirtschaftliche Bodennutzung (Abs. 2)	57–65
1.	Allgemeines	57–59
2.	Bodennutzung unter bestimmten Voraussetzungen kein Eingriff	60–63
3.	Praktische Tragweite	64, 65
V.	Wiederaufnahme einer land-, forst- und fischereiwirtschaftlichen Bodennutzung (Abs. 3)	66–70
1.	Bewirtschaftungsbeschränkungen (Nr. 1)	67
2.	Kompensationsfläche (Nr. 2)	68, 69
3.	Verhältnis zum FGlG	70
VI.	Landesrecht	71–73

I. Tatbestand des Eingriffs (Absatz 1)

1. Allgemeines

1 In der Frühzeit des Naturschutzrechts gab es nur den Schutz bestimmter Objekte oder abgegrenzter Flächen. Mit der 1976 eingeführten Eingriffsregelung bezweckt der Gesetzgeber einen flächendeckenden Schutz von Natur und Landschaft gegen nachteilige Auswirkungen eines Vorhabens. § 14 bildet den ersten Teil der Eingriffsregelung, die Beschreibung des **Tatbestands**. Die **Rechtsfolgen** regelt § 15. Als **tatsächlichen Anknüpfungspunkt** wählt der Gesetzgeber Gestalt- oder Nutzungsänderungen an Grundflächen oder Veränderungen des Grundwasserspiegels. Er nimmt an, dass davon ein Großteil der negativen Einwirkungen auf Natur und Landschaft ausgeht. Menschliche Aktivitäten, die sich nicht unter diese Begriffe einordnen lassen, erfasst das Naturschutzrecht durch andere Vorschriften, die an allgemeinere Begriffe wie „Handlungen" (z.B. in §§ 23 ff.) anknüpfen und keine Veränderung der Gestalt oder Nutzung einer Grundfläche voraussetzen. Sie gelten aber nur für bestimmte Gebiete oder Objekte bzw. im Artenschutzrecht. Man kann die Eingriffsregelung zwar als einen Mindestschutz von Natur und Landschaft bezeichnen. Ihr Verhältnis zu anderen Schutzvorschriften des Naturschutzrechts lässt sich aber nicht so beschreiben, dass diese anderen Vorschriften auf der Eingriffsregelung aufbauen und sie sozusagen verschärfen. Näheres dazu in Rdnr. 2 ff. vor § 13.

2. Struktur des Eingriffstatbestandes

2 Der Eingriffstatbestand besteht aus **zwei Teilen** (Ursache und Wirkung):
- **Eingriffshandlung (Ursache):** Veränderungen der Gestalt oder Nutzung von Grundflächen oder Veränderungen des mit der belebten Bodenschicht in Verbindung stehenden Grundwasserspiegels (konkret festzustellender Vorgang) und
- **Eingriffswirkung (mögliche Folge):** Naturhaushalt oder Landschaftsbild können infolge dessen erheblich beeinträchtigt werden (Prognose).

Der „Einstieg" in die Eingriffsregelung erfordert also, dass beide Merkmale – Ursache und mögliche Wirkung – vorliegen. Die Qualifikation als „erheblich" spielt nur bei den Eingriffswirkungen (Beeinträchtigungen) eine Rolle, nicht bei der Eingriffshandlung (Veränderung). Dennoch ist nicht jede Veränderung relevant, vgl. Rdnr. 6, 8, 10 ff.

Der Eingriffstatbestand kann nicht nur im **Außenbereich** (§ 35 BauGB), sondern auch **innerhalb zusammenhängend bebauter Ortsteile** verwirklicht werden; § 18 Abs. 2 gilt als Spezialregelung nur für die Zulassung von Vorhaben (§ 29 BauGB, dazu Rdnr. 48 ff. zu § 18) im unbeplanten Innenbereich. Im Übrigen bleibt der Begriff des Eingriffs gem. § 14 Abs. 1 unverändert. Auf ihn bezieht sich der für die Bauleitplanung geltende § 18 Abs. 1.[1]

II. Eingriffshandlung: Veränderung von Grundflächen oder des Grundwasserspiegels

1. Grundflächen

Grundflächen sind beliebige Teile der Erdoberfläche, nicht Grundstücke im rechtlichen Sinne. Gemeint ist nicht nur die Oberfläche im Sinne der obersten Schicht oder gar nur der Oberseite, sondern auch der **Boden** (Untergrund) in der Tiefe, die für den Naturhaushalt als Schutzgut der Eingriffsregelung von Bedeutung ist. Das bedeutet, dass die Verlegung einer unterirdischen Leitung zwar keine Änderung der Grundflächengestalt darstellt (an der Oberfläche sieht man sie nicht), aber eine Nutzungsänderung bildet, indem die Grundfläche nunmehr – wie bei einem Gebäude – als Träger eines technischen Werks dient.

Da sich der Begriff der Grundfläche auf die gesamte Erdoberfläche bezieht, ist die Eingriffsregelung auch auf **Gewässer** anwendbar.[2] Das gilt anerkanntermaßen für Seen, Teiche, Flüsse, Bäche oder Tümpel, in gleicher Weise aber auch für Meeresgewässer.[3] Der frühere Meinungsstreit darüber, ob die Eingriffs- und Ausgleichsregelung auch in der Ausschließlichen Wirtschaftszone (AWZ) anzuwenden ist, ist wegen der ausdrücklichen Erstreckungsregelung in § 56 Abs. 1 gegenstandslos. Vom Begriff der Grundfläche werden nur der Gewässerboden und die Wasserflächen erfasst, nicht aber das Wasser als solches, auch nicht das Grundwasser.[4] Für den Schutz des Wassers als solches sind andere rechtliche Regelungen (z.B. das WHG) einschlägig. Stoffliche Änderungen, die zu einer nachteiligen Veränderung der Qualität und Güte des Wassers führen, zählen somit nicht zu den relevanten Einwirkungen, solange sie nicht mit Grundflächen- bzw. gewässerbezogenen Veränderungen einhergehen. Wird aber dazu ein Bauwerk errichtet oder eine technische Vorrichtung angebracht, so verändert sich damit die Gestalt und die Nutzung der Grundfläche. Daher fällt die Verankerung eines Holzfloßes auf einem bisher nur zum Fischfang genutzten Weiher unter den Eingriffstatbestand.[5]

Relevante Veränderungen der Gestalt und Nutzung der **Meeresgewässer** gehen vor allem mit der Errichtung von Offshore-Einrichtungen (z.B. Windkraftanlagen, Bohrinseln, Forschungsplattformen) einher, die das Erschei-

---

1 BVerwG, Urt. v. 31.8.2000 – 4 CN 6.99, NuR 2001, 150; vgl. OVG Koblenz, Urt. v. 22.1.1992 – 10 C 10428/91, NuR 1992, 290: Beseitigung zahlreicher Laubbäume und Büsche im Innenbereich.
2 VGH München, Urt. vom 21.04.1998 – 9 B 92.3454, NuR 1999, 153; *Engelhardt/Brenner/Fischer-Hüftle*, BayNatSchG, Art. 6 Rdnr. 2; *Göttlicher* SächsNatG, § 8 Anm. 8; *Kolodziejcok/Recken/Apfelbacher/Iven*, Kennzahl 1155 Rdnr. 4.
3 *Wolf*, UPR 1998, 286; *Krieger* DVBl. 2002, 302.
4 *Kolodziejcok/Recken/Apfelbacher/Iven*, Kennzahl 1155, Rdnr. 4; *Lorz/Müller/Stöckel*, Naturschutzrecht, A 1 § 18 Rdnr. 16; *Louis/Engelke*, BNatSchG, § 8 Rdnr. 10.
5 VGH München, Urt. vom 21.4.1998 – 9 B 92.3454, NuR 1999, 153.

nungsbild der Wasserflächen verändern, im Regelfall aber zugleich auch eine Nutzungsänderung darstellen. Das gilt auch dann, wenn das Gewässer zuvor keiner zweckgerichteten anthropogenen Verwendung unterlag, sondern sich in einem Zustand befand, in dem die Meeresnatur sich selbst überlassen blieb.[6] Die marine Sedimentgewinnung (Kies und Sand) hat einen entsprechenden Grundflächenbezug, weil die Abbautätigkeit den Meeresboden z.B. durch die Ausbildung von Trichtern verändert. Hierbei spielt es keine Rolle, dass der Eingriff „unter Wasser" stattfindet und dies optisch nicht ohne Weiteres wahrgenommen werden kann.[7] Nichts anderes gilt für die Verlegung von Rohrleitungen und Unterwasserkabeln, da sich durch die Verlegearbeiten das Erscheinungsbild des Untergrunds verändert. Ob eine erhebliche Beeinträchtigung vorliegt, ist nach dem Einzelfall zu beurteilen (vgl. unten Rdnr. 17 ff.). Zugleich ist das Merkmal der Nutzungsänderung erfüllt, wenn eine bislang unberührte Meeresfläche als Kabel- oder Rohrleitungstrasse genutzt wird. Eine Veränderung der Grundfläche stellt auch die Einrichtung neuer sogenannten Klappstellen für Baggergut auf dafür bislang nicht genutzten Flächen des Meeresgrundes dar.

7 Schifffahrt, Flugverkehr und militärische Nutzung der Meeresgebiete haben hingegen keinen Grundflächenbezug, der zur Erfüllung des Eingriffstatbestandes erforderlich ist. Entsprechendes gilt für die pelagische Schleppnetzfischerei, die – ungeachtet ihrer nachteiligen Wirkungen für die Biodiversität – das Erscheinungsbild des Meeresbodens und der Wasserfläche unberührt lässt. Anders dürfte dies zu beurteilen sein bei der sogenannten Grundschleppnetzfischerei und der Verwendung sogenannter Baumkurren. Hierbei werden durch die seitlich am Netz angebrachten Scherbretter bzw. die Baumkurre Bereiche des Meeresbodens regelrecht umgepflügt. Damit gehen Veränderungen des Meeresbodens einher, jedenfalls dann, wenn die Schleppnetzfischerei erstmals betrieben wird.

2. Veränderung der Gestalt von Grundflächen

8 Die Gestalt von Grundflächen ist das äußere Erscheinungsbild der Erdoberfläche in allen Ausprägungen. Dazu gehören das Landschaftsrelief, die Vegetation wie z.B. Wälder, Gehölze, Hecken, Einzelbäume, Schilf, Wiesen usw. sowie Gewässer einschließlich des Meeresbereichs. Der Gesetzeswortlaut hindert nicht, neben den natürlichen Bestandteilen der Landschaft auch künstliche, insbesondere Bauwerke, zum Begriff der Gestalt zu rechnen. Das Naturschutzrecht schützt nicht nur ursprüngliche, sondern auch vom Menschen beeinflusste Natur. Dazu können auch Bauwerke zählen, die mit der Zeit Teil der Natur geworden sind; erst recht gilt dies für aufgelassene Steinbrüche, Sandgruben, Stollen usw. Meist wird eine Veränderung von Bauwerken nicht die im Eingriffstatbestand genannten Beeinträchtigungen von Natur und Landschaft zur Folge haben, ausgeschlossen ist dies aber nicht, z.B. bei Beseitigung von Trockenmauern[8] oder beim Abriss eines stillgelegten, von Fledermäusen bewohnten Trafohäuschens.

9 Ob eine **Veränderung der Grundflächen-Gestalt** vorliegt, ergibt der Vergleich des – natürlichen oder vom Menschen geschaffenen – Zustandes vor der Eingriffshandlung (Rdnr. 2) mit dem Zustand danach. Bagatellfälle lassen sich bei Prüfung dieses Tatbestandsmerkmals, im Zweifel aber erst bei Prüfung der Frage, ob eine erhebliche Beeinträchtigung von Natur und

---

6 *Louis/Engelke*, BNatSchG, § 8 Rdnr. 7 m.w.N.
7 So auch *Louis/Engelke*, BNatSchG, § 8 Rdnr. 6 (zur Vertiefung eines Flussbettes).
8 VGH Mannheim, Beschl. v. 18.8.1995 – 5 S 2276/94, NuR 1996, 260.

Landschaft vorliegt, ausscheiden. Eine **vorübergehende** oder **befristete Veränderung** reicht aus. Auch sie kann erhebliche Beeinträchtigungen von Natur und Landschaft zur Folge haben, z.b. wenn in der Bauphase eines Eingriffsvorhabens Container aufgestellt oder Lagerplätze angelegt werden; das sind zugleich Nutzungsänderungen. Beispiele für Gestalt-Veränderungen: Errichtung von Bauwerken, Aufschüttungen, Abgrabungen, dauerhafte Beseitigung von Vegetationsbeständen, Veränderung oder Beseitigung von Gewässern.

3. Veränderung der Nutzung von Grundflächen

Jedes Verwenden einer Fläche für einen bestimmten Zweck ist eine Nutzung.[9] Ob ein wirtschaftlicher Erfolg gewollt oder möglich ist, spielt keine Rolle. Eine Veränderung der Nutzung liegt nach Sinn und Zweck der Eingriffsregelung nicht nur dann vor, wenn bisher vom Menschen genutzte Flächen in eine andere Nutzung überführt werden, sondern gerade auch dann, wenn bisher nicht oder kaum genutzte Flächen einer Nutzung unterworfen werden. Beispiele: Umwandlung landwirtschaftlicher Flächen in einen Camping- oder Golfplatz, Anlage einer Skipiste auf Almwiesen, Aufnahme landwirtschaftlicher Nutzung auf bisherigem „Ödland".[10] Zum Bau einer unterirdischen Leitung s. Rdnr. 4, 6. Auch **vorübergehende Nutzungsänderungen** werden erfasst. Sie können je nach Empfindlichkeit der Fläche zu erheblichen Beeinträchtigungen führen, z.B. befristete Lagerung von Material oder Aushub sowie Befahren mit Baufahrzeugen, ggf. abhängig von der Jahreszeit. Dass irgendwelche Anlagen errichtet werden, ist für eine Nutzungsänderung nicht erforderlich.[11] Nutzungsänderungen gehen oft Hand in Hand mit Gestaltänderungen, etwa wenn Gebäude errichtet und anschließend zu Wohn- oder Gewerbezwecken genutzt werden, wenn eine Straße angelegt und dann befahren wird usw. (vgl. Rdnr. 51 f.).

Bei der **Land- und Forstwirtschaft** ist zu unterscheiden: Eine Nutzungsänderung liegt stets vor, wenn von der land- zur forstwirtschaftlichen oder fischereiwirtschaftlichen Nutzung gewechselt wird oder umgekehrt. Wegen der Einzelheiten s. Rdnr. 60 ff. Keine Nutzungsänderung liegt vor, wenn ein Grundstück in einem gewissen Turnus abwechselnd als Ackerland und als Grünland genutzt wird. Wohl aber bildet der Umbruch von (Dauer-) Grünland zu Acker eine Nutzungsänderung,[12] wie sich auch aus § 5 Abs. 2 Nr. 5 ergibt. Keine Änderung der Nutzung (und auch nicht der Gestalt) bilden die mit der Bewirtschaftung verbundenen Veränderungen innerhalb einzelner Nutzungskategorien wie z.B. der Fruchtwechsel bei der Ackernutzung und die Änderung der Baumarten-Zusammensetzung bei der Waldnutzung. Das gilt mit der Einschränkung, dass die Anpflanzung von Neophyten als Nutzungsänderung zu werten ist, z.B. das Einbringen von Prunus serotina.[13]

Die **Seefischerei** mit pelagischen Netzen erfüllt den Eingriffstatbestand mangels Grundflächenbezug nicht. Da eine Änderung der Nutzung allenfalls bei der erstmaligen Aufnahme der Fangtätigkeit angenommen werden könnte, scheitert regelmäßig auch die Anwendung dieser Alternative. Hingegen

---

9   OVG Lüneburg, Urt. v. 16.2.1995 – 1 L 6044/92, NuR 1995, 371 (Modellflugbetrieb auf Weide).
10 Zur Beseitigung einer Hecke BVerwG, Beschl. v. 26.2.1992 – 4 B 38.92, NuR 1992, 328.
11 VGH Mannheim, Urt. v. 28.12.1990 – 8 S 1579/90, NuR 1992, 126.
12 VGH Kassel, Beschl. v. 6.9.1991 – 3 TH 1077/91, NuR 1992, 86.
13 VG Frankfurt (Oder), Beschl. v. 20.4.2010 – 5 L 273/09, juris.

kann die Grundschleppnetzfischerei oder die Fischerei mit Baumkurren den Eingriffstatbestand auch dadurch erfüllen, dass die entsprechende Fischerei erstmals im betroffenen Bereich betrieben wird. Insoweit liegt auch eine Nutzungsänderung vor.

4. Veränderungen des Grundwasserspiegels

13 Der Eingriffstatbestand umfasst seit 2002 auch Änderungen des mit der belebten Bodenschicht in Verbindung stehenden Grundwasserspiegels. Damit wurde ein aus Naturschutzsicht wichtiger Tatbestand ausdrücklich in die Eingriffsdefinition einbezogen. Er war mit dem früheren Wortlaut nur schwer zu erfassen. Die Entnahme von Grundwasser selbst ist keine Veränderung der Gestalt einer Grundfläche, sie kann diese lediglich zur Folge haben. Man kann aber eine Veränderung der Nutzung darin sehen, dass eine Anlage zur Grundwasserförderung errichtet und betrieben wird, was ggf. Ursache für Natur- oder Landschaftsbeeinträchtigungen sein kann. Die gesetzliche Klarstellung beendet die bisherigen Meinungsverschiedenheiten.[14] Die Begründung der Vorläuferregelung im BNatSchG 2002[15] beschreibt die **Tragweite** der Neuregelung so: „Mit dem Abstellen auf den mit der belebten Bodenschicht in Verbindung stehenden Grundwasserspiegel wird klargestellt, dass das Grundwasser im Rahmen der Eingriffsdefinition allein insoweit erfasst ist, als dieses für die Leistungs- und Funktionsfähigkeit des Naturhaushalts von Bedeutung ist. Dabei ist zu berücksichtigen, dass der Grundwasserspiegel natürlichen Schwankungen unterliegt. Veränderungen des Grundwasserspiegels sind damit allein insoweit tatbestandsmäßig, als sie zu solchen *Änderungen der natürlichen Schwankungsbreite* führen, *die den Naturhaushalt erheblich beeinträchtigen*. Veränderungen der Gestalt oder Nutzung von Grundflächen [gemeint ist wohl: Veränderungen des Grundwasserspiegels], die keine oder nur vorübergehende Auswirkungen auf die natürliche Schwankungsbreite des Grundwasserspiegels haben, werden damit von der Legaldefinition nicht erfasst. Für den Regelfall nicht tatbestandsmäßig sind damit u.a. Baumaßnahmen bzw. Sanierungsmaßnahmen im Zusammenhang mit Altlasten." Diese Begründung erwähnt nur Beeinträchtigungen des Naturhaushalts. Änderungen des Grundwasserspiegels können auch erhebliche Beeinträchtigungen des Landschaftsbilds zur Folge haben, etwa wenn nach Art und Größe prägende Vegetationsbestände absterben oder sich ihre charakteristische Zusammensetzung ändert.

14 Eine Veränderung des mit der belebten Bodenschicht in Verbindung stehenden Grundwasserspiegels liegt auch dann vor, wenn **Wasser aus tiefer liegenden Grundwasserschichten entnommen** und als Folge davon die oberflächennahe Grundwasserschicht verändert wird. Auch wenn dies nicht in der Absicht des Verursachers liegen sollte, ist ausreichend, dass sich beides nicht trennen lässt. Auch der Zweck des Gesetzes (Effektivierung der Eingriffsregelung) legt das nahe.[16] Die Veränderung muss von der natürlichen Schwankungsbreite in zeitlicher Hinsicht oder in ihrer Größenordnung in einer Weise abweichen, die erhebliche Beeinträchtigungen von Naturhaushalt oder Landschaftsbild zur Folge haben kann.

---

14 Vgl. *Schlüter*, ZfW 2003, 17, der aber verkennt, dass nicht nur die Errichtung, sondern auch der Betrieb einer Anlage zur Förderung von Grundwasser eine Nutzungsänderung darstellt (s. Rdnr. 49 ff.).
15 BT-Drs. 14/6378, S. 48.
16 *Schlüter*, ZfW 2003, 17/26.

5. Wiederkehrende Handlungen und Unterlassen als Veränderung

a) Wiederkehrende Handlungen. Hier geht es insbesondere um **Unterhaltsmaßnahmen**, die in gewissen Abständen durchzuführen sind. Etwa auf Leitungstrassen wird dazu turnusmäßig der aufgekommene Bewuchs beschnitten oder beseitigt usw. Im Vollzug der Eingriffsregelung sind alle Folgen für Natur und Landschaft zu prüfen, die sich aus der Errichtung und dem Betrieb der Einrichtung ergeben. Die Errichtung einer oberirdischen Leitung z.B. verändert die Gestalt und bildet zugleich die Nutzungsänderung. Auch unterirdische Leitungen bilden eine Nutzungsänderung (Rdnr. 4). Diese wird kontinuierlich aufrechterhalten in Form des Bestehens und Betriebs der Leitung. Die zum Betrieb erforderlichen Unterhaltsmaßnahmen sind damit integrierender Bestandteil der Nutzungsänderung und bei der Beurteilung des Eingriffs zu berücksichtigen. In erster Linie sind vermeidbare Beeinträchtigungen zu unterlassen, indem der Unterhalt schonend durchgeführt wird, dies ist in der Eingriffszulassung festzulegen. Unvermeidbare erhebliche Beeinträchtigungen infolge wiederkehrender Unterhaltsmaßnahmen sind nicht durch wiederkehrende Kompensationsmaßnahmen, sondern bei Zulassung des Eingriffs zusammengefasst vorausschauend zu bilanzieren und die Eingriffskompensation entsprechend zu bemessen.

b) Unterlassen. Ein Unterlassen in Form reiner Untätigkeit (z.B. Aufgabe der Nutzung) kann zwar die Ursache von Veränderungen sein. Beispiel: Eine Wiese wird nicht mehr gemäht und es entsteht allmählich Buschwerk und später Wald. Da aber keine Verpflichtung zum Bewirtschaften eines Grundstücks besteht, können aus dem bloßen Unterlassen keine Verursacherpflichten nach der Eingriffsregelung abgeleitet werden. Die Beendigung eines bisher geübten Turnus kann im Einzelfall als aktives Tun und nicht nur als Unterlassen qualifiziert werden, z.B. wenn ein Gewässer trockengelegt und nach dem Abfischen entgegen der bisherigen Übung nicht wieder bespannt wird.[17]

III. Eingriffswirkung: Möglichkeit einer erheblichen Beeinträchtigung von Naturhaushalt und Landschaftsbild

1. Allgemeines

Die Eingriffsregelung hat den **Zweck**, erhebliche Beeinträchtigungen ihrer Schutzgüter Naturhaushalt und Landschaftsbild zu vermeiden oder so gering wie möglich zu halten. Damit dient sie den Zielen des § 1 Abs. 1 Nr. 2 (Leistungs- und Funktionsfähigkeit des Naturhaushalts einschließlich der Regenerationsfähigkeit und nachhaltigen Nutzungsfähigkeit der Naturgüter) und des § 1 Abs. 1 Nr. 3 (Vielfalt, Eigenart und Schönheit sowie Erholungswert der Landschaft, zu letzterem vgl. Rdnr. 48 ff.). Die Tier- und Pflanzenwelt einschließlich ihrer Lebensstätten und Lebensräume ist Teil des Naturhaushalts (§ 7 Abs. 1 Nr. 2) und der biologischen Vielfalt (§ 1 Abs. 1 Nr. 1, Abs. 2 Nr. 1). Was ihre **Schutzgüter** betrifft, verlangt die Eingriffsregelung eine **Wirkungsprognose**, d.h. eine Abschätzung dahin, welche erheblichen Beeinträchtigungen voraussichtlich eintreten werden. Daraus sind Vorkehrungen zur Vermeidung und Maßnahmen zum Ausgleich und zur sonstigen Kompensation der Beeinträchtigungen abzuleiten (Rdnr. 55 und § 15 Rdnr. 5 ff.). In welcher Weise der maßgebliche **Sachverhalt zu er-**

---

17 VGH München, Urt. v. 26.6.1984 – 9 B 80 A 626, NuR 1986, 26 und v. 8.8.1984 – 9 B 80 A 2203, NuR 1985, 72.

mitteln und zu bewerten ist, wird im Zusammenhang mit den Verursacherpflichten dargestellt (Rdnr. 9 ff. zu § 15).

2. Schutzgüter der Eingriffsregelung

18 a) **Naturhaushalt.** Der Naturhaushalt umfasst die Naturgüter Boden, Wasser, Luft, Klima, Tiere und Pflanzen sowie das Wirkungsgefüge zwischen ihnen (§ 7 Abs. 1 Nr. 2). Den Begriff „Leistungs- und Funktionsfähigkeit" des Naturhaushalts erläutert die Begründung zum seinerzeitigen § 1 Abs. 1 Nr. 1 BNatSchG 2002[18] so: „Die Einführung der Funktionsfähigkeit des Naturhaushalts unterstreicht die Orientierung des Zielekatalogs des § 1 an den künftigen Generationen. Die Erhaltung von Natur und Umwelt für die künftigen Generationen bedingt die **langfristige ökologische Funktionsfähigkeit** des Naturhaushalts. Dies wird mit dem Begriff der Funktionsfähigkeit untermauert. Strukturen, Funktionen und Leistungen von Ökosystemen sind eng miteinander verbunden und stehen in wechselseitiger Abhängigkeit. Der Naturhaushalt muss sowohl leistungs- wie auch funktionsfähig sein; ohne Leistungsfähigkeit gibt es keine Funktionsfähigkeit und ohne Funktionsfähigkeit keine Leistungsfähigkeit. Dieses Wechsel- und Abhängigkeitsverhältnis wird durch das neue Begriffspaar „Leistungs- und Funktionsfähigkeit" klargestellt. Auch die Schaffung eines Biotopverbunds stellt ein wesentliches Element für den dauerhaften Erhalt der Leistungs- und Funktionsfähigkeit des Naturhaushalts dar."

19 Der Begriff Leistungs- und Funktionsfähigkeit bezieht sich also nicht nur auf den unmittelbaren Nutzen für den Menschen. Es geht um die **Erhaltung aller Leistungen und Funktionen** des Naturhaushalts, seines **natürlichen Potenzials** und der **biologischen Vielfalt** („Biodiversität") (§ 1 Abs. 1 Nr. 1 und Abs. 2, § 7 Abs. 1 Nr. 1), letztlich um die Ermöglichung weiterer Evolution von Pflanzen und Tieren im Sinne einer Koexistenz des Menschen und der anderen Lebewesen. Das erfordert eine relative Stabilität (diese nicht immer gleichzusetzen mit Artenvielfalt) im Rahmen natürlicher Regulierungs- und Steuerungsvorgänge, Stoffkreisläufe und Zyklen sowie die Fähigkeit, Störungen zu absorbieren. Wenn auch im Lauf der Erdgeschichte infolge Änderung von Umweltbedingungen schon immer Arten ausgestorben sind, sich das Klima und andere Naturfaktoren gewandelt haben, so verursacht der Mensch doch seit geraumer Zeit sehr starke und rasche Veränderungen der Natur etwa durch intensive Formen der Landnutzung, Vernichtung der ursprünglichen Vegetation oder der Bodendecke (Erosion), Zerschneidung von Lebensräumen, Eintrag von Schadstoffen usw. Der damit verbundenen Reduzierung des Naturhaushalts auf ein niedrigeres Leistungs- und Funktions- Niveau will (auch) das Naturschutzrecht begegnen.

20 b) **Landschaftsbild.** Zum Landschaftsbild gehören alle wahrnehmbaren unbelebten (geomorphologischen) und belebten (Vegetation) Elemente der Erdoberfläche, „alle Ausprägungen der Erdoberfläche wie Berge, Täler, Wälder, Flüsse, Seen, Teiche, Bäche, bedeutsame Einzelpflanzen oder Pflanzengruppen ...".[19] Die in § 1 Abs. 1 Nr. 3 genannten Eigenschaften **Vielfalt, Eigenart und Schönheit** sind zur näheren Charakterisierung des Landschaftsbilds heranzuziehen (vgl. § 1 Rdnr. 53 ff.). Das Schutzgut Landschaftsbild ist in Beziehung zum Menschen zu sehen, es geht „um die Wirkungen der landschaftsprägenden Elemente auf den Menschen; dieses

---
18 BT-Drs. 14/6378, S. 34.
19 *Louis*, BNatSchG, § 8 Rdnr. 12.

Schutzgut ist kein Wert an sich, sondern ist in seiner Wertigkeit nur definiert in der wertenden Betrachtung durch den Menschen, auf den es einwirkt und der es wahrnimmt. Es wird maßgeblich durch die optischen Eindrücke bestimmt; dabei sind alle tatsächlich vorhandenen Elemente von Bedeutung, die das Landschaftsbild unter den Aspekten Vielfalt, Eigenart oder Schönheit prägen".[20]

Die Rechtsprechung definiert das Landschaftsbild primär als **Gegenstand der visuellen Wahrnehmung**. Es wird maßgeblich durch die optischen Eindrücke, d.h. die mit dem Auge wahrnehmbaren Zusammenhänge von einzelnen Landschaftselementen bestimmt.[21] Die Frage, ob neben dem, was in der Landschaft visuell wahrgenommen werden kann, auch noch mit anderen Sinnen wahrnehmbare Elemente – z.B. Vogelstimmen – zum Landschaftsbild gehören, wird in der Rechtsprechung offengelassen[22] mit der Bemerkung, eine höchstrichterliche Klärung des Begriffs Landschaftsbild bestehe nicht, die Meinungen im Schrifttum seien unterschiedlich.[23] In der Literatur wird vertreten, die Begriffe Vielfalt, Eigenart und Schönheit schlössen die Wahrnehmung von Natur und Landschaft durch alle Sinne ein.[24] Für § 1 Abs. 1 Nr. 3 trifft das sicher zu, doch ist dessen Wortlaut nicht komplett in den Eingriffstatbestand übertragen worden.[25]

21

Die Betonung des visuellen Aspekts hat den Gesetzeswortlaut für sich. Die Eingriffsregelung des § 14 hat die in § 1 Abs. 1 Nr. 3 enthaltene Zielsetzung nicht voll in ihr Instrumentarium übertragen, sie spricht von der Leistungs- und Funktionsfähigkeit des Naturhaushalts und vom Landschaftsbild. Der **Erholungswert** von Natur und Landschaft (auch „Naturgenuss") ist ein Aspekt, der sich durch den Begriff Landschaftsbild nur schwer in vollem Umfang erfassen lässt. Auch die gesetzliche Definition des Ausgleichs von Landschaftsbild-Beeinträchtigungen im Sinne einer landschaftsgerechten Wiederherstellung oder Neugestaltung zielt primär auf das optische Erscheinungsbild ab. Ein gangbarer Weg besteht darin, zwischen der Objektseite (Landschaftsbild) und der Subjektseite (Wahrnehmung durch den Menschen) zu unterscheiden. Näheres dazu in Rdnr. 49 f.

22

---

20 OVG Münster, Urt. v. 16.1.1997 – 7 A 310/95, AgrarR 1997, 298.
21 BVerwG, Urt. v. 27.9.1990 – 4 C 44.87, NuR 1991, 124; ähnlich OVG Münster, Urt. v. 4.6.1993 – 7 A 3157/91, NuR 1994, 249; Urt. v. 5.7.1993 – 11 A 2122/90, NuR 1994, 95; Urt. v. 16.1.1997 – 7 A 310/95, AgrarR 1997, 298; Urt. v. 12.10.1998 – 7 A 3813/96, NuR 1999, 409 [mit Betonung des Wortteiles „bild"] – und Urt. v. 30.6.1999 – 7a D 144/97.NE.
22 OVG Münster, Urt. v. 5.7.1993 – 11 A 2122/90, NuR 1994, 95.
23 BVerwG, Beschl. v. 4.10.1994 – 4 B 196.94, Buchholz 406.401 § 8 BNatSchG Nr. 14.
24 *Gassner*, in: Gassner/Bendomir-Kahlo/Schmidt-Räntsch, BNatSchG, 1996, § 1 Rdnr. 64.
25 In der Eingriffsregelung zieht auch *Gassner* (a.a.O. § 8 Rdnr. 6) nicht den Begriff Landschaftsbild heran, sondern meint, alles „was sensoriell wahrnehmbar ist, bspw. Gerüche, Vogelsang, Frische, Lärm bzw. Lärmfreiheit", sei im Begriff Naturhaushalt eingeschlossen, dessen Leistungsfähigkeit sich auch auf die Erholung des Menschen beziehe. *Kuschnerus* (NVWZ 1996, 235/238) meint, auf den Menschen wirken und seine Empfindung des Landschaftsbilds prägen könnten auch Geräusche, Gerüche u.a. Andere Autoren plädieren für ein optisches Verständnis des Landschaftsbildes (*Blum/Agena/Franke*, Nds. NatSchG, 2000, § 7 Rdnr. 7; *Schink* Naturschutzrecht in NRW, 1989, Rdnr. 261; *Pielow* NuR 1979, 15; *Breuer* NuR 1980, 92).

3. Erhebliche Beeinträchtigung

23 Abs. 1 verlangt, dass die Veränderung der Gestalt oder Nutzung von Grundflächen entweder die Leistungs- und Funktionsfähigkeit des Naturhaushalts oder das Landschaftsbild erheblich beeinträchtigen kann. **Beeinträchtigung** ist die **negative Veränderung** der Leistungs- und Funktionsfähigkeit des Naturhaushalts oder des Landschaftsbilds, bezogen auf eine Funktion oder Eigenschaft (Qualität). Die Beeinträchtigung muss entweder ohne Rücksicht auf ihre Dauer von einer gewissen Erheblichkeit sein oder diese gerade durch die Dauer erhalten. Letztlich kommt es also auf die **Wirkung** an. Mit unerheblichen Beeinträchtigungen befasst sich die Eingriffsregelung nicht. Die Beurteilung der Frage, ob eine Veränderung als negativ anzusehen ist, erfordert im Grunde dieselben Überlegungen wie die Prüfung, ob sie erheblich ist. Der Unterschied ist nur graduell.

24 Für die (prognostische) Feststellung, dass eine **erhebliche** Beeinträchtigung eintreten kann, reichen naturwissenschaftliche oder ökologische Erkenntnisse nicht aus. Erforderlich ist darüber hinaus eine **Bewertung**. Den **Maßstab** dieser Bewertung beschreibt die Eingriffsregelung nicht näher. Der unbestimmte Rechtsbegriff „erheblich" ist von der Rechtsprechung beim Versuch, ihn zu definieren, manchmal nur durch einen anderen, ebenso unbestimmten Begriff ersetzt worden. So ist von einer „nach Art, Umfang und Schwere nicht völlig unwesentlichen Beeinträchtigung" die Rede.[26] Die negative Veränderung müsse „von spürbarem Gewicht" sein, d.h. es müssten „ernsthafte, und zwar schwerwiegende oder dauerhafte Funktionsstörungen" des Naturhaushalts eintreten.[27] Nötig sind **materielle Kriterien**. Sie ergeben sich zum einen aus den Zielen des § 1,[28] aus sonstigen Normen des Naturschutzrechts, aus konkretisierenden Aussagen in der Landschaftsplanung, in Arten- und Biotopschutzprogrammen, dem Biotopverbund usw. Ferner sind maßgeblich die im **Einzelfall** vor dem Hintergrund der genannten Regelungen aus den örtlichen Verhältnissen und Bedingungen abzuleitenden wichtigen Funktionen, Qualitäten und Werte von Naturhaushalt und Landschaftsbild (vgl. Rdnr. 26 ff.).

25 Die Erheblichkeit von Natur- oder Landschaftsbeeinträchtigungen als Folge eines Vorhabens allein kann manchmal zweifelhaft sein, während sie bei einer **Summierung** mehrerer Vorhaben dieser Art zu bejahen wäre. Manchmal kann die Genehmigung eines Vorhabens vergleichbare Anträge zur Folge haben bzw. kann es sich um einen „Pilotfall" handeln, wobei sich die Interessenten auf die erste Genehmigung berufen. Die Eingriffsregelung enthält keine ausdrückliche Regelung über die Berücksichtigung von Bezugsfällen („**Vorbildwirkung**"). Ein Teil der Rechtsprechung erkennt diesen Gesichtspunkt an. Andere Entscheidungen lehnen dies ab und beschränken die Prüfung strikt auf das konkret zur Genehmigung gestellte Vorhaben.[29] Soll die Vorbildwirkung als Ablehnungsgrund dienen, müssen jedenfalls Bezugsfälle konkret zu befürchten sein, die abstrakte Möglichkeit kann nicht genügen. Bei Eingriffen in Natura-2000-Gebiete ist die Summierungswirkung relevant (§ 34 Abs. 1). Etwas anderes ist die Vorbelastung (Rdnr. 44).

---

26 VGH Mannheim, Beschl. v. 14.11.1991 – 10 S 1143/90, NuR 1992, 189.
27 OVG Münster, Urt. v. 4.6.1993 – 7 A 3157/91, NuR 1994, 249.
28 OVG Koblenz, Urt. v. 18.9.1986 – 8 A 77/84, NuR 1987, 275.
29 Zum Naturhaushalt bejahend VGH München, Urt. v. 17.7.1986 – 9 B 84 A 1793, NuR 1987, 181; zum Landschaftsbild VGH Kassel, Urt. v. 8.5.1985 – III OE 40/82, NuR 1986, 298 sowie VGH München a.a.O. A.A. OVG Münster Urt. v. 12.10.1998 – 7 A 3813/96, NuR 1999, 409. Die zitierten Entscheidungen betreffen nicht nur die Eingriffsregelung, sondern auch Landschaftsschutzverordnungen und Biotopschutzregelungen.

a) **Erhebliche Beeinträchtigung des Naturhaushalts.** Zunächst ist festzustellen, welche Leistungen und Funktionen des Naturhaushalts durch den Eingriff erheblich beeinträchtigt werden. Dazu sind der **vorhandene Zustand und die voraussichtlichen Auswirkungen des Eingriffs festzustellen.** Die Auswirkungen des Eingriffs auf die Leistungs- und Funktionsfähigkeit des Naturhaushalts sind bezüglich aller seiner in § 7 Abs. 1 Nr. 2 genannten Teile Boden, Wasser, Luft, Klima, Tiere und Pflanzen sowie das Wirkungsgefüge zwischen ihnen zu prüfen, soweit im Einzelfall Anhaltspunkte dafür bestehen, dass eine erhebliche Beeinträchtigung möglich ist. Dabei ist eine sachgerechte Auswahl zu treffen, denn es können nicht alle Leistungen und Funktionen ermittelt werden. Eine am Einzelfall orientierte Darstellung und Bewertung der Eingriffsfolgen muss die – in der konkreten Situation – wesentlichen vom Eingriff betroffenen Funktionen des Naturhaushalts umfassen. Das betroffene Ökosystem ist in „repräsentativen" Funktionen und Aspekten nach dem Stand der fachlichen Erkenntnis zu untersuchen.[30] Nach der Rechtsprechung darf diese Untersuchung möglicher Beeinträchtigungen nicht auf eine Momentaufnahme anhand der Ist-Situation verkürzt werden. Der Begriff Fähigkeit bedeutet soviel wie „imstande sein, zu etwas in der Lage sein" und sei etwas anderes als eine aktuell erbrachte Leistung. Er schließe **vorhandene, zurzeit aber nicht aktualisierte Potenziale** ein. Da der Zustand der Natur nicht statisch sei, solle ihr durch die Vermeidung oder Minderung der Eingriffsfolgen auch die Chance gegeben werden, sich zu entwickeln. Nicht zuletzt vor dem Hintergrund der Staatszielbestimmung in Art. 20a GG dürfe die Eingriffsregelung nicht darauf reduziert werden, den zum Zeitpunkt der Veränderungen des Lebensraums aktuellen Zustand, der oft auf zufällige Ereignisse zurückzuführen ist, zu konservieren. Daher seien nicht nur der aktuelle Zustand eines Lebensraumes geschützt, sondern auch künftige naturräumliche Entwicklungen, soweit deren Eintritt tatsächlich zu erwarten ist. Daher sei der Planer im Rahmen der naturschutzrechtlichen Eingriffsregelung nicht gehalten, alle denkbaren Zukunftsszenarien zu antizipieren, Entwicklungschancen der Natur prophylaktisch offenzuhalten und dafür vorzusorgen, dass eine spätere Entscheidung für die natürliche Belassenheit der Umgebung des Vorhabens als eine von mehreren denkbaren Alternativen möglich bleibt.[31] **Der zu untersuchende Bereich** darf sich nicht auf die vom Eingriff direkt betroffene Fläche oder einen schematischen Umgriff beschränken, sondern es ist auf die funktionellen Zusammenhänge zwischen dem Eingriff und seinen Auswirkungen abzustellen. Bei den zu erwartenden Beeinträchtigungen sind Feststellungen bezüglich ihrer Erheblichkeit, Vermeidbarkeit und Ausgleichbarkeit zu treffen.

Beeinträchtigt wird der Naturhaushalt durch jede seine Leistungs- und Funktionsfähigkeit mindernde (**negative**) **Veränderung.** Sie kann darin bestehen, dass durch menschliche Einwirkung Bestandteile (Elemente) des Naturhaushalts bzw. einzelner Ökosysteme wie z.B. Tiere, Pflanzen, Boden, Wasser in ihrer Größe oder Menge verringert oder natürliche Abläufe (physikalische, chemische und biologische Prozesse) gestört werden, was wiederum durch Beeinflussung der einzelnen Elemente oder durch unmittelbare Störung der natürlichen Prozesse geschehen kann.[32] Diese lediglich messende bzw. feststellende Betrachtungsweise ist nur der erste Schritt. Die Eingriffsregelung begnügt sich nicht mit der Feststellung einer (negativen) Ver-

---

30 VGH Kassel, Beschl. v. 19.12.1990 – 4 NG 1374/90, NuR 1991, 437.
31 BVerwG, Urt. v. 16.12.2004 – 4 A 11.04, NuR 2005, 398.
32 OVG Münster, Urt. v. 4.6.1993 – 7 A 3157/91, NuR 1994, 249.

änderung. Auch nach der Beeinträchtigung ist der Naturhaushalt leistungs- und funktionsfähig, wenn auch in anderer Weise.

28 Die als zweiter Schritt erforderliche **Bewertung** berücksichtigt, dass nicht alle Elemente, Funktionen und Prozesse des Naturhaushalts gleichermaßen und in jeder konkreten Fallgestaltung naturschutzfachlich und -rechtlich relevant sind. In diese Richtung geht auch § 1 Abs. 3 Nr. 1: Die prägenden biologischen Funktionen, Stoff- und Energieflüsse sollen erhalten werden. § 14 Abs. 1 drückt das mit dem Begriff „**erhebliche**" **Beeinträchtigung** aus. Die Bewertung der Eingriffswirkungen erfolgt mit Blick auf die Ziele des § 1 und ihre Bedeutung in der **konkreten Situation**, sie berücksichtigt also, was der Naturhaushalt – im Lichte der gesetzlichen Akzente und Prioritäten – dort leisten soll, wie er dort funktionieren soll (Rdnr. 24). Dabei sind auch die Ziele des § 1 Abs. 2 zu berücksichtigen.

29 Aspekte für die Bewertung sind z.B.:
 – Seltenheit oder Gefährdung,
 – (Nicht-)Wiederherstellbarkeit geologischer und geomorphologischer Erscheinungsformen, abiotischer Naturfaktoren,
 – (Nicht-)Ersetzbarkeit (z.B. von Ökosystemen und Biotopen),
 – funktionale Bedeutung (z.B. Ausbreitungszentren für Pflanzen und Tiere; Durchzugsgebiete für wandernde Tierarten),
 – Isolationseffekte, Biotopgröße,
 – Repräsentanz, naturraumtypische Ausstattung,
 – prägende Standortfaktoren, Entwicklungspotenziale,
 – Vollkommenheit/Naturnähe,
 – störungsfreie Bereiche/Vorbelastungen.

30 Was die **Tier- und Pflanzenwelt und ihre Lebensräume** betrifft, sind nicht nur besonders geschützte Arten von Bedeutung (vgl. § 44 Rdnr. 78). Maßstab ist nicht nur die Seltenheit bzw. Gefährdung einzelner Arten und ihrer Biotope. Auch die Beeinträchtigung der Lebensräume und Populationen anderer Arten, etwa durch Flächenverlust, Zerschneidungswirkungen (Isolation) usw., kann erheblich sein. Die biologische Vielfalt (§ 1 Abs. 2 Nr. 1, Abs. 3 Nr. 5) ist umfassend. Kriterien sind ferner, ob die Anpassungsfähigkeit von Tieren und Pflanzen überfordert wird und ob es sich um prägende Standortfaktoren handelt. Nach der Rechtsprechung soll nicht schon jede Verschiebung eines aktuell gegebenen Artenspektrums als relevante Beeinträchtigung der Leistungsfähigkeit des Naturhaushalts zu werten sein. Veränderungen des Artenspektrums oder das Verschwinden von Pflanzen seien von der Qualität des betroffenen Bereichs abhängig zu machen und umso gewichtiger, je stärker das konkret vorhandene Spektrum durch seine spezielle Zusammensetzung oder durch seltene bzw. in ihrem Bestand aktuell gefährdete Pflanzenarten geprägt ist.[33] Auch wird darauf abgestellt, ob in der Umgebung ähnliche Verhältnisse vorzufinden sind oder nicht: Die Rodung einer Streuobstwiese inmitten der Ackerfluren schädigt den Naturhaushalt durch Verlust des Lebensraums von Vögeln und Insekten.[34] Die Rodung einer großen Walnussbaumkultur ist ein Eingriff, weil sie zusammen mit den Wiesenflächen, auf denen die Bäume stehen, einen Lebensraum für viele Tier- und Pflanzenarten bildet, insbesondere weil das umliegende intensiv genutzte Ackerland nahezu restlos ausgeräumt ist und es sich um ein grünlandarmes Gebiet handelt.[35]

---

33 OVG Münster, Urt. v. 3.3.1999 – 7 A 2883/92, NuR 2000, 51.
34 VGH Mannheim, Urt. v. 25.6.1987 – 5 S 3185/86, NuR 1988, 288.
35 OVG Koblenz, Urt. v. 20.9.2000 – 8 A 12418/99, NuR 2001, 287.

Alles in allem kommt es wohl darauf an, **ob die wesentlichen Arten noch in annähernd gleicher Zahl und Qualität wie vor dem Eingriff leben können.** Ein fachlicher Definitionsvorschlag formuliert das so:[36] Erheblichkeit, wenn Lebens- und Funktionsräume beeinträchtigt werden, deren Artengemeinschaften im Vergleich zu wenig belasteten Systemen noch nicht stark verarmt sind und wertgebende Arten (repräsentative Zielarten) oder deren Lebensvoraussetzungen beeinträchtigt werden. Nachhaltig [nach § 14 Abs. 1 jetzt nur mehr ein Unterfall der Erheblichkeit] sind Beeinträchtigungen, wenn definierte Arten, typische Zönosen oder zeitlich und räumlich voneinander abhängige Lebensraum-Mosaike, die der Zielzustand in einem Bezugsraum sind, nach einer Depression durch den Eingriff nicht wieder innerhalb von ca. 5 (bis 25) Jahren in der vorherigen Populationsdichte/ Flächengröße bzw. in gleichartigen Funktionsgefügen vorkommen können. Was **Arten und Lebensräume** betrifft, sind auch die Kriterien zu berücksichtigen, die in **Anhang I der Umwelthaftungsrichtlinie** für die Feststellung einer erheblichen nachteiligen Veränderungen gegenüber dem Ausgangszustand aufgezählt werden.

31

Funktionen oder Beschaffenheit des **Bodens** werden erheblich beeinträchtigt, wenn er beseitigt, mit Schadstoffen verunreinigt oder versiegelt wird oder wenn seine Zusammensetzung oder sonstige Standorteigenschaften negativ verändert werden.

32

Beim **Wasser** kommt es auf seine biologischen, chemischen und physikalischen Eigenschaften an, beim Gewässer selbst auf die Funktionen im Natur- und Wasserhaushalt. Beim **Grundwasser** sind das Niveau und die Strömungsverhältnisse relevant. **Grundwasserbewirtschaftungspläne** nach § 36b Abs. 1 Satz 1 WHG können gewichtige Anhaltspunkte dafür bieten, ob eine erhebliche Beeinträchtigung vorliegt, aber eine Prüfung der Auswirkungen des Vorhabens im Einzelfall nicht völlig ersetzen. Festlegungen nach § 36b Abs. 3 WHG z.B. über einzuhaltende Grundwasserstände berücksichtigen zwar auch die Belange des Naturschutzes, können aber keine verbindlichen Prognosen dazu enthalten, ob eine Veränderung des Grundwasserspiegels im Einzelfall erhebliche Beeinträchtigungen von Naturhaushalt oder Landschaftsbild verursachen kann, so dass man auf eine Prüfung des konkreten Vorhabens nicht verzichten kann.

33

Beeinträchtigungen der **Luft** als Faktor des Naturhaushalts können z.B. darin bestehen, dass die Strömungs- und Austauschwirkungen verändert und als Folge Standort- oder Lebensbedingungen für Pflanzen und Tiere beeinträchtigt werden. Das **Klima** wird als Teil des Naturhaushalts z.B. durch Überbauung, Barrierewirkung („Kaltluftinseln") usw. beeinträchtigt.

34

Vorübergehende Maßnahmen, etwa die Lagerung von Aushub oder Material sowie das Befahren einer Fläche, können erhebliche Beeinträchtigungen z.B. der Vegetation verursachen (so dass die Verlegung von Leitungen auch wegen solcher aus vorübergehender Gestalt- oder Nutzungsänderung resultierender Folgen den Eingriffstatbestand erfüllen kann). Auch bloße **Grundstücksnutzungen** ohne Errichtung baulicher oder sonstiger Anlagen können geeignet sein, den Naturhaushalt erheblich zu beeinträchtigen.[37]

35

---

36 *Reck/Herden/Rassmus/Walter*, Die Beurteilung von Lärmwirkungen auf frei lebende Tierarten und die Qualität ihrer Lebensräume – Grundlagen und Konventionsvorschläge für die Regelung von Eingriffen nach § 8 BNatSchG, in: Bundesamt für Naturschutz (Hrsg.), Angewandte Landschaftsökologie 44 (2001), 125.
37 VGH Mannheim, Urt. v. 28.12.1990 – 8 S 1579/90, NuR 1992, 126 (80 m x 20 m große Wiese als Modellflugplatz).

36 **b) Erhebliche Beeinträchtigung des Landschaftsbilds.** Gegenstand einer Beeinträchtigung kann auch eine durch menschliche Eingriffe gestaltete Kulturlandschaft sein und nicht nur eine Naturlandschaft.[38] Denn **Bezugspunkt ist das tatsächlich vorhandene Landschaftsbild** (Rdnr. 20 ff.) mit allen seinen Elementen in seiner gegenwärtigen Gestalt.[39] Vorhandenes – besonders wenn es um Ergebnisse menschlichen Wirkens geht – darf also nicht hinweggedacht werden, außer es wird demnächst beseitigt und hat daher künftig keine prägende Wirkung mehr, d.h. entscheidend ist der Ist-Zustand, nicht ein gedachtes Ziel, auf das hin die Landschaft entwickelt werden könnte oder sollte.[40] Maßgeblich sind dabei – im Sinne einer Konkretisierung – die Kriterien Vielfalt, Eigenart und Schönheit, wie sie § 1 Nr. 4 BNatSchG nennt.[41]

37 Aus ihrem Verständnis des Landschaftsbildes folgt, dass die Rechtsprechung bei der Prüfung, ob eine erhebliche Beeinträchtigung des Landschaftsbildes vorliegt, primär auf **(negative) Veränderungen des optischen Erscheinungsbilds** abstellt. Das Bundesverwaltungsgericht spricht in diesem Zusammenhang lapidar von einer „nachteiligen" Veränderung der „Landschaftsoberfläche",[42] der VGH Mannheim von einer „sichtbaren und nachteiligen, d.h. nicht landschaftsgerechten Veränderung".[43] Dabei soll „eine Betrachtungsweise von einer gewissen Großräumigkeit zugrunde gelegt werden"[44], gemeint ist: Man muss einen den jeweiligen topographischen Bedingungen und den Auswirkungen des Vorhabens angemessenen Bezugsraum bestimmen, wenn es um die Beurteilung von Veränderungen in der Landschaft geht. Wann eine Veränderung nachteilig ist, muss in jedem Einzelfall bezogen auf die konkreten Verhältnisse festgestellt werden.

38 Das Gesetz verlangt (nur) eine **erhebliche Beeinträchtigung** des Landschaftsbildes. Diese erfordert keine Bewertung des optischen Eindrucks als Verunstaltung, ausreichend ist das Vorhandensein eines landschaftsfremden Elements.[45] Beeinträchtigung ist jede sichtbare und nachteilige, d.h. nicht landschaftsgerechte Veränderung der Landschaft in ihrer gegenwärtigen Gestalt.[46] Dabei sind die in § 1 Nr. 4 BNatSchG genannten Aspekte Vielfalt, Eigenart und Schönheit zu beachten. Es geht daher nicht nur um die Schönheit einer Landschaft, sondern auch um ihre schlichte Eigenart. Etwas missverständlich daher die Fragestellung dahingehend, ob die Veränderung des Landschaftsbildes „von einem für die Schönheiten der natürlich gewachsenen Landschaft aufgeschlossenen Durchschnittsbetrachter als nachteilig empfunden wird".[47] Maßgebend ist, ob der Eingriff (wenn er der Landschaft etwas hinzufügt) als **Fremdkörper** in der Landschaft erscheint, einen negativ prägenden Einfluss auf das Landschaftsbild hat[48] bzw. (wenn er etwas be-

---

38 OVG Münster, Urt. v. 5.7.1993 – 11 A 2122/90, NuR 1994, 95.
39 VGH Mannheim, Beschl. v. 14.11.1991 – 10 S 1143/90, NuR 1992, 189; OVG Münster, Urt. v. 12.10.1998 – 7 A 3813/96, NuR 1999, 409.
40 OVG Münster Urt. v. 4.6.1993 – 7 A 3157/91, NuR 1994, 249.
41 OVG Münster, Urt. v. 12.10.1998 – 7 A 3813/96, NuR 1999, 409.
42 BVerwG, Urt. v. 27.9.1990 – 4 C 44.87, NuR 1991, 124; ähnlich OVG Münster, Urt. v. 4.6.1993 – 7 A 3157/91, NuR 1994, 249 und Urt. v. 12.10.1998 – 7 A 3813/96, NuR 1999, 409.
43 VGH Mannheim, Beschl. v. 14.11.1991 – 10 S 1143/90, NuR 1992, 189.
44 OVG Münster, Urt. v. 5.7.1993 – 11 A 2122/90, NuR 1994, 95.
45 VGH Mannheim, Urt. v. 24.6.1983 – 5 S 2201/82, NuR 1983, 276.
46 VGH Mannheim, Beschl. v. 14.11.1991 – 10 S 1143/90, NuR 1992, 189.
47 So BVerwG Urt. v. 27.9.1990 – 4 C 44.87, NuR 1991, 124.
48 VGH Mannheim Urt. v. 29.1.1979 – 10 S 1143/90, NuR 1982, 21 und v. 24.6.1983 – 5 S 2201/82, NuR 1983, 276, st. Rspr.

seitigt), ob es sich um ein Landschaftselement handelt, das für die Vielfalt, Eigenart oder Schönheit von Bedeutung ist. Eine nach Art, Umfang und Schwere nicht völlig unwesentliche Beeinträchtigung ist auch erheblich, weil bei einer großzügigeren Betrachtung der vom Gesetz bezweckte Schutz nicht sichergestellt wäre, insbesondere wenn man die Summierung vieler kleinerer Eingriffe berücksichtigt.[49] Bei Anpflanzungen ist auf den Endzustand abzustellen.[50] Was die Dauer der Beeinträchtigung als Kriterium für die Erheblichkeit betrifft, ist z.B. die nachteilige Veränderung des Landschaftsbildes für die Dauer von mindestens 20 Jahren durch die Windkraftanlagen, die in der Landschaft als Fremdkörper in Erscheinung treten und einen negativ prägenden Einfluss auf das Landschaftsbild haben, eine erhebliche Beeinträchtigung des Landschaftsbildes.[51] Die Feststellung, dass ein Element „landschaftsfremd" bzw. ein „Fremdkörper" ist, erfordert eine **Beschreibung** der unbelebten und belebten **Landschaftselemente** in dem betroffenen Landschaftsraum sowie der **Auswirkungen des Vorhabens**. Zur Beeinträchtigung des Landschaftsbildes durch **Geräusche** und **Gerüche** s. Rdnr. 49 f.

39 Die Kriterien, nach denen das **Bauplanungsrecht** (§ 35 Abs. 3 BauGB) die Auswirkungen eines Vorhabens auf die Landschaft beurteilt, sind nicht deckungsgleich mit der Eingriffsregelung. Die „natürliche Eigenart der Landschaft" wird durch ein Bauvorhaben beeinträchtigt, wenn die zur Bebauung vorgesehene Fläche entsprechend der im Außenbereich zu schützenden „naturgegebenen Bodennutzung", nämlich landwirtschaftlich genutzt wird, und nichts darauf hindeutet, dass sie die Eignung für diese Nutzung demnächst einbüßen wird.[52] Eine Verunstaltung des Landschaftsbilds i.S.v. § 35 Abs. 3 BauGB liegt vor, wenn ein Vorhaben dem Landschaftsbild in ästhetischer Sicht grob unangemessen ist und auch von einem für ästhetische Eindrücke offenen Betrachter als belastend empfunden wird.[53]

40 **Negative Veränderungen** des Landschaftsbildes sind hauptsächlich folgende Fallgruppen:
– Veränderung oder Beseitigung vorhandener, prägender Landschaftselemente, so dass die Vielfalt, Eigenart oder Schönheit gegenüber dem früheren Zustand gemindert ist;
– erhebliche Einschränkung/Verhinderung der sinnlichen Wahrnehmbarkeit solcher Elemente bzw. Störung der Wahrnehmung durch Lärm und andere Immissionen,
– hinzufügen neuer Elemente, die als störend empfunden werden, weil sie nach Form, Größe oder Aussehen aus dem Rahmen fallen („Fremdkörper") oder zerschneidende Wirkung haben. Dabei ließe sich wiederum unterscheiden zwischen auch natürlich vorkommenden Strukturen wie Hügel, Gewässer, Pflanzen einerseits und technischen Schöpfungen (Bauten usw.) andererseits.

41 **Prüfungsschritte** für Vorhaben in der Landschaft:
– Wie groß ist der optisch-räumliche Wirkungsbereich des Vorhabens? Wie weit reichen Emissionen, welche die Wahrnehmung der Landschaft stören (vgl. Rdnr. 49)?
– Wie lässt sich dieser Bereich analysieren und beschreiben (charakteristische Merkmale wie Relief, Vegetation, Landnutzung, maßstabbildende

---
49 VGH Mannheim Beschl. v. 14.11.1991 – 10 S 1143/90, NuR 1992, 188/189.
50 VGH Mannheim, Urt. v. 15.3.1995 – 5 S 1867/94, NuR 1995, 464.
51 OVG Lüneburg, Urt. v. 16.12.2009 – 4 LC 730/07, NuR 2010, 133.
52 BVerwG, Urt. v. 25.1.1985 – 4 C 29/81, BRS 44 Nr. 87.
53 BVerwG, Urt. v. 15.5.1997 – 4 C 23/95, NVwZ 1998, 58.

Elemente usw., auch: „Empfindlichkeit" gegen bestimmte Veränderungen)?
- Wie wirkt sich das Vorhaben auf die – wie oben näher beschriebene – Umgebung aus?
- Wie sind die Auswirkungen zu bewerten, entstehen erhebliche Beeinträchtigungen?
- Welche Vermeidungs- und Kompensationsmaßnahmen kommen in Betracht?

42 Dabei sollte so weit wie möglich zwischen Sachverhaltsfeststellung und Bewertung unterschieden werden. Der Punkt, an dem Bewertungen einsetzen bzw. entscheidend werden, kann dadurch hinausgeschoben, die Bewertung selbst nachvollziehbar werden. Als **Maßstab** für die Beurteilung dient der Rechtsprechung der **Standpunkt des gebildeten, für den Gedanken des Natur- und Landschaftsschutzes aufgeschlossenen Betrachters.** Sowohl der besonders empfindsame als auch der den Gedanken des Natur- und Landschaftsschutzes ablehnende Betrachter müssten unberücksichtigt bleiben; der Erstere, weil für die Auswahl dieses Personenkreises jede zuverlässige Beurteilungsgrundlage fehle, der Letztere, weil ihm in der hier entscheidenden Beziehung die erforderliche Urteilsfähigkeit fehle.[54] Die Rechtsprechung versucht damit, weder in das eine noch in das andere Extrem zu verfallen. Dieselbe Aufgabe obliegt im Verwaltungsverfahren der über die Zulassung des Eingriffsvorhabens entscheidenden Behörde. Die Rechtsprechung ist vor folgendem Hintergrund zu sehen: Wenn ein Gesetz Begriffe wie „Vielfalt, Eigenart und Schönheit von Natur und Landschaft" bzw. „Beeinträchtigung des Landschaftsbildes" verwendet, sind diese Sachverhalte aufs Engste von den Wahrnehmungen, Erwartungen und Bedürfnissen dessen geprägt, der sie beobachtet und beschreibt. Für die Auslegung solcher Vorschriften muss ein Maßstab gefunden werden, der dem Verständnis eines gedachten, aufgeschlossenen (Durchschnitts-)Bürgers gerecht wird, damit man sich nicht außerhalb einer konsensfähigen und durch die Intention des Gesetzes legitimierten Bandbreite der Interpretation bewegt, insbesondere wenn es z.B. darum geht, die Nutzung von Grundstücken mit Blick auf ihre Lage in einer bestimmten Landschaft Einschränkungen zu unterwerfen oder sie verbindlich zu planen. Diese Bandbreite der Bewertung kann in zweifacher Hinsicht negativ abgegrenzt werden: Zum einen durch die Erkenntnis, dass die Auffassung eines an Natur und Landschaft uninteressierten Zeitgenossen nicht maßgeblich sein kann. Zum zweiten, kann ein sozusagen „elitärer", ganz besonders anspruchsvoller Begriff dessen, was unter einem als positiv empfundenen Landschaftsbild zu verstehen ist und wann es beeinträchtigt wird, nicht maßgeblich sein. Die Rechtsprechung bezeichnet dies auch als „Objektivierung" eines unbestimmten Rechtsbegriffs.[55] Diese Objektivierung ist nicht im naturwissenschaftlichen Sinne zu verstehen, denn „einer rein objektiven Betrachtung nach naturwissenschaftlich belegbaren Wertungskriterien ist das Landschaftsbild... nicht zugänglich".[56]

43 Von einer **Beeinträchtigung der „Meereslandschaft"** ist dann auszugehen, wenn das übliche Erscheinungsbild des Meeres bei großflächiger Betrach-

---

54 BVerwG, Urt. v. 12.7.1956 – I C 91.54, BVerwGE 4, 47. Ähnlich BVerwG, Urt. v. 27.9.1990 – 4 C 44.87, NuR 1991, 124: Die Veränderung muss von einem für die Schönheiten der natürlich gewachsenen Landschaft aufgeschlossenen Durchschnittsbetrachter als nachteilig empfunden werden.
55 BVerwG, Beschl. v. 11.5.1993 – 7 NB 8.92, NuR 1994, 83.
56 *Kuschnerus*, NVwZ 1996, 238.

tung gestört wird. Dies ist jedenfalls bei den erheblich über die Meeresoberfläche ragenden technischen Strukturen (z.B. Windparks, Bohrinseln) der Fall. Die Schwelle der Erheblichkeit wird dabei bereits dann überschritten, wenn die in Rede stehende Einwirkung innerhalb ihrer Umfeldes als Fremdkörper erscheint und einen negativ prägenden Einfluss auf die Umgebung entfaltet.[57]

c) Vorbelastungen. Naturhaushalt und Landschaftsbild können als Folge früherer Eingriffe und sonstiger Störungen bereits beeinträchtigt sein. Häufig ist der **Naturhaushalt** z.B. durch die Zerschneidung von Lebensräumen, durch anthropogene Störungen und durch hohe Stickstoffeinträge vorbelastet. Besonders in Gebieten mit zahlreichen Infrastrukturanlagen ist der Naturhaushalt durch Verlärmung und Schadstoffeinträge, vor allem aber durch die Fragmentierung von Lebensräumen häufig vorbelastet. So benötigen z.B. Tiere und Pflanzen zum Überleben ein bestimmtes Mindestareal, das eine kritische Größe nicht unterschreiten darf, wenn der Fortbestand der Populationen gewährleistet sein soll. Durch weitere Beeinträchtigungen können u.U. die Flächengröße für Mindestareale unterschritten und Populationen ausgelöscht werden. Selbst kleine Eingriffe können – bei entsprechender Vorbelastung – somit problematisch werden. Technische Bauwerke und andere Fremdkörper können das **Landschaftsbild** bereits beeinträchtigt haben. Die Frage, ob weitere Beeinträchtigungen deshalb als unerheblich zu betrachten sind, lässt sich nur im Einzelfall beantworten. 44

Was das **Landschaftsbild** betrifft, können Vorbelastungen die Empfindlichkeit eines Landschaftsraumes mindern und eine weitere Beeinträchtigung als nicht erheblich erscheinen lassen, wenn sie derart stark sind, dass sie einen Landschaftsteil prägen und die natürlichen Gestaltungselemente völlig in den Hintergrund treten lassen. Bei dieser Bewertung ist keine Großzügigkeit angebracht, sondern es muss sich um einen krassen **Ausnahmefall** handeln, in dem „die Landschaft so stark durch die menschliche Zivilisation und Technik geprägt ist, dass eine optische Überlagerung eintritt, welche die Bedeutung des einzelnen Eingriffs so vermindert, dass er nicht mehr erheblich ist".[58] Zu einem Fischteich in einem mit Teichen und damit verbundenen baulichen Anlagen bereits erheblich beeinträchtigten Bereich heißt es denn auch, jedes weitere Vorhaben bilde einen im Widerspruch zum Landschaftsbild stehenden Eingriff.[59] Ist ein Ausschnitt der Landschaft zwar vorbelastet, aber noch nicht so stark verändert (im Sinne einer weitestgehenden Naturferne), dass die Wirkungen weitere Beeinträchtigungen nicht mehr ins Gewicht fallen, so kann die Vorbelastung umgekehrt dafür sprechen, den vorhandenen Zustand nicht noch weiter zu verschlechtern, etwa wenn es sich um stadtnahe Erholungsgebiete handelt.[60] 45

Bei **Naturhaushalt** ist ein derartiger Grad der Vorbelastung, dass weitere Beeinträchtigungen seiner Leistungs- und Funktionsfähigkeit nicht mehr erheblich erscheinen, im Einzelfall – allerdings nur bezogen auf bestimmte Elemente und Funktionen, sicher nicht insgesamt – theoretisch vorstellbar. Aus der Rechtsprechung ist dazu kein Fall bekannt. Schon eher kann die Vorbelastung umgekehrt maßgeblicher Grund für die Erheblichkeit neuer Beeinträchtigungen sein. Beispiel: Der Störradius eines Waldbesuchers beträgt bei günstiger Deckung 300 m, bei fehlenden Deckungsmöglichkeiten 500 m. 46

---

57 *Gatz,* DVBl. 2009, 745 m.w.N.
58 VGH Mannheim, Urt. v. 24.6.1983 – 5 S 2201/82, NuR 1983, 276.
59 VGH München, Urt. v. 4.11.1981 – 8 B 295/79, NuR 1982, 108.
60 *Gassner,* Das Recht der Landschaft, 1995, S. 133.

Um dem Wild störungsfreie Lebensräume zu bieten, muss das Wegenetz einen Mindestabstand von 1000 m einhalten. In einem „vorbelasteten" Gebiet mit bereits dichtem Waldwegenetz kann die Anlage eines neuen Waldweges oder Wanderpfades zu einer erheblichen Beeinträchtigung führen.

47 Hatte ein Eingriffsvorhaben, das erhebliche Beeinträchtigungen hervorgerufen hat, nur eine befristete Genehmigung, so gilt bei **Neuerteilung der Genehmigung** Folgendes: Das Tatbestandsmerkmal „Veränderung der Gestalt oder Nutzung von Grundflächen oder des Grundwasserspiegels" bezieht sich auf die Fortsetzung, ggf. Vergrößerung oder Intensivierung der seinerzeit genehmigten Veränderungen. So stellt das Tatbestandsmerkmal „Veränderung des Grundwasserspiegels" auf den im Zeitpunkt der Behördenentscheidung bestehenden Grundwasserspiegel ab.[61] Diese „Vorbelastung" ist der Ausgangspunkt. Dementsprechend beziehen sich die Verursacherpflichten auf diejenigen Beeinträchtigungen, die durch weitere Veränderungen hervorgerufen werden, nicht aber auf die Folgen der erstmaligen Veränderungen. Unzureichende oder fehlende[62] Kompensationsauflagen in der Vergangenheit können daher nicht anlässlich der Neugenehmigung nachgeholt werden. Wenn aber die ursprünglich angeordneten Ausgleichs- und Ersatzmaßnahmen gerade auf die befristete Dauer des Eingriffs zugeschnitten sind oder wenn ihre Wirkung durch die Fortsetzung des Eingriffs gemindert oder vereitelt wird, ist dies bei der Beurteilung des neuen Genehmigungsantrags zu beachten. Auch ist bei der Frage, ob (weitere) erhebliche Beeinträchtigungen des Naturhaushalts zu erwarten sind, zu berücksichtigen, dass diese Betrachtung nicht auf eine Momentaufnahme anhand der Ist-Situation verkürzt werden darf und vorhandene, zurzeit aber nicht aktualisierte Potenziale einzubeziehen sind (Rdnr. 26). Soweit sich also der beeinträchtigte Zustand des Naturhaushalts ohne die Fortsetzung des Eingriffs (etwa der Grundwasserentnahme) voraussichtlich regenerieren würde, kann die Fortsetzung des Eingriffs eine Beeinträchtigung verursachen.

4. Erholungswert (Naturgenuss) und Eingriffstatbestand

48 Die Zielbestimmung des § 1 Abs. 1 Nr. 3 nennt Vielfalt, Eigenart und Schönheit sowie den Erholungswert von Natur und Landschaft. Der Eingriffstatbestand korrespondiert damit nicht vollständig. Er enthält den **Erholungswert (Naturgenuss)** nicht als weiteres Schutzgut neben Naturhaushalt und Landschaftsbild, so dass das Erleben von Natur und Landschaft problemlos nur insoweit erfasst wird, als es um die optisch-ästhetische Seite (Landschaftsbild) geht.[63] Es wird daher versucht, den Begriff Landschaftsbild in der Eingriffsregelung mit Landschaftserleben gleichzusetzen und auch das Erleben von Natur hinein zu interpretieren (Rdnr. 21 f.). Die gebräuchlichen Landschaftsschutzverordnungen enthalten dagegen in der Regel nicht nur das Verbot, Natur und Landschaft zu beeinträchtigen, sondern nennen als weiteren Schutzzweck den Erholungswert bzw. Naturgenuss mit den entsprechenden Verboten (vgl. § 26). Seit jeher ist der Naturgenuss in der Bayerischen Verfassung (Art. 141) geschützt, andere Länder (z.B. Sachsen) haben ähnliche Regelungen getroffen. Solche Vorschriften beruhen auf der Erkenntnis, dass das Natur- und Landschaftserleben ein wichtiger Aspekt des Naturschutzes ist.

---

61 VG Darmstadt, Urt. v. 11.3.2004 – 2 E 815/01 (4), NVwZ-RR 2005, 235.
62 Wenn z.B. die erste Genehmigung vor Inkrafttreten der Eingriffsregelung erteilt worden war.
63 *Louis*, BNatSchG, 2. Aufl. Bd. 1, 2000, Rdnr. 202 zu § 8: Der Erholungswert ist durch § 8 nur gedeckt, soweit er durch das Landschaftsbild repräsentiert wird.

Zu Beeinträchtigungen des Erholungswerts durch andere als visuell wahrnehmbare Faktoren wie **Lärm und andere Immissionen** lassen sich auf der Grundlage des Eingriffstatbestands folgende Überlegungen anstellen: Man kann zwischen Natur und Landschaft als Objekte einerseits und ihrer Wahrnehmung durch den Menschen andererseits unterscheiden. **Beeinträchtigungen** können einmal die Objekte selbst treffen (Veränderung, Zerstörung), zum anderen ihre **Wahrnehmung durch den Menschen stören**. Aus der Erkenntnis, dass das Schutzgut Landschaftsbild in Beziehung zum Menschen zu setzen ist (Rdnr. 20) lässt sich folgern, dass auch Beeinträchtigungen seiner Wahrnehmung durch Störungen, die nicht visueller Art sind, sondern auf andere Sinne wirken, den Eingriffstatbestand erfüllen. Zwar sind die gesetzlichen Formulierungen „Beeinträchtigung des Landschaftsbilds" und insbesondere „landschaftsgerechte Wiederherstellung oder Neugestaltung" primär auf die Objektseite zugeschnitten, eine Auslegung im Sinne einer Beeinträchtigung der Wahrnehmung und eine darauf zugeschnittene Anwendung der Vermeidungs- und Ausgleichspflicht erscheint aber angemessen und entspricht der Zielrichtung der Vorschrift im Lichte von § 1 Abs. 1 Nr. 3. Die praktischen Auswirkungen im Rahmen der Eingriffsregelung dürften allerdings beschränkt sein: Ausgleichs- oder Ersatzmaßnahmen sind schwierig, wenn Lärm oder andere Immissionen einmal in der Landschaft sind. Es muss daher in erster Linie die **Vermeidung** angestrebt werden. Beeinträchtigungen des Landschaftserlebens durch **Gerüche** sind von vornherein nur auf der Stufe der Vermeidung zu neutralisieren. Bei einem Vorhaben, das der Planfeststellung bedarf, ist der Erholungswert als Belang in die Abwägung einzustellen und spielt bereits bei der Standort- oder Trassenwahl eine Rolle.

Eine andere Frage ist, ob zum **Landschaftsbild als Objekt der Wahrnehmung** auch Geräusche wie z.B. Vogelstimmen oder Flussrauschen zählen. Der Wortlaut des § 14 gibt dafür nichts her. Die genannten Naturphänomene lassen sich zwar durch die gelungene Formulierung in § 1 Abs. 1 Nr. 3 zwanglos erfassen, sind aber im Eingriffstatbestand nicht unter die Begriffe „Leistungs- und Funktionsfähigkeit des Naturhaushalts" oder „Landschaftsbild" zu bringen, wenn man sie nicht zu sehr strapazieren will. Insoweit liegt schon auf der Objektseite der Tatbestand nicht vor, so dass sich die Frage der Wahrnehmbarkeit nicht mehr stellt. Eine andere Betrachtungsweise hätte auch zur Folge, dass der Inhalt identischer Begriffe im Naturschutzrecht je nach ihrem Kontext unterschiedlich wäre, was zu einer verwirrenden Terminologie führen würde: Der Begriff Landschaftsbild wäre in einer Landschaftsschutzverordnung, die gemäß § 26 Abs. 1 und 2 Beeinträchtigungen des Landschaftsbildes und des Erholungswerts (Naturgenusses) verbietet, enger zu verstehen als in der Eingriffsregelung, in deren Zusammenhang er auch den Erholungswert umfassen würde. Auch die Kompensation zielt nicht auf natürliche Geräusche und Gerüche ab, wenn in Abs. 2 von einer landschaftsgerechten Wiederherstellung oder Neugestaltung die Rede ist. Andererseits ist zu bedenken: „Naturtypische" Geräusche wie Vogelstimmen oder quakende Frösche tragen sicherlich zum subjektiv empfundenen Erholungswert bei. Das Verschwinden dieser Geräusche dürfte aber wohl immer an das Verschwinden der Vögel oder Frösche selbst, also an die Zerstörung/Einengung ihres Lebensraums geknüpft sein. Wird ihnen durch Kompensationsmaßnahmen neuer Lebensraum geschaffen, so wird auch die „Geräuschkulisse" wiederhergestellt.

5. Ursachenzusammenhang: Beeinträchtigungen als mögliche Folge der Veränderungen

51 **a) Allgemeines.** Die Beeinträchtigungen von Natur oder Landschaft müssen die mögliche Folge der Veränderung von Gestalt oder Nutzung von Grundflächen/des Grundwasserspiegels sein. Sie können nicht nur auf der veränderten Fläche auftreten, sondern auch außerhalb. Auch sind gerade Beeinträchtigungen des Naturhaushalts – anders als die sie auslösenden Gestalt- oder Nutzungsänderungen – nicht an Grundflächen gebunden. Sie können sich z.B. auch im Wasser, im Klima oder im Luftraum (etwa bei Beeinträchtigungen des Vogelzuges) manifestieren. Es muss lediglich ein **Ursachenzusammenhang** bestehen zwischen der Gestalt- oder Nutzungsänderung an Grundflächen bzw. der Veränderung des Grundwasserspiegels einerseits und den Beeinträchtigungen andererseits. Wird eine **Anlage** errichtet, so gehören dazu **alle Folgen, die beim Bau und Betrieb zu erwarten sind.**

52 Eine Unterscheidung danach, ob die Beeinträchtigungen „unmittelbare" oder nur „mittelbare" Eingriffsfolgen sind, läuft auf eine willkürliche Unterbrechung des Ursachenzusammenhangs hinaus, denn eine eindeutige Abgrenzung ist nicht möglich. Sie wird zu Unrecht oft als unproblematisch angesehen und nicht näher erläutert.[64] Beispiel: Die Trockenlegung oder Bebauung von Feuchtwiesen hat zur Folge, dass (a) sich die Bodenbeschaffenheit verändert, (b) daher dort keine feuchtigkeitsliebende Vegetation mehr gedeiht, (c) daher keine Frösche mehr leben können und (d) daher die bisher im benachbarten Ort nistenden Störche kein ausreichendes Nahrungsangebot vorfinden und keine Jungen mehr aufziehen können. Wo soll die Grenze zwischen „unmittelbaren" und „mittelbaren" Folgen verlaufen? Keine der Folgen ist atypisch, vgl. Rdnr. 53. Die Unterscheidung wird oft dadurch irrelevant, dass mit einer Änderung der Grundflächengestalt (Bau) auch eine Änderung der Nutzung (Betrieb) einhergeht. Wird z.B. eine Straße gebaut, ist dies eine Änderung der Grundflächengestalt, die als solche den Naturhaushalt (Versiegelung, Zerstörung von Biotopen usw.) und das Landschaftsbild beeinträchtigen kann. Zugleich wird die Flächennutzung geändert (künftig Nutzung als Verkehrsweg). Die negativen Auswirkungen des Straßenverkehrs z.B. auf Tierpopulationen sind („unmittelbare") Folgen der Nutzungsänderung. Die Frage, ob sie unmittelbare oder mittelbare Folgen der Gestaltänderung sind, ist daher unwichtig.

53 Hinter der Forderung, nur die „unmittelbaren" Eingriffsfolgen zu berücksichtigen, steht das Bestreben, eine andernfalls für zu weitgehend gehaltene Verantwortlichkeit des Eingriffsverursachers zu begrenzen. Dafür ist die Unterscheidung zwischen „unmittelbaren" und „mittelbaren" Folgen ungeeignet, weil sie unklar bleibt und keinen Bezug zum Sachproblem hat. Beim Schutzgut Naturhaushalt wird das besonders deutlich, weil dazu auch das „Wirkungsgefüge" zwischen seinen Bestandteilen gehört (§ 7 Abs. 1 Nr. 2), das durch verschiedenste Ursachenzusammenhänge bestimmt wird. Die nötigen materiellen **Kriterien für den Umfang der Verursacherhaftung** müssen sich daher aus dem Zweck der Eingriffsregelung ableiten lassen. Sie zielt darauf ab, dass die Bewältigung der durch ein Eingriffsvorhaben hervorgerufenen Folgen für Natur und Landschaft nicht Aufgabe des Staates bzw. der Allgemeinheit sein soll, sondern der Verursacher für die Vermeidung, den Ausgleich oder die sonstige Kompensation der Beeinträchtigungen zu sorgen und deren Kosten zu tragen hat (§ 15). Das bedeutet, dass

---

64 So etwa bei *Schlüter*, ZfW 2003, 17/28.

er für alle Natur- und Landschaftsbeeinträchtigungen einstehen muss, die adäquat-kausal durch die Eingriffshandlung (Veränderung) verursacht werden. Ein solcher adäquater Zusammenhang besteht, wenn eine Tatsache im Allgemeinen und nicht nur unter besonders eigenartigen, ganz unwahrscheinlichen und nach regelmäßigem Verlauf der Dinge außer Betracht zu lassenden Umständen zur Herbeiführung eines Erfolges geeignet ist.[65] Auszuscheiden sind daher nur Folgen, die durch einen atypischen Ursachenzusammenhang entstehen. Diese zur Eingrenzung der Schadensersatzpflicht entwickelten Grundsätze lassen sich auf die Haftung des Eingriffsverursachers für nachteilige Auswirkungen auf Natur und Landschaft übertragen. Sie sind praktikabel und der Interessenlage angemessen.

Das gilt auch für **emittierende Anlagen**. Unzutreffend ist daher die Meinung, „Folgewirkungen" des Betriebs einer 380-kV-Stromleitung würden vom Regelungsbereich der Eingriffsgenehmigung (nach Landesrecht) nicht erfasst, weil die elektrischen und elektromagnetischen Wirkungen des Leitungsbetriebs nicht die Gestalt oder Nutzung von Grundflächen veränderten, eine Verwechslung von Ursache und Wirkung.[66] Entscheidend ist, dass der Bau und Betrieb der Leitung die Gestalt und die Nutzung der betroffenen Flächen verändern und die Emissionen die (durchaus „unmittelbare") Folge der Nutzungsänderung sind.[67] Lärm,[68] der beim Betrieb einer Anlage auftritt, kann die Tierwelt beeinträchtigen,[69] aber auch die Wahrnehmung des Landschaftsbilds (Rdnr. 49), ebenso Staub. Auch Licht kann sich auf Naturhaushalt und Landschaftsbild auswirken. Ob sich mit der Eingriffsregelung Lärm-, Licht-, Staub- oder Strahlungswirkungen auf Natur und Landschaft in vollem Umfang bewältigen lassen, ist eine andere Frage, die Unterlassung vermeidbarer Beeinträchtigungen – die primäre Verursacherpflicht – kommt allemal in Betracht.

b) Wirkungsprognose. Die Kenntnis der ökologischen Zusammenhänge ist unvollständig und erlaubt gerade in komplexen Ökosystemen manchmal nur die Feststellung, dass bestimmte Beeinträchtigungen möglich oder wahrscheinlich sind. Das kann auf zweierlei Gründen beruhen:
– Ausgehend von einem bestimmten, bei der Bestandsaufnahme festgestellten Zustand von Natur und Landschaft ist dessen Beeinträchtigung als Folge des Eingriffs möglich, aber nicht sicher.
– Schon der vorhandene Zustand des Naturhaushalts (z.B. einer Tierpopulation) ist bei der Bestandsaufnahme nicht unter allen wichtigen Aspekten sicher feststellbar,[70] und gerade aus dieser Unsicherheit resultiert die Möglichkeit eingriffsbedingter Beeinträchtigungen (beim Landschaftsbild ist dieser Fall kaum denkbar).

Abs. 1 verlangt daher nicht, dass die Beeinträchtigungen von Naturhaushalt oder Landschaftsbild tatsächlich eintreten, sondern begnügt sich mit einer **Prognose**. Es reicht aus, dass sie eintreten können, d.h. **nicht ganz unwahrscheinlich** sind.[71] Die dazu erforderliche Prognose hat sich, was den Natur-

---

65 BGH, Urt. v. 9.10.1997 – III ZR 4/97, BGHZ 137, 11.
66 OVG Schleswig, Urt. v. 17.4.1998 – 2 K 2/98, NuR 1999, 594 (wobei es in dieser Entscheidung um die für die Eingriffsregelung irrelevanten Auswirkungen des Betriebs auf Menschen ging).
67 Vgl. *Maaß*, ZUR 2000, 308/317 f.
68 Vgl. *Hansmann*, Rechtsprobleme bei der Bewertung von Lärm, NuR 1997, 53.
69 Näheres bei *Reck* (Bearb.), Lärm und Landschaft, in: Bundesamt für Naturschutz (Hrsg.), Angewandte Landschaftsökologie (44), 2001.
70 Vgl. VGH München, Beschl. v. 24.1.1992 – 8 CS 91.01233, NuR 1992, 337.
71 VGH München, NuR 1999, 153/155; VG Gießen – I/2 H 652/87, NVwZ-RR 1988, 66; *Louis*, BNatSchG § 8 Rdnr. 22.

haushalt betrifft, am Stand der Fachwissenschaften zu orientieren.[72] Deren Aufgabe ist es, Erkenntnisse zu gewinnen und Methoden zu entwickeln. Neue Erkenntnisse über Ursachenzusammenhänge, bisher nicht erkannte Spätfolgen usw. sind daher sozusagen automatisch auch rechtlich von Bedeutung. Die bloße Feststellung, dass man nicht alles über die Auswirkungen eines Vorhabens weiß, bildet jedoch keine tragfähige Entscheidungsgrundlage. Erforderlich ist zumindest eine dem Stand des Wissens entsprechende Beschreibung der Sachverhaltsprobleme, die ungeklärt erscheinen. Andernfalls lässt sich kein **Risiko** abschätzen im Sinne einer Wahrscheinlichkeit/Unwahrscheinlichkeit des Eintritts bestimmter Folgen bzw. das Risiko bliebe so vage, dass daraus letztlich keine konkreten Folgerungen abgeleitet werden können. Es reicht daher nicht aus, wenn allgemein Beeinträchtigungen des Naturhaushalts befürchtet werden, ohne sie konkret zu beschreiben. Deshalb kann eine erhebliche Beeinträchtigung der angemessenen Lebensräume der Vogelwelt und damit ein Eingriff nur dann angenommen werden, wenn hinreichend geklärt ist, welche Vogelarten ihren Lebensraum im Einwirkungsbereich eines Modellfluggeländes haben, und davon ausgegangen werden kann, dass diese konkreten Vogelarten oder zumindest einige von ihnen durch den Modellflugbetrieb vertrieben oder zumindest wesentlich gestört werden.[73] Bei der Einschätzung der Risiken ist zu bewerten, wie groß die zu befürchtenden Beeinträchtigungen sind und wie hoch ihre Wahrscheinlichkeit ist. Beispiel: Die Anforderungen an die Wahrscheinlichkeit des Eintritts von Beeinträchtigungen (infolge Modellflugbetriebs) sind entsprechend gemindert, wenn es sich um einen Tierbestand von herausragender Bedeutung handelt (Storchenauswilderungsprojekt).[74] **Fachgutachten** sollten eine Aussage zum Grad der ökologischen Unsicherheit, mit dem die Wirkungsprognose behaftet ist, enthalten. Dafür sind Verfahren entwickelt worden,[75] von denen nicht immer Gebrauch gemacht wird. Es verwundert daher nicht, dass eine Untersuchung ergeben hat, dass Unsicherheiten bei der Festlegung von Kompensationsmaßnahmen meist nicht berücksichtigt werden.[76]

IV. Ausgeübte land-, forst- und fischereiwirtschaftliche Bodennutzung (Absatz 2)

1. Allgemeines

57 Diese „**Landwirtschaftsklausel**" steht – inhaltlich und systematisch – ausschließlich im Zusammenhang mit der Definition des Eingriffstatbestands in Abs. 1 und bestimmt, das er unter bestimmten Voraussetzungen nicht als

---

72 Dazu umfassend *Rassmus/Herden/Jensen/Reck/Schöps*, Methodische Anforderungen an Wirkungsprognosen in der Eingriffsregelung, in: Bundesamt für Naturschutz (Hrsg.), Angewandte Landschaftsökologie, Heft 51.
73 VG Freiburg, Urt. v. 24.2.1987 – 6 K 188/84, NuR 1989, 52.
74 VGH Mannheim, Urt. v. 28.12.1990 – 8 S 1579/90, NuR 1992, 126/127.
75 Vgl. z.B. *Drechsler*, Entscheidungen im Naturschutz bei ökologischer Unsicherheit. NNA-Berichte 2/99 (1999): 30–33; *Drechsler*, Modellbasierte Entscheidungshilfe im Artenschutz bei Unsicherheit. Verh. Ges. f. Ökol. 29 (1999), 531–538; *Ekschmitt; Breckling; Mathes*, Unsicherheit und Ungewissheit bei der Erfassung und Prognose von Ökosystementwicklungen. Verh. Ges. f. Ökol. 26 (1996), 495–500.
76 *Jaeger*, Bedarf nach Unsicherheits-Unterscheidungen. Eine empirische Untersuchung zum Umgang mit Unsicherheit bei der Eingriffsbewertung. Naturschutz und Landschaftsplanung 2000, 204.

gegeben anzusehen ist. Keine Bedeutung hat sie daher bei der Anwendung von Vorschriften zum Schutz bestimmter Flächen nach §§ 23 ff.[77] Diese Vorschriften (i.d.R. Verordnungen) knüpfen nicht an den Eingriffstatbestand i.S.v. Abs. 1 an, sondern an Tatbestände, die als Veränderung, Beschädigung, Zerstörung oder (beeinträchtigende) Handlung beschrieben werden, und nehmen die land- und forstwirtschaftliche Bodennutzung ganz oder teilweise von der Geltung der Verbote aus. Infolgedessen bilden sie auch keine rechtliche Konsequenz aus § 14 Abs. 2. Vielmehr sind sie eigenständige Regelungen als Ergebnis einer ggf. von § 5 Abs. 1 und § 26 Abs. 2 beeinflussten Interessenabwägung zwischen Schutzzweck und Nutzungsinteressen.

Unter **Landwirtschaft** versteht man hier Ackerbau, Wiesen- und Weidewirtschaft. Eine intensive, kleinflächige Bodennutzung durch Sonderkulturen gehört nach Sinn und Zweck des Gesetzes nicht dazu. Denn die Sonderstellung, die die Landwirtschaft in § 14 Abs. 2 erhalten soll, beruht auf der großflächigen Urproduktion, die einerseits die Landschaft prägt, andererseits von der flächendeckenden Eingriffsregelung betroffen wird, die es im früheren Naturschutzrecht nicht gab.[78] 58

Unter **fischereiwirtschaftlicher Bodennutzung** ist im Wesentlichen der Sektor der Teichwirtschaft gemeint, nicht aber die fischereiwirtschaftliche Nutzung der Meeresgewässer.[79] Privilegiert wird zunächst ausschließlich die berufsmäßig betriebene, gewerbliche Fischereiwirtschaft, nicht aber die hobbymäßig betriebene Freizeit- und Angelfischerei[80], gleichgültig wie diese auf Binnengewässern oder im Meer erfolgt. Dass die fischereiwirtschaftliche Nutzung der Meeresgewässer auch sonst nicht erfasst wird, ergibt sich aus folgender Überlegung: Wie im Kontext des § 44 Abs. 4 wird auch in § 14 Abs. 2 Satz 2 der Bezug zu den im § 5 Abs. 4 umschriebenen Anforderungen an eine der guten fachlichen Praxis entsprechende fischereiwirtschaftliche Nutzung hergestellt. Diese bezieht sich auf die Nutzung der Oberflächengewässer (§ 3 Nr. 1 WHG), bei denen bodennutzungsbezogene Handlungen auch typisch sind (z.B. Bespannen, Düngen, Entschlammen, Entkrauten, Ablassen der Teiche).[81] Die Seefischerei kann zwar im Falle des Einsatzes von Bodenschleppnetzen oder Baumkurren mit Einwirkungen auf den Meeresboden einhergehen, hat aber gerade nicht dessen Bearbeitung zum Gegenstand. Eine „gute fachliche Praxis" im Bezug auf die Bearbeitung des Meeresbodens ist nicht denkbar. Der Meeresboden wird nicht dadurch „fruchtbar", dass er „umgepflügt" wird. Insgesamt spricht vieles dafür, den Begriff der fischereiwirtschaftlichen Bodennutzung sowohl in § 14 Abs. 2 und 3 als auch in § 44 Abs. 4 einheitlich zu verstehen, unter Einbezug des Begriffs der „fischereiwirtschaftlichen Nutzung" wie er in § 30 Abs. 5 verwendet wird. 59

2. Bodennutzung unter bestimmten Voraussetzungen kein Eingriff

Schon zu der bis 1998 geltenden Gesetzeslage ging die Rechtsprechung dahin, dass eine ausschließlich ökonomische Auslegung des seinerzeit verwen- 60

---

77 *Fischer-Hüftle*, NuR 1981, 21; OVG Saarlouis, Urt. v. 6.5.1981 – 2 R 115/80, NuR 1982, 28; OVG Schleswig, Urt. v. 31.1.1997 – 1 K 7/95, AgrarR 1998, 383.
78 *Henneke*, Landwirtschaft und Naturschutz, 1986, S. 246 f.; VGH München, Beschl. v. 20.10.1994 – 9 CS 94.2562.
79 Siehe dazu auch die Kommentierung bei § 44, Rdnr. 57 ff.
80 BVerwG, Beschl. v. 18.03.1985 – 4 B 11.85, NuR 1985, 275.
81 *Louis/Engelke*, BNatSchG § 3b Rdnr. 9; vgl. auch *Kolodziejcok/Recken/Apfelbacher/Iven*, Kz. 1155, Rdnr. 29.

deten Begriffs „ordnungsgemäße" Bodennutzung unzulässig war.[82] Vielmehr hatte sich dieser Begriff an den Zielen und Grundsätzen des Naturschutzes zu orientieren.[83] Abs. 2 Satz 1 stellt in Einklang damit fest, dass die land-, forst- und fischereiwirtschaftliche Bodennutzung nicht als Eingriff anzusehen ist, soweit die Ziele und Grundsätze des Naturschutzes und der Landschaftspflege „berücksichtigt" werden. Wie weit diese Berücksichtigung gehen muss, überlässt das Gesetz der Beurteilung des Einzelfalls (dazu Rdnr. 62). Es gibt in Satz 2 aber eine Auslegungshilfe sozusagen von der anderen Seite her: Entspricht die land-, forst- und fischereiwirtschaftliche Bodennutzung den in § 5 Abs. 2 bis 4 dieses Gesetzes genannten Anforderungen sowie den sich aus § 17 Abs. 2 des Bundes-Bodenschutzgesetzes und dem Recht der Land-, Forst- und Fischereiwirtschaft ergebenden Anforderungen an die gute fachliche Praxis, widerspricht sie in der Regel nicht den Zielen des Naturschutzes und der Landschaftspflege.

61 Da es in der Landwirtschaft nicht für alle Bereiche gesetzliche Regelungen zur guten fachlichen Praxis gibt und die vorhandenen Regelungen – trotz der neuen Anforderungen in § 5 – die Ziele und Grundsätze des Naturschutzes nicht abschließend für jede Situation konkretisieren können, ist im Einzelfall der **Nachweis** möglich, dass die Ziele und Grundsätze von Naturschutz und Landschaftspflege nicht (ausreichend) berücksichtigt werden (Ausnahme von der Regel). Er erfordert eine Begründung, die aus den in der konkreten Situation maßgebenden Naturschutz-Zielen und Grundsätzen abgeleitet ist. In welchem Maß diese Belange zu berücksichtigen sind, hängt vom Einzelfall ab.

62 Rechtsprechung zum bisherigen Recht: Wenn wesentliche Belange des Naturschutzes beeinträchtigt wurden, war die Bodennutzung nicht mehr „ordnungsgemäß", d.h. jetzt: sie kommt nicht in den Genuss des § 14 Abs. 2 Satz 1.[84] Nicht „ordnungsgemäß" war z.B. ein Waldwegebau unter Zerstörung eines naturnahen Steilhanges und Flussufers,[85] ferner die Beseitigung von Feldgehölzen oder Gebüschen.[86] In diesen Entscheidungen wurde offen gelassen, ob überhaupt eine Bodennutzung vorliegt (dazu Rdnr. 65) und auf die fehlende Ordnungsmäßigkeit abgestellt. Was die Anforderungen des § 5 betrifft, widerspricht etwa das Anpflanzen von Neophyten wie Prunus serotina dem Ziel des Aufbaus naturnaher Wälder.[87]

63 Häufig kommt es in der Praxis darauf nicht an, weil der **Anwendungsbereich der Landwirtschaftsklausel des Abs. 2 in mehrfacher Hinsicht stark eingeschränkt** ist. Auch insoweit ändert sich nichts Wesentliches gegenüber der bisherigen Rechtslage. Für die Tragweite der Regelung sind folgende Gesichtspunkte von ausschlaggebender Bedeutung: Erforderlich ist eine „Bodennutzung", d.h. Urproduktion. Privilegiert ist nur eine „wirtschaftliche" Nutzung, so dass Hobbynutzungen ausscheiden. Andererseits erfüllen Nut-

---

82 BVerwG, Urt. v. 14.10.1988 – 4 C 58.84, NuR 1989, 257.
83 OVG Koblenz, Urt. v. 18.9.1986 – 8 A 77/84, NuR 1987, 275; OVG Lüneburg, Urt. v. 23.4.1987 – 3 A 112/86, NuR 1987, 372; BayObLG, Beschl. v. 5.1.1983 – 3 Ob OWi 215/81, NuR 1985, 289/291.
84 VGH München, Urt. v. 26.6.1984 a.a.O.: wenn die Maßnahme der Bodennutzung „gewichtigen ökologischen Zielen und Grundsätzen widerspricht und schädliche Auswirkungen i.S.v. Art. 6 Abs. 1 BayNatSchG (= § 18 Abs. 1) hat".
85 VGH München, Beschl. v. 2.9.1987 – 8 CS 87.00905, NuR 1988, 48.
86 BayObLG, Beschl. v. 5.1.1983 – 3 Ob OWi 215/81, NuR 1985, 289/291; vgl. auch OVG Saarlouis, Urt. v. 24.11.1988 – 2 K 27/87, NuR 1990, 284 und BVerwG, Beschl. v. 26.2.1992 – 4 B 38.92, NuR 1992, 328.
87 VG Frankfurt (Oder), Beschl. v. 20.4.2010 – 5 L 273/09, juris.

zungsmaßnahmen, die nicht mit einer Änderung der Gestalt oder Nutzung von Grundflächen einhergehen, schon den Eingriffstatbestand des Abs. 1 nicht, sodass es auf die Landwirtschaftsklausel des Abs. 2 nicht mehr ankommt. Einzelheiten dazu im folgenden Abschnitt.

3. Praktische Tragweite

Die gesamte Eingriffsregelung und damit auch Abs. 2 kommen von vornherein nicht ins Spiel, wenn die Bodennutzung nicht zu einer **Veränderung der Gestalt oder Nutzung von Grundflächen** i.S.v. Abs. 1 führt. Im Bereich der Land- und Forstwirtschaft ist dies von erheblicher Bedeutung: Der Einsatz von Düngemitteln und Chemikalien, Änderungen der Fruchtfolge usw. erfüllen nicht den Eingriffstatbestand, so dass es auf die Landwirtschaftsklausel nicht mehr ankommt. Derartige Tätigkeiten können ggf. unter die Verbote des § 30 oder von Schutzverordnungen fallen. Erst wenn die Grundflächengestalt oder die Nutzungsart wechselt, kann ein Eingriff vorliegen. Ob und wie die gute fachliche Praxis im Düngemittel- und Pflanzenschutzrecht geregelt ist, spielt also im Zusammenhang mit dem Eingriffstatbestand praktisch keine Rolle. Auch ein beträchtlicher Teil der in § 5 Abs. 2–4 genannten Aspekte der guten fachlichen Praxis ist schon für den Tatbestand des Eingriffs weitgehend irrelevant, z.B. § 5 Abs. 2 Nr. 1, 2, 4 und 6. Letztlich sind nur die Beseitigung von Landschaftselementen und der Grünlandumbruch als Änderung der Gestalt und Nutzung für den Eingriffstatbestand relevant. Daher **kann die Eingriffsregelung nur in begrenztem Umfang dazu beitragen, dass die Anforderungen des § 5 an die gute fachliche Praxis eingehalten werden.** Abs. 2 darf nicht dahin missverstanden werden, als sei die Eingriffsregelung insofern das geeignete Mittel. 64

Andererseits ist der Begriff der **Bodennutzung** in Abs. 2 auf die unmittelbare Urproduktion beschränkt. Maßnahmen, die nur mittelbar der Gewinnung land-, forst- und fischereiwirtschaftlicher Erzeugnisse stehen, fallen nicht darunter, also nicht der Wegebau[88] oder die Errichtung von Gebäuden.[89] Keine Bodennutzung in diesem Sinne ist auch die Umwandlung bisher nicht genutzter Flächen in land- oder forstwirtschaftliche Flächen[90] oder der Übergang von der einen zur anderen Nutzungsart. Somit fällt weder der Wechsel von der land- zur forstwirtschaftlichen Nutzung unter Abs. 2[91] noch der Wechsel von der land- zur fischereiwirtschaftlichen Nutzung durch Herstellung von Fischteichen.[92] Auch die Beseitigung von Hecken oder Feldgehölzen zwecks Vergrößerung der Nutzfläche ist nicht von der Landwirtschaftsklausel gedeckt, ferner nicht der Umbruch von Dauergrünland zu Ackerland.[93] Auch die Rechtsprechung zum früheren Begriff der ordnungsgemäßen Bodennutzung ist im Kontext des Abs. 2 von Interesse: Danach ist eine planmäßige, eigenverantwortliche und auf Fortsetzung angelegte Bearbeitung und Bewirtschaftung des Bodens erforderlich. Nicht ausreichend ist die Ausnutzung natürlicher Ressourcen wie das Sammeln von Waldfrüchten oder das Schneiden von Reet.[94] 65

---

88 VGH München, Urt. v. 12.11.1980 – 9 B-1235/79, NuR 1981, 209 (Almweg); OLG Koblenz, Beschl. v. 20.8.1991 – 2 Ss 248/91, NuR 1992, 97 (Forstweg).
89 BVerwG, Beschl. v. 18.03.1985 – 4 B 11.85, NuR 1985, 275.
90 VGH München, Urt. v. 1.8.1988 – 2 Ss 248/91, NuR 1989, 182.
91 BVerwG, Urt. v.13.4.1983 – 4 C 76.80, NuR 1983, 272.
92 BVerwG, Beschl. v. 29.11.1985 – 4 B 213.85, NuR 1986, 251.
93 VGH Kassel, Beschl. v. 6.9.1991 – 3 TH 1077/91, NuR 1992, 86.
94 BVerwG, Urt. v. 18.6.1997 – 6 C 3.97, NuR 1998, 541.

V. Wiederaufnahme einer land-, forst- und fischereiwirtschaftlichen Bodennutzung (Absatz 3)

66 Nicht als Eingriff gilt die Wiederaufnahme einer land-, forst- und fischereiwirtschaftlichen Bodennutzung, wenn sie zeitweise eingeschränkt oder unterbrochen war
1. auf Grund vertraglicher Vereinbarungen oder auf Grund der Teilnahme an öffentlichen Programmen zur Bewirtschaftungsbeschränkung und wenn die Wiederaufnahme innerhalb von zehn Jahren nach Auslaufen der Einschränkung oder Unterbrechung erfolgt,
2. auf Grund der Durchführung von vorgezogenen Kompensationsmaßnahmen, die vorgezogene Maßnahme aber nicht für eine Kompensation in Anspruch genommen wird.

1. Bewirtschaftungsbeschränkungen (Nr. 1)

67 Während der Unterbrechung oder Beschränkung der land-, forst- und fischereiwirtschaftlichen Bodennutzung kann die betroffene Fläche einen Zustand annehmen, dessen Beseitigung durch Wiederaufnahme der Nutzung als erhebliche Beeinträchtigung des Naturhaushalts oder des Landschaftsbilds angesehen werden könnte. Dies **kann zur Anwendbarkeit der Eingriffsregelung führen,** wenn man die Wiederaufnahme der (unbeschränkten) Nutzung als Änderung der Gestalt oder Nutzung i.S.v. Abs. 1 ansieht. Eine solche Konsequenz will das Gesetz von vornherein ausschließen. Denn die Bereitschaft zu Bewirtschaftungsbeschränkungen sinkt, wenn der Nutzer damit rechnen muss, dass die Wiederaufnahme der (unbeschränkten) Nutzung nach Ablauf des Vertrags oder Programms auf unvorhersehbare Hindernisse stößt. Dies gilt aber nur, soweit die land-, forst- und fischereiwirtschaftliche Bodennutzung innerhalb von 10 Jahren nach Auslaufen der Bewirtschaftungsbeschränkungen wieder aufgenommen wird.

2. Kompensationsfläche (Nr. 2)

68 Entsprechend verhält es sich, wenn ein Grundstück zunächst gem. § 16 verwendet wird, dann aber diese Zweckbestimmung entfällt. Dazu die Gesetzesbegründung:[95] „Zweck der Regelung ist es, die Wiederaufnahme einer land-, forst- oder fischereiwirtschaftlichen Bodennutzung auf Flächen zu ermöglichen, deren Nutzung zu dem Zweck aufgegeben oder eingeschränkt wurde, um auf ihnen vorgezogene Kompensationsmaßnahmen zu verwirklichen. Kommt dieser Zweck nicht zum Tragen, soll die Wiederaufnahme der Nutzung ermöglicht werden. Dies betrifft etwa Fälle, in denen Flächen für eine Kompensation nicht tatsächlich in Anspruch genommen werden, z.B. weil ihnen kein entsprechendes Eingriffsvorhaben zugeordnet wird. Sichergestellt sein muss, dass den Eingriffszulassungsbehörden die Wiederaufnahme der Nutzung zur Kenntnis gelangt, damit den Flächen keine Eingriffsvorhaben mehr zugeordnet werden. Andere Regelungen, die gegebenenfalls die Nutzungsaufnahme einschränken, bleiben allerdings unberührt."

69 Die Entscheidung, dass das Grundstück trotz durchgeführter (vorgezogener bzw. „bevorrateter" i.S.v. § 16) Kompensationsmaßnahmen nicht mehr für Kompensationszwecke verwendet wird, erfordert keine förmliche Erklärung des Eigentümers. Sie wird dadurch verlautbart, dass die Bodennutzung

---

[95] BT-Drs. 16/12274, S. 57.

wieder aufgenommen wird. Wichtig ist, dass die Behörde davon erfährt. Das ist von den Ländern gem. § 16 Abs. 2 zu regeln.

3. Verhältnis zum FGlG[96]

Nach § 1 Abs. 1 Satz 1 FGlG gelten Flächen, die nach Maßgabe der Rechtsakte der Organe der Europäischen Gemeinschaften über Direktzahlungen im Rahmen der Gemeinsamen Agrarpolitik oder über sonstige Stützungsregelungen für Inhaber landwirtschaftlicher Betriebe stillgelegt worden sind, weiterhin als landwirtschaftlich genutzte Flächen. Gemäß § 1 Abs. 2 FGlG finden die für die Landwirtschaft in anderen Rechtsgebieten geltenden Rechtsvorschriften, u.a. des Naturschutzrechts, auf diesen Flächen weiterhin Anwendung. § 1 Abs. 3 ordnet an, dass bei der Anwendung der von Abs. 2 Satz 1 erfassten Rechtsvorschriften die infolge der Stilllegung geänderte Beschaffenheit der von Abs. 1 erfassten Flächen unberücksichtigt bleibt. Insbesondere bleibt das Recht, diese Flächen nach Beendigung der Stilllegungsperiode in derselben Art und demselben Umfang wie zum Zeitpunkt vor der Stilllegung nutzen zu können, unberührt. Diese Regelung erfasst mit ihrer sehr allgemeinen Formulierung auch die Sachverhalte, die derselbe (Bundes-)Gesetzgeber in § 14 Abs. 3 und § 30 Abs. 5 geregelt hat. Anders als diese beiden Normen setzt sie keine Frist. Das Verhältnis dieser Normen zueinander ist im BNatSchG nicht geregelt. Nach dem lex-posterior-Grundsatz gilt das BNatSchG als das spätere Gesetz, es ist außerdem spezieller, weil es eine Frist festlegt.

VI. Landesrecht

§ 67 bezeichnet der Bundesgesetzgeber nicht als allgemeinen Grundsatz des Naturschutzes i.S.v. Art. 72 Abs. 2 Nr. 3 GG. Die Norm ist aber Ausprägung des in § 13 formulierten allgemeinen Grundsatzes. Landesrecht, das von § 14 abweicht, darf daher diesen Grundsatz nicht aushöhlen (vor § 1 Rdnr. 34).

Der **Eingriffstatbestand** fällt in den Schutzbereich des allgemeinen Grundsatzes des § 13 (§ 13 Rdnr. 3). Das ist zu beachten, wenn durch Landesrecht die bisher teilweise geltenden Positiv- und Negativlisten fortgeführt werden sollen. Eine **Positivliste** kann den allgemeinen Grundsatz des § 13 nicht berühren. Ihre Wirkung wird von der Rechtsprechung zutreffend darin gesehen, dass sie insbesondere zum vereinfachten Gesetzesvollzug eine im Einzelfall widerlegbare Vermutung für das Vorliegen eines Eingriffs aufstellt. Da für die Qualifizierung einer Maßnahme als Eingriff entscheidend ist, ob sie Naturhaushalt oder Landschaftsbild erheblich beeinträchtigen kann, ist für die Aufnahme eines Vorhabens in die Positivliste ausreichend, dass es eine solche Wirkung regelmäßig hat.[97] Ergibt die Prüfung, dass diese Folge im Einzelfall nicht eintritt, so ist der Tatbestand nicht erfüllt und die Vermutung ist widerlegt. Kompensationspflichten greifen nicht ein, weil es nichts zu kompensieren gibt. Deshalb kann eine Positivliste nie mit einer unwiderlegbaren Vermutung verbunden sein. Voraussetzung für eine Aufnahme in die Positivliste ist, dass es sich um eine Veränderung i.S.v. Abs. 1 handelt. Die Länder dürfen den Eingriffstatbestand nicht dadurch verändern,

---

[96] Gesetz zur Gleichstellung stillgelegter und landwirtschaftlich genutzter Flächen v. 10.7.1995 (BGBl. I S. 910).
[97] BVerwG, Urt. v. 27.9.1990 – 4 C 44.87, NuR 1991, 124.

dass sie einen Vorgang, der keine derartige Veränderung darstellt, in die Positivliste aufnehmen.

73 Eine **Negativliste** besagt, dass die dort genannten Veränderungen nicht zu einer Beeinträchtigung der Leistungs- und Funktionsfähigkeit des Naturhaushalts oder des Landschaftsbildes führen, und somit nicht als Eingriffe anzusehen sind. Eine Aushöhlung des allgemeinen Grundsatzes (§ 13) ist nicht zu befürchten, wenn die Liste auf Vorhaben beschränkt ist, die typischerweise keine erheblichen Beeinträchtigungen von Naturhaushalt oder Landschaftsbild verursachen. Bedeutung und Rang des Vorhabens spielen dabei keine Rolle.[98] Infrastrukturvorhaben können typischerweise Natur und Landschaft beeinträchtigen und dürfen daher nicht nur deshalb in die Negativliste aufgenommen werden, weil der Landesgesetzgeber sie für wichtig oder vorrangig hält,[99] etwa wenn § 4 Abs. 3 Nr. 4 LG NW bestimmte, dass die Errichtung von bis zu zwei nahe beieinander liegenden Windkraftanlagen nicht als Eingriff in Natur und Landschaft gilt. Wird die Negativliste als unwiderlegbare Vermutung formuliert (was anders als bei der Positivliste rechtslogisch möglich ist[100]), so ist der Grundsatz des § 13 berührt, wenn die Liste so generell-abstrakt formuliert ist, dass sie auch Veränderungen erfasst, die tatsächlich zu erheblichen Beeinträchtigungen von Natur oder Landschaft führen können. Anders könnte es sein, wenn die Vermutung auf ein bestimmtes Gebiet bezogen ist, das derart baulich oder technisch geprägt ist, dass solche Beeinträchtigungen nicht zu erwarten sind (vgl. § 6 Abs. 1 HmbBNatSchGAG).

---

98 So aber OVG Hamburg, Beschl. v. 23.9.1996 – Bs III 68/96, NuR 1997, 452.
99 Kuchler, NuR 1997, 463 (Urteilsanmerkung zu OVG Hamburg a.a.O.).
100 In sofern zutreffend OVG Hamburg a.a.O.

§ 15 Verursacherpflichten, Unzulässigkeit von Eingriffen; Ermächtigung zum Erlass von Rechtsverordnungen

(1) [1]Der Verursacher eines Eingriffs ist verpflichtet, vermeidbare Beeinträchtigungen von Natur und Landschaft zu unterlassen. [2]Beeinträchtigungen sind vermeidbar, wenn zumutbare Alternativen, den mit dem Eingriff verfolgten Zweck am gleichen Ort ohne oder mit geringeren Beeinträchtigungen von Natur und Landschaft zu erreichen, gegeben sind. [3]Soweit Beeinträchtigungen nicht vermieden werden können, ist dies zu begründen.

(2) [1]Der Verursacher ist verpflichtet, unvermeidbare Beeinträchtigungen durch Maßnahmen des Naturschutzes und der Landschaftspflege auszugleichen (Ausgleichsmaßnahmen) oder zu ersetzen (Ersatzmaßnahmen). [2]Ausgeglichen ist eine Beeinträchtigung, wenn und sobald die beeinträchtigten Funktionen des Naturhaushalts in gleichartiger Weise wiederhergestellt sind und das Landschaftsbild landschaftsgerecht wiederhergestellt oder neu gestaltet ist. [3]Ersetzt ist eine Beeinträchtigung, wenn und sobald die beeinträchtigten Funktionen des Naturhaushalts in dem betroffenen Naturraum in gleichwertiger Weise hergestellt sind und das Landschaftsbild landschaftsgerecht neu gestaltet ist. [4]Festlegungen von Entwicklungs- und Wiederherstellungsmaßnahmen für Gebiete im Sinne des § 20 Absatz 2 Nummer 1 bis 4 und in Bewirtschaftungsplänen nach § 32 Absatz 5, von Maßnahmen nach § 34 Absatz 5 und § 44 Absatz 5 Satz 3 dieses Gesetzes sowie von Maßnahmen in Maßnahmenprogrammen im Sinne des § 82 des Wasserhaushaltsgesetzes stehen der Anerkennung solcher Maßnahmen als Ausgleichs- und Ersatzmaßnahmen nicht entgegen. [5]Bei der Festsetzung von Art und Umfang der Ausgleichs- und Ersatzmaßnahmen sind die Programme und Pläne nach den §§ 10 und 11 zu berücksichtigen.

(3) [1]Bei der Inanspruchnahme von land- oder forstwirtschaftlich genutzten Flächen für Ausgleichs- und Ersatzmaßnahmen ist auf agrarstrukturelle Belange Rücksicht zu nehmen, insbesondere sind für die landwirtschaftliche Nutzung besonders geeignete Böden nur im notwendigen Umfang in Anspruch zu nehmen. [2]Es ist vorrangig zu prüfen, ob der Ausgleich oder Ersatz auch durch Maßnahmen zur Entsiegelung, durch Maßnahmen zur Wiedervernetzung von Lebensräumen oder durch Bewirtschaftungs- oder Pflegemaßnahmen, die der dauerhaften Aufwertung des Naturhaushalts oder des Landschaftsbildes dienen, erbracht werden kann, um möglichst zu vermeiden, dass Flächen aus der Nutzung genommen werden.

(4) [1]Ausgleichs- und Ersatzmaßnahmen sind in dem jeweils erforderlichen Zeitraum zu unterhalten und rechtlich zu sichern. [2]Der Unterhaltungszeitraum ist durch die zuständige Behörde im Zulassungsbescheid festzusetzen. [3]Verantwortlich für Ausführung, Unterhaltung und Sicherung der Ausgleichs- und Ersatzmaßnahmen ist der Verursacher oder dessen Rechtsnachfolger.

(5) Ein Eingriff darf nicht zugelassen oder durchgeführt werden, wenn die Beeinträchtigungen nicht zu vermeiden oder nicht in angemessener Frist auszugleichen oder zu ersetzen sind und die Belange des Naturschutzes und der Landschaftspflege bei der Abwägung aller Anforderungen an Natur und Landschaft anderen Belangen im Range vorgehen.

(6) [1]Wird ein Eingriff nach Absatz 5 zugelassen oder durchgeführt, obwohl die Beeinträchtigungen nicht zu vermeiden oder nicht in angemessener Frist auszugleichen oder zu ersetzen sind, hat der Verursacher Ersatz in Geld zu leisten. [2]Die Ersatzzahlung bemisst sich nach den durchschnittlichen Kosten der nicht durchführbaren Ausgleichs- und Ersatzmaßnahmen einschließlich der erforderlichen durchschnittlichen Kosten für deren Planung und Unterhaltung sowie die Flächenbereitstellung unter Einbeziehung der Personal- und sonstigen Verwaltungskosten. [3]Sind diese nicht feststellbar, bemisst sich die Ersatzzahlung nach Dauer und Schwere des Eingriffs unter Berücksichtigung der dem Verursacher daraus erwachsenden Vorteile. [4]Die Ersatzzahlung ist von der zuständigen Behörde im Zulassungsbescheid oder, wenn der Eingriff von einer Behörde

§ 15

durchgeführt wird, vor der Durchführung des Eingriffs festzusetzen. [5]Die Zahlung ist vor der Durchführung des Eingriffs zu leisten. [6]Es kann ein anderer Zeitpunkt für die Zahlung festgelegt werden; in diesem Fall soll eine Sicherheitsleistung verlangt werden. [7]Die Ersatzzahlung ist zweckgebunden für Maßnahmen des Naturschutzes und der Landschaftspflege möglichst in dem betroffenen Naturraum zu verwenden, für die nicht bereits nach anderen Vorschriften eine rechtliche Verpflichtung besteht.

(7) [1]Das Bundesministerium für Umwelt, Naturschutz und Reaktorsicherheit wird ermächtigt, im Einvernehmen mit dem Bundesministerium für Ernährung, Landwirtschaft und Verbraucherschutz und dem Bundesministerium für Verkehr, Bau und Stadtentwicklung durch Rechtsverordnung mit Zustimmung des Bundesrates das Nähere zur Kompensation von Eingriffen zu regeln, insbesondere
1. zu Inhalt, Art und Umfang von Ausgleichs- und Ersatzmaßnahmen einschließlich von Maßnahmen zur Entsiegelung, zur Wiedervernetzung von Lebensräumen und zur Bewirtschaftung und Pflege sowie zur Festlegung diesbezüglicher Standards insbesondere für vergleichbare Eingriffsarten,
2. die Höhe der Ersatzzahlung und das Verfahren zu ihrer Erhebung.

[2]Solange und soweit das Bundesministerium für Umwelt, Naturschutz und Reaktorsicherheit von seiner Ermächtigung keinen Gebrauch macht, richtet sich das Nähere zur Kompensation von Eingriffen nach Landesrecht, soweit dieses den vorstehenden Absätzen nicht widerspricht.

Gliederung

		Rdnr.
I.	Allgemeines	1–4
1.	Zweck und Struktur der Regelung	1, 2
2.	Pflichten des Eingriffsverursachers	3, 4
II.	Feststellung der Pflichten des Eingriffsverursachers (Sachverhaltsermittlung, Bewertung, Prognosen)	5–17
1.	Art und Reihenfolge der Prüfung	5–8
2.	Ermittlung des Sachverhalts	9–14
	a) Umfang und Tiefe der Sachverhaltsermittlung	9–13
	b) Rechtsprechung	14
3.	Bewertung der zu erwartenden Beeinträchtigungen (Prognose)	15–17
	a) Wahl der Bewertungsmethode	15, 16
	b) Rechtsprechung	17
III.	Unterlassung vermeidbarer Beeinträchtigungen („Vermeidungspflicht", Abs. 1)	18–26
1.	Allgemeines, Inhalt	18–21
2.	Tragweite und Einschränkungen	22–24
3.	Begründungspflicht (Abs. 1 Satz 3)	25
4.	Abgrenzung von Vermeidung und Ausgleich/Ersatz	26
IV.	Ausgleich und Ersatz bei unvermeidbaren Beeinträchtigungen (Abs. 2)	27–88
1.	Allgemeines	27–30
	a) Ausgleich und Ersatz als grundsätzlich gleichrangige Pflichten	27
	b) Definition von Ausgleich und Ersatz	28
	c) Zwingende Pflichten, Verhältnismäßigkeit	29, 30
2.	Erhaltung des Status quo von Naturhaushalt und Landschaftsbild als gemeinsames Prinzip von Ausgleich und Ersatz	31–34
	a) Naturhaushalt	31, 32

	b) Landschaftsbild	33
	c) Abgrenzung von anderen Maßnahmen	34
3.	Ausgleich und Ersatz bei erheblichen Beeinträchtigungen des Naturhaushalts (Abs. 2 Satz 1 und 2)	35–49
	a) Ausgleichsmaßnahmen für den Naturhaushalt	36–38
	b) Ersatzmaßnahmen für den Naturhaushalt	39–44
	c) Beispiele von Ausgleichs- und Ersatzmaßnahmen für den Naturhaushalt	45–49
4.	Ausgleich und Ersatz bei erheblichen Beeinträchtigungen des Landschaftsbilds (Abs. 2 Satz 1 und 2)	50–58
	a) Definition von Ausgleich und Ersatz beim Landschaftsbild	51–54
	b) Landschaftsgerechte Wiederherstellung	55
	c) Landschaftsgerechte Neugestaltung	56–58
5.	Wahl zwischen Ausgleich und Ersatz	59–62
6.	Anforderungen an Ausgleichs- und Ersatzmaßnahmen	63, 64
	a) Reale Maßahmen	63
	b) Keine anderweitige Verpflichtung zur Durchführung der Maßnahme	64
7.	Geeignetheit der Ausgleichs- und Ersatzmaßnahmen nach Inhalt, Umfang und Ort	65–76
	a) Aufwertung einer Fläche	65–69
	b) Ort der Ausgleichs- und Ersatzmaßnahmen	70
	c) Ausgleichs- und Ersatzmaßnahmen in Schutzgebieten und andere Sonderfälle (Abs. 2 Satz 4)	71–75
	d) Ein und dieselbe Maßnahme zugunsten des Naturhaushalts und des Landschaftsbilds	76
8.	Zeitpunkt von Ausgleich und Ersatz	77–84
	a) Beeinträchtigungen des Naturhaushalts	79–83
	b) Beeinträchtigungen des Landschaftsbilds	84
9.	Berücksichtigung der Landschaftsplanung (Abs. 2 Satz 5)	85–88
V.	**Auswahl und Beschaffung der Flächen für Ausgleichs- und Ersatzmaßnahmen**	89–113
1.	Allgemeines	89, 90
2.	Inanspruchnahme von land- oder forstwirtschaftlich genutzten Flächen (Abs. 3)	91–109
	a) Allgemeines	91–93
	b) Land- oder forstwirtschaftlich genutzte Flächen	94
	c) Agrarstrukturelle Belange	95, 96
	d) Besonders geeignete Böden	97
	e) Alternativen zur Inanspruchnahme von Nutzflächen	98–101
	f) Bezug zur Enteignung	102–104
	g) Freihändiger Erwerb	105–108
	h) Vorrang der Verursacherpflichten	109
3.	Enteignung	110, 111
4.	Unternehmensflurbereinigung	112, 113
VI.	**Dauerhaftigkeit, Unterhaltung und Sicherung der Ausgleichs- und Ersatzmaßnahmen (Abs. 4)**	114–126
1.	Dauerhaftigkeit	114–116

§ 15   Kommentar

2.	Unterhaltung und Pflege	117–119
3.	Rechtliche Sicherung	120–124
4.	Verantwortliche Personen (Abs. 4 Satz 3)	125, 126
VII.	**Abwägung, Untersagung des Eingriffs (Abs. 5)**	127–135
1.	Voraussetzungen	127, 128
2.	Rechtsnatur der Abwägungsentscheidung	129–132
3.	Gegenstand und Maßstab der Abwägung	133–135
VIII.	**Ersatzzahlung (Abs. 6)**	136–145
1.	Allgemeines	136
2.	Nachrangigkeit der Ersatzzahlung (Abs. 6 Satz 1)	137–139
3.	Bemessung der Ersatzzahlung (Abs. 6 Satz 2 und 3)	140–143
4.	Festsetzung und Leistung der Ersatzzahlung (Abs. 6 Satz 4–6)	144
5.	Zweckbindung (Abs. 6 Satz 7)	145
IX.	**Eingriffe im Planfeststellungsverfahren**	146–149
1.	Standort- und Trassenwahl, Variantenprüfung	146, 147
2.	Vermeidung, Ausgleich und Ersatz	148
3.	Abwägung	149
X.	**Landesrecht**	150, 151
Anhang 1 (zu Rdnr. 12)		152–158
Schutzgut Arten und Lebensgemeinschaften		153
Schutzgut Landschaftsbild		154
Schutzgut Boden		155
Schutzgut Wasser		156
Schutzgut Klima/Luft		157, 158
Anhang 2 (zu Rdnr. 16)		159–166
1.	Schutzgut Arten und Lebensgemeinschaften	160
2.	Schutzgut Landschaftsbild	161
3.	Schutzgut Boden	162
4.	Schutzgut Wasser	163
5.	Schutzgut Klima/Luft	164–166
Anhang 3 Vermeidungs-, Ausgleichs- und Ersatzmaßnahmen im marinen Bereich		167–205
I.	Grundsätzliche Voraussetzungen und Anforderungen an die Umsetzung der Eingriffsregelung im marinen Bereich	167–189
1.	Einleitung	167–171
2.	Umsetzung der Vermeidungspflicht im marinen Bereich	172, 173
3.	Naturschutzfachliche Grundsätze für Ausgleichsmaßnahmen im marinen Bereich	174–177
4.	Naturschutzfachliche Grundsätze für Ersatzmaßnahmen und Ersatzzahlungen	178–184
5.	Insbesondere: Beeinträchtigungen des Lebensraumes von Vögeln, Meeressäugern und Fischen durch vorübergehende oder dauerhafte Störungen	185–187

6. Langfristige oder dauerhafte Schädigungen von Benthos-Gemeinschaften	188, 189
II. Eingriffe und Kompensationsmaßnahmen im marinen Bereich – Einzelheiten	190–202
1. Fischereiliche Beschränkungen	190
2. Befahrensbeschränkungen	191, 192
3. Kompensationsmöglichen bei Nähr- und Schadstofffreisetzungen	193
4. Wiedererrichtung von Riffen	194–196
5. Rückbau von Anlagen und Gefahrenquellen	197
6. Bau von Brücken und kombinierten Bauwerken (Brücke/Tunnel) über Meeresengen	198
7. Abbau und Förderung von Kohlenwasserstoffen (Erdgas/Erdöl)	199, 200
8. Aquakultur und Marikultur	201, 202
III. Bündelung von Kompensationsmaßnahmen im marinen Bereich	203–205

I. Allgemeines

1. Zweck und Struktur der Regelung

1

§ 15 bildet den zweiten Teil der Eingriffsregelung. Er beschreibt die Rechtsfolgen des Eingriffstatbestandes (§ 14). Ziel der Eingriffsregelung ist, bei Durchführung des Vorhabens eine – gemessen an den Zielen des Naturschutzes – zu erwartende Verschlechterung des vorhandenen Zustands von Natur und Landschaft zu verhindern. Natur und Landschaft sollen nicht als allgemein und frei verfügbare Güter dem Zugriff bzw. „Verbrauch" unterliegen. Die vorhandene Qualität von Natur und Landschaft ist zu wahren und, soweit das nicht möglich ist, sind Beeinträchtigungen zu kompensieren. § 15 unterwirft Eingriffe in Natur und Landschaft zu diesem Zweck der **Verursacherhaftung**.[1] Die Bewältigung der durch ein Eingriffsvorhaben (sowohl in der Bau- als auch in der Betriebsphase) hervorgerufenen Folgen für Natur und Landschaft soll nicht Aufgabe des Staates sein und auf Kosten der Allgemeinheit gehen. Der Verursacher hat sich selbst um die Vermeidung, den Ausgleich oder die sonstige Kompensation (Ersatzmaßnahmen) der Beeinträchtigungen zu bemühen und deren Kosten zu tragen. Darüber hinaus hat sich der Eingriff einer Abwägung gegen die betroffenen Naturschutzbelange zu stellen, wenn die Beeinträchtigungen von Natur und Landschaft nicht durch Vermeidungs-, Ausgleichs- und Ersatzmaßnahmen neutralisiert werden können. Geht die Abwägung zugunsten des Eingriffs aus, ist der Verursacher zu Ersatzzahlungen verpflichtet.

Die Zielsetzung „Erhaltung des Status quo" begründet die Verursacherpflichten und beschränkt sie zugleich. Sie sind aus diesem Ziel abgeleitet, das beginnend bei der Unterlassung vermeidbarer Beeinträchtigungen über Ausgleichs- und Ersatzmaßnahmen bis hin zur Ersatzzahlung die Vorgabe bildet und einen **Zusammenhang zwischen eingriffsbedingter Beeinträchtigung und der Kompensation** begründet. Dieser Konnex mag unterschiedlich streng sein, entbehrlich ist er nicht. Die Eingriffsregelung belastet den Verursacher nicht nur, sondern sie hat für ihn auch eine Garantiefunktion (was manchmal übersehen wird). Der Umfang seiner Pflichten und damit seiner Aufwendungen wird durch den Zweck der Maßnahmen Vermeidung, Aus-

2

---

1 BVerwG, Urt. v. 20.1.1989 – 4 C 15.87, BVerwGE 81, 220.

gleich und Ersatz, die alle im Zusammenhang mit den verursachten Beeinträchtigungen stehen müssen, bestimmt und zugleich begrenzt. Würde man auf diesen Zusammenhang verzichten, so entstünde große Unsicherheit darüber, welche Maßnahmen zur Bewältigung der Eingriffsfolgen angemessen sein sollen. Die Legitimation dafür, dass dem Verursacher Pflichten auferlegt werden, sieht der Gesetzgeber in der Bewahrung des Status quo von Natur und Landschaft. Damit blickt die Eingriffsregelung nicht gestaltend in die Zukunft wie etwa die Landschaftsplanung, sondern sie enthält ein **Programm zur Folgenbewältigung**. Bei der Berücksichtigung der Landschaftsplanung im Vollzug der Eingriffsregelung (Abs. 2 Satz 3, dazu Rdnr. 85 ff.) kann das eine Rolle spielen.

2. Pflichten des Eingriffsverursachers

3   Zur Frage, wer Verursacher ist, vgl. Rdnr. 125 f. Der Pflichtenkatalog ist wie folgt gestaffelt:
– Primäre Verpflichtung ist gem. Abs. 1 Satz 1 wie bisher die **Unterlassung vermeidbarer Beeinträchtigungen**. Satz 2 beschreibt, was unter Vermeidbarkeit zu verstehen ist.
– Soweit Beeinträchtigungen nicht vermeidbar sind, besteht gem. Abs. 2 Satz 1 als zweite Stufe die Pflicht, sie **entweder auszugleichen oder zu „ersetzen"**.[2] Die folgenden Sätze regeln Einzelheiten, Abs. 4 die Pflicht zur Unterhaltung und Sicherung.
– Sind die Beeinträchtigungen nicht zu vermeiden, auszugleichen oder zu „ersetzen", hat sich das Eingriffsvorhaben einer **Abwägung** gegen die Belange von Naturschutz und Landschaftspflege zu unterziehen (Abs. 5).
– Wird das Vorhaben nach Abwägung zugelassen, ist eine **Ersatzzahlung** zu leisten (Abs. 6).

4   § 15 verpflichtet den Eingriffsverursacher unmittelbar kraft Gesetzes. Um seine **Pflichten** im Einzelfall zu **konkretisieren** und durchsetzbar zu machen, ist ein Verwaltungsakt der Behörde erforderlich (§ 17 Abs. 1). Er legt die Einzelheiten in sachlicher, örtlicher und zeitlicher Hinsicht fest. Im Gegensatz zum bisherigen Recht ist aber die materielle Geltung der Verursacherpflichten nicht mehr davon abhängig, dass der Eingriff einer Gestattung oder Anzeige bedarf (§ 17 Rdnr. 17).

II. Feststellung der Pflichten des Eingriffsverursachers (Sachverhaltsermittlung, Bewertung, Prognosen)

1. Art und Reihenfolge der Prüfung

5   Nach der Feststellung, dass eine Veränderung i.S.v. § 14 Abs. 1 vorliegt, sind die zu erwartenden Beeinträchtigungen von Naturhaushalt und Landschaftsbild abzuschätzen, sodann die Möglichkeiten der Vermeidung, des Ausgleichs oder des Ersatzes. Im Zentrum steht die Frage, **welche (erheblichen) Beeinträchtigungen** von Naturhaushalt und Landschaftsbild (dazu § 14 Rdnr. 17 ff.) **voraussichtlich zu erwarten** sind. Diese **Wirkungsprognose** (vgl. § 14 Rdnr. 55 ff.) erfordert folgende Prüfungsschritte:
– Beschreibung der Eingriffsmaßnahme einschließlich ihres zeitlichen Ablaufs und der späteren Nutzung (Bau- und Betriebsphase),

---

2   Dem Gesetzgeber war die bisherige Formulierung „in anderer Weise zu kompensieren" wohl zu umständlich, dafür ist der jetzige Text sprachlich unbefriedigend.

- **Abschätzung des Raums,** in dem Auswirkungen auf Naturhaushalt und Landschafsbild voraussichtlich zu erwarten sind,
- Darstellung (Bestandsaufnahme) und Bewertung des **vorhandenen Zustandes** von Naturhaushalt und Landschaftsbild im betroffnen Raum vor dem Eingriff,
- **Prognose der Auswirkungen** des Vorhabens unter dem Aspekt der zu erwartenden Beeinträchtigungen des Naturhaushalts – getrennt nach den in § 7 Abs. 1 Nr. 2 genannten Faktoren – und des Landschaftsbilds (nach den Eigenschaften Vielfalt, Eigenart, Schönheit und nach seinen Funktionen),
- Bewertung dieser Auswirkungen unter dem Aspekt der **erheblichen Beeinträchtigung** von Naturhaushalt und Landschaftsbild (unerhebliche Beeinträchtigungen scheiden aus, sie fallen nicht unter den Eingriffstatbestand des § 14, vgl. § 14 Rdnr. 23 ff.).
- Darstellung der **daraus abzuleitenden Maßnahmen** zur Vermeidung, zum Ausgleich und zur sonstigen Kompensation der erheblichen Beeinträchtigungen von Natur und Landschaft einschließlich ihres zeitlichen Ablaufes.
- Darstellung **verbleibender erheblicher Beeinträchtigungen** (die zur Abwägungsentscheidung nach § 15 Abs. 3 führen).

Damit soll die **Grundlage** dafür geschaffen werden, die Verursacherpflichten des § 15 zu erfüllen, d.h. Vorkehrungen zur Vermeidung und Maßnahmen zum Ausgleich oder der sonstigen Kompensation erheblicher Beeinträchtigungen zu entwickeln. Dabei bestehen in mehrfacher Hinsicht **Ungewissheiten:**
- Das Erfassen und Beschreiben des gegenwärtigen Zustands muss innerhalb eines zumutbaren Zeitraums abgeschlossen werden. Die begrenzte Zeit und die Tatsache, dass man über Ökosysteme nicht alles weiß und daher auch nicht nach allem suchen kann, bergen ein Risiko. Beim Erfassen des vorhandenen Landschaftsbildes liegt das Problem nicht so sehr im Bereich des Wissens, sondern in der Wahrnehmung und nachvollziehbaren Darstellung der wesentlichen Merkmale und Funktionen.
- Das Abschätzen der Auswirkungen des Eingriffs ist mit dem Risiko behaftet, dass es um eine künftige Entwicklung geht, die wegen der vielen Einflussfaktoren nicht sicher zu prognostizieren ist. Auch wenn die Einflussfaktoren alle bekannt wären, wäre keine sichere Prognose gewährleistet.[3]

Das Gesetz trifft keine nähere Regelung der erforderlichen Bewertungen und Prognosen. Es schreibt keine bestimmte Methode bei der Bestandsaufnahme, Bewertung und Risikoabschätzung vor. Es handelt sich dabei nicht um rein naturwissenschaftliche Fragen, sondern um Rechtsfragen mit ausgeprägt fachwissenschaftlichem Hintergrund.

Vermeidungs-, Ausgleichs- und Ersatzmaßnahmen enthalten schließlich als weiteres Risiko die Gefahr, dass sie fehlschlagen, weil man die Auswirkungen des Eingriffs falsch kalkuliert oder den Effekt der Maßnahmen falsch eingeschätzt hat (oder beides). Sie beruhen letztlich auf einer **doppelten Prognose:** Zunächst sind die Eingriffswirkungen abzuschätzen, dann die Wirkungen der ins Auge gefassten Maßnahmen zur Vermeidung usw.

---

3 Näheres bei *Jessel,* Naturschutz und Landschaftsplanung 2000, 197.

2. Ermittlung des Sachverhalts

9 **a) Umfang und Tiefe der Sachverhaltsermittlung.** Wie sehr die Ermittlung des Sachverhalts[4] in die Tiefe gehen muss, hängt vom konkreten Eingriffsvorhaben ab. Zwei Komponenten sind dabei bestimmend:
- Stärke der vom Vorhaben ausgehenden Wirkungen,
- Empfindlichkeit der möglicherweise betroffenen Funktionen und Qualitäten von Naturhaushalt und Landschaftsbild.

10 Der Ermittlungsaufwand muss in angemessenem Verhältnis zur voraussichtlichen Schwere der Beeinträchtigungen von Naturhaushalt und Landschaftsbild stehen. Die Untersuchung muss so weit reichen, dass eine sachgerechte Bewertung möglich wird. Vorhandene Daten aus der Landschaftsplanung und der Biotopkartierung können den Aufwand mindern, sofern sie aktuell sind, was sich durch Stichproben überprüfen lässt. Der Umfang der **Bestandsaufnahme** des Zustandes hängt vom Einzelfall ab, muss jedoch so groß sein, dass das Vorhaben in Bezug auf die Beeinträchtigungen von Naturhaushalt und Landschaftsbild in angemessener Weise bewertet werden kann. Auch die Größe des **Beurteilungsraums** (des Raums, in dem sich Beeinträchtigungen voraussichtlich auswirken können) muss einzelfallbezogen abgegrenzt werden. Er muss die direkt vom Eingriff beanspruchte Fläche sowie die indirekt betroffenen Flächen, den „Wirkraum" umfassen. Bei Beeinträchtigungen des Landschaftsbildes ist das mindestens der Sichtraum, der Wirkraum ist weiter, wenn z.B. Lärm oder Emissionen über den Sichtraum hinaus wirken können (Rdnr. 49 zu § 14).

11 Inhaltlich sind Aussagen zu treffen über die voraussichtliche Beeinträchtigung des Naturhaushalts (d.h. der in § 7 Abs. 1 Nr. 2 genannten Faktoren) und des Landschaftsbildes. Die Ermittlung des Sachverhalts muss sich daran ausrichten. Auf Ermittlungen zu einzelnen Schutzgütern kann nur dann verzichtet werden, wenn offensichtlich ist, dass bei ihnen keine erhebliche Beeinträchtigung auftreten kann. Nicht alle Funktionen und Qualitäten von Naturhaushalt und Landschaftsbild haben im Einzelfall die gleiche Bedeutung. Damit kein unverhältnismäßiger Aufwand entsteht und die Regelung praktikabel bleibt, ist eine sinnvolle Beschränkung anzustreben:[5]

12 Ausgehend von den zu erwartenden Beeinträchtigungen des Naturhaushalts und des Landschaftsbildes lassen sich Fälle unterscheiden, bei denen nur Funktionen allgemeiner Bedeutung betroffen sein können, und Fälle mit Betroffenheit von Funktionen besonderer Bedeutung (vgl. Anhang 1 Rdnr. 152 ff.). Sind **Funktionen allgemeiner Bedeutung** betroffen, kann die Eingriffsbeurteilung i.d.R. auf der Basis von Biotopen bzw. Biotoptypen erfolgen. Biotope bzw. Biotoptypen fungieren als hochaggregierte Indikatoren, die leicht zu erfassen aber darüber hinaus in der Lage sind, verschiedene biotische und abiotische Einzelfunktionen und deren Ausprägung in ihrem komplexen Zusammenwirken bis zu einem gewissen Grade summarisch abzubilden. Je nach Biotoptypenschlüssel kann auch das Landschaftsbild grob beurteilt werden. Sind **Funktionen besonderer Bedeutung** betroffen, müssen diese – über die Beurteilung auf der „Biotopebene" hinaus – schutzgutspe-

---

4 Zur Ermittlung und Bewertung von Eingriffen vgl. auch *Eissing/Louis*, NuR 1996, 485.
5 Zum Folgenden vgl. Länderarbeitsgemeinschaft für Naturschutz, Landschaftspflege und Erholung (LANA), Grundsatzpapier zur Eingriffsregelung nach den §§ 18–21 BNatSchG, 2002.

zifisch differenziert, d.h. in problemangemessener Tiefe beurteilt werden. Das gilt u.a. für den Fall des § 44 Abs. 5.

In die Untersuchung sind die **potenziellen Flächen für Ausgleichs- und Ersatzmaßnahmen** einzubeziehen, um deren Aufwertungsfähigkeit und Aufwertungsbedürftigkeit (Rdnr. 65) und die voraussichtliche Kompensationswirkung abschätzen zu können. Eine Einschätzung des Entwicklungspotenzials der vorgesehenen Kompensationsflächen erlaubt es, konkrete Entwicklungsziele und die dazu erforderlichen Flächengrößen festzulegen.[6] Bei Inanspruchnahme land- oder forstwirtschaftlicher Flächen ist Abs. 3 zu beachten. 13

b) Rechtsprechung. Die Obergerichte haben Grundsätze zu Art und Umfang der Ermittlung betroffener Naturschutzbelange sowie zur Bewertung entwickelt: 14
– Die Eingriffsregelung erfordert grundsätzlich eine sorgsame **Bestandsaufnahme**, wobei es unerheblich ist, ob Richtlinien bestehen, die eine derartige Ermittlung (z.B. der Fauna) vorschreiben. Wurden im Planfeststellungsverfahren Ermittlungen unterlassen, die sich hätten aufdrängen müssen, so liegt hierin ein Verfahrensfehler, der für das Abwägungsergebnis ursächlich sein kann.[7]
– Die Ermittlungen sind in dem Umfang durchzuführen, dass eine sachgerechte Planungsentscheidung möglich ist. Sie dienen hingegen nicht einer allgemeinen Bestandsaufnahme. Es wird häufig nicht erforderlich sein, die von einem Vorhaben betroffenen Tier- und Pflanzenarten vollständig zu erfassen. Es kann vielmehr ausreichen, wenn für den Untersuchungsraum besonders bedeutsame **Repräsentanten** an Tier- und Pflanzengruppen festgestellt werden und wenn für die Bewertung des Eingriffs auf bestimmte **Indikatorengruppen** abgestellt wird. Wenn z.B. ein Vorhaben intensiv landwirtschaftlich genutzte Flächen beansprucht, kann sich die Untersuchung der verbliebenen Tierwelt an entsprechenden Erfahrungswerten orientieren. Rückschlüsse auf die Tierarten anhand der vorgefundenen Vegetationsstrukturen und vorhandenen Literaturangaben können in solchen Fällen methodisch hinreichend sein. Der Umfang der Ermittlungspflicht ist deshalb abhängig von der **Art der Maßnahme und den naturräumlichen Gegebenheiten**. Je typischer die Gebietsstruktur des Eingriffsbereichs, je eher kann auf typisierende Merkmale und allgemeine Erfahrungen abgestellt werden. Gibt es dagegen Anhaltspunkte für das Vorhandensein besonders seltener Arten, wird dem nachzugehen sein.[8]
– Die Frage, in welchem Ausmaß die Leistungsfähigkeit des Naturhaushalts oder das Landschaftsbild beeinträchtigt wird, lässt sich nur auf der Grundlage zuverlässiger **Feststellungen über den vorhandenen Zustand** von Natur und Landschaft sachgerecht beantworten. Deshalb hat der Planungsträger gerade unter dem Blickwinkel des Naturschutzes und der Landschaftspflege der Ermittlungsphase besonderes Augenmerk zu schenken. Das ist aber nicht dahin zu verstehen, dass er verpflichtet wäre, ein vollständiges Arteninventar zu erstellen. Die **Untersuchungstiefe** hängt maßgeblich von den naturräumlichen Gegebenheiten ab. Aus fachlicher Sicht kann sich eine bis ins letzte Detail gehende Untersu-

---

6 *Dierßen/Reck*, Konzeptionelle Mängel und Ausführungsdefizite bei der Umsetzung der Eingriffsregelung im kommunalen Bereich. Teil A: Defizite in der Praxis. Naturschutz und Landschaftsplanung 30 (1998), 341, 343.
7 BVerwG, Beschl. v. 9.3.1993 – 4 B 190.92, NuR 1994, 188.
8 BVerwG, Beschl. v. 21.2.1997 – 4 B 177.96, NuR 1997, 607 zu § 8 BNatSchG a.F.

chung erübrigen. Sind bestimmte Tier- und Pflanzenarten ein Indikator für die Biotopqualität und die Lebensraumanforderungen auch anderer Arten oder lassen bestimmte Vegetationsstrukturen sichere Rückschlüsse auf ihre faunistische und floristische Ausstattung zu, so kann es mit der gezielten Erhebung der insoweit maßgeblichen repräsentativen Daten sein Bewenden haben. Das Recht nötigt nicht zu einem Ermittlungsaufwand, der keine zusätzlichen Erkenntnisse verspricht.[9]
– Einer detaillierten Ermittlung der vorhandenen Tierwelt bedarf es nicht, wenn auf Grund der Ermittlungen über die vorhandenen Biotoptypen im Plangebiet von einem **typischen**, allgemeinen Erfahrungswerten entsprechenden Tierbesatz in den jeweiligen Biotoptypen ausgegangen werden kann.[10]
– Es ist unabdingbar, die Ermittlungen in angemessener Weise zu beschränken. **Erkenntnisrisiken**, die sich aus der Beschränkung der behördlichen Aufklärungspflicht auf das praktisch Vernünftige ergeben und die durch Beteiligung der Naturschutzverbände vermindert werden sollen, stehen der Verwirklichung eines Eingriffs in Natur und Landschaft nicht grundsätzlich entgegen.[11]

3. Bewertung der zu erwartenden Beeinträchtigungen (Prognose)

15 a) **Wahl der Bewertungsmethode.** Für die Bewertung des Sachverhalts existiert u.a. deshalb kein einheitliches Bewertungsverfahren, weil die naturräumlichen/regionalen Besonderheiten zu berücksichtigen sind und komplexe Eingriffe mit anderen Ermittlungs- und Bewertungsverfahren geprüft werden müssen als einfache Fälle. Die **Bewertungskriterien** sind plausibel darzulegen. Eine **Standardisierung** der Bewertung ist nur bis zu einem bestimmten Punkt möglich und wünschenswert, denn sie muss offen sein für Besonderheiten des Einzelfalls. Für alle Bewertungsverfahren gilt, dass die zu erwartenden Beeinträchtigungen und die vorgesehenen Ausgleichs- und Ersatzmaßnahmen hinsichtlich ihrer Wirkfaktoren nach Art und Intensität, räumlicher Ausdehnung sowie zeitlicher Abfolge zu bestimmen und dem aktuellen Bestand gegenüberzustellen sind. Hieraus ist die **Prognose** darüber zu entwickeln,
– ob und in welchem Umfang mit erheblichen Beeinträchtigungen zu rechnen ist und welche Risiken dabei bestehen (dazu § 14 Rdnr. 55 f.),
– ob und in welchem Umfang Vorkehrungen zur Vermeidung der Eingriffsfolgen möglich sind,
– ob und in welchem Umfang der Eingriff durch Ausgleichs- oder Ersatzmaßnahmen kompensierbar ist, und
– ob die vorgesehenen Ausgleichs- und Ersatzmaßnahmen für eine Vollkompensation der Eingriffsfolgen ausreichend sind.[12]

16 In der Praxis häufig ist die Verwendung von **Biotopen bzw. Biotoptypen** als **Indikatoren** für die erwarteten Beeinträchtigungen. Sie sind – darüber besteht ein fachlicher Konsens – geeignet, biotische und abiotische Verhältnisse und Abläufe bis zu einem gewissen Grade abzubilden. Je nach Biotoptypenschlüssel kann auch das Landschaftsbild grob beurteilt werden. Es verbleibt allerdings eine Vielzahl von Fällen, in denen sich spezifische

---

9 BVerwG, Urt. v. 27.10 2000 – 4 A 18.99, NuR 2001, 216.
10 OVG Münster, Urt. v. 30.6.1999 – 7a D 144/97.NE, NuR 2000, 173.
11 VGH München, Beschl. v. 24. 1. 1992 – 8 CS 91.01233 u.a., NuR 1992, 337.
12 Länderarbeitsgemeinschaft für Naturschutz, Landschaftspflege und Erholung (LANA), Grundsatzpapier zur Eingriffsregelung nach den §§ 18–21 BNatSchG, 2002.

Verhältnisse einzelner Funktionen nicht im erforderlichen Maß aus einem bestimmbaren Biotoptyp und der Biotopqualität ableiten und beurteilen lassen. Eine Eingriffsbeurteilung, die ausschließlich auf Biotope als Beurteilungsgegenstand zurückgreift, ist dem Sachverhalt insbesondere dann nicht angemessen, wenn die Funktionen, die erheblich oder nachhaltig betroffen sein können, von besonderer Bedeutung zur Verwirklichung der Ziele von Naturschutz und Landschaftspflege sind.[13] Welche Funktionen des Naturhaushalts/Landschaftsbilds beeinträchtigt werden können, ist in Anlage 2 bezogen auf das jeweilige Schutzgut beispielhaft aufgeführt.[14] Die in der Praxis verwendeten Biotopwertverfahren weisen erhebliche Unzulänglichkeiten auf (s. Anhang 2 Rdnr. 159 ff.), so dass die LANA empfohlen hat, auf ihre Anwendung zu verzichten.[15] Auch eine Bewertung allein nach dem Parameter Seltenheit/Gefährdung (Rote-Liste-Arten) ohne Angaben zur Populationsgröße und zur Funktion des betroffenen Gebiets bleibt hinter den Anforderungen zurück.

b) Rechtsprechung. Die fachlichen Gegebenheiten prägen auch die Rechtsprechung, deren wesentliche Aussagen so lauten:
- Bei der Bewertung der relevanten Beeinträchtigungen der Leistungsfähigkeit des Naturhaushalts und des Landschaftsbilds und des insoweit gegebenen Ausgleichsbedarfs ist ein bestimmtes fachliches Bewertungsverfahren derzeit nicht vorgegeben; die insoweit vorgenommene Bewertung kann nur auf ihre **sachgerechte, aus naturschutzfachlicher Sicht plausible Begründung hin überprüft werden.**[16]
- Die Gemeinde ist bei der Aufstellung von Bauleitplänen, die Eingriffe in Natur und Landschaft erwarten lassen, **nicht an standardisierte Bewertungsverfahren** gebunden. Es fehlt ein gesetzlich vorgeschriebenes Bewertungsverfahren, und in der Praxis gibt es verschiedene Bewertungsverfahren, die zu unterschiedlichen Ergebnissen führen können, weil es auch an allgemein anerkannten einheitlichen rechtlichen Bewertungskriterien fehlt. Die Gemeinde hat in eigener Verantwortung die zu erwartenden Eingriffe in Natur und Landschaft zu bewerten und über Vermeidung, Ausgleich und Ersatzmaßnahmen abwägend zu entscheiden.[17]
- Das Recht enthält **keine verbindlichen Bewertungsvorgaben** und gebietet nicht, die Eingriffsintensität anhand standardisierter Maßstäbe oder in einem schematisierten und rechnerisch handhabbaren Verfahren zu beurteilen.[18] Zu Beanstandungen besteht erst dann Anlass, wenn ein Bewertungsverfahren sich als unzulängliches oder gar als ungeeignetes Mittel erweist, um den Anforderungen der Eingriffsregelung gerecht zu werden.[19] Eine nur eingeschränkte Betrachtung der Elemente und Funktionen des Naturhaushalts (z.B. durch Würdigung lediglich von Biotopen) ist fehlerhaft.[20]

---

13 *Kiemstedt/Mönnecke/Ott,* 1996: Methodik der Eingriffsregelung, Teil III: Vorschläge zur bundeseinheitlichen Anwendung der Eingriffsregelung nach § 8 Bundesnaturschutzgesetz, Schriftenreihe der Länderarbeitsgemeinschaft Naturschutz, Landschaftspflege und Erholung (LANA) 6/1996.
14 Aus: *Kiemstedt/Mönnecke/Ott* 1996 a.a.O.
15 Arbeitsgruppe Eingriffsregelung der Landesanstalten/-Ämter und des Bundesamtes für Naturschutz: Empfehlungen zum Vollzug der Eingriffsregelung, Teil II Inhaltlichmethodische Anforderungen an Erfassungen und Bewertungen, 1995.
16 OVG Münster, Urt. v. 17.10.1996 – 7a D 122/94.NE, DVBl. 1997, 440.
17 BVerwG, Beschl. v. 23.4.1997 – 4 NB 13.97, NuR 1997, 446.
18 BVerwG, Urt. v. 27.10 2000 – 4 A 18/99, NuR 2001, 216.
19 BVerwG, Urt. v. 31.1.2002 – 4 A 15.01, NuR 2002, 539.
20 VGH Kassel, Urt. v. 25.5.2000 – 4 N 2660/91, NuR 2001, 278 zur Berechnung des Ausgleichs der durch den Vollzug eines Bebauungsplans entstehenden Eingriffe in Natur und Landschaft.

III. Unterlassung vermeidbarer Beeinträchtigungen („Vermeidungspflicht", Absatz 1)

1. Allgemeines, Inhalt

18 Ausgangspunkt der gesetzlichen Regelung ist die Absicht des Verursachers, ein bestimmtes Vorhaben zu verwirklichen, das einen Eingriff i.S.v. § 14 Abs. 1 darstellt. Abs. 1 macht es zur **primären Pflicht des Verursachers**, vermeidbare Beeinträchtigungen von Natur und Landschaft zu unterlassen. Gemeint sind nur die in § 14 Abs. 1 genannten erheblichen Beeinträchtigungen. Unerhebliche Beeinträchtigungen sind kein Anknüpfungspunkt für Rechtsfolgen, sie erfüllen nicht den Eingriffstatbestand.

19 Es geht **nicht** um die **Vermeidung „des Eingriffs"** (d.h. des Vorhabens), wie manchmal unscharf formuliert wird, sondern um dessen Wirkungen. Beeinträchtigungen von Natur und Landschaft sind demnach **vermeidbar**, soweit das Vorhaben ohne Natur und Landschaft beeinträchtigende Folgen ausgeführt werden kann, nicht aber allein deswegen, weil der Eingriff gänzlich unterlassen oder an anderer Stelle ausgeführt werden könnte.[21] Abs. 1 Satz 2 bestätigt dieses Verständnis der Vermeidbarkeit: Beeinträchtigungen sind vermeidbar, wenn **zumutbare Alternativen**, den mit dem Eingriff verfolgten **Zweck am gleichen Ort** ohne oder mit geringeren Beeinträchtigungen von Natur und Landschaft zu erreichen, gegeben sind. Beispiel: Ein am Ort des Vorhabens vorhandener Baumbestand kann erhalten bleiben, wenn die baulichen Anlagen entsprechend konzipiert werden und diese Bauweise (a) baurechtlich zulässig ist und (b) die vorgesehene Nutzung des Gebäudes nicht nennenswert beeinträchtigt wird (Zumutbarkeit).

20 Davon zu unterscheiden ist die Frage, inwieweit im **Fachplanungsrecht** bei der **Auswahl des Standortes** oder bei der **Trassierung** eines Vorhabens der Gesichtspunkt der Vermeidbarkeit von Natur- und Landschaftsbeeinträchtigungen durchschlägt. Diese **Variantenprüfung** ist Teil der planerischen Abwägung und nach den für diese geltenden Grundsätzen durchzuführen (Rdnr. 146 f.). Das dabei gefundene Ergebnis unterliegt dann nicht mehr erneut der Vermeidungspflicht nach Abs. 1. Denn diese fragt nicht nach der Vermeidbarkeit des Eingriffs, sondern verpflichtet ausschließlich dazu, aus dem Kreis der mit einem bestimmten Eingriff verbundenen erheblichen Beeinträchtigungen diejenigen zu unterlassen, die vermeidbar sind. Die durch die Inanspruchnahme von Natur und Landschaft am Eingriffsort selbst zwangsläufig hervorgerufenen Beeinträchtigungen nimmt das Naturschutzrecht als unvermeidbar hin.[22] Die Verursacherpflichten Vermeidung, Ausgleich und Ersatz setzen also ein, nachdem eine Standort- oder Trassenauswahl stattgefunden hat. Vermeidung kann hier z.B. bedeuten: kleinere Trassenverschiebungen, ansprechende Gestaltung der Bauwerke, Dämme, Böschungen und sonstigen Teile des Vorhabens. Zu Vermeidungsmaßnahmen im **marinen Bereich** siehe Anhang 3 (Rdnr. 167 ff.). Zu beachten ist auch die Alternativenprüfung nach Europarecht: Muss sich ein Eingriffsprojekt der **Verträglichkeitsprüfung** nach § 34 Abs. 2 unterziehen und besteht es sie nicht, so kann es aus den in § 34 Abs. 3 Nr. 1 genannten zwingenden Gründen nur zugelassen werden, wenn keine zumutbaren Alternativen i.S.d. Nr. 2 bestehen.

---

21 St. Rspr., vgl. BVerwG, Urt. v. 7.3.1997 – 4 C 10.96, NuR 1997, 404.
22 BVerwG Urt. v. 7.3.1997 – 4 C 10/96, NuR 1997, 404.

Auf die Unterlassung vermeidbarer Beeinträchtigungen ist auch **während der Durchführung** des Eingriffsvorhabens zu achten, z.b. Schutz von Gehölzen im Baustellenbereich, Begrenzung von Arbeitsstreifen (etwa entlang einer Leitungstrasse), Festlegung von An- und Abfahrten, keine Lagerung von Stoffen auf empfindlichen Flächen bzw. während bestimmter Zeiten usw. Sind Beeinträchtigungen von Natur und Landschaft nur teilweise vermeidbar, so sind sie insoweit zu unterlassen, im Übrigen sind Ausgleichs- oder Ersatzmaßnahmen zu prüfen.

2. Tragweite und Einschränkungen

Die Pflicht, vermeidbare Beeinträchtigungen von Natur und Landschaft zu unterlassen, ist **striktes Recht** insofern, als sie nicht Gegenstand der Abwägung ist, weder der spezifisch naturschutzrechtlichen des Abs. 5 noch der allgemeinen fachplanerischen.[23] Einschränkungen ergeben sich daraus, dass Vermeidungsmaßnahmen tatsächlich möglich und geeignet sein müssen, was z.B. nicht der Fall ist, wenn die Vermeidung der Beeinträchtigung A notwendigerweise die schwerere Beeinträchtigung B zur Folge hätte.

Der Verursacher hat grundsätzlich die für erforderliche Vermeidungsmaßnahmen notwendigen **Kosten** aufzubringen. Doch kann der Verhältnismäßigkeitsgrundsatz dazu führen, dass dem Verursacher die Vermeidung relativ geringer Beeinträchtigungen von Natur und Landschaft, wenn sie einen unangemessen hohen Aufwand im Verhältnis zum Vorteil erfordert, nicht auferlegt werden darf.[24] Ähnlich die Rechtsprechung zum unverhältnismäßigen Kostenaufwand für eine Alternativlösung nach Art. 6 Abs. 4 FFH-RL.[25]

Auch wenn der Aufwand für Vermeidungsmaßnahmen in angemessenem Verhältnis zum Erfolg steht, können im Einzelfall **derartige Kosten entstehen, dass das Vorhaben daran faktisch scheitert**. Dieses Ergebnis widerspricht nicht der Struktur und Systematik der Eingriffsregelung.[26] Vielmehr gehört es zum Verursacherprinzip. Da die Vermeidungspflicht (für die Ausgleichs- und Ersatzpflicht gilt Entsprechendes) ein „Umweltstandard" des Inhalts ist, dass die dazu nötigen Maßnahmen bei Erforderlichkeit, Geeignetheit und Zweck-Mittel-Relation der Kosten ein nicht zu unterschreitendes, einer weiteren Abwägung entzogenes Schutzniveau darstellen (vergleichbar etwa den Anforderungen des technischen Umweltschutzes), dann muss der Eingriffsverursacher, wenn er diese Kosten nicht aufbringen kann, das Vorhaben aufgeben. Bei Eingriffsvorhaben, die der Planfeststellung unterliegen, spielt die Kostenfrage bereits bei der Variantenprüfung eine Rolle (Rdnr. 146 f.). Die Vermeidung im engeren Sinne nach Abs. 1 folgt dieser Planungsentscheidung nach und steht daher nicht nochmals unter dem Vorbehalt des § 7 BHO, wenn es um Vorhaben der öffentlichen Hand geht. Beim Vorhaben eines privaten Verursachers kann, insbesondere wenn der Standort keiner Auswahlentscheidung unterliegt, nicht seine wirtschaftliche Leistungsfähigkeit den Maßstab für die Angemessenheit der Kosten einer Vermeidungsmaßnahme bilden.

---

23 BVerwG, Beschl. v. 30.10.1992 – 4 A 4.92, NuR 1993, 125.
24 A.A. *Kuchler*, NuR 1991, 465/467 m.w.N.
25 BVerwG, Urt. v. 27.1.2000 – 4 C 2.99, NuR 2000, 448.
26 A.A. *Kuchler* a.a.O.

3. Begründungspflicht (Absatz 1 Satz 3)

25 Soweit Beeinträchtigungen nicht vermieden werden können, ist dies zu begründen. Damit will der Gesetzgeber gewährleisten, dass der Verursacher seine Pflicht zur Unterlassung vermeidbarer Beeinträchtigungen gewissenhaft erfüllt. Denn sie dient dem Zweck der Eingriffsregelung am meisten. Für die einzelnen prognostizierten Natur- und Landschaftsbeeinträchtigungen ist **zu dokumentieren, wieso sie sich nicht vermeiden lassen**, d.h. aus welchem Grund eine zumutbare Alternative, den mit dem Eingriff verfolgten Zweck am gleichen Ort ohne oder mit geringeren Beeinträchtigungen von Natur und Landschaft zu erreichen, nicht besteht.

4. Abgrenzung von Vermeidung und Ausgleich/Ersatz

26 Die Abgrenzung von Vermeidungsmaßnahmen einerseits und Ausgleichs- und Ersatzmaßnahmen andererseits erschließt sich aus dem Gesetzeswortlaut. Abs. 1 sagt nicht, dass Beeinträchtigungen von Natur und Landschaft zu „vermeiden" sind, sondern dass vermeidbare Beeinträchtigungen zu „unterlassen" sind. Dieses **Unterlassen ist die primäre Verursacherpflicht**, denn der Status quo von Natur und Landschaft lässt sich so am besten wahren. Ausgleich und Ersatz sind qualitativ eine Stufe minderwertiger, denn hier findet zunächst eine negative Veränderung statt, die dann neutralisiert werden muss. Immer dann, wenn das Vorhaben beim Bau und Betrieb so gestaltet wird, dass eine **Beeinträchtigung gar nicht erst eintritt oder nur in geringerer Intensität**, handelt es sich um (ggf. teilweise) Vermeidung. Beispiele: (a) Ein Gebäude wird so platziert, dass die auf dem Grundstück vorhandenen Bäume erhalten bleiben. (b) Die Böschungen und Dämme einer Straße werden in der Ausführung und Bepflanzung der Landschaft möglichst angepasst. (c) Gradientenabsenkungen, Tief- oder Troglagen können Mittel zur Vermeidung erheblicher Beeinträchtigungen des Landschaftsbildes durch ein Straßenbauvorhaben sein.[27] Es mag Fälle geben, in denen so oder so argumentiert werden kann. Wichtig ist, dass es sich in allen Fällen um strikte Pflichten handelt, die in der Planfeststellung nicht durch Abwägung überwunden werden können, d.h. mögliche und in der Kosten-Nutzen-Relation angemessene Maßnahmen sind auch durchzuführen.[28]

IV. Ausgleich und Ersatz bei unvermeidbaren Beeinträchtigungen (Absatz 2)

1. Allgemeines

27 a) **Ausgleich und Ersatz als grundsätzlich gleichrangige Pflichten.** Nach Abs. 2 Satz 1 ist der Verursacher verpflichtet, unvermeidbare Beeinträchtigungen durch Maßnahmen des Naturschutzes und der Landschaftspflege **entweder auszugleichen** (Ausgleichsmaßnahmen) **oder zu ersetzen** (Ersatzmaßnahmen). Eine Änderung gegenüber § 19 Abs. 2 BNatSchG 2002 besteht darin, dass es **keinen strikten Vorrang des Ausgleichs** vor dem Ersatz mehr gibt. Der Verursacher hat allerdings **keine freie Wahl** zwischen Ausgleich und Ersatz (Rdnr. 59 ff.).

---

27 Nach BVerwG, Urt. v. 23.11.2001 – 4 A 46.99, NuR 2002, 353 soll es sich dabei um Ausgleichsmaßnahmen handeln. Sie setzen aber am Bauwerk selbst an und dienen dazu, vermeidbare Beeinträchtigungen von vornherein zu unterlassen.
28 BVerwG, Urt. v. 1.9.1997 – 4 A 36.96, NuR 1998, 41.

b) **Definition von Ausgleich und Ersatz.** Abs. 2 beschreibt in Satz 2 und 28
3, wann eine Beeinträchtigung ausgeglichen und wann sie in sonstiger Weise
kompensiert ist:
– Ausgeglichen ist eine Beeinträchtigung, wenn und sobald die beeinträchtigten Funktionen des Naturhaushalts in gleichartiger Weise wiederhergestellt sind und das Landschaftsbild landschaftsgerecht wiederhergestellt oder neu gestaltet ist.
– „Ersetzt" ist eine Beeinträchtigung, wenn und sobald die beeinträchtigten Funktionen des Naturhaushalts in dem betroffenen Naturraum in gleichwertiger Weise hergestellt sind und das Landschaftsbild landschaftsgerecht neu gestaltet ist.

c) **Zwingende Pflichten, Verhältnismäßigkeit.** Die in Abs. 2 Satz 1 statu- 29
ierten Pflichten des Eingriffsverursachers, unvermeidbare Beeinträchtigungen von Natur und Landschaft auszugleichen oder zu „ersetzen", sind **striktes Recht** insofern, als sie nicht Gegenstand der Abwägung sind, weder der spezifisch naturschutzrechtlichen des Abs. 5 noch der allgemeinen fachplanerischen.[29] Kann das Ziel von Ausgleich und Ersatz nicht bei allen verursachten Beeinträchtigungen erreicht werden, so ist der Verursacher zu den nach Sachlage möglichen Maßnahmen verpflichtet.[30]

Ebenso wie Vermeidungsmaßnahmen müssen auch Ausgleichs- und Ersatz- 30
maßnahmen dem **Grundsatz der Verhältnismäßigkeit** entsprechen, d.h. die Kosten dürfen nicht in einem groben Missverhältnis zur Schwere der auszugleichenden Beeinträchtigungen bzw. zur voraussichtlichen Wirkung der Maßnahmen stehen. Sind die Kosten von Kompensationsmaßnahmen zwar verhältnismäßig, aber so hoch, dass das Vorhaben daran scheitert, so gelten die Ausführungen zu Vermeidungsmaßnahmen entsprechend (Rdnr. 24).

2. **Erhaltung des Status quo von Naturhaushalt und Landschaftsbild als gemeinsames Prinzip von Ausgleich und Ersatz**

a) **Naturhaushalt.** Beim Naturhaushalt stellt Abs. 2 Satz 2 auf die beein- 31
trächtigten **Funktionen** ab und definiert den **Ausgleich** so, dass diese **wiederhergestellt** sein müssen. Eine Kompensation durch **Ersatz** erfordert, dass die beeinträchtigten Funktionen (wenigstens) **in gleichwertiger Weise hergestellt** sind. Beide Varianten sind nur erfüllt, wenn keine erhebliche Beeinträchtigung des Naturhaushalts zurückbleibt (so früher ausdrücklich § 8 Abs. 2 Satz 4 BNatSchG 1976). Beide sind an der **Zielsetzung der Eingriffsregelung** – keine Verschlechterung des Status quo[31] – orientiert, nur die Art und Weise, wie dieses Ziel erreicht werden soll, ist unterschiedlich.

Beim **Ausgleich** ist das von vornherein klar: Sind die Funktionen des Natur- 32
haushalts „wiederhergestellt", können keine erheblichen Beeinträchtigungen zurückbleiben. Nicht anders verhält es sich bei der Kompensation durch Ersatzmaßnahmen. Wenn Abs. 2 Satz 3 sie dahingehend definiert, dass „die beeinträchtigten Funktionen des Naturhaushalts in dem betroffenen Naturraum in gleichwertiger Weise hergestellt sind", so bedeutet das Fehlen des Ausdrucks „*wieder*hergestellt" nicht, dass dabei erhebliche Beeinträchtigungen zurückbleiben können, sondern nur das Erfordernis der Gleich*artigkeit* gilt hier nicht. Durch die Ersatzmaßnahme entsteht etwas anderes, aber es muss gleichwertig sein. Erforderlich ist daher eine Übereinstimmung zwischen dem Wert dessen, was beeinträchtigt oder zerstört ist, und dem Wert

---

29 BVerwG, Beschl. v. 30.10.1992 – 4 A 4.92, NuR 1993, 125.
30 BVerwG, Beschl. v. 17.2.1997 – 4 VP 17.96, NuR 1998, 305/310 f.
31 Die Begründung zum BNatSchG 2002 BT-Drs. 14/6378, S. 88 bezeichnet dies als „fundamentales Interesse".

dessen, was neu geschaffen wird. Mit anderen Worten: Eine erhebliche Beeinträchtigung wird zwar nicht „repariert", aber durch anderweitig aufwertende Maßnahmen wird sie aufgewogen und so die bisherige Gesamtbilanz des Naturhaushalts gewahrt. Unter diesem **gegenüber der Ausgleichsmaßnahme erweiterten Blickwinkel** darf keine erhebliche Beeinträchtigung zurückbleiben. An die Gleichwertigkeit muss diese qualifizierte Anforderung gestellt werden, um zu gewährleisten, dass sich eine befriedigende, den Status quo erhaltende Bilanz ergibt. Ein anderer Maßstab für die Gleichwertigkeit ist aus Sinn und Zweck der Eingriffsregelung nicht abzuleiten. Ebenso wie Ausgleichsmaßnahmen müssen daher auch Ersatzmaßnahmen in einer funktionellen Beziehung zu eingriffsbedingten Beeinträchtigungen von Natur und Landschaft stehen und dürfen sich nicht darauf beschränken, dass „irgendwo irgendetwas" für Natur und Landschaft getan wird (vgl. Rdnr. 39 ff.). Das folgt zwingend auch daraus, dass sowohl Ausgleichs- als auch Ersatzmaßnahmen vor der Abwägungsentscheidung nach Abs. 5 rangieren. Diese enthält in der Waagschale der Naturschutzbelange die verbleibenden erheblichen Beeinträchtigungen von Naturhaushalt und Landschaftsbild.

33 b) **Landschaftsbild.** Bei Beeinträchtigungen des Landschaftsbilds ist die landschaftsgerechte **Wiederherstellung** ein Ausgleich, während die landschaftsgerechte **Neugestaltung** sowohl Ausgleich als auch Ersatz sein ist. Das ist nicht besonders logisch. Näher läge es, die Neugestaltung allein als Ersatzmaßnahme zu werten, doch ist das für den praktischen Vollzug gleichgültig, weil die Wiederherstellung keinen Vorrang vor der Neugestaltung hat und beide Arten der Kompensation ineinander übergehen können (Rdnr. 55 ff.).

34 c) **Abgrenzung von anderen Maßnahmen.** Die nach § 34 Abs. 5 zu treffenden Maßnahmen sind nicht gleichbedeutend mit dem Ausgleich nach der Eingriffsregelung. Maßgebend ist dort vielmehr in erster Linie, dass die Gebietskohärenz des Netzes von Natura 2000 gewahrt bleibt.[32] Eine Maßnahme kann zugleich zur Kompensation nach der Eingriffsregelung und zur Kohärenzsicherung dienen. Dabei muss gewährleistet sein, dass keine Doppelanrechnung auf tatsächlich verschiedene Beeinträchtigungen erfolgt.[33] **Schutzmaßnahmen**, die bei der FFH-Verträglichkeitsprüfung gewährleisten sollen, dass die nachteiligen Auswirkungen eines Projekts den günstigen Erhaltungszustand von Arten und Lebensräumen nicht erheblich beeinträchtigen,[34] entsprechen in der Systematik der Eingriffsregelung den Vermeidungsmaßnahmen. Zu **artenschutzrechtlichen Ausgleichsmaßnahmen** nach § 44 Abs. 5 Satz 3 s. § 44 Rdnr. 70 f.

3. Ausgleich und Ersatz bei erheblichen Beeinträchtigungen des Naturhaushalts (Absatz 2 Satz 1 und 2)

35 Zunächst ist festzustellen, welche Leistungen und Funktionen des Naturhaushalts durch den Eingriff erheblich beeinträchtigt werden. Dazu sind der vorhandene Zustand und die Auswirkungen des Eingriffs festzustellen und zu bewerten (Rdnr. 5 ff.; § 14 Rdnr. 17 ff.). Daraus sind die erforderlichen Ausgleichs- und Ersatzmaßnahmen abzuleiten, d.h. es ist ein Bezug herzustellen zwischen (prognostizierter) erheblicher Beeinträchtigung und (prog-

---

32 BVerwG, Urt. v. 27.1.2000 – 4 C 2.99, NuR 2000, 448 zu Art. 6 Abs. 4 UAbs. 1 FFH–RL.
33 BVerwG, Urt. v. 12.3.2008 – 9 A 3.06, NuR 2008, 633 Rdnr. 203 und Urt. v. 13.5.2009 – 9 A 73.07.
34 Dazu BVerwG, Urt. v. 17.1.2007 – 9 A 20.05, NuR 2007, 336.

nostizierter) Kompensation. Zu Ausgleichs- und Ersatzmaßnahmen im **marinen Bereich** siehe Anhang 3 (Rdnr. 167 ff.).

a) Ausgleichsmaßnahmen für den Naturhaushalt. Nach Abs. 1 Satz 2 ist eine Beeinträchtigung des Naturhaushalts ausgeglichen, wenn und sobald die beeinträchtigten Funktionen des Naturhaushalts in gleichartiger Weise wiederhergestellt sind. Dieser Gesetzeswortlaut soll nicht darüber hinwegtäuschen, dass ein vollständiger Ausgleich aller durch einen Eingriff verursachten (nicht vermeidbaren) erheblichen Beeinträchtigungen insbesondere des Naturhaushalts naturwissenschaftlich gesehen praktisch unmöglich ist. Abs. 1 Satz 2 definiert daher den Ausgleich als **Rechtsbegriff** (mit naturwissenschaftlichem Hintergrund). Ausgleichsmaßnahmen für den Naturhaushalt haben das **Ziel**, unvermeidbare Beeinträchtigungen des Naturhaushalts dadurch bis unter die Schwelle der Erheblichkeit zu reduzieren, dass die durch den Eingriff gestörten Funktionen des Naturhaushalts in gleichartiger Weise wiederhergestellt werden.[35] Zwei Aspekte sind wichtig: Es kommt auf die beeinträchtigten **Funktionen** an und sie sind **in gleichartiger Weise wiederherzustellen**. Dazu muss nicht ein genaues Abbild des früheren Zustandes geschaffen werden, weil Ausgleich nicht mit einer Naturalrestitution im naturwissenschaftlichen Sinne gleichzusetzen ist, sondern der Verursacher soll die Beeinträchtigungen „wiedergutmachen".[36] Selbst die Wiederherstellung des früheren Zustands nach illegalen Eingriffen ist nicht vom exakten Nachweis des früheren Zustands abhängig und nicht mit der „authentischen Rekonstruktion" des verbotswidrig beseitigten Zustands gleichzusetzen.[37]

Die erforderlichen Ausgleichsmaßnahmen müssen sich auf bestimmte durch den Eingriff verursachte Beeinträchtigungen von Naturhaushalt und Landschaftsbild beziehen. Der Ausgleich erfordert einen **Funktionszusammenhang** zwischen eingriffsbedingter Beeinträchtigung und Ausgleichsmaßnahme, der durch eine **inhaltliche** und eine **räumliche Komponente** gekennzeichnet ist. Ausgleichsmaßnahmen müssen so beschaffen sein, dass in dem betroffenen Natur- bzw. Landschaftsraum ein Zustand herbeigeführt wird, der den früheren Zustand in der gleichen Art und mit der gleichen Wirkung fortführt. Dazu sind in inhaltlicher Hinsicht lokale Rahmenbedingungen für die Entwicklung gleichartiger Verhältnisse wie vor der Beeinträchtigung zu schaffen. Das erfordert nicht, dass die Ausgleichsmaßnahmen am Ort des Eingriffs ausgeführt werden, schränkt den in Betracht kommenden räumlichen Bereich aber insofern ein, als vorausgesetzt wird, dass sie sich jedenfalls **dort, wo** die mit dem Vorhaben verbundenen **Beeinträchtigungen auftreten**, noch auswirken.[38]

Unmöglich ist der Ausgleich daher entweder, weil die beeinträchtigten oder zerstörten Funktionen des Naturhaushalts überhaupt nicht in angemessener Frist wiederhergestellt werden können, oder weil das nur in einer solchen Entfernung möglich ist, dass es keine Auswirkung mehr auf den Eingriffsort hat, also gerade keine „Wiederherstellung" erreicht wird. Einzelheiten zur angemessenen Frist bis zum **Eintritt des Ausgleichserfolgs** in Rdnr. 76 ff.

---

35 BVerwG, Urt. v. 23.8.1996 – 4 A 29.95, NuR 1997, 87.
36 BVerwG, Urt. v. 27.10.2000 – 4 A 18.99, BVerwGE 112, 140.
37 BVerwG, Beschl. v. 21.8.1998 – 6 B 88.98, NuR 1999, 595.
38 BVerwG, Urt. v. 27.9.1990 – 4 C 44.87, NuR 1991, 124; Urt. v. 23.8.1996 – 4 A 29.95, NuR 1997, 87; Beschl. v. 17.2.1997 – 4 VP 17.96, NuR 1998, 305/310 f. und Urt. v. 27.10.2000 – 4 A 18.99, BVerwGE 112, 140.

39 **b) Ersatzmaßnahmen für den Naturhaushalt.** Ebenso wie beim Ausgleich ist es auch **Ziel** der Kompensation durch Ersatzmaßnahmen, dass keine erhebliche Beeinträchtigung zurückbleibt. Der **Blickwinkel**, unter dem dies zu beurteilen ist, ist dabei **weiter als beim Ausgleich**, und zwar in örtlicher und in inhaltlicher Beziehung. Eine Ersatzmaßnahme kann sich vom Ausgleich (nur) dadurch unterscheiden, dass zwar etwas Gleichartiges geschaffen wird, aber ohne Rückwirkung zum Eingriffsort (z.B. wegen zu großer Entfernung), so dass man nicht von einer Wiederherstellung i.S.v. Abs. 2 Satz 1 sprechen kann. Sie kann aber auch darin bestehen, dass nichts Gleichartiges, sondern etwas Gleichwertiges hergestellt wird.

40 Das Ziel der Eingriffsregelung, den Status quo zu erhalten und der darin enthaltene Grundsatz, das Schutzgut Naturhaushalt nicht mehr als nötig zu beeinträchtigen, erfordern eine Vorgehensweise, die zunächst die **höchstmögliche Gleichwertigkeit des Ersatzes** anstrebt und erst in zweiter Linie schlechtere Lösungen akzeptiert. Die Gleichwertigkeit des Ersatzes ist zwar eine Rechtsfrage, aber mit ausgeprägt fachwissenschaftlichem Hintergrund. Um sie nicht zum Ansatzpunkt von Vollzugsdefiziten werden zu lassen, sollte versucht werden, Leitlinien (Konventionen) für die Gleichwertigkeit zu erarbeiten. Grundsätzlich muss versucht werden, **den durch die Beeinträchtigungen betroffenen Funktionen möglichst nahe zu kommen**. Die Maßnahmen sind somit nicht beliebig wählbar, sondern sie müssen die Leistungs- und Funktionsfähigkeit des Naturhaushalts so ähnlich wie möglich und insgesamt gleichwertig ersetzen.[39] Unter mehreren noch als gleichwertig anzusehenden Ersatzmöglichkeiten ist die auszuwählen, die der beeinträchtigten Funktion am nächsten kommt. Bei der Bestimmung der Ersatzziele und geeigneter Maßnahmen ist zu diesem Zweck grundsätzlich folgende Reihenfolge einzuhalten:[40]
– möglichst gleiche Funktionen,
– möglichst ähnliche Funktionen des gleichen Schutzgutes,
– Funktionen anderer Schutzgüter mit Korrelationen zu den beeinträchtigten Funktionen,
– Funktionen anderer Schutzgüter.

41 Zu Einzelheiten vgl. Rdnr. 45 ff. Die Anwendung der Biotopwertverfahren zeigt gerade bei Ersatzmaßnahmen ihre Unzulänglichkeit (Rdnr. 16 und Anhang 2). Rein rechnerisch lassen sich sehr verschiedene Biotope durch Multiplikation mit einer bestimmten Flächengröße auf den gleichen „Biotopwert" bringen.[41] Ein funktioneller Zusammenhang von Beeinträchtigung und Ersatz ist damit noch nicht dargelegt.

42 Nach Abs. 2 Satz 3 ist eine Beeinträchtigung des Naturhaushalts „ersetzt", wenn und sobald die beeinträchtigten Funktionen des Naturhaushalts in dem betroffenen Naturraum in gleichwertiger Weise hergestellt sind. Wie bei Ausgleichsmaßnahmen besteht also eine **funktionelle Beziehung zu den eingriffsbedingten Beeinträchtigungen**, aber nicht in der Art, sondern lediglich im Wert dessen, was geschaffen wird. Sie kann aber lockerer sein und darauf hinauslaufen, dass die Ersatzmaßnahme die Gesamtbilanz des Na-

---

39 BVerwG, Ger.-Bescheid v. 10.9.1998 – 4 A 35.97, NVwZ 1999, 532.
40 *Kiemstedt/Mönnecke/Ott*, 1996, a.a.O. Fn. 12.
41 Die Berechnung des Ersatzflächenbedarfs erfolgt i.d.R. nach der Formel: Wertminderung durch den Eingriff x Größe der Eingriffsfläche = Werterhöhung durch Maßnahmen x Größe der Kompensationsfläche. Insbesondere wenn Beeinträchtigungen und Aufwertungen durch Ersatzmaßnahmen unterschiedliche Funktionen und unterschiedliche Schutzgüter betreffen, ist das Biotopwertverfahren zur Bestimmung des Umfangs von Ersatzmaßnahmen und -flächen unzureichend, vgl. Anhang 2.

turhaushalts oder des Landschaftsbilds aufbessert. Im konkreten Einzelfall muss ein ökologischer Aspekt herausgearbeitet werden, unter dem die Ersatzmaßnahme mit der beeinträchtigten Funktion des Naturhaushalts korrespondiert und als gleichwertige Kompensation (Ersatz) erscheint.

Es wird nicht (wie beim Ausgleich) verlangt, dass die Maßnahme auf den Eingriffsort zurückwirkt, sondern es genügt, wenn überhaupt eine **räumliche Beziehung** zwischen dem Ort des Eingriffs (genauer: dem Ort, wo die Beeinträchtigung auftritt) und dem Ort der Ersatzmaßnahme besteht. Der betroffene Raum lässt sich dabei nicht metrisch festlegen, sondern hängt von den ökologischen und landschaftlichen Gegebenheiten ab.[42] Die Rechtsprechung ist großzügig, weil es gerade in Ballungsräumen oft schwierig sei, geeignete Kompensationsflächen zu finden.[43] Abs. 2 Satz 3 zieht nunmehr den Umgriff ebenfalls weit und verlangt nur, dass die Ersatzmaßnahme **im betroffenen Naturraum** stattfindet. Die Verwendung des Begriffs „Naturraum" orientiert sich an der Gliederung des Gebiets der Bundesrepublik Deutschland in 69 funktionelle naturräumliche Haupteinheiten.[44] Dies stellt jedoch nur die äußerste Grenze dar und reicht alleine nicht aus, um den erforderlichen funktionellen Zusammenhang mit den eingriffsbedingten Beeinträchtigungen zu begründen. Denn das **qualitative Kriterium der Gleichwertigkeit** kann **nicht** durch einen **schematischen Raumbezug** ersetzt werden. Daher ist eine die Leistungs- und Funktionsfähigkeit des Naturhaushalts aufwertende Maßnahme nicht allein deshalb ein gleichwertiger Ersatz, weil sie im selben Naturraum wie der Eingriff stattfindet. Die **räumliche Beziehung** ist vielmehr **Bestandteil des funktionellen Zusammenhangs** und im Einzelfall zu prüfen. Jedenfalls wenn der Bereich, in dem Ersatzmaßnahmen durchgeführt werden sollen, durch bioökologische Wechselbeziehungen unmittelbar mit dem Eingriffsort verbunden ist, ist dem Erfordernis des räumlichen Bezuges zwischen dem Ort der Ersatzmaßnahmen und dem Eingriffsort auch bei größeren Entfernungen genügt.[45] Liegt der Eingriffsort an der Grenze eines Naturraums, so kann eine Ersatzmaßnahme im benachbarten Naturraum, aber in geringerer Entfernung besser sein als eine Ersatzmaßnahme, die im selben Naturraum getroffen wird (der relativierende Zusatz „möglichst" erlaubt diese Handhabung). Einzelheiten zur angemessenen Frist bis zum **Eintritt des Erfolgs** der Ersatzmaßnahme in Rdnr. 77 ff.

Die Lockerung der funktionellen Beziehung zwischen Beeinträchtigung und Kompensation kann nicht so weit gehen, dass z.B. eine nicht ausgleichbare Beeinträchtigung des Landschaftsbilds durch Ersatzmaßnahmen kompensiert werden soll, die Verbesserungen im Naturhaushalt bezwecken oder umgekehrt. Eine solche **Verrechnung von Naturhaushalt und Landschaftsbild** ist nicht zulässig, weil nach der Zielsetzung in § 1 die Leistungsfähigkeit des Naturhaushalts sowie die Vielfalt, Eigenart und Schönheit von Natur und Landschaft in gleicher Weise Schutz genießen. Daher wird z.B. die Schädigung des Naturhaushalts durch das Einplanieren von Bauschutt auf einer Feuchtwiese nicht dadurch kompensiert, dass damit die Beeinträchtigung des Landschaftsbildes durch die Ablagerungen beseitigt wird.[46] Die Ein-

---

42 BVerwG, Urt. v. 23.8.1996 – 4 A 29.95, NuR 1997, 87 (Peenetal).
43 BVerwG, Urt. v. 9.6.2004 – 9 A 11.03, NuR 2004, 797, bestätigt durch Urt. v. 17.8.2004 – 9 A 1.03, NuR 2005, 177.
44 BT-Drs. 16/12274, S. 57 mit Verweis auf *Ssymank*, Neue Anfordrungen im europäischen Naturschutz. Das Schutzgebietssystem Natura 2000 und die FFH-Richtlinie der EU. NuL 69 (1994), 395.
45 BVerwG, Urt. v. 23.8.1996 – 4 A 29.95, DVBl. 1997, 68.
46 OVG Koblenz, Urt. v. 18.9.1986 – 8 A 77/84, NuR 1987, 275.

griffsregelung könnte auch aus zwei Vorschriften für den Naturhaushalt und für das Landschaftsbild bestehen.

45 c) **Beispiele von Ausgleichs- und Ersatzmaßnahmen für den Naturhaushalt.** Die folgende Übersicht[47] soll Anhaltspunkte dafür geben, wie sich Ausgleich und Ersatz bei einzelnen Elementen des Naturhaushalts abgrenzen lassen. Sie beruht u.a. darauf, dass Ausgleichsmaßnahmen wegen ihres Ziels der gleichartigen Wiederherstellung nach wie vor auf den Eingriffsort oder besser: den Ort, wo die Beeinträchtigungen auftreten, zurückwirken müssen (Rdnr. 37) und daher in der Regel in räumlicher Nähe dazu durchzuführen sind, während der örtliche Bezug von Ersatzmaßnahmen lockerer sein kann bis zur Grenze des Naturraums. Je mehr die Ersatzmaßnahmen aber örtlich „abgekoppelt" werden, desto höheren Anforderungen unterliegt die Darlegung, dass sie einen gleichwertigen Zustand wie vor dem Eingriff schaffen und sich das Vorhaben deshalb keiner Abwägungsentscheidung unterziehen muss, weil zumindest im weiteren Sinne der Status quo gewahrt bleibt. Andererseits versteht sich, dass Kompensationsmaßnahmen nicht so nahe am Eingriffsvorhaben durchgeführt werden dürfen, dass ihre Wirksamkeit darunter leidet (z.B. ein Lebensraum für Tiere zu nahe an einer neuen Straße).

46 **Tiere, Pflanzen und ihre Lebensräume:** Ausgleich, wenn erreicht wird, dass in räumlicher Nähe zum Eingriffsort die wertbestimmenden Arten und Lebensgemeinschaften in etwa gleichen Populationen mit gleichen Wahrscheinlichkeiten vorkommen und die bisherigen Entwicklungsmöglichkeiten (Potenzial) erhalten bleiben. Um einen Ausgleich zu schaffen, muss der räumlich-funktionale Zusammenhang zwischen Maßnahme und Eingriffsort qualitativ so beschaffen sein, dass er auch den typischen Lebensraum oder „alltäglichen Aktionsradius" der geförderten Population umfasst. Daher sind z.B. Eingriffe in die Laufkäferfauna nicht bereits dann ausgeglichen, wenn der „Naturraum" als solcher in seiner Wertigkeit erhalten bleibt.[48] Eine Ersatzmaßnahme liegt vor, wenn entweder gleiche oder ähnliche Arten oder Lebensgemeinschaften in weiterer Entfernung vom Eingriffsort gefördert werden.

47 **Boden:** Ausgleich, wenn in der Nähe des Eingriffsorts die Merkmale der betroffenen Bodenfunktionen auf anderen Flächen wiederhergestellt sind. Ersatz: Förderung der beeinträchtigten Bodenfunktionen in weiterer Entfernung vom Eingriffsort oder sonstiger, vom Eingriff nicht beeinträchtigter Bodenfunktionen, ihre Gleichwertigkeit vorausgesetzt. Der Boden besteht aber nicht nur aus Funktionen, sondern auch in schierer Fläche, und der Freiflächenverlust lässt sich weder ausgleichen noch in sonstiger Weise kompensieren.[49]

48 **Wasser:** Ausgleich, wenn (a) die ursprüngliche Menge und Qualität des Wassers wiederhergestellt ist, so dass die früheren Standort- und Lebensbedingungen von Pflanzen und Tieren und deren Entwicklungspotenziale dauerhaft erhalten bleiben und (b) bei durch strukturelle Beeinträchtigungen verursachten Beeinträchtigungen in anderen Gewässerabschnitten Bedingungen geschaffen werden, die gleichartige Gewässerfunktionen (insbes. Lebensraum von Pflanzen und Tieren) auf Dauer ermöglichen. Ersatz, För-

---

47 Sie orientiert sich an der Untersuchung der *Planungsgruppe Ökologie + Umwelt*, Hannover 1995 im Auftrag des BMV (S. 172 ff.).
48 VGH Mannheim, Urt. v. 2.11.2006 – 8 S 1269/04, NuR 2007, 420.
49 Vgl. *Louis/Wolf*, ZUR 2002, 146/148 f.

derung der beeinträchtigten Gewässerfunktionen in weiterer Entfernung vom Eingriffsort oder Förderung anderer, gleichwertiger Gewässerfunktionen/Gewässer.

Klima/Luft: Ausgleich, wenn die relevanten Klima- und Luftaustauschfunktionen wiederhergestellt sind. Durch Barrierewirkungen hervorgerufene Beeinträchtigungen sind ausgeglichen, wenn z.B. in benachbarten Bereichen vergleichbare Strukturen geschaffen werden. Ersatz, wenn außerhalb des Wirkungsbereichs des Eingriffs die beeinträchtigten Funktionen gefördert werden oder andere, gleichwertige Effekte erreicht werden.

4. Ausgleich und Ersatz bei erheblichen Beeinträchtigungen des Landschaftsbilds (Absatz 2 Satz 1 und 2)

Zunächst ist festzustellen, in welcher Hinsicht das Landschaftsbild durch den Eingriff erheblich beeinträchtigt wird. Dazu sind die Auswirkungen des Eingriffs im konkreten Einzelfall zu ermitteln und zu bewerten. Wesentlich ist dabei eine vergleichende verbale **Beschreibung der räumlichen Strukturen und Beziehungen und sonstigen wesentlichen Eigenschaften vor und nach dem Eingriff.**[50] Der betroffene Raum ist sachgerecht abzugrenzen, d.h. es ist im konkreten Einzelfall auf die Auswirkungen des Eingriffs (seine „Reichweite") abzustellen. Dabei werden insbesondere die Sichtbeziehungen eine Rolle spielen. Wegen Einzelheiten s. § 14 Rdnr. 36 ff. Vorweg sind Maßnahmen zur Vermeidung oder Minderung von Beeinträchtigungen zu prüfen: Das Vorhaben ist möglichst landschaftsschonend auszugestalten (Form, Farbe und Material des Bauwerks, Begrünung, Gestaltung und Bepflanzung von Abgrabungen, Böschungen, Dämmen, Brücken usw.). Zu Ausgleichs- und Ersatzmaßnahmen im **marinen Bereich** siehe Anhang 3 (Rdnr. 167 ff.).

a) Definition von Ausgleich und Ersatz beim Landschaftsbild. Der **Ausgleich** von Beeinträchtigungen des Landschaftsbilds ist entweder durch landschaftsgerechte Wiederherstellung oder, falls das nicht möglich ist, durch landschaftsgerechte Neugestaltung zu schaffen, Abs. 2 Satz 2. Der **Ersatz** kann gem. Satz 3 nur in einer Neugestaltung bestehen. Bei der Kompensation von Beeinträchtigungen des Landschaftsbilds orientiert sich das Gesetz nicht an der Unterscheidung zwischen gleichartiger Wiederherstellung und gleichwertiger Herstellung wie bei den Funktionen des Naturhaushalts. Vielmehr verwendet es die Begriffe landschaftsgerechte Wiederherstellung und landschaftsgerechte Neugestaltung. Der praktische Nutzen einer Begriffsbestimmung von Wiederherstellung einerseits und Neugestaltung andererseits liegt nicht so sehr in der Abgrenzung der beiden Varianten voneinander. Vielmehr geht es darum, Maßnahmen auszuscheiden, die für keine der beiden Möglichkeiten taugen und daher weder als Ausgleich noch als Ersatz geeignet sind.

Zu beachten ist dabei: Wenn Abs. 2 Satz 3 davon spricht, dass „das Landschaftsbild" landschaftsgerecht wiederhergestellt oder neu gestaltet ist, so meint das Gesetz damit keine „Paketlösung" in der Weise, dass sie nur vollständig möglich ist oder gar nicht. Vielmehr sind **Wiederherstellung und Neugestaltung bezüglich der einzelnen vom Vorhaben ausgehenden Landschaftsbeeinträchtigungen** zu prüfen. Der Verursacher wird von der Verpflichtung zu den möglichen Maßnahmen also nicht insgesamt frei, wenn einzelne Beeinträchtigungen damit nicht zu bewältigen sind. Beispiel: Beim

---
50 *Eissing/Louis,* NuR 1996, 488 f.

Bau einer Straße werden eine Baumreihe beseitigt, Dämme und Einschnitte geschaffen und eine breite Betonfahrbahn angelegt. Die Modellierung und Bepflanzung der Dämme und Einschnitte sind Vermeidungsmaßnahmen. Die Pflanzung einer neuen Baumreihe in der näheren Umgebung ist Wiederherstellung oder Neugestaltung. Die Wirkung des versiegelten Straßenbandes lässt sich u.U. wenigstens streckenweise durch eine geeignete Trassierung, Sichtschutz-Pflanzungen und das Landschaftsbild aufwertende Maßnahmen neutralisieren. Trotzdem kann es ein Fremdkörper bleiben (vgl. Rdnr. 58). Eine insoweit verbleibende erhebliche Beeinträchtigung geht in die Abwägung nach Abs. 5 ein.

53 Der Bedarf für einen Ausgleich der optischen Beeinträchtigungen des Landschaftsbildes kann **nicht in einer bloßen Flächenangabe** für eine in ihrem optischen Erscheinungsbild nicht umschriebene Ausgleichsfläche quantifiziert, sondern letztlich nur in Form der **Benennung von konkreten Maßnahmen** qualitativ umschrieben werden.[51] Dies gilt sowohl für die Wiederherstellung als auch für die Neugestaltung.

54 Bei der Kompensation von Landschaftsbeeinträchtigungen im **Landschaftsschutzgebiet** besteht folgende Besonderheit: Die Landschaftsschutzverordnung schützt die konkret vorhandene Landschaft. Ein Widerspruch zu diesem Schutzzweck und dem darauf bezogenen Verbot von Veränderungen lässt sich daher nicht dadurch ausräumen, dass ein Ausgleich durch Neugestaltung des Landschaftsbildes erfolgen soll.[52] In Betracht kommt nur die Wiederherstellungsalternative. Andernfalls ist eine Befreiung von den Verboten oder eine (teilweise) Aufhebung der Verordnung nötig.

55 b) **Landschaftsgerechte Wiederherstellung.** Wiederherstellungsmaßnahmen müssen sich auf bestimmte durch den Eingriff verursachte Beeinträchtigungen des Landschaftsbildes beziehen. Beispiel: Eine beseitigte, die Landschaft prägende Baumreihe wird neu gepflanzt. Dieser **funktionale Zusammenhang** zwischen eingriffsbedingter Beeinträchtigung und Ausgleichsmaßnahme hat nach der Rechtsprechung des Bundesverwaltungsgerichts eine **inhaltliche und eine räumliche Komponente**: Es kommt darauf an, dass in dem betroffenen Landschaftsraum ein Zustand geschaffen wird, der in gleicher Art, mit gleichen Funktionen und ohne Preisgabe wesentlicher Faktoren des optischen Beziehungsgefüges den vorherigen Zustand in weitestmöglicher Annäherung fortführt, was durch landschaftsgerechte Wiederherstellung oder (ebenfalls landschaftsgerechte) Neugestaltung geschehen kann.[53] Dem Ausgleich steht nicht entgegen, dass eine Veränderung des Landschaftsbildes **optisch wahrnehmbar bleibt**.[54] Zwischen den Ausgleichsmaßnahmen im Sinne einer landschaftsgerechten Wiederherstellung und den eingriffsbedingten Beeinträchtigungen muss ein funktionaler Zusammenhang bestehen in dem Sinne, dass sich die Ausgleichsmaßnahmen jedenfalls dort noch auswirken, wo die mit dem Vorhaben verbundenen Beeinträchtigungen auftreten.[55]

56 c) **Landschaftsgerechte Neugestaltung.** „Landschaftsgerecht" bedeutet, dass nach der Neugestaltung der Charakter des Landschaftsbildes im Wesentlichen erhalten und die **Eigenart der Landschaft gewahrt** bleibt. Die

---

51 OVG Münster, Urt. v. 30.6.1999 – 7a D 144/97.NE, NuR 2000, 173.
52 OVG Münster, Urt. v. 2.10.1997 – 11 A 4310/94, NuR 1998, 329.
53 BVerwG, Urt. v. 27.9.1990 – 4 C 44.87, NuR 1991, 124.
54 BVerwG, Urt. v. 27.9.1990 – 4 C 44.87, a.a.O. und BVerwG, Urt. v. 18.12.1996 – 11 A 4.96, NuR 1996, 600.
55 BVerwG, Urt. v. 18.12.1996 – 11 A 4.96, NuR 1996, 600.

Neugestaltung muss dem Landschaftsraum angepasst sein. Landschaftsgerecht ist sie nur dann, wenn der gestaltete Bereich von einem durchschnittlichen Beobachter nicht als Fremdkörper empfunden wird.[56] Bei der Neugestaltung kann es ausreichen, die Kompensation auf das Typische auszurichten.[57] Aussagen der **Landschaftsplanung** können hilfreich sein.

Was den **räumlichen Bereich** betrifft, in dem die Neugestaltung stattfindet, so muss sie nicht genau an der Stelle des Eingriffs vorgenommen werden.[58] Andererseits gilt das in Abs. 2 Satz 3 genannte Kriterium „in dem betroffenen **Naturraum**" nach Wortlaut und Sinn der Vorschrift **nicht** für das Schutzgut **Landschaftsbild**, sondern nur für den Naturhaushalt. Es liegt auf der Hand, dass die „Neugestaltung" nicht irgendwo im betroffenen Naturraum erfolgen kann. Vielmehr geht es darum, das durch den Eingriff konkret beeinträchtigte Landschaftsbild landschaftsgerecht neu zu gestalten. Die **Grenze** ist dann überschritten, wenn die Neugestaltung der Landschaft in keinem **optischen Bezug** mehr zur Beeinträchtigung steht. Die Beseitigung einer bestehenden Hochspannungsleitung kann daher die Landschaftsbeeinträchtigungen durch eine neu zu errichtende Leitung nur dann kompensieren, wenn beide Leitungen im selben optischen Bezugsraum verlaufen. Gewahrt ist dieser Bezug etwa dann, wenn auf einer Kuppe ein Sendemast errichtet wird und auf der selben oder benachbarten Kuppe eine Radarstation abgerissen wird.

Ebenso wie der Wiederherstellung (Rdnr. 55) steht auch der Neugestaltung nicht entgegen, dass eine Veränderung des Landschaftsbildes optisch **wahrnehmbar bleibt**. Wenn das Eingriffsvorhaben aber ungeachtet der Neugestaltung die Landschaft weiterhin als **Fremdkörper** negativ dominiert oder prägt, wird man wegen des Fortbestands einer erheblichen Beeinträchtigung nicht von einer Kompensation der Beeinträchtigung durch landschaftsgerechten Neugestaltung sprechen können. In diese Richtung geht die Rechtsprechung, wenn es heißt, eine erstmalig gebaute Straße löse im Landschaftsbild regelmäßig dauernde Beeinträchtigungen aus, die wegen ihrer Intensität nicht wirklich ausgleichsfähig seien. Das versiegelte Straßenband bleibe bestehen. Dieser dauerhafte Zustand könne nicht wirklich in dem Sinne ausgeglichen werden, dass ein zuvor bestehender „sinnlich" wahrnehmbarer Eindruck wirksam durch ein anderes Landschaftsbild ausgeglichen oder substituiert wird.[59] Andererseits akzeptiert es das BVerwG[60] als Ausgleich für Landschaftsbeeinträchtigungen durch eine Freileitung, dass 10–30 m breite lineare Biotopflächen (Wiese mit Gehölzbepflanzung und einem Graben) angelegt werden, welche die Leitungstrasse bei einem Mast kreuzen (örtlicher Bezug). Dies bilde ein aufwertendes Gliederungselement in der durch ausgedehnte Ackerflächen geprägten Landschaft. Hier bleibt vieles der Beurteilung des Einzelfalls überlassen, und die Bewertungen können auseinandergehen. Jedenfalls muss die Neugestaltung von solcher Qualität sein, dass sie die Wirkungen des Eingriffsvorhabens in den Hintergrund treten lässt und unter die Schwelle der Erheblichkeit drückt.[61]

---

56 OVG Lüneburg, Urt. v. 18.8.1993 – 3 L 1216/91.
57 OVG Münster, Urt. v. 10.11.1993 – 23 D 52/92.AK, NVwZ-RR 1995, 10.
58 BVerwG, Urt. v. 18.12.1996 – 11 A 4.96, NuR 1996, 600.
59 BVerwG, Beschl. v. 4.10.1994 – 4 B 196.94, Buchholz 406.401 § 8 BNatSchG Nr. 14. Ähnlich VGH Kassel Urt. v. 11.2.1992 – 2 UE 969/88, NuR 1992, 382; OVG Münster, Urt. v. 19.1.1994 – 23 D 133/91.AK, NuR 1995, 46.
60 BVerwG, Urt. v. 18.12.1996 – 11 A 4.96, NuR 1996, 600.
61 OVG Lüneburg, Urt. v. 16.12.2009 – 4 LC 730/07, NuR 2010, 133.

5. Wahl zwischen Ausgleich und Ersatz

59 Der bisherige strikte Vorrang des Ausgleichs vor dem Ersatz besteht nicht mehr. Nach Abs. 2 Satz 1 ist der Verursacher verpflichtet, Beeinträchtigungen auszugleichen *oder* zu ersetzen. Im Regierungsentwurf[62] war der Vorrang des Ausgleichs noch enthalten. Der Umweltausschuss[63] gab § 13 die Gesetz gewordene Fassung und strich zugleich in § 15 Abs. 2 das Wort „vorrangig" mit folgender Begründung: „Es soll dem Einzelfall überlassen bleiben, ob die Durchführung einer Maßnahme zur Realkompensation die unmittelbare Nähe zum Eingriffsort (Ausgleich) erfordert oder im gelockerten räumlichen Zusammenhang des Naturraums erfolgen kann."

60 Der Wegfall des Vorrangs von Ausgleichsmaßnahmen hat **nicht** zur Folge, dass nunmehr **freie Wahl zwischen Ausgleich und Ersatz** ohne Berücksichtigung der Ziele der Eingriffsregelung möglich ist und sich die Auswahl primär z.B. danach richten kann, welches die billigste Lösung ist. Der Gesetzgeber wollte auch nicht darauf hinaus, dass praktisch nur Ersatzmaßnahmen geplant werden und der Ausgleich nur mehr eine auf dem Papier stehende Alternative ist. Indem er in Abs. 2 Ausgleich und Ersatz als die beiden Formen der Kompensation nennt, näher definiert und dem Verursacher zur Verfügung stellt, gibt er zu erkennen, dass sie gleichermaßen ins Kalkül zu ziehen sind. Der Wegfall des generellen Vorrangs von Ausgleichsmaßnahmen bedeutet nur, dass für Wahl der einen oder anderen Kompensationsalternative **keine strikte Direktive** mehr besteht, sie sich aber weiterhin an den **der Eingriffsregelung immanenten Kriterien orientieren** muss.

61 Damit ist es **fachliche Aufgabe** der vom Verursacher vorzulegenden (§ 17 Abs. 4 Nr. 2) **Kompensationsplanung** zu entscheiden, welche Maßnahmen vorgesehen werden. Zunächst ist zu prüfen, ob ein Ausgleich oder Ersatz überhaupt möglich ist. Kann eine Beeinträchtigung von Natur oder Landschaft im konkreten Fall aus tatsächlichen oder rechtlichen Gründen nicht ausgeglichen werden, scheidet diese Alternative aus. Entsprechendes gilt für die Kompensation durch eine Ersatzmaßnahme. Bestehen beide Alternativen, so muss die Auswahl zwischen Ausgleich und Ersatz – orientiert am Einzelfall – sachgerecht getroffen werden. Maßgeblich ist die unverändert fortbestehende **Zielsetzung der Eingriffsregelung**, den Status quo von Natur und Landschaft trotz des Eingriffs möglichst nicht zu verschlechtern. Dazu ist, soweit sich eine Beeinträchtigung nicht vermeiden lässt, die **bestmögliche Kompensation** zu wählen. Denn es gilt nach wie vor der Grundsatz, die durch § 13 ff. geschützten Rechtsgüter **Natur und Landschaft so gering wie nach den Umständen möglich zu beeinträchtigen**. Er fand bisher seinen Ausdruck im strikten Vorrang des Ausgleichs vor dem Ersatz. Das machte es andererseits schwer, im Einzelfall fachliche Erwägungen zur ggf. besseren Eignung einer Ersatzmaßnahme zu berücksichtigen. Verursacht ein Eingriff verschiedene Beeinträchtigungen des Naturhaushalts und gilt für jede einzelne der Vorrang des Ausgleichs, so kann z.B. der Gesichtspunkt zu kurz kommen, dass die Beeinträchtigungen in Zusammenhang stehen oder zwischen ihnen Wechselwirkungen bestehen können mit der Konsequenz, dass es für die Kompensation ggf. besser ist, nicht einen Teil der Beeinträchtigungen auszugleichen und den Rest in sonstiger Weise zu kompensieren, sondern sich ganz auf Ersatzmaßnahmen zu konzentrieren. Auch können punktuelle Ausgleichsmaßnahmen insbesondere auf kleineren Flächen ihren

---

62 BT-Drs. 16/12274, S. 57.
63 Änderungsantrag 10 der Fraktionen der CDU/CSU und der SPD, Beschlussempfehlung BT-Drs. 16/12430, S. 4.

Zweckverfehlen, weil sie z.b. stärker unter negativen Umgebungseinflüssen leiden und ihre Wirksamkeit auf Dauer schwerer zu sichern ist. Die Potenziale der Kompensation können u.U. nicht voll ausgeschöpft werden, wenn der allein mögliche Teilausgleich und die verbleibenden Ersatzmaßnahmen isoliert nebeneinander stehen und ihre Effizienz darunter leidet. Eine Kompensation durch Ersatzmaßnahmen größeren Stils kann dann ggf. mehr bewirken, etwa auch mit Hilfe eines Flächenpools. Die **fachliche Qualität des Kompensationskonzepts** hat insgesamt an Bedeutung gewonnen. Ist das Kompensationskonzept gemäß den oben genannten Kriterien plausibel, so erfüllt es die Anforderungen des § 15 und wird von der nach § 17 Abs. 1 oder 3 entscheidenden Behörde akzeptiert. Der Bewertung durch die gem. § 17 Abs. 1 zu beteiligende Naturschutzbehörde kommt dabei besondere Bedeutung zu (vgl. § 17 Rdnr. 6 f., 9 ff.).

Auch **rechtliche Gründe** können die Wahl beschränken und ggf. einen Ausgleich erfordern. Geht es z.b. um eine Tierart, die europarechtlich geschützt ist, so hat das Schutzregime der FFH-Richtlinie und der Vogelschutz-Richtlinie Auswirkungen auf die Kompensation. Zum einen ist dann, wenn ein Eingriff die in § 44 Abs. 1 genannten Tatbestände verwirklicht, das Artenschutzrecht zu beachten, insbesondere § 44 Abs. 5 und § 45 Abs. 7. Zum anderen ist (auch) bei einer Beeinträchtigung der durch § 44 Abs. 1 nicht erfassten Nahrungsbiotope besonders geschützter Tierarten eine Kompensation durch Ersatzmaßnahmen nur unter bestimmten Voraussetzungen möglich. Etwa bei Verlust des Nahrungsbiotops einer besonders geschützten Art dürfte ein „gleichwertiger" Ersatz nur vorliegen, wenn ein Nahrungsbiotop für eine andere besonders geschützte Art geschaffen wird. **62**

6. **Anforderungen an Ausgleichs- und Ersatzmaßnahmen**

a) **Reale Maßahmen.** Nach Abs. 2 Satz 1 geschehen Ausgleich und Ersatz durch **Maßnahmen des Naturschutzes und der Landschaftspflege**. Das scheint selbstverständlich zu sein, bildet aber eine sinnvolle Klarstellung dahingehend, dass beide Formen der Kompensation **praktische, reale Maßnahmen** in Natur und Landschaft erfordern, um die negativen Auswirkungen des Eingriffs – ganz oder teilweise zu beseitigen.[64] Allein das entspricht der Intention der Eingriffsregelung. Die bloße Sicherung einer Fläche gegen Veränderungen durch Unterschutzstellung oder Erwerb ist daher unzureichend. Sie stellt keine Aufwertung der Flächen dar und hat in der Regel schon deshalb keine echte Kompensationsfunktion, weil der Zustand von Natur und Landschaft ohnehin nicht beliebig verändert werden darf.[65] Der Flächenerwerb kann aber notwendige Voraussetzung für dort vorzunehmende Ausgleichsmaßnahmen sein. Besonders bei Ersatzmaßnahmen ist hervorzuheben, dass es nicht ausreicht, etwas zu tun, das im betroffen Gebiet auf der Wunschliste des Naturschutzes bzw. der Landschaftsplanung steht, ohne dass sich ein Zusammenhang mit den Eingriffsfolgen herstellen lässt. Auch Maßnahmen, die lediglich mittelbar oder irgendwie auch Natur und Landschaft zugute kommen, scheiden aus, z.B. Information von Bürgern und Berufsgruppen, Anreize zu „umweltverträglicher" Wirtschaftsweise usw. Ferner sind ungeeignet Maßnahmen zur Erholungsförderung wie Radwegebau und dgl. Zu Pflege- und Unterhaltungsmaßnahmen vgl. Rdnr. 117. **63**

---

64 BVerwG, Urt. v. 15.1.2004 – 4 A 11.02, NuR 2004, 366.
65 *Halama*, NuR 1998, 633, 636; OVG Koblenz, Urt. v. 14.1.2000 – 1 C 12946/98, NuR 2000, 384.

64 b) **Keine anderweitige Verpflichtung zur Durchführung der Maßnahme.** Als Ausgleich oder Ersatz kann eine Maßnahme nicht anerkannt werden, zu der der Verursacher schon auf Grund anderer Rechtsvorschriften verpflichtet ist. Das Verursacherprinzip der Eingriffsregelung erfordert, Beeinträchtigungen von Naturhaushalt und Landschaftsbild durch spezifisch darauf bezogene Maßnahmen zu kompensieren ohne Einrechnung aufwertender Maßnahmen, die auf anderen Verpflichtungen beruhen (§ 16 Abs. 1 Nr. 2). Abs. 2 Satz 4 nennt eine Reihe von Maßnahmen die eine Doppelfunktion haben, d.h. auch der Kompensation dienen können (Rdnr. 75). Zu Kompensationsmaßnahmen in Schutzgebieten vgl. Rdnr. 71 ff.

7. Geeignetheit der Ausgleichs- und Ersatzmaßnahmen nach Inhalt, Umfang und Ort

65 a) **Aufwertung einer Fläche.** Eine Kompensationsmaßnahme und die dafür vorgesehene Fläche muss für ihren Zweck **geeignet** sein. Für Ausgleichs- oder Ersatzmaßnahmen betreffend den Naturhaushalt kommen **nur Flächen in Betracht, die** (a) **aufwertungsfähig** und (b) **aufwertungsbedürftig** sind. Voraussetzung (a) erfüllen sie, wenn sie in einen Zustand versetzt werden können, der sich im Vergleich mit dem früheren als ökologisch höherwertig einstufen lässt. Für Voraussetzung (b) gilt: Mangels Verbesserung der ökologischen Gesamtbilanz ist Grund und Boden, dessen ökologischer Wert ebenso hoch oder höher zu veranschlagen ist als die zur Verwirklichung des Vorhabens in Anspruch genommene Fläche, aus dem Kreis der zur Durchführung von Kompensationsmaßnahmen potenziell geeigneten Flächen von vornherein auszusondern. Denn andernfalls ließen sich eingriffsintensive Vorhaben gerade in weiträumig ökologisch sensiblen Bereichen problemlos verwirklichen, weil der Vorhabenträger dort ein reichhaltiges „Kompensationspotenzial" vorfände, was die Eingriffsregelung geradezu ins Gegenteil verkehren würde.[66] Die bloße **Pflege** eines bereits vorhandenen Biotops kann mangels Aufwertung nicht als Ausgleichs- oder Ersatzmaßnahme anerkannt werden, wenn sie nur den Staus quo erhält.[67] An der Eignung fehlt es auch, wenn der Erfolg der Maßnahme nicht ausreichend sicher erscheint oder nicht innerhalb der gebotenen Frist (Rdnr. 77 ff.) zu erwarten ist.

66 Die Eignung fehlt nicht schon deshalb, weil auf den in Aussicht genommenen Flächen gerade die **Durchführung der Kompensationsmaßnahmen zu Beeinträchtigungen von Naturhaushalt oder Landschaftsbild führen würde.** Wegen eines naturschutznäheren Endziels kann die Behörde Maßnahmen ergreifen, die zunächst eine Beeinträchtigung des bestehenden naturhaften Zustands darstellen. Erweist sich die Maßnahme in der naturschutzfachlichen Gesamtbilanz als günstig, stellt sie also insbesondere eine wesentliche Verbesserung des bestehenden Zustandes dar, bedarf der mit der Maßnahme zunächst bewirkte Eingriff keiner weiteren Kompensation durch Ausgleichs- und Ersatzmaßnahmen. Die an sich erforderliche Kompensation geht in die ökologische Gesamtbilanz regelmäßig ein. Weist diese Gesamtbilanz keine Verbesserung der in Anspruch genommenen Fläche aus, hat die Ausgleichsmaßnahme und damit der mit ihr verbundene Eingriff regelmäßig zu unterbleiben.[68] Mit anderen Worten: Dass der Ausgleich zu einer Flächeninanspruchnahme an anderer Stelle führt, ist zwangsläufig. Da diese nur zulässig ist, wenn sich mit ihr eine ökologische Aufwertung verbindet, geht der Eingriff letztlich zu Lasten einer ökologisch minderwertige-

---

66 BVerwG, Urt. v. 23.8.1996 – 4 A 29.95, NuR 1997, 87.
67 VGH Mannheim, Urt. v. 17.5.2001 – 8 S 2603/00, NVwZ-RR 2002, 8.
68 BVerwG, Ger.-Bescheid. v. 10.9.1998 – 4 A 35.97, DVBl. 1999, 255.

ren Fläche. Deren Verlust löst keine weitere Ausgleichspflicht aus, sondern wird vom Gesetzgeber in Kauf genommen.[69]

Bei unterschiedlicher Wertigkeit von Verlust- und Kompensationsflächen gilt, dass die letzteren im Verhältnis zu den ersteren um so kleiner sein können, je mehr der Wert der Kompensationsfläche den Wert der durch den Eingriff in Anspruch genommenen Fläche übersteigt. Normativ ist nicht geregelt, wie dieses Verhältnis zu ermitteln ist.[70] Die Tatsache, dass sich die Kompensationsfäche erst über einen gewissen Zeitraum zu einer gleichwertigen Fläche entwickelt, kann ggf. durch entsprechende Flächenzuschläge berücksichtigt werden (zu dieser zeitlichen Lücke Rdnr. 82). 67

Führt eine Ausgleichs- oder Ersatzmaßnahme zu Beeinträchtigungen einer nicht aufwertungsbedürftigen oder -fähigen Fläche, so ist sie nicht etwa ihrerseits als Eingriff zu werten mit der Folge, dass die §§ 14 ff. insoweit erneut durchzuprüfen wären, sondern sie ist schlicht rechtswidrig, weil ungeeignet, und daher unzulässig.[71] Denn zur Eingriffsregelung gelangt man erst, wenn das Vorhaben nach anderen Vorschriften zulässig ist, so dass rechtswidrige Ausgleichs- oder Ersatzmaßnahmen als Anknüpfungspunkt ausscheiden. Negativbeispiel: Die Aufforstung eines aus naturschutzfachlicher Sicht wertvollen Magerrasens zum Ausgleich von Rodungen auf der Eingriffsfläche führte zu negativen Sekundäreffekten. Als Ausgleich für den durch diese „Ausgleichsmaßnahmen" entstandenen Schaden in der Natur musste eine zusätzliche Fläche ökologisch aufgewertet werden.[72] 68

In dem Sonderfall, dass es um die Planfeststellung von Kompensationsmaßnahmen ganz bestimmter Art für einen bereits anderweitig zugelassenen Eingriff geht, können diese akzeptiert werden, auch wenn sie selbst derartige Eingriffe in Natur und Landschaft darstellen, dass sie ihrerseits kompensiert werden müssen. Dazu die Rechtsprechung: Greift eine Ersatzmaßnahme nachhaltig in ein bereist besonders hochwertiges Habitat ein, kann dadurch nur ein vergleichsweise sehr geringwertiger Ausgleich für die teilweise Zerstörung eines hochwertigen Gebiets bewirkt werden. Gleichwohl ist es möglich, die Ersatzmaßnahme zu verwirklichen, wenn als Ausgleich für den anderweit vorgenommenen Eingriff ein Habitat bestimmter Art namentlich als kohärenzsichernde Maßnahme geschaffen werden muss. Die Eignung einer hochwertigen Fläche für eine Ersatzmaßnahme kann ausnahmsweise dann anerkannt werden, wenn sie sich hinsichtlich einer möglichen Standortauswahl als alternativlos darstellt. Doch ist in dieser Fallgestaltung der durch die Ersatzmaßnahme bewirkte Eingriff in Natur und Landschaft nicht schon in der Gesamtbilanz kompensiert, sondern bedarf eines gesonderten Ausgleichs.[73] 69

b) Ort der Ausgleichs- und Ersatzmaßnahmen. Bei der örtlichen Festlegung einer Maßnahme, besteht ein (fachliches) Ermessen,[74] außer sie muss, um ihren Zweck zu erreichen, an einer ganz bestimmten Stelle erfolgen. Die 70

---

69 BVerwG, Urt. v. 15.1.2004 – 4 A 11.02 , NuR 2004, 366.
70 BVerwG, Urt. v. 15.1.2004 – 4 A 11.02, NuR 2004, 366.
71 Im Ergebnis OVG Schleswig, Beschl. v. 12.2.2002 – 4 M 93/01, NuR 2002, 695.
72 Vgl. *Reif/Essmann/Baum,* Theorie und Praxis des Ausgleichs. Dargestellt am Beispiel des Autohofs Hartheim in Baden-Württemberg. Naturschutz und Landschaftsplanung 31(1999), 217–222.
73 So zu Kohärenzmaßnahmen für die Beeinträchtigung des Mühlenberger Lochs OVG Schleswig, Urt. v. 24.6.2008 – 4 LB 15/06, NordÖR 2008, 400 und BVerwG, Beschl. v. 28.1.2009 – 7 B 45.08.
74 OVG Lüneburg, Urt. v. 28.7.1997 – 3 L 4621/94, NuR 1998, 384.

vorgesehene Fläche muss nach **Standorteigenschaften, Lage, Größe und Freiheit von negativen Einflüssen** erwarten lassen, dass der Zweck der Maßnahme erreicht wird. Bei der Auswahl unter mehreren geeigneten Grundstücken ist das Übermaßverbot zu beachten, wenn auf privates Eigentum zugegriffen werden muss (Rdnr. 110 f.). Außerdem sind die Direktiven des Abs. 3 über die Inanspruchnahme von land- oder forstwirtschaftlich genutzten Flächen für Ausgleichs- und Ersatzmaßnahmen zu beachten (Rdnr. 91 ff.).

71 **c) Ausgleichs- und Ersatzmaßnahmen in Schutzgebieten und andere Sonderfälle (Absatz 2 Satz 4).** Kompensationsmaßnahmen sind in besonders geschützten Gebieten unter bestimmten Voraussetzungen möglich. Hier treffen zwei naturschutzrechtliche Instrumente zusammen. Die Eingriffsregelung verlangt, die Eingriffsfolgen nach bestimmten Regeln zu bewältigen. Der besondere Gebietsschutz verfolgt verschiedene Zwecke nach Maßgabe der gesetzlichen Ermächtigungen (§§ 23 ff.). Liegen die zur Kompensation vorgesehenen Grundstücke in einem Schutzgebiet, kommt es auf den konkreten **Inhalt und Zweck der Schutzvorschriften** an. Soweit sie den bestehenden Zustand erhalten und ihn gegen Veränderungen schützen wollen, gilt diese normative Festlegung auch für Kompensationsmaßnahmen. Jedoch gibt es nicht selten Gebietsteile minderer Schutzwürdigkeit bzw. Qualität, die aufwertungsfähig und aufwertungsbedürftig sind. Insbesondere wenn die Schutzverordnung Entwicklungsziele enthält, können Kompensationsmaßnahmen für diese Zwecke eingesetzt werden. Die Aussage,[75] die Meldung als FFH-Gebiet „indiziere", dass die Fläche ohnehin ökologisch wertvoll und daher nicht aufwertungsfähig ist, muss daher mit der Einschränkung versehen werden, dass dies nur für die in einem guten Erhaltungszustand befindlichen Teile des Habitats gilt.

72 Das im Naturschutzgebiet geltende Veränderungsverbot (§ 23 Abs. 2) kann der Durchführung aufwertender Maßnahmen entgegenstehen.[76] Sind dagegen bestimmte Veränderungen im Schutzgebiet zwecks **Entwicklung/Wiederherstellung** zulässig oder erwünscht, besteht kein Grund, sie deswegen abzulehnen, weil sie vorgenommen werden sollen, um die Folgen eines Eingriffs zu kompensieren. Sie dürfen nur nicht zu Veränderungen führen, die nach den Schutzbestimmungen verboten sind.[77] Ist die Wiedervernässung einer Fläche im Naturschutzgebiet ein wesentlicher Beitrag, um die Ziele der Unterschutzstellung zu erreichen, und damit eine Aufwertung der Fläche, so sind Tierarten, die sich an die Lebensbedingungen in einem Feuchtgebiet nicht anpassen können, in einem solchen Umfeld Fremdkörper. Der durch die Wiedervernässung erzielbare Aufwertungserfolg wird nicht dadurch in Frage gestellt, dass sich die Veränderung für sie als schädlich erweist.[78] Schützt eine Landschaftsschutzverordnung die karge Eigenart der Landschaft, ist eine „Verschönerung" durch Kompensationsmaßnahmen unzulässig.

73 Die Anforderungen der Eingriffsregelung müssen erfüllt sein:
– **Funktioneller Zusammenhang** mit den eingriffsbedingten Beeinträchtigungen. Aufwertende Maßnahmen in Schutzgebieten werden seltener als

---

75 Vgl. OVG Saarlouis, Urt. v. 29.1.2002 – 2 N 6/00, NVwZ-RR 2003, 265.
76 Vgl. VG Schleswig, Beschl. v. 16.10.2001 – 12 B 16/01, NuR 2002, 376 und OVG Schleswig, Beschl. v. 12.2.2002 – 4 M 93/01, NuR 2002, 695 sowie OVG Lüneburg, Beschl. v. 1.6.2001 – 7 MB 1546/1 B 196/01, NuR 2002, 369 und die Anm. *Louis*, NuR 2002, 335.
77 VGH Kassel, Urt. v. 28.6.2005 – 12 A 8/05, NuR 2006, 42/52.
78 BVerwG, Urt. v. 16.3.2006 – 4 A 1075.04, NuR 2006, 766.

Ausgleichsmaßnahmen, häufiger als Ersatzmaßnahmen zu qualifizieren sein.
- **Aufwertungsfähigkeit und Aufwertungsbedürftigkeit** der Flächen. Entscheidend ist, was den Schutzvorschriften über die angestrebte Entwicklung/Wiederherstellung zu entnehmen ist (bei älteren Schutzgebieten, deren Schutzerklärung keine solchen Angaben enthält, kommt es auf den tatsächlichen Gebietszustand an). Der Wert der beeinträchtigten Fläche ist mit dem (Ausgangs-)Wert der Kompensationsfläche zu vergleichen. Eine Kompensationsfläche, deren naturschutzfachlicher Wert zum überwiegenden Teil – bezogen auf die zu kompensierenden Funktionsbeeinträchtigungen – höher zu veranschlagen ist als derjenige, der durch den Eingriff beeinträchtigt wird, scheidet in der Regel aus.

Die **Bewertung einer Fläche in einem Schutzgebiet** beruht auf (a) ihrem tatsächlichen Zustand und (b) dem Inhalt der Schutzvorschriften, was Gebote/Verbote sowie ggf. die angestrebte Entwicklung bzw. Wiederherstellung betrifft. Kompensationsmaßnahmen müssen eine Aufwertung des Schutzgebiets bringen, die über Gebote und Verbote allein nicht zu erlangen ist, insbesondere indem sie der **Entwicklung** dienen. Z.B. ist die Wiedervernässung eines Bachtals in einem Landschaftsschutzgebiet eine zusätzliche Aufwertung, die über das Verbot von Gülleverwendung und Umbruch von Wiesen und Brachland hinausgeht.[79] Eine Maßnahme der Entwicklung oder Wiederherstellung kann also sowohl dem Zweck der Unterschutzstellung dienen als auch die Funktion einer Kompensationsmaßnahme nach § 15 haben.[80] Das gilt auch für Natura-2000-Gebiete, deren Erhaltungsziele die Erhaltung und Wiederherstellung eines günstigen Erhaltungszustands von Lebensräumen oder Arten umfassen. Zwar ist die bloße Gewährleistung eines günstigen **Erhaltungszustands** keine reale Verbesserung. Seine Wiederherstellung kann aber eine aufwertende Maßnahme sein. **Pflegemaßnahmen**, die lediglich eine Verschlechterung den Status quo verhindern sollen, sind keine Aufwertung (Rdnr. 100), auch nicht die bloße Einhaltung der Regeln der guten fachlichen Praxis (§ 5).

In diesem Zusammenhang ist **Abs. 2 Satz 4** zu sehen. Er stellt klar: Festlegungen von Entwicklungs- und Wiederherstellungsmaßnahmen für Schutzgebiete i.S.d. § 20 Abs. 2 Nr. 1 bis 4 und in Bewirtschaftungsplänen für Natura-2000-Gebiete nach § 32 Abs. 5, von Kohärenzmaßnahmen nach § 34 Abs. 5 und vorgezogene Artenschutz-Ausgleichsmaßnahmen nach § 44 Abs. 5 Satz 3 dieses Gesetzes sowie von Maßnahmen in Maßnahmenprogrammen i.S.d. § 82 WHG stehen der Anerkennung solcher Maßnahmen als Ausgleichs- und Ersatzmaßnahmen nicht entgegen. Zugleich bedeutet das: Sollte diesen Vorschriften zu entnehmen sein, dass die dort genannten Maßnahmen durchgeführt werden sollen oder müssen, würde das ihrer gleichzeitigen Eignung als Ausgleichs- oder Ersatzmaßnahme nicht entgegenstehen (vgl. Rdnr. 64).

d) Ein und dieselbe Maßnahme zugunsten des Naturhaushalts und des Landschaftsbilds. Ausgleichsmaßnahmen können eine doppelte Funktion haben. Wird durch die auf einen funktionalen Ausgleich von Beeinträchtigungen des Naturhaushalts abzielenden Maßnahmen der betroffene Raum in optischer Hinsicht landschaftsgerecht neu gestaltet, können die Maßnahmen zugleich einen hinreichenden landschaftsbezogenen Ausgleich bewir-

---
79 BVerwG, Urt. v. 28.1.1999 – 4 A 18.98, NuR 1999, 510.
80 BVerwG, Urt. v. 9.6.2004 – 9 A 11.03, NuR 2004, 795 (Aufforstung einer Fläche in einem Naturschutzgebiet als Ersatzmaßnahme).

ken.[81] Dabei ist der Funktions- bzw. Ableitungszusammenhang zu beachten. Die pauschale Feststellung, die (z.B.) Anlage eines Biotops oder einer Gehölzstruktur trage auch zur Verbesserung des Landschaftsbildes bei, ist zwar oft zutreffend, z.b. hat die Herstellung strukturreicher, naturraumtypischer Bachauen eine positive Wirkung auch auf das Landschaftsbild.[82] Dennoch ist zu erläutern, inwiefern diese Maßnahme – ggf. im Verbund mit anderen Maßnahmen – Teil einer landschaftsgerechten Wiederherstellung oder Neugestaltung bezogen auf bestimmte Beeinträchtigungen ist. Denn Maßnahmen zur Kompensation von Beeinträchtigungen des Naturhaushalts können im Einzelfall auch mit der zugleich erforderlichen landschaftsgerechten Wiederherstellung oder Neugestaltung der Landschaft in Konflikt geraten. Das kann z.B. bei komplexen Eingriffen durch große Vorhaben vorkommen und erfordert dann ein Konzept, das die Prioritäten festlegt.

8. Zeitpunkt von Ausgleich und Ersatz

77 Zu unterscheiden ist zwischen der **Durchführung** der Ausgleichs- oder Ersatzmaßnahme und dem Eintritt des mit ihr bezweckten **Erfolgs**. Abs. 2 Satz 1 und 2 definiert den Ausgleich und Ersatz im Sinne des Erfolgseintritts („sobald"). Aus Abs. 5 geht hervor, dass Ausgleich und Ersatz **innerhalb angemessener Frist erreicht** sein müssen. Die Frist für die **Durchführung** der Maßnahmen ist in der Genehmigung des Eingriffs zu bestimmen. Sie kann kalendermäßig festgelegt, aber auch an bestimmte Bauabschnitte gebunden werden. Bei der Fristbemessung sind die technischen Erfordernisse bei der Durchführung des Eingriffs, besonders aber die Anforderungen des Naturschutzes zu berücksichtigen. Die Frist für den Eintritt des **Kompensationserfolgs** ist von verschiedenen Umständen abhängig. Die entsprechende Prognose ist in der vom Verursacher nach § 17 Abs. 4 vorzulegenden Darstellung zu geben und von der Zulassungsbehörde zu beurteilen. Zu dem Fall, dass die Maßnahme ihren **Zweck verfehlt**, sagt § 15 nichts, dazu § 17 Rdnr. 40 ff.

78 Dem Gesetz ist nicht zu entnehmen, dass Kompensationsmaßnahmen nur gleichzeitig mit oder nach dem Abschluss des Eingriffs verlangt werden können, im Gegenteil: Wenn z.B. die Schaffung funktionsfähiger Ausgleichsbiotope ihren Zweck nur erfüllt, sofern sie **vor Durchführung des Eingriffs** zur Verfügung stehen – z.B. für Wiesenbrüter, deren Lebensraum durch das Eingriffsvorhaben zerstört wird –, so muss der Baubeginn von der vorherigen Durchführung und Wirksamkeit der Ausgleichsmaßnahmen abhängig gemacht werden, andernfalls wird der Ausgleichszweck nicht erreicht.

79 a) **Beeinträchtigungen des Naturhaushalts.** Was den **Erfolg einer Ausgleichsmaßnahme** betrifft, bestimmte § 8 Abs. 1 Satz 3 BNatSchG 1976, dass ein Eingriff ausgeglichen ist, wenn „nach seiner Beendigung" keine erheblichen Beeinträchtigungen zurückbleiben. Dieser Passus findet sich in § 15 nicht mehr. Er verlangte auch zu viel. Zwar sind Beeinträchtigungen des Naturhaushalts einerseits möglichst rasch auszugleichen, um keinen seinerseits ausgleichsbedürftigen Verzögerungseffekt („time-lag") eintreten zu lassen. Eine Beeinträchtigung, die zwar erheblich ist, mit deren Ausgleich man sich aber Zeit lassen kann, ist kaum vorstellbar. Andererseits dauert es oft einige Zeit, bis neu geschaffene Ausgleichsbiotope, Pflanzungen, Gewässer usw. ihre Wirkung im Naturhaushalt entfalten bzw. bis die Wiederherstellung oder landschaftsgerechte Neugestaltung des Landschaftsbildes den gewünschten optischen Effekt erreicht.

---

81 OVG Münster, Urt. v. 30.6.1999 – 7a D 144/97.NE, NuR 2000, 173.
82 VGH Mannheim, Urt. v. 14.12.2000 – 5 S 2716/99.

80 Da Ausgleich nicht mit Naturalrestitution gleichzusetzen ist (Rdnr. 36), ist er nicht so zu verstehen, dass der Ausgleichserfolg stets schon nach Abschluss der Eingriffsmaßnahme voll erreicht sein muss. So erklärt sich der Maßstab, den die Rechtsprechung anlegt: Schaffung von **Rahmenbedingungen** für die Entwicklung gleichartiger Verhältnisse wie vor der Beeinträchtigung; im Rahmen des Möglichen sind grundsätzlich Verhältnisse anzustreben, die den durch den Eingriff beeinträchtigten Verhältnissen – annähernd – gleichartig sind.[83] Dass etwa der Eingriff in einen gereiften und qualitativ hochwertigen Gehölzbestand nicht auf Anhieb durch einen jungen Besatz kompensiert werden kann, stehe der Qualifizierung als Ausgleichsmaßnahme nicht entgegen. Eine **vorübergehende Verschlechterung** des ökologischen Zustands nehme der Gesetzgeber hin, weil es beispielsweise unabänderlich sei, dass ein ausgewachsener Baum durch einen an seine Stelle tretenden Setzling erst Jahre später gleichwertig substituiert werden kann.[84] In aller Regel werde ein Eingriff für eine gewisse Zeit einen nicht ausgleichsfähigen Zustand herbeiführen. Ausgleichsflächen müssten auch erst geschaffen werden, wenn sie die ihnen zugedachte Funktion erfüllen sollen.[85]

81 Aus dem Bedürfnis nach einer gewissen Praktikabilität und Standardisierung hat sich in der Praxis die Konvention entwickelt, dass grundsätzlich nur solche Werte und Funktionen ausgleichbar sind, die sich innerhalb von **maximal 25 Jahren** wiederherstellen lassen. Die Rechtsprechung hat das nicht beanstandet, weil die Maßnahmen nicht erst den künftigen Generationen zugute kommen.[86] Eine Maßnahme, deren Wirksamkeit erst später eintritt, kann daher kein Ausgleich sein. Umgekehrt ist aber bei Unterschreiten dieser Frist nicht stets die Ausgleichbarkeit zu bejahen. Entscheidend ist der **Zweck der Ausgleichsmaßnahme** mit Blick auf die auszugleichende Beeinträchtigung. Daher ist im konkreten Fall festzustellen, welche Funktion das beeinträchtigte oder zerstörte Stück Natur im betroffenen Ökosystem hatte und auf welche Funktionen – allgemeine oder besondere (Rdnr. 12) – sich der Ausgleich beziehen soll.

82 Wenn die **zeitliche Lücke** z.B. zwischen der Zerstörung eines Biotops und der ökologischen Wirksamkeit des neu geschaffenen Ausgleichszweck vereiteln und eine erhebliche, nicht ausgeglichene Beeinträchtigung des Naturhaushalts verbleiben würde, hat das Konsequenzen für die zu setzende Frist bzw. für die Ausgleichbarkeit. In diese Richtung geht die obergerichtliche Rechtsprechung: Von entscheidender Bedeutung seien die jeweiligen naturschutzrechtlichen Erfordernisse. Während es im Regelfall genügen könne, die festgesetzten Ausgleichs- und Ersatzmaßnahmen angemessene Zeit nach der Vornahme der Eingriffe abzuschließen, deren Folgen sie kompensieren sollen, stehe lediglich ein engerer Zeitrahmen zur Verfügung, wenn andernfalls die Gefahr besteht, dass der mit der Kompensation verfolgte Zweck verfehlt wird.[87] Die Entwicklungszeit und Ersetzbarkeit z.B. von Biotopen ist danach zu beurteilen. Beispiel: Man mag es im „Normalfall" als Ausgleich akzeptieren, wenn die Neupflanzung für eine beseitigte alte Hecke nach 25 Jahren den ökologischen Effekt der alten Hecke erreicht und die (allgemeinen) Funktionen der Hecke erst dann wiederhergestellt sind. Es können aber Umstände vorliegen, die diesen Zeitraum als zu lange erscheinen lassen, z.B. wenn die Hecke unentbehrlicher Teil des Lebens-

---

83 OVG Münster, Urt. v. 10.11.1993 – 23 D 52/92.AK, NVwZ-RR 1995, 10.
84 BVerwG, Urt. v. 15.1.2004 – 4 A 11.02, NuR 2004, 366 = BVerwGE 120, 1.
85 BVerwG, Beschl. v. 17.2.1997 – 4 VP 17.96, NuR 1998, 305.
86 BVerwG, Urt. v. 15.1.2004 – 4 A 11.02, NuR 2004, 366 = BVerwGE 120, 1.
87 BVerwG, Beschl. v. 16.3.1999 – 4 BN 17.98, BauR 2000, 242.

raums einer bedrohten und im dortigen Gebiet zu erhaltenden Tierart ist. Dann ist bezüglich dieser beeinträchtigten (besonderen) Funktion kein Ausgleich möglich.

83 Für den **Erfolgseintritt von Ersatzmaßnahmen für den Naturhaushalt** gilt entsprechend, was zum Zeitpunkt des Ausgleichs festgestellt wurde. Dass bei Ersatzmaßnahmen die Frist bis zum Eintritt ihrer Wirksamkeit grundsätzlich länger sein kann als bei Ausgleichsmaßnahmen, lässt sich nicht sagen. Es kommt wie beim Ausgleich darauf an, was der Zweck der Maßnahme erfordert.

84 b) **Beeinträchtigungen des Landschaftsbilds.** Insoweit erfordern Ausgleich und Ersatz, dass das Landschaftsbild **innerhalb einer angemessenen Frist** landschaftsgerecht wiederhergestellt oder neu gestaltet ist. Bei Landschaftsbeeinträchtigungen läuft diese Angemessenheit (mangels eines naturwissenschaftlichen Hintergrundes, wie er beim Naturhaushalt zu beachten ist) auf die Frage hinaus, für welchen Zeitraum nach Abschluss des Eingriffs man sie akzeptiert und der Bevölkerung und den Erholungsuchenden zumuten will. Das ist eine Bewertungsfrage. Mag man in einem Allerweltsfall vielleicht einen Zeitraum von 25 Jahren bis zum Eintritt des vollen Ausgleichserfolges akzeptieren, so wird man in einem frequentierten Naherholungsgebiet einen kürzeren Zeitraum fordern müssen. Von der Rechtsprechung wurde ein Ausgleich verneint, wenn zur Auffüllung eines Kiesabbaugeländes 1,35 Mio. cbm Masse nötig sind, weil dies nicht innerhalb weniger Jahre möglich sei.[88] Bei Eingriffsvorhaben, die also solche schon jahrelang dauern (z.B. Boden- und Gesteinsabbau) kommt auch ein gestaffelter Ausgleich entsprechend den Abbau-Abschnitten in Betracht. Eine Maßnahme, die sich zu spät auswirkt, um noch als Wiederherstellung gelten zu können, kann als Neugestaltung anzusehen sein. Denn der Effekt einer landschaftsgerechten **Neugestaltung** kann eher eintreten als der einer Wiederherstellung. Beispiel: Nach Beseitigung eines Streuobstbestandes ist der Ausgleich der Landschaftsbild-Beeinträchtigung durch Pflanzung neuer Obstbäume innerhalb angemessener Frist, nämlich innerhalb weniger Jahre möglich. Dass die Wiederherstellung der alten Streuobstwiesen viel mehr Zeit benötigt, ist nicht ausschlaggebend, denn es geht hier nicht um eine Wiederherstellung, sondern um eine Neugestaltung.[89]

9. Berücksichtigung der Landschaftsplanung (Absatz 2 Satz 5)

85 Ziel der Eingriffsregelung ist die Bewahrung des vorhandenen Zustands, d.h. der vorhandenen Funktionen und Qualitäten von Naturhaushalt und Landschaftsbild. Darauf zielen die Vermeidungs-, Ausgleichs- und Ersatzpflicht ab. Diese Pflichten sind am Erhaltungsziel ausgerichtet, das auch bei den Ersatzmaßnahmen noch in Form eines gewissen – wenn auch gegenüber dem Ausgleich gelockerten – Konnexes zwischen eingriffsbedingter Beeinträchtigung und Kompensation die Vorgabe bildet. Darin liegt der **Unterschied zur Landschaftsplanung,** die sich nicht mit dem vorhandenen Zustand von Natur und Landschaft begnügt, sondern ihn im Sinne der Ziele und Grundsätze von Naturschutz und Landschaftspflege verbessern will (Erfordernisse und Maßnahmen i.S.v. § 9).

86 Umgekehrt heißt das: Die Eingriffsregelung belastet den Verursacher nicht nur, sondern sie bestimmt auch, wo seine Pflichten enden. Der Umfang seiner Aufwendungen wird durch den Zweck der Maßnahmen „Vermeidung",

---

88 VGH Mannheim, Urt. v. 28. 7.1983 – 2 S 299/81, NuR 1984, 102/105.
89 VGH Mannheim, Urt. v. 21.11.2000 – 10 S 1322/99, NuR 2001, 399.

„Ausgleich" und „Ersatz", die alle im Zusammenhang mit den verursachten Beeinträchtigungen von Natur und Landschaft stehen müssen, begrenzt (vgl. Rdnr. 2). Bei staatlichen Infrastrukturvorhaben, die zur Enteignung berechtigen, bedeutet das zudem, dass die betroffenen Grundstückseigentümer nur solche Maßnahmen akzeptieren müssen, die in dem genannten Zusammenhang zu den Eingriffswirkungen stehen, nicht aber schlechthin Maßnahmen zur Förderung der Ziele des Naturschutzes, wie sie z.B. in der Landschaftsplanung als angestrebter Zustand dargestellt werden. Die Eingriffsregelung ist also **kein Instrument der Flächenbeschaffung** zwecks allgemeiner Schutz- und Entwicklungsmaßnahmen für Natur, Landschaft oder Erholung **ohne Bezug zu den Eingriffswirkungen**. Die Festsetzung bestimmter Kompensationsmaßnahmen kann daher nicht allein damit begründet werden, dass sie den Zielen der Landschaftsplanung entsprechen.

Die Unterschiede zwischen der Zielsetzung der Eingriffsregelung (Bewältigung der Probleme eines konkreten Vorhabens, Erfüllung der Verursacherpflichten) und jener der Landschaftsplanung (Schutz, Pflege und Entwicklung von Natur und Landschaft in einem bestimmten Gebiet) schließen nicht aus und legen es je nach der Qualität der Landschaftsplanung nahe, **Erkenntnisse und Bewertungen, die bei der Landschaftsplanung gewonnen werden, bei der Beurteilung von Eingriffsvorhaben zu berücksichtigen**, wie es Abs. 2 Satz 5 vorschreibt. Eine aktuelle Landschaftsplanung kann die Beurteilung von Eingriffsvorhaben erleichtern, indem sie z.B. Daten über den betroffenen Raum bereithält, die den Naturhaushalt betreffen, aber auch eine Beschreibung und Bewertung von Eigenart und Funktionen des Landschaftsbildes (das „Schutzwürdigkeitsprofil"). Sie kann Flächen und Landschaftselemente als von besonderer Bedeutung und daher vorrangig erhaltenswert hervorheben, was im Rahmen der Eingriffsregelung u.a. für die Vermeidungspflicht und für die Abwägung relevant ist. Sie soll Flächen bezeichnen, die „aufwertungsbedürftig und -fähig" und damit für Ausgleichs- oder Ersatzmaßnahmen geeignet sind (§ 9 Abs. 3 Nr. 4 lit. c, vgl. § 16 Abs. 1 Nr. 4). Sie kann Anhaltspunkte dafür bieten, was als landschaftsgerechte Neugestaltung anzusehen ist, wenn sie z.B. ein Konzept (Leitbild) für die Entwicklung der Landschaft enthält.

Das Gesetz wählt nicht den Begriff „beachten", sondern spricht (nur) von „berücksichtigen", d.h. die Landschaftsplanung ist ein Mittel, um die Zielsetzung der Eingriffsregelung nach Maßgabe von deren Entscheidungsstruktur zu verwirklichen, es besteht aber **keine strikte Bindung** der Eingriffsregelung an die Landschaftsplanung. Selbst wenn nämlich die Landschaftsplanung Aussagen zu möglichen Vermeidungs- und Kompensationsmaßnahmen bezüglich einzelner zu erwartender Eingriffe enthält, können das keine abschließenden Vorgaben sein. Denn die Landschaftsplanung kann das am konkreten Projekt durchzuführende Verfahren zur Ermittlung und Bewertung der Eingriffswirkungen und möglicher Vermeidungs- und Kompensationsmaßnahmen kaum in allen Einzelheiten vorwegnehmen. Beim Vollzug der Eingriffsregelung in der Bauleitplanung wird die Verzahnung mit der Landschaftsplanung enger sein können als bei beliebigen Eingriffsvorhaben im Außenbereich. Kann dem Inhalt der Landschaftsplanung nicht Rechnung getragen werden, ist das zu begründen (§ 9 Abs. 5 Satz 2).

V. Auswahl und Beschaffung der Flächen für Ausgleichs- und Ersatzmaßnahmen

1. Allgemeines

89 Sind Ausgleichs- und Ersatzmaßnahmen als Gesamtkonzept unter dem Gesichtspunkt der Erforderlichkeit und Geeignetheit hinreichend begründet, so besteht bei der Entscheidung über die **parzellengenaue Durchführung** (an welcher Stelle sollen welche Grundflächen in welcher Größe und in welchem Zuschnitt in Anspruch genommen werden?) ein fachlicher Einschätzungsspielraum. Dabei spielt auch eine Rolle, ob der Eingriffsverursacher notfalls zur Enteignung berechtigt ist oder allein auf den freihändigen Erwerb der Flächen angewiesen ist. Im Planfeststellungsverfahren besteht bei der Situierung der Flächen eine entsprechende planerische Gestaltungsfreiheit und naturschutzfachliche Einschätzungsprärogative (Rdnr. 148).

90 Abgesehen von dem Fall, dass eine Kompensationsmaßnahme aus fachlichen Gründen **nur auf einer ganz bestimmten Fläche ihren Zweck erfüllen** kann, ist bei der Auswahl unter mehreren geeigneten Grundstücken auf das besser geeignete zurückzugreifen, wenn es beschafft werden kann. Bei Eingriffsvorhaben, die zur Enteignung berechtigen, ist dabei, soweit für Vermeidungs- oder Kompensationsmaßnahmen auf privaten Grund und Boden zugegriffen wird, das rechtsstaatliche Übermaßverbot zu beachten. Der Zugriff auf privates Eigentum ist nicht erforderlich, wenn Kompensationsmaßnahmen an anderer Stelle ebenfalls Erfolg versprechen, dort aber bei einer Gesamtschau dem Betroffenen weniger Opfer abverlangen, z.B. wenn geeignete Grundstücke im Eigentum der öffentlichen Hand vorhanden sind (vgl. Rdnr. 110 f.).[90] Sind für eine Maßnahme sowohl aus fachlicher Sicht als auch unter dem Gesichtspunkt der Eigentumsbetroffenheit mehrere Flächen völlig gleich zu beurteilen, so liegt die Wahl einer Fläche im Ermessen der Behörde.

2. Inanspruchnahme von land- oder forstwirtschaftlich genutzten Flächen (Absatz 3)

91 a) **Allgemeines.** Abs. 3 enthält Richtlinien über die Inanspruchnahme land- oder forstwirtschaftlich genutzter Flächen für Ausgleichs- und Ersatzmaßnahmen. Der Gesetzgeber befasst sich hier erstmals mit der Konkurrenz zwischen dem Flächenbedarf für Kompensationszwecke und den Nutzungsansprüchen der Land- und Forstwirtschaft. Er bereichert das Arbeitsprogramm der Eingriffsregelung um ein **Rücksichtnahmegebot**. Für den vom Vorhaben selbst verursachten Flächenverbrauch wird keine solche Prüfung verlangt, z.B. steht die Überbauung für die Landwirtschaftliche Nutzung besonders geeigneter Böden nicht unter einem entsprechenden Vorbehalt. Doch ist vor allem die kontinuierliche Zunahme der Bau- und Verkehrsflächen die Hauptursache des Flächenbedarfs, während genauere Daten über den Flächenbedarf für Kompensationszwecke fehlen und sich aus dem Flächenbedarf der Baumaßnahmen nicht schematisch ableiten lassen, denn bei der Kompensation geht es primär um Qualität und Funktionen. Abs. 3 gilt **nicht** für Maßnahmen, die nach § 44 Abs. 5 getroffen werden.

92 Abs. 3 stellt **keine zwingenden Planungsleitsätze** auf, sondern verpflichtet den Eingriffsplaner (nur) zur **Prüfung**, ob der gebotene Ausgleich oder Er-

---

[90] BVerwG, Urt. v. 23.8.1996 – 4 A 29.95, NuR 1997, 87, v. 1.9.1997 – 4 A 36.96, NuR 1998, 41. und v. 18.3.2009 – 9 A 40.07, NuR 2010, 41.

satz auch möglich ist, ohne auf land- oder forstwirtschaftlich genutzte Flächen zuzugreifen. Er stellt auch keine gesteigerte Anforderungen an die Rechtfertigung einer in Betracht gezogenen Kompensationsmaßnahme, etwa i.S. einer Dringlichkeit des Kompensationsbedarfs, es gilt Abs. 2 Satz 1–3. In Abs. 3 hat der Gesetzgeber Eingriffsvorhaben im Blick, die zur Enteignung berechtigen (Rdnr. 102 f./108).

Die Gesetzesbegründung lautet:[91] „Abs. 3 sieht im Hinblick auf die sich in bestimmten Eingriffskonstellationen ergebende Konfliktlage zwischen Kompensationserfordernissen und Ansprüchen der land- und forstwirtschaftlichen Bodennutzung ein ausdrückliches Rücksichtnahmegebot und einen besonderen Prüfauftrag vor. Dies trägt dem verfassungsrechtlich garantierten Verhältnismäßigkeitsgrundsatz Rechnung. Nach *Satz 1* ist bei der Inanspruchnahme von land- oder forstwirtschaftlich genutzten Flächen für Ausgleichs- und Ersatzmaßnahmen auf agrarstrukturelle Belange Rücksicht zu nehmen, insbesondere sind für die landwirtschaftliche Nutzung besonders geeignete Böden nur im notwendigen Umfang in Anspruch zu nehmen. Nach *Satz 2* ist vorrangig zu prüfen, ob der Ausgleich oder Ersatz auch durch Maßnahmen zur Entsiegelung, zur Wiedervernetzung von Lebensräumen oder durch Bewirtschaftungs- oder Pflegemaßnahmen erbracht werden kann, um möglichst zu vermeiden, dass Flächen aus der Nutzung genommen werden. Den genannten Ansprüchen der land- und forstwirtschaftlichen Bodennutzung ist im Rahmen der Ausübung des fachlichen Beurteilungsspielraums bei der Konzeption von Ausgleichs- und Ersatzmaßnahmen Rechnung zu tragen. Maßnahmen zur Wiedervernetzung können Fischtreppen, Grünbrücken oder Durchlässe sein, die zur Verbesserung der ökologischen Durchlässigkeit sowie zur Wiederherstellung des räumlichen Zusammenhangs von Lebensräumen beitragen. Solche Maßnahmen können in einem fachlichen Gesamtkonzept beispielsweise eine gleichwertige Wirkung für die Stabilisierung einer Population entfalten, wie die Entwicklung neuer Habitatflächen. Als Ersatzmaßnahmen sind darüber hinaus auch Maßnahmen zur Entsiegelung von bebauten und nicht mehr genutzten Flächen anzustreben." Der Verhältnismäßigkeitsgrundsatz zwingt indessen nicht zu einer Sonderbe-handlung landwirtschaftlicher Flächen.[92]

b) Land- oder forstwirtschaftlich genutzte Flächen. Abs. 3 Satz 1 spricht einerseits von land- oder forstwirtschaftlich genutzten Flächen, andererseits von der Rücksichtnahme auf „agrarstrukturelle Belange". Das sind jedenfalls Belange der **landwirtschaftlichen** Nutzung (Rdnr. 95). Welche Rolle forstwirtschaftlich genutzte Flächen im Zusammenhang mit agrarstrukturellen Belangen spielen und worauf es bei ihnen konkret ankommt, sagt das Gesetz nicht. Auch das in Satz 1 genannte Kriterium der besonders geeigneten Flächen bezieht sich nicht auf sie. Die einzige hinreichend bestimmte Aussage zu **forstwirtschaftlich** genutzten Flächen kann Satz 2 entnommen werden, d.h. es sind die dort genannten Kompensationsmöglichkeiten zu prüfen.

c) Agrarstrukturelle Belange. Nach Abs. 3 Satz 1 ist auf agrarstrukturelle Belange Rücksicht zu nehmen. Was darunter konkret zu verstehen ist, muss der Eingriffs- und Kompensationsplaner zuverlässig abschätzen können, um die Planung kalkulierbar zu machen. Die Gesetzesbegründung sagt dazu nichts. Sinn und Zweck der Regelung ist, das Interesse am ungeschmälerten Fortbestand land- und forstwirtschaftlicher Nutzflächen (zu letzteren Rdnr.

---
91 BT-Drs. 16/12274, S. 57 f.
92 BVerwG, Urt. v. 7.7.2010 – 7 VR 2.10 (7 A 3.10), NuR 2010, 646.

93) zur Geltung zu bringen. Dazu will der Gesetzgeber den Zugriff auf Flächen schon im Planungsstadium steuern. Er hat dabei nicht die spezielle Struktur des einzelnen Betriebs im Blick, sondern will allgemein den **Flächenbestand landwirtschaftlicher Betriebe möglichst gegen Zugriff schützen**, um zu verhindern, dass die Ertragskraft der Betriebe, ihre Leistungsfähigkeit und Wettbewerbsfähigkeit leiden. Dies sind Belange der Agrarstruktur (§ 2 Abs. 1 GKAG). Der Wortlaut von Abs. 3 bestätigt das. Er erschließt sich besser, wenn man mit Satz 2 anfängt. Dieser nennt den Hauptzweck der Norm, „möglichst zu vermeiden, dass Flächen aus der Nutzung genommen werden." Bei der Kompensation soll man also versuchen, ohne Umwidmung landwirtschaftlicher Flächen auszukommen. Geht das nicht, so verlangt Satz 1, dass für die landwirtschaftliche Nutzung besonders geeignete Böden nur im notwendigen Umfang in Anspruch genommen werden.

96 Die etwas vage Verpflichtung zur Rücksichtnahme auf agrarstrukturelle Belange wird also vom Gesetz zweifach konkretisiert, in Satz 2 durch Alternativen zur Flächenumwidmung und in Satz 1 durch das Regelbeispiel der besonders geeigneten Böden. Damit ist der Umfang dieser Verpflichtung praktisch festgelegt. Sie geht **nicht** dahin, die konkrete **Struktur des einzelnen Landwirtschaftsbetriebs** zu würdigen, etwa ob er auf bestimmte Flächen angewiesen ist oder ob er sie unschwer entbehren kann. Der Gesetzgeber hat die Rücksicht auf agrarstrukturelle Belange durch das Ziel, Flächen möglichst nicht aus der Nutzung zu nehmen, vor allem wenn es besonders geeignete Böden sind, generell und flächenbezogen formuliert und nicht von der Situation des einzelnen Betriebs abhängig gemacht. Die **individuelle Betroffenheit** des landwirtschaftlichen Betriebs, dessen Nutzfläche trotz der durch Abs. 3 gebotenen Prüfung in Anspruch genommen wird, ist nach enteignungsrechtlichen Grundsätzen im Planfeststellungsverfahren zu würdigen, was auf die Auswahl der Flächen zurückwirken kann (Rdnr. 110 f.).

97 d) **Besonders geeignete Böden.** Satz 1 verlangt, für die landwirtschaftliche Nutzung besonders geeignete Böden nur im notwendigen Umfang in Anspruch zu nehmen und damit die Nutzungsfähigkeit eines wertvollen Naturguts zu erhalten (§ 1 Nr. 2). Besonders geeignet sind Böden, die nach Lage und Qualität **überdurchschnittlich ertragreich** sind. Das erfordert eine spürbar über dem Mittel liegende Ackerzahl bzw. Grünlandzahl, also eine Ackerzahl von 60 und eine Grünlandzahl von 50.[93] Auskunft darüber geben die Bodenschätzungskarten. Soweit sich die fachlich gebotene Kompensation auch verwirklichen lässt, ohne solche Böden in Anspruch zu nehmen, ist von dieser Möglichkeit Gebrauch zu machen, d.h. man prüft Maßnahmen nach Satz 2 und falls diese nicht passen, prüft man, ob **andere** (nicht-landwirtschaftliche oder jedenfalls keine besonders geeigneten landwirtschaftlichen) **Flächen verfügbar** und für den Kompensationszweck **geeignet** sind.

98 e) **Alternativen zur Inanspruchnahme von Nutzflächen.** Satz 2 verlangt, Kompensationsmaßnahmen im Betracht zu ziehen, die keinen Flächenerwerb erfordern, und nennt Möglichkeiten, wie sich die Umwidmung von Nutzflächen vermeiden lässt. So ist vorrangig zu **prüfen**, ob der Ausgleich oder Ersatz auch durch Maßnahmen zur Entsiegelung, durch Maßnahmen zur Wiedervernetzung von Lebensräumen oder durch Bewirtschaftungs- oder Pflegemaßnahmen, die der dauerhaften Aufwertung des Naturhaushalts oder des Landschaftsbildes dienen, erbracht werden kann, um mög-

---

93 Vgl. das Bodenschätzungsgesetz v. 20.12.2007, BGBl. I S. 3150/3176.

lichst zu vermeiden, dass Flächen aus der Nutzung genommen werden. Diese Prüfung ist eine fachliche Aufgabe, die dem Eingriffsverursacher obliegt.

Wie man durch Maßnahmen zur **Wiedervernetzung von Lebensräumen** den Flächenbedarf reduzieren kann, ist eine fachliche Frage. Fischtreppen, Grünbrücken oder Durchlässe sind bekannte Mittel, um Zerschneidungs- und Barrierewirkungen zu vermeiden. Auch z.B. streifenförmige, extensiv genutzte Kurzumtriebsplantagen, deren Bestand rechtlich gesichert ist, können zur Wiedervernetzung vorhandener Biotope beitragen. Ob solche Maßnahmen im Einzelfall erfolgversprechen, bedarf einer fachlichen Prognose. Auch handelt es sich bei der Wiedervernetzung (Vermeidungsmaßnahme) und der Schaffung von Kompensationsflächen um zweierlei Typen von Maßnahmen, die nicht einfach austauschbar sein dürften, u.a. weil man nur ausreichend große Lebensräume sinnvoll vernetzen kann und sie daher erst schaffen müsste, wenn sie nicht vorhanden sind. 99

Mit „**Bewirtschaftungs- oder Pflegemaßnahmen**, die der dauerhaften Aufwertung des Naturhaushalts oder des Landschaftsbildes dienen", erbringt die Landwirtschaft (gegen Entgelt) Kompensationsleistungen für den Eingriffsverursacher. Es müssen eingriffsbedingte Beeinträchtigungen vorliegen, die sich gerade durch bestimmte Bewirtschaftungs- und Pflegemaßnahmen kompensieren lassen. Das von Abs. 3 verfolgte Anliegen entbindet nicht von den Erfordernissen (a) des funktionellen Zusammenhangs mit eingriffsbedingten Beeinträchtigungen und (b) der dauerhaften Aufwertung einer Fläche. Deswegen muss die **Bewirtschaftung** spürbar über das hinausgehen, was ohnehin als gute fachliche Praxis (§ 5) vom Land- oder Forstwirt einzuhalten ist. Dass die mit der Umstellung auf eine „ökologische" Bewirtschaftung verbundene Aufwertung der Nutzfläche dauerhafte Kompensationswirkung entfaltet, ist nur in bestimmten Fallgestaltungen zu bejahen.[94] **Pflegemaßnahmen** können eine Fläche nur aufwerten, wenn sie mehr leisten als nur eine (weitere) Verschlechterung zu verhindern und den gegenwärtigen Zustand zu erhalten. Andernfalls wird die Bilanz von Natur und Landschaft gegenüber dem Status quo nicht verbessert. 100

Die **dauerhafte** Aufwertung i.S.v. Abs. 3 Satz 2 erfordert in den meisten Fällen, dass die Kompensation **auf unbestimmte Zeit** gewährleistet wird (Ausnahme nur bei befristetem Andauern der Eingriffswirkungen). Das kann bedeuten, dass eine Reallast (§ 1105 BGB) im Grundbuch eingetragen werden muss, die den jeweiligen Eigentümer zu bestimmten Bewirtschaftungs- oder Pflegemaßnahmen verpflichtet, und das über Jahrzehnte. Dies ist problematischer als eine Dienstbarkeit, die nur zur Duldung von Kompensationsmaßnahmen des Verursachers auf einem Grundstück verpflichtet. Denn die Dienstleistung des Bewirtschafters muss notfalls durchgesetzt werden, ggf. auch gegen einen oder mehrere Rechtsnachfolger. Dieses Problem lässt sich nicht dadurch umgehen, dass man eine Vertragslaufzeit von „5–20" Jahren akzeptiert und damit die Dauerhaftigkeit der Kompensation in Frage stellt.[95] Auch können agronomische Erfordernisse einer über Jahre hinweg gleichbleibenden (kompensatorischen) Bewirtschaftungsweise entgegenstehen. Dann wäre es erforderlich, dass diese Bewirtschaftungsmaßnahmen turnusmäßig auf verschiedenen Grundstücken ggf. verschiedener Eigentümer stattfinden, der Flächenwechsel den Kompensationseffekt nicht schmälert und entsprechend viele aufeinander abgestimmte rechtliche Sicherungen erfolgen, eine eher abschreckende Vorstellung. Besser geeignet erscheint das langfristige Flächenmanagement durch eine Flächenagentur, deren Bestehen der Staat sichert. 101

---

94 Zu den Einzelheiten vgl. *Agena*, NuR 2009, 594.
95 So aber *Agena*, NuR 2009, 594.

102 f) **Bezug zur Enteignung.** Der Gesetzgeber hat in Abs. 3 Eingriffsvorhaben im Blick, die (für das Projekt und zusätzlich für die Kompensation) erhebliche Flächen benötigen und notfalls per Enteignung durchgesetzt werden können, wie etwa staatliche Infrastrukturprojekte. Die Formulierung „Inanspruchnahme" von land- oder forstwirtschaftlich genutzten Flächen verdeutlicht das. Das gesetzgeberische **Ziel** von Abs. 3 und seine **rechtliche Tragweite** werden deutlich, wenn man die praktischen Auswirkungen des Flächenbedarfs für größere Eingriffsprojekte und die Rechtsprechung zur **Enteignung von Kompensationsflächen** betrachtet. Eine planfestgestellte naturschutzrechtliche Ausgleichs- oder Ersatzmaßnahme muss wegen der enteignungsrechtlichen Vorwirkungen, die sie gegenüber dem in Anspruch genommenen Grundeigentümer entfaltet, neben den naturschutzrechtlichen Eingriffsvoraussetzungen dem Grundsatz der Verhältnismäßigkeit (Übermaßverbot) genügen, also geeignet und erforderlich sein; außerdem dürfen die mit ihr verbundenen nachteiligen Folgen für den betroffenen Grundeigentümer nicht außer Verhältnis zum beabsichtigten Erfolg stehen.[96] Dabei gebietet es der Schutz des Eigentums (Art. 14 Abs. 1 GG), **Ausgleichs- und Ersatzmaßnahmen vorrangig** auf **einvernehmlich** zur Verfügung gestellten Grundstücksflächen oder auf Grundstücken, die im **Eigentum der öffentlichen Hand** stehen, zu verwirklichen.[97]

103 Im Fall eines Landwirts, der sich gegen die Inanspruchnahme besonders wertvoller und deshalb für seinen Betrieb besonders wichtiger Ackerflächen wandte, seinen Flächenverlust (zusammen mit früheren Inanspruchnahmen für andere Planvorhaben) insgesamt auf rund 70 ha bezifferte und die Existenzgefährdung seines landwirtschaftlichen Betriebes geltend machte, hat das BVerwG[98] diese Grundsätze bestätigt und beanstandet, es sei nicht dokumentiert, dass der Vorhabenträger oder die Behörde nach **freihändig zu erwerbenden** oder **der öffentlichen Hand gehörenden Flächen** gesucht hätten. Im Übrigen müsse auch eine an sich geeignete und erforderliche Ersatzmaßnahme auf privatem Grund jedenfalls dann unterbleiben, wenn sie für den betroffenen Eigentümer Nachteile herbeiführt, die erkennbar **außer Verhältnis zu dem angestrebten Zweck** stehen. Ungeachtet der Frage, ob es – auch mit Blick auf die Möglichkeit von Ersatzzahlungen – überhaupt zulässig sei, zugunsten einer naturschutzrechtlichen Ersatzmaßnahme die Existenzgefährdung eines landwirtschaftlichen Betriebes in Kauf zu nehmen, müsse substantiiert dargelegt werden, dass es mit Blick auf das öffentliche Interesse an einer Kompensation des mit dem Straßenneubau verbundenen Eingriffs in Natur und Landschaft verhältnismäßig und zumutbar ist, gerade den Grundbesitz des Klägers unter Inkaufnahme einer Existenzgefährdung seines Betriebes in Anspruch zu nehmen.[99] Das gilt auch für Pachtland mit der Einschränkung, dass dann, wenn der von einem Landwirt bewirtschaftete Grund und Boden weit überwiegend nicht auf Dauer gesichertes Pachtland ist, eine geltend gemachte Existenzgefährdung nur mit vermindertem Gewicht in die planfeststellungsrechtliche Abwägung eingestellt zu werden braucht.[100]

---

96 BVerwG, Urt. v. 1.9.1997 – A 36.96, BVerwGE 105, 178/185 f.
97 BVerwG, Urt. v. 6.6.2002 – 4 CN 6.01, NuR 2002, 746 und v. 26.1.2005 – 9 A 7.04, NuR 2005, 457.
98 BVerwG, Beschl. v. 11.11.2008 – 9 A 52.07, NuR 2009, 186.
99 BVerwG, Urt. v. 23.8.1996 – 4 A 29.95, NuR 1997, 87 und v. 26.1.2005 – 9 A 7.04, NuR 2005, 457.
100 VGH München, Beschl. v. 14.8.2002 – 8 ZB 02.1293.

An dieser Rechtsprechung zeigt sich, dass der Eigentümer bereits durch ent- **104** eignungsrechtliche Grundsätze in gewissem Maß gegen die erzwungene Inanspruchnahme landwirtschaftlicher Nutzflächen geschützt ist, insbesondere dadurch, dass Kompensationsmaßnahmen vorrangig auf einvernehmlich zur Verfügung gestellten oder der öffentlichen Hand gehörenden Grundstücken zu verwirklichen sind. Abs. 3 erweitert diesen Schutz, indem er schon bei der Kompensationsplanung die Prüfung von Alternativen zur Inanspruchnahme von Grundstücken fordert. Es sollen möglichst keine, zumindest keine besonders wertvollen Nutzflächen in Anspruch genommen und damit schon gar nicht der Punkt erreicht werden, dass zwischen der Notwendigkeit der Kompensation auf einem Grundstück des Landwirts und seinen Eigentumsbelangen bis hin zur Existenzgefährdung abzuwägen ist.

g) **Freihändiger Erwerb.** Abs. 3 richtet sich an den die Kompensation pla- **105** nenden Eingriffsverursacher. Dieser soll nach Möglichkeit keine Maßnahmen vorsehen, die später gegen den Willen des betroffenen Landwirts per Enteignung durchgesetzt werden müssten. Ist ein Eigentümer aber **zur Veräußerung der Fläche bereit**, steht Abs. 3 nicht entgegen. Er beschränkt nicht die Verfügungsbefugnis des Eigentümers (§ 906 BGB, Art. 14 GG) und bildet kein gesetzliches Verbot der Veräußerung i.S.v. § 134 BGB. Abs. 3 wahrt agrarstrukturelle Belange dadurch, dass die Inanspruchnahme landwirtschaftlicher Nutzflächen gegen den Willen des Eigentümers mittels einer entsprechenden Kompensationsplanung möglichst zu vermeiden oder gering zu halten ist und der Eigentümer damit nicht nur auf enteignungsrechtliche Einwände angewiesen sein soll (Rdnr. 103). Abs. 3 verbietet dem Eingriffsverursacher dagegen nicht, solche Grundstücke – ggf. schon frühzeitig – freihändig und einvernehmlich zu erwerben.[101]

Die Formulierung „Inanspruchnahme" von land- oder forstwirtschaftlich **106** genutzten Flächen mag zwar im weitesten Sinn jede Verwendung einer solchen Fläche für Kompensationszwecke umfassen. Doch kann das Rücksichtnahmegebot des Abs. 3 **nicht** so verstanden werden, dass über die Regelungen des Grundstücksverkehrsgesetzes[102] hinaus dem Eingriffsverursacher **Ankaufsbeschränkungen** auferlegt werden und damit z.B. Bund, Ländern und Gemeinden der (durch § 4 Nr. 1 und 4 GrdstVG von der Genehmigungspflicht freigestellte) freihändige Erwerb von Flächen eingeschränkt wird. Insofern ist zu bedenken: Wenn Art. 20a GG dem Staat die Aufgabe zuweist, die natürlichen Lebensgrundlagen im Rahmen der verfassungsmäßigen Ordnung durch die Gesetzgebung zu schützen, muss diese Gesetzgebung konsistent und frei von Widersprüchen sein. Wollte man Abs. 3 so verstehen, dass die „Inanspruchnahme" land- und forstwirtschaftlich genutzter Grundstücke selbst und dort genannten Restriktionen unterliegt, so wären die mit der Vermeidungs- und Kompensationspflicht verfolgten Ziele des Naturschutzes, obwohl sie als „zusätzliche materielle Rechtmäßigkeitsvoraussetzung" eines Vorhabens zu verstehen sind,[103] ohne erkennbaren Differenzierungsgrund schwerer zu verwirklichen als das Eingriffsvorhaben selbst. Denn die für das Vorhaben benötigten Flächen können ohne die Einschränkungen das Abs. 3 erworben werden, so dass die Rücksichtnahme auf land- und forstwirtschaftliche Flä-

---

101 Gemeint ist hier natürlich nicht der Fall, dass dies zur Abwendung einer Enteignung geschieht.
102 Gesetz über Maßnahmen zur Verbesserung der Agrarstruktur und zur Sicherung land- und forstwirtschaftlicher Betriebe, zul. geänd. durch Art. 108 G. v. 17.12.2008, BGBl. I S. 2586.
103 BVerwG, Beschl. v. 13.3.1995 – 11 VR 4.95, NuR 1995, 248.

chennutzungsinteressen allein auf Kosten der Kompensation ginge. Der Gesetzgeber mag in Abs. 3 auch die Verknappung und Verteuerung (in erster Linie:) landwirtschaftlicher Flächen infolge starker Nachfrage zwecks anderer Flächennutzungen im Blick haben. Diese Nachfrage beruht aber nicht primär auf den Kompensationsverpflichtungen, sondern auf den sie erst verursachenden Eingriffsvorhaben, die selbst erhebliche Flächen „verbrauchen", ferner auf dem Flächenbedarf für den Anbau nachwachsender Rohstoffe bis hin zur Errichtung von Solarparks auf landwirtschaftlichen Flächen usw.

107 Wollte man Abs. 3 eine Ankaufsbeschränkung entnehmen, bestünde ferner ein sachlich nicht zu begründender Widerspruch zwischen (a) dem freihändigen Erwerb land- oder forstwirtschaftlicher Grundstücke nach § 15 für ein aktuelles Vorhaben und (b) ihrem Erwerb nach § 16, um sie in einen **Flächenpool** einzubringen oder auf ihnen **vorgezogene Ausgleichs- oder Ersatzmaßnahmen** durchzuführen, etwa auch durch eine Kommune zur Vorbereitung bauleitplanerischer Eingriffe. Denn im Rahmen des § 16 ist die auf konkrete Kompensationserfordernisse bezogene Prüfung nach Maßgabe des § 15 Abs. 3 nicht durchführbar und daher gegenstandslos.

108 Bei **nicht zur Enteignung berechtigenden Vorhaben** kann eine Fläche ohnehin nur mit Willen des Eigentümers aus der Nutzung genommen und für Kompensationszwecke verwendet werden. Ein nicht enteignungsberechtigter Eingriffsverursacher ist auf den rechtsgeschäftlichen Erwerb von Kompensationsflächen oder einer Dienstbarkeit angewiesen. Legt er ein Kompensationskonzept vor, das u.a. die Umwidmung gekaufter oder anderweitig gesicherter landwirtschaftlicher Grundstücke vorsieht, kann ihm die gem. § 17 Abs. 1 oder 3 entscheidende Behörde keine Umplanung aufgeben, weil Abs. 3 im Fall der freiwilligen Abgabe der Fläche durch den Eigentümer, wie dargelegt, nicht greift.

109 h) **Vorrang der Verursacherpflichten.** Abs. 3 ändert nichts an den Erfordernissen der Eingriffskompensation. Die in Abs. 3 genannten Belange dürfen kein Hindernis für die Erfüllung der Verursacherpflichten und ihre dauerhafte Absicherung bilden, diese bleiben maßgebend. Das kommt im Gesetzeswortlaut zum Ausdruck, wenn (lediglich) von Rücksichtnahme und Prüfung die Rede ist. Abs. 3 bedeutet z.B. nicht, dass von einer möglichen Ausgleichsmaßnahme immer schon dann abgesehen werden muss, wenn für ihre Realisierung nach Sachlage nur eine land- oder forstwirtschaftlich genutzten Fläche in Frage kommt, und stattdessen eine Ersatzmaßnahme zu wählen ist. Wie die Gesetzesbegründung (Rdnr. 93) zutreffend ausführt, bleibt es dem **fachlichen Beurteilungsspielraum** bei der Planung von Ausgleichs- und Ersatzmaßnahmen überlassen, inwieweit dem Anliegen des Abs. 3 entsprochen werden kann. Legt der Verursacher ein stimmiges Kompensationskonzept vor, in das auch die Prüfung gem. Abs. 3 eingeflossen ist, kann sich ein Landwirt, dessen Nutzfläche für Kompensationszwecke in Anspruch genommen werden soll, nicht mit Erfolg auf Abs. 3 berufen. Die Inanspruchnahme des Grundstücks muss aber auch nach enteignungsrechtlichen Grundsätzen rechtens sein (Rdnr. 110 f.).

3. Enteignung

110 Die für Ausgleichs- und Ersatzmaßnahmen benötigten Flächen können enteignet werden, wenn zugunsten des Eingriffsvorhabens selbst die Enteignung zulässig ist.[104] Dasselbe gilt für Vermeidungsmaßnahmen.[105] Voraus-

---

104 BVerwG, Urt. v. 23.8.1996 – 4 A 29.95, NuR 1997, 87 zum Fernstraßenrecht.

setzung ist, dass diese Flächen und Maßnahmen zum Gegenstand der Planfeststellung gemacht werden. Grundlage der Enteignung ist nicht das Naturschutzrecht, sondern das jeweilige Fachgesetz, ggf. das Landesenteignungsgesetz. Ist die fachplanerische Zulassung von der Durchführung naturschutzrechtlicher Kompensationsmaßnahmen abhängig, so erweist sich auch die Enteignung als notwendig zur Ausführung des Vorhabens.[106] Die nach der Eingriffsregelung zu treffenden Maßnahmen haben daher keinen geringeren Rang als die Verwirklichung des Vorhabens selbst. Dieses kann auf rechtmäßige Weise nur mit den naturschutzrechtlich gebotenen Maßnahmen zur Minderung der Eingriffsfolgen durchgeführt werden. Die Eingriffsregelung ist als „zusätzliche materielle Rechtmäßigkeitsvoraussetzung" eines Vorhabens zu verstehen.[107]

Die **Enteignung** ist nur möglich, wenn das Interesse an der Durchführung des Vorhabens so stark ist, dass es gegenüber den Betroffenen auch die Enteignung der erforderlichen Ausgleichs- oder Ersatzflächen rechtfertigt. Wegen seiner enteignenden Vorwirkung ist das im Planfeststellungsverfahren zu prüfen. Soweit für Vermeidungs- oder Kompensationsmaßnahmen auf privaten Grund und Boden zurückgegriffen wird, ist daher das rechtsstaatliche Übermaßverbot zu beachten, um dem Gemeinwohlerfordernis des Art. 14 Abs. 3 Satz 1 GG Rechnung zu tragen. Das setzt voraus, dass die Maßnahme und die Fläche für den Zweck geeignet sind. Ferner muss der Zugriff auf privates Grundeigentum zur Erfüllung der naturschutzrechtlichen Verpflichtung erforderlich sein. Daran fehlt es, sofern entsprechende Maßnahmen an anderer Stelle ebenfalls Erfolg versprechen, dort aber bei einer Gesamtschau den Vorteil bieten, dass dem Betroffenen geringere Opfer abverlangt werden. Schließlich dürfen die mit den Maßnahmen verbundenen nachteiligen Folgen nicht außer Verhältnis zum beabsichtigten Erfolg stehen. Insofern ist zu prüfen, welche Folgen die Inanspruchnahme von Grundeigentum für den Betroffenen (z.B. einen landwirtschaftlichen Betrieb) hat. Die Schwere der Beeinträchtigung muss vor dem Hintergrund des Gewichts der sie rechtfertigenden Gründe **zumutbar** sein. Diese Grenze kann überschritten sein, wenn durch Ausgleichsmaßnahmen die wirtschaftliche Existenz des Betroffenen gefährdet oder gar vernichtet wird. Der Planfeststellungsbehörde steht bei der Bewertung der Kompensationswirkung von Ausgleichs- und Ersatzmaßnahmen eine naturschutzfachliche Einschätzungsprärogative zu, und die Ausgestaltung des naturschutzrechtlichen Kompensationsmodells hat bei der Auswahl zwischen grundsätzlich gleich geeigneten Kompensationsmaßnahmen, der fachlichen Abstimmung der Kompensationsmaßnahmen untereinander sowie der Berücksichtigung etwaiger multifunktionaler Kompensationswirkungen in erheblichem Umfang Elemente einer planerisch abwägenden Entscheidung.[108] Insofern kann es geboten sein, bei der Festlegung der Kompensationsmaßnahme zu berücksichtigen, ob z.B. der Ausgleich mit unverhältnismäßigen Belastungen für die Belange Betroffener verbunden wäre und deshalb auf einen Ersatz auszuweichen ist, oder – falls auch dieser nicht ausreichend möglich ist – es zur Abwägung und ggf. Ersatzzahlung kommt. Demzufolge ist bei der Beurteilung der **Zumutbarkeit einer Flächeninanspruchnahme für Ausgleichs-**

---
105 BVerwG, Urt. v. 16.3.2006 – 4 A 1075/04, NuR 2006, 766.
106 BVerwG, Urt. v. 23.8.1996 – 4 A 29.95, NuR 1997, 87 zum Fernstraßenrecht.
107 BVerwG, Beschl. v. 13.3.1995 – 11 VR 4.95, NuR 1995, 248.
108 BVerwG, Urt. v. 23.8.1996 – 4 A 29.95, NuR 1997, 87 und v. 18.3.2009 – 9 A 40.07, NuR 2010, 41.

maßnahmen nicht das Interesse an der Verwirklichung des Vorhabens, sondern nur das Interesse an einem Ausgleich der zu kompensierenden Beeinträchtigungen von Natur und Landschaft ins Verhältnis zu den Auswirkungen der Flächeninanspruchnahme für den Betroffenen zu setzen. Allgemein fomuliert: bei der Anwendung des gestuften Reaktionsmodells der naturschutzrechtlichen Eingriffsregelung ist auf die jeweils nachrangige Reaktionsstufe nicht nur dann auszuweichen, wenn die Befolgung der vorrangigen Reaktionspflicht tatsächlich unmöglich ist, sondern auch dann, wenn die Befolgung mit unverhältnismäßigen Belastungen für die Belange Betroffener verbunden wäre.[109]

4. Unternehmensflurbereinigung

112   Ist aus besonderem Anlass eine Enteignung zulässig, durch die ländliche Grundstücke in großem Umfang (nach der Rechtsprechung mehr als 5 ha) in Anspruch genommen würden, so kann auf Antrag der Enteignungsbehörde ein Flurbereinigungsverfahren eingeleitet werden, wenn der den Betroffenen entstehende Landverlust auf einen größeren Kreis von Eigentümern verteilt oder Nachteile für die allgemeine Landeskultur, die durch das Unternehmen entstehen, vermieden werden sollen (§ 87 Abs. 1 Satz 1 FlurbG). Bei Verkehrswegebau wird dieses Verfahren nicht selten angewandt.

113   Da der Landverlust, den sie ausgleichen soll, zuvor feststehen muss, **schließt die Unternehmensflurbereinigung an das Ergebnis der Planfeststellung an** und nicht umgekehrt die Planfeststellung an das Ergebnis der Unternehmensflurbereinigung.[110] Allerdings kann das Flurbereinigungsverfahren bereits angeordnet werden, wenn das Planfeststellungsverfahren eingeleitet ist (§ 87 Abs. 2 Satz 1 FlurbG). Doch müssen in diesem Zeitpunkt die benötigten Ausgleichs- und Ersatzflächen nach der Größe schon abzuschätzen sein, andernfalls erfüllt das Verfahren seinen Zweck in der Stufenfolge nicht. Unzulässig ist es, die Kompensationsfrage dem Flurbereinigungsverfahren zu überlassen. Naturschutzrechtlich gebotene Ausgleichsanordnungen sind im Planfeststellungsbeschluss zu treffen und nicht dem landschaftspflegerischen Begleitplan vorzubehalten, den die Flurbereinigungsbehörde im Rahmen einer Unternehmensflurbereinigung mit dem Wege- und Gewässerplan aufzustellen hat.[111] Ergibt sich in der Flurbereinigung bei Erarbeitung des Wege- und Gewässerplanes und des dazugehörigen landschaftspflegerischen Begleitplanes ein Konflikt mit den naturschutzrechtlichen Kompensationsmaßnahmen für den Straßenbau, so muss ggf. das Planfeststellungsverfahren ergänzt werden.

VI. Dauerhaftigkeit, Unterhaltung und Sicherung der Ausgleichs- und Ersatzmaßnahmen (Absatz 4)

1. Dauerhaftigkeit

114   Ausgleichs- und Ersatzmaßnahmen erfüllen ihren Zweck nur, wenn sie auf die **nötige Dauer** angelegt (und während dieses Zeitraums gesichert) sind. Entsprechend gilt das für Vermeidungsmaßnahmen, z.B. sind ein Amphibienzaun und Durchlässe so lange erforderlich, wie die Tiere die Straße queren

---

109 BVerwG, Urt. v. 18.3.2009 – 9 A 40.07, NuR 2010, 41.
110 BVerwG, Urt. v. 18.12.1987 – 4 C 32.84, DVBl. 1988, 536.
111 VGH Mannheim, Urt. v. 15.11.1988 – 10 S 2401/87, NuR 1990, 167.

müssen. Zur Dauerhaftigkeit herrscht in der Rechtsprechung die Auffassung, dass die Wirkung der Kompensationsmaßnahmen so lange anhalten müsse „wie der Eingriff als Ursache der auszugleichenden Beeinträchtigungen besteht".[112] Ein auf 12 Jahre geschlossener Pachtvertrag über das Kompensationsgrundstück, auf dem sich die zu pflegende Streuobstwiese befindet, sei unzureichend, weil Maßnahmen zum Ausgleich von Eingriffen durch Bebauungsplan nicht nur zeitlich befristet gesichert werden dürfen, außer es sind auf Grund des Bebauungsplans keine dauerhaften Eingriffe zu erwarten.[113]

Dem ist grundsätzlich zuzustimmen, allerdings kommt es genau besehen nicht darauf an, wie lange der „Eingriff als Ursache der Beeinträchtigungen" besteht, sondern wie lange die Beeinträchtigungen andauern. Wird eine als Eingriff zugelassene **Anlage wieder beseitigt**, so entfallen allein dadurch nicht die seinerzeit verursachten Beeinträchtigungen von Natur und Landschaft und es tritt daher nicht „automatisch" die Folge ein, dass die Kompensationsmaßnahmen rückgängig gemacht werden können. Ist z.B. zum Bau einer Straße ein Gehölz, ein Amphibiengewässer oder eine Biotopfläche beseitigt und als Kompensation eine gleichartige oder gleichwertige Pflanzung oder Fläche oder ein Teich geschaffen worden, so muss das unbefristet bestehen bleiben. Denn der seinerzeitige Verlust eines Gehölzes oder Biotops wird allein durch Rückbau der Straße nicht ungeschehen. Anders kann es sein, wenn eine das Lanschaftsbild beeinträchtigende Anlage wieder entfernt wird. Dann kann der Anlass für das Landschaftsbild aufwertende Kompensationsmaßnahmen entfallen. Dabei ist wiederum zu beachten, dass zur Kompensation angelegte Vegetationsbestände oder Flächen in einen gesetzlichen Schutz z.B. nach § 30 „hineinwachsen" können, so dass ihre Beseitigung unzulässig ist. 115

Ist die vorgesehene **Kompensationsfläche** möglicherweise **durch andere Planungen bedroht**, die eventuell auf sie zugreifen, soll dies nach der Rechtsprechung unschädlich sein. So müsse eine Ausgleichsmaßnahme nicht außer Betracht bleiben, wenn zum Zeitpunkt der Festsetzung bzw. Durchführung der Maßnahme schon absehbar ist, dass die betreffende Fläche Gegenstand eines weiteren Eingriffs sein könnte. Kommt es zu einer Inanspruchnahme von solchen Ausgleichsflächen, folge daraus eine abermalige Ausgleichspflicht für die damit einhergehenden erneuten Eingriffe.[114] Das ist etwas pauschal. Zwar hat die Festsetzung einer Kompensationsmaßnahme auf einer bestimmten Fläche über die Verpflichtung des Verursachers hinaus keine („dingliche") Wirkung in Gestalt einer Widmung dieser Fläche mit der Folge, dass sie gegen jeden Zugriff geschützt wäre. Aber es kann die Grundlage für die Zulassung des früheren Eingriffs entfallen, wenn eine Kompensationsfläche ihre Funktion verliert. Beruhte die Zulassung etwa auf der Annahme, es sei eine Vollkompensation möglich und daher keine Abwägung nach Abs. 5 erforderlich, so kann der Wegfall einer Kompensationsfläche und das erneute Ingangsetzen des Kompensationsmechanismus beim neuen Eingriff dazu führen, dass die ursprünglich angenommene Zeitdauer bis zum Kompensationserfolg nicht mehr einzuhalten ist. War es wesentlich für die Annahme einer Vollkompensation des früheren Eingriffs, so ist eine „Zweitkompensation" anlässlich des neuen Eingriffs nicht möglich, d.h. die Fläche darf nicht angetastet werden. Wird die Kompensationsfläche im Weg der Enteignung beschafft, kann es aus enteignungsrechtlichen Gründen von 116

---

112 VGH Kassel, Urt. v. 28.6.2005 – 12 A 8/05, NuR 2006, 42/52.
113 OVG Lüneburg, Urt. v. 14.9.2000 – 1 K 5414/98, NuR 2001, 294; VGH Mannheim Urt. v. 17.5.2001 – 8 S 2603/00, NVwZ-RR 2002, 8.
114 VGH Kassel, Urt. v. 28.6.2005 – 12 A 8/05, NuR 2006, 42, juris Rdnr. 195.

Bedeutung sein, ob sie voraussichtlich auf längere Sicht den Enteignungszweck erfüllen kann oder „gefährdet" ist.

2. Unterhaltung und Pflege

117 **Pflegemaßnahmen** können einmal als Teil der Herstellung einer Kompensationsfläche nötig sein, um den angestrebten Zustand der Kompensationsfläche herbeizuführen. So muss man z.B. in den ersten Jahren Neupflanzungen gegen Schädlinge schützen und Ausfälle ersetzen[115] („Anwachsrisiko"), unerwünschten Aufwuchs beseitigen, die Fläche einzäunen, mähen oder beweiden usw., bis sie die erwünschte Qualität hat. Zum anderen können Pflegemaßnahmen dazu dienen, diese Qualität auf Dauer zu erhalten. Das Gesetz bezeichnet beide Arten als **Unterhaltungsmaßnahmen**, vgl. die Gesetzesbegründung:[116] „Ausgleichs- und Ersatzmaßnahmen sind zu unterhalten. Damit ist die Durchführung von **Herstellungs- und Entwicklungspflege** gemeint, aber auch die permanente **Unterhaltungspflege**, soweit sie selbst Gegenstand der Ausgleichs- oder Ersatzmaßnahme sind. Auch Vorkehrungen zur Vermeidung von Beeinträchtigungen können einer regelmäßigen Unterhaltung bedürfen (z. B. Amphibienleiteinrichtungen, Querungshilfen etc.)."

118 Nach **Abs. 4 Satz 2** ist der **Unterhaltungszeitraum** durch die zuständige Behörde im Zulassungsbescheid festzusetzen. Er richtet sich nach den rechtlichen und fachlichen Anforderungen an die Kompensation. Die Rechtsprechung hält es z.B. für ausreichend, wenn die Pflege und Durchforstung einer Aufforstung auf 25 Jahre beschränkt ist, weil anzunehmen sei, dass Wald nach 25 Jahren auch ohne weitere Pflege als Biotop „überlebensfähig" ist und seine natürlichen Auswirkungen auf das Wirkungsgefüge des Naturhaushalts dauerhaft bewahren kann.[117]

119 Ist das Ziel der Kompensation die Schaffung eines Lebensraums, der über die Herstellungs- und Entwicklungspflege hinaus einer **regelmäßigen Unterhaltungspflege auf unabsehbare Zeit** bedarf, entsteht ein Problem, das folgendes Beispiel verdeutlicht: Der Eingriff zerstört eine Streuobstwiese, die einem Landwirt gehörte. Der Zulassungsbescheid bestimmt, dass der Eingriffsverursacher in der Umgebung eine passende Fläche mit Hochstamm-Obstbäumen bepflanzen und pflegen muss. Soweit es um den zur Herstellung bzw. Entwicklung des Streuobstbestandes nötigen Zeitraum geht, steht die Pflegepflicht in klarem Zusammenhang mit den Eingriffsfolgen. Über einen längeren Zeitraum gesehen könnte sein, dass der Eigentümer selbst möglicherweise einmal die Pflege des Bestandes aufgegeben hätte und die Fläche „verwildert" wäre. Denn auch wenn Streuobstwiesen z.B. landesrechtlich (§ 30 Abs. 2 Satz 2) als Biotope gesetzlich geschützt sind, resultiert daraus keine Pflegepflicht des Eigentümers, und ob sich der Staat um die Pflege gekümmert hätte, ist nicht sicher. Auch können sich bis dahin die ökologischen und landschaftlichen Rahmenbedingungen so geändert haben, dass die Verpflichtung nicht mehr sinnvoll oder angemessen ist. Vergleicht man den Lauf der Dinge mit und ohne den Eingriff, so ist daher zweifelhaft, ob die Unterhaltungs-Pflegepflicht auf unabsehbare Zeit stets dem Grundsatz der Verhältnismäßigkeit entspricht. Auch wenn die einmal eingetretene Beeinträchtigung des Naturhaushalts infolge des Eingriffs voraussichtlich unbefristet anhält und dies der Maßstab für die damit korrespondierende Kompensation ist, gilt diese – auf eine immer weiter zurückliegende Verursachung abstellen-

---

115 OVG Lüneburg, Urt. v. 21.11.1996 – 7 L 5352/95, NuR 1997, 301.
116 BT-Drs. 16/12274, S. 58.
117 OVG Münster, Urt. v. 28.6.2007 – 7 D 59/06.NE, NuR 2008, 811.

de – Rechtfertigung der Pflegepflicht wohl nur für etwa 20–25 Jahre. Jedenfalls bei privaten Eingriffsverursachern kann eine jahrzehntelange Pflegeverpflichtung in Verbindung mit der Haftung der Rechtsnachfolger (Abs. 4 Satz 3) zu einer übermäßigen Belastung werden. Diese Zweifel beziehen sich nicht so sehr auf die unbefristete Bereitstellung der Kompensationsfläche, sondern auf deren Pflege. Sie ist ab einem bestimmten Zeitpunkt ggf. von der öffentlichen Hand oder einer Flächenagentur zu übernehmen, wenn die Kompensation zwingend eine jahrzehntelange Pflege erfordern sollte und sie einem Privaten nicht mehr zugemutet werden kann. Stellt sich die Unzumutbarkeit erst im Lauf der Zeit heraus, so kann sie durch einen Antrag auf Abänderung der entsprechenden Auflage im Zulassungsbescheid geltend gemacht werden. Bei öffentlich-rechtlichen Verursachern, deren Fortbestand nicht zweifelhaft ist und die über die nötigen technischen und personellen Ressourcen verfügen (z.B. Bauverwaltungen), stellt sich das Problem nicht so sehr wie bei Privaten.

3. Rechtliche Sicherung

Der Erfolg von Ausgleichs- und Ersatzmaßnahmen erfordert die rechtliche Absicherung des angestrebten Zustands und der ggf. weiterhin nötigen Unterhaltungsmaßnahmen auf die nötige Dauer. Der Verursacher muss über die benötigten Flächen verfügen können. Die naturschutzrechtliche Zweckbestimmung der Grundstücke muss auch gegen künftige Eigentümer/Besitzer durchsetzbar sein.

Zwei Fallgestaltungen lassen sich unterscheiden: Soweit Kompensationsmaßnahmen **auf eigenen Grundstücken des Eingriffsverursachers** (und Genehmigungsadressaten) durchzuführen sind, ist eine Sicherung z.B. durch Dienstbarkeit entbehrlich, soweit die Festlegungen im Bescheid nach Abs. 4 Satz 3 oder dem für die Eingriffszulassung einschlägigen Fachgesetz auch gegen den Rechtsnachfolger wirken. Benötigt der Verursacher für Kompensationsmaßnahmen **fremde Grundstücke** und ist keine Enteignung zulässig, so muss der Eingriffsverursacher/Antragsteller die erforderlichen Rechte an diesen Grundstücken nachweisen. Dazu reicht es nicht aus, dass die Grundstückseigentümer ihr Einverständnis zur Durchführung der Kompensationsmaßnahmen erklären, weil in aller Regel ein Rechtsnachfolger (z.B. Käufer) nicht daran gebunden ist. Hier braucht es in der Regel eine **dingliche Sicherung**. Kommt sie nicht zustande, so kann der Eingriff nicht in der geplanten Form zugelassen werden. Ist zu erwarten, dass der Eingriffsverursacher die nötigen Rechte an den für Ausgleichs- oder Ersatzmaßnahmen vorgesehenen Grundstücken erhält, kann der Eingriffs unter der aufschiebenden Bedingung zugelassen werden, dass der Antragsteller die erforderlichen Rechte an diesen Grundstücken nachweist. Es ist Sache des Eingriffsverursachers, sich mit dem Eigentümer über einen finanziellen Ausgleich zu einigen.

Zur **Art der rechtlichen Sicherung** sagt die Gesetzesbegründung:[118] „Die vorgesehene rechtliche Sicherung der für die Kompensationsmaßnahmen benötigten Flächen kann in unterschiedlicher Weise erfolgen. Sie kann durch Eintragung einer beschränkten persönlichen **Dienstbarkeit** gemäß § 1090 BGB geschehen, soweit es sich um Unterlassungspflichten handelt; für (nicht lediglich einmalige) Handlungspflichten ist die Eintragung einer **Reallast** gemäß § 1105 BGB möglich. Darüber hinaus kommt, insbesondere wenn ein Land selbst Vorhabenträger ist, als rechtliche Sicherung auch der Abschluss entsprechender (Pacht-) Verträge in Betracht, wenn eine vertrag-

---

[118] BT-Drs. 16/12274, S. 58.

123 Der Inhalt einer – notariell zu bestellenden (§ 873 BGB) und ins Grundbuch einzutragenden – beschränkten persönlichen **Dienstbarkeit** ergibt sich aus § 1090 BGB i.V.m. § 1018 BGB. Ihr Gegenstand ist der Ausschluss bestimmter Handlungen oder die Duldung bestimmter Nutzungen durch Dritte auf dem Grundstück. Dies ist mit der nötigen Bestimmtheit[119] zu beschreiben, etwa so: „Das Grundstück Fl.Nr. ... dient als Fläche für Ausgleichs-/Ersatzmaßnahmen gem. § 15 Abs. 2 BNatSchG. Der Eigentümer duldet, dass der <Eingriffsverursacher/Adressat des Zulassungsbescheids und sein Rechtsnachfolger nach Maßgabe des § 15 Abs. 4 Satz 3 BNatSchG sowie – für den Fall der Ersatzvornahme – die zuständige Behörde bzw. Körperschaft> oder von diesen beauftragte Personen auf dem Grundstück folgende Maßnahmen durchführen: .... Er duldet ferner die erforderliche Unterhaltungspflege. Er unterlässt alles, was den Erfolg der Maßnahmen gefährden und den durch die Maßnahmen herbeigeführten Zustand des Grundstücks beeinträchtigen kann." Eine Dienstbarkeit darf nicht so gefasst sein, dass sie den Eigentümer von jeder wirtschaftlich sinnvollen Nutzung des Grundstücks ausschließt.[120] Unproblematisch ist das, wenn sich die Verpflichtungen des Eigentümers auf einen Teil des Grundstücks beschränken.

124 Soll über eine Unterlassungs- und Duldungsverpflichtung hinaus ein aktives Tun des jeweiligen Grundstückseigentümers vereinbart werden, so ist dazu eine **Reallast** (§ 1105 BGB) erforderlich. Anders, wenn die Maßnahmen auf dem fremden Grundstück durch den Verursacher ausgeführt werden sollen, denn insofern haftet auch sein Rechtsnachfolger, d.h. es reicht eine Dienstbarkeit auf dem fremden Grundstück aus, die zur Duldung der Maßnahmen verpflichtet.

4. Verantwortliche Personen (Absatz 4 Satz 3)

125 Verantwortlich für Ausführung, Unterhaltung und Sicherung der Ausgleichs- und Ersatzmaßnahmen ist der **Verursacher oder dessen Rechtsnachfolger**. Dazu die Gesetzesbegründung:[121] „Indem gemäß Satz 3 auch der Rechtsnachfolger des Verursachers für die Erfüllung der Kompensationsverpflichtungen verantwortlich ist, kann sich die zuständige Behörde an beide halten, wenn die Kompensationsmaßnahmen nicht ordnungsgemäß umgesetzt wurden. Damit ist der Personenkreis klar benannt, der insoweit in Anspruch genommen werden kann. Schwierigkeiten, die im Rahmen der bisherigen Verwaltungspraxis aufgetaucht sind, werden durch die Neuregelung auf diese Weise vermieden. Soweit in Spezialgesetzen anderweitige Regelungen getroffen sind, gelten diese unbeschadet der Regelung in Satz 3."

126 Verursacher eines Eingriffs ist hier die natürliche oder juristische Person, die auf ihren Antrag die behördlichen Zulassung des Eingriffs (einschließlich der vorgesehenen Kompensationsmaßnahmen) erhalten hat, sei es nach einem Fachgesetz oder nach § 17 Abs. 3 Satz 1. **Rechtsnachfolger** des Verursachers sind sowohl der **Einzelrechtsnachfolger** (z.B. der Erwerber der genehmigten Anlage, Übernehmer der Firma, der die Anlage gehört) als auch der **Gesamtrechtsnachfolger** (z.B. der Erbe). Bezüglich der Kompensationsverpflichtungen sind sie Gesamtschuldner (§ 421 BGB). Die Behörde kann

---

119 BayObLG v. 27.11.1981 – BReg 2 Z 90/81, NJW 1982, 1054.
120 OLG Köln v. 16.11.1981 – 2 Wx 37/81, juris.
121 BT-Drs. 16/12274, S. 58.

sich an beide halten, der Rechtsnachfolger ist nicht nachrangig verantwortlich. Entscheidendes Kriterium dafür, wen die Behörde zuerst in Anspruch nimmt, ist die vermutliche Leistungsfähigkeit.

VII. Abwägung, Untersagung des Eingriffs (Absatz 5)

1. Voraussetzungen

Wenn die Beeinträchtigungen von Naturhaushalt und Landschaftsbild weder zu vermeiden noch in angemessener Frist auszugleichen oder in sonstiger Weise zu kompensieren sind, ist über die Zulassung oder Ablehnung des Eingriffs zu entscheiden. Die **Unmöglichkeit eines Ausgleichs oder Ersatzes innerhalb angemessener Frist** kann auf objektiven Gründen beruhen, sie kann aber auch subjektiv, d.h. im Unvermögen des Verursachers begründet sein, etwa wenn er über die für objektiv mögliche Ausgleichs- oder Ersatzmaßnahmen benötigten Flächen nicht verfügt bzw. sie nicht beschaffen kann (z.b. weil das Vorhaben nicht zur Enteignung berechtigt).

Der Eingriff darf nicht zugelassen oder durchgeführt werden, wenn (a) die Beeinträchtigungen nicht zu vermeiden oder nicht in angemessener Frist auszugleichen oder in sonstiger Weise zu kompensieren sind und (b) die Belange des Naturschutzes und der Landschaftspflege bei der Abwägung aller Anforderungen an Natur und Landschaft anderen Belangen im Range vorgehen. Bei Vorrang der Naturschutzbelange ist der **Eingriff unzulässig**, ohne dass noch weiterer Entscheidungsspielraum besteht. Die Entscheidung ist im Rahmen des anderweitigen Gestattungsverfahrens (§ 17 Abs. 1) zu treffen, und zwar unabhängig davon, ob nach den Anforderungen des einschlägigen Gesetzes für sich betrachtet der Genehmigung kein zwingendes Hindernis entgegensteht. Denn die Eingriffsregelung ergänzt alle gesetzlichen Zulassungstatbestände um ihre naturschutzrechtlichen Anforderungen; dazu gehört auch die Abwägung und Untersagung nach Abs. 5. Der Passus „nicht durchgeführt" bezieht sich auf Eingriffsvorhaben, die von einer Behörde durchgeführt werden und keiner Genehmigung bedürfen (§ 17 Abs. 1).

2. Rechtsnatur der Abwägungsentscheidung

Nach der Rechtsprechung des Bundesverwaltungsgerichts hat die Behörde die betroffenen Belange einander gegenüberzustellen und sachgerecht zu bewerten sowie eine dem Grundsatz der Verhältnismäßigkeit entsprechende Entscheidung über die Bevorzugung eines Belanges und damit notwendigerweise die Zurückstellung anderer Belange zu treffen. Dabei bringe die zwingende Versagungspflicht bei Überwiegen der Naturschutzbelange zugleich deren besonderes Gewicht zum Ausdruck.[122] Es handelt sich aber nicht um eine „planerische" Abwägung – wie etwa der Gestaltungsspielraum bei Standort- oder Trassenwahl sowie der Ausgleich unter verschiedenen berührten Interessen[123] – sondern um eine rein zweiseitige Interessenabwägung. Ein anderweitig zulässiges Eingriffsvorhaben, dessen Folgen für Natur und Landschaft nicht vermieden oder kompensiert werden können, muss sich an den Belangen von Naturschutz und Landschaftspflege messen lassen und riskiert dabei die Ablehnung.

---

122 BVerwG, Urt. v. 27.9.1990 – 4 C 44.87, NuR 1991, 124/128.
123 Zu diesem Unterschied zwischen Fachplanung und Eingriffsregelung BVerwG, Urt. v. 7.3.1997 – 4 C 10.96, NuR 1997, 404.

130 Die Frage, ob die Abwägungsentscheidung der Behörde in vollem Umfang der **gerichtlichen Kontrolle** unterliegt, wurde vom BVerwG zunächst dahingehend beantwortet, dass das Gericht nur nachzuprüfen habe, ob die Abwägung den an sie zu stellenden Anforderungen entspricht.[124] Später hat das BVerwG[125] zu einem privilegierten Außenbereichsvorhaben entschieden, nicht nur die Frage, ob dem Vorhaben nach § 35 Abs. 1 BauGB öffentliche Belange entgegenstehen, unterliege der vollen gerichtlichen Kontrolle (schon bisher ständige Rspr.), sondern auch die Abwägungsentscheidung nach der Eingriffsregelung. Zwar hätten die bauplanungsrechtlichen und die naturschutzrechtlichen Zulassungsvoraussetzungen für Außenbereichsvorhaben eigenständigen Charakter und seien unabhängig voneinander zu prüfen, und es sei vom Zweck des Naturschutzrechts her denkbar, dass ein privilegiertes Vorhaben zwar die Hürde des § 35 Abs. 1 BauGB nimmt, aber an der naturschutzrechtlichen Eingriffsregelung scheitert oder nur mit Auflagen genehmigungsfähig ist. Die bauplanungsrechtlichen Genehmigungsvoraussetzungen mit ihrer „nachvollziehenden" und uneingeschränkt gerichtlich überprüfbaren Abwägung gäben aber den Rahmen für die Rechtsnatur und die daraus folgende gerichtliche Überprüfbarkeit der naturschutzrechtlichen Abwägungsentscheidung maßgebend sei. Das ergebe sich aus dem insoweit „akzessorischen Charakter" der Eingriffsregelung. Der Unterschied zur früheren Entscheidung liege darin begründet, dass es dort um eine Planfeststellung mit Entscheidungsspielraum ging. Diese Begründung überzeugt nicht. Denn dass „durch die Eingriffsregelung eine „Modifizierung der zugrunde liegenden Zulassungsentscheidung" bewirkt wird, ist gerade nicht der Fall, sondern die Eingriffsregelung hat, wie das Gericht zuvor selbst betont, eigenständige Zulassungsvoraussetzungen. Sie wird lediglich im baurechtlichen Verfahren vollzogen, und dieses „Huckepackprinzip" kann keine Veränderung der materiellen Regelung des Naturschutzrechts zur Folge haben. Selbst in einem Planfeststellungsverfahren wäre dessen Konzentrationswirkung nur formell und würde den Regelungsgehalt der anzuwendenden Vorschriften nicht beeinflussen: Die Konzentrationswirkung der Planfeststellung gemäß § 75 Abs. 1 Satz 1 VwVfG umfasst die Befreiung von den in einem Landschaftsschutzgebiet geltenden Veränderungsverboten. Sie entbindet aber nicht von der Beachtung der materiellrechtlichen Befreiungsvoraussetzungen.[126]

131 Die Rechtsnatur der Abwägung nach § 15 Abs. 5 kann daher nur einheitlich gesehen werden, nicht abhängig vom Zulassungsverfahren, in dem die Eingriffsregelung zu vollziehen ist. Deshalb kann auch die Frage der gerichtlichen Überprüfbarkeit nur einheitlich für alle Fälle der Abwägung nach § 15 Abs. 5 beantwortet werden. Die Entscheidungsbehörde hat im Benehmen mit der Naturschutzbehörde die Belange von Naturschutz und Landschaftspflege, die zu erwartenden Beeinträchtigungen von Naturhaushalt und Landschaftsbild und die ins Auge gefassten Vermeidungs-, Ausgleichs- und Ersatzmaßnahmen darzustellen und zu bewerten. Aus diesen im Vollzug des § 15 Abs. 2 gewonnenen Erkenntnissen über den Umfang der Kompensierbarkeit ergibt sich das Ausmaß der verbleibenden erheblichen Beeinträchtigungen. Bei dessen Bestimmung hat die Behörde einen fachlichen Bewertungsspielraum. Was die eigentliche Abwägung betrifft, fehlt in der Regel ein gemeinsamer Maßstab für Nutzungs- und Naturschutzinteressen. Daher wird der Behörde auch bei der Entscheidung, ob die Eingriffs- oder die Na-

---

124 BVerwG, Urt. v. 27.9.1990 – 4 C 44.87, NuR 1991, 124/128. A.A. (volle gerichtliche Überprüfbarkeit der Abwägung) *Halama* NuR 1998, 633/636.
125 BVerwG, Urt. v. 13.12.2001 – 4 C 3.01, NuR 2002, 360.
126 BVerwG, Urt. v. 26.3.1998 – 4 A 7.97, NuR 1998, 605.

turschutzinteressen vorrangig sind, in der Literatur[127] ein Abwägungsermessen zugebilligt, dessen Ausübung den allgemeinen Anforderungen unterliegt. Andererseits sind vergleichbare Abwägungsentscheidungen der vollen gerichtlichen Überprüfung unterworfen wie z.b. die Prüfung des Wohls der Allgemeinheit i.S.v. Art. 14 Abs. 3 Satz 1 GG, die Entscheidung nach § 48 Abs. 2 Satz 1 BBergG, ob der Aufsuchung oder Gewinnung überwiegende öffentliche Interessen entgegenstehen,[128] oder die erwähnte Abwägung nach § 35 BauGB. Daher sprechen die besseren Gründe auch hier dafür, eine nachvollziehende Abwägung mit voller gerichtlicher Überprüfbarkeit anzunehmen.

Sind die **Naturschutzbelange vorrangig,** so muss die Behörde den Eingriff untersagen. Umgekehrt darf der Eingriff nicht untersagt werden, wenn die Belange des Naturschutzes keinen Vorrang haben. Widerspricht der Eingriff einem anderweitigen naturschutzrechtlichen Verbot, so kann dieses nur auf dem dafür vorgeschriebenen Weg (z.B. durch Befreiung nach § 62), nicht aber durch die Abwägung überwunden werden.

3. Gegenstand und Maßstab der Abwägung

In der Abwägung „aller Anforderungen an Natur und Landschaft" nach Abs. 2 sind (als gegenläufige Interessen) **nicht nur öffentliche, sondern auch private Belange** zu berücksichtigen.[129] Dabei ist zu unterscheiden. Das abstrakte Interesse des Eigentümers, mit seiner Sache nach seinen Vorstellungen zu verfahren, fällt noch nicht spürbar ins Gewicht. Zu fragen ist nach dem konkreten Gegenstand der Nutzungsansprüche („Anforderungen an Natur und Landschaft"). Deren Gewicht ist bei Freizeit-/Hobbynutzungen gering und kann nicht ausgleichbare Beeinträchtigungen von Natur und Landschaft – sofern diese erheblich oder nachhaltig sind – schwerlich rechtfertigen.[130] Auch § 2 Abs. 1 Nr. 13 setzt bei der Bereitstellung von Flächen für sportliche Betätigungen voraus, dass diese natur- und landschaftsverträglich sind. Je mehr die private Betätigung auch im öffentlichen Interesse liegt (z.B. Rohstoffgewinnung, Wohnungsbau, wirtschaftliche Entwicklung), desto größeres Gewicht kommt ihr zu. Umgekehrt kann das Gewicht des privaten Interesses an der Naturnutzung auch nicht durch öffentliche Interessen gestützt sein.[131] Schließlich gibt es Vorhaben, die allein im öffentlichen Interesse durchgeführt werden, wie z.B. Maßnahmen der Infrastruktur, der Verteidigung usw.[132] Eingriffe, für die ein öffentliches Interesse spricht, haben nicht schon deswegen Vorrang vor den Naturschutzbelangen. Auch Naturschutz und Landschaftspflege gehören zu den überragenden Gemeinwohlbelangen.[133] Das Abwägungsgebot dient daher auch bei öffentlichen Planungen nicht nur der Bereinigung von Rand- und Folgepro-

---

127 *Louis/Engelke,* LPflegG RP, Rdnr. 40 zu § 5: „Spielraum" der Behörde.
128 Vgl. etwa BVerwG, Urt. v. 15.12.2006 – 7 C 1.06, BVerwGE 127, 259.
129 OVG Koblenz, Urt. v. 18.9.1986 – 8 A 77/84, NuR 1987, 275; OVG Lüneburg, Urt. v. 14.8.1990 – 3 L 103 /89, NuR 1991, 285; ohne ausdrückliche Erwähnung wohl auch BVerwG, Urt. v. 27.9.1990 a.a.O., wonach das Interesse des Klägers an der Ausübung der Fischereiwirtschaft in die Abwägung einzustellen sei; *Berkemann,* NuR 1993, 97/104 unter Hinweis auf Art. 14 Abs. 1 Satz 2 GG; a.A. VGH München, Urt. v. 12.3.1991 – 8 B 89.2169, NuR 1991, 339: nur öffentliche Belange.
130 VG Regensburg, Urt. v. 26.9.1990 – RN 3 K 89.1822, NuR 1991, 444/446 zu einer das Landschaftsbild beeinträchtigenden Drachenflieger-Startrampe m.w.N. der Rspr.
131 VG Regensburg, Urt. v. 26.9.1990 – RO 3 K 89.0968, NuR 1991, 290: kein öffentliches Interesse an weiterer Steigerung der landwirtschaftlichen Produktion.
132 Vgl. *Berkemann,* NuR 1993, 97/104.
133 BVerfG, Urt. v. 3.11.1982 – 1 BvL 4/78, NuR 1983, 151 zum Artenschutz.

blemen; sondern kann die Grundentscheidung in Frage stellen und muss das Vorhaben zum Scheitern bringen, wenn die Naturschutzbelange größeres Gewicht haben.[134] Welchem Belang der Vorrang gebührt, lässt sich nur im **Einzelfall** entscheiden.[135]

134 Bei der Abwägung ist die **Ortsgebundenheit** von Belangen (des Naturschutzes, aber auch der Nutzungsinteressen) zu berücksichtigen. Die Standortfrage spielt bei Energiegewinnungsanlagen oft eine Rolle. Ist die Energieausbeute gering und die Beeinträchtigungen von Natur und Landschaft erheblich, so bildet die Energiegewinnung, auch wenn sie im Übrigen „umweltfreundlich" erfolgt, i.d.R. keinen überwiegenden Belang, denn ein allgemeiner Vorrang hätte starke Eingriffe in unbelastete Bereiche zur Folge.[136] In den zuletzt genannten Fällen ist eine Raumplanung zweckmäßig, wie überhaupt Vorgaben der Landes- und Regionalplanung eine Rolle spielen können, je nach dem Grad ihrer Konkretisierung und Verbindlichkeit.

135 Bei der Bestimmung des konkreten Gewichts der Naturschutzbelange ist den Zielen und Grundsätzen und ihrer Anwendung auf den Einzelfall – ggf. präzisiert durch Aussagen der Landschaftsplanung, durch Arten- und Biotopschutzprogramme usw. – besondere Bedeutung beizumessen. Je gewichtiger die Belange des Naturschutzes sind, desto schwerer können sie durch Raumnutzungsinteressen überwunden werden. Dabei erlangt der **Umfang möglicher Kompensierbarkeit** von Beeinträchtigungen entscheidende Bedeutung. Je größer das Ausgleichs- und Kompensationsdefizit ist, desto mehr spricht für den Vorrang der Belange von Naturschutz und Landschaftspflege. Tendiert die Ausgleichbarkeit/Kompensierbarkeit gegen Null, wird auch die Untersagung des Eingriffsvorhabens immer wahrscheinlicher[137] und das Abwägungsermessen eingeengt. Ungeachtet dessen können bei der Abwägung nach der Eingriffsregelung selbst schwere Beeinträchtigungen des Naturhaushalts und des Landschaftsbildes in Kauf genommen werden, wenn den für den Eingriff sprechenden Gründen größeres Gewicht zukommt.[138] Denn „die Eingriffsregelung kennt keine unantastbaren Gebiete. Sie verbietet es nicht, selbst Landschaftsteile von überragendem ökologischen Wert für andere Zwecke in Anspruch zu nehmen. Sie macht Eingriffe lediglich davon abhängig, dass für die mit ihnen verbundenen Beeinträchtigungen ein Ausgleich geschaffen wird. Sie erschwert die Inanspruchnahme von Natur und Landschaft freilich insofern mittelbar, als sie so konzipiert ist, dass der Ausgleichsbedarf mit der Schwere des Eingriffs wächst. Ist ein Vollausgleich möglich, so nimmt sie jedoch selbst schwere Beeinträchtigungen des Naturhaushalts oder des Landschaftsbildes in Kauf. Auch bei einem Ausgleichsdefizit nötigt sie zu keinem abweichenden Ergebnis, wenn die gewichtigeren Gründe für den Eingriff sprechen. Ein weitergehender Schutz von Natur und Landschaft lässt sich, soweit nicht das Gemeinschaftsrecht eingreift, nur über Schutzgebietsausweisungen erreichen".

---

134 BVerwG, Urt. v. 21.3.1986 – 4 C 48.82, NuR 1987, 175/176.
135 BVerwG, B. v 21.8.1990 – 4 B 104.90, NuR 1991, 75.
136 VGH München, Urt. v. 5.5.1981 – 8 B 295/79, NuR 1982, 109 zur Ablehnung der Befreiung für ein kleines Wasserkraftwerk in einem als Naturdenkmal geschützten Auengebiet, entsprechende Überlegungen gelten auch im Kontext der Eingriffsregelung, etwa bei Windenergieanlagen.
137 *Halama*, NuR 1998, 633/637.
138 BVerwG, Urt. v. 31.1.2002 – 4 A 15.01, NuR 2002, 539 (Wakenitz).

VIII. Ersatzzahlung (Absatz 6)

1. Allgemeines

Die Ersatzzahlung liegt in der Konsequenz der Eingriffsregelung insofern, als die Unmöglichkeit von Ausgleich und Ersatz eine finanzielle Besserstellung des Verursachers nicht rechtfertigt.[139] Es handelt sich um eine verfassungsrechtlich zulässige Sonderabgabe. Die Verursachung des Eingriffs bildet eine die Erhebung der Abgabe rechtfertigende Sachnähe des Abgabepflichtigen zum Erhebungszweck. Die Gruppennützige Verwendung liegt darin, dass das Abgabenaufkommen insgesamt für Zwecke des Naturschutzes und der Landschaftspflege zu verwenden ist und damit nicht ausgleichbare Eingriffe angesichts des Ziels, Natur und Landschaft zu schützen, zu pflegen und zu entwickeln sowie Eingriffe zu vermeiden und unvermeidbare Eingriffe auszugleichen oder dafür Ersatz zu schaffen, zugunsten der Gruppe der Eingreifenden eher hingenommen werden können.[140] Dazu die Gesetzesbegründung:[141]

„Mit der Vorschrift des Abs. 6 wird die Ersatzzahlung nach entsprechenden Vorbildern in landesrechtlichen Vorschriften nunmehr auch bundesrechtlich geregelt. Sie ist vom Verursacher zu leisten, wenn eine erhebliche Beeinträchtigung der Leistungs- und Funktionsfähigkeit des Naturhaushalts nicht zu vermeiden ist, in angemessener Frist nicht ausgeglichen oder nicht ersetzt werden kann und die für die Durchführung des Vorhabens sprechenden Belange schwerer wiegen als die von Naturschutz und Landschaftspflege. Zur Bemessung der Höhe der Ersatzzahlung finden sich in den landesrechtlichen Regelungen zwei Wege: über eine Orientierung an den Kosten für die unterbliebenen Maßnahmen oder über die Bewertung von Dauer und Schwere des Eingriffs unter Berücksichtigung der dem Verursacher daraus erwachsenden Vorteile. Das Bundesrecht geht grundsätzlich den ersten Weg. Sollten allerdings die durchschnittlichen Kosten im Einzelfall nicht feststellbar sein, ist auf den zweiten Weg auszuweichen. In Satz 7 wird die Zweckbindung der Ersatzzahlung für Maßnahmen des Naturschutzes und der Landschaftspflege geregelt. Dabei muss es sich um praktische, reale und unmittelbar wirkende Maßnahmen in Natur und Landschaft handeln. Es besteht ein praktisches Bedürfnis, die Einzelheiten zur Kompensation von Eingriffen (Ausgleichs- und Ersatzmaßnahmen, Ersatzzahlung bei nicht möglicher Realkompensation) Dritten gegenüber verbindlich zu regeln, also nicht nur durch Verwaltungsvorschrift. In den Naturschutzgesetzen der meisten Länder sind diesbezügliche Verordnungsermächtigungen vorgesehen und bereits realisiert. Entsprechendes Landesrecht gilt fort, soweit es den bundesgesetzlichen Anforderungen nicht widerspricht. Sofern aber die Standardisierung von Ausgleichs- und Ersatzmaßnahmen eine Angelegenheit ist, die den Vollzug der Eingriffsregelung im gesamten Bundesgebiet betrifft, ist es erforderlich, dass auch der Bund die Möglichkeit erhält, solche Regelungen vorsehen zu können, ohne dass den Ländern die Möglichkeit genommen ist, bis zum Gebrauchmachen des Bundes von seiner Ermächtigung selbst Regelungen erlassen zu können. Diesem Anliegen dient die Vorschrift des Abs. 7."

2. Nachrangigkeit der Ersatzzahlung (Absatz 6 Satz 1)

Die Geldleistungspflicht ist gegenüber den anderen Verursacherpflichten nachrangig. Sie setzt voraus, dass ein Eingriff nach Abs. 5 (per Abwägungs-

---
139 Insofern gilt entsprechend, was nach altem Recht zur Einführung von Ersatzmaßnahmen durch die Länder gesagt wurde: BVerwG, Urt. v. 20.1.1989 – 4 C 15.87, NuR 1989, 345.
140 BVerwG, Urt. v. 4.7.1986 – 4 C 50.83, NuR 1986, 294.
141 BT-Drs. 16/12274, S. 58.

entscheidung) zugelassen oder durchgeführt, obwohl die Beeinträchtigungen nicht (vollständig) zu vermeiden oder nicht (vollständig) in angemessener Frist auszugleichen oder zu ersetzen sind.[142] Letzteres kann auf fachlichen Gründen beruhen (objektive Unmöglichkeit), aber auch darauf, dass z.b. der Verursacher die nötigen Flächen nicht beschaffen kann (subjektive Unvermögen). Sind objektiv Ersatzmaßnahmen möglich und kann sie der Verursacher nicht durchführen, etwa weil er sich die Verfügungsbefugnis (Eigentum, Dienstbarkeit) über die erforderlichen Grundstücke nicht verschaffen kann und nicht zur Enteignung berechtigt ist, so muss er dieses subjektive Unvermögen, um einen vorschnellen Freikauf zu verhindern, der Behörde schlüssig nachweisen. Denn die Zahlung ist für ihn eine Erleichterung gegenüber der Pflicht, Flächen zu beschaffen, dort Kompensationsmaßnahmen durchzuführen und darüber nach § 17 Abs. 7 Satz 2 zu berichten.

138 Die Feststellung, dass weder Vermeidung noch Ausgleich oder Ersatz innerhalb angemessener Frist möglich ist, ist **bezogen auf einzelne Beeinträchtigungen** und führt nur insoweit zur Ersatzzahlung. Daher kann es vorkommen, dass zur Kompensation der Eingriffsfolgen **teils Ausgleichs- oder Ersatzmaßnahmen** zu treffen, **teils Ersatzzahlung** zu leisten ist. Ausschließlich die Ersatzzahlung zu leisten hat der Verursacher nur in dem Fall, dass keinerlei Ausgleichs- oder Ersatzmaßnahmen möglich sind und das Vorhaben trotzdem zugelassen wird, was eher die Ausnahme ist.

139 Unzulässig ist es, die Stufenfolge der Verursacherpflichten zu missachten, etwa in der Weise, dass die Behörde (im Einvernehmen mit dem Verursacher) auf Ausgleich und Ersatz „verzichtet" und eine Ersatzzahlung festsetzt. Die **Ausgleichs- und Ersatzpflicht** nach Abs. 2 Satz 1 sind gesetzliche Pflichten des Verursachers, sie **stehen nicht zur Disposition der Behörde**. Die Behörde hat insoweit kein Ermessen, sie kann das Recht zur Beeinträchtigung von Naturhaushalt und Landschaftsbild nicht gegen Zahlung anstelle einer realen Kompensation, soweit eine solche möglich ist, „zuteilen".

3. Bemessung der Ersatzzahlung (Absatz 6 Satz 2 und 3)

140 Es gibt einen Hauptmaßstab (Satz 2) und einen Hilfsmaßstab (Satz 3): Die Ersatzzahlung bemisst sich primär nach den durchschnittlichen Kosten der nicht durchführbaren Ausgleichs- und Ersatzmaßnahmen einschließlich der erforderlichen durchschnittlichen Kosten für deren Planung und Unterhaltung sowie die Flächenbereitstellung unter Einbeziehung der Personal- und sonstigen Verwaltungskosten. Sind diese nicht feststellbar, bemisst sie sich nach Dauer und Schwere des Eingriffs unter Berücksichtigung der dem Verursacher daraus erwachsenden Vorteile.

141 Der **Hauptmaßstab** (Satz 2) ist hinreichend bestimmt, indem er auf fiktive, aber anhand der gesetzliche Beschreibung errechenbare Kosten Bezug nimmt. Es kann sich um Kosten für die Beschaffung und Gestaltung von Flächen handeln, aber auch um die Kosten des Abbruchs einer das Landschaftsbild vergleichbar beeinträchtigenden Anlage (etwa als fiktive Ersatzmaßnahme für die Aufstellung einer Windkraftanlage).

142 Der **Hilfsmaßstab** (Satz 3) erweckt Bedenken dahin, ob die im Gesetz genannten Kriterien Dauer und Schwere des Eingriffs (besser: der Beeinträchtigungen) mit den Prinzipien der Bestimmtheit und Normenklarheit verein-

---

142 Beim Landschaftsbild: weder landschaftsgerechte Wiederherstellung noch Neugestaltung.

bar sind. Sie sind kaum geeignet, den Umfang der geforderten Zahlungsverpflichtung in etwa vorausberechenbar machen und können zu willkürlichen Ergebnissen führen.[143] Es bedarf zur Konkretisierung der in Abs. 7 genannten Rechtsverordnung bzw. einer nach Abs. 7 Satz 2 einstweilen fortgeltenden Landesregelung. Der für die Berechnung der Höhe der Ersatzzahlung maßgebliche Eingriff besteht nur in den Beeinträchtigungen, die weder durch Ausgleichs- noch durch Ersatzmaßnahmen ausgeglichen bzw. kompensiert worden sind.[144] Rechtswidrig ist eine Kappungsgrenze, wie sie § 6 NaGBNatSchG vorsieht, wonach die Ersatzzahlung abweichend von § 15 Abs. 6 Satz 3 höchstens 7 % der Kosten für die Planung und Ausführung des Vorhabens einschließlich der Grunderwerbskosten beträgt. Die Gleichheit der Abgabenerhebung (Art. 3 GG) ist damit nicht gewährleistet. Außerdem werden die Verursacher, die vergleichbare Beeinträchtigungen unter ggf. hohen Kosten real kompensieren können, ohne sachlichen Grund schlechter gestellt. Denn die Vorhabenkosten erlauben keinen sicheren Schluss auf die Schwere der Beeinträchtigungen und die Kosten der Kompensationsmaßnahmen.[145]

Nähere Einzelheiten betreffend die **Höhe der Ersatzzahlung und das Verfahren zu ihrer Erhebung** können gem. Abs. 7 Satz 1 Nr. 2 durch Rechtsverordnung festgelegt werden. Solange und soweit das Bundesministerium für Umwelt, Naturschutz und Reaktorsicherheit von dieser Ermächtigung keinen Gebrauch macht, richtet sich das Nähere zur Kompensation von Eingriffen nach Landesrecht, soweit dieses den vorstehenden Absätzen nicht widerspricht (Abs. 7 Satz 2).

4. Festsetzung und Leistung der Ersatzzahlung (Absatz 6 Satz 4–6)

Die Ersatzzahlung ist von der zuständigen Behörde im Zulassungsbescheid oder, wenn der Eingriff von einer Behörde durchgeführt wird, vor der Durchführung des Eingriffs festzusetzen. Das Gesetz will damit verhindern, dass der Engriff zugelassen wird, die im Einzelfall damit verbundene Verpflichtung zur Ersatzzahlung aber auf die lange Bank geschoben wird. Daher ist auch die Zahlung vor der Durchführung des Eingriffs zu leisten. Wird ausnahmsweise ein anderer Zeitpunkt für die Zahlung festgelegt, so soll eine Sicherheitsleistung (§ 17 Abs. 5) verlangt werden. All das soll gewährleisten, dass sich der Eingriffsverursacher seinen Verpflichtungen nicht entzieht (auch ggf. durch Insolvenz) und nicht besser steht als wenn er reale Kompensationsmaßnahmen bezahlen müsste.

5. Zweckbindung (Absatz 6 Satz 7)

Die Ersatzzahlung ist zweckgebunden für Maßnahmen des Naturschutzes und der Landschaftspflege möglichst in dem betroffenen Naturraum zu verwenden, für die nicht bereits nach anderen Vorschriften eine rechtliche Verpflichtung besteht. Das ist konsequent, denn die Ersatzzahlung bildet eine Kompensation im weitesten Sinne. Es müssen praktische Maßnahmen zur Aufwertung des Naturhaushalts oder Landschaftsbilds unter Berücksichti-

---

[143] Vgl. VG Berlin, Urt. v. 11.2.2004 – 1 A 230.01, Grundeigentum 2004, 429. Zum ähnlich gelagerten Problem der Ersatzzahlung nach § 29 vgl. OVG Berlin, Urt. v. 26.1.2006 – 11 B 12.05, Grundeigentum 2006, 515; OVG Koblenz, Urt. v. 16.1.2008 – 8 A 10976/07, NuR 2008, 509. Die Bestimmtheit wird von OVG Lüneburg, Urt. v. 16.12.2009 – 4 LC 730/07, NuR 2010, 133 bejaht, wenn die Kriterien Dauer und Schwere an eine Obergrenze in Form eines Prozentsatzes der Investitionskosten gekoppelt sind.
[144] OVG Lüneburg, Urt. v. 16.12.2009 – 4 LC 730/07, NuR 2010, 133.
[145] Vgl. *Franzius*, ZuR 2010, 346/352.

gung der Landschaftsplanung finanziert werden (nicht aber z.B. Bücher über Naturschutz oder Radwege). Ein lockerer örtlicher Zusammenhang mit dem Eingriff wird durch die angestrebte Bindung an den Naturraum erreicht. Auch hier gilt, dass nur Maßnahmen anerkannt werden, die nicht schon nach anderen Rechtsvorschriften vorgeschrieben sind (vgl. § 16 Abs. 1 Nr. 2 und § 15 Abs. 6 und Rdnr. 63 f.).

IX. Eingriffe im Planfeststellungsverfahren

1. Standort- und Trassenwahl, Variantenprüfung

146 Wie im Zusammenhang mit der Vermeidungspflicht erwähnt (Rdnr. 20), beantwortet sich die Frage, inwieweit Standort- oder Trassenvarianten zu prüfen sind, nach dem einschlägigen Fachplanungsrecht, z.B. dem Fernstraßen- oder Eisenbahngesetz. Dies gilt nicht nur für den Aspekt der Vermeidung von Landschaftsbeeinträchtigungen, sondern auch für die Frage ihrer Ausgleichbarkeit. Die Rechtsprechung betrachtet die **Variantenprüfung als Teil der planerischen Abwägung**. Grundsätzlich ist eine Planungsalternative im Rahmen der Abwägung nur zu würdigen, wenn sie sich nach Lage der konkreten Verhältnisse aufdrängt oder naheliegt. Stehen mehrere Trassenvarianten in engerer Auswahl, dann können eine unterschiedliche Eingriffsintensität und ein unterschiedlicher Grad der Kompensation bei einer sachgerechten Auswahl grundsätzlich nicht außer Betracht bleiben.[146] Die Planfeststellungsbehörde ist dabei nicht verpflichtet, Varianten in jeder Beziehung gleich intensiv zu prüfen, sondern darf eine Variante, die auf Grund einer „Grobanalyse" weniger geeignet erscheint, in einem frühen Verfahrensstadium ausscheiden.[147] Andererseits leidet die Planung einer Straße, die einen wertvollen und schutzwürdigen Naturraum durchschneidet, an einem Abwägungsfehler, wenn Trassenalternativen, die diesen Raum umfahren, nicht ausreichend untersucht worden sind. Dabei kann als Alternative auch eine ortsnahe Trassenführung in Verbindung mit Maßnahmen des aktiven und passiven Lärmschutzes in Betracht kommen.[148]

147 Wenn sich die **Planungsalternativen** nur dadurch unterscheiden, dass die **Belange von Naturschutz und Landschaftspflege unterschiedlich stark betroffen** werden, gilt Folgendes: Ist das Ziel des Vorhabens ohne Aufopferung anderer Interessen mit geringeren Nachteilen für Natur und Landschaft an anderer Stelle zu verwirklichen, so verstieße es gegen das Abwägungsgebot, die Alternative zu wählen, die den intensiveren Eingriff darstellt. Erst recht widerspräche es dem Abwägungsgebot, einer Trassenvariante den Vorzug zu geben, obwohl die Belange, die für sie sprechen, den gegenläufigen Belangen von Naturschutz und Landschaftspflege bei einer situationsbezogenen Gewichtung im Range nachgehen.[149] Was die Kosten der Vermeidungs-, Ausgleichs- und Ersatzmaßnahmen bei den verschiedenen Standort- bzw. Trassenvarianten betrifft, verweist die Rechtsprechung auf das Wirtschaftlichkeitsgebot des § 7 BHO bei Maßnahmen der öffentlichen Hand und hält es daher für zulässig, bei der Abwägung in der Planfeststellung Kostengesichtspunkte zu berücksichtigen.[150] Dass für Vorkehrungen zum Schutz von

---

146 BVerwG, Urt. v. 12.12.1996 – 4 C 29.94, NuR 1997, 348.
147 BVerwG, Beschl. v. 24.9.1997 – 4 VR 21.96, NVwZ-RR 1998, 287.
148 BVerwG, Urt. v. 14.11.2002 – 4 A 15.02, NuR 2003, 360.
149 BVerwG, Urt. v. 7.3.1997 – 4 C 10.96, NuR 1997, 404 zum Fernstraßenrecht.
150 BVerwG, Urt. v. 22.3.1985 – 4 C 73.82, NuR 1985, 320 u. Beschl. v. 20.12.1988 – 4 B 211.88, NVwZ-RR 1989, 458. VGH Mannheim, Urt. v. 14.12.2000 – 5 S 2716/99 – zur B 29 (Kosten der Ortsumgehung ca. 90 Mio. DM, eines Natur und Landschaft schonenden Tunnels ca. 130 Mio. DM).

Natur und Landschaft höhere Kosten entstehen, rechtfertigt es jedoch nicht, eine in der Gesamtbetrachtung möglicherweise vorzugswürdige Alternative frühzeitig auszuscheiden.[151]

2. Vermeidung, Ausgleich und Ersatz

Diese Verursacherpflichten setzen ein, nachdem eine Standort- oder Trassenauswahl stattgefunden hat. Zur Bedeutung der Vermeidungspflicht vgl. Rdnr. 18 ff. Die Einzelheiten der Maßnahmen regelt der landschaftspflegerische Begleitplan. Die Rechtsprechung[152] gibt der Planfeststellungsbehörde bei der Bewertung der Kompensationswirkung von Ausgleichs- und Ersatzmaßnahmen eine **naturschutzfachliche Einschätzungsprärogative** und ist der Meinung, dass „die Ausgestaltung des naturschutzrechtlichen Kompensationsmodells hinsichtlich der Auswahl zwischen grundsätzlich gleich geeigneten Kompensationsmaßnahmen, der naturschutzfachlichen Abstimmung der Kompensationsmaßnahmen untereinander sowie der Berücksichtigung etwaiger multifunktionaler Kompensationswirkungen in erheblichem Umfang Elemente einer planerisch abwägenden Entscheidung aufweist."

3. Abwägung

Neben die fachplanungsrechtliche Abwägung tritt die spezifisch naturschutzrechtliche Abwägung nach Abs. 3. Sie ist dem fachgesetzlichen Zulassungstatbestand „aufgesattelt" und zwingt die Planfeststellungsbehörde, ihr (bisheriges) Abwägungsergebnis noch einmal unter dem Gesichtspunkt des Natur- und Landschaftsschutzes zu überdenken und gegebenenfalls von dem Vorhaben Abstand zu nehmen.[153]

X. Landesrecht

§ 15 ist die bundesrechtliche Ausformung des allgemeinen Grundsatzes in § 13, wonach erhebliche Beeinträchtigungen von Natur und Landschaft sind vom Verursacher vorrangig zu vermeiden sowie nicht vermeidbare erhebliche Beeinträchtigungen sind durch Ausgleichs- oder Ersatzmaßnahmen oder, soweit dies nicht möglich ist, durch einen Ersatz in Geld zu kompensieren sind. Landesrecht kann an dieser Rangfolge nichts ändern, insbesondere nicht die Gleichrangigkeit von realer Kompensation (Ausgleich und Ersatz) und Ersatzzahlung einführen, weil sie Inhalt des allgemeinen Grundsatzes ist. Soweit der Inhalt des § 15 nicht durch den allgemeinen Grundsatz des § 13 abgesichert ist, besteht ein Abweichungsrecht der Länder, etwa bei Abs. 3 oder 5 (dazu § 13 Rdnr. 5 ff.). Zu Abweichungen bei der Ersatzzahlung vgl. Rdnr. 142.

Die Regelung in § 4a LG NW[154] mit der Überschrift „Kompensationsmaßnahmen (zu § 15 BNatSchG)" weicht im Wortlaut von § 15 ab, verlautbart das aber nicht und bezeichnet auch nicht die Passagen des § 15, von denen abgewichen werden soll. Sie verstößt daher gegen Art. 20 Abs. 3 GG (Rdnr. 29 vor § 1).

---

151 BVerwG, Urt. v. 14.11.2002 – 4 A 15.02, NuR 2003, 360 (B 173).
152 BVerwG, Urt. v. 18.3.2009 – 9 A 40.07, NuR 2010, 41; Urt. v. 9.6.2004 – 9 A 11.03, NuR 2004, 795.
153 BVerwG, Urt. v. 27.10.2000 – 4 A 18.99, BVerwGE 112, 140/165.
154 In der Fassung von Art. 1 des Gesetz v. 16.3.2010, GV. NRW. S. 185.

Anhang 1 (zu Rdnr. 12)

152 Auf Funktionen von besonderer Bedeutung weisen folgende Kriterien hin:

Schutzgut Arten und Lebensgemeinschaften

153
- Alle natürlichen und naturnahen Lebensräume mit ihrer speziellen Vielfalt an Arten und Lebensgemeinschaften (einschl. der Räume, die bedrohte Tierarten für Wanderungen innerhalb ihres Lebenszyklus benötigen),
- Lebensräume im Bestand bedrohter Arten (einschl. der Räume für Wanderungen),
- Flächen, die sich für die Entwicklung der genannten Lebensräume besonders gut eignen und die für die langfristige Sicherung der Artenvielfalt benötigt werden.
- Vor allem sind Biotope gemäß § 30 BNatSchG bzw. entsprechender landesrechtlicher Regelungen und die Standorte, die für deren Entwicklung günstige Voraussetzungen bieten, besonders zu berücksichtigen. Gleiches gilt für die Lebensräume der in den einschlägigen Artenschutzabkommen und -übereinkommen aufgeführten Arten (z.b. FFH-Richtlinie, Bundesartenschutzverordnung, Ramsar-Konvention).

Schutzgut Landschaftsbild

154
- Markante geländemorphologische Ausprägungen (z.b. ausgeprägte Hangkanten, Vulkankegel, Hügel),
- Naturhistorisch bzw. geologisch bedeutsame Landschaftsteile und -bestandteile (z.b. geologisch interessante Aufschlüsse, Findlinge, Binnendünen),
- Natürliche und naturnahe, großräumige Ausprägungen von Gestein, Boden, Gewässer, Klima/Luft (z.b. Gebirge, Küsten, Watt),
- Natürliche und naturnahe Lebensräume mit ihrer spezifischen Ausprägung an Formen, Arten und Lebensgemeinschaften (z.b. Hecken, Baumgruppen, Relief),
- Gebiete mit kleinflächigem Wechsel der Nutzungsarten und -formen (z.B. Gebiete mit Realteilung),
- kulturhistorisch bedeutsame Landschaften, Landschaftsteile und -bestandteile (z.B. traditionelle Landnutzungs- oder Siedlungsformen),
- Landschaftsräume mit Raumkomponenten, die besondere Sichtbeziehungen ermöglichen,
- Charakteristische auffallende Vegetationsaspekte im Wechsel der Jahreszeiten (z.B. Obstblüte),
- Landschaftsräume mit überdurchschnittlicher Ruhe.

Schutzgut Boden

155
- Bereiche ohne oder mit geringen anthropogenen Bodenveränderungen, z.B. Bereiche mit traditionell nur gering den Boden verändernden Nutzungen (naturnahe Biotop- und Nutzungstypen),
- Vorkommen seltener Bodentypen,
- Bereiche mit überdurchschnittlich hoher natürlicher Bodenfruchtbarkeit.

Schutzgut Wasser

156
- Naturnahe Oberflächengewässer und Gewässersysteme (einschl. natürlicher/tatsächlicher Überschwemmungsgebiete) ohne oder nur mit extensiven Nutzungen,
- Oberflächengewässer mit überdurchschnittlicher Wasserbeschaffenheit,

- Vorkommen von Grundwasser in überdurchschnittlicher Beschaffenheit und Gebiete, in denen sich dieses neu bildet,
- Heilquellen und Mineralbrunnen.

Schutzgut Klima/Luft
- Gebiete mit geringer Schadstoffbelastung,
- Luftaustauschbahnen, insbesondere zwischen unbelasteten und belasteten Bereichen,
- Gebiete mit luftverbessernder Wirkung (z.b. Staubfilterung, Klimaausgleich),
- Gebiete mit besonderen standortspezifischen Strahlungsverhältnissen.[155]

Für die besonderen Funktionen des Schutzguts **Arten und Lebensgemeinschaften** lässt sich Folgendes anmerken:
Aus naturschutzfachlicher Sicht erscheint es nötig, zumindest zu überprüfen, ob und in welchem Umfang sich gleichartige Biotope in der Umgebung befinden und ob die von der Planung betroffenen Gebiete unentbehrlicher Teil eines Biotopverbunds sind (damit sind nicht nur Flächen gemeint, die auf Grund einer Biotopverbundplanung als solche „ausgewiesen" wurden, sondern alle Flächen, die tatsächlich für Tier- oder Pflanzenarten als solche genutzt werden). In der Praxis beschränken sich die floristischen/faunistischen Erhebungen zu häufig auf das tatsächliche Plangebiet. Vielfach werden lediglich Artenlisten erstellt, so dass bei der Bewertung des geplanten Eingriffs keine (durch Untersuchungen belegten) Aussagen z.B. zur Populationsgröße maßgeblicher Tierarten getroffen werden können. Diese Untersuchungen sind jedoch nötig, wenn die Wirkung eines Eingriffs auf den Naturhaushalt festgestellt werden soll. Faunistische Untersuchungen beschränken sich meist auf 1–2 Tiergruppen, die „stellvertretend für alle" erfasst werden. Aus diesen Erhebungen lässt sich zweifelsohne bereits eine qualitative Bewertung erstellen, man darf aber bei der Datenerhebung dennoch nicht versäumen zu überprüfen, ob seltene, gefährdete oder z.B. für einen Naturraum repräsentative Arten anderer Tiergruppen dort vorkommen oder durch den Eingriff beeinträchtigt werden könnten. Häufig nicht berücksichtigt werden z.B. Fledermäuse, die unterschiedliche Winter-, Sommer- und Jagdhabitate aufweisen. Sie werden aber von Eingriffen auch dann betroffen, wenn diese z.B. die Flugwege zwischen den Habitaten beeinträchtigen.

Anhang 2 (zu Rdnr. 16)
Welche Funktionen des Naturhaushalts oder des Landschaftsbilds beeinträchtigt werden können, ist im Folgenden bezogen auf das jeweilige Schutzgut beispielhaft aufgeführt:

1. Schutzgut Arten und Lebensgemeinschaften
1.1 Arten- und Lebensraumfunktion. Seltene bzw. gefährdete Biotope und Arten gemäß § 30 BNatSchG, Rote-Liste-Biotope, BArtSchVO, Rote-

---

155 Quelle: *Kiemstedt/Mönnecke/Ott*, 1996: Methodik der Eingriffsregelung, Teil III: Vorschläge zur bundeseinheitlichen Anwendung der Eingriffsregelung nach § 8 Bundesnaturschutzgesetz, Schriftenreihe der Länderarbeitsgemeinschaft Naturschutz, Landschaftspflege und Erholung (LANA) 6/1996.

Liste-Arten und ggf. sonstige lokal seltene Tier- und Pflanzenarten, -exemplare, -populationen und -bestände.

1.2 Spezielle Lebensraumfunktionen. Minimalareale, Vernetzungsfunktion (Habitate, Teilhabitate, Trittsteinhabitate).

2. Schutzgut Landschaftsbild

161 **2.1 Naturerfahrungs- und -erlebnisfunktion.** Optische, akustische, haptische und sonstige strukturelle und funktional räumliche Voraussetzungen für das Natur- und Landschaftserleben und für die Erholung [wegen der diesbezüglichen Rechtsfragen s. Rdnr. 37 ff. zu § 18].

2.2 Dokumentations- und Informationsfunktion. Zeugnisse der Natur- und Landschaftsgeschichte, z.B. Böden u.a. geologische Besonderheiten; Kulturlandschaften usw.

3. Schutzgut Boden

162 **3.1 Puffer- und Filterfunktion.** Zurückhaltung flüssiger oder gasförmiger Einträge in den Boden.

3.2 Infiltrationsfunktion. Durchlässigkeit von Böden und Bodenoberflächen für die Grundwasserneubildung.

3.3 Erosionsschutzfunktion. Schutz des fruchtbaren Oberbodens vor Abtrag durch Wasser oder Wind. Bodenfeuchte, Vegetationsbedeckung, Hangneigung, klimatische Einflüsse usw.

3.4 Biotische Ertragsfunktion. Natürliche Ertragsfähigkeit des Bodens als Grundlage für die Produktion von Biomasse und die nachhaltige Nutzung zur Erzeugung gesunder Nahrungsmittel unter Minimierung zusätzlicher Energiezufuhr.

3.5 Lebensraumfunktion. Boden als Standort für Pflanzen, Lebensraum für Tiere und zur Entwicklung von Biotopen.

4. Schutzgut Wasser

163 **4.1 Grundwasserneubildungsfunktion.** Grundwasserneubildungsmengen und Qualität des zugeführten Wassers.

4.2 Grundwasserschutzfunktion. Schutz der Grundwasserkörper und -vorkommen vor Verschmutzung und „übermäßigem" Entzug. Deckschichten, Bodenarten usw.

4.3 Oberflächenwasser-Schutzfunktion. Schutz der Wasserqualität und -mengen der Oberflächengewässer (u.a. als Lebensgrundlage und -raum für Tiere und Pflanzen; Gewässer als Lebensräume siehe Schutzgut „Arten und Lebensgemeinschaften").

4.4 Retentionsfunktion. Wasserrückhaltung „auf der Fläche" und durch die Erhaltung und den Ausbau von Retentionsräumen und -anlagen.

5. Schutzgut Klima/Luft

5.1 Bioklimatische Ausgleichsfunktion. Thermische Komponente: Überwärmungen in Agglomerationsräumen/Bereichen hoher Versiegelung. Physikalische Komponente: Kaltluftentstehung- und -transport, Reinluftentstehung- und -transport. 164

5.2 Immissionsschutzfunktion. Schutz vor Luftverunreinigungen aller Art. Vegetation als Filter belasteter Luft, Luftschadstoffe, klimatische Einflüsse (u.a. als Lebensgrundlage und -raum für Tiere und Pflanzen).[156] 165

Anmerkung: Bei der Beurteilung des Naturhaushalts und des Landschaftsbildes sind meist Sachverhalte zu bewerten, die nicht kardinal mess- und beschreibbar sind, sondern nur ordinal eingestuft oder nominal benannt werden können. Dem werden die gängigen **Biotopwertverfahren** nicht gerecht. Sie ermöglichen zwar eine einfache Kompensationsflächenbestimmung und Bilanzierung, billigen jedoch bewusst bewertungsmethodische Fehler. Das wichtigste Merkmal dieser Verfahren ist die Verrechnung von Wertigkeiten/Bewertungsziffern mit Flächeneinheiten/Flächengrößen(-ziffern). Es erfolgt eine – mathematisch und bewertungstheoretisch abzulehnende, weil fehlerhafte – Verrechnung ordinaler Wertziffern mit kardinalen Flächengrößen. Ordinalzahlen geben zwar eine Rangfolge wieder, sie haben aber keine numerische Grundlage, d.h. dass z.B. die Wertstufe 2 nicht den doppelten Wert von Rangstufe 1 hat. Eine numerische „Weiterverarbeitung" ist daher mathematisch falsch. Die errechneten Werte täuschen eine mathematische Genauigkeit vor, die nicht gegeben ist, zumal die Ungenauigkeiten der Messung in keinem Verhältnis zur Genauigkeit der Rechenoperationen steht. Die Spezifizierungsfehler durch unsichere Indikatoren werden durch die Messfehler der Wertziffern potenziert. Zudem suggerieren die Biotopwertverfahren, dass es eine grundsätzliche Austauschbarkeit von ökologischer Wertigkeit (Qualität) und flächiger Ausdehnung (Quantität) gibt, was nicht zutrifft. Auf ihre Anwendung sollte daher verzichtet werden (vgl. auch Rdnr. 14, 65). 166

Anhang 3 Vermeidungs-, Ausgleichs- und Ersatzmaßnahmen im marinen Bereich

I. Grundsätzliche Voraussetzungen und Anforderungen an die Umsetzung der Eingriffsregelung im marinen Bereich

1. Einleitung

Die möglichen **Eingriffshandlungen** im marinen Bereich sind bei § 14 Rdnr. 6 f., 12 beschrieben. Generell sind alle menschlichen Nutzungen im Meeres- und Küstenbereich, die (auch) den Meeresboden betreffen, geeignet, einen Eingriff darzustellen, wobei dessen Erheblichkeit die Voraussetzung für die Anwendung der Eingriffsregelung ist. Dazu zählt z.B. der Bau von Brücken über Meeresengen, die Errichtung von Offshore-Anlagen, der Abbau von Bodenschätzen, das Verlegen von Seekabeln, Öl- und Erdgasleitungen (Pipelines), aber auch Mollusken-Marikulturen in der Form der Bodenkultur. Die Eingriffsregelung als flächendeckender oder „ubiquitärer" 167

---

156 Quelle: *Kiemstedt/Mönnecke/Ott, 1996:* Methodik der Eingriffsregelung, Teil III: Vorschläge zur bundeseinheitlichen Anwendung der Eingriffsregelung nach § 8 Bundesnaturschutzgesetz, Schriftenreihe der Länderarbeitsgemeinschaft Naturschutz, Landschaftspflege und Erholung (LANA) 6/1996.

Minimalnaturschutz[157] zur Folgenbewältigung und zur Umsetzung des verfassungsrechtlichen Verschlechterungsverbotes des Art. 20a GG kennt keine *prinzipiellen* Unterschiede zwischen terrestrischen und marinen Eingriffen.[158] Es sprechen auch keine fachlichen Gründe dafür, den Naturschutz im marinen Bereich nicht in gleicher Weise instrumental umzusetzen wie im terrestrischen Bereich. Von daher ist die Erstreckung der Eingriffsregelung auf alle Meereszonen, bei denen die Bundesrepublik Deutschland Hoheitsbefugnisse hat, naturschutzfachlich gefordert.[159] Es gelten deshalb die Grundsätze zu Art und Umfang der Ermittlung betroffener Naturschutzbelange sowie zur Bewertung grundsätzlich auch im marinen Bereich (vgl. Rdnr. 5 ff.).

168 Allerdings gibt es eine Reihe von **rechtlichen Besonderheiten** im marinen Bereich. Die wichtigsten sind:
- Es gibt kein Grundeigentum; teilweise liegt die Verwaltung der „Grundstücke" beim Bund. Durch das fehlende Grundeigentum wird auch die dauerhafte rechtliche Absicherung von Kompensationsmaßnahmen erschwert.
- Die „Grundstücke" sind nicht veräußerbar.
- Die Nutzungsrechte werden in eigenartigen „Lizenzsystemen" vergeben und sind überwiegend nicht handelbar.
- Vor allem die Fischerei unterliegt – jedenfalls außerhalb der 12 sm-Zone des Küstenmeers – nicht der nationalstaatlichen Regelungskompetenz.

169 Seitdem sich abzeichnete, dass die Eingriffs- und Ausgleichsregelung nicht nur im engeren Küstenbereich, sondern auch im Küstenmeer und in der Ausschließlichen Wirtschaftszone (AWZ) Anwendung finden würde, hat sich der **BLANO**[160]-Gesprächskreis „Meeres- und Küstennaturschutz" im Jahre 2005 die Aufgabe gesetzt, **Empfehlungen** zu Ausgleichs- und Ersatzmaßnahmen bei menschlichen Eingriffen in marinen Bereichen zu erarbeiten. Die nachfolgenden Ausführungen lehnen sich an einen Entwurf dieser Empfehlungen an und berücksichtigen eigene Erfahrungen. Im Nachfolgenden geht es vor allem um **naturschutzfachliche Grundsätze** zur Vermeidung und Minimierung, für den Ausgleich und den Ersatz im marinen Bereich, die in den unterschiedlichen Trägerverfahren, z.B. nach der Seeanlagenverordnung oder dem Bergrecht, anzuwenden sind. Viele Maßnahmen im marinen Bereich sind auch UVP-pflichtig. Die nachfolgenden Grundsätze sollten dann bereits bei der Umweltverträglichkeitsstudie (UVS) des Vorhabenträgers berücksichtigt werden. Von ähnlichen Grundsätzen naturschutzfachlicher Art ist im marinen Bereich auch bei den sogenannten Kohärenzsicherungsmaßnahmen für das Netz „Natura 2000" auszugehen. Hierfür wird auf die Kommentierung zu § 34, Rdnr. 113 hingewiesen.

---

157 *Czybulka/Rodi*, BayVBl. 1996, 513 ff.
158 *Czybulka*, NuR 1999, 564.
159 Die Erstreckung der Eingriffs- und Ausgleichregelung auf den marinen Bereich forderte *Czybulka* auf dem Vierten Warnemünder Naturschutzrechtstag 1999; vgl. die spätere Veröffentlichung: Mariner Naturschutz im Küstenmeer und in der ausschließlichen Wirtschaftszone, in *Czybulka* (Hrsg.), Naturschutz und Rechtsregime im Küsten- und Offshore-Bereich, Vierter Warnemünder Naturschutzrechtstag, 2003, S. 151 ff; ders. NuR 2001, 367 ff..
160 Bund-Länder-Ausschuss Nord- und Ostsee. Siehe zum Folgenden „Ausgleichs- und Ersatzmaßnahmen sowie Kohärenzsicherungsmaßnahmen im marinen Bereich". Empfehlungen des BLANO-Gesprächskreises „Meeres- und Küstennaturschutz", Juni 2009.

170 Im marinen Bereich sind jeweils die spezifischen rechtlichen Voraussetzungen und Zuständigkeiten, die in den unterschiedlichen **Meereszonen** gelten, zu berücksichtigen. Wesentliche und für die Praxis relevante Unterschiede bestehen vor allem zwischen dem Rechtsregime in den Küstengewässern (Innere Gewässer und Küstenmeer) und der ausschließlichen Wirtschaftszone (AWZ). Gebiete der Hohen See gibt es weder in der Nord- noch in der Ostsee. Grundlegende Ausführungen zu den Meereszonen finden sich in der Kommentierung vor § 56 und zu § 56 Rdnr. 2 ff.

171 Die **Naturräume** im Küsten- und Meeresbereich sind nicht identisch mit den einzelnen Meereszonen, die im Seerechtsübereinkommen (SRÜ) schematisch und nicht nach den Naturgegebenheiten festgelegt sind. Die Klassifizierung der Küstengewässer- und Küstenlebensräume und der Flachwasserzonen ist weiter fortgeschritten als die der Tiefwasserbereiche. Da die Eingriffsregelung auch nach der Novellierung durch das BNatSchG 2010 den Naturraumbezug nicht aufgibt, ist dies für die Festlegung von Ausgleichs- bzw. Ersatzmaßnahmen und die „Entscheidungskaskade" der Eingriffsregelung von hoher Bedeutung. Es ist zwar nicht von vornherein ausgeschlossen, dass küstennahe terrestrische Eingriffe durch Maßnahmen im marinen Bereich oder umgekehrt auch Eingriffe in den Küstengewässern (teilweise) auch durch Maßnahmen an Land oder „semi-marine" Maßnahmen kompensiert werden können, insbesondere wenn Zusammenhänge im Naturhaushalt und Stoffwechsel bestehen, wie dies etwa bei Ästuaren oder küstennahen Lebensräumen oft der Fall sein wird; der Umsetzung eines „Integrierten Küstenzonenmanagements" steht die Eingriffsregelung also nicht prinzipiell im Wege. Allerdings verbietet es sich mit zunehmender Entfernung des Eingriffsorts von der Küste, Kompensationsmaßnahmen etwa auf dem Land und ohne deutliche ökosystemare Zusammenhänge mit dem geschädigten (marinen) Naturraum zuzulassen, nur weil diese möglicherweise leichter umzusetzen sind. Hier kommt nur eine Kompensation im marinen Bereich in Frage.

2. Umsetzung der Vermeidungspflicht im marinen Bereich

172 Der Vermeidungspflicht und dem damit zusammenhängenden Minimierungsgebot kommt im Meer eine **besondere Bedeutung** zu. Geeignete Maßnahmen zur Minimierung und Vermeidung sind schon deshalb bevorzugt zu treffen, weil die fachliche Geeignetheit und Wirksamkeit von Ausgleichs- und Ersatzmaßnahmen im marinen Bereich zum Teil noch fraglich ist bzw. auf dem Prüfstand steht. Der zweite Grund für die besondere Bedeutung dieses Gebots hängt mit der rechtlichen Besonderheit im marinen Bereich zusammen, dass es hier keine Eigentümer gibt und abweichende Standortplanungen und zumutbare **Alternativen** sich im Allgemeinen rechtlich leichter verwirklichen lassen. Selbst bei der Verlegung von unterseeischen Kabeln und Rohrleitungen sind trotz der Einschränkung in § 57 Abs. 3 Nr. 4 noch Trassenvarianten denkbar (vgl. hierzu § 57 Rdnr. 88 ff.). Die Prüfung der Vermeidbarkeit muss also im marinen Bereich darauf erstreckt werden, dass der Eingriff im Allgemeinen auch „verlegt" werden kann. Dies gilt auch für Genehmigungen, die der Rechtsnatur nach Kontrollerlaubnisse (und keine planerischen Entscheidungen) sind, auf deren Erteilung der Antragsteller also einen Anspruch hat. Die Bindung an den Ort des Vorhabens ist also im marinen Bereich nicht so eng wie bei der Unterlassung vermeidbarer Beeinträchtigungen im terrestrischen Bereich (vgl. Rdnr. 19 f.).

173 Zu den Vermeidungsmaßnahmen im marinen Bereich gehört auch die adäquate Festlegung von **Bauzeiten** im Genehmigungsbescheid. Bei der Errichtung von Anlagen ist darauf zu achten, dass besonders empfindliche Phasen (z.b. Vogelrast- und -zugzeiten, Reproduktionszeiten von Fischen und Meeressäugetieren) von Bauaktivitäten möglichst freigehalten werden.

3. Naturschutzfachliche Grundsätze für Ausgleichsmaßnahmen im marinen Bereich

174 **Ausgleichsmaßnahmen** bei erheblichen Beeinträchtigungen des **Naturhaushalts** sollen – auch im marinen Raum – die beeinträchtigten Funktionen des Naturhaushaltes (gleichartig) in ihrer speziellen räumlich konkreten Ausprägung zeitnah wiederherstellen. Für Ausgleichsmaßnahmen ist somit ein enger funktionaler und in der Regel auch räumlicher und zeitlicher Zusammenhang zu den beeinträchtigten Funktionen erforderlich. Im marinen Bereich bedeutet dies insbesondere, dass zu unterscheiden ist zwischen der Beeinträchtigung des Lebensraums (der Habitate) von Vögeln, Meeressäugern und Fischen im allgemeinen Sinne (unten 5.) und der spezifischen Schädigung von Benthos-Gemeinschaften bzw. einer dauerhaften Veränderung der Zusammensetzung der benthischen (d.h. am Meeresgrund lebenden) Fauna, gegebenenfalls – in Flachwasserbereichen – auch der Flora (dazu unten 6.). Ein Ausgleich muss also in der gleichen funktionalen Kategorie erbracht werden. Ein Ausgleich wäre erbracht, wenn ein in der Größe und Funktion entsprechendes Gebiet (hierbei ist im marinen Bereich immer dreidimensional zu denken!) mit Habitateignung für betroffene Artengruppen von bereits bestehenden Störungen beruhigt wird, dies im räumlichen Zusammenhang mit dem Eingriff. Denkbar wären z.B. **Befahrens- und Fischereibeschränkungen** und ähnliche Beruhigungsmaßnahmen in Meeresgebieten, die für betroffene Meeresvögel, marine Säuger oder Fische die gleiche ökologischer Funktionalität haben. Viele Störungen im marinen Bereich, vor allem solche mit erheblichen Schallereignissen, aber auch Schiffsbewegungen, führen zum Ausweich- und Fluchtverhalten der betroffenen Lebewesen, für die dann entsprechende Auffanglebensräume zur Verfügung gestellt werden könnten. Die Einschränkungen und Beruhigungsmaßnahmen können bei zeitlich befristeten Beeinträchtigungen des Lebensraums (bau- bzw. arbeitsbedingte Auswirkungen) synchron zu dem Ausführungszeitraum des Eingriffes festgelegt werden.

175 Als Ausgleich für die **dauerhafte Errichtung von Anlagen** im marinen Bereich wären entsprechende unbefristete Befahrens- und Fischereibeschränkungen zu erlassen oder Maßnahmen zu ergreifen, die eine Reduzierung bzw. Aufgabe anderer störender menschlicher Aktivitäten zur Folge hätten. In der Praxis sind auf Grund der bestehenden Rechtslage die Möglichkeiten für Fischereibeschränkungen oder Befahrenseinschränkungen, die zur Kompensation genutzt werden könnten, jedoch stark eingeschränkt (vgl. dazu Rdnr. 190 ff. sowie die Kommentierungen zu § 57 Abs. 3 Nr. 1 [Schifffahrt] bzw. Nr. 3 [Beschränkungen der Fischerei]).

176 Die Veränderung von Wasseraustauschverhältnissen zwischen inneren und äußeren Seegewässern und in Ästuaren kann zu grundlegenden Veränderungen des Ökosystems führen. Als mögliche Kompensationsmaßnahme kommt die Wiederherstellung natürlicher **Wasseraustauschverhältnisse** von Bodden, Förden und Ästuaren, in denen der Wasseraustausch durch menschliche Eingriffe gestört ist, in Frage. So stellt die Öffnung von Dammbauwerken eine denkbare Kompensationsmaßnahme dar (Ersatz eines Straßendammes durch eine weniger beeinträchtigende Brücke).

177 Beeinträchtigungen des **Landschaftsbildes** treten bei der Errichtung von sichtbaren baulichen Anlagen im Meer auf. Da diese als solche nicht ausgleichbar sind, ist an Ersatzmaßnahmen und Ersatzzahlungen zu denken (Rdnr. 178 ff.). Zu erwägen ist aber auch, den Eingriff in ein Meeresgebiet zu verlegen, wo er infolge der Erdkrümmung von der Küste aus nicht wahrgenommen werden kann.

4. Naturschutzfachliche Grundsätze für Ersatzmaßnahmen und Ersatzzahlungen

178 Bei Beeinträchtigungen des Landschaftsbildes kommt als mögliche Ersatzmaßnahme der **Abbau störender Altanlagen** in Frage, die unterirdische Verlegung von Freileitungen und die Flächenrenaturierung im Küstenraum (Wiederherstellung natürlicher Überflutungsräume). Regelmäßig sind hier jedoch (zusätzlich) Ersatzzahlungen zu leisten. Der Rückbau von Altanlagen, Seekabeln etc. kann nur dann als Kompensationsmaßnahme erachtet werden, wenn hierzu nicht bereits eine anderweitige (öffentlich-rechtliche) Verpflichtung des Betreibers besteht, wie dies etwa § 12 der Seeanlagenverordnung ausdrücklich vorsieht.

179 Im marinen Bereich lässt sich eine **gestufte Abfolge von Ersatzmöglichkeiten** darstellen:
1. Maßnahmen mit gleichwertigem Funktionsbezug im betroffenen Naturraum,
2. Maßnahmen mit gleichwertigem Funktionsbezug und lockerem räumlichen Zusammenhang und
3. Maßnahmen mit stärker gelockertem Funktionsbezug zur allgemeinen Stärkung des betroffenen Naturraumes.

180 Eine grundsätzlich geeignete Maßnahme der Kompensationsleistung im *Küstenraum* ist die **Wiederherstellung natürlicher Überflutungsverhältnisse** auf heute landwirtschaftlich oder anderweitig genutzten Flächen. So beträgt etwa die Gesamtfläche des potentiellen Salzgrünlands in Mecklenburg-Vorpommern 31.000 ha, wovon gegenwärtig nur ca. 6.400 ha nicht eingedeicht sind.[161]

181 Die Möglichkeit der Kompensation durch **Wiederherstellung von benthischen Biotopstrukturen** besteht nur in wenigen Bereichen. Kompensationsmaßnahmen im Küstenraum für derartige Eingriffe im marinen Bereich sind deshalb in der Regel keine Ausgleichs-, sondern Ersatzmaßnahmen. Derartige Maßnahmen können zwar positive Auswirkungen auf die Leistungsfähigkeit des marinen Naturhaushalts haben, betreffen jedoch häufig andere Funktionen als die durch den Eingriff gestörten. Die Tier- und Pflanzenarten, die durch die Maßnahmen begünstigt werden, sind oftmals andere als die, die durch den Eingriff beeinträchtigt werden. In diesen Fällen ist auch zu überlegen, ob nicht zusätzlich Ersatzzahlungen erforderlich werden, um einen gleichwertigen Funktionsausgleich zu erreichen, wenn nicht das Vorhaben auf Grund der Abwägung ohnehin abgelehnt werden muss.

182 Verluste von **Vögeln** und ziehenden **Fledermäusen**[162] an Offshore-Einrichtungen sind durch eine geeignete Standortwahl und technische Maßnahmen (zeitweises Abschalten, Anbringung geeigneter Lichtzeichen) soweit wie

---

161 Gutachtlicher Landschaftsrahmenplan der Region Vorpommern. Erste Fortschreibung 2009, S. II–18.
162 Dass einige Fledermausarten über das Meer ziehen, ist belegt; es besteht jedoch weiterer Forschungsbedarf.

möglich zu vermeiden. Unvermeidbare Vogelverluste können kompensiert werden, indem andere, bestehende Gefahrenquellen beseitigt werden. Als weitere Kompensationsmaßnahme für die Beeinträchtigung des Fledermaus- und Vogelzuges sind Maßnahmen im Vermehrungs- und Überwinterungsgebiet oder auf dem Zugweg in Erwägung zu ziehen. Beeinträchtigungen von Tierarten können auch durch gezielte Maßnahmen zugunsten bestimmter Arten oder Artengruppen kompensiert werden. Dabei handelt es sich in der Regel um Ersatzmaßnahmen. Die Maßnahmen zielen auf die Verbesserung (anderer) Lebensraumfunktionen. Weitergehende Anforderungen des besonderen Artenschutzrechtes sind hier nicht behandelt (vgl. dazu die Kommentierung zu § 44 Abs. 5).

183 Die Beeinträchtigung der Lebensraumqualität von **marinen Säugern** kann durch Maßnahmen kompensiert werden, die zu einer Verminderung ihrer Mortalität in Fischernetzen, z.B. bei den in Nord- und Ostsee vorkommenden Schweinswalen, führen. Dabei müssen die Maßnahmen aber über die gesetzlich ohnehin vorgeschriebenen Maßnahmen (Einsatz von sog. Pingern bei Booten über 12 m Länge) hinausgehen.[163] Die Reproduktionsbedingungen für Robben könnten durch die Wiederherstellung bzw. Verbesserung von potentiellen Robbenliegeplätzen auch im Zuge von Kompensationsmaßnahmen verbessert werden. Allerdings muss die (konkrete) Chance bestehen, dass diese Plätze besiedelt werden, was etwa im Hinblick auf die Kegelrobbe an der deutschen Ostseeküste derzeit nicht bejaht werden kann.

184 Beeinträchtigungen des marinen Lebensraumes von **anadromen Fischen** und Rundmäulern (z.B. Lachs, Finte, Alse, Fluss- und Meerneunauge[164]) könnten auch durch Verbesserungen der Reproduktionsbedingungen im Süsswasser kompensiert werden, z.B. durch Verbesserung der Durchlässigkeit von Fliessgewässern, die Einstellung der Gewässerunterhaltung in Gewässerabschnitten mit Funktion als Laich- und Jungfischaufwuchsgebiet etc.

5. Insbesondere: Beeinträchtigungen des Lebensraumes von Vögeln, Meeressäugern und Fischen durch vorübergehende oder dauerhafte Störungen

185 Bei der Baggerung von Fahrrinnen, der Verklappung von Baggergut, dem Abbau von marinen Kiesen und Sanden oder der Errichtung von baulichen Anlagen wie Windenergieanlagen auf See entstehen Störungen. Das Gebiet verliert zeitweise seine Habitatfunktion für Meeresvögel, marine Säugetiere oder Fische. Störungsfaktoren sind (u.a.)
– Schiffsbewegungen,
– Lärm (durch Schiffsmotoren, Unterwasserschall beim Rammen, Arbeitslärm beim Baggern und Verklappen),
– Trübungsfahnen,
– Veränderungen des Nahrungsangebots oder der Nahrungsverfügbarkeit.

186 Auch hier kommt zunächst der Minimierung der Auswirkungen (Vermeidungsgebot) erhöhte Bedeutung zu. Dies gilt wohl auch bei der Errichtung von Windenergieanlagen (WEA), die im Übrigen nach § 56 Abs. 2 von der Anwendung des § 15 vorübergehend freigestellt sind (vgl. dazu die Kom-

---

163 Vgl. Verordnung (EG) Nr. 812/2004 des Rates v. 26.4.2004 zur Festlegung von Maßnahmen gegen Walbeifänge in der Fischerei und zur Änderung der Verordnung (EG) Nr. 88/98, ABl. EU v. 30.4.2004 Nr. L 150, S. 12.
164 Diese Fischarten und Rundmäuler sind zugleich überwiegend nach Anhang II bzw. IV der FFH-Richtlinie geschützt, der Lachs allerdings nur im Süßwasser.

mentierung bei § 56 Abs. 2, Rdnr. 47 ff.). Eine Minimierung der Auswirkungen kann über die Wahl des geeigneten Standortes, die zeitliche Anpassung der Bauzeit u.a. erreicht werden.

Die Errichtung von Offshore-Anlagen, insbesondere von Windparks kann auch einen *dauerhaften* Verlust von Lebensraum oder Lebensraumqualität für Meeresvögel und marine Säuger bedeuten. Die Wirkungen betriebsbedingter Geräusche der WEA im Schall- und Infraschallbereich (nach der Bauphase) sind noch unzureichend erforscht. Eine Ersatzmaßnahme könnte die Beruhigung anderer Lebensräume im gleichen Naturraum, also z.B. in der Deutschen oder Mecklenburger Bucht darstellen.

6. Langfristige oder dauerhafte Schädigungen von Benthos-Gemeinschaften

Die Bedeutung bestimmter Sedimente, vor allem von Kies, Sand und sogenannten Blockgründen, für darauf aufbauende marine Lebensräume ist groß. Ihre Herausbildung in den Meeren dauert zum Teil mehrere tausend Jahre. Die Entfernung dieser Sedimente im Rahmen der marinen Sand- und Kiesgewinnung, aber auch die Überlagerung des Meeresgrundes mit Baggergut, die Ausbaggerung von Fahrrinnen oder die Überbauung mit baulichen Anlagen (Fundamente für Forschungs- oder Bohrplattformen, WEA etc.), die Verlegung von Kabeln und Rohrleitungen auf dem Meeresgrund haben für die benthischen Zönosen in der Regel langfristige Schädigung oder dauerhafte Zerstörung zur Folge. Die Regeneration einer Benthoszönose, die durch Baggerung oder Verklappung geschädigt wurde, dauert einen erheblichen Zeitraum; von einer Regeneration kann erst gesprochen werden, wenn sich auch die natürliche Alterszusammensetzung der Population wieder herausgebildet hat. Sofern sich auf einer Fläche Nutzungen in gewissen Zeitabständen wiederholen, ist eine dauerhafte Regeneration der Benthoszönose nicht möglich. Das ist nicht nur bei der industriellen Sand- und Kiesgewinnung, sondern auch beim Ausbau und Bau von Fahrrinnen der Fall. Die Schädigung oder Zerstörung von benthischen Lebensgemeinschaften führt auch zu einer Verminderung des Nahrungsangebotes für Fische und tauchende Seevögel, sofern die betroffenen Gebiete in erreichbaren Tiefenzonen liegen. Im Bezug auf die **Sand- und Kiesgewinnung** findet das Bergrecht, insbesondere das Bundesberggesetz Anwendung, im Bereich des Festlandsockels auch die Bergverordnung für den Festlandsockel (FlsBergV)[165]. Zur bisherigen Rechtslage gibt es eine einschlägige Monographie, auf die verwiesen werden muss.[166] Infolge der gravierenden Auswirkungen des marinen Sand- und Kiesabbaus (neben der Substratentfernung und Veränderung der Bodenmorphologie u.a. auch die Veränderung der hydrographischen Verhältnisse und die Freisetzung chemischer Stoffe) wird hier ein breites Anwendungsfeld der Eingriffs- und Ausgleichregelung eröffnet. Für den Ostseeraum enthält die HELCOM-Empfehlung 19/1 vom 23.3.1998 detaillierte Regelungen zur Vermeidung und Minimierung der Umweltauswirkungen, u.a. die Durchführung eines Monitoring und einer UVP vor Erteilung einer Genehmigung. Der BLANO hat zur Umsetzung einen „Leitfaden zur Prüfung der Umweltverträglichkeit bei Vorhaben zur Gewinnung mariner Sedimente in der Hoheitsgewässern und in der Ausschließlichen Wirtschaftszone (AWZ) der Bundesrepublik Deutschland" im Januar 2001 angenommen.[167]

---

165 Festlandsockel-Bergverordnung v. 21.3.1989 (BGBl. I S. 554), zuletzt geändert durch Art. 396 der Verordnung v. 31.10.2006 (BGBl. I S. 2407).
166 *Czybulka/Stredak*, Rechtsfragen der marinen Kies- und Sandgewinnung in Nord- und Ostsee; Zulassungserfordernisse und Umweltauswirkungen, 2008.

§ 15 189–192

189 Ausgleichs- und Ersatzmaßnahmen können durch eine dauerhafte Herausnahme aller oder mehrerer Nutzungen aus einzelnen Gebieten erfolgen, aber auch durch gezielte Einschränkungen der **Grundfischerei** (Grundschleppnetz- und Baumkurrenfischerei). Die Grundfischerei führt zu einem Durchpflügen des Meeresbodens und schädigt die benthische Fauna in ähnlicher Form wie der Sand- und Kiesabbau, der Fahrrinnenausbau oder die Übersandung durch Verklappung. Einschränkungen der Grundschleppnetzfischerei in den Territorialgewässern werden über die Küstenfischereiordnungen der Länder umgesetzt. So ist z.B. in § 10 der Küstenfischereiordnung für Mecklenburg-Vorpommern[168] geregelt, dass innerhalb einer Drei-Seemeilen-Zone grundsätzlich nur mit Methoden der sog. Passiven Fischerei sowie mit der Handangel gefischt werden darf. Allerdings gibt es zahlreiche Ausnahmen, die die obere Fischereibehörde zulassen kann. Es ist deshalb zu überprüfen, wie derartige Einschränkungen in Genehmigungs-, Planfeststellung- oder Plangenehmigungsverfahren integriert werden können, die das Regime der Eingriffsregelung als Trägerverfahren umsetzen. Dies erscheint jedenfalls im Bereich der AWZ im Hinblick auf die Regelung in § 57 Abs. 3 Nr. 3 nur sehr begrenzt möglich (vgl. hierzu die Kommentierung bei § 57 Rdnr. 66 ff.).

II. Eingriffe und Kompensationsmaßnahmen im marinen Bereich – Einzelheiten

1. Fischereiliche Beschränkungen

190 Wie dargestellt, könnten aus naturschutzfachlicher Sicht insbesondere Beschränkungen der Grundschleppnetz- und Baumkurrenfischerei, sowie der Stell- und Treibnetzfischerei geeignete Maßnahmen zur Kompensation von Eingriffen in den marinen Bereich darstellen. Hier ergeben sich allerdings erhebliche rechtliche Probleme bei der Um- und Durchsetzung (vgl. dazu die Kommentierung zu § 57 Abs. 3 Nr. 3).

2. Befahrensbeschränkungen

191 Auch Befahrensbeschränkungen können, wie dargelegt, aus naturschutzfachlicher Sicht eine geeignete Maßnahme zur Kompensation von Störungen, insbesondere von Wasservögeln und marinen Säugern darstellen. In den inneren Gewässern können diese mit entsprechender Begründung sowohl als Rechtsverordnung wie auch als Allgemeinverfügung erlassen werden. Schwierig ist auch hier die rechtliche Einbindung, weil Genehmigungsbehörde (für den Eingriff) und erlassende Behörde (für die Verordnung bzw. Allgemeinverfügung) sehr oft nicht identisch sind. In den Küstengewässern lassen sich Befahrensbeschränkungen durch eine auf § 5 Satz 3 Bundeswasserstraßengesetz gestützte, im Einvernehmen mit dem BMU zu erlassende Verordnung des BMVBS bewirken. Voraussetzung dafür ist allerdings die Ausweisung der Flächen, in denen die Befahrensbeschränkungen gelten sollen, als Naturschutzgebiet oder Nationalpark durch die Länder. Die Maßnahme kommt deshalb kaum als Kompensation für punktuelle Eingriffe in Frage.

192 Im Bereich der **AWZ** sind Befahrensbeschränkungen außerhalb von Sicherheitszonen um Anlagen (Art. 60 Abs. 4 SRÜ) nur über eine Beteiligung der

---
167 Vgl. http://www.bfn.de/0102_132.html.
168 Verordnung zur Ausübung der Fischerei in den Küstengewässern (Küstenfischereiverordnung – KüFVO M-V) v. 28.11.2006, GVOBl. M-V 2006, S. 843.

International Maritime Organisation (IMO) möglich. Anders stellt sich die Sachlage bei Befahrensbeschränkungen für die Freizeitfischerei und touristische Boote dar. Diese sind in weitem Umfange zulässig (vgl. hierzu die Kommentierung bei § 57 Abs. 3 Nr. 1, Rdnr. 39 ff.).

3. Kompensationsmöglichen bei Nähr- und Schadstofffreisetzungen

Kompensationsmöglichen bei Nähr- und Schadstofffreisetzungen, die bei Bearbeitung oder Extraktion der Sedimente nicht nur bei der Freihaltung von Fahrrinnen und der Sand- und Kiesgewinnung, sondern auch im Gefolge der Anlagenerrichtung oder Verlegungsarbeiten leicht auftreten können, bestehen in der Entfernung von nähr- und/oder schadstoffhaltigem Schlamm vor allem in flacheren Gewässern, oder z.B. in der Wiederherstellung der Nährstoffretentionsfunktion von Überflutungsräumen durch Ausdeichung.

4. Wiedererrichtung von Riffen

Die Wiedererrichtung von Riffen (auch unterseeischen Riffen) an Stellen, wo diese durch Baumaßnahmen oder (frühere) Steinfischerei zerstört oder verkleinert wurden, stellt eine geeignete Maßnahme zur Kompensation von Beeinträchtigungen von benthischen Lebensgemeinschaften, vor allen Dingen der Hartböden besiedelnden Gemeinschaften oder Fischen dar. Die Wirksamkeit dieser Maßnahme zur Erhöhung der Biodiversität und ist z.B. durch ein langjähriges Forschungsprojekt der Universität Rostock (künstliches Riff vor Nienhagen) nachgewiesen. Wenn natürliche Steine verwendet werden, dürfen diese nicht anderweitig geschützten marinen (oder terrestrischen) Biotopen oder Geotopen entnommen werden. Bei der Materialwahl und auch im Übrigen ist die regionale Vorgabe der OSPAR-Richtlinie über künstliche Riffe im Zusammenhang mit lebenden Meeresressourcen (Referenznummer 1999/13)[169] zu berücksichtigen.

In der AWZ gilt § 4 des Hohe-See-Einbringungsgesetzes (HSeeEG). Es dient der Umsetzung des Art. 4 des Protokolls vom 7.11.1996 zum Übereinkommen über die Verhütung der Meeresverschmutzung durch das Einbringen von Abfällen und anderen Stoffen von 1972.[170] Werden Riffe aus Natursteinen errichtet, so führt dies in der Regel nicht zu einer Gefährdung der Ziele des Protokolls, die Meeresumwelt vor Verschmutzung durch das Einbringen von Abfällen und anderen Stoffen zu schützen. Dem gegenüber kann z.B. das Versenken einer Plattform nicht mit ökologischen Erfordernissen begründet werden, weil insofern stets behauptet werden könne, man entledige sich der Sachen nicht, sondern schaffe künstliche Riffe.[171]

In den Küstengewässern können sich für die Einbringung des Riffs Genehmigungspflichten ergeben. Diese müssten jedoch bei Beachtung der obigen Maßgaben kein Problem darstellen. Maßnahmen, die, bezogen auf die einzelnen Schutzgüter, zur Verbesserung des Naturhaushalts beitragen, stellen keine Beeinträchtigung und somit keinen Eingriff dar. Das gilt auch für Ausgleichs- und Ersatzmaßnahmen.[172]

---

169 Vgl. www.ospar.org.
170 Vgl. BT-Drs. 13/10364, S. 10.
171 Vgl. dazu auch Ziff. 4.2 der genannten OSPAR-Richtlinie.
172 Vgl. § 15 Rdnr. 66.

5. Rückbau von Anlagen und Gefahrenquellen

197 Hier ist allgemein zu berücksichtigen, dass der Rückbau nur dann als Kompensationsmaßnahme anerkannt werden kann, wenn hierzu nicht bereits eine anderweitige Verpflichtung besteht: So wären etwa stromableitende Kabel als genehmigungspflichtige Anlagen nach der Seeanlagenverordnung gemäß § 12 Abs. 1 SeeAnlVO nach Erlöschen der Genehmigung zu beseitigen, wenn sie ein Hindernis für den Verkehr oder den Fischfang darstellen oder der Schutz der Meeresumwelt dies erfordert. Der OSPAR-Beschluss 98/3 verbietet die Entsorgung von außer Dienst genommenen Plattformen durch Versenkung oder durch das vollständige oder teilweise Zurücklassen.

6. Bau von Brücken und kombinierten Bauwerken (Brücke/Tunnel) über Meeresengen

198 Beim Bau von Brücken und kombinierten Bauwerken (Brücke/Tunnel) über Meeresengen treten zahlreiche Eingriffswirkungen auf. Neben den nahe liegenden wie Überbauung (Versiegelung) des Meeresbodens, Beeinträchtigung des Landschaftsbildes und Störungen von Vögeln und Meeressäugern (nicht nur während der Bauphase) ist besonders auch an die hydrographischen Auswirkungen zu denken. Mit Veränderungen des Wasserdurchstromes und der Mischungsverhältnisse geschichteter Wasserkörper ist ebenso zu rechnen wie mit so genannten Auskolkungen im Bereich der Fundamente und nachfolgenden Sedimentveränderungen. All dies hat wiederum Einfluss auf die vorhandene Fauna (und ggf. Flora).

7. Abbau und Förderung von Kohlenwasserstoffen (Erdgas/Erdöl)

199 Diese Nutzung hat aktuell nur Relevanz für die Nordsee. Im deutschen Ostseegebiet findet aktuell keine Förderung von Erdöl oder Erdgas statt. Mit folgenden negativen Auswirkungen ist zu rechnen:

200 Die zur Erkundung von Lagerstätten eingesetzte Technik bei seismischen Untersuchungen kann Meeressäuger, insbesondere Wale und Delfine schädigen oder stören. Die Fundamentierungen der Plattformen selbst sind massive Eingriffe in den Meeresboden. Dazu kommt wie bei allen Offshore-Anlagen die „Lichtverschmutzung", die den Vogelzug zumindest irritiert. Ölunfälle und sonstige unbeabsichtigte Öleinträge können zur direkten Schädigung benthischer Organismen, von Fischen, Meeressäugern und Vögeln führen. Durch eine Reihe von Beschlüssen im Rahmen der OSPAR-Konvention werden u.a. die Öleinleitungen durch Produktionswasser verringert. Die OSPAR-Empfehlung 2001/1 verpflichtete, die Öleinleitungen bis 2006 um 15 % zu senken, der Zielwert beträgt 30 mg Öl pro Liter Wasser. Der OSPAR-Beschluss 2000/3 verbietet Bohrspülungen auf Dieselbasis und das Einleiten von reinen Bohrspülungen mit organischer Phase. Verunreinigtes Bohrklein darf nur eingeleitet werden, wenn die Verunreinigung weniger als 1 % (bezogen auf die Masse) beträgt. Die Verklappung ölhaltiger Bohrschlämme ist in Deutschland nicht genehmigungsfähig. Bis auf die durch die Plattformen eingebrachten Hartsubstrate, die Lärmbeunruhigung und die Lichtverschmutzung handelt es sich um eine Nutzungsvariante, deren Verschmutzungswirkungen vor allem mit technischen Mitteln („best available technique" – BAT)[173] begegnet werden kann.[174]

8. Aquakultur und Marikultur

Der Bau und der Betrieb von Netzgehegeanlagen zur **Fischzucht** bzw. Fischmast sind gem. § 3 WHG Gewässerbenutzungstatbestände und bedürfen einer wasserrechtlichen Erlaubnis. Für die Ostsee trifft die HELCOM-Empfehlung 25/4 vom 2.3.2004 Regelungen zur Umweltvorsorge bei der Aquakultur. In Mecklenburg-Vorpommern ist die Netzgehege-Produktion in den Küstengewässern in einem Erlass des Umweltministeriums vom 21.12.1998 geregelt. Die Gewinnung von Muschelsaat aus der Wassersäule (Hängekultur) ist ebenfalls Gegenstand des Wasserrechts.

Bodenbeanspruchende **Mollusken-Marikulturen** gibt es an der deutschen Nordseeküste, nicht jedoch in der Ostsee. Dabei handelt es sich um Kulturen von Miesmuscheln (*Mytilus edulis*) und an einer Stelle (bei der Insel Sylt) von Pazifischen Austern (*Crassostrea gigas*). Letztere ist eine gebietsfremde Art. Bei dieser Form der Kultur handelt es sich prinzipiell um einen Eingriff[175], wobei zur Bodenkultur von Muscheln anzumerken ist, dass diese als eine extensive Form der Aquakultur bezeichnet werden kann. Muscheln kommen ohne zusätzliches Futter aus. Als Folge ihrer filtrierenden Ernährungsweise transferieren Muscheln organische Substanzen aus der Wassersäule in das Sediment. Sie tragen damit zur Verringerung des Gehalts an organischen Partikeln und der Trübung bei. Umweltprobleme können z.B. als Folge von Krankheiten und durch das Ausbreiten gebietsfremder Arten entstehen. Das Auffischen von (Saat-)Muscheln mit Dredgen kann je nach der verwendeten Methode und dem eingesetzten Instrument die Bodenfauna schädigen. Für die Muschelbewirtschaftung gibt es zahlreiche Sondervorschriften des Landesrechts[176] und des Europäischen Rechts,[177] auf die nur hingewiesen werden kann. In den Meeresschutzgebieten in der Deutschland vorgelagerten AWZ ist die Aquakultur generell verboten.[178]

III. Bündelung von Kompensationsmaßnahmen im marinen Bereich

Die Bündelung von Kompensationsmaßnahmen im marinen Bereich ist besonders wichtig, weil bei kleineren bis mittleren Eingriffen die Situation entstehen kann, dass aus naturschutzfachlicher Sicht zwar geeignete Kompensa-

---

173 Dazu Anhang 1 (Appendix 1) des Übereinkommens zum Schutz der Meeresumwelt des Nordostatlantiks (OSPAR) „Maßstäbe für die Festlegung der in Art. 2 Abs. 3 Buchstabe b Ziffer i des Übereinkommens bezeichnete Methoden und Techniken".
174 Umfassend zu den marinen Nutzungen erstmals *Czybulka/Kersandt*, Rechtsvorschriften, rechtliche Instrumentarien und zuständige Körperschaften mit Relevanz für marine Schutzgebiete („Marine Protected Areas") in der Ausschließlichen Wirtschaftszone (AWZ) und auf Hoher See des OSPAR-Konventionsgebiets, BfN-Skripten 27, 2000; Die Systematik jetzt fortführend *Kersandt*, Rechtliche Vorgaben und Defizite bei Schutz und Nutzung der Nordsee – unter besonderer Berücksichtigung des Naturschutzrechts, Diss. iur Rostock, 2010.
175 Daneben dürfte es sich auch um ein „Projekt" im Sinne von Art. 6 der FFH-Richtlinie handeln, wenn die Muschelzucht in einem FFH-Gebiet betrieben werden soll, vgl. „Herzmuschelfischerei-Urteil" des EuGH v. 7.9.2004 – C-127/02, NuR 2004, 788.
176 In Schleswig-Holstein regelt das „Programm zur Bewirtschaftung der Muschelressourcen im Nationalpark Schlewig-Holsteinisches Wattenmeer" aus dem Jahr 2000 Art und Umfang der Nutzung von Miesmuscheln und Austern.
177 Z.B. in den Richtlinien 91/492/EWG, 97/79/EG und 97/11 EWG.
178 Vgl. z.B. § 4 Abs. 2 der Verordnung über die Festsetzung des Naturschutzgebietes „Östliche Deutsche Bucht" v. 15.9.2005 (BGBl. I, S. 2782); zu den NSG-VOen *Ell/Heugel*, NuR 2007, 321.

tionsmaßnahmen zur Verfügung stehen, diese jedoch die Eingriffswirkungen „überkompensieren" oder den einzelnen Vorhabensträger zu stark belasten und ihm deshalb nicht (allein oder vollinhaltlich) auferlegt werden können. Es ist deshalb – im Prinzip nicht wesentlich anderes wie bei terrestrischen Eingriffen – sachlich geboten, die Kompensation für mehrere Eingriffe (desselben oder unterschiedlicher Vorhabensträger) durch eine gemeinsame, umfangreichere Maßnahme zu leisten. Dies setzt eine Koordination der entscheidenden und der Naturschutzbehörden voraus.

204 Im Zusammenhang mit **Bebauungsplänen**, die den marinen Bereich betreffen, also etwa bei der Anlage von Häfen oder Marinas oder der Landgewinnung kann eine Bündelung von Ausgleichs- und Ersatzmaßnahmen durch ein sogenanntes Ökokonto (§ 135a Abs. 2 BauGB) erreicht werden.

205 Durch die Neuregelung des § 16 Abs. 2 BNatSchG ist jedoch jetzt auch außerhalb des Bauplanungsrechts eine entsprechende Bündelung möglich, insbesondere bei **vorgezogenen Ausgleichs- und Ersatzmaßnahmen.** Der Gesetzgeber hat hier für die Länder eine ausdrückliche Ermächtigung für die Bevorratung mittels Ökokonten, Flächenpools oder anderer Maßnahmen geschaffen. Wenn dies auch nicht ausdrücklich in § 56 oder anderswo geregelt ist, ist wohl davon auszugehen, dass im Bereich der AWZ der Bund die entsprechende Detailregelungen zur Bevorratung erlassen darf bzw. die befassten Bundesbehörden auch ohne entsprechende gesetzliche Ausformung in dieser Weise vorgehen dürfen.

§ 16 Bevorratung von Kompensationsmaßnahmen

(1) Maßnahmen des Naturschutzes und der Landschaftspflege, die im Hinblick auf zu erwartende Eingriffe durchgeführt worden sind, sind als Ausgleichs- oder Ersatzmaßnahmen anzuerkennen, soweit
1. die Voraussetzungen des § 15 Absatz 2 erfüllt sind,
2. sie ohne rechtliche Verpflichtung durchgeführt wurden,
3. dafür keine öffentlichen Fördermittel in Anspruch genommen wurden,
4. sie Programmen und Plänen nach den §§ 10 und 11 nicht widersprechen und
5. eine Dokumentation des Ausgangszustands der Flächen vorliegt; Vorschriften der Länder zu den Anforderungen an die Dokumentation bleiben unberührt.

(2) Die Bevorratung von vorgezogenen Ausgleichs- und Ersatzmaßnahmen mittels Ökokonten, Flächenpools oder anderer Maßnahmen, insbesondere die Erfassung, Bewertung oder Buchung vorgezogener Ausgleichs- und Ersatzmaßnahmen in Ökokonten, deren Genehmigungsbedürftigkeit und Handelbarkeit sowie der Übergang der Verantwortung nach § 15 Absatz 4 auf Dritte, die vorgezogene Ausgleichs- und Ersatzmaßnahmen durchführen, richtet sich nach Landesrecht.

Gliederung	Rdnr.
I. Aufwertung von Grundstücken durch Maßnahmen des Naturschutzes und der Landschaftspflege im Hinblick auf zu erwartende Eingriffe (Abs. 1)	1–5
1. Allgemeines	1–3
2. Voraussetzungen für die Anerkennung als Ausgleichs- oder Ersatzmaßnahme	4, 5
II. Einzelheiten nach Maßgabe des Landesrechts (Abs. 2)	6–13
1. Einrichtung und Verwaltung von Ökokonten und Flächenpools	6, 7
2. Ökokonto	8–10
3. Flächenpool	11–13

I. Aufwertung von Grundstücken durch Maßnahmen des Naturschutzes und der Landschaftspflege im Hinblick auf zu erwartende Eingriffe (Absatz 1)

1. Allgemeines

Abs. 1 gibt rechtlichen Rahmen dafür, (a) für Maßnahmen des Naturschutzes und der Landschaftspflege, die ein Grundstück naturschutzfachlich aufwerten, Flächen zu Verfügung zu stellen, (b) aufwertende Maßnahmen ohne verpflichtenden Bezug zu einem konkreten Eingriff durchzuführen, (c) diese Maßnahmen in geeigneter Weise zu registrieren und (d) später bei einem Eingriffsvorhaben als Ausgleichs- oder Ersatzmaßnahme anerkennen zu lassen. Dafür gelten bestimmte Bedingungen. Sind sie erfüllt, besteht ein Rechtsanspruch auf Anerkennung als Kompensationsmaßnahme, es handelt sich nicht um eine Ermessensfrage. § 16 bezeichnet den Vorgang als „Bevorratung von Kompensationsmaßnahmen". Damit ist § 16 die Grundlage für das „Ökokonto", den „Flächenpool" und vergleichbare Einrichtungen. **1**

Beispiele für solche Maßnahmen: Umwandlung von Acker in Grünland, Entwicklung von Feucht- und Nasswiesen, Herstellung naturnaher Stillgewässer, Renaturierung von Fließgewässern, Pflanzung von Hecken und Gehölzen, Anlage von Obstwiesen, Umbau von Nadelwald in standortgerech- **2**

ten Laubwald, Entsiegelung befestigter Oberflächen. In Betracht kommt auch eine Aufwertung des Landschaftsbilds etwa durch Beseitigung erheblich beeinträchtigender Bauwerke. Bei der Zuordnung zu einem Eingriff ist § 15 Rdnr. 57 zu beachten.

3 Diese Vorwegnahme der Kompensation **ändert nichts an der Struktur der Eingriffsregelung, ihren Prioritäten und Detailregelungen,** insbesondere bleiben der Vorrang von Vermeidungsmaßnahmen und das Erfordernis eines Funktionszusammenhangs zwischen Beeinträchtigung und Kompensation bestehen.

2. Voraussetzungen für die Anerkennung als Ausgleichs- oder Ersatzmaßnahme

4 Abs. 1 zählt fünf Bedingungen auf, die alle zusammen erfüllt sein müssen.
Nr. 1: Die Anforderungen des § 15 Abs. 2 müssen erfüllt sein. Dazu gehören insbesondere
- die Aufwertungsfähigkeit und Aufwertungsbedürftigkeit der Fläche (§ 15 Rdnr. 65 ff.),
- der Funktionsbezug zwischen vorgezogener Kompensationsmaßnahme und eingriffsbedingter Beeinträchtigung (§ 15 Rdnr. 37 f., 42 ff.),
- die Eignung der Fläche in sonstiger Hinsicht (§ 15 Rdnr. 70 ff.).

Nr. 2: Die vorgezogene Maßnahme darf nicht auf Grund einer rechtlichen Verpflichtung, etwa als Kompensationsmaßnahme für ein bereits bestehendes Vorhaben oder als Beseitigung eines Umweltschadens, als Bodensanierung, Erfüllung einer Rückbauverpflichtung und dgl. durchgeführt worden sein.
Nr. 3: Die vorgezogene Maßnahme darf nicht unter Inanspruchnahme öffentlicher Fördermittel durchgeführt worden sein.
Nr. 4: Die vorgezogene Maßnahme darf den Darstellungen von Programmen und Plänen nach §§ 10 und 11 nicht widersprechen.
Nr. 5: Mittels Dokumentation des Ausgangszustands muss sichergestellt sein, dass die vorgezogene Maßnahme eine Aufwertung von Natur und Landschaft darstellt.

5 Hervorzuheben sind folgende Punkte: Voraussetzung ist ein fachliches Konzept auf kommunaler oder regionaler Ebene. Dazu ist anhand der voraussichtlichen Eingriffsvorhaben und ihrer Kompensationserfordernisse der Flächenbedarf abzuschätzen. Art und Umfang der Maßnahmen sind so festzulegen, dass sie geeignet sind, die durch zukünftige Eingriffe entstehenden potenziellen Beeinträchtigungen funktional gleichartig (Ausgleich) oder gleichwertig (Ersatz) zu kompensieren. Sie müssen zur Landschaftsplanung passen. Die Flächen müssen dauerhaft für den Kompensationszweck verfügbar und nutzbar sein. Ihr Zustand muss aufwertungsbedürftig und aufwertungsfähig sein (§ 15 Rdnr. 65 ff.). Die durchgeführten Maßnahmen müssen eine dauerhafte Aufwertung des Naturhaushalts bewirken, einmalige oder nur über einen kurzen Zeitraum wirksame Maßnahmen sind in der Regel nicht anrechnungsfähig. Die Zuordnung zu einem Eingriff ist dauerhaft zu sichern. Dabei kann die endgültige Entscheidung, ob sie eine Kompensation bilden, erst bei der Zulassung eines Eingriffsvorhabens getroffen werden. Meist werden die Maßnahmen nicht als Ausgleich, sondern nur als Ersatz in Betracht kommen. Die primäre Pflicht der Unterlassung vermeidbarer Beeinträchtigungen ist bei allem zu beachten.

II. Einzelheiten nach Maßgabe des Landesrechts (Absatz 2)

1. Einrichtung und Verwaltung von Ökokonten und Flächenpools

Abs. 2 überlässt es dem Landesrecht, Einzelheiten der Bevorratung von vorgezogenen Ausgleichs- und Ersatzmaßnahmen mittels Ökokonten, Flächenpools oder anderer Maßnahmen zu regeln, insbesondere
– die Erfassung, Bewertung oder Buchung vorgezogener Ausgleichs- und Ersatzmaßnahmen in Ökokonten,
– deren Genehmigungsbedürftigkeit und Handelbarkeit,
– den Übergang der Verantwortung nach § 15 Abs. 4 auf Dritte, die vorgezogene Ausgleichs- und Ersatzmaßnahmen durchführen.
Soweit das Landesrecht bereits Regelungen dieser Art kennt, können sie bestehen bleiben, sie sind ggf. zu ergänzen.

Dazu die Gesetzesbegründung:[1] „Wie die Bevorratung erfolgt – ob über die Erfassung in bestimmten Verzeichnissen bzw. die Verbuchung in Ökokonten oder über Flächenpools – regelt der Bund ebenso wenig wie die Voraussetzungen für eine Erfassung oder Verbuchung, etwa wie in einigen Ländern in Form von Genehmigungen oder durch Verträge, die mit den für Naturschutz und Landschaftspflege zuständigen Behörden abgeschlossen werden müssen. Auch nicht geregelt werden die Handelbarkeit von vorgezogenen Maßnahmen und die Folgen der Durchführung vorgezogener Maßnahmen durch Dritte für die Verpflichtung des Vorhabenträgers nach § 15 Abs. 4. Dies gilt ebenfalls für die Trägerschaft von Ökokonten bzw. Flächenpools. Hierfür ist nach der Vorschrift des Abs. 2 das Landesrecht maßgeblich."

2. Ökokonto

Der Begriff Öko-Konto ist ursprünglich beim Vollzug der Eingriffsregelung in der Bauleitplanung in Gebrauch gekommen. Eine Maßnahme des Naturschutzes und der Landschaftspflege, die **ohne aktuelle Verpflichtung** nach § 15 Abs. 2 („freiwillig") durchgeführt wird und die in Abs. 1 genannten Voraussetzungen erfüllt, kann auf ein **Ökokonto** gutgeschrieben werden. Sie steht damit im Falle eines Eingriffs als vorweggenommene Kompensationsmaßnahme zur Verfügung und kann je nach Bedarf abgebucht werden. Manche bezeichnen das als „zeitliche Entkoppelung" von Eingriff und Kompensation oder als „Flexibilisierung" der Eingriffsregelung. Anders als ein Bankkonto kann ein Ökokonto nur mit einem Guthaben geführt werden. Voraussetzung ist die dauerhaft gesicherte Verfügungsbefugnis über ein geeignetes Grundstück.

Das praktische Problem liegt darin, (a) wie sich der erforderliche funktionelle Zusammenhang solcher Maßnahmen mit (künftigen) Beeinträchtigungen von Natur und Landschaft durch Eingriffe herstellen und (b) wie sich der Vorrang der Vermeidung vor Ausgleich und Ersatz wahren lässt.[2] Risiken bestehen insofern besonders bei Eingriffsvorhaben, die nicht durch eine Planung vorbereitet sind. Denn die Eingriffsregelung gibt sich nicht damit zufrieden, dass zur Kompensation der Natur- und Landschaftsbeeinträchtigungen irgendwo irgendetwas getan bzw. angerechnet wird. Ein Anspruch auf die Anerkennung als Kompensation ergibt sich nicht schon daraus, dass überhaupt ein „Guthaben" auf dem Ökokonto steht. Die Eingriffsregelung kann auch nicht auf ein Biotopwertverfahren (dazu Anhang 2 zu § 15) mit

---
1 BT-Drs. 16/12274, S. 59.
2 *Britz*, UPR 1999, 205.

Plus- und Minuspunkten reduziert werden, denn das Schutzgut Naturhaushalt ist unter den Aspekten Boden, Wasser, Luft, Klima, Tiere und Pflanzen sowie das Wirkungsgefüge zwischen ihnen (§ 7 Abs. 1 Nr. 2) zu prüfen, und das Landschaftsbild kommt hinzu. Ein Vorteil des Öko-Kontos kann darin liegen, dass durch vorgezogene Maßnahmen die Zeitspanne bis zum Eintritt des Ausgleichserfolgs verringert werden kann. Allerdings dauert die Wiederherstellung von Biotoptypen und Funktionen des Naturhaushalts oft viele Jahre, so dass insoweit nur dann nennenswerte Effekte zu erwarten sind, wenn die „Gutschrift" auf dem Konto sehr frühzeitig erfolgt ist.

10 Während normalerweise im Rahmen der Eingriffsregelung nach dem „Wiedergutmachungsprinzip" verfahren wird, ist der Grundgedanke des „Ökokontos" das **Vorleistungsprinzip**. Es erfolgt eine Kompensation bevor der Schaden an Natur und Landschaft eingetreten ist. Insbesondere bei Strukturen, die eine längere Entwicklungszeit benötigen, um ihre Funktionen im Naturhaushalt zu erfüllen, ist eine frühzeitige Maßnahmendurchführung sinnvoll. Dadurch kann u.U. der sogenannte Time-lag-Effekt – zeitliche Lücke zwischen Durchführung der Kompensationsmaßnahme und Eintritt ihrer Wirkung (§ 15 Rdnr. 77 ff.) – vermindert werden. Da die Wiederherstellung der meisten Werte und Funktionen des Naturhaushalts und des Landschaftsbildes viele Jahre oder Jahrzehnte dauert, ist nur bei Maßnahmen, die lange Zeit vor dem Eingriff durchgeführt wurden, mit einer Minderung des Time-lag-Effekts zu rechnen. Allein die Tatsache, dass die zeitliche Lücke bis zum Eintritt des vollen Ausgleichserfolgs verkürzt wird, rechtfertigt keinen Abschlag. Vorab durchgeführte Maßnahmen führen nicht generell zu einer Reduzierung des Flächenbedarfs für Kompensationsmaßnahmen, sondern nur in dem Maße, wie ohne die Vorab-Maßnahmen ein Flächenzuschlag hätte erfolgen müssen. Eine Flächenreduzierung unter das Verhältnis 1:1 für den Kompensationsbedarf kann nur begründet sein, wenn durch die frühzeitige Durchführung von Maßnahmen ein Biotop mit einem „Reifegrad" entstanden ist, der den des beseitigten Biotops übertrifft.[3] Ein pauschaler Flächenabschlag oder Bonus als Anreiz zur Nutzung des Ökokontos ist daher nicht vertretbar.

3. Flächenpool

11 In einem **Flächenpool** werden auf Vorrat potenzielle Kompensationsflächen bereitgestellt, um auf ihnen (naturschutzfachlich) aufwertende Maßnahmen durchführen zu können. Die Verfügbarkeit der Flächen ist in geeigneter Weise zu sichern, etwa indem sie der Betreiber des Pools selbst erwirbt oder sich vertraglich den Zugriff sichert. Das ermöglicht es, bei einem späteren Eingriffsvorhaben oder bei der Vorbereitung von Eingriffen durch Bauleitplanung, (a) auf vorhandene Flächen zuzugreifen und (b) den Effekt ggf. bereits durchgeführter Aufwertungsmaßnahmen zu nutzen, um den nach § 15 Abs. 2 erforderlichen Ausgleich oder Ersatz zu leisten. Die Kombination von Flächenpool und Ökokonto ermöglicht die „Buchung" von Maßnahmen des Naturschutzes und der Landschaftspflege auf den Poolflächen.

---

3 Beispiele für Entwicklungszeiten: Ruderal-Staudenfluren. 1–5 Jahre; artenarme Mähwiesen, mesotrophe bis eutrophe Stillgewässer: 15–50 Jahre; artenarme Gebüsche, Streuwiesen, artenreiche Wiesen: 50–150 Jahre; Auwälder, Knicks: 150–250 Jahre, oligohemerobe Wälder und Moore: 1.000–10.000 Jahre, ahemerobe Moore: nicht wiederherstellbar (nach: *Dierßen/Reck*, Konzeptionelle Mängel und Ausführungsdefizite bei der Umsetzung der Eingriffsregelung im kommunalen Bereich. Teil B: Konsequenzen für künftige Verfahren. Naturschutz und Landschaftsplanung 30: 373, 376. 1998.

Vorteile des Flächenpools sind: Er erleichtert die Flächenbeschaffung bei Knappheit, hohen Preisen und konkurrierenden Interessen. Er kann besondere Anforderungen berücksichtigen wie Lage und Größe der Flächen, Art der Kompensationsmaßnahmen und ihre Koordination. Er erleichtert die Konzentration von Kompensationsflächen und gleichzeitig ihre Situierung in naturschutz-relevanten Bereichen. Die Zusammenfassung solcher Flächen kann z.b. durch den Flächennutzungsplan vorbereitet werden, auch in Kooperation benachbarter Gemeinden.

Der **Eingriffsverursacher** kann nicht gezwungen werden, von Poolflächen Gebrauch zu machen. Die nach § 17 zuständige Genehmigungsbehörde oder die Naturschutzbehörde kann ihn auf Angebote der Poolverwalter hinweisen. Wenn er eine (z.b. für ihn billigere) Kompensation anbietet, die aus fachlicher Sicht geeignet und ausreichend ist sowie § 15 Abs. 3 berücksichtigt, muss sie akzeptiert werden. Die Zulassungsbehörde darf dem Eingriffsverursacher nicht vorschreiben, welcher Person oder Stelle er sich zur Erfüllung der Verpflichtung zu bedienen hat.[4] Ein plausibles Kompensationskonzept des Verursachers kann daher von der nach § 17 zuständigen Behörde oder der Naturschutzbehörde nicht mit dem Ziel beanstandet werden, Kompensationsmaßnahmen in einen Flächenpool zu lenken.

---

4 BVerwG, Ger.-Bescheid v. 15.6.2004 – 4 A 19.03, NuR 2004, 665.

§ 17 Verfahren; Ermächtigung zum Erlass von Rechtsverordnungen

(1) Bedarf ein Eingriff nach anderen Rechtsvorschriften einer behördlichen Zulassung oder einer Anzeige an eine Behörde oder wird er von einer Behörde durchgeführt, so hat diese Behörde zugleich die zur Durchführung des § 15 erforderlichen Entscheidungen und Maßnahmen im Benehmen mit der für Naturschutz und Landschaftspflege zuständigen Behörde zu treffen, soweit nicht nach Bundes- oder Landesrecht eine weiter gehende Form der Beteiligung vorgeschrieben ist oder die für Naturschutz und Landschaftspflege zuständige Behörde selbst entscheidet.

(2) Soll bei Eingriffen, die von Behörden des Bundes zugelassen oder durchgeführt werden, von der Stellungnahme der für Naturschutz und Landschaftspflege zuständigen Behörde abgewichen werden, entscheidet hierüber die fachlich zuständige Behörde des Bundes im Benehmen mit der obersten Landesbehörde für Naturschutz und Landschaftspflege, soweit nicht eine weiter gehende Form der Beteiligung vorgesehen ist.

(3) [1]Für einen Eingriff, der nicht von einer Behörde durchgeführt wird und der keiner behördlichen Zulassung oder Anzeige nach anderen Rechtsvorschriften bedarf, ist eine Genehmigung der für Naturschutz und Landschaftspflege zuständigen Behörde erforderlich. [2]Die Genehmigung ist schriftlich zu beantragen. [3]Die Genehmigung ist zu erteilen, wenn die Anforderungen des § 15 erfüllt sind. [4]Die für Naturschutz und Landschaftspflege zuständige Behörde trifft die zur Durchführung des § 15 erforderlichen Entscheidungen und Maßnahmen.

(4) [1]Vom Verursacher eines Eingriffs sind zur Vorbereitung der Entscheidungen und Maßnahmen zur Durchführung des § 15 in einem nach Art und Umfang des Eingriffs angemessenen Umfang die für die Beurteilung des Eingriffs erforderlichen Angaben zu machen, insbesondere über
1. Ort, Art, Umfang und zeitlichen Ablauf des Eingriffs sowie
2. die vorgesehenen Maßnahmen zur Vermeidung, zum Ausgleich und zum Ersatz der Beeinträchtigungen von Natur und Landschaft einschließlich Angaben zur tatsächlichen und rechtlichen Verfügbarkeit der für Ausgleich und Ersatz benötigten Flächen.

[2]Die zuständige Behörde kann die Vorlage von Gutachten verlangen, soweit dies zur Beurteilung der Auswirkungen des Eingriffs und der Ausgleichs- und Ersatzmaßnahmen erforderlich ist. [3]Bei einem Eingriff, der auf Grund eines nach öffentlichem Recht vorgesehenen Fachplans vorgenommen werden soll, hat der Planungsträger die erforderlichen Angaben nach Satz 1 im Fachplan oder in einem landschaftspflegerischen Begleitplan in Text und Karte darzustellen. [4]Dieser soll auch Angaben zu den zur Sicherung des Zusammenhangs des Netzes „Natura 2000" notwendigen Maßnahmen nach § 34 Absatz 5 und zu vorgezogenen Ausgleichsmaßnahmen nach § 44 Absatz 5 enthalten, sofern diese Vorschriften für das Vorhaben von Belang sind. [5]Der Begleitplan ist Bestandteil des Fachplans.

(5) [1]Die zuständige Behörde kann die Leistung einer Sicherheit bis zur Höhe der voraussichtlichen Kosten für die Ausgleichs- oder Ersatzmaßnahmen verlangen, soweit dies erforderlich ist, um die Erfüllung der Verpflichtungen nach § 15 zu gewährleisten. [2]Auf Sicherheitsleistungen sind die §§ 232 bis 240 des Bürgerlichen Gesetzbuches anzuwenden.

(6) [1]Die Ausgleichs- und Ersatzmaßnahmen und die dafür in Anspruch genommenen Flächen werden in einem Kompensationsverzeichnis erfasst. [2]Hierzu übermitteln die nach den Absätzen 1 und 3 zuständigen Behörden der für die Führung des Kompensationsverzeichnisses zuständigen Stelle die erforderlichen Angaben.

(7) [1]Die nach Absatz 1 oder Absatz 3 zuständige Behörde prüft die frist- und sachgerechte Durchführung der Vermeidungs- sowie der festgesetzten Ausgleichs- und Ersatzmaßnahmen einschließlich der erforderlichen Unterhaltungsmaßnahmen. [2]Hierzu kann sie vom Verursacher des Eingriffs die Vorlage eines Berichts verlangen.

(8) ¹Wird ein Eingriff ohne die erforderliche Zulassung oder Anzeige vorgenommen, soll die zuständige Behörde die weitere Durchführung des Eingriffs untersagen. ²Soweit nicht auf andere Weise ein rechtmäßiger Zustand hergestellt werden kann, soll sie entweder Maßnahmen nach § 15 oder die Wiederherstellung des früheren Zustands anordnen. § 19 Absatz 4 ist zu beachten.

(9) ¹Die Beendigung oder eine länger als ein Jahr dauernde Unterbrechung eines Eingriffs ist der zuständigen Behörde anzuzeigen. ²Eine nur unwesentliche Weiterführung des Eingriffs steht einer Unterbrechung gleich. ³Wird der Eingriff länger als ein Jahr unterbrochen, kann die Behörde den Verursacher verpflichten, vorläufige Maßnahmen zur Sicherung der Ausgleichs- und Ersatzmaßnahmen durchzuführen oder, wenn der Abschluss des Eingriffs in angemessener Frist nicht zu erwarten ist, den Eingriff in dem bis dahin vorgenommenen Umfang zu kompensieren.

(10) Handelt es sich bei einem Eingriff um ein Vorhaben, das nach dem Gesetz über die Umweltverträglichkeitsprüfung einer Umweltverträglichkeitsprüfung unterliegt, so muss das Verfahren, in dem Entscheidungen nach § 15 Absatz 1 bis 5 getroffen werden, den Anforderungen des genannten Gesetzes entsprechen.

(11) ¹Die Landesregierungen werden ermächtigt, durch Rechtsverordnung das Nähere zu dem in den Absätzen 1 bis 10 geregelten Verfahren einschließlich des Kompensationsverzeichnisses zu bestimmen. ²Sie können die Ermächtigung nach Satz 1 durch Rechtsverordnung auf andere Landesbehörden übertragen.

Gliederung

	Rdnr.
I. Allgemeines	1
II. Zuständigkeit für die Festlegung der Verursacherpflichten nach § 15 (Abs. 1)	2–11
1. Anderweitige Zulassungs- oder Anzeigebedürftigkeit des Eingriffs	3–7
a) Zuständige Behörde	3–5
b) Zur Durchführung des § 15 erforderlichen Entscheidungen	6, 7
2. Von einer Behörde durchgeführter Eingriff	8
3. Beteiligung der Naturschutzbehörde	9–11
III. Koordination von Bundes- und Landesbehörden (Abs. 2)	12–15
1. Allgemeines	12, 13
2. Verfahren	14, 15
IV. Genehmigung des Eingriffs durch die Naturschutzbehörde (Abs. 3)	16–18
V. Antragsunterlagen, landschaftspflegerischer Begleitplan (Abs. 4)	19–27
1. Allgemeines	19, 20
2. Antragsunterlagen (Abs. 4 Satz 1 und 2)	21, 22
3. Landschaftspflegerischer Begleitplan (Abs. 4 Satz 3–5)	23–27
a) Allgemeines	23
b) Darstellung des Eingriffs und der vorgesehenen Folgenbewältigung	24, 25
c) Darstellung weiterer Maßnahmen	26, 27
VI. Sicherheitsleistung (Abs. 5)	28–32
VII. Kompensationsverzeichnis (Abs. 6)	33, 34
VIII. Durchführungskontrolle (Abs. 7)	35–42
1. Allgemeines, Zweck	35
2. Durchführung der Vermeidungs-, Ausgleichs- und Ersatzmaßnahmen	36, 37
3. Erfolgskontrolle, Vorbehalt weiterer Maßnahmen	38–42

	a) Pflicht zur Beobachtung und Kontrolle	39
	b) Nachbesserung durch den Verursacher	40–42
IX.	Untersagung, Wiederherstellung (Abs. 8)	43–61
1.	Allgemeines	43–46
2.	Untersagung der weiteren Durchführung (Abs. 8 Satz 1)	47, 48
3.	Anordnung von Kompensationsmaßnahmen (§ 15) oder der Wiederherstellung des früheren Zustands (Abs. 8 Satz 2)	49–61
	a) Anderweitige Herstellung eines rechtmäßigen Zustands	49–51
	b) Befugnisse der Behörde	52–55
	c) Adressat von Anordnungen	56, 57
	d) Geeignetheit, Verhältnismäßigkeit	58
	e) Inhalt der Anordnung	59
	f) Rechtsnachfolge	60
	g) Sofortvollzug	61
X.	Beendigung und Unterbrechung des Eingriffs (Abs. 9)	62
XI.	UVP-pflichtige Eingriffsvorhaben (Abs. 10)	63
XII.	Landesrecht, Verordnungsermächtigung (Abs. 11)	64

I. Allgemeines

1 § 17 regelt Zuständigkeits- und Verfahrensfragen, die für den praktischen Vollzug der Eingriffsregelung von Bedeutung sind. Er behält das sogenannte „**Huckepackprinzip**" bei, d.h. die Entscheidungen und Maßnahmen auf Grund der Eingriffsregelung werden grundsätzlich im Rahmen anderweitiger Zulassungs- oder Anzeigeverfahren von der dafür zuständigen Behörde getroffen (Abs. 1). Für die Naturschutzbehörde bedeutet dies, dass sie an einem von anderen Behörden geführten Verfahren lediglich mitwirkt und die von ihr zu wahrenden Belange in diesem Verfahren zur Geltung bringen muss. Abs. 1 sieht dafür das „Benehmen" vor. Unterliegt der Eingriff keiner anderweitigen Genehmigungs- oder Anzeigepflicht, so entscheidet die Naturschutzbehörde selbst (Abs. 3). Anders als bisher ist die Geltung der Verursacherpflichen des § 15 nicht davon abhängig, dass der Eingriff einer anderweitigen Genehmigungs- oder Anzeigepflicht unterliegt.

II. Zuständigkeit für die Festlegung der Verursacherpflichten nach § 15 (Absatz 1)

2 Abs. 1 regelt das Verfahren für den Fall, dass der Eingriff
1. nach anderen Rechtsvorschriften einer behördlichen Zulassung oder einer Anzeige an eine Behörde bedarf oder
2. von einer Behörde durchgeführt wird.
Liegt keine dieser Fallgestaltungen vor, so gilt Abs. 3.

1. Anderweitige Zulassungs- oder Anzeigebedürftigkeit des Eingriffs

3 **a) Zuständige Behörde.** Die für die Zulassung oder Anzeige zuständige Behörde trifft „zugleich" – d.h. neben den nach anderen Rechtsvorschriften zu treffenden Entscheidungen – die zur Durchführung des § 15 erforderlichen Entscheidungen. Es ist gleich, ob die Behördenentscheidung als Genehmigung, Planfeststellung, Erlaubnis, Bewilligung, Befreiung usw. bezeichnet ist, sofern nur ihr Gegenstand (auch) eine Veränderung der Gestalt oder Nutzung von Grundflächen/des Grundwasserspiegels i.S.v. § 14 Abs. 1 ist. Dabei ist ohne Bedeutung, ob diese Verfahren auch unter dem Aspekt einer Beeinträchtigung von Natur und Landschaft gesetzlich angeordnet und entsprechend ausgestaltet sind. Denn die Eingriffsregelung ergänzt mit ihren Anforderungen sämtliche fachgesetzlichen Gestattungs- oder Anzeigeverfahren.[1] Deshalb spielt es auch keine Rolle, ob die anderweitigen Genehmigungs- oder Anzeigetatbestände eine Prüfung des Vorhabens auf seine Vereinbarkeit mit sonstigen öffentlich-rechtlichen Vorschriften verlangen. Es kommt nicht darauf an, ob im Fachrecht eine gebundene oder eine Ermessensentscheidung vorgesehen ist. Die Verlagerung des Vollzugs der Eingriffsregelung in anderweitige Gestattungs- oder Anzeigeverfahren soll ein zusätzliches Genehmigungsverfahren nach der Eingriffsregelung vermeiden. Abs. 1 gilt auch für Vorbescheide und Teilgenehmigungen, soweit sie über einen Eingriff verbindliche oder abschließende Aussagen treffen.

Da die Eingriffsregelung an ein Vorhaben zusätzliche rechtliche Anforderungen stellt und insoweit die fachrechtlichen Zulassungstatbestände ergänzt, muss zunächst **feststehen, dass der Eingriff nach den fachgesetzlichen Vorschriften zulässig ist**, u.a. an dem konkreten Standort. Daran knüpfen die Pflichten zur Vermeidung, zum Ausgleich und zum Ersatz an. Das gilt für Planfeststellungen,[2] aber auch für andere Genehmigungen. Ist das Vorhaben z.B. nach Baurecht oder Wasserrecht nicht genehmigungsfähig, so fehlt schon die Voraussetzung für den Einstieg in die Eingriffsregelung mit ihren Pflichten zur Bewältigung der Eingriffsfolgen bis hin zur Abwägung. Die durch Abs. 1 vorgeschriebene Beteiligung der Naturschutzbehörde befreit die zur Entscheidung zuständige Behörde daher nicht von der zunächst gebotenen Prüfung des Eingriffsvorhabens auf seine anderweitige Zulässigkeit. Ein nach anderen Vorschriften unzulässiges Vorhaben kann umgekehrt nicht dadurch zulässig werden, dass der Verursacher die Eingriffsregelung befolgt.

Die Formulierung, dass „nach anderen Rechtsvorschriften" eine behördliche Entscheidung oder eine Anzeige nötig ist, bedeutet nicht, dass es sich um andere Gesetze oder Rechtsmaterien handeln muss, sondern es müssen nur andere Vorschriften als die Einriffsregelung sein. Auch **naturschutzrechtliche Gestattungs- oder Anzeigeverfahren** fallen daher unter Abs. 1. Der letzte Satzteil von Abs. 1 bestätigt das. Dass der Eingriff schon anderweitig unter naturschutzrechtlichen Aspekten überprüft wird, ist unerheblich, weil die Eingriffsregelung spezifische Anforderungen stellt (Rdnr. 5 ff. vor §§ 13–19). Im Erlaubnisverfahren z.B. nach einer Landschaftsschutzverordnung ist also die Eingriffsregelung mit zu vollziehen,[3] wobei die beiden Rechtsinstrumentarien jedoch nicht vermengt werden dürfen, insbesondere gilt die Landwirtschaftsklausel des § 14 Abs. 2 nicht im Rahmen von Schutzverordnungen (Rdnr. 56 zu § 14).

b) Zur Durchführung des § 15 erforderlichen Entscheidungen. Insbesondere handelt es sich um folgende Entscheidungen:
– Anforderung von Unterlagen und Gutachten (§ 17 Abs. 4 Satz 1),
– Anforderung eines landschaftspflegerischen Begleitplanes (§ 17 Abs. 4 Satz 2),
– Festlegung von Maßnahmen zur Vermeidung erheblicher Beeinträchtigungen (§ 15 Abs. 1),

---
1 BVerwG, Urt. v. 7.3.1997 – 4 C 10.96, NuR 1997, 404.
2 BVerwG, Urt. v. 7.3.1997 a.a.O. zur Standortwahl.
3 VGH Kassel, Urt. v. 9.3.1989 – 3 UE 801/86, NuR 1989, 395.

- Festlegung von Ausgleichs- und Ersatzmaßnahmen (§ 15 Abs. 2),
- Festsetzung und Anforderung einer Sicherheitsleistung (§ 17 Abs. 5),
- Festsetzung und Anforderung einer Ersatzzahlung(§ 15 Abs. 6),
- Meldung an das Kompensationsverzeichnis (§ 17 Abs. 6),
- Kontrolle und Anforderung einer Bestätigung (§ 17 Abs. 7),
- Entscheidung, dass der Eingriffs nicht zugelassen wird (§ 15 Abs. 5),
- Einstellungs- und Wiederherstellungsanordnung (§ 17 Abs. 7).

7   Die auf der Eingriffsregelung beruhenden Teile der behördlichen Entscheidung können unterschiedlich zu bewerten sein, was ihre verwaltungsverfahrensrechtliche Einordnung betrifft. Insbesondere können sie Inhalt der Genehmigung oder Nebenbestimmungen sein. Als letztere dienen sie dazu, die in § 15 genannten **Verursacherpflichten zu fixieren** und so die Voraussetzungen für eine Genehmigung zu schaffen (§ 36 Abs. 1 VwVfG). Ob Nebenbestimmungen isoliert angefochten bzw. isoliert im Rechtsbehelfsverfahren aufgehoben werden können, ist in Literatur und Rechtsprechung umstritten.[4] Die Behörde kann durch zweckmäßiges Vorgehen Probleme vermeiden. Fehlen einem Genehmigungsantrag die nötigen Angaben, was die Auswirkungen des Eingriffs auf Natur und Landschaft sowie Vermeidungs-, Ausgleichs- und Ersatzmaßnahmen betrifft, so ist er nicht entscheidungsreif. Vervollständigt der Antragsteller innerhalb angemessener Frist die Unterlagen nicht gemäß Abs. 4, so ist der Antrag ablehnungsreif. Es empfiehlt sich nicht, ein beantragtes, unzureichend ausgearbeitetes Vorhaben unter Beifügung umfangreicher naturschutzrechtlicher Nebenbestimmungen zu genehmigen, denn der Antragsteller erhielte etwas anderes als er wollte. Auch ist es nicht Aufgabe der Behörden, für den Verursacher zu planen, sie müssen vielmehr im Benehmen mit der Naturschutzbehörde prüfen, ob die Angaben und Planungen des Antragstellers (Abs. 4) den Anforderungen des § 15 Abs. 1–4 entsprechen. Wenn als Ergebnis von Vorgesprächen und nach Bewertung der vorgelegten Planung nur noch Detailfragen offen bzw. streitig bleiben, kommt eine Genehmigung auf der Grundlage der vom Antragsteller vorgelegten Pläne unter den dann noch nötigen Nebenbestimmungen in Betracht. Dies ist keine Ermessensentscheidung, sondern die Konkretisierung der Rechtspflichten des Verursachers, bei der fachliche Bewertungsspielräume bestehen (§ 15 Rdnr. 17, 61, 109; § 16 Rdnr. 13).

2. Von einer Behörde durchgeführter Eingriff

8   Wird der Eingriff von einer Behörde durchgeführt, so hat diese Behörde die zur Durchführung des § 15 erforderlichen Entscheidungen und Maßnahmen zu treffen. Um „Entscheidungen" i.S.v. Verwaltungsakten wird es hier in der Regel nicht gehen, denn es wird keine Zulassung des Eingriffs ausgesprochen. Vielmehr hat die Behörde, die den Eingriff durchführt, selbst zugleich die realen Maßnahmen zur Erfüllung der in § 15 genannte Pflichten durchzuführen.

3. Beteiligung der Naturschutzbehörde

9   Die Entscheidungen (Rdnr. 6) und Maßnahmen (Rdnr. 8) sind im Benehmen mit der für Naturschutz und Landschaftspflege zuständigen Behörde zu treffen, soweit nicht nach Bundes- oder Landesrecht eine weiter gehende

---

4   Vgl. z.B. *Stelkens/Bonk/Sachs*, VwVfG, 7. Aufl., Rdnr. 93 ff. zu § 36; *Pietzcker*, in: Schoch/Schmidt-Aßmann/Pietzner, VwGO, Rdnr. 132 ff. zu § 42 Abs. 1; *Kopp/Schenke*, VwGO 16. Aufl. Rdnr. 22 ff. zu § 42.

Form der Beteiligung vorgeschrieben ist oder die für Naturschutz und Landschaftspflege zuständige Behörde selbst entscheidet. So sehen insbesondere zahlreiche Landesnaturschutzgesetze ein Einvernehmen mit den Naturschutzbehörden vor. Solche Regelungen bleiben unberührt.[5] Während das „**Einvernehmen**" die völlige Willensübereinstimmung zwischen den Behörden erfordert, genügt beim „**Benehmen**" der Versuch einer Einigung.[6] Dazu muss die zur Zulassung oder Durchführung des Eingriffs zuständige Behörde der Naturschutzbehörde den Sachverhalt unterbreiten. Über diese Anhörung hinaus erfordert das Benehmen weiter, dass sich die Genehmigungsbehörde mit der Naturschutzbehörde berät, inwieweit sich die von dieser wahrgenommenen Belange in der anstehenden Entscheidung angemessen berücksichtigen lassen.[7] Dabei ist es zwar nicht Sache der Naturschutzbehörde, fachliche Stellungnahmen anderer Behörden zu überprüfen, jedoch ist ihre Meinung zur Sach- und Rechtslage – d.h. im Falle des § 15 Abs. 5 auch ihre Meinung zum Gewicht der Naturschutzbelange in der Abwägung – einzuholen. Die Naturschutzbehörde ist also nicht nur ein von der Entscheidungsbehörde beigezogener Gutachter, sondern sie nimmt öffentliche Belange auf allen Stufen der Eingriffsprüfung wahr.[8] Die Beteiligung der Naturschutzbehörde hat **frühzeitig** einzusetzen (§ 3 Abs. 4), um zu verhindern, dass sich öffentliche und private Planungen oder Vorhaben ohne Mitwirkung der Naturschutzbehörde verfestigen und die Berücksichtigung der Naturschutzbelange dadurch erschwert wird. Die Beteiligung der Naturschutzbehörde bei Entscheidungen über bauliche Vorhaben und Anlagen regelt § 18 Abs. 3.

Die **Stellungnahme der Naturschutzbehörde** enthält eine fachliche Beurteilung des Eingriffsvorhabens, sie bewertet die vom Verursacher vorgesehenen Vermeidungs-, Ausgleichs- und Ersatzmaßnahmen und beschreibt die Bedeutung der betroffenen Belange von Natur und Landschaft, sofern mangels voller Vermeidbarkeit oder Kompensierbarkeit eine Abwägung zu treffen ist. Auch weist sie auf einschlägige Schutzverordnungen, Schutzbestimmungen wie § 30 und ggf. auf die Erforderlichkeit einer Befreiung oder Ausnahme hin.

10

Die Beteiligung der Naturschutzbehörde entbindet die Genehmigungs- oder Anzeigebehörde nicht von ihrer Verpflichtung nach § 24 VwVfG, den **Sachverhalt von Amts wegen zu ermitteln**. Dabei trifft den Eingriffsverursacher jedoch die umfangreiche **Mitwirkungspflicht** nach Abs. 4. Eine weitere Mitwirkungspflicht besteht nach § 6 UVPG bei den in § 3 UVPG genannten Vorhaben. Anstoß zu weiteren Ermittlungen kann eine Stellungnahme der Naturschutzbehörde geben, etwa bei unzureichen Angaben des Verursachers nach Abs. 4. Die Naturschutzbehörde trägt also nicht etwa eine Art „Beweislast" hinsichtlich der möglichen Beeinträchtigungen von Natur und Landschaft.

11

---

5   So die Gesetzesbegründung BT-Drs. 16/12274, S. 59.
6   BVerwG, Urt. v. 4.11.1960 – VI C 163.58, BVerwGE 11, 195.
7   *Weides*, Verwaltungsverfahren und Widerspruchsverfahren, 3. Aufl. 1993, § 7 II 1 b/bb.
8   Ebenso die amtl. Begründung zum entsprechenden § 20 BNatSchG 2002 (BT-Drs. 14/6378, S. 49): „Die Benehmensherstellung erstreckt sich – dem bisherigem Recht entsprechend – auf alle im Zusammenhang mit den materiell-rechtlichen Vorgaben des § 19 zu treffenden Maßnahmen."

III. Koordination von Bundes- und Landesbehörden (Absatz 2)

1. Allgemeines

12 Abs. 2 entspricht § 20 Abs. 3 BNatSchG 2002. Behörden des Bundes haben nach § 3 Abs. 5 die für Naturschutz und Landschaftspflege zuständigen Behörden (das sind in der Regel Landesbehörden) bereits bei der Vorbereitung aller öffentlichen Planungen und Maßnahmen, die die Belange des Naturschutzes und der Landschaftspflege berühren können, zu unterrichten und ihnen Gelegenheit zur Stellungnahme zu geben. Abs. 2 setzt das voraus und regelt einen Teilbereich des Bund-Länder-Verhältnisses, nämlich wie Bundesbehörden im Vollzug der Eingriffsregelung verfahren müssen, wenn von der Stellungnahme der für Naturschutz und Landschaftspflege zuständigen Behörde abgewichen werden soll. Er gilt **nur für die Eingriffsregelung**, nicht aber z.B. im Vollzug von Schutzverordnungen oder Biotopschutzvorschriften, d.h. die Bundesbehörde benötigt in solchen Fällen die vorgeschriebene Erlaubnis, Befreiung und dgl.[9]

13 Dass Bundesbehörden selbst Eingriffe zulassen oder durchführen, ist im Rahmen der bundeseigenen Verwaltung möglich. Sie umfasst das Eisenbahn-Bundesamt, die Bundeswasserstraßenverwaltung (Wasser- und Schifffahrtsdirektionen); die Luftverkehrsverwaltung, die Bundespolizei und die Bundeswehr. Beispiel: Planfeststellung nach § 18 AEG oder § 14 WaStrG.

2. Verfahren

14 § 3 Abs. 5 verpflichtet die Bundesbehörde, eine Stellungnahme der Landesnaturschutzbehörde einzuholen. Will sie davon abweichen, ist Abs. 2 zu befolgen. Eine **Abweichung** liegt vor, wenn sie den Tatbestand des Eingriffs, den Umfang der Verursacherpflichten oder die Abwägungsfrage anders beurteilt als die Landesbehörde. Im Abweichungsfall entscheidet hierüber die fachlich zuständige Behörde des Bundes im Benehmen mit der obersten Landesbehörde für Naturschutz und Landschaftspflege. Der Bund hat seiner Behörde damit die Entscheidungskompetenz im Vollzug der Eingriffsregelung übertragen,[10] eine Konsequenz aus Abs. 1.

15 Nach der insoweit zutreffenden Rechtsprechung des Bundesverwaltungsgerichts **hat ein Land keine Klagebefugnis** gegen den Bund, um eine inhaltlich fehlerhafte Berücksichtigung der Belange des Naturschutzes und der Landschaftspflege geltend zu machen.[11] Dasselbe soll gelten, wenn das Land eine Verletzung seines Beteiligungsrechts rügt.[12] Das ist eine zu weitgehende Einschränkung, denn durch eine Beteiligungsklage kontrolliert das Land nicht den Gesetzesvollzug des Bundes, sondern es setzt nur durch, dass es angehört wird und seine Vorstellungen per „Benehmen" einbringen kann, ohne dass der Bund dadurch gebunden ist.

---

9   OVG Frankfurt (Oder), Urt. v. 9.12.1999 – 3 A 103/97, bestätigt durch BVerwG, Urt. v. 9.5.2001 – 6 C 4.00, NuR 2002, 40.
10 BVerwG, Urt. v. 14.4.1989 – 4 C 31.88, NuR 1990, 404, zum inhaltsgleichen § 9 BNatSchG a.F.
11 BVerwG, Urt. v. 14.4.1989 – 4 C 31.88, NuR 1990, 404, zum inhaltsgleichen § 9 BNatSchG a.F.
12 BVerwG, Urt. v. 29.4.1993 – 7 A 2.92, NuR 1994, 82, zum inhaltsgleichen § 9 BNatSchG a.F.

IV. Genehmigung des Eingriffs durch die Naturschutzbehörde (Absatz 3)

Abs. 3 unterwirft das Eingriffsvorhaben einer **subsidiären Genehmigungspflicht**. Sie greift ein, wenn keine anderen Vorschriften Zulassungs- oder Anzeigeverfahren für den Eingriff vorsehen. Solche anderen Vorschriften können auch naturschutzrechtliche sein wie z.b. die Genehmigungspflicht nach einer Landschaftsschutzverordnung (Rdnr. 5). 16

§ 17 Abs. 3 hat im System der Eingriffsregelung eine wichtige Funktion. Nach bisherigen Recht (§ 20 BNatSchG 2002) ist Voraussetzung für die Geltung der Verursacherpflichten des § 19, dass der Eingriff einer behördlichen Entscheidung oder einer Anzeige an eine Behörde bedarf (oder von einer Behörde durchgeführt wird). Das BNatSchG 2010 knüpft die Verursacherpflichten nicht mehr an diese verfahrensrechtliche Voraussetzung (vgl. § 15 Abs. 1 und den Grundsatz des § 13), d.h. jeder Eingriff i.S.v. § 14 unterliegt den §§ 15–17. Ist er nicht anderweitig genehmigungs- oder anzeigepflichtig, so ist ein „Auffangverfahren" nötig, um die materiellen Verursacherpflichten zu konkretisieren und durchzusetzen. Die **Genehmigung** ist zu erteilen, wenn die Anforderungen des § 15 erfüllt sind. Weitere Genehmigungsvoraussetzungen gibt es nicht, d.h. der Zweck der Genehmigungspflicht des Abs. 3 erschöpft sich darin, eine **präventive Kontrolle der durch das Raster des Abs. 1 fallenden Eingriffsvorhaben** zu gewährleisten. 17

Die Genehmigung ist schriftlich zu beantragen. Die für Naturschutz und Landschaftspflege zuständige Behörde trifft die zur Durchführung des § 15 erforderlichen Entscheidungen und Maßnahmen. Im Übrigen bleibt es bei den sonst geltenden Regelungen, z.B. was die Mitwirkungspflicht des Verursachers nach Abs. 4 betrifft. 18

V. Antragsunterlagen, landschaftspflegerischer Begleitplan (Absatz 4)

1. Allgemeines

Abs. 4 regelt verfahrensrechtliche Pflichten des Eingriffsverursachers. Die Erfüllung der materiellen Verursacherpflichten des § 15 Abs. 1 und 2 (Vermeidung, Ausgleich, Ersatz) erfordert fachliche Vorarbeiten, insbesondere die Ermittlung der relevanten Tatsachen und die Ausarbeitung von Prognosen (§ 15 Rdnr. 5 ff.). Ohne Abs. 4 würde § 24 VwVfG gelten, d.h. die Behörde hätte den Sachverhalt von Amts wegen zu ermitteln, und der Verursacher müsste dabei mitwirken (§ 26 Abs. 2 VwVfG). Im Vollzug einer komplexen Regelung mit fachwissenschaftlichem Hintergrund ist dies keine klare Verteilung der Verantwortlichkeit. Die Darlegungslast des Verursachers, wie sie Abs. 4 festlegt, korrespondiert mit seinen materiellen Pflichten und gewährleistet, dass die Behörde alsbald die erforderliche Prüfung vornehmen kann. Eine Verzögerung des Verfahrens dadurch, dass erst die Antragsunterlagen vervollständigt werden müssen, soll damit möglichst vermieden werden. 19

Ist ein Eingriffsvorhaben auch nach anderen naturschutzrechtlichen Vorschriften zu überprüfen, so können sich daraus weitere Anforderungen an den Umfang der vorzulegenden Unterlagen ergeben. Beispiel: Verträglichkeitsprüfung § 34 Abs 1 Satz 2. 20

2. Antragsunterlagen (Absatz 4 Satz 1 und 2)

21 Vom Verursacher eines Eingriffs sind zur Vorbereitung der Entscheidungen und Maßnahmen zur Durchführung des § 15 in einem nach Art und Umfang des Eingriffs angemessenen Umfang die für die Beurteilung des Eingriffs erforderlichen Angaben zu machen, insbesondere über
1. Ort, Art, Umfang und zeitlichen Ablauf des Eingriffs sowie
2. die vorgesehenen Maßnahmen zur Vermeidung, zum Ausgleich und zum Ersatz der Beeinträchtigungen von Natur und Landschaft einschließlich Angaben zur tatsächlichen und rechtlichen Verfügbarkeit der für Ausgleich und Ersatz benötigten Flächen.

22 Die Behörde kann die Vorlage von **Gutachten** verlangen, soweit dies zur Beurteilung der Auswirkungen des Eingriffs und der Ausgleichs- und Ersatzmaßnahmen erforderlich ist. Ist ein Eingriffsvorhaben z.B. mit komplexen Eingriffen in den Naturhaushalt verbunden, können die nach Satz 1 zu machenden Angaben u.U. nicht zur Beurteilung ausreichen. Dann kann die Behörde nach Satz 2 die Vorlage eines Gutachtens verlangen, das ihr die Entscheidung über die festzusetzenden Rechtsfolgen des Eingriffs ermöglicht.

3. Landschaftspflegerischer Begleitplan (Absatz 4 Satz 3–5)

23 a) **Allgemeines.** Vorhaben, die zu umfangreichen Eingriffen in Natur und Landschaft führen, sind häufig Gegenstand eines **nach öffentlichem Recht vorgesehenen Fachplanes** (z.B. § 58 FlurbG, § 57a BBergG, § 17 FStrG, § 18 AEG, § 14 WaStrG, § 8 LuftVG, § 68 WHG). Nicht unter diese Fachplanungen fällt die kommunale Bauleitplanung. Hier werden die Belange des Naturschutzes durch eigenständige Regelungen gewahrt (§ 18). Abs. 4 stimmt mit dem bisherigen § 20 Abs. 4 BNatSchG 2002 überein. Er schreibt vor, dass der Planungsträger die zur Vermeidung, zum Ausgleich und zur Kompensation in sonstiger Weise nach § 19 erforderlichen Maßnahmen im Fachplan oder in einem landschaftspflegerischen Begleitplan in **Text und Karte darzustellen** hat. Der Begleitplan ist Bestandteil des Fachplanes (Satz 5). Es macht keinen Unterschied, ob es sich um einen öffentlichen oder einen privaten Planungsträger handelt bzw. ob die Planung (nur) privatnützig oder (auch) gemeinnützig ist. Entscheidend ist lediglich, dass die Fachplanung selbst sich nach öffentlichem Recht richtet. Grundgedanke der Regelung ist nicht, öffentliche Planungsträger besonders zu verpflichten, sondern alle Fachplanungsträger zur Einbeziehung der Naturschutzbelange in ihre Planung zu veranlassen. Ob das im Fachplan selbst oder in einem Begleitplan geschieht, richtet sich nach der Erforderlichkeit und Zweckmäßigkeit im Einzelfall. Ein landschaftspflegerischer Begleitplan ist Bestandteil des Fachplanes und mit diesem auszulegen. Er wird Bestandteil des Planfeststellungsbeschlusses ohne Rücksicht darauf, ob die Ausgleichs- und Ersatzmaßnahmen in unmittelbarer Nähe des planfestgestellten Vorhabens durchgeführt werden sollen. Voraussetzung ist allein der funktionelle Zusammenhang. Die hierzu nötigen Entscheidungen und Festlegungen sind bei der Planfeststellung des Eingriffsvorhabens zu treffen. Ein **Vorbehalt** zugunsten einer späteren Entscheidung nach § 74 Abs. 3 VwVfG (ergänzende Planfeststellung) ist nur zulässig, wenn er seinerseits dem Abwägungsgebot gerecht wird.[13] Insbesondere dürfen die vorbehaltenen Belange kein solches Gewicht haben, dass die Planungsentscheidung nachträglich unausgewogen

---

13 BVerwG, Urt. v. 23.1.1981 – 4 C 68.78, BVerwGE 61, 307/311; speziell für naturschutzrechtliche Ausgleichsmaßnahmen BVerwG, Beschl. v. 22.5.1995 – 4 B 30.95, NVwZ-RR 1997, 217.

erscheinen kann. Dazu muss die Einschätzung der Konfliktlage wenigstens in Umrissen bekannt sein.[14]

b) Darstellung des Eingriffs und der vorgesehenen Folgenbewältigung. Der Plan muss seinem Zweck gerecht werden, die Folgen des Eingriffs für Natur und Landschaft nach Maßgabe der Eingriffsregelung zu bewältigen. Es reicht daher nicht aus, sich auf die Darstellung von „Begleitgrün" bzw. auf die „Einbindung in die Landschaft" zu beschränken. Erforderlich ist insbesondere:
- Darstellung und Bewertung des vorhandenen Zustandes von Naturhaushalt und Landschaftsbild,
- Beschreibung der Eingriffsmaßnahme einschließlich ihres zeitlichen Ablaufs,
- Prognose der infolge des Eingriffs zu erwartenden Beeinträchtigungen des Naturhaushalts – getrennt nach den in § 10 Abs. 1 Nr. 1 genannten Faktoren (Boden, Wasser, Luft, Klima, Tiere und Pflanzen sowie das Wirkungsgefüge zwischen ihnen) – und des Landschaftsbilds (nach den Eigenschaften Vielfalt, Eigenart, Schönheit und nach seinen Funktionen) und Bewertung dieser Beeinträchtigungen,
- Darstellung der daraus abzuleitenden Maßnahmen zur Vermeidung, zum Ausgleich und zur sonstigen Kompensation der erheblichen Beeinträchtigungen von Natur und Landschaft einschließlich ihres zeitlichen Ablaufes,
- Darstellung verbleibender erheblicher Beeinträchtigungen (die zur Abwägungsentscheidung nach § 19 Abs. 3 führen).

§ 26 HOAI mit Anlage 9 legt das Leistungsbild „Landschaftspflegerischer Begleitplan" fest.[15]

Der Begleitplan bzw. der entsprechende Teil des Fachplanes ist der Naturschutzbehörde nach Abs. 2 zur Stellungnahme zuzuleiten. Diese hat darauf zu dringen, dass er den **Qualitätsanforderungen**, d.h. den materiellen Verursacherpflichten des § 15 entspricht. Die Genehmigungsbehörde darf keine Begleitplanung akzeptieren, die dahinter zurückbleibt oder nicht hinreichend konkret ist. Die Begleitplanung ist ggf. einzelnen Bauabschnitten anzupassen und rechtzeitig in Angriff zu nehmen. Die Aussagen des Plans müssen vollständig, klar und unmissverständlich sein, damit ihr Vollzug gewährleistet ist und überprüft werden kann.

c) Darstellung weiterer Maßnahmen. Der Begleitplan soll gem. Abs. 4 Satz 4 auch Angaben zu den zur Sicherung des Zusammenhangs des Netzes „Natura 2000" notwendigen Maßnahmen nach § 34 Abs. 5 (**Kohärenzmaßnahmen**) und zu **vorgezogenen Ausgleichsmaßnahmen** nach § 44 Abs. 5 (Artenschutzrecht) enthalten, sofern diese Vorschriften für das Vorhaben von Belang sind. Der Begleitplan kann also bis zu drei Typen von Maßnahmen enthalten, die sich fachlich gesehen überschneiden können, aber rechtlich verschiedene Grundlagen haben. Daher sind Funktion und rechtlicher Anknüpfungspunkt der jeweiligen Maßnahme deutlich zu machen, um Unklarheiten zu vermeiden und die Erfüllung aller Anforderungen zu dokumentieren.

---

14 BVerwG, Beschl. v. 17.12.1985 – 4 B 214.85, NVwZ 1986, 640/641, vgl. auch Beschl. v. 30.8.1994 – 4 B 105.94, NuR 1995, 139.
15 Verordnung über die Honorare für Architekten- und Ingenieurleistungen v. 11.8.2009, BGBl. I S. 2798.

27 Dazu die Gesetzesbegründung:[16] „Die Regelung in Satz 3 zum landschaftspflegerischen Begleitplan entspricht § 20 Abs. 4 BNatSchG g.F. Die neu aufgenommene Bestimmung zu vorgezogenen Maßnahmen im Sinne des § 44 Abs. 5 entspricht einem starken praktischen Bedürfnis, die Querbezüge von Eingriffsvorhaben und betroffenen Artenschutzbelangen in den Planungsunterlagen von vornherein deutlich zu machen und die Bewältigung der Eingriffsfolgen auch insoweit darzustellen. Gleiches gilt für die vorgesehenen Maßnahmen zur Sicherung des Zusammenhangs des Netzes „Natura 2000" nach § 34 Abs. 5. Die Art und Weise der Darstellung vorgezogener Maßnahmen und von Kohärenzsicherungsmaßnahmen muss allerdings so gewählt werden, dass es ohne weiteres möglich ist, Kompensationsmaßnahmen, vorgezogene Maßnahmen im Sinne des § 44 Abs. 5 und Kohärenzsicherungsmaßnahmen im Sinne des § 34 Abs. 5 voneinander zu unterscheiden und dem jeweiligen Regelungsbereich – Eingriffsregelung, Besonderer Artenschutz und Verträglichkeitsprüfung – zuordnen zu können. Die Darstellung der nach Satz 1 erforderlichen Angaben kann dabei in der Regel jeweils auch im Rahmen der Unterlagen nach § 6 UVPG erfolgen."

VI. Sicherheitsleistung (Absatz 5)

28 Die zuständige Behörde kann gem. Abs. 5 die Leistung einer Sicherheit bis zur Höhe der voraussichtlichen Kosten für die Ausgleichs- oder Ersatzmaßnahmen verlangen, soweit dies erforderlich ist, um die Erfüllung der Verpflichtungen nach § 15 zu gewährleisten. Auf die Sicherheitsleistung sind die §§ 232 bis 240 BGB anzuwenden.

29 Die Anforderung der Sicherheitsleistung steht im **Ermessen** der Behörde. Entscheidend ist die **Bewertung des Risikos**, ob der Träger des Eingriffsvorhabens die Ausgleichs- und Ersatzmaßnahmen wird durchführen können (oder wollen). Bei Gebietskörperschaften des öffentlichen Rechts kommt die Sicherheitsleistung daher nicht in Betracht. Bei privaten Eingriffsvorhaben sind die wirtschaftliche Leistungsfähigkeit des Unternehmers und seine Zuverlässigkeit von Bedeutung. Besteht insoweit ein auch nur geringes Risiko, z.B. wegen der beträchtlichen Höhe der Kosten, wegen der Schwere oder Dauer des Eingriffs (etwa wegen des Ausmaßes und der Intensität der Beeinträchtigungen von Funktionen des Naturhaushalts oder des Landschaftsbilds) oder wegen firmenrechtlich bedingter Haftungsgrenzen, so ist die Sicherheitsleistung gerechtfertigt. Da die künftige Entwicklung des Unternehmens nicht sicher prognostizierbar ist und die Sicherheit verhindern soll, dass letzten Endes die Allgemeinheit für die Bewältigung der Eingriffsfolgen aufkommen muss, ist die Sicherheitsleistung im Zweifel zu fordern, wenn nicht (ausnahmsweise) die vorgezogene Durchführung der Ausgleichs- und Ersatzmaßnahmen zur Bedingung für die Inangriffnahme des Eingriffsvorhabens gemacht ist. Die finanziellen Interessen des Unternehmers, insbesondere die Rentabilität des Eingriffsvorhabens spielen dabei keine Rolle; die Sicherheitsleistung ist allein im öffentlichen Interesse vorgesehen.[17]

30 Die Anordnung der Sicherheitsleistung ist nicht nur im **Zeitpunkt** der Eingriffsgenehmigung möglich. Ergeben sich Risikofaktoren erst während eines länger dauernden Eingriffs (z.B. Kiesabbau), so kann sie in diesem Zeitpunkt angeordnet werden. Ein Genehmigungsbescheid ohne Auflage der Si-

---

16 BT-Drs. 16/12274, S. 59.
17 VGH Mannheim, Urt. v. 28.7.1983 – 2 S 299/81, NuR 1984, 102.

cherheitsleistung begründet kein schutzwürdiges Vertrauen des Unternehmers darauf, dass sie zu keinem Zeitpunkt in der Zukunft verlangt wird.

Die **Höhe** der Sicherheitsleistung richtet sich nach der Erforderlichkeit und beruht auf einer gerichtlich nur eingeschränkt überprüfbaren Prognoseentscheidung. Obergrenze ist die Höhe der voraussichtlichen Kosten für die Ausgleichs- oder Ersatzmaßnahmen. Fehlerfrei ist es daher, die geschätzten Kosten der erforderlichen Ausgleichs- und Ersatzmaßnahmen (im Fall einer notwendig werdenden Ersatzvornahme durch die Behörde) zugrunde zu legen. Es können alle Leistungen angesetzt werden, die im Bereich des Möglichen liegen, um das Verursacherprinzip zu wahren. Die Behörde kann dabei vom üblichen Kostenniveau im Entscheidungszeitpunkt ausgehen und die künftige Entwicklung durch einen Zuschlag berücksichtigen, wobei besonders günstige wie auch besonders ungünstige Umstände außer Betracht bleiben können.[18]

Die Höhe der Sicherheitsleistung ist – insbesondere bei längerfristigen Abbauvorhaben und dergleichen – veränderten Verhältnissen **anzupassen,** sowohl nach oben wie nach unten.[19] Ein Anpassungsvorbehalt im Bescheid ist zweckmäßig, aber nicht Voraussetzung für eine Erhöhung der ursprünglichen Forderung. Für die Art der Sicherheitsleistung gelten die §§ 232 ff. BGB entsprechend. Im häufigen Fall der Sicherheit durch einen Bürgen, insbesondere Bankbürgschaft, muss die Bürgschaftsurkunde einen Verzicht auf die Einrede der Vorausklage enthalten (§ 239 Abs. 2 BGB, selbstschuldnerische Bürgschaft). Zu akzeptieren sind nur Bankbürgschaften von Großbanken oder staatlichen bzw. kommunalen Instituten. Die Sicherheitsleistung ist (ggf. teilweise) **zurückzugeben,** sobald die Maßnahmen, deren Absicherung sie dient, vom Vorhabenträger durchgeführt worden sind.

VII. Kompensationsverzeichnis (Absatz 6)

Ein wirksamer Vollzug der Eingriffsregelung erfordert, dass die Naturschutzbehörden einen Überblick über Art, Lage und Flächenumfang festgelegter Ausgleichs- und Ersatzmaßnahmen haben. Die verschiedenen nach § 17 Abs. 1 zuständigen Genehmigungsbehörden sind zwar für den Vollzug und die Überwachung der Auflagen usw. zuständig. Sie können aber nicht den nötigen Überblick über die Flächen haben. Deshalb ordnet Satz 1 an, dass die Ausgleichs- und Ersatzmaßnahmen und die dafür in Anspruch genommenen Flächen in einem Kompensationsverzeichnis erfasst werden. Hierzu übermitteln die nach den Abs. 1 und 3 zuständigen Behörden der für die Führung des Kompensationsverzeichnisses zuständigen Stelle die erforderlichen Angaben zu den angeordneten Ausgleichs- und Ersatzmaßnahmen und den betroffenen Grundstücken.

Die **Funktion** eines solchen Verzeichnisses ist es,
– die rechtsverbindlich für Kompensationszwecke oder sonstige Naturschutzmaßnahmen vorgesehenen Flächen zu dokumentieren,
– die Kontrolle der Maßnahmen und Flächen zu ermöglichen,
– zu verhindern, dass eine Kompensationszwecken gewidmete Fläche anderweitig überplant oder ein weiteres Mal (bei einem anderen Eingriffsvorhaben) für Ausgleichs- oder Ersatzmaßnahmen dienen soll.

---

18 Zu alledem vgl. VGH Mannheim, Urt. v. 28.7.1983 – 2 S 299/81, NuR 1984, 102.
19 VGH Mannheim, Urt. v. 28.7.1983 – 2 S 299/81, NuR 1984, 102.

Die Naturschutzbehörden können ihre Beteiligung bei Eingriffsvorhaben dazu nutzen, die vom Eingriffsverursacher vorgesehenen Kompensationsflächen anhand des Katasters zu überprüfen. Auch werden Verstöße gegen Auflagen meist ihnen und nicht der Genehmigungsbehörde gemeldet. Das Verzeichnis sollte daher bei Naturschutzbehörden angelegt werden.

VIII. Durchführungskontrolle (Absatz 7)

1. Allgemeines, Zweck

35 Die Erfüllung der Verursacherpflichten des § 15 darf nicht nur auf dem Papier stehen. Abs. 7 will sicherstellen, dass die mit der Zulassung des Eingriffsvorhabens verbundenen Vermeidungs-, Ausgleichs- und Ersatzmaßnahmen und die damit zusammenhängenden Unterhaltungsmaßnahmen auch tatsächlich durchgeführt werden. Der erste Ansatzpunkt für ein Vollzugsdefizit ist die fristgerechte und der Planung entsprechende **Durchführung** der vorgesehenen Maßnahmen. Damit befasst sich Abs. 7. Der **Erfolg** dieser Maßnahmen stellt sich oft erst nach einer gewissen Zeit ein. Schlagen sie fehl, so fragt sich, ob der Verursacher zu weiteren Maßnahmen, zu einer „Nachbesserung" verpflichtet werden kann. Dazu sagt § 17 nichts (s. zu 3.).

2. Durchführung der Vermeidungs-, Ausgleichs- und Ersatzmaßnahmen

36 Satz 1 begründet eine **Prüfungspflicht der Zulassungsbehörde**. Zu prüfen ist die fristgerechte und sachgerechte Durchführung der Maßnahmen. Hierzu kann sie vom Verursacher des Eingriffs die Vorlage eines Berichts verlangen (Satz 2). Das kann im Zulassungsbescheid oder nachträglich geschehen. Dafür ist zweckmäßigerweise eine Frist zu setzen. Die **Anforderung eines Berichts** ist dann gerechtfertigt, wenn die Überprüfung für die Behörde mit zu großem Aufwand verbunden ist, was u.a. von der personellen und sachlichen Ausstattung der Behörde abhängen kann. Etwa bei großen oder komplexen Kompensationsplanungen soll die Behörde durch die Vorlage des Berichts entlastet werden. Die Vorlage eines Berichts ist aber nicht auf den Fall beschränkt, dass ein landschaftspflegerischer Begleitplan zu realisieren ist. Das Ergebnis der Prüfung kann Anlass sein, die Festsetzungen ggf. zwangsweise durchzusetzen.

37 Aus dem **Inhalt des Berichts** muss hervorgehen, ob die Maßnahmen entsprechend dem Bescheid ausgeführt worden sind oder ob sie davon abweichen. Das ist eine Art Bauabnahme. **Gegenstand** des Berichts ist die **Durchführung** der Ausgleichs- oder Ersatzmaßnahmen, nicht der Eintritt des mit ihnen bezweckten Erfolgs (Rdnr. 38). Der Bericht beurteilt daher z.B. nicht die Eignung der Maßnahmen für den vorgesehenen Zweck. Das muss bereits im Zulassungsverfahren bei der Ausarbeitung der Vermeidungs- und Kompensationsplanung geschehen. Der Bericht bezieht sich z.B. darauf, ob die Kompensationsflächen dem Bescheid entsprechend gestaltet und bepflanzt, die vorgesehenen Grünbrücken und Durchlässe für Wildtiere angelegt, Gewässer plankonform umgestaltet worden sind usw. Die Kompensationsplanung bzw. der landschaftspflegerische Begleitplan müssen in Text und Karte entsprechend klar und bestimmt sein, damit ihre Umsetzung überprüft werden kann.

3. Erfolgskontrolle, Vorbehalt weiterer Maßnahmen

Der Vollzug der Eingriffsregelung beruht auf einer doppelten Prognose (§ 15 Rdnr. 8). Zunächst sind die Eingriffswirkungen abzuschätzen, dann die Wirkungen der ins Auge gefassten Maßnahmen zur Vermeidung zum Ausgleich und Ersatz. Der erste Ansatzpunkt für ein Vollzugsdefizit ist die fristgerechte und der Planung entsprechende Durchführung der vorgesehenen Maßnahmen. Damit befasst sich Abs. 7. Den Fall, dass eine – im Weg der doppelten Prognose als tauglich zur Vermeidung oder Kompensation voraussichtlicher Beeinträchtigungen befundene – Maßnahme fehlschlägt, regelt weder § 15 noch § 17.

a) Pflicht zur Beobachtung und Kontrolle. Zunächst kommt in Betracht, den Verursacher zu verpflichten, die **Entwicklung der Ausgleichs- und Ersatzflächen** über einen bestimmten Zeitraum hin **zu kontrollieren**. Das geht über die Berichtspflicht nach Satz 2 hinaus und dient dazu festzustellen, ob der beabsichtigte Erfolg dieser Maßnahmen eingetreten ist. Diese Verpflichtung kann erforderlich sein, wenn das Eingriffsvorhaben zur Enteignung berechtigt und zur Rechtfertigung gegenüber enteignungsbetroffenen Grundeigentümern die wissenschaftliche Begleitung (Erfolgs- oder Funktionskontrolle) der Flächen nötig ist, um die Eignung der Kompensationsmaßnahmen für den verfolgten Zweck nachzuweisen bzw. sicherzustellen.[20] Davon abgesehen ist eine solche Kontrollverpflichtung nur dann zu begründen, wenn sie dazu dient festzustellen, ob die Kompensationsziele verfehlt worden sind **und** der Verursacher in diesem Fall zu weiteren Maßnahmen verpflichtet werden soll (dazu unten). Denn eine Kontrolle der Flächen z.B. zu Forschungszwecken ohne Bezug zu den Kompensationspflichten ist nicht Sache des Eingriffsverursachers.

b) Nachbesserung durch den Verursacher. Wenn Vermeidungs- und Kompensationsmaßnahmen ihren Zweck verfehlen, kann das verschiedene Ursachen haben. Unvorhergesehene Umstände auf benachbarten Flächen oder großräumige Faktoren wie etwa die Klimaerwärmung können die **geplante Entwicklung der Kompensationsflächen beeinträchtigen**. Die Kompensationsplanung kann auf irrigen Annahmen beruhen, die bei Erlass des Zulassungsbescheids nicht erkannt wurden. Der Verursacher muss für diese Risiken dann einstehen, wenn man die gesetzlichen Verpflichtungen des § 15 so versteht, dass er einen Kompensationserfolg schuldet und, wenn der erste Versuch scheitert, weitere Maßnahmen treffen muss. So weit geht die Eingriffsregelung nicht. Der Verursacher wird im Zulassungsbescheid nicht pauschal „zum Ausgleich" oder „zum Ersatz" verpflichtet. Vielmehr werden zur Erfüllung dieser gesetzlichen Pflichten Prognosen gefordert und darauf beruhende konkrete Maßnahmen geplant und Gegenstand des Bescheids, der das Einriffsvorhaben genehmigt. Das bedeutet, dass auch die Behörde sie als ausreichend ansieht, genauer: als Folgerungen aus einer plausiblen Prognose (a) der zu erwartenden Beeinträchtigungen von Natur und Landschaft und (b) der Eignung der geplanten Kompensationsmaßnahmen. Die Festlegung der Maßnahmen im Bescheid und die darauf beruhende Zulassung schützen daher grundsätzlich den Verursacher gegen die Forderung weiterer Maßnahmen, damit auch gegen die Notwendigkeit, ggf. weitere Kompensationsflächen zu beschaffen.

---

20 Überprüfung einer mit Risiken behafteten Prognoseentscheidung der Genehmigungsbehörde, so für Maßnahmen zur Wiedervernässung eines Moores BVerwG, Ger.-Bescheid v. 10.9.1998 – 4 A 35.97, DVBl. 1999, 255.

41 Infolgedessen ist der Verursacher ohne besondere Regelung im Bescheid nicht verpflichtet, bei Fehlschlagen der Maßnahmen nachzubessern. Wann ein solcher **Vorbehalt weiterer Kompensationsauflagen** nach § 36 Abs. 2 Nr. 5 VwVfG gerechtfertigt ist, hängt davon ab, für welche Risiken der Eingriffsverursacher einzustehen hat. Wie dargelegt, reicht das allgemeine, nicht näher eingrenzbare Risiko eines Fehlschlags nicht aus. Ist dagegen die Kompensationsprognose mit konkreten Risiken belastet, so ist die Behörde berechtigt, die vom Verursacher geplanten Kompensationsmaßnahmen nur unter der Auflage zu akzeptieren, dass die Entwicklung der Flächen kontrolliert wird, verbunden mit dem Vorbehalt, dass ggf. zusätzliche Maßnahmen gefordert werden. Ein solcher Vorbehalt kann dazu führen, dass zusätzliche oder andere Flächen benötigt werden. Ist nicht sicher, dass sie der Eingriffsverursacher beschaffen kann, sollte ergänzend die Festsetzung einer Ersatzzahlung vorbehalten werden. Das empfiehlt sich auch deshalb, weil in solchen Risikofällen denkbar ist, dass die Kompensation möglicherweise aus fachlichen Gründen nicht nachgeholt werden kann. Dabei müsste der Zeitraum, in dem eine „Nachforderung" möglich ist, angemessen begrenzt werden.

42 Besteht **kein konkretes Risiko**, dass die Kompensationsmaßnahmen fehlschlagen, so ist es nicht zulässig, bei Nichteintritt des bezweckten Erfolgs vom Verursacher weitere Maßnahmen zu verlangen bzw. den Eingriff nur unter entsprechendem Vorbehalt zuzulassen. Das allgemeine, jeder Prognose eigene Risiko kann die Zulassung des Eingriffs nicht nachträglich in Frage stellen. Insoweit können für die Eingriffs-Ausgleichs-Prognose die zur Risikofrage in der Planfeststellung entwickelten Grundsätze herangezogen werden.[21] Danach ist ein Auflagenvorbehalt nur zulässig, wenn er den Voraussetzungen des § 74 Abs. 3 VwVfG genügt, d.h. wenn sich auf Grund besonderer Anhaltspunkte die konkrete Möglichkeit abzeichnet, dass nachteilige Wirkungen in absehbarer Zeit eintreten werden, ihr Ausmaß sich jedoch noch nicht abschätzen lässt. Die jeder Prognose (in jenem Fall: der künftigen Verkehrsentwicklung) anhaftende Unsicherheit – „**Prognoserisiko**" – kann nicht durch einen Auflagenvorbehalt aufgefangen werden. Diese Grundsätze bilden einen angemessenen Ausgleich zwischen den Interessen des Genehmigungsempfängers und den öffentlichen Belangen, jedenfalls unter dem Blickwinkel allgemeiner verwaltungsrechtlicher Grundsätze. Will man abweichend davon dem Eingriffsverursacher das Risiko des Fehlschlagens von Kompensationsmaßnahmen auferlegen, die von der Behörde akzeptiert worden sind, ohne dass ein konkretes Risiko gesehen wurde, so bedürfte es dazu einer rechtlichen Grundlage, die dem Grundsatz der Verhältnismäßigkeit Rechnung tragen muss. Ein ähnliches Problem stellt sich bei der europarechtlichen Verträglichkeitsprüfung: Wenn sich ein gem. Art. 6 Abs. 3 FFH-RL für verträglich befundenes Projekt später – auch wenn kein von den nationalen Behörden zu vertretender Fehler vorliegt – als geeignet erweist, Verschlechterungen oder Störungen hervorzurufen, erlaubt es nach Ansicht des EuGH[22] Art. 6 Abs. 2 FFH-RL, dem wesentlichen Ziel der Erhaltung und des Schutzes der Qualität der Umwelt einschließlich des Schutzes der natürlichen Lebensräume sowie der wild lebenden Tiere und Pflanzen im Sinne der ersten Begründungserwägung der Richtlinie zu entsprechen. Der EuGH sagt nichts dazu, wer die Maßnahmen nach Art. 6 Abs. 2 FFH-RL bezahlt.

---

21 Dazu BVerwG, Urt. v. 22.11.2000 – 11 C 2.00, DVBl. 2001, 405.
22 EuGH, Urt. v. 7.9.2004 – C-127/02, NuR 2004, 788.

IX. Untersagung, Wiederherstellung (Absatz 8)

1. Allgemeines

Abs. 8 betrifft Eingriffe, die begonnen oder durchgeführt werden, **ohne dass die erforderliche Zulassung oder Anzeige vorliegt.** Das ist etwa auch dann der Fall, wenn (a) ein Genehmigungsantrag gestellt ist, aber noch keine positive Entscheidung ergangen ist, oder (b) eine mit der Zulassung des Eingriffs verbundene Bedingung nicht eingetreten ist (z.b. gesicherte Verfügungsbefugnis über die Kompensationsflächen). In Betracht kommen entweder die fachgesetzlichen Zulassungs- und Anzeigeerfordernisse nach Abs. 1 oder das subsidiäre Genehmigungserfordernis nach Abs. 3.

Die **Befugnisse der Behörde** bestehen in der Untersagung nach Satz 1 (Einstellung, Stopp) und in der Anordnung, den früheren Zustand wiederherzustellen (d.h. auch, Einrichtungen zu beseitigen usw.) oder nachträgliche Kompensationsmaßnahmen durchzuführen (Satz 2). Enthält das für den Eingriff geltende **Fachgesetz** entsprechende Befugnisse, so tritt Abs. 8 nicht dahinter zurück, sondern gilt neben dem Fachrecht (und unterscheidet sich davon ggf. durch die Soll-Regelung).

Auch die **Generalklausel des § 3 Abs. 2** würde es ermöglichen, die Einstellung (Untersagung) weiterer Arbeiten und die Wiederherstellung des früheren Zustands anzuordnen. Sie ermächtigt aber nur die Naturschutzbehörden, diese sind für den Vollzug der Eingriffsregelung aber nur subsidiär nach Abs. 3 zuständig. Da für die Eingriffsregelung einschließlich der Maßnahmen gegen illegale Eingriffe weitgehend die in Abs. 1 genannten Fachbehörden zuständig sind („Huckepackprinzip", Rdnr. 1), benötigen sie eine entsprechende Ermächtigung. Abs. 8 gibt sie ihnen, weil die fachgesetzlichen Befugnisse nicht (immer) auf die Eingriffsregelung zugeschnitten sind und daher die Gefahr besteht, dass nicht alle erforderlichen Maßnahmen getroffen werden können. Ist nach Abs. 3 ohnehin die Naturschutzbehörde zuständig, gelten die Ermächtigungen in Abs. 8 und § 3 Abs. 2 nebeneinander. Abs. 8 enthält außerdem die Ermächtigung zur Anordnung nachträglicher Kompensationsmaßnahmen, die der Generalklausel des § 3 Abs. 2 nicht ohne weiteres zu entnehmen wäre, und verdichtet das Ermessen zu einer Sollvorschrift. Nach alledem darf Abs. 8 nicht in dem Sinne als „Spezialregelung" gegenüber § 3 Abs. 2 missverstanden werden, dass eine Untersagungs- und Wiederherstellungsanordnung nur bei illegalen Eingriffen möglich ist. Sie ist z.B. auch bei illegaler Beeinträchtigung eines gesetzlich geschützten Biotops (§ 30) auf Grund der Generalklausel des § 3 Abs. 2 möglich (§ 3 Rdnr. 6).[23]

Der Erlass der Anordnungen steht **nicht im freien Ermessen** der Behörde. Es handelt sich um eine **Sollvorschrift**, d.h. wenn keine besonderen Umstände vorliegen, ist einzuschreiten. Im Einzelfall kann davon abgesehen werden, wenn eine Anordnung zur Wahrung der Naturschutzbelange nicht geeignet, nicht erforderlich oder nicht verhältnismäßig erscheint. Auf ein Verschulden des Verursachers kommt es nicht an. Im Übrigen sind auch ohne Sollvorschrift das Einschreiten gegen rechts- oder ordnungswidrige Zustände oder das Nichteinschreiten keine gleichwertigen Alternativen, sondern **das Einschreiten ist die Regel**[24] (§ 3 Rdnr. 8).

---

23 Verkannt von OVG Bautzen, Urt. v. 6.12.2001 – 1 B 54/99, NuR 2003, 761.
24 BVerwG, Beschl. v. 28.8.1980, Buchholz 406.11 § 35 BBauG Nr. 168.

2. Untersagung der weiteren Durchführung (Absatz 8 Satz 1)

47 Wird ein Eingriff i.S.v. § 14 ohne die erforderliche Zulassung oder Anzeige vorgenommen, soll die zuständige Behörde die **weitere Durchführung** des Eingriffs **untersagen** (der dafür geläufige Ausdruck ist „Einstellung"). Diese Anordnung soll gewährleisten, dass ein ohne Berücksichtigung möglicher Auswirkungen auf Naturhaushalt und Landschaftsbilde begonnenes Vorhaben nicht weitergeführt wird. Damit kann die Behörde verhindern, dass vollendete Tatsachen geschaffen werden, bevor der Eingriff der gesetzlich vorgesehenen Überprüfung unterzogen wird. Die formelle Rechtswidrigkeit des Eingriffs reicht zur Begründung aus. Die Behörde sollte den vorgefundenen Zustand durch einen Vermerk mit Fotografien dokumentieren.

48 Eine Entscheidung über die **materielle Zulässigkeit** des Eingriffsvorhabens ist damit noch nicht verbunden, d.h. die Untersagung betrifft nicht das Vorhaben als solches, sondern nur seine „weitere Durchführung". Die Anordnung des **sofortigen Vollzugs** einer Einstellungsanordnung gegen ungenehmigte Eingriffe in Natur und Landschaft ist gerechtfertigt, um die Beachtung des formellen Verfahrens durchzusetzen.[25] Die **Missachtung** einer vollziehbaren Untersagung (Einstellungsanordnung) ist als Ordnungswidrigkeit mit Geldbuße bedroht (§ 69 Abs. 3 Nr. 2).

3. Anordnung von Kompensationsmaßnahmen (§ 15) oder der Wiederherstellung des früheren Zustands (Absatz 8 Satz 2)

49 a) **Anderweitige Herstellung eines rechtmäßigen Zustands.** Maßnahmen nach § 15 (d.h. Ausgleichs- und Ersatzmaßnahmen) oder die Wiederherstellung des früheren Zustands sollen nach Abs. 8 Satz 2 angeordnet werden, soweit nicht auf andere Weise ein rechtmäßiger Zustand hergestellt werden kann. Es reicht daher nicht aus, dass der Eingriff unter Verstoß gegen Genehmigungs- oder Anzeigepflichten formell illegal erfolgt. Erforderlich ist, dass er aus **materiellen** Gründen dem Gesetz widerspricht. Die in Satz 2 genannten Anordnungen scheiden daher aus, wenn die Prüfung des Sachverhalts ergibt, dass der **Eingriffsverursacher die Pflichten nach § 15 erfüllt**, indem vermeidbare Beeinträchtigungen von Natur und Landschaft unterlassen und unvermeidbare Beeinträchtigungen im erforderlichen Maß ausgeglichen oder ersetzt werden oder, soweit nicht kompensiert werden kann, die Abwägung zugunsten des Vorhabens ausfällt.

50 Die Herstellung eines rechtmäßigen Zustands durch nachträgliche Zulassung des Eingriffsvorhabens erfordert jedoch, dass der Eingriffsverursacher einen **nachträglichen Genehmigungsantrag** nach dem einschlägigen Fachgesetz oder nach § 17 Abs. 3 Satz 2 stellt, weil die Genehmigung ein mitwirkungsbedürftiger Verwaltungsakt ist und einen Antrag voraussetzt. Andernfalls lässt sich der Verstoß gegen die formelle Genehmigungspflicht nicht beheben.[26] In dem eher seltenen Fall, dass das Vorhaben so, wie es ausgeführt worden ist, den Anforderungen des § 15 entspricht (d.h. alle erforderlichen Vermeidungs- und Kompensationsmaßnahmen bereits getroffen worden sind), wären Anordnungen nach Satz 2 unverhältnismäßig. Steht umgekehrt fest, dass der Eingriff nicht genehmigungsfähig ist, so kann kein nachträglicher Antrag gefordert werden. Will die Behörde in diesem Fall nicht die Wie-

---

25 OVG Lüneburg, Beschl. v. 13.7.1981 – 3 B 45/81, NuR 1982, 200; ebenso zu anzeigepflichtigen Maßnahmen VGH Kassel, Beschl. v. 13.3.1989 – 4 TH 2205/87, NuR 1990, 127.
26 VGH München, Beschl. v. 3.10.1983 – 15 CS 83 A 1783, BayVBl. 1984, 115 zur Baugenehmigungspflicht.

derherstellung des früheren Zustands fordern, sondern nachträgliche Ausgleichs- oder Ersatzmaßnahmen, muss sie diese nicht gleich anstelle des Verursachers planen und anordnen, sondern sie kann ihm zunächst die Vorlage eines landschaftspflegerischen Begleitplans (ausnahmsweise ohne gleichzeitigen Genehmigungsantrag) aufgeben und dessen Ausführung verbindlich anordnen,[27] sodann bei Nichterfüllung dieser Verpflichtung selbst Anordnungen nach Satz 2 treffen und ggf. im Weg der Ersatzvornahme durchsetzen. Wenn die Behörde die materielle Zulassungsfähigkeit des Eingriffs prüft, ist es nicht ihre Aufgabe, nach Möglichkeiten zu suchen, wie dem rechtswidrigen Zustand vielleicht auch durch irgendwelche Änderungen abgeholfen werden könnte. Sie verstößt nicht gegen das Übermaßverbot, wenn sie keine minder belastenden Änderungen vorschlägt, die zur Herbeiführung eines rechtmäßigen Zustandes geeignet wären.[28]

Zu beachten ist: In Abs. 8 geht es um die die anderweitige Herstellung eines **rechtmäßigen Zustands** bezüglich der **Anforderungen der Eingriffsregelung** an ein Vorhaben (einschließlich der Ablehnung nach § 15 Abs. 5). Bedarf das Vorhaben einer fachgesetzlichen Genehmigung, so ist bei der Prüfung, ob und inwieweit sich ein rechtmäßiger Zustand nachträglich herstellen lässt, (auch) das Fachrecht zu beachten. Ist danach eine nachträgliche Zulassung des Vorhabens nicht möglich, kommt es auf die Anforderungen der Eingriffsregelung nicht mehr entscheidend an. Sind diese nicht erfüllt, bestehen die Befugnisse nach Abs. 8 neben denen des Fachgesetzes.

b) Befugnisse der Behörde. Kann ein rechtmäßiger Zustand auf andere Weise nicht hergestellt werden, hat die Behörde die Wahl: Sie soll entweder Maßnahmen nach § 15 anordnen, d.h. Ausgleichs- und Ersatzmaßnahmen (nicht: Ersatzzahlungen, das sind keine Maßnahmen) oder die Wiederherstellung des früheren Zustands. Eine feste Rangfolge gibt es dabei zwar nicht. Bei der **Auswahl der Maßnahmen** sind in erster Linie die Erfordernisse des Naturschutzes und der Landschaftspflege maßgebend. Die Wiederherstellung des früheren Zustands ist aber im Sinne der Prinzipien der Eingriffsregelung – Erhaltung des Status quo – primäres Instrument zur Beseitigung der Folgen eines illegalen Eingriffs. Ist sie tatsächlich möglich und erfordert sie einen verhältnismäßigem Aufwand (hier: im Sinne eines angemessenen Verhältnisses zwischen Kosten und naturschützendem Effekt, vgl. § 15 Rdnr. 23), kann der Betroffene nicht einwenden, Ausgleichs- oder Ersatzmaßnahmen seien billiger. Ist die Wiederherstellung nicht oder nur teilweise möglich, sind verbleibende Beeinträchtigungen von Natur und Landschaft zu kompensieren. Ist dagegen die Wiederherstellung nicht sachgerecht, etwa weil sie die bereits eingetretenen Beeinträchtigungen von Natur und Landschaft vergrößern würde, sind Kompensationsmaßnahmen vorzuziehen. Auch die durch Satz 2 angeordnete Beachtung des § 19 Abs. 4 kann die Auswahl der Maßnahmen beeinflussen.

Mit dem Wortlaut und Zweck des Gesetzes nicht vereinbar ist die Begründung,[29] wo es heißt: „Ist eine Legalisierung des Vorhabens nicht auf andere Weise möglich, soll die zuständige Behörde Kompensationsmaßnahmen entsprechend § 15 (Satz 2 1. Alternative) oder wenn sich der Eingriff nach Abwägung als unzulässig erweist (§ 15 Abs. 5) die Wiederherstellung des

---

27 OVG Lüneburg, Urt. v. 24. 1. 1991 – 3 L 84/89, NuR 1992, 388.
28 So zum Baurecht BVerwG, Beschl. v. 12.6.1973 – IV B 58.72, BayVBl. 1973, 412 und zum Wasserrecht VGH München, Urt. v. 23.7.1976 – 344 VIII 74, NuR 1979, 155.
29 BT-Drs. 16/12274, S. 60.

früheren Zustands anordnen (Satz 2 2. Alternative)." Die Anordnung der Wiederherstellung ist nicht auf den Fall beschränkt, dass sich der Eingriff (erst) nach Abwägung als unzulässig erweist. Ihre Voraussetzung, dass ein rechtmäßiger Zustand anders nicht hergestellt werden kann, ist z.B. auch dann erfüllt, wenn ein Eingriffsvorhaben ohne Genehmigung begonnen oder durchgeführt und auch kein Genehmigungsantrag mit entsprechender Kompensationsplanung gestellt wird.

54 Die **Wiederherstellung des ursprünglichen Zustands** unterscheidet sich von Ausgleichs- und Ersatzmaßnahmen folgendermaßen: In der Regel führt ein Eingriff zu bleibenden Veränderungen, die Natur- und Landschaftsbeeinträchtigungen verursachen. Die Kompensation dieser Beeinträchtigungen erfolgt meist nicht genau an der Stelle, an der die Veränderung der Grundflächengestalt oder -nutzung eintritt. Z.B. bleiben Straßen oder andere bauliche Anlagen dauerhaft bestehen und die Kompensation findet an anderer Stelle statt. Anders bei illegalen Eingriffen, wenn sie nicht nachträglich legalisiert werden können. Hier kann häufig ein Interesse daran bestehen, die Veränderung der betroffenen Grundfläche selbst rückgängig zu machen, etwa indem Auffüllungen bis auf das frühere Niveau entfernt, Entwässerungsgräben verfüllt, bauliche Anlagen beseitigt, abgeschnittene Bäume durch Neupflanzungen ersetzt werden usw. Die Wiederherstellung impliziert damit eine **räumliche Fixierung auf den Ort der Veränderung**.[30] Dagegen können **Ausgleichs- und Ersatzmaßnahmen** in mehr oder weniger großer Entfernung durchgeführt werden, ein funktioneller Zusammenhang reicht aus. Besteht die Wiederherstellung in einer Renaturierung, so ist der Übergang zu Ausgleich und Ersatz fließend. Beispiel: Erreicht eine neu gepflanzte Hecke erst nach Jahren die ökologischen Wirkungen der beseitigten, so kann dahinstehen, ob es sich um eine Wiederherstellung handelt, denn die Maßnahme kann auch als Ausgleich oder Ersatz gewertet werden, der nach Satz 2 ebenfalls angeordnet werden kann. Ohnehin ist die Wiederherstellung des früheren Zustands nicht gleichbedeutend mit der „authentischen Rekonstruktion", sondern primär auf die Funktion des betroffenen Teiles von Natur und Landschaft bezogen.[31] Ihre Anordnung erfordert nicht den exakten Nachweis des früheren Zustands.[32] Ihr Ziel ist die Wiedergutmachung einer Beeinträchtigung im Rahmen des praktisch Möglichen.[33] Entsteht bis zur Wirksamkeit der Wiederherstellungsmaßnahmen eine zeitliche Lücke, die mit kompensationsbedürftigen Beeinträchtigungen verbunden ist, so können diesbezüglich zusätzliche Kompensationsmaßnahmen angeordnet werden (§ 15 Rdnr. 67, 82).

55 Bei Maßnahmen auf Grund von Abs. 8 ist **§ 19 Abs. 4** zu beachten. Er verpflichtet eine verantwortliche Person, die nach dem Umweltschadensgesetz eine Schädigung geschützter Arten oder natürlicher Lebensräume verursacht hat, zu den erforderlichen **Sanierungsmaßnahmen** gemäß Anhang II Nummer 1 der Richtlinie 2004/35/EG des Europäischen Parlaments und des Rates vom 21.4.2004 über Umwelthaftung zur Vermeidung und Sanierung von Umweltschäden.[34] Siehe dazu § 19 Rdnr. 53.

---

30 VG Regensburg, Beschl. v. 28.1.1999 – RO 11 S 98.2079.
31 OVG Schleswig, Urt. v. 17.4.1998 – 2 L 2/98, NuR 1999, 594.
32 Einzelheiten bei BVerwG, Beschl. v. 21.8.1998 – 6 B 88.98, NuR 1999, 595.
33 VG Ansbach, Urt. v. 12.7.2006 – AN 15 K 05.3269.
34 ABl. L 143 v. 30.4.2004, S. 56, geändert durch die Richtlinie 2006/21/EG (ABl. L 102 v. 11.4.2006, S. 15).

c) Adressat von Anordnungen. Anordnungen nach Abs. 8 sind – dem in § 15 ausgeformten Verursacherprinzip entsprechend – gegen den **Verursacher** des Eingriffs zu richten. Liegt für das Eingriffsvorhaben eine förmliche **Antragstellung/Anzeige** vor und wird es z.b. vor Erteilung der Genehmigung in Angriff genommen, ist Verursacher der Antragsteller, und die „Untersagung der weiteren Durchführung" (Einstellungsanordnung) gegen ihn zu richten, sie kann auch gegenüber der bauausführenden Firma und den an Ort und Stelle tätigen Personen ausgesprochen werden. Bei **nicht genehmigten/angezeigten Eingriffen** können Anordnungen gegen alle Personen gerichtet werden, die den Eingriff durchführen oder durchführen lassen, die ihn veranlasst oder daran mitgewirkt haben oder in deren Einverständnis er erfolgt ist. Gestattet z.b. der Pächter unzulässige Aufschüttungen auf einer Feuchtfläche, um deren Gestalt oder Nutzung zu ändern, ist auch er Verursacher.[35]

56

In Betracht kommt dabei in entsprechender Anwendung ordnungsrechtlicher Grundsätze die Verantwortlichkeit des Zustandsstörers,[36] z.b. des Eigentümers, der einen illegalen Eingriff des Pächters nicht gebilligt oder gefördert hat (sonst ist er ohnehin Mitverursacher). In erster Linie wird derjenige zu verpflichten sein, der den Eingriff durch aktives Tun verursacht hat; außer Anordnungen gegen ihn versprechen keinen Erfolg. Gegen nicht unmittelbar in Anspruch genommene Beteiligte (z.B. Berechtigte an einem Grundstück) ist ggf. eine **Duldungsanordnung** zu erlassen. Die Duldungspflicht des Eigentümers beruht darauf, dass er ebenso wie z.B. der den illegalen Eingriff vornehmende Pächter verpflichtet ist, die naturschutzrechtlichen Schranken des Eigentums (Art. 14 Abs. 1 Satz 2 GG) zu beachten.[37] Sie knüpft entweder an eine Mitverursachung oder an die ordnungsrechtliche Zustandshaftung an. Auch aus fachgesetzlichen Vorschriften kann sich eine Verantwortlichkeit des Eigentümers ergeben. Die Duldungsanordnung ist ein Gestaltungsakt, der zivilrechtliche Ansprüche des Duldungspflichtigen, die einem Vollzug der Grundverfügung durch den Handlungspflichtigen entgegenstehen, ausschließt; sie ist zugleich eine vollstreckungsfähige Anordnung, durch die dem Duldungspflichtigen untersagt wird, den Vollzug zu behindern.[38]

57

d) Geeignetheit, Verhältnismäßigkeit. Die Frage, ob die Beseitigung einer illegalen Anlage für Natur und Landschaft mehr Schaden als Nutzen verursacht und deshalb eventuell ungeeignet ist, hat die Behörde ein Ermessen. Es handelt sich um Zweckmäßigkeitsüberlegungen, die aus Rechtsgründen dem Ermessen nur dann eine Schranke setzen würden, wenn entweder die Wiederherstellung des natürlichen Vorzustandes auch nach einiger Zeit nicht mehr erwartet werden könnte, oder das wiederherzustellende Gebiet gegenüber dem jetzt bestehenden Zustand in seiner Bedeutung für den Schutz der Natur zu hoch eingeschätzt worden wäre.[39] Eine beträchtliche **Kostenbelastung** des Verursachers allein begründet noch nicht die Unzumutbarkeit bzw. Unverhältnismäßigkeit,[40] ebenso wenig die Höhe des in den ungenehmigten Eingriff investierten Aufwands („Wertvernichtung"),

58

---

35 OVG Koblenz, Urt. v. 19.5.1987 – 7 A 58/86, NuR 1988, 41.
36 VGH München, Urt. v. 13.8.2003 – 9 B 02.94.
37 VGH München, Beschl. v. 24.10.2005 – 9 CS 05.1840, NuR 2006, 306.
38 VGH München, Beschl. v. 24.10.2005 – 9 CS 05.1840, NuR 2006, 306.
39 VGH München, Urt. v. 21.5.1985 – 8 B 82 A.2757, NuR 1986, 122. Vgl. auch OVG Münster, Urt. v. 25.9.1997 – 20 A 974/96.
40 VGH Mannheim, Urt. v. 27.10.1981 – 1 S 1598/80, NuR 1982, 264; VGH München, Beschl. v. 20.10.1994 – 9 CS 94.2562.

denn das würde dazu ermuntern, unzulässige kostspielige Maßnahmen durchzuführen und dadurch die Wiederherstellung rechtmäßiger Zustände zu verhindern.[41]

59 e) **Inhalt der Anordnung.** Sie muss möglichst **bestimmt** sein. Dazu reicht es bei einer Wiederherstellungsanordnung aus, wenn aus ihrem gesamten Inhalt sowie aus den Beteiligten bekannten näheren Umständen im Wege einer an den Grundsätzen von Treu und Glauben orientierten Auslegung hinreichende Klarheit gewonnen werden kann.[42] Ein Lageplan sollte der Anordnung beigefügt werden, wenn eine verbale Beschreibung nicht ausreicht, z.b. wenn es um Teilflächen eines Grundstücks geht usw. Beispiele: Die Verpflichtung, das aufgeschüttete Bodenmaterial „bis zum gewachsenen Oberboden" abzutragen, ist hinreichend bestimmt.[43] Dem Verpflichteten kann aufgegeben werden, den Beginn der Wiederherstellungs- bzw. Beseitigungsarbeiten der Behörde vorher **anzuzeigen**, damit die Arbeiten (z.b. auf empfindlichen Flächen) überwacht werden können.[44]

60 f) **Rechtsnachfolge.** Nach dem Vorbild des Baurechts wirken auch im Naturschutzrecht grundstücksbezogene Wiederherstellungs- und Beseitigungsanordnungen grundsätzlich auch gegenüber dem **Rechtsnachfolger** des Adressaten und können gegen ihn vollstreckt werden.[45] So wirkt die Anordnung, ein beseitigtes Gehölz neu zu pflanzen, gegen den Einzelrechtsnachfolger (Käufer) oder den Gesamtrechtsnachfolger (Erben).

61 g) **Sofortvollzug.** Die Wiederherstellungsanordnung kann für **sofort vollziehbar** erklärt werden, wenn das besondere öffentliche Interesse an der Durchsetzung der Naturschutzbelange es erfordert, etwa wenn ohne Sofortvollzug (und Zuwarten bis zur Unanfechtbarkeit der Entscheidung) einerseits nicht wiedergutzumachende Schäden an Natur und Landschaft zu befürchten sind, andererseits die dem Betroffenen entstehenden Nachteile durch Geld ausgeglichen werden können.[46] Dem Sofortvollzug steht nicht entgegen, dass der Erfolg der Wiederherstellungsmaßnahme nicht völlig sicher ist, wenn nur die **Möglichkeit der Regenerierung** der Fläche besteht.[47]

X. Beendigung und Unterbrechung des Eingriffs (Absatz 9)

62 Die **Beendigung** oder eine länger als ein Jahr dauernde Unterbrechung eines Eingriffs ist der zuständigen Behörde anzuzeigen. Sie soll damit in die Lage versetzt wird, zu überprüfen, ob der Eingriff in der zugelassenen Form stattgefunden hat und Kompensationsmaßnahmen wie festgesetzt durchgeführt worden sind. Auch eine länger als ein Jahr dauernde **Unterbrechung** eines Eingriffs ist der zuständigen Behörde anzuzeigen. Eine nur unwesentliche

---

41 VGH München, Urt. v. 6.2.1980 – 15 B 1948/79, BayVBl. 1981, 89 zum entsprechenden Problem im Baurecht.
42 VGH München, Urt. v. 16.12.1981 – 15 B 81 A.896, BayVBl. 1982, 435. Vgl. auch OVG Lüneburg, Beschl. v. 12.9.2006 – 8 LA 265/04, ZUR 2007, 43.
43 VG Potsdam, Beschl. v. 24.11.2004 – 4 L 634/04.
44 VG München, Beschl. v. 21.2.1980 – M 711 XI 80, NuR 1980, 173.
45 VGH Mannheim, Beschl. v. 12.3.1991 – 5 S 618/91, NuR 1991, 486.
46 VG Regensburg, Beschl. v. 2.2.1987 – RN 2 S 86.1567, NuR 1988,46; VGH München, Beschl. v. 2.9.1987 – 8 CS 87.00905, NuR 1988, 48; VGH Kassel, Beschl. v. 6.11.1991 – 3 TH 2297/81, NVwZ-RR 1992, 468 und Beschl. v. 28.1.1992 – 4 TH 2283/91, NuR 1992, 434 zur Verfüllung eines Steinbruchs.
47 VG Schleswig, Beschl. v. 9.6.1982 – 8 D 21/82, NuR 1983, 248 zur Entfernung von Auffüllungen auf einer Orchideenwiese.

Weiterführung des Eingriffs steht einer Unterbrechung gleich. Wird der Eingriff länger als ein Jahr unterbrochen, kann die Behörde den Verursacher verpflichten, vorläufige Maßnahmen zur Sicherung der Ausgleichs- und Ersatzmaßnahmen durchzuführen oder, wenn der Abschluss des Eingriffs in angemessener Frist nicht zu erwarten ist, den Eingriff in dem bis dahin vorgenommenen Umfang zu kompensieren. Von Bedeutung ist das etwa bei Kompensationsmaßnahmen, deren Erfolg rasch eintreten soll (§ 15 Rdnr. 90).

XI. UVP-pflichtige Eingriffsvorhaben (Absatz 10)

Abs. 10 entspricht § 20 Abs. 5 BNatSchG 2002. Handelt es sich bei dem Eingriff um ein Vorhaben, das nach dem Gesetz über die Umweltverträglichkeitsprüfung einer Umweltverträglichkeitsprüfung unterliegt, so muss das Verfahren, in dem Entscheidungen nach § 15 Abs. 1 bis 5 getroffen werden, den Anforderungen des genannten Gesetzes entsprechen. Die Vorhaben sind in § 3 UVPG aufgeführt.

XII. Landesrecht, Verordnungsermächtigung (Absatz 11)

Die Verordnungsermächtigung gibt den Ländern die Möglichkeit, Einzelheiten zum Verfahren der Eingriffsregelung zu regeln oder bestehende Rechtsverordnungen anzupassen. Im Übrigen können die Länder von § 17 abweichen, denn der Bundesgesetzgeber bezeichnet ihn nicht als allgemeinen Grundsatz des Naturschutzes i.S.v. Art. 72 Abs. 2 Nr. 3 GG. Die Vorschrift ist auch nicht unmittelbar kraft Verfassungsrechts als solcher Grundsatz zu betrachten (dazu vor § 1). Abweichendes Landesrecht darf aber nicht dem Grundsatz des § 13 aushöhlen, vgl. dazu § 13 Rdnr. 5 ff.

§ 18 Verhältnis zum Baurecht

(1) Sind auf Grund der Aufstellung, Änderung, Ergänzung oder Aufhebung von Bauleitplänen oder von Satzungen nach § 34 Absatz 4 Satz 1 Nummer 3 des Baugesetzbuches Eingriffe in Natur und Landschaft zu erwarten, ist über die Vermeidung, den Ausgleich und den Ersatz nach den Vorschriften des Baugesetzbuches zu entscheiden.

(2) [1]Auf Vorhaben in Gebieten mit Bebauungsplänen nach § 30 des Baugesetzbuches, während der Planaufstellung nach § 33 des Baugesetzbuches und im Innenbereich nach § 34 des Baugesetzbuches sind die §§ 14 bis 17 nicht anzuwenden. [2]Für Vorhaben im Außenbereich nach § 35 des Baugesetzbuches sowie für Bebauungspläne, soweit sie eine Planfeststellung ersetzen, bleibt die Geltung der §§ 14 bis 17 unberührt.

(3) [1]Entscheidungen über Vorhaben nach § 35 Absatz 1 und 4 des Baugesetzbuches und über die Errichtung von baulichen Anlagen nach § 34 des Baugesetzbuches ergehen im Benehmen mit den für Naturschutz und Landschaftspflege zuständigen Behörden. [2]Äußert sich in den Fällen des § 34 des Baugesetzbuches die für Naturschutz und Landschaftspflege zuständige Behörde nicht binnen eines Monats, kann die für die Entscheidung zuständige Behörde davon ausgehen, dass Belange des Naturschutzes und der Landschaftspflege von dem Vorhaben nicht berührt werden. [3]Das Benehmen ist nicht erforderlich bei Vorhaben in Gebieten mit Bebauungsplänen und während der Planaufstellung nach den §§ 30 und 33 des Baugesetzbuches sowie in Gebieten mit Satzungen nach § 34 Absatz 4 Satz 1 Nummer 3 des Baugesetzbuches.

(4) [1]Ergeben sich bei Vorhaben nach § 34 des Baugesetzbuches im Rahmen der Herstellung des Benehmens nach Absatz 3 Anhaltspunkte dafür, dass das Vorhaben eine Schädigung im Sinne des § 19 Absatz 1 Satz 1 verursachen kann, ist dies auch dem Vorhabenträger mitzuteilen. [2]Auf Antrag des Vorhabenträgers hat die für die Erteilung der Zulassung zuständige Behörde im Benehmen mit der für Naturschutz und Landschaftspflege zuständigen Behörde die Entscheidungen nach § 15 zu treffen, soweit sie der Vermeidung, dem Ausgleich oder dem Ersatz von Schädigungen nach § 19 Absatz 1 Satz 1 dienen; in diesen Fällen gilt § 19 Absatz 1 Satz 2. [3]Im Übrigen bleibt Absatz 2 Satz 1 unberührt.

Gliederung

		Rdnr.
I.	Allgemeines	1
II.	Die Eingriffsregelung in der Bauleitplanung (Abs. 1)	2–47
1.	Verfahrensschritte	2–4
2.	Ermittlung und Bewertung des Sachverhalts	5–16
	a) Eingriffsprognose	5–9
	b) Überlegungen zur Vermeidung und Kompensation	10–16
	aa) Vermeidung, Ausgleich und Ersatz	11, 12
	bb) Räumlicher Zusammenhang von Eingriff und Ausgleich	13, 14
	cc) Zeitlicher Zusammenhang von Eingriff und Ausgleich	15
	dd) Funktioneller Zusammenhang von Eingriff und Ausgleich	16
3.	Abwägung (§ 1 Abs. 6 BauGB)	17–28
	a) Allgemeines	17
	b) Belange von Natur und Landschaft in der Abwägung	18–22
	c) Einzelfragen	23–26
	d) Kasuistik	27, 28
4.	Verwirklichung der Abwägungsentscheidung	29–43
	a) Flächennutzungsplan	30

	b) Bebauungsplan	31–38
	aa) Allgemeines	31
	bb) Mögliche Festsetzungen nach § 9 Abs. 1 BauGB	32–38
	c) Städtebauliche und sonstige Verträge	39
	d) Maßnahmen auf von der Gemeinde bereitgestellten Flächen	40–42
	e) Sonstiges	43
5.	Zuordnung der Ausgleichsflächen und -maßnahmen	44–46
6.	Durchführung der Ausgleichsmaßnahmen	47
III.	Zulassung von Vorhaben (Abs. 2)	48–53
1.	Begriff des Vorhabens	48, 49
2.	Vorhaben in Plangebieten und im Innenbereich	50
3.	Vorhaben im Außenbereich, planfeststellungsersetzende Bebauungspläne	51–53
IV.	Verfahren (Abs. 3)	54–56
V.	Umweltschadensrecht (Abs. 4)	57, 58

I. Allgemeines

Natur und Landschaft sind seit den 70er-Jahren auch außerhalb besonderer Schutzgebiete gegen nachteilige Veränderungen geschützt. Anknüpfungspunkt ist der Eingriffstatbestand i.S.v. § 14 Abs. 1. Die Bebauung von Grundstücken verändert ihre Gestalt und Nutzung und verwirklicht den Eingriffstatbestand, wenn erhebliche Beeinträchtigungen von Natur und Landschaft zu erwarten sind. Dennoch blieb die Eingriffsregelung im Baurecht lange Zeit ohne Beachtung.[1] Die – eine als Eingriff zu wertende Grundstücksnutzung ermöglichende – **Bauleitplanung** ist als solche noch kein Eingriff i.S.v. § 14 Abs. 1, weil es noch an einer realen Veränderung der Gestalt oder Nutzung von Grundflächen fehlt. Andererseits sind die Belange des Naturschutzes und der Landschaftspflege nach § 1 Abs. 6 Nr. 7 BauGB eines der Ziele der Bauleitplanung und demgemäß bei der Abwägung nach § 1 Abs. 7 BauGB gebührend zu berücksichtigen. Soweit die Bauleitplanung Gestalt- oder Nutzungsänderungen ermöglicht, die zu erheblichen Beeinträchtigungen von Naturhaushalt oder Landschaftsbild führen können, darf die Bewältigung der damit verbundenen Probleme nicht auf die Einzelbauvorhaben verlagert werden, weil das von der Gesamtplanung hervorgerufene Bedürfnis nach naturschützenden Vermeidungs-, und Kompensationsmaßnahmen auf diesem Wege nicht ausreichend befriedigt werden kann und die Einriffsregelung mit ihren Verursacherpflichten insofern weitgehend leerliefe. Diese zunächst von der Rechtsprechung gewonnene Einsicht[2] wurde vom Gesetzgeber übernommen (§ 8a BNatSchG 1993). § 18 entspricht dem bisherigen § 21 BNatSchG 2002. Abs. 1 legt fest, wie die Eingriffsregelung im Bauplanungsrecht anzuwenden ist. Einzelheiten regelt das BauGB, insbesondere in § 1a Abs. 3, §§ 135a ff. und § 200a. § 21 Abs. 2 betrifft die Vorhabengenehmigung, Abs. 3 die Beteiligung der Naturschutzbehörde. Abs. 4 schafft eine rechtliche Verbindung zu § 19.

1

---

1 Abgesehen von einigen Beiträgen in der Fachliteratur, z.B. *Gaentzsch*, NuR 1986, 89.
2 Z.B. VGH Mannheim, Urt. v. 5.12.1991 – 5 S 976/91, NuR 1992, 335.

II. Die Eingriffsregelung in der Bauleitplanung (Absatz 1)

1. Verfahrensschritte

2   Den Einstieg in die Eingriffsregelung beschreibt Abs. 1 dahingehend, dass auf Grund der Aufstellung, Änderung, Ergänzung oder Aufhebung von Bauleitplänen oder von Satzungen nach § 34 Abs. 4 Satz 1 Nr. 3 BauGB Eingriffe in Natur und Landschaft zu erwarten sind. Die Gemeinde muss also eine **Eingriffsprognose** dahingehend treffen, ob durch eine städtebauliche Planung voraussichtlich der Tatbestand des § 14 Abs. 1 erfüllt wird.

3   Ist die **Eingriffsprognose positiv**, so verpflichtet Abs. 1 die Gemeinde dazu, über die Verursacherpflichten – Vermeidung, Ausgleich, Ersatz – nach den Vorschriften des Baugesetzbuchs zu entscheiden. § 1a Abs. 3 BauGB schreibt vor, dass „die Vermeidung und der Ausgleich voraussichtlich erheblicher Beeinträchtigungen des Landschaftsbildes sowie der Leistungs- und Funktionsfähigkeit des Naturhaushalts in seinen in § 1 Abs. 6 Nr. 7 Buchstabe a bezeichneten Bestandteilen (Eingriffsregelung nach dem Bundesnaturschutzgesetz)" in der Abwägung nach § 1 Abs. 7 zu berücksichtigen sind. Darstellungen für Flächen zum Ausgleich und Festsetzungen für Flächen oder Maßnahmen zum Ausgleich im Sinne des § 1a Abs. 3 umfassen gem. § 200a BauGB auch Ersatzmaßnahmen.

4   Dazu muss die Gemeinde prüfen, ob und wie sich diese Pflichten im konkreten Fall erfüllen lassen. Die dazu erforderlichen Maßnahmen gehen in die Abwägungsentscheidung ein. Nach dem Ergebnis der **Abwägung** richtet sich, welche Maßnahmen im Bauleitplan dargestellt bzw. festgesetzt oder anderweitig getroffen werden. Die Prüfschritte sind:
– Ermittlung und Bewertung des durch die beabsichtigten Festsetzungen bewirkten Eingriffs,
– Entwicklung und Bewertung von Kompensationsmaßnahmen und deren Standort in einem Umfang, dass bei einer Gegenüberstellung von Eingriff und Kompensation ein gleichwertiger Status von Natur und Landschaft erreicht wird („Vollkompensation");
– Abwägung i.S. einer Darlegung von Gründen, wenn die Belange von Naturschutz und Landschaftspflege zurückgestellt werden, d.h. Kompensationsmaßnahmen nicht in ausreichendem Umfang erfolgen sollen.

2. Ermittlung und Bewertung des Sachverhalts

5   **a) Eingriffsprognose.** Zunächst muss die Gemeinde die Entscheidungsgrundlagen schaffen. Sie prüft zuerst, ob auf Grund der Aufstellung, Änderung, Ergänzung oder Aufhebung von Bauleitplänen oder von Satzungen nach § 34 Abs. 4 Satz 1 Nr. 3 BauGB Eingriffe in Natur und Landschaft zu erwarten sind. Die im Bauleitplan dargestellte (§ 5 BauGB) bzw. festgesetzte (§ 9 BauGB) bauliche oder gewerbliche Nutzung und die erforderliche Erschließung **verändern** in der Regel **die Gestalt und Nutzung der Grundflächen** (u.U. auch den Grundwasserspiegel). Diese Tatbestände sind in Rdnr. 4 ff. zu § 14 erläutert. Auch die Errichtung baulicher Anlagen im unbeplanten oder beplanten **Innenbereich** (§§ 30, 34 BauGB) kann ein Eingriff in Natur und Landschaft sein.[3] Bei der Überplanung von Gebieten i.S.v. §§ 30, 34 BauGB ist zu beachten, dass bei Vorhaben, die schon bisher zulässig waren, eine Kompensation nicht vorgeschrieben ist (§ 1 Abs. 3 Satz 5

---

3   BVerwG, Urt. v. 31.8.2000 – 4 CN 6.99, NuR 2001, 150: § 8a BNatSchG 1993 [= § 18] gilt daher grundsätzlich auch für die Bauleitplanung im beplanten und im unbeplanten Innenbereich.

BauGB) und daher nur die Unterlassung vermeidbarer Natur- und Landschaftsbeeinträchtigungen geboten ist. Die Prüfung konzentriert sich also meist darauf, ob die Veränderungen zu erheblichen Beeinträchtigungen von Naturhaushalt oder Landschaftsbild führen können. Beim Flächennutzungsplan wird das praktisch immer zutreffen, wenn er neue bauliche oder sonst den Eingriffstatbestand erfüllende Nutzungen vorsieht. Beim Bebauungsplan sind solche Beeinträchtigungen zu erwarten, wenn er erstmals eine bauliche oder sonst den Eingriffstatbestand möglicherweise erfüllende Nutzung festsetzt, anders ggf. dann, wenn er einen vorhandenen Bestand überplant, ohne dass die überbauten Flächen vermehrt oder die Nutzung in sonstiger, die Schutzgüter Natur und Landschaft berührender Weise intensiviert wird. Entsprechendes gilt für eine Satzung nach § 34 Abs. 4 Satz 1 Nr. 3 BauGB. Die Aufhebung eines Bebauungsplans kann dadurch relevant werden, dass bisher von Bebauung frei zu haltende Flächen nach dem nunmehr anzuwendenden § 34 BauGB überbaubar werden.

Der **vorhandene Zustand von Naturhaushalt und Landschaftsbild** ist zu beschreiben und zu bewerten. Auch wenn eine Stellungnahme der Naturschutzbehörde vorliegt, bleibt die Verantwortung für eine ausreichende Bestandsaufnahme bei der planenden Gemeinde.[4] Wie intensiv die Gemeinde vorgehen muss, hängt von den Anhaltspunkten im Einzelfall ab.[5] Ggf. ist, etwa bei empfindlichen oder ziemlich unberührten Bereichen, ein Gutachter beizuziehen. Je konkreter die Hinweise sind, desto genauer muss ihnen die Gemeinde nachgehen. Weitere Einzelheiten sind in Rdnr. 9 ff. zu § 15 dargestellt. Ein **Landschaftsplan** erleichtert die Aufgabe, denn er stellt den vorhandenen Zustand von Natur und Landschaft dar und bewertet ihn (vgl. § 9 Abs. 3 Satz 1 Nr. 1.[6] Wenn sich die Erforderlichkeit einer zusätzlichen Bestandsaufnahme für die Gemeinde nicht aufdrängt oder aus Hinweisen von Trägern öffentlicher Belange ergibt, kann sie nicht generell zusätzlich zu einem schon vorhandenen Landschaftsplan, der Aussagen zur Flora und zu den Folgen der Bebauung für die Tierwelt enthält, verlangt werden.[7]

Sodann sind Art und Ausmaß der zu erwartenden erheblichen Beeinträchtigungen von Naturhaushalt und Landschaftsbild zu beschreiben und zu bewerten. Was unter Naturhaushalt und Landschaftsbild zu verstehen ist und wann diese Schutzgüter erheblich beeinträchtigt werden, ist in Rdnr. 18 ff. zu § 14 erläutert. Die Prüfung der voraussichtlichen Natur- und Landschaftsbeeinträchtigungen darf sich nicht auf das in Aussicht genommene Plangebiet (bzw. die Flächen, deren Gestalt oder Nutzung verändert werden wird) beschränken, sondern muss benachbarte Flächen je nach dem Wirkungsbereich des Eingriffs einbeziehen.[8] Bei Beeinträchtigungen des Naturhaushalts werden die Auswirkungen häufig, bei Landschaftsbildbeeinträchtigungen in der Regel auch außerhalb des Plangebiets auftreten. Die voraussichtlich betroffenen Schutzgüter, deren Funktionen und Werte sind bei der Abgrenzung des Untersuchungsraums zu berücksichtigen. Ein schematisches Vorgehen ist daher nicht möglich, zumal zwischenzeitlich gewonnene Erkenntnisse eine Anpassung des Untersuchungsraumes erforderlich machen können.

---

4 OVG Lüneburg, Beschl. v. 30.5.1989 – 1 C 12/87, UPR 1990, 233/235.
5 VGH Mannheim, Urt. v. 8.5.1990 – 1 N 2/88, NuR 1990, 82; VGH Kassel, Beschl. v. 19.12.1990 – 4 NG 1374/9, NuR 1991, 437.
6 Ggf. auch eine Stadtbiotopkartierung, dazu *Buchreiter-Schulz/Kreitmayer*, NuR 1991, 107 ff.
7 VGH Kassel, Urt. v. 25.5.2000 – 4 N 2660/91, NuR 2001, 278.
8 VGH Kassel, Beschl. v. 22.7.1994 – 3 N 882/94, NuR 1995, 147.

8 Was die **Ermittlung und Bewertung** des Sachverhalts betrifft, gelten die Grundsätze der allgemeinen Eingriffsregelung (Rdnr. 9 ff. zu § 15).[9] Die Untersuchungstiefe ist grundsätzlich beim Bebauungsplan größer als beim Flächennutzungsplan. Die Anforderungen sind umso höher, je differenzierter der Untersuchungsraum ist, je größer voraussichtlich seine Bedeutung z.B. nach Wert oder Empfindlichkeit für Naturhaushalt und Landschaftsbild ist und je konfliktträchtiger die Planung ist.[10] Die voraussichtlichen Wirkungen der beabsichtigten Planung auf Naturhaushalt und Landschaftsbild sind zu analysieren. Diese Wirkungsprognose ist von zentraler Bedeutung, denn sie beschreibt die zu erwartenden Veränderungen der einzelnen Schutzgüter nach Art, räumlicher Ausdehnung und Intensität. Daran schließt sich die Bewertung unter dem Aspekt „erhebliche Beeinträchtigung" (§ 14 Abs. 1) an.[11]

9 Nach § 4 Abs. 2 BauGB hat die **Naturschutzbehörde als Träger öffentlicher Belange** ihre Stellungnahme binnen einer Monatsfrist abzugeben, die von der Gemeinde aus wichtigem Grund angemessen verlängert werden soll. Das zwingt die Naturschutzbehörde zum Verzicht auf längere Untersuchungen. Allerdings ist die begründete Notwendigkeit genauerer Erhebungen von Flora und Fauna in sensiblen Bereichen ein wichtiger Grund zur Fristverlängerung (Arbeitsüberlastung hingegen kaum). Bei konkreten Hinweisen der Naturschutzbehörde wird jedoch die Ermittlungspflicht der Gemeinde durch die Frist nicht reduziert. § 4 Abs. 2 BauGB will das Verfahren straffen, nicht aber die Abwägungsanforderungen herabsetzen. Unberührt bleibt die Verantwortlichkeit der Gemeine für ihre Planung. Ein Schweigen der Naturschutzbehörde entlässt sie daraus nicht.

10 **b) Überlegungen zur Vermeidung und Kompensation.** Die Tatsache, dass die Anforderungen der Eingriffsregelung der Abwägung unterliegen, entbindet die Gemeinde nicht von der Pflicht, zunächst die voraussichtlichen Eingriffsfolgen und den Kompensationsbedarf zu ermitteln. Andernfalls kann nicht fehlerfrei abgewogen werden, weil die Grundlagen fehlen. Einzelheiten zu den die Gemeinde treffenden Verursacherpflichten Vermeidung, Ausgleich und Ersatz sind nachfolgend sowie in Rdnr. 18 ff., 27 ff. zu § 15 dargestellt.

11 **aa) Vermeidung, Ausgleich und Ersatz.** Die Gemeinde hat zu überlegen, wie die zu erwartenden Beeinträchtigungen von Naturhaushalt und Landschaftsbild bewältigt werden können. Zu prüfen ist, inwieweit die Beeinträchtigungen **vermieden** (oder gemindert, d.h. teilweise vermieden) werden können, ohne dass das Ziel der Planung in Frage gestellt wird.[12] Wegen der verbleibenden Beeinträchtigungen sind Überlegungen zu möglichen Ausgleichs- und Ersatzmaßnahmen anzustellen. Es muss sich um Maßnahmen des Naturschutzes und der Landschaftspflege handeln (dazu § 15 Rdnr. 63). Sie müssen in einem funktionellen Zusammenhang mit den eingriffsbedingten Beeinträchtigungen stehen (Rdnr. 16). Bei den fachlichen Vorarbeiten ist grundsätzlich eine volle Kompensation anzustreben. Dabei

---

9 OVG Münster, Urt. v. 30.6.1999 – 7a D 184/97.NE, NuR 2000, 55: Die von der Landesregierung Nordrhein-Westfalen 1996 erstellte „Arbeitshilfe für die Bauleitplanung" ist ein sachgerechtes Bewertungsverfahren bei der Ermittlung des Ausgleichsbedarfs und des Umfangs der Festlegungen zu seiner Deckung.
10 Näheres bei *Gerhards,* in: Bundesamt für Naturschutz (Hrsg.), Naturschutzfachliche Empfehlungen zur Eingriffsregelung in der Bauleitplanung, 2002, S. 28 ff.
11 Einzelheiten bei *Gerhards* a.a.O. S. 35 ff., 39 ff.
12 Dazu Rdnr. 16 ff. zu § 19 und *Gerhards* a.a.O. S. 49 ff.

hat die Gemeinde, was den räumlichen (Rdnr. 13 f.) und zeitlichen (Rdnr. 15 f.) Zusammenhang zwischen Beeinträchtigung und Kompensation betrifft, einen Spielraum, der die Chance einer Vollkompensation erhöht.

In der Bauleitplanung gab es von Anfang an nicht die früher in der Eingriffsregelung festgelegte Stufenfolge von Ausgleich und Ersatz. Sie würde der Struktur der bauplanungsrechtlichen Abwägung nach § 1 Abs. 7 BauGB widersprechen. Nunmehr sind auch in der allgemeinen Eingriffsregelung Ausgleich und Ersatz grundsätzlich gleichwertig, aber nicht beliebig (dazu § 15 Rdnr. 59 ff.). Abs. 1 stellt klar, dass über Vermeidung, Ausgleich und Ersatz nicht nach § 15, sondern nach den Vorschriften des Baugesetzbuchs, d.h. gem. § 1a Abs. 3 BauGB **in der Abwägung** nach § 1 Abs. 7 BauGB **zu entscheiden** ist. Von Ersatzmaßnahmen ist in § 1a Abs. 3 BauGB nicht die Rede, denn § 200a Satz 1 BauGB stellt Ersatzmaßnahmen und Ausgleichsmaßnahmen gleich. Daher gehen beide gleichermaßen und ohne Abstufung als Kompensationsmöglichkeiten in die Abwägung ein. Insofern verwendet das Baugesetzbuch einen eigenen Begriff des Ausgleichs.[13] Das heißt aber nicht, dass nicht primär zu untersuchen ist, ob sich ein Ausgleich im engeren Sinne schaffen lässt, um die Rechtsgüter Natur und Landschaft nicht mehr zu beeinträchtigen als nötig. Doch könnte ein Abwägungsfehler daraus allenfalls herzuleiten sein, wenn sich die Gemeinde für eine „Ersatzmaßnahme" entscheidet, obwohl ein Ausgleich im engeren Sinne problemlos möglich wäre und sich das Gefüge der Abwägung dadurch nicht verändern würde. Ersatzzahlungen kommen in der Bauleitplanung nicht in Betracht. Sie sind weder in § 21 Abs. 1 BNatSchG noch in § 1a Abs. 3 BauGB erwähnt.

bb) Räumlicher Zusammenhang von Eingriff und Ausgleich. Wegen der räumlichen Zwänge, denen die Bauleitplanung im Gemeindegebiet unterliegt, lockern § 1a Abs. 3 Satz 3 BauGB und § 200a BauGB den räumlichen Zusammenhang zwischen Eingriff bzw. Beeinträchtigungen und Ausgleich. Soweit dies mit einer nachhaltigen städtebaulichen Entwicklung und den Zielen der Raumordnung sowie des Naturschutzes und der Landschaftspflege vereinbar ist, können die Darstellungen und Festsetzungen auch an anderer Stelle als am Ort des Eingriffs erfolgen, auch außerhalb des Gemeindegebiets. Die Abwägung ist daher fehlerhaft, wenn die Gemeinde, einem ministeriellen Rundschreiben folgend, zu der Auffassung kommt, Ersatzmaßnahmen kämen nur in einer Entfernung bis zu 300 m vom Eingriffs-Bebauungsplan in Betracht und daher von der ursprünglich geplanten vollen Kompensation (unter Einbeziehung auch weiter entfernt liegender Flächen) Abstriche macht. Eine solch formale Begrenzung der Entfernung ist unzulässig, eine großräumige Betrachtungsweise ist stattdessen angebracht.[14] Da es hier um bundesrechtliches Bauplanungsrecht geht, das keiner landesrechtlichen Abweichungskompetenz unterliegt, würden § 1a Abs. 3 Satz 3 und § 200a Satz 2 BauGB auch eventuelle landesrechtliche Regelungen verdrängen, die auf Grund der Abweichungskompetenz eine andere Regelung über den räumlichen Zusammenhang von Eingriff und Kompensationsmaßnahmen treffen.

Die Gemeinde **muss von der Lockerung des räumlichen Zusammenhangs nicht Gebrauch machen.** Dazu das OVG Münster[15]: „Zwar fordert das Gesetz keinen engen räumlichen Bezug zwischen Eingriff und Ausgleich (vgl. § 1a Abs. 3, § 135a Abs. 2 und § 200a BauGB). Gleichwohl fördert es einen

---
13 Im folgenden Text ist mit Ausgleich dieser Begriff gemeint.
14 OVG Koblenz, Urt. v. 28.1.2000 – 1 C 10029/99, NuR 2000, 339.
15 Urt. v. 17.12.1998 – 10a D 186/96.NE, NuR 1999, 529.

effektiven Naturschutz, wenn ein funktional-räumlicher Zusammenhang zwischen Eingriff und Ausgleich hergestellt werden kann. Je weiter die Ausgleichsfläche vom beeinträchtigten Bereich entfernt ist, desto mehr gewinnt der Ausgleich die Bedeutung einer lediglich rechnerischen, vom Einzelfall losgelösten Kompensation im Sinne einer die örtlichen Gegebenheiten vernachlässigenden Gesamtbetrachtung des Naturhaushalts. Der Plangeber kann sich mit einem solchen Ausgleich begnügen, jedoch ist die Festsetzung einer dem Eingriffsort näher gelegenen Ausgleichsfläche aus Naturschutzgründen vorzuziehen und grundsätzlich unter Abwägungsgesichtspunkten bedenkenfrei." Aus fachlicher Sicht können Gründe für und gegen eine eingriffsnahe Kompensation sprechen.[16] Hält der Plangeber es für erstrebenswert, den Ausgleich möglichst eingriffsnah zu verwirklichen, so muss er von der Inanspruchnahme privater Flächen nur dann absehen, wenn er in ähnlicher naher Entfernung eigene Flächen hat, die ebenso gut geeignet sind.[17]

15   cc) **Zeitlicher Zusammenhang von Eingriff und Ausgleich.** Auch in zeitlicher Hinsicht ist eine „Entkoppelung" möglich: Nach § 135a Abs. 2 Satz 2 BauGB können die Maßnahmen zum Ausgleich bereits vor den Baumaßnahmen und vor der Zuordnung (zu bestimmten Eingriffen) durchgeführt werden. Dies ist die Grundlage für das „Öko-Konto", das nunmehr auch in § 16 für die allgemeine Eingriffsregelung eine Regelung erfahren hat. Die Gemeinde (oder auch der Vorhabenträger in Abstimmung mit der Gemeinde) kann Flächen für Ausgleichszwecke reservieren und im Vorgriff aufwertende Maßnahmen durchführen, die mit späteren Eingriffen verrechnet werden.[18] Im Übrigen ist für den Zeitpunkt, an dem der Ausgleichserfolg eintreten muss, der Zweck der Maßnahme entscheidend.[19]

16   dd) **Funktioneller Zusammenhang von Eingriff und Ausgleich.** Ein sachlicher (funktioneller) **Zusammenhang** zwischen eingriffsbedingten Natur- und Landschaftsbeeinträchtigungen einerseits und Ausgleichsmaßnahmen (i.w.S.) andererseits bleibt trotz der geschilderten Besonderheiten erforderlich. Die Gemeinde kann in der Abwägung den Umfang des Ausgleichs mit hinreichender Begründung reduzieren. Auch hinsichtlich Ort und Zeit der Maßnahmen geben § 1a Abs. 3 Satz 2 BauGB und § 200a BauGB Flexibilität. All das erlaubt der Gemeinde aber nicht, den durch § 15 Abs. 2 gezogenen Rahmen für Ausgleich und Ersatz zu verlassen.[20] § 1a Abs. 3 Satz 1 BauGB verweist auf die Eingriffsregelung nach dem Bundesnaturschutzgesetz. Die im Baugesetzbuch geregelten Besonderheiten (§§ 1a Abs. 3, 200a, 135a BauGB) betreffen nicht den sachlichen Kern der Definitionen in § 15 Abs. 2 über die Anforderungen an Ausgleich und Ersatz. Es muss sich also – bei Beeinträchtigungen des Naturhaushalts – entweder um eine gleichartige Wiederherstellung oder um eine gleichwertige Herstellung handeln und – bei Beeinträchtigungen des Landschaftsbilds – um landschaftsgerechte Wiederherstellung oder Neugestaltung. Das ist nach Lage des Einzelfalls zu entscheiden. Es würde also nicht ausreichen, in einem vorhandenen Landschaftsplan vorgeschlagene Pflege-

---

16 *Gerhards,* in: Bundesamt für Naturschutz (Hrsg.), Naturschutzfachliche Empfehlungen zur Eingriffsregelung in der Bauleitplanung, 2002, S. 63.
17 BVerwG, Urt. v. 1.9.1997 – 4 A 36/96, NuR 1998, 41.
18 Einzelheiten bei *Louis,* NuR 1998, 113/118.
19 BVerwG, Beschl. v. 16.3.1999 – 4 BN 17.98, ZfBR 1999, 349 zum Zeitpunkt der Kompensation eines bauplanerischen Eingriffs in Natur und Landschaft (im Einzelnen Rdnr. 76 ff. zu § 15). Der zeitliche Bezugspunkt ist nicht das Inkrafttreten des Bebauungsplans, sondern der durch den Plan ermöglichte Eingriff in Natur und Landschaft (BVerwG a.a.O.).
20 Ebenso *Louis,* BNatSchG, 2. Aufl. 2000, Rdnr. 38 zu § 8a.

und Entwicklungsmaßnahmen als Eingriffskompensation festzulegen, ohne einen nachvollziehbaren Bezug zu den Eingriffsfolgen herzustellen. Nichtsdestoweniger gibt der Landschaftsplan wichtige Anhaltspunkte für die Ermittlung und Bewertung von Eingriffen und den Ausgleich (Rdnr. 85 ff. zu § 15).[21]

3. Abwägung (§ 1 Abs. 6 BauGB)

a) **Allgemeines.** Nach § 1 Abs. 7 BauGB sind die Belange untereinander und gegeneinander gerecht abzuwägen. Erforderlich ist,[22] (a) dass eine Abwägung überhaupt stattfindet, (b) dass sie alle Belange umfasst, die nach Lage der Dinge zu berücksichtigen sind, (c) dass die Bedeutung der betroffenen Belange weder verkannt wird noch der Ausgleich zwischen ihnen in einer Weise vorgenommen wird, die zum objektiven Gewicht einzelner Belange außer Verhältnis steht. Dies sind die Grenzen des planerischen Ermessens der Gemeinde. Bei der Abwägung sind alle Belange grundsätzlich **gleichrangig**; entscheidend ist der konkrete Einzelfall. Kein Belang genießt einen generellen Vorrang. Was die Eingriffsregelung in der Bauleitplanung betrifft, ist unentbehrliche Grundlage der Abwägung eine **Eingriffs-Ausgleichs-Bilanz**. Sie stellt aus fachlicher Sicht die zu erwartenden Beeinträchtigungen dar und schlägt die daraus abzuleitenden Vorkehrungen zur Vermeidung und Maßnahmen zum Ausgleich vor (§ 1a Abs. 3 Satz 2 BauGB).

b) **Belange von Natur und Landschaft in der Abwägung.** In einer Grundsatzentscheidung hat das Bundesverwaltungsgericht[23] hervorgehoben, was die Gemeinde insoweit bei der Abwägung zu beachten hat:

- Die Belange von Naturschutz und Landschaftspflege haben in der Abwägung nach § 1 BauGB keinen abstrakten Vorrang. Sie haben allerdings herausgehobene Bedeutung insofern, als bei ihnen die Abwägung über das Integritätsinteresse hinaus auf das Kompensationsinteresse erweitert wird. Damit wird die Gemeinde verpflichtet, in Wahrnehmung ihres Planungsauftrags nach § 1 Abs. 3 BauGB zugleich über ein **Ausgleichs- und Ersatzmaßnahmenkonzept** für die Bewältigung der Eingriffsfolgen zu entscheiden.
- Die Integration in § 1 BauGB bedeutet nicht, dass es planerischer Beliebigkeit überlassen ist, ob die in § 8 Abs. 2 Satz 1 und Abs. 9 a.F. (= § 15 Abs. 1 und 2) BNatSchG enthaltenen Gebote in der Abwägung zur Geltung kommen. Der Gemeinde werden durch § 1 Abs. 5 Satz 1 BauGB Ziele vorgegeben, die in der Abwägung zwar nicht von vornherein unüberwindbar sind, denen nach der Wertung des Gesetzgebers (auch in Würdigung von Art. 20a GG) aber **erhöhtes Gewicht** zukommen soll. Wenn Vermeidungs- und Kompensationsmaßnahmen möglich sind und mit Blick auf § 1 Abs. 3, 5 und 6 BauGB keine unverhältnismäßigen Opfer erfordern, will § 8a Abs. 1 a.F. (= § 15 Abs. 1) BNatSchG sie auch planerisch ausgewiesen wissen.
- Eine Zurückstellung der Belange von Naturschutz und Landschaftspflege kommt folglich nur zugunsten entsprechend gewichtiger anderer Belange in Betracht. Dies bedarf besonderer Rechtfertigung. Die Gemeinde muss die Belange, die sie für vorzugswürdig hält, präzise benennen und

---

21 *Louis*, NuR 1998, 113/118.
22 BVerwG, Urt. v. 12.12.1969 – IV C 105.66, BVerwGE 34, 301/309 und v. 10.2.1978 – IV C 25.75, BVerwGE 55, 220/225.
23 Urt. v. 31.1.1997 – 4 NB 27.96, NuR 1997, 543. Was hier zur Rechtslage nach § 8a BNatSchG 1993 gesagt ist, gilt weiterhin.

hat, auch wenn sie diese gegenläufigen Belange zu Recht als gewichtig einschätzen darf, dem Grundsatz der Verhältnismäßigkeit Rechnung zu tragen. Lässt die Verwirklichung ihrer Planung Eingriffe in Natur und Landschaft erwarten, so hat sie demgemäß zu prüfen, ob das planerische Ziel auf andere Weise mit geringerer Eingriffsintensität erreichbar ist.

– Je mehr bei der Abwägung Abstriche von der erforderlichen Eingriffskompensation gemacht werden, desto höher sind die Anforderungen an die Begründung. Ein völliger Verzicht auf an sich erforderliche Kompensationsmaßnahmen kann kaum jemals gerechtfertigt sein.

20 Die Vielzahl der im Einzelfall berührten Belange schließt verallgemeinernde Aussagen zur Abwägung aus. Hervorzuheben ist lediglich Folgendes: Indem § 1 Abs. 5 Satz 2 BauGB den Schutz und Entwicklung der natürlichen Lebensgrundlagen zu einem Ziel der Bauleitplanung erklärt, öffnet er, ebenso wie nochmals Abs. 6 Nr. 7, den Weg zu den entsprechenden Normen des Naturschutzrechts. Die Belange **von Naturschutz und Landschaftspflege** ergeben sich aus den in § 1 beschriebenen Zielen. Diese Vorgaben werden ergänzt durch auf bestimmte Bereiche bezogene Aussagen im Regionalplan, Landschaftsplan, in Arten- und Biotopschutzprogrammen usw.

21 Dabei muss die Gemeinde auch entscheiden, ob die geplanten Vorhaben überhaupt die zu erwartende Beeinträchtigung der Belange von Naturschutz und Landschaftspflege rechtfertigen,[24] andernfalls muss die Planung schon daran scheitern, dass das Integritätsinteresse von Natur und Landschaft Vorrang hat. Das objektive Gewicht der Belange von Naturschutz und Landschaftspflege hängt auch davon ab, ob und inwieweit Maßnahmen vorgesehen sind, um Beeinträchtigungen von Naturhaushalt und Landschaftsbild infolge der Baugebietsausweisung zu vermeiden oder zu kompensieren. Je geringer die Beeinträchtigungen bleiben, desto eher sind die Naturschutzbelange bei der Abwägung überwindbar. Gewisse Flächen mit besonderen Funktionen für Naturhaushalt oder Landschaftsbild dürften kaum einer Bebauung zugänglich sein.[25]

22 Als **für eine Bebauung sprechender Belang** kommt insbesondere ein Bedarf an Wohn- und Gewerbeflächen in Betracht. Sein objektives Gewicht hängt u.a. davon ab, wie dringend der Bedarf an Wohnraum und Arbeitsplätzen[26] ist und wie konkret die Aussichten auf eine zügige Realisierung der Planung sind. Bei einer reinen Angebotsplanung – Ausweisung etwa von Gewerbeflächen „auf Vorrat" ohne konkrete Ansiedlungsinteressen – kann das z.B. anders zu beurteilen sein als beim Vorhaben- und Erschließungsplan für ein konkretes Vorhaben. Die Ausweisung von Bauland zu dem Zweck, durch ein größeres Angebot weitere Preissteigerungen zu verhindern, ist schwerlich mit dem Gebot des sparsamen Umgangs mit Grund und Boden (§ 1a Abs. 2 BauGB) zu vereinbaren und nur dann für diesen Zweck geeignet, wenn die Bauflächen in der Hand der Gemeinde und damit der privaten Spekulation entzogen sind. Die Gemeinden dürfen mit der Bebauungsplanung auch wirtschafts- und arbeitsmarkt-politische Ziele verfolgen. Ob die Annahme der Gemeinde, über die Bauleitplanung Arbeitsplätze schaffen zu können, eine realistische Prognose darstellt, ist eine Tatfrage. Im Einzelfall kann die Gemeinde den genannten Zielen den Vorzug vor den Belangen von Naturschutz und Landschaftspflege geben.[27] So kann z.B. die der Deckung

---

24 OVG Münster, Urt. v. 28.7. 1999 – 7a D 42/98.NE, NuR 2000, 58/60.
25 Dazu im Einzelnen *Louis*, NuR 1998, 113, 120.
26 Dazu BVerwG, Beschl. v. 25.8.2000 – 4 BN 41.00, ZfBR 2001, 287.
27 BVerwG, Beschl. v. 25.8.2000 – 4 BN 41.00, ZfBR 2001, 287.

von Wohnbedarf dienende Ausweisung von Wohnbauflächen in einem Bereich von hoher stadtökologischer Bedeutung mit dem Integritätsinteresse von Natur und Landschaft vereinbar sein, wenn die Standortentscheidung vorhandene Infrastruktur effektiv ausnützen und durch bauliche Verdichtung im Bestand des innerstädtischen Raums zur Schonung des Freiraums am Stadtrand beitragen soll.[28]

c) Einzelfragen. Für die Ausgleichsmaßnahmen ist die **Beschaffung der nötigen Flächen** Voraussetzung. Häufig werden die Maßnahmen allein auf den Baugrundstücken selbst nicht zu realisieren und auch nicht ausreichend sein, so dass die Ausweisung besonderer Flächen nach § 9 Abs. 1a BauGB erforderlich wird. Umstände wie eine bestehende landwirtschaftliche Nutzung oder fehlende Verkaufsbereitschaft des Eigentümers hindern die Gemeinde grundsätzlich nicht daran, die Fläche als Ausgleichsfläche in den Bebauungsplan aufzunehmen.[29] Die grundsätzlich anzustrebende Kompensation hat als Grund des Gemeinwohls solches Gewicht, dass sie eine dauerhafte Beschränkung der privaten Nutzung eines vorgesehenen „Ausgleichsgrundstücks" rechtfertigen kann,[30] auch die Enteignung ist nach § 85 Abs. 1 Nr. 1 BauGB möglich und in der Abwägung zu prüfen. Bei der Auswahl unter mehreren geeigneten Grundstücken ist auf das besser geeignete zurückzugreifen, wenn es beschafft werden kann. Der Zugriff auf privates Eigentum ist nicht erforderlich, wenn Kompensationsmaßnahmen an anderer Stelle ebenfalls Erfolg versprechen, dort aber bei einer Gesamtschau dem Betroffenen weniger Opfer abverlangen, z.B. wenn geeignete Grundstücke im Eigentum der öffentlichen Hand vorhanden sind.[31]

Die Gemeinde kann sich von der gebotenen Kompensation nicht dadurch befreien, dass sie dem Plangebiet einen Zuschnitt gibt, der keinen Platz dafür lässt. Sie hat das **Plangebiet** grundsätzlich so zu konzipieren, dass auch Flächen für Ausgleichs- und Ersatzmaßnahmen berücksichtigt werden.[32] Ein planbedingter Eingriff kann aber auch durch Maßnahmen außerhalb des Geltungsbereichs des Bebauungsplans ausgeglichen werden, z.B. auf von der Gemeinde bereitgestellten Flächen (Rdnr. 40 ff.). Das bedeutet, dass die Gemeinde auch Kompensationsmöglichkeiten außerhalb des Plangebiets prüfen muss. Sollen durch einen bauleitplanerischen Eingriff beeinträchtigte Belange von Natur und Landschaft zugunsten anderer Belange zurückgestellt werden, bedarf es regelmäßig Erwägungen des Planers auch zu der Frage, ob im Plangebiet nicht vorgesehene Ausgleichs- oder Ersatzmaßnahmen zumindest außerhalb des Plangebiets in Betracht zu ziehen sind.[33] Die Regelung des § 1a Abs. 3 Satz 3 BauGB (Lockerung des räumlichen Zusammenhangs) bedeutet aber nicht, dass die Gemeinde unbedingt verpflichtet ist, die zu erwartenden Eingriffe vollständig auszugleichen.[34]

Es genügt nicht, dass die Ausgleichsmaßnahmen für einen mit dem Bebauungsplan verbundenen Eingriff in Natur und Landschaft auf einem Grundstück außerhalb des Bebauungsplanes verwirklicht werden können. Notwendig ist die **Sicherung der Maßnahme**. Andernfalls liegt ein Mangel im Abwägungsergebnis vor, der sich auf die Durchführbarkeit der Maßnah-

---

28 OVG Münster, Urt. v. 28.7.1999 – 7a D 42/98.NE, NuR 2000, 58.
29 OVG Koblenz, Urt. v. 22.9.2000 – 1 C 12156/99, NuR 2001, 54.
30 BVerwG, Beschl. v. 31.1.1997 – 4 NB 27.96, NuR 1997, 543.
31 BVerwG, Urt. v. 1.9.1997 – 4 A 36/96, NuR 1998, 41.
32 OVG Lüneburg, Urt. v. 22.1.1996 – 6 K 5436/93, NuR 1997, 298.
33 OVG Münster, Beschl. v. 13.3.1998 – 7a B 374/98.NE, NVwZ-RR 1999, 113.
34 VGH Mannheim, Urt. v. 17.5.2001 – 8 S 2603/00, UPR 2001, 451.

me bezieht. Denn in die Abwägung und Beschlussfassung sind Flächen einbezogen, die zu diesem Zeitpunkt jedenfalls nicht in ausreichend gesicherter Form tatsächlich verfügbar sind und die Maßnahme in einem Maß unsicher erscheinen lassen, das für die ordnungsgemäße Durchführung der Planung nicht ausreicht.[35] Eine Absichtserklärung der Gemeinde, den Ausgleich außerhalb des Bebauungsplanes durchzuführen, gegebenenfalls in einem weiteren Bebauungsplan festzulegen, genügt nicht.[36] Näheres bei Rdnr. 40 ff.

26 Maßnahmen zum Ausgleich von Eingriffen dürfen **nicht nur zeitlich befristet** gesichert werden, denn ein Bebauungsplan gilt zeitlich unbegrenzt. Anders könnte es nur sein, wenn auf Grund des Bebauungsplans keine dauerhaften Eingriffe zu erwarten sind (Rdnr. 114 ff. zu § 15). Es reicht daher nicht aus, wenn zum Ausgleich der Auswirkungen eines „Windparks", dessen Betriebszeit mit 29 Jahren veranschlagt wird, Flächen für 30 Jahre angepachtet werden. Der Bebauungsplan gilt auch noch danach fort. Dieser Mangel kann z. B. durch eine unbefristete dingliche Sicherung zugunsten der Gemeinde behoben werden.[37]

27 d) **Kasuistik.** Die Abwägung ist z.b. fehlerhaft,
– wenn sich der naturschutzfachliche Untersuchungsraum auf das Plangebiet beschränkt und die Wechselwirkungen zu Anschlussflächen nicht einbezieht, ferner, wenn die Tierwelt im Plangebiet selbst nicht ausreichend erfasst, sondern im Wesentlichen abstrakt auf die Darstellung weniger ausgewählter Biotoptypen in Fachbüchern Bezug genommen wird. Zu einer umfassenden Bestandsaufnahme innerhalb des Plangebiets und außerhalb, soweit auf die Nachbarbereiche eingewirkt wird, besteht u.a. dann objektiv hinreichender Anlass, wenn der Bebauungsplan einen bisherigen Außenbereich verplant, der eine Brückenfunktion zwischen Landschafts- bzw. Naturschutzgebieten in der Umgebung hat und einen Ausweichlebensraum für anderweitig verdrängte Arten bilden kann;[38]
– wenn ein Belang (z.B. Naturschutz und Landschaftspflege) fälschlicherweise als unbedeutend bewertet wird, obwohl er objektiv erhebliches Gewicht hat;[39]
– wenn ein ungeeigneter Ausgleich angeordnet wird;[40]
– wenn bei der Darstellung des Standorts für Windkraftanlagen in einem Flächennutzungsplan die Gemeinde bei der Standortanalyse auf eine Gewichtung der unterschiedlichen naturschutz-fachlichen Belange verzichtet, weil sie auf Grund „politischer Zielvorgaben und langjähriger Planungsaktivitäten" nicht auf den gewählten Standort verzichten will, der im Erläuterungsbericht als wertvolles Brut- und Rastvogelgebiet mit zum Teil internationaler Bedeutung beschrieben wird. Politische Zielvorgaben und langjährige Planungsaktivitäten sind keine sachlichen Kriterien und keine präzise Erklärung dafür, weshalb andere Bereiche des

---

35 OVG Lüneburg Urt. v. 17.12. 1998 – 1 K 4008/97, NuR 1999, 406.
36 OVG Koblenz, Urt. v. 31.7.1997 – 1 C 10518/96, NuR 1998, 383. Bestätigt durch BVerwG, Beschl. v. 18.11.1997 – 4 BN 26/97, NuR 1998, 364, das auf den Unterschied zwischen vertraglichen Bindungen der Gemeinde und bloßen einseitigen Erklärungen mit der Gefahr, dass die Kompensation nicht durchgeführt wird, hinweist.
37 OVG Lüneburg, Urt. v. 14.9.2000 – 1 K 5414/98, NuR 2001, 294; VGH Mannheim Urt. v. 14.9.2001 – 5 S 2869/99, zu Maßnahmen „auf von der Gemeinde bereitgestellten Flächen" i.S.d. § 1a Abs. 3 Satz 3 BauGB.
38 VGH Kassel, Beschl. v. 22.7.1994 – 3 N 882/94, NuR 1995, 147.
39 OVG Lüneburg, Beschl. v. 30.5.1989 – 1 C 12/87, UPR 1990, 233.
40 OVG Münster, Urt. v. 10.11.1993 – 23 D 52/92.AK, NVwZ-RR 1995, 10.

Gemeindegebiets, die aus der Sicht des Naturschutzes weniger Bedenken aufwerfen, hintangestellt wurden, zumal dort teilweise bereits Ansätze von Windparks bestehen;[41]
- wenn der Plangeber bei der Aufstellung eines Bebauungsplans davon ausgeht, dass die Festlegung von Vermeidungs-, Ausgleichs- und Ersatzpflichten striktes Recht ist, die nach dem Plankonzept möglichen Maßnahmen mithin auch festgesetzt werden müssen;[42]
- wenn die Gemeinde nicht oder nur teilweise geeignete Ausgleichs- und Ersatzmaßnahmen für einen Bebauungsplan vorsieht, der ein Wohngebiet in einer Waldfläche festsetzt, und sie diese Kompensationsmaßnahmen irrigerweise für erforderlich und ausreichend hält;[43]
- wenn im Zeitpunkt der planerischen Entscheidung die Umsetzung eines in Festsetzungen des Bebauungsplanes zum Ausdruck kommenden Konzeptes zur Vermeidung, Minimierung und zum Ausgleich von Eingriffen in Natur und Landschaft zweifelhaft ist, weil kein Umlegungsverfahren erfolgt und Eigentümer von im Plangebiet gelegenen Grundstücken sich weigern, die zur Realisierung der Planung benötigten Flächen zur Verfügung zustellen, und z.B. festgesetzte Ausgleichsmaßnahmen nicht verwirklicht werden können, weil die betreffenden Flächen für den „Eingriff" (Anlegung von Golfbahnen) benötigt werden oder den Eigentümern die Fortsetzung der bisherigen Grundstücksnutzung in der Abwägung zugesagt ist;[44]
- wenn die Gemeinde ein Kompensationsdefizit von fast 30% akzeptiert und die von ihr benannten Gründe nicht darlegen dass sie überhaupt nicht über aufwertungsgeeignete Außenbereichsflächen verfügt (dass die Landwirte nicht daran interessiert sind, Ackerflächen für ökologische Ausgleichsflächen zur Verfügung zu stellen, ist kein hinreichender Grund), wenn nicht ersichtlich ist, dass das Plangebiet nicht um die für den Ausgleich erforderlichen Flächen vergrößert werden konnte, und wenn ist nicht erkennbar ist, warum die Antragsgegnerin nicht innerhalb des Plangebiets den erforderlichen Ausgleich dadurch ermöglicht hat, dass sie zugunsten der Ausgleichsflächen die ausgewiesenen Gewerbeflächen reduziert hat.[45]

Die Abwägung ist z.B. fehlerfrei,
- wenn die Gemeinde zur Deckung von Wohnbedarf Wohnbauflächen in einem Bereich von hoher stadtökologischer Bedeutung ausweist und mit dieser Standortentscheidung vorhandene Infrastruktur effektiv ausnützen und durch bauliche Verdichtung im Bestand des innerstädtischen Raums zur Schonung des Freiraums am Stadtrand beitragen will;[46]
- wenn die bei Realisierung der Festsetzungen eines Vorhaben- und Erschließungsplans unvermeidbaren Beeinträchtigungen der Leistungsfähigkeit des Naturhaushalts und des Landschaftsbilds durch in der Satzung selbst festgesetzte Kompensationsmaßnahmen nicht vollständig ausgeglichen werden, der Plangeber aber bei der Abwägung zugunsten des Plans berücksichtigt, dass dem Vorhabenträger im Durchführungsvertrag die Zahlung eines Ersatzgeldes auferlegt worden ist;[47]

---

41 OVG Lüneburg, Urt. v. 30.10.1997 – 6 L 6400/95, NuR 1998, 497.
42 OVG Münster, Urt. v. 28.6.1995 – 7a D 44/94.NE, NuR 1996, 418.
43 OVG Lüneburg, Urt. v. 10.2.1995 – 1 K 2574/94, NuR 1995, 473.
44 OVG Saarlouis, Urt. v. 29.1.2002 – 2 N 6/00.
45 OVG Münster, Urt. v. 3.6.2002 – 7a D 75/99.NE, NVwZ-RR 2003, 97.
46 OVG Münster, Urt. v. 28.7.1999 – 7a D 42/98.NE, NuR 2000, 58.
47 OVG Münster, Urt. v. 7.2.1997 – 7 a D 134/95.NE, NuR 1997, 513.

– wenn eine Gemeinde sich nach sorgfältiger Abwägung gegen die Ausweisung eines Baugebiets zwischen einem Gewerbegebiet und einem vorhandenen Wohngebiet und für die Erhaltung einer Streuobstwiese entscheidet. Diese soll als Zäsur zwischen Wohn- und Gewerbenutzung bestehen bleiben und dadurch zur Erhaltung eines intakten Naturhaushalts beitragen sowie eine Kaltluftschneise von kleinklimatischer Bedeutung bewahren. Je nach den topographischen Verhältnissen können gesunde Wohnverhältnisse – gerade im Umkreis von Ballungszentren – auch Festsetzungen zur Sicherung des Naturhaushalts und des Kleinklimas erfordern. In diesem Zusammenhang kommt u.a. der Erhaltung der Streuobstwiesen besondere Bedeutung zu.[48]

4. Verwirklichung der Abwägungsentscheidung

29 Die **Festlegung der Ausgleichsflächen und -maßnahmen** kann nach dem Baugesetzbuch auf verschiedene Weise erfolgen:[49] Darstellungen im Flächennutzungsplan, Festsetzungen im Bebauungsplan, städtebauliche Verträge, Maßnahmen auf von der Gemeinde bereitgestellten Flächen. Da gemäß § 214 Abs. 3 Satz 1 BauGB für die Abwägung maßgeblich die Sach- und Rechtslage im Zeitpunkt der Beschlussfassung über den Bauleitplan ist, können die in § 1a Abs. 3 BauGB genannten Voraussetzungen in der Abwägung nur dann berücksichtigt werden, wenn sie zu diesem Zeitpunkt vorliegen. Dies ist der Fall, wenn die Ausgleichsmaßnahmen entweder Gegenstand eines – schon beschlossenen bzw. gleichzeitig zu beschließenden – Bauleitplans oder einer spätestens mit dem Satzungsbeschluss wirksam werdenden öffentlich- rechtlichen Vereinbarung nach § 11 BauGB sind oder zum Zeitpunkt des Satzungsbeschlusses von sonstigen geeigneten Maßnahmen auf von der Gemeinde bereitgestellten Flächen ausgegangen werden kann.[50] Vgl. Rdnr. 40 ff.

30 a) **Flächennutzungsplan.** Eine Schlüsselrolle kommt dem **Flächennutzungsplan** (§ 5 BauGB) zu. Dort können die Auswirkungen der zu erwartenden Eingriffe zumindest grob geschätzt und die Ausgleichsflächen ggf. für mehrere künftige Eingriffs-Bebauungspläne zusammengefasst[51] dargestellt werden. § 1a Abs. 3 Satz 3 BauGB lässt diese räumliche Entkoppelung von Eingriffsort und Ausgleichsfläche zu. Ausgleichsflächen können nach § 5 Abs. 2 Nr. 10 BauGB (Flächen zum Schutz, zur Pflege und zur Entwicklung von Boden, Natur und Landschaft) dargestellt werden, es kommen aber auch Nr. 5 (Grünflächen), Nr. 7 (Wasserflächen), Nr. 9a/b (Landwirtschaft, Wald) in Betracht. **Maßnahmen** können im Flächennutzungsplan noch nicht dargestellt werden, eine nachrichtliche Übernahme nach § 5 Abs. 4 BauGB ist möglich.

31 b) **Bebauungsplan. – aa) Allgemeines.** Die genaue Festlegung von Ausgleichsflächen und Maßnahmen wird durch den – auch bezüglich der Kompensation nach § 8 Abs. 2 BauGB aus dem Flächennutzungsplan zu entwickelnden – **Bebauungsplan** getroffen. § 9 Abs. 1a Satz 1 BauGB eröffnet der Gemeinde dazu **drei Möglichkeiten:** (a) auf den Eingriffsgrundstücken selbst oder an anderer Stelle sowohl (b) im sonstigen Geltungsbereich des Bebau-

---

48 VGH Mannheim, Beschl. v. 16.12.1992 – 8 S 634/92, NuR 1993, 44, auch zu den entsprechenden Festsetzungen im Bebauungsplan.
49 Vgl. *Louis*, NuR 1998, 113/121.
50 VGH Mannheim, Urt. v. 8.7.2002 – 3 S 2016/01.
51 Zum Wert der Zusammenfassung von Ausgleichsflächen *Bunzel*, NVwZ 1994, 960/962.

ungsplans als auch (c) in einem anderen Bebauungsplan. § 9 BauGB schloss schon früher nicht aus, dass ein Bebauungsplan aus zwei räumlich nicht verbundenen, aber funktionell zusammengehörenden Teilen besteht,[52] so dass die Kompensationsflächen notfalls auch getrennt von den „Eingriffsflächen" ausgewiesen werden können, insbesondere wenn der Flächennutzungsplan ein solches Konzept vorzeichnet. Wenn § 9 Abs. 1a BauGB auch den Erlass zweier getrennter Bebauungspläne erlaubt (d.h. eines Eingriffs- und eines Kompensationsplanes), bleibt daneben der zweiteilige Plan zulässig. Ein Vorteil zweier getrennter Bebauungsplänen kann sein, dass der Ausgleichsplan vor dem Eingriffsplan aufgestellt und so ein Vorlauf der Flächenbereitstellung und der Maßnahmen erreichen werden kann. Nicht aber kann umgekehrt verfahren werden, denn der „Eingriffs-Bebauungsplan" ist abwägungsfehlerhaft, wenn er einen Ausgleich für erforderlich hält, aber nicht vorsieht. Ein Vorteil des einheitlichen Plans kann die geringere Fehleranfälligkeit sein, weshalb auch für einen Plan mit zwei Geltungsbereichen plädiert wird.[53]

bb) **Mögliche Festsetzungen nach § 9 Abs. 1 BauGB. Nr. 20 (Flächen oder Maßnahmen zum Schutz, zur Pflege und zur Entwicklung von Natur und Landschaft).** Diese Festsetzung kann alleiniger Inhalt eines Bebauungsplans sein. Ein solcher Plan hat – auch wenn er letztlich auf die Erhaltung des Bestehenden gerichtet sein mag – insoweit eine positive planerische Aussage über die zukünftige Funktion der betreffenden Fläche im städtebaulichen Gesamtkonzept der Gemeinde zum Inhalt und beschränkt sich nicht auf die bloße Abwehr jeglicher Veränderung durch Aufnahme bestimmter Nutzungen.[54] Die im Bebauungsplan getroffene Festsetzung von Flächen für Ausgleichsmaßnahmen, die in spezifischen landwirtschaftlichen Betätigungen (etwa einer extensiven Bewirtschaftung von Grünland oder Obstwiesen) bestehen, für Bereiche, die im Flächennutzungsplan als Fläche für die Landwirtschaft dargestellt sind, kann mit dem Entwicklungsgebot des § 8 Abs. 2 Satz 1 BauGB vereinbar sein; anderes gilt, wenn die Ausgleichsmaßnahmen in einer Aufforstung des als Fläche für die Landwirtschaft dargestellten Bereichs bestehen sollen. Die Vorgabe von Anpflanzungen „einheimischer Laubbäume" oder „heimischer standortgerechter Gehölze" in Bebauungsplänen begegnet ebenso wenig Bedenken im Hinblick auf das Bestimmtheitsgebot wie die Vorgabe der Befestigung privater Verkehrsflächen auf den Baugrundstücken mit „wasserdurchlässigen Materialien".[55] Die Vorgaben können auch die Modalitäten der Anpflanzung regeln. Doch können enge Vorgaben bei der Festsetzung von Art, Größe und räumlicher Verteilung der Anpflanzungen auf privaten (Bau-)Grundstücken, die sich z.B. nicht auf die Anpflanzung standortgerechter heimischer Bäume beschränken und den Betroffenen keinen Spielraum bei der individuellen Gestaltung belassen, unverhältnismäßig sein.[56] Die Befugnis, auf der Grundlage von § 9 Abs. 1 Nr. 20 BauGB in einem Bebauungsplan auch natur- oder landschaftsschutzbezogene Pflegemaßnahmen festzusetzen, steht nicht im Belieben des Planungsträgers, sondern bedarf einer konkret einzelfallbezogenen städtebaulichen Rechtfertigung, z.B. wenn ein als Ausgleichsmaßnahme anzulegender und zu erhaltender Biotyp zur Erreichung und dauerhaften Sicherung seiner speziellen natur- oder landschaftsschutzbezogenen Bedeu-

---

52 BVerwG, Beschl. v. 9. 5. 1997 – 4 NB 13.97, NuR 1997, 446.
53 *Louis*, Urteilsanmerkung, NuR 1997, 449.
54 BVerwG, Beschl. v. 27.7.1990 – 4 B 156.89, NuR 1991, 72.
55 OVG Münster, Urt. v. 28.7.1999 – 7a D 42/98.NE, NuR 2000, 58.
56 OVG Münster, Urt. v. 30.6.1999 – 7a D 144/97.NE, NuR 2000, 173.

tung auf einzelne bestimmte Bewirtschaftungs- oder Pflegemaßnahmen angewiesen ist, andernfalls er seine Funktion nicht erfüllen kann.[57]

33 **Nr. 1 (Art und Maß der baulichen Nutzung).** Die Festsetzung einer Mindestgrundstücksgröße von 2.500 qm kann zulässig sein, um eine bauliche Verdichtung einer Siedlung im Landschaftsschutzgebiet zu verhindern.[58] Die Gemeinde darf sich bei der Festsetzung von Baulinien auch von der Erwägung leiten lassen, ein Grundstück sei vollständig mit schützenswerten Gehölzen und Hecken bewachsen und weise eine besonders exponierte, gut einsehbare Lage zum Maintal hin auf. Wenn keine Anhaltspunkte dafür bestehen, dass die Wertungen und fachbezogenen Erwägungen der Gemeinde bezüglich der Schutzwürdigkeit von Pflanzen und Landschaftsbild eindeutig widerlegbar oder offensichtlich fehlerhaft sind, und die Baulinien, welche die bebaubare Fläche verhältnismäßig weit an den Rand des Grundstücks verlegen und einen großen Teil von Bebauung freihalten, geeignet sind, Eingriffe in das Landschaftsbild und in den Pflanzenbestand möglichst gering zu halten, so erscheint die Planung nicht willkürlich und ist nicht zu beanstanden.[59]

34 **Nr. 6 (Höchstzulässige Zahl von Wohnungen).** Soll in einer ökologisch wertvollen Hanglage eine nur aufgelockerte Bebauung ermöglicht, die Erschließung deshalb für ein entsprechend geringes Verkehrsaufkommen dimensioniert und die Zahl der erforderlichen Kfz-Stellplätze gering gehalten werden, so können dies besondere städtebauliche Gründe sein, die gemäß § 9 Abs. 1 Nr. 6 BauGB die Festsetzung der höchstzulässigen Zahl von Wohnungen in Wohngebäuden in einem Bebauungsplan rechtfertigen.[60]

35 **Nr. 15 (Grünflächen).** Werden in einem Bebauungsplan private Grünflächen festgesetzt, auf denen zur Eingriffskompensation Maßnahmen zum Schutz, zur Pflege und zur Entwicklung von Natur und Landschaft erfolgen sollen, die über das gemäß § 178 BauGB durchsetzbare Anpflanzen von Bäumen, Sträuchern und sonstigen Bepflanzungen hinausgehen, so genügt eine bloße Absichtserklärung der Gemeinde, mit den Grundstückseigentümern entsprechende vertragliche Regelungen abschließen zu wollen, nicht, um die Umsetzung der Kompensationsmaßnahmen in dem gebotenen Maße als gesichert anzusehen.[61] Mit dem Begriff der „Parkanlage" (§ 9 Abs. 1 Nr. 15 BauGB) ist notwendig ein Element der Gestaltung verbunden. Mit der Festsetzung „Parkanlage" kann die Gemeinde daher keine ökologische Flächensicherung mit dem Ziel betreiben, Grünflächen in ihrem ursprünglichen Zustand zu erhalten. Dafür kommt eine Festsetzung nach § 9 Abs. 1 Nr. 20 BauGB in Betracht.[62]

36 **Nr. 16 (Wasserflächen).** Ein Bebauungsplan für Zwecke der Landschaftspflege und Erholung im Vorfeld eines Verdichtungsraumes kann Festsetzungen für ein Gewässer enthalten und die bisherige landwirtschaftliche Nutzung beschränken.[63]

37 **Nr. 18a/b (Landwirtschaft, Wald).** Festsetzungen in einem Bebauungsplan sind als „Negativplanung" nicht schon dann wegen Verstoßes gegen § 1

---

57 OVG Münster, Urt. v. 30.6.1999 a.a.O.
58 OVG Lüneburg, Beschl. v. 21.4.1998 – 1 K 1087/96, NuR 2000, 105.
59 BayVerfGH, Entsch. v. 24.1.1991 – Vf. 2-VII-89, NVwZ-RR 1991, 522.
60 BVerwG, Beschl. v. 9.11.1994 – 4 NB 34.94, NuR 1995, 192.
61 OVG Koblenz, Urt. v. 14.1.2000 – 1 C 12946/98, NuR 2000, 384.
62 OVG Lüneburg, Urt. v. 7.11.1997 – 1 K 3601/96, NuR 1998, 253.
63 VGH München, Urt. v. 3.3.1998 – 27 N 93.3748, NuR 1998, 375; dazu (bestätigend) BVerwG, Beschl. v. 3.12.1998 – 4 BN 24.98.

Abs. 3 BauGB nichtig, wenn ihr Hauptzweck in der Verhinderung bestimmter städtebaulich relevanter Nutzungen besteht. Sie sind nur dann unzulässig, wenn sie nicht dem planerischen Willen der Gemeinde entsprechen, sondern nur vorgeschoben sind, um eine andere Nutzung zu verhindern. Aus § 9 Abs. 1 Nr. 20 BauGB ergibt sich, dass – z.b. durch Festsetzung einer Fläche für die Landwirtschaft – auch landespflegerische Ziele mit den Mitteln der Bauleitplanung verfolgt werden können (Herstellung eines Verbundsystems zwischen zwei Landschaftsschutzgebieten durch Freihaltung von Bebauung).[64] Verfolgt die Gemeinde mit der Festsetzung einer Fläche für die Landwirtschaft (Streuobstwiese) maßgeblich auch landschaftspflegerische und klimatologische Zwecke (Kaltluftschneise), so liegt allein darin noch keine sog. Negativplanung, die – weil lediglich „vorgeschoben" – nach § 1 Abs. 3 BauGB unzulässig wäre. Soll die bisherige landwirtschaftliche Nutzung einer Fläche unter Ausschluss jeglicher Bebauung, auch solcher, die landwirtschaftlichen Zwecken dient, gesichert werden, so bedarf es außer einer Festsetzung nach § 9 Abs. 1 Nr. 18 BauGB auch der Festsetzung einer von Bebauung freizuhaltenden Fläche gemäß § 9 Abs. 1 Nr. 10 BauGB.[65] Auf Grund des § 9 Abs. 1 Nr. 10 BauGB kann auch für Flächen für die Landwirtschaft (§ 9 Abs. 1 Nr. 18 Buchst. a BauGB) festgesetzt werden, dass sie von Bebauung freizuhalten sind. Eine solche Festsetzung schließt auch bauliche Anlagen aus, die i.S.d. § 35 Abs. 1 Nr. 1 BauGB einem landwirtschaftlichen Betrieb dienen. Das setzt allerdings voraus, dass es für die zusätzliche Festsetzung städtebauliche Gründe gibt und die sonstigen Anforderungen des § 1 BauGB erfüllt sind.[66]

38 **Nr. 25a/b (Pflanz- und Erhaltungsgebote).** Das Pflanzgebot kann dem Ausgleich von Beeinträchtigungen dienen. Das Erhaltungsgebot kann z.B. den Zweck haben, vermeidbare Beeinträchtigungen von Natur und Landschaft zu unterlassen.

39 **c) Städtebauliche und sonstige Verträge.** Anstelle planerischer Darstellungen und Festsetzungen können auch **vertragliche Vereinbarungen** nach § 11 Abs. 1 Satz 1 Nr. 2 BauGB getroffen werden. Sie müssen so beschaffen sein, dass der Ausgleich auf Dauer gesichert ist, ggf. durch im Grundbuch eingetragene Dienstbarkeiten. Der Vertragspartner kann nach § 11 Abs. 1 Nr. 3 BauGB z.B. auch die Kosten übernehmen, die der Gemeinde durch vorweggenommene Ausgleichsmaßnahmen entstanden sind.

40 **d) Maßnahmen auf von der Gemeinde bereitgestellten Flächen.** In Betracht kommen auch sonstige geeignete Maßnahmen zum Ausgleich auf **von der Gemeinde bereitgestellten Flächen** (§ 1a Abs. 3 Satz 4 BauGB). Solche Flächen müssen nicht auf dem Gebiet der Gemeinde liegen. Die Gemeinde muss aber das **Eigentum** an der Fläche oder ein unbefristetes **Verfügungsrecht** innehaben.[67] Ferner muss dokumentiert sein, dass die Fläche und die auf ihr durchzuführenden Ausgleichsmaßnahmen einer bestimmten Bebauungsplanung zuzuordnen und Ergebnis der dort getroffenen Abwägungsentscheidung sind.

41 Bezüglich der Maßnahmen auf von der Gemeinde bereitgestellten Flächen ist ein **Mindestmaß an rechtlicher Bindung der Gemeinde** erforderlich, nicht

---

64 BVerwG, Beschl. v. 18.12.1990 – 4 NB 8.90, NuR 1991, 281.
65 BVerwG, Beschl. v. 27.1.1999 – 4 B 129.98, NuR 1999, 326.
66 BVerwG, Beschl. v. 17.12.1998 – 4 NB 4.97, DVBl. 1999, 780.
67 VGH Mannheim Urt. v. 14.9.2001 – 5 S 2869/99, NuR 2002, 296.

aber unbedingt eine vertragliche Vereinbarung.[68] Der Gefahr, sie könne sich von der nur einseitig gegebenen Erklärung, mit der eine Kompensationsmaßnahme in Aussicht gestellt wird, im Nachhinein ohne weitere Kontrolle und ohne Gefahr für den rechtlichen Bestand des Bebauungsplans wieder lossagen, muss die Gemeinde in angemessener Weise Rechnung tragen, ohne dass das Gesetz sie hierzu auf eine bestimmte Vorgehensweise festlegen will.[69] Die bloße Erwähnung einer vertraglich nicht abgesicherten, auf einem außerhalb des Plangebiets gelegenen Grundstück der Gemeinde vorgesehenen Ausgleichsmaßnahme in der Begründung des Bebauungsplans genügt jedenfalls nur dann den Anforderungen des § 1a Abs. 3 Satz 3 BauGB, wenn die geplante Maßnahme nach Art und Umfang präzise beschrieben wird und damit feststeht, was die Gemeinde zum Ausgleich der zu erwartenden Eingriffe zu tun gedenkt.[70] In einer anderen Entscheidung[71] heißt es, sonstige geeignete Maßnahmen auf von der Gemeinde bereitgestellten Flächen seien anzunehmen, wenn die Ausgleichsmaßnahmen entweder schon tatsächlich ausgeführt worden sind oder ihre Umsetzung auf Grund der Gesamtumstände jedenfalls gesichert erscheint. Letzteres nahm das Gericht deshalb an, weil der Gemeinderat mit der ausdrücklichen Aufnahme der Maßnahmen in den Bebauungsplan und seiner am Tag der Beschlussfassung über den Bebauungsplan erteilten Zustimmung zum Abschluss eines damit korrespondierenden Vertrages mit der Naturschutzbehörde zu erkennen gegeben habe, dass die Gemeinde bereit sei, diese Maßnahmen tatsächlich auszuführen und gegenüber der Behörde eine entsprechende Verpflichtung einzugehen. Herrscht dagegen beim Satzungsgeber im Zeitpunkt des Satzungsbeschlusses über einen Bebauungsplan, der Eingriffe in Natur und Landschaft erwarten lässt, lediglich die Vorstellung, die durch diesen und andere Bebauungspläne verursachten Eingriffe auf einer gemeindeeigenen Grundfläche zu gegebener Zeit auszugleichen, so liegt darin (allein) noch nicht der Fall sonstiger geeigneter Maßnahmen zum Ausgleich auf von der Gemeinde bereitgestellten Flächen.[72] Ebenso, wenn die Gemeinde zum Zeitpunkt des Satzungsbeschlusses davon ausgehen musste, dass sich die Maßnahmen nicht realisieren lassen, weil allein die Festsetzung von Maßnahmen und Flächen nach § 9 Abs. 1 Nr. 20 BauGB die Grundstückseigentümer nicht zur Durchführung verpflichtet, die Gemeinde eine Zuordnung der Ausgleichsfestsetzungen unterlassen hat und sie daher nicht durchsetzen kann.[73]

42 Wenn die Gemeinde über die benötigten Flächen verfügt und die dort geplanten (in Bezug zu bestimmten Eingriffsfolgen stehenden) Kompensationsmaßnahmen sowie den Willen zu ihrer Durchführung ausreichend dokumentiert, kann man also nicht verlangen, dass sie mit der Naturschutzbehörde einen Vertrag über die dauerhafte Zweckbestimmung der Fläche zum Ausgleich schließt (möglich bleibt dies freilich). Misstraut man der Gemeinde hier, so müsste man auch im Fall der Festlegung des Ausgleichs durch städtebaulichen Vertrag (§ 11 Abs. 1 Nr. 2 BauGB) fordern, dass die Naturschutzbehörde am Vertrag beteiligt wird als Sicherung für den Fall, dass die Gemeinde nicht auf seiner Einhaltung besteht. Selbst bei

---

68 Wie sie vor der Gesetzesänderung gefordert wurde, vgl. VGH Mannheim, Vorlagebeschl. v. 26.7.1996 – 5 S 2054/95, NuR 1997, 143; BVerwG, Beschl. v. 9.5.1997 – 4 N 1.96, NuR 1997, 446.
69 BVerwG, Urt. v. 19.9.2002 – 4 CN 1.02, NuR 2003, 352.
70 VGH Mannheim, Urt. v. 21.1.2002 – 8 S 1388/01, NuR 2002, 552.
71 VGH Mannheim, Urt. v. 8.7.2002 – 3 S 2016/01, BWGZ 2003, 49.
72 OVG Koblenz, Urt. v. 13.6.2002 – 1 C 11646/01, NuR 2003, 38.
73 VGH Kassel, Urt. v. 2.12.2002 – 9 N 3208/98, NuR 2003, 299.

einem Ausgleichs-Bebauungsplan wäre nicht garantiert, dass die Gemeinde ihn auch vollzieht. In allen Fällen bleiben die Mittel der **Kommunalaufsicht** nach Landesrecht. Nach Art. 112 BayGO etwa kann die Rechtsaufsicht einschreiten, wenn die Gemeinde ihre öffentlich-rechtlichen Aufgaben oder Verpflichtungen nicht erfüllt. Die Bewältigung der Eingriffsfolgen ist nach § 21 BNatSchG i.V.m. § 1a Abs. 2 BauGB eine Aufgabe der Gemeinde, die nicht nur auf dem Papier zu erfüllen ist. Die Rechtsaufsicht kann sie somit dazu anhalten, (a) Festsetzungen in einem Ausgleichs-Bebauungsplan zu verwirklichen, (b) auf der Einhaltung von Verträgen nach § 11 BauGB zu bestehen, (c) die auf von der Gemeinde bereitgestellten Flächen vorgesehenen Maßnahmen durchzuführen. Durch **Zuordnung** nach § 135a BauGB kann die Gemeinde eine Kostenerstattung erreichen.

e) **Sonstiges.** Flankierende Vorschriften zur Realisierung der Kompensationsmaßnahmen enthält das BauGB in § 24 Abs. 1 (Vorkaufsrecht), §§ 55 Abs. 2, 57 Satz 2, 59 Abs. 1 (in der Umlegung vorweg auszuscheidende Flächen), § 61 Abs. 1 Satz 2 (Gemeinschaftsanlagen), §§ 147 Abs. 1, 148 Abs. 2, 156 Abs. 1 (städtebauliche Sanierungsmaßnahmen).

5. Zuordnung der Ausgleichsflächen und -maßnahmen

Die Zuordnung ist nach § 5 Abs. 2a BauGB bereits im Flächennutzungsplan möglich, aber nicht zwingend. Sie kann auch erst im Bebauungsplan getroffen werden (§ 9 Abs. 1a Satz 2 BauGB). Die Zuordnung bereits im Flächennutzungsplan kann bei unvorhergesehenen Entwicklungen unzweckmäßig sein. Sie kann **ganz oder teilweise** erfolgen, nur teilweise z.B. dann, wenn die Gemeinde über die Kompensation der Eingriffsfolgen hinaus weitere Naturschutzmaßnahmen beabsichtigt, wenn der funktionelle Bezug eines Teils der Maßnahmen zu den Eingriffen zweifelhaft ist oder wenn ein Teil der Kompensationsmaßnahmen in Bezug zur Anlage der Erschließungsstraßen steht. Möglich ist die **Einzel- oder Sammelzuordnung**: Wenn auch oft die Kompensationsflächen allen Eingriffsgrundstücken zusammen zugeordnet werden, so schließt das nicht aus, dass eine bestimmte Kompensationsfläche nur einem oder einigen Eingriffsgrundstücken zugeordnet wird, etwa um der unterschiedlichen Intensität der Natur- und Landschaftsbeeinträchtigungen Rechnung zu tragen. Die Sammelzuordnung mag sich im Zweifel empfehlen, um Vorentscheidungen zu vermeiden, die die spätere Abrechnung erschweren können. Es kann zweckmäßig sein, bei Grundstücken, von denen erheblich stärkere Natur- und Landschaftsbeeinträchtigungen ausgehen, eine Einzelzuordnung vorzunehmen. Zeitlich vorgezogene Ausgleichsmaßnahmen können mit der Folge der Kostenerstattung **nachträglich zugeordnet** werden (§ 135a Abs. 2 Satz 2 BauGB).

Die **Zuordnungsentscheidung** sollte durch Zeichen und erläuternd im Text des Plans erfolgen. Sie unterliegt der Normenkontrolle (§ 47 Abs. 1 Nr. 1 VwGO) und der inzidenten Prüfung bei Streitigkeiten über die Erhebung der anteiligen Kosten. Es kann also dazu kommen, dass in Kostenstreitigkeiten naturschutzrechtliche Vorfragen, insbesondere zum Eingriffstatbestand und zu darauf bezogenen Ausgleichsmaßnahmen zu prüfen sind. Dabei ist zu beachten, dass für die Beurteilung der Rechtmäßigkeit einer Zuordnungsentscheidung auf den Zeitpunkt des Beschlusses abzustellen ist und nicht darauf, ob die seinerzeit anzustellende Prognose über die Eingriffsfolgen sich in allen Einzelheiten bestätigt hat.

Die Gemeinde ist **nicht zur Zuordnung verpflichtet**. Eine freiwillige Kostenübernahme durch die planende Gemeinde – etwa mit dem Ziel, in ihrem Eigentum stehende Grundflächen auch in naturschutzrechtlicher Sicht „baureif" zu machen und sie dann zu einem entsprechend höheren Preis an Bauwillige zu veräußern –, kann auch aus Gründen des Natur- und Landschaftsschutzes sinnvoll sein und wird durch das in der Eingriffsregelung enthaltene Verursacherprinzip nicht verboten.[74]

6. Durchführung der Ausgleichsmaßnahmen

47 Nach § 135a Abs. 1 BauGB sind festgesetzte Kompensationsmaßnahmen vom Vorhabenträger **durchzuführen**. Im Fall der Zuordnung nach § 9a Abs. 1a BauGB soll sie die Gemeinde anstelle und auf Kosten der Vorhabenträger oder Grundstückseigentümer durchführen und auch die erforderlichen Flächen bereitstellen, sofern dies nicht auf andere Weise gesichert ist, z.B. durch Vertrag nach § 11 BauGB (diese Möglichkeit erspart die schwierige Abrechnung nach §§ 135a ff.). Auf die rechtzeitige Durchführung ist zu achten, sie kann ggf. schon vor Durchführung des Eingriffs erforderlich sein. Die **Kosten** der Maßnahmen kann die Gemeinde nach Maßgabe der §§ 135a–135c BauGB erheben.

III. Zulassung von Vorhaben (Absatz 2)

1. Begriff des Vorhabens

48 Nach § 29 Abs. 1 BauGB ist Inhalt eines Vorhabens die Errichtung, Änderung oder Nutzungsänderung einer baulichen Anlage, ferner gehören dazu Aufschüttungen und Abgrabungen größeren Umfangs sowie Ausschachtungen und Ablagerungen einschließlich Lagerstätten. Nach § 29 Abs. 2 BauGB bleiben die Vorschriften des Bauordnungsrechts und andere öffentlich-rechtliche Vorschriften unberührt.

49 Das **Vorhaben** nach § 29 Abs. 1 Halbsatz 1 BauGB ist durch das Merkmal des Bauens sowie durch das Element möglicher bodenrechtlicher Relevanz gekennzeichnet. Bauen ist das Schaffen von Anlagen, die in einer auf Dauer gedachten Weise künstlich mit dem Erdboden verbunden sind. Diese Voraussetzung erfüllt z.B. eine Gerätehütte mit ca. 10 cbm Rauminhalt, die aus Bauprodukten hergestellt und mit dem Boden verbunden werden soll, um dort auf Dauer zu stehen. Bodenrechtliche Relevanz ist gegeben, wenn das Vorhaben die in § 1 Abs. 6 BauGB genannten Belange in einer Weise berühren kann, die geeignet ist, das Bedürfnis nach einer ihre Zulässigkeit regelnden verbindlichen Bauleitplanung hervorzurufen. Das ist nicht allein mit Blick auf das einzelne Objekt; sondern auf der Grundlage einer das einzelne Objekt verallgemeinernden Betrachtungsweise zu beantworten und dann zu bejahen, wenn die Anlage auch und gerade in ihrer unterstellten Häufung Belange erfasst oder berührt, die im Hinblick auf § 1 Abs. 3 und 6 BauGB städtebauliche Betrachtung und Ordnung erfordern. Dazu gehören nach § 1 Abs. 6 Nr. 4 BauGB auch die Gestaltung des Landschaftsbildes und nach § 1 Abs. 6 Nr. 7 BauGB die Belange von Naturschutz und Landschaftspflege.[75] „Lagerstätten" ist hier nicht auf Rohstoffe bezogen, sondern meint alle Anlagen zur Lagerung (Abstellen, Ablegen) von Gegenständen.

---

74 BVerwG, Beschl. v. 21.2.2000 – 4 BN 43.99, ZfBR 2000, 424. Entsprechendes gilt für § 21.
75 BVerwG Urt. v. 7.5.2001 – 6 C 18.00, BVerwGE 114, 206, mit weiteren Ausführungen zu bodenrechtlichen Relevanz.

2. Vorhaben in Plangebieten und im Innenbereich

Auf Vorhaben in Gebieten mit Bebauungsplänen nach § 30 BauGB, während der Planaufstellung nach § 33 BauGB und im Innenbereich nach § 34 BauGB sind die §§ 14 bis 17 nicht anzuwenden. Auch eine Befreiung nach § 31 Abs. 2 BauGB betrifft ein Vorhaben im Bebauungsplangebiet. Nicht anzuwenden sind nur die §§ 14–17 (Eingriffsregelung). Unberührt bleiben der gesetzliche Biotopschutz (§ 30 und ergänzendes Landesrecht) sowie das Artenschutzrecht.

50

3. Vorhaben im Außenbereich, planfeststellungsersetzende Bebauungspläne

Für Vorhaben im Außenbereich nach § 35 BauGB sowie für Bebauungspläne, soweit sie eine Planfeststellung ersetzen (z.B. nach § 17 Abs. 3 FStrG), bleibt die Geltung der Vorschriften über die Eingriffsregelung unberührt. Die Eingriffsregelung ist also nicht in der Abwägung nach § 1 Abs. 7 BauGB, sondern unmittelbar anzuwenden.

51

Wird eine Straßenplanung durch Bebauungsplan geregelt, ist zur Regelung der Folgen des Eingriffs in Natur und Landschaft kein landschaftspflegerischer Begleitplan (Eingriff auf Grund öffentlich- rechtlichen Fachplanes) zu erstellen.[76] Ein die Ausgleichsmaßnahmen darstellender **Grünordnungsplan** genügt.[77]

52

Auch beim planfeststellungsersetzenden Bebauungsplan können naturschutzrechtliche Ersatzmaßnahmen außerhalb seines räumlichen Geltungsbereichs vorgesehen werden. Zu ihrer Sicherung und Durchführung ist ein öffentlich-rechtlicher Vertrag zwischen der planenden Gemeinde und dem Vorhabenträger zulässig. Kann das Scheitern von Ersatzmaßnahmen wegen fehlender privatrechtlicher Zugriffsmöglichkeit auf die benötigten Flächen nicht ausgeschlossen werden, ist es zulässig, für diesen Fall gegenüber dem Vorhabenträger eine Ausgleichsabgabe „dem Grunde nach" festzusetzen. Wegen Fehlens planerischer Festsetzungsmöglichkeiten des Satzungsgebers nach § 9 Abs. 1 BauGB kann die Ausgleichsabgabe durch Bescheid der unteren Naturschutzbehörde festgesetzt werden.[78]

53

IV. Verfahren (Absatz 3)

Während Abs. 1 und 2 die materielle Geltung der Eingriffsregelung für Bauleitpläne und Vorhaben behandeln, befasst sich Abs. 3 mit Verfahrensfragen bei der Prüfung eines Vorhabens. Entscheidungen über **Vorhaben** nach § 35 Abs. 1 und 4 BauGB und über die **Errichtung von baulichen Anlagen** nach § 34 BauGB ergehen im Benehmen mit den für Naturschutz und Landschaftspflege zuständigen Behörden. Das entspricht der Regelung des § 17 Abs. 1, jedoch kann – anders als dort vorgesehen – Landesrecht keine weitergehende Form der Beteiligung vorschreiben, weil Abs.3 materiell dem Bodenrecht (§ 74 Abs. 1 Nr. 18 GG) zuzurechnen ist und für seinen Anwendungsbereich dem § 17 Abs. 1 als Spezialregelung vorgeht. Vorhaben nach § 35 Abs. 2 BauGB sind in Abs. 3 nicht erwähnt und unterliegen deshalb dem § 17. Zum **Benehmen** vgl. Rdnr. 9 zu § 17.

54

---

76 OVG Münster, Urt. v. 18.12.1991 – 7a NE 77/90, NuR 1992, 390.
77 BVerwG, Beschl. v. 5.1.1999 – 4 BN 28.97, NuR 1999, 384.
78 VGH Mannheim, Urt. v. 22.7.1997 – 5 S 3391/94, NuR 1998, 653.

55 Äußert sich in den Fällen des § 34 BauGB die für Naturschutz und Landschaftspflege zuständige Behörde nicht binnen eines Monats, kann die für die Entscheidung zuständige Behörde davon ausgehen, dass Belange des Naturschutzes und der Landschaftspflege von dem Vorhaben nicht berührt werden. Insofern zieht das Gesetz aus dem Schweigen der Naturschutzbehörde Folgerungen für die Ermittlung der Entscheidungsgrundlagen (anders beim Schweigen der Naturschutzbehörde im Bauleitplanverfahren (Rdnr. 9). Was die zuständige (Bau-)Behörde selbst weiß, muss sie freilich berücksichtigen. Belange des Naturschutzes und der Landschaftspflege, die von der Naturschutzbehörde eingeführt werden können, sind nicht das Kompensationsinteresse nach Maßgabe der Eingriffsregelung, die ja nicht anzuwenden ist. Es kann z.b. um geschützte Biotope oder Arten gehen, um Hinweise auf besondere Schutzvorschriften u.Ä.

56 Das **Benehmen ist nicht erforderlich** bei Vorhaben in Gebieten mit Bebauungsplänen und während der Planaufstellung nach den §§ 30 und 33 BauGB und in Gebieten mit Satzungen nach § 34 Abs. 4 Satz 1 Nr. 3 BauGB. Denn die Naturschutzbehörden werden bereits im Verfahren der Bauleitplanung beteiligt.

V. Umweltschadensrecht (Absatz 4)

57 Abs. 4 steht in enger Verbindung zu § 19. In vielen Fällen wird ein Vorhaben im nicht beplanten Innenbereich (§ 34 BauGB) jedenfalls keine erheblichen **nachteiligen Auswirkungen i.S.v.** § 19 verursachen. Erbringt die Herstellung des Benehmens mit der Naturschutzbehörde nach Abs. 3 Anhaltspunkte dafür, dass das Vorhaben eine Schädigung i.S.v. § 19 Abs. 1 Satz 1 verursachen kann, ist das gem. Satz 1 dem Vorhabenträger mitzuteilen.

58 Auf Antrag des Vorhabenträgers hat (Satz 2) die für die Erteilung der Zulassung zuständige Behörde im Benehmen mit der Naturschutzbehörde die Entscheidungen nach § 15 zu treffen, soweit sie der Vermeidung, dem Ausgleich oder dem Ersatz von Schädigungen nach § 19 Abs. 1 Satz 1 dienen. Dies hat haftungsausschließende Wirkung nach § 19 Abs. 1 Satz 2. Der Vorhabenträger kann also wählen, ob die naturschutzrechtliche Eingriffsregelung zur Anwendung kommen soll oder ob er gegebenenfalls ein Haftungsrisiko nach § 19 in Kauf nehmen will. Nach Satz 3 bleibt es im Übrigen dabei, dass im Innenbereich nach § 34 BauGB die §§ 18 bis 20 nicht anzuwenden sind.

§ 19 Schäden an bestimmten Arten und natürlichen Lebensräumen

(1) ¹Eine Schädigung von Arten und natürlichen Lebensräumen im Sinne des Umweltschadensgesetzes ist jeder Schaden, der erhebliche nachteilige Auswirkungen auf die Erreichung oder Beibehaltung des günstigen Erhaltungszustands dieser Lebensräume oder Arten hat. ²Abweichend von Satz 1 liegt keine Schädigung vor bei zuvor ermittelten nachteiligen Auswirkungen von Tätigkeiten einer verantwortlichen Person, die von der zuständigen Behörde nach den §§ 34, 35, 45 Absatz 7 oder § 67 Absatz 2 oder, wenn eine solche Prüfung nicht erforderlich ist, nach § 15 oder auf Grund der Aufstellung eines Bebauungsplans nach § 30 oder § 33 des Baugesetzbuches genehmigt wurden oder zulässig sind.

(2) Arten im Sinne des Absatzes 1 sind die Arten, die in
1. Artikel 4 Absatz 2 oder Anhang I der Richtlinie 79/409/EWG oder
2. den Anhängen II und IV der Richtlinie 92/43/EWG
aufgeführt sind.

(3) Natürliche Lebensräume im Sinne des Absatzes 1 sind die
1. Lebensräume der Arten, die in Artikel 4 Absatz 2 oder Anhang I der Richtlinie 79/409/EWG oder in Anhang II der Richtlinie 92/43/EWG aufgeführt sind,
2. natürlichen Lebensraumtypen von gemeinschaftlichem Interesse sowie
3. Fortpflanzungs- und Ruhestätten der in Anhang IV der Richtlinie 92/43/EWG aufgeführten Arten.

(4) Hat eine verantwortliche Person nach dem Umweltschadensgesetz eine Schädigung geschützter Arten oder natürlicher Lebensräume verursacht, so trifft sie die erforderlichen Sanierungsmaßnahmen gemäß Anhang II Nummer 1 der Richtlinie 2004/35/EG des Europäischen Parlaments und des Rates vom 21. April 2004 über Umwelthaftung zur Vermeidung und Sanierung von Umweltschäden (ABl. L 143 vom 30.4.2004, S. 56), die durch die Richtlinie 2006/21/EG (ABl. L 102 vom 11.4.2006, S. 15) geändert worden ist.

(5) ¹Ob Auswirkungen nach Absatz 1 erheblich sind, ist mit Bezug auf den Ausgangszustand unter Berücksichtigung der Kriterien des Anhangs I der Richtlinie 2004/35/EG zu ermitteln. ²Eine erhebliche Schädigung liegt dabei in der Regel nicht vor bei
1. nachteiligen Abweichungen, die geringer sind als die natürlichen Fluktuationen, die für den betreffenden Lebensraum oder die betreffende Art als normal gelten,
2. nachteiligen Abweichungen, die auf natürliche Ursachen zurückzuführen sind oder aber auf eine äußere Einwirkung im Zusammenhang mit der Bewirtschaftung der betreffenden Gebiete, die den Aufzeichnungen über den Lebensraum oder den Dokumenten über die Erhaltungsziele zufolge als normal anzusehen ist oder der früheren Bewirtschaftungsweise der jeweiligen Eigentümer oder Betreiber entspricht,
3. einer Schädigung von Arten oder Lebensräumen, die sich nachweislich ohne äußere Einwirkung in kurzer Zeit so weit regenerieren werden, dass entweder der Ausgangszustand erreicht wird oder aber allein auf Grund der Dynamik der betreffenden Art oder des Lebensraums ein Zustand erreicht wird, der im Vergleich zum Ausgangszustand als gleichwertig oder besser zu bewerten ist.

Gliederung

	Rdnr.
I. Allgemeines	1–5
II. Schutzgüter	6–16
1. Allgemeines	6, 7
2. Arten und natürliche Lebensräume (Abs. 2 und 3)	8–11
a) Arten (Abs. 2)	9
b) Natürliche Lebensräume (Abs. 3)	10, 11
3. Reichweite der Regelung	12–16

III.	Schaden in Form erheblicher nachteiliger Auswirkungen (Abs. 1 Satz 1, Abs. 5)	17–38
1.	Allgemeines	17
2.	Nachteilige Veränderung (§ 2 Nr. 2 USchadG)	18
3.	Umweltschaden i.S.v. Abs. 1	19
4.	Auswirkungen auf den Erhaltungszustand	20–25
	a) Erhaltungszustand eines natürlichen Lebensraums	22, 23
	b) Erhaltungszustand einer Art	24, 25
5.	Erheblichkeit (Abs. 5)	26–35
	a) Allgemeines	26–30
	b) Erhebliche Beeinträchtigung von Arten und Lebensräume	31–34
6.	Regelbeispiele für fehlende Erheblichkeit (Abs. 5 Satz 2 Nr. 1–3)	35–38
IV.	**Zuvor ermittelte nachteilige Auswirkungen (Abs. 1 Satz 2)**	39–52
1.	Allgemeines	39
2.	Voraussetzung für die Freistellung	40–52
	a) FFH-Verträglichkeitsprüfung	44
	b) Artenschutzrechtliche Ausnahme nach § 45 Abs. 7	45
	c) Befreiung, § 67 Abs. 2	46
	d) Eingriffsregelung § 15	47, 48
	e) Bebauungsplan	49–52
V.	**Sanierungsmaßnahmen der verantwortlichen Person (Abs. 4)**	53–73
1.	Verantwortliche Person	54–60
	a) Gefährdungshaftung, § 3 Abs. 1 Nr. 1	55
	b) Verschuldenshaftung, § 3 Abs. 1 Nr. 2	56, 57
	c) Kausalitätsnachweis und Störermehrheit	58–60
2.	Zeitlicher Anwendungsbereich	61
3.	Rechtsfolgen	62–64
4.	Pflichten des Verantwortlichen	65–68
	a) Informationspflicht	66
	b) Gefahrenabwehrpflicht	67
	c) Sanierungspflicht	68
5.	Umfang der Sanierungsverpflichtung	69–73
	a) Sanierung „ökologischer Schäden"	70
	b) Primat der Naturalrestitution	71, 72
	b) Kompensatorische Wiederherstellung	73
VI.	**Anhänge der Umwelthaftungsrichtlinie**	74, 75
1.	Anhang I	74
2.	Anhang II – Sanierung von Umweltschäden	75

I. Allgemeines

1 § 19 steht am Ende des Kapitels „Allgemeiner Schutz von Natur und Landschaft". Er gehört nicht zum Normenkomplex der Eingriffsregelung, der den gesamten übrigen Teil dieses Kapitels ausmacht (§§ 13–18). Seine systematische Stellung rechtfertigt sich daraus, dass er nicht nur in besonders geschützten Teilen von Natur und Landschaft i.S.v. § 20 Abs. 2 gilt, sondern flächendeckend, soweit seine Schutzgüter – bestimmte Arten und natürliche Lebensräume – betroffen sind. Er entspricht wörtlich dem bisherigen § 21a BNatSchG 2002. Entfallen ist aber § 21a Abs. 6 BNatSchG 2002, dieser erstreckte den Geltungsbereich von § 21a auf den Bereich der Ausschließlichen Wirtschaftszone und den Festlandsockel. Die Erstreckungsregelung erfolgt nunmehr – allgemein – in § 56 Abs. 1.

§ 19 verknüpft das Naturschutzrecht mit dem **Umweltschadensgesetz** (USchadG).[1] Mit dem USchadG wird die Umwelthaftungsrichtlinie (UHRL)[2] der Europäischen Union in deutsches Recht umgesetzt. Die Umwelthaftungsrichtlinie hat die Schaffung eines medienübergreifenden Ordnungsrahmen zur Vermeidung und Sanierung von bestimmten Umweltschäden zum Ziel. Das USchadG begründet eine **öffentlich-rechtliche Verantwortlichkeit des Verursachers** eines Umweltschadens (§ 2 Nr. 3 USchadG) gegenüber den Behörden für die Vermeidung und Sanierung von Schäden an Naturgütern.[3] § 2 USchadG definiert, was ein Umweltschaden ist, und nimmt dazu in Nr. 1 lit. a Bezug auf Rechtsgüter des Naturschutzes: Schädigung von Arten und natürlichen Lebensräumen nach Maßgabe des § 19 BNatSchG. Ein solcher Schaden begründet für den Verantwortlichen eine Informationspflicht (§ 5 USchadG), eine Gefahrenabwehrpflicht (§ 6 USchadG) und eine Sanierungspflicht (§ 7 USchadG). Die zuständige Behörde kann die erforderlichen Anordnungen treffen (§ 8 USchadG). Die Behörde kann auf Antrag eines Betroffenen (§ 10 USchadG) oder einer nach § 3 Abs. 1 URG anerkannten Vereinigung[4] (§ 11 Abs. 2 USchadG) unter bestimmten Bedingungen zum Einschreiten verpflichtet werden.

Mit dem USchadG besteht erstmals eine Haftung für Schäden an bestimmten Arten und Lebensräumen, Wasser und Boden. Das Gesetz begründet einerseits eine **Gefährdungshaftung** für risikobehaftete berufliche Tätigkeiten (z.B. der Land-, Forst- oder Fischereiwirtschaft), andererseits aber auch eine **Verschuldenshaftung** für Schäden an Arten und Lebensräumen, falls diese vorsätzlich oder fahrlässig verursacht wurden. Das Umweltschadensgesetz beinhaltet neben der Sanierungspflicht bereits eingetretener Schäden auch die Möglichkeit, drohende Schäden abzuwehren. Mit der gemeinschaftsrechtlich orientierten Durchsetzung des Verursacherprinzips sollen die Verantwortlichen veranlasst werden, Maßnahmen und Praktiken zu entwickeln, mit denen die Gefahr von Umweltschäden gemindert und das Risiko einer Inanspruchnahme reduziert wird.[5]

Von dem Umweltschadensgesetz ist das **Umwelthaftungsgesetz** UmwHG)[6] zu unterscheiden. Letzteres verfolgt Schäden, die auf der Verletzung von Individualgütern, also Gesundheits- und Sachschäden, beruhen.[7]

---

1 Gesetz über die Vermeidung und Sanierung von Umweltschäden v. 10.5.2007, BGBl. I, 666, zuletzt geändert am 31.7.2009, BGBl. I, 2585, zuletzt geändert am 31.7.2009, BGBl. I 2585
2 Vgl. hierzu *Duikers*, NuR 2006, 623 ff.; *Führ/Lewin/Roller*, NuR 2006, 67 ff.; *Palme/Schumacher/Schlee*, EurUP 2004, 204 ff.
3 Vgl. *Rebinder* in AKUR (Hrsg.), Grundzüge des Umweltrechts, Teil 3 Rdnr. 328.
4 Vgl. *Schrader/Hellenbroich*, ZUR 2007, 289 ff.
5 *Gellermann* in Landmann/Rohmer: Umweltrecht, § 21a BNatSchG, Rdnr. 2.
6 Umwelthaftungsgesetz v. 10.12.1990 (BGBl I S. 2634), zuletzt geändert am 23.11.2007 (BGBl. I S. 2631).
7 Vgl. *Salje/Peter*, UmweltHG, 2 Aufl. 2005; zu den Hintergründen des Umwelthaftungsgesetzes vgl. *Knopp/Wiegleb* (Hrsg.) Der Biodiversitätsschaden des Umweltschadensgesetzes, 2009, S. 6 f.

5 Auf Bestimmungen der Umwelthaftungsrichtlinie[8] sowie auf die FFH- und Vogelschutz-Richtlinie nimmt § 19 in Abs. 2–5 Bezug. Man muss also zwei nationale Gesetze und drei Richtlinien und deren Verknüpfungen beachten. Daraus ergibt sich nachstehende **Prüfungsreihenfolge:**
1. Ist ein **Schutzgut** (Art, Lebensraum) betroffen (Abs. 1 S. 1, Abs. 2 u. 3)?
2. Entsteht ein Schaden in Form **erheblicher nachteiliger Auswirkungen** auf die Erreichung oder Beibehaltung des günstigen Erhaltungszustands des Lebensraums oder der Art (Abs. 1 Satz 1, Abs. 5)?
3. Handelt es sich um **zuvor ermittelte nachteilige Auswirkungen** von Tätigkeiten einer verantwortlichen Person, die nach Maßgabe von Abs. 1 Satz 2 genehmigt wurden oder zulässig sind mit der Folge, dass keine Schädigung (im rechtlichen Sinn) vorliegt?
3. Welches sind die erforderlichen **Sanierungsmaßnahmen** (Abs. 4 i.V.m. Anhang II Nr. 1 der UH-RL)?

II. Schutzgüter

1. Allgemeines

6 § 19 dient dem Schutz der biologischen Vielfalt, diese aber begrenzt auf die Arten und Lebensräume nach Abs. 2 und 3. Im Richtlinienentwurf der UH-RL wurde die Schädigung geschützter Arten und natürlicher Lebensräume noch als „Biodiversitätsschaden" bezeichnet.[9] Diese Wortwahl war missverständlich, da der Begriff des „Biodiversitätsschadens" bzw. des häufig im gleichen Sinne gebrauchten „ökologischen Schadens"[10] deutlich weiter gefasst ist, als es die UH-RL vorsieht. So definiert die Biodiversitätskonvention (CBD) in Art. 2 die „biologische Vielfalt" als die Variabilität unter lebenden Organismen jeglicher Herkunft, darunter unter anderem Land-, Meeres- und sonstige aquatische Ökosysteme und die ökologischen Komplexe, zu denen sie gehören. Die Biodiversität besteht aus der genetischen Vielfalt (z. B. unterschiedliche Erbinformation bei Individuen einer Art), der Artenvielfalt (z. B. Mannigfaltigkeit der Arten in einem definierten Lebensraum) und der Lebensraumvielfalt (z. B. die Anzahl und Verschiedenartigkeit von Lebensräumen). Dagegen wird von der UH-RL nur ein kleiner Teil der vorhandenen Biodiversität umfasst, nämlich die Arten und Lebensräume der FFH-RL und der V-RL.[11]

7 § 19 setzt die Vorgaben der UH-RL (Art. 2 Nr. 1 Buchst. a) „1:1" um und macht nicht von der Möglichkeit Gebrauch, weitere Lebensräume oder Arten diesem Regime zu unterstellen (Art. 2 Nr. 1 lit. c UH-RL). Abs. 4 konkretisiert die Sanierungspflichten des Verantwortlichen unter Hinweis auf einschlägige Vorgaben des Anhangs II Nr. 1 der UH-RL. Abs. 5 versucht der Frage der Erheblichkeitsschwellen eine nähere Kontur zu geben, indem

---

8 Richtlinie 2004/35/EG vom 21.4.2004 über Umwelthaftung zur Vermeidung und Sanierung von Umweltschäden, ABl. EU L 143 S. 56, zuletzt geändert am 23.4.2009, ABl. EU L 140 S. 114.
9 Diese Unterscheidung wird in der juristischen Literatur zum Teil nicht gesehen, indem durch § 19 BNatSchG und dem Umweltschadensgesetz sog. Ökoschäden oder Biodiversitätsschäden erfasst seien, wird verkannt, dass das Schutzgut Biodiversität viel weiter gefächert ist als der durch das Umweltschadensgesetz erfasste Schaden.
10 Vgl. ausführlich *Potthast* (Hrsg.), Ökologische Schäden: Begriffliche, methodologische und operationale Aspekte, Theorie in der Ökologie 10, 2004.
11 Vgl. dazu *A. Schumacher* in Czybulka: Aktuelle Entwicklungen im europäischen Naturschutzrecht, Siebter Warnemünder Naturschutzrechtstag, 2007.

Abs. 5 Satz 2 für Fälle in denen keine erhebliche Schädigung vorliegt, eine Negativabgrenzung enthält.

2. Arten und natürliche Lebensräume (Absatz 2 und 3)

Die Haftung erstreckt sich auf alle Vorkommen der in Abs. 2 genannten Arten und der in Abs. 3 genannten Lebensräume.[12] Neben der Erfassung der gelisteten Arten und Lebensräume umfasst der Haftungsanspruch auch die charakteristischen Tier- und Pflanzenarten eines Lebensraumstyps (vgl. § 34 Rdnr. 42 f.). Daher kann auch die Schädigung von Arten einen Umweltschaden begründen, die zwar nicht dem § 19 Abs. 2 unterfallen, aber für das zum Spektrum der für einen von nach § 19 Abs. 3 Nr. 2 erfassten Lebensraumtyp charakteristisch sind.[13]

a) Arten (Absatz 2). Nach Abs. 2 handelt es sich bei Arten i.S. des USchadG um solche, die in Art. 4 Abs. 2[14] oder Anhang I der V-RL[15] (Nr. 1) oder in den Anhängen II[16] und IV[17] der FFH-RL (Nr. 2) aufgeführt sind.

b) Natürliche Lebensräume (Absatz 3). „Natürliche Lebensräume" sind nach Abs. 3 Nr. 1 die Lebensräume der Arten, die in Art. 4 Abs. 2 oder Anhang I der V-RL oder in Anhang II der FFH-RL aufgeführt sind. Nach Nr. 2 umfasst das Schutzregime auch die natürlichen Lebensraumtypen von gemeinschaftlichem Interesse. Nach § 7 Abs. 1 Nr. 4 sind damit die in Anhang I der FFH-RL aufgeführten Lebensraumtypen gemeint.

Die „natürlichen Lebensräume" nach Abs. 1 umfassen nach Nr. 3 auch die Fortpflanzungs- und Ruhestätten der in Anhang IV der FFH-RL gelisteten Arten.

3. Reichweite der Regelung

Die Reichweite des Umweltschadensrechts war ursprünglich nicht unumstritten. In der Literatur wurde teilweise angenommen, dass die UH-RL die Arten und Lebensräume meine, die als Natura 2000-Gebiete ausgewiesen wurden und daher von einer räumlichen Begrenzung des Anwendungsbereichs des Umweltschadensrecht auszugehen sei.[18] Die Folge dieser Auffassung wäre, dass Schädigungen außerhalb des Netzes Natura 2000 vom Umweltschadensrecht nicht erfasst wären. Damit verbunden wären im Ergebnis auch Auswirkungen auf die Kohärenz des Netzes und auf Kohärenzmaßnahmen, wenn nämlich außerhalb von Natura 2000-Gebieten Arten und

---

12 *J. Schumacher* in Czybulka: Aktuelle Entwicklungen im europäischen Naturschutzrecht, Siebter Warnemünder Naturschutzrechtstag, 2007, S. 158. *Gellermann* in Landmann/Rohmer, Umweltrecht, § 19 BNatSchG, Rdnr. 9.
13 *Gellermann*, in Landmann/Rohmer, Umweltrecht, § 19 BNatSchG, Rdnr. 10.
14 D.h. die regelmäßig auftretenden Zugvogelarten, die nicht in Anhang I der V-RL aufgeführt sind.
15 Für diese Arten sind besondere Schutzmaßnahmen hinsichtlich ihrer Lebensräume anzuwenden, um ihr Überleben und ihre Vermehrung in ihrem Verbreitungsgebiet sicherzustellen, Art. 4 Abs. 1 V-RL.
16 Also um Arten von gemeinschaftlichem Interesse, vgl. Art. 1 lit. g FFH-RL.
17 Arten von gemeinschaftlichem Interesse, vgl. Art. 1 lit. g FFH-RL und für die die Mitgliedstaaten die notwendigen Maßnahmen treffen, um ein strenges Schutzsystem für diese Tierarten in deren natürlichen Verbreitungsgebieten einzuführen, Art. 12 Abs. 1.
18 Vgl. *Cosak/Enders*, DVBl. 2008, 409; *Duikers*, NuR 2006, 624 ff.; *Führ/Lewin/Roller*, NuR 2006, 68 ff.; *Roller/Führ*, EG-Umwelthaftungs-Richtlinie und Biodiversität (2005) S. 45 ff.

Lebensräume in einem nicht unerheblichen Maße beeinträchtigt wären oder für Kohärenzmaßnahmen fehlten. Die Bezugnahme auf die räumliche Beschränkung von Natura 2000-Gebieten verkennt die Systematik der V-RL und FFH-RL. Ziel der Richtlinien ist der Schutz und Erhaltung des europäischen Naturerbes, hierfür werden besondere Schutzgebiete ausgewiesen. Aus diesen besonderen Schutzgebieten wird ein kohärentes europäisches Netzwerk „Natura 2000" gebildet. Die Arten und Lebensraumtypen, die nach dem Richtliniengeber zum europäischen Naturerbe zählen, werden in den entsprechenden Anhängen der Richtlinien benannt. Hätte dieser den Haftungsanspruch auf die Arten und Lebensräume in „Natura 2000-Gebieten" beschränken wollen, hätte er dies in der Richtlinie zum Ausdruck gebracht.

13 Während der Beratung der UH-RL wurde im Rechtsausschuss des Europaparlaments[19] ein Änderungsantrag eingebracht, der die Begrenzung der Sanierungspflicht von Arten und Lebensräume auf ausgewiesene Natura 2000-Schutzgebiete beschränken wollte. Diese Änderung wurde vom Europäischen Parlament für die Richtlinie nicht übernommen.[20] Daraus lässt sich die Folgerung ziehen, dass der Richtliniengeber die Haftung nicht beschränken wollte. Dies stellt für die Auslegung zumindest einen relevanten Faktor dar.[21]

14 In einem sog. Non-Paper kommen die Dienststellen der EU-Kommission[22] zu der Schlussfolgerung, dass auf der Grundlage einer buchstabengetreuen, systematischen und teleologischen Interpretation der UH-RL und unter Berücksichtigung der rechtlichen Entstehungsgeschichte die UH-RL so ausgelegt werden sollte, dass „geschützte Arten und natürliche Lebensräume im Sinne von Art. 2 Abs. 3 lit. b" alle Lebensräume der in Art. 4 Abs. 2 der V-RL genannten oder in Anhang I jener Richtlinie aufgelisteten oder in Anhang II der FFH-RL aufgelisteten Arten und die in Anhang I der FFH-RL aufgelisteten natürlichen Lebensräume sowie die Fortpflanzungs- oder Ruhestätten der in Anhang IV der Richtlinie 92/43/EWG aufgelisteten Arten umfassen, und zwar ungeachtet ihres Vorkommens innerhalb oder außerhalb eines Natura 2000-Gebiets. Dem hat sich der Bundesgesetzgeber bei der Umsetzung der UH-RL angeschlossen[23] und einen entsprechenden Vorschlag des Bundesrats abgelehnt.[24]

15 Die Funktion des Umweltschadensrechts beschränkt sich nicht darauf, den europarechtlichen Arten- und Lebensraumschutz der Vogelschutz- und FFH-Richtlinie zu flankieren.[25] Die Forderung, Arten müssten sich in einem Natura-2000-Gebiet aufhalten, um Gegenstand der Haftung zu sein, ver-

---

19 Europaparlament, Ausschuss für Recht und Binnenmarkt, Empfehlung für die zweite Lesung, vom 5.12.2003 (A5-0461/2003).
20 Vgl. die legislative Entschließung des Europäischen Parlaments zum Gemeinsamen Standpunkt des Rates im Hinblick auf den Erlass der Richtlinie des Europäischen Parlaments und des Rates über Umwelthaftung zur Vermeidung und Sanierung von Umweltschäden (10933/5/2003 – C5-0445/2003 – 2002/0021(COD) vom 17.12.2003.
21 Vgl. zur Berücksichtigung der rechtlichen Entstehungsgeschichte von Rechtsvorschriften EuGH, Urt. v. 23.10.2003 - C-245/01.
22 Vom 2.5.2005, S. 12.
23 Zur Gesetzesbegründung vgl. BR-Drs. 678/06, S. 65.
24 BT-Drs. 163806, S. 41.
25 Zutr. *Gellermann*, NVwZ 2008, 829/830; *J. Schumacher/A. Schumacher/C. Palme/ M. Schlee*, StoffR 2005, 26, gegen *Duikers*, NuR 2006, 625 und *Scheidler*, NVwZ 2007, 1115.

mengt den Artenschutz mit dem Lebensraumschutz und zieht den Umfang der Haftung enger als den des europarechtlichen Artenschutzes, der nicht auf Natura-2000-Gebiete beschränkt ist.[26] Die Haftung nach dem Umweltschadensrecht folgt ihren eigenen Regeln, sie knüpft nicht an Verbotstatbestände in der Vogelschutz- und FFH-Richtlinie an, sondern § 3 Abs. 1 USchadG normiert in Nr. 1 eine Gefährdungshaftung und ergänzt sie in Nr. 2 durch eine Haftung für Vorsatz und Fahrlässigkeit.

Abs. 2 und 3 verfolgen daher einen schutzgebietsunabhängigen Ansatz, mit der Folge, dass ein Umweltschaden i.S.d. USchadG auch außerhalb des Netzes Natura 2000 eintreten kann.[27] Die Bezugnahme auf die beiden Richtlinien beschreibt nur die Schutzgüter und bedeutet nicht, dass diese Lebensräume förmlich als Schutzgebiet ausgewiesen sein müssen oder dass sich die Arten in einem geschützten Gebiet befinden müssen.

III. Schaden in Form erheblicher nachteiliger Auswirkungen (Absatz 1 Satz 1, Absatz 5)

1. Allgemeines

Abs. 1 Satz 1 verweist für die Definition einer Schädigung von Arten und Lebensräumen auf das USchadG. Danach handelt es sich bei einem **Schaden** oder Schädigung um eine direkt oder indirekt eintretende feststellbare **nachteilige Veränderung** einer natürlichen Ressource (Arten und natürliche Lebensräume, Gewässer und Boden) oder Beeinträchtigung der Funktion einer natürlichen Ressource, vgl. § 2 Nr. 2 USchadG.

2. Nachteilige Veränderung (§ 2 Nr. 2 USchadG)

Nachteilig ist eine Veränderung dann, wenn sich die Art oder der Lebensraum als Folge des Schadensereignisses in einem schlechteren, ungünstigeren Zustand befindet als zuvor. Maßgeblich für die Beurteilung dieser Frage ist der im Zeitpunkt der Schädigung gegebene Erhaltungszustand der jeweiligen Arten und Lebensräume, deren Funktionen im Ökosystem sowie deren natürliche Regenerationsfähigkeit.[28] Grundsätzlich ist jede **Verringerung der Quantität oder der Qualität** gegenüber dem Ausgangszustand nachteilig.[29] Diese Feststellung bildet nur den Einstieg in die weitere Prüfung, sie reicht zum Nachweis eines Schadens noch nicht aus. Die qualitative oder quantitative Einbuße muss sich auf den Erhaltungszustand beziehen (Abs. 1 Satz 1). Dabei muss ferner eine Bewertung getroffen werden, ob die Schwelle der **Erheblichkeit** überschritten wird. Erscheint die Verschlechterung des Zustands **unbedeutend** wie etwa der Verlust weniger Individuen einer sehr großen Population oder die geringfügige Schmälerung eines großen Lebensraums, so kann die Bewertung als relevant oder irrelevant nicht bereits im Zusammenhang mit der Feststellung einer nachteiligen Veränderung erfol-

---

26 Es liegt auch kein Wertungswiderspruch vor, vgl. *Gellermann*, NVwZ 2008, 829/830.
27 Vgl. *Gellermann*, NVwZ 2008, 830 f; *Louis*, NuR 2008, 165 f.; *J. Schumacher* in Czybulka (Hrsg.): Aktuelle Entwicklungen im europäischen Naturschutzrecht. Siebter Warnemünder Naturschutzrechtstag. Beiträge zum Landwirtschaftsrecht und zur Biodiversität, S. 115 f.
28 *Schumacher*, Der Entwurf des Umweltschadensgesetzes, NRPO 1/2005, 13/15, http://www.naturschutzrecht.net/Online-Zeitschrift/Nrpo_05Heft1.pdf.
29 *Gellermann*, NVwZ 2008, 829/830.

3. Umweltschaden i.S.v. Absatz 1

19 Abs. 1 Satz 1 konkretisiert den Schadensbegriff der nachteiligen Veränderung nach § 2 Nr. 2 USchadG. Danach ist jeder Schaden relevant, der erhebliche nachteilige Auswirkungen auf die Erreichung oder Beibehaltung des **günstigen Erhaltungszustands** dieser Lebensräume oder Arten hat. **Bezugspunkt** ist damit nicht eine bestimmte Fläche (eines Lebensraums) oder ein Exemplar (einer Art), sondern der **günstige Erhaltungszustand** des Lebensraums oder der Art. Die negativen Auswirkungen müssen außerdem über der Schwelle der **Erheblichkeit** liegen.

4. Auswirkungen auf den Erhaltungszustand

20 Nach Abs. 1 Satz 1 ist jeder Schaden relevant, der erhebliche nachteilige Auswirkungen auf die Erreichung oder Beibehaltung des günstigen Erhaltungszustands dieser Lebensräume oder Arten hat. Damit ist begrifflich die Unterscheidung zwischen der nachteiligen Veränderung der natürlichen Ressource (Schädigung) und den hieraus resultierenden nachteiligen Auswirkungen auf den Erhaltungszustand der Ressource angelegt. Die beiden Begriffe haben aber einen weiten Überschneidungsbereich, so dass die Differenzierung weder praktikabel noch erforderlich ist.[30]

21 Indem neben der Veränderung der natürlichen Ressource auch deren Auswirkungen auf den Erhaltungszustand der Ressource nachteilig sein muss, wird klargestellt, dass positive Auswirkungen auf den Erhaltungszustand keine Schädigung der geschützten Arten und Lebensräume begründen. Der Begriff „günstiger Erhaltungszustand" ist weder in § 19 Abs. 1 noch im Umweltschadensgesetz definiert, er erfährt aber in Art. 2 Nr. 4 lit. a der Umwelthaftungsrichtlinie eine Legaldefinition.

22 **a) Erhaltungszustand eines natürlichen Lebensraums.** Danach bezeichnet der Erhaltungszustand, im Hinblick auf einen **natürlichen Lebensraum**, die Gesamtheit der Einwirkungen, die den natürlichen Lebensraum selbst oder die darin vorkommenden charakteristischen Arten beeinflussen und sich langfristig auf seine natürliche Verbreitung, seine Struktur und seine Funktionen sowie das Überleben seiner Arten auswirken können.

23 Der Erhaltungszustand eines natürlichen **Lebensraums** wird als „günstig" erachtet, wenn
– sein natürliches Verbreitungsgebiet sowie die Flächen, die er in diesem Gebiet einnimmt, beständig sind oder sich ausdehnen,
– die für seinen langfristigen Fortbestand notwendige Struktur und spezifischen Funktionen bestehen und in absehbarer Zukunft weiter bestehen werden und
– der Erhaltungszustand der für ihn charakteristischen Arten im Sinne des Buchstabens b) günstig ist;

24 **b) Erhaltungszustand einer Art.** Der Erhaltungszustand im Hinblick auf eine **Art** ist als „Gesamtheit der Einwirkungen, die die betreffende Art beeinflussen und langfristig auf die Verbreitung und die Größe der Population" auswirken können, definiert, § 2 Nr. 4 lit. b UH-RL.

---

30 *Duikers*, Die Umwelthaftungsrichtlinie der EG, S. 67.

Der Erhaltungszustand einer **Art** wird als „**günstig**" betrachtet, wenn **25**
- aufgrund der Daten über die Populationsdynamik der Art anzunehmen ist, dass diese Art ein lebensfähiges Element des natürlichen Lebensraums, dem sie angehört, bildet und langfristig weiterhin bilden wird,
- das natürliche Verbreitungsgebiet dieser Art weder abnimmt noch in absehbarer Zeit vermutlich abnehmen wird und
- ein genügend großer Lebensraum vorhanden ist und wahrscheinlich weiterhin vorhanden sein wird, um langfristig ein Überleben der Populationen dieser Art zu sichern.

5. Erheblichkeit (Absatz 5)

a) Allgemeines. Abs. 5 macht deutlich, dass das Gesetz nicht jeden „Schaden" an der Umwelt in den Geltungsbereich einbeziehen will. Die Feststellung der Erheblichkeit der Auswirkungen auf den Erhaltungszustand ist der entscheidende Punkt für die Umwelthaftung. Insofern verhält es sich wie bei der „erheblichen Beeinträchtigung" des Naturhaushalts in § 14 Abs. 1. **26**

Da im Einzelfall die Grenzziehung zwischen erheblichen und unerheblichen Auswirkungen schwierig sein kann, schreibt Abs. 5 Satz 1 vor, dass dies unter Berücksichtigung der Kriterien des Anhangs I der Richtlinie 2004/35/EG zu ermitteln ist, und nennt ferner als maßgeblichen Zeitpunkt den „Ausgangszustand", d.h. den Zustand im Zeitpunkt der Schädigung und deren Wirkungen. **27**

Eine wichtige Unterscheidung ergibt sich daraus, ob der Erhaltungszustand im Zeitpunkt der Schädigung günstig oder ungünstig ist. Ist der **Erhaltungszustand nicht günstig**, sind die schädlichen Auswirkungen am Maßstab der „Erreichung" eines günstigen Erhaltungszustands zu messen, d.h. es verhält sich wie in Art. 1 lit. a FFH-RL, der zur „Erhaltung" auch die Wiederherstellung eines günstigen Erhaltungszustands" von Arten und Lebensräumen zählt. Befindet sich die Art oder der Lebensraum im Zeitpunkt des Schadensereignisses in einem ungünstigen Erhaltungszustand, ist seine Verbesserung geboten mit der Folge, dass jede Beeinträchtigung erhebliche nachteilige Auswirkungen hat, denn sie bildet einen Rückschritt auf dem Weg zur Herstellung eines günstigen Erhaltungszustandes.[31] Ist der **Erhaltungszustand günstig**, so kommt es darauf an, ob die Verringerung der Quantität oder der Qualität bzw. Verschlechterung erhebliche nachteilige Auswirkungen auf die Beibehaltung dieses Zustands hat. **28**

Die Bestandteile des Schadensbegriffs nach denen sich der günstige Erhaltungszustand eines Lebensraum oder einer Art definieren lässt, dürfte in der praktischen Anwendung nicht zu einer wesentlichen Beschränkung des Anwendungsbereichs führen; das wichtigere Merkmal dürfte das Erheblichkeit darstellen.[32] Nach Art. 2 Nr. 1 lit. a UH-RL sind die erheblichen nachteiligen Auswirkungen mit Bezug auf den Ausgangszustand unter der Berücksichtigung der Kriterien in Anhang I zu ermitteln. Mit der Bezugnahme auf den Ausgangszustand wird deutlich gemacht, dass nicht die Abweichung vom Idealzustand des Lebensraums von Arten zur Bemessung eines Umweltschadens herangezogen wird, sondern die Abweichung von dem Zustand, in dem sich die natürlichen Ressourcen und Funktionen unmittelbar vor Schadenseintritt befanden. Es wird also die „Ausgangs"-Situation der **29**

---
31 *Gellermann*, NVwZ 2008, 829/831.
32 *Petersen*, Die Umsetzung der Umwelthaftungsrichtlinie im Umweltschadensgesetz, S. 78

Arten und Lebensräume einschließlich ihrer Vorbelastung als Ausgangszustand definiert.[33]

30 Die in Anhang I aufgeführten Kriterien verdeutlichen auch, dass die Beurteilung der Erheblichkeit einer Beeinträchtigung des Erhaltungszustands vorrangig eine naturschutzfachliche Frage ist, die anhand der Umstände des jeweiligen Einzelfalls beantwortet werden muss.[34] In der Rechtsprechung und der Literatur wurden zu Art. 6 FFH-RL und Art. 4 V-RL allgemeine Leitlinien zum Umgang mit dem Erheblichkeitserfordernis entwickelt. Diese können zu der Bestimmung der Erheblichkeit im Rahmen der Umwelthaftung herangezogen werden. Im Bereich des Artenschutzes besteht diese Möglichkeit nicht, da die artenschutzrechtlichen Verbote der FFH- und V-RL meist nicht an eine Erheblichkeit der Beeinträchtigung geknüpft sind.[35]

31 b) **Erhebliche Beeinträchtigung von Arten und Lebensräume.** Der Umweltschadensbegriff orientiert sich an der Qualität einer Umweltschädigung. Nach Abs. 1 liegt nur dann ein Umweltschaden vor, wenn dieser eine erhebliche nachteilige Auswirkung auf die Erreichung oder Beibehaltung des günstigen Erhaltungszustands der Arten und Lebensräume (vgl. Abs. 2 und 3) hat. Für die Ermittlung der Erheblichkeit verweist Abs. 5 auf den Anhang 1 der UH-RL.

32 Ob eine Schädigung, die nachteilige Auswirkungen in Bezug auf die Erreichung oder Beibehaltung des günstigen Erhaltungszustands von Lebensräumen und Arten hat, erheblich ist, wird anhand des zum Zeitpunkt der Schädigung gegebenen Erhaltungszustands, der Funktionen, die von den Annehmlichkeiten, die diese Arten und Lebensräume bieten, erfüllt werden, sowie ihrer natürlichen Regenerationsfähigkeit festgestellt.

33 Erhebliche nachteilige Veränderungen gegenüber dem Ausgangszustand sollten gem. Anlage I der UH-RL mit Hilfe u.a. der folgenden feststellbaren Daten ermittelt werden:
– Anzahl der Exemplare, ihre Bestandsdichte oder ihr Vorkommensgebiet;
– Rolle der einzelnen Exemplare oder des geschädigten Gebiets in Bezug auf die Erhaltung der Art oder des Lebensraums, Seltenheit der Art oder des Lebensraums (auf örtlicher, regionaler und höherer Ebene einschließlich der Gemeinschaftsebene);
– die Fortpflanzungsfähigkeit der Art (entsprechend der Dynamik der betreffenden Art oder Population), ihre Lebensfähigkeit oder die natürliche Regenerationsfähigkeit des Lebensraums (entsprechend der Dynamik der für ihn charakteristischen Arten oder seiner Populationen);
– die Fähigkeit der Art bzw. des Lebensraums, sich nach einer Schädigung ohne äußere Einwirkung lediglich mit Hilfe verstärkter Schutzmaßnahmen in kurzer Zeit so weit zu regenerieren, dass allein aufgrund der Dynamik der betreffenden Art oder des betreffenden Lebensraums ein Zustand erreicht wird, der im Vergleich zum Ausgangszustand als gleichwertig oder besser zu bewerten ist.

34 Wirkt sich eine Schädigung nachweislich auf die menschliche Gesundheit aus, ist als erhebliche Schädigung einzustufen, vgl. § 19 Abs. 5 i.V.m. Anhang 1 UH-RL.

---

33 *Gassner/Schemel*, Umweltschadensgesetz, S. 45.
34 Vgl. *Kokott*, Schlussantrag zu Rs. C–127/02 (Herzmuschelfischerei), NuR 2004, 587/590.
35 *Kieß*, S. 58.

6. Regelbeispiele für fehlende Erheblichkeit (Absatz 5 Satz 2 Nr. 1–3)

Der Gesetzgeber hat hier einen Teil von Anhang I der Umwelthaftungsrichtlinie in § 19 übernommen. Er möchte der Praxis die Aufgabe erleichtern, im Einzelfall die Erheblichkeit nachteiliger Auswirkungen zu bestimmen, indem er Regelbeispiele für fehlende Erheblichkeit aufzählt. Die nötige Flexibilität ist dadurch gewahrt, dass bei Vorliegen besonderer Umstände die Erheblichkeit dennoch bejaht werden kann.

Nr. 1: Nachteilige Abweichungen, die geringer sind als die natürlichen Fluktuationen, die für den betreffenden Lebensraum oder die betreffende Art als normal gelten (Nr. 1).

Nr. 2: Nachteilige Abweichungen, die auf natürliche Ursachen zurückzuführen sind oder aber auf eine äußere Einwirkung im Zusammenhang mit der Bewirtschaftung der betreffenden Gebiete, die den Aufzeichnungen über den Lebensraum oder den Dokumenten über die Erhaltungsziele zufolge als normal anzusehen ist oder der früheren Bewirtschaftungsweise der jeweiligen Eigentümer oder Betreiber entspricht,

Nr. 3: Schädigung von Arten oder Lebensräumen, die sich nachweislich ohne äußere Einwirkung in kurzer Zeit so weit regenerieren werden, dass entweder der Ausgangszustand erreicht wird oder aber allein auf Grund der Dynamik der betreffenden Art oder des Lebensraums ein Zustand erreicht wird, der im Vergleich zum Ausgangszustand als gleichwertig oder besser zu bewerten ist.

IV. Zuvor ermittelte nachteilige Auswirkungen (Absatz 1 Satz 2)

1. Allgemeines

Abs. 1 Satz 2 macht eine **Ausnahme** für zuvor ermittelte nachteilige Auswirkungen von Tätigkeiten einer verantwortlichen Person, die von der zuständigen Behörde nach den §§ 34, 35, 45 Abs. 7 oder § 67 Abs. 2 oder, wenn eine solche Prüfung nicht erforderlich ist, nach § 15 oder auf Grund der Aufstellung eines Bebauungsplans nach § 30 oder § 33 BauGB genehmigt wurden oder zulässig sind. Damit soll eine Haftung für Umweltschäden an Arten und natürlichen Lebensräumen ausgeschlossen werden, wenn mögliche Beeinträchtigungen zuvor sorgfältig ermittelt und entsprechende Maßnahmen zur Vermeidung oder zum Ausgleich dieser Beeinträchtigungen ergriffen wurden.[36]

2. Voraussetzung für die Freistellung

Nach Abs. 1 Satz 2 umfasst die Schädigung von Arten und natürlichen Lebensräumen im Sinne des Umweltschadensgesetzes nicht die zuvor ermittelten nachteiligen Auswirkungen von Tätigkeiten einer verantwortlichen Person, die von der zuständigen Behörde nach den §§ 34, 35, 45 Absatz 7 oder § 67 Absatz 2 oder, wenn eine solche Prüfung nicht erforderlich ist, nach § 15 oder auf Grund der Aufstellung eines Bebauungsplans nach § 30 oder § 33 des Baugesetzbuches genehmigt wurden oder zulässig sind.

---

36 *Louis*, NuR 2009, 2/5.

41 Die Haftungsfreistellung tritt nur dann ein, wenn der konkrete Umweltschaden an Arten und natürlichen Lebensräumen vorher in einem Verfahren ermittelt wurde. Die Reichweite der Freistellung orientiert sich an dem ermittelten Schaden.

42 Hintergrund dieser Regelung ist, dass die Haftung an Arten und natürlichen Lebensräumen dann ausgeschlossen werden soll, wenn mögliche Schädigungen zuvor ermittelt wurden und entsprechende Maßnahmen zum Ausgleich dieser Beeinträchtigungen getroffen wurde. In diesem Fall müsste der potenzielle Schädiger zweimal Schadensausgleich leisten. Abs. 1 Satz 2 bezweckt also die Verhinderung des sog. doppelten Schadensausgleichs.[37] Wird in einem Verwaltungs- und Planungsverfahren eine Ausnahme oder Befreiung erteilt, so können Versäumnisse nicht mehr nachgeholt oder rückgängig gemacht werden. Das gleiche gilt nach der Verabschiedung des Bebauungsplans.

43 Ein Haftungsausschluss kann also nur erfolgen, wenn in den Verwaltungsverfahren für konkrete Arten und natürliche Lebensräume der Bestand, die möglichen Auswirkungen und die erforderlichen Vermeidungs- und Ausgleichsmaßnahmen ermittelt wurden und in der darauf folgenden Verwaltungsentscheidung festgesetzt wurden. Das Gesetz spricht nur von ermittelten negativen Auswirkungen und macht aber keine Aussage zur Vermeidung oder zum erforderlichen Ausgleich. Es versteht sich aber von selbst, dass aus den ermittelten Auswirkungen auch rechtlich gebotenen Folgerungen für deren Behandlung gezogen werden müssen.[38]

44 a) **FFH-Verträglichkeitsprüfung.** Eine Enthaftung erfolgt wenn bei einer FFH-Verträglichkeitsprüfung eine entsprechende Kohärenzmaßnahme für die ermittelte nachteilige Auswirkung auf die Arten und Lebensräume festgesetzt wurde, aber auch, wenn durch festgesetzte Schutzmaßnahmen nachteilige Auswirkungen von vornherein vermieden werden.

45 b) **Artenschutzrechtliche Ausnahme nach § 45 Absatz 7.** Eine Enthaftung kann dann eintreten, wenn zuvor eine artenschutzrechtliche Ausnahme nach § 45 Abs. 7 erteilt wurde. Die artenschutzrechtliche Ausnahme bezieht auch Anforderungen an eine Ausnahme nach Art. 16 FFH-RL mit ein. Bei einer Ausnahme nach Art. 16 FFH-RL darf sich der Erhaltungszustand der Population nicht verschlechtern, sonst ist sie unzulässig. Dies kann auch durch Vermeidungs- oder Ausgleichsmaßnahmen erreicht werden. Eine Enthaftung für einen Umweltschaden an den Arten und natürlichen Lebensräumen tritt ein, wenn alle Voraussetzungen des Art. 16 FFH-RL gegeben sind.[39]

46 c) **Befreiung, § 67 Absatz 2.** Eine Befreiung nach § 67 Abs. 2 kann eine Enthaftung herbeiführen. Danach kann bei einer „unzumutbaren Belastung" von den artenschutzrechtlichen Verboten eine Befreiung erteilt werden. Für diesen Ansatz gibt es keine vergleichbare europarechtliche Norm. Eine „unzumutbare Belastung" i. S. d. § 67 Abs. 2 BNatSchG dürfte aber nicht gegeben sein, wenn der Erhaltungszustand der Population sich verschlechtert. In diesem Falle würde die Befreiung nach § 67 Abs. 2 BNatSchG gegen Art. 16 FFH-RL verstoßen und ist daher mit den Naturschutzbelangen nicht vereinbar. Dieses Kriterium gilt auch im Rahmen des § 67 Abs. 2 (§ 67 Rdnr. 18 und 26).

---

37 *J. Schumacher/A. Schumacher/C. Palme/M. Schlee*, StoffR 2004, 29
38 *Louis*, NuR 2009, 2/6, *Gellermann*, NVwZ 2008, 829/835.
39 *Louis*, NuR 2009, 2/6.

d) Eingriffsregelung § 15. Die Bezugnahme der Eingriffsregelung ist deshalb notwendig, weil die Reichweite der UH-RL sich auf alle listenmäßig erfassten Arten und natürlichen Lebensräume bezieht, also auch auf diejenigen, die nicht im Netz der Natura 2000-Gebiete zu finden sind. Dabei ist aber folgendes zu beachten, Art. 2 Nr. 1 UAbs 2 UH-RL bezieht die Enthaftung auf Art. 6 Abs. 3 und 4 sowie Art. 16 FFH-RL und Art. 9 V-RL. Die Richtlinie sieht aber auch vor, dass die Mitgliedstaaten eine Enthaftung auch über nationale Vorschriften anordnen können. Diese müssen aber einen den genannten europäischen Vorschriften (vgl. oben Art. 6 Abs. 3 und 4; Art. 16 FFH-RL und Art. 9 V-RL) gleichwertigen Schutzumfang beinhalten. Daher gilt, dass die Anwendung der Eingriffsregelung auf diese Arten und Lebensräume außerhalb der Natura-2000-Gebietskulisse mit Art. 2 Nr. 1 UAbs. 2 UH-RL vereinbar ist, wenn sie den Anforderungen an eine FFH-VP entspricht. Diese sieht nach Art. 6 Abs. 3 und 4 FFH-RL bei jeder zulässigen Beeinträchtigung eines Natura 2000-Gebiets einen Kohärenzausgleich vor. Für die Eingriffsregelung bedeutet dies, dass sie nur dann als gleichwertig eingestuft werden kann, wenn die ermittelten nachteiligen Auswirkungen durch Maßnahmen abgewendet werden, die im Lichte von Kohärenzmaßnahmen ausgewählt wurden. 47

Im Rahmen der Eingriffsregelung müssen dann Vermeidungs- oder Ausgleichsmaßnahmen zugunsten der europäisch geschützten Arten und Lebensräumen ergriffen werden. Ersatzmaßnahmen und Ersatzgeld entsprechen nicht solchen Kohärenzmaßnahmen. 48

e) Bebauungsplan. Abs. 1 Satz 1 sieht auch eine Enthaftung für Vorhaben in Bereichen nach den §§ 30 oder §§ 33 BauGB vor, die auf Grund der Aufstellung eines Bebauungsplans genehmigt wurden oder zulässig sind. Für diesen Bereich kann eine Enthaftung nur dann eintreten, wenn es sich um ein Vorhaben i.Sv. § 29 BauGB handelt. 49

Fraglich ist, ob eine Enthaftung nach Art. 2 Nr. 1 UAbs. 2 UH-RL für einen Bebauungsplan europarechtskonform ist. Die UH-RL verlangt eine „gleichwertigen nationale Naturschutzvorschrift", die die Tätigkeiten „ausdrücklich genehmigt". 50

Die amtliche Begründung führt hierzu aus: „Bei der Aufstellung eines Bebauungsplans sind nach Abwägungsgrundsätzen (vgl. § 1 Abs. 7 des Baugesetzbuchs – BauGB) die berührten öffentlichen und privaten Belange gegeneinander und untereinander gerecht abzuwägen; dies schließt die Pflicht zur Prüfung und Ermittlung der vom Bebauungsplan berührten Belange ein. Hierzu gehören auch die Belange des Umweltschutzes und des Naturschutzes (vgl. § 1 Abs. 6 Nr. 7, insbesondere Buchstabe a, BauGB). Eingriffe in Natur und Landschaft sind daher seit jeher bei der Aufstellung von Bebauungsplänen zu ermitteln und zu berücksichtigen, seit 1998 nach der speziellen Regelung des § 1a Abs. 3 BauGB. Diese Auswirkungen werden auf der Grundlage der planerischen Entscheidung ermittelt und wie bei der Eingriffsregelung ausdrücklich genehmigt."[40] 51

Problematischer ist, dass das Baurecht hinsichtlich des Ausgleichs der ermittelten Beeinträchtigungen nicht den Anforderungen einer FFH-VP entspricht. Selbst wenn die konkreten Auswirkungen auf Arten und natürlichen Lebensräume angemessen ermittelt werden, kann der Ausgleich in der Bauleitplanung nach § 1 Abs. 7 BauGB abgewogen werden. Die UH-RL er- 52

---

40 BT-Drs. 16/3806, S. 30.

laubt eine Enthaftung aber nur, wenn es sich um eine der FFH-VP gleichwertige Vorschrift handelt. Die FFH-VP erlaubt aber weder Ersatz noch die Abwägung der erforderlichen Ausgleichsmaßnahmen. Somit kann durch einen Bebauungsplan die Enthaftung nur dann herbeigeführt werden, wenn die Anforderungen an eine FFH-VP eingehalten werden. Dafür muss ein vollständiger Ausgleich im Sinne der FFH-VP für die europäisch geschützten Arten und natürlichen Lebensräume sichergestellt werden. Eine Abwägung dieser Maßnahmen dürfte eine Enthaftung ausschließen, ebenso die Festsetzung von Ersatzmaßnahmen.[41]

V. Sanierungsmaßnahmen der verantwortlichen Person (Absatz 4)

53 Hat eine verantwortliche Person nach dem Umweltschadensgesetz eine Schädigung geschützter Arten oder natürlicher Lebensräume verursacht, so trifft sie die erforderlichen **Sanierungsmaßnahmen** gemäß Anhang II Nr. 1 der Umwelthaftungsrichtlinie. Daneben gelten die sonstigen Verpflichtungen nach § 1 USchadG i.V.m. § 6 Nr. 1 USchadG (**Schadensbegrenzungsmaßnahmen**) und § 5 (**Gefahrenabwehrpflicht**). Unmittelbare Gefahr eines Umweltschadens ist nach § 2 Nr. 5 USchadG die hinreichende Wahrscheinlichkeit, dass ein Umweltschaden in naher Zukunft eintreten wird.

1. Verantwortliche Person

54 Das USchadG sieht in § 3 Abs. 1 zwei Gruppen von Haftungstatbeständen vor: unter Nr. 1 wird die **Gefährdungshaftung** geregelt und unter Nr. 2 die **Verschuldenshaftung** normiert. Dabei ist der Begriff „Haftung" im Rahmen des Umweltschadensgesetzes weiter zu fassen. Er betrifft nicht nur die Wiederherstellung bereits eingetretener Schäden, sondern etabliert bereits im Vorfeld eine Gefahrenabwehrpflicht. Tätigkeiten, die nicht beruflich sind, scheiden aus.

55 a) **Gefährdungshaftung, § 3 Absatz 1 Nr. 1.** Die „Gefährdungshaftung" gilt für alle vom Gesetz umfassten Schutzgüter (Arten und Lebensräume). Sie bezieht sich auf die in Anlage 1 des USchadG aufgeführten beruflichen Tätigkeiten. Dabei handelt es sich um Tätigkeiten mit einem gewissen inhärenten Umweltrisiko, die die Gesellschaft aber der sich aus diesen Tätigkeiten ergebenden Vorteile wegen akzeptiert. Realisiert sich dieses Risiko, knüpft das USchadG daran im Sinne des Verursacherprinzips eine verschuldensunabhängige Einstandspflicht dessen, der (i. d. R. wirtschaftliche) Vorteile aus dieser Tätigkeit zog. Neben den Umweltschäden werden auch die unmittelbaren Gefahren solcher Schäden erfasst.

56 b) **Verschuldenshaftung, § 3 Absatz 1 Nr. 2.** Zusätzlich gilt für geschützte Arten und natürliche Lebensräume eine Verschuldenshaftung für Tätigkeiten, die nicht in Anlage 1 des USchadG genannt sind. Bei diesen als ungefährlich eingestuften Tätigkeiten fehlt der nötige Anknüpfungspunkt für eine Gefährdungshaftung, die ja nichts anderes ist als der Preis für die Zulassung einer Gefahr. Insoweit kann man diese Verschuldenshaftung als Auffangnetz für all die Bereiche verstehen, die nicht von den a priori als risikobehaftet angesehenen Tätigkeiten der Anlage 1 umfasst sind.

---

41 *Louis*, NuR 2009, 2/7.

Eine Verschuldenshaftung tritt ein, sofern der Betreiber vorsätzlich oder fahrlässig gehandelt hat. Vorsatz erfordert, dass dem Handelnden zumindest in den Grundzügen bewusst ist, was er tut. Bedingter Vorsatz reicht aus, d.h. der Handelnde nimmt die Folgen seines Tuns in Kauf,[42] ob er sie billigt oder nicht, ist unerheblich. Während der bedingte Vorsatz durch die Haltung: „und wenn schon" gekennzeichnet ist, hofft der Handelnde im Fall der bewussten Fahrlässigkeit: „es wird schon nicht passieren". Bei unbewusster Fahrlässigkeit erkennt der Handelnde nicht, was geschehen kann, handelt aber dabei pflichtwidrig, z.b. unter Verstoß gegen die jeweils geltenden Sorgfaltspflichten, Erkundigungspflichten usw.

57

c) **Kausalitätsnachweis und Störermehrheit.** Bei Umweltschäden steht und fällt jede Haftung mit dem Kausalitätsnachweis, geht es hier doch oft um naturwissenschaftlich komplexe, bisweilen lange vor Sichtbarkeit des Schadens beginnende Wirkungsketten, die nicht selten noch durch eine Vielzahl potenzieller Verursacher verkompliziert werden. Das Gesetz macht hierzu keine Aussagen. Eine Beweiserleichterungsregel wie etwa § 6 UmweltHG fehlt; das Gleiche gilt für sonstige Aussagen zur Ausgestaltung des Kausalitätsnachweis.

58

Lediglich negativ regelt § 3 Absatz 5, dass nicht klar abgrenzbare Verschmutzungen – in Betracht kommen hier u.a. die Distanz- und Summationsschäden – dann nicht unter die Richtlinie fallen, wenn keine individuelle Zurechenbarkeit möglich ist.

59

Die Kostenverteilung unter mehreren Verantwortlichen wird in § 9 Abs. 2 geregelt.

60

2. Zeitlicher Anwendungsbereich

Das Gesetz gilt nicht für Schäden, die durch Emissionen, Ereignisse oder Vorfälle verursacht wurden, die vor dem In-Kraft-Treten des USchadG stattgefunden haben, oder die auf eine berufliche Tätigkeit zurückzuführen sind, die vor diesem Zeitpunkt geendet hat (§ 14 Absatz 1). Das Gesetz erfasst daher auch keine rückwirkenden Schadensfälle, wie z.B. § 4 Absatz 3 BBodSchG.[43]

61

3. Rechtsfolgen

Liegen die Voraussetzungen für einen Umweltschaden vor und greifen keine der zahlreichen Ausnahmebestimmungen, treten die „Haftungsfolgen" der §§ 4 ff. ein. Da es sich hierbei aber um klassisches Umweltverwaltungsrecht handelt, ist der Begriff „Haftungsfolgen" eigentlich irreführend. Jedenfalls treffen den Betreiber nach § 4 Informationspflichten bei der zuständigen Behörde sowie die in den §§ 5 und 6 beschriebenen Gefahrenabwehr- und Sanierungspflichten. Darüber hinaus enthalten § 7 Abs. 2 und § 8 Abs. 3 detaillierte Eingriffsermächtigungen für die zuständigen Behörden, um die Vermeidungs- und Sanierungspflichten im Einzelnen durchsetzen zu können.

62

Das Umweltschadensgesetz verfolgt das Verursacherprinzip; daher haftet als Verantwortlicher der Verursacher eines Umweltschadens und nicht die Allgemeinheit. Das Gesetz definiert einen sehr weiten Betreiberbegriff, der natürliche und juristische Personen sowohl des privaten als auch des öffent-

63

---

42 OVG Münster, Beschl. v. 28.4.1989 – 11 B 1457/89, NuR 1989, 401.
43 Vgl. auch EuGH, Urt. v. 9.3.2010 – NuR 2010, 265.

lichen Rechts umfasst, soweit nur eine berufliche Tätigkeit (§ 2 Nr. 5 USchadG i.V.m. Anh. 1) vorliegt. Verantwortlicher ist nach § 2 Nr. 3 USchadG jede natürliche oder juristische Person, die eine **berufliche Tätigkeit** ausübt oder bestimmt, einschließlich der Inhaber einer Zulassung oder Genehmigung für eine solche Tätigkeit oder der Person, die eine solche Tätigkeit anmeldet oder notifiziert, und dadurch unmittelbar einen Umweltschaden oder die unmittelbare Gefahr eines solchen Schadens verursacht hat. Auch der Begriff der „beruflichen Tätigkeit" wird sehr weit definiert, reicht doch hierfür nach § 2 Nr. 4 USchadG bereits eine Geschäftstätigkeit ohne Erwerbszweck aus. Durch diese gesetzliche Regelung wird eine vereinfachte Zugriffsmöglichkeit auch auf die Leitungsorgane einer juristischen Person, wie z.B. dem Geschäftsführer einer GmbH eröffnet, denn dieser bestimmt die berufliche Tätigkeit der Gesellschaft i.S. von § 2 Nr. 3. Mit der Beschränkung der Haftung auf die Folgen beruflicher Tätigkeiten werden die Vorgaben der Umwelthaftungsrichtlinie (Art. 2 Nr. 6) umgesetzt.

64 Auch staatliche Stellen kommen als Haftungssubjekte in Betracht, etwa dann, wenn eine öffentlich-rechtlich betriebene Mülldeponie ökologische Schäden verursacht. Unklar ist, ob eine solche Behördenhaftung auch dann gilt, wenn diese lediglich Anweisungen an Privatunternehmen geben, die dann zu solchen Schäden führen. Artikel 8 Absatz 3 lit. b. Umwelthaftungsrichtlinie stellt in diesen Fällen das Privatunternehmen jedenfalls von den Kosten frei.

4. Pflichten des Verantwortlichen

65 Besteht die unmittelbare Gefahr eines Umweltschadens oder ist dieser Schaden eingetreten, so trifft den Verantwortlichen eine Pflichtentrias.

66 **a) Informationspflicht.** Für den Verantwortlichen besteht nach § 4 USchadG gegenüber der zuständigen Behörde eine Informationspflicht, wenn ein Umweltschaden unmittelbar droht oder dieser eingetreten ist. Der Umfang der Unterrichtungspflicht richtet sich nach jeweils nach dem drohenden Schadensszenario. § 4 verlangt die Unterrichtung über alle bedeutsamen Aspekte des Sachverhalts. Damit kommt zum Ausdruck, dass jeder Schadensfall nach Stuktur, Wirkungsweise und Risikofaktoren sein eigenes Gefährdungsprofil aufweist. § 4 ist zusammen mit § 7 Abs. 2 Nr. 1 USchadG zu sehen. Danach kommt es nicht nur auf Anhaltspunkte dafür an, ob ein Schaden droht und um welche Schutzgüter und Wirkungsketten es ggf. dabei geht. Vielmehr werden Risikoprognosen erforderlich sein und der Verantwortliche muss auch seine eigene Einschätzung der Lage vorlegen.[44] Unverzüglich muss diese Unterrichtung seitens des Verantwortlichen geschehen, das Gesetz meint damit, dass die Unterrichtung ohne schuldhaftes Verzögern erfolgen muss.

67 **b) Gefahrenabwehrpflicht.** Der Verantwortliche hat nach § 5 USchadG bei der drohenden Gefahr eines Umweltschadens unverzüglich die erforderlichen Vermeidungsmaßnahmen zu ergreifen. Mit den Vermeidungsmaßnahmen soll die Unterbrechung der Kausalkette, die ansonsten zu einem Umweltschaden führen würde, erfolgen.

68 **c) Sanierungspflicht.** Danach hat der Verantwortliche i.S. v. § 2 Nr. 3 USchadG bei einem eingetretenen Umweltschaden die erforderlichen Schadensbegrenzungsmaßnahmen vorzunehmen, Nr. 1 und anschließend

---

44 *Gassner/Schemel*, S. 73.

die erforderlichen Sanierungsmaßnahmen nach § 8 zu ergreifen, Nr. 2. Das Verhältnis zwischen Betreiber und zuständiger Behörde ist in §§ 7 und 8 USchadG geregelt. Letztere hat die Sanierungsmaßnahmen nach Art. 7 i. V. m. den im Anhang II der Richtlinie aufgeführten Vorgaben anzuordnen (Art. 6 Abs. 3), ein Selbsteintrittsrecht hat die Behörde nach Art. 6 Abs. 2 lit. e) dann, „falls ihr keine weiteren Mittel bleiben" (Abs. 3).

5. Umfang der Sanierungsverpflichtung

Nach § 8 USchadG ist der Verantwortliche verpflichtet, die gemäß den fachrechtlichen Vorschriften erforderlichen Sanierungsmaßnahmen zu ermitteln und der zuständigen Behörde zur Zustimmung vorzulegen, soweit die zuständige Behörde nicht selbst bereits die erforderlichen Sanierungsmaßnahmen ergriffen hat. Die zuständige Behörde entscheidet dann nach Maßgabe der fachrechtlichen Vorschriften über Art und Umfang der durchzuführenden Sanierungsmaßnahmen. **69**

a) **Sanierung „ökologischer Schäden".** Als Maßnahmen zur Sanierung von „ökologischen Schäden" sieht die Richtlinie die primäre und die ergänzende Sanierung sowie die Ausgleichssanierung vor. Gleichzeitig müssen die getroffenen Sanierungsmaßnahmen auch sicherstellen, dass „jedes erhebliche Risiko einer Beeinträchtigung der menschlichen Gesundheit beseitigt" wird. **70**

b) **Primat der Naturalrestitution.** Nach Anhang II Nr. 1.1 ist als Sanierungsziel zunächst eine „primäre Sanierung" vorzunehmen, die es ermöglichen soll, dass „die geschädigten natürlichen Ressourcen und/ oder deren Funktionen ganz oder annähernd in den Ausgangszustand" zurückversetzt werden.[45] Um das Ausmaß des entstandenen „ökologischen Schadens" beurteilen zu können, ist es notwendig, den Zustand vor Schadenseintritt anhand der besten verfügbaren Informationen zu ermitteln (Art. 2, 14).[46] **71**

Bei der Festlegung der primären Sanierungsmaßnahmen ist zu prüfen, ob die geschädigten natürlichen Ressourcen und Funktionen durch geeignete Maßnahmen „beschleunigt in ihren Ausgangszustand zurückgeführt" werden oder ob der natürlichen Wiederherstellung der Vorrang gegeben werden soll.[47] **72**

c) **Kompensatorische Wiederherstellung.** Für den Fall, dass die primäre Sanierung zu keiner vollständigen Wiederherstellung der geschädigten Ressourcen/Funktionen führt, sind ergänzende Sanierungsmaßnahmen durchzuführen. Diese haben zum Ziel, den „Restschaden" ggf. an einem anderen Ort (möglichst aber in geographischem Zusammenhang) so zu kompensieren, dass es einer Rückführung des geschädigten Ortes in seinen Ausgangszustand gleichkommt (Anhang II, Nr. 1.1.2). Die ergänzende **73**

---

45 Die UH-RL folgt damit einmal mehr dem auch im deutschen Umweltrecht verankerten Naturalrestitution-Grundsatz, wie sie bereits in § 249 S. 1 BGB verankert ist, vgl. *Kloepfer*, Umweltrecht, § 6 Rdnr. 111 ff.
46 Dies können z.B. bei Verträglichkeitsprüfungen nach § 34 BNatSchG erhobenen Daten, Daten aus der in der WRRL verankerten Gewässerüberwachung, bei Naturschutzbehörden und Naturschutzverbänden verfügbare Informationen sein; vgl. zur oft mangelhaften Datenlage *Schlee*, in: Potthast: a.a.O. S. 95–110.
47 Das aus naturwissenschaftlicher Sicht bestehende erhebliche Defizit an Langzeitbeobachtungen ökologischer Vorgänge, aus denen ein eventuell lohnendes Sich-selbst-Überlassen erst abzuleiten wäre, erschwert vielfach diese Entscheidung, vgl. *Schlee* a.a.O.

Sanierung ist auf den Ausgleich „zwischenzeitlicher Verluste" abgestimmt (Anh. II Nr. 1 lit. c und d), die auch dann ausdrücklich greift (Anh. II Nr. 1.1.3), wenn gesichert von der Möglichkeit einer Wiederherstellung ausgegangen werden kann. Dadurch wird berücksichtigt, dass Sanierungsmaßnahmen erst nach einer gewissen Zeit ihre Wirkung vollständig entfalten und die geschädigten Ressourcen bis dahin ihre Aufgaben nur eingeschränkt erfüllen können. Nach Anh. II Nr. 1.3.2. können sämtliche Sanierungsmaßnahmen auch kombiniert werden, wenn die Behörde dies als sinnvoll erachtet.

VI. Anhänge der Umwelthaftungsrichtlinie

1. Anhang I

74 Anhang I legt folgende Kriterien fest:

Ob eine Schädigung, die nachteilige Auswirkungen in Bezug auf die Erreichung oder Beibehaltung des günstigen Erhaltungszustands von Lebensräumen und Arten hat, erheblich ist, wird anhand des zum Zeitpunkt der Schädigung gegebenen Erhaltungszustands, der Funktionen, die von den Annehmlichkeiten, die diese Arten und Lebensräume bieten, erfüllt werden, sowie ihrer natürlichen Regenerationsfähigkeit festgestellt. Erhebliche nachteilige Veränderungen gegenüber dem Ausgangszustand sollten mit Hilfe u.a. der folgenden feststellbaren Daten ermittelt werden:
- Anzahl der Exemplare, ihre Bestandsdichte oder ihr Vorkommensgebiet;
- Rolle der einzelnen Exemplare oder des geschädigten Gebiets in Bezug auf die Erhaltung der Art oder des Lebensraums,

Seltenheit der Art oder des Lebensraums (auf örtlicher, regionaler und höherer Ebene einschließlich der Gemeinschaftsebene);
- die Fortpflanzungsfähigkeit der Art (entsprechend der Dynamik der betreffenden Art oder Population), ihre Lebensfähigkeit oder die natürliche Regenerationsfähigkeit des Lebensraums (entsprechend der Dynamik der für ihn charakteristischen Arten oder seiner Populationen);
- die Fähigkeit der Art bzw. des Lebensraums, sich nach einer Schädigung ohne äußere Einwirkung lediglich mit Hilfe verstärkter Schutzmaßnahmen in kurzer Zeit so weit zu regenerieren, dass allein aufgrund der Dynamik der betreffenden Art oder des betreffenden Lebensraums ein Zustand erreicht wird, der im Vergleich zum Ausgangszustand als gleichwertig oder besser zu bewerten ist.

Eine Schädigung, die sich nachweislich auf die menschliche Gesundheit auswirkt, ist als erhebliche Schädigung einzustufen.

2. Anhang II – Sanierung von Umweltschäden

75 Dieser Anhang enthält die gemeinsamen Rahmenbedingungen, die erfüllt werden müssen, damit sichergestellt ist, dass die geeignetsten Maßnahmen zur Sanierung von Umweltschäden ausgewählt werden.

1. Sanierung von Schäden an Gewässern oder geschützten Arten oder natürlichen Lebensräumen

Eine Sanierung von Umweltschäden im Bereich der Gewässer oder geschützter Arten oder natürlicher Lebensräume wird dadurch erreicht, dass die Umwelt durch primäre Sanierung, ergänzende Sanierung oder Ausgleichssanierung in ihren Ausgangszustand zurückversetzt wird, wobei

a) „primäre Sanierung" jede Sanierungsmaßnahme ist, die die geschädigten natürlichen Ressourcen und/oder beeinträchtigten Funktionen ganz oder annähernd in den Ausgangszustand zurückversetzt;

b) „ergänzende Sanierung" jede Sanierungsmaßnahme in Bezug auf die natürlichen Ressourcen und/oder Funktionen ist, mit der der Umstand ausgeglichen werden soll, dass die primäre Sanierung nicht zu einer vollständigen Wiederherstellung der geschädigten natürlichen Ressourcen und/oder Funktionen führt;

c) „Ausgleichssanierung" jede Tätigkeit zum Ausgleich zwischenzeitlicher Verluste natürlicher Ressourcen und/oder Funktionen ist, die vom Zeitpunkt des Eintretens des

Schadens bis zu dem Zeitpunkt entstehen, in dem die primäre Sanierung ihre Wirkung vollständig entfaltet hat;

d) „zwischenzeitliche Verluste" Verluste sind, die darauf zurückzuführen sind, dass die geschädigten natürlichen Ressourcen und/oder Funktionen ihre ökologischen Aufgaben nicht erfüllen oder ihre Funktionen für andere natürliche Ressourcen oder für die Öffentlichkeit nicht erfüllen können, solange die Maßnahmen der primären bzw. der ergänzenden Sanierung ihre Wirkung nicht entfaltet haben. Ein finanzieller Ausgleich für Teile der Öffentlichkeit fällt nicht darunter.

Führt die primäre Sanierung nicht dazu, dass die Umwelt in ihren Ausgangszustand zurückversetzt wird, so wird anschließend eine ergänzende Sanierung durchgeführt. Überdies wird eine Ausgleichssanierung zum Ausgleich der zwischenzeitlichen Verluste durchgeführt.

Eine Sanierung von Umweltschäden im Bereich der Gewässer und von Schädigungen geschützter Arten und natürlicher Lebensräume beinhaltet ferner, dass jedes erhebliche Risiko einer Beeinträchtigung der menschlichen Gesundheit beseitigt werden muss.

1.1. Sanierungsziele

Ziel der primären Sanierung

1.1.1. Ziel der primären Sanierung ist es, die geschädigten natürlichen Ressourcen und/oder deren Funktionen ganz oder annähernd in den Ausgangszustand zurückzuversetzen.

Ziel der ergänzenden Sanierung

1.1.2. Lassen sich die geschädigten natürlichen Ressourcen und/oder deren Funktionen nicht in den Ausgangszustand zurückversetzen, so ist eine ergänzende Sanierung vorzunehmen. Ziel der ergänzenden Sanierung ist es, gegebenenfalls an einem anderen Ort einen Zustand der natürlichen Ressourcen und/oder von deren Funktionen herzustellen,

der einer Rückführung des geschädigten Ortes in seinen Ausgangszustand gleichkommt. Soweit dies möglich und sinnvoll ist, sollte dieser andere Ort mit dem geschädigten Ort geografisch im Zusammenhang stehen, wobei die Interessen der betroffenen Bevölkerung zu berücksichtigen sind.

Ziel der Ausgleichssanierung

1.1.3. Die Ausgleichssanierung erfolgt zum Ausgleich der zwischenzeitlichen Verluste von natürlichen Ressourcen und von deren Funktionen, die bis zur Wiederherstellung entstehen. Der Ausgleich besteht aus zusätzlichen Verbesserungen der geschützten natürlichen Lebensräume und Arten oder der Gewässer entweder an dem geschädigten oder an einem anderen Ort. Sie beinhaltet keine finanzielle Entschädigung für Teile der Öffentlichkeit.

1.2. Festlegung der Sanierungsmaßnahmen

Festlegung primärer Sanierungsmaßnahmen

1.2.1. Zu prüfen sind Optionen, die Tätigkeiten, mit denen die natürlichen Ressourcen und Funktionen direkt in einen Zustand versetzt werden, der sie beschleunigt zu ihrem Ausgangszustand zurückführt, oder aber eine natürliche Wiederherstellung umfassen.

Festlegung ergänzender Sanierungsmaßnahmen und Ausgleichssanierungsmaßnahmen

1.2.2. Bei der Festlegung des Umfangs der ergänzenden Sanierungsmaßnahmen und der Ausgleichssanierungsmaßnahmen ist zunächst die Anwendung von Konzepten zu prüfen, die auf der Gleichwertigkeit von Ressourcen oder Funktionen beruhen. Dabei werden zunächst Maßnahmen geprüft, durch die natürlichen Ressourcen und/oder Funktionen in gleicher Art, Qualität und Menge wie die geschädigten Ressourcen und/oder Funktionen hergestellt werden. Erweist sich dies als unmöglich, so werden andere natürliche Ressourcen und/oder Funktionen bereitgestellt. So kann beispielsweise eine Qualitätsminderung durch eine quantitative Steigerung der Sanierungsmaßnahmen ausgeglichen werden.

1.2.3. Erweist sich die Anwendung der oben genannten Konzepte der Gleichwertigkeit der Ressourcen oder Funktionen als unmöglich, so werden stattdessen andere Bewertungsmethoden angewandt. Die zuständige Behörde kann die Methode, z.B. Feststellung des Geldwertes, vorschreiben, um den Umfang der erforderlichen ergänzenden Sanierungsmaßnahmen und Ausgleichssanierungsmaßnahmen festzustellen. Ist eine Bewertung des Verlustes an Ressourcen und/oder Funktionen möglich, eine Bewertung des Ersatzes der natürlichen Ressourcen und/oder Funktionen jedoch innerhalb eines angemessenen Zeitrahmens unmöglich oder mit unangemessenen Kosten verbunden, so kann die zuständige Behörde Sanierungsmaßnahmen anordnen, deren Kosten dem geschätzten Geldwert des entstandenen Verlustes an natürlichen Ressourcen und/oder Funktionen entsprechen.

Die ergänzenden Sanierungsmaßnahmen und die Ausgleichssanierungsmaßnahmen sollten so beschaffen sein, dass durch sie zusätzliche Ressourcen und/oder Funktionen geschaffen werden, die den zeitlichen Präferenzen und dem zeitlichen Ablauf der Sanierungsmaßnahmen entsprechen. Je länger es beispielsweise dauert, bis der Ausgangszustand wieder erreicht ist, desto mehr Ausgleichssanierungsmaßnahmen werden (unter ansonsten gleichen Bedingungen) getroffen.

1.3. Wahl der Sanierungsoptionen

1.3.1. Die angemessenen Sanierungsoptionen sollten unter Nutzung der besten verfügbaren Techniken anhand folgender Kriterien bewertet werden:

— Auswirkung jeder Option auf die öffentliche Gesundheit und die öffentliche Sicherheit;
— Kosten für die Durchführung der Option;
— Erfolgsaussichten jeder Option;
— inwieweit durch jede Option künftiger Schaden verhütet wird und zusätzlicher Schaden als Folge der Durchführung der Option vermieden wird;
— inwieweit jede Option einen Nutzen für jede einzelne Komponente der natürlichen Ressource und/oder der Funktion darstellt;
— inwieweit jede Option die einschlägigen sozialen, wirtschaftlichen und kulturellen Belange und anderen ortsspezifischen Faktoren berücksichtigt;
— wie lange es dauert, bis die Sanierung des Umweltschadens durchgeführt ist;
— inwieweit es mit der jeweiligen Option gelingt, den Ort des Umweltschadens zu sanieren;
— geografischer Zusammenhang mit dem geschädigten Ort.

1.3.2. Bei der Bewertung der verschiedenen festgelegten Sanierungsoptionen können auch primäre Sanierungsmaßnahmen ausgewählt werden, mit denen das geschädigte Gewässer, die geschädigte Art oder der geschädigte natürliche Lebensraum nicht vollständig oder nur langsamer in den Ausgangszustand zurückversetzt werden. Eine solche Entscheidung kann nur getroffen werden, wenn der Verlust an natürlichen Ressourcen und/oder Funktionen am ursprünglichen Standort infolge der Entscheidung dadurch ausgeglichen wird, dass verstärkt ergänzende Sanierungstätigkeiten und mehr Ausgleichssanierungstätigkeiten durchgeführt werden, mit denen vergleichbare natürliche Ressourcen und/oder Funktionen wie vor dem Schadenseintritt geschaffen werden können. Dies ist beispielsweise der Fall, wenn an anderer Stelle mit geringerem Kostenaufwand gleichwertige natürliche Ressourcen und/oder Funktionen geschaffen werden können. Diese zusätzlichen Sanierungsmaßnahmen werden im Einklang mit Nummer 1.2.2 festgelegt.

1.3.3. Ungeachtet der Nummer 1.3.2 ist die zuständige Behörde im Einklang mit Artikel 7 Absatz 3 befugt, zu entscheiden, dass keine weiteren Sanierungsmaßnahmen ergriffen werden, wenn

a) mit den bereits ergriffenen Sanierungsmaßnahmen sichergestellt wird, dass kein erhebliches Risiko einer Beeinträchtigung der menschlichen Gesundheit, des Gewässers oder geschützter Arten und natürlicher Lebensräume mehr besteht, und

b) die Kosten der Sanierungsmaßnahmen, die zu ergreifen wären, um den Ausgangszustand oder ein vergleichbares Niveau herzustellen, in keinem angemessenen Verhältnis zu dem Nutzen stehen, der für die Umwelt erreicht werden soll.

Kapitel 4 Schutz bestimmter Teile von Natur und Landschaft

Abschnitt 1 Biotopverbund und Biotopvernetzung; geschützte Teile von Natur und Landschaft

§ 20 Allgemeine Grundsätze

(1) Es wird ein Netz verbundener Biotope (Biotopverbund) geschaffen, das mindestens 10 Prozent der Fläche eines jeden Landes umfassen soll.

(2) Teile von Natur und Landschaft können geschützt werden
1. nach Maßgabe des § 23 als Naturschutzgebiet,
2. nach Maßgabe des § 24 als Nationalpark oder als Nationales Naturmonument,
3. als Biosphärenreservat,
4. nach Maßgabe des § 26 als Landschaftsschutzgebiet,
5. als Naturpark,
6. als Naturdenkmal oder
7. als geschützter Landschaftsbestandteil.

(3) Die in Absatz 2 genannten Teile von Natur und Landschaft sind, soweit sie geeignet sind, Bestandteile des Biotopverbunds.

Gliederung

		Rdnr.
I.	Allgemeines	1
II.	Biotopverbund (Abs. 1 und 3)	2–6
1.	Allgemeiner Grundsatz	2–5
2.	Begriffsbestimmung	6
III.	Notwendigkeit des Biotopverbunds	7–18
1.	Ursachen für das Aussterben und die Gefährdung von Tier- und Pflanzenarten	7, 8
2.	Handlungsbedarf	9, 10
3.	Leitlinien zur Biotopverbundplanung	11, 12
4.	Biotopverbund auf mindestens 10% der Landesfläche	13–18
IV.	Schutz von Teilen von Natur und Landschaft (Abs. 2)	19–25
1.	Allgemeiner Grundsatz	19–21
2.	Zweck und rechtliche Struktur des Schutzes von Teilen von Natur und Landschaft	22, 23
3.	Fachliche Ziele der Unterschutzstellung	24
4.	Teile von Natur und Landschaft	25

I. Allgemeines

§ 20 leitet den 1. Abschnitt des Kapitels 4 ein, der sich mit Biotopverbund und Biotopvernetzung sowie mit geschützten Teilen von Natur und Landschaft befasst. Er verankert den Biotopverbund sowie den Schutz bestimmter Teile von Natur und Landschaft als allgemeine Grundsätze i.S.v. Art. 72 Abs. 2 Nr. 3 GG. In genereller Form werden die Instrumente des flächenhaften Schutzes von Natur und Landschaft angesprochen. Die bundesrechtliche Konkretisierung dieser Grundsätze folgt in den §§ 22–29.   1

II. Biotopverbund (Absatz 1 und 3)

1. Allgemeiner Grundsatz

2 Abs. 1 regelt als allgemeiner Grundsatz die Schaffung eines Biotopverbundes auf mindestens 10% der jeweiligen Landesfläche. Nach Abs. 3 sind die nach Absatz 2 geschützten Teile von Natur und Landschaft – sofern diese geeignet sind – Bestandteile des Biotopverbundes.

3 Der Gesetzgeber verfolgt mit der Errichtung des Biotopverbundes das Ziel dem andauernden Artensterben entgegenzutreten. Die bisherigen Instrumente des Flächen- und Objektschutzes bieten hingegen alleine keinen wirkungsvollen Schutz von Tier- und Pflanzenarten und deren Lebensraum.[1] Es ist daher das Ziel des Biotopverbundes, ein derartiges Netz zusammenhängender Biotope/Biotoptypen zu schaffen, um einen Individuenaustausch (und damit auch einen genetischen Austausch) zwischen Populationen von Tier- und Pflanzenarten zu ermöglichen.

4 Bereits 1985 hatte der SRU die Einrichtung eines durchgängigen Biotopverbundsystems gefordert.[2] Auch in seinem Jahresgutachten 2000 betont der Sachverständigenrat, dass der Ausweisung von qualitativ guten Schutzgebieten mit ausreichend großen Flächen und der Vernetzung dieser Kerngebiete des Naturschutzes zu einem kohärenten Biotopverbundsystem für die Erhaltung der noch vorhandenen biologischen Vielfalt eine prioritäre Bedeutung zukommt.[3] Der anhaltende Verlust naturnaher Lebensräume führt nicht nur zu einer direkten Reduzierung von Umfang und Qualität der Lebensräume wild lebender Pflanzen- und Tierarten, sondern auch und insbesondere zu einer Zerstörung der gesamtlandschaftlichen ökologischen Zusammenhänge. Ein ehemals eng verwobenes Gesamtsystem wurde zunehmend in teilweise isolierte Einzelteile zerlegt, und wichtige Vernetzungsbeziehungen für den Austausch von Arten und Populationen als Grundlage für die Erhaltung der biologischen Vielfalt gingen verloren.[4]

5 Der Biotopverbund dient auch der Verwirklichung des europäischen Netzes „Natura 2000". Nach Art. 3 Abs. 3 und Art. 10 FFH-RL haben sich nämlich die Mitgliedstaaten zu bemühen, die ökologische Kohärenz von Natura 2000 durch die Erhaltung und gegebenenfalls die Schaffung entsprechender Landschaftselemente,[5] die von ausschlaggebender Bedeutung für wild lebende Tiere und Pflanzen sind, zu verbessern.

2. Begriffsbestimmung

6 Der **Biotop** (griech. *bios* = Leben, *topos* = Gegend, Raum) ist in § 7 Abs. 2 Nr. 4 legaldefiniert als Lebensraum einer Lebensgemeinschaft wild lebender Tiere und Pflanzen. **Biotopverbund** bedeutet die räumliche oder funktionale

---

1 Nur 30–40% der heimischen Tier- und Pflanzenarten sind mit überlebensfähigen Populationen in den Schutzgebieten vertreten.
2 Sachverständigenrat für Umweltfragen, Sondergutachten „Umweltprobleme der Landwirtschaft", 1985, BT-Drs. 10/3613, Rdnr. 1215–1219.
3 Sachverständigenrat für Umweltfragen, Jahresgutachten 2000, BT-Drs. 14/3363, Rdnr. 338.
4 BT-Drs. 14/6378, S. 38.
5 D.h. Landschaftselemente, die auf Grund ihrer linearen, fortlaufenden Struktur (z.B. Flüsse mit ihren Ufern oder herkömmlichen Feldrainen) oder ihrer Vernetzungsfunktion (z.B. Teiche oder Gehölze) für die Wanderung, die geographische Verbreitung und den genetischen Austausch wild lebender Arten wesentlich sind (Art. 10 Satz 2 FFH-RL).

Vernetzung von Lebensräumen mit dem Ziel, das langfristige Überleben der biotopspezifischen Tier- und Pflanzenarten durch ausreichend große Populationen zu sichern. Ökologische Wechselwirkungen können dabei sowohl zwischen gleichartigen als auch zwischen unterschiedlichen Biotoptypen bestehen.

III. Notwendigkeit des Biotopverbunds

1. Ursachen für das Aussterben und die Gefährdung von Tier- und Pflanzenarten

Tier- und Pflanzenarten sind an diejenigen Lebensräume gebunden, die ihnen die arttypischen Existenzbedingungen bieten. Um ein langfristiges Überleben der Arten zu ermöglichen:
– muss die Biotopgröße und -qualität ausreichend sein, um langfristig eine stabile Population beherbergen zu können,
– muss die Distanz zwischen den von einer Art besiedelten Biotopen – zumindest gelegentlich – von einzelnen Individuen überbrückt werden können, sodass ein genetischer Austausch zwischen verschiedenen (Meta-) Populationen[6] gewährleistet ist,
– müssen für Arten, die unterschiedliche Biotope als Teillebensräume benötigen, diese in räumlicher Nähe und in ausreichender Größe und Qualität vorhanden sein.

Diese Grundvoraussetzungen für den Erhalt von Tier- und Pflanzenarten sind in unserer intensiv genutzten Landschaft jedoch vielfach nicht mehr bzw. nur noch eingeschränkt vorhanden. Mit der Zunahme des Straßen- und Siedlungsbaus sowie der Nutzungsintensivierung in Land- und Forstwirtschaft ist der **Verlust ehemals großflächig entwickelter Biotope** bzw. ihre **Zerteilung in kleine Biotoprestflächen** verbunden. Diese Restflächen sind oft für den Erhalt oder die Etablierung einer überlebensfähigen Populationsgröße zu klein. Wenn diese Flächen keinen Kontakt zu ähnlichen Biotoptypen aufweisen, kann zudem kein Individuenaustausch zwischen den Habitaten erfolgen. Dies führt zu einer genetischen Verarmung der Populationen und gefährdet ihr dauerhaftes Überleben. Besonders betroffen sind Arten, die besondere Ansprüche an ihren Lebensraum stellen, während „anspruchslose" Arten weniger gefährdet sind. Durch die **Strukturverarmung** in der Landschaft – z.B. durch das Verschwinden flächiger oder linearer Strukturen in unserer Kulturlandschaft – wird die Isolation der Biotope verstärkt, da mit diesen Strukturen auch potenzielle Wander- und Ausbreitungswege für die heimischen Tier- und Pflanzenarten verloren gegangen sind. Die **Zerschneidung** der Landschaft (durch ein dichtes Straßen- und Wegenetz, Bebauungen, intensiv land- und forstwirtschaftlich genutzte Flächen, etc.) führt häufig zu nicht oder kaum überwindbaren Barrieren und verstärkt damit nachhaltig die Verinselung der vorhandenen Biotope. Durch die Schaffung eines Biotopverbunds kann die derzeitige Isolation der einzelnen „Biotopinseln" mit ihren negativen Folgewirkungen zumindest abgeschwächt werden.

2. Handlungsbedarf

Derzeit stellt sich die Situation aus ökologischer Sicht wie folgt dar:
– Viele der vorhandenen Schutzgebiete, die als Kernflächen in Frage kommen, sind derzeit zu klein, um den Tier- und Pflanzenpopulationen lang-

---

6 Zum Begriff „Metapopulation" vgl. Rdnr. 23.

fristige Überlebenschancen zu bieten. Ihre Fläche ist daher entsprechend zu vergrößern.
- Zur Erfüllung ihrer Lebensraumansprüche sind viele Arten auf das Vorhandensein von Biotopkomplexen angewiesen. Heute sind viele dieser Biotopkomplexe nur noch unvollständig erhalten, so dass die natürlichen Zusammenhänge und Wechselwirkungen zwischen den verschiedenartigen Biotoptypen eines Komplexes (z.T. stark) beeinträchtigt sind.
- Die räumliche Verteilung der Großschutzgebiete lässt noch große Lücken offen, die durch die Erweiterung oder Schaffung geeigneter Schutzgebiete geschlossen werden müssen.
- Die Distanzen zwischen ähnlichen Biotopen sind oftmals so groß, dass kein Individuenaustausch möglich ist. Die Anlage neuer Verbindungsflächen und -elemente und die Erweiterung bestehender Biotopreste zu Trittsteinen ist erforderlich, um diese Distanzen zu verringern.
- U.a. durch die Strukturverarmung in der Landschaft sind linienförmige Ausbreitungs- und Wanderwege zwischen den Biotopen oft nicht in ausreichendem Maß vorhanden. Sowohl großräumige Korridore als auch kleinräumige Verbindungen müssen im Biotopverbund neu geschaffen werden.
- Die an die Elemente des Biotopverbunds angrenzenden Nutzflächen sollten so weit wie möglich in eine extensive Nutzung überführt werden, um mögliche schädliche Einflüsse aus intensiv genutzten Flächen abzupuffern.

10 Um den Aufbau eines Biotopverbundsystems mit großen Kernflächen, Verbindungsflächen und Verbindungselementen bewerkstelligen zu können, ist auch eine zweckentsprechende Renaturierung von Gebieten nötig, die bisher anderweitig genutzt werden.[7]

3. Leitlinien zur Biotopverbundplanung

11 Obwohl die Biotopverbundsysteme je nach der lokalen Ausstattung des betreffenden Raumes mit naturnahen Strukturen und Elementen sehr unterschiedlich ausfallen, lassen sich doch einige Leitlinien aufstellen, die bei der Planung und Schaffung des Biotopverbunds zu berücksichtigen sind:[8]
1. Die Grundelemente für die Entwicklung des Biotopverbundsystems stellen die noch vorhandenen natürlichen und naturnahen Biotope bzw. deren Restbestände sowie extensiv genutzte Kulturlandschaften dar. Darüber hinaus kommt den Fließgewässern und Auen eine besondere Bedeutung zu.[9]
2. Der Biotopverbund muss zunächst großräumig auf Landesebene und unter Berücksichtigung nationaler Naturschutzziele entwickelt werden. Dabei steht die Sicherung national oder landesweit bedeutsamer Schutzgebiete, die Schaffung großräumiger Verbundachsen sowie die Berücksichtigung von wandernden Tierarten und Arten mit sehr großen Raumansprüchen im Vordergrund. Auf regionaler Ebene ist dieses Konzept zu ergänzen durch regional bedeutsame Schutzgebiete und regionale Verbundachsen, zudem muss die Durchgängigkeit innerhalb von Landschafts- und Naturräumen erhöht werden. Der Erhalt und ggf. die Vervollständigung von Biotopkomplexen und die Vernetzung einzelner Biotope ist Aufgabe des lokalen Biotopverbunds. An vorhandene Biotop-

---
7 So bereits *Jedicke, E.*, Biotopverbund, 1994, S. 86.
8 Vgl. *Jedicke, E.*, Biotopverbund, 1994, 87ff.
9 LANA, Schriftenreihe 7, 2001, 20

strukturen ist anzuknüpfen, vorhandene Strukturen sind vorrangig heranzuziehen.
3. Der Planung muss eine umfassende Analyse und Bewertung der naturräumlichen Ausstattung vorausgehen, um den zum Aufbau eines landesweiten und regionalen Biotopverbundsystems benötigten Flächenumfang sowie das vorhandene Flächenpotenzial zu ermitteln. Hierzu kann auf vorhandene Daten z.b. aus Biotopkartierungen, Nutzungstypenkartierungen oder Artenerfassungen zurückgegriffen werden, fehlende oder veraltete Daten sind durch entsprechende Untersuchungen zu ergänzen.[10]
4. Ausgangspunkte für ein Biotopverbundsystem können auch gefährdete Restpopulationen von Tier- und Pflanzenarten sein, die auf kleine Bestände zurückgedrängt worden sind.
5. Es können ausschließlich Biotoptypen miteinander vernetzt werden, zwischen denen ökologische Wechselwirkungen möglich sind. Derartige Wechselwirkungen können sowohl zwischen gleichartigen bzw. ähnlichen Biotoptypen als auch zwischen unterschiedlichen Biotoptypen und Arten existieren.
6. Es sollen nicht vorrangig wenige Raritäten[11] geschützt werden, sondern möglichst artenreiche und vollständige Tier- und Pflanzengesellschaften.
7. Die Barrierewirkung von Straßen kann nur mäßig gemindert werden. Bestehende Kreuzungspunkte mit Wanderwegen z.B. von Amphibien oder Säugetieren sollten durch entsprechende Biotopverbundbauwerke (Grünbrücken, Amphibientunnel, etc.) entschärft werden.
8. Fließgewässer müssen durch den Abbau von Wanderungshindernissen für Fische, Wasserinsekten und andere Kleintiere durchgängig gemacht werden.

Zur Realisierung des Biotopverbunds sind Maßnahmen zur Flächensicherung (Flächenkauf oder -tausch, Ausweisung von Schutzgebieten, etc.) sowie die Erstellung und Durchführung von Pflege- und Entwicklungsplänen notwendig. Regelmäßige Effizienzkontrollen sollten die tatsächliche Wirksamkeit des Verbundes (und den eventuellen notwendigen weiteren Handlungsbedarf) prüfen.

4. Biotopverbund auf mindestens 10% der Landesfläche

Die quantitative Vorgabe, mindestens 10% der Landesfläche für einen Biotopverbund bereitzustellen, stellt nach vorliegenden wissenschaftlichen Erkenntnissen den Minimalwert für den Aufbau eines Biotopverbundsystems dar.[12] So bezifferte die Länderarbeitsgemeinschaft für Naturschutz, Landschaftspflege und Erholung (LANA) bereits in ihren 1991 verabschiedeten „Grundsätzen des Naturschutzes und der Landschaftspflege" den Flächenbedarf für ein ökologisches Verbundsystem auf 10–15% der Landesfläche. Die Entschließung der Ministerkonferenz für Raumordnung (MKRO) vom 27.11.1992 sieht für den „Aufbau eines funktional zusammenhängenden Netzes ökologisch bedeutsamer Freiräume" eine Inanspruchnahme von 15% der nicht für Siedlungszwecke genutzten Flächen vor.[13] Der Entwurf des umweltpolitischen Schwerpunktprogramms[14] sieht ebenso wie der

---
10 *LANA*, Schriftenreihe 7, 2001, 20
11 Während in der bisherigen Ausweisungspraxis von Naturschutzgebieten sehr häufig das Kriterium „Seltenheit" für die Unterschutzstellung entscheidend ist.
12 BT-Drs. 14/6378, S. 37 f.
13 *LANA*, Schriftenreihe 7, 2001, 19.
14 *BMU*, Entwurf eines umweltpolitischen Schwerpunktprogramms, 1998, S. 54.

SRU[15] die Notwendigkeit, 10–15% der nicht besiedelten Fläche als ökologische Vorrangflächen zum Aufbau eines Biotopverbundsystems zu sichern.

14 Der Gesetzgeber hat mit der Festlegung des Mindestwerts von 10% der Landesfläche somit den Minimalwert für den Aufbau des Biotopverbunds gewählt. Dieser Wert wird in einem dicht besiedelten Land, wie es die Bundesrepublik Deutschland darstellt, als ökologisch noch ausreichend wirksam und nutzungsbezogen noch akzeptabel eingeschätzt.[16] Es bedeutet aber gleichzeitig, dass eine Prioritätensetzung erfolgen muss, welche Biotope vernetzt werden sollen. Vorrangig zu vernetzen sind:
- Gebiete, die als Verbundachsen für Arten mit großen Raumansprüchen und wandernde Tierarten von nationaler, landesweiter oder überregionaler Bedeutung sind,
- Lebensräume gefährdeter oder vom Aussterben bedrohter Arten (inkl. Endemiten),
- stark gefährdete Lebensraumtypen,
- Arten und Lebensraumtypen, die in Deutschland ihr schwerpunktmäßiges Verbreitungsgebiet haben und für die Deutschland nach FFH-Richtlinie eine internationale Verantwortung hat,
- die für einen Naturraum repräsentativen Biotoptypen (bezogen auf die aktuelle und historische Situation),
- Bereiche mit hoher Arten- und Biotopvielfalt.

15 Der vom Bundesrecht vorgegebene **Mindestanteil** von 10% der Landesfläche ist für die Länder verbindlich[17] und wird sich i.d.R. nicht gleichmäßig auf die gesamte Fläche eines Bundeslandes verteilen. Vielmehr sind bei der Verwirklichung des Biotopverbunds regionale und lokale Besonderheiten zu berücksichtigen. Je nach Vielfalt der naturräumlichen Voraussetzungen kann der Flächenbedarf für den Aufbau eines Biotopverbunds auf regionaler Ebene deutlich über dem „Landesdurchschnitt" oder auch darunter liegen. Die Bundesregierung geht davon aus, dass möglicherweise bereits jetzt schon 2,8 Millionen ha bzw. 8% der Landesfläche für die Schaffung eines Biotopverbundsystems geeignet sind.[18] Flächendeckende Informationen, welche Schutzgebiete ganz oder in Teilen den Anforderungen an Biotopverbundflächen gerecht werden, existieren allerdings nicht. Der **tatsächliche Bedarf** kann nur im Rahmen einer Biotopverbundplanung ermittelt werden. Wie viele und welche Flächen im Einzelnen für den Biotopverbund benötigt werden, hängt unter anderem von den zu vernetzenden Biotoptypen, den Arealansprüchen von Zielarten und der Distanz zwischen den vorhandenen Kernflächen ab. Dabei kann regional durchaus auch mehr als 10% der Landesfläche für die Schaffung eines funktionsfähigen Biotopverbunds nötig sein.

16 Das BNatSchG macht den Ländern keine Vorgabe, wie sie den Biotopverbund zu schaffen haben. Sollten nur „leicht verfügbare Flächen" in Anspruch genommen werden, so ist nicht zu erwarten, dass diese auch stets

---

15 *Sachverständigenrat für Umweltfragen*, Umweltgutachten 2000, BT-Drs. 14/3363, Rdnr. 417.
16 *Plachter*, Antworten auf den gemeinsamen Fragenkatalog, Öffentliche Anhörung zum Bundesnaturschutzgesetz, Ausschuss für Umwelt, Naturschutz und Reaktorsicherheit, Ausschussdrucksache 14/600 Teil 1, S. 2.
17 Eine Abweichen davon dürfte nur in besonderen Ausnahmefällen zulässig sein, etwa in Staatstaaten.
18 BT-Drs. 14/6378, S. 31.

dem Kriterium der Geeignetheit genügen, da so ein tatsächlich funktionsfähiger Biotopverbund nicht zu bewerkstelligen ist. Vielmehr sind an die Biotopverbund-Flächen naturschutzfachliche Anforderungen zu knüpfen, d.h. es müssen qualitativ hochwertige Flächen mit wesentlichen Arten und Ökosystemen sein, zwischen denen funktionale ökologische Wechselwirkungen möglich sind, bzw. Flächen, die dazu entwickelt werden können. Die Erfüllung der 10%-Mindestforderung ist daher **durch eine bloße Summation von Schutzgebietsflächen nicht zu erreichen.**

In die Bilanzierung einfließen können nur die Gebiete, die
– Teil der Biotopverbundplanung sind,
– die naturschutzfachlichen Eignungskriterien erfüllen und
– die rechtlich gesichert sind.

17

Flächen, die sich erst zu einem Bestandteil des Biotopverbunds entwickeln, können erst in die Bilanzierung einfließen, wenn sie das Entwicklungsziel erreicht haben. § 3 macht keine Vorgabe darüber, welcher Behörde die Bilanzierung obliegt. Weil es sich um einen landesweiten Biotopverbund handelt, kann diese Aufgabe nur von der obersten Landesfachbehörde erfüllt werden. Landesrechtlich hat eine entsprechende Regelung zu erfolgen.

18

IV. Schutz von Teilen von Natur und Landschaft (Absatz 2)

1. Allgemeiner Grundsatz

Abs. 2 regelt in Form eines allgemeinen Grundsatzes, in welcher Form Teile von Natur und Landschaft geschützt werden können. Es handelt sich um eine **abschließende Aufzählung der Schutzkategorien** und ihrer Bezeichnungen. Zusätzlich werden beim Naturschutzgebiet (Nr. 1), beim Nationalpark (Nr. 2) und beim Landschaftsschutzgebiet (Nr. 4) die konkreten Schutzmerkmale (Voraussetzungen) und das Schutzregime in den Rang eines allgemeinen Grundsatzes erhoben. Für den Schutz von Natur und Landschaft wäre es schädlich, wenn jedes Bundesland seine eigenen Schutzkategorien hätte und deren ohnehin schon große Vielgestaltigkeit für den Bürger unübersehbar würde. Das allgemeine Verständnis für Ziele und Aufgaben des Naturschutzes (§ 2 Abs. 6) würde darunter leiden.

19

Dazu die Gesetzesbegründung:[19] „Abs. 2 führt in Form eines allgemeinen Grundsatzes die bisher bestehenden Schutzgebietskategorien an und knüpft beim Naturschutzgebiet (Nr. 1), beim Nationalpark (Nr. 2) und beim Landschaftsschutzgebiet (Nr. 4) an die jeweiligen Ausweisungsvoraussetzungen und Schutzregime an. Für einheitliche Schutzkategorien sprechen vor allem praktische Erfordernisse. Häufig muss eine Unterschutzstellung länderübergreifend erfolgen (siehe § 22 Abs. 1 Satz 5). Gleiches gilt für die Berücksichtigung von Unterschutzstellungen in Planungen und Verwaltungsverfahren über mehrere Bundesländer hinweg. Für die Wirtschaft ist die Einheitlichkeit der Schutzkategorien vorteilhaft, weil sie sich bei ihrer Tätigkeit nicht auf stets wechselnde, sondern einheitliche Schutzkategorien einstellen können. Ähnliches gilt für die Bürger, die sich bei einheitlichen Schutzkategorien in ihrem Verhalten, gleich wo sie auf Schutzgebiete treffen, entsprechend einrichten können."

20

---

19 BT-Drs. 16/12274, S. 103.

21 Die in den §§ 23 ff. beschriebenen Schutzkategorien stehen **nicht** in einem **Ausschließlichkeitsverhältnis** zueinander. Sie sind in ihren Voraussetzungen nicht derart scharf voneinander abgrenzbar, dass stets nur eine einzige in Betracht kommt. Näheres in § 22 Rdnr. 8.

2. Zweck und rechtliche Struktur des Schutzes von Teilen von Natur und Landschaft

22 Der Schutz von Teilen von Natur und Landschaft lässt sich so charakterisieren: Der Gesetzgeber beschreibt in den §§ 23–29 bestimmte Merkmale bzw. Voraussetzungen, die bei einem Gebiet oder Objekt vorliegen müssen, und – damit korrespondierend – die dort zu verfolgenden Ziele von Naturschutz und Landschaftspflege. Er hält es in diesem Fall für gerechtfertigt, das Gebiet oder Objekt einem **besonderen Rechtsregime** zu unterstellen. Dessen Inhalt beschreibt er zum einen in § 22 Abs. 1, zum anderen in den einzelnen Ermächtigungen der §§ 23 ff., z.B. in § 23 Abs. 2 und 26 Abs. 2 (§ 22 Rdnr. 8, 20 ff.). Damit gibt der Gesetzgeber zu erkennen, dass die Kombination aus bestimmten Merkmalen eines Teils von Natur und Landschaft und den dort verfolgten (in der Regel an diese Merkmale anknüpfenden, zum Entwicklungsziel § 22 Rdnr. 5) Zielen den Belangen von Naturschutz und Landschaftspflege ein **erhöhtes Gewicht** verleiht, das Beschränkungen der Grundstücksnutzung, des Betretens und andere belastende Maßnahmen rechtfertigt. Die Schutzerklärung verfolgt das Ziel, die weitere Entwicklung eines Gebiets oder Objekts normativ zu beeinflussen, während etwa die Eingriffsregelung die Auswirkungen eines einzelnen Vorhabens auf Natur und Landschaft minimieren will.

23 Das Bundesverwaltungsgericht fasst **Aufgaben und Funktion** wie folgt zusammen:[20] Die Unterschutzstellung eines Gebiets dient der **Abwehr von Gefahren** für Natur und Landschaft. Das Gesetz stellt verschiedene Schutzgebietskategorien zur Verfügung, die sich nach dem konkreten Zweck unterscheiden, der je nach Eigenart des Gebiets mit besonderen Schutz-, Pflege- und Entwicklungsmaßnahmen verfolgt wird. Die damit verbundenen Regelungsbefugnisse werden dem Verordnungsgeber zur Lösung spezifischer naturschutzrechtlicher Interessenkonflikte eingeräumt. Diese Konflikte sind dadurch gekennzeichnet, dass entweder gegenläufige Naturschutzziele aufeinander treffen (wie Naturschutz und Naturgenuss, Erholung und Freizeit in der Natur) oder naturschutzexterne Interessen (wie Industrieansiedlung, gewerbliche Nutzung, Schaffung von Arbeitsplätzen, Verkehrsanlagen) im Widerstreit mit Naturschutzbelangen stehen.

3. Fachliche Ziele der Unterschutzstellung

24 Wesentliche fachliche Aufgaben von Schutzgebietsausweisungen sind:[21]
– Schutz der biologischen Diversität auf allen Ebenen: genetische Diversität, Artendiversität und Lebensraumdiversität,
– Schutz des Naturerbes,
– Schutz des Kulturerbes, „Denkmalschutz" von Kulturlandschaften oder ganzen anthropogenen Ökosystemen,
– Grundlagen- und angewandte Forschung,

---

20 BVerwG, Urt. v. 11.12.2003 – 4 CN 10.02, NuR 2004, 311.
21 *Ssymank*, Schutzgebiete für die Natur: Aufgaben, Ziele, Funktionen und Realität, in: Erdmann/Spandau, Naturschutz in Deutschland: Strategien, Lösungen, Perspektiven, S. 11, 13.

- Erholung,
- Information und Umweltbildung,
- Monitoring von Umweltveränderungen und Entwicklung von Prognosen,
- abiotischer Ressourcenschutz: Boden, Wasser, Luft und
- Vorbildfunktion für ökologisch nachhaltige Landnutzung.

In den §§ 23 ff. kommen diese Aspekte auf unterschiedliche Weise zur Geltung.

4. Teile von Natur und Landschaft

Das sind alle belebten und unbelebten Flächen und Objekte, die einen natürlichen Ursprung haben oder wieder Teil der Natur geworden sind (näher dazu § 1 Rdnr. 7 ff.). Natur und Landschaft müssen aber nicht vom Menschen gänzlich unbeeinflusst sein. Viele schützenswerte Gebiete sind erst durch menschliche Einflüsse entstanden. Die unbelebte Natur ist solange Teil von Natur und Landschaft, wie sie sich an ihrem natürlichen Ort befindet, werden solche Objekte vom Menschen an einen anderen Ort verbracht, so können sie ihre Eigenschaft als Teil von Natur und Landschaft verlieren, wenn sie z.B. bearbeitet oder zu sonstigen Nutzzwecken verwendet werden.[22]

---

22 *Louis*, BNatSchG, § 12 Rdnr. 62.

§ 21 Biotopverbund, Biotopvernetzung

(1) [1]Der Biotopverbund dient der dauerhaften Sicherung der Populationen wild lebender Tiere und Pflanzen einschließlich ihrer Lebensstätten, Biotope und Lebensgemeinschaften sowie der Bewahrung, Wiederherstellung und Entwicklung funktionsfähiger ökologischer Wechselbeziehungen. [2]Er soll auch zur Verbesserung des Zusammenhangs des Netzes „Natura 2000" beitragen.

(2) [1]Der Biotopverbund soll länderübergreifend erfolgen. [2]Die Länder stimmen sich hierzu untereinander ab.

(3) [1]Der Biotopverbund besteht aus Kernflächen, Verbindungsflächen und Verbindungselementen. [2]Bestandteile des Biotopverbunds sind
1. Nationalparke, und Nationale Naturmonumente
2. Naturschutzgebiete, Natura 2000-Gebiete und Biosphärenreservate oder Teile dieser Gebiete,
3. gesetzlich geschützte Biotope im Sinne des § 30,
4. weitere Flächen und Elemente, einschließlich solcher des Nationalen Naturerbes, des Grünen Bandes sowie Teilen von Landschaftsschutzgebieten und Naturparken,

wenn sie zur Erreichung des in Absatz 1 genannten Zieles geeignet sind.

(4) Die erforderlichen Kernflächen, Verbindungsflächen und Verbindungselemente sind durch Erklärung zu geschützten Teilen von Natur und Landschaft im Sinne des § 20 Absatz 2, durch planungsrechtliche Festlegungen, durch langfristige vertragliche Vereinbarungen oder andere geeignete Maßnahmen rechtlich zu sichern, um den Biotopverbund dauerhaft zu gewährleisten.

(5) [1]Unbeschadet des § 30 sind die oberirdischen Gewässer einschließlich ihrer Randstreifen, Uferzonen und Auen als Lebensstätten und Biotope für natürlich vorkommende Tier- und Pflanzenarten zu erhalten. [2]Sie sind so weiterzuentwickeln, dass sie ihre großräumige Vernetzungsfunktion auf Dauer erfüllen können.

(6) Auf regionaler Ebene sind insbesondere in von der Landwirtschaft geprägten Landschaften zur Vernetzung von Biotopen erforderliche lineare und punktförmige Elemente, insbesondere Hecken und Feldraine sowie Trittsteinbiotope, zu erhalten und dort, wo sie nicht in ausreichendem Maße vorhanden sind, zu schaffen (Biotopvernetzung).

Gliederung

		Rdnr.
I.	Allgemeines	1
II.	Ziele des Biotopverbunds (Abs. 1)	2–8
1.	Dauerhafte Sicherung der Biodiversität	4–6
2.	Ökologische Wechselbeziehungen	7
3.	Beitrag zur Verbesserung des Zusammenhangs des Netzes „Natura 2000" (Abs. 1 Satz 2)	8
III.	Länderübergreifender Biotopverbund; Abstimmung der Länder untereinander (Abs. 2)	9, 10
IV.	Aufbauende Elemente des Biotopverbunds (Abs. 3)	11–31
1.	Biotopverbund-Konzept	12–17
	a) Kernflächen	13
	b) Verbindungsflächen	14
	c) Verbindungselemente	15, 16
	d) Nutzungsextensivierung	17
2.	Bestandteile des Biotopverbunds	18–30
	a) Nationalparke und Nationale Naturmonumente	19, 20

b) Naturschutzgebiete	21
c) Natura 2000 Gebiete	22
d) Biosphärenreservate	23
e) Teile dieser Gebiete	24
f) Gesetzlich geschützte Biotope i.S.d. § 30	25
g) Weitere Flächen und Elemente	26, 27
h) Nationales Naturerbe und Grünes Band	28, 29
i) Teile von Landschaftsschutzgebieten und Naturparken	30
3. Eignung der Gebiete	31
V. Rechtliche Sicherung des Biotopverbundes (Abs. 4)	32–43
1. Dauerhafte Gewährleistung	32–35
2. Ausweisung von Schutzgebieten	36, 37
3. Planungsrechtliche Festlegungen	38–41
4. Langfristige Vereinbarungen (Vertragsnaturschutz)	42
5. Andere geeignete Maßnahmen	43
VI. Oberirdische Gewässer und Uferzonen (Abs. 5)	44–53
1. Allgemeines	44–46
2. Erhaltung oberirdischer Gewässer	47–53
VII. Biotopvernetzung (Abs. 6)	54–61
1. Allgemeines	54, 55
2. Zur Biotopvernetzung erforderliche Landschaftselemente	56, 57
3. Erhalt und Schaffung von Landschaftselementen	58–61

I. Allgemeines

Der in § 20 als allgemeiner Grundsatz festgelegte Biotopverbund wird durch § 21 konkretisiert. Dabei wurden die Regelungen aus § 3 BNatSchG 2002 und die Vorschriften zum Schutz oberirdischer Gewässer aus § 31 BNatSchG 2002 und zur Biotopvernetzung aus § 5 Abs. 3 BNatSchG 2002 zusammengeführt. Diese Instrumente bilden diese Grundlage für die Schaffung von Verbundsystemen, die der Isolation von Lebensräumen und Populationen entgegenwirken und so den genetischen Austausch zwischen Populationen, Tierwanderungen sowie natürliche Ausbreitungs- und Wiederbesiedlungsprozesse gewährleisten sollen. Zu den Flächen, die bei entsprechender Eignung als Bestandteile des Biotopverbunds infrage kommen, zählen neben der neu eingeführten Schutzgebietskategorie des „Nationalen Naturmonuments" (Abs. 3 Nr. 1) auch das „Nationale Naturerbe" und das „Grüne Band" weshalb diese in Abs. 3 Nr. 4 nun besonders herausgehoben werden.[1] Zur Notwendigkeit eines Biotopverbunds sowie zu dem vom Bundesgesetzgeber vorgegebenen Mindestanteil von 10 % der Landesfläche vgl. § 20 Rdnr. 13 ff.

1

II. Ziele des Biotopverbunds (Absatz 1)

Mit dem Aufbau des Biotopverbunds werden folgende Ziele verfolgt:
– dauerhafte Sicherung der Populationen wild lebender Tier und Pflanzen einschließlich ihrer Lebensräume, Biotope und Lebensgemeinschaften;

2

---

1 BT-Drs. 16/12274, S. 61.

– Bewahrung, Wiederherstellung und Entwicklung funktionsfähiger ökologischer Wechselbeziehungen;
– Verbesserung des Zusammenhangs des Netzes „Natura 2000".

3 Nach Abs. 2 soll der Biotopverbund länderübergreifend erfolgen, wobei sich die Länder untereinander abstimmen.

1. Dauerhafte Sicherung der Biodiversität

4 Der Erhalt der biologischen Vielfalt, zu dem sich die Bundesrepublik Deutschland durch die Unterzeichnung der Biodiversitätskonvention (CBD) verpflichtet hat, findet sich als Ziel bereits in § 1 Abs. 1 Nr. 1. Um dieses Ziel zu erreichen, ist es gemäß § 1 Abs. 2 Nr. 1 erforderlich, lebensfähige Populationen wild lebender Tiere und Pflanzen einschließlich ihrer Lebensstätten zu erhalten und der Austausch zwischen den Populationen sowie Wanderungen und Wiederbesiedelungen zu ermöglichen. Eine Verwirklichung dieses Ziels ist nur durch die Errichtung eines Biotopverbunds zu erreichen. Die einzelnen Ebenen der Biodiversität (Arten, Populationen, Lebensräume) stehen in einem engen Abhängigkeitsverhältnis zueinander, denn die Existenz einer Art kann langfristig nur gesichert werden, wenn sowohl ein Minimum an genetisch differenzierten Populationen, als auch das Gefüge des zugehörigen Ökosystems erhalten bleibt.[2]

5 Für den Erhalt von Arten und Populationen ist es erforderlich, dass die Habitate zumindest die für die „kleinste überlebensfähige Population" ausreichend Raum bieten (MVP-Konzept, minimum viable population, Minimalpopulation, vgl. § 1 Rdnr. 75). Die Biotopverbundplanung kann auf einige geeignete Zielarten ausgerichtet werden,[3] wobei auf der Basis einer Gefährdungsgradanalyse die mindestens erforderlichen Populationsgrößen und der Flächenbedarf der Minimalpopulationen dieser Arten festgelegt werden. Als Zielarten geeignet sind die biotoptypischen Arten mit den höchsten Ansprüchen an die Qualität und Größe des Habitats, weil dadurch gleichzeitig auch die Arealansprüche zahlreicher anderer Arten mit geringeren Ansprüchen abgedeckt sind. Dabei ist auch zu beachten, dass viele Arten als Metapopulationen vorkommen, d.h. eine Population setzt sich aus verschiedenen, räumlich mehr oder weniger voneinander getrennten Lokalpopulationen zusammen, die zumindest in einem gelegentlichen Austausch miteinander stehen müssen, um langfristig überleben zu können.

6 Der Biotopverbund zielt auch auf die nachhaltige Sicherung von Lebensstätten, Biotopen und Biozönosen ab. Um den Bestand an heimischen Arten, die durch sie gebildeten Lebensgemeinschaften und ihre Lebensräume nachhaltig sichern zu können, reicht aber die bisherige Praxis der Ausweisung von einzelnen, isoliert stehenden Schutzgebieten nicht aus. Vielmehr ist der Aufbau eines zusammenhängenden Schutzgebietssystems erforderlich, die Auswahl der Schutzgebiete hat auf Grund naturschutzfachlicher Kriterien (z.B. Repräsentativität, Gefährdung, Naturnähe, Größe und räumliche Verteilung der Schutzgebiete in der Landschaft) zu erfolgen.[4]

---

2 BfN, Erhaltung der biologischen Vielfalt – Wissenschaftliche Analyse deutscher Beiträge, 1997, S. 18.
3 Hierbei sollten mehrere Zielarten mit unterschiedlichen Habitatanforderungen ausgewählt werden.
4 *Finck*, Schr.-R. d. Deutschen Rates für Landespflege 2002, S. 34, 37.

2. Ökologische Wechselbeziehungen

Das zweite Ziel des Biotopverbunds ist es, die bestehenden ökologischen Wechselbeziehungen zwischen den einzelnen Flächen des Schutzgebietssystems zu bewahren, bzw. dort wiederherzustellen und zu entwickeln, wo keine Vernetzung mehr vorhanden ist. Durch die Schaffung eines Netzes verbundener Biotope soll die derzeitige Isolation der einzelnen Lebensräume aufgehoben werden, um den notwendigen genetischen Austausch zwischen Populationen und die Ausbreitung von Arten zu ermöglichen und so dem anhaltenden Artensterben entgegenwirken zu können. Nur wenn es gelingt, die räumlich und funktionell isolierten „Biotopinseln" wirksam zu schützen und in ein kohärentes System einzuordnen sowie die Landschaft insgesamt durchgängiger für Dispersions- und Migrationsprozesse zu machen, können die Bedingungen für einen langfristigen Erhalt überlebensfähiger Populationen vieler heimischer Tier- und Pflanzenarten geschaffen werden[5]. In den meisten Regionen wird der Schwerpunkt eindeutig auf der Wiederherstellung der ökologischen Wechselbeziehungen liegen müssen, da diese vielerorts auf Grund der intensiven Landnutzung und des fortschreitenden Verlustes naturnaher Lebensräume nicht mehr existent sind. Für die Entwicklung funktionsfähiger ökologischer Wechselwirkungen ist neben der Schaffung von Verbundelementen, welche insbesondere der Erhöhung der Dispersions- und Migrationsmöglichkeiten dienen, auch eine Nutzungsextensivierung angrenzender Flächen sowie eine Entschneidung der Landschaft notwendig.

3. Beitrag zur Verbesserung des Zusammenhangs des Netzes „Natura 2000" (Absatz 1 Satz 2)

Abs. 1 Satz 2 regelt nunmehr ausdrücklich, dass der Biotopverbund zur Verbesserung des Zusammenhangs des Netzes Natura 2000 beitragen soll. Diese Festlegung fehlte in § 3 BNatSchG 2002, gleichwohl diente der Biotopverbund auch nach bisherigem Recht der Verwirklichung des europäischen Netzes „Natura 2000". Nach Art. 10 FFH-RL haben sich nämlich die Mitgliedstaaten zu bemühen, die ökologische Kohärenz von Natura 2000 durch die Erhaltung und gegebenenfalls die Schaffung entsprechender Landschaftselemente[6], die von ausschlaggebender Bedeutung für wild lebende Tiere und Pflanzen sind, zu verbessern. Auch die §§ 31 ff., in denen die Umsetzung der FFH-Richtlinie in innerdeutsches Recht erfolgt, haben ausdrücklich zum Ziel, ein „zusammenhängendes" Schutzgebietssystems aufzubauen und zu schützen. Dieses Ziel lässt sich nur über die Schaffung von wirksamen Verbundstrukturen erreichen.

III. Länderübergreifender Biotopverbund; Abstimmung der Länder untereinander (Absatz 2)

Der Biotopverbund soll länderübergreifend erfolgen. Dies ist auch folgerichtig, da die Natur die anthropogenen Grenzen nicht kennt. Angestrebt werden sollte vielmehr eine Biotopverbundplanung, welche sich an der natur-

---

5 *Finck*, Schr.-R. d. Deutschen Rates für Landespflege 2002, S. 34, 38.
6 D.h. Landschaftselemente, die auf Grund ihrer linearen, fortlaufenden Struktur (z.B. Flüsse mit ihren Ufern oder herkömmlichen Feldrainen) oder ihrer Vernetzungsfunktion (z.B. Teiche oder Gehölze) für die Wanderung, die geographische Verbreitung und den genetischen Austausch wild lebender Arten wesentlich sind (Art. 10 Satz 2 FFH-RL).

räumlichen Gliederung Deutschlands (und damit an den „natürlichen Gegebenheiten") orientiert. Biotope und Verbreitungsgebiete von zu schützenden Arten können länderübergreifend vorhanden sein, z.b. bei großen Säugetierarten mit hohen Flächenansprüchen, die nur von einem länderübergreifend entwickelten Biotopverbund profitieren können (z.b. beträgt der Arealanspruch des Fischotters 14.000–20.000 ha Wasserfläche bzw. 50–75 km Uferlänge[7], Biber benötigen 220 km Flussstrecke als Mindestareal[8]). Für die Errichtung länderübergreifender Biotopverbundsysteme ist eine enge fachliche Abstimmung zwischen den jeweiligen Ländern erforderlich, etwa um die Ziele zu konkretisieren oder um geeignete Flächen und Elemente in ausreichendem Maß und in ausreichender Dichte zur Verfügung stellen zu können.

10 Die Abstimmung erfolgt zwischen den für den Aufbau des landesweiten Biotopverbunds zuständigen Landesfachbehörden. Der Aufbau eines länderübergreifenden Biotopverbunds ist auch für den Erhalt national bedeutsamer Gebiete und national bedeutsamer Arten sowie für die Berücksichtigung von national und international bedeutsamen großräumigen Verbundachsen (z.b. Fließgewässer, „Grünes Band" des ehemaligen Grenzstreifens an der innerdeutschen Grenze) erforderlich. Die Erarbeitung eines – mit den Ländern abgestimmten – Gesamtkonzepts auf Bundesebene kann hier wichtige Impulse geben.[9] Hierzu zählt z.b. auch der Aufbau eines Netzes von Wildtierkorridoren für repräsentative Arten (wie z.b. Luchs, Wildkatze, Rotwild oder Fischotter), um die Zerschneidungswirkungen der Verkehrswege zu vermindern.

IV. Aufbauende Elemente des Biotopverbunds (Absatz 3)

11 Nach Abs. 3 besteht der Biotopverbund aus Kernflächen, Verbindungsflächen und Verbindungselementen. Die Bestandteile des Biotopverbundes sind geeignete Schutzgebiete im Sinne der §§ 22 und 31, gesetzlich geschützte Biotope nach § 30 sowie weitere geeignete Flächen und Elemente. Ebenfalls von Bedeutung ist der Schutz von Gewässern und Uferzonen, die eine großräumige Vernetzungsfunktion erfüllen können.

1. Biotopverbund-Konzept

12 Das **naturschutzfachliche Konzept für einen Biotopverbund** beinhaltet die vier Elemente:
– Kernflächen,
– Verbindungsflächen,
– Verbindungselemente und
– Nutzungsextensivierung.

Ein wirkungsvoller Verbund kann i.d.R. nur dann erreicht werden, wenn alle diese Elemente in ausreichendem Maß Berücksichtigung finden.

13 a) **Kernflächen.** **Kernflächen** sind solche Flächen, die durch ihre Ausstattung mit belebten und unbelebten Elementen qualitativ und quantitativ geeignet sind, die nachhaltige Sicherung der standorttypischen heimischen Ar-

---

7 *Heydemann*, Jb. Naturschutz und Landschaftspflege 1981, 21 ff.
8 *Sachteleben/Riess*, Naturschutz und Landschaftsplanung 1997, 336, 340.
9 Vgl. *Fuchs* et al., National bedeutsame Flächen für den Biotopverbund. Natur und Landschaft 2007, 345-351.

ten und Lebensräume sowie Lebensgemeinschaften zu gewährleisten.[10] Dabei kommen nur großflächige natürliche bzw. naturnahe und halbnatürliche Lebensräume in Frage, die als Vorrangflächen für den Naturschutz keiner Nutzung unterliegen bzw. in denen nur die zum Erhalt der ökologischen Funktion nötige extensive Nutzung stattfindet. Ihre Flächengröße muss sich an den Arealansprüchen geeigneter Zielarten orientieren. Regelmäßig sind hierbei die Arten auszuwählen, die die höchsten Flächenansprüche stellen. Es ist anzunehmen, dass als Kernflächen für den Biotopverbund nur Schutzgebiete von über 100 ha Größe in Frage kommen[11]. Auf den Kernflächen soll die Ausbildung stabiler Populationen insbesondere spezialisierter Arten möglich sein, sodass diese auch als Spenderpopulation für andere Verbundflächen fungieren können. Auf Grund ihrer elementaren Bedeutung für den Biotopverbund ist für Kernflächen eine hoheitliche Sicherung durch die Ausweisung von Nationalparken oder Naturschutzgebieten unabdingbar. Um negative Auswirkungen der intensiv genutzten Landschaft auf die Kernflächen zu minimieren, können Puffer- und Entwicklungsflächen i.s. des Umgebungsschutzes nach § 22 in die Schutzgebietsausweisungen einbezogen werden. Letztere können für sich schützenswert sein oder ein Entwicklungspotenzial hin zu naturnahen Lebensräumen besitzen.

b) Verbindungsflächen. Da die Distanz zwischen den einzelnen Kernflächen für einen gegenseitigen Austausch von Tier- oder Pflanzenarten meist zu groß ist, muss die räumliche Isolation dieser Lebensräume durch geeignete Verbindungsflächen gemindert werden. Dies geschieht durch so genannte Trittsteinbiotope, welche die bestehenden Kernflächen so miteinander vernetzen, dass ein Individuenaustausch – und damit ein Genaustausch – zwischen den Populationen der Kernflächen möglich ist. Die Größe der Trittsteine muss ausreichen, um die zeitweise Besiedlung und Fortpflanzung von Tier- und Pflanzenarten zu ermöglichen. Es ist dagegen nicht notwendig, dass eine vollständige, stabile Population aufgebaut werden kann. Durch Wanderungs-, Ausbreitungs- und Wiederbesiedlungsprozesse kann über die Trittsteine auch die Besiedlung neu geschaffener oder wiederhergestellter Biotope erfolgen.

c) Verbindungselemente. Verbindungselemente bestehen aus flächenhaften, punkt- oder linienförmigen in der Landschaft verteilten Elementen, wie Gehölzen, Feldrainen, Tümpeln, einzelnen Gebäuden, Bäumen, Wasserläufen oder dergleichen, die von bestimmten Arten für ihre Ausbreitung, Wanderung, etc. benutzt werden und die mit dieser Eigenschaft den funktionalen Charakter des Biotopverbunds verdeutlichen.[12] Linienförmig ausgebildete Elemente, so genannte „Korridore" verbinden Kernflächen und Verbindungsflächen miteinander und verbessern die Ausbreitungs- und Wanderungsmöglichkeiten der Tiere und Pflanzen, wodurch der Individuen- und Genaustausch innerhalb des Biotopverbundsystems gefördert wird. Bei der Planung ist das Ausbreitungsverhalten von Zielarten besonders zu berücksichtigen, vielfach ist die Schaffung neuer Korridore erforderlich.

Zu beachten ist, dass die in Abs. 6 genannten linearen und punktförmigen Elemente in land- und forstwirtschaftlich genutzten Bereichen **nicht** mit den Verbindungselementen des Biotopverbunds identisch sind. Während der Biotopverbund eine länderübergreifende, großräumige Lebensraumvernet-

---

10 BT-Drs. 14/6378, S. 38.
11 *Jedicke, E.*, Biotopverbund, 1994, S. 85.
12 BT-Drs. 14/6378, S. 39.

zung anstrebt, mit dem Ziel, alle heimischen Tier- und Pflanzenarten und deren Populationen einschließlich ihrer Lebensräume und Lebensgemeinschaften zu sichern (zur Prioritätensetzung vgl. § 20 Rdnr. 14), dienen die Elemente i.S.v. Abs. 6 vornehmlich der kleinräumigen Vernetzung der in der Kulturlandschaft vorhandenen Biotope, die insbesondere von Pflanzen und Tieren der Agrarlandschaft besiedelt werden.

17 **d) Nutzungsextensivierung.** Die naturschutzfachliche Konzeption des Biotopverbunds beinhaltet auch die Nutzungsextensivierung angrenzender land-, forst- oder fischereiwirtschaftlich genutzter Flächen. Das BNatSchG greift dies nicht explizit auf, allerdings ist die Zielsetzung der Bewahrung, Wiederherstellung und Entwicklung funktionsfähiger ökologischer Wechselbeziehungen und damit die dauerhafte Gewährleistung des Biotopverbunds i.d.R. nur mit Hilfe einer extensiven, naturverträglichen Landnutzung auf den angrenzenden Flächen zu erreichen. Kernflächen, Verbindungsflächen und -elemente sind in ihrer Funktionsfähigkeit eingeschränkt, wenn sie durch die Nutzungsintensität der Umgebungsflächen negativ beeinflusst werden (Bsp. Nährstoffeintrag in nährstoffarme Biotope, Biozideintrag, Barrierewirkungen). Für Schutzgebiete nach § 22 besteht die Möglichkeit, die für den Schutz der Flächen notwendige Umgebung als Pufferflächen in das Schutzgebiet einzubeziehen und eine extensive Nutzung der Flächen festzuschreiben (Umgebungsschutz). Die nach § 30 gesetzlich geschützten Biotope sind vor Maßnahmen, die zu einer Zerstörung oder sonstigen erheblichen oder nachhaltigen Beeinträchtigung führen können, geschützt, was in der Praxis vielfach ebenfalls nur durch eine Einschränkung der Bewirtschaftung in der unmittelbaren Umgebung des Biotops zu erreichen ist.

2. Bestandteile des Biotopverbunds

18 Für einen Biotopverbund sind Flächen von sehr unterschiedlicher Größe, Struktur und Qualität geeignet. Daher führt das Gesetz auch eine Vielzahl von in Frage kommenden Schutzgebietstypen auf, die – bei entsprechender fachlicher Eignung – ganz oder teilweise als Bestandteile des Biotopverbunds Verwendung finden können. Um eine Vernetzung zu erreichen, wird es meist nötig sein, auch zahlreiche kleinere Flächen und Elemente, die keinem Schutzgebietstyp angehören, zu sichern.

19 **a) Nationalparke und Nationale Naturmonumente.** In Nationalparken werden großräumige Naturlandschaften von nationaler Bedeutung geschützt (vgl. § 24). Als großflächige Schutzgebiete, die vom Menschen nicht oder nur wenig beeinträchtigt sind, können sie prinzipiell als Kernflächen des Biotopverbundes geeignet sein. Mit einer Gesamtfläche von 962.048 ha (mit Nord- und Ostseeflächen) bzw. einer Landfläche von 194.136 ha (ohne Wattenmeer; 0,54 % des Bundesgebietes) ist der flächenmäßige Anteil der 14 vorhandenen Nationalparke am Biotopverbund zurzeit aber gering. Zudem sind derzeit noch nicht alle für den Biotopverbund wichtigen Biotoptypen enthalten

20 Auch die Nationalen Naturmonumente sind Bestandteile des Biotopverbunds, wenn sie zur Erreichung der unter Abs. 1 Satz 1 genannten Ziele beitragen. Voraussetzung für die Ausweisung eines Nationalen Naturmonuments nach § 24 Abs. 4 ist, dass es sich um natürliche oder gemischt natürlich/kulturelle Erscheinungen handelt, die von herausragender Bedeutung sind.[13] Der Schutz der Biodiversität ist in § 24 Abs. 4 nicht als eigener Schutzgrund genannt, gleichwohl dürfte die mit den Erscheinungen verbundene Biodiversität zumeist einen untrennbaren, wertgebenden und identitätsstiftenden Bestandteil des Monuments darstellen. In dies der Fall, so kommt das Natiuonale Naturmonument als Bestandteil des Biotopverbunds infrage. Je nach Größe und Natürlichkeitsgrad des unter Schutz gestellten Naturmonuments kann es sich dabei um Kern- oder Verbindungsflächen handeln.

b) Naturschutzgebiete. Ca. 3,6 % der Bundesrepublik sind als Naturschutzgebiete ausgewiesen[14]. Auch ein Naturschutzgebiet kommt nur dann als Biotopverbundfläche in Frage, wenn es zur Erreichung der in Abs. 1 genannten Ziele beiträgt. Auf Grund der hohen Schutzintensität in Naturschutzgebieten, kommt dieser Schutzkategorie große Bedeutung für den Aufbau und den Erhalt des Biotopverbundsystems zu. Mit der Schutzgebietsausweisung ist sowohl eine langfristige rechtliche Sicherung, als auch die qualitative Sicherung der Flächen durch entsprechende Pflege- und Entwicklungsmaßnahmen verbunden. Insbesondere bei geringen Flächengrößen ist die Einbeziehung der Umgebung in das Schutzgebiet sinnvoll. Da bislang viele Naturschutzgebiete sehr kleinflächig ausgewiesen wurden[15] und sie zudem negative Randeffekte aufweisen, wird den Gebieten häufig nicht der „Status" einer Kernfläche zukommen können.

c) Natura 2000 Gebiete. In Abs. 1 Satz 2 wird ausdrücklich darauf hingewiesen, dass der Biotopverbund auch zur Verbesserung der Kohärenz des Schutzgebietssystems „Natura 2000" beitragen soll. Daher zählen die Gebiete, die auf Grund der FFH-RL und der V-RL als Natura 2000-Gebiete ausgewiesen wurden (bzw. werden), bei entsprechender Eignung zu den Bestandteilen des Biotopverbunds. Das BNatSchG enthält keine eigene Schutzkategorie für Natura 2000-Gebiete, vielmehr sollen diese durch die bereits vorhandenen Instrumente des Flächenschutzes gesichert werden.[16] Neben besonders gefährdeten Arten und Biotoptypen sollen durch „Natura 2000" auch Lebensraumtypen geschützt werden, deren Verbreitungsgebiet schwerpunktmäßig in Deutschland liegt (internationale Verantwortung, Beispiele sind Buchenwälder saurer oder basenreicher Standorte). Eine Vernetzung der Gebiete, wie sie Art. 10 FFH-RL zur Verbesserung der ökologischen Kohärenz von Natura 2000 vorsieht, besteht derzeit erst punktuell. Wie aus den Ergebnissen des zweiten Nationalen Berichts nach Art. 17 FFH-Richtlinie (Berichtsperiode 2001–2006) hervorgeht, ist für viele Lebensraumtypen und Arten noch kein günstiger Erhaltungszustand erreicht. Zur Verbesserung des Erhaltungszustands ist die Kohärenz des Netzes Natura 2000 zu fördern. Um eine entsprechende Vernetzung zu erreichen, müssen die bestehenden Lücken durch weitere Kernflächen, Trittsteine und Verbindungskorridore geschlossen werden. Auch FFH- und Vogelschutzgebiete können nur dann zum Aufbau des nationalen Biotopverbunds beitragen, wenn sie aus fachlicher Sicht hierfür geeignet sind. Dabei zielt der Schutz in Natura 2000-Gebieten i.d.R. nur auf die in den Anhängen I und II FFH-RL bzw. in Anhang I und Art. 4 Abs. 2 V-RL aufgeführten Lebensräume und Arten ab, weshalb zum Erhalt der in Deutschland vorhandenen Biodiversität die Einbeziehung weiterer, nicht Natura 2000-relevanter Bioptypen und Arten in den Biotopverbund erfolgen muss.

---

13 BT-Drs. 16/13430, S. 22.
14 Stand Dezember 2008, www.bfn.de/0308_nsg.html.
15 Knapp zwei Drittel aller Naturschutzgebiete sind kleiner als 50 ha, nur ca. 14,3 % sind größer als 200 ha, www.bfn.de/0308_nsg.html.
16 Die Unterschutzstellung kann unterbleiben, wenn ein gleichwertiger Schutz des „Natura 2000-Gebiets" gewährleistet ist, vgl. Kommentierung zu § 33 Rdnr. 34.

23 **d) Biosphärenreservate.** Biosphärenreservate sind großflächige, repräsentative Ausschnitte von Natur- und Kulturlandschaften, die auf Grund reicher Naturausstattung und einer landschaftsverträglichen Landnutzung überregionale Bedeutung besitzen. Gerade die extensiv genutzten Flächen in unserer Kulturlandschaft sind heute Rückzugsgebiete für bedrohte Tier- und Pflanzenarten. Biosphärenreservate können hier zur Sicherung dieser Lebensräume beitragen, auf Grund ihrer Großflächigkeit kommt ihnen i.d.R. eine große Bedeutung im Biotopverbund zu. Einzelne Teilflächen von Biosphärenreservaten können die Qualität von Kernflächen oder von Verbindungsflächen und -elementen des Biotopverbunds aufweisen.

24 **e) Teile dieser Gebiete.** Dieser Zusatz verdeutlicht, dass nicht generell davon ausgegangen werden kann, dass ein Naturschutzgebiet, FFH-Gebiet oder ein Biosphärenreservat in seiner Gesamtheit zur Schaffung des Biotopverbunds geeignet ist. So können z.b. die Schutzgebietsverordnungen Ausnahmetatbestände enthalten, die eine intensive wirtschaftliche Nutzung von Teilflächen erlaubt. Generell gilt, dass nur die Teile des Schutzgebiets für einen Biotopverbund geeignet sind, die zur Erreichung der in Abs. 2 genannten Ziele beitragen können.

25 **f) Gesetzlich geschützte Biotope i.S.d. § 30.** § 30 BNatSchG und die entsprechenden Landesregelungen nennen eine Vielzahl von wertvollen und gefährdeten Biotoptypen, die unmittelbar gesetzlich geschützt sind.[17] Ihre Vorkommen sind häufig bereits durch Biotopkartierungen erfasst.[18] Ob ein gesetzlich geschützter Biotop für die Aufnahme in das Verbundsystem in Frage kommt, richtet sich nach der naturschutzfachlichen Geeignetheit der Fläche. Viele dieser Biotope sind nur kleinflächig ausgebildet und können als Verbindungsflächen oder Verbindungselemente i.S.d. Gesetzes fungieren. Als Kernflächen kommen gesetzlich geschützte Biotope nur dann in Frage, wenn es sich um ein großes Gebiet oder um mehrere kleinere, räumlich vernetzte Flächen handelt, die den standorttypischen heimischen Arten einen dauerhaften Lebensraum bieten können.

26 **g) Weitere Flächen und Elemente.** Um die Ziele des Biotopverbunds zu erreichen, muss der Individuenaustausch (und damit der Genaustausch) zwischen den Lebensräumen möglich sein. Daher ist es unverzichtbar, dass Verbindungsflächen und Verbindungselemente in ausreichendem Maße zur Verfügung stehen, damit die nötige Distanzverringerung zwischen den Lebensräumen hergestellt wird. Dies wird nur selten allein durch bestehende Schutzgebiete und gesetzlich geschützte Biotope zu verwirklichen sein. Vielmehr wird es in den meisten Fällen zur Schaffung eines „Netzes verbundener Biotope" nötig sein, weitere Flächen und Elemente einzubeziehen, wobei es sich dabei z.B. auch um einen von Turmfalken oder Fledermäusen genutzten Kirchturm handeln kann. Zur Ausbildung des Verbundes ist auch die Renaturierung früherer bzw. die Anlage neuer Biotope in Betracht zu ziehen.

27 Die Verpflichtung zur Einbeziehung weiterer Flächen und Elemente ergibt sich auch aus Art. 10 FFH-RL, nach dem die Mitgliedsstaaten die Pflege von Landschaftselementen fördern sollen, welche von ausschlaggebender Bedeu-

---

17 Vgl. die Kommentierung zu § 30.
18 Die Erfassung der Biotope basiert auf einem Kartierungsschlüssel, der Angaben zu den einzelnen Biotoptypen enthält. Vielfach sind Bedingungen an die Anerkennung als „gesetzlich geschütztes Biotop" geknüpft (z.B. natürlicher oder naturnaher Zustand, gewisse Mindestgrößen/-längen), so dass es in Wirklichkeit mehr (Rest-)Biotope gibt, die für den Aufbau eines Biotopverbunds wertvoll sein können.

tung für wild lebende Tiere und Pflanzen sind. Hierbei handelt es sich um Landschaftselemente, die auf Grund ihrer linearen, fortlaufenden Struktur (z.b. Flüsse mit ihren Ufern oder herkömmlichen Feldrainen) oder ihrer Vernetzungsfunktion (z.b. Teiche oder Gehölze) für die Wanderung, die geographische Verbreitung und den genetischen Austausch wild lebender Arten wesentlich sind. Vielfach handelt es sich bei den für einen Biotopverbund wesentlichen Landschaftselementen um Einzelobjekte, Objektgruppen oder flächenhafte Teile von Natur und Landschaft, für die ein hoheitlicher Schutz nach § 29 BNatSchG (geschützter Landschaftsbestandteil) in Frage kommt.

h) Nationales Naturerbe und Grünes Band. Zu den in Nr. 4 genannten weiteren Flächen zählen insbesondere auch Flächen des Nationalen Naturerbes und des Grünen Bandes. Das „Nationale Naturerbe" umfasst herausragende charakteristische Landschaften von nationaler, europäischer oder globaler Bedeutung, die gemäß dem Koalitionsvertrag vom 11. November 2005 aus Bundeseigentum zur langfristigen naturschutzfachlichen Sicherung unentgeltlich an die Länder, die Deutsche Bundesstiftung Umwelt oder andere Naturschutzträger übertragen werden. Die zum „Nationalen Naturerbe" zu rechnenden Flächen überschneiden sich zum Teil mit den unter die Nr. 1–3 fallenden Flächen.[19]

28

Ebenfalls zum Nationalen Naturerbe zählen 7000 ha des Grünen Bandes. Als „Grünes Band" wird der 1393 km lange ehemalige innerdeutsche Grenzstreifen bezeichnet, in dem sich die Natur über Jahrzehnte ungestört entwickeln konnte. Das Grüne Band ist derzeit das einzige großräumige, länderübergreifende Biotopverbundsystem der Bundesrepublik Deutschland. Die Artenbestände und Biotopstrukturen sind in hohem Maße schutzwürdig, ca. 79 % der Gesamtfläche müssen als international, bundes- oder landesweit bedeutsame Schwerpunkt- oder Entwicklungsgebiete des Naturschutzes eingestuft werden.[20] Das deutsche Grüne Band ist Teil des Europäischen Grünen Bandes, das sich aufgrund der historischen Situation entlang des gesamten ehemaligen Eisernen Vorhangs entwickeln konnte und von der Barentssee im Norden bis zur Adria und zum Schwarzen Meer im Süden reicht.

29

i) Teile von Landschaftsschutzgebieten und Naturparken. Da Landschaftsschutzgebiete und Naturparke eher Erholungsfunktion haben und der Schutzstatus oft niedrig ist, werden i.d.R. nur Teile solcher Gebiete für einen Biotopverbund in Frage kommen. Landschaftsschutzgebiete können z.b. als Pufferzonen um Kerngebiete fungieren. Für beide Schutzgebietstypen ist davon auszugehen, dass die geeigneten Teilflächen zumeist „nur" als Verbindungsflächen, nicht aber als Kernflächen von Bedeutung sind.

30

3. Eignung der Gebiete

Bereits vorhandene Schutzgebiete oder Teile von Schutzgebieten können als räumliche Grundlage für den zu schaffenden Biotopverbund dienen. Aber nicht jedes dort genannte Gebiet ist unter fachlichen Gesichtspunkten als Bestandteil eines Biotopverbunds geeignet.[21] Schutzgebiete oder Teile dieser Gebiete sind ebenso wie alle übrigen Flächen und Elemente nur dann geeignet, wenn sie zur Erreichung der in Abs. 1 genannten Ziele beitragen kön-

31

---

19 BT-Drs. 16/12274, S. 61.
20 *Schlumprecht* et al., Naturschutzfachliche Schwerpunktgebiete im Grünen Band. BfN-Skripten 152 (2006), S. 15.
21 BT-Drs. 14/6378, S. 38.

nen. Eine naturschutzfachliche Eignung weisen z.b. diejenigen Flächen auf, die der Erhaltung, Renaturierung, Vergrößerung, Neuentwicklung und Vernetzung von naturbetonten Biotopen/Biotopkomplexen und dem Erhalt oder der Wiederherstellung der ökologischen Wechselbeziehungen in der Gesamtlandschaft dienen. Die Auswahl geeigneter Biotopverbundflächen muss anhand der fachlichen Vorgaben im Rahmen der Biotopverbundplanung erfolgen. § 21 enthält hierzu keine konkreten Kriterien. Es ist daher die Aufgabe der Länder, die allgemeine Vorgabe von § 21 („zur Erreichung des in Abs. 1 genannten Zieles geeignet") zu konkretisieren, indem sie landesweit gültige naturschutzfachliche Bewertungskriterien festlegen, mit Hilfe derer die Geeignetheit von Flächen und Elementen für den Biotopverbund ermittelt werden kann. Dabei wird insbesondere die Größe und Biotopausstattung von Flächen, ihre Lage im Raum und das Vorkommen von national, landesweit, überregional oder auch regional bedeutsamen Zielarten als Eignungskriterien zu berücksichtigen sein[22]. Der SRU empfiehlt dabei, dass die Übertragung der rechtlichen Vorgaben durch länderübergreifend einheitliche Standards erfolgen solle (etwa nach dem Vorbild der Normung in anderen Rechtsbereichen), um eine einheitliche Handhabung des Gesetzes zu erreichen. Diese Standards müssten nicht verbindlich in den Ländergesetzen festgelegt werden, wenn es gelänge, sich auf ein gemeinsames fachliches Vorgehen der Länder zu einigen. Käme dies nicht zustande, so sollte geprüft werden, ob auf Bundesebene mit Zustimmung des Bundesrates Verwaltungsvorschriften erlassen werden können.[23] Ein bundeseinheitlicher, naturschutzfachlich fundierter Standard gerade auch in der Eignungsbewertung von Gebieten käme jedenfalls der Zielerreichung nach Abs. 1 zu Gute.

V. Rechtliche Sicherung des Biotopverbundes (Absatz 4)

1. Dauerhafte Gewährleistung

32 Die für den Biotopverbund erforderlichen Kernflächen, Verbindungsflächen und Verbindungselemente sind durch:
– Erklärung zu geschützten Teilen von Natur und Landschaft im Sinne des § 20 Abs. 2,
– planungsrechtliche Festlegungen,
– langfristige Vereinbarungen (Vertragsnaturschutz) oder
– andere geeignete Maßnahmen

33 **rechtlich zu sichern**, um einen Biotopverbund **dauerhaft zu gewährleisten**. Die Mittel zur Sicherung werden den Ländern nicht abschließend vorgegeben. Die Vielzahl der administrativen Möglichkeiten resultiert daraus, dass ein Biotopverbund aus sehr unterschiedlichen Flächen und Elementen besteht, für die unterschiedliche Schutzregime sinnvoll sind.

34 Maßgeblich für die Wahl des „Sicherungsinstruments" ist, dass damit eine **langfristige Sicherung** der Flächen und Elemente erfolgen kann. Für naturnahe Biotope und Flächen, die bei Verlust nicht ersetzt werden können, ist eine hoheitliche Sicherung anzustreben. Dies gilt insbesondere auch für Kernflächen und großräumige Verbundachsen. Die übrigen Maßnahmen eignen sich vor allem für die Sicherung von Verbundflächen und -elementen.

---

22 Da hierzu ein Kriterienkatalog notwendig erscheint, empfiehlt sich bei der Umsetzung in Landesrecht, die für die Aufstellung dieses Katalogs zuständige Behörde festzulegen, was i.d.R. die oberste für Naturschutzangelegenheiten zuständige Fachbehörde sein wird.
23 SRU, Sondergutachten 2002, BT.-Drs. 14/9852, Tz. 63.

Die dauerhafte Sicherung des Biotopverbunds schließt nicht aus, dass einzelne Bestandteile ausgetauscht werden, wenn dadurch die Funktionsfähigkeit der ökologischen Wechselbeziehungen nicht beeinträchtigt wird. Um für einen Austausch in Frage zu kommen, müssen die Flächen oder Elemente dabei jedoch die entsprechenden Voraussetzungen bzgl. der Lage im Raum, ihrer Funktion im Biotopverbund und der Biotopqualität oder des Entwicklungspotenzials erfüllen. Durch das „Austauschprinzip" können auch die Aspekte eines dynamischen Naturschutzes (d.h. die natürlich in Ökosystemen vorhandene Dynamik und Heterogenität) berücksichtigt werden. Der Biotopverbund zielt dann darauf ab, alle Entwicklungsstadien dieser Ökosysteme inklusive ihrer typischen Biozönosen zu erhalten und die Weiterentwicklung zu den im Sukzessionsverlauf folgenden Reifestadien zu ermöglichen.

Eine dauerhafte Gewährleistung des Biotopverbunds setzt nicht nur die rechtliche Sicherung, sondern auch den Erhalt oder die Verbesserung der qualitativen Eigenschaften der einzelnen Bestandteile voraus. Bei Flächen, die ihre Aufgabe im Biotopverbund nur in einem bestimmten ökologischen Zustand erfüllen können, ist daher auch sicherzustellen, dass entsprechende Pflegemaßnahmen (z.b. zur Offenhaltung von Grünland) durchgeführt werden.

2. Ausweisung von Schutzgebieten

Ausgewiesen werden können geeignete Gebiete i.S.v. § 20 Abs. 2. In Betracht kommen dabei: Naturschutzgebiete, Nationalparke, Nationale Naturmonumente, Biosphärenreservate, Landschaftsschutzgebiete, Naturparke, Naturdenkmale oder geschützte Landschaftsbestandteile. Die beiden letzteren sind insbesondere für die Sicherung von kleineren Verbundflächen und -elementen ein geeignetes Mittel zur Sicherstellung des Biotopverbundes. Natura 2000-Gebiete werden ebenfalls mit den zur Verfügung stehenden Instrumenten des Flächen- und Objektschutzes gesichert. Bei der Ausweisung können auch „Schutzzonen" mit ökologisch weniger wertvollen Flächen einbezogen werden. Dies ist z.b. sinnvoll, wenn einer Eutrophierung aus benachbarten landwirtschaftlich genutzten Flächen vorgebeugt werden soll. Eine Ausweisung von Schutzgebieten kann auch zur rechtlichen Sicherung von Entwicklungsflächen herangezogen werden, die nach entsprechenden Wiederherstellungs- oder Entwicklungsmaßnahmen „Lücken" im Biotopverbund schließen können.

Schutzgebietsausweisungen gewähren eine dauerhafte Sicherung von Biotopverbundflächen. Sie sind das geeignete Sicherungsinstrument für Kernflächen, großräumige Verbundachsen und für alle weiteren Biotope, die nicht durch andere Flächen ersetzbar und die für einen funktionsfähigen Biotopverbund unverzichtbar sind. Sie können auch für die Entwicklung und Wiederherstellung von Verbundflächen nutzbar gemacht werden (z.b. nach § 23 Abs. 1, § 29 Abs. 1).

3. Planungsrechtliche Festlegungen

Eine Sicherung der Biotopflächen kann auch durch planungsrechtliche Festlegungen erfolgen, was sich vor allem für die Sicherung von Verbindungsflächen und Verbindungselementen eignet. In Frage kommen dabei jedoch nur Festlegungen, welche eine eigenständige Rechtsverbindlichkeit aufweisen. In den meisten Bundesländern besitzen die Planwerke der Landschaftsplanung keine eigenständige rechtsverbindliche Wirkung; sie eignen sich daher zwar als Instrument der Biotopverbundplanung, nicht jedoch zur rechtlichen Sicherung von Biotopverbundflächen. Ausnahmen hierzu bilden die Landschaftspläne der Stadtstaaten und von Nordrhein-Westfalen, die auf Grund ihrer eigenständigen Rechtsverbindlichkeit planungsrechtliche Festlegungen zum Biotopverbund ermöglichen. In den übrigen Fällen erlangen die raumbedeutsamen Aussagen der Landschaftsplanung zum Biotopverbund[24] erst durch ihre Übernahme in Raumordnungspläne oder Bauleitpläne (nach erfolgter Abwägung) Verbindlichkeit, sofern sie als Ziele der Raumordnung in die Planwerke aufgenommen wurden. Als planungsrechtliche Sicherung von Biotopverbundflächen ist insbesondere ihre Ausweisung als **Vorranggebiete des Naturschutzes** (§ 8 Abs. 7 Nr. 1 ROG) geeignet, da dadurch andere raumbedeutsame Nutzungen in diesem Gebiet ausgeschlossen werden, wenn diese mit den vorrangigen Funktionen, Nutzungen oder Zielen des Naturschutzes nicht vereinbar sind. Vorranggebiete sind als Ziele der Raumordnung einer Abwägung nicht mehr zugänglich und nach § 4 Abs. 1 ROG von öffentlichen Stellen bei ihren raumbedeutsamen Planungen und Maßnahmen zu beachten. Dagegen ist eine dauerhafte Sicherung des Biotopverbunds durch Grundsätze der Raumordnung nicht gewährleistet, da für diese lediglich eine Berücksichtigungspflicht bei Abwägungen oder Ermessensentscheidungen besteht. Somit ist auch die Ausweisung von Vorbehaltsgebieten nach § 8 Abs. 7 Nr. 2 ROG nicht für die dauerhafte rechtliche Sicherung von Biotopverbundflächen geeignet, denn auch wenn den Belangen des Naturschutzes bei der Abwägung mit konkurrierenden raumbedeutsamen Nutzungen dabei ein besonderes Gewicht beigemessen werden soll, so schließt dies doch eine Abwägung zu Ungunsten von Biotopverbundflächen nicht aus.

39 Für den Aufbau des Biotopverbunds im besiedelten Bereich können entsprechende Vorgaben auf der Basis eines Landschaftsplans in den Flächennutzungsplan (als Instrument der vorbereitenden Bauleitplanung) aufgenommen und im Bebauungsplan rechtsverbindlich festgesetzt werden. In einem Bebauungsplan (bzw. im Grünordnungsplan als Bestandteil des Bebauungsplans) können parzellengenaue Darstellungen von Flächen und Elementen erfolgen, die zum Aufbau eines Biotopverbunds beitragen sollen. Für die Schaffung neuer Biotopverbundflächen und -elemente eignen sich auf lokaler Ebene Kompensationsmaßnahmen nach § 15[25] in besonderem Maß. Dabei ist jedoch zu gewährleisten, dass der Zustand der Fläche auch langfristig für die ihm zugewiesene Aufgabe im Biotopverbund geeignet sein muss. Auf die Dauerhaftigkeit und den Umfang von hierfür notwendigen Entwicklungs- und Pflegemaßnahmen ist bereits bei der Festsetzung von Kompensationsmaßnahmen zu achten.

40 Zahlreiche Auensysteme von Fließgewässern, die wichtige Verbundachsen im Biotopverbund darstellen können, sind auch als Überschwemmungsgebiete nach § 76 WHG von großer Bedeutung. Die Sicherung hochwasserschutzrelevanter Biotopverbundflächen kann daher auch durch ihre Festsetzung als Überschwemmungsgebiete[26] erfolgen. Die hierfür zu erlassenden Vorschriften schließen Regelungen zum Erhalt oder zur Verbesserung der ökologischen Strukturen der Gewässer und ihrer Überflutungsflächen ein.

---

24 Im Rahmen der Landschaftsplanung sind nach § 14 Abs. 1 Nr. 4 Lit. c die für einen Biotopverbund geeigneten Flächen und Strukturen darzustellen.
25 Dabei kommen vor allem Ersatzmaßnahmen, seltener auch Ausgleichsmaßnahmen in Betracht.
26 Z.B. als „Vorrangflächen für den Hochwasserschutz" nach § 8 Abs. 7 Nr. 1 ROG.

Planungsrechtliche Festsetzungen sind auch in bestimmten Fachplanungen (z.b. Flurbereinigungsverfahren, forstliche Planungen) möglich. So muss im Rahmen von Flurbereinigungsverfahren bei der Neugestaltung des Gebiets auch den Erfordernissen des Naturschutzes und der Landschaftspflege Rechnung getragen werden (§ 37 Abs. 2 FlurbG). Allerdings kann für Anlagen, die dem öffentlichen Interesse dienen[27], im Flurbereinigungsverfahren nur Land in verhältnismäßig geringem Umfange bereitgestellt werden. Zum Aufbau des Biotopverbunds sind daher i.d.R. zusätzliche Flächen durch Flächentausch/Flächenkauf notwendig. Im forstlichen Bereich können in den Landeswaldprogrammen und in den forstlichen Rahmenplänen der Aufbau eines Biotopverbunds vorgegeben werden. Die geeignete Planungsebene, um konkrete Flächen und Verbundelemente für einen Biotopverbund festzulegen, ist dabei jedoch die für einen einzelnen Forstbetrieb geltende „Forsteinrichtung", die zumeist für einen Zeitraum von 10 Jahren erstellt und regelmäßig fortgeschrieben wird.

4. Langfristige Vereinbarungen (Vertragsnaturschutz)

Abs. 4 bestimmt, dass alle in Abs. 3 genannten Elemente des Biotopverbunds rechtlich zu sichern sind, um den Biotopverbund dauerhaft zu gewährleisten. Dies kann auch durch langfristige vertragliche Vereinbarungen geschehen. Vertragliche Vereinbarungen eignen sich insbesondere für Flächen, auf denen die Biotopqualität durch extensive Bewirtschaftungsformen erhalten werden soll. Bei Biotopen, die auf Grund langer Entwicklungszeiten nicht wiederherstellbar sind oder die aus sonstigen Gründen nicht ersetzbar sind, wird die Laufzeit dieser Verträge gewöhnlich mindestens 20 Jahre betragen müssen, um eine Langfristigkeit zu gewährleisten. Für langfristige Vertragslaufzeiten ist eine grundbuchrechtliche Absicherung sinnvoll (z.b. bei Eigentümerwechsel). Zur Aufrechterhaltung des Biotopverbunds muss sichergestellt werden, dass diese Flächen auch nach Ablauf des Vertrages in ihrer Form für den Biotopverbund erhalten bleiben und nicht z.b. durch Wiederaufnahme einer intensiveren Nutzungsform, Umbruch, Abholzen o. Ä. verändert werden. Die vertraglichen Vereinbarungen können entsprechende Verlängerungsklauseln enthalten. Für Biotoptypen mit kurzen Entwicklungszeiten sind geringere Vertragslaufzeiten möglich.

5. Andere geeignete Maßnahmen

Auch jede andere Maßnahme, die den Biotopverbund dauerhaft gewährleistet, kann zur Sicherung der Flächen und Elemente eingesetzt werden. Als derartige Maßnahmen kommen z.b. zivilrechtliche Sicherungsinstrumente wie die Einräumung einer Grunddienstbarkeit oder eines Nießbrauchrechtes, Grundstückserwerb und Flächentausch durch die öffentliche Hand, Naturschutzverbände oder -stiftungen sowie die Übertragung von Flächen an Naturschutzverbände oder -stiftungen in Betracht. Eine Einschränkung des Verfügungsrechts des Eigentümers kann auf Grund der Sozialpflichtigkeit des Eigentums nach Art. 14 GG gerechtfertigt sein. Möglichkeiten zum Flächentausch und -kauf bestehen z.b. bei Flurbereinigungsverfahren, da hier die für einen Biotopverbund in Frage kommenden Flächen im Rahmen des

---

27 Wie öffentliche Wege, Straßen, Einrichtungen von Eisenbahnen, Straßenbahnen und sonstigen Unternehmen des öffentlichen Verkehrs, Wasserversorgungs-, Energieversorgungs-, Abwasserverwertungs-, Abwasserbeseitigungs-, Windschutz-, Klimaschutz- und Feuerschutzanlagen, Anlagen zum Schutze gegen Immissionen oder Emissionen, Spiel- und Sportstätten sowie Anlagen, die dem Naturschutz, der Landschaftspflege oder der Erholung dienen, § 40 FlurbG.

ohnehin erfolgenden Flächentauschs unmittelbar zur Verfügung stehen.[28] Eine Übertragung von Flächen an Naturschutzverbände oder -stiftungen kommt insbesondere für solche Biotope in Betracht, auf denen regelmäßige Pflegemaßnahmen durchzuführen sind oder in denen die Natur dauerhaft sich selbst überlassen bleiben soll. Die Übertragung erfolgt dann i.d.R. mit der Maßgabe, entsprechende Maßnahmen bzw. einen Nutzungsverzicht zu gewährleisten. Für das Nationale Naturerbe sollen insgesamt Flächen in einer Gesamtgröße von 125.000 ha übertragen werden. Grundflächen im Eigentum der öffentlichen Hand (§ 2 Abs. 4) können mit Hilfe einer entsprechenden Verwaltungsvorschrift für den Biotopverbund zur Verfügung gestellt werden. Weitere Sicherungsmöglichkeiten können sich auch aus anderen Fachgesetzen ergeben, z.b. besteht für Waldflächen die Ausweisungsmöglichkeit als „Naturwaldreservate".

VI. Oberirdische Gewässer und Uferzonen (Absatz 5)

1. Allgemeines

44 Abs. 5 übernimmt die Bestimmungen des § 31 BNatSchG 2002 und betont die besondere Bedeutung des oberirdischen Gewässernetzes einschließlich der Ufer und Auen als Lebensstätten und Biotope wildlebender Arten und seine großräumige Vernetzungsfunktion.[29]

45 Der Gewässerbegriff dieser Vorschrift ist weit gefasst. Er geht über die in § 30 Abs. 1 Nr. 1 genannten Gewässer hinaus und umfasst alle oberirdischen Gewässer. Ausdrücklich werden die Uferzonen einschließlich der Gewässerrandstreifen sowie die Auen in den Anwendungsbereich der Vorschrift mit einbezogen. Die unmittelbar an den Ufern gelegenen Randstreifen mit den in ihrer räumlichen Ausdehnung grundsätzlich weiter gehenden Uferzonen haben aus Sicht des Naturschutzes eine wichtige Habitatfunktion. Die ökologische Bedeutung der Uferzonen mit den Gewässerrandstreifen ist in ihrer Naturnähe und der Vernetzung mit den angrenzenden Lebensstätten und Lebensräumen zu sehen. Sie können Dauer- oder Teillebensräume für Tiere und Pflanzen sein. Tieren dienen sie zur Brut, Fortpflanzung und Entwicklung, für Nahrung sowie Rückzug, Deckung, Rast oder Überwinterung. Uferzonen können auch bedeutsame Wander- und Ausbreitungswege für unterschiedliche Pflanzen- und Tierarten sein und auf diese Weise miteinander vernetzen. Zudem sind sie Teile eines großflächigen Biotopverbunds zwischen Gewässern, ihren Ufern, Altwässern und Auwäldern mit Feuchtwiesen und Kleingewässern. Bei nicht naturnah ausgebauten Gewässern ohne Uferzonen beschränkt sich der funktionale Bereich auf das Gewässer selbst und das unmittelbar angrenzende Ufer. Bei Vorhandensein einer Uferzone unterstützt diese als Lebensraum die Ausbreitung terrestrischer Organismen, indem sie ihnen die Möglichkeit bietet, entlang der Gewässer zu wandern. Mit zunehmender Breite der Uferzonen über die unmittelbar am Gewässer entlangführenden Randstreifen hinaus gewinnt die Vernetzungsfunktion an Bedeutung. Die Gewässer und ihre Uferzonen als natürliche Vernetzungsadern bilden so Bestandteil eines Biotopverbunds.

46 Die besondere Bedeutung der Regelung wird durch die Anforderungen von Natura 2000 unterstrichen. Bereits Artikel 10 Abs. 2 FFH-RL betont die

---

28 *Jedicke, E.*, Biotopverbund, 1994, S. 126.
29 BT-Drs. 16/12274, S. 61.

Rolle der Gewässer mit ihren Ufern als Landschaftselemente, die für die Wanderung, geographische Verbreitung und den genetischen Austausch wild lebender Arten wesentlich sind. Auch die Richtlinie 2000/60/EG (Wasserrahmenrichtlinie) verdeutlicht u.a. in Art. 4 Abs. 1 Lit. c, Art. 6 und Anhang IV ebenfalls die Verbindung zwischen Gewässerschutz und Naturschutz, indem sie ihre Ziele (Erreichung eines guten Gewässerzustands) auf die vom Wasser direkt abhängenden Schutzgebiete, d.h. insbesondere auch auf entsprechende FFH- und Vogelschutzgebiete, ausdehnt. Zudem wird die Qualität von Gewässern auf Grund der Richtlinie vorrangig nach biologischen Kriterien bestimmt, d.h. nach der in den Gewässern lebenden Fauna und Flora. Abs. 5 dient somit auch der Umsetzung dieser Richtlinie.[30]

2. Erhaltung oberirdischer Gewässer

47 Abs. 5 stellt eine Konkretisierung von § 1 Abs. 3 Nr. 3 (vgl. § 1 Rdnr. 104 ff.), wonach natürliche oder naturnahe Gewässer einschließlich ihrer Ufer, Auen und sonstigen Rückhalteflächen vor Beeinträchtigungen zu bewahren sind.

48 Der Begriff der „oberirdischen Gewässer" ist in § 3 Nr. 1 WHG definiert als das ständig oder zeitweilig in Betten fließende oder stehende oder aus Quellen wild abfließende Wasser. Voraussetzung eines Gewässers ist demnach nicht, dass eine ständige Wasserführung vorhanden ist, auch bei einer nur zeitweiligen, aber regelmäßig z.B. bei Schneeschmelze oder Regenperioden vorhandenen Wasserführung liegt ein Gewässer vor.[31] Auch solche kleineren Gewässer, die in Umsetzung des § 2 Abs. 2 WHG von den Ländern von den Bestimmungen des WHG ausgenommen werden, bleiben definitorisch ein oberirdisches Gewässer. Gerade diese Klein- und Kleinstgewässer sind zwar von wasserwirtschaftlich untergeordneter Bedeutung, aber naturschutzfachlich höchst wertvoll. Deshalb sind natürliche oder naturnahe Kleingewässer auch in den gesetzlichen Biotopschutz nach § 30 Abs. 1 Nr. 1 einbezogen. Gewässer sind vielfach bedeutende Bestandteile von Schutzgebieten oder Natura 2000-Gebieten. Insbesondere für rastende und brütende Wasservögel sind Gewässer die zentralen Bereiche von Vogelschutzgebieten.

49 In Abkehr von früheren Phasen eines technisch geprägten Wasserbaus stellt auch das moderne Wasserrecht den zentralen Grundsatz auf, dass die Gewässer als Bestandteil des Naturhaushaltes und als Lebensraum für Tiere und Pflanzen zu sichern sind (§ 1 WHG). Dabei sind insbesondere die ökologischen Funktionen der Gewässer auch hinsichtlich der Abhängigkeit des Wasserhaushalts vieler Landökosysteme und Feuchtgebiete von Gewässern zu beachten.

50 Ein wesentlicher Impuls für das Wasserrecht ist von der Wasserrahmenrichtlinie der EU ausgegangen,[32] die durch die Änderung des WHG vom 19.8.2002[33] rahmenrechtlich umgesetzt worden ist.[34] In den Erwägungs-

---

30 BT-Drs. 14/6378, S. 53 f.
31 *Czychowski*, WHG § 1 Rdnr. 17 m.w.N.
32 Richtlinie 2000/60 EG des europäischen Parlaments und des Rates vom 23.10.2000 zur Schaffung eines Ordnungsrahmens für Maßnahmen der Gemeinschaft im Bereich der Wasserpolitik, ABl. EG Nr. l 327 S. 1; *Breuer*, Der Entwurf einer EU-Wasserrahmenrichtlinie, NVwZ 1998, 1001; *Seidel*, Die geplante Wasserrahmenrichtlinie der Europäischen Gemeinschaft, UPR 1998, 430; *Korn*, Die Wasserrahmenrichtlinie der EU, Naturschutz und Landschaftsplanung 2001, 246.
33 BGBl. I S. 3245.
34 *Knopp*, Die Umsetzung der Wasserrahmenrichtlinie im deutschen Wasserrecht, ZUR 2001, 368.

gründen der Richtlinie wird ausdrücklich auf die Belange des Naturschutzes Bezug genommen (z.b. hinsichtlich der Feuchtgebiete Erwägungsgrund Nr. 8). Hauptziel der Wasserrahmenrichtlinie ist die Erreichung eines guten ökologischen, d.h. biologischen, hydro-morphologischen und chemischen Zustands der Oberflächengewässer und eines guten chemischen und mengenmäßigen Zustands des Grundwassers. Der gute Zustand ist definiert als ein Zustand, der vom natürlichen Zustand nur unwesentlich abweicht. Der gute Zustand umfasst auch eine ausreichende Wasserversorgung der gewässer- bzw. grundwasserabhängigen terrestrischen Biotope. Zur Erreichung dieser Ziele sind innerhalb der nächsten 15 Jahre flussgebietsbezogene Bewirtschaftungspläne und Maßnahmenkonzepte zu erstellen. Flussgebietseinheiten sind nach § 7 Abs. 1 WHG Donau, Rhein, Maas, Ems, Weser, Elbe, Eider, Oder, Schlei/Trave und Warnow/Peene.

51 § 67 Abs. 1 WHG bestimmt, dass Gewässer so auszubauen sind, dass natürliche Rückhalteflächen erhalten bleiben, das natürliche Abflussverhalten nicht wesentlich verändert wird, naturraumtypische Lebensgemeinschaften bewahrt und sonstige nachteilige Veränderungen des Zustands des Gewässers vermieden oder, soweit dies nicht möglich ist, ausgeglichen werden.

52 Die Sicherstellung der in Abs. 5 genannten Ziele durch die Länder muss nicht durch naturschutzrechtliche Vorschriften erfolgen, sondern kann auch durch entsprechende wasserrechtliche Vorschriften erreicht werden. So können z.b. Gewässerrandstreifen mit Verboten des Umbruchs von Dauergrünland oder der Errichtung von baulichen Anlagen festgelegt werden.[35] Anzustreben ist, dass das Wasserrecht eine Dynamik des Gewässers ermöglicht. Hierzu sehen z.b. §§ 9, 9a WG BW vor, dass am neuen Wasserbett öffentliches Eigentum entsteht und der frühere Eigentümer entschädigt wird. Ein Anspruch auf Wiederherstellung des früheren Zustandes besteht nur im Geltungsbereich von Bebauungsplänen, innerhalb von in genehmigten Flächennutzungsplänen dargestellten Baugebieten, im Innenbereich oder bei bestimmten genehmigten baulichen und fischereiwirtschaftlichen Nutzungen.

53 Für eine Weiterentwicklung der Vernetzungsfunktion ist es insbesondere erforderlich, die Durchgängigkeit von Gewässern, die oftmals durch Wehre, Staustufen o.ä. verhindert wird, zu erhöhen, um auch wandernden Tierarten, insbesondere Wanderfischarten wie z.b. dem Lachs, eine Wiederbesiedlung früherer Verbreitungsgebiete zu ermöglichen.[36]

VII. Biotopvernetzung (Absatz 6)

1. Allgemeines

54 Ergänzend zu den Bestimmungen des länderübergreifenden Biotopverbundes wird in Abs. 6 in Anlehnung an die rahmenrechtliche Regelung des § 5

---

35 Z.B. § 68b WG BW: Im Außenbereich mit einer Breite von jeweils 10 m ab Böschungsoberkante. Durch Rechtsverordnung können breitere oder schmalere Gewässerrandstreifen festgesetzt werden; im Innenbereich sollen die Ortspolizeibehörden Gewässerrandstreifen in einer Breite von mindestens 5 m festsetzen.

36 Vgl. z.B. § 40 FischG BW zur Verpflichtung der Anlegung von Fischwegen bei der Errichtung von Anlagen in einem Gewässer, die den Wechsel der Fische verhindern oder erschweren; § 41 FischG BW enthält eine Pflicht der Eigentümer bestehender Anlagen, die Anlegung, den Betrieb und die Unterhaltung von Fischwegen zu dulden.

Abs. 3 BNatSchG 2002 festgelegt, dass dieser auf regionaler Ebene durch ein Mindestmaß an naturnahen Landschaftsstrukturen untersetzt werden muss. Dies gilt insbesondere für die Agrarlandschaft. Auf Grund ihrer Kleinflächigkeit, ihres hohen Maßes an räumlicher und zeitlicher Dynamik und der hierdurch kaum möglichen langfristigen Sicherung im Sinne von Abs. 4 zählen diese Landschaftsstrukturen nicht selbst zum Biotopverbund. Für Maßnahmen zur Biotopvernetzung gilt das Gebot des § 2 Abs. 3.[37] Die Förderung von Landschaftselementen wird auch von Art. 10 FFH-RL vorgegeben.

Die Einführung des § 5 Abs. 3 BNatSchG 2002, der die Festsetzung von regionalen Mindestdichten zur Vernetzung von Biotopen durch punkt- und linienförmige Elemente vorsieht, resultierte aus der Bedeutung von Verbundsystemen für den Erhalt von Lebensräumen für Flora und Fauna, denn die noch vorhandenen natürlichen und naturnahen Strukturelemente in der offenen Landschaft können erst im Verbund ihre naturschutzrelevanten nachhaltigen Wirkungen entfalten.[38]

2. Zur Biotopvernetzung erforderliche Landschaftselemente

Die Elemente der Biotopvernetzung dienen vornehmlich der kleinräumigen Vernetzung der in der Kulturlandschaft vorhandenen Biotope und damit der Förderung der kulturlandschaftstypischen Flora und Fauna.[39] Durch entsprechende lineare oder punktförmige naturnahe Landschaftsstrukturen soll sichergestellt werden, dass die Landschaft, die die Bestandteile eines länderübergreifenden Biotopverbundes umgibt, für Wanderungs- und Ausbreitungsbewegungen der wildlebenden Arten hinreichend durchgängig erhalten wird.[40] Aufgrund dieser Zielrichtung beschränkt sich Abs. 6 auf diejenigen Elemente, die zur Vernetzung von Biotopen erforderlich ist. Durch die Vernetzung werden auch die übrigen Funktionen der Landschaftselemente (z.b. Wohn- und/oder Nistplatz, Deckungsort, Nahrungsraum, Überwinterungsort) gefördert. Da gerade in der intensiv genutzten Agrarlandschaft die Isolation der einzelnen Biotope besonders hoch ist, bezieht sich Abs. 5 insbesondere auf diese Landschaftsteile.

Zur Vernetzung eignen sich sowohl lineare als auch punktförmige Elemente. Zu den linearen Landschaftselementen zählen insbesondere Hecken und Feldraine. Hecken setzen sich aus Bäumen, Sträuchern und ergänzend aus ein- und mehrjährigen krautigen Pflanzen und Gräsern zusammen. Sie verlaufen mehr oder weniger durchgehend und linienförmig durch die landwirtschaftliche Flur. In der Regel besitzen sie am Boden eine Breite zwischen 2 und 10 Metern. Feldraine sind mit gras- und krautartigen Pflanzen bestockte, schmale langgestreckte Flächen zwischen den landwirtschaftlichen Nutzflächen. Sie bilden oft kleine Geländestufen an Eigentums- und Bewirtschaftungsgrenzen.[41] Weiterhin bilden z.b. Waldsäume, Gewässerrandstreifen[42], Gräben, Böschungen, Dämme, Hohlwege, Steinriegel oder Trockenmauern linienförmige Landschaftselemente. Punktförmige Landschaftselemente können die Funktion von Trittsteinbiotopen besitzen, die vorhandene

---
37 BT-Drs. 16/12274, S. 61.
38 BT-Drs. 14/6378 S. 39
39 *Burkhardt* et al., Empfehlungen zur Umsetzung des § 3 BNatSchG „Biotopverbund". Naturschutz und Biologische Vielfalt Bd. 2, S. 21.
40 BT-Drs. 16/12274, S. 61.
41 Bayerische Landesanstalt für Landwirtschaft (LfL), Hecken, Feldgehölze und Feldraine in der landwirtschaftlichen Flur, 11. Aufl., 2005, S. 5 f.
42 Diese sind bereits von Abs. 5 umfasst.

Biotope so miteinander vernetzen, dass ein Individuenaustausch – und damit ein Genaustausch – zwischen den Populationen möglich ist. Als Trittsteinbiotope können kleinere Flächen verschiedener Art fungieren, z.b. Feldgehölze, Einzelbäume, Kleingewässer oder Bodenvernässungen. Wie Hecken setzen sich auch Feldgehölze aus Bäumen, Sträuchern und ergänzend aus ein- und mehrjährigen krautigen Pflanzen und Gräsern zusammen. Sie liegen als kleinere, beliebig geformte Flächen inselartig in der landwirtschaftlichen Flur. Feldgehölze besitzen eine ausgeprägte Randzone, die eine waldartige Innenzone umschließt. Kleingewässer tragen insbesondere auch zur verbesserten Vernetzung zwischen anderen Süßwasserhabitaten bei. Auch die Nationale Strategie zur Biologischen Vielfalt misst der Biotopvernetzung in der Agrarlandschaft eine wichtige Funktion für den Erhalt der Biodiversität bei und hat deshalb als Ziel formuliert, den Anteil naturnaher Landschaftselemente (z.b. Hecken, Raine, Feldgehölze, Kleingewässer) in agrarisch genutzten Gebieten bis 2010 auf mindestens 5 % zu erhöhen.[43]

3. Erhalt und Schaffung von Landschaftselementen

58 Abs. 6 beinhaltet die Vorgabe, die für eine Vernetzung von Biotopen erforderlichen Landschaftselemente zu erhalten und dort, wo sie nicht in ausreichendem Maße vorhanden sind, zu schaffen. Eine entsprechende Regelung enthält auch § 5 Abs. 2 Nr. 3, wonach die die zur Vernetzung von Biotopen erforderlichen Landschaftselemente zu erhalten und nach Möglichkeit zu vermehren sind (vgl. § 5 Rdnr. 16). Die Biotopvernetzung ist auch Gegenstand der Landschaftsplanung (§ 9 Nr. 4 Lit. d), sodass die zur Umsetzung der Biotopvernetzung erforderlichen Strukturen und gegebenenfalls die Erfordernisse und Maßnahmen zu ihrem Aufbau planerisch und damit räumlich konkret dargestellt werden können.[44] Ob in einem Agrarlandschaftsraum genügend Vernetzungselemente vorhanden sind, kann über die Ermittlung einer erforderlichen regionalen Mindestdichte erfolgen.[45] Auch wenn Abs. 6 im Gegensatz zur Vorgängerregelung des § 5 Abs. 3 BNatSchG 2002 keinen Regelungsauftrag an die Länder mehr enthält, für die zur Vernetzung von Biotopen erforderlichen linearen oder punktförmigen Landschaftselementen regionale Mindestdichten festzusetzen, so ist doch davon auszugehen, dass eine gewisse Mindestdichte an Landschaftselementen vorhanden sein muss, um eine funktionsfähige Vernetzung erreichen zu können. Reichen die vorhandenen Elemente nicht aus, müssen sie in ausreichendem Maße geschaffen werden. Um auf regionaler Ebene ein Mindestmaß an naturnahen Landschaftsstrukturen gewährleisten zu können, erscheint auch weiterhin die Festsetzung von regionalen Mindestdichten erforderlich zu sein. Die Festsetzung regionaler Mindestdichte für lineare und punktförmige Landschaftselemente erfordert, dass „Regionen", d.h. landschaftsökologisch sinnvolle Einheiten gebildet und die dort geltenden Mindestanforderungen an die Biotopvernetzung festgelegt werden. Daraus lässt sich eine „Mindestdichte" ableiten. Sie hat zwei Komponenten: (1.) Anteil an der Gesamtfläche und (2.) Verteilung über die Gesamtfläche. Beide Faktoren sind für die Vernetzung von Biotopen relevant.[46] Dabei kann die naturraumtypi-

---

43 BMU, Nationale Strategie zur Biologischen Vielfalt, 2007, S. 47.
44 BT-Drs. 16/12274, S. 54f.
45 Vgl. *Müller* et al., Ermittlung der regionalen Mindestdichten von zur Vernetzung erforderlichen linearen und punktförmigen Elementen nach § 5 (3) BNatSchG. Natur und Landschaft 2008, 356-364.
46 *Knickel/Janßen/Schramek/Käppel*, Naturschutz und Landwirtschaft, Kriterienkatalog zur „Guten fachlichen Praxis" in: Bundesamt für Naturschutz (Hrsg.), Angewandte Landschaftsökologie, Heft 41, S. 64.

sche Ausstattung mit strukturierenden Landschaftselementen als Leitbild dienen. Die Ermittlung der heute noch vorhandenen durchschnittlichen Strukturdichte kann als Bezugsgröße zur Identifizierung von Teilbereichen mit besonders großen Defiziten herangezogen werden.[47] Die Nationale Strategie zur Biologischen Vielfalt strebt einen Mindestanteil von 5% an.

Die Länder können die nötigen Einzelheiten regeln, insbesondere von welcher Stelle, für welche Räume (Landschaftseinheiten) nach welcher Methode, in welcher Maßeinheit die Mindestdichte festgelegt und die vorhandene Dichte ermittelt wird. Das fachliche Konzept erfordert keine parzellenscharfe Festlegung, sondern kann auch so aussehen, dass in einem bestimmten Landschaftsraum ein bestimmter Anteil solcher Flächen oder auch die Schließung von Lücken als Ziel festgelegt wird, wobei die genaue Lage der Flächen nicht von vornherein fixiert sein, sondern lediglich eine für den erstrebten Zweck geeignete Verteilung im Bezugsraum gewährleistet sein muss. Örtliche Besonderheiten sind zu berücksichtigen. So sind nicht überall Hecken zu pflanzen. Liegen z.B. in einer Gegend die Prioritäten des Naturschutzes in der Erhaltung geeigneter Offenlandflächen für periodisch dort rastende Zugvögel und würden Heckenstrukturen diese Funktion beeinträchtigen, so kommen sie nicht in Betracht. Feld- und Wegraine müssten näher beschrieben werden, was ihre Größe betrifft. Denn es dürfte wohl fachlich nicht sinnvoll und auch nicht praktikabel sein, Raine unter einer bestimmten Breite zu schützen bzw. neu anzulegen.[48]

Wird die festgelegte Mindestdichte unterschritten, sodass die Durchgängigkeit der Landschaft nicht gewährleistet ist, müssen entsprechende Elemente geschaffen werden. Als Maßnahmen, um die Mindestdichte zu erreichen, kommen insbesondere die in der Vorgängerregelung (§ 5 Abs. 3 BNatSchG 2002) genannten Möglichkeiten in Betracht, nämlich planungsrechtliche Vorgaben (z.B. in der Landschaftsplanung, Flurbereinigung), langfristige, d.h. mindestens 10 Jahre geltende Vereinbarungen (Vertragsnaturschutz) sowie Förderprogramme. Als sonstige Maßnahme kommt z.B. das Vorkaufsrecht in Betracht. Es kann auf der Grundlage der vorgegebenen Mindestdichte – ggf. beschränkt auf eine Teilfläche des Kaufgrundstücks – ausgeübt werden. Allerdings ist es nur als flankierendes Mittel und auf längere Sicht geeignet, denn es hängt davon ab, dass ein Verkaufsfall eintritt. Sein Vorzug liegt in der dauerhaften Sicherung der Fläche. Was die im Gesetz genannten Instrumente betrifft, sind raschere Erfolge wohl am ehesten vom Vertragsnaturschutz und von Förderprogrammen zu erwarten. Es handelt sich hier um eine langfristige Aufgabe. Wie sich vor Jahren an einer Untersuchung gezeigt hat, würde eine Nachvermessung der Nutzflächen vermutlich ergeben, dass im Lauf der Zeit zahlreiche Wegränder und andere Brachstreifen, die der Gemeinde oder Dritten gehören, von den Bewirtschaftern der angrenzenden Ackerflächen eigenmächtig unter den Pflug genommen worden sind. Diese Flächen böten ein Potenzial für die Anlage von Saumbiotopen. Möglicherweise würde es sich auch lohnen, in der Vergangenheit durchgeführte Eingriffsvorhaben daraufhin zu untersuchen, ob die damals festgelegten Ausgleichs- und Ersatzmaßnahmen zum Erfolg geführt haben. Ist das nicht der Fall und – wie in der Regel – der Verursacher nicht zur Nachbesserung verpflichtet, so könnten die dazu bestimmten Flächen daraufhin überprüft werden, ob sie für die Schaffung von Vernetzungselementen brauchbar, d.h. aufwertungsbedürftig und -fähig sind, und eine entspre-

---

47 *Müller* et al., Natur und Landschaft 2008, 356/359.
48 *Knickel/Janßen/Schramek/Käppel* a.a.O. S. 48.

61 Die Vernetzungselemente müssen auf Dauer bestehen bleiben. Nötig ist daher, dass die Länder sie durch Veränderungs- und Beeinträchtigungsverbote schützen. Denn bereits die Bestandsaufnahme verliert an Wert, wenn die Beseitigung solcher Elemente zulässig ist. Es liegt nahe, diese Landschaftselemente als weitere Biotope gemäß § 30 Abs. 2 Satz 2 unter Schutz zu stellen und eine Bußgeldbewehrung sowie die Ermächtigung zu behördlichen Wiederherstellungsanordnungen vorzusehen. Beispielsweise Feldraine sind bisher kaum gesetzlich gegen Beseitigung geschützt,[49] so dass nur die Eingriffsregelung zur Verfügung steht.[50] Auch Hecken stehen nur in manchen Bundesländern generell unter Schutz.[51] Bei vertraglich zur Neuanlage von Biotopen bereitgestellten Flächen läuft das darauf hinaus, dass sie in den gesetzlichen Schutz „hineinwachsen", so dass dem Eigentümer nach Ablauf der Vertragsdauer ein Übernahmeanspruch gegen den Staat zuerkannt werden sollte. In Betracht käme auch die Erklärung zum geschützten Landschaftsbestandteil nach § 29. Allerdings erfordert diese Form des Schutzes, da es sich um landesweit zu schützende Landschaftselemente handelt, eine passende Zuständigkeitsregelung, d.h. eine Zuständigkeit z.B. der Kreisbehörden zum Erlass entsprechender Verordnungen wäre nicht ausreichend. Materiell gesehen ist § 29 ein Fall des Objektschutzes, nicht des Flächenschutzes. Das schließt zwar nicht aus, flächenhafte Gebilde mit dieser Vorschrift unter Schutz zu stellen.[52] Es ist aber nicht sicher, ob sich damit alle hier in Betracht kommenden Biotopstrukturen problemlos erfassen lassen. Vorzuziehen ist der Weg über § 30.

---

49 Verboten ist oft nur das Abbrennen, vgl. Art. 13e BayNatSchG.
50 Vgl. VG Regensburg, Urt. v. 31.1.1995 – RO 11 K 93.2393, NuR 1996, 428.
51 Vgl. Art. 13e BayNatSchG.
52 BVerwG, Beschl. v. 18.12.1995 – 4 NB 8.95 – NuR 1996, 249; VGH München, Urt. v. Urt. v. 28.10.1994 – 9 N 87.03911 – NuR 1995, 286.

§ 22 Erklärung zum geschützten Teil von Natur und Landschaft

(1) ¹Die Unterschutzstellung von Teilen von Natur und Landschaft erfolgt durch Erklärung. ²Die Erklärung bestimmt den Schutzgegenstand, den Schutzzweck, die zur Erreichung des Schutzzwecks notwendigen Gebote und Verbote, und, soweit erforderlich, die Pflege-, Entwicklungs- und Wiederherstellungsmaßnahmen oder enthält die erforderlichen Ermächtigungen hierzu. ³Schutzgebiete können in Zonen mit einem entsprechend dem jeweiligen Schutzzweck abgestuften Schutz gegliedert werden; hierbei kann auch die für den Schutz notwendige Umgebung einbezogen werden.

(2) ¹Form und Verfahren der Unterschutzstellung, die Beachtlichkeit von Form- und Verfahrensfehlern und die Möglichkeit ihrer Behebung sowie die Fortgeltung bestehender Erklärungen zum geschützten Teil von Natur und Landschaft richten sich nach Landesrecht. ²Die Unterschutzstellung kann auch länderübergreifend erfolgen.

(3) ¹Teile von Natur und Landschaft, deren Schutz beabsichtigt ist, können für einen Zeitraum von bis zu zwei Jahren einstweilig sichergestellt werden, wenn zu befürchten ist, dass durch Veränderungen oder Störungen der beabsichtigte Schutzzweck gefährdet wird. ²Die einstweilige Sicherstellung kann unter den Voraussetzungen des Satzes 1 einmalig bis zu weiteren zwei Jahren verlängert werden. ³In dem einstweilig sichergestellten Teil von Natur und Landschaft sind Handlungen und Maßnahmen nach Maßgabe der Sicherstellungserklärung verboten, die geeignet sind, den Schutzgegenstand nachteilig zu verändern. ⁴Die einstweilige Sicherstellung ist ganz oder teilweise aufzuheben, wenn ihre Voraussetzungen nicht mehr oder nicht mehr in vollem Umgang gegeben sind. ⁵Absatz 2 gilt entsprechend.

(4) ¹Geschützte Teile von Natur und Landschaft sind zu registrieren und zu kennzeichnen. ²Das Nähere richtet sich nach Landesrecht.

(5) Die Erklärung zum Nationalpark oder Nationalen Naturmonument einschließlich ihrer Änderung ergeht im Benehmen mit dem Bundesministerium für Umwelt, Naturschutz und Reaktorsicherheit und dem Bundesministerium für Verkehr, Bau und Stadtentwicklung.

Gliederung

		Rdnr.
I.	Allgemeines; Erklärung zum geschützten Teil von Natur und Landschaft	1, 2
II.	Voraussetzungen der Unterschutzstellung	3–13
1.	Schutzwürdigkeit	3–5
2.	Schutzbedürftigkeit	6, 7
3.	Wahl der Schutzkategorie, Überschneidungen	8
4.	Entscheidung, Abwägung	9–13
III.	Aufhebung/Änderung der Unterschutzstellung	14, 15
IV.	Inhalt der Erklärung zum Schutzgebiet (Abs. 1 Satz 2 und 3)	16–29
1.	Bestimmung des Schutzgegenstands	17
2.	Bestimmung des Schutzzwecks	18, 19
3.	Gebote und Verbote	20
	a) Allgemeines	20
	b) Verbote	21–25
	c) Gebote	26
5.	Pflege-, Entwicklungs- und Wiederherstellungsmaßnahmen	27, 28
6.	Zonierung, Umgebungsschutz (Abs. 1 Satz 3)	29
IV.	Form und Verfahren der Unterschutzstellung (Abs. 2)	30–37
1.	Form der Unterschutzstellung	31
2.	Verfahren der Unterschutzstellung	32

3.	Form- und Verfahrensfehler	33
4.	Fortgeltung bestehender Schutzerklärungen	34
5.	Weitere Einzelfragen	35–37
	a) Rückwirkung	35
	b) Teilnichtigkeit	36
	c) Funktionslosigkeit	37
V.	**Einstweilige Sicherstellung (Abs. 3)**	38–43
1.	Voraussetzungen	38–40
	a) Beabsichtigter Schutz	39
	b) Gefährdung des beabsichtigten Schutzzwecks	40
2.	Inhalt und Rechtsfolgen	41
3.	Dauer (Abs. 3 Satz 2 und 4)	42
4.	Form und Verfahren	43
VI.	**Registrierung, Kennzeichnung (Abs. 4)**	44
VII.	**Sonderfälle (Abs. 5)**	45

I. Allgemeines; Erklärung zum geschützten Teil von Natur und Landschaft

1 Zu Zweck und rechtlicher Struktur der Unterschutzstellung vgl. § 20 Rdnr. 20. § 22 BNatSchG gibt die Anleitung dazu, wie Teile von Natur und Landschaft eine der in § 20 Abs. 2 genannten Formen des Schutzes, d.h. den **rechtlichen Status** eines Naturschutzgebietes, Nationalparks usw. erhalten. Dabei geht es um Form, Inhalt und Verfahren, um die einstweilige Sicherstellung, Registrierung und Kennzeichnung. Gegenüber dem bisherigen Bundesrahmenrecht und den Landesgesetzen hat sich keine wesentliche Änderung ergeben. Nicht ausdrücklich in § 22 geregelt sind einige der Unterschutzstellung immanente Voraussetzungen und Anforderungen wie die Schutzwürdigkeit, Schutzbedürftigkeit, die Abwägung mit entgegenstehenden Interessen (§ 2 Abs. 3) usw.

2 Die **Erklärung** besteht in einer Verlautbarung der jeweils zuständigen Stelle. Sie ist ein formeller, nach außen wirkender, allgemein verbindlicher Rechtsakt, in der Regel eine Rechtsverordnung oder eine Satzung.[1] Sie legt ein Schutzregime fest, dessen Inhalt Abs. 1 Satz 2 beschreibt, d.h. eine Erklärung ohne gleichzeitige Unterschutzstellung ist nicht möglich.

II. Voraussetzungen der Unterschutzstellung

3 Damit es zu der in § 22 geregelten Erklärung zum Schutzgebiet kommen kann, müssen verschiedene Voraussetzungen vorliegen, insbesondere die Schutzwürdigkeit und Schutzbedürftigkeit. Sodann ist das Interesse an der beabsichtigten Schutzerklärung gegen widerstreitende andere Interessen abzuwägen (§ 2 Abs. 3).

1. Schutzwürdigkeit

4 Sie setzt voraus, dass ein Gebiet oder Objekt die **gesetzlichen Merkmale** aufweist (alternativ wie z.B. in § 23 Abs. 1 Nr. 1–3 oder kumulativ wie in § 24 Abs. 1 Nr. 1–3) und zur Verwirklichung der damit verknüpften **Schutzziele** geeignet ist. Die Schutzwürdigkeit beurteilt sich nach dem Gebiet als Gan-

---

[1] BVerwG, Beschl. v. 29.1.2007 – 7 B 68.06, NuR 2007, 268, Rdnr. 9.

zes, für eine isolierte Betrachtung einzelner Grundstücke ist grundsätzlich kein Raum.[2] Anders wenn nicht schutzwürdige Flächen mehr als nur untergeordnete Bedeutung haben.[3] Zu Pufferzonen vgl. Rdnr. 29. Wie die **Größe** eines Schutzgebiets zu bemessen ist, hängt im Wesentlichen vom Schutzzweck und den örtlichen Gegebenheiten ab; dabei kommt dem Verordnungsgeber ein weites Gestaltungsermessen zu.[4] Nicht alles, was schutzwürdig ist, muss auch geschützt werden. Eine Naturschutzgebietsausweisung, durch die aus vertretbaren Gründen nur ein Teil der schützenswerten Flächen erfasst wird, ist nicht fehlerhaft, wenn nicht die unter Naturschutz gestellte Fläche zu klein und die Schutzmaßnahme deswegen sinnlos ist.[5] Die **Ursache** der Schutzwürdigkeit ist ohne Belang. Die Festsetzung etwa eines Naturschutzgebiets setzt nicht voraus, dass es sich um unberührte Natur handelt,[6] auch können durch menschliches Zutun entstandene „Sekundärbiotope" unter Schutz gestellt werden.[7] Die Schutzwürdigkeit wird in der Regel durch Untersuchungen der Fachbehörde festgestellt und kann durch nachträglich gewonnene Erkenntnisse untermauert werden.[8]

Das in § 1 Abs 1 genannte Ziel, Natur und Landschaft zu entwickeln oder wiederherzustellen, erweitert den Blickwinkel vom Schutz des Vorhandenen hin zur Schaffung „neuer" Natur dort, wo aktuell kein schutzwürdiger Zustand herrscht. Etwa in §§ 23 Abs. 1 Nr. 1, § 24 Abs. 1 Nr. 3, § 26 Abs. 1 Nr. 1 und § 29 Abs. 1 Nr. 1 ist dieses **Entwicklungsziel** als Grund für die Unterschutzstellung genannt. Für die Entwicklung kommen Flächen in Betracht, die sich nicht oder nicht im gewünschten Maß in einem schutzwürdigen Zustand befinden, sich aber dazu entwickeln bzw. dahin entwickelt werden können.[9] Die Entwicklung kann qualitativ (Zustandsverbesserung) oder quantitativ (Flächenvergrößerung) sein. Sie kann auch der einzige Schutzzweck sein, wenn die vorhandene Natur und Landschaft in keiner Hinsicht schutzwürdig sind. Darin die Gefahr einer „Voraussetzungslosigkeit der Unterschutzstellung"[10] zu sehen, ist nicht gerechtfertigt. Denn die Flächen müssen nach Lage, Beschaffenheit, angestrebter Funktion und natürlichen Einflussfaktoren zur Entwicklung/Wiederherstellung geeignet sein. Bei der Abwägung des Entwicklungs-/Wiederherstellungsziels gegen die Eigentümerinteressen und der Auswahl der Flächen ist die Plausibilität des Naturschutzkonzepts (z.B. Biotopvernetzung) zu prüfen, dabei hat die Ortsgebundenheit der Naturschutzbelange u.U. nicht dasselbe Gewicht wie beim Schutz des Vorhandenen. Gehören die Flächen ohnehin dem Staat (z.B. aufgelassene Militärübungsplätze), entfällt dieses Problem.

2. Schutzbedürftigkeit

Der Schutz einzelner Flächen und Objekte muss erforderlich sein (vgl. die Formulierung z.B. in §§ 23 Abs. 1, 26 Abs. 1). Diese Schutzbedürftigkeit ist von der Schutzwürdigkeit zu unterscheiden.[11] Sie setzt voraus, dass der ins

---

2 VGH Mannheim, Urt. v. 11.6.1976 – I 107/75, NuR 1980, 70.
3 Einzelheiten bei *Fischer-Hüftle*, Naturschutz-Rechtsprechung für die Praxis, Kap. 4110 und 4310.
4 OVG Bremen, Beschl. v. 29.8.1989 – 1 N 2/88, NuR 1990, 82.
5 VGH Kassel, Beschl. v. 13.6.1980 – V N 2/76, NuR 1981, 136.
6 VGH Kassel, Beschl. v. 11.3.1994 – 3 N 2454/93, NuR 1994, 395.
7 Beispiel: OVG Lüneburg, Urt. v. 5.4.1989 – 3 C 9/85, NuR 1990, 178.
8 VGH Mannheim, Urt. v. 14.11.1996 – 5 S 432/96, NuR 1997, 248,
9 BVerwG, Urt. v. 5.2.2009 – 7 CN1.08, NuR 2009, 346.
10 *Meßerschmidt*, ZUR 2001, 245.
11 BVerwG, Beschl. v. 16.6.1988 – 4 B 102.88, NuR 1989, 37.

Auge gefasste Schutzgegenstand gefährdet ist. Die Rechtsprechung verlangt keine konkrete Gefährdung oder Schädigung. Die Unterschutzstellung muss nicht unabweisbar sein, es reicht aus, dass sie „vernünftigerweise geboten" erscheint. Dazu genügt eine **abstrakte Gefährdung** der Schutzgüter in der Weise, dass ein Schadenseintritt nicht bloß als entfernte Möglichkeit in Betracht zu ziehen ist.[12] Zur Annahme einer abstrakten Gefahr reicht aus, dass die Sachverhalte, an die eine Verordnung anknüpft, nach der Lebenserfahrung geeignet sind, im Regelfall Gefahren zu verursachen. Geboten ist damit nur eine typisierende prognostische Beurteilung der Gefahrenlage.[13] Insofern hat die zuständige Stelle einen Einschätzungsspielraum. Ausreichend sind z.b. eingetretene oder zu erwartende Beeinträchtigungen, Siedlungs- oder Nutzungsdruck, die Lage in einem Ballungsraum.

7 Die naturschutzrechtliche Schutzbedürftigkeit ist nicht davon abhängig, ob ein Schutzgegenstand bereits **nach anderen Vorschriften geschützt** ist. Denn diese anderen Vorschriften verfolgen nicht allein spezifisch naturschutzrechtliche Zielsetzungen, und das Naturschutzrecht ist nicht lediglich subsidiäres Recht.[14] Die **Schutzbereitschaft des Eigentümers** genügt nicht, weil nicht sicher ist, ob dies so bleibt.[15] Auch ein Vertragsnaturschutz reicht in der Regel alleine nicht aus, weil er keinen Schutz gegen Beeinträchtigungen durch Dritte vermittelt (§ 3 Rdnr. 22).

3. Wahl der Schutzkategorie, Überschneidungen

8 Die in den §§ 23 ff. beschriebenen Schutzmöglichkeiten sind in ihren Voraussetzungen nicht derart scharf voneinander abgrenzbar, dass stets nur eine einzige in Betracht kommt. So kann eine Fläche, die auch naturschutzgebietswürdig wäre, als Landschaftsschutzgebiet festgesetzt werden, wenn dessen Schutzzwecke hinreichend gesichert erscheinen.[16] Biotope mit einer größeren Flächenausdehnung können als Landschaftsbestandteile unter Schutz gestellt werden, und zwar auch dann, wenn im Einzelfall die Voraussetzungen eines Naturschutzgebiets erfüllt sein sollten. Die Naturschutzbehörde hat die Auswahl nach pflichtgemäßem Ermessen unter Beachtung des Verhältnismäßigkeitsgrundsatzes zu treffen.[17] Je höher die Schutzwürdigkeit, Empfindlichkeit oder Gefährdung der zu schützenden Pflanzen- und Tierlebensgemeinschaften ist, desto strikter muss der Schutz sein.[18] Es ist möglich, dass sich die Geltungsbereiche von Schutzerklärungen überschneiden, etwa wenn sich ein Landschafts- und ein Naturschutzgebiet teilweise decken.[19] Auch können mehrere Schutzgebiete in ein und der selben Verordnung festgesetzt werden, wenn die Übersichtlichkeit gewahrt bleibt.[20]

---

12 BVerwG, Beschl. v. 18.7.1997 – 4 BN 5.97, NuR 1998, 37.
13 *Schenke*, Polizei- und Ordnungsrecht, 4. Aufl. 2005, § 11 Rdnr. 625.
14 Grundlegend VGH Mannheim, Urt. v. 12.6.1984 – 5 S 2397/83, NuR 1984, 274; vgl. VGH Mannheim, Urt. v. 9.5.1985 – 5 S 3205/84, NuR 1985, 278 (geschützter Grünbestand in Bebauungsplangebiet mit Pflanz- und Erhaltungsgebot) und Urt. v. 11.10.1993 – 5 S 1266/92, NuR 1994, 239 (Landschaftsschutzgebiet/Wasserschutzgebiet).
15 VGH Kassel, Beschl. v. 22.11.1985 – 3 N 877/85, NuR 1986, 176.
16 VGH München, Urt. v. 1.8.1988 – 9 N 87.01708, NuR 1989, 182.
17 VGH München, Urt. v. 28.10.1994 – 9 N 87.03911, NuR 1995, 286.
18 *Louis*, BNatSchG, § 12 Rdnr. 63.
19 VGH München, Urt. v. 15.12.1987 – 9 N 87.00667, NuR 1988, 248; VGH Mannheim, Beschl. v. 30.7.1996 – 5 S 1486/95, NuR 1998, 143.
20 OVG Greifswald, Urt. v. 20.4.1994 – 4 K 25/93, NuR 1995, 149.

4. Entscheidung, Abwägung

Ob ein Gebiet, das die Voraussetzungen für eine Unterschutzstellung erfüllt, als Schutzgebiet ausgewiesen wird, liegt im Normsetzungsermessen des Verordnungsgebers. Eine **Pflicht, Schutzanordnungen zu treffen**, begründet das nationale Recht bisher nicht.[21] Das Europarecht hat insoweit bei FFH- und Vogelschutzgebieten eine Änderung gebracht und zwingt zur Unterschutzstellung in einer der möglichen Formen (§ 32 Abs. 2).[22] Aber auch in den übrigen Fällen besteht kein völlig freies Ermessen. § 2 Abs. 3 hält dazu an, die Ziele des Naturschutzes und der Landschaftspflege zu verwirklichen, soweit es im Einzelfall erforderlich, möglich und angemessen ist. Die in den §§ 23–29 genannten Schutzzwecke und Kriterien der Schutzwürdigkeit sind nicht auf praktischen Leerlauf angelegt, sondern so zu verstehen, dass jedenfalls bei Gebieten, deren Schutz sich danach anbietet, er auch ernsthaft angestrebt werden muss.

Die **Entscheidung** über eine rechtsverbindliche Unterschutzstellung von Landschaftsteilen ist in ihrer Struktur nicht ohne weiteres vergleichbar mit einer Planungsentscheidung im Sinne der Rechtsprechung zum Fachplanungsrecht. Sie knüpft an bestimmte normativ vorgegebene Kriterien und Voraussetzungen an, deren Vorliegen die Behörden und ggf. die Verwaltungsgerichte zu prüfen haben. Der danach verbleibende Handlungsspielraum ist in erster Linie durch eine dem **Verhältnismäßigkeitsgrundsatz** verpflichtete Würdigung der sich gegenüberstehenden Interessen des Naturschutzes auf der einen und der Nutzungsinteressen der Grundeigentümer auf der anderen Seite geprägt.[23] Ist (a) der Schutzgegenstand nach Maßgabe der gesetzlichen Vorschriften schutzwürdig und schutzbedürftig und sind (b) die Verbote und Gebote zur Erreichung des Schutzzwecks geeignet und notwendig – die Schutzmaßnahme also für das Gemeinwohl erforderlich –, so sind ihre Auswirkungen mit den übrigen Zielen des Naturschutzes und gegen die sonstigen Anforderungen der Allgemeinheit an Natur und Landschaft **abzuwägen**. Dabei sind die von der Schutzmaßnahme berührten privaten Belange, insbesondere Eigentümerpositionen, einzubeziehen, letztere auch unter dem Aspekt, dass eine zulässige Inhaltsbestimmung des Eigentums eine solche Abwägung nach Maßgabe des Verhältnismäßigkeitsgrundsatzes erfordert.[24] Die Abwägung erstreckt sich auf die Ausgestaltung von Verbotsregelungen, Beschränkungen, Ausnahmen wie auch auf die Abgrenzung des Schutzgebietes.[25] Dabei muss die Behörde nicht die tatsächlichen oder mutmaßlichen Nutzungsinteressen eines jeden betroffenen Grundstückseigentümers in den Blick nehmen und mit den sonstigen Interessen abwägen. Es genügt, wenn sie die Interessen der Grundstückseigentümer generell durch ein System von Verbots-, Ausnahme- und Befreiungsregelungen berücksichtigt und dadurch eine Würdigung der konkreten Situation im Rahmen einer Einzelbeurteilung ermöglicht.[26] § 67 Abs. 1 Nr. 2 ergänzt insofern die Schutzvorschriften. Tritt dagegen bei Erlass der Schutzverordnung ein Interessenkonflikt konkret zutage, so darf seine Regelung nicht dem dafür nicht geeigneten Befreiungsverfahren überlassen werden, sondern sie ist vom Verordnungsgeber zu treffen.[27] Bei der Abwägung hat die Be-

---

21 BVerwG, Beschl. v. 21.7.1997 – 4 BN 10.97, NuR 1998, 131.
22 OVG Bautzen, Urt. v. 24.1.2007 – 1 D 10/05, NuR 2008, 118.
23 BVerwG, Beschl. v. 16.6.1988 – 4 B 102.88, NuR 1989, 37.
24 VGH Mannheim, Urt. v. 24.9.1987 – 5 S 422/86, NuR 1988, 191.
25 OVG Münster, Urt. v. 6.10.1988 – 11 A 372/87, NuR 1989, 188.
26 OVG Münster, Urt. v. 17.11.2000 – 8 A 2720/98, NuR 2001, 348.
27 OVG Berlin, Beschl. v. 26.9.1991 – 2 A 5.91, NVwZ-RR 1992, 406.

hörde einen Spielraum, der gerichtlich nicht voll überprüfbar ist.[28] Damit die Abwägung für das Normenkontrollgericht nachvollziehbar ist, sind die betroffenen Belange in den Akten des Unterschutzstellungsverfahrens jedoch zu dokumentieren; zumindest durch Vermerke oder durch einen zusammenfassenden Abschlussbericht.[29]

11 Speziell für **Eigentumsbeschränkungen** gilt: Einschränkungen der Eigentümerbefugnisse dürfen nicht weiter gehen als der Schutzzweck reicht, dem die Regelung dient. Dabei kommt dem Natur- und Landschaftsschutz ein hoher Rang zu, der sich nunmehr auch im Staatsziel des Art. 20a GG ablesen lässt.[30] Der Kernbereich der Eigentumsgarantie darf dabei nicht ausgehöhlt werden. Dazu gehören die Privatnützigkeit sowie die grundsätzliche Verfügungsbefugnis über den Eigentumsgegenstand.[31] Den Eigentumsinhalt bestimmende Einschränkungen der Grundstücksnutzung infolge naturschutzrechtlicher Schutzausweisungen folgen aus der Situationsgebundenheit des Grundeigentums und belasten den Eigentümer im Regelfall nicht unverhältnismäßig. Unzumutbare Belastungen sind nur ausnahmsweise zu erwarten, etwa wenn nicht genügend Raum mehr für einen privatnützigen Gebrauch des Eigentums oder für eine Verfügung über den Eigentumsgegenstand verbleibt oder wenn eine Nutzung, die bisher ausgeübt worden ist oder die sich nach Lage der Dinge objektiv anbietet, ohne jeglichen Ausgleich unterbunden wird.[32] Damit ist dem Gesetzgeber die Möglichkeit eröffnet, über Ausgleichsregelungen die Verhältnismäßigkeit zu wahren und gleichheitswidrige Sonderopfer zu vermeiden. Ausgleichsregelungen im Anwendungsbereich des Art. 14 Abs. 1 Satz 2 GG müssen eine gesetzliche Grundlage haben und der Bestandsgarantie des Art. 14 Abs. 1 Satz 1 GG entsprechen, derzufolge reale Vorkehrungen zur Vermeidung einer unverhältnismäßigen Belastung den Vorrang vor einem finanziellen Ausgleich oder einem u.U. gebotenen Anspruch des Eigentümers auf Übernahme durch die öffentliche Hand zum Verkehrswert haben. Ferner muss die Verwaltung bei der Aktualisierung der Eigentumsbeschränkung zugleich über den ggf. erforderlichen Ausgleich zumindest dem Grunde nach entscheiden, was bei der Aktualisierung durch Verwaltungsakt die Ergänzung der materiellrechtlichen Ausgleichsregelungen durch verwaltungsverfahrensrechtliche Vorschriften erfordert.[33] Art. 14 Abs. 1 GG verlangt aber nicht, dass naturschutzrechtliche Schutzgebietsverordnungen nur unter gleichzeitiger Festsetzung erforderlicher kompensatorischer Maßnahmen für die betroffenen Grundstücke erlassen werden.[34] Vgl. ferner die Kommentierung zu § 68.

12 Schutzerklärungen müssen die Belange der betroffenen **Gemeinden** berücksichtigen. Art. 28 Abs. 2 Satz 1 GG gewährleistet den Gemeinden das Selbstverwaltungsrecht „im Rahmen der Gesetze". Staatliche Maßnahmen dürfen seinen Kernbereich nicht antasten. Überörtliche Interessen, zu denen die Belange von Naturschutz und Landschaftspflege gehören, können Beschränkungen rechtfertigen, der Grundsatz der Verhältnismäßigkeit ist zu beach-

---

28 OVG Münster, Urt. v. 6.10.1988 – 11 A 372/87, NuR 1989, 188.
29 OVG Berlin, Urt. v. 22.4.2010 – 11 A 4.06, juris Rdnr. 63.
30 BVerfG, Beschl. v. 10.10.1997 – 1 BvR 310/84, NJW 1998, 367.
31 BVerfG, Urt. v. 2.3.1999 – 1 BvL 7/91, UPR 1999, 346.
32 BVerwG, Beschl. v. 17.1.2000 – 6 BN 2.99, NuR 2000, 267.
33 BVerwG, Urt. v. 31.1.2001 – 6 CN 2.00, NuR 2001, 391 im Anschluss an BVerfG, Urt. v. 2.3.1999 – 1 BvL 7/91, UPR 1999, 346.
34 BVerwG, Urt. v. 31.1.2001 – 6 CN 2.00, NuR 2001, 391.

ten.³⁵ Die Unterschutzstellung muss **Raumplanungen** in der rechtlich gebotenen Weise berücksichtigen bzw. beachten. In Betracht kommt die Pflicht zur Anpassung an den Flächennutzungsplan nach Maßgabe des § 7 BauGB und die Beachtung von Zielen der Raumordnung und Landesplanung.

Das **Abwägungsergebnis** muss, wenn es z.b. um die Ausgestaltung der Verbote geht, den gesetzlichen Vorgaben entsprechen. Sollen etwa Lebensgemeinschaften wild lebender Tier- und Pflanzenarten geschützt und dazu ein Naturschutzgebiet ausgewiesen werden, so sind die in § 23 Abs. 2 genannten Verbote zu wählen, die in der Regel repressiv zu formulieren sind, wenngleich daneben auch Erlaubnistatbestände denkbar sind, sofern sie zum Schutz ausreichen (Rdnr. 21 ff.). Nach der Intention des Gesetzes ist das generelle Veränderungsverbot im Naturschutzgebiet der Bedeutung des Schutzgutes angemessen. Die zu schützenden Biotope müssen daher einen Wert haben, der die mit einer Naturschutzgebiets-Festsetzung verbundenen Einschränkungen rechtfertigt. Erscheinen diese unverhältnismäßig, können die Verbote nicht so weit abgeschwächt werden, dass sie nicht mehr den Vorgaben des § 23 Abs. 2 entsprechen. Vielmehr kommt dann ein Schutz nach § 23 nicht in Betracht. **13**

III. Aufhebung/Änderung der Unterschutzstellung

Eine Unterschutzstellung kann geändert (Vergrößerung oder Verkleinerung des Gebiets) oder aufgehoben werden, außer die Unterschutzstellung war zwingend geboten und ist es weiterhin (Rdnr. 9). Es ist in erster Linie eine Frage der **Abwägung**, ob der ursprünglich angeordnete Schutz anderen Interessen weichen soll. **14**

Dazu die Rechtsprechung: Erwägt der Verordnungsgeber, das Schutzgebiet zu verkleinern, so hat er abwägend zu prüfen, ob eine völlige oder teilweise Preisgabe der gesetzlichen Schutzgüter mit den Zielen des Naturschutzes vereinbar und unter Beachtung des Grundsatzes der Verhältnismäßigkeit gerechtfertigt ist. Dabei sind die Nutzungsinteressen, denen der Naturschutz weichen soll, nach ihrer Schutzwürdigkeit und ihrem Gewicht zu bewerten.³⁶ Soll der Landschaftsschutz hinter gegenläufigen Planungsabsichten einer Gemeinde zurückstehen, hat der Verordnungsgeber die Ziele der Bauleitplanung in den Blick zu nehmen und die betroffenen Belangen von Natur und Landschaft „abwägend" gegenüberzustellen und dabei zu prüfen, ob der Planung Hindernisse entgegenstehen, die ihre Realisierung auf Dauer oder auf unabsehbare Zeit unmöglich machen. Die Aufhebung des Schutzgebietsstatus allein zu dem Zweck, den Weg für einen Bebauungsplan frei zu machen, der offensichtlich nicht vollzugsfähig und deshalb mit § 1 Abs. 3 BauGB nicht vereinbar wäre, ist naturschutzrechtlich nicht erforderlich und rechtswidrig. Ob sich der Verordnungsgeber insoweit mit einer Evidenzprüfung begnügen darf, hängt von den Umständen des Einzelfalls ab, insbesondere von dem Gewicht der betroffenen naturschutzrechtlichen Belange und der bauleitplanerischen Eingriffsintensität. Bei der (teilweisen) Aufhebung einer Landschaftsschutzverordnung aus Anlass einer gemeindlichen Bebauungsplanung erstreckt sich das naturschutzrechtliche Abwä- **15**

---

35 Vgl. z.B. VGH Mannheim, Urt. v. 11.10.1993 – 5 S 1266/92, NuR 1994, 239; VGH München, Urt. v. 28.10.1994 – 9 N 87.03911, NuR 1995, 286 und *Fischer-Hüftle*, Naturschutz-Rechtsprechung für Praxis, Kap. 8040.20.
36 BVerwG, Beschl. v. 18.12.1987 – 4 NB 1.87, NuR 1989, 32.

gungsgebot nicht auf die Bodennutzungskonflikte, die erst durch die Bauleitplanung ausgelöst und durch das Abwägungsgebot in § 1 Abs. 7 BauGB gesteuert werden.[37]

IV. Inhalt der Erklärung zum Schutzgebiet (Absatz 1 Satz 2 und 3)

16 Abs. 1 Satz 2 setzt die bisher erörterten Punkte voraus und regelt **Mindestanforderungen an den Inhalt der Schutzerklärung:** Sie bestimmt den Schutzgegenstand, den Schutzzweck, die zur Erreichung des Schutzzwecks notwendigen Gebote und Verbote und, soweit erforderlich, die Pflege-, Entwicklungs- und Wiederherstellungsmaßnahmen oder enthält die erforderlichen Ermächtigungen hierzu. Die Schutzerklärung ist **konstitutiv** für das Entstehen eines geschützten Gebiets oder Objekts. Es ist nicht zulässig, zunächst eine nur deklaratorische „Erklärung" abzugeben und erst später die konkreten und verbindlichen Regelungen zu treffen.

1. Bestimmung des Schutzgegenstands

17 Hier geht es darum, dass der Geltungsbereich des Schutzes in bestimmter Weise festgelegt wird. Die bundesverfassungsrechtlichen Anforderungen sind folgende: Die Schutzerklärung muss das Gebiet (a) wenn es sich mit Worten eindeutig erfassen lässt (z.b. „die Insel X"), in ihrem Wortlaut umreißen – bei kleineren Flächen oder bei Objekten kann die Beschreibung der Fläche oder des Objekts mit Angabe der Flurstücksnummern ausreichen, oder (b) durch eine als Anlage im Verkündungsblatt beigegebene Landkarte genau ersichtlich machen oder (c) bei bloß grober Umschreibung im Wortlaut durch Verweisung auf eine an der zu benennenden Amtsstelle niedergelegte und dort in den Dienststunden für jedermann einsehbare Landkarte, deren archivmäßige Verwahrung zu sichern ist, angeben.[38] Das Landesrecht trifft dazu nähere Bestimmungen, die auch über diesen durch das Rechtsstaatsprinzip bundesrechtlich vorgeschriebenen Mindeststandard hinaus gehen können.[39]

2. Bestimmung des Schutzzwecks

18 Der Schutzzweck ist ein **zentraler Punkt,** weil er die Rechtfertigung für Gebote, Verbote, Pflege- und Entwicklungsmaßnahmen usw. bildet. Er muss sich innerhalb der gesetzlichen Ermächtigung bewegen. Er ist Maßstab für die Frage, ob die Naturschutzverordnung und ihre Verbote zur Erreichung des Schutzzwecks erforderlich sind.[40] Daher muss der wesentliche Schutzzweck in der Verordnung selbst im Sinne einer Konkretisierung hinreichend bestimmt benannt werden; diese Konkretisierung darf sich nicht erst aus (Verfahrens-)Unterlagen ergeben, die nicht normativer Bestandteil der Verordnung sind.[41] Deshalb kann die bloße Wiedergabe der Formulierungen in den Ermächtigungsnormen (§§ 23–29) unzureichend sein. Der angestrebte Schutzzweck gibt auch Anhaltspunkte für die Auslegung des Regelwerks und befriedigt das Informationsbedürfnis der Allgemeinheit, ohne dass zu genaue Hinweise auf schutzwürdige Besonderheiten enthalten sein müs-

---

37 BVerwG, Urt. v. 11.12.2003 – 4 CN 10.02, NuR 2004, 311.
38 BVerwG, Urt. v. 27.1.1967 – IV C 105.65, BVerwGE 26, 129.
39 BVerwG, Urt. v. 14.2.1991 – 4 NB 5.91; wegen der Einzelheiten vgl. *Fischer-Hüftle*, Naturschutz-Rechtsprechung für die Praxis Kap. 4050.20.
40 VGH Mannheim Urt. v. 15.11.1991 – 5 S 615/91, VBlBW 1992, 299.
41 VGH Mannheim, Beschl. v. 7.8.1992 – 5 S 251/91, UPR 1993, 151.

sen.⁴² Der Schutzzweck muss hinreichend bestimmt formuliert sein. Dazu muss nicht etwa jede zu schützende Tier- und Pflanzenart einzeln aufgeführt werden, doch ist eine Konkretisierung des Schutzzwecks durch zusammenfassende Begriffe möglich, ohne dadurch den Schutzzweck mittels zu genauer Beschreibung zu gefährden.⁴³ Sind die Zweckangabe und die korrespondierenden Verbotstatbestände zu allgemein, so kann das dazu führen, dass Maßnahmen, die eigentlich verboten sein sollten, nicht untersagt werden können.⁴⁴ Ist das unter Schutz gestellte Gebiet groß oder weist es verschiedenartige Teile auf, empfiehlt sich eine differenzierende Beschreibung des Schutzzwecks.⁴⁵ Anderseits reicht eine knappe und allgemeine Beschreibung des Schutzzwecks aus, wenn das Gebiet überschaubar und das Gewollte ausreichend deutlich ist.⁴⁶

Bei **Schutzerklärungen alten Rechts** war die Angabe des Schutzzwecks nicht zwingender Bestandteil der Schutzausweisung. Er ist aus aus den Eigenschaften des geschützten Gebiets/Objekts, den Verboten, Erlaubnisvorbehalten usw. zu erschließen.⁴⁷ und die Altverordnungen sind deswegen nicht ungültig geworden.⁴⁸ Sie müssen aber nach dem damals geltenden Recht wirksam zustande gekommen sein. Das RNatSchG war eine wirksame Ermächtigungsgrundlage.⁴⁹ Schutzanordnungen der DDR gelten nach Art. 9 Abs. 1 EVertr als Landesrecht weiter, soweit sie mit dem Grundgesetz und dem geltenden Bundesrecht vereinbar und seinerzeit ordnungsgemäß zustande gekommen sind.⁵⁰

3. Gebote und Verbote

a) **Allgemeines.** Die Schutzgebietserklärung bestimmt die zur Erreichung des Schutzzwecks notwendigen Gebote und Verbote. Damit ist allgemein festgelegt, dass in jeder Schutzerklärung Gebote und Verbote enthalten sein können. Die §§ 23, 24, 26, 28, 29 machen für die einzelnen Schutztypen **nähere Vorgaben**. Das gilt einmal für die **Verbote**, denn sie berühren am meisten das Eigentum und sonstige Rechte, ihre Ausgestaltung wird als Gradmesser für die „Strenge" des Schutzes empfunden, und der Gesetzgeber gibt damit zu erkennen, welche Verbote er grundsätzlich für geeignet, erforderlich und verhältnismäßig hält. In den §§ 23, 28 und 29 ist das ein generelles Veränderungsverbot, in § 26 ist auf den Gebietscharakter und die einzelnen Schutzzwecke abzustellen. Die Verbote sind nach Art. 14 Abs. 1 Satz 2 GG zulässige Bestimmungen von Inhalt und Schranken des Eigentums (Rdnr. 11). Auch zu den möglichen **Geboten** gibt es nähere Festlegungen, z.B. ermöglicht § 29 Abs. 2 Satz 3 ein Ersatzpflanzungsgebot. Aus alledem folgt, dass die §§ 23, 24, 26, 28, 29 die möglichen Gebote und Verbote nicht abschließend regeln, sondern Akzente setzen.

---

42 Weitere Einzelheiten, insbesondere zum Landschaftsschutzgebiet, bei *Carlsen/Fischer-Hüftle*, NuR 1993, 311/315.
43 VGH Mannheim, Beschl. v. 7.8.1992 – 5 S 251/91, UPR 1993, 151.
44 OVG Münster Urt. v. 13.3.1991 – 7 A 486/89, NuR 1992, 346.
45 *Carlsen/Fischer-Hüftle* NuR 1993, 311/315; OVG Münster, Urt. v. 13.3.1991 – 7 A 486/89, NuR 1992, 346 f.
46 BVerwG, Beschl. v. 29.12.1988 – 4 C 19.86, NuR 1989, 179.
47 VGH München, Urt. v. 17.7.1986 – 9 B 84 A 1793, NuR 1987, 181.
48 VGH Mannheim, Beschl. v. 8.12.1997 – S 3310/96, NuR 1998, 327.
49 BVerwG, Urteil vom 12.7.1956 – I C 91.54, BVerwGE 4, 57.
50 Wegen der Einzelheiten vgl. *Louis*, BNatSchG, § 12 Rdnr. 8 ff und OVG Berlin, Urt. v. 16.9.2009 – 11 B 17.08, NuR 2009, 864.

21 b) **Verbote.** Sie können als präventive Verbote mit Erlaubnisvorbehalt oder als repressive Verbote ausgestaltet werden.[51] **Präventiv** sind Verbote, wenn sie „vorsorglich" bestimmte Handlungen verbieten, damit in einem Verwaltungsverfahren (Erlaubnis-, Genehmigungsverfahren) festgestellt werden kann, ob der Schutzzweck konkret beeinträchtigt wird. Hält es der Gesetzgeber für erforderlich, der Ausübung grundrechtlicher Befugnisse ein Genehmigungsverfahren vorzuschalten, so muss sich aus der Rechtsvorschrift selbst ergeben, welche Voraussetzungen für die Erteilung der Genehmigung gegeben sein müssen, bzw. aus welchen Gründen die Genehmigung versagt werden darf. Das Prüfungsverfahren muss der Gefahr angepasst sein, der es begegnen soll. Art und Umfang der staatlichen Kontrolle müssen der tatsächlichen Situation, für die sie geschaffen wird, adäquat sein.[52] **Repressiv** sind Verbote, die bestimmte Handlungen grundsätzlich untersagen, weil sie in der Regel geeignet sind, den Schutzzweck zu gefährden. Sie können nur durch Befreiung nach Maßgabe des § 67 überwunden werden. Das repressive Verbot sieht eine Handlung nicht als prinzipiell erlaubt an mit der Möglichkeit, rechtswidriges Verhalten zu verbieten, sondern als grundsätzlich verboten mit der „Chance", von diesem Verbot eine Befreiung zu erhalten. Die Genehmigung besagt nicht mehr nur, dass dem Vorhaben keine gesetzlichen Hindernisse entgegenstehen, sondern gestattet die Tätigkeit erst. Die Genehmigung ist nicht lediglich eine zur präventiven Kontrolle vorgesehene formelle Voraussetzung für die rechtmäßige Ausübung einer an sich nicht verbotenen Betätigung, sondern enthält der Sache nach die Aufhebung eines repressiven Verbotes des objektiven Rechts.[53]

22 Einen anderen Aspekt betrifft die Unterscheidung zwischen „absoluten" und „relativen" Verboten. Der Begriff „**absolutes**" Verbot bedeutet, dass es „losgelöst" von der Betrachtung einzelner Merkmale oder Bestandteile gilt (vgl. § 23 Rdnr. 36). Dagegen bezieht sich das „**relative**" Verbot auf einzelne Schutzzwecke einschließlich des Gebietscharakters (§ 26 Abs. 2). Unzutreffend wäre es, daraus zu folgern, dass „relative" Verbote auch (nur) „präventiv" sein dürften, es handelt sich um verschiedene Funktionen, die nicht gleichzusetzen sind.

23 Die Verbote müssen sich, wie Abs. 2 verlangt, auf das **erforderliche Maß** beschränken. Das **repressive** Verbot erfordert, dass eine Handlung mit dem Schutzzweck schlechthin unvereinbar ist und dies nicht erst in einem Verwaltungsverfahren für den Einzelfall festgestellt werden muss (im Einzelfall bleibt die Möglichkeit der Befreiung nach § 67). Das **präventive** Verbot soll durch den Erlaubisvorbehalt gewährleisten, dass eine möglicherweise dem Schutzzweck zuwiderlaufende Handlung rechtzeitig daraufhin überprüft wird, ob dies im konkreten Fall zutrifft. Beim **Naturschutzgebiet, Naturdenkmal** und geschützten **Landschaftsbestandteil** nimmt der Gesetzgeber an, dass ein Verbot jeglicher Veränderung, Beschädigung usw. erforderlich ist (§§ 23 Abs. 2, 28 Abs. 2, 29 Abs. 2). Dem ist das Instrument des repressiven Verbots angemessen. Denn da es in diesen Fällen um die Integrität des Gebiets in seiner Ganzheit bzw. einzelnen Teilen (§ 23) oder des Objekts (§§ 28, 29) geht, sind nach der Vorstellung des Gesetzgebers Veränderungen und sonstige Beeinträchtigungen regelmäßig mit dem Schutzzweck unvereinbar, ohne dass es einer Einzelfallprüfung in einem Erlaubnisverfahren bedarf. Das schließt nicht aus, dass den konkreten Verhältnissen ent-

---

51 Vgl. *Carlsen/Fischer-Hüftle*, NuR 1993, 311/316.
52 BVerfG, Entsch. v. 5.8.1966 – 1 BvF 1/61, BVerfGE 20, 150.
53 BVerfG, Entsch. v. 5.8.1966 – 1 BvF 1/61, BVerfGE 20, 150 mit der Bemerkung, dass es auf den materiellen Gehalt des Verbots ankomme.

sprechend neben repressiven auch präventive Verbote gewählt werden und z.B. eine Naturschutzverordnung einzelne Erlaubnistatbestände enthält. Wenn etwa die fischereiliche Nutzung dem Schutzzweck zwar nicht in einer ein absolutes Verbot rechtfertigenden Weise entgegensteht, aber geeignet ist, diesen ernsthaft zu gefährden, falls sie ohne Bindung an die sich aus dem Schutzzweck ergebenden Bedingungen und Auflagen ausgeübt wird, ist ein Genehmigungsvorbehalt zum Zwecke der Gefahrenvorsorge gerechtfertigt.[54] Beim Landschaftsschutzgebiet haben die Verbote keinen solch generellen Inhalt (vgl. § 26 Abs. 2) und sind daher meist präventiv, auf eine Einzelfallprüfung abstellend, zu formulieren. Dennoch kann auch eine Landschaftsschutzverordnung repressive Verbote ohne Erlaubnisvorbehalt enthalten, wenn von vornherein feststeht, dass die verbotenen Maßnahmen den Charakter des unter Schutz gestellten Gebiets schlechthin verändern oder dem besonderen Schutzzweck schlechthin zuwiderlaufen.[55]

Bei der Frage, ob und welche Verbote erforderlich sind, kann der Normgeber Gesichtspunkte der **Praktikabilität** und die Überwachungsmöglichkeiten berücksichtigen.[56] Die **Eignung** eines Verbots scheitert nicht daran, dass es missachtet werden kann.[57] **24**

Die Verbote müssen **hinreichend bestimmt** sein. Dieses im Rechtsstaatsprinzip begründete Gebot zwingt den Normgeber nicht, den Tatbestand mit genau erfassbaren Maßstäben zu umschreiben. Ein Gesetz darf unbestimmte, der Auslegung und Konkretisierung bedürftige Begriffe verwenden. Es muss aber so bestimmt sein, wie dies nach der Eigenart der zu ordnenden Lebenssachverhalte mit Rücksicht auf den Normzweck möglich ist. Unvermeidbare Auslegungsschwierigkeiten in Randbereichen sind dann von Verfassungs wegen hinzunehmen. Erforderlich ist allerdings, dass die von der Norm Betroffenen die Rechtslage erkennen und ihr Verhalten darauf einrichten können. Sie müssen in zumutbarer Weise feststellen können, ob die tatsächlichen Voraussetzungen für die Rechtsfolge vorliegen,[58] z.B. ist der Begriff „Beeinträchtigung des Naturgenusses" in einer Landschaftsschutzverordnung hinreichend bestimmt,[59] ebenso die Regelung, dass in der Schutzzone des Naturparks alle Handlungen verboten sind, die den Charakter des Gebiets verändern oder dem genannten besonderen Schutzzweck zuwiderlaufen, insbesondere alle Handlungen, die geeignet sind, die Leistungsfähigkeit des Naturhaushalts, den Naturgenuss oder den freien Zugang zur Natur zu beeinträchtigen.[60] Auch bußgeldrechtlich gesehen ist z.B. das Verbot, einen „Bruchwald" zu beeinträchtigen, hinreichend bestimmt.[61] **25**

c) **Gebote.** Die Verordnung kann z.B. zur Anzeige bestimmter Vorgänge verpflichten. Die **Pflicht zur Anzeige** von „Maßnahmen, die mit Eingriffen in das geschützte Gebiet verbunden sind", verstößt nicht gegen das Bestimmtheitsgebot des Art. 103 Abs. 2 GG.[62] In Betracht kommt ferner ein **26**

---

54 OVG Koblenz, Urt. v. 12.11.1986 – 10 C 1/86, NuR 1987, 271.
55 VGH München, Urt. v. 1.8.1988 – 9 N 87.01708, NuR 1989, 182; OVG Lüneburg, Urt. v. 24.8.2001 – 8 KN 41/01, NuR 2002, 56. Näheres bei *Carlsen/Fischer-Hüftle*, NuR 1993, 311/317.
56 OVG Lüneburg, Urt. v. 7.12.1989 – 3 A 198/87, NuR 1990, 28.
57 OVG Lüneburg, Urt. v. 12.11.1998 – 3 K 7806/95, NuR 2000, 163.
58 BVerfG, Urt. v. 7.5.2001 – 2 BvK 1/00, ZUR 2001, 404 zu Verboten des gesetzlichen Biotopschutzes (§ 30). Ähnlich BVerwG, Beschl. v. 11.5.1993 – 7 NB 8.92, NuR 1994, 83.
59 BVerwG, Urt. v. 13.4.1983 – 4 C 21.79, NuR 1983, 274.
60 BayVerfGH, Entsch. v. 30.4.1991 – Vf. 1-VII-90 u.a., NVwZ-RR 1992, 12.
61 VerfG Brandenburg, Beschl. v. 12.10.2000 – VfG 20/00, NuR 2001, 146.
62 BayObLG, Beschl. v. 9.2.1977 – 3 Ob OWi 110/76, NuR 1980, 180.

Wegegebot, d.h. das Verbot, die vorhandenen Wege im Schutzgebiet zu verlassen (§ 23 Abs. 2 Satz 2). **Pflege- oder Bewirtschaftungsgebote** an die Adresse Privater sind nicht möglich, weil sie gegen Art. 12 Abs. 2 GG verstoßen. Anders ist es, wenn jemand eine Fläche bewirtschaftet und ihm dabei Vorschriften über die Art und Weise gemacht werden, z.b. bei der forstwirtschaftlichen Nutzung eine bestimmte Zusammensetzung der Baumarten einzuhalten, Waldränder zu gestalten usw. Dass die Eigentümer nicht zu Pflegemaßnahmen verpflichtet werden können, nimmt einer primär auf Verbote gestützten Regelung nicht ihre Eignung. Auch wenn etwa eine Landschaftsschutzverordnung keine Verpflichtung des Eigentümers zu Pflegemaßnahmen an seiner Wiese begründen kann, so wehrt doch das Verbot beeinträchtigender Handlungen (z.b. Erstaufforstung) nachteilige Maßnahmen ab, die den Charakter des geschützten Gebiets unmittelbar verändern und dem Schutzzweck „Erhaltung der Leistungsfähigkeit des Naturhaushalts" direkt zuwiderlaufen, und ermöglicht es, ergänzend besondere Handlungspflichten des Grundeigentümers auf Grund vertraglicher Absprachen mit finanziellen Regelungen zu begründen, wodurch der „Grundschutz" durch Verordnung seine volle Effizienz erhält.[63]

5. Pflege-, Entwicklungs- und Wiederherstellungsmaßnahmen

27 Die Schutzerklärung soll auch die erforderlichen Pflege- Entwicklungs- und Wiederherstellungsmaßnahmen oder die Ermächtigung dazu enthalten. Die **Pflege** von Natur und Landschaft besteht in Maßnahmen, die darauf abzielen, deren bestehenden Zustand zu erhalten. Sie geht über den **Schutz**, der Störungen durch menschliche Eingriffe abwehrt, dadurch hinaus, dass sie aktiv unerwünschten Entwicklungen und Störungen entgegenwirkt und die natürliche Entwicklung von Natur und Landschaft unterstützt. Beispiele: Mahd von Wiesen, baumchirugische Maßnahmen, Regulierung des Wasserstands von Seen und Teichen usw. Die Übergänge zwischen Schutz und Pflege sind fließend. Die Schutzerklärung kann nunmehr auch Maßnahmen vorsehen, die erforderlich sind, die Unterschutzstellung rechtfertigende, jedoch bereits in ihren Funktionen geschädigte Eigenschaften des Schutzobjekts **wiederherzustellen**. Damit wird das Wiederherstellungsziel des § 1 für den Bereich des Gebiets- und Flächenschutzes konkretisiert. Weitere Einzelheiten finden sich in § 1 Rdnr. 23 ff.

28 Diese Maßnahmen werden in der Regel durch Behörden oder Landschaftspflegeverbände durchgeführt, weil eine Pflegepflicht des Eigentümers in aller Regel nicht besteht (Rdnr. 26). Den Eigentümer oder Nutzungsberechtigten trifft die Duldungspflicht des § 65. Er kann sich auch vertraglich zu den Maßnahmen verpflichten (Vertragsnaturschutz, vgl. § 3 Abs. 3).

6. Zonierung, Umgebungsschutz (Absatz 1 Satz 3)

29 Schutzgebiete können in Zonen mit einem dem jeweiligen Schutzzweck entsprechenden, abgestuften Schutz gegliedert werden. In der Praxis wird eine Zonierung bereits in Nationalparken, Biosphärenreservaten und Naturparken angewandt. Die Möglichkeit, die **Umgebung** der zu schützenden Teile von Natur und Landschaft in die Schutzerklärung einzubeziehen und auf diese Weise eine **Pufferzone** zu schaffen, sieht das Gesetz offenbar als Fall der Zonierung an, d.h. als Teilung in Kernzone und Pufferzone. Auf diese Weise können nachteilige, das Schutzgebiets entwertende Einwirkungen, z.B. Emissionen oder die Veränderung der Wasserverhältnisse, ferngehalten

---

[63] BVerfG, Beschl. v. 16.9.1998 – 1 BvL 21/94, NuR 1999, 99.

oder gemindert werden. Das hat die Rechtsprechung bei allen Schutzgebietstypen anerkannt.⁶⁴ Besondere Bedeutung hat der Umgebungsschutz bei relativ kleinflächigen Schutzgebieten (kleinere Naturschutzgebiete, geschützte Landschaftsbestandteile, Naturdenkmale).

V. Form und Verfahren der Unterschutzstellung (Absatz 2)

In den §§ 23–29 sind die **Ermächtigungsgrundlagen** für die Unterschutzstellung enthalten. Form und Verfahren (einschließlich der Behördenzuständigkeit), die Beachtlichkeit von Form- und Verfahrensfehlern und die Möglichkeit ihrer Behebung sowie die Fortgeltung bestehender Erklärungen zum geschützten Teil von Natur und Landschaft richten sich nach Landesrecht (Abs. 2 Satz 1). Die Unterschutzstellung kann länderübergreifend erfolgen (Abs. 2 Satz 2), etwa durch Staatsvertrag. 30

1. Form der Unterschutzstellung

Was die Zuständigkeit des Bundes angeht, bestimmt § 57 Abs. 2 die Form der Rechtsverordnung. Im Übrigen bleibt die Regelung dem Landesrecht überlassen. Gebräuchlich sind vor allem Verordnungen, im kommunalen Bereich auch Satzungen (z.B. zum Baumschutz). Für die Erklärung zum Nationalpark ist teilweise die Gesetzesform vorgesehen. Richten sich die in der Schutzerklärung enthaltenen Anordnungen an einen unbestimmten Personenkreis, so ist eine **Rechtsnorm** erforderlich. Ein Verwaltungsakt bzw. eine Allgemeinverfügung ist zur Unterschutzstellung nicht ausreichend, eine Ermächtigung zum Erlass solcher Anordnungen kann aber ergänzend vorgesehen werden, um z.b. bei Gefährdung eines Naturdenkmals rasch handeln zu können. Ein Verwaltungserlass reicht nur aus, wenn der Schutzgegenstand bereits anderweitig ausreichend geschützt ist, z.b. wenn ein Naturpark oder Biosphärenreservat aus vorhandenen Natur- und Landschaftsschutzgebieten gebildet wird. 31

2. Verfahren der Unterschutzstellung

Die bisherigen landesrechtlichen Verfahrensregelungen betreffen hauptsächlich folgende Punkte: Es findet eine Anhörung statt. Die öffentliche Auslegung des hinreichend gekennzeichneten Verordnungsentwurfs ist bekannt zu machen. Ob und wie genau die Bekanntmachung einer geplanten Unterschutzstellung den räumlichen Geltungsbereich der zu erlassenden Schutzverordnung bezeichnen muss, um eine „Anstoßfunktion" zu erfüllen, entscheidet sich nach irrevisiblem Landesrecht.⁶⁵ Bei wesentlicher Änderung des Entwurfs ist eine erneute Anhörung erforderlich.⁶⁶ Eine landesrechtlich vorgeschriebene Benachrichtigung von Einwendern im Unterschutzstellungsverfahren kann auch nach der Verkündung der Verordnung erfolgen.⁶⁷ Teilweise ist ein vereinfachtes Verfahren vorgesehen. Schutzverordnungen bedürfen keiner Begründung wie sie etwa für Bebauungspläne vorgeschrieben ist.⁶⁸ Das Erfordernis der Ausfertigung erstreckt sich nach Landesrecht oft auf die zur Norm gehörenden Karten. Bundesrecht, insbesondere das Rechtsstaatsprinzip des Art. 20 Abs. 3 GG verlangt nicht, dass die zu 32

---

64 Z.B. BVerwG, Urt. v. 13.8.1996 – 4 NB 4.96, NuR 1996, 600 (Naturschutzgebiet).
65 BVerwG, Beschl. v. 29.12.1982 – 4 B 233.82, UPR 1983, 174.
66 Vgl. z.B. OVG Lüneburg, Urt. v. 9.11.2000 – 3 K 3042/00, NuR 2001, 167.
67 OVG Münster, Urt. v. 7.4.1989 – 11 A 323/87, NuR 1990, 36.
68 VGH München, Urt. v. 24. 1. 1990 – 9 N 88.02323, NuR 1994, 227.

Rechtsverordnungen des Landes gehörenden Karten stets gesondert ausgefertigt werden, wenn die Identität des vom Normgeber gewollten und des verkündeten Inhalts anderweitig hinreichend gewährleistet ist.[69] Die Verkündung (Bekanntmachung) muss rechtsstaatlichen Grundsätzen entsprechen. Die anerkannten Vereine sind nach Maßgabe des § 63 Abs. 1 Nr. 1 und Abs. 2 Nr. 1 zu beteiligen.

3. Form- und Verfahrensfehler

33   Nach allgemeinen Grundsätzen hat die Rechtswidrigkeit einer Verordnung ihre Nichtigkeit zur Folge. Dass diese Rechtsfolge unter bestimmten Voraussetzungen nicht eintritt, war schon bisher im Landesnaturschutzrecht geregelt. Die zeitliche Befristung der Rügemöglichkeit von Form- und Verfahrensfehlern ist ebenso wie die zeitliche Befristung von Rechtsbehelfen jedenfalls dann zumutbar, wenn der Norm eine ausreichende Publizität zukommt. Dass der Grundsatz der Gesetzmäßigkeit der Verwaltung eine Einschränkung erfährt, findet seine Rechtfertigung im Prinzip der Rechtssicherheit.[70]

4. Fortgeltung bestehender Schutzerklärungen

34   Es gilt der Grundsatz, dass eine Schutzverordnung nicht schon deshalb ihre Gültigkeit verliert, weil ihre Ermächtigungsgrundlage außer Kraft tritt. Landesrecht kann dies z.b. ausdrücklich klarstellen, aber auch andere Regelungen trefffen.

5. Weitere Einzelfragen

35   a) **Rückwirkung.** Grundsätzlich kann eine Landschaftsschutzverordnung unter Beachtung der für Gesetze entwickelten Kriterien rückwirkend erlassen werden, also u.a. dann, wenn eine aus formellen Gründen (fehlende Ausfertigung) nichtige Regelung gleichen Inhalts ersetzt werden soll.[71] Materiell-rechtliche Rechtsmängel können rückwirkend geheilt werden, selbst wenn es sich um eine „echte" Rückwirkung handelt, denn der von der BVerfG-Rechtsprechung anerkannte Fall fehlenden Vertrauens des Bürgers – z.b. bei einem ungeordneten rechtlichen Schwebezustand oder einer nichtigen Norm – rechtfertigt die rückwirkende Ersetzung einer materiell ungültigen Satzung.[72]

36   b) **Teilnichtigkeit.** Aus der Ungültigkeit einzelner Bestimmungen einer Schutzverordnung folgt nicht notwendig die Nichtigkeit der gesamten Verordnung. Ist z.b. der Grenzverlauf einer Landschaftsschutzverordnung in Randzonen und Teilbereichen unbestimmt, folgt daraus nicht notwendig die Ungültigkeit der Norm auch für den eindeutig in die Verordnung einbezogenen Bereich. Für diesen Bereich kann die Verordnung nach den Grundsätzen über die Teilnichtigkeit von Normen wirksam sein.[73]

---

69   BVerwG, Beschl. v. 26.8.1993 – 7 NB 1.93, NuR 1994, 227.
70   BVerfG, Beschl. v. 7.5.2001 – 2 BvK 1/00, NuR 2002, 27.
71   OVG Schleswig, Urt. v. 13.10.1999 – 2 K 10/98, NuR 2000, 233 mit Bezug auf BVerfGE 30, 376/388; 45, 142/166 f.; 88, 384/404.
72   VGH Mannheim, Urt. v. 14.1.2000 – 5 S 1855/97, NuR 2000, 463 mit Hinweis auf BVerfGE 13, 270/272; E 18, 439 f.; E 19, 187/197; E 63, 343/353.
73   BVerwG, Beschl. v. 14.4.1997 – 7 B 329.96, UPR 1998, 59. Wegen der Kasuistik vgl. *Fischer-Hüftle*, Naturschutz-Rechtsprechung für Praxis, Kap. 4050.90.

c) **Funktionslosigkeit.** Eine Schutzgebietsverordnung kann wegen Funktionslosigkeit – ganz oder in Teilbereichen – unwirksam werden, aber nur, wenn und soweit sämtliche naturschutzrechtlichen Zwecke der Unterschutzstellung auf unabsehbare Zeit offenkundig nicht mehr erreicht werden können. Diese Feststellung kann z.b. inzident in einer Gerichtsentscheidung getroffen werden, wenn es darum geht, ob die Ablehnung eines Antrags auf eine Schutzverordnung gestützt werden kann. Sie erfordert eine genaue Untersuchung des Gebiets auf seinen aktuellen Zustand hin. Diese Untersuchung kann auch ergeben, dass neue Sachverhalte entstanden sind, z.b. neue schutzwürdige und schutzbedürftige Tier- oder Pflanzenarten vorkommen. Werden sie von den geltenden Schutzzwecken erfasst und sind auch die übrigen Vorschriften der Verordnung der neuen Situation angemessen, so ist die Verordnung nicht funktionslos. Kommt die Behörde aufgrund eines Rechtsstreits oder auf andere Weise zu der Erkenntnis, dass eine Verordnung funktionslos geworden ist, so ist sie gehalten, die Verordnung ganz oder teilweise aufzuheben. Angesichts der Unwirksamkeit der Verordnung ist die Aufhebung zwar nur deklaratorisch, sie entspricht aber dem Rechtsstaatsprinzip (Art. 20 Abs. 3 GG), das auch Rechtssicherheit und Rechtsklarheit fordert.

VI. Einstweilige Sicherstellung (Absatz 3)

1. Voraussetzungen

Das Verfahren zur Unterschutzstellung nimmt eine gewisse Zeit in Anspruch. Die Vorbereitung durch Aufklärung des Sachverhalts, Formulierung des Schutzzwecks, Abgrenzung des Schutzgebiets, Abstimmung mit den beteiligten öffentlichen Stellen, Anhörung Betroffener usw. kann länger dauern und birgt die Gefahr, dass in der Zwischenzeit die Schutzwürdigkeit des ins Auge gefassten Gebiets oder Objekts gemindert oder beseitigt wird. Deshalb ist ein Instrument zur vorläufigen Sicherung eines Gebiets nötig. Nach Abs. 3 können Teile von Natur und Landschaft, deren Schutz beabsichtigt ist, einstweilig sichergestellt werden, wenn zu befürchten ist, dass durch Veränderungen oder Störungen der beabsichtigte Schutzzweck gefährdet wird.

a) **Beabsichtigter Schutz.** Die dafür geltenden Grundsätze lassen sich so zusammenfassen:[74] Die Sicherstellung will zunächst nur verhindern, dass die Erreichung des endgültigen Schutzzwecks unmöglich gemacht oder derart beeinträchtigt wird, dass seine Durchsetzung nicht mehr sinnvoll erscheint. Daher ist die Maßnahme schon dann rechtmäßig, wenn der sichergestellte Bereich bei überschlägiger fachmännischer Einschätzung für eine endgültige Unterschutzstellung in Betracht kommt, ohne dass seine Schutzbedürftigkeit endgültig feststeht. Diesem vorläufigen Charakter entspricht es einerseits, dass die Sicherstellungsanordnung weder eine umfassende Prüfung und Abwägung der für und gegen eine Unterschutzstellung sprechenden Belange noch eine abschließende Prüfung der Schutzwürdigkeit voraussetzt. Eine umfassende Abwägung kann nicht vorangehen, weil das erforderliche Material erst im Verfahren zur endgültigen Unterschutzstellung gesammelt und bewertet werden soll. Andererseits wirkt sich die Sicherstellung bereits als Eigentumsbeschränkung aus und hält sich nur dann innerhalb der entschä-

---

74 VGH Kassel, Beschl. v. 11.3.1994 – 3 N 2454/93, NuR 1994, 395. Vgl. auch OVG Münster, Urt. v. 19.10.1984 – 11 A 3072/83, NuR 1985, 120 und *Fischer-Hüftle*, NuR 1988, 11.

digungslos hinzunehmenden Sozialbindung, wenn ein begründeter Anlass zur Sicherstellung besteht, d.h. wenn die landschaftliche Eigenart des Gebiets einen vernünftigen Anlass bietet, eine Unterschutzstellung in Erwägung zu ziehen und ihre Voraussetzungen zu prüfen. Es genügt, wenn eine einstweilige Sicherstellungsverordnung das angestrebte materielle **Schutzziel** mit hinreichender Deutlichkeit bezeichnet; die angestrebte **Art der endgültigen Unterschutzstellung** braucht hingegen nicht ausdrücklich benannt zu werden.[75]

40 b) **Gefährdung des beabsichtigten Schutzzwecks.** Sie muss zu befürchten sein, dafür reicht eine abstrakte Gefährdung aus. Insofern kann nichts anderes gelten als bei der Schutzbedürftigkeit als Voraussetzung der (endgültigen) Unterschutzstellung, vgl. Rdnr. 6 f.

2. Inhalt und Rechtsfolgen

41 In dem einstweilig sichergestellten Teil von Natur und Landschaft sind Handlungen und Maßnahmen nach Maßgabe der Sicherstellungserklärung verboten, die geeignet sind, den Schutzgegenstand nachteilig zu verändern (Abs. 3 Satz 3). Die Sicherstellungserklärung muss alles Nötige enthalten. Das Gesetz gibt nur den Rahmen vor, dieser ist weit und umfassend: Es kann alles verboten werden, was nachteilige Veränderungen zur Folge haben kann, d.h. es reicht aus, wenn eine Handlung oder Maßnahme dazu geeignet ist. Das Verbot muss nicht enumerativ sein, es kann auch generell-erfolgsbezogen formuliert sein und eine beispielhafte Aufzählung der („insbesondere") verbotenen Handlungen enthalten. Nach dem Wortlaut können nur Handlungen innerhalb des sichergestellten Gebiets verboten werden, nicht Einwirkungen von außerhalb.

3. Dauer (Absatz 3 Satz 2 und 4)

42 Die einstweilige Sicherstellung kann (erstmals) für einen Zeitraum von bis zu zwei Jahren angeordnet werden (Abs. 3 Satz 2). Sofern weiterhin die Voraussetzungen des Satzes 1 vorliegen, kann sie einmalig bis zu weiteren zwei Jahren verlängert werden. Sie kann also insgesamt höchstens vier Jahre dauern. Dies ist die Grenze, bis zu der das Gesetz Beschränkungen des Grundstücksnutzung als entschädigungslose Inhaltsbestimmung des Eigentums (Art. 14 Abs. 1 Satz 2 GG) ansieht. Die einstweilige Sicherstellung ist ganz oder teilweise aufzuheben, wenn ihre Voraussetzungen nicht mehr oder nicht mehr in vollem Umgang gegeben sind (Abs. 3 Satz 4).[76]

4. Form und Verfahren

43 Abs. 3 Satz 5 verweist insofern auf Abs. 2. Die Ausgestaltung bleibt den Ländern überlassen. Im Verordnungsverfahren bedarf es nicht der Anhörung Betroffener.[77] Anders kann es bei einer Gemeinde sein, wenn konkrete Anhaltspunkte dafür bestehen, dass die Gemeinde durch die Sicherstellungsverordnung an der Erfüllung ihrer hoheitlichen Aufgaben gehindert wird.[78] Bei der Sicherstellung durch Verwaltungsakt kann u.U. § 28 VwVfG aktuell werden. Die im Landesrecht bisher vorhandene naturschutzrechtliche **Veränderungssperre**, etwa beginnend mit der öffentlichen Auslegung des Entwurfs einer Schutzverordnung,[79] kann als Verfahrensregelung im weiteren Sinne verstanden werden.

---

75 OVG Saarlouis, Urt. v. 9.12.2005 – 3 N 1/05, NVwZ-RR 2007, 17.
76 Dazu VGH Mannheim, Urt. v. 11.4.2003 – 5 S 2299/01, NuR 2003, 627.
77 VGH Kassel, Beschl. v. 21.1.1986 – 4 N 2315/85, RdL 1987, 53.
78 VGH Mannheim, Urt. v. 18.5.1982 – 5 S 1498/81, RdL 1982, 248.
79 Vgl. *Dalhoff/Fischer-Hüftle*, LKV 1998, 4.

VII. Registrierung, Kennzeichnung (Absatz 4)

Was die Registrierung und Kennzeichnung der geschützten Teile von Natur und Landschaft betrifft, beschränkt sich Abs. 4 darauf, dies vorzuschreiben. Den Rest regelt das Landesrecht. Die Registrierung soll einen Überblick über den Bestand an geschützten Teilen von Natur und Landschaft gewährleisten und die Tätigkeit der Naturschutzbehörden erleichtern. Die Kennzeichnung soll dazu beitragen, dass die Öffentlichkeit die Schutzgebiete wahrnimmt und wiedererkennt.

VIII. Sonderfälle (Absatz 5)

Die Erklärung zum Nationalpark und zum Nationalen Naturmonument einschließlich ihrer Änderung ergeht im Benehmen mit dem Bundesministerium für Umwelt, Naturschutz und Reaktorsicherheit und dem Bundesministerium für Verkehr, Bau und Stadtentwicklung. Zum Benehmen vgl. § 17 Rdnr. 9.

§ 23 Naturschutzgebiete

(1) Naturschutzgebiete sind rechtsverbindlich festgesetzte Gebiete, in denen ein besonderer Schutz von Natur und Landschaft in ihrer Ganzheit oder in einzelnen Teilen erforderlich ist
1. zur Erhaltung, Entwicklung oder Wiederherstellung von Lebensstätten, Biotopen oder Lebensgemeinschaften bestimmter wild lebender Tier- und Pflanzenarten,
2. aus wissenschaftlichen, naturgeschichtlichen oder landeskundlichen Gründen oder
3. wegen ihrer Seltenheit, besonderen Eigenart oder hervorragenden Schönheit.

(2) [1]Alle Handlungen, die zu einer Zerstörung, Beschädigung oder Veränderung des Naturschutzgebiets oder seiner Bestandteile oder zu einer nachhaltigen Störung führen können, sind nach Maßgabe näherer Bestimmungen verboten. [2]Soweit es der Schutzzweck erlaubt, können Naturschutzgebiete der Allgemeinheit zugänglich gemacht werden.

Gliederung   Rdnr.

I. Allgemeines 1–5

II. Schutzgegenstand (Abs. 1) 6–10

III. Schutzzwecke 11–33

    1. Biotopschutz (Abs. 1 Nr. 1) 12–24

        a) Lebensstätte, Biotope oder Lebensgemeinschaften 12–17

        b) Erhaltung, Entwicklung, Wiederherstellung 18–24

    2. Wissenschaft, Naturgeschichte und Landeskunde (Abs. 1 Nr. 2) 25–29

    3. Seltenheit, besondere Eigenart und Schönheit (Abs. 1 Nr. 3) 30–33

IV. Verbote (Abs. 2) 34–44

    1. Allgemeines 34–37

    2. Zerstörung 38

    3. Beschädigung 39

    4. Veränderung 40, 41

    5. Störung 42

    6. Maßgabe näherer Bestimmungen 43, 44

V. Gebote 45, 46

VI. Land- und Forstwirtschaft 47, 48

VII. Zugänglichkeit für die Allgemeinheit 49, 50

VIII Anhang 51

I. Allgemeines

1 Die **Ursprünge** des Naturschutzgebietes reichen bis in das Jahr 1836 zurück, als der „Drachenfels" bei Bonn unter Schutz gestellt wurde.[1] Im Rahmen des Flächenschutzes stellt der Schutzgebietstyp des „Naturschutzgebietes" die strengste Form der Unterschutzstellung dar. Das Naturschutzgebiet unterliegt nach § 23 Abs. 2 Satz 1 einem generellen Veränderungsverbot. Dieser

---

1 Der Drachenfels (heute: Naturschutzgebiet Siebengebirge) gilt als erstes Naturschutzgebiet auf deutschem Boden.

Schutz ist vergleichbar mit dem des Naturdenkmals. Durch die Ausweisung von Naturschutzgebieten soll zumeist der Schutz besonders seltener und störungsanfälliger Arten oder Biotope sichergestellt werden. Um dies zu gewährleisten, hat der Naturschutz grundsätzlich Vorrang vor anderweitigen Nutzungsarten. Auch der Allgemeinheit wird das Gebiet nur zugänglich gemacht, wenn es dem Schutzzweck nicht zuwiderläuft.

In der Bundesrepublik Deutschland sind 3,5 % der Landesfläche als Naturschutzgebiete ausgewiesen mit einer Gesamtfläche von 1.240.345 ha.[2] Die Größe der Naturschutzgebiete ist dabei sehr unterschiedlich, viele Gebiete sind jedoch so klein, dass durch sie kein effektiver Arten- und Biotopschutz gewährleistet werden kann. Zwei Drittel aller Naturschutzgebiete sind kleiner als 50 ha. Nur ca. 13 % umfassen eine Fläche von 200 ha oder mehr, dabei weisen 135 Gebiete eine Fläche von über 1.000 ha[3] auf.

Mehrere Untersuchungen zum Zustand der bundesdeutschen Naturschutzgebiete ergaben ein ernüchterndes Bild: mindestens 80 % der NSG waren deutlich sichtbar von negativer direkter menschlicher Einflussnahme betroffen. Naturschutzgebiete sind heute meist mehrfach genutzte, durch Eingriffe ge- oder sogar zerstörte, oft zu kleine und hinsichtlich ihrer Natürlichkeit häufig zu isolierte Bereiche.[4] Die allgemeine allmähliche – anthropogen bedingte – Naturverarmung wirkt in ihnen und wird auch von außen in sie hineingetragen. Verstärkt wird dieser Trend auch durch die vom Klimawandel verursachten Veränderungen im Naturhaushalt. Den meisten Naturschutzgebieten mangelt es an den Voraussetzungen für eine dauerhafte Erhaltung der in ihnen beheimateten schutzwürdigen und -bedürftigen Arten und Lebensgemeinschaften. Alte NSG verlieren fortwährend schutzwürdige Strukturen, und neue NSG enthalten davon umso weniger, je jünger sie sind.[5] Während sich ca. 18 % der Schutzgebiete in einem guten Zustand befinden, sind über 55 % in einem mäßigen Erhaltungszustand, in dem die Schutzziele nur noch teilweise erreicht werden, weitere 21 % befinden sich in einem schlechten Zustand, in dem die Schutzziele „akut bedroht" sind. Mehrere unter Schutz stehende Gebiete (4,7 %) müssen bereits als zerstört gelten.[6]

Der Zustand der ausgewiesenen Naturschutzgebiete macht deutlich, dass die bisherige Ausweisungspraxis dem geforderten hohen Schutzstatus der Flächen nur eingeschränkt Rechnung trägt. Viele Gebiete sind zu klein und nicht gegen schädliche äußere Einflüsse abgepuffert, häufig beeinträchtigen die mit dem Naturschutz konkurrierenden Nutzungen das Schutzziel nachhaltig.

Um zukünftig einen effektiveren Flächenschutz zu erreichen, sind mehrere Maßnahmen nötig:
– An Stelle der bisherigen einzelfallorientierten Schutzgebietsausweisung sollte ein Gesamtkonzept treten, dem eine flächendeckende Planung und eine repräsentative Auswahl von Biotoptypen zu Grunde liegt.

---

2 Stand 12/2007.
3 Daten zur Natur 2002, S. 120.
4 Der Aufbau eines Biotopverbundsystems (§ 21) soll die Isolation der Schutzgebiete aufheben und die Verbindung zu anderen gleichartigen Biotopen herstellen, um der Artenverarmung bzw. dem (lokalen) Aussterben von Arten entgegen zu wirken (vgl. Kommentierung zu § 21).
5 *Haarmann/Pretscher*, Zustand und Zukunft der Naturschutzgebiete in Deutschland, 1993, S. 258 ff.
6 *Haarmann/Pretscher*, a.a.O., S. 123 f.; zur Aufhebung eines Naturschutzgebiets durch Wegfall der Schutzgründe vgl. § 22 Rdnr. 37.

- Die Isolation von Naturschutzgebieten muss durch die Einbindung in ein Biotopverbundsystem aufgehoben werden, um Pflanzen und Tieren ein Überleben in dauerhaft existenzfähigen Populationen zu ermöglichen.[7]
- Die Größe der Schutzgebiete muss ausreichend sein, um die artspezifischen Minimumareale der zu schützenden Tiere und Pflanzen abzudecken[8] und um negative äußere Störeinflüsse zu minimieren (z.b. durch die Schaffung von Pufferzonen).
- Naturschutzziele müssen Vorrang vor anderweitigen Nutzungen haben. Land-, forst- und fischereiwirtschaftliche Tätigkeiten sind besser als bisher mit den Schutzzielen in Einklang zu bringen und haben gegebenenfalls (z.b. in besonders empfindlichen Zonen) ganz zu unterbleiben; Freizeitaktivitäten und Erholung dürfen das Gebiet nicht belasten.
- Für jedes Gebiet sind auf das Schutzziel abgestimmte Pflege- und Entwicklungspläne zu erstellen, die Durchführung der Maßnahmen muss gewährleistet sein, ihre Wirkung ist zu kontrollieren und gegebenenfalls zu korrigieren.

II. Schutzgegenstand (Absatz 1)

6 Die in Abs. 1 beschriebenen Schutzzwecke erfordern bestimmte Eigenschaften, die eine Fläche haben muss, um für eine Ausweisung als Naturschutzgebiet geeignet zu sein. Zulässig ist die Unterschutzstellung nur dann, wenn der Schutzgegenstand nach diesen Kriterien **schutzwürdig** (vgl. § 22, Rdnr. 4 f.) ist und gleichzeitig besondere Schutzmaßnahmen erforderlich sind, um das Gebiet in einem schutzwürdigen Zustand erhalten zu können (**Schutzbedürftigkeit**, § 22 Rdnr. 6 ff.). Die Frage, ob ein Gebiet unter Naturschutz gestellt werden muss, beurteilt sich nach der Schutzwürdigkeit und -bedürftigkeit des Gebiets als Ganzes; für eine isolierte Betrachtung einzelner Grundstücke ist nach dem Gesetzeszweck kein Raum.[9] Zu den Einzelheiten vgl. § 22 Rdnr. 4 ff.

7 Der Grund für die Ausweisung eines Naturschutzgebiets kann nach dem Gesetzeswortlaut in der **Ganzheit** oder **in Teilen** von Natur und Landschaft liegen. Die Ganzheit schließt auch den Boden bis zu einer Tiefe, die für den Naturhaushalt im Schutzgebiet relevant ist, sowie den Luftraum über dem Gebiet ein.[10] Die Ganzheit des Schutzes von Natur und Landschaft kommt für typische Ökosysteme, erdgeschichtlich bedeutsame Formen von Natur und Landschaft sowie natürliche Lebensgemeinschaften der Tier- und Pflanzenwelt, in Betracht.[11] Ein Schutz einzelner Teile von Natur und Landschaft kommt dann in Frage, wenn deren Erhaltung für die Erreichung des Schutzzwecks ausreicht. Beispiele hierfür sind Vogelfreistätten, Vogelschutzgehölze, Pflanzenschonbezirke.[12] Die Ausweisung einzelner Teile von Natur und Landschaft als Naturschutzgebiet hat sich in der Praxis nicht durchgesetzt. Die Gründe hierfür liegen u.a. darin, dass die schützenden Teile meist von Flächen intensiver Nutzung umgeben sind, die sich auf das

---

7 Zur Bedeutung des Biotopverbunds für Tier- und Pflanzenpopulationen vgl. Kommentierung zu § 21, Rdnr. 9.
8 Zur Bedeutung von Minimumarealen für das Überleben von Populationen vgl. Kommentierung zu § 21, Rdnr. .
9 VGH Mannheim, Urt. v. 11.6.1976 – I 107/75, NuR 1980, 70.
10 *J. Schmidt-Ränsch*, in: Gassner/Schmidt-Räntsch/Bendomir-Kahlo, BNatSchG, § 23 Rdnr. 10. Zum Verbot des Überfliegens mit Modellflugzeugen vgl. OVG Münster, Beschl. v. 5.9.2000 – 20 A 722/00, NuR 2001, 343.
11 BT-Drs. 7/886, S. 36.
12 BT-Drs. 7/866, S. 36.

Schutzgut negativ auswirken können. Ein Vogelschutzgehölz inmitten einer intensiv landwirtschaftlich genutzten Fläche kann z.b. dadurch beeinträchtigt sein, dass die Nahrung pestizidbelastet ist oder dass auf Grund durchgeführter Schädlingsbekämpfungsmaßnahmen nur ein geringes Nahrungsangebot zur Verfügung steht.

Es muss sich um einen flächenhaft ausgebildeten Schutzgegenstand handeln. Insofern bestehen fließende Übergänge zum flächenhaften Naturdenkmal. Eine bestimmte Mindest- oder Höchstgröße ist für ein Naturschutzgebiet nicht vorgeschrieben. Die **Größe** eines Schutzgebiets hängt vom Schutzzweck und von den örtlichen Gegebenheiten ab. Dabei kommt dem Verordnungsgeber ein weites Gestaltungsermessen zu,[13] es ermöglicht z.b. auch die Einbeziehung von Pufferzonen (§ 22 Abs. 1 Satz 3) oder Entwicklungsflächen in das Schutzgebiet, wenn dies zur Erreichung des Schutzzwecks als notwendig erachtet wird, selbst wenn diese nur im Wesentlichen die Merkmale noch aufweisen, die den geschützten Bereich im Übrigen schützwürdig machen.[14] In der heutigen Ausweisungspraxis dient die Unterschutzstellung oft der Sicherung naturschutzwürdiger Reste einer ehemals großflächig ausgebildeten Natur- oder Kulturlandschaft. Die Größe dieser Restbestände bestimmt dann meist den Schutzgebietszuschnitt. Ohne zusätzliche Maßnahmen sind diese Flächen vielfach nicht geeignet, um langfristig einen guten Erhaltungszustand zu bewahren. Aus naturschutzfachlicher Sicht ist die Ausweisung derartiger Gebiete als NSG daher zwar ein erster wichtiger Schritt zur Sicherstellung schutzwürdiger Flächen, dem aber weitere Schritte folgen müssen, z.b. Extensivierung angrenzender Nutzflächen, die Einbindung in ein Biotopverbundsystem oder/und die Hinzunahme von Entwicklungsflächen zur Erreichung artspezifischer Minimumareale.[15]

Die Einbeziehung von Flächen in ein Naturschutzgebiet erweist sich nicht schon deshalb als rechtswidrig, weil sich die Naturschutzgebietsverordnung nicht auf alle Flächen erstreckt, die unter Naturschutz hätten gestellt werden können. Die unterschiedliche Behandlung von Grundstücken ist allenfalls dann rechtlich zu beanstanden, wenn sie willkürlich ist.[16]

Die Ausweisung eines Naturschutzgebiets steht nicht unter der Voraussetzung, dass die Schutzausweisung vorwiegend dem Schutz bedrohter oder zumindest gefährdeter Arten gilt. Die gesetzliche Regelung in § 23 Abs. 1 Nr. 1 bezieht sich auf die Lebensstätten, Biotope oder Lebensgemeinschaften bestimmter wild lebender Tier- und Pflanzenarten. Der Zweck für die Ausweisung eines NSG kann daher auch darin liegen, dass bislang noch ungefährdete oder in ihrem Bestand nicht bedrohte Arten geschützt werden können,[17] etwa auch Arten, für deren Erhaltung die Bundesrepublik eine besondere Verantwortung trägt.

---

13 OVG Bremen, Beschl. v. 29.8.1989 – 1 N 2/88, NuR 1990, 82; VGH München, Urt. v. 15.12.1987 – 9 N 87.00667, NuR 1988, 248; VGH Mannheim, Beschl. v. 28.7.1986 – 5 S 2110/85, NuR 1986, 340.
14 OVG Lüneburg, Urt. v. 1.4.2008 – 4 KN 57/07, NuR 2008, 513.
15 Grundvoraussetzung für die Überlebensfähigkeit von Tier- und Pflanzenarten ist ihr Vorkommen in ausreichend großen Populationen. Hierzu sind artspezifische Mindestarealgrößen notwendig.
16 OVG Lüneburg, Urt. v. 1.4.2008 – 4 KN 57/07, NuR 2008, 513 VGH Mannheim, Urt. v. 17.9.1995 – 5 S 1612/95, NuR 1996, 603/604.
17 *Louis*, BNatSchG, § 13 Rdnr. 6.

III. Schutzzwecke

11 In § 23 Abs. 1 Nrn. 1–3 sind die Voraussetzungen definiert, unter denen die Ausweisung eines Naturschutzgebiets möglich ist. Im Unterschied zu § 24 Abs. 1 (Nationalpark) müssen diese jedoch nicht kumulativ vorliegen; bereits das Vorliegen eines Schutzzwecks ist ausreichend, um eine Schutzgebietsausweisung zu begründen.

1. Biotopschutz (Absatz 1 Nr. 1 BNatSchG)

12 a) **Lebensstätte, Biotope oder Lebensgemeinschaften.** Die Ausweisung als Naturschutzgebiet kann zur Erhaltung, Entwicklung oder Wiederherstellung von Lebensstätten, Biotopen oder Lebensgemeinschaften wildlebender Tier- und Pflanzenarten vorgenommen werden. § 7 Abs. 2 Nr. 5 definiert den Begriff **Lebensstätte** als ein regelmäßiger Aufenthaltsort der wild lebenden Individuen einer Art. Hierzu gehören auch die in § 44 Abs. 1 Nr. 3 geschützten Fortpflanzungs- und Ruhestätten und die Wanderwege sowie die Nahrungsräume in den Verbreitungsgebieten dieser wild lebenden Tiere und Pflanzen. § 7 Abs. 2 Nr. 4 definiert **Biotop** als den Lebensraum einer Lebensgemeinschaft wild lebender Tiere und Pflanzen. Der Charakter des Biotops wird dabei sowohl durch abiotische als auch durch biotische Faktoren bestimmt. Er wird von Tier- und Pflanzenarten mit ähnlichen Standortansprüchen besiedelt, die gemeinsam die biotoptypische Lebensgemeinschaft (Biozönose) bilden.

13 Der Schutz von Biotopen verfolgt das **Ziel**, die landschaftstypischen natürlichen, halbnatürlichen und naturnahen Biotoptypen mit ihrem charakteristischen Arteninventar zu erhalten. Durch den Erhalt und die Entwicklung des Biotops soll die Bewahrung möglichst vollständiger Biozönosen erreicht werden. Insofern hängen beide im Gesetz genannten Begriffe eng zusammen. Die Unterschutzstellung des Biotops kann aber auch dann nötig sein, wenn dadurch nicht die dort beheimateten Lebensgemeinschaften, sondern Tierarten geschützt werden sollen, die sich dort nur temporär aufhalten. Beispiele hierfür sind der Schutz von Feuchtwiesen, die Zugvögeln als Rastplatz dienen, Jagdreviere von Fledermäusen oder Laichplätze von Amphibien. Die Ansprüche dieser Tierarten an den Lebensraum sollen durch die Unterschutzstellung und die damit verbundenen Ge- und Verbote gewährleistet werden.

14 Eine Inschutznahme kann auch erfolgen, um **Lebensgemeinschaften** bestimmter wildlebender Tier und Pflanzenarten zu schützen. Das Ziel des Artenschutzes nach § 23 ist der Schutz und der Erhalt von Tier- und Pflanzenarten in ihren natürlichen Lebensräumen und in ihrer natürlichen Vergesellschaftung. Anders als bei den artenschutzrechtlichen Vorschriften der §§ 37 ff. wird nicht auf den Schutz einzelner Arten, sondern auf den Schutz möglichst vollständiger Biozönosen abgestellt. Gleichwohl ist die Existenz intakter Biotope auch eine Grundvoraussetzung für den Erhalt einzelner Arten. Auch das Beschädigungs- und Zerstörungsverbot kommt allen vorhandenen Lebewesen zugute.[18]

15 Eines Schutzes bedürfen die Lebensräume seltener Tier- und Pflanzenarten, seltene Biotope sowie nicht oder nur schwer regenerierbare Biotoptypen. Ebenfalls geschützt werden können Bereiche, die auf Grund ihres Entwicklungspotenzials für den Arten- und Biotopschutz von besonderem Wert

---

18 *Kolodziejcok*, in: ders./Recken, Naturschutz, Landschaftspflege, § 23 Rdnr. 11.

sind. Ein Naturschutzgebiet kann auch der vorbeugenden Sicherung häufiger oder besonders typischer Biotoptypen und ihrer Lebensgemeinschaften dienen. So können z.b. auch Pflanzen- und Tierarten, die nicht dem besonderen Artenschutz nach § 44 ff. unterliegen, deren Lebensgemeinschaften im konkreten Gebiet aber gefährdet sind oder die dort in einer bestimmten Ausprägung erhalten bleiben sollen, durch ein Naturschutzgebiet geschützt werden.[19]

Der Schutz ist auf Lebensgemeinschaften bestimmter **wild lebender Tier- und Pflanzenarten** beschränkt. Zu den wild lebenden Arten zählen alle in Freiheit vorkommenden Arten, deren Exemplare nicht ausschließlich vom Menschen gezüchtet oder angebaut werden.[20] Auch Tiere, die auf einem Grundstück ausgesetzt worden sind, bewegen sich nunmehr frei, können sich unverfolgt vom Grundstück wieder entfernen und sind deshalb als „wildlebend" zu bezeichnen.[21] Gefangene Tiere wild lebender Arten, die die Freiheit wiedererlangen, sind ebenso wild lebend wie gezüchtete Tiere wild lebender Arten, die herrenlos geworden sind.[22]

16

Es können nicht die Lebensgemeinschaften aller, sondern nur die **bestimmter Tier- und Pflanzenarten** geschützt werden. Die Konkretisierung des Schutzwecks kann z.b. durch die Nennung dieser Arten erfolgen. Aus dem Gebot einer hinreichend präzisen Angabe des Schutzzwecks folgt allerdings nicht, dass etwa jede zu schützende Pflanzenart im einzelnen aufgeführt werden muss.[23] So sollte auf die Nennung von wertvollen und in ihrem Bestand bedrohten Arten im Schutzzweck verzichtet werden, um Störungen nicht zu fördern.[24] Andererseits darf sich aber die Schutzzweckbenennung nicht auf völlig pauschale Angaben beschränken.[25] Es reicht aber aus, wenn schützenswerte Biotoptypen oder Artengruppen genannt werden (vgl. § 22 Rdnr. 18).

17

b) Erhaltung, Entwicklung, Wiederherstellung. Eine „Erhaltung" von Biotopen und Lebensgemeinschaften ist nur möglich, wenn das Schutzgebiet auch langfristig die Voraussetzungen für einen unbeeinträchtigten Fortbestand von Biotopen und den dort vorhandenen Pflanzen- und Tierarten erfüllt. Das Gebiet muss sich also nicht nur zum Zeitpunkt der Unterschutzstellung in einem erhaltenswerten Zustand befinden, die „Erhaltung" ist vielmehr eine in die Zukunft gerichtete Aufgabe. Es müssen daher einerseits schutzzweckkonforme Ge- und Verbote ausgesprochen werden, andererseits muss aber auch der Schutzgebietszuschnitt so erfolgen, dass ein wirkungsvoller Arten- und Biotopschutz gewährleistet ist.[26] Dies kann z.b. die Hinzunahme von „Pufferflächen" zur Abschwächung negativer Randeinflüsse,[27] die Einbeziehung von „Entwicklungsflächen" zur Erreichung des Minimumare-

18

---

19 Kolodziejcok in: ders./Recken, a.a.O., § 23 Rdnr. 14; VGH München, Urt. v. 5.7.1983 – 9 N 82 A 365, NuR 1984, 53/54.
20 BT-Drs. 10/5064, S. 18.
21 BGH, Urt. v. 20.11.1992 – V ZR 82/91, NJW 1993, 925 ff.
22 *Louis*, BNatSchG, § 12 § Rdnr. 7.
23 VGH Mannheim, NK-Beschl. v. 14.10.1997 – 5 S 1765/95, BNatSchG/ES BNatSchG § 13 Nr. 28, VGH Mannheim, NK-Beschl. v. 7.8.1992 – 5 S 251/91, NuR 1993, 139.
24 *Louis,* BNatSchG, § 12 Rdnr. 76, dies entspricht auch der Vorgehensweise in wissenschaftlichen Publikationen, wo auf genaue Standortsangaben bedrohter Arten ebenfalls häufig verzichtet wird, um die Bestände vor „Raritätenjägern" zu schützen.
25 VGH Mannheim, NK-Beschl. v. 7.8.1992 – 5 S 251/91, NuR 1993, 139.
26 Die bisherige Ausweisungspraxis wird dem bislang häufig nicht gerecht, vgl. Rdnr. 4.
27 VGH Kassel, Beschluss vom 27.1.1995 – 3 N 1429/90, NuR 1995, 368; BVerwG, Urteil vom 13.8.1996 – 4 NB 4/96, BNatSchG/ES BNatSchG § 13 Nr. 24.

als bestimmter Zielarten oder auch die Wiederherstellung zerstörter Biotope[28] auf benachbarten Flächen sein.[29]

19 Mit dem BNatSchG 2002 wurde die Erhaltung von Biotopen und Lebensgemeinschaften auf die „Entwicklung" und „Wiederherstellung" ausgedehnt. Dies macht deutlich, dass die Ausweisung eines Naturschutzgebietes nicht (nur) als Mittel eines konservierenden Naturschutzes zur Erhaltung des Status Quo verstanden werden darf. Vielmehr soll es dort, wo ein entsprechendes Entwicklungspotenzial vorhanden ist, auch zur Aufwertung bestehender oder Schaffung neuer wertvoller Lebensräume eingesetzt werden. Damit trägt das Gesetz nun der Tatsache Rechnung, dass sich viele Lebensräume zwar in einen schlechten Zustand befinden, sie aber gleichzeitig ein hohes ökologisches Potenzial besitzen, das sich z.b. bei Nutzungsaufgabe oder durch Renaturierungsmaßnahmen wieder entfalten kann. Zwischen den Begriffen „Erhaltung", „Entwicklung" und „Wiederherstellung" bestehen gleitende Übergänge. Dies führte bislang zu Abgrenzungsschwierigkeiten bei der Frage, ob und wenn ja, in welchem Maß Entwicklungsflächen bei einer Schutzgebietsausweisung einbezogen werden können.[30] Das Entwicklungsziel begegnet bei richtigem Verständnis keinen Bedenken (§ 22 Rdnr. 5).

20 Für eine „**Entwicklung**" kommen alle Flächen in Frage, die sich nicht oder nicht im gewünschten Maß in einem schutzwürdigen Zustand befinden, sich aber dazu entwickeln bzw. dahin entwickelt werden können (Entwicklungspotenzial). Die Verbesserungen der Lebensbedingungen für Biotope und Lebensgemeinschaften bestimmter wild lebender Tiere und Pflanzen wird durch Erlass entsprechender Verbote und Gebote gewährleistet,[31] muss aber durch Pflege und Management begleitet werden. Einschränkungen wird meist die bis dahin erfolgte Flächennutzung erfahren müssen, weil diese einer Entwicklung der Flächen i.d.R. entgegensteht. Sind diese Flächen in privater Hand, so kann dies eine zum Ausgleich verpflichtende Inhaltsbestimmung des Eigentums nach Art. 14 GG darstellen. Meist wird man in der Praxis daher nicht um einen Ankauf der Flächen oder um den Abschluss langfristiger Verträge herumkommen. Eine Verbesserung durch Entwicklung kann sowohl qualitativ (Zustandsverbesserung) als auch quantitativ (Flächenvergrößerung) erfolgen. Naturschutzgebiete kommen damit auch zur Schaffung biogenetischer Reservate in Betracht.[32] Entwicklungsflächen können Flächen, die einen guten Erhaltungszustand von Biotopen und Biozönosen aufweisen, ergänzen. So kann eine Flächenvergrößerung erreicht werden mit dem Ziel, durch Schaffung ausreichend großer Areale die Erhaltung überlebensfähiger Populationen zu gewährleisten. Gegebenenfalls können Maßnahmen zu einer entsprechenden Lebensraumentwicklung nötig sein. Die

---

28 So z.B. OVG Münster, Urt. v. 6.10.1988 – 11 A 372/87, NuR 1989, 188: Die Festsetzung ist auch zulässig zur Herstellung oder Wiederherstellung einer Lebensgemeinschaft oder Lebensstätte.
29 Zu eng daher die von *J. Schmidt-Ränsch* in: Gassner/Schmidt-Räntsch/Bendomir-Kahlo, BNatSchG, § 23 Rdnr. 7 vertretene Auffassung, dass es sich bei Entwicklungsflächen um Bereiche handeln muss, die als Rand- und Pufferzonen oder zu einer Arrondierung eines schutzwürdigen Gebietes in Frage kommen.
30 Vgl. BVerwG, Beschl. v. 10.9.1999 – 6 BN 1.99, NuR 2000, 43 (Elbtalaue betrifft einen Nationalpark mit dem Tatbestandsmerkmal „in einem vom Menschen wenig beeinflussten ..."); VGH Mannheim, Urt. v. 17.11.1995 – 5 S 1612/95, NuR 1996, 603/605; OVG Lüneburg, Urt. v. 7.12.1989 – 3 A 198/ 87, NuR 1990, 281 f.; OVG Münster, Urt. v. 6.10.1988 – 11 A 372/87, NuR 1989, 188.
31 BT-Drs. 14/6378, S. 51.
32 BT-Drs. 14/6378, S. 51.

Regelung ermöglicht auch die Inschutznahme von reinen Entwicklungsgebieten, sofern dies aus Gründen des Arten- und Biotopschutzes erforderlich ist. Die Ausweisung derartiger „Zielnaturschutzgebiete" ist insbesondere dort sinnvoll, wo intakte Lebensräume fehlen und eine Entwicklungsprognose erfolgversprechend ist und die Flächen im Rahmen des Biotopverbundes benötigt werden.

Durch die „**Wiederherstellung**" soll ein aus Naturschutzgründen erstrebenswerter und in der Vergangenheit tatsächlich vorhandener Naturzustand erneut erreicht werden. Es soll somit nichts Anderes oder Neues geschaffen werden. Als „wiederherstellbar" gilt ein Biotop, wenn sich der Reifungsprozess in max. 50 Jahren vollziehen kann. Eine Aussage, welche Zustände der Natur aus heutiger Sicht als so wertvoll anzusehen sind, dass sie wiederherzustellen sind, trifft § 23 nicht. Viele, insbesondere selten gewordene Biotoptypen, sind nicht wiederherstellbar, weil sie entweder sehr lange Reifezeiten benötigen oder ihre Entstehungsbedingungen nicht mehr herstellbar sind. Hoch- und Übergangsmoore, natürliche Bach- und Flussabschnitte mit der sie begleitenden Auen- und Riedvegetation, Urwaldreste, Salzfluren, alte Wallhecken und Lesesteinriegel sind einige Beispiele für nicht renaturierbare Biotoptypen. Hier muss der Erhalt der noch vorhandenen Bestände vorrangiges Ziel sein. Das Ziel der Wiederherstellung dürfte praktisch weniger relevant sein als das Entwicklungsziel. 21

Grundvoraussetzungen für eine erfolgreiche Entwicklung oder Wiederherstellung von Biotopen sind: 22
- Schaffung der nötigen Rahmenbedingungen, Unterbinden aller dem Entwicklungsprozess entgegenwirkenden Maßnahmen,
- die Präsenz möglichst ähnlicher Biotoptypen mit vielfältigem Artenspektrum in räumlicher Nähe, das die Einwanderung von Individuen und den Aufbau neuer Populationen – insbesondere von Arten mit enger Biotopbindung – ermöglicht.

Einbindung der Flächen in ein Biotopverbundsystem, um ein langfristiges Überleben der Tier- und Pflanzenarten zu sichern. 23

Besondere Bedeutung kommen hierbei Renaturierungs- sowie Pflege- und Entwicklungsmaßnahmen zu, die auf naturschutzfachlicher Grundlage durchzuführen sind. Die Wiederherstellung artenreicher Feuchtwiesen nach intensiver Landnutzung (Entwässerung, Düngung) erfordert z.B. die Ausmagerung des Standorts, eine anschließende Wiederansiedlung der typischen Pflanzenarten kann durch Ausbringung von Mähgut gefördert werden. 24

2. Wissenschaft, Naturgeschichte und Landeskunde (Absatz 1 Nr. 2)

Die Gründe für die Ausweisung eines Naturschutzgebiets sind nicht auf ökologische oder ästhetische Gesichtspunkte beschränkt, wie sie in Abs. 1 Nr. 1 u. 3 aufgeführt sind, sondern erstrecken sich auch auf wissenschaftliche, naturgeschichtliche und landeskundliche Aspekte. Damit wird z.B. auch der Schutz der unbelebten Natur (wie geologische Formationen, Gesteinsbildungen usw.) umfasst. Überschneidungen zum Naturdenkmal, die die gleiche Schutzrichtung haben, sind nicht auszuschließen, vor allem, wenn es sich um ein „Flächenhaftes Naturdenkmal" nach § 28 handelt, das eine Größe von bis zu 5 ha aufweisen kann. 25

Aus **wissenschaftlichen Gründen** kann eine Ausweisung als Naturschutzgebiet in Frage kommen, wenn die Landschaft oder/und die in dem Gebiet vor- 26 kommenden Tier- und Pflanzenarten für sich oder in ihrer Gesamtheit geeignet sind, die wissenschaftlichen Erkenntnisse zu fördern. In erster Linie kommt dabei die biologische und die geologische Forschung in Betracht. Dabei erfolgt die Unterschutzstellung des Gebiets meist auf Grund seiner Bedeutung für den Arten- und Biotopschutz in Kombination mit der Möglichkeit, wissenschaftliche Erkenntnisse zu gewinnen. Nur selten erfolgt die Unterschutzstellung allein aus Forschungsgründen.[33]

27 Aus **naturgeschichtlichen Gründen** können Gebiete unter Schutz gestellt werden, in denen z.b. Entwicklungen der Erdgeschichte, der Vegetationsgeschichte oder der Nutzungsgeschichte einer Landschaft erkennbar werden.[34] So stellen z.b. geologische Aufschlüsse und Paläoböden Zeugnisse der Erdgeschichte dar und die in Gesteinen enthaltenen Fossilien geben Aufschluss über die Evolution von Tier- und Pflanzenarten. Moore sind als Archiv der Floren- und Vegetationsgeschichte von hohem wissenschaftlichen Wert. Die Untersuchungen der Pollengehalte in aufeinanderfolgenden Torfschichten (Pollenanalyse) ermöglicht die Rekonstruktion der Vegetationsgeschichte der Moore und ihrer Umgebung sowie der großräumigen Klimaverhältnisse der Nacheiszeit. Auch die durch die menschliche Inkulturnahme hervorgerufenen Veränderungen in der Natur und die Entstehungsgeschichte unserer Kulturlandschaften sind Teil der Naturgeschichte, wobei eine Abgrenzung zu Kulturgeschichte und Landeskunde kaum möglich ist.

28 Aus **landeskundlichen Gründen** können Gebiete unter Schutz gestellt werden, wenn sie einen besonderen Bezug zur Geographie oder Geschichte des Landes oder des Landesteils aufweisen.[35] So kommen insbesondere Gebiete, in denen sich die „historische Kulturlandschaft" erhalten hat, zur Ausweisung. Sie spiegeln die landestypischen früheren Nutzungsformen wieder, wie z.b. die norddeutsche Knicklandschaft, die Gäuheckenlandschaft der Schwäbischen und Fränkischen Alb, Weinbergterrassen, Wacholderheiden und Sandheiden.

29 Die Begriffe „wissenschaftlich, naturgeschichtlich und landeskundlich" sind entsprechend dem allgemeinen Sprachgebrauch auszulegen.[36] In der Praxis sind diese Begriffe nicht immer eindeutig voneinander abgrenzbar. Sie werden daher i.d.R. als eine Einheit verwendet.

---

33 Bsp: Naturschutzgebiet Bergrutsch am Hirschkopf: Unterschutzstellung eines ausgedehnten Bergrutsches mit unzulänglichen Felspartien, Geröllhalden und Schotterflächen als Forschungsobjekt für geologische, biologische (Sukzession) und landeskundliche Studien. Verzeichnis der Naturschutzgebiete, Landschaftsschutzgebiete und Naturparks des Landes Baden-Württemberg, T 6g; vgl. *Schumacher, A.* (in Vorb.): Vegetation und Sukzession im Naturschutzgebiet „Bergrutsch am Hirschkopf". Dissertation Tübingen.
34 Vgl. *Geissen, H.-P.* (1996): „Welche Natur wollen wir?": Naturschutz auf naturgeschichtlicher Grundlage. – Bibliothek Natur & Wissenschaft 9; *Frankenberger, G.* (1997): Zur Nutzungsgeschichte von Böden der Stadt Rostock – Archiv der Freunde der Naturgeschichte in Mecklenburg 36.; zu eng insoweit die Kommentierung zu § 13 von *J. Schmidt-Räntsch, Meßerschmidt* u.a. Diese engen den Begriff Naturgeschichte weitgehend auf den Begriff der Erdgeschichte ein; vgl. auch *Schumacher J./ Schumacher A.*; in: Hofmann-Hoeppel/Schumacher/Wagner, Bodenschutzrecht-Praxis, § 2 BBodSchG Rdnr. 37.
35 *Meßerschmidt*, BNatSchG, § 13 Rdnr. 45.
36 *Kolodziejcok* in: Kolodziejcok/Recken, Naturschutz, Landschaftspflege, § 13 Rdnr. 15.

3. Seltenheit, besondere Eigenart und Schönheit (Absatz 1 Nr. 3)

Gebiete können auch auf Grund ihrer Seltenheit, besonderer Eigenart oder hervorragenden Schönheit zu Naturschutzgebieten erklärt werden. **30**

Von **Seltenheit** ist zu sprechen, wenn das Gebiet eine besondere Ausgestaltung besitzt, die sonst kaum vorkommt. Das Kriterium der Seltenheit kann sich auf jedes der biotischen und abiotische Bestandteile von Natur und Landschaft beziehen. In Frage kommen z.b. geologische Formen, Bodenformen, Pflanzen- und Tierarten, Biozönosen, Biotope und Ökosysteme. Ebenso können naturgeschichtliche oder landeskundliche Besonderheiten unter Schutz gestellt werden.[37] Die Seltenheit kann auch in der Kombination einzelner Elemente bestehen, die für sich genommen nicht selten sind.[38] **31**

Im Gegensatz zur Seltenheit stellt die **besondere Eigenart** auf das individuelle Erscheinungsbild ab, das sich vom übrigen Landschaftsraum durch eine gewisse „Eigentümlichkeit" unterscheidet und nicht der „normalen Ausprägung" entspricht. Dabei kann die Eigenart sowohl durch die Landschaftsform als auch durch die biotischen und abiotischen Bestandteile von Natur und Landschaft hervorgerufen werden (z.b. Verwitterungsformen, Karsterscheinungen, ein kleinräumiges Nebeneinander verschiedener Biotoptypen, die normalerweise nicht miteinander vorkommen). **32**

Mit dem Element der **hervorragenden Schönheit** stellt das Gesetz auf den äußeren ästhetischen Eindruck der Landschaft ab. Dabei muss sich das Gebiet deutlich in seiner Schönheit von anderen, ebenfalls als „schön" empfundenen Landschaftsausschnitten abheben.[39] **33**

IV. Verbote (Absatz 2)

1. Allgemeines

Nach Abs. 2 Satz 1 sind alle Handlungen verboten, die zu einer Zerstörung, Beschädigung oder Veränderung des Naturschutzgebietes oder seiner Bestandteile oder zu seiner nachhaltigen Störung führen können. Die Handlung setzt ein aktives Tun voraus, ein Unterlassen reicht dafür nicht aus.[40] Das Verbot der Zerstörung, Beschädigung oder Veränderung des Naturschutzgebiets oder seiner Bestandteile gilt auch für die Land-, Forst- oder Fischereiwirtschaft. Diese Betätigungen müssen ausdrücklich zugelassen werden, sonst unterliegen sie zumindest dem Veränderungsverbot. **34**

Indem Abs. 2 Satz 1 alle Handlungen verbietet, die sich negativ auf das Naturschutzgebiet auswirken können, beschränkt sich das Verbot nicht auf Handlungen im Naturschutzgebiet, sondern erstreckt sich auch auf Handlungen, die zwar außerhalb des Schutzgebietes stattfinden, sich in diesem aber auswirken. Manche Landesnaturschutzgesetze regelten diesen Fall bislang ausdrücklich. Dabei gab es drei Varianten: Gesetzliches Verbot negativer äußerer Einwirkungen, Ermächtigung zu einem solchen Verbot durch Verordnung oder Ermächtigung der Behörde zum Verbot im Einzelfall. Für Bayern hat die Rechtsprechung daraus, dass das Veränderungs- und Störungsverbot unmittelbar im Gesetz verankert ist (wie hier in Abs. 2), ge- **35**

---

37 *Kolodziejcok* in: ders./Recken, Naturschutz, Landschaftspflege, § 13 Rdnr. 18.
38 *Louis*, BNatSchG, § 13 Rn. 9.
39 Zum Begriff „Schönheit" vgl. § 1, Rdnr. 60.
40 *Louis*, BNatSchG, § 13 Rdnr. 11.

schlossen, dass es auch Einwirkungen von außen erfasst.[41] Dem ist zuzustimmen, zumal Abs. 2 nicht lautet „Im Naturschutzgebiet ... ist verboten..." (vgl. dagegen § 26 Abs. 2). Als Konsequenz erweitert sich der Kreis der bei der Schutzgebietsausweisung zu würdigenden Interessen und der zur Normenkontrolle nach § 47 VwGO befugten Betroffenen. Ist das Naturschutzgebiet Teil des Netzes Natura 2000, spielt es kraft Europarechts ohnehin keine Rolle, ob das möglicherweise beeinträchtigende Vorhaben, das Gegenstand der Verträglichkeitsprüfung ist, innerhalb oder außerhalb des Schutzgebiets realisiert werden soll.[42]

36 Für das Aussprechen einzelner, die Regelung des Abs. 2 (beispielhaft) konkretisierender Verbote ist nicht der Nachweis nötig, dass eine Gefährdung des Schutzzweckes tatsächlich herbeigeführt wird, es reicht aus, dass **negative Folgen möglich** sind. Für diese Annahme hat der Verordnungsgeber einen erheblichen Einschätzungs- und Beurteilungsspielraum.[43] Nicht gänzlich außerhalb des Möglichen liegende Gefahren reichen aus. Eine Ausweisung als Naturschutzgebiet kann ihren Zweck nur erfüllen, wenn sie vorbeugend auch mögliche Gefahren ausschließt.[44] Verhindert werden sollen Nachteile für das gesamte Gebiet oder einzelne seiner Bestandteile. Auch einzelne Pflanzen, Tiere oder sonstige Ausprägungen von Natur und Landschaft sind durch die Verbote geschützt. Auf die Bedeutung des einzelnen Bestandteils für das Gebiet kommt es nicht an. Er braucht nicht durch den Schutzzweck erfasst zu sein. Auch die Beeinträchtigung nicht dem Schutzzweck unterliegender Pflanzen, Tiere oder Bestandteile kann auf Grund der Komplexität der Beziehungen im Naturhaushalt auch Auswirkungen auf das gesamte Gebiet haben und ist daher zu untersagen.[45] Diesen Aspekt des generellen Veränderungsverbots kennzeichnet treffend der Begriff „absolutes" Verbot, d.h. losgelöst von der Betrachtung einzelner Merkmale oder Bestandteile (§ 22 Rdnr. 20 ff.). Übermäßige Auswirkungen dieses generell-absoluten und daher regelmäßig „repressiv" zu formulierenden Verbots werden durch Ausnahmeregelungen in der Schutzverordnung und durch die Befreiungsmöglichkeiten, die in Zusammenhang mit den Verboten zu lesen sind,[46] gemildert.

37 Der besondere Schutz des Gebiets und der Schutzzweck sind auch zu berücksichtigen, wenn es um den Nachweis geht, dass eine Handlung den Tatbestand der Veränderung oder nachhaltigen Störung erfüllt, z.B. wenn es darum geht, ob ein Modellflugbetrieb die Vogelwelt beeinträchtigt. Im Rahmen der Eingriffsregelung ist darzulegen, welche Vogelarten ihren Lebensraum im Einwirkungsbereich eines Modellfluggeländes haben, und dass diese konkreten Vogelarten oder zumindest einige von ihnen durch den Modellflugbetrieb vertrieben oder zumindest wesentlich gestört werden. Findet der Modellflugbetrieb am Rande eines Naturschutzgebiets statt, dessen Zweck u.a. der Schutz eines Niedermoores und der an diesen Standort angepassten Tierwelt (u.a. einer reichen Vogelfauna) ist, so ist nicht ent-

---

41 VGH München, Beschl. v. 25.7.1995 – 22 CS 95. 2313, NuR 1995, 556: Schifffahrt am Rande eines Naturschutzgebiets, wo Vögel brüten.
42 BVerwG, Urt. v. 19.5.1998 – 4 A 7.97, ZUR 1998, 203.
43 OVG Lüneburg, Urt. v. 7.12.1989 – 3 A 198/87, NuR 1990, 281; VG Regensburg, Urt. v. 17.3.1998 – RN 11 K 96.2285, NuR 1999, 174 f.
44 OVG Lüneburg, Urt. v. 8.8.1991 – 3 K 20/89, NuR 1992, 244.
45 *Louis*, BNatSchG, § 13 Rdnr. 11.
46 BVerfG, Beschl. v. 16.9.1998 – 1 BvL 21/94, NuR 1999, 99 zum vergleichbaren Fall der Verbote des § 30: Die Befreiungsvorschrift ergänzt die Biotopschutzvorschrift und bildet zusammen mit ihr die entscheidungserhebliche Regelung.

scheidend, wo genau in diesem als Biotop (Lebensstätte) geschützten Gebiet sich diese Tiere aufhalten, brüten, fressen usw. Das Gebiet und das Verhalten der Tiere unterliegt einer natürlichen Dynamik. Die Verordnung will auch die Eignung des Gebiets als Lebensstätte schützen, nicht nur einen durch Momentaufnahme festgestellten Bestand an Tier-Individuen in seiner aktuellen Verteilung über das Gebiet.[47] Es reicht daher aus, wenn sich der Modellflugbetrieb (sei es durch Überfliegen des Gebiets, sei es von außerhalb) auf die Qualität und Kapazität der geschützten Lebensstätte negativ – in Form einer nachhaltigen Störung – auswirken kann, nicht aber muss die im Unterschutzstellungsverfahren durchgeführte Bestandsaufnahme in jedem Streitverfahren wiederholt werden.

2. Zerstörung

Zerstörung ist die vollständige oder teilweise Vernichtung der Gebietssubstanz oder einzelner Bestandteile.[48] Beispiel dafür sind die Drainierung von Feucht- oder Moorgebieten, das Zertreten der Grasschicht und dadurch Erosion der obersten Bodenschicht. Die Handlung muss nicht unmittelbar auf diesen Erfolg (der Zerstörung) hinzielen, sie kann ihn auch mittelbar herbeiführen, z.b. Zerstörung der Flora oder Fauna durch Entzug der Lebensgrundlage. Die Anlage einer Fichtenkultur zerstört z.b. die Flora oder Fauna einer Wiese.[49]

3. Beschädigung

Als nächst schwächere Stufe ist eine Beschädigung des Gebiets oder seiner Bestandteile zu untersagen. Darunter fällt jede Beeinträchtigung, die erheblich ist, aber nicht ausreicht, um zum Absterben oder zum Verschwinden des geschützten Bestandteils zu führen. Dabei ist es ohne Bedeutung, ob sich die beschädigten Teile wieder erholen, die Beeinträchtigung also nur vorübergehend ist.[50] Im Gegensatz zur Zerstörung führt die Beschädigung „nur" zu einer Substanzbeeinträchtigung und nicht zu einem zumindest teilweisen Substanzverlust.

4. Veränderung

Veränderung ist im Grundsatz jede Abweichung von dem physikalischen oder ästhetischen Erscheinungsbild, dass das Naturschutzgebiet im Zeitpunkt seiner Unterschutzstellung bietet. Das Veränderungsverbot umfasst jede nicht unerhebliche Ersetzung des früheren (vorhandenen) Zustands durch einen neuen (anderen) im stofflichen Bestand oder auch nur im äußeren Erscheinungsbild, und zwar ohne Rücksicht darauf, ob jene Veränderungen einen Mangel verursachen oder gar als Verschönerung oder Anreicherung aufgefasst werden können. Eine längerfristige oder über mehrere Wachstumsperioden hinaus andauernde Veränderung ist nicht erforderlich.[51] Gemeint sind also die Errichtung baulicher Anlagen aller Art, Abgrabungen, Abladen von Schutt, Eingriffe in den Naturhaushalt, insbesondere durch Entwässerung, Umbruch und ähnliches, die Beseitigung oder Anpflanzung von Gehölzen, die Entnahme von Pflanzen, der Fang von Tieren

---

47 Vgl. VG Regensburg, Urt. v. 7.6.1989 – RN 3 K 88.1365, NuR 1990, 39/40.
48 *J. Schmidt-Räntsch*, in: Gassner/Schmidt-Räntsch/Bendomir-Kahlo, BNatSchG, § 23 Rdnr. 23.
49 VG Braunschweig, Urteil vom 25.6.1987 – 2 VG A 29/86.
50 OLG Düsseldorf, Beschl. vom 30.9.1987 – Ss (Owi) 197/87 – 235/87, NuR 1988, 259 f.
51 OLG Celle, Beschl. v. 24.3.1980 – 2 Ss (OWi) 268/79, NuR 1981, 35.

u.v.m. Mit dem Veränderungsverbot soll verhindert werden, dass sich der Charakter oder Zustand des Gebiets ändert, auch wenn keine Beschädigung oder Zerstörung vorliegt. Veränderungen, die für das Gebiet völlig bedeutungslos (unerheblich) sind, sind nicht verboten.[52] Damit erweist sich der Tatbestand der Veränderung als Auffangtatbestand, der jede nicht völlig unerhebliche Abweichung von dem ursprünglichen Zustand umfasst, die das Ziel der Schutzgebietsausweisung, das Naturschutzgebiet in seiner besonderen Eigenart zu erhalten, gefährdet.[53] Entscheidend ist somit, ob eine Handlung im Hinblick auf den Schutzzweck der Naturschutzgebietsverordnung den Tatbestand einer Veränderung erfüllt.[54]

41 Zu beachten ist ferner, dass die Vorschrift den Begriff der Veränderung im Zusammenhang mit Zerstörung und Beschädigung nennt, daher sprechen gewichtige Gründe dafür, dass nur solche Veränderungen gemeint sind, die geeignet sind Natur und Landschaft zu beeinträchtigen, notwendige Verbesserungsmaßnahmen aber nicht verhindert werden sollen. Handlungen wie die Entwicklung und Wiederherstellung, mit der eine ökologische Verbesserung eines Gebiets oder die Bewahrung dessen Status Quo verbunden sind, werden von dem Veränderungsverbot nicht erfasst.[55]

5. Störung

42 Der Begriff Störung ist weit zu fassen und deckt alle sonstigen Beeinträchtigungen ab, die dem Schutzzweck zuwiderlaufen. Es handelt sich dabei um Handlungen, die nicht unmittelbar zu einer Zerstörung, Beschädigung oder Veränderung des Gebiets oder seiner Bestandteile führen, aber auf andere Weise dem Schutzzweck zuwiderlaufen, z.B. das (verbotene) Betreten der Flächen, das Überfliegen mit Drachenfliegern oder die Erzeugung von Lärm.[56] Die Störung muss nachhaltig sein, d.h. sie muss sich entweder infolge ihrer Dauer oder infolge ihrer Intensität auf den Schutzzweck des Naturschutzgebietes spürbar auswirken. Wie bei der Veränderung scheiden daher unerhebliche Vorgänge aus.

6. Maßgabe näherer Bestimmungen

43 Nach Abs. 2 Satz 1 sind die dort bezeichneten Handlungen „nach Maßgabe näherer Bestimmungen" verboten. Damit ist gemeint, dass die verbotenen Handlungen in der Schutzverordnung beispielhaft genannt werden, um den Betroffenen die wichtigsten Auswirkungen des Veränderungsverbots vor Augen zu führen, zum anderen darin, dass die Ausnahmen von den Verboten, die nach Abwägung der Schutzinteressen mit den Belangen Betroffener zu machen sind, festgelegt werden. Der Verordnungsgeber hat dabei zu beachten, dass der vom Gesetz geforderte weitgehende Schutz des Naturschutzgebiets gegen Veränderungen und Störungen aller Art es rechtlich nicht erlaubt und auch praktisch nicht ermöglicht, die Verbote lediglich in Form eines Erlaubnisvorbehalts mit Einzelfallprüfung zu fassen. Vielmehr erfordert diese Art des Schutzes ein repressives Verbot aller Veränderungen

---

52 Nach VG Köln, Beschl. v. 21.2.1979 – 2 L 29/79 – liegt auf der Hand, dass nicht die Mücke umfasst wird, die den Spaziergänger belästigt, auch sind Fußabdrücke, anders als Planierarbeiten, nicht erfasst.
53 OVG Weimar, Urt. v. 2.7.2003 – 1 KO 39/02, NuR 2004, 325.
54 OVG Lüneburg, Beschl. v. 15.12.2008 – 4 ME 315/08, NuR 2009, 130/131.
55 *Gassner* et. al., BNatSchG, § 23 Rdnr. 25; vgl. auch OVG Lüneburg, Beschl. v. 15.12.2008 – 4 ME 315/08, NuR 2009, 130/131.
56 Hierdurch wird z.B. der Bruterfolg von Vögeln beeinträchtigt.

und Störungen vorbehaltlich zu regelnder Ausnahmen, d.h. der Schutzzweck ist im Naturschutzgebiet vorrangig. Das schließt nicht aus, dass einzelne Sachverhalte im Weg des Verbots mit Erlaubnisvorbehalt geregelt werden können, wenn das der angemessene Weg ist.[57] Insbesondere bei der Konkretisierung dessen, was als Störung des Naturschutzgebiets anzusehen ist, kommt der Verordnung eine wichtige Aufgabe zu.

Die Auswirkungen der Verbote sind vielgestaltig.[58] So betrifft das Verbot der Zerstörung oder Beschädigung z.B. Abgrabungen, Auffüllungen, bauliche Anlagen und den Wegebau. (Nachteilige) Veränderungen sind z.b. das Einbringen von Pflanzen, Veränderungen der Bodengestalt (z.b. durch Erosion), Aufforstungen, landwirtschaftliche Nutzung, Asphaltierung eines Wegs. Störungen können verursacht werden durch Drachenflieger, Fischerei, Befahren von Gewässern, gewerbliche Nutzungen, Jagd, Klettern, Kraftfahrzeugverkehr, Modellflugbetrieb, Veranstaltungen usw. **44**

V. Gebote

Durch Abs. 2 Satz 1 werden Handlungen verboten. Gebote werden hier nicht genannt. Doch beschreibt Abs. 2 nicht abschließend den Inhalt der Schutzbestimmungen. Er gibt lediglich an, wie weit die Verbote – die primären und die Rechte Betroffener am meisten berührenden Schutzinstrumente – gehen dürfen (wie „streng" der Schutz sein soll). Gebote sind in allen Schutzerklärungen zulässig, wie sich aus der Beschreibung ihres Inhalts in § 22 Abs. 2 ergibt. Gängige Gebote im Naturschutzgebiet sind das Wegegebot oder das Gebot, Hunde anzuleinen. Es kann aber für den Erhalt eines Naturschutzgebiets auch erforderlich sein, Gebote zu behutsamen Bewirtschaftungsweisen[59] anzuordnen. Unzulässig wäre ein weiter gehendes Gebot, das die Grundstückseigentümer verpflichtet, ihre Flächen zu pflegen oder zu bewirtschaften. Wenn sich der Schutzzweck nur durch regelmäßige Pflegemaßnahmen verwirklichen lässt, was generell für die historischen Nutzungsformen unserer Kulturlandschaft gilt (Beispiel der Erhalt von Wacholderheiden durch Verhinderung der Verbuschung), so müssen solche Maßnahmen entweder vertraglich mit den Eigentümern vereinbart werden oder von der Behörde durchgeführt werden, die sich dabei auf eine Duldungspflicht der Eigentümer nach Maßgabe von § 65 stützen kann. **45**

Oft ist der Unterschied zwischen Geboten und Verboten fließend: Ein Wegegebot kann auch als Verbot des Verlassens der Wege, ein Gebot, bei der Waldbewirtschaftung einen bestimmten Anteil von Laubbäumen einzuhalten, als entsprechendes Verbot der Umwandlung formuliert werden bzw. als Freistellung der Waldbewirtschaftung vom Veränderungsverbot, sofern diese Baumartenzusammensetzung eingehalten wird. **46**

---

57 VGH Mannheim, Urt. v. 4. 6. 1992 – 5 S 1111/92, NuR 1993, 138: Zulässigkeit eines Genehmigungsvorbehalts in einer Naturschutzverordnung für die Errichtung von Jagdkanzeln und Hochsitzen, um die Vereinbarkeit mit den Schutzzwecken (Erhaltung gefährdeter Pflanzen- und Tierarten und des Landschaftsbildes) im Einzelfall zu gewährleisten.
58 Einzelheiten bei *Fischer-Hüftle*, Naturschutz-Rechtsprechung für die Praxis, Kap. 4155.45.
59 Vgl. dazu *Haarmann/Pretscher*, Naturschutzgebiete in der Bundesrepublik Deutschland, 2. Aufl. 1988, S. 30; *Martens/Merx/Cramer*, ZUR 1994, 277 ff.

VI. Land- und Forstwirtschaft

47 Die Veränderung oder Zerstörung von Teilen des Naturschutzgebiets ist auch dann verboten, wenn sie im Rahmen einer ordnungsgemäßen Land- und Forstwirtschaft[60] bzw. im Rahmen der guten fachlichen Praxis i.S.v. § 5 erfolgt. Die gebräuchlichen Verordnungen lassen Ausnahmen zu, wenn die ordnungsgemäße Land- und Forstwirtschaft den Schutzzweck nicht gefährdet. Bei der Zulassung von Ausnahmen muss die zuständige Behörde beachten, dass ein Naturschutzgebiet strengeren Schutz gewährt als ein Landschaftsschutzgebiet und sich die Land- und Forstwirtschaft in einem Naturschutzgebiet dem Schutzzweck mehr anpassen muss als im Landschaftsschutzgebiet; im Einzelfall ist eine Abwägung zu treffen. Häufig fällt die Abwägung so aus, dass die Bodennutzung im bisherigen (mit dem Schutzzweck vereinbaren) Umfang erlaubt bleibt bzw. gewissen Beschränkungen unterworfen wird, z.B. kann die Anwendung von Dünger und Pflanzenschutzmitteln verboten werden.[61] Gerade bei älteren Schutzverordnungen geht die Freistellung der Land- und Forstwirtschaft manchmal zu weit, d.h. der Schutzzweck wird beeinträchtigt. Werden solche Naturschutzgebiete zu Natura-2000-Gebieten, so sind u.a. jene Ausnahmeregelungen auf ihre Vereinbarkeit mit den Erhaltungszielen zu überprüfen und ggf. zu ändern.

48 Zu beachten ist, dass Ausnahmen in der Regel für die land- und forstwirtschaftliche Bodennutzung im Sinne der Urproduktion gelten, d.h. nicht die Anlage von Wegen und Bauten erfassen. Auch z.B. die Absenkung des Wasserstandes oder die Umwandlung von Grünland fallen nicht darunter.[62] Insofern gilt dasselbe wie bei der Eingriffsregelung (§ 14 Rdnr. 63).

VII. Zugänglichkeit für die Allgemeinheit

49 Naturschutzgebiete können nach Abs. 2 Satz 2 der Allgemeinheit zugänglich gemacht werden, soweit es der Schutzzweck erlaubt. Das allgemeine Recht zum Betreten der Flur (§ 59 BNatSchG) muss hier hinter den Schutz von Natur und Landschaft zurücktreten. Entsprechend dem strengen Schutzregime des Naturschutzgebiets kann ein Betretungsrecht nur dann gewährt werden, wenn dadurch keine negative Beeinträchtigung des Schutzgebiets zu erwarten ist. Es besteht keine Verpflichtung, Naturschutzgebiete für die Allgemeinheit zu öffnen[63]. Auch ein subjektiver Betretungsanspruch für Naturschutzgebiete ist zu verneinen[64]. Derzeit erlauben die meisten Schutzgebietsverordnungen die Zugänglichkeit für die Allgemeinheit, sie binden das Betretungsrecht jedoch an die Benutzung des vorhandenen Wegenetzes. Ein Betreten des Schutzgebiets außerhalb der Wege ist i.d.R. verboten. Diese bislang sehr großzügige Handhabung von § 23 Abs. 2 Satz 2 hat in vielen Schutzgebieten erhebliche Beeinträchtigungen des Schutzzwecks zur Folge.[65]

---

60 BVerwG, Beschl. v. 18.7.1997 – 4 BN 5/97, BNatSchG/ES BNatSchG § 13 Nr. 26.
61 OVG Schleswig, Urt. v. 31.1.1997 – 1 K 7/95, AgrarR 1998, 383.
62 OVG Lüneburg, Urt. v. 24.7.1995 – 3 K 2909/93, NuR 1997, 203,
63 *Louis*, BNatSchG, § 13 Rdnr. 17.
64 VGH Kassel, Beschl. v. 30.7.1992 – 3 N 868/88, NuR 1993, 165.
65 Vgl. *Haarmann/Pretscher*, Naturschutzgebiete in der Bundesrepublik Deutschland, 2. Aufl. 1988, S. 150 ff.: in 46 % aller untersuchten Naturschutzgebiete hinterließen Freizeit- und Erholungsnutzung deutliche Spuren.

Für störungsempfindliche Biotope oder Lebensgemeinschaften sowie für die **50** Kernzonen eines Schutzgebietes ist ein Betretungsrecht i.d.R. nicht mit dem Schutzzweck vereinbar. Auch in den übrigen Fällen muss eine sorgsamere Abwägung als bisher erfolgen. Gegebenenfalls können Maßnahmen zur Besucherlenkung (z.b. Rückbau von Wegen in sensiblen Bereichen, Zugänglichmachung weniger störungsempfindlicher Bereiche, Aufstellung von Hinweistafeln, Anbringung von Holzbarrieren entlang der Wege) angeordnet werden. Von weiteren Freizeitaktivitäten ist anzunehmen, dass sie regelmäßig mit einer Störung des Gebiets verbunden sind, daher sind z.b. Drachenfliegen,[66] Paragliding,[67] Modellflugsport[68] und das Klettern an Felswänden[69] (jedenfalls außerhalb von der Naturschutzbehörde festgelegter Routen) abzulehnen.

VIII Anhang

Verordnung des Regierungspräsidiums Tübingen über das Naturschutzgebiet **51**
„Schönbuch-Westhang/Ammerbuch"
vom 15. November 2000 (GBl. Bad.-Württ. S. 738)

Auf Grund von §§ 21, 58 Abs. 2 des Naturschutzgesetzes (NatSchG) in der Fassung vom 29. März 1995 (GBl. S. 385) und § 28 Abs. 2 des Landesjagdgesetzes (LJagdG) in der Fassung vom 1. Juni 1996 (GBl. S. 369) wird verordnet:

Allgemeine Vorschriften

§ 1 Erklärung zum Schutzgebiet

Die in § 2 näher bezeichneten Flächen auf dem Gebiet der Gemeinde Ammerbuch, Landkreis Tübingen, werden zum Naturschutzgebiet erklärt. Das Naturschutzgebiet führt die Bezeichnung „Schönbuch-Westhang/Ammerbuch".

§ 2 Schutzgegenstand

(1) Das Naturschutzgebiet hat eine Größe von rd. 459 ha.

(2) Es umfasst nach näherer Maßgabe der Karte auf den Gemarkungen Altingen, Breitenholz, Entringen und Pfäffingen im Wesentlichen ganz oder teilweise folgende Gewanne:

Altingen:

Mulden, Halden, Bühringer, Glocksteig, Schochenberg, Ammelsgraben, Steighäule;

Breitenholz:

Ammelsgraben, Bronnweinberg, Spitalhalde, Luzenebene, Wolfgraben, Klammen, Hintere Vogtshalde, Frauenberg, Schiefer, Vordere Weingärten, Hoher Weingarten, Ziegelländer, Leibrock, Steingrube, Mädlessteig, Streitbühl, Hahnengarten, Steigrain, Zwicker, Wannenäcker, Gernhalde, Loch, Unteres Tal, Oberes Tal, Hörnle, Granäcker, Friesenhalde, Friesen, Hinterhalde, Katermannshalde, Renzäcker, Kämpfen, Egertle, Obere Heiligengasse, Vordere Vogtshalde, Rote Äcker, Tannenäcker, Kräutle, Vordere Weingärten, Burggraben, Reute, Bergle, Pflasterberg, Stampfingen;

Entringen:

Neuen, Vorderes Härensloch, Mittelweingart, Hinteres Härensloch, Blaier, Gigelshalde, Appenhalde, Greutle, Gefelgte Wiesen, Beim Hungerbrunnen, Hinteres Gachental, Vorderes Gachental, Bogenacker, Altenberg, Helfer, Pfaffenberg, Schlehdorn, Herdsteige, Tal, Füllesberg, Rosengarten, Spielbühl, Bühl, Hagenlöcher, Hinternkunden, Vordernkunden, Rammertäle, Gerstner, Täle, Hildental, Waldwieshalde, Waldwiesen, Ho-

---

66 VG Freiburg, Urt. v. 6.11.1990 – 6 K 179/89, NuR 1993, 242.
67 VGH Mannheim, NK-Beschl. v. 14.10.1997 – 5 S 1765-95, BNatSchG/ES BNatSchG § 13 Nr. 28.
68 OVG Münster, Urt. v. 5.9.1985 – 7 A 2523/84, NuR 1986, 213.
69 VGH München, Urt. v. 23.2.1995 – 9 N 91.3334, NuR 1996, 409.

hen, Schwarzenburg, Schneckenhalde, Münchberghalde, Kurze Steige, Münchberg, Geißbühl, Schopfloch, Steigle, Fuchswiesen, Schulwiesen, Am Tübinger Weg;

Pfäffingen:

Geißlesbühl, Bockshalde, Eulenhalde, Häsloch, Kohler, Herdweg, Riedberg, Kelternrain, Letzter Riedberg, Altenberg.

(3) Die Grenzen des Naturschutzgebietes sind in einer Übersichtskarte im Maßstab 1 : 50 000 in Verbindung mit einer Detailkarte im Maßstab 1:5000 vom 11. September 2000 mit durchgezogener roter Linie eingetragen.

Die rote Bandierung ist Teil der Schutzgebietsfläche.

Die Karte ist Bestandteil dieser Verordnung.

Die Verordnung mit Karte wird beim Regierungspräsidium Tübingen in Tübingen, Konrad-Adenauer-Str. 20, und beim Landratsamt Tübingen in Tübingen, Bismarckstraße 110, auf die Dauer von zwei Wochen, beginnend am Tag nach Verkündung dieser Verordnung im Gesetzblatt, zur Einsicht durch jedermann während der Sprechzeiten öffentlich ausgelegt.

(4) Die Verordnung mit Karte ist nach Ablauf der Auslegungsfrist bei den in Abs. 3 Satz 4 bezeichneten Stellen zur kostenlosen Einsicht durch jedermann während der Sprechzeiten niedergelegt.

§ 3 Schutzzweck

(1) Schutzzweck des Naturschutzgebietes ist es, den auf über vierhundert Hektar ausgedehnten, geschlossenen, fast ununterbrochenen Streuobstwiesengürtel um den Schönbuch mit mehreren tausend Hochstammbäumen, aber auch altersbedingtes Totholz zu erhalten. Der Schutzzweck richtet sich ferner auf die Erhaltung eines alten, reich strukturierten Kultur- und Lebensraums, in dem riesige, wenig erschlossene Obstwälder in sonnigwarmer Lage günstig verzahnt sind mit Salbei-Glatthafer-Wiesen, Weinbergbrachen mit Trockenmauern als Terrassenstützen, Hohlwegen, Hecken, mit natürlichen Waldrändern aus wärmeliebendem Saum und Gebüsch, mit häufig anschließendem, natürlich aufgewachsenem Eichen-Elsbeeren-Wald oder naturnahem Wald von hohem Alter.

(2) Schutzzweck ist auch die Erhaltung der artenreichen Tierbestände (Vögel, Reptilien, Amphibien, Insekten und Schnecken) und ihrer Lebensräume sowie solcher Arten und Lebensräume, die der Richtlinie 92/43/EWG des Rates vom 21. Mai 1992 über die Erhaltung der natürlichen Lebensräume sowie der wild lebenden Tiere und Pflanzen (Flora-Fauna-Habitat-Richtlinie, kurz: FFH-Richtlinie) und der vorangegangenen Richtlinie 79/409/ EWG des Rates vom 2. April 1979 über die Erhaltung der wild lebenden Vogelarten (Vogelschutzrichtlinie) in besonderem Maße entsprechen.

Nach den dortigen Anforderungen kommen im Schutzgebiet folgende Arten in ihren Lebensräumen vor:

Vögel:

Grauspecht (Picus canus),

Halsbandschnäpper (Ficedula albicollis),

Neuntöter (Lanius collurio),

Rotmilan (Milvus milvus),

Schwarzspecht (Dryocopus martius) und

Mittelspecht (Dendrocopus medius),

Schmetterlinge:

Dunkler Wiesenknopf-Ameisen-Bläuling (Maculinea nausithous),

sowie folgende Lebensräume:

Trespen-Schwingel-Kalk-Trockenrasen und besondere Bestände mit bemerkenswerten Orchideen auf Kalkheiden und -rasen,

Formationen von Juniperus communis,

magere Flachland-Mähwiesen sowie

Labkraut-Eichen-Hainbuchwälder, von denen der Trespen-Schwingel- Kalk-Trockenrasen einen prioritären Lebensraum darstellt.

§ 4 Verbote

(1) In dem Naturschutzgebiet sind alle Handlungen verboten, die zu einer Zerstörung, Veränderung oder nachhaltigen Störung im Schutzgebiet oder seines Naturhaushalts oder zu einer Beeinträchtigung der wissenschaftlichen Forschung führen oder führen können. Insbesondere sind die in den Absätzen 2 bis 6 genannten Handlungen verboten.

(2) Die nachfolgenden Bestimmungen der Absätze 3 bis 7 gelten für die land- und forstwirtschaftliche Bodennutzung sowie die Jagd nur, soweit die in § 5 genannten Grenzen einer ordnungsgemäßen Nutzung überschritten werden.

(3) Zum Schutz von Tieren und Pflanzen ist es verboten,

1. Pflanzen oder Pflanzenteile einzubringen, zu entnehmen, zu beschädigen oder zu zerstören;
2. Standorte besonders geschützter Pflanzen durch Aufsuchen, Fotografieren, Filmen oder ähnliche Handlungen zu beeinträchtigen oder zu zerstören;
3. Tiere einzubringen, wild lebenden Tieren nachzustellen, sie mutwillig zu beunruhigen, sie zu fangen, zu verletzen oder zu töten oder Puppen, Larven, Eier oder Nester oder sonstige Brut-, Wohn- oder Zufluchtsstätten dieser Tiere zu entfernen, zu beschädigen oder zu zerstören;
4. wild lebende Tiere an ihren Nist-, Brut-, Wohn- oder Zufluchtsstätten durch Aufsuchen, Fotografieren, Filmen oder ähnliche Handlungen zu stören;
5. Hunde frei laufen zu lassen;
6. künstliche Lichtquellen zu benutzen mit Ausnahme von Lichtquellen an Fahrzeugen.

(4) Verboten ist es, bauliche Maßnahmen durchzuführen und vergleichbare Eingriffe vorzunehmen, wie

1. bauliche Anlagen im Sinne der Landesbauordnung zu errichten oder der Errichtung gleichgestellte Maßnahmen durchzuführen; dies gilt auch für Einfriedungen jeder Art sowie für Sport-, Spiel- oder Erholungseinrichtungen;
2. Straßen, Wege, Plätze oder sonstige Verkehrsanlagen anzulegen, Leitungen zu verlegen oder Anlagen dieser Art zu verändern;
3. fließende oder stehende Gewässer anzulegen, zu beseitigen oder zu verändern sowie Entwässerungs- oder andere Maßnahmen vorzunehmen, die den Wasserhaushalt verändern können;
4. Plakate, Bild- oder Schrifttafeln aufzustellen oder anzubringen, mit Ausnahme behördlich zugelassener Beschilderungen.

(5) Unter anderem bei der Nutzung der Grundstücke ist es verboten,

1. die Bodengestalt zu verändern, insbesondere durch Abgrabungen und Aufschüttungen, Sprengungen oder Bohrungen;
2. Dauergrünland umzubrechen;
3. Art und Umfang der bisherigen Grundstücksnutzung entgegen dem Schutzzweck zu ändern;
4. neu aufzuforsten, die Entwicklung von Laubholz- oder Mischbeständen hin zu Nadelholzreinbeständen aktiv zu fördern, Christbaum- und Schmuckreisigkulturen oder Vorratspflanzungen von Sträuchern und Bäumen anzulegen sowie Gehölze aller Art (ausgenommen Hochstamm- Obstbäume) neu zu pflanzen oder auf andere Weise nicht-standortheimische Pflanzen oder Pflanzenteile einzubringen;
5. Hochstamm-Obstbäume zu beseitigen, ohne innerhalb von zwei Jahren in diesem Naturschutzgebiet Hochstammsetzlinge als Ersatz zu pflanzen;
6. auf Grünland Düngemittel über den Rahmen der guten fachlichen Praxis hinaus (entsprechend Nährstoffentzug) auszubringen;
7. andere chemische oder biologische Mittel zur Bekämpfung von Schadorganismen zu verwenden als diejenigen, die nach jeweils geltendem Pflanzenschutzrecht innerhalb von Naturschutzgebieten zugelassen sind.
8. Es wird empfohlen, Grünland unter Entfernung des Grasschnitts und nicht vor der Blühzeit zu mähen (Orientierungspflanze ist der Glatthafer); ferner sollen Kreiselschlegelmäher wegen ihrer für Frösche, Blindschleichen und ähnliche Kleintiere vielfach tödlichen Arbeitsweise möglichst nicht eingesetzt werden.

(6) Insbesondere bei Erholung, Freizeit und Sport ist es verboten,

1. das Schutzgebiet zwischen dem 15. März und dem zweiten Wiesenschnitt außerhalb von Wegen zu betreten oder in dieser Zeit außerhalb von Wegen zu reiten;
2. das Gebiet außerhalb befestigter Wege, im Wald außerhalb befestigter Wege von mindestens 2 Metern Breite mit Fahrrädern zu befahren;
3. das Gebiet mit motorisierten Fahrzeugen aller Art zu befahren, ausgenommen mit Krankenfahrstühlen oder zur Bewirtschaftung der im Schutzgebiet gelegenen Grundstücke für die in § 5 Abs. 4 aufgeführten Nutzungen, Unterhaltungs- sowie Instandsetzungsmaßnahmen;
4. zu zelten, zu lagern, Wohnwagen, sonstige Fahrzeuge oder Verkaufsstände aufzustellen, Kraftfahrzeuge abzustellen oder Massenveranstaltungen aller Art (wie Volkswandern, Sportveranstaltungen) durchzuführen;
5. Luftfahrzeuge aller Art zu betreiben, insbesondere das Starten und Landen von Luftsportgeräten (Hängegleiter, Gleitsegel, Ultraleichtflugzeugen, Sprungfallschirmen) und Freiballonen sowie das Aufsteigenlassen von Flugmodellen.

(7) Weiter ist es verboten,

1. Abfälle oder sonstige Gegenstände zu hinterlassen oder zu lagern, Brennholzstapel ausgenommen;
2. außerhalb amtlich gekennzeichneter Feuerstellen Feuer zu machen oder zu unterhalten (ausgenommen ist das Verbrennen des auf dem Grundstück anfallenden Baum- oder Beerenschnitts);
3. ohne zwingenden Grund Lärm, Luftverunreinigungen oder Erschütterungen zu verursachen.

§ 5 Zulässige Handlungen

(1) Abweichend von § 4 gelten dessen Verbote für die landwirtschaftliche Bodennutzung nicht, wenn sie in der bisherigen Art und im bisherigen Umfang und ordnungsgemäß im Sinne der gesetzlichen Vorgaben erfolgt, dabei den Boden pflegt, Erosion und Humusabbau vermeidet, Gewässerrandstreifen und Ufer, oberirdische Gewässer und Grundwasser nicht in ihrer chemischen, physikalischen und biologischen Beschaffenheit beeinträchtigt und wild lebenden Tieren und Pflanzen ausreichenden Lebensraum erhält. Diese Regelung gilt auch für Personen, die nicht Inhaber eines landwirtschaftlichen Betriebs sind.

Voraussetzung ist ferner, dass

1. die Bodengestalt nicht verändert wird, insbesondere durch Abgrabungen, Aufschüttungen, Sprengungen oder Bohrungen;
2. keine neuen Entwässerungseinrichtungen angelegt werden, die den Wasserhaushalt entgegen dem Schutzzweck verändern können. Bestehende Entwässerungseinrichtungen dürfen weder erweitert noch intensiviert werden;
3. Dauergrünland nicht umgebrochen wird. Zulässig sind Hackländer bis 50 m^2;
4. das Wiederanbauen von Reben nur in den in der Karte schraffiert dargestellten Flächen nach dem bestehenden Rebenaufbauplan im Rahmen der ordnungsgemäßen Landwirtschaft zulässig ist;
5. nicht neu aufgeforstet wird, keine Christbaum- und Schmuckreisigkulturen oder Vorratspflanzungen von Sträuchern und Bäumen angelegt und keine nicht-standortheimischen Pflanzen (Obstbäume ausgenommen) eingebracht werden;
6. Obstbäume nicht beseitigt werden, ohne dass innerhalb von zwei Jahren in diesem NSG mindestens gleich hohe Setzlinge als Ersatz gepflanzt werden; der Intensivobstbau (einschließlich rechtmäßiger Einzäunungen) bleibt auf den bisher dafür genutzten Flächen, in der bisherigen Art, im bisherigen Umfang und im Rahmen der ordnungsgemäßen Landwirtschaft zulässig, ebenso das Entfernen einzelner Obstbäume zum Auslichten während des Aufwuchses;
7. auf Grünland Düngemittel nur im Rahmen der guten fachlichen Praxis (nach Nährstoffentzug) ausgebracht werden;
8. dass keine anderen chemischen oder biologischen Mittel zur Bekämpfung von Schadorganismen verwendet werden als diejenigen, die nach jeweils geltendem Pflanzenschutzrecht innerhalb von Naturschutzgebieten zugelassen sind;
9. Feldraine, Wälle, ungenutztes Gelände, Hecken, Gebüsche, Bäume, Röhrichtbestände oder sonstige landschaftsprägenden Elemente nicht erheblich oder nachhaltig beeinträchtigt werden; ein ordnungsgemäßer Rückschnitt außerhalb der Vogelbrutperiode (1. März bis 30. September) ist zulässig;
10. die Beweidung auch auf weiteren Flächen zulässig ist, wenn für Pferde oder Rinder je Tier, für Schafe und Ziegen je sechs Muttertiere mit ihren Jungtieren für jeden Weidetag mindestens 1 Ar (vom 1. Mai bis 31. Juli mindestens 0,5 Ar) Weidefläche

zur Verfügung steht. Die Grasnarbe darf nicht verletzt werden. Unvermeidbare Verletzungen an einzelnen, stark beanspruchten Stellen wie beispielsweise Wasserstellen oder Weidehütten sind ausgenommen. Als Weidepflege muss jährlich eine Nach- oder Zwischenmahd erfolgen. Flächen, die nach § 24a Naturschutzgesetz geschützt sind und (in einem Pflegeplan darzustellende) Flächen, die aus faunistischen Gründen eine Beweidung nicht vertragen, sind von der Beweidung auszunehmen. Zulässig sind auch die erforderlichen Weideeinrichtungen, die soweit möglich als bewegliche Anlagen und aus landschaftsgerechten Materialien hergestellt sein sollen. Das Recht, die landwirtschaftliche Nutzung aufzunehmen, die nach dem Auslaufen vertraglicher Bewirtschaftungsbeschränkungen oder Extensivierungs- oder Stilllegungsprogrammen zugelassen ist, besteht fort.

(2) Abweichend von § 4 gelten dessen Verbote für die forstwirtschaftliche Bodennutzung nicht, wenn sie in der bisherigen Art und im bisherigen Umfang und ordnungsgemäß im Sinne der gesetzlichen Vorgaben erfolgt. Voraussetzung ist weiter, dass Totholzer, Höhlenbäume oder Horstbäume bis zu ihrem natürlichen Verfall erhalten werden.

(3) Abweichend von § 4 gelten dessen Verbote für die Ausübung der Jagd nicht, wenn sie ordnungsgemäß im Sinne des Naturschutzgesetzes erfolgt.

Voraussetzung ist weiter, dass

1. Hochsitze nur außerhalb von trittempfindlichen Bereichen und nur landschaftsgerecht aus naturbelassenen Hölzern errichtet werden;
2. keine Wildäcker und keine Futterstellen, Ablenkungsfütterungen und Kirrungen nur mit Zustimmung der höheren Naturschutzbehörde neu angelegt werden;
3. für die natürliche Verjüngung der vorkommenden Waldgesellschaften angepasste Wildbestände hergestellt werden;
4. keine Tiere eingebracht werden;
5. das Schutzgebiet nur im Zusammenhang mit der Ausübung der Jagd und nur auf befestigten Wegen mit Kraftfahrzeugen befahren wird;
6. die Jagd unter größtmöglicher Rücksichtnahme auf die Tier- und Pflanzenwelt erfolgt.

(4) Unberührt bleibt auch die sonstige bisher rechtmäßigerweise ausgeübte Nutzung der Grundstücke und Gewässer sowie der rechtmäßigerweise bestehenden Einrichtungen in der bisherigen Art und im bisherigen Umfang sowie deren Unterhaltung und Instandsetzung.

§ 6 Schutz- und Pflegemaßnahmen

Schutz- und Pflegemaßnahmen werden durch die höhere Naturschutzbehörde in einem Pflege- und Entwicklungsplan oder durch Einzelanordnung festgelegt, für Waldflächen im Einvernehmen mit dem zuständigen staatlichen Forstamt. § 4 dieser Verordnung ist insoweit nicht anzuwenden.

Schlussvorschriften

§ 7 Befreiungen

Von den Vorschriften dieser Verordnung kann die höhere Naturschutzbehörde nach § 63 NatSchG Befreiung erteilen.

§ 8 Ordnungswidrigkeiten

(1) Ordnungswidrig im Sinne des § 64 Abs. 1 Nr. 2 NatSchG handelt, wer vorsätzlich oder fahrlässig im Naturschutzgebiet nach § 4 dieser Verordnung verbotene oder nach § 5 in die Verbote einbezogene Handlungen vornimmt.

(2) Ordnungswidrig im Sinne des § 40 Abs. 2 Nr. 7 des Landesjagdgesetzes handelt, wer in einem Naturschutzgebiet vorsätzlich oder fahrlässig entgegen § 4 oder § 5 dieser Verordnung die Jagd ausübt.

§ 9 Inkrafttreten

(1) Diese Verordnung tritt am Tage nach Ablauf der Auslegungsfrist in Kraft.

(2) Die Verordnung des Landratsamts Tübingen über das Landschaftsschutzgebiet „Schönbuch" tritt für den Geltungsbereich dieser Verordnung gleichzeitig außer Kraft.

§ 24 Nationalparke, Nationale Naturmonumente

(1) Nationalparke sind rechtsverbindlich festgesetzte einheitlich zu schützende Gebiete, die

1. großräumig, weitgehend unzerschnitten und von besonderer Eigenart sind,
2. in einem überwiegenden Teil ihres Gebiets die Voraussetzungen eines Naturschutzgebiets erfüllen und
3. sich in einem überwiegenden Teil ihres Gebiets in einem vom Menschen nicht oder wenig beeinflussten Zustand befinden oder geeignet sind, sich in einen Zustand zu entwickeln oder in einen Zustand entwickelt zu werden, der einen möglichst ungestörten Ablauf der Naturvorgänge in ihrer natürlichen Dynamik gewährleistet.

(2) [1]Nationalparke haben zum Ziel, in einem überwiegenden Teil ihres Gebiets den möglichst ungestörten Ablauf der Naturvorgänge in ihrer natürlichen Dynamik zu gewährleisten. [2]Soweit es der Schutzzweck erlaubt, sollen Nationalparke auch der wissenschaftlichen Umweltbeobachtung, der naturkundlichen Bildung und dem Naturerlebnis der Bevölkerung dienen.

(3) Nationalparke sind unter Berücksichtigung ihres besonderen Schutzzwecks sowie der durch die Großräumigkeit und Besiedlung gebotenen Ausnahmen wie Naturschutzgebiete zu schützen.

(4) [1]Nationale Naturmonumente sind rechtsverbindlich festgesetzte Gebiete, die

1. aus wissenschaftlichen, naturgeschichtlichen, kulturhistorischen oder landeskundlichen Gründen und
2. wegen ihrer Seltenheit, Eigenart oder Schönheit

von herausragender Bedeutung sind. [2]Nationale Naturmonumente sind wie Naturschutzgebiete zu schützen.

Gliederung

	Rdnr.
I. Nationalpark (Abs. 1–3)	1–72
1. Allgemeines	1–15
a) Entstehung des Nationalparkgedankens	1, 2
b) Vorgaben der IUCN	3–8
c) Bedeutung der IUCN-Empfehlungen für Deutschlands Nationalparke	9, 10
d) Deutschlands Nationalparke	11–15
2. Voraussetzungen für die Unterschutzstellung (Abs. 1)	16–41
a) Rechtsverbindliche Festsetzung von Nationalparken	18
b) Einheitlicher Schutz	19–26
c) Großräumigkeit	27–32
d) Weitgehend unzerschnittene	33–37
e) Besondere Eigenart des Gebietes	38, 39
f) Erfüllung der Voraussetzungen eines Naturschutzgebiets	40, 41
3. Naturnaher Zustand des Gebiets	42–57
a) Vom Menschen nicht oder nur wenig beeinflusster Zustand	44–53
b) Entwicklungsfähigkeit	54–57
4. Ziel des Nationalparks (Abs. 2)	58–67
a) Ungestörter Ablauf der Naturvorgänge – Prozessschutz	58–62
b) Wissenschaftliche Umweltbeobachtung	63–66
c) Naturkundliche Bildung und Naturerlebnis	67
5. Gebietsschutz	68, 69
6. Defizite im Nationalpark-System	70–72

II. Nationale Naturmonumente (Abs. 4) 73–92
1. Allgemeines 73–79
   a) Vorgaben der IUCN 74–78
   b) Bedeutung der IUCN-Vorgaben für das
      Nationale Naturmonument nach § 24 Abs. 4 79
2. Schutzgegenstand 80–83
3. Schutzgründe 84–87
   a) Wissenschaftliche, naturgeschichtliche, kulturhistorische
      oder landeskundliche Gründe (Nr. 1) 85
   b) Seltenheit, Eigenart oder Schönheit (Nr. 2) 86
   c) Mittelbarer Schutz der Biodiversität 87
4. Gebietsschutz 88, 89
5. Abgrenzung zu anderen Schutzkategorien 90–92

I. Nationalpark (Absatz 1–3)

1. Allgemeines

a) Entstehung des Nationalparkgedankens. Die Einrichtung der ersten Nationalparke erfolgte in den USA. Im Jahre 1872 wurde dort der Yellowstone National Park als erster Nationalpark geschaffen mit dem Ziel, den nachfolgenden Generationen einen Eindruck von der unberührten Landschaft vor der Besiedlung durch den Menschen zu hinterlassen.[1]

Obwohl der erste deutsche Nationalpark erst 1969/70 geschaffen wurde[2], ist der Nationalparkgedanke selbst auch in Deutschland bereits mehr als 100 Jahre alt. Im Jahre 1898 forderte der Abgeordnete Wilhelm Wetekamp im Preußischen Abgeordnetenhaus die Schaffung von „Staatsparken" nach dem Vorbild der amerikanischen Nationalparke. Angesichts der zunehmenden Naturzerstörung schien es ihm schon damals notwendig, dass bestimmte Teile der Naturlandschaft unantastbar sein sollten, um „einen Teil unseres Vaterlandes in der ursprünglichen, naturwüchsigen Form zu erhalten".[3] Der 1909 gegründete „Verein Naturschutzparke e.V." hatte sich 1910 zum Ziel gesetzt, die Einrichtung von 3 Nationalparken zu erreichen, welche die typisch deutschen Landschaften beinhalten sollten. Daher wurden ein Hochgebirgspark in den Alpen, ein Park im deutschen Mittelgebirge sowie ein Park in der Norddeutschen Tiefebene angestrebt.[4] Während es in Deutschland damals nicht zur Umsetzung dieser Idee kam, wurden in Schweden (1909) und in der Schweiz (1914) die ersten Nationalparke Europas gegründet. Das Reichsnaturschutzgesetz von 1935 griff den Nationalparkbegriff nicht explizit auf, es machte aber dennoch die Unterschutzstellung von Gebieten mit „überragender Größe und Bedeutung" als „Reichsnaturschutzgebiete" rechtlich möglich. Anfang der 50er-Jahre gab es die Bestrebung, das Königseegebiet in Bayern als Nationalpark auszuweisen. Der Schutzgebietstyp „Nationalpark" wurde zuerst 1973 in das bayerische Landesnaturschutzgesetz und 1976 in das Bundesnatur-

---
1 Vgl. zur Entstehungsgeschichte auch *Plieninger/Bens*, Biologische Vielfalt und globale Schutzgebietsnetze, APuZ 3/2008, S. 16.
2 Nationalpark Bayerischer Wald.
3 Auszüge dieser Rede finden sich in: *Piechocki*, 100 Jahre Nationalpark-Bewegung in Deutschland. Nationalpark 101: 25, 1998.
4 *Piechocki*, a.a.O.

schutzgesetz aufgenommen. Er folgt inhaltlich im Wesentlichen einer Empfehlung der IUCN[5] aus dem Jahr 1969[6].

3 **b) Vorgaben der IUCN.** Mit der 1969 beschlossenen Nationalparkdefinition sollte eine international möglichst einheitliche Ausweisungspraxis erreicht werden.[7] Auf den Folgekonferenzen (1972 und 1994) wurde diese Definition modifiziert. Sie lautet nun folgendermaßen[8]:

4 „Kategorie II – Nationalpark:
Nationalparke sind Schutzgebiete, die vorrangig zum Schutz von Ökosystemen und zu Erholungszwecken verwaltet werden.

5 Definition:
Ein Nationalpark ist ein natürliches Landgebiet oder marines Gebiet, das ausgewiesen wurde um

- die ökologische Unversehrtheit eines oder mehrerer Ökosysteme im Interesse der heutigen und kommender Generationen zu schützen,
- Nutzungen oder Inanspruchnahme, die den Zielen der Ausweisung abträglich sind, auszuschließen und um
- eine Basis zu schaffen für geistig-seelische Erfahrungen sowie Forschungs- Bildungs-, Erholungsangebote für Besucher zu schaffen. Sie alle müssen umwelt- und kulturverträglich sein.

6 Managementziele:
- Schutz natürlicher Regionen und landschaftlich reizvoller Gebiete von nationaler und internationaler Bedeutung für geistige, wissenschaftliche, erzieherische, touristische oder Erholungszwecke;
- Erhaltung charakteristischer Beispiele physiographischer Regionen, Lebensgemeinschaften, genetischer Ressourcen und von Arten in einem möglichst natürlichen Zustand auf Dauer, damit ökologische Stabilität und Vielfalt gewährleistet sind;
- Besucherlenkung für geistig-seelische, erzieherische, kulturelle und Erholungszwecke dergestalt, dass das Gebiet in einem natürlichen oder beinahe natürlichen Zustand erhalten wird;
- Beendigung und sodann unterbinden von Nutzungen oder Inanspruchnahme, die dem Zweck der Ausweisung entgegenstehen;
- Respektierung der ökologischen, geomorphologischen, religiösen oder ästhetischen Attribute, die Grundlage für die Ausweisung waren;
- Berücksichtigung der Bedürfnisse der eingeborenen Bevölkerung einschließlich deren Nutzung bestehender Ressourcen zur Deckung ihres Lebensbedarfs mit der Maßgabe, dass diese keinerlei nachteilige Auswirkungen auf die anderen Managementziele haben.

7 Auswahlkriterien:
- Das Gebiet muss ein charakteristisches Beispiel für Naturregionen, Naturerscheinungen oder Landschaften von herausragender Schönheit enthalten, in denen Pflanzen- und Tierarten, Lebensräume und geomorphologische Erscheinungen vorkommen, die von besonderer Bedeutung sind

---

5 International Union for Conservation of Nature and Natural Resources.
6 BT-Drs. 7/886, S. 36.
7 Weltweit existieren heute über 2500 Nationalparke in mehr als 120 Ländern.
8 IUCN: Richtlinien für Management-Kategorien von Schutzgebieten, 2. korr. Aufl. 2000, S. 24 f.

in geistig-seelischer Hinsicht sowie für Wissenschaft, Bildung, Erholung und Tourismus.

– Das Gebiet muss groß genug sein, um eines oder mehrere vollständige Ökosysteme zu erfassen, die durch die laufende Inanspruchnahme oder menschlichen Nutzungen nicht wesentlich verändert wurden.

Zuständigkeit:

– Die oberste zuständige Behörde eines Staates sollte im Normalfall Eigentümer des Schutzgebiets und dafür verantwortlich sein. Die Verantwortung kann aber auch einer anderen Regierungsstelle, einem Gremium von Vertretern der eingeborenen Bevölkerung, einer Stiftung oder einer anderen rechtlich anerkannten Organisation übertragen werden, die das Gebiet einem dauerhaften Schutz gewidmet hat.

c) **Bedeutung der IUCN-Empfehlungen für Deutschlands Nationalparke.** Die Einführung der Schutzgebietskategorie „Nationalpark" in das BNatSchG erfolgte 1976 als Reaktion auf die Empfehlungen der IUCN. Durch die bundesgesetzliche Fixierung der Vorraussetzungen für einen Nationalpark sollte die weit gehende Einhaltung dieser internationalen Empfehlung in der BRD sichergestellt werden.[9] Dies bedeutet jedoch nicht, dass diese IUCN-Empfehlungen verbindlichen Charakter für die deutschen Nationalparke besitzen, denn die Bundesregierung betont ausdrücklich, dass sie die Empfehlungen weitgehend einhält und bei der Ausgestaltung nicht exakt, sondern nur im Wesentlichen diesen Empfehlungen folgt.

Eine bindende Wirkung besitzen die IUCN-Empfehlungen daher nicht, sie bieten jedoch eine Leitlinie für die Ausweisung von Nationalparken in Deutschland, zumal die meisten der bisher ausgewiesenen Gebiete die Anerkennung als IUCN-Nationalpark zumindest anstreben.[10]

d) **Deutschlands Nationalparke.** Zurzeit bestehen in der BRD insgesamt vierzehn Nationalparke mit einer Gesamtfläche von 962.048 ha. Davon entfallen 194.136 ha (ca. 0,54% des Bundesgebietes) auf Landflächen, die weitaus größten Flächenanteile liegen in Nord- und Ostsee.

In Nationalparken werden großräumige Naturlandschaften von nationaler Bedeutung geschützt. In ihnen sollen sich natürliche Lebensgemeinschaften und Prozesse ungestört entwickeln können. Damit unterscheidet sich der Nationalpark von den beiden anderen Großschutzgebieten, in denen primär Kulturlandschaften geschützt werden sollen.[11] Prioritäres Ziel in Nationalparken ist ein „Sich-selbst-überlassen der Natur", zu welcher der Mensch jedoch zu Forschungs-, Bildungs- und naturnahen Erholungszwecken Zugang haben soll, soweit dies der Schutzzweck erlaubt.

In einem dicht besiedelten Gebiet wie der Bundesrepublik Deutschland gibt es kaum noch natürliche oder naturnahe Landschaftsräume, die die Kriterien für einen Nationalpark erfüllen. Es gibt jedoch großräumige Gebiete, die sich aus naturnahen Bereichen und Bereichen mit hohem Entwicklungspotenzial zusammensetzen. Durch die nun erfolgte Einführung des Entwicklungsgedankens in § 24 ist die Ausweisung derartiger Flächen zu „Zielnationalparken" möglich. Dabei bedarf es angemessener Übergangszeiten, in

---

9 BT-Drs. 7/886, S. 36.
10 Bisher sind folgende Nationalparke anerkannt: Bayerischer Wald, Berchtesgaden und Jasmund.
11 *Scharpf*: Tourismus in Großschutzgebieten S. 44, in: Buchwald/Engelhard „Umweltschutz-Grundlagen und Praxis" Bd. 11 (Freizeit, Tourismus und Umwelt).

denen sich die vom Menschen beeinflussten und veränderten Ökosysteme wieder in naturnahe Zustände zurückentwickeln können. Die Ausweisung von „Zielnationalparken" stand in den letzten Jahren heftig in der Diskussion. Durch die BNatSchG-Novelle 2002 erfolgte die Klarstellung, dass – auch im Hinblick auf die IUCN-Empfehlungen – die Einrichtung eines Zielnationalparks möglich ist.

14 Nur drei deutsche Nationalparke – Bayerischer Wald, Berchtesgaden und Jasmund – erfüllen bislang die Bedingungen für eine internationale Anerkennung, wonach drei Viertel der Fläche den festgelegten Zielen der IUCN-Schutzkategorie II entsprechen müssen.

15 Die derzeit bestehenden 14 Nationalparke sind wie folgt charakterisiert:

Bayerischer Wald
Ausweisung: 1970; Größe: 24.250 ha.
Montane bodensaure Bergmischwald- und Fichtenwaldkomplexe mit einer Vielzahl von Quellen und Fließgewässern; Zwergstrauchheiden, kleinflächige Hochmoore; zusammen mit dem angrenzenden Böhmerwald ist es das größte unzerschnittene Waldgebiet Mitteleuropas.
Kernzone: 9.716 ha (40%), Entwicklungszone: 8794 ha (36%), Pflegezone: 5315 ha (22%), Erholungszone: 410 ha (2%).

Berchtesgaden
Ausweisung: 1978; Größe: 20.776 ha.
Typische Landschaft der nördlichen Kalkalpen mit submontanen Buchenwäldern, montanen Fichten-Tannen-Buchenwäldern und subalpinen Lärchen-Zirben-Wäldern, Almen, Seen sowie alpinen Matten, Rasen, Heiden, Grünerlengebüschen, Schuttgesellschaften und Felskomplexen.
Kernzone: 15.166 ha (73%), Entwicklungs-/Pflegezone: 5.610 ha (27%).

Eifel
Ausweisung: 2004; Größe: 10.700 ha.
Atlantisch geprägte, bodensaure Buchenmischwälder (kollin bis submontan), Fichtenforste, Magerweiden, Felsen, Urft-Stausee

Hainich
Ausweisung 1997; Größe: 7.600 ha.
Laubmisch- und Kalk-Buchenwälder auf Kalkgestein in unterschiedlichen Sukzessionsstadien.
Kernzone 2.100 ha (28%), Entwicklungszone: 5.500 ha (72%).

Hamburgisches Wattenmeer
Ausweisung: 1990; Größe: 11.700 ha (davon ca. 3 % Landfläche).
Wattenmeer im Mündungsgebiet der Elbe mit starkem Gezeiten- und Brackwassereinfluss.
Kernzone: 10.500 ha (89,7%), Pflegezone: 1.200 ha (10,3%).

Harz
Ausweisung 1994; Größe 15.800 ha.
Hochmontane Fichtenwälder, Buchenwälder, Moore, Fließgewässer.
Kernzone: 5.056 ha (32%) dazu zusätzlich 2.370 ha Entwicklungsflächen (15%), Entwicklungszone: 8.374 ha (53%).

Hochharz
Ausweisung: 1990; Größe: 5.868 ha.
Fichtenhochlagenwälder, Moore, Bergheiden, Blockhalden und Felsformationen.

Kernzone: 1.291 ha (22%), Entwicklungszone: 2.054 ha (35%), Pflegezone: 2.523 ha (43%).

Jasmund
Ausweisung: 1990; Größe: 3.003 ha (davon ca. 79% Landfläche).
Kreide-Steilküste von europäischer Bedeutung; naturnahe orchideenreiche Buchenmischwälder mit kleinen Bacheinschnitten, Kesselmooren und Quellsümpfen.
Kernzone 2.600 ha (87%), Pflegezone: 403 ha (13%).

Kellerwald-Edersee
Ausweisung: 2004; Größe: 5.724 ha.
Submontane, bodensaure Buchenwälder, felsig-trockene Steilhänge, Waldwiesen

Müritz-Nationalpark
Ausweisung: 1990; Größe: 31.878 ha.
Ausschnitt der Mecklenburgischen Seenplatte mit zwei Teilflächen (Müritz und Serrahn); Buchenmisch-, Bruch- und Kiefernwälder mit über 100 Seen und zahlreichen Mooren.
Kernzone 9.205 ha (29%), Entwicklungszone: 21.805 ha (68%), Pflegezone: 865 ha (3%).

Niedersächsisches Wattenmeer
Ausweisung: 1986; Größe: 236.330 ha (davon ca. 9% Landfläche).
Wattenmeer, Salzwiesen, Polder, Ostfriesische Inseln.
Kernzone: 127.618 ha (54%), Entwicklungs-/Pflegezone: 106.349 ha (45%), Erholungszone: 2.363 ha (1%).

Sächsische Schweiz
Ausweisung: 1990; Größe: 9.306 ha.
Einzigartige Kreidesandsteinlandschaft mit Tafelbergen und Schluchten sowie vereinzelten Basaltkuppen (zwei Teilflächen), Wald-Fels-Komplexe, wärme- und trockenheitsliebende Wälder, Schlucht- und Schatthangwälder, submontane Wälder, Felsen, Wildbäche.
Kernzone 3.350 ha (36%), Entwicklungszone: 5.300 ha (57%), Pflegezone: 370 ha (4%), Erholungszone: 280 ha (3%).

Schleswig-Holsteinisches Wattenmeer
Ausweisung: 1985; Größe: 441.000 ha (davon ca. 2,3% Landfläche).
Wattenmeer, Salzwiesen, Polder ohne Inseln und bewohnte Halligen.
Kernzone: 160.992 ha (36,5%), Entwicklungs-/Pflegezone: 280.008 ha (63,5%).

Unteres Odertal
Ausweisung 1995; Größe: 10.500 ha.
Flussauenlandschaft, eingepoldertes Auengrünland, junge Weichholzauen mit zahlreichen Gräben und Altarmen, Röhricht- und Schilfbestände, Überflutungsflächen; Vorkommen von Steppenrasen und naturnahen Laubwäldern an den Trockenhängen der Oder. Eine Zonierung liegt noch nicht vor.

Vorpommersche Boddenlandschaft
Ausweisung: 1990; Größe: 80.500 ha.
Reichgegliederte Boddenlandschaft der Ausgleichsküste mit weit gehend ungestörter Dynamik; großer Formenreichtum mit Halbinseln, Sandhaken, Dünen und Steilküsten. Vorkommen von Buchenmisch-, Kiefern- und Erlenbruchwäldern.
Kernzone 14.300 ha (18%), Entwicklungszone: 66.200 ha (82%).

2. Voraussetzungen für die Unterschutzstellung (Absatz 1)

16 § 24 BNatSchG unterscheidet zwischen **Ausweisungsvoraussetzungen** (Abs. 1) und **Zielsetzung** (Abs. 2).[12]

17 § 24 Abs. 1 definiert die Vorraussetzungen, die erfüllt sein müssen, damit ein Gebiet als Nationalpark ausgewiesen werden kann. Abs. 1 Nr. 1–3 enthält Tatbestandsmerkmale für die Ausweisung eines Nationalparks. Die Merkmale müssen für eine Ausweisung **kumulativ** und nicht nur alternativ vorliegen.

18 a) **Rechtsverbindliche Festsetzung von Nationalparken.** Nationalparke werden nach § 22 Abs. 5 BNatSchG im Benehmen mit dem Bundesministerium für Umwelt, Naturschutz und Reaktorsicherheit und dem Bundesministerium für Verkehr, Bau- und Stadtentwicklung festgesetzt. Sie sind rechtsverbindlich festgesetzte Gebiete; Form und Verfahren der Unterschutzstellung richtet sich nach Landesrecht, § 22 Abs. 2. Bislang erfolgte die Festsetzung meist durch Gesetz. Die Zuständigkeit für die Ausweisung ist landesgesetzlich zu regeln.

19 b) **Einheitlicher Schutz.** Nationalparke sind gemäß § 24 Abs. 1 einheitlich zu schützende Gebiete. Diese Einheitlichkeit soll sicherstellen, dass das Schutzziel durch ein umfassendes und auf das Gesamtgebiet bezogenes Konzept verwirklicht wird. Dies bedeutet aber nicht, dass die Schutzintensität in allen Bereichen eines Nationalparks gleich sein muss. Der Nationalpark kann vielmehr in verschiedene Schutzzonen untergliedert sein. Angesichts der wenigen in der Landschaft noch vorhandenen natürlichen oder naturnahen Bereiche, die sich bereits bei der Unterschutzstellung in einem vom Menschen nicht oder nur wenig beeinflussten Zustand befinden, ist eine Zonierung des Nationalparks geboten. Gesetzliche Vorgaben hierzu gibt es nicht, es wurden bislang bis zu vier verschiedene Schutzzonen ausgewiesen. Durch die Zonierung erfolgt eine Aufteilung in Teilgebiete, die auf Grund ihrer unterschiedlichen Ausgangszustände und Funktionen im Schutzgebiet auch unterschiedlicher Managementstrategien bedürfen.

20 Nationalparke können folgende Schutzzonen aufweisen:

21 **Kernzone** (Zone I, Ruhezone): Zone mit natürlichen oder naturnahen Bereichen, in denen Naturvorgänge in ihrer natürlichen Dynamik ungestört ablaufen. Nutzungen oder Managementmaßnahmen werden nicht durchgeführt, die Natur genießt Prozessschutz. Damit entspricht diese Zone der von der IUCN definierten „strengen Naturzone". Soll ein Nationalpark von der IUCN anerkannt werden, muss der Flächenanteil der Kernzone mindestens 75 % der Gesamtfläche einnehmen. Für Deutschland fordert der SRU einen Mindestflächenanteil von 50 %[13].

22 **Entwicklungszone** (Zone IIa): Zone mit den Bereichen, die sich in einen naturnahen Zustand entwickeln oder durch Entwicklungsmaßnahmen in einen naturnahen Zustand entwickelt werden können. Die Flächen der Entwicklungszone gehen mit Erreichen des angestrebten Naturzustands in die Kernzone über. Die IUCN sieht hierfür einen Zeitraum von 20–30 Jahren vor.

---

12 BT-Drs. 14/6378, S. 51.
13 SRU, Konzepte einer dauerhaft umweltgerechten Nutzung ländlicher Räume, 1996, Rdnr. 112.

Pflegezone (Zone IIb): Zone mit denjenigen Flächen, die aus Gründen des Arten- und Biotopschutzes zu ihrem Erhalt dauerhaft gepflegt werden.

Erholungszone/Pufferzone (Zone III): Zone, die meist die ökologisch weniger wertvollen Randbereiche umfasst. Sie dient einerseits der touristischen Zugänglichkeit des Nationalparks und puffert andererseits die störungsempfindlichen Ökosystem von Kern- und Entwicklungszone gegen negative Einflüsse von Außen ab.

In einzelnen Nationalparken sind diese Zonen teilweise zusammengefasst, sodass z.b. der Kernzone auch Entwicklungsflächen zugerechnet werden oder Entwicklungs- und Pflegezone eine Einheit bilden. Auch die touristische Erschließung kann sich auf mehrere Zonen erstrecken. Ob und wie eine Zonierung erfolgt, ist abhängig von der Struktur des Schutzgebiets. Wichtig ist aber, dass die Managementpläne klare Zielvorgaben für den gesamten Nationalpark enthalten, sodass der Schutzzweck gewährleistet werden kann.

Die Pufferzone kann auch durch ein Gebiet mit geringerem Schutzstatus (meist Landschaftsschutzgebiet) gebildet werden, auch hier ist es das Ziel, den Nationalpark von negativen äußeren Beeinträchtigungen freizuhalten.

c) Großräumigkeit. Nach § 24 Abs. 1 Nr. 1 muss der Nationalpark großräumig sein. Eine Mindestgröße hat der Gesetzgeber jedoch nicht festgelegt. Dies ist im Ergebnis auch konsequent, weil die Gebietsgröße sich am Schutzzweck und an den konkreten Gegebenheiten zu orientieren hat.

Der Nationalpark ist keine Schutzkategorie für Kleinflächen (vgl. NSG), sondern soll dem Schutz großer zusammenhängender Naturlandschaften dienen. Der Begriff der Großräumigkeit orientiert sich an der Definition des IUCN „verhältnismäßig großes Gebiet". Die IUCN selbst legt dabei keine konkrete Flächengröße fest;[14] als Auswahlkriterium gilt, dass das Gebiet groß genug sein sollte, um „ein oder mehrere vollständige Ökosysteme zu umfassen, die durch die bisherige Inanspruchnahme oder menschlichen Nutzungen nicht wesentlich verändert wurden". Die in der Kommentarliteratur früher häufig genannte Richtgröße von 10.000 ha[15] als generell anzustrebender Größenbereich ist abzulehnen. Vielmehr ist es sinnvoll, für jeden geplanten Nationalpark anhand naturschutzfachlicher Gesichtspunkte individuell festzulegen, welche Größe zur Erreichung des Schutzzwecks nötig ist. Soll z.B. im Rahmen einer Schutzgebietsausweisung auch der Lebensraum bestimmter Tierpopulationen mit großen Arealansprüchen z.B. Fischotter, Luchs oder Bär, gesichert werden, so muss sich die Ausweisungsgröße an diesen orientieren.

Die tatsächlich für die Erreichung der Schutzziele benötigte Mindestgröße ist auch abhängig von den Einwirkungen des Umfelds. Ein positives Umfeld (z.B. durch angrenzende naturnahe Flächen oder bestehende Schutzgebiete, geringe Zerschneidung, Vernetzung mit gleichartigen Biotopen) fördert die Qualität des Schutzgebiets und kann zu einem geringeren Flächenbedarf

---

14 *Bibelriether*, S. 28; generell gilt für die Aufnahme von Schutzgebieten in die „United Nations List of National Parks and Protected Areas" eine Mindestflächengröße von 1.000 ha", vgl. auch Scharinger, Rechtsgrundlagen für die Errichtung von Nationalparken in Deutschland, Österreich, der Schweiz und in Italien, 1999, S. 27 (Fn. 10).
15 Vgl. *J. Schmidt-Räntsch*, in: Gassner/Schmidt-Räntsch/Bendomir-Kahlo, BNatSchR, BNatSchR § 24 Rdnr. 5, *Meßerschmidt*, BNatSchR, § 14 Rdnr. 27, soweit ersichtlich wird dies nur noch von Meßerschmidt, BNatSchG § 24, Rdnr. 31 vertreten.

führen. Umgekehrt kann ein negatives Umfeld zu großen negativen Randeffekten führen, die das Schutzgebiet beeinträchtigen können; hier wird sich u.U. ein höherer Flächenbedarf ergeben.

30 Als Mindestgröße für deutsche Nationalparke werden für:
- Hochgebirge 10.000 ha
- Landschaften im Mittelgebirge, Hügel- und Tiefland 6.000–8.000 ha
- Gebiete besonderer nationaler Bedeutung 3.000 ha

empfohlen.[16]

31 Bezüglich der äußeren Form eines Nationalparks bestehen keine Vorgaben. Diese ist vielmehr abhängig von den zu schützenden Ökosystemen. Flusslandschaften wie der Nationalpark „Unteres Odertal" besitzen eine ökosystemtypische bandförmige Ausdehnung, störende Randeffekte sind hier höher einzuschätzen als bei kompakten Schutzgebieten und bei der Festlegung von Gebietsgröße und -grenzen zu berücksichtigen. Die Größe eines Gebiets begründet nicht automatisch die Großräumigkeit. Die Großräumigkeit setzt auch einen Zuschnitt des Gebiets voraus und ist davon abhängig, ob dieser Zuschnitt unter Berücksichtigung des Schutzzwecks und unter Wahrung naturräumlicher Zusammenhänge einen sinnvollen Schutz ermöglicht.[17]

32 Das Nationalparkgebiet muss nicht aus einer zusammenhängenden Fläche bestehen. So setzen sich z.b. die Nationalparke Sächsische Schweiz und Müritz-Nationalpark aus jeweils zwei Teilflächen zusammen. Allerdings ist die Zweiteilung auf Grund eines ungünstigeren Flächen-Rand-Verhältnisses mit einer Verkleinerung des Schutzgebiets gleichzusetzen.[18] Daraus folgt auch, dass sich aus der Addition mehrerer kleiner Teilflächen kaum die für Nationalparke geforderte Großräumigkeit ableiten lässt. Im Gebiet eines Nationalparks liegende Siedlungen können in das Schutzgebiet einbezogen oder als Enklaven von diesem ausgenommen werden.

33 **d) Weitgehend unzerschnittene.** Natur und Landschaft sind vielfältig und zeichnen sich durch eine große Diversität von Oberflächenstrukturen aus. Strukturelemente (z.B. Wiesen, Wälder) und Landschaftsbestandteile menschlicher Landnutzung (z.B. Heckenlandschaften) sind mosaikartig in der Landschaft verteilt.

34 Ein zentrales Problem des Naturschutzes stellt der Verlust und die Beeinträchtigung von Lebensräumen und die damit verbundene Dezimierung von Arten dar.[19] Dabei ist zu beachten, dass über zwei Drittel aller in Deutschland vorkommenden Biotoptypen als gefährdet eingestuft werden. Ein Anteil von 15 % ist in Deutschland von der völligen Vernichtung bedroht. Mindestens 39 % aller in Deutschland vorkommenden Tierarten und 28 % der Pflanzenarten sind in ihrem Bestand gefährdet oder bereits ausgestorben.[20] Der anhaltende Verlust naturnaher Lebensräume führt nicht nur zu einer direkten Reduzierung von Umfang und Qualität der Lebensräume wildlebender Pflanzen- und Tierarten, sondern auch zu einer Zerstörung der ge-

---

16 *Bibelriether*, Studie über potentielle und bestehende Nationalparke in Deutschland, Angewandte Landschaftsökologie 10, S. 33 (1997).
17 OVG Lüneburg, Urt. v. 22.2.1999 – 3 K 2630/98, BNatSchG/ES BNatSchG § 14, Nr. 2.
18 *Bibelriether*, a.a.O., S. 236.
19 SRU, Sondergutachten Naturschutz 2002, Tz. 5; Umweltgutachten 2000, Tz. 343, 346, 349.
20 BfN, 1999, S. 59/66.

samtlandschaftlichen ökologischen Zusammenhänge. Ein ehemals eng verwobenes Gesamtsystem wurde zunehmend in teilweise isolierte Einzelteile zerlegt und wichtige Vernetzungsbeziehungen für den Austausch von Arten und Populationen als Grundlage für die Erhaltung der biologischen Vielfalt gingen verloren. Dem Artensterben konnte mit den bisherigen Instrumenten des Flächen- und Objektschutzes allein kein wirksamer Schutz von Tier- und Pflanzenarten sowie ihrer Lebensräume gewährleistet werden.

Die Ursachen für den Arten- und Lebensraumschwund sind vor allem die direkte Zerstörung und mechanische Schädigung sowie die Verinselung und Zerschneidung der Lebensräume, insbesondere durch den Städtebau, den Bau von Verkehrsanlagen und den Abbau von Rohstoffen. Hervorzuheben ist hinsichtlich der Verinselungs- und Zerschneidungsprobleme der Bau von Verkehrsanlagen. Die Straßen des überörtlichen Verkehrs hatten im Jahr 2000 eine Länge von 230.735 km.[21] **35**

Die Barrierewirkung von Straßen verhindert die Wiederansiedlung, Ausbreitung und die Bildung stabiler Populationen verschiedener Tierarten. Die Folge davon ist, dass die Population für manche Arten nur schwer aufrecht erhalten werden kann. **36**

Die in § 24 Abs. 1 Satz 1 genannte natürliche Dynamik kann unter diesen „Verinselungseffekten" nicht oder zumindest nur in einem eingeschränkten Umfang zur Geltung kommen. Dies ist aber eine Voraussetzung für die Unterschutzstellung als Nationalpark. Das Gebiet muss aber nicht in Gänze unzerschnitten sein, was in den seltensten Fällen auch möglich wäre, das Gesetz fordert ein weitgehend unzerschnittenes Gebiet. Davon dürfte stets dann auszugehen sein, wenn aus naturschutzfachlicher Sicht die Erwartung berechtigt ist, dass die in § 24 Abs. 2 beschriebene Schutzziele in einem Gebiet verwirklicht werden können.[22] **37**

e) **Besondere Eigenart des Gebietes.** Weitere Voraussetzung für die Erklärung zum Nationalpark ist, dass das betreffende Gebiet auch eine besondere Eigenart aufweist. Gemeint ist damit das charakteristische Gepräge eines Landschaftsraums i.S. von Einzigartigkeit und Eigenständigkeit,[23] dabei kommt es nicht auf eine absolute Seltenheit von Natur und Landschaft an.[24] Erfasst werden muss von der besonderen Eigenart das gesamte Gebiet, gleichwohl können Gebiete mit unterschiedlichen Eigenarten zu einem Nationalpark zusammengefasst werden. Die Eigenart einer Landschaft wird zum einen von optisch-ästhetischen Kriterien, zum anderen von ihrer charakteristischen Nutzungsweise bestimmt.[25] Letztlich muss sich Natur und Landschaft von vergleichbaren Gebieten durch eine stark ausgeprägte Individualität abheben.[26] Die besondere Eigenart einer Landschaft kann darin bestehen, dass sie wegen ihrer naturräumlichen Vielfalt, Eigenart und Schönheit überragende Bedeutung besitzt.[27] **38**

Nach den Empfehlungen der IUCN sollte das Gebiet „ein repräsentatives Beispiel bedeutender Naturräume, Naturerscheinungen oder Landschaften **39**

---

21 Statistisches Bundesamt, 2001.
22 Vgl. *Gellermann* in Landmann/Rohmer, § 24 Rdnr. 6.
23 *Louis*, BNatSchG, § 1 Rdnr. 16.
24 *J. Schmidt-Räntsch*, in: Gassner/Schmidt-Räntsch/Bendomir-Kahlo, BNatSchG, § 23 Rdnr. 18.
25 Vgl. *Gassner*, NuR 1989, 61 f.
26 *Louis*, BNatSchG, § 13 Rdnr. 9.
27 So der frühere Art. 8 BayNatSchG.

von herausragender Schönheit umfassen, in denen Pflanzen- und Tierarten, Lebensräume und geomorphologische Erscheinungen von besonderer Bedeutung in geistig-seelischer, wissenschaftlicher, erzieherischer und touristischer Hinsicht vorhanden sind".

40 f) **Erfüllung der Voraussetzungen eines Naturschutzgebiets.** Nach Abs. 1 Nr. 2 muss der Nationalpark in einem überwiegenden Teil des Gebiets die Voraussetzungen eines Naturschutzgebiets erfüllen. Es müssen also mehr als 50 % der Fläche entsprechend einzustufen sein. Nach § 23 Abs. 1 kann die Ausweisung eines Naturschutzgebiets
- zur Erhaltung, Entwicklung oder Wiederherstellung von Biotopen oder Lebensgemeinschaften bestimmter wild lebender Tier und Pflanzenarten,
- aus wissenschaftlichen, naturgeschichtlichen oder landeskundlichen Gründen oder
- auf Grund von Seltenheit, besonderen Eigenart oder hervorragenden Schönheit von Natur und Landschaft

erfolgen. Hierzu können auch Flächen zählen, deren Schutzwürdigkeit in ihrem Entwicklungspotenzial begründet ist.

41 Eine Unterschutzstellung als Naturschutzgebiet braucht für die Flächen nicht erfolgt sein, es reicht aus, wenn die Voraussetzungen dafür erfüllt sind. Die übrigen Flächen müssen nicht die Voraussetzungen eines NSG aufweisen, gleichwohl müssen sie zur Erreichung der mit der Ausweisung als Nationalparks verbundenen Zielsetzungen oder zur Arrondierung des Gebiets notwendig sein. Dies trifft insbesondere für Flächen zu, die in Erholungs- oder Pufferzonen liegen. Ebenso ist die Einbeziehung der im Nationalparkgebiet liegenden dörflichen Siedlungen möglich.

3. Naturnaher Zustand des Gebiets

42 Nach Abs. 1 Nr. 3 muss sich das zu schützende Gebiet in einem überwiegenden Teil **entweder** in einem vom Menschen nicht oder wenig beeinflussten Zustand befinden **oder** geeignet sein, sich in einem Zustand zu entwickeln oder in einem Zustand entwickelt zu werden, der einen möglichst ungestörten Ablauf der Naturvorgänge in ihrer natürlichen Dynamik gewährleistet. Diese zwei Alternativen kamen mit der Novelle 2002 in das BNatSchG. Davor war unabdingbare Voraussetzung für die Eignung als Nationalpark, dass sich das zu schützende Gebiet bereits in einem von Menschen nicht oder nur wenig beeinflussten Zustand befinden musste. Diese Voraussetzung erfüllen im Bundesgebiet nur wenige Landschaftsräume.[28] Gleichwohl gibt es zahlreiche Landschaften, die auf Grund ihres Naturpotenzials in einer überschaubaren Zeitspanne zu einem Nationalpark entwickelt werden können. Diese Entwicklungsfähigkeit hin zu einer naturnahen Landschaft wird durch den 2002 eingeführten Passus eindeutig als schutzwürdig anerkannt und die Ausweisung von so genannten „Zielnationalparks" ermöglicht.

43 Im Hinblick auf das öffentliche Interesse an der Entwicklung des Nationalparkgebiets zu einem möglichst naturnahen Lebensraum sind den Eigentümern der an den Nationalpark angrenzenden Wälder ein trotz der vorgesehenen Waldschutzmaßnahmen verbleibendes (Rest)Risiko eines Schädlingsbefalls und die zusätzliche Belastung durch eine erhöhte Aufmerksamkeit zumutbar.[29]

---

28 BT-Drs. 7/3879, S. 24.
29 Bay. Verfassungsgerichtshof, Entscheidung vom 4.3.2009 – Vf. 11-VII-08, NuR 2009, 431 ff.

a) Vom Menschen nicht oder nur wenig beeinflusster Zustand. Bereits am Ende der mittleren Steinzeit (ab 4500 v.Chr.) begann der Mensch in Mitteleuropa die natürlichen Ökosysteme durch Weidewirtschaft und Brandrodung zu verändern[30]. Natur und Landschaft, wie wir sie heute vorfinden, entstanden durch über mehrere Jahrtausende stattfindende Kulturmaßnahmen. Es ist davon auszugehen, dass auch diejenigen Gebiete, die „natürlich" aussehen, anthropogen beeinflusst sind. Teilweise liegen die menschlichen Beeinträchtigungen bereits Jahrhunderte zurück. Heute unterliegen alle Gebiete zumindest einer indirekten Beeinflussung z.b. durch den Eintrag von Schad- und Nährstoffen aus der Luft.

Entsprechend dem Anteil der menschlichen Beeinflussung lassen sich Ökosysteme verschiedenen Natürlichkeitsgraden zuordnen[31]:

„Natürliche Ökosysteme" sind vom Menschen nicht oder kaum beeinflusst und zur Selbstregulation fähig. Die dort existierenden Lebensgemeinschaften werden ausschließlich von einheimischen, standorteigenen Arten aufgebaut. In Mitteleuropa finden sie sich nur noch vereinzelt (vor allem auf Extremstandorten in der alpinen Stufe).

„Naturnahe Ökosysteme" weisen geringe, durch menschliche Beeinflussung hervorgerufene Veränderungen auf, auch sie sind zur Selbstregulation fähig, d.h. sie ändern sich kaum bei Beendigung der Beeinflussung. Die dort existierenden Lebensgemeinschaften werden fast ausschließlich von einheimischen, standorteigenen Arten aufgebaut. Als naturnah können z.b. manche Ausprägungen von Laubwäldern, Flussauen, Stranddünen, Großseggenrieden, Schilfgürteln oder Hochmooren eingestuft werden.

Die durch extensive Nutzung entstandenen „halbnatürlichen Ökosysteme" weisen bereits deutliche anthropogen bedingte Veränderungen auf, sodass sie nicht mehr das Kriterium eines „vom Menschen nicht oder nur wenig beeinflussten Gebietes" erfüllen. Tatsächlich gibt es zwischen naturnahen und halbnatürlichen Ökosystemen einen fließenden Übergang.

„Naturferne und künstliche Ökosysteme" sind stark anthropogen überformt bzw. anthropogenen Ursprungs; sie sind für die Errichtung eines Nationalparks ungeeignet.

Die Intensität der menschlichen Beeinflussung kann auch mit Hilfe der so genannten „Hemerobiestufen" angegeben werden. Als Hemerobie wird die Gesamtheit aller beabsichtigten und unbeabsichtigten Wirkungen des Menschen auf ein Ökosystem bezeichnet. Natürliche Ökosysteme sind ahemerob, naturnahe Ökosysteme oligohemerob.

Um beurteilen zu können, ob sich ein Gebiet „in einem vom Menschen nicht oder nur wenig beeinflussten Zustand" befindet, müssen zwei Fragen beantwortet werden:
- von welchem ursprünglichen Zustand des Gebiets ist auszugehen?
- wie stark ist die durch menschliche Beeinflussung hervorgerufene Abweichung von diesem ursprünglichen Zustand?

Entscheidend ist, wie weit erd- oder menschheitsgeschichtlich zurückgegangen werden muss, um den ursprünglichen Zustand – und daraus abgeleitet

---

30 *Ellenberg*, Vegetation Mitteleuropas mit den Alpen, 1986: 34 ff., hier findet sich auch eine ausführliche Darstellung über die Entstehung unserer heutigen Kulturlandschaft.
31 *Steubing*, in: Steubing, Buchwald, Braun, S. 37.

das Ausmaß der anthropogenen Veränderung – festzustellen.[32] Mit Sicherheit kann nicht die vorsteinzeitliche Urlandschaft als Bezugspunkt gewählt werden. Zumeist wird angenommen, dass menschliche Beeinflussungen, die aus der „vortechnischen Zeit" stammen, hingenommen werden müssen.[33] Sehr restriktiv ist hingegen die Ansicht des OVG Lüneburg, das für die Elbtalaue einen „mehrarmigen, teilweise von Auenwäldern gesäumten Strom" als Vergleichszustand ansetzt, welchen es bereits zu Zeiten der Kurhannoverschen Landesaufnahme (1776) bzw. wahrscheinlich schon in der ersten Hälfte des 2. Jahrtausends nach Schluss der Deichlinien, wie sie heute noch in ihrem Verlauf existieren, nicht mehr gab.[34]

53 Auch die Beurteilung, wie weit sich der Zustand eines Gebietes vom ursprünglichen Zustand unterscheiden darf, unterliegt einem Ermessensspielraum. In der bisherigen Ausweisungspraxis wurden meist auch extensiv genutzte Gebiete einbezogen, wenn diese einen hohen Anteil naturnaher Biotope aufwiesen, die durch die menschlichen Nutzungen nicht wesentlich verändert wurden. Das vielfach kritisierte[35] Urteil des OVG Lüneburg setzte auch hier sehr enge Maßstäbe, indem es ausführt, dass zwischen einem weitgehend naturnahen und einem vom Menschen nicht oder wenig beeinflussten Zustand ein qualitativer Unterschied bestehe.[36] Mit dieser Ansicht widerspricht das Gericht der naturwissenschaftlichen Definition naturnaher Ökosysteme.

54 **b) Entwicklungsfähigkeit.** Das Gebiet muss sich zum Zeitpunkt der Unterschutzstellung noch nicht zu einem überwiegenden Teil in einem vom Menschen nicht oder nur wenig beeinflussten Zustand befinden; es reicht aus, wenn die Entwicklungsfähigkeit hin zur naturnahen Landschaft besteht. Hierbei ist es unerheblich, ob sich ein entsprechendes Gebiet ohne menschliches Zutun in den angestrebten Zustand entwickeln kann oder ob die Entwicklung durch Maßnahmen initiiert und/oder gefördert werden muss. Wesentlich ist, dass das Gebiet, ggf. im Anschluss an eine Entwicklung, den möglichst ungestörten Ablauf der Naturvorgänge in ihrer natürlichen Dynamik gewährleistet.

55 Vor der BNatSchG-Novelle 2002 war die Frage, ob die Ausweisung von „Zielnationalparks" rechtlich möglich ist, umstritten. Das Schrifttum hierzu war mehrheitlich der Auffassung, dass die Unterschutzstellung auch gerechtfertigt sei, wenn sich das Gebiet in einem überschaubaren Zeitrahmen in einen vom Menschen wenig beeinflussten Zustand zurückentwickeln lasse[37]. Auch von den Behörden wurde das Kriterium, nachdem sich potenzielle Nationalparkflächen in einem nicht oder wenig beeinflussten Zustand befinden sollen, zunehmend weiter ausgelegt. Die Rechtsprechung hingegen verwarf diese Ansicht als mit § 14 Abs. 1 Nr. 3 BNatSchG 1998 nicht ver-

---

32 *Fuchs*, NuR 1999, 446, 448.
33 *Kolodziejcok*, in: ders./Recken, Naturschutz, Landschaftspflege, § 24 Rdnr. 14; *Schmidt-Ränsch*, in: Gassner/Schmidt-Räntsch/Bendomir-Kahlo, BNatSchG, § 24 Rdnr. 8.
34 *Wilkens*; Gibt es weiterhin Nationalparke in Deutschland? Naturschutz und Landschaftsplanung 2001, S. 358 f.
35 Z.B. *Fuchs*, NuR 1999, 446 ff., *Stock*, ZUR 2000, 198 f., *Wilkens*, Naturschutz und Landschaftsplanung 2001, 358 f.
36 OVG Lüneburg, Urt. v. 22.2.1999 – 3 K 2630/98, BNatSchG/ES BNatSchG § 14, Nr. 2.
37 Vgl. *Gassner*, Recht der Landschaft S. 214; *Kolodziejcok,* in: Kolodziejcok/Recken, Naturschutz, Landschaftspflege, § 24 Rdnr. 16; *Stock*, ZUR 2000, 198 ff.

einbar. Das OVG Lüneburg[38] und das BVerwG[39] folgten in ihren Entscheidungen zum „Nationalpark Elbtalaue" einer engen Auslegung des Nationalparkbegriffes; danach erfülle dieses Gebiet nicht die Voraussetzungen für einen Nationalpark. Für die Unterschutzstellung eines Gebietes als Nationalpark dürfe dieses bereits zum Zeitpunkt der Unterschutzstellung nicht oder nur wenig vom Menschen beeinflusst sein. Dies liege dann vor, wenn sich das Gebiet noch in seinem ursprünglichen Zustand befinde oder dieses nur wenig von Menschen verändert worden sei.

Nicht zuletzt auf Grund der gescheiterten Ausweisung der als eine der letzten naturnahen Flusslandschaften mit natürlicher Überschwemmungsdynamik geltenden Elbtalaue als Nationalpark und vor dem Hintergrund, dass auch ein Teil der bestehenden Nationalparke eher als „Zielnationalparke" einzustufen sind, wurde in Abs. 1 Nr. 3 die Entwicklungsfähigkeit des betr. Gebietes aufgenommen. Das bedeutet aber nicht, dass damit die Ausweisung von Gebieten, die im Wesentlichen aus naturfernen oder künstlichen Ökosystemen bestehen, als Nationalpark möglich ist. Vielmehr muss auch ein „Zielnationalpark" überwiegend aus Flächen bestehen, die als ökologisch wertvoll anzusehen sind. Hierzu zählen insbesondere auch die durch extensive Nutzung entstandenen „halbnatürlichen Ökosysteme", die i.d.R. ein hohes Entwicklungspotenzial besitzen. 56

Das BNatSchG macht keine Vorgaben, in welchem Zeitrahmen sich ein Gebiet in einen naturnahen Zustand entwickeln muss, allerdings ist die Ausweisung eines „Zielnationalparks" nur vertretbar, wenn die Rückführung in einen naturnahen Zustand erfolgversprechend ist. Der angestrebte naturnahe Zustand muss in einem angemessenen Zeitrahmen erreicht werden können, wobei die unterschiedlichen Entwicklungs- und Reifezeiten von Ökosystemen zu berücksichtigen sind. Auch die IUCN räumt die Möglichkeit ein, vom Menschen überformte Gebiete als Nationalparke auszuweisen, sofern die Chance besteht, dass sie sich ihrer natürlichen Form wieder annähern. Die Umsetzung dieses Ziels muss dabei gesetzlich festgelegt oder in Managementplänen verbindlich vorgesehen sein.[40] 57

4. Ziel des Nationalparks (Absatz 2)

a) Ungestörter Ablauf der Naturvorgänge – Prozessschutz. Das in Abs. 2 Satz 1 definierte vorrangige Ziel von Nationalparken ist es, „im überwiegenden Teil ihres Gebiets den möglichst ungestörten Ablauf der Naturvorgänge in ihrer natürlichen Dynamik zu gewährleisten". Naturvorgänge sind alle Vorgänge, die ohne besonderes menschliches Zutun im Zusammenhang mit den Bestandteilen des Naturhaushaltes (Boden, Wasser, Luft, Klima, Tiere, Pflanzen) sowie im Rahmen deren Wirkungsgefüges ablaufen. Nur ein übergreifender integrierter Ökosystemschutz unter Einbeziehung von Wechselwirkungen, Wirkungskomplexen, Stoff- und Energieflüssen trägt dem Naturhaushalt insgesamt Rechnung und ist Voraussetzung für die Aufrechterhaltung wesentlicher ökologischer Prozesse und lebenserhaltender Systeme und damit für den Schutz der genetischen Diversität[41]. 58

Der Nationalpark verfolgt also nicht das Ziel eines rein konservierenden Naturschutzes, es soll vielmehr der Prozessschutz im Vordergrund stehen, 59

---

38 Urt. vom 22.2.1999 – 3 K 2630/98, BNatSchG/ES BNatSchG § 14, Nr. 2.
39 Beschl. v. 10.9.1999, – 6 BN 1/99, BNatSchG/ES BNatSchG § 14, Nr. 3.
40 *Bibelriether*, Studie über potentielle und bestehende Nationalparke in Deutschland, Angewandte Landschaftsökologie 10, S. 275, 1997.
41 BT-Drs. 14/6378, Amtl. Begründung zu § 24.

d.h. das Zulassen der vom Menschen unbeeinflussten Eigenentwicklung der Natur. Im Unterschied zum statischen Naturschutz, bei dem ein bestimmter ökologisch wertvoller Zustand durch Pflegemaßnahmen „konserviert" werden soll, kann durch den Prozessschutz die natürlich in Ökosystemen vorhandene Dynamik und Heterogenität bewahrt werden. Ökosysteme mit hoher Dynamik sind z.b. Flussauen, wo viele Arten und die von ihnen gebildeten Biozönosen an die Existenz einer naturnahen Hochwasser- und Geschiebedynamik gebunden sind[42]. Auch viele weit gehend stabil erscheinende Biotope und Ökosysteme unterliegen einer gewissen Dynamik, die häufig durch Störungen ausgelöst wird (z.b. Waldverjüngung nach Sturmwurf, Feuer oder Borkenkäferbefall). Ein vom Menschen nicht beeinflusstes Ökosystem baut sich häufig aus einem Mosaik verschiedener Biotoptypen und Reifestadien auf.

60 Der Prozessschutz ist auf mehr als der Hälfte des Nationalparkgebiets anzustreben. Er findet vor allem in den Kernzonen statt, in denen keine Managementmaßnahmen durchgeführt werden dürfen. Auch in den Bereichen der Entwicklungszone kann Prozessschutz zugelassen werden, wenn sich das betreffende Gebiet ohne „lenkende Eingriffe" in einen naturnahen Zustand entwickelt.

61 Die Zielsetzung des Prozessschutzes in § 24 Abs. 2 darf nicht mit dem Entwicklungsgedanken des Abs. 1 verwechselt werden. Mit dem Entwicklungsgedanken wird angestrebt, dass Flächen, die heute noch nicht den Charakter eines Nationalparks aufweisen, dennoch heute schon diesen Schutz erlangen, um sich dann zu einem Nationalpark, wie ihn das geltende Gesetz vorsieht, zu entwickeln. Der Prozessschutz des Abs. 2 definiert den Zweck des Nationalparks, nämlich sicherzustellen, dass sich Teile der Natur ohne menschlichen Einfluss entwickeln können. Der Entwicklungsaspekt des Abs. 1 Nr. 3 setzt daher sehr viel früher an, in dem er Flächen einbezieht, die nach der derzeit geltenden Definition des Nationalparks nicht in dem Zustand sind, in dem sie sich ohne menschlichen Einfluss entwickeln sollen. Vielmehr wird gerade bei den zu entwickelnden Flächen ein Sich-selbstüberlassen nicht ausreichen, sondern menschlicher Einfluss wird nötig sein, um die Flächen in den Zustand zu versetzen, in dem sie sich dann im Sinne des Abs. 2 natürlich entwickeln können. Insofern widerspricht die Einbeziehung des Entwicklungsgedankens dem Gedanken des Prozessschutzes. Mit dem Prozessschutz soll ein Sich-selbst-überlassen-sein gewährleistet werden, der Entwicklungsgedanke beinhaltet, dass durch menschliches Zutun ein erwünschter Zustand erreicht wird.

62 Die anderen, in Satz 2 aufgeführten Ziele (wissenschaftliche Umweltbeobachtung (Rdnr. 61), naturkundliche Bildung (Rdnr. 65) und Naturerlebnis der Bevölkerung (Rdnr. 65) sind gegenüber dem Ziel des Prozessschutzes nachrangig.

63 **b) Wissenschaftliche Umweltbeobachtung.** Soweit es der Schutzzweck erlaubt, sollen Nationalparke auch der wissenschaftlichen Umweltbeobachtung dienen. Nach § 12 soll die Umweltbeobachtung dazu dienen, den „Zustand des Naturhaushalts und seine Veränderungen, die Folgen solcher Veränderungen, die Einwirkungen auf den Naturhaushalt und die Wirkungen von Umweltschutzmaßnahmen auf den Zustand des Naturhaushalts zu ermitteln, auszuwerten und zu bewerten". Auch nach den internationalen Kriterien ist die wissenschaftliche Beobachtung der natürlichen bzw. natur-

---

42 *Jedicke*, Naturschutz und Landschaftsplanung 1998, 229/232.

nahen Ökosysteme des Nationalparks als eines der Ziele definiert[43]. Dabei wird es sich vor allem um folgende Umweltbeobachtungs-/Forschungsbereiche handeln:
- „Inventarisierung" des Nationalparks
- ökosystemare Forschung
- Begleitforschung zu Managementmaßnahmen
- sozialwissenschaftliche Begleitforschung

Die „Inventarisierung" dient der Feststellung des Ist-Zustandes, d.h. es wird eine ausführliche Bestandsanalyse der belebten und unbelebten Natur im Nationalpark durchgeführt. Sie dokumentiert in der Gründungsphase des Schutzgebiets die Ausgangsbedingungen[44] und kann bei wiederholter Durchführung (gerade auch bei Zielnationalparken) im Zusammenspiel mit weiteren Untersuchungen auch den Wirkungsgrad von Managementmaßnahmen dokumentieren.

In Nationalparken bietet sich für **ökosystemare Fragestellungen** die Chance, natürliche, ungestört ablaufende Prozesse zu erforschen und so Einblicke in den Aufbau, die Dynamik oder auch die Stoff- und Energieströme natürlicher Ökosysteme zu erlangen.[45] Ebenso sind die ablaufenden Sukzessionsvorgänge Gegenstand der Forschung, z.b. auf denjenigen Flächen, die sich – gelenkt oder ungelenkt – erst in einen naturnahen Zustand entwickeln müssen. Die Begleitforschung zu Managementmaßnahmen dient der Erfolgskontrolle der eingeleiteten oder abgeschlossenen Entwicklungsmaßnahmen.

Die sozialwissenschaftliche Begleitforschung umfasst z.b. die Erfassung von Besucherströmen, Besucherbefragungen, Untersuchungen zu nationalparkverträglichen Tourismus- und Verkehrskonzepten oder die Feststellung und Förderung der Akzeptanz solcher Gebiete. Die Erfassung der Besucherströme ist eine wichtige Grundlage für die Entwicklung geeigneter Lenkungsmaßnahmen, die eine Schädigung der Natur auf Grund des Besucherdrucks minimieren sollen.[46]

c) Naturkundliche Bildung und Naturerlebnis. Die naturkundliche Bildung und das Naturerlebnis der Bevölkerung sind weitere Ziele des Nationalparks, diese können aber nur soweit verwirklicht werden, wie es nicht dem Schutzzweck zuwider läuft. Das vorrangige Schutzziel ist die langfristige Gewährleistung des möglichst ungestörten Ablaufs der Naturvorgänge und ihrer natürlichen Dynamik. Auch die internationale Definition schließt den Erholungs- und Bildungsgedanken ausdrücklich ein.[47] Besuchern soll unter bestimmten Bedingungen der Zutritt zur Erbauung, Bildung, Kulturvermittlung und Erholung gewährt werden.[48] Die Zugänglichmachung für Besucher entspricht der Grundidee des Nationalparks, der Mensch soll

---
43 IUCN 1994.
44 Erste Grundlagen bieten meist schon die Untersuchungen, die vor der Ausweisung als Nationalpark durchgeführt wurden und auf die sich i.d.R. die Unterschutzstellung aus naturschutzfachlicher Sicht gründet.
45 Für Waldgebiete vgl. z.B. *Zukrigl*, Die Bedeutung unbewirtschafteter Wälder für die Forstwissenschaft. Naturschutzreport 16: 13.
46 Zur Konzeption von Lenkungsmaßnahmen vgl. *Coch; Hirnschal*: Besucherlenkungskonzepte in Schutzgebieten. Überlegungen zur methodischen Vorgehensweise der Erarbeitung. Naturschutz und Landschaftsplanung 30, 382.
47 IUCN 1994.
48 Alliance for Nature, Die IUCN-Kriterien der „1985 United Nations List of National Parks and Protected Areas" – offizielle Übersetzung. Wien, 1990.

nicht von der unberührten Natur ausgeschlossen werden. Über Naturerlebnis und naturkundliche Bildung soll Interesse und Verständnis für die komplexen Wirkungsgefüge von Ökosystemen, die Gefährdung von Arten und Biotopen und für die Bedeutung der Natur als Lebensgrundlage des Menschen geweckt werden. Diese umweltpädagogische Aufgabe kann durch Besucherbetreuung und Bildungsangebote erfolgen. Zur Erholung ist der Nationalpark durch geeignete, d.h. das Schutzziel nicht beeinträchtigende, Erschließungsmaßnahmen zugänglich zu machen. Die Erschließung hat vor allem in den ökologisch weniger wertvollen Bereichen (Erholungs-/Pufferzone) stattzufinden, in den übrigen Bereichen ist sorgsam abzuwägen, inwieweit Besuchern Zutritt gewährt werden darf, ohne dass der besondere Schutzzweck des Nationalparks darunter leidet. Störungsempfindliche Teile des Nationalparkgebiets sind i.d.R. vom Zugang durch die Allgemeinheit ausgeschlossen. Um Schäden an der Natur zu vermeiden, sind Besucherlenkungsmaßnahmen erforderlich. Erholungsformen und sportliche Aktivitäten, die das vorrangige Naturschutzziel des Nationalparks beeinträchtigen, sind nicht zulässig. Umweltbildung und Naturerlebnis sind ein wichtiges Element, um die Akzeptanz von Schutzgebieten und Naturschutzmaßnahmen zu erhöhen.

5. Gebietsschutz

68 Nach Abs. 3 sind Nationalparke unter Berücksichtigung ihres besonderen Schutzzwecks sowie der durch die Großräumigkeit und Besiedlung gebotenen Ausnahmen wie Naturschutzgebiete zu schützen. Damit unterliegen sie dem allgemeinen Zerstörungs-, Beschädigungs-, Veränderungs- und Störungsverbot nach § 23 Abs. 2.[49] Geeignete Schutzmaßnahmen sind in der Schutzgebietsausweisung festzulegen. Abs. 3 stellt durch die Einfügung „unter Berücksichtigung ihres besonderen Schutzzwecks" sicher, dass dem Ziel Prozessschutz Rechnung getragen wird.[50] Bedingt durch die Großräumigkeit und Besiedlung können Ausnahmen geboten sein. Da Nationalparke aus Gründen der Abrundung und klaren Grenzziehung auch nicht schutzwürdige und schutzbedürftige besiedelte, modern bewirtschaftete Flächen enthalten können, die nicht vom Schutzzweck eingeschlossen sind, sind Schutz-, Pflege- und Entwicklungsmaßnahmen hier nicht oder nur eingeschränkt notwendig oder zulässig.[51] Auch dürfen die im Gebiet liegenden Siedlungen nicht gänzlich von Infrastruktur- oder Baumaßnahmen ausgeschlossen werden, das BNatSchG verlangt nicht, dass der Geltungsbereich eines Bebauungsplans aus einem Nationalpark ausgegrenzt werden muss.[52]

69 Geschuldet sind nur die durch die Großräumigkeit und Besiedlung „gebotene" Ausnahmen, welche dies sind, ist eine Abwägungsentscheidung zwischen den Belangen des Natur- und Landschaftsschutzes und den Eigentümerinteressen zu ermitteln, deren planungsrechtlich zulässige Anlagen von der Schutzgebietsausweisung betroffen sind. § 24 Abs. 3 verlangt nicht, dass sich die Eigentümerinteressen ohne Abstriche durchsetzen müssen, sondern erlaubt naturschutzrechtliche Regelungen, die durch eine Beschränkung einer ansonsten zugelassenen Nutzung einer baulichen Anlage einen angemessenen Ausgleich zwischen den divergierenden Interessen schaffen soll.[53]

---

49 Vgl. BVerwG, Beschl. v. 23.7.2003 – 4 BN 30.03.
50 BT-Drs. 14/6378, S. 51.
51 *Kolodziejcok* in: ders./Recken, Naturschutz, Landschaftspflege, § 24 Rdnr. 29.
52 Vgl. BVerwG, Beschl. v. 23.7.2003 – 4 BN 40.03, NuR 2004, 167.
53 Vgl. BVerwG, Beschl. v. 23.7.2003 – 4 BN 40.03, *Fischer-Hüftle*, Naturschutz-Rechtsprechung für die Praxis, Kapitel 4255, Nr. 1.

6. Defizite im Nationalpark-System

Bislang ist Deutschland im Vergleich zu anderen Ländern in Europa seiner Verantwortung für das nationale Naturerbe, das exemplarisch in Nationalparken großflächig geschützt ist, nicht ausreichend gerecht geworden.[54] Durch die derzeit existierenden Nationalparke werden weder alle naturräumlichen Einheiten, noch die wichtigsten in Deutschland vorkommenden Großökosysteme geschützt. Unzureichend repräsentiert sind z.b. die Wald-, Moor-, Seen- und Flussgebiete des Alpenvorlandes, Waldgebiete des Schichtstufenlandes im kollinen und submontanen Bereich oder auch die Eichen-Hainbuchenwälder und die Moorgebiete des Norddeutschen Tieflandes.[55]

Eine besondere Verantwortung hat Deutschland für den Schutz der mitteleuropäischen Buchenwälder, da hier ihr weltweites Verbreitungszentrum liegt und es noch die besten Ausgangsbedingungen für einen systematischen Schutz und die Entwicklung der Buchenwaldreste im zentraleuropäischen Bereich bietet[56]. Die Einrichtung mehrerer, gleichmäßig auf mehrere Naturräume verteilter Nationalparke und ihre Vernetzung durch kleinere Naturwaldreservate und Naturschutzgebiete erscheint aus naturschutzfachlicher Sicht möglich und angesichts der internationalen Verantwortung Deutschlands auch geboten.

Nationalparke gehören nach § 21 Abs. 3 Nr. 1 zu den einen Biotopverbund aufbauenden Bestandteilen. Auf Grund ihrer Größe und ihrer Naturnähe sind sie von großer Bedeutung als Kernflächen, die das Überleben von Populationen gewährleisten können. Allerdings ist für die Schaffung eines wirkungsvollen Biotopverbundsystems ein engeres Netz an Großschutzgebieten nötig, als es derzeit vorhanden ist.

II. Nationale Naturmonumente (Absatz 4)

1. Allgemeines

Die jüngste Schutzgebietskategorie „Nationale Naturmonumente" wurde durch die Novelle 2010 in das Bundesnaturschutzgesetz eingefügt, um auch die national bedeutsamen Schöpfungen der Natur einem herausgehobenen Schutz unterwerfen zu können, die die Voraussetzungen eines Nationalparks nicht erfüllen.[57] Der neue Schutzgebietstypus lehnt sich an die Kategorie III der Internationalen Naturschutzunion (IUCN) an. Wie für die Nationalparke sind auch für die Schutzgebiete dieser Kategorie die USA Ausgangspunkt; dort wurden bereits vor über 100 Jahren Schutzgebiete ausgewiesen, die heute der IUCN-Kategorie III zugeordnet sind.[58]

a) **Vorgaben der IUCN.** Hauptziel der zur Kategorie III zählenden Schutzgebiete ist der Schutz **herausragender** Naturerscheinungen und der dazugehörenden Biodiversität und Lebensräume.[59] Nach den Vorgaben der IUCN ist das Naturmonument wie folgt definiert:[60]

---

54 *Bibelriether, H.*, Studie über potentielle und bestehende Nationalparke in Deutschland, Angewandte Landschaftsökologie 10, S. 340 (1997).
55 Vgl. *Bibelriether*, a.a.O., S. 280 ff.
56 *Panek*, Nationalpark-Zukunft in Deutschland – einige kritische Anmerkungen und Thesen, Natur und Landschaft 1999, 266/270.
57 BT-Drs. 16/13430, S. 22.
58 *Bibelriether, H.*, IUCN Kategorie III „Natural Monument" auch hierzulande einrichten. Nationalpark 144, 33/34 (2009).
59 *Dudley*, (Hrsg.), Guidelines for Applying Protected Area Management Categories, 2008, S. 17.
60 IUCN: Richtlinien für Management-Kategorien von Schutzgebieten, 2. korr. Aufl. 2000, S. 26.

75 Kategorie III Naturmonument:
Schutzgebiet, das hauptsächlich zum Schutz einer besonderen Naturerscheinung verwaltet wird.

Definition:
Ein Naturmonument ist ein Gebiet, das eines oder mehrere besondere natürliche oder gemischt natürlich-kulturelle Erscheinungen enthält, die, außerordentlich oder einzigartig, wegen der ihnen eigenen Seltenheit, Beispielhaftigkeit, ästhetischen Qualität oder kulturellen Bedeutung schützenswert sind.

76 Managementziele:
– Dauerhafter Schutz und Sicherung besonderer herausragender Naturerscheinungen nach ihrer natürlichen Bedeutung und/oder ihres einzigartigen oder beispielhaften Charakters und/oder ihrer geistig-seelischen Bedeutung;
– Schaffung von Möglichkeiten für Forschung, Bildung, Interpretation und Freizeitgestaltung in einem Umfang, dass sie mit dem vorgenannten Ziel vereinbar sind;
– Beendigung und sodann Unterbindung jeder Art von Nutzung oder Inanspruchnahme, die den Zielen der Ausweisung entgegensteht;
– Verschaffen von Vorteilen für die eingeborene Bevölkerung, soweit sie mit den anderen Managementzielen vereinbar sind.

77 Auswahlkriterien:
– Das Gebiet muss eine oder mehrere Naturerscheinungen von außerordentlicher Bedeutung einschließen (z.B. Wasserfälle, Höhlen, Krater, Fossilienlagerstätten, Dünen oder außergewöhnliche Meereserscheinungen sowie eine einzigartige oder repräsentative Fauna und Flora; zu den Kulturerscheinungen gehören z.b. Höhlenwohnungen, Festungen auf Berggipfeln, archäologische Stätten oder traditionelle Kultstätten natürlichen Ursprungs eingeborener Völker).
– Das Gebiet muss groß genug sein, um die Unversehrtheit des Monuments und seiner unmittelbaren Umgebung zu gewährleisten.

78 Zuständigkeit:
Eigentum und Zuständigkeit für das Management liegen bei der Zentralregierung oder, beim Vorhandensein entsprechender Sicherheits- und Kontrollmechanismen, auf einer nachgeordneten staatlichen Ebene, bei einem Gremium der einheimischen Bevölkerung, einer nicht gewinnorientiert arbeitenden Organisation oder Verband, oder aber ausnahmsweise bei einer privaten Vereinigung unter der Voraussetzung, dass der dauerhafte Schutz des Gebietscharakters schon vor der Ausweisung sichergestellt ist.

79 b) Bedeutung der IUCN-Vorgaben für das Nationale Naturmonument nach § 24 Absatz 4. Wie bei den Regelungen zum Nationalpark orientiert sich der Gesetzgeber auch bei der Schutzkategorie des nationalen Naturmonuments an den Vorgaben der IUCN, ohne dass diesen dabei eine bindende Wirkung zukommt.[61] Die IUCN-Vorgaben bilden jedoch eine Leitlinie und Interpretationshilfe für die Auswahl geeigneter Gebiete. Eine Mindest- oder

---

61 Vgl. BT-Drs. 16/13430, S. 22; hier heißt es in der Begründung zum 19. Änderungsantrag der Fraktionen der CDU/CSU und der SPD: „Dieser neue Schutzgebietstypus lehnt sich an die Kategorie III der Internationalen Naturschutzunion (IUCN) an."

Höchstgröße für Schutzgebiete der Kategorie III sieht die IUCN nicht vor. In der bisherigen internationalen Ausweisungspraxis wurden zumeist Gebiete unter 1000 ha dieser Kategorie zugeordnet.[62] Zumeist steht der Schutz von Naturerscheinungen und der dazugehörigen Naturlandschaft im Vordergrund; dabei ist – ebenso wie in der Kategorie II (Nationalpark) – der Prozessschutz das vorrangige Ziel auf mindestens drei Viertel der Fläche.[63] Neben der weitgehend „unberührten Natur" schließt die Kategorie III aber auch Kulturstätten und die mit diesen Stätten verbundenen natürlichen und halbnatürlichen Habitate und ihre Biodiversität ein. In diesen Fällen sind die Schlüsselkriterien für die Einstufung als Naturmonument aber, dass das Gebiet einen Beitrag zum großräumigen Naturschutz leistet und der Biodiversitätsschutz das vorrangige Managementziel darstellt.[64] An diesen internationalen Vorgaben sollten sich die nationalen Unterschutzstellungen nach § 24 Abs. 4 orientieren.

2. Schutzgegenstand

Als „Nationale Naturmonumente" können Gebiete geschützt werden, die eine oder mehrere besondere/herausragende natürliche oder gemischt natürlich/kulturelle Erscheinungen enthalten. Dabei kann es sich um Wasserläufe, Dünen, Höhlen, Fossilienfundstellen oder andere geologisch-geomorphologische Erscheinungen mit für die Bevölkerung identitätsstiftender Bedeutung handeln. Auch von Menschen geschaffene oder gestaltete Erscheinungen können zum Schutzgut erklärt werden.[65] Damit kommen z.B. archäologisch bedeutsame Stätten und Kulturdenkmäler (wie Bau- und Bodendenkmäler) als Teil eines Nationalen Monuments inbetracht, sofern ihnen (neben ihrem kulturellen Wert) auch ein Naturwert zukommt.

Aus der Begründung zum Nationalen Monument[66] wird deutlich, dass der Gesetzgeber insbesondere solche Gebiete für geeignet hält, deren Ausweisung als Nationalpark an der fehlenden Großräumigkeit scheitert. In diesen Gebieten ist von einer weitgehend unberührten Natur bzw. einem Potenzial für die Entwicklung in einen solchen Zustand auszugehen. Damit entsprechen diese Gebiete auch der Hauptgruppe der Kategorie III-Gebiete der IUCN, in denen der Prozessschutz ein vorrangiges Ziel darstellt (vgl. Rdnr. 77). Geschützt werden können aber auch vom Menschen beeinflusste Gebiete, die eine nationale Bedeutung aufweisen. Dies wird insbesondere dann der Fall sein, wenn kulturelle Erscheinungen in das Schutzgebiet einbezogen sind. Auch dies ist mit den Vorgaben für die IUCN-Kategorie III vereinbar.

Voraussetzung für die Schutzwürdigkeit ist, dass die natürlichen oder gemischt natürlich/kulturellen Erscheinungen von herausragender Bedeutung sind. Ihnen muss im nationalen Vergleich ein außergewöhnlicher Wert zukommen. Dies wird auch aus der Benennung der neuen Schutzkategorie als

---

62 Vgl. IUCN: Richtlinien für Management-Kategorien von Schutzgebieten. Interpretation und Anwendung der Management-Kategorien für Schutzgebiete in Europa. 2. korr. Aufl. 2000, S. 27.
63 Vgl. *Dudley*, (Hrsg.), Guidelines for Applying Protected Area Management Categories, 2008, S. 17; *Bibelriether*, Nationalpark 144, 33/34 (2009).
64 *Dudley* (Hrsg.), Guidelines for Applying Protected Area Management Categories, 2008, S. 18.
65 Vgl. den Änderungsantrag 19 der Fraktionen CDU/CSU und SPD, BT-Drs. 16/13430, S. 22; vgl. auch IUCN, Richtlinien für Management-Kategorien von Schutzgebieten. Interpretation und Anwendung der Management-Kategorien für Schutzgebiete in Europa.
66 BT-Drs. 16/13430, S. 22.

"Nationales" Naturmonument und aus der systematischen Angliederung an die Regelungen zum – ebenfalls national bedeutsamen – Nationalpark deutlich. Gleichzeitig müssen die zu schützenden Gebiete auch einen monumentalen Charakter aufweisen, d.h. es muss sich – ebenso wie beim Naturdenkmal – um ein Zeugnis der Vergangenheit handeln.[67]

83 Vorgaben zur Flächengröße von Nationalen Naturmonumenten enthält Abs. 4 nicht. Diese richtet sich jedenfalls nach der Ausdehnung der vom Schutz umfassten Erscheinungen und der mit ihnen verbundenen Flora und Fauna. Kleine Flächen werden hierbei nur selten eine derart herausragende Bedeutung besitzen, durch die sie sich auch bei deutschlandweiter Betrachtung von ähnlichen Erscheinungen deutlich abheben. Auch kann in der Regel nicht davon ausgegangen werden, dass sie die Kriterien der IUCN-Kategorie III erfüllen. National bedeutsame Schöpfungen der Natur, die nicht das Kriterium der Großräumigkeit nach § 24 Abs. 1 Nr. 1 BNatSchG erfüllen[68] und daher nicht als Nationalpark ausgewiesen werden können, können mehrere tausend Hektar umfassen.[69]

3. Schutzgründe

84 Voraussetzung für die Erklärung eines Gebietes zum Nationalen Naturmonument ist dessen herausragende Bedeutung. § 24 Abs. 4 Nr. 1 und 2 führt hierzu normative Schutzgründe an, die **kumulativ** für die Ausweisung vorliegen müssen. Das gleichzeitige Vorliegen mehrerer Schutzgründe kann die herausragende Bedeutung des Gebiets und damit seine Schutzwürdigkeit unterstreichen.

85 a) **Wissenschaftliche, naturgeschichtliche, kulturhistorische oder landeskundliche Gründe (Nr. 1).** Nach Nr. 1 kann die Unterschutzstellung aus wissenschaftlichen, naturgeschichtlichen, kulturhistorischen oder landeskundlichen Gründen erfolgen.[70] Wissenschaftliche Gründe können neben der biologischen und geologischen Forschung ebenso geschichtliche Gründe sein, da die Geschichte die „vierte Dimension des Monuments und damit des Kultur- wie Naturdenkmals ist".[71] Geschichtliche Gründe finden sich auch in den naturgeschichtlichen und kulturhistorischen Gründen wieder. Während der Schwerpunkt der Betrachtung bei der Naturgeschichte auf Zeugnissen früherer Entwicklungen der belebten und unbelebten Natur (z.B. Vegetationsgeschichte, Erdgeschichte, Nutzungsgeschichte der Landschaft) liegt, liegt die kulturhistorische Bedeutung in der Erforschung und Dokumentation historischer oder vorgeschichtlicher Kulturen. Kulturhistorische Gründe spielen bei gemischt natürlich/kulturellen Erscheinungen, die vom Menschen geschaffen oder gestaltet wurden, eine Rolle. Landeskundliche Gründe liegen vor, wenn das Gebiet einen besonderen Bezug zu Geographie oder Geschichte des Landes oder Landesteils aufweist bzw. in besonderer Weise Zeugnis von geschichtlichen oder geographischen Charakteristika

---

67 Vgl. zum Naturdenkmal: *Hönes*, Naturdenkmäler und nationale Naturmonumente, NuR 2009, 741/744.
68 Großräumigkeit liegt vor, wenn das Gebiet ein oder mehrere vollständige Ökosysteme umfasst, vgl. Rdnr. 26.
69 Die Frage, ob eine neue Schutzgebietskategorie notwendig ist, ergab sich auch aus der Diskussion um die geplante Ausweisung des Siebengebirges als Nationalpark, vgl. *Bibelriether, H.*, Nationalpark 144, 33/34 (2009).
70 Hinsichtlich der wissenschaftlichen, naturgeschichtlichen oder landeskundlichen Gründe vgl. § 23 Rdnr. 25 ff., bzgl. der kulturhistorischen Gründe vgl. § 26 Rdnr. 17.
71 *Hönes*, NuR 2009, 741/745.

gibt.⁷² Zwischen Naturgeschichte, Kulturgeschichte und Landeskunde ist oftmals keine eindeutige Abgrenzung möglich; so beinhalten z.b. die historischen Kulturlandschaften alle drei Aspekte. Um den Schutz als Nationales Naturmonument zu rechtfertigen, muss mindestens einer der vorgenannten Gründe eine herausragende Bedeutung des Gebietes bedingen.

b) Seltenheit, Eigenart oder Schönheit (Nr. 2). Als Nationales Naturmonument kann ein Gebiet nur geschützt werden, wenn es zudem wegen seiner Seltenheit, Eigenart oder Schönheit⁷³ von herausragender Bedeutung ist. Es muss sich damit deutlich von anderen seltenen, eigenartigen oder als schön empfundenen Gebieten abheben und eine gewisse Einzigartigkeit aufweisen, welche aus nationaler Sicht eine herausragende Bedeutung bedingt.

c) Mittelbarer Schutz der Biodiversität. Wie beim Naturdenkmal, so wird auch beim Nationalen Naturmonument der Schutz der Biodiversität nicht als Schutzzweck genannt, weshalb die ökologische Bedeutung eines Gebiets de lege lata als Ausweisungsgrund ausscheidet.⁷⁴ Gleichwohl profitieren ökologische Belange und Lebensstätten vielfach mittelbar von einer Ausweisung.⁷⁵ Der Verzicht des Gesetzgebers, die Biodiversität als Schutzgrund in § 24 Abs. 4 aufzunehmen, steht allerdings im Widerspruch zu seiner Absicht, den neuen Schutzgebietstypus an die Kategorie III der IUCN⁷⁶ anzulehnen. Denn diese Kategorie ist gerade dadurch charakterisiert, dass der Biodiversitätsschutz (insbesondere der Prozessschutz) eine wesentliche Rolle spielt. Es wird daher zumindest bei größeren Naturmonumenten regelmäßig davon auszugehen sein, dass die mit den natürlichen oder gemischt natürlich/kulturellen Erscheinungen verbundene Biodiversität einen untrennbaren, wertgebenden Bestandteil des Monuments darstellt. Insofern kann der Wert des Schutzgebiets in der Regel nur erhalten werden, wenn ein effektiver Biodiversitätsschutz Teil des Schutzkonzepts ist, wie es auch die IUCN für Gebiete der Kategorie III vorsieht.⁷⁷

4. Gebietsschutz

Nach § 24 Abs. 4 Satz 2 sind nationale Naturmonumente wie Naturschutzgebiete zu schützen. Damit unterliegen sie dem allgemeinen Zerstörungs-, Beschädigungs-, Veränderung- und Störungsverbot, vgl. § 23 Abs. 2. Geeignete Schutzmaßnahmen sind in Schutzgebietsausweisungen festzulegen. Soweit der verfolgte Schutzzweck es erlaubt, können die Nationalen Naturmonumente der Allgemeinheit zugänglich gemacht werden, vgl. § 23 Abs. 2 Satz 2.

Aufgrund ihrer nationalen Bedeutung können Nationale Monumente hohe Besucherzahlen aufweisen. Die IUCN empfiehlt daher für Kategorie III-Gebiete die Schaffung von guten Besuchereinrichtungen und Pufferzonen, die

---

72 *Meßerschmidt*, BNatSchG, § 23 Rdnr. 48.
73 Zu den Begriffen vgl. § 23 Rdnr. 30 ff. und § 28 Rdnr. 11.
74 Vgl. *Gellermann*, § 28 BNatSchG, Rdnr. 5; *Kolodziejcok* in: Kolodziejcok/Recken, Naturschutz, Landschaftspflege, § 28 Rdnr. 25; *Meßerschmidt*, BNatSchG, § 28 Rdnr. 53 sowie die Rechtsprechung zu § 28 BNatSchG: VGH München, Urt. v. 19.10.1982 – 19 IX 75, NuR 1983, 70; OVG Bautzen, Urt. v. 8.8.1996 – I S 285/95, NuR 1997, 608.
75 Vgl. *Gellermann*, § 28 BNatSchG, Rdnr. 5.
76 So BT-Drs. 16/13430, S. 22.
77 Vgl. Rdnr. 77.

groß genug sind, um den Besucherdruck aufnehmen zu können, damit die „besonderen Werte des Gebietes nicht der Zerstörung anheim fallen".[78]

5. Abgrenzung zu anderen Schutzkategorien

90 Handelt es sich bei den zu schützenden Gebieten um relativ große Flächen, die sich in einem naturnahen Zustand befinden (oder in einen solchen entwickelt werden sollen) und in denen der Prozessschutz im Vordergrund stehen soll, kann es im Einzelfall zu Abgrenzungsproblemen zwischen Nationalpark und Nationalem Naturmonument kommen. Eine Abgrenzung über die absolute Flächengröße[79] erscheint dabei – auch angesichts der stark variierenden Flächengrößen unserer Nationalparke – zumindest nicht als alleiniges Kriterium geeignet zu sein. Wichtige Kriterien können z.b. der Monumentcharakter des Gebiets und damit verbunden auch die Frage des Besucherdrucks sein.

91 Mit dem Naturschutzgebiet nach § 23 BNatSchG und dem Naturdenkmal nach § 28 BNatSchG weist das Nationale Naturmonument eine große Übereinstimmung in den möglichen Schutzgründen auf. Insofern wird auch hier die Abgrenzung nicht immer einfach sein. Wie nach § 23 Abs. 1 Nr. 2 BNatSchG und § 28 Abs. 1 Nr. 1 BNatSchG, so ist auch nach § 24 Abs. 4 Nr. 1 die Unterschutzstellung aus „wissenschaftlichen, naturgeschichtlichen und landeskundlichen Gründen"[80] möglich. Dabei sind beim Nationalen Naturmonument jedoch gegenüber den beiden vorgenannten Schutzkategorien höhere Anforderungen zu erfüllen: nur eine herausragende Bedeutung des Gebiets rechtfertigt ein Nationales Naturmonument. Ebenso gelten diese erhöhten Anforderungen für § 24 Abs. 4 Nr. 2 (Seltenheit, Eigenart oder Schönheit) gegenüber § 23 Abs. 1 Nr. 3 BNatSchG und § 28 Abs. 1 Nr. 2 BNatSchG.

92 Als Kategorie des Flächenschutzes grenzt sich das Nationale Naturmonument vom Naturdenkmal ab, welches dem Objektschutz dient. Trotz der in der Begründung des Gesetzgebers genannten Flächengröße für Nationale Naturmonumente „ab ca. 5 ha"[81] kann nicht angenommen werden, dass es sich bei der neu eingeführten Schutzkategorie lediglich um die „nahtlose" Fortführung des Naturdenkmals auf größeren Flächen handelt. Vielmehr ist davon auszugehen, dass derart kleine Flächen in der Regel weder die geforderte herausragende Bedeutung besitzen, noch die Kriterien der IUCN-Kategorie III aufweisen, sodass sie nicht für Ausweisung nach § 24 Abs. 4 infrage kommen. Insofern wird die Ausweisung kleiner Flächen als Nationales Naturmonument nur in seltenen Ausnahmefällen möglich sein.

---

78 Schutzgebiete der IUCN-Kategorie III weisen erfahrungsgemäß häufig einen hohen Besucherdruck auf, IUCN, Richtlinien für Management-Kategorien von Schutzgebieten. Interpretation und Anwendung der Management-Kategorien für Schutzgebiete in Europa, S. 27.
79 *Bibelriether* hält z.B. eine Obergrenze von 5000 ha für denkbar, vgl. *Bibelriether, H.*, Nationalpark 144, 33/34 (2009).
80 Außerdem kommen beim Nationalen Naturmonument noch kulturhistorische Gründe hinzu.
81 BT-Drs. 16/13430, S. 22.

§ 25 Biosphärenreservate

(1) Biosphärenreservate sind einheitlich zu schützende und zu entwickelnde Gebiete, die
1. großräumig und für bestimmte Landschaftstypen charakteristisch sind,
2. in wesentlichen Teilen ihres Gebiets die Voraussetzungen eines Naturschutzgebiets, im Übrigen überwiegend eines Landschaftsschutzgebiets erfüllen,
3. vornehmlich der Erhaltung, Entwicklung oder Wiederherstellung einer durch hergebrachte vielfältige Nutzung geprägten Landschaft und der darin historisch gewachsenen Arten- und Biotopvielfalt, einschließlich Wild- und früherer Kulturformen wirtschaftlich genutzter oder nutzbarer Tier- und Pflanzenarten, dienen und
4. beispielhaft der Entwicklung und Erprobung von die Naturgüter besonders schonenden Wirtschaftsweisen dienen.

(2) Biosphärenreservate dienen, soweit es der Schutzzweck erlaubt, auch der Forschung und der Beobachtung von Natur und Landschaft sowie der Bildung für nachhaltige Entwicklung.

(3) Biosphärenreservate sind unter Berücksichtigung der durch die Großräumigkeit und Besiedlung gebotenen Ausnahmen über Kernzonen, Pflegezonen und Entwicklungszonen zu entwickeln und wie Naturschutzgebiete oder Landschaftsschutzgebiete zu schützen.

(4) Biosphärenreservate können auch als Biosphärengebiete oder Biosphärenregionen bezeichnet werden.

Gliederung

		Rdnr.
I.	Allgemeines	1, 2
II.	UNESCO-Biosphärenreservat	3–6
III.	Biosphärenreservate nach § 25 BNatSchG	7–25
1.	Schutzzweck	9, 10
2.	Einheitlich zu schützendes und zu entwickelndes Gebiet	11–13
3.	Großräumigkeit und für einen Landschaftstyp charakteristisch, Nr. 1	14–16
	a) Großräumigkeit	15
	b) Für einen Landschaftstyp charakteristisch	16
4.	Erfüllung der Voraussetzungen eines Naturschutz- oder Landschaftsschutzgebiets (Nr. 2)	17–20
5.	Erhaltung, Entwicklung oder Wiederherstellung einer durch hergebrachte vielfältige Nutzung geprägten Landschaft (Nr. 3)	21–24
	a) Kulturlandschaftsschutz	21, 22
	b) Historisch gewachsene Arten- und Biotopvielfalt	23, 24
6.	Besonders schonende Wirtschaftsweisen (Nr. 4)	25
IV.	Umweltbildung, Forschung und Umweltbeobachtung (Abs. 2)	26
V.	Entwicklung und Unterschutzstellung (Abs. 3)	27–34
1.	Entwicklung über Kern-, Pflege- und Entwicklungszonen	28–31
	a) Kernzone	29
	b) Pflegezone	30
	c) Entwicklungszone	31
2.	Unterschutzstellung	32–34
VI.	Bezeichnung (Abs. 4)	35

§ 25 1–5

I. Allgemeines

1 Die Vorschrift über Biosphärenreservate ist gegenüber § 25 BNatSchG 2002 nahezu unverändert. Die Vorschrift verzichtet jetzt jedoch auf das Merkmal der rechtsverbindlichen Festsetzung und gestattet die Biosphärenreservate auch als „Biosphärengebiet" oder „Biosphärenregion" zu bezeichnen. Nach Abs. 2 dienen die Biosphärengebiete auch der Forschung und der Beobachtung von Natur und Landschaft sowie der Bildung für nachhaltige Entwicklung.[1]

2 Nach Inhalt und Zielsetzung stammt der Begriff des Biosphärenreservates aus der internationalen Umwelt- und Naturschutzpolitik. Das Konzept des Biosphärenreservates basiert auf der Initiative des UNESCO-Programms „Der Mensch und die Biosphäre" (MAB) aus dem Jahr 1974.[2] Eingang in bundesdeutsches Recht erlangte die Schutzkategorie durch die Einbeziehung in den (deutsch-deutschen) Einigungsvertrag im Rahmen der „Zusatzvereinbarung" vom 18.9.1990 zum Einigungsvertrag vom 31.8.1990[3] als Weitergeltung der „Naturschutzverordnung" der ehemaligen DDR. In das BNatSchG wurde die Schutzkategorie „Biosphärenreservat" als § 14a BNatschG a.F. durch das 3. ÄndG/BNatSchG vom 26.8.1998[4] eingefügt. In Deutschland gibt es derzeit 16 Biosphärenreservate mit einer Gesamtfläche von 1.873.911 ha.[5]

II. UNESCO-Biosphärenreservat

3 Die UNESCO erarbeitete 1995 „Internationale Leitlinien für das Welt-Netzwerk der Biosphärenreservate" mit dem Ziel, die Effektivität der einzelnen Biosphärenreservate zu steigern sowie gegenseitiges Verständnis, Kommunikation und Zusammenarbeit auf regionaler und internationaler Ebene zu erhöhen. Die Staaten werden darin bestärkt, nationale Kriterien für Biosphärenreservate zu erarbeiten und anzuwenden, die auf den spezifischen Bedingungen des betreffenden Staates beruhen.[6] Insgesamt umfassen diese Leitlinien 10 Artikel.

4 Durch die Verbindung der in Art. 3 aufgeführten Funktionen sollen Biosphärenreservate Modellstandorte zur Erforschung und Demonstration von Ansätzen zu Schutz und nachhaltiger Entwicklung auf regionaler Ebene sein:
- **Schutz**: Beitrag zur Erhaltung von Landschaften, Ökosystemen, Arten und genetischer Vielfalt;
- **Entwicklung**: Förderung einer wirtschaftlichen und menschlichen Entwicklung, die soziokulturell und ökologisch nachhaltig ist;
- **Logistische Unterstützung**: Förderung von Demonstrationsprojekten, Umweltbildung und -ausbildung, Forschung und Umweltbeobachtung im Rahmen lokaler, regionaler, nationaler und weltweiter Themen des Schutzes und der nachhaltigen Entwicklung.

5 Art. 4 legt die allgemeinen Kriterien für die internationale Anerkennung eines Gebietes als Biosphärenreservat fest:

---

1 BT-Drs. 16/12274, S. 62
2 BT-Drs. 13/10186.
3 BGBl. II S. 889, 1242.
4 BGBl. I S. 2481.
5 Stand 2009.
6 UNESCO (Hrsg.) (1996): Biosphärenreservate. Die Sevilla-Strategie und die Internationalen Leitlinien für das Weltnetz. – BfN, Bonn.

1. Das Gebiet soll sich aus einer Reihe verschiedener ökologischer Systeme zusammensetzen, die für bedeutende biogeographische Systeme repräsentativ sind, einschließlich abgestufter Formen des Eingriffs durch den Menschen;
2. das Gebiet soll für die Erhaltung der biologischen Vielfalt von Bedeutung sein;
3. das Gebiet soll die Möglichkeit bieten, Ansätze zur nachhaltigen Entwicklung auf regionaler Ebene zu erforschen und zu demonstrieren;
4. das Gebiet soll über eine ausreichende Größe verfügen, um die in Artikel 3 aufgeführten Funktionen der Biosphärenreservate erfüllen zu können;
5. das Gebiet soll diese Funktionen durch eine entsprechende Einteilung in die folgenden Zonen erfüllen:
   – eine gesetzlich definierte Kernzone oder Gebiete, die langfristigem Schutz gewidmet sind, und die mit den Schutzzielen des Biosphärenreservates übereinstimmen sowie eine ausreichende Größe zur Erfüllung dieser Ziele aufweisen;
   – eine Pufferzone oder eindeutig festgelegte Zonen, die die Kernzone(n) umschließen oder an sie angrenzen, in denen nur Aktivitäten stattfinden, die mit den Schutzzielen vereinbar sind;
   – eine äußere Übergangszone, in der Vorgehensweisen zur nachhaltigen Bewirtschaftung von Ressourcen gefördert und entwickelt werden.
6. Für eine angemessene Beteiligung und Mitarbeit u.a. von Behörden, örtlichen Gemeinschaften und privaten Interessen bei der Bestimmung und Ausübung der Funktionen eines Biosphärenreservates sollen organisatorische Vorkehrungen getroffen werden.
7. Zusätzlich sollen Vorkehrungen getroffen werden, für
   – Mechanismen zur Lenkung der menschlichen Nutzung und Aktivitäten in der oder den Pufferzonen;
   – Strategien oder Pläne zur Bewirtschaftung des Gebietes als Biosphärenreservat;
   – die Bestimmung einer Behörde oder eines Mechanismus zur Umsetzung dieser Strategien bzw. Pläne;
   – Programme zur Forschung, Umweltbeobachtung, Bildung und Ausbildung.

Zum offiziellen Weltnetz zählen 553 Biosphärenreservate in 107 Ländern,[7] darunter auch Gebiete wie die Serengeti oder die Galapagos-Inseln. In Deutschland hat die UNESCO bisher 16 Biosphärenreservate mit einer Gesamtfläche von 1.873.911 ha anerkannt: Flusslandschaft Elbe (342.847/ 1979, erweitert 1997), Vessertal-Thüringer Wald (17.081/1979, erweitert 1991), Berchtesgadener Alpen (46.710/ 1990), Schleswig-Holsteinisches Wattenmeer und Halligen (443.100/1990), Schorfheide-Chorin (129.160/ 1990), Rhön (185.276/1991), Spreewald (47.492/ 1991), Südost-Rügen (23.500/1991), Hamburgisches Wattenmeer (11.700/ 1992), Niedersächsisches Wattenmeer (240.000/1992), Pfälzerwald-Nordvogesen (177.842/ 1992), Oberlausitzer Heide- und Teichlandschaft (30.102/ 1996), Schaalsee (30.260 / 2000), Bliesgau (32.898/2009), Schwäbische Alb (85.269/2009), Karstlandschaft Südharz (30.034/ Anerkennung wird beantragt).[8]

---

7 Stand: Juli 2009 (www.bfn.de/0308_bios.html).
8 Zahlen in Klammern: Größe in Hektar / Jahr der Anerkennung durch die UNESCO; Quelle: www.bfn.de/0308_bios.html.

III. Biosphärenreservate nach § 25 BNatSchG

7 Die nationale Schutzkategorie „Biosphärenreservat" soll die Einrichtung von UNESCO-Biosphärenreservaten in Deutschland ermöglichen und fördern. Entsprechend orientieren sich der Schutzzweck und die Gebietskriterien der Biosphärenreservate nach § 25 BNatSchG an der Ausrichtung von UNESCO-Biosphärenreservaten, beide Schutzgebietstypen sind jedoch nicht identisch. Für die bundesdeutschen Biosphärenreservate sind die UNESCO-Leitlinien nur rechtsverbindlich, soweit sie in § 25 Eingang gefunden haben. Eine Ausweisung nach § 25 muss daher nicht die Anerkennung als UNESCO-Gebiet zur Folge haben. Umgekehrt kann auch ein Gebiet von der UNESCO anerkannt werden, das nicht nach § 25 als Biosphärenreservat ausgewiesen wurde.

8 Biosphärenreservate verfolgen das Ziel, den Menschen beim Schutz der Natur nicht von derselben auszuschließen. Der Schutz der Natur steht gleichrangig neben den ökologischen, sozialen, kulturellen und ethischen Aspekten von historisch geprägten Landschaften. Es steht bei dieser Schutzkategorie daher nicht der konservierende Naturschutz im Vordergrund. Schutzziel ist die Erhaltung und Entwicklung von repräsentativen natürlichen Ökosystemtypen und der darin enthaltenen genetischen Vielfalt[9].

1. Schutzzweck

9 Der Schutzzweck und die Gebietskriterien orientieren sich an der Ausrichtung von UNESCO-Biosphärenreservaten, beide Schutzgebietstypen sind aber nicht identisch. Für die Biosphärenreservate sind nur diejenigen UNESCO-Leitlinien verbindlich, die in § 25 Einzug gefunden haben. Eine Ausweisung nach § 25 muss aber nicht die Anerkennung als UNESCO-Gebiet zur Folge haben. Umgekehrt kann ein Gebiet von der UNESCO anerkannt werden, das nicht nach § 25 als Biosphärengebiet ausgewiesen wurde.

10 In Biosphärengebieten soll der Mensch beim Schutz der Natur nicht ausgeschlossen werden. Der Schutz der Natur steht gleichrangig neben den ökologischen, sozialen, kulturellen und ethischen Aspekten von historisch geprägten Landschaften. Als Schutzziel steht die Erhaltung und Entwicklung von repräsentativen natürlichen Ökosystemtypen und der darin enthaltenen genetischen Vielfalt im Vordergrund.[10]

2. Einheitlich zu schützendes und zu entwickelndes Gebiet

11 Das Biosphärenreservat muss einem einheitlichen Schutz unterstellt sein. Durch diesen einheitlichen Schutz soll sichergestellt werden, dass bei Großschutzgebieten, zur Verwirklichung des Schutzziels, ein umfassendes und auf das Gesamtgebiet bezogenes Schutzkonzept verfolgt wird. Einheitlichkeit bedeutet dabei nicht, dass die Schutzintensität in allen Bereichen eines Biosphärenreservats gleich ist, i.d.R. weist ein Biosphärenreservat eine räumliche Untergliederung in Zonen mit unterschiedlicher Schutzintensität und unterschiedlichen Schutzzielen (Schutz-, Pflege- und Entwicklungszone) auf. In die Ausweisung sollen auch Flächen einbezogen werden, für die eine naturschutzgerechte Entwicklung angestrebt wird.

---

9 BT.-Drs. 13/10186
10 BT.-Drs. 13/10186.

Das für ein Biosphärenreservat vorgesehene Gebiet muss unter naturwissenschaftlichen, für Naturschutz und Landschaftspflege relevanten Gesichtspunkten eine gewisse Individualität besitzen und als Einheit betrachtet werden können; bestimmend oder mitbestimmend dafür können auch frühere oder gegenwärtige menschliche Einflüsse sein.[11]

Für die Erklärung zum Biosphärenreservat müssen die unter § 25 Abs. 1 Nr. 1–4 genannten Voraussetzungen **kumulativ** vorliegen. Die Nrn. 1 und 2 enthalten dabei die notwendigen Gebietseigenschaften, die Nrn. 3 und 4 legen die Schutzzwecke und -ziele fest.

3. Großräumigkeit und für einen Landschaftstyp charakteristisch, Nr. 1

In Nr. 1 werden die für ein Biosphärenreservat vorausgesetzten Gebietseigenschaften festgelegt: Sie müssen sowohl bezüglich **Großräumigkeit** als auch für einen bestimmten **Landschaftstyp charakteristisch** sein.

a) **Großräumigkeit.** Der Gesetzgeber hat den Begriff der Großräumigkeit nicht definiert, es gibt daher auch keine gesetzlich festgelegte Mindestgröße für ein Biosphärenreservat. Das Deutsche MAB-Nationalkomitee legt in seinen „Kriterien für Anerkennung und Überprüfung von Biosphärenreservaten der UNESCO in Deutschland" fest, dass Biosphärenreservate in der Regel mindestens 30.000 ha umfassen und nicht größer als 150.000 ha sein sollen, wobei länderübergreifende Biosphärenreservate diese Gesamtfläche bei entsprechender Betreuung überschreiten dürfen. Diese Angaben sind als Richtwerte gedacht und besitzen – auch in Bezug auf die Anerkennungsfähigkeit durch die UNESCO – keine Verbindlichkeit. Mehrere deutsche UNESCO-Biosphärenreservate unterschreiten diesen Richtwert deutlich. Tatsächlich haben sich die Größe und der Zuschnitt eines Gebiets am Schutzzweck und an den naturräumlichen Gegebenheiten zu orientieren, dabei sollten möglichst alle naturraumtypischen Ökosysteme der Natur- und Kulturlandschaft mehrmals vertreten sein. Das Gebiet muss über eine ausreichende Größe verfügen, um die in ihm zugedachten Funktionen erfüllen zu können. Eine bestimmte Mindestgröße ist zum einen erforderlich, um die Vielfalt der naturraumtypischen Ökosysteme und der darin lebenden Tier- und Pflanzenarten schützen zu können, zum anderen um als Lebens-, Wirtschafts- und Erholungsraum zu dienen.[12]

b) **Für einen Landschaftstyp charakteristisch.** Das Gebiet muss für einen bestimmten Landschaftstyp charakteristisch sein. Damit orientiert sich der Gesetzgeber am MAB-Programm, durch das ein weltumspannendes Netz von Biosphärenreservaten errichtet werden soll, welches die Ökosystemtypen und biogeographischen Einheiten der Erde erfasst.[13] Ausgewählt werden soll ein repräsentativer Ausschnitt eines bestimmten Landschaftsraums, in dem großflächige Bereiche der Natur- und Kulturlandschaft enthalten sind. Diese Bereiche sollen die durch die vielfältige Nutzung geprägte Landschaft und die darin historisch gewachsene Arten- und Biotopvielfalt widerspiegeln. Neben den natürlichen Eigenarten ist auch die Prägung durch den Menschen, also durch Besiedlung, Bewirtschaftung, Erschließung und Belastung maßgebend.[14]

---

11 *Kolodziejcok,* in: ders./Recken, Naturschutz, Landschaftspflege, § 25 Rdnr. 11.
12 Dies entspricht den UNESCO-Leitlinien, vgl. Rdnr. 3.
13 *Louis,* BNatSchG § 14a, Rdnr. 6.
14 *Kolodziejcok,* in: ders./Recken, Naturschutz, Landschaftspflege, § 25 Rdnr. 14.

4. Erfüllung der Voraussetzungen eines Naturschutz- oder Landschaftsschutzgebiets (Nr. 2)

17 Nach Nr. 2 müssen die Biosphärenreservate in wesentlichen Teilen ihres Gebiets die Voraussetzungen eines **Naturschutzgebiets**, im Übrigen überwiegend eines **Landschaftsschutzgebiets** erfüllen. Im Gegensatz zum Nationalpark soll das Gebiet nicht überwiegend, sondern „in wesentlichen Teilen" die Voraussetzungen eines Naturschutzgebietes erfüllen. Die wesentlichen Teile eines Gebietes, ergeben sich aus den Zielen und Zwecken des Biosphärenreservates.[15]

18 Das Biosphärenreservat weist gemäß Abs. 2 eine Unterteilung in Kern-, Pflege- und Entwicklungszone auf.[16] Die **Kernzone** umfasst die natürlichen oder naturnahen Ökosysteme des Gebiets, sie erfüllt die Voraussetzungen eines Naturschutzgebiets. In der Pflegezone soll vor allem die historisch gewachsene Kulturlandschaft erhalten werden, in der halbnatürliche Ökosysteme vorherrschen, die zahlreiche verschiedene Biotoptypen beinhalten und einer Vielzahl naturraumtypischer – auch bedrohter – Tier- und Pflanzenarten Lebensraum bieten. Auch hier liegt i.d.R. die Voraussetzung für ein Naturschutzgebiet, zumindest aber für ein Landschaftsschutzgebiet vor. Für eine internationale Anerkennung sollten Kernzone und Pflegezone zusammen mindestens 20 % der Gesamtfläche einnehmen.[17] Auch die Entwicklungszone kann naturschutzgebietswürdige Biotope beinhalten. Der tatsächliche Flächenanteil der „wesentlichen Teile" des Gebiets lässt sich nicht pauschal, sondern nur einzeln für jedes Biosphärenreservat festlegen.[18]

19 Die verbleibenden Flächen müssen überwiegend, d.h. zu mehr als 50 % die Voraussetzungen eines Landschaftsschutzgebiets erfüllen. Der Schutzzweck des Landschaftsschutzgebiets kann in der Erhaltung, Entwicklung oder Wiederherstellung der Leistungs- und Funktionsfähigkeit des Naturhaushalts, der Regenerationsfähigkeit und nachhaltigen Nutzungsfähigkeit der Naturgüter, wegen der Vielfalt, Eigenart und Schönheit oder der besonderen kulturhistorischen Bedeutung der Landschaft oder wegen ihrer besonderen Bedeutung für die Erholung begründet sein. Dies entspricht auch der Zielrichtung des Biosphärenreservats, weshalb eine Ausweisung nur sinnvoll und zielgerichtet erscheint, wenn der überwiegende Teil des Gebiets die Kriterien eines Landschaftsschutzgebiets erfüllt.

20 Die verbleibende Restfläche braucht weder natur- noch landschaftsschutzgebietswürdig zu sein. So können auch Flächen, die aus naturschutzfachlichen Gesichtspunkten keines Schutzes bedürfen, in ein Biosphärenreservat einbezogen werden, die Voraussetzungen des § 25 Abs. 1 Nr. 3 und 4 müssen aber erfüllt sein. Es handelt sich hier vor allem um Flächen in der Entwicklungszone.[19] Flächen mit geringerem Naturschutzwert können auch zur Arrondierung des Schutzgebiets dienen.

---

15 *Kolodziejcok,* in: ders./Recken, Naturschutz, Landschaftspflege, § 25 Rdnr. 16.
16 Siehe Rdnr. 11.
17 Wobei dies nicht zwingende Voraussetzung für die Anerkennung durch die UNESCO ist, z.B. liegen die Biosphärenreservate Vessertal-Thüringer Wald (1,6 % Kern- und 12,7 % Pflegezone) und Südost-Rügen (1,5 % Kern- und 16 % Pflegezone) unter diesem Richtwert.
18 Dies zeigt sich auch in den Flächenanteilen der Kerngebiete bislang ausgewiesener Biosphärenreservate, die zwischen 0,8 % und 89,7 % variieren.
19 Vgl. Rdnr. 18.

5. **Erhaltung, Entwicklung oder Wiederherstellung einer durch hergebrachte vielfältige Nutzung geprägten Landschaft (Nr. 3)**

a) **Kulturlandschaftsschutz.** Nach Abs. 1 Nr. 3. hat ein Biosphärenreservat vornehmlich der Erhaltung, Entwicklung oder Wiederherstellung einer durch hergebrachte vielfältige Nutzung geprägten Landschaft und der darin historisch gewachsenen Arten- und Biotopvielfalt, einschließlich Wild- und früherer Kulturformen wirtschaftlich genutzter oder nutzbarer Tier- und Pflanzenarten, zu dienen. Zu den Begriffen Erhaltung, Entwicklung und Wiederherstellung s. § 23.

Biosphärenreservaten dienen als Modellgebiete, die beispielhaft aufzeigen sollen, wie in einem bestimmten Landschaftstyp Menschen nachhaltig wirtschaften und leben können. Das Schutzziel ist also die Erhaltung charakteristischer Kulturlandschaften verbunden mit nachhaltigen Nutzungsformen. Die Nutzung der Landschaft erfolgt auf hergebrachte, d.h. auf die bisherige, traditionelle Weise. Die durch vielfältige Nutzungsformen entstandene und geprägte Landschaft soll ihren Charakter bewahren können. Der Erhalt derartiger (zumindest in Teilen historischer) Kulturlandschaften ist an das Aufrechterhalten von naturschonenden Bewirtschaftungsformen gebunden. Bereiche, deren Naturhaushalt oder Landschaftsbild durch Intensivnutzung beeinträchtigt ist, sollen durch die Rückkehr zu naturverträglichen Wirtschaftsweisen und ggf. durch gezielte Entwicklungs- oder Wiederherstellungsmaßnahmen in das Gesamtkonzept eingebunden werden.

b) **Historisch gewachsene Arten- und Biotopvielfalt.** Neben der Landschaft soll auch die darin historisch gewachsene Arten- und Biotopvielfalt erhalten, entwickelt oder wiederhergestellt werden. Die Arten- und Biotopvielfalt ist durch die vielfältigen Nutzungen allmählich entstanden. Sowohl die Nutzungsaufgabe als auch die Nutzungsintensivierung von Flächen führt zu einem Rückgang von Arten und Lebensräumen, die hergebrachte Nutzung stellt hingegen den Fortbestand der bisherigen Lebensbedingungen sicher. Vor allem natürliche, naturnahe und halbnatürliche Ökosysteme beherbergen Tiere und Pflanzen, die in einer übernutzten Landschaft keine Überlebenschance haben. Historische Landschaftselemente wie Hecken, Knicks, Steinriegel und Weinbergmauern sind auch in intensiver genutzten Gebieten für den Artenschutz bedeutsame Lebensräume und wichtige Bausteine eines Biotopverbunds[20], sie tragen zum Erhalt der Arten- und Biotopvielfalt in der Kulturlandschaft bei.

Der Schutz bezieht sich auch auf Wild- und frühere Kulturformen wirtschaftlich genutzter oder nutzbarer Tier- und Pflanzenarten. Tier- und Pflanzenarten sind wirtschaftlich nutzbar, wenn sie unmittelbar der Versorgung der Menschen mit Nahrung dienen und solche, die selbst oder deren Produkte Teil einer wirtschaftlichen Betätigung sind oder waren.[21] Spezialisierung und Rationalisierung sind der Grund dafür, dass nur eine eingeschränkte Anzahl von Pflanzensorten und Nutztierrassen regelmäßig in der Landwirtschaft eingesetzt werden.[22] Die Erhaltung alter Sorten und Rassen, die oft an bestimmte Standorte angepasst sind, ist ein Beitrag zum Erhalt der genetischen Vielfalt.

---

20 Vgl. die Kommentierung zu § 21 Rdnr. 16 und § 5 Rdnr. 18.
21 *Louis*, BNatSchG, § 14a Rn. 10.
22 BfN, Daten zur Natur 2002, S. 95.

6. Besonders schonende Wirtschaftsweisen (Nr. 4)

25 Das Biosphärenreservat muss beispielhaft der Entwicklung und Erprobung von die Naturgüter besonders schonenden Wirtschaftsweisen dienen. Es werden dauerhaft-umweltgerechte Landnutzungsweisen erprobt, die auch außerhalb des Modellgebiets zur Anwendung kommen sollen. Durch nachhaltige Nutzungen können Grundlagen für das Leben und Wohnen, Wirtschaften und Erholen im Biosphärenreservat langfristig gesichert und Optionen für zukünftige Entwicklungen geschaffen werden. Merkmale einer dauerhaft-umweltgerechten Entwicklung sind z.b. die Erhaltung der Leistungsfähigkeit des Naturhaushalts, eine standort- und umweltverträgliche Nutzung, Bewahrung des Landschaftsbildes, möglichst geschlossene (betriebliche) Stoffkreisläufe und ihre Anbindung an natürliche Kreisläufe, Verringerung des Energieverbrauchs (fossile Brennstoffe) und Rohstoffeinsatzes. In Biosphärenreservaten sollen neue Ansätze einer nachhaltigen Nutzung erprobt und etabliert werden, die sowohl ökologisch als auch ökosoziologisch tragfähig sind. Die Naturgüter schonende Wirtschaftsweisen sind in allen Wirtschaftsbereichen anzustreben. Neben der Entwicklung dauerhaft-umweltgerechter Landnutzungsweisen im primären Wirtschaftssektor sind auch der sekundäre Wirtschaftssektor (Handwerk, Industrie) und der tertiäre Wirtschaftssektor (Dienstleistungen u.a. in Handel, Transportwesen und Fremdenverkehr) am Leitbild einer dauerhaft-umweltgerechten Entwicklung zu orientieren.[23]

IV. Umweltbildung, Forschung und Umweltbeobachtung (Absatz 2)

26 Ergänzend wird in Abs. 2 als ein weiterer Zweck der Biosphärengebiete die Umweltbildung und -erziehung sowie die ökologische Forschung und Umweltbeobachtung eingeführt. Diese Ergänzung ist auch deshalb sinnvoll, weil die Anerkennungskriterien der UNESCO einen besonderen Bildungs- und Forschungsauftrag enthalten. Damit wird sichergestellt, dass gegebenenfalls eine UNESCO-Anerkennung erfolgen kann.

V. Entwicklung und Unterschutzstellung (Absatz 3)

27 Biosphärenreservate sind unter Berücksichtigung der durch die Großräumigkeit und Besiedlung gebotenen Ausnahmen in Kern-, Pflege- und Entwicklungszone zu gliedern und zu entwickeln. Dabei umfasst die Kernzone die natürlichen oder naturnahen Ökosysteme des Gebiets, sie erfüllt die Voraussetzungen eines Naturschutzgebiets. In der Pflegezone soll vor allem die historisch gewachsene Kulturlandschaft erhalten werden, in der halbnatürliche Ökosysteme vorherrschen, die zahlreiche verschiedene Biotoptypen beinhalten und einer Vielzahl naturraumtypischer – auch bedrohter – Tier- und Pflanzenarten Lebensraum bieten. Auch hier liegt i.d.R. die Voraussetzung für ein Naturschutzgebiet, zumindest aber für ein Landschaftsschutzgebiet vor. Für eine internationale Anerkennung sollten Kernzone und Pflegezone zusammen mindestens 20% der Gesamtfläche einnehmen (wobei dies nicht zwingende Voraussetzung für die Anerkennung durch die UNESCO ist). Auch die Entwicklungszone kann naturschutzgebietswürdige Biotope beinhalten. Der tatsächliche Flächenanteil der „wesentlichen Teile" des Gebiets lässt sich nicht pauschal, sondern nur einzeln für jedes Biosphä-

---

23 Dies entspricht auch den Kriterien des deutschen MAB-Komitees für die Anerkennung als UNESCO-Biosphärenreservat.

rengebiet festlegen (dies zeigt sich auch in den Flächenanteilen der Kerngebiete bislang ausgewiesener Biosphärenreservate, die zwischen 0,8 % und 89,7 % variieren, z.b. für das Biosphärengebiet „Schwäbische Alb" sind ca. 3,5 % als Kernzonen, 36,7 % als Pflegezonen und 59,8 % der Fläche als Entwicklungszonen).

1. Entwicklung über Kern-, Pflege- und Entwicklungszonen

Die Aufgaben eines Biosphärenreservats erfordern eine räumliche Zonierung des Gebiets. Die Landesgesetzgeber haben daher sicherzustellen, dass – abgestuft nach dem Grad und Einfluss menschlicher Tätigkeit – eine Untergliederung in Kern-, Pflege- und Entwicklungszonen erfolgt. Zur Entwicklung des Biosphärenreservats ist die Aufstellung eines Gesamtkonzepts notwendig, das die Ziele, Aufgaben und notwendige Maßnahmen sowohl für das ganze Gebiet als auch konkretisiert für die einzelnen Zonen verbindlich festlegt. Dabei haben die einzelnen Zonen folgende Aufgaben:[24]

a) **Kernzone.** In der Kernzone befinden sich natürliche bzw. naturnahe Ökosysteme, die sich möglichst vom Menschen unbeeinflusst entwickeln sollen, weshalb die menschliche Nutzung völlig ausgeschlossen wird (Totalreservat). Die Kernzone muss so groß sein, dass sie die Dynamik ökosystemarer Prozesse ermöglicht, sie kann dabei auch aus mehreren Teilflächen bestehen. Damit gleicht diese Zone des Biosphärenreservats den Schutzgebietstypen des Naturschutzgebiets bzw. Nationalparks. Die Kernzone ist rechtlich wie ein Naturschutzgebiet zu sichern.

b) **Pflegezone.** In der Pflegezone steht die Erhaltung und Pflege von Kulturlandschaften im Vordergrund, die vor allem aus halbnatürlichen Ökosystemen bestehen und sich durch zahlreiche verschiedene Lebensräume und einer Vielzahl naturraumtypischer Tier- und Pflanzenarten auszeichnen. Da diese Ökosysteme durch menschliche Nutzung entstanden sind, sind sie nur durch Fortführung der hergebrachten (extensiven) Wirtschaftsweise oder durch die Nutzung ersetzende Pflegemaßnahmen zu erhalten. Die Pflegezone soll die Kernzone umschließen, sofern die naturräumlichen Gegebenheiten dies zulassen, sie ist damit auch Pufferzone, um schädliche Einwirkungen von der Kernzone fern zu halten. Erholung und Maßnahmen zur Umweltbildung sind möglich, jedoch am Schutzzweck auszurichten.

c) **Entwicklungszone.** Die Entwicklungszone stellt den Lebens-, Wirtschafts- und Erholungsraum der Bevölkerung dar und schließt die Siedlungsbereiche ausdrücklich mit ein. Ziel ist die Entwicklung einer nachhaltigen Wirtschaftsweise, die den Bedürfnissen von Mensch und Natur gleichermaßen gerecht wird. Eine sozialverträgliche Erzeugung und Vermarktung naturverträglicher Produkte sowie die Entwicklung einer umwelt- und sozialverträglichen Erholungsnutzung tragen zu einer dauerhaft-umweltgerechten Entwicklung bei. Zur Wahrung der regionalen Identität sind bei der Gestaltung der Entwicklungszone die landschaftstypischen Siedlungs- und Landnutzungsformen angemessen zu berücksichtigen.

2. Unterschutzstellung

Die Biosphärenreservate sind wie Naturschutz- oder Landschaftsschutzgebiete zu schützen. Gebietsteile, die die Voraussetzungen eines Naturschutzgebiets erfüllen, sind wie Naturschutzgebiete sicherzustellen. Naturschutzgebietswürdig sind die Kernzone und i.d.R. auch die Pflegezone, in ihnen

---

24 *Erdmann/Giese*, MAB-Mitteilungen 45, 17, 24 (1998).

hat der Schutz der natürlichen, naturnahen und halbnatürlichen Ökosysteme Priorität. Weist die Entwicklungszone schutzwürdige und schutzbedürftige Biotope auf, so sind auch diese rechtlich zu sichern. Je nach Größe und Ausprägung des Biotops kommen hierfür die Ausweisung als Naturschutzgebiet, Naturdenkmal oder geschützter Landschaftsbestandteil in Frage. Handelt es sich um gesetzlich geschützte Biotope gemäß § 30 BNatSchG, so besteht per se ein Bestandsschutz.

33 Die übrigen Gebietsteile (d.h. die Entwicklungszone und ggf. die nicht naturschutzgebietswürdigen Teile der Pflegezone) sind wie Landschaftsschutzgebiete zu schützen. Landschaftsschutzgebiete haben gegenüber Naturschutzgebieten eine schwächere Schutzform, da sie nicht dem Schutz von Natur und Landschaft als solche dienen, sondern sich auf einige Eigenschaften und Funktionen beschränken. Ein Landschaftsschutzgebiet kann auf Grund seiner Bedeutung für den Naturhaushalt, der Regenerationsfähigkeit und nachhaltigen Nutzungsfähigkeit der Naturgüter, zur Bewahrung des Landschaftsbildes und wegen seiner besonderen Bedeutung für die Erholung ausgewiesen werden.

34 Ausnahmen können zugelassen werden, wenn sie auf Grund der Großräumigkeit und Besiedlung des Gebiets geboten erscheinen. Den Aufgaben der einzelnen Zonen entsprechend, kommt die Zulassung von Ausnahmen nahezu ausschließlich in der Entwicklungszone in Frage. Die Einbindung dieser Flächen in das Gesamtkonzept des Biosphärenreservats muss dann über die Instrumente der Bauleit- und Landschaftsplanung erfolgen.

VI. Bezeichnung (Absatz 4)

35 Mit der Regelung aus Absatz 4 ist es möglich, statt der Bezeichnung „Biosphärenreservat" auch andere Bezeichnungen für das Gebiet zu verwenden. So hat Baden-Württemberg die Bezeichnung „Biosphärengebiet" gewählt.

§ 26 Landschaftsschutzgebiete

(1) Landschaftsschutzgebiete sind rechtsverbindlich festgesetzte Gebiete, in denen ein besonderer Schutz von Natur und Landschaft erforderlich ist
1. zur Erhaltung, Entwicklung oder Wiederherstellung der Leistungs- und Funktionsfähigkeit des Naturhaushalts oder der Regenerationsfähigkeit und nachhaltigen Nutzungsfähigkeit der Naturgüter, einschließlich des Schutzes von Lebensstätten und Lebensräumen bestimmter wild lebender Tier- und Pflanzenarten,
2. wegen der Vielfalt, Eigenart und Schönheit oder der besonderen kulturhistorischen Bedeutung der Landschaft oder
3. wegen ihrer besonderen Bedeutung für die Erholung.

(2) In einem Landschaftsschutzgebiet sind unter besonderer Beachtung des § 5 Absatz 1 und nach Maßgabe näherer Bestimmungen alle Handlungen verboten, die den Charakter des Gebiets verändern oder dem besonderen Schutzzweck zuwiderlaufen.

Gliederung

		Rdnr.
I.	Schutzgegenstand	1–6
1.	Allgemeines	1, 2
2.	Schutzwürdigkeit, Gebietsabgrenzung	3–6
II.	Schutzzwecke (Abs. 1)	7–19
1.	Naturhaushalt, Naturgüter und Lebensstätten/Lebensräume (Nr. 1)	9–14
	a) Leistungs- und Funktionsfähigkeit des Naturhaushalts	10
	b) Regenerationsfähigkeit und nachhaltige Nutzungsfähigkeit der Naturgüter	11
	c) Lebenstätten und Lebensräume	12
	d) Erhaltung, Entwicklung oder Wiederherstellung	13, 14
2.	Landschaft (Nr. 2)	15–17
	a) Vielfalt, Eigenart und Schönheit	16
	b) Besondere kulturhistorische Bedeutung	17
3.	Erholung (Nr. 3)	18, 19
III.	Verbote (Abs. 2)	20–29
1.	Allgemeines	20–23
2.	Einzelne Verbotstatbestände	24–29
	a) Veränderung des Gebietscharakters	24
	b) Widerspruch zu den besonderen Schutzzwecken	25–29
	aa) Naturhaushalt, Lebensräume/Lebensstätten	26, 27
	bb) Landschaft	28
	cc) Erholungswert/Naturgenuss	29
IV.	Landschaftsschutz und Land-, Forst- und Fischereiwirtschaft	30–32
V.	Landschaftsschutz und Bauplanungsrecht	33–39
1.	Bauleitpläne	33–35
2.	Bauvorhaben	36–39

I. Schutzgegenstand

1. Allgemeines

1 Landschaftsschutzgebiete sind rechtsverbindlich festgesetzte Gebiete, in denen ein besonderer Schutz von Natur und Landschaft aus den in Abs. 1 Nr. 1-3 genannten Gründen erforderlich ist. Die Festsetzung erfolgt durch Erklärung i.S.v. § 22 Abs. 2, d.h. durch einen formellen, nach außen wirkenden, allgemein verbindlichen Rechtsakt (dazu § 22 Rdnr. 1 f.). Gegenüber § 26 BNatSchG 2002 enthält Abs. 1 Nr. 1 eine Änderung. Darin wird betont, dass das Landschaftsschutzgebiet auch mit dem Ziel des Schutzes von Lebensstätten und Lebensräumen wild lebender Tier- und Pflanzenarten eingesetzt werden kann.[1] Damit soll die Eignung des LSG zum Schutz von Natura 2000-Gebieten verbessert werden.[2]

2 Landschaftsschutzgebiete sind zumeist großflächige Ausschnitte der Landschaft[3], bei denen mindestens eines der in Abs. 1 genannten Schutzmerkmale gegeben sein muss. Durch die Ausweisung von Landschaftsschutzgebieten können von menschlicher Nutzung geprägte Landschaftsräume erhalten werden, die für Naturschutz und Landschaftspflege von Bedeutung sind, aber nicht die Voraussetzungen eines Naturschutzgebiets aufweisen. Derzeit gibt es ca. 7.239 Landschaftsschutzgebiete mit einer Gesamtfläche von mehr als 9,9 Mio. ha, was 28% der Gesamtfläche der Bundesrepublik Deutschland entspricht.[4]

2. Schutzwürdigkeit, Gebietsabgrenzung

3 Das Gebiet muss **schutzwürdig** sein, d.h. Eigenschaften besitzen, die es zur Verwirklichung eines oder mehrerer der gesetzlichen Schutzzwecke geeignet erscheinen lassen (§ 22 Rdnr. 4). Hinzu kommt seine Schutzbedürftigkeit, d.h. die Unterschutzstellung muss vernünftigerweise geboten sein (§ 22 Rdnr. 6 f.). In Betracht kommen nicht nur unberührte Naturlandschaften, sondern auch land- und forstwirtschaftlich genutzte Gebiete (**Kulturlandschaften**), wenn sie mindestens eine der genannten Schutzvoraussetzungen erfüllen[5]. Im Vordergrund stehen hierbei landschaftsökologische und landschaftspflegerische Funktionen des Landschaftsschutzgebietes. Der Charakter der Landschaftsschutzverordnung als eines Instruments des konservierenden Schutzes nötigt nicht zu dem Schluss, dass ihrem Schutzbereich nicht solche Flächen unterliegen, die zur dauerhaften Erhaltung ihres schutzwürdigen Zustands extensiver Bewirtschaftungsmaßnahmen bedürfen. Die Landschaftsschutzverordnung kann zwar keine Verpflichtung des Eigentümers zu Pflegemaßnahmen begründen, ist aber ein geeignetes Mittel zum Erhalt auch solcher Flächen, die zur langfristigeren Bewahrung ihres schutzwürdigen Zustandes extensiver Bewirtschaftungsmaßnahmen bedürfen. Das Verbot von beeinträchtigenden Handlungen wehrt nachteilige Maßnahmen ab, die den Charakter des geschützten Gebiets unmittelbar verändern und dem Schutzzweck direkt zuwiderlaufen, und ermöglicht es ferner, ergänzend durch vertragliche Absprachen besondere Handlungspflichten

---

1 BT-Drs. 16/12274, S. 62.
2 *Egner* in Egner/Fuchs, Naturschutz- und Wasserrecht 2009, S. 163.
3 OVG Schleswig, Urt. v. 8.7.2004 – 1 KN 42/03, NVwZ-RR, 703/704.
4 Stand: 31.12.2007, Quelle: www.BfN.de.
5 VGH München, Urt. v. 5.7.1983 – 9 N 82 A. 365, NuR 1984, 53; OVG Weimar, Urt. v. 6.6.1997 – 1 K 570/94, NuR 1998, 47.

des Grundeigentümers zu begründen, wodurch der „Grundschutz" durch Verordnung seine volle Effizienz erhält.[6]

Der Gesetzgeber macht keine Vorgaben für die **Größe** eines Landschaftsschutzgebiets. Sie muss sich an den Schutzzielen orientieren, wobei die in Abs. 1 Nr. 1–3 enthaltenen Schutzgründe unterschiedlich große Flächen erfordern können. 4

In ein Landschaftsschutzgebiet können auch **Randzonen** einbezogen werden, die nur im Wesentlichen noch die Merkmale aufweisen, aus denen sich die Schutzwürdigkeit der übrigen Bereiche ergibt.[7] Integriert werden können aber auch Flächen die für sich genommen noch nicht schutzwürdig sind, aber für das Landschaftsschutzgebiet eine Pufferfunktion erfüllen, indem sie dieses vor Beeinträchtigungen schützen, die von außerhalb des Schutzgebietes herrühren (§ 22 Rdnr. 29).[8] Die Ausweisung der Randflächen muss vernünftigerweise zum Schutz des Kernbereichs des LSG geboten sein. Nach einer Entscheidung des VGH München können auch Bereiche einbezogen werden, in denen eine Entwicklung und Wiederherstellung des Naturhaushalts erfolgen soll. Auch reicht für eine Unterschutzstellung aus, dass nachteilige Veränderungen auf den unter Schutz gestellten Flächen sich auf die wertvolleren geschützte Bereiche auswirken würden.[9] Für die **Grenzziehung** eines Landschaftsschutzgebietes kann eine Abgrenzung in Betracht kommen, die sich an den Flurstücksgrenzen orientiert.[10] 5

Die Erstreckung eines Landschaftsschutzgebiets auf **bebaute Flächen** kommt in Betracht, wenn diese trotz der Bebauung noch als Teil der umgebenden schützenswerten Umgebung angesehen werden können. Unter dieser Voraussetzung sind sie auch als Teil von großflächigen Landschaftsschutzgebieten möglich, die das Gebiet mehrerer Gemeinden umfassen. Die Erhaltung unbebauter Flächen und im besiedelten Bereich der Schutz von Teilen der Natur, insbesondere begrünter Flächen, muss dem in § 26 genannten Ziel der Erhaltung und Wiederherstellung der Leistungsfähigkeit des Naturhaushalts dienen.[11] Während Gehöfte und Streusiedlungen, die als Teil der umgebenden Landschaft erscheinen, die Schutzwürdigkeit nicht berühren ohne weiteres einbezogen werden können,[12] lassen sich im Bereich einer verdichteten Bebauung die Schutzfunktionen eines Landschaftsschutzgebiets nicht mehr verwirklichen.[13] Bezieht eine Landschaftsschutzverordnung Bauland im Sinne von § 34 BauGB in ihren Geltungsbereich ein, so muss sie darauf Rücksicht nehmen, dass die Grundstücke bodenrechtlich bebaubar sind und ihnen nicht generell und ohne Befreiungsmöglichkeit durch landschaftsschutzrechtliche Vorschriften entschädigungslos die Bebaubarkeit entzogen wird[14] (vgl. Rdnr. 36). Zur Einbeziehung **land- und forstwirtschaftlicher Flächen** vgl. Rdnr. 32. 6

---

6 BVerfG, Beschl. v. 16.9.1998 – 1 BvL 21/94, NuR 1999, 99.
7 OVG Lüneburg, Urt. v. 8.7.2004 – 1 KN 42/03, NuR 2005, 411; VGH München, Beschl. v. 7.5.2007 – 14 ZB 07.76, juris; OVG Münster, Urt. v. 13.12.2007 – 8 A 2810/04, NuR 2008, 872.
8 OVG Lüneburg, Beschl. v. 14.12.2006 – 8 LA 204/05, NuR 2007, 270; OVG Lüneburg, Urt. v. 1.4.2008 – 4 KN 57/07, NuR 2008, 513.
9 VGH München, Urt. v. 31.10.2007 – 14 N 05.2125, BayVBl. 2008, 757.
10 VGH Mannheim, Urt. v. 18.4.2008 – 5 S 2076/06, NuR 2008, 723/725.
11 OVG Greifswald, Urt. v. 20.4.1994 – 4 K 25/93, NuR 1995, 149, bestätigt durch BVerwG, Beschl. v. 24.5.1995 – 4 NB 37.94, NuR 1995, 456.
12 VGH München, Urt. v. 15.12.1987 – 9 N 87.00667, NuR 1988, 248.
13 VGH Mannheim, Urt. v. 11.10.1993 – 5 S 1266/92, NuR 1994, 239.
14 VGH Kassel, Urt. v. 24.11.1995 – 4 UE 239/92, NuR 1996, 621.

II. Schutzzwecke (Abs. 1)

7 Der Schutzzweck eines Landschaftsschutzgebiets kann auf den Naturhaushalt oder die Naturgüter einschließlich der Lebensstätten und Lebensräume von Pflanzen und Tieren (Nr. 1), auf Qualitäten des Landschaftsbilds (Nr. 2) oder auf seine Erholungsfunktion (Nr. 3) ausgerichtet sein. Es dient damit der Verwirklichung praktisch aller Ziele des § 1 (Ökologie, Biodiversität, Ästhetik, Erholung). Die gesetzlichen Schutzzwecke können sowohl alternativ als auch kumulativ die Ausweisung eines Landschaftsschutzgebiets rechtfertigen. Es reicht aus, wenn eine der genannten Schutzvoraussetzungen erfüllt ist.[15] Wenn mehrere Schutzzwecke vorliegen, so müssen diese nicht gleichmäßig in allen Teilen oder überhaupt zugleich zum Tragen kommen, auch können Landschaften oder Landschaftsteile unterschiedlicher Prägung in einer Verordnung gemeinsam unter Schutz gestellt werden.[16]

8 Die Schutzerklärung muss den Schutzzweck des Gebiets hinreichend deutlich nennen, da sich aus diesem die Schutzwürdigkeit überprüfen und die Rechtfertigung der Gebote und Verbote und die Erforderlichkeit von Pflegemaßnahmen ableiten lassen (Einzelheiten in § 22 Rdnr. 18).[17]

1. Naturhaushalt, Naturgüter und Lebensstätten/Lebensräume (Nr. 1)

9 Die Ausweisung eines Landschaftsschutzgebiets kann zur Erhaltung, Entwicklung oder Wiederherstellung entweder der Leistungs- und Funktionsfähigkeit des Naturhaushalts oder der Regenerationsfähigkeit und nachhaltigen Nutzungsfähigkeit der Naturgüter geschehen.

10 a) **Leistungs- und Funktionsfähigkeit des Naturhaushalts.** Dieser Schutzzweck kommt in Betracht, wenn ein Gebiet wegen der Erhaltung oder Wiederherstellung der Gesamtheit seiner natürlichen Faktoren oder einzelner Teile davon geschützt werden soll.[18] Der Schutz des Naturhaushalts erfasst Boden, Wasser, Luft sowie die Tier- und Pflanzenwelt und das komplexe Wirkungsgefüge zwischen ihnen (§ 7 Abs. 1 Nr. 2). Die Leistungsfähigkeit des Naturhaushaltes hängt davon ab, dass alle seine Bestandteile die ihnen eigenen Funktionen im Wirkungsgefüge des Ökosystems erfüllen können. Die Qualität der einzelnen Faktoren und des gesamten Ökosystems mit seinen vielfältigen Wechselwirkungen soll mit Hilfe der Unterschutzstellung erhalten, entwickelt oder ggf. wiederhergestellt werden.

11 b) **Regenerationsfähigkeit und nachhaltige Nutzungsfähigkeit der Naturgüter.** Dieser Schutzzweck zielt darauf ab einem Raubbau an den Naturgütern vorzubeugen, z.B. wertvolle Böden (auch z.B. wegen Erosionsgefährdung) oder Wasservorräte zu erhalten, oder daran eingetretene Schäden zu beseitigen.[19] Der Wiederherstellung der Nutzungsfähigkeit der Naturgüter dienen Maßnahmen zur Regeneration verbrauchter bzw. in der Vergangenheit übernutzter Naturgüter. Eine Landschaftsschutzverordnung kann z.B. eingetretenen Bodenerosionen entgegenwirken und die Bodenfruchtbarkeit durch Verbote bestimmter Handlungen oder Gebote zu einer nachhaltigeren Nutzung wiederherstellen. Nachhaltige Sicherung bedeutet, dass – auch

---

15 VGH München, Urt. v. 5.7.1983 – 9 N 82 A. 365 NuR 1984, 53.
16 VGH München, Urt. v. 15.12.1987 – 9 N 87.00667, NuR 1988, 248.
17 BVerwG, Beschl. v. 29.1.2007 – 7 B 68/06, NuR 2007, 268.
18 *Carlsen/Fischer-Hüftle*, NuR 1993, 311/312.
19 *Louis*, BNatSchG, § 15 Rdnr. 5.

in Verantwortung für die künftigen Generationen (§ 1) – der Schutz, die Pflege und Entwicklung von Natur und Landschaft auf lange Sicht und damit dauerhaft tragfähig angelegt sein müssen.[20] **Regenerationsfähig sind Naturgüter,** wenn sie unter den gegebenen Bedingungen eine ausreichende Neubildungsrate aufweisen. Der Begriff bezieht sich nur auf erneuerbare Ressourcen, nicht erneuerbare Naturgüter sind – zumindest in überschaubaren Zeiträumen – nicht wiederherstellbar und daher nicht regenerationsfähig.

c) Lebenstätten und Lebensräume. Wild lebende **Tiere und Pflanzen** sind Teil des Naturhaushalts, weshalb in Landschaftsschutzgebieten schon bisher Ziele des Arten- und Biotopschutzes verfolgt werden konnten.[21] Durch die Ergänzung von Abs. 1 Nr. 1 wird dies nunmehr klargestellt, indem der Schutz von Lebenstätten und Lebensräumen bestimmter Tier- und Pflanzenarten zu einem Schutzzweck des Landschaftsschutzgebiets erklärt wird. Dies kann z.b. durch die Festschreibung bisheriger (extensiver) Nutzungsformen, durch Pflege-, Entwicklungs- oder Renaturierungsmaßnahmen erfolgen. Bei intensiv durchgeführter Land- und Forstwirtschaft ist hingegen nicht davon auszugehen, dass dies dem Arten- und Biotopschutz nützt.[22] Eine Ausweisung als Landschaftsschutzgebiet kann auch für Gebiete erfolgen, die nach § 23 Abs. 1 Nr. 1 naturschutzgebietswürdig sind, wenn dadurch die Erhaltung der Lebenstätten/Lebensräume gesichert ist. **12**

d) Erhaltung, Entwicklung oder Wiederherstellung. Die Erhaltung der Leistungsfähigkeit des Naturhaushaltes oder der Nutzungsfähigkeit der Naturgüter bedeutet, dass der bestehende Zustand festgeschrieben und eine Verschlechterung durch entsprechende Gebote und Verbote verhindert werden soll. Die Nutzung der Naturgüter darf nur in dem Maß erfolgen, wie es ihre Regenerations- und Nutzungsfähigkeit nicht beeinträchtigt. Landschaftsschutz ist aber nicht auf Erhaltung des Status quo beschränkt, sondern ermöglicht auch eine Verbesserung des Naturzustands durch „Entwicklung" oder „Wiederherstellung".[23] Eine Entwicklung kommt für alle Flächen in Frage, in den entweder die Leistungsfähigkeit des Naturhaushalts oder die Nutzungs- und Regenerationsfähigkeit der Naturgüter nur eingeschränkt vorhanden ist. Durch Nutzungsaufgabe oder Umstellung auf naturschonende Nutzungsweisen kann sich eine Fläche dann in einen naturnäheren Zustand entwickeln oder dahin entwickelt werden bzw. die Regeneration von Naturgütern gefördert werden. Der angestrebte Zustand muss nicht unbedingt auf einen früheren Zeitpunkt bezogen sein, u.U. ist auch ein aus naturschutzfachlichen Gründen gewünschter Soll-Zustand anzustreben und dabei den standörtlichen Entwicklungspotenzialen des Gebietes weitest möglich Rechnung zu tragen.[24] Durch die Wiederherstellung soll ein aus Naturschutzgründen erstrebenswerter und in der Vergangenheit tatsächlich vorhandener Naturzustand und die damit verbundenen Funktionen im Naturhaushalt erneut erreicht werden. Z.B. kann die Leistungsfähigkeit des Naturhaushaltes oder die Nutzungsfähigkeit von Naturgütern durch die Renaturierung geschädigter Ökosysteme wiederhergestellt werden. **13**

---

20 *Mahlburg/Müller*, SächsVBl. 2000, 15/17.
21 VGH Mannheim, Beschluss v. 18.8.1995 – 5 S 2276/94, NuR 1996, 260; VGH München, Urt. v. 5.7.1983 – 9 N 82 A. 365, NuR 1984, 53.
22 Vgl. zu dieser Problematik *Carlsen/Fischer-Hüftle*, NuR 1993, 311 ff.
23 A.A. OVG Münster, Urt. v. 3.3.1999 – 7 A 2883/92, NuR 2000, 51/53, das den Schutzzweck und die zu seiner Erreichung zulässigen Mittel vermengt, vgl. die Anmerkung von *Fischer-Hüftle*, NuR 2000, 293.
24 *Carlsen/Fischer-Hüftle*, NuR 1993, 311 ff.

14 Nach § 21 Abs. 3 Satz 4 können Landschaftsschutzgebiete Teile von Biotopverbünden sein, wenn sie zur Erreichung des in § 21 Abs. 1 genannten Zieles geeignet sind (§ 21 Rdnr. 36). Landschaftsschutzgebiete können auch als Mittel zur Freihaltung von Frischluftschneisen fungieren.[25] Landschaftsschutzgebiete können auch im Interesse einer Verbesserung des Naturzustandes eingesetzt werden.[26] Das spielt gerade in Zeiten von klimabedingten Veränderungen eine wichtige Rolle. Ein Landschaftsschutzgebiet kann auch der (Rück-)Entwicklung des vorgefundenen Zustandes einer Teilfläche zu einem besseren Zustand dienen.[27] Unter dem Gesichtspunkt der Wiederherstellung der Leistungsfähigkeit des Naturhaushalts sind bei einem noch erfolgenden bzw. bereits abgeschlossenen Bodenabbau nicht nur der gegenwärtige Naturzustand, sondern auch die absehbaren Folgenutzungen berücksichtigungsfähig.[28] Demnach darf eine solche künftig zu erwartende naturräumliche Entwicklung auch bei Erlass einer Landschaftsschutzgebietsverordnung mit in die Planung einbezogen werden und kann die Aufnahme des betroffenen, noch in der Entwicklung befindlichen Gebiets jedenfalls in den Randbereichen eines Landschaftsschutzgebietes rechtfertigen.[29]

2. Landschaft (Nr. 2)

15 Die Vorschrift ermöglicht es, eine Landschaft, die eines der Merkmale Vielfalt, Eigenart oder Schönheit (vgl. § 1 Nr. 4) oder eine besondere kulturhistorische Bedeutung hat, unter Schutz zu stellen. Das gilt nicht nur für ohnehin kaum mehr vorhandene Naturlandschaften. Aufgabe des Landschaftsschutzes ist auch der Schutz der Kulturlandschaft.[30] Geschützt wird das Landschaftsbild in seiner gegebenen Ausprägung. Der Schutz erstreckt sich daher auch gegen Vorhaben, bei denen eine Kompensation der Landschaftsbeeinträchtigungen nach der Eingriffsregelung durch Neugestaltung möglich ist (§ 15 Rdnr. 54). Die neu gestaltete Landschaft ist mit der ursprünglichen Landschaft nicht mehr identisch.[31] Es ist daher nicht zu beanstanden, wenn die Schutzverordnung die Erlaubnis auch für den Fall ausschließt, dass eine Neugestaltung des Landschaftsbildes möglich ist. Zum Ausgleich von Landschaftsbeeinträchtigungen vgl. § 15 Rdnr. 50 ff.

16 **a) Vielfalt, Eigenart und Schönheit.** Für die Beurteilung der Vielfalt, Eigenart und Schönheit stellt die Rechtsprechung auf den Standpunkt des gebildeten, für den Gedanken des Natur- und Landschaftsschutzes aufgeschlossenen Durchschnittsbetrachter ab.[32] Die **Vielfalt einer Landschaft** spiegelt sich in dem Vorkommen einer Vielzahl unterschiedlicher Erscheinungsformen und Strukturelementen (z.B. Wald, Wiesen, Äcker, Gewässer, Steinriegel, Hohlwege, Baumgruppen und Feldgehölze) wieder. Die Eigenart der Landschaft betont ihren typischen Charakter, ihre Gestalt, während die Vielfalt auf Elemente bezogen ist. Ästhetische Gesichtspunkte im Sinne von „Schönheit" spielen keine entscheidende Rolle. Eigenart hat auch eine karge

---

25 *Gellermann* in Landmann/Rohmer, Umweltrecht, § 26 BNatSchG, Rdnr. 8.
26 OVG Lüneburg, Beschl. v. 14.12.2006 – 8 LA 204/05, NuR 2007, 271.
27 OVG Schleswig, Urt. v. 8.7.2004 – 1 KN 42/03, NVwZ-RR 2005, 703.
28 BVerwG, Urt. v. 16.12.2004 – 4 A 11.04, NuR 2005, 398.
29 OVG Lüneburg, Beschl. v. 14.12.2006 – 8 LA 204/05, NuR 2007, 271.
30 *Carlsen/Fischer-Hüftle,* NuR 1993, 311/328.
31 Vgl. OVG Münster, Urt. v. 2 10.1997 – 11 A 4310/94, NuR 1998, 329/331.
32 BVerwG, Urt. v. 27.9.1990 – 4 C 44/87, NuR 1991, 124/127; OVG Münster, Urt. v. 4.6.1993 – 7 A 3157/91, NuR 1994, 249. Zur Erfassung und Darstellung des Landschaftsbilds mit Hilfe pragmatischer Kriterien vgl. *Jessel,* Naturschutz und Landschaftsplanung 1998, 356.

und eintönige Landschaft. Die Schönheit des Landschaftsbildes ergibt sich aus der harmonischen Wirkung der Gesamtheit und der einzelnen Teile von Natur und Landschaft auf den Betrachter. Als schön empfunden werden aber auch einzelne Landschaftsteile, wenn sie sich durch eine herausragende Eigenschaft von der Umgebung abheben. Während für eine Naturschutzgebietsausweisung das Kriterium der „besonderen" Eigenart oder „hervorragenden" Schönheit verlangt wird, ist dies bei einem Landschaftsschutzgebiet nicht erforderlich.

b) Besondere kulturhistorische Bedeutung. Es handelt sich dabei um Gebiete, die von besonderer Bedeutung zur Erforschung oder zur Dokumentation historischer oder vorgeschichtlicher Kulturen sind (z.b. Reste vorgeschichtlicher Befestigungsanlagen, Reste des Limes, Vorkommen von Grabhügeln) oder früherer Landnutzungsformen (z.b. Wacholderheide, Steilhang mit Lesesteinriegeln und Trockenmauern, Mittel- und Niederwälder) sind. Die Landschaft, wie sie sich uns heute darstellt, enthält Überbleibsel historischer Nutzungsformen aus unterschiedlichen Epochen. Diese Elemente entstanden durch frühere Siedlungs- oder Wirtschaftstätigkeit. Der Substanzerhalt historischer Relikte ist für das Landschaftsbild und der damit verbundenen Erlebbarkeit der Landschaftsgeschichte ebenso bedeutsam wie für den Schutz der vielfältigen, anthropogen beeinflussten und gebildeten Biotoptypen.[33] Zum Erhalt historischer Kulturlandschaften und ihrer Elemente verpflichten auch § 1 Abs. 4 Nr. 1. Neben ihrer kulturhistorischen Bedeutung besitzen derartige Landschaften i.d.R. auch einen hohen Wert als Rückzugsgebiete für gefährdete Arten, die von der intensivierten Landwirtschaft verdrängt wurden.

17

3. Erholung (Nr. 3)

Im Gegensatz zum Naturschutzgebiet können Landschaftsschutzgebiete auch zum Zweck der Erholung ausgewiesen werden. Eine „besondere Bedeutung" für die Erholung kann einem Gebiet auch zukommen, wenn es keine Vielfalt, Eigenart oder Schönheit besitzt, aber in der Nähe von Verdichtungsräumen als Freifläche und Ruhezone für die ansonsten durch vielfältige Einflüsse (z.b. Lärm) beeinträchtigte Bevölkerung benötigt wird.[34] Sie kann auch darin bestehen, dass den Betrachtern aus angrenzenden Bereichen der Anblick einer naturnahen Zone ermöglicht wird.[35]

18

Der Begriff der Erholung umfasst gemäß § 7 Abs. 1 Nr. 3 auch natur- und landschaftsverträgliche **sportliche Betätigungen** in der freien Natur. Natur- und landschaftsverträglich sind Erholung und sportliche Betätigung dann, wenn sie keine Beeinträchtigung der Leistungs- und Funktionsfähigkeit des Naturhaushalts und des Landschaftsbildes hervorrufen und wenn sie der Verwirklichung der Ziele nicht zuwiderlaufen (vgl. § 7 Rdnr. 5). Nicht mit dem Erholungszweck in Einklang steht z.b. der Motorsport. Einer naturverträglichen Erholung laufen auch alle anderen Erholungsformen zuwider, wenn dadurch Natur und Landschaft geschädigt werden (z.b. Klettersport in der Nähe von Wanderfalkenhorsten, Paddeln in einen als Brutplatz dienenden Schilfbestand) oder andere Erholungsuchende unzumutbar gestört werden.

19

---

33 *Peters/Klinkhammer*, Kulturhistorische Landschaftselemente. Systematisieren, kartieren und planen – Untersuchungen in Brandenburg, Naturschutz und Landschaftsplanung 2000, 147.
34 BVerwG, Urt. v. 29.7.1986 – 4 B 73.86, NuR 1989, 429.
35 VGH Mannheim, Urt. v. 15.11.1991 – 5 S 615/91, NuR 1992, 190.

III. Verbote (Absatz 2)

1. Allgemeines

20 Abs. 2 beschreibt die in einem Landschaftsschutzgebiet zulässigen Verbote, enthält damit aber keine abschließende Aufzählung der möglichen Verhaltensregelungen (§ 22 Rdnr. 20). Landschaftsschutzgebiete haben gegenüber Naturschutzgebieten eine schwächere Schutzform insofern, als sie nicht dem Schutz von Natur und Landschaft „in ihrer Ganzheit" (§ 23 Abs. 1) dienen, sondern sich auf den Schutz der Eigenschaften und Funktionen beschränken, die in Abs. 1 Nr. 1–3 genannt sind. Daher sind nach Abs. 2 in einem Landschaftsschutzgebiet nach Maßgabe näherer Bestimmungen **alle Handlungen verboten, die den Gebietscharakter verändern oder dem besonderen Schutzzweck zuwiderlaufen**. Diese näheren Bestimmungen werden in der Schutzerklärung, i.d.R. einer Schutzverordnung, festgelegt.

21 Anders als im Naturschutzgebiet besteht in Landschaftsschutzgebieten kein „absolutes Veränderungsverbot", vielmehr sind nur diejenigen Handlungen untersagt, die den Charakter des Gebiets konkret verändern oder dem besonderen Schutzzweck tatsächlich zuwiderlaufen, d.h. es handelt sich um „relative", auf die Schutzzwecke bezogene Verbote (§ 22 Rdnr. 21 ff.), weil das Gebiet nicht „in seiner Ganzheit" (so § 23 Abs. 1) geschützt ist. Im Gegensatz zum Naturschutzgebiet reicht es außerdem nicht aus, dass eine Handlung eine Beeinträchtigung zur Folge haben kann (vgl. § 23 Abs. 2). Vielmehr müssen die negativen Folgen tatsächlich zu erwarten sein, was im Erlaubnisverfahren zu prüfen ist. Daher sind die Verbote in der Schutzverordnung meist als Erlaubnisvorbehalte formuliert, d.h. es handelt sich um **präventive** Verbote. Es ist aber nicht so, dass „relative" Verbote immer auch nur „präventiv" sein dürften. Eine Landschaftsschutzverordnung kann auch einzelne **repressive** Verbote ohne Erlaubnisvorbehalt enthalten, wenn nach Einschätzung des Normgebers von vornherein feststeht, dass die verbotenen Maßnahmen den Charakter des unter Schutz gestellten Gebiets schlechthin verändern oder dem besonderen Schutzzweck schlechthin zuwiderlaufen (§ 22 Rdnr. 23). In diesem Fall bleibt nur die Möglichkeit der Befreiung nach § 67. Ein repressives Bauverbot in einem Landschaftsschutzgebiet kann z.B. dann zulässig sein, wenn der Landschaftsteil so beschaffen ist, dass jedweder Bau, egal mit welcher Zweckbestimmung, welchem Umfang und welcher Gestaltung das Landschaftsbild verunstaltet, die Natur schädigt oder den Naturgenuss beeinträchtigt. Dies ist z.B. bei Bauvorhaben in einer Dünenlandschaft der Fall.[36] Die Verbote müssen im Einzelfall erforderlich und verhältnismäßig sein; der Normgeber hat dabei zu prüfen, ob sie flächendeckend erforderlich sind oder auf bestimmte Bereiche des Schutzgebiets beschränkt werden können.

22 Veränderungen, bei denen nicht mit letzter Sicherheit vorauszusehen ist, sich aber auch nicht ausschließen lässt, dass eine Beeinträchtigung des Naturhaushaltes, des Landschaftsbilds oder des Erholungswerts eintritt, sind einem **präventiven Verbot** mit Erlaubnisvorbehalt zu unterwerfen. Die Erlaubnis wird erteilt, wenn die Handlung im konkreten Fall nicht den Schutzzwecken bzw. dem darauf bezogenen Verbot widerspricht. Die erlaubnispflichtigen Tatbestände sollten in der Schutzverordnung zwar näher benannt werden, eine abschließende Aufzählung ist jedoch nicht sinnvoll, da eine Landschaftsschutzverordnung auf Grund der Vielzahl von möglichen, den Schutzzwecken zuwiderlaufenden Handlungen nie alle Tatbe-

---

36 BVerwGE, Urt. v. 12.7.1956 – I C 91.54, BVerwGE 4, 47/58 f.

stände erfassen kann. Beispiele für Tatbestände mit Erlaubnisvorbehalt sind: Errichtung oder Veränderung baulicher Anlagen, Wegebau, Abgrabungen, Beseitigung von Landschaftselementen, Veränderung von Gewässern, Entwässerungsmaßnahmen. Ein Erlaubnisvorbehalt könnte z.b. lauten: „(1) Alle Handlungen, die den Charakter des Gebiets verändern oder den besonderen Schutzzwecken des § x zuwiderlaufen, bedürfen der Erlaubnis, insbesondere ... (2) Die Erlaubnis ist zu erteilen, wenn die Handlung nicht geeignet ist, eine der in Abs. 1 genannten Wirkungen hervorzurufen."[37]

Die **Erlaubnis** muss erteilt werden, wenn die Handlung nicht geeignet ist, den Charakter des Gebiets oder den besonderen Schutzzweck zu beeinträchtigen, ein Ermessen besteht dabei nicht.[38] Der Genehmigung können Nebenbestimmungen hinzugefügt werden, um die landschaftsschutzrechtliche Verträglichkeit der genehmigten Maßnahme zu gewährleisten.[39] Manche Schutzverordnungen sehen vor, dass eine Erlaubnis zu erteilen ist, wenn die Wirkung der Handlung durch Nebenbestimmungen vermieden oder ausgeglichen wird. Im Hinblick darauf, dass das Gebiet einem besonderen Schutz unterliegt und sein vorgefundener, schutzwürdiger Charakter bewahrt werden soll, sind an den Ausgleich in qualitativer und zeitlicher Hinsicht hohe Anforderungen zu stellen. Umgekehrt ist die Erlaubnis zu versagen, wenn die Handlung unter einen Verbotstatbestand fällt. Die Schutzverordnung muss für diesen Fall keine Abwägung gegen die Interessen des Antragstellers vorsehen.[40] Die Interessen von Grundstückseigentümern und anderen Nutzern können nach Maßgabe der Befreiungsvoraussetzungen (§ 67) berücksichtigt werden.[41]

23

2. Einzelne Verbotstatbestände[42]

a) **Veränderung des Gebietscharakters.** Der Begriff „Charakter des geschützten Gebiets" bezieht sich nur auf Merkmale des Landschaftsbildes. Nur solche Veränderungen sind verboten, die das Typische des Landschaftsbildes tangieren, d.h. ein den Charakter des Landschaftsbildes bestimmendes Element muss verändert werden mit der Folge einer erkennbar nachteiligen Veränderung (Beeinträchtigung) des Erscheinungsbildes der Landschaft. Keine Veränderung liegt vor, wenn der Landschaftstyp uneingeschränkt erhalten bleibt.[43] Verändert wird der Gebietscharakter z.B. dann, wenn eine Nutzung beabsichtigt ist, die bisher dort nicht üblich war und dem vorhandenen Nutzungsmuster widerspricht oder wenn die prägenden Elemente oder Bestandteile der Landschaft beeinträchtigt werden. Ebenso verhält es sich, wenn in die Landschaft ein Fremdkörper eingefügt wird. Die Beeinträchtigung kann nicht durch Vorteile anderer Art, wie z.B. dem Anpflanzen von

24

---

37 Vgl. *Carlsen/Fischer-Hüftle*, NuR 1993, 311/318, dort auch zur Einfügung repressiver Verbote. Ein solcher allgemein gefasster Erlaubnisvorbehalt ist hinreichend bestimmt (BayVerfGH, Entsch. v. 30.4.1991 – Vf. 1–VII-90 u.a., NVwZ-RR 1992, 12).
38 BVerwG, Urt. v. 12.7.1956 – I C 91.54, BVerwGE 4, 47/58 f; VGH Kassel, Urt. v. 25.6.1982 – IV OE 27/80, BauR 1983, 135.
39 VGH Kassel, Urt. v. 30.11.1983 – III OE 47/82, NuR 1985, 283.
40 A.A. OVG Münster, Urt. v.3.3.1999 – 7 A 2883/92, NuR 2000, 51 m. abl. Anm. *Fischer-Hüftle*, NuR 2000, 293.
41 Nach BVerfG, Beschl. v. 16.9.1998 – 1 BvL 21/94, NuR 1999, 99 sind Verbote und Befreiungsvorschrift im Zusammenhang zu lesen.
42 Zu der umfangreichen Rechtsprechung vgl. *Fischer-Hüftle*, Naturschutz-Rechtsprechung für die Praxis, Kap. 4355.25.
43 OVG Münster, Urt. v. 13.3.1991 – 7 A 486/89, NuR 1992, 346.

Hecken oder durch Herstellung eines günstigeren Grundwasserstandes kompensiert werden.[44] Eine Veränderung des Landschaftscharakters liegt auch dann vor, wenn sich der ästhetische Eindruck möglicherweise verbessert (z.b. bei Anlage eines Golfplatzes.[45] Veränderungen des Gebietscharakters werden meist auch von den besonderen Schutzzwecken der Verordnung erfasst und unterliegen den auf diesen bezogenen Verboten, so dass ihre praktische Bedeutung dadurch etwas in den Hintergrund tritt.

25 b) **Widerspruch zu den besonderen Schutzzwecken.** Die in Abs. 1 Nr. 1–3 genannten Schutzzwecke sind in den Landschaftsschutzverordnungen häufig zusammen aufgeführt und auf das konkrete Gebiet oder einzelne Teile davon ausgeformt. Mit ihnen korrespondieren Verbote, die dementsprechend z.b. erhebliche Beeinträchtigungen der Leistungs- und Funktionsfähigkeit des Naturhaushalts, des Landschaftsbildes oder des Erholungswerts bzw. Naturgenusses erfassen. Was den Tatbestand einer Beeinträchtigung von Naturhaushalt und Landschaftsbild betrifft, bestehen Parallelen zur Eingriffsregelung.

26 aa) **Naturhaushalt, Lebensräume/Lebensstätten.** Dem Schutzzweck, die Leistungs- und Funktionsfähigkeit des Naturhaushalts (dazu § 1 Rdnr. 44 ff.; § 14 Rdnr. 26 ff.) zu erhalten, dient das Verbot, den Naturhaushalt erheblich zu beeinträchtigen oder – eine in älteren Schutzverordnungen gebräuchliche Wendung – das Verbot, die Natur zu schädigen. Ihm widerspricht es, wenn die den Naturhaushalt konkret ausmachenden Teil-Ökosysteme wie Boden, Wasser, Luft, Klima, Pflanzen- und Tierwelt im Hinblick auf die in ihnen ablaufenden physikalischen, chemischen und biologischen Prozesse nennenswert beeinträchtigt werden.[46] Darunter fällt jede nachteilige Veränderung der natürlichen Pflanzen- und Tierwelt, die nachteilige Veränderung anderer natürlicher Verhältnisse[47] oder die Nutzung der Natur in einer Art und Weise, die durch die Landschaft nicht vorgegeben ist und damit die freie Natur in ihrem Bestand verringert oder ihrer natürlichen Bestimmung entzieht.[48] Eine Naturschädigung liegt immer dann vor, wenn in Wasser und Boden, Pflanzen und Tierwelt usw. – also in die Substanz – oder in das Wirkungsgefüge eingegriffen wird.[49] Eine Naturschädigung tritt auch bei der Versiegelung bzw. Überbauung einer Fläche auf, da diese Fläche ihre Funktionen im Ökosystem nicht mehr erfüllen kann. Mit dieser Begründung erblickt ein Teil der Rechtsprechung in der Errichtung baulicher Anlagen im Landschaftsschutzgebiet eine Naturschädigung,[50] ohne dass es weiterer Gründe bedarf.

27 Zum Schutz von **Lebensstätten/Lebensräumen** sind alle Handlungen zu verbieten, die geeignet sind, die Lebensbedingungen der Pflanzen oder Tierarten zu beeinträchtigen. Handelt es sich um ein Natura-2000-Gebiet, so ermöglicht der Lebensstättenschutz nach Abs. 1 Nr. 1 eine Umsetzung der

---

44 BVerwG, Urt. v. 13.4.1983 – 4 C 21.79, NuR 1983, 274.
45 VGH Mannheim, Urt. v. 9.5.1997 – 8 S 2357/96, NuR 1997, 597 f.
46 BVerfG, Beschl. v. 16.9.1998 – 1 BvL 21/94, NuR 1999, 99 f.
47 VGH Kassel, Urt. v. 28.9.1989 – 3 UE 356/85, NuR 1990, 220.
48 VGH Kassel, Urt. v. 8.5.1985 – III OE 40/82, NuR 1986, 298; Urt. v. 9.1.1991 – 3 UE 4120/88, NuR 1993, 87.
49 VGH Mannheim, Urt. v. 19.12.1984 – 8 S 2036/84, NuR 1987, 29; OVG Saarlouis, Urt. v. 6.5.1981 – 2 R 115/80, NuR 1982, 28.
50 OVG Münster, Urt. v. 3.11.1980 – 11 A 1686/79, NuR 1981, 106; VGH Kassel, Urt. v. 30.11.1983 – III OE 47/82, NuR 1985, 283; VGH Mannheim, Urt. v. 11.8.1997 – 5 S 3509/95, BauR 1998, 526 („Die Errichtung baulicher Anlagen bedeutet immer einen Eingriff in den Naturhaushalt, da der Pflanzen- und Tierwelt Schäden zugefügt und das vorhandene ökologische Gefüge gestört wird.").

europarechtlich gebotenen Schutzniveaus. Was die Abwehr von Beeinträchtigungen und Störungen z.b. durch Betreten, Lärm und ähnliche Vorgänge betrifft, ist ein „repressives" Verbot möglich. Dagegen bestehen keine rechtlichen Bedenken, wenn die Veränderung/Störung mit dem Schutzzweck schlechthin unvereinbar ist und der durch § 32 Abs. 2, § 33 Abs. 1, Art. 6 Abs. 2 FFH-RL gebotene Schutz es erfordert (Einzelheiten in § 22 Rdnr. 23). Vorhaben, die ein Projekt i.S.v. § 34 darstellen, können z.B. einem präventiven Verbot mit Erlaubnisvorbehalt unterworfen werden, so dass die Zulassungsentscheidungen nach § 34 Abs. 2 und nach der Verordnung denselben Maßstab haben (Erhaltungsziele). Ist das Projekt unverträglich, entsteht eine Divergenz zwischen den Voraussetzungen des § 34 Abs. 3–5 und dem Schutzregime (Verbot), das in § 67 Rdnr. 31 ff., 39 dargestellt ist.

bb) Landschaft. Dem Schutz der Vielfalt, Eigenart und Schönheit einer Landschaft dient das Verbot, das Landschaftsbild zu beeinträchtigen oder – so der in älteren Schutzverordnungen verwendete Begriff – zu verunstalten. Ob eine Verunstaltung vorliegt, beurteilt sich nicht ausschließlich nach dem ästhetischen Empfinden,[51] sondern vor allem danach, ob durch den Eingriff die ursprüngliche Eigenart der Landschaft in einer dem Schutzzweck widersprechenden Weise verändert wird.[52] Im Ergebnis besteht daher kein Unterschied zum Begriff der (erheblichen) Beeinträchtigung des Landschaftsbildes. Sie liegt dann vor, wenn das Landschaftsbild in seiner Vielfalt, Eigenart oder Schönheit nachteilig beeinflusst wird,[53] indem prägende Landschaftselemente verändert oder beseitigt werden, ihre Wahrnehmbarkeit gestört wird, oder neue, insbesondere technische Elemente hinzugefügt werden, die als störender Fremdkörper erscheinen. Dabei bestehen viele Parallelen zum Tatbestand der erheblichen Beeinträchtigung des Landschaftsbilds im Sinne der Eingriffsregelung, so dass auf die dortigen Erläuterungen verwiesen werden kann, auch was den Beurteilungsmaßstab des „aufgeschlossenen Duchschnittsbetrachters" betrifft (§ 14 Rdnr. 35 ff..). Ursachen von Landschaftsbeeinträchtigungen können sein: Aufforstungen, Auffüllungen, Bauliche Anlagen, Einfriedungen, Fischteiche, Freileitungen, Golfplätze, Rodungen, Straßenbauten und andere Verkehrswege und vieles mehr.[54] In der Regel sind Beeinträchtigungen des Landschaftsbilds auch solche des Naturgenusses/Erholungswerts.

cc) Erholungswert/Naturgenuss. Dem Schutzzweck, den Erholungswert des Gebiets zu erhalten, dient das Verbot von Handlungen, die den Naturgenuss beeinträchtigen. **Naturgenuss** ist die Teilhabe der Allgemeinheit am Erlebnis der unter Schutz gestellten Natur und Landschaft, mag sie nun ästhetisch

---

51 In diesem Sinne OVG Saarlouis, Urt. v. 6.5.1981 – 2 R 115/80, NuR 1982, 28 („Veränderungen, die in der betreffenden Umgebung als hässlich empfunden werden, Missfallen erwecken und Kritik sowie die Forderung nach Abhilfe hervorrufen"); ähnlich OVG Münster, Urt. v. 2.5.1988 – 10 A 1109/84 – NuR 1989, 230.
52 VGH Mannheim, Urt. v. 29.1.1979 – I 2327/77, NuR 1982, 21 (auch ein ausgesprochen gepflegtes Ufergrundstück in einer weitgehend natürlichen Landschaft kann das Landschaftsbild beeinträchtigen). Der bauplanungsrechtliche Begriff der Verunstaltung ist wohl enger.
53 BVerfG, Beschl. v. 26.6.1985 – 1 BvR 588/84, NuR 1986, 291. VGH Mannheim, Beschl. v. 14.11.1991 – 10 S 114390, NuR 1992, 189 („jede sichtbare und nachteilige, d.h. nicht landschaftsgerechte Veränderung der Landschaft in ihrer gegenwärtigen Gestalt").
54 Zu Einzelfällen vgl. *Fischer-Hüftle*, Naturschutz-Rechtsprechung für die Praxis, Kap. 1220.

schön sein oder nicht.⁵⁵ Hierzu gehört das Vergnügen, fernab von Lärm und Hektik die Natur genießen zu können.⁵⁶ Der Naturgenuss wird durch Maßnahmen beeinträchtigt, welche die durch das Zusammenspiel der landschaftlichen Gegebenheiten eines bestimmten Bereichs bewirkte Ausstrahlung auf Geist und Körper des Menschen negativ beeinflussen und so den Erlebnis- und Erholungswert dieses Bereichs mindern.⁵⁷ Das kann geschehen durch (a) Beeinträchtigungen des Landschaftsbilds, (b) Verlust oder Veränderung von Naturelementen wie Vogelstimmen,⁵⁸ Bachrauschen⁵⁹ usw. (c) Beeinträchtigung der Wahrnehmung von Natur und Landschaft durch Lärm,⁶⁰ Gerüche und andere Immissionen, (d) störendes Verhalten in der freien Natur, (e) Einschränkungen der Bewegungsfreiheit.⁶¹ Der Schutz des Naturgenusses rechtfertigt auch Beschränkungen der Eigentumsnutzung, er bildet keinen Schutzzweck minderen Ranges. Das in einer Landschaftsschutzverordnung enthaltene grundsätzliche Verbot von Abgrabungen zur Gewinnung von Bodenschätzen kann daher eine zulässige Inhaltsbestimmung des Eigentums i.S.d. Art. 14 Abs. 1 Satz 2 auch dann sein, wenn es Zweck des Verbots ist, eine Beeinträchtigung des Naturgenusses zu vermeiden.⁶²

IV. Landschaftsschutz und Land-, Forst- und Fischereiwirtschaft

30 Abs. 2 fordert bei der Abfassung der Verbotsbestimmungen die besondere Beachtung des § 5 Abs. 1. Danach ist bei Maßnahmen des Naturschutzes und der Landschaftspflege die besondere Bedeutung einer **natur- und landschaftsverträglichen Land-, Forst- und Fischereiwirtschaft** für die Erhaltung der Kultur- und Erholungslandschaft zu berücksichtigen. Eine Vermutung dahingehend, dass Land-, Forst- und Fischereiwirtschaft i.d.R. den Zwecken des Naturschutzes dient, besteht seit dem 3. Gesetz zur Änderung des BNatSchG vom 26.8.1998⁶³ nicht mehr. Eine ähnliche Regelung enthält nun § 5 Abs. 1, der sich aber ausdrücklich auf die Berücksichtigung natur- und landschaftsverträglicher Wirtschaftsweisen beschränkt. Es reicht demnach nicht aus, wenn Land-, Forst- und Fischereiwirtschaft lediglich nach ihren eigenen Regeln betrieben werden, ohne die Erfordernisse von Naturschutz und Landschaftspflege im gebotenen Maß einzubeziehen (vgl. § 5 Rdnr. 7). Eine natur- und landschaftsverträgliche Flächenbewirtschaftung kann hingegen zum Erhalt der Kultur- und Erholungslandschaft wesentlich beitragen, (nur) diese Tatsache ist bei der abwägenden Entscheidung über die erforderlichen Verbote besonders zu beachten.

31 Für land-, forst- und fischereiwirtschaftliche Nutzungen sind damit Verbote nicht ausgeschlossen (zu Geboten äußert sich Abs. 2 nicht, vgl. § 22 Rdnr. 26), wenn der Schutzzweck sie erfordert und die Verhältnismäßigkeit gewahrt ist. Sofern diese Nutzungen dem Schutzzweck zuwiderlaufen, kön-

---

55 OVG Lüneburg, Urt. v. 26.2.1988 – 1 C 41/86 – NuR 1989, 45.
56 VG Schleswig, Urt. v. 25.6.1975 – 3 A 18/75 – RdL 1976, 80.
57 OVG Saarlouis, Urt. v. 6.5.1981 – 2 R 115/80 – NuR 1982, 28.
58 VGH München, Beschl. v. 7.6.1977 – 14 IX 77 – NuR 1980, 25.
59 VGH München, Urt. v. 23.3.1991 – 8 B 86.3258 – BayVBl. 1993, 563.
60 OVG Münster, Urt. v. 5.9.1985 – 7 A 2523/84 – NuR 1986, 213 (Modellflugbetrieb).
61 Zu Einzelfällen aus der Rechtsprechung vgl. *Fischer-Hüftle*, Naturschutz-Rechtsprechung für die Praxis, Kap. 1270.
62 BVerwG, Urt. v. 13.4.1983 – 4 C 21.79 – NuR 1983, 274.
63 BGBl. I S. 2481.

nen sie eingeschränkt oder verboten werden.[64] Landschaftsschutzverordnungen enthalten häufig die Klausel, dass die Verbote nicht für die ordnungsgemäße (d.h. § 5 Abs. 2 und 3 beachtende) land- und forstwirtschaftliche Bodennutzung gelten. Bestimmt die Verordnung selbst nichts Näheres, so ist dieser Begriff nicht i.S.v. § 201 BauGB zu verstehen, sondern er umfasst – weil der Landschaftsschutz gerade der Erhaltung und der Freihaltung von Natur und Landschaft dienen soll – nur die für die freie Landschaft typische landwirtschaftliche Betätigung, d.h. der außenbereichstypischen großflächigen Bodennutzung.[65] Die Freistellungsklausel gilt nicht (a) für die erstmalige Aufnahme einer dieser Nutzungen,[66] (b) für den Wechsel der Nutzungsart oder eine Maßnahme, mit der erst die Voraussetzungen für eine solche Nutzung geschaffen werden sollen,[67] (c) für die Errichtung baulicher Anlagen.[68] Die Schutzverordnung kann auch die Land- und Forstwirtschaft – ggf. beschränkt auf die bisherige Nutzungsart – freistellen, jedoch einzelne zur Verwirklichung des Schutzzwecks erforderliche Regelungen treffen, z.b. den Umbruch von (Dauer-)Grünland verbieten oder vorschreiben, dass bei der Waldnutzung ein bestimmter Anteil von Laubbäumen nicht unterschritten werden darf, damit sich der typische Gebietscharakter nicht ändert.

32 In Landschaftsschutzgebieten können auch intensiv land- oder forstwirtschaftlich genutzte Flächen einbezogen werden. Allerdings muss der mit der Festsetzung verfolgte Schutzzweck dies rechtfertigen. Ist es z.b. Zweck der Landschaftsschutzverordnung, offene, zusammenhängende Grünlandbereiche für das Landschaftsbild zu erhalten, können auch intensiv land- oder forstwirtschaftlich genutzte Flächen unter Schutz gestellt werden. Ob solche Flächen in ein Landschaftsschutzgebiet einbezogen werden, liegt im Normsetzungsermessen des Verordnungsgebers.[69] Dient ein Landschaftsschutzgebiet in der Nachbarschaft eines Ballungsraums u.a. der Erholung, so kann auch das Vorhandensein weithin landwirtschaftlich genutzter Flächen den Zweck erfüllen, einen Kontrast zur Stadtlandschaft zu bilden.

V. Landschaftsschutz und Bauplanungsrecht

1. Bauleitpläne

33 Landschaftsschutzverordnungen sind in der Bauleitplanung als höherrangiges Recht zu beachten (§§ 6 Abs. 2, 10 Abs. 2 BauGB). Die Genehmigung eines **Flächennutzungsplans** ist zu versagen, soweit der Inhalt seiner Darstellungen (z.B. Wohnbauflächen) einer Landschaftsschutzverordnung widerspricht. Nicht erheblich ist, ob der Gemeinde eine Änderung der Landschaftsschutzverordnung „verbindlich" in Aussicht gestellt wurde. Die zweistufige Bauleitplanung erfordert, dass bereits im Zeitpunkt der Beschlussfassung über den Flächennutzungsplan alle rechtlichen Voraussetzungen gegeben sind, um das gewollte gesamträumliche Entwicklungskonzept ohne Weiteres in den abgeleiteten verbindlichen Bauleitplänen

---

64 VGH München, Urt. v. 5.7.1983 – 9 N 82 A 365, NuR 1984, 53.
65 VGH Kassel, Beschl. v. 5.3.1993 – 4 UE 619/89, NuR 1993, 339; VGH München, Beschl v. 20.10.1994 – 9 CS 94.2562: Ackerbau, Wiesen- und Weidewirtschaft, also Bewirtschaftungsweisen, die auf der großflächigen Urproduktion beruhen, nicht z.b. eine Baumschule
66 OVG Lüneburg, Urt. v. 22.4.1981 – 3 A 232/79, NuR 1982, 190.
67 VGH Kassel, Beschl. v. 28.1.1992 – 4 TH 2283/91, NuR 1992, 434.
68 VGH Mannheim, Beschl. v. 18.8.1995 – 5 S 2276/94, NuR 1996, 260.
69 BVerwG, Beschl. v. 1.2.2007 – 7 BN 1.07, juris.

umsetzen zu können.[70] Auch ein Bebauungsplan, dessen Festsetzungen den Regelungen einer Landschaftsschutzverordnung widerspricht, verstößt gegen bindendes Recht und ist deswegen nichtig,[71] außer es handelt sich um ein ausräumbares Hindernis (vgl. Rdnr. 35). Im Einzelfall ist denkbar, dass kein Konflikt mit der Landschaftsschutzverordnung entsteht, soweit der Bauleitplan z.b. Ausgleichsflächen (§§ 5 Abs. 1 Nr. 10, 9 Abs. 1 Nr. 20 BauGB), landwirtschaftliche Flächen, Grünflächen usw. darstellt oder festsetzt und deren konkrete Zweckbestimmung nicht mit dem Schutzzweck der Verordnung kollidiert.

34 Umgekehrt muss der **Verordnungsgeber** bestehende Flächennutzungspläne nach § 7 BauGB beachten.[72] Vor Erlass der Verordnung hat er die Belange der betroffenen Gemeinden bei der Abwägung zu würdigen (§ 22 Rdnr. 12). Dies kann aber nicht so weit gehen, dass die Landschaftsschutzverordnung neben den vorhandenen auch künftige Bebauungsplangebiete aus ihrem Geltungsbereich ausnimmt. Denn es lässt sich bei Verordnungserlass noch nicht absehen, ob die Preisgabe der Schutzgüter des Landschaftsschutzes mit den Zielen des Naturschutzes vereinbar und unter Beachtung des Grundsatzes der Verhältnismäßigkeit gerechtfertigt ist (§ 22 Rdnr. 14 f.). Eine solch pauschale Regelung stellt daher einen Abwägungsfehler dar, der zur Nichtigkeit führt.[73]

35 Soweit die Landschaftsschutzverordnung daran hindert, die Darstellungen/Festsetzungen im Bauleitplan zu verwirklichen, muss sie entsprechend geändert oder aufgehoben werden; zur Genehmigungsfähigkeit eines Flächennutzungsplans reicht es nicht aus, dass die Änderung der Verordnung verbindlich in Aussicht gestellt wurde.[74] Durch eine **Befreiung** kann das landschaftsschutzrechtliche Hindernis nur beseitigt werden, wenn es sich um kleinere Eingriffe in das Schutzgebiet handelt, die es nicht funktionslos machen (dazu § 67 Rdnr. 5). Das „Hineinplanen in eine Befreiungslage" wird von der Rechtsprechung nicht nur bei artenschutzrechtlichen Verboten akzeptiert,[75] sondern auch bei der Bauleitplanung[76] (§ 67 Rdnr. 3).

2. Bauvorhaben

36 Eine Landschaftsschutzverordnung kann grundsätzlich auch den **Innenbereich** (§ 34 BauGB) erfassen, wird dies aber nur ausnahmsweise tun (Rdnr. 6). Wird die durch § 34 BauGB „eigentlich" begründete Bebaubarkeit ausgeschlossen, so sieht die Rechtsprechung darin teils eine nicht beabsichtige Härte, die eine Befreiung rechtfertigt,[77] teils einen zur Teilnichtigkeit führenden Abwägungsmangel.[78]

37 Die Zulässigkeit von **Außenbereichsvorhaben** richtet sich nicht nur nach § 35 BauGB, sondern außerdem nach der Landschaftsschutzverordnung.

---

70 BVerwG, Urt. v. 21.10.1999 – 4 C 1.99 – NuR 2000, 321; VGH Mannheim, Urt. v. 5.4.1990 – 8 S 2303/89 – NuR 1990, 464.
71 BVerwG, Beschl. v. 28.11.1988 – 4 B 212.88 – NuR 1989, 225.
72 Wegen Einzelheiten der Rechtsprechung vgl. *Fischer-Hüftle*, Naturschutz-Rechtsprechung für die Praxis, Kap. 8524.10.
73 A.A. OVG Koblenz, Urt. v. 18.9.2002 – 8 C 11279/01, NuR 2003, 122 m. abl. Anm. *Fischer-Hüftle*.
74 BVerwG, Urt. v. 21.10.1999 – 4 C 1.99, NuR 2000, 321.
75 Vgl. BVerwG, Beschl. v. 25.8.1997 – 4 NB 12.97, NuR 1998, 135.
76 BVerwG, Urt. v. 17.12.2002 – 4 C 15.01, NuR 2003, 365.
77 VGH München, Urt. v. 27.9.1991 – 1 B 91.738, NuR 1992, 277.
78 VGH Mannheim, Urt. v. 24.9.1987 – 5 S 422/86, NuR 1988, 191.

Das gilt auch für privilegierte Vorhaben.[79] Eine Querverbindung besteht über § 35 Abs. 3 Nr. 5 BauGB. Er dient dem ästhetischen Schutz der Landschaft, soweit er verbietet, Belange des Naturschutzes und der Landschaftspflege zu beeinträchtigen sowie das Orts- und Landschaftsbild zu verunstalten.

Im Unterschied zu förmlich unter Natur- oder Landschaftsschutz gestellten Landschaftsteilen, bei denen schon eine Beeinträchtigung des Naturschutzes und der Landschaftspflege zur Unzulässigkeit eines nicht privilegierten Vorhabens führt, begründet außerhalb von Schutzgebieten eine Beeinträchtigung des Orts- und Landschaftsbildes allein noch nicht die bauplanungsrechtliche Unzulässigkeit. Erforderlich ist dann vielmehr eine Verunstaltung.[80] Eine Verunstaltung erfordert, dass das Bauvorhaben dem Orts- oder Landschaftsbild in ästhetischer Hinsicht grob unangemessen ist und auch von einem für ästhetische Eindrücke offenen Betrachter als belastend empfunden wird.[81] **38**

Soweit § 35 Abs. 3 Nr. 5 BauGB die natürliche Eigenart der Landschaft als öffentlichen Belang aufführt, ist sein Schutzgut nicht (mehr) das Landschaftsbild, sondern nur noch die funktionelle Bestimmung des Außenbereichs, also die Erhaltung der naturgegebenen Bodennutzung.[82] Dieser funktionelle Schutz des Außenbereichs kann einfacher und wirksamer zu handhaben sein als eine Landschaftsschutzverordnung, wenn es darum geht, die Landschaft von nicht privilegierten baulichen Anlagen frei zu halten, denn er erfordert keine Bewertung im Sinne einer Beeinträchtigung oder Verunstaltung des Landschaftsbilds. Denn die natürliche Eigenart der Landschaft wird durch ein Bauvorhaben (schon) beeinträchtigt, wenn die zur Bebauung vorgesehene Fläche entsprechend der im Außenbereich zu schützenden „naturgegebenen Bodennutzung", nämlich landwirtschaftlich, genutzt wird und nichts darauf hindeutet, dass sie die Eignung für diese Nutzung demnächst einbüßen wird[83] Beispiel: Bei einem nicht privilegierten Holzschuppen in traditioneller, landschaftstypischer Bauweise kann eine (erhebliche) Beeinträchtigung des Landschaftsbilds als Voraussetzung für das landschaftsschutzrechtliche Verbot schwerer zu begründen sein als die Anwendung des § 35 Abs. 3 Nr. 5 BauGB. **39**

---

79 BVerwG, Beschl. v. 2.2.2000 – 4 B 104.99, BauR 2000, 1311.
80 BVerwG, Urt. v. 15.5.1997 – 4 C 23.95, NVwZ 1998, 58. .
81 BVerwG, Urt. v. 22.6.1990 – 4 C 6.87, NuR 1991, 379.
82 BVerwG, Urt. v. 15.5.1997 – 4 C 23.95, NVwZ 1998, 58.
83 BVerwG, Urt. v. 25.1.1985 – 4 C 19.81, NuR 1986, 73.

§ 27 Naturparke

(1) Naturparke sind einheitlich zu entwickelnde und zu pflegende Gebiete, die
1. großräumig sind,
2. überwiegend Landschaftsschutzgebiete oder Naturschutzgebiete sind,
3. sich wegen ihrer landschaftlichen Voraussetzungen für die Erholung besonders eignen und in denen ein nachhaltiger Tourismus angestrebt wird,
4. nach den Erfordernissen der Raumordnung für Erholung vorgesehen sind,
5. der Erhaltung, Entwicklung oder Wiederherstellung einer durch vielfältige Nutzung geprägten Landschaft und ihrer Arten- und Biotopvielfalt dienen und in denen zu diesem Zweck eine dauerhaft umweltgerechte Landnutzung angestrebt wird und
6. besonders dazu geeignet sind, eine nachhaltige Regionalentwicklung zu fördern.

(2) Naturparke sollen entsprechend ihren in Absatz 1 beschriebenen Zwecken unter Beachtung der Ziele des Naturschutzes und der Landschaftspflege geplant, gegliedert, erschlossen und weiterentwickelt werden.

Gliederung

		Rdnr.
I.	Allgemeines	1
II.	Rechtliche Festlegung von Naturparken	2
III.	Anforderungen an Naturparke (Abs. 1)	3–18
1.	Einheitliche Entwicklung und Pflege	5, 6
2.	Schutzgegenstand	7–14
	a) Großräumige Gebiete (Nr. 1)	7, 8
	b) Landschafts- und Naturschutzgebiete (Nr. 2)	9–11
	c) Raumordnung (Nr. 4)	12
	d) Besondere Eignung für Erholung (Nr. 3) und nachhaltige Regionalentwicklung (Nr. 6)	13, 14
3.	Schutzzwecke	15–18
	a) Erholung und nachhaltiger Tourismus (Nr. 3)	16
	b) Schutz der Kulturlandschaft durch dauerhaft umweltgerechte Landnutzung (Nr. 5)	17
	c) Nachhaltige Regionalentwicklung (Nr. 6)	18
IV.	Maßnahmen (Abs. 2)	19–25
V.	Verbote	26

I. Allgemeines

1 Naturparke bilden ein Instrument zur Planung und Entwicklung von Gebieten, die auf Grund ihrer Großräumigkeit und ihrer naturräumlichen Ausstattung für die Erholung besonders geeignet sind. Als erster deutscher Naturpark entstand 1956 der Naturpark Siebengebirge. Leitidee war damals die Begegnung des Menschen mit der Natur, das Erfahren und Erleben der Schönheit von Natur und Landschaft zu ermöglichen. Dieser rein anthropozentrische Ansatz der Naturparke wird zunehmend ergänzt durch ökologische Gesichtspunkte. Ausgehend von dem gesetzlichen Auftrag und dem daraus entwickelten Leitbild ergeben sich für die Naturparke heute folgende Aufgabenschwerpunkte[1]:
– Schutz, Pflege und Entwicklung von Natur und Landschaft,

---

1 VDN: Die deutschen Naturparke – Aufgaben und Ziele, 3. Fortschreibung 2009.

- Erhalt der charakteristischen Kulturlandschaft durch Förderung naturnaher Methoden in der Land-, Forst- und Wasserwirtschaft,
- Förderung einer nachhaltigen Nutzung und Vermarktung regionaler Produkte und Stärkung der regionalen Identität,
- Bewahrung und Förderung des kulturellen Erbes, Erhalt von Bau- und Bodendenkmalen sowie Weiterentwicklung der Siedlungs- und Baukultur,
- Sicherung der landschaftsbezogenen Erholung und eines umwelt- und sozialverträglichen Tourismus,
- Schonung der natürlichen Ressourcen,
- Mitwirkung an anderen, das Naturparkgebiet betreffenden Planungen,
- Zusammenarbeit mit Kommunen, Behörden und Organisationen,
- Förderung eines breiten Umweltbewusstseins durch Umweltbildung, Informations- und Öffentlichkeitsarbeit,
- Schaffung und Unterhaltung von Einrichtungen zur Erholungsnutzung und Besucherlenkung.

II. Rechtliche Festlegung von Naturparken

Nach § 22 Abs. 1 erfolgt die Unterschutzstellung von Naturparken durch Erklärung. Form und Verfahren der Unterschutzstellung, die Beachtlichkeit von Form- und Verfahrensfehlern und die Möglichkeit ihrer Behebung sowie die Fortgeltung bestehender Erklärungen zum Naturpark richtet sich nach § 22 Abs. 2 nach dem jeweiligen Landesrecht.

III. Anforderungen an Naturparke (Absatz 1)

Abs. 1 legt die Anforderungen fest, die mit der Einrichtung von Naturparken verbunden sind. Neben der Maßgabe, diese Gebiete einheitlich zu entwickeln und pflegen, werden in den Nrn. 1–6 sowohl die Voraussetzungen für die Eignung eines Gebiets als Naturpark als auch die Schutzzwecke – in unsystematischer Weise – aufgelistet. Während sich die Nrn. 1, 2 und 4 ausschließlich mit den Anforderungen an den Schutzgegenstand befassen, enthalten die Nrn. 3 und 6 darüber hinaus noch Angaben zum Schutzzweck. Nr. 5 enthält einen Schutzzweck nebst der Art und Weise, wie dieser erreicht werden soll.

Damit ein entsprechendes Gebiet zum Naturpark erklärt werden kann, müssen diese Anforderungen kumulativ vorliegen.

1. Einheitliche Entwicklung und Pflege

Im Gegensatz zu den übrigen Schutzgebietskategorien verlangt § 27 für Naturparke keinen Gebietsschutz, sondern lediglich, dass eine **einheitliche Entwicklung und Pflege** des Gebietes zu erfolgen hat. Die einheitliche Pflege und Entwicklung hat in der Weise zu erfolgen, dass sie den in den Nrn. 3, 5 und 6 genannten Zwecken dienlich ist. Voraussetzung dafür ist, dass für den gesamten Naturpark ein einheitliches Konzept erstellt wird, welches die besonderen naturräumlichen Gegebenheiten berücksichtigt und eine nachhaltige Nutzung der Landschaft festlegt. Die zur Entwicklung und Pflege des Gebiets erforderlichen Maßnahmen werden in Abs. 2 konkretisiert.

Die Aufgabe, für eine zweckentsprechende einheitliche Entwicklung und Pflege des Naturparks zu sorgen, wird in der Praxis durch Trägerschaften übernommen. Je nach Ausgestaltung durch das Landesrecht kommen hierfür eingetragene Vereine oder Zweckverbände sowie staatliche und kommunale Verwaltungen in Frage.

2. Schutzgegenstand

7 a) **Großräumige Gebiete (Nr. 1).** Die in den Nrn. 3, 5 und 6 genannten Schutzzwecke setzen für ihre Verwirklichung eine gewisse Großräumigkeit des Gebiets voraus. Der Gesetzgeber setzt keine Ober- oder Mindestgrenze bzgl. der Gebietsgröße fest, lediglich Art. 11 BayNatSchG verlangt eine Mindestgröße von 20.000 ha. Generell besitzen die Naturparke einen naturraumbezogenen Gebietszuschnitt, die Gebietsgröße orientiert sich an der Größe der konkreten naturräumlichen Einheiten.[2] Die naturräumliche Gliederung geht von naturräumlichen Grundeinheiten aus, die überwiegend nach sichtbaren Geoökofaktoren (z.b. Relief, Boden, Gestein, Vegetation, Oberflächenwasser) abgegrenzt werden, z.t. auch unter Verwendung von einzelnen Merkmalen dieser Geoökofaktoren, wie z.b. Hangneigung, Natürlichkeitsgrad der Vegetation oder Bodenfeuchte. Jede Naturraumeinheit ist durch spezifische Standortpotenziale und biologische Potenziale (Fauna, Flora, Vegetation) sowie durch den aktuellen Bestand an Landschaftsstrukturen, Biotopen und Arten gekennzeichnet. In Kulturlandschaften ist zu den biotischen und abiotischen Faktoren auch der Mensch als Einfluss nehmender Faktor zu berücksichtigen. Aus Naturräumen mit gleichem landschaftlichen Charakter werden naturräumliche Einheiten der nächsthöheren Ordnungsstufe zusammengefasst.

8 Der für die Errichtung eines Naturparks in Frage kommende Naturraum muss auch von der Größe her in der Lage sein, die ihm zugedachte Erholungsfunktion zu gewährleisten. Dies setzt jedoch nicht voraus, dass eine Mindestgröße von ca. 10.000 ha[3] erreicht wird. Der kleinste bestehende Naturpark (Naturpark Siebengebirge) ist 4.800 ha, der größte (der im Aufbau befindliche Naturpark Schwarzwald Mitte/Nord) rund 360.000 ha.

9 b) **Landschafts- und Naturschutzgebiete (Nr. 2).** Naturparke müssen überwiegend, d.h. auf mehr als der Hälfte der Gesamtfläche aus Landschafts- oder Naturschutzgebieten bestehen. Damit soll eine hohe landschaftliche Qualität gesichert werden, die zur Gewährleistung des Erholungszwecks erforderlich ist[4]. Dabei ist jeweils gebietsbezogen auf Grund der Naturraumausstattung zu konkretisieren, wie groß die erforderliche Fläche für o.g. Schutzgebiete ist. Naturparkverordnungen und Natur- bzw. Landschaftsschutzgebietsverordnungen können rechtlich unabhängig voneinander erlassen werden und nebeneinander Bestand haben. Diese (teilweise) räumliche Deckungsgleichheit ist angesichts der unterschiedlichen Zielsetzung auch sinnvoll, insbesondere im Hinblick darauf, dass das großräumige Gebiet eines Naturparks in verschiedenartige Bereiche gegliedert ist. Von einer Übersicherung im Falle des Erlasses beider Verordnungen kann deshalb nicht gesprochen werden.[5] Auch wenn Gemarkungsbereiche bereits Bestandteil eines Naturparks sind, steht

---

2 Anhand der naturräumlichen Gliederung kann man Landschaftsräume abgrenzen, in Typen darstellen und hierarchisch gliedern, sie geht auf *Meynen/Schmithüsen* (1953-1962), „Handbuch der naturräumlichen Gliederung Deutschlands" zurück.
3 *Kolodziejcok*, in: ders./Recken, Naturschutz, Landschaftspflege, § 16 Rdnr. 8; so auch *Louis*, BNatSchG § 16 Rdnr. 4 und *J. Schmidt-Räntsch*, in: Gassner/Schmidt-Räntsch/Bendomir-Kahlo, BNatSchG, § 26 Rdnr. 5, die jedoch eine Abweichung für möglich halten, sofern der Charakter des Naturparks nicht verfälscht wird.
4 *Louis*, BNatSchG, § 16 Rdnr. 5.
5 VGH Mannheim, Urt. v. 12.6.1984 – 5 S 2397/83, BNatSchG/ES BNatSchG § 15 Nr. 44.

dies ihrer (zusätzlichen) Einbeziehung in ein Landschaftsschutzgebiet nicht entgegen. Dies gilt auch für Flächen, die in der Naturparkverordnung zu Erschließungszonen erklärt sind. Die Landschaftsschutzverordnung verdrängt dann eine dasselbe Gebiet erfassende Naturparkverordnung.[6]

Das Schutzregime bereits bestehender Natur- oder Landschaftsschutzgebiete wird durch die zusätzliche Ausweisung als Naturpark nicht berührt oder erweitert[7]. Die Ge- und Verbote ergeben sich aus den Schutzgebietsverordnungen und nicht aus der Erklärung zum Naturpark. Daher ist auch in Landschaftsschutzgebieten, die Teil eines Naturparks sind, die ordnungsgemäße Landwirtschaft grundsätzlich erlaubt, und zwar auch dann, wenn es sich um Erholungsgebiete handelt[8]. 10

Die konzeptionelle Entwicklung des Naturparks und die daran geknüpften Erschließungsmaßnahmen haben vorrangig Rücksicht auf die in Natur- und Landschaftsschutzgebieten verfolgten Schutzzwecke zu nehmen. Es kann daher z.b. die Errichtung und Nutzung einer Startrampe für Drachenflieger untersagt werden, wenn die Rampe in ein förmlich festgesetztes Naturschutzgebiet hineinragt und der Startvorgang zu einer Beunruhigung und Störung der dortigen Vogelwelt führen kann. Auch vergleichsweise kleine Vorhaben können erhebliche Beeinträchtigungen mit sich bringen, wenn sie in ökologisch oder landschaftlich empfindlichen Bereichen ausgeführt werden[9]. Zur Vermeidung einer Beeinträchtigung besonders empfindlicher Bereiche sind ggf. auch Maßnahmen zur Besucherlenkung notwendig. 11

c) **Raumordnung (Nr. 4).** Ein Naturpark kann nur ein Gebiet sein, das nach den Erfordernissen der Raumordnung für die Erholung vorgesehen ist. Unter „Erfordernisse der Raumordnung" werden die Ziele, die Grundsätze und die sonstigen Erfordernisse der Raumordnung zusammengefasst (§ 3 Nr. 1 ROG). Die Aufgabe der Raumordnung besteht darin, die unterschiedlichen Anforderungen an den Raum aufeinander abzustimmen und die auf der jeweiligen Planungsebene auftretenden Konflikte auszugleichen sowie Vorsorge für einzelne Raumfunktionen und Raumnutzungen zu treffen (§ 1 ROG). Für Gebiete, die nach Abstimmung der unterschiedlichen Anforderungen für andere Raumnutzungen vorgesehen sind, ist eine Erklärung zum Naturpark demnach nicht möglich. Die Schaffung eines Naturparks kann auch nach den sonstigen Erfordernissen der Raumordnung (d.h. durch die in Aufstellung befindlichen Ziele der Raumordnung, durch Ergebnisse förmlicher landesplanerischer Verfahren wie des Raumordnungsverfahrens und durch landesplanerische Stellungnahmen) vorgesehen sein. 12

d) **Besondere Eignung für Erholung (Nr. 3) und nachhaltige Regionalentwicklung (Nr. 6).** Naturparke können nur in Gebieten entstehen, die sich auf Grund ihrer landschaftlichen Voraussetzungen für die **Erholung** besonders eignen. Der Erlebnis- und Erholungswert einer Landschaft (vgl. § 7 Rdnr. 6) wird maßgeblich durch die Vielfalt, Eigenart und Schönheit des Landschaftsbilds bestimmt. Auch ein geringer Zerschneidungsgrad z.b. durch Verkehrswege und die damit verbundene Lärmfreiheit steigern den Erholungswert. Ein für die Erholung geeignetes Gebiet muss eine infrastruk- 13

---

6 VGH Mannheim, Urt. v. 11.10.1993 – 5 S 1266/92, BNatSchG/ES BNatSchG § 15, Nr. 97.
7 VGH München, Urt. v. 7.6.1984 – 9 B 81 A 2169, NuR 1985, 25, 26.
8 OVG Koblenz, Urt. v. 9.6.1983 – 1 A 31/82, NuR 1985, 239.
9 VG Würzburg, Urteil v. 16.10.1990 – W 5 K 89.1197, BNatSchG/ES BNatSchG § 13, Nr. 13.

turelle Mindestausstattung haben, um eine naturverträgliche Erholung möglich machen. Hierzu zählt zum einen die Erreichbarkeit des Gebiets und zum anderen die Gebietsausstattung selbst, wobei ein ausreichendes Wegenetz (Wanderwege, Radwege, Straßen), Gastronomieangebot, Informationsangebot (Tafeln, Wegweiser), Verkehrsangebot (Bus, Bahn, Parkplätze, Fahrradverleih) und Angebot an Erholungsflächen (Badestellen, Liegewiesen, Grillplätze, Bänke, Spiel- u. Sportplätze, Hütten usw.) vorhanden sein bzw. geschaffen werden muss.

14 Ein Gebiet eignet sich nur dann als Naturpark, wenn durch ihn auch eine „nachhaltige Regionalentwicklung", d.h. eine dauerhafte, sozial und ökologisch ausgerichtete regionale Raumentwicklung gefördert wird. Auf Grund ihrer naturraumbezogenen Ausweisung erstrecken sich Naturparke meist über eine gesamte Region, so dass sich auch die mit einem nachhaltigen Tourismus verbundene Einkommenswirkung auf die gesamte Region auswirkt. Neben dem Gastgewerbe profitieren dabei auch der Handel, die Freizeit- und Unterhaltungsbranche, lokale Transportunternehmen und sonstige Dienstleistungen.[10]

3. Schutzzwecke

15 Schutzzweck ist nicht mehr wie bisher nur die Erholung, sondern auch die Entwicklung eines nachhaltigen Tourismus, die Förderung einer nachhaltigen Regionalentwicklung sowie der Erhalt und die Weiterentwicklung der in den Naturparken geschützten Kulturlandschaften. Die Erweiterung resultiert aus der Erkenntnis, dass
– Schutz und Pflege von Natur und Landschaft zu den unabdingbaren Voraussetzungen jeglicher Erholungsvorsorge gehören, bei der das Erlebnis von Natur und Landschaft im Vordergrund steht,
– nur durch eine naturverträgliche Erholung in Form eines nachhaltigen Tourismus der Erlebnis- und Erholungswert von Naturparken langfristig gesichert werden kann,
– die Akzeptanz eines Naturparks in der Bevölkerung durch die wirtschaftliche Stärkung und Entwicklung der Region erhöht wird.

16 a) **Erholung und nachhaltiger Tourismus (Nr. 3).** Hauptschutzzweck eines Naturparks ist die Erholung. Dabei ist die Erhaltung bzw. Wiederherstellung einer vielfältigen Landschaft mit ihrem prägenden Charakter eine der wichtigsten Aufgaben von Naturparken. Erholungsangebot, Erholungsvorsorge und Tourismus sollten sich an den jeweils landschaftstypischen Besonderheiten orientieren. Um zu vermeiden, dass die ausgeübte Erholungsnutzung die landschaftlichen Voraussetzungen des Naturparks (und damit seinen Erholungs- und Erlebniswert) negativ beeinträchtigt, wird ein **nachhaltiger Tourismus** angestrebt. Ziel eines nachhaltigen Tourismus ist es, den Wirtschaftsfaktor Tourismus mit der langfristigen Sicherung der natürlichen und sozialen Lebensgrundlagen zu verbinden. Nachhaltige touristische Angebote müssen daher marktgerecht sein, einen schonenden Umgang mit der Natur gewährleisten und zur Verbesserung der Lebensbedingungen der einheimischen Bevölkerung beitragen.

17 b) **Schutz der Kulturlandschaft durch dauerhaft umweltgerechte Landnutzung (Nr. 5).** Eine „intakte" Natur stellt eine wesentliche Grundlage für die Erholung dar. In Naturparken soll daher der Schutz und die Nutzung der Kulturlandschaften miteinander verbunden werden. Die Kulturland-

---

10 BfN, VDN, Nachhaltiger Tourismus in Naturparken. Ein Leitfaden für die Praxis, 2002, S. 52.

schaft ist durch hergebrachte vielfältige Nutzung entstanden und geprägt worden. Diese Landschaft und die darin gewachsene Arten- und Biotopvielfalt soll erhalten, entwickelt oder wiederhergestellt werden. In dieser Zielsetzung stimmt der Naturpark mit dem Biosphärenreservat überein. In beiden Schutzkategorien kann der Erhalt einer gewachsenen, i.d.R. auch historische Nutzungsformen beinhaltende Kulturlandschaften nur durch eine dauerhaft umweltgerechte Landnutzung erreicht werden. Die Beibehaltung oder Wiederaufnahme naturnaher Wirtschaftsweisen dient den Erfordernissen des Arten- und Biotopschutzes und der Erhaltung des für die Erholung wichtigen Landschaftsbildes. Naturparke können dabei die Voraussetzungen für eine wirtschaftliche Tragfähigkeit dieser Landnutzungsformen bieten (z.b. durch die regionale Vermarktung von umweltschonend produzierten Naturprodukten). Eine naturverträgliche Land- und Forstwirtschaft trägt zum Schutz von Flora und Fauna bei. Durch die verwaltungsgrenzüberschreitende Struktur des Naturparks können Naturschutzmaßnahmen naturraumbezogen ausgeführt werden, womit z.b. ein Biotopverbundsystem für den gesamten Naturraum konzipiert und umgesetzt werden kann.

c) **Nachhaltige Regionalentwicklung (Nr. 6).** Eine nachhaltige Regionalentwicklung strebt den Erhalt einer intakten Umwelt, wirtschaftlichen Fortschritt und soziale Integration in Regionen an. Auf Grund ihrer Naturraumbezogenheit greifen Naturparke häufig über bestehende Verwaltungsgrenzen hinweg, so dass verschiedene Landkreise, Städte und Gemeinden an ihnen beteiligt sind. Solche „regionalen Naturparke" sind besonders dazu geeignet, eine nachhaltige Regionalentwicklung zu fördern, denn ein Naturpark kann – aufbauend auf dem vorhandenen Naturpotential – die Region mit ihren touristischen, land- und forstwirtschaftlichen und kulturellen Potenzialen stärker in Wert zu setzen. Die Naturparkträger bzw. -verwaltungen können hierbei die Rolle von Moderatoren für die ländliche Regionalentwicklung wahrnehmen. So können auf der Grundlage der bisherigen Arbeit der Naturparke neue Entwicklungen gefördert werden, die nutzbringend für den Naturschutz und seine Akzeptanz sowie für eine nachhaltige Entwicklung insbesondere des ländlichen Raums sind. In Naturparken ist eine nachhaltige Entwicklung in den Bereichen Erholungsvorsorge, Tourismus und Landbewirtschaftung (in Verbindung mit der Vermarktung regionaler Produkte) gegeben. Aufgrund ihres zentralen Anliegens, den Schutz und die Nutzung der Kulturlandschaften zu verbinden, stellen Naturparke für die Umsetzung der auf europäischer und nationaler Ebene geforderten integrierten nachhaltigen Entwicklung des ländlichen Raums ein ideales Instrument dar.[11]

IV. Maßnahmen (Absatz 2)

Die in Abs. 2 genannten Maßnahmen, nämlich Planung, Gliederung, Erschließung und Weiterentwicklung von Naturparken, konkretisieren die Verpflichtung, Naturparke einheitlich zu entwickeln und zu pflegen. Sie zielen darauf ab, die Verwirklichung der Schutzzwecke zu erreichen.

Die Planung dient der Erstellung eines Gesamtkonzepts, das die mit dem Naturpark verbundenen Ziele festlegt und räumlich konkretisiert, welche Maßnahmen zur Erreichung und Umsetzung der genannten Ziele notwen-

---

11 Stellungnahme des Verbandes Deutscher Naturparke vom 1.3.2001 zum BNatSchG-NeuregG.

dig sind. Auch Lösungsmöglichkeiten für auftretende Zielkonflikte sind im Rahmen der Naturparkplanung zu suchen.

21 Ein Naturparkplan soll z.b. festlegen:
- welche Gliederung nötig ist, um sowohl die Erholungsfunktion als auch den Schutz sensibler Bereiche zu gewährleisten,
- welche Pflege- und Entwicklungsmaßnahmen zur Bewahrung und Förderung der Kulturlandschaft geplant und durchgeführt werden müssen,
- welche Maßnahmen zum Schutz der vom Aussterben bedrohten und *besonders* geschützten Tier- und Pflanzenarten und ihrer Lebensräume zu treffen sind,
- welche Maßnahmen zur Förderung landschaftsverträglich aktiver Erholungsformen (wie Wandern, Radwandern oder Reiten) nötig sind,
- welche Maßnahmen zur Entwicklung der regionalen Wirtschaft – aufbauend auf dem „Wirtschaftsfaktor nachhaltiger Tourismus" in Abstimmung mit den Erfordernissen des Natur- und Landschaftsschutzes getroffen werden sollen.

22 Durch die räumliche **Gliederung** der Naturparke in Bereiche mit unterschiedlichen Schutz- und Nutzungsfunktionen sollen Zielkonflikte (z.b. zwischen Erholungsaktivitäten und Artenschutz) weitgehend vermieden werden. Eine häufige Gliederungsform ist die Schaffung einer Erschließungszone sowie von zwei Schutzzonen unterschiedlichen Grades. Naturschutzgebiete und andere schutzbedürftige Bereiche des Naturparks können z.b. durch die Festlegung einer strikten Schutzzone (verbunden mit entsprechenden Ge- und Verboten der Naturschutzgebiets- oder Naturparkverordnung, Besucherlenkungsmaßnahmen, Verzicht auf Erschließungsmaßnahmen) von jeglicher Nutzung ausgenommen werden. Schutzzweck ist hier meist die Sicherung der ungestörten natürlichen Entwicklung der Lebensgemeinschaften. Zur Schutzzone II können Naturschutzgebiete, Landschaftsschutzgebiete und andere Teile des Naturparks zählen, die durch naturverträgliche Nutzungsformen einen Beitrag zum Arten- und Biotopschutz leisten und die auch der naturverträglichen Erholung dienen können. In der Erschließungszone steht die Erholung im Vordergrund, diese soll durch entsprechende Maßnahmen gefördert werden. Dabei kann eine weitere Gliederung in Bereiche erfolgen, die für unterschiedliche – sich gegenseitig störende – Erholungsformen (z.b. Angeln/Surfen, Spielen/Vogelbeobachtung[12]) vorgesehen sind. Eine Ausweisung von Zonen bietet sich auch für Freizeitaktivitäten mit hohem Konfliktpotenzial an, z.b. eine Zonierung von Felslebensräumen, die deren Nutzung durch den Klettersport regelt:
- Zone 1: Ruhezone, grundsätzlicher Verzicht auf Klettern.
- Zone 2: „Status quo". Klettern auf bestehenden Routen bis zum Umlenkhaken, keine neuen Routen möglich.
- Zone 3: Klettern auf bestehenden Routen bis zum Umlenkhaken, neue Routen außerhalb der Vegetationszone mit Umlenkhaken möglich.

23 Nicht im Konzept erfasste Bereiche sind automatisch als Zone 1 anzusehen, d. h. sie dürfen nicht beklettert werden. Außerdem können zeitliche Sperrungen in Einzelfällen festgelegt werden. So wird z. B. im Falle einer Brut von Uhu oder Wanderfalke der betroffene Wandbereich sofort durch eine entsprechende Beschilderung gesperrt, die nach Flüggewerden der Jungvögel wieder entfernt wird.

---

12 *Kolodziejcok* in: ders./Recken, Naturschutz, Landschaftspflege, § 26 Rdnr. 16.

Erholung und nachhaltiger Tourismus sind auf eine entsprechende erholungsorientierte Infrastruktur angewiesen, daher sieht Abs. 2 auch eine **Erschließung** des Naturparks vor. Gemäß § 2 Abs. 1 Nr. 13 ist die Erschließung von Gebieten aber auf das notwendige Maß zu beschränken. Erschließungsmaßnahmen umfassen die Verbesserung der Erreichbarkeit des Naturparks (Haltestellen, Parkplätze), den Ausbau eines Wegenetzes (z.b. Routen für Wanderungen und Radwanderungen, Reitwege), Schaffung der Rahmenbedingungen für naturverträgliche Erholungsaktivitäten (z.b. Bootsanlegestellen, Campingplätze, Badeplätze und Liegewiesen).

Naturparke sollen nicht nur in ihrem Zustand erhalten, sondern durch eine **Weiterentwicklung** verbessert werden. Zur Weiterentwicklung zählt zum einen die Schaffung neuer naturverträglicher und zielgruppenorientierter Tourismusangebote, die auch das sich stetig ändernde Freizeitverhalten berücksichtigt, zum andern die Verbesserung der Landschaftsqualität durch Pflege- und Entwicklungsmaßnahmen. Hierzu leistet die dauerhaft umweltgerechte Landnutzung einen großen Beitrag.

V. Verbote

§ 27 formuliert selbst – im Gegensatz zu den übrigen Schutzgebietskategorien – keine Verbote. Wenn die Erklärung zum Schutzgebiet gemäß § 22 erfolgt (wovon die Länder abweichen können, § 22 Abs. 4), sind nach § 22 Abs. 2 auch die zur Erreichung des Schutzzwecks notwendigen Gebote und Verbote zu benennen. Eine Naturparkverordnung kann in der Schutzzone des Naturparks alle Handlungen verbieten, die den Charakter des Gebiets verändern oder dem in der NaturparkV genannten besonderen Schutzzweck zuwiderlaufen, insbesondere alle Handlungen, die geeignet sind, die Leistungsfähigkeit des Naturhaushalts, das Landschaftsbild, den Naturgenuss oder den Zugang zur freien Natur zu beeinträchtigen. Eine derartige Regelung entbehrt nicht der rechtsstaatlich gebotenen Bestimmtheit, zumal sie nicht für sich allein, sondern im Zusammenhang mit zahlreichen Einzelregelungen und Ausnahmevorschriften der Naturparkverordnung auszulegen und anzuwenden ist. Derjenige, der vorsätzlich oder fahrlässig eine der in der Naturparkverordnung genannten erlaubnispflichtigen Maßnahmen ohne die erforderliche Erlaubnis vornimmt, macht sich einer Ordnungswidrigkeit schuldig.[13]

---

13 BayVerfGH, Entscheidung vom 30.4.1991 – Vf. l-VII-90, Vf. 10-VII-90, Vf. 12-VII-90, Vf. 13-VII-90, BNatSchG/ES BNatSchG § 16 Nr. 1.

§ 28 Naturdenkmäler

(1) Naturdenkmäler sind rechtsverbindlich festgesetzte Einzelschöpfungen der Natur oder entsprechende Flächen bis zu fünf Hektar, deren besonderer Schutz erforderlich ist
1. aus wissenschaftlichen, naturgeschichtlichen oder landeskundlichen Gründen oder
2. wegen ihrer Seltenheit, Eigenart oder Schönheit.

(2) Die Beseitigung des Naturdenkmals sowie alle Handlungen, die zu einer Zerstörung, Beschädigung oder Veränderung des Naturdenkmals führen können, sind nach Maßgabe näherer Bestimmungen verboten.

Gliederung

	Rdnr.
I. Allgemeines	1
II. Voraussetzungen der Unterschutzstellung (Abs. 1)	2–13
1. Schutzgegenstand	2–8
a) Einzelschöpfungen der Natur	2–4
b) Flächenhaftes Naturdenkmal	5, 6
c) Umgebungsschutz	7
d) Rechtsverbindliche Festsetzung	8
2. Schutzgründe	9–13
a) Wissenschaftliche, naturgeschichtliche oder landeskundliche Gründe	10
b) Seltenheit, Eigenart oder Schönheit	11
c) Beispiele	12, 13
III. Verbote (Abs. 2)	14, 15
1. Verbotene Handlungen	14
2. Verkehrssicherungspflicht	15

I. Allgemeines

1 Die Vorschrift ist wortgleich mit der Regelung in § 28 BNatSchG 2002. Das Naturdenkmal ist eine Kategorie des **Objektschutzes**. Vom Naturschutzgebiet unterscheidet es sich dadurch, dass es als Einzelschöpfungen erkennbare Teile der Natur – oder einer Einzelschöpfung entsprechende Flächen bis 5 ha – erhalten will, während das Naturschutzgebiet auf den Schutz von Flächen (ohne Mindest- und Höchstgröße) abzielt, die nicht den Charakter einer Einzelschöpfung haben müssen. Das Naturdenkmal ist im Gegensatz zu einem Kulturdenkmal ein natürliches Gebilde. Dies schließt eine menschliche Mitwirkung bei seiner Entstehung nicht aus, z.B. kann ein Baum, der vor langer Zeit angepflanzt worden ist, Naturdenkmal sein. Der geschützte Landschaftsbestandteil (§ 29) hat mit dem Naturdenkmal gemeinsam, dass es sich um Objektschutz, nicht um Flächenschutz handelt. Er muss aber nicht als Einzelschöpfung erscheinen,[1] und die Kriterien des § 29 Abs. 1 Nr. 1–4 sind andere als in § 28 Abs 1 Nr. 1 und 2. Das bedeutet aber nicht, dass stets nur ein Schutz nach der einen oder der anderen Kategorie möglich wäre. Überschneidungen sind denkbar. Auch wenn z.B. eine Allee aus sehr alten Bäumen naturdenkmalwürdig ist, kann sie nach § 29 Abs. 1 Nr. 2 als Landschaftsbestandteil unter Schutz gestellt werden.[2] Was die „Strenge" des

---
1 BVerwG, Beschl. v 18.12.1995 – 4 NB 8.95, NuR 1996, 249.
2 Vgl. OVG Lüneburg, Urt. v. 5.4.1989 – 3 C 9/85, NuR 1990, 178.

Schutzes betrifft, stimmen § 28 Abs. 2 und § 29 Abs. 2 im Wesentlichen überein.

II. Voraussetzungen der Unterschutzstellung (Absatz 1)

1. Schutzgegenstand

a) Einzelschöpfungen der Natur. Schutzgegenstand sind Einzelschöpfungen der Natur oder entsprechende Flächen bis 5 ha. Es handelt sich dabei um Schöpfungen der belebten und der unbelebten Natur, die durch biologische Entwicklung oder die Wirkung mechanischer oder physikalischer Kräfte wie Regen, Frost oder Wind hervorgerufen wurden. Unmittelbar vom Menschen geschaffene Gebilde fallen nicht darunter; weshalb z.b. archäologische Gegenstände, künstliche Weiher oder Seen nicht durch den Begriff des Naturdenkmals erfasst werden. Dies bedeutet aber nicht, dass nur unberührte, d.h. vom Menschen unbeeinflusste Natur Schutzgegenstand sein kann. Ein Naturdenkmal wird nicht ausgeschlossen, weil der Mensch ursächlich für die Entstehung war. So sind beim Bodenabbau freigelegte geologische Formationen Naturschöpfungen, da sie ohne menschliches Zutun entstanden sind und durch menschliche Aktivitäten nur sichtbar werden[3]. Demnach kann eine schutzwürdige Naturschöpfung auch dann vorliegen, wenn es sich um ein nach einer Veränderung der Landschaft durch den Menschen entstandenes Sekundärbiotop handelt.[4]

Das geschützte Objekt muss eine statische **Beständigkeit** in seinem äußeren Erscheinungsbild besitzen, um ein Naturdenkmal darzustellen[5]. Naturdenkmale lassen sich unterscheiden in solche der belebten Natur (oft einzelne oder Gruppen von Pflanzen mit langer Lebensdauer, die für ihre Umgebung prägend oder von besonderer Bedeutung sind) und solche der unbelebten Natur (z.B. Geotope, aber auch andere Objekte von geologischer Bedeutung).

Wesentlich für eine Einzelschöpfung ist, dass sie begrifflich unter einer bestimmten einheitlichen Bezeichnung erfasst werden kann sowie abgrenzbar und erkennbar in Erscheinung tritt.[6] Das geschützte Objekt muss besondere Eigenschaften besitzen, die es von anderen seiner Art wesentlich abhebt. Im Vordergrund steht der einzelne zu schützende Gegenstand in seiner individuellen Bedeutung[7] und in seiner Besonderheit im Verhältnis zu anderen seiner Art. Die Besonderheit muss im Schutzobjekt selbst begründet sein. In Betracht kommen zunächst besonders typische oder prägnante Einzelgebilde wie Felsen, Höhlen, Einzelbäume,[8] oder die „Gerichtseiche". Eine Einzelschöpfung kann auch aus verschiedenen Objekten bestehen, wenn sie sich unter einer einheitlichen Bezeichnung erfassen lässt und einheitlich erkennbar in Erscheinung tritt.[9] Die denkmalwürdige Besonderheit kann gerade in der Gruppierung oder Zusammenstellung der Einzelobjekte liegen.[10] Die dazugehörenden Einzelobjekte haben hinter dem Gesamteindruck der En-

---

3 *Louis*, BNatSchG, § 17 Rdnr. 4.
4 OVG Lüneburg, Urt. v. 5.4.1989 – 3 C 9/85, NuR 1990, 178.
5 VGH Kassel, Urt. v. 9.19.1995 – 4 N 1429/92, NuR 1996, 265.
6 VGH München, Urt. v. 3.4.1984 – 9 N 83 A 146,– NuR 1984, 278.
7 OVG Koblenz, Urt. v. 17.12.1986 – 10 C 10/85, NuR 1988, 91.
8 VG Regensburg, Urt. v. 14.10.1982 – RO 7 K 81 A 3544, NuR 1983, 127, 128.
9 VGH Kassel, Beschl. v. 9.10.1995 – 4 N 1429/92, NVwZ-RR 1997, 19, 20.
10 *Louis*, BNatSchG, § 17 Rdnr. 3.

semble-Einzelschöpfung zurückzutreten.[11] Beispiele hierfür sind Baum- oder Gebüschgruppen, Alleen und Felsformationen.

5 **b) Flächenhaftes Naturdenkmal.** Die Formulierung „Naturdenkmale sind rechtsverbindlich festgesetzte Einzelschöpfungen der Natur **oder entsprechende Flächen**" macht deutlich, dass das nach Abs. 1 zu schützende Gebiet den Charakter eines Natur-„Denkmals" aufweisen muss. Schon der Begriff „Denkmal" setzt eine gewisse Objekthaftigkeit und Beständigkeit im äußeren Erscheinungsbild voraus.[12] Daher muss auch beim flächenhaften Naturdenkmal der Schutzgegenstand einheitlich in Erscheinung treten,[13] wobei im Regelfall zudem die Möglichkeit einer einheitlichen Bezeichnung (Umschreibung) gegeben ist. In der Sache handelt es sich demnach auch bei der Ausweisung eines flächenhaften Naturdenkmals nicht um Flächenschutz, sondern um Objektschutz. In Frage kommen insbesondere kleinere Wasserflächen, kleinere Baumgruppen,[14] Wasserläufe, Moore,[15] Streuwiesen und ähnliche flächig ausgebildete Landschaftselemente.

6 Die **Abgrenzung** zwischen einem Naturschutzgebiet (Flächenschutz) und einem flächenhaften Naturdenkmal (Objektschutz) ist fließend. Entscheidend für die Zuordnung ist, was schwerpunktmäßig Gegenstand und Grund der Unterschutzstellung bildet. Liegt der Schwerpunkt auf einem (Einzel-) Objekt, kommt grundsätzlich nur eine Ausweisung als Naturdenkmal in Betracht.[16] Liegt der Grund in einer Gesamtwürdigung der reichhaltigen Flora und Fauna auf der Fläche, so spricht das – auch bei Kleinstflächen – für einen Flächenschutz, also für ein Naturschutzgebiet. Die Abgrenzung kann in der Praxis schwierig sein, z.b. wenn ein wertvoller Biotop gleichzeitig den Restbestand einer ursprünglich weit verbreiteten Natur- oder Kulturlandschaft darstellt. Die Möglichkeit eines Objektschutzes hat der Gesetzgeber bis zu einer Flächengröße von 5 ha eröffnet; ist das flächenhafte Objekt größer, so kommt nach dem Willen des Normgebers nur ein Flächenschutz in Betracht, und zwar von der Zielsetzung her in Form eines Naturschutzgebiets nach § 23.

7 **c) Umgebungsschutz.** Nach § 22 Abs. 2 kann auch die Umgebung eines Naturdenkmals in den Schutz mit einbezogen werden. Das kann zweckmäßig sein, um Beeinträchtigungen des Schutzobjekts zu vermeiden (**Pufferzone**), z.B. Schutz vor Eutrophierung eines nährstoffarmen Gewässers durch Nitrateinträge aus umliegenden Flächen. Ebenso kann ein Umgebungsschutz gerechtfertigt sein, wenn das Naturdenkmal nur in dem bisher bestehenden Umfeld voll zur Geltung kommt und eine Veränderung der Umgebung die Wirkung des Naturdenkmals auf den Betrachter beeinträchtigen würde. Schutz- und Erhaltungsgebote und -verbote erstrecken sich dann auch auf die Umgebung. Die Größe der in den Schutz einbezogenen Umgebung bestimmt sich nach den Bedürfnissen des jeweiligen Objekts. Umgebungsschutz darf aber nicht dazu dienen, dass (sehr kleine) Gebiete nicht als Naturschutzgebiet, sondern als Naturdenkmal ausgewiesen werden, ob-

---

11 VGH Kassel, Urteil vom 9.10.1995 – 4 N 1429/92, NuR 1996, 264, 265.
12 Vgl. VGH Kassel, Beschl. v. 9.10.1995 – 4 N 1429/92, NuR 1996, 264 und *Louis*, NuR 1990, 105 ff.
13 VGH Mannheim, Urt. v. 29.6.1999 – 5 S 1929/97, NuR 2000, 270.
14 VGH München, Urt. v. 14.7.1977 – 9 IX 77, NuR 1979, 154.
15 In der Praxis des Landes Baden-Württemberg kam dem Schutztyp des Naturdenkmals eine besondere Bedeutung zu, indem viele kleine Feuchtgebiete/Moore als Naturdenkmale ausgewiesen wurden.
16 VGH Mannheim, Urt. v. 29.6.1999 – 5 S 1929/97, NuR 2000, 270 .

wohl die Schutzausweisung z.b. „nur" aus Arten und Biotopschutzgründen erfolgt.¹⁷ Die einbezogene „Umgebung" ist beim flächenhaften Naturdenkmal nicht in die Höchstfläche von 5 ha einzurechnen, d.h. das Naturdenkmal mit Pufferzone kann mehr als 5 ha ausmachen. Sie spielt auch keine Rolle bei der in Rdnr. 5 erörterten Unterscheidung zwischen flächenhaftem Naturdenkmal und Naturschutzgebiet.

d) Rechtsverbindliche Festsetzung. Die rechtsverbindliche Festsetzung geschieht durch die Erklärung gemäß § 22. Diese Erklärung muss den Schutzgegenstand (sowie die in den Schutz einbezogene Umgebung) klar benennen, sie bestimmt ferner den Schutzzweck und die zur Erreichung des Schutzziels notwendigen Ge- und Verbote.

2. Schutzgründe

Die Ausweisung eines Naturdenkmals kann gemäß Abs. 1 Nrn. 1 und 2 aus wissenschaftlichen, naturgeschichtlichen und landeskundlichen Gründen oder auf Grund von Seltenheit, Eigenart oder Schönheit erforderlich sein. Diese Schutzgründe hat das Naturdenkmal mit dem Naturschutzgebiet gemeinsam, hingegen sieht § 28 keine Ausweisung aus Gründen des Arten- und Biotopschutzes vor. Allerdings wird ein Objekt oder eine Fläche, die aus einem der in den Nrn. 1 oder 2 genannten Grund unter Schutz gestellt wurde, häufig auch dem Arten- und Biotopschutz zugute kommen. Dies ist z.b. bei Höhlen als Fledermausquartieren, bei Mooren und ihren typischen Lebensgemeinschaften oder bei Tümpeln, die als Amphibienlaichplatz dienen, der Fall. Ebenso können die Kriterien der Seltenheit, Eigenart oder Schönheit auf Biotope zutreffen, die auch aus ökologischen Gründen schützenswert sind.

a) Wissenschaftliche, naturgeschichtliche oder landeskundliche Gründe. Die Ausweisung eines Einzelobjektes als Naturdenkmal kann erfolgen, wenn der Schutz dieser Einzelschöpfung aus wissenschaftlichen, naturgeschichtlichen oder landeskundlichen Gründen erforderlich ist. Zu diesen Begriffen § 23 Rdnr. 27 ff. Die wissenschaftlichen Gründe für eine Schutzausweisung müssen in einem gewissen Bezug zu dem Objekt stehen. Naturobjekte können z.b. Gegenstand naturwissenschaftlicher oder historischer Betrachtungen sein. Das betreffende Objekt muss noch nicht konkret Gegenstand der Forschung sein. Es genügt, wenn es sich dafür eignet. Aus naturgeschichtlichen Gründen ist die Erhaltung des Objektes erforderlich, wenn das Objekt Aufschluss über die geschichtliche Entwicklung der Natur gibt. Landeskundliche Gründe sprechen für die Erhaltung, wenn man Eigenart und Entwicklung des Landes, in dem sich das Objekt befindet, auch an dem Objekt erforschen oder erkennen kann.

b) Seltenheit, Eigenart oder Schönheit. Ein Naturdenkmal kann aus Gründen der Seltenheit, Eigenart oder Schönheit ausgewiesen werden (vgl. hierzu § 23 Rdnr. 30 ff.). Eine besondere Eigenart oder hervorragende Schönheit, wie sie für ein Naturschutzgebiet erforderlich ist, wird jedoch nicht verlangt. Überschneidungen zwischen den Merkmalen Seltenheit, besondere Eigenart und Schönheit kommen regelmäßig vor. Selten oder eigenartig ist ein Einzelobjekt dann, wenn es sich von anderen Objekten seiner Art deutlich unterscheidet.[18] Diese Unterschiede können auch in der Kom-

---

17 *Kolodziejcok*, in: ders./Recken, Naturschutz, Landschaftspflege § 17 Rdnr. 7.
18 VGH München, Urt. v. 19.10.1982 – 19 IX 75, NuR 1983, 70: Ein Landschaftsbestandteil kann nur Naturdenkmal sein, wenn ihm gegenüber den anderen Landschaftsbestandteilen gleicher Art eine herausgehobene Bedeutung zukommt.

bination von an sich nicht seltenen Elementen bestehen. Der Begriff Schönheit stellt auf das ästhetische Empfinden ab. Als schön kann auch ein Biotop empfunden werden, das eine besonders reichhaltige Flora und Fauna oder seltene, „schöne" Arten (Orchideen, Schmetterlinge, usw.) aufweist. Ebenso kann sich die Seltenheit und Eigenart auf Standorte seltener Pflanzen und den Lebensraum seltener Tiere beziehen. Eine Unterschutzstellung als Naturdenkmal setzt dabei immer voraus, dass die Fläche eine gewisse Objekthaftigkeit und den Charakter eines Natur-„Denkmals" aufweist (vgl. Rdnr. 5). Auch liegen die Ausweisungsgründe nicht im Arten- und Biotopschutz, sondern in der Seltenheit, Eigenart oder Schönheit der Fläche.

12 c) **Beispiele.** Die Landesgesetze enthalten Beispiele für Naturdenkmale, die in verschiedene Gruppen zusammengefasst werde können:
- Pflanzen und Pflanzengruppen: Bäume, Baumgruppen, Alleen, Gebüschgruppen, besondere Pflanzenvorkommen, Streuwiesen, Heiden.
- Gewässer, Ufer, Feuchtbereiche, Quellen, Wasserfälle, Wasserläufe, Steilufer, Moore, Brüche, Sümpfe, Bracks, Kolke, Wehle.

13 Artenschutz: Einstände für Tiere, Tierstraßen, Laich- und Brutgebiete.[19]
- Historische Flurgrenzen und Anlagen: Redder, Wallanlagen.
- Geologische Besonderheiten und Geotope: charakteristische Bodenformen, Trockenhänge, Dünen, Felsen, Höhlen, Wanderblöcke, Gletscherspuren, erdgeschichtliche Aufschlüsse, Erdfälle, Findlinge, Rummeln, Sölle.

III. Verbote (Absatz 2)

1. Verbotene Handlungen

14 Ziel ist der Unterschutzstellung ist es, das Naturdenkmal in seinen bestehenden Zustand zu erhalten. Daher sind die Beseitigung des Naturdenkmals sowie alle Handlungen, die zu einer Zerstörung, Beschädigung, Veränderung oder nachhaltigen Störung (vgl. § 23 Rdnr. 38 ff.) des Schutzobjekts führen können, verboten. Dieses Verbot erstreckt sich auch auf die in das Schutzregime aufgenommene Umgebung des Naturdenkmals. Nähere Einzelheiten dazu werden in der Schutzverordnung („nach Maßgabe näherer Bestimmungen") festgelegt. Das Veränderungsverbot ist als **repressives** Verbot auszugestalten, wenn – wie zumeist – von vornherein feststeht, dass der Schutz der Integrität des Naturdenkmals die Abwehr aller Beeinträchtigungen erfordert, insoweit liegt der Fall wie beim Naturschutzgebiet und beim geschützten Landschaftsbestandteil, vgl. dazu ausführlich § 22 Rdnr. 23, § 23 Rdnr. 43 und § 29 Rdnr. 22.

2. Verkehrssicherungspflicht

15 Das Veränderungsverbot kann mit der Verkehrssicherungspflicht in Konflikt geraten. Die damit verbundene Problematik ist ausführlich bei § 60 Rdnr. 1 ff. erörtert.

---

19 Zur Frage der Rahmenrechtskonformität des Schutzgrundes Artenschutz vgl. Rdnr. 11.

§ 29 Geschützte Landschaftsbestandteile

(1) ¹Geschützte Landschaftsbestandteile sind rechtsverbindlich festgesetzte Teile von Natur und Landschaft, deren besonderer Schutz erforderlich ist
1. zur Erhaltung, Entwicklung oder Wiederherstellung der Leistungs- und Funktionsfähigkeit des Naturhaushalts,
2. zur Belebung, Gliederung oder Pflege des Orts- oder Landschaftsbildes,
3. zur Abwehr schädlicher Einwirkungen oder
4. wegen ihrer Bedeutung als Lebensstätten bestimmter wild lebender Tier- und Pflanzenarten.

²Der Schutz kann sich für den Bereich eines Landes oder für Teile des Landes auf den gesamten Bestand an Alleen, einseitigen Baumreihen, Bäumen, Hecken oder anderen Landschaftsbestandteilen erstrecken.

(2) ¹Die Beseitigung des geschützten Landschaftsbestandteils sowie alle Handlungen, die zu einer Zerstörung, Beschädigung oder Veränderung des geschützten Landschaftsbestandteils führen können, sind nach Maßgabe näherer Bestimmungen verboten. ²Für den Fall der Bestandsminderung kann die Verpflichtung zu einer angemessenen und zumutbaren Ersatzpflanzung oder zur Leistung von Ersatz in Geld vorgesehen werden.

(3) Vorschriften des Landesrechts über den gesetzlichen Schutz von Alleen bleiben unberührt.

Gliederung

		Rdnr.
I.	Allgemeines	1
II.	Voraussetzungen und Zweck der Unterschutzstellung (Abs. 1)	2–19
1.	Landschaftsbestandteil	2–5
2.	Schutzzwecke	6–12
	a) Leistungs- und Funktionsfähigkeit des Naturhaushalts (Nr. 1)	7, 8
	b) Belebung, Gliederung oder Pflege des Orts- und Landschaftsbildes (Nr. 2)	9
	c) Abwehr schädlicher Einwirkungen (Nr. 3)	10
	d) Bedeutung als Lebensstätten bestimmter wild lebender Tier- und Pflanzenarten (Nr. 4)	11, 12
3.	Schutz von Gesamtbeständen, kommunaler Baumschutz (Abs. 1 Satz 2)	13–19
	a) Allgemeines	13–15
	b) Kommunale Baumschutzverordnungen und -satzungen	16–19
III.	Verbote, Ersatzpflanzung, Ersatzzahlung (Abs. 2)	20–36
1.	Verbote	20–28
	a) Inhalt und Tragweite	20, 21
	b) Rechtliche Ausgestaltung, Ausnahmen	22–28
2.	Ersatzpflanzung (Abs. 2 Satz 2)	29–36
	a) Allgemeines	29
	b) Normative Festlegung	30
	c) Angemessenheit der Ersatzpflanzung	31–33
	d) Zumutbarkeit der Ersatzpflanzung	34
3.	Ersatzzahlung (Abs. 2 Satz 2)	35, 36
IV.	Erhaltungs- und Pflegemaßnahmen	37
V.	Landesrecht	38, 39
1.	Alleen (Abs. 3)	38
2.	Abweichungen	39

I. Allgemeines

1 Mit der Schutzkategorie „Geschützte Landschaftsbestandteile" können Teile von Natur und Landschaft gesichert werden, deren besonderer Schutz aus den in Abs. 1 Nr. 1–4 genannten Gründen erforderlich ist. Die Schutzzwecke sind vielfältig und reichen von der Ökologie (Abs. 1 Nr. 1 und 4) über die Ästhetik (Nr. 3) bis zum Immissionsschutz (Nr. 2), dieser jedoch bezogen auf die Schutzgüter des § 1. Wie beim Naturdenkmal handelt es sich um eine Kategorie des **Objektschutzes**. Nach Abs. 1 Satz 2 kann sich der Schutz für den Bereich eines Landes oder für Teile des Landes auf den gesamten Bestand an Alleen, einseitigen Baumreihen, Bäumen, Hecken oder anderen Landschaftsbestandteilen erstrecken. Die Vorschrift ist gegenüber § 29 BNatSchG 2002 nur geringfügig geändert worden.

II. Voraussetzungen und Zweck der Unterschutzstellung (Absatz 1)

1. Landschaftsbestandteil

2 Dieser Begriff bedeutet, dass es hier um Objektschutz geht, nicht um Flächenschutz. Landschafts**bestandteile** können sowohl Einzelobjekte als auch flächenhafte Teile von Natur und Landschaft sein,[1] z.B. Raine, Alleen, Wallhecken und Tümpel. Die Flächenhaftigkeit steht der Einordnung als Landschaftsbestandteil nicht entgegen. Entscheidend ist, dass sie nicht selbst eine „Landschaft" bilden, sondern als Naturgesamtheit lediglich ein Teil der Landschaft sind. „Landschaftsbestandteile" sind einzelne oder mehrere aus der Umgebung herausgehobene Objekte und Objektgruppen oder „kleingliedrige Teile" der Landschaft. Da auch der Objektschutz eine Flächenhaftigkeit des Schutzgegenstandes beziehungsweise ein gewisse Ausdehnung „ins Flächenhafte" nicht ausschließt, ist die Frage, was ein „kleingliedriger Teil" der Landschaft ist, nicht an der räumlichen Kategorie der Größe der jeweiligen Fläche, sondern an ihrer bei natürlicher Betrachtung feststellbaren Abgrenzbarkeit von der jeweiligen Umgebung.[2]

3 Solange ein Landschaftsteil noch als abgrenzbares Einzelgebilde erkennbar ist, steht einer Schutzfestsetzung für einen etwas größeren räumlichen Bereich nichts entgegen.[3] So kann eine ausgebeutete Lehmgrube von ca. 7 ha geschützt werden, weil sie sich als abgrenzbares Einzelgebilde darstellt.[4] Die Unterschutzstellung als geschützter Landschaftsbestandteil ist auch dann möglich, wenn der zu schützende Gegenstand gleichzeitig die Voraussetzungen für die Unterschutzstellung als Naturschutzgebiet nach § 23 erfüllt; die Bestimmungen schließen sich nicht gegenseitig aus.[5] Gebiete, die selbst eine Landschaft darstellen, dürfen dagegen nach § 28 nicht als „geschützte Landschaftsbestandteile" unter Schutz gestellt werden,[6] etwa ein 12 ha großer Felskegel, der als solcher bereits „Landschaft" darstellt und nicht nach § 28, sondern nur als Naturschutzgebiet ausgewiesen werden kann.[7] Ebenso

---

1 OVG Lüneburg, Urt. v. 25.4.2002 – 8 KN 230/01, NuR 2002, 620: Landschaftsbestandteile sind Einzelobjekte, Objektgruppen oder kleingliedrige Teile der Landschaft, die sich umschwer abgrenzbar aus der sie umgebenden Landschaft abheben.
2 OVG Saarlouis, Urt. v. 25.6.2009 – 2 C 284/09, NuR 2009, 871.
3 BVerwG, Beschl. v. 18.12.1995 – 4 NB 8.95, NuR 1996, 249.
4 BVerwG, Beschl. v. 18.12.1995 – 4 NB 8.95, NuR 1996, 249.
5 Vgl. VGH München, Urt. v. 28.10.1994 – 9 N 87.03911, NuR 1995, 286.
6 OVG Lüneburg, Urt. v. 25.4.1994 – 3 K 1315/91, NuR 1995, 96.
7 OVG Koblenz, Urt. v. 17.12.1986 – 10 C 10/85, NuR 1988, 91; OVG Lüneburg, Urt. v. 25.4.1994 – 3 K 1315/91, NuR 1995, 96.

wenig kann ein Bereich bestehend aus 2 ha Heidefläche mit angrenzendem Ackerland sowie trockenem Grünland als Landschaftsbestandteil geschützt werden, weil es sich dabei um Flächen- und nicht um Objektschutz handelt.[8]

Unter Schutz gestellt werden können sowohl Teile der belebten als auch unbelebten Natur, sofern sie ortsfest und dauerhaft sind. Teile von Natur und Landschaft sind nicht nur natürlich gewachsene, von Menschenhand nicht oder wenig berührte Objekte, wie dies für Einzelschöpfungen der Natur i.S.v. § 28 erforderlich ist. Vielmehr kommen auch **Elemente** in Betracht, **die der Mensch angelegt hat**, sofern sie inzwischen so sehr mit der Natur verbunden sind, dass sie als Teil von Natur und Landschaft erscheinen, also z.b. nicht eine bewirtschaftete Baumschule,[9] wohl aber eine Eiche an einer Hofeinfahrt.[10] Sofern Landschaftsbestandteile über ihre natürlichen Funktionen hinaus einer Nutzung unterlagen, die nicht der Land-, Forst- oder Fischereiwirtschaft dient, muss diese aufgegeben und der Landschaftsbestandteil von der Natur zurückerobert worden sein, z.b. aufgelassene Bodenabbaustätten,[11] Dorfteiche,[12] Pappelalleen.

4

Neben den in Abs. 1 Satz 2 genannten Alleen, einseitigen Baumreihen, Bäumen, Hecken sind demnach z.b.: Baum-, Gebüsch- und sonstige Gehölzgruppen, Raine, Feldgehölze, Landwehre, Wallhecken, naturnahe Waldränder, Schutzpflanzungen, Schutzgehölze außerhalb des Waldes, Parkanlagen, Friedhöfe, bedeutsame Gartenanlagen, sonstige Grünflächen, Haine, Heiden, Schilf- und Rohrbestände, Moore, Streuwiesen, kleinere Wasserflächen, Wasserläufe, Quellbereiche, Tümpel, Rieselfelder, Steilufer, Kies-, Sand-, Ton- und Mergelgruben, Torfstiche, Findlingsfelder und Felsgruppen, erdgeschichtliche Aufschlüsse, Steinriegel, Trockenmauern und andere Kleinstlebensräume. Der in manchen Landesgesetzen bisher verwendete Begriff „**geschützte Grünbestände**" entspricht den „geschützten Landschaftsbestandteile" nach § 29 BNatSchG.[13]

5

2. Schutzzwecke

Abs. 1 nennt in Nrn. 1–4 alternativ die Schutzzwecke, d.h. es muss mindestens einer davon vorliegen.

6

a) Leistungs- und Funktionsfähigkeit des Naturhaushalts (Nr. 1). Die Sicherstellung der Leistungs- und Funktionsfähigkeit des Naturhaushaltes ist nach § 1 ein zentrales Ziel von Naturschutz und Landschaftspflege (vgl. § 1 Rdnr. 44). Hierzu können auch Landschaftsbestandteile wesentlich beitragen. Der Naturhaushalt umfasst die Naturgüter Boden, Wasser, Luft, Klima, Tiere und Pflanzen sowie das Wirkungsgefüge zwischen ihnen (§ 7 Abs. 1 Nr. 2). Eine Unterschutzstellung kommt zumeist dem gesamten Ökosystem zugute, auch wenn sich die Schutzwürdigkeit hauptsächlich auf einen Faktor bezieht (Beispiel: der Erhalt einer Hecke geschieht aus Arten- und Biotopschutzgründen, bewirkt aber gleichzeitig den Schutz des Bodens vor Erosion, den Erhalt der Wasserspeicherfähigkeit und die Verbesserung des örtlichen Klimas). Besonders groß ist die Bedeutung von Landschaftsbe-

7

---

8 OVG Lüneburg, Urt. v. 25.4.1994 – 3 K 1315/91, NuR 1995, 96.
9 OVG Münster, Urt. v. 18.6.1998 – 10 A 816/96.
10 OVG Lüneburg, Urt. v. 9.11.2000 – 3 K 3042/00, NuR 2001, 167.
11 OVG Lüneburg, Urt. v. 25.4.2002 – 8 KN 230/01, NuR 2002, 620 zu einem aufgelassenen Kalksteinbruch.
12 VGH München, Urt. v. 19.10.1982 – 19 IX 75, NuR 1983, 70.
13 VGH Mannheim, Urt. v. 30.3.1993 – 5 S 1519/91, NuR 1994, 321.

standteilen für den Arten- und Biotopschutz, weshalb der Gesetzgeber den Lebensstättenschutz in Nr. 4 gesondert aufführt.

8 Die Ausweisung geschützter Landschaftsbestandteile kann zur **Erhaltung, Entwicklung oder Wiederherstellung** der Leistungs- und Funktionsfähigkeit des Naturhaushalts erfolgen. Es können demnach auch Landschaftsbestandteile unter Schutz gestellt werden, die bei der Ausweisung noch keinen Beitrag zur Leistungs- und Funktionsfähigkeit des Naturhaushaltes leisten, dieses jedoch zu einem späteren Zeitpunkt – nach erfolgter Entwicklung oder Wiederherstellung – tun können, z.b. um Lücken in einem angestrebten Netz von Biotopen zu schließen.

9 **b) Belebung, Gliederung oder Pflege des Orts- und Landschaftsbildes (Nr. 2).** Der Gesetzgeber greift hiermit für den besiedelten und den unbesiedelten Bereich die ästhetische Komponente der Landschaft auf, die durch die Vielfalt, Eigenart und Schönheit von Natur und Landschaft bestimmt wird (§ 1 Abs. 1 Nr. 3). Das Landschaftsbild wird maßgeblich von den vorhandenen landschaftsprägenden Elementen bestimmt. Landschaften, die vielfältig und reich gegliedert sind, entsprechen dem ästhetischen Bedürfnis der Menschen. Sie besitzen hohen Erholungswert und tragen wesentlich zum Wohlbefinden der Menschen bei. Strukturarme, ausgeräumte Landschaften werden hingegen als eintönig empfunden. Zur **Belebung** des Orts- oder Landschaftsbildes sind alle Teile von Natur und Landschaft geeignet, die zu einem abwechslungsreichen Landschaftsbild beitragen. Im besiedelten Bereich sind dies vor allem Einzelbäume, Gebüsche sowie unbebaute Grünflächen, während im unbesiedelten Bereich sehr unterschiedliche Landschaftsbestandteile zur Belebung des Landschaftsbildes beitragen. Zur Belebung des Orts- und Landschaftsbildes eignen sich sowohl punktförmige als auch lineare Landschaftselemente. Lineare Landschaftsbestandteile sind in besonderer Weise für das Erscheinungsbild einer Landschaft wichtig. Sie führen zu einer **Gliederung** der Landschaft, schließen häufig wahrnehmbare landschaftliche Raumeinheiten ab und bilden wichtige visuelle Leitstrukturen in der Landschaft. Waldsäume, Hecken, Wallhecken, Alleen und Randstreifen von Fließgewässern sind Beispiele für gliedernde lineare Strukturen. Belebung des Landschaftsbildes oder des Ortsbildes bedeutet nicht nur die visuelle Gliederung des äußeren Erscheinungsbildes, sondern auch die Vermehrung der Vielfalt und Funktionsfähigkeit von Flora und Fauna, also seine ökologisch-biologische Bereicherung. Landschafts- und Ortsbild werden nicht nur durch die geologische Gestalt bestimmt, sondern sind das Ergebnis des Zusammenwirkens der belebten Natur insgesamt. Der Schutzzweck „Belebung des Landschafts-/Ortsbildes" steht nicht im Gegensatz zum Schutzzweck „Naturhaushalt", sondern ergänzt ihn.[14] Die Pflege des Orts- und Landschaftsbildes zielt auf den Erhalt und ggf. auf die Verbesserung des bestehenden Zustandes ab.

10 **c) Abwehr schädlicher Einwirkungen (Nr. 3).** Die Abwehr dient dem Schutz aller in § 1 genannten Güter: Leistungsfähigkeit des Naturhaushalts, Nutzungsfähigkeit der Naturgüter, Tier und Pflanzenwelt sowie Vielfalt, Eigenart und Schönheit der Landschaft. Die Ausweisung dient der Vermeidung und Minderung von Lärm- und Schadstoffimmissionen sowie dem Klima-, Boden- und Gewässerschutz.[15]

---

14 VGH München, Urt. v. 24.1.1990 – 9 N 88.02323 –.
15 Vgl. BT-Drs. 7/3879, S. 25.

d) Bedeutung als Lebensstätten bestimmter wild lebender Tier- und Pflanzenarten (Nr. 4). Lebensstätten von Tieren und Pflanzen sind Bestandteile des Naturhaushalts, die in dem Schutzzweck der Nr. 1 enthalten sind. Die explizite Nennung als eigenständiger Schutzzweck hebt die Bedeutung hervor, die den geschützten Landschaftsbestandteilen für Arten- und Biotopschutzaufgaben zukommt. Der Gesetzgeber begründete seinerzeit die Einfügung der Nr. 4 damit, dass die geschützten Landschaftsbestandteile dem Biotopschutz dienstbar gemacht werden sollen, um besonders kleinflächige Lebensstätten bestimmter wild lebender Arten (z.b. Tümpel) gezielter schützen zu können.[16] Oft stellen derartige Biotope wertvolle Kleinstlebensräume für vom Aussterben bedrohte Tier- und Pflanzenarten bzw. Laich-, Brut- oder Rastplätze von Tieren dar.

11

Eine wesentliche Rolle spielen geschützte Landschaftsbestandteile auch beim Aufbau und Erhalt des **Biotopverbundsystems** als Verbindungselemente nach § 21 BNatSchG. Diese Verbindungselemente bestehen aus flächenhaften, punkt- oder linienförmigen in der Landschaft verteilten Elementen, wie Gehölzen, Feldrainen, Tümpeln, Bäumen, Wasserläufen und anderen Landschaftsbestandteilen. Sie werden von bestimmten Arten für ihre Ausbreitung oder als Migrationsweg benutzt und besitzen dadurch eine funktionale Aufgabe im Rahmen des Biotopverbunds. Einige Landesnaturschutzgesetze beinhalten den Biotopverbund bereits als eigens erwähnten Schutzzweck.

12

3. Schutz von Gesamtbeständen, kommunaler Baumschutz (Absatz 1 Satz 2)

a) Allgemeines. Der Schutz kann sich für den Bereich eines Landes oder für Teile des Landes auf den gesamten Bestand an Alleen, einseitigen Baumreihen, Bäumen, Hecken oder anderen Landschaftsbestandteilen erstrecken. Das Gesetz lässt es damit zu, in einem Land oder in räumlich abgegrenzten Bereichen eines Landes flächendeckend den gesamten, nicht individuell erfassten Bestand bestimmter Landschaftsbestandteile unter Schutz zu stellen. Ein Land kann also z.b. Hecken und Feldgehölze landesweit unter Schutz stellen, z.B. § 22 Abs. 3 NAGBNatSchG (Wallhecken) oder § 18 NatSchAG MV (bestimmte Bäume). Dafür reicht es aus, dass solche Landschaftsbestandteile typischerweise eine oder mehrere der in Abs. 1 Nr. 1–4 genannten Funktionen erfüllen. Einer **individuellen Ermittlung** der Schutzwürdigkeit und Schutzbedürftigkeit einzelner Elemente bedarf es deshalb **nicht**, ebenso wie etwa beim Baumschutz im gesamten Stadtgebiet (Rdnr. 17). Der Gesetzgeber nimmt diese Typisierung hin, andernfalls würde die Ermächtigung zum Schutz des gesamten Bestandes an bestimmten Landschaftsbestandteilen leerlaufen. Möglich ist auch der Schutz von Bäumen in der Flur außerhalb des Waldes nach bestimmten Kriterien, etwa ab einem bestimmten Stammumfang.

13

Behält man die Möglichkeit einer landesweiten Unterschutzstellung im Blick, so gibt es beim Schutzzweck des Abs. 1 Nr. 4 (Bedeutung als **Lebensstätten** bestimmter wild lebender Tier- und Pflanzenarten) Überschneidungen mit § 30 Abs. 2 Satz 2, wonach die Länder weitere Biotoptypen den Verboten des § 30 unterwerfen können. So kann man Hecken wegen der dort lebenden Insekten, Vögel, Kleinsäuger usw. als Biotope i.S.v. § 7 Abs. 2 Nr. 4 – Lebensraum einer Lebensgemeinschaft wild lebender Tiere und Pflanzen – qualifizieren, aber auch als Lebensstätten i.S.v. § 7 Abs. 2

14

---

16 BT-Drs. 14/6378, S. 52.

Nr. 5 – regelmäßiger Aufenthaltsort der wild lebenden Individuen einer Art, so dass ein Schutz auf beiden Rechtsgrundlagen möglich ist.

15 Geht es nicht um den Bereich eines Landes, sondern um Teile davon, müssen diese so umschrieben sein, dass der **räumliche Umfang** dieser Schutzgebiete abgegrenzt und **hinreichend bestimmt** festgelegt ist.[17] Insofern besteht kein Unterschied zu anderen Schutzerklärungen (§ 22 Rdnr. 17). Besonderheiten gibt es beim kommunalen Baumschutz (Rdnr. 18).

16 **b) Kommunale Baumschutzverordnungen und -satzungen.** Abs. 1 Satz 2 ist die Rechtsgrundlage für kommunale Baumschutzregelungen. Die Rechtsform – Verordnung oder Satzung – richtet sich ebenso wie das Verfahren nach Landesrecht. Die **Schutzwürdigkeit** der Bäume wird dabei meist nach dem **Stammumfang** in einer bestimmten Höhe über dem Erdboden bemessen (z.b. 60 cm), unterhalb eines gewissen Minimums lässt sie sich schwerlich begründen,[18] außer bei Ersatzpflanzungen. Teilweise werden Nadelbäume oder Ostbäume ausgenommen. Bäume in Kleingartenanlagen müssen nicht ausgenommen werden.[19]

17 Ein **flächendeckender** genereller Baumschutz ist innerhalb bebauter und beplanter Gebiete zulässig. Diese Wertung entspricht der allgemeinen Erkenntnis, dass jedenfalls in einer Stadtlandschaft Bäume in der Regel zumindest dann generell schützenswert sind, wenn sie eine bestimmte Größe erreicht haben und damit regelmäßig die für einen Baumbestand typischen Wohlfahrtswirkungen in beachtlichem Umfang auch dann entfalten, wenn sie nicht nur unmittelbar innerhalb eines Ballungszentrums stehen.[20] Einer **individuellen Ermittlung der Schutzwürdigkeit und Schutzbedürftigkeit einzelner Bäume** bedarf es deshalb ebensowenig wie einer individuellen Betrachtung der örtlichen Besonderheiten einzelner Stadtgebiete.[21] Eine Einzelfallprüfung findet bei Anwendung der Baumschutzverordnung statt,[22] die Regelungsstruktur von Verboten, Geboten, Ausnahmen und Befreiungen (§ 67) muss das ermöglichen. Sollte es größere zusammenhängende Teile des Siedlungsbereichs geben, in denen die Schutzwürdigkeit des Baumbestands nicht derart pauschal bejaht werden kann, so müsste dem durch eine entsprechende Regelung Rechnung getragen werden.[23]

18 Der **räumliche Geltungsbereich** einer Baumschutzregelung wird mit den Worten „innerhalb der im Zusammenhang bebauten Ortsteile und des Geltungsbereichs der Bebauungspläne" hinreichend bestimmt umschrieben.[24] Das gilt auch für die Bußgeldbewehrung.[25] Insofern besteht eine Besonderheit gegenüber den sonst geltenden Regeln (§ 22 Rdnr. 17), die sich aus den eingespielten Begriffen des Bauplanungsrechts herleitet und auch praktisch vorteilhaft ist.

---

17 OVG Münster, Urt. v. 8.10.1993 – 7 A 2021/92, NuR 1994, 253.
18 Zu mehrstämmigen Bäumen VGH München, Urt. v. 25.6.1984 – 9 B 84 A 253, NuR 1985, 115.
19 OVG Berlin, Urt. v. 17.10.2003 – 2 B 15.00, NuR 2004, 461.
20 OVG Münster, Urt. v. 8.10.1993 – 7 A 2021/92, NuR 1994, 253.
21 BVerwG, Beschl. v. 29.12.1988 – 4 C 19.86, NuR 1989, 179.
22 OVG Münster, Urt. v. 8.10.1993 – 7 A 2021/92, NuR 1994, 253; BVerwG, Beschl. v. 1.2.1996 – 4 B 303.95, NuR 1996, 403.
23 VGH Mannheim, Urt. v. 28.7.1994 – 5 S 2467/93, NuR 1995, 259.
24 BVerwG, Urt. v. 16.6.1994 – 4 C 2.94, NuR 1995, 27.
25 BGH, Beschl. v. 15.3.1996 – 3 StR 506/95, NuR 1996, 429.

Der **Schutzzweck** einer Baumschutzsatzung wird durch die Angabe, die Satzung bezwecke die „Bestandserhaltung der Bäume", sie gelte für den „Schutz des Baumbestandes" innerhalb der im Zusammenhang bebauten Ortsteile und des Geltungsbereichs der Bebauungspläne, soweit diese nicht eine land- oder forstwirtschaftliche Nutzung festsetzten, hinreichend deutlich beschrieben; einer besonderen Rechtfertigung der Unterschutzstellung der Bäume für einzelne Stadtgebietsteile bedarf es nicht. Einzelne Zielrichtungen wie Schutz des Ortsbildes, Abwehr schädlicher Einwirkungen, Sicherung der Leistungsfähigkeit des Naturhaushalts, Erhaltung und Verbesserung des Stadtklimas, Schaffung von Ruhe- oder Erholungszonen sind im Zweck der Bestandserhaltung angegeben und können ihm durch Auslegung entnommen werden. Je nach der **örtlichen Situation** im Gemeindegebiet kann einzelnen Zielen der Baumschutzsatzung ein besonderes Gewicht zukommen. Dies macht es aber nicht erforderlich, für jedes Gebiet innerhalb der Gemeinde besondere Regeln aufzustellen. Auch im Hinblick auf die Befreiungs- und Ausnahmevorschriften genügt es, dass angesichts der konkreten örtlichen Situation die jeweils im Vordergrund stehenden Gesichtspunkte des Baumschutzes und ihre relative Bedeutung für das betreffende Gebiet im Wege der Auslegung ermittelt werden können.[26]

III. Verbote, Ersatzpflanzung, Ersatzzahlung (Absatz 2)

1. Verbote

a) Inhalt und Tragweite. Verboten sind die Beseitigung des geschützten Landschaftsbestandteils sowie alle Handlungen, die zu einer Zerstörung, Beschädigung oder Veränderung des geschützten Landschaftsbestandteils führen können. Zu diesen Begriffen vgl. § 23 Rdnr. 38 ff. Beim Baumschutz geht es häufig um Maßnahmen im Wurzelbereich, die zu einer negativen Veränderung bis hin zur Zerstörung führen können.[27]

Diese Verbote gelten nicht nur gegenüber dem Eigentümer, sondern gegenüber jedermann, z.b. auch gegenüber dem Nachbarn, der seine zivilrechtlichen Ansprüche erst durchsetzen kann, wenn das Veränderungsverbot außer Kraft gesetzt ist.[28] Sie begründen keine subjektiven Rechte Dritter, die an der Erhaltung z.b. eines Baumes interessiert sind.[29]

b) Rechtliche Ausgestaltung, Ausnahmen. Das Beseitigungs- und Veränderungsverbot besteht nach Maßgabe **näherer Bestimmungen**. Während im Fall des Naturdenkmalschutzes ein repressives Verbot erforderlich ist, wenn – wie zumeist – von vornherein feststeht, dass der Schutz der Integrität des Naturdenkmals die Abwehr aller Beeinträchtigungen erfordert (vgl. § 22 Rdnr. 23, und § 28 Rdnr. 14), ist beim geschützten Landschaftsbestandteil zu unterscheiden. Wird etwa eine Eiche an einer Hofeinfahrt[30] unter Schutz gestellt, so geht es um die Integrität dieses bestimmten Landschaftsbestandteils, so dass ein **repressives Veränderungsverbot** angemessen und verhältnismäßig ist. Ähnlich bei einem ausgebauten Kalksteinbruch, zu dessen Schutz repressiv verboten ist, einzelne Pflanzen oder Pflanzenteile zu entnehmen oder zu schädigen, Sträucher und Bäumen zu verändern, zu beseiti-

---

26 BVerwG, Beschl. v. 29. 12. 1988 – 4 C 19.86, NuR 1989, 179.
27 Zur Versiegelung OVG Berlin, Urt. v. 22.5.1987 – 2 B 129.86, NuR 1987, 323.
28 Er ist daher befugt, einen Antrag auf Ausnahme, Befreiung usw. zu stellen, vgl. VGH Mannheim, Urt. v. 28.7.1994 – 5 S 2467/93, NuR 1995, 259.
29 VGH Mannheim, Urt. v. 7.2.1991 – 5 S 2029/90, NuR 1992, 82.
30 OVG Lüneburg, Urt. v. 9.11.2000 – 3 K 3042/00, NuR 2001, 167.

gen oder zu pflanzen, zu lagern, zu zelten, Wohnwagen aufzustellen oder Hunde frei laufen zu lassen, weil von vornherein feststeht, dass diese Handlungen generell schädlich sind.[31] Insofern können die ökologischen Schutzzwecke des § 29 Abs. 1 Nr. 1 und 4 zu einem „Quasi-Naturschutzgebiet" führen. Dagegen ist ein präventives **Verbot mit Erlaubnisvorbehalt** angemessen, soweit erst eine Einzelfallprüfung die Feststellung erlaubt, ob das Verbot greift. Schließlich kann das Verbot von vornherein unter den Vorbehalt bestimmter **Ausnahmen** gestellt werden, soweit der Vorrang entgegenstehender Interessen schon bei der Unterschutzstellung bejaht werden kann.

23 Beim **Baumschutz** müssen die Verbote und Ausnahmen mehreren Umständen Rechnung tragen, insbesondere geht es um folgendes:
(a) Der flächendeckende Baumschutz ohne Prüfung der Situation des einzelnen Baumes und seiner Umgebung erfordert als rechtliche Kompensation entsprechende **Flexibilität** bei Genehmigungen, Ausnahmen und Befreiungen.
(b) Ist ein Grundstück im Siedlungsbereich rechtlich als **Bauland** zu werten, so muss eine entsprechende Nutzung ermöglicht bzw. aufrechterhalten werden, d.h. der Baumschutz ist in zumutbarem Umfang zu berücksichtigen, die bauliche Nutzung geht aber im Zweifel vor. So steht es im pflichtgemäßen Ermessen des Verordnungsgebers, die Verbote in einer Baumschutzverordnung von vornherein durch die Möglichkeit von Ausnahmegenehmigungen bei bestimmten, näher umschriebenen Fallgestaltungen zu begrenzen. Bei flächendeckender Geltung der Verordnung ist dies erforderlich, um eine gerechte Inhaltsbestimmung des Eigentums zu ermöglichen.[32] Wenn nicht schon bei der normativen Festlegung des Baumschutzes dessen Folgen für den Grundeigentümer, insbesondere wirtschaftliche Lasten und Einschränkungen der Nutzbarkeit des Eigentums abgewogen werden, muss gewährleistet sein, dass diese Belastungen jedenfalls auf einer späteren Stufe der rechtlichen Abwicklung hinreichend berücksichtigt werden. Spätestens dann, wenn es um Ausnahmen und Befreiungen von den Verboten der Satzung geht, muss gewährleistet sein, dass die normativen Eigentumsbindungen nicht – gemessen am sozialen Bezug, an der sozialen Bedeutung des Eigentumsobjekts und am verfolgten Regelungszweck – zu einer übermäßigen Belastung führen und den Eigentümer im vermögensrechtlichen Bereich unzumutbar treffen.[33]
(c) Vom Baum ausgehende **Gefahren** müssen rechtzeitig abgewehrt werden können. Dazu auch § 60 Rdnr. 14 ff.

24 Die rechtliche Ausgestaltung der kommunalen Verordnungen und Satzungen ist sehr uneinheitlich. Teilweise werden Tatbestände, die eher einer Befreiung (§ 67) ähneln, als Voraussetzungen einer Genehmigung genannt. Umgekehrt wird die Verwirklichung einer baurechtlich zulässigen Nutzung wie ein Befreiungsfall behandelt und ins Ermessen der Gemeinde gestellt, obwohl in diesem Fall ein Anspruch auf Ausnahme besteht. Bei der Interpretation solcher Normen ist daher weniger nach der „Rechtsdogmatik" zu fragen als nach dem materiellen Regelungsgegenstand und dem Interessenkonflikt. – Abgesehen von dem schon in § 67 Abs. 1 Nr. 1 genannten Fall des überwiegenden öffentlichen Interesses sind einige praxisrelevante **Fallgrup-**

---

31 OVG Lüneburg, Urt. v. 25.4.2002 – 8 KN 230/01, NuR 2002, 620.
32 OVG Berlin, Urt. v. 22. 5. 1987 – 2 B 129.86, NuR 1987, 323.
33 OVG Münster, Urt. v. 8. 10. 1993 – 7 A 2021/92, NuR 1994, 253 zum Fall, dass von einem geschützten Baum Gefahren ausgehen. Zur umfangreichen Kasuistik vgl. *Fischer-Hüftle*, Naturschutz-Rechtsprechung für die Praxis, Kap. 4655.30.

pen Gegenstand der Rechtsprechung:[34] Insbesondere geht es um Gefahren und Schäden, Behinderung einer (anderweitig) zulässigen Nutzung, unzumutbare Belastung/Härte.

Gefahren und Schäden: Es reicht aus, wenn der Antragsteller einen Tatbestand darlegt, der nach allgemeiner Lebenserfahrung auf den künftigen Eintritt eines Schadens hinweist, wobei er nur solche Tatsachen aufzuzeigen hat, die in seine Sphäre bzw. seinen Erkenntnisbereich fallen. Einen exakten, zweifelsfreien Nachweis zu verlangen, würde unter dem Aspekt der Sozialbindung des Eigentums zu einer unzumutbaren Belastung führen.[35] Lässt die Behörde zur Gefahrenabwehr nicht die Beseitigung des Baumes, sondern nur seine Sanierung zu, so muss die Kostenbelastung dem Eigentümer zumutbar sein, soweit sie nicht von der öffentlichen Hand übernommen wird (vgl. § 60 Rdnr. 19 ff.). Die Gefahr, dass die Bäume bei Unwettern umstürzen oder Äste abbrechen, droht jedem gesunden Baum und rechtfertigt keine Ausnahme.[36] Sie gehört zum allgemeinen Lebensrisiko und ließe sich allenfalls dadurch vermeiden, dass im besiedelten Bereich alle größeren Bäume beseitigt werden. Eine solche abstrakte Baumwurfgefahr ist keine Gefahr i.S.d. Baumschutzregelungen.[37] Schäden an Mauern und Wegen durch Baumwurzeln. Was Allergie gegen Blütenstaub angeht, ist die Rechtsprechung uneinheitlich und teilweise zu weitgehend,[38] es handelt sich um ein persönliches Lebensrisiko, das keinen Anspruch auf Beseitigung eines Baumes auf dem eigenem Grundstück auslöst, ebensowenig wie es einen Anwehranspruch gegen Pollen gibt, die vom Nachbargrundstück kommen. Wegen Einzelheiten der **Verkehrssicherungspflicht** vgl. § 60 Rdnr. 11 ff.

Behinderung einer (anderweitig) zulässigen Nutzung, insbesondere Bauvorhaben: Zwar ist das Naturschutzrecht dem Baurecht nicht generell untergeordnet, so dass z.B. ein privilegiertes Außenbereichsvorhaben die Hürde des § 35 Abs. 1 BauGB nehmen, aber an der naturschutzrechtlichen Eingriffsregelung scheitern oder nur mit Auflagen genehmigungsfähig sein kann.[39] Im Innenbereich (§ 34 BauGB) und im Plangebiet (§ 30 BauGB) ist aber die planungsrechtliche Zulässigkeit eines **Bauvorhabens** eine derart typische und prägende Form der Eigentumsnutzung, dass ein Anspruch auf Ausnahme/Befreiung/Genehmigung besteht, auch wenn die einschlägige Norm als Ermessensvorschrift ausgestaltet ist.[40] Bei der Ausführung des Vorhabens ist die zumutbare Rücksicht auf den Baumschutz zu nehmen.[41] Bei Zugängen und **Zufahrten** müssen zumutbare Unbequemlichkeiten hingenommen werden.[42]

Unzumutbare Belastung/Härte: Die natürlichen Begleiterscheinungen eines Baumes während der Jahreszeiten wie Schatten, herabfallendes Laub, Nadeln, Blüten usw. sind grundsätzlich hinzunehmen.[43] Notfalls sind Dachrinnen durch Laubgittern zu schützen.[44] Beschattung ist unzumutbar, wenn

---

34 Zur umfangreichen Kasuistik vgl. *Fischer-Hüftle,* Naturschutz-Rechtsprechung für die Praxis, Kap. 4655.30.
35 OVG Münster, Urt. v. 8.10.1993 – 7 A 2021/92, NuR 1994, 253.
36 OVG Berlin, Urt. v. 16.8.1996 – 2 B 26/93, NVwZ-RR 1997, 530.
37 OVG Saarlouis, Urt. v. 29.9.1998 – 2 R 2/98, NuR 1999, 531.
38 Grundsätzlich bejahend OVG Münster, Beschl. v. 13.2.2003 – 8 A 5373/99, NuR 2003, 575; a.A. VG München, Urt. v. 9.6.2008 – M 8 K 07.5646, juris; OVG Saarlouis, Urt. v. 27.4.2009 – 2 A 286/09, juris.
39 BVerwG, Urt. v. 13.12.2001 – 4 C 3.01, NuR 2002, 360.
40 *Steinberg,* NJW 1981, 550.
41 OVG Berlin, Urt. v. 24.11.2992 – B 29.90, NuR 1993, 394.
42 OVG Münster, Urt. v. 18.11.1993 – 10 A 1668/91, NVwZ-RR 1995, 79.
43 OVG Hamburg, Urt. v. 18.8.1995 – Bf II 9/94, NuR 1996, 415.
44 VGH München, Beschl. v. 9.2.2001 – 9 ZB 99.3301.

Wohnräume tagsüber nur mit künstlichem Licht genutzt werden können.[45] Manchmal reicht es aus die Krone auszulichten. Wenn **Baumwurzeln** Rohrleitungen schädigen, ist Reinigen und Abdichten zumutbar.[46] Es ist nicht unzumutbar, wenn die Befestigung eines Innenhofs wegen des Wurzeldrucks nur einige Zeit ohne Reparaturen auskommt, wenn die Anlage nicht wirtschaftlich unsinnig ist.[47] Zumutbar ist auch, durch Wurzeln angehobene Steinplatten neu zu verlegen.[48]

28 Die **Antragsbefugnis** hat außer dem Eigentümer eines geschützten Baumes auch der Eigentümer des Nachbargrundstücks, wenn er z.b. aufgrund Nachbarrechts eine Beseitigung oder Veränderung des Baums durchsetzen will.[49] Denn die Verbote des Baumschutzes gelten gegen jedermann. Der Nachbar hat aber kein rechtliches Interesse an der Entscheidung über einen Befreiungs- oder Ausnahmeantrag, wenn sein zivilrechtlicher Anspruch gegen den Baumeigentümer verjährt ist und dieser sich darauf beruft. Er muss also darlegen, dass ihm ein zivilrechtlicher Anspruch zusteht, dessen Durchsetzung die Verbote des Baumschutzes entgegenstehen.

2. Ersatzpflanzung (Absatz 2 Satz 2)

29 a) **Allgemeines.** Abs. 2 Satz 2 ermächtigt dazu, dass in der Schutzerklärung für den Fall der Bestandsminderung die Verpflichtung zu einer angemessenen und zumutbaren Ersatzpflanzung vorgesehen werden kann. Denn der einen ganzen Bestand umfassende Baumschutz ist – anders als bei Naturdenkmälern – nach seinem Sinn und Zweck dahin auszulegen, dass er nicht um eines konkreten Baumes, sondern um einer bestimmten **Funktion** willen erfolgt, deren Wahrnehmung grundsätzlich nicht von einem individuellen Baum, sondern von Bäumen als Gattung abhängt.[50] Es geht also nicht um ein unersetzliches Unikat. Die Umstände des konkreten Falles spielen bei Art und Umfang der Ersatzpflanzung eine Rolle. Die in Abs. 2 Satz 1 als Voraussetzung genannte „**Bestandsminderung**" muss nicht auf einer Erlaubnis beruhen. Auch die illegale Beseitigung eines geschützten Baumes begründet die Pflicht zur Ersatzpflanzung. Dass es unverhältnismäßig und mit der Eigentumsgarantie des Art. 14 GG unvereinbar sei, eine Baugenehmigung mit der Auflage einer Ersatzpflanzung für beseitigte Bäume zu versehen,[51] trifft nicht zu. Der Vorrang des Baurechts auf Grundstücken im Innenbereich und im Plangebiet (§§ 34, 30 BauGB) gibt einen Anspruch auf Ausnahme von den Verboten des Baumschutzes, zwingt aber nicht dazu, die Situation des konkreten Grundstücks außer Betracht zu lassen und alle Baulandflächen so zu behandeln als wären sie frei von jeglichen Hindernissen.

30 b) **Normative Festlegung.** Das Verlangen nach einer Ersatzpflanzung muss frei von Willkür und verhältnismäßig sein. Als **Maßstab** nennt Abs. 2 Satz 2 die Kriterien „angemessen" und „zumutbar". Sie betreffen sowohl das „Ob" der Ersatzpflanzung als auch ihren Umfang. Sie gelten nicht unmittelbar, d.h. sie können auch nicht in die Verordnung/Satzung „hineingelesen" werden, sondern die Schutzerklärung muss selbst eine derartige Regelung

---

45 VGH Mannheim, Urt. v. 2.10.1996 – 5 S 831/95, NuR 1998, 486.
46 OVG Hamburg, Urt. v. 18.8.1995 – Bf II 9/94, NuR 1996, 415.
47 OVG Berlin, Urt. v. 16.8.1996 – 2 B 26.93, NVwZ-RR 1997, 530.
48 VGH Mannheim, Urt. v. 2.10.1996 – 5 S 831/95, NuR 1998, 486.
49 OVG Bremen, Urt. v. 26.3.1985 – 1 BA 85/84, NuR 1985, 193; VGH Mannheim, Beschl. v. 21.12.1995 – 5 S 3422/95, NuR 1996, 408.
50 VGH Kassel, Beschl. v. 6.12.1988 – 3 TH 4358/88, NuR 1989, 228; Steinberg, NJW 1981, 550, 556.
51 *Otto*, NuR 2009, 245 m.w.N.

enthalten. Dabei stellt sich die Frage, ob es ausreicht, die gesetzlichen Begriffe zu wiederholen, oder eine nähere Bestimmung nötig ist. Die **Zumutbarkeit** bildet eine für verschiedenste Umstände des Einzelfalls offene Klausel. Sie bedarf daher keiner Konkretisierung, ebensowenig wie etwa § 67 Abs. 1 Nr. 2 (unzumutbare Belastung), jedoch können beispielhaft Fälle der Unzumutbarkeit genannt werden. Anders ist es bei der **Angemessenheit**. Es reicht nicht aus, dass die Baumschutzverordnung/-satzung lediglich diesen gesetzlichen Begriff übernimmt und den Rest dem Vollzug im Einzelfall überlässt. Die Festlegung, welche Anzahl Ersatzpflanzen den durch die Bestandsminderung eingetretenen ökologischen Schaden kompensiert, über dieses Ziel aber auch nicht hinausgeht, erfordert eine Wertung, die zwingend durch den Normgeber selbst zu treffen ist, nicht zuletzt um die Höhe der eventuellen Ersatzzahlung ermitteln zu können.[52]

c) **Angemessenheit der Ersatzpflanzung.** Wie bei der Kompensation eingriffsbedingter Beeinträchtigungen (§ 15) geht es bei der Angemessenheit der Ersatzpflanzung um einen Rechtsbegriff mit fachwissenschaftlichem Hintergrund, der insbesondere die Frage aufwirft, binnen welcher Frist der Erfolg eintreten muss, den man mit dem Ersatz bezweckt. Fachlich gesehen ist ein **rascher Ersatz** für einen beseitigten ausgewachsenen Baum, z.B. eine große Buche, nicht möglich, wenn man auf die vielfältigen Funktionen abstellt, die ein solcher Baum für Naturhaushalt, Kleinklima, Luftreinhaltung, Ortsbild usw. hat. Selbst die Pflanzung sehr vieler Jungbäume würde diese Funktionen nicht alsbald wiederherstellen. Deshalb wird bei der Kompensation nach der Eingriffsregelung ein Zeitraum von ca. 25 Jahren akzeptiert, bis die frühere Funktion wieder erreicht ist, sofern nicht besondere Umstände diese zeitliche Lücke („time-lag") als so relevant erscheinen lassen, dass die Kompensation daran scheitert (§ 15 Rdnr. 82). Es spricht nichts dagegen, einen vergleichbaren **Zeitraum** auch bei der Ersatzpflanzung nach Baumschutzrecht zugrundezulegen und das in der Baumschutzverordnung/-satzung festzulegen. Das umso mehr, als gerade in besiedelten Gebieten der Baumbestand infolge menschlicher Aktivitäten zwangsläufig einer gewissen Fluktuation unterliegt und es wirklichkeitsfremd und der typischen Situation unangemessen wäre zu fordern, für einen beseitigten Baum müsse regelmäßig schnellstens Ersatz geschaffen werden, ohne eine längere zeitliche Lücke zu akzeptieren.

Bei der Bestimmung der Angemessenheit einer Ersatzpflanzung gibt es jedoch nicht nur eine einzige Lösung. Der Verordnungs-/Satzungsgeber hat einen **Einschätzungsspielraum**, der durch den Gleichheitsgrundsatz und den Grundsatz der Verhältnismäßigkeit begrenzt wird. Dem entspricht es auch, wenn er die Ersatzpflanzung danach bestimmt, welchen Wert der beseitigte Baum für die in Abs.1 Nr. 1-4 genannten Zwecke hat. Das kann (pauschalierend) dadurch geschehen, dass die Ersatzpflanzung z.B. an die **Größe des beseitigten Baums** anknüpft. So ist es verhältnismäßig, wenn nach Baumschutzsatzung bei einem Stammumfang des zu ersetzenden Baumes über 150 cm drei Ersatzbäume von mindestens 20 cm Stammumfang und 1 m Höhe (sowie mindestens dreimal verpflanzt) zu pflanzen sind,[53] ebenso wenn als Ersatz für jeden angefangenen Meter Stammumfang des entfernten Baumes die Anpflanzung eines (weiteren) Baumes (mit dem Mindestumfang von 20 cm in 1 m Höhe) gefordert wird.[54] Bei dieser Regelungsform wird

---

52 OVG Berlin, Urt. v. 26.01.2006 – 11 B 12.05, Grundeigentum 2006, 515; OVG Koblenz, Urt. v. 16.1.2008 – 8 A 10976/07, NuR 2008, 509.
53 OVG Schleswig, Urt. v. 2.11.1994 – 1 L 21/94, NuR 1995, 377.
54 OVG Münster, Urt. v. 3.2.1997 – 7 A 3778/94.

zwar kein Zeitraum hochgerechnet, ein unverhältnismäßiges Ergebnis gleichwohl durch den gewählten „Umrechungsfaktor" vermieden. – Auch die (einzelfallbezogene) Anknüpfung der Ersatzmaßnahmen an die „**Funktionsleistung** des entfernten Baumes" soll noch hinreichend bestimmbar sein, verlangt allerdings eine für den Bürger nachvollziehbare Begründung im jeweiligen Genehmigungsbescheid, welche und wie viele als Ersatz zu pflanzende Jungbäume – jedenfalls auf längere Sicht betrachtet – den Verlust des Altbaumes für den Naturhaushalt und die anderen in der Verordnung genannten Gesichtspunkte voraussichtlich ausgleichen können.[55] Die „längere Sicht" muss im Vollzug gleichmäßig und angemessen praktiziert werden, so dass man auch wieder bei 25 Jahren landen kann. Es ist auch bedenkenfrei, wenn die Ersatzpflanzung nach dem **Grundsatz 1:1** festgelegt wird. Die Pflanzung eines Jungbaums pro beseitigten Baum hat überdies den Vorzug großer Praktikabilität, und die bei einer größeren Anzahl von Ersatzbäumen auftauchende Frage, ob das Grundstück Raum für (sinnvolle) Pflanzungen bietet, verliert an Bedeutung.

33 Eine Baumschutzsatzung darf keine „Automatik" in dem Sinne vorsehen, dass in jedem Fall der Entfernung eines geschützten Baumes zwingend immer eine Ersatzpflanzung vorzunehmen ist. Z.B. kann die Anordnung einer Ersatzpflanzung im Fall der Entfernung eines kranken und Gefahren hervorrufenden Baumes, der die Endphase seiner biologischen Existenz erreicht hat, nicht allein damit gerechtfertigt werden, dass auch ein solcher Baum noch einen Beitrag zum ökologischen Gesamtpotenzial leistet. Entscheidend ist, ob der Baum trotz Alters oder Krankheit noch dauerhafte Wohlfahrtswirkungen von derartigem Gewicht entfaltet bzw. erwarten lässt, dass auch unter Berücksichtigung ggf. bestehender Gefahren die Beschränkungen und Belastungen für den Eigentümer zumutbar sind.[56] Ist auf dem Grundstück kein vernünftiger Platz für eine Ersatzpflanzung, etwa weil dort so viele Bäume und Büsche stehen, dass es „voll" ist, kann weder eine Ersatzpflanzung noch eine Ersatzzahlung verlangt werden.[57]

34 d) **Zumutbarkeit der Ersatzpflanzung.** Dieses Erfordernis ist offen für alle relevanten Umstände des Einzelfalls und den Einfluss von Art. 14 GG. Die Ersatzpflanzung darf den Betroffenen nicht über ein vertretbares Maß hinaus belasten. So können durch die Situation des Grundstücks bedingt unzumutbare Kosten, Beschränkungen oder Risiken entstehen, etwa wenn für die Ersatzpflanzung kein langfristig geeigneter Platz vorhanden ist, z.B. nur der von der Tiefgarage unterbaute Bereich.[58] Vgl. auch Rdnr. 30.

3. Ersatzzahlung (Absatz 2 Satz 2)

35 Die Verordnung/Satzung kann für den Fall der Bestandsminderung die Verpflichtung zu einer Ersatzpflanzung *oder* zur Leistung von Ersatz in Geld vorsehen. Abs. 2 Satz 2 legt damit **kein Rangverhältnis** von Pflanzung und Geldleistung fest, anders als etwa § 13. Sinn und Zweck des Baumschutzes legen nahe, der Ersatzpflanzung den Vorrang zu geben, denn das frühzeitige Verlangen von Ersatzzahlungen oder etwa ein Wahlrecht des Betroffenen führt nach und nach zur Konzentration des Baumbestandes auf öffentlichen Flächen und zur Ausdünnung auf Privatgrundstücken. Bietet der Betroffene eine angemessene Ersatzpflanzung an, muss ihm das aus Gründen der Verhältnismäßigkeit zugestanden werden, auch wenn die Regelung keinen Vor-

---

55 OVG Koblenz, Urt. v. 16.1.2008 – 8 A 10976/07, NuR 2008, 509.
56 OVG Münster, Urt. v. 15.6.1998 – 7 A 759/96, NuR 1999, 526. VG Frankfurt, Urt. v. 9.6.2009 – 8 K 920/09.F, NuR 2009, 581.
57 VGH München, Urt. v. 24.1.1996 – 9 B 94.2941, NuR 1996, 616.
58 VG München, Urt. v. 30.6.2008 – M 8 K 07.5428.

rang der Ersatzpflanzung enthält. Der Ertrag der Ersatzzahlungen ist nach dem Sinn des Baumschutzes **zweckgebunden** für die Pflanzung von Bäumen durch die Gemeinde zu verwenden.

Nach welchem **Maßstab** sich die Höhe der Ersatzzahlung richtet, ist normativ mit hinreichender Bestimmtheit festzulegen. Es liegt nahe, sich an den Kosten einer Ersatzpflanzung zu orientieren. Deren Umfang wiederum ist in der Verordnung/Satzung ausreichend konkret zu beschreiben.[59] 36

IV. Erhaltungs- und Pflegemaßnahmen

Der Gesetzgeber macht keine Vorgaben dazu, welche Maßnahmen zum Erhalt der unter Schutz gestellten Landschaftsbestandteile im Einzelnen zu ergreifen sind. Nach § 22 sind die näheren Einzelheiten in der Schutzerklärung zu regeln. Dies ist auch sinnvoll, denn die Maßnahmen sind nach der Natur des konkreten Schutzgegenstandes und nach dem Schutzzweck auszurichten. Nach § 65 besteht die Verpflichtung, derartige Maßnahmen zu dulden. In Baumschutzverordnungen werden häufig Erhaltungs- und Pflegemaßnahmen von den Veränderungsverboten ausgenommen. Wenn Höhe und Breite eines geschützten Baumes um ein Drittel verkleinert werden, ist dies eine wesentliche Veränderung und keine Pflegemaßnahme.[60] 37

V. Landesrecht

1. Alleen (Absatz 3)

Alleen sind in Teilen Deutschlands landschaftsprägende Elemente und zugleich in besonderem Maße gefährdet. Sie waren bisher in manchen Landesgesetzen generell geschützt.[61] Abs. 3 stellt klar, dass Landesvorschriften unberührt bleiben. Das gilt für bisheriges und für neues Landesrecht, z.B. § 19 NatSchAG MV. 38

2. Abweichungen

§ 29 bezeichnet der Bundesgesetzgeber nicht als allgemeinen Grundsatz des Naturschutzes i.S.v. Art. 72 Abs. 2 Nr. 3 GG (dazu vor § 1 Rdnr. 15 ff.). Die Norm ist aber Teil des in § 20 Abs. 2 Nr. 7 formulierten allgemeinen Grundsatzes. Anders als beim Naturschutzgebiet schließt der Grundsatz nicht die Ausformung in § 29 ein. Die Länder können also von § 29 abweichen, wobei die Existenz der Schutzkategorie „Landschaftsbestandteil" in einer der Bedeutung dieser Objekte angemessenen Weise gewährleistet bleiben muss. 39

So sieht z.B. § 18 Abs. 2 LNatSchG SH vor, dass abweichend von § 29 Abs. 2 Satz 2 BNatSchG für den Fall einer Bestandsminderung die Verpflichtung zu einer angemessenen und zumutbaren Ersatzpflanzung oder zur Leistung von Ersatz in Geld zwingend vorzusehen ist. Genau genommen ist das wohl keine Abweichung, sondern eine Ausschöpfung des vom Bundesrecht eingeräumten Regelungsspielraums („nach Maßgabe näherer Bestimmungen") durch Landesgesetz, das wiederum die Vorgabe für die Schutzverordnung bildet. Die Kennzeichnung als Abweichung ist im Ergebnis unschädlich. 40

---

59 OVG Berlin, Urt. v. 26.01.2006 – 11 B 12.05, Grundeigentum 2006, 515; OVG Koblenz, Urt. v. 16.1.2008 – 8 A 10976/07, NuR 2008, 509.
60 OLG Düsseldorf, Beschl. v. 31.1.1989 – 5 Ss (OWi) 32/89 – 23/89, NuR 1989, 359.
61 Zum Alleenschutz vgl. *Fischer-Hüftle*, NuR 1998, 347.

§ 30 Gesetzlich geschützte Biotope

(1) Bestimmte Teile von Natur und Landschaft, die eine besondere Bedeutung als Biotope haben, werden gesetzlich geschützt (allgemeiner Grundsatz).

(2) [1]Handlungen, die zu einer Zerstörung oder einer sonstigen erheblichen Beeinträchtigung folgender Biotope führen können, sind verboten:
1. natürliche oder naturnahe Bereiche fließender und stehender Binnengewässer einschließlich ihrer Ufer und der dazugehörigen uferbegleitenden natürlichen oder naturnahen Vegetation sowie ihrer natürlichen oder naturnahen Verlandungsbereiche, Altarme und regelmäßig überschwemmten Bereiche,
2. Moore, Sümpfe, Röhrichte, Großseggenrieder, seggen- und binsenreiche Nasswiesen, Quellbereiche, Binnenlandsalzstellen,
3. offene Binnendünen, offene natürliche Block-, Schutt- und Geröllhalden, Lehm- und Lösswände, Zwergstrauch-, Ginster- und Wacholderheiden, Borstgrasrasen, Trockenrasen, Schwermetallrasen, Wälder und Gebüsche trockenwarmer Standorte,
4. Bruch-, Sumpf- und Auenwälder, Schlucht-, Blockhalden- und Hangschuttwälder, subalpine Lärchen- und Lärchen-Arvenwälder,
5. offene Felsbildungen, alpine Rasen sowie Schneetälchen und Krummholzgebüsche,
6. Fels- und Steilküsten, Küstendünen und Strandwälle, Strandseen, Boddengewässer mit Verlandungsbereichen, Salzwiesen und Wattflächen im Küstenbereich, Seegraswiesen und sonstige marine Makrophytenbestände, Riffe, sublitorale Sandbänke, Schlickgründe mit bohrender Bodenmegafauna sowie artenreiche Kies-, Grobsand- und Schillgründe im Meeres- und Küstenbereich.

[2]Die Verbote des Satzes 1 gelten auch für weitere von den Ländern gesetzlich geschützte Biotope.

(3) Von den Verboten des Absatzes 2 kann auf Antrag eine Ausnahme zugelassen werden, wenn die Beeinträchtigungen ausgeglichen werden können.

(4) [1]Sind auf Grund der Aufstellung, Änderung oder Ergänzung von Bebauungsplänen Handlungen im Sinne des Absatzes 2 zu erwarten, kann auf Antrag der Gemeinde über eine erforderliche Ausnahme oder Befreiung von den Verboten des Absatzes 2 vor der Aufstellung des Bebauungsplans entschieden werden. [2]Ist eine Ausnahme zugelassen oder eine Befreiung gewährt worden, bedarf es für die Durchführung eines im Übrigen zulässigen Vorhabens keiner weiteren Ausnahme oder Befreiung, wenn mit der Durchführung des Vorhabens innerhalb von sieben Jahren nach Inkrafttreten des Bebauungsplans begonnen wird.

(5) Bei gesetzlich geschützten Biotopen, die während der Laufzeit einer vertraglichen Vereinbarung oder der Teilnahme an öffentlichen Programmen zur Bewirtschaftungsbeschränkung entstanden sind, gilt Absatz 2 nicht für die Wiederaufnahme einer zulässigen land-, forst-, oder fischereiwirtschaftlichen Nutzung innerhalb von zehn Jahren nach Beendigung der betreffenden vertraglichen Vereinbarung oder der Teilnahme an den betreffenden öffentlichen Programmen.

(6) Bei gesetzlich geschützten Biotopen, die auf Flächen entstanden sind, bei denen eine zulässige Gewinnung von Bodenschätzen eingeschränkt oder unterbrochen wurde, gilt Absatz 2 nicht für die Wiederaufnahme der Gewinnung innerhalb von fünf Jahren nach der Einschränkung oder Unterbrechung.

(7) [1]Die gesetzlich geschützten Biotope werden registriert und die Registrierung wird in geeigneter Weise öffentlich zugänglich gemacht. [2]Die Registrierung und deren Zugänglichkeit richten sich nach Landesrecht.

(8) Weiter gehende Schutzvorschriften einschließlich der Bestimmungen über Ausnahmen und Befreiungen bleiben unberührt.

Gesetzlich geschützte Biotope § 30

Gliederung

		Rdnr.
I.	Allgemeines	1–4
II.	Allgemeiner Grundsatz (Abs. 1), Landesrecht	5–7
III.	Geschützte Biotoptypen (Abs. 2)	8–18
1.	Bundesrechtlich geschützte Biotoptypen	8–11
2.	Merkmale der Biotoptypen, Bestimmtheit	12–14
3.	Weitere landesrechtlich geschützte Biotoptypen	15–18
IV.	Der unmittelbare gesetzliche Schutz	19–27
V.	Zerstörungs- und Beeinträchtigungsverbot (Abs. 2)	28–37
1.	Verbote	28–33
2.	Gebote	34
3.	Anordnungen	35–37
VI.	Auswirkungen auf die landwirtschaftliche Nutzung	38–40
VII.	Ausnahmen und Befreiungen (Abs. 3)	41–50
1.	Ausnahmen	41–47
2.	Befreiungen	48–50
VIII.	Die Behandlung gesetzlich geschützter Biotope in der Bauleitplanung (Abs. 4)	51–57
IX.	Vertragsnaturschutz (Abs. 5)	58–61
X.	Abbaustätten (Abs. 6)	62, 63
XI.	Registrierung der Biotope (Abs. 7)	64–67
XII.	Feststellender Verwaltungsakt, Rechtsschutz	68, 69
XIII.	Unberührtheitsklausel (Abs. 8)	70, 71
XIV.	Ordnungswidrigkeiten	72
Anhang: Beschreibung der in Abs. 2 genannten Biotoptypen		73–129
1.	Natürliche oder naturnahe Bereiche fließender und stehender Binnengewässer	73–78
2.	Feuchtbiotope	79–89
3.	Trockenbiotope	90–101
4.	Naturnahe Wälder	102–109
5.	Naturnahe alpine Biotope	110–113
6.	Naturnahe Küsten- und Meeresbiotope	114–129

I. Allgemeines

Literatur: *Blab/Riecken (Hrsg.)*, Grundlagen und Probleme einer Roten Liste der gefährdeten Biotoptypen Deutschlands, 1993; *Bundesamt für Naturschutz*, Systematik der Biotoptypen- und Nutzungstypenkartierung (Kartieranleitung), 1995; *Dahl/Niekisch/Riedl/Scherfose*, Arten-, Biotop- und Landschaftsschutz, 2000; *Fischer-Hüftle*, Biotopschutz nach geltendem Recht und Möglichkeiten zur Verbesserung, DÖV 1990, 1011; *Forstliche Versuchs- und Forschungsanstalt (Hrsg.)*, Waldbiotopkartierung und Naturschutz (Schriftenreihe Freiburger Forstliche Forschung Bd. 9), 2000; *Gellermann*, Verfassungswidrigkeit des gesetzlichen Biotopschutzes in Nordrhein-Westfalen? Anmerkungen zum Beschluss des OVG Münster vom 15.8.1994, NuR 1995, 227 ff.; *Höll-Hornbach*, Zur Erhebung der besonders geschützten Biotope in Baden-Württemberg, Natur und Landschaft 1994; *Hövelmann*, Geschützte Biotope – vergessene Lebensräume?, Naturschutz und Landschaftsplanung 2002, 221; *Jedicke*, Biotopverbund, 3. Aufl. 1994; *Kratsch*, Zur Berücksichtigung besonders geschützter Biotope in der Bauleitplanung, NuR 1994, 278; *ders.*, Gesetzlicher Biotopschutz

1

in Baden-Württemberg, VBlBW 1998, 241 ff.; *Louis/Kortebein*, Zur Verfassungsgemäßheit des in § 62 LG NRW geregelten gesetzlichen Biotopschutzes, NuR 1997 S. 216; *Raths/Riecken/Ssymank*, Gefährdung von Lebensraumtypen in Deutschland und ihre Ursachen, Natur und Landschaft 1995 S. 203 ff.; *Riecken*, Vorschlag zu „Bagatelluntergrenzen" für die Flächengröße von besonders geschützten Biotopen nach § 20c BNatSchG, Natur und Landschaft 1998, 492 ff.; *ders.*, Novellierung des Bundesnaturschutzgesetzes: Gesetzlich geschützte Biotope nach § 30, Natur und Landschaft 2002 S. 397 ff.; *Riecken/Finck/Raths/Schröder/Ssymank*, Rote Liste der gefährdeten Biotoptypen Deutschlands, 2. fortgeschriebene Fassung Stand Juni 2006; *Riecken/Ries/Ssymank*, Biotoptypenverzeichnis für die Bundesrepublik Deutschland, 1993; *Schink*, Wertvolle Biotope – ohne gesetzlichen Schutz?, VerwArch 1995, 398; *Schuboth*, Besonders geschützte Biotope nach § 20c BNatSchG, Naturschutz und Landschaftsplanung 1996, 325 ff.; *Weiblen*, Der Biotopschutz nach § 24a des baden- württembergischen Naturschutzgesetzes und seine Bedeutung für die Bauleitplanung der Gemeinden, VBlBW 1996, 202; *Witthahn*, Biotopschutz effektiv gemacht, NdsVBl. 2001, 133.

2 Biotopverluste und Strukturverarmung haben dazu geführt, dass für viele Tier- und Pflanzenarten der Lebensraum nicht mehr vorhanden ist oder durch Verinselungseffekte Populationen längerfristig nicht mehr überlebensfähig sind.[1] Insgesamt lassen sich in Deutschland etwa 500 Biotoptypen unterscheiden.[2] Besonders gefährdet sind Feuchtgebiete und Trockenstandorte[3], die für eine Vielzahl spezialisierter Arten von existentieller Bedeutung sind. Nach der aktuellen Roten Liste der gefährdeten Biotoptypen sind über zwei Drittel aller Biotoptypen Deutschlands gefährdet; 15 % der Biotoptypen sind in der höchsten Gefährdungsstufe „von völliger Vernichtung bedroht". Zur Erhaltung der Artenvielfalt ist daher vor allem die Erhaltung der Lebensräume der gefährdeten Arten erforderlich.

3 Die traditionellen Instrumente des deutschen Naturschutzrechts, über Schutzgebietsausweisung die wertvollsten Bereiche zu sichern sowie durch die vorhabenbezogene Eingriffsregelung den „Status quo" zu erhalten, haben diesen Entwicklungen nur teilweise entgegensteuern können. Wie der Rat der Sachverständigen zur Beratung der Bundesregierung in Umweltfragen schon 1987 ausgeführt hat,[4] ist für das Verschwinden und den Rückgang der Arten und Biotope häufig die Summe vieler kleiner, örtlich begrenzter Eingriffe und die Intensität und Handhabung von als solchen zulässigen Landnutzungsformen ursächlich. Der größte Teil des Artenrückganges wird auf indirektem Wege, d.h. durch Beeinträchtigung, Verkleinerung, Zersplitterung und/oder Beseitigung naturbelassener Biotope verursacht. Durch die Ausweisung von Schutzgebieten lässt sich die Erhaltung der Lebensräume insbesondere für gefährdete Tiere und Pflanzen daher nur teilweise bewerkstelligen.

4 Erste Ansätze zum generellen gesetzlichen Schutz bestimmter Biotoptypen sind im Feuchtgebietsschutz zu sehen.[5] Mit der Novellierung von 1987 wur-

---

1 Dazu allgemein *Mühlenberg/Slowik*, Kulturlandschaft als Lebensraum, 1997, S. 107 ff; *Jedicke*, Biotopverbund, 2. Aufl. 1994.
2 Zu näheren Einzelheiten vgl. *Riecken/Finck/Raths/Schröder/Ssymank*, Rote Liste der gefährdeten Biotoptypen Deutschlands, 2. Aufl. 2006.
3 *Plachter*, Naturschutz, 1991, S. 308.
4 BT-Drs. 11/1568, S. 146, Rdnr. 429 f.
5 Z.B. § 16 NatSchG BW i.d.F. v. 21.10.1975, VG Stuttgart Beschl. v. 14.12.1978 – VI 253/78; Art. 6d BayNatSchG.

de erstmals eine bundesrechtliche Rahmenvorschrift zum Biotopschutz in das Bundesnaturschutzgesetz eingefügt.⁶ Mit dem gesetzlichen Schutz aller Flächen, die bestimmten schutzbedürftigen Biotoptypen entsprechen, wurde eine Regelungstechnik verwendet, die schnell – mit dem Stichtag des Inkrafttretens der landesrechtlichen Umsetzung Anfang der 90er Jahre – gegriffen hat.

II. Allgemeiner Grundsatz (Absatz 1), Landesrecht

§ 30 hat die frühere rahmenrechtliche Regelung des § 30 BNatSchG a.F. zu einer Vollregelung ausgebaut. Da der gesetzliche Biotopschutz als Instrument zur Sicherung der Artenvielfalt in Deutschland von grundlegender Bedeutung ist, bestimmt Abs. 1 die Grundzüge dieses Schutzinstruments als allgemeinen Grundsatz, der somit einer möglichen Abweichungsgesetzgebung entzogen ist.⁷ 5

Die Regelung des **abweichungsfesten** allgemeinen Grundsatzes ist auf Grundlegendes beschränkt. Als Gegenstand des gesetzlichen Biotopschutzes werden abstrakt bestimmte Teile von Natur und Landschaft, die besondere Bedeutung als Lebensraum wild lebender Tiere und Pflanzen haben, unter unmittelbaren gesetzlichen Schutz gestellt. Welche Biotoptypen diese besondere Bedeutsamkeit aufweisen, wird in dem nicht als allgemeiner Grundsatz formulierten Abs. 2 festgelegt. Diese Systematik bedeutet aber nicht, dass die Länder beliebig im Wege der Abweichungsgesetzgebung in Abs. 2 benannte Biotoptypen aus dem gesetzlichen Schutz ausschließen können. Abweichungsspielraum besteht nur, soweit ein bestimmter Biotoptyp in einem Land keine besondere naturschutzfachliche Bedeutung haben sollte.⁸ Landesrechtliche Abweichungsregelungen sind in § 21 LNatSchG SH, § 20 NatSchAG M-V und § 24 NAGBNatSchG enthalten. 6

Als **Instrument** zur Sicherung dieser bestimmten Teile von Natur und Landschaft wird deren gesetzlicher Schutz geregelt, also ein Schutz, bei dem es keiner Schutzerklärung nach Durchführung eines bestimmten Verfahrens und unter genauer räumlicher Bezeichnung des geschützten Gebietes bedarf, sondern der mit dem Inkrafttreten des Gesetzes wirkt. 7

III. Geschützte Biotoptypen (Absatz 2)

1. Bundesrechtlich geschützte Biotoptypen

Ein Biotop ist der durch biotische und abiotische Faktoren bestimmte Lebensraum für die freilebende Tier- und Pflanzenwelt, die für den jeweiligen Standort oder Standortkomplex typisch und charakteristisch ist (vgl. auch § 7 Abs. 2 Nr. 4). Im Meeresbereich besteht diese Kombination teilweise nur unvollkommen; es lässt sich die Vorschrift jedoch so interpretieren, dass „Pflanzen" in diesem Zusammenhang auch Algen und das Phytoplankton sind. Die marinen Biotope des § 30 sind also auch dann geschützt, wenn sie keinen Makrophytenbestand aufweisen. 8

---

6 Hierzu *Fischer-Hüftle*, DÖV 1990, 1011.
7 BT-Drs. 16/12274, S. 62.
8 So auch *Egner*, in: Egner/Fuchs, Naturschutz- und Wasserrecht 2009, Rdnr. 2 zu § 30 BNatSchG.

9 Die gesetzlich geschützten Biotope können den Obergruppen
- Feuchtbiotope
- Trockenbiotope
- Waldbiotope
- Gebirgsbiotope
- Küsten- und Meeresbiotope

zugeordnet werden.

10 Bei der Novelle 2002 wurden insbesondere verschiedene Biotoptypen der FFH-Richtlinie sowie marine Biotoptypen[9] zusätzlich in den Biotopschutz aufgenommen. Im Einzelnen waren dies: „Altarme" und „regelmäßig überschwemmte Bereiche", „Binnenlandsalzstellen", „offene natürliche Schutthalden", „Lehm- und Lösswände", „Ginsterheiden" und „Schwermetallrasen", „Schlucht-, Blockhalden- und Hangschuttwälder", „Strandseen", „Boddengewässer mit Verlandungsbereichen", „Seegraswiesen und sonstige marine Makrophytenbestände", „Riffe", „sublitorale Sandbänke der Ostsee" sowie „artenreiche Kies-, Grobsand- und Schillbereiche im Meeres- und Küstenbereich". Die zunächst vorgesehenen Biotoptypen „mageres Frischgrünland", „natürliche und naturnahe Buchenwälder", „montane Buchen-Tannen- und Tannen-Fichten-Buchenwälder" und „natürliche und naturnahe Fichten-Tannenwälder, Fichtenwälder und Kiefernwälder" waren im damaligen Gesetzgebungsverfahren auf Bedenken der Bundesländer gestoßen, da sie erhebliche Abgrenzungsschwierigkeiten hervorgerufen hätten.

11 Abs. 2 hat im Wesentlichen die Biotoptypen des § 30 Abs. 1 BNatSchG a.F. übernommen und in Nr. 2 um die Großseggenrieder sowie in Nr. 4 um die subalpinen Lärchen- und Lärchen-Arvenwälder ergänzt.[10] In Nr. 6 bezieht sich der Schutz der sublitoralen Sandbänke nunmehr auch auf die Nordsee. Neu aufgenommen wurden Schlickgründe mit bohrender Megafauna.

2. Merkmale der Biotoptypen, Bestimmtheit

12 Präzisiert werden die Biotoptypen in einer umfangreichen Anlage zur amtlichen Begründung des Gesetzentwurfs 2002, die in der Gesetzesbegründung 2009 hinsichtlich der neu aufgenommenen Biotoptypen ergänzt wurde. Vorläufer dieser Anlage war die von der Bundesforschungsanstalt für Naturschutz und Landschaftsökologie (jetzt BfN) herausgegebene Liste von „Definitionen und Erläuterungen der in § 20c der Novelle zum BNatSchG genannten Biotope".[11]

13 Durch die genaue Umschreibung der Biotoptypen wird dem verfassungsrechtlichen Bestimmtheitsgebot Rechnung getragen. Die anfangs bestehenden Bedenken gegen die Bestimmtheit gesetzlicher Biotopschutzregelungen[12] wurden vom BVerfG nicht geteilt.[13] Nicht beanstandet wurden z.B. die Be-

---

9 Ausführlich *Riecken*, Natur und Landschaft 2002, 397 ff.
10 In § 20 NatSchAG M-V wird im Wege der Abweichungsregelungen an den bisherigen Biotoptypen und ihren Definitionen festgehalten. Damit sollen langwierige und kostenträchtige Nachkartierungen vermieden werden (LT-Drs. 5/3026, S. 2).
11 Abgedruckt in *Kolodziejcok/Recken*, BNatSchG Rdnr. 3 zu § 20c.
12 Zweifelnd hinsichtlich der damaligen nordrhein-westfälische Regelung OVG Münster, Vorlagebeschl. v. 15.8.1994 – 7 A 2883/92, NuR 1995 301, mit Ergänzungsbeschl. v. 6.12.1995; hierzu *Schink*, Wertvolle Biotope – ohne gesetzlichen Schutz?, VerwArch 1995, 398; *Gellermann*, Verfassungswidrigkeit des gesetzlichen Biotopschutzes in Nordrhein-Westfalen? Anmerkungen zu OVG Münster, Beschl. v. 15.8.1994, NuR 1995, 227 ff.; *Louis/Kortebein*, NuR 1997, 216.
13 BVerfG, Urt. v. 7.5.2001 – 2 BvK 1/00.

griffe „Zwergstrauch- und Wacholderheiden",[14] „Röhrichte, Weiher, Tümpel und andere Kleingewässer",[15] „Restbestockungen von natürlichen Waldgesellschaften"[16] und „Bruchwald".[17]

Die Definitionen des BfN führen neben morphologischen Kriterien auch besonders typische Tier- und Pflanzenarten dieser Biotope auf. Im Unterschied zu verschiedenen landesrechtlichen Regelungen enthalten diese Definitionen aber keine Angaben hinsichtlich der **Mindestgröße** von Biotopen. Eine generelle Aussage hierzu ist fachlich auch nicht möglich. Für bestimmte Biotoptypen kann es als Ausfluss des Verhältnismäßigkeitsgrundsatzes aber geboten sein, in den landesrechtlichen Registrierungsvorgaben (vgl. Abs. 7) Mindestgrößen oder -flächen vorzusehen.[18]

14

3. Weitere landesrechtlich geschützte Biotoptypen

Nach Abs. 2 Satz 2 ist die bundesrechtliche Regelung nicht abschließend. Es ist den Ländern freigestellt, weitere Biotoptypen, die aus ihrer jeweiligen Sicht bedeutsam und besonders schützenswert sind, der gleichen Regelung zu unterwerfen. Dadurch wird vermieden, dass für bundesrechtlich vorgegebene und landesrechtlich zusätzlich geschützte Biotoptypen unterschiedliche Regelungen erlassen werden müssen. Auf die zusätzlich landesrechtlich geschützten Biotope sind sowohl das bundesrechtliche Beeinträchtigungsverbot[19] (nachfolgend V.) als auch die (insoweit abschließenden) bundesrechtlichen Ausnahme- und Befreiungsregelungen (nachfolgend VII.) anzuwenden. Im Hinblick auf die erheblichen Einschränkungen, die sich insbesondere für die Eigentümer der gesetzlich geschützten Biotope ergeben, darf sich der gesetzliche Biotopschutz allerdings nur auf solche Lebensräume beziehen, die besonders hochwertig sind.[20]

15

Landesrechtlich in den Biotopschutz einbezogen wurden bisher z.B.
- Feldhecken, Knicks (BW, BE, HE, SH, HH, LSA)
- Feldgehölze (BW, HH, HE, LSA)
- Ufergehölze (HE)
- landschaftsprägende Einzelbäume (HE)
- artenreiche Steilhänge und Bachschluchten (SH)
- Alleen (SH)
- Staudenfluren stehender Binnengewässer und der Waldränder (SH)
- hochstaudenreiche Nasswiesen (NDS)
- Dolinen (BW, TH)

16

---

14 OVG Lüneburg, Urt. v. 23.8.1994 – 3 L 3939/93, NuR 1995, 470.
15 OVG Schleswig, Beschl. v. 11.4.1996 – 1 M 75/95, NuR 1997, 256.
16 VG Potsdam, Urt. v. 30.1.1997 – 1 K 445/94, NVwZ 1998, 1216.
17 VerfG Brandenburg, Beschl. v. 12.10.2000 – VfG 20/00, NuR 2001, 146. Gerade im Naturschutzrecht dürften die Anforderungen an die Bestimmtheit einer Norm nicht überspannt werden. Angesichts der Vielgestaltigkeit naturschutzfachlicher Sachverhalt würde ein Naturschutz unmittelbar durch den Gesetzgeber sonst weitgehend entfallen. Der Schutz der Lebensräume wild lebender Tiere und Pflanzen könne – da eine lückenlose Aufzählung aller prägenden Pflanzenarten und sonstigen maßgeblichen Umstände nicht möglich sei – nur durch abstrakte Umschreibung dieser Lebensräume und denkbarer Eingriffsarten verwirklicht werden. Von den Normadressaten könne im Hinblick auf die „breite Ökologiediskussion in der Öffentlichkeit" (BVerfGE 75, 329/345) erwartet werden, dass sie sich vor Eingriffen in Zweifelsfällen bei der zuständigen Behörde erkundigen.
18 OVG Münster, Vorlagebeschl. v. 15.8.1994, a.a.O.; *Riecken*, Natur und Landschaft 1998, 492 ff. mit einer neuen Übersicht der landesrechtlich festgelegten Bagatellgrenzen.
19 *Berghoff/Steg*, NuR 2010, 17/24.
20 VG Arnsberg, Urt. v. 2.6.2004 – 1 K 552/02.

- Erdfälle (BW, TH, NDS)
- Murgänge (TH)
- Trockenmauern (BW, HE, SN)
- Höhlen (BW, NDS, NRW, LSA)
- Hohlwege (BW, HE, SN, TH)
- Kies-, Sand- und Mergelgruben (BE)
- ausgebeutete Lockersteingruben und Steinbrüche (TH)
- alle Binnendünen (soweit nicht bereits von § 30 Abs. 2 Satz 2 BNatSchG erfasst, SH)
- Sölle (MV)
- Steinwälle, Steinriegel, Lesesteinwälle (BW, HE, SN, TH)
- Kiefern-Eichenwälder, Eichen-Buchenwälder, Eichen-Hainbuchenwälder (BE)
- Feucht- und Frischwiesen (BE)
- bestimmte Geotope (MV)
- Streuobstwiesen (SN, LSA)
- Kopfbaumgruppen (LSA)
- kleinräumig strukturierte Weinberge (LSA)
- naturnahe Bergwiesen (LSA, NDS)
- Windwattflächen,[21] marine Block- und Steingründe (MV)
- Priele (SH).[22]

17 In verschiedenen Bundesländern (z.b. BW, HE, SN) ist bei einzelnen Biotoptypen (z.b. Feldhecken) der besondere **Biotopschutz auf den Außenbereich oder die freie Landschaft beschränkt**. Eine derartige Einschränkung ist aber nur bei den zusätzlich landesrechtlich geschützten Biotoptypen zulässig.

18 Insgesamt sind z.b. in Baden-Württemberg in der „Offenlandkartierung" ca. 151 000 Biotope auf ca. 69 000 ha Fläche (ca. 1,9 % der Landesfläche) kartiert. In der „Waldbiotopkartierung" sind ca. 80 000 ha (ca. 2,2 % der Landesfläche) erfasst.

IV. Der unmittelbare gesetzliche Schutz

19 Biotope, die einem der in Abs. 1 aufgelisteten Typen entsprechen, genießen einen unmittelbaren gesetzlichen Schutz, dessen rechtliche Auswirkungen mit denen einer Schutzgebietsverordnung vergleichbar sind.[23] Mit dem unmittelbaren Schutz sollten Hemmnisse, die ein förmliches Unterschutzstellungsverfahren regelmäßig begleiten, vermieden werden.[24]

20 Die Registrierung eines derartigen Biotops in Listen und Karten nach Abs. 7 sowie deren öffentliche Zugänglichmachung haben mithin keine konstitutive, sondern nur deklaratorische Bedeutung (ein ähnlicher gesetzlicher Schutz findet sich im Denkmalschutzrecht, z.B. §§ 2, 8 DSchG BW). Da es somit allein auf den tatsächlichen Zustand in der Natur ankommt, greift der gesetzliche Schutz auch ein, soweit die gesetzlich geschützten Biotope nicht oder noch nicht in nach Abs. 7 registriert sind. Der Feststellung des ökolo-

---

21 Diese sollen bereits vom bundesrechtlichen Begriff der „Wattflächen im Küstenbereich" erfasst sein, vgl. BT-Drs. 14/6378, S. 70.
22 Priele sind natürliche Wasserläufe im Watt, die oftmals mäandrieren, und deren Bett sich ständig verlagern kann.
23 VGH Mannheim, Urt. v. 13.6.1997 – 8 S 2799/96, NuR 1998, 146.
24 LT-Drs. Baden-Württemberg, 10/5340, S. 28.

gischen Werts im Einzelfall bedarf es nicht.[25] Im marinen Bereich ist dies jedoch zweifelhaft,[26] weil die Biotope unter Wasser liegen, mitunter (noch) nicht bekannt und von der Meeresoberfläche aus nicht erkennbar sind. Um das Zerstörungs- und Beeinträchtigungsverbot rechtsstaatlich einwandfrei durchsetzen zu können, ist die Eintragung in den amtlichen Seekarten (und den Raumordnungsplänen) anzuraten, gegebenenfalls auch eine Kennzeichnung durch Seezeichen vorzunehmen. Dies gilt nicht für den marinen Bergbau und das Recht der Anlagenzulassung, weil die Antragsteller selbst eine entsprechende Erkundung (Monitoring) durchzuführen haben. Die Registrierung der gesetzlich geschützten Biotope in der AWZ sollte beim Bundesamt für Naturschutz (BfN) erfolgen.

Auf die **Ursachen der Entstehung** sowie die gegenwärtige oder vormalige Nutzung der Biotope kommt es nicht an,[27] so dass auch Sekundärbiotope,[28] Flächen, die der natürlichen Sukzession überlassen wurden[29] oder Flächen, die unbeabsichtigt oder widerrechtlich wie z.b. durch Aufschütten eines Damms für einen Wirtschaftsweg oder durch mangelnde Unterhaltung einer Drainage vernässt wurden, dem gesetzlichen Schutz unterfallen.[30] So genießen z.b. auch vom Menschen geschaffene Kleingewässer wie z.b. Stauteiche, die zuvor fischereiwirtschaftlich genutzt wurden und sich zu einem naturnahen Kleingewässer entwickelt haben, den Biotopschutz.[31]

Durch Änderung der Standortverhältnisse (z.b. infolge der atmosphärischen Düngung) können Flächen die Eigenschaften eines gesetzlich geschützten Biotops auch wieder verlieren.[32]

Der gesetzliche Biotopschutz ist zu den **Inhalts- und Schrankenbestimmungen des Eigentums** i.S.d. Art. 14 Abs. 1 Satz 2 GG zu rechnen und stellt daher keine Enteignungsnorm i.S.d. Art. 14 Abs. 3 GG dar.[33] Die Regelungen unterliegen verfassungsimmanent dem Verhältnismäßigkeitsgebot, wobei die Gestaltungsfreiheit des Gesetzgebers umso größer ist, je stärker der soziale Bezug des Eigentumsobjektes ist.[34] Jedes Grundstück wird durch seine besondere Lage und Beschaffenheit sowie seine Einbettung in Natur und Landschaft geprägt. Auf diese besondere Situation – das Vorliegen eines der gefährdeten wertvollen Biotypen – hat der Eigentümer bei Ausübung seiner Befugnisse im Sinne der Sozialpflichtigkeit des Eigentums Rücksicht zu nehmen.[35] Daher muss es der Eigentümer hinnehmen, wenn ihm durch den Biotopschutz eine möglicherweise rentablere Nutzung (im konkreten Fall

---

25 Begründung des Gesetzesentwurfs zum baden-württ. Biotopschutzgesetz LT-Drs. 10/5340, S. 28; VGH München, Beschl. v. 28.2.1985 – 9 CS 84 A 309, NuR 1986, 76.
26 *Czybulka/Stredak*, Marine Kies- und Sandgewinnung (2008), S. 109.
27 VG Schleswig, Urt. v. 14.3.1988 – 1 D 8/88, NuR 1990, 41, 231; OVG Lüneburg, Beschl. v. 12.9.2006 – 8 LA 265/04, AuU 2008, 37.
28 OLG Hamm, Urt. v. 2.3.1989 – 22 U 106/88, NuR 1991, 43, Biotop im Abgrabungsbereich; OVG Münster, v. 17.2.1994 – 10 B 350/94, NuR 1994, 453, verlassene Tongrube.
29 VG Schleswig, Beschl. v. 5.9.1988 – 1 D 27/88, NuR 1990, 139, moortypische Vegetation auf früherem Wirtschaftsgrünland.
30 VGH Mannheim, Urt. v. 9.9.1992 – 5 S 3088/90, NuR 1993, 140.
31 OVG Lüneburg, Beschl. v. 12.9.2006 – 8 LA 265/04; BNatSchG/ES, BNatSchG 2002, § 30 Nr. 7 = ZUR 2007, 43.
32 So auch *Schmidt-Räntsch*, Rdnr. 4.
33 BVerfGE 83, 201, 212; BVerwG, Urt. v. 24.6.1993 – 7 C 26/92, NJW 1993, 2949; BGH, Urt. v. 7.7.1994 – III ZR 5/93, DVBl. 1995, 104.
34 *Schink*, VerwArch 1995, 426.
35 BGH, Urt. v. 7.7.1994 – III ZR 5/93, DVBl. 1995, 104.

Aufforstung) seines Grundstücks verwehrt wird.[36] Auf die grundrechtliche Argumentation aus Art. 14 GG kommt es bei Meeresbiotopen nicht an, weil am Meeresboden und der Wassersäule kein Eigentum besteht. Einschränkungen, Zerstörungs- und Beeinträchtigungsverbote sind daher bei wirtschaftlichen Tätigkeiten tendenziell weitestgehend zulässig, ebenso wie staatliche Lizensierungsverfahren. Der Vorhabenträger hat regelmäßig nur eine Erwerbschance, die nicht in den Schutzbereich des Art. 14 GG fällt.[37]

24 In den Küstengewässern gilt das nationale Recht, also auch § 30 Abs. 2 unmittelbar. Gewahrt bleiben muss für Schiffe das Recht auf friedliche Durchfahrt (dazu vor § 56, Rdnr. 32 f.).

25 Die nationalen gesetzlichen Schutzvorschriften müssen, soweit sie sich auf **Meeresbiotope in der Ausschließlichen Wirtschaftszone (AWZ)** oder auf dem Festlandsockel beziehen, den Anforderungen des Seerechtsübereinkommens der Vereinten Nationen (SRÜ) entsprechen (vgl. § 56 Abs. 1), weil in diesem Bereich – anders als in den Küstengewässern – der Küstenstaat keine territoriale („aquitoriale") Souveränität hat, sondern „nur" sog. funktionale Hoheitsrechte (vgl. zu den Meereszonen und den Grundlage des Meeresnaturschutzrechts im Mehrebenensystem die Kommentierung vor § 56, Rdnr. 24, 29 ff.). Untersagt werden können auch vom Gesetzgeber also nur solche Aktivitäten („Handlungen"), die der Küstenstaat auf Grund der ihm seevölkerrechtlich zustehenden „souveränen Rechte" und „Hoheitsbefugnisse" (Übersicht dazu vor § 56, Rdnr. 40–46) regeln darf. Ausnahmen betreffen vor allem den Flugverkehr („Überflug") und die militärische Nutzung sowie die Schifffahrt. Da die Problematik vergleichbar zu den Regelungen in § 57 Abs. 3 Nr. 1–5 ist, kann ergänzend auf die dortige Kommentierung verwiesen werden.

26 In Bezug auf die Verlegung von **Transitrohrleitungen und -kabeln** ermöglicht Art. 79 Abs. 2 und 3 SRÜ dem Küstenstaat ausreichende Befugnisse, um den gesetzlichen Biotopschutz durchzusetzen. Soweit die wissenschaftliche **Meeresforschung** betroffen ist, kann die ressourcenbezogene Forschung vollständig untersagt werden (Art. 246 Abs. 5 SRÜ). Im nationalen Recht gilt im Bezug auf Forschungshandlungen auf dem Festlandsockel das BBergG, insbesondere § 132 BBergG, für die Meeresforschung in der AWZ (und im Küstenmeer) gilt bei Beteiligung von Schiffen unter ausländischer Flagge oder von Anlagen durch andere Staaten das Gesetz über die Durchführung der wissenschaftlichen Meeresforschung[38] (MForschG). Zuständig für das besondere Genehmigungsverfahren ist nach § 2 MForschG das Bundesamt für Seeschifffahrt und Hydrographie (BSH); freilich ist bis heute (Juli 2010) von der Verordnungsermächtigung noch kein Gebrauch gemacht worden.[39] Bei der wissenschaftlichen Meeresforschung ohne Bezug zur Aufsuchung von Bodenschätzen kommt es auf die Umstände des Einzelfalles (vgl. Art. 246 Abs. 3 SRÜ) an, ob dem Forschungsvorhaben zugestimmt werden kann oder Beschränkungen bis hin zur Untersagung auferlegt werden (vgl. dazu die Kommentierung zu § 57 Abs. 3 Nr. 1 und 2, Rdnr. 53 ff.). Für die Errichtung und den Betrieb von **Seeanlagen**, also auch für Windkraftanlagen, gelten die Anforderungen des gesetzlichen Biotopschutzes in

---

36 VGH Mannheim, Urt. v. 17.11.2004 – 5 S 2713/02, NuR 2005, 724.
37 Statt aller *Hufen*, Staatsrecht II (Grundrechte) (2007), § 38 Rdnr. 5.
38 Vom 6.6.1995 (BGBl. I S. 778, 785), zuletzt geändert durch Art. 321 der Verordnung vom 31.10.2006, BGBl. I S. 2407.
39 Umfassend *Gellermann/Stoll/Czybulka*, Nationales Recht des Meeresnaturschutzes (2010), § 12 Wissenschaftliche Meeresforschung, S. 204 ff./211.

vollem Umgang, die Ausnahmevorschrift des § 56 Abs. 2 gilt nicht. Die Aufsuchung und Gewinnung von **Bodenschätzen** wird nur im Rahmen des § 30 Abs. 6 von den Bindungen des Biotopschutzrechtes freigestellt (zu Beispielen im marinen Bereich vgl. unten Rdnr. 63).

Die **Seefischerei** hat sich den Anforderungen des gesetzlichen Biotopschutzes zu fügen: Auch für sie gilt das Handlungsverbot nach § 30 Abs. 2 Satz 1 i.V.m. Nr. 6. Das gilt zum einen für die Hobby- und Angelfischerei, für die die Gemeinschaft keine Kompetenz in Anspruch nimmt, so dass die Problematik der mitgliedstaatlichen Regelungsbefugnisse bezüglich der Erhaltung und Bewirtschaftung der Fischbestände (vgl. dazu die Kommentierung zu § 57 Abs. 3 Nr. 3 Rdnr. 66) hier keine Rolle spielt. Die wenigen randlichen Regelungen, die die Gemeinschaft in diesem Bereich erlassen hat, beziehen sich darauf, dass die nicht-kommerzielle Fischerei die Berufs-Seefischerei nicht gefährden darf.[40] Im Bezug auf die berufliche Seefischerei ergeben sich im übrigen viele strittige Fragen im Bezug auf die mitgliedstaatlichen Regelungsbefugnisse. Jedoch können die nationalen meeresnaturschutzrechtlichen Bestimmungen zum Biotopschutz nach § 30 Abs. 2 Satz 1 Nr. 6 nicht als Maßnahmen des Fischereimanagements bzw. der Erhaltung und Bewirtschaftung der Fischbestände[41] gewertet werden. Zwar wird das gesetzliche Verbot durch die sich mit dem Einsatz von schweren Grundschleppnetzen, Scherbrettern oder Baumkurren verbindende Schädigung oder Zerstörung geschützter Lebensraumtypen (etwa unterseeischer Riffe) sicherlich aktiviert; auch eine pelagische Schleppnetzfischerei kann sich erheblich nachteilig auf das Spektrum biotoptypischer Arten auswirken (z.B. Sandaalfischerei im Bereich artenreicher Grobsandgründe); das generelle Verbot der „Zerstörung" oder „erheblichen Beeinträchtigung" der Biotope ist jedoch nicht auf die Fischerei gerichtet, sondern verbietet damit implizit einige unter vielen relevanten denkbaren Schädigungen oder Zerstörungen, wobei etwa an den Bergbau (marine Sedimententnahme) oder die Errichtung von Seeanlagen bzw. deren Fundamentierung) zu denken ist.[42] Die entgegenstehende Auffassung der Kommission kann nicht überzeugen.

V. Zerstörungs- und Beeinträchtigungsverbot (Absatz 2)

1. Verbote

In den gesetzlich geschützten Biotopen gilt ein weitgehendes Veränderungsverbot; verboten sind alle Handlungen, die zu einer Zerstörung oder erheblichen oder nachhaltigen Beeinträchtigung führen können. Das Verbot knüpft somit an das Bestehen einer abstrakten Gefahr an; nicht vorausgesetzt ist danach, dass eine Zerstörung oder Beeinträchtigung tatsächlich eintritt. Ausreichend ist vielmehr die Möglichkeit,[43] d.h. die hinreichende Wahrscheinlichkeit, dass die verbotene Handlung zu einer Zerstörung oder erheblichen oder nachhaltigen Beeinträchtigung des gesetzlich geschützten Biotops führt.

---

40 Vgl. dazu *Markus*, European Fisheries Law (2009), S. 50 f., m.w.N.
41 Vgl. Art. 3 Abs. 1 lit. d AEUV „Erhaltung der biologischen Schätze des Meeres im Rahmen der Fischereipolitik".
42 So zu Recht *Gellermann/Stoll/Czybulka*, Nationales Recht des Meeresnaturschutzes (2010), § 4 B II 2 und § 14 A II 1.
43 So auch *Weiblen*, VBlBW 1996, 203.

29 Der Begriff der „**Handlung**" ist weitergehend als der Eingriffsbegriff des § 14 Abs. 1, so dass auch Vorgänge wie z.b. stoffliche Beeinträchtigungen[44] umfasst sind.

30 Folgende Handlungen können beispielsweise zu erheblichen oder nachhaltigen **Beeinträchtigungen** von Biotopen führen:
- das Fahren mit Kraftfahrzeugen und Fahrrädern außerhalb von Wegen,
- Bodenauffüllungen, Verfüllung von Hohlwegen,
- Errichtung eines Wildgeheges auf einem Halbtrockenrasen,[45]
- Aufbringen von Räumgut aus einem Bach auf benachbarte Bruchwaldflächen,[46]
- Präparieren von beschneiten Moorflächen mit einer Pistenwalze,[47]
- Verbreiterung und Vertiefung von Bächen und Gräben,[48]
- Errichtung einer Startrampe für Drachenflieger in einem Trockenbiotop,[49]
- Herstellung eines Teichs in einem Feuchtgebiet,[50]
- Durchführung einer Schleppjagd,[51]
- das Klettern an Felsen und das Begehen von offenen und natürlichen Block- und Geröllhalden sowie von Felsköpfen außerhalb von bestehenden Wegen,[52]
- das Befahren von Verlandungszonen stehender Gewässer mit Booten, Surfbrettern, Luftmatratzen oder ähnlichen Wasserfahrzeugen,
- die Anlegung von jagdlichen Einrichtungen (z.b. Kirrungen, Futterstellen) in trittempfindlichen oder eutrophierungsgefährdeten Biotopen,[53]
- Kanufahren auf einem störempfindlichen Gewässer,[54]
- Errichtung von Wasserkraftanlagen an naturnahen Gewässern[55]
- Reiten außerhalb von Wegen,
- das Entfachen von Feuer und das Zelten,
- die Anlegung oder der Ausbau von Wegen, Stegen oder sonstigen baulichen Anlagen oder sonstige Eingriffe i.S.d. § 14.

31 Unterhaltungsmaßnahmen an und in Gewässern sind von dem Verbot nicht generell ausgenommen, sondern können dem Verbotstatbestand unterfallen.[56] Im Wege der Abweichungsgesetzgebung sind in § 21 Abs. 2 LNatSchG SH Unterhaltungsmaßnahmen u.a. an Deichen, Dämmen, Häfen, Gewässern und öffentlichen Straßen vom Verbot des § 30 Abs. 2 BNatSchG freigestellt.

---

44 *Apfelbacher*, NuR 1987, 248.
45 VGH München, Urt. v. 12.7.1988 – 19 B 83 A 1905, NuR 1989, 393.
46 OVG Lüneburg, Urt. v. 2.11.1988 – 3 A 149/87, NuR 1989, 186.
47 VG Augsburg, Urt. v. 19.2.1992 – Au 4 K 90 A 269.
48 VG Regensburg, Urt. v. 26.9.1990 – RO 3 K 89.0968, NuR 1991, 290.
49 VG Regensburg, Urt. v. 6.9.1990 – RN 3 K 89.1822, NuR 1991, 444.
50 VGH Kassel, Urt. v. 24.12.1992 – 3 TH 2525/92, NuR 1993, 333; OVG Lüneburg, Beschl. v. 20. 9. 2006 – 8 ME 115/06, UPR 2007, 41.
51 VGH Mannheim, Urt. v. 27.2.1995 – 5 S 1281/94, NuR 1995, 462.
52 VGH München, Urt. v. 23.2.1995 – 9 N 91.3334, NuR 1996, 409; VG Sigmaringen, Urt. v. 31.3.2004 – 5 K 1526/02, NuR 2004, 622.
53 Vgl. die Verordnung des Ministerium Ländlicher Raum BW über die Fütterung und Kirrung von Wild vom 2.1.2001, GBl. S. 11.
54 VG Stuttgart, Urt. v. 24.4.1998 – 18 K 5365/97 und 18 K 5449/97.
55 VG Freiburg, Urt. v. 29.7.1998 – 3 K 158/98; OVG Koblenz, Urt. v. 16.11.2000 – 1 A 10532/00, NuR 2001, 291; *Breuer*, Rechtsfragen des Konflikts zwischen Wasserkraftnutzung und Fischfauna, 2006 S. 165 ff.
56 OVG Lüneburg, Beschl. v. 12.9.2006 – 8 LA 265/04; BNatSchG/ES, BNatSchG 2002, § 30 Nr. 7.

Es ist Ziel des Biotopschutzes, Biotope möglichst großflächig zu erhalten **32** und zusammenhängende Verbundsysteme zu bilden. Diesem Ziel würde es widersprechen, Beeinträchtigungen deshalb für unerheblich zu halten, wenn genügend Biotopfläche erhalten bleibt.[57]

Soweit die Verbote den Eigentümer betreffen, sind sie als Ausfluss der Situa- **33** tionsgebundenheit des jeweiligen Grundstücks der Sozialpflichtigkeit zuzuordnen, so dass die in der Rechtsprechung für Schutzgebiete entwickelten Grundsätze entsprechend herangezogen werden können.

2. Gebote

Gebote für notwendige Pflege- und Bewirtschaftungsmaßnahmen enthält **34** § 30 nicht. Soweit die Biotope auf eine – in der Regel extensive – land- oder forstwirtschaftliche Bewirtschaftung angewiesen sind, kann einer Verschlechterung von Biotopen im Wege des Vertragsnaturschutzes entgegengewirkt werden. Nach der allgemeinen **Duldungspflicht** des § 65 können erforderlichenfalls Pflegemaßnahmen auch ohne Einverständnis des Eigentümers durchgeführt werden. Eine besondere Pflichtigkeit besteht nach § 2 Abs. 4 für Grundeigentum der öffentlichen Hand.

3. Anordnungen

Gestützt auf § 3 Abs. 2 können die Naturschutzbehörden bei **Verstößen** ge- **35** gen die Biotopschutzbestimmungen die erforderlichen Anordnungen treffen, insbesondere die Fortsetzung des Eingriffs untersagen, die Wiederherstellung des früheren Zustands anordnen[58] oder andere Ausgleichsanordnungen treffen. Auch erhebliche Kosten machen eine derartige Anordnung in Anbetracht des erheblichen öffentlichen Interesses am Schutz der Natur nicht unverhältnismäßig.[59] Hinsichtlich des Umfangs einer Wiederherstellungsanordnung ist auf den Zustand des zerstörten Biotops abzustellen. Vorschädigungen, die dem Verpflichteten nicht zugerechnet werden können, oder Schädigungen infolge von Naturereignissen sind zu Gunsten des Pflichtigen zu berücksichtigen.[60]

Die Anordnung kann für **sofort vollziehbar erklärt** werden, wenn von dem **36** Verstoß typischerweise eine starke Nachahmungsgefahr für ebenfalls dem Biotopschutz unterliegende Grundstücke in der Nachbarschaft ausgeht, es für den Fall der Durchführung eines über einen längeren Zeitraum andauernden Hauptsacheverfahrens zu einer weiterschreitenden Schädigung des Biotops kommen kann[61] oder das öffentliche Interesse an der Erhaltung der Lebensgemeinschaften des Biotops das Interesse des Eigentümers an einer bestimmten Nutzung der Fläche überwiegt.[62] Bei naturschutzrechtlichen Maßnahmen ist regelmäßig eine Eilbedürftigkeit gegeben, um die natürlichen Verhältnisse baldmöglich wiederherzustellen und die Herbeiführung einer irreparablen Zerstörung der zu schützenden Natur und Landschaft zu verhindern. Die Vollziehbarkeitsanordnung erfährt somit eine Vorprägung

---

57 OVG Schleswig, Urt. v. 19.6.1997 – 1 L 283/95, NuR 1998, 558.
58 Zur räumlichen Präzisierung OVG Lüneburg, Beschl. v. 20.9.2001 – 8 MA 2900/01 (15/02), AgrarR 2002, 355. Wegen weiterer Einzelheiten vgl. *Fischer-Hüftle*, Naturschutz-Rechtsprechung für die Praxis, Kap. 3500.
59 OVG Lüneburg, Beschl. v. 12.9.2006 – 8 LA 265/04, UPR 2007, 43 ff.
60 VG Oldenburg, Urt. v. 4.12.2007 – 1 A 2316/06, NuR 2008, 212.
61 VGH Mannheim, Beschl. v. 15.4.1996 – 5 S 520/96.
62 VG Göttingen, Beschl. v. 19.1.2006 – 4 B 195/05; BNatSchG/ES, BNatSchG 2002, § 30 Nr. 6.

durch das materielle Recht; ein bloßes Nutzungsverbot ist demgegenüber nicht ausreichend. Für einen Sofortvollzug kann auch die Bedeutung des Biotops im Zusammenhang des Biotopverbunds (§ 21) sprechen.[63]

37 Der Schutz des Abs. 2 ist nicht nur gegen beeinträchtigende Maßnahmen, die direkt auf den Biotopflächen stattfinden, sondern auch bei **Maßnahmen, die von außerhalb einwirken**, zu gewährleisten (indirekte Einwirkungen[64]). Dabei ist zu berücksichtigen, dass zahlreiche Tierarten auf die Bedingungen an Biotoprändern spezialisiert[65] und somit besonders störungsanfällig gegenüber Einwirkungen aus benachbarten nicht geschützten Flächen sind.

VI. Auswirkungen auf die landwirtschaftliche Nutzung

38 § 30 enthält keine Ausnahmeregelung für die land- forst- oder fischereiwirtschaftliche Nutzung.[66] Die Beschränkung der allgemeinen Pflicht der Landwirtschaft gem. § 5 Abs. 2 2. Spiegelstrich, wonach – nur – „vermeidbare" Beeinträchtigungen der natürlichen Ausstattung der Nutzflächen zu unterlassen sind, hat keine Auswirkung auf § 30, weil eine dem § 14 Abs. 2 entsprechende Verknüpfung fehlt. Gegenüber der allgemeinen Landwirtschaftsklausel stellt der Biotopschutz eine vorrangige und speziellere Regelung dar.[67] Wäre nach dem Gesetz gewollt, dass auch die Beeinträchtigung geschützter Biotope durch landwirtschaftliche Nutzung zulässig sein soll, hätte dies einer ausdrücklichen Regelung bedurft.[68]

39 Allerdings ist bei der Umsetzung des § 30 zu beachten, dass eine Reihe von besonders naturschutzbedeutsamen Biotoptypen gerade **durch** die – in aller Regel extensive – **landwirtschaftliche Nutzung entstanden** sind, so insbesondere Nasswiesen, Wachholderheiden und Borstgrasrasen. Die Fortführung der bisherigen landwirtschaftlichen Nutzung stellt hier in aller Regel keine wesentliche Beeinträchtigung dar, sondern ist im Gegenteil naturschutzfachlich erwünscht und über Vertragsnaturschutz zu fördern. Für landwirtschaftlich extensiv genutzte Bereiche gesetzlich geschützter Biotope enthalten landesrechtliche Förderprogramme in der Regel besondere Fördertatbestände.

40 Bei einer **Intensivierung der landwirtschaftlichen Nutzung** ist zu prüfen, ob damit eine wesentliche Beeinträchtigung oder Zerstörung des geschützten Biotops verbunden sein kann. Dies kann z.B. zu bejahen sein für
– Umbruch von Magerrasen,[69]
– Trockenlegung von Feuchtgebieten,
– Beseitigung von Flurgehölzen,
– Anlegung eines Wildackers auf einem Trockenrasen,[70]
– Auftrieb von Ponys auf eine Moorfläche,[71]
– Beweidung von Röhricht durch Schafe und Rinder,[72]

---

63 OVG Lüneburg, Beschl. v. 20.9.2006 – 8 ME 115/06, NuR 2007, 37 ff.
64 So auch *Schmidt-Räntsch*, Rdnr. 5.
65 *Primack*, Naturschutzbiologie, 1995 S. 441.
66 OVG Lüneburg, Beschl. v. 12.9.2006 – 8 LA 265/04, BNatSchG/ES, BNatSchG 2002, § 30 Nr. 7.
67 OVG Lüneburg, Beschl. v. 12.9.2006 – 8 LA 265/04, ZuR 2007, 47.
68 OVG Schleswig, Beschl. v. 11.4.1996 – 1 M 79/95, NuR 1997, 256.
69 VGH München, Urt. v. 31.1.1997– 9 B 94.741.
70 VG Schleswig, Urt. v. 28.10.1987 – 2 A 211/83.
71 VG Schleswig, Beschl. v. 5.9.1988 – 1 D 27/88, NuR 1990, 139.
72 VG Schleswig, Urt. v. 8.9.1994 – 1 A 27/93, NuR 1995, 379.

- Aufforstung eines mit Feldhecken und Feldgehölzen sowie einer Nasswiese bestandenen Hanggrundstücks,[73]
- intensive fischereiliche Nutzung von naturnahen Kleingewässern durch Fischbesatz, Fütterung und Entkrautung.[74]

VII. Ausnahmen und Befreiungen (Absatz 3)

1. Ausnahmen

Abs. 3 benennt als Ausnahmetatbestand die Möglichkeit eines Ausgleichs der Beeinträchtigungen. Ausgleich ist dabei als gleichartige Wiederherstellung der beeinträchtigten Funktionen im Sinne des § 15 Abs. 2 Satz 2 zu verstehen.[75] Nach der abweichenden Regelung des § 21 Abs. 3 LNatSchG SH sind Ausnahmen nur zulässig für stehende Kleingewässer und Knicks. Eine Beeinträchtigung oder Zerstörung eines gesetzlich geschützten Biotops aus überwiegenden Gründen des Gemeinwohls (vgl. § 30 Abs. 2 Satz 1 BNatSchG a.F.) kann nur im Wege der Befreiung nach § 67 Abs. 1 Nr. 1 zugelassen werden[76] (s.u. Rdnr. 42). § 20 Abs. 3 NatSchAG M-V weicht hiervon ab, danach ist eine Ausnahme auch bei einer fehlenden Ausgleichbarkeit möglich, soweit die Maßnahme aus überwiegenden Gründen des Gemeinwohls notwendig ist, wobei entsprechend § 15 Abs. 2 und 6 BNatSchG Kompensationsmaßnahmen durchzuführen sind.

Für die Erteilung der Ausnahme nach Abs. 3 ist der Nachweis zu führen, dass die Zerstörung oder Beeinträchtigung des betreffenden Biotops **ausgeglichen** wird. Erforderlich ist die Herstellung eines gleichartigen Biotops, d.h. eines Biotops, der in den standörtlichen Gegebenheiten und der Flächenausdehnung mit dem zerstörten oder beeinträchtigten Biotop im wesentlichen übereinstimmt.[77] Ferner muss wahrscheinlich sein, dass sich in absehbarer Zeit unter einem eigenverantwortlichen Zutun des Verursachers[78] ein etwa gleichwertiger Biotop entwickeln kann. Ist dies nicht möglich, kann allenfalls eine Befreiung nach § 67 erteilt werden. Keine Ausgleichbarkeit ist bei Bioptypen gegeben, die lange Entwicklungszeiträume benötigen (z.B. Hochmoore). Auch im marinen Bereich sind „echte" Ausgleichsmaßnahmen oft gar nicht oder sehr schwer umzusetzen (vgl. § 15 Rdnr. 172 ff.), so dass es häufig beim gesetzlichen Verbot verbleiben dürfte. Denn im Unterschied zur Eingriffsregelung (§ 15) ist es bei diesem Ausnahmetatbestand nicht möglich, bei Undurchführbarkeit von Ausgleichsmaßnahmen durch die Vornahme von Ersatzmaßnahmen oder -zahlungen zu einer Zulässigkeit der Maßnahme zu gelangen.[79] In diesen Fällen käme nur noch eine Befreiung unter den Voraussetzungen des § 67 Abs. 1 in Betracht.

---

73 VGH Mannheim, Urt. v. 17.11.2004 – 5 S 2713/02, RdL 2005, 132.
74 OVG Lüneburg, Beschl. v. 12.9.2006 – 8 LA 265/04, BNatSchGES, BNatSchG 2002, § 30 Nr. 7.
75 *Egner*, in: Egner/Fuchs, Naturschutz- und Wasserrecht 2009, Rdnr. 15 zu § 30 BNatSchG.
76 BT-Drs. 16/12274, S. 63.
77 Begründung zum bad.-württ. Biotopschutzgesetz, LT-Drs. 10/5340, S. 37; VGH Mannheim, Beschl. v. 11.11.1998 – 5 S 2266/96, NuR 1999, 385.
78 VGH Mannheim, Beschl. v. 11.12.1998 – 5 S 2266/96, NuR 1999, 385.
79 Davon zu unterscheiden ist der Fall, dass eine Befreiung ohne Rücksicht auf die Ausgleichbarkeit aus überwiegenden Gemeinwohlgründen zugelassen wird. Dann kann sich die Verpflichtung zu Ersatzmaßnahmen aus der Eingriffsregelung ergeben, die neben § 30 anzuwenden ist, sei es dass sie einem fachgesetzlichen Genehmigungsverfahren aufgesattelt ist oder dass sie im Rahmen der im Rahmen der Befreiung mit zu vollziehen ist, denn auch naturschutzrechtliche Entscheidungs- oder Anzeigeverfahren fallen unter § 17 Abs. 1.

43 Auch bei Maßnahmen zur **Gewässer- oder Verkehrswegeunterhaltung**, die zu einer Zerstörung oder wesentlichen Beeinträchtigung eines Biotops führen können, ist das Einholen einer Ausnahme bzw. einer Befreiung erforderlich,[80] ebenso für Maßnahmen von Bundesbehörden.[81] Eine Ausnahme ist auch erforderlich bei Bauvorhaben im Innenbereich, da § 18 Abs. 2 den speziellen Biotopschutz nicht verdrängt.[82] Bei Bauvorhaben im Bereich eines Bebauungsplans ist darauf abzustellen, ob der gesetzliche Biotopschutz im Rahmen der Bauleitplanung berücksichtigt wurde und eine entsprechende Ausnahme vorliegt (s.u. Rdnr. 46). In diesem Fall ist eine erneute Ausnahme für das Bauvorhaben nicht erforderlich.

44 Eine **Beteiligung der anerkannten Naturschutzvereine** im Ausnahmeverfahren ist bundesrechtlich nicht gefordert,[83] sofern nicht im Rahmen eines Planfeststellungsverfahrens gemäß § 63 eine Vereinsbeteiligung zu erfolgen hat.

45 Die erforderlichen **Nachweise** sind durch den Antragsteller zu erbringen. Soweit ein Betroffener im Unterschied zur Behörde der Auffassung ist, er benötige keine Ausnahme, weil der Biotop von seiner Tätigkeit nicht zerstört oder erheblich beeinträchtigt wird, kann er eine gerichtliche Feststellung beantragen, dass eine Ausnahme nicht erforderlich ist.[84] In die Ausnahme bzw. in die Gestattung oder den Planfeststellungsbeschluss sind die erforderlichen Ausgleichsanordnungen einzubeziehen. Schließlich ist eine Ausnahmeerteilung auch dann möglich, wenn sich die abstrakte Gefahrenlage, die dem Verbot des § 30 Abs. 2 zu Grunde liegt, im konkreten Fall nicht verwirklicht.[85]

46 Eine gesonderte Ausnahme ist wegen der formellen Konzentrationswirkung des § 75 Abs. 1 VwVfG bei **Planfeststellungsbeschlüssen** nicht erforderlich. Die Planfeststellungsbehörde ist an den materiellen Gehalt des gesetzlichen Biotopschutzes gebunden;[86] es ist aber unschädlich, wenn im Planfeststellungsbeschluss keine ausdrückliche Ausnahme ausgesprochen wird.[87] Beim gesetzlichen Biotopschutz handelt es sich um zwingende materielle Rechtssätze im planungsrechtlichen Sinne und nicht um abwägungsoffene Planungsleitlinien.[88] In die Ausnahme bzw. in die Gestattung oder den Planfeststellungsbeschluss sind die erforderlichen Ausgleichsanordnungen (Ausgleichsmaßnahmen) einzubeziehen. Im marinen Bereich ist bei bergbaulichen Vorhaben, die nach § 57c BBergG eine Umweltverträglichkeitsprüfung erfordern, ein **bergrechtliches Planfeststellungsverfahren** gemäß §§ 57a, 57b BBergG durchzuführen. Nach § 1 Nr. 2 lit. b UVP-V Bergbau bedürfen z.B. die Errichtung und der Betrieb von Förderplattformen zur Gewinnung von Erdöl und Erdgas im Bereich der Küstengewässer und auf dem Festlandsockel stets einer UVP, unabhängig von einem bestimmten Fördervolumen. Nach hier vertretener Auffassung entfaltet allein der obligatorische Rahmenbetriebsplan eine Konzentrationswirkung,[89] bei allen anderen bergrechtli-

---

80 *Krings*, Gewässerunterhaltung im Spannungsfeld von Naturschutzrecht und Wasserrecht, NuR 1997, 129 ff.; OVG Lüneburg, Beschl. v. 12.9.2006 – 8 LA 265/04, AuU 2008, 37.
81 *Apfelbacher*, NuR 1987, 249.
82 BVerwG, Beschl. v. 21.12.1994 – 4 B 255.94, NuR 1995, 248.
83 *Kuchler*, NuR 1996, 172 ff.
84 VG Potsdam, Urt. v. 30.1.1997 – 1 K 445/94, NVwZ 1998, 1216.
85 VG Sigmaringen, Urt. v. 31.3.2004 – 5 K 1526/02, NuR 2004, 622.
86 VG Schleswig, Urt. v. 14.10.1993 – 12 A 260/91, NuR 1994, 408.
87 VGH Mannheim, Urt. v. 28.3.1996 – 5 S 1301/95, VBlBW 1996, 468.
88 *Breuer*, Rechtsfragen des Konflikts zwischen Wasserkraftnutzung und Fischfauna, 2006 S. 165 ff.
89 *Czybulka/Stredak*, Rechtsfragen der marinen Kies- und Sandgewinnung in Nord- und Ostsee (2008), S. 80.

chen Verfahren verbleibt es bei der Zuständigkeit der Naturschutzbehörde für etwaige Ausnahmen (oder ggf. Befreiungen) nach § 30 Abs. 3.

Zuständige Behörde im Bereich der **AWZ** und des **Festlandsockels** für die Erteilung oder Nichterteilung der Ausnahme ist gemäß § 58 Abs. 1 Satz 1 das Bundesamt für Naturschutz (BfN). In vielen Fällen wird es zu einem Zusammentreffen einer naturschutzfachlichen Überprüfung unter den Gesichtspunkten des Artenschutzes, des Biotopschutzes und des Europäischen Habitatschutzrechts kommen. Hierzu gibt es für das Verwaltungsverfahren nach der Seeanlagenverordnung (SeeAnlV) eine Übereinkunft zwischen BSH[90] und BfN, dass die Sachverhaltsermittlung bezüglich der für die Prüfung erforderlichen Unterlagen im Zuge der Erstellung der Umweltverträglichkeitsstudie einheitlich im Genehmigungsverfahren erfolgt und das BfN insofern bei der Erstellung des vorläufigen Untersuchungsrahmens (scoping) mitwirkt. Die Studien müssen danach gesonderte Kapitel für den Biotopschutz, den FFH-Gebietsschutz sowie den Artenschutz enthalten. Für das Stadium der Entscheidungsfindung steht das BSH auf dem Standpunkt, dass die Einzelfragen, die das BfN verbindlich zu beantworten hat, das heißt vor allem den Biotopschutz und den Artenschutz, der Zulassungsentscheidung vorgelagerte Fragen darstellen. Erst nach deren Beantwortung sei eine zusammenfassende Prüfung der Umweltverträglichkeitsstudie durchzuführen und eine abschließende Entscheidung zum Tatbestand der „Gefährdung der Meeresumwelt" (vgl. § 3 Abs. 1 SeeAnlVO) zu treffen. Dem entspricht die zutreffende Rechtsauffassung, dass die Prüfung und Entscheidung des BfN über Ausnahmen nach § 30 Abs. 3 (und auch bezüglich einer möglicherweise gleichzeitig zu beantragenden Befreiung von Verboten des Artenschutzes i.S.d. § 44 i.V.m. § 67) eine eigenständige Ermessensentscheidung ist, die von der Genehmigungsbehörde (BSH) nicht ersetzt werden kann. Das Verfahren nach der SeeAnlV hat keine Konzentrationswirkung.

2. Befreiungen

Neben der Ausnahmeregelung des Abs. 3 ist grundsätzlich auch die Befreiungsvorschrift des § 67 anwendbar.[91] Voraussetzung ist dabei, dass auf Grund der besonderen Umstände des jeweiligen Einzelfalls Anwendungsbereich und materielle Zielrichtung des gesetzlichen Verbots nicht übereinstimmen. Die Erteilung einer Befreiung steht – nicht anders als bei der Ausnahme – im Ermessen der Behörde. Auf der Grundlage des § 67 Abs. 3 Satz 2 können Kompensationsleistungen selbst dann verlangt werden, wenn sich die zugelassene Handlung nicht als Eingriff im Sinne des § 14 darstellt. Auch für die Erteilung von Befreiungen in Bezug auf den Biotopschutz in der AWZ und auf dem Festlandsockel ist das BfN nach § 58 Abs. 1 Satz 1 zuständig.

Da im Unterschied zu § 30 Abs. 2 Satz 1 2. Alt. BNatschG a.F. der Tatbestand der überwiegenden Gründe des Gemeinwohls in § 30 nicht mehr geregelt ist, kommt neben einer Befreiung nach § 67 Abs. 1 Nr. 2 auch eine Befreiung aus Gründen des überwiegenden öffentlichen Interesses nach § 67 Abs. 1 Nr. 1 in Betracht.[92] Bei der Befreiungsentscheidung hat eine Abwägung zwischen dem Gemeinwohlbelang Biotopschutz und anderen Gemeinwohlbelangen stattzufinden. Diese ist in zwei Schritten vorzunehmen: Beim ersten Schritt ist die Erforderlichkeit zu prüfen. Die Erforderlichkeit ist nur gegeben, wenn eine Verwirklichung des Vorhabens an anderer Stelle nicht

---

90 Schreiben des BSH an BfN (und UBA) vom 9.2.2010.
91 OVG Magdeburg, Urt. v. 10.7.1995 – 1 A 110/95, NuR 1996, 161.
92 So auch die amtl. Begründung BT-Drs. 16/12274, S. 63.

möglich oder nicht zumutbar ist oder auf Grund der Gesamtabwägung der berührten Belange ein anderer Standort (andere Trasse) ausscheidet.

50 Im zweiten Schritt ist festzustellen, ob die anderweitigen Gründe des öffentlichen Interesses[93] das Interesse an der Erhaltung des gesetzlich geschützten Biotops überwiegen. Von maßgeblicher Bedeutung sind die Lage und Größe des betroffenen Biotops, dessen ökologische Wertigkeit, der Umfang der Betroffenheit sowie das Gewicht der berührten Gemeinwohlbelange. Eine Beseitigung oder Zerstörung eines gesetzlich geschützten Biotops wird sich in aller Regel nur dann rechtfertigen lassen, wenn der begehrten anderweitigen Nutzung eine heraus gehobene Stellung innerhalb der Gemeinwohlbelange zukommt und der betroffene Biotop über eine eher gering ausgeprägte Schutzwürdigkeit verfügt.[94] Grundsätzlich gebührt dem Erhalt eines gesetzlich geschützten Biotops Vorrang vor einer Wiederherstellung.[95] Auch ist die Bedeutung des Biotops für den Biotopverbund (§ 21 Abs. 3 Satz 3) zu berücksichtigen.

VIII. Die Behandlung gesetzlich geschützter Biotope in der Bauleitplanung (Absatz 4)

51 Der besondere Biotopschutz ist auch im Rahmen der Bauleitplanung zu beachten.[96] Der gesetzliche Biotopschutz stellt gegenüber einer gemeindlichen Satzung ein höherrangiges Recht dar, welches von der Gemeinde als verbindliche Vorgabe zu beachten ist.[97] Dabei ist zu beachten, dass eine erhebliche Beeinträchtigung auch vorliegen kann, wenn zwar die Biotopfläche als solche bestehen bleibt, aber von negativen Auswirkungen der durch den Bebauungsplan im Umgebungsbereich zugelassenen Nutzungen betroffen wird. Auch ist zu bedenken, dass bei bestimmten landesrechtlich zusätzlich unter Schutz gestellten Biotoptypen (Rdnr. 17) der gesetzliche Schutz entfällt, wenn der Biotop nicht mehr „in der freien Landschaft" oder nicht mehr „im Außenbereich" befindlich ist.

52 Abs. 4 wurde durch das BNatSchG-NeuregG neu in die Biotopschutzregelung aufgenommen, um das Verhältnis von Bauleitplanung und gesetzlichem Biotopschutz zu vereinfachen.[98] Nach früherer Rechtslage war – sofern im Naturschutzrecht der Länder nicht anders geregelt – die Erteilung einer Ausnahme oder Befreiung vor Baubeginn erforderlich, wenn es durch die Maßnahme zur Verwirklichung eines der in Abs. 2 genannten Beschädigungstatbestände kam. Nach der Neuregelung kann der Gemeinde auf Antrag für die im Bebauungsplan vorgesehenen Festsetzungen, mit deren Verwirklichung biotopbeeinträchtigende Maßnahmen verbunden sind, eine Ausnahme oder Befreiung erteilt werden, die innerhalb einer 7-Jahres-Frist (entsprechend der Plangewährleistungsfrist des § 42 Abs. 2 BauGB) weitere Ausnahmen oder Befreiungen auf der Vorhabensebene überflüssig macht.

---

93 Zur Sicherung von Arbeitsplätzen als ein derartiger Gemeinwohlbelang vgl. VG Hannover, Urt. v. 11.6.1993 – 4 A 1141/92, NuR 1994, 457 und § 67 Rdnr. 11.
94 BVerwG, Beschl. v. 20. 2. 2002 – 4 B 12.02; *Weiblen*, VBlBW 1996, 204; *Louis*, NuR 1992, 24/26 f.
95 VG Leipzig, Urt. v. 30.9.2004 – 5 K 52/01, NuR 2005, S. 666.
96 *Schink*, VerwArch 1995, 406 ff.
97 OVG Greifswald, Urt. v. 20.4.1994 – 4 K 25/93, NuR 1995, 149; VG Hannover, Urt. v. 11.6.1993 – 4 A 1141/92, NuR 1994, 457; *Weiblen* VBlBW 1996, 205 ff.; *Louis*, BNatSchG, § 8a Rdnr. 30; *Gassner*, NuR 1993, 252; BVerwG, Beschl. v. 21.12.1994 – 4 B 266.94, NuR 1995, 248.
98 BT-Drs 16/12274, S. 63.

Da der Bebauungsplan selbst die Zerstörung oder Beeinträchtigung des Biotops noch nicht bewirkt, ist die Ausnahme auf die Maßnahmen und Vorhaben im Rahmen der Realisierung des Plans gerichtet. Eine der Gemeinde im Zuge der Planaufstellung erteilte Ausnahme wirkt als dinglicher Verwaltungsakt bei der Realisierung des Bebauungsplans auch zugunsten des Bauherrn.[99]

Im Unterschied zu § 1a Abs. 3 Satz BauGB ist für die Erteilung einer Ausnahme nach Abs. 3 erforderlich, dass ein **vollständiger Ausgleich** stattfindet. Die allgemeinen Vorschriften über die Eingriffsregelung im Rahmen der Bauleitplanung – § 18 BNatSchG bzw. § 1a BauGB – treten hinter der spezielleren Regelung des Biotopschutzes zurück.[100] Der Biotopschutz ist somit der Abwägung der Gemeinde entzogen.

Soweit die Umsetzung des **Flächennutzungsplans** eine Überbauung oder eine sonstige eine erhebliche Beeinträchtigung bzw. Zerstörung von Biotopen ermöglicht, ist erforderlich, dass die zuständige Naturschutzbehörde eine Ausnahme unter Auferlegung der erforderlichen Ausgleichsanordnungen in Aussicht stellt.[101]

Sollen in Bauleitplänen die Voraussetzungen dafür geschaffen werden, dass gesetzlich geschützte Biotope als Bauflächen in Anspruch genommen werden, so liegen regelmäßig die Voraussetzungen des **§ 11 Abs. 2** vor, so dass die Notwendigkeit der Inanspruchnahme eines Biotops nur in Verbindung mit den in diesem Fall erforderlichen Landschaftsplänen nachgewiesen werden kann.

Raumordnungsrechtliche Festsetzungen im **Regionalplan** können sich nicht gegen die gesetzlichen Verbote zum Biotopschutz durchsetzen, da diese nicht Gegenstand der raumplanerischen Abwägung sind.[102] Soweit keine Ausnahme vorliegt bzw. in Aussicht gestellt ist, ist der Bebauungsplan bzw. der Flächennutzungsplan nicht genehmigungsfähig oder muss von der Aufsichtsbehörde beanstandet werden.

Wenn bei der Bauleitplanung ein gesetzlich geschütztes Biotop übersehen wurde oder sich ein solches erst nach Inkrafttreten eines Bebauungsplans entwickelt hat,[103] gilt der gesetzliche Biotopschutz; für die Verwirklichung eines Bauvorhabens ist eine gesonderte Ausnahme bzw. Befreiung einzuholen. Als Abweichungsregelung legt § 24 Abs. 1 Nr. 2 NAGBNatSchG fest, dass auf einer von einem Bebauungsplan erfassten Fläche das Verbot des § 30 Abs. 2 Satz 1 BNatSchG bei der Verwirklichung einer nach dem Plan zulässigen Nutzung keine Anwendung findet, wenn das Biotop erst nach Inkrafttreten des Bebauungsplans entstanden ist.

IX. Vertragsnaturschutz (Absatz 5)

Abs. 5 regelt, dass biotopbeeinträchtigende Maßnahmen der Land-, Forst- und Fischereiwirtschaft nicht dem Verbot des Abs. 2 unterfallen, wenn sie Biotope betreffen, die während der Laufzeit einer vertraglichen Vereinbarung oder der Teilnahme an öffentlichen Programmen entstanden sind, und

---

99 VG Arnsberg, Urt. v. 2.6.2004 – 1 K 552/02, NuR 2005 S. 338.
100 *Weiblen*, VBlBW 1996, 205 ff.; *Louis*, BNatSchG, § 8a Rdnr. 30; *Gassner*, NuR 1993, 252; BVerwG, Beschl. v. 21.12.1994 – 4 B 266.94, NuR 1995, 248.
101 VG Hannover, Urt. v. 11.6.1993 – 4 A 1141/92, NuR 1994, 457.
102 OVG Koblenz, Urt. v. 12.12.2007 – 8 A 10632/07, NuR 2008, 119 ff. mit Anm. *Kopf*, NuR 2008, 396.
103 Der darauf gerichtete Ausnahmevorschlag des Bundesrats (BR-Drs. 278/09 Nr. 30) wurde in der Gegenäußerung der Bundesregierung abgelehnt und nicht weiterverfolgt.

die Maßnahmen im Zuge der Wiederaufnahme der Bewirtschaftung innerhalb von zehn Jahren nach Beendigung des Vertrags oder der Programme erfolgen.[104]

59 Maßnahmen des Naturschutzes und der Landschaftspflege sollen nach § 3 Abs. 3 vorrangig über Vertragsnaturschutz durchgeführt werden.[105] Die Vorschrift ist für den marinen Bereich, jedenfalls derzeit, nicht relevant. Die Möglichkeit einer Wiederbewirtschaftung nach Vertragsablauf fördert die Bereitschaft der Landwirte, freiwillige Vereinbarungen abzuschließen. Umfasst ist auch die Teilnahme an einem Extensivierungs- oder Stilllegungsprogramm. Eine Erklärungsfrist für den Landwirt von 10 Jahren lässt genügend Spielraum, um betriebliche Entwicklungen angemessen zu berücksichtigen. Eine entsprechende Befristung findet sich in § 14 Abs. 3. Der Landwirt verliert das Recht zur Wiederumwandlung auch nicht infolge einer Meldung des Grundstücks als Teil eines Natura-2000-Gebiets oder durch Aufnahme des Gebietes in die Liste von Gebieten gemeinschaftlicher Bedeutung.[106]

60 Zu beachten ist, dass nur in den Fällen der Wiederaufnahme der früheren landwirtschaftlichen Bodennutzung das Verbot des Abs. 2 nicht greift. Bei einer anderweitigen Nutzungsänderung (z.b. der Inanspruchnahme für eine bauliche Anlage, einen Golfplatz oder eine Verkehrsfläche) ist dagegen der gesetzliche Biotopschutz zu beachten. Daher können derartige Biotope auch in die Registrierung nach Abs. 7 aufgenommen werden. § 21 Abs. 4 LNatSchG SH erstreckt die Freistellung auch auf die Wiederaufnahme einer sonstigen Nutzung. Eine Einschränkung bringt diese landesrechtliche Abweichungsregelung insoweit, als die Freistellung nicht gilt, wenn die Entwicklung des Biotops Gegenstand der vertraglichen Vereinbarung oder des öffentlichen Programms zur Bewirtschaftungsbeschränkung war.

61 Die in § 30 Abs. 5 enthaltene Privilegierung der „fischereiwirtschaftlichen Nutzung" bei vorherigem Vertragsnaturschutz oder der Teilnahme an Umweltmaßnahmen ist für die Seefischerei aus doppeltem Grunde nicht einschlägig: zum einen ist der Begriff einheitlich[107] wie in §§ 5 Abs. 4, 14 Abs. 2 und 3 und 44 Abs. 4 als fischereiwirtschaftliche Bodennutzung zu interpretieren und umfasst im wesentlichen den Sektor der Teichwirtschaft (vgl. hierzu unter § 14 Rdnr. 59). Zum anderen gibt es bislang keine Vertragsnaturschutzprogramme mit „Fischwirten" auf See. Zwar sind hier sinnvolle Maßnahmen vorstellbar, jedoch setzte dies als logisch ersten Schritt voraus, dass der betreffende Fischer selbst verantwortlich die „Bewirtschaftung" des betreffenden Meeresgebiets übernommen hatte (und dies in rechtlich zulässiger Weise durfte). Bisher schließt die „Allmende-Situation" im Meeresbereich einen entsprechenden Vertragsnaturschutz jedenfalls faktisch aus.

---

104 Vgl. auch das Gesetz zur Gleichstellung stillgelegter und landwirtschaftlich genutzte Flächen vom 10.7.1995, BGBl. I S. 910 i.d.F. v. 13.4.2006 (BGBl. I S. 855/863). Dort ist nicht geregelt, in welchem Zeitraum nach Beendigung der Stilllegungsperiode eine Wiederaufnahme der früheren Nutzung zulässig ist. Insoweit findet § 30 Abs. 5 als lex posterior Anwendung.
105 Im Meeresbereich ist dieser Vorrang schon wegen des Fehlens verantwortlicher Eigentümer bzw. Pächter nicht umsetzbar.
106 OVG Saarlouis, Beschl. v. 13.3.2008 – 1 B 403/07, NuR 2008, 434.
107 In diesem Sinne VGH München, Beschl. v. 18.7.1997 – 4 BN 5/97 = NuR 1998, 37 ff.,(Leitsatz 5).

X. Abbaustätten (Absatz 6)

Literatur: *Tränkle/Poschlod/Kohler*, Steinbrüche und Naturschutz, Literaturstudie, Veröffentlichungen Projekt „Angewandte Ökologie" Bd. 4, hrsg. von der LfU Bad.-Württ., 1992; *Poschlod/Tränkle/Böhmer/Rahmann*, Steinbrüche und Naturschutz, 1997; *Tränkle/Beißwenger*, Naturschutz in Steinbrüchen, 1999; Kiesgewinnung, Wasser- und Naturschutz, Schriftenreihe der Umweltberatung im ISTE Band 2, 1999; *Beißwenger* (Hrsg.), Gipsabbau und Biologische Vielfalt, 2002; *Gellermann/Stoll/Czybulka*, Nationales Recht des Meeresnaturschutzes in der Nord- und Ostsee, 2010.

In Abs. 6 wurde eine Anregung des Bundesrates aufgegriffen.[108] Danach liegt dieser Regelung eine dem Abs. 5 entsprechende Situation zugrunde. Oftmals entstehen während des Abbaus von Rohstoffen (zeitlich befristete) Biotope. Durch die Regelung soll vermieden werden, dass auf der Fläche bewusst Maßnahmen zur Verhinderung der Entstehung eines Biotops durchgeführt werden. Durch das Abstellen auf den Ausgangszustand soll es den Unternehmern ermöglicht werden, ohne wirtschaftliche Nachteile ein Biotop „auf Zeit" zuzulassen. Im Unterschied zu Abs. 5 beträgt die Frist nur 5 Jahre. Als Abweichungsregelung legt § 24 Abs. 1 Nr. 1 NAGBNatSchG fest, dass auf einer von einem Betriebsplan nach §§ 52 und 53 BBergG erfassten Fläche das Verbot des § 30 Abs. 2 Satz 1 BNatSchG bei der Verwirklichung einer nach dem Plan zulässigen Nutzung keine Anwendung findet, wenn der Biotop erst nach der Zulassung oder Planfeststellung entstanden ist. Im marinen Bereich ist an Fallkonstellationen zu denken, wo der genehmigte Sedimentabbau unterseeische Riffe oder sublitorale Sandbänke betrifft, die dem gesetzlichen Biotopschutz nach § 30 Abs. 2 Nr. 6 unterfallen. Siedeln sich nach einer Unterbrechung der Abbautätigkeiten auf den hiervon betroffenen Flächen die für den Biotop charakteristischen Arten wieder an, hindert dies im zeitlichen Rahmen des § 30 Abs. 6 (fünf Jahre) die (Wieder-)Aufnahme des Abbaus nicht. Verstreicht längere Zeit, gelten die Anforderungen des gesetzlichen Biotopschutzes in vollem Umfang.

XI. Registrierung der Biotope (Absatz 7)

Abs. 7 regelt die Registrierung gesetzlich geschützter Biotope. Die Registrierung hat keine konstitutive Wirkung, sondern ist deklaratorischer Natur, weil der Schutz der Biotope durch das Gesetz selbst erfolgt. Sie dient daher insbesondere der Information des betroffenen Personenkreises sowie der Planungsträger. Da es allein auf den tatsächlichen Zustand in der Natur ankommt, greift der gesetzliche Schutz auch, soweit die gesetzlich geschützten Biotope nicht oder noch nicht in den Listen oder Karten eingetragen sind. Auch schließt eine Kartierung nicht aus, dass nach Abschluss der Kartierung Biotope sich in ihrem Bestand oder ihrem Biotoptyp verändern oder weitere dem gesetzlichen Schutz unterfallende Biotope entstehen.[109] Für den gesetzlichen Schutz kommt es nicht darauf an, ob der Betroffene von der Biotopkartierung Kenntnis erlangt[110] oder erlangen kann; dies kann aber im Rahmen eines Bußgeldverfahrens hinsichtlich der Frage eines Fahrlässigkeitsvorwurfs von Bedeutung sein.

---

108 BR-Drs. 278/09, S.18.
109 VGH Mannheim, Urteil v. 13.06.1997 – 8 S 2799/96, NuR 1998, 146.
110 VGH München, Beschl. v. 27.2.1992 – 2 B 90.2664.

65 Wie die Registrierung im Einzelnen erfolgt, ist in den Ländern unterschiedlich geregelt. Insofern enthält sich der Bund hierzu einer Bestimmung. Um die erforderliche Klarheit für Eigentümer und Nutzer zu bewirken, ist es sinnvoll, die Biotopkartierung parzellenscharf im Maßstab 1:5000 oder größer (im Wald 1:10.000) sowie nach landesweit einheitlichen **Erhebungskriterien** durchzuführen.[111] Entscheidend ist aber immer die tatsächliche Situation vor Ort. Der Umfang eines gesetzlich geschützten Biotops kann daher auch über die in der Biotopkartierung erfassten Flächen hinausgehen.[112]

66 Die von der zuständigen Naturschutzbehörde beauftragten Kartierer haben die Befugnis, im Rahmen dieser Aufgabe Grundstücke zu betreten.[113] Die Länder können Regelungen treffen, inwieweit die Eigentümer, Nutzer, Gemeinden und Verbände bei der Erstellung der Karten und Listen zu beteiligen sind und in welcher Weise in die endgültigen Karten und Listen Einsicht genommen werden kann. Diese Beteiligung kann allerdings nur darauf gerichtet sein, fachliche Unklarheiten oder Mängel zu beseitigen, da kein Ermessens- oder Abwägungsspielraum besteht, ob eine Fläche, die die Kriterien eines gesetzlich geschützten Biotops erfüllt, in die Karten und Listen aufgenommen wird.

67 Bei der Biotopkartierung handelt es sich um eine **öffentliche Urkunde** i.S.v. § 418 ZPO. Die Feststellungen werden durch sachkundige Personen getroffen, die von der zuständigen Naturschutzbehörde mit dieser Tätigkeit vertraglich beauftragt und entsprechend eingewiesen werden. Die Kartierer haben eine hoheitliche Aufgabe wahrzunehmen, so dass ihre Wahrnehmungen als Wahrnehmungen der Behörde anzusehen sind. Es liegt daher kein Fall des § 418 Abs. 3 ZPO (Zeugnis beruht nicht auf eigener Wahrnehmung der Behörde) vor. Möglich ist aber der Beweis, dass die in der Biotopkartierung getroffenen Tatsachenfeststellungen unrichtig sind (§ 418 Abs. 2 ZPO).[114]

XII. Feststellender Verwaltungsakt, Rechtsschutz

68 Gegen die Vornahme einer Biotopkartierung kann ein Grundstückseigentümer nicht mit einer Feststellungsklage vorgehen.[115] Die **Eintragung** hat keinen Regelungscharakter und kann daher nicht als Verwaltungsakt mit Rechtsbehelfen angegriffen werden.[116] Soweit das Landesrecht keine ausdrückliche Ermächtigungsnorm enthält, können die Naturschutzbehörden keinen feststellenden Verwaltungsakt erlassen.[117]

69 Der Eigentümer oder Nutzungsberechtigte ist damit darauf verwiesen, hinsichtlich des Vorliegens der Biotopeigenschaft bei entsprechendem Feststel-

---

111 Siehe zur verwaltungsmäßigen Durchführung der Biotopkartierung -Kartierung z.B. die baden-württ. VwV Biotopkartierung vom 25.9.1997, GABl. S. 615 sowie die Kartieranleitung, 5. Aufl. 2001, Fachdienst Naturschutz Allgemeine Grundlagen 2, hrsg. von der Landesanstalt f. Umweltschutz); *Höll-Hornbach*, Natur und Landschaft 1994, 505 ff. Eine Übersicht über die in den Bundesländern durchgeführten Biotopkartierungen ist in BfN (Hrsg.), Daten zur Natur 2002, S. 153 abgedruckt.
112 VG Arnsberg, Urt. v. 2.6.2004 – 1 K 552/02, NuR 2005, 338.
113 VG München, Urt. v. 7.8.1996 – M 11 K 94.6378, NuR 1997, 304.
114 VG Regensburg, Urt. v. 8.1.2002 – RN 11 K 01.622, NuR 2002, 443; BNatSchG/ES, BNatSchG § 20c Nr. 11.
115 VG München, Urt. v. 7.8.1996 – M 11 K 94.6378, NuR 1997, 304.
116 *Schink*, VerwArch 1995, 412.
117 VGH Mannheim, Urt. v. 6.7.2006 – 5 S 1280/05, NuR 2007, 418; VG Dresden, Urt. v. 18.3.1997 – 13 K 1278/95, NuR 1997, 465.

lungsinteresse (ausreichend ist ein Interesse an der Klärung der Nutzbarkeit eines Grundstücks) eine Feststellungsklage nach § 43 VwGO zu erheben. Gegenüber drohenden Verwaltungsmaßnahmen zur Durchsetzung des Biotopschutzes steht dem Eigentümer oder Nutzungsberechtigten vorbeugender Rechtsschutz zu.[118]

XIII. Unberührtheitsklausel (Absatz 8)

In vielen Fällen werden Erhaltung und Pflege der rechtlichen Absicherung bedürfen, z.b. durch Ausweisung von Schutzgebieten, durch die Einbeziehung der Umgebung in diesen Schutz, durch die Schaffung eines Biotopverbunds, durch die Landschaftsplanung. Abs. 7 lässt bei Vorliegen eines strengeren Schutzregimes, etwa wenn ein gesetzlich geschützter Biotop in einem Schutzgebiet liegt, das hierfür geltende Schutzregime unberührt.

Im Verhältnis zu bestehenden Rechtsverordnungen nach §§ 22–29 gewährleistet § 30 einen Mindestschutz für die Biotope. Strengere Regelungen in Rechtsverordnungen und Satzungen über geschützte Gebiete bleiben unberührt (vgl. Rdnr. 6 vor §§ 13–19).

XIV. Ordnungswidrigkeiten

Die Zerstörung oder erhebliche Beeinträchtigung eines gesetzlich geschützten Biotops stellt nach § 69 Abs. 3 Nr. 5 eine Ordnungswidrigkeit dar.

Anhang: Beschreibung der in Absatz 2 genannten Biotoptypen[119]

1. Natürliche oder naturnahe Bereiche fließender und stehender Binnengewässer

Natürliche oder naturnahe Bereiche fließender Binnengewässer einschließlich ihrer Ufer und der dazugehörigen uferbegleitenden natürlichen oder naturnahen Vegetation, Altarme und regelmäßig vom Gewässer überschwemmten Bereiche:

Natürliche oder naturnahe Fließgewässer zeichnen sich durch einen gewundenen, auf Umlagerungsstrecken auch verzweigten und den naturräumlichen Gegebenheiten entsprechenden Lauf aus. Sie sind geprägt durch Gewässerabschnitte unterschiedlicher Breite, Böschungsneigung, Tiefe und Längsgefälle sowie durch ein vielgestaltiges Bett und Ufer mit naturnahem Bewuchs und werden allein durch die Fließgewässerdynamik geformt. In der Regel weisen sie auch Schlick-, Sand-, Kies- oder Felsbänke mit naturnahem Bewuchs, vielfach auch Altarme und Altwasser auf.

Der naturnahe Bewuchs umfasst sowohl die Wasservegetation als auch die krautige und holzige Ufervegetation, an größeren Fließgewässern z.b. Schwimmblatt-Gesellschaften, Zweizahn-Gesellschaften, Flussröhrichte sowie Uferweidengebüsche und -wälder. Auf Schlick-, Sand-, Kies- oder Felsbänken siedelt besonders in den Alpen und im Alpenvorland stark gefährdete Pioniervegetation, z.b. die Alpenknorpellattich-Schwemmlings-Gesell-

---

118 BVerwG, Urt. v. 29.11.1985 – 8 C 105/83, BVerwGE 72, 265.
119 BT-Drs. 14/6378, S. 66 bzw. BT-Drs. 16/12274, S. 63, im Bereich des Küsten- und Meeresschutzes erfolgte eine Ergänzung durch die Bearbeiter.

schaft, die Schotterweidenröschen-Gesellschaft und die Zwergrohrkolben-Gesellschaft. Zu den Uferbereichen und Auen natürlicher Oberläufe gehören auch Gletschervorfelder und alpine Schwemmlandschaften mit gewässerbegleitenden Vermoorungen. Ebenfalls eingeschlossen sind die von extensiv genutztem Feuchtgrünland geprägten Auen (Überschwemmungsgrünland), z.b. mit Flutrasen und Brenndolden-Auenwiesen, soweit diese nicht bereits durch die Kategorie „seggen- und binsenreiche Nasswiesen" abgedeckt sind.

76 **Natürliche oder naturnahe Bereiche stehender Binnengewässer** einschließlich ihrer Ufer und ihrer natürlichen oder naturnahen Verlandungsbereiche:

77 Natürliche oder naturnahe stehende Gewässer mit ihren Ufern oder Teilbereiche derselben. Dazu gehören stehende Gewässer aller Trophiestufen (dystroph, oligotroph, mesotroph und eutroph), wie z.b. Seen, Teiche (nicht oder extensiv bewirtschaftet), Weiher und von Fließgewässern (teilweise) abgeschnittene Altwasser sowie naturnah entwickelte, aufgelassene Abbaugewässer. An den Ufern laufen natürliche Verlandungsprozesse ab, oder es sind solche zu erwarten. Soweit nicht das ganze Gewässer naturnah ist, sind unverbaute Uferabschnitte mit natürlichen Verlandungsprozessen wasserwärts bis in mehrere Meter Wassertiefe eingeschlossen (einschließlich der gesamten emersen und submersen Wasserpflanzenvegetation). Landeinwärts reichen die Verlandungszonen so weit, wie grundwassernahe Bodenbildungen vorliegen.

78 Entsprechend dieser Standortabfolge finden sich in der Regel in Zonen hintereinander: Unterwasserrasen, Wasserpflanzengesellschaften, Schwingrasen, Röhrichte und Seggenriede, Sumpfgebüsche und Bruchwälder bzw. deren Ersatzgesellschaften (z.b. Pfeifengraswiesen, Seggenriede sowie Hochstaudengesellschaften).

2. Feuchtbiotope

79 **Moore:** Vom Regen- oder Mineralbodenwasser abhängige Lebensgemeinschaften auf Torfböden in natürlichem oder naturnahem Zustand einschließlich bestimmter Degenerations- und Regenerationsstadien. Überwiegend waldfreie Formationen aus moortypischer Vegetation.

80 Dazu gehören: Hoch- und Übergangsmoore einschließlich Moorwälder, z.b. aus Birke (*Betula pubescens*, *B. carpatica*), Waldkiefer (*Pinus sylvestris*), Spirke (*Pinus rotundata*), Latsche (*Pinus mugo*), Fichte (*Picea abies*), ferner Schwingrasen, Moorkolke, regenerierende Torfstiche, pfeifengras-, zwergstrauch- und moorbirkenreiche Hochmoordegenerationsstadien, weiterhin intakte, völlig oder überwiegend unbewaldete Niedermoore (z.b. Seggenriede, Röhrichte, Weidenbüsche auf Torfböden) sowie Komplexe aus diesen Einheiten (*Utricularietea intermedio-minoris*, *Scheuchzerio-Caricetea nigrae p.p.*, *Oxycocco-Sphagnetea*, *Vaccinio-Piceatea p.p.*).

81 **Sümpfe:** Überwiegend baumfreie, teils gebüschreiche, von Sumpfpflanzen dominierte Lebensgemeinschaften auf mineralischen bis torfigen Nassböden, die durch Oberflächen-, Quell- oder hoch anstehendes Grundwasser geprägt sind. Zum Teil sind sie natürlich, vielfach jedoch erst durch Waldrodung und nachfolgende Nutzung als Streu- oder Futterwiesen entstanden. Kennzeichnend sind: Kleinseggensümpfe saurer bis kalkreicher Standorte und Kopfbinsenriede (*Scheuchzerio-Caricetea nigrae p.p.*), Schneiden- und Großseggenriede (*Magnocaricion*), Schachtelhalm- (*Equisetum spp.*) und

Hochstaudenvegetation (*Filipendulion, Senecion fluvatilis*), Weidensumpfgebüsche (*Salicion cineraea*).

Röhrichte: Hochwüchsige, meist wenigartige Pflanzenbestände am Ufer oder im Verlandungsbereich stehender oder fließender Gewässer (Süß- und Brackwasser (*Phragmitetea*)). Kennzeichnende, meist dominierende Arten: Schilf (*Phragmites australis*), Teichbinse (*Schoenoplectus spp.*), Rohrkolben (*Typha spp.*), Igelkolben (*Sparganium spp.*), Wasserschwaden (*Glyceria maxima*), Rohrglanzgras (*Phalaris arundinacea*), Sumpfbinse (*Eleocharis palustris*), Meerbinse (*Bolboschoenus maritimus*). 82

Großseggenrieder: Großseggenrieder sind von hochwüchsigen (ca. 0,5 bis 2 m hohen) Seggen dominierte Pflanzenbestände grundwasserbeeinflusster Standorte, vor allem im oberen Bereich der Verlandungszonen von Seen und in Flusstälern. Natürliche Bestände kommen nur kleinflächig vor. 83

Großseggenrieder nährstoffarmer (oligotrophe bis mestrophe) Standorte können bei großen Wasserstandsschwankungen als bultige Seggenriede mit bis über 50 cm hohen Bulten im Randbereich oligo- bis mesotropher Gewässer ausgebildet sein. Beispiele sind Seggenriede der Gedrängtährigen Segge (*Carex appropinquata*) oder der Rispen-Segge (*Carex paniculata*). Bei geringen Wasserstandsschwankungen kommen auch rasige, verhältnismäßig nährstoffarme Seggenriede vor, z.b. in Randlage von Mooren oder in Seenverlandungen mit z.b. Schnabelsegge (*Carex rostrata*) oder Faden-Segge (*Carex lasiocarpa*). 84

Großseggenriede nährstoffreicher (eutropher) Standorte können bei großen Wasserstandsschwankungen als bultige Seggenriede mit bis über 50 cm hohen Bulten im Feuchtgrünland und im Randbereich eutropher Gewässer ausgebildet sein. Beispiele sind Seggenriede der Steifen Segge (*Carex elata*) oder der Fuchs-Segge (*Carex vulpina*). Viele nährstoffreiche Seggenriede mit rasigem Wuchs unterlagen früher der Streunutzung z.b. Großseggenriede mit der Schlanken Segge (*Carex gracilis*) bzw. der Sumpf-Segge (*Carex acutiformis*), oder treten als Sukzessionsstadien nach dem Brachfallen von Feuchtgrünland in den nasseren Bereichen auf. In Verlandungszonen eutropher Gewässer gibt es ebenfalls nährstoffreiche Großseegenriede mit rasigem, oft lückigem Wuchs, z.b. mit der Ufersegge (*Carex riparia*) oder der Blasen-Segge (*Carex vesicaria*). 85

Seggen- und binsenreiche Nasswiesen: Anthropozoogene Grünländer auf feuchten bis nassen Standorten mit Dominanz von Süß- oder Sauergräsern, die durch landwirtschaftliche Nutzung aus Niedermooren oder durch Rodung feuchter Wälder entstanden sind. Diese extensiv genutzten Feucht- und Nasswiesen sind durch einen hohen Anteil von Seggen (*Carex spp.*), Binsen (*Juncus spp.*), Pfeifengras (*Molinia caerulea*) und anderen Feuchtezeigern wie z.b. Kuckuckslichtnelke (*Lychnis flos-cuculi*), Sumpfdotterblume (*Caltha palustris*), Sumpfvergissmeinnicht (*Myosotis palustris*), Kohldistel (*Cirsium oleraceum*), Wald-Engelwurz (*Angelica sylvestris*), Mädesüß (*Filipendula ulmaria*), Sumpfkratzdistel (*Cirsium palustre*), Waldsimse (*Scirpus sylvaticus*), Trollblume (*Trollius europaeus*), Schwalbenwurz-Enzian (*Gentiana asclepiadea*), Preußisches Laserkraut (*Laserpitium prutenicum*) und Niedrige Schwarzwurzel (*Scorzonera humilis*) gekennzeichnet. Eingeschlossen sind gemähte, beweidete oder aufgelassene Grünländer. 86

Kennzeichnende Pflanzengesellschaften sind z.B.: Sumpfdotterblumen-, Kohldistel-, Wassergreiskraut-, Wiesenknopf-Silgen-, Rasenschmielen-Knöterich-, Trollblumen-, Binsen-, Waldsimsen- und Pfeifengraswiesen. 87

88 **Quellbereiche:** Naturnahe, durch punktuell oder flächig austretendes Grundwasser geprägte Lebensräume, vegetationsfrei oder mit spezifischer Vegetation und Fauna im Wald oder offenen Gelände. Dazu gehören Sicker- und Sumpfquellen (*Helokrenen*) mit oft flächigem Wasseraustritt und Vegetation der *Montio-Cardaminetea* (Quellsümpfe und Quellmoore); bei kalkhaltigem Quellwasser können Quelltuffbildungen (Vegetation: *Cratoneurion commutati*) auftreten. Ferner gehören dazu natürliche Sturzquellen (Rheokrenen) und Grundquellen (*Limnokrenen*), z.b. in Form von Quelltöpfen, Tümpelquellen oder Gießen mit ihrer Unterwasservegetation (z.b. *Charetea*). Als Sonderfälle von Quellen sind auch temporäre Quellen (z.b. Karstquellen) eingeschlossen.

89 **Binnenlandsalzstellen:** Salzgeprägte Lebensräume des Binnenlandes im Bereich von Salz- und Solquellen oder natürlich zu Tage tretenden Salzstöcken. Geschützt sind natürliche und naturnahe Binnenlandsalzstellen mit ihrem gesamten Lebensraumkomplex, bestehend aus salzhaltigen Quellaustritten, salzhaltigen Fließ- und Stillgewässern mit der angrenzenden halophytischen Vegetation (u.a. Salzwiesen (Asteretea tripolii), z.b. mit Puccinellia distans und Juncus gerardii sowie Brackwasserröhrichte).

3. Trockenbiotope

90 **Offene Binnendünen:** Vom Wind aufgewehte, waldfreie Sandhügel im Binnenland. Überwiegend handelt es sich um kalkfreie Lockersande, die von schütteren Silbergrasrasen (*Corynephorion*), Kleinschmielenrasen (*Thero-Airion*) und ausdauernden Trockenrasen mit geschlossener Grasnarbe (*Koelerion glaucae, Amerion elongatae,* z.b. mit Grasnelke, *Armeria elonga*) oder Zwergstrauchgesellschaften bewachsen sind.

91 **Offene natürliche Block-, Schutt- und Geröllhalden:** Natürlich entstandene, waldfreie Block-, Schutt- und Geröllhalden aus unterschiedlichen Gesteinen im Bergland und den Alpen. Meist nur schütterer Pflanzenbewuchs, vornehmlich aus Flechten, Moosen und Farnen sowie sonstigen Fels-, Schutt- und Geröllpflanzen (*Thlaspietea rotundifolii, Seslerion variae p.p.*). Vereinzelt sind Gebüsche, Bäume und Baumgruppen eingestreut. An den Rändern schließen meist unter Ziffer 4 geschützte Schlucht-, Blockhalden- und Hangschuttwälder an.

92 **Lehm- und Lösswände:** Durch natürliche Erosion oder anthropogen entstandene, mehr oder weniger stark geneigte Steilwände und Böschungen in Lössgestein bzw. lehmigen Substraten im Bereich von Uferabbrüchen, Hohlwegen, Weinbergsterrassen oder Abbaugebieten. Steile und in Erosion befindliche Wände weisen keine oder eine schüttere Vegetation meist aus Kryptogamen auf. Weniger stark geneigte Abschnitte können mit höheren Pflanzen bewachsen sein. Es finden sich z.b. Fragmente von Trocken- und Halbtrockenrasen sowie Ruderal- und Saumvegetation, Hochstaudenfluren und Gebüsche.

93 **Zwergstrauch-, Ginster- und Wacholderheiden:** Von Zwergsträuchern, namentlich Heidekrautgewächsen, dominierte Pflanzenformationen, z.T. mit eingestreuten Wacholder- oder Besenginstergebüschen, auf überwiegend bodensauren Standorten vom Flachland bis in die alpine Stufe der Hochgebirge (*Ericion tetralicis, Vaccinio-Genistetalia, Loiseleurio-Vaccinietea, Caricetea curvulae, Empetrion nigri*). Neben natürlichen Vorkommen auf Dünen, Felsen, Blockhalden, in Mooren und im alpinen Bereich handelt es sich vorwiegend um anthropozoogene Ersatzgesellschaften zumeist bodensaurer

Wälder, die durch extensive Beweidung, Plaggenhieb und gelegentliches Abbrennen oder durch Brachfallen von Magerwiesen entstanden sind.

Kennzeichnende dominierende Pflanzenarten sind z.b. Heidekraut (*Calluna vulgaris*), Glockenheide (*Erica tetralix*), Krähenbeere (*Empetrum nigrum*), Heidelbeere (*Vaccinium myrtillus*), Preiselbeere (*Vaccinium vitis-idaea*), Rauschbeere (*Vaccinium uliginosum*), Alpenrose (*Rhododendron ferrugineum*), Alpen-Bärentraube (*Arctostaphylos alpina*), Wacholder (*Juniperus communis*).

Borstgrasrasen: Ungedüngte, gras- oder zwergstrauchreiche Magerrasen trockener bis staufeuchter saurer rohhumusreicher Böden, überwiegend durch jahrhundertelange Beweidung oder einschürige Mahd entstanden, teils artenarm, teils buntblumig und artenreich (*Nardetalia*). Kennzeichnende Pflanzenarten: Borstgras (*Nardus stricta*, oft dominierend), Bunter Hafer (*Avena versicolor*), Arnika (*Arnica montana*), Katzenpfötchen (*Antennaria dioica*, *A. carpatica*), Hundsveilchen (*Viola canina*), Gemeine Kreuzblume (*Polygala vulgaris*), Einblütiges Ferkelkraut (*Hypochoeris uniflora*), Bärtige Glockenblume (*Campanula barbata*), Scheuchzers Glockenblume (*Campanula scheuchzeri*), Berg-Nelkenwurz (*Geum montanum*), Weiße Küchenschelle (*Pulsatilla alba*), Zwerg-Augentrost (*Euphrasia minima*), Stengelloser Enzian (*Gentiana acaulis*), Tüpfel-Enzian (*Gentiana punctata*), Schweizer Löwenzahn (*Leontodon helveticus*), Gold-Fingerkraut (*Potentilla aurea*), Dreizahn (*Danthonia decumbens*), Blutwurz (*Potentilla erecta*), Heidekraut (*Calluna vulgaris*), Heidelbeere (*Vaccinium myrtillus*) und Drahtschmiele (*Deschampsia flexuosa*).

Die Borstgrasrasen waren früher als extensives Grünland vom norddeutschen Flachland bis in die subalpine Stufe der Alpen verbreitet; sie sind inzwischen sehr selten geworden, regional fast völlig verschwunden und heute stark gefährdet. Besonders stark gefährdet sind einerseits die Restbestände von Borstgrasrasen der planaren und kollinen Stufe und andererseits die von Natur aus nur kleinflächig vorkommenden regionalen Ausbildungen der höchsten Mittelgebirgsgipfel.

Trockenrasen: Die Trockenrasen (i.w.S.) schließen das natürliche und anthropozoogene Grünland trockenwarmer Standorte ein. Dazu gehören die Mauerpfeffer-Pioniertrockenrasen (*Sedo-Sclerantheatea*) und die Schwingel-Trespen-Trockenrasen (*Festuco-Brometea*). Trockenrasen können auf flachgründigen Felsböden, auf trockenen Sandböden, aber auch v.a. in südexponierter Lage und bei subkontinentalem Klima auf tiefgründigen Schluff- und Lehmböden vorkommen. Natürliche waldfreie Trockenrasen existieren nur kleinflächig an extremen Standorten, z.B. an sehr flachgründigen Steilhängen. Der weitaus größte Teil des trockenen Grünlands sind Halbtrockenrasen, d.h. durch extensive Mahd oder Beweidung entstandene Kulturformationen. Bei extensiver Beweidung findet man oft typische Weidegebüsche wie z.b. Wacholder (*Juniperus communis*; „Wacholderheiden" Süddeutschlands), Weißdorn (*Crataegus spp.*) und Rosen. Trockenrasen sind außerordentlich artenreich, Lebensraum zahlreicher geschützter und gefährdeter Tier- und Pflanzenarten, durch Nutzungsaufgabe oder Intensivierung stark zurückgegangen.

Schwermetallrasen: Natürliche und halbnatürliche, meist lückige Schwermetallrasen (Violetea calaminariae) auf natürlich anstehendem schwermetallreichem (z.b. Blei, Zink, Kupfer) Gestein und Gesteinsschutt oder meist älteren Abraumhalden des Bergbaus. Eingeschlossen sind lückige Bestände einschließlich solcher, die kleinflächig vegetationsfrei sind. Jüngeren Bergbauhalden mit ersten Pionierstadien fehlen i.d.r. die besonders gefährdeten endemischen Sippen, diese sind daher nicht eingeschlossen. Kennzeichnende Pflanzenarten sind z.b.: *Armeria halleri, Viola guestphalica, Viola calaminaria, Minuartia verna ssp. hercynica, Thlaspi calaminare* und verschiedene Sippen von *Silene vulgaris*.

99 **Wälder und Gebüsche trockenwarmer Standorte:** Natürliche, naturnahe und halbnatürliche, meist schwachwüchsige Wälder und Gebüsche aus Trockenheit ertragenden und teils wärmebedürftigen Pflanzenarten auf basenreichen bis -armen Standorten. In der Regel wachsen sie auf flachgründigen, steinigen oder felsigen sonnseitigen Hängen, gelegentlich auch auf stark austrocknenden Böden in ebener Lage (z.b. Schotterflächen, Kalkstein- und Mergelgebiete); Vorkommen vom Flachland bis ins Hochgebirge.

100 Dazu gehören: Orchideen- und Blaugras-Buchenwälder (*Carici-Fagetum*), thermophile Eichen-Hainbuchen- und Eichenmischwälder mit Trauben-, Stiel- und Flaumeiche (*Quercus petraea, Qu. robur, Qu. pubescens, Quercion robori-petreae p.p., Quercetalia pubescentis, Carpinion betuli p.p.*), Winterlinden-Trockenwälder (*Tilio-Acerion*, soweit nicht unter Blockhalden- und Hangschuttwäldern genannt) sowie Pfeifengras-Kiefernwälder, Schneeheide-Kiefernwälder (*Erico-Pinetea*), kontinentale Kiefern-Trockenwälder (*Pulsatillo-Pinetea*); thermophile Gebüsche (*Berberidion*), z.T. auf Felsen mit Felsenbirne (*Amelanchier ovalis*), Zwergmispel (*Cotoneaster integerrimus*), Steinweichsel (*Prunus mahaleb*), Mehlbeere (*Sorbus aria*), Sanddorn (*Hippophae rhamnoides*), Berberitze (*Berberis vulgaris*), Liguster (*Ligustrum vulgare*), Wolliger Schneeball (*Viburnum lantana*), Schlehe (*Prunus spinosa*), Feldulme (*Ulmus minor*), Rosen (*Rosa spp.*) und Wacholder (*Juniperus communis*) einschließlich ihrer thermophilen Saumvegetation (*Geranion sanguinei*).

101 Nicht eingeschlossen sind ruderale Sukzessionsstadien wie z.b. Verbuschungsstadien mit hohen Anteilen nitrophytischer Arten (z.b. *Sambucus nigra*) auf jüngeren Industrie- und Siedlungsbrachen.

4. Naturnahe Wälder

102 **Buch- und Sumpfwälder:** Naturnahe Wälder und Gebüsche auf ständig nassen Torf- oder Mineralböden (*Alnetea glutinosiae, Betulion pubescentis*). Bestandsbildende Baumarten können z.b. Schwarzerle (*Alnus glutinosa*), Esche (*Fraxinus excelsior*), Bruchweide (*Salix fragilis*), Moor- und Karpatenbirke (*Betula pubescens, B. carpatica*), ferner auch Fichte (*Picea abies*) und Tanne (*Abies alba*) sein; Straucharten: z.b. Grauweide (*Salix cinerea*), Ohrweide (*Alix aurita*), Lorbeerweide (*Salix pentandra*), Faulbaum (*Frangula alnus*), Gagelstrauch (*Myrica gale*). Im Unterwuchs dominieren krautige Sumpfpflanzen, teils auch Torfmoose (*Sphagnum spp.*).

103 **Auwälder:** Naturnahe Wälder und Ufergebüsche im Überflutungsbereich von Bächen und Flüssen.

104 Wesentliches lebensraumprägendes Element ist eine natürliche oder naturnahe Überflutungsdynamik. Je nach Wasserregime, Bodenbeschaffenheit und Höhenlage gibt es spezifische Ausbildungsformen und Vegetationsabfolgen. Typen der gewässernahen, häufig und z.T. länger überfluteten Weichholzaue und Weidenwälder mit Silber- und Bruchweide (Salicion albae) ferner ufersäumende Eschen-, Schwarzerlen-, Grauerlenwälder (*Alno-*

Ulmion pp.) sowie Weidengebüsche mit z.B. Mandelweide (*Salix triandra*), Lavendelweide (*Salix eleagnos*) und Tamariskengebüsch (*Myricarietum germanicae*). An kürzer bis sporadisch überfluteten Standorten der Hartholzaue wachsen Bergahorn-, Eschen-, Stieleichen-Hainbuchen-, Eichen-Eschen- und Eichen-Ulmen-Auwälder (*Carpinion p.p., Alno-Ulmion p.p.*), im Voralpenland auch Kiefern-Auenwälder (*Erico-Pinion*).

Schlucht-, Blockhalden- und Hangschuttwälder: Meist in steil eingeschnittenen Tälern oder am Fuße von Steilwänden und Felsabbrüchen wachsende Laub- und Mischwälder sowohl kühl-feuchter als auch frischer bis trockenwarmer Standorte auf Hang- und Blockschutt, i.d.R. nicht ganz konsolidiert und auf Rohböden über kalkreichem bis silikatischem Lockermaterial. Typisch sind Steilhanglagen mit rutschendem Substrat, ein relativ lichter Kronenschluss und eine üppig entwickelte Krautschicht.

Bestandsbildende oder im Verbund auftretende Baumarten sind Spitz- und Bergahorn (*Acer platanoides, A. pseudoplatanus*), Sommerlinde (*Tilia platyphyllos*), Bergulme (*Ulmus glabra*), Esche (*Fraxinus excelsior*) oder Hainbuche (*Carpinus betulus*); die Rotbuche (*Fagus sylvatica*) kann beigesellt sein. Ebenso schutzwürdig sind die montanen Block-Fichtenwälder mit ihrem Kryptogamenreichtum. Wegen ihrer schlechten Erschließbarkeit in Extremlagen (Schluchten, Steilhänge etc.) sind die Schlucht-, Blockhalden- und Hangschuttwälder meist naturnah erhalten und zeichnen sich oft durch Moos-, Farn- und Flechtenreichtum aus.

Dazu gehören u.a. Fichten- und Birken-Ebereschen-Blockwälder, Ahorn-Eschen-Hangwälder, Bergahorn-Mischwälder, Winterlinden-Hainbuchen-Hangschuttwälder, Ahorn-Linden- und Linden-Hangschuttwälder, Sommerlinden-Bergulmen-Blockschuttwälder und die perialpinen Blaugras-Winterlindenwälder (*Tilio-Acerion*).

Subalpine Lärchen- und Lärchen-Arvenwälder: Lärchenwälder: Nadelwälder bis an die subalpine (1200 bis 1800 m über NN) Waldgrenze, auf Blockschutthalden oder in Kaltluftsenken; in feuchten und niederschlagsreichen Lagen; hochstaudenreiche oder grasreiche Variante; sowohl auf Kalk- wie auch auf Silikatgestein, oft kryptogamenreich (Epiphyten).

Lärchen-Arvenwälder: Nadelwälder der obersten Waldstufe (ca. 1400 bis 1900 m über NN) in den nördlichen Randalpen, nur sehr kleinflächig vorkommend; ältere, ungestört entwickelte Bestände sind fast ausschließlich von Zirben (Pinus cembra) aufgebaut, sonst unterschiedliche Anteile von Latsche (Pinus mugo ssp. mugo), Fichte (Picea abies) und Lärche (Larix decidua).

5. Naturnahe alpine Biotope

Offene Felsbildungen: Basenhaltige und silikatische Felsen der alpinen Stufe. Diese Lebensräume sind durch spezifische Flechten- und Moosüberzüge, Felsspaltengesellschaften (*Asplenietea trichomanis*) und Felsimsrasen (*Seslerietea variae, Caricitea curvulae*) sowie Geröll- und Schuttvegetation (*Thlaspietea rotundifolii*) mit hohem Anteil endemischer Arten gekennzeichnet.

Alpine Rasen: Überwiegend natürliche, meist lückige Rasen („Urwiesen") der alpinen Stufe des Hochgebirges (oberhalb der Baumgrenze). Je nach Standort – flachgründige Hänge, Mulden, windgefegte Grate und Buckel – handelt es sich um unterschiedliche Pflanzengesellschaften, namentlich z.B. alpine Blaugrasrasen (*Seslerion variae*), Rostseggenrasen (*Caricion ferrugi-*

neae), Nacktriedrasen (*Oxytropido-Elynion*), Krummseggenrasen (*Caricetalia curvulae*) und alpine Borstgrasrasen (*Nardion strictae*). Außer durch charakteristische Gräser und Seggen sind sie oft durch besonderen Reichtum an Alpenblumen ausgezeichnet, z.B. Enziane (*Gentiana spp.*), Edelweiß (*Leontopodium alpinum*), Alpenanemone (*Pulsatilla alpina*), Alpendistel (*Carduus defloratus*), Stengelloses Leimkraut (*Silene acaulis*), Steinbrech- Arten (*Saxifraga spp.*) u.a.

112 **Schneetälchen:** Den größten Teil des Jahres schneebedeckte Hangmulden und Senken im Hochgebirge mit ständig durchfeuchteten Böden. Den extremen Standortbedingungen hat sich eine artenarme, aber sehr spezielle „Schneetälchen"-Vegetation (*Salicetea herbaceae*) und – Fauna vorzüglich angepasst. Charakteristische Pflanzenarten sind niedrige Spalierweiden, namentlich Netz- (*Salix reticulata*), Stumpfblatt- (*Salix retusa*) und Kraut-Weide (*Salix herbacea*), ferner Blaue Gänsekresse (*Arabis caerulea*), Schneeampfer (*Rumex nivalis*), Alpen-Hainsimse (*Luzula alpinopilosa*), Zwergalpenglöckchen (*Soldanella pusilla*) u.a.

113 **Krummholzgebüsche:** Natürliche und halbnatürliche, meist ausgedehnte Gebüschformationen baumfeindlicher Extremstandorte (z.B. felsiger Steilhänge, Schutthalden, Lawinenbahnen der subalpinen bis alpinen Stufe sowie Bereiche an der Baumgrenze). Dominierende Straucharten können Latsche (= Legföhre (*Pinus mugo subsp. mugo*)), Grünerle (*Alnus viridis*), subalpine Strauchweiden sowie Alpenrosen (*Rhododendron ferrugineum* und *Rh. hirsutum*) sein. Ihr Unterwuchs ist sehr vielgestaltig (*Rhododendro-Vaccinion*, *Alnion viridis pp.*, z.B. *Alnetum viridis*, *Salicion waldsteinianae* und *Aceri-Salicetum appendiculata* (Lawinenbahnen)).

6. Naturnahe Küsten- und Meeresbiotope

114 Der gesetzliche Biotopschutz im Meer hat durch die in § 56 Abs. 1 angeordnete Geltungserstreckung einen erheblichen Bedeutungszuwachs erhalten. Zum einen sind Seegraswiesen und sonstige marine Makrophytenbestände unabhängig von ihrer europarechtlichen Erfassung geschützt, zum anderen erfasst der gesetzliche Biotopschutz nun auch umfassend die in diesen Meeresbereichen vorkommenden (unterseeischen) Riffe und Sandbänke. Bisher waren diese Biotoptypen nach überwiegender Auffassung als Lebensraumtypen nur in den Gebieten des Netzes Natura 2000 durch das Europäische Habitatschutzrecht vor Beeinträchtigungen geschützt. Die Vorschrift des § 30 Abs. 2 Satz 1 Nr. 6 vermittelt ihnen jetzt auch außerhalb des europäischen Gebietsverbundes eine rechtlich geschützte Stellung.

115 **Fels- und Steilküsten:** Durch Erosionstätigkeit der Meeresbrandung entstandene natürliche Abbruchufer (Kliffs), an der Nordsee auf der Felseninsel Helgoland (Sandstein) und auf Sylt, an der Ostsee als Moränensteilküste (Jungmoränenhügel) und als Kalkstein-Felsküste (Kreide, z.B. Rügen). Die der Brandung ausgesetzten Kliffs haben in der Regel offene, vegetationsarme Böden, während die durch vorgelagerte Strandwälle vor weiterem Abtrag geschützten „inaktiven Kliffs" vielfach naturnah bewaldet oder gebüschbestanden sind.

116 Als direkt zugehörig sind sowohl die Böschungsoberkanten als auch die Hangfüße, an denen öfters Quellen austreten, und vorgelagerte Strände anzusehen. Da es sich um einen dynamischen Lebensraum mit natürlichen Erosionsprozessen handelt, ist ein ausreichend breiter Streifen oberhalb der Hangkante einzubeziehen.

Küstendünen und Strandwälle: Küstendünen sind ausschließlich durch Windeinwirkung entstandene Sandhügel. In der typischen Anordnung finden sich seewärts niedrige, locker mit Strandquecke (*Agropyrum junceum*) bewachsene Vordünen. Darauf folgen hoch aufragende Weißdünen mit dominierendem Strandhafer (*Ammophila arenaria*), landwärts schließen sich festgelegte Grau- und Braundünen (Krähenbeer-Heiden (*Empetrion nigri*)) und Dünengebüsche (z.B. *Salicion arenariae*, zum Teil mit Sanddorn (*Hippophae rhamnoides*)) an. Eingeschlossen sind vom Grundwasser beeinflusste und sonstige feuchte, teils vermoorte Dünentäler und Dünengewässer.

Je nach Grad der Vernässung, Kalk- und Salzgehalt des Wassers kommen hier Süß- und Brackwasser-Röhrichte, Kleinseggensümpfe, Glockenheide-Moore, Zwergbinsen- oder Flutrasen vor.

Strandwälle sind der Ostseeküste eigen. Es handelt sich um bis zu 3 m hohe, durch Wellenschlag gebildete Ablagerungen von Sand und Geröll. Die typische natürliche Vegetationsabfolge reicht von der salzwasserbeeinflussten Meerkohlgesellschaft (*Crambetum maritimae*) über Rot- und Schafschwingelrasen sowie Heidekraut-Gestrüpp bis zu Schlehengebüschen und Eichenmischwäldern.

Strandseen: Unter Strandseen werden vom Meer abgeschnittene salzige/brackige oder stärker ausgesüßte Küstengewässer mit zumindest temporärem Salzwassereinfluss verstanden. Sie sind oft nur durch schmale Strandwälle, seltener auch durch Geröllwälle oder Felsriegel vom Meer getrennt. Strandseen sind ein charakteristisches Element der Ausgleichsküsten. Der Wasserstand und der Salzgehalt von Strandseen können stark variieren. Strandseen sind durch einen episodischen Einfluss von Salzwasser gekennzeichnet, der zu Schwankungen der Salinität führt. Im atlantischen und subatlantischen Klima mit seinen humiden Verhältnissen führen Strandseen meist Brackwasser mit geringerer Salinität als die des Meeres. Durch Verdunstung kann der Salzgehalt jedoch auch zeitweilig erhöht sein. Sie sind vegetationsfrei oder haben eine Vegetation der *Ruppietea maritimae*, *Potametea*, *Zosteretea* oder *Charetea*. Im Uferbereich können Röhrichte ausgebildet sein.

Boddengewässer mit Verlandungsbereichen: Flache, unregelmäßig gestaltete und vom offenen Meer weitgehend abgetrennte Meeresbuchten im Bereich der Ausgleichsküste der Ostsee mit vom offenen Meer abweichendem Salzgehalt und stark vermindertem Wasseraustausch. Regional treten unterschiedliche Weich- und Hartsubstrate auf, die vegetationsfrei sein können, oft aber mit Seegras (*Zostera marina*), Meersalde (*Ruppia maritima*), Laichkrautarten (*Potamogeton spp.*) und Algen bewachsen sind und je nach Salinität und Substrattyp von sehr spezifischen Tiergemeinschaften besiedelt werden. Eingeschlossen sind die Ufer und die natürlichen Überflutungs- und Verlandungsbereiche, soweit nicht anderweitig erfasst.

Salzwiesen und Wattflächen im Küstenbereich: Naturnahe bis natürliche Lebensräume im Tidebereich der flachen Meeresküsten und Inseln mit charakteristischer Zonierung.

Das Watt ist der von wechselnden Wasserständen geprägte Lebensraum unserer Küsten. Dazu gehören die breiten Wattgürtel der Nordseeküste (mit hohem Tidenhub) und die vergleichsweise kleinen Wattflächen der Ostsee („Windwatt"). Je nach Substrattyp kann man Sand-, Schlick-, Mischwatt und Felswatt unterscheiden mit jeweils charakteristischen Lebensgemeinschaften. Sonderfälle sind ferner Brackwasserwatt und Süßwasserwatt in den tidenbeeinflussten Ästuaren z.B. von Weser und Elbe. Die Wattflächen können frei von höheren Pflanzen sein (oft Algen- und Diatomeenüberzüge, im Felswatt Großalgen wie *Laminaria spp.*, *Fucus spp.*) oder von Seegras (*Zostera noltii* und *Z. marina*), Schlickgras (*Spartina spp.*) oder Queller (*Salicornia europaea agg.*, *Thero-Salicornietea*) bewachsen sein. Das Quellerwatt bildet i.d.R. eine Zone von MTHW (Mittleres Tidehochwasser) bis ca. 40 cm unter MTHW.

124 Salzwiesen sind natürliches, beweidetes oder seltener gemähtes, tidenbeeinflusstes Grünland, landwärts an das Quellerwatt angrenzend. Dazu gehören in einer von der Überflutungshäufigkeit abhängigen Zonierung Andelrasen (*Puccinelion maritimae*) und höher gelegene Salzwiesen (*Armerion maritimae*), ferner wechselhaline Vegetation der *Saginetea maritima*. Im natürlichen (unbeweideten) Zustand treten Salzmelde (*Halimione portulacoides*), Strandflieder (*Limonium vulgare*), Strandaster (*Aster tripolium*) und Strandwermut (*Artemisia maritima*) stärker hervor, bei Beweidung entstehen einförmige Andel- (*Puccinellia maritima*) und Rotschwingelrasen (*Festuca rubra ssp. littoralis*) mit Strand-Grasnelke (*Armeria maritima*) und Salzbinse (*Juncus gerardii*). Durch Beweidung oft aus Röhrichten entstandene Salzgrünländer der Ostseeküste, die teilweise Vermoorungen aufweisen können, sowie Brachwasserröhrichte und -hochstaudenfluren sind eingeschlossen.

125 **Seegraswiesen und sonstige marine Makrophytenbestände:** Auf lockeren Sedimenten im tidenbeeinflussten marinen Flachwasserbereich wachsen ab der MTNW-Grenze (Mittleres Tiedeniedrigwasser), d.h. im Anschluss an das Watt nach unten, Seegraswiesen (*Zosteretum marinae*). Die Tiefengrenze ist durch den Lichtfaktor (somit auch von der Wasserverschmutzung abhängig) bedingt. Die Seegraswiesen sind hochproduktive Flachwasserbereiche, die eine hohe Bedeutung für Jungfische und als natürliche Sedimentfänger haben. Sonstige marine Makrophytenbestände finden sich auf Hartsubstraten, hauptsächlich als Bestände von Braunalgen (Gatt. *Laminaria* und *Fucus*), in der Ostsee auch von Rot- und Grünalgen sowie Laichkräutern (*Potamogeton spp.*) oder auf Schlick und Sandböden als Bestände von Salden (*Ruppia spp.*), Laichkräutern (*Potamogeton spp.*) oder Rotalgen.

126 **Riffe:** Dieser Biotoptyp ist zugleich geschützter Lebensraumtyp 1170 nach der FFH-Richtlinie. Ergänzend kann deshalb auf die Definition im „Leitfaden" hingewiesen werden.[120] Es handelt sich um vom Meeresboden aufragende Hartsubstrate des Sublitorals (euphotische Zone, i.d.R. bis max. ca. 15 m Tiefe) und des Litorals, häufig von Großalgen und Muscheln bewachsen, v.a. in der Ostsee auch mit höheren Pflanzen. Eingeschlossen sind sowohl das Felswatt, Riffe entlang der Felsküsten als auch im freien Meer aufragende Riffe. Riffe können aus Felsen, Felsblöcken oder Moränenverwitterungsmaterial aufgebaut sowie biogenen Ursprungs sein (z.B. Sabellaria-Riffe, natürliche Miesmuschelbänke).

127 **Sublitorale Sandbänke:** Dieser Biotoptyp ist zugleich geschützter Lebensraumtyp 1110 nach der FFH-Richtlinie. Ergänzend kann deshalb auf die Definition im „Leitfaden" hingewiesen werden.[121] Es handelt sich um Sandbänke des Sublitorals (euphotische Zone der Nord- und Ostsee) einschließ-

---

120 [Kommissionsdienststellen:] Leitfaden zum Aufbau des Natura-2000-Netzes in der Meeresumwelt. Anwendung der FFH- und der Vogelschutzrichtlinie (Oktober 2007), S. 33 f.
121 [Kommissionsdienststellen:] Leitfaden zum Aufbau des Natura-2000-Netzes in der Meeresumwelt. Anwendung der FFH- und der Vogelschutzrichtlinie (Oktober 2007), S. 31 ff.

lich des darüber liegenden Wasserkörpers. Die frühere, sachlich nicht gerechtfertigte, Beschränkung des Schutzes auf die sublitoralen Sandbänke der Ostsee wurde aufgehoben (vgl. oben Rdnr. 11). Eine Sandbank besteht vorwiegend aus sandigen Sedimenten innerhalb eines bestimmten Körnerspektrums. Eine der größten küstenfernen Sandbänke in diesem Sinn ist die Doggerbank, die sich über die Meereszonen mehrerer Mitgliedstaaten erstreckt. Sandbänke sind vegetationsfrei oder mit meist spärlicher Makrophytenvegetation. Sandbänke können Meeresströmungen ausgesetzt sein und entsprechend Substratumlagerungen aufweisen. Eingeschlossen sind sowohl Sandbänke, die bis dicht unter die Meeresoberfläche reichen und bei MTNW noch nicht frei fallen als auch solche, die regelmäßig trocken fallen. Beim FFH-Lebensraumtyp 1110 gehört zur Definition noch die „schwache ständige Überspülung durch Meerwasser". Als Arbeitsdefinition wurde beschlossen, für den höchsten Punkt einer Sandbank die (willkürliche) Tiefe von 20 m unter dem Seekartennull festzulegen.[122]

Schlickgründe mit bohrender Megafauna: Schlickige Lebensräume am Meeresboden der küstenfernen Meeresgebiete der deutschen Nordsee (Schluff bis Ton bzw. Schluff bis Feinsand) mit einer mittleren Korngröße von 0,002 bis 1 mm gebildet von einer „Lebensgemeinschaft mit bohrender Megafauna" (u.a. dekapode Krebse, insbesondere *Nephrobs norvegicus, Callanassia, Callocaris, Upogebia* u.a.). Dieser Lebensraumtyp entspricht dem unter OSPAR als „gefährdet und zurückgehend" eingestuften Lebensraum „Sea pens and burrowing megafauna" (Seefedern und bohrende Megafauna). Die als charakteristisch angesehenen grabenden Krebsarten der Gattungen *Nephrobs, Calanassia, Calocaris* und *Upogebia* kommen auch in der deutschen Nordsee vor, während keine Standorte mehr für die Seefederarten bekannt sind. Dieser komplexe Biotop mit einer guten Sauerstoffversorgung bis zu einem halben Meter unter dem Meeresboden entwickelt sich allerdings ausschließlich durch die grabenden Krebsarten.

Artenreiche Kies-, Grobsand- und Schillbereiche im Meeres- und Küstenbereich: Vegetationsarme Bereiche des Meeresbodens und der Küste, die aus Kies, Grobsand oder zerriebenen Muschelschalen (Schill) bestehen. Typisch ist eine artenreiche tierische Besiedlung.

---

122 Vgl. [Kommissionsdienststellen:] Leitfaden zum Aufbau des Natura-2000-Netzes in der Meeresumwelt. Anwendung der FFH- und der Vogelschutzrichtlinie (Oktober 2007), S. 32

Abschnitt 2 Netz „Natura 2000"

§ 31 Aufbau und Schutz des Netzes „Natura 2000"

Der Bund und die Länder erfüllen die sich aus den Richtlinien 92/43/EWG und 79/409/EWG ergebenden Verpflichtungen zum Aufbau und Schutz des zusammenhängenden europäischen ökologischen Netzes „Natura 2000" im Sinne des Artikels 3 der Richtlinie 92/43/EWG.

Gliederung

	Rdnr.
I. Allgemeines	1, 2
II. Umsetzung von Richtlinien in nationales Recht	3, 4
III. Europarechtliche Vorgaben für den Aufbau des Netzwerkes „Natura 2000"	5–95
1. Die europäische Vogelschutzrichtlinie – 79/409/EWG [jetzt: 2009/147/EG]	6–48
a) Allgemeines	6–8
b) Allgemeine Verpflichtungen	9–17
c) Stand der Umsetzung	18, 19
d) Auswahl der besonderen Schutzgebiete (Special Protected Area – SPA)	20–30
aa) Auswahlkriterien	22–24
bb) Ermessen	25
cc) Wirtschaftliche Erfordernisse	26, 27
dd) Identifizierung europäischer Vogelschutzgebiete in den Bundesländern	28
ee) Kriterien für die Gebietsauswahl	29
ff) Randzonen	30
d) Entstehen von Vogelschutzgebieten	31–33
e) Erklärung zu Europäischen Vogelschutzgebieten	34–40
f) Faktische Vogelschutzgebiete	41–44
g) Vermeidung von Verschmutzung oder Beeinträchtigung der Lebensräume nach Art. 4 Abs. 4 V-RL	45
h) Verkleinerung von Schutzgebieten	46–48
2. Die FFH-Richtlinie – 92/43/EWG	49–95
a) Allgemeines	49–51
b) Unterschutzstellung	52–63
aa) Vorauswahl von Schutzgebieten (Phase 1)	52–58
bb) Der Entwurf einer Liste durch die Kommission (Phase 2)	59, 60
cc) Endgültige Festlegung und Schutzgebietsausweisung (Phase 3)	61, 62
dd) Liste der Gebiete von gemeinschaftlicher Bedeutung	63
c) Sonderfälle bei der Gebietsauswahl	64, 65
aa) Relativ hoher Flächenanteil	64
bb) Konzertierungsverfahren	65
e) Folgen der Unterschutzstellung	66–72
aa) Allgemeines Verschlechterungs- und Störungsverbot, Art. 6 Abs. 2 FFH-RL	67
bb) Prüfung auf Verträglichkeit	68–72
f) Rechtsschutz bei Gebietsmeldungen	73–77
g) Einvernehmen mit einer Liste der Gebiete von gemeinschaftlicher Bedeutung	78, 79
h) Potenzielle FFH-Gebiete	80–95

I. Allgemeines

Der Verlust an Biodiversität ist weltweit zu beobachten. Auch im europäischen Gebiet der Mitgliedstaaten verschlechtert sich der Zustand der natürlichen Lebensräume unaufhörlich und die Zahl der bedrohten wild lebenden Tier- und Pflanzenarten nimmt zu. Um das Europäische Naturerbe und die biologische Vielfalt in Europa zu erhalten, sah sich die Europäische Gemeinschaft 1992 zum Handeln veranlasst. Die Mitgliedstaaten verabschiedeten einstimmig die „Richtlinie 92/43/EWG des Rates zur Erhaltung der natürlichen Lebensräume sowie der wild lebenden Tiere und Pflanzen vom 21.5.1992" (Fauna-Flora-Habitat-Richtlinie – FFH-RL),[1] die zusammen mit der „Richtlinie 79/409/EWG des Rates über die Erhaltung der wild lebenden Vogelarten vom 2.4.1979" (Vogelschutzrichtlinie – V-RL)[2] den Aufbau des europaweiten Schutzgebietssystem „Natura 2000" zur Aufgabe hat. Die FFH-RL ist die Umsetzung der Berner Konvention (BK)[3] in europäisches Recht. Mit der Berner Konvention wurde erstmals ein Übereinkommen geschaffen, das die Erhaltung wild lebender Pflanzen und Tiere und ihrer Lebensräume zum Ziel hat. Die BK enthält Entnahme- und Nutzungsbeschränkungen für über 1900 Arten, sie umfasst auch den strengen Schutz der Lebensräume dieser Arten. Die Ziele der BK wurden erst durch die Umsetzung in der FFH-RL justitiabel und erlangten im Folgenden ihre für den Naturschutz außerordentliche Bedeutung. Mit der FFH-RL und der V-RL existiert ein umfassendes rechtliches Instrumentarium zu einem grenzübergreifenden Arten- und Biotopschutz in der Europäischen Union, das die dauerhafte Erhaltung der europäischen Lebensraumtypen und Arten in ihrem gesamten natürlichen Verbreitungsgebiet gewährleisten soll.

§ 31 ist jetzt unmittelbar geltende Vorschrift. Sie greift § 32 Satz 2 BNatSchG 2002 auf und weist auf die staatlichen Verpflichtungen im Rahmen der FFH- und Vogelschutzrichtlinie hin.[4] Neben dem mittlerweile weit fortgeschrittenen **Aufbau des Netzes „Natura 2000"** haben Bund und Länder auch die **Verpflichtung zum Schutz** des kohärenten Netzwerkes Natura 2000.

II. Umsetzung von Richtlinien in nationales Recht

Der Europäischen Gemeinschaft stehen im Rahmen ihrer Kompetenz verschiedene Rechtssetzungsmöglichkeiten zur Verfügung. Neben der Verordnung als strikteste Form besteht die Möglichkeit, eine Richtlinie nach Art. 288 UAbs. 3 AEUV zu erlassen, diese bedürfen der Umsetzung in nationales Recht. Nach Ablauf der Umsetzungsfrist sind alle staatlichen Stellen, von Bundes- bis Kommunalbehörde an die EG-Richtlinien gebunden.

Erfolgt die Umsetzung einer EG-Richtlinie nicht fristgemäß, so kann sie unter bestimmten Voraussetzungen **unmittelbar gelten**. Der EuGH hat in den Entscheidungen Santoña[5] und Leybucht[6] die V-RL unmittelbar auf die zu

---

1 Zur Entstehungsgeschichte vgl. *Wirths*: Naturschutz durch europäisches Gemeinschaftsrecht (2001), S. 33 ff.
2 Jetzt in der kodifizierten Fassung (RL 2009/147/EG) vom 30.11.2009, ABl. EG 2010 L Nr. 20 S. 7.
3 Übereinkommen über die Erhaltung der europäischen wildlebenden Pflanzen und Tiere und ihrer natürlichen Lebensräume vom 19.9.1979 (BGBl. II S. 1984, S. 618).
4 Vgl. BT-Drs. 16/12274, S. 64.
5 EuGH, Urt. vom 2.8.1993 – C-355/90, NuR 1994, 521.
6 EuGH, Urt. v. 28.2.1991 – C-57/89, NuR 1991, 249.

beurteilenden Vorhaben angewandt, weil der betreffende Mitgliedstaat seiner Umsetzungsverpflichtung in dem von der Richtlinie vorgegebenen Zeitrahmen nicht nachgekommen war. Wird ein Gebiet nicht als Vogelschutzgebiet ausgewiesen, obwohl es nach den Vorgaben der V-RL hätte ausgewiesen werden müssen, so liegt ein sog. „faktisches Vogelschutzgebiet" vor.[7]

III. Europarechtliche Vorgaben für den Aufbau des Netzwerkes „Natura 2000"

5 Das Europäische ökologische Netz „Natura 2000" besteht nach Art. 3 Abs. 1 FFH-RL aus zwei Arten von Schutzgebieten: zum einen aus den nach der V-RL ausgewiesenen **Vogelschutzgebieten** und zum anderen aus den nach der FFH-RL ausgewiesenen **Gebieten von gemeinschaftlicher Bedeutung**.

1. Die europäische Vogelschutzrichtlinie – 79/409/EWG [jetzt: 2009/147/EG]

6 a) **Allgemeines.** Die V-RL regelt den Schutz, die Nutzung und die Bewirtschaftung aller im europäischen Gebiet der Mitgliedstaaten einheimischen Vogelarten und verpflichtet die Mitgliedstaaten der EU, besondere Gebiete zum Schutz von Vögeln einzurichten und die nötigen Schutzmaßnahmen durchzuführen. Die Richtlinie verzichtet auf eine abschließende Liste der zu schützenden Vogelarten, indem sie den Begriff der „heimischen Vogelarten" verwendet.[8] Der EuGH hat wiederholt daraus geschlossen, dass die Mitgliedstaaten die Verpflichtungen aus der Richtlinie auch in Bezug auf solche Vogelarten haben, die nicht in ihrem eigenen Staatsgebiet, sondern auf dem Gebiet eines anderen Mitgliedstaats beheimatet sind.[9] Nach Art. 1 Abs. 2 gilt die Richtlinie für Vögel, Eier, Nester und Lebensräume.[10]

7 Der Geltungsbereich der V-RL wird von dem taxonomischen Begriff der **Art** bestimmt. In der Vogeltaxonomie umfasst der Begriff der Art definitionsgemäß alle ihre Unterteilungen wie Rassen und Unterarten. Folglich gehört ein Individuum einer Unterart immer der Art an, zu der die betreffende Unterart gehört. Die Unterarten können auch außerhalb des europäischen Gebiets der Mitgliedstaaten vorkommen. Voraussetzung dafür, dass die Arten unter den Anwendungsbereich der V-RL fallen ist, dass sie wildlebend sind und die Art zu der sie gehören oder andere Unterarten in diesem Gebiet wildlebend vorkommt.[11]

---

7 Vgl. *Maaß*, ZUR 2000, 121 ff.; *Stüber*, NuR 1998, 531 ff.; zu den faktischen Vogelschutzgebieten vgl. Rdnr. 41 ff.
8 Zurecht weist *Epiney* daraufhin, dass die Anhänge der V-RL Listen von Vogelarten enthalten, die besondere Verpflichtungen nachsich ziehen. Gleichwohl hat die V-RL einen weiten Anwendungsbereich der auch Vogelarten umfasst, die nicht in den Anhängen der V-RL gelistet sind, vgl. *Epiney* in Epiney/Gammenthaler, Das Rechtsregime der Natura 2000-Schutzgebiete, S. 11.
9 Vgl. EuGH Urt. v. 8.7.1987 – Rs. 247/85, Slg. 1987, 3029 Rdnr. 6 f., 22; Urt. v. 12.7.2007 – C-507/04, NuR 2007, 537 Rdnr. 98 f.; vgl. auch *Epiney* in Epiney/Gammenthaler, Das Rechtsregime der Natura 2000-Schutzgebiete, S. 11.
10 Vgl. zur absichtlichen Zerstörung oder Beschädigung von Nestern und Eiern und die Entfernung von Eiern, BVerwG, Urt. v. 21.6.2006 – 9 A 28.05, NuR 2006, 779.
11 EuGH, Urt. v. 8.2.1996 – C-202/94, Slg. 1996, I-355, Rdnr. 11/17.

Der Anwendungsbereich der Richtlinie hat insoweit auch einen dynamischen Charakter, der gerade im Zeichen des Klimawandels von Bedeutung ist. Es lässt sich nämlich nicht ausschließen, dass sich durch den **Klimawandel** z.b. Langstreckenzieher neue Habitate oder andere Arten sich neue bestgeeignete Gebiete suchen werden. Es kann daher auch weiterhin faktische Vogelschutzgebiete geben.

b) Allgemeine Verpflichtungen. Die allgemeinen Vorgaben aus den Art. 2 und 3 V-RL werden in Art. 4 V-RL auf die Einrichtung von Schutzgebieten und in Art. 5 ff. auf diejenigen Maßnahmen konkretisiert, die speziell den Umgang mit den geschützten Vogelarten betreffen.[12]

Nach Art. 2 V-RL treffen die Mitgliedstaaten die erforderlichen Maßnahmen, um die Bestände aller von der V-RL erfassten Vogelarten auf einem Stand zu halten oder auf einen Stand zu bringen, der insbesondere den ökologischen, wissenschaftlichen und kulturellen Erfordernissen entspricht, wobei den wirtschaftlichen und freizeitbedingten Erfordernissen Rechnung getragen wird. Art. 2 eröffnet dem Mitgliedstaat einen weiten Gestaltungsspielraum, indem die Richtlinie dem Mitgliedstaat die zu ergreifenden Maßnahmen selbst überlässt und eine Abwägung von z.T. gegenläufigen Interessen ermöglicht.

Nach Art. 3 Abs. 1 FFH-RL treffen die Mitgliedstaaten unter Berücksichtigung der in Art. 2 genannten Erfordernisse die erforderlichen Maßnahmen, um für alle unter Art. 1 fallenden Vogelarten eine ausreichende Vielfalt und eine ausreichende Flächengröße der Lebensräume zu erhalten oder wieder herzustellen.

Der Verweis auf Art. 2 erfolgt im Zusammenhang mit den im Einzelnen zu treffenden Maßnahmen, aber er relativiert nicht das in Art. 3 Abs. 1 2 HS ohne Vorbehalt genannte Ziel der Richtlinie, d.h. die wirtschaftlichen und sonstigen Interessen, die möglicherweise dem Vogelschutz entgegenstehen könnten, dürfen lediglich bei der Frage nach der Wahl der zu treffenden Maßnahme, berücksichtigt werden, nicht aber bei den zu erreichenden Zielvorgaben der Richtlinie.[13]

Die Mitgliedstaaten müssen nach Abs. 2 bestimmte Maßnahmen ergreifen (Erhaltung der Lebensräume in ausreichender Vielfalt und Größe) und zwar unabhänig davon, ob eine Abnahme der Vogelzahl zu beobachten ist oder eine bestimmte Art bereits verschwunden ist.[14]

§ 3 Abs. 2 V-RL enthält eine beispielhafte Aufzählung von Maßnahmen, die zur Erfüllung der Verpflichtung aus Abs. 1 – Erhaltung oder Wiederherstellung von Lebensräumen – zu ergreifen sind. Danach haben die Mitgliedstaaten zur Erhaltung und Wiederherstellung der Lebensstätten und Lebensräume dadurch beizutragen, dass sie insbesondere folgende Maßnahmen ergreifen:
– Einrichtung von Schutzgebieten, Pflege und ökologisch richtige Gestaltung der Lebensräume in und außerhalb von Schutzgebieten,
– Wiederherstellung zerstörter Lebensstätten,
– Neuschaffung von Lebensstätten.

---

12 Zur Systematik der V-RL vgl. auch EuGH, Urt. v. 2.8.1993 – C-355/90, Rdnr. 23 (Santona), NuR 1994, 521.
13 Vgl. *Epiney* in Epiney/Gammerthaler, S. 16.
14 Vgl. EuGH, Urt. v. 2.8.1993 – C-355/90, Rdnr. 15, NuR 1994, 521.

15 Über diese allgemeinen Maßnahmen hinaus verlangt Art. 4 Abs. 1 V-RL, dass für die in Anhang I V-RL aufgeführten Vögel besondere Schutzmaßnahmen für deren Lebensräume ergriffen werden, um das Ziel der V-RL zu verwirklichen – der Sicherstellung des Überlebens und der Vermehrung dieser Vogelarten in ihrem Verbreitungsgebiet. Für die Erhaltung dieser Vogelarten sieht die V-RL vor, die zahlen- und flächenmäßig „geeignetsten Gebiete" zu Schutzgebieten auszuweisen (sog. Special protected areas – SPA). Das Gleiche gilt gemäß Art. 4 Abs. 2 V-RL für die nicht in Anhang I aufgeführten „regelmäßig auftretenden Zugvogelarten hinsichtlich ihrer Vermehrungs-, Mauser- und Überwinterungsgebiete sowie der Rastplätze in ihren Wanderungsgebieten."[15] Eine besondere Bedeutung wird dem Schutz der Feuchtgebiete und ganz besonders der international bedeutsamen Feuchtgebiete beigemessen.

16 Art. 3 V-RL sieht die Berücksichtigung der in Art. 2 genannten Erfordernisse vor, zu der Durchführung der allgemeinen Schutzmaßnahmen gehört die Einrichtung von Schutzgebieten. Dagegen enthält Art. 4 für die Durchführung der besonderen Schutzmaßnahmen, insbesondere die Einrichtung von besonderen Schutzgebieten, keine solche Verweisung. Wegen des besonderen Schutzzwecks des Art. 4 und weil Art. 2 nach ständiger Rechtsprechung[16] keine eigenständige Abweichung von der durch die Richtlinie aufgestellten allgemeinen Schutzregelung darstellt, dürfen, wie sich aus dem Santoña-Urteil[17] ergibt, die in Art. 4 aufgestellten ökologischen Erfordernisse und die in Art. 2 aufgezählten Belange, insbesondere die wirtschaftlichen Erfordernisse, **nicht gegeneinander abgewogen** werden. Die Mitgliedstaaten haben sich bei der Auswahl und Abgrenzung der besonderen Schutzgebiete an den in Art. 4 Abs. 1 und 2 genannten Kriterien zu orientieren.[18] Denn Art. 4 stellt gerade die in Anhang 1 aufgezählten Arten und die Zugvogelarten unter verstärkten Schutz, es handelt sich dabei um die am meisten bedrohten Arten bzw. um Arten, die ein gemeinsames Erbe der Gemeinschaft darstellen.[19]

17 Die Ausweisungspflicht für Vogelschutzgebiete ist nicht durch den Stand der wissenschaftlichen Erkenntnisse zu einem bestimmten Zeitpunkt beschränkt. Weder die Vogelschutzrichtlinie noch der Wortlaut von Art. 4 V-RL enthalten den geringsten Hinweis darauf, dass die Wirkungen der Verpflichtung zur Umsetzung der V-RL zu einem bestimmten Zeitpunkt erschöpft sind.[20] Es wäre mit der Zielsetzung der V-RL einen wirksamen Vogelschutz zu etablieren auch kaum vereinbar, herausragende Gebiete für die Erhaltung der zu schützenden Arten nur deshalb nicht unter Schutz zu stellen, weil sich ihre herausragende Eignung erst nach der Umsetzung der V-RL herausgestellt hat.[21]

18 **c) Stand der Umsetzung.** Deutschland hat bislang nach Art. 4 V-RL 738 Vogelschutzgebiete gemeldet. Dies entspricht einem Meldeumfang von

---

15 Vgl. EuGH, Urt. v. 2.8.1993 – C-355/90, Rdnr. 23, NuR 1994, 521; Art. 4 V-RL ist im Verhältnis zu Art. 3 V-RL die speziellere Norm.
16 Urt. v. 19.1.1994 – C-435/92 – Association pour la protection des animaux sauvages u. a., Slg. 1994, I-67, Rdnr. 20
17 EuGH, Urt. v. 2.8.1993 – C-355/90, Rdnr. 17 und 18 (Santona), NuR 1994, 521.
18 EuGH, Urt. v. 11.7.1996 – C-44/95, NuR 1997, 36 Rdnr. 25 f. Dies übersieht *Frenz*, Vorrang erneuerbarer Energien im Interesse des Umwelt- und Klimaschutzes in der aktuellen Rezession?, ZNER 2009, 112/116.
19 EuGH, Urt. v. 23.5.1990 – C-169/89, Slg. 1990, 1-2143, Rdnr. 11.
20 EuGH, Urt. v. 23.3.2006 – C-209/04, Rdnr. 43, NuR 2006, 429 f.
21 GA *Kokott*, Schlussantrag im Verfahren Rs. C-209/04, vom 27.10.2005, Rdnr. 39.

11,2 % bezogen auf die Landfläche. Dazu kommen 1.976.093 ha Bodensee sowie Meeres-, Bodden- und Wattflächen mit 513.930 ha in der Ausschließlichen Wirtschaftszone (AWZ) Deutschlands.

Mit diesen Meldungen dürfte eine Meldestand erreicht sein mit dem die Rückwärtserfassung der Arten und Lebensräume weitgehend abgeschlossen sein wird. Die Gebietsausweisung (als zweiter Schritt) selbst weist noch Lücken aus (je nach Bundesland in unterschiedlicher Weise) und die Frage der Gebietsabgrenzung dürfte auch noch im Raume stehen. In verschiedenen Gerichtsentscheidungen wurde darauf Bezug genommen, dass der fortschrittliche Stand des Melde- und Gebietsausweisungsverfahrens ein zusammenhängendes Netz der Vogelschutzgebiete habe entstehen lassen, und dadurch habe sich die gerichtliche Kontrolldichte verringert.[22] Daher bestehe für das Vorbringen, es gebe über die gemeldeten Gebiete hinaus noch weitere „faktische" Vogelschutzgebiete, ein besonderes Darlegungserfordernis. Das BVerwG hat im Verfahren Hessisch-Lichtenau geurteilt, dass dann keine faktischen Vogelschutzgebiete mehr vorliegen würden, wenn der Gebietsauswahl ein fachliches Konzept (z.b. TOP 5-Gebiete) zu Grunde lag und sich die Gebietsauwahl daran orientierte.[23] Dies gelte auch, wenn durch genauere Untersuchungen im planbetroffenen Bereich punktuelle zusätzliche Brutnachweise erbracht wurden, da es für die Auswahl, welche Flächen zu den TOP 5 Gebieten gehören, auf eine einheitliche Methodik ankomme.[24] Diese Auffassung kollidiert aber mit der Rechtsprechung des EuGH.[25] Danach können neue Informtionen und Erkenntnisse es erforderlich machen, eine Gebietsausweisung zu überprüfen und ggf. eine neue Grenzziehung des besehenden Vogelschutzgebiets vorzunehmen. Im Ergebnis wird man sagen müssen, dass selbst dann, wenn die Rückwärtserfassung – weitgehend – abgeschlossen ist, es auch zukünftig sehr wohl noch Gebiete geben kann (oder Gebiete entstehen können), die eine entsprechende Gebietsausweisung bedingen. Die Gebietsausweisung hat sich am Ziel der V-RL zu orientieren, also dem Erhalt der europäischen Vogelarten.

d) Auswahl der besonderen Schutzgebiete (Special Protected Area – SPA). Für die Auswahl und die Ausweisung der besonderen Schutzgebiete sind die jeweiligen Mitgliedstaaten zuständig. Nach § 32 Abs. 1 wählen die Länder die Vogelschutzgebiete aus. Art. 4 V-RL gibt die Kriterien an, nach denen die Auswahl geeigneter Vogelschutzgebiete zu erfolgen hat.

Ziel der Ausweisung von Vogelschutzgebieten ist vor allem der Schutz der im europäischen Gebiet der Mitgliedstaaten wildlebenden Vogelarten. Der Schutz bezieht sich gegen Veränderungen der Lebensräume empfindlicher Arten, auf Arten die wegen ihres geringen Bestands oder ihrer beschränkten örtlichen Verbreitung als selten gelten. Die Vogelschutzgebiete sollen auch dem Erhalt anderer Vogelarten dienen, die aufgrund des spezifischen Charakters ihres Lebensraums einer besonderen Aufmerksamkeit bedürfen. Nach Art. 4 Abs. 1 Satz 4 V-RL erklären die Mitgliedstaaten insbesondere die für die Erhaltung der in Anhang I V-RL genannten Arten **zahlen- und flächenmäßig geeignetsten Gebiete** zu Schutzgebieten, wobei die Erfordernisse des Schutzes dieser Arten in dem geografischen Meeres- und Landgebiet, in dem diese Richtlinie Anwendung findet, zu berücksichtigen sind.

---

22 VGH Kassel, Beschl. v. 2.1.2009 – 11 B 368/08.T, NuR 2009, 255.
23 BVerwG, Urt. v. 12.3.2008 – 9 A 3.06, NuR 2008, 633, Rdnr. 55.
24 BVerwG, Urt. v. 12.3.2008 – 9 A 3.06, NuR 2008, 633, Rdnr. 59.
25 EuGH, Urt. v. 23.3.2006 – C-209/04, NuR 2006, 429.

22 aa) **Auswahlkriterien.** Die Auswahl der besonderen Schutzgebiete hat nach den in der Richtlinie festgelegten ornithologischen Kriterien zu erfolgen.[26] Eine Abwägung mit anderen Belangen findet nicht statt. Die V-RL verpflichtet dabei nicht zur Unterschutzstellung sämtlicher Landschaftsräume, in denen vom Aussterben oder sonst bedrohte Vogelarten vorkommen. Durch Art. 4 Abs. 1 Satz 4 erhalten die Mitgliedstaaten einen Handlungsspielraum, indem sie Gebiete auswählen können, die im Verhältnis zu anderen Landschaftsteilen nach fachlichen Gesichtspunkten für die Erhaltung der in Anhang I genannten Vogelarten am geeignetsten für die Erhaltung der betreffenden Arten erscheinen[27] und die sich daher am Besten für das Ziel der Richtlinie eignen.[28]

23 Zu den **Bewertungskriterien** gehört **die ornithologische Wertigkeit** eines Gebiets, die nach quantitativen und nach qualitativen Kriterien zu bestimmen ist.[29] Zu diesen zählen u.a. Seltenheit, Empfindsamkeit und Gefährdung einer Vogelart, die Populationsdichte und die Artendiversität eines Gebiets, sein Entwicklungspotenzial und seine Netzverknüpfung (Kohärenz) sowie die Erhaltungsperspektiven der bedrohten Art.[30]

24 Je mehr der im Anhang I aufgeführten oder in Art. 4 Abs. 2 V-RL genannten Vogelarten in einem Gebiet in einer erheblichen Anzahl von Exemplaren vorkommen, desto höher ist der Wert als Lebensraum einzuschätzen. Je bedrohter, seltener oder empfindlicher die Arten sind, desto größere Bedeutung ist dem Gebiet beizumessen, das die für ihr Leben und ihre Fortpflanzung ausschlaggebenden physischen und biologischen Elemente aufweist.[31] Nur Lebensräume und Habitate, die unter Berücksichtigung dieser Maßstäbe für sich betrachtet in signifikanter Weise zur Arterhaltung beitragen, gehören zum Kreis der im Sinne des Art. 4 V-RL geeignetsten Gebiete.[32]

25 bb) **Ermessen.** Der Ermessensspielraum der Mitgliedstaaten bei der Auswahl der Gebiete, die für die Ausweisung als besondere Schutzgebiete am geeignetsten sind, bezieht sich nicht darauf, diejenigen Gebiete zu besonderen Schutzgebieten zu erklären, die nach ornithologischen Kriterien am geeignetsten erscheinen, sondern nur auf die Anwendung dieser Kriterien für die Bestimmung der Gebiete, die für die Erhaltung der in Anhang I der Richtlinie aufgeführten Arten am geeignetsten sind.[33] Daraus folgt die Verpflichtung des Mitgliedstaates zur Ausweisung der betreffenden Gegenden als besondere Schutzgebiete. Je mehr der in Anhang I aufgeführten oder in Art. 4 Abs. 2 genannten Vogelarten in einem Gebiet in einer erheblichen An-

---

26 EuGH, Urt. v. 2.8.1993 – C-355/90 (Santoña), NuR 1994, 521.
27 EuGH, Urt. v. 19.5.1998 – C-3/96, NuR 1998, 538; BVerwG, Urt. v. 14.11.2002 – 4 A 15.02, BNatSchG/ES FStrG § 17, Nr. 22 = NuR 2002, 539; *Jarass*, NuR 1999, 481/ 486.
28 BVerwG, Urt. v. 31.1.2002 – 4 A 15.01, BNatSchG/ES BNatSchG FStrG § 17, Nr. 22 = NuR 2002, 539; vgl. auch *Gellermann*, Natura 2000, S. 22 ff.
29 EuGH, Urt. v. 2.8.1993 – C-355/90 (Santoña), NuR 1994, 521.
30 OVG Koblenz, Urt. v. 9.1.2003 – 1 C 10393/01, BNatSchG/ES BNatSchG 2002 § 61, Nr. 5.
31 OVG Koblenz, Urt. v. 9.1.2003 – 1 C 10393/01, BNatSchG/ES BNatSchG 2002 § 61, Nr. 5.
32 Vgl. EuGH, Urt. v. 2.8.1993 – C-355/90, Rdnr. 26 ff., NuR 1994, 521; BVerwG, Urt. v. 21.6.2006 – 9 A 28.05, BVerwGE 126, 166/168 f.; Beschl. v. 24.2.2004 – 4 B 101.03, juris Rdnr. 13 und vom 12.6.2003 – 4 B 37.03, NuR 2003, 750; Urt. v. 31.1.2002 – 4 A 15.01, NuR 2002, 539, BVerwG, Beschl. v. 13.3.2008 – 9 VR 10.07, NuR 2008, 495.
33 EuGH, Urt. v. 19.5.1998 – C-3/96, Rdnr. 61, NuR 1998, 538.

zahl vorkommen, als desto bedeutender ist der Lebensraum einzuschätzen. Dabei dürfen qualitative Merkmale des Lebensraums nicht außer Betracht bleiben. Ein bestimmtes Gebiet kann zwar quantitativ hinsichtlich Zahl und Arten der dort vorkommenden Vögel hinter anderen zurückstehen, aber bezogen auf die Größe des Gebiets und die Lebensraumqualität die bessere Ausstattung aufweisen. Entwicklungspotenziale, wie sie im Zusammenhang mit Art. 3 V-RL von Bedeutung sind, können berücksichtigt werden, auch wenn sie im Rahmen von Art. 4 Abs. 1 V-RL keine ausschlaggebende Rolle spielen.[34] Die Bezugsräume dürfen daher nicht willkürlich, sondern müssen nach fachlichen Kriterien ausgewählt werden, sonst wäre allein über die Größe und den räumlichen Umgriff eines Gebiets ein gewünschtes Ergebnis (z.b. eine entsprechend hohe Vogelzahl) steuerbar. Die Eignungsfaktoren mehrerer Gebiete sind vergleichend zu bewerten. Für diese Gebiete besteht eine Ausweisungspflicht, wobei den Mitgliedstaaten aber ein gewisser „Beurteilungs- bzw. Ermessensspielraum" eingeräumt wird.[35] Die Reichweite dieses Spielraums darf aber nicht überschätzt werden. Der Ermessensspielraum bezieht sich nicht auf die Unterschutzstellung dieser Gebiete, die nach den Kriterien als die am meisten geeignetsten erscheinen, sondern nur auf die Anwendung dieser Kriterien im Rahmen der Gebietsbestimmung.[36] Daraus folgt, dass die Mitgliedstaaten verpflichtet sind, alle Gebiete zu besonderen Schutzgebieten zu erklären, die nach ornithologischen Kriterien am geeignetsten für die Erhaltung der betreffenden Arten erscheinen, vgl. unter Rdnr. 22. Der EuGH hat in verschiedenen Urteilen ausgeführt, dass ein Verstoß gegen Art. 4 Abs. 1 V-RL dann vorliegt, wenn die Zahl und die Gesamtfläche der geeignetsten Gebiete durch die tatsächlich ausgewiesenen besonderen Schutzgebiete offensichtlich unterschritten wird.[37]

cc) **Wirtschaftliche Erfordernisse.** Wirtschaftliche Erfordernisse dürfen bei der Auswahl und Abgrenzung eines Schutzgebietes nach Art. 4 Abs. 1 und 2 V-RL keine Berücksichtigung finden. Sie genießen auch keinen Vorrang vor den mit der V-RL verfolgten Umweltbelangen und stellen keine zwingende Gründe des überwiegenden öffentlichen Interesses i.S.v. Art. 6 Abs. 4 FFH-RL dar.[38] Das Gleiche gilt für freizeitbedingte oder soziale Gesichtspunkte, diese finden nur in extrem gelagerten Ausnahmefällen Anwendung.[39] Strittig ist die Berücksichtigung von planerischen Vorgaben.[40] Sie sind unbeachtlich, weil sie, wie auch bei den freizeitbedingten oder sozialen Gesichtspunkten, keine Aussage über den avifaunistischen Wert und die Bedeutung eines Lebensraums für den Schutz und die Erhaltung bedrohter Vogelarten treffen.[41]

26

---

34 BVerwG, Urt. v. 31.1.2002 – 4 A 15.01, NuR 2002, 539.
35 Vgl. EuGH, Urt. v. 2.8.1993 – C-355/90, NuR 1994, 521 ff.; Urt. v. 19.5.1998 – C-3/96, NuR 1998, 538; BVerwG, Urt. v. 15.1.2004 – 4 A 11.02, NuR 2004, 366, EuGH, Urt. v. 28.2.1991 – C-57/89, NuR 1991, 249/250.
36 EuGH, Urt. v. 19.5.1998 – C-3/96, NuR 1998, 538, Rdnr. 61
37 EuGH, Urt. v. 19.5.1998 – C-3/96, NuR 1998, 538, Rdnr. 42 ff., 63; EuGH, Urt. v. 25.10.2007 – C-334/04, NuR 2007, 827, Rdnr. 35 f.
38 EuGH, Urt. v. 11.7.1996 – C-44/95, NuR 1997, 36.
39 *Jarass*, NuR 1999, 486; *Maas*, NuR 2000, 125; BVerwG Urt. v. 31.1.2002 – 4 A 15.01, NuR 2002, 539; BVerwG, Urt. v. 14.11.2002 – 4 A 15.02, NuR 2003, 360.
40 Dagegen *Gellermann* NVwZ 2001, 500, *Wegener*, in: Erbguth (Hrsg.), Neuregelung im BNatSchG: Rechtsfragen, 2000, S. 52; dafür *Schink* GewArch. 1998, 46, *Spannowsky*, UPR 2000, 44.
41 *Gellermann*, NVwZ 2000, 500/501.

27 Zwar unterliegt die Identifizierung Europäischer Vogelschutzgebiete in den Bundesländern nur einer eingeschränkten Überprüfung durch die Verwaltungsgerichte. Jedoch schlägt es auf eine angefochtene Planfeststellung durch, wenn für die Entscheidung, ein Gebiet nicht zum Europäischen Vogelschutzgebiet zu erklären und nicht in die Meldeliste für das Netz „Natura 2000" aufzunehmen, naturschutzfremde Erwägungen wirtschaftlicher Art mitbestimmend waren.[42]

28 **dd) Identifizierung europäischer Vogelschutzgebiete in den Bundesländern.** Die Identifizierung europäischer Vogelschutzgebiete in den Bundesländern unterliegt dagegen nur einer eingeschränkten Überprüfung durch die Verwaltungsgerichte. Art. 4 Abs. 1 Satz 4 V-RL eröffnet den Mitgliedstaaten nämlich einen fachlichen Beurteilungsspielraum[43] in der Frage, welche Gebiete nach ornithologischen Kriterien für die Erhaltung der in Anhang 1 der Richtlinie aufgeführten Vogelarten „zahlen- und flächenmäßig" am geeignetsten sind.[44] Die Prüfung beschränkt sich in diesem Fall darauf, ob die Auswahlentscheidung ornithologisch vertretbar ist.[45] Dem Schutz der Feuchtgebiete und ganz besonders der international bedeutsamen Feuchtgebiete ist dabei besondere Bedeutung beizumessen. Jeder Mitgliedstaat, in dessen Hoheitsgebiet die in der V-RL genannten Arten zu finden sind, muss für diese Arten Schutzgebiete bestimmen.[46]

29 **ee) Kriterien für die Gebietsauswahl.** Die Mitgliedstaaten können für die vom Gemeinschaftsrecht geforderte Gebietsauswahl Kriterien aufstellen. Machen die Mitgliedstaaten von dieser Möglichkeit keinen Gebrauch, so kommt als Entscheidungshilfe die „IBA- Liste" in Betracht. Der EuGH[47] hat den wissenschaftlichen Wert des Verzeichnisses „Important Bird Areas 1989" (IBA 1989) und dessen Eignung als Bezugsgrundlage für die Auswahl der Gebiete anerkannt. Dies gilt vor allem dann, wenn die IBA-Liste 89 das einzige Dokument ist, das die wissenschaftlichen Beweismittel für die Beurteilung enthält, ob der betreffende Mitgliedstaat seinen Verpflichtungen nachgekommen ist, diejenigen Gebiete zu besonderen Schutzgebieten zu erklären, die zahlen- und flächenmäßig am geeignetsten für die Erhaltung der geschützten Arten sind. Etwas anderes kann dann gelten, wenn weitere wissenschaftliche Studien vorgelegt werden, aus denen hervorgeht, dass die Verpflichtungen des Mitgliedstaates dadurch erfüllt wurden, dass nach Zahl der Gesamtfläche weniger Gebiete als nach dem IBA 89 zu besonderen Schutzgebieten erklärt werden.[48] Nach der Rechtsprechung des BVerwG[49]

---

42 BVerwG, Urt. v. 14.11.2002 – 4 A 15.02, NuR 2003, 360.
43 BVerwG, Beschl. v. 13.3.2008 – 9 VR 10.07, NuR 2008, 495/496; Urt. v. 12.3.2008 – 9 A 3.06, NuR 2008, 633/636 Rdnr. 50, EuGH, Urt. v. 28.2.1991 – C-57/89, NuR 1991, 249; vom 23.3.2006 – C-209/04, NuR 2006, 429 Rdnr. 33; BVerwG, Urt. v. 21.6.2006 – 9 A 28.05, NuR 2006, 779; BVerwG, Urt. v. 15.1.2004 – 4 A 11.02, BVerwGE 120, 1/6 f., NuR 2004, 366; BVerwG, Urt. v. 14.11.2002 – 4 A 15.02, BVerwGE 117, 149/155 = NuR 2003, 360.
44 EuGH, Urt. v. 28.2.1991 – C-57/89, Rdnr. 20, NuR 1991, 249; vom 2.8.1993 – C-355/90, NuR 1994, 521 ff. Rdnr. 26 und vom 23.3.2006 – C-209/04, NuR 2006, 429, Rdnr. 33; BVerwG, Urt. v. 21.6.2006 – 9 A 28.05, NuR 2006, 779. und vom 14.11.2002 – 4 A 15.02, BVerwGE 117, 149/155 = NuR 2003, 360.
45 BVerwG, Beschl. v. 13.3.2008 – 9 VR 10.07, NuR 2008, 495/496 vom 12.3.2008 – 9 A 3.06, NuR 2008, 633/637 Rdnr. 52.
46 EuGH, Urt. v. 17.1.1991 – C-334/89, EuGHE I 1991, 93.
47 Urt. v. 19.5.1998 – C-3/96, NuR 1998, 538.
48 EuGH, Urt. v. 19.5.1998 – C 3/96, NuR 1998, 538.
49 Urt. v. 31.1.2002 – 4 A 15.01, NuR 2002, 539.

gilt für die IBA 2000[50] dasselbe, da sich diese Fassung nur darin erschöpfe, das ursprüngliche Inventar dem derzeitigen Entwicklungsstand anzupassen. Die Bedeutung der IBA 2000 relativiert sich nach Auffassung des BVerwG, da sie im Einzelfall nicht die Subsumtion unter die nach Art. 4 Abs. 1 Satz 4 V-RL „zahlen- und flächenmäßig geeignetsten Gebiete" ersetzt.[51] Die in den IBA-Listen angeführten Kriterien sind deshalb nicht starr anzuwenden, sondern können im Einzelfall fachlich widerlegbar sein.

ff) **Randzonen.** Bei „Randzonen" müssen nicht alle Flächen in das Vogelschutzgebiet mit einbezogen werden, in denen Arten nach Anhang I V-RL vorkommen. Insoweit gibt es einen fachlichen Beurteilungsspielraum, wo die Außengrenzen eines Gebietes zu ziehen sind.[52] 30

d) **Entstehen von Vogelschutzgebieten.** Die Frage, wann ein Vogelschutzgebiet im rechtlichen Sinn entsteht und damit aus dem Status eines faktischen Vogelschutzgebiets heraustritt, ist bedeutsam für das anwendbare Schutzregime. Nach Art. 7 der FFH-RL treten nämlich die Verpflichtungen des Art. 6 Abs. 2, 3 und 4 FFH-RL für die vom Mitgliedstaat zu besonderen Schutzgebieten der V-RL erklärten (Art. 4 Abs. 1 V-RL) oder nach Art. 4 Abs. 2 V-RL als besondere Schutzgebiete anerkannten Gebiete anstelle des Art. 4 Abs. 4 Satz 1 V-RL. 31

Im Gegensatz zur FFH-Richtlinie kennt die Vogelschutzrichtlinie **kein formalisiertes konstitutives Meldeverfahren.** Der Mitteilung der Vogelschutzgebiete gegenüber der Kommission nach Art. 4 Abs. 3 V-RL kommt nur **informatorischer Charakter** zu.[53] Die Kommission muss alle Gebiete kennen, weil sie erst dadurch in die Lage versetzt wird, zu überprüfen, ob der Mitgliedstaat der von der V-RL geforderten Ausweisung von Vogelschutzgebieten in einem ausreichenden Maße nachgekommen ist und inwieweit das Netz „Natura 2000" funktionsfähig ist oder ob sie dafür weitere Maßnahmen veranlassen muss. Konstitutive Wirkung hat aber die Gebietsmeldung an die Kommission nicht. 32

Die Auswahl des rechtlichen Rahmens bleibt weitgehend den einzelnen Mitgliedstaaten überlassen. Die Richtlinie stellt aber materielle Anforderungen, welche Schutzziele durch die einzurichtenden Schutzgebiete sichergestellt werden müssen. Der Maßstab, an dem die Schutzgebietsausweisungen zu messen sind, sind daher die materiellen Anforderungen der Richtlinien für den wirksamen Schutz der zu schützenden Lebensräume und Arten.[54] 33

e) **Erklärung zu Europäischen Vogelschutzgebieten.** Nach § 32 Abs. 3 erklärt das Land die in die Liste der Gebiete von gemeinschaftlicher Bedeutung eingetragenen Gebiete nach Maßgabe des Art. 4 Abs. 4 V-RL entsprechend den jeweiligen Erhaltungszielen zu geschützten Teilen von Natur und Landschaft i.S. des § 22 Abs. 1 bzw. § 20. 34

Die Erklärung zu Vogelschutzgebieten nach Art. 4 Abs. 1 Satz 4 V-RL ist ein Erklärungsakt des Mitgliedstaats nach außen und muss nicht gleichzeitig 35

---

50 Auch die Kommission hat sich in ihrem Schreiben bzgl. der Vertragsverletzung auf IBA 2000 bezogen.
51 BVerwG, Urt. v. 31.1.2002 – 4 A 15.01, NuR 2002, 539/543.
52 BVerwG, Urt. v. 31.1.2002 – 4 A 15.01, NuR 2002, 539; OVG Koblenz, Urt. v. 9.1.2003 – 1 C 10393/01.OVG, NuR 2003, 441.
53 *Gellermann*, Natura 2000 S. 231; *Jarass*, NuR 1999, 481/483.
54 *Niederstadt*, Die Ausweisung von Natura-2000-Gebieten unter Verzicht auf klassisches Schutzgebietsverordnungen, NVwZ 2008, 126.

auch die Inschutznahme bedeuten. Die geeigneten Schutzmaßnahmen können auch in einem weiteren Schritt folgen. Vergleichbares ergibt sich aus der Unterscheidung in Art. 4 Abs. 1 V-RL zwischen der Erklärung zum Vogelschutzgebiet (Satz 4) und der Pflicht, besondere Schutzmaßnahmen zu treffen (Satz 1). Die V-RL enthält keine Regelung darüber, in welcher Form eine Schutzgebietserklärung zu erfolgen hat.

36 Der EuGH unterscheidet zwischen der **Erklärung zum Vogelschutzgebiet** und der **Verleihung eines ausreichenden Schutzstatus** und leitet im Rahmen von Vertragsverletzungsverfahren daraus mehrere Verstöße ab.[55] Das Gericht geht davon aus, dass ein Gebiet zunächst zu einem besonderen Schutzgebiet erklärt wird bzw. ein solches einzurichten ist und es anschließend mit einem rechtlichen Schutzstatus versehen wird. Beide Akte können, müssen jedoch nicht gleichzeitig erfolgen. Der EuGH[56] hält einen förmlichen Akt aus Gründen der Rechtssicherheit für notwendig. Ohne einen solchen förmlichen Akt wäre es für die Kommission besonders schwierig, wirksam zu überprüfen, ob die Mitgliedstaaten das Verfahren nach Art. 6 Abs. 3 und 4 der Habitatrichtlinie angewandt haben und gegebenenfalls festzustellen, dass gegen die daraus resultierenden Verpflichtungen verstoßen wurde. Das Gericht stellt aber keine Anforderungen an den Inhalt der Erklärung, diese kann z.b. in Form einer öffentlichen Bekanntmachung erfolgen. Damit bringt das Land zum Ausdruck, dass es die genannten Gebiete als die für den Vogelschutz geeignetsten Gebiete betrachtet. Es handelt sich damit um die erste Stufe für das Entstehen eines Vogelschutzgebietes i.S. der V-RL.

37 Der EuGH verlangt, dass die Ausweisung von Vogelschutzgebieten durch eine innerstaatliche Regelung erfolgen muss, die sicherstellt, dass die durch die Ausweisung geschaffenen Ge- und Verbote für jedermann unmittelbar verbindlich sind.[57]

38 Erst wenn dem Gebiet ein ausreichender Schutzstatus nach Art. 2 Abs. 1 und 2 zukommt (d.h. es erklärt oder als solches anerkannt wird), treten die Verpflichtungen nach Art. 6 Absätze 2, 3 und 4 FFH-RL in Kraft, Art. 7 FFH-RL.[58] Dies gilt ab dem Datum, zu dem das betreffende Gebiet von einem Mitgliedstaat entsprechend der V-RL zum besonderen Schutzgebiet erklärt oder als solches anerkannt wird. Für die faktischen Vogelschutzgebiete gelten daher auch weiterhin die strengeren Regelungen der V-RL. Für die Erklärung und Bekanntmachung der Schutzgebiete muss die Bestimmtheit und die Bekanntgabe der Norm für die Betroffenen beachtet werden.

39 Die Vogelschutzrichtlinie gibt keinen zeitlichen Rahmen vor, bis wann die Gebietsmeldungen abgeschlossen sein müssen. Zweck der Vogelschutzrichtlinie ist es, dem festgestellten Rückgang und der Gefährdung von Vogelarten durch Ausweisung von Schutzgebieten zu begegnen. Dies setzt voraus, dass die Gebiete zu irgendeinem Zeitpunkt vollständig benannt sind.

40 Gleichzeitig können aber natürliche Veränderungen weitere Meldungen erforderlich machen. Der Mitgliedstaat wird daher von Zeit zu Zeit zu überprüfen haben, ob ggf. neue Gebiete auf Grund veränderter ökologischer bzw. ornithologischer Gegebenheiten den Schutzstandard erfüllen.

---

55 EuGH, Urt. v. 18.3.1999 – C-166/97, NuR 1999, 501; Urt. v. 25.11.1999 – C-96/98, NuR 2000, 206 f.
56 EuGH, Urt. v. 7.12.2000 – C 374/98, NuR 2001, 210.
57 EuGH, Urt. v. 2.8.1993 – C-355/90, , NuR 1994, 521 ff., Rdnr. 28 ff.
58 Vgl. EuGH, Urt. v. 7.12.2000 – C-374/98, NuR 2001, 210/212 f.; OVG Münster, Beschl. v. 11.5.1999 – 20 B 1464/98.AK, NuR 2000, 165/169; *Gellermann*, Natura 2000, S. 114.

f) Faktische Vogelschutzgebiete. Die Rechtsprechung hat auch Gebiete als „faktische" Vogelschutzgebiete anerkannt, welche die besonderen Anforderungen an ein Schutzgebiet i.S.v. Art. 4 Abs. 1 Satz 4 V-RL erfüllen, von dem jeweiligen Mitgliedstaat jedoch pflichtwidrig nicht zum Vogelschutzgebiet erklärt wurden.[59] Die Existenz faktischer Vogelschutzgebiete ergibt sich aus der Verpflichtung der Mitgliedstaaten zu einem vertragskonformen Verhalten, wonach diese eine Richtlinie der Europäischen Union in der angegebenen Zeit in innerstaatliches Recht transformieren müssen. Eine Untätigkeit des nationalen Gesetzgebers könnte sonst zu einem Unterlaufen der Richtlinienziele führen, indem ein eventuelles Schutzgebiet (z.B durch Überbauung oder Trockenlegung) entgegen den Erfordernissen der Erhaltung dieses Gebietes schwer beschädigt oder zerstört wird. Daraus schließt der EuGH auf die unmittelbar rechtliche Verpflichtung der staatlichen Behörden zur Beachtung der V-RL – auch ohne Umsetzung in nationales Recht.[60]

Gebiete, die nach den Kriterien der Vogelschutzrichtlinie förmlich unter Vogelschutz hätten gestellt werden müssen, aber nicht als Vogelschutzgebiet ausgewiesen worden sind, unterliegen dem vorläufigen Schutzregime des Art. 4 Abs. 4 Satz 1 V-RL.[61] Dieses ist vor allem dadurch gekennzeichnet, dass bis zu einem Regimewechsel nach Art. 7 der FFH-RL das Spektrum der Gründe, die eine Einschränkung des Vogelschutzes zugunsten eins Infrastrukturvorhabens rechtfertigen können, sehr eingeschränkt ist.[62]

Sobald ein Mitgliedstaat seine Ausweisungspflicht nach Art. 4 Abs. 1 Satz 4 V-RL sowie die Meldepflichten nach Art. 4 Abs. 1 FFH-RL und § 32 Abs. 1 BNatSchG erfüllt hat, bestehen keine faktischen Vogelschutzgebiete mehr.[63] Eine Gebietsmeldung i.S.v. Art. 4 Abs. 3 V-RL reicht nicht aus.[64] Ob ein Mitgliedstaat seinen Pflichten vollständig nachgekommen ist, unterliegt grundsätzlich der Überprüfung durch die Verwaltungsgerichte. Gleiches gilt für Meldelisten, die ein Bundesland als abschließend betrachtet, das bedeutet, dass ein Land sich seiner Verpflichtung zur Gebietsausweisung nicht dadurch entziehen kann, indem es die Frage der Existenz von „faktischen

---

59 EuGH, Urt. v. 2.8.1993 – C-355/90, NuR 1994, 521/522 (Santoña), BVerwG, Urt. v. 19.5.1998 – 4 C 11.96, NuR 1998, 649; BVerwG, Beschl. v. 13.3.2008 – 9 VR 10.07, NuR 2008, 495.
60 EuGH, Urt. v. 2.8.1993 – C-355/90, NuR 1994, 521 (Santoña); EuGH, Urt. v. 11.7.1996 – C-44/95, NuR 1997, 36 (Lappel Bank); vgl. bereits EuGH, Urt. v. 28.2.1991 – C-57/89, NuR 1991, 249 (Leybucht), vgl. auch: BVerwG Urt. v. 19.5.1998 – 4 C 11.96, NuR 1998, 649; Urt. v. 19.5.1998 – 4 A 9.97, BVerwGE 107, 1, 18 f.; Urt. v. 31.1.2002 – 4 A 15.01, NuR 2002, 539/545 (Wakenitzquerung); Urt. v. 14.11.2002 – 4 A 15.02, NuR 2003, 360.
61 Vgl. z. B. EuGH, Urt. v. 13.12.2007 – C-418/04, NuR 2008, 101 Rdnr. 84, vom 7.12.2000 – C-374/98, NuR 2001, 210 Rdnr. 26, 42, 47, 57 und vom 2.8.1993 – C-355/90, Rdnr. 22, NuR 1994, 521; BVerwG, Beschl. v. 13.3.2008 – 9 VR 10.09, NuR 2008, 495.
62 Vgl. EuGH, Urt. v. 28.2.1991 – C-57/89, Slg. 1991, I 883 Rdnr. 22 ff., vom 2.8.1993 – C-355/90 Rdnr. 19, 45, NuR 1994, 521 und vom 18.12.2005 – C-186/06, NuR 2008, 174 (Rdnr. 37); BVerwG, Urt. v. 17.1.2007 – 9 A 20.05, BVerwGE 128, 1/59 und vom 1. 4. 2004 – 4 C 2.03, BVerwGE 120, 276/287; BVerwG, Beschl. v. 13.3.2008 – 9 VR 10.09, NuR 2008, 495.
63 Indes können neue „faktische Vogelschutzgebiete" entstehen, wenn auf Grund veränderter ökologischer bzw. ornithologischer Gegebenheiten eine Ausweisungs- und Meldepflicht für weitere Gebiete entsteht, der Mitgliedstaat dieser Verpflichtung jedoch nicht nachkommt.
64 EuGH, Urt. v. 7.12.2000 – C-374/98, NuR 2001, 210; a.A. Schink, DÖV 2002, 49 f.

44 Vogelschutzgebieten" dadurch beantworten will, dass es das Gebietsauswahlverfahren für beendet erklärt.[65]

44 Diese faktischen Vogelschutzgebiete unterliegen weiterhin dem gegenüber Art. 6 Abs. 4 FFH-Richtlinie strengeren Schutzregime des Art. 4 Abs. 4 Satz 1 der V-RL.[66] Der Wechsel des Schutzregimes erfolgt erst mit der Erklärung zum besonderen Schutzgebiet,[67] welche aber nicht notwendigerweise mit der Erklärung zum geschützten Teil von Natur und Landschaft i.S. von §§ 33 Abs. 2, 22 Abs. 1 BNatSchG verbunden sein muss.[68] Der deutsche Gesetzgeber hat die Unterschutzstellung in § 22 Abs. 1 in einem Akt geregelt.

45 g) **Vermeidung von Verschmutzung oder Beeinträchtigung der Lebensräume nach Art. 4 Abs. 4 V-RL.** Nach Art. 4 Abs. 1 Satz 1 V-RL ist die Verschmutzung oder Beeinträchtigung der Lebensräume sowie die Belästigung der Vögel, sofern sich diese auf die Zielsetzungen dieses Artikels erheblich auswirken, zu vermeiden. Dies gilt auch für faktische Vogelschutzgebiete. Die möglichen Auswirkungen einer bestimmten Handlung auf das betroffene Gebiet muss immer zur Zielsetzung des Art. 4 Abs. 1 Satz 1 V-RL in Beziehung gesetzt werden. Gleichwohl ist das Verbot aus Art. 4 Abs. 1 Satz 1 als recht weitreichend anzusehen. Danach ist alles zu vermeiden, was sich auf die Sicherstellung des Überlebens und der Vermehrung der geschützten Arten erheblich auswirken kann. Insoweit kann von einem Beeinträchtigungs- oder Störungsverbot,[69] oder von einem Verschlechterungsverbot[70] gesprochen werden.[71] Die negativen Auswirkungen selbst müssen die Erheblichkeitsschwelle übersteigen, die für alle in Art. 4 Abs. 4 Satz 1 V-RL aufgeführten Einwirkungsformen gilt.[72] Ferner haben sich die Mitgliedstaaten zu bemühen, auch außerhalb dieser Schutzgebiete die Verschmutzung oder Beeinträchtigung der Lebensräume zu vermeiden.

46 h) **Verkleinerung von Schutzgebieten.** Die V-RL selbst enthält keine Regelung über die flächenmässige Verkleinerung eines geschützten Gebiets. Der EuGH hat in mehreren Entscheidungen zu dieser Frage bereits Stellung genommen. Die Mitgliedstaaten haben mit der Erklärung des jeweiligen Gebietes zu Vogelschutzgebieten i.S. der V-RL zu erkennen gegeben, dass in diesem Gebiet die geeignetsten Lebensverhältnisse für die in Anhang I der Richtlinie aufgeführten Arten bestehen. Den Mitgliedstaaten kann daher nicht der gleiche Beurteilungsspielraum zustehen, wenn sie derartige Gebiete flächenmäßig ändern oder verkleinern wollen.[73] Die Mitgliedstaaten könnten sich ansonsten einseitig den Verpflichtungen aus Art. 4 Abs. 4 V-

---

65 BVerwG, Urt. v. 14.11.2002 – 4 A 15.02, NuR 2003, 360.
66 EuGH, Urt. v. 7.12.2000 – C-374/98, NuR 2001, 210/212 f.; BVerwG, Beschl. v. 21.11.2001 – 4 VR 13.00, NuR 2002, 153 und Urt. v. 14.11.2002 – 4 A 15.02, NuR 2003, 360; vgl. auch *Kratsch* VBlBW 2001, 341/342.
67 EuGH, Urt. v. 13.6.2002 – C-117/00, NuR 2002, 672.
68 OVG Koblenz, Urt. v. 9.1.2003 – 1 C 10187/01, BNatSchG/ES BNatSchG 2002, § 61, Nr. 5.
69 BVerwG, Beschl. v. 21.11.2001 – 4 VR 13.00, NuR 2002, 153; Urt. v. 31.1.2002 – 4 A 15.01, NuR 2002, 539; Urt. v. 14.11.2002 – 4 A 15.02, NuR 2003, 360.
70 *Louis/Wolf*, NuR 2002, 455.
71 OVG Koblenz, Urt. v. 9.1.2003 – 1 C 10187/01, BNatSchG/ES BNatSchG 2002, § 61, Nr. 5.
72 BVerwG, Urt. v. 19.5.1998 – 4 A 9/97, BNatSchG/ES BNatSchG §19b Nr. 5.
73 EuGH, Urt. v. 28.2.1991 – C-57/89, Slg. 1991, I-883, Rdnr. 20; EuGH, Urt. v. 2.8.1993 – C-355/90, Slg. 1993, I-4221, Rdnr. 35; EuGH, Urt. v. 23.2.2006 – C-191/05.

RL entziehen. Auch sieht die V-RL besondere Maßnahmen zur Erhaltung des Lebensraums der in Anhang I aufgeführten Vögel vor, um den Fortbestand und die Fortpflanzung dieser Vögel in ihrem Verbreitungsgebiet zu gewährleisten.

Daraus folgt, dass die Mitgliedstaaten ein besonderes Schutzgebiet nur dann flächenmäßig verkleinern dürfen, wenn dafür außerordentliche Gründe vorliegen. Hierbei muß es sich um Gründe des Gemeinwohls handeln, die Vorrang vor den mit der Richtlinie verfolgten Umweltbelangen haben.[74] Als Gemeinwohlgründe kommen aber wirtschaftliche und freizeitbedingte Erfordernisse nicht in Betracht, diese Bestimmung stellen keine eigenständigen Abweichungen von der durch die Richtlinie geschaffenen allgemeinen Schutzregelung dar.[75] Die Maßnahmen müssen absolut notwendig sein, sich auf das Allernotwendigste beschränken und die geringstmögliche Verkleinerung des besonderen Schutzgebiets bewirken.

Eine Verkleinerung eines Schutzgebietes kann dann in Betracht kommen, wenn klare wissenschaftliche Anhaltspunkte dafür vorliegen, dass die Voraussetzungen des Art. 4 Abs. 1, 2 V-RL nicht mehr gegeben sind und dass im Falle einer Verkleinerung oder Aufhebung des Schutzstatus die Verwirklichung der Zielsetzungen der V-RL nicht gefährdet wird.[76]

2. Die FFH-Richtlinie – 92/43/EWG

a) Allgemeines. Die FFH-RL verpflichtet die Mitgliedstaaten, durch Ausweisung besonderer Schutzgebiete für die in Anhang I und II der Richtlinie aufgeführte Lebensraumtypen und Arten bis zum 4.6.2004 und durch darauf bezogene rechtliche und administrative Maßnahmen ein europaweites zusammenhängendes **Netz von Schutzgebieten „Natura 2000"** zu schaffen. Dadurch soll der Fortbestand oder gegebenenfalls die Wiederherstellung eines **günstigen Erhaltungszustands** dieser natürlichen Lebensraumtypen und Arten in ihrem natürlichen Verbreitungsgebiet gewährleistet werden. Die Verpflichtung zur Unterschutzstellung eines Gebiets ist an seine Aufnahme in die „Liste der Gebiete von gemeinschaftlicher Bedeutung" geknüpft.

Deutschland hat bislang 4.622 FFH-Gebiete gemeldet (Stand: 31.08.09), die sich auf drei biogeografische Regionen (alpin, atlantisch, kontinental) verteilen. Dies entspricht einem Meldeanteil von 9,3 % bezogen auf die Landfläche. Dazu kommen 2.122.020 ha Bodensee sowie Meeres-, Bodden- und Wattflächen. Von diesen marinen Schutzgebietsflächen entfallen 943.984 ha auf die Ausschließliche Wirtschaftszone (AWZ) Deutschlands.[77]

Neben den Gebieten von gemeinschaftlicher Bedeutung umfasst Natura 2000 auch die von den Mitgliedstaaten aufgrund der V-RL ausgewiesenen besonderen Schutzgebiete (Art. 3 Abs. 1 UAbs. 2 FFH-RL). Die FFH-RL verknüpft auf diese Weise beide Richtlinien und unterwirft die Gebiete in Art. 7 einem **einheitlichen Schutzregime**.

---

74 EuGH, Urt. v. 28.2.1991 – C-57/89, Slg. 1991, I-883, Rdnr. 20 ff.
75 EuGH, Urt. v. 8.7.1987 – 247/85 und 262/85 (Kommission/Belgien und Kommission/Italien, Slg. 1987, 3029 und 3073).
76 EuGH, Urt. v. 23.2.2006 – C-191/05; vgl. *Epiney* in: Epiney/Gammenthaler, Das Rechtsregime der Natura 2000-Schutzgebiete, S. 30 f.
77 Vgl. http://www.bfn.de/0316_gebiete.html.

52 b) Unterschutzstellung. – aa) Vorauswahl von Schutzgebieten (Phase 1). Nach Art. 4 Abs. 1 FFH-RL erstellt jeder Mitgliedstaat anhand der in Anhang III der FFH-RL festgelegten Kriterien und einschlägiger wissenschaftlicher Informationen eine Liste von Gebieten, in denen die in diesen Gebieten vorkommenden natürlichen Lebensraumtypen des Anhangs I und der einheimischen Arten des Anhangs II aufgeführt sind (Vorschlagsliste, pSCI – proposed Sites of Community Interest).

53 Mit der Aufnahme von Flächen in diese Vorschlagsliste ist keine automatische Aufnahme in die „Liste der Gebiete von gemeinschaftlicher Bedeutung" verbunden. Sinn dieser Liste ist es vielmehr, der Kommission eine möglichst umfassende Meldung über geeignete Gebiete vorzulegen, damit diese eine entsprechende Auswahl der „Gebiete von gemeinschaftlicher Bedeutung" treffen kann. Daher steht den Mitgliedstaaten auch kein substanzielles Auswahlermessen etwa nach politischen, wirtschaftlichen oder anderen Zweckmäßigkeitüberlegungen zu.[78] Würde ein Mitgliedstaat bei der Gebietsauswahl nach Art. 4 Abs. 1 FFH-RL Gebiete ausnehmen, denen auf nationaler Ebene erhebliche ökologische Bedeutung zugemessen wird, um das Ziel der FFH-RL (nämlich die Sicherung der Artenvielfalt durch die Erhaltung der natürlichen Lebensräume sowie der wild lebenden Tiere und Pflanzen) zu erreichen, könnte die Kommission ihrer Verpflichtung aus Art. 4 Abs. 2 UAbs. 1 FFH-RL nicht in vollem Umfang nachkommen. Um den Entwurf einer Gebietsliste von gemeinschaftlicher Bedeutung – mit dem Ziel der Erreichung eines kohärenten ökologischen Netzes Natura 2000 – auf europäischer Ebene erstellen zu können, bedarf es nämlich einer vollständigen Gebietsliste der Mitgliedstaaten, weil die Beurteilung des Erhaltungszustands eines natürlichen Lebensraums oder einer Art auf das gesamte europäische Gebiet der Mitgliedstaaten abstellt.[79]

54 Den Mitgliedsstaaten steht für die Aufnahme von Gebieten von gemeinschaftlicher Bedeutung in die nationale Vorschlagsliste jedoch ein naturschutzfachlicher Beurteilungsspielraum zu.[80] Dies folgt daraus, dass die in Anhang III Phase 1 FFH-RL aufgeführten Kriterien eine unterschiedliche fachliche Wertung zulassen. Eine Überschreitung dieses Beurteilungsspielraums kann dann vorliegen, wenn eine Gebietsmeldung (etwa bei Vorhandensein prioritärer Arten) zwingend geboten ist.

55 Die Gebietsauswahl orientiert sich an der Zielsetzung der FFH-RL, wonach ein europaweites kohärentes Biotopverbundsystem aufgebaut werden soll. Um dies zu verwirklichen, hat jeder Mitgliedstaat im Verhältnis der in seinem Hoheitsgebiet vorhandenen natürlichen Lebensraumtypen und Habitate der Arten beizutragen, Art. 3 Abs. 2 FFH-RL. Die ausgewählten Gebiete müssen eine entsprechende Qualität aufweisen, fragmentarisch vorhandene Lebensraumtypen dienen – zumindest wenn wertvollere Gebiete vorhanden sind – nicht in ausreichendem Maß der Verwirklichung der Zielsetzung der FFH-RL. Ebenso muss nicht jedes Einzelexemplar einer Art, die in Anhang II der FFH-RL aufgeführt ist, unter Schutz gestellt werden,[81] da eine Beständigkeit des Vorkommens erst ab einer gewissen Populationsgröße vorausgesetzt werden kann. Kriterien zur Beurteilung der Bedeutung des Ge-

---

78 EuGH, Urt. v. 7.11.2000 – C-371/98, NuR 2001, 206; OVG Koblenz, Beschl. v. 27.9.2001 – 1 B 10290/01, NuR 2002, 417 ; *Gellermann*, NVwZ 2001, 500/502.
79 EuGH, Urt. v. 7.11.2000 – C-371/98., NuR 2001, 206/207; zum Gesamtbestand der BRD vgl. *Ellwanger* u.a., NuL 2000, 486 ff.
80 BVerwG, Urt. v. 24.8.2000 – 6 B 23.00, NuR 2001, 216.
81 BVerwG, Urt. v. 31.1.2002 – 4 A 15.01, NuR 2002, 539/545.

biets für eine gegebene Art des Anhangs II sind in Anhang III Phase 1, Abschnitt B aufgeführt.

Kommen daher prioritäre Lebensraumtypen und Arten nur in Restbeständen vor, die so kleinflächig und unbedeutend sind, dass sie aus fachlichen Gesichtspunkten nicht mehr für die Ziele der FFH-RL in Frage kommen, kann eine Gebietsmeldung unterbleiben.[82]

In dem Bestandsverzeichnis, das die Mitgliedstaaten erstellen, um ihren Verpflichtungen aus den beiden Richtlinien nachzukommen, müssen die Gebiete, die wegen des Vorkommens prioritärer und sonstiger Biotoptypen oder Arten der Anhänge I und II der FFH-RL, des Repräsentativitätsgrades oder Erhaltungsgrades der Lebensraumtypen, der Populationsgröße und -dichte der Arten oder aus Gründen ihrer relativen Wertigkeit auf der mitgliedstaatlichen Ebene für eine Aufnahme in das europäische Schutzgebietsnetz in Betracht kommen, möglichst vollständig aufgeführt sein.[83]

Nach Art. 4 Abs. 1 Satz 2 FFH-RL entsprechen die zu meldenden Gebiete bei Tierarten, die große Lebensräume beanspruchen, den Orten im natürlichen Verbreitungsgebiet dieser Arten, welche die für ihr Leben und ihre Fortpflanzung ausschlaggebenden physischen und biologischen Elemente aufweisen. Nach Art. 4 Abs. 1 Satz 3 FFH-RL werden für im Wasser lebende Tierarten, die große Lebensräume beanspruchen, nur solche Gebiete vorgeschlagen, für die sich ein Raum klar abgrenzen lässt, der die für das Leben und die Fortpflanzung dieser Arten ausschlaggebenden physischen und biologischen Elemente aufweist.

bb) Der Entwurf einer Liste durch die Kommission (Phase 2). Die Kommission erstellt nach Art. 4 Abs. 2 in Phase 2 den Entwurf einer Gemeinschaftsliste anhand der nationalen Meldelisten. Die Gebietsauswahl durch die Kommission erfolgt auf Grundlage der in Anhang III (Phase 2) festgelegten Kriterien, wobei auch der ökologische Gesamtwert des Gebietes für die in Art. 1 lit. c) Ziff. iii) genannten biogeographischen Regionen und/oder für das gesamte Hoheitsgebiet nach Art. 2 FFH, sowohl aufgrund der Eigenart oder Einzigartigkeit seiner Komponenten als auch aufgrund von deren Zusammenwirken, berücksichtigt wird. Gebiete mit prioritären natürlichen Lebensraumtypen oder prioritären Arten sind dabei ohne Weiteres als Gebiete von gemeinschaftlicher Bedeutung zu betrachten.[84] Bei den Gebieten ohne prioritäre Lebensraumtypen kommt es auf den durch den Mitgliedstaat ermittelten relativen Wert eines Gebietes auf nationaler Ebene, seine Gesamtfläche, die Anzahl der vorkommenden Lebensraumtypen bzw. Arten, seine Vernetzungsfunktionen und/oder auf den ökologischen Gesamtwert an.[85] Auch hierbei handelt es sich um eine naturschutzfachliche Bewertung, die darauf abzielt, ein kohärentes europäisches Schutzgebietssystem zu errichten.

---

82 BVerwG, Urt. v. 31.1.2002 – 4 A 15.01, NuR 2002, 539/544.
83 Vgl. dazu den Schlussantrag von Generalanwalt *Léger*, v. 7.3.2000 – C-371/98; *Niederstadt/Eberhardt*, NuL 2000, 380; Zum Umfang der Aufnahme von Daten vgl. auch den „Standard Datenbogen" EUR 15 Version, In der Fassung vom 27.5.1994, auf den neuesten Stand gebracht zur Einbeziehung der in der Beitrittsakte Österreichs, Finnlands und Schwedens (OJ L 1, 1.1.95, S. 135–137) enthaltenen Neufassungen und der März 1995 Version von Eurostat NUTS-Regionen.
84 Anhang III, D. Nr. 1; BVerwG Urt. v. 24.8.2000 – 6 B 23.00, NuR 2001, 216; *Gellermann*, Natura 2000, S. 39, vgl. auch EuGH, Urt. v. ((Bayern)).
85 *Gellermann*, NVwZ 2001, 500/502.

60 Die Gebietsauswahl erfolgt im **Einvernehmen mit den Mitgliedstaaten**, Art. 4 Abs. 2 FFH-RL. Das Einvernehmen zwischen Kommission und Mitgliedstaat ist als „Angelegenheit der Europäischen Union" i.S.d. Art. 23 Abs. 2 GG und daher nicht als Vollzugsmaßnahme der Länder zu betrachten,[86] daraus ergibt sich, dass sich das Verfahren der Bund-Länder-Abstimmung nach dem Gesetz über die Zusammenarbeit von Bund und Ländern in Angelegenheiten der Europäischen Union (EUZBLG)[87] richtet.

61 cc) **Endgültige Festlegung und Schutzgebietsausweisung (Phase 3)**. Der Entwurf der „Liste der Gebiete von gemeinschaftlicher Bedeutung" wird in einem dritten Schritt dem Habitatsausschuss (Art. 21 FFH-RL) zugeleitet, Art. 4 Abs. 2 UAbs. 3 FFH-RL. Dieser Ausschuss hat die Aufgabe, zu fachlichen Fragen Stellung zu nehmen. Stimmt der Ausschuss dem Entwurf zu, teilt die Kommission den Mitgliedstaaten die beschlossene Liste als Entscheidung mit. Daran anschließend müssen die Mitgliedstaaten die in der Liste aufgeführten Gebiete „so schnell wie möglich" – spätestens aber binnen sechs Jahren – als besondere Schutzgebiete (Special Areas of Conservation – SAC) ausweisen. Die FFH-RL macht keine Vorgaben bzgl. der Rechtsnatur der Schutzgebiete, der Mitgliedstaat kann daher auf sein nationales Rechtssystem zurückgreifen. Bei der Ausweisung sind die Prioritäten nach Maßgabe der Wichtigkeit dieser Gebiete für die Wahrung oder die Wiederherstellung eines günstigen Erhaltungszustandes eines natürlichen Lebensraumtyps des Anhangs I oder einer Art des Anhangs II und für die Kohärenz des Netzes Natura 2000 festzulegen. Entscheidend ist dabei auch, inwieweit diese Gebiete von Schädigung oder Zerstörung bedroht sind.

62 Nach Art. 6 Abs. 1 werden von den Mitgliedstaaten für die besonderen Schutzgebiete die nötigen Erhaltungsmaßnahmen festgelegt, die ggf. auch die Erstellung von Bewirtschaftungsplänen und geeignete Maßnahmen rechtlicher, administrativer oder vertraglicher Art, die den ökologischen Erfordernissen der natürlichen Lebensraumtypen nach Anhang I und der Arten nach Anhang II entsprechen, umfassen. Des Weiteren unterliegen die „Gebiete von gemeinschaftlicher Bedeutung" gemäß Art. 4 Abs. 5 FFH-RL den Bestimmungen des Artikels 6 Absätze 2, 3 und 4, d.h. es besteht ein Verschlechterungsverbot für diese Gebiete und die Pflicht, Projekte oder Pläne, die ein solches Gebiet beeinträchtigen könnten, einer Verträglichkeitsprüfung zu unterziehen.

63 dd) **Liste der Gebiete von gemeinschaftlicher Bedeutung**. Die Kommission hat über die von den Mitgliedsstaaten gemeldeten Gebiete eine Entscheidung in Form der Gemeinschaftsliste getroffen. In dieser Entscheidung hat die Kommission eine dritte aktualisierte Liste von Gebieten von gemeinschaftlicher Bedeutung festgelegt.[88] Die Kommission ist der Ansicht, dass die Meldungen der Mitgliedsstaaten teilweise immer noch unzureichend sind und sich hieraus ein weiterer Überarbeitungsbedarf nach den Bestimmungen von Art. 4 FFH-RL ergibt.[89] Aus dem Erwägungsgrund 13 ergibt sich, dass die Kenntnisse über Existenz und Verteilung einiger in Anhang I der FFH-RL genannter natürlicher Lebensraumtypen sowie einiger in An-

---

86 Für diese wären die Länder ggf. dann selbst zuständig.
87 Vom 12.3.1993, BGBl. I S. 313.
88 Entscheidung der Kommissin vom 22.12.2009, gemäß der Richtlinie 92/43/EWG des Rates zur Verabschiedung der dritten aktualsierten Liste von Gebieten von gemeinschaftlicher Bedeutung in der kontinentalen biogeografischen Region, ABl. EU 2010 Nr. L, Seite 120 ff. und Seite 43 für die atlantische biogeografische Region.
89 Vgl. Erwägungsgrund 12 der dritten aktualisierten Liste (Fn. 88).

hang II der FFH-RL genannten Arten unvollständig sind. Daher stellt die Kommission fest, dass auch mit der dritten aktualisierten Liste keine Feststellung darüber getroffen werden sollte, ob das Netz für diese Lebensraumtypen und Arten vollständig ist oder nicht. Die Liste ist erforderlichenfalls gemäß Art. 4 FFH-RL zu überarbeiten. Die Erstellung der Gemeinschaftsliste und damit die „Rückwärts"-Erfassung der Natura 2000-Gebiete, ist somit noch nicht abgeschlossen.

c) Sonderfälle bei der Gebietsauswahl. – aa) Relativ hoher Flächenanteil. Umfassen Gebiete mit einem oder mehreren prioritären natürlichen Lebensraumtyp(en) und einer oder mehreren prioritären Art(en) flächenmäßig mehr als 5% des Hoheitsgebiets eines Mitgliedstaats, kann dieser im Einvernehmen mit der Kommission beantragen, dass die in Anhang III (Phase 2) angeführten Kriterien bei der Auswahl aller in ihrem Hoheitsgebiet liegenden Gebiete von gemeinschaftlicher Bedeutung (Art. 1 lit. k FFH-RL) flexibler angewandt werden, Art. 4 Abs. 2 UAbs. 2. Mit dieser Regelung kommt die FFH-RL einem Mitgliedstaat bei der Bewertung der Gebiete entgegen, wenn auf dessen Staatsgebiet schon ein relativ großer Anteil prioritärer Gebiete vorhanden ist. Das hat aber nicht zur Folge, dass eine Quote von 5% des Staatsgebiets die Obergrenze für prioritäre Gebiete oder für die Gesamtfläche aller Gebiete von gemeinschaftlicher Bedeutung bildet.

bb) Konzertierungsverfahren. Stellt die Kommission fest, dass ein Gebiet mit einem prioritären natürlichen Lebensraumtyp oder einer prioritären Art in einer nationalen Vorschlagsliste nicht aufgeführt ist, dies aber ihres Erachtens für den Fortbestand dieses prioritären natürlichen Lebensraumtyps oder das Überleben dieser prioritären Art unerlässlich ist, wird ein Konzertierungsverfahren zwischen diesem Mitgliedstaat und der Kommission eingeleitet. Dabei werden die von beiden Seiten verwendeten wissenschaftlichen Daten verglichen. Falls die Meinungsverschiedenheiten nicht innerhalb von 6 Monaten beigelegt werden können, übermittelt die Kommission dem Rat einen Vorschlag über die Auswahl des Gebiets von gemeinschaftlicher Bedeutung. Der Rat beschließt einstimmig innerhalb von drei Monaten, Art. 5 FFH-RL.

e) Folgen der Unterschutzstellung. Vogelschutz- und FFH-Gebiete werden nach ihrer Unterschutzstellung im weiteren Fortgang gleichbehandelt, dies ergibt sich aus Art. 7 FFH-RL. Die Folgen richten sich nach den nationalen Umsetzungsvorschriften des Art. 6 Abs. 2 bis 4 FFH-RL.

aa) Allgemeines Verschlechterungs- und Störungsverbot, Art. 6 Abs. 2 FFH-RL. Die Mitgliedstaaten treffen nach der Unterschutzstellung der Gebiete geeignete Maßnahmen, um in den besonderen Schutzgebieten die Verschlechterung der natürlichen Lebensräume und der Habitate der Arten sowie Störungen von Arten, für die die Gebiete ausgewiesen worden sind, zu vermeiden, sofern solche Störungen sich im Hinblick auf die Ziele der FFH-RL erheblich auswirken könnten, Art. 6 Abs. 2 FFH-RL. Die Maßnahmen müssen daher darauf gerichtet sein, die Artenvielfalt durch die Erhaltung der natürlichen Lebensräume sowie der wild lebenden Tiere und Pflanzen zu sichern, Art. 2 Abs. 1 FFH-RL.

bb) Prüfung auf Verträglichkeit. Art. 6 Abs. 2 FFH-RL steht zu den Abs. 3 und 4 als lex generalis zu lex specialis.[90] Nach Abs. 3 ist für Pläne und Pro-

---

[90] Europäische Kommission, Natura 2000 – Gebietsmanagement, S. 27; Wirths, ZUR 2000, 191.

jekte[91] eine Verträglichkeitsprüfung mit den für dieses Gebiet festgelegten Erhaltungszielen durchzuführen. Dabei dürfen die Pläne oder Projekte aber nicht unmittelbar mit der Verwaltung des Gebietes in Verbindung stehen oder hierfür nicht notwendig sein. Eine Verträglichkeitsprüfung ist erforderlich, wenn Pläne oder Projekte ein solches Gebiet einzeln oder in Zusammenwirkung mit anderen Plänen und Projekten erheblich beeinträchtigen könnten. Der Anwendungsbereich von Abs. 2 ist dann nicht mehr tangiert, wenn die Verträglichkeit der Maßnahme mit den Erhaltungszielen festgestellt wird oder eine Ausnahme nach Abs. 4 vorliegt. Kommt für das Gebiet eine Verträglichkeitsprüfung nach Art. 6 Abs. 3 FFH-RL zur Anwendung, dürfen die Behörden Pläne oder Projekte nur dann genehmigen, wenn die Maßnahmen das Gebiet nicht beeinträchtigen, u.U. bedarf es zuvor einer Öffentlichkeitsbeteiligung. Ergibt die Verträglichkeitsprüfung, dass durch das Vorhaben negative Beeinträchtigungen drohen oder notwendige Entwicklungsmaßnahmen nicht durchgeführt werden können, kommt der Verträglichkeitsgrundsatz nach Art. 6 Abs. 3 Satz 2 FFH-RL zum Tragen.[92] Eine Ausnahme von der Verpflichtung die Verträglichkeitsprüfung nach den zuvor genannten Voraussetzungen, etwa aus Kostengründen kann nicht erfolgen.[93]

69 Maßgeblich dafür, ob eine **Beeinträchtigung** des Gebiets vorliegt, sind die mit der FFH-RL verfolgten Ziele der Sicherung der Artenvielfalt durch die Erhaltung der natürlichen Lebensräume sowie der wild lebenden Tiere und Pflanzen im europäischen Gebiet der Mitgliedstaaten, Art. 2 Abs. 1 FFH-RL. Eine Beeinträchtigung kann vorliegen, wenn entweder die in dem Gebiet gelegenen Lebensraumtypen, Habitate oder einbezogene Rand-, Puffer- oder Erweiterungszonen von der Maßnahme derart betroffen sind, dass sie dauerhaft ihre Funktionen nicht mehr oder nur eingeschränkt erfüllen können.[94]

70 Ergibt sich nach der Verträglichkeitsprüfung, dass der Plan oder das Projekt unzulässig ist, kann das Gebiet ausnahmsweise nach Art. 6 Abs. 4 FFH-RL zugelassen werden, wenn zwingende Gründe des überwiegenden öffentlichen Interesses einschließlich solcher sozialer oder wirtschaftlicher Art vorliegen und keine Alternativlösung vorhanden sind. Dann ergreift der Mitgliedstaat alle notwendigen Ausgleichsmaßnahmen, um sicherzustellen, dass die globale Kohärenz von Natura 2000 geschützt ist. Der Mitgliedstaat unterrichtet die Kommission über die von ihm ergriffenen Ausgleichsmaßnahmen.

71 Eine Ausnahme kann nur unter folgenden Voraussetzungen erteilt werden: **Erstens** muss ein öffentliches Interesse an der Durchführung des Projektes oder Planes bestehen; **zweitens** muss dieses Interesse zwingend sein und **drittens** darf keine alternative Lösung vorhanden sein. Als **vierter** Punkt muss in einer Abwägung das öffentliche Interesse an der Durchführung des Plans oder Projekts das öffentliche Interesse an den Schutzzielen der FFH-RL überwiegen und **fünftens** muss die Beeinträchtigung ausgleichbar sein.[95] Ist

---

91 Die Begriffe Pläne und Projekte werden in der FFH-RL nicht definiert, vgl. hierzu aus der Literatur z.B. *Gellermann*, Natura 2000, 2. Aufl. 2001, S. 76; *Kues*, Lebensraumschutz nach der Fauna-Flora-Habitat-Richtlinie, S. 111 ff.
92 *Fischer-Hüftle*, ZUR 1999, 69.
93 EuGH, Urt. v. 6.4.2000 – C 256/98, NuR 2000, 565.
94 *Gellermann*, Natura 2000, S. 84 ff. NVwZ 2001, 500.
95 Vgl. *Gellermann*, NVwZ 2001, 500 ff.; BVerwG, Urt. v. 27.1.2000 – 4 C 2.99, NuR 2000, 448 (B 1 – Hildesheim).

das betreffende Gebiet ein Gebiet, das einen prioritären natürlichen Lebensraumtyp und/oder eine prioritäre Art einschließt, so können nur Erwägungen im Zusammenhang mit der Gesundheit des Menschen und der öffentlichen Sicherheit oder im Zusammenhang mit maßgeblichen günstigen Auswirkungen für die Umwelt oder, nach Stellungnahme der Kommission, andere zwingende Gründe des überwiegenden öffentlichen Interesses geltend gemacht werden, Art. 6 Abs. 4 UAbs. 2 FFH-RL. Die Stellungnahme der Kommission muss bei der Entscheidungsfindung berücksichtigt werden, es ist aber keine Zustimmung der Kommission für die Zulassung des Plans bzw. des Projektes erforderlich.

Unter Berücksichtigung der Ergebnisse der Verträglichkeitsprüfung und vorbehaltlich des Abs. 4 stimmen die zuständigen einzelstaatlichen Behörden dem Plan bzw. Projekt nur zu, wenn sie festgestellt haben, dass das Gebiet als solches nicht beeinträchtigt wird, und nachdem sie gegebenenfalls die Öffentlichkeit angehört haben.

f) **Rechtsschutz bei Gebietsmeldungen.**[96] Sowohl nach der V-RL als auch der FFH-RL lässt sich kein subjektives öffentliches Recht dergestalt ableiten, dass Einzelne oder Vereine aus den Richtlinien einen Anspruch auf Gebietsausweisung hätten.[97] Durch eine Gebietsmeldung für die Vorschlagsliste i.S.v. Art. 4 Abs. 2 UAbs. 3 FFH-RL besteht gleichfalls keine Rechtsverletzung, weil von der Gebietsmeldung an den Bund keine belastende Rechtwirkungen ausgehen. Diese treten frühestens mit der Aufnahme eines Gebietes in die „Liste von Gebieten mit gemeinschaftlicher Bedeutung" der Europäischen Gemeinschaft ein.[98] Zu berücksichtigen ist aber, dass bei gemeldeten prioritären Biotopen und Arten praktisch kein Spielraum mehr besteht, die Gebiete nicht aufzunehmen. In diesem Fall ist das Ermessen der Kommission auf Null reduziert, vgl. auch Anhang III Phase 2 Nr. 1 FFH-RL. Naturschutzverbände konnten/können insoweit eine „Schattenliste" mit Gebieten, die ihrer Ansicht nach als FFH-Gebiete zur Auswahl kommen müssen, an die Kommission melden. Diese hat dann die Möglichkeit diese Gebiete in Phase II zu berücksichtigen.

Die Gebietsmeldung durch das Land stellt zusammen mit der Weitermeldung der Gebiete durch den Bund an die Europäische Gemeinschaft nur eine Vorstufe eines komplexen Auswahlverfahrens dar, bei dem erst die zuständigen Gemeinschaftsorgane nach den in Anhang III Phase 2 Nr. 2 FFH-RL genannten Kriterien eine Auswahl der gemeinschaftswichtigen Gebiete treffen und ihnen hierbei ein Beurteilungsspielraum zusteht.[99]

Rechtsschutz Betroffener gegen später folgende Sicherungsmaßnahmen wie z.B. Schutzgebietsverordnungen[100] oder gegen die Aufnahme in die Liste der Gebiete von gemeinschaftlicher Bedeutung kann nach Art. 263 Abs. 4 AEUV erfolgen. Erforderlich ist dabei, dass die Rechtsverletzung durch die Entscheidung bzgl. der Aufnahme in die Liste durch die Kommission erfolgt.

---

96 *Wrase*: Rechtsschutz gegen die Schaffung von FFH- und Vogelschutzgebieten, (2004), Beiträge zur Raumplanung und zum Siedlungs- und Wohnungswesen, Bd. 222.
97 OVG Hamburg, Beschl. v. 19.2.2001 – 2 Bs 370/00, NuR 2001, 592; BVerfG Beschl. v. 10.5.2001 – 1 BvR 481/01, NuR 2001, 581.
98 Vgl. *Schulz*, NVwZ 2001, 289; VG Frankfurt/Main, Beschluss vom 2.3.2001 – 3 G 501 01 (1), NuR 2001, 414; VG Düsseldorf, Urt. v. 21.12.2000 – 4 K 6745/99 – NVwZ 2001, 591, BVerwG, Beschl. v. 12.6.2008 – 7 B 24.08, NuR 2008, 575.
99 Vgl. *Ewer*, NuR 2000, 361/365.
100 OVG Lüneburg, Beschl. v. 12.7.2000 – 3 N 1605/00, NuR 2000, 711.

Ein Betroffener muss also individuell von der Entscheidung betroffen sein.[101]

76 Eine Klage, mit der ein Bundesland verpflichtet werden soll, sich von seinem Vorschlag, ein Gebiet nach Art. 4 FFH-RL in die Liste der Gebiete von gemeinschaftlicher Bedeutung aufzunehmen, nachträglich zu distanzieren, ist wegen Fehlens eines Rechtsschutzbedürfnisses regelmäßig unzulässig.[102]

77 Ebenfalls unzulässig ist eine Klage, mit der eine Gemeinde die Feststellung begehrt, dass sie keinen Bindungen aus dem FFH-Regime unterliege. Der Gemeinde fehlt hierfür die für die Inanspruchnahme vorbeugenden Rechtsschutzes rechtfertigenden besonderen Rechtsschutzbedürfnisse.[103]

78 g) **Einvernehmen mit einer Liste der Gebiete von gemeinschaftlicher Bedeutung.** Nach Art. 4 Abs. 2 UAbs. 1 Satz 1 i.V.m. Anhang III FFH-RL erstellt die Kommission im Einvernehmen mit den Mitgliedstaaten den Entwurf einer Liste von Gebieten mit gemeinschaftlicher Bedeutung. In einer Abstimmung mit dem Habitat-Ausschuss legt die Kommission anschließend die (endgültige) Gemeinschaftsliste fest.[104] Das Einvernehmen zwischen Kommission und Mitgliedstaat ist als „Angelegenheit der Europäischen Union" i.S.d. Art. 23 Abs. 2 GG.

79 Ein Mitgliedstaat darf sein Einvernehmen zur Aufnahme eines Gebiets nicht aus anderen als naturschutzfachlichen Gründen verweigern, vor allem nicht aus wirtschaftlichen, kulturellen oder regionalen Gründen. Alles andere würde das Ziel eines Natura 2000-Netzes zu sehr gefährden.[105]

80 h) **Potenzielle FFH-Gebiete.** Ein FFH-Gebiet unterliegt erst dann den Anforderungen der Richtlinie, wenn das betreffende Gebiet in die Gemeinschaftsliste aufgenommen wurde, vgl. Art. 6 Abs. 5 FFH-RL.

81 Wegen fehlerhafter und schleppender Umsetzung der FFH-RL hat die Rechtsprechung die Rechtsfigur der sog. potenziellen FFH-Gebiete geschaffen. Zu diesem Zweck wurden die Vorwirkungen der FFH-Richtlinie gemäß Art. 10 Abs. 1 EG-V auf sog. potenzielle FFH-Gebiete erstreckt. Die Vorwirkung ist darauf gerichtet, dass ein Mitgliedstaat durch sein Tun oder Unterlassen die Ziele der Richtlinie nicht unterlaufen und keine vollendeten Tatsachen schaffen darf, die im Ergebnis darauf hinauslaufen würden, dass der Mitgliedstaat seinen durch die Richtlinie begründeten Pflichten nicht mehr nachkommen kann.[106]

82 Ein Gebiet zählt dann zum Kreis der potenziellen FFH-Gebiete, wenn die in ihm vorhandenen Lebensraumtypen im Sinne des Anhangs I oder Arten im Sinne des Anhangs II der FFH-Richtlinie eindeutig den im Anhang III

---

101 EuGH, Urt. v. 23.4.2009 – C-369/06 P, NuR 2009, 405, Rdnr. 23.
102 OVG Münster, Besch. v. 23.1.2008 – 8 A 154/06, NuR 2008, 272; BVerwG, Beschl. v. 12.6.2008 – 7 B 24.08, NuR 2008, 575.
103 OVG Münster, Besch. v. 23.1.2008 – 8 A 154/06, NuR 2008, 272; BVerwG, Beschl. v. 12.6.2008 – 7 B 24.08, NuR 2008, 575.
104 Vgl. Art. 4 Abs. 2 Uabs. 3 i.V.m. Art. 21 FFH-RL i.V.m. Art. 5, 7, 8 des Beschlusses 1999/468/EG vom 28.6.1999 zur Festlegung der Modalitäten für die Ausübung der der Kommission übertragenen Durchführungsbefugnisse (sog. Komitologiebeschluss), ABl. L 184 vom 17.7.1999, S. 23, geändert durch den Beschluss 2006/512/EG vom 17.7.2006, ABl. Nr. L 200 S. 11.
105 EuGH, Urt. 14.1.2010 – C-226/08, NuR 2010, 114/115, Rdnr. 30 ff.
106 EuGH Urt. v. 18.12.1997 – C-129/96, a.a.O.

(Phase 1) genannten Merkmalen entsprechen[107]. Dies gilt im gleichen Maß für gemeldete wie für nichtgemeldete Gebiete.

Die Anerkennung eines potenziellen FFH-Gebiets setzt kumulativ voraus, dass 1. für das Gebiet die sachlichen Kriterien nach Art. 4 Abs. 1 FFH-Richtlinie erfüllt sind, 2. die Aufnahme in ein kohärentes Netz mit anderen Gebieten sich aufdrängt oder zumindest nahe liegt und 3. der Mitgliedsstaat die FFH-Richtlinie noch nicht vollständig umgesetzt hat.[108]

In Bezug auf die Beeinträchtigung potenzieller FFH-Gebiete kann diese Vorwirkung unterschiedliche Rechtspflichten auslösen.[109] Drängt es sich auf, dass ein potenzielles FFH-Gebiet nach seiner Meldung auch Aufnahme in die Gemeinschaftsliste (vgl. Art. 4 Abs. 2 FFH-RL) finden wird, ist die Zulässigkeit eines dieses Gebiet berührenden Vorhabens an den Anforderungen des Art. 6 Abs. 3 und 4 FFH-RL zu messen.[110] Eine Aufnahme in die Gemeinschaftsliste drängt sich auf, wenn in dem Gebiet prioritäre Lebensraumtypen oder Arten vorhanden sind, weil sich dann das Ermessen der Kommission insoweit auf Null reduziert, als das Gebiet gemäß Anhang III Phase 2 Nr. 1 Aufnahme in die Gemeinschaftsliste finden muss.[111] Gleiches gilt für Gebiete ohne prioritäre Arten und Lebensräume bei denen sich die Aufnahme in das kohärente Netz Natura 2000 aufgrund ihrer herausragenden ökologischen Bedeutung ebenfalls aufdrängt.

Kann dagegen die Aufnahme in die Gemeinschaftsliste nicht hinreichend sicher prognostiziert werden, hat es mit dem Verbot sein Bewenden, das Gebiet so nachhaltig zu beeinträchtigen, dass es für eine Meldung und Aufnahme in die Gemeinschaftsliste nicht mehr in Betracht kommt.[112] Eine absolute Veränderungssperre besteht dann nicht, weil trotz vertragswidrigen Verhaltens ein Mitgliedstaat nicht mit Folgen belastet werden darf, die über jene Einschränkungen hinausgehen, welche die Richtlinie im Falle ordnungsgemäßer Umsetzung selbst vorsieht.[113] Es wird also vielmehr eine weniger strenge Verpflichtung zum Stillhalten vor Veränderungen begründet.[114]

Während das BVerwG schon über eine gefestigte Judikatur[115] zum Schutz potenzieller FFH-Gebiete verfügte, hat sich der EuGH erstmals mit dem **Dragaggi-Urteil**[116] zu dieser Rechtsfigur geäußert. Teile der Literatur sahen mit diesem Urteil das Ende der Rechtsprechung des BVerwG zu den potenziellen Schutzgebieten gefolgert, obgleich der EuGH solche Äußerungen nicht getroffen hatte.[117]

Bekanntlich vollzieht sich die Errichtung des europäischen Netzwerks Natura 2000 in 3 Phasen: Meldung durch die Mitgliedstaaten, Listenerstellung

---

107 Urt. v. 31.1.2002 – 4 A 15.01, NuR 2002, 539, 544.
108 BVerwG, Urt. v. 19.5.1998 – 4 A 9.97, BVerwGE 107, 1 = juris Rdnr. 78.
109 BVerwG, Urt. v. 17.5.2002 – 4 A 28.01, BNatSchG/ES BNatschG 2002 § 61 Nr. 1.
110 BVerwG, Urt. v. 27.1.2000 – 4 C 2.99, BNatSchG/ES BNatschG § 19b, Nr. 7.
111 BVerwG, Urt. v. 17.5.2002 – 4 A 28.01, NuR 2002, 739.
112 BVerwG, Urt. v. 27.10.2000 – 4 A 18.99 –.
113 BVerwG, Urt. v. 19.5.1998 – 4 A 9.97 – NuR 1998, 544 (A 20).
114 BVerwG, Urt. v. 19.5.1998 – 4 A 9.97 – NuR 1998, 544 (A 20).
115 Z.B. BVerwG, Urt. v. 19.5.1998 – 4 A 9.97, NuR 1998, 544 (A 20); Urt. v. 27.1.2000 – 4 C 2.99, NuR 2000, 448; Urt. v. 27.10.2000 – 4 A 18.99, NuR 2001, 216; BVerwG, Urt. v. 17.5.2002 – 4 A 28.01 – BNatSchG/ES BNatschG 2002 § 61 Nr. 1.
116 EuGH, Urt. v. 13.1.2005 – C-117/03, NuR 2005, 242.
117 Kritisch dazu *Gellermann*, NuR 2005, 433 ff.; *Schumacher/Palme*, EurUP 2005 S. 175.

durch die EU-Kommission und schließlich Unterschutzstellung wieder durch die Mitgliedstaaten. Für solche Gebiete, die bisher nur an die EU-Kommission gemeldet (Meldegebiete) aber noch nicht endgültig in die Liste der „Gebiete von gemeinschaftlicher Bedeutung" nach der FFH-Richtlinie aufgenommen wurden, sah das BVerwG bisher einen ähnlichen strengen Schutz vor wie für die gelisteten Gebiete selbst.[118] Da sich ein EU-Mitgliedstaat mit der Meldung nach Brüssel dazu bereit erklärt, diese Gebiete dem besonderen Schutz der FFH-Richtlinie zu unterstellen, dürfe er eine Verschlechterung jener Gebiete nicht zulassen, weil sonst das Fernziel der Meldung, die Aufnahme in das Netz „Natura 2000" vereitelt werde. Aus diesen Gründen wendet das BVerwG das Schutzregime des Art. 6 Abs. 2-4 FFH-Richtlinie bereits bei lediglich gemeldeten Gebieten an mit der Folge, dass auch hier das gesamte Verfahren einer FFH-Verträglichkeitsprüfung durchgeführt werden muss.[119]

88 Das sog. Dragaggi-Urteil des EuGH hat dieser Variante des Interimsschutzes eine Absage erteilt. Der EuGH hatte darüber zu entscheiden, ob und wenn ja in welchem Umfang und auf welcher Rechtsgrundlage solche potenziellen, weil nur gemeldeten Gebiete durch europäisches Habitatschutzrecht geschützt werden. Dabei stand einerseits eine unmittelbare Wirkung von Art. 6, eine Verpflichtung aus dem Loyalitätsgebot des Art. 4 Abs. 3 EUV i.V.m. der FFH-Richtlinie oder das Verbot des venire contra factum proprium (d.h. ein Mitgliedstaat verhält sich selbstwidersprüchlich, wenn er einerseits Gebiete an die EU-Kommission als besonders schutzwürdig meldet, andererseits aber deren Schutz nicht gewährleistet) zur Debatte. Den Schutz nach Art. 6 Abs. 2-4 lehnte der EuGH ab. Der klare Wortlaut des Art. 4 Abs. 5 ordne dieses Schutzregime erst ab Aufnahme in die Kommissions-Liste der Gebiete von gemeinschaftlicher Bedeutung an. Auch eine unmittelbare Anwendung lehnte der EuGH ab, da es an der notwendigen „Unbedingtheit" mangelte.

89 Die Aufnahme in die Liste setzt eine Entscheidung der Kommission voraus, die nicht über eine automatische Aufnahme von gemeldeten (prioritären) Gebieten vorentschieden werden dürfe. Dies würde aber geschehen, wenn die Kommission verpflichtet wäre, alle von den Mitgliedstaaten vorgeschlagenen Gebiete, die prioritäre natürliche Lebensraumtypen oder prioritäre Arten beherbergen, in die von ihr nach dem Verfahren des Art. 21 FFH-RL festgelegte Liste der Gebiete von gemeinschaftlicher Bedeutung aufzunehmen. Der EuGH lässt aber keinen Zweifel daran, dass die Gebiete auch in diesem frühen Stadium schon zu schützen sind. Denn das Ziel der FFH-Richtlinie – die Erhaltung natürlicher Lebensräume und wild lebender Arten – wäre gefährdet, wenn die Mitgliedstaaten die von ihnen gemeldeten Gebiete nicht bereits ab dem Zeitpunkt der Meldung schützen müssten.

90 Die Kommission hat eine Liste der Gebiete von gemeinschaftlicher Bedeutung (alpine, atlantische und kontinentale Region) veröffentlicht. Die Auswirkungen des Dragaggi-Urteils sind damit nur noch für jene Gebiete von Bedeutung, die entweder von den Bundesländern nachgemeldet werden oder für die bislang noch keine Meldung erfolgt ist, obwohl diese Gebiete die Voraussetzungen für eine Aufnahme in die Liste der Gebiete von gemeinschaftlicher Bedeutung erfüllen.

---

118 Vgl. zu dieser „Vorwirkungsrechtsprechung" nur BVerwG, Urteil v. 27.1.2000 – 4 C 2/99, NuR 2000, 448; BVerwG, Urt. v. 27.2.2003 – 4 A 59/01, NuR 2003, 686; BVerwG, Urt. v. 22.1.2004 – 4 A 4.03, NVwZ 2004 S. 861 ff.
119 *Halama*, NVwZ 2001 S. 506 ff.

Zur vollständigen Umsetzung muss der Mitgliedstaat die Richtlinie normativ umgesetzt und die Liste nach § 4 Abs. 1 FFH-RL der EU-Kommission zugeleitet haben.[120] Diese Voraussetzungen sind inzwischen erfüllt, nachdem die gesetzgeberische Umsetzung der FFH-RL in §§ 31 ff. BNatSchG erfolgt ist und die Kommission über die von den Mitgliedsstaaten gemeldeten Gebiete eine Entscheidung in Form der Gemeinschaftsliste getroffen hat.[121]

91

Die Erstellung der Gemeinschaftsliste ist noch nicht abgeschlossen.[122] In ihrer Entscheidung hat die Kommission die dritte aktualisierte Liste von Gebieten von gemeinschaftlicher Bedeutung festgelegt. In Erwägungsgrund 13 betont die Kommission, dass mit der Liste keine Feststellung getroffen werden sollte, ob das Netz für diese Lebensraumtypen und Arten (bezogen auf die kontinentale und atlantische biogeografische Region) vollständig ist oder nicht.

92

Soweit die Kommissionsentscheidung in Erwägungsgrund 11 darauf hinweist, dass die Kenntnisse über Existenz und Verteilung natürlicher Lebensraumtypen und Arten sich aufgrund der Überwachung gem. Art. 11 der FFH-Richtlinie weiterentwickeln, wird damit ein dynamischer Prozess beschrieben,[123] zugleich aber klargestellt, dass dieser im Rahmen des von der FFH-Richtlinie selbst vorgesehenen Aktualisierungsverfahrens stattzufinden hat: Für den Fall, dass ein Mitgliedstaat nach Abschluss des Meldeverfahrens im Rahmen der ihm obliegenden Überwachung der Erhaltungszustände von Lebensraumtypen und Arten (vgl. Art. 11 der FFH-RL) zu der Einschätzung kommt, ein zunächst nicht gemeldetes Gebiet sei doch schutzwürdig, ist das Verfahren nach Art. 4 Abs. 1 Satz 4 FFH-RL vorgesehen, wonach der Mitgliedstaat eine Anpassung der nationalen Gebietsliste beantragt. Für den umgekehrten Fall, dass die Kommission ein vom Mitgliedstaat nicht gemeldetes Gebiet für schutzwürdig hält, sieht die FFH-Richtlinie das Konzertierungsverfahren nach Art. 5 vor, das entweder durch eine Einigung zwischen Mitgliedstaat und Kommission oder aber durch eine einstimmig zu fassende Ratsentscheidung endet.

93

Da für einige Lebensräume und Arten noch keine abschließende Gebietsliste vorliegt, kann es für diese auch noch weiterhin potenzielle FFH-Gebiete geben.

94

Für Gebiete, die von den Mitgliedstaaten gemeldet, aber noch nicht in die Liste aufgenommen wurde, gelten andere Maßgaben. Gemeinschaftsrechtlich sind für diese Gebiete „geeignete Schutzmaßnahmen" geboten, „um die ökologischen Merkmale dieser Gebiete zu erhalten".[124] Das Gericht führt hierzu aus: „die Mitgliedstaaten dürften keine Eingriffe zulassen, die die ökologischen Merkmale des Gebiets ernsthaft beeinträchtigen könnten. Dies gilt insbesondere dann, wenn ein Eingriff die Fläche des Gebiets wesentlich verringern oder zum Verschwinden von in dem Gebiet vorkommenden prioritären Arten führen oder aber die Zerstörung des Gebiets oder die Beseitigung seiner repräsentativen Merkmale zur Folge haben könnte."[125] Das BVerwG schließt hieraus, dass das von den Mitgliedstaaten vor der Ge-

95

---

120 BVerwG, Urt. v. 19.5.1998 – 4 C 11.96, NuR 1998, 649.
121 Entscheidung der Kommission vom 22.12.2009 (ABl. EU L 30, S. 120 ff.; Entscheidung der Kommission vom 22.12.2009 (ABl. EU L 30, S. 43 ff.).
122 Vgl. Rdnr. 63.
123 Vgl. auch Erwägungsgrund Nr. 4.
124 EuGH, Urt. v. 14.9.2006 – C-244/05, NuR 2006, 763, Rdnr. 44.
125 EuGH, Urt. v. 14.9.2006 – C-244/05, NuR 2006, 763, Rdnr. 46.

bietslistung zu gewährleistende Schutzregime hinter den Anforderungen des Art. 6 Abs. 3 und 4 FFH-RL zurückbleiben darf. Die anwendbaren Verfahrensmodalitäten bestimmen sich nach dem innerstaatlichen Recht, dürfen jedoch nicht ungünstiger sein als die, die für gleichartige innerstaatliche Situationen gelten.[126]

---

126 BVerwG, Urt. v. 14.4.2010 – 9 A 5.08, NuR 2010, 558.

§ 32 Schutzgebiete

(1) ¹Die Länder wählen die Gebiete, die der Kommission nach Artikel 4 Absatz 1 der Richtlinie 92/43/EWG und Artikel 4 Absatz 1 und 2 der Richtlinie 79/409/EWG zu benennen sind, nach den in diesen Vorschriften genannten Maßgaben aus. ²Sie stellen das Benehmen mit dem Bundesministerium für Umwelt, Naturschutz und Reaktorsicherheit her. ³Dieses beteiligt die anderen fachlich betroffenen Bundesministerien und benennt die ausgewählten Gebiete der Kommission. ⁴Es übermittelt der Kommission gleichzeitig Schätzungen über eine finanzielle Beteiligung der Gemeinschaft, die zur Erfüllung der Verpflichtungen nach Artikel 6 Absatz 1 der Richtlinie 92/43/EWG einschließlich der Zahlung eines finanziellen Ausgleichs insbesondere für die Land- und Forstwirtschaft erforderlich ist.

(2) Die in die Liste nach Artikel 4 Absatz 2 Unterabsatz 3 der Richtlinie 92/43/EWG aufgenommenen Gebiete sind nach Maßgabe des Artikels 4 Absatz 4 dieser Richtlinie und die nach Artikel 4 Absatz 1 und 2 der Richtlinie 79/409/EWG benannten Gebiete entsprechend den jeweiligen Erhaltungszielen zu geschützten Teilen von Natur und Landschaft im Sinne des § 20 Absatz 2 zu erklären.

(3) ¹Die Schutzerklärung bestimmt den Schutzzweck entsprechend den jeweiligen Erhaltungszielen und die erforderlichen Gebietsbegrenzungen. ²Es soll dargestellt werden, ob prioritäre natürliche Lebensraumtypen oder prioritäre Arten zu schützen sind. ³Durch geeignete Gebote und Verbote sowie Pflege- und Entwicklungsmaßnahmen ist sicherzustellen, dass den Anforderungen des Artikels 6 der Richtlinie 92/43/EWG entsprochen wird. ⁴Weiter gehende Schutzvorschriften bleiben unberührt.

(4) Die Unterschutzstellung nach den Absätzen 2 und 3 kann unterbleiben, soweit nach anderen Rechtsvorschriften einschließlich dieses Gesetzes und gebietsbezogener Bestimmungen des Landesrechts, nach Verwaltungsvorschriften, durch die Verfügungsbefugnis eines öffentlichen oder gemeinnützigen Trägers oder durch vertragliche Vereinbarungen ein gleichwertiger Schutz gewährleistet ist.

(5) Für Natura 2000-Gebiete können Bewirtschaftungspläne selbständig oder als Bestandteil anderer Pläne aufgestellt werden.

(6) Die Auswahl und die Erklärung von Gebieten im Sinne des Absatzes 1 Satz 1 und des Absatzes 2 im Bereich der deutschen ausschließlichen Wirtschaftszone und des Festlandsockels zu geschützten Teilen von Natur und Landschaft im Sinne des § 20 Absatz 2 richten sich nach § 57.

Gliederung

	Rdnr.
I. Allgemeines	1
II. Auswahl und Meldung der Gebiete (Abs. 1)	2–25
1. Gebietsauswahl (Abs. 1 Satz 1)	2–16
a) Vogelschutzgebiete	3
b) Natura 2000-Gebiete	4–16
2. Benehmen mit dem BMU und Beteiligung anderer fachlichen Ministerien (Abs. 1 Satz 2 und 3)	17, 18
3. Meldung der ausgewählten Gebiete an die Kommission(Abs. 1 Satz 3 HS. 2)	19–21
4. Schätzung über eine finanzielle Beteiligung der Gemeinschaft (Abs. 1 Satz 4)	22–25
III. Unterschutzstellung (Abs. 4)	26–63
1. Gebietsausweisung (Abs. 2)	27–42
a) Allgemeines	27, 28
b) Vorgaben der FFH-Richtlinie für die Unterschutzstellung	29–37
c) Schutzgebietsausweisung nach der Vogelschutzrichtlinie	38–42

2. Schutzerklärung (Abs. 3)	43–50
a) Allgemeines	43–46
b) Anforderungen an die Schutzerklärung	47–49
c) Bereits ausgewiesene Schutzgebiete	50
3. Weitere Schutzmöglichkeiten (Abs. 4)	51–63
a) Andere Rechtsvorschriften	53
b) Verwaltungsvorschriften	54
c) Gemeinnützige Träger	55
d) Vertragnaturschutz	56–58
e) Gebietsbezogene Bestimmungen	59–63
IV. Bewirtschaftungpläne (Abs. 5)	64, 65
V. Natura 2000-Gebiete in der AWZ und dem Festlandsockel (Abs. 6)	66

I. Allgemeines

1 Die Vorschrift greift § 33 BNatSchG 2002 auf und formt sie, soweit erforderlich, zu einer unmittelbar geltenden Regelung um. Abs. 1 regelt das **Meldeverfahren** für die nach Art. 4 Abs. 1 FFH-RL erforderliche nationale Vorschlagsliste[1] für Gebiete von gemeinschaftlicher Bedeutung und die Europäischen Vogelschutzgebiete nach Art. 4 Abs. 1 und 2 V-RL sowie die nationale Unterschutzstellung derjenigen Gebiete, die von der Europäischen Kommission in die „Liste der Gebiete von gemeinschaftlicher Bedeutung" aufgenommen wurden, wird in § 32 Abs. 1 geregelt. Während das Meldeverfahren weitgehend als abgeschlossen angesehen werden kann, steht die Unterschutzstellung der Natura 2000-Gebiete (Abs. 2) und die Lösung der damit verbundenen Konflikte zu einem nennenswerten Teil noch aus. Nach Abs. 3 kann wie bisher von der Darstellung, ob prioritäre natürliche Lebensraumtypen oder prioritäre Arten zu schützen sind, nur in Ausnahmefällen abgesehen werden, etwa dann, wenn rechtswidrige Naturentnahmen zu befürchten sind.[2] Nach Abs. 5 können Bewirtschaftungspläne für Natura 2000-Gebiete aufgestellt werden. Abs. 6 betrifft die Auswahl und die Erklärung von Natura 2000-Gebieten im Bereich der AWZ.

II. Auswahl und Meldung der Gebiete (Absatz 1)

1. Gebietsauswahl (Absatz 1 Satz 1)

2 In Abs. 1 Satz 1 wird die Auswahl der FFH- Gebiete (Art. 4 Abs. 1 FFH-RL) und der Vogelschutzgebiete (Art. 4 Abs. 1 und 2 V-RL) geregelt, die der Kommission der Europäischen Gemeinschaften zu benennen sind. Zuständig für die Gebietsauswahl sind die Länder. Satz 1 enthält keine eigene Regelung über das Gebietsauswahlverfahren, sondern verweist auf die europarechtlichen Vorgaben der FFH-RL und der V-RL. Vogelschutzgebiete werden mit der Meldung und der Ausweisung durch den Mitgliedstaat zu einem Schutzgebiet des Europäischen Netzes Natura 2000. Dagegen stellt die Meldung der Vorschlagliste nach Art. 4 Abs. 1 FFH-RL lediglich die 1. Phase eines 3-phasigen Verfahrens dar (vgl. unter § 31 Rdnr. 52).

---

1 Zum Stand der Umsetzung siehe http://www.europa.eu.int/comm/environment/nature/barometer/barometer.htm.
2 Vgl. BT-Drs. 16/12274, S. 64.

a) **Vogelschutzgebiete.** Nach Art. 4 Abs. 1 UAbs. 4 V-RL müssen die Mitgliedstaaten die „zahlen- und flächenmäßig geeignetsten Gebiete" zu Schutzgebieten erklären; in Bezug auf Zugvogelarten müssen – soweit die Vermehrungs-, Überwinterungs- und Rastplätze betroffen sind – die entsprechenden Schutzgebiete ausgewiesen werden (§ 4 Abs. 2 V-RL). Die Auswahl der geeignetsten Gebiete orientiert sich an den ökologischen Belangen und Kriterien. Für diese Gebiete besteht eine Ausweisungspflicht (Einzelheiten in § 31 Rdnr. 21). 3

b) **Natura 2000-Gebiete.** Die Meldung von FFH-Gebieten stellt die 1. Phase eines dreistufigen Verfahrens dar. In dieser 1. Phase legt jeder Mitgliedstaat der Kommission eine Liste vor, die diejenigen Gebiete aufführt, welche die natürlichen Lebensraumtypen des Anhangs I FFH-RL und einheimische Arten des Anhangs II FFH-RL enthalten. Dabei können auch Gebiete benannt werden, in denen im Rahmen von Entwicklungs- oder Wiederherstellungsmaßnahmen Lebensräume oder Arten von gemeinschaftliche Bedeutung gefördert werden sollen. Dies kommt insbesondere dann in Betracht, wenn ein Lebensraumtyp nicht mehr in seiner optimalen Ausprägung vorkommt oder Arten wiederangesiedelt werden sollen.[3] 4

Für die Meldeliste ist für jeden natürlichen Lebensraumtyp des Anhangs I und jede Art des Anhangs II (einschließlich der prioritären natürlichen Lebensraumtypen und der prioritären Arten) auf nationaler Ebene eine Beurteilung der relativen Bedeutung der Gebiete für das Schutzgebietssystem Natura 2000 vorzunehmen. 5

Die Einstufung der vorzuschlagenden Gebiete wird von den Bundesländern anhand der in Anhang III Phase 1 A und B FFH-RL genannten fachlichen Kriterien durchgeführt. Danach erfolgt die Beurteilung der Bedeutung des Gebietes für einen natürlichen Lebensraumtyp anhand folgender Kriterien (Anhang III Phase 1 A): 6
a) Repräsentativitätsgrad des in diesem Gebiet vorkommenden natürlichen Lebensraumtyps.
b) Vom natürlichen Lebensraumtyp eingenommene Fläche im Vergleich zur Gesamtfläche des betreffenden Lebensraumtyps im gesamten Hoheitsgebiet des Staates.
c) Erhaltungsgrad der Struktur und der Funktionen des betreffenden natürlichen Lebensraumtyps und Wiederherstellungsmöglichkeit.
d) Gesamtbeurteilung des Wertes des Gebietes für die Erhaltung des betreffenden natürlichen Lebensraumtyps.

Kriterien zur Beurteilung der Bedeutung des Gebiets für eine gegebene Art des Anhangs II, sind nach Anhang III Phase 1 B: 7
a) Populationsgröße und -dichte der betreffenden Art in diesem Gebiet im Vergleich zu den Populationen im ganzen Land.
b) Erhaltungsgrad der für die betreffende Art wichtigen Habitatselemente und Wiederherstellungsmöglichkeit.
c) Isolierungsgrad der in diesem Gebiet vorkommenden Population im Vergleich zum natürlichen Verbreitungsgebiet der jeweiligen Art.
d) Gesamtbeurteilung des Wertes des Gebietes für die Erhaltung der betreffenden Art.

Weitere Quellen für die Auswahlkriterien können auch die Veröffentlichungen des European Topic Center on Nature Conservation (**ETC/NC**) als 8

---

3 Vgl. hierzu *Harthun*, NuL 1999, 317/320.

Fachbehörde auf EU-Ebene sein. Zur Berücksichtigung der nationalen Sichtweise bei der Gebietsauswahl wurden vom Bundesamtes für Naturschutz als nationale Fachbehörde entsprechende Erläuterungen zur nationalen Bewertungsmethodik für die Lebensraumtypen nach Anhang I FFH-RL[4] und die Arten nach Anhang II FFH-RL[5] veröffentlicht.

9 Zur Durchführung der nationalen Bewertung der Lebensraumtypen musste zunächst eine möglichst eindeutige Interpretation der Lebensraumtypen[6] erfolgen sowie Kenntnisse über den Gesamtbestand und zum Vorkommen in den biogeographischen Regionen[7] erlangt werden. Da in Deutschland viele Lebensraumtypen verschiedene Ausprägungen und Subtypen aufweisen, die bei den Meldungen gemäß der FFH-RL berücksichtigt werden müssen, bedarf es weiterer Detailkenntnisse über Verbreitung und Vorkommen dieser Ausbildungen.[8] Auch für die artenbezogene nationale Gebietsbewertung war zunächst die Ermittlung des Gesamtbestands der FFH-Arten erforderlich, da dieser als Bezugsgröße für die fachliche Bewertung dient.

10 Falls keine oder keine aktuellen Daten zu den Vorkommen von FFH-Lebensräumen oder FFH-Arten vorliegen, kann eine entsprechende Bestandsaufnahme notwendig sein, weil nach Art. 4 Abs. 1 Satz 1 FFH-RL die Gebietsmeldung nach den in Anhang III, Phase 1 FFH-RL festgelegten Kriterien einschließlich wissenschaftlicher Informationen zu erfolgen hat. Insofern handelt es sich für den Mitgliedstaat um eine Verpflichtung aus der FFH- RL, die u.U. dazu führt, dass die notwendigen Daten erhoben werden müssen.[9]

11 Weitere Länderaufgaben sind die Erarbeitung der **Datenbögen,**[10] die Unterschutzstellung sowie das Gebietsmanagement. Nach § 3 Abs. 5 haben die Behörden des Bundes und der Länder die für Naturschutz und Landschaftspflege zuständigen Behörden bereits bei der Vorbereitung aller öffentlichen Planungen und Maßnahmen, die die Belange des Naturschutzes und der Landschaftspflege berühren können, hierüber zu unterrichten und ihnen Gelegenheit zur Stellungnahme zu geben, soweit nicht eine weiter gehende Form der Beteiligung vorgesehen ist (vgl. § 3 Rdnr. 44). Einsichtnahme in die Vorschlagslisten kann jedermann auf Grund von § 3 Abs. 2 UIG verlangen.

12 Bei der Gebietsauswahl steht dem Mitgliedstaat kein Auswahlermessen zu, gemeldet werden müssen alle Gebiete, die die Voraussetzungen von Anhang III (Phase 1) aufweisen. Die Länder haben daher keinen Ermessensspielraum, etwa dahingehend, dass nur die geeignetsten Gebiete aufgenommen werden; die Gebietsauswahl für „Natura 2000-Gebiete" erfolgt im Rahmen von Anhang III, Phase 2 FFH-RL durch die Kommission. Den Ländern steht aber ein beschränkter fachlicher Beurteilungsspielraum bei der

---

4 *Balzer/Hauke/Ssymank*, NuL 2002, 10 ff.
5 *Ellwanger/Petersen/Ssymank*, NuL 2002, 29 ff.
6 Entsprechende Interpretationshilfen geben Europäische Kommission 1999: Interpretation Manual und *Ssymank et al.* 1998: Das europäische Schutzgebietssystem NATURA 2000. BfN-Handbuch zur Umsetzung der Fauna-Flora-Habitat-Richtlinie (92/43/EWG) und der Vogelschutzrichtlinie.
7 *Ellwanger et al.*, NuL 2000, 486 ff.
8 *Balzer/Hauke/Ssymank*, NuL 2002, 10 ff.
9 Vgl. hierzu auch die Ausführungen zu § 6 (Umweltbeobachtung).
10 Europäische Kommission 1997: Entscheidung der Kommission vom 18.12.1996 über das Formular für die Übermittlung von Informationen zu den im Rahmen von Natura 2000 vorgeschlagenen Gebieten. Abl. EG 1997 L 107, 1 ff.

Gebietsauswahl von gemeinschaftlicher Bedeutung zu.[11] Der Beurteilungsspielraum reicht jedoch nicht so weit, dass den Ländern für die Meldung zwischen mehreren gleichartigen Gebieten eine Auswahl dahingehend zusteht, welches sie für ausreichend halten, um das Schutznetz „Natura 2000" entstehen zu lassen.[12] Im Rahmen des erforderlichen Einvernehmens kann der Mitgliedsstaat bei der Aufstellung der Gebietsliste seine Auffassung geltend machen. Andere Gesichtspunkte, z.b. solche wirtschaftlicher oder sozialer Art können im Rahmen der Zulassung eines Projektes oder eines Plans über die Verträglichkeitsprüfung mit Abweichungsverfahren Berücksichtigung finden und zu einer Änderung des zu meldenden Gebiets führen.[13]

Die vom Mitgliedstaat vorgeschlagene Liste hat für Lebensraumtypen die ökologische und für Arten die genetische Vielfalt im Mitgliedstaat wiederzuspiegeln. Bei der Gebietsauswahl sollen die seltenen Lebensraumtypen und Arten im Verhältnis zu ihrem Vorkommen stärker vertreten sein als gängige Habitate und Arten. Die vorgeschlagenen Gebiete haben eine weitgehend homogene und bezogen auf das Gebiet des Mitgliedstaats repräsentative geografische Erfassung zu gewährleisten, um die Kohärenz und die Gleichgewichtigkeit des Netzes zu sichern.

Bleibt die Zahl der gemeldeten Gebiete unter der Anzahl der Gebiete, die anhand der Voraussetzungen als Schutzgebiete geeignet wären, so ist darin ein Verstoß gegenüber der Verpflichtung aus der FFH-RL zu sehen.[14]

Die Weitergabe der (Landes-) **Gebietsvorschläge** an den Bund ist ein verwaltungsinterner Vorgang, der nicht durch Rechtsmittel angegriffen werden kann. Die Weitergabe stellt keine Regelung dar, weil durch diesen Akt keine Verhaltensweisen vorgeschrieben werden. Dies erfolgt erst im weiteren Verfahren mit der Unterschutzstellung der betreffenden Gebiete. Erst zu diesem Zeitpunkt können die Betroffenen durch eine Normenkontrollklage oder durch eine Anfechtungsklage die Unterschutzstellung gerichtlich überprüfen lassen.[15]

Der EuGH hat in einem Vorabentscheidungsverfahren[16] die Vorlagefrage so beantwortet, dass Art. 4 Abs. 2 UAbs. 1 der FFH-RL es einem Mitgliedstaat nicht erlaube, sein Einvernehmen zur Aufnahme eines oder mehrer Gebiete in einem von der Kommission erstellten Entwurfs einer Liste der Gebiete von gemeinschaftlicher Bedeutung aus anderen als naturschutzfachlichen Gründen zu verweigern. Das Gericht begründet seine Auffassung wie folgt: wäre es den Mitgliedstaaten in der in Art. 4 Abs. 2 UAbs. 1 FFH-RL geregelten Phase des Einstufungsverfahrens erlaubt, ihr Einvernehmen aus anderen als naturschutzfachlichen Gründen zu verweigern, gefährdete dies die Erreichung des in Art. 3 Abs. 1 der FFH-RL angestrebten Ziels der Errichtung des Netzes Natura 2000. Dies wäre insbesondere dann der Fall, wenn die Mitgliedstaaten ihr Einvernehmen aufgrund wirtschaftlicher, gesellschaftlicher und kultureller Anforderungen sowie regionaler und örtlicher

---

11 *Apfelbacher, Adenauer, Iven*, NuR 1999, 63/65; vgl. auch § 31 Rdnr. 54.
12 *Louis*, BNatSchG, § 19b Rdnr. 5, aA. *Iven* UPR 1998, 361.
13 *Louis*, BNatSchG, § 19b, Rdnr. 6.
14 EuGH, Urt. v. 19.5.1998 – C-3/96, NuR 1998, 538; EuGH, Urt. v. 11.9.2001 – C-71/99, NuR 2002, 151.
15 Vgl. *Louis*, BNatSchG, § 19b Rdnr. 2; VG Düsseldorf, Urt. v. 21.12.2000 – 4 K 6745/99, NVwZ 2001, 591.
16 EuGH, Urt. v. 14.1.2010 – C-226/08, NuR 2010, 114; Vorlagebeschluss des VG Oldenburg vom 31.3.2008 – 1 A 512/08, NuR 2008, 518.

Besonderheiten verweigern könnten, auf die Art. 2 Abs. 3 FFH-RL verweist.[17]

2. Benehmen mit dem BMU und Beteiligung anderer fachlichen Ministerien (Absatz 1 Satz 2 und 3)

17 Nach Satz 2 melden die Länder die von ihnen ausgewählten Gebiete dem Bundesumweltministerium, um nach § 32 Abs. 1 Satz 2 BNatSchG das Benehmen herzustellen.[18] Hinsichtlich der Meeresflächen in der AWZ vgl. Abs. 6 i.V.m. § 57.

18 Die Länder müssen daher den Bund über ihre Vorschlagsliste informieren und dieser muss Gelegenheit zu einer Stellungnahme bekommen. Weil nur ein Benehmen mit dem Bundesumweltministerium und kein Einvernehmen gefordert wird, trägt letztlich jedes Bundesland die Verantwortung für den Gebietsvorschlag. Gleichwohl bedeutet die Benehmensherstellung, dass sich die Bundesländer mit den Vorstellungen des BMU auseinandersetzen müssen, wobei sich die Bundesvorstellungen aus kompetenzrechtlichen Gründen auf fachliche Gesichtspunkte beschränken müssen. Die Mitwirkung des Bundes soll sicherstellen, dass er auf die Gebietsauswahl Einfluss nehmen kann, da er gegenüber der EU meldepflichtig ist. Zu welchem Zeitpunkt das Benehmen erfolgen soll, ist nicht geregelt. Andere Ministerien sind bei ihren Stellungnahmen auf naturschutzfachliche Gesichtspunkte beschränkt. Die Geltendmachung anderer Gesichtspunkte würde gegen Art. 4 FFH-RL verstoßen. Das BMU beteiligt die anderen fachlich betroffenen Bundesministerien, vgl. Abs. 1 Satz 3 Halbs. 1.

3. Meldung der ausgewählten Gebiete an die Kommission (Absatz 1 Satz 3 Halbs. 2)

19 Das BMU teilt der Kommission die von den Ländern ausgewählten Gebiete mit. Dies muss das BMU auch dann tun, wenn seine Einwände im Benehmensverfahren nicht berücksichtigt oder ausgeräumt wurden. Unbenommen davon kann das BMU der Kommission seine Bedenken gegen einzelne Gebietsmeldungen, insbesondere aus gesamtstaatlicher Sicht, übermitteln.

20 Für jedes Gebiet müssen bestimmte Informationen und kartographische Darstellungen in analoger und digitaler Form übermittelt werden.[19] In dem hierfür entwickelten Standard-Datenbogen müssen neben Gebietskennzeichen (Name, Größe, etc.), der Lage des Gebietes und einer kurzen Beschreibung, auch Angaben zu Bedeutung, Gefährdung, Schutzstatus, Management und Zielen gemacht werden. Neben obligatorischen Angaben gibt es auch solche, die optional sind. Ein wichtiger Bestandteil der Gebietsinformationen ist die Angabe der vorkommenden Lebensraumtypen nach Anhang I und Arten nach Anhang II der Richtlinie inkl. ihrer Gebietsanteile und dem Eintrag der nationalen Bewertung.

21 Mit der Weitergabe der Gebietsdaten wird der gesetzlichen Verpflichtung nachgekommen, den tatsächlichen Zustand des Gebiets an die Kommission

---

17 EuGH, Urt. v. 14.1.2010 – C-226/08, NuR 2010, 114 Rdnr. 31 ff.; Vgl. hierzu die Anmerkungen von *Gärditz*, DVBl. 2010, 247 und *Würtenberger*, NuR 2010, 316.
18 Vgl. z.B. § 21 Abs. 1 NatSchAG M-V
19 Details hierzu regelt die „Entscheidung der Kommission vom 18.12.1996 über das Formular für die Übermittlung von Informationen zu den im Rahmen von NATURA 2000 vorgeschlagenen Gebieten" (97/266/EG).

weiterzuleiten. Eine Entscheidung über die Aufnahme in das Gebiet Natura 2000 ist damit noch nicht getroffen, selbst wenn das Ermessen der für die Auswahl zuständigen Kommission bei den prioritären Gebieten auf Null reduziert ist.

4. Schätzung über eine finanzielle Beteiligung der Gemeinschaft (Absatz 1 Satz 4)

Das BMU übermittelt der Kommission gleichzeitig mit der Gebietsmeldung Schätzungen über eine finanzielle Beteiligung der Gemeinschaft, die zur Erfüllung der Verpflichtungen nach Art. 6 Abs. 1 der Richtlinie 92/43/EWG einschließlich der Zahlung eines finanziellen Ausgleichs für die Landwirtschaft erforderlich ist, Satz 4. Diese Regelung basiert auf Art. 8 Abs. 1 FFH-RL, wonach die Mitgliedstaaten der Kommission zusammen mit ihren Gebietsvorschlägen auch Kostenschätzungen über die erforderlichen Erhaltungsmaßnahmen in besonderen Schutzgebieten mit prioritäten natürlichen Lebensraumtypen und/oder prioritären Arten vorlegen und eine finanzielle Beteiligung der Gemeinschaft beantragen können.

Die Kommission erarbeitet im Benehmen mit jedem betroffenen Mitgliedstaat für die Gebiete von gemeinschaftlichem Interesse, für die eine finanzielle Beteiligung beantragt wird, die Maßnahmen, die für die Wahrung oder Wiederherstellung eines günstigen Erhaltungszustands der prioritären natürlichen Lebensraumtypen und der prioritären Arten in den betreffenden Gebieten wesentlich sind, und ermittelt die Gesamtkosten dieser Maßnahmen, Art. 8 Abs. 2 FFH-RL.

Nach Art. 8 Abs. 3 FFH-RL ermittelt die Kommission im Benehmen mit den betreffenden Mitgliedstaaten die für die Durchführung der Maßnahmen nach Abs. 2 erforderliche Finanzierung einschließlich der finanziellen Beteiligung der Gemeinschaft. Bei der finanziellen Beteiligung wird unter anderem die Konzentration der prioritären natürlichen Lebensraumtypen und/oder prioritären Arten im Hoheitsgebiet des Mitgliedstaats und die Belastung jedes Mitgliedstaats durch die erforderlichen Maßnahmen berücksichtigt. Die Europäische Kommission legt entsprechend der erfolgten Kostenschätzung unter Berücksichtigung der nach den einschlägigen Gemeinschaftsinstrumenten verfügbaren Finanzmittel einen prioritären Aktionsrahmen von Maßnahmen fest, die eine finanzielle Beteiligung umfassen und die zu treffen sind, wenn das Gebiet als besonderes Schutzgebiet ausgewiesen worden ist, Art. 8 Abs. 4 FFH-RL. Maßnahmen, die mangels ausreichender Mittel in dem vorgenannten Aktionsrahmen nicht berücksichtigt worden sind bzw. in diesen Aktionsrahmen aufgenommen wurden, für die die erforderliche finanzielle Beteiligung jedoch nicht oder nur teilweise vorgesehen wurde, werden im Rahmen der alle zwei Jahre erfolgenden Überprüfung des Aktionsrahmens erneut geprüft und können bis dahin von den Mitgliedstaaten zurückgestellt werden. Bei dieser Überprüfung wird gegebenenfalls der neuen Situation in dem betreffenden Gebiet Rechnung getragen, Art. 8 Abs. 5 FFH-RL. In Gebieten, in denen von einer finanziellen Beteiligung abhängige Maßnahmen zurückgestellt werden, sehen die Mitgliedstaaten von neuen Maßnahmen ab, die zu einer Verschlechterung des Zustands dieser Gebiete führen können, Art. 8 Abs. 6 FFH-RL.

Die Schätzung der zu erwartenden Kosten umfasst auch die Zahlung eines finanziellen Ausgleichs für die Land- und Forstwirtschaft. Maßnahmen zum Schutz des ländlichen Raums sowie zum Schutz von Natur und Umwelt können über EU-Strukturfonds (z.B. Europäischer Fonds für Regionale Entwicklung/ERFE, dem Europäischen Sozialfonds/ESF und dem Europäischen Ausrichtungs- und Garantiefonds für die Landwirtschaft/EAGFL) finanziert werden. Die Ausgestaltung dieser zu 50% von der EU finanzierten Programme ist länderspezifisch unterschiedlich und im Regelfall auf landwirtschaftliche Flächen beschränkt. Naturschutzmaßnahmen in Natura 2000-Gebieten können z.b. über die Programme LIFE und LEADER der EU gefördert werden.[20]

III. Unterschutzstellung (Absatz 4)

26 Die Erreichung der Zielsetzungen der beiden Richtlinien hängt auch von der Art und Weise der Gebietsausweisung und der daraus resultierenden Effektivität des Gebiets- und Artenschutzes ab.[21] Die Richtlinien überlassen weitgehend dem Mitgliedstaat die Auswahl des zu wählenden rechtlichen Rahmens. Sie geben aber die materiellen Anforderungen vor, welche Schutzziele durch die einzurichtenden Schutzgebiete sichergestellt werden müssen. An diesen materiellen Anforderungen sind daher die Schutzgebietsausweisungen zu messen.

1. Gebietsausweisung (Absatz 2)

27 a) Allgemeines. Klargestellt wird in Abs. 2, dass die sich aus der FFH-Richtlinie ergebenden Verpflichtungen erst erfüllt sind, wenn naturschutzrechtlich geschützte Gebiete oder Landschaftsteile im Sinne des § 20 Abs. 2 BNatSchG erklärt werden. Für die Ausweisung steht den Ländern kein Ermessen zu, weil es sich hierbei um auf Europarecht basierende gesetzliche Vorgaben handelt, Art. 4 Abs. 4 FFH-RL. Die Unterschutzstellung muss gewährleisten, dass die sich aus der FFH- Richtlinie und V-RL ergebenden Verpflichtungen mit dem jeweils gewählten naturschutzrechtlichen Schutzinstrument erreicht werden. Daraus kann sich im Einzelfall eine Beschränkung auf eine bestimmte Schutzkategorie ergeben. Im Ausweisungsverfahren ist im Hinblick auf die in Art. 6 Abs. 3 der FFH-Richtlinie genannten Prüfungen eine Konkretisierung der Erhaltungsziele im Sinne dieser Vorschrift vorzunehmen.

28 Eine Verschiebung des Artenspektrums, etwa durch die Folgen des Klimawandels, kann es erforderlich machen, dass die Grenzen der Schutzgebiete angepasst werden müssen.

29 b) Vorgaben der FFH-Richtlinie für die Unterschutzstellung. Die in die Liste nach Art. 4 Abs. 2 UAbs. 3 FFH-RL aufgenommenen Gebiete sind nach Maßgabe des Art. 4 Abs. 4 der Richtlinie 92/43/EWG und die nach Art. 4 Abs. 1 und 2 V-RL benannten Gebiete entsprechend den jeweiligen Erhaltungszielen zu geschützten Teilen von Natur und Landschaft im Sinne des § 20 Abs. 2 zu erklären. Die Erklärung erfolgt entsprechend den jeweils für das Gebiet festgelegten Erhaltungszielen.

30 Ziel der Gebietsausweisung ist es, dass für die im Gebiet befindlichen natürlichen Lebensraumtypen und Arten ein **günstiger Erhaltungszustand** bewahrt oder wiederhergestellt wird (Art. 2 Abs. 2 FFH-RL). Nach der Legaldefinition in Art. 1 lit. e UAbs. 2 FFH-RL wird der Erhaltungszustand eines natürlichen Lebensraums dann als günstig erachtet, wenn sein natürliches

---

20 *Kehrein*, NuL 2002, 2/8.
21 Vgl. Niederstadt, NVwZ, 2008, 126.

Verbreitungsgebiet sowie die Flächen, die er in diesem Gebiet einnimmt, beständig sind, oder sich ausdehnen und die für seinen langfristigen Fortbestand notwendige Struktur und spezifischen Funktionen bestehen und in absehbarer Zukunft wahrscheinlich weiter bestehen werden und der Erhaltungszustand der für ihn charakteristischen Arten im Sinne von Art. 1 Abs. 1 lit. i FFH-RL günstig ist.

Für den Erhaltungszustand einer Art gilt, dass dieser dann als günstig betrachtet werden kann, wenn aufgrund der Daten über die Populationsdynamik der Art anzunehmen ist, dass diese Art ein lebensfähiges Element des natürlichen Lebensraumes, dem sie angehört, bildet und langfristig weiterhin bilden wird, und das natürliche Verbreitungsgebiet dieser Art weder abnimmt noch in absehbarer Zeit vermutlich abnehmen wird und ein genügend großer Lebensraum vorhanden ist und wahrscheinlich weiterhin vorhanden sein wird, um langfristig ein Überleben der Populationen dieser Art zu sichern (Art. 1 lit. I FFH-RL). **31**

Die Unterschutzstellung hat gemäß Art. 4 Abs. 4 FFH-RL unter Festlegung von Prioritäten zu erfolgen. Entscheidend ist die Wichtigkeit dieser Gebiete für die Wahrung oder die Wiederherstellung eines günstigen Erhaltungszustandes eines natürlichen Lebensraumtyps des Anhangs I oder einer Art des Anhangs II und für die Kohärenz des Netzes Natura 2000 sowie, inwieweit diese Gebiete von Schädigung oder Zerstörung bedroht sind. **32**

Die Anforderungen an die Schutzmaßnahmen orientieren sich an den Ansprüchen der in dem betreffenden Gebiet vorkommenden Lebensraumtypen und Arten. Ziel der Ausweisung ist, dass ein fortdauernder günstiger Erhaltungszustand der Lebensraumtypen und Arten im betreffenden Gebiet gewährleistet ist. **33**

Bei einem auszuweisenden FFH-Gebiet sind sämtliche darin vorkommende natürliche Lebensräume und Anhang II-Arten geschützt (Art. 6 Abs. 1 FFH-RL). Eintragungen in die Standarddatenbögen sind nur maßgeblich, soweit sie vollständig sind.[22] Vom Schutzumfang werden auch die für den betreffenden Lebensraumtyp charakteristischen Arten umfasst, vgl. § 34 Rdnr. 42 f. **34**

Die **Gebietsabgrenzung** orientiert sich an den nach der FFH-RL zu schützenden Lebensraumtypen oder Arten und dem zu ihrer Erhaltung und ggf. Entwicklung erforderlichen Gebietszuschnitt. Vielfach ist der Schutzzweck nur durch die Einbeziehung der Umgebung in das Schutzgebiet zu erreichen. **35**

Die Mitgliedstaaten legen nach Art. 6 Abs. 1 FFH-RL für die besonderen Schutzgebiete die nötigen **Erhaltungsmaßnahmen** fest, die gegebenenfalls geeignet sind, eigens für die Gebiete aufgestellte oder in anderen Entwicklungsplänen integrierte Bewirtschaftungspläne und geeignete Maßnahmen rechtlicher, administrativer oder vertraglicher Art umfasst, die den ökologischen Erfordernissen der natürlichen Lebensraumtypen nach Anhang I und der Arten nach Anhang II entsprechen, die in diesem Gebiet vorkommen. **36**

Die erforderlichen Erhaltungsmaßnahmen oder -ziele müssen aus den Erfordernissen der einzelnen Schutzgebiete, der geschützten Arten eines Gebiets entwickelt werden.[23] Den europarechtlichen Anforderungen genügt nur die Schutzgebietsausweisung, die durch konkrete Anordnungen und Maßnah- **37**

---

22 *Niederstadt*, NVwZ, 2008, 126.
23 *Gellermann* in Landmann/Rohmer, § 10 BNatSchG, Rdnr. 12.

men einen günstigen Erhaltungszustand sämtlicher in einem Natura 2000-Gebiet vorhandenen Schutzgüter sicherstellt und entwickelt.[24]

38 c) **Schutzgebietsausweisung nach der Vogelschutzrichtlinie.** Nach Art. 4 Abs. 1 V-RL sind auf die in Anhang I aufgeführten Arten besondere Schutzmaßnahmen hinsichtlich ihrer Lebensräume anzuwenden, um ihr Überleben und ihre Vermehrung in ihrem Verbreitungsgebiet sicherzustellen. Hierzu müssen die Schutzgebiete einen Beitrag leisten.

39 Art. 4 Abs. 1 und 2 V-RL verpflichtet die Mitgliedstaaten dazu, die Vogelschutzgebiete mit einem **rechtlichen Schutzstatus** auszustatten, der geeignet ist, u.a. das Überleben und die Vermehrung der in Anhang I aufgeführten Vogelarten sowie die Vermehrung, die Mauser und die Überwinterung der nicht in Anhang I aufgeführten, regelmäßig auftretenden Zugvogelarten sicherzustellen. Der Schutz von Vogelschutzgebieten darf sich nicht auf die **Abwehr schädlicher Einflüsse** des Menschen beschränken, sondern muss je nach Sachlage auch **positive Maßnahmen zur Erhaltung oder Verbesserung** des Gebietszustands einschließen.[25]

40 Nach Art. 4 Abs. 4 V-RL treffen die Mitgliedstaaten weitere geeignete Maßnahmen, um die Verschmutzung oder Beeinträchtigung der Lebensräume sowie die Belästigung der Vögel zu vermeiden, sofern sich diese auf die Zielsetzungen von Art. 4 V-RL erheblich auswirken.

41 Vom Schutz umfasst sind sämtliche in dem Gebiet vorkommenden Vogelarten des Anhangs I, sowie die in diesem Gebiet regelmäßig vorkommenden Zugvogelarten und die jeweiligen Lebensräume der Vögel. Eine Einschränkung des Schutzes auf bestimmte Vogelarten ist unzulässig.[26]

42 Ein **Regimewechsel** der als Vogelschutzgebiete ausgewiesenen Gebiete in das Regime der FFH-Richtlinie kann erst nach einer korrekten Schutzgebietsausweisung erfolgen, vgl. § 31 Rdnr. 44. Die Frage einer wirksamen Ausweisung als Vogelschutzgebiet hat eine erhebliche Bedeutung, weil erst mit dem Regimewechsel die Möglichkeit besteht etwa bei Infrastrukturvorhaben die FFH-Verträglichkeitsprüfung anzuwenden; faktische Vogelschutzgebiete lassen solche Projekte häufig scheitern.

2. Schutzerklärung (Absatz 3)

43 a) **Allgemeines.** Die Schutzerklärung bestimmt den Schutzzweck entsprechend den jeweiligen Erhaltungszielen (§ 7 Abs. 1 Nr. 9) und die erforderliche Gebietsbegrenzung, Abs. 3 Satz 1. Durch die Einbeziehung der Erhaltungsziele in die Schutzerklärung wird zugleich auch der Maßstab für die Verträglichkeitsprüfung und die Zulässigkeit von Projekten und Plänen nach §§ 34 und 36 festgelegt. Abs. 3 enthält die Anforderungen an die Schutzerklärung, diese orientieren sich an den Vorgaben der FFH-RL und stellen somit klar, dass europaweit in vergleichbarer Weise Schutzerklärungen vorhanden sind. Der **Schutzzweck** ergibt sich aus den Schutzgebietsvorschriften der §§ 20/22 ff. Dabei ist im jeweiligen Einzelfall die Eignung der Schutzgebietskategorie zu prüfen.[27] Die **Erhaltungsziele** dienen nach § 7 Abs. 1 Nr. 9 der Erhaltung oder Wiederherstellung eines günstigen Erhal-

---

24 *Niederstadt*, NVwZ, 2008, 126.
25 EuGH, Urt. v. 13.12.2007 – C-418/04, NuR 2008, 101.
26 EuGH, Urt. v. 20.9.2007 – C-304/05, NuR 2007, 679.
27 Der Bundesgesetzgeber hat dabei von einer eigenen Schutzgebietskategorie für Natura 2000-Gebiete abgesehen, vgl. zur österreichischen Regelung der Europagebiete z.B. § 26 Abs. 4 Gesetz über Naturschutz und Landschaftsentwicklung (Vorarlberg).

tungszustands der in Anhang I der FFH-RL aufgeführten natürlichen Lebensräume und der in Anhang II FFH-RL aufgeführten Tier- und Pflanzenarten, die in einem Gebiet von gemeinschaftlicher Bedeutung vorkommen und der Erhaltung oder Wiederherstellung der in Anhang I der V-RL aufgeführten und der in Artikel 4 Abs. 2 V-RL genannten Vogelarten sowie ihrer Lebensräume, die in einem Europäischen Vogelschutzgebiet vorkommen.[28] Die erforderliche Gebietsbegrenzung ist schon aus verfassungsrechtlichen Gesichtspunkten (Bestimmtheitsgebot) notwendig.

Die **Schutzerklärung** soll die jeweiligen Erhaltungsziele und die Gebietsabgrenzung enthalten, ebenso Angaben darüber ob in dem Natura 2000-Gebiet prioritäre Biotope oder prioritäre Arten zu schützen sind (vgl. § 7 Abs. 1 Nr. 5, Abs. 2 Nr. 10), Abs. 3 Satz 2. Von dieser Soll-Vorschrift darf nur ausnahmsweise abgewichen werden. Ein allgemeiner Hinweis, dass im Gebiet prioritäre Biotope oder prioritäre Arten vorhanden sind, reicht aus, wenn genaue Angaben zu einer Gefährdung von Arten und Biotopen führen können. Dies kann z.b. dann der Fall sein, wenn illegale Naturentnahmen zu befürchten sind.[29] Wird auf die Darstellung der prioritären Biotope und Arten ohne ausreichenden Grund verzichtet, liegt ein formeller Fehler vor, der zur Nichtigkeit der Schutzanordnung führt.[30] Das Vorhandensein und die Lage der prioritären Biotope und Arten ist z.b. entscheidend für die Verträglichkeitsprüfung nach § 34 Abs. 1 und das Abweichungsverfahren nach § 34 Abs. 3 oder nach § 34 Abs. 4.

44

Durch geeignete Gebote und Verbote sowie Pflege- und Entwicklungsmaßnahmen ist sicherzustellen, dass den Anforderungen des Art. 6 der FFH-RL entsprochen wird (Abs. 3 Satz 3). Art. 6 Abs. 1 FFH-RL beschreibt ein allgemeines Erhaltungssystem das von den Mitgliedstaaten für besondere Schutzgebiete (SAC) festzulegen ist.[31] Ziel des Gebietsmanagements ist es, durch geeignete Erhaltungsmaßnahmen[32] den ökologischen Erfordernissen der natürlichen Lebensraumtypen nach Anhang I und der Arten des Anhang II zu entsprechen.[33] Nach Art. 6 Abs. 2 FFH-RL treffen die Mitgliedstaaten geeignete Maßnahmen, um in den besonderen Schutzgebieten die Verschlechterung der natürlichen Lebensräume und der Habitate der Arten sowie Störungen von Arten, für die Gebiete ausgewiesen worden sind, zu vermeiden, sofern solche Störungen sich im Hinblick auf die Ziele dieser Richtlinie erheblich auswirken könnten. Damit sollen alle negativen Auswirkungen auf das Gebiet, die zu einer erheblichen Beeinträchtigung oder zu erheblichen Störungen der geschützten Arten führen können, unterbunden werden.[34] Bei den Maßnahmen ist aber auch nach Art. 2 Abs. 3 FFH-RL den Anforderungen von Wirtschaft, Gesellschaft und Kultur sowie den regionalen und örtlichen Besonderheiten Rechnung tragen,[35] aber nicht in einem Maß, dass die Anforderungen nach Art. 6 Abs. 1 und 2 nicht erfüllt werden.

45

---

28 Vgl. die Kommentierung zu § 7 Rdnr. 17 ff.
29 *Apfelbacher/Adenauer/Iven*, NuR 1999, 63, 67.
30 *Louis*, § 19b Rdnr. 18.
31 Europäische Union – Gebietsmanagement, S. 16.
32 Diese können sowohl Schutz-, Pflege-, Entwicklungs- und Bewirtschaftungsmaßnahmen umfassen.
33 *Gebhard* NuR 1999, 361, 366 f.
34 *Schink*, UPR 1999, 418, 423.
35 Europäische Union – Gebietsmanagement, S. 17.

46 Nach **Abs. 3 Satz 4** bleiben **weitergehende Schutzvorschriften**, die zu anderen Naturschutzzwecken als zu dem Schutz der besonderen europäischen Schutzgebiete erlassen werden, unberührt.

47 **b) Anforderungen an die Schutzerklärung.** Die Pflicht zur Ausweisung von Schutzgebieten wird durch den Mitgliedstaat nach Art. 4 Abs. 1 und 2 V-RL nur dann rechtswirksam erfüllt, wenn er die besonderen Schutzgebiete „vollständig und endgültig" ausweist.[36]

48 Die Erklärung muss das Gebiet Dritten gegenüber rechtswirksam abgrenzen und nach nationalem Recht „automatisch und unmittelbar" die Anwendung einer mit dem Gemeinschaftsrecht im Einklang stehenden Schutz- und Erhaltungsregelung nach sich ziehen.[37] Der EuGH urteilt dazu wie folgt: „Dazu ist darauf zu verweisen, dass die Bestimmungen einer Richtlinie nach ständiger Rechtsprechung mit unbestreitbarer Verbindlichkeit und mit der Konkretheit, Bestimmtheit und Klarheit umgesetzt werden müssen, die notwendig sind, um den Erfordernissen der Rechtssicherheit zu genügen.[38] Der Grundsatz der Rechtssicherheit verlangt eine angemessene Bekanntmachung der aufgrund einer Gemeinschaftsregelung eingeführten nationalen Maßnahmen, damit die von diesen Maßnahmen betroffenen Rechtssubjekte den Umfang ihrer Rechte und Pflichten in dem besonderen gemeinschaftsrechtlich geregelten Bereich erkennen können".[39]

49 Nach der Rechtsprechung des EuGH[40] müssen die Schutzgebietserklärungen sowohl hinsichtlich des territorialen Umfangs als auch in der rechtlichen Ausgestaltung des Schutzes hinreichend präzise sein. Nicht ausreichend ist eine abstrakte Ausweisung des betreffenden Gebiets als „Naturschutzgebiet". Die Erklärung muss die notwendigen Schutzmaßnahmen zum Erhalt des Gebiets und zu dessen Unterhaltung sowie gegebenenfalls zur Wiederherstellung genau festlegen.[41] Der EuGH fordert,[42] dass jedes besondere Schutzgebiet mit einem angemessenen rechtlichen Status ausgestattet werden muss, der es erlaubt, seine Unversehrtheit (Vermehrung und Sicherung des Überlebens der Arten) zu sichern.

50 **c) Bereits ausgewiesene Schutzgebiete.** Soweit ein bereits ausgewiesenes Schutzgebiet unter den Anwendungsbereich der Natura 2000-Gebiete fällt, ist eine erneute Ausweisung nicht nötig. Die Schutzerklärung ist aber daraufhin zu überprüfen, ob sie den europarechtlichen Anforderungen entspricht, und ggf. entsprechend abzuändern. So kann es nötig sein, die Schutzzweckbestimmung auf die Erhaltungsziele abzustimmen. Auch können Ausnahmeregelungen den europarechtlichen Vorgaben widersprechen, sie sind dann entsprechend zu ändern.

3. Weitere Schutzmöglichkeiten (Absatz 4)

51 Abs. 4 eröffnet die Möglichkeit, von einer Unterschutzstellung nach den Abs. 2 und 3 dann abzusehen, wenn über andere Instrumente ein rechtlich

---

36 EuGH, Urt. v. 6.3.2003 – C-240/00, Rdnr. 19f., 29, 33.
37 EuGH, Urt. v. 27.2.2003 – C- 415/01, NuR 2004, 516; BVerwG, Urt. v. 14.4.2004 – 4 C 2.03, NuR 2004, 516.
38 Insbesondere EuGH, Urt. v. 17.5.2001 – C-159/99, NuR 2001, 512, Rdnr. 32.
39 EuGH, Urteil vom 20.6.2002 – C-313/99, Slg. 2002, I-5719, Rdrn. 51 und 52; EuGH, Urt. v. 27.2.2003 – C- 415/01, NuR 2004, 516, Rdnr. 21.
40 EuGH, Urt. v. 2.8.1993 – C-355/90, NuR 1994, 521 ff. (Santoña).
41 EuGH, Urt. v. 27.2.2003 – C- 415/01, NuR 2004, 516.
42 EuGH, Urt. v. 18.3.1999 – C-166/97, NuR 2000, 501 (Seine-Mündung).

gleichwertiger Schutz gewährleistet werden kann. Abs. 4 schafft daher eine alternative Unterschutzstellungsmöglichkeit außerhalb der vom BNatSchG vorgesehenen Schutzgebietsnormen. Dabei kann es sich um andere Rechtsvorschriften, Verwaltungsvorschriften, Verfügungsbefugnisse eines öffentlichen oder gemeinnützigen Trägers oder um vertragliche Vereinbarungen handeln.[43] Der Katalog der weiteren Schutzmöglichkeiten ist abschließend, dies ergibt sich aus dem Wortlaut des Abs. 4. Bei sämtlichen Alternativen kommt es darauf an, dass das mit Abs. 3 Satz 3 bezweckte Schutzniveau erreicht wird, d.h. dass sie die Anforderungen der FFH-RL erfüllen. So müssen durch sie z.b. die verpflichtenden Erhaltungsziele (Art. 6 Abs. 1 FFH-RL) festgelegt werden können, an der sich die Verträglichkeitsprüfung nach § 34 orientiert. Bei einer Unterschutzstellung durch Verwaltungsvorschriften oder vertragliche Vereinbarungen können die Erhaltungsziele in die Verwaltungsvorschrift oder in den Vertrag aufgenommen und veröffentlicht werden. Fraglich ist aber, ob dies den rechtsstaatlichen Erfordernissen entspricht, weil der Maßstab für die Verträglichkeitsprüfung nach § 34 zumindest bei der endgültigen Unterschutzstellung wohl normativ festzulegen ist.

Wegen der fehlenden oder eingeschränkten Rechtswirksamkeit gegenüber Dritten kommt daher ein vollständiger Verzicht auf den Erlass von Rechtsvorschriften meist nicht in Betracht.[44] Art. 7 FFH-RL stellt außerdem an den Regimewechsel besondere Anforderungen, verlangt wird die endgültige, rechtsverbindliche und außenwirksame Erklärung eines Gebiets zum besonderen Schutzgebiet. Vgl. auch § 3 Rdnr. 22 ff.

a) **Andere Rechtsvorschriften.** Unter den Begriff **andere Rechtsvorschriften** fallen Gesetze (z.b. der gesetzliche Biotopschutz nach § 30), Verordnungen, Satzungen (z.b. Bebauungspläne), Wasserschutzgebiete (§ 31 WHG) oder forstrechtliche Schutzkategorien wie Schutz-, Bann- oder Schonwald. Weitere Schutzmöglichkeiten können raumplanerische Instrumente wie z.b. Vorranggebiete sein. Solche Vorschriften müssen geeignet sein, die erforderlichen Gebote, die Erhaltungsziele, die Verbote und die Pflege- und Entwicklungsmaßnahmen festzusetzen oder deren Einhaltung auf andere Weise verbindlich sicherzustellen, andernfalls gewährleisten sie keinen gleichwertigen Schutz.[45]

b) **Verwaltungsvorschriften.** Sie gelten nur behördenintern und haben daher i.d.R. keine Außenwirkung, weshalb sie nur bedingt geeignet erscheinen, z.b. wenn ein Verwaltungsträger Herrschaftsgewalt über das betroffene Gebiet hat. Eine Unterschutzstellung durch Verwaltungsvorschriften kommt z.b. für den Schutz von Fledermäusen in öffentlichen Gebäuden in Betracht.

c) **Gemeinnützige Träger.** Unter einer Verfügungsbefugnis eines öffentlichen oder gemeinnützigen Trägers sind nach dem Sicherungszweck dingliche Befugnisse über ein Grundstück zu verstehen, die andere von bestimmten (schädlichen) Nutzungen ausschließen. Meist wird hier die Grundbucheintragung von Grunddienstbarkeiten oder Nießbrauch in Frage kommen. In Betracht kommen sowohl öffentliche als auch gemeinnützige Träger. Unter den Begriff öffentliche Träger fallen alle Hoheitsträger und Institutionen, die auf Grund rechtlicher Vorschriften oder hoheitlicher Or-

---

43 Vgl. dazu Art. 1 lit. l. FFH-RL.
44 *Gassner/Heugel*, Rdnr. 469..
45 *Louis*, BNatSchG, § 19b Rdnr. 22.

ganisationsakte öffentlich-rechtlich organisiert sind (z.b. die evangelische oder katholische Kirche), gemeinnützige Träger sind neben den Naturschutzvereinen (§§ 58 ff) alle Träger i.S. von § 5 Abs. 1 Nr. 9 KStG. Die Verfügungsbefugnis auf alle Träger i.S. von § 5 Abs. 1 Nr. 9 KStG zu beziehen, würde dem Sinn und Zweck von § 33 jedoch nicht gerecht werden. § 33 soll auch dem ordnungsgemäßen Vollzug der Vogelschutzrichtlinie und der FFH-RL dienen, daher wäre als Einschränkung zu fordern, dass der Träger in seiner Zielsetzung den Erhalt von Natur und Landschaft verfolgt und er sowohl personell als auch finanziell in der Lage ist, die Fläche entsprechend den festgelegten Erhaltungszielen zu unterhalten und fachlich zu betreuen. Der Schutz eines Gebiets von gemeinschaftlicher Bedeutung wird dann erreicht, wenn der Verfügungsbefugte seine Berechtigung nutzt, um Handlungen und Maßnahmen die zu einer Beeinträchtigung der Gebietsfunktionen führen können, zu untersagen. Fraglich ist, ob diese Regelung richtlinienkonform ist, weil Art. 1 lit. l FFH-RL die Verfügungsbefugnis nicht als Möglichkeit der Unterschutzstellung vorsieht.[46]

56 d) **Vertragnaturschutz.** Für eine vertragliche Vereinbarung sind die verschiedenen Aspekte des Vertragsnaturschutzes zu beachten (vgl. § 3). Die Laufzeit des Vertrages orientiert sich an den Erhaltungszielen des Gebietes, insofern ähnelt es dem Biotopverbund in § 21. Die Verträge müssen i.d.R. langfristig abgeschlossen werden, eine kurzfristige Sicherung etwa durch Nießbrauchsrecht, durch einen Pachtvertrag oder einen Vertrag anstatt einer Schutzgebietsverordnung kann nicht Grundlage eines Vertrages nach § 32 Abs. 4 FFH-RL sein. In Betracht kommen auch Pachtverträge über das entsprechende Gebiet, u.U. gilt es auch eine dingliche Sicherung in das Grundbuch einzutragen. Bei den vertraglichen Vereinbarungen muss auch nach Ablauf der Vertragslaufzeit der fortdauernde Gebietsschutz gewährleistet sein. Dies dürfte in der Praxis nicht unproblematisch sein, hier reicht alleine die Hoffnung auf Vertragsverlängerung nicht aus. Als Alternative ist i.d.R. eine hoheitliche Unterschutzstellung in Betracht zu ziehen.

57 Maßnahmen die eine Unterschutzstellung ersetzen sollen, müssen einen gleichwertigen Schutz gewährleisten. Gelingt das nicht, ist die zuständige Behörde verpflichtet, eine Schutzerklärung nach § 32 Abs. 2 zu erlassen. Insoweit gilt nichts anderes als beim allgemeinen Vertragsnaturschutz, vgl. § 3 Rdnr. 18, 21.

58 Ein **gleichwertiger Schutz** von Natur und Landschaft, wie ihn etwa Schutzerklärungen nach § 22 ff. oder andere normative Schutzinstrumente gewährleisten, ist **durch Verträge allein nicht erreichbar**. Bewirtschaftungsverträge mit Grundstücksnutzern sind ein wichtiger Aspekt, sie **wirken aber nicht gegen Dritte** und können ein alle praktisch relevanten Natur- und Landschaftsbeeinträchtigungen erfassendes Regelwerk nicht ersetzen. Eine vertragliche Regelung scheidet z.B. bei der Verträglichkeitsprüfung und Zulassungsentscheidung bei **Natura-2000-Gebieten** in Gänze aus. Ebenso wäre das **Verschlechterungsverbot** des Art. 6 Abs. 2 FFH-RL allein per Vertrag nicht ausreichend durchzusetzen (Einzelheiten in § 3 Rdnr. 24). Mit Hilfe von vertraglichen Vereinbarungen lassen sich Pflege- oder Entwicklungsmaßnahmen bzw. Maßnahmen, die zur Verbesserung des Erhaltungszustands führen sollen, besser umsetzen sie **ergänzen dabei die hoheitlichen Maßnahmen**, vgl. § 3 Rdnr. 25.

---

46 Verneinend *Louis*, BNatSchG § 19d Rdnr. 24.

e) Gebietsbezogene Bestimmungen. In Betracht kommen kann auch eine Pauschalregelung (Sammelverordnung). Diesen Weg haben die Länder Baden-Württemberg, Bayern, Nordrhein-Westfalen, Rheinland-Pfalz und Schleswig-Holstein für die Ausweisung von Europäischen Vogelschutzgebieten gewählt. Der Vorteil dieses Weges ist, dass dadurch die aufwändigen Vorbereitungen für Individualverordnungen für die betreffenden Schutzgebiete vermieden werden können. Durch die Vielzahl der Individualverordnungen wäre die Naturschutzverwaltung über einen langen Zeitraum in ihrer Arbeit blockiert. 59

Die pauschale gesetzliche Ausweisung von Vogelschutzgebieten muss aber, um wirksam zu sein, europarechtskonform erfolgen. Ein Europäisches Vogelschutzgebiet entsteht dann, wenn eine rechtsverbindliche Erklärung, also ein förmlicher Akt zum besonderen Schutzgebiet vorliegt. Mit dieser Erklärung muss die Anwendung eines ausreichenden Schutzstatus verknüpft sein. Um die Verpflichtungen nach Art. 4 Abs. 1 und 2 V-RL zu erfüllen, bedarf es daher der vollständigen und endgültigen Ausweisung als besonderes Schutzgebiet. Voraussetzung für die Ablösung des Schutzregimes nach Art. 7 FFH-RL ist daher ein erklärtes und mit ausreichendem Schutzstatus versehenes Vogelschutzgebiet.[47] 60

Mit der Erklärung zum besonderen Schutzgebiet muss daher Dritten gegenüber eine rechtswirksame und verbindliche Gebietsabgrenzung erfolgen sowie eine nach nationalem Recht „automatisch und unmittelbar" mit dem Gemeinschaftsrecht in Einklang stehende Schutz- und Erhaltungsregelung anwendbar sein.[48] Das BVerwG hat in seiner Entscheidung vom 1.4.2004[49] eine für das betreffende Vogelschutzgebiet erlassene Verordnung über eine einstweilige Sicherstellung als nicht ausreichend erachtet. Eine Sicherstellung kommt zwar einer Veränderungssperre gleich, ihr fehlt aber die erforderliche inhaltliche Qualität hinsichtlich der erforderlichen Schutzzwecke sowie die Dauerhaftigkeit und Endgültigkeit der Regelung. Die Verordnung ist aufgrund ihrer Regelungsdichte und Regelungsdauer nicht ausreichend, den Wechsel des Schutzregimes auszulösen. 61

Aus der Rechtsprechung lässt sich im Ergebnis folgern, dass die Anforderungen an die Publizität und Bestimmtheit der Norm für die Betroffenen gewahrt werden müssen.[50] 62

Die erforderliche Publizität und Bestimmtheit kann durch Pauschalregelungen erreicht werden. In einer solchen Verordnung müssen neben der Erklärung zum Vogelschutzgebiet die Erhaltungsziele und der räumliche Umgriff dieser Gebiete rechtsverbindlich festgelegt werden. Dadurch werden die betreffenden Gebiete automatisch einem Schutz unterworfen und ein vollständiger Schutz sämtlicher in den Vogelschutzgebieten vorkommenden Vogelarten gewährleistet. 63

---

47 *Egner* in Engelhardt/Brenner/Fischer-Hüftle/Egner, Naturschutzgesetz in Bayern, vor Art. 13b Rdnr. 17.
48 EuGH, Urt. v. 27.2.2003 – C-415/01, NuR 2004, 516; BVerwG, Urt. v. 1.4.2004 – 4 C 2.03, NuR 2004, 524/526.
49 BVerwG, Urt. v. 1.4.2004 – 4 C 2.03, NuR 2004, 524/528.
50 Dies folgt aus dem rechtsstaatlichen Bestimmtheitsgebot.

IV. Bewirtschaftungpläne (Absatz 5)

64 Abs. 5 sieht im Hinblick auf Art. 6 Abs. 1 FFH-Richtlinie und in Anlehnung an entsprechende Vorschriften des Landesrechts (z.b. § 26b BbgNatSchG) nunmehr ausdrücklich die Möglichkeit vor, für Natura 2000-Gebiete Bewirtschaftungspläne aufzustellen. Die Bewirtschaftungspläne dienen auch als Grundlage für ein integratives Gebietsmanagement das den ökologischen Erfordernissen der natürlichen Lebensraumtypen nach Anhang I und der Arten nach Anhang II entsprechen, die in diesen Gebieten vorkommen. Gemeint sind damit Maßnahmen zur Bewahrung und Wiederherstellung eines günstigen Erhaltungszustands.

65 Bewirtschaftungspläne sind nicht in jedem Fall erforderlich, können sich jedoch vor allem dort als sinnvoll erweisen, wo sie die Rahmenbedingungen der künftigen Bewirtschaftung als Grundlage für eine Vielzahl von vertraglichen Vereinbarungen mit den betreffenden Landnutzern festlegen. Bewirtschaftungspläne können dabei selbständige Pläne oder Bestandteile andere Pläne sein.

V. Natura 2000-Gebiete in der AWZ und dem Festlandsockel (Absatz 6)

66 Abs. 6 enthält einen Hinweis auf die Sondervorschrift des § 57 für die Auswahl und Unterschutzstellung von Natura 2000-Gebieten im Bereich der deutschen ausschließlichen Wirtschaftszone und des Festlandsockels.

§ 33 Allgemeine Schutzvorschriften

(1) ¹Alle Veränderungen und Störungen, die zu einer erheblichen Beeinträchtigung eines Natura 2000-Gebiets in seinen für die Erhaltungsziele oder den Schutzzweck maßgeblichen Bestandteilen führen können, sind unzulässig. ²Die für Naturschutz und Landschaftspflege zuständige Behörde kann unter den Voraussetzungen des § 34 Absatz 3 bis 5 Ausnahmen von dem Verbot des Satzes 1 sowie von Verboten im Sinne des § 32 Absatz 3 zulassen.

(2) Bei einem Gebiet im Sinne des Artikels 5 Absatz 1 der Richtlinie 92/43/EWG gilt während der Konzertierungsphase bis zur Beschlussfassung des Rates Absatz 1 Satz 1 im Hinblick auf die in ihm vorkommenden prioritären natürlichen Lebensraumtypen und prioritären Arten entsprechend. ²Die §§ 34 und 36 finden keine Anwendung.

Gliederung	Rdnr.
I. Allgemeines	1
II. Geltungsbereich	2–18
1. Allgemeines	2–13
a) Natura 2000-Gebiete (Abs. 1 Satz 1)	4, 5
b) Erhebliche Beeinträchtigung durch Veränderungen oder Störungen (Abs. 1 Satz 1)	6–13
2. Ausnahmen (Abs. 1 Satz 2)	14, 15
3. Konzertierungsphase (Abs. 2)	16–18

I. Allgemeines

§ 33 Abs. 1 Satz 1 enthält ein gesetzliches Veränderungs- und Störungsverbot. Durch die Vorschrift wird ein dauerhafter rechtlicher Grundschutz für Natura 2000-Gebiete sichergestellt, wie er bislang in verschiedenen landesrechtlichen Vorschriften zu verzeichnen war.[1] Mit § 33 werden die Vorgaben aus Art. 6 Abs. 2 FFH-RL umgesetzt, danach treffen die Mitgliedstaaten geeignete Maßnahmen, um in den besonderen Schutzgebieten die Verschlechterung der natürlichen Lebensräume und der Habitate der Arten sowie Störungen von Arten, für die die Gebiete ausgewiesen worden sind, zu vermeiden, sofern solche Störungen sich im Hinblick auf die Ziele dieser Richtlinie erheblich auswirken könnten.

II. Geltungsbereich

1. Allgemeines

Abs. 1 Satz 1 verbietet Veränderungen oder Störungen, die zu erheblichen Beeinträchtigungen eines Natura 2000-Gebiets führen können. Dieses allgemeine Verschlechterungsverbot für die Natura 2000-Gebiete wird nicht mehr wie in § 33 Abs. 5 Satz 1 BNatSchG 2002, an die Bekanntgabe im Bundesanzeiger geknüpft, entscheidend sind jetzt die durch die Begriffsbestimmungen in § 7 Abs. 1 Nr. 6–8 vermittelten Zeitpunkte, also die Aufnahme in die Gemeinschaftsliste bei FFH-Gebieten und die Gewährleistung eines ausreichenden Schutzes im Sinne des § 32 Abs. 2 bis 4 bei Vogelschutzgebieten. Ebenfalls abweichend vom BNatSchG 2002 entfällt die Schutzwirkung nicht mehr mit einer etwaigen Unterschutzstellung. Verbote

---

1 Z.B. § 37 NatschG Bad.-Württ.a.F., Art. 13c Abs. 1 BayNatSchG a.F.

im Sinne des § 32 Absatz 3 gehen als leges speciales dem allgemeinen Verschlechterungsverbot vor. Sind sie unzulänglich, greift § 33 ein.

3 Für den Anwendungsbereich des allgemeinen Verschlechterungsverbots dürfte angesichts des weiten Projektbegriffs in der Rechtsprechung des EuGH[2] nur wenig Platz sein,[3] etwa noch im Bereich der Freizeitaktivitäten, des Sports oder des Tourismus.

4 **a) Natura 2000-Gebiete (Absatz 1 Satz 1).** Zu den Natura 2000-Gebiete zählen die Gebiete von gemeinschaftlicher Bedeutung und die europäischen Vogelschutzgebiete, vgl. § 7 Abs. 1 Nr. 8. Bislang wurden drei „aktualisierte Listen der Gebiete von gemeinschaftlicher Bedeutung" durch die EU-Kommission verabschiedet, u.z. für die atlantische und kontinentale Region[4] sowie für die alpine Region[5]. Es sind darin alle von Deutschland für diese Regionen gemeldeten Gebiete mit Ausnahme des Gebiets „Unterems und Außenems" aufgeführt.[6] Die Verpflichtung gemäß Art. 4 Abs. 4 der FFH-Richtlinie binnen 6 Jahren, also bis 2010, die Gebiete als besondere Schutzgebiete auszuweisen, gilt für die bereits in 2003 und 2004 gelisteten Gebiete weiterhin. Für die neu aufgenommenen Gebiete besteht diese Verpflichtung bis 2014. Für die Gebiete, die in der Liste der Kommission nach Art. 4 Abs. 2 FFH-RL enthalten sind, gilt § 33 unmittelbar.

5 Die Vogelschutzgebiete müssen im Unterschied zu den Gebieten von gemeinschaftlicher Bedeutung nicht in eine Gemeinschaftsliste eingetragen werden. Für die Vogelschutzgebiete reicht eine endgültige rechtsverbindliche und außenwirksame Erklärung der einzelnen Mitgliedstaaten aus.[7] Ab dem Zeitpunkt der Erklärung und der unter Schutzstellung als Vogelschutzgebiet erfolgt nach Art. 7 FFH-RL ein Schutzregimewechsel in die FFH-RL. Auf diese Gebiete ist § 33 unmittelbar anwendbar. Faktische Vogelschutzgebiete sind dann gegeben, wenn diese Voraussetzungen nicht vorliegen.[8] Für faktische Vogelschutzgebiete gelten auch weiterhin die strengeren Vorschriften des Art. 4 Abs. 4 V-RL.

6 **b) Erhebliche Beeinträchtigung durch Veränderungen oder Störungen (Absatz 1 Satz 1).** Nach Satz 1 sind alle Veränderungen oder Störungen, die zu erheblichen Beeinträchtigungen eines Natura 2000-Gebiets in ihren jeweiligen Erhaltungsziel oder den Schutzzweck maßgeblichen Bestandteile führen können, unzulässig. Das Gesetz macht hier keine Unterscheidung, ob die Veränderung oder Störung **von außerhalb oder innerhalb** eines Schutzgebiets herbeigeführt wird. Auch muss die Beeinträchtigung nicht eingetreten sein, es reicht aus, dass sie möglich ist.

7 **Beeinträchtigungen** eines Gebiets sind alle direkten und indirekten (negativen) Auswirkungen auf die für die Erhaltungsziele oder den Schutzzweck maßgeblichen Bestandteile des Gebiets. Die Auswirkungen müssen von den

---

2 EuGH, Urt. v. 10.1.2006 – C-98/03, NuR 2006, 166.
3 *Egner*, in Egner/Fuchs Naturschutz- und Wasserrecht 2009, § 33 Rdnr. 3.
4 EU Kommission, Beschl. v. 22.12.2009 (K(2009) 10422), ABl. EU L 30 S. 120 vom 2.2.2010 und Beschl. v. 22.12.2009 (K(2009) 10405), ABl. EU L 30, S. 43, vom 2.2.2010.
5 EU Kommission, Beschl. v. 22.12.2009 (K(2009) 10415), ABl. EU L 30 S. 1 vom 2.2.2010.
6 Zu dem Gebiet „Unterems und Außenems" vgl. EuGH, Urt. v. 14.1.2010 – C-226/08, NuR 2010, 114.
7 BVerwG, Urt. v. 1.4.2004 – 4 C 2.03, NuR 2004, 524/526.
8 Vgl. dazu die Kommentierung unter § 31 Rdnr. 41.

auftretenden Wirkfaktoren hervorgerufen werden. Dabei gilt, dass nicht nur die Beeinträchtigungen untersucht werden dürfen, die flächenmäßig durch Gebietsverlust auf die Fläche und auf die Arten auswirken. Erfasst werden auch Beeinträchtigungen, die sich zwar nicht auf Bestandteile des Gebiets auswirken, aber auf seine Funktion, z.b. seine Erreichbarkeit für wandernde Tierarten.[9]

Die Beeinträchtigung wird durch ein Vergleich des prognostizierten Zustandes nach der Vornahme der Handlung mit dem Zustand, der sich ohne die Ausführung der Handlung ergeben würde, ermittelt. Die Wirkungsprognose stellt dabei die Auswirkungen der Handlung (Art der Wirkungen, Intensität, Zeitraum) den spezifischen Empfindlichkeiten der maßgeblichen Gebietsbestandteile gegenüber. Von der Beeinträchtigung muss nicht das gesamte Gebiet betroffen sein.[10] **8**

Beeinträchtigungen, die **von außen** auf das Gebiet **einwirken**, werden in den meisten Fällen durch Projekte oder Pläne hervorgerufen, deren Auswirkungen werden ausschließlich nach § 34 beurteilt. Als Anwendungsbereich von § 33 kommt z.b. die Wirtschaftsweise von Landwirten in Betracht. Hier können im Einzelfall durch das Ausbringen von Düngemitteln, Pflanzenschutzmitteln oder der Einsatz von gentechnisch verändertem Saatgut Lebensraumtypen oder Arten erheblich geschädigt werden. In Betracht kann hierbei auch eine Haftung nach dem Umweltschadensgesetz kommen.[11] Eine Verschlechterung kann z.b. durch Überweidung erfolgen, wenn dadurch ein Lebensraum von Vögeln verschlechtert wird[12] oder sich die Artenzusammensetzung der beweideten Fläche negativ verändert. Erhebliche Gebietsbeeinträchtigungen können auch durch eine Veränderung der ökologischen Bedingungen (Veränderung des Grundwasserspiegels durch Drainage oder eine Eutrophierung) erfolgen. **9**

Erfolgt die **Verschlechterung** aufgrund von **natürlichen Entwicklungen**, so greift auch in diesem Fall Art. 6 Abs. 2 FFH-RL ein.[13] In diesem Fall dürfte aber regelmäßig ein aktives Handeln für die Schadensverursachung fehlen, sodass kein Adressat für das Verbot vorhanden ist. Die Verpflichtung den günstigen Erhaltungszustand zu bewahren bleibt aber als staatliche Aufgabe erhalten. **10**

Nicht jegliche Veränderung oder Störung des Gebiets führt zu einer Unzulässigkeit. § 33 fordert eine **erhebliche Beeinträchtigung** eines Gebiets von gemeinschaftlicher Bedeutung oder eines Vogelschutzgebiets in ihren jeweiligen für die Erhaltungsziele maßgeblichen Bestandteilen. Generell gilt, dass eine Beeinträchtigung immer dann erheblich ist, wenn sie sich auf die Lebensraumtypen oder Arten, um deretwillen das Gebiet ausgewiesen wurde, negativ auswirkt (vgl. § 34 Rdnr. 12). Die FFH-Richtlinie spricht in Art. 6 Abs. 2 von Verschlechterung der natürlichen Lebensräume und der Habitate der Arten, für die das Gebiet ausgewiesen wurde. Besondere Regelungen werden in Art. 6 Abs. 3 FFH-RL für Pläne und Projekte getroffen, abgestellt wird dabei auf die Beeinträchtigungen des „Gebiets als solches". Vom Gesetzgeber wurde diese Unterscheidung nicht aufgegriffen. § 33 geht schlicht von einer Beeinträchtigung der maßgeblichen Gebietsbestandteile aus. **11**

---

9 *Fischer-Hüftle*, NuR 2004, 157/158.
10 *Gellermann*, Natura, 2. Aufl., S. 79.
11 Vgl. die Kommentierung zu § 19.
12 EuGH, Urt. v. 13.6.2002, NuR 2002, 672 Rdnr. 34.
13 EuGH, Urt. v. 20.10.2005 – C-6/04, NuR 2006, 494.

12 Eine Beeinträchtigung ist daher nur dann unerheblich, wenn der Zustand der geschützten Lebensräume und der Habitate der geschützten Arten gleich bleibt bzw. sich verbessert oder die Populationsgröße der geschützten Arten nicht abnimmt. Dagegen muss jede Beeinträchtigung als **erheblich** eingestuft werden, die sich negativ auf die Lebensräume und Arten, die den Grund der Unterschutzstellung bilden, auswirkt (vgl. § 34 Rdnr. 54). Dabei ist zu beachten, dass nicht das Erhaltungsziel selbst beeinträchtigt wird, sondern inwieweit ein für das Erhaltungsziel maßgeblicher Bestandteil einer erheblichen Beeinträchtigung unterliegt. Unterschiedliche Erheblichkeitsschwellen ergeben sich für die einzelnen Bestandteile eines Natura 2000-Gebiets. Liegt eine Beeinträchtigung von Flächen vor, die geschützte Lebensräume oder Arten enthalten, so führt das dazu, dass jede feststellbare negative Einwirkung (unabhängig von Art und Intensität des Wirkfaktors) auch eine erhebliche Beeinträchtigung darstellt, weil die FFH-RL jede Zustandsverschlechterung der Biotope und Arten, wegen denen das betreffende Gebiet unter Schutz gestellt wurde, untersagt. Für Arten des Anhangs II der FFH-RL und Vogelarten sind alle Beeinträchtigungen als erheblich einzustufen, die sich negativ auf die Populationsgröße der geschützten Arten auswirken. Handelt es sich um **Gebietsbestandteile, die selbst keine geschützten Lebensraumtypen oder Arten** i.s.d. FFH-RL oder V-RL beinhalten, die aber für die Verwirklichung der Erhaltungsziele oder des Schutzzwecks aber aus anderen Gründen von Bedeutung sind, ist nur dann von einer erheblichen Beeinträchtigung auszugehen, wenn dadurch die zu schützenden Lebensraumtypen oder Arten beeinträchtigt werden.

2. Ausnahmen (Absatz 1 Satz 2)

13 Abs. 1 Satz 2 erlaubt es der für Naturschutz und Landschaftspflege zuständigen Behörde unter den Voraussetzungen des § 34 Abs. 3 bis 5 Ausnahmen von dem Verbot des Satzes 1 sowie von Verboten im Sinne des § 32 Abs. 3 zuzulassen. Da die projekt- und planbezogenen Vorschriften der §§ 34 und 36 leges speciales zum allgemeinen Verschlechterungsverbot darstellen, erfasst die Bestimmung von vornherein nur solche Veränderungen und Störungen, die selbst keine Projekteigenschaft aufweisen. Dass auch für Nichtprojekte die Ausnahmemöglichkeiten nach § 34 Absatz 3 bis 5 eröffnet werden, ist nicht nur mit Europarecht vereinbar, sondern aus Gründen der Verhältnismäßigkeit sogar geboten. Zwar besteht für Maßnahmen, die keine Projekte sind, die Vermutung, dass sie vor ihrer Durchführung nicht zur Kenntnis der Behörden gelangen werden, so dass sie im Fall erheblich beeinträchtigender Wirkung die Ausbringung eines abstrakt-generellen Verbots rechtfertigen. Wenn aber derjenige, der eine solche Maßnahme beabsichtigt durchzuführen, sich im Vorfeld an die Behörden wendet und nachfolgend die in Art. 6 Abs. 3 und 4 FFH-RL bzw. § 34 Abs. 3 bis 5 als Ausdruck des Vorsorgeprinzips vorgesehenen Prüfschritte eingehalten werden, ist nicht ersichtlich, warum nicht auch für solche Maßnahmen eine Ausnahme zugelassen werden sollte.[14]

14 Vor Zulassung einer Ausnahme sind die Vorschriften über die Verträglichkeitsprüfung und das Ausnahmeverfahren nach § 34 Abs. 3 bis 5 entsprechend anzuwenden. Ist eine FFH-Verträglichkeitsprüfung gemäß § 34 durchgeführt worden und wird eine erhebliche Beeinträchtigung durch die Verwirklichung der Handlung erwartet, kann bei Vorliegen der Ausnahmegründe und der Vorsehung eines Kohärenzausgleichs eine Ausnahme vom Verschlechterungsverbot erteilt werden. Die Ausnahme wird durch eine

---

14 A.A. Fischer-Hüftle in § 67 Rdnr. 26–28.

nach anderen Vorschriften erforderliche behördliche Gestattung ersetzt, wenn diese im Einvernehmen mit der Naturschutzbehörde erteilt wird.

3. Konzertierungsphase (Absatz 2)

Absatz 2 regelt das Schutzregime für so genannte Konzertierungsgebiete. Satz 1 überträgt hierzu das allgemeine Verschlechterungsverbot des Abs. 1 Satz 1 auf die in einem solchen Gebiet gegebenenfalls vorkommenden prioritären natürlichen Lebensraumtypen und prioritären Arten. Satz 2 stellt ausdrücklich klar, dass in diesem Fall die §§ 34 und 35 mit ihren Ausnahmemöglichkeiten nicht anwendbar sind.

In einem Konzertierungsgebiet sind die in Satz 1 genannten Handlungen, sofern sie zu erheblichen Beeinträchtigungen der in ihm vorkommenden prioritären natürliche Lebensraumtypen (§ 7 Rdnr. 8) oder prioritären Arten (§ 7 Rdnr. 46) führen können, unzulässig.

Ein Konzertierungsverfahren (Art. 5 Abs. 1 FFH-RL) wird dann eingeleitet, wenn – in Ausnahmefällen – die Kommission feststellt, dass ein Gebiet mit einem prioritären natürlichen Lebensraumtyp oder einer prioritären Art in einer nationalen Liste nach Art. 4 Abs. 1 nicht aufgeführt ist und sie auf Grund von zuverlässigen einschlägigen wissenschaftlichen Daten der Meinung ist, dass dieses Gebiet für den Fortbestand dieses prioritären natürlichen Lebensraumtyps oder das Überleben dieser prioritären Art unerlässlich ist. Im Rahmen eines bilateralen Konzertierungsverfahrens wird dann zwischen dem Mitgliedstaat und der Kommission ein Vergleich der auf beiden Seiten verwendeten wissenschaftlichen Daten eingeleitet. Während der Konzertierungsphase und bis zur Beschlussfassung des Rates unterliegt das betreffende Gebiet den Bestimmungen des Artikels 6 Abs. 2. Danach müssen die Mitgliedstaaten geeignete Maßnahmen treffen um in den besonderen Schutzgebieten die Verschlechterung der natürlichen Lebensräume und der Habitate der Arten sowie Störungen von Arten, für die die Gebiete ausgewiesen worden sind, zu vermeiden. Dies gilt aber nur soweit, wie sich solche Störungen im Hinblick auf die Ziele dieser Richtlinie erheblich auswirken könnten. Art. 5 Abs. 4 FFH-RL enthält weiter keine Verweisungen etwa auf die Verträglichkeitsprüfungen und Ausnahmemöglichkeiten nach Art. 6 Abs. 3 und 4 FFH-RL, diese dürfen daher während des Konzertierungsverfahrens nicht angewandt werden, Abs. 2 Satz 2.

§ 34 Verträglichkeit und Unzulässigkeit von Projekten; Ausnahmen

(1) [1]Projekte sind vor ihrer Zulassung oder Durchführung auf ihre Verträglichkeit mit den Erhaltungszielen eines Natura 2000-Gebiets zu überprüfen, wenn sie einzeln oder im Zusammenwirken mit anderen Projekten oder Plänen geeignet sind, das Gebiet erheblich zu beeinträchtigen, und nicht unmittelbar der Verwaltung des Gebiets dienen. [2]Soweit ein Natura 2000-Gebiet ein geschützter Teil von Natur und Landschaft im Sinne des § 20 Absatz 2 ist, ergeben sich die Maßstäbe für die Verträglichkeit aus dem Schutzzweck und den dazu erlassenen Vorschriften, wenn hierbei die jeweiligen Erhaltungsziele bereits berücksichtigt wurden. [3]Der Projektträger hat die zur Prüfung der Verträglichkeit sowie der Voraussetzungen nach den Absätzen 3 bis 5 erforderlichen Unterlagen vorzulegen.

(2) Ergibt die Prüfung der Verträglichkeit, dass das Projekt zu erheblichen Beeinträchtigungen des Gebiets in seinen für die Erhaltungsziele oder den Schutzzweck maßgeblichen Bestandteilen führen kann, ist es unzulässig.

(3) Abweichend von Absatz 2 darf ein Projekt nur zugelassen oder durchgeführt werden, soweit es
1. aus zwingenden Gründen des überwiegenden öffentlichen Interesses, einschließlich solcher sozialer oder wirtschaftlicher Art, notwendig ist und
2. zumutbare Alternativen, den mit dem Projekt verfolgten Zweck an anderer Stelle ohne oder mit geringeren Beeinträchtigungen zu erreichen, nicht gegeben sind.

(4) [1]Können von dem Projekt im Gebiet vorkommende prioritäre natürliche Lebensraumtypen oder prioritäre Arten betroffen werden, können als zwingende Gründe des überwiegenden öffentlichen Interesses nur solche im Zusammenhang mit der Gesundheit des Menschen, der öffentlichen Sicherheit, einschließlich der Verteidigung und des Schutzes der Zivilbevölkerung, oder den maßgeblich günstigen Auswirkungen des Projekts auf die Umwelt geltend gemacht werden. [2]Sonstige Gründe im Sinne des Absatzes 3 Nummer 1 können nur berücksichtigt werden, wenn die zuständige Behörde zuvor über das Bundesministerium für Umwelt, Naturschutz und Reaktorsicherheit eine Stellungnahme der Kommission eingeholt hat.

(5) [1]Soll ein Projekt nach Absatz 3, auch in Verbindung mit Absatz 4, zugelassen oder durchgeführt werden, sind die zur Sicherung des Zusammenhangs des Netzes „Natura 2000" notwendigen Maßnahmen vorzusehen. [2]Die zuständige Behörde unterrichtet die Kommission über das Bundesministerium für Umwelt, Naturschutz und Reaktorsicherheit über die getroffenen Maßnahmen.

(6) [1]Bedarf ein Projekt im Sinne des Absatzes 1 Satz 1, das nicht von einer Behörde durchgeführt wird, nach anderen Rechtsvorschriften keiner behördlichen Entscheidung oder Anzeige an eine Behörde, so ist es der für Naturschutz und Landschaftspflege zuständigen Behörde anzuzeigen. [2]Diese kann die Durchführung des Projekts zeitlich befristen oder anderweitig beschränken, um die Einhaltung der Voraussetzungen der Absätze 1 bis 5 sicherzustellen. [3]Trifft die Behörde innerhalb eines Monats nach Eingang der Anzeige keine Entscheidung, kann mit der Durchführung des Projekts begonnen werden. [4]Wird mit der Durchführung eines Projekts ohne die erforderliche Anzeige begonnen, kann die Behörde die vorläufige Einstellung anordnen. [5]Liegen im Fall des Absatzes 2 die Voraussetzungen der Absätze 3 bis 5 nicht vor, hat die Behörde die Durchführung des Projekts zu untersagen. [6]Die Sätze 1 bis 5 sind nur insoweit anzuwenden, als Schutzvorschriften der Länder, einschließlich der Vorschriften über Ausnahmen und Befreiungen, keine strengeren Regelungen für die Zulässigkeit von Projekten enthalten.

(7) [1]Für geschützte Teile von Natur und Landschaft im Sinne des § 20 Absatz 2 und gesetzlich geschützte Biotope im Sinne des § 30 sind die Absätze 1 bis 6 nur insoweit anzuwenden, als die Schutzvorschriften, einschließlich der Vorschriften über Ausnahmen und Befreiungen, keine strengeren Regelungen für die Zulässigkeit von Projekten enthalten. [2]Die Verpflichtungen nach Absatz 4 Satz 2 zur

Verträglichkeit und Unzulässigkeit von Projekten; Ausnahmen § 34

Beteiligung der Kommission und nach Absatz 5 Satz 2 zur Unterrichtung der Kommission bleiben unberührt.

(8) Die Absätze 1 bis 7 gelten mit Ausnahme von Bebauungsplänen, die eine Planfeststellung ersetzen, nicht für Vorhaben im Sinne des § 29 des Baugesetzbuches in Gebieten mit Bebauungsplänen nach § 30 des Baugesetzbuches und während der Planaufstellung nach § 33 des Baugesetzbuches.

Gliederung

Rdnr.

I. Allgemeines 1–5

II. Übersicht über das Prüfungs- und Ausnahmeverfahren 6–14
1. Allgemeines 6, 7
2. Schritte der Verträglichkeitsprüfung 8–11
3. Kriterien für die FFH-Verträglichkeitsprüfung 12, 13
4. Angemessene Prüfung 14

III. Prüfung von Projekten auf ihre Verträglichkeit (Abs. 1, Satz 1) 15–77
1. Projektbegriff 16–18
2. Durchführung einer FFH-Verträglichkeitsprüfung 19, 20
3. Anwendungsbereich 21–24
4. Vorprüfung 25–31
5. Verträglichkeitsprüfung 32–77
    a) Zeitpunkt und Zuständigkeit 32–34
    b) Anwendungsbereich der Verträglichkeitsprüfung 35
    c) Inhaltliche Anforderungen 36–40
    d) Gebietsbezogene Daten 41–50
        aa) Erhaltungsziele und Schutzzweck 41–46
        bb) Maßgebliche Bestandteile eines Natura 2000-Gebiets 47–50
    e) Beeinträchtigung 51–77
        aa) Ermittlung der Beeinträchtigung – Wirkungsprognose 51–53
        bb) Erheblichkeit der Beeinträchtigung. 54–59
        cc) Reaktions- und Belastungsschwellen der geschützten Arten .. 60–62
        dd) Reaktions- und Belastungsschwellen der geschützten Lebensraumtypen 63
        ee) Bagatellschwellen 64–69
        ff) Summationswirkung mit anderen Projekten und Plänen 70–77

IV. Unzulässigkeit von Projekten (Abs. 2) 78–80

V. Ausnahmeverfahren (Abs. 3 und 4) 81–116
1. Öffentliches Interesse 83–86
2. Prüfung von Alternativen 87–90
3. Ausnahmegründe bei Betroffenheit nicht-prioritärer Biotope oder Arten (Abs. 3) 91–95
4. Ausnahmegründe bei Betroffenheit prioritärer Biotope oder Arten (Abs. 4) 96–103
    a) Betroffenheit prioritärer Biotope oder Arten 96
    b) Einschränkung der zwingenden Gründe 97–100
    c) Sonstige Gründe 101
    d) Stellungnahme der Kommission 102, 103
5. Erhalt der Kohärenz von Natura 2000 (Abs. 5) 104–116

VI.	Anzeigeverfahren (Abs. 6)	117–122
1.	Allgemeines	117, 118
2.	Subsidiäres Anzeigeverfahren (Abs. 6 Satz 1)	119–122
VII.	Konkurrenz von Schutzregelungen (Abs. 7)	123, 124
VIII.	Bauplanungsrecht (Abs. 8)	125

I. Allgemeines

1 Das Schutzregime des Art. 6 FFH-RL beschränkt sich flächenmäßig auf das FFH-Gebiet in seinen festgelegten Grenzen. Neben dem **Artenschutz** (Art. 12 FFH-RL) beruht das Schutzkonzept der FFH-RL auf dem **besonderen Gebietsschutz** (Art. 6 FFH-RL). Dieser knüpft sich an die Unterschutzstellung einer bestimmten Fläche. Dementsprechend definiert Art. 1 lit. j FFH-RL ein „Gebiet" als „einen geographisch definierten Bereich mit klar abgegrenzter Fläche" und unter Art. 1 lit. l ein „besonderes Schutzgebiet" als „ein ... ausgewiesenes Gebiet, in dem die Maßnahmen, die zur Wahrung oder Wiederherstellung eines günstigen Erhaltungszustands der natürlichen Lebensräume und/oder Populationen der Arten, für die das Gebiet bestimmt ist, erforderlich sind, durchgeführt werden". Damit wird ein Ausdehnen des Gebietsschutzes über die Gebietsgrenzen ausgeschlossen. Sind die dem Gebietsschutz unterfallenden Vorkommen etwa auf **gebietsexterne Nahrungshabitate** zwingend angewiesen, um in einem günstigen Erhaltungszustand zu verbleiben, so hat das betreffende Gebiet eine falsche Abgrenzung erfahren (vgl. Art. 4 Abs. 1 Satz 1 FFH-RL). Das Gebiet muss dann auf diese Nahrungshabitate ausgedehnt werden. Das BVerwG hält es für systemwidrig, die Habitate losgelöst von der Gebietsabgrenzung als durch die Erhaltungsziele des Gebiets mitumfasst zu behandeln.[1]

2 Allerdings ist zu berücksichtigen, dass das Konzept des Gebietsschutzes sich auf die Errichtung eines Schutzgebietsnetzes richtet. Der angestrebten Vernetzung liegt die Erkenntnis zugrunde, dass geschützte Arten in isolierten Reservaten insbesondere wegen des notwendigen genetischen Austauschs, oft aber auch wegen ihrer Lebensgewohnheiten im Übrigen nicht auf Dauer erhalten werden können. Deshalb ist der Schutz der Austauschbeziehungen zwischen verschiedenen Gebieten und Gebietsteilen unverzichtbar. Beeinträchtigungen dieser Austauschbeziehungen, z.B. durch Unterbrechung von Flugrouten und Wanderkorridoren, unterfallen mithin dem Schutzregime des Gebietsschutzes.[2]

3 Nach Art. 2 der FFH-RL sind die natürlichen Lebensräume und die wild lebenden Tier- und Pflanzenarten von gemeinschaftlichem Interesse in einem **günstigen Erhaltungszustand** zu bewahren oder dieser wiederherzustellen. Neben den hierfür erforderlichen Schutz-, Pflege-, Entwicklungs- oder Wiederherstellungsmaßnahmen und der Förderung der **ökologischen Kohärenz** von Natura 2000 durch die Erhaltung bzw. Schaffung von Landschaftselementen, die von ausschlaggebender Bedeutung für wild lebende Tiere und Pflanzen sind (Art. 3 Abs. 3 FFH-RL), besteht für die Schutzgebiete ein **Verschlechterungsverbot** nach Art. 6 Abs. 2 der FFH-RL. Art. 6

---

1 BVerwG, Urt. v. 14.4.2010 – 9 A 5.08, NuR 2010, 558, Rdnr. 32.
2 BVerwG, Urt. v. 17.1.2007 – 9 A 20.05, NuR 2007, 336, Rdnr. 36; EuGH, Urt. v. 10.1.2006 – C-98/03, NuR 2006, 166 Rdnr. 49 ff.; a.A. VGH Mannheim, Beschl. v. 29.11.2002 – 5 S 2312/02, NuR 2003, 228 mit ablehnender Ansicht Fischer-Hüftle, NuR 2004, 157.

Abs. 2 und 3 enthalten Vorgaben für „Pläne" und „Projekte" wenn diese (einzeln oder zusammen mit anderen Plänen und Projekten) ein Natura 2000-Gebiet erheblich beeinträchtigen können.

Um Verschlechterungen in den Schutzgebieten zu vermeiden ist nach Art. 6 Abs. 3 eine Verträglichkeitsprüfung von Plänen und Projekten mit den für diese Gebiete festgelegten Erhaltungszielen durchzuführen. Ausnahmen sind nur aus den Gründen, die in Art. 6 Abs. 4 der FFH-RL genannt sind möglich. Die Verträglichkeitsprüfung ist im Naturschutzrecht ein Novum, sie unterscheidet sich von der Umweltverträglichkeitsprüfung. Prüfgegenstand der FFH-Verträglichkeitsprüfung ist die Feststellung, ob ein Projekt oder Plan mit den für das Gebiet festgelegten Erhaltungszielen vereinbar und damit verträglich ist. Der Prüfgegenstand der UVP ist dagegen wesentlich weiter gefasst.[3] **4**

Mit § 34 wird die projektbezogene Verträglichkeits- und Ausnahmeprüfung nach Art. 6 in bundesdeutsches Recht umgesetzt, die planbezogene Verträglichkeitsprüfung regelt § 36. **5**

II. Übersicht über das Prüfungs- und Ausnahmeverfahren

1. Allgemeines

§ 34 sieht – entsprechend den gemeinschaftsrechtlichen Vorgaben in Art. 6 Abs. 3 und 4 FFH-RL – ein mehrstufiges Verfahren vor, das die Rahmenbedingungen für die Zulässigkeit bzw. Unzulässigkeit von Projekten mit möglichen negativen Auswirkungen setzt. Dadurch soll gewährleistet werden, dass wirtschaftliche sowie sonstige nichtökologische Erfordernisse gegen die Erhaltungsziele abgewogen werden können.[4] **6**

Vor der eigentlichen Verträglichkeitsprüfung des Projektes[5] muss zunächst festgestellt werden, ob es sich bei einem Vorhaben um ein **Projekt** handelt. Für die Einordnung ist eine **Vorprüfung** („Screening") zur Ermittlung der Auswirkungen durchzuführen, die ein Plan oder ein Projekt einzeln oder in Zusammenwirkung mit anderen Projekten und Plänen auf ein Natura 2000-Gebiet haben könnte. Sind danach mit den für dieses Gebiet festgelegten Erhaltungszielen keine erheblichen Auswirkungen zu erwarten, ist keine Verträglichkeitsprüfung erforderlich und das Vorhaben ist dann habitatschutzrechtlich zulässig. Sind hingegen erhebliche Auswirkungen nicht auszuschließen, ist eine eingehende Verträglichkeitsprüfung durchzuführen, vgl. § 34 Abs. 1. Der EuGH hat in der Herzmuschel-Entscheidung[6] zu den Voraussetzungen der Verträglichkeitsprüfung ausgeführt, dass Pläne und Projekte, die nicht unmittelbar mit der Verwaltung des Gebiets in Verbindung stehen oder hierfür nicht notwendig sind, immer dann einer Prüfung auf Verträglichkeit mit den für dieses Gebiet festgelegten Erhaltungszielen zu unterziehen seien, **wenn sich nicht anhand objektiver Umstände ausschließen lasse**, dass sie dieses Gebiet einzeln oder im Zusammenwirken mit anderen Plänen oder Projekten erheblich beeinträchtigen könnten.[7] **7**

---

3 Vgl. *Kirchhof*, Die Implementierung der FFH-Verträglichkeitsprüfung, S. 1.
4 Europäische Kommission, 2000, 32; vgl. auch *Epiney*, in: Epiney/Gammenthaler,: Das Rechtsregime der Natura 2000-Schutzgebiete, S. 99 ff.
5 Zum Projektbegriff vgl. Rdnr. 16.
6 EuGH Urt. v. 7.9.2004 – C-127/02, NuR 2004, 788 Rdnr. 45.
7 EuGH Urt. v. 7.9.2004 – C-127/02, NuR 2004, 788 Rdnr. 38.

2. Schritte der Verträglichkeitsprüfung

8 Die eigentliche Überprüfung von Projekten geschieht in folgenden Schritten:

9 1. Schritt: Durchführung der **Verträglichkeitsprüfung**, d.h. die Befassung und Ermittlung der Projektauswirkungen auf das Natura 2000-Gebiet als solches, entweder einzeln oder in Zusammenwirkung mit anderen Plänen und Projekten, im Hinblick auf die Struktur und die Funktionen des betreffenden Gebiets und seine Erhaltungsziele. Hinzu kommt im Falle beeinträchtigender Auswirkungen die Prüfung möglicher Maßnahmen zur Begrenzung dieser Auswirkungen.

10 2. Schritt: Ergibt sich aus Schritt 1, dass eine erhebliche Beeinträchtigung des FFH- oder Vogelschutzgebiets nicht ausgeschlossen werden kann, ist eine **Alternativenprüfung** vorzunehmen. Dadurch sollen die Möglichkeiten für die Erfüllung der Projekt- oder Planziele ohne nachteilige Auswirkungen auf das Natura-2000-Gebiet als solches untersucht werden. Sind zumutbare Alternativen nicht vorhanden, ist das Projekt nur zulässig, wenn es aus zwingenden Gründen des überwiegenden öffentlichen Interesses notwendig ist, wobei dieser Begriff sehr eng gefasst wird, sobald prioritäre Arten oder Lebensräume betroffen sind (§ 34 Abs. 3 und 4).

11 3. Schritt: Soll das Projekt trotz nachteiliger Auswirkungen auf ein Natura 2000-Gebiet aus zwingenden Gründen des überwiegenden öffentlichen Interesses durchgeführt werden, so ist die Festlegung von Maßnahmen erforderlich, um die **Sicherung der Kohärenz** von Natura 2000 zu erhalten.

3. Kriterien für die FFH-Verträglichkeitsprüfung

12 Die FFH-Richtlinie selbst legt keine besondere Methode für die Durchführung einer Verträglichkeitsprüfung fest.[8] Der EuGH hat zu den Anforderungen an eine FFH-VP ausgeführt, dass vor der Genehmigung unter Berücksichtigung der **besten einschlägigen wissenschaftlichen Erkenntnisse** sämtliche Gesichtspunkte der Pläne oder Projekte zu ermitteln sind, die für sich oder in Verbindung mit anderen Plänen oder Projekten die für dieses Gebiet festgelegten Erhaltungsziele beeinträchtigen können. Diese Genehmigung darf daher nur unter der Voraussetzung erteilt werden, dass die Behörden zum Zeitpunkt der Erteilung der Genehmigung des Plans oder des Projekts Gewissheit darüber erlangt haben, dass sich dieser bzw. dieses nicht nachteilig auf das betreffende Gebiet als solches auswirkt.[9] Dies ist dann der Fall, wenn aus wissenschaftlicher Sicht kein vernünftiger Zweifel daran besteht, dass es keine solchen Auswirkungen gibt.[10] Bestehen nach Ausschöpfung aller wissenschaftlichen Mittel und Quellen aus wissenschaftlicher Sicht vernünftige Zweifel daran, dass das Vorhaben die Erhaltungsziele nicht beeinträchtigen wird, so darf die Planfeststellungsbehörde kein positives Ergebnis der Verträglichkeitsprüfung feststellen.[11] Sind jedoch erhebliche Beeinträchtigungen des Schutzgebiets schon nach einer Vorprüfung „offensichtlich" ausgeschlossen, so erübrigt sich nach Art. 6

---

8 EuGH, Urt. v. 20.9.2007 – C-304/05, NuR 2007, 679.
9 Vgl. EuGH, Urt. v. 29.1.2004 – C-209/02, NuR 2004, 656, Rdnr. 26 und 27, und EuGH Urt. v. 7.9.2004 – C-127/02, NuR 2004, 769, Rdnr. 56 und 59.
10 EuGH Urt. v. 7.9.2004 – C-127/02, NuR 2004, 769 Rdnr. 61; EuGH, Urt. v. 26.10.2006 – C-239/04, NuR 2007, 30; BVerwG, Urt. v. 12.3.2008 – 9 A 3.06, NuR 2008, 633.
11 *Storost*, DVBl. 2009, S. 673/675.

Abs. 3 Satz 1 FFH-RL eine **Verträglichkeitsprüfung**.[12] Die FFH-Vorprüfung beschränkt sich somit auf die Frage, ob „nach Lage der Dinge ernsthaft die Besorgnis nachteiliger Auswirkungen" besteht.[13] Die Beweislast für die Unschädlichkeit des Plans oder Projekts liegt beim Vorhabens- bzw. Planungsträger sowie der Zulassungsbehörde.[14]

Aus Art. 6 Abs. 3 FFH-RL selbst ergibt sich nicht, das im Rahmen der FFH-VP auch Alternativen zum vorgesehenen Projekt geprüft werden müssen, allerdings empfiehlt Europäische Kommission eine solche Alternativenprüfung bereits im Rahmen der FFH-VP.[15]

4. Angemessene Prüfung

Die Rechtsprechung hat zur Frage der angemessenen Prüfung erkannt:
- **Defizite in der Ermittlung- und Bewertung**, die einem Planfeststellungsbeschluss zugrunde gelegten FFH-VP anhaften und nicht in Anwendung von § 17e Abs. 6 FStrG unbeachtlich sind, können grundsätzlich nur durch ein ergänzendes Verfahren nach §§ 17d, 17e Abs. 6 FStrG behoben werden, das auf der Grundlage einer ordnungsgemäßen FFH-VP, einer aktualisierten Bewertung des Artenschutzes und einer von Ermittlungs- und Bewertungsdefiziten nicht beeinflussten fachplanerischen Abwägung mit einer erneuten, den früheren Planfeststellungsbeschluss insoweit ersetzenden Zulassungsentscheidung der zuständigen Behörde abschließt.[16]
- Eine Studie zu Prüfungen i.S. von Art. 6 Abs. 3 FFH-RL, die selbst auf den summarischen und punktuellen Charakter der Untersuchung der Umweltauswirkungen der betreffenden Arbeiten hinweist und eine erhebliche Anzahl von Gesichtspunkten verzeichnet, die nicht berücksichtigt wurden und in der deshalb zusätzliche umweltbezogene Analysen vorgeschlagen werden, stellt keine angemessene Prüfung dar, auf die sich die nationalen Behörden bei der Genehmigung der fraglichen Arbeiten nach Art. 6 Abs. 3 stützen können.[17]
- Ein Prüfbericht i.S.v. Art. 6 Abs. 3, mit dem weitere Vorschläge zur Verbesserung der Umweltbilanz der geplanten Maßnahmen gemacht werden sollten und der hinsichtlich der Vögel, die das Gebiet zu einem besonderen Schutzgebiet machen, keine erschöpfende Aufstellung der dort anzutreffenden wildlebenden Vögel enthält, stellt keine angemessene Prüfung dar, auf die sich die nationalen Behörden bei der Genehmigung der fraglichen Arbeiten nach Art. 6 Abs. 3 stützen können.[18]
- Durch Lücken und durch das Fehlen vollständiger, präziser und endgültiger Feststellungen und Schlussfolgerungen, die geeignet wären, jeden vernünftigen wissenschaftlichen Zweifel hinsichtlich der Auswirkungen der in dem besonderen Schutzgebiet geplanten Arbeiten auszuräumen, gekennzeichnete Berichte und Studien sind nicht als angemessene Prüfungen i.S. der genannten Bestimmung anzusehen. Derartige Feststellungen und Schlussfolgerungen sind aber unerlässlich dafür, dass die zuständi-

---

12 BVerwG, Beschl. v. 13.8.2010 – 4 BN 6.10.
13 BVerwG, Beschl. v. 26.11.2007 – 4 BN 46.07, NuR 2008, 115.
14 BVerwG 17.1.2007 – 9 A 20.05, NuR 2007, 336 ff., Rdnr. 62; *Storost*, DVBl. 2009, 673 ff.
15 Europäische Kommission, Natura 2000 – Gebietsmanagement, 2000, S, 43.
16 BVerwG, Urt. v. 10.12.2009 – 9 A 9.08, NuR 2009, 117; Urt. v. 13.5.2009 – 9 A 73.07, NuR 2009, 711.
17 EuGH Urt. v. 20.9.2007 – C-304/05, NuR 2007, 679, Rdnr. 64 f.
18 EuGH Urt. v. 20.9.2007 – C-304/05, NuR 2007, 679, Rdnr. 69.

gen Behörden die für die Entscheidung über die Genehmigung der Arbeiten erforderliche Gewissheit erlangen können.[19]

III. Prüfung von Projekten auf ihre Verträglichkeit (Absatz 1 Satz 1)

15 § 34 setzt die gemeinschaftsrechtlichen Vorgaben für die Zulässigkeit von Projekten innerhalb und außerhalb eines Natura 2000-Gebiets in nationales Recht um. Pläne und Projekte dürfen nach § 34 Abs. 1 und § 36 nur dann zugelassen werden, wenn sie mit den **Erhaltungszielen** des jeweiligen Gebiets bzw. mit seinem **Schutzzweck** verträglich sind, ansonsten könnte eine Unzulässigkeit vorliegen (Abs. 2). Vor der Zulassung und der Durchführung ist für die Projekte eine Verträglichkeitsprüfung durchzuführen. Dabei gilt, dass Projekte die ein Natura 2000-Gebiet erheblich beeinträchtigen können und keine zumutbare Alternative vorliegt, trotzdem aus zwingenden Gründen des überwiegenden öffentlichen Interesses zugelassen werden (Abs. 3). Sonderregelungen für Gebiete mit prioritären Bestandteilen sieht Abs. 4 vor.[20]

1. Projektbegriff

16 Seit der Novelle 2007 enthält das BNatSchG keine Definition des Projektbegriffs mehr. Auch in der FFH-RL ist der Projektbegriff nicht definiert. Es drängt sich jedoch ein Rückgriff auf die entsprechende Definition in der UVP-Richtlinie[21] auf. Beide Verträglichkeitsprüfungen wollen sicherstellen, dass bestimmte Aktivitäten, die die Umwelt bzw. ein besonderes Schutzgebiet beeinträchtigen könnten, nicht ohne eine vorherige Prüfung ihrer Auswirkungen genehmigt werden sollen.[22]

17 Unter **Projekt** ist somit die Errichtung von baulichen oder sonstigen Anlagen sowie sonstige Eingriffe in Natur und Landschaft (einschließlich des Abbaus von Bodenschätzen) zu verstehen.[23] Dieser weit gefasste Projektbegriff[24] erfasst alle Vorhaben, die in irgendeiner Form einen Eingriff in Natur und Landschaft und damit eine irgendwie geartete Modifikation derselben implizieren.[25] Entscheidend ist deshalb die abstrakte Gefährdung eines Schutzgebiets.[26]

18 Als Projekt kann daher in Betracht kommen: die Errichtung von Gebäuden oder anderer bleibenden Anlagen, die Einrichtung von Parkplätzen, das Fällen von Bäumen für die Errichtung einer Infrastrukturmaßnahme, der land- oder forstwirtschaftliche Wegebau, aber auch Eingriffe in Natur und Landschaft, die keine bleibenden Spuren hinterlassen, bei regelmäßig wiederkeh-

---

19 EuGH, Urt. v. 20.9.2007 – C-304/05, NuR 2007, 679, Rdnr. 69.
20 Zu eigentumsrechtlichen Fragestellungen im Rahmen der in Anspruchnahme von betroffenen Eigentümern, vgl. *Kahl/Gärditz*, ZUR 2006, 1 ff.; *von Keitz*, Rechtsschutz Privater gegen FFH-Gebiete, 2006.
21 Richtlinie 85/337/EWG über die Umweltverträglichkeit bei bestimmten öffentlichen und privaten Projekten, ABl. EG 1985 L 175, S. 40.
22 EuGH, Urt. v. 7.9.2004 – C-127/02, Rdnr. 26; vgl. auch *Freytag/Iven*, NuR 1995, 109/113; *Wirths*, ZUR 2000, 183/185.
23 Vgl. z.B. *v. Keitz*, Rechtsschutz Privater gegen FFH-Gebiete, S. 78; *Gellermann*, Natura 2000, S. 76.
24 Vgl. hierzu *Jarass* NuR 2007, 371/372 f.; Europäische Kommission, Natura 2000 – Gebietsmanagement, S. 33.
25 EuGH, Urt. v. 7.9.2004 – C-127/02, NuR 2004, 788 Rdnr. 44 f.; *Möller/Raschke/Fisahn*, EurUP 2006, 203/208 f.
26 *Epiney*, in: Epiney/Gammenthaler, S. 95.

renden Eingriffen kann dabei jedes Mal eine gesondertes Projekt vorliegen.[27] Vorhaben, die sich in mehrere Einzelelemente zerlegen lassen, sind daher als mehrere Projekte anzusehen.[28]

2. Durchführung einer FFH-Verträglichkeitsprüfung

Die Verträglichkeitsprüfung nach § 34 ist vor der Projektgenehmigung durchzuführen.[29] Sie hat zum Gegenstand alle Projekte die geeignet sind, ein Gebiet von gemeinschaftlicher Bedeutung oder ein Europäisches Vogelschutzgebiet einzeln oder im Zusammenwirken mit anderen Projekten oder Plänen erheblich zu beeinträchtigen. Die Durchführung erfolgt im Hinblick darauf, ob das betreffende Projekt mit den für das jeweilige Gebiet festgelegten Erhaltungszielen vereinbar ist. Dabei reicht es nicht aus, bloße Verpflichtungen, Informationen über die voraussichtlichen erheblichen Auswirkungen eines Plans oder Projektes auf die Umwelt in die Plan- oder die Projektgenehmigung selbst aufzunehmen, den Anforderungen des Art. 6 Abs. 3 S. 1 FFH-RL von Vornherein nicht. In diesen Fällen handelt es sich nicht um eine vor der Genehmigung bzw. dem Beschluss erfolgende Prüfung.[30]

19

Ausgenommen sind Projekte, die unmittelbar der Verwaltung der Gebiete von gemeinschaftlicher Bedeutung oder der Europäischen Vogelschutzgebiete dienen. Aus dem Kontext und Zweck von Art. 6 der FFH-RL ergibt sich, dass der Begriff „Verwaltung" in dem Sinne auszulegen ist, dass er sich auf die „**Erhaltungsbewirtschaftung**" eines Gebiets bezieht, d. h., der Begriff „Verwaltung" ist im Sinne der Auslegung in Art. 6 Abs. 1 FFH-RL zu verstehen.[31] Unter Umständen wirken sich Pläne oder Projekte, die unmittelbar mit der Verwaltung eines Gebiets in Verbindung stehen oder hierfür notwendig sind, jedoch auf ein anderes Natura 2000-Gebiet aus; in diesem Fall hat eine auf dieses Gebiet bezogene Verträglichkeitsprüfung stattzufinden. Eine Prüfung ist ggf. auch grenzüberschreitend zugunsten europäischer Schutzgebiete in anderen Mitgliedstaaten durchzuführen.[32] Die Prüfung nach § 34 ist grundsätzlich auf alle o.g. Vorhaben anwendbar, die erhebliche Auswirkungen auf die Erhaltungsziele des Schutzgebietes haben können.[33]

20

3. Anwendungsbereich

Liegt ein Plan oder ein Projekt vor, so ist eine Verträglichkeitsprüfung dann durchzuführen, wenn ein Gebiet von gemeinschaftlicher Bedeutung oder ein Europäisches Vogelschutzgebiet von den Auswirkungen „erheblich beeinträchtigt" sein könnte.[34] Die erhebliche Beeinträchtigung kann entweder einzeln oder mit anderen Plänen oder Projekten erfolgen. In Betracht kom-

21

---

27 Vgl. EuGH, Urt. v. 7.9.2004 – C-127/02, NuR 2004, 788, Rdnr. 27 f.; Urt. v. 14.1.2010 – C-226/08, NuR 2010, 114; Urt. v. 20.10.2005 – C-6/04, NuR 2006, 494.
28 EuGH, Urt. v. 13.12.2007 – C-418/04, NuR 2008, 101, Rdnr. 239 ff.
29 Die FFH-VP ist vor der Projektgenehmigung durchzuführen, vgl EuGH, Urt. v. 13.12.2007 – C-418/04, NuR 2008, 101, Rdnr. 229, Urt. v. 20.10.2005 – C-6/04, NuR 2006, 494, Rdnr. 57 ff.
30 *Epiney*, in: Epiney/Gammenthaler, S. 108.
31 Europäische Kommission, 2000, 35.
32 *Fischer-Hüftle*, ZUR 1999, 66/69.
33 BVerwG, Urt. v. 19.5.1995 – 4 A 9.97, BVerwGE 107, 1; OVG Lüneburg, Urt. v. 14.9.2000 – 1 L 2153/99, NuR 2001, 333; vgl. auch EuGH, Urt. v. 2.8.1993 – C-355/90, NuR 1994, 521.

men dabei nicht nur die in Abs. 1 Satz 2 genannten (förmlich ausgewiesenen) Schutzgebiete nach § 20 Abs. 2, sondern sämtliche **Gebiete von gemeinschaftlicher Bedeutung und Vogelschutzgebiete** i.S.d. Definition des § 7 Abs. 1 Nr. 7 und 8, d.h. auch noch nicht förmlich geschützte Flächen und Gebiete. Auch ist u.U. der (noch) nicht sehr günstige Erhaltungszustand des betreffenden Lebensraums bzw. der Art zu berücksichtigen, so dass bei der Verträglichkeitsprüfung neben den (möglicherweise) negativen Auswirkungen des Projekts auf den aktuellen Gebietszustand auch seine Auswirkung auf die erforderlichen Entwicklungsmaßnahmen Berücksichtigung finden müssen.[35]

22 Erst nach Abschluss des Auswahlverfahrens (s. § 31 Rdnr. 31), der Listung und der anschließenden Unterschutzstellung ist die FFH-RL vollständig umgesetzt. Bis dahin sind alle Gebiete, die für den **Aufbau des kohärenten Netzes Natura 2000** fachlich geeignet sind, als **potenzielle FFH-Gebiete** zu betrachten, die dem Regime der FFH-RL unterliegen, vgl. Rdnr. 80. Dabei gilt für Gebiete, deren Aufnahme in die Gemeinschaftsliste nicht hinreichend sicher prognostiziert werden kann, ein **Verschlechterungsverbot nach Art. 4 Abs. 3 EUV**, d.h. sie dürfen nicht so nachhaltig beeinträchtigt werden, dass sie für eine Meldung und Aufnahme in die Gemeinschaftsliste nicht mehr in Betracht kommen. Drängt sich hingegen die Aufnahme eines Gebiets in die Gemeinschaftsliste auf, so sind die unmittelbar geltenden Regelungen des Art. 6 Abs. 2–4 FFH-RL anzuwenden.[36] Hiervon ist regelmäßig dann auszugehen, wenn sich in einem Gebiet potenzielle Arten oder Lebensräume[37] befinden oder die Aufnahme des Gebiets in das kohärente Netz Natura 2000 aus anderen fachlichen Gründen als sicher gelten kann. Da sich für alle bisher an die Europäische Kommission gemeldeten deutschen Gebietsvorschläge eine Übernahme in die Gemeinschaftsliste abzeichnet, ist für sie eine Verträglichkeitsprüfung gemäß Art. 6 Abs. 3 und ggf. eine Ausnahmeprüfung nach Art. 6 Abs. 3 FFH-RL durchzuführen, wenn sie durch Projekte (einzeln oder in Zusammenwirkung mit anderen Plänen und Projekten) erheblich beeinträchtigt werden könnten.

23 Für **Konzertierungsgebiete** ist keine Verträglichkeitsprüfung vorgesehen; diese Gebiete unterliegen gemäß Art. 5 Abs. 4 FFH-RL dem allgemeinen Verschlechterungsverbot nach Art. 6 Abs. 2 FFH-RL, um zu verhindern, dass sie bis zur endgültigen Entscheidung über ihre Aufnahme in das Europäische Netz Natura 2000 ökologisch an Wert verlieren. Projekte, die mit einer Beeinträchtigung des Konzertierungsgebiets verbunden sein können, sind unzulässig. Eine Ausnahmemöglichkeit aus zwingenden Gründen des überwiegend öffentlichen Interesses besteht nicht.

24 Für **faktische Vogelschutzgebiete** gilt § 34 nicht, da diese Gebiete nicht dem Schutzregime des Art. 6 Abs. 2–4 FFH-RL, sondern dem des Art. 4 Abs. 4 V-RL unterliegen. Damit unterstehen sie einem absoluten Verschmutzungs-

---

34 A.A. *Epiney*, in: Epiney/Gammenthaler, S. 109, die sich u.a. auf *Gellermann* NuR 2005, 433/437 und EuGH, Urt. v. 14.4.2005 – C-441/03 beruft. Das Urteil des EuGH enthält diese Feststellung aber nicht.
35 *Lieber*, NuR 2008, 597, 598; *Epiney*, in: Epiney/Gammenthaler, S. 108.
36 BVerwG Urt. v. 27.1.2000 – 4 C 2.99; BVerwG Urt. v. 17.5.2002 – 4 A 28.01; BVerwG, Urt. v. 17.5.2002 – 4 A 28.01, BNatSchG/ES BNatschG 2002 § 61 Nr. 1.
37 Da die Europäische Kommission gemäß Anhang III Phase 2 alle von den Mitgliedstaaten in Phase 1 ermittelten Gebiete, die prioritäre natürliche Lebensraumtypen bzw. Arten beherbergen, als Gebiete von gemeinschaftlicher Bedeutung betrachtet.

und Beeinträchtigungsverbot. Dieser gegenüber Art. 6 Abs. 2–4 FFH-RL bzw. § 34 strengere Schutz erscheint insbesondere auch deshalb gerechtfertigt, weil für diese, nicht durch einen förmlichen Akt gesicherten Gebiete eine besondere Gefahr besteht, dass Pläne oder Projekte entgegen den Erfordernissen der Erhaltung dieses Gebietes schwere oder sogar irreparable Umweltschäden verursachen.[38] Projekte sind demzufolge nur genehmigungsfähig, wenn damit keine erhebliche Beeinträchtigung eines faktischen Vogelschutzgebiets verbunden sind. Auch wenn § 34 nicht greift, so kann doch zur Beurteilung der Frage, ob Projekte mit Beeinträchtigungen eines faktischen Vogelschutzgebiets verbunden sein können, ein den Abs. 1 und 2 entsprechendes Verfahren angewandt werden. Eine Ausnahmemöglichkeit, wie es die Abs. 3–5 vorsehen, besteht jedoch nicht.

4. Vorprüfung

§ 34 ordnet eine Verträglichkeitsprüfung für alle Projekte an, die zu erheblichen Beeinträchtigungen eines Gebiets von gemeinschaftlicher Bedeutung oder eines Europäischen Vogelschutzgebiets führen können, schreibt aber nicht vor, wie die Erforderlichkeit einer Verträglichkeitsprüfung festgestellt werden soll. **25**

In der Praxis erfolgt diese Feststellung im Rahmen einer **Vorprüfung (Screening)**, welche die von dem Projekt ausgehenden Auswirkungen auf die Erhaltungsziele oder Schutzzwecke der eventuell durch das Vorhaben beeinträchtigten Natura 2000-Gebiete überschlägig abschätzt. Die Maßstäbe der Vorprüfung sind aber mit denen der Verträglichkeitsprüfung identisch.[39] **26**

Kommt die Vorprüfung zu dem Schluss, dass erhebliche Auswirkungen zu erwarten sind oder besteht keine ausreichende Gewissheit für eine gegenteilige Annahme, so ist eine Verträglichkeitsprüfung durchzuführen. Diese erheblichen Auswirkungen können nur durch eine schlüssige naturschutzfachliche Argumentation ausgeräumt werden.[40] Können hingegen erhebliche Auswirkungen auf das Natura 2000-Gebiet ausgeschlossen werden, ist keine Verträglichkeitsprüfung erforderlich.[41] Bei der Vorprüfung gilt nicht der Maßstab der Berücksichtigung nur der besten einschlägigen wissenschaftlichen Erkenntnisse, erst wenn ernsthaft die Besorgnis nachteiliger Auswirkungen entstanden ist, ist eine derartige Argumentation zu führen.[42] **27**

Die Vorprüfung beinhaltet bereits wesentliche Prüfschritte, die ggf. im Rahmen der eigentlichen Verträglichkeitsprüfung vertiefend durchgeführt werden müssen. Sie umfasst eine Vorhabensbeschreibung, Angaben über die Erhaltungsziele oder Schutzzwecke des Natura 2000-Gebiets sowie eine die Auswirkungen des Projekts auf die Erhaltungsziele des Schutzgebiets überschlägig abschätzende **Wirkungsprognose**. Mögliche Vermeidungs- oder Minderungsmaßnahmen sind nicht Gegenstand der überschlägig beurteilenden Vorprüfung, da zu diesem Zeitpunkt i.d.R. noch keine Aussagen zur Wirksamkeit dieser Maßnahmen getroffen werden können. Die hierzu notwendigen Untersuchungen werden im Rahmen der eigentlichen Verträglich- **28**

---

38 EuGH Urt. v. 7.12.2000 – C-374/98, BNatSchG/ES BNatSchG § 19b Nr. 12.
39 BVerwG, Beschl. v. 26.11.2007 – 4 BN 46.07, NuR 2008, 115.
40 BVerwG, Urt. v. 17.1.2007 – 9 A 20.05, NuR 2007, 336, Rdnr. 57 ff.
41 Europäische Kommission 2001, 17.
42 OVG Koblenz, Urt. v. 13.2.2008 – 8 C 10368/07.OVG, NuR 2008, 410 ff.

keitsprüfung durchgeführt.[43] Berücksichtigt werden können aber auch Schutz- und Kompensationsmaßnahmen.[44]

29 Das **Ergebnis der Vorprüfung** ist nachvollziehbar zu belegen. Dies ist insbesondere von Bedeutung, wenn eine Beeinträchtigung von Natura 2000-Gebieten ausgeschlossen und eine Verträglichkeitsprüfung daher für nicht erforderlich gehalten wird. Erhebliche Beeinträchtigungen eines Natura 2000-Gebiets können nur dann verneint werden, wenn sich keiner der auftretenden Wirkfaktoren – auch im Zusammenwirken mit anderen Plänen und Projekten – negativ auf die Schutzgebietsbestandteile auswirken kann.

30 Hinweise auf die Verträglichkeit von Projekten ergeben sich auch aus den in zahlreichen Bundesländern aufgestellten **„Negativlisten"**, die diejenigen Vorhaben auflisten, bei denen i.d.R. nicht mit einer erheblichen Beeinträchtigung zu rechnen ist.[45] Dies entbindet jedoch nicht von der Pflicht, für jeden Einzelfall gebietsbezogen zu prüfen, ob diese Regelvermutung auch für das konkrete Projekt zutrifft, zumal einige Negativlisten auch Maßnahmen und Aktivitäten mit kritischen Wirkfaktoren (z.b. Ausübung von Sport- und sonstigen Freizeitaktivitäten, Unterhaltung und Ausbau von Wirtschafts-, Wander- und Reitwegen) enthalten.[46] Das tatsächliche Ausmaß der Beeinträchtigungen muss für jeden Einzelfall anhand der gebiets- und vorhabensspezifischen Faktoren (z.b. besondere Empfindlichkeit von Arten oder Biotopen im Schutzgebiet, Vorhabensgröße, bestehende Vorbelastungen, Zusammenwirken mit anderen Vorhaben) geprüft werden.

31 Ist die Pflicht zur Durchführung einer Verträglichkeitsprüfung z.B. aufgrund des Umfangs oder der Größenordnung des Projekts oder der besonderen Merkmale des Natura-2000-Gebiets offensichtlich, erübrigt sich eine Vorprüfung.

5. Verträglichkeitsprüfung

32 **a) Zeitpunkt und Zuständigkeit.** Die Verträglichkeitsprüfung findet vor der Zulassung oder Durchführung eines Projektes statt. Für Projekte, die keiner Genehmigung bedürfen, ist vor der Durchführung eine FFH-Verträglichkeitsprüfung erforderlich. Handelt es sich um ein genehmigungsbedürftiges Projekt, so ist die Verträglichkeitsprüfung vor der Genehmigung durchzuführen. Sie ist somit nicht Teil der Zulassungsentscheidung selbst, sondern dieser in einem **eigenen Verfahrensschritt** zeitlich vorgelagert.[47] Ihr Ergebnis entscheidet darüber, ob das Projekt zulässig ist. Ein eigenständiges Verwaltungsverfahren ist nicht erforderlich, da die FFH-RL eine Integration der Verträglichkeitsprüfung in bestehende Verwaltungsverfahren zulässt.[48] Die Verträglichkeitsprüfung nach § 34 wird daher i.d.R. im Zusammenhang mit der Eingriffsregelung des § 14 bzw. bei UVP-pflichtigen Vorhaben

---

43 Untersuchungen zu Vermeidungs- und Minderungsmaßnahmen sind auch nach § 6 Abs. 3 Satz 1 Nr. 2 UVPG für UVP-pflichtige Verfahren sowie für alle Eingriffe in Natur und Landschaft gemäß § 18 Abs. 1 BNatSchG erforderlich, im Unterschied zu diesen ist bei der Verträglichkeitsprüfung nach § 34 jedoch allein auf die Wirksamkeit der Maßnahmen in Bezug auf die Erhaltungsziele oder den Schutzzweck des betroffenen Natura 2000-Gebiets abzustellen.
44 VGH Kassel, Urt. v. 5.7.2007 – 4 N 867/06, NuR 2008, 258.
45 Z.B. MLUR BB 2000, MURL NRW 2000, MRLU LSA 2001, Nds. MU 2001, TMUL 2000.
46 Vgl. *Wachter/Jessel*, Naturschutz und Landschaftsplanung 2002, 133/134.
47 *Beckmann/Lambrecht*, ZUR 2000, 1/3.
48 *Rödiger-Vorwerk*, 1998, 118; *Gellermann*, 2001, S. 83.

im Zusammenhang mit der Umweltverträglichkeitsprüfung durchgeführt. Dadurch können die durchzuführenden Untersuchungen koordiniert und aufeinander abgestimmt werden, um Doppelarbeit und Zeitverzögerungen zu vermeiden.[49] Aufgrund der spezifischen fachlichen und rechtlichen Anforderungen an die FFH-Verträglichkeitsprüfung ist jedoch eine gesonderte Darstellung des Inhalts und des Ergebnisses der Prüfung notwendig, da diese von § 12 UVPG und § 15 BNatSchG abweichende Rechtsfolgen aufweist.

Die zuständige Behörde hat gemäß dem Untersuchungsgrundsatz des § 24 VwVfG[50] den Sachverhalt von Amts wegen zu ermitteln sowie Art und Umfang der Ermittlungen zu bestimmen. Zur Beurteilung des Vorhabens ist hinreichend aussagekräftiges Datenmaterial erforderlich, wobei Ermittlungstiefe und -umfang nur einzelfallbezogen bestimmt werden können. Die anzustellenden Ermittlungen sind jedenfalls in dem Umfang durchzuführen, dass eine sachgerechte Entscheidung möglich ist.[51] Eine Mitwirkungspflicht des Betroffenen besteht nach Abs. 1 Satz 3. **33**

Die Verträglichkeit eines Projekts mit den Erhaltungszielen des betroffenen Natura 2000-Gebiets ist gegeben, wenn das mögliche Eintreten erheblicher Beeinträchtigungen mit einer ausreichenden Vorhersagegenauigkeit ausgeschlossen werden können. Verbleiben entscheidungsrelevante Unsicherheiten, die sich mit den im Einzelfall zur Verfügung stehenden Mitteln nicht weiter aufklären lassen, so ist dies zugunsten der Schutzgebiete (und damit zulasten des Antragstellers) in die Beurteilung einzustellen.[52] **34**

b) Anwendungsbereich der Verträglichkeitsprüfung. Die Verträglichkeitsprüfung ist auch auf alle von der Kommission „gelisteten"[53] Gebiete anwendbar. Auf eine Ausweisung als besondere Schutzgebiete kommt es nicht an.[54] **35**

c) Inhaltliche Anforderungen. Gegenstand der behördlichen Prüfung ist die Frage, ob durch die FFH-VP der Nachweis geführt wird, dass eine Beeinträchtigung von Erhaltungszielen ausgeschlossen ist. Ob durch das Vorhaben erhebliche Beeinträchtigungen drohen, ist in einer Einzelfallbeurteilung zu untersuchen. Diese Bewertung umfasst hauptsächlich naturschutzfachliche Feststellungen und Bewertungen. **36**

Zur Beurteilung der Frage, ob erhebliche Beeinträchtigungen eines Natura 2000-Gebiets vorliegen, ist eine Bestandserfassung und -bewertung der von dem Vorhaben betroffenen maßgeblichen Gebietsbestandteile durchzuführen. Dabei sind folgende Inhalte für die Verträglichkeitsprüfung erforderlich: **37**
- Vorhabensbeschreibung.
- Angaben über Wirkfaktoren, Wirkungspfade und Wirkungsraum des Vorhabens.
- Beschreibung der vom Vorhaben betroffenen Schutzgebiete sowie deren Erhaltungsziele/ Schutzzwecke.

---
49 Vgl. *Baumann* et al., NuL 1999, 463/471 f. und *Bernotat/Herbert*, UVP-Report 2001, 75/80.
50 *Ziekow*, Verwaltungsverfahrensgesetz, 2006, § 24, Rdnr. 2 ff.
51 Vgl. Eingriffsregelung: BVerwG, Urt. v. 21.2.1997 – 4 B 177/96, NuR 1997, 353 = BNatSchG/ES BNatSchG § 8 Nr. 73.
52 *Beckmann/Lambrecht*, ZUR 2000, 1/2.
53 Entscheidung der Kommission vom 7.12.2004 (ABl. EG L S. 382) und vom 13.11.2007 (ABl. EG L 12 S. 383)
54 VGH Kassel, Beschl. v. 2.1.2009 – 11 B 368/08.T, NuR 2009, 255.

- Erfassung und Beschreibung der maßgeblichen Bestandteile des betroffenen Natura 2000-Gebiets; Angaben zur Bestandssituation der für die Erhaltungsziele/Schutzzwecke maßgeblichen Lebensraumtypen und Arten im Schutzgebiet.
- Darstellung der Faktoren, die das Vorkommen und die Qualität der für die Erhaltungsziele/Schutzzwecke maßgeblichen Lebensraumtypen und Arten im Schutzgebiet – auch unter Berücksichtigung bestehender Vorbelastungen – beeinflussen können.
- Angaben über Vorkehrungen zur Vermeidung und Minderung von Beeinträchtigungen der Erhaltungsziele bzw. des Schutzzwecks der betroffenen Natura 2000-Gebiete.
- Prognose der Schutzgebietsentwicklung ohne/mit Verwirklichung des Vorhabens; Ableitung der mit dem Projekt verbundenen, unvermeidbaren Beeinträchtigungen unter Einbeziehung der Beeinträchtigungen, die im Zusammenwirken mit anderen Plänen und Projekten entstehen können.
- Beurteilung der Erheblichkeit der vorhabensbedingten Beeinträchtigungen bezogen auf die für die Erhaltungsziele bzw. den Schutzzweck maßgeblichen Bestandteile der betroffenen Natura 2000-Gebiete.

38 Die **Vorhabensbeschreibung** hat alle zur Beurteilung möglicher Beeinträchtigungen notwendigen Angaben in einer entsprechenden Detailschärfe zu enthalten. Darzustellen sind der Umfang des Projekts, der gesamte durch das Vorhaben beeinflusste Raum, die Beziehung (z.B. Entfernungen) zwischen dem Projekt und den betroffenen Natura-2000-Gebieten sowie alle weiteren Projektparameter, die zur Ermittlung der bau-, anlagen- und betriebsbedingten Wirkfaktoren notwendig sind.[55]

39 Die **Wirkfaktoren** müssen nach Art, Intensität, räumlicher Reichweite und Zeitdauer ihres Auftretens bestimmt werden, hierbei ist auch ihr Zusammenwirken mit den Auswirkungen anderer Pläne und Projekte zu berücksichtigen. Wirkfaktoren sind z.b. die Flächeninanspruchnahme durch Überbauung und Bodenversiegelung, Veränderungen des Wasserhaushalts, des Lokalklimas, der geomorphologischen Gegebenheiten oder anderer abiotischer Standortfaktoren, Zerschneidungs- und Barrierewirkungen, Schadstoff-, Nährstoff- oder Staubeinträge, Geräusche, Erschütterungen, Licht und Strahlungen, die Förderung von Konkurrenten oder Prädatoren sowie die Veränderung von Nahrungsbeziehungen.

40 Ob und in welcher Weise sich die Wirkfaktoren auf die für die Erhaltungsziele oder den Schutzzweck maßgeblichen Bestandteile auswirken können, ist von der Art und Ausprägung dieser Bestandteile abhängig und bei der Festlegung von Untersuchungsumfang und -methodik zu berücksichtigen[56].

41 d) **Gebietsbezogene Daten. – aa) Erhaltungsziele und Schutzzweck.** Maßstab für die Beurteilung der Auswirkungen eines Projekts sind die Erhaltungsziele der betroffenen Natura 2000-Gebiete. Ist das Gebiet bereits durch eine Natura 2000-Verordnung als Schutzgebiet ausgewiesen, ergeben sich die Maßstäbe für die Verträglichkeit aus dem Schutzzweck und den dazu erlassenen Vorschriften.[57] Als **Erhaltungsziele** werden in § 7 Abs. 1 Nr. 9 die Ziele, die im Hinblick auf die **Erhaltung oder Wiederherstellung eines günstigen Erhaltungszustands** eines natürlichen Lebenstyps von ge-

---

55 BVerwG, Urt. v. 12.3.2008 – 9 A 3.06, NuR 2008, 633, Rdnr. 72.
56 *Baumann* et al., NuL 1999, 463/468.
57 BVerwG, Urt. v. 14.4.2010 – 9 A 5.08, NuR 2010, 558.

meinschaftlichem Interesse, einer in Anhang II der FFH-RL oder in Art. 4 Abs. 2 oder Anhang I der V-RL aufgeführten Art für ein Natura 2000-Gebiet festgelegt sind, bezeichnet. Die Erhaltungsziele sind durch Auswertung der zur Vorbereitung der Gebietsmeldung gefertigten Standard-Datenbögen zu ermitteln, in denen die Merkmale des Gebiets beschrieben werden, die aus nationaler Sicht erhebliche ökologische Bedeutung für das Ziel der Erhaltung der natürlichen Lebensräume und Arten haben.[58]

Dabei ist der **Erhaltungszustand eines natürlichen Lebensraums** als günstig zu betrachten, wenn sein natürliches Verbreitungsgebiet sowie die Flächen, die er in diesem Gebiet einnimmt, beständig sind, oder sich ausdehnen, die für seinen langfristigen Fortbestand notwendigen Strukturen und spezifischen Funktionen bestehen und in absehbarer Zukunft wahrscheinlich weiter bestehen werden und der Erhaltungszustand der für ihn charakteristischen Arten im Sinne des Art. 1 lit. i FFH-RL günstig ist, Art. 1 lit. e FFH-RL. Für einen günstigen **Erhaltungszustand einer Art** ist es notwendig, dass sie in ihrem natürlichen Lebensraum langfristig vorkommt, dass das natürliche Verbreitungsgebiet dieser Art nicht abnimmt und ein genügend großer Lebensraum vorhanden ist und wahrscheinlich weiterhin vorhanden sein wird, um langfristig ein Überleben der Populationen dieser Art zu sichern (Art. 1 lit. i FFH-RL). Diese allgemeinen Erhaltungsziele sind für jedes Natura 2000-Gebiet durch die zuständigen Naturschutzbehörden gebietsbezogen zu konkretisieren und als Schutzzweck festzulegen. 42

Neben Festlegungen zur Erhaltung oder Wiederherstellung eines günstigen Erhaltungszustands der dort vorkommenden Lebensräume und Arten, können in der Gebietsmeldung die für einen Lebensraumtyp **charakteristischen Arten**[59] als Erhaltungsziel definiert werden, und zwar auch außerhalb eines Schutzgebietes.[60] Zu den charakteristischen Arten, die für die FFH-Erhaltungsziele maßgeblich sind, kommen neben den im Standarddatenbogen aufgeführten Arten auch die Arten in Betracht, die nach dem Stand der Wissenschaft für einen bestimmten Lebensraumtyp charakteristisch sind.[61] Für einen dauerhaften Rückgang der charakteristischen Arten gibt es keine Bagatellgrenze.[62] 43

Ist das Gebiet als Schutzgebiet im Sinne des § 22 Abs. 1 ausgewiesen, so ergeben sich die Maßstäbe für die Verträglichkeit aus dem **Schutzzweck** und den dazu erlassenen Vorschriften (Satz 2). Für zahlreiche Schutzgebiete – insbesondere für solche, die bereits vor der Meldung als Natura 2000-Gebiet unter Schutz gestellt wurden – enthält die Schutzgebietsverordnung jedoch keine (oder keine ausreichenden) Angaben zu den Natura 2000-bezogenen Erhaltungszielen. Sind als Schutzzweck keine konkreten Erhaltungsziele festgelegt, bezieht sich der Schutzzweck also nicht auf die Bedeutung des Gebiets für das Europäische ökologische Netz i.S.v. § 31, so sind diese als Maßstab für die Verträglichkeitsprüfung ungeeignet mit der Folge, dass die Schutzverordnung aktualisiert werden muss. 44

---

58 BVerwG, Urt. v. 17.1.2007 – 9 A 20.05, NuR 2007, 336, Rdnr. 75 und vom 12.3.2008 – 9 A 3.06, NuR 2008, 633, Rdnr. 72.
59 *Trautner*, Die Krux der charakteristischen Arten. Zu notwendigen und zugleich praktikablen Prüfungsanforderungen im Rahmen der FFH-Verträglichkeitsprüfung, NuR 2010, 90.
60 Insoweit eine Abgrenzung zu BVerwG, Urt. v. 16.3.2006 – 4 A 1075.04, BVerwGE 125, 116/209 ff.
61 BVerwG, Urt. v. 12.3.2008 – 9 A 3.06, NuR 2008, 633.
62 BVerwG, Urt. v. 17.1.2007 – 9 A 20.05, NuR 2007, 336, Rdnr. 155.

45 Sind noch keine Erhaltungsziele normativ nach § 33 Abs. 2 festgelegt worden, so ist für die – dennoch nach Abs. 1 Satz 1 durchzuführende – Verträglichkeitsprüfung eine Aufstellung vorläufiger Erhaltungsziele vorzunehmen. Liegen Erhaltungsziele zwar vor, jedoch nicht in dem für die Prüfung auf Verträglichkeit notwendigen Präzisierungsgrad, so ist eine Konkretisierung durchzuführen. Häufig wird es sogar erforderlich sein, die Erhaltungsziele für die von einem Projekt betroffenen Bereiche parzellenscharf zu benennen.[63] Die Aufstellung der Erhaltungsziele ist Aufgabe der zuständigen Naturschutzbehörde, weshalb die im Rahmen der Verträglichkeitsprüfung formulierten vorläufigen Erhaltungsziele mit dieser abgestimmt werden müssen.

46 Zur Festlegung der Erhaltungsziele sind die in der Gebietsmeldung aufgeführten Arten und Lebensraumtypen, zu deren Schutz das Gebiet vorgesehen ist, maßgeblich. Für FFH-Gebiete sind diese Daten dem Standard-Datenbogen zu entnehmen, auf dem alle in einem Gebiet vorkommenden natürlichen Lebensraumtypen des Anhangs I und einheimischen Arten des Anhangs II der FFH-RL aufgeführt sind. Bestehen konkurrierende Erhaltungsziele für verschiedene Lebensraumtypen und Arten, so sind bei der Festlegung der Erhaltungsziele z.b. im Rahmen der Erstellung des Managementplans die innerfachlichen Zielkonflikte abzuwägen und Prioritäten zu setzen. Lebensraumtypen des Anhangs I oder Arten des Anhangs II, die im Standard-Datenbogen als „nicht erheblich" eingestuft wurden, sind für die Festlegung von Erhaltungszielen für das Gebiet nicht geeignet.[64] Zur Ableitung von Erhaltungszielen können auch die Darstellungen der Landschaftsplanung herangezogen werden, sofern sie Natura 2000-bezogene Angaben enthalten.[65]

47 **bb) Maßgebliche Bestandteile eines Natura 2000-Gebiets.** Bezugspunkt für die Frage der Verträglichkeit eines Projekts mit den Erhaltungszielen eines Natura 2000-Gebiets ist nicht das gesamte Schutzgebiet, sondern – wie aus Abs. 2 hervorgeht – die „für die Erhaltungsziele oder den Schutzzweck **maßgeblichen Bestandteile**" dieses Gebiets.

48 Abweichend zum Wortlaut des Bundesrechts legt Art. 6 Abs. 3 Satz 2 FFH-RL fest, dass Pläne und Projekte „das Gebiet als solches" nicht beeinträchtigen dürfen, weshalb im Schrifttum z.T. Zweifel an einer richtlinienkonformen Umsetzung bestehen[66]. Die Bedenken resultieren meist aus der Auffassung, dass sich die maßgeblichen Bestandteile eines Gebiets auf die Lebensräume und Arten beschränkten, die die Unterschutzstellung veranlasst haben, während Puffer-, Rand- und Entwicklungszonen hiervon nicht umfasst seien. Diese Auffassung wäre in der Tat mit den Vorgaben der Richtlinie nur schwer in Einklang zu bringen, sie ist jedoch zu eng, da der Wortlaut des § 34 Abs. 2 eindeutig auf alle Gebietsbestandteile abstellt, die für die Erhaltungsziele des Schutzgebiets maßgeblich sind. Dementsprechend sind Puffer-, Rand- und Entwicklungszonen oder auch die für einen Lebensraumtyp charakteristischen Arten immer dann als maßgebliche Gebietsbestandteile zu betrachten, wenn sie zum Erreichen des für das

---

63 *Kaiser,* Naturschutz und Landschaftsplanung 2003, 37/41.
64 Europäische Kommission, 2000, 42.
65 Hierzu verpflichtet nun § 14 Abs. 1 Nr. 4 lit. d BNatSchG.
66 Dabei wird auch die Frage, ob eine richtlinienkonforme Auslegung möglich ist, unterschiedlich beantwortet, bejahend z.B. *Stollmann,* NuL 1999, 473/476; *Beckmann/Lambrecht,* a.a.O.; *Halama,* NVwZ 2001, 506/510; kritisch hierzu *Gellermann,* Natura 2000, S. 173.

Schutzgebiet definierten (oder ggf. abgeleiteten) Erhaltungsziels bzw. Schutzzwecks[67] beitragen. Teile eines Natura 2000-Gebiets, die hierfür ohne Bedeutung sind, spielen dagegen in der Verträglichkeitsprüfung keine Rolle. Inhaltlich entspricht somit die bundesdeutsche Regelung den europäischen Vorgaben, denn auch aus dem Kontext und dem Zweck der Richtlinie ergibt sich eindeutig, dass die Beeinträchtigung des „Gebiets als solches" im Verhältnis zu den für ein Gebiet festgelegten Erhaltungszielen zu betrachten ist. Deshalb sind Auswirkungen eines Projekts auf Lebensraumtypen oder Arten, die nicht den Lebensraumtypen nach Anhang I oder den Arten nach Anhang II FFH-RL entsprechen, nicht als nachteilige Auswirkung im Sinne von Art. 6 Abs. 3 FFH-RL einzustufen, sofern die Kohärenz des Netzes nicht betroffen ist.[68]

Der in der FFH-RL verwandte Begriff „Gebiet als solches" bezieht sich nicht nur auf das Gebiet als Fläche, sondern auf dessen ökologische Funktionen.[69] Entsprechendes gilt für die „maßgeblichen Bestandteile" eines Natura 2000-Gebiets. Die maßgeblichen Bestandteile umfassen insbesondere:
- die **Lebensräume nach Anhang I FFH-RL einschließlich ihrer charakteristischen Arten,**
- die **Arten** nach Anhang II FFH-RL bzw. Anhang I und Art. 4 Abs. 2 V-RL einschließlich ihrer Habitate, zu deren Erhalt das Gebiet geschützt, entwickelt oder wiederhergestellt werden soll.
- **alle weiteren Teile von Natur und Landschaft** (z.B. bestimmte Ausprägungen von Böden, Wasserhaushalt und Klima, bestimmte Landschaftsstrukturen und -elemente sowie andere (Teil-)Lebensräume und Arten), wenn sie für einen günstigen Erhaltungszustand der zu schützenden Lebensräume oder Arten von Bedeutung sind.[70]

Der Verträglichkeitsprüfung unterliegen alle Projekte, die mit einer erheblichen Beeinträchtigung eines für die Erhaltungsziele bzw. den Schutzzweck maßgeblichen Bestandteils verbunden sein könnten. Dabei sind nicht nur die unmittelbar auf das Gebiet einwirkenden, sondern auch die mittelbaren Projektauswirkungen auf diese Bestandteile zu untersuchen und zu bewerten.

e) **Beeinträchtigung.** – aa) Ermittlung der Beeinträchtigung – Wirkungsprognose. Beeinträchtigungen sind alle direkten und indirekten negativen Auswirkungen auf die maßgeblichen Gebietsbestandteile, die von den auftretenden Wirkfaktoren hervorgerufen werden. Weitere relevante Wirkungspfade sind insbesondere dann zu ermitteln, wenn andere für die Erhaltungsziele bzw. den Schutzzweck maßgebliche Bestandteile von Natur und Landschaft von den Auswirkungen des Projekts betroffen sein könnten.[71]

Die Ermittlung der Beeinträchtigung erfolgt durch Vergleich des prognostizierten Zustandes nach Realisierung des Vorhabens mit dem Zustand, welcher durch die Erhaltungsziele definiert wird und der sich ohne die Durch-

---
67 D.h. zur Erhaltung oder Wiederherstellung eines günstigen Erhaltungszustands der im Gebiet vorkommenden Lebensräume oder Arten nach Anhang I und II der FFH-RL bzw. Anhang I und Art. 4 Abs. 2 V-RL.
68 Europäische Kommission 2000, 43.
69 Dies stellt die Europäische Kommission ausdrücklich klar, Europäische Kommission 2000, 44, falsch insoweit VGH Mannheim (Beschl. v. 29.11.2002 – 5 S 2312/02, BNatSchG/ES BNatSchG 2002 § 34 Nr. 2 = NuR 2003, 228), vgl. hierzu *Fischer-Hüftle*, NuR 2004, 157.
70 Vgl. *Baumann* et.al., NuL 1999, 463/468; FGSV 2002, 11.
71 Baumann et.al., NuL 1999, 463/468.

führung des Projekts ergeben würde. Dabei stellt die Wirkungsprognose die Auswirkungen des Projekts (Art der Wirkungen, Intensität, Zeitraum) den spezifischen Empfindlichkeiten der maßgeblichen Gebietsbestandteile gegenüber. Um das Ausmaß der Auswirkungen feststellen zu können, ist i.d.R. eine fachlich anspruchsvollere und differenziertere „Ausführung" der gängigen Erhebungs-, Analyse- und Prognosemethoden[72] erforderlich, um vollständig und qualifiziert Aussagen für alle Erhaltungsziele treffen zu können. Dies macht regelmäßig auch Untersuchungen auf Populationsniveau (z.b. artspezifische Populationsgefährdungsanalysen) notwendig. Eine Beschränkung auf die Untersuchung einer möglichst repräsentativen Auswahl von schutzbedürftigen Arten oder die Verwendung von Bioindikatoren ist im Unterschied zu UVP und Eingriffsregelung fachlich zumeist nicht ausreichend[73]. Umfassen die Erhaltungsziele oder der Schutzzweck auch die Widerherstellung oder Entwicklung eines Natura 2000-Gebiets, so sind in der Wirkungsprognose selbstverständlich auch die Auswirkungen des Projekts auf diese Verbesserungsbestrebungen zu untersuchen.

53 Nach der **Wirkungsprognose**, welche Art und Umfang der Projektauswirkungen ermittelt („**Sachebene**"), ist eine Beurteilung der prognostizierten Veränderungen erforderlich („**Wertungsebene**"). Beide Schritte sind getrennt voneinander darzustellen, um zu gewährleisten, dass die Prüfungsbehörde oder Dritte nachvollziehen können, aufgrund welcher Sachverhalte die Erheblichkeit der auftretenden Projektauswirkungen bewertet wurden.[74]

54 bb) **Erheblichkeit der Beeinträchtigung.** Der Begriff der „erheblichen Beeinträchtigung" wird nicht vom Gesetz definiert, er ist aber für die Beurteilung der Verträglichkeit eines Projekts mit den Erhaltungszielen eines Natura 2000-Gebiets das maßgebliche Kriterium. Entsprechend der allgemeinen Zielsetzung der FFH-RL (Schutz des Europäischen Naturerbes durch den Aufbau eines kohärenten Schutzgebietssystems) legt Art. 6 Abs. 2 FFH-RL ein absolutes Verschlechterungsverbot für die natürlichen Lebensräume und die Habitate der Arten sowie ein Störungsverbot für die Arten, für die die Gebiete ausgewiesen worden sind, fest. Wenn § 33 Abs. 1 von der Vermeidung erheblicher Beeinträchtigungen des Gebiets in seinen für die Erhaltungsziele maßgeblichen Bestandteilen spricht, so ist bei einer richtlinienkonformen Auslegung jede Beeinträchtigung als erheblich aufzufassen, die zu einer Verschlechterung der zu schützenden Lebensraumtypen oder Arten führt.[75] Als Spezialregelung soll § 34 sicherstellen, dass dieses absolute Verschlechterungsverbot auch bei der Durchführung von Projekten beachtet wird. Eine Beeinträchtigung ist demzufolge nur dann **unerheblich**, wenn der Zustand der geschützten Lebensräume und der Habitate der geschützten Arten gleich bleibt bzw. sich verbessert oder die Populationsgröße der geschützten Arten nicht abnimmt.[76] Auch ist nicht jeglicher Flächenverbrauch im Lebensraum geschützter Vogelarten von vornherein als erheblich zu bewerten.[77] Dagegen muss jede Beeinträchtigung als **erheblich** eingestuft werden, die sich negativ auf die Lebensräume und Arten, die den Grund der Unterschutzstellung bilden, auswirkt.

---

72 Die anzuwendende Methode ist normativ nicht festgelegt. Die Methodenwahl orientiert sich aber an den für die FFH-VP allgemein maßgeblichen Standards der „besten einschlägigen wissenschaftlichen Erkenntnisse".
73 *Bernotat/Herbert*, UVP-Report 2001, 75/77.
74 *Wachter/Jessel*, Naturschutz und Landschaftsplanung 2002, 133/134.
75 BVerwG, Urt. v. 17.1.2007 – 9 A 20.05, NuR 2007, 336.
76 *Kokott*, Schlussantrag in der Rs. C-127/02, Slg. 2004, I-7405, Nr. 85.
77 OVG Koblenz, Urt. v. 8.11.2007 – 8 C 11523/06, NuR 2008, 181.

Dabei ist auch zu beachten, dass es eindeutig nicht darauf ankommt, ob das 55
Erhaltungsziel selbst erheblich beeinträchtigt wird. Entscheidend ist vielmehr, inwieweit ein für das Erhaltungsziel maßgeblicher Bestandteil einer erheblichen Beeinträchtigung unterliegt.

Grundsätzlich ist jede Beeinträchtigung von Erhaltungszielen erheblich und 56
muss als „Beeinträchtigung des Gebiets als solches" gewertet werden. Mit Blick auf die Erhaltungsziele des FFH-Gebiets stellt allein der **günstige Erhaltungszustand** der geschützten Lebensräume und Arten ein geeignetes Bewertungskriterium dar, wenn die vorrangig naturschutzfachliche Fragestellung zu beantworten ist, ob ein Straßenbauvorhaben das Gebiet erheblich beeinträchtigt. Zu prüfen ist, dass ein günstiger Erhaltungszustand trotz Durchführung des Vorhabens stabil bleiben wird.[78] Für die Frage, ob dies gewährleistet ist, dürfen zugunsten des zu beurteilenden Projekts die vom Vorhabenträger geplanten oder in der Planfeststellung angeordneten Schutz- und Kompensationsmaßnahmen berücksichtigt werden; denn es macht aus der Sicht des Habitatschutzes keinen Unterschied, ob durch ein Projekt verursachte Beeinträchtigungen von vornherein als unerheblich einzustufen sind oder ob sie diese Eigenschaft erst durch entsprechende Vorkehrungen erlangen.[79] Verbleibende Zweifel an der Wirksamkeit von Schutz- und Kompensationsmaßnahmen gehen grundsätzlich zu Lasten des Vorhabens.

Auch sind Änderungen, die sich erst im Anschluss an eine durchgeführte 57
Verträglichkeitsprüfung ergeben haben und bekannt geworden, zu berücksichtigen. „Vor neuen Erkenntnissen dürfen die Augen nicht verschlossen werden".[80]

Für einen **günstigen Erhaltungszustand** von Lebensräumen und von Arten 58
spielen unterschiedliche naturschutzfachliche **Kriterien** eine Rolle, diese müssen anhand der Umstände des jeweiligen Einzelfalls beantwortet werden.[81] Der Leitfaden zum strengen Schutzsystem für Tierarten von gemeinschaftlichem Interesse im Rahmen der FFH-Richtlinie 92/43/EWG (2007) beschreibt den günstigen Erhaltungszustand als eine Situation, „in der ein Lebensraumtyp oder eine Art in qualitativer und quantitativer Hinsicht gut gedeiht und gute Aussichten bestehen, dass dies auch in Zukunft so bleibt. Die Tatsache, dass ein Lebensraum oder eine Art nicht bedroht ist (d.h. nicht von einem unmittelbaren Aussterbensrisiko bedroht ist), bedeutet nicht zwangsläufig, dass er bzw. sie sich in einem günstigen Erhaltungszustand befindet. Das Ziel der Richtlinie wird positiv definiert als eine zu erreichende und zu erhaltende „günstige" Situation, die nach bestem verfügbarem Wissen zu bestimmen ist. Es geht somit für die Mitgliedstaaten um mehr als ein bloßes Vermeiden des Aussterbens. Alle im Rahmen der Richtlinie getroffenen Maßnahmen müssen darauf abzielen, einen günstigen Erhaltungszustand zu erreichen oder zu bewahren".[82] Daher ist zu fragen, ob sicher ist, dass ein günstiger Erhaltungszustand trotz Durchführung des Vorhabens stabil bleiben wird.[83] Die Ökosystemforschung bezeichnet die

---

78 BVerwG, Urt. v. 17.1.2007 – 9 A 20.05, NuR 2007, 336.
79 Vgl. Urt. v. 19.5.1998 – 4 A 9.97, NuR 1998, 544, vom 17.1.2007 – 9 A 20.05, NuR 2007, 336, Rdnr. 53 und vom 12.3.2008 – 9 A 3.06, NuR 2008, 633, Rdnr. 94; BVerwG, Urt. v. 14.4.2010 – 9 A 5.08, NuR 2010, 558.
80 BVerwG, Urt. v. 12.3.2008 – 9 A 3.06, NuR 2008, 633, Rdnr. 89.
81 Vgl. *Kokott*, Schlussantrag in der Rs. C-127/02, Slg. 2004, I-7405, Nr. 62.
82 Leitfaden, Rdnr. 14.
83 Leitfaden FFH-VP S. 28, 39.

"Stabilität" als die Fähigkeit, nach einer Störung wieder zum ursprünglichen Gleichgewicht zurückzukehren.[84]

59 Art. 1 lit. e und i FFH-RL enthalten Legaldefinitionen des günstigen Erhaltungszustandes von Lebensräume und Arten. Daraus lässt sich folgern, dass unterschiedliche naturschutzfachliche Kriterien für den günstigen Erhaltungszustand eine Rolle spielen können. Dementsprechend können für geschützte Arten andere Reaktions- und Belastungsschwellen als für geschützte Lebensraumtypen abgeleitet werden.[85]

60 cc) **Reaktions- und Belastungsschwellen der geschützten Arten.** Der günstige Erhaltungszustand einer vom Erhaltungsziel des FFH-Gebiets umfassten Tier- oder Pflanzenart betrifft das **Verbreitungsgebiet** und die **Populationsgröße**. Sowohl im Verbreitungsgebiet als auch bei der Populationsgröße sollen langfristig Qualitätseinbußen vermieden werden. Einflüsse die von einem Projekt ausgehen, dürfen die **artspezifische Populationsdynamik** nicht soweit stören, dass die Art kein „lebensfähiges Element des natürlichen Lebensraums, dem sie angehört, bildet und langfristig weiterhin bilden wird, vgl. Art. 1 lit. i erster Spiegelstrich FFH-RL. Die damit beschriebene Reaktions- und Belastungsschwellen können im Einzelfall gewisse – das Erhaltungsziel nicht nachteilig beeinflussende – Einwirkungen zulassen. Bei einer entsprechenden Standortdynamik der betroffenen Tierart führt nicht jeder Verlust eines lokalen Vorkommens oder Reviers zwangsläufig zu einer Verschlechterung des Erhaltungszustandes.[86]

61 Nach einer Entscheidung des OVG Koblenz erfolgt die Frage der erheblichen Beeinträchtigung nicht individuenbezogen, sondern bezogen auf den Erhaltungszustand gebietsrelevanter Arten. Arten des Anhangs II FFH-RL sind dabei nur insoweit relevant, als sie im betreffenden Gebiet in den Erhaltungszielen des Standarddatenbogens aufgeführt sind.[87]

62 Art. 1 lit. i 2. Spiegelstrich FFH-RL nennt als Ziel, dass das natürliche Verbreitungsgebiet dieser Art weder abnimmt noch in absehbarer Zeit vermutlich abnehmen wird. Daraus lässt sich schließen, dass nicht jeder **Flächenverlust**, den ein FFH-Gebiet durch ein Projekt erleidet, notwendigerweise mit einer Abnahme des Verbreitungsgebiets gleichzusetzen ist. Der Gebietsschutz verfolgt auch ein dynamisches Konzept. Zwar kommt regelmäßig der Erhaltung vorhandener Lebensräume Vorrang vor ihrer Verlagerung zu,[88] doch kann z.b. auch der Klimawandel eine Veränderung der Lebensräume nach sich ziehen. Gerade bei Infrastrukturprojekten kann auch durch die Schaffung von geeigneten Ausweichungshabitaten der günstige Erhaltungszustand der betroffenen Art gewährleistet werden.[89]

63 dd) **Reaktions- und Belastungsschwellen der geschützten Lebensraumtypen.** Ebenso wie bei den Schwellen für Arten gibt es hier erhebliche praktische Probleme für die Ermittlung belastbarer Reaktions- und Belastungsschwellen. Bei den Lebensräumen handelt es sich um biogeografische Systeme, die durch vielfältige Vernetzungen und entsprechende komplexe Wechselbezie-

---

84 Vgl. Lexikon der Biologie (Herder) 1987.
85 BVerwG, Urt. v. 17.1.2007 – 9 A 20.05, NuR 2007, 336, Rdnr. 44 ff.
86 BVerwG, Urt. v. 16.3.2006 – 4 A 1075.04, NuR 2006, 766; vgl. auch BVerwG, Urt. v. 17.1.2007 – 9 A 20.05, NuR 2007, 336 Rdnr. 45.
87 OVG Koblenz, Urt. v. 13.2.2008 – 8 C 10368/07, NuR 2008, 410 ff.
88 Vgl. BVerwG, Urt. v. 21.6.2006 – 9 A 28.05, NuR 2006, 779.
89 Vgl. BVerwG, Urt. v. 16.3.2006 – 4 A 1075.04, NuR 2006, 766, Rdnr. 573.

hungen gekennzeichnet sind. Wie eine Art kann auch ein natürlicher Lebensraum trotz einer vorübergehenden Störung zumindest dann stabil bleiben, wenn nach kurzer Frist eine Regeneration einsetzt. Zu beachten ist aber, dass der Erhaltungszustand eines Lebensraums nur dann als günstig einzustufen ist, wenn zugleich der Erhaltungszustand der für ihn charakteristischen Arten nach Art. 1 lit. e FFH-RL günstig ist.[90]

ee) **Bagatellschwellen.** Von den Belastungsschwellen sind die Bagatellschwellen[91] zu unterscheiden. Die Bagatellschwellen sind rechtlich wie fachlich nicht unumstritten. Die FFH-RL definiert den günstigen Erhaltungszustand eines Lebensraums so, dass „sein natürliches Verbreitungsgebiet sowie die Flächen, die er in diesem Gebiet einnimmt, beständig sind oder sich ausdehnen". Danach ist es nicht zweifelsfrei, ob und ggf. in welchem Umfang ein direkter Flächenverlust, den ein Vorhaben für ein Biotop zur Folge hat, unter Berufung auf Bagatellschwellen zu rechtfertigen ist.[92] Die Orientierungswerte von *Lambrecht/Trautner* können als Entscheidungshilfe für die Beurteilung, ob ein Flächenverlust die Bagatellgrenze überschreitet, genutzt werden.[93] **64**

Für die einzelnen Bestandteile eines Natura 2000-Gebiets ergeben sich unterschiedliche **Erheblichkeitsschwellen.** Sind von den Beeinträchtigungen Flächen betroffen, welche geschützte Lebensräume oder Arten enthalten, so bedeutet jede feststellbare negative Einwirkung (unabhängig von Art und Intensität des Wirkfaktors) eine erhebliche Beeinträchtigung, da die FFH-RL jede Zustandsverschlechterung der Biotope und Arten, um deretwillen das Gebiet unter Schutz gestellt wurde, untersagt. Sowohl auftretende räumliche Beeinträchtigungen durch Flächeninanspruchnahme als auch funktionelle Gebietsverschlechterungen (z.B. durch stoffliche Belastungen, Veränderung der Standortbedingungen, Veränderungen des Nahrungsangebots oder der Konkurrenzsituation) lösen die Unverträglichkeit eines Projekts nach Abs. 2 aus. Für Arten des Anhangs II der FFH-RL und Vogelarten sind alle Beeinträchtigungen als erheblich einzustufen, die sich negativ auf die Populationsgröße der geschützten Arten auswirken. Dabei reicht es aus, wenn das Projekt ausschließlich mittelbare Auswirkung auf den Bestand der in den Schutzgebieten geschützten Arten hat.[94] Dies ist insbesondere für diejenigen Spezies von Bedeutung, die sich nicht permanent im Schutzgebiet aufhalten (z.B. Großsäuger, Vögel, Amphibien, Fledermäuse). Für diese Tierarten, die große Lebensräume beanspruchen, sieht die FFH-RL die Ausweisung aller Teillebensräume als Natura 2000-Gebiete vor (Art. 4 Abs. 1 **65**

---

90 BVerwG, Urt. v. 17.1.2007 – 9 A 20.05, NuR 2007, 336 Rdnr. 48.
91 Vgl. *Lambrecht/Trautner/Kaule/Gassner,* Ermittlung von erheblichen Beeinträchtigungen im Rahmen der FFH-Verträglichkeitsprüfung, 2004.
92 Ablehnend deshalb zu Recht *Gellermann,* NuR 2004, 769/772 f.; vgl. aber auch BVerwG, Urt. v. 27.2.2003 - 4 A 59.01, NuR 2003, 686.
93 BVerwG, Urt. v. 12.3.2008 – 9 A 3.06, NuR 2008, 633.
94 VG Freiburg, Beschl. v. 4.10.2002 – 2 K 1732/02, BNatSchG/ES BNatSchG 2002 § 34 Nr. 1; a.A. VGH Mannheim, Beschl. v. 29.11.2002 – 5 S 2312/02, BNatSchG/ES BNatSchG 2002 § 34 Nr. 2, NUR 2003, 228. Die Pflicht zur Einbeziehung mittelbar auftretender Beeinträchtigungen ergibt sich auch aus Art. 1 Lit. i FFH-RL, wonach der „Erhaltungszustand einer Art" die Gesamtheit der Einflüsse ist, die sich langfristig auf die Verbreitung und die Größe der Populationen der betreffenden Arten in einem Natura 2000-Gebiet auswirken können. Hiervon sind auch alle Einwirkungen umfasst, die zwar außerhalb des Gebiets auftreten, aber Einfluss auf die Population der Art im Schutzgebiet haben.

FFH-RL).⁹⁵ Im Rahmen der Verträglichkeitsprüfung sind – unabhängig von der Meldepraxis der Bundesländer – alle Teillebensräume für die im Schutzgebiet vorhandenen Populationen der nach der FFH-RL und V-RL zu schützenden Arten sowie die sie verbindenden Korridore und die artspezifischen Wanderwege zu berücksichtigen.

66 Für Gebietsbestandteile, die zwar selbst keine geschützten Lebensraumtypen oder Arten i.S.d. FFH-RL oder V-RL beinhalten, für die Verwirklichung der Erhaltungsziele oder des Schutzzwecks aber aus anderen Gründen von Bedeutung sind, ist nur dann von einer erheblichen Beeinträchtigung auszugehen, wenn dadurch die zu schützenden Lebensraumtypen oder Arten beeinträchtigt werden.

67 Bei der Beurteilung der Erheblichkeit sind auch die **Maßnahmen zur Vermeidung und Verminderung**⁹⁶ der Beeinträchtigungen zu berücksichtigen. Diese Maßnahmen zielen darauf ab, eine Beseitigung oder zumindest eine Minimierung der negativen Auswirkungen eines Plans oder Projekts während der Durchführung und nach deren Abschluss zu bewirken. Sie bilden einen integralen Bestandteil der Plan- oder Projektspezifikationen und können vom Antragsteller vorgeschlagen und/oder von den zuständigen einzelstaatlichen Behörden gefordert werden.⁹⁷ Die Pflicht zur Unterlassung vermeidbarer Beeinträchtigungen ergibt sich für Projekte, die Eingriffe nach § 14 Abs. 1 darstellen, bereits aus § 15 Abs. 1.

68 Die Maßnahmen zur Vermeidung und Verminderung von Beeinträchtigungen sind strikt von den Maßnahmen zur Sicherung der **Kohärenz** von Natura 2000 zu unterscheiden⁹⁸; diese sind erst in einem späteren Schritt von Bedeutung, nämlich wenn ein Projekt unter Anwendung der Ausnahmeregelung nach Abs. 3 (bzw. Abs. 4 bei Betroffenheit prioritärer Arten oder Lebensräume) trotz eines negativen Ergebnisses der Verträglichkeitsprüfung zugelassen werden soll. Sie können daher schon aus rechtssystematischen Gründen nicht bereits im Rahmen der Verträglichkeitsprüfung „in Anrechnung" gebracht werden. Auch Ausgleichsmaßnahmen nach § 15 Abs. 2, welche die entstandenen erheblichen Beeinträchtigungen der für die Erhaltungsziele oder den Schutzzweck maßgeblichen Bestandteile eines Natura 2000-Gebiets ausgleichen, sind Sicherungsmaßnahmen nach Abs. 5. Sie können nicht zur Beurteilung der Erheblichkeit von Beeinträchtigungen herangezogen werden.⁹⁹ Dies widerspräche der Intention des Gemeinschaftsrechtsgebers, denn sowohl das Verschlechterungsverbot des Art. 6 Abs. 2 FFH-RL als auch der in Art. 6 Abs. 3 FFH-RL formulierte Verträglichkeitsgrundsatz zielen in erster Linie darauf ab, die Qualität und Integrität der bestehenden Natura 2000-Gebiete zu sichern. Daher sind alle erheblichen Beeinträchtigung des „Gebiets als solches" verboten, ihre Ausgleichbarkeit spielt

---

95 D.h., dass z.B. für Fledermausarten sowohl die Sommer- und Winterquartiere als auch die Jagdhabitate unter Schutz zu stellen sind, vgl. *Rudolph*, Auswahlkriterien für Habitate von Arten des Anhangs II der Fauna-Flora-Habitat-Richtlinie am Beispiel der Fledermausarten Bayerns. NuL 2000, 328/330.
96 Diese sind identisch mit den von der Europäischen Kommission genannten „Maßnahmen zur Schadensbegrenzung", Europäische Kommission 2000, 41.
97 EU-Kommission 2000, S. 41.
98 EU-Kommission 2000, S. 41.
99 Vgl. z.B. *Gellermann* 2001, 171 und 174 f., *Stollmann* 1999, 473/475, *Weihrich* 1999, 1697/1702; insoweit a.A. OVG Münster, Beschl. v. 11.5.1999 – 20 B 1464/98, NuR 2000, 165; VG Oldenburg, Beschl. v. 26.10.1999 – 1 B 3319/99, NuR 2000, 398 und VG Gera, Urt. v. 16.8.1999, NuR 2000, 393.

dabei keine Rolle. Die – in der Praxis mittlerweile gängige – Einbeziehung von Ausgleichsmaßnahmen in die Beurteilung der Erheblichkeit führt vielfach zu der Feststellung, dass eigentlich erhebliche Beeinträchtigungen eines Projekts als unerheblich, weil ausgleichbar eingestuft werden.[100] Dass diese Handhabung der Intension des Gemeinschaftsrechts widerspricht, zeigt auch die deutliche Kritik der Europäischen Kommission an der Regelung des § 36 BNatSchG 2002, welcher eine Zulassung des immissionsschutzrechtlichen Vorhabens trotz erheblicher Beeinträchtigungen gestattet, wenn die Beeinträchtigung ausgleichbar ist.[101] Kritisch erscheint die Einbeziehung von Ausgleichsmaßnahmen zudem aufgrund der häufig recht langen Entwicklungszeiten, dem geringen Umsetzungsgrad der Maßnahmen und den hohen Ausfallraten in den Folgejahren selbst bei ordnungsgemäß durchgeführten Maßnahmen, sodass erhebliche Unsicherheiten bzgl. der Zielerreichung bestehen.[102] Anders mag es bei solchen naturschutzrechtlichen Ausgleichsmaßnahmen sein, die dem Ausgleich zeitlich und räumlich eng begrenzter Beeinträchtigungen dienen und bereits zu Beginn der Beeinträchtigung ihre Wirksamkeit entfalten.

Das Vorhandensein geeigneter Maßnahmen zum Ausgleich von erheblichen Beeinträchtigungen spielt ansonsten erst bei der nach Abs. 3 durchzuführenden Abwägung zwischen den Belangen von Natura 2000 und jenen des überwiegenden öffentlichen Interesses eine Rolle.

ff) **Summationswirkung mit anderen Projekten und Plänen.** Eine erhebliche Beeinträchtigung eines Natura 2000-Gebiets kann sich ebenfalls durch die kumulative Wirkung eines Projekts mit anderen Projekten und Plänen ergeben. Projekte sind demnach auch dann einer Verträglichkeitsprüfung zu unterziehen, wenn sie für sich allein keine erhebliche Beeinträchtigung auslösen können, dies aber im Zusammenwirken mit anderen Vorhaben nicht auszuschließen ist. Dann unterliegt jedes einzelne Projekt/jeder Plan der Verträglichkeitsprüfung.

Eine Berücksichtigung von kumulativen Effekten setzt voraus, dass deren mögliche Auswirkungen in tatsächlicher Hinsicht absehbar sind. Dies ist bei einem Bebauungsplan jedenfalls gegeben, wenn dieser bereits in Kraft getreten oder wirksam als Satzung beschlossen ist oder wenn die materielle Planreife i.S. des § 33 BauGB gegeben ist. Auch muss ein „Zusammenwirken" möglich sein, d.h. ein Wechselspiel zwischen zwei oder mehreren Planungen, deren Auswirkungen gemeinsam zur Folge haben, dass ein Natura 2000-Gebiet beeinträchtigt werden kann.[103]

Als kumulative Umweltwirkungen sind Wirkungen zu verstehen, die durch eine Mehrzahl unterscheidbarer anthropogener Belastungsbeiträge bzw. Belastungsfaktoren verursacht werden. Das Auftreten von Summationseffekten ist insbesondere dann wahrscheinlich, wenn Umwelteinwirkungen und -eingriffe in engem räumlichen Zusammenhang und zeitnah zueinander auftreten.[104] Eine erhebliche Beeinträchtigung der Natura 2000-Gebiete kann durch die additive Wirkung von gleichartigen Umwelteinwirkungen oder

---

100 *Wachter/Jessel*, Naturschutz und Landschaftsplanung 2002, 133/135.
101 *Wallström*, NuR 2000, 625/626; vgl. auch § 36 Rdnr. 16 und Gellermann 2001, S. 174.
102 Vgl. *Weihrich* 1999, 1702; *Jessel*, Naturschutz und Landschaftsplanung 1998, 219/220.
103 OVG Saarlouis, Urt. v. 20.7.2005 – 1 M 2/04, juris.
104 *Siedentop*, UVP-Report 2001, 88 f.

durch die synergistische Wirkung verschiedenartiger Belastungsfaktoren entstehen. Zur Abschätzung von kumulativen Wirkungen sind alle möglicherweise zusammenwirkenden Projekte zu bestimmen, ebenso ihre Wirkungsarten und die potenziellen kumulativen Wirkungspfade. Die Festlegung der räumlichen Grenzen für die Untersuchung kumulativer Wirkungen richtet sich nach dem räumlichen Wirkungskreis der von den Projekten oder Plänen ausgehenden (bekannten und vermuteten) Belastungen.

73 In der Prüfung der kumulativen Auswirkungen sind abgeschlossene, genehmigte und geplante Vorhaben zu berücksichtigen. Die Einbeziehung von bereits abgeschlossenen Projekten und Plänen ist insbesondere dann erforderlich, wenn sie entweder das Gebiet dauerhaft beeinflussen und Anzeichen für eine fortschreitende Beeinträchtigung des Gebiets bestehen[105] oder wenn sich im Zusammenwirken mit dem zu prüfenden Projekt Auswirkungen auf den Zustand der Lebensräume und Arten ergeben können.

74 Die Projekte oder Pläne müssen nicht gleichzeitig betrieben werden. So kann z.b. ein Projekt zu einem früheren Zeitpunkt wegen (für sich alleine) unerheblichen Auswirkungen auf die Umwelt zugelassen werden. Ein weiteres Projekt zu einem späteren Zeitpunkt kann aber unzulässig sein, weil es in der Summierung mit den Auswirkungen des ersten Vorhabens über die Erheblichkeitsschwelle hinaus gehen würde. Für vorhandene Vorhaben ergibt sich im Rahmen des Bestandschutzes keine Rückwirkung,[106] dies trifft nur für Projekte/Pläne zu, die nach dem In-Kraft-Treten des 2. Änderungsgesetzes 1998 geplant und gebaut wurden.[107]

75 Das BVerwG stellt in einer Entscheidung[108] strenge Anforderungen für Stoffbelastungen auf, die die sog. „Critical Loads" weiter erhöhen. Bei der Beurteilung der Frage, ob ein Projekt ein FFH-Gebiet in seinen für die Erhaltungsziele maßgeblichen Bestandteilen durch betriebsbedingte Schad- und Nährstoffeinträge i.s.v. Art. 6 Abs. 3 FFH-RL, § 34 Abs. 2 BNatSchG erheblich beeinträchtigen kann, sind gleichartige Belastungen aus anderen Quellen (Vor-/Hintergrundbelastung) zu berücksichtigen.

76 Schöpft bereits die Vorbelastung die Belastungsgrenze aus oder überschreitet sie diese sogar, so läuft prinzipiell jede Zusatzbelastung dem Erhaltungsziel zuwider und ist deshalb erheblich i.s.v. Art. 6 Abs. 3 FFH-RL, § 34 Abs. 2 BNatSchG.

77 Irrelevanzschwellen, die generalisierend Zusatzbelastungen FFH-rechtlich geschützter Lebensräume durch Stickstoffdepositionen bis zu einem bestimmten Prozentsatz der als Beurteilungswerke zugrundegelegten Critical Loads für unbedenklich erklären, sind mit den habitatrechtlichen Vorgaben nicht ohne Weiteres zu vereinbaren. Jedenfalls in Fallgestaltungen, in denen die Vorbelastung den maßgeblichen Critical-Load-Wert um mehr als das Doppelte übersteigt, ist jedoch eine Irrelevanzschwelle von 3 % dieses Wertes anzuerkennen; sie findet unter Berücksichtigung einschlägiger naturschutzfachlicher Erkenntnisse ihre Rechtfertigung in dem Bagatellvorbehalt,

---

105 EU-Kommission 2000, S. 38.
106 Eine Ausnahme kann dann vorliegen, wenn aufgrund gesetzlicher Vorgaben etwa die Nachrüstung einer emitierender Anlage verlangt werden kann, z.B. § 15 BImSchG.
107 Vgl. auch *Fischer-Hüftle*, ZUR 1999, 66, 69.
108 BVerwG, Beschl. v. 10.11.2009 – 9 B 28.09, NuR 2010, 190; Beschl. v. 29.10.2009 – 9 B 41.09, juris.

unter dem jede Unverträglichkeit mit den Erhaltungszielen eines FFH-Gebiets steht.[109]

IV. Unzulässigkeit von Projekten (Absatz 2)

Hat die Verträglichkeitsprüfung eine Vereinbarkeit des Vorhabens mit den Erhaltungszielen des Natura 2000-Gebiets festgestellt, so ist das Projekt zulässig. Hat jedoch die Prüfung auf Verträglichkeit die Möglichkeit erheblicher Beeinträchtigungen eines in Abs. 1 genannten Gebiets in seinen für die Erhaltungsziele oder den Schutzzweck maßgeblichen Bestandteilen ergeben, ist das Projekt unzulässig. Die Entscheidung darüber trifft die zuständige Behörde aufgrund der vom Projektträger eingereichten Unterlagen. Die Zuständigkeit ist in den einzelnen Bundesländern unterschiedlich geregelt und kann bei der Naturschutzbehörde oder der für die Zulassungsentscheidung zuständigen Behörde liegen. Das Ergebnis der Verträglichkeitsprüfung ist für die zuständige Behörde bindend, ein Ermessensspielraum besteht nicht. 78

Jede einzelne erhebliche Beeinträchtigung führt zur Unverträglichkeit eines Projekts. Ist als Erhaltungsziel auch die Wiederherstellung oder die Entwicklung eines günstigen Erhaltungszustandes von Lebensräumen oder Arten in einem Natura 2000-Gebiet vorgesehen, so ist ein Projekt auch dann unzulässig, wenn es die angestrebte Verbesserung erheblich beeinträchtigt. 79

Handelt es sich um ein privates Vorhaben, das nicht zugleich zwingende Gründe des öffentlichen Interesses verfolgt, ist damit über die Unzulässigkeit abschließend beschieden, da die Ausnahmetatbestände der Abs. 3–5 hier keine Anwendung finden können.[110] Die Verwirklichung des Projekts kann dann nur an einem Alternativstandort oder durch eine Ausführungsalternative verfolgt werden, bei der keine erheblichen Beeinträchtigungen auftreten. Für Projekte, die aus zwingenden Gründen des öffentlichen Interesses durchgeführt werden sollen, besteht die Möglichkeit, ein Ausnahmeverfahren nach Abs. 3, bei Betroffenheit prioritärer Lebensräume oder Arten in Verbindung mit Abs. 4 einzuleiten. 80

V. Ausnahmeverfahren (Absatz 3 und 4)

Die Vorschriften des Art. 6 Abs. 4 UAbs. 1 und 2 FFH-RL sind als Ausnahme von dem Zulassungskriterium nach Art. 6 Abs. 3 Satz 2 eng auszulegen.[111] Daraus ergibt sich, dass den Mitgliedstaaten eine Nachweispflicht für die Erfüllung des entsprechenden Prüfprogramms obliegt. Nachzuweisen ist also, dass[112] 81
- zwingende Gründe des überwiegenden öffentlichen Interesses die Durchführung des Vorhabens erfordern,
- denen durch eine weniger beeinträchtigende Alternative nicht genügt werden kann, und
- dass alle notwendigen Ausgleichsmaßnahmen zur Sicherung des Zusammenhangs des europäischen ökologischen Netzes besonderer Schutzgebiete ergriffen werden.[113]

---

109 BVerwG, Urteil vom 14.4.2010 - 9 A 5.08, NuR 2010, 558.
110 *Schink*, DÖV 2002, 45, 54.
111 EuGH, Urt. v. 26.10.2006 – C-239/04, NuR 2007, 30, Rdnr. 35; und Urt. v. 20.9.2007 – C-304/05, NuR 2007, 679, Rdnr. 82.
112 Vgl. *Storost*, DVBl. 2009, 673/677.
113 Vgl. EuGH, Urt. v. 13.12.2007 – C-418/04, NuR 2008, 101 Rdnr. 260.

82 Ist ein Projekt, das zu erheblichen Beeinträchtigungen eines FFH- oder Vogelschutzgebiets führen könnte, aus zwingenden Gründen des öffentlichen Interesses notwendig und bestehen keine zumutbaren Alternativen, so kann es abweichend von den Regelungen in Abs. 2 zugelassen werden. Nur wenn beide Voraussetzungen kumulativ vorliegen, kann die zuständige Behörde ein Ausnahmeverfahren einleiten. Bei Betroffenheit von Gebieten mit prioritären Arten oder Lebensräumen sind die zwingenden Gründe des öffentlichen Interesses eingeschränkt. Sonstige Gründe im Sinne des Abs. 3 Nr. 1 bedürfen einer Stellungnahme der Kommission, § 34 Abs. 4 Satz 2.

1. Öffentliches Interesse

83 Eine Abweichung[114] von der Unzulässigkeit eines Projekts nach Abs. 2 kommt nach Abs. 3 Nr. 1 nur aus zwingenden Gründen des öffentlichen Interesses in Betracht. Hier spiegelt sich die Gewichtung wider die mit dem besonderen Opfer zusammenhängt, das von dem Vorhaben ausgehen und gerechtfertigt werden muss: der Schädigung der zum europäischen Naturerbe zählenden wertvollen Natur. Eine Schädigung darf nur im Ausnahmefall und bei Vorliegen von besonderen Gründen geschädigt werden.[115] Die Ausnahmesituation spiegelt sich in den hohen Anforderungen für die Abweichung von Abs. 2 wider. Für den Mitgliedstaat eröffnet sich durch diese Regelung die Möglichkeit der Zulassung von Projekten oder Plänen, die nicht mit der Einhaltung des betreffenden Schutzgebiets vereinbar sind.

84 Es muss sich zunächst um ein **öffentliches Interesse** (einschließlich solcher sozialer oder wirtschaftlicher Art) handeln. Damit steht fest, dass rein private Interessen für eine Ausnahme nach Abs. 3 nicht ausreichen. Pläne und Projekte privater Träger können nur dann für eine Ausnahme in Betracht kommen, wenn ihre Realisierung zugleich auch öffentlichen Interessen dient und sich diese im Einzelfall als zwingend erweisen.[116] Bei der Abgrenzung zwischen öffentlichen und privaten Interessen ist sorgfältig zu differenzieren.[117] So ist z. B. der Küstenschutz ein öffentliches Interesse, während der Bau eines privaten Jachthafens ein privates Interesse darstellt.[118] In Betracht kommen können dabei aber auch wirtschaftliche Interessen, etwa die der wirtschaftlichen Entwicklung eine Region oder der Schaffung von Arbeitsplätzen.[119]

85 Weiter muss es sich um **überwiegende** öffentliche Interessen handeln, dabei müssen diese hinreichend klar die zu erwartenden Gebietsbeeinträchtigungen überwiegen.[120] Anders ausgedrückt: das Projekt muss notwendig sein, um das öffentliche Interesse zu befriedigen. Um diese feststellen zu können, müssen im jeweiligen Einzelfall alle relevanten Interessen ermittelt, gewichtet und gegeneinander abgewogen werden.[121] Dies schließt auch die Prüfung

---

114 Vgl. hierzu auch Rdnr. 87 und 92.
115 Der Ausnahmefall ist eng auszulegen, vgl. EuGH, Urt. v. 26.10.2006 – C-239/04, NuR 2007, 30 Rdnr. 35.
116 Europäische Kommission, Auslegungsleitfaden zu Art. 6 Abs. 4, S. 8; *Gellermann*, Natura 2000, S. 92; v. Keitz, Rechtsschutz Privater gegen FFH-Gebiete, S. 84.
117 Vgl. dazu etwa *Krämer*, The European Commission's Opinions under Article 6 (4) of the Habitats Directive, JEL 2009, 59 ff.
118 *Winter*, NuR 2010, 601/604.
119 Vgl. *Jarass*, NuR 2007, 371/376.
120 Wobei zu beachten ist, dass auf Grund des Ausnahmecharakters des Art. 6 Abs. 4 FFH-RL die Naturschutzbelange stark zu gewichten sind, vgl. auch *Epiney*, in: Epiney/Gammenthaler, S. 130.
121 Vgl. *Fischer-Hüftle*, ZUR 1999, 70; OVG Münster, ZUR 2000. 155/159.

mit ein, ob es weniger schädliche Alternativen gibt. Für die Naturschutzbelange ist von Bedeutung, dass diese der Erhaltung des europäischen Naturerbes dienen sollen. Allgemein lässt sich dazu sagen, dass das zwingende öffentliche Interesse um so gewichtiger sein muss, je schwerer die Beeinträchtigung der betroffenen Naturschutzbelange ist.[122] Von Abs. 2 darf somit nicht schon dann abgewichen werden, wenn diese wünschenswert wäre, um das Projekt verwirklichen zu können. Überwiegen die öffentlichen Interessen nicht die Naturschutzbelange, befinden sich beide sozusagen in einer Pattsituation, so überwiegen die öffentlichen Interessen in diesem Fall nicht mit der Folge, dass das Projekt oder der Plan nicht genehmigt werden darf.[123] Notwendig ist in jedem Fall, dass eine umfassende einzelfallbezogene Gewichtung und Abwägung erfolgt.[124] Das BVerwG verlangt, dass das Gewicht des öffentlichen Interesses eigens zu prüfen sei. Das Gericht billigt dabei das strukturpolitische Ziel,[125] äußert sich aber nicht zu der Frage von alternativen Konzepten.[126]

Die EU-Kommission hat in verschiedenen Verfahren eine Stellungnahme auf der Grundlage von Art. 6 Abs. 4 UAbs. 2 FFH-RL abgegeben. In folgenden Fällen wurden „zwingende Gründe des öffentlichen Interesses" anerkannt:[127]
– Anbindung eines von besonders hoher Arbeitslosigkeit geprägten Gebiets mit niedrigem Bruttosozialprodukt an zentrale Regionen der Gemeinschaft im Rahmen der transeuropäischen Straßennetze;[128]
– Erhaltung bzw. Verbesserung der Wettbewerbsposition eines Hafens und Sicherung von Vorteilen der Verlagerung des Güterverkehrs auf das Wasser im Zuge eines Hafenausbaus;[129]
– Beitrag zum technologischen Fortschritt und zur europäischen Zusammenarbeit im Bereich der Luftfahrt sowie positive wirtschaftliche und soziale Auswirkungen in benachbarten Gebieten auf die Wettbewerbsfähigkeit der nationalen Luftfahrtindustrie sowie Schaffung hochqualifizierter Arbeitsplätze;[130]
– Schaffung bzw. Erhaltung von Arbeitsplätzen, selbst in einer mittelfristig nicht mehr wettbewerbsfähigen Industrie;[131]
– Vernetzung bestehender Zugstrecken;[132]
– Flugverkehrsanbindung an das nationale und internationale Luftverkehrsnetz und Sicherung der Bewältigung des Flugverkehrsaufkommens;[133]

---

122 Vgl. *Gellermann*, Natura 2000, S. 92.
123 Vgl. *Gellermann*, Natura 2000, S. 93.
124 Vgl. *Epiney*, in: Epiney/Gammenthaler, S. 130; *von Keitz*, Rechtsschutz Privater gegen FFH-Gebiete, S. 84; *Unnerstall*, ZUR 2008, 79/80 ff.
125 BVerwG, Urt. v. 9.7.2009 – 4 C 12.07, NuR 2009, 789; zu der Problematik vgl. aber auch *Winter* in NuR 2010, 601/604.
126 Vgl. dazu auch die Kommentierung von Fischer-Hüftle § 67 Rdnr. 11.
127 Vgl. *Epiney*, in: Epiney/Gammenthaler, S. 128; die Stellungnahmen sind unter http://ec.europa.eu/environment/nature/natura2000/management/opinion_en.htm abrufbar.
128 Stellungnahme der Kommission vom 18.12.1995 zur Querung des Peenetals (Deutschland) durch die geplante Autobahn A 20, ABL. 1996 L 6, 14.
129 Stellungnahme der Kommission, Mainport Rotterdam.
130 Stellungnahme der Kommission, Erweiterung der DASA-Anlage im Mühlenberger Loch.
131 Stellungnahme der Kommission, Proper Haniel.
132 Stellungnahme der Kommission, TGV Est.
133 Stellungnahme der Kommission, Karlsruhe, Baden-Baden; Stellungnahme der Kommission, Flughafen Lübeck Blankensee, KOM(2009) 3218 vom 5.5.2009, 4, 6.

– Vorsorgung (von Menschen, Industrie und Landwirtschaft) mit Wasser;[134]
– Wirtschaftliche und soziale Entwicklung auf einer Insel durch Ausweitung der Hafenkapazitäten.[135]

2. Prüfung von Alternativen

87 Sinn der Alternativenprüfung ist es, die Variante eines Vorhabens zu finden, welche die betroffenen Natura 2000-Gebiete in ihren Erhaltungszielen nicht oder weniger beeinträchtigen. Als zumutbare Alternativen kommen dabei sowohl Standortalternativen als auch Ausführungsalternativen in Betracht, wobei die Identität des Projekts erhalten bleiben muss. Die sog. „Null-Variante", d.h. der Verzicht auf die Projektdurchführung ist hingegen keine Alternative i.S.v. § 34 Abs. 3 Nr. 2.[136]

88 Der Begriff der Alternativlösung bedeutet **keine planerische Abwägung** im Sinne des deutschen Fachplanungsrechts,[137] sondern ist aus der Funktion des durch Art. 4 FFH-RL begründeten Schutzregimes zu verstehen. Dabei begründet Art. 6 Abs. 4 UAbs. 1 FFH-RL bereits aufgrund seines Ausnahmecharakters ein strikt beachtliches Vermeidungsgebot. Lässt sich das Planungsziel an einem nach dem Schutzkonzept von Natura 2000 günstigeren Standort oder mit geringerer Eingriffsintensität verwirklichen, so muss der Projektträger von dieser Möglichkeit Gebrauch machen. Ein irgendwie geartetes Ermessen wird ihm nicht eingeräumt.[138] Ist ein Vorhaben an einem anderen Standort der durch eine geänderte Ausführung ohne erhebliche Beeinträchtigung der Erhaltungsziele oder des Schutzzwecks von Natura 2000-Gebieten möglich und zumutbar, so ist der Vorhabensträger verpflichtet, diese Alternative zu wählen. Bestehen nur Alternativlösungen, die zwar ebenfalls mit erheblichen, jedoch im Ausmaß geringeren, Beeinträchtigungen der Erhaltungsziele eines Natura 2000-Gebiets verbunden sind, so ist diejenige zumutbare Alternative zu wählen, welche die geringsten Beeinträchtigungen mit sich bringt. Die Erheblichkeit der von zumutbaren Alternativlösungen ausgehenden Auswirkungen ist ebenfalls im Rahmen einer Verträglichkeitsprüfung zu bestimmen.

89 Der Projektträger hat der zuständigen Behörde darzulegen, welche Alternativen untersucht wurden, welche Auswirkungen diese Alternativen im Unterschied zum Antragsvorhaben auf Natura 2000-Gebiete haben und aus welchen Gründen er die geprüften Alternativen, die ohne oder mit geringeren Beeinträchtigungen der Erhaltungsziele verbunden sind, für unzumutbar hält. Die Behörde darf sich nicht auf die Prüfung der vom Antragsteller in Betracht gezogenen Alternativlösungen beschränken, sondern muss sich auch mit den Alternativen befassen, die von anderen Beteiligten vorgeschlagen werden. Daher muss auch damit gerechnet werden, dass die Behörde ggf. zu dem Schluss kommt, dass weitere Alternativlösungen vorhanden

---

134 Stellungnahme der Kommission, La Brena.
135 Stellungnahme der Kommission Hafen von Teneriffa.
136 Zwar nennt die Europäische Kommission auch die „Null-Variante" als Alternative (Europäische Kommission 2000, S.67), der Verzicht auf die Durchführung des Projekts erfolgt aber erst, wenn das Projekt auf Grund fehlender Alternativen und fehlender zwingender Gründe oder bei Nichtvorhandensein geeigneter Sicherungsmaßnahmen zur Bewahrung der Kohärenz von Natura 2000 nicht zulässig ist; a.A. mit beachtlichen Gründen *Winter*, NuR 2010, 601 ff.
137 Vgl. *Beckmann/Lambrecht*, ZUR 2000, 1/6.
138 BVerwG, Urteil vom 27.1.2000 – 4 C 2/99, BNatSchG/ES BNatSchG § 19b Nr. 7 = NuR 2000, 448.

sind, obwohl der Antragsteller nachgewiesen hat, dass im Entwurfsstadium eine Vielzahl von Alternativlösungen geprüft worden sind.[139] Die alternative Prüfung ist primär unter dem Aspekt zu sehen, welche Möglichkeiten bestehen, um die zwingenden Gründe des öffentlichen Interesses zur Geltung zu bringen, denn diese sind die übergeordneten Prämissen der gesetzlichen Ausnahmeregelung.[140]

90 Eine Alternativlösung im Sinne des Abs. 3 ist nicht vorhanden, wenn sich diese nur mit einem unverhältnismäßigen Kostenaufwand verwirklichen ließe. Der Vorhabensträger darf von einer ihm technisch an sich möglichen Alternative erst Abstand nehmen, wenn diese ihm unverhältnismäßige Opfer abverlangt oder andere Gemeinwohlbelange erheblich beeinträchtigt werden[141]. Gemäß dem gemeinschaftsrechtlichen **Grundsatz der Verhältnismäßigkeit** (Art. 5 Abs. 3 EGV) ist eine Alternativlösung nur zumutbar, wenn sie die Grenzen dessen nicht überschreitet, was zur Erfüllung der mit der gemeinschaftlichen Regelung verfolgten Ziele angemessen und erforderlich ist[142]. Standort- oder Ausführungsalternativen, die sich nur mit einem unverhältnismäßigen Aufwand verwirklichen lassen, können daher außer Betracht bleiben. Das zumutbare Maß an Vermeidungsanstrengungen darf nicht außerhalb jedes vernünftigen Verhältnisses zu dem damit erzielbaren Gewinn für Natur und Umwelt stehen. In diesem Zusammenhang können auch finanzielle Erwägungen den Ausschlag geben. Ob Kosten außer Verhältnis zu dem nach Art. 6 FFH-RL festgelegten Schutzregime stehen, ist immer am Gewicht der beeinträchtigten gemeinschaftlichen Schutzgüter zu messen. Richtschnur hierfür sind die Schwere der Gebietsbeeinträchtigung, Anzahl und Bedeutung etwa betroffener Lebensraumtypen oder Arten sowie der Grad der Unvereinbarkeit mit den Erhaltungszielen.[143]

3. Ausnahmegründe bei Betroffenheit nicht-prioritärer Biotope oder Arten (Absatz 3)

91 § 34 Abs. 3 regelt die Ausnahmemöglichkeiten für Projekte, deren mögliche erhebliche Beeinträchtigungen keine prioritären Arten oder Lebensräume betreffen.

92 Sind keine zumutbaren Alternativen vorhanden, so kann das Projekt nur verwirklicht werden, wenn dafür **zwingende Gründe des überwiegenden öffentlichen Interesses** vorliegen. Dieses Interesse umfasst den Schutz der Gesundheit und der öffentlichen Sicherheit sowie maßgeblich positive Auswirkungen des Projekts auf die Umwelt, es kann jedoch auch wirtschaftlicher oder sozialer Art sein. Ausschließlich private Interessen rechtfertigen hingegen keine Ausnahme vom strengen Schutzregime des Europäischen ökologischen Netzes Natura 2000. Projekte privater und öffentlicher Investoren können nur dann den Ausnahmetatbestand erfüllen, wenn sie zugleich überwiegenden Belangen des Gemeinwohls dienen. Zusätzlich müssen die für die Verwirklichung des Vorhabens sprechenden Gründe zwingend sein, wobei der Behörde bei der Anwendung der Regelung kein planerischer Spielraum

---

139 Europäische Kommission 2001, S. 10.
140 *Winter*, NuR 2010, 601.
141 BVerwG, Urteil vom 27.1.2000 – 4 C 2/99, BNatSchG/ES BNatSchG § 19b Nr. 7 = NuR 2000, 448.
142 Vgl. EuGH, Urteile vom 27.6.1990 – C-118/89, Slg. 1990, I-2637 Rdnr. 12, und vom 21.1.1992 – C-319/90, Slg. 1992, I-203 Rdnr. 12).
143 BVerwG, Urteil vom 27.1.2000 – 4 C 2/99, BNatSchG/ES BNatSchG § 19b Nr. 7 = NuR 2000, 448.

offen steht; sie ist vielmehr auf eine nachvollziehende Gewichtung der sich gegenüberstehenden Belange verwiesen.[144]

93 Die explizite Nennung wirtschaftlicher und sozialer Gründe wurde aus Art. 6 Abs. 4 FFH-RL übernommen. Der Gemeinschaftsgesetzgeber hat dadurch klargestellt, dass – abweichend von der EuGH-Rechtsprechung zur V-RL,[145] wonach Eingriffe in Vogelschutzgebiete aus wirtschaftlichen, freizeitbedingten oder sozialen Gründen nicht möglich sind – die FFH-RL derartige Ausnahmegründe zulässt, sofern die Projekte gleichzeitig öffentlichen Interessen dienen.[146]

94 Das öffentliche Interesse muss **überwiegend** und **zwingend** sein. Es reicht demnach nicht jedes öffentliche Interesse sozialer oder wirtschaftlicher Art aus, um eine Ausnahme zu rechtfertigen. Von einem überwiegenden öffentlichen Interesse kann nur dann ausgegangen werden, wenn es ein langfristiges Interesse ist; kurzfristige wirtschaftliche Interessen bzw. andere Interessen, die für die Gesellschaft nur kurzfristige Vorteile bringen, erscheinen nicht als hinreichend, um die in der Richtlinie geschützten langfristigen Erhaltungsinteressen zu überwiegen.[147] Gründe des überwiegenden öffentlichen Interesses einschließlich solcher sozialer oder wirtschaftlicher Art" sind nur dann zwingend, wenn sie gegenüber den Belangen von Natura 2000 ein starkes Übergewicht haben und sich die Durchführung des Vorhabens als unerlässlich erweist.[148] Dies ist allerdings nicht in dem Sinne zu verstehen, dass dabei ein Vorliegen von Sachzwängen erforderlich ist, denen niemand ausweichen kann. Zur Feststellung, ob zwingende Gründe vorliegen, ist eine einzelfallbezogene bewertende Betrachtung notwendig. Eine nur pauschale Betrachtungsweise genügt nicht. Zudem muss der öffentliche Belang ein mit dem Projekt verfolgter wesentlicher Zweck sein, sodass begleitende Nebenzwecke nicht genügen.[149]

95 Eine **Ausnahme** kann nur erteilt werden, wenn sich die öffentlichen Belange gegenüber den Belangen von Natura 2000 als zwingend vorrangig erweisen. In der Abwägung ist zu berücksichtigen, dass an der Erhaltung des Europäischen ökologischen Netzes ein besonderes öffentliches Interesse besteht, dessen Gewicht umso höher eingeschätzt werden muss, je schwerer die Gebietsbeeinträchtigungen und je größer die Bedeutung und Anzahl der betroffenen Lebensräume bzw. Arten, d.h. je höher der Grad der Unvereinbarkeit mit den Erhaltungszielen des betroffenen Gebiets ist. Je schwerer also die Beeinträchtigung des Natura 2000-Gebiets ist, desto gewichtiger müssen die „zwingenden Gründe des überwiegenden öffentlichen Interesses" sein, um den Ausnahmetatbestand zu erfüllen.[150] Die Bedeutung eines Gebiets für

---

144 OVG Münster, Beschluss vom 11.5.1999 – 20 B 1464/98.AK, NuR 2000, 165 = BNatSchG/ES BNatSchG § 19c Nr. 1.
145 EuGH, Urteil vom 28.2.1991 – C-57/89, NuR 1991, 249; EuGH, Urt. v. 2.8.1993 – C-355/90, NuR 1994, 521 ff.
146 Vgl. *Cosack*, UPR 2002, 250, 254.
147 Europäische Kommission, Natura 2000 – Gebietsmanagement: Die Vorgaben des Artikels 6 der Habitat-Richtlinie 92/43/EWG, 2000, 49.
148 Vgl. Europäische Kommission, 2000, 49; als „unerlässlich" gelten demnach Projekte und Pläne, wenn sie im Rahmen von Handlungen bzw. Politiken, die auf den Schutz von Grundwerten für das Leben der Bürger (Gesundheit, Sicherheit, Umwelt) abzielen oder im Rahmen grundlegender Politiken für Staat und Gesellschaft oder aber im Rahmen der Durchführung von Tätigkeiten wirtschaftlicher oder sozialer Art zur Erbringung bestimmter gemeinwirtschaftlicher Leistungen erfolgen.
149 BVerwG, Urt. v. 27.1.2000 – 4 C 2/99, NuR 2000, 448.
150 Apfelbacher/Adenauer/Iven, NuR 1999, 76; Gellermann, S. 92.

das Europäische Netz Natura 2000 bestimmt sich u.a. nach folgenden Kriterien:[151] Erhaltungszustand der geschützten Arten und Lebensräume; Zahl bzw. Anteil von als Erhaltungsziele benannten Lebensraumtypen oder Arten an den landes- und bundesweiten Vorkommen;[152] Einzigartigkeit des Gebiets, seiner Komponenten oder deren Zusammenwirken; besondere geographische Lage; zusammenhängende Größe; Isolierungsgrad der Biotope oder Populationen betroffener Arten; Vorkommen prioritärer Arten; Korridor-, Trittstein- oder Reservoirfunktion im Hinblick auf die Kohärenz des Natura 2000-Netzes.

4. Ausnahmegründe bei Betroffenheit prioritärer Biotope oder Arten (Absatz 4)

a) **Betroffenheit prioritärer Biotope oder Arten.** Abs. 4 modifiziert das Ausnahmeverfahren für Gebiete, die prioritäre Lebensräume oder Arten aufweisen. Zur Anwendung kommt die Regelung allerdings nicht generell aufgrund des Vorhandenseins prioritärer Biotope oder Arten, sondern nur dann, wenn diese vom Erhaltungsziel oder Schutzzweck des betroffenen Natura 2000-Gebiets umfasst sind und sie durch das Vorhaben erheblich beeinträchtigt werden können. Dies ergibt sich bereits aus Abs. 2, wonach die Unzulässigkeit eines Projektes an eine erhebliche Beeinträchtigung der für die Erhaltungsziele oder den Schutzwerk maßgeblichen Bestandteile des Schutzgebiets geknüpft ist. Für die Ausnahmeregelung kann daher nichts anderes gelten. Dies stellt auch die Europäische Kommission für den Anwendungsbereich des Art. 6 Abs. 4 UAbs. 2 klar, wonach ein Gebiet nicht unter diesen zweiten Unterabsatz fällt, wenn das Vorhaben einen prioritären Lebensraum/eine prioritäre Art in keiner Weise beeinträchtigt bzw. einen prioritären Lebensraum oder eine prioritäre Art beeinträchtigt, die bei der Auswahl des Gebiets keine Rolle gespielt hat („unerhebliches Vorkommen" auf dem Standard-Datenbogen).[153]

b) **Einschränkung der zwingenden Gründe.** Kann ein Vorhaben prioritäre Arten oder Biotope erheblich beeinträchtigen, so gelten als zwingende Gründe des überwiegenden öffentlichen Interesses zunächst nur solche, die im Zusammenhang mit der Gesundheit des Menschen, der öffentlichen Sicherheit oder den maßgeblich günstigen Auswirkungen des Projekts auf die Umwelt stehen. Liegen diese Rechtfertigungsgründe vor, so kann die zuständige Behörde selbstständig über das Vorliegen eines Ausnahmetatbestands entscheiden; sonstige zwingende Gründe des überwiegenden öffentlichen Interesses bedürfen hingegen zuvor einer Stellungnahme der Europäischen Kommission.

Bei der Abfassung des Art. 6 Abs. 4 UAbs. 2 FFH-RL, der die europarechtliche Vorgabe von § 34 Abs. 4 bildet, wurde der Gemeinschaftsgesetzgeber vom Leybucht-Urteil des EuGH beeinflusst,[154] danach sind es grundsätzlich nur „außerordentliche Gründe", die die Zulassung einer Ausnahme rechtfertigen. Infrage kommen nur Gründe des Gemeinwohls, die Vorrang vor den mit der Richtlinie verfolgten Umweltbelangen haben, während in diesem Zusammenhang wirtschaftliche und freizeitbedingte Erfordernisse nicht in Betracht kommen können.[155]

---

151 FGSV 2002, S. 10.
152 Gesamtbestandsdaten für die Bundesrepublik Deutschland sind z.b. bei *Ellwanger* et al., Naturschutz und Landschaftsplanung 2000, 486/488 f. zusammengestellt.
153 Europäische Kommission, 2000, S. 54.
154 Europäische Kommission, 2000, S. 54; *Gellermann*, 2001, 102.
155 EuGH, Urt. v. 28.2.1991 – C 57/89, NuR 1991, 249.

99 Als ein Rechtfertigungsgrund für die Zulässigkeit von Ausnahmen kann die **Gesundheit des Menschen** gelten. Hierunter fallen z.b. Maßnahmen des Küstenschutzes, die Abwehr von Überschwemmungs- und Lawinengefahren oder die Sicherung einer der menschlichen Gesundheit zuträglichen Abfall- und Abwasserbeseitigung.[156] Zwar können auch Maßnahmen zur Entschärfung bestehender Unfallschwerpunkte und vor allem zur Vermeidung von Unfällen mit Todes- oder Verletzungsfolgen den Schutz menschlicher Gesundheit berühren, es reicht indes nicht aus, dass sich das zu beurteilende Vorhaben in irgendeiner Weise nur als für die Gesundheit des Menschen förderlich erweist. Derartige Maßnahmen können die erhebliche Beeinträchtigung eines (potenziellen) FFH-Gebiets nur rechtfertigen, wenn es sich bei ihnen um zwingende Gründe der überwiegenden öffentlichen Interesses handelt[157]. Ebenso können Gründe der **öffentlichen Sicherheit** eine Ausnahme rechtfertigen, dies schließt ausdrücklich die Landesverteidigung sowie den Schutz der Zivilbevölkerung ein. Nach der auf Art. 30 EGV beruhenden Rechtsprechung des EuGH gehören zu den Gründen der öffentlichen Sicherheit Maßnahmen zur Existenzsicherung des Staates[158] und der Bekämpfung von Gewaltanwendungen im Inneren oder von außen.[159] Eine Ausnahme vom Verträglichkeitsgrundsatz kann auch für Projekte statthaft sein, die mit **maßgeblich günstigen Auswirkungen auf die Umwelt** begründet werden. Der Zustand der Umwelt muss durch das Vorhaben unmittelbar und kausal nachweisbar verbessert werden. So kann z.b. der Bau von sog. „Fischtreppen" zur Erhöhung der Durchlässigkeit eines Fließgewässers maßgeblich günstige Umweltauswirkungen haben. Wird dadurch gleichzeitig ein Natura 2000-Gebiet beeinträchtigt, kann dies – bei entsprechender Bedeutung des Projekts und fehlender Alternativen – einen Ausnahmetatbestand darstellen. Dagegen sind Vorhaben, die zwar ökologisch sinnvoll sind, den Zustand der Umwelt aber nur mittelbar verbessern (z.b. Windkraftanlagen) nicht vom Ausnahmetatbestand umfasst. Die günstigen Umweltauswirkungen können sich auf alle Umweltmedien beziehen. Eine Einengung auf die durch das Projekt betroffenen Biotope oder Arten[160] oder zumindest auf die durch die FFH-RL geschützten Lebensraumtypen und Habitate[161] besteht nicht. Ist die Verbesserung der Umwelt im Natura 2000-Gebiet der Hauptzweck[162] des Vorhabens, so handelt es sich um eine Maßnahme „zur Verwaltung" des Gebiets, für die eine Verträglichkeitsprüfung nur dann erforderlich ist, wenn dabei ein anderes Natura 2000-Gebiet beeinträchtigt werden kann. Tritt eine günstige Auswirkung auf ein Natura 2000-Gebiet infolge eines Projekts ein, ohne dass dies der Hauptzweck des Vorhabens ist, so handelt es sich hierbei meist um eine ökologische Kompensation von Beeinträchtigungen; diese ist aber im Rahmen von Abs. 5 zu berücksichtigen und hat nichts mit den Ausnahmegründen des Abs. 4 zu tun.[163]

100 Die Entscheidung, ob die angeführten Gründe höher einzustufen sind als die Erhaltungsziele des betroffenen Natura 2000-Gebiets und somit eine Ausnahme rechtfertigen, bedarf einer Gewichtung im Einzelfall und einer Abwägung, wobei die hohe Bedeutung der prioritären Arten oder Lebensräume zu beachten ist. In jedem Falle dürfen schädigende Eingriffe nur dann

---

156 *Gellermann*, 2001, 102 f., vgl. *Spannowsky*, UPR 2000, 44.
157 BVerwG, Urteil vom 27.1.2000 – 4 C 2/99, NuR 2000, 448.
158 EuGHE 1984, 2727, Rn. 34, *Gellermann*, 2001, 103.
159 EuGHE 1991, I-4621, Rn. 22, *Gellermann*, 2001, 103.
160 So aber *Gellermann* 2001, 103; *Cosack*, UPR 2002, 250/255.
161 So *Ramsauer*, NuR 2000, 601, 609.
162 Die Verbesserung des Gebiets als Nebenzweck reicht für einen Ausnahmetatbestand nicht aus, vgl. auch BVerwG, Urt. v. 27.1.2000 – 4 C 2/99, NuR 2000, 448.
163 Vgl. Louis, BNatSchG § 19c Rn. 27.

genehmigt werden, wenn keine Alternativen bestehen und Sicherungsmaßnahmen durchgeführt werden, die geeignet sind, die Kohärenz des Natura 2000-Systems zu gewährleisten.

c) Sonstige Gründe. Neben den in Satz 1 genannten Rechtfertigungsgründen können auch sonstige Gründe des überwiegenden öffentlichen Interesses eine Ausnahme vom Verträglichkeitsgrundsatz rechtfertigen. Dies schließt auch Gründe wirtschaftlicher und sozialer Art ein. Die z.T. in der Literatur vertretene Meinung, dass der Gemeinschaftsgesetzgeber in Art. 6 Abs. 4 UAbs. 2 FFH-RL auf die Wiederholung der in UAbs. 1 genannten Gründe wirtschaftlicher und sozialer Art verzichtet, um diese als Rechtfertigungsgründe auszuschließen[164], ist (auch angesichts der bisher erfolgten positiven Stellungnahmen der Europäischen Kommission zu entsprechenden Projekten[165]) abzulehnen. Der Verzicht auf eine erneute Nennung ist vielmehr dahingehend zu verstehen, dass bereits in UAbs. 1 klargestellt wurde, was unter zwingenden Gründen des öffentlichen Interesses zu verstehen ist, sodass eine Wiederholung entbehrlich ist.[166] 101

d) Stellungnahme der Kommission. Soll ein Projekt aus anderen zwingenden Gründen des überwiegenden öffentlichen Interesses zugelassen werden, so ist hierfür die Einholung einer Stellungnahme der Europäischen Kommission notwendig. Diese Stellungnahme umfasst eine Bewertung der möglicherweise durch das Projekt beeinträchtigten ökologischen Werte, die Erheblichkeit der vorgebrachten zwingenden Gründe, den Ausgleich der beiden gegensätzlichen Interessen sowie eine Beurteilung der vorgesehenen Sicherungsmaßnahmen. Diese Bewertung schließt sowohl eine wissenschaftliche und wirtschaftliche Einschätzung als auch die Prüfung der Notwendigkeit und Verhältnismäßigkeit der Verwirklichung des Plans bzw. Projekts im Hinblick auf den vorgebrachten zwingenden Grund ein.[167] 102

Ein Einvernehmenserfordernis wird dadurch nicht begründet, ausreichend ist vielmehr im Sinne einer Benehmensregelung, dass sich die zuständige Behörde inhaltlich mit der Auffassung der Kommission auseinandergesetzt hat. Aus sachlichen Gründen kann sich die Behörde auch über die Stellungnahme hinwegsetzen.[168] Dabei muss sie jedoch deutlich machen, warum in der Entscheidungsfindung den Argumenten der Kommission nicht gefolgt wurde. Ist die Europäische Kommission der Auffassung, dass daraus ein richtlinienwidriges Verhalten resultiert, kann sie vor dem EuGH ein Vertragsverletzungsverfahren nach Art. 169 EGV einleiten. 103

---

164 Z.B. *Gellermann* NuR 1996, 548, 554; *Gellermann* 2001, 106; *Fisahn/Cremer*, NuR 1997, 272; *Ramsauer* NuR 2000, 601, 609.
165 Vgl. z.B. Stellungnahme der Kommission v. 27.4.1995 und 18.12.1995 zur Querung des gemeinsamen Tals von Trebel und Recknitz und des Peenetals durch die geplante Autobahn A 20, ABl. EG 1995, Nr. C 178, S.3 und ABl. EG 1996, Nr. L 6, S. 14, wonach der Unterschied des UAbs. 2 nicht in einer Einschränkung der Rechtfertigungsgründe des UAbs. 1, sondern in der Verfahrensbeteiligung der Europäischen Kommission liege, vgl. auch Pressemeldung IP/03/573 der Europäischen Kommission vom 25.4.2003, wonach eine beschleunigte Schließung des Prosper/Haniel-Bergwerks kurzfristig lokal und regional beträchtliche soziale und wirtschaftliche Schäden zur Folge haben könnte, weshalb die nachteiligen Folgen des Projekts für das Natura 2000-Gebiet aus zwingenden Gründen des überwiegenden öffentlichen Interesses gerechtfertigt sind.
166 *Cosack*, UPR 2002, 250/256.
167 Europäische Kommission, 2000, S. 55.
168 *Stollmann*, NuL 1999, 473, 477.

5. Erhalt der Kohärenz von Natura 2000 (Absatz 5)

104 Projekte, die nach dem Ausnahmeverfahren zugelassen oder durchgeführt werden, können erhebliche Beeinträchtigungen eines Natura 2000-Gebiets mit sich bringen. Um zu vermeiden, dass sich dies negativ auf den Zusammenhang – und damit auch auf die Funktionsfähigkeit – des Europäischen ökologischen Netzes „Natura 2000" auswirkt, schreibt Abs. 5 für alle nach dem Ausnahmeverfahren zulässigen Projekte Maßnahmen zur Sicherung der Kohärenz vor. Die FFH-RL wie auch § 34 Abs. 5 gehen dabei davon aus, dass dies grundsätzlich möglich ist.

105 Nach Art. 6 Abs. 4 UAbs. 1 FFH-RL besteht die Pflicht zur Maßnahmenergreifung, sobald ein Vorhaben trotz eines negativen Ergebnisses der Verträglichkeitsprüfung verwirklicht werden soll. Eine Einschränkung auf die nach Abs. 4 genehmigten Vorhaben wäre demnach nicht richtlinienkonform. Zur Klarstellung, dass Maßnahmen zum Erhalt der Kohärenz von Natura 2000 bei der Zulassung eines Projekts aufgrund eines Ausnahmetatbestands sowohl nach Abs. 3 als auch nach Abs. 4 notwendig sind, lautet der Gesetzestext nunmehr „... nach Abs. 3, auch in Verbindung mit Abs. 4...".

106 Kann der Verpflichtung, die auftretenden Beeinträchtigungen durch Sicherungsmaßnahmen auszugleichen, nicht nachgekommen werden, so ist die Zulassung einer Ausnahme nicht möglich und das Vorhaben ist zu untersagen.[169] Im Unterschied zur Eingriffsregelung nach § 14 BNatSchG besteht keine Möglichkeit, Ausgleichsdefizite durch funktionell andere Maßnahmen oder durch Ersatzzahlungen zu kompensieren.[170] Die Verpflichtung, Sicherungsmaßnahmen im notwendigen Umfang zu treffen, ist einer Abwägung nicht zugänglich.[171] Ausnahmen sieht weder die FFH-RL noch Abs. 5 vor, sodass in jedem Fall entsprechende Maßnahmen durchzuführen sind.[172] Damit ist die Wahrung der Kohärenz durch Sicherungsmaßnahmen neben dem Vorliegen von zwingenden Gründen des öffentlichen Interesses und dem Fehlen zumutbarer Alternativen die dritte Voraussetzung für die Zulassung oder Durchführung von Projekten nach dem Ausnahmeverfahren.

107 Allerdings steht den Mitgliedsstaaten im Hinblick auf die Frage, welche Sicherungsmaßnahmen notwendig sind, um die **„globale Kohärenz"** von Natura 2000 sicherzustellen, ein erheblicher Beurteilungsspielraum zu.[173] Als Sicherungsmaßnahmen i.S.v. Abs. 5 kommen sowohl Ausgleichs- als auch Ersatzmaßnahmen nach § 15 infrage, sofern sie zur Sicherung der Kohärenz von Natura 2000 geeignet sind. Die Sicherungsmaßnahmen sind zum Zwecke des Fortbestandes der Arten und Lebensraumtypen zielbezogen auf ein kohärentes System im Sinne des Art. 3 Abs. 1 FFH-RL zu konzipieren.[174] Hierbei kommt es – anders als bei der naturschutzrechtlichen Eingriffsregelung des § 14 Abs. 2 BNatSchG – nicht entscheidend darauf an, ob in dem betroffenen Landschaftsraum ein Zustand herbeigeführt wird, der den früheren Zustand in der gleichen Art und mit der gleichen Wirkung fortführt. Maßgebend ist vielmehr in erster Linie, dass die globale Gebietskohärenz

---

169 OVG Lüneburg, U. v. 18.11.1998 – 7 K 912/98, NuR 1999, 522/523 f.
170 So auch *Halama*, NVwZ 2001, 506/512.
171 *Schink*, Gew. Arch. 1998, 41/52.
172 *Louis*, BNatSchG, § 19c Rdnr. 33.
173 *Epiney*, UPR 1997, 309, *Schink*, Gew. Arch. 1998, 41/52.
174 BVerwG, Gerichtsbescheid vom 10.9.1998 – 4 A 35/97, BNatSchG/ES BNatSchG § 8 Nr. 77 = NuR 1999, 103.

gewahrt bleibt.[175] Insbesondere ergeben sich folgende inhaltliche Anforderungen:
- Die Sicherungsmaßnahmen müssen einen funktionalen Bezug zu den durch das Projekt hervorgerufenen Beeinträchtigungen der für die Erhaltungsziele oder den Schutzzweck maßgeblichen Bestandteile aufweisen[176].
- Die Maßnahmen müssen die beeinträchtigten Lebensräume und Arten in vergleichbaren Dimensionen erfassen, sich auf die gleiche biogeographische Region im gleichen Mitgliedstaat beziehen und Funktionen vorsehen, die mit den Funktionen, aufgrund deren die Auswahl des ursprünglichen Gebiets begründet war, vergleichbar sind[177].
- Die Sicherungsmaßnahmen müssen geeignet sein, auch zukünftig einen günstigen Erhaltungszustand der von einem Vorhaben betroffenen Arten oder Lebensräume im Europäischen Netz Natura 2000 zu gewährleisten[178].
- Die Entfernung zwischen dem ursprünglichen Gebiet und dem Standort für die Sicherungsmaßnahmen stellt solange kein Hindernis dar, wie sie die Funktionsfähigkeit des Gebiets und die ursprünglichen Auswahlgründe nicht beeinträchtigt[179].
- Die Sicherungsmaßnahmen müssen den Qualitätsverlust des betroffenen Natura 2000-Gebiets ausgleichen. Hierzu ist es u.U. erforderlich, eine gegenüber der beeinträchtigen Fläche größere Maßnahmenfläche festzulegen[180].
- Die Sicherung kann durch die Neuanlage eines vergleichbaren Lebensraums oder die biologische Verbesserung eines nicht der Norm entsprechenden Lebensraums geschehen. Sie kann in Ausnahmefällen auch durch die Eingliederung eines weiteren vorhandenen Gebiets in das Netz Natura 2000 erfolgen, für das zum Zeitpunkt der Aufstellung der biogeographischen Liste keine unbedingte Notwendigkeit gesehen worden war[181]. In der Regel wird hierzu die Durchführung von Maßnahmen zur qualitativen Verbesserung des Gebiets (und zwar bezogen auf die durch das Projekt beeinträchtigten Arten, Lebensräume und Funktionen) erforderlich sein.
- Eine Sicherung durch die Nachmeldung eines faktischen Vogelschutzgebietes ist nicht möglich, da für diese gemäß V-RL sowieso eine Ausweisungspflicht besteht. Dagegen können Arbeiten zur Verbesserung des ökologischen Werts eines (noch auszuweisenden) Gebiets bzw. eines (ausgewiesenen) besonderen Schutzgebiets (SPA) als Sicherungsmaßnahme anerkannt werden, wenn dadurch z. B. die Belastbarkeit der Umwelt oder das Nahrungspotenzial um die Menge erhöht werden, die dem durch das Projekt verursachten Verlust in dem betroffenen Gebiet entspricht. Dementsprechend kann auch die Neuanlage eines für die betreffenden Vogelarten vorteilhaften Lebensraumes unter der Voraussetzung akzeptiert werden, dass das angelegte Gebiet zu dem Zeitpunkt zur Verfügung steht, in dem das betroffene Gebiet seinen ökologischen Wert verliert.[182]

---

175 BVerwG, U. v. 27.1.2000 – 4 C 2/99, BNatSchG/ES § 19b Nr. 7 = NuR 2000, 448.
176 *Baumann* et al., NuL 1999, 463/470.
177 Europäische Kommission 2000, S. 52.
178 FGSV, 2002, 18.
179 Europäische Kommission 2000, S. 52.
180 *Baumann* et al., NuL 1999, 463, 470.
181 Europäische Kommission 2000, S. 50 f.
182 Europäische Kommission 2000, S. 50.

108 Maßnahmen zur **Kohärenzsicherung** müssen zeitlich so durchgeführt werden, dass sie bereits zum Zeitpunkt der auftretenden Beeinträchtigungen des europäischen Schutzgebiets wirksam werden. Denn ein unverträglicher Eingriff in das ökologische Netz „Natura 2000" soll im Ergebnis zu keinem Zeitpunkt zu einer Verschlechterung des Gesamtgebiets führen.[183] Eine Ausnahme hiervon ist nur möglich, wenn nachgewiesen werden kann, dass diese Gleichzeitigkeit nicht unbedingt erforderlich ist, um den Beitrag des Gebiets zum Netz Natura 2000 zu sichern.[184]

109 Art. 6 Abs. 4 FFH-RL kommt erst dann zur Anwendung nachdem die Auswirkungen eines Plans oder Projekts gemäß Art. 6 Abs. 3 FFH-RL erforscht wurden. Die Kenntnis der Beeinträchtigung der Erhaltungsziele mit den für das betr. Gebiet festgelegten Erhaltungszielen bildet eine unerlässliche Voraussetzung für die Anwendung von Art. 6 Abs. 4, da andernfalls keine Anwendungsvoraussetzung dieser Ausnahmeregelung geprüft werden kann. Die Prüfung zwingender Gründe des überwiegenden öffentlichen Interesses und der Frage, ob weniger nachteilige Alternativen bestehen, erfordert nämlich eine Abwägung mit den Beeinträchtigungen, die für das Gebiet durch den vorgesehenen Plan oder das vorgesehene Projekt entstünden. Außerdem müssen die Beeinträchtigungen des Gebiets genau identifiziert werden, um die Art etwaiger Ausgleichsmaßnahmen bestimmen zu können. Daher müssen die nationalen Behörden über diese Angaben verfügen um eine entsprechende Entscheidung treffen zu können.[185] Daraus lässt sich folgern, dass eine den Vorgaben von Art. 6 Abs. 3 FFH-RL genügende FFH-VP zu den Tatbestandsvoraussetzungen des Art. 6 Abs. 4 FFH-RL gehört. Die Mängel einer solchen fehlerhaften FFH-VP schlagen auf die nachfolgende Abweichungsentscheidung durch.[186]

110 Die eingereichten Projektunterlagen müssen die Geeignetheit der Maßnahmen zur Sicherung der Kohärenz von Natura 2000 nachvollziehbar darlegen. Art und Umfang der Maßnahmen sind daher in dem sachlich erforderlichen Detaillierungsgrad durch den Projektträger im Zulassungsantrag in Text und Karte darzustellen. Nach ihrer Durchführung ist die Wirksamkeit der Sicherungsmaßnahmen zu untersuchen und zu belegen. Für den Fall, dass sich hierbei nur ein eingeschränkter Erfolg der Maßnahmen ergibt, sind bereits in der Projektgenehmigung oder -zulassung Auflagen für eine Nachbesserung vorzusehen.[187] Die Zulassungsbehörde setzt die notwendigen Maßnahmen im Zulassungsbescheid rechtsverbindlich fest.

111 Lassen allgemeine Erkenntnisse zu artspezifischen Verhaltensweisen und Habitatansprüchen oder lassen Vegetationsstrukturen einen sicheren Rückschluss auf das Vorhandensein bestimmter Arten zu, so erübrigen sich weitergehende Untersuchungen, wenn naturschutzfachliche Schlussfolgerungen auf das Vorkommen und den Verbreitungsgrad bestimmter Arten gezogen werden können.[188] Auch dürfen Prognosewahrscheinlichkeiten und Schätzungen verwendet werden soweit sie naturschutzfachlich tragfähig sind.[189] Auf Vorort-Untersuchungen kann dann verzichtet werden, wenn nur mit ei-

---
183 VG Oldenburg, Beschl. v. 26.10.1999 – 1 B 3319/99, NuR 2000, 398.
184 Europäische Kommission 2000, S. 51.
185 EuGH, Urt. v. 20.9.2007 – C-304/05, NuR 2007, 679 Rdnr. 83 f.
186 BVerwG, Urt. v. 17.1.2007 – 9 A 20.05, NuR 2007, 336, Rdnr. 114; *Storost*, DVBl. 2009, 673/678.
187 FGSV 2002, 18.
188 BVerwG, Beschl. v. 18.6.2007 – 9 VR 13.06, NuR 2007, 754, Rdnr. 20.
189 BVerwG, Urt. v. 9. 7. 2008 – 9 A 14.07, NuR 2009, Rdnr. 63.

ner sehr aufwändigen Bestandsaufnahme bessere Ergebnisse gewonnen werden können. In solchen Fällen oder wenn verbleibende Erkenntnislücken nicht auszuschließen sind, ist auch eine „worst-case" Betrachtung zulässig, die die Existenz gefährdeter Arten unterstellt, „sofern diese Überlegungen konkret und geeignet sind, den Sachverhalt angemessen zu erfassen".[190] Allerdings muss dadurch ein Ergebnis erzielt werden, das hinsichtlich der untersuchten Fragestellung „auf der sicheren Seite" liegt. Deswegen wird in der Rechtsprechung eine Wahrunterstellung dann als unzulässig angesehen, wenn der maßgebliche Sachverhalt dadurch nicht in sachdienlicher Weise erfasst werden kann.[191]

Wurde eine Ausnahme erteilt, so hat die zuständige Behörde die Kommission über das Bundesministerium für Umwelt, Naturschutz und Reaktorsicherheit über die getroffenen Sicherungsmaßnahmen zu unterrichten. Die Meldung der Daten erfolgt auf dem Standardformblatt der Europäischen Kommission. Die Meldepflicht beschränkt sich auf die Mitteilung der ergriffenen Maßnahmen, es kann sich jedoch auch die Übermittlung bestimmter Elemente als notwendig erweisen, die sich auf die untersuchten Alternativlösungen und die zwingenden Gründe für das überwiegende öffentliche Interesse beziehen, die die Realisierung des Plans bzw. Projekts erforderten, soweit diese Elemente die Wahl der Sicherungsmaßnahmen beeinflusst haben[192]. Die Europäische Kommission betont ausdrücklich, dass sie es nicht als ihre Aufgabe ansieht, Sicherungsmaßnahmen vorzuschlagen oder diese wissenschaftlich zu prüfen. Vielmehr dient die Unterrichtung dazu, die Art und Weise zu beurteilen, in der die Erhaltungsziele für das betreffende Gebiet im Einzelfall verfolgt werden.[193]

112

Die Ausgestaltung von Kohärenzsicherungsmaßnahmen (Art. 6 Abs. 4 UAbs. 1 FFH-RL) hat sich funktionsbezogen an der erheblichen Beeinträchtigung auszurichten, derentwegen sie ergriffen werden. Der Funktionsbezug ist das maßgebliche Kriterium nicht nur zur Bestimmung von Art und Umfang der Kohärenzsicherungsmaßnahmen, sondern auch zur Bestimmung des notwendigen räumlichen und zeitlichen Zusammenhangs zwischen der Gebietsbeeinträchtigung und den Maßnahmen.

113

Für die Eignung einer Kohärenzsicherungsmaßnahme genügt es, dass nach aktuellem wissenschaftlichem Erkenntnisstand eine hohe Wahrscheinlichkeit ihrer Wirksamkeit besteht.

114

Die gezielte Wiederherstellung tiefreichend geschädigter Flächen FFHrechtlich geschützter Lebensraumtypen oder Habitate geschützter Arten kann eine Maßnahme der Kohärenzsicherung darstellen; dies jedenfalls dann, wenn Maßnahmen gemäß den Vorgaben des Art. 6 Abs. 1 und 2 FFH-RL noch nicht in einem Managementplan oder in vergleichbaren Plänen bestimmt sind.

115

Bei der Entscheidung über Kohärenzsicherungsmaßnahmen verfügt die Planfeststellungsbehörde über eine naturschutzfachliche Einschätzungsprärogative. Um vor Gericht eine Vertretbarkeitskontrolle durchführen zu können, muss die Eingriffs- und Kompensationsbilanz im Planfeststellungsbeschluss nachvollziehbar offengelegt werden.[194]

116

---

190 BVerwG, Urt. v. 17.1.2007 – 9 C 1.06, NuR 2007, 265, Rdnr. 64; Urt. v. 9. 7. 2008 – 9 A 14.07, NuR 2009, Rdnr. 63.
191 BVerwG, Urt. v. 11. 7. 2001 – 11 C 14.00, NuR 2002, 484.
192 Europäische Kommission 2000, S. 53.
193 Europäische Kommission 2000, S. 53.
194 BVerwG, Urteil vom 12.3.2008 – 9 A 3.06, NuR 2008, 633.

VI. Anzeigeverfahren (Absatz 6)

1. Allgemeines

117 Abs. 6 basiert auf einer Beanstandung des EuGH, dieser befand in seinem Urteil vom 10.1.2006,[195] dass im deutschen Recht nicht sichergestellt sei, dass tatsächlich alle Vorhaben und Maßnahmen, die ein Natura 2000-Gebiet erheblich beeinträchtigen können, einer Verträglichkeitsprüfung unterworfen werden.

118 Die Gesetzesbegründung lautet wie folgt:[196] Da es nicht für alle potenziell beeinträchtigenden Handlungen Anzeige- oder Genehmigungsverfahren gibt, muss ein Verfahren etabliert werden, mit dem den Behörden solche Vorhaben zumindest bekannt werden. Dafür wird mit der vorgesehenen Regelung ein Anzeigeverfahren bereitgestellt, das von den für Naturschutz und Landschaftspflege zuständigen Behörden durchgeführt werden soll (Satz 1). Von einem obligatorischen Genehmigungsverfahren für solche Maßnahmen wurde aus Gründen der Verfahrensökonomie abgesehen. Zwar muss die zuständige Behörde prüfen, ob das angezeigte Vorhaben erheblich beeinträchtigend wirkt und dann die erforderlichen Maßnahmen treffen. In diesem Zusammenhang kann sie die Vorlage der zur Prüfung erforderlichen Unterlagen verlangen und die Durchführung des Projekts zeitlich befristen oder anderweitig beschränken (Satz 2). Ist dies aber nicht der Fall, muss sie nicht weiter tätig werden und insbesondere keinen (gebührenpflichtigen) Bescheid erteilen. Mit der Durchführung des Projekts kann ohne weiteres begonnen werden, wenn innerhalb eines Monats nach Eingang der Anzeige seitens der Behörde keine Entscheidung getroffen wird (Satz 3). Wird mit der Durchführung des Projekts ohne die erforderliche Anzeige begonnen, kann die Behörde die vorläufige Einstellung anordnen (Satz 4). Kann das Projekt zu erheblichen Beeinträchtigungen eines Natura 2000-Gebiets führen und liegen die Voraussetzungen für eine Ausnahme nach § 34 Abs. 3 bis 5 nicht vor, hat die Behörde die Durchführung des Projekts zu untersagen (Satz 5). Zugunsten derjenigen Länder, die in ihren Naturschutzgesetzen ein repressives Verbot für alle Veränderungen oder Störungen enthalten, die ein Natura-2000-Gebiet erheblich beeinträchtigen können, enthält die Vorschrift eine Vorrangregelung (Satz 6).

2. Subsidiäres Anzeigeverfahren (Absatz 6 Satz 1)

119 Das in Abs. 6 Satz 1 eingefügte subsidiäre Anzeigeverfahren[197] war angesichts der Weite des 1:1 aus dem europäischen Recht übernommenen Projektbegriffs notwendig um die Europarechtskonformität der Regelung zu erfüllen.[198] Die FFH-VP erfordert ein Trägerverfahren. Die Verurteilung Deutschlands beruhte darauf, dass für die Projekte die nicht von einer Behörde durchgeführt werden und die Projekte die auch nach anderen Rechtsvorschriften keine behördliche Entscheidung oder Anzeige bedürfen, eben ein solches Trägerverfahren nicht zur Verfügung stand.

120 Das Anzeigeverfahren besteht gegenüber der zuständigen Behörde. Diese kann nach Abs. 6 Satz 2 die Durchführung des Projektes zeitlich befristen

---

195 EUGH, Urt. v. 10.1.2006 – C-98/03, NuR 2006, 166.
196 BT-Drs. 16/5100, S. 10.
197 Zu den Schwächen des Anzeigeverfahrens vgl. Fischer-Hüftle, FFH-Projektzulassung mittels Anzeigepflicht? Zur Europarechtskonformität von § 34 Abs. 1a BNatSchG, NuR 2009, 101.
198 Vgl. EuGH, U. v. 10.01.2006 – C-98/03, NuR 2006, 166.

oder anderweitig beschränken, um die Einhaltung der habitatschutzrechtlichen Anforderungen sicherzustellen. Die Behörde kann damit auf die Ausgestaltung des Projektes lenkend Einfluss nehmen und es nur in dem Maße gestatten, wie es die Verträglichkeit mit den Erhaltungszielen zulässt.

Nach Art. 6 Abs. 3 FFH-RL ist jedes Projekt, das erhebliche Beeinträchtigungen eines Natura 2000-Gebiets hervorrufen kann, einer FFH-VP zu unterziehen. Das Projekt darf erst dann durchgeführt werden, wenn die zuständige staatliche Stelle unter Berücksichtigung der Prüfergebnisse zu der Erkenntnis gelangt, dass das Projekt mit den Erhaltungszielen vereinbar ist. Eine Projekt-Freigabe durch Fristablauf, wie es Abs. 6 Satz 3 vorsieht, bedeutet, dass ein Projekt ohne FFH-VP durchgeführt werden kann, dass die Behörde nicht innerhalb eines Monats nach Eingang der Anzeige eine Entscheidung getroffen hat. Diese Regelung ist nicht mit den europäischen Vorgaben zu vereinbaren, da nicht sichergestellt ist, dass derartige Projekte tatsächlich durch die Behörde innerhalb dieser Frist abschließend beurteilt werden können. Auch kann, im Falle einer nicht durchgeführten FFH-VP, eine Haftung nach der Umwelthaftungsrichtlinie drohen. Von einem Absehen der FFH-VP ist daher abzuraten. **121**

Abs. 6 Satz 4 gibt der Behörde die Möglichkeit, bei Nichtvorliegen der erforderlichen Anzeige, die Einstellung des Projektes anzuordnen. Dies ist eine Selbstverständlichkeit, weil dann keine (Vor-)Prüfung bzgl. der Vereinbarkeit mit den Erhaltungszielen eines Natura 2000-Gebiets erfolgen konnte und Beeinträchtigungen daher nicht ausgeschlossen werden können. **122**

VII. Konkurrenz von Schutzregelungen (Absatz 7)

Satz 1 bestimmt, dass für geschützte Teile von Natur und Landschaft i.S.d. § 20 Abs. 2 sowie für geschützte Biotope i.S.d. § 30 die Abs. 1-6 nur insoweit anzuwenden sind, als die Schutzvorschriften, einschließlich der Vorschriften über Ausnahmen und Befreiungen, keine strengeren Regelungen für die Zulassung von Projekten enthalten. Das bedeutet, dass **strengere Regelungen über Schutzgebiete und Biotope vorgehen**. Diese können sich z.B. in einer Naturschutzgebietsverordnung befinden. Das hat folgende Konsequenzen: Das Verbot von Veränderungen und Störungen eines Naturschutzgebiets, wie es regelmäßig in der Schutzverordnung festgelegt ist, steht nicht unter dem Vorbehalt, dass ein Ausgleich möglich ist. Die Unversehrtheit des Gebiets soll bewahrt bleiben, ohne es auf Versuche ankommen zu lassen, „Natur aus zweiter Hand" zu schaffen, deren Schwächen aus dem Vollzug der Eingriffsregelung hinreichend bekannt sind. Die Pflichten nach § 34 Abs. 4 Satz 2 über die Beteiligung der Kommission und nach § 34 Abs. 5 Satz 2 über die Unterrichtung der Kommission bleiben jedoch unberührt.[199] **123**

Die Aufnahme sozialer und wirtschaftlicher Belange in den Bereich der öffentlichen Interessen durch das Europarecht (§ 34 Abs. 3) hat keine „Aufweichung" der nationalen **Befreiungsvorschriften** zur Folge, denn diese gehen dann vor, wenn sie strenger sind. Allerdings können schon bisher solche Belange den Grad von Gemeinwohlinteressen erreichen, wenn sie im Einzelfall gewichtig genug sind, und umgekehrt bedeuten die FFH-Vorschriften nicht, dass jedes verständliche soziale oder wirtschaftliche Interes- **124**

---

199 Zu dem problematischen Verhältnis der Ausnahmeregelung von § 34 zur Befreiungsregelung in § 67 und den Konsequenzen für die Beteiligungsrechte der Vereinigungen, vgl. § 67 Rdnr. 30 f. und § 63 Rdnr. 23 ff.

se ausreicht, sodass im Ergebnis kein wesentlicher Unterschied bestehen dürfte.

VIII. Bauplanungsrecht (Absatz 8)

125 § 34 (Verträglichkeitsprüfung) gilt nicht für Vorhaben i.S.v. § 29 BauGB in Gebieten mit Bebauungsplänen nach § 30 BauGB und während der Planaufstellung nach § 33 BauGB. Denn das Vorhaben ist hier schon im Rahmen des Bauleitplans nach Maßgabe von § 35 Satz 2 geprüft worden.

§ 35 Gentechnisch veränderte Organismen

Auf
1. Freisetzungen gentechnisch veränderter Organismen im Sinne des § 3 Nummer 5 des Gentechnikgesetzes und
2. die land-, forst- und fischereiwirtschaftliche Nutzung von rechtmäßig in Verkehr gebrachten Produkten, die gentechnisch veränderte Organismen enthalten oder aus solchen bestehen, sowie den sonstigen, insbesondere auch nicht erwerbswirtschaftlichen, Umgang mit solchen Produkten, der in seinen Auswirkungen den vorgenannten Handlungen vergleichbar ist, innerhalb eines Natura 2000-Gebiets

ist § 34 Absatz 1 und 2 entsprechend anzuwenden.

Gliederung

		Rdnr.
I.	Allgemeines	1, 2
II.	Mögliche Auswirkungen von GVO auf Natur und Landschaft	3–6
III.	Anwendungsbereich	7, 8
IV.	Ausbringung von GVO	9–30
1.	Die beiden Fallgruppen des § 35 BNatSchG	9–11
2.	Natura 2000-Gebiete	12–14
3.	Verträglichkeitsprüfung bei genetisch veränderten Organismen	15–22
4.	Verfahren	23–27
5.	Zuständigkeiten	28
6.	Untersagung	29, 30

I. Allgemeines

Die Vorschrift entspricht inhaltlich § 34a BNatSchG 2002 und wurde lediglich an die Begriffsbestimmungen des § 7 sowie die Integration der Vorprüfung in § 34 Abs. 1 Satz 1 angepasst. Durch den Verweis auf die letztgenannte Bestimmung ist sichergestellt, dass – wie bei allen Projekten und Plänen – auch bei der Freisetzung oder Nutzung von gentechnisch veränderten Organismen weiterhin eine FFH-Verträglichkeitsprüfung nur bei einem positiven Ergebnis der Vorprüfung erforderlich wird.[1]   **1**

§ 34a BNatSchG 2002 wurde durch die Novellierung des GenTG 2005 in das BNatSchG eingefügt.[2] Diese Regelung soll Fragen des Einsatzes gentechnisch veränderter Organismen (GVO) in Natura 2000-Gebieten regeln. Die ersten Praxiserfahrungen mit dieser Vorschrift waren ernüchternd,[3] teilweise wurde die Regelung als nicht europarechtskonform[4] gesehen und die Frage aufgeworfen, ob § 35 längerfristig Bestand haben wird.[5] Den erhofften   **2**

---

1 BT-Drs. 16/12274, S. 65.
2 *Palme*, NVwZ 2005, 253 ff.
3 Vgl. *Ober*, Potenziale und Grenzen des Naturschutzrechts, Vortrag auf der Tagung „Gentechnikfreie Regionen" der Internationalen Naturschutzakademie Vilm/Rügen am 7.6.2006.
4 Vgl. z.B. die amtl. Begr. zu Art. 20 des Entwurfs zum Bayerisches Naturschutzgesetz.
5 *Palme/Schumacher*, Die Regelungen zur FFH Verträglichkeitsprüfung bei Freisetzung oder Inverkehrbringen von gentechnisch veränderten Organismen in § 34a BNatSchG, NuR 2007, 16 ff.; *Gellermann* in Landmann/Rohmer, Umweltschutz, § 34a BNatSchG, Rdnr. 3.

Schub in Richtung Schutz ökologisch sensibler Gebiete brachte die Regelung bislang nicht.

II. Mögliche Auswirkungen von GVO auf Natur und Landschaft

3 Von GVO können verschiedene negative Auswirkungen auf ökologisch sensible Gebiete ausgehen. Dabei ist zwischen primären und sekundären Folgewirkungen zu unterscheiden.[6] Prinzipiell ist eine Übertragung von Genkonstrukten auf Wildarten oder konventionell gezüchtete Kulturpflanzen sowohl unter Laborbedingungen, als auch unter Freilandbedingungen möglich. Die Weitergabe des Erbguts kann über einen vertikalen[7] oder einen horizontalen[8] Gentransfer erfolgen.[9]

4 Tritt z.B. bei der Ausbreitung und Verwilderung von GVO außerhalb ihres eigentlichen Anbaugebietes ein „genetischer Rückschlag" auf,[10] so können die verwilderten Kulturpflanzen aufgrund ihrer GVO-Eigenschaften (z.B. Resistenz gegen Pathogene) eine höhere Konkurrenzkraft besitzen und dadurch Wildpflanzen verdrängen.[11] Studien im Auftrag der britischen Regierung haben teilweise erhebliche Verminderungen der natürlichen Artenvielfalt durch den Einsatz von Gen-Pflanzen festgestellt.[12] Auch Auswirkungen auf artverwandte Pflanzen oder sonstige Nichtzielorganismen wie Schmetterlinge sind mehrfach durch wissenschaftliche Studien belegt worden.[13]

5 Als sekundäre Auswirkungen von GVO gelten z.B. Veränderungen der landwirtschaftlichen Anbaupraxis; dies kann die Fruchtfolgegestaltung, Bodenbearbeitung, Unkrautbekämpfung, Pflanzenschutzmaßnahmen oder auch Erntetechniken betreffen. Insgesamt können u. a. vermehrtes Auftreten resistenter Wildpflanzen, Veränderungen des Landschaftsbildes und Auswirkungen auf die Biodiversität die Folge sein.[14]

6 Um das Auftreten von Schäden, die direkt von GVO verursacht werden können, in ökologisch sensiblen Gebieten zu vermeiden, ist es aus naturschutzfachlicher Sicht erforderlich, vor der Ausbringung von GVO zu unter-

---

6   *Kowarik/Heink/Bartz*, „Ökologische Schäden" in Folge der Ausbringung gentechnisch veränderter Organismen im Freiland – Entwicklung einer Begriffsdefinition und eines Konzeptes zur Operationalisierung, BfN-Skripten 166, 2006, 93.
7   Also der direkten Weitergabe des Erbmaterials an die Nachkommenschaft derselben Art oder an Vertreter nah verwandter Sippen.
8   Dabei wird das genetische Material über Artgrenzen und sogar über Organismenreiche hinweg weitergegeben.
9   *Palme/Schlee/Schumacher*, EurUP 2004, 170/179.
10 D.h. die Kulturpflanze verliert einige ihrer Domestikationsmerkmale und entwickelt Unkrauteigenschaften.
11 *Kowarik/Heink/Bartz*, BfN-Skripten 166, 2006, 94
12 Zu den Ergebnissen von Freilandversuchen in Großbritannien *G. T. Champion et al.*, Crop management and agronomic context of the Farm Scale Evaluations of genetically modified herbicide-tolerant crops, Philosphical Transactions of The Royal Society London Series B (358) 2003, 1801 ff.
13 Z.B. *Lang/Vojtech*, The effects of pollen consumption of transgenic Bt maize on the common swallowtail, Papilio machaon L. (Lepidoptera, Papilionidae), Basic and Applied Ecology 2006, 296 ff.; *Felke/Langenbruch*, Auswirkungen des Pollens von transgenem Bt-Mais auf ausgewählte Schmetterlingslarven, BfN-Skripten 157, 2005.
14 *Kowarik/Heink/Bartz*, BfN-Skripten 166, 2006, 96.

suchen, ob durch die genetisch manipulierten Organismen ein Schaden für die Biodiversität in Schutzgebieten zu erwarten ist.

III. Anwendungsbereich

§ 35 wurde in die Vorschriften zum Aufbau des europäischen Netzwerks Natura 2000 eingefügt und gilt somit nur für europäische Schutzgebiete. Der Sache nach stellt § 35 klar, dass der Einsatz von gentechnisch veränderten Organismen im Sinne des § 3 Nr. 3 GenTG in Natura 2000-Gebieten eine „Maßnahme" im Sinne des § 34 Abs. 1 BNatSchG darstellt und damit einer FFH-Verträglichkeitsprüfung unterliegt. § 35 knüpft an die für die Natura 2000-Gebiete maßgeblichen Schutzmechanismen an und sieht für die Freisetzung und Nutzung von GVO Anforderungen vor, wie sie in § 34 für gebietsrelevante Projekte begründet werden.[15] Es handelt sich damit also um eine spezielle Norm zur Definition eines „Projekts". Strittig ist jedoch, ob § 35 die Ausbringung von GVO abschließend festlegen will oder ob § 35 ausschließlich die Ausbringung von GVO innerhalb des Netzwerkes Natura 2000 regelt.

Während nach der allgemeinen Regeln des § 34 für Projekte, die von außen auf das Gebiet einwirken und eine erhebliche Beeinträchtigung nach sich ziehen können, eine FFH-VP vorzunehmen ist, gilt dies nach § 35 nur für Freisetzungen. Für die land-, forst- und fischereiwirtschaftliche Nutzung von GVO ist lediglich innerhalb eines Natura 2000-Gebietes eine FFH-VP durchzuführen. Diese Beschränkung des Anwendungsbereichs einer FFH-VP ist gemeinschaftswidrig, weil Art. 6 Abs. 3 FFH-RL allein auf die möglichen Auswirkungen auf das FFH-Gebiet abstellt und nicht dagegen auf die örtliche Platzierung des Projektes.[16]

IV. Ausbringung von GVO

1. Die beiden Fallgruppen des § 35 BNatSchG

Die Vorschrift übernimmt die allgemeine Systematik des europäischen[17] und deutschen[18] Gentechnikrechts und differenziert damit zwischen **Freisetzungen** nach §§ 3 Nr. 5, 14 Abs. 1 Nr. 1, 16 Abs. 1 GenTG und für die **Vermarktung** zugelassenen Produkten nach §§ 3 Nr. 6, 14 Abs. 1 Nr. 2–4, 16 Abs. 2 GenTG.[19] Der Unterschied zwischen beiden Ausbringungsarten lässt sich durch das der Gentechnikregulierung zu Grunde liegende step-by-step-Prinzip erklären: Während es bei der **experimentellen Freisetzung** (Nr. 1) darum geht, wissenschaftliche Erkenntnisse über Funktion, Erfolg oder auch Risiken des Konstrukts zu erlangen, geht es beim **Anbau zugelassener GVO** (Nr. 2) um die kommerzielle Nutzung der Organismen. Erfolgreiche

---

15 *Palme*, NVwZ 2005, 253/256.
16 Vgl. Winter, NuR 2007, 571/584.
17 *Palme*, Freisetzungsrichtlinie, in: Eberbach/Lange/Ronellenfitsch, Gentechnikrecht/Biomedizinrecht, Kommentar (Loseblatt), 2010, Band 3, Teil I, D. II, Rdnr. 66 ff.
18 *Sparwasser/Engel/Voßkuhle*, Umweltrecht, 2003, § 6 Rdnr. 412 ff.
19 Vgl. hierzu im Einzelnen die Kommentierungen zu den §§ 14 ff. GenTG in: Eberbach/Lange/Ronellenfitsch, Gentechnikrecht/Biomedizinrecht, Kommentar (Loseblatt), Band 1.

Freisetzungsversuche sind also immer Voraussetzung für die Produktzulassung.[20]

10 Eine gewisse Zwischenstellung nimmt der sog. **Erprobungsanbau** an. Häufig werden damit die sog. Auskreuzungsdistanzen genetisch veränderten Pollens untersucht, um Aufschlüsse darüber zu erlangen, welche Maßnahmen einer guten fachlichen Praxis (vgl. § 16b GenTG) nötig sind, um ungewollte Kontaminationen gentechnikfreier Bestände oder auch ökologisch sensibler Gebiete zu vermeiden.[21] Zwar geschieht ein solcher Erprobungsanbau regelmäßig mit bereits zugelassenen Produkten, aber eben nicht zu „land-, forst- und fischereiwirtschaftlicher Nutzung", sondern ebenfalls noch zu experimentellen Zwecken. Der Gesetzgeber hat solche Sondersituationen mitbedacht und in § 35 Nr. 2 neben der kommerziellen Nutzung eine weitere Fallgruppe des Einsatzes bereits zugelassener Produkte geregelt, nämlich den „nicht erwerbswirtschaftlichen Umgang mit solchen Produkten, der in seinen Auswirkungen den vorgenannten (scil. kommerziellen) Handlungen vergleichbar" ist. Erprobungsanbau fällt also trotz seiner Freisetzungsnähe unter Nr. 2.

11 Die Unterscheidung zwischen Nr. 1 und Nr. 2 in § 35 ist von praktischer Relevanz, da nämlich bei Freisetzungen auch außerhalb von Natura 2000 Gebieten eine FFH-Verträglichkeitsprüfung in Betracht kommen kann, jedenfalls dann, wenn dadurch das Gebiet – etwa durch Pollenflug von außen – erheblich beeinträchtigt werden kann,[22] während beim Einsatz bereits zugelassener Produkte nach Nr. 2 eine solche Prüfung nur für Fälle „innerhalb" eines solchen Gebietes vorgeschrieben ist. Zur fehlenden Europarechtskonformität von Nr. 2, vgl. Rdnr. 2.

2. Natura 2000-Gebiete

12 In Natura 2000-Gebieten kann es zum Einsatz sowohl von Pflanzen als auch von gentechnisch veränderten Tieren[23] kommen. Bei Pflanzen ist der Standort des Anbaus maßgeblich. Befindet sich z.b. ein Gen-Maisfeld direkt neben einem Natura 2000-Gebiet, so handelt es sich wegen des klaren Wortlauts selbst dann nicht um einen Einsatz „innerhalb" des Gebietes, wenn es zu (massivem) Polleneintrag in das Gebiet kommt, wovon regelmäßig auszugehen ist. Jede einzelne Maispflanze erzeugt 14–50 Millionen Pollenkörner, welche innerhalb von 14 Tagen freigesetzt werden. Zwar lagert sich der Großteil der Pollen unmittelbar in der Umgebung der Mutterpflanze ab, aufgrund der hohen Zahl produzierter Pollen lassen sich aber auch in größerer Entfernung noch sehr viele Pollen nachweisen. So wurden in 2400 m Entfernung noch 247.000 Pollen pro m² festgestellt, was ca. 25 Pollen pro cm² entspricht.[24] Die Aufnahme von Bt-Toxin-haltigen Pollen kann zur ei-

---

20 Zur stufenweisen Zulassung als Prinzip der Gentechnikregulierung vgl. *Palme*, Freisetzungsrichtlinie, in: Eberbach/Lange/Ronellenfitsch, Gentechnikrecht/Biomedizinrecht, Kommentar (Loseblatt), 2010, Band 3, Teil I, D. II, Rdnr. 67.
21 Vgl. etwa den Erprobungsanbau der bayerischen Landesregierung des Jahres 2005 http://www.landwirtschaft.bayern.de/reden/2006/linkurl_0_14.pdf
22 Zur Beeinträchtigung von FFH-Gebieten von außen BVerwG, Urt. v. 19.5.1998 – 4 A 9.97, NuR 98, 544; *Gellermann/Schreiber*, NuR 2003, 205 ff.
23 Zum Begriff des gentechnisch veränderten Organismus *Ronellenfitsch*, § 3 GenTG, Rdnrn. 41 ff. in: Eberbach/Lange/Ronellenfitsch, Gentechnikrecht/Biomedizinrecht, Kommentar (Loseblatt), 1999.
24 *Schumacher* et al., Gutachterliche Stellungnahme im Verfahren Hohenstein bzgl. der Untersagung des Anbaus von gentechnisch verändertem Mais (MON 810-6) im Naturpark „Märkische Schweiz", unveröff., 2007, S. 36.

ner verzögerten Entwicklung, zu Schädigungen und zum Absterben von Schmetterlingslarven führen.²⁵ Die zur Sicherung der Koexistenz üblichen Breiten von Mantelsaaten mit konventionellem Mais um Genmaisfelder sind zur Gewährleistung des Schutzes ökologisch sensibler Gebiete nicht ausreichend, da die in einer bestimmten Entfernung feststellbare Pollenkonzentration wesentlich höher ist als die Auskreuzungsrate an gleicher Stelle. Das Natura 2000 Gebiet ist demgegenüber aber nicht völlig schutzlos gestellt. Es findet in diesem Fall lediglich keine aufwändige FFH-Verträglichkeitsprüfung statt. Das allgemeine Verschlechterungsverbot bei Natura 2000-Gebieten (vgl. Art. 6 Abs. 2 FFH-RL, § 33 Abs. 1 BNatSchG)²⁶ bleibt – sozusagen als Auffangtatbestand – daneben immer anwendbar.²⁷

Bei gentechnisch veränderten Tieren wie etwa Fischen stellt sich die in § 35 Nr. 2 geregelte Einengung der Durchführungspflicht einer FFH-VP auf die Nutzung innerhalb eines Natura 2000-Gebiets als nicht zielführend dar.²⁸ Laborversuche und die versuchsweise Haltung in geschlossenen Zuchtbecken haben nämlich ergeben, dass ein ungewollter Transfer der modifizierten Gensequenzen in natürliche Populationen zu erwarten ist, weil ein Entweichen von Individuen bzw. deren Brut häufig vorkommt und sehr schwer zu verhindern ist. Bei Welsen wurde festgestellt, dass sich transgene Individuen problemlos mit nicht-transgenen Individuen kreuzen. Ähnliche Ergebnisse liegen für andere Arten vor. Auch das Konkurrenzverhalten und die sexuelle Selektion werden durch die überdurchschnittlich großen, transgenen Fische verändert.²⁹ Wandern transgene Tiere von außen in ein Schutzgebiet ein, so kann dies zu einer erheblichen Beeinträchtigung der Erhaltungsziele eines Natura 2000-Gebiets führen. Bei der Nutzung gentechnisch veränderter Tiere außerhalb von Schutzgebieten ist daher aufgrund des Verschlechterungsverbots von § 33 Abs. 1 BNatSchG jedenfalls dann dringend eine FFH-VP zu empfehlen, wenn ein Eindringen der Tiere in das Schutzgebiet und damit verbundene negative Auswirkungen möglich erscheinen. Dies ist auch im Hinblick auf den Regelungsumfang der UH-RL³⁰ sinnvoll, weil durch GVO verursachte Schäden an geschützten Arten und natürlichen Lebensräumen auch beseitigt werden müssen.³¹

Einwirkungen von außen auf Natura 2000-Gebiete durch GVO sind daher nicht ausgeschlossen.³² Der Bundesgesetzgeber hat hier Regelungen wie den

---

25 Die gegen den Maiszünsler resistenten gentechnisch veränderten Maissorten produzieren ein Toxin, das den zu den Schmetterlingen zählenden Schädling innerhalb von 1–2 Tagen abtötet. Dieses Toxin ist auch in den Maispollen in geringen Konzentrationen vorhanden.
26 Zum Verhältnis von Verschlechterungsverbot und Projekt *Schumacher/Fischer-Hüftle*, Bundesnaturschutzgesetz, 2003, § 34, Rdnr. 38 sowie *Epiney*, NVwZ 2006, 418.
27 Zum Verhältnis von Verschlechterungsverbot und FFH-Verträglichkeitsprüfung auch *Gellermann*, NuR 2004, 769/770 f.
28 *Palme/Schumacher*, NuR 2007, 16 ff.
29 *Tappeser et al.*, Untersuchung zu tatsächlich beobachteten Effekten der Freisetzung gentechnisch veränderter Organismen, Monographien des Umweltbundesamtes 129, 2000, 9, Wien
30 Richtlinie 2004/35/EG des europäischen Parlaments und des Rates vom 21.4.2004 über Umwelthaftung zur Vermeidung und Sanierung von Umweltschäden (2004/35/EG), vom 21.4.2004, ABl. EG L 143 S. 56, geändert am 15.3.2006, ABl. EG L 102 S. 15.
31 Vgl. z.B. *Schumacher*, in Czybulka: Aktuelle Entwicklungen im europäischen Naturschutzrecht, Siebter Warnemünder Naturschutzrechtstag, 2007, S. 158.
32 EuGH, Urt. v. 10.1.2006 – C-98/03, NuR 2006, 166 ff.; *Schumacher* et. al. Fn. 24

Brandenburgische Abstandserlass von 800 m zu FFH-Gebieten nicht berücksichtigt.[33] § 35 ist daher auch nicht europarechtskonform.[34]

3. Verträglichkeitsprüfung bei genetisch veränderten Organismen

15 Liegt ein Fall des § 35 Nr. 1 oder Nr. 2 BNatSchG vor, muss dies nicht immer zwingend zu einer FFH-Verträglichkeitsprüfung (FFH-VP) führen. Wie bei den sonstigen prüfungspflichtigen Projekten ist dies dann der Fall, wenn die Ausbringung von GVO dazu geeignet ist, einzeln oder im Zusammenwirken mit anderen Projekten oder Plänen das Natura 2000 Gebiet erheblich zu beeinträchtigen. In diesem Fall ist § 34 Abs. 1 und 2 entsprechend anzuwenden.

16 Für die zuständige Behörde kann die Entscheidung, ob eine FFH-VP durchzuführen ist, schwierig sein, weil sie vor jeder Verträglichkeitsprüfung zunächst einmal eine überschlägige abschätzende Wirkungsprognose durchzuführen hat, um festzustellen, ob von dem GVO-Einsatz überhaupt eine erhebliche Beeinträchtigung ausgehen kann.[35] Nur wenn dies ausgeschlossen ist, entfällt eine FFH-VP. Hierzu bedarf es aber auch eines entsprechenden fachlichen Sachverstandes.

17 Wichtige Parameter des Screenings, welches je nach Sachlage jedenfalls oberflächlich bereits wesentliche Prüfschritte der eigentlichen Verträglichkeitsprüfung enthalten kann, sind zum einen die Frage, ob es in dem Schutzgebiet artverwandte und damit durch Introgression bedrohte Pflanzen oder Tiere gibt und zum andern, ob in dem Gebiet sonstige Nichtzielorganismen vorkommen, bei denen eine Schädigung nicht ausgeschlossen werden kann. Maßgeblich für das Screening wie die FFH-VP selbst sind dabei die jeweiligen Erhaltungsziele und Schutzzwecke des Natura 2000-Gebiets.[36] Da die ökologische Begleitforschung über die Wirkungen von GVO auf die Biodiversität erst begonnen und daher bisher nur wenig aussagekräftige Daten erbracht hat, wird sich die Behörde schon aus Gründen des europarechtlich in Art. 191 Abs. 2 S. 2 AEUV vorgeschriebenen Vorsorgeprinzips im Zweifel für eine Verträglichkeitsprüfung entscheiden.

18 Kann durch das Screening eine erhebliche Gebietsbeeinträchtigung nicht ausgeschlossen werden, darf die Ausbringung von GVO nur unter den Voraussetzungen des entsprechend anwendbaren § 34 Abs. 1 und 2 erfolgen.

19 Ist eine FFH-VP durchzuführen, stellt sich als nächstes die Frage, wann eine „erhebliche Beeinträchtigung" angenommen werden muss. Diese Prüfung dürfte in der Praxis mit erheblichen Schwierigkeiten verbunden sein, weil auch die Einschätzung von ökologischen Risiken mit Unsicherheiten behaftet ist[37] und sich den gebietsbezogenen Erhaltungszielen bzw. Schutzzwecken meist keine konkreten Aussagen über die Erhaltungszielkonformität der Ausbringung von GVO entnehmen läßt.[38] Abstrakt lässt sich dies zwar klar formulieren: es darf keine Verschlechterung des Zustands der geschützten Lebensräume und Arten – definiert durch die jeweiligen Erhaltungsziele

---

33 Vgl. auch den Entwurf des Bayerischen Naturschutzgesetzes.
34 Vgl. Rdnr. 8
35 Zu dieser Vorprüfung vgl. § 34, Rdnr. 25 ff.
36 Diese ergeben sich entweder gem. § 34 Abs. 1 S. 1 BNatSchG aus den Erhaltungszielen (§ 7 Abs. 1 Nr. 9 BNatSchG) des Gebietes oder bei Unterschutzstellung gem. § 34 Abs. 1 S. 2 BNatSchG aus den Schutzzwecken der jeweiligen Schutzverordnung; vgl. Palme/Schumacher NuR 2007, 16 ff.
37 SRU, Umweltgutachten 2004, Tz. 939.
38 *Gellermann*, in: Landmann/Rohmer, Umweltschutz, § 34a BNatSchG, Rdnr. 8.

des Gebiets – eintreten, wobei jede feststellbare negative Einwirkung auf einen geschützten Gebietsbestandteil ausreicht.[39]

Gerade bei Einwirkungen durch GVO stellt sich die schon allgemein umstrittene Frage, ab wann von einem ökologischen Schaden ausgegangen werden kann.[40] Der bloßen Einbau eines Gen-Konstrukts in einen anderen Organismus gilt jedenfalls nach h.M. noch nicht als Schaden. Derzeit wird diskutiert, ob der Begriff der „Verletzung der evolutionären Integrität" hier weiter helfen könnte. Abgesehen davon, dass auch dieser Begriff erst konturiert werden muss, sind derzeit weder die nötigen Basisinformationen über den Ist-Zustand noch die erforderlichen Kenntnisse über mögliche Wirkungszusammenhänge ausreichend erforscht, um mit belastbaren Prognosen arbeiten zu können. Klar ist lediglich, dass die evolutionäre Integrität jedenfalls dann verletzt ist, wenn es durch den GVO zu Verdrängungen oder Schädigungen anderer Organismen kommt. Aber selbst hier ist die Beurteilung schwierig, weil die Natur kein starres System ist, sondern natürlichen Schwankungen unterworfen ist, also nicht jeder Rückgang einer bestimmten Art gleich als unnatürlicher Vorgang angesehen werden kann. Noch schwieriger wird die Frage bei der Feststellung bloßer ökosystemarer Beeinträchtigungen, also solcher Schäden, die sich nicht unmittelbar in einer Beeinträchtigung der geschützten Arten niederschlagen, aber über den Weg einer Störung des natürlichen Wirkungsgefüges dazu führen können.[41] Um im Bereich der Gentechnik die FFH-VP nicht zu einer stark subjektiv geprägten und damit rechtsstaatlich bedenklichen Veranstaltung werden zu lassen, ist daher die Erarbeitung eines wie auch immer gearteten Kriterienkatalogs und eine Intensivierung der Biodiversitätsforschung unabdingbar.[42]

20

Ist durch die Ausbringung von GVO keine erhebliche Beeinträchtigung des Gebietes zu erwarten, kann das Vorhaben verwirklicht werden, ohne durch Vorgaben des Habiatschutzrechts behindert zu werden. Ein Zulassung im Wege einer Ausnahmeentscheidung nach § 34 Abs. 3–5, kommt bei § 35 von Gesetzeswegen nicht in Betracht.

21

Diese Schutzverstärkung ist vom Bundesgesetzgeber auch gewollt, dieser hat von der Möglichkeit einer Abweichung vom geltenden Schutzregime (§ 34 Abs. 3–5) wegen des Risikos und der hohen Gefährdung für die Natura 2000-Gebiete Gebrauch gemacht.[43] Fraglich ist aber, ob bei einer Anwendung des § 34 eine Abweichungsentscheidung nach § 34 Abs. 3 möglich gewesen wäre, da i.d.R. kein öffentliches Interesse vorliegt und auch der Anbau auf diesen Flächen nicht alternativlos ist.

22

4. Verfahren

Auffällig ist, dass § 35 BNatSchG nicht auf den gesamten § 34 BNatSchG, sondern nur auf dessen Absätze 1 und 2 verweist. Der Gesetzgeber begründet dies mit dem Risiko und der hohen Gefährdung für die Natura 2000 Gebiete.[44] Bei der Zulassung von GVO in Natura 2000-Gebieten ist also das

23

---

39 Vgl. § 34, Rdnr. 65.
40 Vgl. *Klaphake/Peters (Hrsg.)*, Die Bewertung von Biodiversitätsschäden im Rahmen der EU-Umwelthaftungsrichtlinie, http://www.naturschutzrecht.net/Online-Zeitschrift/Nrpo_05Heft1.pdf.
41 Ausführlich zum Ganzen *Palme/Schlee/Schumacher*, EuRUP 2004, 181f. m.w.N.
42 Vgl. hierzu auch die Beiträge zur Kriterienbildung und Systematisierung von Beeinträchtigungen von FFH-Gebieten in: *Klaphake/Peters (Hrsg.)*, Die Bewertung von Biodiversitätsschäden im Rahmen der EU-Umwelthaftungsrichtlinie, http://www.naturschutzrecht.net/Online-Zeitschrift/Nrpo_05Heft1.pdf.
43 Vgl. BT-Drs. 15/3344, S. 42.
44 Amtl. Begr. BT-Drs. 15/3088, S. 60.

Abweichungsverfahren nach Art. 34 Abs. 3-5 BNatSchG, welches trotz der Möglichkeit einer erheblichen Beeinträchtigung aus überwiegenden Interessen des Allgemeinwohls im Einzelfall doch noch zu einer Ermöglichung des Projekts führen kann, nicht anwendbar.[45] Wegen der klaren Formulierung kann dieser Verweis auch nicht etwa als pars pro toto im Sinne einer allgemeinen Rechtsfolgenverweisung auf die bei einer FHH-VP üblicherweise anwendbaren Vorschriften[46] und damit als impliziter Mitverweis auf das Abweichungsverfahren angesehen werden. Ein solcher Ausschluss des Abweichungsverfahrens ist in Art. 6 Abs. 4 FFH-Richtlinie zwar nicht vorgesehen. Ein Verstoß gegen EU-Recht liegt darin aber nicht, da die FFH-Richtlinie auf den EU-Umweltkompetenzen basiert und diese in Art. 176 EG den Mitgliedstaaten ausdrücklich weitergehende Schutzmaßnahmen zugestehen.[47] Auch die in Art. 193 AEUV vorgesehene Mitteilung solcher Vorschriften bei der EU-Kommission ist im Rahmen der allgemeinen Notifikation des Gesetzes erfolgt. Abgesehen davon ist es ohnehin schwer vorstellbar, dass beim Einsatz von GVO, die ja im Gegensatz zu Infrastrukturvorhaben nie auf einen bestimmten Ort angewiesen sind, das Abweichungsverfahren je zu einer Zulassung führen könnte.[48] In der Praxis dürfte daher das Fehlen des Abweichungsverfahrens ohnehin nie zu einer Verschärfung des europäischen Naturschutzrechts führen.

24 Die Abs. 1 und 2 sind im Rahmen projektbezogener Zulassungs-, Anzeige- oder sonstiger Entscheidungsverfahren nur dann vollziehbar, wenn ein entsprechendes fachgesetzliches Entscheidungsverfahren vorhanden ist.

25 Für die Freisetzung nach Nr. 1 ist dies unproblematisch, weil die gezielte Ausbringung von GVO i.S.d. § 3 Nr. 5 GenTG i.V.m. § 14 Abs. 1 Nr. 1 GenTG genehmigungsbedürftig ist. § 22 Abs. 3 GenTG stellt klar, dass diese Vorschrift unberührt bleibt. Die Freisetzungsgenehmigung für eine gebietsrelevante Ausbringung von GVO darf daher nur nach einer vorherigen FFH-VP erteilt werden.[49]

26 Im Hinblick auf Vorhaben nach § 35 Nr. 2 gilt, dass der zuständigen Bundesoberbehörde eine Mitteilung nach § 16a GenTG gemacht werden muss. Die Mitteilung enthält Pflichtangaben nach § 16a Abs. 3 GenTG.

27 Bei der Mitteilung nach § 16a Abs. 3 GenTG handelt es sich um eine Anzeige an eine Behörde. Die Begriffe „Anzeige", „Meldung" und „Mitteilung" im BNatSchG und GenTG sind bei natürlichem Sprachgebrauch Synonyme. Anhaltspunkte dafür, dass der Gesetzgeber des GenTG durch die Verwendung des Begriffs „Mitteilung" in § 16a Abs. 3 GenTG eine bewusste Abgrenzung von der Verwendung des Begriffs „Anzeige" in z.B. § 10 Abs. 1 Nr. 11 lit. a BNatSchG 2002 vornehmen wollte, lassen sich dem GenTG nicht entnehmen. Im Gegenteil legen die Fristen, die in § 16a Abs. 3 GenTG für die Mitteilungspflicht angeordnet sind, nahe, dass auch hier eine prophylaktische Kontrollmöglichkeit eröffnet werden soll. Der unterschiedliche

---

45 Vgl. zum Abweichungsverfahren, vgl. § 34, Rdnr. 83.
46 Zum Verfahrensgang bei Beeinträchtigungen von FFH-Gebieten, vgl. § 34, Rdnr. 12.
47 Diese Möglichkeit bestand in Form des Art. 130t EGV auch bereits bei Erlass der FFH-Richtlinie im Jahr 1992; vgl. hierzu auch *Palme*, § 26e Naturschutzgesetz im Kontext des Europäischen Umweltrechts, VBlBW 2005, S. 338 ff., 340.
48 *Palme*, ZUR 2005, 124.
49 Vgl. auch *Gellermann* in Landmann/Rohmer, Umweltrecht, § 34a Rdnr. 10.

Wortlaut ist insoweit konsequent, als die Behörde, die Empfänger der Mitteilung nach § 16a Abs. 3 GenTG ist, lediglich das Register führt und nicht selbst die im Sinne einer Eröffnungskontrolle – namentlich bei Belegenheit in einem naturschutzrechtlichen Schutzstatus genießenden Gebiet – erforderlichen weiteren Prüfungsschritte vorzunehmen hat. Entscheidend ist der gesetzlich angeordnete Zwang, beabsichtigte Handlungen vor Beginn der Ausführung der Handlung einer Behörde zur Kenntnis zu bringen.[50]

5. Zuständigkeiten

Auch hier ist wiederum zwischen Projekten nach § 35 Nr. 1 und § 35 Nr. 2 BNatSchG zu unterscheiden. Soweit es sich um eine Freisetzung (Nr. 1) handelt, erteilt hierfür gem. § 31 Satz 2 GenTG das Bundesamt für Verbraucherschutz und Lebensmittelsicherheit (BVL) die Genehmigung mit der Folge, dass dieses Amt dann auch für die Durchführung der FFH-VP zuständig ist. Naturschutzrechtlich ist die zuständige örtliche Naturschutzbehörde für die FFH-VP verantwortlich. Während also bei Freisetzungen (§ 35 Nr. 1 BNatSchG) die Verträglichkeitsprüfungen bei einer Behörde zentralisiert sind, kann beim Anbau (§ 35 Nr. 2 BNatSchG) jede Naturschutzbehörde selbst entscheiden. Für eine einheitliche Linie könnte aber das Bundesamt für Naturschutz sorgen. Dieses ist nämlich bei Freisetzungen durch das BVL gem. § 16 Abs. 4 S. 1 GenTG zwingend zu beteiligen.[51]

6. Untersagung

Die Ausbringung von GVO ohne die erforderliche FFH-VP ist als Verstoß gegen Naturschutzrecht zu untersagen. Auch wenn es sich bei § 35 BNatSchG um eine gentechnikspezifische Regelung handelt, die ursprünglich als § 16b für das Gentechnikgesetz aufgenommen werden sollte, kommt § 26 GenTG als Ermächtigungsgrundlage hierfür im Fall des § 35 Nr. 2 BNatSchG (Anbau zugelassener Produkte) nicht in Betracht, da formell aber auch materiell nur ein Verstoß gegen Naturschutzrecht vorliegt. GVO-Anbau nach § 35 Nr. 2 BNatSchG ohne Durchführung einer gebotenen FFH-VP ist daher auf der Grundlage der naturschutzrechtlichen Generalermächtigungen wie etwa § 10 Abs. 1 S. 2 NatSchG BW von den Naturschutzbehörden zu untersagen. Erst recht gilt dies natürlich bei einer Durchführung trotz im Sinne des § 34 Abs. 2 BNatSchG negativ verlaufender FFH-VP.

Bei einer experimentellen Freisetzung nach § 35 Nr. 2 BNatSchG ist die Rechtslage komplizierter, da das Land an die vom BVL erteilte Freisetzungsgenehmigung gebunden ist[52]. Eine eigenmächtige Untersagung durch die Naturschutzbehörde ist hier lediglich dann möglich, wenn das BVL die Genehmigung versagt hat, und zwar auch nur dann, wenn dies unter Verweis auf die mangelnde FFH-Verträglichkeit oder sonstige naturschutzrelevante Belange geschah. Ist die zuständige Naturschutzbehörde daher mit dem Ergebnis der vom BVL durchgeführten Verträglichkeitsprüfung nicht einverstanden, hat es zuerst eine Aufhebung dieser Genehmigung zu veranlassen, bevor es das Vorhaben untersagen kann.[53] Da eine Freisetzung ohne Geneh-

---

50 Vgl. VG Frankfurt (Oder), Urt. v. 13.7.2007 – 7 L 170/07, NuR 2007, 626/627 f.; *Palme/Schumacher*, GVO in Europäischen Vogelschutzgebieten, S. 4; a.A. Gellermann in: Landmann/Rohmer, Umweltrecht, § 34a Rdnr. 11.
51 Nähere Informationen hierzu unter http://www.bfn.de/0316_natura2000.html.
52 Zur Bindung anderer Stellen an einen Verwaltungsakt vgl. *Knack*, Verwaltungsverfahrensgesetz, 2004, vor § 35 Rdnr. 26ff.

migung im Gegensatz zum bloßen Anbau auch ein Verstoß gegen das Gentechnikrecht darstellt, kann im Fall des § 35 Nr. 1 BNatSchG daneben dann aber auch die Gentechnikbehörde (Überwachungsbehörden der Länder[54]), gestützt auf § 26 Abs. 1 Satz 2 Nr. 1 GenTG eine Untersagungsverfügung erlassen. Beide Behörden sind zum Einschreiten verpflichtet, weil nur so der europarechtlich gebotene Schutz von Natura 2000-Gebieten gewährleistet werden kann.[55]

---

53 Grundlage hierfür ist – sofern das BVL gegen seine Verpflichtungen aus § 34, 11 Satz 2 BNatSchG verstoßen hat, § 48 VwVfG.
54 Zum Verhältnis von Bundes- und Landesbehörden beim Vollzug des Gentechnikrechts *Fetzer*, § 31 GenTG Rdnr. 6 ff. in: Eberbach/Lange/Ronellenfitsch, Gentechnikrecht/Biomedizinrecht, Kommentar 2005, Band 1, Teil I, B, 1.
55 Zu den umfassenden Verpflichtungen zur Durchsetzung des EU-Rechts allgemein *Jarass/Beljin*, NVwZ 2004, S. 1ff. sowie speziell zu den Vorgaben des Europäischen Gentechnik- und Naturschutzrechts *Palme/Schlee/Schumacher*, EuRUP 2004, 170 ff. und *Epiney*, NVwZ 2006, 418.

§ 36 Pläne

Auf
1. Linienbestimmungen nach § 16 des Bundesfernstraßengesetzes und § 13 des Bundeswasserstraßengesetzes sowie
2. Pläne, die bei behördlichen Entscheidungen zu beachten oder zu berücksichtigen sind

ist § 34 Absatz 1 bis 5 entsprechend anzuwenden. Bei Raumordnungsplänen im Sinne des § 3 Absatz 1 Nummer 7 des Raumordnungsgesetzes und bei Bauleitplänen und Satzungen nach § 34 Absatz 4 Satz 1 Nummer 3 des Baugesetzbuches findet § 34 Absatz 1 Satz 1 keine Anwendung.

Gliederung

		Rdnr.
I.	Allgemeines	1, 2
II.	Entsprechende Anwendbarkeit der Verträglichkeitsprüfung	3–6
III.	Linienbestimmungsverfahren (Satz 1 Nr. 1)	7–9
IV.	Pläne die bei behördlichen Entscheidungen zu beachten oder zu berücksichtigen sind (Satz 1 Nr. 2)	10
V.	Raumordnungspläne (Satz 2)	11–13
VI.	Bauleitpläne und Satzungen nach § 34 Abs. 4 Satz 1 Nr. 3 BauGB	14–18
VII.	Ablauf der Verträglichkeitsprüfung	19, 20

I. Allgemeines

Nach Art. 6 Abs. 3 und 4 FFH-RL, sind Pläne oder Projekte, einzeln oder in Zusammenwirkung mit anderen Plänen und Projekten einer Verträglichkeitsprüfung zu unterziehen, wenn sie die Erhaltungsziele eines zum Europäischen Netz Natura 2000 zählenden Gebiets erheblich beeinträchtigen könnten. Satz 1 erklärt daher die Anwendung der Verträglichkeitsprüfung auf Pläne für entsprechend anwendbar. Da Projektzulassungen und Entscheidungen über Pläne in verschiedenen Verfahren beschlossen werden, ist eine direkte Anwendung von § 34 nicht möglich. Nach Satz 2 findet § 34 Abs. 1 Satz 1 keine Anwendung bei Raumordnungs- und Bauleitplänen sowie auf städtebauliche Abrundungssatzungen nach § 34 Abs. 4 Satz 1 Nr. 3 BauGB. Sowohl das ROG als auch das BauGB enthalten habitatschutzrelevante Vorschriften, die die in § 34 Abs. 1 Satz 1 BNatSchG angesprochene Verträglichkeitsprüfung spezial gesetzlich regeln.

1

Dem Planbegriff unterfallen die in Satz 1 Nr. 1 und 2 genannten Linienbestimmungen sowie ganz allgemein Pläne die bei behördlichen Entscheidungen zu beachten oder zu berücksichtigen sind. Das BNatSchG selbst enthält für Pläne keine Begriffsbestimmung mehr wie sie noch in § 10 Abs. 1 Nr. 12 BNatSchG 2002 zu finden war. Von § 36 werden nur genehmigungsbedürftige Pläne und Maßnahmen erfasst. Da Pläne selbst keine unmittelbare Wirkung auf das Gebiet haben, aber Maßnahmen mit entsprechenden Auswirkungen vorbereiten oder steuern, wird die Verträglichkeitsprüfung vorverlagert, um eine frühzeitige Abstimmung mit den Belangen von Natura 2000 zu gewährleisten und zu verhindern, dass im Vertrauen auf Pläne Dispositionen getroffen werden, die einer späteren Überprüfung nach § 34 nicht standhalten

2

II. Entsprechende Anwendbarkeit der Verträglichkeitsprüfung

3 Die Verträglichkeitsprüfung ist nach § 34 grundsätzlich nur durchzuführen, wenn ein Plan alleine oder in Zusammenwirken mit anderen Plänen und Projekten eine erhebliche Beeinträchtigung der Erhaltungsziele eines besonderen Europäischen Schutzgebiets oder eines Europäischen Vogelschutzgebiets hervorrufen kann. Für Pläne und Projekte gelten die Bestimmungen des Art. 6 Abs. 3 und 4 FFH-RL. Folgerichtig erklärt § 36 Satz 1 den § 34 Abs. 1–5 für entsprechen anwendbar.

4 Daher dürfen die angesprochenen Pläne nur nach Durchführung einer Verträglichkeitsprüfung und dann auch nur aufgestellt werden, wenn sie entweder keine erhebliche Beeinträchtigung maßgeblicher Gebietsbestandteile nach sich ziehen oder die Voraussetzung einer zugelassenen Ausnahme erfüllen. Die Regelungen des § 34 BNatSchG bleiben striktes Recht, das einer planerischen Abwägung nicht zugänglich ist.[1]

5 Bei mehrstufigen Planungsverfahren ist eine Durchführung der Verträglichkeitsprüfung und ggf. des Abweichungsverfahrens erforderlich, sobald Anhaltspunkte für eine erhebliche Beeinträchtigung eines europäischen Schutzgebietes erkennbar sind. Der Konkretisierungsgrad der Aussagen zur Verträglichkeit entspricht derjenigen der jeweiligen Planungsebene. Auch aus Gründen der Verfahrensökonomie ist eine frühzeitige Durchführung der Verträglichkeitsprüfung auf einer hohen Planungsebene sinnvoll, weil sich die Möglichkeit einer Beeinträchtigung von europäischen Schutzgebieten in ihren Erhaltungszielen meist frühzeitig abzeichnet. Zeichnet sich in einem frühen Planungsstadium ab, dass der Plan auf Grund der Beeinträchtigung von Natura 2000-Gebieten unzulässig sein wird, ist die Suche nach Alternativen ohne oder mit weniger Beeinträchtigungen einfacher.

6 Wurde in der vorgelagerten Planung bereits festgestellt, dass mit dem geplanten Vorhaben keine erhebliche Beeinträchtigung eines FFH- oder Vogelschutzgebiets verbunden ist, ist eine erneute Durchführung der Prüfung auf Verträglichkeit in der nachfolgenden Planungsphase i.d.R. nicht erforderlich, es sei denn, die Gebietskulisse hat sich im Planungsraum z.B. durch die Hinzunahme neuer Flächen geändert. Ebenso kann das Vorliegen neuerer Erkenntnisse, die sich seit der Durchführung der übergeordneten Planerstellung ergeben haben, eine Überarbeitung bzw. Aktualisierung der Verträglichkeitsprüfung erforderlich machen.

III. Linienbestimmungsverfahren (Satz 1 Nr. 1)

7 § 36 Nr. 1 regelt die Anwendung von § 34 für Linienbestimmungen nach § 16 FStrG und § 13 WaStrG, für deren Aufstellung die Bundesbehörden zuständig sind. Danach unterliegen auch diese Planungen einer Pflicht zur Prüfung auf Verträglichkeit mit den Erhaltungszielen von FFH- und Vogelschutzgebieten.

8 Im Prozess der Linienfindung sind erhebliche Beeinträchtigungen eines Natura 2000-Gebiets zu vermeiden, ggf. ist eine zumutbare Variante zu entwickeln, bei der keine erheblichen Beeinträchtigungen auftreten. Stehen mehrere Varianten zur Auswahl, sind diese im Hinblick auf die Betroffen-

---

1 *Gellermann* in: Landmann/Rohmer, Umweltschutzrecht, § 35 BNatSchG, Rdnr. 2.

heit von Natura 2000-Gebieten zu vergleichen.² Dabei gilt der Grundsatz, dass die Variante zu wählen ist, die die geringste Beeinträchtigung für ein Natura 2000-Gebiet mit sich bringt.

Bei älteren Linienbestimmungen ist die Prüfung auf Verträglichkeit im Rahmen der Entwurfbearbeitung nachzuholen (Quereinstieg). Das Ergebnis kann ggf. darin bestehen, dass von der linienbestimmten Trasse abgewichen werden muss.³

IV. Pläne die bei behördlichen Entscheidungen zu beachten oder zu berücksichtigen sind (Satz 1 Nr. 2)

Die Verträglichkeitsprüfung nach § 34 gilt auch für Pläne. Hierunter sind alle Pläne zu fassen, die in § 36 nicht ausdrücklich genannt sind, die aber gleichwohl bei behördlichen Entscheidungen zu berücksichtigen sind und die Auswirkungen auf Natura 2000-Gebiete haben können. Zu den sonstigen Plänen zählen z.b. Flächennutzungspläne und Bauleitpläne, wasserwirtschaftliche Maßnahmenprogramme (§ 82 WHG); wasserwirtschaftliche Bewirtschaftungspläne (§ 83 WHG) und Abfallwirtschaftspläne (§ 29 Abs. 1 KrW-/AbfG). Ebenso fallen hierunter Landschaftspläne mit eigenständiger Rechtsverbindlichkeit. Dagegen ist für Landschaftsplanungen, die erst durch ihre Integration in die räumliche Gesamtplanung Rechtsverbindlichkeit erlangen, keine Verträglichkeitsprüfung erforderlich. Dennoch empfiehlt es sich, bereits im Rahmen der Landschaftsplanung eine Verträglichkeitsprüfung durchzuführen, wenn die Beeinträchtigung eines Natura 2000-Gebiets durch andere Belange von Naturschutz und Landschaftspflege (z.B. Planung eines Erholungsgebiets) nicht ausgeschlossen werden kann.

V. Raumordnungspläne (Satz 2)

Bei der Aufstellung von Raumordnungsplänen i.S.v. § 3 Abs. 1 Nr. 7 ROG findet § 34 Abs. 1 Satz 1 keine Anwendung. Die Verpflichtung zur Durchführung der Verträglichkeitsprüfung ergibt sich für Raumordnungspläne bereits aus § 7 Abs. 6 ROG. Das Verfahren selbst erfolgt nach § 34 Abs. 2–5.

Bei der **Aufstellung der Raumordnungspläne** schreibt § 7 Abs. 6 ROG vor, dass im Falle möglicher erheblicher Beeinträchtigungen von Natura 2000-Gebieten die Vorschriften des BNatSchG über die Zulässigkeit oder Durchführung von derartigen Eingriffen sowie zur Einholung der Stellungnahme der Kommission anzuwenden sind. Ergibt die Verträglichkeitsprüfung, dass keine negativen Beeinträchtigungen zu erwarten sind, kann der Raumordnungsplan Gültigkeit erlangen. Sind hingegen erhebliche Beeinträchtigungen auf FFH- oder Vogelschutzgebiete zu befürchten, ist der Plan unzulässig. Nur wenn zumutbare Alternativen ohne oder mit geringeren Beeinträchtigungen fehlen, ist die Möglichkeit einer Ausnahme gemäß § 34 Abs. 3 bzw. § 34 Abs. 4 für prioritäre Biotope oder Gebiete mit prioritär zu schützenden Arten nur aus zwingenden Gründen des überwiegenden öffentlichen Interesses gegeben.

---

2 FGSV, Vorläufige Hinweise zur Erarbeitung von FFH-Verträglichkeitsprüfungen in der Straßenplanung, 2002, S. 7.
3 FGSV, Vorläufige Hinweise zur Erarbeitung von FFH-Verträglichkeitsprüfungen in der Straßenplanung, 2002, S. 7.

13 Für **bestehende Raumordnungspläne** besteht eine Pflicht zur Überprüfung der festgelegten Raumordnungsziele. Die Auswahl und Meldung von FFH-Gebieten erfolgt anhand naturschutzfachlicher Kriterien, eine Abwägung mit entgegenstehenden anderen Belangen ist nicht zulässig. Die festgelegten Raumordnungsziele sind daher auf ihre Übereinstimmung mit den Erhaltungszielen von Natura 2000-Gebieten zu überprüfen, ggf. sind sie anzupassen (Zielabweichungsverfahren nach § 11 ROG). Auf Grund des für potenzielle FFH-Gebiete bestehenden Verschlechterungsverbots dürfen raumordnerisch zulässige Projekte oder auf den Raumordnungsplänen aufbauenden Flächennutzungsplanung nur zugelassen werden, wenn sie die potenziellen FFH-Gebiete entweder nicht erheblich beeinträchtigen oder die Ausnahmevoraussetzungen nach § 34 Abs. 3 bis Abs. 5 vorliegen.

VI. Bauleitpläne und Satzungen nach § 34 Abs. 4 Satz 1 Nr. 3 BauGB

14 Für die **Erstellung von Bauleitplänen** (Flächennutzungspläne, Bebauungspläne sowie vorhabenbezogene Bebauungspläne) und für Satzungen nach § 34 Abs. 4 Satz 1 Nr. 3 BauGB legt § 1a Abs. 2 Nr. 4 BauGB[4] die Anwendung der Verträglichkeitsprüfung fest. Können die Erhaltungsziele oder der Schutzzweck der Gebiete von gemeinschaftlicher Bedeutung und der Europäischen Vogelschutzgebiete erheblich beeinträchtigt werden, sind § 34 Abs. 1 Satz 2 und Abs. 2 bis 5 entsprechend anzuwenden. Satzungen nach § 34 Abs. 4 Satz 1 Nr. 1 und 2 BauGB und § 35 Abs. 6 BauGB sind von dieser Regelung nicht umfasst.[5]

15 Ergibt die Verträglichkeitsprüfung, dass mit der Bauleitplanung erhebliche Beeinträchtigungen von Natura 2000 Gebieten verbunden sein können, ist die Planung unzulässig, sofern nicht die Voraussetzungen des § 34 Abs. 3–5 vorliegen. Das Ergebnis der Prüfung ist verbindlich und unterliegt nicht der bauleitplanerischen Abwägung nach § 1 Abs. 6 BauGB. Die Suche nach zumutbaren Alternativen ist zwar auf Grund des Planungsbereichs der Bauleitplanung auf das Gemeindegebiet beschränkt. Ein überwiegendes öffentliches Interesse setzt auch voraus, dass eine Verwirklichung der Planung auch in benachbarten Gemeinden nicht möglich ist. Sollen hingegen bereits verwirklichte Vorhaben (z.B. Gewerbebetriebe oder Infrastruktureinrichtungen) durch die Planung ergänzt oder geändert werden, liegt möglicherweise ein überwiegendes öffentliches Interesse vor, welches ein Abweichungsverfahren begründen und Sicherungsmaßnahmen nach § 34 Abs. 5 erforderlich machen kann. Die Planung ist unzulässig, wenn solche Maßnahmen nicht möglich sind. In diesem Fall überwiegen die Belange des europäischen Schutzgebiets die öffentlichen Interessen.[6]

16 **Bestehende Bauleitpläne**, die vor dem 1.1.1998 ohne Durchführung einer Verträglichkeitsprüfung aufgestellt wurden, sind an geltendes Recht anzupassen, sofern keine Plangewährleistungspflichten bestehen.

17 Diese Anpassungspflicht resultiert daraus, dass Beschlüsse über Flächennutzungspläne oder Satzungen nicht in Bestandskraft erwachsen. Damit entfal-

---

4 Diese Regelung zur Berücksichtigung der Erhaltungsziele und Schutzzwecke von Natura 2000-Gebieten und zur Anwendung der Verträglichkeitsprüfung in der Bauleitplanung gilt seit dem 1.1.1998.
5 *Schink*, UPR 1999, 417/420.
6 *Louis*, BNatSchG, § 19d Rn. 10.

tet sie, anders als z.b. eine Baugenehmigung, keinen Vertrauensschutz.[7] Auch § 233 Abs. 1 BauGB, nach dem begonnene Bauleitplanungen nach den bisherigen Rechtsvorschriften durchgeführt werden dürfen, ist auf die Vorschriften zur Umsetzung der FFH-RL nicht anwendbar.[8]

Eine Verträglichkeitsprüfung ist auch durchzuführen, wenn potenzielle FFH-Gebiete erheblich beeinträchtigt werden können, da für sie ein Verschlechterungsverbot besteht. Für faktische Vogelschutzgebiete gilt ein absolutes Beeinträchtigungs- und Verschmutzungsverbot nach Art. 4 Abs. 4 V-RL; § 34 Abs. 3–5 ist nicht anwendbar. **18**

VII. Ablauf der Verträglichkeitsprüfung

Der Ablauf der Verträglichkeitsprüfung erfolgt nach den in § 34 vorgegebenen Prüfschritten. Auch bei Plänen ist der eigentlichen Verträglichkeitsprüfung ein Screening vorgeschaltet, um festzustellen, ob überhaupt die Notwendigkeit einer Verträglichkeitsprüfung besteht. Nur wenn erhebliche Auswirkungen der Planung auf die Erhaltungsziele eines Natura 2000-Gebiets nicht auszuschließen sind, ist eine Prüfung auf Verträglichkeit durchzuführen. Ergibt sich dabei, dass der Plan zu erheblichen Beeinträchtigungen eines in § 34 Abs. 1 genannten Gebiets in seinen für die Erhaltungsziele oder den Schutzzweck maßgeblichen Bestandteilen führen kann, ist der Plan nach § 34 Abs. 2 unzulässig. Ein Spielraum für eine planerische Abwägung besteht hierbei nicht. **19**

Ausnahmen von § 34 Abs. 2 sind nur zulässig für Pläne, die aus zwingenden Gründen des überwiegenden öffentlichen Interesses notwendig sind und für die keine zumutbaren Alternativen ohne oder mit geringeren Beeinträchtigungen gegeben sind (s. § 34 Rdnr. 81). Befinden sich in dem durch den Plan betroffenen Gebiet prioritäre Biotope oder prioritäre Arten, können als zwingende Gründe des überwiegenden öffentlichen Interesses nur solche im Zusammenhang mit der Gesundheit des Menschen, der öffentlichen Sicherheit, einschließlich der Landesverteidigung und des Schutzes der Zivilbevölkerung, oder den maßgeblich günstigen Auswirkungen des Projekts auf die Umwelt geltend gemacht werden. Liegt ein Ausnahmegrund nach § 34 Abs. 3, auch in Verbindung mit § 34 Abs. 4, vor, sind die zur Sicherung des Zusammenhangs des Europäischen ökologischen Netzes „Natura 2000" notwendigen Maßnahmen vorzusehen, § 34 Abs. 5 Satz 1. In diesem Fall unterrichtet die zuständige Behörde die Kommission über die getroffenen Maßnahmen. **20**

---

7 *Louis*, BNatSchG, § 19d Rdnr. 7.
8 *Schink*, UPR 1999, 417/420.

Kapitel 5 **Schutz der wild lebenden Tier- und Pflanzenarten, ihrer Lebensstätten und Biotope**

Abschnitt 1   Allgemeine Vorschriften

§ 37   Aufgaben des Artenschutzes

(1) ¹Die Vorschriften dieses Kapitels sowie § 6 Absatz 3 dienen dem Schutz der wild lebenden Tier- und Pflanzenarten. ²Der Artenschutz umfasst
1. den Schutz der Tiere und Pflanzen wild lebender Arten und ihrer Lebensgemeinschaften vor Beeinträchtigungen durch den Menschen und die Gewährleistung ihrer sonstigen Lebensbedingungen,
2. den Schutz der Lebensstätten und Biotope der wild lebenden Tier- und Pflanzenarten sowie
3. die Wiederansiedlung von Tieren und Pflanzen verdrängter wild lebender Arten in geeigneten Biotopen innerhalb ihres natürlichen Verbreitungsgebiets.

(2) ¹Die Vorschriften des Pflanzenschutzrechts, des Tierschutzrechts, des Seuchenrechts sowie des Forst-, Jagd- und Fischereirechts bleiben von den Vorschriften dieses Kapitels und den auf Grund dieses Kapitels erlassenen Rechtsvorschriften unberührt. ²Soweit in jagd- oder fischereirechtlichen Vorschriften keine besonderen Bestimmungen zum Schutz und zur Pflege der betreffenden Arten bestehen oder erlassen werden, sind vorbehaltlich der Rechte der Jagdausübungs- oder Fischereiberechtigten die Vorschriften dieses Kapitels und die auf Grund dieses Kapitels erlassenen Rechtsvorschriften anzuwenden.

Gliederung	Rdnr.
I. Allgemeines	1
II. Aufgaben des Artenschutzes (Abs. 1)	2–8
III. Verhältnis zu anderen gesetzlichen Vorschriften (Abs. 2)	9–18

1. Allgemeines

1   Die Vorschrift beschreibt die Aufgaben des Arten-, Lebensstätten- und Biotopschutzes auf der Basis der in § 1 genannten Ziele. Das Artenschutzrecht soll einen wesentlichen Beitrag leisten, die biologische Vielfalt im Sinne der Vorgaben des § 1 Abs. 1 Nr. 1 in Verbindung mit § 1 Abs. 2 dauerhaft zu sichern. Die Vorschrift entspricht im Wesentlichen § 39 BNatSchG 2002, wobei nach der früheren Regelung nur § 39 Abs. 2 BNatSchG a.F. unmittelbar galt. Ziel des Artenschutzrechts ist vordringlich der Schutz und die Erhaltung der **Artenvielfalt**. Der Schutz des einzelnen **Individuums** aus ethischen Motiven (Tierschutz) ist somit eher als Reflex des Artenschutzes denn als ein eigenständiges Ziel anzusehen.

II. Aufgaben des Artenschutzes (Absatz 1)

2   Der Schutz der Tier- und Pflanzenwelt einschließlich ihrer Lebensstätten und Lebensräume gehört nach § 1 Abs. 2 Nr. 1, Abs. 3 Nr. 5 zu den **zentralen Zielen des Naturschutzes**. In Abs. 1 werden in Ergänzung dieser allgemeinen Zielbestimmungen die allgemeinen Zielsetzungen und Aufgaben des Artenschutzes definiert.

3   In **Abs. 1 Satz 1** werden als Objekt des Artenschutzes die wild lebenden Tier- und Pflanzenarten in ihrer natürlichen und historischen Vielfalt bestimmt. Wie das Bundesverfassungsgericht festgestellt hat, hat die Allgemeinheit ein überragendes Interesse daran, dass die Tierwelt in ihrer durch Zivilisationseinflüsse ohnehin gefährdeten Vielfalt nicht nur in der Gegenwart, sondern auch für künftige Generationen erhalten bleibt.[1] Hinsichtlich der Begriffe „Tiere", „Pflanzen" und „Arten" sind die Begriffsbestimmungen des § 7 Abs. 2 Nr. 1 bis 3 heranzuziehen. Im Hinblick auf die Heraushebung der dauerhaften Sicherung der biologischen Vielfalt in § 1 Nr. 1 wurde die Übernahme der Worte „in ihrer natürlichen und historisch gewachsenen Vielfalt" aus dem bisherigen Recht für entbehrlich gehalten.

Die in § 39 BNatSchG 2002 enthaltenen Begriffe „Pflege und Entwicklung" wurden in der Neufassung aus redaktionellen Gründen nicht übernommen, da sich diese Aspekte schon aus der allgemeinen Zielbestimmung des § 1 Nr. 1 ergeben. 4

Abs. 1 Satz 2 Nr. 1 enthält die Aufgaben des sog. **direkten Artenschutzes**. Auch hier werden gemäß der systematischen Auslegung nur Exemplare wild lebender Tier- und Pflanzenarten erfasst. Zu schützen sind auch Lebensgemeinschaften, d.h. Gemeinschaften von Lebewesen gleicher und verschiedener Arten, die miteinander in Wechselbeziehung stehen. Unter „Beeinträchtigungen durch den Menschen" fallen unmittelbare oder mittelbare Störungen; Ausdifferenzierungen dieses Begriffs finden sich in § 39 Abs. 1 und § 44 Abs. 1. Eine besondere Ausprägung der „Gewährleistung sonstiger Lebensbedingungen" ist der Vogelschutz an Freileitungen, vgl. § 41. Nicht mitumfasst sind Auswirkungen, die ausschließlich auf Naturereignisse (z.B. Orkane) zurückgehen. 5

Abs. 1 Satz 2 Nr. 2 stellt die Aufgabe eines **mittelbaren Artenschutzes**, da der Schutz vor physischer Beeinträchtigung nicht ausreicht, die Vielfalt der heimischen wild lebenden Tier- und Pflanzenarten zu erhalten. Erforderlich ist vielfach ein aktives Handeln, um die Lebensbedingungen sicherzustellen. 6

Objekt des Schutzes sind die **Biotope**, d.h. nach der Definition des § 7 Abs. 2 Nr. 4 die Lebensstätten und Lebensräume wild lebender Tiere und Pflanzen (vgl. § 7 Rdnr. 32 ff.), sowie die sonstigen Lebensbedingungen, z.B. Nahrungsgrundlagen, Nist-, Brut-, Wohn- oder Zufluchtstätten. Im Hinblick auf die allgemeine Zielbestimmung des § 1 Abs. 1 hat Satz 2 Nr. 2 nicht nur einen konservierenden Ansatz („Schutz und Pflege"), sondern zielt auch auf die Verbesserung bestehender Biotope („Entwicklung") sowie auf die Rückgängigmachung früherer Verluste („Wiederherstellung"). Als Instrumente des Schutzes kommen neben den speziellen artenschutzrechtlichen Maßnahmen des Kapitels 5 insbesondere die in Kapitel 4 geregelten Maßnahmen des Schutzes bestimmter Teile von Natur und Landschaft, die Bestimmungen der Eingriffsregelung über Vermeidung, Ausgleich und Ersatz, planerische Instrumente des 2. Kapitels und der Bauleitplanung, Maßnahmen des Vertragsnaturschutzes sowie Maßnahmen nach anderen Fachgesetzen (z.B. Wasserrecht, Jagd-, Forst- und Fischereirecht) in Betracht. 7

Abs. 1 Satz 2 Nr. 3 benennt auch die Wiederherstellung der Artenvielfalt als Aufgabe des Artenschutzes. Voraussetzung einer Wiederansiedlung ist, dass sie im Bereich des natürlichen Verbreitungsgebiets einer Art, aus dem diese verdrängt wurde, erfolgt. Dies bedeutet, dass die Wiederansiedelung nur in den Naturräumen erfolgen darf, in denen die Art früher verbreitet war.[2] Die 8

---

1 BVerfG, Urt. v. 3.11.1982 – 1 BvL 4/78, NuR 1983, 151.
2 Ähnlich *Kolodziejcok/Recken*, Kennzahl 1220 Rdnr. 19, der aber statt „Naturraum" von „Region" spricht.

Wiederansiedlung bezieht sich somit auf solche heimische Arten im Sinne des § 7 Abs. 2 Nr. 7, die ihr natürliches Verbreitungsgebiet ganz oder teilweise verloren haben. Keine Objekte einer Wiederansiedlung sind verwilderte oder durch menschliches Zutun eingebürgerte Arten. Dagegen werden auch Arten erfasst, die auf natürliche Weise ihr Verbreitungsgebiet nach Deutschland ausgedehnt hatten oder die nur zu bestimmten Jahreszeiten (z.b. wandernde Arten) vorhanden waren. Spezielle Genehmigungsvorschriften zum Ansiedeln enthält § 40 Abs. 4. Dient eine Aufzucht von Tieren dazu, sie wieder in freier Wildbahn anzusiedeln, kann es sich um eine Maßnahme handeln, an der ein besonderes öffentliches Interesse besteht; die Errichtung eines Geheges hierfür kann ein baurechtlich privilegiertes Vorhaben nach § 35 Abs. 1 Nr. 5 BauGB darstellen.[3]

III. Verhältnis zu anderen gesetzlichen Vorschriften (Absatz 2)

9 Literatur: *Brocker*, Zur landesrechtlichen Bejagung geschützter Arten - Elster und Rabenkrähe im Dickicht von Naturschutz und Jagdrecht, NuR 2000, 307; *Drees*, Verhältnis des Jagdrechts zum Artenschutzrecht, RdL 1987, 197; *Hammer*, Rechtsprechungshinweise zum Recht des Greifvogelschutzes und der Falknerei, NuR 1996, 186; *Karremann*, Das Fischereirecht in Deutschland sowie einige die Fischerei berührende Rechtsgebiete, AgrarR 1986, 157; *Lorz*, Fischerei und Naturschutz – eine rechtliche Betrachtung, NuR 1982, 4; *ders.*, Ein Blick auf den Grenzbereich von Tierschutz-, Naturschutz-, Jagd- und Fischereirecht, NuR 1985, 253 ff.; *Rehbinder*, Umweltschutz und Pflanzenschutzrecht, NuR 1983, 249 ff.

10 Die aus § 39 BNatSchG 2002 unverändert übernommene Kollisionsnorm des Abs. 2 gilt nicht nur hinsichtlich der Vorschriften des Kapitels 5 des BNatSchG und der auf Grund der Vorschriften erlassenen Rechtsverordnungen des Bundes (insbes. BArtSchV), sondern auch für die zur Umsetzung der Bundesregelungen erlassenen Landesvorschriften. Die „Unberührtheitsregelung" bedeutet **keinen generellen Vorrang der anderen Rechtsgebiete vor dem Artenschutzrecht**,[4] sondern stellt nur klar, dass zwischen den genannten Rechtsgebieten und dem Artenschutzrecht keine generelle Spezialität in dem Sinne einer Verdrängung besteht und der jeweilige Vorrang nach allgemeinen Auslegungsregeln zu bestimmen ist.[5] Dabei gilt grundsätzlich, dass Handlungen, die nach speziellen Regelungen der unberührt bleibenden Vorschriften erlaubt oder untersagt sind, durch das Artenschutzrecht nicht verboten bzw. zugelassen werden dürfen.[6] Dagegen ist das speziellere Artenschutzrecht anwendbar, wenn das Fachgesetz nur Generalklauseln oder keine entsprechenden Vorschriften enthält. So kann z.B. aus der allgemeinen Hegepflicht des § 23 BJagdG keine Befugnis zum Abschuss von Eichelhähern abgeleitet werden.[7] Ergänzende Regelungen im Verhältnis zum Jagdrecht enthalten § 45 Abs. 1 Satz 3, Abs. 4 und 5. Da § 2 Abs. 1 Nr. 1 i.V.m. § 1 Abs. 2 BWildSchV nur die Wegnahme von Nestern verbietet, ist für die

---

3 BVerwG, Beschl. v. 10.4.1987 – 4 B 58 und 63/87, Buchholz 406.401 § 20 BNatSchG Nr. 1.
4 So aber *Drees*, RdL 1987, 198 ff.; *Leonhardt/Lohner*, AgrarR 1987, 205; *Meyer-Ravenstein*, AgrarR 2000, 277.
5 BT-Drs. 10/5064, S.18; VG Arnsberg, Urt. v. 21.11.1986 – 3 K 1249/86, NuR 1988, 158 mit Anm. *Apfelbacher*; *Bocker*, NuR 2000, 307/310; VerfGH Rh-Pf, Urt. v. 20.11.2000 – N 2/00, NuR 2001, 213.
6 *Louis*, BNatSchG, § 20 Rdnr. 7.
7 VGH Mannheim, Urt. v. 1.12.1997 – 5 S 1486/96, NuR 2000, 149.

Beschädigung oder Zerstörung von Nestern der in die BWildSchV einbezogenen Vogelarten das Verbot nach § 44 Abs. 1 Nr. 3 anzuwenden.

Soweit von den anderen gesetzlichen Vorschriften Arten betroffen sind, die der VRL oder FFH-RL unterworfen sind, sind die Vorgaben der EU-Vorschriften bei Erlass wie Anwendung zu beachten. **11**

Das **Pflanzenschutzrecht** bezweckt neben dem Schutz von Kulturpflanzen auch die Abwendung von Gefahren, die durch die Anwendung von Pflanzenschutzmitteln für den Naturhaushalt entstehen können (§ 1 Nr. 4 PflSchG). Der Schutz von Tier- und Pflanzenarten ist bei der Ausnahmevorschrift des § 6 Abs. 3 PflSchG ausdrücklich als ein zu prüfender öffentlicher Belang benannt. § 8 Abs. 1 Nr. 1 PflSchG enthält eine Unberührtheitsklausel hinsichtlich landesrechtlicher Vorschriften, die die Anwendung von Pflanzenschutzmitteln in nach naturschutzrechtlichen Bestimmungen ausgewiesenen Schutzgebieten regeln. **12**

Tierschutzrechtliche Bestimmungen haben nach § 1 TierSchG den Zweck, Leben und Wohlbefinden des einzelnen Tieres zu schützen. Die tierschutz- und naturschutzrechtlichen Vorschriften stehen daher nebeneinander und ergänzen sich. So steht die tierschutzrechtliche Erlaubnis zum Halten von Tieren in einem Zoo (§ 11 Abs. 1 Nr. 2a TierSchG) neben der naturschutzrechtlichen Zoogenehmigung (§ 42). Eine Unberührtheitsklausel im Verhältnis zum Naturschutzgesetz enthält § 13 Abs. 1 Satz 2 TierSchG für den Bereich der Störungen und des Fangens wild lebender Wirbeltiere. **13**

Seuchen- und tierseuchenrechtliche Bestimmungen sind speziell zu artenschutzrechtlichen Vorschriften, soweit sie der Bekämpfung von Krankheiten oder der Verhinderung der Ausbreitung von Krankheitserregern dienen. Spezielle Vorgaben für die Tötung von Tieren wild lebender Arten zu diesen Zwecken enthält § 24 Abs. 3 TierSG. § 13 BSeuchenG ist als lex specialis anzuwenden bei Maßnahmen gegen tierische Schädlinge, die Krankheitserreger verbreiten können. Weitere Spezialvorschriften enthält die Psittakoseverordnung. **14**

Hinsichtlich des **Forst- und Fischereirechtes** sind die Ausnahmen der §§ 40 Abs. 4 Satz 1 Nr. 1, 44 Abs. 4 von Bedeutung. Da es hinsichtlich der Binnengewässer kein Bundesfischereigesetz gibt, sind die entsprechenden Landesgesetze darauf zu prüfen, inwieweit sie spezielle Regelungen, z.B. zum Einsetzen von Fischen oder zu Schonzeiten enthalten (z.B. § 14 Abs. 2 FischG BW i.V.m. § 8 LFischVO). Zur Hochsee- und Küstenfischerei sind die Regelungen des Seefischereigesetzes von Bedeutung. **15**

Im Verhältnis zum **Jagdrecht** ergeben sich Besonderheiten insbesondere für das Aussetzen sowie die Aneignungs- und Besitzverbote von dem Jagdrecht unterliegenden Tieren. Soweit das Jagdrecht Regelungslücken im Schutz jagdbarer Tiere enthält, ist das Artenschutzrecht anwendbar (z.B. Schutz der Nester von Federwild gegen Zerstörung). Die artenschutzrechtlichen Zugriffsverbote finden bei einer zulässigen Jagdausübung auf Wild mit einer Jagdzeit oder kraft jagdrechtlicher Ausnahmeregelung auf Wild während der Schonzeit keine Anwendung. Eine Ausnahme nach § 45 oder eine Befreiung nach § 67 ist daneben nicht erforderlich. Soweit die Arten auch in Anhang A oder B der VO (EG) 338/97 aufgeführt sind, ist für die Vermarktung eine Genehmigung nach Art. 8 Abs. 3 VO (EG) 338/97 erforderlich. **16**

17 Keine Regelung wird hinsichtlich des Verhältnisses zum **Zivilrecht** getroffen. Zivilrechtliche Ansprüche gegen Immissionen von wild lebenden Tieren oder Pflanzen nach § 1004 BGB bestehen nur, wenn Abwehrmaßnahmen artenschutzrechtlich zulässig sind (vgl. § 44 Rdnr. 11).

18 Soweit speziellere Vorschriften anwendbar sind, sind die Naturschutzbehörden gemäß § 3 Abs. 5 Satz 1 zu beteiligen.[8]

---

[8] VGH Kassel, Urt. v. 23.11.1999 – 11 UE 1202/95, NuR 2001, 158.

§ 38 Allgemeine Vorschriften für den Arten-, Lebensstätten- und Biotopschutz

(1) Zur Vorbereitung und Durchführung der Aufgaben nach § 37 Absatz 1 erstellen die für Naturschutz und Landschaftspflege zuständigen Behörden des Bundes und der Länder auf der Grundlage der Beobachtung nach § 6 Schutz-, Pflege- und Entwicklungsziele und verwirklichen sie.

(2) ¹Soweit dies zur Umsetzung völker- und gemeinschaftsrechtlicher Vorgaben oder zum Schutz von Arten, die in einer Rechtsverordnung nach § 54 Absatz 1 Nummer 2 aufgeführt sind, einschließlich deren Lebensstätten, erforderlich ist, ergreifen die für Naturschutz und Landschaftspflege zuständigen Behörden des Bundes und der Länder wirksame und aufeinander abgestimmte vorbeugende Schutzmaßnahmen oder stellen Artenhilfsprogramme auf. ²Sie treffen die erforderlichen Maßnahmen, um sicherzustellen, dass der unbeabsichtigte Fang oder das unbeabsichtigte Töten keine erheblichen nachteiligen Auswirkungen auf die streng geschützten Arten haben.

(3) Die erforderliche Forschung und die notwendigen wissenschaftlichen Arbeiten im Sinne des Artikels 18 der Richtlinie 92/43/EWG und des Artikels 10 der Richtlinie 79/409/EWG werden gefördert.

Die allgemeinen Vorschriften für den Arten-, Lebensstätten- und Biotopschutz regeln wie § 40 BNatSchG a.F. den aktiven, gestaltenden Naturschutz im Gegensatz zu den Vorgaben des allgemeinen und besonderen Artenschutzes mit seinem eher repressiven Charakter. Die Vorschrift fordert in **Abs. 1** Bund und Länder auf, **Schutz-, Pflege- und Entwicklungsziele** für den Schutz der Tiere und Pflanzen und ihrer Lebensgemeinschaften vor Beeinträchtigung durch den Menschen, die Sicherung und Verbesserung der sonstigen Lebensbedingungen sowie die weiteren Aufgaben des § 37 aufzustellen und zu verwirklichen. Grundlage ist dabei die in § 6 näher spezifizierte Umweltbeobachtung. Soweit der Bund und die Länder angesprochen sind, beziehen sich die Verpflichtungen für den Bund auf die ausschließliche Wirtschaftszone und den Festlandsockel, für die Länder auf die Küstengewässer und das Festland.   1

Abs. 2 Satz 1 greift spezielle Anforderungen für einen besonderen Kreis von Tier- und Pflanzenarten heraus und fordert unter bestimmten Umständen wirksame und aufeinander abgestimmte **vorbeugende Schutzmaßnahmen**. Mit dieser Regelung soll der Rechtsprechung des EuGH zur Auslegung des strengen Schutzsystems nach Art. 12 Abs. 1 FFH-Richtlinie Rechnung getragen werden, wonach auch der Erlass kohärenter, koordinierter und vorbeugender Maßnahmen erforderlich sein kann.[1] Diese Verpflichtung hat den Sinn, es möglichst nicht zu Verstößen gegen Störungs- und Tötungsverbote kommen zu lassen, sondern diese gegebenenfalls präventiv zu verhindern. Sie kann z.B. erfordern, Gitter an Höhlen anzubringen, um den darin überwinternden Fledermäusen eine störungsfreie Situation zu gewährleisten.[2] Mit dieser Maßnahme werden Störungen durch Menschen in der Höhle gar nicht erst möglich; das Ziel der Störungsverbote wird so erreicht. Die Verpflichtung gilt für die Tierarten des Anh. IV Buchstabe a der FFH-Richtlinie sowie für die in einer Rechtsverordnung nach § 54 Abs. 1 Nr. 2 enthaltenen Arten.   2

---

1   EuGH, Urt. v. 16.3.2006 gegen Griechenland, C-518/04, Rdnr. 16 sowie Urt. v. 11.1.2007 gegen Irland, C-183/05, Rdnr. 30.
2   Vgl. BT-Drs. 16/12274, S. 66.

3 Abs. 2 Satz 1 enthält die Vorgabe, **Artenhilfsprogramme** aufzustellen. Derartige Programme sind in den Ländern bereits in der Vergangenheit zur Umsetzung von Schutz-, Pflege- und Entwicklungszielen für viele gefährdete Tier- und Pflanzenarten ausgearbeitet und umgesetzt worden.³ Mit diesem Instrument können auch die auf internationaler und europäischer Ebene verbreiteten Aktions- und Bewirtschaftungspläne umgesetzt werden, zu deren Umsetzung teilweise eine rechtliche Verpflichtung besteht⁴ oder die den Vertragsparteien internationaler Artenschutzübereinkommen (z.B. der Berner Konvention) bzw. den Mitgliedstaaten der Europäischen Union von der Kommission zur Anwendung empfohlen sind. In den Artenschutzprogrammen sollen – soweit erforderlich – wirksame und aufeinander abgestimmte vorbeugende Schutzmaßnahmen enthalten sein. Das Artenspektrum für die Erarbeitung von Artenschutzprogrammen ergibt sich zum einen aus den internationalen und europäischen Vorgaben (z.b. Art. 12 FFH-RL), zum anderen aus der Rechtsverordnung nach § 54 Abs. 1 Nr. 2. Sowohl die wirksamen und aufeinander abgestimmten vorbeugenden Schutzmaßnahmen wie auch die Artenschutzprogramme sind nur zu erarbeiten, soweit dies erforderlich ist.

4 Abs. 2 Satz 2 knüpft an die in § 6 Abs. 3 Nr. 2 geregelte Beobachtungspflicht des unbeabsichtigten Beifangs oder Tötens der in Anhang IV Buchstabe a der FFH-Richtlinie genannten Arten an und setzt die entsprechende Verpflichtung aus Artikel 12 Abs. 4 FFH-Richtlinie um, erhebliche nachteilige Auswirkungen des **unbeabsichtigten Fangs oder Tötens** dieser Arten zu verhindern. Die Vorschrift erfasst unvermeidbare Kollisionen von Tieren mit Flug- und Fahrzeugen sowie Beifang.

5 Abs. 3 setzt die in Art. 18 FFH-RL und Art. 10 VRL enthaltenen Verpflichtungen zur Förderung der **Forschung** um. Die Verpflichtungen aus den Richtlinien richten sich an die Bundesrepublik Deutschland als Mitgliedstaat. Dabei ist nach der grundgesetzlichen Kompetenzverteilung im Einzelfall zu entscheiden, ob der Bund oder die Länder zuständig sind.

---

3   Dazu: *Blab*, Inhalte und Ziele von Artenschutzprogrammen in der Bundesrepublik Deutschland – Übersicht über die Gesamtthematik, Akademie für Naturschutz und Landschaftspflege, Tagungsbericht, 1981; *Harms*, Baden-Württemberg – Grundlagenwerke zum Artenschutzprogramm, Natur und Landschaft 1999, 200; *Marx/Harms*, Konzeption für die Auswertung und Umsetzung der Grundlagenwerke zum Artenschutzprogramm Baden-Württemberg, in: Landesanstalt für Umweltschutz (Hrsg.), Förderprojekte der Stiftung Naturschutzfonds, 1993; *Plachter*, Arten- und Biotopschutzprogramme als umfassende Zielkonzepte des Naturschutzes, Jb f. Naturschutz und Landschaftspflege 39, 1987 S. 106; *Scherer-Lorenzen/Scheuerer/Schumacher*, Eine bundesweite Befragung zu den Artenschutzprogrammen für Pflanzen, Schr.-R.f. Vegetationskunde 36, 2002; *Vischer/Binot-Hafke*, Artenhilfsprogramme der Bundesländer: Fauna. Natur und Landschaft 2003, 56. Weitere Literatur zu Artenhilfsprogrammen der Bundesländer unter: www.bfn.de/01/0102_111.htm; LfU (Hrsg.), Artenschutzprogramm Baden-Württemberg, Loseblattsammlung und Arbeitsblätter, 1989–1996.

4   Z. B. nach Nummer 2.2.1 und 2.2.2 der Anlage 3 zum Afrikanisch Eurasischen Wasservogelübereinkommen, BGBl. II 1998 S. 2500, BGBl II. 2004 S. 600.

Abschnitt 2 **Allgemeiner Artenschutz**

§ 39 Allgemeiner Schutz wild lebender Tiere und Pflanzen; Ermächtigung zum Erlass von Rechtsverordnungen

(1) Es ist verboten,
1. wild lebende Tiere mutwillig zu beunruhigen oder ohne vernünftigen Grund zu fangen, zu verletzen oder zu töten,
2. wild lebende Pflanzen ohne vernünftigen Grund von ihrem Standort zu entnehmen oder zu nutzen oder ihre Bestände niederzuschlagen oder auf sonstige Weise zu verwüsten,
3. Lebensstätten wild lebender Tiere und Pflanzen ohne vernünftigen Grund zu beeinträchtigen oder zu zerstören.

(2) [1]Vorbehaltlich jagd- oder fischereirechtlicher Bestimmungen ist es verboten, wild lebende Tiere und Pflanzen der in Anhang V der Richtlinie 92/43/EWG aufgeführten Arten aus der Natur zu entnehmen. [2]Die Länder können Ausnahmen von Satz 1 unter den Voraussetzungen des § 45 Absatz 7 oder des Artikels 14 der Richtlinie 92/43/EWG zulassen.

(3) Jeder darf abweichend von Absatz 1 Nummer 2 wild lebende Blumen, Gräser, Farne, Moose, Flechten, Früchte, Pilze, Tee- und Heilkräuter sowie Zweige wild lebender Pflanzen aus der Natur an Stellen, die keinem Betretungsverbot unterliegen, in geringen Mengen für den persönlichen Bedarf pfleglich entnehmen und sich aneignen.

(4) [1]Das gewerbsmäßige Entnehmen, Be- oder Verarbeiten wild lebender Pflanzen bedarf unbeschadet der Rechte der Eigentümer und sonstiger Nutzungsberechtigter der Genehmigung der für Naturschutz und Landschaftspflege zuständigen Behörde. [2]Die Genehmigung ist zu erteilen, wenn der Bestand der betreffenden Art am Ort der Entnahme nicht gefährdet und der Naturhaushalt nicht erheblich beeinträchtigt werden. [3]Die Entnahme hat pfleglich zu erfolgen. [4]Bei der Entscheidung über Entnahmen zu Zwecken der Produktion regionalen Saatguts sind die günstigen Auswirkungen auf die Ziele des Naturschutzes und der Landschaftspflege zu berücksichtigen.

(5) [1]Es ist verboten,
1. die Bodendecke auf Wiesen, Feldrainen, Hochrainen und ungenutzten Grundflächen sowie an Hecken und Hängen abzubrennen oder nicht land-, forst- oder fischereiwirtschaftlich genutzte Flächen so zu behandeln, dass die Tier- oder Pflanzenwelt erheblich beeinträchtigt wird,
2. Bäume, die außerhalb des Waldes, von Kurzumtriebsplantagen oder gärtnerisch genutzten Grundflächen stehen, Hecken, lebende Zäune, Gebüsche und andere Gehölze in der Zeit vom 1. März bis zum 30. September abzuschneiden oder auf den Stock zu setzen; zulässig sind schonende Form- und Pflegeschnitte zur Beseitigung des Zuwachses der Pflanzen oder zur Gesunderhaltung von Bäumen,
3. Röhrichte in der Zeit vom 1. März bis zum 30. September zurückzuschneiden; außerhalb dieser Zeiten dürfen Röhrichte nur in Abschnitten zurückgeschnitten werden,
4. ständig wasserführende Gräben unter Einsatz von Grabenfräsen zu räumen, wenn dadurch der Naturhaushalt, insbesondere die Tierwelt erheblich beeinträchtigt wird.

[2]Die Verbote des Satzes 1 Nummer 1 bis 3 gelten nicht für
1. behördlich angeordnete Maßnahmen,
2. Maßnahmen, die im öffentlichen Interesse nicht auf andere Weise oder zu anderer Zeit durchgeführt werden können, wenn sie
    a) behördlich durchgeführt werden,
    b) behördlich zugelassen sind oder
    c) der Gewährleistung der Verkehrssicherheit dienen,
3. nach § 15 zulässige Eingriffe in Natur und Landschaft,

§ 39   1, 2   Kommentar

4. zulässige Bauvorhaben, wenn nur geringfügiger Gehölzbewuchs zur Verwirklichung der Baumaßnahmen beseitigt werden muss.

[3]Die Landesregierungen werden ermächtigt, durch Rechtsverordnung bei den Verboten des Satzes 1 Nummer 2 und 3 für den Bereich eines Landes oder für Teile des Landes erweiterte Verbotszeiträume vorsehen. [4]Sie können die Ermächtigung nach Satz 3 durch Rechtsverordnung auf andere Landesbehörden übertragen.

(6) Es ist verboten, Höhlen, Stollen, Erdkeller oder ähnliche Räume, die als Winterquartier von Fledermäusen dienen, in der Zeit vom 1. Oktober bis zum 31. März aufzusuchen; dies gilt nicht zur Durchführung unaufschiebbarer und nur geringfügig störender Handlungen sowie für touristisch erschlossene oder stark genutzte Bereiche.

(7) Weiter gehende Schutzvorschriften insbesondere des Kapitels 4 und des Abschnitts 3 des Kapitels 5 einschließlich der Bestimmungen über Ausnahmen und Befreiungen bleiben unberührt.

Gliederung   Rdnr.

I.	Allgemeines	1–4
II.	Allgemeine Schutzbestimmungen (Abs. 1)	5–10
1.	Allgemeiner Schutz wild lebender Tiere (Abs. 1 Nr. 1)	7, 8
2.	Allgemeiner Schutz wild lebender Pflanzen (Abs. 1 Nr. 2)	9
3.	Schutz von Lebensstätten (Abs. 1 Nr. 3)	10
III.	Entnahme von Tieren (Abs. 2)	11–13
IV.	Allgemeines Aneignungsrecht (Abs. 3)	15–19
V.	Gewerbliches Sammeln (Abs. 4)	20–23
VI.	Lebensstättenschutz (Abs. 5)	24–42
1.	Abflämmverbot und Behandlungsverbot (Abs. 5 Satz 1 Nr. 1)	25–27
2.	Jahreszeitliches Rodungsverbot (Abs. 5 Satz 1 Nr. 2)	28–30
3.	Röhrichtschutz (Abs. 5 Satz 1 Nr. 3)	31
4.	Verbot von Grabenfräsen (Abs. 5 Satz 1 Nr. 4)	32–35
5.	Legalausnahmen (Abs. 5 Satz 2)	36–41
6.	Rechtsverordnungen (Abs. 5 Satz 3)	42
VII.	Fledermausschutz (Abs. 6)	43, 44
VIII.	Unberührtheitsklausel (Abs. 7)	45

I. Allgemeines

1   § 39 soll den Mindestschutz aller wild lebenden Tiere und Pflanzen sichern. Die Vorschrift entwickelt die rahmenrechtliche Bestimmung des § 41 BNatSchG a.F. weiter und greift bewährte landesrechtliche Regelungen (z.B. Abflämmverbot, Verbot der maschinellen Grabenräumung) auf.

2   Alle wild lebenden Tier- und Pflanzenarten genießen nach § 39 einen **Mindestschutz** unabhängig von ihrer Häufigkeit oder Schädlichkeit für bestimmte Wirtschaftsformen. Hinsichtlich der Begriffe „wild lebende Tiere und Pflanzen" vgl. die Legaldefinition des § 7 Abs. 2 Nr. 1 und 2. Für besonders und streng geschützte Pflanzen- und Tierarten sind die spezielleren Regelungen der §§ 44 und 45 anzuwenden; der allgemeine Grundschutz ist aber einschlägig, wenn die speziellen Verbote des § 44 Abs. 1 tatbestandlich nicht greifen (z.b. ist die Störung von Vögeln an ihren Nahrungsstätten von § 44 Abs. 1 Nr. 3 nicht umfasst).

Bei **Zuwiderhandlungen** kann die zuständige Naturschutzbehörde eine Anordnung durch Verwaltungsakt (z.b. gegen den Grundstückseigentümer) oder Allgemeinverfügung erlassen, gestützt auf die allgemeine Ermächtigungsnorm des § 3 Abs. 2. 3

Geht die Gefährdung vom **Straßenverkehr** aus (z.b. für Amphibien), sind Sperrmaßnahmen auf § 45 Abs. 1a Nr. 4a StVO zu stützen und gemäß § 45 Abs. 4 StVO durch ein Verbotsschild nach § 41 StVO, Zeichen 250, kenntlich zu machen.[1] 4

II. Allgemeine Schutzbestimmungen (Absatz 1)

Abs. 1 regelt den in § 41 BNatSchG a.F. enthaltenen allgemeinen Schutz wild lebender Tiere und Pflanzen. Die bisherige Rahmenregelung wurde inhaltsgleich in eine bundesunmittelbar geltende Regelung umgewandelt. Wie bisher gewährt die Vorschrift einen Mindestschutz, der insbesondere allen nicht besonders geschützten, wild lebenden Arten zugute kommt. Strengere Schutzvorschriften für besonders oder streng geschützte Arten, für gesetzlich geschützte Biotope oder Schutzgebiete usw. bleiben nach Abs. 7 unberührt. 5

Nach § 69 Abs. 1 handelt ordnungswidrig, wer wissentlich entgegen § 39 Abs. 1 Nr. 1 ein wild lebendes Tier beunruhigt. Weitere Ordnungswidrigkeiten zu den Verboten des Abs. 1 finden sich in § 69 Abs. 3 Nr. 7 bis 9. 6

1. Allgemeiner Schutz wild lebender Tiere (Absatz 1 Nr. 1)

Alle Tiere wild lebender Arten genießen nach Abs. 1 Nr. 1 einen allgemeinen Grundschutz. Das **Beunruhigungs**verbot bezieht sich auf alle Tätigkeiten, die ein Tier in seiner normalen Lebensweise ernsthaft stören, so z.b. bei der Nahrungsaufnahme, bei der Balz, beim Schlafen, Brüten, Betreuen des Nachwuchses. Derartige Störungen führen typischerweise zu sichtbaren Reaktionen (Flucht, Verdrücken, Angstreaktionen von Jungtieren). **Mutwillen** liegt vor, wenn der Täter das Beunruhigen, z.b. das Scheuchen von Tieren, aus einer Laune oder Stimmung heraus oder als Selbstzweck betreibt. Kein Mutwillen liegt vor, wenn der Täter einen vernünftigen Grund hat, aus Furcht vor den Tieren handelt oder die Beunruhigung zur Abwendung wirtschaftlicher Schäden dient (z.b. Vertreiben von Staren aus einem Weinberg durch Schreckschusseinrichtungen). Unter **Fangen** wird jede physische Beschränkung der Bewegungsfreiheit verstanden, grundsätzlich unabhängig davon, wie lange sie dauert und ob schon beim Fangen die Freilassung beabsichtigt war. Auch die wissenschaftliche Vogelberingung ist mithin nur bei Vorliegen entsprechender Ausnahmen durch Ausnahme im Einzelfall gestattet.[2] Kein „Fangen" ist ein kurzzeitiges Aufgreifen eines Tieres als Rettungsmaßnahme, z.b. das Versetzen eines Igels von einer Straße oder das Umtragen von Amphibien (Analogie zu § 45 Abs. 5). Hinsichtlich des Begriffs „Fangen" vgl. auch § 44 Rdnr. 15. 7

---

1 VGH Mannheim, Beschl. v. 30.7.1996 – 5 S 1570/96, NuR 1997, 290.
2 Vollzugshinweise zum Artenschutzrecht Nr. 6.1.1.1; die Vogelberingungsverordnung v. 17.3.1937, RGBl. I S. 331, ist nach Art. 5 Nr. 2 des Gesetzes zur Neuordnung des Naturschutzrechts und zur Änderung weiterer Vorschriften v. 13.12.2005, GBl. S. 745, außer Kraft getreten.

8 Hinsichtlich des Fangens, Verletzens und Tötens von Tieren reicht es zur Rechtfertigung nicht aus, dass die Tat nicht „mutwillig" vorgenommen wird, hier ist auf das objektive Vorliegen eines **vernünftigen Grundes** abzustellen. Die Bewirtschaftung land- und forstwirtschaftlicher Grundflächen stellt im Hinblick auf damit verbundene Beeinträchtigungen von Tieren und Pflanzen einen vernünftigen Grund im Sinne der Nummern 1 bis 3 dar.[3] Ein Irrtum über das Vorliegen eines solchen Grundes kann ggf. einen Verbotsirrtum darstellen.[4] Der Zweck der Besitzerlangung an dem Tier ist für sich genommen noch kein vernünftiger Grund, da dies mit dem allgemeinen Fang- und Tötungsverbot gerade verhindert werden soll. Es ist daher darauf abzustellen, ob der Zweck der Inbesitznahme als vernünftig anzusehen ist, so z.B. bei einer vorübergehenden Naturentnahme zu Unterrichtszwecken.

2. Allgemeiner Schutz wild lebender Pflanzen (Absatz 1 Nr. 2)

9 Auch für alle Pflanzen wild lebender Arten gelten allgemeine **Schutzbestimmungen**. Gleichzustellen mit der Entnahme einer Pflanze ist die eines wesentlichen Pflanzenteils, wenn die Pflanze ohne ihn nicht überleben kann.[5] Das Verbot der Nutzung bezieht sich auch auf sonstige Pflanzenteile, Samen und Früchte. Bei nicht besonders geschützten Pflanzen ist eine Entnahme oder Schädigung nur verboten, wenn sie „ohne vernünftigen Grund" erfolgt. Ein vernünftiger Grund liegt beispielsweise in dem Zurückdrängen unerwünschter Pflanzen (z.b. Neophyten, vgl. § 40), bei einer Entnahme von Pflanzen zu Schmuckzwecken oder von Wildfrüchten zum Verzehr (vgl. Abs. 3) vor. Bei einem gewerblichen Sammeln von wild lebenden Pflanzen und Früchten ist die Genehmigungspflicht des Abs. 4 zu beachten.

3. Schutz von Lebensstätten (Absatz 1 Nr. 3)

10 Abs. 1 Nr. 3 bezieht den Schutz von **Lebensstätten** in den allgemeinen Artenschutz ein. Der allgemeine Schutz der Lebensstätten ist eine Konkretisierung der Ziele nach § 1 Abs. 2 Nr. 1 und Abs. 3 Nr. 5. Zum Begriff der „Lebensstätten" vgl. § 7 Abs. 2 Nr. 5. Die Zerstörung von Lebensräumen ist die Hauptursache für Gefährdung und Aussterben von Tier- und Pflanzenarten. Besonders bedeutsame Biotope sind durch den gesetzlichen Biotopschutz (§ 30) geschützt. Aber auch andere Lebensräume wie z.B. Brachflächen und Ackerrandstreifen dürfen nicht grundlos zerstört oder geschädigt werden. Dabei kommt der Vernetzung im Rahmen eines Biotopverbunds (§ 21) besondere Bedeutung zu

III. Entnahme von Tieren (Absatz 2)

11 Abs. 2 enthält eine spezielle Regelung für Tiere nach **Anhang V der FFH-RL**, d.h. derjenigen Tierarten von gemeinschaftlichem Interesse, deren Entnahme aus der Natur und Nutzung Gegenstand von Verwaltungsmaßnahmen sein können (z.B. Weinbergschnecke). Mit der Regelung soll sichergestellt werden, dass die Entnahme von Exemplaren dieser Arten entsprechend den Vorgaben von Art. 14 FFH-RL nur erfolgt, wenn die Arten sich in einer günstigen Erhaltungssituation befinden. Dies ist mit den Vorgaben des Abs. 1 allein nicht sicherzustellen. Dieser Status ist nach Auffassung des EuGH[6] Voraussetzung für eine Entnahme. Ein Verbot mit Genehmigungsvorbehalt kann die Einhaltung der europarechtlichen Vorschriften sicherstellen.

---

3 BT-Drs. 16/12274, S. 67.
4 *Kolodziejcok/Recken*, Kennzahl 1226 Rdnr. 8.
5 *Schmidt-Räntsch*, in: Gassner u.a. BNatSchG (1. Aufl.), § 20d Rdnr. 7.
6 EuGH, Urt. v. 13.2.2003 – C-75/01, Slg. 2003, I-1585, Rdnr. 80.

Satz 2 ermächtigt die Länder zur Erteilung von **Ausnahmen**. Dabei bestehen folgende Alternativen: 12
- Anwendung des § 45 Abs. 7; hierbei muss ein Ausnahmegrund nach § 45 Abs. 7 Satz 1 Nr. 1 bis 5 vorliegen und die weiteren Ausnahmevoraussetzungen nach § 45 Abs. 7 Satz 2 gegeben sein (vgl. § 45 Rdnr. 37),
- Anwendung des Art. 14 Abs. 1 FFH-RL; Zulassungsvoraussetzung ist die Aufrechterhaltung eines günstigen Erhaltungszustandes, dieser ist zu überwachen.

Der Ausnahme für die jagd- und fischereirechtlichen Bestimmungen liegt die Einschätzung zugrunde, dass diese Art. 14 FFH-RL in dem jeweiligen Rechtsbereich umzusetzen haben. 13

Ein **Verstoß** gegen Abs. 2 Satz 1 stellt nach § 69 Abs. 3 Nr. 10 eine Ordnungswidrigkeit dar. 14

IV. Allgemeines Aneignungsrecht (Absatz 3)

Abs. 3 enthält die früher die bisher im Landesrecht geregelten Vorgaben zum Aneignungsrecht für nicht geschützte wild wachsende Pflanzen und Früchte (sog. Handstraußregelung). Hinsichtlich des Begriffs der „Pflanzen" ist die Legaldefinition des § 7 Abs. 2 Nr. 2 zu beachten, wonach auch Samen, sonstige Entwicklungsformen (Knollen, Zwiebeln, Sporen) und ohne weiteres erkennbare Teile von Pflanzen einbezogen sind. 15

Bei **besonders oder streng geschützten Arten** ist das generelle Verbot des § 44 Abs. 1 Nr. 4 zu beachten, das nur über eine Ausnahme nach § 45 Abs. 7 oder eine Befreiung nach § 67 zu überwinden ist. Hinsichtlich des Sammelns geschützter Pilzarten enthält § 2 Abs. 1 BArtSchV Ausnahmen für die Arten Steinpilz, Pfifferling, Schweinsohr, Brätling, Birkenpilz, Rotkappe und Morcheln. 16

Die Vorschrift begründet ein **Recht zur Aneignung** der betreffenden Pflanzen bzw. Pflanzenteile mit der zivilrechtlichen Wirkung des Eigentumsübergangs. Sie stellt eine Inhaltsbestimmung des Eigentums im Sinne des Art. 14 Abs. 1 Satz 2 GG dar[7] und ist im Hinblick auf ihren gewohnheitsrechtlichen Hintergrund und ihre im gebrachte Verankerung im Landesrecht einerseits und dem moderaten Umfang des Entnahmerechts andererseits angemessen. Der Grundstückseigentümer oder Nutzungsberechtigte hat das Aneignungsrecht als Ausfluss der Sozialpflichtigkeit des Eigentums (Art. 14 Abs. 2 GG) entschädigungslos hinzunehmen. Das Recht zur Entnahme und Aneignung umfasst nicht landwirtschaftlich, gärtnerisch oder forstlich angebaute Pflanzen, bei Forstkulturen auch nicht Pflanzen, die aus Naturverjüngung entstanden sind. Die Entnahme hat zur Schonung der Bestände der betroffenen Pflanzen, der übrigen Natur sowie des betreffenden Grundstücks pfleglich zu erfolgen. 17

In **Schutzgebietsverordnungen** für Nationalparke, Naturschutzgebiete und Naturdenkmale sowie in der Kernzonen der Biosphärenreservate ist in der Regel ein Verbot der Entnahme von Pflanzen aller wild lebenden Arten vorgeschrieben. 18

Hinsichtlich des **Waldes** sind forstrechtliche Spezialregelungen zu beachten (z.B. § 40 WaldG BW). 19

---

7 *Egner*, in: Egner/Fuchs, Naturschutz- und Wasserrecht 2009, Rdnr. 7 zu § 39 BNatSchG.

V. Gewerbliches Sammeln (Absatz 4)

20 Abs. 4 enthält wie das bisherige Landesrecht einen **Genehmigungsvorbehalt** für das gewerbsmäßige Entnehmen wild lebender Pflanzen. Die Einholung der Ernte in der Landwirtschaft oder im Gartenbau, die Holzernte in der Forstwirtschaft sowie forstliche Nebennutzungen, wie zum Beispiel die Gewinnung von Schmuckreisig, sind keine Entnahme wild lebender Pflanzen. Regelungsgegenstand ist das gezielte Entnehmen bestimmter Pflanzen. Nicht unter den Genehmigungsvorbehalt fällt daher das Mähen von Wiesen. Zivilrechtlich erforderliche Gestattungen durch die Grundstückseigentümer bleiben unberührt.

21 Bei der **Genehmigung** nach Satz 2 handelt es sich um eine gebundene Entscheidung. Die Genehmigungskriterien knüpfen an den Bestand der jeweiligen Pflanzenart am Ort der Entnahme sowie zusätzlich an den Naturhaushalt an. So sind z.b. bei einer Entnahme von Blättern und Blüten bei Gehölzen (z.b. Weißdorn) Auswirkungen auf mögliche Vogelbruten zu bedenken. Nebenbestimmungen können z.b. zeitliche oder örtliche Einschränkungen enthalten oder regeln, dass die entnommenen Mengen der Behörde mitzuteilen sind. Den artenschutzrechtlichen Belangen kann z.b. dadurch Rechnung getragen werden, dass eine Verpflichtung zur vorherigen Begehung durch einen Fachmann und zur Ausgrenzung von Heckenbereichen mit Vogelbruten auferlegt wird.

22 Angesichts der gebundenen Entscheidung nach Satz 2 hat Satz 3 keine gesonderte rechtliche Bedeutung.

23 Ein **Verstoß** gegen Abs. 4 ist nach § 69 Abs. 3 Nr. 11 bußgeldbewehrt.

VI. Lebensstättenschutz (Absatz 5)

24 In Abs. 5 werden landesrechtliche Regelungen zum Schutz von Lebensstätten aufgegriffen. Zuwiderhandlungen gegen die Verbote des Abs. 5 stellen nach § 69 Abs. 3 Nr. 12 bis 15 eine Ordnungswidrigkeit dar.

1. Abflämmverbot und Behandlungsverbot (Absatz 5 Satz 1 Nr. 1)

25 Literatur: *Weiher/Schraml/Page/Goldammer,* Feuer in der Landschaftspflege. Analyse eines Interessenkonflikts aus sozialwissenschaftlicher Sicht. Naturschutz und Landschaftsplanung 2000, 250–253; *Goldammer/Prüter/Page,* Feuereinsatz im Naturschutz in Mitteleuropa, NNA-Berichte 10, 1997, 2-17; *Goldammer/Held/Nagy,* Stand und Perspektiven der Anwendung von kontrolliertem Feuer in Naturschutz und Landschaftspflege in Deutschland, NNA-Berichte 17, 2004; *Page/Goldammer,* Prescribed burning in landscape management and nature conservation: The first long-term pilot project in Germany in the Kaiserstuhl Viticulture Area, Int. Forest Fire News No. 30, 2004, 49–58.

26 Viele Landesnaturschutzgesetze enthielten ein Abflämmverbot (z.B. § 43 Abs. 1 Nr. 4 NatSchG BW). Das generelle Abflämmverbot ist eine nach Art. 14 Abs. 1 Satz 2 GG verfassungsrechtlich zulässige Inhalts- und Schrankenbestimmung des Eigentumsrechts.[8] Unter „**Bodendecke**" ist die oberste, von Tieren, Pflanzen und Mikroorganismen belebte Schicht der Erdoberfläche zu verstehen. Die Bodenvegetation gehört zum Schutzumfang. Soweit im Einzelfall das „kontrollierte Brennen" als Pflegemaßnahme in Betracht

---

[8] VGH Mannheim, Beschl. v. 19.8.1981 – 5 S 550/81, NuR 1981, 208.

kommt, muss es über eine Ausnahme nach Abs. 5 Satz 2 zugelassen werden. Angesichts der Spezialkenntnisse, die für diese Pflegemaßnahme zwingend notwendig sind, und die verhältnismäßig selten gegebenen Witterungsbedingungen, die Voraussetzung für deren erfolgreiche Durchführung sind (u.a. geringe Windgeschwindigkeit, Bodenfrost, trockene Phytomasse, geringe Luftfeuchtigkeit), hat der Gesetzgeber eine generelle Aufhebung des Abflämmverbots als nicht sachgerecht angesehen. Insoweit ist die Möglichkeit, nach Satz 2 Ausnahmen zuzulassen, angemessen, da im Rahmen der Einzelfallprüfung, ggf. auch per Allgemeinverfügung die ordnungsgemäße Abwicklung durch Auflagen und Sachkundenachweise sichergestellt werden kann.

Bei **nicht land-, forst- oder fischereiwirtschaftlich genutzten Flächen** gilt ein allgemeines Verbot, diese so zu behandeln, dass die Tier- oder Pflanzenwelt erheblich beeinträchtigt wird. Dies betrifft z.b. die Behandlung von Wegrändern oder Randstreifen mit Herbiziden. **27**

2. Jahreszeitliches Rodungsverbot (Absatz 5 Satz 1 Nr. 2)

Ein Rodungsverbot von Gehölzen während der für die Tierwelt (insbesondere die Vogelwelt) bedeutsamen Vegetationsperiode war in vielen Landesnaturschutzgesetzen enthalten (z.b. § 43 Abs. 2 NatSchG BW) und wurde in das Bundesrecht übernommen. Das Verbot gilt nicht für Bäume innerhalb des Waldes (gemäß der Walddefinition der Waldgesetze des Bundes und der Länder), für Kurzumtriebsplantagen und gärtnerisch genutzte Flächen. Unter Kurzumtriebsplantagen sind Flächen zu verstehen, die bei einer Umtriebszeit von bis zu 20 Jahren ausschließlich mit schnell wachsenden Baumarten bestockt sind.[9] Die Worte „**gärtnerisch genutzt**" umfassen nach Auffassung des BMU auch private Zier- und Nutzgärten. Die teleologische und systematische Auslegung spricht dagegen für eine einschränkende Auslegung, nach der nur vom Erwerbsgartenbau genutzte Flächen (z.b. Baumschulen) freigestellt sind. Eine andere Sicht führt zu einem Wertungswiderspruch, wenn einerseits private Gärten in Gänze freigestellt sind, andererseits bei zulässigen Bauvorhaben in der Vegetationszeit nur ein geringfügiger Gehölzbewuchs ohne Befreiung beseitigt werden darf. **28**

Der Begriff des „**Abschneidens**" erfasst auch den Fall des Abtrennens von Bestandteilen (z.b. Zweigen), wenn mehr als nur unwesentlich in das Gehölz oder den Baum eingegriffen wird. Dies ergibt sich aus dem Zweck der Regelung, welche neben dem Schutz der Vegetation vornehmlich dem Erhalt von Lebensstätten von Tieren dient. Bedenken der Rechtsprechung[10] bezogen sich auf die Rechtslage des § 29 Abs. 3 Nr. 1 NatSchG BW a.F., in der das „Abschneiden" in die Tatbestandsmerkmale „Roden" und „Zerstören" eingegliedert war, woraus die Rechtsprechung geschlossen hatte, dass das „Abschneiden" einen ähnlich gewichtigen Substanzeingriff erfordere. Dass Hecken- und Baumschnitt grundsätzlich unter das Verbot fallen kann, zeigt der letzte Halbsatz, nach welchem „schonende Form- und Pflegeschnitte" unter bestimmten Voraussetzungen zulässig sind. **29**

Das Verbot der Nr. 2, in der Zeit vom 1.3. bis 30.9. Bäume mit Horsten oder Wohnhöhlen von Tieren zu besteigen, gilt unabhängig davon, ob die Horste oder Höhlen im Zeitpunkt der Besteigung von Tieren bewohnt sind. **30**

---

9 BT-Drs. 16/12274, S. 67.
10 OLG Karlsruhe, Beschl. v. 3.7.2002 – Ss 266/01, NVwZ-RR 2003, 109.

3. Röhrichtschutz (Absatz 5 Satz 1 Nr. 3)

31 Zum Schutz von Schilf- und Röhrichtbesiedlern ist während der Vegetationsperiode der Rückschnitt verboten. Da viele Arten für die Überwinterung bzw. Besiedlung dieser Flächen auf stehende Halme des vergangenen Jahres angewiesen sind, muss sichergestellt werden, dass ausreichende Mengen hiervon erhalten bleiben. Diesem Ziel dient die Beschränkung auf abschnittsweises Zurückschneiden.

4. Verbot von Grabenfräsen (Absatz 5 Satz 1 Nr. 4)

32 Literatur: *Landesanstalt für Umweltschutz Baden-Württemberg*, Unterhaltung und Pflege von Gräben. Oberirdische Gewässer, Gewässerökologie Bd. 55, 1999; *Leiders/Röske*, Gräben – Lebensadern der Kulturlandschaft, NABU Landesverband Baden-Württemberg, 1996; *Garniel*, Schutzkonzept für gefährdete Fließgewässer und Gräben Schleswig-Holsteins. Kieler Landschaftsinstitut im Auftrag des Landesamtes für Natur und Umwelt Schleswig-Holstein, Teil C-Gräben, 1996.

33 Das Verbot der Grabenräumung mittels Grabenfräse wurde aus dem bayerischen und baden-württembergischen Landesrecht übernommen (z.b. § 43 Abs. 1 Nr. 5 NatSchG BW). Gräben sind in der Regel künstlich angelegt, wie z.b. Be- und Entwässerungsgräben, Dränagegräben oder Straßengräben. **Grabenfräsen** sind alle Geräte, die mittels eines rotierenden Fräskopfes Gräben räumen, das Räumgut zerkleinern und den Lebewesen kaum Chancen zur Flucht lassen. Der Einsatz der Grabenfräse verursacht daher unverhältnismäßig hohe Schäden in der Tierwelt, die im und am Rande der wasserführenden Gräben lebt, und schädigt die Pflanzenwelt so stark, dass eine Wiederbesiedlung nur sehr zögerlich erfolgt. Längerfristig führt die regelmäßige Ausräumung des Gewässerbetts zu einer starken Artenverarmung.[11]

34 **Gräben** sind ständig wasserführend, wenn sie überwiegend und nicht nur zeitweise Wasser führen bzw. überwiegend feuchtnass sind und deshalb ein ganz spezielles, dem aquatischen Bereich angepasstes Pflanzen- und Tiervorkommen aufweisen. Nicht berührt sind nur temporär wasserführende Gräben, wie z.B. Wegegräben zur Ableitung des Oberflächenwassers von Wegen. Andererseits geht die Eigenschaft als wasserführender Graben nicht durch kurzzeitiges Trockenfallen verloren. In Zweifelsfällen sollte die zuständige Naturschutzbehörde zur Abklärung eingeschaltet werden.

35 Nach der Gesetzesbegründung soll eine Grabenfräse in der Regel nicht zu einer **erheblichen Beeinträchtigung** des Naturhaushalts führen, wenn diese im Winter (vom 1.10. bis zum 15.2.) mit geringer Drehzahl (Umfangsgeschwindigkeit < 7 m/s) betrieben wird und nur an kürzeren Grabenabschnitten oder einseitig erfolgt.[12] Diese Begründung ist hinsichtlich der angegebenen Jahreszeiten fachlich zweifelhaft, da gerade in den Wintermonaten im Bodenschlamm überwinternde Amphibien erheblich betroffen sein können. Die Unterhaltungsmaßnahmen an Gräben sollten daher in der Zeit vom Spätsommer bis Spätherbst stattfinden und vor dem ersten Frost abgeschlossen sein, die Mahd der Uferböschungen kann auch noch in den Wintermonaten erfolgen.[13]

---

[11] Naturschutz und Landschaftspflege Baden-Württemberg Bd. 68/69, 1994 S. 73-108.
[12] BT-Drs. 12/12274, S. 68.
[13] *LUBW*, Unterhaltung und Pflege von Gräben S. 34.

5. Legalausnahmen (Absatz 5 Satz 2)

Abs. 5 Satz 2 legt gesetzliche Ausnahmen von den Verboten des Satzes 1 Nr. 1 bis 3 fest, d.h. eine gesonderte behördliche Ausnahme ist nicht erforderlich. **36**

Maßnahmen i.S. der Nr. 1 sind insbesondere Maßnahmen der Gefahrenabwehr.[14] **37**

Bei Maßnahmen im öffentlichen Interesse i.S. der Nr. 2 dürfen keine Alternativen im Hinblick auf die Zeit und die Art der Ausführung bestehen. Insbesondere bei Maßnahmen zur Gewährleistung der Verkehrssicherheit (Satz 2 Nr. 2c) ist es häufig möglich, die Arbeiten durch eine vorausschauende Planung außerhalb der Vegetationszeit zu legen. Ist dies im Einzelfall nicht möglich, kann es in Erfüllung des Schonungsgebots geboten sein, zunächst die aktuelle Verkehrssicherheit durch einen geringeren Rückschnitt zu gewährleisten und die längerfristige Verkehrssicherheit durch einen zweiten Rückschnitt außerhalb der Vegetationszeit sicherzustellen. **38**

Zulässige Bauvorhaben i.S. von Nr. 4 sind entweder durch Gestattung (Baugenehmigung, Planfeststellung, Plangenehmigung) zugelassene bauliche Anlagen (zum Begriff der „baulichen Anlage" siehe die landesrechtlichen Vorschriften zum Bauordnungsrecht, z.B. § 2 LBO BW) oder bauliche Anlagen, die keiner förmlichen Zulassung bedürfen (z.b. verfahrensfreie Bauvorhaben, Vorhaben im Kenntnisgabe- oder Anzeigeverfahren). Die Legalausnahme umfasst nur die Beseitigung „geringfügigen Gehölzbewuchses". Sofern eine Gestattung Einschränkungen enthält (z.b. in Nebenbestimmungen zur Eingriffsminimierung mit Festlegungen, wann Rodungen vorzunehmen sind), sind diese zu beachten. **39**

Eine allgemeine Freistellung der ordnungsgemäße land-, forst- und fischereiwirtschaftliche Bodennutzung von den Verboten des Satzes 1 enthält das Gesetz nicht. **40**

Neben den Ausnahmen nach Satz 2 kann im Einzelfall eine **Befreiung** nach § 67 in Betracht kommen. **41**

6. Rechtsverordnungen (Absatz 5 Satz 3)

Nach Satz 3 können die Länder für den Bereich eines Landes oder für Teile des Landes erweiterte Verbotszeiträume vorsehen, um so klimabedingten Unterschieden Rechnung tragen zu können. Eine Verkürzung des Zeitraums ist hingegen nicht möglich. **42**

VII. Fledermausschutz (Absatz 6)

Abs. 6 dient dem Schutz von Winterquartieren für Fledermäuse, hochgradig bedrohten Wirbeltieren. Er dient auch der Umsetzung von Vorgaben des Abkommens zur Erhaltung der europäischen Fledermauspopulationen.[15] Erfasst werden die tierökologisch relevanten Störungen, die über den Schutz von Biotoptypen nicht abgedeckt werden. Unaufschiebbare und nur geringfügig störende Handlungen sind vom Verbot nicht umfasst, dazu gehören z.B. mit der Naturschutzbehörde abgestimmte Kontrollgänge. Zweifelhaft ist die gesetzliche Ausnahme für touristisch erschlossene oder stark genutzte **43**

---

14 BT-Drs. 12/12274, S. 68.
15 BGBl. II 1993 S. 1106, BGBl. II 2002 S. 2466.

Bereiche. Soweit dort Fledermauswinterquartiere vorhanden sind, greifen die Verbotstatbestände des § 44 Abs. 1, so dass die Freistellung ins Leere läuft. Man wird daher diese Freistellung als Status-quo-Regelung auf solche Höhlen und Höhlenbereiche beschränken müssen, die schon bisher im Winter rechtmäßig touristisch geöffnet waren. Auch eine Erweiterung oder Intensivierung des Besucherverkehrs ist von der Freistellung nicht umfasst.

44 Ein **Verstoß** gegen die Verbotsvorschrift ist nach § 69 Abs. 3 Nr. 16 bußgeldbewehrt.

VIII. Unberührtheitsklausel (Absatz 7)

45 Nach Abs. 7 bleiben strengere Schutzvorschriften, etwa für besonders oder streng geschützte Arten, für gesetzlich geschützte Biotope oder Schutzgebiete unberührt. Sie sind zusätzlich zu den Regelungen des allgemeinen Artenschutzes zu beachten. Allerdings gelten auch die für die strengeren Schutzvorschriften anwendbaren Ausnahme- und Befreiungsvorschriften.

§ 40 Nichtheimische, gebietsfremde und invasive Arten

(1) Es sind geeignete Maßnahmen zu treffen, um einer Gefährdung von Ökosystemen, Biotopen und Arten durch Tiere und Pflanzen nichtheimischer oder invasiver Arten entgegenzuwirken.

(2) Arten, bei denen Anhaltspunkte dafür bestehen, dass es sich um invasive Arten handelt, sind zu beobachten.

(3) [1]Die zuständigen Behörden des Bundes und der Länder ergreifen unverzüglich geeignete Maßnahmen, um neu auftretende Tiere und Pflanzen invasiver Arten zu beseitigen oder deren Ausbreitung zu verhindern. [2]Sie treffen bei bereits verbreiteten invasiven Arten Maßnahmen, um eine weitere Ausbreitung zu verhindern und die Auswirkungen der Ausbreitung zu vermindern, soweit diese Aussicht auf Erfolg haben und der Erfolg nicht außer Verhältnis zu dem erforderlichen Aufwand steht. [3]Die Sätze 1 und 2 gelten nicht für in der Land- und Forstwirtschaft angebaute Pflanzen im Sinne des Absatzes 4 Satz 3 Nummer 1.

(4) [1]Das Ausbringen von Pflanzen gebietsfremder Arten in der freien Natur sowie von Tieren bedarf der Genehmigung der zuständigen Behörde. [2]Künstlich vermehrte Pflanzen sind nicht gebietsfremd, wenn sie ihren genetischen Ursprung in dem betreffenden Gebiet haben. [3]Die Genehmigung ist zu versagen, wenn eine Gefährdung von Ökosystemen, Biotopen oder Arten der Mitgliedstaaten nicht auszuschließen ist. Von dem Erfordernis einer Genehmigung sind ausgenommen
1. der Anbau von Pflanzen in der Land- und Forstwirtschaft,
2. der Einsatz von Tieren
   a) nicht gebietsfremder Arten,
   b) gebietsfremder Arten, sofern der Einsatz einer pflanzenschutzrechtlichen Genehmigung bedarf, bei der die Belange des Artenschutzes berücksichtigt sind,
   zum Zweck des biologischen Pflanzenschutzes,
3. das Ansiedeln von Tieren nicht gebietsfremder Arten, die dem Jagd- oder Fischereirecht unterliegen,
4. das Ausbringen von Gehölzen und Saatgut außerhalb ihrer Vorkommensgebiete bis einschließlich 1. März 2020; bis zu diesem Zeitpunkt sollen in der freien Natur Gehölze und Saatgut vorzugsweise nur innerhalb ihrer Vorkommensgebiete ausgebracht werden.

[4]Artikel 22 der Richtlinie 92/43/EWG ist zu beachten.

(5) Genehmigungen nach Absatz 4 werden bei im Inland noch nicht vorkommenden Arten vom Bundesamt für Naturschutz erteilt.

(6) Die zuständige Behörde kann anordnen, dass ungenehmigt ausgebrachte Tiere und Pflanzen oder sich unbeabsichtigt in der freien Natur ausbreitende Pflanzen sowie dorthin entkommene Tiere beseitigt werden, soweit es zur Abwehr einer Gefährdung von Ökosystemen, Biotopen oder Arten erforderlich ist.

Gliederung

		Rdnr.
I.	Allgemeines	1–8
II.	Beobachtung (Abs. 2)	9, 10
III.	Maßnahmen (Abs. 3)	11, 12
IV.	Genehmigungspflichten (Abs. 4 und 5)	13–27
1.	Gebietsfremde Pflanzen	15–17
2.	Ausbringen von Tieren	18
3.	Versagungsgründe (Abs. 4 Satz 2)	19, 20
4.	Legalausnahmen und Freistellungen (Abs. 4 Satz 3)	21–25
5.	Konsultationspflichten	26
6.	Zuständigkeiten	27
V.	Beseitigungsanordnungen (Abs. 6)	28, 29

D. Kratsch

I. Allgemeines

1 Die Vorschrift hat die Rahmenregelung des § 41 Abs. 2 BNatSchG 2002 zu gebietsfremden Arten aufgegriffen und in eine bundesunmittelbar geltende Regelung umgestaltet. Die Vorschrift setzt Art. 8 Buchst. h des Übereinkommens über die biologische Vielfalt sowie weitere internationaler Artenschutzübereinkommen um (u.a. Bonner und Berner Konvention, insbesondere der europäischen IAS-Strategie der Berner Konvention, Afrikanisch-Eurasisches Wasservogelübereinkommen).

2 **Ziel** der Regelung ist die Erhaltung der gewachsenen genetischen Vielfalt und der ungestörte Ablauf des Evolutionsprozesses. Schädigungen der einheimischen Flora und Fauna durch das absichtliche oder zufällige Ausbringen fremder Tiere und Pflanzen sind durch vielfältige Beispiele belegt. Zwar sind seit Beginn menschlicher Kulturen durch den Menschen gezielt oder unbeabsichtigt Arten z.b. durch ackerbauliche Nutzung verbreitet worden. Seit der frühen Neuzeit (Entdeckung Amerikas) hat sich jedoch durch kontinent- und ozeanüberschreitende Verschleppung von Arten eine neue Dimension ergeben. Dadurch ist es vielfach zu einem Aussterben endemischer Arten oder einer irreversiblen Zerstörung von Biotoptypen gekommen.[1] Dies gilt insbesondere für über lange Zeiträume isolierte Inselökosysteme, in Mitteleuropa als Durchmischungsraum unterschiedlicher Faunen- und Florenelemente und mit langer Landnutzungsgeschichte ist das Gefahrenpotential geringer zu bewerten.

3 Nach Angaben des UBA sind in Deutschland 1149 Arten von **gebietsfremden Tieren** (Neozoen) bekannt, von denen sich 264 Arten etabliert haben.[2] Durch sog. invasive Neozoen (z.B. Mink, Waschbär, Ochsenfrosch, Regenbogenforelle, Schwarzkopfruderente) kann es zu einer Verdrängung oder Dezimierung einheimischer Arten kommen. Als problematisch hat sich die Einbringung amerikanischer Krebsarten in Gewässer erwiesen, weil europäische Krebsarten gegen hierdurch eingeschleppte Krankheitserreger nicht immun waren.

4 Hinsichtlich der **gebietsfremden Pflanzen** (Neophyten) sind 1007 Arten bekannt, von denen 383 Arten als etabliert gelten. 30 dieser Arten haben invasiven Charakter, weil ihre Ansprüche mit den Standortbedingungen besonders gut übereinstimmen, sie eine bisher dort unbesetzte „Lücke" besetzen oder ihre Fraßfeinde fehlen. Naturschutzfachlich problematische Arten sind insbesondere die Robinie, Topinambur, das Indische Springkraut, die Herkulesstaude, die Kanadische Goldrute und Knöterich-Arten wie der Japanische Staudenknöterich.[3]

5 Neobiota können nicht nur naturschutzfachlich problematisch sein, sondern führen auch zu erheblichen **wirtschaftlichen Schäden**. Die durch Neobiota hervorgerufenen Kosten werden für Deutschland mit durchschnittlich

---

[1] BT-Drs. 14/4879 v. 5.12.2000, Bedrohung heimischer Biotope durch Invasionspflanzen; LT-Drs. 14/1352 v. 27.9.2006, Gefahr für die Biodiversität durch invasive Tier- und Pflanzenarten in Baden-Württemberg.

[2] Stand April 2009, Umweltbundesamt, Daten zur Umwelt, http://www.umweltbundesamt-zur-umwelt.de/umweltdaten/public/theme.do?print=true; eine Recherchemöglichkeit bietet die Europäische Datenbank für gebietsfremde invasive Arten, www.europe-aliens.org.

[3] Hierzu eine in Zusammenarbeit mit dem BfN erstellte Internet-Dokumentation unter: http://www.floraweb.de/neoflora/.

167 Mio. Euro/Jahr beziffert,[4] eine EU-weite Schätzung geht von 9 bis 12 Mrd. Euro/Jahr aus.[5]

Die **Prüfung und Vorgehensweise** erfolgt in drei Stufen:[6]   6
- die Einbringung von Arten, die die natürlich vorkommende Flora und Fauna gefährden, ist zunächst zu verhindern,
- sofern dies nicht gelingt, ist die Ausbreitung durch Sofortmaßnahmen abzuwehren,
- wenn dies nicht möglich ist, sind – sofern aussichtsreich und verhältnismäßig – Maßnahmen zur Eindämmung im Sinne einer Schadenbegrenzung zu ergreifen.

Abs. 1 enthält in allgemeiner Form die Aufgabenstellung, mit geeigneten   7
Maßnahmen Gefährdungen durch nichtheimische oder invasive Arten entgegenzuwirken. Die Vorschrift beschreibt damit zugleich das Ziel der Regelung. Schutzgüter sind die natürlich vorkommenden Ökosysteme, Biotope und Arten; auch insoweit folgt die Regelung den Ansätzen des Übereinkommens über die biologische Vielfalt.

Literatur: *Böckler/Gebhardt/Konold/Schmidt-Fischer (Hrsg.)*, Gebietsfremde Pflanzenarten, 1995; *Boye/Martens*, Zur naturschutzfachlichen Behandlung des sog. Neozoen-Problems, Natur und Landschaft 1999, 329 f.; *Fisahn/Winter*, Gebietsfremde Organismen als Rechtsproblem, ZUR 2000, 8 ff.; *dies. (Hrsg.)*, Die Aussetzung gebietsfremder Organismen – Recht und Praxis, 1999; *Hartmann/Schuldes/Kübler/Konold*, Neophyten, Biologie, Verbreitung und Kontrolle ausgewählter Arten, 1995; *Umweltbundesamt (Hrsg.)*, Gebietsfremde Organismen in Deutschland, Texte 55/99; *Landesanstalt für Umweltschutz Baden-Württemberg (Hrsg.)*, Gebietsheimische Gehölze in Baden-Württemberg, 2002; *Geiter/Homma/Kinzelbach*, Bestandsaufnahme und Bewertung von Neozoen in Deutschland, Forschungsbericht im Auftrag des Umweltbundesamtes, 2001; *Radkowitsch*, Neophyten in Bayern – Einwanderung und Verbreitung, in: *Korn/Feit (Hrsg.)*, Treffpunkt Biologische Vielfalt III, 2003 S. 251 ff.; *Steiof*, Die Evolution als maßgebliches Kriterium für die naturschutzfachliche Bewertung von Tierarten fremder Herkunft, Natur und Landschaft 2001, 485 ff.; *Essl/Rabitsch*, Neobiota in Österreich, 2002; *Reif/Nickel*, Pflanzung von Gehölzen und „Begrünung", Naturschutz und Landschaftsplanung 2000 S. 299; *Schmidt/Krause*, Zur Abgrenzung von Herkunftsgebieten bei Baumschulgehölzen für die freie Landschaft, Natur und Landschaft 1997, 92; Gebietsfremde Arten – Positionspapier des Bundesamtes für Naturschutz, BfN-Skripten 128, 2005; *Ortner*, Zur naturschutzrechtlichen Verpflichtung der Verwendung autochthonen Saat- und Pflanzguts bei der Straßenbegleitbegrünung, NuR 2005, 91 ff.; Kommission der EU, Hin zu einer EU-Strategie für den Umgang mit invasiven Arten, 2008; *Frenz/Hellenbroich/Seitz*, Anpflanzung von Gehölzen gebietseigener Herkünfte in der freien Landschaft – rechtliche und fachliche Aspekte der Vergabepraxis, BfN-Skripten 262, 2009.   8

---

4   Ökonomische Folgen der Ausbreitung von Neobiota, Umweltbundesamt Texte 79/03.
5   Mitteilung der Kommission an den Rat v. 3.12.2008, KOM (2008) 789.
6   Ein solcher hierarchischer Dreistufenansatz wird auch von der EU-Kommission vorgeschlagen, Mitteilung der EU-Kommission v. 3.12.2008 S. 7.

II. Beobachtung (Absatz 2)

9 In der Praxis werden Arten in den weitaus meisten Fällen unbeabsichtigt in Gebiete außerhalb ihres natürlichen Verbreitungsgebiets verbracht; daher bleiben deren Auftreten und Invasivitätspotenzial zunächst meist unerkannt. Grundlage einer wirksamen Vermeidung von Schäden an der Natur ist daher eine Beobachtung bisher nicht vorkommender Arten darauf hin, ob sie sich zu invasiven Arten entwickeln, d. h. zu Arten, die natürlich vorkommende Ökosysteme, Biotope oder Arten gefährden. Eine derartige Prüfung kann aber nicht in systematischer Weise und fortlaufend erfolgen; dies wäre mit einem sehr hohen Aufwand verbunden und auch unverhältnismäßig.

10 Die in Abs. 2 statuierte Beobachtungspflicht knüpft darum daran an, dass begründete Anhaltspunkte für Gefährdungen bestehen, z. b. aus Experteneinschätzungen (Graue und Schwarze Listen invasiver Arten[7]), Informationen aus der Fachliteratur oder aus sonstigen geeigneten Quellen.

III. Maßnahmen (Absatz 3)

11 Abs. 3 trifft Regelungen zum Umgang mit invasiven Arten. Dies sind nach § 7 Abs. 2 Nr. 9 diejenigen Arten, deren Vorkommen außerhalb ihres natürlichen Verbreitungsgebiets für die dort natürlich vorkommenden Ökosysteme, Biotope oder Arten ein erhebliches Gefährdungspotenzial darstellt. Die Regelung verfolgt das Ziel, invasiven Arten **möglichst frühzeitig** entgegenzutreten; nach bisheriger Erfahrung ist die Eindämmung der von invasiven Arten ausgehenden Gefahr umso schwieriger, je weiter sie verbreitet sind. Bund und Länder sollen darum nach Satz 1 – jeweils in ihrem Zuständigkeitsbereich – die Ausbringung noch nicht vorkommender invasiver Arten umgehend verhindern. § 4 Abs. 2 AEG begründet insofern keine Zuständigkeit des Eisenbahn-Bundesamtes.[8] Eine frühe Erkennung und Beseitigung bzw. das Verhindern weiterer Ausbreitung kann flächenhafte Schäden an der natürlich vorkommenden Flora und Fauna verhindern. Wenn invasive Arten sich bereits ausgebreitet haben, soll nach Satz 2 das Bemühen gegen eine weitere Ausbreitung und deren Auswirkungen möglichst fortgesetzt werden, allerdings nicht, soweit dies aussichtslos oder unverhältnismäßig ist.[9] Auch kann das Ausbringen von Tieren und Pflanzen – sofern Lebensräume oder Arten nach § 19 Abs. 2 und 3 geschädigt werden – zur Anwendbarkeit des USchadG führen, vgl. § 19.

12 Diese Regelungen gelten nach Satz 3 nicht für den Anbau von Pflanzen in der **Land- und Forstwirtschaft**. Wenn sich die dort angebauten Pflanzen jedoch außerhalb der Land- und Forstwirtschaft ausbreiten und für die dort natürlich vorkommenden Ökosysteme, Biotope oder Arten ein erhebliches Gefährdungspotenzial darstellen, sollen die zuständigen Behörden tätig werden und gegebenenfalls Maßnahmen zur Eindämmung der Ausbreitung dieser Pflanzen ergreifen.

---

7 *Essl/Klingenstein/Nehring/Otto/Rabitsch/Stöhr*, Schwarze Listen invasiver Arten – ein Instrument zur Risikobewertung für die Naturschutzpraxis, NuL 2008, 418 ff.
8 So die amtl. Begründung, BT-Drs. 16/12274, S. 69.
9 Im Rahmen des LIFE-Programms der EU wurden zwischen 1992 und 2002 über 180 Projekte mit Gesamtkosten von 44 Mio. Euro zur Bekämpfung und Tilgung invasiver Arten gefördert.

IV. Genehmigungspflichten (Absatz 4 und 5)

Abs. 4 entspricht weitgehend der früheren rahmenrechtlichen Vorgabe in § 41 Abs. 2 Satz 2 und 3 BNatSchG a.f. Insgesamt wurden bisher bundesweit nur vereinzelt Ausnahmegenehmigungen eingeholt. Empirische Untersuchungen gehen aber von einer hohen Dunkelziffer aus.[10] Zuwiderhandlungen gegen die Genehmigungspflicht nach Abs. 4 stellen nach § 69 Abs. 3 Nr. 17 eine Ordnungswidrigkeit dar.

Unter „**Ausbringen**" ist nicht nur ein planmäßiges oder vorsätzliches Handeln, sondern auch ein fahrlässiges Begründen einer Population zu verstehen. Der Begriff des „Ausbringens" betrifft auch solche Tiere und Pflanzen, die in unserer Natur nicht überlebensfähig sind und sich somit nicht „ansiedeln" können. Aussetzungsverbote für Tiere ergeben sich auch aus § 3 Nr. 3 und 4 TierSchG.

1. Gebietsfremde Pflanzen

„**Gebietsfremd**" sind nach der Legaldefinition des § 7 Abs. 2 Nr. 8 Pflanzen, die in dem Gebiet, in welchem sie ausgebracht oder angesiedelt werden sollen, in freier Natur nicht oder seit mehr als 100 Jahren nicht mehr vorkommen. Bei künstlich vermehrten Pflanzen ist gemäß Satz 2 darauf abzustellen, ob sie ihren genetischen Ursprung im betreffenden Gebiet haben. Damit können Pflanzen auch dann in ihrer Ursprungsregion ausgebracht werden, wenn die Aufzucht in einer anderen Region stattgefunden hat. Hinsichtlich der Neophyten ist zu beachten, dass nach § 7 Abs. 2 Nr. 7 eine verwilderte oder durch menschlichen Einfluss angesiedelte Pflanzenart als „heimische Art" gilt, wenn sie sich in der freien Natur ohne menschliche Hilfe über mehrere Generationen als Population erhalten hat, was bei einer Reihe von problematischen Neophyten (z.b. dem Indischen Springkraut) der Fall ist.

Gebietsfremd ist auch die Thuja.[11] Somit sind auf diese Pflanzenarten die Genehmigungspflicht sowie die Anordnungsbefugnis des Abs. 6 anzuwenden.

Nach der Legaldefinition des § 7 Abs. 2 Nr. 3 schließt der Begriff der Art auch Unterarten und Teilpopulationen einer Art oder Unterart ein. Als Pflanzen „gebietsfremder Arten" sind daher auch solche nicht regional heimischer Populationen anzusehen. Insbesondere bei der Ausbringung von Bäumen, Gehölzen und Saatgut von Wildpflanzen im Zusammenhang mit Gestaltungs-, Ausgleichs- und Ersatzmaßnahmen im Außenbereich ist zu bedenken, dass bei vielen Arten regional angepasste Populationen gebildet haben, die durch das Einkreuzen fremden Erbguts beeinflusst werden könnten.[12] In Baden-Württemberg wurde hierzu in Zusammenarbeit mit dem Bund Deutscher Baumschulen, Landesverband Württemberg, ein Zertifizierungssystem entwickelt, das nach regionalen Herkünften differenziert.[13]

2. Ausbringen von Tieren

Das Ausbringen von **Tieren** ist nach Satz 1 im Unterschied zu § 41 Abs. 2 BNatSchG a.F. auch genehmigungspflichtig, wenn dies außerhalb der freien Natur – also im besiedelten Bereich – stattfinden soll (z.b. Freilassung von

---
10 *Fisahn/Winter*, S. 9.
11 VGH Mannheim, Beschl. v. 17.8.2006 – 5 S 455/06, BWGZ 2007, 80.
12 *Reif/Nickel*, Naturschutz und Landschaftsplanung 2000, 299.
13 LfU, Fachdienst Naturschutz, Merkblatt 4 „Gebietsheimische Gehölze – § 29a Naturschutzgesetz", 1999; zur rechtlichen Zulässigkeit eines solchen Systems *Ortner*, NuR 2005, 91 ff.

gezüchteten Schmetterlingen bei einer Hochzeit). Auf Grund ihrer allgemein größeren Mobilität ist bei Tieren eine weitere Verbreitung vom besiedelten Bereich in die freie Natur schnell möglich. Daher wurde durch die Neufassung die Genehmigungspflicht bei Tieren auch bei Freisetzungen außerhalb der freien Natur eingeführt. Die Genehmigungskriterien in Satz 2 knüpfen – wie die vorhergehenden Absätze entsprechend den Vorgaben des Übereinkommens über die biologische Vielfalt auch – an die natürlich vorkommenden Ökosysteme, Biotope oder Arten an. Die Zulassung des Ausbringens von Tieren führt regelmäßig nicht zu einer Entschädigungspflicht des Staates für Schäden, die durch die neu begründete Tierpopulation verursacht werden.[14] Es besteht auch keine Haftung des Landes für Schäden aus Verkehrsunfällen infolge von durch Biber angenagten und umgestürzten Bäumen, selbst wenn in der betreffenden Gegend Biber ausgesetzt wurden. Mögliche Unannehmlichkeiten auf der Straße oder durch Überschwemmungen sind aus überwiegenden ökologischen Gründen von jedem Bürger hinzunehmen.[15] Gegebenenfalls ist für den Fang oder die Tötung zur Abwendung von Schäden, die durch angesiedelte besonders geschützte Arten verursacht werden, die Erteilung einer Ausnahme nach § 45 Abs. 7 oder einer Befreiung nach § 67 Abs. 2 zu prüfen.

3. Versagungsgründe (Absatz 4 Satz 2)

19 Eine Genehmigung für das Ausbringen von Tieren oder Pflanzen ist zwingend zu versagen, wenn die Gefahr einer Verfälschung der Tier- oder Pflanzenwelt oder eine Gefährdung einzelner Tier- oder Pflanzenarten oder -populationen nicht auszuschließen ist. Dies bedeutet, dass schon Anhaltspunkte einer Gefährdung für eine Versagung ausreichen und es dem Antragsteller obliegt, das Nichtbestehen einer derartigen Gefährdung nachzuweisen. Keine Verfälschung ist eine im Rahmen des § 37 Abs. 1 Satz 2 Nr. 3 vorgenommene Wiederansiedlung verdrängter Arten.

20 Nach Art. 11 VRL darf sich die Ansiedelung wild lebender Vogelarten, die im europäischen Hoheitsgebiet der Mitgliedstaaten nicht heimisch sind, nicht nachteilig auf die örtliche Tier- und Pflanzenwelt auswirken. Es besteht die Pflicht, die Kommission zu konsultieren.

4. Legalausnahmen und Freistellungen (Absatz 4 Satz 3)

21 Abs. 4 Satz 3 enthält eine Reihe von Legalausnahmen von der Genehmigungspflicht des Abs. 1 Satz 1.

22 Wie schon im bisherigen Recht ist der Anbau von gebietsfremden Pflanzen in den Bereichen der Land- und Forstwirtschaft von dem Erfordernis einer Genehmigung nach Satz 1 ausgenommen. Spezielle Vorgaben für die Gewährleistung eines hinreichenden Anteils standortheimischer Pflanzen in der Forstwirtschaft enthält § 5 Abs. 3 Satz 2.

23 Satz 3 Nr. 2 enthält eine Ausnahme für das Einsetzen von Organismen zum Zweck des biologischen Pflanzenschutzes, z.B. von Marienkäferlarven oder Florfliegen. Soweit es sich um gebietsfremde Arten handelt, hat die Anwen-

---

14 *Heidenreich/Tausch* NuR 1992, 210/212; vgl. aber BGH, Urt. v. 5.5.1988 – III ZR 116/87, NVwZ 1988, 1067: dort wird für neu angesiedelte jagdbare Tiere – Graugänse – ein Entschädigungsanspruch für grundsätzlich gegeben erachtet, wenn die Schwelle des enteignungsrechtlich Zumutbaren überschritten ist und die zuständige Behörde den Abschuss von Graugänsen zu niedrig festgesetzt hat.
15 LG Hanau, Urt. v. 12.3.1998 – 7 O 1549/97, NuR 1998, 680.

dung der Legalausnahme zur Voraussetzung, dass eine Genehmigungspflicht nach pflanzenschutzrechtlichen Vorschriften (§ 3 Abs. 1 Nr. 17 PflSchG) besteht, bei der die Belange des Artenschutzes zu berücksichtigen sind. Derartige Organismen sind zwar im Hinblick auf ökologische Schädlingsbekämpfung von Vorteil, sie können aber auch zu Beeinträchtigungen führen. So haben sich z.b. asiatische Marienkäfer, die im Zuge der Schädlingsbekämpfung in die Natur entkamen, etabliert und führen zu erheblichen nachteiligen Auswirkungen auf die heimische Marienkäferfauna.[16]

Satz 3 Nr. 3 stellt das Ansiedeln von dem Jagd- oder Fischereirecht unterliegenden Tieren nicht gebietsfremder Arten von der artenschutzrechtlichen Genehmigung frei. Das Ansiedeln von Tieren gebietsfremder Arten bedarf dagegen neben der Genehmigung nach § 28 Abs. 3 BJagdG auch einer naturschutzrechtlichen Genehmigung.[17] Spezielle Regelungen in Schutzgebietsverordnungen sowie Anforderungen des Schutzgebietsnetzes Natura 2000 (z.b. hinsichtlich der Ausbringung von Fischen in Natura 2000-Gebieten, die im Schutzzweck auf bestimmte Fischarten abstellen) sind zu beachten. Der Besatz von oberirdischen Gewässern mit nicht heimischen Tierarten ist nach § 5 Abs. 4 Satz 2 grundsätzlich zu unterlassen. 24

Nach **Satz 3 Nr. 4** gilt für das Ausbringen von Gehölzen und Saatgut gebietsfremder Herkünfte in der freien Natur eine zehnjährige Übergangsregelung. Diese berücksichtigt züchterische und wirtschaftliche Anpassungserfordernisse und dient der Erhaltung der genetischen Vielfalt, die nach Art. 2 des Übereinkommens über die biologische Vielfalt auch die Vielfalt innerhalb der Arten, also etwa von Unterarten und Populationen umfasst. Durch die Anpflanzung von Herkünften aus anderen Regionen wird die genetische Vielfalt auf der Ebene der Arten und darunter liegender Sippen wesentlich beeinflusst. Kreuzungen zwischen nicht gebietsfremden und gebietsfremden Herkünften können zu schleichenden Veränderungen des Genpools durch genetische Homogenisierung und zur Auslöschung von Wildsippen führen. Die eingeräumte Übergangsfrist von zehn Jahren soll den Marktteilnehmern die Umstellung auf die Genehmigungspflicht erleichtern.[18] 25

5. Konsultationspflichten

Satz 4 enthält einen Hinweis auf Art. 22 FFH-Richtlinie. Aus dieser Norm ergeben sich weiter gehende Rechtspflichten, z.B. eine Konsultierungspflicht betroffener Bevölkerungskreise bei Wiederansiedlungen sowie die Übermittlung von Bewertungsstudien bei absichtlichen Ansiedlungen an den in Art. 20 FFH-Richtlinie genannten Ausschuss. 26

6. Zuständigkeiten

Für das Genehmigungsverfahren nach Abs. 4 sind – abgesehen von der ausschließlichen Wirtschaftszone und dem Festlandsockel – die Länder zuständig. Abweichend von diesem Grundsatz bestimmt Abs. 5 das BfN als Genehmigungsbehörde für im Inland noch nicht vorkommende Arten, um in diesen Fällen bundeseinheitliche Maßstäbe anzuwenden. Das Bundesamt kann eher den aktuellen internationalen Erfahrungsstand einbeziehen und auf dieser Basis das Invasivitätsrisiko einschätzen.[19] 27

---

16 Neue Zürcher Zeitung v. 28.12.2005.
17 *Kolodziejcok/Recken*, Kennzahl 1226 Rdnr. 39; BVerwG, Urt. v. 6.9.1984 – 3 C 16.84, NuR 1985, 235.
18 BT-Drs. 16/12274, S. 69.
19 BT-Drs. 16/12274, S. 69.

V. Beseitigungsanordnungen (Absatz 6)

28 Abs. 6 gibt den Behörden entsprechend dem Vorbild einiger landesrechtlicher Regelungen (z.b. Art. 17 Abs. 5 BayNatSchG) ergänzend zum Abs. 3 die Befugnis, die Beseitigung ungenehmigt angesiedelter Tiere und Pflanzen anzuordnen, soweit diese invasiv sind. Das gleiche gilt für unbeabsichtigt in die freie Natur entkommene invasive Tiere und Pflanzen. Diese Vorschrift trägt Art. 8 lit. h des Übereinkommens über die biologische Vielfalt Rechnung. Danach ist es nicht ausreichend, das Ausbringen nicht heimischer Arten zu verbieten. Vielmehr sind schon ausgebrachte nicht heimische Arten zu kontrollieren sowie bei Bedarf zu bekämpfen und zu beseitigen. Dies erfolgt z.b. durch Maßnahmen auf Grund von Pflege- und Entwicklungsplänen in Schutzgebieten. Beispiele für sogenannte invasive Neophyten und Neozoen sind die Herkulesstaude, die Kanadische Goldrute und der Ochsenfrosch. Die Behörden sollen dabei gemäß dem Verursacherprinzip vorrangig denjenigen zur Beseitigung heranziehen, der die Tiere oder Pflanzen ungenehmigt angesiedelt hat. Im Übrigen besteht eine Duldungspflicht der Grundstückseigentümer. Hinweise zu möglichen Bekämpfungsmaßnahmen bei invasiven Neophyten finden sich z.b. in:
- http://www.floraweb.de/neoflora/handbuch.html.

29 Eine dauerhafte Beseitigung von Neophyten oder Neozoen kann eine naturschutzfachliche Aufwertung einer Fläche darstellen und damit eine geeignete Ausgleichs- und Ersatzmaßnahme sein, die auch in ein Ökokonto nach § 16 eingestellt werden kann.

§ 41 Vogelschutz an Energiefreileitungen

¹Zum Schutz von Vogelarten sind neu zu errichtende Masten und technische Bauteile von Mittelspannungsleitungen konstruktiv so auszuführen, dass Vögel gegen Stromschlag geschützt sind. ²An bestehenden Masten und technischen Bauteilen von Mittelspannungsleitungen mit hoher Gefährdung von Vögeln sind bis zum 31. Dezember 2012 die notwendigen Maßnahmen zur Sicherung gegen Stromschlag durchzuführen. ³Satz 2 gilt nicht für die Oberleitungsanlagen von Eisenbahnen.

Gliederung

	Rdnr.
I. Allgemeines	1–3
II. Gefährdung von Vögeln durch Energiefreileitungen	4, 5
III. Maßnahmen gegen Stromschlag	6–13
1. Ziel der Regelung	6, 7
2. Sicherung neu zu errichtender Masten (Satz 1)	8, 9
3. Nachrüstung bestehender Masten (Satz 2)	10, 11
4. Oberleitungsanlagen der Bahn (Satz 3)	12, 13

I. Allgemeines

Schätzungen gehen von 100.000 bis 500.000 vogelgefährlicher Mittelspannungsmasten in Deutschland aus.[1] An solchen Masten kommt jährlich eine unbekannte Zahl Vögel durch Stromschlag zu Tode. Es handelt sich dabei vor allem um große Vögel wie Störche, Greifvögel und Eulen.[2]

1

Über Telegraphendrähte als Gefahrenquelle für Vögel wurde bereits im 19. Jahrhundert berichtet. Mittlerweile gibt es eine große Anzahl von Dokumentationen und Forschungsarbeiten zum Thema Freileitungen. Auch hat sich das Standing Committee der Berner Konvention zum Thema Vogelschutz und Freileitungen geäußert.[3] Bei Unglücken mit Freileitungen ist zwischen Stromschlag und Leitungsanflug zu unterscheiden. Der Stromschlag entsteht durch Überbrücken von Spannungspotenzialen, entweder als Erdschluss zwischen spannungsführenden Bauteilen oder Kurzschluss zwischen Leiterdrähten verschiedener Spannung. Gefahr besteht vor allem an Mittelspannungsleitungen (1 bis 60 kV) durch die Kombination und kurzen Isolationsstrecken von nur 5 bis 30 cm, die von vielen Arten leicht überbrückt werden können. Bei größeren Spannungen (110 bis 380 kV) ist dagegen der Abstand zwischen Leiterdrähten und Mast bzw. zwischen den einzelnen Drähten zu groß für eine Überbrückung. Greifvögel, die auf Traversen über Leiterseilen sitzen, können allerdings auch durch Kotstrahl einen Erdschluss bewirken. Niederspannungsleitungen (< 1 kV) stellen kaum eine Gefahr für Vögel dar. Anflüge können sich prinzipiell mit jeder Art von Freileitungen ereignen, da Vögel Entfernungen zu solch unnatürlichen horizontalen Strukturen schlecht abschätzen können.[4]

2

---

1   NABU Naturschutzbund Deutschland, Vogelschutz/Stromtod – NABU fordert rasche Entschärfung gefährlicher Strommasten. Pressedienst Nr. 34/06 v. 3.4.2006.
2   *Breuer*, Stromopfer und Vogelschutz an Energiefreileitungen, Naturschutz und Landschaftsplanung 39 (3), 2007.
3   Recommendation No. 110 on minimizing adverse effects of above-ground transmission facilities (power lines) on birds.

3 Nachdem trotz Wiederaufnahme des Vogelschutzes in die DIN VDE 0210/12.85 im Jahre 1986 und dem Erstellen von Nachrüstkatalogen bisher keine umfassende Entschärfung von gefährlichen Mastbereichen durchgeführt wurde, hat der Gesetzgeber die Energieversorgungsunternehmen erst im BNatSchG 2002 durch § 53 zu entsprechendem Handeln verpflichtet. Die Regelung greift mit der Sicherungspflicht gegen Stromschlag allerdings nur eine der beiden Hauptursachen von Vogelverlusten an Energiefreileitungen auf. Für Maßnahmen zur Verminderung des Kollisionsrisikos mit Leitungsseilen besteht auch weiterhin keine gesetzliche Verpflichtung.

II. Gefährdung von Vögeln durch Energiefreileitungen

4 Energiefreileitungen stellen für die Vogelwelt ein erhebliches Gefährdungspotenzial dar. Im Einzelnen sind als Gefährdungsursachen Stromschlag, Leitungsanflug, Habitatverschlechterung z.b. durch die Zerschneidung von Lebensräumen und Eingriffe in Räuber-Beute-Beziehungen bekannt. Die Wirkung der von Freileitungen ausgehenden elektromagnetischen Felder auf Vögel ist – nach heutigem Wissensstand – hingegen als vernachlässigbar gering einzustufen. Die Zahl der direkten Vogelverluste an Stromleitungen beträgt jährlich mehrere Tausend Vögel. Betroffen sind z.B. Greifvögel, Eulen, Kraniche, Weiß- und Schwarzstörche. Beim Uhu sind bis zu 45 % der Gesamtverluste auf Freileitungen zurückzuführen, beim Weißstorch sind es sogar bis zu 70 %. Die Verluste können bei bereits bedrohten Beständen zum Erlöschen von kleinen Restpopulation führen.[5]

5 Stromschlag und Leitungsanflug sind die Hauptursachen für Vogelverluste an Energiefreileitungen. Für beide sind unterschiedliche Abhilfemaßnahmen erforderlich. **Stromschlag** entsteht durch die Überbrückung von Spannungspotenzialen. Dies kann durch Erdschluss zwischen spannungsführenden Leitern und geerdeten Bauteilen oder als Kurzschluss zwischen Leiterseilen verschiedener Spannung geschehen. Diese Gefahren gehen vor allem von Mittelspannungsleitungen (1–60 kV) aus, da hier die relativ kleinen Isolationsstrecken von vielen Vögeln leicht überbrückt werden können. Beim **Leitungsanflug** kommt es zu einer Überbrückung von Leiterseilen verschiedener Spannung und somit zu einem Kurzschluss. Grundsätzlich sind alle Vögel unabhängig von ihrer Größe durch Leitungsanflug gefährdet. Nachts und bei schlechter Sicht steigt das Unfallrisiko. Die meisten Anflüge scheinen an den ganz oben angeordneten, einzeln hängenden und besonders dünnen Erdseilen zu erfolgen, und zwar bei dem Versuch, die besser sichtbaren Leitungsbündel zu überfliegen. Besonders hohe Verlustzahlen sind in Durchzugs- und Rastgebieten mit großen Vogelzahlen zu verzeichnen. Untersuchungen haben gezeigt, dass durch die Anbringung von optischen Markierungen die Sichtbarkeit der Leitungen für Vögel erhöht werden kann und dass dadurch mit einer Reduzierung des Vogelschlagrisikos um bis zu 90 %

---

4 Vgl. *Richarz* et al., Besondere Gefahren für Vögel und Schutzmaßnahmen. Freileitungen. Taschenbuch für Vogelschutz, Aula Verlag, Wiebelsheim, 2001, S. 116 ff.; *Hüppop*, Luftfahrzeuge, Windräder und Freileitungen: Störungen und Hindernisse als Problem für Vögel? In Vögel und Luftverkehr 24 Jg., Heft 2/2004 S. 27/33.
5 *Schumacher, A.*, Die Berücksichtigung des Vogelschutzes an Energiefreileitungen im novellierten Bundesnaturschutzgesetz. Naturschutz in Recht und Praxis – online 2002, Heft 1: 2, 3 f., www.naturschutzrecht.net/online-zeitschrift/NRPO_Heft1.pdf m.w.N. zu Vogelverlustzählungen.

zu rechnen ist.[6] Die Entschärfung gefährlicher Leitungsabschnitte geschieht bislang auf freiwilliger Basis durch die Energieversorgungsunternehmen.

III. Maßnahmen gegen Stromschlag

1. Ziel der Regelung

Die Regelung verfolgt das Ziel, Vögel besser vor Stromschlag an Masten und technischen Bauteilen von Mittelspannungsleitungen zu schützen. Es wird daher die Verpflichtung eingeführt, beim Bau neuer Anlagen und bei der Nachrüstung bestehender Masten mit hohem Gefährdungspotenzial vogelfreundliche Konstruktionen einzusetzen.

§ 41 zielt auf den Schutz aller Vogelarten ab. Die ursprünglich im Gesetzentwurf der Bundesregierung vorgesehene Einschränkung auf die europäischen Vogelarten i.S.v. § 7 Abs. 2 Nr. 12^7 ist entfallen. In Anbetracht dessen, dass unter den in Europa bislang als Freileitungsopfer registrierten 179 Vogelarten neben häufigen Arten auch seltene Durchzügler, Wintergäste und stark bedrohte Brutvögel sind,[8] wäre eine Einschränkung auf die in Europa heimischen Arten auch nicht sinnvoll.

2. Sicherung neu zu errichtender Masten (Satz 1)

Neu zu errichtende Masten und technische Bauteile von Mittelspannungsleitungen müssen durch ihre **konstruktive Ausführung** gegen die Stromschlaggefahr für Vögel gesichert werden. Hilfsvorrichtungen wie Abweiser, Abdeckhauben, Isolierschläuche und ähnliche Schutzmaßnahmen sind nicht zugelassen, da sie keinen absoluten Schutz gewährleisten und mit ca. 20 Jahren nicht die Lebensdauer der Masten (ca. 50 Jahre) erreichen.

Seit der Wiederaufnahme des Vogelschutzes in die DIN VDE 0210/12.85 werden beim Neubau von Masten von den Energieversorgungsunternehmen grundsätzlich vogelfreundliche Mastkonstruktionen eingesetzt, so dass die Umsetzung dieses Teils der Vorschrift unproblematisch erscheint. Entsprechend der Vorgaben des Abschnitt 8.10 der DIN VDE 0210/12.85 sind Querträger, Isolatorenstützen und sonstige Bauteile so auszubilden, dass den Vögeln keine Sitzgelegenheit in gefahrbringender Nähe von spannungsführenden Teilen gegeben wird.

3. Nachrüstung bestehender Masten (Satz 2)

Mit Satz 2 wird eine Nachrüstungspflicht für bestehende Masten und technischen Bauteile von Mittelspannungsleitungen eingeführt. Auch hier dürfen nur konstruktive Ausführungen zur Beseitigung der Stromschlaggefahr zum Einsatz kommen. Die Regelung gilt allerdings nur für Altanlagen mit **hoher Gefährdung** von Vögeln. Gefahrbringend sind grundsätzlich alle Masten mit Erdpotenzial am Mastkopf und unzureichenden Abständen zwischen den spannungsführenden Leitungen, wie Beton- und Stahlgittermasten mit Stützisolatoren, Maststationen mit Transformator, bestimmte Schaltermasten, Abspannmasten mit über den Querträgern geführten Stromschlaufen, Abspannmasten mit zu kurzen Isolatorketten (unter

---

6 *Koops,* Markierung von Hochspannungsfreileitungen in den Niederlanden. Vogel und Umwelt 9, Sonderheft, 1997, S. 276/277.
7 BT-Drs. 14/6378, S. 57.
8 *Richarz et al.,* Besondere Gefahren für Vögel und Schutzmaßnahmen. Freileitungen. Taschenbuch für Vogelschutz, Aula Verlag, Wiebelsheim, 2001, S. 116/118.

60 cm) und bestimmte Trafohäuser. Zu entschärfen sind grundsätzlich alle Masten und konstruktive Bauteile, deren Gefährdungspotenzial im VDEW-Maßnahmenkatalog als „hoch" eingestuft wird. Eine hohe Gefährdung kann auch an allen Konstruktionen angenommen werden, an denen bereits Vogelverluste aufgetreten sind, so dass auch für diese eine Nachrüstungspflicht besteht. Gleiches gilt für Stromtrassen, welche Gebiete tangieren oder durchschneiden, die von besonderer Bedeutung für den Vogelschutz sind (z.b. ausgewiesene oder faktische Vogelschutzgebiete, Naturschutzgebiete, die zum Schutz von Vögeln ausgewiesen wurden oder Bereiche, in denen Wiederansiedlungsprogramme stattfinden), insbesondere dann, wenn bereits einzelne Vogelverluste zum Erlöschen einer Population führen können.

11 Die technischen Normen zur nachträglichen Sicherung bestehender Leitungsmasten sind gemeinsam von Natur- und Umweltschutzverbänden und Energieversorgungsunternehmen erarbeitet worden.[9] Technisch stellt die Nachrüstung kein Problem dar. Um den Leitungsnetz-Betreibern genügend Zeit zur Nachrüstung bestehender unzureichend gesicherter Energieanlagen einzuräumen, wurde eine Übergangsfrist bis einschließlich 31.12.2012 festgelegt. Mit der Novelle 2002 wurde eine Übergangsfrist von 10 Jahren festgelegt, durch die Neuregelung wird diese Frist nunmehr um 8 Monate verlängert. Die Nachrüstung ist somit im Rahmen der laufenden Unterhaltungsarbeiten an Hochspannungsleitungen durchführbar. Schutzmaßnahmen dürften daher auch regelmäßig dem Verhältnismäßigkeitsgrundsatz entsprechen.

4. Oberleitungsanlagen der Bahn (Satz 3)

12 Ausdrücklich von dieser Regelung ausgenommen wurden die bestehenden Oberleitungsanlagen der Bahn. Allerdings kommt es auch an Strommasten des Eisenbahnnetzes immer wieder zu stromschlagbedingten Vogelverlusten. Betroffen sind überwiegend Greifvögel und Eulen, da diese Bahnlinien gezielt aufsuchen, um im Bereich des Gleiskörpers Mäuse zu jagen oder Tierkadaver zu fressen. Aus Satz 3 ergibt sich, dass neu errichtete Anlagen der Bahn nicht von der Ausnahme nach Satz 2 mit umfasst sind.

13 Um zukünftig Schutzmaßnahmen durchführen zu können, hat sich die Deutsche Bahn bereit erklärt, in Zusammenarbeit mit dem Naturschutzbund Deutschland (NABU) einen Maßnahmenkatalog für Bahn-Stromtrassen zu erarbeiten.[10]

---

9 VDEW, Vogelschutz an Starkstrom-Freileitungen mit Nennspannungen über 1 kV. Erläuterungen zu Abschnitt 8.10 „Vogelschutz" der Bestimmung DIN VDE 0210/12.85, 2. Aufl., 1991.
10 NABU, Naturschutzbund Deutschland (2001): Kurz gemeldet, Naturschutz heute – Ausgabe 1/01 v. 26.1.2001.

§ 42 Zoos

(1) ¹Zoos sind dauerhafte Einrichtungen, in denen lebende Tiere wild lebender Arten zwecks Zurschaustellung während eines Zeitraumes von mindestens sieben Tagen im Jahr gehalten werden. ²Nicht als Zoo gelten
1. Zirkusse,
2. Tierhandlungen und
3. Gehege zur Haltung von nicht mehr als fünf Arten von Schalenwild, das im Bundesjagdgesetz aufgeführt ist, oder Einrichtungen, in denen nicht mehr als 20 Tiere anderer wild lebender Arten gehalten werden.

(2) ¹Die Errichtung, Erweiterung, wesentliche Änderung und der Betrieb eines Zoos bedürfen der Genehmigung. ²Die Genehmigung bezieht sich auf eine bestimmte Anlage, bestimmte Betreiber, auf eine bestimmte Anzahl an Individuen einer jeden Tierart sowie auf eine bestimmte Betriebsart.

(3) Zoos sind so zu errichten und zu betreiben, dass
1. bei der Haltung der Tiere den biologischen und den Erhaltungsbedürfnissen der jeweiligen Art Rechnung getragen wird, insbesondere die jeweiligen Gehege nach Lage, Größe und Gestaltung und innerer Einrichtung art- und tiergerecht ausgestaltet sind,
2. die Pflege der Tiere auf der Grundlage eines dem Stand der guten veterinärmedizinischen Praxis entsprechenden schriftlichen Programms zur tiermedizinischen Vorbeugung und Behandlung sowie zur Ernährung erfolgt,
3. dem Eindringen von Schadorganismen sowie dem Entweichen der Tiere vorgebeugt wird,
4. die Vorschriften des Tier- und Artenschutzes beachtet werden,
5. ein Register über den Tierbestand des Zoos in einer den verzeichneten Arten jeweils angemessenen Form geführt und stets auf dem neuesten Stand gehalten wird,
6. die Aufklärung und das Bewusstsein der Öffentlichkeit in Bezug auf den Erhalt der biologischen Vielfalt gefördert wird, insbesondere durch Informationen über die zur Schau gestellten Arten und ihre natürlichen Biotope,
7. sich der Zoo beteiligt an
   a) Forschungen, die zur Erhaltung der Arten beitragen, einschließlich des Austausches von Informationen über die Arterhaltung, oder
   b) der Aufzucht in Gefangenschaft, der Bestandserneuerung und der Wiederansiedlung von Arten in ihren Biotopen oder
   c) der Ausbildung in erhaltungsspezifischen Kenntnissen und Fähigkeiten.

(4) ¹Die Genehmigung nach Absatz 2 ist zu erteilen, wenn
1. sichergestellt ist, dass die Pflichten nach Absatz 3 erfüllt werden,
2. die nach diesem Kapitel erforderlichen Nachweise vorliegen,
3. keine Tatsachen vorliegen, aus denen sich Bedenken gegen die Zuverlässigkeit des Betreibers sowie der für die Leitung des Zoos verantwortlichen Personen ergeben sowie
4. andere öffentlich-rechtliche Vorschriften der Errichtung und dem Betrieb des Zoos nicht entgegenstehen.

²Die Genehmigung kann mit Nebenbestimmungen versehen werden; insbesondere kann eine Sicherheitsleistung für die ordnungsgemäße Auflösung des Zoos und die Wiederherstellung des früheren Zustands verlangt werden.

(5) Die Länder können vorsehen, dass die in Absatz 2 Satz 1 vorgesehene Genehmigung die Erlaubnis nach § 11 Absatz 1 Satz 1 Nummer 2a und 3 Buchstabe d des Tierschutzgesetz einschließt.

(6) ¹Die zuständige Behörde hat die Einhaltung der sich aus den Absätzen 3 und 4 ergebenden Anforderungen unter anderem durch regelmäßige Prüfungen und Besichtigungen zu überwachen. ²§ 52 gilt entsprechend.

(7) ¹Wird ein Zoo ohne die erforderliche Genehmigung oder im Widerspruch zu den sich aus den Absätzen 3 und 4 ergebenden Anforderungen errichtet, erwei-

tert, wesentlich geändert oder betrieben, so kann die zuständige Behörde die erforderlichen Anordnungen treffen, um die Einhaltung der Anforderungen innerhalb einer angemessenen Frist sicherzustellen. ²Sie kann dabei auch bestimmen, den Zoo ganz oder teilweise für die Öffentlichkeit zu schließen. ³Ändern sich die Anforderungen an die Haltung von Tieren in Zoos entsprechend dem Stand der Wissenschaft, soll die zuständige Behörde nachträgliche Anordnungen erlassen, wenn den geänderten Anforderungen nicht auf andere Weise nachgekommen wird.

(8) ¹Soweit der Betreiber Anordnungen nach Absatz 7 nicht nachkommt, ist der Zoo innerhalb eines Zeitraums von höchstens zwei Jahren nach deren Erlass ganz oder teilweise zu schließen und die Genehmigung ganz oder teilweise zu widerrufen. ²Durch Anordnung ist sicherzustellen, dass die von der Schließung betroffenen Tiere angemessen und im Einklang mit dem Zweck und den Bestimmungen der Richtlinie 1999/22/EG des Rates vom 29. März 1999 über die Haltung von Wildtieren in Zoos (ABl. L 94 vom 9.4.1999, S. 24) auf Kosten des Betreibers art- und tiergerecht behandelt und untergebracht werden. ³Eine Beseitigung der Tiere ist nur in Übereinstimmung mit den arten- und tierschutzrechtlichen Bestimmungen zulässig, wenn keine andere zumutbare Alternative für die Unterbringung der Tiere besteht.

Gliederung

		Rdnr.
I.	Allgemeines	1–3
II.	Zoodefinition	4–6
III.	Genehmigungspflicht (Abs. 2)	7–10
IV.	Betreiberpflichten (Abs. 3)	11–17
V.	Genehmigungsvoraussetzungen (Abs. 4)	18
VI.	Mehrere Genehmigungen (Abs. 5)	19, 20
VII.	Behördliche Prüfungen und Anordnungen (Abs. 6 bis 8)	21–25

I. Allgemeines

1 § 42 setzt die frühere rahmenrechtliche Regelung des § 51 BNatSchG a.F. in unmittelbar geltendes Recht um. Die Vorschrift dient der Umsetzung der Zoorichtlinie. Die Zoorichtlinie der EU (Richtlinie 1999/22/EG des Rates vom 29.3.1999 über die Haltung von Wildtieren in Zoos, ABl. Nr. L 94 S. 24) stellt eine gemeinsame Grundlage für die Rechtsvorschriften der Mitgliedstaaten hinsichtlich der Betriebserlaubnisse für Zoos, ihrer Überwachung, der Haltung von Tieren, der Ausbildung des Personals und der Erziehung der Besucher dar. Damit sollen auch die Verpflichtungen nach Art. 9 des Übereinkommens über die biologische Vielfalt erfüllt werden, wonach Maßnahmen zur Ex-situ-Erhaltung als ein Beitrag zum Erhalt der biologischen Vielfalt ergriffen werden sollen.

2 § 42 basiert auf dem Wortlaut der Richtlinie und richtet sich in seiner konkreten Ausgestaltung nach einer Zusammenschau der bislang geltenden landesgesetzlichen Regelungen. Sichergestellt werden sollte hiermit zum einen, dass die bisherige Rechtslage nicht über Gebühr verändert wird, um den Verwaltungsaufwand der Länder durch eine Umstellung der Bewertungsmaßstäbe auf ein Minimum zu beschränken. Zum anderen soll ein hohes Schutzniveau für die in den Zoos und Tiergehegen gehaltenen Tieren erhalten bleiben.

Ergänzende Regelungen in Umsetzung der Zoo-Richtlinie enthalten § 2 TierSchG (Haltungsanforderungen, Gesundheitsfürsorge) und §§ 11, 16 und 16a TierSchG (Registrierungspflicht, Auskunfts- und Betretungsrecht, Anordnungsbefugnisse und Ermächtigungen). Teilweise enthalten die Landeswaldgesetze weitere Regelungen für Zoos im Wald (z.B. § 34 WaldG BW).

II. Zoodefinition

Abs. 1 hat die in § 10 Abs. 2 Nr. 19 BNatSchG a.F. enthaltene Zoodefinition mit einer Modifikation übernommen: Auf einen Änderungsvorschlag des Bundesrats hin wurde die Freistellungsgrenze des Satz 2 Nr. 3 bei Haltung anderer wild lebender Arten von 5 auf 20 Tiere[1] erweitert.

Die Definition des „Zoos" lehnt sich an Art. 2 der Zoo-RL an. Ein **Zoo** liegt immer dann vor, wenn folgende **Voraussetzungen** gegeben sind:
- Es muss sich um eine dauerhafte Einrichtung handeln.
- Es müssen lebende Tiere wild lebender Arten gehalten werden. Zum Begriff der wild lebenden Art siehe § 7 Abs. 2 Nr. 1 a). Die Zoo-RL schränkt den Begriff der „wild lebenden Arten" nicht auf Wirbeltierarten ein. Damit fallen unter den Begriff auch Insektarien (z.B. Schmetterlingshäuser) oder Aquarien mit Korallentieren. Keine wild lebenden Arten sind z.B. Lama, Alpaka, Kamel, Yak. Zu den wild lebenden Tieren gehören dagegen auch Strauße.[2]
- Die Anlage muss zum Zweck der Zuschaustellung während eines Zeitraum von mindestens 7 Tagen im Jahr betrieben werden. Eine **Zurschaustellung** liegt vor, wenn die Betrachtung der Tiere durch Besucher der wesentliche Zweck der Einrichtung ist. Für die Frage, ob eine Errichtung der Zurschaustellung von Tieren dient, kann nicht auf ein einzelnes Gehege oder Aquarium abgestellt werden, welches sich innerhalb einer ganz anders gearteten Einrichtung (z.B. Restaurant) befindet. Entscheidend ist der Betrieb, in dem die Tiere gehalten werden, als organisatorische Einheit. Dieser Betrieb muss die Zurschaustellung als einen wesentlichen Zweck verfolgen. Kriterien dafür sind z.B. die Bauweise (Konzeption und Ausrichtung der Anlagen im Hinblick auf Besucher), das Erheben von Eintrittsgeldern, gewerbsmäßiger Umfang (Haupt- oder Nebenerwerb, fest angestellte Mitarbeiter) und die Werbung mit dem Hinweis auf zu besichtigende Tiere.

Kein Zoo liegt vor, wenn andere Zwecke der Tierhaltung (z.B. Betreuungsstation für verletzte, kranke und hilflose Tiere, Vogelzucht oder Tierhaltung durch Vereine und Vereinsmitglieder auf ehrenamtlicher Basis, Lehrzwecke an einer Hochschule, Raumgestaltung durch Aquarium, Haltung und Zucht von Tieren zur Fleischproduktion) so vorrangig sind, dass die Möglichkeit der Besucher, Tiere zu betrachten, nur eine untergeordnete Bedeutung hat.

Weiterhin darf keine der **Ausnahmen** des Satzes 2 vorliegen. Danach unterfallen der Zoodefinition nicht:
- Zirkusse; die Zoodefinition ist jedoch erfüllt, wenn ein Zirkus in seinem Winterquartier eine dauerhafte Tierschau mit wild lebenden Tieren einrichtet;
- Tierhandlungen;

---

[1] Die Zoo-RL der EU gibt hierzu keine genaue Grenze vor, sondern spricht von „keiner signifikanten Anzahl" an Tieren.
[2] VGH Mannheim, Beschl. v. 1.4.1999 – 5 S 335/99, NuR 1999, 387.

- Wildgehege zur Haltung von nicht mehr als fünf Arten heimischen Schalenwildes. Zum Begriff des Schalenwilds vgl. die Legaldefinition des § 2 Abs. 3 BJagdG (Wisent, Elch-, Rot-, Dam-, Sika-, Reh-, Gams-, Stein-, Muffel- und Schwarzwild);
- Einrichtungen, in denen nicht mehr als 20 Tiere anderer wild lebender Arten gehalten werden.

III. Genehmigungspflicht (Absatz 2)

8 Alle Einrichtungen, die unter die Definition des „Zoos" fallen, bedürfen nach Art. 4 Abs. 2 Zoo-Richtlinie einer **Errichtungs- und Betriebserlaubnis**. Diese musste bei bestehenden Zoos spätestens am 9.4.2003 (vier Jahre nach Veröffentlichung der Zoo-Richtlinie) vorliegen. Zuwiderhandlungen sind bußgeldbewehrt (§ 69 Abs. 3 Nr. 18).

9 Abs. 2 Satz 1 regelt die allgemeine Genehmigungsbedürftigkeit. Satz 2 legt fest, dass die Genehmigung **anlagen- und personenbezogen** zu erteilen ist, so dass weder der Betreiber des Zoos ohne Genehmigung der zuständigen Behörde ausgetauscht werden kann, noch ein zugelassener Betreiber an anderer Stelle ohne erneute Genehmigung einen Zoo errichten kann. Dies ist nötig, da für die Einhaltung der Betreiberpflichten sowohl an anlagenbezogene Merkmale (z.b. Ausgestaltung der Gehege) als auch an persönliche Merkmale (z.b. Zuverlässigkeit) angeknüpft wird. Die Festlegung auf eine Höchstzahl an Individuen ist notwendig, um die Bewertung der art- und verhaltensgerechten Ausgestaltung der Gehege sicherzustellen. Bei der Bestimmung der Höchstzahl der Individuen werden von ihren Eltern abhängige Jungtiere mitgezählt. Grundsätzlich ist es für den Betreiber zumutbar zu antizipieren, wie viel Nachwuchs die Art nach seinem Zuchtkonzept haben wird und die im Rahmen seines Zuchtprogramms vorgesehene Anzahl an Individuen bei der Genehmigung anzugeben.

10 Auch bei einer Erweiterung oder **wesentlichen Änderung** ist eine behördliche Prüfung erforderlich. Wesentlich ist eine Änderung, wenn sich die Frage der Genehmigungsfähigkeit neu stellt, d.h. wenn die Änderungen für die Prüfung der Genehmigungsvoraussetzungen erheblich sein können[3]. Dies ist insbesondere der Fall, wenn neue Tiergehege oder -häuser errichtet werden oder bestehende so umgestaltet werden, dass die Einhaltung der Erhaltungsbedürfnisse der Tiere einer erneuten Prüfung bedarf. Wesentlicher Inhalt der Betriebserlaubnis sind Nebenbestimmungen, mit denen die Einhaltung der Anforderungen an Zoos gemäß Art. 3 der Zoo-Richtlinie sichergestellt wird.

11 Die bisherigen nach Landesrecht erlassenen Genehmigungen bleiben wirksam. Die zuständigen Behörden haben dabei im Rahmen der nach Abs. 6 ohnehin durchzuführenden Inspektionen besonderes Augenmerk auf diejenigen Betreiberpflichten zu legen, die in dem jeweiligen Bundesland bislang nicht einzuhalten gewesen waren. Durch Anordnungen gemäß Abs. 7 sind die Anpassungen an die geltenden Regelungen vorzunehmen.

---

3 Vgl. hierzu *Jarass*, BImSchG § 16 Rdnr. 9; *Czajka*, in: *Feldhaus*, BImSchG § 16 Rdnr. 29, wobei die weiteren Tatbestandsvoraussetzungen des § 16 BImSchG wegen der unterschiedlichen Gesetzesziele nicht herangezogen werden können.

IV. Betreiberpflichten (Absatz 3)

Abs. 3 enthält die Grundpflichten, die von jedem Zoo zu erfüllen sind. Diese Pflichten sind Dauerpflichten, die während der gesamten Zeit der Errichtung und des Betriebs vom Betreiber des Zoos zu erfüllen sind. Der Betreiber muss dabei auch neuen Erkenntnissen Rechnung tragen.

Satz 1 Nr. 1 enthält die Grundanforderungen hinsichtlich der Tierhaltung; insbesondere an Errichtung und Ausgestaltung der Gehege. Bei der Ausgestaltung der Gehege muss auch das Verhalten der jeweiligen Tiere berücksichtigt werden, so ist insbesondere auf Interaktionen innerhalb der Tiergruppe(n) Rücksicht zu nehmen. So sind etwa Rückzugsräume für hierarchisch untergeordnete Tiere anzubieten. Hinweise des Bundesministeriums für Verbraucherschutz, Ernährung und Landwirtschaft (BMVEL) finden sich in den „Leitlinien für eine tierschutzgerechte Haltung von Wild in Gehegen", „Gutachten über Mindestanforderungen an die Haltung von Zierfischen (Süßwasser), Papageien, Kleinvögel, Reptilien, Straußenvögel außer Kiwis, Greifvögel und Eulen", „Gutachten zur Auslegung des § 11b des Tierschutzgesetzes" und „Gutachten über Mindestanforderungen an die Haltung von Säugetieren". Nach Auffassung des BMVEL erfüllt bereits § 2 TierSchG die besonderen Anforderungen der Zoo-RL hinsichtlich der Haltung der Zootiere, so dass ergänzende Regelungen nicht erforderlich seien. Die Zoo-Richtlinie weist ausdrücklich darauf hin, dass auch **Leitlinien für die Pflege und Unterbringung von Tieren in Zoos**, die durch Organisationen wie z.b. die Europäische Vereinigung von Zoos und Aquarien ausgearbeitet werden, für die Erstellung einzelstaatlicher Normen herangezogen werden können.

Satz 1 Nr. 2 enthält die Pflicht, ein Programm zur tiermedizinischen Vorbeugung und Behandlung sowie zur artgerechten Ernährung und Pflege auszuarbeiten und anzuwenden. Die im Regierungsentwurf enthaltene Anforderung, dass das Programm „dem Stand der veterinärmedizinischen Wissenschaft" entsprechen müsse, wurde entsprechend der Äußerung des Bundesrats durch den Verweis auf den „Stand der guten veterinärmedizinischen Praxis" ersetzt. Das Programm zur tiermedizinischen Vorbeugung und Behandlung sowie zur Ernährung muss in schriftlicher Form vorliegen um Beweisschwierigkeiten zu überwinden und eine Überprüfung durch die Behörden möglich zu machen.

Satz 1 Nr. 3 legt dem Zoo die Verpflichtung auf, alle erforderlichen und zumutbaren Maßnahmen zu ergreifen, dass dem Entweichen der Tiere und dem Eindringen von Schadorganismen vorgebeugt wird.

Nach Satz 1 Nr. 5 müssen Zoos ein **Bestandsregister** führen, welches stets auf dem neuesten Stand zu halten ist. Hierzu können auch geeignete Aufzeichnungen auf Grund anderer Rechtsvorschriften (z.B. zur Führung eines Tierbestandbuchs nach § 11 Abs. 2a Satz 2 Nr. 1 TierSchG) verwendet werden.

Satz 1 Nr. 6 verpflichtet den Zoo zur Aufklärung und Bewusstseinsbildung der Öffentlichkeit, z.B. durch entsprechende Beschilderung, Führungen, Broschüren.

Nach der Grundpflicht des **Satzes 1 Nr. 7** müssen sich die Zoos entsprechend ihren besonderen Fähigkeiten und Möglichkeiten an zumindest einer der in Buchst. a bis c aufgelisteten Aufgaben (Forschung, Aufzucht, Ausbildung) beteiligen. Rechtsprechung zur Konkretisierung dieser Anforderungen liegt noch nicht vor.

V. Genehmigungsvoraussetzungen (Absatz 4)

19 Abs. 4 Satz 1 enthält die Voraussetzungen für die Erteilung einer Zoogenehmigung. Neben der Einhaltung der Anforderungen nach Abs. 3 und weiteren Nachweisen wird zusätzlich die Zuverlässigkeit des Betreibers und weiterer verantwortlicher Personen sowie die Einhaltung sonstiger öffentlich-rechtlicher Vorschriften zur Genehmigungsvoraussetzung gemacht. Die in Satz 2 in das Ermessen der Behörde gestellte Sicherheitsleistung dient zum einen der Sicherung der Kostendeckung für die Unterbringung der Tiere bei einer Auflösung des Zoos, zum anderen der Durchsetzung eines möglichen Rückbaugebots, das jedoch eigens als Nebenbestimmung in die Zoogenehmigung oder in die baurechtliche Genehmigung aufgenommen werden müsste. Eine solche Sicherheitsleistung ist nötig, um die zuständigen Behörden vor Kosten zu schützen, die ihnen im Fall einer Insolvenz oder der Schließung eines Zoos nach Abs. 7 entstehen könnten.

VI. Mehrere Genehmigungen (Absatz 5)

20 Die fakultativen Konzentrationswirkungen des Abs. 5 dienen der Entlastung der zuständigen Behörden und der Vereinfachung des Genehmigungsverfahrens. Die Konzentrationswirkung ist gesetzes- und verwaltungstechnisch zweckmäßig, damit die Inhalts- und Nebenbestimmungen dieser Gestattungen, die sich auch thematisch überschneiden, widerspruchsfrei sind. Nach dem Wortlaut ist es nur möglich, die tierschutzrechtliche Erlaubnis in die Zoogenehmigung einzuschließen; die umgekehrte Vorgehensweise, dass die tierschutzrechtliche Erlaubnis die Zoogenehmigung einschließt (wie dies nach Art. 20b Abs. 2 Satz 4 BayNatSchG vorgesehen war), ist dagegen nicht möglich.

21 Zusammen mit der Genehmigung kann auf Antrag über das Vorliegen der Voraussetzungen nach § 4 Nr. 20 Buchst. a Satz 2 des Umsatzsteuergesetzes entschieden werden, falls die Genehmigungsbehörde zuständige Landesbehörde im Sinne dieser Vorschrift ist. § 4 Abs. 1 Nr. 20 Buchst. a Satz 1 des Umsatzsteuergesetzes stellt die Umsätze u.a. von zoologischen Gärten und Tierparks des Bundes, der Länder, der Gemeinden oder der Gemeindeverbände steuerfrei. Eine Umsatzsteuerbefreiung gilt nach Satz 2 auch für die Umsätze einer gleichartigen Einrichtung eines anderen Unternehmers, wenn die zuständige Landesbehörde bescheinigt, dass die Einrichtung die gleichen kulturellen Aufgaben wie die entsprechenden staatlichen oder kommunalen Einrichtungen erfüllt.

VII. Behördliche Prüfungen und Anordnungen (Absatz 6 bis 8)

22 Die in Abs. 6 geregelte Prüfungs- und Besichtigungspflicht setzt Art. 4 Abs. 3 Satz 2 der Zoo-RL um.

23 Mit Abs. 7 werden den entsprechenden Verpflichtungen aus Art. 4 der Zoo-RL Rechnung getragen. Die Behörden sind nach Art. 4 Abs. 3 Zoo-RL zu verpflichten, die Einhaltung der Anforderungen durch regelmäßige Inspektionen zu überwachen und durch geeignete Maßnahmen sicherzustellen. Die Betreiber des Zoos haben Auskunftspflichten gemäß § 52 Abs. 1; Behörden-

Hat ein Zoo keine Betriebserlaubnis oder verstößt er gegen die Inhalts- oder Nebenbestimmungen, ist die Behörde verpflichtet, entweder unter Fristsetzung von höchsten zwei Jahren geeignete Maßnahmen zur Sicherstellung der Betreiberpflichten anzuordnen oder den Zoo oder einen Teil des Zoos für die Öffentlichkeit zu schließen. Werden die Anforderungen nicht fristgemäß erfüllt, hat die Behörde die Betriebserlaubnis ganz oder teilweise zu widerrufen oder zu ändern und den Zoo oder einen Teil des Zoos zu schließen (Art. 4 Abs. 5 Zoo-RL). In diesem Fall ist auch dafür zu sorgen, dass die Tiere ordnungsgemäß behandelt oder beseitigt werden. Schließlich haben die Mitgliedstaaten Sanktionen festzulegen, die wirksam, verhältnismäßig und abschreckend sind. **24**

Die Verantwortlichkeit der Behörde für den Verbleib der Tiere ergibt sich direkt aus der Richtlinie. Die Tötung der Tiere als Ultima Ratio ergibt sich aus der artenschutzrechtlichen Zweckbestimmung der Richtlinie. Nur wenn sicher feststeht, dass die Tiere zurzeit oder in naher Zukunft nicht anderweitig untergebracht werden können, dass also kein anderer Zoo oder kein anderes Tiergehege Bedarf nach den unterzubringenden Tieren hat, dürfen die Tiere beseitigt werden. **25**

Nach § 69 Abs. 3 Nr. 2 handelt ordnungswidrig, wer einer vollziehbaren Anordnung nach Abs. 7 oder Abs. 8 Satz 1 oder Satz 2 zuwiderhandelt. **26**

§ 43 Tiergehege

(1) Tiergehege sind dauerhafte Einrichtungen, in denen Tiere wild lebender Arten außerhalb von Wohn- und Geschäftsgebäuden während eines Zeitraums von mindestens sieben Tagen im Jahr gehalten werden und die kein Zoo im Sinne des § 42 Absatz 1 sind.

(2) Tiergehege sind so zu errichten und zu betreiben, dass
1. die sich aus § 42 Absatz 3 Nummer 1 bis 4 ergebenden Anforderungen eingehalten werden,
2. weder der Naturhaushalt noch das Landschaftsbild beeinträchtigt werden und
3. das Betreten von Wald und Flur sowie der Zugang zu Gewässern nicht in unangemessener Weise eingeschränkt wird.

(3) ¹Die Errichtung, Erweiterung, wesentliche Änderung und der Betrieb eines Tiergeheges sind der zuständigen Behörde mindestens einen Monat im Voraus anzuzeigen. ²Diese kann die erforderlichen Anordnungen treffen, um die Einhaltung der sich aus Absatz 2 ergebenden Anforderungen sicherzustellen. ³Sie kann die Beseitigung eines Tiergeheges anordnen, wenn nicht auf andere Weise rechtmäßige Zustände hergestellt werden können. ⁴In diesem Fall gilt § 42 Absatz 8 Satz 2 und 3 entsprechend.

(4) Die Länder können bestimmen, dass die Anforderungen nach Absatz 2 nicht gelten für Gehege,
1. die unter staatlicher Aufsicht stehen,
2. die nur für kurze Zeit aufgestellt werden oder eine geringe Fläche beanspruchen oder
3. in denen nur eine geringe Anzahl an Tieren oder Tiere mit geringen Anforderungen an ihre Haltung gehalten werden.

(5) Weiter gehende Vorschriften der Länder bleiben unberührt.

1 Bis zum Inkrafttreten des Bundesnaturschutzneuregelungsgesetzes vom 25.3.2002 enthielt das Artenschutzrecht eine Regelung zu Tiergehegen. Der damalige § 24 ließ sich mit den gestiegenen Anforderungen der Verfassungsreform 1994 an die Rahmengesetzgebungskompetenz kaum mehr vereinbaren und wurde vor allem aus diesem Grund aufgehoben. Im Zuge der Deregulierungsbestrebungen wurde in einigen Bundesländern die Genehmigungspflicht für Tiergehege abgeschafft.

2 Der Bund hat die Notwendigkeit gesehen, für Tiergehege auf Bundesebene gestützt auf die konkurrierende Gesetzgebungskompetenz erneut eine gesetzliche Regelung zu schaffen. Ansonsten bliebe es bei der **tierschutzrechtlichen Erlaubnispflicht**, der nur solche Tiergehege unterliegen, die entweder einem gewerblichen Zweck dienen oder gewerbsmäßig betrieben werden. Dies wurde nicht als ausreichend erachtet. Vielmehr müsse der Behörde eine Ermächtigungsgrundlage zustehen, um unsachgemäß betriebene Tiergehege schließen zu können oder anderweitig gegen eventuelle Missstände bei der Gehegehaltung vorzugehen. Allerdings hat der Bund eine Anzeigepflicht für ausreichend erachtet.

3 Abs. 1 definiert den Begriff des „Tiergeheges" in Abgrenzung zum Zoo-Begriff des § 42. Erfasst werden daher Einrichtungen zur Haltung von Tieren wild lebender Arten, die nicht dem Zweck der Zurschaustellung dienen, oder weniger als 5 Arten von Schalenwild oder nicht mehr als 20 Tiere anderer wild lebender Arten halten (vgl. § 42 Rdnr. 5 ff.). Im Unterschied zur

Zoodefinition werden aber nur Einrichtungen außerhalb von Wohn- und Geschäftsgebäuden erfasst (z.B. Freigehege oder Volieren).

Abs. 2 beschreibt die Pflichten, die an die Errichtung und den Betrieb eines Tiergeheges zu stellen sind. In Nr. 1 wird dazu auf die für Zoos geltenden Vorschriften Bezug genommen. Die Betreiberpflichten orientieren sich im Übrigen weitestgehend an § 24 BNatSchG a.F. Nr. 2 ist weitergehend als die allgemeine Eingriffsregelung (§§ 13 ff.), indem jede (und nicht nur die erhebliche) Beeinträchtigung des Naturhaushalts oder Landschaftsbilds zu vermeiden ist. 4

Abs. 3 enthält eine Anzeigeverpflichtung. Die Sätze 2 bis 4 ermöglichen es den Behörden, die für die Einhaltung der Betreiberpflichten notwendigen Anordnungen zu treffen. 5

Abs. 4 soll den Ländern nach dem Willen des Gesetzgebers[1] die Möglichkeit geben, solche Gehege von der Anzeigepflicht ausnehmen, bei denen auf Grund der geringen Größe, der geringen Zahl von gehaltenen Exemplaren, der Anspruchslosigkeit der Haltung usw. in aller Regel von einer geringeren Problematik unter Arten- und Tierschutzgesichtspunkten auszugehen ist. Entgegen dieser gesetzgeberischen Intention wird aber nicht auf die Anzeigepflicht des Abs. 3, sondern auf die Betreiberpflichten des Abs. 2 Bezug genommen. § 28 Abs. 2 LNatSchG S-H und § 23 Abs. 3 NatSchAG M-V haben, dem Wortlaut entsprechend, bestimmte Einrichtungen von den Betreiberpflichten des § 43 Abs. 2 ausgenommen, § 30 NAGBNatSchG hat – der Intention des Bundesgesetzgebers entsprechend – bestimmte Einrichtungen von der Anzeigepflicht des § 43 Abs. 3 freigestellt. 6

Soweit im Landesrecht weiter gehende Vorschriften (z.B. eine Genehmigungspflicht, z.B. § 28 Abs. 1 LNatSchG S-H) bestehen, bleiben diese nach Abs. 5 unberührt. Z.T. enthalten die landesrechtlichen Regelungen auch polizeirechtliche Bestimmungen über das Halten gefährlicher Tiere (z.B. § 29 LNatSchG S-H). 7

Zuwiderhandlungen gegen die Anzeigepflicht sind bußgeldbewehrt (§ 69 Abs. 3 Nr. 18); auch handelt ordnungswidrig, wer einer vollziehbaren Anordnung nach § 43 Abs. 3 Satz 2 oder Satz 3 zuwiderhandelt (§ 69 Abs. 3 Nr. 2). 8

---

[1] BT-Drs. 16/12274, S. 70.

Abschnitt 3 **Besonderer Artenschutz**

§ 44 Vorschriften für besonders geschützte und bestimmte andere Tier- und Pflanzenarten

(1) Es ist verboten,
1. wild lebenden Tieren der besonders geschützten Arten nachzustellen, sie zu fangen, zu verletzen oder zu töten oder ihre Entwicklungsformen aus der Natur zu entnehmen, zu beschädigen oder zu zerstören,
2. wild lebende Tiere der streng geschützten Arten und der europäischen Vogelarten während der Fortpflanzungs-, Aufzucht-, Mauser-, Überwinterungs- und Wanderungszeiten erheblich zu stören; eine erhebliche Störung liegt vor, wenn sich durch die Störung der Erhaltungszustand der lokalen Population einer Art verschlechtert,
3. Fortpflanzungs- oder Ruhestätten der wild lebenden Tiere der besonders geschützten Arten aus der Natur zu entnehmen, zu beschädigen oder zu zerstören,
4. wild lebende Pflanzen der besonders geschützten Arten oder ihre Entwicklungsformen aus der Natur zu entnehmen, sie oder ihre Standorte zu beschädigen oder zu zerstören

(Zugriffsverbote).

(2) Es ist ferner verboten,
1. Tiere und Pflanzen der besonders geschützten Arten in Besitz oder Gewahrsam zu nehmen, in Besitz oder Gewahrsam zu haben oder zu be- oder verarbeiten (Besitzverbote),
2. Tiere und Pflanzen der besonders geschützten Arten im Sinne des § 7 Absatz 2 Nummer 13 Buchstabe b und c
   a) zu verkaufen, zu kaufen, zum Verkauf oder Kauf anzubieten, zum Verkauf vorrätig zu halten oder zu befördern, zu tauschen oder entgeltlich zum Gebrauch oder zur Nutzung zu überlassen,
   b) zu kommerziellen Zwecken zu erwerben, zur Schau zu stellen oder auf andere Weise zu verwenden
   (Vermarktungsverbote).

Artikel 9 der Verordnung (EG) Nr. 338/97 bleibt unberührt.

(3) Die Besitz- und Vermarktungsverbote gelten auch für
1. Waren im Sinne des Anhangs der Richtlinie 83/129/EWG, die entgegen den Artikeln 1 und 3 dieser Richtlinie nach dem 30. September 1983 in die Gemeinschaft gelangt sind,
2. Tiere und Pflanzen, die durch Rechtsverordnung nach § 54 Absatz 4 bestimmt sind.

(4) [1]Entspricht die land-, forst- und fischereiwirtschaftliche Bodennutzung und die Verwertung der dabei gewonnenen Erzeugnisse den in § 5 Absatz 2 bis 4 dieses Gesetzes genannten Anforderungen sowie den sich aus § 17 Absatz 2 des Bundes-Bodenschutzgesetzes und dem Recht der Land-, Forst- und Fischereiwirtschaft ergebenden Anforderungen an die gute fachliche Praxis, verstößt sie nicht gegen die Zugriffs-, Besitz- und Vermarktungsverbote. [2]Sind in Anhang IV der Richtlinie 92/43/EWG aufgeführte Arten, europäische Vogelarten oder solche Arten, die in einer Rechtsverordnung nach § 54 Absatz 1 Nummer 2 aufgeführt sind, betroffen, gilt dies nur, soweit sich der Erhaltungszustand der lokalen Population einer Art durch die Bewirtschaftung nicht verschlechtert. [3]Soweit dies nicht durch anderweitige Schutzmaßnahmen, insbesondere durch Maßnahmen des Gebietsschutzes, Artenschutzprogramme, vertragliche Vereinbarungen oder gezielte Aufklärung sichergestellt ist, ordnet die zuständige Behörde gegenüber den verursachenden Land-, Forst- oder Fischwirten die erforderlichen Bewirtschaftungsvorgaben an. [4]Befugnisse nach Landesrecht zur Anordnung oder zum Erlass entsprechender Vorgaben durch Allgemeinverfügung oder Rechtsverordnung bleiben unberührt.

(5) [1]Für nach § 15 zulässige Eingriffe in Natur und Landschaft sowie für Vorhaben im Sinne des § 18 Absatz 2 Satz 1, die nach den Vorschriften des Baugesetzbu-

ches zulässig sind, gelten die Zugriffs-, Besitz- und Vermarktungsverbote nach Maßgabe der Sätze 2 bis 5. ²Sind in Anhang IV Buchstabe a der Richtlinie 92/43/EWG aufgeführte Tierarten, europäische Vogelarten oder solche Arten betroffen, die in einer Rechtsverordnung nach § 54 Absatz 1 Nummer 2 aufgeführt sind, liegt ein Verstoß gegen das Verbot des Absatzes 1 Nummer 3 und im Hinblick auf damit verbundene unvermeidbare Beeinträchtigungen wild lebender Tiere auch gegen das Verbot des Absatzes 1 Nummer 1 nicht vor, soweit die ökologische Funktion der von dem Eingriff oder Vorhaben betroffenen Fortpflanzungs- oder Ruhestätten im räumlichen Zusammenhang weiterhin erfüllt wird. ³Soweit erforderlich, können auch vorgezogene Ausgleichsmaßnahmen festgesetzt werden. ⁴Für Standorte wild lebender Pflanzen der in Anhang IV Buchstabe b der Richtlinie 92/43/EWG aufgeführten Arten gelten die Sätze 2 und 3 entsprechend. ⁵Sind andere besonders geschützte Arten betroffen, liegt bei Handlungen zur Durchführung eines Eingriffs oder Vorhabens kein Verstoß gegen die Zugriffs-, Besitz- und Vermarktungsverbote vor.

(6) ¹Die Zugriffs- und Besitzverbote gelten nicht für Handlungen zur Vorbereitung gesetzlich vorgeschriebener Prüfungen, die von fachkundigen Personen unter größtmöglicher Schonung der untersuchten Exemplare und der übrigen Tier- und Pflanzenwelt im notwendigen Umfang vorgenommen werden. ²Die Anzahl der verletzten oder getöteten Exemplare von europäischen Vogelarten und Arten der in Anhang IV Buchstabe a der Richtlinie 92/43/EWG aufgeführten Tierarten ist von der fachkundigen Person der für Naturschutz und Landschaftspflege zuständigen Behörde jährlich mitzuteilen.

Gliederung

		Rdnr.
I.	Allgemeines	1–5
II.	Die Zugriffsverbote (Abs. 1)	6–44
1.	Allgemeines	6–12
2.	Schutz von Tieren gegen Zugriffe (Abs. 1 Nr. 1)	13–18
3.	Störungsverbot (Abs. 1 Nr. 2)	19–27
4.	Lebensstättenschutz (Abs. 1 Nr. 3)	28–42
5.	Schutz von Pflanzen gegen Zugriff (Abs. 1 Nr. 4)	43, 44
III.	Besitz- und Vermarktungsverbote (Abs. 2)	45–54
1.	Besitzverbote	46–48
2.	Vermarktungsverbote	49–52
3.	Verbote kommerzieller Nutzung	53, 54
IV.	Ergänzende Regelungen (Abs. 3)	55, 56
1.	Erzeugnisse aus Jungrobben (Abs. 3 Nr. 1)	55
2.	Floren- und Faunenverfälscher (Abs. 3 Nr. 2)	56
V.	Land-, Forst- und Fischereiwirtschaft (Abs. 4)	57–63
VI.	Besonderer Artenschutz bei Eingriffen und Vorhaben (Abs. 5)	64–78
1.	Spezielle artenschutzrechtliche Prüfung	64–69
2.	Gewährleistung der ökologischen Funktion (Abs. 5 Satz 2)	70–78
	a. Vermeidungsmaßnahmen	71
	b. Funktionserhaltende Maßnahmen („CEF"-Maßnahmen)	72–77
	c. Betroffenheit anderer Arten	78
VII.	Gesetzlich vorgeschriebene Prüfungen (Abs. 6)	79, 80

§ 44   1, 2

I. Allgemeines

1   Literatur: *Amler/Bahl/Henle/Kaule/Poschlod/Settele (Hrsg.)*, Populationsbiologie in der Naturschutzpraxis, 1999; *Baum*, Der Gebiets- und Artenschutz der FFH-Richtlinie im Lichte der Urteile des EuGH in den Vertragsverletzungsverfahren Rs. C-6/04 gegen das Vereinigte Königreich und Rs. C-98/03 gegen Deutschland, NuR 2005, 145 ff.; *Dolde*, Europarechtlicher Artenschutz in der Planung, NVwZ 2007, 7 ff.; *Gassner*, Die Zulassung von Eingriffen trotz artenschutzrechtlicher Verbote, NuR 2004, 560–564; *Gellermann*, Artenschutz in der Fachplanung und der kommunalen Bauleitplanung, NuR 2003, 385–394; *ders.*, Artenschutz und Eingriffsregelung, ZUR 2004, 87–90; *ders.*, Das besondere Artenschutzrecht in der kommunalen Bauleitplanung, NuR 2007, 132 ff.; *ders.*, Artenschutz und Straßenplanung – Neues aus Leipzig, NuR 2009, 85 ff.; *ders./Schreiber*, Schutz wildlebender Tiere und Pflanzen in staatlichen Planungs- und Zulassungsverfahren, 2007; *Kautz*, Artenschutz in der Fachplanung, NuR 2007, 234 ff.; *Kratsch*, Neue Rechtsprechung zum Artenschutzrecht, NuR 2007, 27 ff.; *ders.*; Europarechtlicher Artenschutz, Vorhabenszulassung und Bauleitplanung, NuR 2007, 100 ff.; *Lambrecht/Trautner*, Fachinformationssystem und Fachkonventionen zur Bestimmung der Erheblichkeit im Rahmen der FFH-VP, Schlussstand Juni 2007, http://www.bfn.de/0316_ffhvp.html; *Louis*, Artenschutz in der Fachplanung, NuR 2004, 557–559; *ders.*, Die Zugriffsverbote des § 42 Abs. 1 BNatSchG im Zulassungs- und Planungsverfahren, NuR 2009, 91 ff.; *Louis/Weihrich*, Das Verhältnis der naturschutzrechtlichen Eingriffsregelung zu den speziellen Artenschutzregelungen der FFH- und Vogelschutzrichtlinie, ZUR 2003, 385-389; *Lutz/Hermanns*, Streng geschützte Arten in der Eingriffsregelung. Naturschutz und Landschaftsplanung 2003, 190 f.; *Mayr/Sanktjohanser*, Die Reform des nationalen Artenschutzrechts mit Blick auf das Urteil des EuGH v. 10.1.2006 in der Rs. C-98/03, NuR 2006, 412 ff.; *Müller*, Das System des deutschen Artenschutzrechts und die Auswirkungen der Caretta-Entscheidung des EuGH auf den Absichtsbegriff des § 43 Abs. 4 NatSchG, NuR 2005, 157 ff.; *Sobotta*, Artenschutz in der Rechtsprechung des Europäischen Gerichtshofs, NuR 2007, 642 ff.; *Trautner/Kockelke/Lambrecht/Mayer*, Geschützte Arten in Planungs- und Zulassungsverfahren, 2006; *Vogt*, Die Anwendung artenschutzrechtlicher Bestimmungen in der Fachplanung und der kommunalen Bauleitplanung, ZUR 2006, 21 ff.; *Wachter/Lüttmann/Müller-Pfannenstiel*, Berücksichtigung von geschützten Arten bei Eingriffen in Natur und Landschaft, Naturschutz und Landschaftsplanung 2004, 371–377; *LANA*, Vollzugshinweise zum Artenschutzrecht vom 29.5.2006, aktualisierte Fassung vom 13.3.2009 (download unter www.la-na.de); *EU-Kommission*, Leitfaden zum strengen Schutzsystem für Tierarten von gemeinschaftlichem Interesse im Rahmen der FFH-Richtlinie 92/43/EWG, Endgültige Fassung, Februar 2007; *LANA*, Hinweise zu zentralen unbestimmten Rechtsbegriffen des BNatSchG, angenommen in der Sitzung vom 1./2.10.2009.

2   § 44 entspricht weitgehend § 42 a.F. in der durch das Erste Gesetz zur Änderung des Bundesnaturschutzgesetzes vom 12.12.2007 (BGBl. I S. 2873) („kleine Novelle") geänderten Fassung.[1] Die damaligen Änderungen waren die Reaktion auf das Urteil des EuGH vom 10.1.2006,[2] in welchem Deutschland u.a. im Hinblick auf die Regelungen des § 43 Abs. 4 BNatSchG a.F. (weitgehende Freistellung der Land-, Forst- und Fischereiwirtschaft so-

---

1   Vgl. dazu die Gesetzesbegründung in BT-Drs. 16/5100.
2   EuGH, Urt. v. 10.1.2006 – C-98/03, NuR 2006, 166.

wie der Eingriffsvorhaben von artenschutzrechtlichen Verboten) wegen unzureichender Umsetzung von Art. 12 und 16 FFH-RL verurteilt worden war.[3] Die deutsche höchstrichterliche Rechtsprechung[4] hatte diese Entscheidung des EuGH auch auf die gleich gelagerten Verbotsnormen des Art. 5 und 9 V-RL erstreckt und schon in der Übergangszeit bis zum Erlass der „kleinen Novelle" des BNatSchG § 43 Abs. 4 BNatSchG a.f. für nicht mehr anwendbar angesehen, so dass die deutschen Behörden die Bestimmungen der FFH- und V-RL unmittelbar anzuwenden hatten.

Die Anwendung der FFH- und V-RL machte u.a. auch deshalb in der Praxis große Schwierigkeiten, weil die Verbots- und Ausnahmetatbestände der beiden Richtlinien einige Unterschiede aufweisen. Die „kleine Novelle" hat insoweit eine einheitliche Regelung vorgenommen. **3**

In der Literatur wird z.t. angenommen, dass die Regelung des § 44 den europäischen Vorgaben in einzelnen Punkten noch immer nicht entspricht.[5] Das Bundesumweltministerium verweist darauf, dass der Entwurf der kleinen Novelle mit der EU-Kommission durchgesprochen worden war und den Bedenken durch entsprechende Änderung der Entwurfsfassung in den Ausschussberatungen Rechnung getragen wurde. **4**

Das BVerwG hegt keinen Zweifel, dass die Neuregelung des Zerstörungsverbots für Fortpflanzungs- und Ruhestätten (Abs. 1 Nr. 1, Nr. 3) sowie die Regelung über „CEF-Maßnahmen" (Abs. 5) mit dem Gemeinschaftsrecht vereinbar sind. Gleiches gilt für den populationsbezogenen Ansatz des Störungsverbotes.[6] **5**

II. Die Zugriffsverbote (Absatz 1)

1. Allgemeines

Die in Abs. 1 geregelten Zugriffsverbote wurden unverändert aus der Novelle vom 12.12.2007 übernommen. Die damalige kleine Novelle hatte den Wortlaut der Verbotstatbestände eng an den Wortlaut von Art. 12 FFH-RL und Art. 5 V-RL angepasst und systematisch stringenter geregelt. Unter Nr. 1 bis 3 sind alle für Tiere einschließlich deren Fortpflanzungs- und Ru- **6**

---

3 Zu den artenschutzrechtlichen Bestimmungen der „kleinen Novelle": *Gassner*, Artenschutzrechtliche Differenzierungen, NuR 2008, 613; *Gellermann*, Artenschutzrecht im Wandel, NuR 2007, 165 ff.; *ders.*, Die „kleine Novelle" des Bundesnaturschutzgesetzes, NuR 2007, 783 ff.; *Lau/Steeck*, Das Erste Gesetz zur Änderung des Bundesnaturschutzgesetzes – Ein Ende der Debatte um den europäischen Artenschutz?, NuR 2008, 386 ff.; *Louis*, Die kleine Novelle zur Anpassung des BNatSchG an das europäische Recht, NuR 2008, 65 ff.; *Lütkes*, Artenschutz in Genehmigung und Planfeststellung, NVwZ 2008, 598 ff.; *Möckel*, Die Novelle des Bundesnaturschutzgesetzes zum europäischen Gebiets- und Artenschutz – Darstellung und Bewertung, ZUR 2008, 57 ff.; *Niederstadt/Krüsemann*, Die europäischen Regelungen zum Artenschutz im Licht des „Guidance dokument" der Europäischen Kommission, ZUR 2007, 347 ff.; *Philipp*, Artenschutz in Genehmigung und Planfeststellung, NVwZ 2008, 593 ff.; *Trautner*, Artenschutz im novellierten BNatSchG, Naturschutz in Recht und Praxis – online (2008) Heft 1 S. 1 ff. (www.naturschutzrecht.net).
4 BVerwG, Urt. v. 21.7.2006 – 9 A 28/05, ZUR 2006, 543.
5 *Gellermann*, NuR 2007, 165 ff.; *ders.*, NuR 2007, 783 ff.; *Möckel*, ZUR 2008, 57/62; *Lau/Steeck*, NuR 2008, 386/392 ff.
6 BVerwG Urt. v. 9.7.2008 – 9 A 14.07, NuR 2009, 112/120, Rdnr. 97, 104; ebenso OVG Münster, Beschl. v. 19.3.2008 – 11 B 289/08.AK; VGH Kassel, Beschl. v. 2.1.2009 – 11 B 368/08.T.

hestätten geltende Verbote erfasst, Nr. 4 regelt sämtliche für Pflanzen einschließlich deren Standorte geltende Verbotsbestimmungen.

7 Während bei den geschützten Pflanzen hinsichtlich der Verbotstatbestände kein Unterschied zwischen den besonders und den streng geschützten Arten besteht, gelten bei den geschützten Tieren die Verbotstatbestände der Nr. 1 und 3 für alle besonders geschützten Arten, das Störungsverbot der Nr. 2 dagegen nur für die streng geschützten Arten sowie alle europäischen Vogelarten.

8 Werden Arten neu in die in § 7 Abs. 2 Nr. 13 und 14 genannten Anhänge oder Rechtsverordnungen aufgenommen, unterfallen sie damit auch dem Schutzregime des § 44. Auf gefangene oder gezüchtete Exemplare wild lebender Arten ist Abs. 1 nicht anwendbar, hier sind aber die Besitz- und Vermarktungsvorschriften des Abs. 2 zu beachten.

9 Im Unterschied zum allgemeinen Artenschutz sind die Verbote **vom Beweggrund oder der Motivation des Handelnden unabhängig** und greifen somit auch bei Handeln mit „vernünftigem" Grund ein, soweit nicht ein Ausnahmetatbestand nach Abs. 4 oder 5 gegeben ist. Ob die Handlung absichtlich, zielgerichtet, fahrlässig oder ohne Sorgfaltsverstoß erfolgt, ist nur im Rahmen der Verfolgung als Ordnungswidrigkeit oder Straftat von Belang (§ 69 Abs. 1 Nr. 1–4, Abs. 2 Nr. 20 und 21, § 71), nicht dagegen für den Anwendungsbereich des Verbotes (so auch BT-Drs. 16/5100; differenziert sind die Regelungen der FFH-RL und V-RL[7]).

10 Bei einem **Verstoß** gegen die Zugriffsverbote kann die zuständige Naturschutzbehörde gestützt auf § 3 Abs. 3 die erforderlichen **Anordnungen** treffen, um einem Verlust der Lebensstätten entgegenzuwirken.[8] In Betracht kommen auch Anordnungen nach § 7 Abs. 2 USchadG.

11 Die Artenschutzbestimmungen überlagern **zivilrechtliche Ansprüche** nach §§ 906, 1004 BGB. Der Tatbestand des § 1004 BGB ist daher nicht erfüllt, wenn die Beeinträchtigung – z.b. der Lärm einer Saatkrähenkolonie – ausschließlich auf Naturkräfte zurückgeht. Allein durch das Pflanzen von Bäumen wird das spätere Ansiedeln und Brüten von Tieren in diesen nicht zu einer dem Eigentümer des Grundstücks zurechenbaren Handlung. Dem Eigentümer ist auch kein pflichtwidriges Verhalten vorzuwerfen, wenn er die Begründung einer Krähenkolonie nicht bekämpft.[9] Selbst wenn der Eigentümer das Ansiedeln störender Tiere befördert hat (z.B. durch Anlegen eines Teiches oder das Anbringen von Nisthilfen) kann der Anspruch eines Nachbarn zunächst allenfalls darauf gerichtet sein, dass ein erforderlicher Antrag auf artenschutzrechtliche Befreiung oder Ausnahme gestellt wird. Erst wenn diese vorliegt, kann ein Beseitigungsanspruch gegeben sein. Scheidet ein Anspruch auf Ausnahme oder Befreiung aus, besteht auch kein nachbarrechtlicher Ausgleichsanspruch nach § 906 Abs. 2 Satz 2 BGB.[10]

12 Die Umsetzung des Art. 12 FFH-RL erfordert die Einführung eines „strengen Schutzsystems".[11] Im Unterschied zum FFH-Gebietsschutz nach Art. 6 FFH-RL geht aus Art. 12 FFH-RL nicht direkt eine Forderung nach Ma-

---

7 Hierzu EU-Leitfaden zum strengen Schutzsystem, II.3.4.a Rdnr. 47 ff.
8 Z.B. Anordnung des Aufhängens von Nistkästen für Mauersegler, VG Potsdam, Beschl. v. 18.2.2002 – 4 L 648/01, NuR 2002, 567.
9 AG Bad Oldesloe, Urt. v. 17.11.1998 – 2 C 422/98, BNatSchG/ES § 20e Nr. 4.
10 BGH Urt. vom 20.11.1992 – V ZR 82/91, NuR 1993, 188; *Louis*, NuR 1992, 119.
11 EuGH, Urt. v. 30.1.2002 – C-103/00, NuR 2004, 596 (Caretta).

nagementmaßnahmen hervor. Allerdings kann es bei einem ungünstigen Erhaltungszustand einer Art geboten sein, Maßnahmen zur Erreichung eines günstigen Zustands zu betreiben um die Ausnahmevoraussetzungen nach Art. 16 FFH-RL sicherzustellen (vgl. zu solchen „proaktiven" Maßnahmen aber § 38 Abs. 2, § 38 Rdnr. 3).

2. Schutz von Tieren gegen Zugriffe (Absatz 1 Nr. 1)

Nr. 1 verbietet den Zugriff auf Exemplare wild lebender Tiere der besonders geschützten Tiere. Dieser Verbotstatbestand ist **individuenbezogen**.[12]

Das Verbot umfasst auch das **Nachstellen**, d.h. Handlungen, die die Durchführung der anderen genannten Handlungen (Töten, Fangen, Verletzen) vorbereiten,[13] wie z.b. das Ansitzen, das Verfolgen und Hetzen, das Stellen von Fallen, das Anlocken mit Lichtquellen, Geruchsstoffen oder Lockrufen und das Auslegen von Ködern oder Angeln. Nicht erfasst sind Handlungen im Vorfeld wie z.b. der Kauf einer Falle. Handlungen, die Tiere beunruhigen oder beeinträchtigen, ohne auf Tötung, Verletzung oder Fang gerichtet zu sein, werden von Nr. 1 nicht erfasst.[14] Das Verbot schützt auch Entwicklungsformen der Tiere (z.b. Eier, Larven, Puppen, vgl. § 7 Abs. 2 Nr. 1b). Das Zugriffsverbot gilt auch gegenüber Tieren, die sich in künstlich angelegten Gartenbiotopen befinden (z.b. Frösche und Kaulquappen in einem Gartenteich[15]) oder die sich innerhalb von Wohn- und Geschäftsräumen verirrt haben.

Ein **Fangen** liegt vor, wenn dem Tier der Aufenthaltsort nicht nur vorübergehend entzogen wird, dagegen nicht, wenn ein in einer Wohnung verirrtes Tier ergriffen und umgehend wieder freigelassen wird.[16]

Hinsichtlich des „**Tötens**" stellt sich die Frage, inwieweit der Bau einer Straße oder eines Gebäudes den Tatbestand erfüllt, weil nicht ausgeschlossen werden kann, dass durch den Straßenverkehr oder durch Anflug an eine Glasfassade[17] Tiere **als Kollisionsopfer** zu Tode kommen. Dabei ist zu differenzieren: Die Verwirklichung „sozialadäquater Risiken", wie etwa unabwendbare Tierkollisionen im Verkehr, ist nach der amtl. Begründung der „kleinen Novelle"[18] von den Tatbeständen des § 44 Abs. 1 nicht umfasst.[19] Nach BVerwG unterfallen mögliche Kollisionsopfer an Straßen nur dann dem Tötungsverbot, wenn sich durch den Straßenneubau das **Tötungsrisiko** in signifikanter Weise erhöht; die Möglichkeit, dass einzelne Tiere zu Schaden kommen, ist nicht ausreichend.[20] Insoweit wird der „Exemplarbezug" des Tötungsverbots durchbrochen. Dagegen kann der Tatbestand erfüllt

---

12 OVG Berlin, Beschl. v. 5.3.2007 – 11 S 19.07; BVerwG, Urt. v. 16.3.2006 – 9 A 28/05.
13 Vgl. auch § 292 Abs. 1 StGB, *Schönke/Schröder/Eser*, StGB, 27. Aufl. § 292 Rdnr. 5; OLG Frankfurt/Main, Beschl. v. 7.10.1983 – 2 Ss 398/83, NJW 1984, 812.
14 So auch *Schmidt-Räntsch*, in: Gassner, § 20f Rdnr. 5; a.A. *Kolodziejcok/Recken* Kennzeichen 1158 Rdnr. 5.
15 BGH, Urt. v. 20.11.1992 – V ZR 82/91, NuR 1993, 188; VG Saarlouis, Beschl. v. 17.8.1994 – 2 F 139/94, NuR 1995, 490.
16 *Schmidt-Räntsch*, in: Gassner u.a., BNatSchG § 20f Rdnr. 7; *Louis*, § 20f Rdnr. 4.
17 Hierzu die informative Broschüre *Schmid/Waldburger/Heynen*, Vogelfreundliches Bauen mit Licht und Glas, Schweizerische Vogelwarte Sempach, 2008 (www.vogelglas.info).
18 BT-Drs. 16/5100, S. 11.
19 VGH Mannheim, Urt. v. 25.4.2007 – 5 S 2243/05; VGH München, Urt. v. 28.1.2008 – 8 A 05.40018, NuR 2008, 582 mit Anm. *Gellermann; Kratsch* NuR 2007, 100.
20 BVerwG, Urt. v. 12.3.2008 – 9 A 3.06, Rdnr. 219; Urt. v. 9.7.2008 – 9 A 14.07.

sein, wenn es mit hoher Wahrscheinlichkeit zu gehäuften Opfern kommt, z.b. eine Straße den Flugkorridor einer niedrig fliegenden Fledermausart oder den Wanderkorridor einer Amphibienart quert. Zur Vermeidung der Tatbestandserfüllung sind in einem solchen Fall Maßnahmen erforderlich, die die Erhöhung der Mortalität verhindern (z.b. „Überflughilfen" und Leitstrukturen für Fledermäuse,[21] Leiteinrichtungen und Durchlässe für Amphibien). Sind solche nicht möglich, kann ein Straßenneubau im Jagdhabitat niedrig fliegender Vogelarten wie z.b. Schleiereule und Waldohreule den Verbotstatbestand erfüllen.[22]

17 Bei der Genehmigung von **Windkraftanlagen** ist zu prüfen, ob ein erhöhtes Kollisionsrisiko insbesondere für Rotmilan oder Fledermausarten[23] besteht. Auch außerhalb von Vogelschutzgebieten kann die Verwirklichung eines im Außenbereich privilegierten Vorhabens an Artenschutzbelangen scheitern.[24]

18 Das artenschutzrechtliche Tötungsverbot gilt auch für die europäischen **Vogelarten**, für die in Anhang II Teil 2 der V-RL die Einführung einer Bejagung in das Ermessen des Mitgliedstaates gestellt wird (z.b. Rabenkrähe), solange der Bund oder das betreffende Bundesland von dieser Möglichkeit noch keinen Gebrauch gemacht haben.[25]

3. Störungsverbot (Absatz 1 Nr. 2)

19 Nach Nr. 2 genießen wild lebende Tiere streng geschützter Arten einen gesteigerten Schutz vor Störungen. Im Hinblick auf die Störungsverbote des Art. 5 lit. d V-RL sind grundsätzlich alle europäischen Vogelarten gleichgestellt und in den Anwendungsbereich einbezogen. Wie in Art. 12 Abs. 1 lit. b FFH-RL und Art. 5 Buchst. d V-RL wird auf bestimmte Zeiten und nicht mehr – wie in § 42 Abs. 1 Nr. 3 BNatSchG a.F. – auf bestimmte Orte, an denen eine Störung verboten ist, abgestellt. Die genannten Zeiten umfassen die Phasen, in denen die Tiere besonders störungsempfindlich sind. Die Zeiträume lassen sich auf Grund der ökologischen, biologischen und verhaltensmäßigen Unterschiede zwischen den Arten nur artspezifisch definieren.[26] Bei manchen Arten kann sich durch die nahtlose Aneinanderreihung der verschiedenen Schutzzeiten ein ganzjähriges Störungsverbot ergeben.[27]

20 Zur „**Fortpflanzungszeit**" gehört die Phase der Paarbildung (Balzzeit), der Verpaarung und des Nestbaus.[28] „**Aufzucht**" ist die Phase zwischen der Ablage eines Eis bzw. dem Gebären und der Erreichung der selbständigen Überlebensfähigkeit der Jungen. Dabei kann nicht von der Begrifflichkeit des Jagdrechts (Schonzeiten, § 22 Abs. 4 BJagdG) ausgegangen werden.[29] „**Mauser**" bezeichnet das Abwerfen und den Neuwachstum von Federn bei Vögeln. Die „**Wanderungszeit**" bezieht sich auf die periodische in der Regel

---

21 BVerwG, Beschl. v. 13.3.2008 – 9 VR 9/07, Rdnr. 35 Geschwindigkeitsbeschränkungen, OVG Bautzen, Beschl. v. 12.11.2007 – 5 BS 336/07, NuR 2007, 831.
22 BVerwG Urt. v. 9.7.2008 – 9 A 14.07, NuR 2009, 112/119, Rdnr. 94.
23 Hierzu: Leitfaden für die Berücksichtigung von Fledermäusen bei Windenergieprojekten, 2008, http://www.eurobats.org/publications/publication%20series/pubseries _no3_german.pdf; *Piela*, Natur und Landschaft 2010, S. 51.
24 OVG Weimar, Urt. v. 14.5.2007 – 1 KO 1054/03. Inzwischen wurden unter Windkraftanlagen schon über 80 tote Rotmilane aufgefunden. Zumindest ist ein „Tabubereich" von 1000 m zu einem Horst einzuhalten.
25 VGH Mannheim, Urt. v. 1.12.1997 – 5 S 1486/96, NuR 2000, 149.
26 *EU-Leitfaden zum strengen Schutzsystem*, II.3.2a Rdnr. 40.
27 OVG Berlin, Beschl. v. 11.8.2009 – 11 S 58.08, NuR 2009, 898 zum Biber.
28 *EU-Leitfaden zum strengen Schutzsystem*, II.3.2b.
29 OVG Berlin, Beschl. v. 11.8.2009 – 11 S 58.08, NuR 2009, 898.

durch jahreszeitliche Veränderungen oder Änderungen des Futterangebots bedingte Migration von Tieren von einem Gebiet zu einem anderen als natürlichem Teil ihres Lebenszyklus.³⁰ Die „Überwinterungszeit" umfasst den Zeitraum, in dem die Tiere inaktiv sind und in einem Schlaf-, Starre- oder Ruhezustand verweilen.

Der Begriff der **Störung** setzt vorbeugend schon im Vorfeld der Schädigung an. Eine Störung kann grundsätzlich durch Beunruhigungen und Scheuchwirkungen z.b. infolge von Bewegung, Lärm oder Licht eintreten. Unter das Verbot fallen auch Störungen, die durch Zerschneidungs- oder optische Wirkungen hervorgerufen werden, z.b. durch Silhouettenwirkung von Straßendämmen oder Gebäuden.³¹ Erforderlich ist, dass die Handlung geeignet ist, bei den Tieren Reaktionen wie Flucht, Unruhe o.Ä. hervorzurufen. Störung erfordert nicht ein bewusstes zielgerichtetes Handeln, sondern umfasst jede bewusste Handlung, die in Kauf nimmt, dass Tiere der streng geschützten Arten oder der europäischen Vogelarten beeinträchtigt werden können, so z.b. Störung eines Brachvogel-Geleges durch eine Rallye-Cross-Veranstaltung³² oder Störungen durch Modellflugbetrieb.³³ Auch in Trennwirkungen kann eine Störung liegen.³⁴ Vergrämungsmaßnahmen, die verhindern sollen, dass Tiere durch die Errichtung oder Betrieb von Anlagen getötet werden, können den Störungtatbestand erfüllen.³⁵ Solche Maßnahmen stellen im Rahmen der Prüfung des § 45 Abs. 7 im Vergleich zur Tötung eine schonendere Alternative dar, bedürfen aber einer Ausnahme. **21**

Überschneidungen können sich mit dem Tatbestand des Abs. 1 Nr. 3 ergeben, wenn die Störung im Bereich der Fortpflanzungs- und Ruhestätten erfolgt. Eine Beschädigung einer solche Stätte ist anzunehmen, wenn die Auswirkungen (z.b. Aufgabe einer Fledermaus-Wochenstube) auch nach Wegfall der Störung oder betriebsbedingt (z.b. Geräuschimmissionen einer Straße) andauern. **22**

Im Unterschied zu § 42 Abs. 1 Nr. 3 BNatSchG 2002 erfüllt – wie dies in Art. 5 Buchst. d V-RL ausdrücklich vorgesehen ist – nur eine „**erhebliche**" Störung den Tatbestand. Nach der Legaldefinition liegt eine Erheblichkeit dann vor, wenn sich durch die Störung der Erhaltungszustand der lokalen Population einer Art verschlechtert. Nach der amtl. Begründung der „kleinen Novelle"³⁶ ist dieses Erheblichkeitserfordernis aber auch zur Umsetzung des Art. 12 Abs. 1 Buchst. b FFH-RL vertretbar, da auch hier ein Schutzbedürfnis nur besteht, wenn die nachteiligen Auswirkungen ein gewisses Maß erreichen.³⁷ **23**

Der Begriff „**Erhaltungszustand**" einer Art ist nach Art. 1 Buchst. i FFH-RL wie folgt definiert: „die Gesamtheit der Einflüsse, die sich langfristig auf die Verbreitung und die Größe der Populationen der betreffenden Arten in dem in Art. 2 bezeichneten Gebiet auswirken können. Der Erhaltungszustand wird als „günstig" betrachtet, wenn **24**

---

30 EU-Leitfaden zum strengen Schutzsystem, II.3.2.b Rdnr. 44.
31 Hinweise der LANA zu zentralen unbestimmten Rechtsbegriffen des BNatSchG S. 5.
32 OVG Münster, Beschl. v. 28.4.1989 – 11 B 457/89, NuR 1989, 401 mit krit. Anm. *Beckmann*, NuR 1990, 300.
33 VG Regensburg, Urt. v. 31.7.2007 – RN 11 K 06.1939, NuR 2007, 768.
34 BVerwG Urt. v. 9.7.2008 – 9 A 14.07, NuR 2009, 112/121, Rdnr. 105.
35 Unzutreffend *Sailer*, ZUR 2009, 579.
36 BT-Drs. 16/5100.
37 Vgl. auch den EU-Leitfaden zum strengen Schutzsystem, II.3.2.a Rdnr. 39.

- auf Grund der Daten über die Populationsdynamik der Art anzunehmen ist, dass diese Art ein lebensfähiges Element des natürlichen Lebensraumes, dem sie angehört, bildet und langfristig weiterhin bilden wird, und
- das natürliche Verbreitungsgebiet dieser Art weder abnimmt noch in absehbarer Zeit vermutlich abnehmen wird, und
- ein genügend großer Lebensraum vorhanden ist und wahrscheinlich weiterhin vorhanden sein wird, um langfristig ein Überleben der Populationen dieser Art zu sichern."

25 Eine **Verschlechterung des Erhaltungszustandes** ist demnach insbesondere dann anzunehmen, wenn die Überlebenschancen, der Bruterfolg oder die Reproduktionsfähigkeit vermindert werden, wobei dies artspezifisch für den jeweiligen Einzelfall untersucht und beurteilt werden muss.[38] Ein Indiz hierfür kann sein, wenn durch die Störung die für die Art nutzbaren Lebensraumflächen verringert werden.[39] Von maßgeblichem Einfluss können auch Dauer und Zeitpunkt der störenden Handlung sein. Bei häufigen und weit verbreiteten Arten sind kleinräumige Störungen einzelner Individuen im Regelfall nicht erheblich, Störungen an den Populationszentren können aber auch bei solchen Arten die Erheblichkeitsschwelle überschreiten. Bei landesweit seltenen Arten mit geringen Populationsgrößen kann eine signifikante Verschlechterung und damit eine erhebliche Störung bereits dann vorliegen, wenn die Fortpflanzungsfähigkeit, der Bruterfolg oder die Überlebenschancen einzelner Individuen beeinträchtigt oder gefährdet werden.[40]

26 Eine **lokale Population** umfasst diejenigen (Teil-)Habitate und Aktivitätsbereiche der Individuen einer Art, die in einem für die Lebens(-raum)ansprüche der Art ausreichenden räumlich-funktionalen Zusammenhang stehen (BT-Drs. 16/5100, S.11), d.h. die Gesamtheit der Individuen einer Art, die während bestimmter Phasen des jährlichen Zyklus (z.b. Brut-, Rast-, Überwinterungszeit) in einem anhand ihrer Habitatansprüche abgrenzbaren Raum vorkommen.[41] Hierzu ist eine artspezifische Betrachtung erforderlich.[42] Je nach Verteilungsmuster, Sozialstruktur, individuellem Raumanspruch und Mobilität der Arten lassen sich folgende Typen von lokalen Populationen unterscheiden:[43]
- Arten mit gut abgrenzbaren örtlichen Vorkommen, d.h. Arten mit einer punktuellen (z.b. Laichgemeinschaften von Amphibien, Wochenstuben von Fledermäusen, Brutkolonien von Vögeln) oder zerstreuten Verbreitung oder solchen mit lokalen Dichtezentren. Hier sollte sich die Abgrenzung an eher kleinräumigen Landschaftseinheiten orientieren (z.b. Waldgebiete, Grünlandkomplexe, Bachläufe). Lokale Dichtezentren können z.b. bei Steinkauz, Mittelspecht, Kiebitz und Feldlerche auftreten;
- Arten mit einer flächigen Verbreitung (z.b. Haussperling, Kohlmeise, Buchfink) oder revierbildende Arten mit großen Aktionsräumen (z.b. Mäusebussard, Turmfalke, Waldkauz, Schwarzspecht); hier kann die lokale Population auf den Bereich einer naturräumlichen Landschaftseinheit bezogen werden;

---

38 BT-Drs. 16/5100, S. 11.
39 *Trautner*, Artenschutz im novellierten BNatSchG, S. 11; OVG Weimar, Urt. v. 14.5.2007 – 1 KO 1054/03, NuR 2007, 797.
40 Hinweise der LANA zu zentralen unbestimmten Rechtsbegriffen des BNatSchG, S. 6.
41 *Gellermann*, NuR 2007, 785.
42 Populationsbiologische Hinweise zu einzelnen Arten werden in *Lambrecht/Trautner* S. 128 ff. gegeben.
43 Hinweise der LANA zu zentralen unbestimmten Rechtsbegriffen des BNatSchG, S. 6.

– seltene Arten mit großen Raumansprüchen wie z.b. Schwarzstorch oder Wolf; bei solchen Arten ist die Abgrenzung einer lokalen Population häufig nicht möglich, abzustellen ist auf das einzelne Brutpaar oder das Rudel.

Manche Störungen, z.b. durch Lärm,[44] können durch geeignete Maßnahmen unter die Erheblichkeitsschwelle gedrückt werden. Soweit eine erhebliche Störung nicht wahrscheinlich, aber auch nicht auszuschließen ist, kann ein Monitoring vorgesehen werden; für den Fall, dass sich hierbei doch eine erhebliche Störung herausstellen sollte, sind unverzüglich die erforderlichen Schutzvorkehrungen vorzusehen.[45]

27

4. Lebensstättenschutz (Absatz 1 Nr. 3)

In Nr. 3 wurde der Schutz bestimmter Lebensstätten aus dem Verbot des § 42 Abs. 1 Nr. 1 BNatSchG 2002 herausgelöst und als eigener Tatbestand gefasst. Dabei entsprechen die nunmehr gewählten Begriffe „Fortpflanzungs- und Ruhestätten" dem Wortlaut von Art. 12 Abs. 1 Buchst. d FFH-RL. Von ihnen umfasst sind auch „Nester" i.S.v. Art. 5 Buchst. b V-RL.

28

In der **FFH-RL** findet sich keine Legaldefinition. Die Auslegung hat sich an der ökologischen Funktionalität auszurichten. Danach kann eine „Fortpflanzungsstätte" Bereiche umfassen, die für die Balz, die Paarung, den Nestbau, den Ort der Eiablage und -entwicklung oder der Nachwuchspflege benötigt werden.[46] „Ruhestätten" sind Gebiete, die für das Überleben eines Tieres oder einer Gruppe von Tieren während einer nicht aktiven Phase (z.b. Schlaf, Versteck, Mauserung, Überwinterung) erforderlich sind.

29

Im EU-Leitfaden zum strengen Schutzsystem werden diese abstrakten Aussagen anhand verschiedener Arten (Kammmolch, Kleiner Abendsegler, Eremit, Ameisenbläuling) konkretisiert.[47] Anknüpfungspunkt ist der Aktionsradius einer Art:
– bei einer Art mit großem Lebensraumanspruch (z.b. bei Fledermausarten) ist eher eine kleinräumige Betrachtung (z.b. Quartiere) angebracht;
– bei einer Art mit kleinem Aktionsradius sowie bei Arten mit sich überschneidenden Fortpflanzungs- und Ruhestätten ist eher eine umfassende Betrachtung geboten (z.b. kann beim Kammmolch auf eine Einheit von Teichen als Fortpflanzungs- und angrenzenden Landflächen als Ruhestätten abgestellt werden).

30

Nach Auffassung des BVerwG werden durch das Beschädigungs- und Zerstörungsverbot nicht der gesamte Lebensraum der Art geschützt, sondern nur selektiv die ausdrücklich bezeichneten Lebensstätten, die durch bestimmte Funktionen für die jeweilige Art geprägt sind. An der damit verbundenen engen räumlichen Begrenzung hat sich durch die Neuregelung nichts geändert. Es handele sich um eine naturschutzfachliche Frage, die je nach den Verhaltensweisen der verschiedenen Arten unterschiedlich beantwortet werden könne.[48]

31

---

44 Vgl. zu den Lärmauswirkungen von Straßen *Garniel* et al., Vögel und Verkehrslärm, FuE Vorhaben 02.237/2003/LR des BMVBS, 2007 sowie VGH Kassel, Beschl. v. 2.1.2009 – 11 B 368/08T.
45 OVG Lüneburg, Beschl. v. 5.3.2008 – 7 MS 114/07, NuR 2008, 265.
46 EU-Leitfaden zum strengen Schutzsystem, II.3.4.b Rdnr. 58; für eine engere Auffassung *Dolde*, NVwZ 2008, 121/123.
47 II.3.4.b Rdnr. 60; weitere Beispiele in den Hinweisen der LANA zu zentralen unbestimmten Rechtsbegriffen des BNatSchG, S. 8.
48 BVerwG, Urt. v. 13.5.2009 – 9 A 73/07, Rdnr. 90 f., NVwZ 2009, 1305 (A4 Düren).

32 Vom Schutz umfasst sind sowohl natürliche Gegenstände und Bereiche, die derartigen Zwecken dienen (z.b. Höhlen als Winterquartiere für Fledermäuse,[49] Schilfbestand als Niststätte von Vögeln,[50] regelmäßige Schlafplätze) wie auch künstlich geschaffene (z.B. Nisthilfen[51]).

33 Die Gegenstände und Bereiche müssen **regelmäßig, aber nicht ständig genutzt** werden, so sind z.b. regelmäßig genutzte Nistplätze auch während der winterlichen Abwesenheit von Zugvögeln geschützt. Bei Vögeln, die wie z.b. Schwalben jedes Jahr zu ihren Brutplätzen zurückkehren, liegt eine „Aufgabe" erst dann vor, wenn ein Nest nach Rückkehr nicht mehr besetzt wird.[52] Bei Koloniebrütern sind nicht nur die mit Nestern besetzten Bäume in den Schutz einbezogen, sondern auch die übrigen im Bereich der Kolonie vorhandenen Bäume, da sie z.b. als Windschutz oder notwendige Rückzugsmöglichkeiten dienen.[53] Geschützt sind nicht nur das konkrete Nest, sondern auch die Lebensstrukturen und am Standort vorhandenen besonderen Gegebenheiten, deren es bedarf, dass sich die Art erfolgreich reproduzieren kann.[54] Wenn sämtliche Strukturen verloren gehen, die der Vogel im Folgejahr zur Anlage seines Netzes nutzen könnte, verliert er seinen Brutplatz und das Verbot greift.[55]

34 Wenn jedes Exemplar einer Art wie der Bechsteinfledermaus einen Verbundkomplex von ca. 10 Bäumen, die es abwechselnd nutzt, als Ruhestätte hat, erfüllt die Fällung eines einzelnen Baums nicht den Verbotstatbestand, wenn in dem betroffenen Bereich ein überdurchschnittlich hoher Anteil an Höhlenbäumen bei vergleichsweise geringer Individuendichte besteht.[56]

35 **Potenzielle Lebensstätten** fallen nicht unter den Verbotstatbestand;[57] dies gilt aber nur, wenn tatsächlich kartiert wurde, nicht bei „worst-case-"Vorgehen.

36 Die Rechtsprechung hat **Nahrungs- und Jagdreviere**[58] und **Wanderungkorridore**[59] nicht in den Schutz des § 42 Abs. 1 Nr. 1 a.F. einbezogen. Dies dürfte auch auf die neugefassten Verbote der Nr. 3 übertragbar sein. Ausnahmsweise kann ihre Beschädigung den Tatbestand nach Nr. 3 erfüllen, wenn hierdurch die Funktion der Fortpflanzungs- oder Ruhestätte vollständig entfällt, indem z.b. durch den Wegfall des Nahrungshabitats eine Reproduktion in der Fortpflanzungsstätte ausgeschlossen ist.[60] Auch sind der Biotopschutz nach § 30, die Eingriffsregelung sowie das Verbot erheblicher Störungen in den nach Nr. 2 relevanten Zeiten zu beachten. Bei Eingriffen in Wanderungskorridore kann auch das Tötungsverbot relevant sein.[61]

---

49 Insoweit fehlerhaft OVG Magdeburg, Beschl. v. 10.1.2006 – 2 M 177/05 mit Anm. *Kratsch*, NuR 2007, 29.
50 OVG Lüneburg, Urt. v. 22.5.1995 – 3 L 5685/93, NuR 1996, 95.
51 VG Berlin, Beschl. v. 16.3.2000 – 1 A 32.00, NuR 2001, 58; OVG Berlin, Beschl. v. 18.8.2000 – 2 SN 20.00, NuR 2001, 49.
52 LG Hechingen, Urt. v. 29.12.1994 – 3 S 29/94, NuR 1995, 494.
53 AG Diepholz, Urt. v. 19.7.1991 – 7 OWi 2 Js 3853/91 (85/91) II, NuR 1992, 498, Baum in Krähenkolonie.
54 BVerwG, Beschl. v. 13.3.2008 – 9 VR 10.07, NuR 2008 493.
55 VGH Kassel, Urt. v. 17.6.2008 – 11 C 1975/07.T, NuR 2008, 875.
56 BVerwG, Urt. v. 13.5.2009 – 9 A 73/07, NuR 2009, 1296 (A4 Düren).
57 BVerwG, Urt. v. 12.3.2008 – 9 A 3.06, Rdnr. 222.
58 BVerwG, Urt. v. 11.1.2001 – 4 C 6/00, NuR 2001, 385; wohl a.A. *Louis*, Artenschutz und Eingriffsregelung, in: Dolde, Umweltrecht im Wandel, 2001, S. 523.
59 BVerwG, Beschl. v. 8.3.2007 – 9 B 19.06, NuR 2007, 269.
60 Hinweise der LANA zu zentralen unbestimmten Rechtsbegriffen des BNatSchG, S. 7.
61 Vgl. Rdnr. 16; *Trautner*, Artenschutz im novellierten BNatSchG, S. 9.

Es ist **verboten**, die geschützten Gegenstände der Natur zu entnehmen, zu beschädigen oder zu zerstören. Im Unterschied zum Begriff der „freien Natur" sind damit nicht nur Örtlichkeiten im unbesiedelten Bereich umfasst, sondern auch innerörtliche Bereiche (z.b. künstlich angelegte Gartenteiche mit Froschbestand[62]). Das Verbot ist auch erfüllt, wenn ein ganzes Brutrevier, in dem sich regelmäßig benutzte Brutplätze befinden, vollständig zerstört wird.[63] Wenn sämtliche Strukturen verloren gehen, die der Vogel im Folgejahr zur Anlage seines Nestes nutzen könnte, verliert er seinen Brutplatz und das Verbot greift[64]. 37

Hinsichtlich der Erstreckung des Schutzes auf **Gebäude** oder Gebäudeteile ist zu differenzieren: Nicht der Natur zurechenbar sind bewohnte Innenräume („Wohn- und Geschäftsräume"[65]), dagegen umfasst der Schutz auch Fassaden (z.b. mit Mauersegler-Niststätten[66]) oder Loggien (z.b. mit Schwalbennestern[67]), Dächer (Storchennest) sowie nicht vom Menschen bewohnte Bereiche innerhalb von Gebäuden (Dachstuhl mit Fledermauskolonie, Schwalbennest in der Garage). Ansonsten würde für viele besonders geschützte Arten, die im Umfeld des Menschen leben, der gesetzliche Schutz leer laufen. Auch würde mit einer derart einschränkenden Auslegung den internationalen Vereinbarungen und EU-Richtlinien nur unzureichend Rechnung getragen. Das Schaffen von Hindernissen, die es den Tieren unmöglich machen, zu ihren Nestern zu gelangen (z.b. Aufhängen von Sperrnetzen vor Mehlschwalbennestern,[68] Anbringung einer großen Plakattafel an einer Hauswand, wodurch die Erreichbarkeit von Dohlennestern ausgeschlossen wird,[69] Anbringen von Wärmedämmplatten[70]), steht einer Zerstörung oder Entnahme gleich und fällt somit auch unter das Verbot, ebenso die Beseitigung oder Zerstörung essentieller Voraussetzungen der Lebensstätten (z.b. einer Biberburg durch Trockenlegung eines Gewässers). 38

Auch „schleichende" Verschlechterungen wie die allmähliche Eutrophierung eines Laichgewässers können „Beschädigungen" darstellen und unter das Verbot fallen.[71] 39

Eine „**Entnahme aus der Natur**" liegt vor, wenn das geschützte Objekt aus der Natur entfernt wird und damit seine Funktion im Naturhaushalt verliert. Wird die Lebensstätte dagegen nur umgesetzt und der neue Standort von den Tieren akzeptiert, liegt keine Entnahme vor.[72] 40

---

62 LG Hanau, Urt. v. 25.9.1984 – 2 S 343/84, NuR 1985, 39; BGH Urt. v. 20.11.1992 – V ZR 82/91, NuR 1993, 188; VG Saarlouis, Beschl. v. 17.8.1994 – 2 F 139/94, NuR 1995, 490.
63 BVerwG, Urt. v. 21.6.2006 – 9 A 28/05, NuR 2006, 779; VGH Kassel, Urt. v. 21.2.2008 – 4 N 869/07, NuR 2008, 352.
64 VGH Kassel, Urt. v. 17.6.2008 – 11 C 1975/07.T, NuR 2008, 875.
65 *Schmidt-Räntsch* in Gassner u.a., BNatSchG (1. Aufl.) § 20f Rdnr. 6; *Louis*, NuR 1992, 119.
66 VG Potsdam, Beschl. v. 18.2.2002 – 4 L 648/01, NuR 2002, 567.
67 AG Bad Kreuznach, Urt. v. 19.12.1984 – 2 C 1085/84, NuR 1985, 157; VG Berlin, Urt. v. 31.10.2001 – 1 A 274.96, NuR 2002, 311.
68 VG Berlin, Urt. v. 31.10.2001 – 1 A 274.96, NuR 2002, 311.
69 KG Berlin, Beschl. v. 4.5.2000 – 2 Ss 344/99 – 5 WS(B) 86/00, NuR 2001, 176.
70 VG Potsdam, Beschl. v. 18.2.2002 – 4 L 648/01, NuR 2002, 567.
71 EU-Leitfaden zum strengen Schutzsystem, II.3.4.c, Rdnr. 68a, 71.
72 Vollzugshinweise zum Artenschutzrecht, 7.1.2.

41 Hinsichtlich der **zeitlichen Dauer des Schutzes** ist zu unterscheiden:[73]
- Bei nicht standorttreuen Tierarten, die ihre Lebensstätten regelmäßig wechseln und nicht erneut nutzen, erfüllt die Zerstörung außerhalb der Nutzzeiten nicht den Verbotstatbestand.
- Bei Vogelarten, die zwar ihre Neststandorte, nicht aber ihre Brutreviere wechseln, liegt ein Verstoß dann vor, wenn das Brutrevier insgesamt betroffen ist.
- Bei standorttreuen Tierarten, die regelmäßig zu der Lebensstätte zurückkehren, greift der Schutz auch zu den Zeiten, in denen die Lebensstätte nicht besetzt ist. Der Schutz erlischt erst, wenn die Lebensstätte endgültig aufgegeben wurde. Hierfür bedarf es einer artspezifischen Prognose.

42 Veränderungen auf Grund natürlicher Ursachen, Sukzession oder Nutzungsaufgabe fallen nicht unter den Begriff der „Beschädigung".[74]

5. Schutz von Pflanzen gegen Zugriff (Absatz 1 Nr. 4)

43 Nr. 4 ist anstelle des Verbots nach § 42 Abs. 1 Nr. 2 BNatSchG a.F. getreten und umfasst das Verbot der Entnahme, Beschädigung oder Zerstörung. **Wild lebend** sind auch Pflanzen, die wie z.b. Ackerwildkräuter oder Arten des mageren Grünlandes auf land- und forstwirtschaftlich genutzten Flächen wachsen und keine Kulturpflanzen, d.h. durch Züchtung weiterentwickelte Nutzpflanzen sind. Der Schutz erstreckt sich auch auf Pflanzenteile und Entwicklungsformen (z.b. Samen, Früchte, Zwiebeln, Knollen, vgl. die Legaldefinition des Begriffs Pflanze in § 7 Abs. 2 Nr. 2), nicht aber auf abgetrennte Pflanzenteile, weil hieran die Tathandlungen nicht ausgeübt werden können;[75] für solche Teile sind aber die Besitz- und Vermarktungsverbote des Abs. 2 zu beachten. Die Tathandlungen umfassen alle Arten des Beschädigens und Vernichtens durch körperlichen Einsatz oder mittels Gerätschaften sowie durch andere Mittel wie z.b. Chemikalien oder hitzeentwickelnde Geräte.

44 Der in § 42 Abs. 1 Nr. 4 BNatSchG a.F. enthaltene gesteigerte Schutz für den unmittelbaren Umgebungsbereich streng geschützter Pflanzen ist durch die Neuregelung entfallen.

III. Besitz- und Vermarktungsverbote (Absatz 2)

45 Abs. 2 regelt wie bisher die Besitz- und Vermarktungsverbote für besonders geschützte Tier- und Pflanzen. Für durch die VO (EG) Nr. 338/97 und (EG) Nr. 1808/2001 geschützte Arten bleiben gemäß Satz 2 die besonderen Vorschriften über die Beförderung lebender Arten in die, innerhalb der und aus der Gemeinschaft unberührt.[76] Die umfassenden Besitz-, Verarbeitungs- und Vertriebsverbote für lebende und tote Exemplare besonders geschützter Arten sind grundsätzlich mit Art. 12 und 14 GG vereinbar.[77] Dies gilt auch für Altbestände, so dass es nicht erforderlich ist, im Falle der Höherstufung einer Art eine Übergangsregelung vorzusehen.[78] Auch unter dem Aspekt der

---
73 Hinweise der LANA zu zentralen unbestimmten Rechtsbegriffen des BNatSchG, S. 8.
74 EU-Leitfaden zum strengen Schutzsystem, II.3.4.c Rdnr. 67.
75 Im Ergebnis auch *Louis*, § 20f Rdnr. 14; *Apfelbacher*, in: Kolodziejcok/Recken, Kennzahl 1158 Rdnr. 9; a.A. *Schmidt-Räntsch*, in: Gassner, § 20f Rdnr. 8.
76 Zur Beförderungsgenehmigung vgl. Vollzugshinweise zum Artenschutzrecht Nr. 10.
77 BVerfG, Urt. v. 3.11.1982 – 1 BvL 4/78, BVerfGE 61, 291 ff. und Beschl. v. 17.1.1996 – 2 BvR 589/92, NuR 1996, 400.
78 VGH Mannheim, Urt. v. 19.8.1994 – 5 S 2645/93, NuR 1995, 458.

Kunstfreiheit (Art. 5 Abs. 3 Satz 1 GG) ist es nicht geboten, Kunstwerke, die aus geschützten Tieren hergestellt werden (z.b. Elfenbeinschnitzereien) generell von Vermarktungsverboten auszunehmen.[79]

1. Besitzverbote

Das Besitzverbot nach Satz 1 Nr. 1 erstreckt sich auf **alle besonders geschützten Arten** nach § 7 Abs. 2 Nr. 13. Dabei sind hinsichtlich der Begriffe „Tiere" und „Pflanzen" die Legaldefinitionen des § 7 Abs. 2 Nr. 1 und 2 zu beachten. Objekte des Besitzverbotes sind danach nicht nur lebende und tote Tiere und Pflanzen, sondern auch deren Teile sowie aus ihnen gewonnene Erzeugnisse, sofern ohne weiteres erkennbar ist, dass die Teile oder Erzeugnisse von besonders geschützten Tieren oder Pflanzen stammen oder gewonnen wurden, vgl. im Einzelnen die Erläuterungen zu § 7.

Das Verbot erstreckt sich auf **alle Arten des Besitzes** im Sinne der §§ 854 ff. BGB (unmittelbarer und mittelbarer Besitz, Eigen- und Fremdbesitz[80]) und umfasst sowohl die Inbesitznahme, d.h. das bewusste Erlangen des Besitzes, als auch das Aufrechterhalten des Besitzes. Der Begriff des „Gewahrsams" steht anstelle des früher verwendeten Begriffs „tatsächliche Gewalt" und stellt klar, dass das Verbot die unmittelbare Herrschaftseinwirkung[81] auf die geschützten Objekte einschließt und auch auf Besitzdiener[82] und unrechtmäßige Besitzer anzuwenden ist.[83]

Verboten ist auch die **Be- und Verarbeitung** besonders geschützter Tiere und Pflanzen, deren Teile sowie Erzeugnisse. Bei einer Bearbeitung bleibt die Sache als solche erhalten (z.b. Präparieren eines Tieres), bei einer Verarbeitung wird unter Verwendung des geschützten Gegenstands eine neue Sache hergestellt (z.b. Einbau von Elfenbeintasten in ein Klavier, Herstellung eines Pelzmantels, § 950 BGB), wobei nach § 950 Satz 2 BGB auch eine Bearbeitung der Oberfläche (z.b. Schnitzarbeit an einem Stück Elfenbein) als Verarbeitung gilt.

2. Vermarktungsverbote

Satz 1 Nr. 2 regelt das Vermarktungsverbot für besonders geschützte Arten nach § 7 Abs. 2 Nr. 13 b und c. Für Arten nach § 7 Abs. 2 Nr. 13 a gilt ein Vermarktungsverbot unmittelbar aus Art. 8 VO (EG) Nr. 338/97, so dass es einer nationalen Regelung nicht bedarf. Im Sinne der Rechtseinheit sind die Vermarktungsverbote des § 44 inhaltlich denen der EG-VO angeglichen. Vermarktungsverbote für vom Aussterben bedrohte Arten oder Gegenstände, die aus diesen hergestellt sind, sind im Hinblick auf das aus Art. 14 GG hergeleitete Recht am eingerichteten und ausgeübten Gewerbebetrieb zulässig, da es ein überragendes öffentliches Interesse an einem optimalen Schutz dieser Arten gibt.[84]

Nach Satz 1 Nr. 2 a sind der Abschluss eines **Kaufvertrags** nach §§ 433 ff. BGB, der auf Übergabe und Eigentumsverschaffung an einem geschützten Gegenstand gerichtet ist, sowie darauf bezogene Vorbereitungshandlungen

---

79 BVerwG, Beschl. v. 21.9.1995 – 4 B 263.94, UPR 1996, 29.
80 AG Stade, Urt. v. 23.7.1993 – 23 OWi 11 Js 412/86.
81 *Schönke/Schröder/Eser*, StGB § 242 Rdnr. 23.
82 KG Berlin, Beschl. v. 28.9.1983 – AR (B) 151/83 – 5 WS (B) 307/83, NuR 1984, 118.
83 *Apfelbacher/Adenauer/Iven*, NuR 1998, 511.
84 VGH Mannheim, Urt. v. 19.8.1994 – 5 S 2645/93, NuR 1995, 458.

verboten. Die Verbote richten sich sowohl an den Verkäufer als auch an den Käufer.[85] Mit umfasst sind die zur Erfüllung des Kaufvertrages erforderlichen dinglichen Rechtsgeschäfte (§§ 929 ff. BGB). Der Zweck des Kaufs oder Verkaufs ist ohne Belang, so dass auch ein Kauf zu privaten Zwecken gegen Unkostenerstattung ohne kommerzielle Beweggründe verboten ist.

51 Verbotene **Vorbereitungshandlungen** sind das Anbieten zum Kauf oder Verkauf (zum Begriff des „Anbietens" vgl. die Legaldefinition des § 7 Abs. 2 Nr. 17[86]), das Vorrätighalten zum Verkauf (vgl. die Legaldefinition des „Inverkehrbringens" § 7 Abs. 2 Nr. 18) und die Beförderung zum Verkauf. Unter die Vorbereitungshandlungen fallen insbesondere Werbemaßnahmen wie z.b. die Aufgabe von Inseraten, das Anbieten im Internet und die Abhaltung von Verkaufsbörsen.[87] Auch Suchanzeigen sind als „Anbieten zum Kauf" verboten. Dabei ist nicht von Bedeutung, ob das Verkaufsgeschäft tatsächlich stattfindet; auch eine Beförderung eines Tieres zu einer fehlgeschlagenen Vertragsverhandlung (z.b. weil sich der Käufer am vereinbarten Treffpunkt nicht einfindet) fällt unter das Verbot. Beförderung ist jede Ortsveränderung des geschützten Gegenstands, auf die Distanz oder das Beförderungsmittel kommt es nicht an (auch Mitnahme zu Fuß). In Satz 2 wird darauf hingewiesen, dass die Vorschriften des Art. 9 VO (EG) Nr. 338/97 zur Beförderung lebender Exemplare der Anhang A-Arten unberührt bleiben.

52 In Abs. 2 Nr. 2 Buchst. a ist ausdrücklich das Tauschen oder entgeltliche Überlassen aufgeführt, daher konnte der bisherige § 10 Abs. 3 BNatSchG a.f. aufgehoben werden.

3. Verbote kommerzieller Nutzung

53 Satz 1 Nr. 2 b enthält Verbote der kommerziellen Nutzung. Eine kommerzielle Nutzung liegt vor, wenn eine Gewinnerzielungsabsicht gegeben ist oder der Veranstalter damit seinen Lebensunterhalt bestreitet. Stehen andere Zwecke (z.b. Lehrzwecke bei zoologischen Einrichtungen) im Vordergrund und werden Eintrittsgelder nur zur Abdeckung von Unkosten erhoben, liegt kein kommerzieller Zweck vor.[88] Bei Zirkussen und Delphinarien sowie bei Einrichtungen, die mit gewerblichen Freizeitparks verbunden sind, sind regelmäßig kommerzielle Zwecke gegeben, ebenso bei einer Verwendung zu Werbezwecken (z.b. Ausstellung im Schaufenster[89]).

54 Verboten ist auch der **Erwerb** zu diesen Zwecken, d.h. die Erlangung einer dinglichen Berechtigung. Im Unterschied zu Buchst. a, der auf Kaufgeschäfte beschränkt ist, ist ein Erwerb durch Tausch, Schenkung, Pfandrecht, auf Grund einer Versteigerung, durch Vermächtnis oder durch gesetzlichen Eigentumsübergang (§ 947 ff. BGB) umfasst.[90] Auch bei den Tatbestandsalternativen des „zur Schau stellen" und des „sonstigen Verwendens" bezieht sich Buchstabe b nur auf Aktivitäten zu kommerziellen Zwecken.

---

85 VG Köln, Urt. v. 24.6.1986 – 14 K 1574/86, NuR 1987, 38.
86 BayObLG, Beschl. v. 2.6.1987 – 3 Ob OWi 76/87, NuR 1987, 376.
87 BT-Drs. 10/5064, S. 22.
88 So auch *Schmidt-Räntsch*, in: Gassner u.a., BNatSchG (1. Aufl.), § 20f Rdnr. 17.
89 BT-Drs. 10/5064, S. 22.
90 *Louis*, BNatSchG, § 20f Rdnr. 22.

IV. Ergänzende Regelungen (Absatz 3)

1. Erzeugnisse aus Jungrobben (Absatz 3 Nr. 1)

Nr. 1 enthält eine Spezialregelung für die Richtlinie 83/129/EWG, betreffend die Einfuhr von Fellen bestimmter Jungrobben (Sattel- und Mützenrobbe) und daraus hergestellten Waren. Die Einbeziehung dieser Tiere und Waren in die Besitz- und Vermarktungsverbote ist zur Umsetzung der EG-Richtlinie erforderlich, da Sattel- und Mönchsrobben keine besonders geschützten Arten nach § 7 Abs. 2 Nr. 13 sind.

2. Floren- und Faunenverfälscher (Absatz 3 Nr. 2)

Nr. 2 erstreckt die Besitz- und Vermarktungsverbote auf nicht geschützte Tier- und Pflanzenarten, die in einer Rechtsverordnung nach § 54 Abs. 4 aufgelistet sind. Es handelt sich dabei um Arten, von denen eine Gefahr der Faunen- oder Florenverfälschung oder eine Gefährdung einheimischer Tier- oder Pflanzenarten ausgehen kann (vgl. auch § 54 Rdnr. 15 und § 40 Rdnr. 10). Gemäß § 3 BArtSchV gilt dies für den amerikanischen Biber, die Schnapp- und Geierschildkröte sowie das Grauhörnchen.

V. Land-, Forst- und Fischereiwirtschaft (Absatz 4)

In Abs. 4 wird für die wichtigen Anwendungsbereiche der Land-, Forst- und Fischereiwirtschaft – wie auch in Abs. 5 für Eingriffe und Vorhaben – zwischen den auf Grund des Anhang IV der FFH-RL, den europäischen Vogelarten sowie den durch die BArtSchV gleichgestellten Arten (vgl. § 54 Abs. 1 Nr. 2[91]) auf der einen Seite und den sonstigen geschützten Arten differenziert. Für die sonstigen geschützten Arten sind bei der jeweiligen Bodennutzung (vgl. zu dem Begriff der Bodennutzung § 14 Rdnr. 58 ff.) die artenschutzrechtlichen Verbote des Abs. 1 nicht relevant. Den artenschutzrechtlichen Belangen ist aber im Rahmen der ordnungsgemäßen Bewirtschaftung (vgl. die Grundsätze des § 5) Rechnung zu tragen.[92] Ein mittelbarer Schutz wird über den besonderen Biotopschutz (§ 30) erreicht. Auch Maßnahmen des Vertragsnaturschutzes dienen artenschutzfachlichen Belangen („Artenschutzprogramm", vgl. § 38 Rdnr. 3 ff.). Die Regelung entspricht in ihren Konsequenzen weitgehend § 43 Abs. 4 BNatSchG 2002.[93]

Mit der Ergänzung des § 42 a.F. um die Absätze 4 und 5 wurden laut amtl. Begründung zur „kleinen Novelle"[94] bestehende und von der Europäischen Kommission anerkannte Spielräume[95] bei der Auslegung der artenschutzrechtlichen Vorschriften der FFH-Richtlinie genutzt und rechtlich abgesichert, um für die Betroffenen akzeptable und im Vollzug praktikable Ergebnisse bei der Anwendung der Verbotsbestimmungen des Abs. 1 zu erzielen. Diese Spielräume erlaubten es, bei der land-, forst- und fischereiwirtschaft-

---

91 Derzeit (Stand 1.3.2010) sind noch keine derartigen Arten benannt.
92 Vgl. dazu die Beispiele bei *Gellermann*, NuR 2007, 787.
93 A.A. *Gellermann*, NuR 2007, 167, der inkonsequent dem „Absichts-"begriff des § 43 Abs. 4 BNatSchG a.F. die Interpretation des EuGH auch hinsichtlich der „national" geschützten Arten unterlegt.
94 BT-Drs. 16/5100.
95 Vgl. EU-Leitfaden zum strengen Schutzsystem II.2.4 Rdnr. 24 ff.

lichen Bewirtschaftung auf den Erhaltungszustand der lokalen Population als Maßstab des Erlaubten abzustellen.

59 Insbesondere im Bereich der Landwirtschaft ist das Vorkommen bestimmter Arten an bestimmte Landnutzungsformen gebunden. Der **Verlust einzelner Individuen** der geschützten Arten bei der täglichen Wirtschaftsweise führt dabei nicht notwendig zu einer Gefährdung der Bestände. Diese Zusammenhänge müssen auch im Rahmen der Umsetzung und Anwendung der europarechtlichen Bestimmungen berücksichtigt werden. Deshalb ist es – auch unter Berücksichtigung des ansonsten entstehenden Aufwandes für Land-, Forst- oder Fischereiwirtschaft und Verwaltung – gerechtfertigt, für solche einzelnen Verluste die Verbotsbestimmungen des Abs. 1 nicht zur Anwendung zu bringen.

60 Bestehen allerdings Anhaltspunkte dafür, dass diese Grundannahme nicht zutrifft, sondern dass es durch die land-, forst- oder fischereiwirtschaftliche Bodennutzung, wie sie konkret vor Ort ausgeführt wird, nicht nur zu Einzelverlusten kommt und sich der **Erhaltungszustand der lokalen Populationen** (dazu Rdnr. 26) **negativ entwickelt**, ist es zumindest in Bezug auf die im Anhang IV der FFH-RL aufgeführten Arten, die europäischen Vogelarten und die in der BArtSchV gleichgestellten Arten erforderlich, dieser Entwicklung durch entsprechende Maßnahmen zu begegnen. Diese müssen gewährleisten, dass die konkret vor Ort ausgeübte land-, forst-, oder fischereiwirtschaftliche Bodennutzung künftig in einer den Bestand der lokalen Populationen erhaltenden bzw. wiederherstellenden Weise stattfindet. Dazu sollen vorrangig die Instrumente des Gebietsschutzes, Artenschutzprogramme, vertragliche Vereinbarungen und gezielte Aufklärung genutzt werden.

61 Hinsichtlich der **Forstwirtschaft** wurde z.b. in Baden-Württemberg durch die Landesforstverwaltung für den Staatswald ein Altholz-, Totholz- und Habitatbaumkonzept erarbeitet, das gewährleisten soll, dass die artenschutzrechtlichen Anforderungen an die Forstwirtschaft eingehalten werden.[96]

62 Soweit mit diesen Programmen und Maßnahmen der Bestand der lokalen Populationen nicht erhalten oder wiederhergestellt werden kann, ist die nach Landesrecht zuständige Naturschutzbehörde **verpflichtet**, die erforderlichen **Bewirtschaftungsvorgaben** zu erlassen. Gemäß BT-Drs. 16/5100 ist die Feststellung des Erhaltungszustands der lokalen Populationen Aufgabe der zuständigen Behörden. Befugnisse nach Landesrecht zur Anordnung oder zum Erlass entsprechender Vorgaben durch Allgemeinverfügung oder Rechtsverordnung bleiben von der bundesgesetzlichen Regelung unberührt.

63 Die Rechtsverordnungsermächtigung des § 54 Abs. 10 ermöglicht es den Ländern, für die Bewirtschaftungsvorgaben allgemeine Anforderungen festzulegen. Dies kann erforderlich sein, um durch einen einheitlichen Standard der Bewirtschaftungsvorgaben landesweit den Erhaltungszustand von Arten zu gewährleisten.

---

96 *Schaber-Schoor*, FVA-Einblick 2/2008 S. 5 ff, http://www.waldwissen.net/themen/waldoekologie/waldoekosysteme/fva_totholz_literaturrecherche_habitatbaumkonzept_DE.

VI. Besonderer Artenschutz bei Eingriffen und Vorhaben (Absatz 5)

1. Spezielle artenschutzrechtliche Prüfung

Die artenschutzrechtlichen Verbote kommen auch in Planfeststellungs- und sonstigen Zulassungsverfahren zur Geltung.[97] Abs. 5 führt hinsichtlich des Vorgehens bei Eingriffen und Vorhaben folgende Differenzierung ein:

- sind Arten nach Anh. IV der FFH-RL, europäische Vogelarten oder Arten nationaler Verantwortung (vgl. § 54 Abs. 1 Nr. 2)[98] betroffen, ist Satz 2 bis 4 anzuwenden;
- sind andere Arten betroffen, ist unabhängig von deren Schutzstatus Satz 5 einschlägig.

Die Prüfung nach **Satz 2 bis 4** wird auch als „**spezielle artenschutzrechtliche Prüfung**" (saP) bezeichnet. Das „europäische" Artenschutzrecht ist **zwingendes Recht** und unterliegt nicht der Abwägung.[99] Für die Verpflichtung zur Durchführung einer solchen Prüfung ist ein „Anfangsverdacht"[100] des Vorkommens von relevanten Arten erforderlich, der sich z.b. aus Biotopstrukturen und vorliegenden Bestandsdaten wie z.b. Verbreitungskarten bestimmter Arten[101] ergeben kann. Gefordert ist eine ausreichende Ermittlung der im Einwirkungsbereich vorhandenen Tier- und Pflanzenarten. Dabei sind im Hinblick auf die Anforderungen nach Satz 2 bis 4 insbesondere die Arten nach Anh. IV und europäischen Vogelarten zu erheben und zu dokumentieren.

Hinsichtlich der **Untersuchungsmethodik** und des -umfangs ist nach der Rechtsprechung[102] von folgenden Grundsätzen auszugehen: Der individuenbezogene Ansatz verlangt Ermittlungen, deren Ergebnisse die entscheidende Behörde in die Lage versetzen, die tatbestandlichen Voraussetzungen zu überprüfen. Hierzu benötigen sie Daten, denen sich in Bezug auf das Plangebiet die Häufigkeit und Verteilung der geschützten Arten sowie deren Lebensstätten entnehmen lassen. Dies erfordert i.d.R. eine Bestandsaufnahme vor Ort durch Begehung des Untersuchungsraums mit Erfassung des Arteninventars. Auf eine solche Begehung vor Ort wird allenfalls in Ausnahmefällen verzichtet werden können. Ältere Kartierungen können verwendet werden, sofern keine relevanten Veränderungen von Biotopstrukturen eingetreten sind, die auf eine Änderung des zu berücksichtigenden Artenspektrums schließen lassen.

Weiterhin müssen regelmäßig bereits vorhandene Erkenntnisse und Literatur ausgewertet werden. Wenn Vegetationsstrukturen sichere Rückschlüsse auf Vorhandensein bestimmter Arten geben, können daraus Schlussfolgerungen gezogen werden. Da nähere normkonkretisierende Maßstäbe fehlen, hat die Planfeststellungsbehörde eine naturschutzfachliche Einschätzungsprärogative.

Lassen sich gewisse Unsicherheiten auf Grund verbleibender Erkenntnislücken nicht ausschließen, dürfen auch „worst-case"–Betrachtungen angestellt werden. Im Zweifelsfall kann mit negativen Wahrunterstellungen ge-

---

97 BVerwGE 124, 116; *Philipp*, NVwZ 2008, 593 f.
98 Derzeit (Stand 1.3.2010) sind noch keine derartigen Arten benannt.
99 BVerwG, Urt. v. 13.12.2007 – 4 C 9.06 Rdnr. 56.
100 *Lau/Steeck*, NuR 2008, S. 387.
101 Z.B. „Geschützte Arten in Nordrhein-Westfalen" des MUNLV NRW.
102 Grundlegend BVerwG, Urt. v. 9.7.2008 – 9 A 14.07, NuR 2009, 112, Rdnr. 53 ff.

arbeitet werden, sofern sie konkret und geeignet sind, den Sachverhalt angemessen zu erfassen.[103]

69 Für die Beurteilung des Erhaltungszustands der lokalen Population (§ 44 Abs. 1 Nr. 2), der ökologischen Funktion der Lebensstätte sowie des Erhaltungszustands der Population (§ 45 Abs. 7) ist eine quantifizierende Abschätzung betroffener Vorkommen erforderlich.[104]

2. Gewährleistung der ökologischen Funktion (Absatz 5 Satz 2)

70 Soweit in Anhang IV der FFH-RL aufgeführte Arten, europäische Vogelarten oder Arten nationaler Verantwortung betroffen sind, ist nach Satz 2 der Verbotstatbestand des Abs. 1 Nr. 3 dann nicht verwirklicht, wenn sichergestellt ist, dass trotz Entnahme, Beschädigung oder Zerstörung einzelner Nester, Bruthöhlen, Laichplätze etc. die **ökologische Funktion** der betroffenen Fortpflanzungs- oder Ruhestätten im räumlichen Zusammenhang weiterhin gewährleistet ist. Nicht ausreichend ist im Regelfall, dass potentiell geeignete Ersatzlebensräume außerhalb des Vorhabensgebiets vorhanden sind,[105] denn es ist davon auszugehen, dass diese schon von der betreffenden Art genutzt werden und ohne gezielte Aufwertungsmaßnahmen keine höhere Siedlungsdichte zu erreichen ist.

71 **a) Vermeidungsmaßnahmen.** An der ökologischen Gesamtsituation des von dem Vorhaben betroffenen Bereichs darf im Hinblick auf seine Funktion als Fortpflanzungs- oder Ruhestätte keine Verschlechterung eintreten. Dem können schadensbegrenzende, vorbeugende Maßnahmen dienen, die auf eine Beseitigung oder Minimierung der negativen Auswirkungen einer Tätigkeit abzielen („Risikomanagement" z.b. durch Bauzeiten außerhalb der Brutzeit oder der Winterruhezeit von Fledermäusen,[106] Tempobeschränkung zur Vermeidung von Kollisionen,[107] Holzwände an der Seite sowie auf dem Mittelstreifen als Überflughilfe[108]). Solche Maßnahmen sollten durch eine ökologische Baubegleitung abgesichert werden.

72 **b) Funktionserhaltende Maßnahmen ("CEF"-Maßnahmen).** Sind keine hinreichenden Vermeidungsmaßnahmen möglich, müssen funktionserhaltende oder konfliktmindernde Maßnahmen getroffen werden. Diese müssen unmittelbar an den voraussichtlich betroffenen Exemplaren einer Art ansetzen,[109] mit diesem räumlich-funktional verbunden sein und zeitlich so durchgeführt werden, dass zwischen dem Erfolg der Maßnahmen und dem vorgesehenen Eingriff keine zeitliche Lücke entsteht (sog. **CEF-Maßnahmen**, „measures to ensure the continuous ecological functionality of breeding sites or resting places"[110]). Solche CEF-Maßnahmen können die Erweiterung einer Lebensstätte oder die Schaffung neuer Habitate innerhalb oder in direkter funktioneller Verbindung zu einer Fortpflanzung- oder Ruhestätte umfassen (z.B. Erhalt geeigneter Höhlenbäume, Belassen gestutzter Höh-

---

103 BVerwG, Urt. v. 9.7.2008 – 9 A 14.07, NuR 2009, 112/115, Rdnr. 63; VGH Kassel, Urt. v. 17.6.2008 – 11 C 1975/07.T, NuR 2008, 785/791.
104 BVerwG, Urt. v. 9.7.2008 – 9 A 14.07, NuR 2009, 112 Rdnr. 53 ff.
105 Hinweise der LANA zu zentralen unbestimmten Rechtsbegriffen des BNatSchG, S. 10.
106 OVG Münster, Beschl. v. 19.3.2008 – 1 B 289/08.AK, NuR 2008, 431.
107 OVG Bautzen, Beschl. v. 21.1.2007 – 5 BS 336/07, NuR 2007, 831, „Waldschlösschenbrücke".
108 BVerwG, Urt. v. 13.5.2009 – 9 A 73/07, Rdnr. 84, NVwZ 2009, 1305 (A4 Düren).
109 BVerwG, Urt. v. 18.3.2009 – 9 A 39.07, NuR 2009, 776 Rdnr. 67.
110 Vgl. auch EU-Leitfaden zum strengen Schutzsystem, II.3.4 b und d, Rdnr. 72 ff.

lenbäume als Totholz[111], Anbringen künstlicher Baumhöhlen mittels Bohrers in 6–12 m Höhe in Bäumen[112]). Hinsichtlich der Zauneidechse können Maßnahmen wie Extensivgrünland mit Lesesteinhaufen in unmittelbarer Angrenzung an den vorhandenen Reptilienlebensraum geeignet sein.[113]

„Räumlicher Zusammenhang" bedeutet, dass die Maßnahmenfläche entsprechend dem artspezifischen Aktionsradius erreichbar sein muss. Vom Umfang her müssen die Maßnahmen so bemessen sein, dass es nicht zur Minderung des Fortpflanzungserfolgs bzw. der Ruhemöglichkeiten der Bewohner der Fortpflanzungs- oder Ruhestätte kommt.[114] **73**

Nach Auffassung der EU-Kommission ist eine Ausnahme nach Art. 16 FFH-RL nicht erforderlich, wenn die Fortpflanzungs- und Ruhestätte nach Durchführung der CEF-Maßnahmen mindestens die gleiche (oder eine größere) Ausdehnung und eine gleiche (oder bessere) Qualität für die zu schützende Art aufweist.[115] Dabei ist eine Überwachung der funktionserhaltenden Maßnahmen erforderlich. Um dies zu gewährleisten, können neben Vermeidungsmaßnahmen nach Satz 4 auch vorgezogene Ausgleichsmaßnahmen nach § 15 Abs. 2 BNatSchG bzw. nach § 1a Abs. 3 BauGB angeordnet werden. **74**

Der Vorhabensträger muss den Nachweis für die Funktionsfähigkeit seines Schutzkonzepts erbringen. Risiken, die aus Schwierigkeiten bei der Umsetzung der Maßnahme oder der Beurteilung ihrer langfristigen Wirksamkeit resultieren, gehen zu Lasten des Vorhabens und erfordern ein **Risikomanagement** (Monitoring sowie erforderlichenfalls Korrektur- und Vorsorgemaßnahmen[116]). Das artenschutzrechtliche Ausgleichskonzept braucht eine auf Dauer angelegte **rechtliche Sicherung** (z.B. durch Festsetzungen in einem Bebauungsplan, Eigentum des Vorhabenträgers). Nicht ausreichend ist ein auf 10 Jahre befristeter Pachtvertrag.[117] **75**

Hinsichtlich der Verbotstatbestände war in Abs. 5 Satz 3 der Entwurfsfassung der „kleinen Novelle" zunächst formuliert worden: „Insoweit liegt auch kein Verstoß gegen die Verbote des Absatzes 1 Nr. 1 und 2 vor". Dieser Satz war von der Kommission beanstandet worden und ist deshalb im späteren Gesetzgebungsverfahren durch den Einschub in Satz 2 „und im Hinblick auf damit verbundene unvermeidbare Beeinträchtigungen wild lebender Tiere auch gegen das Verbot des Abs. 1 Nr. 1" ersetzt worden.[118] Diese **Freistellung vom Fang- und Tötungsverbot** reicht allerdings nur soweit, wie die erlaubte Zerstörung oder Beseitigung von Lebensstätten zwingend (d.h. unter Berücksichtigung aller zumutbaren Vermeidungsmöglichkeiten wie z.B. Baufeldräumung außerhalb sensibler Zeiten) mit einem Handeln i.S.v. § 44 Abs. 1 Nr. 1 verbunden ist.[119] **76**

---

111 OVG Münster, Beschl. v. 19.3.2008 – 11 B 289/08AK, NuR 2008, 431 ff.
112 VGH Kassel, Beschl. v. 2.1.2009 – 11 B 368/08.T, NuR 2009, 255.
113 BVerwG, Urt. v. 12.3.2008 – 9 A 3.06, NuR 2008, 633 Rdnr. 244; VGH Kassel, Urt. v. 21.2.2008 – 4 N 869/07, NuR 2008, 352.
114 Hinweise der LANA zu zentralen unbestimmten Rechtsbegriffen des BNatSchG, S. 11.
115 EU-Leitfaden zum strengen Schutzsystem, II.3.4.d.
116 BVerwG, Urt. v. 17.1.2007 – 9 A 20.05, BVerwGE 128, 1 Rdnr. 53 f.
117 VGH Kassel, Urt. v. 25.6.2009 – 4 CN 1347/08.N, NuR 2009, 650.
118 Fachliche Beispiele zur „Vermeidbarkeit" finden sich bei *Trautner*, Artenschutz im novellierten BNatSchG, S. 14.
119 *Lütkes*, NVwZ 2008, 601; Hinweise der LANA zu zentralen unbestimmten Rechtsbegriffen des BNatSchG, S. 11.

77 Satz 4 überträgt den Ansatz der Wahrung der ökologischen Funktionalität auf die Standorte wild lebender Pflanzen der besonders geschützten Arten.

78 **c) Betroffenheit anderer Arten.** Sind andere als in Anhang IV der FFH-Richtlinie aufgeführte Arten, europäische Vogelarten oder Arten nationaler Verantwortung betroffen, liegt nach **Satz 5** bei Handlungen zur Durchführung eines Eingriffs oder Vorhabens ein Verstoß gegen die Zugriffs-, Besitz- und Vermarktungsverbote nicht vor. Diese Regelung greift die Vorschrift des § 43 Abs. 4 BNatSchG a.F. und die dazu ergangene höchstrichterliche Rechtsprechung auf.[120] Danach unterfielen solche Beeinträchtigungen nicht den artenschutzrechtlichen Verboten, die sich als unausweichliche Konsequenz rechtmäßigen Verhaltens ergaben.[121] Da hiermit zahlreiche gefährdete Arten bei der Durchführung von Eingriffen und Vorhaben aus dem Schutzregime des Artenschutzes herausfallen, ist es erforderlich, im Verfahren zur Zulassung des Vorhabens oder Eingriffs diesen Aspekt im Rahmen der **Eingriffsregelung** zu berücksichtigen. Hierbei sind beim Schutzgut „Arten" (vgl. § 14 Rdnr. 30 ff.) auch **andere wertbestimmende Arten** oder Artengruppen zu ermitteln und bei den Vermeidungs-, Minderungs- und Kompensationsmaßnahmen zu berücksichtigen.[122] Klarstellend ist darauf hinzuweisen, dass die Rechtsfolge des § 44 Abs. 5 Satz 5 bereits auf der Ebene der Zulassung von Eingriffen in Natur und Landschaft berücksichtigt werden kann, soweit die dort vorgesehene Privilegierung reicht.[123]

VII. Gesetzlich vorgeschriebene Prüfungen (Absatz 6)

79 In Abs. 6 wurde die früher in § 42 Abs. 5 Satz 6 a.F. enthaltene Regelung zur Freistellung von vorbereitenden Handlungen im Rahmen von Umweltverträglichkeitsprüfungen präzisiert, in ihrem Anwendungsbereich erweitert und an spezielle Anforderungen geknüpft. Sinn und Zweck der Regelung ist, die im Rahmen eines Scoping-Termins mit den Naturschutzbehörden abgestimmten Untersuchungen verfahrensmäßig zu erleichtern.

80 Im Unterschied zur bisherigen Regelung wird nicht mehr der Begriff der „Umweltverträglichkeitsprüfung" verwendet, sondern auf „gesetzlich vorgeschriebene Prüfungen" abgestellt. Damit sind z.B. auch FFH-Verträglichkeitsprüfungen von der Freistellung umfasst.[124] Das Erfordernis der Fachkunde soll sicherstellen, dass es z.B. bei Beringungen, bei Telemetrierung von Fledermäusen oder bei Netzfängen nicht zu vermeidbaren Beeinträchtigungen der Tierwelt kommt. Bestimmte Anforderungen an die Fachkunde werden in der amtlichen Begründung nicht benannt. Die Untersuchungen sollen auf das zur Erreichung des Untersuchungsziels erforderliche Maß beschränkt bleiben; z.B. sollen bei Telemetrie von Fledermäusen maximal 10% der Weibchen einer Wochenstube mit einem Sender ausgestattet werden. Auf weiter gehende Regelungen (z.B. § 4 BArtSchV; Befreiungserfordernis nach einer Naturschutzgebiets-VO) hat die Freistellung keine Auswirkung.

---

120 Unzutreffend daher *Gellermann*, NuR 2007, 165 ff.
121 Vgl. BVerwG, Urt. v. 11.1.2001 – 4 C 6.00, NuR 2001, 385.
122 *Philipp*, NVwZ 2008, 597; zu pauschal daher OVG Koblenz, Urt. v. 13.2.2008 – 8 C 10368/07.OVG, NuR 2008, 410/413.
123 So BT-Drs. 16/12274, S. 71.
124 Vgl. BT-Drs. 16/12274, S. 71.

§ 45 Ausnahmen; Ermächtigung zum Erlass von Rechtsverordnungen

(1) ¹Von den Besitzverboten sind, soweit sich aus einer Rechtsverordnung nach § 54 Absatz 5 nichts anderes ergibt, ausgenommen
1. Tiere und Pflanzen der besonders geschützten Arten, die rechtmäßig
   a) in der Gemeinschaft gezüchtet und nicht herrenlos geworden sind, durch künstliche Vermehrung gewonnen oder aus der Natur entnommen worden sind,
   b) aus Drittstaaten in die Gemeinschaft gelangt sind,
2. Tiere und Pflanzen der Arten, die in einer Rechtsverordnung nach § 54 Absatz 4 aufgeführt und vor ihrer Aufnahme in die Rechtsverordnung rechtmäßig in der Gemeinschaft erworben worden sind.

²Satz 1 Nummer 1 Buchstabe b gilt nicht für Tiere und Pflanzen der Arten im Sinne des § 7 Absatz 2 Nummer 13 Buchstabe b, die nach dem 3. April 2002 ohne eine Ausnahme oder Befreiung nach § 43 Absatz 8 Satz 2 oder § 62 des Bundesnaturschutzgesetzes in der bis zum 1. März 2010 geltenden Fassung oder nach dem 1. März 2010 ohne eine Ausnahme nach Absatz 8 aus einem Drittstaat unmittelbar in das Inland gelangt sind. ³Abweichend von Satz 2 dürfen tote Vögel von europäischen Vogelarten im Sinne des § 7 Absatz 2 Nummer 13 Buchstabe b Doppelbuchstabe bb, soweit diese nach § 2 Absatz 1 des Bundesjagdgesetzes dem Jagdrecht unterliegen, zum persönlichen Gebrauch oder als Hausrat ohne eine Ausnahme oder Befreiung aus einem Drittstaat unmittelbar in das Inland verbracht werden.

(2) ¹Soweit nach Absatz 1 Tiere und Pflanzen der besonders geschützten Arten keinen Besitzverboten unterliegen, sind sie auch von den Vermarktungsverboten ausgenommen. ²Dies gilt vorbehaltlich einer Rechtsverordnung nach § 54 Absatz 5 nicht für aus der Natur entnommene
1. Tiere und Pflanzen der streng geschützten Arten und
2. Tiere europäischer Vogelarten.

(3) Von den Vermarktungsverboten sind auch ausgenommen
1. Tiere und Pflanzen der streng geschützten Arten, die vor ihrer Unterschutzstellung als vom Aussterben bedrohte oder streng geschützte Arten rechtmäßig erworben worden sind,
2. Tiere europäischer Vogelarten, die vor dem 6. April 1981 rechtmäßig erworben worden oder in Anhang III Teil 1 der Richtlinie 79/409/EWG aufgeführt sind,
3. Tiere und Pflanzen der Arten, die den Richtlinien 92/43/EWG und 79/409/EWG unterliegen und die in einem Mitgliedstaat in Übereinstimmung mit den Richtlinien zu den in § 44 Absatz 2 Satz 1 Nummer 2 genannten Handlungen freigegeben worden sind.

(4) Abweichend von den Besitz- und Vermarktungsverboten ist es vorbehaltlich jagd- und fischereirechtlicher Vorschriften zulässig, tot aufgefundene Tiere und Pflanzen aus der Natur zu entnehmen und an die von der für Naturschutz und Landschaftspflege zuständigen Behörde bestimmte Stelle abzugeben oder, soweit sie nicht zu den streng geschützten Arten gehören, für Zwecke der Forschung oder Lehre oder zur Präparation für diese Zwecke zu verwenden.

(5) ¹Abweichend von den Verboten des § 44 Absatz 1 Nummer 1 sowie den Besitzverboten ist es vorbehaltlich jagdrechtlicher Vorschriften ferner zulässig, verletzte, hilflose oder kranke Tiere aufzunehmen, um sie gesund zu pflegen. ²Die Tiere sind unverzüglich freizulassen, sobald sie sich selbständig erhalten können. ³Im Übrigen sind sie an die von der für Naturschutz und Landschaftspflege zuständigen Behörde bestimmte Stelle abzugeben. ⁴Handelt es sich um Tiere der streng geschützten Arten, so hat der Besitzer die Aufnahme des Tieres der für Naturschutz und Landschaftspflege zuständigen Behörde zu melden. ⁵Diese kann die Herausgabe des aufgenommenen Tieres verlangen.

(6) Die für die Beschlagnahme oder Einziehung zuständigen Behörden können Ausnahmen von den Besitz- und Vermarktungsverboten zulassen, soweit dies für die Verwertung beschlagnahmter oder eingezogener Tiere und Pflanzen

§ 45

erforderlich ist und Rechtsakte der Europäischen Gemeinschaft dem nicht entgegenstehen.

(7) ¹Die nach Landesrecht für Naturschutz und Landschaftspflege zuständigen Behörden sowie im Fall des Verbringens aus dem Ausland das Bundesamt für Naturschutz können von den Verboten des § 44 im Einzelfall weitere Ausnahmen zulassen
1. zur Abwendung erheblicher land-, forst-, fischerei-, wasser- oder sonstiger erheblicher wirtschaftlicher Schäden,
2. zum Schutz der natürlich vorkommenden Tier- und Pflanzenwelt,
3. für Zwecke der Forschung, Lehre, Bildung oder Wiederansiedlung oder diesen Zwecken dienende Maßnahmen der Aufzucht oder künstlichen Vermehrung,
4. im Interesse der Gesundheit des Menschen, der öffentlichen Sicherheit, einschließlich der Verteidigung und des Schutzes der Zivilbevölkerung, oder der maßgeblich günstigen Auswirkungen auf die Umwelt oder
5. aus anderen zwingenden Gründen des überwiegenden öffentlichen Interesses einschließlich solcher sozialer oder wirtschaftlicher Art.

²Eine Ausnahme darf nur zugelassen werden, wenn zumutbare Alternativen nicht gegeben sind und sich der Erhaltungszustand der Populationen einer Art nicht verschlechtert, soweit nicht Artikel 16 Absatz 1 der Richtlinie 92/43/EWG weiter gehende Anforderungen enthält. ³Artikel 16 Absatz 3 der Richtlinie 92/43/EWG und Artikel 9 Absatz 2 der Richtlinie 79/409/EWG sind zu beachten. ⁴Die Landesregierungen können Ausnahmen auch allgemein durch Rechtsverordnung zulassen. ⁵Sie können die Ermächtigung nach Satz 4 durch Rechtsverordnung auf andere Landesbehörden übertragen.

(8) Das Bundesamt für Naturschutz kann im Fall des Verbringens aus dem Ausland von den Verboten des § 44 unter den Voraussetzungen des Absatzes 7 Satz 2 und 3 im Einzelfall weitere Ausnahmen zulassen, um unter kontrollierten Bedingungen und in beschränktem Ausmaß eine vernünftige Nutzung von Tieren und Pflanzen bestimmter Arten im Sinne des § 7 Absatz 2 Nummer 13 Buchstabe b sowie für gezüchtete und künstlich vermehrte Tiere oder Pflanzen dieser Arten zu ermöglichen.

Gliederung

		Rdnr.
I.	Allgemeines	1, 2
II.	Legalausnahmen von den Besitzverboten (Abs. 1)	3–11
1.	Rechtmäßige Zucht, künstliche Vermehrung oder Naturentnahme	4–8
2.	Rechtmäßig in die Gemeinschaft gelangt	9–11
III.	Legalausnahmen von den Vermarktungsverboten (Abs. 2 und 3)	12–14
IV.	Totfunde (Abs. 4)	15–20
V.	Pflege verletzter, hilfloser und kranker Tiere (Abs. 5)	21, 22
VI.	Verwertung beschlagnahmter und eingezogener Exemplare (Abs. 6)	23, 24
VII.	Behördliche Ausnahmen (Abs. 7)	25–64
1.	Allgemeines	25–31
2.	Abwendung erheblicher Schäden (Abs. 7 Satz 1 Nr. 1)	32–34
3.	Schutz der heimischen Tier- und Pflanzenwelt (Abs. 7 Satz 1 Nr. 2)	35
4.	Zwecke der Forschung usw. (Abs. 7 Satz 1 Nr. 3)	36
5.	Weitere Zwecke des überwiegenden öffentlichen Interesses (Abs. 7 Satz 1 Nr. 4 und 5)	37–41
	a) Allgemeines	37–40
	b) Zwingende Gründe des öffentlichen Wohls	41
6.	Weitere Voraussetzungen (Satz 2 und 3)	42–53
	a) Zumutbare Alternativen	42–44
	b) Erhaltungszustand der Populationen	45–51
	c) Mitteilungspflichten	52, 53
7.	Bauleitplanung	54, 55
8.	Bestehende Planfeststellungsbeschlüsse und Bebauungspläne	56–64

a) Planfeststellungsbeschlüsse 58–62
b) Bebauungspläne 63, 64

I. Allgemeines

Literatur: Neben der Literatur zu § 44: *Avenarius*, Der Freiflug des Falken – mobilia non habent sequelam, NJW 1993, 2589; *Brocker*, Zur landesrechtlichen Bejagung geschützter Arten – Elster und Rabenkrähe im Dickicht von Naturschutz und Jagdrecht, NuR 2000, 307; *Fischer-Hüftle*, Anmerkungen zur Jagd auf Greifvögel, NuR 2001, 618; *Hammer*, Eigentum an Wildtieren, NuR 1992, 62; *Heidenreich/Tausch*, Staatliche Entschädigungspflicht für Auswirkungen besonders geschützter Tierarten?, NuR 1992, 210 ff. **1**

Die „Kleine Novelle" vom 12.12.2007 hatte in §§ 43 Abs. 8, 62 BNatSchG 2002 das Verhältnis von Ausnahme und Befreiung aus Gründen der Rechtsklarheit neu justiert. Dies wurde in der Neufassung des BNatSchG grundsätzlich beibehalten. In der „Kleinen Novelle" war Abs. 4 aufgehoben, aber die Absatzzählung nicht angepasst worden, daher finden sich aus redaktionellen Gründen die früheren Abs. 5 bis 9 jetzt in Abs. 4 bis 8. **2**

II. Legalausnahmen von den Besitzverboten (Absatz 1)

Abs. 1 enthält die grundlegenden Legalausnahmen von den Besitzverboten des § 44 Abs. 2 Satz 1 Nr. 1 und Abs. 3. Danach sind Exemplare aus **rechtmäßiger Herkunft** grundsätzlich von den Besitzverboten freigestellt. Nach § 46 hat der Besitzer grundsätzlich das Vorliegen der Ausnahmevoraussetzungen nachzuweisen. Die Begriffe „Tiere" und „Pflanzen" umfassen gemäß der Legaldefinitionen des § 7 Abs. 2 Nr. 1 und 2 auch deren Entwicklungsformen, ohne weiteres erkennbare Teile und Erzeugnisse. **3**

1. Rechtmäßige Zucht, künstliche Vermehrung oder Naturentnahme

Ausgenommen von den Besitzverboten sind Tiere und Pflanzen, die rechtmäßig in einem EU-Mitgliedsland gezüchtet bzw. künstlich vermehrt (Legaldefinition in § 7 Abs. 2 Nr. 15 und 16) und nicht herrenlos geworden sind. Rechtmäßig ist eine **Zucht**, wenn die artenschutzrechtlichen Vorschriften (insbesondere § 11 BArtSchV) eingehalten sind. Eine rechtmäßige Zucht hat zur Voraussetzung, dass beide Elterntiere rechtmäßig erworben oder gezüchtet wurden, keinem Besitzverbot unterliegen und die Haltung der Tiere rechtmäßig ist.[1] Spezielle Genehmigungspflichten gibt es für die Haltung zur Zucht bei Papageien und Sittichen (§ 17g TierSchG). **4**

Für die Zeit vor Inkrafttreten der BArtSchV (1.1.1987) richtet sich die Rechtmäßigkeit der Zucht nach dem jeweiligen Landesrecht. Für die neuen Bundesländer ist zu beachten, dass die BArtSchV dort am 1.7.1990 in Kraft getreten ist; für Vorgänge vor diesem Zeitpunkt ist auf § 9 Abs. 2 der Ersten Durchführungsbestimmung zur Naturschutzverordnung vom 1.10.1984 (GBl. I Nr. 31 S. 381) zurückzugreifen. **5**

---

1 Für Arten der Anhänge A bis D der VO (EG) 338/97 gilt die engere Definition des Art. 54 VO (EG) 865/06, vgl. LANA-Vollzugshinweise zum Artenschutzrecht Nr. 4.3.1.

6 Die gezüchteten Tiere dürfen **nicht herrenlos geworden** sein. Die Herrenlosigkeit kann durch absichtliche Aufgabe des Eigentums (Dereliktion, z.b. Freilassung bei Auswilderungsprogrammen), durch ein Entkommen des Tieres oder infolge von Freilassung durch Dritte erfolgen. Wann ein entlaufenes, entflogenes oder gegen den Willen des Eigentümers freigelassenes Tier herrenlos wird, bestimmt sich nach § 960 Abs. 2 BGB. Danach wird ein derartiges Tier herrenlos, wenn der Eigentümer das Tier nicht unverzüglich verfolgt oder die Flucht aufgibt. Eine unverzügliche Verfolgung liegt vor, wenn der Eigentümer nach Kenntnis der Flucht ohne Verzögerung reagiert, z.b. Anzeigen aufgibt, anderweitig Suchmeldungen verbreitet, mögliche Standorte und Einrichtungen (z.b. Tierheime, Vogelpflegestationen) absucht, Mitteilung an die zuständige Behörde macht.[2] Der Umstand, dass das Tier einen Hinweis auf den Eigentümer (z.b. einen Ring mit Kennzeichnung) trägt, kann allein nicht einer Verfolgung gleichgestellt werden.[3] Ein gezähmtes Tier wird nach § 960 Abs. 3 BGB herrenlos, wenn es die Gewohnheit aufgibt, zu dem von seinem Besitzer bestimmten Ort zurückzukehren. Strittig ist die Einordnung von zur Beizjagd gehaltenen Greifvögeln. Rechnet man sie zu den gezähmten Tieren, werden sie herrenlos, wenn sie nicht zum Falkner zurückkehren.[4] Ist das gezüchtete Tier herrenlos geworden, unterliegt es den für die betreffende Art geltenden Artenschutzvorschriften, insbesondere den Aneignungs-, Besitz- und Vermarktungsverboten des § 44.

7 Gleichgestellt mit der Züchtung ist die **künstliche Vermehrung**. Die Besitzverbote erstrecken sich weiterhin nicht auf Tiere und Pflanzen, die in Folge des jagd- oder fischereirechtlichen Aneignungsrechts oder auf Grund einer gesetzlichen Ausnahme oder behördlichen Befreiung rechtmäßig aus der Natur entnommen wurden.

8 Eine rechtmäßige **Naturentnahme** liegt vor, wenn sie auf Grund einer gesetzliche Ausnahme erfolgt ist (vgl. Abs. 4, 5 und 7).

2. Rechtmäßig in die Gemeinschaft gelangt

9 Grundsätzlich vom Besitzverbot ausgenommen sind nach Abs. 1 Satz 1 Nr. 1b Tiere und Pflanzen, die rechtmäßig aus Drittstaaten (Nicht-EU-Staaten, § 7 Abs. 2 Nr. 21) in die Gemeinschaft gelangt sind.[5] Dies gilt allerdings gemäß Abs. 1 Satz 2 für zwischen dem 3.4.2002 und dem 28.2.2010 von einem Nicht-EU-Staat unmittelbar nach Deutschland gelangte Exemplare

---

2 LG Bonn, Urt. v. 15.10.1992 – 8 T 114/92, NuR 1993, 194.
3 A.A. *Louis*, BNatSchG, § 20g Rdnr. 49.
4 OVG Münster, Urt. v. 15.2.1989 – 7 A 59/87, NuR 1990, 133; *Avenarius*, NJW 1993, 2589; a.A. LG Bonn, Urt. v. 15.10.1982 – 8 T 114/92, NuR 1993, 194; *Hammer*, NuR 1992, 64.
5 Informationen über den Welthandel mit Tieren geschützter Arten sind beim World Conservation Monitoring Centre (WCMC) in Cambridge verfügbar. Art und Umfang der jährlichen Einfuhren von Tieren und Pflanzen sowie Produkten sind dem Jahresbericht der BR Deutschland über alle Ein- und Ausfuhren von Exemplaren der im WA aufgeführten Arten zu entnehmen (unter www.cites-online.de einsehbar). Das BfN bietet in der Datenbank ZEET eine vollständige Zusammenstellung aller 1366 bisher gefällten Einzelentscheidungen zur Einfuhr geschützter Tierarten. Diese Entscheidungen betreffen insgesamt 735 Tierarten (Stand Dez. 2009). Sie bleiben EG-weit solange gültig, bis sich die Grundlagen, die zur jeweiligen Einzelentscheidung führten, erheblich ändern. ZEET listet die Einzelentscheidungen in alphabetischer Reihenfolge der wissenschaftlichen Gattungs- bzw. Artnamen. Wichtig ist es daher für jeden Nutzer, die wissenschaftliche Bezeichnung der gesuchten Art zu kennen. Weitere Erläuterungen zur Datenbank und ihren Inhalten sind unter www.zeet.de oder über die Homepage des BfN www.bfn.de erhältlich.

nur, wenn eine Ausnahmegenehmigung nach § 43 Abs. 8 Satz 2 BNatSchG 2002 oder eine Befreiung nach § 62 BNatSchG 2002 vorliegt. Für ab dem 1.3.2010 eingeführte Tiere und Pflanzen ist eine Ausnahme des Bundesamtes für Naturschutz nach Abs. 8 erforderlich. Zu weiteren Rechtmäßigkeitsvoraussetzungen vgl. § 50 Rdnr. 4. Eine spezielle Ausnahme enthält Absatz 1 Satz 3 für die Einfuhr von dem Jagdrecht unterliegenden toten Vögeln. Darunter fallen nach § 2 Abs. 1 Nr. 1 BJagdG z.B. Auer- und Birkhühner, die somit als Jagdtrophäen eingeführt werden können.[6]

Abs. 1 Satz 1 Nr. 2 enthält eine Übergangsregelung für Tiere und Pflanzen nicht besonders geschützter nichtheimischer Arten, die wegen ihrer Gefährdungswirkung für die heimische Flora und Fauna durch eine Rechtsverordnung nach § 54 Abs. 4 in das Besitzverbot einbezogen wurden. **10**

Zusätzliche Einschränkungen enthalten § 15 Abs. 7 BJagdG, § 3 Abs. 2 BWildSchV für die Haltung von Greifvögeln durch Falkner. Der Falkner muss eine Jäger- und Falknerprüfung ablegen und darf insgesamt nicht mehr als zwei Exemplare der Arten Habicht, Steinadler und Wanderfalke halten.[7] **11**

III. Legalausnahmen von den Vermarktungsverboten (Absatz 2 und 3)

Für die in den Anhängen A und B der VO (EG) Nr. 338/97 aufgelisteten Arten richtet sich die Vermarktung allein nach den unmittelbar geltenden EU-Vorschriften.[8] Das BNatSchG ist somit nur bei den übrigen geschützten Tieren und Pflanzen anwendbar. Hierbei gilt, dass bei Tieren und Pflanzen besonders geschützter Arten mit Ausnahme der streng geschützten Arten und der Vögel europäischer Arten eine Ausnahme vom Besitzverbot nach Abs. 1 auch von den Vermarktungsverboten des § 44 Abs. 2 Satz 1 Nr. 2 freistellt. **12**

Hinsichtlich der Tiere und Pflanzen streng geschützter Arten und der Vögel europäischer Arten ist zu differenzieren: Grundsätzlich besteht für der Natur entnommene Exemplare ein Vermarktungsverbot, selbst wenn diese vom Besitzverbot ausgenommen sind. Eine Freistellung vom Vermarktungsverbot gilt für **13**
- Vögel europäischer Arten, die vor dem 6.4.1981 rechtmäßig erworben worden sind,
- Vögel europäischer Arten, die in Anhang III Teil 1 der V-RL aufgeführt sind (Stockente, Schottisches Moorschneehuhn, Rot-, Felsen- und Rebhuhn, Fasan, Ringeltaube),
- Vögel europäischer Arten, die in Anhang III Teil 2 der V-RL aufgeführt sind und für die ein Mitgliedstaat in Übereinstimmung mit Art. 6 Abs. 3 VLR Ausnahmen vom Vermarktungsverbot festgelegt hat,
- Tiere und Pflanzen, die vor ihrer Unterschutzstellung als vom Aussterben bedrohte oder streng geschützte Arten rechtmäßig erworben wurden,
- Tiere und Pflanzen, die Anhang IV der FFH-RL unterliegen und für die in einem Mitgliedstaat in Übereinstimmung mit Art. 16 Abs. 1 FFH-RL Ausnahmen vom Vermarktungsverbot festgelegt wurden.

---

6   Zur Beurteilung von Einfuhranträgen für Jagdtrophäen vgl. *Große et al.*, Trophäenjagd auf gefährdete Arten im Ausland, BfN-Skripten-Reihe Nr. 40 (2001).
7   Näheres hierzu bei *Hammer*, Natur und Landschaft 1996, 12 ff.
8   Hierzu im Einzelnen LANA-Vollzugshinweise zum Artenschutzrecht Nr. 8.1.

14 Für Exemplare der Arten nach Anhang A der VO (EG) 338/97 enthält Art. 8 Abs. 3 EG-VO Ausnahmetatbestände (z.b. hinsichtlich antiquarischer Gegenstände). Zur Nachweispflicht hinsichtlich des Vorliegens der Ausnahmetatbestände vgl. § 46.

IV. Totfunde (Absatz 4)

15 Abs. 4 gewährt ein Inbesitznahmerecht für tot aufgefundene Tiere und Pflanzen. Hinsichtlich der dem Jagd- oder Fischereirecht unterstehenden Tiere sind die speziellen Regelungen dieser Rechtsgebiete zu beachten, wonach ausschließliche Aneignungsrechte der Jagd- und Fischereiberechtigten bestehen.[9]

16 Voraussetzung des Inbesitznahmerechts ist, dass das Tier oder die Pflanze tot aufgefunden wird. Ein Fund liegt nicht vor, wenn derjenige, der das Exemplar aufnimmt, den Tod des Tier oder der Pflanze selbst herbeigeführt hat, er daran beteiligt war oder er vom Täter auf das getötete Exemplar hingewiesen wird.[10]

17 Soweit es sich um Exemplare **streng geschützter Arten** handelt, sind die toten Tiere oder Pflanzen an die von der zuständigen Naturschutzbehörde bestimmte Stelle abzugeben. Die Inbesitznahme darf nur vorübergehend erfolgen; der Finder muss daher umgehend Erkundigungen einholen, an welche Stelle das gefundene Exemplar abzugeben ist.

18 Bei **nicht streng geschützter Arten** besteht ein dauerndes Besitz- und Vermarktungsrecht, wenn das Exemplar ausschließlich für Zwecke der Forschung und Lehre oder zur Präparation für diese Zwecke verwendet wird. Für andere Zwecke (z.b. Verschönerung der Wohnung) dürfen die aufgefundenen Tiere oder Pflanzen nicht verwendet werden.[11] Können die aufgefundenen Exemplare nicht für einen zulässigen Zweck verwendet werden, sind sie – wie auch alle Exemplare streng geschützten Arten – an eine der landesrechtlich bestimmten Stellen abzugeben.

19 **Forschung** ist eine geistige Tätigkeit mit dem Ziel, in methodischer, systematischer und nachprüfbarer Weise neue Erkenntnisse zu gewinnen. Indiz dafür (aber keine Voraussetzung) ist, dass die Forschung in einer entsprechenden wissenschaftlichen oder betrieblichen Institution vorgenommen wird. Private Forschung fällt unter die Ausnahmeregelung, wenn der Forscher über die der Fragestellung angemessene Ausbildung und Einrichtung verfügt und seine Forschung auf Wirksamkeit in der Öffentlichkeit gerichtet ist.[12] Tätigkeiten zu Liebhaberzwecken, die nicht auf neuen Erkenntnisgewinn zielen, stellen keine Forschung dar.[13] **Lehre** ist die wissenschaftlich fundierte Übermittlung der durch die Forschung gewonnenen Erkenntnisse.[14] Auch der Unterricht an allgemeinbildenden Schulen stellt eine Lehre dar, nach a.A. soll die Grenze zur Lehre allenfalls in der Oberstufe (z.B. in

---

9 VG Freiburg, Urt. v. 27.10.1994 – 9 K 1546/93, NuR 1996, 425, zum jagdrechtl. Aneignungsrecht bei einem Mäusebussard-Totfund.
10 *Louis*, BNatSchG § 20g Rdnr. 60.
11 AG Stade, Urt. v. 23.7.1993 – 23 OWi 11 Js 412/86.
12 VG Hannover, Urt. v. 30.7.1987 – 2 VGA 76/86, NuR 1989, 272; *Louis*, BNatSchG § 20g Rdnr. 62.
13 VG Hannover, Urt. v. 30.07.1987 – 2 VGA 76/86, NuR 1989, 272.
14 BVerfG, 29.05.1973 – 1 BvR 424/71, BVerfGE 35, 79/113; VG Frankfurt, Urt. v. 5.3.1992 – I/2 E 2031/91, NuR 92, 392.

Leistungskursen Biologie) überschritten werden.[15] Im Unterschied zu § 43 Abs. 8 Nr. 3 BNatSchG a.f. wurden bei der „kleinen Novelle" diese Zwecke nicht durch den der „Bildung" ergänzt. Im Hinblick auf die gleich gelagerte Interessenlage ist es aber angebracht, eine Analogie vorzunehmen und eine Verwendung für schulische Zwecke oder Aufklärungsarbeit der Naturschutzverbände in die gesetzliche Ausnahme einzubeziehen.

Die **Präparation** ist die Haltbarmachung von toten Tieren oder Pflanzen. Sie berechtigt mit Ausnahme der streng geschützten Arten (bei diesen ist eine Ausnahme nach Abs. 7 erforderlich, Rdnr. 36) zu Besitz und Vermarktung, wenn sie im Hinblick auf Zwecke der Forschung und Lehre erfolgt. Ein Präparator darf tote Tiere und Pflanzen dann in Besitz nehmen und bearbeiten, wenn er aus regelmäßigen Geschäftsverbindungen damit rechnen kann, dass er sie zu diesen Zwecken abgeben kann;[16] damit wird auch der Forderung des BVerfG Rechnung getragen, wonach die Ausnahmen für Lehre und Forschung so anzuwenden sind, dass sie den Präparatoren eine Teilnahme an der Nutzungsmöglichkeit eröffnen.[17] Der Präparator hat eine Buchführungspflicht nach § 8 BArtSchV bzw. nach § 4 BWildSchV.[18]

20

V. Pflege verletzter, hilfloser und kranker Tiere (Absatz 5)

Abs. 5 begründet eine Befugnis zur Inbesitznahme verletzter, hilfloser oder kranker Tiere mit dem Ziel der Gesundpflege. Durch das Kriterium der „Hilflosigkeit" ist es zulässig, Tiere, die z.b. wegen Untergewichts die Winterruhe nicht überstehen würden (z.b. Igel), oder Jungtiere, die wegen eines Verlustes der Elterntiere eingehen würden (z.b. Jungvögel[19]), in die Pflege zu nehmen. Hierbei ist aber insbesondere bei Jungvögeln zu prüfen, ob tatsächlich objektiv eine Hilflosigkeit vorliegt, oder ob noch eine Versorgung durch die Elterntiere erfolgen kann. Die Tiere gehen dabei nicht in das Eigentum des Pflegenden über, sondern bleiben herrenlos. Voraussetzung der vorübergehenden Besitzberechtigung ist, dass die Pflege sachgerecht erfolgt (z.b. hinsichtlich der Art und Qualität des Futters und der tiermedizinischen Versorgung). Ist dies nicht sichergestellt oder ist eine Gesundpflege mit dem Ziel der Wiederaussetzung nicht möglich, sind die Tiere an die von der zuständigen Behörde bestimmte Stelle (z.b. zoologische Einrichtung, Vogelpflegestation eines Naturschutzverbandes) abzugeben. Bei dem Jagdrecht unterliegendem Wild besteht ein ausschließliches Aneignungsrecht des Jagdberechtigten (§ 1 Abs. 5 BJagdG), wobei die Länder gemäß § 36 Abs. 2 Nr. 2 BJagdG weitere Vorschriften über die Aufnahme, Pflege und Aufzucht verletzten oder kranken Wildes machen können. Ist das Tier wieder in der Lage, sich selbständig zu erhalten, ist es unverzüglich in die Freiheit zu entlassen.

21

Handelt es sich um streng geschützte Tiere, ist die Inbesitznahme der zuständigen Naturschutzbehörde zu melden, die die Herausgabe verlangen kann.

22

---
15 *Louis*, BNatSchG, § 20g Rdnr. 62.
16 OVG Lüneburg, Urt. v. 4.2.1988 – 3 A 290/87, NuR 1989, 45; OVG Koblenz, Urt. v. 8.12.1994 – 1 C 12178/94, NuR 1995, 468/470.
17 BVerfG, Urt. v. 3.11.1982 – 1 BvL 4/78, NuR 1983, 151.
18 Dazu ausführlich *Louis,* BNatSchG, § 20g Rdnr. 32 ff.
19 Bezirksstelle für Naturschutz und Landschaftspflege Karlsruhe (Hrsg.), Hilflose Vögel – Arbeitsblätter Vogelschutz 2, Karlsruhe 2000 mit Hinweisen zur sachgerechten Pflege und zu Pflegestationen in Baden-Württemberg.

VI. Verwertung beschlagnahmter und eingezogener Exemplare (Absatz 6)

23 Grundsätzlich bestehen auch bei einer nach § 47 oder § 51 oder im Zuge eines Ordnungswidrigkeits- oder Strafverfahrens erfolgten Beschlagnahme und Einziehung von Exemplaren besonders geschützter Tiere oder Pflanzen die Besitz- und Vermarktungsverbote weiter, so dass ein wirksamer Eigentumserwerb wegen eines Verstoßes gegen § 134 BGB nicht möglich ist. Um eine Verwertung der eingezogenen Exemplare zu ermöglichen, können die jeweils zuständigen Bundes- oder Landesbehörden Ausnahmen zulassen und somit die Voraussetzungen für einen Eigentumsübergang auf den Erwerber schaffen.

24 Für den Bereich des Bundes (Beschlagnahme und Einziehung bei der Ein- oder Ausfuhr durch Zollbehörden) sind die Sonderregelungen des Art. VIII Abs. 4 und 5 WA i.V.m. Art. 6 Abs. 3 VO (EWG) 3626/82 zu beachten. Lebende Exemplare der vom Aussterben bedrohten Arten sind zurückzuführen, wenn der Ausfuhrstaat oder eine andere Stelle die Kosten übernimmt und eine Wiederaussetzung in der Natur gesichert ist. Ist dies nicht möglich, sind die Exemplare in geeigneten Einrichtungen unterzubringen; ein Verkauf ist nicht zulässig. Möglich ist jedoch eine unentgeltliche Überlassung z.b. an einen Zoo oder ein Notverkauf in analoger Anwendung von § 111 l StPO.[20] Lebende Exemplare anderer Arten können durch Verkauf verwertet werden. Tote Exemplare besonders geschützter Arten sind an Einrichtungen wie Universitäten, Museen oder Schulen zu überlassen oder zu vernichten.

VII. Behördliche Ausnahmen (Absatz 7)

1. Allgemeines

25 Satz 1 ermächtigt die nach Landesrecht zuständigen Behörden zum Erlass von Einzelfallausnahmen von den Verboten des § 44. Nach Satz 4 können derartige Ausnahmen auch allgemein durch Rechtsverordnung der Landesregierungen zugelassen werden.

26 Die Ausnahmen nach Abs. 7 sind insbesondere im Hinblick auf die Zugriffsverbote des § 44 Abs. 1 von Bedeutung. Hierbei werden die Fälle, in denen von den Verboten des § 44 BNatSchG Ausnahmen im öffentlichen Interesse erteilt werden können, vollständig und einheitlich erfasst. Auf eine Befreiung nach § 67 Abs. 2 kann daher für diese Fallkonstellationen nicht zurückgegriffen werden. Bei Arten, die dem BJagdG unterliegen, ist gemäß 37 Abs. 2 Satz 1 neben der jagdrechtlichen Ausnahme nach § 22 Abs. 2 oder 4 BJagdG i.V.m. dem einschlägigen Landesrecht eine eigenständige naturschutzrechtliche Ausnahme oder Befreiung nicht erforderlich. Die jagdrechtliche Ausnahme muss aber das EU-Recht (Art. 5 und 9 V-RL, Art. 12 und 16 FFH-RL) beachten.[21]

27 Die Erteilung einer Ausnahme im Einzelfall oder die Zulassung von Ausnahmen durch Rechtsverordnung hat zur **Voraussetzung**, dass einer der in Satz 1 benannten Ausnahmegründe gegeben ist und die allgemeinen Ausnahmevoraussetzungen nach Satz 2 vorliegen. Die Ausnahme muss zur Erreichung der benannten Ziele „erforderlich" sein. Dies ist nicht der Fall, wenn es zumutbare andere Maßnahmen gibt, die die besonders geschützten

---

20 LG Hannover, Beschl. v. 20.4.2009 – 96 AR 3/09, NuR 2009, 659.
21 LANA-Vollzugshinweise zum Artenschutzrecht Nr. 6.2.1.

Arten nicht oder in weniger gravierendem Umfang beeinträchtigen. Das Nichtvorhandensein anderer zufriedenstellender Lösungen ist auch nach Art. 16 FFH-RL ausdrückliche Voraussetzung für Ausnahmen vom strengen Schutz der in Anhang IV benannten Arten. Weiterhin dürfen Ausnahmen nur zugelassen werden, wenn sich der Bestand und die Verbreitung der betreffenden Population oder Art nicht verschlechtert und europarechtliche Vorgaben nicht entgegenstehen.

Hinsichtlich der **europäischen Vogelarten** ist Art. 8 V-RL zu beachten. Danach sind bei der Jagd, dem Fang oder der Tötung von Vögeln sämtliche Mittel, Einrichtungen oder Methoden zu untersagen, mit denen Vögel in Mengen oder wahllos gefangen oder getötet werden oder die gebietsweise das Verschwinden einer Vogelart nach sich ziehen können. In Anhang IV lit. a Spiegelstrich 4 V-RL gibt hierzu noch detailliertere Vorgaben, z.b. das Verbot der Fallenjagd, insbesondere wenn diese nicht selektiv wirkt.[22] Die Mitgliedstaaten haben nach Art. 8 Abs. 3 V-RL der Kommission jährlich einen Bericht über die Anwendung der Ausnahmeregelungen zu übersenden. **28**

Hinsichtlich der von der **Berner Konvention** erfassten Arten ist die Ausnahmeregelung eine Umsetzung des Art. 9 Berner Konvention; bei den Arten nach Anh. IV der FFH-Richtlinie ist Art. 16 FFH-RL zu beachten. Danach ist Voraussetzung einer Ausnahme, dass die Populationen der betroffenen Art in ihrem natürlichen Verbreitungsgebiet trotz der Ausnahmeregelung in einem günstigen Erhaltungszustand bleiben. **29**

Die Ablehnung einer Ausnahme oder einer Befreiung (z.B. von dem Vermarktungsverbot für Elfenbein) nach § 67 löst in der Regel keinen Entschädigungsanspruch aus,[23] außer wenn eine Versagung rechtswidrig und schuldhaft erfolgt und kausal für eine Beeinträchtigung des Eigentums sein sollte. **30**

Wenn eine Befreiung nach altem Recht erforderlich war und nicht eingeholt wurde, ist dies unbeachtlich, wenn nach neuem Recht keine Ausnahme/Befreiung erforderlich ist.[24] **31**

2. Abwendung erheblicher Schäden (Absatz 7 Satz 1 Nr. 1)

Nach Satz 1 Nr. 1 können Ausnahmen zur Abwendung erheblicher land-, forst-, fischerei-, wasserwirtschaftlicher und anderer erheblicher wirtschaftlicher Schäden erteilt werden. Im Unterschied zur Rechtslage vor der „Kleinen Novelle" kann eine Ausnahme nicht erst dann erteilt werden, wenn „gemeinwirtschaftliche Schäden"[25] zu erwarten sind, d.h. bestimmte Zweige der Volkswirtschaft betroffen sind. Vielmehr ist ausreichend, wenn es zu einer Beeinträchtigung oder Verschlechterung der wirtschaftlichen Grundlage einzelner Betriebe kommt.[26] In die Regelung ist nur die „Fischereiwirtschaft" einbezogen, so dass die Beeinträchtigung des Aneignungsrechtes von Nichterwerbsfischern durch fischfressende Vögel keinen Ausnahmegrund darstellt.[27] Private Hobbyinteressen erlauben keine Ausnahme.[28] **32**

---

22 *Ditscherlein*, Norwegische Krähenmassenfallen und Nebelkrähenfallen, NuR 2003, 530.
23 BGH, Beschl. v. 29.1.1998 – III ZR 110/97, NJW 1998, 1398.
24 BVerwG, Urt. v. 12.3.2008 – 9 A 3.06, Rdnr. 258.
25 OVG Schleswig, Urt. v. 22.7.1993 – 1 L 321/91, NuR 1994, 97; BVerwG, Urt. v. 18.6.1997 – 6 C 3.97, NuR 1998, 541.
26 VG Freiburg, Urt. v. 17.2.2008 – 3 K 805/08.
27 So auch *Schmidt-Räntsch*, in: Gassner u.a., BNatSchG, § 20g Rdnr. 30; VG Schleswig, Urt. v. 17.6.2002 – 1 A 229/00, NuR 2002, 633.
28 VGH Kassel, Urt. v. 25.3.2003 – 11 UE 4139/99, NuR 2003, 555, zur entsprechenden Bestimmung des § 22 Abs. 2 Satz 2 BJagdG (keine Erlaubnis für den Fang eines Habichts zum Schutz von Brieftauben).

33 Gemäß Satz 4 können die Ausnahmen auch allgemein durch Rechtsverordnung zugelassen werden, Beispiele für derartige Ausnahmeregelungen finden sich insbesondere für Rabenvögel,[29] Kormorane,[30] Graureiher,[31] Biber[32] sowie bezogen auf wasserwirtschaftliche und sonstige Unterhaltungsmaßnahmen.[33] Es ist aber fraglich, ob der intensive Abschuss von Rabenvögeln noch mit dem Charakter einer „Ausnahme"-Regelung vereinbar ist. Teilweise sind Rabenkrähen, Eichelhäher und Elstern durch das Landesrecht zu jagdbaren Tieren erklärt worden,[34] dies ist möglich, da diese Arten (im Unterschied zur Saatkrähe) in Anh. II der V-RL aufgeführt sind. Bei der Festlegung genereller Ausnahmen durch Verordnung ist das grundsätzliche Verbot der Bejagung während der Nist-, Brut- und Aufzuchtzeit und bei Zugvögeln während ihrer Rückkehr zu den Nistplätzen (Art. 8 Abs. 4 V-RL) zu beachten. Soweit unter Anlegung eines strengen Maßstabes die Ausnahmevoraussetzungen gegeben sind, kann aber auch während dieser Zeiträume eine Einzelausnahme erfolgen.

34 Wird die Erteilung einer Ausnahmegenehmigung bzw. einer Befreiung ermessensfehlerfrei abgelehnt, besteht kein Anspruch auf Entschädigung von Eigentums- oder Vermögensschäden, die durch wild lebende Tiere verursacht werden.[35]

3. Schutz der heimischen Tier- und Pflanzenwelt (Absatz 7 Satz 1 Nr. 2)

35 Diese Ausnahme erlaubt unter den allgemeinen Voraussetzungen (Rdnr. 25 ff.) den Zugriff auf besonders geschützte Tiere oder Pflanzen zur Sicherstellung anderer, höher gewichteter Artenschutzbelange. Nicht ausreichend ist, dass andere Tierarten zeitweilig – etwa während des Durchzugs von Kormoranen – verdrängt werden, solange sie nicht nennenswert in ihrem Bestand gefährdet sind. Eine regionale Bedrohung des Bestandes der zu schützenden Art ist ausreichend. Voraussetzung einer Ausnahme ist, dass die Zugriffsmaßnahme (z.B. ein Vergrämungsabschuss) erforderlich ist, d.h. kein milderes Mittel zur Anwendung kommen kann, und die Maßnahme geeignet ist, das Ziel der Sicherstellung der anderen Artenschutzbelange zu erreichen.[36] Teilweise werden auch landesrechtliche Rabenvogelverordnungen auf die-

---

29 Z.B. Rabenvogelverordnung Bad.-Württ. v. 15.7.1996, GBl. S. 489, geänd. durch VO v. 25.7.2006, GBl. S. 241.
30 Z.B. Kormoranverordnung Bad.-Württ. v. 4.5.2004, GBl. S. 213; Artenschutzrechtliche AusnahmeVO (Bayern) v. 3.6.2008, GVBl. S. 327; KormoranVO Brandenburg v. 29.9.2009, GVBl. S. 713; KormoranVO Nds. i.d.F. v. 20.10.2003, GVBl. S. 362, zul. geänd. durch VO v. 5.10.2007, GVBl. S. 483; KormoranVO SH i.d.F. v. 11.3.2006, GVOBl. S. 40.
31 § 19 Abs. 2 AVBayJG v. 1.3.1993, zul. geändert durch VO v. 3.7.2008, GVBl. S. 413. Danach darf die Jagd auf Graureiher in der Zeit vom 16.9. bis zum 31.10. in einem Umkreis von 200 m um geschlossene Gewässer i.S. des Art. 2 Abs. 1 Nrn. 1 und 2 des Fischereigesetzes für Bayern ausgeübt werden.
32 Artenschutzrechtliche AusnahmeVO (Bayern) v. 3.6.2008, GVBl. S. 327.
33 Nds. Verordnung über Ausnahmen von Schutzvorschriften für besonders geschützte Tier- und Pflanzenarten bei Unterhaltungs- und sonstigen Maßnahmen vom 18.4.1988, Nds. GVBl. S. 55; die weite Fassung der Ausnahmetatbestände wird von *Schmidt-Räntsch*, in: Gassner u.a., BNatSchG, § 20g Rdnr. 31, für bedenklich erachtet.
34 Z.B. § 2 LJagdVO Rh-Pf v. 17.12.1998, GVBl. 1999 S.4, hierzu VerfGH Rh-Pf, Urt. v. 20.11.2000 – VGH N 2/00, NuR 2001, 213; § 18 AV BayJG.
35 *Heidenreich/Tausch*, NuR 1992, 210 ff.
36 OVG Schleswig, Urt. v. 22.7.1993 – 1 L 321/91, NuR 1994, 97.

sen Ausnahmetatbestand gestützt.[37] Dies ist jedoch zweifelhaft, da ein Abschuss von Rabenvögeln zur Gewährleistung von Singvogel- und Niederwildpopulationen nach überwiegender Auffassung der Fachwissenschaft nicht allgemein, sondern allenfalls in besonders gelagerten Ausnahmefällen erforderlich ist.[38] Für die Erteilung einer Ausnahme nach Nr. 2 können subjektive Rechte nicht geltend gemacht werden.[39]

4. Zwecke der Forschung usw. (Absatz 7 Satz 1 Nr. 3)

In Ergänzung zu Abs. 5 ermöglicht diese Regelung Ausnahmen bezüglich lebender Tiere oder Pflanzen. Durch die „kleine Novelle" wurden die Ausnahmetatbestände der Forschung und Lehre durch den der „Bildung" ergänzt. Zu den Begriffen „Forschung" und „Lehre" vgl. Rdnr. 19. Nicht ausreichend ist, dass die Ausnahme für die angeführten Zwecke nur irgendwie nützlich oder dienlich ist; sie muss vielmehr im konkreten Einzelfall vernünftiger Weise geboten sein. Dies ist beispielsweise nicht der Fall, wenn der Zweck der Forschung, Lehre oder Bildung durch Verwendung von schon in Sammlungen vorhandenen Exemplaren erreicht werden kann.[40] Der Ausnahme kann eine Nebenbestimmung beigefügt werden, dass das Auffinden besonders geschützter Arten an bislang nicht bekannten Standorten der Naturschutzbehörde mitzuteilen ist[41] und Untersuchungsergebnisse oder Artenlisten vorzulegen sind.   36

5. Weitere Zwecke des überwiegenden öffentlichen Interesses (Absatz 7 Satz 1 Nr. 4 und 5)

a) **Allgemeines.** Die Nr. 4 und 5 dienen der Umsetzung von Art. 16 Abs. 1 Buchst. c FFH-RL und Art. 9 Abs. 1 Buchst. a V-RL.   37

Die Begrifflichkeit entspricht weitgehend derjenigen der **FFH-Verträglichkeitsprüfung** und Ausnahmeentscheidung nach § 34. Nach der Rechtsprechung gelten für eine Ausnahmeentscheidung nach Art. 16 FFH-RL keine strengeren Anforderungen als für Ausnahmen im Rahmen des FFH-Gebietsschutzes. Daher kann für folgende Begriffe auf die dortige Kommentierung verwiesen werden: „Gesundheit des Menschen", „öffentliche Sicherheit", „maßgeblich günstige Auswirkungen auf die Umwelt" (§ 34 Rdnr. 97), „andere **zwingende Gründe des überwiegenden öffentlichen Interesses** einschließlich solcher sozialer oder wirtschaftlicher Art" (§ 34 Rdnr. 91 ff.[42]), „zumutbare Alternativen" (§ 34 Rdnr. 87 ff.).   38

Nach Auffassung der Kommission ist bei Arten, die sowohl in Anh. II wie auch Anh. IV der FFH-RL gelistet sind, eine **parallele Anwendung** der Ausnahmeregelungen nach Art. 6 und Abs. 3 und 4 sowie Art. 16 FFH-RL geboten.[43] Dies bedeutet, dass neben der Verträglichkeitsprüfung nach § 34 auch ein Ausnahmeverfahren nach § 45 Abs. 7 erforderlich sein kann.   39

---

37 Brandenburg: Voraussetzungen für die Erteilung von Ausnahmegenehmigungen zum Abschuss von Nebelkrähen (*Corvus corone cornix*) zum Schutz gefährdeter heimischer Niederwildarten vom 18.12.2002, ABl. 2003 S. 25.
38 Bundesamt für Naturschutz (Hrsg.), Bericht über den Kenntnisstand und die Diskussionen zur Rolle von Aaskrähe (*Corvus corone*), Elster (*Pica pica*) und Eichelhäher (*Garrulus glandarius*) im Naturhaushalt sowie die Notwendigkeit eines Bestandsmanagements, 1999.
39 OVG Berlin, Beschl. v. 11.8.2009 – 1 S 58.08, NuR 2009, 898.
40 VG Stuttgart, Urt. v. 10.11.2000 – 6 K 2297/00, NuR 2001, 353.
41 OVG Münster, Urt. v. 17.3.1997 – 10 A 3895/96, NuR 1997, 614; ein Eingriff in die Wissenschaftsfreiheit (Art. 5 Abs. 3 GG) wurde vom OVG Münster verneint.
42 Dazu VGH Kassel, Urt. v. 17.6.2008 – 11 C 1975/07.T, NuR 2008, 785/797.
43 EU-Leitfaden zum strengen Artenschutzrecht I.2.3.b Rdnr. 42.

40 Die Bezugnahme auf Art. 16 FFH-RL und Art. 9 V-RL in Satz 3 als „salvatorische Klausel" durch den deutschen Gesetzgeber ist zulässig.[44]

41 **b) Zwingende Gründe des öffentlichen Wohls.** Hinsichtlich der „zwingenden Gründe" hat die Rspr. den Ausnahmetatbestand u.a. in folgenden Konstellationen bejaht:
– Ein regionales Interesse an der Erschließung eines strukturschwachen Raumes kann eine Ausnahme rechtfertigen.[45]
– Eine Umgehungsstraße kann Ausnahmegründe der Volksgesundheit und der öffentlichen Sicherheit erfüllen.[46]
– Wenn die für das Vorhaben sprechenden Belange so schwer wiegen, dass eine Enteignung zulässig ist, rechtfertigen sie es auch, als zwingende Gründe des überwiegenden öffentlichen Interesses eine Befreiung i.S. des Art. 16 FFH-RL zu erteilen.[47]

6. Weitere Voraussetzungen (Satz 2 und 3)

42 **a) Zumutbare Alternative.** Es müssen nur solche Planungsalternativen in die Prüfung einbezogen werden, die nicht die Identität des Projekts als solches berühren. Allerdings kann es geboten sein, eine Alternative zu wählen, bei der gewisse Abstriche an den Grad der Zielvollkommenheit einer Planung hinzunehmen sind, wenn sich auf diese Weise eine in Bezug auf den Artenschutz schonendere Variante verwirklichen lässt.[48] Planungsalternativen brauchen nur so weit herausgearbeitet werden, dass sich sicher einschätzen lässt, ob sie habitat- oder artenschutzrechtliches Beeinträchtigungspotential bergen und sich daher FFH- oder V-RL am Alternativstandort als mindestens ebenso wirksame Zulässigkeitssperre erweisen würden.[49]

43 Besteht eine Möglichkeit mit vorgezogenen („CEF"-) Maßnahmen i.S. des § 44 Abs. 5 die ökologische Funktion der betroffenen Lebensstätte im räumlichen Zusammenhang zu erhalten, ist eine Ausnahme im Regelfall nicht zulässig, weil die Durchführung solcher Maßnahmen eine zumutbare Alternative darstellt. Gleiches gilt für Vermeidungs- und Minderungsmaßnahmen (z.B. zur Vermeidung von Kollisionsrisiken).[50]

44 Von einer „zumutbaren Alternative" kann z.B. dann nicht ausgegangen werden, wenn ein nicht auszuschließendes Risiko für den Heilquellenschutz besteht.[51]

45 **b) Erhaltungszustand der Populationen.** Abs. 7 Satz 2 fordert, dass sich der **Erhaltungszustand der Populationen** der betroffenen Art „nicht verschlechtert". Unter Population ist eine Gruppe von Individuen derselben Art zu verstehen, die zur selben Zeit in einem geographischen Gebiet leben und sich miteinander fortpflanzen können, also durch einen gemeinsamen Genpool verbunden sind.[52] Da in Abs. 7 Satz 2 im Vergleich zu § 44 Abs. 1 Nr. 2 das Adjektiv „örtlich" fehlt, ist auf eine großräumigere Betrachtung abzustellen.[53]

---

44 BVerwG, Beschl. v. 1.4.2009 – 4 B 62.08, NuR 2009, 414.
45 BVerwG, Beschl. v. 5.12.2008 – 9 B 29.08, NVwZ, 2009, 320.
46 BVerwG, Urt. v. 9.7.2008 – 9 A 14.07, NuR 2009, 112, Rdnr. 125.
47 VGH Kassel, Urt. v. 17.6.2008 – 11 C 1975/07.T, NuR 2008, 875.
48 VGH Kassel, Urt. v. 17.6.2008 – 11 C 1975/07.T, NuR 2008, 785/794.
49 BVerwG, Urt. v. 9.7.2008 – 9 A 14.07, NuR 2009, 112, Rdnr. 119.
50 LANA, Hinweise zu zentralen unbestimmten Rechtsbegriffen des BNatSchG, S. 15.
51 BVerwG, Urt. v. 9.7.2008 – 9 A 14.07, NuR 2009, 112, Rdnr. 119.
52 EU-Leitfaden zum strengen Artenschutzrecht, I.2.2, Fn. 17, vgl. auch die Legaldefinition in § 7 Abs. 2 Nr. 6.
53 VGH Kassel, Urt. v. 17.6.2008 – 11 C 1975/07.T, NuR 2008, 785/795: z.B. Naturraum des westhessischen Berglandes.

Eine „Verschlechterung des Erhaltungszustandes" ist anzunehmen, wenn sich die Größe oder das Verbreitungsgebiet der Populationen verringert, wenn die Größe oder Qualität des Habitats deutlich abnimmt oder sich die Prognose für den weiteren Bestand der Population deutlich verschlechtert. Bei häufigen, weit verbreiteten und nicht gefährdeten Arten führen kleinräumige Beeinträchtigungen einzelner Individuen bzw. lokaler Populationen im Sinne eines gut abgrenzbaren Vorkommens im Regelfall nicht zu einer Verschlechterung des Erhaltungszustands auf biographischer Ebene. Bei gefährdeten oder seltenen Arten können dagegen bereits Beeinträchtigungen lokaler Populationen oder gar einzelner Individuen zu einer Verschlechterung des Erhaltungszustandes in der biogeographischen Region auf Landesebene führen.[54]

46

Über den Verweis auf die Anforderungen nach Art. 16 FFH-RL wird für die **Arten nach Anh. IV FFH-RL** der Maßstab verschärft: danach darf eine Ausnahme nur erteilt werden, wenn für die Art weiterhin ein „**günstiger Erhaltungszustand**" besteht. Nach EuGH[55] kann auch bei einem nicht günstigen Erhaltungszustand „unter außergewöhnlichen Umständen" eine Ausnahme erteilt werden, wenn hinreichend nachgewiesen ist, dass die Ausnahme den ungünstigen Erhaltungszustand der Population nicht verschlechtern oder die Wiederherstellung eines günstigen Erhaltungszustands nicht behindern kann. Zu betrachtender Raum ist dabei der jeweilige Mitgliedstaat,[56] ggf. unterteilt in verschiedene biogeographische Regionen.

47

Hinsichtlich der **Bewertung des Erhaltungszustands** ist auf den vom EU-Habitat-Ausschuss aufgestellten Bewertungsrahmen abzustellen.[57] Danach haben die Mitgliedstaaten vereinbart, den Erhaltungszustand in jeder der biogeografischen Regionen ihres jeweiligen Hoheitsgebietes anhand eines gemeinsamen dreistufigen Bewertungsschemas (günstig = grün, ungünstig/unzureichend = gelb und ungünstig/schlecht = rot) zu beurteilen.[58]

48

In die Bewertung des Erhaltungszustandes können **Ausgleichsmaßnahmen** einbezogen werden, die getroffen werden, um Auswirkungen auf die Populationsebene und die Ebene der biogeographischen Region der jeweiligen Art auszugleichen.[59]

49

Im Unterschied zu „CEF-Maßnahmen" nach § 44 Abs. 5 müssen diese Maßnahmen nicht auf die jeweilige Lebensstätte oder die lokale Population bezogen sein;[60] sie sollten jedoch schon vor oder spätestens zum Zeitpunkt

50

---

54 LANA, Hinweise zu zentralen unbestimmten Rechtsbegriffen des BNatSchG, S. 16.
55 EuGH, Urt. v. 14.6.2007, C-342/05, NuR 2007, 477 (Wolfsjagd in Finnland), dazu Steeck, Wer hat Angst vor dem finnischen Wolf? Die artenschutzrechtliche Ausnahmegenehmigung bei Arten im ungünstigen Erhaltungszustand, NuR 2010, 4 ff.
56 Lau/Steeck, NuR 2008, 391; EuGH, Urt. v. 14.6.2007 - C-342/05, NuR 2007, 477 Rdnr. 26, EU-Leitfaden zum strengen Artenschutzrecht, III.2.3.a.
57 Dokument DocHab-04-03/03 rev. 3 „Assessment, monitoring and reporting of conservation status – Preparing the 2001-2007 report under Artikel 17 of the Habitats Directive" – „Bewertung, Monitoring und Berichterstattung des Erhaltungszustands – Vorbereitung des Berichts nach Art. 17 der FFH-Richtlinie für den Zeitraum von 2001-2007", http://forum.europa.eu.int/Public/irc/env/monnat/home.
58 Die aktuelle Bewertung findet sich unter: http://www.bfn.de/fileadmin/MDB/documents/themen/natura2000/Bew_Ergebnis_Arten_DE_gesamt.pdf.
59 EU-Leitfaden zum strengen Schutzsystem, III.2.3.b Rdnr. 53 ff.; BVerwG, Urt. v. 12.3.2008 – 9 A 3.06, Rdnr. 242; Beschl. v. 1.4.2009 – 4 B 61.08, NuR 2009, 861.
60 VGH Kassel, Urt. v. 17.6.2008 – 11 C 1975/07.T, NuR 2008, 875, bestätigt durch BVerwG, Beschl. v. 1.4.2009 – 4 B 62.08, NuR 2009, 414: Bezugsraum „westhessisches Bergland".

der Zerstörung einer Fortpflanzungs- oder Ruhestätte Wirkung zeigen.[61] Die Maßnahmen sind als Inhalts- oder Nebenbestimmung in die Ausnahmeentscheidung einzubeziehen oder durch öffentlich-rechtlichen Vertrag zu sichern sowie durch ein Risikomanagement mit Korrektur- und Vorsorgemaßnahmen zu begleiten.[62]

51 Der günstige Erhaltungszustand ist nach der FFH-RL bezogen auf das „natürliche Verbreitungsgebiet" der betreffenden Art. Zum **„natürlichen Verbreitungsgebiet"** gehören auch Flächen, auf denen sich Arten durch Wiederansiedelungsprojekte oder in Folge der land- oder forstwirtschaftlichen Bewirtschaftungsweise etabliert haben. Nicht relevant sind hingegen Einzeltiere oder verwilderte Populationen in Bereichen, in denen die Art in historischer Zeit nicht von Natur aus vorkam und in die sie sich auch nicht von selbst verbreitet hätte.[63] Bleibt der Erhaltungszustand der lokalen Population günstig, steht damit zugleich fest, dass keine negativen Auswirkungen auf den Erhaltungszustand der Art insgesamt gegeben sind.[64] Dabei kann auch auf aktuelle „Rote Listen" abgestellt werden.[65]

52 c) **Mitteilungspflichten.** Abs. 7 Satz 3 enthält einen Verweis auf die im Zusammenhang mit der Zulassung von Ausnahmen nach der FFH- und V-RL bestehenden behördlichen Dokumentationspflichten. Satz 4 und 5 erweitert die auch nach bisherigem Recht vorgesehene Möglichkeit, Ausnahmegenehmigungen mittels Rechtsverordnung zu erlassen, auf alle Tatbestände des Abs. 1, da auch in diesen Fällen die Voraussetzungen für deren Erlass als generell-abstrakte Regelung vorliegen können.

53 Nach Art. 16 Abs. 2 und 3 FFH-RL haben die nationalen Behörden die EU-Kommission über die erteilten Ausnahmen zu unterrichten.

7. Bauleitplanung

54 Bei **Bauleitplänen** ist zu beachten: Die zur Befreiung entwickelte Rechtsprechung, dass die Befreiung nur für konkrete bauliche Vorhaben, nicht jedoch für den einzelnen Bebauungsplan erteilt werden kann,[66] ist auch auf Ausnahmeentscheidungen zu übertragen. Zu beachten ist, dass auch Erschließungsmaßnahmen wie z.b. die Herstellung von Straßenflächen artenschutzrechtliche Verbotstatbestände auslösen können und ggf. einer Ausnahme bedürfen.[67] Ein Bebauungsplan ist mangels Erforderlichkeit unwirksam i.S.v. § 1 Abs. 3 BauGB, wenn sich die artenschutzrechtlichen Verbote als dauerhaftes rechtliches Risiko erweisen. Die Gemeinde muss somit in eine „Ausnahmelage" hineinplanen. Eine solche ist gegeben, wenn bereits im Planungsstadium absehbar ist, dass die Erteilung der Ausnahme rechtlich

---

61 EU-Leitfaden zum strengen Schutzsystem, III.2.3.b Rdnr. 56 mit einem Fallbeispiel zum Kammmolch.
62 LANA, Hinweise zu zentralen unbestimmten Rechtsbegriffen des BNatSchG, S. 18.
63 Vgl. dazu EU-Leitfaden zum strengen Schutzsystem, I.2.2, Rdnr. 19 ff.; dies kann jedoch nicht für Vorkommen gelten, die auf ein Wiederansiedlungsprojekt (§ 37 Abs. 1 Satz 2 Nr. 3) oder eine artenschutzrechtlich zugelassene Umsiedlungsmaßnahme zurückgehen.
64 BVerwG, Urt. v. 12.3.2008 – 9 A 3.06, NuR 2008, 633 Rdnr. 249.
65 Z.B. Rote Liste der Brutvogelarten Baden-Württemberg (www.lubw.baden-wuerttemberg.de/servlet/is/34758/; enthält auch Angaben über die Bestandsentwicklung der letzten 25 Jahre).
66 BVerwG, Urt. v. 19.4.2007 – 5 S 2243/05, NuR 2007, 685; OVG Koblenz, Urt. v. 12.12.2007 – 8 A 10632/07.OVG, NuR 2008, 119 mit Anm. *Kopf*, NuR 2008, 396 ff.; VGH Kassel, Urt. v. 21.2.2008 – 4 N 869/07, NuR 2008, 352.
67 OVG Koblenz, Urt. v. 13.2.2008 – 8 C 10368/07.OVG, NuR 2008, 410 ff.

möglich ist. Eine Gemeinde hat ein Rechtsschutzbedürfnis für eine Feststellungsklage darüber, ob die tatbestandlichen Voraussetzungen für eine Befreiungslage vorliegen.[68] Es ist anzuraten, die Artenschutzprobleme, die auf der Ebene des Bebauungsplans abgehandelt werden können, dort auch zu bewältigen. Dies entspricht der Intention des Gesetzgebers, wie die Erwähnung der Bauleitplanung in § 44 Abs. 5 BNatSchG zeigt (vgl. auch die amtl. Begründung:[69] „Um dies zu gewährleisten, sollen ... auch vorgezogene Maßnahmen nach § 1a Abs. 3 BauGB angeordnet werden können"). Die Ausnahme kann in diesem Fall als dinglicher Verwaltungsakt für die in Umsetzung des Bebauungsplans erfolgenden Maßnahmen erteilt werden.

Der jeweilige Bauherr eines im Geltungsbereich eines Bebauungsplans zulässigen Vorhabens ist nicht davor geschützt, dass die Realisierung seines Vorhabens an artenschutzrechtlichen Hindernissen scheitern kann, insbesondere wenn keine vorgezogenen Ausgleichsmaßnahmen i.S.v. § 44 Abs. 5 festgesetzt sind. Wenn sich zwischen Satzungsbeschluss und vor der Bekanntmachung ergibt, dass die Umsetzung zwangsläufig an artenschutzrechtlichen Hindernissen scheitert, darf der Bebauungsplan nicht durch Bekanntmachung in Kraft gesetzt werden; stellt sich dies erst nach der Bekanntmachung heraus, stellt dies die Gültigkeit des Plans grundsätzlich nicht in Frage.[70] **55**

8. Bestehende Planfeststellungsbeschlüsse und Bebauungspläne

Bei rechtskräftigen Planfeststellungsbeschlüssen und bestandskräftigen Bebauungsplänen, die noch nicht umgesetzt wurden, können sich folgende Probleme ergeben: **56**
– wenn der Planfeststellungs- bzw. Satzungsbeschluss vor der kleinen Novelle des BNatSchG vom 12.12.2007 ergangen ist und auf die Legalausnahme des § 43 Abs. 4 BNatSchG a.f. abgestellt wurde, kann ein Verstoß gegen Art. 5, 9 V-RL bzw. Art. 12, 16 FFH-RL in Betracht kommen;
– wenn sich nach Planfeststellungs- bzw. Satzungsbeschluss neue Arten nach Anh. IV FFH-RL oder Vogelarten etablieren, könnte die Planverwirklichung Verbotstatbestände nach § 44 Abs. 1 BNatSchG erfüllen.

Nach der Rspr. des EuGH[71] wird durch die Auslegung einer Bestimmung des Gemeinschaftsrechts, die der Gerichtshof in Ausübung seiner Befugnisse aus Artikel 234 EG-Vertrag vornimmt, erläutert und verdeutlicht, in welchem Sinne und mit welcher Bedeutung diese Bestimmung ab ihrem Inkrafttreten zu verstehen und anzuwenden ist oder gewesen wäre. Das Urteil des EuGH[72] strahlt somit auch rückwirkend auf die Zeit nach Ablauf der Umsetzungsfrist von V-RL bzw. FFH-RL aus, wobei der EuGH andererseits auch den Aspekt des Vertrauensschutzes in bestandskräftige Verwaltungsentscheidungen betont. **57**

a) **Planfeststellungsbeschlüsse.** Planfeststellungsbeschlüsse haben Konzentrationswirkung (§ 75 Abs. 1 VwVfG). Somit war eine eigenständige Befreiung nach § 62 BNatSchG a.F. nicht erforderlich. Soweit im Planfeststellungsverfahren in europarechtswidriger Anwendung des § 43 Abs. 4 BNatSchG a.F. davon ausgegangen wurde, dass die artenschutzrechtlichen Verbote keine Anwendung finden und somit für den Planfeststellungsbe- **58**

---

68 OVG Koblenz, Urt. v. 12.12.2007 – 8 A 10632/07.OVG, NuR 2008, 119 mit Anm. *Kopf*, NuR 2008, 396 ff.
69 BT-Drs. 16/5100.
70 OVG Münster, Urt. v. 30.1.2009 – 7 D 11/08.NE, NuR 2009, 421.
71 EuGH, Urt. v. 13.1.2004 – C-453/00, NVwZ 2004, 459; Urt. v. 12.2.2008 – C-2/06.
72 EuGH, Urt. v. 10.1.2006 – C-98/03, NuR 2006, 166, vgl. § 44 Rdnr. 1.

schluss die materiellen Anforderungen des § 42 Abs. 1 BNatSchG a.F. nicht beachtet wurden, erscheint ein differenziertes Vorgehen angezeigt:

59 Soweit es keine qualifizierten Hinweise auf FFH-Anhang IV-Arten oder relevante Vogelarten gibt, die früher übersehen worden wären oder neu eingewandert sind, ist es nicht erforderlich, vorsorglich eine erneute Prüfung vorzunehmen.

60 Soweit es bei einem rechtskräftigen Planfeststellungsbeschluss qualifizierte Hinweise dafür gibt, dass Arten nach Anh. IV FFH-RL oder relevante Vogelarten übersehen oder unzureichend gewürdigt wurden, sind die Aspekte der Rechts- und Planungssicherheit sowie der effektiven Umsetzung des Gemeinschaftsrechts, zu der alle Behörden verpflichtet sind, gegeneinander abzuwägen. Es ist zu prüfen, ob unter Beachtung des Verhältnismäßigkeitsgrundsatzes (Zweck-Mittel-Relation) Maßnahmen i.S.d. § 44 Abs. 5 Satz 2 oder ergänzende Maßnahmen erforderlich sind, dass sich der Erhaltungszustand der Population i.S.d. § 45 Abs. 7 Satz 2 BNatSchG nicht verschlechtert. Je nach erfolgter Abwägung können zusätzliche Vermeidungs- und Minimierungsmaßnahmen festgelegt werden (z.b. dass ein Baum mit Eremit-Vorkommen nicht geschreddert, sondern geborgen und an geeigneter Stelle gelagert wird). U.U. können Ausgleichs- oder Ersatzmaßnahmen so modifiziert werden, dass sie den betroffenen Arten Rechnung tragen (z.b. können auf einer Ausgleichsfläche Weidenröschen für den Nachtkerzenschwärmer eingesät werden). Erforderlichenfalls sind auch weitere technische und bauliche Vermeidungs- und Minimierungsmaßnahmen zu ergreifen (z.b. zusätzliche Querungshilfe für eine übersehene Amphibienpopulation).

61 Soweit relevante Arten nach dem Planfeststellungsbeschluss neu eingewandert sind, besteht eine Prüfungspflicht, ob „CEF"-Maßnahmen i.S.d. § 44 Abs. 5 oder Maßnahmen zur Gewährleistung der Nichtverschlechterung des Erhaltungszustands der Population erforderlich sind. In diesem Fall handelt es sich um eine „nicht voraussehbare Wirkung" (§ 75 Abs. 2 VwVfG).

62 Wenn aus anderen Gründen Änderungen der Planung erforderlich werden, die nicht unwesentlich sind (§ 76 VwVfG), und somit ein Änderungsverfahren erforderlich ist, muss nicht die gesamte Trasse neu untersucht werden, sondern lediglich der Bereich die Pländerungen. Sollten sich hierbei Hinweise auf neue relevante Arten ergeben, muss diesbezüglich nachgebessert werden.

63 **b) Bebauungspläne.** Für Bebauungspläne kann nach der Rechtsprechung keine Befreiung oder Ausnahme erteilt werden; für sie ist eine „Befreiungslage" maßgeblich (vgl. Rdnr. 52). Wenn die Prüfung der Befreiungslage im Hinblick auf § 43 Abs. 4 BNatSchG a.F. unterblieben ist oder lückenhaft war und Hinweise auf das Vorkommen von FFH-Anhang IV-Arten oder relevanten Vogelarten vorliegen, ist spätestens vor der Durchführung eines Vorhabens eine artenschutzrechtliche Prüfung nach §§ 44 Abs. 1 und 5 erforderlich und gegebenenfalls eine Ausnahme nach § 45 Abs. 7 Satz 1 Nr. 5 einzuholen.[73]

64 Auch Änderungen im Artenbestand zwischen der Aufstellung eines Bebauungsplans und dem Zeitpunkt der Bebauung (z.B. bei Überplanung einer Konversionsfläche, die in besonderer Weise ständigen Veränderungen der Flora und Fauna unterworfen ist) sind maßgeblich;[74] die Änderung der Sach- und Rechtslage geht zu Lasten der planenden Gemeinde bzw. des zukünftigen Bauherrn.[75]

---

73 LANA, Hinweise zu zentralen unbestimmten Rechtsbegriffen des BNatSchG, S. 13.
74 OVG Koblenz, Urt. v. 13.2.2008 – 8 C 10368/07.OVG, NuR 2008, 410.
75 OVG Koblenz, Urt. v. 12.12.2007 – 8 A 10632/07.OVG, NuR 2008, 119 mit Anm. *Kopf*, NuR 2008, 396 ff.

§ 46 Nachweispflicht

(1) Diejenige Person, die
1. lebende Tiere oder Pflanzen der besonders geschützten Arten, ihre lebenden oder toten Entwicklungsformen oder im Wesentlichen vollständig erhaltene tote Tiere oder Pflanzen der besonders geschützten Arten,
2. ohne Weiteres erkennbare Teile von Tieren oder Pflanzen der streng geschützten Arten oder ohne Weiteres erkennbar aus ihnen gewonnene Erzeugnisse oder
3. lebende Tiere oder Pflanzen der Arten, die in einer Rechtsverordnung nach § 54 Absatz 4 aufgeführt sind,

besitzt oder die tatsächliche Gewalt darüber ausübt, kann sich gegenüber den für Naturschutz und Landschaftspflege zuständigen Behörden auf eine Berechtigung hierzu nur berufen, wenn sie auf Verlangen diese Berechtigung nachweist oder nachweist, dass sie oder ein Dritter die Tiere oder Pflanzen vor ihrer Unterschutzstellung als besonders geschützte Art oder vor ihrer Aufnahme in eine Rechtsverordnung nach § 54 Absatz 4 in Besitz hatte.

(2) [1]Auf Erzeugnisse im Sinne des Absatzes 1 Nummer 2, die dem persönlichen Gebrauch oder als Hausrat dienen, ist Absatz 1 nicht anzuwenden. [2]Für Tiere oder Pflanzen, die vor ihrer Unterschutzstellung als besonders geschützte Art oder vor ihrer Aufnahme in eine Rechtsverordnung nach § 54 Absatz 4 erworben wurden und die dem persönlichen Gebrauch oder als Hausrat dienen, genügt anstelle des Nachweises nach Absatz 1 die Glaubhaftmachung. [3]Die Glaubhaftmachung darf nur verlangt werden, wenn Tatsachen die Annahme rechtfertigen, dass keine Berechtigung vorliegt.

(3) Soweit nach Artikel 8 oder Artikel 9 der Verordnung (EG) Nr. 338/97 die Berechtigung zu den dort genannten Handlungen nachzuweisen ist oder für den Nachweis bestimmte Dokumente vorgeschrieben sind, ist der Nachweis in der in der genannten Verordnung vorgeschriebenen Weise zu führen.

Gliederung	Rdnr.
I. Allgemeines	1–3
II. Nachweispflicht (Abs. 1)	4–7
III. Gegenstände des persönlichen Bedarfs, Hausrat (Abs. 2)	8, 9
IV. Führung des Nachweises (Abs. 3)	10, 11

I. Allgemeines

Die Nachweispflichten des § 46 entsprechen im Wesentlichen der Regelung des § 49 Abs. 1 bis 3 BNatSchG a.F. Grundsätzlich muss derjenige, der sich abweichend von den allgemeinen Besitz- und Vermarktungsverboten des § 44 Abs. 2 und 3 auf Ausnahmen des § 45 beruft, den Nachweis über seine Berechtigung führen.[1] Eine entsprechende Nachweispflicht enthält § 5 BWildSchV. Es handelt sich um eine Regelung der materiellen Beweislast; ein fehlender Nachweis geht somit zu Lasten des Nachweispflichtigen. Die Behörde hat in Abweichung von der allgemeinen Regelung des § 24 VwVfG keine Ermittlungspflicht.[2]

Lebende Tiere von Arten, die unter Anhang A der VO (EG) 338/97 fallen, sind nach EG-Recht im Zusammenhang mit der Ausstellung einer Vermark-

1

2

---

1 VG Karlsruhe, Urt. v. 2.3.2009 – 3 K 1609/08, NuR 2009, 661.
2 VG Mainz, Urt. v. 15.10.1994 – 2 K 2484/92, NuR 1995, 488; *Schmidt-Räntsch*, in: Gassner, BNatSchG, § 22 Rdnr. 3; Vollzugshinweise zum Artenschutzrecht Nr. 14.

tungsbescheinigung zu kennzeichnen.³ Zu Kennzeichnungspflichten vgl. auch § 54 Abs. 8 Nr. 2 i.V.m. §§ 7–11 BArtSchV.

3 Für bestimmte Pflanzenarten, -sorten oder -hybriden gibt es „Unbedenklichkeitslisten", wonach auf die Vorlage von artenschutzrechtlichen Legalitätsdokumenten verzichtet werden kann.⁴

II. Nachweispflicht (Absatz 1)

4 Eine Nachweispflicht besteht bei Exemplaren folgender Fallgruppen:
- lebende Tiere und Pflanzen der im Sinne von § 7 Abs. 2 Nr. 13 besonders geschützten Arten,
- lebende oder tote Entwicklungsformen (vgl. § 7 Abs. 2 Nr. 1b und 2b: z.b. Eier, Zwiebeln) dieser Arten,
- im Wesentlichen vollständig erhaltene tote Tiere oder Pflanzen der besonders geschützten Arten,
- ohne weiteres erkennbare Teile von Tieren oder Pflanzen der streng geschützten Arten (vgl. § 7 Abs. 2 Nr. 14),
- ohne weiteres erkennbar aus Tieren oder Pflanzen streng geschützter Arten gewonnene Erzeugnisse,
- lebende Tiere oder Pflanzen, die wegen der Gefahr der Verfälschung der Tier- oder Pflanzenwelt in einer Rechtsverordnung nach § 54 Abs. 1 Nr. 1 aufgeführt sind.

5 Die Nachweispflicht bezieht sich demnach nicht auf Teile oder Erzeugnisse von Tieren oder von Pflanzen besonders, aber nicht streng geschützter Arten.

6 Gegenstand der Nachweispflicht ist das Vorliegen einer **Besitzberechtigung** auf Grund eines Ausnahmetatbestandes nach § 45. Ein solcher kann insbesondere gegeben sein:
- wenn ein Tier einer rechtmäßigen Zucht (vgl. § 7 Abs. 2 Nr. 15) entstammt,
- eine Pflanze von einem rechtmäßigen Anbau (§ 7 Abs. 2 Nr. 16) stammt,
- das Exemplar legal eingeführt wurde,
- ein Erwerb vor der Unterschutzstellung vorliegt,
- ein Eigentumserwerb auf Grund von Jagd- oder Fischereirecht gegeben ist,
- eine Berechtigung auf Grund einer Einzelausnahme oder Befreiung vorliegt,
- das Exemplar auf Grund einer Ausnahme im Zusammenhang mit der Verwertung beschlagnahmter oder eingezogener Tiere oder Pflanzen erworben wurde.

7 **Nachweispflichtig** ist der Besitzer des Exemplars oder derjenige, der die tatsächliche Gewalt ausübt. Der Begriff des Besitzes richtet sich nach den Vorschriften des BGB (Eigen- und Fremdbesitz, unmittelbarer und mittelbarer Besitz, §§ 854 ff. BGB). Der Grund, aus dem der Besitz erlangt wurde (z.B. Kauf, Verwahrung) ist für die Pflicht zum Nachweis der Berechtigung ohne Belang; die Nachweispflicht besteht daher auch für in Pflege genommene

---

3 *Adams*, Die Kennzeichnung lebender Wirbeltierarten nach der EG-Durchführungsverordnung, NuR 1998, 14; zu den Kennzeichnungsmethoden: Vollzugshinweise Nr. 12.
4 Z.B. für Niedersachsen: NLWKN, „Hinweise zum Artenschutz für den Pflanzenhandel", 3. Aufl. 2007, http://cdl.niedersachsen.de/blob/images/C14497472_L20.pdf.

Tiere.[5] Kein Besitzer ist der Besitzdiener (§ 855 BGB); dieser übt aber die tatsächliche Gewalt aus, soweit er die tatsächliche Sachherrschaft über ein Exemplar besitzt (z.b. Angestellter in einer Tierhandlung).

III. Gegenstände des persönlichen Bedarfs, Hausrat (Absatz 2)

Nach Abs. 2 Satz 1 ist für Teile und Erzeugnisse von streng geschützten Tieren oder Pflanzen kein Nachweis über die Besitzberechtigung erforderlich, wenn diese entweder dem persönlichen Gebrauch oder dem Hausrat dienen. Gegenstände des „persönlichen Gebrauchs" sind solche, die zum unmittelbaren eigenen Nutzen (z.b. der eigenen Musikausübung, eigen verwendete Kleidungsstücke) verwendet werden. „Hausrat" sind nur Gegenstände, die der Haushaltsführung dienen. Für die Auslegung des Begriffs „Hausrat" kann auf die HausratsVO zurückgegriffen werden, wonach hierunter alle beweglichen Sachen zu rechnen sind, die nach den Lebensverhältnissen einer Person für Wohnung, Hauswirtschaft und das Zusammenleben mit Partnern oder Familienangehörigen bestimmt sind.[6] Ein Elefantenstoßzahn ist weder Hausrat noch dient er dem persönlichen Gebrauch.[7]

8

Satz 2 enthält eine **Beweiserleichterung** für lebende oder tote besonders geschützte Tiere oder Pflanzen, die dem persönlichen Gebrauch oder Hausrat dienen und vor der Unterschutzstellung erworben worden sind. Hier ist eine Glaubhaftmachung hinreichend, d.h. der Besitzer kann sich aller Beweismittel bedienen, einschließlich der Versicherung an Eides statt (§ 294 ZPO). Die Behörde darf gemäß Satz 3 eine Glaubhaftmachung nur verlangen, wenn Tatsachen vorliegen, die auf eine Nichtberechtigung schließen lassen; die Voraussetzungen sind gerichtlich überprüfbar. So sind in einem Bußgeldverfahren die Gründe darzulegen, die das Verlangen nach einer Glaubhaftmachung der Besitzberechtigung rechtfertigen, z.b. das Nichtvorhandensein von Belegen für einen legalen Erwerb.[8]

9

IV. Führung des Nachweises (Absatz 3)

Soweit ein Exemplar einer Anhang A-Art unterfällt, ist für die in Art. 8 und 9 VO (EG) 338/97 genannten Tätigkeiten (Kauf, Angebot zum Kauf, Erwerb zu kommerziellen Zwecken, Zurschaustellung und Verwendung zu kommerziellen Zwecken, Verkauf, Vorrätighalten, Anbieten zu Verkaufszwecken, Befördern) der Nachweis zwingend nach den Vorgaben der VO (EG) 338/97 zu führen.[9] Voraussetzung für die Erteilung einer Bescheinigung ist der Nachweis, dass einer der Ausnahmetatbestände des Art. 8 Abs. 3 VO (EG) 338/97 vorliegt. Die näheren Einzelheiten hierzu mit Mustern und Erläuterungen finden sich in der VO (EG) Nr. 865/2006 vom 4.5.2006.[10] Im Übrigen können alle geeigneten Beweismittel verwendet wer-

10

---

5 AG Darmstadt, Beschl. v. 8.2.1991 – 240 OWi 15/91, NuR 1992, 41.
6 *Diederichsen* in *Palandt*, BGB, § 1 HausratsVO Anm. 2 e bb; *Louis*, BNatSchG, § 21 Rdnr. 55.
7 OLG Düsseldorf, MDR 1986, 432.
8 OLG Hamm, Beschl. v. 19.11.1992 – 3 Ss OWi 899/92, NuR 1993, 183.
9 VG Mainz, Urt. v. 15.10.1993 – 2 K 2484/92, NuR 1995, 488 zu Anforderungen für eine Transportbescheinigung bei Eiern aus einer Gefangenschaftsbrut.
10 ABl. EG L 166/1 v. 19.6.2006; ausführlich zu der Erteilung von EG-Bescheinigungen: Vollzugshinweise zum Artenschutzrecht Nr. 11.

den (z.B. Kaufbelege).[11] Rechnungen oder sonstige Bescheinigungen, die keine Identifizierung der Tiere zulassen, sind regelmäßig als Nachweis ungeeignet.[12] Auch müssen die Dokumente den Nachweis einer lückenlosen Besitzkette vom Züchter bis zum Besitzer erbringen[13] sowie bei Nachzuchten die Legalität der Elterntiere belegen.[14]

11 Nach § 7 Abs. 2 Nr. 15 gezüchtete Tiere sind nur solche, die in kontrollierter Umgebung geboren oder auf andere Weise erzeugt und deren Elterntiere rechtmäßig erworben worden sind. Mit einer Metallfußberingung kann bei einem Vogel nur der Nachweis der Nachzucht als solcher geführt werden; für den weiter erforderlichen Nachweis des rechtmäßigen Erwerbs der Elterntiere ist die Beringung ohne Aussagekraft.[15]

---

11 OLG Düsseldorf, Beschl. v. 8.3.1996 – 5 Ss(OWi) 373/95, NuR 1996, 639, für den bloßen, nicht kommerziellen Besitz.
12 OVG Münster, Beschl. v. 17.4.1989 – 7 A 2788/87, NuR 1989, 401.
13 VG Karlsruhe, Urt. v. 2.3.2009 – 3 K 1609/08, NuR 2009, 661.
14 VG Hannover, Beschl. v. 4.5.2009 – 12 B 514/09.
15 VGH Mannheim, Beschl. v. 27.4.2005 – 5 S 2567/04.

§ 47 Einziehung

¹Tiere oder Pflanzen, für die der erforderliche Nachweis oder die erforderliche Glaubhaftmachung nicht erbracht wird, können von den für Naturschutz und Landschaftspflege zuständigen Behörden eingezogen werden. ²§ 51 gilt entsprechend; § 51 Absatz 1 Satz 2 gilt mit der Maßgabe, dass auch die Vorlage einer Bescheinigung einer sonstigen unabhängigen sachverständigen Stelle oder Person verlangt werden kann.

§ 47 entspricht § 49 Abs. 4 BNatSchG a.F. Die Vorschrift enthält die Ermächtigungsgrundlage für eine Einziehung von Exemplaren durch die für Naturschutz und Landschaftspflege zuständigen Landesbehörden, sofern die nach § 46 Abs. 1 und 3 erforderlichen Nachweise nicht vorgelegt werden können oder eine Glaubhaftmachung nach Abs. 2 nicht erfolgt. Die Einziehung steht – im Unterschied zu § 51 Abs. 2 und 3 – im Ermessen der Behörde. Die Entscheidung der Behörde muss daher erkennen lassen, dass sich die Behörde bewusst ist, dass die Einziehung nicht zwingend vorgeschrieben ist, sondern im Ermessen der Behörde steht und dem Verhältnismäßigkeitsgrundsatz unterliegt.[1] § 47 spricht zwar nur von „Einziehung"; da sich der Verweis aber auf den gesamten § 51 (und somit auch auf § 51 Abs. 1 und Abs. 2 Satz 1 und 2) bezieht, können die Landesbehörden aus den dort genannten Gründen als Vorstufen einer Einziehung auch eine Inverwahrungnahme oder Beschlagnahme anordnen.[2] 1

Die Einziehung nach § 47 ist unabhängig von einem Ordnungswidrigkeiten- oder Strafverfahren[3] und auch neben einer Anordnung durch die Zollbehörde nach § 51 möglich. Auch wenn die Einziehung oder Sicherstellung nach anderen Vorschriften aufgehoben werden sollte, bleibt die Einziehung bzw. Sicherstellung nach § 47 bestehen.[4] Hinsichtlich der weiteren Voraussetzungen und Rechtsfolgen vgl. § 51 Rdnr. 9. Im Unterschied zur Beschlagnahme und Einziehung durch Zollbehörden ist der Verwaltungsrechtsweg gegeben. 2

---

1   BVerfG, Beschl. v. 17.1.1996 – 2 BvR 589/92, NuR 1996, 400.
2   So auch *Louis*, BNatSchG § 22 Rdnr. 15.
3   LG Braunschweig, Beschl. v. 27.11.1987 – 31 Qs (Owi) 233/87; LG Stuttgart, Beschl. v. 13.3.1991 – 3 Os 95/90.
4   So auch *Louis*, BNatSchG, § 22 Rdnr. 16.

Abschnitt 4 **Zuständige Behörden, Verbringen von Tieren und Pflanzen**

§ 48 Zuständige Behörden

(1) Vollzugsbehörden im Sinne des Artikels 13 Absatz 1 der Verordnung (EG) Nr. 338/97 und des Artikels IX des Washingtoner Artenschutzübereinkommens sind
1. das Bundesministerium für Umwelt, Naturschutz und Reaktorsicherheit für den Verkehr mit anderen Vertragsparteien und mit dem Sekretariat (Artikel IX Absatz 2 des Washingtoner Artenschutzübereinkommens), mit Ausnahme der in Nummer 2 Buchstabe a und c sowie Nummer 4 genannten Aufgaben, und für die in Artikel 12 Absatz 1, 3 und 5, den Artikeln 13 und 15 Absatz 1 und 5 und Artikel 20 der Verordnung (EG) Nr. 338/97 genannten Aufgaben,
2. das Bundesamt für Naturschutz
   a) für die Erteilung von Ein- und Ausfuhrgenehmigungen und Wiederausfuhrbescheinigungen im Sinne des Artikels 4 Absatz 1 und 2 und des Artikels 5 Absatz 1 und 4 der Verordnung (EG) Nr. 338/97 sowie von sonstigen Dokumenten im Sinne des Artikels IX Absatz 1 Buchstabe a des Washingtoner Artenschutzübereinkommens sowie für den Verkehr mit dem Sekretariat, der Kommission der Europäischen Gemeinschaften und mit Behörden anderer Vertragsstaaten und Nichtvertragsstaaten im Zusammenhang mit der Bearbeitung von Genehmigungsanträgen oder bei der Verfolgung von Ein- und Ausfuhrverstößen sowie für die in Artikel 15 Absatz 4 Buchstabe a und c der Verordnung (EG) Nr. 338/97 genannten Aufgaben,
   b) für die Zulassung von Ausnahmen nach Artikel 8 Absatz 3 der Verordnung (EG) Nr. 338/97 im Fall der Einfuhr,
   c) für die Anerkennung von Betrieben, in denen im Sinne des Artikels VII Absatz 4 des Washingtoner Artenschutzübereinkommens Exemplare für Handelszwecke gezüchtet oder künstlich vermehrt werden sowie für die Meldung des in Artikel 7 Absatz 1 Nummer 4 der Verordnung (EG) Nr. 338/97 genannten Registrierungsverfahrens gegenüber dem Sekretariat (Artikel IX Absatz 2 des Washingtoner Artenschutzübereinkommens),
   d) die Erteilung von Bescheinigungen nach den Artikeln 30, 37 und 44a der Verordnung (EG) Nr. 865/2006 der Kommission vom 4. Mai 2006 mit Durchführungsbestimmungen zur Verordnung (EG) Nr. 338/97 des Rates über den Schutz von Exemplaren wild lebender Tier- und Pflanzenarten durch Überwachung des Handels (ABl. L 166 vom 19.6.2006, S.1), die durch die Verordnung (EG) Nr. 100/2008 (ABl. L 31 vom 5.2.2008, S.3) geändert worden ist, im Fall der Ein- und Ausfuhr,
   e) die Registrierung von Kaviarverpackungsbetrieben nach Artikel 66 der Verordnung (EG) Nr. 865/2006,
   f) für die Verwertung der von den Zollstellen nach § 51 eingezogenen lebenden Tieren und Pflanzen sowie für die Verwertung der von Zollbehörden nach § 51 eingezogenen toten Tiere und Pflanzen sowie Teilen davon und Erzeugnisse daraus, soweit diese von streng geschützten Arten stammen,
3. die Bundeszollverwaltung für den Informationsaustausch mit dem Sekretariat in Angelegenheiten der Bekämpfung der Artenschutzkriminalität,
4. die nach Landesrecht für Naturschutz und Landschaftspflege zuständigen Behörden für alle übrigen Aufgaben im Sinne der Verordnung (EG) Nr. 338/97.

(2) Wissenschaftliche Behörde im Sinne des Artikels 13 Absatz 2 der Verordnung (EG) Nr. 338/97 ist das Bundesamt für Naturschutz.

Zuständige Behörden **1–5 § 48**

Gliederung
Rdnr.
I. Allgemeines 1–3
II. Vollzugsbehörde (Abs. 1) 4–9
III. Wissenschaftliche Behörde (Abs. 2) 10, 11

I. Allgemeines

Die Vorschrift regelt die besonderen Zuständigkeiten im Bereich des internationalen Artenschutzes.[1] Entsprechend dem WA und der VO (EG) 338/97 wird zwischen „Vollzugsbehörden" und „wissenschaftlichen Behörden" unterschieden. Der EU-Kommission ist ein Verzeichnis der Behörden zu übermitteln, die Angaben werden im Amtsblatt der EU veröffentlicht. **1**

§ 48 hat im Wesentlichen die (schon bislang unmittelbar geltenden) Zuständigkeitsregelungen des § 44 2002 übernommen. Neu hinzugekommen sind für das Bundesamt für Naturschutz die Zuständigkeiten nach Abs. 1 Nr. 2 Buchst. d bis f. Diese tragen den Änderungen der Verordnung (EG) Nr. 865/2006 Rechnung; im Bereich der Verwertung folgen sie der gegenwärtigen Praxis. Entfallen ist § 44 Abs. 1 Nr. 3 BNatSchG a.F., wonach die nach § 45 Abs. 3 BNatSchG a.F. bekanntgegebenen „Zollstellen" für die Kontrolle des grenzüberschreitenden Verkehrs mit Drittländern zuständig sind; für diesen Bereich regelt nunmehr § 49 die Mitwirkung der „Zollbehörden". Damit sind nunmehr alle Zollbehörden in die zollamtliche Überwachung eingebunden, insbesondere auch mobile Einheiten. Diese waren durch den Begriff der „Zollstelle" nicht erfasst worden. **2**

Abweichend vom Grundsatz, dass die Länder die Bundesgesetze ausführen (Art. 83 GG), werden gemäß Art. 87 Abs. 3 GG auch Bundesbehörden Vollzugsaufgaben zugewiesen, so insbesondere dem Bundesamt für Naturschutz, welches 1993 als selbständige Bundesoberbehörde errichtet wurde.[2] **3**

II. Vollzugsbehörde (Absatz 1)

Vollzugsbehörden im Bereich des Artenschutzrechts sind das Bundesministerium für Umwelt, Naturschutz und Reaktorsicherheit, das Bundesamt für Naturschutz, die Bundeszollverwaltung und die nach Landesrecht zuständige Behörden. **4**

Das **Bundesumweltministerium** ist zuständig für **5**
- den Verkehr mit dem Sekretariat des WA oder den Behörden anderer Vertragsstaaten, mit Ausnahme der dem BfN zugewiesenen Aufgaben,
- die Bekanntmachung von Zollstellen im Einvernehmen mit dem Bundesfinanzministerium (§ 49 Abs. 3) und die Mitteilung an die EU-Kommission (Art. 12 Abs. 1 und 3 VO (EG) 338/97),
- die Information der Öffentlichkeit an den Grenzübergangsstellen (Art. 12 Abs. 5 VO (EG) 338/97),
- die Benennung der Vollzugs- und wissenschaftlichen Behörden und die Übermittlung von deren Namen und Anschriften an die EU-Kommission (Art. 13 Abs. 3 VO (EG) 338/97); das Bundesumweltministerium trägt

---
1 Vgl. BT-Drs. 10/5064, S. 31 zu § 21b RegE.
2 Gesetz über die Errichtung eines Bundesamtes für Naturschutz v. 6.8.1993, BGBl. I S. 1458; vgl. auch die Regierungsbegründung, BT-Drs. 12/4346 und die Ausschussempfehlung BT-Drs. 12/5319.

die Hauptverantwortung für die Umsetzung der VO (EG) 338/97 gemäß Art. 13 Abs. 1 VO (EG) 338/97,
- den Informationsaustausch mit anderen EU-Mitgliedstaaten und mit der Kommission (Art. 15 Abs. 1 und 5 VO (EG) 338/97),
- die Unterrichtung der Kommission und des WA-Sekretariats über die innerstaatliche Umsetzung (Art. 20 VO (EG) 338/97).

6 Das **Bundesfinanzministerium** ist im Einvernehmen mit dem Bundesumweltministerium zuständig für die Regelung des Ein- und Ausfuhrverfahrens (§ 45 Abs. 2) und die Benennung von Zollstellen (§ 45 Abs. 3).

Das **Bundesamt für Naturschutz** ist zuständig für
- die Erteilung von Einfuhrgenehmigungen (Art. 4 Abs. 1 und 2 VO (EG) 338/97),
- die Erteilung von Ausfuhr- und Wiederausfuhrgenehmigungen (Art. 5 Abs. 1 VO (EG) 338/97),
- die Erteilung von sonstigen Dokumenten (Art. IX Abs. 1a) WA, z.B. Bescheinigungen entsprechend Art. III Abs. 5 WA für das Einbringen eines Exemplars einer Anhang I-Art aus dem Meer nach Deutschland),
- den Verkehr mit dem Sekretariat des WA, der EU-Kommission oder den Behörden anderer Staaten im Zusammenhang mit der Bearbeitung von Genehmigungsanträgen oder mit der Verfolgung von Verstößen,
- die Übermittlung von Informationen an die EU-Kommission nach Art. 15 Abs. 4 lit. a und c VO (EG) 338/97,
- Ausnahmen von den Vermarktungsverboten nach Art. 8 Abs. 3 VO (EG) 338/97 im Falle der Einfuhr,
- die Anerkennung von Zuchtbetrieben (Art. VII Abs. 4 WA),
- die Meldung der registrierten Wissenschaftler und wissenschaftlichen Einrichtungen, die am sog. Etikettenverfahren teilnehmen (Art. 7 Nr. 4 VO (EG) 338/97; Art. IX Abs. 2 WA),
- die Erteilung von Wanderausstellungsbescheinigungen (Art. 30 VO (EG) Nr. 865/2006),
- die Erteilung von Reisebescheinigungen (Art. 37 VO (EG) Nr. 865/2006),
- die Erteilung von Musterkollektionsbescheinigungen (Art. 44a VO (EG) Nr. 865/2006, geändert durch VO (EG) Nr. 100/2008),
- die Registrierung von Kaviarverpackungsbetrieben,
- die Verwertung der von Zollstellen eingezogenen lebenden Tier und Pflanzen; bei toten Exemplaren einschließlich der Teile und Erzeugnisse nur, wenn es sich um solche streng geschützter Arten handelt,
- Ausnahmen im Fall des Verbringens aus dem Ausland (§ 45 Abs. 8).

7 Die **Bundeszollverwaltung** ist zuständig für den Informationsaustausch mit dem WA-Sekretariat im Bereich der Bekämpfung der Artenschutzkriminalität.

8 Im Übrigen sind die **nach Landesrecht zuständigen Behörden** zuständige Vollzugsbehörden. Dies betrifft insbesondere die Ausstellung von EU-Bescheinigungen, die Erteilung von Ausnahmen nach § 45 Abs. 7 und von Befreiungen nach § 67. Im Einzelnen fallen darunter:
- die Ausstellung von Bescheinigungen nach Art. 9 VO (EG) 338/97,
- die Ausstellung von Pflanzengesundheitszeugnissen (Art. 17 VO (EG) Nr. 865/2006),
- die Ausgabe von Etiketten für das Etikettenverfahren (Art. 18 Abs. 3 VO (EG) Nr. 865/2006),

– Ausnahmegenehmigungen und Befreiungen von Besitz- und Vermarktungsverboten,
– Erteilung von Befreiungen von Buchführungs-, Melde- und Kennzeichnungspflichten,
– die Überwachung der Einhaltung der artenschutzrechtlichen Bestimmungen,
– die Verfolgung von Ordnungswidrigkeiten und Straftaten im Zusammenhang mit Verstößen gegen Besitz- und Vermarktungsverbote,
– die Einziehung nach § 47 und die Entscheidung über den weiteren Verbleib der eingezogenen Exemplare.

Weiterhin sind die Landesbehörden zuständig für den Vollzug der Regelungen des allgemeinen Artenschutzrechts nach §§ 37 bis 43, für Anordnungen nach § 44 Abs. 4 Satz 3 sowie für Ausnahmen nach § 45 Abs. 6 und 7.

III. Wissenschaftliche Behörde (Absatz 2)

Die Aufgabe der wissenschaftlichen Behörde ist im WA festgelegt[3] und in der Resolution 8.6 zum WA konkretisiert.[4] So obliegt ihr z.b. die Feststellung, ob die Ein- oder Ausfuhr von Exemplaren dem Überleben der Art abträglich ist, die Überprüfung der Unterbringungs- und Pflegemöglichkeit für lebende Exemplare und die allgemeine Überwachung des Handels mit Exemplaren der Anhang II-Arten.

Soweit das WA eine positive Stellungnahme der wissenschaftlichen Behörde voraussetzt, darf ohne ihr Vorliegen keine Genehmigung erteilt werden.

---

3 *Blanke/Jelden*, Das WA aus der Sicht einer wissenschaftlichen Behörde, Tagungsberichte Nr. 9 der Fachtagung der Naturschutzverwaltung Baden-Württemberg, 1987.
4 *Schmidt-Räntsch*, Ergebnisse der 8. Vertragsstaatenkonferenz zum WA, NuR 1993, 149 ff.

§ 49 Mitwirkung der Zollbehörden; Ermächtigung zum Erlass von Rechtsverordnungen

(1) ¹Das Bundesministerium der Finanzen und die von ihm bestimmten Zollbehörden wirken mit bei der Überwachung des Verbringens von Tieren und Pflanzen, die einer Ein- oder Ausfuhrregelung nach Rechtsakten der Europäischen Gemeinschaft unterliegen, sowie bei der Überwachung von Besitz- und Vermarktungsverboten nach diesem Kapitel im Warenverkehr mit Drittstaaten. ²Die Zollbehörden dürfen im Rahmen der Überwachung vorgelegte Dokumente an die nach § 48 zuständigen Behörden weiterleiten, soweit zureichende tatsächliche Anhaltspunkte dafür bestehen, dass Tiere oder Pflanzen unter Verstoß gegen Regelungen oder Verbote im Sinne des Satzes 1 verbracht werden.

(2) Das Bundesministerium der Finanzen wird ermächtigt, im Einvernehmen mit dem Bundesministerium für Umwelt, Naturschutz und Reaktorsicherheit durch Rechtsverordnung ohne Zustimmung des Bundesrates die Einzelheiten des Verfahrens nach Absatz 1 zu regeln; soweit es erforderlich ist, kann es dabei auch Pflichten zu Anzeigen, Anmeldungen, Auskünften und zur Leistung von Hilfsdiensten sowie zur Duldung der Einsichtnahme in Geschäftspapiere und sonstige Unterlagen und zur Duldung von Besichtigungen und von Entnahmen unentgeltlicher Muster und Proben vorsehen.

(3) ¹Die Zollstellen, bei denen Tiere und Pflanzen zur Ein-, Durch- und Ausfuhr nach diesem Kapitel anzumelden sind, werden vom Bundesministerium für Umwelt, Naturschutz und Reaktorsicherheit im Einvernehmen mit dem Bundesministerium der Finanzen im Bundesanzeiger bekannt gegeben. ²Auf Zollstellen, bei denen lebende Tiere und Pflanzen anzumelden sind, ist besonders hinzuweisen.

1 Literatur: *Weerth*, Das neue europäische Artenschutzrecht, CITES und die Umsetzung durch die Zollverwaltung in Deutschland, 2008 (www.wwf.de/fileadmin/fm-wwf/pdf_neu/CITES_und_Zollverwaltung_in_Deutschland_06.pdf).

2 § 49 regelt in Fortführung des § 45 BNatSchG a.F. die Mitwirkung der Zollbehörden im Warenverkehr mit Drittstaaten. Das innergemeinschaftliche Verbringen ohne Drittstaatenbezug fällt nicht unter die §§ 49 ff., allerdings können die Zollbehörden z.b. bei einem Verstoß gegen Vermarktungsverbote ohne Ein- oder Ausfuhren in Drittstaaten als Ermittlungspersonen der Staatsanwaltschaft tätig werden. Auf die Möglichkeit, im Rahmen der Überwachung der Ein-, Durch- oder Ausfuhrbestimmungen sowie der Besitz- und Vermarktungsregelungen die vorgelegten Dokumente den nach § 48 zuständigen Behörden bei Verdacht von Verstößen weiterzuleiten, weist § 49 Abs. 1 Satz 2 nun ausdrücklich hin. Dies betrifft u.a. den Fall, dass möglicherweise gefälschte Dokumente den hierfür zuständigen Behörden zur Prüfung übermittelt werden.[1] Weitere Aufgaben erwachsen den Zollstellen durch §§ 50 und 51.

3 2004 hat der Zoll 1150 Verstöße gegen das Artenschutzrecht aufgedeckt; 37.000 artengeschützte Tiere, Pflanzen oder Erzeugnisse wurden beschlagnahmt.

4 Von der Ermächtigung nach Abs. 2 wurde bislang noch kein Gebrauch gemacht. Die Bekanntgabe der Zollstellen (Abs. 3) erfolgte durch Bekanntmachung vom 18.7.2000.[2] Danach sind im innergemeinschaftlichen Handel alle Zollstellen für die Abwicklung von Ein- und Ausfuhr befugt. Für den Handel mit Drittstaaten ist hinsichtlich der Tiere und Pflanzen, die der VO (EG) 338/97 unterliegen, das Verzeichnis im Amtsblatt der EG veröffentlicht.

---

1 BT-Drs. 16/12274, S. 71.
2 BAnz. Nr. 154 v. 17.8.2000, S. 16400.

§ 50 Anmeldepflicht bei der Ein-, Durch- und Ausfuhr oder dem Verbringen aus Drittstaaten

(1) ¹Wer Tiere oder Pflanzen, die einer von der Europäischen Gemeinschaft erlassenen Ein- oder Ausfuhrregelung unterliegen oder deren Verbringen aus einem Drittstaat einer Ausnahme des Bundesamtes für Naturschutz bedarf, unmittelbar aus einem Drittstaat in den oder durch den Geltungsbereich dieses Gesetzes verbringt (Ein- oder Durchfuhr) oder aus dem Geltungsbereich dieses Gesetzes in einen Drittstaat verbringt (Ausfuhr), hat diese Tiere oder Pflanzen zur Ein-, Durch- oder Ausfuhr unter Vorlage der für die Ein-, Durch- oder Ausfuhr vorgeschriebenen Genehmigungen oder sonstigen Dokumente bei einer nach § 49 Absatz 3 bekannt gegebenen Zollstelle anzumelden und auf Verlangen vorzuführen. ²Das Bundesamt für Naturschutz kann auf Antrag aus vernünftigem Grund eine andere als die in Satz 1 bezeichnete Zollstelle zur Abfertigung bestimmen, wenn diese ihr Einverständnis erteilt hat und Rechtsvorschriften dem nicht entgegenstehen.

(2) Die ein-, durch- oder ausführende Person hat die voraussichtliche Ankunftszeit lebender Tiere der abfertigenden Zollstelle unter Angabe der Art und Zahl der Tiere mindestens 18 Stunden vor der Ankunft mitzuteilen.

Gliederung

		Rdnr.
I.	Allgemeines	1, 2
II.	Einfuhr	3–7
III.	Ausfuhr	8–10
IV.	Durchfuhr	11

I. Allgemeines

§ 50 entspricht weitgehend § 46 BNatSchG a.F. § 50 Abs. 1 Satz 1 hat die Anmeldepflicht bei den Zollstellen auch auf Tiere oder Pflanzen erstreckt, die einer Ausnahmeerteilung durch das BfN unterliegen. Dies nimmt Bezug auf die in § 45 Abs. 7 und 8 niedergelegten Ausnahmeregelungen beim Verbringen aus dem Ausland. Diese Regelungen betreffen die europäischen Vogelarten, die in Anhang IV a der FFH-Richtlinie erfassten Arten sowie die den Besitz- und Vermarktungsverboten des § 44 Abs. 2 unterliegenden Jungrobben bzw. invasiven Arten. 1

Im Rahmen der zollamtlichen Abfertigung ist zu prüfen, ob die erforderlichen Dokumente vorliegen und ob diese auch den konkret betroffenen Exemplaren zugeordnet werden können. In den Dokumenten ist ein Zollvermerk anzubringen. Die Gültigkeit von Einfuhr-, Ausfuhr- und Wiederausfuhrgenehmigungen ist zu befristen (Art. 10 VO (EG) 865/2006). In Ausnahmefällen können derartige Genehmigungen auch nachträglich erteilt werden (zu den Voraussetzungen vgl. Art. 15 VO (EG) 865/2006). Zur Anerkennung von Drittlandsdokumenten vgl. Art. 14 Abs. 5 VO (EG) 865/2006. Für bestimmte künstlich vermehrte Pflanzen und Hybriden ist ein Pflanzengesundheitszeugnis ausreichend, in welchem die künstliche Vermehrung von der zuständigen Behörde vermerkt ist (Art. 17 VO (EG) 865/2006). Registrierte Wissenschaftler oder registrierte wissenschaftliche Einrichtungen können in den in Art. 7 Nr. 4 VO (EG) 338/97, Art. 18 VO (EG) 865/2006 aufgeführten Fällen auf das sog. Etikett-Verfahren zurückgreifen. 2

II. Einfuhr

3 Die Einfuhrkontrolle findet grundsätzlich am ersten Einfuhrpunkt in die EU statt (Art. 4 Abs. 1 VO (EG) 338/97). Von diesem Grundsatz kann abgewichen werden, wenn die Sendung direkt umgeladen und auf demselben Verkehrsträger weitertransportiert wird und daher keine Kontrollmöglichkeit für die Zollbehörde gegeben ist (Art. 53 VO (EG) 865/2006). Unerheblich ist, ob und ggf. in welchem Mitgliedstaat der Einführer seinen Sitz hat. Die Zollstelle leitet das Original der Einfuhrgenehmigung oder -meldung zusammen mit den Ausfuhrdokumenten des Versendelandes dem BfN zur statistischen Erfassung weiter (Art. 45 VO (EG) 865/2006). Hat der Einführer seinen Sitz in einem anderen EU-Mitgliedstaat, werden die Unterlagen vom BfN an die Vollzugsbehörde dieses Staates weitergeleitet. Der Einführer erhält eine mit Zollvermerk versehene Kopie als Nachweis einer ordnungsgemäßen Einfuhr.

4 Die **Einfuhrvoraussetzungen** richten sich nach Art. 4 VO (EG) 338/97. Voraussetzungen für die Erteilung einer Einfuhrgenehmigung sind bei Arten nach Anhang A und B:
– Die Einfuhr darf nicht von der EU-Kommission für die betreffende Art generell oder in Bezug auf bestimmte Ursprungsländer eingeschränkt sein (Art. 4 Abs. 6 a–d). Die Entscheidungen über Einfuhrverbote werden im Amtsblatt der EG veröffentlicht (z.B. VO (EG)Nr. 1968/99).
– Soweit es sich nicht um in Gefangenschaft geborene oder gezüchtete Exemplare handelt, naturverträgliche Entnahme im Drittland (Art. 4 Abs. 1 Buchst. a Ziffer 1 und 2). Dies ist von der Wissenschaftlichen Behörde zu prüfen und zu bestätigen. Diese hat auf die Stellungnahmen der Wissenschaftlichen Prüfgruppe zurückzugreifen, die verbindliche Einfuhrbeschränkungen (Verbote und Quoten) festlegt. Vom BfN werden Einfuhranträge abgelehnt, wenn die festgesetzten Quoten überschritten sind, da in diesem Fall davon auszugehen ist, dass die Genehmigungsvoraussetzungen nicht erfüllt sind.[1] Eine Ausfuhrgenehmigung des Drittlandes kann allein i.d.R eine naturverträgliche Entnahme noch nicht belegen,[2] soweit wissenschaftlich hinreichende sichere Erkenntnisse über Vorkommen, Verbreitung und Populationsdichte einer Art oder Population fehlen, kann die Schadlosigkeit der Entnahme aus der Natur auch nicht glaubhaft gemacht werden.[3]
– Rechtmäßiger Erwerb im Drittland (Art. 4 Abs. 1 Buchst. b VO (EG) 338/97); der Nachweis ist durch Vorlage von Dokumenten (Kopie der Ausfuhrgenehmigung oder Wiederausfuhrbescheinigung des Versendelandes) zu führen.[4]
– Artgerechter Transport.[5]

---

1 BT-Drs. 14/9627, Antwort zu Nr. 24.
2 VGH Kassel, Urt. v. 20.10.1993 – 8 UE 3440/89, NuR 1994, 496.
3 VG Frankfurt/Main, Urt. v. 15.12.1988 – I/2 E 2803/84, NuR 1989, 270.
4 Ob die Einfuhrbehörde einen Gegenbeweis führen kann, blieb in der Entscheidung des VG Frankfurt/Main, Urt. v. 15.12.1988 – I/2 E 2803/84, NuR 1989, 270, dahingestellt. Zur Beurteilung von Einfuhranträgen für Jagdtrophäen vgl. Große et al., Trophäenjagd auf gefährdete Arten im Ausland, BfN-Skripten-Reihe Nr. 40, 2001.
5 Vgl. Bekanntmachung der deutschen Übersetzung der CITES-Leitlinien für den Transport und die entsprechende Vorbereitung freilebender Tiere und wildwachsender Pflanzen v. 2.12.1996, BAnz. Nr. 80a v. 29.4.1997 sowie die Tierschutztransportverordnung v. 11.2.2009 (TierSchTrV, BGBl. I S. 375).

- Artgerechte Unterbringung im Inland (Art. 4 Abs. 1c und Abs. 2c VO (EG) 338/97). Im Falle der Arten nach Anh. A VO (EG) 338/97 hat sich die Wissenschaftliche Behörde in eigener Zuständigkeit mittels vorgelegter Dokumente und Pläne hierüber zu vergewissern. Mindestmaßstab sind die im Auftrag des Bundesministeriums für Verbraucherschutz sowie vom BfN erarbeiteten Mindestanforderungen zur Haltung bestimmter Tierarten.
- Sonstige Belange des Artenschutzes dürfen nicht entgegenstehen (Art. 4 Abs. 1e, Abs. 2c VO (EG) 338/97). Unter dieser Voraussetzung können Einfuhren aus solchen Drittstaaten abgelehnt werden, für die der ständige Ausschuss des WA wegen organisatorischer Unzulänglichkeiten entsprechende Importverbot-Empfehlungen gemäß Resolution Conf.8.4 ausgesprochen hat. Weiterhin darf kein Verbot nach der Tellereisenverordnung (VO (EG) Nr. 35/97) vorliegen (betrifft die Tierarten Otter, Wolf, Kanada-Luchs und Rotluchs).[6]

Zusätzliche Einfuhrvoraussetzungen gelten für Arten nach Anh. A (Art. 4 Abs. 1 VO (EG) 338/97):
- die Exemplare dürfen nicht zu hauptsächlich kommerziellen Zwecken verwendet werden,[7]
- Exemplare, die im Hinblick auf die Arterhaltung aus der Natur entnommen wurden, dürfen nur zu bestimmten Einfuhrzwecken verwendet werden,
- es sind Kennzeichnungspflichten zu beachten (dazu Art. 64 ff. VO (EG) 865/2006).

Für die Einfuhr von Exemplaren der Arten nach Anhang C und D der VO (EG) 338/97 ist der Einfuhrzollstelle eine Einfuhrmeldung vorzulegen. Besondere Regelungen gelten für solche Arten, die auch in Anhang III des WA aufgeführt sind.[8]

Erleichterungen von den Einfuhrvoraussetzungen bestehen für die Wiedereinfuhr sowie für Antiquitäten (Art. 4 Abs. 5 VO (EG) 338/97).

III. Ausfuhr

Die Voraussetzungen für die Erteilung von Ausfuhrgenehmigungen und Wiederausfuhrbescheinigungen richten sich nach Art. 5 VO (EG) 338/97. Dabei ist zwischen der Ausfuhrstelle und der Ausgangszollstelle zu unterscheiden. Die Zuständigkeit der Ausfuhrzollstelle, die die Überprüfung der Sendung und Papierkontrolle durchführt, richtet sich nach dem Wohnsitz des Ausführers. Die Ausgangszollstelle überprüft als Grenzzollstelle die tatsächliche Ausfuhr.

Generell zu prüfen sind:
- naturverträgliche Entnahme,
- rechtmäßiger Erwerb,
- tierschutzgerechter Transport,
- entgegenstehende sonstige Belange des Artenschutzes.

---

6 Dazu *Apfelbacher/Adenauer/Iven*, NuR 1998, 514.
7 Die Einfuhr zum Zweck der Forschung ist nicht in jedem Fall als nicht kommerziell anzusehen, insbesondere dann nicht, wenn Ziel der Forschung Erkenntnisse sind, die für das Haltens dieser Tiere in Gefangenschaft zu kommerziellen Zwecken von Bedeutung sind, VG Frankfurt, Urt. v. 5.3.1992 – I/2 E 2031/91, NuR 1992, 392.
8 Näheres hierzu in Nr. 9.1.5.4 der „Vollzugshinweise zum Artenschutzrecht".

Dabei ist zu beachten, dass Exemplare von Arten nach Anh. A der VO (EG) 338/97 nicht für hauptsächlich kommerzielle Zwecke verwendet werden dürfen.

10 Erleichterungen (insbes. bei gezüchteten Tieren bzw. künstlich vermehrten Pflanzen, im sog. Etikettverfahren zwischen wissenschaftlichen Einrichtungen,[9] für persönliche und Haushaltsgegenstände sowie Antiquitäten) sind in Art. 7 VO (EG) 338/97 aufgeführt.[10]

IV. Durchfuhr

11 Im Falle einer Durchfuhr entfallen die für eine Ein- oder Ausfuhr vorgeschriebenen EG-rechtlichen Dokumente (Art. 7 Nr. 2 VO (EG) 338/97). Unter Durchfuhr ist die Beförderung von Exemplaren von einem Drittstaat in einen Drittstaat zu verstehen, der durch einen EU-Mitgliedstaat erfolgt. Die Zollbehörden können die Vorlage einer Kopie der nach dem WA erforderlichen Ausfuhrdokumente verlangen und bei Nichtvorlage die Exemplare gemäß § 51 beschlagnahmen und einziehen (Art. 7 Nr. 2 Buchst. c VO (EG) 338/97). Nicht als Durchfuhr anzusehen ist ein Zwischenaufenthalt in einem Freihafen oder unter Zollverschluss.

---

9 Ein Register über die zugelassenen Teilnehmer findet sich unter http://www.cites.org/common/reg/e_si.html.
10 Nähere Einzelheiten in Nr. 9.1.7 der „Vollzugshinweise".

§ 51 Inverwahrungnahme, Beschlagnahme und Einziehung durch die Zollbehörden

(1) ¹Ergeben sich im Rahmen der zollamtlichen Überwachung Zweifel, ob das Verbringen von Tieren oder Pflanzen Regelungen oder Verboten im Sinne des § 49 Absatz 1 unterliegt, kann die Zollbehörde die Tiere oder Pflanzen auf Kosten der verfügungsberechtigten Person bis zur Klärung der Zweifel in Verwahrung nehmen oder einen Dritten mit der Verwahrung beauftragen; sie kann die Tiere oder Pflanzen auch der verfügungsberechtigten Person unter Auferlegung eines Verfügungsverbotes überlassen. ²Zur Klärung der Zweifel kann die Zollbehörde von der verfügungsberechtigten Person die Vorlage einer Bescheinigung einer vom Bundesministerium für Umwelt, Naturschutz und Reaktorsicherheit anerkannten unabhängigen sachverständigen Stelle oder Person darüber verlangen, dass es sich nicht um Tiere oder Pflanzen handelt, die zu den Arten oder Populationen gehören, die einer von der Europäischen Gemeinschaft erlassenen Ein- oder Ausfuhrregelung oder Besitz- und Vermarktungsverboten nach diesem Kapitel unterliegen. ³Erweisen sich die Zweifel als unbegründet, hat der Bund der verfügungsberechtigten Person die Kosten für die Beschaffung der Bescheinigung und die zusätzlichen Kosten der Verwahrung zu erstatten.

(2) ¹Wird bei der zollamtlichen Überwachung festgestellt, dass Tiere oder Pflanzen ohne die vorgeschriebenen Genehmigungen oder sonstigen Dokumente ein-, durch- oder ausgeführt werden, werden sie durch die Zollbehörde beschlagnahmt. Beschlagnahmte Tiere oder Pflanzen können der verfügungsberechtigten Person unter Auferlegung eines Verfügungsverbotes überlassen werden. ²Werden die vorgeschriebenen Genehmigungen oder sonstigen Dokumente nicht innerhalb eines Monats nach der Beschlagnahme vorgelegt, so ordnet die Zollbehörde die Einziehung an; die Frist kann angemessen verlängert werden, längstens bis zu insgesamt sechs Monaten. ³Wird festgestellt, dass es sich um Tiere oder Pflanzen handelt, für die eine Ein- oder Ausfuhrgenehmigung nicht erteilt werden darf, werden sie sofort eingezogen.

(3) Absatz 2 gilt entsprechend, wenn bei der zollamtlichen Überwachung nach § 50 Absatz 1 festgestellt wird, dass dem Verbringen Besitz- und Vermarktungsverbote entgegenstehen.

(4) ¹Werden beschlagnahmte oder eingezogene Tiere oder Pflanzen veräußert, wird der Erlös an den Eigentümer ausgezahlt, wenn er nachweist, dass ihm die Umstände, die die Beschlagnahme oder Einziehung veranlasst haben, ohne sein Verschulden nicht bekannt waren. ²Dritte, deren Rechte durch die Einziehung oder Veräußerung erlöschen, werden unter den Voraussetzungen des Satzes 1 aus dem Erlös entschädigt.

(5) Werden Tiere oder Pflanzen beschlagnahmt oder eingezogen, so werden die hierdurch entstandenen Kosten, insbesondere für Pflege, Unterbringung, Beförderung, Rücksendung oder Verwertung, der verbringenden Person auferlegt; kann sie nicht ermittelt werden, werden sie dem Absender, Beförderer oder Besteller auferlegt, wenn diesem die Umstände, die die Beschlagnahme oder Einziehung veranlasst haben, bekannt waren oder hätten bekannt sein müssen.

Gliederung	Rdnr.
I. Allgemeines	1–4
II. Inverwahrungnahme (Abs. 1)	5–8
III. Beschlagnahme und Einziehung (Abs. 2)	9–15
IV. Anwendung auf Besitz- und Vermarktungsverbote (Abs. 3)	16
V. Ausbezahlung des Erlöses (Abs. 4)	17
VI. Kostentragung (Abs. 5)	18

I. Allgemeines

1 § 51 entspricht im Wesentlichen § 47 BNatSchG a.F. und regelt die Befugnisse der Zollstellen zu Verwahrung, Beschlagnahme und Einziehung im Zusammenhang mit der Ein- und Ausfuhr. Die Vorschrift gilt grundsätzlich nicht nur für den Verkehr mit Drittländern, sondern **auch für den innergemeinschaftlichen grenzüberschreitenden Verkehr**. Infolge des weitgehenden Wegfalls von Grenzkontrollen an den EG-Binnengrenzen hat sich insoweit die Kontrolle aber weitgehend auf die Vollzugsbehörden verlagert (vgl. §§ 46, 47), wobei § 51 hierbei ebenfalls entsprechend Anwendung findet (§ 47 Satz 2). Die Ermächtigung zur Einziehung setzt Art. VIII WA um.

2 Die Beschlagnahme und die Einziehung haben **keinen Strafcharakter**, sondern sollen verhindern, dass illegale Tiere oder Pflanzen ein- oder ausgeführt werden. Diese Maßnahmen hängen somit nicht von subjektiven Voraussetzungen (Fahrlässigkeit oder Vorsatz) und dementsprechend nicht von der Durchführung eines Ordnungswidrigkeits- oder Strafverfahrens ab. Wird ein Straf- oder Ordnungswidrigkeitsverfahren durchgeführt, sind die entsprechenden Sicherstellungsmöglichkeiten neben den artenschutzrechtlichen Sicherstellungsmöglichkeiten anwendbar. Die Einziehung stellt keine Enteignung i.S.d. Art. 14 Abs. 3 GG dar, sondern ist eine verfassungsrechtlich nicht zu beanstandende Inhalts- und Schrankenbestimmung des Eigentums i.S.d. Art. 14 Abs. 1 Satz 2 GG.[1]

3 **Adressat** der Anordnungen ist der Verfügungsberechtigte. Darunter ist der Eigentümer oder ein von diesem Bevollmächtigter, der zivilrechtlich über das Tier oder die Pflanze verfügen kann, zu verstehen. Sind die Eigentumsverhältnisse unklar, kann auf die Vermutungsregelung des § 1006 BGB zurückgegriffen werden, wonach der letzte Besitzer als Eigentümer vermutet wird.

4 Nach § 21f Abs. 6 1. ÄndG/BNatSchG waren gegen Beschlagnahme, Einziehung, die Versagung der Auszahlung des Veräußerungserlöses sowie die Auferlegung von Kosten **Rechtsbehelfe** entsprechend dem Bußgeldverfahren zulässig.[2] Dieser Verweis wurde durch das 2. ÄndG/BNatSchG aufgegeben. Einschlägig ist der Finanzrechtsweg gemäß § 33 Abs. 1 Nr. 1 FGO, da zu den Abgabenangelegenheiten, für die der Finanzrechtsweg eröffnet ist, auch Maßnahmen der Bundesfinanzbehörden zur Beachtung der Verbote und Beschränkungen für den Warenverkehr über die Grenze gehören (§ 33 Abs. 2 FGO).[3] Die Zollstelle kann nach § 80 Abs. 2 Nr. 4 VwGO den sofortigen Vollzug anordnen;[4] dies ist schriftlich zu begründen (§ 80 Abs. 3 VwGO).[5]

II. Inverwahrungnahme (Absatz 1)

5 Die Zuordnung von Tieren oder Pflanzen zu bestimmten Arten oder Populationen kann im Einzelfall erhebliche Schwierigkeiten bereiten. Dies gilt insbesondere auch für Entwicklungsformen wie z.B. Eier, Samen, Früchte

---

1 BVerfG, Beschl. v. 19.1.1989 – 2 BvR 554/88, NuR 1990, 402; Beschl. v. 17.1.1996 – 2 BvR 589/92, NuR 1996, 400.
2 Dazu *Louis*, BNatSchG § 21f Rdnr. 19 ff.
3 FG Kassel, Urt. v. 17.9.2007 – 7 K 2128/07, NuR 2008, 135.
4 OVG Münster, Beschl. v. 17.2.1987 – 7 B 2794/86, NuR 1987, 328.
5 Ein Muster für die Anordnung einer Beschlagnahme mit Sofortvollzug findet sich in den Vollzugshinweisen zum Artenschutzrecht, Anlage 20.10.

sowie für ohne weiteres erkennbare Teile von und Erzeugnisse aus Tieren und Pflanzen, die entsprechend der Legaldefinitionen in § 7 Abs. 2 Nr. 1 und 2 ebenso wie tote Exemplare auch unter den Begriff der „Tiere" und der „Pflanzen" fallen. Hilfestellung hierfür bietet das „Erkennungshandbuch zum WA" des Bundesministeriums für Umwelt, Naturschutz und Reaktorsicherheit.[6]

Bestehen trotz Heranziehung dieses Hilfsmittels Zweifel, ob Tiere oder Pflanzen zu Arten (§ 7 Abs. 2 Nr. 3) oder Populationen (§ 7 Abs. 2 Nr. 6) gehören, deren Ein- und Ausfuhr Beschränkungen nach der EG-VO oder nationalen artenschutzrechtlichen Regelungen unterliegt, kann die Zollstelle die Tiere oder Pflanzen **in Verwahrung nehmen, bis die Zweifel geklärt sind.** Anstelle einer eigenen Verwahrung kann die Zollstelle die Tiere oder Pflanzen auch einem Dritten (z.b. einer zoologischen Einrichtung oder einer Pflegestation) in Verwahrung geben. 6

Die Inverwahrungnahme begründet ein **öffentlich-rechtliches Verwahrungsverhältnis** (entsprechend einer polizeirechtlichen Sicherstellung, vgl. z.b. § 32 PolG BW); die Entziehung derart sichergestellter Exemplare ist nach § 133 StGB strafbar. Die Zollstelle kann anstelle einer Inverwahrungnahme das Exemplar auch dem Verfügungsberechtigten überlassen und ein Verfügungsverbot aussprechen. Dies setzt voraus, dass der Verfügungsberechtigte vertrauenswürdig und zuverlässig ist. Verstößt der Verfügungsberechtigte gegen das Veräußerungsverbot, ist der darauf bezogene schuld- und sachenrechtliche Vertrag nach §§ 136, 134 BGB nichtig. Bei Leistungsstörungen (z.b. Unmöglichkeit der Rückgabe wegen Tod des Tieres oder Zerstörung des Exemplars; Beschädigung während der Verwahrung) sind die Vorschriften der §§ 688 ff. BGB analog heranzuziehen,[7] soweit sich nicht aus dem Zweck des § 51 eine Unanwendbarkeit ergibt (z.b. ist § 695 BGB nicht anwendbar). 7

Die Zollstelle kann die Vorlage einer **Bescheinigung** einer vom BMU als sachverständig anerkannten Stelle oder Person verlangen (vgl. hierzu die „Bekanntmachung der Liste der anerkannten Sachverständigen und Personen für die Ein- und Ausfuhr von geschützten Tieren und Pflanzen" vom 18.7.2000[8]). Die Bescheinigung ist vom Verfügungsberechtigten auf eigene Kosten einzuholen; dieser hat auch die Kosten der Verwahrung zu tragen. Abweichend von dieser grundsätzlichen Pflicht zur Kostentragung enthält Satz 3 die Regelung, dass der Bund die Kosten der Bescheinigung sowie der Verwahrung zu tragen hat, wenn sich die Zweifel an der Identität der Tiere oder Pflanzen auf Grund der eingeholten Stellungnahme als unberechtigt erweisen. Der Verfügungsberechtigte muss sich eigene, für die Unterbringung ersparte Aufwendungen anrechnen lassen.[9] 8

III. Beschlagnahme und Einziehung (Absatz 2)

Tiere und Pflanzen (vgl. § 7 Abs. 2 Nr. 1 und 2), die ohne Genehmigungen oder Dokumente ein- oder ausgeführt werden, sind von der Zollstelle zu be- 9

---

6 Loseblattsammlung, 4 Bde. Das Handbuch wurde auf der Grundlage des Identification Manual erarbeitet, das vom CITES-Sekretariat herausgegeben wird. Die Übersetzung und Überarbeitung der englischen Originalfassung erfolgte durch das BfN.
7 VGH Kassel, Urt. v. 17.2.1987 – 11 UE 1193/84, NVwZ 1988, 655; *Maurer*, Allgemeines Verwaltungsrecht 14. Aufl. 2002, Rdnr. 5.
8 BAnz. Nr. 154 v. 17.8.2000 S. 16397.
9 *Bendomir-Kahlo*, in: Gassner u.a., § 21f Rdnr. 5.

schlagnahmen; ein Ermessensspielraum ist nicht gegeben. Weshalb die Genehmigung oder die Dokumente nicht vorliegen, ist nicht von Belang, insbesondere kommt es nicht auf Verschulden an. Die **Beschlagnahme** bewirkt ein Veräußerungsverbot nach § 136 BGB und eine Verstrickung in strafrechtlicher Hinsicht (§ 136 StGB). Zu Rechtsbehelfen vgl. Rdnr. 4. Die Beschlagnahme dient insbesondere dazu, die Tiere oder Pflanzen sicherzustellen, um sie nachfolgend einziehen zu können, wenn die Genehmigungen oder Dokumente nicht fristgerecht vorgelegt werden. Auch im Falle der Beschlagnahme können – wie bei der Ingewahrsamnahme – die Tiere und Pflanzen einer geeigneten Unterbringungseinrichtung zugeführt oder dem Verfügungsberechtigten unter Auferlegung eines Verfügungsverbotes überlassen werden; die Beschlagnahme ist dabei entsprechend § 111c Abs. 1 StPO kenntlich zu machen. Die Beschlagnahme kann zunächst durch mündlichen Verwaltungsakt ergehen; aus Gründen der Rechtssicherheit sollte aber ein schriftlicher Bescheid nachgeschoben werden.[10] Die Beschlagnahme ist schon bei bloßen Zweifeln über die Rechtmäßigkeit der Einfuhr möglich. Es gilt eine Umkehr der Beweislast. Die Exemplare sind solange zu beschlagnahmen, wie der Besitzer nicht den Nachweis eines Ausnahmetatbestandes führt.[11]

10 Die **Einziehung** hat das Ziel, illegale Exemplare dem Verkehr zu entziehen und bewirkt, dass das Eigentum an dem Exemplar mit der Rechtskraft des Verwaltungsaktes auf den Staat übergeht. Die Einziehung erfolgt i.d.R. frühestens einen Monat nach der Beschlagnahme, wenn die erforderlichen Dokumente oder Nachweise nicht vorgelegt werden; die Frist kann bis auf insgesamt ein halbes Jahr verlängert werden. Die Fristverlängerung ist nicht antragsgebunden.[12] Die Einziehung wird auch nicht rechts- oder verfassungswidrig, wenn die fehlenden erforderlichen Aus- und Einfuhrgenehmigungen nachträglich, aber nach Ablauf der Beibringungsfrist vorgelegt werden.[13] Steht fest, dass die Nachweise nicht beigebracht werden können – z.b. weil vom BfN eine erforderliche nachträgliche Einfuhrgenehmigung nicht erteilt werden darf, hat die Einziehung gemäß Abs. 2 Satz 3 sofort zu erfolgen.[14]

11 Mit der Einziehung ist auch darüber zu entscheiden, wie mit den eingezogenen Tieren oder Pflanzen weiter zu verfahren ist. Hierbei ist zwischen lebenden Exemplaren und toten Exemplaren, Teilen und Erzeugnissen zu unterscheiden. Bei lebenden Exemplaren kommt eine Rückführung in das Herkunftsland, eine Freilassung, eine Abgabe an eine geeignete Einrichtung oder Person oder eine Tötung des eingezogenen Exemplars in Betracht. Eine Rückführung hat zur Voraussetzung, dass die Herkunftspopulation bekannt ist und der Gesundheitszustand des Exemplars eine Rückführung zulässt.[15] Das Ausfuhrland ist anzuhören (Art. 16 Abs. 3 Buchst. b VO (EG) 338/97). Eine Rückführung auf Kosten des Transporteurs kann auch ver-

---

10 Vollzugshinweise 16.4.
11 AG Borken, Beschl. v. 23.1.1990 – 4 AR 5/90, NuR 1990, 432.
12 FG Kassel, Urt. v. 17.9.2007 – 7 K 2128/07, NuR 2008, 135.
13 BVerfG, Beschl. v. 19.1.1989 – 2 BvR 554/88, NuR 1990, 402.
14 Ein Vordruck für einen Beschlagnahmebescheid mit einer entsprechenden Rechtsbehelfsbelehrung findet sich in Anlage 20.10 der Vollzugshinweise zum Artenschutzrecht.
15 Ein Beispielsfall (Rückführung von Karettschildkröten zu den Seychellen) findet sich unter: http://www.bfn.de/0401_pm.html?&cHash=1fa7bd5820&tx_ttnews[backPid]=1&tx_ttnews[tt_news]=2574.

langt werden, wenn der vorgesehene Empfänger die Annahme des Exemplars verweigert (Art. 16 Abs. 4 VO (EG) 338/97).

Eine Freilassung kommt bei Exemplaren heimischer Arten in Betracht. Dabei ist darauf zu achten, dass das Exemplar überlebensfähig sein muss und keine Gefährdung einer heimischen Tier- oder Pflanzenpopulation hervorgerufen wird. Dies ist durch die jeweils zuständigen Landesbehörden zu klären. Die Aussetzungsvorschriften (§ 40 Abs. 4) sind zu beachten. **12**

Bei einer Abgabe ist zu beachten, dass ein freihändiger Verkauf eingezogener Exemplare nur bei auf Grund gesetzlicher Ausnahmen handelbaren Arten in Betracht kommt (z.b. Arten nach Anlage 5 BArtSchV) und für Arten nach Anhang A des WA die freie Vermarktung gemäß Art. 8 Abs. 6 VO (EG) 338/97 untersagt ist.[16] Bei freiem Verkauf ist der Erwerber von den Besitz- und Vermarktungsverboten zu befreien (vgl. § 45 Abs. 6). Ansonsten ist zu prüfen, ob eine dauerhafte Unterbringung bei einer zuverlässigen Einrichtung erfolgen kann. Vorrangig kommen Zoologische oder Botanische Gärten, Vogel- oder Wildparks, Zoologische Sammlungen sowie zuverlässige und in der Haltung versierte Spezialisten in Betracht.[17] Es ist darauf zu achten, dass durch die Abgabe nicht die Gefahr weiterer artenschutzrechtlicher Verstöße begründet wird.[18] Bei der Entscheidung über eine Unterbringung ist das BfN als wissenschaftliche Behörde anzuhören (Art. 16 Abs. 3 Buchst. a VO (EG) 338/97). **13**

Eine Tötung von Wirbeltieren ist nur unter den Voraussetzungen der §§ 4 ff. TierSchG zulässig. Sie kommt insbesondere in Betracht, wenn das Tier krank oder verletzt ist oder bei sog. Faunenverfälschern, die nicht in das Ursprungsland zurückgeführt werden können und deren Unterbringung unverhältnismäßige Kosten verursachen würde. **14**

Tote Exemplare sowie Teile von und Erzeugnisse aus Tieren und Pflanzen werden grundsätzlich nicht verkauft, sondern an Museen, Hochschulen, sonstige Bildungseinrichtungen (z.B. Schulen, Naturschutzzentren) oder Forschungsstellen als Verwahrungseinrichtungen abgegeben. Daneben können sie auch von den Zoll- oder Naturschutzbehörden für eigene Schulungs- oder Ausstellungszwecke verwendet werden. **15**

IV. Anwendung auf Besitz- und Vermarktungsverbote (Absatz 3)

Die Beschlagnahme- und Einziehungsvorschriften des Abs. 2 sind auch anwendbar, wenn die erforderlichen Ein- bzw. Ausfuhrdokumente vorhanden sind, aber eine Ausnahme von den Besitz- und Vermarktungsverboten nicht vorliegt. Auch hier ist zunächst zu beschlagnahmen und eine Frist zur Vorlage zu bestimmen. **16**

---

16 Zum „Notverkauf" vgl. § 45 Rdnr. 24.
17 Eine solche Überlassung ist als „Notveräußerung" analog § 111l StPO auch bei Tieren möglich, die nach strafrechtlichen Vorschriften beschlagnahmt wurden und nicht vermarktet werden dürfen, LG Hannover, Beschl. v. 20.4.2009 – 96 AR 3/09, NuR 2009, 659 mit Anm. Iburg.
18 Zu näheren Einzelheiten vgl. Vollzugshinweise zum Artenschutzrecht 18.2; ein Muster eines Überlassungsvertrags ebenda, Anl. 20.11.

V. Ausbezahlung des Erlöses (Absatz 4)

17 Eingezogene Tiere und Pflanzen können von der Zollstelle verwertet werden, soweit nicht zwingende Rechtsvorschriften entgegenstehen (vgl. oben unter III.). Für beschlagnahmte Exemplare kommt eine Verwertung nur ausnahmsweise unter den Voraussetzungen der Notveräußerung (entsprechend § 111l StPO) in Betracht, da das Eigentum an dem beschlagnahmten Exemplar noch nicht auf den Staat übergegangen ist. Für die Zollverwaltung sind die Verwertungserlasse des Bundesministeriums für Finanzen zu beachten. Gutgläubige Eigentümer oder Dritte, deren Rechte durch die Verwertung betroffen werden, werden aus dem Erlös entschädigt. Der Eigentümer oder Dritte muss belegen, dass bei ihm ein unverschuldeter Tatbestandsirrtum (z.b. über die Zuordnung des Exemplars zu einer bestimmten Art oder über die Gültigkeit eines Dokuments) vorliegt. Sofern der Eigentümer oder Dritte Anlass zu Zweifeln über die Identität oder die Gültigkeit von Dokumenten haben muss, ist es ihm regelmäßig zuzumuten, diese durch Erkundigungen bei den zuständigen Stellen auszuräumen, und ihm damit eine Fahrlässigkeit zur Last zu legen. Keine Berücksichtigung findet ein Verbotsirrtum,[19] d.h. z.B. ein Irrtum über die Einstufung einer Art als „besonders geschützt".

VI. Kostentragung (Absatz 5)

18 Die Kosten, die im Zusammenhang mit einer Beschlagnahme oder Einziehung anfallen, hat der Ein- oder Ausführer zu tragen. Hierbei kommt es hinsichtlich des Ein- oder Ausführers – im Unterschied zu der subsidiären Heranziehung eines Absenders, Beförderers oder Bestellers – nicht darauf an, ob er das Vorliegen der Beschlagnahme- oder Einziehungsgründe kannte oder kennen musste. Eine derartige Regelung ist nach Art. VIII Abs. 5 WA in das Ermessen der Vertragsparteien des WA gestellt. Hinsichtlich der Verwahrung enthält Abs. 1 eine eigenständige Kostenregelung. Zu den Kosten der Einziehung gehören nicht nur die Kosten, die bis zum Eigentumsübergang auf den Rechtsträger der einziehenden Behörde anfallen, sondern grundsätzlich auch alle folgenden, zurechenbar durch die Einziehung verursachten Kosten.[20]

---

19 OLG Düsseldorf, Beschl v. 22.9.1992 – 2 Ss (OWi) 196/92 – (OWi) 66/92 II, NuR 1993, 179.
20 VG Karlsruhe, Urt. v. 2.3.2009 – 3 K 1609/08, NuR 2009, 661.

Abschnitt 5 **Auskunfts- und Zutrittsrecht; Gebühren und Auslagen**

§ 52 Auskunfts- und Zutrittsrecht

(1) Natürliche und juristische Personen sowie nicht rechtsfähige Personenvereinigungen haben den für Naturschutz und Landschaftspflege zuständigen Behörden oder nach § 49 mitwirkenden Behörden auf Verlangen die Auskünfte zu erteilen, die zur Durchführung der Rechtsakte der Europäischen Gemeinschaft, dieses Kapitels oder der zu ihrer Durchführung erlassenen Rechtsvorschriften erforderlich sind.

(2) [1]Personen, die von den in Absatz 1 genannten Behörden beauftragt sind, dürfen, soweit dies erforderlich ist, im Rahmen des Absatzes 1 betrieblich oder geschäftlich genutzte Grundstücke, Gebäude, Räume, Seeanlagen, Schiffe und Transportmittel der zur Auskunft verpflichteten Person während der Geschäfts- und Betriebszeiten betreten und die Behältnisse sowie die geschäftlichen Unterlagen einsehen. [2]Die zur Auskunft verpflichtete Person hat, soweit erforderlich, die beauftragten Personen dabei zu unterstützen sowie die geschäftlichen Unterlagen auf Verlangen vorzulegen.

(3) Für die zur Auskunft verpflichtete Person gilt § 55 der Strafprozessordnung entsprechend.

Gliederung	Rdnr.
I. Allgemeines	1, 2
II. Auskunftspflicht (Abs. 1)	3–5
III. Zutrittsrecht (Abs. 2)	6–12
IV. Auskunftsverweigerungsrecht (Abs. 3)	13

I. Allgemeines

§ 52 entspricht weitgehend § 50 BNatSchG a.F.; zusätzlich wurden in Abs. 2 die Seeanlagen und Schiffe neu eingefügt. Dies war erforderlich, um auch in der ausschließlichen Wirtschaftszone zur Kontrolle der artenschutzrechtlichen Vorgaben über ein Betretungsrecht zu verfügen. **1**

Die Vorschrift regelt die Auskunfts- und Zutrittsrechte der im Bereich des Artenschutzes zuständigen Behörden und die darauf bezogenen Mitwirkungs- und Duldungspflichten. Ergänzt werden die Mitwirkungspflichten durch die Anzeigepflichten bei der Haltung von Wirbeltieren der besonders geschützten Arten nach § 6 Abs. 2 BArtSchV. **2**

II. Auskunftspflicht (Absatz 1)

Abs. 1 gibt den nach §§ 48 und 49 zuständigen Behörden (BfN, Zollstellen und nach Landesrecht für Artenschutz zuständige Behörden) die Befugnis, durch Verwaltungsakt Auskünfte zu verlangen. Auskunftspflichtig sind natürliche Personen, juristische Personen des Privatrechts (z.B. eingetragener Verein, GmbH, AG) und des öffentlichen Rechts (Stiftung, Körperschaft) sowie nichtrechtsfähige Personenvereinigungen (nicht rechtsfähiger Verein, BGB-Gesellschaft, OHG, KG). **3**

Das **Auskunftsbegehren** muss auf die Durchführung von EU-Verordnungen (z.B. der EU-VO Nr. 338/97), der Vorschriften des 5. Kapitels oder der zu deren Durchführung erlassenen bundes- oder landesrechtlichen Rechtsvor- **4** schriften (z.b. BArtSchV) gerichtet sein. Nicht erfasst sind landesrechtliche Regelungen, die nicht in Durchführung der bundesrechtlichen Vorschriften erlassen werden.[1] Durch ein derartiges Auskunftsverlangen wird die Auskunftspflicht für den Adressaten verbindlich geklärt und konkretisiert.[2] Verlangt werden können die erforderlichen Auskünfte, d.h. Auskünfte, ohne die eine behördliche Maßnahme nicht, nicht rechtzeitig oder nicht sachgemäß durchgeführt werden könnte.

5 Der Verwaltungsakt kann unter den Voraussetzungen des § 80 Abs. 2 Nr. 4 VwGO für sofort vollziehbar erklärt und nach den Vorschriften des Verwaltungszwangs durchgesetzt werden. Dabei richten sich Vollstreckungsmaßnahmen des BfN und der Zollbehörden nach dem Verwaltungsvollstreckungsgesetz des Bundes, die der zuständigen Landesbehörden nach dem Verwaltungsvollstreckungsgesetz des jeweiligen Landes. Daneben kommt auch die Einleitung eines Bußgeldverfahrens nach § 69 Abs. 3 Nr. 24 in Betracht.

III. Zutrittsrecht (Absatz 2)

6 Abs. 2 regelt die behördlichen Befugnisse und die Duldungs- und Mitwirkungspflichten zur Durchsetzung der Auskunftspflicht. Voraussetzung zur Ausübung dieser Befugnisse ist deren Erforderlichkeit. Eine solche ist nicht gegeben, wenn andere, weniger belastende Maßnahmen zur Durchsetzung des Auskunftsrechts zur Verfügung stehen oder der Grundsatz der Verhältnismäßigkeit nicht gewahrt wird.

7 **Berechtigt** sind die von den in Abs. 1 genannten Behörden beauftragten Personen. Generell als beauftragt gelten die Mitarbeiter der zuständigen Naturschutzbehörden. Sonstige geeignete Personen, die beauftragt werden können, sind z.b. Mitarbeiter der Polizei, Gemeindeverwaltung oder Zollverwaltung. Die Beauftragten müssen über die erforderlichen Kenntnisse der einschlägigen Rechtsvorschriften verfügen. Die Beauftragung kann formlos erfolgen, sollte aus Gründen der Rechtssicherheit aber schriftlich vorgenommen werden. Die Beauftragten haben sich auszuweisen.

8 Das Betretungsrecht bezieht sich nur auf geschäftlich oder betrieblich genutzte Bereiche während den Geschäfts- oder Betriebszeiten. Das Grundrecht aus Art. 13 GG wird nicht tangiert, da das Betretungsrecht als Annex der behördlichen Überwachungs- und Kontrollbefugnisse das gewerbliche oder berufliche Verhalten, nicht aber den durch Art. 13 GG geschützten Privatbereich betrifft.[3] Nicht erforderlich ist eine gewerbsmäßige Geschäftstätigkeit; auch zu Vereinszwecken genutzte Räume oder Geschäftsstellen können betreten werden. Geschäfts- und Betriebszeiten sind insbesondere die Öffnungszeiten von Einrichtungen sowie Bürozeiten.

9 Der **Begriff des Grundstücks** ist im zivilrechtlichen Sinn zu verstehen (abgegrenzter Teil der Erdoberfläche, der im Bestand eines Grundbuchblattes geführt wird). Gebäude sind nach der baurechtlichen Definition selbständig benutzbare, überdeckte bauliche Anlagen, die von Menschen betreten werden können und die dem Schutz von Menschen, Tieren oder Sachen dienen (z.B. § 1 Abs. 3 LBO BW). Auch Zirkuszelte sind derartige bauliche Anla-

---

1 So auch *Louis*, BNatSchG § 23 Rdnr. 4; die a.A. von *Kolodziejcok/Recken*, Kennzahl 1169 Rdnr. 3 bezieht sich auf die alte Rechtslage.
2 *Stelkens/Bonk/Sachs*, VwVfG § 35 Rdnr. 48.
3 *Papier* in *Maunz/Dürig/Herzog*, GG, Art. 13 Rdnr. 15.

gen. Räume sind begehbare Teile eines Gebäudes oder sonstige bauliche Einrichtungen wie z.b. Käfige. Transportmittel sind z.b. Personen- und Lastkraftwagen, Anhänger, Eisenbahnwaggons, Transportcontainer. Sind Käfige infolge ihrer geringen Größe nicht betretbar, unterliegen sie als „Behältnisse" der behördlichen Einsichtnahme.

Vorzulegende geschäftliche **Unterlagen** sind z.b. Geschäftsbücher, Lieferscheine, Akten sowie das Aufnahme- und Auslieferungsbuch nach § 8 BArtSchV. **10**

Abs. 2 gibt **kein Recht**, nach bestimmten Gegenständen oder Tieren zu suchen, dies ist nur im Rahmen einer Durchsuchung möglich. Für das Betreten von Geschäfts- oder Betriebsräumen außerhalb der Geschäfts- oder Betriebszeiten sowie für die Durchsuchung ist ein richterlicher Durchsuchungsbefehl erforderlich (§ 105 StPO, § 46 Abs. 1 OWiG). Gleiches gilt für das Betreten und Durchsuchen von Privatgrundstücken und -räumen. Bei Gefahr in Verzug kann eine Durchsuchung auch durch die Staatsanwaltschaft oder deren Ermittlungspersonen (entsprechend § 153 GVG in Verbindung mit der jeweiligen landesrechtlichen Rechtsverordnung) angeordnet werden. **11**

Der Auskunftspflichtige hat das **Betreten zu dulden** und die beauftragten Personen **zu unterstützen**, indem z.b. Tiere zu ihrer Identifizierung vorgeführt werden.[4] Weiterhin sind die geschäftlichen Unterlagen vorzulegen. Bei einer Buchführung auf Datenträgern sind die erforderlichen Hilfsmittel zur Lesbarkeit zur Verfügung zu stellen (entsprechend § 261 HGB). Eine Spezialregelung enthält § 5 Abs. 3 BArtSchV, wonach auf Verlagen der Behörde das Aufnahme- und Auslieferungsbuch zur Prüfung auszuhändigen ist. Ein Verstoß gegen die Unterstützung- und Vorlagepflicht stellt eine Ordnungswidrigkeit dar (§ 69 Abs. 3 Nr. 25). **12**

IV. Auskunftsverweigerungsrecht (Absatz 3)

Abs. 3 enthält das übliche Auskunftsverweigerungsrecht, welches aus dem allgemeinen Verbot des Zwangs zur Selbstbezichtigung oder zur Bezichtigung von Angehörigen (§ 383 ZPO) resultiert (vgl. § 136 StPO). Soweit Handlungspflichten sowie die Pflicht zur Vorlage von Geschäftsunterlagen nach Abs. 2 mittelbar zu einer derartigen Selbstbezichtigung führen können, bezieht sich das Verweigerungsrecht auch auf diese.[5] Besteht ein Auskunftsverweigerungsrecht und wird von diesem Gebrauch gemacht, kann nicht auf Verwaltungszwang zurückgegriffen werden und kein Bußgeld verhängt werden. **13**

---

4 *Schmidt*, NVwZ 1987, 1041; BT-Drs. 10/5064, S. 34.
5 So auch *Bendomir-Kahlo*, § 23 Rdnr. 8, *Louis*, BNatSchG § 23 Rdnr. 10; a.A. *Kolodziejcok/Recken*, Kennzahl 1169 Rdnr. 9.

§ 53 Gebühren und Auslagen; Ermächtigung zum Erlass von Rechtsverordnungen

(1) Das Bundesamt für Naturschutz erhebt für seine Amtshandlungen nach den Vorschriften dieses Kapitels sowie nach den Vorschriften der Verordnung (EG) Nr. 338/97 Gebühren und Auslagen.

(2) ¹Das Bundesministerium für Umwelt, Naturschutz und Reaktorsicherheit wird ermächtigt, im Einvernehmen mit dem Bundesministerium der Finanzen, dem Bundesministerium für Ernährung, Landwirtschaft und Verbraucherschutz und dem Bundesministerium für Wirtschaft und Technologie durch Rechtsverordnung ohne Zustimmung des Bundesrates die gebührenpflichtigen Tatbestände, die Gebührensätze und die Auslagenerstattung zu bestimmen und dabei feste Sätze und Rahmensätze vorzusehen. ²Die zu erstattenden Auslagen können abweichend vom Verwaltungskostengesetz geregelt werden.

1 § 53 entspricht weitgehend § 48 BNatSchG a.F. Durch die Aufnahme des Verweises auf die EG-Verordnung 338/97 ist es dem BfN nun auch möglich, für Amtshandlungen nach der EG-Artenschutzverordnung Gebühren zu erheben und die Erstattung von Auslagen zu verlangen.

2 Die Gebühren, Auslagen, Gebührenbefreiungen und -ermäßigungen sind geregelt in der Kostenverordnung für Amtshandlungen des Bundesamtes für Naturschutz (BfNKostV) vom 25.3.1998 (BGBl. I S. 629, zuletzt geändert durch Art. 25 des Gesetzes zur Neuregelung des Rechts des Naturschutzes und der Landschaftspflege vom 29.7.2009 BGBl. I S. 2542[1]). Eine Gebührenbefreiung ist nach § 2 Abs. 1 der Verordnung auf Antrag zu gewähren, wenn die Exemplare für Zwecke der wissenschaftlichen Forschung und Lehre, die insbesondere zur Erhaltung der Art beitragen, oder für wissenschaftliche Arterhaltungszuchtprojekte ein- oder ausgeführt werden. Die Verwendung der Exemplare zu hauptsächlich kommerziellen Zwecken schließt eine Gebührenbefreiung aus. Eine Gebührenermäßigung kommt gemäß § 2 Abs. 2 der Verordnung in Betracht, wenn die eigentlich anzusetzende Gebühr den Warenwert um mindestens 30 % übersteigen würde.

---

1 Durch Art. 25 wurde die auch frühere Bezeichnung „Kostenverordnung zum Bundesnaturschutzgesetz (BNatSchGKostV)" geändert.

Abschnitt 6 **Ermächtigungen**

§ 54 Ermächtigung zum Erlass von Rechtsverordnungen

(1) Das Bundesministerium für Umwelt, Naturschutz und Reaktorsicherheit wird ermächtigt, durch Rechtsverordnung mit Zustimmung des Bundesrates bestimmte, nicht unter § 7 Absatz 2 Nummer 13 Buchstabe a oder Buchstabe b fallende Tier- und Pflanzenarten oder Populationen solcher Arten unter besonderen Schutz zu stellen, soweit es sich um natürlich vorkommende Arten handelt, die
1. im Inland durch den menschlichen Zugriff in ihrem Bestand gefährdet sind, oder soweit es sich um Arten handelt, die mit solchen gefährdeten Arten oder mit Arten im Sinne des § 7 Absatz 2 Nummer 13 Buchstabe b verwechselt werden können, oder
2. in ihrem Bestand gefährdet sind und für die die Bundesrepublik Deutschland in hohem Maße verantwortlich ist.

(2) Das Bundesministerium für Umwelt, Naturschutz und Reaktorsicherheit wird ermächtigt, durch Rechtsverordnung mit Zustimmung des Bundesrates
1. bestimmte, nach § 7 Absatz 2 Nummer 13 Buchstabe a oder Buchstabe b besonders geschützte
   a) Tier- und Pflanzenarten, die in Anhang B der Verordnung (EG) Nr. 338/97 aufgeführt sind,
   b) europäische Vogelarten,
2. bestimmte sonstige Tier- und Pflanzenarten im Sinne des Absatzes 1
unter strengen Schutz zu stellen, soweit es sich um natürlich vorkommende Arten handelt, die im Inland vom Aussterben bedroht sind oder für die die Bundesrepublik Deutschland in besonders hohem Maße verantwortlich ist.

(3) Das Bundesministerium für Umwelt, Naturschutz und Reaktorsicherheit wird ermächtigt, durch Rechtsverordnung mit Zustimmung des Bundesrates
1. näher zu bestimmen, welche Teile von Tieren oder Pflanzen besonders geschützter Arten oder aus solchen Tieren oder Pflanzen gewonnene Erzeugnisse als ohne Weiteres erkennbar im Sinne des § 7 Absatz 2 Nummer 1 Buchstabe c und d oder Nummer 2 Buchstabe c und d anzusehen sind,
2. bestimmte besonders geschützte Arten oder Herkünfte von Tieren oder Pflanzen besonders geschützter Arten sowie gezüchtete oder künstlich vermehrte Tiere oder Pflanzen besonders geschützter Arten von Verboten des § 44 ganz, teilweise oder unter bestimmten Voraussetzungen auszunehmen, soweit der Schutzzweck dadurch nicht gefährdet wird und die Artikel 12, 13 und 16 der Richtlinie 92/43/EWG, die Artikel 5 bis 7 und 9 der Richtlinie 79/409/EWG, sonstige Rechtsakte der Europäischen Gemeinschaft oder Verpflichtungen aus internationalen Artenschutzübereinkommen dem nicht entgegenstehen.

(4) Das Bundesministerium für Umwelt, Naturschutz und Reaktorsicherheit wird ermächtigt, durch Rechtsverordnung mit Zustimmung des Bundesrates invasive Tier- und Pflanzenarten zu bestimmen, für die nach § 44 Absatz 3 Nummer 2 die Verbote des § 44 Absatz 2 gelten, soweit dies erforderlich ist, um einer Gefährdung von Ökosystemen, Biotopen oder Arten entgegenzuwirken.

(5) [1]Das Bundesministerium für Umwelt, Naturschutz und Reaktorsicherheit wird ermächtigt, soweit dies aus Gründen des Artenschutzes erforderlich ist und Rechtsakte der Europäischen Gemeinschaft dem nicht entgegenstehen, durch Rechtsverordnung mit Zustimmung des Bundesrates
1. die Haltung oder die Zucht von Tieren,
2. das Inverkehrbringen von Tieren und Pflanzen
bestimmter besonders geschützter Arten sowie von Tieren und Pflanzen der durch Rechtsverordnung nach § 54 Absatz 4 bestimmten Arten zu verbieten oder zu beschränken.

(6) [1]Das Bundesministerium für Umwelt, Naturschutz und Reaktorsicherheit wird ermächtigt, soweit dies aus Gründen des Artenschutzes, insbesondere zur Erfül-

lung der sich aus Artikel 15 der Richtlinie 92/43/EWG, Artikel 8 der Richtlinie 79/409/EWG oder aus internationalen Artenschutzübereinkommen ergebenden Verpflichtungen, erforderlich ist, durch Rechtsverordnung mit Zustimmung des Bundesrates
1. die Herstellung, den Besitz, das Inverkehrbringen oder die Verwendung bestimmter Geräte, Mittel oder Vorrichtungen, mit denen in Mengen oder wahllos wild lebende Tiere getötet, bekämpft oder gefangen oder Pflanzen bekämpft oder vernichtet werden können, oder durch die das örtliche Verschwinden oder sonstige erhebliche Beeinträchtigungen von Populationen der betreffenden Tier- oder Pflanzenarten hervorgerufen werden könnten,
2. Handlungen oder Verfahren, die zum örtlichen Verschwinden oder zu sonstigen erheblichen Beeinträchtigungen von Populationen wild lebender Tier- oder Pflanzenarten führen können,

zu beschränken oder zu verbieten. [2]Satz 1 Nummer 1 gilt nicht für Geräte, Mittel oder Vorrichtungen, die auf Grund anderer Rechtsvorschriften einer Zulassung bedürfen, sofern bei der Zulassung die Belange des Artenschutzes zu berücksichtigen sind.

(7) [1]Das Bundesministerium für Umwelt, Naturschutz und Reaktorsicherheit wird ermächtigt, durch Rechtsverordnung mit Zustimmung des Bundesrates Vorschriften zum Schutz von Horststandorten von Vogelarten zu erlassen, die in ihrem Bestand gefährdet und in besonderem Maße störungsempfindlich sind und insbesondere während bestimmter Zeiträume und innerhalb bestimmter Abstände Handlungen zu verbieten, die die Fortpflanzung oder Aufzucht beeinträchtigen können. [2]Weiter gehende Schutzvorschriften einschließlich der Bestimmungen über Ausnahmen und Befreiungen bleiben unberührt.

(8) Zur Erleichterung der Überwachung der Besitz- und Vermarktungsverbote wird das Bundesministerium für Umwelt, Naturschutz und Reaktorsicherheit ermächtigt, durch Rechtsverordnung mit Zustimmung des Bundesrates Vorschriften zu erlassen über
1. Aufzeichnungspflichten derjenigen, die gewerbsmäßig Tiere oder Pflanzen der besonders geschützten Arten be- oder verarbeiten, verkaufen, kaufen oder von anderen erwerben, insbesondere über den Kreis der Aufzeichnungspflichtigen, den Gegenstand und Umfang der Aufzeichnungspflicht, die Dauer der Aufbewahrungsfrist für die Aufzeichnungen und ihre Überprüfung durch die für Naturschutz und Landschaftspflege zuständigen Behörden,
2. die Kennzeichnung von Tieren und Pflanzen der besonders geschützten Arten für den Nachweis nach § 46,
3. die Erteilung von Bescheinigungen über den rechtmäßigen Erwerb von Tieren und Pflanzen für den Nachweis nach § 46,
4. Pflichten zur Anzeige des Besitzes von
   a) Tieren und Pflanzen der besonders geschützten Arten,
   b) Tieren und Pflanzen der durch Rechtsverordnung nach § 54 Absatz 4 bestimmten Arten.

(9) [1]Rechtsverordnungen nach Absatz 1 Nummer 2 bedürfen des Einvernehmens mit dem Bundesministerium für Ernährung, Landwirtschaft und Verbraucherschutz, mit dem Bundesministerium für Verkehr, Bau und Stadtentwicklung sowie mit dem Bundesministerium für Wirtschaft und Technologie. [2]Rechtsverordnungen nach Absatz 6 Satz 1 Nummer 1 und Absatz 8 Nummer 1, 2 und 4 bedürfen des Einvernehmens mit dem Bundesministerium für Wirtschaft und Technologie. [3]Im Übrigen bedürfen die Rechtsverordnungen nach den Absätzen 1 bis 8 des Einvernehmens mit dem Bundesministerium für Ernährung, Landwirtschaft und Verbraucherschutz, in den Fällen der Absätze 1 bis 6 und 8 jedoch nur, soweit sie sich beziehen auf
1. Tierarten, die dem Jagd- oder Fischereirecht unterliegen,
2. Tierarten, die zum Zweck des biologischen Pflanzenschutzes eingesetzt werden, oder
3. Pflanzen, die durch künstliche Vermehrung gewonnen oder forstlich nutzbar sind.

(10) ¹Die Landesregierungen werden ermächtigt, durch Rechtsverordnung allgemeine Anforderungen an Bewirtschaftungsvorgaben für die land-, forst- und fischereiwirtschaftliche Bodennutzung im Sinne des § 44 Absatz 4 festzulegen. ²Sie können die Ermächtigung nach Satz 1 durch Rechtsverordnung auf andere Landesbehörden übertragen.

Gliederung

	Rdnr.
I. Allgemeines	1–4
II. Unterschutzstellung (Abs. 1 und 2)	5–12
1. Allgemeines	5, 6
2. Arten mit nationaler Verantwortung (Abs. 1 Nr. 2, Abs. 2 Nr. 2)	7–12
III. Weitere Ermächtigungen	13–21

I. Allgemeines

Literatur: BT-Drs. 14/9780 vom 12.7.2002, Antwort der BReg auf die Kleine Anfrage „Novellierung der Bundesartenschutzverordnung und Positionen der Bundesregierung zum Artenschutz". **1**

§ 54 führt die Regelung des § 52 BNatSchG 2002 fort. Neu aufgenommen wurden insbesondere die Regelungsbefugnisse zu Arten mit nationaler Verantwortung (s.u. Rdnr. 7) und zu invasiven Arten. Die in § 52 Abs. 9 BNatSchG 2002 enthaltene Klarstellung bezüglich zwischenzeitlichen Landesrechts hatte nur deklaratorischen Charakter und wurde daher bei der Neuregelung nicht übernommen. Im Hinblick darauf, dass sich die Befugnis der Bundesregierung zum Erlass allgemeiner Verwaltungsvorschriften unmittelbar aus Art. 84 Abs. 2 GG ergibt, wurde auf eine Überführung des § 55 BNatSchG 2002, der dies für den Bereich des Artenschutzes deklaratorisch klarstellte, in den Gesetzentwurf verzichtet. **2**

Rechtsverordnungen nach § 54 bedürfen der Zustimmung des Bundesrats. **3**

Die Verordnungsermächtigungen werden umgesetzt durch die BArtSchV vom 14.10.1999, BGBl. I S. 1955, ber. S. 2073, zuletzt geändert durch Art. 22 des Gesetzes zur Neuregelung des Rechts des Naturschutzes und der Landschaftspflege vom 29.7.2009, BGBl. I S. 2542. **4**

II. Unterschutzstellung (Absätze 1 und 2)

1. Allgemeines

Die Vorschrift ermächtigt, Arten unter besonderen Schutz zu stellen. Im Unterschied zu § 52 Abs. 1 BNatSchG a.F. bezieht sich die Ermächtigung nicht auf „heimische" sondern auf „natürlich vorkommende Arten". Damit sind die Arten gemeint, die ihr natürliches Verbreitungsgebiet in Deutschland haben bzw. auf natürliche Weise ihr Verbreitungsgebiet nach Deutschland ausdehnen. **5**

Gemäß den Ermächtigung des Abs. 1 werden in § 1 i.V.m. Anlage 1 Sp. 2 BArtSchV Tier- und Pflanzenarten unter besonderen Schutz gestellt. Bezogen auf Abs. 2 werden in § 1 i.V.m. Anlage. 1 Sp. 3 BArtSchV Tiere und Pflanzen, die einem strengen Schutz unterliegen, benannt. **6**

2. Arten mit nationaler Verantwortung (Absatz 1 Nr. 2, Absatz 2 Nr. 2)

7 Nach Abs. 1 Nr. 2 können Arten unter besonderen Schutz gestellt werden, die im Bestand gefährdet sind und für die die Bundesrepublik Deutschland in hohem Maß verantwortlich ist. Diese Arten sind nach § 44 Abs. 4 und 5 bei der land-, forst-, und fischereiwirtschaftlichen Bodennutzung sowie bei Eingriffen und Vorhaben den sog. europarechtlich geschützten Arten nach Anh. IV FFH-RL und den europäischen Vogelarten gleichgestellt.

8 Die Verantwortlichkeit ist daraus herzuleiten, dass die globale Erhaltungssituation der Art von den hiesigen Beständen abhängt. Dies ist insbesondere bei Arten der Fall, die mit einem Verbreitungsschwerpunkt im Inland vorkommen. Verschlechtert oder verbessert sich der Status dieser Arten in Deutschland, hat dies unmittelbare Auswirkungen auf den Gesamtbestand. Die Gefährdung kann sich im Gegensatz zu den in Nr. 1 genannten Arten auf alle Gefährdungsfaktoren beziehen. Diese Arten sind auch bei den besonderen Schutzmaßnahmen bzw. Artenhilfsprogrammen des § 38 Abs. 2 zu berücksichtigen.

9 Entsprechend den vorstehenden Ausführungen wird in Abs. 2 ein alternatives Kriterium neu eingeführt, Arten unter strengen Schutz zu stellen: Die besonders hohe Verantwortlichkeit der Bundesrepublik Deutschlands soll neben den bisherigen Kriterien genügen, diesen Schutzstatus zu gewähren.

10 Gemäß der amtlichen Begründung[1] werden nach fachlichen Gesichtspunkten verschiedene Kategorien der Verantwortlichkeit unterschieden, von denen zwei besonders relevant sind:
– in besonders hohem Maße verantwortlich (Symbol !!): Taxa, deren Aussterben im Bezugsraum äußerst gravierende Folgen für den Gesamtbestand hätte bzw. deren weltweites Erlöschen bedeuten würde;
– in hohem Maße verantwortlich (Symbol !): Taxa, deren Aussterben im Bezugsraum gravierende Folgen für den Gesamtbestand hätte bzw. deren weltweite Gefährdung stark erhöhen würde.

11 Die Kriterien, anhand derer die Verantwortlichkeit Deutschlands für die weltweite Erhaltung von Populationen bestimmt wird, sind:
– Anteil am Weltbestand,
– Lage im Areal und
– weltweite Gefährdung.

12 Dabei führen folgende Kombinationen der Kriterienklassen zu den beiden relevanten Kategorien der Verantwortlichkeit „!!" und „!".[2]

Kat.	Kriterienkombination
!!	Anteil am Weltbestand > 3/4
	Anteil am Weltbestand > 1/3 und = 3/4 und Lage im Arealzentrum
	weltweit vom Aussterben bedroht (Nachweis für 2/3 des Areals)
	weltweit stark gefährdet (Nachweis für 9/10 des Areals) und Lage im Hauptareal
!	Anteil am Weltbestand > 1/3 und = 3/4
	Anteil am Weltbestand > 1/10 und = 1/3 und Lage im Arealzentrum
	weltweit gefährdet (Nachweis für 2/3 des Areals) und Lage im Hauptareal

---

1 BT-Drs. 16/12274, S. 72.
2 Vgl. *Gruttke, Horst* (Bearb.): Ermittlung der Verantwortlichkeit für die Erhaltung mitteleuropäischer Arten. Referate und Ergebnisse des Symposiums „Ermittlung der Verantwortlichkeit für die weltweite Erhaltung von Tierarten mit Vorkommen in Mitteleuropa" auf der Insel Vilm v. 17.–20.11.2003.

III. Weitere Ermächtigungen

Eine auf Abs. 3 Nr. 1 gestützte nähere Bestimmung, welche Teile von Tieren oder Pflanzen besonders geschützter Arten oder welche der aus diesen gewonnenen Erzeugnisse als ohne weiteres erkennbar anzusehen sind, trifft § 4 i.V.m. Anlage 3 BArtSchV. **13**

Ausnahmen i.S.d. Abs. 3 Nr. 2 für eine Naturentnahme bestimmter Pilzarten (Steinpilz, Pfifferling, Schweinsohr, Brätling, Birkenpilz, Rotkappe, Morchel) für den eigenen Verbrauch enthält § 2 BArtSchV. **14**

In Abs. 4 wird in Fortentwicklung des § 52 Abs. 4 BNatSchG a.F. der Begriff der „invasiven Tier- und Pflanzenarten" (vgl. § 7 Abs. 2 Nr. 9) verwendet und das BMU dazu ermächtigt, eine Liste invasiver Arten zu erstellen. Für die dort gelisteten Arten gelten die Besitz- und Vermarktungsverbote des § 44 Abs. 2. **15**

Das nach § 52 Abs. 4 BNatSchG 2002 zu regelnde Besitzverbot findet sich jetzt in Abs. 5. In § 3 BArtSchV werden bislang der Amerikanische Biber, die Schnappschildkröte, die Geierschildkröte und das Grauhörnchen wegen den von diesen Arten ausgehenden Gefährdungen für die heimische Tier- und Pflanzenwelt in die Besitz- und Vermarktungsverbote nach § 44 Abs. 2, Abs. 3 Nr. 2 einbezogen. **16**

Regelungen zur Haltung (Abs. 5) werden in § 6 BArtSchV getroffen. **17**

Die Verordnungsermächtigung zum Schutz bestimmter Horststandorte (Abs. 7) wurde neu in das BNatSchG aufgenommen. Die Regelung knüpft an landesrechtliche Bestimmungen an (z.B. § 33 BbgNatSchG). Abs. 7 Satz 2 wurde auf Empfehlung des Bundesrats eingefügt, wobei weiter gehende Schutzvorschriften auch Bestimmungen der Länder sein können. Die Unberührtheitsklausel soll es den Ländern ermöglichen, auf Grund des Landesnaturschutzrechts eingerichtete Horstschutzzonen beizubehalten.[3] Weiter gehende Schutzvorschriften enthalten z.B. § 23 Abs. 4–6 NatSchG M-V und § 29 LNatSchG SH. **18**

Verbotene Handlungen, Verfahren und Geräte (Abs. 6) werden in § 12 ArtSchV festgelegt. **19**

Aufzeichnungspflichten (Abs. 8) sind in §§ 5, 7–11 BArtSchV i.V.m. Anlage 4 (Muster für das Aufnahme- und Auslieferungsbuch), Anlage 5 (von der Anzeigepflicht ausgenommene Arten) und Anlage 6 (Kennzeichnungspflichten) enthalten. **20**

In Abs. 9 wird zusammenfassend die Beteiligung anderer Bundesministerien geregelt. **21**

---

3 BT-Drs. 16/13430, S. 60.

§ 55 Durchführung gemeinschaftsrechtlicher oder internationaler Vorschriften; Ermächtigung zum Erlass von Rechtsverordnungen

(1) Rechtsverordnungen nach § 54 können auch zur Durchführung von Rechtsakten des Rates oder der Kommission der Europäischen Gemeinschaften auf dem Gebiet des Artenschutzes oder zur Erfüllung von internationalen Artenschutzübereinkommen erlassen werden.

(2) Das Bundesministerium für Umwelt, Naturschutz und Reaktorsicherheit wird ermächtigt, durch Rechtsverordnung mit Zustimmung des Bundesrates Verweisungen auf Vorschriften in Rechtsakten der Europäischen Gemeinschaft in diesem Gesetz oder in Rechtsverordnungen auf Grund des § 54 zu ändern, soweit Änderungen dieser Rechtsakte es erfordern.

1 § 55 entspricht § 64 BNatSchG a.F. Die auf Grund von § 54 erlassenen Rechtsverordnungen können auch zur Durchsetzung oder Umsetzung von artenschutzrechtlichen EG-Rechtsakten und zur Erfüllung internationaler artschutzrechtlicher Verbindungen (z.b. aus der Berner oder Bonner Konvention) in Anspruch genommen werden.[1]

2 Die Ermächtigungsgrundlagen nach § 54 werden dafür durch Abs. 1 im erforderlichen Umfang erweitert. Zweck der Regelung ist, dass das BMU bei der Umsetzung von europäischen Richtlinien oder Verpflichtungen aus internationalen Artenschutzübereinkommen von den in den Verordnungsermächtigungen des § 54 enthaltenen Einschränkungen frei ist und die Unterschutzstellung betreiben kann, um den europarechtlichen oder internationalen Verpflichtungen nachzukommen.

3 Mit § 55 wird die Verordnungsermächtigung in § 54 Abs. 1 erweitert mit der Folge, dass von der Ermächtigung zur Durchführung von EG-Recht auch dann Gebrauch gemacht werden kann, wenn die sonstigen in § 54 Abs. 1 genannten Voraussetzungen – etwa die Gefährdung durch menschlichen Zugriff – nicht vorliegen.[2] Abs. 2 ermächtigt das BMU, mit Zustimmung des Bundesrates Verweisungen auf EG-Rechtsakte im BNatSchG oder in Rechtsverordnungen auf Grund des § 54 (BArtSchV) durch Rechtsverordnung dem jeweiligen Stand des EG-Rechts anzupassen. Dies ist etwa bei Straf- und Bußgeldvorschriften, die auf EG-Verordnungen verweisen, geboten.

4 Die in § 55 BNatSchG a.F. enthaltene Befugnis der Bundesregierung zum Erlass allgemeiner Verwaltungsvorschriften für den Bereich des Artenschutzes wurde nicht übernommen, da sich die Befugnis hierzu schon aus der allgemeinen Bestimmung des Art. 84 Abs. 2 GG ergibt.

---

1 Vgl. BT-Drs. 14/6378, S. 63.
2 Vgl. BVerwG, Beschl. v. 19.4.1994 – 4 B 3.94, NuR 1994, 486 zu § 26a a.F.

Kapitel 6 Meeresnaturschutz

Vorbemerkung vor §§ 56 ff.

Gliederung

		Rdnr.
A.	Grundfragen und Grundlagen des Meeresnaturschutzes	1–23
I.	Die Meere als schützenswerte Ökosysteme	1–20
1.	Der gegenwärtige Zustand der Meere, insbesondere von Nordsee und Ostsee	1–4
2.	Wesentliche Gefährdungsursachen der Biodiversität im Überblick	5–18
3.	Fachliche Grundlagen des Meeresnaturschutzes	19, 20
II.	„Wer das Meer nutzt, muss es auch schützen."	21–23
B.	**Meeresnaturschutzrecht im Mehrebenensystem**	24–96
I.	Grundlagen und Seerecht	25–51
1.	Definition des Meeresnaturschutzrechts	25–28
2.	Die Einteilung der Meereszonen nach dem SRÜ und ihre rechtlichen Konsequenzen für Nutzung und Schutz einzelner Meeresbereiche	29–51
	a. Innere Gewässer und Küstenmeer	30–35
	b. Ausschließliche Wirtschaftszone und Festlandsockel	36–46
	c. Anschlusszone	47
	d. Hohe See	48–51
II.	Relevantes Umweltvölkerrecht auf globaler Ebene	52–62
1.	Entwicklung und Übersicht	52–55
2.	Das Seerechtsübereinkommen (SRÜ), insbesondere Art. 192 ff.	56–58
3.	Die Biodiversitätskonvention (CBD)	59–62
III.	Relevantes Völkerrecht auf regionaler Ebene	63, 64
1.	Das OSPAR-Übereinkommen zum Schutz des Nordostatlantiks	63
2.	Das Helsinki-Übereinkommen (HÜ) zum Schutz der Ostsee	64
IV.	Recht der Europäischen Union	65–82
1.	Die Meeresstrategierahmenrichtlinie (MSRRL)	65–69
2.	Das Europäische Naturschutzrecht	70–76
3.	Flankierendes Sekundärrecht	77–82
V.	Nationales Recht	83–96
1.	Verfassungsrecht	83–92
2.	Regelungen der Landesgesetzgeber	93–96

A. Grundfragen und Grundlagen des Meeresnaturschutzes

I. Die Meere als schützenswerte Ökosysteme

1. Der gegenwärtige Zustand der Meere, insbesondere von Nordsee und Ostsee

Der gegenwärtige Zustand der Weltmeere ist alles andere als befriedigend. Obwohl die Bedeutung intakter („gesunder") mariner Ökosysteme kaum überschätzt werden kann, schreitet der Rückgang der Artenvielfalt und die Degradation der natürlichen Lebensräume überall fort. Die **Problemschwer-**

punkte sind nicht einheitlich, sondern regional nach Meeresbereichen unterschiedlich. Ein allgemeines und zugleich eines der schwerwiegendsten Probleme der Meeresumwelt insgesamt ist jedoch die **Überfischung**. Verschiedentlich ist der **Meeresbergbau** durch die damit einhergehenden Eingriffe in den marinen Lebensraum von besonders nachteiliger Auswirkung. Während in anderen Meeresgebieten die **Verschmutzung** aus vielerlei Quellen und über die Pfade Land/Gewässersysteme, auf dem Meer selbst und durch Luftfracht nach wie vor die größte Gefährdung für das Ökosystem mit sich bringt, ist dies in Nord- und Ostsee differenzierter zu sehen.

2 Der Rat von Sachverständigen für Umweltfragen (**SRU**) hat die Situation in der Nord- und Ostsee in seinem **Sondergutachten 2004** detailliert beschrieben, worauf im Wesentlichen verwiesen werden kann.[1] Die beiden Meeresgebiete **Nordsee und Ostsee** zählen nicht zu den von Natur aus sehr artenreichen Meeresgewässern. Die **Erhaltungssituation** der meisten marinen **Arten** und schützenswerter **Lebensraumtypen** ist überwiegend als **ungünstig** zu bewerten. Während die Ostsee aufgrund ihres geringen und von West nach Ost stark abnehmenden Salzgehalts ohnehin nur relativ wenigen, angepassten Arten das Leben ermöglicht, war die Nordsee als Randmeer des Atlantischen Ozeans früher Lebensraum zahlreicher, durchaus großer und attraktiver Arten, die überwiegend oder nahezu ausgestorben sind. Als Beispiele mögen der Stör (*Acipenser sturio*), der einst allgegenwärtige Lachs (*Salmo salar*) und der große Tümmler (*Tursiops truncatus*), sowie in Nord- und Ostsee der Schweinswal (*Phocoena phocoena*) dienen. Die einst in der Nordsee weit verbreiteten Hai- und Rochenbestände mit zahlreichen Arten sind ebenfalls so gut wie ausgerottet.

3 Sowohl für die gefährdeten Arten wie für die gefährdeten Lebensraumtypen wurden unter dem **OSPAR**- und dem **Helsinki-Übereinkommen** (HÜ) „**Rote Listen**" erarbeitet, die genauer als es die vergleichsweise unzulänglichen Listen des Europäischen Habitatschutzrechts zum Schutz bestimmter mariner Lebensraumtypen und Arten tun, die Gefährdungen und Defizite in den Meeresgebieten ausweisen. In der OSPAR „List of Threatened and/or Declining Species and Habitats" werden nur für den Bereich der Nordsee neun verschiedene Lebensraumtypen als gefährdet erachtet, zu denen auch Riffe gehören, die von Kaltwasserkorallen wie Sandkorallen (*Sabellaria spinulosa*) bzw. Steinkorallen (*Lophelia pertusa*) gebildet werden.[2]

4 Mit Blick auf die Situation in der **Ostsee** weist der SRU darauf hin, dass nahezu alle beschriebenen marinen und Küstenbiotope als gefährdet eingestuft werden müssen. Im Artspektrum hat sich eine erhebliche Verschiebung ergeben, die alle Stämme der Tierwelt, beginnend bei den benthischen Wirbellosen und endend bei den Meeressäugern und Seevögeln, betrifft. Eine Verbesserung dieser Situation konnte – anders als im Bereich der Verschmutzung – vom Sachverständigenrat im Jahre 2008 nicht festgestellt werden.[3]

---

1 SRU, Sachverständigenrat für Umweltfragen (SRU): Meeresumweltschutz für Nord- und Ostsee, Sondergutachten, Berlin 2004, Tz. 132 ff. (Nordsee) sowie Tz. 211 ff. (Ostsee).
2 OSPAR-Commission, OSPAR-List of Threatened an/or Declining Species and Habitats – Reference: 2008-6 (http://ospar.org/eng/html/webcam.html); Helsinki-Commission, Red List of marine and coastal Biotopes and Biotop complexes of the Baltic Sea, Belt Sea and Kattegat, Baltic Sea Environmental Proceedings Nr. 75, 1998.
3 SRU, Umweltgutachten 2008, Tz. 592.

2. Wesentliche Gefährdungsursachen der Biodiversität im Überblick

Den wesentlichen Anteil am scheinbar unaufhaltsamen Verlust der Biodiversität tragen **anthropogene Einwirkungen** unterschiedlicher Art auf das marine Ökosystem. Eine detaillierte Übersicht, die entsprechenden naturwissenschaftlichen Daten und die jeweilige Einschätzung enthält das erwähnte Sondergutachten des SRU aus dem Jahre 2004.[4]

Eine **Systematisierung** der verschiedenen menschlichen Aktivitäten unter den Aspekten der **Verschmutzung** *(pollution)* durch Schad- und Nährstoffe (Variante I), **nichtstofflichen** technischen oder ressourcenbezogenen **Eingriffe** in marine Ökosysteme bzw. Lebensräume (Variante II) bzw. der **Mischtatbestände** von Aktivitäten, deren Auswirkungen auf das marine Ökosystem beiden Varianten zugeordnet werden können (Variante III), wurde durch *Czybulka* und *Kersandt* im Jahre 2000 vorgelegt[5] und ist in der Zwischenzeit fortentwickelt worden.[6] Der Systematisierungsversuch erfolgte vor allem im Hinblick darauf, dass die frühere Befassung mit der Thematik sich nahezu ausschließlich auf Schadstoffbelastungen beschränkte. Mit diesem „Anti-Pollution-Approach", so wichtig er ist, kann aber nur ein Teil der Belastungen erfasst werden.

Ohne Anspruch auf Vollständigkeit und in aller Kürze sei hier auf die **wesentlichen Gefährdungsursachen** der Meeresbiodiversität hingewiesen. Zur Vertiefung muss auf andere Werke verwiesen werden.[7]

Wenn man den **Klimawandel**, der sich u.a. auf die Wassertemperatur, den ph-Wert der Meere und den Meeresspiegel auswirkt,[8] zu den anthropogenen Einwirkungen zählt (was er in der Summe zweifellos ist), dann ist der Klimawandel mit seinen Auswirkungen auf die Meeresökosysteme mit Sicherheit ein maßgeblicher Gefährdungsfaktor für die Meere.

Nach wie vor spielen anthropogene **Schadstoffemissionen** eine große Rolle, wobei sich die Arten der Emissionen und Immissionen im marinen Bereich verschoben haben. Die Belastungen mit organischen Schadstoffen weisen etwa in den Flusseintragsgebieten Konzentrationen auf, die die ökotoxikologischen Wirkgrenzen überschreiten. Die Dauerhaftigkeit der Substanzen vor allem in den Sedimenten führt dazu, dass fischfressende Seevögel und

---

4 SRU, Umweltschutz, Fn. 1, Tz. 132 ff. (Nordsee), Tz. 211 ff. (Ostsee); vgl. auch das Sondergutachten „Umweltprobleme der Nordsee", BT-Drs. 9/692.
5 *Czybulka/Kersandt*, Rechtsvorschriften, rechtliche Instrumentarien und zuständige Körperschaften mit Relevanz für marine Schutzgebiete („Marine Protected Areas"/ MPAs) in der Ausschließlichen Wirtschaftszone(AWZ) und auf Hoher See des Ospar-Konventionsgebietes, (2000, BfN-Skripten 27), auch in englischer Sprache in der Reihe „BfN-Skripten" als Nr. 22 erschienen.
6 *Kersandt*, Rechtliche Vorgaben und Defizite bei Schutz und Nutzung der Nordsee – unter besonderer Berücksichtigung des Naturschutzrechts – Inauguraldissertation zur Erlangung des Grades eines Doktors der Rechte durch die Juristische Fakultät der Universität Rostock, 2010 (zit.: Nordsee), S. 127 ff.
7 *Gellermann/Stoll/Czybulka*, Nationales Recht des Meeresnaturschutzes in der Nord- und Ostsee – unter Einbezug internationaler und europäischer Vorgaben – 2010 (im Ersch.), § 1 B; *Czybulka*, Schutz der Meere, 2010 (im Ersch.); Wissenschaftlicher Beirat der Bundesregierung Globale Umweltveränderungen (WBGU), Die Zukunft der Meere – zu warm, zu hoch, zu sauer, Sondergutachten Berlin 2006, passim.
8 SRU, Umweltgutachten 2008, Tz. 616, WBGU, Sondergutachten 2006 (Fn. 7), S. 7 ff., 33 ff., 67 ff.

marine Säuger noch immer mit Stoffen (z.B. Lindan, DDT) belastet sind, deren Verwendung bereits seit Jahren verboten ist.

10 Vorfälle in jüngster Zeit bei der Exploration und Bohrung nach Erdöl im Golf von Mexiko lassen es ratsam erscheinen, nochmals deutlich auf die Gefahren der **Ölverschmutzung** vor allem bei Tiefenbohrungen hinzuweisen, obwohl man in Europa wohl davon ausgegangen ist, dass die stoffbezogenen Gefährdungen im marinen Bergbau mit Hilfe entwickelter technischer Mittel („best available technique") und Sicherheitsvorkehrungen auf hohem Niveau an sich beherrschbar sind. Hauptverursacher der Ölverschmutzung in Nord- und Ostsee ist aktuell der „reguläre" Schiffsverkehr und sind nicht die oftmals spektakulären Unglücksfälle von Tankern.[9]

11 Einer der nach wie vor stärksten Belastungsfaktoren ist der sich auf verschiedenen Pfaden vollziehende Eintrag von Nährstoffen, vor allem Phosphat und Stickstoff aus der Landwirtschaft, aber auch aus anderen Quellen, in die Meere (**Nährstoffbelastung**). Die Nährstoffe werden über die Flüsse, aber auch auf dem Luftpfad in Nord- und Ostsee eingetragen. Die Euthrophierung bleibt – trotz des Rückganges des Eintrages von Phosphaten – ein zentrales Problem. Neben der Landwirtschaft sind hierfür auch der allgemeine Kraftfahrzeugverkehr, die Industrie, der Schiffsverkehr und auch die Privathaushalte verantwortlich.

12 Einen erheblichen Belastungsfaktor stellt die **Seefischerei** dar. Will man die äußerst komplexe Problematik zu Kommentierungszwecken verknappen,[10] so kann man drei zentrale Umwelt- und Naturschutzprobleme benennen:

Das erste Problem entsteht durch die massive **Überfischung** der kommerziellen Zielbestände, die sich außerhalb gesicherter biologischer Grenzen bewegen und sich auf absehbare Zeit in Nord- und Ostsee nicht regenerieren können. Selbst bei einer sofortigen Einstellung der Fänge beträfe dies immer noch über 22 % der Fischbestände in der Nordsee.[11] Durch die massive Überfischung wird nicht nur das Nahrungsnetz „heruntergefischt", sondern es ändert sich auch die Zusammensetzung und Altersstruktur der Fischbestände.[12] Untermaßige Fische oder kommerziell nicht lohnende oder unverkäufliche Fische werden dann ins Meer zurückgeworfen (**Discard**), was sie jedoch in aller Regel nicht überleben. Die Seefischerei in ihrer gegenwärtigen Form ist ein Paradebeispiel für mangelnde Nachhaltigkeit und wird voraussichtlich dazu führen, dass sie als Wirtschaftsform keine Zukunft hat.

13 Ein wichtiges weiteres Problem ist der **Beifang** von Nichtzielarten und anderer Tierarten, die in die Netze geraten, aber nicht kommerziell verwertbar sind. Dies betrifft neben Fischen vor allem **marine Säugetiere**, die sich in den Netzen verwickeln und dadurch ertrinken. Ein bekanntes Beispiel hierfür ist in Nord- und Ostsee der Schweinswal, dessen fischereibedingte Mortalität deutlich über den Maximalwerten liegt, bei deren Überschreitung mit einer

---

9 *Andresen/Clostermeyer*, Neueste Entwicklungen in der Haftung für Ölverschmutzungsschäden, EurUP 2009, 116.
10 Vgl. den Problemüberblick bei *Czybulka*, Forschungsbedarf im marinen Fischereirecht, in Bauer/Czybulka/Kahl (Hrsg.), Wirtschaft im offenen Verfassungsstaat, Festschrift für Reiner Schmidt zum 70. Geburtstag, München, 2006, 803; *Czybulka*, The need for research in marine fisheries law, EurUP 2007, 21.
11 Vgl. *Froese/Proelß*, Rebuilding fish stocks no later than 2015: will Europe meet the deadline? Fish and Fisheries 2010, 1 ff.
12 *Pauly* et. al., Fishing down marine food webs, in: Pauly et al., Towards sustainability in world fisheries, Nature vol. 418, 8 August 2002, 689/692.

Bestandsbedrohung gerechnet werden muss.[13] Aber auch **Seevögel** werden bei anderen Formen der Fischerei (z.b. Langleinenfischerei) als Beifang Opfer der Fangtechnik.

Ganz besonders biodiversitätsschädigend ist die **Grundfischerei**, die in der Nordsee vor allem in der Form der Schleppnetz- und Baumkurrenfischerei ausgeübt wird. Sie verursacht je nach Fanggeräten dauerhafte Schädigungen der Lebensräume durch die Zerstörung der Bodenfauna und –flora. Der starke Rückgang der Hai- und Rochenbestände in der Nordsee ist wohl eine Folge der Grundschleppnetzfischerei.[14]   14

Auch die kommerzielle **Schifffahrt** ist nicht nur aufgrund der durch den Schiffsbetrieb selbst entstehenden Verschmutzungen und Rückstände problematisch – die Seeschifffahrt ist immer noch die Hauptquelle der **Ölverschmutzung**,[15] sondern erzeugt auch überwiegend breitbandigen und niederfrequenten **Schall**,[16] der sich beeinträchtigend auf Meeressäuger auswirkt, weil deren Kommunikation untereinander erschwert bzw. verhindert wird. Bei einigen Seevogelarten ergibt sich eine hohe Störempfindlichkeit durch Schiffsbewegungen; dies sind in der Regel die selteneren und schützenswerteren Arten wie Eisenten (*Clangula hyemalis*) oder Sterntaucher (*Gavia stellata*). Auf häufig befahrenen Routen bewirkt die Schifffahrt im Übrigen eine **Zerschneidung der marinen Lebensräume**, ein terrestrisch seit langem bekanntes, aber noch nicht gelöstes Naturschutzproblem.   15

Immer stärker im Vordringen sind **anlagenbedingte Eingriffe**, die zunächst als weniger problematisch eingestuft wurden, weil sie – bei Einzelanlagen – kleinräumiger angelegt sind. Das betrifft etwa die Öl- und Gasexploration und –förderung, die marine Sand- und Kiesgewinnung, daneben auch die Verlegung unterseeischer Kabel und Rohrleitungen, die Einrichtung und den Betrieb von **Offshore-Einrichtungen**, insbesondere Windkraftanlagen, und weitere denkbare lokale Eingriffe (z.b. zur CO_2-Sequestrierung). Inzwischen wird deutlich, dass anlagenbedingte Eingriffe Meeresbereiche sogar großflächig in Mitleidenschaft ziehen können. Dies gilt etwa für Windparks. Auch hier sind während der Bauphase Schädigungen des Benthos ebenso wenig vermeidbar wie die eintretende Schallbelastung und die entstehenden Trübungsfahnen. Über die Auswirkungen während der Betriebsphase liegen derzeit (2010) noch keine gesicherten Erkenntnisse vor. Bezüglich der Einzelheiten wird auf die Kommentierung zu § 57 Abs. 3 Nr. 4 und 5 verwiesen.   16

Besonders deutlich werden die Belange des Meeresnaturschutzes durch den in der Nord- und Ostsee erfolgenden **Kies- und Sandabbau** beeinträchtigt.[17]   17

---

13   *Gellermann/Stoll/Czybulka*, Fn. 7, § 1 B II.
14   Vgl. SRU, Meeresumweltschutz, Fn. 1, Tz. 139; eingehend *Koschinski*, Auswirkungen anthropogener Nutzungen, und Anforderungen an marine Schutzgebiete für Meeressäuger in der südlichen und zentralen Nordsee, 2007, S. 60 ff.
15   SRU, Meeresumweltschutz, Fn. 1, Tz. 7; SRU, Umweltgutachten 2008, Fn. 3, Tz. 608.
16   Vgl. *Markus*, Die Regulierung anthropogener Lärmeinträge in die Meeresumwelt, NuR 2010, 236.
17   Vgl. unter anderem die kartographische Darstellung der Bewilligungsfelder in: *Czybulka/Stredak*, Marine Kies- und Sandgewinnung, S. 20 f.; siehe auch Umweltbericht Ostsee (§ 56 Rdnr. 31), S. 224, wonach dort derzeit keine Rohstoffgewinnung stattfinde, jedoch 2 Abbauvorhaben beantragt sind. Die Entnahmen für Küstenschutz und Strandaufspülungen haben aber eine ähnlich negative Auswirkung. *Herrmann/Krause*, Ökologische Auswirkungen der marinen Sand- und Kiesgewinnung, in: von Nordheim/Boedeker, Umweltvorsorge bei der marinen Sand- und Kiesgewinnung – Tagungsband BLANO-Workshop, BfN-Skripten 23, 2000, S. 23 ff.

Bezüglich der Einzelheiten wird auf die Kommentierung zu § 57 Abs. 3 Nr. 5 Rdnr. 97 verwiesen.

18 Bei der Öl- und Gasexploration, aber auch im Zuge wissenschaftlicher ozeanographischer Untersuchungen und militärischer Manöver erweist sich der Einsatz sogenannter Airgun-Systeme oder von Sonargeräten mit sehr hoher **Unterwasserschallbelastung** als problematisch, insbesondere bei Meeressäugetieren; hier bestehen erhebliche Kenntnislücken. Die Auswirkungen auf andere Arten (Fischarten, Weichtiere) sind nahezu unerforscht.

3. Fachliche Grundlagen des Meeresnaturschutzes

19 Die **Kenntnisse über die Auswirkungen menschlichen Handelns** auf das Ökosystem Meer nehmen zu, jedoch ist eindeutig, dass **weiterer Forschungsbedarf** besteht.[18] Die Wissenschaft fordert seit langem die finanzielle Unterstützung erhöhter Forschungsanstrengungen ein, um so etwa die Wirksamkeit von Schutzmaßnahmen vor einem gesicherten Erkenntnishintergrund beurteilen zu können.[19] Unter diesen Umständen kommt der auf die marinen Bereiche ausgedehnten **Pflicht zur Umweltbeobachtung** (Monitoring) eine erhöhte Bedeutung zu. Diese ist freilich mit hohen Kosten verbunden. Der Forschungsbedarf in Bezug auf die Auswirkungen der Fischerei ist ebenfalls hoch; es fehlt hier bislang noch an einer ökosystemaren Sicht und einer Verbindung der Forschung in den unterschiedlichen Instituten und Einrichtungen, die traditionell „getrennte Wege" gehen. Im Bereich der an sich sonst durchaus leistungsstarken Meeresforschung in Deutschland werden die technischen Aspekte im Vergleich zu den ökologischen Fragestellungen wesentlich mehr gefördert und unterstützt, was einen Nachteil für die Ökosystem- und Biodiversitätsforschung darstellt.

20 Bei allen bestehenden Lücken und **Erkenntnis- und Bewertungsproblemen** sei jedoch darauf hingewiesen, dass in den letzten 20 Jahren erhebliche **Erkenntnisfortschritte** gemacht wurden, die sich ansatzweise in der hiesigen Kommentierung zu § 15 Anhang 3 erkennen lassen.[20] Die noch erforderliche Verbesserung im Bereich der fachlichen Grundlagen des Meeresnaturschutzes im ökologischen Bereich führt aber – rechtlich gesehen – im Anwendungsfall ohne weiteres zum **Vorsorge- und Vorsichtsprinzip**. Im Umweltrecht ist gerade der Teilinhalt des Vorsorgeprinzips zum Völkergewohnheitsrecht erstarkt, der einem Vorhaben bei wissenschaftlichen Erkenntnisdefiziten über seine nachteiligen Auswirkungen auf die Umwelt gerade nicht die Unbedenklichkeit bescheinigt, sondern im Gegenteil den Schutz so weit vorverlagert, dass Gefahren nicht entstehen können. Auch im Europäischen Unionsrecht und im nationalen Umweltrecht ist das Vorsorgeprinzip unbestrittener Teil der jeweiligen Rechtsordnung, sodass die derzeitigen Erkenntnisdefizite im Meeresbereich nach Kräften abzubauen sind und menschliche Aktivitäten, die zu Gefährdungen der marinen Umwelt führen können, nicht ohne entsprechende Auflagen vor allem im Bereich des Monitorings genehmigt werden können. Das entsprechende Prinzip hat in § 3 Satz 1 Nr. 1 der Seeanlagenverordnung („Gefährdung der Meeresumwelt") seine positiv-rechtliche Verankerung gefunden, deren weitere Konkretisierbarkeit durchaus möglich erscheint.[21]

---

18 BMU, Nationale Strategie für die nachhaltige Nutzung und den Schutz der Meere, S. 55 ff.
19 SRU, Meeresumweltschutz, Fn. 1, Tz. 231; *Czybulka,* Festschrift Schmidt, Fn. 10, S. 803 ff.
20 Vgl. die Kommentierung zu § 15 BNatSchG, Rdnr. 167 ff.
21 So *Gellermann*, Fn. 7, S. 164 unter Kritik an SRU, Windenergienutzung, S. 9, 13.

II. „Wer das Meer nutzt, muss es auch schützen"[22]

Das **Erfordernis** eines Meeresnaturschutzes und die rechtliche Verpflichtung zur Schaffung wirksamer Regelungen vor allem auch durch die verantwortlichen Küstenstaaten, die Hoheitsbefugnisse an „ihren" Regionalmeeren haben und es in erster Linie nutzen, ergibt sich eindeutig aus völkerrechtlichen Vorgaben, wie im eingangs zitierten Beitrag des Verfassers detailliert gezeigt wurde. So wäre die nur partielle Übernahme des Nutzungsregimes des SRÜ ohne das Schutzregime vor allem des Teils XII einschließlich des maßgeblichen Art. 193 des SRÜ völkerrechtswidrig.[23] Außerdem sind entsprechende Verpflichtungen auch aus dem Europäischen Unionsrecht und dem nationalen Verfassungsrecht, insbesondere Art. 20a GG abzuleiten (siehe unten B IV und V). **21**

Entwicklung und Hintergrund: In Deutschland wurde der Meeresnaturschutz lange Zeit nicht als Gegenstand rechtlicher Regelungen anerkannt, obwohl deren Notwendigkeit in der Literatur,[24] von den Umweltverbänden und den in der Verwaltungspraxis befassten Institutionen (insbesondere durch das BfN – Abteilung Meeresnaturschutz, aber auch das BSH als Genehmigungsbehörde für Offshore-Windenergieanlagen) angesichts der internationalen und europäischen Verpflichtungen der Bundesrepublik Deutschland immer wieder angemahnt wurde. Einen erheblichen theoretischen Input gaben die Beratungen auf dem 4. Warnemünder Naturschutzrechtstag[25] im Jahre 1999. Infolge des Urteils des englischen High Court aus dem Jahre 1999 war unabweisbar klar geworden, dass die Europäischen Naturschutzrichtlinien, vor allem die FFH-Richtlinie, auch außerhalb des Küstenmeeres Anwendung finden mussten.[26] Außerdem wurde im Schrifttum die Meinung vertreten, eine (entsprechende) Anwendung des (nationalen) BNatSchG auch in der AWZ ergebe sich in bestimmten Umfang auch ohne ausdrückliche Erstreckung des Geltungsbereichs, also *ipso iure*.[27] Diese Auffassung führt allerdings zu gewissen Rechtsunsicherheiten in der Anwendung. Es war deshalb zweckmäßig, eine explizite Erstreckung der Gültigkeit der naturschutzrechtlichen Vorschriften auf die AWZ vorzunehmen. Zu einer solchen allgemeinen Erstreckung des Anwendungsbereiches ist es erst im Zuge des BNatSchG 2010 gekommen. **22**

Der Gesetzgeber entschloss sich bei der Novellierung des **BNatSchG 2002**, nur die (unmittelbar geltende und) wenig geglückte Vorschrift des § 38 BNatSchG 2002 zu „Geschützten Meeresflächen in der ausschließlichen Wirtschaftszone und auf dem Festlandsockel" in den Text des BNatSchG **23**

---

22 *Czybulka*, Das Rechtsregime der Ausschließlichen Wirtschaftszone (AWZ) im Spannungsfeld von Nutzungs- und Schutzinteressen – Zur Geltung des nationalen Rechts in der AWZ, NuR 2001, 369.
23 *Czybulka*, NuR 2001, 367/369.
24 *Czybulka*, Naturschutz im Küstenmeer und in der Ausschließlichen Wirtschaftszone. Grundsätzliche Rechtsfragen, exemplarisch behandelt für die marine Sedimententnahme in der Ostsee, NuR 1999, 562; ders.: NuR 2001, 19; ders.: NuR 2001, 367.
25 Czybulka (Hrsg.), Naturschutz und Rechtsregime im Küsten- und Offshore-Bereich" – Vierter Warnemünder Naturschutzrechtstag, Baden-Baden. Der Tagungsband erschien erst im Jahre 2003, die Gesetzgebungsarbeiten am BNatSchG 2002 wurden jedoch durch die Tagung unmittelbar beeinflusst.
26 Urteil des High Court (CO 1336/99) und deutsche Übersetzung und Besprechung von *Czybulka* in: Die Geltung der FFH-Richtlinie in der Ausschließlichen Wirtschaftszone, NuR 2001, 19.
27 *Czybulka*, NuR 2001, 361/370.

aufzunehmen, die im Regierungsentwurf vom Mai 2001 noch nicht enthalten war. Die Vorschrift entspricht im Wesentlichen dem jetzigen § 57 (siehe dortige Kommentierung). Die Motivation war zweifach: zum einen sollten drohende Vertragsverletzungsverfahren des EuGH zur Nichtumsetzung von Natura 2000 im marinen Bereich abgewendet, zum anderen der **Ausbau der Windenergie im Offshore-Bereich** ermöglicht werden. Die Sonderstellung der Windenergie setzt sich auch im BNatSchG 2010 durch die in § 56 Abs. 2 ausgesprochene Privilegierung fort (siehe Kommentierung zu § 56 Rdnr. 47 ff.). Im Übrigen wurde § 56 (Geltungs- und Anwendungsbereich) in das **BNatSchG 2010** eingefügt, der zugleich den Streit über eine Anwendung des nationalen Naturschutzrechts in der AWZ auch ohne ausdrückliche Erstreckung beendete.

B. Meeresnaturschutzrecht im Mehrebenensystem

24 Alle Vorschriften des Meeresnaturschutzrechts müssen im hier maßgeblichen **Mehrebenensystem** („Kaskadensystem") des Völker-, Europa- und nationalen Rechts gesehen werden. Dabei sind die unterschiedlichen Regelungs-, Umsetzungs- und Durchsetzungsmechanismen zu beachten. In der Praxis gibt es vielfältige Umsetzungs- und Vollzugsprobleme, weil die unterschiedlichen Mechanismen, Kontroll- und Sanktionsmöglichkeiten der rechtlichen Ebenen nicht ausreichend gekannt und angewandt werden. Es ist zu hoffen, dass die ausdrückliche Einfügung des 6. Kapitels „Meeresnaturschutzrecht" in das BNatSchG hier einen Wandel zum Positiven einleitet.

I. Grundlagen und Seerecht

1. Definition des Meeresnaturschutzrechts

25 Eine feststehende *internationale* Definition des Meeresnaturschutzrechts kann es schon wegen der unterschiedlichen Schutzobjekte und Aufgaben in den unterschiedlichen Meeresgebieten nicht geben; auch auf der europäischen Ebene wäre das nicht sinnvoll. Ein richtiger Ansatz ist hier die Einteilung in **Meeresregionen** nach der Meeresstrategierahmenrichtlinie (MSRRL), die einen differenzierteren Schutz zulässt und ermöglicht. Ostsee und Nordsee sind Unterregionen nach der MSRRL (dazu noch unter IV 3.). Ein gewisser internationaler Konsens besteht bei den **Instrumenten** des Meeresnaturschutzrechts; allgemein anerkannt ist inzwischen[28] der Einsatz von Meeresschutzgebieten (*Marine Protected Areas, MPAs*) als wirksames Instrument zur Erhaltung der Biodiversität.

26 Bei einer Beschränkung auf den *nationalen*, in Art. 72 Abs. 3 S. 1 Nr. 2 GG, und im 6. Kapitel des BNatSchG verwendeten Begriff des Rechts des Meeresnaturschutzes lässt sich folgendes feststellen:

27 Ob der Begriff des „Meeresnaturschutzes" im **Verfassungsrecht** anders zu sehen ist als in der einfachgesetzlichen Ausgestaltung durch den Bundesge-

---

28 Auch hierbei gab es einen langen Weg, vgl. z.B. noch *Platzöder, Renate*, The United Nations Convention on the Law of the Sea and Marine Protected Areas on the High Seas, in: Thiel, Hjalmar/ Koslow, Anthony (Hrsg.), Managing Risks to Biodiversity and the Environment on the High Seas, Including Tools such as Marine Protected Areas – Scientific Requirements and Legal Aspects, Proceedings of the Expert Workshop held at the International Academy für Nature Conservation, Isle of Vilm, Germany, 27 February – 4 March 2001, BfN-Skripten 43, Bonn 2001, S. 137–142.

setzgeber und wer hier „als erster am Zug"[29] ist und gegebenenfalls ein konstitutives Bestimmungsrecht hat, wird näher unter V. untersucht.

Das Recht des Meeresnaturschutzes ist **nicht räumlich (nach Meereszonen) zu definieren**, sondern funktional.[30] Es beschränkt seinen räumlichen Anwendungsbereich nicht von vornherein auf einzelne der Meereszonen, die nachfolgend unter 2. im Einzelnen erläutert werden. Vielmehr sollte es nach den Vorstellungen des Gesetzgebers „bundeseinheitlich für die Küstengewässer und den Bereich der deutschen ausschließlichen Wirtschaftszone und des Festlandsockels geregelt" werden.[31] Die Aussage des § 56 BNatSchG, dass die Naturschutzvorschriften auch im Bereich der Küstengewässer[32] gelten, hat allerdings zunächst nur klarstellende Funktion, weil dort der Küstenstaat ohnehin Hoheitsgewalt hat (vgl. gleich unten 2.a). Zu ergänzen ist, dass Naturschutzregelungen, die sich auf die Hohe See beziehen, ebenfalls dem Recht des Meeresnaturschutzes zuzurechnen sind (vgl. unten d.).

28

2. Die Einteilung der Meereszonen nach dem SRÜ und ihre rechtlichen Konsequenzen für Nutzung und Schutz einzelner Meeresbereiche

Das SRÜ[33] stellt ein (nahezu) umfassendes Rechtsregime für Meere und Ozeane auf. Wegen dieser Bedeutung wird das von fast allen Staaten der Erde, nicht jedoch den USA, ratifizierte und somit global geltende Übereinkommen teilweise auch „Grundgesetz der Meere" genannt. Die Bundesrepublik Deutschland ist als erster EU-Mitgliedstaat dem SRÜ-Vertragssystem am 14.10.1994 beigetreten. Es regelt die wichtigsten Nutzungen sowie auch den Schutz des Meeres und seiner Ressourcen.

29

a) Innere Gewässer und Küstenmeer

Das SRÜ unterteilt das Meeresgebiet, ausgehend von der so genannten Basislinie (Art. 5 ff., Art. 14 SRÜ) in verschiedene Zonen und stellt für diese unterschiedliche Rechtsregime auf. Diese Teilrechtsordnungen bestimmen den zulässigen Umfang von Nutzung und Schutz in der jeweiligen Meereszone. Diese Einteilungen sind schematisch, zum Teil durch historische Zufälligkeiten („Kanonenschussweite") bedingt, zum Teil Verhandlungsergebnisse der III. Seerechtskonferenz, und größtenteils nicht an natürlichen Gegebenheiten orientiert. Sie decken sich jedenfalls so gut wie niemals mit erkennbaren meeresgeographischen Gliederungen. Eine Ausnahme bildet das Rechtsregime des Festlandsockels, das sich prinzipiell am Verlauf des Kontinentalschelfes und seiner äußeren Kante orientiert.

30

In seinen **inneren Gewässern** (*internal waters*), also in den landwärts der Basislinie des Küstenmeeres gelegenen Gewässern (Art. 8 Abs. 1 SRÜ), hat der Küstenstaat uneingeschränkte Hoheitsgewalt, weil es sich dabei um den marinen Teil des Staatsgebietes handelt. Die inneren Gewässer unterliegen der küstenstaatlichen Souveränität, wobei diese in vielfältigen Formen und teil-

31

---

29 *Fischer-Hüftle*, Zur Gesetzgebungskompetenz auf dem Gebiet „Naturschutz und Landschaftspflege" nach der Föderalismusreform, NuR 2007, 78/82.
30 *Fischer-Hüftle*, NuR 2007, 84 f.
31 BT-Drs. 16/12774 S. 41, 73.
32 Die „Küstengewässer" sind der (deutsche) Oberbegriff für die Inneren Gewässer *und* das Küstenmeer.
33 Seerechtsübereinkommen der Vereinten Nationen vom 10.12.1982 (BGBl. II S. 1798). Das Seerechtsübereinkommen trat ein Jahr nach Hinterlegung der 60. Ratifikationsurkunde (Art. 308 Abs. 1 SRÜ) am 16.11.1994 in Kraft.

weise unterschiedlich gehandhabt wird.[34] Im Prinzip darf der Küstenstaat aber hier eine Nutzungs-, Umwelt- und Naturschutzpolitik betreiben wie auf jedem anderen Teil seines Staatsgebiets auch. Damit ist das bundesdeutsche Recht einschließlich seiner den Naturschutz betreffenden Regelungen vollen Umfangs anwendbar. Eine Einschränkung ergibt sich nur insoweit, wie die umwelt- und naturschutzrechtlichen Regelungen eindeutig auf Landgebiete zielen und nicht, auch nicht entsprechend, auf die Gewässer anwendbar sind. Das gilt – um ein einfaches Beispiel zu nehmen – etwa für die Vorschriften, die die forstliche und naturschutzgerechte Nutzung des Waldes im Auge haben (vgl. § 5 Abs. 3 BNatSchG).

32 Allerdings ist auch in dieser Meereszone das **Recht der friedlichen Durchfahrt** (*innocent passage*) für die Schiffe aller Staaten zu gewährleisten (Art. 17–26 SRÜ). Der Küstenstaat kann aber in Übereinstimmung mit dem SRÜ und den sonstigen Regeln des Völkerrechts Gesetze und sonstige Vorschriften über die friedliche Durchfahrt in Bezug u.a. auf die Erhaltung der lebenden Ressourcen des Meeres und den Schutz der Umwelt des Küstenstaates und der Verhütung, Verringerung und Überwachung ihrer Verschmutzung erlassen, § 21 Abs. 1 lit. d) und f) SRÜ. Die Einzelheiten sind allerdings umstritten (vgl. dazu die Kommentierung bei § 57 Abs. 3 Nr. 1, Rdnr. 46 f.).

33 Auch im **Küstenmeer** (*territorial sea*) ist das nationale Recht einschließlich seiner den Meeresnaturschutz betreffenden Regelungen im vollen Umfange anwendbar. Das war auch in der Vergangenheit im Prinzip niemals umstritten, jedoch hatten die nach altem Recht auch für die Gesetzgebung zuständigen Bundesländer kaum meeresspezifische Regelungen geschaffen.[35] Das **Recht der friedlichen Durchfahrt** (*innocent passage*) für die Schiffe aller Staaten ist auch hier zu gewährleisten, freilich geschieht dies in Küstennähe überwiegend im Rahmen der Festlegung von Schifffahrtswegen.

34 Mit der am 19.10.1994 erfolgten Proklamation hat die Bundesregierung von der sich ihr bietenden völkerrechtlichen Möglichkeit Gebrauch gemacht und das, jedenfalls in der alten Bundesrepublik vormals 3 sm umfassende, Küstenmeer auf **12 sm** erweitert.[36]

35 Im Küstenmeer sind die **Bundesländer** für den Vollzug des Meeresnaturschutzrechts durch die dafür benannten Behörden des Naturschutzes und der Landschaftspflege zuständig. Insoweit gilt § 3 Abs. 1 Ziff. 1 BNatSchG und nicht Ziff. 2. Die Regelung des § 58 mit der Zuständigkeit des BfN betrifft nur die deutsche ausschließliche Wirtschaftszone und den Festlandsockel. Daneben bestehen für den Vollzug naturschutzrelevanten Rechts etwa im Bereich des Bergrechts und des Seeanlagenrechts zahlreiche Sonderregelungen, die jeweils im einschlägigen Zusammenhang kommentiert werden.

b) Ausschließliche Wirtschaftszone und Festlandsockel

36 Die **ausschließliche Wirtschaftszone** (AWZ) ist ein jenseits des Küstenmeeres gelegenes und an dieses angrenzende „Gebiet", das der in Teil V des SRÜ festgelegten besonderen Rechtsordnung unterliegt. Für die Einrichtung einer

---

34 Vgl. *Graf Vitzthum*, in ders. (Hrsg.), Handbuch des Seerechts Kap. 2 Rdnr. 2, S. 110.
35 Eine Ausnahme bildete z.B. die Regelung des § 21 Abs. 2 S. 2 im früheren LNatSchG M-V (i.d.F. der Bekanntmachung vom 22.10.2002 (GVOBl. 2003, S. 1) zur Unterschutzstellung von Küsten- und Meeresgebieten.
36 Bekanntmachung der Proklamation der Bundesregierung über die Ausweitung des deutschen Küstenmeeres vom 11.11.1994 (BGBl. 1994 I, S. 3428).

AWZ bedarf es einer **Proklamation** durch den Küstenstaat, die durch die Bundesrepublik Deutschland in Bezug auf Nord- und Ostsee am 25.11.1994 erfolgt ist.[37]

Die AWZ bildet **keinen Teil des Staatsgebiets** und nimmt so – anders als das Küstenmeer – nicht an der Gebietshoheit teil. Die Rechte und Hoheitsbefugnisse des Küstenstaates (und die Rechte und Freiheiten anderer Staaten) sind durch das Völkerrecht eingeräumt und durch die diesbezüglichen Bestimmungen des Seerechtsübereinkommens geregelt, wie sie insbesondere Art. 55 ff. SRÜ festlegen. Die Rechte und Hoheitsbefugnisse können auch gebündelt werden und bilden dann einen „Funktionshoheitsraum".[38] 37

Die Ausschließliche Wirtschaftszone eines Küstenstaates darf nach Art. 57 SRÜ nicht breiter als **200 sm** sein, gerechnet von den Basislinien aus. Die AWZ der Bundesrepublik Deutschland erreicht an nahezu keiner Stelle die 200 sm-Grenze,[39] in der Ostsee ist die AWZ an vielen Stellen nur wenige Seemeilen breit, weil sie dort unmittelbar an die ausschließlichen Wirtschaftszonen Dänemarks, Schwedens oder Polens angrenzt. 38

In der Nordsee deckt sich die seewärtige Grenze der bundesdeutschen AWZ grundsätzlich mit der Grenze für den deutschen **Festlandsockel**. Der IGH[40] qualifiziert den Festlandsockel als „natural prolongation of the land territory". Den jeweiligen Küstenstaaten stehen demzufolge die einschlägigen souveränen Rechte ipso iure zu, ohne dass es einer Erklärung bedarf, vgl. Art. 77 Abs. 3 SRÜ[41]. Der Festlandsockel eines Küstenstaates umfasst nach Art. 76 Abs. 1 SRÜ den Meeresboden und Meeresuntergrund der Unterwassergebiete jenseits seines Küstenmeeres, die sich über die gesamte natürliche Verlängerung seines Landgebietes bis zur äußersten Kante des Festlandrandes,[42] oder – falls diese näher zur Küste liegt – bis zu einer Entfernung von 200 Seemeilen von der Basislinie erstrecken. Für die Nutzung des Festlandsockels, der sich in der von Deutschland in Nord- und Ostsee proklamierten AWZ geographisch als Teil derselben darstellt, weist Art. 56 Abs. 3 SRÜ auf die Art. 77 Abs. 1 SRÜ festgelegten souveränen Rechte zum Zweck der Erforschung und Ausbeutung der dort befindlichen natürlichen Ressourcen hin.[43] Nur insoweit unterscheidet sich das Regime des Festlandsockels von dem der AWZ, die (zusätzlich) den Wasserkörper und den Luftraum umfasst. 39

Die wichtigsten **Rechte und Pflichten des Küstenstaates** im „Funktionshoheitsraum" AWZ[44] sind in Art. 56 SRÜ aufgeführt. Die rechtliche Bedeu- 40

---

37 Bekanntmachung der Proklamation der Bundesrepublik Deutschland über die Errichtung einer ausschließlichen Wirtschaftszone der Bundesrepublik Deutschland in der Nordsee und in der Ostsee vom 29.11.1994 (BGBl. 1994 II S. 3770).
38 *Graf Vitzthum*, Raum und Umwelt im Völkerrecht, 1997, S. 404; ihn aufgreifend *Czybulka* NuR 2001, 367/373 f.; vgl auch *Gündling*, Die 200 sm-Wirtschaftszone, S. 119.
39 Allerhöchstens im so genannten „Entenschnabel" der Nordsee.
40 ICJ Reports 1969, 4 (§§ 19, 39, 43), bekräftigt im IGH-Urteil „Festlandsockel in der Ägäis", ICJ Reports 1978, 5 (§ 86).
41 So auch *S. Wolf*, Neue Tendenzen zur Ausdehnung küstenstaatlicher Umweltkompetenzen auf See, ZaöRV 66 (2006), S. 73 ff., 09.
42 Diese darf normalerweise 350 Seemeilen nicht überschreiten, vgl. dazu Art. 76 Abs. 5–7 SRÜ. Der „große" Festlandsockel ist für Deutschland irrelevant, nicht aber etwa für Russland, das damit seinen Anspruch auf arktische unterseeische Bergrücken begründet.
43 Vgl. *Czybulka/Stredak*, Marine Kies- und Sandgewinnung, 2008, S. 33.

tung der dort getroffenen Unterscheidung zwischen **souveränen Rechten** (*sovereign rights*) und **Hoheitsbefugnissen** (*jurisdiction*) andererseits ist aus dem SRÜ nicht ohne weiteres ersichtlich. Einen Anhaltspunkt liefert womöglich die Regelung in Art. 56 Abs. 1 lit. b) SRÜ, nach der sich der Umfang der Hoheitsbefugnisse des Küstenstaates „wie in den diesbezüglichen Bestimmungen dieses Übereinkommens vorgesehen" bemisst. Da eine entsprechende Regelung für die souveränen Rechte fehlt, dürfte der Begriff „Hoheitsbefugnisse" gegenüber dem Begriff „souveräne Rechte" ein minus darstellen.[45] Jedoch sind auch die souveränen Rechte des Küstenstaates in den nachfolgenden Bestimmungen des SRÜ konkretisiert.

41 Der Küstenstaat hat **in der AWZ** nach Art. 56 Abs. 1 lit. a) SRÜ zunächst
- das souveräne Recht zur Erforschung und Ausbeutung, Erhaltung und Bewirtschaftung der lebenden und nicht lebenden natürlichen Ressourcen der Gewässer über dem Meeresboden, des Meeresbodens und seines Untergrunds.[46]

42 Der Küstenstaat hat ferner
- das souveräne Recht (ausschließliche Kompetenz[47]) für die Erhaltung der lebenden Meeresressourcen (Art. 56 Abs. 1 lit. a), Art. 61 SRÜ);
- das souveräne Recht (Vorrang[48]) für die Nutzung der lebenden Meeresressourcen (Art. 56 Abs. 1 lit. a), Art. 62 SRÜ);
- das ausschließliche Recht zur Erforschung des Festlandsockels (*continental shelf*) und zur Ausbeutung seiner nichtlebenden (mineralischen und sonstigen) und lebenden (zu den sesshaften Arten gehörenden Lebewesen) natürlichen Ressourcen (Art. 56 Abs. 1 lit. a), Abs. 3, Art. 77 SRÜ)[49];
- die Hoheitsbefugnis und das ausschließliche Recht zur Errichtung und Nutzung von künstlichen Inseln aller Art sowie von Anlagen und Bauwerken für wirtschaftliche Zwecke (Art. 56 Abs. 1 lit. b) Nr. i), Art. 60 Abs. 1, Art. 80 SRÜ);
- souveräne Rechte hinsichtlich anderer Tätigkeiten zur wirtschaftlichen Erforschung und Ausbeutung der AWZ wie der Energieerzeugung aus Wasser, Strömung und Wind (Art. 56 Abs. 1 lit. a) SRÜ);
- Hoheitsbefugnisse in Bezug auf die wissenschaftliche Meeresforschung (Art. 56 Abs. 1 lit. b) Nr. ii) SRÜ);
- Hoheitsbefugnisse in Bezug auf den **Schutz und die Bewahrung der Meeresumwelt** (Art. 56 Abs. 1 lit. b) Nr. iii) SRÜ).

---

44 *Graf Vitzthum*, Raum und Umweltvölkerrecht, S. 379 (390).
45 So *Gloria*, Internationales Öffentliches Seerecht, § 53 Rdnr. 20 (S. 747); vgl. auch *Jarass*, Naturschutz in der Ausschließlichen Wirtschaftszone, S. 22.
46 Bezüglich der nicht lebenden natürlichen Ressourcen des Meeresbodens verweist Art. 56 Abs. 3 auf das Festlandsockelregime des Teils VI des SRÜ, wo diese Rechte insoweit als „ausschließlich" bezeichnet werden. So darf niemand ohne ausdrückliche Zustimmung des Küstenstaates den Küstensockel erforschen oder seine natürlichen Ressourcen ausbeuten, selbst wenn der Küstenstaat diese Tätigkeiten nicht selbst durchführt, sondern unterlässt (Art. 77 Abs. 2 SRÜ).
47 *Gloria*, Internationales Öffentliches Seerecht, § 53, Rdnr. 14 (S. 745).
48 *Gloria*, Internationales Öffentliches Seerecht, § 53, Rdnr. 15 (S. 746).
49 Die Bundesrepublik Deutschland hat am 22.1.1964 ihre Proklamation über die Erforschung und Ausbeutung des deutschen Festlandsockels (BGBl. 1964 II S. 104) veröffentlicht. Die äußeren Grenzen des Festlandsockels (vgl. Art. 76 SRÜ) in der Nordsee wurden später in bilateralen Vereinbarungen mit Dänemark, den Niederlanden und dem Vereinigten Königreich festgelegt. Im Hinblick auf die äußeren Festlandsockelgrenzen in der Ostsee gelten die Vereinbarungen der DDR mit Polen, Schweden und Dänemark fort; *Lagoni*, Case Study of Germany, S. 255/257 f.

Damit unterfallen völkerrechtlich gesehen die wichtigsten **wirtschaftlichen** **43**
Tätigkeiten in der AWZ, insbesondere die Erdöl- und Erdgasexploration
und -gewinnung, die Errichtung und Nutzung von Offshore-Windenergieanlagen und die marine Sand- und Kiesentnahme der ausschließlichen Regelungskompetenz des Küstenstaates mit der Folge, dass der Küstenstaat dritte
Staaten von den vorgenannten Aktivitäten (auch) aus Gründen des Umweltund Naturschutzes ausschließen kann.

Bezüglich der **Erhaltung und Bewirtschaftung der lebenden Ressourcen**, ins- **44**
besondere der Fischbestände innerhalb der AWZ überlässt das Völkerrecht
die maßgeblichen Befugnisse ebenfalls dem Küstenstaat (Art. 61 ff. SRÜ),
jedoch wird diese Übertragung der souveränen Rechte und Hoheitsbefugnisse durch das Europäische Unionsrecht überformt, wonach der Lissabonner Vertrag nunmehr ausdrücklich der Union die ausschließliche Zuständigkeit „zur Erhaltung der biologischen Meeresschätze im Rahmen der
gemeinsamen Fischereipolitik" eingeräumt (Art. 3 Abs. 1 lit. d) AEUV[50])
hat und dem Rat nach Art. 43 Abs. 3 AEUV die Organkompetenz für Maßnahmen zur Festsetzung und Aufteilung der Fangmöglichkeiten gibt. Das Fischereirecht im Übrigen wird der geteilten Kompetenz zugewiesen (Art. 4
Abs. 2 lit. d) AEUV), die hierzu erforderlichen Bestimmungen sind im ordentlichen Gesetzgebungsverfahren festzulegen, Art. 43 Abs. 2 AEUV. Es
liegt auf der Hand, dass hier Konflikte mit dem Meeresnaturschutzrecht
vorprogrammiert sind (näher unten IV 3 und bei der Kommentierung von §
57 Abs. 3 Ziff. 3 , Rdnr. 69 ff.).

Dritten Staaten verbleiben in der AWZ gemäß Art. 58 Abs. 1 SRÜ: **45**
– die Freiheit der Schifffahrt,
– die Freiheit des Überflugs und
– die Freiheit der Verlegung unterseeischer Kabel und Rohrleitungen.

Auch diese **Freiheiten** bestehen jedoch im Allgemeinen nicht grenzenlos. **46**
Hierzu wird im Einzelnen auf die Kommentierung von § 57 Abs. 3 Ziff. 1
und 4 BNatSchG Rdnr. 32 ff., 39 ff. 87 ff. verwiesen.

c) **Anschlusszone**

In der so genannten Anschlusszone (*contiguous zone*, Art. 33 SRÜ), die der **47**
Küstenstaat erklären[51] kann und die sich nicht weiter als 24 sm über die Basislinie hinaus erstrecken darf, kann der Küstenstaat die erforderliche polizeiliche Kontrolle ausüben, um u.a. Verstöße gegen seine Zoll- und Steuer-,
Einreise- oder Gesundheitsgesetze zu verhindern oder zu ahnden, die in seinem Hoheitsgebiet oder in seinem Küstenmeer begangen worden sind. Diese
Kontrollbefugnisse sind funktional begrenzt. Soweit ersichtlich, fallen Verstöße gegen die Naturschutzgesetze nicht unter diese Vorschrift. Die Bundesrepublik Deutschland hat von dem Recht, eine Anschlusszone zu errichten, bisher keinen Gebrauch gemacht.[52]

d) **Hohe See**

Für Nord- und Ostsee sind die naturschutzrelevanten Vorschriften des SRÜ **48**
über die Hohe See und die zur Erhaltung der lebenden Ressourcen der Hohen See ohne Belang. Die Hohe See schließt sich seewärts der AWZ an

---

50 Konsolidierte Fassung des Vertrages über die Arbeitsweise der Europäischen Union.
51 Vgl. Secretary- General, Report to the General Assembly A/47/512 (1992, mimeo.),
 para. 13, 47 GAOR, Annexes, agenda item 32.
52 *Vitzthum*, in: ders. (Hrsg)., Völkerrecht, 4. Aufl. 2007, S. 392, Fn. 44.

(Art. 86 SRÜ). Solche Gebiete gibt es im Anschluss an die „deutsche" AWZ weder in der Ost- noch in der Nordsee, da regelmäßig die AWZ eines anderen Staates unmittelbar an die deutsche AWZ anschließt. Entsprechendes gilt deshalb auch für den Bereich über den Meeresboden und Meeresuntergrund in diesem Bereich („Das Gebiet", englisch: „The Area").

49 In der Hohen See bestehen die **Meeresfreiheiten**, es gibt keine territoriale Souveränität und es gilt das Verbot staatlicher Okkupation der Hohen See.[53] Gleichwohl kann die Bundesrepublik Deutschland als **Flaggenstaat** (oder muss es unter Umständen wegen anderweitiger völkerrechtlicher Verpflichtungen oder unter dem Zwang Europäischen Unionsrechts) die Anwendung seiner Vorschriften auf **Schiffe**, die die deutsche Flagge führen, erstrecken, vgl. Art. 92 SRÜ).

50 Deutschland hat völkerrechtlich auch die Kompetenz, naturschutzrechtliche Vorschriften oder solche zur Erhaltung der lebenden Ressourcen (vgl. Art. 117 SRÜ) in Bezug auf **deutsche Staatsangehörige** zu erlassen, die Tätigkeiten auf der Hohen See, dem „Gebiet" oder in staatsfreien Räumen nachgehen. Es kann insoweit auch gebietsbezogene Vorschriften geben, als es – zum Beispiel – den betroffenen Schiffen unter deutscher Flagge und dem genannten Personenkreis untersagt ist, in bestimmten Gebieten des Atlantiks seltene Tiefseefische zu fangen.[54]

51 Wichtige Vorschriften für den staatsfreien Bereich sind im **Antarktisvertragssystem** enthalten, das in Verfahren und Zuständigkeit in das AUG[55] umgesetzt wurde. Zuständig ist insoweit das Umweltbundesamt (UBA) als Genehmigungsbehörde.

II. Relevantes Umweltvölkerrecht auf globaler Ebene

1. Entwicklung und Übersicht

52 Es liegt auf der Hand, dass jedenfalls außerhalb der nationalen Territorialität/Aquitorialität das Völkerrecht den entscheidenden Einfluss auf Berechtigungen und Verpflichtungen im Bezug auf den Meeresumwelt- und Meeresnaturschutz hat (oder haben sollte).

53 Die Entwicklung des völkerrechtlichen Meeresumweltschutzes begann nach dem Ende des Zweiten Weltkrieges mit der umweltverträglichen Regelung einzelner Aspekte der Verschmutzung der Meeresumwelt und des Schutzes der lebenden Meeresressourcen.[56] Einen etwas umfassenderen Ansatz verfolgt das Seerechtsübereinkommen der Vereinten Nationen vom 10.12.1982[57] (SRÜ) dessen „Herzstück" zum marinen Umweltschutz und Naturschutz der Teil XII (Art. 192 ff. SRÜ) ist (siehe unter 2.). Innerhalb

---

53 *Wolfrum*, in Vitzthum, Seerecht Kap. 4 Rdnr. 8.
54 Kapitel X der TAC-VO 2009 (= Verordnung (EG) Nr. 43/2009, ABl. EU 2009 Nr. L 22 S. 1ff.) enthält z.b. Sonderregelungen für die Gemeinschaftsschiffe, die im SEAFO-Gebiet, also im Südostatlantik fischen.
55 Gesetz zur Ausführung des Umweltschutzprotokolls zum Antarktis-Vertrag (Umweltschutzprotokoll-Ausführungsgesetz (AUG)) vom 22.9.1994 (BGBl. I S. 2593), zuletzt geändert durch Art. 69 der Verordnung vom 31.10.2006 (BGBl. I S. 2407).
56 Zur Geschichte des internationalen Meeresumweltschutzes *Heintschel von Heinegg*, Internationales öffentliches Umweltrecht, § 57 Rdnr. 19 ff. (S. 871 ff.), und *Beyerlein*, Umweltvölkerrecht, München 2000, Rdnr. 220 ff.
57 BGBl. 1994 II, S. 1799, 1995 II, S. 602

des durch das SRÜ vorgegebenen Rahmens leisten regionale Abkommen einen wesentlichen Beitrag zur Verbesserung des Meeresumweltschutzes und – mittlerweile – auch zur Stärkung des Meeresnaturschutzes (siehe unter III). Für Deutschland von Bedeutung sind in diesem Zusammenhang das Helsinki-Übereinkommen (HÜ)[58] für den Bereich der Ostsee und das Oslo-Paris-Übereinkommen (OSPAR)[59], das für den Bereich des Nordost-Atlantiks (einschließlich der Nordsee) gilt.

Inhaltlich verfolgt das **moderne Meeresumweltvölkerrecht** im Wesentlichen drei miteinander zu kombinierende Ansätze:
- den Schutz der marinen Umwelt und Natur vor der Verschmutzung (*pollution*) durch gefährliche oder schädliche Stoffe,
- die Bestandserhaltung der lebenden natürlichen Ressourcen des Meeres bei ihrer – nachhaltigen – Nutzung (*sustainable use*) und
- den Schutz der biologischen Vielfalt des Meeres durch den Schutz von marinen Ökosystemen und Arten in ihren natürlichen Lebensräumen (*conservation* in situ, Habitat- und Artenschutz).

Diese Ansätze finden sich auf globaler Ebene vor allem im Seerechtsübereinkommen der Vereinten Nationen und in den Rahmenübereinkommen zum Schutz der biologischen Vielfalt, der CBD.

2. Das Seerechtsübereinkommen (SRÜ), insbesondere Art. 192 ff.

Teil XII des Seerechtsübereinkommens birgt das „Herzstück"[60] der globalen völkerrechtlichen Regelungen zum marinen Umwelt- und Naturschutz. Art. 192 SRÜ enthält die allgemeine Verpflichtung der Staaten, die Meeresumwelt zu schützen und zu bewahren. Dieser Auftrag aus Art. 192 SRÜ ist umfassend und als „Strukturprinzip des Meeresschutzes" zu verstehen und ist eine rechtliche, nicht nur politische Verpflichtung der Staaten mit *erga omnes*-Normwirkung[61]. Zwar liegt der Hauptanwendungsfall der allgemeinen Verpflichtung aus Art. 192 in der Verhütung, Verringerung und Überwachung der **Verschmutzung** der Meeresumwelt; zu bedenken ist jedoch einerseits der weite und **vorsorgeorientierte Ansatz** des Verschmutzungsbegriffes in Art. 1 Abs. 1, 4 SRÜ, der die „Tier- und Pflanzenwelt des Meeres" einbezieht[62]. Art. 194 Abs. 5 SRÜ indiziert darüber hinaus, dass der Schutz der Meeresumwelt weit und entwicklungsoffen angelegt ist und hierunter auch „die erforderlichen Maßnahmen zum Schutz und zur Bewahrung seltener oder empfindlicher **Ökosysteme** sowie des Lebensraumes gefährdeter, bedrohter oder vom Aussterben bedrohter Arten und anderer Formen der Tier- und Pflanzenwelt des Meeres" zählen.

Zuzugeben ist, dass in Teil XII in Bezug auf die natürlichen Ressourcen vor allem Art. 193 den bereits oben (II.) festgestellten Bezug zwischen souveränem Recht zur Ausbeutung und Pflicht zum Schutz und zur Wahrung der Meeresumwelt festschreibt, jedoch keine spezifischen Instrumente weiter ausdifferenziert werden. Gleichwohl ist heute nahezu unstritten, dass die

---

58 Übereinkommen über den Schutz der Meeresumwelt des Ostseegebiets (Helsinki-Übereinkommen) vom 9.4.1992 (BGBl. 1994 II S. 1397).
59 Übereinkommen über den Schutz der Meeresumwelt des Nordostatlantiks vom 22.9.1992 (Oslo-Paris- oder kurz OSPAR-Übereinkommen; seit 25.3.1998 völkerrechtlich in Kraft) (BGBl 1994 II, S. 1360).
60 *Heintschel von Heinegg*, in Ibsen, Völkerrecht, 5. Aufl. 2004, § 57 Rdnr. 29.
61 *Proelss*, Meeresschutz im Völker- und Europarecht, 2003, S. 77 ff.
62 Darauf weist auch *Lagoni*, Die Abwehr von Gefahren für die marine Umwelt, 1992, S. 87, 117 hin.

Einrichtung von **Meeresschutzgebieten** (MPA´s) auf Art. 56 Abs. 1 lit. b) iii) (in der AWZ), Art. 192, 193, 194 Abs. 5 SRÜ (ggfs. i.V.m. den einschlägigen Bestimmungen der jeweiligen regionalen Meeresschutzabkommen) sowie Art. 8 lit. a) CBD als ergänzende Rechtsgrundlage gestützt werden kann. Davon zu unterscheiden ist die Einrichtung sogenannter PSSAs[63] nach Art. 211 Abs. 6 SRÜ, die sich nur auf die Verhinderung der Verschmutzung durch Schiffe bezieht. Jedoch ist daran festzuhalten, dass die Kompetenz zur Einrichtung von Meeresschutzgebieten zunächst seerechtlich beantwortet werden muss. Dies ergibt sich aus der Kollisionsvorschrift des Art. 22 Abs. 2 CBD.[64] Darüber hinaus verpflichtet Art. 197 SRÜ die Staaten zur Zusammenarbeit auf weltweiter und ggfs. auf regionaler Ebene zum Schutz und zur Bewahrung der Meeresumwelt.

58 Der Meeresnaturschutz in Gestalt des Ökosystemschutzes wird daher im Seerechtsübereinkommen bereits thematisiert, wenn auch lediglich die im Interesse einer Verhütung, Verringerung und Überwachung der Verschmutzung der Meeresumwelt notwendigen Rechtsetzungsbefugnisse in Art. 207 ff. SRÜ spezifiziert und in den Art. 213 ff. SRÜ mit Durchsetzungsbefugnissen ausgestaltet wurden. Daraus ist jedoch nicht der Rückschluss zulässig, dass Meeresnaturschutz von den Küstenstaaten weder geregelt noch durchgesetzt werden kann.[65]

3. Die Biodiversitätskonvention (CBD)

59 Die neueren Regionalabkommen nehmen ausdrücklich oder zumindest implizit Bezug auf die Biodiversitätskonvention (CBD), die in deutscher Sprache als Übereinkommen über die biologische Vielfalt bezeichnet wird.[66] Von der Zieltrias des Übereinkommens über die biologische Vielfalt (Schutz, nachhaltige Nutzung, ABS[67]) sind vor allem die ersten beiden Zielsetzungen thematisch einschlägig[68] für den Meeresnaturschutz. Während die nachhaltige Nutzung insbesondere der lebenden Ressourcen und damit die Problematik der Fischerei in der CBD kaum instrumentalisiert ist, verpflichtet die CBD die Vertragsstaaten – das sind nahezu alle Staaten der Welt – zur Erhaltung der biologischen Vielfalt und sieht hier als Hauptinstrument – soweit es um terrestrische wie marine Gebiete innerhalb nationaler Hoheitsbereiche einschließlich der AWZ[69] geht – die **Einrichtung eines Schutzgebietssystems** vor. Außerdem werden die Vertragsstaaten im Bezug auf Schutzmaßnahmen durch Art. 8 CBD angehalten, „soweit möglich und sofern angebracht" eine Reihe weiterer konkreter Schutzmaßnahmen zu ergreifen. Dass der marine Bereich hier eingeschlossen ist, ist im Falle des Küstenmeeres und der Ausschließlichen Wirtschaftszone – soweit ersichtlich –

---

63 Particularly Sensitive Sea Areas, vgl. dazu § 57 Rdnr. 43.
64 Wenn das Seerechtsübereinkommen Meeresschutzgebiete in der AWZ nicht zuließe, könnte auch die CBD dem Küstenstaat keine Befugnis zu ihrer Einrichtung vermitteln, wie Lagoni dies annimmt (Völkerrechtliche Vorgaben für die Anwendung des USchadG in der AWZ, 2007, S. 33 ff); ausführlich Kritik an dieser Auffassung bei *Czybulka*, NuR 2008, 304/307 ff.
65 Vgl. dazu auch WBGU-Sondergutachten 2007, S. 27; *Kersandt*, Nordsee, 2010, S. 224 ff. m.w.Nw.
66 Übereinkommen vom 5.6.1992 über die biologische Vielfalt, BGBl. 1993 II, S. 1741.
67 Access and Benefit Sharing.
68 Allgemein zur CBD, *Beyerlein*, Umweltvölkerrecht, Rdnr. 403 ff., *Wolfrum*, in Wolff/Köck, 10 Jahre Übereinkommen über die Biologische Vielfalt, S. 18 f., *Heugel/Hendrischke*, NuL 81 (2006), 457 f.
69 *Wolfrum*, The Interplay of UNCLOS and CBD, 2000, S. 417/428.

unstreitig. Problematischer ist die Errichtung von Schutzgebieten auf Hoher See, dies spielt jedoch für Deutschland schon aus faktischen Gründen keine Rolle (siehe oben Rdnr. 48). Unproblematisch ist hingegen die Anwendung von anderen Maßnahmen auf der Grundlage der CBD oder Folgevereinbarungen, die zur Wahrung der marinen Biodiversität auf Hoher See z.B. gegenüber eigenen Schiffen oder eigenen Staatsangehörigen ergriffen werden. Die Bestimmungen des Übereinkommens gelten nämlich gemäß Art. 4 lit. b) CBD zugleich für sämtliche Verfahren und Tätigkeiten, die unter der Hoheitsgewalt der Vertragsstaaten auch außerhalb der nationalen Hoheitsbereiche vorgenommen werden.[70]

Das **Verhältnis SRÜ/CBD** wird in diesem Zusammenhang vor allem in der nicht umweltvölkerrechtlich geprägten Literatur stark problematisiert. Eine Zuordnung der Gehalte der beiden wichtigsten globalen Übereinkommen in diesem Bereich, des Seerechtsübereinkommens und der Biodiversitätskonvention ist eine Herausforderung der Völkerrechtsdogmatik. **60**

Letztlich geht es hierbei um die zutreffende Interpretation des Art. 237 SRÜ einerseits, der Kollisionsvorschrift des Art. 22 Abs. 2 CBD andererseits. Nach Art. 237 Abs. 1 SRÜ berührt dieser Teil (d.h. der Teil XII. Schutz und Bewahrung der Meeresumwelt) weder (bereits) eingegangene Verpflichtungen der Staaten aufgrund früher geschlossener besonderer Übereinkommen und Abkommen über den Schutz und die Bewahrung der Meeresumwelt noch solche Übereinkünfte, „die zur Ausgestaltung der in diesem Übereinkommen enthaltenen allgemeinen Grundsätze geschlossen werden können". Hier ist es naheliegend, die allgemeine Verpflichtung des Art. 192 SRÜ zum Schutz und Bewahrung der Meeresumwelt als einen allgemeinen Grundsatz zu interpretieren. Er steht dann auf einer Ebene mit den Vorschriften der CBD zu (marinen) Schutzgebieten, die dann wiederum im Einklang mit den Rechten und Pflichten der Staaten aufgrund des Seerechts stehen (Art. 22 Abs. 2 CBD). Die konkretisierende Vorschrift des Art. 194 Abs. 5 SRÜ (Maßnahmen zum Schutz und zur Wahrung seltener oder empfindlicher Ökosysteme sowie des Lebensraumes gefährdeter, bedrohter oder vom Aussterben bedrohter Arten und anderer Formen der Tier- und Pflanzenwelt des Meeres") erhält so ein Umsetzungsinstrument in Form der MPAs. Die gleiche Interpretation bietet sich bei Art. 237 Abs. 2 an, der auf eine Erfüllung der aufgrund besonderen Übereinkünfte eingegangenen Verpflichtungen hinsichtlich des Schutzes und der Bewahrung der Meeresumwelt abzielt, welche bei ihrer Umsetzung mit den „allgemeinen Grundsätzen und Zielen" des SRÜ vereinbar sein müssen. Es ist deshalb ohne Weiteres möglich und auch völkerrechtlich lege artis, wenn als völkerrechtliche Rechtsgrundlagen zur Einrichtung eines marinen Schutzgebietssystems Art. 56 Abs. 1 lit. b) iii.), 192, 194 Abs. 5 SRÜ *und* Art. 8 lit. a) CBD herangezogen werden.[71] **61**

Im Bereich der **nachhaltigen Nutzung** der lebenden Ressourcen können die sehr detaillierten Vorschriften des SRÜ insbesondere in Art. 61 ff. nicht mit **62**

---

70 Statt aller *N. Wolff*, in: diess./Köck (Hrsg.), Biologische Vielfalt, Fn. 68,, S. 177.
71 Vgl. zusammenfassend zuletzt *Kersandt*, Nordsee (2010), S. 227 ff.; zuerst *Czybulka* NuR 1999, 562/564 ff.; ferner *Czybulka*, ZUR 2003, 329 ff.; ähnlich auch *Proelss*, Meeresschutz im Völker- und Europarecht (2003), S. 91 ff.; *Janssen*, Die rechtlichen Möglichkeiten der Einrichtung von Meeresschutzgebieten in der Ostsee (2002), S. 68 ff./72; etwas unklar *Jarass* Naturschutz in der Ausschließlichen Wirtschaftszone (2002), S. 30; a.A. *Lagoni*, Völkerrechtliche Vorgaben für die Anwendung des Umweltschadensgesetzes in der AWZ und auf dem Festlandsockel (2007), S. 33 ff und ihm entgegnend *Czybulka*, NuR 2008, 304/307 ff.

einem allgemeinen Hinweis auf die Zielsetzung der CBD „ökologisiert" werden. Insbesondere bleibt es eine offene Rechtsfrage, wie der „höchst mögliche Dauerertrag" (maximum sustainable yield, vgl. den englischen Text von Art. 61 Abs. 3 SRÜ) mit Anforderungen der Meeresbiodiversität harmonisiert werden kann. Einen Zwischenschritt hierzu stellt das Straddling Fishstocks Agreement (SFSA) dar. Eine Vertiefung der Problematik kann an dieser Stelle nicht vorgenommen werden.

III. Relevantes Völkerrecht auf regionaler Ebene

1. Das OSPAR-Übereinkommen zum Schutz des Nordostatlantiks

63 Die von Art. 197 SRÜ geforderte regionale Zusammenarbeit der Staaten zum Schutz der Meeresumwelt findet bezogen auf den Nordostatlantik – und damit auch auf die Nordsee – im Rahmen des Übereinkommens zum Schutz der Meeresumwelt des Nordostatlantiks[72] statt. Das OSPAR-Übereinkommen gilt für die Wassersäule, ebenso für den Meeresboden und den Meeresuntergrund in allen betroffenen Meereszonen (einschl. der AWZ und des Festlandsockels). Nach Art. 2 Pkt. 1 lit. a) OSPAR-Ü treffen die Vertragsparteien „alle nur möglichen Maßnahmen, um Verschmutzungen zu verhüten und zu beseitigen, und unternehmen alle notwendigen Schritte zum Schutz des Meeresgebietes vor den nachteiligen Auswirkungen menschlicher Tätigkeiten, um die menschliche Gesundheit zu schützen, die **Meeresökosysteme zu erhalten** und, soweit durchführbar, beeinträchtigte Meereszonen wieder herzustellen". Bei der Durchführung des OSPAR-Übereinkommens wenden die Vertragsparteien das Vorsorgeprinzip und das Verursacherprinzip[73] sowie den Stand der Technik (BAT) und die beste Umweltpraxis (BEP)[74] an. Über die von den Vertragsparteien im Jahr 1998 angenommene **Anlage V** über den „Schutz und die Erhaltung der Ökosysteme und der biologischen Vielfalt des Meeresgebiets"[75] sowie den dazugehörigen Anhang III hat der Ökosystemansatz und haben die Vorgaben des Übereinkommens über die biologische Vielfalt Einzug in das OSPAR-Ü gefunden.[76] Für die Begriffe „Biologische Vielfalt", „Ökosystem" und „Lebensraum" gelten gemäß Art. 1 Anlage V OSPAR-Ü die Begriffsbestimmungen der Biodiversitätskonvention.

2. Das Helsinki-Übereinkommen (HÜ) zum Schutz der Ostsee

64 Das völkerrechtlich Pendant zum OSPAR-Übereinkommen bildet für den Meeresbereich der Ostsee das (überarbeitete) Helsinki-Übereinkommen, das 2000 in Kraft trat.[77] Ziel des Helsinki-Übereinkommens und seines ganzheitlichen Ansatzes ist es, die ökologische Wiederherstellung der Ostsee herbeizuführen und dabei die Möglichkeiten der Selbsterneuerung der Meeresumwelt und der Wahrung ihres ökologischen Gleichgewichts sicherzustellen.[78] Auch dieses Abkommen gibt den Vertragsstaaten auf, zur Verhütung und Beseitigung der Verschmutzung des Ostseegebiets die beste

---

72 Vom 22.9.1992 (BGBl. 1994 II S. 1360), das sog. Oslo-Paris- oder OSPAR-Übereinkommen.
73 Vgl. Art. 2.2 lit. a) und b) OSPAR-Ü.
74 Vgl. Art. 2.3 lit. b) OSPAR-Ü.
75 Anlage V und Anhang III, beide vom 23.6.1998 (BGBl. 2001 II S. 646) sind gemäß Art. 15.5 OSPAR-Ü für Deutschland in Kraft getreten am 13.1.2002 (für die EG bereits am 30.8.2000).
76 Zum Ökosystemansatz vgl. Art. 3.1 lit. b) Nr. 4 Anlage 5 OSPAR-Ü.
77 Gesetz vom 23.8.1994 (BGBl. 1994 II S. 1355, 1397). Das „Helsinki-Übereinkommen" ist seit dem 17.1.2000 in Kraft.
78 *Gellermann*, Nationales Recht des Meeresnaturschutzes, 2010, § 2 B III.

Umweltpraxis und die besten verfügbaren Technologien einzusetzen. Im Text des Übereinkommens selbst ist in Art. 15 HÜ die Verpflichtung ausgesprochen, geeignete Maßnahmen zur Erhaltung natürlicher Lebensräume und der Artenvielfalt sowie zum Schutz ökologischer Abläufe zu ergreifen. Die **Helsinki-Kommission** (HELCOM) ist beauftragt, **Empfehlungen** abzugeben, bei denen es sich zwar um „Soft Law" handelt, die jedoch durchaus von politischer Relevanz sind. Eine vollständige Übersicht über die existierenden HELCOM-Empfehlungen ist auf der Website der Kommission abrufbar.[79]

IV. Recht der Europäischen Union

1. Die Meeresstrategierahmenrichtlinie (MSRRL)

Insbesondere auch zur Erreichung der Ziele der Biodiversitätskonvention und angesichts der weiteren Verschlechterung des Zustands der Meeresumwelt beschlossen das Europäische Parlament und der Rat im 6. Umweltaktionsprogramm, die **nachhaltige Nutzung** des Meeres sowie die Erhaltung von Meeresökosystemen durchzusetzen.[80] Die Europäische Kommission leistete mit dem 2006 verabschiedeten „**Grünbuch**" mit dem Titel „Die künftige Meerespolitik der EU: Eine europäische Vision für Ozeane und Meere" eine entsprechende Vorarbeit.[81] Im Grünbuch wurde das Ziel einer **integrierten Meerespolitik** formuliert. Das weitere Verfahren bezüglich des Erlasses der am 15.7.2008 in Kraft getretenen **Meeresstrategie-Rahmenrichtlinie**[82] zeigte, dass die als „Umweltsäule" der künftigen europäischen Meerespolitik konzipierte MSRRL vor allem ein wichtiges Ziel verfehlt, die gemeinsame Fischereipolitik und damit das europäische Fischereirecht mit zu „integrieren".[83] Ohne die zahlreichen Verbesserungsvorschläge des Europäischen Parlaments im Gesetzgebungsverfahren wäre die MSRRL noch weniger umweltbezogen ausgefallen. Die MSRRL formuliert auch das Ziel, die Verpflichtungen der Union und ihrer Mitgliedstaaten zum Schutz der Meeresumwelt zu erfüllen, die sich aus dem Helsinki-Übereinkommen und dem OSPAR-Übereinkommen ergeben.[84]

Die MSRRL unterscheidet 4 europäische **Meeresregionen**, nämlich die Ostsee, den Nord-Ost-Atlantik, das Mittelmeer sowie das Schwarze Meer. Die erweiterte Nordsee, einschließlich Kattegat und Ärmelkanal ist gemäß Art. 4 im MSRRL eine Unterregion des Nord-Ost-Atlantiks. Die MSRRL hat das Ziel, dass diese Meeresregionen bis spätestens 2020 ökologisch vielfältig, sauber, gesund und produktiv sind und auf einem nachhaltigen Niveau genutzt werden (Übergeordnetes Ziel: **Guter Zustand** der Meeresumwelt bis 2020). Insoweit sind Elemente eines Ökosystemansatzes zu erkennen. (vgl. Art. 3 Nr. 5 MSRRL). Der Weg zum „guten Zustand" entspricht dem Vorgehen bei der Wasserrahmenrichtlinie: Die Mitgliedstaaten

---

79 www.helcom.fi
80 Beschluss 1600/2002/EG des Europäischen Parlaments und des Rates vom 22.7.2002 über das 6. Umweltaktionsprogramm der Europäischen Gemeinschaft, ABl. EU Nr. L 242 S. 1.
81 Grünbuch KOM (2006) 275 endg.
82 Richtlinie 2008/56/EG des Europäischen Parlaments und des Rates vom 17.6.2008 zur Schaffung eines Ordnungsrahmens für Maßnahmen der Gemeinschaft im Bereich der Meeresumwelt (Meeresstrategie-Rahmenrichtlinie) ABl. Nr. L 164 S. 19.
83 Insoweit auch kritisch *Markus/Schlacke*, ZUR 2009, 464 ff.; *Czybulka* in: Gellermann, Nationales Recht des Meeresnaturschutzes, § 14.
84 Begründungserwägungen 17.–19. zur MSRRL

sind für ihre jeweiligen Meeresregionen bzw. Unterregionen verantwortlich und haben eine **Anfangsbewertung** vorzunehmen. Auf der Grundlage dieser Anfangsbewertung sind die für den „guten Zustand" maßgeblichen Merkmale zu umschreiben. Dabei sind konkrete Umweltziele sowie zugehörige **Indikatoren** festzulegen, **Überwachungsprogramme** einzurichten und Maßnahmen zu entwickeln, die Gewähr dafür bieten, dass zum maßgeblichen Zeitpunkt der angestrebte Gesamtzustand der Meeresumwelt erreicht ist. Damit liegt die Hauptverantwortung bei der Umsetzung der Richtlinie auf den Mitgliedstaaten und den von diesen in Abstimmung mit den anderen Anrainern zu entwickelnden **Meeresstrategien**[85]. Hierbei beschränkt sich die Richtlinie weitgehend darauf, den Prozess der Erarbeitung dieser Strategien anzustoßen und hierfür den Ordnungsrahmen vorzugeben.

67 Die Meeresstrategie-Rahmenrichtlinie leidet an zwei schweren „Geburtsfehlern". Dies betrifft zum einen die **mangelhafte Integration** der europäischen **Fischerei**politik in die MSRRL. Zwar taucht die Forderung nach Kohärenz mit der gemeinsamen Fischereipolitik im 9. Erwägungsgrund der MSRRL und ein gesunder Fischbestand als Deskriptor des Guten Umweltzustandes im Anhang I der Richtlinie auf; es ist jedoch nicht zu erkennen, wie die verantwortlichen Mitgliedstaaten mangels Kompetenz hier wirksam Einfluss nehmen können, wenn sogar die Umsetzung des Europäischen Naturschutzrechts im Bezug auf die Fischerei starken Behinderungen ausgesetzt ist (vgl. unten 2. und 3.).

68 Zum anderen hätte den Mitgliedstaaten ein wirksames übergreifendes **planerisches Instrument** für die Küsten- und Meereszonen an die Hand gegeben oder empfohlen werden müssen. So dürfte es mit der MSRRL vereinbar sein, dass die Landschaftsplanung nach nationalem Recht in der AWZ entfällt (vgl. § 56 Abs. 1 [„mit Ausnahme des Kap. 2"]), die Instrumente der Raumordnung im marinen Bereich jedoch bislang nahezu ausschließlich die wirtschaftliche Nutzung des Meeres zum Inhalt haben (vgl. dazu die Kommentierung bei § 56, Rdnr. 20 ff.). Die EU hat offenbar wegen des Einstimmigkeitserfordernisses von Art. 192 Abs. 2 lit. b) AEUV (ex-Art. 175 Abs. 2 lit. b) EG-Vertrag) hierzu keine Regelung getroffen.

69 Es dürfte sich negativ bemerkbar machen, dass entgegen einem Referentenentwurf für das UGB III[86] das **Integrierte Küstenzonenmanagement (IKZM)** nicht in den Abschnitt über den Meeresnaturschutz mit aufgenommen wurde. Ziel des IKZM ist es, den Küsten- und Meeresraum dauerhaft natur- und landschaftsverträglich zu entwickeln.[87] Auch wenn das IKZM von der EU nicht als rechtliches (Planungs-)Instrument konzipiert war, sondern als „freiwilliges und unbürokratisches Verfahren, mit dem die verschiedenen ökonomischen, ökologischen und sozialen Erfordernisse im Küsten- und Meeresraum soweit wie möglich zusammengeführt und in Einklang gebracht werden sollen",[88] ist der Wegfall der normativen Verankerung eines integrativen Verfahrens für die Küsten- und Meeereszonen im nationalen Recht doch zu bedauern.

---

85 Vgl. hierzu BMU (Hrsg.), Nationale Strategie für die nachhaltige Nutzung und den Schutz der Meere, vom Bundeskabinett gebilligt am 1.10.2008.
86 Stand 19.11.2007, S. 99 ff.
87 Die Grundsätze eines IKZM wurden im Rahmen der nationalen IKZM-Strategie vom 22.3.2006 festgelegt.
88 Referentenentwurf für das UGB I Stand 19.11.2007, Begründung S. 102.

2. Das Europäische Naturschutzrecht

Das Europäische Naturschutzrecht enthält konkrete Vorgaben zur Durchsetzung der Belange (auch) des Meeresnaturschutzes und ist in erster Linie durch die Mitgliedstaaten selbst in ihren Hoheitsgewässern und den vorgelagerten „Funktionshoheitsräumen" der AWZ und des Festlandsockels durchzusetzen. Die **Geltung der FFH-Richtlinie und der Vogelschutzrichtlinie** in der AWZ war einige Zeit, wenn auch ohne rechtes Argument gegen deren Anwendung, umstritten. Bei Kenntnis der Rechtsprechung des EuGH war nicht zu erwarten, dass Beschränkungen für den Anwendungsbereich in die maßgeblichen Richtlinien „hineingelesen" werden konnten. Inzwischen ist der Streit auch durch das Urteil des EuGH vom 20.10.2005, der so genannten Gibraltar-Entscheidung gegenstandslos.[89]

70

Bei der dogmatischen Ableitung der Anwendbarkeit von EU-Recht in der AWZ ist zwischen Sekundärrecht und Primärrecht zu unterscheiden. Nach dem **Primärrecht** richtet sich der Anwendungsbereich prinzipiell nach den Hoheitsgebieten der Mitgliedstaaten und nach den von ihnen in Anspruch genommenen Hoheitsbefugnissen. Der AEUV gilt somit für das Küstenmeer sowie der von dem jeweiligen Staat in Anspruch genommenen AWZ (und den Festlandsockel). Daneben lässt sich der Auswirkungsgrundsatz und das Prinzip des effet utile für die Geltung des EG-Rechts in der AWZ und im Bereich des Festlandsockels aktivieren. Dies hat der EuGH in seiner Rechtsprechung wiederholt getan.[90]

71

Für das **Sekundärrecht** ist auch auf die Regelungen des Sekundärrechts selbst abzustellen. Nach der FFH-Richtlinie Art. 1 lit. b) werden von der Richtlinie auch „aquatische Gebiete" erfasst. Die erforderliche Schutzgebietsauswahl bezieht sich nach Art. 4 Satz 3 FFH-Richtlinie auch auf „im Wasser lebende Tierarten, die große Lebensräume beanspruchen". Dies sind vor allem Meeressäugetiere. Bei der Vogelschutzrichtlinie[91] sind zahlreiche Seevogelarten aufgeführt, deren effektiver Schutz ohne den Einbezug der AWZ nicht möglich wäre.[92] Das derzeitige System der Schutzgebiete in der deutschen AWZ wird bei der Kommentierung von § 57 (Rdnr. 21 ff.) dargestellt.

72

Der **London High Court** hatte seinerzeit in seinem wegweisenden Urteil das Problem, dass England eine AWZ gar nicht in Anspruch genommen hatte, sondern lediglich eine Fischereizone. Schutzobjekt war die Kaltwasserkoralle *„Lophelia pertusa"*, die als Art in den unzureichenden Anhängen der FFH-Richtlinie gar nicht aufgeführt ist. Der Richter nahm jedoch zurecht an, dass es sich um eine riffbildende Koralle handelt und damit der Anhang I eingreife, der bei den natürlichen Lebensräumen von gemeinschaftlichem Interesse, für deren Erhaltung besondere Schutzgebiete ausgewiesen werden müssen, auch den **Lebensraumtyp** „Riffe" (Ziff. 1170) enthält. Über diesen „Umweg" des „unterseeischen Riffs" kam *Lophelia pertusa* zu ihrem Schutz.

73

---

89 EuGH, Urt. v. 20.10.2005 – C-6/04 (Kommission./.Großbritannien), EurUP 2007, 282/285 = NuR 2006, 494 Rdnr. 115 ff.
90 EuGH Sammlg. 1979, 2923 Rdnr. 6 f. (für den Bereich der Geltung des EG-Vertrages auf der Hohen See).
91 Die bisherige Vogelschutzrichtlinien 79/409/EWG wurde durch Art. 18 der Richtlinie 2009/147/EG aufgehoben, die die Inhalte der bisherigen Vogelschutz-Richtlinie übernommen hat.
92 Vgl. *Nordberg*, in Czybulka (Hrsg.), Naturschutz und Rechtsregime im Küsten- und Offshore-Bereich, 2003, S. 111 ff.

74 Anhang I der FFH-Richtlinie erfasst unter Nr. 11 „Meeresgewässer und Gezeitenzonen" auch noch Sandbänke mit nur schwacher ständiger Überspülung durch Meerwasser (Ziff. 1110), *Posidonia-Seegraswiesen (Ziff. 1120), flache große Meeresarme und -buchten (Flachwasserzonen und Seegraswiesen (Ziff. 1160), Submarine durch Gasaustritte entstandene Strukturen (Ziff. 1180), Ästuarien (Ziff. 1130), sowie *Lagunen des Küstenraumes (Strandseen) (Ziff. 1150). Nicht alle diese Lebensraumtypen konnten in der „deutschen" AWZ nachgewiesen werden. Vgl. auch die Kommentierung zu § 30, Rdnr. 113, 125 ff. und § 57 Rdnr. 12 f.

75 Sehr wichtig ist, dass im Bereich des Europäischen **Artenschutzes** ein schutzgebietsunabhängiges strenges Schutzsystem etabliert werden muss, um den Anforderungen der FFH-Richtlinie und der Vogelschutzrichtlinie zu genügen. Einen Überblick über die zahlreichen betroffenen Seevogelarten gibt die Übersicht über die in Anhang IV der FFH-Richtlinie enthaltenen Arten (www.ffh-gebiete.de/natura2000/ffh_anhang_iv/).

76 Im übrigen gelten die Kommentierungen zu den §§ 19 BNatSchG (Schäden an bestimmten Arten und natürlichen Lebensräumen), §§ 31 ff. BNatSchG (Netz „Natura 2000") einschließlich der Verträglichkeitsprüfung nach § 34 BNatSchG und die Vorschriften des Artenschutzrechts, die auf „europäische Vogelarten" oder auf die **Richtlinie 92/43/EWG** Bezug nehmen, ebenfalls im marinen Bereich, soweit sie der Natur der Sache nach anwendbar sind. Ein Problem stellt es beispielsweise dar, dass Unterwasserpflanzen (Makrophyten) in Anhang IV lit. b) der FFH-Richtlinie vollständig fehlen, auf die im BNatSchG wiederholt Bezug genommen wird.

3. Flankierendes Sekundärrecht

77 Einen wichtigen flankierenden Beitrag zur Bewahrung der Meeresbiodiversität kann die Richtlinie 2004/35/EG (**Umwelthaftungs-Richtlinie**, UH-RL)[93] leisten. Die Richtlinie begründet (auch) eine Einstandspflicht für die Schädigung geschützter Arten und natürlicher Lebensräume im Meeresbereich. Ausdrücklich behördlicherseits genehmigte Schädigungen werden vom Haftungsregime ausgenommen (Art. 2 Nr. 1 lit. a) UAbs. 2 Umwelthaftungsrichtlinie), wobei diese Freistellung nur eintritt, wenn etwaige Schädigungen der natürlichen Ressourcen bereits im Zulassungsverfahren sorgfältig und vollständig ermittelt wurden.[94] Die Einbeziehung der Richtlinie in das Bundesnaturschutzgesetz ist durch § 19 BNatSchG 2010 erfolgt.

78 Es bestand auch schon vor der Regelung des § 56 BNatSchG kein ernsthafter Zweifel daran, dass die Umwelthaftungsrichtlinie auch im Bereich der AWZ Anwendung findet.[95] Besonders problematisch ist es in diesem Zusammenhang, wenn die Schädigung anlässlich oder durch **Fischereimaßnahmen** erfolgt, weil insofern dazu bislang kein nationales Verfahren existiert, das eine entsprechende Legalisierungswirkung entfalten könnte. Jedoch steht auch insoweit die Anwendung des § 19 Abs. 1 BNatSchG im marinen Bereich außer Frage, sodass der Sachverhalt und die möglichen erheblichen nachteiligen Auswirkungen bei Verträglichkeitsprüfungen innerhalb der Schutzgebiete nach §§ 34, 35 bei artenschutzrechtlichen Prüfungen nach

---

93 Richtlinie 2004/35/EG des Europäischen Parlaments und des Rates vom 21.4.2004 über Umwelthaftung zur Vermeidung und Sanierung von Umweltschäden, ABl. EU Nr. L 143 S. 56.
94 Vgl. dazu *Gassner* UPR 2007, 293.
95 Vgl. ausführlich *Czybulka*, NuR 2008, 304/307 ff. in Auseinandersetzung mit *Lagoni*, Völkerrechtliche Vorgaben (2007), der die gegenteilige Auffassung vertrat.

§ 45 Abs. 7 oder im Rahmen von Befreiungen nach § 67 Abs. 2 BNatSchG geprüft werden müssen. Dies ist augenscheinlich bisher noch nicht aktuelle Rechtspraxis, während entsprechende Verfahren in den Niederlanden bei der Herzmuschelfischerei inzwischen Praxis sein sollen. Damit kann derzeit (Mai 2010) in „deutschen" Gewässern wegen fehlender Prüfung der Auswirkungen von Fischereitätigkeiten auch keine Legalisierungswirkung durch die Fangerlaubnis eintreten.

Die Richtlinie 85/337/EWG (**UVP-Richtlinie**, UVP-RL)[96] beansprucht Geltung bei der Zulassung bestimmter Projekte unabhängig davon, ob sie terrestrisch oder im marinen Bereich (einschließlich der AWZ und des Festlandsockels) errichtet werden. Die Errichtung von Offshore-Windparks mit mehr als 20 Anlagen bedarf der Umweltverträglichkeitsprüfung. Ebenfalls auch im Bereich der AWZ findet die Richtlinie 2001/42/EG Anwendung (**SUP-Richtlinie**, SUP-RL)[97], die die Mitgliedstaaten verpflichtet, eine Umweltprüfung schon bei der Ausarbeitung von Plänen und Programmen durchzuführen. Wichtige Beispiele für die Erforderlichkeit der Durchführung einer strategischen Umweltprüfung sind die Raumordnungspläne für Nord- und Ostsee (siehe Kommentierung zu § 56 Rdnr. 27 ff.) sowie der Nationale Strategieplan Fischerei für Deutschland und das dazugehörige Operationelle Programm, mit Hilfe dessen die Mittel des Europäischen Fischereifonds (EFF) eingesetzt werden sollen.[98]

Einen weiteren, wenn auch räumlich engen marinen Bereich erfasst die Richtlinie 2000/60/EG, die **Wasserrahmenrichtlinie** (WRRL)[99]. Die Richtlinie zielt auf einen chemisch und ökologisch „guten Zustand" der ihr unterfallenden Oberflächengewässer an. Dazu gehört auch die Wassersäule des 1 sm umfassende Küstengewässerstreifens jenseits der Basislinie (Art. 2 Nr. 7 WRRL). Diese Meeresgewässer sollen so bewirtschaftet werden, dass sie sich möglichst im Jahre 2015 auch im ökologisch guten Zustand befinden. Die Ausdehnung des „guten Zustands" über die genannte 1 sm-Grenze hinaus in die Meeresgewässer soll durch die Meeresstrategie-Rahmenrichtlinie und die entsprechenden nationalen Meeresstrategien geleistet werden (vgl. dazu Rdnr. 65 f.).

Der Gewässerschutz nach Art. 1 WRRL umfasst nicht nur die schrittweise Verringerung und schließlich die Einstellung von Einleitungen, Emissionen und Verlusten gefährlicher Stoffe, sondern die Wasserrahmenrichtlinie bezweckt gerade auch die Vermeidung einer weiteren Verschlechterung (sowie

---

96 Richtlinie 85/337/EWG des Rates v. 27.6.1985 über die Umweltverträglichkeitsprüfung bei bestimmten öffentlichen und privaten Projekten, ABl. EG Nr. L 175 S. 40, zuletzt geändert durch die Richtlinie 2009/31/EG v. 23.4.2009, ABl. L 140 S. 140.
97 Über die Prüfung der Umweltauswirkungen bestimmter Pläne und Programme, ABl. EG Nr. L 197 v. 21.7.2001, S. 30.
98 Nationaler Strategieplan Fischerei für Deutschland, vorgelegt vom BMELV am 17.12.2007 Die Rechtsverordnung über die Raumordnung in der deutschen ausschließlichen Wirtschaftszone in der Ostsee vom 10.12.2009 (BGBl. I S. 3861) trat am 19.12.2009 in Kraft. Die entsprechende Rechtsverordnung über die Raumordnung in der deutschen ausschließlichen Wirtschaftszone in der Nordsee vom 22.9.2009 (BGBl. I S. 3107) trat bereits am 26.9.2009 in Kraft, sowie Operationelles Programm Europäischer Fischereifonds (EFF) Förderperiode 2007-2013 (CCI-Nr. 2007/DE 14 FPO 001) sowie Umweltbericht dazu vom 17.9.2007, alle unter www.portal-fischerei.de/index.php?id=1260.
99 Richtlinie 2000/60/EG des Europäischen Parlaments und des Rates vom 23.10.2000 zur Schaffung eines Ordnungsrahmens für Maßnahmen der Gemeinschaft im Bereich der Wasserpolitik, ABl. EU Nr. L 327 S. 1.

den Schutz und die Verbesserung) der *aquatischen Ökosysteme* einschließlich der direkt von ihnen abhängigen Landökosysteme und Feuchtgebiete im Hinblick auf den Wasserhaushalt.[100] Neben Binnenoberflächengewässern, dem Grundwasser und den Übergangsgewässern werden auch die **Küstengewässer**, diese jedoch nur bis zu **1 sm seewärts** von der Basislinie gedachten Linie, von der Richtlinie erfasst. Im Meeres- und Übergangsbereich sollen die Mitgliedstaaten der Empfindlichkeit von aquatischen Ökosystemen, die sich in der Nähe von Küsten oder Ästuaren, in großen Meeresbuchten oder relativ abgeschlossenen Meeren befinden, besonders Rechnung tragen, dass deren Gleichgewicht durch die einfließenden Binnengewässer stark beeinflusst wird.[101] Maßstab für den **guten ökologischen Zustand** ist die Qualität von Struktur und Funktionsfähigkeit der aquatischen Ökosysteme gemäß der **Einstufung nach Anhang V** der Richtlinie (Art. 2 Nr. 21 und 22 WRRL). Gemäß Ziffer 1.1.4 dieses Anhangs setzt sich der ökologische Zustand von Küstengewässern neben hydromophologischen, chemischen und physikalischen aus folgenden *biologischen* Qualitätskomponenten zusammen:

- Zusammensetzung, Abundanz und Biomasse des Phytoplanktons
- Zusammensetzung der sonstigen Gewässerflora (Großalgen und Angiospermen) sowie
- Zusammensetzung und Abundanz der benthischen wirbellosen Fauna.

82 Durch die Einbeziehung dieser **biologischen Qualitätskomponenten** leistet die Wasserrahmenrichtlinie einen wesentlichen Beitrag zum Schutz und zur Verbesserung der küstennahen marinen Ökosysteme und damit zur Erhaltung der marinen Biodiversität. So ist die Primärproduktion durch das Phytoplankton Lebensgrundlage der heterotrophen Organismen, die benthische wirbellose Fauna dient den Fischen und Seevögeln als wesentliche Nahrungsgrundlage.[102]

V. Nationales Recht

1. Verfassungsrecht

83 Die Ausdehnung des Naturschutzrechts auf den marinen Bereich ist im nationalen Recht aufgrund der **Staatszielbestimmung** des **Art. 20a GG** nahe liegend, nach hiesiger Auffassung sogar zwingend. Danach ist der Staat verpflichtet, die natürlichen Lebensgrundlagen zu schützen, wobei der Begriff der natürlichen Lebensgrundlagen sämtliche natürliche Voraussetzungen erfasst, von denen das Leben des Menschen, aber auch der Tiere und Pflanzen abhängt. Deshalb versteht es sich an sich von selbst, dass die diesbezügliche Staatsaufgabe auch in Ansehung der Meeresumwelt und ihres „Inventars" zu erfüllen ist.[103] Bei Art. 20a GG handelt es sich um eine Staatszielbestimmung, nicht lediglich um einen unverbindlichen Programmsatz.[104] Die Staatszielbestimmung macht also keinen Unterschied zwischen terrestrischer und mariner Natur und verpflichtet deshalb den Gesetzgeber, aber

---

100 WRRL, Erwägungsgründe 22 und 23 sowie Art. 1 lit. a) und c); vgl. auch ausführlich *Czybulka/Luttmann*, Die Wasserrahmenrichtlinie als Instrument des Gewässerschutzes, in Lozán/Grassel/Hupfer/Menzel/Schönwiese (Hrsg.), Warnsignale Klima: Genug Wasser für alle?, Hamburg 2005, S. 325 ff.
101 WRRL, Erwägungsgrund 17.
102 *Kersandt*, Nordsee (Diss. 2010), S. 295.
103 Vgl. *Czybulka*, NuR 1999, 564.
104 *Murswiek* in: Sachs (Hrsg.), Grundgesetz, Kommentar, 5. Aufl., 2009 München, Art. 20a Rdnr. 12.

auch die übrigen Staatsgewalten, für den Schutz mariner Tier- und Pflanzenarten, ihrer Lebensräume und Lebensgemeinschaften zu sorgen. Nach hier vertretener Auffassung kann zwar im marinen Bereich aus fachlichen Erfordernissen heraus eine Modifizierung der Instrumente des Naturschutzes erfolgen, jedoch hat der Gesetzgeber – ebenso wie im terrestrischen Bereich – einen ubiquitären Minimalschutz durch eine Eingriffs- und Ausgleichsregelung zu garantieren.[105]

Nach der Föderalismusreform steht dem Bund eine sich auf Art. 74 Abs. 1 Nr. 29 GG gründende **konkurrierende Vollkompetenz** im Bereich des Naturschutzes (und der Landschaftspflege) zu, von der die Länder im Bereich des „Meeresnaturschutzes" wegen der ausdrücklichen Regelung des Art. 72 Abs. 3 S. 1 Nr. 2 nicht abweichen dürfen. Sie haben insoweit **keine Abweichungsbefugnis**, die ihnen im übrigen Bereich des Naturschutzrechts (mit der weiteren Ausnahme des Artenschutzes) durch Art. 72 Abs. 3 GG eingeräumt wurde, sondern handelten beim Erlass abweichender Regelungen verfassungswidrig. Was hierbei „Abweichung" bedeutet, ist noch zu klären. 84

Da es sich um eine konkurrierende und keine ausschließliche Gesetzgebungskompetenz des Bundes handelt, setzt der Mechanismus der „abweichungsfesten Kerne" allerdings voraus, dass der Bund **bestimmte Regelungen** zu der Materie getroffen hat, die dann für die Länder „gesperrt" ist. Nach Art. 72 Abs. 1 GG gilt die inhaltliche Sperrwirkung nur, „soweit" der Bund von seiner ihm eingeräumten Gesetzgebungsbefugnis Gebrauch macht.[106] Dies muss im Einzelfall geprüft werden. Der Landesgesetzgeber ist jedenfalls von der Gesetzgebung ausgeschlossen, wenn das Bundesgesetz eine abschließende, erschöpfende Regelung trifft.[107] Die Anwendung dieser Grundsätze auf die Regelung des Rechts des Meeresnaturschutzes im BNatSchG ergibt das nachfolgende Bild: 85

Soweit die §§ 56 ff. **eigene inhaltliche Regelungen** über den Meeresnaturschutz treffen, sind sie **abweichungsfest**. Das gilt für die zeitlich befristete Sondervorschrift des § 56 Abs. 2, den gesamten § 57, der allerdings ohnehin außerhalb der Reichweite der Länder liegt, weil er ausschließlich die AWZ betrifft, in der die Länder weder Legislativ- noch Exekutivbefugnisse haben,[108] und für die Verfahrens- und Kostenvorschrift des § 58. Insoweit ist auch kein Raum für eine **Ausgestaltungsbefugnis** der Länder. Soweit §§ 56 ff. keine eigenen inhaltlichen Regelungen treffen, sind die Länder frei, Ausführungsbestimmungen und Ergänzungen zu treffen, die allerdings die grundlegenden Aussagen des BNatSchG nicht verändern dürfen. So hat etwa Mecklenburg-Vorpommern in seinem Ausführungsgesetz zum BNatSchG[109] in § 24 zulässigerweise den Meeresnaturschutz ausgestaltet. 86

Soweit in **anderen Vorschriften** des BNatSchG oder in **anderen Gesetzen** Vorschriften zum Meeresnaturschutz getroffen wurden oder werden, ist nach allgemeinen Grundsätzen zu **prüfen**, ob diese **abschließend** sein sollen 87

---

105 Vgl. *Czybulka*, Ethische, verfassungstheoretische und rechtliche Vorüberlegungen zum Naturschutz, in Erbguth/Müller/Neumann (Hrsg.), Rechtstheorie und Rechtsdogmatik im Austausch, Gedächtnisschrift für Bernd Jeand' Heur, 1999, S. 83/105.
106 Vgl. BVerfG, Beschl. v. 15.3.2000 – 1 BvL 16/96, BVerfGE 102, 99/114; *Berghof/Steg*, NuR 2010, 17/18.
107 BVerfG, Urt. v. 22.10.2003 – 2 BvR 834, 1588/02, BVerfGE 109, 190/229; *Berghof/Steg*, NuR 17/18 m.w. N.
108 Dies ist allerdings nicht die einzige denkbare Lösung, vgl. A. *Weiß*, Möglichkeiten der Regelung der Fischerei (1999), S. 25 ff. BfN-Skripten Band 5.
109 Gesetz des Landes Mecklenburg-Vorpommern ..., Fn 115.

oder aus anderen Gründen der **Ausgestaltung** durch die Länder unzugänglich sind. Im Übrigen sind sie der Ausgestaltung durch die Länder zugänglich.[110] Im Falle des § 30 Abs. 2 Satz 1 Ziff. 6 BNatSchG (Gesetzlich geschützte Biotope im Küsten- und Meeresbereich) ergibt sich aus Abs. 2 Satz 2 zum Beispiel unmittelbar, dass die Länder (innerhalb ihrer Küstengewässer) weitere Biotope unter gesetzlichen Schutz stellen können. Auf der anderen Seite sind Regelungen des Meeresnaturschutzes für den Bereich der Hohen See oder allgemein für „Gebiete, die keiner Staatshoheit unterliegen" wie zum Beispiel in den Art. 3 und 4 des Ausführungsgesetzes zur Berner Konvention[111] ohnehin **nicht** der Ausgestaltung durch die Länder zugänglich, die insoweit unter keinem denkbaren rechtlichen Aspekt Kompetenzen haben können.

88 Das größte Problem liegt jedoch darin, dass der wichtigste „Inhalt" des nationalen Meeresnaturschutzrechts darin besteht, dass die Anwendbarkeit „dieses Gesetzes", also des BNatSchG, so wie es ist, für den marinen Bereich insgesamt – mit bestimmten Ausnahmen – angeordnet ist. Damit nimmt der über die **Anwendbarkeitsklausel** des § 56 BNatSchG „vermittelte" Meeresnaturschutz" im Ergebnis doch an der Diskussion über die „abweichungsfesten Kerne" teil.

89 Um zwei **Beispiele** anzuführen: die Erstreckungsregel führt (auch) zur Übernahme der allgemeinen Grundsätze der §§ 13 (Eingriffsregelung)[112] und 20 (Biotopverbund) im marinen Bereich. Hier ist aber gerade im Einzelnen umstritten, was abweichungsfester „allgemeiner Grundsatz" der Eingriffsregelung (bzw. des Biotopschutzes) ist. In der Praxis dürften die Schwierigkeiten aber zu bewältigen sein.

90 Es ist im **Ergebnis** zu betonen, dass die **Sperrwirkung** eintritt, wenn der Bund im Bereich des Meeresnaturschutzes oder der in ihm „mit enthaltenen" allgemeinen Grundsätze etwas positiv regelt. Ein Untätigsein oder ein – schwer nachweisbarer – „Verzicht" auf die einfachgesetzliche Regelung der „allgemeinen Grundsätze" führt nicht zu einer Sperrwirkung für den Landesgesetzgebers, weil dies auf eine ausschließliche Kompetenz des Bundesgesetzgebers hinausliefe, was mit der Föderalismusreform nicht gewollt war.[113] Allerdings besteht im Bereich des Meeresnaturschutzes in der **AWZ** und der **Hohen See** kompetenzrechtlich eine Situation, die im Ergebnis auf eine ausschließliche Kompetenz des Bundes hinausläuft.

91 Gestritten wird in der Diskussion vor allem darum, ob der verfassungsrechtliche Begriff der „**allgemeinen Grundsätze**" vom Bundesgesetzgeber konstitutiv festgelegt werden kann mit der Folge, dass ihm ein einfachgesetzliches Bestimmungsrecht und eine Einschätzungsprärogative zukommt, die vom

---

110 *Appel*, NuR 2010, 171 ff.
111 Gesetz zu dem Übereinkommen vom 19.9.1979 über die Erhaltung der europäischen wildlebenden Pflanzen und Tiere und ihrer natürlichen Lebensräume vom 17.7.1984 (BGBl. 1984 II S. 618), zuletzt geändert durch Artikel 23 des Gesetzes vom 9.9.2001 (BGBl. I S. 2331).
112 Freilich mit der zeitlich begrenzten Ausnahmeregelung des § 56 Abs. 2 für die Errichtung von WEA in der AWZ, der allerdings nur auf § 15 Bezug nimmt. Vgl. dazu näher die Kommentierung bei § 56 Abs. 2, Rdnr. 50 ff.
113 Vgl. *Appel* NuR 2010, S. 171/173 Fn. 17, enger wohl *Fischer-Hüftle*, in diesem Kommentar, vor § 1 Rdnr. 9 f.

BVerfG im Streitfall nicht oder nur sehr eingeschränkt überprüft werden könnte.[114] Die Gegenauffassung geht hingegen davon aus, dass die „allgemeinen Grundsätze" des Naturschutzrechts im Verfassungsrecht eine eigenständige und vom Tätigwerden des einfachen Gesetzgebers losgelöste Bedeutung hätten mit der Folge, dass das BVerfG hier eine weitergehende Kontrollfunktion hätte und darüber hinaus auch „unbenannte" allgemeine Grundsätze existieren können, die im Streitfall das BVerfG „entdecken" könnte. Die Frage hat auch für den Meeresnaturschutz insoweit Relevanz, wie er über die Anwendungserstreckung des § 56 Abs. 1 BNatSchG an die „allgemeinen Grundsätze" angekoppelt ist.

Die Frage macht aber auch Sinn in Bezug auf den „abweichungsfesten Kern" im **Meeresnaturschutz** selbst. Wie weit geht hier das einfachgesetzliche Bestimmungsrecht des Bundes, inwiefern hat er es wahrgenommen und gibt es „daneben" einen verfassungsrechtlichen Begriff des Meeresnaturschutzes, den das BVerfG im Streitfall anzuwenden hätte? Kann ein Land von einer Regelung des Bundes auf dem Gebiet des Meeresnaturschutzes mit der Begründung abweichen, sie betreffe nicht den Meeresnaturschutz, sondern „nur" einen sonstigen Bereich des Naturschutzrechtes (oder das Fischereirecht)? Diese Fragen können jeweils nur nach der spezifischen Fragestellung beantwortet werden. **92**

2. Regelungen der Landesgesetzgeber

Das Gesetz des Landes **Mecklenburg-Vorpommern** zur Ausführung des Bundesnaturschutzgesetzes[115] enthält einen eigenen § 24 über den Meeresnaturschutz. Er ist nicht als abweichend gekennzeichnet und enthält wohl zulässigerweise ausfüllende Vorgaben zum Kapitel 6 des BNatSchG. In § 24 Abs. 4 wird ausdrücklich geregelt, dass das Land seiner Verantwortung für den marinen Naturschutz auch durch die Umsetzung internationaler Verpflichtungen, insbesondere der Meldung von marinen Schutzgebieten entsprechend den Empfehlungen der Helsinki-Kommission nachkommt. Hier handelt es sich um eine verstärkte Selbstbindung des Landes gegenüber den an sich „Soft-Law" darstellenden Empfehlungen der Helsinki-Kommission. Außerdem enthält § 24 Abs. 3 NatSchAG M-V Spezifizierungen zur Umweltbeobachtung und zur Landschaftsplanung[116] für die Ostsee (faktisch im Küstenmeer). Zulässig dürfte auch der Passus sein, dass Ersatzmaßnahmen bei Eingriffen in Natur und Landschaft der Ostsee vorrangig dort (und nicht auf dem Land) ergriffen werden sollen. Das deckt sich mit der oben bei § 15 Anhang 3 Rdnr. 171 wiedergegebenen Auffassung. **93**

Zum Staatsgebiet von **Hamburg** zählt die Insel Neuwerk mit dem gleichnamigen Watt, das gesetzlich zum **Nationalpark Hamburgisches Wattenmeer** erklärt wurde.[117] Der Nationalpark liegt innerhalb der sog. 3-Seemeilen Zone. Das Gesetz enthält zahlreiche Nutzungsbeschränkungen und Verbote, **94**

---

114 Vgl. die Darstellung bei *Appel* NuR 2010, 171.; Für das „Recht des ersten Zugriffs" *Fischer-Hüftle* NuR 2007, 78/83 und vor § 1 Rdnr. 18 f.; a.A. u.a. *Gellermann* NVwZ 2010, 73/74.
115 Gesetz des Landes Mecklenbur-Vorpommern zur Ausführung des Bundesnaturschutzgesetzes (Naturschutzausführungsgesetz – NatSchAG MV) vom 23.2.2010, GVOBl. M-V 2010, S. 66.
116 Dies betrifft die Landschaftsplanung in den Küstengewässern
117 Gesetz über den Nationalpark Hamburgisches Wattenmeer vom 9.4.1990 (Hmb GVBl. S. 63, 64, geändert durch Gesetz zur Änderung des hamburgischen Nationalparkrechts vom 10.4.2001, HambGVBl. 2001, S. 52, dort Art. 2.

die sich am Schutzweck und der jeweiligen Schutzzone orientieren. Das Gebiet dieses Nationalparks ist in zwei Schutzzonen unterteilt, wobei die Zone I den strengeren Schutzstatus hat. Eine Anpassung des Gesetzes hat bis jetzt (Juni 2010) noch nicht stattgefunden

95 Bereits erlassen wurde das **Niedersächsische** Ausführungsgesetz zum Bundesnaturschutzgesetz (NAGBNatSchG),[118] das etliche „abweichende Regelungen" enthält. Hier ist in § 1 Abs. 2 des Gesetzes unter Bezugnahme auf § 56 Abs. 1 BNatSchG festgehalten, dass die abweichenden Regelungen nicht im Bereich der Küstengewässer gelten. Umfänglich geändert wurde in diesem Zusammenhang das Gesetz über den **Nationalpark „Niedersächsisches Wattenmeer"**. Die Lebensraumtypen nach Anhang I der FFH-Richtlinie und die Tier- und Pflanzenarten gemäß Anhang II finden sich als Anlage 5 zu § 2 Abs. 2 und Abs. 3 Satz 2 NAGBNatSchG. Die bisherigen Naturschutzgebiete „Küstenmeer vor den Ostfriesischen Inseln" und „Roter Sand" wurden mit Wirkung vom 1.3.2010 in den Nationalpark überführt. Dieser Nationalpark ist in 3 Zonen eingeteilt, wobei die Ruhezone (Zone I) den strengsten Schutzstatus hat. Allerdings ist sogar dort der berufsmäßige Fisch- und Krebsfang mit Ausnahme einer weniger Gebiete erlaubt.[119]

96 In **Schleswig-Holstein** ist inzwischen das Gesetz zum Schutz der Natur (Landesnaturschutzgesetz – LNatSchG) vom 24.2.2010[120] in Kraft getreten. Es enthält in den §§ 32 ff. Regelungen zum Meeresstrand. Der **Nationalpark „Schleswig-Holsteinisches Wattenmeer"** wurde durch Gesetz vom 17.9.1999[121] eingerichtet. Er umfasst Gebiete bis zur 12-Seemeilengrenze, teilweise auch nur bis zur 3-Seemeilen-Grenze und ist in zwei Schutzzonen eingeteilt. Vor Sylt wurde im Nationalpark ein Walschutzgebiet eingerichtet. Im Walschutzgebiet ist es auch untersagt, Wale erheblich zu beeinträchtigen, § 5 Abs. 4 Nationalparkgesetz (NPG). Das Nähere regelt eine Verordnung. Nach § 1 Abs. 2 des NPG erfüllt der Nationalpark nicht nur die Auswahlkriterien der FFH- und der Vogelschutzrichtlinie, sondern auch die Kriterien eines besonders empfindlichen Seegebiets (PSSA) nach der IMO-Resolution A.720(17) vom 6.9.1991 sowie eines seltenen und empfindlichen Ökosystems im Sinne des Art. 194 Abs. 5 SRÜ.

---

118 Vom 19.2.2010 (Nds. GVBl. S. 104).
119 Siehe § 9 des Gesetzes über den Nationalpark „Niedersächsisches Wattenmeer" (NWattNPG) vom 11. Juli 2001 (Nds. GVBl. 2001, 443), zuletzt geändert durch Gesetz zur Neuordnung des Naturschutzrechts vom 19.2.2010, Nds.GVBl. S. 104.
120 Verkündet als Artikel 1 des Gesetzes zum Schutz der Natur (Landesnaturschutzgesetz – LNatSchG) vom 24.2.2010 (GVOBl. S. 301).
121 Gesetz zum Schutz des schleswig-holsteinischen Wattenmeers, zuletzt geändert mit Gesetz vom 13.12.2007 (GVOBl. Schl.-H. S 514).

§ 56 Geltungs- und Anwendungsbereich

(1) Die Vorschriften dieses Gesetzes gelten auch im Bereich der Küstengewässer sowie mit Ausnahme des Kapitels 2 nach Maßgabe des Seerechtsübereinkommens der Vereinten Nationen vom 10. Dezember 1982 (BGBl. 1994 II S. 1798, 1799; 1995 II S. 602) und der nachfolgenden Bestimmungen ferner im Bereich der deutschen ausschließlichen Wirtschaftszone und des Festlandsockels.

(2) Auf die Errichtung und den Betrieb von Windkraftanlagen in der deutschen ausschließlichen Wirtschaftszone, die bis zum 1. Januar 2017 genehmigt worden sind, findet § 15 keine Anwendung.

Gliederung

		Rdnr.
A.	Die Geltungs- und Anwendbarkeitsklausel des § 56 Abs. 1 BNatSchG .	1–46
I.	Allgemeines zur Geltungs- und Anwendbarkeitsklausel, Entstehungsgeschichte	1–7
II.	Geltung und Anwendbarkeit der Vorschriften des BNatSchG im Meeresbereich	8–19
1.	Geltung und Anwendbarkeit der Ziele	8–10
2.	Umweltbeobachtung	11
3.	Landschaftsplanung	12, 13
4.	Eingriffs- und Ausgleichsregelung (Allgemeiner Schutz von Natur und Landschaft)	14
5.	Gebietsschutz, Biotopschutz, Netz Natura 2000	15–17
6.	Artenschutz	18, 19
III.	Raumordnung in der AWZ	20–36
1.	Allgemeines und Problemstellung	20–26
2.	Die Raumordnungspläne für Nord- und Ostsee	27–36
IV.	Seeanlagen und andere lokale Eingriffe	37–46
1.	Begriff der Seeanlage, Anwendungsbereich der SeeAnlV	37–43
2.	Verfahren, UVP	44
3.	Seeanlagen in den Küstengewässern	45, 46
B.	Ausnahmevorschrift für Windkraftanlagen, § 56 Abs. 2 BNatSchG	47–68
I.	Zeitlicher und sachlicher Anwendungsbereich des Moratoriums	47–54
II.	Aktueller Genehmigungsstand und Verfahren nach der SeeAnlV	55–57
III.	Das materielle Prüfprogramm nach der SeeAnlV	58–61
1.	Gefährdung der Meeresumwelt	58, 59
2.	Überwiegende öffentliche Belange	60, 61
IV.	Das Standarduntersuchungskonzept des BSH	62–68

A. Die Geltungs- und Anwendbarkeitsklausel des § 56 Abs. 1 BNatSchG

I. Allgemeines zur Geltungs- und Anwendbarkeitsklausel, Entstehungsgeschichte

Die durch das BNatSchG 2010 eingeführte Vorschrift besagt in **Abs. 1**, dass die Vorschriften des Bundesnaturschutzgesetzes (allgemein) auch im Bereich der Küstengewässer gelten, sowie mit Ausnahme des Kapitels 2 (Landschaftsplanung) nach Maßgabe des Seerechtsübereinkommens (SRÜ) und der nachfolgenden Bestimmungen, soweit solche im BNatSchG in den

1

§§ 57–58 eigens formuliert sind, auch im Bereich der deutschen ausschließlichen Wirtschaftszone (AWZ) und des Festlandsockels. Für Windkraftanlagen findet sich in Abs. 2 eine Übergangsvorschrift, die ein Moratorium bezüglich der Anwendung der Eingriffs- und Ausgleichsregelung enthält (unten B., Rdnr. 47).

2 Die Vorschrift ist bezüglich der **Küstengewässer** (innere Gewässer und Küstenmeer) **deklaratorisch**, weil hier der Küstenstaat (mit den vor § 56, Rdnr. 31 ff. erwähnten Ausnahmen) uneingeschränkte Hoheitsgewalt hat. Insofern gilt das nationale Naturschutzrecht – unstreitig – unmittelbar. Der nationale Gesetzgeber könnte auch nicht anordnen, dass das Naturschutzrecht in diesen Meereszonen nicht gilt, weil er dann gegen Art. 20a GG verstoßen würde. Zu schützen sind von der „Staatsgewalt" nach dieser Verfassungsbestimmung die „natürlichen Lebensgrundlagen". Es gibt keinen sachlichen oder rechtlichen Grund dafür, warum die natürlichen Lebensgrundlagen des Meeres nicht ebenso von der Staatsgewalt zu schützen sind wie die terrestrischen Lebensgrundlagen, soweit der Staat insoweit die Souveränität hat.

3 Weil **AWZ** und **Festlandsockel** lediglich ein „Funktionshoheitsraum" sind, erstreckt sich die staatliche Souveränität nicht auf dieses Gebiet (siehe Kommentierung vor § 56, Rdnr. 37 ff.). Es war daher zuvor im Einzelfall zu ermitteln und oft streitig, ob eine Naturschutznorm in der AWZ anzuwenden war oder nicht (dazu Kommentierung vor § 56, Rdnr. 70 ff.). Nachdem endgültig entschieden war, dass jedenfalls die Normen des Europäischen Naturschutzrechts in der AWZ gelten,[1] war es erforderlich, die Situation im deutschen Recht anzupassen.

4 Die Bezugnahme auf die Vorschriften des Seerechtsübereinkommens (**SRÜ**) ist an sich überflüssig, weil das SRÜ in diesen Meereszonen ohnehin maßgeblich ist (vgl. Kommentierung vor § 56, Rdnr. 52 ff.): Die „souveränen Rechte" und „Hoheitsbefugnisse" der Küstenstaaten in der AWZ einschließlich des Schutzes der Meeresumwelt haben ihre alleinigen Wurzeln im SRÜ. Die Verweisung auf die Fundstelle der Veröffentlichung der gegenwärtigen Fassung des SRÜ im BGBl. könnte allerdings zur Annahme führen, dass es sich um eine sog. statische Verweisung handelt, was zumindest unzweckmäßig, wenn nicht gar unzulässig wäre (vgl. zur Parallelproblematik bei § 57 Abs. 3 die dortige Kommentierung Rdnr. 24).

5 Der Gesetzgeber hat sich für die Formulierung einer **Anwendbarkeits- und Geltungsklausel** in Abs. 1 entschieden („gelten auch") und dagegen, den Meeresnaturschutz ausführlicher in einer (Teil-)Kodifikation zu regeln. Auch für letzteres Verfahren gibt es Beispiele in Europa, etwa in Schweden,[2] Frankreich[3] und im Vereinigten Königreich.[4] Das Kapitel 6 „Meeresnaturschutz" im BNatSchG fällt dementsprechend kurz aus; mit Ausnahme der Spezialvorschriften für Geschützte Meeresgebiete in der AWZ (§ 57) und der Zuständigkeits- und Kostenregelungen in § 58.

---

1 EuGH, Urt. v. 20.10.2005 – C-6/04, NuR 2006, 494 Rdnr. 115.
2 Vgl. für Schweden die Ausführungen bei *Janssen*, Meeresschutzgebiete in der Ostsee, 2002, S. 117 ff.
3 Vgl. den Beitrag von *Millet/Mabile/Romi*, The French Legal Framework for Marine Protected Areas, EurUP 2009, 162 ff.
4 Vgl. „The Offshore Marine Conservation" (Natural Habitats &c.) Regulations 2007, amended by Statutory Instrument 2010 No. 491 (The Offshore Marine Conservation (Natural Habitats, &c.) (Amendment) Regulations 2010, come into force in 1st April 2010.

Der Gesetzgeber hat für den marinen Bereich einschließlich der AWZ und 6
des Festlandsockels eine **unmittelbare** Geltung und nicht nur eine „entsprechende Geltung" des BNatSchG angeordnet. Es besteht allerdings kein Zweifel, dass die Konzeption des BNatSchG ursprünglich ausschließlich **terrestrisch ausgerichtet** war und auch jetzt nur einzelne Vorschriften den Meeresbereich (mit) berücksichtigen. Das kann im Einzelfall zu Schwierigkeiten bei der Auslegung und Anwendung führen, z.b. weil marine Ökosysteme anders und unter Umständen besonders empfindlich reagieren. Einige Vorschriften können wohl auch nur „sinngemäß" angewendet werden. Dies ist eine Frage des Einzelfalls. Allgemein wird man sagen können, dass die Vorschriften des Gesetzes Anwendung finden, soweit sie (auch) naturschutzfachlich Sinn machen.

Das neue BNatSchG gilt in der AWZ und auf dem Festlandsockel **ohne** eine 7
allgemeine **Übergangsregelung** für alle Verfahren, die vor dem 28.2.2010 nicht abgeschlossen worden sind. Das gilt z.b. auch für die Anwendung der Eingriffs- und Ausgleichsregelung für Verfahren nach der Seeanlagenverordnung[5], die keine Windenergieanlagen betreffen (zum Anlagenbegriff der SeeAnlV vgl. Rdnr. 37 ff.). Die Übergangs- und Überleitungsregelungen in § 74 BNatSchG 2010 sind für den Meeresnaturschutz ohne Bedeutung.

II. Geltung und Anwendbarkeit der Vorschriften des BNatSchG im Meeresbereich

1. Geltung und Anwendbarkeit der Ziele

Systematisiert man die Aussage des Abs. 1, so gelten im marinen Bereich zunächst die allgemeinen Vorschriften des Kapitels 1, insbesondere die **Ziele** 8
des Naturschutzes und der Landschaftspflege, einschließlich der Vorschriften zur Verwirklichung der Ziele. Die Zielvorstellungen des § 1 Abs. 1 treffen auch auf den Meeresbereich zu. Dies gilt auch für den „Erholungswert", der etwa über den Segelsport vermittelt wird.

Von besonderer Relevanz für den Meeresbereich ist die Zielbestimmung des 9
§ 1 Abs. 3 Ziff. 3, wenn sie auch mehr auf Binnengewässer zugeschnitten ist. Die „natürliche Selbstreinigungsfähigkeit und die Dynamik" der Meere werden jedoch von der Vorschrift erfasst. Eine wichtige Bestimmung zur Verwirklichung der Ziele im Meeresbereich ist ferner **§ 2 Abs. 5 Satz 1**, der auf die europäischen Bemühungen auf dem Gebiet des Naturschutzes und insbesondere auf den Aufbau und Schutz des Netzes Natura 2000 abstellt, das auch im marinen Bereich zu entwickeln und zu erhalten ist. Die Bezugnahme auf die „internationalen Bemühungen" auf dem Gebiet des Naturschutzes in § 2 Abs. 5 Satz 2 ist allerdings – ohne zwingenden Grund – rein terrestrisch ausgefallen.

Die Anwendung der Ziele (und anderer Vorschriften) des Naturschutzes 10
und der Landschaftspflege auf den marinen Bereich macht dort *keinen* Sinn, wo sich diese auf **Kulturlandschaften** beziehen. So kommen die gute fachliche Praxis und die Leitlinien der landwirtschaftlichen (und forstlichen) Nutzung in § 5 BNatSchG nicht zum Zuge. Schwierig wird die Einordnung dann, wenn sich einzelne Normen zugleich auf **Naturlandschaften** wie auf Kulturlandschaften oder auf bebaute Flächen und zugleich unbebaute Flä-

---

[5] Verordnung über Anlagen seewärts der Begrenzung des deutschen Küstenmeeres (Seeanlagenverordnung – SeeAnlV) vom 23.1.1997 (BGBl. I, S. 57), zuletzt geändert am 29.7.2009 (BGBl. I, S. 2542).

chen beziehen. Man wird hier im Einzelfall ermitteln müssen, ob die Anwendung der „Restnorm" für den Meeresnaturschutz noch Sinn macht. Nicht richtig wäre es, einzelne Elemente einer Norm, die in engem Zusammenhang mit der Kulturlandschaft oder der Landschaftspflege stehen, so überzubewerten, dass auch der Restinhalt der Norm im marinen Bereich nicht mehr zum Tragen kommt. Da es im Meer keine verantwortlichen Eigentümer oder Pächter gibt, dürfte die Vorrangklausel des § 3 Abs. 3 für den **Vertragsnaturschutz bedeutungslos** sein. Ob andere Formen des Vertragsnaturschutzes im Meer eine Zukunft haben, bleibt abzuwarten.

2. Umweltbeobachtung

11 Die Beobachtung von Natur und Landschaft (**ökologische Umweltbeobachtung, Naturschutzmonitoring**) als allgemeiner Grundsatz sowie die Begriffsbestimmungen und Konkretisierungen des § 6 gelten auch für den marinen Bereich. Die in diesem Zusammenhang auftretenden Besonderheiten des Meeresnaturschutzes werden in diesem Kommentar an den jeweils dafür einschlägigen Stellen kommentiert. Von besonderer Bedeutung sind in diesem Zusammenhang einerseits die Vorschrift des § 6 Abs. 3 Ziff. 1, wonach die Beobachtung insbesondere auch den Zustand von Landschaften, Biotopen und Arten zur Erfüllung völkerrechtlicher Verpflichtungen umfasst, sowie andererseits die Zuständigkeitsvorschrift des § 6 Abs. 5, wobei letztere speziell dem Bundesamt für Naturschutz (BfN) die Aufgaben des Bundes auf dem Gebiet der ökologischen Umweltbeobachtung zuweist, soweit in Rechtsvorschriften nichts anderes bestimmt ist. Die Zuständigkeit des BfN – mit seiner Abteilung Meeresnaturschutz auf der Insel Vilm – für die ökologische Umweltbeobachtung gilt jedenfalls für den Bereich der AWZ und den Festlandsockel, vgl. § 58 Abs. 1. Die Zuständigkeit der Länder bezieht sich auf Innere Gewässer und das Küstenmeer, wobei allerdings zu bezweifeln ist, dass hier die sachlichen und personellen Voraussetzungen gegeben sind. Nach § 24 Abs. 3 Satz 3 NatSchAG M-V sind im Rahmen der ökologischen Umweltbeobachtung des Landes die Veränderungen und Einwirkungen auf Natur und Landschaft der Ostsee zu ermitteln, auszuwerten und zu bewerten. Eine maßgebliche Beteiligung des ehrenamtlichen Naturschutzes am Naturschutzmonitoring im Meeresbereich kommt schon aus Kostengründen kaum in Frage.

3. Landschaftsplanung

12 Das Kapitel 2 (**Landschaftsplanung**) gilt nach dieser Maßgabe in der **AWZ** nicht.[6] Für die inneren Gewässer und das Küstenmeer gelten hingegen die Vorschriften des Kapitels 2 (Landschaftsplanung) nach dem Gesetz unmittelbar. Die Anwendung des Kapitels über die Landschaftsplanung im marinen Bereich durch die Länder, also in den Inneren Gewässern und vor allem im **Küstenmeer**, setzt jedoch gewisse Modifikationen gegenüber dem Text in §§ 8 ff. voraus. Vorgaben des Bundes für die „marine Landschaftsplanung" in den Küstengewässern existieren gegenwärtig nicht. Man wird annehmen können, dass Landschaftsplanung im Küstenmeer grundsätzlich „überörtlichen" Zwecken dient. Dies mag in unmittelbarer Nähe der Küste anders zu beurteilen sein. Dem wäre bei den Zuständigkeitsbestimmungen in den Landesausführungsgesetzen Rechnung zu tragen.

13 Während Landschaftsprogramme und Landschaftspläne im marinen Bereich denkbar oder erforderlich sind, sind Landschaftspläne und Grünordnungspläne für die örtliche Ebene im Allgemeinen nicht erforderlich (mit

---

6   Zur Raumordnung in der AWZ siehe unter Rdnr. 20 ff.

Ausnahme der küstennahen landseitigen Gebiete). Insofern macht sich für die seewärts gelegenen Gebiete nachteilig bemerkbar, dass die Vorschrift zum Integrierten Küstenzonenmanagement[7], die zunächst im § 59 UGB III-Entwurf aufgenommen worden war, nicht Gesetz geworden ist. Vorteilhaft wäre auch die Definition eines Küstenplanungsraumes.[8]

4. Eingriffs- und Ausgleichsregelung (Allgemeiner Schutz von Natur und Landschaft)

Im marinen Bereich gilt ferner Kapitel 3 („Allgemeiner Schutz von Natur und Landschaft") und damit die **Eingriffs- und Ausgleichsregelung** für Eingriffe in den Meeresbereich mit Meeresbodenbezug, wobei die wichtigsten Besonderheiten im marinen Bereich im Rahmen der Kommentierung, insbesondere zu §§ 14 ff. und im Anhang 3 zu § 15 (Rdnr. 168 ff.) aufgezeigt wurden. Die Übergangsvorschrift für Windkraftanlagen, die bis zum 1.1.2017 genehmigt worden sind, wird unter Rdnr. 47 ff kommentiert. Im bergrechtlichen Betriebsplanverfahren ist die naturschutzrechtliche Eingriffs- und Ausgleichsregelung im marinen Bereich jedenfalls anzuwenden.[9] 14

5. Gebietsschutz, Biotopschutz, Netz Natura 2000

Meeresnaturschutz bedarf ebenfalls eines **Gebietsschutzes**, um wirksam werden zu können. Die Anwendung von Kapitel 4 (Schutz bestimmter Teile von Natur und Landschaft) wird von § 56 Abs. 1 umfasst. Zu beachten ist allerdings in manchen Fällen eine geografische und zeitliche Komplexität der marinen Gebiete,[10] z.b. bei starken hydrodynamischen Einflüssen oder Wanderungsbewegungen der Schutzgüter, und allgemein dahin gehend, dass Meeresschutzgebiete „**dreidimensional**" strukturiert sind und es insoweit einer „vertikalen Aufwertung" des Instruments Gebietsschutz bedarf.[11] Hierfür gibt es im internationalen Maßstab erste Vorbilder, desgleichen bei Überlegungen zum Schutz etwa von Tiefseefischen und -lebensräumen. Eine Überprüfung und Anwendung dieser Modelle auf deutsche Meeresgewässer hat noch nicht stattgefunden. Soweit es sich um den von den Ländern vollzogenen Gebietsschutz in den Küstengewässern und um allgemeine Grundsätze des Gebietsschutzes handelt, werden diese bei den §§ 20 ff. dargestellt. Die Besonderheiten bezüglich geschützter Meeresgebiete im Bereich der deutschen Ausschließlichen Wirtschaftszone und des Festlandsockels sind im Einzelnen bei § 57, Rdnr. 4 ff, nachzulesen. 15

Die Kommentierung gesetzlich geschützter **Biotope** in Küsten- und Meeresbereich findet sich im Einzelnen bei § 30, Rdnr. 113–128. Auf die nicht ausreichende Erfassung der marinen Biotope durch die Raumordnung wird un- 16

---

7 Das Konzept des IKZM geht maßgeblich auf die Empfehlung 2002/413/EG der Kommission zurück, ABl. L 149 vom 30.5.2002, S. 24.
8 Zu diesen planerischen Problemen siehe näher *Bosecke,* Vorsorgender Küstenschutz und IKZM an der deutschen Ostseeküste – Strategien, Vorgaben und Defizite aus Sicht des Raumordnungsrechts, des Naturschutz- und europäischen Habitatschutzrechts sowie des Rechts der Wasserwirtschaft, 2005.
9 *Gellermann/Stoll/Czybulka,* Nationales Recht des Meeresnaturschutzes in der Nord- und Ostsee – unter Einbezug internationaler und europäischer Vorgaben, (2010) i.E., S. 150.
10 *Czybulka,* The Convention on the Protection of the Marine Environment of the North-East Atlantic, in: Thiel & Koslow (Eds.), Managing Rosks to Biodiversity and the Environment on the High Sea, including Tools Such as Marine Protected Areas – Scientific Requirements and Legal Aspects – BfN Skripten 43, Bonn 2001, S. 175 (184) Table 2.
11 *Wolf,* Fachgespräch Meeresnaturschutz, Insel Vilm, 27./28.4.2010 (mündlich).

ten bei Rdnr. 29 f. hingewiesen. Auch die Errichtung und der Betrieb von Seeanlagen hat sich den Anforderungen des gesetzlichen Biotopschutzes zu fügen. Im Hinblick auf die Gewinnung von Bodenschätzen begrenzt § 30 Abs. 6 den gesetzlichen Biotopschutz in seiner Reichweite. In Bezug auf Ausnahmen und Befreiungen gilt § 30 Abs. 3 bzw. § 67 Abs. 1. Sowohl bei der Ausnahme nach § 30 Abs. 3 BNatSchG wie bei der Befreiung nach § 67 Abs. 1 steht die Entscheidung im Ermessen der Behörde.

17 Die Vorschriften zum Gebietsschutz in marinen **FFH- und Vogelschutzgebieten** in der AWZ und auf dem Festlandsockel sind zusammenhängend bei § 57 Rdnr. 9 ff. kommentiert.

6. Artenschutz

18 Die Geltung und Anwendung des Kapitels 5 des BNatSchG (allgemeiner und besonderer **Artenschutz**) ist ebenfalls von § 56 Abs. 1 umfasst. Im Referentenentwurf für das Erste Buch des Umweltgesetzbuches[12] war in § 3 noch gesondert auf die Geltung in diesem Bereich „für Schädigungen von Arten und natürlichen Lebensräumen und die unmittelbare Gefahr solcher Schäden" abgestellt worden, also auf die Umsetzung der UH-RL. Das Artenschutzrecht ist wesentlich europarechtlich geprägt. Allerdings sind viele Vorschriften des Artenschutzrechts ausschließlich terrestrisch ausgerichtet, so z.b. die neu eingefügte Vorschrift des § 39 Abs. 5. Die Vorschrift des § 40 (Nichtheimische, gebietsfremde und invasive Arten) hat allerdings besondere Bedeutung im Meeresbereich, da entsprechende Arten sowohl in Nord- wie Ostsee zahlreich auftreten.

19 Im Meeresnaturschutz sind außerdem zahlreiche **völkerrechtliche** Übereinkommen und Vorschriften zu beachten, die dem Artenschutz gewidmet sind, so vor allem die Bonner Konvention (CMS) mit ihren Folgeabkommen, die Relevanz für die Nord- und Ostsee haben, so insbesondere das Abkommen zur Erhaltung der Kleinwale (ASCOBANS), das Atlantisch-Eurasische Wasservogelabkommen (AEWA) sowie das Abkommen zum Schutz der Seehunde im Wattenmeer.[13]

III. Raumordnung in der AWZ

1. Allgemeines und Problemstellung

20 Im marinen Bereich der AWZ gibt es eine ausdrückliche **raumordnungsrechtliche Vorschrift** in § 17 ROG 2009[14] als Nachfolgebestimmung zu § 1 Abs. 1, 18a ROG a.F., welche im Jahre 2004 geschaffen worden waren. Nach § 17 Abs. 3 ROG 2009 stellt das Bundesministerium für Verkehr, Bau und Stadtentwicklung für die deutsche ausschließliche Wirtschaftszone einen **Raumordnungsplan** als Rechtsverordnung auf. Der Raumordnungsplan soll Festlegungen zur wirtschaftlichen und wissenschaftlichen Nutzung, zur Gewährleistung der Sicherheit und Leichtigkeit des Verkehrs sowie zum Schutz der Meeresumwelt treffen; für diese Nutzungen und Funktionen können auch Gebiete festgelegt werden, § 8 Abs. 7 ROG gilt entsprechend. Das Bundesamt für Seeschifffahrt und Hydrographie (**BSH**) führt mit Zustimmung des Bundesministeriums für Verkehr, Bau und Stadtentwicklung die vorbereitenden Verfahrensschritte zur Aufstellung des

---
12 Stand: 19.1.1.2007, S. 11.
13 Überblick zu den Folgeabkommen bei *Gellermann/Schreiber*, Schutz wildlebender Tiere (2007), S. 9 ff.
14 Raumordnungsgesetz (ROG) vom 22.12.2008 (BGBl. I, S. 2986).

Raumordnungsplanes durch. Das BMV stellt bei der Planaufstellung das Benehmen mit den angrenzenden Staaten und Ländern her.

Zuvor hatte § 3a der Seeanlagenverordnung eine Art raumordnerische Steuerung ausgeübt. Nach § 3a SeeAnlV sollten so genannte besondere Eignungsgebiete für Windkraftanlagen ausgewiesen werden. Davon gibt es nur 3 Gebiete, die durch das BSH (allerdings schon im Dezember 2005) förmlich festgelegt wurden. Die Eignungsgebiete „Kriegers Flak" und „Westlich Adlergrund" in der Ostsee (mit insgesamt 130 km²) und in der Nordsee das mit 542,3 km² größte Eignungsgebiet „Nördlich Borkum". Nach § 3a SeeAnlV hatte die Festlegung als Eignungsgebiet die Wirkung eines Sachverständigengutachtens. Für Einzelvorhaben innerhalb des festgesetzten Gebietes ergeben sich Erleichterungen im Hinblick auf die zu erstellenden Nachweise und Anforderungen im Genehmigungsverfahren. Es wurde dabei eine *Regelvermutung* der Zulassungsfähigkeit des Einzelvorhabens sowohl im Hinblick auf etwaige Beeinträchtigung des Seeverkehrs als auch im Bezug auf etwaige Gefährdung der Meeresumwelt aufgestellt. 21

Die Anforderungen über eine Umweltverträglichkeitsprüfung von Vorhaben gemäß § 2a SeeAnlV blieben allerdings unberührt. Die Vorschrift wurde letztlich abgelöst durch (zunächst) § 18a Abs. 1 und 3 ROG a.F. und jetzt § 17 Abs. 3 ROG 2009 (siehe oben Rdnr. 20), wonach jetzt Vorranggebiete für Windkraftanlagen festgelegt werden können. Die „alten" Eignungsgebiete wurden dabei als Vorranggebiete i.S.d. § 7 Abs. 4 Nr. 1 ROG übernommen. 22

Eine Art „raumordnerische Steuerung" ergibt sich auch aus § 31 EEG[15], der die Förderung der Offshore-Windenergie durch garantierte Grundvergütungen nicht für den Strom aus Offshore-Anlagen zur Anwendung bringt, deren Errichtung nach dem 31.12.2004 in Schutzgebieten erfolgt ist. Infolge dieses starken Abreizes findet faktisch keine Planung von Offshore-Windenergieanlagen innerhalb der geschützten Gebiete (mehr) statt. 23

Hintergrund all dieser Regelungen ist vor allem die Ordnung der sich inzwischen flächenintensiv entwickelnden **Offshore-Windenergienutzung**[16] mit ihren erforderlichen Anbindungen an das Stromnetz und die koordinierte Festlegung für die zunächst mehr oder weniger „wild" gewachsenen Nutzungen und Funktionen wie etwa Rohstoffgewinnung, Rohrleitungen und Seekabel. Mengenmäßige Begrenzungen der Infrastruktureinrichtungen ergeben sich allenfalls indirekt. Naturschutzbezogene „Nutzungen" oder die Freihaltung von Gebieten vor Nutzung („no take areas") stehen ganz im Hintergrund und sind auch nicht annähernd gleichwertig berücksichtigt. Die Raumordnung dient so in erster Linie der geordneten Entwicklung der maritimen Infrastruktur, allerdings zu einem Zeitpunkt, wo die Entwicklungsmöglichkeiten im deutschen Bereich der AWZ so gut wie ausgeschöpft sind. 24

Die Frage nach den **völkerrechtlichen Grenzen eines maritimen Infrastrukturrechts**[17] in der AWZ wird aus anderen Gründen gestellt, zunächst deshalb, weil das Infrastruktur- bzw. das Raumordnungsrecht nicht in der Auf- 25

---

15 Gesetz für den Vorrang Erneuerbarer Energien (Erneuerbare-Energien-Gesetz, EEG) vom 25.10.2008, BGBl. I 2008, S. 2074.
16 Vgl. nur *Erbguth/Stollmann*, Planungs- und genehmigungsrechtliche Aspekte der Aufstellung von Windenergieanlagen, DVBl. 1995, 1270.
17 *Proelß*, Völkerrechtliche Grenzen eines maritimen Infrastrukturrechts, EurUP 2009, 2

zählung der souveränen Rechte und Hoheitsbefugnisse des Art. 56 Abs. 1 SRÜ enthalten ist. Außerdem lässt sich durchaus darüber streiten, ob eine gesamträumliche und überfachliche Nutzungskoordinierung für die AWZ, also letztlich eine vollständige Raumordnungskompetenz des Küstenstaates, mit dem SRÜ vereinbar ist. Allerdings begegnet es nach hier vertretener Auffassung ebenfalls – und zwar erheblichen – Bedenken, wenn ein Küstenstaat sektorale fachliche Planungen vorantreibt und die Schutzaspekte dabei vernachlässigt. Im Ergebnis steht deshalb wohl einer raumordnerischen Abstimmung der funktionalen Hoheitsbefugnisse mit dem Ziel, Nutzungsansprüche und Schutzerfordernisse miteinander in Einklang zu bringen kein völkerrechtliches Hindernis entgegen.[18]

26 Angeregt durch die internationale Diskussion zum „Marine Spatial Planning" hat auch die **Europäische Kommission** einen „Fahrplan für die maritime Raumordnung" bekannt gegeben.[19] Auch die MSRRL sieht gebietsbezogene Festsetzungen im Hinblick auf räumliche Schutzmaßnahmen vor (Art. 13 Abs. 4 MSRRL).

2. Die Raumordnungspläne für Nord- und Ostsee

27 Die **Raumordnungspläne** werden in Form von **Rechtsverordnungen** vom Bundesministerium für Verkehr, Bau und Stadtentwicklung aufgestellt. Die Rechtsverordnung über die Raumordnung in der deutschen Ausschließlichen Wirtschaftszone in der Ostsee vom 10.12.2009[20] trat am 19.12.2009 in Kraft. Die entsprechende Parallel-Rechtsverordnung über die Raumordnung in der deutschen AWZ in der Nordsee vom 22.9.2009[21] trat ebenfalls am 26.9.2009 in Kraft. Die sehr kurzen Verordnungstexte sowie die Anlagen zu den Verordnungen, die sogenannten Raumordnungspläne (Textteil und Kartenteil), können auf den Internetseiten des Bundesgesetzblattes eingesehen werden. Bei der Raumordnungsplanung für die deutsche Ausschließliche Wirtschaftszone handelt es sich um eine **einstufige Planung**, das heißt, sie ist weder aus übergeordneten Plänen abgeleitet, noch gibt sie Vorgaben für nachgeordnete Planebenen. Auf die Raumordnungsplanung folgt unmittelbar die Genehmigungsebene.

28 Die Vorbereitung des Raumordnungsplans obliegt dem Bundesamt für Seeschifffahrt und Hydrographie (**BSH**), § 17 Abs. 3 Satz 3 ROG. Der Plan soll inhaltlich Festlegungen zur wissenschaftlichen und wirtschaftlichen Nutzung, zur Gewährleistung der Sicherheit und Leichtigkeit des Verkehrs sowie zum Schutz der Meeresumwelt treffen. Zu diesem Zweck können für diese Nutzungen und Funktionen gebietsbezogene Festlegungen in der Gestalt von Vorrang-, Vorbehalts- sowie Eignungsgebieten getroffen werden, § 17 Abs. 3 Satz 2 ROG.[22]

29 Der Raumordnungsplan für die deutsche Ausschließliche Wirtschaftszone in der **Nordsee** enthält Festlegungen für die Schifffahrt (Vorranggebiete und Vorbehaltsgebiete), für Rohrleitungen (Vorranggebiete und Vorbehaltsgebiete), für Seekabel (Zielkorridore), die Forschung (Vorbehaltsgebiete) und Vorranggebiete Windenergie. Alle anderen Darstellungen sind lediglich

---

18 *Gellermann/Stoll/Czybulka*, Nationales Recht des Meeresnaturschutzes (2010), S. 302 m.w.N.
19 Europäische Kommission, Fahrplan für die maritime Raumordnung: Ausarbeitung gemeinsamer Grundsätze in der EU, KOM (2008), 791 endg.
20 BGBl. I Nr. 78 S. 3861.
21 BGBl. I Nr. 61 S. 3107.
22 Überblicke bei *Söfker* UPR 2009, 166; *Wilke*, NordÖR 2009, 238.

nachrichtlich übernommen. Dies gilt etwa für die Rohstoffgewinnung von Sand und Kies, genehmigte bzw. betriebene Rohrleitungen und Seekabel, im Bereich der Energie die bereits genehmigten Windparks, das frühere Referenzgebiet für WEA, militärische Übungsgebiete einschließlich ehemaliger Munitionsversenkungsgebiete. Ebenfalls nur nachrichtlich übernommen wurden Natura 2000-Gebiete (FFH-Gebiete und EU-Vogelschutzgebiete). Gebiete für den Meeresnaturschutz über das Netz Natura 2000 hinaus sind nicht vorgesehen. Ebenfalls nicht erfasst sind Vogelzugkorridore. Die Ausweisung von PSSAs (zum Begriff vgl. § 57 Rdnr. 43) bei der Schifffahrt findet keine Beachtung. Die FFH-Lebensraumtypen „Sandbank" und „Riff" werden nur als Grundsatz erfasst, obwohl eine konkrete raumordnerische Regelung möglich wäre und die Zieltauglichkeit vorhanden ist. Raumordnungsrechtliche Fragen stellen sich auch bei der (möglichen) Überlagerung von Raumfunktionen, die bislang nicht thematisiert sind. Insgesamt bleiben vor allem die Möglichkeiten nach § 6 Abs. 1 ROG im Bereich des Meeresnaturschutzes ungenutzt.

Die Raumordnungspläne für die deutsche AWZ können in ihrer gegenwärtigen Form die Landschaftsplanung als Fachplanung **nicht ersetzen**, sie haben auch andere Steuerungsintentionen, vor allem die zügige Entwicklung der Offshore-Windenergie bis 2030 mit dem Ziel, hier bis zu 25.000 MW zu installieren. Hierfür sind in den Raumordnungsplänen Vorranggebiete vorgesehen. Allerdings bleibt der Bau von Windenergieparks außerhalb der Vorranggebiete grundsätzlich möglich. Nur in den EU-rechtlich geschützten Vogelschutz- und Fauna-Flora-Habitat-Gebieten ist die **Errichtung von Windenergieanlagen raumordnungsrechtlich unzulässig;**[23] von dieser Ausschlusswirkung sind jedoch wiederum ausgenommen die bereits vor der Ausweisung dieser Gebiete genehmigten Windenergieparkprojekte.

Für die Raumordnungspläne wurden in Umsetzung der SUP-Richtlinie (vgl. vor § 56 Rdnr. 79) und des UVPG umfangreiche **Umweltberichte** erstellt. Die Umweltberichte können auf der Homepage des Bundesamtes für Seeschifffahrt und Hydrographie unter „Raumordnung in der AWZ" heruntergeladen werden.[24] Der Umweltbericht zum Raumordnungsplan für die **Nordsee** wurde am 21.8.2009 redaktionell überarbeitet. Es wurden viele umwelt- und naturschutzrelevante Informationen zusammengetragen. Er stellt so im zweiten Teil (Beschreibung und Einschätzung des Umweltzustandes) eine Fundgrube für den aktuellen Zustand der Biotoptypen, des Benthos, der marinen Säugetiere, Seevögel und der Fledermäuse dar. Kapitel 3 beschreibt die voraussichtliche Entwicklung bei der Nichtdurchführung des (Raumordnungs-)Planes, § 4 beschreibt und bewertet die voraussichtlichen erheblichen Auswirkungen der Durchführung des Raumordnungsplanes auf die Meeresumwelt. Dabei ist allerdings zu beachten, dass die Festlegungen im Raumordnungsplan im Wesentlichen bereits bestehenden Nutzungen und genehmigte Planungen aufgreifen. Weitergehende Regelungen trifft der Raumordnungsplan vor allem für die Windenergienutzung sowie für die Verlegung und den Betrieb von Seekabeln zur Ableitung der in der AWZ erzeugten Energie.

Die in den Umweltbericht integrierte strategische Umweltprüfung (SUP) kommt zu dem abschließenden Ergebnis, dass durch die Festlegungen hin-

---

23 Raumordnungsplan für die deutsche ausschließliche Wirtschaftszone in der Nordsee – Textteil – 3.5.1. Ziele und Grundsätze (3), S. 17.
24 Der Umweltbericht für die Nordsee umfasst als PDF-Datei 24,80 MB, der Umweltbericht für die Ostsee 17,2 MB.

sichtlich der Schifffahrt, der Rohstoffgewinnung, der Rohrleitungen und Seekabel, der Offshore-Windenergie, der Fischerei und Marikultur sowie der wissenschaftlichen Meeresforschung im Raumordnungsplan der deutschen AWZ der Nordsee keine erheblichen Auswirkungen auf die biologische Vielfalt zu erwarten seien, sondern im Vergleich zur Nichtdurchführung des Planes vielmehr nachteilige Auswirkungen vermieden werden (S. 364). Diese Einschätzung mag zutreffen, da eine weiterhin ungeordnete Entwicklung sicherlich noch weitere nachteilige Auswirkungen auf die Meeresnatur zur Folge hätte. Die aufgezeigten Kenntnislücken und das Fehlen adäquater Überwachungsprogramme (S. 379 f.) können aber in Ansehung des Vorsorgeprinzips nicht zu einer „Unbedenklichkeitsbescheinigung" hinsichtlich weiterer Nutzungen führen. Lediglich für das Schutzgut Wasser sind nach eigener Einschätzung ausreichende Kenntnisse vorhanden.[25]

33 Im Rahmen des Umweltberichts wird zugleich eine **Verträglichkeitsprüfung** bezüglich der Gebiete von gemeinschaftlicher Bedeutung bzw. der Europäischen Vogelschutzgebiete durchgeführt (S. 364 ff. des Umweltberichts Nordsee). Auch die Verträglichkeitsprüfung für die Naturschutzgebiete „Östliche Deutsche Bucht" (EU-Vogelschutzgebiet), sowie die FFH-Gebiete „Borkum Riffgrund", „Sylter Außenriff" und „Doggerbank" (S. 364 ff.) kann nicht in allen Punkten überzeugen. Unter Bezugnahme auf den (früheren) § 38 Abs. 1 Nr. 1 BNatSchG 2002 wird gefolgert, dass eine Verträglichkeitsprüfung für die Schifffahrt sowie von Vorhaben der wissenschaftlichen Meeresforschung entbehrlich sei. Die im Gesetz vorgenommenen – zu – rigiden Vorgaben für die Verlegung unterseeischer Kabel und Rohrleitungen und die Einschränkung bezüglich der Aufsuchung und Gewinnung von Bodenschätzen werden kritiklos übernommen. Es wird lediglich „allgemein darauf hingewiesen, dass nach der Vorgabe des Raumordnungsplans auch außerhalb von Natura 2000-Gebieten die Beschädigung oder Zerstörung von Sandbänken, Riffen und submarinen durch Gasaustritte entstandenen Strukturen sowie abgrenzbaren Bereichen mit schutzwürdigen Benthos-Lebensgemeinschaften als besonders sensible Lebensräume bei der Rohstoffgewinnung, bei Verlegung und Betrieb von Rohrleitungen und Seekabel sowie der Windenergie vermieden werden sollen".[26]

34 Der Umweltbericht räumt ein, dass geeignete Maßnahmen zur Erfassung und Überwachung des Zustandes der einzelnen Schutzgüter noch in der Entwicklung sind. Dies erfordere gezielte Maßnahmen zur Erfassung und **Überwachung** des Zustandes der Schutzgüter als Grundlage für eine angemessene marine Raumordnung sowie eines wirksamen Schutzes der marinen Umwelt (S. 387). In Kapitel 8 werden deshalb die geplanten Maßnahmen zur Überwachung der erheblichen Auswirkungen der Durchführung des Raumordnungsplanes auf die Umwelt dargestellt. Dabei kommt dem Monitoring der Auswirkungen der einzelnen im Raumordnungsplan geregelten Nutzungen eine besondere Bedeutung zu (S. 390).

35 Zu einer ähnlichen Beurteilung kommen der Raumordnungsplan für die deutsche Ausschließliche Wirtschaftszone in der **Ostsee** und der dazugehörige Umweltbericht vom 31.10.2009, der eine redaktionelle Überarbeitung des Umweltberichts vom 28.4.2009 darstellt. Gliederung und Aufbau entsprechen im Wesentlichen dem Umweltbericht für die Nordsee. Auch hier ist die Ausgangsposition die, dass in der AWZ schon gegenwärtig zahlreiche

---

25 Umweltbericht Nordsee S. 381.
26 Umweltbericht Nordsee S. 365 mit Hinweis auf Kapitel III des Raumordnungsplanes.

Nutzungen ausgeübt bzw. geplant werden, die auch bei Nichtdurchführung des Raumordnungsplanes entsprechend der jeweiligen Rechtsgrundlagen weiterhin ausgeübt würden (S. 371). Namentlich aufgeführt und abgehandelt sind Nutzungen insbesondere im Bereich der Rohstoffgewinnung und der Windenergienutzung; die Nutzungen, die nach SRÜ besondere Freiheit genießen, wie Schifffahrt, Verlegung und Betrieb von Rohrleitungen sowie Forschung (vgl. hierzu die Kommentierung bei § 57), sowie Nutzungen, die in die Regelungskompetenz der EU fielen (Fischerei), oder für die § 18a ROG 1998 (vgl. § 17 Abs. 3 ROG) keine Regelungen treffe, insbesondere für militärische Übungen, werden nicht bewertet.

Bei der Beurteilung der Auswirkungen der Offshore-Windenergie in den besonderen Eignungsgebieten „Kriegers Flak" und „Westlich Adlergrund" macht der Umweltbericht zunächst darauf aufmerksam, dass bereits vor Inkrafttreten des Raumordnungsplanes Windenergieparks in den Vorranggebieten genehmigt worden seien (S. 302). Im Rahmen der SUP kommt der Umweltbericht zur abschließenden Feststellung, dass durch die Festlegungen für die Windenergie im Raumordnungsplan keine erheblichen Auswirkungen auf das Schutzgut Boden und Wasser zu erwarten seien, sondern im Vergleich mit der Nichtdurchführung des Planes vielmehr nachteilige Auswirkungen vermieden würden (S. 303). Auch die Zusammenfassung der Auswirkungen und ihrer Bewertung kommt trotz der hohen Bedeutung der beiden Eignungsgebiete für das Schutzgut Benthos zur Bewertung „unerheblich". Die gleiche Beurteilung folgt für das Schutzgut Fische (S. 305) und „Marine Säugetiere" (S. 306 f.), und zwar sowohl für die Bauphase als auch für die Betriebsphase. **36**

IV. Seeanlagen und andere lokale Eingriffe

1. Begriff der Seeanlage, Anwendungsbereich der SeeAnlV

Die Errichtung und der Betrieb von **Seeanlagen** in der AWZ und auf dem Festlandsockel richtet sich – auf der Basis der Ermächtigungsgrundlage des § 9 Abs. 1 Nr. 4 lit. a) SeeAufG – nach der Verordnung über Anlagen seewärts der Begrenzung des deutschen Küstenmeeres, der Seeanlagenverordnung[27](SeeAnlV), die auch Geltung beansprucht für die Errichtung und den Betrieb von Anlagen auf der Hohen See, sofern der Eigentümer Deutscher mit Wohnsitz im Geltungsbereich des Grundgesetzes ist. **Zuständige Genehmigungsbehörde** für diese Anlagen ist gemäß § 2 Satz 1 SeeAnlV das Bundesamt für Seeschifffahrt und Hydrographie (**BSH**). **37**

Der **Begriff der Seeanlage** ergibt sich aus § 1 Abs. 2 Satz 1 SeeAnlV und schließt alle festen oder schwimmend befestigten baulichen und technischen Einrichtungen, einschließlich Bauwerke und künstliche Inseln, die der regenerativen Energieerzeugung (Wasser, Strömung, Wind), anderen wirtschaftlichen Zwecken oder meereskundlichen Untersuchungen dienen, ein. Der Einbezug der Forschungsplattformen erfolgte durch Art. 1 der Verordnung vom 15.7.2008.[28] Damit werden Offshore-Windparks, Gezeitenkraftwerke, aber auch touristisch genutzte oder zur Erforschung des Vogel- oder Fledermauszuges dienende Forschungsplattformen dem Anwendungsbereich der Verordnung unterworfen. Prinzipiell unterfallen ab 1.3.2010 alle Seeanlagen, die die Merkmale des Eingriffsbegriffs erfüllen, der **Eingriffs- und Aus- 38**

---
27 Verordnung über Anlagen seewärts der Begrenzung des deutschen Küstenmeeres (Seeanlagenverordnung-SeeAnlV), Fn. 5.
28 BGBl. I 2008, S. 1296.

gleichsregelung – mit Ausnahme des freilich überaus wichtigen Moratoriums für die Errichtung und den Betrieb von Windkraftanlagen (unten B). Für die Errichtung und den Betrieb von Anlagen, Inseln und Bauwerken, die marine Gewinnung von Bodenschätzen und die Fischerei ergeben sich aus dem Seevölkerrecht keine Einschränkungen, die zur Nichtanwendung der Eingriffsregelung führen könnten.[29]

39 **Ausgeklammert** vom Begriff der Seeanlage sind nach § 1 Abs. 2 Satz 2 SeeAnlV Schiffe und Schifffahrtszeichen, Anlagen des Bergwesens, überwachungsbedürftige Anlagen im Sinne des § 2 Abs. 7 GSG sowie passives Fanggerät der Fischerei (z.b. Stellnetze, Reusen). Bei der Schifffahrt spielt die Einschränkung des Geltungsbereichs der Eingriffsregelung durch das SRÜ nach Abs. 1 keine Rolle, weil die Schifffahrt ohnehin nicht den Eingriffstatbestand erfüllt. Beschränkungen bei der Energieerzeugung aus Wasser, Strömung und Wind sowie bei der Aufsuchung und Gewinnung von Bodenschätzen werden bei § 57 Abs. 3 Ziff. 5 Rdnr. 96 ff. dargestellt.

40 Die Herausnahme der **überwachungsbedürftigen Anlagen** im Sinne des § 2 Abs. 2 lit. a) Gerätesicherheitsgesetz (GSG)[30] aus dem Geltungsbereich der Seeanlagenverordnung folgt bereits aus § 9 Abs. 5 Abs. 2 des Seeaufgabengesetzes. Es handelt sich hier u.a. um Anlagen zur Abfüllung von verdichteten, verflüssigten oder unter Druck gelösten Gasen oder Anlagen zur Lagerung, Abfüllung und Beförderung von brennbaren Flüssigkeiten.[31]

41 **Passives Fanggerät der Fischerei** sind Stellnetze und Reusen (Korbfischerei). Hiermit ist die sogenannte „stille Fischerei" gemeint, die überwiegend als Binnenfischerei und in Küstennähe betrieben wird. Insoweit hat die Herausnahme aus dem sachlichen Anwendungsbereich der SeeAnlV, die in der AWZ und auf der Hohen See gilt, vor allem klarstellende Funktion. Die sich in der Literatur findende Hereinnahme etwa von Pelagialnetzen, Großhamen oder Ringwaden als so genanntes passives oder „stilles" Fanggerät[32] ist nicht sachgerecht. Treibnetze sind seit dem 1.1.2002 in der Europäischen Union verboten.[33] Die Ringwade ist ein Fanggerät der Hochseefischerei und keinesfalls „passiv", weil es ringförmig um den georteten Fischschwarm mit Hilfe der Fischereifahrzeuge ausgelegt wird und dann mit der Schnürleine unten zugezogen wird. Bei den in der Hochseefischerei verwendeten Langleinen (Kunststoffseile von oft mehr als 100 km Länge, die mit Tausenden köderbestückten Haken versehen sind und vom Schiff aus eingeholt werden handelt es sich ebenfalls nicht um ein passives Fanggerät. Die Zulassung dieser Fanggeräte richtet sich in erster Linie nach Europäischem Unionsrecht und internationalen Fischereiabkommen, nicht nach der SeeAnlV. Damit ist jedoch nicht entschieden, ob ihre Anwendung einen Eingriffstatbestand darstellt (siehe für die aktive grundberührende Fischerei oder „Grundfischerei" bei § 14 Rdnr. 12).

42 Die größte Bedeutung kommt der Herausnahme der Anlagen des **Bergwesens** aus dem Geltungsbereich der Seeanlagenverordnung zu. Die Verordnungsermächtigung gilt nach § 1 Nr. 10 lit. a) des Seeaufgabengesetzes „un-

---

29 *Gellermann/Stoll/Czybulka*, Fn. 9, S. 122.
30 BGBl. I 2001, S. 866.
31 *Brandt/Gassner*, Seeanlagenverordnung, Kommentar, 1. Aufl., 2002, Rdnr. 82 zu § 1 Geltungsbereich a.E.
32 Vgl. *Brandt/Gassner*, Fn. 31.
33 Mit Übergangsregelungen für die Ostsee bis zum 1.1.2008.

beschadet der Vorschriften des Bundesberggesetzes". Dies gilt zunächst für die marine Kies- und Sandgewinnung.[34] Die Herausnahme gilt aber gemäß § 2 Abs. 3 Bundesberggesetz auch für bestimmte andere Tätigkeiten und Einrichtungen im Bereich des Festlandsockels. Die Einschränkung des Anlagenbegriffs hat zur Folge, dass **Bohrplattformen** zur Gewinnung von Erdöl oder Erdgas nicht den Anforderungen der Seeanlagenverordnung unterliegen,[35] sondern nach dem Bergrecht zu beurteilen sind.[36] Besonders problematisch ist, welches Genehmigungsregime für solche **Unterwasserkabel** gilt, die die Seeanlage auf dem Festlandsockel mit dem Festland verbinden.[37] Der Verordnungsgeber geht in seiner Begründung davon aus, dass Energieversorgungssysteme der Anlagen, wie z.b. Unterwasserkabel und Transformatoren Zubehör der Seeanlage sind und deshalb dem Genehmigungsregime des BSH unterliegen.[38] Nach anderer Auffassung kann das BSH Unterwasserkabel lediglich hinsichtlich der Ordnung und Nutzung und Benutzung der Gewässer über den Festlandsockel und des Luftraumes über diesen Gewässern genehmigen, die Interpretation des Verordnungsgebers wird als nicht maßgeblich angesehen.[39] Für Anlagen des Bergwesens ist für die Küstenländer Schleswig-Holstein und Niedersachsen das Landesbergamt Clausthal-Zellerfeld zuständig, für Mecklenburg-Vorpommern das Bergamt Stralsund.[40]

Seeanlagen bedürfen zu ihrer Errichtung und zum Betrieb oder bei einer wesentlichen Änderung einer bereits bestehenden Seeanlage einer **Genehmigung** nach § 2 Abs. 1 SeeAnlV. Da von Anlagen im Bereich der AWZ (und der Hohen See) insbesondere Gefahren für die Meeresumwelt und den Verkehr ausgehen können, wurden die Errichtung, der Betrieb und die wesentliche Änderung dieser Anlagen unter eine Genehmigungspflicht gestellt. Der Gesetzgeber hat damit den unterschiedlichen Nutzungen, aber auch der ökologischen Bedeutung der Bereiche der AWZ (und des Festlandsockels) Rechnung getragen. Die Genehmigung ist der Überwachung im Sinne einer **Eröffnungskontrolle** vorgeschaltet. Bei der Anlagengenehmigung handelt es sich um ein präventives Verbot mit Erlaubnisvorbehalt (sogenannte Kontrollerlaubnis). Zu den in § 2 Abs. 1 SeeAnlV genannten **Schutzgütern** gehört auch die Meeresumwelt oder sonstige überwiegende öffentliche Belange (dazu unten Rdnr. 58 ff.). Keiner Genehmigungspflicht unterliegen Anlagen einfacher Bauart und Funktion, die vom Genehmigungserfordernis befreit wurden (§ 10 SeeAnlV).

---

34 Zur bergrechtlichen Zulassung mariner Kies- und Sandabbauvorhaben *Czybulka/ Stredak*, Rechtsfragen der marinen Kies- und Sandgewinnung in Nord- und Ostsee, 2008, S. 35–81; spezieller zum Naturschutz *Czybulka/Täufer*, Zulassungserfordernisse für die marine Kies- und Sandgewinnung nach europäischem und internationalem Naturschutzrecht, EurUP 2009, 268 ff.
35 Vgl. *Krieger*, DVBL 2002, 300 ff.
36 Vgl. dazu im Einzelnen, *Krieger*, DVBl. 2002, 300 ff.; *Wolff*, UPR 1998, 281 ff.
37 Vgl. dazu im Einzelnen *Brandt/Gassner*, Fn. 31, Rdnr. 74 ff. zu § 1 Geltungsbereich.
38 Vgl. *Beckmann*, NordÖR 2001, 273 ff.
39 Vgl. *Nebelsieck*, Rechtsgutachten im Auftrag des Naturschutzbundes Deutschland, Landesverband Schleswig-Holstein e.V. und des WWF Deutschland, Fachbereich Meere und Küsten, Hamburg 2002, Die Genehmigung von Offshore-Windenergieanlagen in der AWZ, Rechtsgutachten, Hamburg 2002, S. 25 f.; vgl. auch *Jenisch*, NuR 1997, 373/377.
40 Fundstellennachweis der Bergämter und Zuständigkeitsverordnungen bei *Brandt/ Gassner*, Fn. 31, Rdnr. 75 zu § 1 Geltungsbereich.

2. Verfahren, UVP

44 Über die Erteilung der Genehmigung entscheidet nach § 2 Abs. 1 SeeAnlV das Bundesamt für Seeschifffahrt und Hydrographie (BSH). Für Vorhaben, die nach § 2 SeeAnlV einer Genehmigung bedürfen und bei denen es sich zugleich um Vorhaben i.S.d. § 3 UVPG handelt, ist eine **Umweltverträglichkeitsprüfung** nach den Maßgaben dieses Gesetzes durchzuführen. Dann ist auch den sich aus § 2a SeeAnlV ergebenen verfahrensbezogenen Anforderungen Rechnung zu tragen. Die SeeAnlV enthält nur einige grundlegende Regelungen zum Genehmigungsverfahren, die Verfahrenspraxis des BSH ist wesentlich ausdifferenzierter.[41] Sie wird beispielhaft unter B. bei der Kommentierung von Abs. 2 (Ausnahmevorschrift für Windkraftanlagen) dargestellt.

3. Seeanlagen in den Küstengewässern

45 Die Zulassung baulicher und sonstiger Anlagen in den **Küstengewässern** folgt anderen rechtlichen Regelungen: Da diese Meeresbereiche der küstenstaatlichen Souveränität unterliegen, gelangt in diesem Bereich das gesamte „normale" anlagenbezogene staatliche Recht zur Anwendung, das auch auf dem Festland Geltung beansprucht.

46 Für die Zulassung der Anlagen in den Küstengewässern existiert kein einheitliches Fachgesetz. Windkraftanlagen mit einer Gesamthöhe von mehr als 50 m sind z.b. nach § 4 Abs. 1 BImSchG i.V.m. Nr. 1.6 Spalte 2 des Anhangs 4. BImSchV genehmigungsbedürftig. Im Genehmigungs- bzw. Zulassungsverfahren können sich Anforderungen aus dem Wasserstraßen- und Wasserwirtschaftsrecht stellen, aus dem Bauordnungsrecht, aber auch aus dem jeweils geltenden Naturschutzrecht. Was letzteres betrifft, so kann auf die einschlägigen Kommentierungen im terrestrischen Bereich verwiesen werden.

B. Ausnahmevorschrift für Windkraftanlagen, § 56 Absatz 2 BNatSchG

I. Zeitlicher und sachlicher Anwendungsbereich des Moratoriums

47 Nach § 56 Abs. 2 BNatSchG „findet § 15 keine Anwendung" auf „die Errichtung und den Betrieb von **Windkraftanlagen** in der deutschen ausschließlichen Wirtschaftszone, die **bis zum 1.1.2017 genehmigt** worden sind." Die Ausnahmevorschrift normiert als politisch gewollte Regelung, dass die Eingriffs- und Ausgleichsregelung (§ 15) keine Anwendung findet, soweit die Anlagen in der deutschen AWZ bis zum angegebenen Zeitpunkt „genehmigt worden sind". Unter Genehmigung ist die endgültige Genehmigung zu verstehen. Da die Genehmigung nach § 3 Satz 1 SeeAnlV durch das BSH u.U. auch befristet erteilt werden kann, wäre die „Verlängerung" einer befristeten Genehmigung als Neuerteilung zu werten. Erfolgt diese nach dem 1.1.2017, kommt die Eingriffs- und Ausgleichsregelung wieder zum Zuge.

48 Damit stellt der Gesetzgeber diese wohl wichtigsten **Anlagen in der AWZ** ausdrücklich für (fast) weitere 7 Jahre vom Eingriffsfolgenregime frei. Fraglich ist allerdings der sachliche Umfang dieser Freistellung (siehe gleich un-

---

41 Vgl. die Darstellung bei *Dannecker/Kerth*, Die rechtlichen Rahmenbedingungen für Offshore-Windenergieanlagen in der deutschen Ausschließlichen Wirtschaftszone (AWZ), DVBl. 2009, 748.

ten Rdnr. 50 ff.). Die Sachlage unterscheidet sich insoweit für die Übergangszeit nicht wesentlich von der früheren Regelung, weil auch unter dem BNatSchG 2002 überwiegend die Meinung vertreten wurde, der Gesetzgeber sei nicht verpflichtet, die naturschutzrechtliche Eingriffsregelung, jedenfalls nicht *in toto,* in der AWZ anzuwenden. Hingegen verwies eine starke Mindermeinung auf das verfassungsrechtliche Verschlechterungsverbot des Art. 20a GG, aus dem sich ergebe, dass zumindest *eine* Eingriffs- und Ausgleichsregelung in der AWZ gelten müsse, die materiell annähernd der naturschutzrechtlichen Regelung entspricht.[42] Außerdem wurde mit Vorgaben des europäischen Rechts und des Völkerrechts dahin gehend argumentiert, dass in der AWZ kein niedrigeres Schutzniveau gelten dürfe als im Hoheitsgebiet der Mitgliedstaaten bzw. Küstenstaaten.[43] Diese Argumente haben auch heute noch Bedeutung für die Interpretation von § 56 Abs. 2.

Die Begrenzung des Moratoriums auf die AWZ stellt auf der anderen Seite klar, dass die Eingriffsregelung für Windparks in den **Küstengewässern** (innere Gewässer und Küstenmeer) **in vollem Umfang** gilt. Diese schärfere Handhabung entspricht auch der Auffassung vieler Bürger und touristisch orientierter Küstengemeinden, dass die Windparks möglichst von der Küste aus nicht oder kaum sichtbar sein sollten. Die Windverhältnisse in der AWZ sind gleichmäßiger und von der Energieausbeute günstiger als in Küstennähe. Hier besteht für die – faktisch allein relevanten – Windkraftanlagen mit einer Gesamthöhe von mehr als 50 m die Genehmigungsbedürftigkeit nach § 4 Abs. 1 BImSchG i.V.m. Nr. 1.6 Spalte 2 des Anhangs der 4. BImSchV. Soll eine Windfarm mit 20 oder mehr Windkraftanlagen errichtet werden, handelt es sich zusätzlich um ein **UVP-pflichtiges Vorhaben** (§ 3b Abs. 1 i.V.m. Nr. 1.6.1 der Anlage I UVPG), dessen Genehmigung nur in einem förmlichen Genehmigungsverfahren (§ 10 BImSchG) erteilt werden darf. Im Übrigen muss für Vorhaben im terrestrischen Bereich auf einschlägige Darstellungen des Immissionsschutzrechts verwiesen werden.[44] Windkraftanlagen dürfen in den Küstengewässern nur zugelassen werden, wenn andere öffentlich-rechtliche Vorschriften der Genehmigungserteilung nicht entgegenstehen (§ 6 Abs. 1 Nr. 2 BImSchG). Dazu zählt das Naturschutzrecht,[45] wenn auch nicht mit einem spezifisch ausgestatteten Vorrang.

Gleichwohl wird man die sachlichen und rechtlichen Gegebenheiten im Küstenmeer und in der AWZ nicht für so signifikant unterschiedlich halten, dass eine sehr unterschiedliche Handhabung des „Minimal-Naturschutzes" bei Eingriffen in diese Meereszonen zulässig sein dürfte. Über den genauen Inhalt und die **sachliche Tragweite der Ausnahmevorschrift** des § 56 Abs. 2 muss man sich daher Klarheit verschaffen. Der wirtschaftlich belastendste Teil der Eingriffs- und Ausgleichsregelung für den Verursacher ist die Pflicht zur **Naturalkompensation**. Dies gilt erst recht im Meeresbereich. Hiervon wollte der Gesetzgeber übergangsweise freistellen. Allerdings sollte bereits jetzt daran gedacht werden, im Falle einer Umsetzung der Verordnungsmächtigung nach § 15 Abs. 7 BNatSchG auch das Nähere zur Kompensation von Eingriffen im marinen Bereich zu regeln, um ausreichend Vorlaufzeit zu haben. Wird eine fällige – nachrangige – **Ersatzzahlung** richtig berechnet, müsste sie nach der ratio des § 15 Abs. 6 den Kosten (nicht unbedingt den

---

42 *Czybulka,* NuR 1999, 562/565; ähnlich *Wolf,* UPR 1998, 281/288.
43 Zusammenfassung der Argumente und Literaturstimmen bei *Brandt/Gaßner,* Rdnr. 66 zu § 3 Versagen der Genehmigung.
44 Vgl. z.B. *Koch,* in ders., Umweltrecht, § 4 Rdnr. 139 ff.; *Erbguth/Schlacke,* Umweltrecht, § 9 Rdnr. 64 ff.
45 Vgl. hierzu *Scheidler,* NuR 2009, 232.

persönlichen Bemühungen und Dienstleistungen bei der Beschaffung) der nicht durchführbaren Ausgleichs- bzw. Ersatzmaßnahme entsprechen. Es ist anzunehmen, dass der Gesetzgeber auch von dieser Belastung freistellen wollte, die ebenfalls beträchtlich sein kann. Man mag diese Freistellung mit den Kosten für die Umweltbeobachtung im Verfahren nach der SeeAnlV, dem Erhalt der wirtschaftlichen Leistungsfähigkeit des betreffenden Industriezweiges und den Herausforderungen des Klimawandels begründen.

51 Die pauschale Verweisung auf § 15 dürfte im Übrigen aber zu weitgehend sein und ist verfassungskonform zu interpretieren: Die **Vermeidungspflicht bzw. das Minimierungsgebot** des § 15 Abs. 1 ist vom Anwendungsausschluss nicht umfasst, weil es schlechterdings keine Berechtigung dafür gibt, diesen Teilinhalt der Eingriffs- und Ausgleichsregelung in der AWZ nicht anzuwenden. Die geltende Interpretation des „Vermeidungsgebots" verlangt lediglich, dass erhebliche Eingriffe in Natur und Landschaft vermieden werden, die – schon vom Fachrecht her gesehen – „unnötig" sind. Das Vermeidungsgebot verlangt nach § 15 Abs. 1 Satz 2 im Normalfall keine Wahl anderer Standorte oder Trassenführungen und verpflichtet nur dazu, technische Ausführungsvarianten zu nutzen, die den Eingriff minimieren.[46] Im Bergrecht besteht die Parallelsituation, dass schädliche Veränderungen der hydromorphologischen Bedingungen nach § 55 Abs. 1 Satz 1 Nr. 13 BBergG weitestgehend zu minimieren sind. Auch der regionalvölkerrechtliche Standard der Anwendung einer „Best Available Technique" spricht für eine (Weiter-)Geltung der Vermeidungspflicht, die zugleich Ausdruck des verfassungsrechtlichen Verschlechterungsverbots des Art. 20a GG ist. Konsequenterweise hat der Landesverfassungsgeber in Mecklenburg-Vorpommern das Vermeidungsgebot in Art. 12 Abs. 4 LV an erste Stelle gesetzt und ausdrücklich in Verfassungsrang erhoben.

52 Die weitergehenden Verpflichtungen bei der Umsetzung der Vermeidungspflicht im marinen Bereich (vgl. § 15 Rdnr. 172 f.) können bei WEA in der Übergangszeit allerdings nur zur Geltung kommen, wenn die zusätzlichen Maßnahmen **wirtschaftlich zumutbar** sind und deutlich hinter den Kosten einer hypothetischen Ausgleichs- oder Ersatzmaßnahme bzw. einer Ersatzzahlung zurückbleiben.

53 Im Ergebnis findet auch § **15 Abs. 5** weiterhin modifiziert Anwendung. Ein nicht vermeidbarer (erheblicher) Eingriff, bei dem die Belange des Naturschutzes bei der Abwägung aller Anforderungen an Natur und Landschaft anderen Belangen im Range vorgehen, darf unter keinen Umständen zugelassen werden. Die zeitweise Privilegierung bzw. der Verzicht auf Kompensationsmaßnahmen darf nicht dazu führen, dass unzulässige Eingriffe in die Meeresnatur zugelassen werden. Das ist im Einzelfall zu überprüfen und kommt insbesondere bei erheblichen Eingriffen in geschützte oder besonders gefährdete Lebensräume in Betracht. Im Übrigen dürfte sich schon deshalb an der Praxis wenig ändern, als schon jetzt die Nichtzulassung eines Eingriffs die seltene Ausnahme ist und auf der anderen Seite der Eingriff (das Vorhaben) nach § 3 SeeAnlV zu versagen ist, wenn die „Meeresumwelt gefährdet" wird, ohne dass dies durch eine Befristung, durch Bedingungen oder Auflagen verhütet oder „ausgeglichen" (!) werden kann.

54 Es ist davon auszugehen, dass der Windpark mit den genehmigten **Nebenanlagen** von der Ausgleichsverpflichtung – zeitweise – freigestellt wird. Gemeint sind mit den genehmigten Nebenanlagen die parkinterne Umspann-

---

46 *Gellermann/Stoll/Czybulka*, Fn. 9, S. 122 f.

plattform, die parkinterne Verkabelung sowie erforderliche Messinstallationen und sonstige Nebeneinrichtungen (Bojen, Masten etc.). Noch nicht geklärt erscheint in diesem Zusammenhang, ob die Systeme des Übertragungsnetzbetreibers nach § 17 Abs. 2 lit. a) EnWG auch unter die Regelung des Abs. 2 zu subsumieren ist oder ob auf diese Systeme auch die Rechtswirkung und Rechtsfolgen des § 15 Anwendung finden muss.[47]

II. Aktueller Genehmigungsstand und Verfahren nach der SeeAnlV

§ 3 SeeAnlV konzipiert die Genehmigung als **Kontrollerlaubnis** („darf nur versagt werden, wenn […]"). Das BSH hat kein Ermessen bei der Genehmigungsentscheidung. Jedoch sind die Versagungsgründe so ausgestaltet, dass sie durchaus zum Schutz der Natur eingesetzt werden können. Die Genehmigung darf nur versagt werden, wenn (die Sicherheit und Leichtigkeit des Verkehrs beeinträchtigt oder) die Meeresumwelt gefährdet wird oder die Erfordernisse der Raumordnung oder überwiegende öffentliche Interessen der Erteilung der Genehmigung entgegenstehen. Die Genehmigung kann nach § 4 Abs. 1 SeeAnlV befristet werden. Fristen und Zeiträume können verlängert werden, § 4 Abs. 3 SeeAnlV. Wird die Anlage während eines Zeitraums von mehr als 3 Jahren nicht betrieben, erlischt die Genehmigung, § 4 Abs. 2 Ziff. 1 lit. b) SeeAnlV. Die Anlagen sind nach Erlöschen der Genehmigung in dem Umfang zu beseitigen, wie sie Hindernisse für den Verkehr darstellen oder der Schutz der Meeresumwelt etc. dies erfordert. Um diesen Rückbau sicherzustellen, kann die Genehmigungsbehörde die Genehmigung von der Leistung einer Sicherheit nach Maßgabe des Anhanges (zu § 12 Abs. 3 SeeAnlV) abhängig machen.

Es liegt auf der Hand, dass aktuell die Genehmigung von Windkraftanlagen den Schwerpunkt der Zulassungstätigkeit das Bundesamt für Seeschifffahrt und Hydrographie (BSH) darstellt, welches nach § 2 Abs. 1 SeeAnlV entscheidet, soweit nicht ausnahmsweise Genehmigungsfreiheit für Anlagen einfacher Bauart und Funktion eintritt (§ 10 SeeAnlV). Der europarechtliche Einfluss zeigt sich bei der Genehmigung von Offshore-Windfarmen, die nach näherer Maßgabe des Art. 4 Abs. 2 i.V.m. Anhang II Nr. 3 lit. i) UVP-Richtlinie einer **Umweltverträglichkeitsprüfung** zu unterziehen sind. Die Umsetzung erfolgte über § 3 UVPG. Im Katalog des Anhanges I UVPG sind Offshore-Windparks erfasst, die mehr als 20 Windkraftanlagen umfassen, deren Gesamthöhe über 50 m hinausgeht und für die daher aus Gründen der Nr. 1.6 Anhang I UVPG eine Umweltverträglichkeitsprüfung obligatorisch ist. Insoweit müssen die nach § 5 Abs. 1 Satz 1 SeeAnlV vorzulegenden Unterlagen des Antragstellers den Anforderungen des § 6 UVPG entsprechen.

Zum **Stand der Genehmigungsverfahren** ist mitzuteilen, dass der erste Antrag („Borkum West") am 8.9.1999 beim BSH gestellt wurde, der die Errichtung von 12 Offshore-Windenergieanlagen in der Nordsee vorsah.[48] Der gegenwärtige Stand der Verfahren in der Nordsee liegt bei insgesamt 6.045 WEA mit einer Leistung von 30.225 MW, die auf einer Fläche von 4.414, 78 km² angelegt werden sollen. Davon sind 23 Parks mit 1.610 WEA und 8.050 MW mit einer Fläche von 968,33 km² bereits genehmigt.[49] Hinzu kommen 11 beantragte Kabeltrassen, wovon 5 genehmigt sind. Die Dimension in der deutschen AWZ der Ostsee, die ja wesentlich kleiner ist, liegt bei 17 Windparks mit 1.001 WEA und 5.005 MW mit einer Fläche von

---

47 Vgl. Schreiben des BSH vom 9.2.2010 an das BfN, S. 2.
48 Vgl. dazu *Zeiler/Dahlke/Nolte*, Offshore-Windparks in der Ausschließlichen Wirtschaftszone von Nord- und Ostsee, ProMet Jg. 31 Nr. 1 (April 2005), S. 71/75.
49 Vgl. *Binder* – BSH – Zulassungsverfahren nach der Seeanlagenverordnung, Vortrag 27.4.2010, Insel Vilm, Fachgespräch Meeresnaturschutz.

460,02 km². Abgelehnt wurden 2 Windparks. Es kann von daher kaum davon ausgegangen werden, dass das Prüfprogramm der SeeAnlV in erheblichem Ausmaß zur Versagung der Genehmigungen beiträgt. Bevor des Weiteren auf Einzelheiten des Verfahrens eingegangen wird, welches vom BSH im Sinne eines „Standardverfahrens" fortentwickelt worden ist, ist auf das materielle Prüfungsprogramm der SeeAnlV einzugehen, soweit dabei die Tier- und Pflanzenwelt des Meeres Berücksichtigung findet.

III. Das materielle Prüfprogramm nach der SeeAnlV

1. Gefährdung der Meeresumwelt

58 Der materielle Anknüpfungspunkt der Gefährdung der Meeresumwelt als denkbarer Versagungsgrund ist zwar nicht sehr scharf, dies muss jedoch kein Nachteil sein, zumal zur Konkretisierung die in § 3 Satz 2 Nr. 2 und 3 SeeAnlV normierten **Regelbeispiele** beitragen. Eine Gefährdung soll insbesondere dann vorliegen, wenn eine Besorgnis der Verschmutzung der Meeresumwelt i.s.d. Art. 1 Satz 1 Nr. 4 des SRÜ vorliegt. Damit sind jedenfalls Beeinträchtigungen der Meeresumwelt nach der ersten und dritten Variante (siehe zu dieser Systematisierung hierzu Vorbemerkung vor § 56, Rdnr. 6) umfasst, wobei es bei der **Schädigung der Tier- und Pflanzenwelt** des Meeres nach SRÜ allerdings nicht auf die Beeinträchtigung einzelner Tiere oder Pflanzen ankommt, sondern auf den Lebensraum bzw. die Schädigung der lebenden Ressourcen. Hierbei ist es nicht relevant, ob gefährdete Arten oder Lebensgemeinschaften betroffen sind.[50] Ergänzend greifen auch artenschutzrechtliche völkerrechtliche Übereinkommen.

59 Durch die Wortwahl „zu besorgen ist" kommt zum Ausdruck, dass es nicht auf die konkrete Gefahr einer „Verschmutzung" ankommt, sondern es genügt die ernsthafte Befürchtung ihres Eintretens, sodass im Text eine **Vorsorgekomponente** enthalten sein dürfte. Das zweite in § 3 Satz 2 Nr. 3 SeeAnlV verankerte Regelbeispiel ist die **Gefährdung des Vogelzuges**. Auch hier hängt es nicht davon ab, ob und wann ein Windpark einzelne Exemplare ziehender Vogelarten gefährdet, sondern sozusagen die Zugrouten wandernder Vogelarten betrifft.[51]

2. Überwiegende öffentliche Belange

60 Der in § 3 Satz 1 Nr. 2 SeeAnlV geregelte Versagungsgrund der „überwiegenden öffentlichen Belange" bezieht sich zum einen auf die Erfordernisse der Raumordnung, zum anderen auf „sonstige" überwiegende öffentliche Belange, wobei dieser Versagungsgrund neu eingefügt wurde. Bei den Erfordernissen der **Raumordnung** wäre es denkbar, dass zielförmige Festlegungen zugunsten des Meeresnaturschutzes etwa in Gestalt entsprechender Vorranggebiete vorlägen. Von dieser Möglichkeit hat das zum Erlass der Raumordnungspläne in der AWZ berufene Bundesministerium für Verkehr, Bau- und Stadtentwicklung bislang keinen Gebrauch gemacht.

61 Unter „**sonstige überwiegende öffentliche Belange**" lassen sich je nach den Gegebenheiten des Einzelfalles habitatschutzrechtliche, biotop- und artenschutzrechtliche Vorgaben erfassen. Dies betrifft z.B. die in einschlägigen Schutzgebietsverordnungen (z.B. aktuell in § 5 Abs. 1 Nr. 1 NSG-VO) normierten Anforderungen, bezieht sich aber auch auf künftige oder „potentielle" Schutzgebiete. Im Bereich des Artenschutzes kann es sein, dass sich der

---
50 So richtig *Gellermann/Stoll/Czybulka*, Fn. 9, S. 165.
51 *Gellermann*, NuR 2004, 78; *Keller*, Offshore-Windenergieanlagen, S. 261.

Vorhabenträger um eine artenschutzrechtliche Ausnahme bemühen muss (§ 45 Abs. 7 BNatSchG), die von dem nach § 58 Abs. 1 Satz 1 BNatSchG zur Entscheidung zuständigen BfN nicht erteilt wird. Dann stehen dem Vorhaben zugleich öffentliche Belange i.S.d. § 3 Satz 1 Nr. 2 SeeAnlV entgegen, die das BSH an der Erteilung einer Genehmigung hindern.

IV. Das Standarduntersuchungskonzept des BSH

Allgemein ist zu sagen, dass trotz des Charakters der Genehmigung nach der SeeAnlV als Kontrollerlaubnis in weitestem Umfang Nebenbestimmungen zulässig sind, vor allem Auflagen, aber sogar Befristungen. Das BSH hat in einem **Standarduntersuchungskonzept (STUK)** die gegenwärtigen thematischen und technischen Mindestanforderungen an die Untersuchung und Überwachung des Umweltzustandes für die Beurteilung der die Meeresumwelt betreffenden Tatbestandsmerkmale des § 3 SeeAnlV sowie das betriebsbegleitende Monitoring aufgestellt.[52]

Das Konzept ist wiederholt verbessert worden und liegt nun in der dritten Version vor. STUK 3 umfasst in einem **Teil A** die **Rahmenbedingungen,** in einem Teil B eine **technische Anleitung** zur Untersuchung der Schutzgüter und in einem Teil C den Anhang zur **Untersuchung der Schutzgüter.** Dabei wird Bezug genommen auf die gesammelten Erfahrungen aus der Umweltüberwachung für das Bund/Länder-Messprogramm für die Meeresumwelt der Nord- und Ostsee, für das Helsinki-Übereinkommen und für das OSPAR-Übereinkommen. Die potentiellen Belastungsrisiken werden zeitlich eingeteilt in die Bauphase, die Betriebsphase und die Rückbauphase.

Die Ziele der Untersuchung zu den **Schutzgütern** Fische, Benthos, Vögel und marine Säugetiere sind zunächst die Ermittlung der räumlichen Verbreitung und zeitlichen Variation der Schutzgüter vor Baubeginn (als Basisuntersuchungen), die Überwachung (**Monitoring**) der Auswirkungen von **Bau-, Betriebs- und Rückbauphase** sowie die Schaffung von Grundlagen für die Bewertung der Ergebnisse des Monitorings. Bezüglich des Schutzguts Fische geht es allerdings nur um den bodennahen und Standort treuen Anteil der gesamten Fischfauna. Im Rahmen der Bearbeitung der Basisuntersuchungen für die Pilotphase ist auch das Landschaftsbild zu berücksichtigen und im Hinblick auf das Vorhaben fotorealistisch darzustellen.

Bezüglich der **Basisaufnahmen** sind entsprechend des STUK ohne Unterbrechung Untersuchungen über zwei aufeinander folgende vollständige Jahrgänge durchzuführen. In der Bauphase ist ein Bauphasenmonitoring durchzuführen, bei der Betriebsphase ein betriebsbegleitendes Monitoring über einen Zeitraum von mindestens drei – und sofern erforderlich – bis zu fünf Jahren. Bei den Untersuchungsgebieten ist zwischen dem jeweiligen **Vorhabengebiet** und dem jeweiligen **Referenzgebiet** zu unterscheiden. Das Untersuchungsgebiet für die Avifauna muss für Flugzählungen z.B. mindestens 2000 km² betragen, das Untersuchungsgebiet für Flugzeugzählungen mariner Säugetiere ebenfalls 2000 km². Referenzgebiete dienen im Rahmen der Untersuchung von einzelnen Schutzgütern als Vergleich für deren jeweilige Entwicklung ohne Einfluss der Windenergieanlagen, um eben die Effekte der Errichtung von Offshore-WEA erkennbar zu machen. Die Suche nach Referenzgebieten wird allerdings zunehmend schwieriger, je weiter der Planungsstand der WEA und ihre Inbetriebnahme fortschreiten. Über die weiteren Einzelheiten kann hier aus Platzgründen nicht referiert werden.

---

52 Standarduntersuchung der Auswirkungen von Offshore-Windenergieanlagen auf die Meeresumwelt (STUK 3), Stand: Februar 2007.

66 Teil B – Technische Anleitung zur Untersuchung der Schutzgüter – erläutert im Einzelnen z.B. die Untersuchungen zum Schutzgut Benthos mit verschiedenen **Instrumenten** und **Methoden** (z.b. Untersuchungen der Epifauna mit Video und Baumkurre/Dredge, Untersuchung der Sediment- und Habitatstruktur mit dem Seitensichtsonar und durch Sedimentbeprobungen). Die technische Anleitung dient der Standardisierung und damit der Vergleichbarkeit der Untersuchungsergebnisse. Als Standardnetz zur Erfassung der Fischfauna ist z.b. für die Nordsee eine Baumkurre von 6–8 m Baumlänge vorgesehen,[53] für die Ostsee ein so genanntes Scherbrettnetz, das für die ökologische Begleitung der Untersuchung entworfen wurde.[54] Beim Vogelzug und sonstigen Vogelbewegungen sind Radaruntersuchungen, aber auch die Sichtbeobachtung vorgesehen. Bezüglich der weiteren Einzelheiten wird auf „Teil B – Technische Anleitung zu untersuchende Schutzgüter" hingewiesen.[55]

67 Die Rechtsgrundlage für die **dauerhafte Überwachung** durch das BSH ergibt sich aus § 15 Abs. 1 SeeAnlV, Ermächtigungsgrundlage für die Anordnung von Maßnahmen durch das BSH ist § 15 Abs. 2 SeeAnlV, die Pflichten des Anlagenbetreibers zur Sicherstellung, dass von der Anlage während des Betriebs oder nach einer Betriebseinstellung keine Gefahren für die Meeresumwelt und keine Beeinträchtigungen sonstiger überwiegender öffentlicher Belange ausgehen, ergeben sich aus § 13 SeeAnlV.

68 Zusammenfassend wird man feststellen können, dass die Seeanlagenverordnung mit den normierten und im STUK ausgebauten Verpflichtungen zum Monitoring und zur Erfassung von Fauna und Flora einschließlich der Lebensraumverhältnisse ein weitgehendes Untersuchungskonzept verwirklicht, das geeignet ist, die Kenntnisse über die marine Umwelt, insbesondere von Fauna und Flora zu verbessern. Monitoring ist ein notwendiger Bestandteil jeden Schutzkonzepts insbesondere bei wissenschaftlicher Unsicherheit über die Wirksamkeit von Schutz- und Kompensationsmaßnahmen.[56] Monitoring ersetzt aber nicht die erforderlichen Schutz- und Ausgleichs- bzw. Ersatzmaßnahmen. Deshalb begegnet die Aussetzung der Eingriffs- und Ausgleichsregelung bei WEAs bis 2017 doch erheblichen Bedenken. So lässt sich z.b. nicht die Wirksamkeit von Ausgleichs- oder Ersatzmaßnahmen überprüfen, die sonst zeitgleich angeordnet werden könnten. Es ist davon auszugehen, dass – beim gegenwärtigen Antragsstand – im Jahre 2017 bereits so viele Eingriffe stattgefunden haben, die weder ausgeglichen noch ersetzt noch mit Ersatzgeld abgegolten werden können, dass spätere Bemühungen zu spät kommen. Verantwortlich für das von staatlicher Seite nicht erkannte „Mengenproblem" ist auch die trügerische Vorstellung, das Meer biete viel Platz für diese Anlagen. Ein Blick auf die Kartenwerke führt notwendig zur Ernüchterung.

---

[53] STUK 3, Teil C Anhang zur Untersuchung der Schutzgüter, S. 37.
[54] Vgl. STUK 3,Teil C Anhang, S. 39.
[55] STUK 3 (Fn. 53), S. 16 ff.
[56] BVerwG, Urt. v. 17.1.2007 – 9 A 20.05, NuR 2007, 336 sechster Leitsatz.

§ 57 Geschützte Meeresgebiete im Bereich der deutschen ausschließlichen Wirtschaftszone und des Festlandsockels; Ermächtigung zum Erlass von Rechtsverordnungen

(1) ¹Die Auswahl von geschützten Meeresgebieten im Bereich der deutschen ausschließlichen Wirtschaftszone und des Festlandsockels erfolgt durch das Bundesamt für Naturschutz unter Einbeziehung der Öffentlichkeit mit Zustimmung des Bundesministeriums für Umwelt, Naturschutz und Reaktorsicherheit. ²Das Bundesministerium für Umwelt, Naturschutz und Reaktorsicherheit beteiligt die fachlich betroffenen Bundesministerien und stellt das Benehmen mit den angrenzenden Ländern her.

(2) Die Erklärung der Meeresgebiete zu geschützten Teilen von Natur und Landschaft im Sinne des § 20 Absatz 2 erfolgt durch das Bundesministerium für Umwelt, Naturschutz und Reaktorsicherheit unter Beteiligung der fachlich betroffenen Bundesministerien durch Rechtsverordnung, die nicht der Zustimmung des Bundesrates bedarf.

(3) Für die Auswahl von Gebieten im Sinne des § 32 Absatz 1 Satz 1 und die Erklärung von Gebieten im Sinne des § 32 Absatz 2 zu geschützten Teilen von Natur und Landschaft im Sinne des § 20 Absatz 2 im Bereich der deutschen ausschließlichen Wirtschaftszone und des Festlandsockels ist § 32 vorbehaltlich nachfolgender Nummern 1 bis 5 entsprechend anzuwenden:
1. Beschränkungen des Flugverkehrs, der Schifffahrt, der nach internationalem Recht erlaubten militärischen Nutzung sowie von Vorhaben der wissenschaftlichen Meeresforschung im Sinne des Artikels 246 Absatz 3 des Seerechtsübereinkommens der Vereinten Nationen sind nicht zulässig; Artikel 211 Absatz 6 des Seerechtsübereinkommens der Vereinten Nationen sowie die weiteren die Schifffahrt betreffenden völkerrechtlichen Regelungen bleiben unberührt.
2. Die Versagungsgründe für Vorhaben der wissenschaftlichen Meeresforschung im Sinne des Artikels 246 Absatz 5 des Seerechtsübereinkommens der Vereinten Nationen bleiben unter Beachtung des Gesetzes über die Durchführung wissenschaftlicher Meeresforschung vom 6. Juni 1995 (BGBl. I S. 778, 785), das zuletzt durch Artikel 321 der Verordnung vom 31. Oktober 2006 (BGBl. I S. 2407) geändert worden ist, unberührt.
3. Beschränkungen der Fischerei sind nur in Übereinstimmung mit dem Recht der Europäischen Gemeinschaft und nach Maßgabe des Seefischereigesetzes in der Fassung der Bekanntmachung vom 6. Juli 1998 (BGBl. I S. 1791), das zuletzt durch Artikel 217 der Verordnung vom 31. Oktober 2006 (BGBl. I S. 2407) geändert worden ist, zulässig.
4. Beschränkungen bei der Verlegung von unterseeischen Kabeln und Rohrleitungen sind nur nach § 34 und in Übereinstimmung mit Artikel 56 Absatz 3 in Verbindung mit Artikel 79 des Seerechtsübereinkommens der Vereinten Nationen zulässig.
5. Beschränkungen bei der Energieerzeugung aus Wasser, Strömung und Wind sowie bei der Aufsuchung und Gewinnung von Bodenschätzen sind nur nach § 34 zulässig.

Gliederung

		Rdnr.
A.	Geschützte Meeresgebiete im Bereich der deutschen ausschließlichen Wirtschaftszone und des Festlandsockels	1–23
I.	Allgemeines und Überblick	1–3
II.	Auswahl von geschützten Meeresgebieten, Abs. 1	4–7
III.	Erklärung zum Schutzgebiet, Abs. 2	8
IV.	Natura 2000 Meeresschutzgebiete, Abs. 3	9–20
V.	Gegenwärtiger Stand der Meeresschutzgebiete in der AWZ und auf dem Festlandsockel	21–23

**B. Zulässige und unzulässige Beschränkungen der Nutzungen
für Schutzgebiete des Netzes „Natura 2000", Abs. 3** 24–100
- I. Redaktionelle Schwächen der Vorschrift 24–26
- II. Überblick über die Beschränkungen 27–31
- III. Die „Vorbehalte" des Abs. 3 Nr. 1 bis 5 im Einzelnen 32–99
  1. Beschränkungen des Flugverkehrs 32–38
  2. Beschränkungen der Schifffahrt 39–47
     - a) In der AWZ 39–45
     - b) Im Küstenmeer 46, 47
  3. Beschränkungen militärischer Nutzung 48–52
  4. Beschränkungen der wissenschaftlichen Meeresforschung 53–65
  5. Beschränkungen der Fischerei, Abs. 3 Nr. 3 66–86
  6. Beschränkungen bei der Verlegung von unterseeischen Kabeln und Rohrleitungen (Abs. 3 Nr. 4) 87–95
  7. Beschränkungen bei der Erzeugung regenerativer Energien sowie bei der Aufsuchung und Gewinnung von Bodenschätzen (Abs. 3 Nr. 5) 96–99
- IV. Zusammenfassende Bewertung 100

A. Geschützte Meeresgebiete im Bereich der deutschen ausschließlichen Wirtschaftszone und des Festlandsockels

I. Allgemeines und Überblick

1 **Vorgeschichte:** Die Vorschrift entspricht im Wesentlichen der früheren, unmittelbar geltenden Vorschrift des § 38 BNatSchG 2002, wurde aber durch die Abs. 1 und 2 ergänzt. § 38 BNatSchG a.F. wurde seinerzeit im Laufe des Gesetzgebungsverfahrens zum BNatSchG 2002 eingefügt, um Beanstandungen infolge drohender Vertragsverletzungsverfahren durch den EuGH zuvor zu kommen. Deutschland hatte – wie andere Mitgliedstaaten auch – keine Schutzgebiete im Bereich der AWZ ausgewiesen, musste hierfür die gesetzlichen Grundlagen schaffen und wollte gleichzeitig den Ausbau der Windenergie im Offshore-Bereich vorantreiben (vgl. vor § 56 Rdnr. 23). Mit der Einbeziehung der AWZ und des Festlandsockels in den Text hatte der Gesetzgeber zugleich ausdrücklich anerkannt, dass die einschlägigen europäischen Naturschutzrichtlinien in der AWZ anzuwenden sind, was allerdings ohnehin kaum zweifelhaft sein konnte (vgl. vor § 56 Rdnr. 70 ff.). § 57 Abs. 1 stellt jetzt aber zusätzlich sicher, dass eine Erklärung von marinen Schutzgebieten in Bereich der ausschließlichen Wirtschaftszone (Definition vor § 56 Rdnr. 36 ff.) und/oder des Festlandsockels (Definition vor § 56 Rdnr. 39) auch zur Erfüllung **völkerrechtlicher Verpflichtungen** etwa im Rahmen der regionalen Meeresschutzübereinkommen für die Nordsee (OSPAR) bzw. die Ostsee (Helsinki-Übereinkommen) oder aus sonstigen fachlichen Gründen erfolgen kann. Hierbei ist von Belang, dass die Einrichtung geschützter Meeresgebiete, die zu kohärenten und repräsentativen Netzwerken geschützter Meeresgebiete auch im Rahmen des Habitatschutzrechts der Union als auch der internationalen und regionalen Übereinkommen (OSPAR, Helsinki-Übereinkommen, Berner Konvention,[1] Bonner Konvention[2] [CMS], ASCOBANS[3]) einen wesentlichen Beitrag zur

---

[1] Übereinkommen vom 19.9.1979 über die Erhaltung der europäischen wildlebenden Pflanzen und Tiere und ihrer natürlichen Lebensräume, BGBl. 1984 II, S. 618.

Erreichung eines guten Zustands der Meeresumwelt darstellt, wie dies in den Begründungserwägungen und in Art. 13 Abs. 4 der Meeresstrategie-Rahmenrichtlinie im Einzelnen ausgeführt wird.[4] Damit hat der Gesetzgeber die Unbedenklichkeit und Relevanz des Instruments der geschützten Meeresgebiete (Marine Protected Areas, MPAs)[5] über die völkerrechtliche und unionsrechtliche Ebene in das nationale Naturschutzrecht integriert und anerkannt.

Abs. 1 legt fest, dass die **Auswahl** der geschützten Meeresgebiete im Bereich der deutschen AWZ und des Festlandsockels durch das Bundesamt für Naturschutz (BfN) erfolgt (näher dazu unten Rdnr. 4 ff.). Das Verfahren für die Unterschutzstellung ist also zweigeteilt: Die nachfolgende **Erklärung** der Meeresgebiete zu geschützten Teilen von Natur und Landschaft, für die im Wege des Verweises auf § 20 Abs. 2 prinzipiell alle Schutzkategorien offenstehen, erfolgt hingegen durch das Bundesministerium für Umwelt, Naturschutz und Reaktorsicherheit (BMU), wie Abs. 2 festlegt (näher unter Rdnr. 8). 2

§ 57 Abs. 3, der weitgehend § 38 BNatSchG a.F. entspricht und deshalb – wie sein Vorgänger – in vielerlei Hinsicht misslungen ist, bezieht sich ausschließlich auf die **Schutzgebiete des Netzes Natura 2000,** also auf Meeresgebiete, die nach der FFH-Richtlinie oder nach der Vogelschutz-Richtlinie unter Schutz zu stellen sind. Durch die Verweisung auf § 32 (Abs. 3) soll sichergestellt werden, dass die Schutzgebiete sowohl in den Küstengewässern wie in der AWZ den Vorgaben des europäischen Naturschutzrechts entsprechen. 3

II. Auswahl von geschützten Meeresgebieten (Absatz 1)

§ 57 Abs. 1 betrifft die **Auswahl** von **geschützten Meeresgebieten** im Bereich der deutschen AWZ und des Festlandsockels. Die Vorschrift bezieht sich zugleich auf Gebiete, die nach Maßgaben des globalen (CBD, internationale Artenschutzübereinkommen) oder regionalen Umweltvölkerrechts (Helsinki-Übereinkommen, OSPAR-Übereinkommen)[6] ausgewählt werden (sollen). Bislang (Juli 2010) ist dies in diesem Meeresbereich[7] noch nicht erfolgt. Ein Bedarf besteht sicherlich, da die **Auswahlkriterien** des Europäischen Naturschutzrechts für marine Schutzgebiete unvollkommen sind, wenn sich auch das Kommissionsdienststellen um eine sachgerechte Interpretation bemühen[8]. Es ist deshalb davon auszugehen, dass ergänzende Schutzgebiete bzw. weitere Vernetzungen auf der Basis des Abs. 1 durchgeführt werden. Da auch diese Schutzgebiete einer nationalen Schutzgebietskategorie bedür- 4

---

2   Übereinkommen vom 23.6.1979 zur Erhaltung der wandernden wildlebenden Tierarten vom 29.6.1984, BGBl. II S. 569.
3   Abkommen vom 31.3.1992 zur Erhaltung der Kleinwale in der Nord- und Ostsee vom 21.7.1993, BGBl. II S. 1113.
4   Vgl. 6. Begründungserwägung der MSRRL, sowie weitere Ausführungen in der 18. und 19. Begründungserwägung der MSRRL.
5   Dazu ausführlich in § 56, Rdnr. 57 und grundlegend *Czybulka*, Meeresschutzgebiete in der AWZ, ZUR 2003, 329 ff.
6   Zu den Schutzgebietsprogrammen von HELCOM und OSPAR siehe *Gellermann/Stoll/Czybulka*, Nationales Recht des Meeresnaturschutzes (2010), § 3 A II. 2, S. 28 f.
7   Hingegen wurden Gebiete im Küstenmeer (Baltic Sea Protection Areas, BSPAs) auf dieser Grundlage bereits unter Schutz gestellt
8   Europäische Kommission: „Leitfaden zum Aufbau des Natura-2000-Netzes in der Meeresumwelt. Anwendung der FFH- und der Vogelschutzrichtlinie", Mai 2007, S. 45–89, im Netz unter http://ec.europa.eu/environment/nature/natura2000/marine/docs/marine_guidelines_de.pdf

fen, können die §§ 20 ff., insbesondere § 22 Abs. 1 für den Schutzgegenstand, den Schutzzweck sowie die notwendigen Ge- und Verbote herangezogen werden. Die in § 22 Abs. 1 Satz 2 1. Halbs. jetzt allgemein eingeräumte Möglichkeit zur **Zonierung** des Gebiets dürfte in vielen Fällen empfehlenswert sein. Ebenso wichtig ist für den marinen Bereich der **Umgebungsschutz**, der jetzt durch § 22 Abs. 1 Satz 2 2. Halbs. allgemein ermöglicht wird.

5 Nicht ausgeschlossen ist die Überlagerung solcher neu festzusetzenden Schutzgebiete mit der Gebietskulisse des Netzes „Natura 2000". Der **Dreidimensionalität** mariner Schutzgebiete[9] ist, soweit möglich und erforderlich, Rechnung zu tragen. Denkbar ist z.b. die Auswahl eines Schutzgebietes nur in Bezug auf den Meeresboden und -untergrund (Festlandsockel) oder für bestimmte Wasserschichten und -tiefen. Es kann auch sinnvoll sein, Schutzgebiete bzw. Schutzmaßnahmen temporär festzulegen, z.b. bei bekannten saisonalen Wanderungen von marinen Säugetieren oder Seevögeln. Weitere Auswahlkriterien werden vor allem völkerrechtlichem „Soft Law" zu entnehmen sein, so etwa den Beschlüssen der Vertragsstaatenkonferenzen (COP) zur CBD, Bonner Konvention mitsamt entsprechender Tochterabkommen (ASCOBANS) oder der Berner Konvention. Die Bandbreite geht hier vom temporären Schutzgebiet für eine Art (z.b. Schweinswal) bis hin zu Referenzgebieten als absoluten „No Take Areas", die in Deutschland bislang im gesamten Meeresbereich so gut wie nicht vorhanden sind.

6 Bei der Auswahl sollte auch schon der **Geeignetheit** der festzusetzenden Schutzgebietskategorie[10] Rechnung getragen werden. A priori ungeeignet[11] dürfte im Meer die Kategorie des Naturparks sein (§ 27), weil es im Bereich der AWZ nicht um eine touristische Erschließung des Gebiets und seine „Weiterentwicklung" geht. Auch Naturdenkmale (§ 28) und „geschützte Landschaftsbestandteile" (§ 29) dürften als dem Objektschutz zugehörige Kategorien nicht in die engere Wahl kommen,[12] während dies für Naturschutzgebiete und Nationalparke durchaus der Fall ist. Gleichfalls zulässig sind Landschaftsschutzgebiete, die im internationalen Bereich als „protected seascapes" durchaus üblich sind.[13] Die neu eingeführte Kategorie „Nationale Naturmonumente" ist im Zusammenspiel von Meer und Land und z.b. aus naturgeschichtlichen Gründen durchaus einsetzbar, weniger aber im Bereich der AWZ. Entgegen manchen Literaturstimmen[14] halte ich auch die Kategorie des Biosphärenreservats (§ 25) für perspektivisch einsetzbar, allerdings vor allem im Bezug auf beispielhaft zu entwickelnde und zu erpro-

---

9 *Czybulka*, ZUR 2003, 329 f.; *Janssen*, Meeresschutzgebiete in der Ostsee, S. 141 f.
10 Ausführlich *Janssen*, Die rechtlichen Möglichkeiten der Einrichtung von Meeresschutzgebieten in der Ostsee (2002), insbesondere S. 91 ff.; Zusammenfassung bei *Czybulka*, ZUR 2003, 329/333 ff.
11 Wie hier *Gellermann* UTR 83 (2005), S. 149
12 Diese Kategorien völlig ausschließend *Gellermann*, in: Gellermann/Stoll/Czybulka, Nationales Recht des Meeresnaturschutzes (2010), § 3 C II 2 b), S. 37; *Jarass*, Naturschutz in der Ausschließlichen Wirtschaftszone (2002), S. 59 f.
13 IUCN Kategorie V „Protected Landscape and Seascape"; vgl. *Janssen*, Meeresschutzgebiete in der Ostsee (2002), S. 88 m.w.N. Janssen hält die Kategorie „Landschaftsschutzgebiet" für „grundsätzlich geeignet", ebda. S. 111, wenn er auch im Ergebnis für ein neu zu schaffendes „Biosphären-Konzept mit Zonierungssystem" plädiert, ebda. S. 140 ff.; *Ballschmidt-Boog*. Küstenökosysteme der Ostsee (2000), S. 162, hält „besondere Fassungen" der Schutzverordnungen im marinen Bereich für „wünschenswert".
14 Sehr skeptisch *Gellermann* UTR 83 (2005), S. 152; differenzierend *Czybulka* ZUR 2003, 329/334 f.

bende Wirtschaftsweisen, d.h. einer nachhaltigen Fischerei oder Aquakultur.[15] Hierbei könnten traditionelle nachhaltige Wirtschaftsformen einen angemessenen Platz einnehmen.

Die **Auswahl** der Gebiete erfolgt durch das **Bundesamt für Naturschutz** unter Einbeziehung der **Öffentlichkeit**. Dies dient der Transparenz und der Gewinnung von Informationen über die Nutzungs- und Schutzinteressen im jeweiligen Gebiet. Das Verfahren ist nicht weiter formalisiert, jedoch sind die anerkannten Naturschutzvereinigungen bei der „Vorbereitung von Verordnungen" zu beteiligen, vgl. § 63 Abs. 1 Nr. 1 und Abs. 2 Nr. 1. Auch auf dieser „ersten Stufe" ist die Zustimmung des Bundesministeriums für Umwelt, Naturschutz und Reaktorsicherheit erforderlich. Das BMU beteiligt die fachlich betroffenen Bundesministerien, insbesondere also das Verkehrsministerium und das Landwirtschaftsministerium (wegen der Fischerei) und stellt das Benehmen mit den angrenzenden Ländern her. Hierbei kommen national aus der Natur der Sache nur die Länder Mecklenburg-Vorpommern, Niedersachsen und Schleswig-Holstein in Frage; es sind aber gegebenenfalls auch die angrenzenden Staaten zu beteiligen, also z.B. im Falle der Erweiterung der Schutzgebietskulisse auf der Doggerbank kommt eine Beteiligung von Dänemark, Niederlande und dem Vereinigten Königreich in Frage. Diese **Zuständigkeits- und Beteiligungsregeln** gelten auch für die Meeresschutzgebiete im Netz Natura 2000 im Bereich der AWZ und des Festlandsockels.

III. Erklärung zum Schutzgebiet (Absatz 2)

Nach § 57 Abs. 2 erfolgt in einem „zweiten Schritt" die **Erklärung** der Meeresgebiete zu geschützten Teilen von Natur und Landschaft i.S.d. § 20 Abs. 2 durch das **BMU** unter Beteiligung der fachlich betroffenen Bundesministerien durch **Rechtsverordnung**, die nicht der Zustimmung des Bundesrates bedarf. Die Erklärung ist mit einer Bezeichnung des Gebiets zu verbinden. Die Ermächtigung zum Erlass entsprechender Rechtsverordnungen wurde bislang außerhalb des Netzes Natura 2000 noch nicht in Anspruch genommen. Aktuell (Juli 2010) liegen, wie bereits erwähnt, die nationalen Schutzgebietsverordnungen erst für die europäischen Vogelschutzgebiete (SPA) „Pommersche Bucht"[16] (DE 1552-401) und „Östliche Deutsche Bucht"[17] (DE 1011-401) vor. Beide Gebiete sind Naturschutzgebiete i.S.d. § 20 Abs. 1 Satz 1 i.V.m. § 23 BNatSchG.

IV. Natura 2000 Meeresschutzgebiete (Absatz 3)

Den **Mindestinhalt** der Schutzerklärung legt § 32 Abs. 3 BNatSchG fest, auf den § 57 Abs. 3 Satz 1 verweist. Auch für marine Gebiete ist der jeweilige **Schutzzweck** festzulegen, es sind **Schutzgegenstand** und die **Gebietsgrenzen** festzulegen sowie die erforderlichen **Gebote und Verbote** vorzusehen, die sicherstellen, dass den Anforderungen des Art. 6 FFH-Richtlinie entsprochen wird, § 32 Abs. 3 Satz 3.

---

15 So auch *Janssen,* Meeresschutzgebiete in der Ostsee (2002), S. 108; Das Argument, Deutschland habe in Bezug auf die Fischerei in der AWZ überhaupt keine Kompetenz, trifft so nicht zu, vgl. unten Rdnr. 66 ff.
16 Verordnung über die Festsetzung des Naturschutzgebiets „Pommersche Bucht" vom 15.9.2005, BGBl. I S. 2778.
17 Verordnung über die Festsetzung des Naturschutzgebiets „Östliche Deutsche Bucht" vom 15.9.2005, BGBl. I S. 2782.

10 Die Ausgestaltung ist schutzgebietsspezifisch. Informationen und Beispiele dazu liefern die vorliegenden Verordnungen zu den Schutzgebieten „Pommersche Bucht" und „Östliche Deutsche Bucht", wenn diese auch spezifisch die Anforderungen der V-RL umsetzen.

11 Die Festlegung der **Gebietsgrenzen** muss auch im Meeresbereich rechtsstaatlichen Anforderungen hinsichtlich der Bestimmtheit genügen. Neben der kartografischen Darstellung in amtlichen Seekarten sind die geografischen Koordinaten der Eckpunkte des Gebiets anzugeben. Die Außengrenze des Schutzgebiets dürfte dann in aller Regel in gerader Linie zwischen den Eckpunkten verlaufen. Denkbar, aber möglicherweise zu ungenau wäre die Angabe der Wassertiefe („Tiefenlinien"), ab der der Schutzstatus einsetzt, so etwa für Sandbänke, die auch in der AWZ teilweise nur mit einer Wassersäule von 10 m überdeckt sind. Bei den bisherigen Schutzgebietsverordnungen wird eine Übersichtskarte im Maßstab 1: 100.000 als Anlage Bestandteil der Verordnung. In komplizierten Fällen kommt auch die Kennzeichnung durch Seezeichen (gelbe Sonderzeichen) in Betracht.

12 Bezüglich der **FFH-Richtlinie** kommen bei den **natürlichen Lebensräumen** von gemeinschaftlichem Interesse **des Anhanges I,** für deren Erhaltung besondere Schutzgebiete ausgewiesen werden müssen, im fraglichen Meeresgebiet unter anderem die Lebensraumtypen 1110 (Sandbänke), 1170 (Riffe) und 1180 (submarine durch Gasaustritt entstandene Strukturen, bisher in der deutschen AWZ nicht nachgewiesen) mit typischen Lebensgemeinschaften in Frage. Die Kommissionsdienststellen haben unter Mitwirkung der Europäischen Umweltagentur die Definitionen dieser Lebensraumtypen überprüft. Die Ergebnisse sind im „Leitfaden zum Aufbau des Natura-2000-Netzes in der Meeresumwelt" nachzulesen.[18] das Dokument ist freilich nicht rechtsverbindlich. Als **Beispiel** für eine **Definition** sei hier der Lebensraumtyp 1170 „**Riffe**" wiedergegeben:

13 „Riffe können entweder biogene Verwachsungen oder geogenen Ursprungs sein. Es handelt sich um Hartsubstrate auf festem und weichem Untergrund, die in der sublitoralen und litoralen Zone vom Meeresboden aufragen. Riffe können die Ausbreitung benthischer Algen- und Tierartengemeinschaften sowie Verwachsungen und Korallenformationen fördern." Als Erläuterung heißt es zum Begriff „biogene Verwachsungen": „Verwachsungen, Verkrustungen, Korallenformationen und Muschelbankformationen aus toten oder lebenden Tieren, d.h. biogene Hartsubstrate, die Lebensräume für epibiotische Arten bieten".[19]

14 Nachdem die FFH-Richtlinie im Anhang I mit nur neun Meereslebensraumtypen für das gesamte Meeresgebiet auskommen will,[20] liegt es angesichts der „Konkurrenz" z.B. durch die durch OSPAR ausgearbeiteten Dokumente, etwa die OSPAR Recommendation 2003/3 on a Network of Protected Marine Protected Areas[21] nahe, dass es in Zukunft nicht nur eine Neubear-

---

18 Europäische Kommission: Leitfaden zum Aufbau des Natura 2000-Netzes in der Meeresumwelt. Anwendung der FFH- und der Vogelschutzrichtlinie, Mai 2007, (Fn. 8), S. 29 ff.
19 Europäische Kommission: Leitfaden zum Aufbau des Natura 2000-Netzes in der Meeresumwelt. Anwendung der FFH- und der Vogelschutzrichtlinie, Mai 2007, (Fn. 8), S. 33.
20 Übersicht bei: Europäische Kommission: Leitfaden zum Aufbau des Natura 2000-Netzes in der Meeresumwelt. Anwendung der FFH- und der Vogelschutzrichtlinie, Mai 2007, (Fn. 8), S. 30.
21 OSPAR-Doc. OSPAR 03/17/1-E, Annex 9.

beitung des Interpretationshandbuchs der Lebensräume der Europäischen Union – EUR 25 geben muss, sondern auch eine **Fortschreibung der FFH-Richtlinie** und seines Anhangs I für den marinen Bereich **erforderlich** ist. So läuft die EU Gefahr, die Lebensraumtypen zu „überdehnen"[22] und damit Rechtsunsicherheit zu schaffen.

Bezüglich der Tier- (und Pflanzen-)arten von gemeinschaftlichem Interesse gemäß **Anhang II** sind ebenfalls nur Stichpunkte möglich. Auch der FFH-Anhang II ist **unvollständig** und enthält z.b. keine submersen marinen Pflanzenarten (und erst recht nichts zum sog. Phytoplankton). Zu den marinen Säugetierarten des Anhangs II, die auch in der AWZ Deutschlands vorkommen können, gehören als bekannteste der Seehund *(Phoca vtulina)*, der Schweinswal *(Phocoena phocoena)* und die Kegelrobbe *(Halichoerus grypus)*. Bei den Fischarten sind zu nennen der Stör *(Acipenser sturio)*, der Maifisch *(Alosa alosa)*, die Finte *(Alosa fallax)* und der Nordseeschnäpel *(Coregonus oxyrhinchus)*, das Flussneunauge *(Lampetra fluvialis)* und das Meerneunauge *(Petromyzon marinus)* als sog. Rundmäuler. Die Liste der Fische klammert alle wirtschaftlich bedeutenden Fischarten – mit Ausnahme des quasi ausgerotteten Störs – aus und beschränkt sich auf extrem seltene Arten. Auch hier wäre eine Überarbeitung dringend erforderlich. Für im Wasser lebende Tierarten sind nach Art. 4 Abs. 1 S. 3 FFH-RL Gebiete nur dann auszuwählen, wenn sich ein Raum klar abgrenzen lässt, der die für das Leben und die Fortpflanzung ausschlaggebenden physischen und biologischen Elemente aufweist. Dies dürfte, um ein Beispiel zu geben, beim gelisteten FFH-Gebiet „Sylter Außenriff", dem wichtigsten Gebiet für Schweinswale in der deutschen Nordsee mit regelmäßigen Sichtungen von Mutter-Kalb-Paaren, der Fall sein.

Zahlreiche **andere gefährdete Arten**, vor allem weitere Walarten, Haie und Rochen, kommen in der Nordsee zum Teil regelmäßig, z.t. eher selten oder auch als „Irrgäste" (letztere z.t. auch in der Ostsee) vor.[23] So enthält die OSPAR-Liste gefährdeter und zurückgehender Arten und Lebensräume[24] gegenwärtig 22 (teilweise kommerziell genutzte) Fischarten, von denen 19 der OSPAR-Region II (Greater North Sea) zugeordnet werden können. Ihr Schutz könnte derzeit – wie bei anderen Arten auch – nur über andere Mechanismen außerhalb Natura 2000 sichergestellt werden. Dies ist jedoch schwierig, weil Gefährdungsursache sehr oft die Seefischerei ist, die z.B. vom Anwendungsbereich des OSPAR-Übereinkommens grundsätzlich ausgenommen ist. Es ist jedoch davon auszugehen, dass weitere Forschungsergebnisse auch den Kenntnisstand über „potentielle" Schutzgebiete außerhalb des Natura-2000-Netzes erhöhen, wobei dann zu überlegen sein wird, ob das Instrument des marinen Gebietsschutzes mit Erfolg eingesetzt werden kann.

Ebenfalls zu den Gebieten „im Sinne des § 32 Abs. 1 Satz 1" gehören die Gebiete, die nach der **Vogelschutz-Richtlinie**[25] im marinen Bereich ausge-

---

22 Ein Beispiel ist das der *Seamounts* (Seeberge, oft Unterwasservulkane), die nach dem „Leitfaden" (F. 8) S. 33 unter den Lebensraumtyp „Riffe" fallen sollen, aber sicherlich einen eigenen LRT darstellen.
23 Unfassende Darstellung zu Rochen, Haien und Meeressäugetieren in der Nordsee bei *Kersandt*, Nordsee (2010), S. 106–114.
24 OSPAR List of Threatened and/or declining Species and Habitats, zu besuchen unter http://www.ospar.org/html_Refernce Number 2008-6, Tabelle Teil 1.
25 Richtlinie 2009/147/EG des Europäischen Parlaments und des Rates vom 30.11.2009 über die Erhaltung der wildlebenden Vogelarten (kodifizierte Fassung), ABl. EU vom 26.1.2010, L 20, S. 7.

wiesen werden müssen. In der deutschen AWZ wurden 25 wichtige Vogelarten festgestellt, die unter **Anhang I** der Vogelschutzrichtlinie fallen. Daneben gibt es in der AWZ zahlreichen **Zugvogelarten**, die den Meeresbereich zur Rast oder zur Nahrungsaufnahme nutzen. Art. 4 Abs. 1 S. 3 der Vogelschutz-Richtlinie besagt, dass die Mitgliedstaaten insbesondere die für die Erhaltung dieser Arten zahlen- und flächenmäßig geeignetsten Gebiete zu Schutzgebieten erklären, „wobei die Erfordernisse des Schutzes dieser Arten in dem geografischen *Meeres-* und Landgebiet, in dem diese Richtlinie Anwendung findet, zu berücksichtigen sind." In Abs. 2 heißt es dann: „Die Mitgliedstaaten treffen unter Berücksichtigung der Schutzerfordernisse in dem geografischen *Meeres-* und Landgebiet...entsprechende Maßnahmen für die nicht in Anhang I aufgeführten Zugvogelarten hinsichtlich ihrer Vermehrungs-, Mauser- und Überwinterungsgebiete sowie der Rastplätze in ihren Wanderungsgebieten."

18 Für das SPA und Naturschutzgebiet „Östliche Deutsche Bucht", das als „Nahrungs-, Überwinterungs-, Mauser- Durchzugs- und Rastgebiet" mit den „Schlüsselarten" Sterntaucher (*Gavia stellata*) und Prachttaucher (*Gavia arctica*) gemeldet wurde, sind im Standard-Datenbogen sechs Anhang-I-Arten und weitere 12 Zugvogelarten erfasst. Das SPA und Naturschutzgebiet in der Ostsee „Pommersche Bucht" beherbergt 4 Anhang-I Arten und weitere 15 Zugvogelarten.

19 Auch bezüglich dieser Vogelschutzgebiete, die schon wegen Art. 7 FFH-RL, aber auch aus ökologischen Gründen perspektivisch und in die Zukunft gerichtet zusammen mit den FFH-Gebieten als kohärentes Netz Natura 2000 betrachtet werden müssen, erklärt die Bestimmung den § 32 zwar für entsprechend anwendbar, aber mit den Einschränkungen der Nr. 1–5. Welche Konsequenzen dies hat, bedarf einer eingehenden Überprüfung (unten Rdnr. 27 ff.).

20 Grundsätzlich ist zu sagen, dass § 32, soweit er die FFH-Richtlinie korrekt umsetzt, als Anwendung des Unionsrechts anzusehen ist und damit ohnehin nicht eingeschränkt werden darf. Dazu hat der nationale Gesetzgeber keine Befugnis. Soweit völkerrechtliche Einflüsse zu beachten sind, hat der nationale Gesetzgeber das Völkerrecht, jedenfalls soweit er es durch Ratifizierung in seiner Rechtsordnung übernommen hat, korrekt umzusetzen. Bevor die einzelnen „Vorbehalte" des nationalen Gesetzgebers – soweit möglich – europarechtskonform und völkerrechtskonform interpretiert werden, erfolgt zunächst ein Überblick über die bereits erfolgten Erklärungen der Meeresgebiete zu geschützten Teilen von Natur und Landschaft im Bereich der AWZ und des Festlandsockels.

V. Gegenwärtiger Stand der Meeresschutzgebiete in der AWZ und auf dem Festlandsockel

21 Auf der Grundlage des bislang geltenden Rechts wurden in den betreffenden Meeresbereichen **zehn Schutzgebiete** in Erfüllung der habitatschutzrechtlichen Pflichten des EU-Rechts eingerichtet, die damit dem marinen Teil des europäischen Netzes Natura 2000 angehören. In der AWZ der Nordsee wurden drei FFH-Gebiete (Sylter Außenriff (Kennziffer DE 1209-301), Borkum-Riffgrund (DE 2104-301), Doggerbank (DE 1003-301)) und ein Vogelschutzgebiet (SPA) „Östliche Deutsche Bucht" (DE 1011-401) gemeldet, in der Ostsee gleichfalls ein großes Vogelschutzgebiet (SPA) „Pommersche Bucht" (DE 1552-401) sowie fünf FFH-Gebiete „Fehmarn-Belt" (DE 1332-301), Kadet-Rinne (DE 1339.3ß1), Westliche Rönnebank (DE 1249-301),

Adlergrund (DE 1251-301), sowie Pommersche Bucht mit Oderbank (DE 1652-301). Insgesamt sind mit dieser Kulisse 31,49 % oder 1.038,958,08 Hektar der deutschen AWZ Natura-2000-Gebiete. Einen vollständigen und gut gemachten Überblick über die **Natura-2000-Gebietsmeldungen** in der deutschen AWZ vermittelt die vom BfN installierte Website Habitat Mare.[26]

Für die Schutzgebiete kann auf dieser Website der so genannte **Standard-Datenbogen** oder, soweit schon erarbeitet, können die **Erhaltungsziele** für die jeweiligen Schutzgebiete eingesehen werden. Der Standard-Datenbogen ist der Ausgangspunkt für die Formulierung der Schutzziele. Noch auf der Grundlage des § 38 BNatSchG a.F. hat der Bund die europäischen **Vogelschutzgebiete** „Östliche deutsche Bucht" und „Pommersche Bucht" eingerichtet und ihnen den (nationalen) Status eines Naturschutzgebietes zugewiesen. Dies ist sicherlich eine zur Umsetzung der europäischen Richtlinien geeignete Schutzkategorie (siehe oben II, Rdnr. 6). Die **Verordnung** über die Festsetzung des Naturschutzgebietes „Pommersche Bucht" datiert vom 15.9.2005,[27] die Verordnung über die Festsetzung des Naturschutzgebietes „Östliche Deutsche Bucht" trägt das gleiche Datum.[28] Für die bereits festgesetzten Gebiete ist der in der Verordnung in § 3 aufgenommene, also normative **Schutzzweck** maßgeblich, auf die Standard-Datenbögen kann bestenfalls ergänzend zurückgegriffen werden.

Die oben erwähnten **FFH-Gebiete**, also drei Gebiete in der Nordsee und fünf Gebiete in der Ostsee, wobei das FFH-Schutzgebiet Oderbank sich teilweise mit dem europäischen Vogelschutzgebiet Pommersche Bucht überschneidet, sind national noch nicht unter Schutz gestellt. Jedoch ist insoweit der nationale Auswahlprozess beendet und die nationale Vorschlagsliste der Europäischen Kommission gemäß § 32 Abs. 2 Satz 2 (i.V.m. § 57 Abs. 3) unter gleichzeitiger Übermittlung der in Art. 4 Abs. 1 FFH-Richtlinie bezeichneten Informationen durch das BMU übermittelt worden. Die FFH-Vorschlagsgebiete sind auf Grund Art. 4 Abs. 4 FFH-Richtlinie zu besonderen Schutzgebieten zu erklären. Diese Vorgabe des europäischen Habitatschutzrechts setzt § 32 Abs. 2 normativ um, der im marinen Bereich gleichfalls gilt bzw. nach § 57 Abs. 3 „entsprechend" anzuwenden ist. Die Schutzgebietsverordnungen für diese Gebiete sollen in der laufenden Legislaturperiode fertig gestellt werden. Dabei sind auch die Managementpläne aufzustellen.

B. Zulässige und unzulässige Beschränkungen der Nutzungen für Schutzgebiete des Netzes „Natura 2000", Absatz 3

I. Redaktionelle Schwächen der Vorschrift

Die Norm hat in Abs. 3 erhebliche redaktionelle Schwächen, die bei der Neufassung nicht behoben wurden. Die zahlreichen Verweisungen auf andere Rechtsvorschriften des Völker-, Unions- und nationalen Rechts sind schon handwerklich schlecht gemacht:[29] Zum Teil wird nicht deutlich, ob eine **dynamische Verweisung** oder eine **statische Verweisung** gewollt ist. Im Hinblick auf das SRÜ ist dies bereits bei der Kommentierung von § 56 bemängelt worden (vgl. dort Rdnr. 4). Es ergibt auch wenig Sinn, wenn in § 57 Abs. 3 Ziff. 1 und 2 einzelne Bestimmungen des SRÜ genannt werden, obwohl das SRÜ ohnehin allgemein gilt. Sinnvoll wäre in diesem Fall eine

---
26 www.bfn.de/habitatmare.
27 BGBl. 2005 I, S. 2778.
28 Vom 15.9.2005, BGBl. 2005 I, S. 2782.
29 Zur Kritik an der Vorläuferfassung *Czybulka*, ZUR 2003, 329/334 f.

dynamische Verweisung auf das SRÜ in § 56 Abs. 1, also ohne Angabe der Fundstelle für die derzeitige Fassung, auch wenn sich das Seerechtsübereinkommen voraussichtlich in absehbarer Zeit nicht ändert. Alternativ könnte darauf auch ganz verzichtet werden.

25 Mit dem Hinweis auf das „Recht der Europäischen Gemeinschaft" bei Beschränkungen der Fischerei in Nr. 3 ist niemandem geholfen. Der Verweis auf höherrangiges Recht ist substanzlos und daher überflüssig. Es muss ohnehin befolgt werden. Es müsste inzwischen auch schon „Recht der Europäischen Union" heißen. Der Verweis auf das Unionsrecht in einem der umstrittensten Problemkreise des Meeresnaturschutzes soll aber offenbar bewirken, dass Beschränkungen der Fischerei aus naturschutzfachlichen Gründen möglichst nicht vorgenommen werden („sind nur ... zulässig"). Inhaltlich ist auf die Kommentierung unter Rdnr. 66 ff. zu verweisen.

26 Die in den Nummern 2 und 3 von § 57 Abs. 3 vorgenommene Heranziehung weiterer nationaler Einzelgesetze und Verordnungen mag sinnvoll sein. Auch hier ist aber nicht klar, ob statische oder dynamische Verweisung gewollt ist. Die Verweisung kann aber nur insoweit wirksam sein, wie diese nationalen Gesetze, z.b. das Gesetz über die Durchführung wissenschaftlicher Meeresforschung (Nr. 2) oder das Seefischereigesetz (Nr. 3) ihrerseits mit dem höherrangigen Recht übereinstimmen. Dies ist in einigen Anwendungsfällen zweifelhaft und bedarf dann (zumindest) europarechtskonformer bzw. verfassungskonformer Auslegung.[30]

II. Überblick über die Beschränkungen

27 Nach dem Gesetzeswortlaut ist für die Auswahl (dies ist einschränkend zu interpretieren, vgl. gleich unten Rdnr. 30) und für die **Erklärung** von Gebieten „im Sinne des § 32 Abs. 2", also für die nach der Vogelschutzrichtlinie bzw. der FFH-Richtlinie zu benennenden bzw. für die Gemeinschaftsliste zu meldenden Gebiete, **zu Schutzgebieten** im Sinne des § 20 Abs. 2 im Bereich der AWZ und des Festlandsockels § 32 „entsprechend anzuwenden", allerdings vorbehaltlich der nachfolgenden Nummern 1–5 (kommentiert unter III.). Weshalb § 32 (Schutzgebiete im Netz Natura 2000) insgesamt nur „*entsprechend*" anzuwenden ist, während im Übrigen § 56 Abs. 1 in der AWZ die unmittelbare Geltung des BNatSchG anordnet, bleibt unklar.

28 Eine Erklärung könnte sein, dass eine unmittelbare Anwendung des § 32 Abs. 4 nicht in Frage kommt, weil ein „gleichwertiger Schutz" im Meer weder durch vertragliche Vereinbarungen, noch durch andere Rechtsvorschriften oder die Verfügungsbefugnis eines öffentlichen oder gemeinnützigen Trägers gewährleistet ist. In der AWZ gibt es keine Eigentümer oder Pächter, mit denen vertragliche Vereinbarungen getroffen werden könnten. Die „Verfügungsbefugnis" über die Meeresgebiete richtet sich außerdem – jedenfalls in der AWZ – in erster Linie nach Völkerrecht, das nicht abbedungen werden kann.

29 **Keine Anwendung** finden die Zuständigkeitsvorschriften des § 32 Abs. 1 insoweit, als dort die Kompetenzen der Länder behandelt werden. Insoweit gelten § 57 Absätze 1 und 2 auch für Auswahl und Erklärung der Schutzgebiete im Netz Natura 2000 im Bereich der AWZ und des Festlandsockels.

---

30 Zur Völkerrechtswidrigkeit der Begriffsbestimmung des § 1 Abs. 2 SeeFischG siehe *Czybulka*, ZUR 2003, 329/335.

Bei der **Auswahl** von Schutzgebieten nach der **FFH-Richtlinie** bzw. der **Vo-** 30
gelschutz-Richtlinie, für die allein die Mitgliedstaaten zuständig sind,[31] ist es
den Mitgliedstaaten untersagt, die Auswahlentscheidung von anderen als
den in Art. 4 Abs. 1, 2 V-RL bzw. Art. 4 Abs. 1 FFH-RL bezeichneten Auswahlkriterien abhängig zu machen.[32] Insoweit ist der Wortlaut von § 57
Abs. 3 europarechtskonform so zu lesen, dass die in § 57 Abs. 3 Nr. 1–5
genannten Beschränkungen keinen Einfluss auf den Prozess der Identifikation und Auswahl der in das Netz „Natura 2000" zu integrierenden Meeresflächen haben dürfen.[33] Dass die Beschränkungen des Gesetzes dann bei der
Schutzerklärung oder bei Managementmaßnahmen in geeigneter Form zu
berücksichtigen sind, steht auf einem anderen Blatt. Maßgeblicher normativer Beziehungspunkt ist über § 32 Abs. 1 also Art. 4 Abs. 1, 2 V-RL bzw.
Art. 4 Abs. 1 FFH-Richtlinie

§ 57 Abs. 3 Nr. 1 erklärt **Beschränkungen** des Flugverkehrs, der Schifffahrt, 31
der nach internationalem Recht erlaubten militärischen Nutzung sowie von
Vorhaben der wissenschaftlichen Meeresforschung im Sinne des Art. 246
Abs. 3 des Seerechtsübereinkommens der Vereinten Nationen für „nicht zulässig"; lediglich im Bezug auf die Schifffahrt wird im zweiten Halbsatz festgestellt, dass Art. 211 Abs. 6 des Seerechtsübereinkommens der Vereinten
Nationen sowie die weiteren die Schifffahrt betreffenden völkerrechtlichen
Regelungen „unberührt" bleiben. Die internationale Rechtslage stellt sich
allerdings als **wesentlich komplizierter** dar, als die Vorschrift suggeriert. Es
ist nicht anzunehmen, dass die nachfolgend zu behandelnden „Vorbehalte"
geltendes Völkerrecht oder Europäisches Unionsrecht (im Falle der Nr. 3)
außer Kraft setzen wollten. Vielmehr ist davon auszugehen, dass die Bezugnahmen auf das Völkerrecht bzw. das Unionsrecht aus **klarstellenden Gründen** erfolgte. Dann ist aber die „wahre" Rechtslage zu ermitteln und Abs. 3
Nr. 1–5 sind völkerrechtskonform bzw. konform dem Unionsrecht auszulegen.

III. Die „Vorbehalte" des Absatzes 3 Nummer 1 bis 5 im Einzelnen

1. Beschränkungen des Flugverkehrs

Beschränkungen des Flugverkehrs werden nach § 57 Abs. 3 Nr. 1 für „nicht 32
zulässig" erklärt. Dies entspricht zunächst vom Wortlaut nicht der in
Art. 58 Abs. 1 SRÜ i.V.m Art. 87 Abs. 1 lit. a) eingeräumten **Freiheit des
„Überflugs"**[34], sondern geht darüber hinaus. So ist das Landen von Wasserflugzeugen auf dem Meer oder auf Plattformen schon kein „Überflug"
mehr. Nach Völkerrecht könnten diese Aktivitäten vom Küstenstaat also
wohl untersagt werden.

Untersucht man das Luftverkehrsvölkerrecht, so trifft es zwar zu, dass der 33
Luftraum außerhalb des nationalen Land- und Seegebiets eines Staates nicht
unter seiner Lufthoheit steht und auch im Übrigen aufgrund des so genannten **Chicagoer Abkommen** die Freiheiten der Luft gelten, hier aber insbesondere (wieder) die Freiheit des Überfluges. Auf der anderen Seite hat jeder

---

31 Eingehend *Gellermann*, Natura 2000, S. 18 ff.
32 EuGH Urt. vom 28.2.1991 – C-57/89, Slg. 1991 I-883 Rdnr. 21 f.; Urt. v.
   18.12.2007 – C-186/06, Slg. 2007 I-12093 Rdnr. 37 – *Vogelschutzgebiete*; weiterhin
   GA Sharpston, Schlussanträge vom 9.7.2009 – C-226/08, Slg. 2010 I-0000 Rdnr. 26
   f. – *FFH-Gebiete*.
33 Zutreffend *Gellermann* in Gellermann/Stoll/Czybulka, Nationales Recht des Meeresnaturschutzes (2010), § 3 C II 1 S. 33 m.w.N.
34 Auch im englischen Text des SRÜ heißt es „overflight".

Staat im Luftraum über seinem Hoheitsgebiet die volle und ausschließliche Lufthoheit.[35] Ein dem Recht der friedlichen Durchfahrt vergleichbares Recht existiert für Luftfahrzeuge nicht.[36] Art. 9 des Chicagoer Abkommens räumt deshalb auch den Vertragsstaaten die Möglichkeit ein, so genannte Luftsperrgebiete zu errichten und zwar aus Gründen der militärischen Notwendigkeit oder der öffentlichen Sicherheit. Dies ist jedenfalls für das Küstenmeer zulässig und hätte dann faktische Auswirkungen auch auf Schutzgebiete in der AWZ.

34 Die entsprechende Ermächtigung im nationalen Recht findet sich in § 26 des Luftverkehrsgesetzes.[37] Nach § 26 Abs. 1 können bestimmte Lufträume „vorübergehend oder dauernd für den Luftverkehr gesperrt werden (**Luftsperrgebiete**)", während nach § 26 Abs. 2 in bestimmten Lufträumen der Durchflug von Luftfahrzeugen besonderen Beschränkungen unterworfen werden kann (**Gebiete mit Flugbeschränkungen**). Während es derzeit in Deutschland keine Luftsperrgebiete gibt, gibt es zahlreiche Flugbeschränkungsgebiete (ED-R) für die für die Dauer ihrer Wirksamkeit ein generelles Durchflugverbot gilt. In der ICAO[38]-Karte sind sie mit ED-R[39], (Nr.) gekennzeichnet und blau umrandet (Schraffur und Außenstrich). Einige Beschränkungsgebiete haben die zusätzliche Kennzeichnung TRA (Temporary Reserved Airspace); hier finden militärische Übungsflüge statt.

35 Die **Kompetenz** für die Einrichtung von Flugbeschränkungsgebieten und Luftsperrgebieten liegt beim Bundesministerium für Verkehr, Bau- und Stadtentwicklung. Die Voraussetzung nach § 11 Abs. 1 LuftVO ist die, dass die Flugbeschränkungen „zur Abwehr von Gefahren für die öffentliche Sicherheit und Ordnung, insbesondere für die Sicherheit des Luftverkehrs, erforderlich ist". Da vom Begriff öffentliche Sicherheit und Ordnung die gesamte Rechtsordnung umfasst wird, ist es denkbar, dass zur Durchsetzung des Naturschutzrechts, insbesondere aus Gründen des Artenschutzes und zugleich der Flugsicherheit, Flugbeschränkungen ausgesprochen werden, z.B. in der Nähe oder über Vogelschutzgebieten. Die Flugbeschränkungen können allerdings nicht durch das BMU von sich aus in der Schutzgebietsverordnung vorgenommen werden.

36 Dass Beschränkungen des Flugverkehrs aus Gründen des Naturschutzes nicht generell unzulässig sind, zeigt z.B. § 17 Abs. 1 Ziff. 2 a) und e) des Gesetzes zur Ausführung des Umweltschutzprotokolls vom 4.10.1991 zum Antarktis-Vertrag (Umweltschutzprotokoll-Ausführungsgesetz),[40] wonach das Fliegen oder Landen von Hubschraubern oder sonstigen Luftfahrzeugen in der Antarktis in einer Weise, dass Vogel- oder Robbenansammlungen beunruhigt werden, verboten ist. Es wäre also durchaus denkbar, dass entsprechende Flugbeschränkungen im Zusammenwirken mit dem BMVBS angeordnet werden.

---

35 Art. 1 des Übereinkommens über die internationale Zivilluftfahrt (Chicagoer Abkommen).
36 *Heintschel von Heinegg*, Friedliche Nutzung, Seekriegs- und Neutralitätsrecht, in: Graf Vitzthum (Hrsg.), Handbuch des Seerechts (2006), S. 491 ff./532.
37 Luftverkehrsgesetz (LuftVG) i.d.F. der Bekanntmachung vom 10.5.2007 (BGBl. I S. 698), zuletzt geänd. durch Art. 1 des Gesetzes vom 24.8.2009 (BGBl. I S. 2942).
38 International Civil Aviation Organization. Der ICAO, die durch das Abkommen über die internationale Zivilluftfahrt gegründet wurde, gehören 190 Vertragsstaaten an. Die ICAO hat den Status einer Sonderorganisation der Vereinten Nationen.
39 Abkürzung für Europa-Deutschland-Restricted Area.
40 Vom 22.9.1994 (BGBl. I S. 2599), zuletzt geändert durch Art. 69 der VO vom 31.10.2006 (BGBl. I S. 2407).

Darüber hinaus ist zu bedenken, dass jedenfalls die internationale Zivilluftfahrt in einer spezifischen Luftraumstruktur mit unterschiedlichen Luftraumklassen und – vor allem – auf so genannten **Luftstraßen** (runways) abgewickelt wird. Diese lassen sich in internationaler Zusammenarbeit so festlegen, dass als Folge der Festlegung auch sensible Gebiete im Luftraum über der AWZ faktisch verschont werden. Das können auch marine Schutzgebiete sein.

Die so genannten „Flugrouten", also die An- und Abflugstrecken von und zu Flugplätzen gemäss § 27 Abs. 2 Satz 1 LuftVO werden vom Luftfahrt-Bundesamt durch Rechtsverordnung festgelegt.[41] Die Festlegung kann bei Flughäfen in Meeresnähe erhebliche Relevanz für die Verlärmung (auch) von Schutzgebieten haben. Die fachliche Zuarbeit leistet die DFS Deutsche Flugsicherung GmbH mit der Verfahrensplanung. Nach der Rechtsprechung des Bundesverwaltungsgerichts[42] steht dem Luftfahrt-Bundesamt bei der Flugroutenfestlegung ein weiter Gestaltungsspielraum zu. Bisher werden in dem Rahmen des § 29 b) LuftVG die Lärmschutz-Interessen „der Bevölkerung" berücksichtigt. § 29 LuftVG gibt darüber hinaus eine Ermächtigungsgrundlage für Maßnahmen „zur Abwehr von Gefahren, erheblichen Nachteilen oder erheblichen Belästigungen durch Fluglärm oder durch Luftverunreinigung", die in der Umgebung von Flugplätzen nur im Benehmen mit den für den Immissionsschutz zuständigen Landesbehörden getroffen werden können.

2. Beschränkungen der Schifffahrt

a) In der AWZ. Nach Art. 58 Abs. 1 SRÜ genießen „alle Staaten, ob Küsten- oder Binnenstaaten, […] in der Ausschließlichen Wirtschaftszone vorbehaltlich der diesbezüglichen Bestimmungen dieses Übereinkommens die in Art. 87 genannten Freiheiten der Schifffahrt, des Überflugs […] sowie andere völkerrechtlich zulässige, mit diesen Freiheiten zusammenhängende Nutzungen des Meeres, insbesondere im Rahmen des Einsatzes von Schiffen und Luftfahrzeugen […], die mit den anderen Bestimmungen des Übereinkommens vereinbar sind". Der im zweiten Halbsatz des § 57 Abs. 3 Nr. 1 angesprochene Artikel 211 Abs. 6 SRÜ und die gleichfalls angesprochenen weiteren „die Schifffahrt betreffenden völkerrechtlichen Regelungen" sind die bestehenden Möglichkeiten zum Erlass internationaler und nationaler Regelungen zur Verhütung, Verringerung und Überwachung der Verschmutzung der Meeresumwelt durch Schiffe. Im Rahmen der Anpassung des BNatSchG 2009 wurde der in der alten Fassung des BNatSchG (2002) enthaltene unglückliche Verweis allein auf Art. 211 Abs. 6 lit. a) SRÜ redaktionell angepasst. Damit ist nun der gesamte Regelungszusammenhang des Art. 211 Abs. 6 SRÜ und sind damit die betreffenden internationalen Regeln und Normen erfasst, die zumeist eine **Mitwirkung** der Internationalen Seeschifffahrtsorganisation, der **IMO**[43] erfordern, die bei Beschränkungen der Schifffahrt eine sehr wichtige Rolle spielt.

Die Regelung bezüglich der Beschränkungen der Schifffahrt in Abs. 3 Nr. 1 lässt erkennen, dass Beschränkungen, anders als es die Aussage „sind nicht zulässig" vermuten ließe, nicht gänzlich ausgeschlossen sind, vielmehr nach Maßgabe des Art. 211 Abs. 6 SRÜ sowie weiterer die Schifffahrt betreffen-

---

41 Vgl. BVerwG Urteil vom 28.6.2000 – 11 C 13.99, ZUR 2001, 266 mit Anmerkung von *Czybulka*. ebenda S. 268 ff.
42 BVerwG Urteil vom 28.6.2000 ZUR 2001, 266 (Fn. 40);
43 International Maritime Organisation (IMO)

der völkerrechtlicher Regelungen vorgenommen werden können. Naturschutzfachlich wird die Einschränkung des Schiffsverkehrs in den fraglichen Meeresgebieten zumeist keine Priorität haben, weil die bloße „friedliche Durchfahrt" als solche keine Schäden, wenn auch z.T. Ausweich- und Fluchtverhalten der Schutzobjekte und eine Zerschneidungswirkung verursacht. Anders ist es in geografischen Bereichen, wo es infolge hohen Schiffsverkehrsaufkommens zu bestandsbedrohenden tödlichen Kollisionen mit Großwalen kommt wie vor der Ostküste des Vereinigten Staaten von Amerika. Allerdings sind/wären Befahrensbeschränkungen Maßnahmen zur Beruhigung und Schallminderung, die als Kompensationsmaßnahmen geeignet sind (vgl. Rdnr. 174 f. zu § 15). Ihre Durchsetzung ist schwierig.

41 Die Belastungen werden insoweit relativiert und zugleich konzentriert, weil in der Praxis **Schifffahrtswege** und zum Teil auch sog. Verkehrstrennungsgebiete festgelegt werden. Davon können die Schutzgebiete profitieren.

42 Zunächst ist hervorzuheben, dass Nord- und Ostsee bereits nach den MARPOL-Übereinkommen[44] als **Sondergebiete** (*Special areas*) Schutz genießen. Die Einstufung der Nord- und Ostsee als Sondergebiete erfolgte bezüglich aller in Kraft getretenen Anlagen, also im Hinblick auf die **Verschmutzung** durch Öl, zum Schutz vor als Massengut beförderten schädlichen flüssigen Stoffen und vor Schiffsmüll (Anlage V).[45] Daneben eröffnet seit seiner Neufassung das SOLAS-Übereinkommen i.V.m. der IMO Assembly Resolution a) 572 (14) vom 20.11.1985 über „General provisions on Shiprouting" die Möglichkeit, Gebiete festzulegen, die von Schiffen oder bestimmten Schiffsklassen nicht befahren werden sollen („Areas to be avoided"). Die Errichtung von zu meidenden Gebieten zählt zu einer Gruppe von Instrumenten, die eingesetzt werden können, um die Sicherheit des Schiffsverkehrs, von Offshore-Anlagen, aber auch den Schutz der Meeresumwelt zu gewährleisten.[46] Zu den materiellen Voraussetzungen, die an die Planung eines Schiffswegeführungssystems zu stellen sind, hat die IMO ein Leitdokument entwickelt, Berücksichtigungsfähige Faktoren sind u.a. vorhandene Fischgründe, bestehende Schutzgebiete und vorhersehbare Entwicklungen im Hinblick auf die Einrichtung weiterer Gebiete.

43 Darüber hinaus kommt auch noch die Einrichtung eines besonders empfindlichen Meeresgebietes (**PSSA**) nach den Empfehlungen aus der Resolution A.927(22)IMO in Frage. Dabei handelt es sich nach Sektion 1.2 um Gebiete, die wegen ihrer auf anerkannten ökologischen, sozioökonomischen oder wissenschaftlichen Gründen basierenden Bedeutung und wegen ihrer Verwundbarkeit gegenüber Einwirkungen durch die internationale Schifffahrt einen besonderen Schutz durch Maßnahmen der IMO als notwendig erscheinen lassen. Bisher sind u.a. das Gebiet des Great Barrier Reef (1990), die Florida Keys (2002) und das Wattenmeer als PSSA ausgewiesen worden.[47] Zu den materiellen Voraussetzungen für die Identifizierung eines PSSA muss auf weiterführende Literatur verwiesen werden.[48] Eine Auswei-

---

44 MARPOL-Übereinkommen 73/78 BGBl. 1982 II S. 2, in Kraft getreten am 2.10.1983.
45 Vgl. dazu im Einzelnen *Gellermann/Stoll/Czybulka*, Nationales Recht des Meeresnaturschutzes in der Nord- und Ostsee (2010), § 13B III 1, S. 227 ff.
46 *Gellermann/Stoll/Czybulka*, Nationales Recht des Meeresnaturschutzes in der Nord- und Ostsee (2010), § 13 B II.1, S. 221 ff. m.w.N.
47 Vgl. Annex V zum MEPC Report 48/21 vom 24.10.2002.
48 Vgl. *Gellermann/Stoll/Czybulka*, Nationales Recht des Meeresnaturschutzes in der Nord- und Ostsee (2010), § 13 B III 2.

sung von verschiedenen Bereichen der Ostsee zum PSSA ist gleichfalls beschlossen. Jedoch eröffnet die Ausweisung eines Gebietes als PSSA keinen besonderen eigenen Handlungsrahmen. Sie erleichtert aber wesentlich die Beschlussfassung über Maßnahmen, insbesondere im Hinblick auf die Einrichtung eines zu meidenden Gebietes (siehe oben Rdnr. 42).

Schifffahrtsbedingte Restriktionen der Küstenstaaten können auch nach Art. 211 Abs. 6 lit. a) SRÜ erlassen werden. Nach der von *Stoll* vertretenen Meinung steht der von Art. 211 Abs. 6 lit. a) SRÜ geregelte Ausweisungsprozess *neben* dem Verfahren zur Festlegung von Sondergebieten gemäß der Entschließung A.927(22)IMO. Der Einrichtungsprozess nach Art. 211 Abs. 6 lit. a) SRÜ bezieht sich speziell auf Meeresflächen innerhalb der Ausschließlichen Wirtschaftszone. Zur Errichtung eines Schutzgebietes muss der beantragende Küstenstaat begründeten Anlass zur Annahme haben, dass die von Art. 211 Abs. 1 SRÜ benannten internationalen Regeln und Normen zur Verhütung, Verringerung und Überwachung der **Meeresverschmutzung durch Schiffe** in einem bestimmten, genau bezeichneten Gebiet seiner AWZ nicht ausreichen. Hinzu kommen weitere gebietsspezifische Gegebenheiten insbesondere im Zusammenhang mit den ozeanischen und ökologischen Verhältnissen des Gebietes, aber auch seiner Nutzung oder dem Schutz seiner Ressourcen. Bislang liegen zu diesem Ausweisungsverfahren noch keine Richtlinien von Seiten der IMO vor. Die IMO geht allerdings davon aus, dass die von der Regierung durch Gesetze und sonstige Vorschriften unterstützten internationalen Regeln und Normen für Sondergebiete vom *Küstenstaat* ausgewählt und von der IMO genehmigt werden.[49] Nach anderer Auffassung[50] obliegt der IMO auch die Auswahlbefugnis. Diese Auffassung berücksichtigt den Wortlaut des Art. 211 Abs. 6 lit. a) SRÜ nicht ausreichend. Zu berücksichtigen ist, dass diese Gesetze des Küstenstaates immer auf die Verhütung, Verringerung und Überwachung der Verschmutzung durch Schiffe abzielen müssen.

Wegen dieser Sonderregelungen und Privilegierungen der Schifffahrt könnten andere schifffahrtsbezogene oder -relevante Beschränkungen, die in der AWZ etwa zu Gunsten des Biotop- und Artenschutzes durch die Küstenstaaten angeordnet werden sollen, ausgeschlossen sein. Hierbei ist nicht an die Durchfahrt zu denken, sondern z.B. an **Ankerverbote** oder die Beschränkung anderer Beeinträchtigungen des Ökosystems, die nicht als Verschmutzung im Sinne der Sonderregelungen aufzufassen wären wie z.B. **Schallemissionen**, vor allem durch Unterwasserschall durch „Air-Guns" oder Sonargeräte.[51] Es ist nach hiesiger Auffassung davon auszugehen, dass diese Möglichkeiten bestehen. Dies ergibt sich aus der Berücksichtigung des ebenfalls anwendbaren Art. 56 Abs. 1 lit. b) iii.) i.V.m. Art. 194 Abs. 5 SRÜ. Wie vor Art. 56 Rdnr. 40 ff. zeigt, hat der Küstenstaat in seiner AWZ auch **Hoheitsbefugnisse** in Bezug auf den Schutz und die Bewahrung der Meeresumwelt. Art. 194 Abs. 5 SRÜ verpflichtet die Vertragsstaaten zudem, „erforderliche Maßnahmen zum Schutz und zur Bewahrung seltener oder empfindlicher Ökosysteme sowie des Lebensraums gefährdeter, bedrohter

---

49 Section 1.3.7 Annex to Res. A27 (17) IMO, „Guideline for the Designation of Special Areas and the Identification of Particular Sea Areas" vom 6.11.1991.
50 Vgl. Division for Ocean Affairs and the Law ot the Sea der Vereinten Nationen in einer Stellungnahme gegenüber dem MEPC, IMO doc. MEPC 43/6/2 vom 31.3.1999, S. 22.
51 Der anthropogene unterseeische Lärm wird seerechtlich als Verschmutzung diskutiert, vgl. *Hafner,* Schutz der Meeresumwelt, in: Graf Vitzthum (Hrsg.), Handbuch des Seerechts (2006), S. 363.

oder vom Aussterben bedrohter Arten und anderer Formen der Tier- und Pflanzenwelt des Meeres" zu ergreifen. Wenn dies „erforderlich" ist, kann der Küstenstaat über das inzwischen anerkannte Instrument eines MPA (Meeresschutzgebiet) auf normativer Ebene ein Ankerverbot erlassen oder den Einsatz von Sonargeräten verbieten. Eine Vorlage bei der IMO empfiehlt sich, weil es im Teil V des SRÜ keine für diesen Fall ausgeformten Spezialbefugnisse gibt und sich noch keine eingespielte Praxis gebildet hat.

46 **b) Im Küstenmeer.** Hier ist die Situation für die Küstenstaaten einfacher. Art. 211 Abs. 4 SRÜ erlaubt ihnen, Gesetze und sonstige Vorschriften gegen die Verschmutzung der Meeresumwelt zu erlassen unter dem (einzigen) Vorbehalt, dass die **friedliche Durchfahrt** fremder Schiffe nicht behindert wird. Bei entsprechend weiter Interpretation der „Verschmutzung der Meeresumwelt" (vgl. die Definition in Art. 1 Abs. 1 Ziff. 4 SRÜ) wären hier schon Beschränkungen etwa in Schutzgebietsverordnungen möglich. **Art. 21 Abs. 1 lit. f) SRÜ** ermächtigt den Küstenstaat darüber hinaus, weitergehende Vorschriften über die friedliche Durchfahrt zu erlassen auch in Bezug auf den „**Schutz der Umwelt** des Küstenstaats". Die Definition und Bedeutung der „Durchfahrt" erschließt sich aus Art. 18 SRÜ. Die Durchfahrt schließt das Anhalten und Ankern nur insoweit ein, „als dies zur normalen Schifffahrt gehört"[52] oder infolge höherer Gewalt oder eines Notfalles oder zur Hilfeleistung für Personen, Schiffe oder Luftfahrzeuge in Gefahr oder Not erforderlich wird". Ein entsprechendes Verbot im Küstenmeer kann also völkerrechtlich unbedenklich in einer Schutzgebietsverordnung verankert werden. Da § 57 Abs. 3 BNatSchG ohnehin nur für den Bereich der AWZ gilt, steht er entsprechenden Regelungen auch nicht entgegen. Auch hier ließe sich – ähnlich wie beim Flugverkehr - eine intelligente Schiffslenkung dadurch erreichen, dass die Verlängerungen der zugelassenen Durchfahrt im Küstenmeer in Bereiche der AWZ führt, die ökologisch nicht sehr sensibel sind und die Meeresschutzgebiete von dieser Schiffsführung profitieren.

47 Nach § 4 ist bei Maßnahmen des Naturschutzes und der Landschaftspflege auf Flächen, die ausschließlich oder überwiegend Zwecken. ... „4. der See- oder Binnenschifffahrt dienen, [....] die bestimmungsgemäße Nutzung zu gewährleisten." Es geht also um den „umgekehrten Fall" und die Fragestellung, ob im Küstenmeer (und in der AWZ) oder im Bereich von Schifffahrtswegen jeglicher Naturschutz ausscheidet. Das ist zu verneinen; die Gewährleistung betrifft nicht etwa das gesamte Küstenmeer oder gar die gesamte AWZ. Sie beschränkt sich auf die üblichen Schifffahrtswege. Aber auch dort sind Maßnahmen zulässig, soweit die Sicherheit und Leichtigkeit des Schiffsverkehrs gewährleistet bleibt.[53]

3. Beschränkungen militärischer Nutzung

48 Nach § 57 Abs. 3 Nr. 1 sind Beschränkungen „der nach internationalem Recht erlaubten militärischen Nutzung...nicht zulässig". Auch hier wäre es wohl besser gewesen, die Vorschrift mit diesem hochkomplexen Problemkreis nicht zu belasten, weil der bloße Hinweis auf das „internationale Recht" keinen Nutzen für die Anwendung bringt. Im Folgenden können nur stichwortartig einige Aspekte der militärischen Nutzung angesprochen werden.[54]

---

52 Also z.B. auf Reede, vgl. Art. 12 SRÜ.
53 Zum Problem *Gassner/Bendomir-Kahlo/Schmidt-Räntsch*, BNatSchG § 63 Rdnr. 14 mit Hinweisen auf BT-Drs. 7/3879, S. 31 und 7/5252, S. 15
54 Ausführlich *Heintschel von Heinegg*, Friedliche Nutzung, Seekriegs- und Neutralitätsrecht, in: Graf Vitzthum (Hrsg.), Handbuch des Seerechts (2006), S. 491 ff.

Nach herrschender Auffassung gehören militärische Übungen und Waffenversuche zu den Freiheiten der **Hohen See**. Dies wird mit Völkergewohnheitsrecht begründet. An der Zulässigkeit der militärischen Nutzung der Hohen See ändern auch Art. 88 und 301 SRÜ nichts; sie bewirken keine Demilitarisierung der Hohen See.[55]

Die Zulässigkeit der Nutzung der **AWZ** des Küstenstaates für **militärische Übungen** durch *fremde Staaten* ist umstritten. Etliche Staaten machen unter Hinweis auf Art. 58 Abs. 3 SRÜ geltend, diese seien nur mit ihrer ausdrücklichen Zustimmung zulässig. Die überwiegende Meinung geht aber davon aus, dass Art. 58 Abs. 3 SRÜ nur bewirkt, dass fremde Staaten sich so verhalten müssen, dass die ressourcen- und umweltbezogenen Rechte des Küstenstaates durch die Manöver etc. weder unmöglich gemacht noch in unverhältnismäßiger Weise erschwert oder eingeschränkt werden dürfen[56]. Daraus lässt sich dann aber schließen, dass zumindest Hinweise und Warnungen in Bezug auf Meeresschutzgebiete zulässig sind. Eine ausdrückliche Vorschrift über die Zulässigkeit von militärischen Übungen in der AWZ durch den *Küstenstaat selbst* fehlt im SRÜ. Die Staatenpraxis ist allerdings eindeutig: alle Küstenstaaten gehen von der Zulässigkeit der militärischen Nutzung ihrer AWZ und ihres Festlandsockels aus.[57]

In den Inneren Gewässern und im **Küstenmeer** kann nur der Küstenstaat selbst militärische Übungen durchführen. Er kann aber z.b. gemeinsame Manöver mit verbündeten Staaten durchführen. Im Küstenmeer kann der Küstenstaat gemäß Art. 25 Abs. 3 SRÜ sogar das Recht der friedlichen Durchfahrt für dritte Staaten vorübergehend aussetzen, soweit dies „für den Schutz seiner Sicherheit, einschließlich Waffenübungen" unerlässlich ist. Die **Sperrgebiete** müssen zuvor ordnungsgemäß bekannt gegeben werden und dürfen nicht auf Dauer angelegt sein. Zu weitergehenden normativen Beschränkungen zum Schutz der Umwelt im Küstenmeer durch den Küstenstaat siehe oben Rdnr. 46.

Gemäß Art. 236 S. 1 SRÜ finden die Bestimmungen des SRÜ über den Schutz und die Bewahrung der Meeresumwelt auf **Kriegsschiffe** (und militärische Luftfahrzeuge) keine Anwendung. Deshalb kann (zulässigen) Manövern und Waffenübungen auch der marine Umweltschutz nicht entgegengehalten werden, obwohl sie Flora und Fauna mitunter schwer und dauerhaft beeinträchtigen können.[58] Diese unbefriedigende Situation wird durch die **Bemühenspflicht** des Art. 236 S. 2 SRÜ abgemildert, wonach jeder Staat durch geeignete Maßnahmen, die den Einsatz oder die Einsatzfähigkeit solcher Schiffe (oder Luftfahrzeuge) nicht beeinträchtigen, sicherstellt, dass diese Schiffe, „soweit zumutbar und durchführbar", in einer Weise betrieben werden, „die mit dem Übereinkommen vereinbar ist". Das berechtigt jedenfalls zu weit reichenden *nationalen Vorschriften* zum Umwelt- und Naturschutz für die Seestreitkräfte. Mit Art. 236 S. 2 geben die Staaten auch zu erkennen, dass sie sich rechtlich verpflichten, auch bei der militärischen Nutzung die Meeresumwelt so wenig wie möglich zu beeinträchtigen. Die

---

55 *Heintschel von Heinegg*, Friedliche Nutzung, Seekriegs- und Neutralitätsrecht, in: Graf Vitzthum (Hrsg.), Handbuch des Seerechts (2006), S. 491 ff., 500.
56 *Heintschel von Heinegg*, Friedliche Nutzung, Seekriegs- und Neutralitätsrecht, in: Graf Vitzthum (Hrsg.), Handbuch des Seerechts (2006), S. 491 ff., 539 m.w.N.
57 *Heintschel von Heinegg*, Friedliche Nutzung, Seekriegs- und Neutralitätsrecht, in: Graf Vitzthum (Hrsg.), Handbuch des Seerechts (2006), S. 491 ff./538.
58 *Nordquist* (Hrsg.), United Nations Convention on the Law of the Sea 1982. A Commentary, Vol. IV, 1991, S. 416 ff.

völkerrechtliche Literatur nimmt deshalb zu recht an, dass Waffenübungen nicht in einem seltenen oder empfindlichen Ökosystem gemäß **Art. 194 Abs. 5 SRÜ** durchgeführt werden dürfen, wenn ein anderes, für die Waffenübungen ebenso geeignetes Seegebiet zur Verfügung steht.[59] Durch die ausdrückliche Unterschutzstellung eines Gebiets bringt der Küstenstaat zum Ausdruck, dass er militärische Übungen in diesem Gebiet generell für unzulässig hält. Eine Sperrung für die eigenen Streitkräfte ist ebenfalls zulässig.

4. Beschränkungen der wissenschaftlichen Meeresforschung

53 Nach § 57 Abs. 3 Nr. 1 sind ferner Beschränkungen der **wissenschaftlichen Meeresforschung** im Sinne des Art. 246 Abs. 3 des Seerechtsübereinkommens der Vereinten Nationen „nicht zulässig". Die Formulierung in § 57 Abs. 3 Nr. 1, dass Beschränkungen der wissenschaftlichen Meeresforschung in geschützten Meeresgebieten „nicht zulässig" sind, ist völkerrechtskonform zu interpretieren. Eine Freistellung der wissenschaftlichen Meeresforschung mit der Konsequenz, dass seltene und empfindliche Ökosysteme oder der Lebensraum gefährdeter oder vom Aussterben bedrohter Arten beschädigt wird oder die Besorgnis dazu besteht, wäre mit den Vorgaben in Teil XII des SRÜ unvereinbar. Es ist also jedenfalls eine differenziertere Betrachtung erforderlich, als dies die zu weitgehende Formulierung des § 57 Abs. 3 Nr. 1 nahe legt.

54 Der Hinweis (nur) auf Art. 246 Abs. 3 des SRÜ ist zunächst verwirrend, weil er nur im **Kontext der Gesamtregelungen** des SRÜ **zur wissenschaftlichen Meeresforschung** verstanden werden kann. Art. 246 Abs. 3 SRÜ bestimmt, dass die Küstenstaaten „unter normalen Umständen"[60] ihre Zustimmung zu Vorhaben der wissenschaftlichen Meeresforschung anderer Staaten oder zuständiger internationaler Organisationen in ihrer AWZ oder auf ihren Festlandsockel erteilen, die „in Übereinstimmung mit diesem Übereinkommen für ausschließlich friedliche Zwecke und zur Erweiterung der wissenschaftlichen Kenntnisse über die Meeresumwelt" zum Nutzen der gesamten Menschheit durchzuführen sind.

55 Ebenso verwirrend ist die in § 57 Abs. 3 Nr. 2 erfolgte Bezugnahme auf die „Versagungsgründe für Vorhaben der wissenschaftlichen Meeresforschung im Sinne des Art. 246 Abs. 5 des SRÜ", die unberührt bleiben sollen, allerdings „unter Beachtung des Gesetzes über die Durchführung wissenschaftlicher Meeresforschung vom 6.6.1995". Es ist nicht recht verständlich, was diese ausgewählten Bezugnahmen bezwecken sollen, weil das Seerechtsübereinkommen in Teil XIII eine ausführliche und systematische Regelung über die wissenschaftliche Meeresforschung enthält, auf die in Art. 56 Abs. 1 lit. b) ii) ausdrücklich Bezug genommen wird. Es ist davon auszugehen, dass § 57 Abs. 3 Nr. 1 und 2 diese Gesamtsystematik nicht verändern wollte (und wohl auch nicht durfte).

56 Das Abstellen auf Art. 246 Abs. 5 SRÜ ist insofern berechtigt, weil aus der Perspektive der Handlungsmöglichkeiten des Küstenstaates die Versagungsgründe des Art. 246 Abs. 5 SRÜ von besonderem Interesse sind. Wichtig ist aber zunächst die über Art. 56 Abs. b) ii) SRÜ vermittelte Hoheitsbefugnis und das Recht der Küstenstaaten, die wissenschaftliche Meeresforschung in

---

59 *Nordquist* (Hrsg.), United Nations Convention on the Law of the Sea 1982. A Commentary, Vol. IV (1991), S.416 ff; *Heintschel von Heinegg*, Friedliche Nutzung, Seekriegs- und Neutralitätsrecht, in: Graf Vitzthum (Hrsg.), Handbuch des Seerechts (2006), S. 491 ff./539
60 Zur Interpretation dieser Klausel siehe unten bei Rdnr. 60.

ihrer Ausschließlichen Wirtschaftszone und ihrem Festlandsockel zu regeln, zu genehmigen und zu betreiben, wie dies Art. 246 Abs. 1 SRÜ „in Übereinstimmung mit den diesbezüglichen Bestimmungen dieses Übereinkommens" vorsieht. Daher bestimmt Art. 246 Abs. 2, dass wissenschaftliche Meeresforschung in der **AWZ und auf dem Festlandsockel (nur) mit Zustimmung des Küstenstaates** betrieben werden darf. Dem Forschungsfreiheitsinteresse wird durch die bereits zitierte Regel des Art. 246 Abs. 3 Satz 1 SRÜ Rechnung getragen, dass die Zustimmung „unter normalen Umständen" erteilt werden muss. Art. 246 Abs. 3 Satz 2 gibt den Küstenstaaten dann die Verpflichtung auf, Regeln und Verfahren aufzustellen, durch die sichergestellt wird, dass diese Zustimmung nicht unangemessen verzögert oder missbräuchlich verweigert wird.

Ein wichtiger **Versagungsgrund** nach Art. 246 Abs. 5 ist lit. a) SRÜ, wenn das Vorhaben „von unmittelbarer Bedeutung für die Erforschung und Ausbeutung der lebenden oder nichtlebenden **Ressourcen**" ist. Dem Küstenstaat wird also das Recht eingeräumt, die Ausforschung seiner Ressourcen im Bereich der AWZ und Festlandsockel durch andere Staaten oder internationale Organisationen zu untersagen. Dies ist in Bezug auf den Festlandsockel die konsequente „Verlängerung" des ausschließlichen Rechts nach Art. 77 Abs. 2 SRÜ; in Bezug auf die AWZ geht die Versagungsermächtigung allerdings über Art. 62 SRÜ hinaus, weil hier der Küstenstaat andere Staaten am „Überschuss" zu beteiligen hat. Die Auslegung der Vorschrift ist schwierig, weil das SRÜ den Begriff der „Ressourcen" nicht definiert. Klar ist jedoch, dass sich die Versagungsgründe nicht nur auf Tätigkeiten und Vorhaben beziehen, die letztlich im Interesse der Erschließung der Ressourcen durchgeführt werden (hier liegt schon keine Forschungstätigkeit vor!), sondern darüber hinausgeht. Man wird in der Praxis auf die beabsichtigte Forschungshandlung abstellen müssen und in diesem Zusammenhang auch auf die Ausrüstung der Forschungsschiffe. Im Einzelnen ist etwa auf die Regelungen im Bundesberggesetz (BBergG) abzustellen, siehe unten Rdnr. 64 f.

Die wissenschaftliche Meeresforschung ist ferner an das internationale, regionale und nationale **Meeresumweltrecht** gebunden, weil Art. 240 lit. d) SRÜ bestimmt, dass die wissenschaftliche Meeresforschung „in Übereinstimmung mit allen diesbezüglichen, im Einklang mit diesem Übereinkommen erlassenen Vorschriften, einschließlich derjenigen zum Schutz und zur Bewahrung der Meeresumwelt, betrieben" werden muss. Darunter fällt insgesamt der Bereich internationaler, regionaler (europäischer und küstenstaatlicher) Rechtsetzung im Bereich des Meeresumweltschutzes und der Erhaltung der Biodiversität. Eine weitere Umweltpflichtigkeit der Meeresforschung ergibt sich aus Art. 249 Abs. 1 lit. g) SRÜ (Verpflichtung zur Entfernung von Anlagen und Ausrüstungen nach Abschluss der Forschungsarbeiten). Die Regelung ist auch noch durch eine Haftungsregelung abgesichert, vgl. Art. 263 Abs. 3 SRÜ.

Die *weiteren Versagungsgründe* nach Art. 246 Abs. 5 SRÜ haben keinen Bezug zum Meeresnaturschutz (Verwendung von Spreng- und Schadstoffen, Errichtung, Betrieb und Nutzung von Inseln, Anlagen und Bauwerken).

Entscheidend für die Genehmigungspraxis ist deshalb die Auslegung des Art. 246 Abs. 3 SRÜ, wonach die Küstenstaaten ihre Zustimmung zu wissenschaftlichen Forschungsvorhaben „**unter normalen Umständen**" geben. Die Auswertung der vorliegenden Literatur[61] ergibt, dass sich eine, z.B. temporäre, Versagung von Forschungsprojekten durchaus auf Teil XII des SRÜ stützen lässt, wonach die Küstenstaaten über Art. 192 und Art. 194 Abs. 5

SRÜ gehalten sind, auch die erforderlichen Maßnahmen zum Schutz und zur Bewahrung seltener und empfindlicher Ökosysteme sowie des Lebensraums gefährdeter oder vom Aussterben bedrohter Arten und anderer Formen der Tier- und Pflanzenwelt des Meeres zu ergreifen. Gleichfalls können Regelungen der CBD (Biodiversitätskonvention) oder artenschutzrechtliche internationale Vorschriften etwa der Berner oder Bonner Konvention ein besonderes naturschutzrechtliches Schutzinteresse begründen, das dann einen Umstand im Sinne der Regelung des Art. 246 Abs. 3 SRÜ darstellt, der nicht als „normal" zu bewerten ist. Die Küstenstaaten haben also im Ergebnis ein Regelungsermessen, das im Einzelfall auch zur Versagung der Zustimmung zu wissenschaftlichen Forschungsvorhaben führen kann.

61 Zur Umsetzung der Vorgaben des Seerechtsübereinkommens auf nationaler Ebene ist das Gesetz über die Durchführung wissenschaftlicher Meeresforschung erlassen worden.[62] Da § 57 Abs. 3 u.a. auf das Gesetz verweist, ist zu überprüfen, welche Anforderungen das **nationale Recht** an die wissenschaftliche Meeresforschung stellt. In § 57 Abs. 3 Satz 2 wird noch Bezug genommen auf die Verordnung vom 31.10.2006 (BGBl. I S. 2407). Nach dem Wortlaut des Gesetzes ist eher an eine statische als eine dynamische Verweisung gedacht, jedenfalls wird dies aus dem Wortlaut nicht klar. Im konkreten Falle ist eine dynamische Verweisung verfassungsrechtlich bedenklich, weil auf eine untergesetzliche Norm, nämlich eine Verordnung verwiesen wird, und der parlamentarische Gesetzgeber sich damit einer anderen Gewalt, nämlich der vollziehenden Gewalt auch für die Zukunft „unterwerfen" würde. Es ist daher davon auszugehen, dass in diesem Falle eine **statische Verweisung** gewollt ist.

62 Bezüglich der Forschungshandlungen, die den **Festlandsockel** betreffen, kommt das **Bergrecht**, namentlich § 132 BBergG zur Anwendung (vgl. unter Rdnr. 64 f.). Es ist nicht davon auszugehen, dass die Nichterwähnung des Bundesberggesetzes in § 57 Abs. 2 Nr. 2 BNatSchG eine Änderung dieser Rechtslage herbeiführen wollte.

63 Das **Gesetz über die Durchführung der wissenschaftlichen Meeresforschung** enthält im Wesentlichen eine Ermächtigung des Bundesministeriums für Verkehr, Bau und Stadtentwicklung (BMVBS) im Einvernehmen mit dem Bundesministerium für Bildung und Forschung (BMBF) sowie dem BMU, Verordnungen zu erlassen, die sich inhaltlich auf den Regelungsauftrag nach § 246 Abs. 3 Satz 2 SRÜ beziehen (§ 1 MForschG). Das Gesetz stellt selbst klar, dass es die Regelungen der Bestimmungen des BBergG unberührt lässt, § 1 Satz 1 MForschG. Die **Verordnungsermächtigung** bezieht sich nach § 1, 2 MForschG auch auf die Regelung von Auflagen zur „Vorsorge gegen Gefahren aus der Durchführung von Vorhaben der wissenschaftlichen Meeresforschung" und sieht auch die Möglichkeit der Versagung der Genehmigung vor. Allerdings ist bislang von den Ermächtigungen noch kein Gebrauch gemacht worden.

64 Das **Bundesberggesetz** sieht zum einen in § 6 BBergG einen Erlaubnisvorbehalt für die Aufsuchung (Forschung zur Entdeckung von Bodenschätzen)

---

61 *Gassner/Heugel*, Naturschutzrecht, Rdnr. 634; *Gellermann/Stoll/Schwarz/Wolff*, Nutzungsbeschränkungen in geschützten Meeresflächen im Bereich der Ausschließlichen Wirtschaftszone und des Festlandsockels (2007), S. 58 f., *Gellermann/Stoll/Czybulka*, Nationales Recht des Meeresnaturschutzes (2010) § 12 A II 2, S. 209 f.
62 Vom 6.6.1995 (BGBl. I S. 778, 785), zuletzt geändert durch Art. 24 des Gesetzes vom 15.12.2001 (BGBl. I S. 3762).

vor und regelt zum anderen im Bezug auf den Festlandsockel Forschungshandlungen, die ohne Bezug zur Aufsuchung von Bodenschätzen sind. Diesen Bereich regelt § 132 BBergG, wobei es um Forschungshandlungen geht, die ihrer Art nach zur Entdeckung oder Feststellung von Bodenschätzen offensichtlich ungeeignet sind. Für diese Forschungshandlungen ergibt sich nach § 132 Abs. 1 Hs. 2 BBergG ein qualifizierter **Genehmigungsvorbehalt** mit einer Sonderzuständigkeit des Bundesamtes für Seeschifffahrt und Hydrographie (**BSH**).

§ 132 Abs. 2 Nr. 3 BBergG enthält als Versagungsgrund die „Besorgnis der Verunreinigung der Meere". Wenn in diesem Zusammenhang auf den weiten Begriff der „Verschmutzung der Meeresumwelt" im Sinne von Art. 1 Abs. 1 Nr. 4 SRÜ abgestellt wird, bezieht sich dies auch auf abträgliche Wirkungen im Bezug auf die „Tier- und Pflanzenwelt des Meeres". Es ist jedenfalls nicht davon auszugehen, dass die Regelungen in § 57 Abs. 3 die Anforderungen des BBergG an die Meeresforschung in Bezug auf das Ökosystem Meer lockern wollte.

5. Beschränkungen der Fischerei (Absatz 3 Nr. 3)

Fischereiliche Beschränkungen, insbesondere Beschränkungen der **Grundfischerei** (Grundschleppnetz- und Baumkurrenfischerei) sind nahezu unabdingbare Voraussetzungen für einen wirkungsvollen Schutz der geschützten Meeresgebiete im Netz Natura 2000, wenn Lebensraumtypen wie „Sandbänke" und „Riffe" vor Beschädigungen geschützt werden und die marinen Arten des Anhangs I erhalten bleiben sollen (vgl. Rdnr. 188 zu § 15). Außerdem wären fischereiliche Beschränkungen aus naturschutzfachlicher Sicht geeignete Maßnahmen zur Kompensation von Eingriffen in den marinen Bereich (vgl. Rdnr. 189 f. zu § 15). Wirkungsvolle Schutzmaßnahmen erweisen sich aber wegen der unterschiedlichen **Kompetenzen** der Europäischen Union und der Mitgliedstaaten in diesem Bereich als außerordentlich schwierig durchsetzbar. Auf diese komplexe Situation will offenbar Nr. 3 aufmerksam machen, wenn es dort heißt, dass Beschränkungen der Fischerei „nur in Übereinstimmung mit dem Recht der Europäischen Gemeinschaft" zulässig sind. Das (heutige) Recht der Europäischen Union ist freilich immer zu beachten, weshalb der hervorgehobene Hinweis an sich überflüssig ist.

Zu den Beschränkungen in der Fischerei in diesem Sinne gehört nicht die Beschränkung von **Aquakultur** und **Marikultur** (näheres dazu bei § 15, Rdnr. 201 f.) So untersagt § 4 Abs. 2 Nr. 1 NSG-VO[63] die Errichtung und den Betrieb mariner Aquakulturen. Dabei sind sämtliche Anlagen erfasst, in denen Fische oder andere Meerestiere (z.B. Krebse, Muscheln) mit dem Ziel der späteren Vermarktung gehältert, gezüchtet und vermehrt werden. Der Verbotstatbestand betrifft nicht bloß Fischfarmen mit fest am Meeresgrund verankerten Einrichtungen, sondern ist darauf gerichtet, die sich mit dem „Fishfarming" typischerweise verbindende Einbringung von Abfall-Nährstoffen und Arzneimitteln zu unterbinden.

Die Helsinki-Kommission sah gleichfalls keinen rechtlichen Hinderungsgrund, die Empfehlungen 18-23/1 zu beschließen, die sich gleichfalls auf die Aquakultur bzw. Marikultur beziehen (hier genannt „Freshwater Fishfarming" bzw. „Marine Fishfarming"). Die Empfehlung 18/3[64] ist eine „Anti-

---

63 Vom 15.9.2005, BGBl. I, S. 2782.
64 HELCOM-Recommendation 18/3, adopted 12 march 1997 „Measures aimed at the Reduction of Discharges from marine Fishfarming".

Verschmutzungsvorschrift", die in typischer HELCOM-Art Grundsätze für die beste verfügbare Technologie und die beste Umweltpraxis aufstellt. Daneben soll aber auch die Planung dafür sorgen, dass geeignete Gebiete für diese Nutzung ausgewählt werden und Konflikte mit anderen Nutzungen möglichst vermieden werden. Fischfarmen sollen danach nicht in Naturschutzgebieten angesiedelt werden, wenn dies mit den Schutzzielen in Konflikt gerät.[65]

69 § 57 Abs. 3 Nr. 3 betont ausdrücklich, dass Beschränkungen der Fischerei nur in Übereinstimmung mit dem Recht der Europäischen Gemeinschaft (nunmehr Europäische Union) (und nach Maßgabe des nationalen Seefischereigesetzes) zulässig sind. Die Möglichkeit zum Erlass von Schutzregelungen hängt somit entscheidend von der Beantwortung der kontrovers diskutierten Frage ab, ob und inwieweit die Mitgliedstaaten hier alleine oder in Gemeinschaft mit der Europäischen Union Schutznormen erlassen und entsprechende Maßnahmen ergreifen können.

70 In der Frage der **Kompetenz** der Europäischen Union für die Fischereipolitik und die davon umfassten Bereiche ist durch den Lissabonner Vertrag eine Regelung in der Weise erfolgt, dass nach Art. 43 Abs. 3 AEUV der Rat auf Vorschlag der Kommission die Maßnahmen zur Festsetzung und Aufteilung der Fangmöglichkeiten in der Fischerei erlässt. Dazu dürften die im Sekundärrecht,[66] namentlich in Art. 4 ff. der Fischereigrundverordnung (FGV 2002)[67] beschriebenen, **Bestandserhaltungsmaßnahmen** zählen. Dies ist nun auch ausdrücklich in Art. 3 Abs. 1 lit. d) AEUV geregelt, der der Union die **ausschließliche Zuständigkeit** „zur Erhaltung der biologischen Meeresschätze im Rahmen der Gemeinsamen Fischereipolitik" einräumt. Das Fischereirecht im Übrigen wird der geteilten Kompetenz zugewiesen (Art. 4 Abs. 2 lit. d) AEUV), die hierzu erforderlichen Bestimmungen sind im ordentlichen Gesetzgebungsverfahren festzulegen, Art. 43 Abs. 2 AEUV.

71 Es bleibt die weitere Frage zu klären, ob unter „Beschränkungen in der Fischerei" auch solche **Maßnahmen und Regelungen zum Schutz von Umwelt und Natur** verstanden werden können, die die Fischerei allenfalls mittelbar und „ungezielt" betreffen. Zu denken wäre z.B. an das generelle Verbot, den Meeresboden (und damit z.B. Riffstrukturen) zu beschädigen, was den Ausschluss verschiedener Grundfischerei-Techniken nach sich zöge, die zu solchen Beschädigungen führen. Zu berücksichtigen ist hierbei, dass die Mitgliedstaaten im Falle der Umsetzung der Richtlinien zur Einrichtung des Schutzgebietsnetzwerkes Natura 2000 sogar konkret verpflichtet sind, entsprechende Naturschutzmaßnahmen zu ergreifen. Das Schrifttum ist deshalb einhellig der Auffassung, dass solche naturschutzrechtlich bedingten Beschränkungen von den Mitgliedstaaten normativ zu verankern und umzusetzen sind.[68] Im **Küstenmeer** und in den **Inneren Gewässern** sind grundsätzlich die *Bundesländer* befugt und nach Maßgabe des § 32 Abs. 2 Satz 4

---

65 HELCOM-Recommendation 18/3 (Fn. 65).
66 Dass das Sekundärrecht an sich nicht kompetenzbegründend sein kann, ist in der rechtswissenschaftlichen Literatur unumstritten, vgl. z.B. *Czybulka*, Fischereikompetenzen, S. 103.
67 Verordnung (EG) Nr. 2371/2002 des Rates vom 20.12.2002 über die Erhaltung und nachhaltige Nutzung der Fischereiressourcen im Rahmen der Gemeinsamen Fischereipolitik (ABl. EG Nr. L 358, S. 59), sog. Fischereigrundverordnung, künftig als „FGV 2002" zitiert.
68 Vgl. dazu ausführlich *Czybulka*, in Gellermann/Stoll/Czybulka, Nationales Recht des Meeresnaturschutzes (2010), § 14 II. 1., S. 250 ff. mit zahlreichen weiteren Nachweisen.

BNatSchG verpflichtet, in den Schutzgebieten des Netzes Natura 2000 die erforderlichen Naturschutzregelungen zu treffen. In der AWZ und auf dem Festlandsockel trifft diese Verpflichtung den Bund.

Die **Kommission** hat die Auffassung geäußert, dass Maßnahmen, die sich auf die Fischerei auswirken können, auch dann, wenn sie aus naturschutzfachlichen Gründen erforderlich sind, als Fischereimaßnahmen gelten (und damit ihre Regulierung im gemeinschaftsrechtlichen Fischereivorschriften unterliegt).[69] Hier wird jedoch an der Auffassung festgehalten, dass naturschutzfachliche Maßnahmen ohne expliziten Fischereibezug von den Bundesländern bzw. vom Bund in den entsprechenden Schutzgebietsverordnungen festzulegen sind. **72**

Im **Fischereirecht** der Union finden sich einige Kompetenzen der Mitgliedstaaten. Für Fischereifahrzeuge unter eigener Flagge gilt **Art. 10 FGV 2002**. Danach können die Mitgliedstaaten zur Erhaltung und Bewirtschaftung der Bestände in den Gewässern unter ihrer Hoheit oder Gerichtsbarkeit Maßnahmen treffen, wenn diese ausschließlich für in der Gemeinschaft registrierte Fischereifahrzeuge unter der Flagge des betreffenden Mitgliedstaates[70] gelten und mit den in Art. 2 Abs. 1 genannten Zielen der Fischereigrundverordnung vereinbar und nicht weniger streng sind als die bestehenden Gemeinschaftsvorschriften. Diese Möglichkeit besteht für die **Küstengewässer und die AWZ** und kommt als sinnvolle Maßnahme auch aus Naturschutzgründen in Betracht, wenn die (Küsten-)Fischerei im fraglichen Gebiet ganz überwiegend mit deutschen Fahrzeugen betrieben wird. Dies ist häufig der Fall. Da im Grunde als Maßnahme Naturschutzvorschriften zu erlassen sind, ist im Regelfall davon auszugehen, dass die Maßnahmen mit den in Art. 2 Abs. 1 FGV 2002 genannten Zielen vereinbar und nicht weniger streng sind als die bestehenden Gemeinschaftsvorschriften. Es spricht nichts dagegen, dass die Fischereiverbote bzw. -einschränkungen in Natura 2000 Schutzgebietsverordnungen integriert werden. **73**

Die zentrale Bestimmung des Sekundärrechts für Maßnahmen eines Mitgliedstaates im **Küstenmeer** (innerhalb der 12-sm-Zone) ist **Art. 9 FGV 2002**. Danach kann ein Mitgliedstaat (in Deutschland: ein Bundesland) zur Erhaltung und Bewirtschaftung der Fischereiressourcen[71] und zur maximalen Begrenzung der Auswirkungen der Fischerei auf den Erhalt der marinen Ökosysteme in seinen Gewässern bis zu einer Entfernung von 12 sm von den Basislinien nicht diskriminierende Maßnahmen treffen, sofern die Gemeinschaft keine Maßnahmen erlassen hat, die die Bestandserhaltung und Bewirtschaftung speziell in diesem Gebiet betreffen. Letzteres ist aktuell (Juni 2010) in den in Frage kommenden Gebieten der Ost- bzw. Nordsee nicht der Fall. Auch hier müssen die Maßnahmen des Mitgliedstaates mit den Zielen in Art. 2 FGV 2002 vereinbar sein und dürfen nicht weniger streng sein als die bestehenden Gemeinschaftsvorschriften. **74**

Im **Netz Natura 2000** der deutschen AWZ ist bei den 8 **FFH-Gebieten** in der deutschen AWZ die Anerkennung durch die EU-Kommission als SCI zwar **75**

---

69 Vgl. Mitteilung der Kommission an den Rat und das Europäische Parlament – Elemente einer Strategie zur Einbeziehung der Erfordernisse des Umweltschutzes in die Gemeinsame Fischereipolitik, KOM (2001) 143 endg., S. 7–9.
70 Oder im Falle von Fangtätigkeiten, die nicht von einem Fischereifahrzeug aus erfolgen, für in dem betreffenden Mitgliedstaat ansässige Personen.
71 Nach hier vertretener Meinung: Erst recht zum Schutz gefährdeter und/oder bedrohter Arten und Biotope.

erfolgt, die entsprechende nationale Unterschutzstellung steht jedoch immer noch aus. Insoweit existieren noch keine normativen Regelungen mit Bezug zur Fischereiproblematik. Bezüglich der zwei **Vogelschutzgebiete** in der AWZ wurde in § 4 Abs. 3 Nr. 1 NSG-VO die berufsmäßige Seefischerei von den Verboten freigestellt, während – wie erwähnt – in § 4 Abs. 2 Nr. 1 NSG-VO die Errichtung und der Betrieb mariner Aquakulturen untersagt ist.

76 Deutschland hat die Verpflichtung, bis spätestens 2013 **Managementpläne** für die marinen Natura 2000-Schutzgebiete zu erarbeiten. Das BfN hat zur Umsetzung dieser Verpflichtung im Bezug auf fischereiliche Aktivitäten ein Forschungs- und Entwicklungsvorhaben „Ökosystemgerechtes Fischereimanagement in marinen Schutzgebieten" (EMPAS) an den Internationalen Rat für Meeresforschung (ICES) vergeben.[72] Im Rahmen dieses EMPAS-Projektes wurden als wesentlicher Konflikt die Auswirkungen von bodenberührenden Fanggeräten auf die FFH-Lebensraumtypen 1110 und 1170 identifiziert. Das Ausmaß der negativen Auswirkungen der Grundfischerei ist abhängig vom eingesetzten Fanggerät und der Trawlfrequenz. Besonders negative Auswirkungen auf die Bodenlebensgemeinschaften hat die in der Nordsee häufig eingesetzte „Baumkurre".

77 Infolge der von der Kommission beanspruchten ausschließlichen Kompetenz ist ein Weg zu suchen, wie gemeinsam derartige Schädigungen vermieden werden. Im Jahre 2008 hat die DG MARE in einem „Non-Paper" sich ein sehr anstrengendes Verfahren für die Mitgliedstaaten ausgedacht („Fisheries measures for Natura 2000 Sites").[73] In einem gemeinsamen Verfahren müsste der Mitgliedstaat die spezifischen, erforderlichen Managementmaßnahmen, sowie wirksame Monitoring- und Kontrollmaßnahmen vorsehen. Endprodukt eines erfolgreichen Antrags eines Mitgliedstaates wäre eine Fischereiverordnung der EU nach dem Muster der bereits existierenden Beispiele der „Korallenschutzgebiete" der nördlichen Hemisphäre.

78 Die genauen Koordinaten der **Korallenschutzgebiete** finden sich im Anhang III der so genannten TAC-Verordnung 2009.[74] Diese liegen etwa zwischen 51° und 53° Nord und 12° und 15° West. In diesen Gebieten ist der Fischfang mit Grundschleppnetzen verboten. Alle pelagischen Fischereifahrzeuge, die in der Nähe von Korallenschutzgebieten auf Fang gehen, müssen Teil einer genehmigten Liste von Fischereifahrzeugen sein, die über eine spezielle Fangerlaubnis verfügen, die an Bord mitzuführen ist. Die Fahrzeuge müssen ihre Absicht, in ein Korallen-Schutzgebiet einzufahren, 4 Stunden zuvor dem irischen Fischereiüberwachungszentrum melden. Zugleich müssen sie die an Bord mitgeführten Mengen melden; die Fahrzeuge müssen über ein uneingeschränktes betriebsfähiges und sicheres VMS[75] verfügen. Die Fahrzeuge müssen stündlich VMS-Meldungen machen.

---

72 Zum Thema auch *Bosecke*, Schutz der marinen Biodiversität im Lichte von Defiziten des Fischereimanagements, in: Dokumentation zur 30. wissenschaftlichen Fachtagung der Gesellschaft für Umweltrecht (2007), S. 147 ff.
73 Fisheries Measures for Natura 2000 Sites. Ecosystem approach to request for Fisheries Management Measures under the Common Fisheries Policy, 9p. (2008), siehe auch http:\\ec.europa.eu/fisheries/index_de.htm
74 ABl. EU 2009 Nr. L 22, S. 161.
75 VMS = Vessel Monitoring System, satellitengestütztes Überwachungssystem, siehe dazu Verordnung (EG) Nr. 2244/2003 der Kommission vom 18.12.2003 mit Durchführungsbestimmungen für satelitengestützte Schiffsüberwachungssysteme, ABl. Nr. L 333 S. 17.

Bisher noch ungeklärt ist die Frage, wie entsprechende Fischereiverordnungen in die nationale Schutzgebietsordnung integriert werden sollen. Hierbei wäre es möglich, in der Schutzgebietsverordnung nachrichtlich auf die EU-Vorschrift hinzuweisen oder den Text zu übernehmen.

Im Zusammenhang mit der Umsetzung der FFH-Richtlinie ist es wichtig zu wissen, ob die **Ausübung der Seefischerei** in ihrer konkreten Form ein „Projekt" im Sinne des Art. 6 Abs. 3 der FFH-Richtlinie darstellt oder darstellen kann. Je nachdem, ob (See-)Fischerei als Projekt im Sinne des Art. 6 Abs. 3 FFH-RL bzw. § 34 gewertet wird oder nicht, verschieben sich die Schutzvorschriften und die Zuständigkeiten. Projekte sind „vor ihrer Durchführung und Zulassung" einer Verträglichkeitsprüfung (VP) und ggfs. Ausnahmeprüfung zu unterziehen, während für „Nicht-Projekte" die allgemeinere Schutzvorschrift des Art. 6 Abs. 2 FFH-RL bzw. § 33 gilt, die ein konkretes, d.h. auf die Schutzziele des Gebiets bezogenes, aber „allgemeines" Verschlechterungsverbot enthält. Letzteres räumt der Naturschutzbehörde, in der AWZ also dem BfN (vgl. § 58 Abs. 1) die Kompetenz in Bezug auf Ausnahmen für Veränderungen, Störungen und ggfs. Abweichungen von Bewirtschaftungsplänen ein. Die Verträglichkeits- und Ausnahmeprüfung bei Projekten wird hingegen von der *sonst* auch zuständigen (Fach-)Behörde durchzuführen sein, wenn es ein „Trägerverfahren" gibt. Gibt es kein derartiges Verfahren, ist das Projekt der für Natur- und Landschaftspflege zuständigen Behörde anzuzeigen, § 34 Abs. 6. In diesem Anzeigeverfahren wären das im Küstenmeer und in Inneren Gewässern die jeweils zuständigen Naturschutzbehörden der Länder, in der AWZ ist es wiederum das BfN.

Bei sorgfältiger Auslegung der Rechtsprechung des EuGH, insbesondere des Urteils zur Herzmuschelfischerei und den entsprechenden Schlussanträgen der Generalanwältin[76] wird man diese Aussagen in der Weise verstehen können (und müssen), dass jedenfalls dann, wenn erstmalig oder wiederholt Fangerlaubnisse an Seefischer vergeben werden, bei denen Auswirkungen auf Natura 2000-Gebiete und den für das betreffende Gebiet festgelegten Erhaltungszielen nicht ausgeschlossen werden können, eine **FFH-Verträglichkeitsprüfung** durchzuführen ist. Diese ist nur dann nicht durchzuführen, wenn es aus wissenschaftlicher Sicht keinen vernünftigen Zweifel daran gibt, dass es keine solchen Auswirkungen gibt.[77]

Wer die Seefischerei ausüben will, bedarf einer Fangerlaubnis, seit einigen Jahren auch „**Fanglizenz**" genannt,[78] die in erster Linie ein Instrument des Flottenmanagement, insbesondere der Kapazitätsbegrenzung ist, in zweiter Linie aber auch ein Instrument zur Kontrolle und Überwachung der Fischereitätigkeiten. Daneben ist aber (mindestens) eine weitere Erlaubnis erforderlich, die so genannte **Fangerlaubnis** (Authorisation for Fishing),[79] wenn die Ausübung der Seefischerei aufgrund des gemeinschaftlichen Fischereirechts oder aufgrund einer nationalen Verordnung nach § 2 Nr. 2 SeefischG

---

76 EuGH Urt. vom 7.9.2004 – C-127/02, Slg 2004, I-7405.
77 EuGH Urt. vom 7.9.2004 (Fn. 76), Rdnr. 59 unter Berufung auf Urt. v. 9.9.2003 – C-236/01 (Monsanto Agriculura ./. Italia u.a., Slg. 2003, I-8105, Rdnr. 106 und 113.
78 Verordnung (EG) Nr. 1281/2005 der Kommission vom 3.8.2005 über die Verwaltung von Fanglizenzen und die darin aufzuführenden Mindestangaben, ABl. Nr. L 203, S. 203.
79 Vgl. Verordnung (EG) Nr. 700/2006 des Rates vom 25.4.2006 zur Aufhebung der VO (EG) Nr. 3690/93 und zur Einführung einer gemeinschaftlichen Regelung über die Mindestangaben in Fanglizenzen, ABl. Nr. L 122, S. 1.

beschränkt ist, § 3 Abs. 1 Satz 1 SeefischG. Die Zuständigkeit für die Erteilung der Fangerlaubnisse liegt bei der Bundesanstalt für Landwirtschaft und Ernährung (**BLE**, § 3 Abs. 3 Satz 1 SeeFischG). Da die Fangerlaubnisse für ganz bestimmte ICES-(Unter)Bereiche und Zonen, für einen bestimmten Zeitraum (zumeist das Kalenderjahr) und für eine jedenfalls potentiell erheblich beeinträchtigende Aktivität erteilt werden, entsprechen sie allen wesentlichen Merkmalen des Projektbegriffes der FFH-Richtlinie. Bisher erfolgt jedoch in den Bescheiden keine geographische Ausklammerung von Natura 2000-Gebieten. Bis jetzt (Juli 2010) werden auch Verträglichkeitsprüfungen von der BLE nicht durchgeführt.

83 Ob die Erteilung einer entsprechenden Fangerlaubnis für einzelne oder mehrere Fischbestände, die auch ein Natura 2000-Gebiet umfasst, sich nachteilig auf dieses Gebiet als solches auswirkt, bedarf jeweils der **Einzelfallprüfung** unter Berücksichtigung der besten einschlägigen wissenschaftlichen Erkenntnisse in Bezug auf das jeweilige Projekt. Die **Zuständigkeit der BLE** im Rahmen der Beurteilung von Projekten (Fangerlaubnissen) im Bereich der AWZ ergibt sich, wenn man die Vorschriften des Seefischereigesetzes als „andere Bestimmung" im Sinne des § 58 Abs. 1 Satz 1 liest. Im Übrigen ergibt sich die Zuständigkeit aus § 58 Abs. 1 Satz 2, wenn es sich – wie etwa bei der Grundfischerei – um einen Eingriff mit Bodenberührung handelt. Damit ergeht die Entscheidung des BLE (nur) im **Benehmen mit dem BfN**. Eine Alternative dazu wäre die Erteilung (oder Versagung) einer speziellen Fangerlaubnis für das FFH-Gebiet nach Art. 7 der Verordnung (EG) Nr. 1627/94 wie dies etwa für die Fischerei im empfindlichen marinen Ökosystem des Golfes von Riga erforderlich ist.[80]

84 Die Gesamtproblematik der Beschränkungen der Seefischerei bedarf der ständigen Beobachtung und Weiterentwicklung. Dies gilt auch für Einrichtung fischereifreier (oder fischereibeschränkter) Zonen. Jedes (Küsten-)Bundesland hat andere Vorschriften für die **Einrichtung fischereifreier oder -beschränkter Zonen**. Um ein Beispiel zu geben: Nach § 10 der Verordnung zur Ausübung der Fischerei in den Küstengewässer (Küstenfischereiverordnung – KüFVO M-V)[81] darf die Fischerei innerhalb der 3-sm-Zone (gerechnet von den Basislinien aus) grundsätzlich nur mit Methoden der passiven Fischerei (sowie mit der Handangel, einschl. der Schleppangel) ausgeübt werden. Allerdings gibt es hierzu zahlreiche Ausnahmen.

85 Weitere Beschränkungen der Fischerei ergeben sich unmittelbar aus dem Gemeinschaftsrecht (jetzt Unionsrecht). Gemäß Art. 4 Abs. 2 Satz 2 lit. g) FGV 2002 werden **technische Maßnahmen** bestimmt, die im Wesentlichen Vorschriften über die Konstruktion, Anzahl und Größe von Fanggeräten (z.b. über Mindestmaschenöffnungen) enthalten. Daneben gibt es Vorschriften über die Methoden für den Einsatz der Fanggeräte, Mindestanlandegrößen für Fische, Krebse und Weichtiere in Art. 9 der Verordnung Nr. 812/2004 des Rates wurde die Einschränkung und ab 01. Januar 2008 das umfassende Verbot verankert, Treibnetze an Bord oder zum Fischfang einzusetzen.

86 Außerdem gibt es im Fischereirecht der Union eine Fülle von Vorschriften über **verbotene und geschonte Arten** oder Fangebeschränkungen für die Arten. Mit der dauerhaften Verordnung (EG) Nr. 1185/2003 des Rates über das Abtrennen von Haifischflossen an Bord von Schiffen[82] soll z.B. verhin-

---

80 Vgl. Art. 20 ff. Verordnung (EG) Nr. 2187/2005.
81 Vom 28.11.2006 (GVBl. M-V S. 843), geänd. am 22.10.2009 (GVBl. M-V S. 641).
82 ABl. Nr. 1167 Nr. L167 S. 1.

dert werden, dass Haie nur für den Flossenhandel gefangen werden. Aus Platzgründen kann hier[83] auf Einzelheiten nicht eingegangen werden. Aktuell gibt es 646 Rechtsakte unionaler Fischereipolitik[84].

6. Beschränkungen bei der Verlegung von unterseeischen Kabel und Rohrleitungen (Absatz 3 Nr. 4)

Das Seevölkerrecht gewährleistet im Sinne einer Art Kommunikationsfreiheit die Verlegung und Unterhaltung unterseeischer **Kabel** und **Rohrleitungen im** gesamten Meeresraum jenseits des Küstenmeeres.[85] § 57 Abs. 3 Nr. 4 nimmt denn auch Bezug auf Art. 79 SRÜ, wobei nach Abs. 1 dieser Vorschrift das Recht zur Verlegung auf dem **Festlandsockel** allen Staaten zusteht. Unberührt bleibt das Recht des Küstenstaates nach Art. 79 Abs. 4 SRÜ, Bedingungen für Kabel und Rohrleitungen festzulegen, die in sein Hoheitsgebiet oder sein Küstenmeer führen oder seine Hoheitsbefugnisse über Kabel und Rohrleitungen zu begründen, die im Zusammenhang mit der Erforschung seines Festlandsockels, der Ausbeutung seiner Ressourcen oder dem Betrieb von seinen Hoheitsbefugnissen unterliegenden künstlichen Anlagen, Inseln oder Bauwerken gebaut oder genutzt werden. Art. 79 Abs. 4 SRÜ betrifft auch den Fall einer vom Küstenstaat oder von seiner Hoheitsgewalt unterstehenden Person verlegten Leitungen.[86] Es lassen sich also 2 Gruppen von Leitungen und Kabeln unterscheiden, einmal die so genannten „landenden" Leitungen, zum anderen die Transit-Rohrleitungen und Transit-Kabel. Die Vorschrift des § 57 Abs. 3 Nr. 4 trifft diese Unterscheidung nicht explizit. Sie muss aus dem Zusammenhang erschlossen werden. Dem Küstenstaat bleibt es zunächst unbenommen, „landende Leitungen" zu reglementieren.[87]

Auch das Recht zur Verlegung von **Transit-Rohrleitungen** und -Kabeln ist Einschränkungen durch den Küstenstaat nicht völlig unzugänglich. Die Küstenstaaten dürfen dieses Recht unter den Art. 79 Abs. 2, 3 SRÜ bezeichneten Bedingungen einschränken, stehen dabei aber unter dem Vorbehalt der Rücksichtnahme (Art. 79 Abs. 5 SRÜ). So gehören zu den lebenden Ressourcen auch die zu den sesshaften Arten gehörenden Lebewesen des Festlandsockels (z.B. Muschel- oder Austernbänke), zu deren Schutz der Küstenstaat Maßnahmen ergreifen kann.[88] Im Übrigen bedarf die Festlegung der Trasse für das Legen solcher Rohrleitungen nach Art. 79 Abs. 3 SRÜ der küstenstaatlichen Zustimmung. Den Küstenstaaten eröffnet sich damit die Möglichkeit, den **Verlauf der Trasse** zu beeinflussen und es verbleibt ihnen dabei auch das Recht, im Interesse der Wahrung seltener oder empfindlicher Ökosysteme sowie des Lebensraums gefährdeter, bedrohter oder vom Aussterben bedrohter Arten oder anderer Formen der Tier- und Pflanzenwelt des Meeres (Art. 192, 194 Abs. 5 SRÜ) den berechtigten Interessen des Meeresnaturschutzes zur Durchsetzung zu verhelfen.

---

83 Zusammenfassender Überblick über die Seefischerei und die damit zusammenhängende Problematik für den Meeresnaturschutz bei *Gellermann/Stoll/Czybulka*, Nationales Recht des Meeresnaturschutzes (2010), § 14, S. 238–280.
84 Stand 7.4.2009.
85 Umfassend *Lagoni/Proelß*, Festlandsockel und ausschließliche Wirtschaftszone, in Graf Vitzthum (Hrsg.), Seerecht (2006), S. 200 ff.
86 Vgl. *Wiese*, Grenzüberschreitende Landrohrleitungen und seeverlegte Rohrleitungen im Völkerrecht (1997), S. 166 m.w.Nw.
87 Vgl. *Castringius*, Meeresschutzgebiete – Die völkerrechtliche Zulässigkeit mariner Natura-2000 Gebiete (2008), S. 101 f.; *Gellermann/Stoll/Czybulka*, Nationales Recht des Meeresnaturschutzes(2010), § 11 A.I.1.
88 *Lagoni*, in Graf Vitzthum (Hrsg.), Handbuch des Seerechts, Kap. III Rdnr. 149 ff.

89 Ein Problem ergibt sich im Hinblick auf die Verlegung von Transit-**Kabeln**, weil Art. 79 Abs. 3 SRÜ seinem Wortlaut nach nur für Rohrleitungen gilt. Zu bedenken ist, dass die von Seekabeln ausgehenden Gefährdungen nicht stofflicher Art zum Zeitpunkt der Entstehung der Regelung noch unbekannt waren. Das würde dazu führen, dass eine unbewusste Lücke vorliegt, die die Küstenstaaten berechtigt, ihren Einfluss auch im Hinblick auf die räumliche Lage der Kabeltrassen geltend zu machen, um so Beeinträchtigungen ökologisch wertvoller Räume verhindern zu können.[89]

90 Öl-, Gas- und Chemikalienpipelines gehören nach Anhang I Nr. 16 der UVP-Richtlinie zu den Vorhaben, die einer **Umweltverträglichkeitsprüfung** zu unterziehen sind, wenn sie über einen Durchmesser von mehr als 800 mm und einer Länge von mehr als 40 km verfügen. Andere Öl- und Gaspipelines gehören nach Maßgabe des Anhanges II Nr. 10 lit. i) UVP-Richtlinie zu den Projekten im Sinne des Art. 4 Abs. 2 UVP-RL (einzelfallbezogene Umweltverträglichkeitsprüfung).

91 Die Zulassung von Transit-Rohrleitungen und Unterwasserkabeln in oder auf dem Festlandsockel beurteilt sich nach nationalem Recht anhand der bergrechtlichen Vorschriften des **§ 133 (Abs. 1 und Abs. 4) BBergG**. Unterschieden wird auch im nationalen Recht zwischen Transit-Rohrleitungen und Rohrleitungen und Unterwasserkabeln im Küstenmeer, deren genehmigungsrechtliche Erfordernisse sich von den im Bereich des Festlandsockels gestellten Anforderungen deutlich unterscheiden.

92 Zuständigkeiten: Bei der Genehmigung von Transit-Rohrleitungen wird in bergrechtlicher Hinsicht das Landesamt für Bergbau, Energie und Geologie Clausthal-Zellerfeld für die Länder Niedersachsen, Schleswig-Holstein, Bremen und Hamburg tätig; in Mecklenburg-Vorpommern ist das Bergamt Stralsund zuständig. Über die Erteilung der durch § 133 Abs. 1 Satz 1 Nr. 2 BBergG geforderten *weiteren* Genehmigung, die sich auf den Schutz des Meeres sowie des darüber befindlichen Luftraumes bezieht, ist das Bundesamt für Seeschifffahrt und Hydrographie (BSH) zuständig. Die Genehmigung des BSH darf erst erteilt werden, wenn die bergbehördliche Genehmigung vorliegt.[90]

93 Naturschutz kommt als **Versagungsgrund** sowohl bei der Erlaubnis, der Bewilligung und auch im Rahmen der bergrechtlichen Betriebspläne in Betracht. Jedoch würde eine Darstellung des bergrechtlichen Systems und der bergrechtlichen Tatbestände einschließlich deren Konkretisierung durch die Festlandsockel-Bergverordnung[91] den Rahmen des Kommentars sprengen, sodass auf andere Darstellungen verwiesen werden muss.[92] Als Beispiel für die Einbeziehung der **Belange des Meeresnaturschutzes** kann § 132 Abs. 2 Nr. 3 BBergG lit. c) angeführt werden, der eine „unvertretbare Beeinträchtigung der Pflanzen- und Tierwelt" als Versagungsrund bestimmt, wenn die Beeinträchtigung nicht durch Nebenbestimmungen zu vermeiden oder auszugleichen ist.

---

89 *Castringius*, Meeresschutzgebiete (Fn. 87), S. 121 f. m.w.Nw.
90 *Keller*, Das Planungs- und Zulassungsregime für Offshore-Windenergieanlagen in der deutschen Ausschließlichen Wirtschaftszone (AWZ) (2006), S. 282.
91 *Czybulka/Stredak*, Rechtsfragen der marinen Kies- und Sandgewinnung in der Nord- und Ostsee (2008), S. 79 f.; *Ehlers*, NordÖR 2004, 54.
92 Als Monografie liegt vor *Czybulka/Stredak*, Rechtsfrage der marinen Kies- und Sandgewinnung in der Nord- und Ostsee (2008); ausführlich auch die Darstellung bei *Gellermann/Stoll/Czybulka*, Nationales Recht des Meeresnaturschutzes (2010) § 8 B, S. 137 ff.

Die naturschutzrechtliche **Eingriffsregelung** ist gleichfalls anzuwenden: Entsprechend § 17 Abs. 1 entscheidet das Bergamt bzw. das BSH über die zur Durchführung nach § 15 BNatSchG erforderlichen Maßnahmen im *Benehmen* mit dem BfN (§ 58 Abs. 1 Satz 2).

Der wichtigste Inhalt der Beschränkung des § 57 Abs. 3 Ziff. 4 Punkt in dieser Vorschrift ist jedoch, dass die **Beschränkungen nicht in normativer Form** in entsprechende Schutzgebietsverordnungen übernommen werden dürfen, sondern diese nur „nach § 34", also im Wege einer jeweils durchzuführenden **FFH-Verträglichkeitsprüfung** angeordnet werden können. Je nach Trassenwahl besteht die Möglichkeit, dass innerhalb der AWZ respektive des Festlandsockels Gebiete tangiert oder sogar durchquert werden sollen, die Teil des marinen ökologischen Netzes Natura 2000 oder anderer Schutzgebiete sind. Eine Verlegung von vornherein und normativ zu untersagen, steht dem Küstenstaat wegen der behandelten völkerrechtlichen Vorgaben in Art. 79 Abs. 2 und 3 SRÜ nicht zu.[93] Die Leitungen unterfallen dem Projektbegriff, sofern sie einzeln oder mit anderen Projekten und Plänen geeignet sind, ein Gebiet von gemeinschaftlicher Bedeutung oder ein europäisches Vogelschutzgebiet erheblich zu beeinträchtigen. Im Übrigen wird auf die Ausführungen zur nachfolgenden Kommentierung der Nr. 5 hingewiesen, weil Beschränkungen bei der regenerativen Energieerzeugung ebenfalls „nur nach § 34" zulässig sind. Durch die **Raumordnungspläne** sind inzwischen Festlegungen für Vorrang- und Vorbehaltsgebiete Rohrleitungen und Zielkorridore für Seekabel festgelegt worden. Diese sind auf den Kartenteilen der Raumordnungspläne für die deutsche Ausschließliche Wirtschaftszone der Nordsee und der Ostsee ohne weiteres erkennbar. Die Vorhabenträger können sich somit von vornherein an diesen Vorgaben orientieren.

7. Beschränkungen bei der Erzeugung regenerativer Energien sowie bei der Aufsuchung und Gewinnung von Bodenschätzen (Absatz 3 Nr. 5)

Beschränkungen dieser höchst unterschiedlichen Nutzungen sind „nur nach § 34 zulässig", können also nicht von vornherein in Schutzgebietsverordnungen normativ ausgeschlossen werden, sondern sind jeweils einer **FFH-Verträglichkeitsprüfung** zu unterziehen, was natürlich in der Schutzgebietsverordnung verankert werden kann. Die Nutzungen können also nur insoweit beschränkt werden, als dies zur Erfüllung der durch das Europäische Naturschutzrecht begründeten Pflichten erforderlich ist. Offen ist die Frage, wie dies im Falle der Ausweisung von Meeresschutzgebieten zu handhaben ist, die nicht Bestandteil des Netzes Natura 2000 sind. Völkerrechtlich ist diese Einschränkung nicht geboten, weil der Küstenstaat insoweit souveräne Rechte nach Art. 56 Abs. 1 a) SRÜ bzw. für die mineralischen Ressourcen am Festlandsockel nach Art. 77 SRÜ hat, letzteres zur ausschließlichen Ausbeutung auch dann, wenn der Küstenstaat diese Tätigkeiten unterlässt, Art. 77 Abs. 2 SRÜ.

Bezüglich des **Kies- und Sandabbaus** werden bislang die Auswirkungen auf das Meeresökosystem eher unterschätzt. (vgl. Rdnr. 17 vor § 56). Nachdem in der Ostsee über einen erheblichen Zeitraum Kies und Sand „nur" für Strandaufspülungen und Küstenschutzmaßnahmen gewonnen wurden, wurden nun zwei Abbauvorhaben „Adlergrund Nordwest" und „Adlergrund Südost" beantragt.[94] Nach hier vertretener Auffassung ist § 57 Abs. 3 Nr. 5

---

93 Vgl. *Wolff*, Rechtliche Aspekte bei Bau und Betrieb von Stromkabeln, S. 14 ff.
94 Umweltbericht Ostsee, S. 224 (http://www.bsh.de/de/Meeresnutzung/Raumordnung_in_der_AWZ/index.jsp).

europarechtskonform so zu interpretieren, dass Kies- und Sandabbau in Gebieten, deren geschützter Lebensraumtyp 1110 (Sandbänke) ist, generell nicht abgebaut werden darf, weil dem geschützten Lebensraumtyp damit im wahrsten Sinne des Wortes die Substanz entzogen wird.[95] Um das festzustellen, bedarf es keiner Verträglichkeitsprüfung, nachdem vorher das Gebiet bereits aus diesem Grund und nach sorgfältiger Untersuchung unter Schutz gestellt wurde. Entsprechendes gilt für den Abbau der Hartsubstrate und mineralischer Ressourcen beim Lebensraumtyp 1170 (Riffe).

98 Die **Erzeugung regenerativer Energien** umfasst neben Windenergieanlagen auch – jedenfalls theoretisch – Einrichtungen, die über die Gezeiten (Ebbe und Flut),[96] den Wellengang oder Meeresströmungen Energie erzeugen. Völkerrechtlich dürfte es sich in aller Regel um künstliche Inseln, Anlagen und Bauwerke im Sinne des Art 60 Abs. 1 SRÜ handeln, zu deren Errichtung, Betrieb und Nutzung der Küstenstaat das **ausschließliche Recht** und Hoheitsbefugnisse im Sinne des Art. 56 Abs. 1 b) i) und weitere Sonderbefugnisse nach Art. 60 Abs. 2 SRÜ hat. Das Völkerrecht sieht vor, dass der Küstenstaat um diese Anlagen **Sicherheitszonen** errichten kann (vgl. Art. 60 Abs. 4–6), die von Schiffen zu beachten sind. Die einzige Einschränkung für den Küstenstaat enthält Art. 60 Abs. 7 SRÜ, wonach die Anlagen etc. dort nicht errichtet werden dürfen, „wo dies die Benutzung anerkannter und für die internationale Schifffahrt wichtiger Schifffahrtswege behindern kann".

99 Völkerrechtlich gäbe es also kein Hindernis, derartige Anlagen in einem Meeresschutzgebiet auch normativ zu verbieten und nicht zwangsläufig auf den Einzelfall abzustellen. Auch das europäische Unionsrecht verbietet dies nicht. Offenbar soll durch die Vorschrift die Gewinnung regenerativer Energie generell erleichtert werden, um das Ziel der Begrenzung der Klimaerwärmung zu erreichen, ein wichtiges Ziel internationaler und europäischer Umweltpolitik. Es liegt aber auf der Hand, dass solche Anlagen in Meeresschutzgebieten fehl am Platze sind. Sie werden deshalb mit Mitteln des Raumordnungsrechts und wirtschaftlicher Abreize (§ 31 EEG) aus diesen Gebieten herausgehalten (vgl. die Kommentierung zu § 56, Rdnr. 23, 30). Andere Nutzungen dieser Gebiete, etwa das gleichzeitige Betreiben einer nachhaltigen Aquakultur (Marikultur) liegen da näher.

IV. Zusammenfassende Bewertung

100 Obwohl die Vorschrift des § 57 gegenüber der Vorläufervorschrift des § 38 BNatSchG 2002 einige Verbesserungen aufzuweisen hat, kann sie insgesamt noch nicht überzeugen. Abgesehen von handwerklichen Mängeln bei der Verweisungstechnik ist eine Vorschrift entstanden, die auf der einen Seite Überflüssiges wiederholt (z.B. die Geltung des SRÜ und des Europäischen Unionsrechts in der AWZ), auf der anderen Seite bei wirklich strittigen Punkten (Beschränkungen der Fischerei) dem Anwender keine Hilfestellung gibt. Es wird nicht leicht sein, mit den zahlreichen Vorbehalten in der Vorschrift, die teils ungenau („Flugverkehr"), teils zu weitgehend sind, einen effektiven Schutz dieser Meeresgebiete zu erreichen. Unnötig ist auch das Verbot normativer Festlegungen in den Schutzgebieten in den Fällen nach § 57 Abs. 3 Ziff. 5. Im Falle des Kies- und Sandabbaus muss § 57 Abs. 3 Ziff 5 europarechtskonform interpretiert werden (siehe oben Rdnr. 97).

---

95 *Czybulka/Täufer*, Zulassungserfordernisse für die marine Kies- und Sandgewinnung nach europäischem und nationalem Naturschutzrecht, EurUP 2009, 268/280
96 Denkbar in der Nordsee, die Ostsee ist (nahezu) gezeitenlos;

§ 58 Zuständige Behörden; Gebühren und Auslagen; Ermächtigung zum Erlass von Rechtsverordnungen

(1) ¹Die Durchführung der Vorschriften dieses Gesetzes, der auf Grund dieses Gesetzes erlassenen Vorschriften sowie der Vorschriften des Umweltschadensgesetzes im Hinblick auf die Schädigung von Arten und natürlichen Lebensräumen und die unmittelbare Gefahr solcher Schäden obliegt im Bereich der deutschen ausschließlichen Wirtschaftszone und des Festlandsockels dem Bundesamt für Naturschutz, soweit nichts anderes bestimmt ist. ²Bedarf ein Eingriff in Natur und Landschaft, der im Bereich der deutschen ausschließlichen Wirtschaftszone oder im Bereich des Festlandsockels durchgeführt werden soll, einer behördlichen Zulassung oder einer Anzeige an eine Behörde oder wird er von einer Behörde durchgeführt, ergeht die Entscheidung der Behörde im Benehmen mit dem Bundesamt für Naturschutz.

(2) Das Bundesministerium für Umwelt, Naturschutz und Reaktorsicherheit kann durch Rechtsverordnung, die nicht der Zustimmung des Bundesrates bedarf, Aufgaben, die dem Bundesamt für Naturschutz nach Absatz 1 obliegen, im Einvernehmen mit dem Bundesministerium des Innern auf das Bundespolizeipräsidium und im Einvernehmen mit dem Bundesministerium für Ernährung, Landwirtschaft und Verbraucherschutz auf die Bundesanstalt für Landwirtschaft und Ernährung zur Ausübung übertragen.

(3) ¹Für seine Amtshandlungen nach den in Absatz 1 Satz 1 genannten Vorschriften im Bereich der deutschen ausschließlichen Wirtschaftszone und des Festlandsockels erhebt das Bundesamt für Naturschutz Gebühren und Auslagen. ²Das Bundesministerium für Umwelt, Naturschutz und Reaktorsicherheit wird ermächtigt, im Einvernehmen mit dem Bundesministerium der Finanzen durch Rechtsverordnung ohne Zustimmung des Bundesrates die gebührenpflichtigen Tatbestände, die Gebührensätze und die Auslagenerstattung zu bestimmen und dabei feste Sätze und Rahmensätze vorzusehen. ³Die zu erstattenden Auslagen können abweichend vom Verwaltungskostengesetz geregelt werden. ⁴§ 53 bleibt unberührt.

Gliederung

		Rdnr.
I.	„Regelzuständigkeit" des BfN als Naturschutzbehörde im Bereich der AWZ und des Festlandsockels (Abs. 1)	1–14
1.	Entstehungsgeschichte	1, 2
2.	Das Gesetz über die Errichtung eines Bundesamtes für Naturschutz	3
3.	Zuständigkeiten und Aufgaben des BfN (Hinweise)	4–6
4.	Insbesondere: mariner Arten- und Biotopschutz	7, 8
5.	„Soweit nichts anderes bestimmt ist"	9–14
II.	Verfahren bei der Eingriffs- und Ausgleichsregelung im marinen Bereich	15, 16
1.	„Huckepackverfahren" als Regelfall	15
2.	Subsidiäre Zuständigkeit des BfN	16
III.	Übertragung von Aufgaben des BfN „zur Ausübung" (Abs. 2)	17–19
1.	Übertragung an das Bundespolizeipräsidium	18
2.	Übertragung an die Bundesanstalt für Landwirtschaft und Ernährung	19
IV.	Gebühren und Auslagen (Abs. 3)	20, 21

I. „Regelzuständigkeit" des BfN als Naturschutzbehörde im Bereich der AWZ und des Festlandsockels (Absatz 1)

1. Entstehungsgeschichte

1 Bereits im Referentenentwurf für das UGB III[1] wurde eine entsprechende Vorschrift im (damaligen) § 60 verankert. Zur Begründung hieß es: „Im Hinblick auf die bereits bestehenden Zuständigkeiten im Zusammenhang mit der Durchführung der FFH- und der Vogelschutzrichtlinie sowie der vorhandenen Erfahrungen und Kenntnisse im maritimen Naturschutz bestimmt die Vorschrift das Bundesamt für Naturschutz als selbständige Bundesoberbehörde nach Art. 87 Abs. 3 Satz 1 GG zur zuständigen Naturschutzbehörde für den Bereich der Ausschließlichen Wirtschaftszone und des Festlandsockels. Hierdurch soll ein einheitlicher und effektiver Vollzug des Naturschutzrechts u.a. bei der Verwaltung der Meeresschutzgebiete sichergestellt werden. Zudem regelt die Norm die Erhebung von Kosten für die in diesem Abschnitt übertragenen Verwaltungsaufgaben des Amtes."

2 Entgegen dieser weitgehenden Aussage zur Zuständigkeit fungiert das Bundesamt für Naturschutz (BfN) nur dort als Naturschutzbehörde, wo ihm das Bundesrecht entsprechende Zuständigkeiten einräumt. Das ist außer im Falle des Meeresnaturschutzes noch im Bereich der Umweltbeobachtung (§ 6 Abs. 5), und im Bereich des Artenschutzes der Fall (§§ 40 Abs. 5, 45 Abs. 7, 8, 48 Abs. 1 Nr. 2, Abs. 2). Im Bereich des Meeresnaturschutzes werden die Aufgaben vom BfN jedoch nur für den Bereich der AWZ und des Festlandsockels wahrgenommen. Im Küstenmeer verbleibt es bei der Zuständigkeit der Landesnaturschutzbehörden.

2. Das Gesetz über die Errichtung eines Bundesamtes für Naturschutz

3 Das „Gesetz über die Errichtung eines Bundesamtes für Naturschutz" vom 6.8.1993[2] bestimmt in § 2 Abs. 1 allgemein: „Das Bundesamt für Naturschutz erledigt Verwaltungsaufgaben des Bundes auf den Gebieten des Naturschutzes und der Landschaftspflege, die ihm durch das Bundesnaturschutzgesetz und andere Bundesgesetze oder auf grund dieser Gesetze zugewiesen werden." In diesen gesetzlichen Auftrag ist § 3 Abs. 2 BNatSchG „hineinzulesen", wonach die für Naturschutz und Landschaftspflege zuständigen Behörden die Einhaltung der Vorschriften dieses Gesetzes (BNatSchG) und der auf grund dieses Gesetzes erlassenen Vorschriften überwachen. § 2 BfN-Gesetz bestimmt außerdem in seinem Absatz 4: „Das Bundesamt für Naturschutz erledigt, soweit keine andere Zuständigkeit gesetzlich festgelegt ist, Aufgaben des Bundes auf den Gebieten des Naturschutzes und der Landschaftspflege, mit deren Durchführung es vom Bundesministerium für Umwelt, Naturschutz und Reaktorsicherheit oder mit seiner Zustimmung von der sachlich zuständigen Bundesbehörde beauftragt wird."

---

[1] Referentenentwurf zum UGB III, Stand 19.11.2007, S. 103; sachlich unverändert übernommen in den Gesetzentwurf der Bundesregierung, BR-Drs. 278/09, S. 230.
[2] BGBl. 1993 I S. 1458.

3. Zuständigkeiten und Aufgaben des BfN (Hinweise)

Wichtige Zuständigkeiten und Aufgaben des BfN im Bereich der AWZ und des Festlandsockels ergeben sich aus § 57 Abs. 1 und § 57 Abs. 2: Die wohl wichtigsten Aufgaben betreffen die Auswahl und das Management von geschützten Meeresgebieten (allgemein) im Bereich der deutschen AWZ und des Festlandsockels und die damit zusammenhängenden Aufgaben, sowie die Auswahl und die Verwaltung der Gebiete im Netz Natura 2000. Das BfN wird künftig alle Schutzgebiete in der AWZ und auf dem Festlandsockel zu verwalten haben und für die Umsetzung des Verschlechterungsverbots nach Art. 6 Abs. 1 und 2 FFH-Richtlinie (vgl. § 33) zuständig sein, eine sehr umfassende Aufgabe. Verträglichkeitsprüfungen nach Art. 6 Abs. 3 und 4 der FFH-Richtlinie (vgl. § 34) haben in aller Regel die zuständigen Fachbehörden durchzuführen, die das BfN zu beteiligen haben. Denkbar ist auch eine Durchführung der Verträglichkeitsprüfung durch das BfN selbst, wenn das Projekt nach anderen Rechtsvorschriften keiner Genehmigung oder Anzeige bedarf, vgl. § 34 Abs. 6 BNatSchG. Von Bedeutung in diesem Zusammenhang sind auch § 2 Abs. 2 und 3 BfN-Gesetz, die die Unterstützung des BMU durch das BfN sowie die Forschungsaufgaben des BfN gesetzlich verankern.

4

Infolge § 3 Abs. 2 BNatSchG wird dem BfN aber auch die Aufgabe der Überwachung zugewiesen, soweit seine Kompetenz gegeben ist. Dies bezieht sich z.B. aktuell auf die Überwachung der geschützten Meeresflächen im Bereich der AWZ und des Festlandsockels (NSG „Östliche deutsche Bucht", NSG „Pommersche Bucht", zukünftig auch der weiteren (noch national durch Rechtsverordnung) zu sichernden FFH-Gebiete in der AWZ und künftiger Schutzgebiete in diesem Bereich, wenn sie eingerichtet werden). Die Schutzgebiete werden auf der Grundlage des BNatSchG eingerichtet (§ 57 Abs. 2 BNatSchG), so dass die Aufgabenzuweisungsnorm greift. Die Überwachung der im Küstenmeer gelegenen Natura 2000-Gebiete ist hingegen Sache der Länder.

5

Weitere Aufgaben sind dem BfN im Bereich des marinen Artenschutzes und Biotopschutzes zugewiesen (vgl. dazu Rdnr. 7 f.). Die Aufgabenzuweisung umfasst ausdrücklich die Durchführung der Vorschriften des Umweltschadensgesetzes[3] im Hinblick auf die Schädigung von Arten und natürlichen Lebensräumen und die unmittelbare Gefahr solcher Schäden. Die Übertragung dieser Aufgaben auf das BfN war auch bereits im Referentenentwurf für das UGB III vorgesehen.[4] Der Aufgabenbereich ist zusätzlich durch § 3 Abs. 2 des USchadG sichergestellt, in dem festgehalten ist, dass „dieses Gesetz" (USchadG) auch im Bereich der AWZ und des Festlandsockels gilt „im Rahmen der Vorgaben des Seerechtsübereinkommens der Vereinten Nationen vom 10.12.1982 (BGBl. 1994 II S. 1799)". Die (im Grunde überflüssige) Verweisung auf das SRÜ in dieser „statischen" Form ist bereits an anderer Stelle kommentiert worden (vgl. dazu § 57 Rdnr. 24).

6

4. Insbesondere: mariner Arten- und Biotopschutz

Das BfN ist mit der Novellierung des BNatSchG zum 1.3.2010 in der AWZ und auf dem Festlandsockel zuständig geworden für die Belange des gesetzlichen Biotop- (und Arten)schutzes. Der gesetzliche Biotopschutz im Meer hat durch die in § 56 Abs. 1 angeordnete Geltungserstreckung einen erheb-

7

---

3   Umweltschadensgesetz vom 10.5.2007 (BGBl. I S. 666) zuletzt geändert durch Art. 14 des Gesetzes vom 31.7.2009 (BGBl. I S. 2585).
4   Referentenentwurf für ein UGB III, Stand: 19.11.2007, S. 103 f.

lichen Bedeutungszuwachs erfahren. Das gilt vor allem für die in diesem Meeresbereich vorkommenden (unterseeischen) Riffe und Sandbänke (vgl. dazu näher die Kommentierung bei § 30 Rdnr. 125). Das BfN ist also in dieser Meereszone berechtigt und verpflichtet, die Tatbestände des § 30 eigenständig zu prüfen und über Befreiungen von gesetzlichen Verboten (und auch von Ge- und Verboten in einer Rechtsverordnung auf Grund § 57) gemäß § 67 zu entscheiden. Dies ist eine eigene Entscheidung der Naturschutzbehörde, die von anderen Behörden, z.b. dem BSH nicht ersetzt werden darf.

8 Beim Artenschutz im Meer spielt § 40 Abs. 3 (invasive Arten) infolge der Einschleppung dieser Arten u.a. durch Ballastwasser der Schiffe eine gewisse Rolle. Im Übrigen hat das BfN ggf. über etwaige **Ausnahmen** bzw. **Befreiungen** von Verboten des Artenschutzes im Sinne der §§ 44 und 45 zu entscheiden. Im Artenschutzrecht gelten für Befreiungen die Einschränkung des § 67 Abs. 1 Satz 5 sowie die des § 67 Abs. 2. Das BfN ist außerdem Verwaltungsbehörde bei den Ordnungswidrigkeiten gemäß § 70 Nr. 1.

5. „Soweit nichts anderes bestimmt ist"

9 Eine Zuständigkeit des Bundesamtes für Naturschutz besteht nur, „soweit nichts anderes bestimmt ist". In der Begründung zum Gesetzwurf der Bundesregierung heißt es: „Damit wird, wie auch bereits in § 38 Abs. 2 Satz 2 g.F., bestehenden Zuständigkeiten anderer Behörden zur Zulassung von Vorhaben und Maßnahmen, etwa des Bundesamtes für Seeschifffahrt und Hydrographie nach dem Seeaufgabengesetz und dem Bundesberggesetz, Rechnung getragen." Da in etlichen Gesetzen „anderes bestimmt ist", ist der im Referentenentwurf als Begründung angegebene „einheitliche und effektive Vollzug" im Meeresnaturschutz in der Praxis nicht ohne weiteres gewährleistet. Neben den Zuständigkeiten des BSH für die Seeanlagen, insbesondere auch die Offshore-Anlagen, die sich unter anderem auch auf den Schutz vor Gefährdungen der Meeresumwelt und die Abwehr von Gefahren für sonstige überwiegende öffentliche Belange beziehen (vgl. § 2 Abs. 1 Seeanlagenverordnung), ist das BfN noch von weiteren Überwachungsaufgaben „entlastet".

10 Die Aufsuchung und auch die Gewinnung von **Bodenschätzen** beurteilt sich sowohl in den Küstengewässern wie auf dem Festlandsockel nach dem Bundesberggesetz (BBergG). Da im Bereich des Festlandsockels sämtliche Bodenschätze (also auch Sand und Kies) „bergfrei" sind, bedarf es in diesem Gebiet stets einer Bergbauberechtigung, die als staatlich zugewiesenes Recht zur wirtschaftlichen Nutzung bergfreier Bodenschätze definiert werden kann[5].

11 Kraft ausdrücklicher Zuweisung in § 136 i.V.m. § 142 BBergG werden die Verwaltungsaufgaben im Bereich des Festlandsockels von den Ländern wahrgenommen. Für die Länder Bremen, Hamburg, Niedersachsen und Schleswig-Holstein wird das Landesamt für Bergbau, Energie und Geologie Clausthal-Zellerfeld tätig, in Mecklenburg-Vorpommern ist das Bergamt Stralsund die zuständige Behörde.[6] Das BfN ist deshalb nur im Rahmen des Abs. 1 Satz 2 beim Verfahren der Eingriffs- und Ausgleichregelung zu beteiligen und im Übrigen nach den Vorschriften des Bergrechts sowie im Rahmen der allgemeinen Zusammenarbeit der Behörden nach § 3 Abs. 5. Im

---

5 *Czybulka/Stredak*, Marine Sand- und Kiesgewinnung, S. 39
6 Einzelheiten bei *Czybulka/Stredak*, Marine Sand- und Kiesgewinnung, S. 41 ff.

Übrigen verbleibt es auch hier bei der selbständigen Entscheidungskompetenz des BfN in Bezug auf Ausnahmen bzw. Befreiungen für den Arten- und Biotopschutz. Dies gilt auch im Falle der sog. bergrechtlichen Planfeststellung.

Soweit die **Einbringung von Stoffen** und Gegenständen im Bereich der AWZ oder des Festlandsockels in Frage steht, begründet § 8 Abs. 1 Satz 1 Hohe-See-EinbrG die Zuständigkeit – ebenfalls – des Bundesamtes für Hydrographie und Seeschifffahrt (**BSH**) für die Erteilung einer Einbringungserlaubnis nach § 5 Hohe-See-EinbrG. Auch hierbei schließt die Überwachungsaufgabe des BSH die Kontrolle der Einhaltung der zur Durchsetzung naturschutzrechtlicher Bestimmungen etwa erlassenen Nebenbestimmungen ein. Allerdings bezieht die Kompetenz des BSH sich nicht darauf, ob etwa erforderliche Ausnahmen von anderen Anforderungen, z.b. vom gesetzlichen Biotopschutz tatsächlich vorliegen. Dies zu überwachen ist Sache der zuständigen Naturschutzbehörde, in diesem Fall des BfN. Das gilt im Übrigen auch, soweit Stoffe oder Gegenstände entgegen § 4 Satz 1 Hohe-See-EinbrG in die Meeresgewässer eingebracht werden und entsprechende Auswirkungen haben. **12**

In Bezug auf die Überwachung der **Seeschifffahrt** besteht in der AWZ seewärts der Begrenzung des Küstenmeeres, also in der AWZ, eine Zuständigkeit des Bundes, insbesondere der Schifffahrts-Polizei für Aufgaben der Gefahrenabwehr (§ 1 Nr. 3 Seeaufgabengesetz). Soweit der Bund in der AWZ entsprechende Maßnahmen in Übereinstimmung mit dem Völkerrecht erlassen darf (vgl. dazu die Kommentierung bei § 57 Rdnr. 39 ff.), kommen die Bundespolizei und die Zollverwaltung als zuständige Behörden in Frage. **13**

Die Überwachung der **Fischerei** außerhalb der 12 sm-Zone wird von der Bundesanstalt für Landwirtschaft und Ernährung (**BLE**) im Auftrag des BMELV durchgeführt. Diese vergibt auch die Fanglizenzen und Fangerlaubnisse. Dienstort ist insoweit Hamburg. Die BLE verfügt über 3 Fischereischutzboote. Unterstützt wird die BLE bei der Fischereiüberwachung vom Zoll, der mit 5 Schiffen, die etwa zu 30 % ihrer Einsatzzeit in der Fischereiüberwachung tätig sind, die Kontrollen ergänzt. Auch hier ergeben sich Kooperationsmöglichkeiten mit dem BfN. **14**

II. Verfahren bei der Eingriffs- und Ausgleichsregelung im marinen Bereich

1. „Huckepackverfahren" als Regelfall

Soweit ein Eingriff in Natur und Landschaft, der im Bereich der deutschen AWZ oder im Bereich des Festlandsockels durchgeführt werden soll, einer behördlichen Zulassung oder einer Anzeige an eine Behörde bedarf oder wird er von einer Behörde durchgeführt, ergeht die Entscheidung der Behörde im *Benehmen* mit dem Bundesamt für Naturschutz. Damit sind die meisten Eingriffe im Bereich der AWZ von den Fachbehörden zu genehmigen, die sich notfalls über das Votum des BfN hinwegsetzen können, weil das Gesetz lediglich das Benehmen und nicht das Einvernehmen mit dem BfN verlangt. Die Ausnahmemöglichkeit für eine weitergehende Form der Beteiligung, wie dies in § 17 Abs. 1 für die Länder vorgesehen ist, entfällt also. **15**

2. Subsidiäre Zuständigkeit des BfN

16 Für das subsidiäre Genehmigungsverfahren durch die Naturschutzbehörde fehlen weitergehende Angaben wie sie z.b. in § 17 Abs. 3 für den terrestrischen Bereich vorgesehen sind. Es ist aber durch § 58 Abs. 1 Satz 1 klargestellt, dass insoweit dann das BfN die zuständige Behörde ist. Über die Anwendungsklausel des § 56 Abs. 1 kann dann das Verfahren übernommen werden.

III. Übertragung von Aufgaben des BfN „zur Ausübung" (Absatz 2)

17 Abs. 2 ermöglicht es, bestimmte Verwaltungsaufgaben des Bundesamtes für Naturschutz „zur Ausübung" auf andere Bundesbehörden zu übertragen. Auf diese Weise können, soweit ein entsprechendes Bedürfnis besteht, die bei diesen Behörden vorhandenen Sachmittel und personellen Ressourcen synergetisch genutzt werden.[7]

1. Übertragung an das Bundespolizeipräsidium

18 Die Sach- und Personalmittel, die in der Gesetzesbegründung angesprochen sind, bestehen im Falle der **Bundespolizei** insbesondere auch im Flugdienst der Bundespolizei. Die Einsatzfelder der Polizeihubschrauber des Bundes umfassen u.a. die Überwachung der Grenzen, einschließlich des Küstenmeeres im Bereich der Nord- und Ostsee. Eine entsprechende Fliegerstaffel ist in Fuhlendorf bei Hamburg stationiert. Es liegt auf der Hand, dass bei der Überwachung von Vorschriften des Naturschutzrechts im marinen Bereich der Einsatz von Fluggeräten ebenso wichtig und sinnvoll sein kann wie der von Schiffen. Die Übertragung zur Ausübung auf das „Bundespolizeipräsidium" setzt das Einvernehmen mit dem Bundesministerium des Innern voraus.

2. Übertragung an die Bundesanstalt für Landwirtschaft und Ernährung

19 Die Bundesanstalt für Landwirtschaft und Ernährung (BLE), eine Bundesoberbehörde im Geschäftsbereich des BMELV, ist u.a. tätig im Bereich der Fischwirtschaft und der Fangregulierung. Das entsprechende Referat hat seinen Sitz in Hamburg. Die BLE bereedert im Auftrag des BMELV auch drei Fischereischutzboote und drei Fischereiforschungsschiffe. Mit den Fischereischutzbooten werden Aufgaben der Fischereiaufsicht und der Küstenwache (einem Koordinierungsverbund der Vollzugskräfte des Bundes auf See) durchgeführt. Die BLE ist auch zuständig für die Kontrollmaßnahmen gegen die illegale Fischerei, die inzwischen EG-weit gelten.[8] Auch hier bieten sich Kooperationsmöglichkeit zur Überwachung der Naturschutzvorschriften an, künftig z.B. auch im Bereich der Beschränkungen der Fischerei, soweit sie zulässigerweise angeordnet wurden (vgl. dazu die Kommentierung

---

7 Begründung zum Referentenentwurf für das UGB I, Stand 19.11.2001, S. 104; Gesetzentwurf der Bundesregierung BR-Drs. 278/09 vom 3.4.2009, S. 231.
8 Vgl. Verordnung (EG) Nr. 1005/2008 des Rates zur Verhinderung der illegalen, nicht gemeldeten und unregulierten Fischerei ... vom 29.9.2008, ABl. EU Nr. L 286, S. 1.; Verordnung (EG) Nr. 1010/2009 der Kommission vom 22.10.2009 mit Durchführungsbestimmungen zu der Verordnung (EG) Nr. 1005/2008 des Rates über ein Gemeinschaftssystem zur Verhinderung, Bekämpfung und Unterbindung der illegalen, nicht gemeldeten und unregulierten Fischerei, ABl. EU Nr. L 280, S. 5.

zu § 57 Abs. 3 Nr. 3 Rdnr. 66 ff.). Die Übertragung „zur Ausübung" setzt das Einvernehmen mit dem **BMELV** voraus.

IV. Gebühren und Auslagen (Absatz 3)

Abs. 3 regelt die Erhebung von Gebühren und Auslagen durch das Bundesamt für Naturschutz für Amtshandlungen auf der Grundlage der Vorschriften dieses Kapitels, also des Kapitels 6 „Meeresnaturschutz". Die Vorschrift entspricht der Kostenregelung für den Vollzug des Artenschutzrechts in § 48 BNatSchG a.F., die in § 53 weitgehend unverändert übernommen wurde und nach dem Gesetzestext „unberührt bleibt".[9]

20

Die in Abs. 3 angesprochene **Rechtsverordnung** könnte nach dem Muster der „Kostenverordnung für Amtshandlungen des Bundesamtes für Naturschutz (BfN-KostV)" vom 25.3.1998, die zuletzt durch Art. 25 des Gesetzes vom 29.7.2009[10] geändert wurde, erlassen werden. Denkbar ist auch eine Integration der neuen gebührenpflichtigen Tatbestände, Gebührensätze und Auslagenerstattungen in diese Verordnung. Ausweislich der Anlage (zu § 1) des Gebührenverzeichnisses sind bis dato (Juli 2010) die entsprechenden gebührenpflichtigen Tatbestände noch nicht ergänzt. Für die Rechtsverordnung ist das Einvernehmen mit dem Bundesministerium der Finanzen erforderlich. Einer Zustimmung des Bundesrates bedarf es nicht.

21

---

9 Vgl. Begründung zum Gesetzentwurf der Bundesregierung, BR-Drs. 278/09, S. 231
10 BGBl. I S. 2542.

Kapitel 7 Erholung in Natur und Landschaft

Vorbemerkung vor §§ 59 ff.

1 Das Bundesnaturschutzgesetz erwähnt die Erholung an herausgehobener Stelle in der Zielbestimmung des § 1 Abs. 1 Nr. 3 und Abs. 4 („Erholungswert"). und in den Grundsätzen des § 2 Abs. 1 Nr. 11 und 13, ferner in § 5 Abs. 1 („Erholungslandschaft"), § 9 Abs. 3 Satz 1 Nr. 4 Buchst. f (Inhalt der Landschaftsplanung), § 26 Abs. 1 Nr. 3 (Erholungsbedeutung als Schutzzweck eines Landschaftsschutzgebiets), § 27 Abs. 1 Nr. 3, 4 (Merkmal eines Naturparks). § 7 Abs. 1 Nr. 3 definiert **Erholung** als natur- und landschaftsverträglich ausgestaltetes Natur- und Freizeiterleben einschließlich natur- und landschaftsverträglicher sportlicher Betätigung in der freien Landschaft, soweit dadurch die sonstigen Ziele des Naturschutzes und der Landschaftspflege nicht beeinträchtigt werden.

2 Die Vorschriften des Kapitels 7 dienen dem Bedürfnis der Menschen nach Erholung in Natur und Landschaft. Sie regeln diese Materie aber nicht in jeder Hinsicht. Das Gesetz beschränkt sich auf vier Vorschriften, die wesentliche Fragen betreffen. Mit dem Betretungsrecht des § 59 sichert es die Bewegungsfreiheit als eine wesentliche Voraussetzung des öffentlichen Belangs der Erholung rechtlich ab und bestimmt insoweit den Inhalt des Grundeigentums i.S.v. Art. 14 Abs. 1 Satz 2 GG unter Abwägung gegen die Interessen des Eigentümers. Einzelheiten bleiben der Regelung im Landesrecht überlassen. Die Haftung für Gefahren war bisher in § 56 erwähnt, sie ist nunmehr in § 60 eigens geregelt. Neu ist § 61 über die Freihaltung von Gewässern und Uferzonen. Das Bereitstellen von Grundstücken (§ 62) soll in bestimmten Fallgruppen die faktischen Voraussetzungen der Erholung schaffen bzw. verbessern. Gegenüber dem bisherigen Recht ergeben sich keine wesentlichen Änderungen.

§ 59 Betreten der freien Landschaft

(1) Das Betreten der freien Landschaft auf Straßen und Wegen sowie auf ungenutzten Grundflächen zum Zweck der Erholung ist allen gestattet (allgemeiner Grundsatz).

(2) ¹Das Betreten des Waldes richtet sich nach dem Bundeswaldgesetz und den Waldgesetzen der Länder sowie im Übrigen nach dem sonstigen Landesrecht. ²Es kann insbesondere andere Benutzungsarten ganz oder teilweise dem Betreten gleichstellen sowie das Betreten aus wichtigen Gründen, insbesondere aus solchen des Naturschutzes und der Landschaftspflege, des Feldschutzes und der land- und forstwirtschaftlichen Bewirtschaftung, zum Schutz der Erholungsuchenden, zur Vermeidung erheblicher Schäden oder zur Wahrung anderer schutzwürdiger Interessen des Grundstücksbesitzers einschränken.

Gliederung

		Rdnr.
I.	Betretungsrecht (Abs. 1)	1–14
1.	Allgemeines	1–4
2.	Erholungszweck	5, 6
3.	Gegenstand des Betretungsrechts	7–11
4.	Inhalt des Rechts zum „Betreten"	12–14
II.	Einschränkungen des Betretungsrechts (Abs. 2 Satz 2)	15–22
1.	Wichtige Gründe nach Maßgabe des Landesrechts	15–18
	a) Öffentliche Interessen	16
	b) Private Interessen	17, 18
2.	Einzelheiten	19–22

I. Betretungsrecht (Absatz 1)

1. Allgemeines[1]

Abs. 1 stellt den **allgemeinen Grundsatz** auf, dass das Betreten der freien Landschaft auf Straßen und Wegen sowie auf ungenutzten Grundflächen zum Zweck der Erholung allen gestattet ist. Dazu die Gesetzesbegründung:[2] „Das Recht, die freie Landschaft auf Straßen und Wegen sowie auf ungenutzten Grundflächen zu betreten, ist notwendige Voraussetzung für die Erholung der Bevölkerung in Natur und Landschaft. Das Betretensrecht ist daher als allgemeiner Grundsatz des Naturschutzes im Sinne von Art. 72 Abs. 3 Satz 1 Nr. 2 GG ausgestaltet. Die vollzugtaugliche Regelung richtet sich unmittelbar an den Einzelnen, ohne dass es weiterer landesrechtlicher Ausfüllungsvorschriften bedarf." Abs. 2 Satz 1 ist redaktionell nicht ganz gelungen: Der zweite Satzteil „... im Übrigen nach dem sonstigen Landesrecht" bezieht sich nicht auf das „Betreten des Waldes", sondern auf das „Betreten" allgemein. Satz 2 knüpft daran an.

1

Das Betretungsrecht des § 59 kann nur **natürlichen Personen** zustehen. Nur sie können ein Grundstück „betreten" und dies „zum Zweck der Erholung" tun.[3] Für die identische waldrechtliche Betretungsbefugnis stellt die Rechtsprechung[4] zutreffend fest, dass sie „ihrer Natur nach nur individuell und

2

---

1 Zur Rechtsprechung vgl. *Fischer-Hüftle*, Naturschutz-Rechtsprechung für die Praxis, Kap. 7100 ff.
2 BT-Drs. 16/12274 S. 74.
3 VGH Kassel, Beschl. v. 12.7.2001 – 2 Q 777/01, NuR 2003, 105.
4 OVG Münster, Beschl. v. 21.8.2008 – 20 B 1057/08, AUR 2009, 234.

höchstpersönlich ausgenutzt werden" kann und für das dem Betreten gleichstehende Radfahren auf festen Wegen Entsprechendes gilt. Die Vorschrift begünstige nur die jeweilige natürliche Person, die als individualisierter Teil der Allgemeinheit, quasi als „Jedermann", den Wald betritt bzw. mit dem Fahrrad befährt. Bei organisierten Veranstaltungen können sich die Teilnehmer nur auf ihr Betretungsrecht berufen, wenn der Erholungszweck im Vordergrund steht. Das Landesrecht kann Regelungen treffen, um eine Beeinträchtigung der betroffenen Grundstücke zu verhüten (vgl. Rdnr. 14).

3 Unberührt bleibt ein Betretungsrecht aufgrund **anderer Vorschriften**, z.B. des Gemeingebrauchs auf öffentlichen Straßen und Wegen, des Jagd- und Fischereirechts. Das naturschutzrechtliche Betretungsrecht und der straßenrechtliche Gemeingebrauch sind voneinander unabhängig. Es kann daher sein, dass ein durch die freie Landschaft verlaufender, straßenrechtlich als Fußweg gewidmeter Weg kraft Naturschutzrechts mit dem Fahrrad befahren werden darf, wenn das Naturschutzgesetz das Betretungsrecht auf das Radfahren ausdehnt.[5]

4 Das (öffentlich-rechtliche) Betretungsrecht hat **zivilrechtliche Konsequenzen**. Seine (rechtmäßige) Ausübung kann vom Eigentümer oder Besitzer (Mieter, Pächter usw.) des Grundstücks nicht untersagt werden kann. Es bildet keine Eigentums- oder Besitzstörung, keine verbotene Eigenmacht (§ 858 BGB). Gegen eine Person, die von ihrem naturschutzrechtlichen Betretungsrecht Gebrauch macht, bestehen daher keine Abwehransprüche nach § 1004 oder § 862 BGB (vgl. auch Rdnr. 22). Der Eigentümer oder Besitzer kann für die Ausübung des Betretungsrechts kein Entgelt verlangen, denn § 59 gewährleistet auch die **Unentgeltlichkeit** der Rechtsausübung. Anders, soweit es um künstlich angelegte oder gepflegte Einrichtungen wie Skipisten geht, um Parkplätze, Zeltplätze usw.

2. Erholungszweck

5 Das Betreten muss der **Erholung** dienen, also z.B. nicht der Berufsausübung oder wirtschaftlichen Zwecken. Zur Erholung gehören die Verhaltensweisen des Menschen, die seiner körperlichen und seelischen Regeneration dienen sollen. Von großer Bedeutung sind dabei der Aufenthalt und die Bewegung in der freien Natur und Landschaft. § 7 Abs. 1 Nr. 3 gibt eine **gesetzliche Definition** der Erholung als „natur- und landschaftsverträglich ausgestaltetes Natur- und Freizeiterleben einschließlich natur- und landschaftsverträglicher sportliche Betätigung in der freien Landschaft, soweit dadurch die sonstigen Ziele des Naturschutzes und der Landschaftspflege nicht beeinträchtigt werden". Der Ausdruck „Natur- und Freizeiterleben" ist etwas schief, gemeint ist das Erleben von Natur und Landschaft (in ihrer Vielfalt, Eigenart und Schönheit, vgl. § 1 Abs. 1 Nr. 3) als Teil der Freizeitgestaltung. Der Gesetzeswortlaut lässt keine Zweifel daran, dass sich die Erholung nach den (sonstigen) Erfordernissen von Naturschutz und Landschaftspflege richten muss und daher nicht zu Beeinträchtigungen von Natur und Landschaft führen darf. Nur unter diesen Voraussetzungen gehört sie zu den Zielen von Naturschutz und Landschaftspflege.

6 Bei organisierten **Veranstaltungen** ist nach ihrem Zweck und den sonstigen Umständen (Zuschauerzahl usw.) zu prüfen, ob es in erster Linie um den („sanften") Erholungszweck geht oder ob Sport, Unterhaltung oder wirt-

---

5 VGH Mannheim, Urt. v. 19.4.1983 – 5 S 51/83, NuR 1983, 318.

schaftliche oder gesellschaftliche Interessen im Vordergrund stehen.⁶ So ist die Nutzung von Waldwegen durch die Teilnehmer an dem Radmarathon kein Betreten bzw. Befahren zum Zwecke der Erholung im Sinne des waldrechtlichen Betretungsrechts. Denn die Teilnehmer befahren die Waldwege nicht als „Jedermann", sondern im Rahmen einer organisierten Veranstaltung unter Zahlung eines entsprechenden Startgeldes und zum Zwecke des sportlichen Wettbewerbes. Eventuelle Erholungsziele, die einzelne Teilnehmer bei ihrem Tun gleichwohl verfolgen, werden durch das Gesamtbild der Veranstaltung und deren Organisationsgrad überlagert.⁷ Das Betreten der Flur zwecks Durchführung einer **ökologischen Bestandsaufnahme** zur Vorbereitung eines luftverkehrsrechtlichen Zulassungsverfahrens dient nicht Zwecken der Erholung.⁸ Zwischen dem Eigentümer und dem Veranstalter ist auch eine zivilrechtliche Streitigkeit über die Duldungspflicht möglich.⁹

3. Gegenstand des Betretungsrechts

Ein Betretungsrecht wurde bundesrechtlich erstmals 1975 in § 14 BWaldG geregelt.¹⁰ Wenig später trat das BNatSchG 1977 in Kraft,¹¹ es gewährleistete in § 27 Abs. 1 das Betreten der „Flur", ein Ausdruck, der auch in § 56 BNatSchG 2002 noch enthalten war und wohl nicht den Wald umfasste. In § 59 ist nicht mehr von der „Flur" die Rede, sondern von der „**freien Landschaft**". Darunter sind alle Grundflächen außerhalb der im Zusammenhang bebauten Ortsteile zu verstehen,¹² die nicht durch bauliche oder sonstige Anlagen verändert sind.¹³ Es muss sich nicht um landwirtschaftliches Kulturland (Äcker, Wiesen, Weiden usw.) handeln, auch alle sonstigen Geländeteile wie Raine, ungenutzte Flächen („Ödland"), Brachflächen usw. gehören dazu, aber auch der **Wald**. Er ist ein Element der „Landschaft", auch das Attribut „frei" trifft auf ihn zu, denn es bildet nur die Abgrenzung zu Siedlungsflächen. Der **allgemeine Grundsatz des Abs. 1** gilt somit **auch für das Betreten des Waldes**. Die Verweisung auf das Waldrecht in Abs. 2 Satz 1 bedeutet (nur), dass die gesetzliche Ausformung dieses Grundsatzes nicht im BNatSchG enthalten ist, sondern in den Waldgesetzen des Bundes und der Länder, nimmt den Wald aber nicht vom Begriff der freien Landschaft und vom Geltungsbereich des Grundsatzes in Abs. 1 aus (das BWaldG beruht seit jeher auf demselben Kompetenztitel wie das BNatSchG: Naturschutz und Landschaftspflege i.S.v. Art. 75 Nr. 3 GG a.F. und Art. 74 Abs. 1 Nr. 29 GG).¹⁴ Abs. 2 Satz 1 überlässt die Ausgestaltung des Betretungsrechts „im Übrigen" den Ländern (Rdnr. 1) , lediglich § 60 regelt den Aspekt der Haftung für die gesamte „freie Landschaft", also auch für den Wald. Die Länder könnten aber auch das Betretungsrecht einheitlich im Naturschutzgesetz regeln, denn diese Abweichung von Abs. 2 Satz 1 würde den

---

6 VGH Mannheim, Urt. v. 27.2.1995 – 5 S 1281/94, NuR 1995, 462.
7 OVG Münster, Beschl. v. 21.8.2008 – 20 B 1057/08, AUR 2009, 234.
8 VGH Kassel, Beschl. v. 12.7.2001 – 2 Q 777/01, NuR 2003, 105.
9 BayObLG, Urt. v. 25.5.2004 – 1Z RR 2/03, NuR 2005, 205.
10 Dazu BVerwG, Urt. v. 31.5.1985 – 4 C 14/82, NuR 1985, 277.
11 V. 20.12.1976, BGBl I 1976, 3574 und 1977, 650.
12 OVG Münster, Urt. v. 20.12.1990 – 20 A 2218/89, NuR 1993, 240.
13 BayObLG, Beschl. v. 15.9.1993 – 3 Ob OWi 65/93, NuR 1994, 410 zum gleichbedeutenden Begriff „freie Natur".
14 Die auf der landesrechtlichen Aufspaltung des Betretungsrechts beruhende, der Wortbedeutung widersprechende Herausnahme des Waldes aus dem Begriff der freien Landschaft (OVG Frankfurt (Oder), Beschl. v. 10.10.2004 – 3a B 255/03, NuR 2005, 110) gilt für den allgemeinen Grundsatz des § 59 daher nicht.

§ 59   8–10

Grundsatz des Abs. 1 nicht berühren. Die erlaubnisfreie Benutzung von **Gewässern** (Gemeingebrauch) richtet sich wie bisher nach Wasserrecht (§ 25 WHG und Landesrecht).[15] In der Regel gehören dazu Baden, Eissport und Befahren mit kleinen Fahrzeugen ohne eigene Triebkraft. Der wasserrechtliche Gemeingebrauch kann aus Gründen des Naturschutzes beschränkt werden.[16]

8   Der Begriff der freien Landschaft stellt auf die tatsächlichen Verhältnisse ab, nicht auf die rechtliche Qualifizierung z.b. als Bauland. Wo am **Ortsrand** die Grenze zwischen bebauter Ortslage und freier Landschaft im naturschutzrechtlichen Sinne verläuft, richtet sich nicht nach § 34 BauGB, sondern nach dem Gesichtspunkt, dass das Betretungsrecht Ausdruck der Sozialpflichtigkeit des Eigentums ist und dieses nur geringfügig beeinträchtigen soll, d.h. eine Beeinträchtigung des privaten Wohnbereichs in einer für den Normadressaten eindeutig erkennbaren Weise ausgeschlossen ist. Die private gärtnerische oder Wohnnutzung eines Grundstücksteils im Ortsrandbereich schließt daher ein naturschutzrechtliches Betretungsrecht aus.[17] Eine andere Frage ist, ob das Landesrecht den der Wohnnutzung zuzurechnenden Bereich eingrenzt und damit der Gestaltungsfreiheit des Eigentümers eines Ortsrandgrundstücks Grenzen setzt (Rdnr. 18). Umgekehrt bleibt eine Außenbereichsfläche, auch wenn sie durch einen **Bebauungsplan** überplant ist (§ 30 BauGB) bis zur tatsächlichen Bebauung Teil der freien Landschaft.[18] **Bebaute Grundstücke im Außenbereich** können optisch als Teil der freien Landschaft erscheinen. Jedoch führt dann führt der Schutz des Wohnbereichs zu einer Einschränkung des Betretungsrechts (Rdnr. 18). **Zäune und Sperren** lassen den Charakter einer Landschaft als „freie Natur" (im Sinne des bayer. Landesrechts, wohl gleichzusetzen mit freier Landschaft) nicht ohne weiteres entfallen.[19]

9   Das Betretungsrecht des § 59 wird gewährleistet auf Straßen und Wegen und auf ungenutzten Grundflächen. Es unterscheidet nicht danach, ob es sich um besonders geschützte Teile von Natur und Landschaft i.S.v. § 20 Abs. 2 handelt oder um sonstige Flächen.[20] Es besteht grundsätzlich **flächendeckend** in der freien Landschaft. In **Schutzgebieten** bedarf die Einschränkung des Betretungsrechts daher einer besonderen Regelung nach Abs 2 Satz 2. Im **Wald** besteht ein Betretungsrecht nach Maßgabe von § 14 BWaldG, d.h. auch außerhalb von Straßen und Wegen (Satz 1). Das Radfahren, das Fahren mit Krankenfahrstühlen und das Reiten im Walde ist nur auf Straßen und Wegen gestattet (Satz 2).

10   **Straßen und Wege** sind auch, aber nicht in erster Linie öffentliche, die ja ohnehin dem Gemeingebrauch dienen (Rdnr. 3), sondern – was ihre praktische Bedeutung für das Betretungsrecht betrifft – vor allem private Straßen und

---

15   Amtl. Begr. BT-Drs. 16/12274, S. 74.
16   Dazu z.B. BayVerfGH, Entsch. v. 20.2.1990 – Vf. 6–VII-89, NuR 1993, 155; VGH Mannheim, Beschl. v. 27.8.1991 – 5 S 1217/91, NuR 1992, 235; OVG Lüneburg, Urt. v. 25.9.1995 – 3 K 6089/93, RdL 1996, 303 und 12.11.1998 – 3 K 7806/95; VGH Mannheim, Urt. v. 7.11.1997 – 8 S 598/97, NuR 1999, 107, v. 9.7.1999 – 8 S 2879/98, NuR 2000, 156 und v. 22.12.2000 – 8 S 269/00.
17   Zur privaten Wohnnutzung eines Grundstücksteils im Ortsrandbereich OVG Berlin, Urt. v. 2.4.2009 – 11 B 7.08, NuR 2009, 417.
18   OVG Frankfurt/Oder, Beschl. v. 14.10.2004 – 3a B 255/03, NuR 2005, 110.
19   VGH München, Urt. v. 3.8.1988 – 9 B 87.01107, NuR 1989, 136.
20   VGH München, Urt. v. 22.7.1982 – 9 B 1710/79, NuR 1984, 193.

Wege. An das Vorhandensein eines Weges sind keine hohen Anforderungen zu stellen. Ein unbefestigter Feldweg fällt sicher darunter, aber auch schon ein schmaler Pfad reicht aus. Da es hinsichtlich der Eigenschaft als Weg oder Pfad lediglich auf das Betreten ankommt, genügt es, wenn diese begehbar sind, so dass ein Trampelpfad vom Betretungsrecht erfasst wird, wenn die Nutzung durch die Allgemeinheit zu Erholungszwecken über einen nennenswerten Zeitraum erfolgte.[21] Es kommt nicht darauf an, wie die Verbindung historisch entstanden ist und mit wessen Mitteln sie errichtet und unterhalten wird. Ferner wirkt es sich nicht aus, ob die Verbindung von vorneherein ununterbrochen angelegt worden ist oder eher zufällig entstanden ist.[22] Das Betretungsrecht besteht auf vorhandenen Straßen und Wegen, d.h. wenn der Eigentümer den (privaten) Weg beseitigt, kann ihm das Betretungsrecht nicht entgegengehalten werden.

Ungenutzte Grundflächen sind nicht nur solche, auf denen dauernd keine Nutzung stattfindet, sondern auch Nutzflächen außerhalb der eigentlichen Nutzungszeit, z.b. Wiesen außerhalb der Zeit des Aufwuchses, abgeernteten und noch nicht neu bestellte Äcker usw.[23] In einem Land wie Deutschland, wo die landwirtschaftliche Nutzung einen großen Teil der freien Landschaft einnimmt und dauerhaft ungenutzte Flächen auf Restbestände geschrumpft sind, wo die Flurbereinigung in den 1960er/70er Jahren Feldwege asphaltiert und betoniert hat, ist es für das Betretungsrecht zum Zweck der Erholung von erheblicher Bedeutung, Flächen außerhalb der Aufwuchs- oder Nutzzeit betreten zu können.

4. Inhalt des Rechts zum „Betreten"

Das Betreten umfasst nicht nur das **Gehen**, sondern auch den **Aufenthalt** auf einer Fläche, soweit es für die Erholung erforderlich ist. In der Rechtsprechung[24] ist die Rede von einem „Recht zum längeren Verweilen". Es geht ja nicht nur um das Betreten als solches, sondern um das damit verbundene **Erleben** von Natur und Landschaft. Man kann sich also vor oder nach dem Baden am Ufer niederlassen, die Aussicht genießen, Brotzeit machen, sich ausruhen usw. Die Errichtung von Anlagen, auch nur vorübergehend, zählt dazu nicht, das Zelten und Übernachten ebenso wenig, außer es ist z.B. bei Gebirgstouren unumgänglich (und insofern Tradition).

Auch wenn Abs. 2 Satz 2 bestimmt, dass Landesrecht **andere Benutzungsarten** ganz oder teilweise dem Betreten gleichstellen kann, behält die Frage Bedeutung, was bundesrechtlich alles zum „Betreten" gehört. Sicher ist, dass es alles umfasst, was man zu Fuß tun kann, wie Spazierengehen, Wandern, Laufen. Auch Ballspielen und Drachensteigenlassen gehören dazu. Bei Fortbewegungsarten wie Skifahren, Schlittenfahren, Reiten oder Radfahren ist das nicht so klar. Daraus, dass das Betreten dem Zweck der Erholung dienen muss, lassen sich keine sicheren Schlüsse ziehen. Die Definition in § 7 Abs. 1 Nr. 3, wonach Erholung die sportliche Betätigung in der freien Landschaft einschließt, sofern sie natur- und landschaftsverträglich sein muss, ist keine sichere Grundlage für die Feststellung, was im allgemeinen zum Betretungsrecht gehört. Auch besagt die Naturverträglichkeit nichts über den In-

---

21 OVG Frankfurt/Oder, Beschl. v. 14.10.2004 – 3a B 255/03, NuR 2005, 110.
22 VG Münster, Urt. v. 19.9.2005 – 7 K 1509/02, juris Rdnr. 25.
23 VG Berlin, Urt. v. 26.11.1980 – 1 A 268/79, NuR 1981, 129 m. abl. Anm. *Carlsen*.
24 BayObLG, Beschl. v. 7.12.1976 – 3 Ob OWi 92/76, BayVBl. 1977, 120.

teressengegensatz zwischen Betreten und Eigentumsrecht. Letzterer erfordert, den bundesrechtlichen Kernbereich des Betretungsrechts auf Verhaltensweisen zu beschränken, die ihrem Wesen nach mit einer **geringen Belastung des Grundstücks**[25] verbunden sind, also „vergleichsweise schonende Formen des Aufenthalts und der Betätigung in der freien Landschaft".[26] Zum Betreten gehören daher das Skifahren und Schlittenfahren außerhalb des kommerziellen Bereichs und ohne Anlage regelrechter Loipen, Abfahrten usw. Das **Radfahren** ist kein Betreten, sondern ein Befahren, es kann durch Landesrecht dem Betreten gleichgestellt werden (Abs. 2 Satz 2), beschränkt auf geeignete Straßen und Wege, d.h. feste Wege, die das Befahren ohne Schäden an der Bodendecke (tiefe Spuren, Verschlammung, Zerstörung der Vegetation, Erosion) erlauben. Auch das **Reiten** gehört aus bundesrechtlicher Sicht nicht zum Kernbereich des Betretungsrechts, wohl aber das Mitführen eines Hundes.

14 Einzelheiten sind von der Ausgestaltung im **Landesrecht** abhängig. Wenn das Landesrecht **andere Benutzungsarten** ganz oder teilweise dem Betreten gleichstellen will, ist es nicht völlig frei. Die unentgeltliche Duldungspflicht des Grundstückseigentümers oder Besitzers darf nicht überdehnt werden, seine berechtigten Interessen sind zu schützen. Der Erholungszweck muss gewahrt bleiben. Das **Befahren** wird im Landesrecht dem Betreten gleichgestellt, was etwa Radfahren und das Befahren mit Krankenfahrstühlen betrifft. Motorisiertes Befahren scheidet generell aus (von Krankenfahrstühlen abgesehen). Beim Reiten sind die Regelungen unterschiedlich.

II. Einschränkungen des Betretungsrechts (Absatz 2 Satz 2)[27]

1. Wichtige Gründe nach Maßgabe des Landesrechts

15 Abs. 2 Satz 2 ermächtigt die Länder, das Betretungsrecht aus **wichtigen Gründen** einzuschränken. Das Betretungsrecht ist zwar von großer Bedeutung, es steht aber unter zwei Vorbehalten. Zum einen können überwiegende **öffentliche Interessen** eine Beschränkung erfordern, etwa Belange des Naturschutzes und der Landschaftspflege einschließlich der Erholung selbst. Einschränkungen zugunsten überwiegender **privater Interessen** ergeben sich daraus, dass das Betretungsrecht die Sozialpflichtigkeit des Eigentums konkretisiert und den Eigentumsinhalt bestimmt (Art. 14 Abs. 1 Satz 2 und Abs. 2 GG). Die Ausübung des Betretungsrechts bzw. die aus ihm resultierende Belastung des Eigentums muss dem Grundsatz der Verhältnismäßigkeit entsprechen. Dass der Erholungsuchende bei Ausübung des Betretungsrechts dazu verpflichtet sein mag, die den Umständen nach mögliche und zumutbare Rücksicht zu nehmen, kann eine ausdrückliche Regelung typischer Konfliktsituationen nicht ersetzen. Das Gesetz nennt daher beispielhaft, aber nicht abschließend, wichtige Gründe des Naturschutzes und der Landschaftspflege, des Feldschutzes und der land- und forstwirtschaftlichen Bewirtschaftung, zum Schutz der Erholungsuchenden, zur Vermeidung erheblicher Schäden oder zur Wahrung anderer schutzwürdiger Interessen des Grundstücksbesitzers einzuschränken. oder aus der gebotenen Rücksicht-

---

25 OVG Berlin, Urt. v. 2.4.2009 – 11 B 7.08 u.a., NuR 2009, 417.
26 VGH Mannheim, Urt. v. 27.2.1995 – 5 S 1281/94, NuR 1995, 462.
27 Zur Kasuistik *Fischer-Hüftle*, Naturschutz-Rechtsprechung für die Praxis, Kap. 7115, 7120.

nahme auf die Interessen des Grundstückseigentümers bzw. -nutzers ergeben. Das entspricht der bisherigen Rechtslage.

a) **Öffentliche Interessen.** Gründe des **Naturschutzes und der Landschaftspflege** sind z.b. der Schutz der Lebensstätten von Tieren oder Pflanzen. Dem dient etwa das Wegegebot in einer Naturschutzverordnung oder die Ermächtigung, durch behördliche Anordnung das Betreten zu untersagen. Der **Schutz der Erholungsuchenden** kann eine Regelung des Erholungsverkehrs in stark frequentierten Bereichen oder an gefährlichen Stellen notwendig machen, etwa um die Begegnung von Fußgängern und Reitern zu vermeiden[28] oder Gefahrenstellen abzusperren.

b) **Private Interessen.** Gründe des **Feldschutzes** und der **landwirtschaftlichen Bewirtschaftung** sind insbesondere in der Vegetationsperiode zu berücksichtigen. Die Interessen des Grundstückseigentümers an der Bewirtschaftung und die Abwehr von Schäden haben insoweit Vorrang vor dem Betretungsrecht. Deshalb erlaubt das Landesrecht das Betreten landwirtschaftlich genutzter Flächen während der Nutzzeit bzw. Aufwuchszeit nur auf vorhandenen Wegen. Feldschutz ist ein – hier wenig relevanter – Begriff des Ordnungs- und Strafrechts, dabei geht es wie beim Forstschutz vor allem um den Schutz vor Diebstahl und damit zusammenhängenden Taten im Bereich des „Feldfrevels" (vgl. Art. 4 Abs. 4 EGStGB). Sollte die Schadensvermeidung gemeint sein, so ergibt sich diese schon aus dem Begriff „Gründe der landwirtschaftlichen Bewirtschaftung".

Die Beschränkung des Betretungsrechts zwecks **Vermeidung erheblicher Schäden,** aber auch von **Verunreinigungen** bei häufig betretenen Grundstücken[29] hält die Inhaltsbestimmung des Eigentums in zumutbaren Grenzen, ebenso wenn sie zur **Wahrung anderer schutzwürdiger Interessen des Grundstücksbesitzers** erfolgt, z.b. zum Schutz des **Wohnbereichs** oder gewerblich genutzter Flächen bzw. allgemein zur Abwehr von **Behinderungen einer zulässigen Nutzung.** Wohngrundstücke sind nur Flächen, auf denen ein Interessengegensatz zwischen berechtigten, tatsächlich ausgeübten Wohnbedürfnissen und dem allgemeinen Betretungsrecht entstehen kann; die bloße Möglichkeit, ein Grundstück zu bebauen oder ein verfallenes Gebäude auf längere Sicht wiederherzustellen, reicht in der Regel nicht aus.[30] Wohnbereich ist nicht nur die eigentliche Wohnung, dazu gehören auch ein Hofraum, Garten usw. Die Grenzziehung ist uneinheitlich.[31] Um die Abwehr einer Behinderung der zulässigen Grundstücksnutzung handelt es sich nicht, wenn die Sperre dazu dient, um die sich dort erholenden Grundstückseigentümer vor Störungen zu schützen. Insoweit ist im Regelfall die Nutzung als Erholungsfläche durch andere Erholungsuchende eine zumutbare Beeinträchtigung des Eigentums, außer die Erholungsfläche ist dem Wohnbereich zuzuordnen.[32]

---

28 Zu benutzungspflichtigen Reitwegen vgl. BVerfG, Beschl. v. 6.6.1989 – 1 BvR921/85, NuR 1990, 16.
29 Näheres bei VGH Mannheim, Beschl. v. 27.8.1991 – 5 S 1217/91, NuR 1992, 235.
30 VGH München, Urt. v. 3.8.1988 – 9 B 87.01107, NuR 1989, 136.
31 Vgl. VGH München, Urt. v. 14.4.1981 – 12 II 78, NuR 1982, 225 und OVG Berlin, Urt. v. 2.4.2009 – 11 B 7.08 u.a., NuR 2009, 417.
32 VGH München, Beschl. v. 16.12.1994 – 9 CS 94.3534.

2. Einzelheiten

19 Nach Landesrecht steht die **Befugnis, die möglichen Einschränkungen des Betretungsrechts zu aktualisieren**, einerseits den Behörden zu, die insoweit durch Einzelanordnung oder Rechtsverordnung handeln können, insbesondere aus Gründen des Naturschutzes und der Landschaftspflege oder des Schutzes der Erholungsuchenden. Auch wird dem Grundstückseigentümer/ -nutzer in bestimmten Fällen das Recht eingeräumt, andere am Betreten ihrer Wege oder Flächen zu hindern, etwa durch eine Sperre. Solche Gründe sind z.b. der Schutz des Wohnbereichs, die Abwehr von Schäden an Forstkulturen usw.

20 Das Landesrecht verwendet in diesem Zusammenhang häufig den Begriff der **Sperre**. Sperren sind alle Einrichtungen oder Maßnahmen, die dazu bestimmt oder geeignet sind, das Betreten zu verhindern oder erheblich zu erschweren, mit anderen Worten: jedes in der freien Natur errichtete Hindernis, das gegenüber demjenigen, der sein Betretungsrecht ausüben will, den Willen des mutmaßlich Berechtigten, ihn daran zu hindern, deutlich erkennen lässt, ohne dass es auf die tatsächliche Unüberwindbarkeit des Hindernisses ankommt.[33] Sperren sind z.b. Schilder,[34] Tore, Zäune, Schranken, aber auch Hecken und andere abriegelnde Bepflanzungen, etwa eng gepflanzten Fichten, die innerhalb weniger Jahre einen mindestens mannshohen, undurchdringlichen lebenden Zaun bilden und der Parzellierung eines Außenbereichsgrundstücks zu Freizeitzwecken dienen.[35] Ein Weidezaun ist nach seiner Zielrichtung keine Sperre, denn er soll nur Tiere am Entweichen hindern, nicht aber Erholungsuchende ausschließen.[36] Doch sind je nach der örtlichen Situation für Wanderer Durchgänge oder Überstiege (Leitern) anzubringen, um die faktische Sperrwirkung nicht unzumutbar werden zu lassen. Die Errichtung von Sperren durch Privatpersonen steht häufig unter Anzeige- oder Erlaubnisvorbehalt. Die Behörden werden ermächtigt, die Beseitigung unzulässiger Sperren anzuordnen. Eine Sperre kann außerdem den Eingriffstatbestand (§ 14 Abs. 1) erfüllen oder unter Verbote einer Schutzverordnung fallen.

21 Eine **rechtswidrige Sperre** ist aus Gründen der Rechtssicherheit und des Rechtsfriedens zu beachten.[37] Anders in dem Sonderfall, dass Landesrecht ein Schild für unbeachtlich erklärt, wenn es nicht auf einen gesetzlich anerkannten Grund hinweist (so bisher Art. 23 Abs. 3 Satz 3 BayNatSchG). Der Betroffene muss sich an die Behörde wenden. Das Betretungsrecht dient dem Schutz des Einzelnen und gibt ihm jedenfalls einen Anspruch auf fehlerfreie Ermessensausübung. Das Ermessen kann ggf. fehlerfrei nur in Form der Beseitigungsanordnung ausgeübt werden.[38]

22 Missachtet jemand eine Sperre, so kann ihn der Eigentümer gem. § 1004 BGB auf Unterlassung verklagen.[39] Die umgekehrte Frage, ob das Betretungsrecht einen zivilrechtlichen Anspruch gegen den Grundstückseigentü-

---

33 VGH Mannheim, Urt. v. 21.4.1994 – 5 S 2157/93, NuR 1995, 84.
34 VGH Mannheim, Urt. v. 19.12.1986 – 5 S 2178/85, NuR 1987, 225.
35 VGH München, Beschl. v. 16. 12. 1994 – 9 CS 94.3534.
36 VG Freiburg, Urt. v. 20.3.1990 – 6 K 46/89, NuR 1991, 194
37 BayVerfGH, Entsch. v. 4.3.1994 – Vf. 8-VI-93,NVwZ-RR 1994, 643.
38 Vgl. VGH München, Urt. v. 17.1.1983 – 9 B 80 A.956, NuR 1983, 239/241
39 So der Ausgangsfall zu BayVerfGH, Entsch. v. 4.3.1994 – Vf. 8-VI-93, NVwZ-RR 1994, 643.

mer oder -besitzer auf Beseitigung einer (unrechtmäßigen) Sperre gibt, wird in der Literatur verneint.[40] Das Betretungsrecht ist ein subjektives Recht auf öffentlich-rechtlicher Grundlage. Es besteht nicht nur gegenüber dem Staat in Form eines Rechts auf Gewährleistung des Betretens, sondern auch gegenüber dem Grundstückseigentümer und -besitzer in Form eines Duldungsanspruchs. Konsequenterweise muss es dann (auf dem Verwaltungsrechtsweg) eingeklagt werden können. Die Behörde, bei der ein Antrag auf Beseitigung einer Sperre gestellt wird, kann dem Antragsteller allerdings nicht das Sachbescheidungsinteresse mit Hinweis auf diese Klagemöglichkeit absprechen. Abgesehen von der problematischen Zumutbarkeit einer individuellen Durchsetzung des Betretungsrechts (etwa den praktischen Schwierigkeiten bei der Ermittlung des Eigentümers/Besitzers) besteht nicht nur ein privates Einzelinteresse an der Beseitigung rechtswidriger Sperren, sondern ein öffentliches Interesse an der effektiven Gewährleistung des Betretungsrechts, das auch dem Schutz des Einzelnen dient (Rdnr. 4).

---

40 Vgl. *Gebhard*, Haftung und Strafbarkeit der Baumbesitzer und Bediensteten bei der Verkehrssicherungspflicht für Bäume, 2009, Rdnr. 55 m.w.N.

§ 60 Haftung

¹Das Betreten der freien Landschaft erfolgt auf eigene Gefahr. ²Durch die Betretungsbefugnis werden keine zusätzlichen Sorgfalts- oder Verkehrssicherungspflichten begründet. ³Es besteht insbesondere keine Haftung für typische, sich aus der Natur ergebende Gefahren.

Gliederung	Rdnr.
I. Allgemeines	1
II. Verkehrssicherungspflicht	2, 3
III. Rechtliche Tragweite des § 60	4–10
1. Auf eigene Gefahr (Satz 1)	4
2. Verkehrsicherungspflicht (Satz 2)	5–9
3. Typische Naturgefahren (Satz 3)	10
IV. Verkehrssicherungspflicht für besonders geschützte Teile von Natur und Landschaft	11–26
1. Allgemeines	11
2. Verkehrssicherungspflicht bei Bäumen	12, 13
3. Veränderungsverbot und Verkehrssicherungspflicht	14–26
a) Beschränkung der Sachherrschaft und Verfügungsmacht	14, 15
b) Verlagerung der Verkehrssicherungspflicht	16–18
c) Berücksichtigung der Verkehrssicherungspflicht im Schutzregime	19–26

I. Allgemeines

1 § 60 regelt Haftungsfragen und damit eine Materie des bürgerlichen Rechts. Die Gesetzgebungskompetenz des Bundes folgt aus Art. 74 Abs. 1 Nr. 1 GG. Daher gibt es kein Abweichungsrecht der Länder. Ebenso wie das Betretensrecht bezieht sich die Haftungsregelung des § 60 auf die **freie Landschaft** und umfasst damit auch den Wald (§ 59 Rdnr. 7). Inhaltlich geht die Vorschrift in Satz 2 und 3 über § 14 Abs. 1 Satz 3 BWaldG a.F. hinaus. Um die Tragweite des § 60 zu bestimmen, ist zunächst zu fragen, wie es sich verhielte, wenn es diese Haftungseinschränkung nicht gäbe. Das erfordert einen Blick auf die Verkehrssicherungspflicht im Allgemeinen und speziell was das Betreten der freien Landschaft betrifft.

II. Verkehrssicherungspflicht

2 Aus § 823 BGB (allgemeine Deliktshaftung) ergibt sich, dass jeder der in seinem **Verantwortungsbereich** eine **Gefahr** für Dritte **schafft oder andauern lässt**, die Verpflichtung hat, die ihm zumutbaren Vorkehrungen zu treffen, um eine Schädigung anderer möglichst abzuwenden.[1] Verpflichtet ist, wer die Sachherrschaft über eine Gefahrenquelle ausübt,[2] z.B. der Grundstückseigentümer und -besitzer. Die Verpflichtung geht grundsätzlich dahin,[3] die notwendigen und zumutbaren Vorkehrungen zu treffen, um eine Schädi-

---
1 BGH, Urt. v. 12.2.1985 – VI ZR 193/83, NJW 1985, 1773 und st. Rspr.
2 St. Rspr., z.B. BGH, Urt. v. 29.7.1999 – III ZR 238/98, NJW 1999, 3331; Urt. v. 2.2.2006 – III ZR 159/05, NVwZ 2006, 1084. Wenn nachfolgend vom Eigentümer die Rede ist, ist der Inhaber der Sachherrschaft gemeint.

gung anderer möglichst zu verhindern. Die rechtlich gebotene **Verkehrssicherung umfasst** diejenigen **Maßnahmen,** die ein umsichtiger und verständiger, in vernünftigen Grenzen vorsichtiger Mensch für notwendig und ausreichend hält, um andere vor Schäden zu bewahren. Zu berücksichtigen ist jedoch, dass nicht jeder abstrakten Gefahr vorbeugend begegnet werden kann. Haftungsbegründend wird eine Gefahr daher erst dann, wenn sich für ein sachkundiges Urteil die naheliegende Möglichkeit ergibt, dass Rechtsgüter anderer verletzt werden. Deshalb muss nicht für alle denkbaren Möglichkeiten eines Schadenseintritts Vorsorge getroffen werden. Es sind vielmehr nur die Vorkehrungen zu treffen, die geeignet sind, die Schädigung anderer tunlichst abzuwenden. Der im Verkehr erforderlichen Sorgfalt (§ 276 Abs. 2 BGB) ist genügt, wenn im Ergebnis derjenige Sicherheitsgrad erreicht ist, den die in dem entsprechenden Bereich herrschende Verkehrsauffassung für erforderlich hält. Daher reicht es anerkanntermaßen aus, diejenigen **Sicherheitsvorkehrungen** zu treffen, die ein verständiger, umsichtiger, vorsichtiger und gewissenhafter Angehöriger der betroffenen Verkehrskreise für ausreichend halten darf, um andere Personen vor Schäden zu bewahren, und die ihm den Umständen nach zuzumuten sind.

Das Bestehen einer Verkehrssicherungspflicht erfordert also einen **Verantwortungsbereich,** der hier in folgenden Fallgruppen bestehen kann:[4] (1.) Eröffnung eines Verkehrs, (2.) Schaffung einer Gefahr, (3.) Beherrschung eines bestimmten Bereichs (Bereichs- oder Zustandshaftung). Nr. 2 und 3 gehen ineinander über. Der Eigentümer oder Besitzer (z.B. Pächter) von Grundstücken in der freien Landschaft eröffnet auf ihnen keinen Verkehr (zu den Wegen Rdnr. 7 f.), sondern das Betretungsrecht des § 59 Abs. 1 verpflichtet ihn zu dessen Duldung. Die Schaffung einer Gefahr bzw. deren Andauernlassen ist kein Zurechnungsgrund, wenn sich die Gefahr aus der normalen, ordnungsgemäßen Bewirtschaftung der Fläche (Ackerfurchen, Stoppelfeld usw.) oder aus den natürlichen Verhältnissen ergibt. Mit solchen typischen Gefahren muss jeder rechnen und sich darauf einrichten. Der Eigentümer/Besitzer hat auch keine zumutbare Möglichkeit, die Grundstücke in der freien Landschaft zu kontrollieren und zu sichern. Außerdem zieht er aus der Anwesenheit der Spaziergänger und Wanderer keinen Vorteil, der es umgekehrt als billig erscheinen ließe, ihn haften zu lassen.[5]

III. Rechtliche Tragweite des § 60

1. Auf eigene Gefahr (Satz 1)

Die Regelung des § 60 ist mit Blick auf die dargestellten Grundsätze der Verkehrssicherungspflicht zu interpretieren. Die Klausel „**auf eigene Gefahr**" in Satz 1 weist das Risiko eines beim Betreten der freien Landschaft verursachten Gesundheits- oder Vermögensschadens grundsätzlich dem Betretenden zu. Sie entlastet damit den Grundstückseigentümer, der zur Duldung des Betretens durch die Allgemeinheit verpflichtet ist. Da die Verkehrssicherungspflicht auf Grundstücken in der freien Landschaft ohnehin sehr eingeschränkt ist, hat Satz 1 hauptsächlich bestätigende und klarstellende

---

3   Nachfolgend die Zusammenfassung bei BGH, Urt. v. 6.2.2007 – VI ZR 274/05, NJW 2007, 1683.
4   Zum Folgenden ausführlich *Gebhard*, NuR 2008, 754/757 m.w.N.
5   *Gebhard*, NuR 2008, 754/761 f.

Funktion. Er schließt außerdem eine Haftung des Staates aus und besagt insofern, dass die Begründung des Betretungsrechts nicht eine Verkehrssicherungspflicht des Staates nach sich zieht. Auch das ist letztlich nur eine Klarstellung, denn der Staat hat nicht die Sachherrschaft über die freie Landschaft und wäre auch faktisch außerstande, eine solche Pflicht zu erfüllen.

2. Verkehrssicherungspflicht (Satz 2)

5 Satz 2 besagt, dass das Betretungsrecht zu Erholungszwecken **keine zusätzlichen Sorgfalts- oder Verkehrssicherungspflichten** mit sich bringt.[6] Die bloße – durch § 59 angeordnete – Duldung des Betretens begründet daher noch keine Haftung. Es wäre unverhältnismäßig und nicht durch vorrangige Interessen zu rechtfertigen, den Eigentümer zur Verkehrssicherung auf beliebigen Flächen in der freien Landschaft zu verpflichten. Anders, wenn jemand die Allgemeinheit zum Betreten von Flächen einlädt.[7] Auch dann sind jedoch die besonderen Verhältnisse und typischen Gefahren in der freien Natur zu berücksichtigen. Wer etwa eine Wegemarkierung anbringt, haftet im Allgemeinen nicht für die Beschaffenheit des Weges, wenn nach den gesamten Umständen auf einem solchen Weg gewisse Unebenheiten zu erwarten sind. Der Zustand markierter Pfade kann je nach Gelände, Wetter und Jahreszeit sehr unterschiedlich sein, man muss jederzeit mit Schwierigkeiten rechnen.[8]

6 Satz 2 lässt eine **anderweitig** (z.B. nach § 823 BGB) bestehende **Verkehrssicherungspflicht** unberührt, schränkt sie also nicht ein. Die Frage, inwieweit für Flächen in der freien Landschaft außerhalb von Wegen eine Verkehrssicherungspflicht besteht, war (soweit ersichtlich) noch nicht Gegenstand der Rechtsprechung, wohl aber das Betreten des Waldes (ebenfalls „auf eigene Gefahr" gem. § 14 BWaldG und Landesrecht). Eine Verkehrssicherungspflichtverletzung kommt im Wald nur in Betracht, soweit der Waldbesitzer dort **besondere Gefahren** schafft oder duldet, die derjenige, der den Wald im Bewusstsein seines Handelns auf eigene Gefahr betritt, nicht oder nicht rechtzeitig zu erkennen und auf die er sich nicht oder nicht rechtzeitig einzurichten vermag. Eine derart besondere Gefahr stellt z.B. das Vorhandensein von Glasscherben nicht dar.[9] Entsprechendes gilt für die freie Landschaft außerhalb des Waldes. Beispiele für nicht erkennbare, besondere Gefahren, die eine Verkehrssicherungspflicht begründen, sind nicht leicht zu finden, zumal typische, sich aus der Natur ergebende Gefahren ausscheiden. Ebenso typische Gefahren können sich aus der Nutzung eines Grundstücks ergeben, z.B. kann man beim Überqueren eines Stoppelfeldes stolpern, sich an einem Zaun verletzen usw. Grundsätzlich gilt daher: Wer die bei Betreten bestehenden Risiken nicht tragen will, muss es unterlassen.

7 Die Verkehrssicherungspflicht für einen **Weg** geht nur so weit, den Wegebenutzer vor Gefahren zu schützen bzw. in hinreichendem Umfang vor ihnen zu warnen, die er auch bei Anwendung verkehrserforderlicher Sorgfalt nicht rechtzeitig erkennen oder denen er unter derselben Voraussetzung

---

6 Vgl. OLG Köln, Urt. v. 21.1.1988 – 7 U 152/87, NuR 1988, 310.
7 Vgl. für Skiloipen, Bäder und andere Sportanlagen *Mertens,* in: MünchKomm § 823 BGB Rdnr. 243 ff.
8 Zu Wegen in den Bergen *Hagenbucher,* NJW 1985, 177; *Schünemann,* NJW 1985, 1514; *Ebert,* VersR 2006, 899.
9 OLG Düsseldorf, Urt. v. 4.12.1997 – 18 U 35/97, VersR 1998, 1166.

nicht ausweichen könnte.[10] Bei Straßen, die durch landwirtschaftliches und forstwirtschaftliches Gebiet führen und im Wesentlichen als **Wirtschaftsweg** benutzt werden, sind an die Verkehrssicherungspflicht nur geringe Anforderungen zu stellen.[11] Z.B. begründet das Vorhandensein eines 12 cm tiefen Lochs keine Pflichtverletzung.[12] Bei einem Wirtschaftsweg tritt die Vorsorge durch den Verkehrsteilnehmer, sich selbst vor Schaden zu bewahren, in den Vordergrund. Der Benutzer eines Wirtschaftsweges muss dessen Zustand grundsätzlich hinnehmen und entsprechend aufmerksam sein. Wirtschafts- und Wanderwege benutzt ein Verkehrsteilnehmer bei **Dunkelheit** grundsätzlich auf eigene Gefahr. Um etwaigen Gefahrenquellen zu begegnen, muss er sich deshalb einer Lichtquelle (z.b. Taschenlampe) bedienen oder seine Schritte so vorsichtig setzen, dass er selbst bei in der Dunkelheit nicht erkennbaren Unebenheiten nicht das Gleichgewicht verliert.[13] Es besteht keine Verpflichtung, einen erkennbar abseits des regulären Wanderweges gelegenen **Holzsteg** über einen Bachlauf in einem verkehrssicheren Zustand zu erhalten. Ist der Steg morsch und vermodert, handelt der Betretende auf eigene Gefahr, auch wenn zum Steg ein ausgetretener Weg führt.[14]

Bei **Waldwegen** wird darüber hinaus teils die Auffassung vertreten, dass überhaupt keine Verkehrssicherungspflicht besteht.[15] Teils geht die Rechtsprechung dahin, dass der Waldbesitzer zwar keine besonderen Vorkehrungen gegen die typischen Gefahren des Waldes zu treffen hat, aber Besucher aufgrund seiner „normalen" Verkehrssicherungspflicht soweit möglich vor atypischen Gefahren schützen muss, etwa wenn der Waldbesitzer besondere Gefahren schafft oder duldet, die ein Waldbesucher nicht oder nicht rechtzeitig erkennen kann und auf die er sich nicht einzurichten vermag, weil er mit ihnen nicht rechnen muss.[16] So müsse er die einen Forstweg zulässigerweise benutzenden Radfahrer vor Forstwegschranken warnen, etwa indem die Schranken in Leuchtfarben (weiß-rot) gestrichen oder Rückstrahler angebracht werden.[17] Ein Radfahrer, der bei Dunkelheit eine Forstraße befährt, muss jedenfalls bei der Einmündung in eine öffentliche Straße mit einer Schranke rechnen und vorsichtig fahren. Auch bei Tageslicht muss er so fahren, dass er vor Hindernissen anhalten kann. Daher trifft ihn jedenfalls ein Mitverschulden (§ 254 BGB).

Die von Bäumen im **Naturschutzgebiet** oder **Nationalpark** ausgehenden Gefahren sind naturtypisch mit der Folge, dass ein den Erholungsuchenden offenstehender **Weg** nicht gegen solche Baumbruchgefahren gesichert werden muss, außer es handelt sich um den Bereich von Erholungseinrichtungen, Besucherzentren usw.[18] für die dem Betreiber die Verkehrssicherungspflicht nach den allgemeinen Grundsätzen obliegt. Insofern bewegt man sich auch nicht in der freien Landschaft, sondern in einem vom Menschen baulich und auf sonstige Weise gestalteten Bereich.

---

10 OLG Köln, Urt. v. 21.1.1988 – 7 U 152/87, NuR 1988, 310.
11 OLG Koblenz, Urt. v. 4.7.2003 – 12 U 1829/01, NuR 2004, 338.
12 OLG Düsseldorf, Urt. v. 18.1.1996 – 18 U 14/95, VersR 1997, 639.
13 OLG Düsseldorf, Urt. v. 20.6.1996 – 18 U 46/96, NJWE-VHR 1997, 287.
14 OLG Bamberg, Urt. v. 17.3.2008 – 4 U 179/07, MDR 2008, 1272. Eingehend *Agena*, NuR 2007, 707/713.
15 OLG Hamm, Urt. v. 21.10.1983 – 9 U 106/83, VersR 1985, 597; OLG Celle, Urt. v. 20.12.2005 – 14 U 147/05, NuR 2006, 806..
16 OLG Düsseldorf, Urt. v. 9.1.2008 – I-19 U 28/07, NJW-RR 2008, 1247.
17 OLG Köln, Urt. v. 11.7.1987 – 7 U 308/86, NJW-RR 1987, 988.
18 *Agena*, NuR 2007, 707/718.

3. Typische Naturgefahren (Satz 3)

10 Satz 3 verdeutlicht den Inhalt der vorhergehenden Sätze, indem er – beispielhaft, nicht abschließend – insbesondere eine Haftung (des Eigentümers oder Besitzers eines betretenen Grundstücks in der freien Landschaft) für **typische, sich aus der Natur ergebende Gefahren** ausschließt. Auch das ist keine Abweichung von den Grundsätzen des Haftungsrechts, sondern eine sinnvolle Klarstellung. Der Erholungsuchende muss vorsichtig sein und sich auf die typischen Gefahren einstellen. Dazu gehören z.b. ungleichmäßige Beschaffenheit und Unebenheit der Grundstücksoberfläche, nasse oder rutschige Stellen, Eis und Schnee, lockerer Untergrund, nicht erkennbare Vertiefungen im Boden, Laub, Wurzeln, Äste, Steine, Steinschlag, Astbruch, Totholz, schlechte Sicht usw. (auch „waldtypische Gefahren" i.S.v. § 14 Abs. 1 Satz 3 BWaldG). Solchen Gefahren kann man manchmal auch nicht durch vorsichtiges Verhalten entgehen, daraus resultierende Schäden gehören zum allgemeinen Lebensrisiko, für das niemand haftet.

IV. Verkehrssicherungspflicht für besonders geschützte Teile von Natur und Landschaft

1. Allgemeines

11 Im Zusammenhang mit der Haftungsregelung des § 60 liegt es nahe, auf die Verkehrssicherungspflicht nach Unterschutzstellung eines Landschaftsteils einzugehen. Die Verbote in Schutzerklärungen nach den §§ 23 ff. können mit der Verkehrssicherungspflicht in Konflikt geraten, insbesondere bei Naturdenkmälern (§ 28), Landschaftsbestandteilen oder Grünbeständen (§ 29), u.U. auch in Naturschutzgebieten (§ 23). Hauptsächlich geht es um geschützte Bäume, die im Bereich öffentlich zugänglicher Flächen stehen. Die allgemeinen Grundsätze der Verkehrssicherungspflicht des Grundstückseigentümers oder -besitzers wurden bereits dargestellt. Auf dieser Grundlage sind zunächst die Besonderheiten zu erörtern, die für die Verkehrssicherungspflicht bei Bäumen oder sonstigen Einzelschöpfungen der Natur und für die Beseitigung davon ausgehender Gefahren gelten. Sodann stellt sich die Frage, wie sich die Durchführung der erforderlichen Sicherungsmaßnahmen mit den Verboten der Schutzanordnung vereinbaren lässt.

2. Verkehrssicherungspflicht bei Bäumen[19]

12 Ist die Verletzung der Verkehrssicherungspflicht durch das vorwerfbare Unterlassen von Schutzmaßnahmen gekennzeichnet, so gilt speziell für Bäume: Eine Verletzung der Verkehrssicherungspflicht liegt nur dann vor, wenn **Anzeichen** für eine Erkrankung des Baums schuldhaft verkannt oder übersehen worden sind, die nach der Erfahrung auf eine **Gefährdung** durch den Baum hinweisen.[20] Derjenige, der die Verfügungsgewalt über ein Grundstück ausübt, hat im Rahmen des Möglichen dafür zu sorgen, dass von den dort stehenden Bäumen keine Gefahr für andere ausgeht, der Baumbestand vielmehr so angelegt ist, dass er im Rahmen des nach forstwissenschaftlichen Erkenntnissen Möglichen gegen Windbruch und Windwurf, insbesondere

---

19 Dazu eingehend *Gebhard*, Haftung und Strafbarkeit der Baumbesitzer und Bediensteten bei der Verkehrssicherungspflicht für Bäume, 2009.
20 BGH, Urt. v. 30.3.1973 – IV ZR 115/72, MDR 1974, 217.

aber auch gegen Umstürzen aufgrund fehlender Standfestigkeit gesichert ist.[21] Aus der Verkehrssicherungspflicht für Bäume ergibt sich die Pflicht zur regelmäßigen Baumschau, bei der Gesundheit, Standfestigkeit und der sonstige Zustand beobachtet werden müssen.[22] Gefährdungsanzeichen können trockenes Laub, dürre Äste oder verdorrte Teile, Pilzbefall, äußere Verletzungen oder Beschädigungen, hohes Alter des Baumes, sein Erhaltungszustand, die Eigenart seiner Stellung und sein statischer Aufbau sein.[23]

Diese in angemessenen Abständen gebotene **Sichtkontrolle** ist abhängig von Zustand, Alter und Standort des Baumes.[24] Unterlässt der Verkehrssicherungspflichtige die gebotene äußere Sichtprüfung oder verkennt oder übersieht er infolge unsorgfältiger Sichtprüfung erkennbare Anzeichen, die nach der Erfahrung auf eine von dem Baum ausgehende Gefahr hindeuten, und wird deshalb, obwohl dies nach den Umständen geboten und zumutbar ist, eine eingehende **Untersuchung** nicht durchgeführt und ein Gefahrenzustand, der hierbei erkennbar geworden wäre, nicht beseitigt, so liegt eine schuldhafte Verletzung der Verkehrssicherungspflicht vor. Wenn die Umstände zum Zwecke der Schadensvermeidung Untersuchungen wie z.B. Probebohrungen gebieten, müssen diese unter Hinnahme einer keineswegs sicheren, aber vielleicht möglichen Gefahr für den Baum durchgeführt werden. Nicht angängig wäre es, wegen einer solchen vielleicht möglichen Gefährdung des Baums Gefährdungen für Leib, Leben oder hohe Sachwerte durch den Baum untätig hinzunehmen.[25]

3. Veränderungsverbot und Verkehrssicherungspflicht

a) Beschränkung der Sachherrschaft und der Verfügungsmacht. Die üblichen **Naturdenkmalverordnungen** verbieten nach der Vorgabe des § 28 Abs. 2 die Beseitigung des Naturdenkmals sowie alle Handlungen, die zu einer Zerstörung, Beschädigung oder Veränderung des Naturdenkmals führen können. Nach § 304 StGB macht sich der gemeinschädlichen Sachbeschädigung schuldig, wer rechtswidrig (d.h. entgegen den Schutzbestimmungen) Naturdenkmäler beschädigt oder zerstört, ebenso wer unbefugt das Erscheinungsbild eines Naturdenkmals nicht nur unerheblich und nicht nur vorübergehend verändert. Da der Zweck der Erhaltung als Naturdenkmal bei Bäumen sich regelmäßig nicht allein an den Wachstumsbedingungen orientiert, sondern auch der Aspekt der Ästhetik, der Schönheit, der Erscheinungsform und Gestalt des Objektes selbst relevant ist, kommt es nicht entscheidend darauf an, ob und inwieweit das Naturdenkmal an Vitalität eingebüßt hat oder schon abgestorben ist, so dass kein Anlass besteht, das Veränderungsverbot nur auf vitale Äste beschränkt zu sehen und die Entfernung von Totholz von vornherein als erlaubt anzusehen.[26] Der verkehrssicherungspflichtige Eigentümer ist damit in der Wahl der Mittel nicht mehr frei. Lediglich die **Sichtkontrolle** ist ihm nicht verboten. Stellt er dabei eine Gefahr fest, die nur durch Veränderung des Baumes abgewehrt werden kann, oder ergibt sich die Notwendigkeit **weiterer Untersuchungen**, die mit Eingriffen in den Baum (z.B. Bohrungen) verbunden sind, ist er daran in der Regel durch das Veränderungsverbot gehindert.

---

21 BGH, Urt. v. 31.3.2003 – V ZR 319/02, NJW 2003, 1732.
22 OLG Nürnberg, Urt. v. 26.6.1996 – 4 U 612/96, AgrarR 1996, 322.
23 BGH, Urt. v. 21.1.1965 – III ZR 217/63, NJW 1965, 815.
24 BGH, Urt. v. 2.7.2004 – V ZR 33/04, NuR 2005, 131.
25 OLG Nürnberg, Urt. v. 26.6.1996 – 4 U 612/96, AgrarR 1996, 322; OLG Karlsruhe, Urt. v. 16.1.1997 – 12 U 245/96, AgrarR 1997, 294.
26 VG Frankfurt (Oder), Urt. v. 29.4.2003 – 7 K 300/00.

15 **Baumschutzverordnungen** und -satzungen enthalten ebenfalls Veränderungsverbote, allerdings oft in weniger strenger Form als beim Naturdenkmal. Teilweise sind Verkehrssicherungsmaßnahmen von den Verboten ausgenommen oder es besteht ein Genehmigungsvorbehalt. Nachfolgend wird auf diese Fallgestaltungen eingegangen.

16 **b) Verlagerung der Verkehrssicherungspflicht.** Wegen der begrenzten Einwirkungsmöglichkeiten beschränkt die Rechtsprechung die Verkehrssicherungspflicht des Eigentümers für ein Naturdenkmal zu Recht dahingehend, dass er nur verpflichtet ist, das Naturdenkmal auf seine Gefährlichkeit hin zu **beobachten** und, wenn Anlass zur Besorgnis besteht, dies der zuständigen Naturschutzbehörde zu **melden**, denn der Umfang der Verkehrssicherungspflicht richtet sich nach den tatsächlichen und rechtlichen Möglichkeiten der Gefahrabwendung.[27] Der Eigentümer haftet für Schäden, die dadurch entstehen, dass er die ihm verbleibende Verpflichtung (Überprüfung auf sichtbare Schäden oder Gefahrenstellen) unterlassen und daher auch keine Meldung an die Behörde gemacht hat. Anders ist es, wenn ein geschützter Baum umgestürzt ist, Äste abgebrochen sind u. dgl. In solchen Fällen ist der Eigentümer rechtlich nicht gehindert, die Gefahr zu beseitigen, ihn trifft daher die volle Verkehrssicherungspflicht.[28]

17 Die dem Eigentümer möglichen und erlaubten Maßnahmen wie Sichtkontrolle und Abklopfen sind nicht ausreichend, um die Standsicherheit alter Bäume (Holzfestigkeit, Pilzbefall) zu überprüfen. Die außerdem erforderliche **regelmäßige Überprüfung** des Baumes obliegt der **Naturschutzbehörde** nach Lage des Einzelfalls, z.b. besteht bei einem als Naturdenkmal geschützten Baum an einem ungünstigen Standort in unmittelbarer Nähe zu einer Straße und mit weiteren Risikofaktoren eine gesteigerte Überwachungspflicht, der Baum muss in einem halbjährlichen Turnus kontrolliert werden.[29]

18 Zur Frage, ob insoweit die Verkehrssicherungspflicht auf den (die Unterschutzstellung anordnenden) Hoheitsträger übergeht,[30] ist zu bemerken: Die Verkehrssicherungspflicht zielt auf den Schutz Dritter ab. Die Erfüllung des **Primäranspruchs** der zu schützenden Dritten muss gewährleistet bleiben. Er geht dahin, dass (rechtzeitig) Vorkehrungen getroffen werden, um eine Schädigung anderer möglichst abzuwenden. Dies steht im Vordergrund, wenn ein Hoheitsträger dem Verkehrssicherungspflichtigen rechtliche Hindernisse für die Erfüllung der Pflicht bereitet. Soweit dem Eigentümer dadurch die Möglichkeit genommen wird, seiner Verpflichtung (rechtzeitig) nachzukommen, trifft den Hoheitsträger eine **Garantenpflicht** dahingehend, dass trotz der von ihm normierten Verfügungsbeschränkungen **keine Sicherheitslücke zu Lasten Dritter** entsteht, denn der Sekundäranspruch Dritter auf Schadensersatz ist nur ein Surrogat. Den Hoheitsträger trifft damit die Verkehrssicherungspflicht insoweit, als er für alles verantwortlich ist, was

---

27 LG Paderborn, Urt. v. 11.8.1988 – 5 S 141/88, NuR 1991, 47; OLG Celle, Urt. v. 22.5.1957 – 3 U 57/56, NJW 1957, 1638; OLG Frankfurt/Main, Urt. v. 30.3.1989 – 1 U 81/88, NuR 1990, 287 f..
28 *Hötzel*, AgrarR 1999, 236/239; *Günther*, NuR 1994, 373/374; VG Freiburg, Urt. v. 6.10.1987 – 6 K 44/87, NVwZ-RR 1988, 77.
29 OLG Frankfurt, Urt. v. 25.6.1998 – 1 U 51/97, AgrarR 2000, 107.
30 Vgl. *Louis*, BNatSchG, 2. Aufl. 2000, § 12 Rdnr. 143; *Meßerschmidt*, BNatSchG, Stand 2005, § 28 Rdnr. 70.

über die dem Eigentümer obliegende Sichtprüfung hinausgeht.[31] Dabei handelt es sich um eine Amtspflicht, die im Interesse der sich im Gefahrenbereich des Baumes aufhaltenden Dritten besteht.[32]

c) **Berücksichtigung der Verkehrssicherungspflicht im Schutzregime.** 19
Seiner Verkehrssicherungspflicht kann der Hoheitsträger allenfalls entgehen, wenn das Schutzregime so ausgestaltet ist, dass es den Eigentümer nicht daran hindert, rechtzeitig die erforderlichen Vorkehrungen zu treffen. Zum einen geht es um den sofortiges Handeln erfordernden Fall von **Gefahr im Verzug**, zum anderen um die Fälle, in denen **Zeit zur Prüfung und Auswahl der Maßnahme** bleibt.

Insofern reicht für den Fortbestand der Verkehrssicherungspflicht des Eigentümers trotz Veränderungsverbot **nicht** die Erwägung aus, dass ihm zur Durchführung der notwendigen Sicherungsmaßnahmen eine **Befreiung** von den Verboten erteilt werden müsse, und der Hoheitsträger daher nur hafte, wenn er die Befreiung schuldhaft ablehnt.[33] Geht es um die fachmännische Prüfung, Begutachtung und Sanierung des Baumes, ist das Rechtsinstitut der Befreiung nicht geeignet, eine Zuordnung der Verantwortlichkeit zum Eigentümer zu bewirken. Als Befreiungstatbestand kann zwar § 67 Abs. 1 Nr. 1 (überwiegende Gemeinwohlgründe) in Betracht kommen. Doch sind Maßnahmen zur Gefahrenabwehr und Verkehrssicherung bei Bäumen keine atypischen Fälle, die bei Erlass der Schutzverordnung nicht vorhersehbar sind. Bei alten Bäumen ist das Gegenteil die Regel, ein Sturm kann auch einen nicht besonders alten Baum beschädigen und zur Gefahr werden lassen. Daher ist die Befreiung nicht das richtige Instrument zur Regelung der Verantwortlichkeit, zumal sie eine Ermessensentscheidung ist. Bei Erlass der Schutzverordnung erkennbare Interessenkonflikte dürfen nicht in das Befreiungsverfahren verlagert werden,[34] der Verordnungsgeber muss sich mit ihnen auseinandersetzen. Trifft die Schutzanordnung oder das (Landes-)Gesetz **keine Regelung**, liegt die Verkehrssicherungspflicht daher beim Hoheitsträger. 20

Für Maßnahmen, die nach der – dem Eigentümer obliegenden – Sichtprüfung zur weiteren **Gefahrerkundung** (Bohrungen usw.) und **Sicherung, ggf. Sanierung** des Baumes erforderlich sind, müsste die Schutzanordnung daher, wenn die Verkehrssicherungspflicht beim Eigentümer verbleiben soll, eine positive Regelung treffen, etwa eine **Genehmigung** vorsehen, auf die der Eigentümer einen Anspruch hat, oder eine **Ausnahme**. Will der Hoheitsträger mit einer solchen Regelung seine eigene Verantwortlichkeit abwenden, ergeben sich Schwierigkeiten (bei Befreiung und Genehmigung übrigens gleichermaßen) daraus, dass der Eigentümer über die zur Verkehrssicherung zu treffenden Maßnahmen anderer Meinung sein kann als der Hoheitsträger. Er hält z.B. die Kosten eines Baumgutachtens und einer eventuellen Sanierung für unzumutbar hoch und möchte stattdessen den Baum stark zurückschneiden oder beseitigen. Da der Hoheitsträger eher bestrebt ist, die 21

---

31 OLG Celle, Urt. v. 22.5.1957 – 3 U 57/56, NJW 1957, 1638; LG Paderborn, Urt. v. 11.8.1988 – 5 S 141/88, NuR 1991, 47; OLG Frankfurt/Main, Urt. v. 30.3.1989 – 1 U 81/88, NuR 1990, 287 f. und v. 25.6.1998 – 1 U 51/97, AgrarR 2000, 107; VG Frankfurt (Oder), Urt. v. 29.4.2003 – 7 K 300/00.
32 OLG Hamm, Urt. v. 8.1.1993 – 9 U 100/92, NZV 1994, 27.
33 So aber *Louis*, BNatSchG, 2. Aufl. 2000, § 12 Rdnr. 143.
34 OVG Berlin, Beschl. v. 26.9.1991 – 2 A 5.91, NuR 1992, 87.

Existenz des Naturdenkmals möglichst zu bewahren, besteht hier ein typischer Interessenkonflikt. Deshalb könnte ein Genehmigungstatbestand dem Eigentümer keine freie Hand bei der Auswahl der Maßnahme lassen, wenn es um ein **Naturdenkmal** geht, das nach Möglichkeit erhalten werden soll.

22 Derartige Regelungen gibt es im **Baumschutz** nach § 29, wenn etwa eine Genehmigung zur Baumbeseitigung unter der Voraussetzung möglich ist, dass von dem Baum Gefahren für Personen oder für Sachen von bedeutendem Wert ausgehen und nicht auf andere Weise **mit zumutbarem Aufwand** beseitigt werden können.[35] Ein solcher Vorbehalt würde beim Naturdenkmal erst recht einleuchten, weil ja nicht der Fall eintreten soll, dass zwar das Absägen eines morschen Astes zur Beseitigung der Gefahr ausreichen würde, der Eigentümer aber die Gelegenheit nutzt, um den Baum gleich ganz zu beseitigen. Grundsätzliche rechtliche Bedenken bestehen gegen eine solche Regelung nicht. Zwar richtet sich die Verkehrssicherungspflicht nach zivilrechtlichen Haftungsgrundsätzen, und die §§ 23–29 ermächtigen die Behörde nicht, den Inhalt dieser Verpflichtung zu bestimmen. Doch können die z.B. nach §§ 28, 29 zulässigen Verbote die Verfügungsbefugnis des Eigentümers über den Schutzgegenstand auch insofern einschränken, als sie die zur Erfüllung der Verkehrssicherungspflicht in Betracht kommenden Maßnahmen beeinflussen.

23 Von zentraler Bedeutung ist dann die **Zumutbarkeit** für den Eigentümer, denn es handelt sich um eine Beschränkung des Eigentums (Art. 14 Abs. 1 Satz 2 GG) im öffentlichen Interesse. Es wird als unzulässige bzw. unverhältnismäßige Inhaltsbestimmung des Eigentums angesehen, dem Eigentümer zwar die Verkehrssicherungspflicht zu belassen, ihm aber vorzuschreiben, was er zur Erfüllung dieser Pflicht zu tun hat, und ihm die **Kosten** mit der Begründung aufzuerlegen, sie seien Inhalt der ihn treffenden Verkehrssicherungspflicht.[36] Dem ist zuzustimmen, wenn das Schutzregime keine hinreichende Regelung des Problems enthält. Ist dagegen für Verkehrssicherungsmaßnahmen eine Genehmigung vorgesehen, so gilt Folgendes: Verkehrssicherungsmaßnahmen sind (die Beseitigung des Baums ausgenommen) letztlich **Pflegemaßnahmen** zur Erhaltung des Baumes in einem den (rechtlichen) Anforderungen entsprechenden Zustand. Für Pflegemaßnahmen gilt grundsätzlich: Der Eigentümer ist durch die §§ 23–29 nicht zur Pflege verpflichtet, er muss die Pflege durch die Behörde in zumutbarem Umfang dulden (§ 65), aber nicht bezahlen. Spielt nun die **Verkehrssicherungspflicht** herein, so ergibt sich die Besonderheit, dass sie zu Maßnahmen verpflichtet, die oft auch eine Pflege darstellen. Der Hoheitsträger kann sich diesen Umstand dadurch zunutze machen, dass er abweichend vom Veränderungsverbot Maßnahmen erlaubt, die aufgrund der Verkehrssicherungspflicht notwendig werden, so dass der Eigentümer dazu verpflichtet bleibt. Das ist aber nur im Rahmen des Zumutbaren möglich. Konkret bedeutet das, dass der Eigentümer nur zu Maßnahmen verpflichtet ist, die sich im Rahmen eines „normalen" Baumunterhalts bewegen wie Abschneiden von bruchgefährdeten Ästen oder ähnliche Standardmaßnahmen, oder aber das Fällen des Baumes. Was darüber hinausgeht – wie Begutachtung und ggf. Sanierung – ist der besonderen Qualität des Schutzobjekts geschuldet und

---

35 § 5 Abs. 2 Nr. 3 BbgBaumSchV v. 29.06.2004, GVBl. II 2004, 553. Ebenso die Regelung im Fall OVG Münster, Urt. v. 8.10.1993 – 7 A 2021/92, NuR 1994, 253.
36 So im Ergebnis *Hötzel*, AgrarR 1999, 236; *Breloer* AUR 2003, 101.

die Kosten sind dem Eigentümer gegen seinen Willen nicht zuzumuten, daher Sache des Hoheitsträgers. Damit wird auch berücksichtigt, dass der Eigentümer vom Naturdenkmal keine größeren Vorteile hat als die Allgemeinheit. Einen Ertrag wirft es in der Regel nicht ab. Nach den im Denkmalschutzrecht bei Ertragslosigkeit des geschützten Baudenkmals geltenden Grundsätzen wäre der Eigentümer auch nicht verpflichtet, die Kosten von Erhaltungsmaßnahmen zu tragen.[37]

Besteht **keine Einigkeit über die zumutbaren Maßnahmen**, tritt ein Schwebezustand ein, der ggf. bis zum Abschluss eines Rechtsstreits dauern kann. Für diesen Zeitraum kann nicht ungeklärt bleiben, wem die Verkehrssicherungspflicht obliegt. Es geht nicht an, Geschädigte auf ihren Sekundäranspruch (Schadensersatz) zu verweisen, sondern die primäre Verpflichtung zur Verkehrssicherung muss feststehen. Da der Hoheitsträger die Ursache dafür gesetzt hat, dass der ursprünglich Verpflichtete kraft hoheitlicher Beschränkungen seiner Pflicht nicht nach seinen Vorstellungen nachkommen kann, muss der Schwebezustand zu Lasten des Hoheitsträgers gehen. Er ist dafür verantwortlich, dass trotz der von ihm normierten Verfügungsbeschränkungen keine Sicherheitslücke zu Lasten Dritter entsteht (Rdnr. 18). Wird dem Eigentümer die Genehmigung zu den von ihm beabsichtigten Veränderungen (oder der Beseitigung) nicht erteilt, weil die Behörde anderen Maßnahmen den Vorzug gibt und deren Durchführung durch den Eigentümer für zumutbar hält, hat das die Konsequenz, dass die Behörde verkehrssicherungspflichtig bleibt, weil sie den Eigentümer an der eigenverantwortlichen Wahrnehmung der Verkehrssicherungspflicht hindert. Wird darüber gestritten, ob von dem Baum Gefahren für Personen oder für Sachen von bedeutendem Wert ausgehen und/oder ob die Gefahren nicht auf andere Weise mit zumutbarem Aufwand beseitigt werden können,[38] so steht also nicht erst nach Abschluss des Rechtsstreits rückblickend fest, wer verkehrssicherungspflichtig war bzw. gewesen wäre, und die rechtzeitige Durchführung der zur Gefahrenbeseitigung notwendigen Maßnahmen scheitert nicht an unklarer Verantwortlichkeit. Ggf. kann die Erstattung von Aufwendungen aus Geschäftsführung ohne Auftrag verlangt werden, wenn nachträglich festgestellt wird, dass der andere Beteiligte zu der Maßnahme verpflichtet gewesen wäre.[39]

24

Das Rechtsregime kann auch so ausgestaltet sein, dass keine Genehmigung erforderlich ist, sondern Maßnahmen zur Verkehrssicherung von den Verboten **freigestellt** und lediglich anzeigepflichtig sind. Das empfiehlt sich jedenfalls bei Maßnahmen zur Abwehr einer **unmittelbar drohenden Gefahr**.[40] Teilweise werden auch alle Maßnahmen zur Verkehrssicherung derart ausgenommen, z.B. waren bisher nach § 34 Abs. 4c LG NW Maßnahmen aus Gründen der Verkehrssicherungspflicht von den Verboten unberührt und „obliegen den Grundstückseigentümern und -besitzern ausschließlich im Rahmen des Zumutbaren und sind vor ihrer Durchführung der Behörde anzuzeigen." Eine solche gesetzliche Regelung könnte auch

25

---

37 OVG Magdeburg Urt. v. 29.10.2009 – 2 L 200/07; OVG Saarlouis, Urt. v. 20.11.2008 – 2A 269/08.
38 Wie im Fall OVG Münster, Urt. v. 8.10.1993 – 7 A 2021/92, NuR 1994, 253.
39 VG Frankfurt (Oder), Urt. v. 29.4.2003 – 7 K 300/00; VG Köln, Beschl. v. 10.3.2009 – 14 L 1848/08.
40 Vgl. etwa § 4 Abs. 3 BbgBaumSchV v. 29.6.2004, GVBl. II 2004, 553.

künftig im Weg der landesrechtlichen Abweichung getroffen werden, die gewählte Formulierung birgt aber Unklarheiten. Es bleibt offen, ob die Behörde die angezeigte Maßnahme verhindern kann, wenn sie sie für nicht angebracht hält. Ferner kann das Kriterium der Zumutbarkeit im Rahmen einer Anzeigepflicht dazu führen, dass sich weder der Eigentümer noch die Behörde verpflichtet fühlen, wenn man es nicht durch eine Gefahrenmeldepflicht des Eigentümers ergänzt.

26 Schließlich kann die Schutzanordnung auch eine **Ausnahme ohne Vorbehalte** vorsehen, etwa dahin, dass von den Verboten „notwendige Maßnahmen zur akuten Gefahrenabwehr und zur Verkehrssicherung" ausgenommen sind.[41] Dann ist die Behörde nicht verantwortlich. Dies ist beim Baumschutz die einfachste und klarste Lösung. Beschränkt sich der Eigentümer nicht auf die notwendigen Maßnahmen und beseitigt er etwa den Baum, obwohl die Entfernung toter Äste ausreichend (und zumutbar) gewesen wäre, so kann er sich nicht auf die Ausnahme berufen und zu einer Ersatzpflanzung verpflichtet werden. Dieses Ergebnis ist beim Baumschutz akzeptabel, mit dem Schutzbedürfnis eines Naturdenkmals aber nicht vereinbar, d.h. beim Naturdenkmal wird sich die Behörde die (präventive) Kontrolle über die Maßnahmen vorbehalten müssen.

---

41 § 4 der Baumschutzverordnung der Stadt Regensburg v. 11.2.1993, AMBl. Nr. 8/93.

§ 61 Freihaltung von Gewässern und Uferzonen

(1) ¹Im Außenbereich dürfen an Bundeswasserstraßen und Gewässern erster Ordnung sowie an stehenden Gewässern mit einer Größe von mehr als einem Hektar im Abstand bis 50 Meter von der Uferlinie keine baulichen Anlagen errichtet oder wesentlich geändert werden. ²An den Küstengewässern ist abweichend von Satz 1 ein Abstand von mindestens 150 Metern von der mittleren Hochwasserlinie an der Nordsee und von der Mittelwasserlinie an der Ostsee einzuhalten. ³Weiter gehende Vorschriften der Länder bleiben unberührt.

(2) ¹Absatz 1 gilt nicht für
1. bauliche Anlagen, die bei Inkrafttreten dieses Gesetzes rechtmäßig errichtet oder zugelassen waren,
2. bauliche Anlagen, die in Ausübung wasserrechtlicher Erlaubnisse oder Bewilligungen oder zum Zwecke der Überwachung, der Bewirtschaftung, der Unterhaltung oder des Ausbaus eines oberirdischen Gewässers errichtet oder geändert werden,
3. Anlagen des öffentlichen Verkehrs einschließlich Nebenanlagen und Zubehör, des Rettungswesens, des Küsten- und Hochwasserschutzes sowie der Verteidigung.

²Weiter gehende Vorschriften der Länder über Ausnahmen bleiben unberührt.

(3) Von dem Verbot des Absatzes 1 kann auf Antrag eine Ausnahme zugelassen werden, wenn
1. die durch die bauliche Anlage entstehenden Beeinträchtigungen des Naturhaushalts oder des Landschaftsbildes, insbesondere im Hinblick auf die Funktion der Gewässer und ihrer Uferzonen, geringfügig sind oder dies durch entsprechende Maßnahmen sichergestellt werden kann oder
2. dies aus Gründen des überwiegenden öffentlichen Interesses, einschließlich solcher sozialer oder wirtschaftlicher Art, notwendig ist; in diesem Fall gilt § 15 entsprechend.

Gliederung

	Rdnr.
I. Zweck der Vorschrift	1, 2
II. Bauverbot und gesetzliche Ausnahmen (Abs. 1 und 2)	3–7
III. Ausnahmen im Einzelfall (Abs. 3)	8–10
IV. Landesrecht	11

I. Zweck der Vorschrift

Dazu die Gesetzesbegründung:[1] „Nach § 1 Abs. 6 sind Fluss- und Bachläufe mit ihren Uferzonen und Auenbereichen sowie stehende Gewässer als wichtige Freiräume zu schützen. Die Gewässer sind insbesondere nach § 1 Abs. 3 Nr. 3 zur dauerhaften Sicherung der Leistungs- und Funktionsfähigkeit des Naturhaushaltes sowie zur Sicherung ihres Erholungswertes vor Beeinträchtigungen zu bewahren. Zur Umsetzung dieser Ziele, insbesondere um die Zugänglichkeit und Eignung der Gewässerufer für die Erholungsnutzung zu gewährleisten, überführt die Vorschrift den bisher in § 31 BNatSchG 2002 enthaltenen an die Länder gerichteten Auftrag zum Schutz der oberirdischen Gewässer einschließlich ihrer Gewässerrandstreifen und Uferzonen in eine unmittelbar geltende Regelung des Bundes. Ergänzt wird die Vorschrift hinsichtlich der großräumigen Vernetzungsfunktion der Gewässer durch § 21 Abs. 5."

1

---

1 BT-Drs. 16/12274, S. 74 f.

2 § 61 soll in erster Linie Beeinträchtigungen des **Naturhaushalts** oder des **Landschaftsbildes** abwehren, insbesondere im Hinblick auf die Funktion der Gewässer und ihrer Uferzonen. Das ergibt sich aus Abs. 3 Nr. 1. Die von der Gesetzesbegründung zugleich hervorgehobene Zugänglichkeit und Eignung der Gewässerufer für die Erholungsnutzung ist dort nicht erwähnt. Sie wird immerhin dadurch gefördert, dass Natur und Landschaft – die den Erholungswert bestimmenden Faktoren – vor Störungen durch bauliche Anlagen geschützt werden und damit auch deren Folgewirkungen für die Zugänglichkeit auf das notwendige Minimum beschränkt bleiben sollen.

II. Bauverbot und gesetzliche Ausnahmen (Absatz 1 und 2)

3 Das Verbot des Abs. 1 betrifft die Errichtung und die wesentliche Änderung einer **baulichen Anlage,** ohne sie eigens zu definieren, und nimmt damit Bezug auf das Baurecht. Erforderlich ist eine Anlage, die in einer auf Dauer gedachten Weise künstlich mit dem Erdboden verbunden ist. Dafür reicht z.B. die in hüttenähnlicher Form errichtete Einhausung eines Holzstapels,[2] eine Werbetafel[3] oder ein befestigter Holzlagerplatz[4] aus, ohne dass es im vorliegenden Zusammenhang noch wie in § 29 BauGB auf das Erfordernis der bodenrechtlichen Relevanz ankommen dürfte, wobei auch dieses etwa bei einer Gerätehütte mit ca. 10 cbm Rauminhalt gegeben sein kann (§ 18 Rdnr. 49).

4 Eine **wesentliche Änderung** ist in Anlehnung an die bauplanungsrechtlichen Grundsätze anzunehmen, wenn ein vorhandenes Gebäude in städtebaulich relevanter Weise baulich umgestaltet wird, etwa durch eine Erhöhung des Nutzungsmaßes. Auch wenn das Erscheinungsbild unangetastet bleibt und das Bauvolumen nicht erweitert wird, liegt eine wesentliche Änderung z.B. vor, wenn durch Eingriffe in die vorhandene Substanz das Bauwerk seiner ursprünglichen Identität beraubt wird, etwa wenn die Standfestigkeit des gesamten Bauwerks berührt und eine statische Nachberechnung erforderlich wird, die Bausubstanz ausgetauscht wird oder die Baumaßnahmen sonst praktisch einer Neuerrichtung gleichkommen.[5]

5 Das Bauverbot gilt im **Außenbereich**, ein Begriff des Bauplanungsrechts, dessen Inhalt sich aus § 35 BauGB i.V.m. §§ 30–34 BauGB ergibt. Es erstreckt sich auf einen **Streifen** von der Uferlinie bis zu einem Abstand von 50 Metern von der Uferlinie folgender **Gewässer:** Bundeswasserstraßen, Gewässer erster Ordnung (nach den landesrechtlichen Vorschriften) sowie stehende Gewässer mit einer Größe von mehr als einem Hektar. An den **Küstenlinien** von Nord- und Ostsee dehnt Satz 2 das Bauverbot auf einen Streifen von 150 Meter Tiefe aus. Satz 3 enthält einen Vorbehalt zugunsten weitergehender Vorschriften des Landesrechts.

6 Nach Abs. 2 Satz 1 sind folgende Anlagen vom Bauverbot des Abs. 1 **ausgenommen:** (Nr. 1) Bauliche Anlagen, die bei Inkrafttreten dieses Gesetzes rechtmäßig errichtet oder zugelassen waren, d.h. diese genießen Bestandsschutz. (Nr. 2) bauliche Anlagen, die in Ausübung wasserrechtlicher Erlaubnisse oder Bewilligungen oder zum Zwecke der Überwachung, der Bewirtschaftung, der Unterhaltung oder des Ausbaus eines oberirdischen Gewässers errichtet oder geändert werden. Solche Anlagen stehen in engem

---

2 BVerwG, Beschl. v. 10.8.1999 – 4 B 57.99, BauR 2000, 1161.
3 BVerwG, Urt. v. 15.12.1994 – 4 C 19.93, NVwZ 1995, 897.
4 BVerwG, Beschl. v. 18.12.1995 – 4 B 260.95, NuR 1996, 251.
5 BVerwG, Urt. v. 114.4.2000 – 4 C 5.99, NuR 2000, 635.

wirtschaftlichen oder sonstigen Bezug zum Gewässer und können daher schwerlich an anderer Stelle ihre Funktion erfüllen. (Nr. 3) Anlagen des öffentlichen Verkehrs einschließlich Nebenanlagen und Zubehör, des Rettungswesens, des Küsten- und Hochwasserschutzes sowie der Verteidigung. Abs. 2 Satz 2 lässt weitergehende Vorschriften der Länder über Ausnahmen unberührt.

§ 61 bildet keine abschließende Regelung über die Zulässigkeit baulicher Anlagen innerhalb des durch Abs. 1 beschriebenen Gewässerrandstreifens. Unberührt bleiben **andere Vorschriften**, die (auch) bauliche Anlagen betreffen, etwa Normen des Baurechts, des Wasserrechts oder des Naturschutzrechts wie z.b. Schutzverordnungen, die Eingriffsregelung, der gesetzliche Biotopschutz usw.

III. Ausnahmen im Einzelfall (Absatz 3)

Von dem Verbot des Abs. 1 kann auf Antrag eine Ausnahme zugelassen werden, wenn bestimmten Voraussetzungen vorliegen. Abs. 3 nennt in Nr. 1 und 2 zwei Ausnahmefälle. Liegen sie vor, steht die Erteilung der Ausnahme im Ermessen der Behörde („kann"). Bei Vorliegen der Ausnahmevoraussetzungen wird die Ausnahme zu machen sein, wenn nicht besondere Gründe dagegen sprechen.

Abs. 3 Nr. 1 lässt eine Ausnahme zu, wenn die durch die bauliche Anlage entstehenden Beeinträchtigungen des Naturhaushalts oder des Landschaftsbildes, insbesondere im Hinblick auf die Funktion der Gewässer und ihrer Uferzonen, geringfügig sind oder dies durch entsprechende Maßnahmen sichergestellt werden kann (d.h. die Beeinträchtigungen können geringfügig gehalten werden, etwa durch die Lage und Gestaltung des Bauwerks und seines Umgriffs). Diese Regelung relativiert das Verbot des Abs. 1. Sie nennt indirekt den **Zweck** des Bauverbots. Er besteht nicht etwa darin, bauliche Anlagen innerhalb des Schutzstreifens generell auf das unbedingt Nötige zu beschränken. Vielmehr läuft es auf eine Einzelfallprüfung hinaus. Erst bei einer mehr als geringfügigen Beeinträchtigung des Naturhaushalts oder Landschaftsbilds ist das Verbot praktisch wirksam, andernfalls liegt der Ausnahmefall der Nr. 1 vor, und es wird schwerlich Gründe geben, das Ermessen dennoch zuungunsten des Vorhabens auszuüben. Unberührt bleibt z.B. § 35 BauGB, er kann insbesondere bei nicht privilegierten Vorhaben zur Ablehnung führen, ohne dass es noch auf § 61 ankommt.

Abs. 3 Nr. 2 lässt eine Ausnahme zu, wenn sie aus Gründen des überwiegenden öffentlichen Interesses, einschließlich solcher sozialer oder wirtschaftlicher Art, notwendig ist. Insofern besteht volle Übereinstimmung mit § 67 Abs. 1 Nr. 1, auf die dortigen Erläuterungen (Rdnr. 8 ff.) kann verwiesen werden. Hier wird es kaum möglich sein, eine Ausnahme, die aus den genannten Gründen *notwendig* ist, im Weg des Ermessens abzulehnen. Wird die Ausnahme erteilt, so gilt § 15 über Maßnahmen zur Vermeidung von Natur- und Landschaftsbeeinträchtigungen sowie zu ihrer Kompensation entsprechend. Darüber hinaus gilt § 15 unmittelbar, wenn die Errichtung oder wesentliche Änderung der baulichen Anlage ein Eingriff i.S.v. § 14 Abs. 1 ist.

IV. Landesrecht

§ 61 bezeichnet der Bundesgesetzgeber nicht als allgemeinen Grundsatz des Naturschutzes i.S.v. Art. 72 Abs. 2 Nr. 3 GG. Er unterliegt damit dem Abweichungsrecht der Länder. Diese sind nicht darauf beschränkt, von den Öffnungsklauseln in Abs. 1 Satz 3 und Abs. 2 Satz 2 Gebrauch zu machen (vgl. vor § 1 Rdnr. 10). Sie können z.B. auch von Abs. 3 abweichen.

§ 62 Bereitstellen von Grundstücken

Der Bund, die Länder und sonstige juristische Personen des öffentlichen Rechts stellen in ihrem Eigentum oder Besitz stehende Grundstücke, die sich nach ihrer natürlichen Beschaffenheit für die Erholung der Bevölkerung eignen oder den Zugang der Allgemeinheit zu solchen Grundstücken ermöglichen oder erleichtern, in angemessenem Umfang für die Erholung bereit, soweit dies mit einer nachhaltigen Nutzung und den sonstigen Zielen von Naturschutz und Landschaftspflege vereinbar ist und eine öffentliche Zweckbindung dem nicht entgegensteht.

Erläuterungen

1 § 62 regelt die Bereitstellung von Grundstücken zu Erholungszwecken als Ausdruck des in § 1 Abs. 1 Nr. 3 festgelegten Zieles, den Erholungswert von Natur und Landschaft zu sichern. Die Vorschrift stellt zugleich eine Ausformung des Zieles in § 1 Abs. 4 Nr. 2 dar, wonach geeignete Flächen zum Zweck der Erholung zu schützen und zugänglich zu machen sind.

2 **Verpflichtet** sind der Bund, die Länder und sonstige juristische Personen des öffentlichen Rechts. Konkrete Rechtspflichten zur Bereitstellung bestimmter Grundstücke und damit korrespondierende Ansprüche einzelner Personen schafft die Regelung nicht. Sie ist als nicht einklagbarer Programmsatz ausgestaltet. Die in Betracht kommenden Grundstücke sind entweder solche, die sich nach ihrer natürlichen Beschaffenheit für die Erholung der Bevölkerung eignen oder solche, die den Zugang der Allgemeinheit zu solchen Grundstücken ermöglichen oder erleichtern.

3 Die Grundstücke sind **in angemessenem Umfang** für die Erholung bereitzustellen, d.h. nicht alle, sondern je nach der Bedeutung und Funktion der Grundstücke und den konkreten Umständen. Die bisher im Gesetz genannten Beispiele sind entfallen, um den Text zu straffen. In Betracht kommen z.B. Ufergrundstücke, Grundstücke mit schönen Landschaftsbestandteilen, Aussichtspunkte oder Grundstücke, über die sich der Zugang zu nicht oder nicht ausreichend zugänglichen Wäldern, Seen oder Küstenstreifen ermöglichen oder eine Lücke im Wanderwegenetz schließen lässt.

4 **Einschränkungen** ergeben sich aus folgenden Gründen: Eine nachhaltige Nutzung muss gewährleistet sein, d.h. die Bereitstellung zur Erholungszwecken darf nicht zur Degradierung oder Verwahrlosung der Fläche führen. Die Bereitstellung muss mit den sonstigen Zielen von Naturschutz und Landschaftspflege vereinbar sein, also z.B. nicht zur Gefährdung geschützter Lebensstätten von Tieren oder Pflanzen führen (vgl. § 7 Abs. 1 Nr. 3 und § 1 Rdnr. 144 ff.). Eine öffentliche Zweckbindung darf nicht entgegenstehen, d.h. diese hat Vorrang.

5 Landesrecht kann von § 62 abweichen. Es handelt sich nicht um einen allgemeinen Grundsatz.

Kapitel 8 Mitwirkung von anerkannten Naturschutzvereinigungen

§ 63 Mitwirkungsrechte

(1) Einer nach § 3 des Umwelt-Rechtsbehelfsgesetzes vom Bund anerkannten Vereinigung, die nach ihrem satzungsgemäßen Aufgabenbereich im Schwerpunkt die Ziele des Naturschutzes und der Landschaftspflege fördert (anerkannte Naturschutzvereinigung), ist Gelegenheit zur Stellungnahme und zur Einsicht in die einschlägigen Sachverständigengutachten zu geben

1. bei der Vorbereitung von Verordnungen und anderen im Rang unter dem Gesetz stehenden Rechtsvorschriften auf dem Gebiet des Naturschutzes und der Landschaftspflege durch die Bundesregierung oder das Bundesministerium für Umwelt, Naturschutz und Reaktorsicherheit,
2. vor der Erteilung von Befreiungen von Geboten und Verboten zum Schutz von geschützten Meeresgebieten im Sinne des § 57 Abs. 2, auch wenn diese durch eine andere Entscheidung eingeschlossen oder ersetzt werden,
3. in Planfeststellungsverfahren, die von Behörden des Bundes oder im Bereich der ausschließlichen Wirtschaftszone und des Festlandsockels von Behörden der Länder durchgeführt werden, wenn es sich um Vorhaben handelt, die mit Eingriffen in Natur und Landschaft verbunden sind,
4. bei Plangenehmigungen, die von Behörden des Bundes erlassen werden und an die Stelle einer Planfeststellung im Sinne der Nummer 3 treten, wenn eine Öffentlichkeitsbeteiligung vorgesehen ist,

soweit sie durch das Vorhaben in ihrem satzungsgemäßen Aufgabenbereich berührt wird.

(2) Einer nach § 3 des Umwelt-Rechtsbehelfsgesetzes von einem Land anerkannten Naturschutzvereinigung, die nach ihrer Satzung landesweit tätig ist, ist Gelegenheit zur Stellungnahme und zur Einsicht in die einschlägigen Sachverständigengutachten zu geben

1. bei der Vorbereitung von Verordnungen und anderen im Rang unter dem Gesetz stehenden Rechtsvorschriften der für Naturschutz und Landschaftspflege zuständigen Behörden der Länder,
2. bei der Vorbereitung von Programmen und Plänen im Sinne der §§ 10 und 11,
3. bei der Vorbereitung von Plänen im Sinne des § 36 Satz 1 Nr. 2,
4. bei der Vorbereitung von Programmen staatlicher und sonstiger öffentlicher Stellen zur Wiederansiedlung von Tieren und Pflanzen verdrängter wild lebender Arten in der freien Natur,
5. vor der Erteilung von Befreiungen von Geboten und Verboten zum Schutz von Gebieten im Sinne des § 32 Abs. 2, Natura 2000-Gebieten, Naturschutzgebieten, Nationalparken, Nationalen Naturmonumenten und Biosphärenreservaten, auch wenn diese durch eine andere Entscheidung eingeschlossen oder ersetzt werden,
6. in Planfeststellungsverfahren, wenn es sich um Vorhaben im Gebiet des anerkennenden Landes handelt, die mit Eingriffen in Natur und Landschaft verbunden sind,
7. bei Plangenehmigungen, die an die Stelle einer Planfeststellung im Sinne der Nummer 6 treten, wenn eine Öffentlichkeitsbeteiligung vorgesehen ist,
8. in weiteren Verfahren zur Ausführung von landesrechtlichen Vorschriften, wenn das Landesrecht dies vorsieht,

soweit sie durch das Vorhaben in ihrem satzungsgemäßen Aufgabenbereich berührt wird.

(3) [1]§ 28 Abs. 2 Nr. 1 und 2, Abs. 3 und § 29 Abs. 2 des Verwaltungsverfahrensgesetzes gelten entsprechend. [2]Eine in anderen Rechtsvorschriften des Bundes

§ 63

oder der Länder vorgeschriebene inhaltsgleiche oder weitergehende Form der Mitwirkung bleibt unberührt.

(4) Die Länder können bestimmen, dass in Fällen, in denen Auswirkungen auf Natur und Landschaft nicht oder nur im geringfügigen Umfang zu erwarten sind, von einer Mitwirkung abgesehen werden kann.

Gliederung

	Rdnr.
I. Allgemeines	1–4
1. Zweck der Regelung, Stellung der Vereinigungen	1, 2
2. Beteiligung an Verfahren von Bundes- und Landesbehörden	3
3. Träger des Mitwirkungsrechts	4
II. Anerkennung von Vereinigungen	5–13
1. Allgemeines	5, 6
2. Voraussetzungen der Anerkennung	7
a) Vereinszweck (§ 3 Abs. 1 Satz 1 Nr. 1 UmwRG)	7
b) Tätigkeitsnachweis (§ 3 Abs. 1 Satz 1 Nr. 2 UmwRG)	8
c) Gewähr für sachgerechte Aufgabenerfüllung (§ 3 Abs. 1 Satz 1 Nr. 3 UmwRG)	9, 10
d) Gemeinnützigkeit (§ 3 Abs. 1 Satz 1 Nr. 4 UmwRG)	11
e) Beitritt für jedermann (§ 3 Abs. 1 Satz 1 Nr. 5 1. Halbs. UmwRG)	12
f) Dachvereinigungen (§ 3 Abs. 1 Satz 1 Nr. 5 2. Halbs. UmwRG)	13
III. Voraussetzungen der Mitwirkung von Vereinigungen	14–32
1. Mitwirkung der vom Bund anerkannten Vereinigungen (Abs. 1)	15–18
2. Mitwirkung der vom Land anerkannten Vereinigungen (Abs. 2)	19–31
3. Satzungsgemäßer Aufgabenbereich des Vereins	32
IV. Inhalt des Mitwirkungsrechts	33–52
1. Gelegenheit zur Stellungnahme	33–46
a) Unterrichtung der Vereinigung	34–42
b) Stellungnahme der Vereinigung	43–46
2. Anspruch auf Einsicht in die einschlägigen Sachverständigengutachten	47–52
a) Einschlägige Sachverständigengutachten	47, 48
b) Weitere Aktenteile	49
c) Einsicht durch die Vereinigung	50
3. Frist zur Stellungnahme	51, 52
V. Einschränkungen und Erweiterungen des Mitwirkungsrechts (Abs. 3 und 4)	53–56
1. Verwaltungsverfahrensrecht	53–55
2. Geringfügigkeit	56
VI. Durchsetzung des Mitwirkungsrechts	57–66
1. Allgemeines	57
2. Rechtsschutz während des laufenden Behördenverfahrens	58
3. Rechtsschutz nach der Behördenentscheidung	59—63
a) Untergesetzliche Rechtsvorschriften	59, 60
b) Befreiung, Planfeststellung/-genehmigung	61–63
4. Rechtsschutz bei Wahl einer unzutreffenden Verfahrensart	64–66

| VI. | Landesrecht | 67, 68 |
| VII. | Übergangsregelung | 69 |

I. Allgemeines

1. Zweck der Regelung, Stellung der Vereinigungen

Die Beteiligung der Vereinigungen soll der Behörde zusätzliche Informationen liefern und Vollzugsdefizite vermindern. Die Amtl. Begründung zur Vorläufervorschrift des § 58 BNatSchG 2002[1] sagt zu diesem **Motiv**: „Die Einholung von externem, nicht einseitig an nutzungsbezogenen, beruflichen oder anderen nicht auf den Naturschutz ausgerichteten Interessen orientiertem unabhängigem Sachverstand ist ... für eine effektive und effiziente Berücksichtigung von Belangen des Naturschutzes und der Landschaftspflege erforderlich." Das BVerwG führt in seiner Grundsatzentscheidung[2] aus: „Der Gesetzgeber hat mit der Regelung über die Beteiligung der anerkannten Verbände das öffentliche Interesse an Naturschutz und Landschaftspflege in begrenztem Umfang subjektiviert", damit es verstärkt in die in § 29 Abs. 1 Nr. 1 bis 4 BNatSchG genannten Verfahren und Entscheidungen eingebracht werden kann ... Der Gesetzgeber hat [die Berücksichtigung der Ziele des Naturschutzes und der Landschaftspflege allein durch die zuständige Behörde] als nicht ausreichend angesehen; er hat deshalb zusätzlich die Rechtsfigur des anerkannten Naturschutzverbandes geschaffen und diesem mit der Anerkennung die Vertretung der Ziele von Naturschutz und Landschaftspflege in bestimmten Verfahren ... als besondere Aufgabe und insoweit auch als materielle Rechtsposition anvertraut, ohne damit freilich die jeweils zuständigen Behörden von der Wahrung der Belange des Naturschutzes zu entbinden."

1

Die anerkannten Vereinigungen sind **nicht „Träger öffentlicher Belange"** nach fachgesetzlichen Vorschriften (vgl. § 4 BauGB, § 18 Abs. 2 Nr. 2 AEG, § 17 Abs. 1a Nr. 2 FStrG).[3] Sie sind auch nicht „Dritte" in Verfahren über Plangenehmigungen z.B. nach § 17 Abs. 1a Nr. 2 FStrG oder § 18 Abs. 2 S. 1 Nr. 1 AEG.[4]

2

2. Beteiligung an Verfahren von Bundes- und Landesbehörden

§ 63 regelt nunmehr das Mitwirkungsrecht der Vereinigungen umfassend, d.h. für Verfahren in der Zuständigkeit von Behörden des Bundes und der Länder. Es ist gekoppelt an die **Anerkennung** durch den Bund und das Land, d.h. eine Vereinigung benötigt beide Anerkennungen, wenn sie die Mitwirkungsrechte ausschöpfen will. Abs. 2 Nr. 8 enthält eine Öffnungsklausel für die Länder, was die Ausführung von Landesrecht betrifft.

3

3. Träger des Mitwirkungsrechts

Das Beteiligungsrecht steht einer **anerkannten Naturschutzvereinigung** zu. Diese Änderung gegenüber dem bisherigen Begriff „Verein" geht auf das Umwelt-Rechtsbehelfsgesetz zurück. Das in § 58 BNatSchG 2002 enthaltene Erfordernis der Rechtsfähigkeit ist entfallen, der Begriff Vereinigung ist

4

---

[1] BT-Drs. 14/6378, S. 58.
[2] BVerwG, Urt. v. 31.10.1990 – 4 C 7.88, BVerwGE 87, 62.
[3] BVerwG, Urt. v. 14.5.1997 – 11 A 53.96, NuR 1997, 506.
[4] BVerwG, Urt. v. 14.5.1997 – 11 A 53.96, NuR 1997, 506.

entsprechend den europarechtlichen Vorgaben[5] allgemein gehalten. Öffentlich-rechtliche Körperschaften scheiden aus, gemeint sind nur „Nichtregierungsorganisationen".[6] Zur Bezeichnung von Vereinigungen, die nach ihrem satzungsgemäßen Aufgabenbereich im Schwerpunkt die Ziele des Naturschutzes und der Landschaftspflege fördern, verwendet Abs. 1 Satz 1 aus Gründen der sprachlichen Vereinfachung der Begriff der „anerkannten Naturschutzvereinigung".[7] Die Vereinigung kann die Wahrnehmung des Rechts einer Untergliederung (z.b. Ortsgruppe) übertragen und muss dies der Behörde anzeigen. Eine Ortsgruppe kann auch nachträglich zur Beteiligung und Einlegung von Rechtsbehelfen bevollmächtigt werden (§ 67 Abs. 3 Satz 2 VwGO).[8]

II. Anerkennung von Vereinigungen

1. Allgemeines

§ 63 verweist in Abs. 1 und 2 wegen der Anerkennung auf § 3 UmwRG. Dieser lautet:

UmwRG § 3 Anerkennung von Vereinigungen

(1) [1]Auf Antrag wird einer inländischen oder ausländischen Vereinigung die Anerkennung zur Einlegung von Rechtsbehelfen nach diesem Gesetz erteilt. [2]Die Anerkennung ist zu erteilen, wenn die Vereinigung

1. nach ihrer Satzung ideell und nicht nur vorübergehend vorwiegend die Ziele des Umweltschutzes fördert,
2. im Zeitpunkt der Anerkennung mindestens drei Jahre besteht und in diesem Zeitraum im Sinne der Nummer 1 tätig gewesen ist,
3. die Gewähr für eine sachgerechte Aufgabenerfüllung bietet; dabei sind Art und Umfang ihrer bisherigen Tätigkeit, der Mitgliederkreis sowie die Leistungsfähigkeit der Vereinigung zu berücksichtigen,
4. gemeinnützige Zwecke im Sinne von § 52 der Abgabenordnung verfolgt und
5. jeder Person den Eintritt als Mitglied ermöglicht, die die Ziele der Vereinigung unterstützt; Mitglieder sind Personen, die mit dem Eintritt volles Stimmrecht in der Mitgliederversammlung der Vereinigung erhalten; bei Vereinigungen, deren Mitgliederkreis zu mindestens drei Vierteln aus juristischen Personen besteht, kann von der Voraussetzung nach Halbsatz 1 abgesehen werden, sofern die Mehrzahl dieser juristischen Personen diese Voraussetzung erfüllt.

[3]In der Anerkennung ist der satzungsgemäße Aufgabenbereich, für den die Anerkennung gilt, zu bezeichnen; dabei ist insbesondere anzugeben, ob die Vereinigung im Schwerpunkt die Ziele des Naturschutzes und der Landschaftspflege fördert. [4]Die Anerkennung kann, auch nachträglich, mit der Auflage verbunden werden, dass Satzungsänderungen mitzuteilen sind. [5]Sie kann ferner auch öffentlich bekannt gemacht werden.[6] In den Fällen des Absatzes 3 ist bei einer Vereinigung, die im Schwerpunkt die Ziele des Naturschutzes und der Landschaftspflege fördert, in der Anerkennung darüber hinaus anzugeben, ob sie nach ihrer Satzung landesweit tätig ist. [7]Ein als Naturschutzverein nach dem Bundesnaturschutzgesetz oder nach landesrechtlichen Vorschriften anerkannter Verein gilt zugleich als anerkannt nach Satz 1.

(2) Für eine ausländische Vereinigung sowie für eine Vereinigung mit einem Tätigkeitsbereich, der über das Gebiet eines einzelnen Landes hinausgeht, wird die Anerkennung durch das Umweltbundesamt ausgesprochen. Bei der Anerkennung einer Vereinigung nach Satz 1, die im Schwerpunkt die Ziele des Naturschutzes und der Landschaftspflege fördert, ergeht diese Anerkennung im Einvernehmen mit dem Bundesamt für Naturschutz.

---

5   Art. 2 Abs. 1 RL 2003/35/EG: „Vereinigungen, Organisationen oder Gruppen" (im Anschluss an Art. 2 Nr. 4 Aarhus-Konvention).
6   Vgl. Art. 10 Abs. 4 RL 85/337/EG und Art. 15a Abs. 4 RL 96/61/EG.
7   Amtl. Begr. BT-Drs. 16/12274, S. 75.
8   VG Würzburg, Urt. v. 20.10.1998 – W 6 K 97.1256, NuR 1997, 414 zur Widerspruchseinlegung durch eine Ortsgruppe des Bundes Naturschutz.

(3) Für eine inländische Vereinigung mit einem Tätigkeitsbereich, der nicht über das Gebiet eines Landes hinausgeht, wird die Anerkennung durch die zuständige Behörde des Landes ausgesprochen.

Die Voraussetzungen des § 3 Abs. 1 UmwRG müssen alle zusammen vorliegen. Eine bestehende Anerkennung nach bisherigem Recht gilt weiter. § 5 Abs. 2 UmwRG enthält dazu eine Überleitungsregelung. Was die Anerkennung nach bisherigem Naturschutzrecht betrifft, bestimmt § 74 Abs. 3, dass die die §§ 63, 64 auch für Vereine gelten, die nach § 29 BNatSchG in der bis zum 3.4.2002 geltenden Fassung oder nach § 59 oder im Rahmen von § 60 Abs. 1 und 3 des BNatSchG in der bis zum 1.3.2010 geltenden Fassung vom Bund oder den Ländern anerkannt worden sind.

UmwRG § 5 Übergangs- und Überleitungsvorschrift

...

(2) Anerkennungen nach § 3 dieses Gesetzes in der Fassung vom 28. Februar 2010, nach § 59 des Bundesnaturschutzgesetzes in der Fassung vom 28. Februar 2010 oder auf Grund landesrechtlicher Vorschriften im Rahmen des § 60 des Bundesnaturschutzgesetzes in der Fassung vom 28. Februar 2010, die vor dem 28. Februar 2010 erteilt worden sind, sowie Anerkennungen des Bundes und der Länder nach § 29 des Bundesnaturschutzgesetzes in der bis zum 3. April 2002 geltenden Fassung gelten als Anerkennungen im Sinne dieses Gesetzes fort.

2. Voraussetzungen der Anerkennung

a) Vereinszweck (§ 3 Abs. 1 Satz 1 Nr. 1 UmwRG). An die Stelle des in § 3 Abs. 1 Satz 1 Nr. 1 UmwRG genannte Vereinszwecks – Förderung der „Ziele des Umweltschutzes" – tritt die Regelung des § 63 Abs. 1, wonach Vereinigung „nach ihrem satzungsgemäßen Aufgabenbereich im Schwerpunkt die **Ziele des Naturschutzes und der Landschaftspflege fördert**". Ein solches Erfordernis ist europarechtskonform.[9] Die Förderung dieser Zwecke muss **ideell** geschehen, d.h. die Vereinigung darf keinen auf einen wirtschaftlichen Geschäftsbetrieb gerichteten Zweck verfolgen. Die Ziele von Naturschutz und Landschaftspflege zu fördern, sind in § 1 definiert: Schutz, Pflege, Entwicklung und ggf. Wiederherstellung von Natur und Landschaft unter den dort in Nr. 1–3 genannten Aspekten. Die Vereinigung braucht nicht alle diese Ziele zu fördern, einzelne reichen aus, z.B. der Vogelschutz.[10] Eine Körperschaft des öffentlichen Rechts erfüllt mangels Staatsferne nicht die Voraussetzungen.[11] Die Vereinigung muss diese Ziele **nicht nur vorübergehend**, sondern auf Dauer fördern. Das muss aus der Satzung als Leitlinie der Vereinigungstätigkeit hervorgehen, ebenso, dass die Vereinigung diese Ziele **vorwiegend** fördert. „Vorwiegend" ist mehr als nur „überwiegend".[12] Das „Vorwiegen" der naturschützerischen Zwecksetzung erfordert, dass sie nach der Satzung das **prägende Ziel** ist, dem sich andere, eventuell kollidierende Ziele im Zweifel unterzuordnen haben.[13] Abs. 1 Satz 1 betont das nochmals, wenn er fordert, dass die Vereinigung nach ihrem satzungsgemäßen Aufgabenbereich im **Schwerpunkt** die Ziele des Naturschutzes und der Landschaftspflege fördert. Es reicht daher nicht aus, wenn die Förderung des Naturschutzes und der Landschaftspflege nur einer von mehreren Zwe-

---

9 EuGH Urt. v. 15.10.2009 – C-263/08, NuR 2009, 773 Rdnr. 46.
10 BVerwG, Urt. v. 6.12.1985 – 4 C 55.82, NuR 1986, 121; OVG Hamburg, Urt. v. 22.3.1982 – Bf III 7/81, NuR 1982, 184.
11 OVG Saarlouis, Urt. v. 26.6.1985 – 2 R 269/83, NuR 1986, 81 und Rdnr. 4.
12 OVG Münster, Urt. v. 20.6.1984 – 7 A 327/84, NuR 1985, 76.
13 VG Berlin, Urt. v. 4.6.1997 – 1 A 128.94, NuR 1997, 565.

cken sind oder nur ein Mittel, um einen anderen, übergeordneten Zweck zu erreichen, z.B. Förderung der Jagd oder Fischerei.[14] Nicht anzuerkennen sind z.B. ein Landesjagdverband,[15] ein Verein für Garten-, Landschafts- u. Friedhofskultur[16] oder ein Landesverband der Sportfischer.[17] Der Fall, dass die Vereinigung tatsächlich nicht vorwiegend bzw. „im Schwerpunkt" die Ziele des Naturschutzes und der Landschaftspflege fördert und der „satzungsgemäße Aufgabenbereich" daher nur auf dem Papier steht, ist eine Frage des Tätigkeitsnachweises (dazu nachfolgend).

8 b) **Tätigkeitsnachweis (§ 3 Abs. 1 Satz 1 Nr. 2 UmwRG).** Im Zeitpunkt der Anerkennung muss die Vereinigung mindestens drei Jahre bestehen und in diesem Zeitraum im Sinne der Nr. 1 tätig gewesen sein, d.h. sie muss vorwiegend bzw. „im Schwerpunkt" die Ziele des Naturschutzes und der Landschaftspflege gefördert haben. Die **Mindestdauer des Bestehens und der Tätigkeit** der Vereinigung wurde durch § 59 BNatSchG 2002 eingeführt mit folgender Begründung:[18] „Die Frage, ob ein Verein durch seine bisherigen Aktivitäten die Ziele des Naturschutzes und der Landschaftspflege fördert, kann zuverlässig nur beurteilt werden, wenn die Vereinigung schon eine gewisse Zeit besteht. Für die Beurteilung der bisherigen Tätigkeiten ist ein Zeitraum von mindestens 3 Jahren zugrunde zu legen, der erfahrungsgemäß für die Beurteilung ausreicht. In begründeten Zweifelsfällen kann ein längerer Zeitraum gefordert werden. Mit der Regelung soll verhindert werden, dass neu gegründete Vereine ohne nennenswerte Aktivitäten, deren weitere Entwicklung nicht beurteilt werden kann, als Naturschutzvereine anerkannt werden." Der Gesetzestext kann wohl kaum so verstanden werden, dass die Dreijahresfrist nur eine Regelfrist darstellt, die von der Behörde in besonderen Fällen „verlängert" werden kann. Denn des Zusatzes „mindestens" bedurfte es schon zur Klarstellung, dass ein Verein auch erst nach 4 Jahren seine Anerkennung beantragen kann. Vielmehr dürfte Folgendes gelten: Ist die Vereinigung in den ersten drei Jahren nicht oder nur sporadisch tätig geworden und steht der Satzungszweck daher praktisch nur auf dem Papier, so ist die Anerkennung abzulehnen. Die Vereinigung kann sie später erneut beantragen, wenn sie meint, nunmehr ausreichend aktiv gewesen zu sein, wobei dem Gesetz („in diesem Zeitraum") zu entnehmen ist, dass die Tätigkeit **drei aufeinanderfolgende Jahre** gedauert haben muss. Ist die Vereinigung z.B. erst im dritten Jahr ihres Bestehens nennenswert tätig geworden, so kommt die Anerkennung erst nach dem fünften Jahr in Betracht. Im übrigen bietet Nr. 3 eine Handhabe für die Ablehnung ungeeigneter Vereine. **Verändert sich nach der Anerkennung der Schwerpunkt der Vereinstätigkeit** weg von diesen Zielen, so ist die Anerkennung zu widerrufen (§ 49 Abs. 2 Nr. 1, 3 VwVfG). Zweckmäßigerweise wird ein solcher Widerrufsvorbehalt der Anerkennung beigefügt.

9 c) **Gewähr für sachgerechte Aufgabenerfüllung (§ 3 Abs. 1 Satz 1 Nr. 3 UmwRG).** Dieses Erfordernis ist von **zentraler Bedeutung**, damit das gesetzgeberische Ziel der Vereinsbeteiligung und Vereinsklage – Einholung von externem, nicht einseitig an nutzungsbezogenen, beruflichen oder anderen nicht auf den Naturschutz ausgerichteten Interessen orientiertem unabhängigem Sachverstand – erreicht wird. Als **Kriterien** nennt das Gesetz (nicht abschließend) Art und Umfang seiner bisherigen Tätigkeit, den Mit-

---

14 BVerwG, Urt. v. 6.12.1985 – 4 C 55.82, NuR 1986, 121.
15 OVG Münster, Urt. v. 20.6.1984 – 7 A 327/84, NuR 1985, 76.
16 VGH Kassel, Urt. v. 24.10.1985 – III OE 141/82, NuR 1986, 254.
17 VG Berlin, Urt. v. 4.6.1997 – 1 A 128.94, NuR 1997, 565.
18 BT-Drs. 14/6378, S. 59.

gliederkreis sowie die Leistungsfähigkeit des Vereins. Vereine mit nur wenigen Mitgliedern scheiden daher aus,[19] außer es sind Dachverbände (Nr. 5 Halbs. 2). Europarechtlich kann sich das Erfordernis einer Mindestzahl an Mitgliedern „als sachdienlich erweisen, um sicherzustellen, dass diese Vereinigung auch tatsächlich existiert und tätig ist. Die erforderliche Mitgliederzahl darf jedoch vom nationalen Recht nicht so hoch angesetzt werden, dass sie den Zielen der Richtlinie 85/337, insbesondere dem Ziel, die gerichtliche Kontrolle der unter die Richtlinie fallenden Vorgänge unschwer zu ermöglichen, zuwiderläuft", was bei einem Erfordernis von 2000 Mitgliedern der Fall ist.[20]

Qualitativ muss der Mitgliederkreis so beschaffen sein, dass sachkundige Stellungnahmen des Vereins zu erwarten sind. Die bisherige Tätigkeit ist, soweit sie der Behörde nicht bekannt ist, vom Verein zu dokumentieren, z.b. durch Pressemeldungen oder dem jährlichen Rechenschaftsbericht. Die Finanzkraft des Vereins und die ehrenamtliche Tätigkeit der Mitglieder müssen erwarten lassen, dass eine kontinuierliche Vereinsarbeit möglich ist. Das bedeutet aber nicht, dass die Vereinigung so ausgestattet sein muss, dass sie sich an jedem möglichen Verfahren beteiligen kann, und dies beabsichtigen muss. **10**

d) Gemeinnützigkeit (§ 3 Abs. 1 Satz 1 Nr. 4 UmwRG). Die Vereinigung muss gemeinnützig und selbstlos i.S.v. § 52 Abs. 1, Abs. 2 Nr. 1 AO tätig sein, d.h. sie darf nicht in erster Linie eigenwirtschaftliche Zwecke verfolgen (§ 55 AO). Ferner muss sie ausschließlich den gemeinnützigen Zweck verfolgen (§§ 51, 56 AO). **11**

e) Beitritt für jedermann (§ 3 Abs. 1 Satz 1 Nr. 5 1. Halbs. UmwRG). Dieses Kriterium soll dafür sorgen, dass die Vereine als **Repräsentanten der interessierten Öffentlichkeit** verstanden werden können.[21] Es schränkt die Vereinsautonomie ein, um Vereine auszuschließen, die einseitig an beruflichen, parteipolitischen oder vergleichbaren nicht auf den Naturschutz bezogenen Kriterien orientiert sind.[22] Die Vereinigung muss den Eintritt aber nur solchen Personen ermöglichen, die tatsächlich die Ziele des Vereins unterstützen; insoweit ist entscheidend, ob die Vereinigung objektiv mit der Förderung der Vereinsziele durch den Bewerber rechnen kann, nicht ausreichend ist die bloße Erklärung, dies tun zu wollen. Im Allgemeinen werden die Tatsache des Beitritts und die Zahlung des Mitgliedsbeitrags zunächst für die Unterstützungsbereitschaft sprechen. Die Vereinigung darf aber die Unterwanderung durch Personen verhindern, die sie zu anderen Zwecken umfunktionieren wollen. Auch kann sie Querulanten und andere seine Tätigkeit diskreditierende Personen fernhalten bzw. ausschließen. Dabei muss die Satzung nicht vorschreiben, dass die Ablehnung eines Aufnahmeantrags zu begründen ist.[23] Gegen die Ablehnung kann der Beitrittswillige vor dem Zivilgericht klagen. Eine rechtswidrige Ablehnungspraxis der Vereinigung würde den Bestand ihrer Anerkennung gefährden. Das Jedermannsprinzip ist verletzt, wenn die Satzung zwischen den Stimmrechten ordentlicher und fördernder Mitglieder (diese haben nur ein Rederecht) unterscheidet und alle wichtigen Entscheidungen durch die Mitgliederversammlung treffen **12**

---

19 BVerwG, Urt. v. 6.12.1985 – 4 C 55.82, NuR 1986, 121.
20 EuGH Urt. v. 15.10.2009 – C-263/08 Rdnr. 47 ff.
21 Vgl. Präambel Nr. 4 der RL 2003/35/EG.
22 OVG Lüneburg, Urt. v. 8.3.1990 – 3 A 308/ 87, NuR 1990, 416.
23 Zu alledem BVerwG, Urt. v. 6.12.1985 – 4 C 55.82, NuR 1986, 121.

lässt.[24] Dagegen ist eine Unterscheidung zwischen Vollmitgliedschaft und Fördermitgliedschaft zulässig, wenn Beitrittswillige die freie Wahl haben.

13 f) **Dachvereinigungen** (§ 3 Abs. 1 Satz 1 Nr. 5 2. Halbs. UmwRG). Sie folgen nicht dem Jedermannsprinzip. Andererseits verkörpern und konzentrieren sie den Sachverstand der Vereine in besonderer und sachdienlicher Weise. Sie spiegeln allerdings nicht die Öffentlichkeit nach demokratischen Grundsätzen wider. Dazu die Begründung[25] zur Vorläufervorschrift des § 59 BNatSchG 2002: „... trifft eine Sonderregelung für Dachvereine mit ausschließlich korporativer Mitgliedschaft. Solche Vereine erfüllen an sich nicht die Anerkennungsvoraussetzung der Nr. 6 Satz 1. Andererseits ist die Mitwirkung solcher Vereine wegen ihrer Bündelungsfunktion und ihrem stärkeren Gewicht erwünscht; sie dient auch der Verfahrensbeschleunigung. Es entspricht bereits der bisherigen Anerkennungspraxis in Bund und Ländern, das Jedermannsprinzip als erfüllt anzusehen, wenn die Mitgliedsvereine in ihrer Mehrheit ihrerseits die genannte Voraussetzung erfüllen. Hierauf baut die neue Regelung auf. Dachvereine, die ausschließlich juristische Personen des öffentlichen Rechts, z.B. Kommunen, zu Mitgliedern zählen, erfüllen nicht die Anerkennungsvoraussetzungen."

III. Voraussetzungen der Mitwirkung von Vereinigungen

14 § 63 unterscheidet zwischen der Mitwirkung der vom Bund und der von einem Land anerkannten Vereinigungen. Voraussetzungen der Mitwirkung sind ein Verfahren nach Abs. 1 oder Abs. 2 und die Berührung des satzungsgemäßen Aufgabenbereichs des Vereins.

1. Mitwirkung der vom Bund anerkannten Vereinigungen (Absatz 1)

15 Nr. 1: Vorbereitung von Verordnungen und anderen im Range unter dem Gesetz stehenden **Rechtsvorschriften** auf dem Gebiet des Naturschutzes und der Landschaftspflege (entspricht § 58 Abs. 1 Nr. 1 BNatSchG 2002. Näheres in Rdnr. 19.

16 Nr. 2: **Befreiungen** von Geboten und Verboten zum Schutz von geschützten Meeresgebieten im Sinne des § 57 Abs. 2, auch wenn diese durch eine andere Entscheidung eingeschlossen oder ersetzt werden, Näheres in Rdnr. 23.

17 Nr. 3: **Planfeststellungsverfahren**, die von Behörden des Bundes oder im Bereich der ausschließlichen Wirtschaftszone und des Festlandsockels von Behörden der Länder durchgeführt werden, wenn es sich um Vorhaben handelt, die mit Eingriffen in Natur und Landschaft verbunden sind. Näheres in Rn. 25.

18 Nr. 4: **Plangenehmigungen**, die von Behörden des Bundes erlassen werden und an die Stelle einer Planfeststellung im Sinne der Nr. 3 treten, wenn eine Öffentlichkeitsbeteiligung vorgesehen ist (entspricht § 58 Abs. 1 Nr. 3 BNatSchG 2002).

---

24 OVG Lüneburg, Urt. v. 8.3.1990 – 3 A 308/ 87, NuR 1990, 416
25 BT-Drs. 14/6378, S. 59.

2. Mitwirkung der vom Land anerkannten Vereinigungen (Absatz 2)

Nr. 1: Vorbereitung von Verordnungen und anderen im Rang unter dem Gesetz stehenden **Rechtsvorschriften** der für Naturschutz und Landschaftspflege zuständigen Behörden der Länder (entspricht § 60 Abs. 2 Nr. 1 BNatSchG 2002). Andere unter dem Gesetz stehende Rechtsvorschriften" sind z.B. Satzungen, die aber beim Bund nicht gebräuchlich sind. Allgemeine Verwaltungsvorschriften sind in der Regel nicht gemeint, weil sie keine Rechtswirkung nach außen haben, anders bei „normkonkretisierenden" Verwaltungsvorschriften.[26] Allgemeinverfügungen sind keine Rechtsvorschriften, sondern Verwaltungsakte (§ 35 Satz 2 VwVfG). Die Rechtsvorschriften brauchen nicht dem Schutz von Natur und Landschaft zu dienen, auch z.b. die Aufhebung einer schützenden Norm, die Verkleinerung eines Schutzgebiets fallen darunter.

Nr. 2: Vorbereitung von Programmen und Plänen i.S.d. §§ 10 und 11 (entspricht § 60 Abs. 2 Nr. 2 BNatSchG 2002). Hier geht es um die gesamte örtliche und überörtliche **Landschaftsplanung**, unabhängig davon, ob und inwieweit sie dem Einzelnen gegenüber verbindlich ist oder nicht. Insbesondere ermöglicht sie die Beteiligung an den nur behördenverbindlichen Planungen der höheren Stufe (Landschaftsprogramm, Landschaftsrahmenplan). Landesrecht regelt die Einzelheiten.

Nr. 3: Vorbereitung von Plänen i.S.d. § 36 Satz 1 Nr. 2 (entspricht § 60 Abs. 2 Nr. 3 BNatSchG 2002). Solche Pläne sind auch **Bauleitpläne**, denn sie fallen unter den Planbegriff des § 36 Satz 1 Nr. 2. § 36 Satz 2 kann nicht entnommen werden, dass Bauleitpläne nicht von der Verweisung auf Satz 1 Nr. 2 umfasst sind, denn er enthält keine Begriffsbestimmung, sondern eine Rechtsfolge für die dort genannten Pläne. Der Plan muss sich einzeln oder im Zusammenwirken mit anderen Plänen oder Projekten auf ein FFH- oder Vogelschutzgebiet auswirken können, wie sich aus der Verweisung ergibt. Mittelbar wird damit auch eine Öffentlichkeitsbeteiligung geschaffen (vgl. Art. 6 Abs. 3 Satz 2 FFH-RL).

Nr. 4. Vorbereitung von Programmen staatlicher und sonstiger öffentlicher Stellen zur Wiederansiedlung von Tieren und Pflanzen verdrängter wild lebender Arten in der freien Natur (entspricht § 60 Abs. 2 Nr. 3 BNatSchG 2002). Es geht um artenschutzrechtliche Programme staatlicher und sonstiger öffentlicher Stellen zur Wiederansiedlung von Tieren und Pflanzen verdrängter wild lebender Arten in der freien Natur. Der Sachverstand der Vereine kann hier hilfreich sein. Auch wird Art. 22 FFH- RL teilweise umgesetzt.

Nr. 5: Befreiungen von Geboten und Verboten zum Schutz von Gebieten im Sinne des § 32 Abs. 2, Natura 2000-Gebieten, Naturschutzgebieten, Nationalparken, Nationalen Naturmonumenten und Biosphärenreservaten, auch wenn diese durch eine andere Entscheidung eingeschlossen oder ersetzt werden. Europarechtlich geschützte Gebiete i.S.d. § 32 Abs. 2 können unter alle in § 20 Abs. 2 genannten Schutzkategorien fallen. Über § 60 Abs. 2 Satz 1 Nr. 5 BNatSchG 2002 hinaus wird durch die Formulierung „Natura-2000-Gebiete" (i.S. der Definition des § 7 Abs. 1 Nr. 6–8) klargestellt, dass sich das Mitwirkungsrecht bei Befreiungen nicht nur auf ausgewiesene Schutzgebiete, sondern auch auf in die Gemeinschaftsliste aufgenommene FFH-Ge-

---

26 Dazu BVerwG, Urt. v. 18.12.1985 – 7 C 65.82, BVerwGE 72, 300 (Wyhl).

biete bezieht, bei denen eine Unterschutzstellung noch nicht oder nicht in den Formen des § 20 Abs. 2 erfolgt ist. Bei rein „nationalen" Schutzgebieten beschränkt sich die Mitwirkung auf Befreiungen bezüglich Naturschutzgebieten, Nationalparken, Nationalen Naturmonumenten und Biosphärenreservaten. Ferner wird (für alle Befreiungsfälle) ausdrücklich bestimmt, dass das Mitwirkungsrecht nicht deshalb entfällt, weil die Befreiung auf Grund einer nach Fachrecht bestehenden Konzentrationswirkung durch eine andere Entscheidung eingeschlossen oder ersetzt wird. Die **Aufhebung oder Verkleinerung eines Schutzgebietes** durch Änderung der Verordnung oder sonstigen Schutzerklärung ist kein der Befreiung gleichzustellender Fall.[27]

24 Die in Nr. 5 genannten Gebote und Verbote sind gebietsbezogene Schutzvorschriften. Schon deshalb ist eine analoge Anwendung auf **Ausnahmen** von **artenschutzrechtlichen** Verboten der §§ 39, 44 nicht möglich und vom Gesetzgeber mit der Verwendung des spezifischen Begriffs der Befreiung auch nicht gewollt. Auch was den Gebietsschutz betrifft, scheint der Gesetzeswortlaut zu bestätigen, dass wie bisher nur „Befreiungen" im rechtstechnischen Sinne gemeint sind, also Entscheidungen, die auf der Ermächtigung in § 67 beruhen, während Ausnahmen auf anderer Grundlage nicht erfasst werden. Bei näherer Betrachtung ergeben sich daran erhebliche Zweifel, was die **europarechtlich geschützten Gebiete** betrifft:

25 Bei Geboten und Verboten zum Schutz von „Natura-2000-Gebieten" (i.S.v. § 7 Abs. 1 Nr. 8) kann es zu keiner praktisch relevanten Befreiung kommen. Die in § 7 Abs. 1 Nr. 6 genannten, d.h. in die Liste aufgenommenen FFH-Gebiete sind durch die §§ 33, 34 geschützt, eine Befreiung daher nur nach Maßgabe des § 67 Abs. 2 zulässig, d.h. von den Verboten des § 33 Abs. 1, während die wichtigste Fallgruppe der Zulassung eines unverträglichen Projekts wegen überwiegenden öffentlichen Interesses (§ 34 Abs. 3–5) ausscheidet. Die gelisteten FFH-Gebiete werden häufig in gebietsbezogene Bestimmungen des Landesrechts i.S.v. § 32 Abs. 3 aufgenommen, die sich meist darauf beschränken, die Gebietsabgrenzung und die Erhaltungsziele festzulegen und damit den Anwendungsbereich der §§ 33, 34 zu präzisieren. Dasselbe gilt für die Vogelschutzgebiete (§ 7 Abs. 1 Nr. 7). Zu einer Befreiungsentscheidung kommt es auch hier nur im relativ unbedeutenden Fall der unzumutbaren Belastung durch ein Verbot i.S.v. § 33 Abs. 1 (§ 67 Abs. 2), während Entscheidungen über Projekte nach § 34 nicht erfasst sind.

26 Daran würde auch eine Unterschutzstellung der Gebiete nach Maßgabe des § 32 Abs. 2 nicht viel ändern. Denn von Geboten und Verboten „zum Schutz von Gebieten im Sinne des § 32 Abs. 2" (d.h. Schutzerklärungen nach § 20 Abs. 2 mit Geboten und Verboten i.S.v. § 32 Abs. 3) gibt es im praktisch wichtigsten Fall der Zulassung eines unverträglichen Projekts wegen überwiegenden öffentlichen Interesses wiederum keine Befreiung, sondern nur die Abweichung gemäß § 34 Abs. 3–5 (§ 67 Abs. 2, Einzelheiten in Rdnr. 31 ff./36 zu § 67).

27 Der Gesetzgeber wollte das Mitwirkungs- und Klagerecht der Vereinigungen gegenüber dem bisherigen Recht stärken, indem „klargestellt [wird], dass sich das Mitwirkungsrecht auch auf in die sogenannte Gemeinschaftsliste aufgenommene FFH-Gebiete ... bezieht, bei denen eine Unterschutzstellung noch nicht erfolgt ist."[28] Stattdessen läuft die Vereinsbeteiligung bei einer Ausnahme von den Verboten und Geboten zum Schutz von Natura-

---

27 Vgl. BVerwG, Beschl. v. 21.7.1997 – 4 BN 10.97, NuR 1998, 131.
28 BT-Drs. 16-12274 S. 75.

2000-Gebieten – vor und nach ihrer Unterschutzstellung – weitgehend ins Leere.²⁹ Daher darf der Begriff „Befreiung" dem Zweck der Regelung entsprechend nicht allein auf die Entscheidung nach § 67 bezogen werden. Vielmehr ist die **Abweichungsentscheidung nach § 34 Abs. 3–4 einer Befreiung wegen überwiegenden öffentlichen Interesses gleichzustellen**, denn (a) sie ist bei Fehlen einer Schutzerklärung i.S.v. § 32 Abs. 2 die einzige Grundlage für eine Abweichung und hat insofern die Funktion der Befreiung aus Gründen des § 67 Abs. 1 Nr. 1, und (b) auch im Fall eines Schutzes nach § 32 Abs. 2 tritt sie wegen § 67 Abs. 2 an deren Stelle (§ 67 Rdnr. 34 ff.).³⁰ Das Beteiligungsrecht entsteht, wenn die Verträglichkeitsprüfung negativ ausfällt und eine Abweichung nach § 34 Abs. 3–5 beantragt ist.

Nr. 6: Planfeststellungsverfahren, wenn es sich um Vorhaben im Gebiet des anerkennenden Landes handelt, die mit Eingriffen in Natur und Landschaft verbunden sind. Nr. 6 führt § 60 Abs. 2 Satz 1 Nr. 6 BNatSchG 2002 fort, abweichend von der bisherigen Fassung aber ohne Beschränkung auf von Behörden der Länder durchgeführte Verfahren, so dass zugleich der Regelungsgehalt des § 58 Abs. 3 BNatSchG. 2002 erfasst wird. Zur Feststellung, ob ein **Eingriff** vorliegt, ist eine Prognose erforderlich, ob voraussichtlich der Tatbestand des § 14 Abs. 1 verwirklicht wird. Dazu genügt es, dass eine naturschutz-fachlich erhebliche Beeinträchtigung gegeben ist.³¹ Die Öffentlichkeitsbeteiligung folgt aus §§ 3 und 9 UVPG in Verbindung mit der Anlage zu § 3 (z.B. Nr. 6, 9, 12 und 17).

Das Mitwirkungsrecht in Planfeststellungsverfahren hat einen dreifachen Zweck:³² Den Vereinigungen soll ermöglicht werden, durch ihr Vorbringen zur Verbesserung des entscheidungsrelevanten Abwägungsmaterials beizutragen. Hierzu können sie zusätzliche Informationen über die maßgebenden Naturschutzbelange vortragen. Sie können ferner die Planfeststellungsbehörde auf Defizite in der bisherigen fachlichen Ermittlung der Naturschutzbelange hinweisen, weitere Ermittlungen anregen und hierzu eigene Hilfen anbieten. Dazu haben sie das Recht, die einschlägigen Sachverständigengutachten einzusehen. Schließlich steht ihnen das Recht zu, der Behörde Planungsvarianten vorzutragen oder deren Ermittlung anzuregen. Das schließt eine bewertende Erörterung jener Gestaltungsspielräume ein, die das objektive Recht der Planfeststellungsbehörde zwecks sachgerechten Ausgleichs der öffentlichen und privaten Belange einräumt.

Nr. 7: Plangenehmigungen, die an die Stelle einer Planfeststellung im Sinne der Nr. 6 treten, wenn eine Öffentlichkeitsbeteiligung vorgesehen ist. Nr. 7 führt § 60 Abs. 2 Satz 1 Nr. 7 BNatSchG 2002 fort, wie in Nr. 6 aber ohne Beschränkung auf von Behörden der Länder durchgeführte Verfahren, so dass zugleich der Regelungsgehalt des § 58 Abs. 3 BNatSchG. 2002 erfasst wird.

Nr. 8: Weitere Verfahren zur Ausführung von landesrechtlichen Vorschriften, wenn das Landesrecht dies vorsieht (entspricht § 60 Abs. 2 Satz 3 Nr. 1 BNatSchG 2002). Das Verfahren, an dem der Verein mitwirkt, muss (aus-

---

29 Dagegen wird bei einer rein „nationalen" Naturschutzverordnung § 67 Abs. 1 Nr. 1 nicht durch § 67 Abs. 2 verdrängt, und eine Befreiung kann mit Widerspruch und Klage angefochten werden.
30 Ähnlich OVG Magdeburg, Beschl. v. 6.11.2006 – 2 M 311/06, NuR 2007, 208.
31 BVerwG, Urt. v. 28.6.2002 – 4 A 59.01, NuR 2003, 93.
32 BVerwG, Urt. v. 24.5.1996 – 4 A 16.95, NuR 1996, 143.

schließlich) dem Vollzug von Landesrecht dienen, d.h. sobald es gleichzeitig dem Vollzug von Bundesrecht dient, gilt die Landesregelung nicht.

3. Satzungsgemäßer Aufgabenbereich des Vereins

32 Das Beteiligungsrecht besteht, soweit die Vereinigung durch das Vorhaben in ihrem satzungsgemäßen Aufgabenbereich berührt wird (Abs. 1 Satz 1). Dieser ergibt sich aus der Beschreibung des Vereinszweckes (§ 57 Abs. 1 BGB), der also die Förderung der Belange von Naturschutz und Landschaftspflege – allgemein oder in Teilbereichen – betreffen muss.

IV. Inhalt des Mitwirkungsrechts

1. Gelegenheit zur Stellungnahme

33 Inhaltlich ist die Mitwirkung der anerkannten Vereine einem Anhörungsrecht vergleichbar, wie es in § 28 VwVfG enthalten ist.[33] Es „erschöpft sich nicht in einer bloßen Formalie, sondern zielt vielmehr – wie jedes Anhörungsrecht im Verwaltungsverfahren – auf eine ‚substantielle' Anhörung".[34]

34 a) **Unterrichtung der Vereinigung.** Gelegenheit zur Stellungnahme hat die Vereinigung daher nur, wenn sie die wesentlichen Umstände kennt. Sie ist daher von der Behörde in ausreichender Weise zu unterrichten. Bei geplanten **Rechtsvorschriften** (Nr. 1) geschieht das durch Übersendung des Entwurfs mit Begründung. Im **Befreiungsverfahren** sind die Vereinigungen über Art und Auswirkungen des Vorhabens und die Umstände, die für eine Befreiung sprechen bzw. vorgebracht werden, zu informieren. Das muss rechtzeitig vor der Entscheidung geschehen, damit den Vereinigungen eine ausreichende Frist zur Stellungnahme eingeräumt werden kann.

35 Bei der **Planfeststellung/-genehmigung von Eingriffsvorhaben** sehen die Fachgesetze übereinstimmend vor, dass die Unterrichtung der Vereine im Anhörungsverfahren gem. § 73 VwVfG erfolgt, und regeln Einzelheiten. Beispielsweise bestimmt § 17a FStrG, dass für das Anhörungsverfahren § 73 VwVfG mit folgenden Maßgaben gilt:

36 Die Anhörungsbehörde **benachrichtigt** innerhalb der Frist des § 73 Abs. 2 VwVfG die vom Bund oder Land anerkannten Naturschutzvereinigungen von der Auslegung des Plans und gibt ihnen Gelegenheit zur Stellungnahme. Die Benachrichtigung erfolgt durch die ortsübliche Bekanntmachung der Auslegung nach § 73 Abs. 5 Satz 1 VwVfG in den Gemeinden gem. § 17a Nr. 1 FStrG.

37 Für die **Einwendungsfrist** der Vereinigungen gilt § 73 Abs. 4 VwVfG entsprechend (2 Wochen nach Ablauf der einmaligen Auslegungsfrist), dazu Rdnr. 51. § 73 Abs. 6 VwVfG (Erörterung der rechtzeitig erhobenen Einwendungen) gilt entsprechend, wenn die Vereinigungen fristgerecht Stellung genommen haben. Sie sind von dem Erörterungstermin zu benachrichtigen. – Die Anhörungsbehörde kann auf eine Erörterung verzichten (Einzelheiten in § 17a Nr. 5 FStrG).

38 Soll ein ausgelegter **Plan geändert** werden, so sind auch Vereinigungen entsprechend § 73 Abs. 8 Satz 1 VwVfG zu beteiligen (Einzelheiten in § 17a Nr. 6 FStrG). Bei der Änderung eines festgestellten Plans im vereinfachten

---

33 VGH Kassel, Urt. v. 10.3.1992 – 2 UE 969/88, NuR 1992, 382.
34 BVerwG, Urt. v. 12.11.1997 – 11 A 49.96, NuR 1998, 258.

Änderungsverfahren nach § 17d FStrG i.V.m. § 76 Abs. 3 VwVfG ist zwar nicht die Durchführung eines Anhörungsverfahrens nach § 17a FStrG i.V.m. § 73 VwVfG erforderlich, doch müssen anerkannte Naturschutzvereine nach Maßgabe der einschlägigen naturschutzrechtlichen Bestimmungen beteiligt werden, indem ihnen z.b. Gelegenheit gegeben wird, zu nachträglich ins Verfahren eingeführten Untersuchungen Stellung zu nehmen.[35]

39 Einwendungen und Stellungnahmen der Vereinigungen sind nach **Ablauf der Äußerungsfrist** ausgeschlossen. Auf diese Rechtsfolge ist in der Bekanntmachung der Auslegung oder bei der Bekanntgabe der Einwendungs- oder Stellungnahmefrist sowie in der Benachrichtigung der Vereinigungen hinzuweisen.

40 Entsprechende Regelungen enthalten § 14a WaStrG, § 10 LuftVG, § 2 MBPlG, § 43a EnWG, § 18a AEG.

41 Ist fachgesetzlich kein bestimmter **Zeitpunkt** für die Unterrichtung und Anhörung der Vereinigungen vorgegeben, so gilt: Sie muss rechtzeitig vor der Entscheidung geschehen, damit dem Verein eine ausreichende Frist zur Stellungnahme eingeräumt werden kann. Es kann die Situation entstehen, dass den Vereinigungen **wiederholt** Gelegenheit zur Stellungnahme zu geben ist. Das ist nicht nur dann geboten, wenn der Planfeststellungsbeschluss zu zusätzlichen Eingriffen in Natur und Landschaft führt, sondern auch dann, wenn es die Planfeststellungsbehörde für notwendig erachtet, neue, den Naturschutz betreffende Untersuchungen anzustellen, die Ergebnisse in das Verfahren einzuführen und die Planungsentscheidung darauf zu stützen. Das bedeutet nicht, dass jede naturschutzrechtliche Fragen betreffende Überlegung der Behörde zu einer neuen Vereinsbeteiligung zwingt. Die Sachkunde der Vereinigungen muss aber durch wiederholte Beteiligung nutzbar gemacht werden, wenn das naturschutzrechtlich relevante Material durch neue Gutachten oder vergleichbare Stellungnahmen Dritter oder eigene Untersuchungen der Planfeststellungsbehörde nachträglich erweitert wird.[36] Das kann auch in einem Planergänzungsverfahren nach § 75 Abs. 1a VwVfG der Fall sein.[37] Die Vereinigungen haben aber keinen Anspruch auf einen „Dialog mit der Planfeststellungsbehörde", und die Behörde ist deswegen weder zu einem ständigen Abstimmungsprozess noch gar zur Herstellung des Einvernehmens mit den Vereinen verpflichtet.[38]

42 Das Beteiligungsrecht steht jeder einzelnen anerkannten Vereinigung zu, daher muss **jede Vereinigung individuell unterrichtet** werden.[39] Die Behörde kann sich mit den Vereinigungen dahin einigen, dass sie Antragsunterlagen und Gutachten an einen Verein oder Dachverband sendet, der die Verteilung besorgt, worauf die Stellungnahmen dann einzeln oder zusammengefasst abgegeben werden. Eine solche Handhabung kann sich auch ohne förmliche Vereinbarung herausbilden mit der Folge, dass ein Verein, der künftig wieder individuell unterrichtet werden will, dies der Behörde mitteilen muss.[40] Die Mitwirkung eines auf Landesebene tätigen Beratungsgremiums, dem auch auf Vorschlag der anerkannten Naturschutzverbände be-

---

35 BVerwG, Urt. v. 14.4.2010 - 9 A 5.08, NuR 2010, 558.
36 BVerwG, Urt. v. 12.12.1996 – 4 C 19.95, NuR 1997, 345.
37 BVerwG, Urt. v. 12.12.1996 – 4 C 19.95, NuR 1997, 345.
38 BVerwG, Urt. v. 12.11.1997 – 11 A 49.96, NuR 1998, 258; VGH Kassel, Urt. v. 10.3.1992 – 2 UE 969/88, NuR 1992, 382.
39 VGH Mannheim, Urt. v. 23.3.2001 – 5 S 134/00, NuR 2001, 461.
40 VGH Mannheim, Urt. v. 23.3.2001 – 5 S 134/00, NuR 2001, 461 („gebilligte Verwaltungspraxis").

stellte Mitglieder angehören (Landesjagdbeirat) stellt keine Beteiligung einer anerkannten Naturschutzvereinigung dar.[41]

43 b) **Stellungnahme der Vereinigung.** Sachlich besteht die Mitwirkung in dem Recht, durch eine Stellungnahme auf die Entscheidung Einfluss zu nehmen.[42] Nutzt die Vereinigung diese Gelegenheit nicht aus, tritt in einem anschließenden Rechtsstreit die Präklusionswirkung nach § 64 Abs. 2 i.V.m. § 2 Abs. 3 UmwRG ein (§ 64 Rdnr. 34 ff.).

44 Die **Stellungnahme** der Vereinigungen kann zusätzliche Informationen über die im konkreten Fall wichtigen Belange von Naturschutz und Landschaftspflege enthalten, Defizite in der bisherigen fachlichen Ermittlung dieser Belange aufzeigen (dies kann ein Klagegrund nach § 64 Abs. 1Nr. 1 – Abwägungsmangel – sein, vgl. § 64 Rdnr. 30), weitere Ermittlungen anregen und hierzu eigene Hilfen anbieten. Dazu haben sie das Recht, die einschlägigen Sachverständigengutachten einzusehen. Schließlich steht ihnen das Recht zu, der Behörde Planungsvarianten vorzutragen oder deren Ermittlung anzuregen. Das schließt eine bewertende Erörterung jener Gestaltungsspielräume ein, die das objektive Recht der Planfeststellungsbehörde zum sachgerechten Ausgleich der öffentlichen und privaten Belange einräumt. Die Stellungnahme soll – auch im Hinblick auf § 64 Abs. 2 i.V.m. § 2 Abs. 3 UmwRG – möglichst **konkret** gefasst sein. Einwendungen, z.B. zu erwartende Beeinträchtigungen von Natur und Landschaft, müssen wenigstens so substantiiert dargelegt werden, dass der Vorhabenträger ihnen nachgehen kann. Die „Grundlinien" des Vorbringens sind erkennbar zu machen, damit sie in einem späteren Klageverfahren wieder aufgegriffen werden können.[43]

45 Die Vereinigung ist zwar nicht gehalten, über Beanstandungen hinaus konkrete **Abhilfevorschläge** zu entwickeln, wie sich auch aus § 64 Abs. 1 Nr. 1 ergibt. Dennoch sollte die Stellungnahme Alternativen oder Verbesserungsmöglichkeiten aufzeigen, sofern solche erkennbar sind. Jedoch muss die Vereinigung nicht auf die Genehmigungsfähigkeit eines Vorhabens hinarbeiten.

46 Die Stellungnahme zu einer geplanten **Rechtsvorschrift** ist dahin zu konkretisieren, dass die aus dem vorgesehenen Wortlaut folgenden, nach Ansicht des Vereins negativ zu bewertenden Auswirkungen oder Ziele benannt und durch einen anderen Vorschlag (auch: Streichung der Regelung) ersetzt werden.

2. Anspruch auf Einsicht in die einschlägigen Sachverständigengutachten

47 a) **Einschlägige Sachverständigengutachten.** Abs. 1 erweitert die Unterrichtungspflicht aus § 73 VwVfG. Er beschränkt dieses Recht zugleich auf die „**einschlägigen Gutachten**". Er gewährt den Vereinen kein Recht auf Einsicht in alle Akten des Planfeststellungsverfahrens, die einen Bezug zum Naturschutzrecht aufweisen.[44] „Einschlägig" sind nur solche Gutachten, die sich unmittelbar auf die Belange Naturschutz und Landschaftspflege beziehen. Das ist nur dann der Fall, wenn naturschutzrechtliche oder -fachliche Fragen ihren eigentlichen Gegenstand bilden. Für andere Sachverständigen-

---

41 VGH Kassel, Beschl. v. 18.12.1998 – 11 NG 3290/98, NuR 1999, 398.
42 VGH Kassel, Urt. v. 11.2.1992 – 2 UE 969/88, NuR 1992, 382.
43 Vgl. BVerwG, Urt. v. 17.5.2002 – 4 A 28.01, NuR 2002, 739 mit Beispielen.
44 BVerwG, Beschl. v. 3.12.2001 – 4 B 81.01, NuR 2002, 676; Urt. v. 31.1.2002 – 4 A 15.01, NuR 2002, 539.

gutachten, die Belange betreffen, die sich etwa als Vorfrage oder im Rahmen der planerischen Abwägungsentscheidung, also nur mittelbar auf Naturschutz und Landschaftspflege auswirken können, gilt dies nicht. Eine sachkundige Äußerung zu diesen Fragestellungen ist von den Naturschutzverbänden nicht zu erwarten, weil sich ihr Naturschutz und Landschaftspflege betreffender und nur insoweit im Anerkennungsverfahren geprüfter Sachverstand hierauf nicht bezieht. Die Kenntnis solcher Gutachten ist auch nicht erforderlich, um die Gelegenheit zur Äußerung wirksam wahrzunehmen.[45] Wann sich ein Gutachten auf die Belange von Naturschutz und Landschaftspflege bezieht, ergibt sich aus den allgemeinen Beschreibungen in den §§ 1 bis 3 und ihren Konkretisierungen in Form rechtlicher Festsetzungen oder fachlicher Pläne, aber auch aus § 1 UVPG. Unter Sachverständigengutachten sind aber nicht nur Äußerungen von „Sachverständigen" i.S.v. § 26 Abs. 1 Nr. 2 VwVfG zu verstehen, sondern auch **vergleichbare sachverständige Stellungnahmen** von Dritten oder beteiligten Behörden,[46] z.B. ein Untersuchungsbericht der Landesgewerbeanstalt, wenn er das Vorhaben nach dem UVP-Gesetz begutachten soll.[47] Dazu zählt auch die Stellungnahme der EU-Kommission zu Fragen bezüglich eines FFH-Gebiets.[48]

Wenn die Planfeststellungsbehörde beim Antragsteller oder anderen Stellen naturschutzfachliche Untersuchungen „anregt" und sich alsdann lediglich das positive oder negative Ergebnis dieser Untersuchungen mitteilen lässt, werden solche **Untersuchungen anderer Stellen** zwar nicht formal Bestandteil der Akten der Planfeststellungsbehörde. Nach dem Zweck der Vereinsbeteiligung ist das aber nicht entscheidend. In seiner Funktion als „Verwaltungshelfer" der Planfeststellungsbehörde muss dem Verband eine kritische Beurteilung von deren Meinungsbildung ermöglicht werden. Ist sie auch auf Ergebnisse der Ermittlungstätigkeit einer anderen Behörde zurückzuführen, für die ihrerseits „einschlägige" Gutachten bedeutsam sind, dann sind diese Gutachten jedenfalls mittelbar auch für das Ergebnis der planerischen Entscheidung der Planfeststellungsbehörde bedeutsam. Daher muss sich die Befugnis auf Einsicht auch auf diese Gutachten anderer Behörden beziehen, soweit die durch das Beteiligungsrecht vorausgesetzte Sachkunde des Naturschutzvereins berührt ist. Nur dann kann die vom Gesetz seiner Regelung zugrunde gelegte Annahme, der Sachverstand der anerkannten Naturschutzverbände sei für das Verfahren der Planfeststellung wirksam nutzbar zu machen, entsprochen werden.[49]

b) Weitere Akteinteile. Daraus, dass die Vereinigung in einer Weise über Lage, Art und Umfang des Vorhabens unterrichtet werden muss, die ihm eine Beurteilung unter dem Gesichtspunkt von Naturschutz und Landschaftspflege und das Verständnis der einschlägigen Gutachten ermöglicht, ergibt sich, dass er z.B. durch Einsicht in die Planunterlagen oder ihre Zusendung[50] Kenntnis von Aktenteilen erhält, die nicht unter den Begriff des Sachverständigengutachtens fallen. Soweit die Unterrichtung nicht den Anforderungen entspricht, ist Abs. 1 in der Weise auszulegen, dass die Vereinigung Einsicht nicht nur in die einschlägigen Sachverständigengutachten, sondern auch in weitere Aktenunterlagen beanspruchen kann, soweit sie zur

---

45 BVerwG, Urt. v. 12.11.1997 – 11 A 49.96, NuR 1998, 258.
46 BVerwG, Urt. v. 12.11.1997 – 11 A 49.96, NuR 1998, 258.
47 VG Würzburg, Urt. v. 20.10.1998 – W 6 K 97.1256, NuR 1999, 414.
48 BVerwG Urt. v. 31.1.2002 – 4 A 15.01, NuR 2002, 539.
49 BVerwG, Beschl. v. 3.12.2001 – 4 B 81.01, NuR 2002, 676.
50 Wie z.B. im Fall VGH Mannheim, Urt. v. 23.3.2001 – 5 S 134/00, NuR 2001, 461 geschehen.

Erarbeitung einer Stellungnahme i.S.v. § 63 zwingend benötigt werden. Das Mitwirkungsrecht kann sonst nicht ausgeübt werden.

50 c) **Einsicht durch die Vereinigung.** Die Vereinigung muss davon informiert werden, dass einschlägige Gutachten vorliegen. Diese Information kann sich auch aus Hinweisen in den Planunterlagen ergeben oder aus der Erwähnung in einer dem Verein zugesandten Niederschrift.[51] Das Recht auf Einsicht in die Gutachten gibt dem Verein keinen Anspruch darauf, dass ihm die Unterlagen nach eigener freier Wahl zugänglich gemacht werden.[52] Gerade bei den häufig umfangreichen Planfeststellungsverfahren ist eine Einsichtnahme bei der Behörde mühsam und zeitraubend, zumal die Vereine oft nur ehrenamtliche Mitarbeiter haben. Der Gesetzgeber hat die Beschränkung auf das Einsichtsrecht dennoch beibehalten, wohl auch, weil ihm bekannt war, dass in der Praxis häufig eine Zusendung der Gutachten zusammen mit den zum Verständnis nötigen – und dem Verein daher ohnehin im Rahmen der Unterrichtung zuzuleitenden Planunterlagen – erfolgt.[53]

3. Frist zur Stellungnahme

51 Fachgesetzlich ist in vielen Planfeststellungsverfahren eine Frist festgelegt (Rdnr. 37). Die aus § 73 Abs. 4 VwVfG resultierende Bearbeitungszeit von ca. 6 Wochen kann in komplexen Fällen die nicht wie Behörden ausgestatteten Vereinigungen überfordern und ein ernsthaftes Hindernis für die Wahrnehmung des Beteiligungsrechts darstellen.[54] Eine unter dem Aspekt des fairen Verfahrens (Art. 9 Abs. 4 AK, Art. 10a UVP-RL, Art. 15a IVU-RL) wünschenswerte Flexibilisierung scheitert daran, dass zwar Behörden gem. § 73 Abs. 3a VwVfG bis zu 3 Monaten Frist für die Stellungnahme gewährt werden kann, eine Verlängerung der für die Vereinigungen geltenden Frist des § 73 Abs 4 VwVfG dagegen nicht möglich ist. Das Problem verliert an Gewicht, wenn man keine zu hohen Anforderungen an die Konkretisierung und Detaillierung der Stellungnahme des Vereins stellt (vgl. § 64 Rdnr. 35 f.).

52 Gibt es keine solche Fristbestimmung, so setzt die Behörde der Vereinigung für ihre Stellungnahme in der Regel eine Frist. Sie muss angemessen sein,[55] insbesondere sind Umfang und Schwierigkeit des Sachverhalts zu berücksichtigen. Bei größeren Vorhaben dürften 2 Monate erforderlich sein. Hält die Vereinigung die Frist für zu kurz, muss sie vor ihrem Ablauf Verlängerung beantragen und dies begründen. Bei der Entscheidung darüber muss die Behörde den Grundsatz des „fairen Verfahrens"[56] beachten. Um im Hinblick auf die Präklusion (§ 64 Rdnr. 34 ff.) die Risiken möglichst gering zu halten, empfiehlt es sich für die Vereinigung in solchen Fällen, innerhalb der Frist eine vorläufige Stellungnahme abzugeben, die in der beantragten Verlängerung ergänzt und vertieft werden kann.

---

51 VGH Kassel, Urt. v. 10.3.1992 – 2 UE 969/88, NuR 1992, 382.
52 BVerwG, Beschl. v. 5.10.1993 – 4 A 9.93 (zu § 29 a.F.); VGH Kassel, Urt. v. 11.7.1988 – 2 TH 740/88, NuR 1989, 263: Hinweis auf die Existenz der Gutachten genügt.
53 Vgl. VGH Mannheim, Urt. v. 23.3.2001 – 5 S 134/00, NuR 2001, 461
54 Kritisch *Wickel*, UPR 2007, 201.
55 VGH Kassel, Urt. v. 11.2.1992 – 2 UE 969/88, NuR 1992, 382.
56 Vgl. BVerwG, Beschl. v. 31.8.2000 – 11 B 30.00, DVBl. 2000, 1863.

V. Einschränkungen und Erweiterungen des Mitwirkungsrechts (Absatz 3 und 4)

1. Verwaltungsverfahrensrecht

Abs. 3 Satz 1 hat keine große praktische Bedeutung. Nach § 28 Abs. 2 Nr. 1 und 2 VwVfG kann von der Anhörung abgesehen werden, wenn sie nach den Umständen des Einzelfalles nicht geboten ist, insbesondere wenn 1. eine sofortige Entscheidung wegen Gefahr im Verzug oder im öffentlichen Interesse notwendig erscheint; 2. durch die Anhörung die Einhaltung einer für die Entscheidung maßgeblichen Frist infrage gestellt würde Nach § 28 Abs. 3 VwVfG unterbleibt eine Anhörung, wenn ihr ein zwingendes öffentliches Interesse entgegensteht. In den Beteiligungsfällen des Absatzes 1 Nr. 2 und 3 sind solche Umstände kaum zu erwarten.[57]

Nach § 29 Abs. 2 VwVfG ist die Behörde zur Gestattung der Akteneinsicht nicht verpflichtet, soweit durch sie die ordnungsgemäße Erfüllung der Aufgaben der Behörde beeinträchtigt, das Bekanntwerden des Inhalts der Akten dem Wohle des Bundes oder eines Landes Nachteile bereiten würde oder soweit die Vorgänge nach einem Gesetz oder ihrem Wesen nach, namentlich wegen der Interessen der Beteiligten oder dritter Personen, geheim gehalten werden müssen.[58]

Eine **weitergehende** Form der Mitwirkung bleibt unberührt (Abs. 3 Satz 2).

2. Geringfügigkeit

Abs. 4 übernimmt § 60 Abs. 2 Satz 3 Nr. 2 BNatSchG 2002 und ermächtigt die Länder zu bestimmen, dass in Fällen, in denen Auswirkungen auf Natur und Landschaft nicht oder nur im geringfügigen Umfang oder Ausmaß zu erwarten sind, von einer Mitwirkung abgesehen werden kann. Hier ist keine typisierende Betrachtung zulässig, sondern nur die Lage im Einzelfall.

VI. Durchsetzung des Mitwirkungsrechts

1. Allgemeines

Mit der Regelung über die Beteiligung der anerkannten Vereinigungen hat der Gesetzgeber das öffentliche Interesse an Naturschutz und Landschaftspflege in begrenztem Umfang „subjektiviert".[59] Mit der Beteiligungsklage will die Vereinigung dieses Recht, wenn es nicht oder unzureichend wahrgenommen werden konnte, gerichtlich durchsetzen. Es geht dagegen nicht um den materiellen Inhalt der Behördenentscheidung bzw. Norm.[60] Eine gewisse Verknüpfung schafft § 64 Abs. 1 Nr. 3 (Rdnr. 62). Beim Rechtsschutz ist zu unterscheiden zwischen der Zeit vor dem Erlass der Norm oder Entscheidung bzw. der Fertigstellung des Programms oder Plans i.S.v. Abs. 1 und 2 und der Zeit danach.

2. Rechtsschutz während des laufenden Behördenverfahrens

Wird eines der in Abs. 1 oder 2 genannten Verwaltungsverfahren (Planfeststellungs- oder Befreiungsverfahren) ohne die vorgeschriebene Beteiligung

---

57 Näheres bei *Kopp/Ramsauer*, VwVfG, § 28 Rn. 44 ff.
58 Dazu *Kopp/Ramsauer*, VwVfG, § 29 Rdnr. 23 ff.
59 BVerwG, Urt. v. 31.10.1990 – 4 C 7.88 –BVerwGE 87, 62.
60 BVerwG, Urt. v. 31.10.1990 – 4 C 7.88 –BVerwGE 87, 62.

des Vereins durchgeführt, so ist das Beteiligungsrecht mit der Leistungsklage, ggf. mit einem Antrag auf einstweilige Anordnung (Verbot einer Entscheidung ohne Anhörung des Vereins) nach § 123 VwGO durchsetzbar.[61] § 44a VwVfG steht nach seinem Normzweck nicht entgegen.[62] Entsprechendes gilt, wenn die Vereinigung erfährt, dass eine untergesetzliche Rechtsvorschrift (Abs. 1 Nr. 1 Abs. 2 Nr. 1), ein Programm oder Plan (Abs. 2 Nr. 2-4) vorbereitet wird und sie auf Nachfrage nicht beteiligt wird.

3. Rechtsschutz nach der Behördenentscheidung

59 a) **Untergesetzliche Rechtsvorschriften.** Das Beteiligungsrecht eines Naturschutzvereins ist ein „Recht" i.S.v. § 47 Abs. 2 Satz 1 VwGO, dessen Verletzung die Antragsbefugnis für einen **Normenkontrollantrag** begründen kann.[63] Diese Antragsbefugnis besteht nur zur Durchsetzung des Mitwirkungsrechts, nicht auch in materieller Hinsicht.[64] Daher beschränkt sich die Prüfung der Begründetheit darauf, ob gegen das Mitwirkungsrecht verstoßen worden ist.[65] Materielle Fragen stehen nicht zur Prüfung an. So hat die Vereinigung z.B. bei Änderung einer Schutzverordnung kein Recht darauf, dass eine einmal unter Schutz gestellte Fläche weiterhin geschützt bleibt.[66] Das Fehlen der vorgeschriebenen Vereinsbeteiligung führt zur Nichtigkeit der Verordnung, ein Nachholen der Beteiligung ist nicht möglich.[67] Die Vereinigung kann eine einstweilige Anordnung (§ 123 VwGO) dahingehend erwirken, dass die beanstandete Rechtsnorm außer Vollzug gesetzt wird. Ist im einstweiligen Anordnungsverfahren feststellbar, dass die streitbefangene Norm offensichtlich ungültig ist, so ist der Erlass einer einstweiligen Anordnung in der Regel geboten.[68]

60 Die Normenkontrolle ist nach § 47 Abs. 1 VwGO nur gegenüber untergesetzlichem Landesrecht möglich, sofern das Landesrecht dies bestimmt. Sie kann also in den Fällen des die Vorgaben des § 60 Abs. 2 Nr. 1 ausfüllenden Landesrechts in Betracht kommen, nicht aber bei Rechtsverordnungen des Bundes. Was **untergesetzliches Bundesrecht** betrifft, ist Rechtsschutz im Weg der **Feststellungsklage** nach § 43 Abs. 1 VwGO möglich. Der Anspruch auf Mitwirkung ist ein der Feststellung fähiges Rechtsverhältnis.

61 b) **Befreiung, Planfeststellung/-genehmigung.** Das Unterlassen der gebotenen Vereinsbeteiligung ist ein **Verfahrensmangel i.S.v. § 46 VwVfG.** Die ohne ausreichende Beteiligung ergangene Befreiung oder Planfeststellung/-genehmigung kann durch Klage mit dem Ziel angefochten werden (§ 42 VwGO), diese Entscheidung aufzuheben oder (bei der Planfeststsellung) i.S. der Regelungen des § 17 Abs. 6c FStrG, § 20 Abs. 7 AEG, § 19 Abs. 4 WaStrG und 29 Abs. 8 Satz 2 PBefG zu verfahren. Kann nämlich die Verletzung des Beteiligungsrechts eines anerkannten Naturschutzvereines durch ein ergänzendes Verfahren z.B. nach § 17 Abs. 6c Satz 2 FStrG behoben

---

61 BVerwG, Urt. v 31.10.1990 – 4 C 7.88 – BVerwGE 87, 62/70, NuR 1991, 130.
62 *Rudolph*, JuS 2000, 478/479.
63 VGH Kassel, Beschl. v. 14.4.1997 – 6 N 2349/96, NuR 1998, 208. Ebenso zum die Antragsbefugnis begründenden „Nachteil" i.s.v. § 47 VwGO a.F. BVerwG, Beschl. v. 14.8.1995 – 4 NB 43.94, NuR 1996, 82.
64 BVerwG, Beschl. v. 21.7.1997 – 4 BN 10.97, NuR 1998, 331
65 OVG Bautzen, Beschl. v. 19.5.1994 – 1 S 209/94, NVwZ-RR 1995, 514.
66 VGH Kassel, Beschl. v. 14.4.1997 – 6 N 2349/96, NuR 1998, 208; OVG Lüneburg, Beschl. v. 28.5.2009 – 4 KN 731/07, NuR 2009, 496 und 571.
67 VGH Kassel, Beschl. v. 18.12.1998 – 11 NG 3290/98, NuR 1999, 398.
68 VGH Kassel, Beschl. v. 18.12.1998 – 11 NG 3290/98, a.a.O.

werden, so ist nur festzustellen, dass der angefochtene Planfeststellungsbeschluss hinsichtlich des Abschnitts, zu dem die Vereinigung hätte beteiligt werden müssen, rechtswidrig ist und nicht vollzogen werden darf.[69]

Da § 64 Abs. 1 Nr. 3 2. Halbsatz beim Beteiligungsmangel den Vereinigungen auch ein Klagerecht in der Sache selbst einräumt, bewertet die Rechtsprechung diesen Verfahrensmangel bei **Planfeststellungen** wie folgt:[70] Die Verletzung des Beteiligungsrechts eines anerkannten Naturschutzvereins begründet dann nicht ohne weiteres den Erfolg der Klage, wenn dem Verein die Möglichkeit der Klage gegen die Sachentscheidung eröffnet ist, die eine materiellrechtliche Prüfung des Planfeststellungsbeschlusses einschließt. Ist die Sachentscheidung zu überprüfen, so gilt: Eine „andere Entscheidung" i.S.v. § 46 VwVfG, liegt nur dann vor, wenn bei Vermeidung des Verfahrensfehlers die Erkenntnis zwingender Planungshindernisse oder sonstiger Abwägungsbelange von solchem Gewicht zu erwarten wäre, dass diese (bei einer Straßenplanung) eine substanzielle Änderung im Trassenverlauf oder gar einen Verzicht auf das Vorhaben objektiv wahrscheinlich machten. Entsprechendes gilt für den Antrag auf Feststellung nach § 17 Abs. 6c Satz 2 FStrG. Die erforderliche **Ergebniserheblichkeit** in dem umschriebenen Sinne **fehlt** hingegen solchen Verfahrensmängeln, bei deren Vermeidung lediglich die konkrete Wahrscheinlichkeit der Ergänzung, der Änderung oder auch des Wegfalls einzelner naturschutzrechtlicher Ausgleichs- oder Ersatzmaßnahmen besteht, weil daraus nur ein Planergänzungsanspruch resultieren kann. Wird einem anerkannten Naturschutzverein verfahrensfehlerhaft die Beteiligung hinsichtlich einzelner naturschutzfachlicher Unterlagen im Planänderungsverfahren verwehrt, kann dieser Mangel grundsätzlich durch **nachträgliche Anhörung** im verwaltungsgerichtlichen Verfahren gemäß § 45 Abs. 2 VwVfG geheilt werden. Anders bei **vollständigem oder weitgehendem Ausfalls der Vereinsbeteiligung,** denn deren Funktion (mögliche Vollzugsdefizite zu vermeiden oder auszugleichen) insgesamt kann durch Nachholung der Beteiligung im verwaltungsgerichtlichen Verfahren nicht adäquat kompensiert werden.

Da das Beteiligungsrecht im **Befreiungsverfahren** auch dann besteht, wenn die Befreiung durch eine andere Entscheidung eingeschlossen oder ersetzt wird, muss die für die „andere Entscheidung" zuständige Behörde prüfen, ob das beantragte Vorhaben eine solche Befreiung benötigt. Erlässt sie die Entscheidung, ohne zugleich eine erforderliche Befreiung zu erteilen, ist das Beteiligungsrecht verletzt. Die Entscheidung ist auf Klage der Vereinigung hin aufzuheben, weil ein nicht heilbarer Totalausfall der Beteiligung vorliegt (vgl. Rdnr. 62). Hält die Behörde irrig eine Befreiung nicht für erforderlich, kann der Verein auf Feststellung klagen[71] und einstweiligen Rechtsschutz erlangen.[72] Hat die Behörde z.B eine artenschutzrechtliche Ausnahme ohne die zugleich erforderliche Befreiung von den Verboten einer Schutzverordnung erteilt, kann der Behörde durch einstweiligen Anordnung (§ 123 Abs. 1 VwGO) vorläufig aufgegeben werden, dem Adressaten der Ausnahmegenehmigung zu untersagen, von ihr Gebrauch zu machen, bis sie eine

---

69 BVerwG, Urt. v. 12.12.1996 – 4 C 19.95, NuR 1997, 345.
70 BVerwG, Urt. v. 9.4.2004 – 9 A 11.03, NuR 2004, 795.
71 VGH München, Urt. v. 17.3.2008 – 14 BV 05.3079, NuR 2008, 868.
72 OVG Magdeburg, Beschl. v. 6.11.2006 – 2 M 311/06, NuR 2007, 208.

Befreiung – unter ordnungsgemäßer Beteiligung der antragstellenden Vereinigung erteilt hat.[73]

4. Rechtsschutz bei Wahl einer unzutreffenden Verfahrensart

64 Was die in Absatz 1 Nr. 2–4 und Abs. 2 Nr. 5–8 genannten Verfahrensarten betrifft, ist auch eine Klage zulässig gegen die „**Umgehung**" des **Beteiligungsrechts**, etwa wenn die Behörde rechtswidrig eine Verfahrensart wählt, in der die Vereine nicht mitwirkungsberechtigt sind, oder gar kein Verfahren durchführt, etwa indem zu Unrecht von der „Unwesentlichkeitsregelung" (§ 18 Abs. 3 AEG, § 14 Abs. 1b WaStrG, § 75 Abs. 7 VwVfG) Gebrauch gemacht wird. Eine solche Handhabung verletzt das Mitwirkungsrecht und bedarf deshalb einer Sanktion.[74] Eine Umgehung kann z.b. vorliegen, wenn eine Rechtsbeeinträchtigung i.S.v. § 18 Abs. 2 Satz 1 Nr. 1 AEG von der Zulassungsbehörde ignoriert worden ist, um das Planfeststellungsverfahren zu vermeiden, oder wenn das nach § 18 Abs. 2 Satz 1 AEG auszuübende Ermessen von Erwägungen beeinflusst wäre, die dem Zweck der Regelung widersprechen.[75]

65 Wurde in rechtswidriger Weise ein Plangenehmigungsverfahren ohne Öffentlichkeitsbeteiligung durchgeführt, so kann die Vereinigung die Entscheidung mit dem Ziel der Aufhebung oder einer weiteren Verfahrensweise nach z.B. § 20 Abs. 7 AEG anfechten (§ 42 VwGO). Dagegen kann die Einleitung des richtigen Verfahrens nicht eingeklagt werden. Die erfolgreiche Anfechtung der fehlerhaften Entscheidung reicht aus, denn die Behörde muss das Vorhaben dann im „richtigen" Verfahren legalisieren.[76] Während des „falschen" Verwaltungsverfahrens ist eine Klage auf Beteiligung nicht möglich, denn das Mitwirkungsrecht umfasst auch das Recht auf die „richtige" Verfahrensart, d.h. die Vereinigung kann nicht auf die Mitwirkung im rechtswidrigen Verfahren verwiesen werden.[77]

66 Hält die Behörde das Vorhaben für unwesentlich (z.B. nach § 18 Abs. 3 AEG), obwohl z.B. eigentlich ein Plangenehmigungsverfahren mit öffentlicher Beteiligung durchzuführen wäre, so kann die Vereinigung gegen den Vorhabenträger auf Einstellung der Bauarbeiten (soweit ein Eingriff vorliegt) klagen und eine einstweiligen Anordnung erwirken.[78] Ein Anordnungsanspruch setzt voraus, dass glaubhaft gemacht wird, es müsse ein Planfeststellungsverfahren stattfinden.[79] Wird irrig die Genehmigungsfreiheit des Vorhabens angenommen, kann die Vereinigung auf Feststellung klagen.[80]

---

73 VG Köln, Beschl. v. 1.10.2009 – 14 L 1446/09.
74 BVerwG, Urt. v. 22.3. 1995 – 11 A 1.95, BVerwGE 98, 100; OVG Lüneburg, Urt. v. 27.1.1992 – 3 A 221/88, NVwZ 1992, 903.
75 BVerwG, Urt. v. 14.5.1997 – 11 A 43.96, NuR 1997, 506.
76 *Rudolph*, JuS 2000, 478, 480 f.; VGH Kassel, Urt. v. 1.9.1998 – 7 UE 2170/95, NuR 2000, 226; a.A. OVG Magdeburg, Urt. v. 29.3.1995 – 4 L 299/93, NuR 1995, 476.
77 OVG Münster, Urt. v. 17.12.2004 – 21 A 102/00, NuR 2005, 416 m.w.N.
78 Vgl. OVG Magdeburg, Beschl. v. 25.9.1998 – A 1/4 C 260/97, NuR 1999, 164; OVG Schleswig, Beschl. v. 30.12.1993 – 4 M 129/93, NVwZ 1994, 590.
79 BVerwG, Beschl. v. 7.7.1995 – 11 VR 11.95, NVwZ 1996, 393.
80 OVG Lüneburg, Urt. v. 27.1.1992 – 3 A 221/88, NuR 1992, 293.

VI. Landesrecht

67 Abs. 2 Nr. 8, Abs. 3 Satz 2 und Abs. 4 eröffnen den Ländern Regelungsmöglichkeiten. Abweichungen wären vom Ansatz her denkbar bezüglich Abs. 2 Nr. 1–7, denn § 63 ist insoweit kein allgemeiner Grundsatz i.S.v. Art. 72 Abs. 3 Nr. 2 GG. Jedoch stellt er die Umsetzung von Vorgaben der Aarhus-Konvention dar, deren „zweite Säule" die Öffentlichkeitsbeteiligung an Entscheidungsverfahren ist (Art. 1 AK). Einzelheiten dazu regeln Art. 6 AK (Öffentlichkeitsbeteiligung an Entscheidungen über bestimmte Tätigkeiten), Art 7 AK (Öffentlichkeitsbeteiligung bei umweltbezogenen Plänen, Programmen und Politiken) und Art. 8 AK (Öffentlichkeitsbeteiligung bei der Vorbereitung von Verwaltungsvorschriften und Normen). Die Öffentlichkeitsbeteiligung bei Plänen und Programmen ist ihrerseits durch Art. 2 der „Umweltinformationsrichtlinie" in Europarecht transformiert worden.[81]

68 Außerdem besteht in den Fällen des Abs. 2 Nr. 5-7 eine untrennbare Verbindung zwischen dem keiner Änderung zugänglichen Klagerecht nach § 64 und der vorhergehenden Beteiligung (§ 64 Abs. 1 Nr. 3), die damit letztlich einer Annexkompetenz des Bundes unterliegt ebenso wie etwa ein Vorverfahren nach der VwGO als Klagevoraussetzung. Wenn § 64 Abs. 1 Nr. 3 das Klagerecht daran koppelt, dass die Vereinigung zur Mitwirkung nach § 63 Abs. 1 „berechtigt war", bedeutet das nicht, dass Landesrecht dieses Mitwirkungsrecht abschaffen kann, sondern gemeint ist die Feststellung, dass im konkreten Fall ein solches Mitwirkungsrecht nach Maßgabe des § 63 bestand, also sie Subsumtion unter die Norm, nicht deren Geltung als solche. Würde also Landesrecht das Mitwirkungsrecht nach § 63 Abs. 2 Nr. 5–7 einschränken, so hätte das lediglich die Folge, dass die Klage nach § 64 Abs. 1 Nr. 3 deswegen zulässig wäre, weil der Vereinigung keine Gelegenheit zur Äußerung gegeben worden ist.

VII. Übergangsregelung

69 § 74 Abs. 2 bestimmt, dass (a) vor dem 3.4.2002 begonnene Verwaltungsverfahren nach § 29 BNatSchG in der bis zu diesem Tag geltenden Fassung und (b) vor dem 1.3.2010 begonnene Verwaltungsverfahren nach § 58 BNatSchG in der bis zu diesem Tag geltenden Fassung zu Ende zu führen sind. Was den Fall (b) betrifft, enthielt § 58 BNatSchG a.F. nur die Mitwirkungsrechte der vom Bund anerkannten Vereinigungen. Die Mitwirkungsrechte der von den Ländern anerkannten Vereinigungen waren in § 60 Abs. 2 BNatSchG rahmenrechtlich geregelt. § 74 Abs. 2 enthält keine Aussage zu diesen Mitwirkungsrechten. Infolgedessen gilt das neue Recht, d.h. soweit die Mitwirkungsrechte nach § 63 über das bisherige Recht hinausgehen, müsste das in laufenden Verfahren beachtet werden. Dieses Ergebnis dürfte nicht gewollt sein und widerspricht der bisherigen Übung. Der Bundesgesetzgeber hat wohl die Übergangsregelung zu § 60 Abs. 2 und dem darauf bezogenen Landesrecht den Ländern überlassen. Insofern liegt eine bewusste Lücke im Gesetz vor, die von den Ländern ausgefüllt werden kann, ohne die Abweichungskompetenz bemühen zu müssen.

---

81 Richtlinie 2003/4/EG, ABl. L Nr. 41, S. 26 v. 14.02.2003.

§ 64 Rechtsbehelfe

(1) Eine anerkannte Naturschutzvereinigung kann neben den Rechtsbehelfen nach § 2 des Umwelt-Rechtsbehelfsgesetzes, ohne in eigenen Rechten verletzt zu sein, Rechtsbehelfe nach Maßgabe der Verwaltungsgerichtsordnung einlegen gegen Entscheidungen nach § 63 Abs. 1 Nr. 2 bis 4 und Abs. 2 Nr. 5 bis 7, wenn die Vereinigung

1. geltend macht, dass die Entscheidung Vorschriften dieses Gesetzes, Rechtsvorschriften, die auf Grund dieses Gesetzes erlassen worden sind oder fortgelten, Naturschutzrecht der Länder oder anderen Rechtsvorschriften, die bei der Entscheidung zu beachten und zumindest auch den Belangen des Naturschutzes und der Landschaftspflege zu dienen bestimmt sind, widerspricht,
2. in ihrem satzungsgemäßen Aufgaben- und Tätigkeitsbereich, soweit sich die Anerkennung darauf bezieht, berührt wird und
3. zur Mitwirkung nach § 63 Abs. 1 Nr. 2 bis 4 oder Abs. 2 Nr. 5 bis 7 berechtigt war und sie sich hierbei in der Sache geäußert hat oder ihr keine Gelegenheit zur Äußerung gegeben worden ist.

(2) § 1 Abs. 1 Satz 4, § 2 Abs. 3 und 4 Satz 1 des Umwelt-Rechtsbehelfsgesetzes gelten entsprechend.

(3) Die Länder können Rechtsbehelfe von anerkannten Naturschutzvereinigungen auch in anderen Fällen zulassen, in denen nach § 63 Abs. 2 Nr. 8 eine Mitwirkung vorgesehen ist.

Gliederung

		Rdnr.
I.	Allgemeines	1–4
II.	Verhältnis zum Umwelt-Rechtsbehelfsgesetz	5
1.	Parallele Klagerechte	5
2.	Klagerechte nach dem UmwRG	6–9
III.	Gegenstand der Rechtsbehelfe von Vereinigungen	10–18
1.	Allgemeines	10–13
2.	Befreiungen von Verboten und Geboten	14–16
3.	Planfeststellungen/-genehmigungen über Eingriffsvorhaben	17, 18
IV.	Rechtsbehelfe und Verfahren	19–22
V.	Zulässigkeitsvoraussetzungen der Rechtsbehelfe	23–38
1.	Rechtsbehelfsfrist	24
2.	Widerspruch zu naturschützenden Rechtsvorschriften (Absatz 1 Nr. 1)	25–32
	a) Naturschutzrechtliche Vorschriften	26
	b) Andere Rechtsvorschriften	27–32
3.	Berührung des satzungsgemäßen Aufgabenbereichs (Absatz 1 Nr. 2)	33
4.	Wahrnehmung oder Vorenthaltung des Mitwirkungsrechts (Absatz 1 Nr. 3)	34–38
	a) Mitwirkung durch Äußerung im Verwaltungsverfahren	34
	b) Einwendungsausschluss (Präklusion)	35–37
	c) Vorenthaltung des Mitwirkungsrechts	38
VI.	Landesrecht	39–41

I. Allgemeines

§ 64 führt die durch § 58 BNatSchG 2002 eingeführte bundesrechtliche Vereinsklageregelung praktisch unverändert fort. Anerkannte Vereine sind befugt, „Rechtsbehelfe nach Maßgabe der Verwaltungsgerichtsordnung" einzulegen. Bei den in Abs. 1 genannten Fallgruppen besteht dieses Recht kraft Bundesrechts. Abs. 3 ermächtigt die Länder zu weitergehenden Regelungen, wenn es um die Ausführung landesrechtlicher Vorschriften geht. Die Amtliche Begründung zum BNatSchG 2002[1] beschreibt das **Motiv** für die Einführung der Vereinsklage: „Die bisherigen Erfahrungen in den Ländern belegen, dass die Möglichkeit der Erhebung einer Vereinsklage zum **Abbau von Vollzugsdefiziten** im Naturschutz beitragen kann. Wenn mit der Möglichkeit einer Klageerhebung zu rechnen ist, werden Verwaltungsentscheidungen in der Regel sorgfältiger vorbereitet und begründet. Zudem erhält die Vereinsmitwirkung mehr Gewicht".[2]

Aus **Art. 20a GG** lässt sich kein über § 64 hinausgehendes Klagerecht ableiten,[3] ebenso wenig aus **Art. 19 Abs. 4 GG**.[4] Die **FFH-Richtlinie** äußert sich nicht darüber, ob und in welcher Hinsicht einem anerkannten Naturschutzverband gegen eine objektiv fehlerhafte Unterschutzstellung ein Klagerecht einzuräumen ist.[5]

Die naturschutzrechtliche Vereinsklage schließt **weitere Klagemöglichkeiten** des Vereins nicht aus, die sich aus allgemeinen Vorschriften ergeben, insbesondere die Klage als Eigentümer eines Grundstücks („**Sperrgrundstück**").[6] Die Art und Weise, wie die Berechtigung an einem Grundstück erworben und ausgestaltet ist, bildet nach der Rechtsprechung das Kriterium dafür, ob ein Klagerecht besteht oder als rechtsmissbräuchlich angesehen wird. Rechtsmissbrauch wird angenommen, wenn das Eigentum nicht erworben worden ist, um die mit ihm verbundene Gebrauchsmöglichkeit zu nutzen, sondern als Mittel dafür dient, die formalen Voraussetzungen für eine Prozessführung zu schaffen, die nach der Rechtsprechung dem Eigentümer vorbehalten ist. Derartige Umstände könnten sich daraus ergeben, dass dem Kläger auf Grund der vertraglichen Gestaltung lediglich eine Rechtsstellung übertragen worden ist, die auf eine formale Hülle ohne substantiellen Inhalt hinausläuft. Ferner sei von Bedeutung, ob sich an der tatsächlichen Nutzung des Grundstück etwas geändert hat und ob für die Eigentumsübertragung ein wirtschaftlicher Gegenwert geflossen ist. Ein weiteres Anzeichen könne sich aus den zeitlichen Abläufen ergeben.[7] Diese Betrachtungsweise ist einseitig. Unberücksichtigt bleibt dabei, dass es keine schutzwürdige Erwartung des Vorhabenträgers dahingehend geben kann, kein Eigentümer eines betroffenen Grundstücks werde gegen das Projekt klagen, und es daher keinen wesentlichen Unterschied macht, ob der Verein den Eigentümer durch Kostenübernahme zur Klage ermuntert oder das Grundstück (nur) erwirbt, um klagen zu können.

---

1 BT-Drs. 14/6378, S. 61.
2 Zur Effizienz und Erfolgsquote der Vereinsklage vgl. die Untersuchung von *Schmidt/Zschiesche*, NuR 2003, 16.
3 BVerwG, Urt. v. 14.5.1997 – 11 A 43.96, NuR 1997, 506.
4 BVerfG, Beschl. v. 10.5.2001 – 1 BVR 481/01, NVwZ 2001, 1148.
5 BVerwG, Urt. v. 24.5.1996 – 4 A 16/95, NuR 1997, 38.
6 Vgl. BVerwG, Urt. v. 16.3.1998 – 4 A 31.97, NuR 1998, 647.
7 BVerwG, Urt. v. 27.10.2000 – 4 A 10.99, NuR 2001, 224.

4 Die rechtlichen Kontroversen um die Vereinsklage waren seit jeher ideologisch geprägt. Die befürchtete Überlastung der Gerichte ist nicht eingetreten, ein "Missbrauch" des Klagerechts nicht feststellbar. Die Vereinsklage hat auch präventive Wirkung, indem sie die unter dem Druck von Interessen stehende Verwaltung zu sorgfältigem Arbeiten zwingt. Sie schafft damit ein Gegengewicht zu den Kräften, die ein Vollzugsdefizit hervorrufen können, und sollte daher weiterentwickelt werden.[8] Eine neuere Untersuchung[9] für den Zeitraum 2002-2006 zeigt, dass **Vereinsklagen überdurchschnittlich erfolgreich** sind (voller oder teilweiser Erfolg bei 40 % gegenüber 10 % bei sonstigen Klagen). Am erfolgreichsten waren die Klagen gegen Befreiungen (knapp 78 %). Weniger erfolgreich waren Klagen gegen Infrastrukturvorhaben, sie führten immerhin öfters zu einer Ergänzung der Planung im Sinne des Naturschutzes.

II. Verhältnis zum Umwelt-Rechtsbehelfsgesetz

1. Parallele Klagerechte

5 Abs. 1 Satz 1 enthält eine wichtige Klarstellung. Das naturschutzrechtliche Vereinsklagerecht ist weder ein Unterfall der Klage nach dem Umwelt-Rechtsbehelfsgesetz noch eine das UmwRG verdrängende Spezialregelung, sondern es besteht „neben den Rechtsbehelfen nach § 2 des Umwelt-Rechtsbehelfsgesetzes". Daher können sich Naturschutzvereine beider Klagemöglichkeiten nebeneinander in ein und demselben Klageverfahren bedienen, weil § 64 insbesondere hinsichtlich der Naturschutzverbände die Rechtsschutzmöglichkeiten erweitern soll, so dass von einem gleichrangigen Nebeneinander der Rechtsbehelfe auszugehen ist.[10] Gemeinsam ist beiden Klagerechten, dass sie keine Verletzung in eigenen Rechten erfordern. In einem zentralen Punkt unterscheiden sie sich aber grundlegend: Nach § 2 Abs. 1 Nr. 1 UmwRG muss der Verein geltend machen, dass die angefochtene Entscheidung „Rechtsvorschriften, die ... Rechte Einzelner begründen ..." widerspricht. Entsprechend sind gem. § 2 Abs. 5 Satz 1 Nr. 1 UmwRG Rechtsbehelfe nach Absatz 1 begründet, „1. soweit die Entscheidung ... oder deren Unterlassen gegen Rechtsvorschriften, die dem Umweltschutz dienen, Rechte Einzelner begründen und für die Entscheidung von Bedeutung sind, verstößt ..." Naturschutzrechtliche Vorschriften im engeren Sinne begründen regelmäßig keine Rechte Einzelner. Daher verlangt § 64 dies auch nicht, andernfalls bestünde das naturschutzrechtliche Vereinsklagerecht nur auf dem Papier. Bei den anderen in § 64 Abs. 1 Nr. 1 genannten Vorschriften, die „zumindest auch den Belangen des Naturschutzes und der Landschaftspflege zu dienen bestimmt sind", ist nicht von vornherein ausgeschlossen, dass sie auch Rechte Einzelner begründen. Beide Klagemöglichkeiten können nicht nur kumulativ bestehen, sondern einander auch insofern ergänzen, als die nach § 64 Abs. 1 Nr. 1 BNatSchG und § 2 Abs. 1 Satz 1 Nr. 1 UmwRG rügefähigen Vorschriften nicht deckungsgleich sind.

---

8 Vgl. SRU, Rechtsschutz für die Umwelt – die altruistische Verbandsklage ist unverzichtbar (2005); Koch, NVwZ 2007, 369.
9 *Schmidt*, NuR 2008, 544 (Zusammenfassung einer empirischen Untersuchung im Auftrag des BfN).
10 VGH München, Urt. v. 23.6.2009 – 8 A 08.40001, NuR 2010, 214; OVG Bremen, Urt. v. 4.6.2009 - 1 A 9/09, ZUR 2010, 151.

2. Klagerechte nach dem UmwRG

Das Übereinkommen über den Zugang zu Informationen, die Öffentlichkeitsbeteiligung an Entscheidungsverfahren und den Zugang zu Gerichten in Umweltangelegenheiten, die sog. Aarhus-Konvention,[11] ist von der Europäischen Union bisher durch zwei Richtlinien umgesetzt worden, die Umweltinformationsrichtlinie[12] und die Öffentlichkeitsbeteiligungsrichtlinie.[13] Das Umwelt-Rechtsbehelfsgesetz stellt wiederum die deutsche Umsetzung dieser Vorgaben dar.

Die Frage, ob die in § 2 Abs. 1 Nr. 1 und Abs. 5 Satz 1 Nr. 1 UmwRG verfügte Einschränkung der Vereinsklage auf „**Rechtsvorschriften, die ... Rechte Einzelner begründen ...**" mit der Aarhus-Konvention und dem darauf aufbauenden Europarecht vereinbar ist, ist strittig.[14] Sie ist – jedenfalls was Rechtsvorschriften des Europarechts betrifft – zu verneinen.[15] Art. 9 Abs. 2 AK und die Öffentlichkeitsrichtlinie knüpfen zwar an des jeweilige Recht des Mitgliedsstaats an, wenn sie entweder ein Interesse oder eine Rechtsverletzung als Voraussetzung für die Zulässigkeit der Klage – einer einzelnen Person wie eines Vereins – festlegen. Wollte man Art. 10a Abs. 3 UVP-RL und Art. 15a Abs. 3 IVU-RL, wonach Vereine als Träger von Rechten gelten, so verstehen, dass diese damit nicht besser gestellt sein müssten als private Kläger, denen in Deutschland nur drittschützende Normen ein Recht verleihen, so fragt sich, wieso die Aarhus-Konvention überhaupt ein Vereinsklagerecht enthält, das nur zu einer Verdoppelung des Klagerechts von Privatpersonen dienen soll.[16] Von vornherein unberücksichtigt bleibt dabei, dass Art. 10a Abs. 3 Satz 1 UVP-RL der betroffenen Öffentlichkeit ganz allgemein einen weiten Zugang zum Gericht eröffnen will, d.h. nicht nur den Vereinigungen, sondern auch Einzelpersonen. Es führt zu einer den Intentionen der Aarhus-Konvention zuwiderlaufenden Asymmetrie von Beteiligungsrechten und Klagerechten, wenn dem weiten Beteiligungsrecht gemäß Art. 6 AK ein auf drittschützenden Normen beschränktes Klagerecht nach Art. 9 Abs. 2 AK gegenübersteht. Ohnehin liegt es fern anzunehmen, es werde (nur) beim Klagerecht zwischen drittschützenden und anderen, etwa Vorsorge-Regelungen unterschieden. Beteiligungs- und Klagerecht dienen gleichermaßen dem Schutz des Rechts auf ein Leben in einer der Gesundheit und dem Wohlbefinden zuträglichen Umwelt (Art. 1 AK). Wenn die die betroffene Öffentlichkeit und insbesondere die Vereine als Sachwalter der Umweltinteressen ein Klagerecht erhalten, ist es nicht systemgerecht, die Verletzung drittschützender Normen vorauszusetzen, denn der Zweck der Beteiligungs- und Klagerechte, einem etwaigen Vollzugsdefizit entgegenzuwirken, gilt gleichermaßen für drittschützende wie für Vorsorgenormen. Deshalb heißt es dazu in Art. 9 Abs. 2 UAbs. 2 AK sowie in Art. 10a UVP-RL und Art. 15a IVU-RL, dass die Erfordernisse des innerstaatlichen Rechts im Einklang mit dem Ziel stehen müssen, der betroffenen Öffentlichkeit im

---

11 Convention on Access to Information, Public Participation in Decision-making an Access to Justice in Environmental Matters; deutsches Zustimmungsgesetz vom 9.12.2006 (BGBl. II S. 1251); im folgenden Text abgekürzt: AK.
12 Richtlinie 2003/4/EG vom 28.1.2003 (ABl. L Nr. 41, S. 26 v. 14.2.2003.).
13 Richtlinie 2003/35/ vom 26.5.2003 (ABl. L. 156/17 v. 25.6.2003.
14 Vgl. *Genth*, NuR 2008, 28 m.w.N.; *Schumacher* UPR 2009, 13
15 Zum folgenden vgl. *Fischer-Hüftle/Radespiel*, Perspektiven der Vereinsklage im völkerrechtlichen und europäischen Kontext, in: Czybulka (Hrsg.): Aktuelle Entwicklungen im europäischen Naturschutzrecht – Siebter Warnemünder Naturschutzrechtstag, 2007; *Schumacher*, UPR 2008, 13.
16 *Epiney*, Zu den Anforderungen der Aarhus-Konvention an das europäische Gemeinschaftsrecht, ZUR Sonderheft 2003, 176 (179 Fußn. 30).

Rahmen dieses Übereinkommens einen „weiten Zugang" zu Gerichten zu gewähren.

8 Nach Ansicht des EuGH[17] müssen daher die „nationalen Rechtsvorschriften zum einen ‚einen weiten Zugang zu Gerichten' sicherstellen und zum anderen die praktische Wirksamkeit derjenigen Bestimmungen der Richtlinie 85/337 gewährleisten, die die gerichtliche Anfechtung betreffen. Folglich darf nicht die Gefahr bestehen, dass diese nationalen Rechtsvorschriften diejenigen Gemeinschaftsvorschriften gegenstandslos machen, nach denen alle, die ein ausreichendes Interesse an der Anfechtung eines Projekts haben und deren Rechte verletzt sind, wozu auch Umweltschutzvereinigungen gehören, die Möglichkeit haben müssen, vor den zuständigen Gerichten gegen dieses Projekt vorzugehen." Die Zweifel an der Europarechtskonformität der in § 2 Abs. 1 Nr. 1 und Abs. 5 Satz 1 Nr. 1 UmwRG getroffene Beschränkung, die das OVG Münster[18] zum Vorabentscheidungsersuchen an der EuGH veranlasst haben, sind daher sehr berechtigt (keine Effektivität der Umsetzung des Gemeinschaftsrechts, weil die Kontrolle des Vollzugs der Umweltvorschriften durch eine unabhängige Stelle für einen weiten Teil des Umweltrechts praktisch unmöglich ist. Nichtregierungsorganisationen können insoweit nicht als „Anwälte der Umwelt" möglichen Vollzugsdefiziten entgegentreten).

9 Auch wenn man § 2 Abs. 1 Nr. 1 UmwRG für europarechtskonform hält, muss dies nicht gleichermaßen für die Begründetheitsprüfung nach § 2 Abs. 5 Satz 1 Nr. 1 UmwRG gelten. Beispiel: Der **Normenkontrollantrag** einer anerkannten Vereinigung gegen einen (UVP-pflichtigen) **Bebauungsplan** ist nach § 2 Abs. 1 UmwRG zulässig, denn § 1 Abs. 7 BauGB ist, soweit es um die Abwägung umweltrelevanter Belange i.S.v. § 1 Abs. 6 Nr. 7 BauGB geht, eine Vorschrift, die dem Umweltschutz dient. Die Beschränkung der Begründetheitsprüfung durch § 2 Abs. 5 Satz 1 Nr. 1 UmwRG ist gemeinschaftsrechtswidrig, weil Art. 10a UVP-RL und Art. 15a IVU-RL eine umfassende Rechtmäßigkeitskontrolle ermöglichen wollen und weil damit Vereine schlechter gestellt werden als Privatpersonen. Dies hat das OVG Schleswig[19] dazu veranlasst, den Anwendungsvorrang des Europarechts zu bejahen und § 2 Abs. 5 Satz 1 Nr. 1 UmwRG beiseitezulassen. In der Konsequenz ist eine Naturschutzvereinigung berechtigt, einen unter § 1 UmwRG fallenden Bebauungsplan per Normenkontrolle überprüfen zu lassen, auch soweit es um die Verletzung naturschützender Normen geht.

III. Gegenstand der Rechtsbehelfe von Vereinigungen

1. Allgemeines

10 Abs. 1 Satz 1 zählt die **Entscheidungen** auf, gegen die eine Vereinigung Rechtsbehelfe einlegen kann, indem er auf § 63 Abs. 1 Nr. 2 bis 4 und Abs. 2 Nr. 5 bis 7 verweist. Die Aufzählung ist abschließend, eine erweiternde Auslegung nicht möglich.[20] Danach handelt es sich um bestimmte, näher beschriebene Befreiungen, Planfeststellungen und Plangenehmigungen. In den Fällen des § 63 Abs. 1 Nr. 2 bis 4 werden Bundesbehörden tätig, in den Fällen des § 63 Abs. 2 Nr. 5 bis 7 Landesbehörden. – Davon zu unterscheiden

---

17 Urt. v. 15.10.2009 – C-263/08, NuR 2009, 773 Rdnr. 45.
18 OVG Münster, Beschl. v. 5.3.2009 – 8 D 58/08 AK, NuR 2009, 369.
19 OVG Schleswig, Urt. v. 12.3.2009 – 1 KN 12/08, NuR 2009, 498.
20 VGH München, Urt. v. 17.3.2008 – 14 BV 05.3079, NuR 2008, 668.

ist die Klage wegen **Verletzung des Beteiligungsrechts** nach § 63 (dazu § 63 Rdnr. 48 ff.).

Damit sind die Klagemöglichkeiten der Vereinigungen nicht erschöpft. Nach Maßgabe des UmwRG kann eine Vereinigung auch einen (UVP-pflichtigen) **Bebauungsplan** im Weg der Normenkontrolle nach § 47 VwGO anfechten, dazu Rdnr. 9). **11**

Abs. 2 i.V.m. § 1 Abs. 1 Satz 4 UmwRG schließt Vereins-Rechtsbehelfe aus, „wenn eine Entscheidung im Sinne dieses Absatzes auf Grund einer Entscheidung in einem verwaltungsgerichtlichen Streitverfahren erlassen worden ist. Dieses sog. **Zweitklageverbot** ist eine Ergänzung des Instituts der materiellen Rechtskraft und dehnt deren Bindungswirkung auf Naturschutzvereine aus. Verwaltungsakte, die auf Verpflichtungsurteile in Klageverfahren Dritter hin erlassen werden, können deshalb von den Vereinen nicht angefochten werden. Ergeht dagegen im gerichtlichen Verfahren ein **Bescheidungsurteil** oder ein **Feststellungsurteil**, mit dem die Rechtswidrigkeit und Nichtvollziehbarkeit eines Planfeststellungsbeschlusses festgestellt wird, so verbleiben der Planfeststellungsbehörde für ihre erneute Entscheidung in dem durch das Urteil abgesteckten Rahmen mehr oder weniger weite, von der Rechtskraftwirkung nicht erfasste Spielräume. Soweit die neue behördliche Entscheidung diese Spielräume ausfüllt, steht ebenso wenig eine gerichtliche Doppelbefassung in Rede wie unter dem der Rechtskraft; die Ausschlussregelung findet deshalb insoweit keine Anwendung.[21] **12**

Abs. 1 spricht – wie § 1 UmwRG – von **Entscheidungen** (der Behörde). Das führt zu folgender Frage: Besteht ein Vereinsklagerecht, wenn anstatt einer Entscheidung in Form eines Verwaltungsakts (§ 35 VwVfG) ein **öffentlich-rechtlicher Vertrag** geschlossen wird, der den Verwaltungsakt ersetzt (§ 54 Satz 2 VwVfG)? Beispiel: Es wird ein Antrag auf Befreiung gestellt, die anerkannten Vereine werden im Verwaltungsverfahren beteiligt (§ 63 Abs. 1 Nr. 2 und Abs. 2 Nr. 5), das Verfahren wird aber nicht durch Bescheid abgeschlossen, sondern durch einen Vertrag, der eine Befreiung enthält und im Gegenzug z.b. Verpflichtungen des Antragstellers zur Minimierung von Naturbeeinträchtigungen. Auch in einem solchen Fall besteht nach Sinn und Zweck des § 64 ein Vereinsklagerecht. Der Begriff „Entscheidung" ist aus Art. 6 AK sowie Art. 10a UVP-RL und Art. 15a IVU-RL übernommen. Er ist weiter als der Begriff „Verwaltungsakt" und umfasst jede behördliche Rechtshandlung, durch die ein Vorhaben zugelassen (oder abgelehnt wird) Andernfalls könnten sich Antragsteller und Behörde der Vereinsklage durch Wahl des öffentlich-rechtlichen Vertrags entziehen. Die „Entscheidung" der Behörde ergeht hier nicht in Form eines Verwaltungsakts, sondern einer ihn ersetzenden vertraglichen Erklärung mit denselben Rechtsfolgen (Außerkraftsetzen eines Gebots/Verbots). Richtige Klageart ist die Feststellungsklage (§ 43 VwGO) mit dem Antrag, die Nichtigkeit des Vertrags, soweit er eine Befreiung enthält, festzustellen, was regelmäßig zur Gesamtnichtigkeit des Vertrags führen wird (§ 59 Abs. 3 VwVfG). Widerspricht die per Vertrag erteilte Befreiung dem objektiven Recht, etwa weil die Befreiungsvoraussetzungen verkannt werden oder ein Ermessensfehler vorliegt, so sind die Erfolgsaussichten einer solchen Vereinsklage wie folgt zu bewerten: Die Fälle des § 59 Abs. 2 VwVfG sind selten: Nr. 1 setzt einen krassen Rechtsverstoß voraus, der beim einem Verwaltungsakt zur Nichtigkeit führen würde. Nr. 2 scheidet in der Praxis meist aus, weil dem Vertragspartner der Behörde die positive Kenntnis der Rechtswidrigkeit kaum nachzuweisen ist. Der **13**

---

21 BVerwG, Urt. v. 12.3.2008 – 9 A 3.06 , NuR 2008, 633.

Verstoß gegen ein gesetzliches Verbot (§ 59 Abs. 1 VwVfG) setzt nach der höchstrichterlichen Rechtsprechung mehr voraus als einen – für den Erfolg einer Anfechtungsklage gegen einen Befreiungs-Verwaltungsakt ausreichenden – schlichten Rechtsverstoß. Vielmehr sei „der differenzierenden Regelung in § 59 VwVfG ... zu entnehmen, dass bei verwaltungsrechtlichen Verträgen nicht jeder Rechtsverstoß, sondern nur qualifizierte Fälle der Rechtswidrigkeit zur Nichtigkeit führen sollen", und die inhaltliche „Unzulässigkeit" führe dann zur Nichtigkeit, wenn sie sich als Verstoß gegen ein gesetzliches Verbot (§ 134 BGB) darstellt.[22] Da die Befreiung den allgemeinen Geltungsanspruch einer Norm berührt, könnte man argumentieren, es sei der Exekutive verboten, die Geltung der Norm abweichend von den gesetzlichen Voraussetzungen zu suspendieren, so dass jeder Rechtsverstoß relevant wäre. Folgt man dem nicht, so wird der Wert des gesetzlichen Klagerechts durch die Wahl der Vertragsform erheblich gemindert, weil die Hürde für einen Erfolg wesentlich höher liegt als bei einer Klage gegen einen Verwaltungsakt. Ein Widerspruch zu einem gesetzlichen Verbot (§ 134 BGB) könnte darin gesehen werden, dass der Vertrag das den Vereinen gesetzlich garantierte Klagerecht und den damit verfolgten Zweck einer Verminderung des Vollzugsdefizits mittels objektiv-rechtlicher Kontrolle (Rdnr. 1) unterläuft[23] und an die Begründetheit der Klage Anforderungen gestellt werden, die über § 64 Abs. 1 Nr. 1 hinausgehen. Vorzuziehen ist die Auffassung, dass der Vertrag in Rechte eines Dritten eingreift und nur wirksam wird, wenn die Vereine, die von ihrem Beteiligungsrecht im Verwaltungsverfahren Gebrauch gemacht haben und daher klagen können, ihm schriftlich (§ 58 Abs. 1 VwVfG) zustimmen. Auch ein Klagerecht kann ein Recht eines Dritten i.S.v. § 58 Abs. 1 VwVfG sein.[24]

2. Befreiungen von Verboten und Geboten

14 Die mit Vereinsrechtbehelfen anfechtbaren Befreiungen sind in Abs. 1 i.V.m. § 63 Abs. 1 Nr. 2, § 63 Abs. 2 Nr. 5 abschließend aufgezählt:
- Befreiungen von Geboten und Verboten zum Schutz von geschützten Meeresgebieten im Sinne des § 57 Abs. 2, auch wenn diese durch eine andere Entscheidung eingeschlossen oder ersetzt werden (§ 63 Abs. 1 Nr. 2),
- Befreiungen von Geboten und Verboten zum Schutz von Gebieten im Sinne des § 32 Abs. 2, Natura-2000-Gebieten (Einzelheiten, insbes. zum Begriff der Befreiung in diesem Kontext, in Rdnr. 23 f. zu § 63), Naturschutzgebieten, Nationalparken und Biosphärenreservaten, auch wenn diese durch eine andere Entscheidung eingeschlossen oder ersetzt werden (§ 63 Abs. 2 Nr. 5);

15 Daneben gibt es weitere Fälle von Befreiungsentscheidungen, die nicht der Vereinsklage unterliegen, z.B. bezüglich eines Verbots in einer Landschaftsschutzverordnung, die nicht ein Natura-2000-Gebiet schützt. Der Fall, dass die Befreiung durch eine **andere Genehmigung** eingeschlossen oder ersetzt wird, ist nunmehr gesetzlich dahingehend geregelt, dass das Vereinsklagerecht dadurch nicht entfällt. Dementsprechend sind die Vereine in solchen Verfahren zu beteiligen (§ 63 Abs. 1 Nr. 2). Damit ist der bisherigen Recht-

---

22 BVerwG, Urt. v. 23.8.1991 – 8 C 61/90, BVerwGE 89, 7 und Beschl. v. 6.8.1993 – 11 B 39.92, Buchholz 316 § 59 VwVfG Nr. 10.
23 Auf die Schutzfunktion der gesetzlichen Regelung stellt in anderem Zusammenhang das BVerwG ab (Beschl. v. 6.8.1993 – 11 E 39.92, Buchholz 316 § 59 VwVfG Nr. 10).
24 Kopp/Ramsauer, VwVfG, 11. Aufl. 2010, § 58 Rdnr. 6; a.A. Hk.VerwR/*Fiehling*, § 58 VwVfG Rdnr. 18.

sprechung etwa zu § 13 BImSchG (Entfall des Beteiligungs- und Klagerechts) die Grundlage entzogen.

Keine Befreiung und damit nicht Gegenstand der Vereinsklage ist die Erteilung einer **Ausnahme** gemäß den als solche bezeichneten Regelungen wie z.B. im Artenschutzrecht[25] (§ 63 Rdnr. 24). Die **Abweichungsentscheidung** nach § 34 Abs. 3 ist nur dann eine Befreiung, wenn sie wegen Widerspruch zu Verboten einer für das Natura-2000-Gebiet bestehenden Schutzerklärung zugleich die Funktion einer Befreiung hat (§ 67 Rdnr. 34 ff.).[26]

3. Planfeststellungen/-genehmigungen von Eingriffsvorhaben

Die Klage ist zulässig gegen folgende Planfeststellungen und Plangenehmigungen von Bundes- und Landesbehörden.
- Planfeststellungen, die von Behörden des Bundes oder im Bereich der ausschließlichen Wirtschaftszone und des Festlandsockels von Behörden der Länder durchgeführt werden, wenn es sich um Vorhaben handelt, die mit Eingriffen in Natur und Landschaft verbunden sind (§ 63 Abs. 1 Nr. 3),
- Plangenehmigungen, die von Behörden des Bundes erlassen werden und an die Stelle einer Planfeststellung im Sinne der Nummer 3 treten, wenn eine Öffentlichkeitsbeteiligung vorgesehen ist (§ 63 Abs. 1 Nr. 4),
- Planfeststellungen, wenn es sich um Vorhaben im Gebiet des anerkennenden Landes handelt, die mit Eingriffen in Natur und Landschaft verbunden sind (§ 63 Abs. 2 Nr. 6),
- Plangenehmigungen, die an die Stelle einer Planfeststellung im Sinne der Nummer 6 treten, wenn eine Öffentlichkeitsbeteiligung vorgesehen ist (§ 63 Abs. 2 Nr. 7).

Die Planfeststellung/-genehmigung muss ein **Eingriffsvorhaben** i.S.v. § 14 Abs. 1 betreffen. Es genügt für die Annahme der Klagebefugnis, dass eine naturschutz-fachlich erhebliche Beeinträchtigung gegeben ist.[27] Keine Klagebefugnis besteht für Begehren, die sich auf die Geltendmachung von **Vollziehungshindernissen gegenüber einem bestandskräftigen Planfeststellungsbeschluss** oder auf Rücknahme eines solchen richten.[28]

IV. Rechtsbehelfe und Verfahren

Die Art der Rechtsbehelfe richtet sich nach dem allgemeinen Prozessrecht. Dieses gilt, soweit § 64 keine besonderen Regelungen trifft (insbesondere zur Zulässigkeit der Rechtsbehelfe, dazu Rdnr. 21 ff.). Der Rechtsbehelf des Vereins gegen die in Abs. 1 genannten Behördenentscheidungen ist die **Klage**. Dabei kommt primär die Anfechtungsklage nach § 42 Abs. 2 VwGO in Betracht, denn die Rechtsbehelfe richten sich meist „gegen" die in Abs. 1 Satz 1 genannten Entscheidungen. Aber auch eine Leistungs- oder Verpflichtungsklage auf Tätigwerden der Behörde ist denkbar, z.B. eine Verpflichtungsklage auf Planergänzung.[29] Daneben kann auch die Feststellungsklage nach § 43 VwGO zulässig sein. Vor einer Anfechtungs- oder

---

25 VGH München, Urt. v. 17.3.2008 – 14 BV 05.3079, NuR 2008, 668.
26 Ähnlich OVG Magdeburg, Beschl. v. 6.11.2006 – 2 M 311/06, NuR 2007, 208.
27 BVerwG, Urt. v. 28.6.2002 – 4 A 59.01, NuR 2003, 93.
28 BVerwG, Beschl. v. 31.7.2006 – 9 VR 11.06, NuR 2007, 707.
29 BVerwG, BVerwG, Urt. v. 9.6.2004 – 9 A 11.03, NuR 2004, 795

Verpflichtungsklage ist ein **Widerspruchsverfahren** (§ 69 VwGO) durchzuführen, sofern dieses Erfordernis nicht kraft anderweitiger gesetzlicher Anordnung entfällt (was häufig der Fall ist). Bei sofort vollziehbaren Entscheidungen ist der Antrag auf **vorläufigen Rechtsschutz** nach § 80 ff. VwGO zulässig,[30] während der Fall einer einstweiligen Anordnung nach § 123 VwGO eher selten aktuell werden dürfte (anders bei der Beteiligungsklage, vgl. § 63 Rdnr. 49, 55 ff.). Hinzu kommen die **Rechtsmittel** (Berufung, Revision nach §§ 124 ff., 132 ff. VwGO, Beschwerde nach § 146 VwGO).

20 Sofern nicht das Vorverfahren kraft gesetzlicher Anordnung entfällt (wie z.B. bei der Planfeststellung), muss der Verein einen seiner Meinung nach rechtswidrigen Verwaltungsakt mit **Widerspruch** anfechten (§§ 68, 69 VwGO). Bei dessen Erfolglosigkeit kann er Anfechtungsklage mit dem Antrag erheben, die Befreiungsentscheidung in Gestalt des Widerspruchsbescheids (§ 79 VwGO) aufzuheben (§§ 42, 113 VwGO). Bei Untätigkeit der Behörde gilt § 75 VwGO. Gegen welche Stelle die Klage zu richten ist, ergibt sich aus § 78 VwGO.

21 Auch eine **Beiladung** von Vereinen ist möglich, soweit diese geltend machen können, es seien Interessen berührt, die nach den Vorschriften der § 64 BNatSchG und §§ 1 ff. UmwRG rechtlichen Schutz genießen[31], oder wenn das Beteiligungsrecht der Vereine betroffen wird.[32]

22 Keine Regelung trifft das Gesetz zum **Streitwert** der Vereinsklagen. Der Streitwertkatalog für die Verwaltungsgerichtsbarkeit[33] sieht einen Wert von mindestens 15.000 Euro vor. Das Bundesverwaltungsgericht setzt den Streitwert in Verfahren von Naturschutzvereinen im allgemeinen nicht höher als 30.000 Euro fest.[34] Da von der Höhe des Streitwerts die Belastung mit Verfahrenskosten abhängt, ist zu beachten, dass die Verfahren von Mitgliedern der betroffenen Öffentlichkeit, wozu nach Art. 1 Abs. 2 UVP-RL auch Nichtregierungsorganisationen gehören, nach Art. 10a UVP-RL „fair, gerecht, zügig und nicht übermäßig teuer durchgeführt" werden. Die Belastung mit Verfahrenskosten ist einer klagebefugten Vereinigung gemeinschaftsrechtlich zumutbar, wenn diese nicht übermäßig hoch sind, was bei einem Streitwert von 15.000,-- Euro für das Eilverfahren zutreffen soll.[35] Auch im Anwendungsbereich des Umwelt-Rechtsbehelfsgesetzes soll eine Streitwertfestsetzung am unteren Rand des bei Verbandsklagen üblichen, die den für Privatkläger maßgeblichen Streitwert (15.000 Euro) nicht übersteigt, gemeinschaftsrechtlich zumutbar sein.[36]

V. Zulässigkeitsvoraussetzungen der Rechtsbehelfe

23 Neben den sonstigen Anforderungen an Rechtsbehelfe nach der Verwaltungsgerichtsordnung, insbesondere die Einhaltung der Fristen, regeln

---

30 Zu § 80 VwGO vgl. OVG Bremen, Beschl. v. 31.8.1984 – 1 B 53/84, NuR 1984, 310 und BVerwG, Beschl. v. 20.5.2008 – 9 VR 10.08, Buchholz 310 § 80 VwGO Nr. 78.
31 OVG Hamburg, Beschl. v. 9.2.2009 – 5 4/08.P – NuR 2009, 494.
32 OVG Lüneburg, Beschl. v. 19.2.2009 – 4 OB 215/08, NuR 2009, 287.
33 Fassung vom 7./8. Juli 2004, NVwZ 2004, 1327.
34 BVerwG, Beschl. v. 31.1.2006 – 4 B 49/05, NVwZ 2006, 823
35 OVG Lüneburg, Beschl. v. 17.12.2008 – 12 OA 347/08, NVwZ-RR 2009, 406.
36 OVG Münster, Beschl. v. 5.11.2009 – 8 B 1342/09.AK, juris.

Abs. 1 Nr. 1–3 und Abs. 2 mittels Verweisung auf § 1 Abs. 1 Satz 4, § 2 Abs. 3 und 4 Satz 1 UmwRG spezielle Zulässigkeitsvoraussetzungen für Vereins-Rechtsbehelfe, die alle zusammen vorliegen müssen. Sie treten an die Stelle der allgemeinen Regelung des § 42 Abs. 2 VwGO, der eine Verletzung individueller Rechte verlangt. Denn der Verein kann die Rechtsbehelfe einlegen, „ohne in eigenen Rechten verletzt zu sein" (Abs. 1).

1. Rechtsbehelfsfrist

Widerspruch und Klage müssen innerhalb der gesetzlichen Fristen ab Bekanntgabe der Behördenentscheidung erhoben werden (§§ 70, 74 VwGO). Bei der Planfeststellung entfällt in der Regel der Widerspruch (§§ 70, 74 Abs. 1 VwVfG). Der Verein kann nicht fehlgehen, wenn er sich an die der Behördenentscheidung beigefügte Rechtsbehelfsbelehrung hält. Ist sie unrichtig, kann dem Verein durch Einlegung des „falschen" Rechtsbehelfs gemäß Belehrung kein Nachteil entstehen. Ist eine Entscheidung nach den geltenden Rechtsvorschriften weder öffentlich bekanntgemacht noch der Vereinigung bekanntgegeben worden, müssen gemäß Abs. 2 i.V.m. § 2 Abs. 4 Satz 1 UmwRG Widerspruch oder Klage binnen eines Jahres erhoben werden, nachdem die Vereinigung von der Entscheidung Kenntnis erlangt hat oder hätte erlangen können.

2. Widerspruch zu naturschützenden Rechtsvorschriften (Absatz 1 Nr. 1)

Der Verein muss geltend machen, dass die Entscheidung des Verwaltungsaktes einer der folgenden Rechtsnormen widerspricht:
- Vorschriften dieses Gesetzes,
- Rechtsvorschriften, die auf Grund dieses Gesetzes erlassen worden sind oder fortgelten,
- Naturschutzrecht der Länder oder
- anderen Rechtsvorschriften, die bei der Entscheidung zu beachten und zumindest auch den Belangen des Naturschutzes und der Landschaftspflege zu dienen bestimmt sind.

Diese Regelung hat nicht nur eine prozessrechtliche Funktion (Begründung und Begrenzung der Antrags- und Klagebefugnis), sondern bedeutet auch eine Beschränkung der auf einen zulässigen Antrag hin eröffneten Prüfungsgegenstände.[37]

a) **Naturschutzrechtliche Vorschriften.** Relativ unproblematisch ist die Qualifizierung der ersten drei Gruppen von Normen. Es handelt sich um alle Formen des Bundes- und Landesnaturschutzrechts, gleich ob als Gesetz oder im Rang darunter (Verordnung, Satzung). Bei der Entscheidung über einen **Befreiungsantrag** geht es in der Regel um die Anwendung des § 67, so dass ein Widerspruch zu dieser Vorschrift darzulegen ist, z.B. dass die gesetzlichen Befreiungsvoraussetzungen verkannt wurden oder das Ermessen fehlerhaft ausgeübt wurde.[38]

b) **Andere Rechtsvorschriften.** Vorwiegend bei der Planfeststellung/-genehmigung eines Eingriffs sind neben dem Bundes- und Landesnaturschutzrecht die „anderen Rechtsvorschriften, **die zumindest auch den Belangen**

---

37 OVG Koblenz, Urt. v. 9.1.2003 – 1 C 10187/01, NuR 2003, 441 (B 50).
38 Wegen der Einzelheiten s. die Kommentierung des § 67.

des Naturschutzes und der Landschaftspflege zu dienen bestimmt sind" von Bedeutung. Dazu heißt es in der Amtl. Begründung zur Vorläufervorschrift des § 61 BNatSchG 2002:[39] „Erfasst sind neben naturschutzrechtlichen Vorschriften im engeren Sinne auch sonstige umweltrechtliche Vorschriften und Vorschriften in anderen Gesetzen zum Beispiel im Bundesfernstraßengesetz, die den Belangen des Naturschutzes und der Landschaftspflege dienen...".

28 Was **materielles Recht** angeht, sind dies das einschlägige Europarecht[40] sowie Art. 20a GG, der als verfassungsrechtliche Wertentscheidung bei der Auslegung und Anwendung des einfachen Rechts zu beachten ist, insbesondere bei rechtlich gebotenen Abwägungen und der Nutzung von Ermessensspielräumen.[41] Da diese Staatszielbestimmung nur nach Maßgabe von Gesetz und Recht gilt, legt sie die Behörde freilich nicht auf ein bestimmtes Abwägungsergebnis fest.[42] Außerdem gehören dazu fachgesetzliche Vorschriften wie z.B. §§ 1, 2 Abs. 1, 21 UVPG, §§ 1, 6 Abs. 1 Nr. 2 BImSchG, §§ 1a Abs. 1 Satz 1, 31 Abs. 5 WHG, der Hochwasserschutz „unter der Prämisse der naturschutzrechtlichen Relevanz",[43] §§ 5, 8 WaStrG, Vorschriften des Bundes- und Landeswaldrechts und des Fischereirechts.

29 **Form- und Verfahrensvorschriften** gehören dazu, wenn sie eine fehlerfreie Ermittlung und Abwägung der relevanten Belange gewährleisten oder – wie z.b. das Bestimmtheitsgebot – eine sachliche Überprüfung der planerischen Entscheidung erst ermöglichen sollen.[44] Die für das Verfahren zu den Entscheidungen nach Abs. 1 Nr. 1 geltenden Regelungen erfüllen diese Voraussetzungen, wenn sie der Wahrung der durch einen Eingriff betroffenen Belange von Natur und Landschaft dienen. Die Vorschriften über die Aufgabenverteilung zwischen Anhörungs- und Planfeststellungsbehörde im Planfeststellungsverfahren sollen auch den Belangen des Naturschutzes und der Landschaftspflege zu dienen bestimmt sein.[45] Rechtsvorschriften über die staatliche Aufgabenverteilung und Verfahrensvorschriften sind dann dazu bestimmt, auch den Belangen des Naturschutzes und der Landschaftspflege zu dienen, wenn sie auch eine fehlerfreie Ermittlung und Abwägung der materiellen Belange gewährleisten sollen, wie im Planfeststellungsverfahren die Zuständigkeit der Planfeststellungsbehörde.[46] Der Verstoß gegen Verfahrensvorschriften verhilft der Klage nur dann zum Erfolg, wenn er auf die Entscheidung von Einfluss gewesen sein kann (§ 46 VwVfG, zur Abwägung: § 75 Abs. 1a VwVfG). Insofern besteht ein Unterschied zu Rechtsbehelfen nach dem UmwRG, gemäß dessen § 4 bestimmte Fehler bei der Anwendung von Verfahrensvorschriften zur Aufhebung der Entscheidung führen.

30 § 64 Abs. 1 Nr. 1 BNatSchG ermöglicht keine umfassende gerichtliche Kontrolle der planerischen Abwägung z.B. gemäß § 17 Abs. 1 Satz 2 FStrG.[47] Die Vorschrift begrenzt die Kontrolle des fachplanerischen **Abwä-**

---

39 BT-Drs. 14/6378, S. 61 f.
40 BVerwG, Urt. v. 19.5.1998 – 4 A 9.97, NuR 1998, 389 (Vogelschutz- und FFH-Richtlinie).
41 VGH Mannheim, Beschl. v. 3.9.2002 – 10 S 957/02, NuR 2003, 29.
42 BVerwG, Beschl. v. 15.10.2002 – 4 BN 51.02, NVwZ-RR 2003, 171 zur Abwägung in der Bauleitplanung.
43 OVG Saarlouis, Urt. v. 20.7.2005 – 1 M 2/04, juris.
44 VGH Kassel, Beschl. v. 11.7.1988 – 2 TH 740/88, NuR 1989, 263.
45 BVerwG, Beschl. v. 2.10.2002 – 9 VR 11.02, juris.
46 OVG Lüneburg, Beschl. v. 5.3.2008 – 7 MS 114/07, NuR 2008, 265.
47 BVerwG, Beschl. v. 23.11.2007 – 9 B 38.07, NuR 2008, 176.

gungsgebots auf die Beachtung der Belange des Naturschutzes und der Landschaftspflege. Soweit die Ermittlung, Bewertung und Abwägung dieser Belange nicht betroffen ist, kann der Verein Abwägungsmängel nicht geltend machen. Wenn das Gebot der gerechten Abwägung zumindest auch den Belangen des Naturschutzes und der Landschaftspflege zu dienen bestimmt ist, ist allerdings eine Aufspaltung des Abwägungsvorgangs in Elemente, die der Rüge durch den Verein zugänglich sind, und solche, die er als feste Größe hinnehmen muss, kaum möglich. Denn das Gewicht eines Belangs ist in der Regel nicht ohne Blick auf die anderen, konkurrierenden Belange zu würdigen. Es geht um das relative Gewicht der Belange und den Ausgleich unter ihnen. Dieser Ausgleich kann nicht beurteilt werden, wenn die Gewichtung nicht auf Naturschutz und Landschaftspflege bezogener Belange außer Diskussion bleiben muss.

Inzwischen sind zahlreiche fachgesetzliche Elemente der Planfeststellung als Gegenstand der Überprüfung in einem Vereinsklageverfahren anerkannt worden. Betroffen sein können die Naturschutzbelange z.b. bei der **Variantenauswahl**[48], bei der Prüfung von **Planungsalternativen**[49] oder durch die **Trassierungsparameter** einer Straße.[50] Die Vereinsklagebefugnis deckt auch Rügen gegen die Tauglichkeit der **Verkehrsprognose**, sofern diese von Bedeutung für die planerische Abwägung in Bezug auf die mit dem Vorhaben verbundenen Eingriffe in Natur und Landschaft ist.[51] Ob die Planfeststellung einer Bundesfernstraße, die in der gesetzlichen **Bedarfsplanung** dem „Vordringlichen Bedarf" zugeordnet worden ist, den für das Vorhaben streitenden Gemeinwohlbelangen ein derartiges Gewicht beimessen darf, dass sie sich gegenüber den widerstreitenden Belangen des Habitatschutzes nach der FFH-Richtlinie durchsetzen, kann ein anerkannter Naturschutzverein zur gerichtlichen Überprüfung stellen. Im Einzelfall kann dies wiederum eine Offenlegung von Details der Verkehrsprognose erforderlich machen.[52] Der Verein kann auch die Auffassung der Planfeststellungsbehörde angreifen, die von ihm aus Natur- und Umweltschutzgründen bevorzugte Trassenalternative sei wegen erheblicher **Mehrkosten** im Vergleich zur Amtsstrasse abzulehnen.[53] Dagegen sollen Fragen des Verkehrsbedarfs, der Kostenberechnung, der Lärmauswirkungen und andere Fragen nicht naturschutzrechtlicher Art grundsätzlich unberücksichtigt bleiben.[54] Auch soll der Verein die **Planrechtfertigung** nicht angreifen können. Denn die Feststellung, dass ein Vorhaben, gemessen an den Anforderungen des § 1 Abs. 1 FStrG, zielkonform ist und sich dafür eignet, einen vorhandenen Verkehrsbedarf zu befriedigen, habe keinen unmittelbaren Bezug zur Wahrung der Belange des Naturschutzes und der Landschaftspflege.[55] Dasselbe gilt für die Rüge der fehlenden Finanzierbarkeit eines Straßenbauvorhabens.[56] Kein

---

48 BVerwG, Beschl. v. 1.4.2005 – 9 VR 7.05, NuR 2005, 709.
49 BVerwG, Urt. v. 31.1.2002 – 4 A 15.01, NuR 2002, 539 (A 20).
50 BVerwG, Beschl. v. 2.10.2002 – 9 VR 11.02, juris.
51 BVerwG, Urt. v. 19.3.2003 – 9 A 33.02, NuR 2003, 745.
52 BVerwG, Urt. v. 17.1.2007 – 9 A 20.05, NuR 2007, 336.
53 VGH München, Urt. v. 23.6.2009 – 8 A 08.40001, UPR 2010, 38.
54 BVerwG, Urt. v. 19.5.1998 – 4 A 9.97, NuR 1998, 389 = BVerwGE 107, 1 zum gleichlautenden § 51c Abs. 1 LNatSchG SH, ihm folgend VGH Mannheim, Beschl. v. 29.11.2002 – 5 S 2312/02, NuR 2003, 228 und VGH Kassel, Beschl. v. 23.10.2002 – 2 Q 1668/02, NuR 2003, 292.
55 BVerwG, Beschl. v. 1.7.2003 – 4 VR 1.03, Buchholz 406.400 § 61 BNatSchG 2002 Nr. 3, OVG Lüneburg, Beschl. v. 5.3.2008 – 7 MS 114/07, NuR 2008, 265; offengelassen von BVerwG, Urt. v. 17.1.2007 – 9 A 20.05, NuR 2007, 336.
56 BVerwG, Beschl. v. 28.12.2009 – 9 B 26.09, juris.

Rügerecht auch, wenn vorgebracht wird, dass **Kompensationsmaßnahmen** statt, wie vorgesehen, auf privatem Grund auch auf öffentlichen Flächen verwirklicht werden könnten,[57] Denn die Verpflichtung, Kompensationsmaßnahmen nicht ohne Not auf privatem Grund durchzuführen diene dem Eigentumsschutz.

32 Zur fachplanerischen Abwägung tritt die **spezifisch naturschutzrechtliche Abwägung** nach § 15 Abs. 5 hinzu. Sie ist dem fachgesetzlichen Zulassungstatbestand „aufgesattelt" und zwingt die Planfeststellungsbehörde, ihr (bisheriges) Abwägungsergebnis noch einmal unter dem Gesichtspunkt des Natur- und Landschaftsschutzes zu überdenken und gegebenenfalls von dem Vorhaben Abstand zu nehmen.[58] Sie gehört zu den unbeschränkt rügefähigen Vorschriften, so dass in ihrem Kontext die oben genannten Einschränkungen nicht gelten.

3. Berührung des satzungsgemäßen Aufgabenbereichs (Absatz 1 Nr. 2)

33 Der Verein kann nur im Rahmen der Zwecke klagen, die aus seiner Satzung hervorgehen und in der Anerkennung bezeichnet sind (§ 3 Abs. 1 Satz 3 UmwRG). Dazu die Amtl. Begründung zur Vorläuferregelung in § 59 BNatSchG 2002:[59] „Diese Zulässigkeitsvoraussetzung dient ebenso der Verklammerung mit der Vereinsmitwirkung wie der Nr. 3, nach der eine Klage nur zulässig ist, wenn der Verein im Verfahren (...) mitwirkungsbefugt war und er sich hierbei in der Sache geäußert hat ...".

4. Wahrnehmung oder Vorenthaltung des Mitwirkungsrechts (Absatz 1 Nr. 3)

34 a) **Mitwirkung durch Äußerung im Verwaltungsverfahren.** Abs. 1 Nr. 3 koppelt die Klagebefugnis an die Wahrnehmung des korrespondierenden Mitwirkungsrechts nach § 63 Abs. 1 Nr. 2 bis 4 oder Abs. 2 Nr. 5 bis 7 durch eine Äußerung in der Sache. In der Amtlichen Begründung der Vorläufervorschrift des § 61 BNatSchG 2002[60] heißt es dazu: „Damit sollen die Vereine angehalten werden, bereits im Verwaltungsverfahren ihren Sachverstand einzubringen, damit die Behörde in der Lage ist, schon in diesem Stadium etwaigen Bedenken nachzugehen. Auch sollen von der Verwaltungsentscheidung Begünstigte vor einem überraschenden Prozessvortrag geschützt werden".

35 b) **Einwendungsausschluss** (Präklusion). Die gesetzgeberische Absicht, dass die Vereine ihre Sachkunde vorrangig bereits in das Mitwirkungsverfahren (§ 63) einbringen sollen, ist Grund für die Regelung des Abs. 3 i.V.m. § 2 Abs. 3 UmwRG. Danach ist die Vereinigung mit allen Einwendungen ausgeschlossen, die sie im Verwaltungsverfahren nicht oder nach den geltenden Rechtsvorschriften nicht rechtzeitig geltend gemacht hat, aber hätte geltend machen können. Grundsätzliche Bedenken im Hinblick auf den Grundsatz des fairen Verfahrens (vgl. Art. 9 Abs. 4 AK, Art. 10a UVP-RL, Art. 15a IVU-RL) bestehen dagegen nicht. Dem Klagerecht vorgelagert ist das Beteiligungsrecht. Von der klagenden Vereinigung kann erwartet werden, dass sie ihr Beteiligungsrecht nicht nur dazu nutzt, um

---

57 BVerwG, Urt. v. 9.6.2004 – 9 A 11.03, NuR 2004, 795.
58 BVerwG, Urt. v. 7.3.1997 – 4 C 10.96, BVerwGE 104, 144\148 und Urt. v. 27.10.2000 – 4 A 18.99, BVerwGE 112, 140\165.
59 BT-Drs. 14/6378, S. 62.
60 BT-Drs. 14/6378, S. 62.

sich zu informieren, sondern auch, um die Entscheidung der Behörde frühzeitig zu beeinflussen, indem sie eine Stellungnahme abgibt. Denn das Beteiligungsrecht soll die Qualität der Behördenentscheidung verbessern, indem die Vereinigung ihre Sachkunde und ihr Engagement einbringt. Wenn Art. 9 Abs. 2 AK das nationale Erfordernis der Ausschöpfung verwaltungsbehördlicher Überprüfungsverfahren vor der Einleitung gerichtlicher Überprüfungsverfahren unberührt lässt, kann man daraus schließen, dass es das nationale Recht sehr wohl dem Verein zur Aufgabe machen kann, seine Munition nicht erst im Klageverfahren zu verschießen. Auch gilt das Gebot eines fairen Verfahrens nicht nur gegenüber der Vereinigung, sondern auch gegenüber dem betroffenen Vorhabensträger, der durch Einwendungen, die erst im Klageverfahren vorgebracht werden, obwohl sie früher hätten erhoben werden können, jedenfalls dann unverhältnismäßig belastet wird, wenn dem Kläger zuzumuten war, sie schon im Verwaltungsverfahren zu erheben. Mit „nicht rechtzeitig" nimmt § 63 Bezug auf die gesetzliche Äußerungsfrist für beteiligte Vereine in zahlreichen Planfeststellungsverfahren. In einem Verfahren, das nur einen Antrag auf Befreiung betrifft, gibt es dagegen keine solche Frist, d.h. die Einwendungen der Vereine müssen im gesamten Verwaltungsverfahren berücksichtigt werden. Im Planfeststellungsverfahren gilt die **Äußerungsfrist** des § 73 Abs. 4 i.V.m. Abs. 3 VwVfG in den Fällen des § 17a Nr. 3 FStrG, § 14a Nr. 3 WaStrG, § 10 Abs. 2 Nr. 3, Abs. 4 Satz 1 LuftVG, § 2 Nr. 3 MBPlG, § 43a Nr. 3 EnWG, § 18a Nr. 3 AEG. Diese relativ kurze und unflexible Äußerungsfrist (§ 63 Rdnr. 42) könnte in Verbindung mit der drohenden Präklusion jedenfalls in umfangreichen und komplexen Sachen ein ernsthaftes Hindernis für die Wahrnehmung des Klagerechts bilden und dem Grundsatz eines fairen Verfahrens widersprechen, wenn man zugleich sehr hohe Anforderungen an die Konkretisierung und Detaillierung der Stellungnahme des Vereins stellt.[61] Die Einhaltung der insgesamt ca. sechswöchigen Einwendungsfrist soll nach der Rechtsprechung den Umweltschutzverbänden aber praktisch möglich sein, „weil die Anforderungen an die Substantiierung der Einwendungen gering sind. Es reicht aus, wenn die Einwendungen in groben Zügen erkennen lassen, welche Rechtsgüter der Einwender als gefährdet ansieht und welche Beeinträchtigungen er befürchtet. Dabei darf von ihm nicht mehr gefordert werden als das durchschnittliche Wissen eines nicht sachverständigen Bürgers in Bezug auf mögliche Beeinträchtigungen von Leben, Gesundheit und sonstigen geschützten Rechtspositionen durch das Vorhaben."[62] Nach Ansicht des BVerwG ist die Präklusion mit dem Europarecht vereinbar.[63]

Zur Vermeidung der Präklusion genügt einerseits, dass sich anhand der Einwendung die **„Grundlinien"** des entsprechenden späteren Klagevorbringens nachzeichnen lassen.[64] Andererseits muss der Verein **zumindest Angaben** dazu machen, welches Schutzgut durch ein Vorhaben betroffen wird und welche Beeinträchtigungen ihm drohen. Auch die räumliche Zuordnung eines Vorkommens oder einer Beeinträchtigung ist zu spezifizieren, wenn sie

---

61 Die Europarechtskonformität des § 3 Abs. 2 UmwRG bejahend VGH München, Urt. v. 23.6.2009 – 8 A 08.40001, UPR 2010, 38; BVerwG, Beschl. v. 11.11.2009 – 4 B 57/09; *Halama* in Berkemann/Halama, Handbuch zum Recht der Bau- und Umweltrichtlinien der EG, 1. Aufl. 2008, S. 766 Rd.Nr. 327.
62 OVG Münster, Urt. v. 9.12.2009 – 8 D 10/08.AK, juris Rdnr. 100.
63 BVerwG, Urt. v. 14.4.2010 – 9 A 5.08, Rdnr. 107, NuR 2010, 558.
64 Vgl. BVerwG, Urt. v. 17.5.2002 – 4 A 28.01, NuR 2002, 739 mit Beispielen.

sich nicht ohne weiteres von selbst versteht.⁶⁵ Behauptete Ermittlungsdefizite sind hinreichend zu substantiieren.⁶⁶

37 Einwendungen, die der Verein ohne sein Verschulden nicht vorgebracht hat, sind nicht ausgeschlossen; die Darlegungslast liegt beim Verein. Ob der Verein die ihm zugänglichen Unterlagen im Einzelnen durchgesehen hat, ist ohne Bedeutung; tut er dies nicht, trägt er das Risiko. Ob er die Einwendungen in Kenntnis der Unterlagen hätte vorbringen können, beurteilt sich aus damaliger Sicht.

38 c) **Vorenthaltung des Mitwirkungsrechts.** Ist dem Verein keine Gelegenheit zu einer Mitwirkung gemäß § 63 Abs. 1 Nr. 2 bis 4 oder Abs. 2 Nr. 5 bis 7 gegeben worden, so ist die Klage zulässig und der Sachvortrag nicht beschränkt. Im Zweifel muss die Behörde nachweisen, dass sie dem Verein die Möglichkeit zur Stellungnahme und Einsicht eingeräumt hat, denn nur dann hat sie ihre Pflicht nach § 63 erfüllt. Zum Erfolg der Klage reicht nicht aus, dass der Verein nur die Verletzung seines Mitwirkungsrechts rügt. Da Abs. 1 Nr. 3 beim Beteiligungsmangel dem Verein ein Klagerecht in der Sache selbst einräumt, gilt das, was die Rechtsprechung schon zum früheren Landesrecht festgestellt hat: Hat der Verein die Möglichkeit einer Klage, die eine materiellrechtliche Prüfung eines Planfeststellungsbeschlusses einschließt, so bleibt eine Verletzung des Beteiligungsrechts folgenlos, wenn der Beteiligungsmangel die Entscheidung in der Sache nicht beeinflusst haben kann (§ 46 VwVfG).⁶⁷ Einzelheiten hierzu und zum Beteiligungsmangel bei der Befreiung in Rdnr. 52 ff. zu § 63.

VI. Landesrecht (Absatz 3)

39 Abs. 3 ermächtigt die Länder, Rechtsbehelfe von anerkannten Naturschutzvereinigungen auch in anderen Fällen zulassen, in denen nach § 63 Abs. 2 Nr. 8 eine Mitwirkung vorgesehen ist, d.h. „in weiteren Verfahren zur Ausführung von landesrechtlichen Vorschriften, wenn das Landesrecht dies vorsieht". Das bedeutet, dass § 64 nur eine bundesrechtliche Mindestregelung der Vereinsklage enthält und weitergehende landesrechtliche Vereinsklageregelungen ermöglicht bzw. fortgelten lässt, und zwar beschränkt auf Verfahren zur Ausführung von landesrechtlichen Vorschriften.

40 Die Länder haben dagegen keine Befugnis zur Abweichung von § 64 Abs. 1 und 2. Es handelt sich nicht um einen Fall des Art. 74 Abs. 1 Nr. 29 i.V.m. Art. 72 Abs. 3 Nr. 2 GG, sondern um Recht des gerichtlichen Verfahrens, für das der Bund die konkurrierende Gesetzgebungskompetenz hat (Ar. 74 Abs. 1 Nr. 1 GG).

41 Zu landesrechtlichen Einschränkungen des Mitwirkungsrechts als Voraussetzung des Klagerechts vgl. § 63 Rdnr. 59.

---

65 BVerwG, Urt. v. 22.1.2004 – 4 A 4.03, NVwZ 2004, 861, Beschl. v. 12.4.2005 – 9 VR 41.04, NuR 2005, 538.
66 BVerwG, Beschl. v. 23.11.2007 – 9 B 38.07, NuR 2008, 176.
67 BVerwG, Urt. v. 31.1.2002 – 4 A 15.01, NuR 2002, 539. Vgl. § 58 Rdnr. 42.

Kapitel 9 Eigentumsbindung, Befreiungen

§ 65 Duldungspflicht

(1) ¹Eigentümer und sonstige Nutzungsberechtigte von Grundstücken haben Maßnahmen des Naturschutzes und der Landschaftspflege auf Grund von Vorschriften dieses Gesetzes, Rechtsvorschriften, die auf Grund dieses Gesetzes erlassen worden sind oder fortgelten, oder Naturschutzrecht der Länder zu dulden, soweit dadurch die Nutzung des Grundstücks nicht unzumutbar beeinträchtigt wird. ²Weiter gehende Regelungen der Länder bleiben unberührt.

(2) Vor der Durchführung der Maßnahmen sind die Berechtigten in geeigneter Weise zu benachrichtigen.

(3) Die Befugnis der Bediensteten und Beauftragten der Naturschutzbehörden, zur Erfüllung ihrer Aufgaben Grundstücke zu betreten, richtet sich nach Landesrecht.

Gliederung	Rdnr.
I. Allgemeines	1–3
II. Duldungspflicht (Abs. 1 Satz 1)	4–10
1. Allgemeines	4
2. Dulden	5
3. Duldungspflichtige	6–8
4. Maßnahmen von Naturschutz und Landschaftspflege	9
5. Handlungsgrundlage	10
III. Länderregelung (Abs. 1 Satz 2)	11
IV. Benachrichtigung (Abs. 2)	12
V. Zutrittsrecht (Abs. 3)	13

I. Allgemeines

§ 65 ergänzt das naturschutzrechtliche Instrumentarium. Die Gebote und Verbote (z.B. § 22 Abs. 1), die Pflichten des Verursachers (§ 15) und ähnliche Regelungen helfen in manchen Fällen nicht weiter, etwa wenn es um die Gestaltung und Pflege von Grundstücken geht. Die Duldungspflicht ermöglicht es der Behörde, selbst Maßnahmen durchzuführen. Die Interessen des Eigentümers oder Nutzungsberechtigten werden dadurch gewahrt, dass keine unzumutbare Beeinträchtigung der Grundstücksnutzung eintreten darf. **1**

Mit § 65 werden die Befugnisse der Länder nach § 9 BNatSchG 2002, Duldungspflichten zu regeln, in eine bundesrechtliche Vollregelung überführt. Abs. 1 verpflichtet in allgemeiner Form Eigentümer und Nutzungsberechtigte, die Vornahme von Maßnahmen auf ihren Grundstücken zu dulden, die aufgrund bundes- oder landesnaturschutzrechtlicher Vorschriften durchgeführt werden. Die Grenze der Duldungspflicht ist die Zumutbarkeit der Beeinträchtigung der konkreten Nutzung des Grundstücks. Bestehende oder künftige Regelungen der Länder über weiter gehende Duldungsverpflichtungen bleiben unberührt. **2**

Eine Duldungspflicht kann auch vertraglich zwischen dem Duldungspflichtigen und der zuständigen Behörde festgelegt werden (§ 3 Abs. 3), ohne dass dann die Rechtsgrundlage des § 65 benötigt wird. **3**

II. Duldungspflicht (Absatz 1)

1. Dulden

4 „Dulden" bedeutet, dass der Duldungspflichtige das Tun eines anderen (Befugten) weder abwehren noch behindern darf.[1] Der Eigentümer oder Nutzungsberechtigte muss die angeordneten Maßnahmen hinnehmen, aber nicht selbst durchführen. Von ihm kann keine aktive Unterstützung verlangt werden, doch darf er die angeordnete Maßnahme auch nicht sabotieren.[2] Er muss sich auch nicht an den Kosten der zu duldenden Maßnahme beteiligen.

2. Duldungspflichtige

5 Durch § 65 werden Eigentümer oder Nutzungsberechtigte, die auf Grund dinglicher bzw. schuldrechtlicher Vereinbarung zur Bewirtschaftung oder sonstigen Nutzung einer Grundfläche berechtigt sind, mit einer Duldungspflicht belegt. Nutzungsberechtigte können Mieter, Pächter oder Nießbraucher von Grundflächen sein, ebenso wie Inhaber von Jagd- und Fischereibefugnissen (Jagd- bzw. Fischereipächter) oder befugte Benutzer von Gewässern.[3] Der Kreis der Duldungspflichtigen ist daher weit.

3. Maßnahmen von Naturschutz und Landschaftspflege

6 Nach Abs. 1 Satz 1 müssen die Maßnahmen auf Grund von Vorschriften dieses Gesetzes, Rechtsvorschriften, die auf Grund dieses Gesetzes erlassen worden sind oder fortgelten, oder Naturschutzrecht der Länder getroffen werden. Das bedeutet nicht, dass diese Vorschriften (nochmals) eine formelle Rechtsgrundlage der Duldungspflicht begründen müssen und § 65 sozusagen nur den Rahmen abgibt. Vielmehr hat die Formulierung „auf Grund" hier die materielle Bedeutung, dass die Maßnahmen dem **Zweck** der gesetzlichen oder untergesetzlichen Rechtsvorschriften des Bundes und des Landes dienen müssen, d.h. ihre Zielrichtung ist gemeint, während § 65 die formelle Rechtsgrundlage der Duldungspflicht schafft. Außerdem bedeutet der Bezug auf die genannten Rechtsvorschriften, dass es um Maßnahmen gehen muss, die von den dafür zuständigen Behörden oder in deren Auftrag durchgeführt werden.

7 Folgerichtig beschreibt Abs. 1 Satz 1 die Maßnahmen als solche des Naturschutzes und der Landschaftspflege. d.h. Maßnahmen, die den in § 1 BNatSchG genannten Zielen des Naturschutzes und der Landschaftspflege dienen. Konkretisiert werden die Ziele durch die Vorschriften des Bundes- oder Landesnaturschutzrechts, durch Pläne, Programme usw. Duldungspflichtig sind z.B. Schutz-, Pflege- und Entwicklungsmaßnahmen aus Gründen des Arten- und Biotopschutzes. So ist der Eigentümer eines in einem Naturschutzgebiet liegenden Grundstücks verpflichtet, die Durchführung der im Pflegeplan festgelegten notwendigen Pflege- und Erhaltungsmaßnahmen zu dulden.[4] Ebenso hat er eine jährliche Mahd von „Streuwiesen" als Maßnahmen des Naturschutzes und der Landschaftspflege[5] oder auch das Mähen und Entbuschen brachliegender Flächen zu dulden. Duldungspflichtige

---

1 *Wolff-Bachof*, VerwR I, 9. Aufl. § 40, S. 288.
2 *Kratsch/Schumacher*, Naturschutzgesetz Baden-Württemberg, § 59 Rdnr. 4.
3 *Gassner*, BNatSchG § 9 Rdnr. 9, *Kolodziejcok* in: drs./Recken, Naturschutz, Landschaftspflege, § 10 Rdnr. 4.
4 VGH Kassel, Beschl. v. 19.4.1984 – 4 TH 824/84, NuR 1986, 29.
5 BVerwG, Urt. v. 13.4.1983 – 4 C 76.80, BNatSchR/ES BNatSchG § 8 Abs. 7, Nr. 15.

Maßnahmen können auch das Betretungsrecht und die Erholung betreffen wie z.b. das Aufstellen von Hinweiszeichen, die Errichtung von Zugangssperren, Wegeunterhaltungsarbeiten usw.

Grundsätzlich können daher alle Maßnahmen zum Schutz von Natur und Landschaft, zum Flächen- und Objektschutz, zum Artenschutz sowie zur Gewährleistung der Erholungsfunktion in Betracht kommen.[6] § 65 kennt keine örtliche Beschränkung etwa auf Schutzgebiete. Die Duldungsverpflichtung kommt auch in Betracht, wenn die zum Schutz und zur Pflege der Landschaft sowie zur Einbindung in das Landschaftsbild notwendigen Auflagen mit einer nach anderen Rechtsvorschriften erforderlichen behördlichen Gestattung (Genehmigung, Erlaubnis, Planfeststellung) nicht verbunden wurden und nachträgliche Auflagen nicht mehr zulässig sind. Die Grenze der Duldungspflicht ist überschritten, wenn es sich nicht um eine Maßnahme des Naturschutzes handelt, z.b. ist ein Grundstückseigentümer nicht verpflichtet, das Betreten seines Grundstückes durch Mitarbeiter eines Planungsbüros zu dulden, das von der Gemeinde mit der Aufstellung des Entwurfs eines Landschaftsplans beauftragt worden ist.[7]

4. Festlegung und Durchsetzung der Duldungspflicht

Die Duldungspflicht ist für den Einzelfall durch eine – ggf. mit sofortiger Vollziehung zu versehende – Duldungsverfügung zu konkretisieren.[8] Die zu duldende Maßnahme muss hinsichtlich ihrer Art und ihres Umfangs sowie der Zeit und des Ortes ihrer Ausübung hinreichend bestimmt sein. Zudem bedarf es einer Festlegung, wessen Handlung zu dulden ist und wer der konkrete Handlungsberechtigte ist.[9] Die per Bescheid festgelegte Duldungspflicht kann mittels Verwaltungszwang durchgesetzt werden.

5. Zumutbarkeit der Duldungspflicht

Die Duldungspflicht kann in Konflikt mit der Nutzung des Grundstücks geraten, insbesondere (aber nicht nur), wenn das Grundstück zu wirtschaftlichen Zwecken genutzt wird. Dagegen ist dies bei ungenutzten Grundstücken schwerlich vorstellbar. Grundsätzlich liegt die Duldungspflicht im Rahmen einer nicht ausgleichspflichtigen Inhalts- und Schrankenbestimmung des Eigentums. Bei einer unzumutbaren Belastung kann ein Ausgleichsanspruch nach Maßgabe der BVerfG-Rechtsprechung bestehen. (§ 68 Rdnr. 11 ff.). Eine Klarstellung erfolgt durch § 65 Abs. 1 letzter Halbs., danach darf in die auf dem Grundstück ausgeübte Nutzung nur soweit eingegriffen werden, als diese nicht unzumutbar beeinträchtigt wird. Diese Regelung soll ausgleichspflichtige Einschränkungen verhindern. Eine unzumutbare Beeinträchtigung der Grundstücksnutzung ist gegeben, wenn durch die landespflegerischen Maßnahmen die Nutzung erheblich erschwert oder der Ertrag nicht nur unwesentlich vermindert wird.

III. Landesrecht (Absatz 1 Satz 2)

Die Länder können nach § 65 Abs. 1 Satz 2 weitergehende Vorschriften zur Duldungspflicht erlassen, diese weitergehenden Regelungen bleiben unberührt.

---

6   *Kratsch/Schumacher*, Naturschutzgesetz Baden-Württemberg, § 59 Rdnr. 6.
7   OVG Schleswig, Urteil vom 20.2.1997 – 1 L 294/95, NuR 1999, 168.
8   VGH Kassel, Beschl. v. 2.6.1981 – IV TG 33/81, RdL 1982 S.216; Beschl. v. 19.4.1984 – 4 TH 824/84, NuR 1986 S. 29.
9   *Kolodziejcok in:* drs./Recken, Naturschutz, Landschaftspflege, § 10 Rdnr. 6.

IV. Benachrichtigung (Absatz 2)

12 Nach Abs. 2 müssen die Berechtigten in geeigneter Weise vor der Durchführung der Maßnahmen in geeigneter Weise benachrichtigt werden. Eine schriftliche Benachrichtigung ist damit nicht vorgeschrieben, z.b. kann eine telefonische Kontaktaufnahme ausreichen. Entscheidend ist, dass dem Verpflichteten Gelegenheit gegeben wird. sich darauf einzustellen, dass auf seinem Grundstück Maßnahmen durchgeführt werden.

V. Zutrittsrecht (Absatz 3)

13 Nach Abs. 3 richten sich die Befugnisse der Bediensteten und Beauftragten der Naturschutzbehörden nach Landesrecht. Eigene Regelungen sind deshalb erforderlich, weil das Betretungsrecht nach § 59 nur für Erholungszwecke gilt, nicht aber zur Erfüllung beruflicher Aufgaben usw.[10]

---

[10] *Egner* in Egner/Fuchs, § 65 Rdnr. 7.

§ 66 Vorkaufsrecht

(1) ¹Den Ländern steht ein Vorkaufsrecht zu an Grundstücken,
1. die in Nationalparken, Nationalen Naturmonumenten, Naturschutzgebieten oder als solchen einstweilig sichergestellten Gebieten liegen,
2. auf denen sich Naturdenkmäler oder als solche einstweilig sichergestellte Gegenstände befinden,
3. auf denen sich oberirdische Gewässer befinden.

²Liegen die Merkmale des Satzes 1 Nr. 1 bis 3 nur bei einem Teil des Grundstücks vor, so erstreckt sich das Vorkaufsrecht nur auf diesen Teil. ³Der Eigentümer kann verlangen, dass sich der Vorkauf auf das gesamte Grundstück erstreckt, wenn ihm der weitere Verbleib in seinem Eigentum wirtschaftlich nicht zuzumuten ist.

(2) Das Vorkaufsrecht darf nur ausgeübt werden, wenn dies aus Gründen des Naturschutzes und der Landschaftspflege einschließlich der Erholungsvorsorge erforderlich ist.

(3) ¹Das Vorkaufsrecht bedarf nicht der Eintragung in das Grundbuch. ²Es geht rechtsgeschäftlich und landesrechtlich begründeten Vorkaufsrechten mit Ausnahme solcher auf den Gebieten des Grundstücksverkehrs und des Siedlungswesens im Rang vor. ³Bei einem Eigentumserwerb auf Grund der Ausübung des Vorkaufsrechts erlöschen durch Rechtsgeschäft begründete Vorkaufsrechte. ⁴Die §§ 463 bis 469, 471, 1098 Abs. 2 und die §§ 1099 bis 1102 des Bürgerlichen Gesetzbuches finden Anwendung. ⁵Das Vorkaufsrecht erstreckt sich nicht auf einen Verkauf, der an einen Ehegatten, eingetragenen Lebenspartner oder einen Verwandten ersten Grades erfolgt.

(4) Das Vorkaufsrecht kann von den Ländern auf Antrag auch zugunsten von Körperschaften und Stiftungen des öffentlichen Rechts und anerkannten Naturschutzvereinigungen ausgeübt werden.

(5) Abweichende Vorschriften der Länder bleiben unberührt.

Gliederung	Rdnr.
I. Allgemeines	1–7
1. Funktion und Zweck	1, 2
2. Rechtliche Konstruktion	3, 4
3. Öffentlich-rechtlicher Charakter	5, 6
4. Grundrechtsbeschränkungen	7
II. Vorkaufsberechtigte, Begünstigte	8
III. Grundstücke, die dem Vorkaufsrecht unterliegen (Abs. 1 Satz 1 und 2)	9–13
1. Allgemeines	9
2. Vom Vorkaufsrecht erfasste Grundstücke	10–12
3. Beschränkung auf einen Grundstücksteil	13
IV. Eintritt des Vorkaufsfalls	14–26
1. Verkauf	14–17
2. Aufhebung oder Änderung des Kaufvertrags, Rücktritt	18–20
3. Unwirksamkeit des Grundstücksverkaufs	21–24
4. Abmachungen zur Vereitelung des Vorkaufsrechts	25
5. Ausschluss des Vorkaufsrechts	26
V. Ausübung des Vorkaufsrechts	27–32
1. Allgemeines, Ermessen	27
2. Mitteilung des Vertrags, Ausübungsfrist	28–30
3. Ausübungserklärung	31, 32

§ 66   1, 2   Kommentar

VI.	Materielle Voraussetzungen der Vorkaufsrechtsausübung (Abs. 2)	33–41
1.	Gründe des Naturschutzes und der Landschaftspflege	33, 34
2.	Langfristige Betrachtungsweise.	35
3.	Erforderlichkeit der Ausübung des Vorkaufsrechts	36–39
4.	Keine Nachrangigkeit des Vorkaufsrechts	40
5.	Keine Abwendungsbefugnis	41
VII.	Wirkungen der Ausübung des Vorkaufsrechts	42–47
1.	Zustandekommen eines Kaufvertrags	42–44
2.	Schutz des Vorkaufsberechtigten	45
3.	Erlöschen anderer Vorkaufsrechte	46
4.	Nutzung des Grundstücks	47
VIII.	Sonderfall: Auf einen Grundstücksteil beschränktes Vorkaufsrecht (Abs. 1 Satz 2 und 3)	48–52
1.	Grundstück	48
2.	Kaufpreis	49
3.	Erstreckungsanspruch des Eigentümers	50
	a) Allgemeines	50, 51
	b) Einzelheiten	52
IX.	Landesrecht (Abs. 5)	53

I. Allgemeines

1. Funktion und Zweck

1   Die Ziele von Naturschutz und Landschaftspflege (§ 1) stehen oft in Konflikt mit den Interessen an der Grundstücksnutzung. Das Gesetz kennt verschiedene Möglichkeiten, um den Naturschutzbelangen zur Durchsetzung verhelfen. Die gesetzlichen Instrumente haben Vor- und Nachteile. Schutzverordnungen legen den Schwerpunkt auf Gebote und Verbote. Solche hoheitlichen Einschränkungen der Grundstücksnutzung sind zwar nicht – wie der Vertragsnaturschutz – auf die Einwilligung der Betroffenen angewiesen, sie müssen aber die verfassungsrechtlichen Grenzen beachten, die für die Bestimmung des Eigentumsinhalts gelten. Wegen der danach gebotenen Aufrechterhaltung einer – wenn auch eingeschränkten – „Privatnützigkeit" (dazu Rdnr. 4 zu § 68) kann die aus fachlicher Sicht erwünschte Gestaltung oder Entwicklung einer Grundstücksfläche auf diesem Weg oft nur unzureichend gesteuert werden. Auch stoßen hoheitliche Maßnahmen häufig auf Ablehnung und erfordern Kontrollen. Vertragliche Vereinbarungen (§ 3 Abs. 3) verpflichten zwar die Grundstücksnutzer zur Kooperation, haben aber andere Schwächen. Der Abschluss eines Vertrags mit dem erforderlichen Inhalt lässt sich nicht erzwingen („zum Vertrag gehören immer zwei"). Die Laufzeit des Vertrags ist begrenzt, seine Verlängerung oft ungewiss. Die Haushaltsmittel für Bewirtschaftungsentgelte können u.U. gekürzt werden. Die Erfüllung der vertraglichen Verpflichtungen muss man zumindest stichprobenartig kontrollieren.

2   Daher eröffnet der Gesetzgeber mit dem Vorkaufsrecht die Möglichkeit, dass die **öffentliche Hand das Eigentum an einer Grundfläche erlangt, um dort die Ziele des Naturschutzes zu verfolgen.** Die Enteignung (§ 68 Abs. 3) ist dafür nur das letzte Mittel („ultima ratio"). Eleganter und weniger brachial ist das Vorkaufsrecht. Es nutzt den Umstand, dass der Eigentümer sein Grundstück ohnehin veräußern will und daher keine Enteignung erforder-

lich ist. Das ist nichts Neues. Das naturschutzrechtliche Vorkaufsrecht war schon bisher in vielen Landesgesetzen enthalten, z.b. in Bayern seit 1973. Das Bauplanungsrecht kennt ein gesetzliches Vorkaufsrecht seit 1960 (§ 28 BauGB). Das Vorkaufsrecht ist ein unentbehrliches Mittel, um Schritt für Schritt die erforderlichen Flächen für den Biotopverbund, für Pufferzonen (Randstreifen) an Gewässern, für Entwicklungsmaßnahmen in Gewässern oder in Schutzgebieten (etwa zur Verbesserung des Erhaltungszustands in Natura-2000-Gebieten) usw. zu erwerben und den Auftrag des § 21 Abs. 5 zu erfüllen. Dazu liegen praktische Erfahrungen aus Ländern wie z.b. Bayern vor, die das Vorkaufsrecht seit jeher kennen.

2. Rechtliche Konstruktion

Abs. 3 Satz 4 verweist auf **Vorschriften des BGB.** Danach ist ein Vorkaufsrecht das – kraft Vertrags oder Gesetzes bestehende – Recht, einen Gegenstand (hier: ein Grundstück) durch Kauf zu erwerben, sobald es der Verkäufer an einen Dritten verkauft (§ 463 BGB). Aus dem Zivilrecht ergeben sich die **Begriffe** „(Vorkaufs)-Verpflichteter" = Verkäufer, „Berechtigter" = Inhaber des Vorkaufsrechts (das Land). „Dritter" = Käufer (der durch die Ausübung des Vorkaufsrechts seine Ansprüche ganz oder teilweise verliert). Verkäufer und Käufer dürfen rechtlich nicht identisch sein, sonst gibt es keinen „Dritten". Mit der Ausübung des Vorkaufsrechts kommt der Kauf zwischen dem Berechtigten und dem Verkäufer unter den Bestimmungen zustande, welche der Verkäufer mit dem Dritten vereinbart hat (§ 464 Abs. 2 BGB).

Das gesetzliche Vorkaufsrecht des § 66 vollzieht sich in **drei Schritten:**[1]
1. (Abstrakte) Existenz des Vorkaufsrechts aufgrund bestimmter Merkmale eines Grundstücks (Abs. 1).
2. (Konkrete) Entstehung der Befugnis zur Ausübung des Vorkaufsrechts bei Abschluss eines Kaufvertrags (Abs. 3 i.V.m. § 463 BGB), d.h. Eintritt des Vorkaufsfalls, vorbehaltlich der in Abs. 3 Satz 5 genannten Ausnahmen.
3. Ausübung dieses Rechts durch den Berechtigten unter den Voraussetzungen des Abs. 2 (Rechtfertigung) innerhalb der Zweimonatsfrist (Abs. 3 i.V.m. § 469 Abs. 2 BGB).

3. Öffentlich-rechtlicher Charakter

Das naturschutzrechtliche Vorkaufsrecht ist unmittelbar durch Gesetz begründet. Es bedarf keiner Eintragung im Grundbuch (Abs. 3 Satz 1). Das Verhältnis zu anderen (vertraglichen und gesetzlichen) Vorkaufsrechten regelt Abs. 3 Satz 2 und 3. Grundlage ist die öffentlich-rechtliche Vorschrift des § 66, die das Land zum Vorkauf berechtigt. Seine **Ausübung** ist eine Regelung i.S.v. § 35 VwVfG, und zwar ein privatrechtsgestaltender **Verwaltungsakt.** Er ist sozusagen der öffentlich-rechtliche Auslöser. Die Rechtsfolgen der Vorkaufsrechtsausübung richten sich hauptsächlich nach Zivilrecht (Abs. 3 Satz 4), aber auch nach öffentlichem Recht (z.b. der Erstreckungsanspruch nach Abs. 1 Satz 2). Öffentliches und privates Recht sind somit eng verknüpft.

Beim **Rechtsweg** ist zu unterscheiden: Die Ausübung des Vorkaufsrechts kann durch Anfechtungsklage gem. § 42 VwGO vor dem Verwaltungsgericht angegriffen werden (Rdnr. 31). Dabei können sich zivilrechtliche Vor-

---
1 Vgl. BGH, Beschl. v. 16.2.1984 – V ZB 24/83, NJW 1984, 1617.

fragen stellen, z.B. ob ein wirksamer Kaufvertrag i.S.v. Abs. 1 Satz 1 und 2 vorliegt (Rdnr. 14 ff.). Auf dem Verwaltungsrechtsweg sind auch andere im öffentlichen Recht wurzelnde Ansprüche zu verfolgen, z.b. das Erstreckungsverlangen des Verkäufers nach Abs. 1 Satz 3 (Rdnr. 51). Für Streitigkeiten über den Inhalt und die Erfüllung des zwischen Verkäufer und Vorkaufsberechtigtem nach Abs. 3 Satz 3 i.V.m. § 464 Abs. 2 BGB zustande gekommenen Kaufvertrags ist das Zivilgericht zuständig.

4. Grundrechtsbeschränkungen

7 Indem sie ihr gesetzliches Vorkaufsrecht ausübt, beeinträchtigt die öffentliche Hand privatrechtliche Rechte der Kaufvertragsparteien. Der Verkäufer kann das Grundstück nicht mehr an die von ihm gewünschte Person veräußern. Der Käufer verliert seine Erwerbsanwartschaft. Diese Auswirkungen des Vorkaufsrechts sind **verfassungsgemäß**. Was den Verkäufer betrifft, handelt es sich um eine Bestimmung von Inhalt und Schranken des Eigentums (Art. 14 Abs. 1 Satz 2 GG). Zum einen erlangt das Vorkaufsrecht praktische Bedeutung erst, wenn sich der Eigentümer zur Veräußerung des Grundstücks entschlossen hat, zum anderen ist der Grundstückseigentümer in seiner Verfügungsbefugnis auch hinsichtlich des Kaufvertragsinhalts nicht eingeschränkt. Insbesondere kann er weiterhin wirksam über sein Eigentum verfügen und frei vereinbaren, zu welchem Preis er das Grundstück veräußert. Im Verhältnis zu diesen fortbestehenden wesentlichen Verfügungsbefugnissen ist die Frage zweitrangig, ob der Eigentümer auch abschließend bestimmen kann, wer Erwerber sein soll.[2] Diese Beschränkung ist durch gewichtige Belange der Allgemeinheit gerechtfertigt (Ziele und Grundsätze des Naturschutzes gem. §§ 1, 2, Staatszielbestimmung in Art. 20a GG). Diese gewinnen besondere Bedeutung bei Grundstücken, die aufgrund ihrer Lage typischerweise einen engeren Bezug zu den Naturschutzzielen haben als sonstige Grundstücke. Abs. 1 wählt nur einige davon aus, Landesrecht kann weitere Arten von Grundstücken dem Vorkaufsrecht unterwerfen (Abs. 5). Was den Käufer betrifft, ist sein Anspruch auf Verschaffung des Eigentums von vornherein mit der Möglichkeit der Ausübung des Vorkaufsrechts belastet.[3] Er wird wegen wichtiger Gemeinwohlbelange durch geeignete und erforderliche Maßnahmen in seiner allgemeinen Handlungsfreiheit (Art. 2 GG) eingeschränkt.

II. Vorkaufsberechtigte, Begünstigte

8 Abs. 1 Satz 1 nennt als Vorkaufsberechtigten das **Land**. Welche Stelle den Vorkaufs-Verwaltungsakt erlässt, regelt das Landesrecht. Nach Abs. 4 kann das Vorkaufsrecht von den Ländern auf Antrag auch **zugunsten Dritter** ausgeübt werden, und zwar Körperschaften und Stiftungen des öffentlichen Rechts und anerkannten Naturschutzvereinigungen. Das Erfordernis eines **Antrags** soll gewährleisten, dass das Einverständnis des Begünstigten im Zeitpunkt der Ausübung des Vorkaufsrechts (Bekanntgabe des Bescheides) vorliegt. Andernfalls ist die Ausübung unwirksam und der Bescheid unheilbar rechtswidrig. Eine nachträgliche Genehmigung ist nicht möglich. Ein rechtlicher Schwebezustand von ungewisser Dauer ist mit der gebotenen Klarheit darüber, wann und mit wem der Kaufvertrag zustande kommt,

---

2 VGH München, Urt. v. 11.5.1994 – 9 B 93.1514, NuR 1995, 270.
3 VGH München, Urt. v. 11.5.1994 – 9 B 93.1514, NuR 1995, 270 und BVerwG, Beschl. v. 7.3.1996 – 4 B 18.96, NuR 1996, 405; BVerfG, Beschl. v. 10.1.2000 – 1 BvR 1268/99, NJW 2000, 1486.

nicht vereinbar. Das Gesetz enthält keine Regelung, wie dieser Schwebezustand beendigt werden kann (eine Analogie zu § 177 Abs. 2 BGB scheidet aus, weil es sich nicht um einen Fall der Vertretung handelt und der Verkäufer gar nicht weiß, dass das Einverständnis des Begünstigten fehlt).[4] Der Antrag bedarf nicht der Schriftform, er kann z.b. auch telefonisch gestellt werden. Wegen der Fristgebundenheit der Vorkaufsrechtsausübung steht die Behörde bei der Suche nach einem geeigneten Erwerber manchmal unter Zeitdruck. Fragt sie bei einem der in Abs. 4 genannten Dritten an, ob er Interesse am Erwerb hat, und bejaht der Dritte dies, so liegt darin der „Antrag". Landesrecht (Abs. 5) sollte vorsehen, dass der Vorkaufsberechtigte für den Kaufpreis haftet, falls die Finanzierungsplanung des Begünstigten trotz der regelmäßig gewährten Zuschüsse scheitert (so schon bisher Art. 34 Abs. 6 Satz 2 BayNatSchG).

III. Grundstücke, die dem Vorkaufsrecht unterliegen (Absatz 1 Satz 1 und 2)

1. Allgemeines

Gegenstand des naturschutzrechtlichen Vorkaufsrechts sind nur Grundstücke. Nicht alle Grundstücke haben eine solche Bedeutung für die Ziele des Naturschutzes und der Landschaftspflege, dass es gerechtfertigt wäre, sie dem Vorkaufsrecht zu unterwerfen. Bei Entscheidung, welche Arten von Grundstücken dem Vorkaufsrecht unterliegen sollen, hat der Gesetzgeber einen weiten Einschätzungsspielraum. Das Bundesrecht greift in Abs. 1 Satz 1 nur einige (unter dem Blickwinkel der fachlichen Erfordernisse zu wenige, Rdnr. 12 f.) der in Betracht kommenden Grundstücke heraus. Landesrecht kann den Katalog erweitern (Abs. 5). Um die Belastung mit einem gesetzlichen Vorkaufsrecht gesetzgeberisch zu rechtfertigen, reicht es aus, dass eine **bestimmte Art von Grundstücken typischerweise eine – gegenüber anderen Flächen – gesteigerte Bedeutung für die Naturschutzziele** hat. Ob das Vorkaufsrecht ausgeübt werden kann, hängt von den Umständen des Einzelfalls ab und ist entsprechend zu begründen (Abs. 2).

2. Vom Vorkaufsrecht erfasste Grundstücke (Absatz 1 Satz 1)

Nr. 1: Grundstücke, die in Nationalparken, Nationalen Naturmonumenten, Naturschutzgebieten oder als solchen einstweilig sichergestellten Gebieten liegen. Es handelt sich um Flächen innerhalb des Geltungsbereichs einer Schutzerklärung nach §§ 23, 24.

Nr. 2: Grundstücke, auf denen sich Naturdenkmäler oder als solche einstweilig sichergestellte Gegenstände befinden. Es handelt sich um Flächen innerhalb des Geltungsbereichs einer Schutzerklärung nach § 28.

Nr. 3: Grundstücke, auf denen sich oberirdische Gewässer befinden. Damit wird Bezug genommen auf § 3 Nr. 1 WHG: das ständig oder zeitweilig in Betten fließende oder stehende oder aus Quellen wild abfließende Wasser. Dazu gehören auch künstlich angelegte Teiche, Baggerseen usw. Das Gewässer kann das ganze Grundstück oder einen Teil davon einnehmen. Nach Meinung des VGH München[5] wird eine verrohrte Teilstrecke eines Gewässers – abweichend von der wasserrechtlichen Betrachtungsweise (vgl. BVerwGE

---

4 VG Regensburg, Urt. v. 21.3.2006 – RO 11 K 04.1817, NuR 2007, 225.
5 VGH München, Urt. v. 19.1.2006 – 9 B 04.1217, juris.

49, 293) – nicht erfasst, weil es seine Verbindung zur Natur eingebüßt habe und kein Lebensraum mehr sei. Dem ist nicht zu folgen, denn zu den Naturschutzzielen gehört die Renaturierung derartiger Gewässerabschnitte (Wiederherstellung i.S.v. § 1 Abs. 1), gleich ob es sich z.b. um die Beseitigung einer naturfernen oberirdischen Betonrinne oder einer unterirdischen Verrohrung handelt. Auch erfordert das Vorkaufsrecht nicht, dass sich das Gewässer in einem ökologisch guten Zustand befindet. Das naturschutzfachliche Ziel, ungenutzte **Gewässerrandstreifen** zu schaffen, lässt sich mit dem Vorkaufsrecht der Nr. 3 nur bedingt erreichen, der Auftrag des § 21 Abs. 5 nicht erfüllen. Es bedürfte eines Vorkaufsrechts auch an Grundstücken, die an ein Gewässer angrenzen, wie es im Landesrecht teilweise bereits vorhanden ist und beibehalten werden kann (Abs. 5), vgl. Rdnr. 13.

3. Beschränkung auf einen Grundstücksteil

13 Abs. 1 Satz 2 begrenzt das Vorkaufsrecht, wenn die Merkmale von Satz 1 Nr. 1 bis 3 nur bei einem Teil des Grundstücks vorliegen. Das betrifft die in Satz 1 Nr. 1 und 2 genannten Grundstücke, wenn sie nur teilweise in den genannten Schutzgebieten bzw. im Naturdenkmal liegen. Bei den in Satz 1 Nr. 3 genannten Grundstücken hat Satz 2 die Konsequenz, dass nur das Gewässer dem Vorkaufsrecht unterliegt, der Rest des Grundstücks hingegen nicht, auch nicht ein Randstreifen entlang des Gewässers. Damit vernachlässigt der Gesetzgeber die Tatsache, dass Gewässer und Ufer ein zusammenhängende Ökosystem bilden und die Herausnahme von Gewässerrandstreifen aus der Nutzung ein wichtiges Ziel des Naturschutzes ist (§ 61 hat eine andere Zielrichtung). Bei Grundstücken, die teilweise von einem Gewässer eingenommen werden, unterliegt die Restfläche dann dem Vorkaufsrecht, wenn das Gesetz auch solche Grundstücke dem Vorkaufsrecht unterwirft, die an ein Gewässer angrenzen.[6] Die Unzulänglichkeit des Bundesgesetzes kann durch Landesrecht kompensiert werden (vgl. Rdnr. 12).

IV. Eintritt des Vorkaufsfalls

1. Verkauf

14 Der Berechtigte kann das Vorkaufsrecht ausüben, sobald der Verpflichtete mit einem Dritten einen Kaufvertrag (§ 433 BGB) über den Gegenstand geschlossen hat (Abs. 3 Satz 4 i.V.m. § 463 BGB). Kein Kaufvertrag liegt vor in folgenden Fällen: Tausch, Schenkung, gemischte Schenkung, Erbteilsverkauf, Einlage eines Grundstücks in eine Gesellschaft. Das Recht zur Vorkaufsrechtsausübung entsteht erst mit dem Abschluss eines **rechtswirksamen Kaufvertrags**, d.h. etwa erforderliche behördliche Genehmigungen müssen vorliegen.[7]

15 Auch der Verkauf eines **Miteigentumsanteils** an einem Grundstück löst nach Ansicht der Rechtsprechung das Vorkaufsrecht aus:[8] Es sei kein Grund ersichtlich, das naturschutzrechtliche Vorkaufsrecht anders zu behandeln als ein rechtsgeschäftlich bestelltes oder das (vergleichbare) gemeindliche Vorkaufsrecht nach § 24 BauGB. Bei diesen löse auch der Verkauf eines ideellen Eigentumsbruchteils den Vorkaufsfall aus, so dass das Vorkaufsrecht an dem veräußerten Bruchteil ausgeübt werden könne. Der Zweck des natur-

---

6 So zum bisherigen bayerischen Landesrecht VG Regensburg, Urt. v. 19.10.1999 – RO 11 K 98.1341.
7 VGH München, Urt. v. 11.5.1994 – 9 B 93.1514, NuR 1995, 270.
8 OVG Frankfurt (Oder), Beschl. v. 22.1.2004 – 3 A 1234/00 – mit Bezug auf BGH, Beschl. v. 16.2.1984, NJW 1984, 1617.

schutzrechtlichen Vorkaufsrechts möge sich zwar in der Regel erst bei Erwerb des ganzen Grundstücks verwirklichen lassen. Doch ermögliche es der Erwerb eines Miteigentumsanteils bereits, Einfluss auf die Nutzung des Grundstücks zu nehmen. Der schrittweise Erwerb aller Miteigentumsanteile sei möglich.

Die **Abgrenzung zwischen Kauf und anderen Vertragstypen** kann manchmal zweifelhaft sein. Die Ursache kann in der objektiven Interessenlage der Vertragsparteien liegen, die sie zu einer atypischen, auf den Einzelfall zugeschnittenen Vereinbarung mit Elementen verschiedener Vertragstypen veranlasst. Nicht selten legen sie es aber darauf an, durch eine bestimmte Vertragsgestaltung das Vorkaufsrecht zu umgehen. Die Rechtsprechung hat darauf reagiert: Das Vorkaufsrecht besteht auch bei **kaufähnlichen Verträgen**, die einem Kaufvertrag nahezu gleichkommen und in die der Vorkaufsberechtigte zur Wahrung seiner Erwerbs- und Abwehrinteressen eintreten kann, ohne die vom Verpflichteten ausgehandelten Konditionen der Veräußerung zu beeinträchtigen.[9] Bei der Prüfung, ob ein Vorkaufsfall gegeben ist, müssen rein formale Kriterien gegenüber einer materiellen Betrachtungsweise und einem interessengerechten Verständnis zurücktreten, wobei nicht die Bezeichnung, sondern der Inhalt des Vertrags entscheidend ist.[10] Der BGH hält nicht die Gleichwertigkeit von Leistung und Gegenleistung, sondern die gegenseitige Abhängigkeit der Leistungen (Synallagma) für das entscheidende Merkmal des Kaufvertrags. Bei Vertragsabschluss nicht vorhersehbare Entwicklungen beeinflussten die rechtliche Einordnung des Vertrags nicht, d.h. der Vorkaufsberechtigte komme in den Genuss aller Vorteile der Vertragsgestaltung (§ 464 Abs. 2 BGB). 16

Bei der Abgrenzung von Kauf und **gemischter Schenkung**[11] kommt es auf die Bezeichnung des Vertrags und die Vertragsabreden an. Dabei hat der notarielle Vertrag die Vermutung der Vollständigkeit und Richtigkeit für sich. Eine tatsächliche Vermutung für das Vorliegen einer gemischten Schenkung setzt voraus, dass zwischen Leistung und Gegenleistung ein objektives, über ein geringes Maß deutlich hinausgehendes Missverhältnis besteht. Ist der Vertrag als Kaufvertrag bezeichnet, entsprechen die Abmachungen dem Vertragstyp des Kaufs (§§ 433 ff. BGB) und der geringe Quadratmeterpreis dem bescheidenen Ertragswert der Grundstücke, so liegt ein Kauf vor. Erbringt die eine Vertragspartei Geld- und Sachleistungen, während die andere Vertragspartei nur eine Sachleistung schuldet, so kommt es für Abgrenzung von **Tausch oder Kauf** darauf an, welche Leistung nach den Interessen und Zwecken der Vertragsparteien die **Hauptleistung** ist. Haben sie als Hauptleistung eine – auch vom Vorkaufsberechtigten erbringbare – Geldleistung vereinbart, wird das Vorkaufsrecht ausgelöst; für die Nebenleistungen gilt § 466 BGB. Nach § 466 Satz 1 BGB hat der Vorkaufsberechtigte statt der Nebenleistungen ihren Wert zu entrichten, wenn er nicht in der Lage ist, diese Nebenleistung zu erbringen. Ist die Nebenleistung nicht schätzbar (d.h. in Geld auszudrücken), so verlangt § 466 Satz 2 BGB eine weitere Differenzierung danach, ob die Nebenleistung wesentlich ist. Das Vorkaufsrecht ist nur ausgeschlossen, wenn der Vertrag ohne die Nebenleistung nicht geschlossen worden wäre. Andernfalls verliert der Vorkaufsverpflichtete (Verkäufer) die Nebenleistung als Folge der Ausübung des Vor- 17

---

9 BGH, Urt. v. 11.10.1991 – V ZR 127/90, BGHZ 115, 335.
10 BGH, Urt. v. 20.3.1998 – V ZR 25/97, NJW 1998, 2136 zur Abgrenzung Erbvertrag – Kaufvertrag.
11 Zum folgenden VGH München, Urt. v. 22.5.1995 – 9 B 92.1183, NuR 1995, 554 mit Bezug auf BGH, NJW 1995, 1349 und BGHZ 82, 274/281.

kaufsrechts. Zwar bleibt damit das Interesse des Verkäufers an der Abwicklung gerade dieses Vertrages unberücksichtigt, § 466 BGB will aber den Vorkaufsberechtigten dagegen schützen, dass seine Position ausgehöhlt wird. Wenn nach Sachlage die zusätzlichen, nicht in Geld bestehenden Leistungen keinem anderen Zweck dienen als dem, das Vorkaufsrecht auszuschließen, liegt ein Kauf vor.[12]

2. Aufhebung oder Änderung des Kaufvertrags, Rücktritt

18 Ein einmal entstandenes Vorkaufsrecht ist unabhängig vom Fortbestand des Kaufvertrags. Denn der Vorkaufsberechtigte tritt nicht in den Kaufvertrag ein, sondern bringt mit der Vorkaufsrechtsausübung (Gestaltungsrecht) einen **neuen, selbständigen Kaufvertrag** mit dem Verkäufer zur Entstehung,[13] und zwar zu den Bedingungen des mit dem Drittkäufer geschlossenen Vertrages (§ 464 Abs. 2 BGB) vorbehaltlich der in § 465 BGB gegannten benachteiligenden Abmachungen. Für die Beurteilung der Rechtswirksamkeit der Ausübungserklärung ist der Eintritt des Vorkaufsfalls maßgebend; die spätere Aufhebung des Kaufvertrags oder die Adoption des Käufers durch den Verkäufer (vgl. Abs. 3 Satz 4) hindern die Ausübung des Vorkaufsrechts nicht.[14]

19 Ebenso ist der **Rücktritt** des Käufers, der aufgrund vertraglichen Vorbehalts vor Ausübung des Vorkaufsrechts erklärt wird, unerheblich.[15] Die Behörde muss daher nicht befürchten, dass die Vertragsparteien das Vorkaufsrecht zu Fall zu bringen, indem sie den Vertrag aufheben oder zurücktreten, wenn sie erfahren, dass die Behörde erwägt, das Vorkaufsrecht auszuüben.

20 **Änderungen des Kaufvertrags** können bis zur Ausübung des Vorkaufsrechts mit Wirkung gegenüber dem Vorkaufsberechtigten vereinbart werden, sofern sie nicht dessen bewusste Schlechterstellung bezwecken.[16]

3. Unwirksamkeit des Grundstücksverkaufs

21 Als Reaktion auf die Ausübung des Vorkaufsrechts bringen die Kaufvertragsparteien manchmal vor, der Vertrag sei unwirksam, weil ein niedrigerer als der vereinbarte Kaufpreis notariell beurkundet worden sei (**„Schwarzkauf"**, **„Unterverbriefung"**, vgl. §§ 117, 125 BGB). Nach der wohl herrschenden Meinung im Zivilrecht kann der Berechtigte in einem solchen Fall das Vorkaufsrecht erst ausüben, wenn ihm der wirklich gewollte Preis mitgeteilt und der Formmangel nach § 313 Satz 2 BGB durch Eintragung im Grundbuch geheilt ist. Rechtsprechung und Literatur haben sich mit der Frage seit jeher beschäftigt.[17]

22 Der Einwand, dass der Kaufvertrag wegen „Unterverbriefung" nichtig sei, betrifft die Entstehung des Vorkaufsrechts und die Rechtmäßigkeit seiner Ausübung, er kann daher mit Widerspruch oder Klage gegen den Vorkaufsrechtsbescheid erhoben werden.[18] Im Vordergrund steht zunächst die Prü-

---

12 Instruktiv der vom VGH München, Urt. v. 26.9.1995 – 9 B 93.2828, NuR 1996, 614 entschiedene Fall mit Bezug auf BGH, NJW 1964, 540 und NJW 1992, 236.
13 BGH, Urt. v. 10.7.1986 – II ZR 44/85, BGHZ 98, 188 m.w.N; VGH München, Urt. v. 11.5.1994 – 9 B 93.1514, NuR 1995, 270.
14 VGH München, Urt. v. 11.5.1994– 9 B 93.1514, NuR 1995, 270.
15 BGH, Urt. v. 11.2.1977 – V ZR 40/75, BGHZ 67, 395.
16 BGH, Urt. v. 11.7.1969 – V ZR 25/67, NJW 1969, 1959, ihm folgend VGH München, Urt. v. 11.5.1994 – 9 B 93.1514, NuR 1995, 270.
17 Vgl. schon *Stampe*, Anm. zu RG, Urt. v. 12.10.1921, JW 1922, 218. Dazu umfassend VG Ansbach, Urt. v. 25.9.2000 – AN 18 K 98.01234, MittBayNot 2001, 588.

fung, ob die behauptete Unterverbriefung glaubhaft ist. Wird gegen ein Vorkaufsrecht eingewandt, es sei ein niedrigerer als der vereinbarte Kaufpreis notariell beurkundet und daher ein ungültiger Kaufvertrag geschlossen worden, kann der Verdacht entstehen, dass dies wahrheitswidrig vorgeschützt wird, um das Vorkaufsrecht zu Fall zu bringen. Andererseits ist dieses Verhalten der Kaufvertragsparteien in der Praxis nicht selten, um dem Käufer Grunderwerbsteuer zu sparen, dem Verkäufer „schwarzes" Geld zu verschaffen u.ä. Die Ausübung des Vorkaufsrechts kann die Beteiligten z.b. deshalb zur Offenlegung veranlassen, weil sich der Verkäufer nicht mit dem beurkundeten (niedrigeren) Kaufpreis begnügen will. Eine feste Regel für die Würdigung dieses Vorbringens gibt es nicht. Nötig ist eine Beurteilung des Einzelfalls anhand der greifbaren Beweise.[19]

Ein Teil der Verwaltungsrechtsprechung misst der Anzeige des Vertrags an die Behörde den Erklärungswert bei, dass die Parteien des Erstvertrags mit der Mitteilung dieses Kaufvertrags gegenüber dem Vorkaufsberechtigten öffentlich-rechtlich die Gewähr dafür übernehmen, dass der in der notariellen Urkunde niedergelegte Vertragsinhalt richtig wiedergegeben ist und ihrem Willen entspricht. Als Folge soll die Rechtmäßigkeit des Vorkaufs-Verwaltungsakts durch den Einwand der Nichtigkeit des Vertrags wegen Unterverbriefung nicht berührt werden. Die Frage der Gültigkeit des Kaufvertrags soll nach dieser Rechtsprechung erst im Rahmen der Abwicklung des Vorkaufs im Zivilrechtsweg geklärt werden.[20] Es ist nicht recht plausibel, dass einerseits die Mitteilung des Kaufvertrags eine öffentlich-rechtliche Gewährleistung für die Richtigkeit des Inhalts implizieren soll, andererseits die kraft Gesetzes eintretende und daher nicht disponible Ungültigkeit des Kaufvertrags wegen Gesetzesverstoßes bei der Durchsetzung des Vorkaufsrechts dann doch relevant wird. 23

Wird ein höherer als der in Wahrheit vereinbarte Preis beurkundet, so ist zwar kein Vorkaufsfall gegeben, aber die Berufung des Verkäufers auf den Formmangel soll gegen Treu und Glauben verstoßen.[21] 24

4. Abmachungen zur Vereitelung des Vorkaufsrechts

Die Rechtsprechung schützt den Vorkaufsberechtigten dagegen, dass sich die Vertragsparteien dann, wenn sie andere als die bereits in § 465 BGB genannten, das Vorkaufsrecht beeinträchtigenden Abmachungen treffen (z.b. Vereinbarung von nicht in Geld bestehenden bzw. höchstpersönlichen Nebenleistungen), auf die Nichtigkeit des gesamten Vertrags wegen Verstoßes gegen die guten Sitten (§ 138 BGB) berufen und damit das Vorkaufsrecht vereiteln können. Es sei den Teilnehmern am Rechtsverkehr grundsätzlich nicht verwehrt, innerhalb der Rechtsordnung Vereinbarungen zu treffen, die die Ausübung des Vorkaufsrechts verhindern können; nichtig gemäß § 138 BGB seien nur solche das Vorkaufsrecht vereitelnde Verträge, die durch ihren Gesamtcharakter oder die Art und Weise ihres Zustandekommens das Gepräge der Sittenwidrigkeit erhalten.[22] 25

---

18 VGH München, Urt. v. 28.7.1999 – 3 A 1234/00–: Frage, ob der Vorkaufsfall eingetreten ist, damit nach der Rechtmäßigkeit des Verwaltungsakts, mit dem das Vorkaufsrecht ausgeübt wird.
19 Beispiel: VG Regensburg, Urt. v. 10.7.2006 – RN 11 K 04.2277, NuR 2007, 226.
20 OVG Saarlouis, Urt. v. 8.7.2003 – 1 R 9/03, und Beschl. v. 3.6.2009 – 2 B 254/09, juris.
21 *MünchKomm-Westermann*, Rdnr. 14 zu § 463 BGB m.w.N.
22 BGH, Urt. v. 11.10.1991 – V ZR 127/90, NJW 1992, 236; VGH München, Urt. v. 26.9.1995 – 9 B 93.2828, NuR 1996, 614.

5. Ausschluss des Vorkaufsrechts

26 Nach Abs. 3 Satz 5 ist das Vorkaufsrecht ausgeschlossen, wenn der Eigentümer das Grundstück an seinen Ehegatten veräußert oder an eine Person, die mit ihm in gerader Linie verwandt ist (Kinder, Enkel, Eltern, Großeltern usw.). Erwerbsvorgänge unter diesen Personen sollen nicht erfasst werden. Nach Abs. 3 Satz 4 i.V.m. § 471 BGB ist das Vorkaufsrecht ferner ausgeschlossen, wenn der Verkauf im Wege der Zwangsvollstreckung oder aus einer Insolvenzmasse erfolgt.

V. Ausübung des Vorkaufsrechts

1. Allgemeines, Ermessen

27 Die Ausübung des Vorkaufsrechts steht im Ermessen des Berechtigten („Entschließungsermessen"). Bei einer Ermessensentscheidung sind die maßgeblichen Umstände und die Interessen der Beteiligten zu berücksichtigen und abzuwägen.[23] Die Anforderungen an die Ermessensausübung müssen aber der besonderen Situation beim Vorkaufsrecht Rechnung tragen: Die Behörde hat nur zwei Monate Zeit. Die Interessen des Verkäufers erfahren eine „regelmäßig eher marginale Einschränkung"[24] (vgl. Rdnr. 7). Der Eigentumsübertragungsanspruch des Käufers ist von Anbeginn mit der Möglichkeit der Ausübung des Vorkaufsrechts durch den Berechtigten belastet, so dass keine Eigentumsposition berührt wird.[25] Dass der Käufer sein Interesse am Erwerb des Grundstücks nicht realisieren kann, ist eine typische, vom Gesetzgeber in Kauf genommene Folge der Ausübung des Vorkaufsrechts. Daher sind nur in atypischen Fällen differenziertere Ermessenserwägungen veranlasst, sie sind ggf. nachzuholen, wenn entsprechende Umstände vorgebracht werden (§ 45 Abs. 1 Nr. 2, 3, Abs. 2 VwVfG). Auch fiskalische Erwägungen können eine Rolle spielen.[26] Im Rahmen der verfügbaren Haushaltsmittel können Prioritäten gesetzt werden. Macht der Berechtigte von einem bestehenden Vorkaufsrecht keinen Gebrauch, so hat das in künftigen Fällen keine Selbstbindung zur Folge.[27] Es bedeutet auch keinen Verzicht auf die spätere Ausübung des Vorkaufsrechts, wenn von der zunächst gegebenen Möglichkeit freihändigen Erwerbs kein Gebrauch gemacht wurde.[28] Berechtigt zur Ausübung des Vorkaufsrechts ist das Land.

2. Mitteilung des Vertrags, Ausübungsfrist

28 Das Vorkaufsrecht kann nur innerhalb einer **Frist von zwei Monaten nach der Mitteilung** ausgeübt werden (Abs 3 Satz 2 i.V.m. § 469 Abs 2 BGB). Dies ist eine gesetzliche Ausschlussfrist, die nicht verlängert werden kann. Um dem Vorkaufsberechtigten die Ausübung seines Rechts zu ermöglichen, hat der Verkäufer der Vorkaufsberechtigten den Inhalt des mit dem Dritten geschlossenen Vertrags **unverzüglich mitzuteilen** (§ 469 Abs. 1 BGB). Die Mitteilung des Verkäufers wird durch die Mitteilung des Käufers ersetzt.

---

23 VGH München, Urt. v. 13.10.2009 – 14 B 07.1760, NuR 2010, 63, der aber die folgenden Aspekte nicht hinreichend würdigt.
24 VGH München, Urt. v. 11.5.1994 – 9 B 93.1514, NuR 1995, 270.
25 BVerwG, Beschl. v. 7.3.1996 – 4 B 18/96, NuR 1996, 405; BVerfG, Beschl. v. 10.1.2000 – 1 BvR 1268/99, NJW 2000, 1486.
26 VGH München, Urt. v. 11.5.1994 – 9 B 93.1514, NuR 1995, 270/274.
27 VGH Kassel, Urt. v. 18.1.1996 – 3 UE 2544/93, NuR 1996, 413.
28 VGH München, Urt. v. 17.6.1997 – 9 B 94.4089.

Die Mitteilung bedarf, auch gegenüber öffentlichen Körperschaften, keiner Form.[29] Wegen ihres notwendigen Inhalts (Rdnr. 29) kann eine mündliche Mitteilung aber praktisch nicht den Anforderungen genügen.

Die Ausübungsfrist wird nur durch **Mitteilung eines wirksamen, vollständigen und richtigen notariellen Kaufvertrages** in Lauf gesetzt.[30] Da zur Wirksamkeit auch etwa erforderliche Genehmigungen durch Behörden oder Private vorliegen müssen, ist die Mitteilung erst zweckmäßig, wenn alles beisammen ist. Erfolgt die Genehmigung erst nach der Übersendung des Kaufvertrags, so läuft die Frist erst, sobald diese Tatsache dem Berechtigten mitgeteilt wird; er selbst braucht darüber keine Erkundigungen einzuholen.[31] Der Vorkaufsberechtigte kann die Ausübung des Rechts auch vor Erteilung einer erforderlichen Genehmigung erklären, und zwar mit Wirkung auf den Genehmigungszeitpunkt.[32] Spätere Vertragsänderungen müssen dem Vorkaufsberechtigten ebenfalls mitgeteilt werden, weil er den richtigen und vollständigen Inhalt des Vertrages kennen muss.[33] Wird eine unvollständige Mitteilung später ergänzt, läuft die Frist erst von da an. Die Mitteilungspflicht gem. § 469 Abs. 1 BGB kann durch Verwaltungsakt durchgesetzt werden.[34]

29

Gegenüber welcher Behörde die Mitteilung abzugeben ist, ist durch Landesrecht festzulegen (Zuständigkeitsregelung). Die Ausübungsfrist wird nicht in Lauf gesetzt, wenn die zuständige Stelle auf andere Weise vom Verkauf erfährt, selbst wenn sie den vollständigen Vertrag erhält. Vielmehr beginnt die Entscheidungsfrist für die Ausübung des Vorkaufsrechts erst mit **Zugang** beim entscheidungsbefugten **Amtswalter**. Nicht ausreichend ist der Zugang bei der Behörde, wenn der Empfänger nicht erkennen kann, dass er auf die Ausübung des Vorkaufsrechts aufmerksam gemacht werden soll. Etwas anderes gilt, wenn die Zuständigkeit und die Bedeutung der Angelegenheit dem zugesandten Schriftstück ohne weiteres entnommen werden kann; für diese Beurteilung kommt es auf den Empfängerhorizont an.[35]

30

3. Ausübungserklärung

Sie ist ein **privatrechtsgestaltender Verwaltungsakt**,[36] der keiner Form bedarf (Abs. 3 Satz 4 i.V.m. § 464 Abs. 1 Satz 2 BGB), auch eine telefonische Erklärung genügt (§ 37 Abs. 2 VwVfG).[37] Landesrecht regelt, welche Stelle zur Abgabe der Erklärung zuständig ist. **Adressat der Erklärung** ist der **Verkäufer** (§ 464 Abs. 1 BGB). Da die Ausübung des Vorkaufsrechts auch Rechte des Käufers beeinträchtigt, ist dieser befugt, Rechtsbehelfe einzulegen (§ 42 Abs. 2 VwGO). Daher sollte der Bescheid auch ihm (mit Belehrung gem. § 58 VwGO) bekanntgegeben werden, um die Rechtsbehelfsfrist

31

---

29 BGH, Urt. v. 8.4.1959 – V ZR 136/57, LM Nr. 3 zu § 510 BGB
30 BGH, Urt. v. 29.10.1993 – V ZR 136/92, NJW 1994, 315 f., ihm folgend VGH München, Urt. v. 18.12.1997 – 9 B 94.1699
31 BGH, Urt. v. 3.6.1966 – V ZR 116/65, WM 1966, 891.
32 OVG Saarlouis, Urt. v. 8.7.2003 – 1 R 9/03, juris, mit Bezug auf BGH, Urt. v. 15.5.1998, NJW 1998, 2352.
33 BGH, Urt. v. 29.10.1993 – V ZR 136/92, NJW 1994, 315 f., dort auch zur Frage, ob der Vorkaufsberechtigte vom Verkäufer weitere Auskünfte verlangen kann.
34 VGH München, Urt. v. 28.7.1999 – 9 B 96.4250, NuR 2000, 338: Anordnung an den Verkäufer, den Kaufvertrag vorzulegen.
35 VGH München, Urt. v. 15.09.2006 – 9 B 04.1233, juris.
36 VGH München, Urt. v. 11.5.1994 – 9 B 93.1514, NuR 1995, 270, VGH Mannheim, Urt. v. 28.2.1991 – 5 S 1222/90, NuR 1991, 485.
37 VGH Mannheim, Urt. v. 28. 2. 1991 – 5 S 1222/90, NuR 1991, 485.

in Lauf zu setzen. Bevollmächtigen die Kaufvertragsparteien den Notar, „die Mitteilungen der Berechtigten über das Bestehen und die Ausübung ihrer Rechte einzuholen", berechtigt ihn das auch zur Entgegennahme der Vorkaufsrechtsausübung.[38] Anders der Fall, dass er (nur) bevollmächtigt ist, über das Bestehen eines Vorkaufsrechts anzufragen und den Vertrag zu übersenden.[39] Wird der Bescheid dennoch dem Notar zugestellt und leitet ihn dieser an den Verkäufer weiter, so wird der Bescheid trotz des Zustellungsmangels mit der tatsächlichen Bekanntgabe wirksam.[40]

32 Im **Vorkaufsbescheid** ist auf den notariellen Kaufvertrag und das verkaufte Grundstück Bezug zu nehmen. Wird das Vorkaufsrecht nur bezüglich einer **Teilfläche** des Grundstücks ausgeübt, ist diese im Bescheid mit ihrer ungefähren Größe anzugeben und in einem Lageplan als Anlage zum Bescheid zu kennzeichnen. Die Ermittlung und Festsetzung des anteiligen Kaufpreises kann nicht durch Bescheid erfolgen (Rdnr. 49). Ist wegen drohenden Fristablaufs eine Begründung unterblieben, kann sie nachgeholt oder ergänzt werden (§ 45 Abs. 1 und 2 VwVfG).

VI. Materielle Voraussetzungen der Vorkaufsrechtsausübung (Absatz 2)

1. Gründe des Naturschutzes und der Landschaftspflege

33 Nach Abs. 2 darf das Vorkaufsrecht nur ausgeübt werden, wenn dies aus Gründen des Naturschutzes und der Landschaftspflege einschließlich der Erholungsvorsorge erforderlich ist. Ob solche Gründe des öffentlichen Interesses vorliegen, ist im Lichte der Ziele des § 1 nach den **Umständen des Einzelfalls** zu entscheiden. Dass ein Grundstück die Merkmale des Abs. 1 hat, reicht alleine nicht aus. Doch haben auf solchen Flächen die Belange von Naturschutz und Landschaftspflege typischerweise besonderes Gewicht. Der Grunderwerb zwecks Kompensation eines Eingriffs (z.B. Straßenbauvorhabens) erfolgt nicht „aus Gründen des Naturschutzes und der Landschaftspflege", sondern um das Eingriffsvorhaben durchführen zu können.[41] Abs. 2 hat die unmittelbare Rechtfertigung des Erwerbs durch Gründe des Naturschutzes und der Landschaftspflege im Blick, nicht aber die Erleichterung von Eingriffen in Natur und Landschaft. Es verhält sich wie bei der Enteignung von Kompensationsflächen, deren Grundlage nicht das Naturschutzrecht ist, sondern das jeweilige Fachgesetz, ggf. das Landesenteignungsgesetz (§ 15 Rdnr. 110).[42] Das gilt auch für die antizipierte Kompensation nach § 16.

34 Bestehende Planungen und Konzepte (Landschaftspläne, Landschaftspflegekonzepte, Arten- und Biotopschutzprogramme, Pflege- und Entwicklungspläne für Schutzgebiete, Management- oder Bewirtschaftungspläne für Natura-2000-Gebiete usw.) können die Begründung bezogen auf die konkrete Vorkaufsfäche erleichtern. Die „Gründe des Naturschutzes und der Landschaftspflege einschließlich der Erholungsvorsorge" müssen aber nicht in

---

38 VGH München, Urt. v. 17. 6. 1997 – 9 B 94.4089.
39 VGH München, Urt. v. 18. 12. 1997 – 9 B 94.1699.
40 VGH München Urt. v. 18. 12. 1997 – 9 B 94.1699.
41 A.A. VGH München, Urt. v. 22.5.1995 – 9 B 92.1183, NuR 1995, 554.
42 Konsequent müsste sonst bei einer Enteignung z.B. nach Straßenrecht, da sie das letzte Mittel (ultima ratio) bildet, geprüft werden, ob nicht eine Kompensationsfläche durch das naturschutzrechtliche Vorkaufsrecht beschafft werden kann oder hätte beschafft werden können.

dieser Form dokumentiert sein. Denn anders als bei Verordungen oder Verwaltungsakten, deren Erlass geplant und vorbereitet werden kann, ist der Eintritt des Vorkaufsfalls ein i.d.r. nicht beeinflussbares oder vorhersehbares Ereignis, das die Behörde zu einer Entscheidung innerhalb der Zweimonatsfrist zwingt. Daher ist z.b. das Vorliegen eines Pflegeplans nicht zwingende Voraussetzung für die Ausübung eines naturschutzrechtlichen Vorkaufsrechts über ein Grundstück im Naturschutzgebiet.[43] Ein detailliertes Konzept ist nicht erforderlich.[44] Es genügt, die Vorstellungen der Behörde in ihren etwa auch für mehrere Grundstücke geltenden generellen Zügen anzugeben, in dem Umfang und mit der Präzision, wie es in einer – manchmal überraschend eintretenden – zweimonatigen Überlegungsfrist möglich ist.[45] Es reicht aus, dass der Naturzustand auf den Flächen verbessert werden kann, auch wenn die Vorstellungen über die Verbesserung noch nicht in einer Planung konkretisiert sind, sondern zunächst nur Möglichkeiten der Biotopoptimierung wie Mahd, Maßnahmen gegen Verbuschung, Vernässung, Ersatz von Nadelbäumen durch Laubbäume usw. beispielhaft erwogen werden.[46] Das Vorkaufsrecht kann mit anderen Maßnahmen des Naturschutzes zusammenwirken (Schutzerklärungen, Bewirtschaftsvereinbarungen, Grunderwerb durch anerkannte Naturschutzvereine usw.). Das öffentliche Interesse des Naturschutzes an seiner Ausübung kann sich auch auch einem solchen Kontext ergeben.

2. Langfristige Betrachtungsweise

Die Formulierung „aus Gründen des Naturschutzes und der Landschaftspflege einschließlich der Erholungsvorsorge" bedeutet **nicht**, dass die damit verfolgten Ziele **sofort oder kurzfristig** realisierbar sein müssen. Der Erwerb von Grundstücken im Weg des freihändigen Kaufs oder des Vorkaufsrechts braucht seine Zeit, er ist eine Daueraufgabe. Vorhandene Planungen und Konzepte des Naturschutzes müssen daher nicht unmittelbar zur Verwirklichung anstehen. Sie können auf lange Sicht angelegt sein, ein Renaturierungskonzept lässt sich oft nur Schritt für Schritt verwirklichen. Die ersten Schritte zur Durchführung eines vernünftigen Konzepts sind deshalb nicht fehlerhaft.[47] Unzulässig wäre es dagegen, wenn das Vorkaufsrecht lediglich deshalb ausgeübt würde, um später Tauschgrundstücke zur Verfügung zu haben. Es stellt auch kein Hindernis dar, wenn das **Vorkaufsgrundstück verpachtet** ist (vgl. Rdnr. 47). Wegen der Seltenheit von Vorkaufsfällen und der oft nicht gewährleisteten Verfügbarkeit von Haushaltsmitteln ist es bedenkenfrei, die für einen kurzen Moment gebotene Möglichkeit wahrzunehmen, in absehbarer Zeit, spätestens mit Ablauf des Pachtvertrags oder ggf. durch vorzeitige Vertragsbeendigung einen Naturschutz nach den Vorstellungen des Staates durchzusetzen.[48]

3. Erforderlichkeit der Ausübung des Vorkaufsrechts

Anders als die Enteignung ist das Vorkaufsrecht nicht letztes Mittel, sondern eines von mehreren Instrumenten des Naturschutzes und der Land-

---

43 VGH Kassel, Urt. v. 18.1.1996 – 3 UE 2544/93, NuR 1996, 413.
44 VGH München, Urt. v.15.9.2006 – 9 B 04.1233, juris.
45 VG Frankfurt/Oder, Urt. v. 8.2.2000 – 7 K 1942/96.
46 VGH München, Urt. v. 22.5.1995 – 9 B 92.1183, NuR 1995, 554.
47 VG Regensburg, Urt. v. 29.9.1992 – RO 11 K 99.599, BayVBl. 1993, 760; VGH München, Urt. v. 11.5.1994 – 9 B 93.1514, NuR 1995, 270/274.
48 VG Frankfurt/Oder, Urt. v. 8. 2. 2000 – 7 K 1942/96. Ebenso VGH München, Beschl. v. 24.1.2002 – 9 ZB 99.241 zur Art. 34 BayNatSchG.

schaftspflege. Seine Erforderlichkeit beurteilt sich daher schlicht danach, ob der Eigentumserwerb durch die öffentliche Hand oder einen qualifizierten Begünstigten (z.b. anerkannten Naturschutzverein) aus Gründen des Naturschutzes und der Landschaftspflege einschließlich der Erholungsvorsorge **vernünftigerweise geboten** ist. Wenn selbst zwingende Gründe des überwiegenden öffentlichen Interesses i.S.v. § 34 Abs. 3 Nr. 1 BNatSchG keine Sachzwänge erfordern, denen niemand ausweichen kann, sondern sie „lediglich ein durch Vernunft und Verantwortungsbewusstsein geleitetes staatliches Handeln" voraussetzen,[49] können die Anforderungen an die schlichte Erforderlichkeit einer Maßnahme wie der Vorkaufsrechtsausübung nicht höher angesetzt werden.

37 Auszugehen ist von der Erfahrungstatsache, dass eine Privatperson in der Regel nicht deshalb Geld für ein Grundstück bezahlt, um es ungenutzt zu lassen oder gar die Belange von Naturschutz und Landschaftspflege zu fördern. Vielmehr soll das Grundstück privaten Nutzen bringen, sei er nun wirtschaftlich oder freizeitorientiert. Die Ausübung des Vorkaufsrechts soll die früher oder später **typischerweise zu erwartende Konflikte von vornherein ausschließen**. Grundstücke im Eigentum der öffentlichen Hand gewährleisten die Verwirklichung der Ziele von Naturschutz und Landschaftspflege besser und sicherer als in der Hand von Privatpersonen, daran ändern auch ernst gemeinte Absichtserklärungen und das Angebot rechtlicher Sicherungen durch den Käufer (vgl. Rdnr. 41) nichts.[50] Interessenkonflikte sind regelmäßig zu erwarten, wenn die aus Gründen des Naturschutzes oder der Erholungsvorsorge ins Auge gefassten Maßnahmen sich nachteilig auf die private Nutzung eines Grundstücks auswirken. Das trifft bei den in Abs. 1 Satz 1 genannten Arten von Grundstücken typischerweise zu, aber auch bei anderen Grundstücken mit gesteigerter Bedeutung für die Naturschutzziele.

38 **Schutzvorschriften** (Schutzverordnungen, gesetzlicher Biotopschutz usw.) können negative Veränderungen eines Grundstücks verbieten, den Eigentümer aber nicht zu einer aktiven Förderung der Naturschutzziele, zu Renaturierungsmaßnahmen usw. verpflichten.[51] Daher machen sie den Erwerb eines Grundstücks per Vorkaufsrecht nicht entbehrlich, vielmehr ergänzt der Grunderwerb in Schutzgebieten die hoheitlichen Regelungen. Davon geht auch der Gesetzgeber aus, wenn er in Abs. 1 Satz 1 Nr. 1 und 2 gerade solche Grundstücke dem Vorkaufsrecht unterwirft, die in bestimmten Schutzgebieten liegen. Dementsprechend stellt die Rechtsprechung darauf ab, dass der Staat kraft Eigentümerstellung die Ziele des Naturschutzes bedeutend effektiver und umfassender realisieren kann als dies mit dem Verordnungsinstrumentarium möglich wäre.[52] Die Innehabung des Eigentums hat für den Staat (oder den Drittbegünstigten) den Vorteil, nicht auf das dem Regelungen der Naturschutzverordnung zugrunde liegende Verschlechterungsverbot angewiesen zu sein, sondern aus entgegenstehenden Eigentümerinteressen fließende Hemmnisse Optimierungsmaßnahmen durchführen zu können, z.B. die Reduzierung der Beweidung[53] oder die Renaturierung eines intensiv fischereilich genutzten Stillgewässers.[54] Das Eigentum gibt dem

---

49 BVerwG, Urt. v. 27.1.2000 – 4 C 2.99, BVerwGE 110, 302/314 f.
50 VGH München, Urt. v. 11.8.1989 – 9 B 86.02748, BayVBl. 1990, 277, bestätigt durch Beschl. v. 13.8.2009 – 14 ZB 08.1621.
51 VGH München, Urt. v. 22.5.1995 – 9 B 92.1183, NuR 1995, 554 und Beschl. v. 15.11.2001 – 9 ZB 01.1937, juris.
52 VGH München, Urt. v. 26.9.1995 – 9 B 93.2828, NuR 1996, 614.
53 VGH Kassel, Urt. v. 18.1.1996 – 3 UE 2544/93, NuR 1996, 413.
54 VGH München, Urt. v. 15.3.2006 – 9 B 04.1233, juris.

Staat bessere Möglichkeiten, Fehlentwicklungen zu verhindern und z.b. das Erholungsbedürfnis mit dem Naturschutz in Einklang zu bringen.[55]

Auch ein bestehender **Vertragsnaturschutz** steht der Erforderlichkeit des Eigentumserwerbs nicht entgegen. Die befristete Laufzeit der Verträge gewährleistet keine dauerhafte Sicherheit. Der Vertragsabschluss oder seine Verlängerung können nicht erzwungen werden. Der Vertrag bindet spätere Erwerber des Grundstücks nicht. Deshalb muss sich die Behörde nicht auf das im Zeitpunkt des (u.u. über Jahrzehnte nicht wiederkehrenden) Vorkaufsfalles verlässliche Angebot des Käufers verweisen zu lassen, auch künftig nur bestimmte Nutzungen zu betreiben, zumal wenn diese durch einen Pächter ausgeübt werden. Vielmehr genügt es, dass der Staat nach dem Eigentumserwerb seine **Vorstellungen auf Dauer durchsetzen** kann. Der Vorteil, weder auf den Vertragsnaturschutz noch auf die rechtlichen Verbote und Kontrollmöglichkeiten angewiesen zu sein, ist nicht durch ein milderes Mittel zu ersetzen.[56] **39**

4. Keine Nachrangigkeit des Vorkaufsrechts

Da das Naturschutzrecht kein nachrangiger oder subsidiärer Rechtsbereich ist[57] (vgl. § 22 Rdnr. 7), hängt die Erforderlichkeit der Ausübung des naturschutzrechtlichen Vorkaufsrechts nicht davon ab, dass Maßnahmen nach anderen Gesetzen (Wasserrecht, Baurecht usw.) nicht denselben Effekt gewährleisten.[58] Auch zu anderen rechtlichen Möglichkeiten eines wirksamen behördlichen Naturschutzes ist Ausübung des Vorkaufsrechts nicht subsidiär. Der Staat kann deshalb nicht aus Gründen der Verhältnismäßigkeit auf das sonstige naturschutzrechtliche Instrumentarium verwiesen werden.[59] **40**

5. Keine Abwendungsbefugnis

Beim naturschutzrechtlichen Vorkaufsrecht gibt es kein Gegenstück zu § 27 Abs. 1 BauGB (Abwendungsbefugnis des Käufers).[60] Das ist keine ausfüllungsbedürftige Gesetzeslücke, sondern entspricht der Interessenlage. Eine Verpflichtung des Käufers, das Grundstück nach den Vorgaben der Naturschutzbehörde zu nutzen, ist nicht ebenso gut für den öffentlichen Zweck geeignet wie der Eigentumserwerb durch den Staat. Legt man die Verpflichtungen bzw. die Maßnahmen des Naturschutzes in einer Dienstbarkeit fest, so besteht die Gefahr, dass künftig erforderliche Maßnahmen nicht umfasst werden, die sich aufgrund der natürlichen Dynamik der Entwicklung oder einer Änderung des fachlichen Konzeptes (z.b. nach dem Erwerb benachbarter Flächen) als notwendig erweisen. Andererseits wäre eine pauschal formulierte Dienstbarkeit (§ 1090 BGB) z.b. dahingehend, dass der Eigentümer sich verpflichtet, das Grundstück nur noch nach den Vorgaben der Naturschutzbehörde zu nutzen bzw. dieser alle dazu erforderlichen Handlungen zu gestatten, mangels Bestimmtheit nicht eintragungsfähig. Die Verpflichtungen des Käufers müssten außerdem im Streitfall erst durchgesetzt werden. Bezeichnenderweise gibt es auch im Baurecht dann, wenn ein Grundstück für Zwecke des Naturschutzes (Ausgleichsmaßnahmen zur **41**

---

55 VGH München, Beschl. v. 15.11.2001 – 9 ZB 01.1937, juris.
56 VG Frankfurt/Oder, Urt. v. 8.2.2000 – 7 K 1942/96.
57 VGH Mannheim, Urt. v. 12.8.1984 – 5 S 2397/83, NuR 1984, 274.
58 VG Regensburg, Urt. v. 29.9.1992 – RO 11 K 91.599, BayVBl. 1993, 760; VGH Kassel, Urt. v. 18.1.1996 – 3 UE 2544/93, NuR 1996, 413; VGH München, Urt. v. 15.09.2006 – 9 B 04.1233, juris.
59 VGH München, Urt. v. 15.3.2006 – 9 B 04.1233, juris.
60 VG Regensburg, Urt. v. 26.10.2001 – RO 11 K 00.2143, NuR 2002, 313.

VII. Rechtswirkungen der Ausübung des Vorkaufsrechts

1. Zustandekommen eines Kaufvertrags

42 Wird der Bescheid über die Ausübung des Vorkaufsrechts bestandskräftig, so kommt der Kauf zwischen dem vorkaufsberechtigten Land oder dem sonstigen Begünstigten (Abs. 5) zustande, und zwar unter den Bestimmungen, welche der Verpflichtete mit dem Drittkäufer vereinbart hat (§ 464 Abs. 2 BGB). Das **Eigentum** geht mit Abschluss des schuldrechtlichen Vertrags noch nicht über. Dazu bedarf es der Auflassung und Grundbucheintragung.[61] Eine Vereinbarung des Verpflichteten mit dem Dritten, durch welche der Kauf von der Nichtausübung des Vorkaufsrechts abhängig gemacht oder dem Verpflichteten für den Fall der Ausübung des Vorkaufsrechts der Rücktritt vorbehalten wird, ist dem Vorkaufsberechtigten gegenüber unwirksam (Abs. 3 Satz 4 i. V. m. § 465 BGB).

43 Was den **Inhalt des Kaufvertrags** betrifft, gelten die zwischen dem Verkäufer und dem Dritten (dem ursprünglichen Käufer) getroffenen Regelungen (Abs. 3 Satz 4 i.V.m. § 464 Abs. 2 BGB). Der Verkäufer ist verpflichtet, das Eigentum an dem Grundstück zu übertragen (Auflassung) und das Grundstück herauszugeben. Der Vorkaufsberechtigte oder ggf. der Begünstigte (Abs. 4) ist zur Zahlung des Kaufpreises verpflichtet. Hat sich der Dritte in dem Vertrage zu einer **Nebenleistung** verpflichtet, die der Vorkaufsberechtigte zu bewirken außerstande ist (z.b. eine Dienstleistung), so hat der Vorkaufsberechtigte statt der Nebenleistung ihren Wert zu entrichten (§ 466 Satz 1 BGB). Lässt sich die Nebenleistung nicht in Geld schätzen, so ist die Ausübung des Vorkaufsrechts ausgeschlossen, außer es ist anzunehmen, dass Kaufvertrag mit dem Dritten auch ohne die Vereinbarung der Nebenleistung geschlossen worden wäre (§ 466 Satz 2 BGB). Nebenleistungen werden auch vereinbart, um das Vorkaufsrecht zu unterlaufen.[62] Hat der Dritte den Gegenstand, auf den sich das Vorkaufsrecht bezieht, mit anderen Gegenständen zu einem **Gesamtpreis** gekauft (z.b. zwei Grundstücke oder ein Grundstück und bewegliche Sachen), so hat der Vorkaufsberechtigte einen verhältnismäßigen Teil des Gesamtpreises zu entrichten (Abs. 3 Satz 4 i. V. m. § 467 Satz 1 BGB). Der Verpflichtete kann verlangen, dass der Vorkauf auf alle Sachen erstreckt wird, die nicht ohne Nachteil für ihn getrennt werden können (Abs. 3 Satz 4 i. V. m. § 467 Satz 2 BGB), z.B. wenn es um ein Grundstück und sein Zubehör geht. Ist im Kaufvertrag eine **Stundung** des Kaufpreises vereinbart worden, so kann der Vorkaufsberechtigte diese Stundung in Anspruch nehmen, wenn er entweder eine auf dem Grundstück ruhende Hypothek in der Höhe des Kaufpreises übernimmt oder eine Hypothek in dieser Höhe bestellt oder sonst Sicherheit leistet (Abs. 3 Satz 4 i.V.m. § 468 BGB). Ist dem Dritten im Kaufvertrag der Kaufpreis gestundet worden, so kann der Vorkaufsberechtigte die Stundung nur in Anspruch nehmen, wenn er für den gestundeten Betrag Sicherheit leistet (Abs. 3 Satz 4 i.V.m. § 468 BGB).

---

61 BayObLG, Urt. v. 26.8.1999 – 2 Z BR 72/99, NuR 2000, 237.
62 VG Regensburg, Urt. v. 10.7.2006 – RN 11 K 04.2277, NuR 2007, 226.

Der **Kaufpreis** ist grundsätzlich an den Verkäufer zu bezahlen. Hat der ursprüngliche Käufer den Kaufpreis bereits bezahlt, so muss er ihn vom Verkäufer zurückfordern. Eine andere Regelung gilt jedoch dann, wenn der Käufer oder ein Rechtsnachfolger bereits Eigentum an dem Grundstück erlangt hat (siehe dazu Abs. 7 i. V. m. §§ 1100–1102 BGB).

2. Schutz des Vorkaufsberechtigten

Da der Berechtigte das Vorkaufsrecht innerhalb von zwei Monaten ab der Anzeige ausüben kann, ist es möglich, dass vor Ausübung des Vorkaufsrechts das Eigentum an dem Grundstück auf den (ursprünglichen) Käufer oder einen Rechtsnachfolger übertragen wird. In diesem Fall des zwischenzeitlichen Grunderwerbs durch einen Dritten hat das Vorkaufsrecht die **Wirkung einer Auflassungsvormerkung** zugunsten des Vorkaufsberechtigten (Abs. 3 Satz 3 i.v.m. § 1098 Abs. 2 BGB), obwohl es nicht im Grundbuch eingetragen ist (Abs. 3 Satz 1). Die Eintragung eines Dritten als Eigentümer ins Grundbuch ist dem Vorkaufsberechtigten gegenüber daher unwirksam. Das Recht des Vorkaufsberechtigten kann also nicht dadurch vereitelt werden, dass ihm der Kaufvertrag nicht oder erst verspätet mitgeteilt wird. Die Notariate sorgen dafür, dass bei allen in Betracht kommenden Grundstücksverkäufen, die Mitteilung gemäß Abs. 3 Satz 3 i. V. m. § 469 Abs. 1 BGB gemacht wird. War das **Eigentum an dem Grundstück bereits auf den Käufer übertragen** worden und noch keine Mitteilung des Vertrages an den Vorkausberechtigten erfolgt, so kann der Eigentümer ebenso wie der Verkäufer die Mitteilung über den Verkauf machen (Abs. 3 Satz 3 i.v.m. § 1099 Abs. 1 BGB) und so die Zweimonatsfrist für die Ausübung des Vorkaufsrechts in Lauf setzen. Der Verkäufer muss den neuen Eigentümer benachrichtigen, sobald das Vorkaufsrecht ausgeübt wird oder feststeht, dass das Vorkaufsrecht ausgeschlossen ist (Abs. 3 Satz 3 i.v.m. § 1099 Abs. 2 BGB).

3. Erlöschen anderer Vorkaufsrechte

Das Vorkaufsrecht des § 69 geht rechtsgeschäftlich und landesrechtlich begründeten Vorkaufsrechten mit Ausnahme solcher auf den Gebieten des Grundstücksverkehrs und des Siedlungswesens im Rang vor. Bei einem Eigentumserwerb auf Grund der Ausübung des Vorkaufsrechts erlöschen durch Rechtsgeschäft begründete Vorkaufsrechte (Abs. 3 Satz 2 und 3). Das Gesetz macht keine Ausnahme zugunsten eines rechtsgeschäftlichen Vorkaufsrechts (§§ 463 ff. oder §§ 1094 ff. BGB), das bereits vor Inkrafttreten der Regelungen des Naturschutzgesetzes bestellt war. Das ist jedenfalls dann unbedenklich, wenn vor Inkrafttreten des § 69 ein inhaltsgleiches Vorkaufsrecht nach Landesrecht bestand

4. Nutzung des Grundstücks

Die Ausübung des Vorkaufsrechts und die Übertragung des Eigentums auf den Vorkaufsberechtigten haben nicht zur Folge, dass bestehende Nutzungsrechte, z.B. Pachtverträge, ihre Wirksamkeit verlieren (außer im Pachtvertrag ist dies vereinbart). Sie müssen nach den allgemeinen Regeln gekündigt werden. Sollte ein dringendes öffentliches Interesse an einer Beendigung der gegenwärtigen Nutzung bestehen, so müsste das förmliche Enteignungsverfahren gem. § 68 Abs. 3 und Landesrecht gegenüber dem Nutzungsberechtigten durchgeführt werden, wenn vertragliche oder gesetzliche Kündigungsmöglichkeiten nicht weiterhelfen.

VIII. Sonderfall: Auf einen Grundstücksteil beschränktes Vorkaufsrecht (Absatz 1 Satz 2 und 3)

1. Grundstück

48 Rechtlich gesehen ist ein Grundstück ein räumlich abgegrenzter Teil der Erdoberfläche, der im Bestandsverzeichnis eines Grundbuchblattes unter einer besonderen Nummer eingetragen ist (§ 2 Abs. 3 GBO). Es ist nicht identisch mit dem Flurstück bzw. der Katasterparzelle (Bodenfläche, die vermessungstechnisch im amtlichen Verzeichnis der Grundstücke eine besondere Nummer hat). Ein Grundstück kann aus mehreren Katasterparzellen bestehen, z.b. als Folge einer Vereinigung oder Zuschreibung (§§ 5 ff. GBO). Der umgekehrte Fall ist nicht möglich, d.h. ein Flurstück kann nicht mehrere Grundstücke im Rechtssinne umfassen. **Grundstücksteil** ist also der Teil eines Grundstücks im Rechtssinne. Wenn Abs. 1 Satz 2 das Vorkaufsrecht auf einen Teil des Grundstücks beschränkt (dazu Rdnr. 13), so ist das Grundstück im Sinne des Grundbuchrechts gemeint.

2. Kaufpreis

49 Mit wirksamer Ausübung des Vorkaufsrechts kommt zwischen dem Vorkaufsberechtigten und dem Verkäufer ein (neuer) Vertrag mit dem Inhalt zustande, wie er zwischen dem Verkäufer und dem Drittkäufer vereinbart worden ist (§ 464 Abs. 2 BGB). Infolge der teilweisen Vorkaufsrechtsausübung ist jedoch der Kaufpreis anzupassen. Nach Abs. 3 Satz 4 gilt insoweit § 467 Satz 1 BGB. Diese Vorschrift erfasst sowohl den Fall, dass das Vorkaufsrecht bezüglich eines Grundstücksteils ausgeübt wird, als auch den Fall, dass es bezüglich eines vor mehreren verkauften Grundstücken oder eines Grundstücks, das zusammen mit anderen Gegenständen verkauft wird, ausgeübt wird. Die Beteiligten müssen den Kaufpreis, den der Vorkaufsberechtigte für den von ihm erworbenen Teil zu zahlen hat, aushandeln. Im Streitfall wird er durch Entscheidung des Zivilgerichts festgelegt.[63] Der Teilkaufpreis kann **nicht hoheitlich** im Vorkaufsbescheid **festgelegt** werden.

3. Erstreckungsanspruch des Eigentümers

50 a) **Allgemeines.** Nach Abs. 1 Satz 3 kann der Eigentümer verlangen, dass sich der Vorkauf auf das gesamte Grundstück erstreckt, wenn ihm der weitere Verbleib in seinem Eigentum wirtschaftlich nicht zuzumuten ist. § 467 Satz 2 BGB und den Abs. 3 Satz 4 verweist, wird bei der Vorkaufsrechtsausübung für einen Grundstücksteil durch Abs. 1 Satz 3 verdrängt.[64] Er behält Bedeutung in anderen Fallgestaltungen, z.B. wenn ein Grundstück zusammen mit Geräten und Maschinen verkauft wird. Hier geht es um folgenden Sonderfall: Das Vorkaufsrecht wird bezüglich eines Grundstücksteiles rechtmäßig ausgeübt, was grundsätzlich eine zulässige Inhaltsbestimmung des Eigentums darstellt. Wenn aber die wirtschaftlichen Folgen der teilweisen Ausübung des Vorkaufsrechts dem Eigentümer nicht zugemutet werden können, ist ausnahmsweise ein Ausgleich erforderlich. Einen Erstreckungsanspruch kann nur der Eigentümer (Verkäufer) haben, und dies nur, sofern er Eigentümer der Restfläche geblieben oder infolge Rückabwicklung des Kaufvertrags wieder geworden ist. Dem **Käufer** kann weder Anspruch auf Erstreckung des Vorkaufs noch auf Ausgleich in Geld zustehen, denn er kann nachteilige Folgen durch privatrechtliche Möglichkeiten der Lösung vom Vertrag (§§ 323 ff. BGB) verhindern.[65]

---

63 VGH München, Beschl. v. 22.1.1999 – 9 ZB 98.3475, NuR 1999, 397.
64 VGH München, Urt. v. 18.12.1997 – 9 B 94.1699: speziellere Regelung.
65 VGH München, Urt. v. 31.5.2001 – 9 B 99.2581, NuR 2002, 221, bestätigt durch BVerwG, Beschl. v. 17.10.2001 – 4 B 68.01.

Die **Geltendmachung** des Erstreckungsanspruchs erfolgt in einem eigenen Verfahren. Die Unanfechtbarkeit des Vorkaufsbescheids ist kein Hindernis, d.h. der Eigentümer muss den Vorkaufsbescheid nicht allein deshalb angreifen, um einen eventuellen Erstreckungsanspruch nicht zu verlieren. Wird im Vorkaufsbescheid dagegen zugleich ein – z.b. bereits bei einer vorhergehenden Anhörung erhobener – Erstreckungsanspruch abgelehnt, so muss wenigstens dieser Teil angefochten werden. 51

b) Einzelheiten. Es geht um ein Rechtsverhältnis mit **drei Beteiligten:** Vorkaufsberechtigter, Eigentümer (Verkäufer), Käufer (zum Folgenden vgl. Mayer, NJW 1984, 100 ff.). Zuerst muss die Rechtsstellung des Käufers geklärt sein. Er bekommt nicht mehr alles, was ihm im Vertrag versprochen war. Falls die durch das Vorkaufsrecht geschmälerte Restfläche des Kaufgrundstücks derart hinter der vereinbarten Flächengröße zurückbleibt, dass der Käufer den Kaufvertrag rückgängig machen kann, kommt es darauf an, ob er von diesem Recht Gebrauch macht. Falls er sich mit dem Rest begnügt, erhält der Eigentümer von ihm und vom Vorkaufsberechtigten je den anteiligen Kaufpreis, dann stellt sich nicht die Frage nach einem Erstreckungsanspruch. Falls sich der **Käufer vom Vertrag löst**, kann das zur Folge haben, dass der Eigentümer (Verkäufer) auf einer Restfläche sitzenbleibt. Ist für diese der Verkehrswert zu erzielen, gibt es keinen Erstreckungsanspruch. Ist das nicht der Fall, so kann der Erstrckungsanspruch nach Abs. 1 Satz 3 entstehen, wenn dem Eigentümer der weitere Verbleib der Restfläche in seinem Eigentum wirtschaftlich nicht zuzumuten ist. Das ist vor allem dann der Fall, wenn sie nicht mehr angemessen wirtschaftlich verwertbar ist. Dabei begründet nicht schon jede Wertminderung des Resteigentums den Erstreckungsanspruch. Eine entschädigungsrechtlich relevante Wertminderung des Restbesitzes liegt nur vor, wenn sie sich auf eine gesicherte Rechtsposition erstreckt und nicht nur auf einer tatsächlichen Chance beruht.[66] Mit anderen Worten: Die wirtschaftliche Unzumutbarkeit i.s.v. Abs. 1 Satz 3 kann nicht in Umständen liegen, die bei der Berechnung der Wertminderung des Restbesitzes nicht berücksichtigt werden können. Kann die Zumutbarkeit für den Eigentümer im Einzelfall durch andere Maßnahmen wie z.b. Schaffung einer Zufahrt gewahrt werden, so bedarf es keiner Erstreckung des Vorkaufs. Die **Beweislast** für die wirtschaftliche Unzumutbakeit trägt der Eigentümer. Ist ein **Erstreckungsanspruch gegeben,** so hat der Vorkaufsberechtigte die Wahl: Er kann auf dieses Begehren eingehen oder von seiner Vorkaufserklärung Abstand nehmen.[67] 52

IX. Landesrecht (Absatz 5)

Der Bundesgesetzgeber zählt das Vorkaufsrecht nicht zu den allgemeinen Grundsätzen des Naturschutzes i.S.v. Art. 72 Abs. 2 Nr. 3 GG. Abweichungen sind daher möglich. Darüber hinaus bleiben nach Abs. 5 abweichende Vorschriften der Länder unberührt. Das bedeutet zunächst, dass die Länder vorhandenes Landesrecht unverändert bestehen lassen können. Außerdem 53

---

66 BGH, Urt. v. 19.6.1986 – 3 ZR 83/85, NJW 1987, 1256.
67 *MünchKomm-Westermann,* § 467 BGB Rdnr. 5. Schon das Reichsgericht (RGZ 133, 79) verstand § 467 BGB so, dass er den Vorkaufsverpflichteten für den Fall einer Teilausübung vor Schaden bewahren, nicht aber den Vorkaufsberechtigten dazu zwingen will, an der Ausübung des Vorkaufsrechts trotz der durch das Verlangen des Verpflichteten nach Ausdehnung dieses Rechts völlig veränderten Rechtslage festzuhalten.

§ 66   53

können sie über das Bundesrecht hinausgehen, indem sie z.b. weitere Arten von Gründstücken dem Vorkaufsrecht unterwerfen (Rdnr. 12 f.).

Bürgerliches Gesetzbuch (BGB)

vom 18.8.1896 (RGBl. S. 195), zul. geänd. durch G. v. 28.9.2009 (BGBl. I S. 3163)
– Auszug –

§ 463 Voraussetzungen der Ausübung

Wer in Ansehung eines Gegenstandes zum Vorkaufe berechtigt ist, kann das Vorkaufsrecht ausüben, sobald der Verpflichtete mit einem Dritten einen Kaufvertrag über den Gegenstand geschlossen hat.

§ 464 Ausübung des Vorkaufsrechts

(1) ¹Die Ausübung des Vorkaufsrechts erfolgt durch Erklärung gegenüber dem Verpflichteten. ²Die Erklärung bedarf nicht der für den Kaufvertrag bestimmten Form.

(2) Mit der Ausübung des Vorkaufsrechts kommt der Kauf zwischen dem Berechtigten und dem Verpflichteten unter den Bestimmungen zustande, welche der Verpflichtete mit dem Dritten vereinbart hat.

§ 465 Unwirksame Vereinbarungen

Eine Vereinbarung des Verpflichteten mit dem Dritten, durch welche der Kauf von der Nichtausübung des Vorkaufsrechts abhängig gemacht oder dem Verpflichteten für den Fall der Ausübung des Vorkaufsrechts der Rücktritt vorbehalten wird, ist dem Vorkaufsberechtigten gegenüber unwirksam.

§ 466 Nebenleistungen

¹Hat sich der Dritte in dem Vertrage zu einer Nebenleistung verpflichtet, die der Vorkaufsberechtigte zu bewirken außerstande ist, so hat der Vorkaufsberechtigte statt der Nebenleistung ihren Wert zu entrichten. ²Lässt sich die Nebenleistung nicht in Geld schätzen, so ist die Ausübung des Vorkaufsrechts ausgeschlossen; die Vereinbarung der Nebenleistung kommt jedoch nicht in Betracht, wenn der Vertrag mit dem Dritten auch ohne sie geschlossen sein würde.

§ 467 Gesamtpreis

¹Hat der Dritte den Gegenstand, auf den sich das Vorkaufsrecht bezieht, mit anderen Gegenständen zu einem Gesamtpreise gekauft, so hat der Vorkaufsberechtigte einen verhältnismäßigen Teil des Gesamtpreises zu entrichten. ²Der Verpflichtete kann verlangen, dass der Vorkauf auf alle Sachen erstreckt wird, die nicht ohne Nachteil für ihn getrennt werden können.

§ 468 Stundung des Kaufpreises

(1) Ist dem Dritten in dem Vertrage der Kaufpreis gestundet worden, so kann der Vorkaufsberechtigte die Stundung nur in Anspruch nehmen, wenn er für den gestundeten Betrag Sicherheit leistet.

(2) ¹ist ein Grundstück Gegenstand des Vorkaufs, so bedarf es der Sicherheitsleistung insoweit nicht, als für den geleisteten Kaufpreis die Bestellung einer Hypothek an dem Grundstücke vereinbart oder in Anrechnung auf den Kaufpreis eine Schuld, für die eine Hypothek an dem Grundstücke besteht, übernommen worden ist. ²Entsprechendes gilt, wenn ein eingetragenes Schiff oder Schiffsbauwerk Gegenstand des Vorkaufs ist.

§ 469 Mitteilungspflicht, Ausübungsfrist

(1) ¹Der Verpflichtete hat dem Vorkaufsberechtigten den Inhalt des mit dem Dritten geschlossenen Vertrags unverzüglich mitzuteilen. ²Die Mitteilung des Verpflichteten wird durch die Mitteilung des Dritten ersetzt.

(2) Das Vorkaufsrecht kann bei Grundstücken nur bis zum Ablauf von zwei Monaten, bei anderen Gegenständen nur bis zum Ablauf einer Woche nach dem Empfang der Mitteilung ausgeübt werden. Ist für die Ausübung eine Frist bestimmt, so tritt diese an die Stelle der gesetzlichen Frist.

§ 471 Verkauf bei Zwangsvollstreckung oder Insolvenz

Das Vorkaufsrecht ist ausgeschlossen, wenn der Verkauf im Wege der Zwangsvollstreckung oder aus einer Insolvenzmasse erfolgt.

§ 1098 Wirkung des Vorkaufsrechts

(2) Dritten gegenüber hat das Vorkaufsrecht die Wirkung einer Vormerkung zur Sicherung des durch die Ausübung des Rechtes entstehenden Anspruchs auf Übertragung des Eigentums.

§ 1099 Mitteilungen

(1) Gelangt das Grundstück in das Eigentum eines Dritten, so kann dieser in gleicher Weise wie der Verpflichtete dem Berechtigten den Inhalt des Kaufvertrags mit der im § 469 Abs. 2 bestimmten Wirkung mitteilen.

(2) Der Verpflichtete hat den neuen Eigentümer zu benachrichtigen, sobald die Ausübung des Vorkaufsrechts erfolgt oder ausgeschlossen ist.

§ 1100 Rechte des Käufers

[1]Der neue Eigentümer kann, wenn er der Käufer oder ein Rechtsnachfolger des Käufers ist, die Zustimmung zur Eintragung des Berechtigten als Eigentümer und die Herausgabe des Grundstücks verweigern, bis ihm der zwischen dem Verpflichteten und dem Käufer vereinbarte Kaufpreis, soweit er berichtigt ist, erstattet wird. [2]Erlangt der Berechtigte die Eintragung als Eigentümer, so kann der bisherige Eigentümer von ihm die Erstattung des berichtigten Kaufpreises gegen Herausgabe des Grundstücks fordern.

§ 1101 Befreiung des Berechtigten

Soweit der Berechtigte nach § 1100 dem Käufer oder dessen Rechtsnachfolger den Kaufpreis zu erstatten hat, wird er von der Verpflichtung zur Zahlung des aus dem Vorkauf geschuldeten Kaufpreises frei.

§ 1102 Befreiung des Käufers

Verliert der Käufer oder sein Rechtsnachfolger infolge der Geltendmachung des Vorkaufsrechts das Eigentum, so wird der Käufer, soweit der von ihm geschuldete Kaufpreis noch nicht berichtigt ist, von seiner Verpflichtung frei; den berichtigten Kaufpreis kann er nicht zurückfordern.

§ 67 Befreiungen

(1) ¹Von den Geboten und Verboten dieses Gesetzes, in einer Rechtsverordnung auf Grund des § 57 sowie nach dem Naturschutzrecht der Länder kann auf Antrag Befreiung gewährt werden, wenn
1. dies aus Gründen des überwiegenden öffentlichen Interesses, einschließlich solcher sozialer und wirtschaftlicher Art, notwendig ist oder
2. die Durchführung der Vorschriften im Einzelfall zu einer unzumutbaren Belastung führen würde und die Abweichung mit den Belangen von Naturschutz und Landschaftspflege vereinbar ist.

²Im Rahmen des Kapitels 5 gilt Satz 1 nur für die §§ 39 und 40, 42 und 43.

(2) ¹Von den Verboten des § 33 Abs. 1 Satz 1 und des § 44 sowie von Geboten und Verboten im Sinne des § 32 Abs. 3 kann auf Antrag Befreiung gewährt werden, wenn die Durchführung der Vorschriften im Einzelfall zu einer unzumutbaren Belastung führen würde. ²Im Fall des Verbringens von Tieren oder Pflanzen aus dem Ausland wird die Befreiung vom Bundesamt für Naturschutz gewährt.

(3) ¹Die Befreiung kann mit Nebenbestimmungen versehen werden. ²§ 15 Abs. 1 bis 4 und Abs. 6 sowie § 17 Abs. 5 und 7 finden auch dann Anwendung, wenn kein Eingriff in Natur und Landschaft im Sinne des § 14 vorliegt.

Gliederung

		Rdnr.
I.	Allgemeines	1–6
1.	Befreiung als administrative Korrektur der Auswirkungen einer Norm	1, 2
2.	Gegenstand der Befreiung	3
3.	Der Befreiung unterliegende Normen	4
4.	Keine Funktionslosigkeit der Norm infolge der Befreiung	5
5.	Verhältnis zu anderen Ausnahmeregelungen	6
II.	Voraussetzungen der Befreiung	7–19
1.	Gründe des überwiegenden öffentlichen Interesses	8–11
	a) Allgemeines	8, 9
	b) Überwiegen anderer öffentlicher Interessen	10
	c) Beispiele aus der Rechtsprechung	11
2.	Unzumutbare Belastung	12–19
	a) Allgemeines	12
	b) Funktion der Befreiung wegen unzumutbarer Belastung	13
	c) Unzumubarkeit „im Einzelfall"	14, 15
	d) Objektive Umstände	16
	e) Verhältnismäßigkeit, Sonderopfer	17
	f) Vereinbarkeit mit den Naturschutzbelangen	18, 19
III.	Befreiungen im Artenschutzrecht (Abs. 1 Satz 2, Abs. 2)	20–25
1.	Der Befreiung nach Abs. 1 Satz 1 unterliegende Gebote und Verbote	20–24
2.	Befreiung vom Zugriffs-, Besitz- und Vermarktungsverbot des § 44 (Abs. 2)	25
IV.	Sonderfälle (Abs. 2)	26–38
1.	Allgemeines	26–28
2.	Verbote des § 33 Abs. 1 Satz 1	29
3.	Gebote und Verbote i.S.d. § 32 Abs. 3	30–38
V.	Entscheidung	39–41
VI.	Verfahren, Zuständigkeit	42–45
VII.	Landesrecht	46

I. Allgemeines

1. Befreiung als adminstrative Korrektur der Auswirkungen einer Norm

Die in naturschutzrechtlichen Gesetzen, Verordnungen und Satzungen festgelegten Verbote und Gebote sind das Ergebnis einer Interessenabwägung. Das Ergebnis der Abwägung kann sowohl eine generelle als auch eine spezielle Regelung sein. Beispiele: Der Gesetzgeber nimmt an, dass in einem Naturschutzgebiet die Bedeutung des zu schützenden Teils von Natur und Landschaft grundsätzlich ein generelles Veränderungsverbot rechtfertigt (§ 23 Abs. 2). Wird aufgrund dieser Ermächtigung eine Naturschutzverordnung erlassen, kann der Verordnungsgeber bei der Abwägung der öffentlichen und privaten Interessen zu dem Ergebnis kommen, dass auf bestimmten Flächen gewisse Veränderungen zugelassen werden können bzw. ausdrücklich gewisse Veränderungen auf bestimmten Grundstücken verbieten, z.B. den Grünlandumbruch, und damit zeigen, dass er diese Konsequenz des Veränderungsverbots bewusst hervorheben will. 1

Das Recht kennt verschiedene Wege, ein Gebot/Verbot zu relativieren, sei es durch Nennung konkreter Ausnahmefälle oder durch generell-abstrakte Umschreibung, z.b. kann eine Straftat, per se eine verbotswidrige Handlung, durch Notwehr gerechtfertigt sein, was dann im Einzelfall festgestellt werden muss. Auch wenn der Normgeber selbst im Gesetz oder einer Schutzverordnung Ausnahmen regelt, kann er nicht alle denkbaren Fallgestaltungen und Konsequenzen vorhersehen. Mit der Befreiung stellt er ein Instrument bereit, um die **Auswirkungen einer Norm im Einzelfall zu korrigieren.** Diese im Naturschutzrecht seit jeher praktizierte Regelungstechnik trägt den Besonderheiten dieser Materie Rechnung, deren Gebote und Verbote häufig die Nutzung von Grundeigentum betreffen und vielgestaltige Auswirkungen haben können, die sich nicht vollständig vorhersehen lassen. Regelungen, die Inhalt und Schranken des Eigentums bestimmen, sind mit Art. 14 Abs. 1 GG unvereinbar, wenn sie unverhältnismäßige Belastungen des Eigentümers nicht ausschließen und keinerlei Vorkehrungen zur Vermeidung derartiger Eigentumsbeschränkungen enthalten.[1] Bei der Inhaltsbestimmung des Eigentums (Art. 14 Abs. 1 Satz 2 GG) durch Gebote oder Verbote hält die Verfassungsrechtsprechung Ausnahme- und Befreiungsregelungen für geeignete und gegenüber einem finanziellen Ausgleich vorrangige Mittel, um unverhältnismäßige Belastungen zu vermeiden (Rdnr. 13 und § 68 Rdnr. 6 f.).[2] Das ist die hauptsächliche Funktion des Abs. 1 Satz 1 Nr. 2. Im Fall des Abs. 1 Satz 1 Nr. 1 ist ein solcher Bezug zu Grundrechten nicht vorhanden, er betrifft öffentliche Interessen. Hier erfährt die ursprüngliche Interessenabwägung, die zur Festlegung naturschutzrechtlicher Verbote oder Gebote geführt hat, eine Korrektur, weil im Einzelfall ein nicht bedachtes öffentliches Interesse vorrangig ist. Anzumerken ist, dass das Europarecht in der FFH- und Vogelschutz-Richtlinie nur Ausnahmen von den Verboten regelt, aber keine dem § 67 vergleichbare Ermächtigung zur Befreiung von Geboten und Verboten kennt. 2

2. Gegenstand der Befreiung

Dies kann jedes Verhalten sein, dem ein normatives und materielles Verbot oder Gebot entgegensteht, z.B. das Verlassen des Weges in einem Natur- 3

---

[1] BVerfG, Urt. v. 2.3.1999 – 1 BvL 7/91, NJW 1999, 2877.
[2] BVerfG, Beschl. v. 16.9.1998 – 1 BvL 21/94, NuR 1999, 99 und Urt. v. 2.3.1999 – 1 BvL 7/91, NJW 1999, 2877; BVerwG, Urt. v. 31.1.2001 – 6 CN 2.00, NuR 2001, 391 (Naturschutzverordnung).

schutzgebiet mit Wegegebot, die Beseitigung eines als Naturdenkmal geschützten Baumes und vieles mehr. Der **Erlass von Rechtsnormen** kann nicht Gegenstand einer Befreiung sein, denn die naturschutzrechtlichen Gebote und Verbote beziehen sich auf **reale Handlungen**, indem sie Begriffe wie Störung, Beeinträchtigung, Zerstörung, Veränderung, dem Schutzzweck zuwiderlaufende Handlungen, beunruhigen, fangen, verletzen, töten usw. verwenden. Ein **Bebauungsplan**, der die Errichtung von Häusern in einem Naturschutzgebiet vorsieht, widerspricht als solcher nicht dem Veränderungsverbot der Schutzverordnung (ebenso wenig wie er einen Eingriff i.S.v. § 14 Abs. 1 darstellt, was ja der Grund für die Regelung des § 18 ist). Dies ist erst bei der Errichtung von Bauten auf der Grundlage des Planes der Fall. Deshalb stellt die Rechtsprechung bei Schutzverordnungen darauf ab, ob sie als dauernde, unüberwindliche Hindernisse der Verwirklichung der Bauleitplanung im Wege stehen[3] oder eine Abweichung in Form der Befreiung in Betracht kommt.[4] Daran hat § 30 Abs. 4 nichts geändert. Auch hier ist nicht der Bebauungsplan Gegenstand der Befreiung, sondern die im Vollzug seiner Festsetzungen erfolgenden Tätigkeiten.

3. Der Befreiung unterliegende Normen

4   Dies sind **Gebote und Verbote** dieses Gesetzes, in einer Rechtsverordnung auf Grund des § 57 sowie nach dem (bestehenden und künftigen) Naturschutzrecht der Länder, also Rechtsvorschriften, die **unmittelbar und konkret eine Handlungs- oder Unterlassungspflicht** begründen. Beispiele aus dem Bundesrecht sind das gesetzliche Verbot, geschützte Biotope zu beeinträchtigen (§ 30), aus dem Landesrecht Gebote und Verbote im Landesnaturschutzgesetz selbst oder in Schutzverordnungen/Satzungen, z.B. das Veränderungsverbot oder das Wegegebot in einer Naturschutzverordnung, aber auch Verbote mit Erlaubnisvorbehalt z.B. in einer Landschaftsschutzverordnung, wenn keine Erlaubnis erteilt werden kann. **Nicht umfasst** sind Handlungs- oder Unterlassungspflichten, die nicht aus normativen Geboten/Verboten resultieren, sondern erst im Vollzug einer sonstigen Norm – etwa in einem Genehmigungsbescheid – festgelegt werden. Beispiele: Die Behörde konkretisiert die Pflicht des Eingriffsverursachers, Natur- und Landschaftsbeeinträchtigungen zu unterlassen oder auszugleichen (§ 15 Abs. 1 und 2), im Zulassungsbescheid durch Auflagen, die als Gebote oder Verbote formuliert sind. Die Genehmigung eines Zoos oder Tiergeheges (§§ 42, 43) enthält Nebenbestimmungen, welche die gesetzlichen Pflichten des Betreibers z.B. in Form von Geboten festlegen.

4. Keine Funktionslosigkeit der Norm infolge der Befreiung

5   Das Rechtsinstitut der Befreiung ist dadurch gekennzeichnet, dass der Normgeber die Behörde ermächtigt, ein durch Gesetz, Verordnung oder Satzung begründetes Gebot oder Verbot in bestimmten Sonderfällen, deren Merkmale er in Abs. 1 Satz 1 allgemein beschrieben hat, außer Kraft zu setzen. Die grundsätzliche Geltung der Norm bleibt unberührt. Abs. 1 Satz 1 Nr. 2 verdeutlicht das durch die Formulierung „im Einzelfall", aber auch in

---

3   Vgl. bereits BVerwG, Beschl. v. 28.11.1988 – 4 B 212.88, NuR 1989, 225.
4   So BVerwG, Urt. v. 17.12.2002 – 4 C 15.01, NuR 2003, 365, in Abgrenzung zu dem durch Urt. v. 21.10.1999 – 4 C 1.99, NuR 2000, 323 entschiedenen Fall, wo es für nicht ausreichend gehalten wurde, dass der planenden Gemeinde eine Änderung der Landschaftsschutzverordnung verbindlich in Aussicht gestellt worden war, eine Befreiung aber ausschied.

Nr. 1 gilt nichts anderes.[5] Die Befreiung darf nach Umfang und Häufigkeit nicht dazu führen, dass die Norm gegenstandslos oder funktionslos wird oder sie ihren Zweck ganz oder teilweise nicht mehr erreichen kann.[6] Damit würde die Entscheidung des Normgebers in unzulässiger Weise auf administrativem Weg konterkariert.[7] Die Befreiung darf nicht dazu dienen, die Norm sozusagen in kleiner Münze aufzuheben, indem eine Vielzahl von Befreiungen oder eine pauschale Befreiung von allen Verboten einer Schutzverordnung gewährt wird (vgl. Rdnr. 14).[8] Dagegen ist es zulässig, eine Befreiung wiederkehrend zu erteilen, z.b. für eine alljährliche wissenschaftliche Exkursion in ein Schutzgebiet.

5. Verhältnis zu anderen Ausnahmeregelungen

Ausnahmen macht bereits der Normgeber für solche Sachverhalte, die bei Erlass der Norm bekannt sind oder vorhergesehen werden. Sie stellen einzelne Handlungen (z.b. das Befahren eines Weges) oder eine Gesamtheit von Handlungen (z.b. die landwirtschaftliche Bodennutzung, den Unterhalt von Leitungen) von der Beachtung einzelner Gebote oder Verbote frei. Ob der Normgeber den Weg der Ausnahme oder der Befreiung wählt, steht weitgehend in seinem Ermessen. Zwar sind die Befreiungsvoraussetzungen, ihrem Zweck (Bewältigung noch nicht konkret bekannter Problemfälle) entsprechend, stets abstrakt formuliert. Darüber hinaus gibt es aber keine feste Regel dahingehend, dass allgemein formulierte Tatbestände stets als Befreiungsgrund zu regeln seien und für eine Ausnahmeregelung nur konkret beschriebene Tatbestände in Betracht kämen. Der – nur allgemein beschriebene – Fall etwa, dass überwiegende andere öffentliche Interessen ein Zurücktreten naturschutzrechtlicher Gebote/Verbote erfordern, ist in § 34 Abs. 3 Nr. 1 und § 45 Abs. 7 Nr. 5 der europarechtlichen Vorgabe folgend als Ausnahme geregelt, ebenso in § 61 Abs. 3 Nr. 1 als nationale Regelung, während er sonst einen Befreiungsgrund nach § 67 Abs. 1 Satz 1 Nr. 1 bildet. Solche Ausnahmeregelungen **schließen die Anwendung der Befreiungsvorschrift nicht grundsätzlich aus.** Zunächst ist maßgeblich, ob der Gesetzgeber selbst das Verhältnis der beiden Instrumente geregelt hat. So beschränkt § 67 Abs. 1 Satz 2 die Anwendbarkeit von Satz 1 im Rahmen des Kapitels 5 auf einige Vorschriften. Im übrigen muss im Einzelfall geklärt werden, in welchem Verhältnis die Regelungen zueinander stehen (zu Abs. 2 vgl. Rdnr. 20 f.). Die Ausnahme von einem Verbot kann z.B. darauf beruhen, dass der Normgeber selbst vorausschauend bestimmte Fallgestaltungen als nicht beabsichtigte Konsequenz einstuft und einer abweichenden Regelung unterwirft. Die Anwendbarkeit der Befreiungsregelung wird dadurch rechtlich nicht ausgeschlossen, aber – was die denkbaren Fallgestaltungen betrifft – weniger wahrscheinlich.

II. Voraussetzungen der Befreiung

Die seit 1976 geltende Formulierung „nicht beabsichtigte Härte" ist durch „unzumutbare Belastung" ersetzt worden (Rdnr. 12). Der Fall, dass die Durchführung der Vorschriften im Einzelfall zu einer nicht gewollten Beein-

---
5 BVerwG, Urt. v. 18.6.1997 – 4 C 3.95, NuR 1998, 251: „... atypisches, vom Verordnungsgeber nicht vorausgesehenes Vorhaben" (Straßenbau).
6 VGH München, Urt. v. 14.1.2003 – 1 N 01.2072, NuR 2003, 753.
7 BVerwG, Beschl. v. 26. 6. 1992 – 4 B 1-11.92, NuR 1993, 22; VGH München, Urt. v. 5.7.1994 – 8 A 93.40056-61, NuR 1995, 274.
8 *Louis*, NuR 1995, 62/66.

trächtigung von Natur und Landschaft führen würde, ist im Gesetz nicht mehr enthalten, er hatte kaum praktische Bedeutung. Gemeinsam ist allen Befreiungstatbeständen, dass es sich um einen **Einzelfall** handeln muss. Dieser muss dadurch gekennzeichnet sein, dass etweder andere Gemeinwohlbelange mit den Zielen der Norm kollidieren und Vorrang haben (Abs. 1 Satz 1 Nr. 1) oder die bei Erlass der Norm prognostizierten und – wegen der damit verfolgten Gemeinwohlziele des § 1 BNatSchG – gebilligten Belastungen ausnahmsweise ein Ausmaß erreichen, das nicht zumutbar ist, und die Konsequenzen, die bei Minderung oder Beseitigung dieser Härte entstehen, mit den Naturschutzbelangen vereinbar sind (Abs. 1 Satz 1 Nr. 2).

1. Gründe des überwiegenden öffentlichen Interesses (Absatz 1 Satz 1 Nr. 1)

8 a) **Allgemeines.** Mit der Möglichkeit einer Befreiung wegen überwiegenden öffentlichen Interesses will der Gesetzgeber die naturschutzrechtlichen Gebote und Verbote nicht unter einen allgemeinen Abwägungsvorbehalt stellen und der Behörde nicht die Befugnis einräumen zu entscheiden, ob die Norm durchgreifen soll oder nicht. Vielmehr betrachtet er die mit den Verboten und Geboten verfolgten öffentlichen Interessen und Ziele (§ 1) in der Regel als gewichtig genug, um die damit verbundenen Konsequenzen zu rechtfertigen. Nur **ausnahmsweise,** wenn ein vom Normgeber nicht bedachter Fall vorliegt, kann ein anderes öffentliches Interesse vorrangig sein. Nach der Rechtsprechung zum bisherigen Recht müssen dazu zwei **Tatbestandsvoraussetzungen** erfüllt sein: (a) Eine besondere oder Ausnahmesituation, d.h. ein Sachverhalt, der sich vom gesetzlich geregelten Tatbestand durch das Merkmal der **Atypik** abhebt, und (b) eine **Abwägungsentscheidung.** Der Bilanzierungsgedanke komme im Tatbestandsmerkmal der „überwiegenden" Gründe zum Ausdruck. Durch den Hinweis auf das „Gemeinwohl" stelle der Gesetzgeber außerdem klar, dass in die bilanzierende Betrachtung zugunsten einer Ausnahme nur Gründe des öffentlichen Interesses und nicht auch private Belange eingestellt werden dürfen.[9] Die Ersetzung des Begriffs „Gemeinwohl" durch „öffentliches Interesse" ändert daran nichts, sondern bestätigt die bisherige Rechtslage.

9 Während bisher von überwiegenden Gründen des Gemeinwohls die Rede war, orientiert sich der Gesetzgeber mit der Formulierung „**Gründe des überwiegenden öffentlichen Interesses, einschließlich solcher sozialer und wirtschaftlicher Art**" an § 45 Abs. 7 Nr. 4, der seinerseits auf europarechtlicher Vorgabe beruht (Art. 16 Abs. 1 Buchst. c FFH-RL). In der Sache ändert sich dadurch nichts, denn schon bisher konnten Gründe des Gemeinwohls alle öffentlichen Interessen sein.[10] Häufig geht es dabei um öffentliche Bauten, vor allem Vorhaben der Infrastruktur. Rein private Interessen scheiden aus. Jedoch kann die Tätigkeit Privater – insbesondere ihre wirtschaftliche Betätigung – auch im öffentlichen Interesse liegen, z.B. Rohstoffgewinnung, Energieversorgung, Wohnungsbau usw. Sie können ihren Befreiungs-

---

9 BVerwG, Beschl. v. 20.2.2002 – 4 B 12.02, BauR 2002, 1368 mit Bezug auf Urt. v. 26.3.1998 – 4 A 7.97, NuR 1998, 605. Ähnlich OVG Berlin Beschl. v. 26.9.1991 – 2 A 5.91, NuR 1992, 87 (atypischer Fall dergestalt, dass ein besonderes, ursprünglich nicht abschätzbares Gemeininteresse eine Randkorrektur der Regelung erfordert) und OVG Koblenz, Urt. v. 11.2.2000 – 8 A 10321/99, NuR 2000, 522 und BVerwG, Urt. v. 18.6.1997 – 4 C 3.95, NuR 1998, 251 (vom Verordnungsgeber nicht vorausgesehener und deshalb atypischer Fall).
10 BVerwG, Urt. v. 9.6.1978, BVerwGE 56, 71 zum entsprechenden Wortlaut des § 31 Abs. 2 Nr. 1 BauGB.

antrag darauf stützen (Rdnr. 40). Andererseits sind auch die Belange von Naturschutz und Landschaftspflege öffentliche Interessen. Welches der kollidierenden öffentlichen Interessen den Vorrang hat und daher als „überwiegendes öffentliches Interesse" anzusehen ist, muss durch Abwägung im Einzelfall ermittelt werden.[11] Es ist auch der Fall denkbar, dass Interessen des Naturschutzes eine Befreiung rechtfertigen, z.b. kann eine Befreiung vom gesetzlichen Biotopschutz in Betracht kommen, um eine Beeinträchtigung des Landschaftsbildes zu beseitigen.[12]

b) Überwiegen anderer öffentlicher Interessen. Die Gründe des überwiegenden öffentlichen Interesses müssen die Befreiung **erfordern**, denn andernfalls ist sie nicht „notwendig". Das bedeutet nicht, dass die beantragte Maßnahme das einzig denkbare Mittel sein muss, um das verfolgte öffentliche Interesse zu verwirklichen. Es genügt, dass sie vernünftigerweise geboten ist,[13] während nicht ausreicht, dass sie für den Zweck lediglich nützlich ist. Die Beurteilung der Notwendigkeit ist von der Prüfung, ob ein vorrangiges öffentliches Interesse besteht, nicht zu trennen. Sie ist zusammen mit der Prüfung, ob die Interessen des Vorhabens überwiegen, **Teil der Abwägungsentscheidung** darüber, ob für das Vorhaben so starke öffentliche Interessen sprechen, dass es z.b. den Eingriff in ein Naturschutzgebiet rechtfertigt.[14] Je gewichtiger die Naturschutzbelange sind und je stärker ihre Beeinträchtigung ist, desto größer muss das Gewicht des zur Befreiung anstehenden Vorhabens einschließlich seiner Erforderlichkeit sein. Zumutbare **Alternativen** sprechen gegen ein Überwiegen der anderen öffentlichen Interessen.

c) Beispiele aus der Rechtsprechung.[15] Es besteht kein überwiegendes öffentliches Interesse an einem kleinen Wasserkraftwerk in einem geschützten Flussabschnitt[16] und an einer Windkraftanlage an herausgehobener Stelle im Landschaftsschutzgebiet,[17] ebenso nicht an einer Erschließungsstraße für ein Wohngebiet[18], wohl aber an einer Bundesstraße (Ortsumgehung)[19] im Landschaftsschutzgebiet. Das Interesse an sportlicher Betätigung kann in aller Regel nicht das Gewicht eines überwiegenden Gemeinwohlbelangs erreichen. Weder die steuerrechtliche Anerkennung des Sportvereins als gemeinnützig noch der Charakter des Sports als olympische Disziplin reichen dazu aus. Auch erfordern solche Gründe nicht die Befreiung, denn wohnortnahe Sportflächen zu verlangen, ist kein überwiegender Gemeinwohlbelang.[20] Von vornherein scheiden auch Sportanlagen aus, die nur einem beschränkten Personenkreis dienen.[21] Ein dem Sport dienendes Vorhaben, für das eine Befrei-

---

11 BVerwG, Beschl. v. 20.2.2002 – 4 B 12.02, NuR 2003, 351; VG Regensburg NuR 1990, 39.
12 BVerwG, Beschl. v. 20.2.2002 – 4 B 12.02, NuR 2003, 351.
13 OVG Koblenz, Urt. v. 11.2.2000 – 8 A 10321/99, NuR 2000, 522.
14 OVG Koblenz, Urt. v. 11.2.2000 a.a.O.; ebenso OVG Weimar, Urt. v. 6.6.1997 – 1 KO 570/94, NuR 1998, 47 zu einer Windkraftanlage auf einer Kuppe im Landschaftsschutzgebiet.
15 Zur Kasuistik *Fischer-Hüftle*, Naturschutz-Rechtsp. für die Praxis Kap. 7610.
16 VGH München, Urt. v. 5.5. 1981 – 8 B-295/79, NuR 1982, 109; OVG Koblenz, Urt. v. 16.11.2000 – 1 A 10532/00, NuR 2001, 291.
17 OVG Weimar, Urt. v. 6.6.1997 – 1 KO 570/94, NuR 1998, 47; VG Cottbus, Urt. v. 14.1.1999 – 5 K 532/94.
18 VGH Mannheim, Urt. v. 29.7.1999 – 5 S 1603/97, NuR 2000, 272.
19 BVerwG, Urt. v. 18.6.1997 – 4 C 3.95, NuR 1998, 251.
20 OVG Münster, Urt. v. 28.4.1997 – 10 A 835/95, NuR 2000, 106.
21 VG Regensburg, Urt. v. 26.9.1990 – RN 3 K 89.1822, NuR 1991, 444 (Drachenflieger-Rampe); VGH München, Urt. v. 30.7.1982 – 9 B 81 A 1133, NuR 1983, 121 (Golfplatz).

ung nötig ist, kann auch nicht natur- und landschaftsverträglich i.S.v. § 2 Abs. 1 Nr. 13 Satz 4 und 5 sein. Ein dem Fremdenverkehr dienendes Vorhaben muss sich in aller Regel an die Rahmenbedingungen des Naturschutzes und der Landschaftspflege halten, sodass eine Befreiung von den Verboten einer Naturschutzverordnung für eine Veranstaltung, die die Natur als Kulisse nutzt und sie vermarktet, nicht in Betracht kommt.[22] Die Schaffung von Arbeitsplätzen durch Private kann nur dann ein überwiegender Gemeinwohlbelang sein, wenn sie voraussichtlich dauerhaft gesichert sind und dazu gerade geschützte Flächen in Anspruch genommen werden müssen. Es verhält sich ähnlich wie bei der Enteignung zugunsten eines Privaten zur wirtschaftlichen Stärkung einer strukturschwachen Gegend, bei der gewährleistet sein muss, dass der im Allgemeininteresse liegende Zweck der Maßnahme erreicht und dauerhaft gesichert wird (Vorkehrungen zur Sicherung des verfolgten Gemeinwohlziels).[23]

2. Unzumutbare Belastung (Absatz 1 Satz 1 Nr. 2)

12 a) **Allgemeines.** Dieser Befreiungstatbestand ist an die Stelle der „nicht beabsichtigten Härte" getreten. Die **Gesetzesbegründung**[24] sagt dazu: „Die Vorschrift nimmt eine Neukonzeption des Instrumentes der naturschutzrechtlichen Befreiung vor, die allerdings bereits durch das Erste Gesetz zur Änderung des Bundesnaturschutzgesetzes vom 12.12.2007 (BGBl. I 2873) angelegt wurde. Mit diesem Gesetz wurde für die Zugriffs-, Besitz- und Vermarktungsverbote des Besonderen Artenschutzes der Befreiungsgrund der unzumutbaren Belastung eingeführt. Das europäische Artenschutzrecht kennt an sich nur Ausnahmegründe im öffentlichen Interesse, die in § 43 Abs. 8 BNatSchG g.F. in nationales Recht umgesetzt wurden. Im vorrangigen europäischen Primärrecht ist aber wie im nationalen Verfassungsrecht der Grundsatz der Verhältnismäßigkeit verankert. Nach der Rechtsprechung des Bundesverfassungsgerichts (vgl. Beschl. v. 2.3.1999 – 1 BvL 7/91, BVerfGE 100, 226–248) zum rheinland-pfälzischen Denkmalschutzgesetz) verlangt dieser Grundsatz im Rahmen der Bestandsgarantie des Artikels 14 Absatz 1 Satz 1 GG, dass in erster Linie Vorkehrungen getroffen werden, die eine unverhältnismäßige Belastung des Eigentümers real vermeiden und die Privatnützigkeit des Eigentums so weit wie möglich erhalten. Daher ist eine entsprechende Befreiungsregelung im privaten Interesse neben bzw. vorrangig zu Ausgleichs- und Entschädigungsregelungen geboten. Nicht anders stellt sich jedoch die Situation im europäischen Gebietsschutzrecht dar, das ebenfalls nur Ausnahmegründe im öffentlichen Interesse kennt (vgl. die Umsetzung in § 34 Absatz 3 und 4 BNatSchG g. F.). Aus den vorgenannten Gründen soll die jüngst für den Bereich des Besonderen Artenschutzes getroffene Befreiungsregelung daher auch auf die Ge- und Verbote bei Natura 2000-Gebieten ausgedehnt werden. Vor diesem Hintergrund erscheint dann ein weiteres, paralleles Festhalten am überkommenen, im Landesrecht fortgeführten Befreiungsgrund der unbeabsichtigten Härte für die übrigen naturschutzrechtlichen Ge- und Verbote nicht weiter sinnvoll. Die Behörden müssten nämlich dann nicht nur zwei unterschiedliche Befreiungsregime exekutieren. Sie müssten auch weiter mit einem Begriff operieren, der nicht mehr der gültigen Dogmatik zum Eigentumsrecht entspricht und in Einzelfällen möglicherweise sogar nicht mehr in Einklang mit der oben genannten Rechtsprechung zu bringen ist."

---

22 VG Regensburg, Urt. v. 7.6.1989 – RN 3 K 88.1365, NuR 1990, 39.
23 BVerfG, Urt. v. 24.3.1987 – 1 BvR 1046/85 – BVerfGE 74, 264 „Boxberg".
24 BT-Drs. 16/12274, S. 76.

b) Funktion der Befreiung wegen unzumutbarer Belastung. Regelungen, die die Nutzung von Grundstücken aus Gründen des Natur- und Landschaftsschutzes beschränken, sind keine Enteignung i.S.d. Art. 14 Abs. 3 GG, sondern bestimmen Inhalt und Schranken des Eigentums i.S.v. Art. 14 Abs. 1 Satz 2 GG (§ 68 Rdnr. 18). Inhalts- und Schrankenbestimmungen, die für sich genommen unzumutbar wären, aber vom Gesetzgeber mit Ausgleichsmaßnahmen verbunden sind, können ausnahmsweise mit Art. 14 Abs. 1 GG im Einklang stehen. Es ist dem Gesetzgeber grundsätzlich nicht verwehrt, im öffentlichen Interesse gebotene eigentumsbeschränkende Maßnahmen auch in Härtefällen durchzusetzen, wenn er durch kompensatorische Vorkehrungen unverhältnismäßige oder gleichheitswidrige Belastungen des Eigentümers im Einzelfall (Rdnr. 17) vermeidet und schutzwürdigem Vertrauen angemessen Rechnung trägt (§ 68 Rdnr. 6). Solche Vorkehrungen dürfen nicht allein in einem finanziellen Ausgleich bestehen, vorrangig ist die reale Vermeidung einer unzumutbaren Belastung, was z.b. im Weg der Befreiung geschehen kann (§ 68 Rdnr. 7).

c) Unzumutbarkeit „im Einzelfall". Die Behörde muss bei der Prüfung der Zumutbarkeit die Bewertung durch den Normgeber beachten und daher annehmen, dass der Normgeber diejenigen **Konsequenzen, die bei allen oder den meisten Betroffenen vorherzusehen sind,** für zumutbar hält. Insofern verhält es sich im Ergebnis nicht anders als bisher bei Prüfung der nicht beabsichtigten Härte. Die zur „nicht beabsichtigten Härte" getroffene Feststellung, für den Regelfall sei das, was die Norm bestimmt, grundsätzlich auch dann beabsichtigt, wenn es sich als Härte erweist,[25] gilt entsprechend für die Frage der Zumutbarkeit. Eine administrative Korrektur der Normauswirkungen setzt daher mehr voraus als nur den Eintritt solcher Konsequenzen, mit denen bei einer Regelung der in Rede stehenden Art normalerweise zu rechnen ist. Auszuscheiden sind alle Folgen, die die Norm in einer unbestimmten Anzahl von Fällen typischerweise und gleichermaßen haben kann oder haben soll. So hat der Eigentümer eines im Naturschutzgebiet gelegenen Wochenendhauses, dem eine Befreiung zwecks Errichtung einer Beleuchtungsanlage an dem Weg zum Haus verweigert wird, kein von der Lage anderer Eigentümer im Naturschutzgebiet verschiedenes Sonderinteresse.[26] Der Kompetenzverteilung zwischen dem Normgeber und der über die Befreiung entscheidenden Behörde würde es widersprechen, solche Konsequenzen als unzumutbare Belastung zu werten und durch entsprechend zahlreiche Befreiungen zu korrigieren (Rdnr. 5). Der Geltungsanspruch der Norm darf durch Behördenentscheidung nicht auf breiter Front durchbrochen werden, dies ist nicht Inhalt der Ermächtigung zu Befreiung im Einzelfall. Hält ein Betroffener die regelmäßig eintretenden Konsequenzen eines Verbots oder Gebots für unverhältnismäßig, kann er die Befreiung einklagen und bei Gesetzen auf eine Vorlage nach Art. 100 GG hinwirken oder bei untergesetzlichen Normen ein Normenkontrollverfahren durchführen bzw. ihre inzidente Verwerfung anstreben.

Es muss sich vielmehr – ebenso wie bei der Befreiung nach Nr. 1 der Vorschrift – um einen Ausnahmefall bzw. **Sonderfall**[27] handeln, was die Wendung „im Einzelfall" verdeutlicht. Dementsprechend scheidet z.b. eine Be-

---
25 OVG Lüneburg, Urt. v. 7.12.1989 – 3 A 198/87, NuR 1990, 281.
26 BVerwG, Beschl. v. 14.9.1992 – 5 S 762/90, NuR 1993, 28.
27 Diesen Begriff verwenden – im Kontext des bisherigen Rechts – VGH Mannheim, Urt. v. 28.10.1981 – 3 S 1539/80, NuR 1983, 67; BVerwG, Beschl. v. 14.9.1992 – 5 S 762/90, NuR 1993, 28; VGH München, Beschl. v. 7.8.1998 – 22 B 96.625, NuR 1998, 660.

freiung für eine Windenergieanlage im Landschaftsschutzgebiet aus, weil es sich nicht um einen Einzelfall i.S. eines atypischen Sachverhalts handelt, sondern der Gesichtspunkt der „Umweltfreundlichkeit" für alle gleich gearteten Bauwünsche gleichermaßen gelten würde.[28] Das bedeutet ferner: Der für das Wesen der Befreiung kennzeichnende Gegensatz von Regel- und Sonderfall setzt voraus, dass die Norm eine gewisse Verallgemeinerung oder Abstraktion enthält.[29] Das ist z.b. nicht der Fall, wenn eine Naturschutzverordnung den Umbruch bestimmter, konkret bezeichneter Grünlandflächen verbietet. Der Normgeber gibt damit zu erkennen, dass er die damit verbundene Belastung wegen der damit verfolgten öffentlichen Interessen für zumutbar hält, und die entscheidende Behörde darf von dieser konkreten und erkennbaren Einschätzung des Normgebers nicht abweichen (bisher wäre das ein Fall der „beabsichtigten Härte" gewesen).

16 d) **Objektive Umstände.** Der Befreiungstatbestand ist mögliches Korrektiv für grundstücksbezogene Besonderheiten.[30] Subjektive (personenbezogene) Umstände wie etwa persönliche, finanzielle, familiäre Bedingungen können keine Härte begründen,[31] weil die naturschutzrechtlichen Regelungen auf objektive Gesichtspunkte bei der Nutzung des Eigentums (meist an einem Grundstück) abstellen, nicht aber auf die wirtschaftliche Situation gerade des jeweiligen Eigentümers.[32] So ist es z.b. ohne Belang, wenn ein Grundstück als Streuwiese oder Wald genutzt werden kann, der Eigentümer aber kein Land- oder Forstwirt ist.[33] Auch fehlt es am alleinigen Ursachenzusammenhang zwischen dem Gebot/Verbot und der behaupteten Sondersituation. Kann z.b. jemand wegen eines naturschutzrechtlichen Verbots sein Grundstück nicht so ertragreich nutzen wie er es möchte, um seine finanzielle Lage zu verbessern, so kann (a) eine als solche empfundene Härte nicht allein als Folge des Verbots betrachtet werden, sondern beruht auch auf persönlichen und wirtschaftlichen Umständen beim Betroffenen und ist (b) eine solche Fallkonstellation typische Folge naturschutzrechtlicher Gebote/Verbote und daher kein Sonderopfer. So sah auch die Rechtsprechung keine unbeabsichtigte Härte darin, dass jemand ein Grundstück nicht durch Auffüllung oder Ablagerung einer anderen Nutzung zuführen,[34] mit einem Betriebsgebäude bebauen[35] oder ein Moor als Weide nutzen[36] kann. Für den nunmehr geltenden Begriff der unzumutbaren Belastung gilt nichts anderes.

17 e) **Verhältnismäßigkeit, Sonderopfer.** Gerade bei der Inhaltsbestimmung des Eigentums (Art. 14 Abs. 1 Satz 2 GG) hält die Verfassungsrechtsprechung Ausnahme- und Befreiungsregelungen für geeignete und gegenüber einem finanziellen Ausgleich vorrangige Mittel, um unverhältnismäßige Belastungen zu vermeiden (§ 68 Rdnr. 6 f.).[37] Für die Rechtmäßigkeit der Gebots- oder Verbotsnorm kommt es darauf an, ob die mit ihr bewirkte Inhaltsbe-

---

28 VGH München, Urt. v. 25.2.1996 – 14 B 94.119, NVwZ 1997, 1010.
29 BVerwG, Urt. v. 14.7.1972 – IV C 69.70, BVerwGE 40, 268 zu § 31 Abs. 2 BauGB.
30 OVG Münster, Urt. v. 19.1.2001 – 8 A 2049/99, NuR 2001, 530.
31 VGH München, Beschl. v. 19.1.2005 – 15 ZB 04.853.
32 VG Frankfurt (Oder), Urt. v. 18.1.2010 – 5 K 1791/05, juris Rdnr. 23.
33 BVerwG, Urt. v. 24. 6. 1993 – 7 C 26.92, NuR 1993, 487.
34 VGH Mannheim, Urt. v. 27.10.1981 NuR 1982, 264; OVG Lüneburg, Urt. v. 16.4.1986 – 3 A 126/84; OVG Münster, Beschl. v. 17.8.1999 – 10 A 2690/96.
35 OVG Saarlouis, Urt. v. 6.5.1981 – 2 R 115/80, NuR 1982, 28.
36 VG Schleswig, Beschl. v. 5.9.1988 – 1 D 27/88, NuR 1990, 139.
37 BVerfG, Beschl. v. 16.9.1998 – 1 BvL 21/94, NuR 1999, 99 und Urt. v. 2.3.1999 a.a.O.; BVerwG, Urt. v. 31.1.2001 – 6 CN 2.00, NuR 2001, 391 (Naturschutzverordnung).

stimmung des Eigentums – generell gesehen – einen gerechten und verhältnismäßigen Ausgleich zwischen den Interessen des Einzelnen und den Belangen der Allgemeinheit herstellt, ob die Belastung im Verhältnis zu den mit der Norm verfolgten Zielen bzw. öffentlichen Interessen im Einzelfall angemessen oder unverhältnismäßig ist (näher in § 68 Rdnr. 4). Was den bei der Befreiung zu betrachtenden **Einzelfall** betrifft, ist nicht jede vom Betroffenen als Härte empfundene Auswirkung zugleich eine unzumutbare Belastung. Denn bei der Prüfung, ob eine Belastung zumutbar ist, dürfen nicht nur die Konsequenzen der Regelung für den Betroffenen in den Blick genommen werden. Sie sind (erstens) zu vergleichen mit den „normalerweise" zu erwartenden Auswirkungen der Norm auf das Eigentum. Kommt es zu einer gegenüber den allgemein zu erwartenden Konsequenzen des Verbots/Gebots zu einer **ungleichen** (schwereren) **Belastung**, so kann diese den Grad der Unzumutbarkeit erreichen. Dabei spielt (zweitens) auch die Bedeutung der öffentlichen Interessen eine Rolle, die durch das Verbot/Gebot durchgesetzt werden sollen (**Verhältnismäßigkeit**). Die BVerfG-Rechtsprechung stellt auf die „Wahrung der Verhältnismäßigkeit" und den „Ausgleich gleichheitswidriger Sonderopfer" ab und fordert, die Substanz des Eigentums zu wahren und die Privatnützigkeit des Eigentums so weit wie möglich zu erhalten[38] (vgl. § 68 Rdnr. 12). Beispiel für **Unverhältnismäßigkeit**: Die Belange des Naturschutzes sind von relativ geringem Gewicht, die Belange des Eigentümers besonders schutzwürdig. Beispiel für ein unzumutbares **Sonderopfer**: Innerhalb eines reinen Wohngebiets bildet sich nach der künstlichen Anlegung eines Gartenteichs eine besonders laut rufende Froschkolonie, die den Nachbarn in der Nutzung seines Wohngrundstücks erheblich stört (was nach der alten Gesetzesfassung als „von den artenschutzrechtlichen Verboten nicht bedachtes Sonderinteresse" und damit als „nicht beabsichtigte Härte" bezeichnet wurde).[39] Beide Aspekte sind oft nicht klar zu trennen. Die Schwelle ist jedenfalls dann überschritten, wenn selbst ein dem Naturschutz aufgeschlossener[40] Eigentümer (objektiv, Rdnr. 16) von dem Grundstück keinen vernünftigen Gebrauch machen und es auch nicht veräußern kann und sich seine Rechtsposition einer Lage nähert, in der sie den Namen „Eigentum" nicht mehr verdient und die Privatnützigkeit nahezu vollständig beseitigt ist.[41] Noch krasser der Fall, dass die Lasten des Grundstücks von den Erträgen auf Dauer nicht mehr gedeckt werden. Andererseits sind staatliche Zuschüsse und Förderprogramme (z.B. ein Entgelt für extensive Bewirtschaftung) in die Betrachtung einzubeziehen. Ist das Grundstück Teil einer größeren, naturschutzrechtlichen Beschränkungen unterliegenden Fläche desselben Eigentümers, so ist bei der Frage der Nutzungs- und Ertragsmöglichkeiten auf die Gesamtfläche abzustellen, auch wenn ein Teil davon veräußert wird.[42]

---

38 BVerfG, Urt. v. 2.3.1999 – 1 BvL 7/91, BVerfGE 100, 226 juris Rdnr. 89 ff.
39 Vgl. BVerwG, Beschl. v. 14.1.1999 – 6 B 133.98, NJW 1999, 2912 in Bestätigung von VGH München, Urt. v. 8.7.1998 – 9 B 97.468, NuR 1999, 388.
40 So zum vergleichbaren Denkmalschutz BVerfG, Beschl. v. 14.4.2010 – 1 BvR 2140/08, juris Rdnr. 20, 26.
41 BVerfG, Urt. v. 2.3.1999 – 1 BvL 7/91, BVerfGE 100, 226. Ihm folgend für das Denkmalschutzrecht OVG Koblenz, Urt. v. 30.3.2006 – 1 A 10178/05.
42 So zum vergleichbaren Denkmalschutz BVerfG, Beschl. v. 14.4.2010 – 1 BvR 2140/08, juris Rdnr. 22: „Ein dem Denkmalschutz aufgeschlossener Eigentümer würde eine unter Denkmalschutz gestellte Gesamtanlage nicht zu dem Zweck, die Voraussetzungen einer (vermeintlichen) Unzumutbarkeit der Erhaltung eines Teils des Denkmals zu schaffen, oder jedenfalls unter Inkaufnahme dieser Folge eigentumsrechtlich aufspalten, und eine dem Denkmalschutz aufgeschlossene Person würde eine derartige Eigentumsposition nicht erwerben."

18 f) **Vereinbarkeit mit den Naturschutzbelangen.** Die Befreiung ist nicht die einzige Möglichkeit, die Auswirkungen eines Gebots/Verbots im Einzelfall mit Art. 14 GG in Einklang zu bringen. Die Bestandsgarantie des Art. 14 Abs. 1 Satz 1 GG verlangt zwar, dass in erster Linie Vorkehrungen getroffen werden, die eine unverhältnismäßige Belastung des Eigentümers real vermeiden wie z.b. Ausnahme- und Befreiungsvorschriften (§ 68 Rdnr. 7). Ist ein solcher Interessenausgleich aber im Einzelfall nicht möglich, so kann ein finanzieller Ausgleich in Betracht kommen oder die Übernahme durch die öffentliche Hand zum Verkehrswert (§ 68).[43] Vor diesem Hintergrund ist der gesetzliche **Vorbehalt** zu sehen, dass die durch die Befreiung herbeigeführte Abweichung von der Norm **mit den Belangen des Naturschutzes und der Landschaftspflege vereinbar** sein muss. Er kann nicht bedeuten, dass keinerlei Beeinträchtigung dieser Belange eintreten darf, weil eine Befreiung sonst praktisch nie in Betracht käme. Es ist auf das Gewicht der für eine Befreiung sprechenden Umstände des (atypischen) Einzelfalls einerseits und das Ausmaß der Beeinträchtigung der Naturschutzbelange andererseits abzustellen. Je gravierender die Umstände sind, die für die Befreiung sprechen, desto eher ist ein Zurücktreten der Naturschutzbelange gerechtfertigt[44] bzw. desto gewichtiger müssen die Naturschutzinteressen im Einzelfall sein, um die Verhältnismäßigkeit zu wahren. Steht als Folge einer Befreiung zu befürchten, dass eine Schutzverordnung in ihrem **Schutzzweck wesentlich beeinträchtigt** oder gar obsolet wird, so ist diese Befreiung mit den Belangen des Naturschutzes und der Landschaftspflege unvereinbar.[45]

19 Grundsätzlich ist es dem Gesetzgeber nicht verwehrt, im öffentlichen Interesse gebotene eigentumsbeschränkende Maßnahmen auch in Härtefällen durchzusetzen, wenn er durch kompensatorische Vorkehrungen unverhältnismäßige oder gleichheitswidrige Belastungen des Eigentümers vermeidet und schutzwürdigem Vertrauen angemessen Rechnung trägt, was dann, wenn eine Befreiung wegen Unvereinbarkeit mit den Naturschutzbelangen nicht möglich ist, auf einen **finanziellen Ausgleich** nach § 68 hinauslaufen kann.[46]

III. Befreiungen im Artenschutzrecht (Absatz 1 Satz 2, Absatz 2)

1. Der Befreiung nach Absatz 1 Satz 1 unterliegende Gebote und Verbote

20 Abs. 1 Satz 2 schränkt beim Artenschutz die Geltung der Befreiungsregelung ein. Im Rahmen des Kapitels 5 (Schutz der wild lebenden Tier- und Pflanzenarten, ihrer Lebensstätten und Biotope) gilt Satz 1 nur für die §§ 39 und 40, 42 und 43. Aber auch bei diesem eingeschränkten Kreis von Geboten und Verboten kann bei näherer Betrachtung eine Befreiung praktisch nur sehr eingeschränkt in Betracht kommen:

21 § 39: Abs. 1 verbietet mutwillige Handlungen oder Handlungen ohne vernünftigen Grund. Dass hiervon befreit wird, ist nicht denkbar. Ein Befreiungsgrund ist immer auch ein vernünftiger Grund. Eine Rechtfertigung für Mutwilligkeit kann es nie geben. Das Verbot des § 39 Abs. 2 steht ohnehin unter dem Vorbehalt bestimmter Ausnahmen. Es ist schwer vorstellbar, dass daneben eine Befreiung in Betracht kommen kann. Auch bei den Ver-

---

43 BVerfG, Urt. v. 2.3.1999 – 1 BvL 7/91, NuR 1999, 572.
44 VGH München, Urt. v. 8.7.1998 – 9 B 97.468, NuR 1999, 388.
45 OVG Weimar, Urt. v. 15.8.2007 – 1 KO 1127/05, ThürVGRspr 2008, 97.
46 BVerfG, Urt. v. 2.3.1999 – 1 BvL 7/91, NuR 1999, 572.

boten des § 39 Abs. 5 und 6 decken die gesetzlich genannten Ausnahmen die praktisch bedeutsamen Fälle bereits ab.

§ 40: Diese Vorschrift über nichtheimische, gebietsfremde und invasive Arten enthält keine normativen Gebote oder Verbote, die Bezugspunkte einer Befreiung sein könnten. **22**

§ 42: Abs. 3 enthält Anforderungen an die Errichtung und den Betrieb eines Zoos. Sie sind nicht als normative Gebote und Verbote ausgestaltet, sondern bilden Voraussetzungen der nach Abs. 2 erforderlichen Genehmigung. Ohne diesen Kontext entfalten sie keine Wirkung, d.h. sie gelten nur für den Fall, dass ein Antrag auf Genehmigung gestellt wird und begründen daher nicht unmittelbar und konkret eine Handlungs- oder Unterlassungspflicht des Normadressaten. Daher kann von ihnen keine Befreiung erteilt werden (Rdnr. 4). Es ist außerdem nicht vorstellbar, dass es Gründe geben könnte, welche die Beachtung dieser Gebote als unzumutbare Belastung erscheinen lassen, und die Abweichung mit den Belangen von Naturschutz und Landschaftspflege vereinbar ist. Wer sein Eigentum durch den Betrieb eines Zoos nutzen will, muss sich auf diese allgemein geltenden Anforderungen einstellen und die nötigen finanziellen Mittel haben. Eine gleichheitswidrige Sonderbelastung tritt hier nicht ein, zumal es eine Übergangsfrist gab. **23**

§ 43: Für die Gebote betreffend Tiergehege, die Errichtung und den Betrieb eines Tiergeheges gilt das zu § 42 Gesagte entsprechend. Davon abgesehen sind die sich aus § 42 Abs. 3 Nr. 1 bis 4 ergebenden Anforderungen Pflichten, die jeden Betreiber treffen und auf die er sich einstellen muss. **24**

2. Befreiung vom Zugriffs-, Besitz- und Vermarktungsverbot des § 44 (Absatz 2)

§ 44 ist in Abs. 1 Satz 2 nicht aufgeführt. Statt dessen regelt Abs. 2 die Möglichkeit der Befreiung für den Fall, dass die Verbote des § 44 zu einer unzumutbaren Belastung führen und kein Fall einer Ausnahme nach den Vorschriften des Kapitels 5 gegeben ist. Da der 5. Abschnitt die Ausnahmen ausführlich regelt, sind damit auch die für die Zumutbarkeit sprechenden Umstände abgewogen worden. Dass darüber hinaus noch ein Einzelfall der unzumutbaren Belastung eintritt, ist eher unwahrscheinlich. Siehe dazu Rdnr. 6. **25**

IV. Sonderfälle (Absatz 2)

1. Allgemeines

Abs. 2 regelt die Befreiung von den Verboten des § 33 Abs. 1 Satz 1 und des § 44 **sowie von** Geboten und Verboten i.S.d. § 32 Abs. 3. Er bildet für diese Fälle eine **Sonderregelung gegenüber Abs. 1**, d.h. Abs. 1 ist nicht anwendbar. Der Gesetzgeber will damit den Fall erfassen, dass **private Interessen** vorliegen, die das Gebot/Verbot als unzumutbare Belastung erscheinen lassen. Denn öffentliche Interessen sind, was das allgemeine Verschlechterungsverbot betrifft, bereits in § 33 Abs. 1 Satz 2 als Ausnahmegrund genannt bzw. in § 34 Abs. 3, wenn es um ein Projekt geht. Einziger Befreiungsgrund ist folglich der auch in Abs. 1 Satz 1 Nr. 2 genannte Fall, dass die Durchführung der Vorschriften im Einzelfall zu einer **unzumutbaren Belastung** führen würde. Der in Abs. 1 Satz 1 Nr. 2 hinzugefügte **Vorbehalt**, dass die Abweichung mit den Belangen von Naturschutz und Landschaftspflege vereinbar sein muss, fehlt in Abs. 2. Im Ergebnis besteht dennoch kein Un- **26** terschied zu Abs. 1 Satz 1 Nr. 2. Denn bei der Prüfung der Unzumutbarkeit kommt es nicht nur auf die Konsequenzen der Regelung für den Betroffenen an, sondern auf eine Abwägung (Rdnr. 17), worauf auch die Gesetzesbegründung hinweist (Rdnr. 12).

27 Der Gesetzgeber sah sich zu dieser Regelung durch die BVerfG-Rechtsprechung und den europarechtlichen Grundsatz der Verhältnismäßigkeit veranlasst (Rdnr. 12). Seinerzeit hieß es dazu in der Begründung der Artenschutznovelle 2007:[47] „Nachdem die Voraussetzungen für die Überwindung der Verbotstatbestände des § 42 im öffentlichen Interesse vollständig in § 43 Abs. 8 geregelt sind, bedarf es nur mehr eines Befreiungstatbestandes für Fallkonstellationen, in denen die Verbote des § 42 [nunmehr § 44] zu einer unzumutbaren Belastung des Einzelnen führen. Die Ausgestaltung der Regelung als Ermessensregelung stellt sicher, dass im Einzelfall das Interesse an einer Durchsetzung des gesetzlichen Verbots (im Falle einer unzumutbaren, d. h. nicht mehr in den Bereich der Sozialbindung des Eigentums fallenden Belastung unter Zahlung des erforderlichen Ausgleichs) mit dem Interesse an der Ermöglichung bzw. Fortdauer der Nutzung abgewogen werden kann. Durch Nebenbestimmungen kann dabei im Falle der Erteilung der Befreiung sichergestellt werden, dass der Betroffene etwa durch Ersatzmaßnahmen gleichwertige Zustände wiederherstellt."

28 Das Europarecht dürfte kaum eine solche Regelung erfordern. Was nicht unter den (weiten) Begriff Plan oder Projekt fällt, hat nach der Konzeption des Art. 6 Abs. 3 und 4 FFH-RL nicht das erforderliche Gewicht, um eine Ausnahme zu rechtfertigen. Dass die Möglichkeit einer unzumutbaren Belastung aufgrund (ausschließlich) privater Interessen von der Richtlinie nicht erwogen wird, muss keine durch nationales Recht auszufüllende Lücke sein. Es kann auch darauf beruhen, dass das Konzept von Natura 2000 nur die in den Richtlinien normativ genannten Ausnahmen von den Verboten kennt und den Mitgliedstaaten nicht daneben den Weg einer administrativen einzelfallbezogenen Abwägung (ausschließlich) privater Interessen mit den Interessen am Gebietsschutz zulassen will, weil die Anfälligkeit dieses Instruments für eine großzügige Handhabung bekannt ist.[48] Art. 8 FFH-RL kann darauf hindeuten, dass zur Wahrung der Verhältnismäßigkeit stattdessen eine finanzielle Lösung bevorzugt wird. Für das nationale Recht würde das bedeuten, dass eine unzumutbare Belastung durch Natura-2000-Gebote/Verbote direkt zu einem finanziellen Ausgleich oder einem Übernahmeanspruch nach § 68 führt (vgl. § 68 Rdnr. 14).

2. Verbote des § 33 Abs. 1 Satz 1

29 Nach § 33 Abs. 1 Satz 1 sind alle Veränderungen und Störungen, die zu einer erheblichen Beeinträchtigung eines Natura 2000-Gebiets in seinen für die Erhaltungsziele oder den Schutzzweck maßgeblichen Bestandteilen führen können, unzulässig. § 33 Abs. 1 schränkt diese Verbote in Satz 2 dahingehend ein, dass unter den (an sich nur für Projekte geltenden) Voraussetzungen des § 34 Abs. 3-5 Ausnahmen vom Verbot des § 33 Abs. 1 Satz 2 Satz 1 sowie von Verboten i.S.d. § 32 Abs. 3 zugelassen werden können

---

47 BT-Drs. 16/5100, S. 13.
48 Nach einer neueren Untersuchung für den Zeitraum 2002-2006 waren am erfolgreichsten die Vereinsklagen gegen Befreiungen (knapp 78%), vgl. *Schmidt*, NuR 2008, 544 (Zusammenfassung einer empirischen Untersuchung im Auftrag des BfN).

(dazu § 34 Rdnr. 123). Rein private Interessen sind dabei nicht berücksichtigungsfähig. Abs. 2 soll diese Interessen erfassen.

3. Gebote und Verbote i.s.d. § 32 Abs. 3

a) Rechtlicher Hintergrund der Regelung. Bei Verboten oder Geboten einer Schutzverordnung, die der Durchsetzung europarechtlich begründeter Erhaltungsziele dienen (§ 32 Abs. 3), nennt § 67 Abs. 2 als einzigen Befreiungsgrund die unzumutbare Belastung mit der Folge, dass eine **Befreiung wegen überwiegender öffentlicher Interessen** nach Abs. 1 Nr. 1 **ausgeschlossen ist**. Zum Verständnis dieser Regelung muss man die beiden europarechtlichen Schutzinstrumente betrachten, wie sie in Art. 6 FFH-RL geregelt sind, und ihre Umsetzung ins deutsche Recht.[49] § 33 Abs. 1 enthält das allgemeine Verschlechterungsverbot (Art. 6 Abs. 1 FFH-RL), § 34 die Sonderregelung für die Zulässigkeit von Projekten (Art. 6 Abs. 3–5 FFH-RL). Art. 5 Abs. 4 FFH-RL verpflichtet dazu, die auf die Kommissionsliste gesetzten Gebiete als besondere Schutzgebiete auszuweisen. Der Gesetzgeber möchte den europarechtlich gebotenen Schutz in das Schutzsystem des BNatSchG integrieren und bestimmt in § 32 Abs. 2, dass die Vogelschutzgebiete (nach Maßgabe des Art. 4 Abs. 4 V-RL) und die FFH-Gebiete (entsprechend den jeweiligen Erhaltungszielen) zu geschützten Teilen von Natur und Landschaft i.s.d. § 20 Abs. 2 zu erklären sind. Nach § 32 Abs. 3 müssen diese Schutzerklärungen durch geeignete Gebote und Verbote sicherstellen, dass den Anforderungen des Art. 6 FFH-RL entsprochen wird (vorbehaltlich weitergehender Vorschriften). § 32 Abs. 4 erlaubt stattdessen auch einen gleichwertigen Schutz z.b. durch gebietsbezogene Vorschriften des Landesrechts. Wenn die Schutzerklärung keine oder unzureichende Regelungen enthält, gewährleisten die §§ 33 und 34 einen unmittelbaren gesetzlichen Schutz nach Maßgabe der europarechtlichen Anforderungen.

Dabei ergibt sich folgende Situation: Die nationalen Schutzverordnungen i.S.d. § 20 Abs. 2 i.V.m. § 32 Abs. 2 enthalten den gesetzlichen Vorgaben entsprechende **Gebote und Verbote**, die sich nach den §§ 23–29 richten. So gilt im Naturschutzgebiet – von Ausnahmen abgesehen – ein generelles und repressives Veränderungsverbot (§ 23 Abs. 2), aber auch eine Landschaftsschutzverordnung kann neben präventiven Verboten mit Erlaubnisvorbehalt einzelne repressive Verbote enthalten (§ 22 Rdnr. 20 ff. und § 23 Rdnr. 40 ff.). Widerspricht ein Vorhaben einem **repressiven Verbot**, bedarf es nach nationalem Recht keiner Einzelfallprüfung seiner Verträglichkeit mit dem Schutzzweck mehr, es kann nur im Weg der Befreiung (§ 67 Abs. 1) zugelassen werden. Während sich das Europarecht beim Verschlechterungsverbot (Art. 6 Abs. 2 FFH-RL) nicht auf eine bestimmte Vorgehensweise festlegt und nur „geeignete Maßnahmen" zur Abwehr von Beeinträchtigungen fordert, wozu auch repressive Verbote ohne Einzelfallprüfung gehören können, trifft es für die Zulassung eines Projekts in Art. 6 Abs. 2–5 FFH-RL selbst eine detaillierte Regelung. Sie beruht auf einer Prüfung der Auswirkungen des Projekts auf die Erhaltungsziele im konkreten Einzelfall, was im deutschen Recht einem (präventiven) Verbot mit Erlaubnisvorbehalt entspricht. Ein generelles Veränderungsverbot, das repressiv gefasst ist geht darüber hinaus, so dass ein **Projekt** in einem Natura-2000-Gebiet, das als **Naturschutzgebiet** nach Maßgabe des § 23 ausgewiesen ist, **regelmäßig dem generellen Veränderungsverbot unterliegt**, ohne dass es einer Einzelfallprüfung bedarf. Der Vorbehalt in § 32 Abs. 3 Satz 4 und § 34 Abs. 7, wonach

---
[49] *Fischer-Hüftle*, NuR 2010, 34 ff.

weitergehende Schutzvorschriften unberührt bleiben, ist u.a. darauf bezogen. Anders wäre es nur, wenn sich die Verordnung darauf beschränkte, für Projekte den Inhalt des § 34 zu übernehmen.

32 Die Strenge eines Schutzregimes zeigt sich aber nicht allein an den Verboten, sondern die Ausnahmemöglichkeiten sind in die Betrachtung einzubeziehen. Daher erübrigt sich die Verträglichkeitsprüfung nicht schon deshalb, weil das Projekt unter ein (repressives) Verbot einer Schutzverordnung fällt. Erst die Zusammenschau von Verbot und möglicher Ausnahme ermöglicht im Einzelfall die Feststellung, welches Schutzsystem „strenger" ist bzw. „weiter geht". Die auf (fachliche) Prüfung des Einzelfalls beruhende **Verträglichkeitsprüfung** kann nicht mit (normativen) Geboten und Verboten in einer Schutzverordnung verquickt werden. Insbesondere kann die Verträglichkeit mit den Erhaltungszielen nicht anhand der Gebote und Verbote festgestellt werden, sondern nur aufgrund von Tatsachen und Prognosen. **Maßstab** sind die Erhaltungsziele gemäß den dazu erlassenen Vorschriften i.S.v. § 34 Abs. 1. Das sind nur Vorschriften, die den Schutzzweck und die Erhaltungsziele unmittelbar zum Gegenstand haben, nicht die übrigen, der Verwirklichung dieser Zwecke und Ziele dienenden Normen. Zutreffend führt das Bundesverwaltungsgericht aus:[50] „Eine erhebliche Beeinträchtigung des Gebiets in seinen für den Schutzzweck maßgeblichen Bestandteilen ergibt sich zwar ... nicht schon daraus, dass die Verlegung der Autobahn gegen das ... generell normierte Verbot verstößt, in dem geschützten Gebiet Straßen und sonstige Verkehrsanlagen anzulegen ... oder die Boden- oder Geländegestalt in anderer Weise zu verändern ... und dass im Planfeststellungsbeschluss eine Befreiung von diesem Verbot erteilt wurde. § 48d LG [NW] trifft insoweit eine spezielle Regelung für die FFH-Verträglichkeitsprüfung, deren Maßstab sich von dem an jede Ausweisung eines Naturschutzgebiets anknüpfenden, über § 34 Abs. 1 und § 69 Abs. 1 LG [NW] geregelten Verbot mit Befreiungsvorbehalt unterscheidet."

33 b) **Praktische Auswirkungen, Zweifelsfragen.**[51] Geht es z.b. um die Zulassung eines Projekts in einem Naturschutzgebiet einschließlich möglicher Abweichungen von den Verboten, so ist einerseits § 34 (Verträglichkeit, Ausnahmen), andererseits das generelle Veränderungsverbot in Verbindung mit den möglichen Abweichungen nach § 67 zu beachten. Die Befreiungsvoraussetzungen des § 67 Abs. 1 sind bei einem unverträglichen Projekt unzureichend, wenn es um europarechtliche Erhaltungsziele (bzw. die darauf zugeschnittenen Schutzzwecke) geht. Insoweit gehen die Anforderungen des § 34 Abs. 2–5 an eine Ausnahme über diejenigen des § 67 Abs. 1 hinaus. Nicht einmal hinsichtlich der „Gründe des überwiegenden öffentlichen Interesses" ist § 67 Abs. 1 mit § 34 Abs. 3 Nr. 1 völlig deckungsgleich.

34 Da die Schutzsysteme des Europarechts und des nationalen Rechts nicht deckungsgleich sind, sind die jeweiligen **Zulassungsvoraussetzungen** (Verträglichkeit, Verbote und Abweichungsgründe) **separat zu prüfen**. Wenn ein Projekt gegen ein Verbot der Schutzverordnung verstößt, kann es daher mittels Befreiung nach § 67 Abs. 1 nur zugelassen werden, soweit es um nationale Schutzzwecke geht. Ist dagegen eine Beeinträchtigung europarechtlicher Erhaltungsziele möglich, ist eine Verträglichkeitsprüfung zwingend notwendig, und ein unverträgliches und daher unzulässiges Projekt darf nur unter den Voraussetzungen des § 34 Abs. 3–5 ausnahmsweise zugelassen werden. Die Voraussetzungen des § 67 Abs. 1 Nr. 1 bleiben dahinter zu-

---

50 BVerwG, Urt.v. 13.5.2009 – 9 A 73.07, NuR 2009, 711 Rdnr. 48
51 Vgl. *Fischer-Hüftle*, NuR 2010, 34 ff.

rück und scheiden als Maßstab aus. § 67 Abs. 2 scheint auf diese Problematik abzuzielen, weil er eine Befreiung von den hier interessierenden Geboten und Verboten i.S.d. § 32 Abs. 3 nur erlaubt, wenn die Durchführung der Vorschriften im Einzelfall zu einer unzumutbaren Belastung führen würde (als Ergänzung der nur auf öffentliche Interessen bezogenen Ausnahmegründe des § 34 Abs. 3). Damit ist der hinter den Anforderungen des § 34 Abs. 3–5 zurückbleibende Befreiungsgrund des § 67 Abs. 1 unanwendbar, soweit Gebote oder Verbote der Durchsetzung europarechtliche Erhaltungszielen dienen.

Das ist aber nur die eine Seite des Problems. Die andere besteht in der Frage, wie zu verfahren ist, wenn die **Verträglichkeitsprüfung negativ** ausfällt, aber die **Ausnahmevoraussetzungen gemäß** § 34 bejaht werden, also u.a. ein überwiegendes öffentliches Interesse. Da die Unverträglichkeit des Projekts in aller Regel zugleich einen Widerspruch zu den Verboten der Verordnung darstellt, bedarf das Projekt auch einer **Befreiung** von diesen Verboten. Doch ist der Befreiungstatbestand des überwiegenden öffentlichen Interesses (§ 67 Abs. 1) infolge der Sonderregelung des § 67 Abs. 2 nicht anwendbar. Das hat der Gesetzgeber anscheinend übersehen, auch mit dem (aus dem bisherigen § 37 Abs. 1 BNatSchG a.F. übernommenen) Vorbehalt in § 34 Abs. 7 verfolgte er sicher nicht die Absicht, für die Zulassung eines unverträglichen Projekts gar keine Befreiungsmöglichkeit aus Gründen des öffentlichen Interesses vorzusehen und damit überwiegende öffentliche Interessen schlechter zu stellen als den Fall der unzumutbaren Belastung Privater. 35

Man kann diesen Wertungswiderspruch dadurch auflösen, dass man § 34 als **lex specialis** für die Zulassung eines (unverträglichen) Projekts aufgrund überwiegender öffentlicher Interessen betrachtet. Diese Abwägung kann bei einer Befreiungsentscheidung nicht anders ausgehen als im Vollzug des § 34 Abs. 3 Nr. 1. Wer die strengeren Voraussetzungen des § 34 Abs. 3–5 bejaht, kann diejenigen des § 67 Abs. 1 nicht verneinen. Eine Befreiung wäre dann nur nötig, wenn die ausnahmsweise Zulassung des Projekts mit einer unzumutbaren Belastung begründet wird. **Landesrecht** könnte das Problem lösen und abweichend von § 67 Abs. 2 bestimmen, dass bei Projekten von den Geboten und Verboten i.S.d. § 32 Abs. 3 eine Befreiung aus Gründen des öffentlichen Interesses nur gewährt werden darf, wenn die Voraussetzungen für eine Zulassung nach Maßgabe des § 34 vorliegen. 36

Ist das **Projekt verträglich**, bildet § 34 kein Hindernis. Davon unberührt bleibt das generelle Veränderungsverbot der Naturschutzverordnung als weitergehende Schutzvorschrift i.s.v. § 32 Abs. 3 Satz 4 und § 34 Abs. 7. Daher ist eine Befreiung erforderlich. Da § 67 Abs. 1 Nr. 1 wegen dessen Abs. 2 nicht gilt, gibt es für den praktisch wichtigen Fall des überwiegenden öffentlichen Interesses keine Befreiungsmöglichkeit. Der offensichtliche Zweck des § 67 Abs. 2, den Vorrang der europarechtlichen Zulassungskriterien bei unverträglichen Projekten zu wahren, schießt bei einem verträglichen Projekt über das Ziel hinaus. § 67 Abs. 2 bedarf daher der teleologischen Reduktion und kann nicht auf den Fall angewandt werden, dass ein nach § 34 unbedenkliches und keiner Ausnahme bedürftiges Projekt dem repressiven Veränderungsverbot einer Schutzverordnung unterliegt. § 67 Abs. 1 bleibt daher in diesem Fall anwendbar, worauf auch der entsprechende Vorbehalt in § 34 Abs. 7 hindeutet. § 34 BNatSchG als lex specialis zu betrachten, geht hier nicht, weil dann das repressive Verbot nicht unberührt i.s.v. § 32 Abs. 3 Satz 4 bliebe. 37

38 Ein **präventives Verbot mit Erlaubnisvorbehalt** (etwa in einer Landschaftsschutzverordnung) verursacht weniger Probleme bei der Behandlung der europarechtlichen Erhaltungsziele. Ein **verträgliches** Projekt scheitert nicht an § 34 BNatSchG und widerspricht im Normalfall auch nicht den Verboten der Verordnung, so dass es auf eine Befreiung nicht ankommt. Ein **unverträgliches** Projekt steht regelmäßig in Widerspruch zu den Verboten der Verordnung und kann allenfalls im Weg der Ausnahme zugelassen werden, wobei die Voraussetzungen des § 34 BNatSchG maßgeblich sind. Für das Verhältnis zur Befreiung gilt das oben Gesagte, d.h. § 34 BNatSchG ist lex specialis, was die Zulassung der Projekts aufgrund überwiegender öffentlicher Interessen angeht.

V. Entscheidung

39 Nach Abs. 1 „kann" die Befreiung gewährt werden. Bei den gesetzlichen **Befreiungsvoraussetzungen** handelt es sich um verwaltungsgerichtlich voll nachprüfbare Tat- und Rechtsfragen. Die Erteilung der Befreiung bei Vorliegen dieser Voraussetzungen steht dann im pflichtmäßigen, nur nach Maßgabe des § 114 VwGO nachprüfbaren **Ermessen** der Naturschutzbehörde.[52] Unter Umständen kann das Ermessen auf Null reduziert sein.[53] Wichtige Entscheidungskriterien hat der Gesetzgeber bereits in die Befreiungsvoraussetzungen selbst aufgenommen. Im Fall der Nr. 1 müssen der Vorrang anderer Gemeinwohlgründe und die Erforderlichkeit der Befreiung zu bejahen sein. Im Fall von Nr. 2 muss einerseits Unzumutbarkeit festgestellt werden, andererseits die Abweichung mit den Belangen des Naturschutzes und der Landschaftspflege zu vereinbaren sein. Auch kann eine Rolle spielen, ob eine positive Entscheidung zur Folge hätte, dass wegen der gebotenen Gleichbehandlung weiteren Anträgen entsprochen werden muss und dies mit den Naturschutzbelangen nicht vereinbar wäre.[54] Die Behörde kann ihr Ermessen an sachgerechten Kriterien ausrichten, z.B. eine Befreiung von dem Verbot, mit Booten zu fischen, nur Personen gewähren, an die vor In-Kraft-Treten der Schutzverordnung seit mindestens 20 Jahren Fischereiberechtigungen ausgegeben worden waren.[55] Sie kann ihre Ermessenshandhabung ändern, wenn sich herausstellt, dass sie bisher fehlerhaft war oder zu negativen Entwicklungen geführt hat.[56]

40 Der Antragsteller hat einen **Anspruch auf** fehlerfreie **Ermessensentscheidung**. Dabei kann sich ein privater Antragsteller nicht nur auf das Vorliegen Unzumutbarkeit berufen, sondern auch darauf, dass Gründe des überwiegenden öffentlichen Interesses die Befreiung für sein Vorhaben erfordern. Denn auch privates Handeln kann im öffentlichen Interesse liegen (Rdnr. 9).

41 Die **Entscheidung** kann sich je nach Lage des Einzelfalls auch auf eine teilweise Befreiung beschränken, Auflagen und Bedingungen enthalten oder befristet sein. Die Befreiung kann nach Abs. 3 mit Nebenbestimmungen verse-

---
52 VGH München, Urt. v. 5.12.1989 – 9 B 86.01531, NuR 1990, 275.
53 Zur Bedeutung des § 48 Abs. 1 Satz 2 BBergG im Rahmen des vergleichbaren § 31 Abs. 2 Nr. 1 BauGB vgl. BVerwG, Urt. v. 4.7.1986 DVBl. 1986, 1273 und *Fischer-Hüftle*, NuR 1989, 106/112.
54 VGH München, Urt. v. 25.2.1996 – 14 B 94.119, NVwZ 1997, 1010.
55 OVG Lüneburg, Beschl. v. 26.7.1989 – 3 A 246/88.
56 VGH München, Urt. v. 4.11.1981 – 8 B-1306/79, NuR 1982, 108: „zwischenzeitlich gewonnene bessere Einsichten".

VI. Verfahren, Zuständigkeit

1. Antragserfordernis

Die Befreiung wird nach Abs. 1 Satz 1 „auf Antrag" erteilt. Dieser Antrag muss nicht speziell auf eine Befreiung gerichtet sein. Es reicht aus, dass der Wille erkennbar wird, die erforderlichen Gestattungen für das Vorhaben zu erhalten. Für den Antragsteller spielt es in der Regel keine Rolle, ob z.b. die Genehmigung nach Maßgabe einer Landschaftsschutzverordnung oder eine Befreiung von deren Verboten erteilt wird. Das gilt erst recht, wenn Landesrecht anordnet, dass die Befreiung durch eine andere Genehmigung (z.b. Baugenehmigung) ersetzt wird.[57] Allerdings kann ein Hinweis angebracht sein, wenn die Befreiungsvoraussetzungen offensichtlich nicht vorliegen bzw. sind Rückfragen nötig, wenn der Antragsteller nicht die ihm zumutbaren Angaben gemacht hat, die zur Beurteilung des Antrags unter dem Aspekt der Befreiung erforderlich sind (§ 26 Abs. 2 VwVfG). Die Antragsberechtigung hat jeder, auf den sich die naturschutzrechtlichen Verbote oder Gebote auswirken, also z.b. auch wer zivilrechtlich seine Rechte aus §§ 910, 923 BGB gegen den Nachbarn durchsetzen will und zu diesem Zweck den öffentlich-rechtlichen Schutz eines Baumes außer Kraft setzen muss.[58]

2. Vereinsmitwirkung

Die von den Ländern anerkannten Vereine sind nach Maßgabe von § 60 Abs. 2 Nr. 5 (Rahmenrecht) zu beteiligen, d.h. „vor Befreiungen von Verboten und Geboten zum Schutz von Naturschutzgebieten, Nationalparken, Biosphärenreservaten und sonstigen Schutzgebieten im Rahmen des § 33 Abs. 2". Wegen der Folgen unterbliebener Mitwirkung vgl. § 63 Rdnr. 61.

3. Andere Gestattungen

Die Befreiung ist grundsätzlich unabhängig davon, ob für das Vorhaben noch andere Genehmigungen nötig sind. Setzen diese voraus, dass dem Vorhaben keine öffentlich-rechtlichen Vorschriften entgegenstehen, so ist die Befreiung vorgreiflich. Es kommt auf die Befreiung aber nicht mehr an, wenn das Vorhaben schon nach dem Fachgesetz, z.B. nach § 35 BauGB, nicht zulässig ist. Anders z.B. dann, wenn Rechtsvorschriften die Ersetzung der Befreiung durch andere Gestattungen vorsehen. Das ist vor allem in der Planfeststellung und bei § 13 BImSchG der Fall. Die Konzentrationswirkung nach § 75 VwVfG umfasst die Befreiung. Sie entbindet aber nicht von der Beachtung der materiellrechtlichen Befreiungsvoraussetzungen. Die Planfeststellungsbehörde bleibt – unbeschadet der formellen Konzentrationswirkung – an alle Rechtsvorschriften, die außerhalb des engeren Fach-

---

57 Vgl. Art. 49 Abs. 3 Satz 2 BayNatSchG a.F.: Einvernehmen der Naturschutzbehörde erforderlich.
58 VGH München, Urt. v. 25.6.1984 – 9 B 84 A 253, NuR 1985, 115; OVG Bremen, Urt. v. 26.3.1985 – 1 BA 85/84, NuR 1985, 193; VGH Mannheim, Urt. v. 28.7.1994 – 5 S 2467/93, NuR 1995, 259. Zur zivilprozessualen Problematik vgl. BGH, Urt. v. 20.11.1992 – V ZR 82/91, NuR 1993, 188 und *Uerpmann*, NuR 1994, 386.

planungsrechts bestehen und einen materiellen Gehalt haben, gebunden. Diese Vorschriften werden dadurch, dass sie im Planfeststellungsverfahren anzuwenden sind, weder beseitigt noch in ihrem Geltungsanspruch gemindert. Ein Unterschied zwischen Bundes- und Landesrecht besteht dabei nicht.[59]

4. Behördenzuständigkeit

45 Sie ist von den Ländern zu regeln. Die Zuständigkeit des Bundesamts wird auf Fälle im Zusammenhang mit dem Verbringen von Tieren oder Pflanzen aus dem Ausland beschränkt, weil in der Regel nur insoweit noch eine Grenzkontrolle durch Bundesbehörden stattfindet. Für Ausfuhrfälle, die zunächst einen Transport zur Grenze voraussetzen, sind aus Gründen der Zweckmäßigkeit die Landesbehörden zuständig.

VII. Landesrecht

46 § 67 bezeichnet der Bundesgesetzgeber nicht als allgemeinen Grundsatz des Naturschutzes i.S.v. Art. 72 Abs. 2 Nr. 3 GG (dazu vor § 1 Rdnr. 15 ff.). Die Norm ist aber in Abs. 1 Nr. 2 Ausprägung eines nicht auf das Naturschutzrecht beschränkten Rechtsgrundsatzes der Verhältnismäßigkeit, insbesondere wenn es um Beschränkungen des Eigentums geht (Rdnr. 2). Bei der konkreten Ausformung besteht allerdings ein Spielraum, und die bisher gebräuchliche Formulierung „nicht beabsichtigte Härte" ist vom BVerfG nicht beanstandet worden. Ob es sinnvolle Möglichkeiten einer Abweichung von Abs. 1 Nr. 1 gäbe, ist fraglich. Soweit es um die Befreiung von Geboten und Verboten geht, die ihrerseits keinem Abweichungsrecht der Länder unterliegen (Artenschutz, Meeresnaturschutz), besteht als notwendiger Annex auch bezüglich der Befreiungsregelung kein Abweichungsrecht.

---

59 BVerwG, Beschl. v. 26.6.1992 – 4 B 1-11.92, NuR 1993, 22 und Urt. v. 26.3.1998 NuR 1998, 605.

§ 68 Beschränkungen des Eigentums; Entschädigung und Ausgleich

(1) Führen Beschränkungen des Eigentums, die sich auf Grund von Vorschriften dieses Gesetzes, Rechtsvorschriften, die auf Grund dieses Gesetzes erlassen worden sind oder fortgelten, oder Naturschutzrecht der Länder ergeben, im Einzelfall zu einer unzumutbaren Belastung, der nicht durch andere Maßnahmen, insbesondere durch die Gewährung einer Ausnahme oder Befreiung, abgeholfen werden kann, ist eine angemessene Entschädigung zu leisten.

(2) ¹Die Entschädigung ist in Geld zu leisten. ²Sie kann in wiederkehrenden Leistungen bestehen. ³Der Eigentümer kann die Übernahme eines Grundstücks verlangen, wenn ihm der weitere Verbleib in seinem Eigentum wirtschaftlich nicht zuzumuten ist. ⁴Das Nähere richtet sich nach Landesrecht.

(3) Die Enteignung von Grundstücken zum Wohl der Allgemeinheit aus Gründen des Naturschutzes und der Landschaftspflege richtet sich nach Landesrecht.

(4) Die Länder können vorsehen, dass Eigentümern und Nutzungsberechtigten, denen auf Grund von Vorschriften dieses Gesetzes, Rechtsvorschriften, die auf Grund dieses Gesetzes erlassen worden sind oder fortgelten, oder Naturschutzrecht der Länder insbesondere die land-, forst- und fischereiwirtschaftliche Nutzung von Grundstücken wesentlich erschwert wird, ohne dass eine Entschädigung nach den Absätzen 1 bis 3 zu leisten ist, auf Antrag ein angemessener Ausgleich nach Maßgabe des jeweiligen Haushaltsgesetzes gezahlt werden kann.

Gliederung

		Rdnr.
I.	Beschränkungen des Eigentums	1–10
1.	Allgemeines	1–7
	a) Eigentumsgarantie des Art. 14 GG	1
	b) Enteignung und Inhaltsbestimmung	2, 3
	c) Rechtmäßigkeit der Inhaltsbestimmung	4, 5
	d) Vorkehrungen gegen unzumutbare Auswirkungen	6, 7
2.	Naturschutzrecht und Eigentum	8–10
	a) Naturschutzrechtliche Eigentumsbeschränkungen	8, 9
	b) Einzelfälle zulässiger Inhaltsbestimmung	10
II.	Ausgleich einer unzumutbaren Belastung (Abs. 1)	11–13
1.	Gesetzesvorbehalt	11
2.	Zumutbarkeit	12
3.	Art des Ausgleichs	13
III.	Entschädigung, Übernahmeanspruch (Abs. 2)	14–16
1.	Geldentschädigung	14
2.	Übernahmeanspruch	15
3.	Landesrecht	16
IV.	Enteignung (Abs. 3)	17
V.	Erschwernisausgleich (Abs. 4)	18, 19
VI.	Landesrecht	20

I. Beschränkungen des Eigentums

1. Allgemeines

1 **a) Eigentumsgarantie des Art. 14 GG.** Mit der Garantie des Rechtsinstituts Eigentum gibt das Grundgesetz dem Eigentümer einen Freiraum in vermögensrechtlicher Hinsicht zwecks eigenverantwortlicher Lebensgestaltung[1] und ein Abwehrrecht gegen Eingriffe. Art. 14 GG gewährleistet das Privateigentum „in seiner konkreten Gestalt in der Hand des einzelnen Eigentümers" (Bestandsgarantie).[2] Eigentum i.S.v. Art 14 Abs. 1 Satz 1 GG sind im Bereich des Privatrechts grundsätzlich alle vermögenswerten Rechte, die dem Berechtigten von der Rechtsordnung in der Weise zugeordnet sind, dass er die damit verbundenen Befugnisse nach eigenverantwortlicher Entscheidung zu seinem privaten Nutzen ausüben darf.[3] Wesentlich sind die Privatnützigkeit und die Verfügungsbefugnis. Es existiert kein vorgegebener Begriff des Eigentums, sondern dieser bedarf notwendigerweise der rechtlichen Ausformung durch den Gesetzgeber[4], u.a. durch Regelungen über die Ausgestaltung von Inhalt und Schranken des Eigentums und über den Entzug des Eigentums.

2 **b) Enteignung und Inhaltsbestimmung.** Nach der Rechtsprechung des BVerfG unterscheiden sich die Inhaltsbestimmung (Art. 14 Abs. 2 Satz 2 GG) und die Enteignung (Art. 14 Abs. 3 GG) nicht in der Schwere oder Intensität der Einwirkung auf das Eigentum. Vielmehr handelt es sich um zweierlei Rechtsinstrumente, die verschiedene Funktionen und Zwecke haben und unterschiedlichen rechtlichen Anforderungen unterworfen sind.[5] Während eine Enteignung ausnahmslos zu entschädigen ist (Art. 14 Abs. 3 GG), gibt es bei der Inhaltsbestimmung nur ausnahmsweise einen finanziellen Ausgleich. Eine Enteignung liegt nur vor, wenn gezielt auf eine konkrete Rechtsposition zugegriffen bzw. sie entzogen wird, um öffentliche Aufgaben zu erfüllen (Rdnr. 17). Dagegen ist die – i.d.R. für die Zukunft geltende – generelle und abstrakte Festlegung von Rechten und Pflichten des Eigentümers durch den Gesetzgeber oder aufgrund gesetzlicher Ermächtigung eine Inhaltsbestimmung des Eigentums. Der Gesetzgeber bestimmt, welche vermögenswerte Rechtsposition auf der Ebene des einfachen Rechts als Eigentum anzusehen ist.[6] Das gilt auch dann, wenn durch eine Neuregelung bestehende Befugnisse eingeschränkt oder beseitigt werden,[7] solange die Privatnützigkeit des Eigentums und die Verfügungsbefugnis des Eigentümers bestehen bleiben.[8] Erst wenn solche Einschränkungen im Einzelfall unzumutbare Auswirkungen haben, besteht ein Ausgleichsanspruch.[9] Die generell-abstrakte Festlegung durch den Gesetzgeber – der die wesentlichen Entscheidungen selbst treffen muss[10] – kann eines **Vollzugsaktes** bedürfen,

---

1 BVerfG, Urt. v. 14.2.1989 – 1 BvR 308/88, BVerfGE 79, 292/304, auch zum Zusammenhang mit dem Freiheitsrecht des Art. 2 GG.
2 BVerfG, Beschl v. 8.3.1988 – 1 BvL 9/85, BVerfGE 78, 58/75.
3 BVerfG, Beschl. v. 22.11.1994 – 1 BvL 77/78, BVerfGE 91, 294.
4 BVerfG, Urt. v. 15.7.1981 – 2 BvR 201/80, BVerfGE 58, 300/330 (Grundwasser).
5 BVerfG, Beschl. v. 12.6.1979 – 1 BvL 19/76, BVerfGE 52, 1/28 (Kleingarten); BVerfGE 58, 300/331 (Grundwasser).
6 BVerfG, Beschl. v. 12.6.1979 – 1 BvL 19/76, BVerfGE 52, 1, und st. Rspr.
7 BVerfG, Urt.v. 28..1980 – 1 BvL 17/77, BVerfGE 53, 257/294 (Umgestaltung eines ganzen Rechtsgebiets).
8 Vgl. z.B. BVerfG, Beschl. v. 10.10.1997 – 1 BvR 310/84, NJW 1998, 367; BVerwG, Beschl. v. 30.9.1996 – 4 NB 3./96, BayVBl 1997, 249.
9 BVerwG Urt. v. 24.6.1993 – 7 C 26.92, NuR 1993, 487.
10 BVerfG, Beschl. v. 14.7.1981 – 1BvL 24/78, BVerfGE 58, 137/146.

etwa einer Rechtsverordnung oder eines Verwaltungsakts. Dann ist auch dieser Akt als Inhalts- und Schrankenbestimmung anzusehen, indem er die gesetzlichen Vorgaben in einem zweiten Schritt konkretisiert.

Eine Maßnahme kann nur **entweder Enteignung oder Inhaltsbestimmung** sein. Entspricht eine Inhaltsbestimmung nicht den Anforderungen, kann sie nicht in eine Enteignung „umschlagen".[11] Regelungen, die den Umfang des Eigentumsrechts im Sinne von Art. 14 Abs. 1 Satz 2 GG festlegen, erhalten auch dann keinen enteignenden Charakter, wenn sie im Einzelfall die Eigentumsbefugnisse über das verfassungsrechtlich zulässige Maß hinaus einschränken. Eine verfassungswidrige Inhaltsbestimmung stellt nicht zugleich einen „enteignenden Eingriff" im verfassungsrechtlichen Sinne dar und kann wegen des unterschiedlichen Charakters von Inhaltsbestimmung und Enteignung auch nicht in einen solchen umgedeutet werden. Das gilt auch dann, wenn der Normgeber durch eine inhaltsbestimmende Regelung bestehende Rechte oder Befugnisse abschafft oder beschränkt und eine Inhaltsbestimmung wegen der Intensität der Belastung mit dem Grundgesetz nur dann in Einklang steht, wenn sie durch Einführung eines Ausgleichsanspruchs abgemildert wird.[12]

c) Rechtmäßigkeit der Inhaltsbestimmung. Zwischen den Interessen des Einzelnen und den Belangen der Allgemeinheit ist ein gerechter und verhältnismäßiger Ausgleich herzustellen.[13] Der Gesetzgeber muss sich dabei im Einklang mit allen anderen Verfassungsnormen halten; insbesondere ist er an den verfassungsrechtlichen Grundsatz der **Verhältnismäßigkeit** und den **Gleichheitssatz** des Art. 3 Abs. 1 GG gebunden.[14] Die Geeignetheit, Erforderlichkeit und Verhältnismäßigkeit der Mittel sind zu wahren. Dabei ist die Verwendung unbestimmter Rechtsbegriffe zulässig.[15] Einschränkungen der Eigentümerbefugnisse dürfen nicht weiter gehen als der Schutzzweck reicht, dem die Regelung dient. Der Kernbereich der Eigentumsgarantie darf dabei nicht ausgehöhlt werden. Dazu gehören die **Privatnützigkeit** sowie die grundsätzliche **Verfügungsbefugnis** über den Eigentumsgegenstand.[16] Voraussetzung für die Zulässigkeit eines Eingriffs in bestehende Rechtspositionen ist zunächst, dass die Neuregelung als solche, unabhängig von der Frage der Beseitigung oder Einschränkung bestehender Rechtspositionen, verfassungsmäßig ist. Die **Gründe des öffentlichen Interesses**, die für einen Eingriff in bestehende Rechte sprechen, müssen so schwer wiegen, dass sie Vorrang haben vor dem Vertrauen des Bürgers in den Fortbestand seines Rechts, das durch die Bestandsgarantie des Art. 14 Abs. 1 Satz 1 GG gesichert wird. Auch das Ausmaß des zulässigen Eingriffs hängt vom Gewicht des öffentlichen Interesses ab. Bei der Abwägung ist das in Art. 14 Abs. 3 GG zum Ausdruck kommende Gewicht des Eigentumsschutzes zu beachten, auch wenn diese Vorschrift nicht unmittelbar eingreift. Der Gesetzgeber muss aber die Umgestaltung oder Beseitigung eines Rechts nicht durchweg mit einer Entschädigungs- oder Übergangsregelung abmildern.[17]

---

11 BVerfG, Beschl. v. 12.6.1979 – 1 BvL 19/76, BVerfGE 52, 1; Urt. v. 15.7.1981 – 2 BvR 201/80, BVerfGE 58, 300/330 (Grundwasser).
12 BVerfG, Beschl. v. 10.10.1997 – 1 BvR 310/84, NJW 1998, 367 zum Naturschutzrecht.
13 Urt. v. 15.7.1981 – 2 BvR 201/80, BVerfGE 58, 300/335; Beschl. v. 23.9.1992 – 1 BvL 15/85, BVerfGE 87, 114/138 (Kleingarten).
14 BVerfG Urt. v. 2.3.1999 – 1 BvL 7/91, NuR 1999, 572 = BVerfGE 100, 226.
15 BVerfG, Beschl. v. 30.11.1988 – 1 BvR 1301/84, BVerfGE 79, 174/195.
16 BVerfG, Urt. v. 2.3.1999 – 1 BvL 7/91, NuR 1999, 572 = BVerfGE 100, 226.
17 BVerfG, Beschl. v. 10.10.1997 – 1 BvR 310/84, NJW 1998, 367.

5 Überschreitet der Gesetzgeber bei der Bestimmung von Inhalt und Schranken des Eigentums die dargelegten Grenzen, so ist die gesetzliche Regelung unwirksam. Hierauf gestützte Beschränkungen oder Belastungen sind rechtswidrig und können im Wege des Primärrechtsschutzes (Anfechtung der beschränkenden Maßnahme) abgewehrt werden. Zu einem Entschädigungsanspruch führen sie von Verfassungs wegen nicht.[18]

6 **d) Vorkehrungen gegen unzumutbare Auswirkungen.** Die Inhalts- und Schrankenbestimmungen, die für sich genommen unzumutbar wären, aber vom Gesetzgeber mit Ausgleichsmaßnahmen verbunden sind, können ausnahmsweise mit Art. 14 Abs. 1 GG im Einklang stehen. Es ist dem Gesetzgeber grundsätzlich nicht verwehrt, im öffentlichen Interesse gebotene eigentumsbeschränkende Maßnahmen auch in **Härtefällen** durchzusetzen, wenn er durch kompensatorische Vorkehrungen unverhältnismäßige oder gleichheitswidrige Belastungen des Eigentümers vermeidet und schutzwürdigem Vertrauen angemessen Rechnung trägt.[19] Dabei ist eine Ausgleichsregelung nicht generell ein verfassungsrechtlich zulässiges Mittel, unverhältnismäßige Eigentumsbeschränkungen mit Art. 14 Abs. 1 GG in Einklang zu bringen. Normen, die Inhalt und Schranken des Eigentums bestimmen, müssen grundsätzlich auch ohne Ausgleichsregelung die Substanz des Eigentums wahren und dem Gleichheitsgebot entsprechen. Wo ausnahmsweise die Anwendung des Gesetzes zu einer unzumutbaren Belastung des Eigentümers führt, kann eine Ausgleichsregelung zur Wahrung der Verhältnismäßigkeit und zum Ausgleich gleichheitswidriger Sonderopfer aber in Betracht kommen.[20]

7 **Ausgleichsregelungen**, die den Grundsatz der Verhältnismäßigkeit in besonderen Härtefällen wahren sollen, sind unzulänglich, wenn sie sich darauf beschränken, dem Betroffenen einen Entschädigungsanspruch in Geld zuzubilligen. Die Bestandsgarantie des Art. 14 Abs. 1 Satz 1 GG verlangt, dass in erster Linie Vorkehrungen getroffen werden, die eine unverhältnismäßige Belastung des Eigentümers **real vermeiden** und die Privatnützigkeit des Eigentums so weit wie möglich erhalten. In Betracht kommen Übergangsregelungen,[21] Ausnahme- und Befreiungsvorschriften sowie sonstige administrative und technische Vorkehrungen. Ist ein solcher Ausgleich im Einzelfall nicht möglich – etwa weil Belange des Naturschutzes entgegenstehen (vgl. § 67 Abs. 1 Nr. 2) –, so kann ein **finanzieller Ausgleich** in Betracht kommen oder die **Übernahme** durch die öffentliche Hand zum Verkehrswert.[22]

2. Naturschutzrecht und Eigentum

8 **a) Naturschutzrechtliche Eigentumsbeschränkungen.** Regelungen, die die Nutzung von Grundstücken aus Gründen des Natur- und Landschaftsschutzes beschränken, sind keine Enteignung i.S.d. Art. 14 Abs. 3 GG, sondern bestimmen Inhalt und Schranken des Eigentums i.S.v. Art. 14 Abs. 1 Satz 2 GG.[23] Naturschutzrechtliche Vorschriften wie der gesetzliche Biotopschutz (§ 30) oder die Ermächtigungen zum Erlass von Schutzerklärungen (§§ 23 ff.) entziehen keine konkreten Rechtspositionen zwecks Erfüllung öf-

---

18 BVerfG, Urt. v. 2.3.1999 – 1 BvL 7/91 – NuR 1999, 572.
19 BVerfG, Urt. v. 2.3.1999 – 1 BvL 7/91, NuR 1999, 572 = BVerfGE 100, 226.
20 BVerfG, Urt. v. 2.3.1999 – 1 BvL 7/91, NuR 1999, 572 = BVerfGE 100, 226.
21 BVerfG, Urt. v. 15.7.1981 – 2 BvR 201/80, BVerfGE 58, 300, 332 (Grundwasser).
22 BVerfG, Urt. v. 2.3.1999 a.a.O.; BVerwG, Beschl v. 8.3.2001 – 4 B 14.01.
23 BVerfG, Beschl. v. 10.10.1997 – 1 BvR 310/84, NJW 1998, 367; BVerwGE 84, 361/366 und 94, 1/5 und BVerwG, Urt. v. 31.1.2001 – 6 CN 2/00, BVerwGE 112, 373.

fentlicher Aufgaben. Vielmehr belasten sie Grundstücke generell-abstrakt mit Nutzungsbeschränkungen, die ggf. durch Verwaltungsakte oder Verordnungen konkretisiert und aktualisiert werden (Rdnr. 2).

Die gesetzlichen Vorschriften des Naturschutzrechts, die Beschränkungen der Eigentumsnutzung enthalten oder dazu ermächtigen, erfüllen die materiellen **Voraussetzungen einer Inhaltsbestimmung** des Eigentums (gerechter und verhältnismäßiger Interessenausgleich, Rdnr. 4). Sie dienen dem Schutz, der Pflege und Entwicklung solcher Teile von Natur und Landschaft, die bestimmten gesetzlich festgelegten öffentlichen Interessen entsprechen (Art. 20a GG, Ziele des § 1, Tatbestandsmerkmale der einzelnen Vorschriften). Die Beschränkungen sind **geeignet und erforderlich**, weil freiwillige Nutzungseinschränkungen nicht im notwendigen Umfang sowie rechtzeitig, koordiniert und dauerhaft erfolgen, so dass eine zwangsweise Belastung des Eigentums unvermeidlich ist. Die Beschränkungen sind abstrakt-generell gesehen zumutbar. Denn Grundstücke, die den genannten Kriterien entsprechen, sind aufgrund des gegenüber anderen Grundstücken engeren Bezugs zu den normativ festgelegten Gemeinwohlbelangen des Naturschutzes in einer speziellen Situation. Besonderheiten des einzelnen Grundstücks, die u.U. zur Unzumutbarkeit führen, können bei der Aktualisierung durch Verwaltungsakt oder Verordnung berücksichtigt werden. Wegen des hohen Ranges des Naturschutzes unter Berücksichtigung von Art. 14 Abs. 2 Satz 2 GG muss der Eigentümer grundsätzlich hinnehmen, dass ihm möglicherweise eine rentablere Grundstücksnutzung verwehrt wird, denn Art. 14 Abs. 1 GG schützt nicht die einträglichste Nutzung des Eigentums.[24]   9

b) Einzelfälle zulässiger Inhaltsbestimmung. Der Gesetz- bzw. Verordnungsgeber überschreitet nicht die Grenzen zulässiger Eigentumsinhaltsbestimmung, insbesondere nicht den Grundsatz der Verhältnismäßigkeit, wenn er in einer stadtnahen Erholungslandschaft der Erhaltung des besonders reizvollen und charakteristischen **Landschaftsbildes** den Vorrang vor dem Interesse am **Abbau von Sand** gibt.[25] Keine wesentliche Nutzungsbeschränkung, wenn infolge der Verbote einer **Naturschutzverordnung** (Betretungsverbot außerhalb öffentlicher Straßen und Wege, Badeverbot, kein Befahren des P.-Sees mit Wasserfahrzeugen oder Schwimmkörpern) ein bisher unter Landschaftsschutz stehendes Ufergrundstück vom Käufer nicht zu **Freizeitzwecken** genutzt werden kann, wenn sich diese Nutzung objektiv nicht anbietet (Schilfbewuchs, morastiger Boden), wobei die Zugangsmöglichkeit zur Wasserfläche einen eigentumsrechtlich irrelevanten Lagevorteil des Grundstücks darstellt. Die **Privatnützigkeit** des Grundstücks geht nicht verloren, wenn ein Anspruch auf Befreiung von den Verboten der Verordnung zwecks Streuwiesen- und Holznutzung besteht, wobei es keine Rolle spielt, dass der Erwerber kein Land- oder Forstwirt ist, weil sich die Fläche seit jeher nicht für eine andere Nutzung anbot und es ihm freisteht, sie zu verpachten oder zu verkaufen.[26] Rechtmäßige Beschränkung der **Kiesausbeutung** durch Landschaftsschutzverordnung ohne Entschädigung. Denn angesichts des hohen Rangs des Natur- und Landschaftsschutzes, der sich auch im Staatsziel des Art. 20a GG ablesen lässt, und der überregionalen Bedeutung der geschützten Flächen (Donauschleife mit Auwaldrest) kann es den Grundstückseigentümern zugemutet werden, dort auf den noch nicht   10

---

24 BVerfG, Beschl. v. 22.11.1994 – 1 BvR 351/91, BVerfGE 91, 294/310.
25 BVerwG, Urt. v. 13. 4.1983 – 4 C 21.79, NuR 1983, 274.
26 BVerwG, Urt. v. 24. 6.1993 – 7 C 26.92, NuR 1993, 487.

ins Werk gesetzten und auch nicht genehmigten Abbau von Kies zu verzichten; die Auwaldflächen können im Rahmen der Schutzverordnung forstwirtschaftlich genutzt werden. Die bei Inkrafttreten der Landschaftsschutzverordnung ausgeübte Nutzung kann als Vertrauensgrundlage nicht weiter reichen als der zu diesem Zeitpunkt in ein konkretes Verwaltungsverfahren eingeführte Nutzungsumfang. Die rechtliche Möglichkeit einer Unterschutzstellung mit Beschränkung der Kiesausbeute bestand seit jeher.[27] Kein Entschädigungsanspruch für Vermögensschäden infolge **Fischfraß durch Kormorane im Naturschutzgebiet**, weil (a) dem Teichwirt bereits bei der Errichtung seines Gewerbebetriebes bzw. bei Ankauf der entsprechenden Teichgrundstücke bekannt war, dass ein ausdrücklich als Wasservogelreservat vorgesehenes Naturschutzgebiet eingerichtet werden sollte und ebenso (durch ein entsprechendes Sachverständigengutachten), dass es zu voraussichtlichen Schäden und Kormoranfraß und Stress bei den Fischen kommen würde, und (b) weil er durch wirtschaftlich zumutbare Umstellungen seines Betriebes auf den Eingriff reagieren und dadurch die negativen Auswirkungen zumindest in erheblichem Umfang auffangen kann, was ihm dann auch im Interesse der Allgemeinheit zuzumuten ist, so dass kein entschädigungspflichtiges Sonderopfer vorliegt.[28]

II. Ausgleich einer unzumutbaren Belastung (Absatz 1)

1. Gesetzesvorbehalt

11 Ausgleichsregelungen bedürfen einer gesetzlichen Grundlage, denn der Gesetzgeber darf bei Festlegung zwingender Verbote nicht darauf vertrauen, dass Verwaltung oder Gerichte Verletzungen der Eigentumsgarantie ggf. durch ausgleichende Vorkehrungen oder Geldleistungen vermeiden.[29] § 68 schafft diese Grundlage. Er fußt auf dem durch die Rechtsprechung des BVerfG geprägten Verständnis des Art. 14 GG, wie es in Rdnr. 1 ff. dargelegt ist. Die Modalitäten des Ausgleichs finden sich in Abs. 2.

2. Zumutbarkeit

12 Nicht jede vom Betroffenen als **Härte** empfundene Auswirkung ist zugleich eine unzumutbare Belastung. Kommt es zu einer gegenüber den allgemein zu erwartenden Konsequenzen des Verbots/Gebots zu einer ungleichen (schwereren) oder unverhältnismäßigen Belastung, so kann diese den Grad der Unzumutbarkeit erreichen (Einzelheiten in Rdnr. 13 ff. zu § 67). Eine unzumutbare Beschränkung der Eigentümerbefugnisse liegt jedenfalls vor, wenn infolge des Gebots/Verbots nicht mehr genügend Raum für einen privatnützigen Gebrauch des Eigentums oder für eine Verfügung über den Eigentumsgegenstand verbleibt.[30] Damit ist aber nicht das Postulat verbunden, ein Grundstück müsse immer privaten Nutzen bringen können oder verkäuflich sein. Wenn ein Grundstück schon aus tatsächlichen Gründen nicht nutzbar ist oder sich praktisch kaum verkaufen lässt (z.B. ein Sumpf, ein felsiger Hang), ist dies nicht die Folge rechtlicher Nutzungsbeschränkungen. Dem entspricht es, wenn die Rechtsprechung eine unzumutbare Belastung nur dann annimmt, wenn eine Nutzung, die (a) bisher ausgeübt wor-

---

27 BVerfG, Beschl. v. 10.10.1997 – 1 BvR 310/84, NJW 1998, 367.
28 OLG Brandenburg, Urt. v. 4.12.2001 – 2 U 71/00, LKV 2002, 487.
29 BVerfG, Urt. v. 2.3.1999 – 1 BvL 7/91, NuR 1999, 572 = BVerfGE 100, 226.
30 BVerfG, Urt. v. 2.3.1999 – 1 BvL 7/91, NuR 1999, 572: Wenn man vom Eigentum „keinen vernünftigen Gebrauch machen und es praktisch auch nicht veräußern kann", weil dann die Privatnützigkeit nahezu vollständig beseitigt wird.

den ist oder (b) sich nach Lage der Dinge objektiv anbietet, ohne jeglichen Ausgleich unterbunden wird.[31] Die Fallgestaltung (b) – sich anbietende oder aufdrängende Nutzung – ist problematisch, weil die dafür geltenden Maßstäbe nicht klar sind. Ob sich eine Nutzung anbietet, wird ein für den Naturschutz aufgeschlossener Eigentümer anders beurteilen als ein auf größtmögliche Rendite bedachter. Daher die Einschränkung „objektiv anbietet", d.h. letztlich entscheidet das Gericht. Davon abgesehen besteht ein gewisser Widerspruch zur Aussage des BVerfG, Art. 14 Abs. 1 GG schütze nicht die einträglichste Nutzung des Eigentums (Rdnr. 9 a.E.).

3. Art des Ausgleichs

Der finanzielle Ausgleich ist nachrangig. Wenn Abs. 1 von einer unzumutbaren Belastung spricht, der nicht durch andere Maßnahmen, insbesondere durch die Gewährung einer Ausnahme oder Befreiung, abgeholfen werden kann, beachtet er den **Vorrang der realen Vermeidung** einer unzumutbaren Belastung vor einem finanziellen Ausgleich (Rdnr. 7). Die **Ausnahmen** können im Gesetz oder in einer untergesetzlichen Norm (z.b. Schutzverordnung) enthalten sein. Die **Befreiung** ist in § 67 geregelt. Der Ausgleich kann auch in einer **Übergangsfrist** bestehen, sowohl in Verordnungen als auch in Einzelanordnungen. Damit können dem Betroffenen die Amortisation von Aufwendungen (bei schutzwürdigem Vertrauen), die Umstellung auf eine andere Wirtschaftsweise usw. ermöglicht werden. Beispiel: Das in eine Naturschutzverordnung enthaltene Verbot, vor dem 31.7. zu mähen und mehr als 2 Nutztiere pro Hektar aufzutreiben (weil sich die Beweidung durch Vertritt und Verbiss nachteilig auf die Vogelbruten auswirkt), ist rechtmäßig, wenn eine Übergangsfrist von 3 Jahren gilt, in denen noch ab 10. Juni gemäht werden darf und der Auftrieb von 9 Nutztieren pro Hektar zulässig ist, denn dies reicht für die Umstellung auf eine extensive Bewirtschaftung aus.[32]

13

III. Entschädigung, Übernahmeanspruch (Absatz 2)

1. Geldentschädigung

Abs. 2 betrifft den Fall, dass Vorkehrungen, die eine unverhältnismäßige Belastung des Eigentümers real vermeiden, nicht in Betracht kommen, sei es aus tatsächlichen Gründen, sei es weil die öffentlichen Belange von Naturschutz und Landschaftspflege entgegenstehen (vgl. § 67 Abs. 1 Satz 2). In diesem Fall ist eine Entschädigung in Geld zu leisten. Sie kann in wiederkehrenden Leistungen bestehen. Hier stellt sich die Frage, ob solche Leistungen auf unabsehbare Zeit erbracht werden müssen (auch noch an die Erben?), oder nur für eine bestimmte Zeit als Übergangslösung, um dem Betroffenen eine Anpassung an die geänderten Verhältnisse zu ermöglichen.

14

2. Übernahmeanspruch

Der Eigentümer kann die Übernahme des Grundstücks verlangen, wenn ihm der weitere Verbleib in seinem Eigentum wirtschaftlich nicht zuzumuten ist. Dies entspricht den Grundsätzen der BVerfG-Rechtsprechung (Rdnr. 7). Die Übernahme muss zum Verkehrswert erfolgen.[33] Es ist mit der Eigentumsga-

15

---

31 BVerwG, Beschl v. 17.1.2000 – 6 BN 2.99, NuR 2000, 448 und v. 8.3.2001 – 4 B 14.01 – im Anschluss an die BVerfG-Rspr., z.B. Urt. v. 2.3.1999 – 1 BvL 7/9, NuR 1999, 572.
32 OVG Bremen, Beschl. v. 29.8.1989 – 1 N 2/88, NuR 1990, 82.
33 BVerwG, Urt. v. 31. 1.2001 – 6 CN 2/00, NuR 2001, 391.

rantie aus Art. 14 Abs. 1 GG vereinbar, wenn Landesrecht dem Eigentümer die **Darlegungs- und Beweislast** dafür aufbürdet, ob die Voraussetzungen eines Übernahmeanspruchs wegen wirtschaftlicher Unzumutbarkeit vorliegen.[34] Der Staat kann umgekehrt den Eigentümer nicht zwingen, ihm das Grundstück zu verkaufen, etwa um die Verpflichtung zu Ausgleichsleistungen zu vermeiden. Er kann allenfalls nach Maßgabe des Landesrechts (Abs. 3) enteignen.

3. Landesrecht

16 Das Nähere richtet sich nach Landesrecht. Es muss auch das **Verfahrensrecht** regeln. Ebenso wie der Gesetzgeber auf normativer Ebene mit der Bestimmung von Inhalt und Schranken des Eigentums auch Voraussetzungen, Art und Umfang des Ausgleichs sonst unverhältnismäßiger Belastungen zu regeln hat, muss er verfahrensrechtlich sicherstellen, dass mit einem die Eigentumsbeschränkung aktualisierenden Verwaltungsakt zugleich über den gegebenenfalls erforderlichen Ausgleich entschieden wird; bei finanzieller Kompensation ist zumindest dem Grunde nach zu entscheiden. Das erfordert bei der Aktualisierung durch Verwaltungsakt die Ergänzung der materiellrechtlichen Ausgleichsregelungen durch verwaltungsverfahrensrechtliche Vorschriften.[35] Denn der Betroffene kann die Entscheidung, ob er einen eigentumsbeschränkenden Verwaltungsakt anfechten will, sinnvoll nur treffen, wenn er weiß, ob ihm ein Ausgleich zusteht.[36] Dies gilt nur für Eigentumsbeschränkungen, die durch Verwaltungsakt aktualisiert werden. Art. 14 Abs. 1 GG gebietet dagegen keine gesetzlichen Vorkehrungen dafür, dass naturschutzrechtliche Schutzgebietsverordnungen nur unter gleichzeitiger Festsetzung erforderlicher kompensatorischer Maßnahmen für die betroffenen Grundstücke erlassen werden.[37]

IV. Enteignung (Absatz 3)

17 Mit der Enteignung greift der Staat auf das Eigentum des Einzelnen zu. Sie ist darauf gerichtet, konkrete Rechtspositionen, die durch Art. 14 Abs. 1 Satz 1 GG geschützt sind, zur Erfüllung bestimmter öffentlicher Aufgaben vollständig oder teilweise zu entziehen.[38] Dies geschieht entweder durch ein Gesetz, das einem bestimmten Personenkreis konkrete Eigentumsrechte nimmt (Legalenteignung), oder durch behördlichen Vollzugsakt aufgrund gesetzlicher Ermächtigung zu einem solchen Zugriff (Administrativenteignung).[39] Es geht nicht um eine generelle und abstrakte Festlegung von Rechten und Pflichten wie bei der Inhalts- und Schrankenbestimmung. Abs. 3 enthält insoweit eine Verweisung auf das Landesrecht.

V. Erschwernisausgleich (Absatz 4)

18 Die Länder können vorsehen, dass Eigentümern und Nutzungsberechtigten, denen auf Grund von Vorschriften dieses Gesetzes, Rechtsvorschriften, die auf Grund dieses Gesetzes erlassen worden sind oder fortgelten, oder Natur-

---

34 BVerwG, Beschl. v. 17.11.2009 – 7 B25.09, NVwZ 2010, 256 zum Denkmalrecht.
35 BVerwG, Urt. v. 31. 1.2001 – 6 CN 2/00, NuR 2001, 391.
36 BVerfG, Urt. v. 2.3.1999 – 1 BvL 7/91, NuR 1999, 572 = BVerfGE 100, 226.
37 BVerwG, Urt. v. 31. 1.2001 - 6 CN 2/00, NuR 2001, 391; BVerfG, Beschl. v. 6.9.2005 – 1 BvR 1161/03, NuR 2006, 171.
38 BVerfG, Urt. v. 2.3.1999 – 1 BvL 7/91 – NuR 1999, 572.
39 BVerfG, Urt. v. 2.3.1999 – 1 BvL 7/91 – NuR 1999, 572.

schutzrecht der Länder insbesondere die land-, forst- und fischereiwirtschaftliche Nutzung von Grundstücken wesentlich erschwert wird, ohne dass eine Entschädigung nach den Absätzen 1 bis 3 zu leisten ist, auf Antrag ein angemessener Ausgleich nach Maßgabe des jeweiligen Haushaltsgesetzes gezahlt werden kann.

Verfassungsrecht gebietet nicht, für jegliche Nutzungsbeschränkung einen (finanziellen) Ausgleich zu leisten. Abs. 4 betrifft Erschwernisse, die zwar „wesentlich" sind (d.h. keine Bagatellen), aber noch unterhalb der Schwelle der Unzumutbarkeit liegen. Die Länder werden nur ermächtigt, nicht verpflichtet, solche Regelungen zu erlassen. Es handelt sich um Ausgleichszahlungen, mit denen die Akzeptanz des Naturschutzes bei bestimmten Gruppen von Grundstücksnutzern erhöht werden soll, auch weil man die Möglichkeiten der entschädigungslosen Inhaltsbestimmung nicht voll ausreizen möchte. Das kann sinnvoll sein. Beispiel: Der gesetzliche Schutz von Biotopen mit den daraus folgenden Bewirtschaftungsbeschränkungen trifft in erster Linie den Eigentümer, der in der Vergangenheit (vor Inkrafttreten des § 30 bzw. der Vorgängerregelungen) nicht so intensiv gewirtschaftet hat, dass der Biotopcharakter der Fläche verloren gegangen ist. Hier setzen die Förderprogramme an und gewähren ein Entgelt für bestimmte Formen der Bewirtschaftung, die den Biotopwert der Fläche erhält.

VI. Landesrecht

Abs. 3 und 4 richten sich an den Landesgesetzgeber. Abs. 1 und 2 bezeichnet der Bundesgesetzgeber nicht als allgemeinen Grundsatz des Naturschutzes i.S.v. Art. 72 Abs. 2 Nr. 3 GG. Diese Vorschriften bilden einen Anwendungsfall verfassungsrechtlicher Grundsätze in ihrer Ausformung durch die BVerfG-Rechtsprechung. Substanzielle Abweichungsmöglichkeiten der Länder bestehen daher nicht. Soweit Abs. 1 und 2 im Kontext solcher Vorschriften anzuwenden sind, die ihrerseits gem. Art. 72 Abs. 2 Nr. 3 GG. abweichungsfest sind, sind sie als Annex zu betrachten, der ebenfalls keiner Abweichung unterliegt.

Kapitel 10 Bußgeld- und Strafvorschriften

§ 69 Bußgeldvorschriften

(1) Ordnungswidrig handelt, wer wissentlich entgegen § 39 Absatz 1 Nummer 1 ein wild lebendes Tier beunruhigt.

(2) Ordnungswidrig handelt, wer
1. entgegen § 44 Absatz 1 Nummer 1 einem wild lebenden Tier nachstellt, es fängt, verletzt oder tötet oder seine Entwicklungsformen aus der Natur entnimmt, beschädigt oder zerstört,
2. entgegen § 44 Absatz 1 Nummer 2 ein wild lebendes Tier erheblich stört,
3. entgegen § 44 Absatz 1 Nummer 3 eine Fortpflanzungs- oder Ruhestätte aus der Natur entnimmt, beschädigt oder zerstört oder
4. entgegen § 44 Absatz 1 Nummer 4 eine wild lebende Pflanze oder ihre Entwicklungsformen aus der Natur entnimmt oder sie oder ihren Standort beschädigt oder zerstört.

(3) Ordnungswidrig handelt, wer vorsätzlich oder fahrlässig
1. ohne Genehmigung nach § 17 Absatz 3 Satz 1 einen Eingriff in Natur und Landschaft vornimmt,
2. einer vollziehbaren Anordnung nach § 17 Absatz 8 Satz 1 oder Satz 2, § 22 Absatz 3 Satz 3, § 34 Absatz 6 Satz 4 oder Satz 5, § 42 Absatz 7 oder Absatz 8 Satz 1 oder Satz 2, auch in Verbindung mit § 43 Absatz 3 Satz 4, oder § 43 Absatz 3 Satz 2 oder Satz 3 zuwiderhandelt,
3. entgegen § 22 Absatz 3 Satz 5 in Verbindung mit einer Rechtsverordnung nach § 22 Absatz 3 Satz 1 eine dort genannte Handlung oder Maßnahme vornimmt,
4. entgegen § 23 Absatz 2 Satz 1 in Verbindung mit einer Rechtsverordnung nach § 57 Absatz 2 eine dort genannte Handlung oder Maßnahme in einem Meeresgebiet vornimmt, das als Naturschutzgebiet geschützt wird,
5. entgegen § 30 Absatz 2 Satz 1 ein dort genanntes Biotop zerstört oder sonst erheblich beeinträchtigt,
6. entgegen § 33 Absatz 1 Satz 1, auch in Verbindung mit Absatz 2 Satz 1, eine Veränderung oder Störung vornimmt,
7. entgegen § 39 Absatz 1 Nummer 1 ein wild lebendes Tier ohne vernünftigen Grund fängt, verletzt oder tötet,
8. entgegen § 39 Absatz 1 Nummer 2 eine wild lebende Pflanze ohne vernünftigen Grund entnimmt, nutzt oder ihre Bestände niederschlägt oder auf sonstige Weise verwüstet,
9. entgegen § 39 Absatz 1 Nummer 3 eine Lebensstätte wild lebender Tiere oder Pflanzen ohne vernünftigen Grund erheblich beeinträchtigt oder zerstört,
10. entgegen § 39 Absatz 2 Satz 1 ein wild lebendes Tier oder eine wild lebende Pflanze aus der Natur entnimmt,
11. ohne Genehmigung nach § 39 Absatz 4 Satz 1 eine wild lebende Pflanze gewerbsmäßig entnimmt oder be- oder verarbeitet,
12. entgegen § 39 Absatz 5 Satz 1 Nummer 1 die Bodendecke abbrennt oder eine dort genannte Grundfläche behandelt,
13. entgegen § 39 Absatz 5 Satz 1 Nummer 2 einen Baum eine Hecke, einen lebenden Zaun, ein Gebüsch oder ein anderes Gehölz abschneidet oder auf den Stock setzt,
14. entgegen § 39 Absatz 5 Satz 1 Nummer 3 ein Röhricht zurückschneidet,
15. entgegen § 39 Absatz 5 Satz 1 Nummer 4 einen dort genannten Graben räumt,
16. entgegen § 39 Absatz 6 eine Höhle, einen Stollen, einen Erdkeller oder einen ähnlichen Raum aufsucht,

17. ohne Genehmigung nach § 40 Absatz 4 Satz 1 eine Pflanze einer gebietsfremden Art oder ein Tier ausbringt,
18. ohne Genehmigung nach § 42 Absatz 2 Satz 1 einen Zoo errichtet, erweitert, wesentlich ändert oder betreibt,
19. entgegen § 43 Absatz 3 Satz 1 eine Anzeige nicht, nicht richtig, nicht vollständig oder nicht rechtzeitig erstattet,
20. entgegen § 44 Absatz 2 Satz 1 Nummer 1, auch in Verbindung mit § 44 Absatz 3 Nummer 1 oder Nummer 2, diese in Verbindung mit einer Rechtsverordnung nach § 54 Absatz 4, ein Tier, eine Pflanze oder eine Ware in Besitz oder Gewahrsam nimmt, in Besitz oder Gewahrsam hat oder be- oder verarbeitet,
21. entgegen § 44 Absatz 2 Satz 1 Nummer 2, auch in Verbindung mit § 44 Absatz 3 Nummer 1 oder Nummer 2, diese in Verbindung mit einer Rechtsverordnung nach § 54 Absatz 4, ein Tier, eine Pflanze oder eine Ware verkauft, kauft, zum Verkauf oder Kauf anbietet, zum Verkauf vorrätig hält oder befördert, tauscht oder entgeltlich zum Gebrauch oder zur Nutzung überlässt, zu kommerziellen Zwecken erwirbt, zur Schau stellt oder auf andere Weise verwendet,
22. entgegen § 50 Absatz 1 Satz 1 ein Tier oder eine Pflanze nicht, nicht richtig oder nicht rechtzeitig zur Ein- oder Ausfuhr anmeldet oder nicht oder nicht rechtzeitig vorführt,
23. entgegen § 50 Absatz 2 eine Mitteilung nicht, nicht richtig, nicht vollständig oder nicht rechtzeitig macht,
24. entgegen § 52 Absatz 1 eine Auskunft nicht, nicht richtig, nicht vollständig oder nicht rechtzeitig erteilt,
25. entgegen § 52 Absatz 2 Satz 2 eine beauftragte Person nicht unterstützt oder eine geschäftliche Unterlage nicht, nicht richtig, nicht vollständig oder nicht rechtzeitig vorlegt,
26. entgegen § 61 Absatz 1 Satz 1 oder Satz 2 an einem Gewässer eine bauliche Anlage errichtet oder wesentlich ändert oder
27. einer Rechtsverordnung nach
    a) § 49 Absatz 2,
    b) § 54 Absatz 5,
    c) § 54 Absatz 6 Satz 1, Absatz 7 oder Absatz 8

oder einer vollziehbaren Anordnung auf Grund einer solchen Rechtsverordnung zuwiderhandelt, soweit die Rechtsverordnung für einen bestimmten Tatbestand auf diese Bußgeldvorschrift verweist.

(4) Ordnungswidrig handelt, wer gegen die Verordnung (EG) Nr. 338/97 des Rates vom 9. Dezember 1996 über den Schutz von Exemplaren wildlebender Tier- und Pflanzenarten durch Überwachung des Handels (ABl. L 61 vom 3.3.1997, S. 1, L 100 vom 17.4.1997, S. 72, L 298 vom 1.11.1997, S. 70, L 113 vom 27.4.2006, S. 26), die zuletzt durch die Verordnung (EG) Nr. 318/2008 (ABl. L 95 vom 8.4.2008, S. 3) geändert worden ist, verstößt, indem er vorsätzlich oder fahrlässig

1. entgegen Artikel 4 Absatz 1 Satz 1 oder Absatz 2 Satz 1 oder Artikel 5 Absatz 1 oder Absatz 4 Satz 1 eine Einfuhrgenehmigung, eine Ausfuhrgenehmigung oder eine Wiederausfuhrbescheinigung nicht, nicht richtig, nicht vollständig oder nicht rechtzeitig vorlegt,
2. entgegen Artikel 4 Absatz 3 Halbsatz 1 oder Absatz 4 eine Einfuhrmeldung nicht, nicht richtig, nicht vollständig oder nicht rechtzeitig vorlegt,
3. entgegen Artikel 8 Absatz 1, auch in Verbindung mit Absatz 5, ein Exemplar einer dort genannten Art kauft, zum Kauf anbietet, zu kommerziellen Zwecken erwirbt, zur Schau stellt oder verwendet oder ein Exemplar verkauft oder zu Verkaufszwecken vorrätig hält, anbietet oder befördert oder
4. einer vollziehbaren Auflage nach Artikel 11 Absatz 3 Satz 1 zuwiderhandelt.

(5) Ordnungswidrig handelt, wer gegen die Verordnung (EWG) Nr. 3254/91 des Rates vom 4. November 1991 zum Verbot von Tellereisen in der Gemeinschaft

und der Einfuhr von Pelzen und Waren von bestimmten Wildtierarten aus Ländern, die Tellereisen oder den internationalen humanen Fangnormen nicht entsprechende Fangmethoden anwenden (ABl. L 308 vom 9.11.1991, S. 1) verstößt, indem er vorsätzlich oder fahrlässig
1. entgegen Artikel 2 ein Tellereisen verwendet oder
2. entgegen Artikel 3 Absatz 1 Satz 1 einen Pelz einer dort genannten Tierart oder eine dort genannte Ware in die Gemeinschaft verbringt.

(6) Die Ordnungswidrigkeit kann in den Fällen der Absätze 1 und 2, des Absatzes 3 Nummer 1 bis 6, 18, 20, 21, 26 und 27 Buchstabe b, des Absatzes 4 Nummer 1 und 3 und des Absatzes 5 mit einer Geldbuße bis zu fünfzigtausend Euro, in den übrigen Fällen mit einer Geldbuße bis zu zehntausend Euro geahndet werden.

(7) Die Länder können gesetzlich bestimmen, dass weitere rechtswidrige und vorwerfbare Handlungen, die gegen Vorschriften dieses Gesetzes oder Rechtsvorschriften verstoßen, die auf Grund dieses Gesetzes erlassen worden sind oder fortgelten, als Ordnungswidrigkeiten geahndet werden können.

Gliederung	Rdnr.
I. Allgemeines	1
II. Tathandlungen	2–11
1. Ordnungswidrigkeit nach Abs. 1	2, 3
2. Ordnungswidrigkeit nach Abs. 2 Nr. 1	4–6
3. Ordnungswidrigkeit nach Abs. 2 Nr. 2	7
4. Ordnungswidrigkeit nach Abs. 2 Nr. 3	8, 9
5. Ordnungswidrigkeit nach Abs. 2 Nr. 4	10, 11
III. Ordnungswidrigkeit nach Abs. 3	12–14
IV. Verstoß gegen die Verordnung (EG) Nr. 338/97, Abs. 4	15, 16
V. Verstöße gegen die Verordnung (EWG) Nr. 3254/91 (Tellereisenverordnung) Abs. 5	17
VI. Bußgeldhöhe (Abs. 6)	18, 19
VII. Einziehung	20
VIII. Verjährung	21
IX. Länder (Abs. 6)	22

I. Allgemeines

1 § 69 enthält in den Absätzen 1–5 einen Katalog von ordnungswidrigen Handlungen. Die vom Gesetzgeber aufgezählten tatbestandlichen Verhaltensweisen finden sich zum einen im BNatSchG und zum anderen in weiteren Vorschriften und Anordnungen (Blankettstrafgesetz). Eine Ahndung setzt die Rechtsgültigkeit der Blankettnorm voraus, diese muss deswegen immer auf die formelle und materielle Rechtmäßigkeit hin geprüft werden.[1] Die Abs. 1 und 2 erfassen nur vorsätzliches Handeln, die Abs. 3–5 zusätzlich auch die Fahrlässigkeit des Tuns. Die Zugriffsverbote nach § 44 Abs. 1 werden nach der kleinen Novelle des BNatSchG nicht mehr als Fahrlässigkeitsdelikt geahndet.

---

1 *Stöckel* in: Erbs/Kohlhaas/Lorz/Stöckel, Strafrechtliche Nebengesetze, § 30 Rdnr. 2.

II. Tathandlungen

1. Ordnungswidrigkeit nach Absatz 1

Nach § 39 Abs. 1 ist es verboten, wild lebende Tiere mutwillig zu beunruhigen oder ohne vernünftigen Grund zu fangen, zu verletzen oder zu töten. Die Bußgeldvorschrift des Abs. 1 erfasst hierbei nur die Beunruhigung eines wild lebenden Tieres. Das Beunruhigungsverbot bezieht sich auf alle Tätigkeiten, die ein Tier in seiner normalen Lebensweise ernsthaft stören, so z.b. bei der Nahrungsaufnahme, bei der Balz, beim Schlafen, Brüten, Betreuen des Nachwuchses.[2]

Die strafrechtliche Legaldefinition des Begriffs Tiere findet sich in § 7 Abs. 2 Nr. 1. Bei wild lebenden Tieren handelt es sich um die in Freiheit vorkommenden Arten, deren Exemplare nicht ausschließlich vom Menschen gezüchtet werden.[3]

2. Ordnungswidrigkeit nach Absatz 2 Nr. 1

Nach § 44 Abs. 1 Nr. 1 ist es verboten, wild lebenden Tieren der besonders geschützten Arten nachzustellen, sie zu fangen, zu verletzen, zu töten oder ihre Entwicklungsformen der Natur zu entnehmen, zu beschädigen oder zu zerstören.[4]

Wie die Vorgängernorm in § 65 Abs. 1 BNatSchG 2002 beschränkt sich Abs. 1 auf Verstöße gegen die Zugriffsverbote des § 44 Abs. 1 Nr. 1. Die Vermarktungsverbote finden sich in § 44 Abs. 2.

Zur strafrechtlichen Legaldefinition des Tierbegriffs vgl. Rdnr. 3. Weitere Voraussetzung ist, dass es sich bei den wild lebenden Tieren um Tiere der besonders geschützten Arten handeln muss. Besonders geschützte Arten sind nach der Legaldefinition in § 7 Abs. 2 Nr. 13 lit. a-c:
- in Anhang A oder B der EG-VO 338/97[5] aufgeführt sind,
- in Anhang IV der FFH-RL aufgeführt sind,
- eine europäische Vogelart im Sinn von Nr. 9 sind oder
- in der BArtSchV als besonders geschützt gekennzeichnet sind.

Die Anhänge gelten in der sich aus den Veröffentlichungen im Amtsblatt Teil L der Europäischen Union ergebenden geltenden Fassung, vgl. § 7 Abs. 3

3. Ordnungswidrigkeit nach Absatz 2 Nr. 2

Nach § 44 Abs. 1 Nr. 2 ist es verboten, ein wild lebendes Tier erheblich zu stören.[6] Eine erhebliche Störung liegt dann vor, wenn sich durch die Störung der Erhaltungszustand der lokalen Population einer Art verschlechtert, vgl. § 44 Abs. 1 Nr. 2 a.E.

4. Ordnungswidrigkeit nach Absatz 2 Nr. 3

Nach § 44 Abs. 1 Nr. 3 ist es verboten, eine Fortpflanzungs- oder Ruhestätte der wild lebenden Tiere der besonders geschützten Arten aus der Natur zu entnehmen, beschädigen oder zu zerstören.

---

2 Vgl. § 39 Rdnr. 7.
3 BT-Drs. 10/5064, S. 18; vgl. auch die Kommentierung zu § 7 Rdnr. 21 ff.
4 Vgl. hierzu die Kommentierung unter § 44.
5 Abl. EG 1997 Nr. L 61, S. 1, Nr. L 100 S. 72, Nr. L 298 S. 70 (EG-Artenschutz-VO).
6 Zum Störungsverbot vgl. § 44 Rdnr. 19.

5. Ordnungswidrigkeit nach Absatz 2 Nr. 4

10 Nach § 44 Abs. 1 Nr. 4 ist es verboten wild lebende Pflanzen der besonders geschützten Arten oder ihre Entwicklungsformen aus der Natur zu entnehmen oder sie oder ihren Standort zu beschädigen oder zu vernichten.

11 Die Legaldefinition für **Pflanzen** ist in § 7 Abs. 2 Nr. 2 zu finden (vgl. § 7 Rdnr. 25). „Wild lebend" sind Pflanzen, wenn sie sich ohne Zutun des Menschen an einer Stelle angesiedelt haben (also auch innerhalb einer vom Menschen kultivierten Fläche wie einem Acker oder Garten) oder durch den Menschen mit dem Ziel der Begründung einer wild lebenden Population ausgebracht wurden (z.b. bei der Durchführung einer Ausgleichs- oder Ersatzmaßnahme). Besonders geschützt sind alle wild lebenden Tier- und Pflanzenarten, vgl. § 7 Abs. 2 Nr. 13, die:
- im Anhang A oder B der EG-VO 338/97 aufgeführt sind,
- in Anhang IV der FFH-RL aufgeführt sind,
- eine europäische Vogelart im Sinn von Nr. 9 sind oder
- in der BArtSchV als besonders geschützt gekennzeichnet sind.[7]

III. Ordnungswidrigkeit nach Absatz 3

12 Abs. 3 enthält einen weiteren Katalog von Bußgeldvorschriften. Der Bußgeldrahmen beträgt nach Abs. 6 für die Nrn. 1–6, 18, 20, 21, 26, 27 lit. b 50.000 Euro, in den übrigen Fällen 10.000 Euro.

13 Als Tathandlung kommt neben der vorsätzlichen Tat, also dem „Wissen" und „Wollen" der Tat,[8] auch die fahrlässige Begehung in Betracht. Das fahrlässige Handeln betrifft die unbewusste oder ungewollte, aber pflichtwidrige Verwirklichung des Tatbestandes. Fahrlässig handelt derjenige, der nach seinen persönlichen Fähigkeiten in der Lage war, die rechtswidrige Tatbestandsverwirklichung als vorhersehbar zu erkennen und sich entsprechend zu verhalten.[9]

14 Hinsichtlich der objektiven Tatbestandsverwirklichung entsprechend den Nr. 1–27 wird auf die Kommentierung der entsprechenden Paragrafen verwiesen.

IV. Verstoß gegen die Verordnung (EG) Nr. 338/97, Absatz 4

15 Bei der Ein-, Aus- oder Wiedereinfuhr in die Europäische Gemeinschaft sind die Anforderungen der Artikel 4 und 5 der Verordnung EG/338/97 zu beachten. Ein Verstoß gegen die Vorgaben nach Abs. 4 kann vorsätzlich oder fahrlässig verwirklicht werden.

16 Tathandlungen sind:
- die Ein-, Aus- oder Wiedereinfuhr einer der in den Anhängen A, B und C der Verordnung EWG/338/97 aufgeführten Arten, ohne eine entsprechende Einfuhrgenehmigung, eine Ausfuhrgenehmigung oder eine Wiederausfuhrbescheinigung nicht, nicht richtig, nicht vollständig oder nicht rechtzeitig vorzulegen,
- die Unterbliebene, nicht richtig, nicht vollständig oder nicht rechtzeitig vorgelegte Einfuhrmeldung, nach Artikel 4 Abs. 3 oder 4,
- der Kauf oder Verkauf, das Anbieten zum Kauf, das Erwerben für kommerzielle Zwecke, das zur Schau stellen oder verwenden oder vorrätig

---

7 Zur Geltung der Anhänge, vgl. Rdrn. 7.
8 *Göhler*, OWiG, § 10 Rdnr. 2 ff.
9 KG Berlin, Beschl. v. 4.5.2000 – 2 Ss 344/99 – 5 Ws (B) 86/00, NuR 2001, 176/178.

halten für Verkaufszwecke, anbieten oder befördern von Exemplaren einer in Art. 8 Abs. 1 auch i.v.m. Abs. 5 VO genannten Art,
- der Verstoß gegen eine vollziehbare Auflage nach Art. 11 Abs. 3 Satz 1.

V. Verstöße gegen die Verordnung (EWG) Nr. 3254/91 (Tellereisenverordnung) Absatz 5

Tathandlungen sind das vorsätzliche oder fahrlässige 17
- das Verwenden eines Tellereisens entgegen Art. 2 der VO,
- das Verbringen eines Pelzes einer in Art. 3 Abs. 1 Satz 1 genannten Tierart oder einer dort genannten Ware in die Gemeinschaft.

VI. Bußgeldhöhe (Absatz 6)

Die Ordnungswidrigkeit kann in den Fällen der: 18
- Abs. 1 und 2, des Abs. 3 Nr. 1 und 6, 18, 20, 21, 26 und 27 lit. b und des Abs. 4 Nr. 1 und 3 und Abs. 5 mit einer Geldbuße bis zu 50.000 Euro,
- in den übrigen Fällen mit einer Geldbuße bis zu 10.000 Euro
geahndet werden, § 69 Abs. 6.

Abs. 6 unterscheidet im Höchstmaß der Geldbuße nicht zwischen vorsätzlichen und fahrlässigem Handeln, deshalb kann die fahrlässige Begehung im Höchstmaß nur mit der Hälfte des angedrohten Höchstbetrages geahndet werden, § 17 Abs. 2 OWiG. Grundlage für die Zumessung der Geldbuße ist nach § 17 Abs. 3 OWiG die Bedeutung der Ordnungswidrigkeit und der Vorwurf, der den Täter trifft. Nach § 17 Abs. 4 Satz 1 OWiG soll die Geldbuße den wirtschaftlichen Vorteil, den der Täter aus der Ordnungswidrigkeit gezogen hat, übersteigen. Der wirtschaftliche Vorteil ist durch Vergleich der vermögensrechtlichen Gesamtsituation des Betroffenen, wie sie sich durch die Ordnungswidrigkeit ergeben hat und wie sie ohne diese für ihn eingetreten wäre (Saldierungsgrundsatz), zu ermitteln.[10] Ein wirtschaftlicher Vorteil ist nicht nur ein in Geld bestehender Gewinn, sondern auch ein sonstiger wirtschaftlicher Vorteil. Soweit das gesetzliche Höchstmaß hierfür nicht ausreicht, kann es überschritten werden § 17 Abs. 4 Satz 2 OWiG. 19

VII. Einziehung

Liegt eine Ordnungswidrigkeit nach § 69 Abs. 1-5 vor, so können nach § 72 Gegenstände, auf die sich die Straftat oder die Ordnungswidrigkeit bezieht, und Gegenstände, die zu ihrer Begehung oder Vorbereitung gebraucht worden oder bestimmt gewesen sind, eingezogen werden. § 23 OWiG und § 74a StGB sind anzuwenden. 20

VIII. Verjährung

Die Verfolgungsverjährung richtet sich nach § 31 Abs. 2 Nr. 1, 2 OWiG. 21

IX. Länder (Absatz 6)

Nach Abs. 6 können die Länder weitere rechtswidrige und vorwerfbare Handlungen, die gegen die Vorschriften des BNatSchG oder auf Rechtsvorschriften verstoßen, die auf der Grundlage des BNatSchG erlassen wurden bzw. fortgelten, als Ordnungswidrigkeit geahndet werden. 22

---

10 *Göhler*, OWiG, § 17 Rdnr. 41 ff.

§ 70 Verwaltungsbehörde

Verwaltungsbehörde im Sinne des § 36 Absatz 1 Nummer 1 des Gesetzes über Ordnungswidrigkeiten ist

1. das Bundesamt für Naturschutz in den Fällen
   a) des § 69 Absatz 3 Nummer 20 und 21 und Absatz 4 Nummer 3 bei Handlungen im Zusammenhang mit der Einfuhr in die oder der Ausfuhr aus der Gemeinschaft oder dem Verbringen in die oder aus der Bundesrepublik Deutschland,
   b) des § 69 Absatz 3 Nummer 24 bei Verletzungen der Auskunftspflicht gegenüber dem Bundesamt,
   c) des § 69 Absatz 3 Nummer 25 und Absatz 4 Nummer 4 bei Maßnahmen des Bundesamtes,
   d) des § 69 Absatz 4 Nummer 1 und Absatz 5 Nummer 2,
   e) von sonstigen Ordnungswidrigkeiten nach § 69 Absatz 1 bis 5, die im Bereich der deutschen ausschließlichen Wirtschaftszone oder des Festlandsockels begangen worden sind,
2. das zuständige Hauptzollamt in den Fällen des § 69 Absatz 3 Nummer 22, 23 und 27 Buchstabe a und Absatz 4 Nummer 2,
3. in allen übrigen Fällen die nach Landesrecht zuständige Behörde.

Erläuterungen

§ 70 regelt die sachliche Zuständigkeit der Verwaltungsbehörden für die Durchführung der Ordnungswidrigkeitenverfahren nach § 36 Abs. 1 Nr. 1 OWiG. Nach Nr. 1 ist für die Verfolgung der in lit. a-e aufgeführten Ordnungswidrigkeiten das Bundesamt für Naturschutz zuständig. Gemäß § 70 Nr. 2 ist das zuständige Hauptzollamt[1] in den Fällen des § 69 Abs. 3 Nr. 22, 23 und 27 lit. a und Abs. 4 Nr. 2 zuständig. In allen übrigen Fällen ist die nach Landesrecht bestimmte Behörde zuständig.

---

[1] Verzeichnis der Dienststellen der Hauptzollämter: www.zoll.de/dienststverz/index.html.

§ 71 Strafvorschriften

(1) Mit Freiheitsstrafe bis zu drei Jahren oder mit Geldstrafe wird bestraft, wer eine in § 69 Absatz 2, Absatz 3 Nummer 21, Absatz 4 Nummer 1 oder Nummer 3 oder Absatz 5 bezeichnete vorsätzliche Handlung gewerbs- oder gewohnheitsmäßig begeht.

(2) Mit Freiheitsstrafe bis zu fünf Jahren oder mit Geldstrafe wird bestraft, wer eine in § 69 Absatz 2, Absatz 3 Nummer 21, Absatz 4 Nummer 1 oder Nummer 3 oder Absatz 5 bezeichnete vorsätzliche Handlung begeht, obwohl er weiß, dass sich die Handlung auf ein Tier oder eine Pflanze einer streng geschützten Art bezieht.

(3) Wer in den Fällen des Absatzes 2 die Tat gewerbs- oder gewohnheitsmäßig begeht, wird mit Freiheitsstrafe von drei Monaten bis zu fünf Jahren bestraft.

(4) Erkennt der Täter in den Fällen des Absatzes 2 fahrlässig nicht, dass sich die Handlung auf ein Tier oder eine Pflanze einer streng geschützten Art bezieht, so ist die Strafe Freiheitsstrafe bis zu einem Jahr oder Geldstrafe.

Gliederung

		Rdnr.
I.	Allgemeines	1–3
II.	Schutzobjekte	4
III.	Straftaten nach Abs. 1	5–12
1.	Zugriffs- und Vermarktungsverbote	6–9
2.	Ein- und Ausfuhrbestimmungen sowie die Vermarktungsverbote	10
3.	Tellereisenverordnung, Verordnung EWG/3254/91	11
4.	Gewerbs- oder gewohnheitsmäßig	12
IV.	Straftaten nach Abs. 2	13, 14
V.	Straftaten nach Abs. 3	15
VI.	Fahrlässige Begehung nach Abs. 4	16

I. Allgemeines

Für bestimmte schwerwiegende Zuwiderhandlungen, reicht eine Ahndung als Ordnungswidrigkeit nicht aus. Mit der Pönalisierung als Straftatbestände macht der Gesetzgeber deutlich, welche Bedeutung er schweren Verstößen gegen die Vorschriften des Artenschutzes beimisst. Die Strafbarkeit beschränkt sich auf vorsätzliche und fahrlässige Verstöße gegen die Vorschriften zum Schutz der vom Aussterben bedrohten Arten, und zwar solche Verstöße, die den Kernbestand der zum Schutz der Arten erlassenen Verbote betreffen (Entnahme-, Tötungs- und Schädigungsverbote, Vermarktungsverbote, Verbote der illegalen Ein- und Ausfuhr).[1] **1**

Bei dem Tatbestand des § 71 handelt es sich um unechte Mischtatbestände,[2] dabei wird hinsichtlich des Grundtatbestandes auf die Bußgeldvorschriften des § 69 verwiesen wird, zu denen objektive bzw. subjektive Erschwernismerkmale hinzukommen müssen, um die Tat als Straftat zu qualifizieren.[3] **2**

---

[1] BT-Drs. 10/5064, S. 36 (amtliche Begründung zur Vergängernorm § 30a BNatSchG a.F.)
[2] *Göhler*, OWiG, vor § 1 Rdnr. 76.
[3] *Bendomir-Kahlo* in Gassner/Bendomir-Kahlo/Schmidt-Räntsch, BNatSchG, § 66 Rdnr. 3.

§ 71 3–7

3 Strafbar ist sowohl das vorsätzliche Handeln, also das Wissen und Wollen der Tatbegehung als auch unter bestimmten Umständen das fahrlässige Handeln, das unbewusste oder ungewollte, aber pflichtwidrige Verwirklichen der Tatbestandes.[4] Ein Versuch der in § 71 genannten Straftaten scheidet aus, vgl. § 23 Abs. 1 i.V.m. § 12 Abs. 1, 2 StGB.

II. Schutzobjekte

4 Schutzgegenstand nach Abs. 1 sind Tiere und Pflanzen besonders geschützter Arten,[5] wildlebende Tier- und Pflanzenarten deren Handel durch die Verordnung 338/97 geregelt ist, bestimmte Wildtierarten die unter die Verordnung 3254/91 fallen. Geschützt sind dabei aber auch die Lebensstätten und Lebensräume (Biotope) und die Tier- und Pflanzenwelt als eine der Lebensgrundlagen des Menschen und als Voraussetzung für seine Erholung in Natur und Landschaft (§ 1 Abs. 1 BNatSchG). Rechtsgut ist auch der Artenschutz, also Schutz und Pflege der wild lebenden Tier- und Pflanzenarten in ihrer natürlichen und historischen gewachsenen Vielfalt (§ 37).[6]

III. Straftaten nach Absatz 1

5 Der Straftatbestand des § 71 ist als Blankettstrafnorm ausgestaltet. In Abs. 1 werden folgende 3 unterschiedliche Sachverhaltsgestaltungen geregelt:[7] Ein Verstoß gegen
- die Zugriffs-, Besitz- und Vermarktungsverbote nach § 44 Abs. 1, 2 und 3,
- die Ein- und Ausfuhrbestimmungen sowie die Vermarktungsverbote der Verordnung (EG) Nr. 338/97, § 69 Abs. 4,
- die „Tellereisenverordnung[8]" VO (EWG) Nr. 3254/91, § 69 Abs. 5.

1. Zugriffs- und Vermarktungsverbote

6 Nach Abs. 1 sind die in § 69 Abs. 2, 3 Nr. 21, Abs. 4 Nr. 1 oder 3 oder Abs. 5 bezeichneten vorsätzlichen Handlungen als Straftaten zu ahnden, wenn sie gewerbs- oder gewohnheitsmäßig begangen werden. Die Verbote beziehen sich auf
- das Nachstellen wild lebender Tiere, das Fangen, Verletzen oder Töten dieser Tiere. Zu dem Verbot zählt auch das Entnehmen der Entwicklungsformen der wild lebenden Tiere, deren beschädigen oder zerstören, vgl. § 69 Abs. 2 Nr. 1;
- das erhebliche Stören von wild lebenden Tieren, § 69 Abs. 2 Nr. 2;
- der Entnahme, Beschädigung oder Zerstörung einer Fortpflanzungs- oder Ruhestätte aus der Natur, § 69 Abs. 2 Nr. 3;
- die Entnahme einer Pflanze oder ihre Entwicklungsform aus der Natur oder die Beschädigung dieser Pflanze oder ihres Standorts, § 69 Abs. 2 Nr. 4;
- besonders geschützte Tiere und Pflanzen, § 69 Abs. 3 Nr. 21.

7 Eine Legaldefinition für Tiere und Pflanzen findet sich in § 7 Abs. 2 Nr. 13. Darunter fallen auch ohne weiteres erkennbare Teile von Tieren oder Pflanzen wild lebender Arten und ohne weiteres erkennbar aus Tieren und Pflan-

---
4 Vgl. Schönke/Schröder, Strafgesetzbuch, § 15 Rdnr. 105 ff.
5 Vgl. § 7 Abs. 2 Nr. 13.
6 *Sack*, Umweltstrafrecht, A 20. Rdnr. 4.
7 Vgl. *Franzheim/Pfohl*, Umweltstrafrecht, Rdnr. 477 ff.
8 Vgl. dazu *Stegmann*, Artenschutz-Strafrecht, S. 203 f.

zen wild lebender Arten gewonnene Erzeugnisse. Letzteres dient der Bekämpfung des Handels mit Schmuckstücken und Souvenirs geschützter Tiere und Pflanzen[9].

Nach § 7 Abs. 2 Nr. 13 sind folgende Arten besonders geschützt: **8**
- Tier- und Pflanzenarten, die in Anhang A oder B der Verordnung (EG) Nr. 338/97 des Rates vom 9. Dezember 1996 über den Schutz von Exemplaren wild lebender Tier- und Pflanzenarten durch Überwachung des Handels (ABl. L 61 vom 3.3.1997, S. 1, Nr. L 100 vom 17.4.1997, S. 72, Nr. L 298 vom 1.11.1997, S. 70, L 113 vom 27.4.2006, S. 26), die zuletzt durch die Verordnung (EG) Nr. 318/2008 (ABl. L 95 vom 8.4.2008, S. 3 geändert worden ist, aufgeführt sind,
- Tier- und Pflanzenarten, die in Anhang IV der Richtlinie 92/43/EWG aufgeführt sind, sofern sie nicht bereits unter Buchstabe a fallen,
- „europäische Vogelarten" nach der Richtlinie 2009/147/EG, sofern sie nicht bereits unter Buchstabe a fallen,
- Tier- und Pflanzenarten die in der Rechtsverordnung nach § 54 Abs. 1 aufgeführt sind (BArtSchVO).

Ein gewerbsmäßiges Handeln liegt dann vor, wenn es dem Täter darauf ankommt, sich aus wiederholter (oder auch fortgesetzter) Begehung eine fortlaufende Einnahmequelle von einiger Dauer und einigem Umfang zu verschaffen.[10] Ausreichen kann u.U. auch eine einzige Handlung.[11] Nicht erforderlich ist, dass der Täter den wesentlichen Teil seiner Einkünfte mit der Tat bestreiten wollte, auch eine Sammelleidenschaft als Tatmotiv soll ausreichend sein.[12] **9**

2. Ein- und Ausfuhrbestimmungen sowie die Vermarktungsverbote

Zu prüfen sind hier zunächst die Bußgeldtatbestände des § 69 Abs. 4 Nr. 1 oder 3, ob bestimmte Verstöße gegen Bestimmungen der VO 338/97/EWG über die Ein-, Aus- und Wiederausfuhr (Nr. 1) sowie das Verkaufsverbot des Art. 8 Abs. 1 i.V.m. Abs. 4 der VO 338/97/EWG (Nr. 3) erfassen. **10**

3. Tellereisenverordnung, Verordnung EWG/3254/91[13]

Tathandlung ist das Verwenden eines Tellereisens in der Europäischen Gemeinschaft, sowie das Verbringen eines Pelzes oder einer anderen in Artikel 3 Abs. 1 Satz 1 genannten Ware in die Gemeinschaft. Die Norm sanktioniert damit ausschließlich ein Verwenden eines Tellereisens im Gemeinschaftsgebiet, sowie das Einführen von Pelzen und Waren aus Drittländern, die weder selbst die Verwendung von Tellereisen verbieten noch sonst das Übereinkommen über internationale humane Fangnormen[14] paraphiert haben.[15] Länder, bei denen die Einfuhr von Pelzen und sonstigen Waren in die Gemeinschaft keinen Bedenken unterliegen, weil sie zumindest eine der in Art. 3 Abs. 1 S. 1 TellereisenVO genannten Forderungen erfüllen, weist die **11**

---

9 *Franzheim/Pfohl*, Umweltstrafrecht, Rdnr. 478.
10 Vgl. Schönke/Schröder, vor § 52 ff., Rdnr. 95.
11 AG Goslar, NuR 1993, 184.
12 BGH, wistra 1997, 25/27.
13 VO (EWG) Nr. 3254/91 des Rates v. 4.11.1991 zum Verbot von Tellereisen in der Gemeinschaft, ABl. Nr. L 308, S. 1; vgl. dazu Apfelbacher/Adenauer/Iven NuR 1998, 509, geändert durch VO (EG) Nr. 35/97 der Kommission vom 10.1.1997, ABl. L 8 v. 11.1.1997, S. 2.
14 ABl. EG 1998 Nr. L 42, S. 43.
15 *Stegmann*, a.a.O., S. 203 unter Bezugnahme auf *Pfohl*, wistra 1999, 164.

im Anhang der Entscheidung 97/602/EG des Rates vom 22.7.1997[16] enthaltene Positivliste aus.

12 **4. Gewerbs- oder gewohnheitsmäßig**

Die Tat muss gewerbs- oder gewohnheitsmäßig begangen werden. Ansonsten kommt lediglich eine Ordnungswidrigkeit nach § 69 Abs. 3 in Betracht. Für ein **gewerbsmäßiges Handeln** allein reicht die Absicht Gewinn zu erzielen nicht aus. Ein Täter handelt dann gewerbsmäßig, wenn er sich aus wiederholter Tatbegehung eine nicht nur vorübergehende Einnahmequelle von einigem Umfang und Dauer verschaffen möchte. Dabei kann eine einzige Tat genügen.[17] Gewohnheitsmäßig liegt dann vor, wenn der Täter ohne diese Gewinnerzielungsabsicht, aber mit einem unbewussten Hang zur wiederholten Tatbegehung, handelt.[18] Hierher gehört auch die vielleicht böswillige und rechtswidrige planmäßige Ausrottung einer Art.[19]

IV. Straftaten nach Absatz 2

13 Nach Abs. 2 ist eine Tathandlung als Straftat zu ahnden: die in § 69 Abs. 2, Abs. 3 Nr. 21, Abs. 4 Nr. 1 oder Nr. 3 oder Abs. 5 bezeichneten vorsätzlichen Handlungen, wenn sich die Handlung auf die Tiere oder Pflanzen einer streng geschützten Art beziehen.

14 Nach § 7 Abs. 2 Nr. 14 sind
besonders geschützte Arten, die
– in Anhang A der Verordnung (EG) Nr. 338/97,
– in Anhang IV der Richtlinie 92/43/EWG,
– in einer Rechtsverordnung nach § 54 Abs. 2
aufgeführt sind, streng geschützt.

V. Straftaten nach Absatz 3

15 Liegt eine Straftat nach Abs. 2 vor und wurde diese Tat gewerbs- oder gewohnheitsmäßig begangen, so wird nach Abs. 3 der Strafrahmen verschärft.

VI. Fahrlässige Begehung nach Absatz 4

16 Bei Abs. 4 handelt es sich um eine sog. „Vorsatz-Fahrlässigkeitskombination".[20] Danach gilt folgende Voraussetzung: die Tathandlung muss vorsätzlich i.S.v. § 69 Abs. 1–5 begangen worden sein, weil Abs. 4 keine eigene Tatbestandsbeschreibung enthält, jedoch liegt nur Fahrlässigkeit hinsichtlich der zusätzlichen Merkmale des § 71 Abs. 2 und 3 vor. Zweifelhaft erscheint dagegen, ob die Merkmale „gewerbs- oder gewohnheitsmäßig" fahrlässig zu verwirklichen sind. Beispiele für eine fahrlässige Begehung sind die Fälle, in denen der Beschuldigte nicht widerlegbar einen Irrtum über den Schutzstatus des Tatgegenstandes geltend gemacht hat.[21]

---

16 ABl. EG 1997, Nr. L 242, S. 64. Geändert durch die Entscheidung der Kommission vom 2.3.1998 (EG ABl. L 70, S. 28).
17 *Stöckel* in: Erbs/Kohlhaas/Lorz/Stöckel, Strafrechtliche Nebengesetze, § 30a Rn. 11.
18 OLG Düsseldorf, Beschl. v. 19.3.1997 – 5 Ss 59/97 – NuR 1997, 620, 621; BGHSt 15, 377, 379 f.
19 *Stöckel* in: Erbs/Kohlhaas/Lorz/Stöckel, Strafrechtliche Nebengesetze, § 30a Rn. 11.
20 Vgl. BGH, Beschl. v. 30.7.1996 – 5 StR 37/96, NJW 1996, 3219; OLG Hamburg, Urt. v. 23.3.1993 – 2 Ss 18/93, NuR 1994, 398 ff. zu § 30a a.F.
21 Vgl. *Franzheim/Pfohl*, Umweltstrafrecht, Rdnr. 483.

§ 72 Einziehung

¹Ist eine Ordnungswidrigkeit nach § 69 Absatz 1 bis 5 oder eine Straftat nach § 71 begangen worden, so können
1. Gegenstände, auf die sich die Straftat oder die Ordnungswidrigkeit bezieht, und
2. Gegenstände, die zu ihrer Begehung oder Vorbereitung gebraucht worden oder bestimmt gewesen sind,

eingezogen werden. ²§ 23 des Gesetzes über Ordnungswidrigkeiten und § 74a des Strafgesetzbuches sind anzuwenden.

Gliederung
Rdnr.

I. Einziehung als Nebenfolge 1–8
II. Selbständige Einziehung 9, 10
III. Erweiterte Voraussetzungen der Einziehung (Satz 2) 11, 12
IV. Vorgehen nach einer Einziehung (Verwertung) 13

I. Einziehung als Nebenfolge

§ 72 entspricht nahezu wortgleich dem bisherigen § 67 BNatSchG 2002. Bei Straftaten und Ordnungwidrigkeiten nach §§ 71 und 69 sind zunächst die allgemeinen Vorschriften, §§ 74 ff. StGB und §§ 22 OWiG, über die Einziehung anzuwenden. **1**

Die Möglichkeit einer Einziehung im Rahmen eines Ordnungswidrigkeits- oder Strafverfahrens nach § 69 besteht neben der Möglichkeit der Beschlagnahme und Einziehung nach §§ 47, 51. Die Einziehung ist im Bußgeldbescheid durch die zuständige Verwaltungsbehörde (vgl. § 70) bzw. im Urteil oder Beschluss durch das zuständige Gericht anzuordnen. Zur Sicherstellung der Einziehung wird regelmäßig eine Beschlagnahme erforderlich sein, um die Wirkung eines Veräußerungsverbotes herbeizuführen (§§ 111b, 111c Abs. 5 StPO sind nach § 46 Abs. 1 OWiG auch im Bußgeldverfahren anzuwenden). Die Einziehung kann als **Nebenfolge** eines Bußgelds oder Strafausspruchs erfolgen oder als selbständige Einziehung (§ 76a StGB, § 27 OWiG) angeordnet werden. **2**

Die Anordnung der Einziehung liegt im pflichtgemäßen **Ermessen** der Verwaltungsbehörde; der Grundsatz der Verhältnismäßigkeit ist zu beachten. Die Einziehung darf bei verständiger Würdigung nicht außer Verhältnis zum Unrechtsgehalt der Tat und zu der den Angeklagten treffenden Schuld stehen.[1] Wenn der Schutz der Allgemeinheit z.b. vor gefährlichen Tieren eine Einziehung erfordert, reduziert sich der Ermessensspielraum. **3**

Voraussetzung für eine Einziehung ist, dass eine tatbestandsmäßige, rechtswidrige und vorwerfbare (vorsätzliche oder fahrlässige) **Tathandlung** begangen wurde, die als Straftat oder Ordnungswidrigkeit geahndet werden kann. Da der Versuch der in § 71 genannten Taten nicht unter Strafe gestellt ist, kann, wenn es zu keiner Vollendung gekommen ist, auch keine Einziehung erfolgen. **4**

Weiterhin muss ein besonderer Einziehungsgrund vorliegen. Eingezogen werden können bestimmte **Einziehungsgegenstände**, auf die sich die Tat bezieht oder zu ihrer Begehung oder Vorbereitung gebraucht oder dazu be- **5**

---
1 MüKo/Pfohl, § 67 BNatSchG, Rdnr. 3.

stimmt gewesen sind (vgl. auch § 74 Abs. 1 StGB bzw. § 22 Abs. 1 OWiG). Gegenstände, auf die sich die Tat bezieht, können z.b. lebende und tote Tiere oder Pflanzen, deren Teile oder Erzeugnisse sein. Einziehungsgegenstände können sowohl Sachen als auch Recht sein.² Eingezogen werden kann z.b. auch entgegen § 69 Abs. 2 Nr. 20 i.V.m. Art. 8 VO (EG) Nr. 338/97 zu Verkaufszwecken angebotene besonders geschützte Greifvögel.³

6 Als Tatmittel können z.b. Transportbehältnisse, Käfige, falsche Dokumente, aber auch ein Mobiltelefon, mit dessen Hilfe Verabredungen zum illegalen Tierhandel getroffen werden oder Kraftfahrzeuge, die dem Transport der Tiere dienen, in Betracht kommen⁴. Im Unterschied zum objektiven Verfahren der § 47 kann eine Einziehung im Straf- oder Bußgeldverfahren auch Sanktionscharakter haben.

7 Nach Nr. 2 können auch Gegenstände eines Dritten eingezogen werden, der nicht Täter oder Teilnehmer eines Vergehens nach § 71 oder einer Ordnungswidrigkeit nach § 69 gewesen ist.

8 Die Einziehungsgegenstände müssen entweder dem Täter oder Teilnehmer gehören oder zustehen (vgl. § 74 Abs. 2 Nr. 1 StGB bzw. § 22 Abs. 2 Nr. 1 OWiG, bei Miteigentum müssen die Einziehungsvoraussetzungen gegenüber allen Miteigentümern vorliegen⁵) oder auch ihrer Art und den Umständen die Allgemeinheit gefährden oder die Gefahr bieten, dass sie der Begehung rechtswidriger Taten dienen (§ 74 Abs. 2 Nr. 2 StGB bzw. § 22 Abs. 2 Nr. 2 OWiG). Eine Gefährdung der Allgemeinheit kann sich insbesondere aus einer Giftigkeit von Pflanzen oder Gefährlichkeit von Tieren ergeben. Die Gefahr einer Verwendung bei einer rechtswidrigen Tat besteht z.b. bei gefälschten Dokumenten.

II. Selbständige Einziehung

9 Eine **selbständige Einziehungsanordnung** (§ 76a StGB, § 27 OWiG) kann durch einen eigenständigen Einziehungsbescheid erfolgen, wenn der persönlichen Verfolgung des Täters ein tatsächliches Hindernis entgegensteht und die prozessuale Sanktionierung nicht möglich, die materielle Strafbarkeit der Tat aber gegeben ist (z.b. der Täter nicht ermittelt werden kann, flüchtig ist oder sich unerreichbar außer Landes befindet⁶). Bleiben Zweifel, ob der Tatbestand überhaupt verwirklicht ist oder ob der Täter rechtswidrig gehandelt hat, ist die selbständige Einziehung unzulässig⁷.

10 Nach § 76 Abs. 2 StGB, § 27 Abs. 2 OWiG kann eine selbständige Einziehung auch erfolgen, wenn die Verfolgung der Straftat oder Ordnungswidrigkeit verjährt ist oder sonst aus rechtlichen Gründen keine bestimmte Person verfolgt werden kann (z.b. nicht mehr zu beseitigende Verfahrenshindernisse, dauernde Verhandlungsunfähigkeit, Amnestie, Begnadigung, Exterritorialität, Tod des Beschuldigten) und ein Fall des § 74 Abs. 2 Nr. 2, Abs. 3 StGB bzw. des § 22 Abs. 2 Nr. 2, Abs. 3 OWiG vorliegt, d.h. wenn es sich um Ge-

---

2 Lackner/Kühl, StGB, § 74 Rdnr. 4.
3 MüKo-Pfohl, 1. Aufl. 2007, § 67, Rdnr. 2.
4 Vgl. *Schönke/Schröder/Eser*, StGB, § 74 Rdnr. 12, 12a mit weiteren Hinweisen zur Abgrenzung von „Tatwerkzeugen" zu „Beziehungsgegenständen", die einer Einziehung nicht unterliegen, vgl. auch MüKo-Pfohl, 1. Aufl. 2007, § 67, Rdnr. 1.
5 *Schönke/Schröder/Eser*, StGB, § 74 Rdnr. 23.
6 *Schönke/Schröder/Eser*, StGB § 76a Rdnr. 5.
7 *Lemke*, Ordnungswidrigkeitengesetz, § 27 Rdnr. 4.

genstände handelt, die nach ihrer Art und den Umständen die Allgemeinheit gefährden, oder die Gefahr besteht, dass sie der Begehung von Handlungen dienen, die mit Strafe oder mit Geldbuße bedroht sind.

III. Erweiterte Voraussetzungen der Einziehung (Satz 2)

Satz 2 verweist auf § 74a StGB, § 23 OWiG mit den erweiterten Voraussetzungen einer Einziehung. Eingezogen werden dürfen danach auch Gegenstände, die nicht dem Täter oder Teilnehmer, sonden einem Dritten gehören oder zustehen. Voraussetzung ist, dass der Dritte entweder wenigstens leichtfertig (d.h. grob fahrlässig) dazu beigetragen hat, dass der Gegenstand Mittel oder Gegenstand der Tat oder ihrer Vorbereitung gewesen ist (sog. Beihilfeklausel[8]) oder der Dritte die Gegenstände in Kenntnis der Umstände, welche die Einziehung zugelassen hätten, in verwerflicher Weise erworben hat (Erwerbsklausel). Kenntnis bedeutet, dass der erwerbende Dritte positiv wissen muss[9], dass der betroffene Gegenstand in eine strafbare Handlung einbezogen war, die eine Einziehung rechtfertigen würde. Zudem muss der Erwerber verwerflich (z.b. in begünstigender oder hehlerischer Absicht) gehandelt haben. In Betracht kommt nur ein Erwerb nach der Tat.

11

Zu Entschädigungsansprüchen vgl. §§ 74f StGB, 28 OWiG.

12

IV. Vorgehen nach einer Einziehung (Verwertung)

Durch die Einziehung geht das Eigentum an den eingezogenen Gegenständen auf den Staat über (§ 74e StGB, § 26 OWiG). Insbesondere bei lebenden Tieren oder Pflanzen ist der weitere Verbleib des Exemplars zu regeln. Zu näheren Einzelheiten vgl. § 47 Rdnr. 7[10].

13

---

8   *Schönke/Schröder/Eser,* StGB § 74a Rdnr. 5.
9   *Schönke/Schröder/Eser,* StGB § 74a Rdnr. 9; a.A. *Lackner,* StGB § 74a Rdnr. 3; *Göhler,* OWiG § 23 Rdnr. 10: bedingter Vorsatz ausreichend.
10 Vgl. auch Vollzugshinweise zum Artenschutzrecht Nr. 19; für die Bundesbehörden (Zollverwaltung und BfN) sind die Verwertungserlasse des Bundesministeriums der Finanzen vom 29.12.1983, 28.4.1989 und 11.5.1989 (Vorschriftensammlung Bundesfinanzverwaltung SV 0832) zu beachten.

§ 73 Befugnisse der Zollbehörden

[1]Die zuständigen Verwaltungsbehörden und die Staatsanwaltschaft können im Rahmen ihrer Zuständigkeit zur Aufklärung von Straftaten oder Ordnungswidrigkeiten nach diesem Gesetz Ermittlungen auch durch die Hauptzollämter oder die Behörden des Zollfahndungsdienstes und deren Beamte vornehmen lassen. [2]§ 37 Absatz 2 bis 4 des Außenwirtschaftsgesetzes gilt entsprechend.

Erläuterungen

1 Die Vorschrift entspricht nahezu wortgleich dem bisherigen § 68, die Befugnisse sind aber weitergefasst.

2 Die zuständigen Verwaltungsbehörden und die Staatsanwaltschaft können im Rahmen ihrer Zuständigkeit zur Aufklärung von Straftaten oder Ordnungswidrigkeiten nach diesem Gesetz Ermittlungen auch durch die Hauptzollämter oder die Behörden des Zollfahndungsdienstes und deren Beamte vornehmen lassen. Nach bisherigem Recht waren die Befugnisse auf Straftaten oder Ordnungswidrigkeiten im Zusammenhang mit der Ein- oder Ausfuhr von Tieren oder Pflanzen beschränkt.

3 Die entsprechende Anwendung des § 37 Abs. 2 AWG beinhaltet, dass die Hauptzollämter und die Zollfahndungsämter und deren Beamte auch ohne Ersuchen der Staatsanwaltschaft oder der Verwaltungsbehörde Straftaten und Ordnungswidrigkeiten im Zusammenhang mit dem Verbringen von Tieren und Pflanzen zu erforschen oder zu verfolgen haben oder sofern Gefahr im Verzug besteht. Sie haben dabei die Rechte und Pflichten von Polizeibeamten gemäß den Vorschriften der StPO und des OWiG und die Stellung von Ermittlungspersonen der Staatsanwaltschaft i.S. des § 152 Abs. 1 GVG. Die Hauptzollämter und Zollfahndungsämter können im Bußgeldverfahren Beschlagnahmen, Durchsuchungen, Untersuchungen und sonstige Maßnahmen nach den für Hilfsbeamte der Staatsanwaltschaft geltenden Vorschriften der StPO vornehmen. Unter den Voraussetzungen des § 111 l StPO kann von den Hauptzollämtern die Notveräußerung beschlagnahmter Tiere oder Pflanzen angeordnet werden.

Kapitel 11 Übergangs- und Überleitungsvorschrift

§ 74 Übergangs- und Überleitungsregelungen

(1) Vor dem 1. März 2010 begonnene Verfahren zur Anerkennung von Vereinen sind zu Ende zu führen

1. durch das Bundesministerium für Umwelt, Naturschutz und Reaktorsicherheit nach § 59 des Bundesnaturschutzgesetzes in der bis zum 28. Februar 2010 geltenden Fassung,
2. durch die zuständigen Behörden der Länder nach den im Rahmen von § 60 Absatz 1 und 3 des Bundesnaturschutzgesetzes in der bis zum 28. Februar 2010 geltenden Fassung erlassenen Vorschriften des Landesrechts.

(2) Vor dem 3. April 2002 begonnene Verwaltungsverfahren sind nach § 29 des Bundesnaturschutzgesetzes in der bis zu diesem Tag geltenden Fassung zu Ende zu führen. Vor dem 1. März 2010 begonnene Verwaltungsverfahren sind nach § 58 des Bundesnaturschutzgesetzes in der bis zu diesem Tag geltenden Fassung zu Ende zu führen.

(3) Die §§ 63 und 64 gelten auch für Vereine, die nach § 29 des Bundesnaturschutzgesetzes in der bis zum 3. April 2002 geltenden Fassung oder nach § 59 oder im Rahmen von § 60 Absatz 1 und 3 des Bundesnaturschutzgesetzes in der bis zum 1. März 2010 geltenden Fassung vom Bund oder den Ländern anerkannt worden sind.

Gliederung	Rdnr.
1. Allgemeines	1
2. Laufende Anerkennungsverfahren von Vereinen (Abs. 1)	2
3. Übergangsregelung für die Mitwirkung von Vereinen (Abs. 2)	3, 4
4. Fortgeltung der Vereinsanerkennung (Abs. 3)	5, 6

1. Allgemeines

Die Übergangsbestimmungen des 11. Kapitels regeln Übergangs- und Überleitungsvorschriften zur Anerkennung und Mitwirkung von Naturschutzvereinigungen. 1

2. Laufende Anerkennungsverfahren von Vereinen (Absatz 1)

Abs. 1 enthält die Übergangsregelung für die Anerkennung von Vereinen. Nach Abs. 1 Nr. 1 sind Anerkennungsverfahren die bis zum 28.2.2010 begonnen wurden, soweit die Vereine vom Bundesministerium für Umwelt, Naturschutz und Reaktorsicherheit anerkannt werden nach § 59 BNatSchG 2002 fortzuführen. Nach Nr. 2 sind Vereine die von den zuständigen Behörden der Länder anerkannt werden, nach den im Rahmen von § 60 Abs. 1 und 2 BNatSchG 2002 erlassenen landesrechtlichen Vorschriften fortzuführen. 2

3. Übergangsregelung für die Mitwirkung von Vereinen (Absatz 2)

Abs. 2 enthält folgende zwei Übergangsregelungen für die Mitwirkung von Vereinen bei Verwaltungsverfahren die: 3
a) vor dem 3. April 2002 (Inkrafttreten des BNatSchG 2002) begonnen wurden. Hier erfolgt die Mitwirkung nach § 29 BNatSchG 1998.
b) zwischen dem 4. April 2002 bis zum 1. März 2010 (Inkrafttreten des BNatSchG 2009) begonnen wurden, sind nach § 58 BNatSchG 2002 fortzuführen.

4 Eine Übergangsregelung für Vereine die von den Ländern in dem Zeitraum vom 4. April 2002 und dem 28. Februar 2010 nach § 60 BNatSchG 2002 anerkannt wurden, fehlt. In diesem Fall müssen die Länder eigene Übergangsregelungen treffen.[1]

4. Fortgeltung der Vereinsanerkennung (Absatz 3)

5 Abs. 3 regelt die Fortgeltung der Vereinsanerkennung. Danach gelten die Mitwirkungs- und Klagerechte der §§ 63 und 64 auch für Vereine, die nach § 29 BNatSchG 1998 oder nach § 59 oder im Rahmen von § 60 Abs. 1 und 3 BNatSchG 2002 anerkannt wurden. Insoweit müssen für diese Vereine keine neuen Anerkennungen ausgesprochen werden.

6 Die Regelung des Abs. 3 ist aufgrund der Übergangsvorschrift des § 5 Abs. 2 Umwelt-Rechtsbehelfsgesetz überflüssig. Nach dieser Vorschrift gelten bereits ausgesprochene Anerkennungen von Naturschutzvereinen als Anerkennung im Sinn des Umwelt-Rechtsbehelfsgesetzes fort. Diese Vereine können damit Mitwirkungsrechte und Rechtsbehelfsbefugnisse nach den §§ 63 und 64 wahrnehmen.

---

1 *Egner* in Egner/Fuchs: Naturschutz- und Wasserrecht 2009, § 74 Rdnr. 3.

Stichwortverzeichnis

A

Abflämmverbot § 39, 26
Abwägung § 22, 9
– Bauleitplanung § 18, 16
– Aufgabenexterne § 2, 15
– Unterschutzstellung § 22, 9
– Zielverwirklichung § 2, 12
Abweichenden Regelung i.S.v. Art. 72 Abs. 3 Satz 1 Nr. 2 GG Vorb. § 1, 27
Abweichungsgesetzgebung vor § 1, 12, 25
AEWA § 56, 19
Agrarstrukturelle Belange § 15, 95
Alleen § 29, 38
Allgemeine Grundsätze des Naturschutzes Vorb. § 1, 15
Allgemeiner Grundsatz § 30, 6
Alternativenprüfung § 34, 10, 13, 87; § 45, 42
Amphibienschutz § 39, 4
Anbau zugelassener GVO § 35, 9
Anbieten § 7, 57
Aneignungsrecht § 39, 15
Ankern § 57, 46
Anmeldepflicht § 50, 1
Anordnung § 30, 35
Anschlusszone vor § 56, 47
Antarktis-Vertrag § 57, 36
Anzeigeverfahren § 34, 117
Aquakultur § 57, 6, 67
Arten § 1, 81; § 7, 31; § 19, 9
Arten- und Biotopvielfalt § 25, 23
Arten und Lebensräume § 19, 6, 8
Artenhilfsprogramm § 38, 3; § 54, 8
Artenreiche Kies-, Grobsand- und Schillbereiche § 30, 10
Artenschutz § 56, 18
– Definitionen § 7, 20
– Meer § 58, 8

Artenschutzprogramm § 44, 57
Artenschutzrechtliches Ausgleichskonzept
– rechtliche Sicherung § 44, 75
Artenvielfalt § 1, 68
ASCOBANS § 56, 19; § 57, 1, 5
Auen § 1, 105; § 61, 1
Aufforstung § 30, 40
Aufgabenerfüllung § 63, 9
Aufzucht § 44, 20
Ausbringen von Gehölzen und Saatgut § 40, 25
Ausfuhrgenehmigung § 50, 8
Ausgleichs- und Ersatzmaßnahmen § 15, 85
– Anforderungen § 15, 63
– Dauerhaftigkeit § 15, 114
– Durchführungskontrolle § 17, 35
– Erfolgskontrolle § 17, 38
– Flächenauswahl § 15, 89
– Funktionszusammenhang § 15, 37, 55; § 18, 16
– Geeignetheit § 15, 65
– Landschaftsbild § 15, 49
– Landschaftsplanung § 15, 85
– Nachbesserung § 17, 40
– Naturhaushalt § 15, 36
– Prognoserisiko § 17, 42
– räumlicher Zusammenhang § 18, 13
– Schutzgebiete § 15, 71
– Sicherung § 15, 120
– Unterhaltung § 15, 117
– von der Gemeinde bereitgestellte Flächen § 18, 40
– Zeitpunkt § 15, 77; § 18, 15
Ausgleichsmaßnahmen § 34, 68; § 45, 49
Ausgleichsregelungen § 68, 7
Auskunft
– und Zutrittsrechte § 52, 2
Auskunftsverweigerungsrecht § 52, 13

1025

Ausnahmegründe
- nicht-prioritärer Arten § 34, 91
- prioritärer Arten 34, 95

Ausnahmen § 58, 8

Ausnahmeverfahren § 34, 81 f.

Ausschließliche Wirtschaftszone (siehe auch AWZ) vor § 56, 36; § 32, 66
- zuständige Naturschutzbehörde § 58, 1

Außenbereichsvorhaben
- LSG § 26, 37

Austausch zwischen den Populationen § 1, 77

Austauschbeziehungen
- Beeinträchtigung § 34, 2

Auswahl von Schutzgebieten
- FFH-RL bzw. V-RL § 57, 30

Auswahlkriterien
- Gebietseinstufung § 32, 8

Auswirkungen der Fischerei
- Erhalt der marinen Ökosysteme § 57, 74

AWZ § 10, 4; § 30, 25, 47; vor § 56, 36, 70; § 56, 1; § 57, 3, 33
- Anlagen § 56, 48
- Einbringung von Stoffen § 58, 12
- Erhaltung und Bewirtschaftung der lebenden Ressourcen vor § 56, 44
- FFH- und Vogelschutzgebiete § 56, 17
- Geschützte Meeresgebiete § 57, 1, 21
- Raumordnung § 56, 20
- Seeanlagen § 56, 37

B

Bagatellschwellen § 34, 64

Bagatellvorbehalt § 34, 77

Barrierewirkung von Straßen § 24, 36

Bauleitplanung § 30, 51; § 45, 53
- Ausgleich § 18, 11
- Eingriffsregelung § 18, 1
- Ersatz § 18, 11
- Vermeidung § 18, 11

Baumkurren § 30, 27

Baumschutz § 29, 13

Baumschutzregelung § 29, 18

Baumschutzverordnungen § 29, 16

Bauplanungsrecht
- Landschaftsschutz § 26, 32 f.

Bauverbot
- gesetzliche Ausnahmen § 61, 3

Bauvorhaben
- LSG § 26, 35

Bebauungsplan § 19, 49; § 30, 43; § 45, 55
- Ausgleichsfläche § 18, 31
- LSG § 26, 33

Beeinträchtigung § 34, 51
- eines Gebiets § 33, 7
- Erheblichkeit § 34, 51, 54
- Ermittlung § 34, 51
- Landschaftsbild § 14, 36, § 61, 2
- Naturhaushalt § 14, 26, § 61, 2

Befahrensbeschränkung § 57, 40

Befreiung § 19, 46; § 30, 48; § 58, 7; § 63, 23
- Antrag § 67, 42
- Artenschutz § 67, 20
- Entscheidung § 67, 39
- Gegenstand § 67, 3
- unzumutbare Belastung § 67, 12
- Vereinsmitwirkung § 64, 23
- Verfahren § 67, 42
- Verträglichkeitsprüfung § 67, 30

Befreiungsvorschriften § 34, 124

Behörde
- Aufgaben § 3, 3
- Befugnisse § 3, 3; § 17, 52
- Beteiligung § 3, 39
- Zuständigkeit § 3, 1

Beifang § 38, 4; vor § 56, 13

Belastung
- Unzumutbare § 29, 27

Benehmen § 17, 9; § 32, 17

Beobachtung von Natur und Landschaft
- Zweck 6, 8
- Vorsorgegedanke § 6, 4

Beobachtungs- und Berichtspflicht § 6, 7

Bergbauberechtigung § 58, 10

Bergrecht § 57, 62; § 58, 11

Bergrechtliche Betriebspläne § 57, 93

Berner Konvention § 38, 3; § 40, 1; § 45, 29, § 55, 1; § 57, 1, 5

Beschädigung § 23, 38
- Naturschutzgebiet § 23, 39

Beschlagnahme § 45, 24; § 51, 2, 9
- Notveräußerung § 68, 3

Beschränkungen
- der Schifffahrt § 57, 40
- bei der Erzeugung regenerativer Energien § 57, 96
- Fischereirechtliche § 57, 66

Beseitigungsanspruch § 44, 11

Beseitigungsanordnung § 40, 28

Besiedelter und unbesiedelter Bereich § 1, 12

Besitzverbot § 44, 46; § 45, 3, 12; § 54, 16

Besondere Eigenart § 23, 29

Besonders geschützte Arten § 7, 48

Bestandsregister § 42, 16

Betretungsrecht § 52, 8; § 59, 1, 7; § 65, 13
- Einschränkungen 59, 15

Beunruhigung § 69, 2

Beunruhigungsverbot § 39, 7

Bewertungskriterien
- für SPA § 31, 23

Bewirtschaftungspläne § 32, 64

Bewirtschaftungsvorgaben § 44, 62

Biber § 40, 18; § 45, 33

Bildung und Naturerlebnis § 24, 67

Biodiversität § 1, 68; § 7, 2
- Nachhaltige Sicherung § 21, 4

Biodiversitätskonvention § 1, 34; § 21, 4; vor § 56, 59

Biodiversitätsschaden § 19, 6

Biodiversitätsschutz
- Ziel § 1, 80

Biodiversität
- Verlust vor § 56, 5

Biologische Vielfalt § 1, 30; § 7, 2

Biomasse
- Produktion § 1, 127

Biosphärenreservat § 21, 23; § 25; § 57, 6
- Einheitlich zu schützendes und zu entwickelndes Gebiet § 25, 10
- Entwicklung § 25, 20, 27
- Entwicklungszone § 25, 31
- Erhaltung § 25, 20
- für einen Landschaftstyp charakteristisch § 25, 16
- Großräumigkeit § 25, 13
- Kernzone § 25, 29
- Kulturlandschaftsschutz § 25, 21
- Kernzone § 25, 18
- Pflegezone § 25, 30
- UNESCO § 25, 3
- Unterschutzstellung § 25, 31
- Wiederherstellung § 25, 20
- Wirtschaftsweisen § 25, 24

Biotop § 1, 81, § 7, 32; § 20, 6; § 23, 12; 37, 7

Biotop- und Artenschutz
- mariner § 58, 7

Biotopflächen
- Sicherung durch planungsrechtliche Festlegung § 21, 38

Biotopkartierung § 30, 64

Biotopschutz § 23, 12; § 29, 11; § 39, 10; § 44, 57
- Artenschutz § 1, 131

Biotoptypen § 30, 10
- Rote Liste § 1, 72

Biotopverbund § 1, 80; § 9, 43; § 21, 1, 45; § 30, 32, 50; § 39, 10
- Aufbauende Elemente § 21, 11
- Bestandteile § 21, 17
- Definition § 20, 6

1027

Stichwortverzeichnis

- Eignung der Gebiete § 21, 31
- Handlungsbedarf § 20, 8
- Kern-, Verbindungsflächen u. Verbindungselemente § 9, 44
- Kernflächen § 21, 13
- Konzept § 21, 12
- länderübergreifender § 21, 9
- Notwendigkeit § 20, 7
- Nutzungsextensivierung § 21, 17
- Sicherung § 21, 32
- Verbindungselemente § 21, 15
- Verbindungsflächen § 21, 14
- Ziele § 21, 1

Biotopverbundplanung
- Leitlinien § 20, 11

Biotopvernetzung § 9, 46; § 21, 54
- Elemente § 21, 56

BLE § 58, 14

Boden
- Ausgleich § 15, 47
- Ersatz § 15, 47

Bodenauffüllungen § 30, 30

Böden
- besonders geeignete § 15, 97
- Schutz § 9, 47

Bodenfunktionen
- nachhaltiger Schutz § 1, 97

Bodennutzung
- Wiederaufnahme § 14, 66

Bodenschätze
- Abbau § 1, 164
- Aufsuchung und Gewinnung § 58, 10

Bonner Konvention § 1, 78; § 40, 1; § 55, 1; § 56, 19; § 57, 1, 5

Brutrevier § 44, 41

BSH § 58, 9

Bundesamt für Naturschutz § 30, 47; § 40, 27; § 45, 9; § 48, 3, 6; § 53, 1
- gesetzlich geschützte Biotope in der AWZ § 30, 20
- Regelzuständigkeit § 58,

Bundesartenschutzverordnung § 54, 1

Bundesberggesetz § 57, 64
Bundesumweltministerium § 48, 5
Bußgeldhöhe § 65, 18
Bußgeldverfahren § 52, 5

C

CBD § 1, 34; § 57, 5
CEF-Maßnahmen § 44, 72; 45, 50
Charakteristische Arten § 32, 30; § 34, 43
CMS § 57, 1
Critical Loads § 34, 75
Cross Compliance § 5, 3

D

Dachvereinigungen § 63, 13
Datenbögen § 32, 11
Dauerhafte Sicherung § 1, 66
Direktzahlungen § 5, 3
Dulden § 65, 4
Duldungspflicht § 30, 34; § 40, 28; § 65, 9
Duldungspflichtige § 65, 5
Durchfahrt fremder Schiffe
- friedliche § 57, 46

Durchfuhr § 50, 11

E

Eigenart § 1, 57; § 23, 32
Eigentumsbeschränkungen § 68, 8
- Unterschutzstellung § 22, 11

Eigentumsgarantie § 68, 1
Einfuhrkontrolle § 50, 3
Einfuhrvoraussetzungen § 50, 4
Eingriff § 44, 64, 78
- Abwägung § 15, 126
- anlagenbedingter vor § 56, 16
- Antragsunterlagen § 17, 21
- Ausgleich § 15, 26
- Beeinträchtigung des Landschaftsbild § 14, 36
- Beeinträchtigung des Naturhaushalt § 14, 26

- Beendigung, Unterbrechung § 17, 62
- Begleitplan § 17, 23
- Behördenzuständigkeit § 17, 2
- Boden § 14, 32
- Bodennutzung § 14, 60
- Bundesbehörden § 17, 12
- emittierender Anlagen § 14, 54
- erhebliche Beeinträchtigung § 14, 22
- Erholungswert (Naturgenuss) § 14, 22, 48
- Ersatz § 15, 26
- Ersatzzahlung § 15, 136
- Genehmigung § 17, 16
- Gestalt von Grundflächen § 14, 7
- Grundwasserspiegel § 14, 13
- Gutachten § 17, 22
- Immissionen § 14, 49
- Lärm § 14, 49
- Landschaftsbild § 14, 20
- Landwirtschaftsklausel § 14, 57
- Luft § 14, 34
- mariner Ökosysteme vor § 56, 6
- Nutzung von Grundflächen § 14, 10
- Planfeststellungsverfahren § 15, 146
- Prognose § 15, 15
- Sachverhaltsermittlung § 15, 9
- Tier- und Pflanzenwelt § 14, 30
- Unterlassen § 14, 16
- Ursachenzusammenhang § 14, 50
- UVP § 17, 63
- Veränderung von Grundflächen § 14, 3
- Vorbelastungen 14, 44
- Wasser § 14, 33
- Wirkungsprognose § 14, 55; § 15, 5

Eingriffs- und Ausgleichsregelung § 56, 14, 38
- mariner Bereich § 58, 15

Eingriffsregelung § 19, 47
- Außenbereich 18, 50
- Bauleitplanung § 18, 2
- Bodennutzung § 18, 65
- Funktion vor § 13, 2
- Gerüche § 14, 49
- Innenbereich 18, 50
- Klima § 18, 34
- Konkurrenz zu anderen Vorschriften vor § 13, 4
- Plangebiete § 18, 50
- Struktur vor § 13, 2
- Tatbestand § 14, 1
- Untersagung § 17, 43, 47
- Veränderung von Grundflächen § 14, 47
- Verursacherpflichten § 13, 1
- Wiederherstellung § 17, 43, 47

Einstweilige Sicherstellung § 22, 37

Einvernehmen § 17, 9
- mit einer Liste der Gebiete von gemeinschaftlicher Bedeutung § 31, 78

Einzelschöpfungen der Natur § 28, 2

Einziehung § 45, 24; § 47, 1; § 51, 2; § 65, 20; § 72, 5, 11

Einziehungsanordnung § 72, 9

Energiefreileitungen § 41, 3

Energieversorgung
- nachhaltige § 1, 125

Enteignung § 15, 102; § 68, 2, 17
- Kompensationsflächen § 15, 111
- Ausgleichs- und Ersatzflächen § 15, 110

Entnahme aus der Natur § 39, 11

Entschädigung § 68, 14

Entschädigungspflicht § 40, 18

Entwicklung § 23, 20

Entwicklungsflächen § 23, 18

Entwicklungsmaßnahmen § 22, 26; § 32, 45

Entwicklungspotenzial § 23, 15

Entwicklungsziel § 23, 18; § 26, 13

Erdgas § 30, 46

Erdöl § 30, 46

Erfolgskontrolle § 6, 19; § 17, 38

Erhaltung § 23, 18
- der Biodiversität § 57, 58

1029

Stichwortverzeichnis

- der Böden § 1, 96
- von Gewässern § 1, 103

Erhaltungs- und Pflegemaßnahmen § 29, 36

Erhaltungsmaßnahmen § 32, 36

Erhaltungsziele § 7, 16; § 32, 43; § 34, 41; § 57, 22

Erhaltungszustand § 19, 28; § 44, 24, 69; § 45, 45
- einer Art § 19, 24; § 32, 31; § 34, 42
- eines natürlichen Lebensraums § 19, 22
- günstiger § 19, 21

Erhebliche Beeinträchtigung § 33, 11
- von Arten und Lebensräume § 19, 31
- durch Veränderungen oder Störungen § 33, 6

Erheblichkeit
- fehlende § 19, 35

Erheblichkeitsschwelle § 19, 18; § 34, 65

Erholung § 7, 5; § 27, 13, 16; vor § 59, 1; § 59, 5
- LSG § 26, 17

Erholungsflächen
- geeignete § 1, 145
- Schutz § 1, 148

Erholungslandschaft § 5, 6

Erholungsvorsorge § 2, 143

Erholungswert § 1, 64
- LSG § 26, 29

Erkenntnislücken § 34, 111

Erklärung zum Schutzgebiet § 57, 8

Erlaubnis
- LSG § 26, 23

Ermittlungspersonen der Staatsanwaltschaft § 68, 3

Erprobungsanbau § 35, 10

Ersatzmaßnahmen
- Anforderungen § 15, 63
- Dauerhaftigkeit § 15, 114
- Erfolgskontrolle § 17, 35, 38
- Flächenauswahl § 15, 89

- Geeignetheit § 15, 65
- Landschaftsbild § 15, 49
- Landschaftsplanung § 15, 85
- Nachbesserung § 17, 40
- Naturhaushalt § 15, 39
- Prognoserisiko § 17, 42
- Schutzgebiete § 15, 71
- Sicherung § 15, 120
- Unterhaltung § 15, 117
- Zeitpunkt § 15, 77

Ersatzpflanzung § 29, 28, 35
- Baumschutz § 29, 35

Erschwernisausgleich § 68, 18

Erzeugung regenerativer Energien § 57, 98

Etikett-Verfahren § 50, 2

Europäische Vogelschutzgebiete § 7, 12

Europäische Vogelarten § 7, 47

Europäischen Union
- Kompetenz der EU § 57, 70

Europäischer Artenschutz vor § 56, 75

F

Faktische Vogelschutzgebiete § 31, 41

Fangen § 39, 7

Fangerlaubnis § 57, 82

Fanglizenz § 57, 82

Faunen- oder Florenverfälschung § 44, 56

Fernmeldeversorgung § 4, 1

Festlandsockel § 30, 26, 46; vor § 56, 39; § 56, 1; § 57, 62, 87; § 58, 10
- Bergverordnung § 57, 93

FFH-Gebiete § 34; § 57, 23
- potenzielle § 34, 22
- günstige Erhaltungszustand § 34, 56

FFH-Richtlinie § 21, 46; § 31, 48; § 44, 6, 19; § 45, 27; § 57, 3; § 50, 1; vor § 56, 70
- Arten § 7, 45
- Gebiet als solches § 34, 49

- vollständige Umsetzung § 34, 22
FFH-Verträglichkeitsprüfung § 9, 76; § 19, 44; § 34, 12 ff.; § 44, 80; § 45, 38; § 57, 80, 95; § 58, 4
- Kriterien § 34, 12
- inhaltliche Anforderungen § 34, 36
Fischerei § 57, 25
- fahrzeuge § 57, 78
- freie oder fischereibeschränkte Zonen § 57, 84
- Maßnahmen vor § 56, 78
- Passives Fanggerät § 56, 41
- Wirtschaft § 30, 40
- wirtschaftliche Bodennutzung § 30, 61
Flächen § 4, 4
- für Naturschutzmaßnahmen § 9, 33
- für öffentliche Zwecke § 4, 6 ff.
Flächennutzungsplan § 30, 54
- Ausgleichsflächen § 18, 30
- LSG § 26, 33
Flächenpool § 16, 11
Flaggenstaat vor § 56, 49
Fledermausschutz § 39, 43
Fließgewässer
- Dynamik § 1, 114
Flugbeschränkung
- Gebiete § 57, 34
Flugrouten § 57, 38
- Unterbrechung § 34, 2
Flugverkehr § 30, 25
- Beschränkungen § 57, 31
Fluss- und Bachläufe
- Freihaltung § 61, 1
Folgenabschätzung § 6, 18
Folgenbeseitigung § 3, 6
Forschung § 45, 19, 36
Forst- und Fischereirecht § 37, 15
Forstwirtschaft § 44, 61
Fortpflanzungs- oder Ruhestätten § 44, 6, 28, 70, 74
Fortpflanzungszeit § 44, 20

Fortschreibungspflicht der Landschaftsplanung § 9, 64
Freie Landschaft § 30, 17; § 59, 7
Freiheit der Schifffahrt § 57, 39
Freilandbedingungen § 35, 3
Freiraumschutz § 1, 172
Freisetzung
- experimentelle § 35, 9
Funktionssicherung bei Flächen für öffentliche Zwecke § 4

G

Gebiete von gemeinschaftlicher Bedeutung § 7, 8
Gebietsauswahl § 32, 12
- Sonderfälle § 31, 64
- Natura-2000 § 32, 2
Gebietsabgrenzung
- FFH-RL § 32, 35
Gebietsbezogene Daten § 34, 41
Gebietscharakter
- LSG § 26, 24
Gebietsdaten § 32, 21
Gebietsfremde Arten § 7, 38, 42; § 40, 15
Gebietsgrenzen § 57, 9
Gebietsmeldungen
- an die Kommission § 32, 19
- Rechtsschutz § 31, 73
Gebietsschutz § 56, 15
- Konzept § 34, 2
Gebietsvorschläge
- Weitergabe an den Bund § 32, 15
Gebote § 22, 19
- NSG § 23, 45
Gebühren § 53, 2
Gefährdung von Vögeln durch Energiefreileitungen § 41, 4
Gefährdungsgrad
- Schutzbemühungen § 1, 69
Gefährdungshaftung § 19, 3, 54, 55
Gefahrenabwehrpflicht § 19, 53, 67
Gemeinnützigkeit § 63, 11

Genehmigungsverfahren
- Stand der § 56, 57

Genetische Vielfalt § 1, 68

Gentechnisch veränderte Organismen (siehe auch GVO) § 35, 3
- Anwendungsbereich § 35, 7
- Ausbringung § 35, 6
- Schäden § 35, 6
- Verträglichkeitsprüfung § 35, 15

GenTG § 35, 7

Gentransfer
- vertikaler § 35, 3
- horizontaler § 35, 3

Geschützte Grünbestände § 29, 5

Geschützte Landschaftsbestandteile § 29

Geschützte Meeresgebiete
- Auswahl § 57, 2, 4; § 58, 4
- Management § 58, 4

Geschützte Teile von Natur und Landschaft § 20, 19

Gesetz über die Durchführung der wissenschaftlichen Meeresforschung § 57, 61, 63

Gesetzgebungskompetenz Vorb. § 1
- konkurrierende, Vorb. § 1, 8
- Abweichungsfestigkeit Vorb. § 1, 24
- Abweichungsrecht Vorb. § 1, 12

Gesetzlich geschützte Biotope § 21, 25

Gesundheit des Menschen § 34, 99

Gewässer § 1, 105; § 9, 49; § 14, 5
- Begriff § 21, 48
- Durchgängigkeit § 21, 53
- Erhaltung § 1, 104
- natürliche Selbstreinigungsfähigkeit § 1, 113
- Schutz § 9, 47
- Ufer § 21, 45

Gewerbliches Sammeln § 39, 20

Gewerbs- oder gewohnheitsmäßig § 71, 12

Grabenräumung § 39, 33

Graureiher § 45, 33

Großräumigkeit § 24, 69

Gründe des überwiegenden öffentlichen Interesses
- Befreiung § 67, 7

Grundfischerei
- biodiversitätschädigend vor § 56, 14

Grundfläche § 14, 4
- der öffentlichen Hand § 2 19

Grundsatz des Naturschutzes § 1, 5

Grundschleppnetzen § 30, 27

Grundstücke
- Bereitstellung zu Erholungszwecken § 62, 1

Grundwasserschutz
- vorsorgender § 1, 116

Günstiger Erhaltungszustand § 19, 19 f.; § 31, 49; § 32, 30; § 34, 3

Gute fachliche Praxis
- Biotopvernetzung § 5, 23
- Dokumentation § 5, 27
- Fischereiwirtschaft § 5, 34
- Forstwirtschaft § 5, 28
- Grünland § 5, 25
- Landwirtschaft § 5, 17
- Nutzfläche § 5, 20
- Pflanzenbau § 5, 24
- Standort § 5, 19
- Tierhaltung § 5, 24

Guter ökologische Zustand vor § 56, 81

H

Haftungsfreistellung § 19, 41

Hausrat § 46, 8

Heimische Arten § 7, 38

Heimische Population § 1, 73

HELCOM vor § 56, 64

Helsinki-Kommission vor § 56, 64

Helsinki-Übereinkommen vor § 56, 3, 64; § 57, 1

Hochwasserschutz § 1, 115

Hohe See vor § 56, 48

Hoheitsbefugnisse § 30, 25

Horststandorte § 54, 18

Huckepackprinzip § 17, 1
Hybriden § 7, 22, 56

I

IBA-Liste § 31, 29
ICAO § 57, 34
IKZM vor § 56, 69
IMO § 57, 39
Information der Öffentlichkeit § 3, 46
Informationspflicht § 19, 66
Inhalts- und Schrankenbestimmung § 30, 23
Inhaltsbestimmung § 68, 2, 4, 9, 10
Inneren Gewässer vor § 56, 31
Integrierte Küstenzonenmanagement vor § 56, 69
Invasive Art § 7, 44; § 40, 7; § 50, 1; § 54, 2; § 58, 8
Inverkehrbringen § 7, 58
Inverwahrungnahme § 51, 7
IUCN-Kategorie III § 1, 86

J

Jagd § 30, 30
Jagd- oder Fischereirecht § 39, 13; § 40, 24; § 46, 6
Jagdrecht § 37, 16; § 44, 20; § 45, 21, 26
Jagdtrophäen § 45, 9

K

Kabel § 57, 87
Kahlschlag § 5, 31
Kennzeichnung § 30, 20
Kies- und Sandabbau vor § 56, 17; § 57, 97
Klima § 1, 122; § 9, 50
– Schutz § 9, 47
Klimawandel § 1, 121; § 9, 51; vor § 56, 8
Koexistenz
– Sicherung der § 35, 12

Kohärentes Netz Natura 2000 § 34, 22
Kohärenz
– Erhalt d. K. von Natura 2000 § 34, 104
– Sicherung der Kohärenz § 34, 11
– Förderung der ökologischen § 34, 3
– globale § 34, 107
Kohärenzsicherung § 34, 108
Kohärenzsicherungsmaßnahmen § 34, 113
Kollisionen § 38, 4
Kollisionsopfer § 44, 16
Kommission
– Stellungnahme § 34, 102
Kompensationsflächen
– Bevorratung § 9, 35
Kompensationsmaßnahmen § 57, 40
Kompensationsverzeichnis § 17, 33
Konkurrenz von Schutzregelungen vor § 13, 5; § 34, 123
Konzentrationswirkung § 30, 46, 47
Konzertierungsgebiete § 33, 15; § 34, 23
Konzertierungsverfahren § 31, 65; § 33, 17
Kormoran § 45, 33, 35
Kriegsschiffe § 57, 52
Kriterien
– fachliche K., f.d. Gebietseinstufung § 33, 6
Kulturhistorische Bedeutung
– LSG § 26, 17
Kulturlandschaft § 1, 136; § 5, 6; § 25, 21; § 27, 17
– Bewahrung vor Verunstaltung, Zersiedelung und sonstigen Beeinträchtigungen § 1, 143
– historisch gewachsene § 1, 138
Kurzumtriebsplantagen § 39, 28
Küstengewässer § 30, 24, 46; § 56, 2; § 57, 3

Stichwortverzeichnis

- bauliche Anlagen § 56, 45
Küstenmeer vor § 56, 33; § 57, 33
- AWZ § 57, 47
Küstenstaat § 30, 25
- Rechte und Pflichten vor § 56, 40

L

Laborbedingungen § 35, 3
Land- oder forstwirtschaftlich genutzte Flächen § 15, 94
Land- und Forstwirtschaft § 23, 47; § 39, 8; § 40, 12, 22
Land-, Forst- und Fischereiwirtschaft § 5, 6; 44, 57; § 45, 32
- LSG 26, 30
Landeskundliche Gründe § 23, 28
Landschaft
- Begriff § 1, 9
- LSG § 26, 14, 28
Landschaftsbestandteil § 29, 2
- Abwehr schädlicher Einwirkungen § 29, 10
Landschaftsbild
- Ausgleich § 15, 51
- Bauplanungsrecht § 14, 39
- Beeinträchtigung § 14, 36
- Erholung § 9, 54
- Ersatz § 15, 49, 51
- Landschaftsbestandteil § 29, 9
- LSG § 26, 15, 18
- Meereslandschaft § 14, 43
- Neugestaltung § 15, 56
- Vorbelastung § 14, 44
- Wiederherstellung § 15, 55
Landschaftselemente § 5, 4 f.; § 21, 58; § 34, 3
Landschaftsfragmentierung § 1, 153
Landschaftspflegerische Maßnahmen
- Ausführung § 3, 35
Landschaftspläne
- Verbindlichkeit § 11, 20
Landschaftsplanung § 56, 12
- Aufgaben § 9, 2

- Beeinträchtigungen von Natur und Landschaft § 9, 26
- Berücksichtigungspflicht in Planung und Verwaltungsverfahren § 9, 71
- Bezug zu anderen Planungen § 9, 7
- Darstellung der Erfordernisse und Maßnahmen § 9, 12
- Eingriffsregelung § 15, 85
- Erfordernisse und Maßnahmen § 9, 6, 24
- Konkretisierte Ziele und Grundsätze § 9, 19
- Überörtliche § 10, 5
Landschaftsplanung § 8, 1
- Inhalt § 9, 9
- Planungsebenen § 9, 11
- Zustand von Natur und Landschaft § 9, 17
Landschaftsprogramm § 10, 8
Landschaftsrahmenplan § 10, 12
Landschaftsschönheit § 1, 62
Landschaftsschutzgebiet § 26
- Charakter d. § 26, 24
Landschaftszerschneidung § 1, 153, 157
Landwirtschaft § 14, 58; § 30, 39
- Auswirkungen § 5, 8
- gute fachliche Praxis § 5, 11
Landwirtschaftliche Anbaupraxis § 35, 5
Lebensfähige Populationen § 1, 75
Lebensgemeinschafte und Biotope § 1, 84
Lebensgemeinschaften § 23, 12, 14
- Lebensstätten § 26, 12, 26; § 29, 11
- wild lebender Tier- und Pflanzenarten § 23, 16
Lebensräume § 20, 7
- Ausgleich § 15, 27
- Ersatz § 15, 46
Lebensraumtypen § 32, 33; § 57, 12
Lebensstätte § 7, 36; § 23, 12; § 29, 14; § 39, 10, 24; § 44, 28, 69
- Landschaftsbestandteil § 29, 11

Legalausnahmen § 45, 3
Legaldefinitionen § 7, 1
Lehre § 45, 19, 36
Leistungs- und Funktionsfähigkeit § 1, 44, 46
Linienbestimmungsverfahren
- Pläne § 36, 7
Living Planet Index § 1, 70
Lokale Population § 44, 26, 58, 69
Irrelevanzschwellen § 34, 77
Luft § 47, 50
- Schutz § 1, 120
Luftsperrgebiet § 57, 34
Luftstraßen § 57, 37

M

Managementmaßnahmen § 57, 30
Marikultur § 57, 67
Marine Makrophytenbestände § 30, 10
Marine Protected Areas § 57, 1
MARPOL-Übereinkommen § 57, 42
Maßgebliche Bestandteile
- Natura 2000-Gebiet § 34, 47
Maßnahmenprogramme § 9, 77
Masten
- Nachrüstung § 41, 9
- Sicherung neuer M. § 41, 8
Mauser § 44, 20
Meeresbereich
- Geltungsbereich des BNatSchG § 56, 8
Meeresbiodiversität vor § 56, 7
Meeresbiotopen § 30, 23
Meeresforschung
- wissenschaftliche § 57, 31
Meeresfreiheiten vor § 56, 49
Meeresgebiete
- besonders empfindliche § 57, 43
- Erklärung § 57, 2
Meeresgewässer § 14, 6
Meeresnaturschutz
- Erfordernis vor § 56, 21
- Regelungen der Landesgesetzgeber vor § 56, 93
Meeresnaturschutzrecht vor § 56, 25
Meeresökosystem vor § 56, 63; § 57, 97
Meeresregionen vor § 56, 25, 66
Meeresschutzgebiete vor § 56, 57
Meeresschutz
- gefährdete Arten § 57, 16
Meeresstrategie-Rahmenrichtlinie vor § 56, 65
Meeresumwelt
- guter Zustand vor § 56, 66
- Verschmutzung § 57, 46
Meeresumweltrecht § 57, 58
Meeresverschmutzung
- durch Schiffe § 57, 44
Meereszonen vor § 56, 28
Meer
- Schädigung der Tier- und Pflanzenwelt § 56, 58
Militärische Nutzung § 30, 25; § 57, 31
- Beschränkung § 57, 48
Minimalpopulation-Konzept § 1, 75
Minimierungsgebot § 56, 51
Mitteilung nach § 16a Abs. 3 GenTG § 35, 27
Monitoring § 44, 75
MVP-Konzept § 1, 75; § 21, 5

N

Nachhaltige Nutzung § 1, 38
Nachhaltigkeit § 1, 52
Nachteilige Auswirkungen von Tätigkeiten
- zuvor ermittelte § 19, 39
Nachteilige Veränderung § 19, 17
Nachweispflichten § 46, 1
Nährstoffbelastung vor § 56, 11
Nahrungs- und Jagdreviere § 44, 36

Nationale Naturmonumente § 21, 19; § 24, 73; § 57, 6
- Gebietsschutz § 24, 88
- Mittelbarer Schutz der Biodiversität § 24, 87
- Schutzgegenstand § 24, 80
- Schutzgründe § 24, 84
- Vorgaben der IUCN § 24, 74

Nationales Naturerbe und Grünes Band § 21, 28

Nationalpark § 57, 6
- Ausweisungsvoraussetzungen § 24, 16
- Besondere Eigenart des Gebietes § 24, 38
- Deutschland § 24, 11
- Einheitlicher Schutz § 24, 19
- Entwicklungsfähigkeit § 24, 54
- Entwicklungszone § 24, 22
- Erfüllung der Voraussetzung eines NSG § 24, 40
- Erholungszone/Pufferzone § 24, 24
- Entstehung § 24, 1
- Gebietsschutz § 24, 68
- Großräumigkeit § 24, 27
- IUCN-Empfehlungen § 24, 9
- Kernzone § 24, 21
- Naturnaher Zustand § 24, 42
- Pflegezone § 24, 23
- Rechtsverbindliche Festsetzung § 24, 18
- Ungestörter Ablauf der Naturvorgänge § 24, 58
- Unterschutzstellung § 24, 16
- Vorgaben der IUCN § 24, 3
- Wissenschaftliche Umweltbeobachtung § 24, 63
- Ziele § 24, 58
- Zielsetzung § 24, 16

Natur
- Begriff § 1, 8

Natura 2000 § 2, 26, 27; § 9, 39; § 19, 12; § 21, 8, 46; § 31, 5
- Gebiete § 7, 14; § 21, 22; § 31, 49; § 32, 4; § 33, 4; § 35, 7; 12

Naturdenkmal
- Eigenart § 28, 11
- flächenhaftes § 28, 5
- landeskundliche Gründe § 28, 10
- naturgeschichtliche Gründe § 28, 10
- Schönheit § 28, 11
- Seltenheit § 28, 11
- Wissenschaftliche Gründe § 28, 10
- Schutzgründe § 28, 9

Naturentnahme § 39, 8; § 45, 8

Naturgefahren § 60, 9

Naturgenuss § 14, 48
- LSG § 26, 29

Naturgeschichtliche Gründe § 23, 27

Naturgüter
- LSG § 26, 8

Naturgüter § 26, 11
- Nutzungsfähigkeit § 1, 50
- Regenerationsfähigkeit § 1, 50

Naturgüterschutz § 1, 50

Naturhaushalt § 1, 45; § 7, 4; § 26, 10
- Landschaftsbestandteil § 29, 7
- LSG § 26, 8
- Beeinträchtigung § 14, 26
- Leistungsfähigkeit § 14, 18, 26
- Vorbelastung § 14, 44

Naturlandschaften § 1, 137

Natürliche Lebensräume § 19, 10; § 57, 12
- Erhaltungszustand § 34, 42

Natürliche Lebensraumtypen von gemeinschaftlichem Interesse § 7, 6

Naturpark § 27
- Besondere Eignung für § 27, 13
- Einheitliche Entwicklung und Pflege § 27, 4
- Erholung und nachhaltiger Tourismus § 27, 16
- Großräumige Gebiete § 27, 7
- Maßnahmen § 27, 19
- Nachhaltige Regionalentwicklung § 27, 18
- Raumordnung § 27, 12
- Schutz der Kulturlandschaft § 27, 17

- Schutzgegenstand § 27, 6
- Schutzzwecke § 27, 14
Naturschutz und Landschaftspflege
- Ziele § 2
- Schutzziel § 1, 28
Naturschutz zur Landwirtschaft
- Verhältnis § 5, 1
Naturschutzgebiet § 21, 21; § 23; § 57, 6
Naturschutzmonitoring § 56, 11
Naturschutzverein
- Beteiligung § 30, 44
Naturschutzvereinigungen § 57, 7
Natur und Landschaft § 1, 11
- wiederherstellen § 1, 27
- Beurteilung des Zustands § 9, 21
- Eigenwert § 1, 14
- Entwicklung § 1, 25
- Grundlage für Leben und Gesundheit § 1, 15
- Pflege § 1, 23
- Schutz § 1, 21
- Schutz von § 1, 13
- Schutzgegenstand § 1, 6
- Vielfalt, Eigenart und Schönheit sowie Erholungswert § 1, 53
Negativliste § 14, 73; § 34, 30
Neophyten § 7, 41; § 39, 9; § 40, 4, 29
Neozoen § 40, 3, 29
Nester § 44, 28
Niederschlags-Abflusshaushalt § 1, 116
Nisthilfen § 44, 32
Non-Paper (Umwelthaftung) § 19, 14
Normenkonkurrenz vor § 13, 5
Nutzung § 1, 51
Nutzung erneuerbarer Energien § 1, 125
Nutzungsbeschränkungen
- Schutzgebiete § 57, 24

O

Oberleitungsanlagen der Bahn § 41, 11

Öffentliche Interesse
- überwiegendes § 34, 85
- zwingende Gründe § 34, 83
Öffentliche Sicherheit § 34, 99
Öffentlichen Belange
- überwiegende § 56, 60
Öffentlich-rechtliche Verantwortlichkeit des Verursachers § 19, 2
Offshore
- Windenergie vor § 56, 23 f.
- Einrichtungen vor § 56, 16
Ökokonto § 16, 8; § 40, 29
Ökologisch sensible Gebiete § 35, 3
Ökologische Funktion § 44, 70
Ökologische Wechselbeziehungen § 21, 7
Ökologischer Schaden § 35, 20
- Sanierung § 19, 70
Ökosystem § 1, 81 f.; § 19, 6
- grundwasserabhängige § 1, 117
- Natürlichkeitsgrade § 24, 45
- seltene oder empfindliche § 57, 45, 53
Ökosystemvielfalt § 1, 68
Ölverschmutzung vor § 56, 10
Ordnungswidrigkeit § 30, 72; § 39, 6; § 44, 9; § 58, 8
- oder Strafverfahren § 47, 2
Ornithologische Wertigkeit
- als Bewertungskriterium § 31, 23
Ornithologische Kriterien
- für die Auswahl der SPA § 31, 22
Örtliche Erfordernisse und Maßnahmen § 11, 3
Orts- und Landschaftsbild
- Landschaftsbestandteil § 29, 9
OSPAR § 57, 1
OSPAR-Liste
- gefährdeter und zurückgehender Arten und Lebensräume § 57, 16
OSPAR-Übereinkommen vor § 56, 3, 63

P

Pflanzen § 7, 25
Pflanzenschutz § 40, 23
Pflanzenschutzrecht § 37, 12
Pflegemaßnahmen § 15, 100; § 22, 26; § 32, 45
Pilze § 7, 25; § 39, 16
Pläne § 36
Planfeststellung § 44, 64
Planfeststellungsbeschluss § 30, 46; § 56
Planfeststellungsverfahren
– bergrechtliches § 30, 46
– Eingriff § 15, 146
– Vereinsmitwirkung § 63, 28
Planung
– Gebot der gegenseitigen Berücksichtigung § 12, 3
Planungsraum § 9, 4
Planwerken § 9, 61
Population § 7, 31, 37
Populationsdynamik § 34, 60
Positivliste § 14, 72
Potenzielle FFH-Gebiete § 31, 80
Präparation § 45, 20
Prioritäre Arten § 7, 46
Prioritäre natürliche Lebensraumtypen § 7, 7
Prioritärer Biotope oder Arten
– Betroffenheit § 34, 96
Privatnützigkeit § 68, 4
Projekt § 35, 7
– Begriff § 34, 16
– Unzulässigkeit § 34, 78
– unmittelbar der Verwaltung der Gebiete dienend § 34, 20
– Zulässigkeit bzw. Unzulässigkeit § 34, 6
– Verträglichkeitsprüfung § 34, 7
Prozessschutz § 24, 58
Prüfung
– angemessene § 34, 14
PSSA § 57, 43
– Wattenmeer § 57, 43

Puffer-, Rand- und Entwicklungszonen § 22, 29; § 26, 5; § 34, 48

R

Rabenvögel § 45, 33
Rabenvogelverordnung § 45, 35
Randzonen § 26, 5
Raumansprüche der einzelnen Fachplanungen § 9, 59
Raumbedeutsame Planungen § 9, 8
Raumordnung § 9, 59; § 10, 16; § 56, 60
– in der AWZ § 56, 31
Raumordnungsplan § 10, 20; § 56, 20, 27
– Aufstellung § 36, 12
Reaktions- und Belastungsschwellen der geschützten Arten § 34, 60, 63
Recht der friedlichen Durchfahrt vor § 56, 32
Rechtsnachfolge § 17, 60
– Eingriffsverursacher § 15, 126
Regenerationsfähigkeit § 1, 52
Regionalplan § 30, 56
Renaturierung versiegelter Flächen § 1, 102
Riffe § 30, 10; § 58, 7
Risikomanagement § 44, 75
Rodungsverbot § 39, 28
Röhrichtschutz § 39, 31
Rohrleitungen § 57, 87
Rohstoffabbau § 30, 63
Rote Liste § 30, 2

S

Sandbänke § 30, 10; § 58, 7
Sanierungsmaßnahmen
– verantwortliche Person § 19, 53
Sanierungspflicht § 19, 68
Schäden an Arten und Lebensräumen § 19, 3
Schadensbegrenzungsmaßnahmen § 19, 53

Schadstoffemissionen
- antropogene vor § 56, 9

Schallemissionen § 57, 45

Schifffahrt § 30, 25
- Beschränkungen § 57, 31
- Beschränkungen i.d. AWZ § 57, 39
- kommerzielle vor § 56, 15
- Schall vor § 56, 15

Schifffahrtswege § 57, 41

Schönheit § 1, 60; § 23, 29, 33

Schutz der biologischen Vielfalt § 19, 6

Schutz der genetischen Vielfalt § 1, 74

Schutz des Europäischen Naturerbes § 34, 54

Schutz-, Pflege-, Entwicklungs- oder Wiederherstellungsmaßnahmen § 34, 3

Schutzbedürftigkeit § 22, 6; § 23, 6

Schutzerklärung § 22, 16; § 32, 43
- Anforderungen § 32, 47

Schutzgebiet
- Auswahl der besonderen § 31, 20
- Ausweisung § 21, 36, § 32, 26
- bereits ausgewiesene § 32, 50
- Größe § 23, 8
- Kennzeichnung § 22, 44
- Registrierung § 22, 44
- Umgebungsschutz 22, 28
- V-RL § 32, 38
- Zonierung 22, 28

Schutzgebietskategorie § 57, 6

Schutzgebietsverordnung § 57, 8

Schutzgegenstand § 57, 9
- Bestimmung § 22, 17

Schutzkategorie § 20, 19; § 22, 8; § 57, 22

Schutzmöglichkeit § 32, 51

Schutzobjekte § 71, 4

Schutzregime des Art. 6 FFH-RL § 34, 1

Schutzverordnung
- Funktionslosigkeit § 22, 37
- Rückwirkung § 22, 35
- Teilnichtigkeit § 22, 36

Schutzwürdigkeit § 22, 4; § 23, 6

Schutzzweck § 23, 6, 11; § 32, 43; § 34, 41; § 57, 9, 22
- Bestimmung § 22, 17; § 29, 19
- LSG § 26, 6

Scoping-Termin § 34, 79

Screening § 34, 7, 26

Seeanlagen § 30, 26; § 58, 9
- Begriff § 56, 38

Seeanlagenverordnung § 30, 47; § 56, 21

Seefischerei § 14, 12; § 30, 61
- Ausübung § 57, 80

Seegraswiesen § 30, 10

Seekarten § 30, 20

Seerechtsübereinkommen vor § 56, 56; § 57, 31

Seeschifffahrt
- Überwachung § 58, 13

Sekundärbiotope § 30, 21

Seltenheit § 23, 29, 31

Seuchen- und tierseuchenrechtliche Bestimmungen § 37, 14

Sicherheitsleistung § 17, 27

Sofortvollzug § 17, 61; § 30, 36; § 51, 4

Sondergebiete § 57, 42

Sparsame Nutzung der Naturgüter § 2, 94

Special areas § 57, 42

Sperre § 59, 20

Sperrgebiete § 57, 51

Sperrgrundstück § 64, 3

Spezielle artenschutzrechtliche Prüfung § 44, 65

Sportliche Betätigungen § 26, 19

Sportverbände § 3, 30

SRÜ § 30, 25; § 57, 24, 39

SRÜ/CBD
- Verhältnis vor § 56, 60

Städtebauliche Verträge § 18, 39

Staatszielbestimmung Art. 20a GG

vor § 56, 83
Standard-Datenbogen § 34, 41; § 57, 22
Standarduntersuchungskonzept § 56, 62
standortheimischer Forstpflanzen § 5, 30
Stickstoffdepositionen § 34, 77
Stoff- und Energieflüsse § 1, 91
Störung
- Erheblichkeit § 44, 23
- NSG § 23, 42
Störungsverbot § 31, 67; § 44, 7, 19
Strafvorschriften § 71
Streng geschützte Arten § 7, 51
Sukzession § 1, 171; § 30, 21
Summationswirkung § 34, 70
SUP-Richtlinie vor § 56, 79

T

Tätigkeitsnachweis § 63, 8
Telekommunikation § 4, 1
Tellereisenverordnung § 71, 10
Tier- oder Pflanzenarten
- Schönheit § 1, 63
Tier- und Pflanzenwelt § 1, 129
- des Meeres § 57, 65
Tiere § 7, 21
Tiergehege § 43, 1
TierSchG § 42, 3
Tierschutzrechtliche Bestimmungen § 37, 13
Totfunde § 45, 15
Tötung § 44, 16
Transit-Kabel § 57, 87
Transitrohrleitungen § 30, 26; § 57, 87

U

Überfischung vor § 56, 12
Übernahmeanspruch § 68, 14
Überwachung § 58, 5
Überwachungsbedürftige Anlagen § 56, 40

Überwachungsprogramme vor § 56, 66
Überwinterungszeit § 44, 20
Ufer § 1, 105
Uferzonen § 61, 1
Umgebungsschutz § 1, 142; § 22, 29; § 28, 7; § 57, 4
Umweltbeobachtung vor § 56, 19; § 56, 11
- Beschreibung § 6, 10
- Bewertung § 6, 10
- Durchführung § 6, 6
- Ermittlung § 6, 10
Umweltbezogene Prüfungen § 9, 72
Umwelthaftungsgesetz § 19, 4
Umwelthaftungsrichtlinie vor § 56, 77; § 19, 2
Umwelt-Rechtsbehelfsgesetz § 64, 5
Umweltschaden
- Kausalitätsnachweis § 19, 58
- Kompensatorische Wiederherstellung § 19, 73
- Pflichten des Verantwortlichen § 19, 65
- Primat der Naturalrestitution § 19, 71
- Störermehrheit § 19, 58
Umweltschadensgesetz § 19, 2; § 58, 6
- Verursacherprinzip § 19, 63
Umweltschadensrecht
- Reichweite § 19, 12
Umweltschädigung § 19, 31
Umweltverträglichkeitsprüfung § 9, 74; § 44, 79 f.; § 56, 56; § 57, 90
Umweltverträglichkeitsstudie § 30, 47
Umweltvölkerrecht
- Meeresumwelt vor § 56, 52
Ungenutzte Grundflächen § 59, 11
Unsicherheiten
- verbleibende entscheidungsrelevante § 34, 34
Unterhaltungsmaßnahmen § 30, 31
Unterhaltungspflicht § 30, 43

Stichwortverzeichnis

Unternehmensflurbereinigung § 15, 111
Unterschutzstellung
- Abwägung § 22, 8
- Aufhebung/Änderung § 22, 14
- Entwicklungsziel § 22, 5
- fachliche Ziele § 20, 24
- FFH-RL § 31, 52
- Folgen § 31, 66
- Form § 22, 30
- Funktion § 20, 23
- Gebietsbezogene Bestimmungen § 32, 59
- Gemeindeinteressen § 22, 12
- gleichwertiger Schutz § 32, 58
- Verfahren § 22, 31
- Voraussetzungen § 22, 3
- Vertragnaturschutz § 32, 56
- Vorgaben der FFH-RL § 32, 29
Untersuchungsmethodik § 44, 66
Unterwasserschallbelastung vor § 56, 18
Unzumutbare Belastung § 68, 11
UVP-Richtlinie vor § 56, 79

V

Veränderung (siehe auch nachteilige V.) § 23, 40; § 26, 24
Veränderungen von Natur und Landschaft
- Ermittlung § 6, 14
Veränderungen
- anthropoge § 6, 15
- natürliche § 6, 15
Verantwortlicher
- Sanierungspflichten § 19, 7
Verbote § 22, 19 f.
- absolute § 22, 22
- Bestimmtheit § 22, 25
- Landschaftsbestandteile § 29, 20
- LSG § 26, 19, 24
- NSG § 23, 34
- präventive § 22, 21
- relative § 22, 22
- repressive § 22, 21
Verbotene und geschonte Arten § 57, 86
Vereinigung
- Anerkennung § 63, 5
- Mitwirkungsrecht § 63, 14
Vereinsklage
- Befreiungen § 64, 13
- naturschützende Rechtsvorschriften § 64, 25
- Normenkontrolle § 64, 9
- öffentlich-rechtlicher Vertrag § 64, 13
- Planfeststellungen/-genehmigungen § 64, 17
- Präklusion § 64, 35
- satzungsgemäßer Aufgabenbereich § 64, 33
- Streitwert § 64, 22
- Verwaltungsakt, § 64, 25
- Zulässigkeitsvoraussetzungen § 64, 23
- Zweitklageverbot § 64, 12
Vereinsmitwirkung
- Äußerungsfrist § 63, 51
- Durchsetzung § 63, 57
- Stellungnahme § 63, 43
- Unterrichtung § 63, 34
- Sachverständigengutachten § 63, 47
Vereinszweck § 63, 7
Verfügungsbefugnis § 68, 4
Verhältnismäßigkeit
- Sonderopfer § 67, 17
Verinselungseffekt § 24, 37
Verkehrssicherungspflicht § 28, 15; § 60, 2
- Bäume § 60, 12
- Schutzobjekte § 60, 11
Verkehrstrennungsgebiete § 57, 41
Vermarktung § 35, 9; § 45, 12
Vermarktungsverbot § 44, 49
Vermeidung von Verschmutzung oder Beeinträchtigung der Lebensräume § 31, 45
Vermeidungsmaßnahmen § 34, 67
Vermeidungspflichtgebot § 56, 51
Vernetzung § 21, 45
Vernünftiger Grund § 69, 2

1041

Stichwortverzeichnis

Verschlechterung des Gebietszustand
- aufgrund von natürlichen Entwicklungen § 33, 10

Verschlechterungsverbot § 31, 67; § 34, 3
- absolutes § 34, 54
- nach Art. 4 Abs. 3 EUV § 34, 22

Verschmutzung § 57, 42

Verschuldenshaftung § 19, 3, 54, 56

Vertragliche Vereinbarung § 57, 28

Verträglichkeitsprüfung § 31, 68; § 34, 9; § 56, 33
- Ablauf § 36, 19
- Anwendungsbereich § 34, 21, 35
- Bauleitplanung § 36, 14
- Durchführung § 34, 19
- Inhaltliche Anforderungen § 34, 36
- Pläne § 36, 3, 10
- Verhältnis zum Bauplanungsrecht § 34, 125
- Vorhabensbeschreibung § 34, 38
- Zeitpunkt u. Zuständigkeit § 34, 32

Vertragsnaturschutz § 3, 9; § 21, 42; § 30, 34, 58, 61; § 44, 57
- Anwendungsbereich § 3, 28
- Biotopverbundes § 21, 29

Verursacherhaftung vor § 13, 3; § 15, 1; § 17, 56 f.
- Umfang § 14, 53

Verursacherpflichten
- Ermittlung des Sachverhalts § 15, 8

Verursacherprinzip § 30, 42

Verwirklichung der Ziele
- Abwägungsgebot § 2, 12
- Erforderlichkeit § 2, 10
- Möglichkeit § 2, 11

Vielfalt § 1, 55
- der Ökosysteme § 1, 42
- der Tier- und Pflanzenarten § 1, 39

Vielfalt, Eigenart und Schönheit
- dauerhafte Sicherung § 1, 135

VMS-Meldungen § 57, 78

Vogelschutz an Freileitungen § 41

Vogelschutzgebiete § 32, 3
- Entstehung § 31, 31
- faktische § 34, 24

Vogelschutzrichtlinie § 31, 5; § 44, 6, 19; § 45, 28; vor § 56, 70; § 57, 3, 17;

Vogelzug
- Gefährdung § 56, 59

Vollzugsbehörden § 48, 1

Vorhaben § 44, 64, 78
- Bauplanungsrecht § 18, 49

Vorkaufsberechtigter § 66, 8

Vorkaufsrecht
- Abwendungsbefugnis § 66, 41
- Ausübung § 66, 27
- Ausübungserklärung § 66, 31
- Ausübungsfrist § 66, 28
- Erstreckunganspruch § 66, 50
- Gründe des Naturschutzes und der Landschaftspflege § 66, 33
- Grundstücksteil § 66, 48
- Rechtswirkungen § 66, 42
- Verkauf § 66, 14

Vorprüfung § 34, 7, 26
- erhebliche Auswirkungen § 34, 27

Vorrangklausel § 3, 15

W

Wald § 59, 7

Waldrecht Vorb. § 13, 11

Waldwege § 60, 8

Waldwirtschaft
- naturnahe § 5, 29

Wanderkorridore § 44, 36
- Unterbrechung § 34, 2

Wandernde Tierarten und Arten § 1, 78

Wanderungszeit § 44, 20

Washingtoner Artenschutzabkommen (WA) § 48, 1

Wasser
- Ausgleich § 15, 48
- Ersatz § 15, 48

Wasserrahmenrichtlinie § 21, 46; vor § 56, 80

Wiederansiedelung § 37, 8

Wiederbesiedlung
- geeigneter Habitate § 1, 79

Wiederherstellung § 23, 18
- eines günstigen Erhaltungszustands § 34, 41
- des früheren Zustands § 17, 54
- Maßnahmen § 22, 26
- Ziel § 23, 21; § 26, 13

Wild lebende Tiere und Pflanzen § 1, 128

Windenergieanlagen § 30, 26; § 44, 17; § 56, 47
- Errichtung § 56, 30
- Offshore-Bereich § 57, 1

Wirkfaktoren § 34, 39

Wissenschaft, Naturgeschichte und Landeskunde § 23, 24

Wissenschaftliche Behörde § 48, 1, 10

Wissenschaftliche Meeresforschung § 30, 26
- Beschränkung § 57, 53

Wissenschaftliche Gründe § 23, 26

worst-case Betrachtung § 34, 111; § 44, 35, 68

Z

Zerschneidung
- Barrierewirkungen § 34, 39
- der marinen Lebensräume vor § 56, 15
- Schutz vor § 1, 154

Zerschneidungswirkung § 57, 40

Zerstörung
- Naturschutzgebiet § 23, 38

Ziel
- Verständnis für Naturschutz § 2, 32

Zirkus § 44, 53

Zivilrecht § 37, 17; § 44, 11

Zollbehörde § 45, 24; § 47, 2; § 48, 2; § 49, 2, § 50, 3; § 51, 1; § 52, 3

Zonierung § 57, 4
- Schutzgebiet § 22, 29

Zoo § 45, 24
- Betreiberpflichten § 42, 12
- Definition § 42, 4
- Errichtungs- und Betriebserlaubnis § 42, 8
- Prüfungs- und Besichtigungspflicht § 42, 22
- Richtlinie 42, 1

Zucht § 7, 26, 53; § 45, 4

Zugänglichmachung
- NSG 23, 49

Zugriffsverbote § 44, 6, 10

Zugvogelarten § 7, 47; § 57, 17

Zuordnungsfläche § 18, 44

Zustände der Schutzgüter
- Überwachung § 56, 34

Zustandsverantwortlichkeit § 17, 57

Zwingende Gründe
- Einschränkung § 34, 97

Loseblattausgabe
Gesamtwerk: Ca. 2.190 Seiten
inkl. 2 Ordner. € 179,–
ISBN 978-3-17-017359-0
Entscheidungssammlung

Loseblattwerke werden zur Fortsetzung geliefert. Eine Abbestellung ist jederzeit möglich. Auf Wunsch auch als Einmalbezug.

Peter Fischer-Hüftle

Naturschutz
Rechtsprechung für die Praxis

Die Entscheidungssammlung wertet die Rechtsprechung zum Naturschutzrecht des Bundes und der Länder und zu damit zusammenhängenden Rechtsgebieten (namentlich zum Bau- und Fachplanungsrecht) systematisch aus. Berücksichtigt wird vor allem die immer wichtiger werdende Spruchpraxis des EUGH. Ausführliche Register ermöglichen den raschen Zugriff. Ein unentbehrliches Hilfsmittel für Behörden, Gerichte und Planer.

„[...] eine wertvolle Hilfe für diejenigen [...], die sich mit Fragen des Naturschutzrechts befassen müssen. Hier werden systematisch und teilweise auch nicht veröffentlichte Gerichtsentscheidungen ausgewertet."

Umweltbrief, Nov. 2002

Der Autor Peter Fischer-Hüftle ist Vorsitzender Richter am Verwaltungsgericht Regensburg.

W. Kohlhammer GmbH · 70549 Stuttgart
Tel. 0711/7863 - 7280 · Fax 0711/7863 - 8430 · www.kohlhammer.de

Loseblattausgabe
Gesamtwerk: Ca. 4.280 Seiten
inkl. 3 Ordner. € 179,-
ISBN 978-3-17-018577-7
Kommentare

Loseblattwerke werden zur Fortsetzung geliefert. Eine Abbestellung ist jederzeit möglich. Auf Wunsch auch als Einmalbezug.

Michael Kotulla (Hrsg.)

Bundes-Immissionsschutzgesetz
Kommentar und Vorschriftensammlung

Die mit der Materie bestens vertrauten Autoren bieten die Gewähr, dass das Gesetz den Bedürfnissen von Praxis und Wissenschaft gemäß aktuell, ausführlich und kompetent erläutert wird. Die Sammlung der Rechtsvorschriften enthält die für die Durchführung des Gesetzes wichtigen Regelungen (Rechtsverordnungen, allgemeine Verwaltungsvorschriften) sowie sonstige nationale Rechtsvorschriften und einschlägige Rechtsakte der EG. Das Werk enthält für jeden in Praxis und Wissenschaft Tätigen, der sich mit der Materie auseinandersetzt, eine Fülle unentbehrlicher Arbeitshilfen.

Herausgegeben von

Professor Dr. Michael Kotulla unter Mitarbeit von Professor Dr. Hans-Georg Dederer; Philipp Dornbach; Professor Dr. Jörg Ennuschat; Professor Dr. Andreas Fisahn; Professor Dr. Walter Frenz; Professorin Dr. Annette Guckelberger; Dr. Petra Hansmersmann; Professor Dr. Armin Hatje; Professor Dr. Christian Heitsch; Rechtsanwalt Dr. Florian Kirchhof; Professor Dr. Jürgen Kühling; Professor Dr. Dieter Kugelmann; Professorin Dr. Ute Mager; Professor Dr. Franz-Joseph Peine; Akad. Direktor Dr. Karl Wilhelm Porger; Rechtsanwalt Dr. Christian Schimansky; Professor Dr. Gerd Schmidt-Eichstaedt

W. Kohlhammer GmbH · 70549 Stuttgart
Tel. 0711/7863 - 7280 · Fax 0711/7863 - 8430 · www.kohlhammer.de

RECHTSWISSENSCHAFTEN UND VERWALTUNG – Recht und Verwaltung

Heinz-Joachim Peters
Umweltrecht

4., neu bearbeitete und erweiterte Auflage

Kohlhammer

*4. neu bearb. und erw. Auflage
2010. 320 Seiten. Kart. € 29,90
ISBN 978-3-17-021256-5*

Heinz-Joachim Peters
Umweltrecht

Umweltrecht ist vor allen Dingen deutsches und europäisches Verwaltungsrecht. Dort liegen auch die Schwerpunkte dieses Buches. Komplementäres Zivil-, Straf- und Bußgeldrecht wurde berücksichtigt, verfassungsrechtliche Grundlagen wurden bedacht. Die neuen Unionsverträge sowie das neue Wasserrecht, das neue Naturschutzrecht und das neue Chemikalienrecht erforderten eine überarbeitete Auflage. Als allgemeine Grundlagen werden insbesondere das Planungsrecht mit Strategischer Umweltprüfung, das Zulassungsrecht mit Umweltverträglichkeitsprüfung, das Abgaben- und das Emissionshandelsrecht sowie das Umweltauditrecht dargestellt. An besonderen Gebieten werden das Naturschutzrecht, das Forstrecht, das Bergrecht, das Verkehrswegerecht, das Tierschutzrecht, das Bodenschutzrecht, das Gewässerschutzrecht, das Immissionsschutzrecht, das Atomrecht, das Gentechnikrecht, das Chemikalienrecht und das Abfallrecht behandelt.

Der Autor: Prof. Dr. Heinz-Joachim Peters lehrt Staats- und Verwaltungsrecht an der Hochschule für öffentliche Verwaltung Kehl mit den Schwerpunkten Umweltrecht und Europarecht.

W. Kohlhammer GmbH · 70549 Stuttgart
Tel. 0711/7863 - 7280 · Fax 0711/7863 - 8430 · www.kohlhammer.de